Das große Jagdlexikon

Gerhard K. F. Stinglwagner
Ilse E. Haseder

Das große
Jagdlexikon

Weltbild

Mit mehr als 900 Abbildungen

Der Verlag dankt dem Deutschen Jagd- und Fischereimuseum, München, und dessen Direktor Bernd E. Ergert für die großzügige Bereitstellung von Bildmaterial sowie Herrn Wildmeister (DJV) Siegfried Seibt für die freundliche Unterstützung dieses Werkes.

Gerhard K. F. Stinglwagner, 1941 als Sohn bayerischer Eltern in Leslau an der Weichsel geboren, war bis zu seiner Pensionierung am Bayerischen Staatsministerium für Landwirtschaft und Forsten tätig. Er ist seit vielen Jahren passionierter Jäger und Angler und u. a. Autor der renommierten Werke »Das Kosmos Wald- und Forstlexikon« und »Das Große Kosmos Angel- und Fischereilexikon«. Er ist auch als Historiker tätig und schrieb eine umfassende Organisationsgeschichte der Bayerischen Staatsforstverwaltung sowie der Bayerischen Landwirtschaftsverwaltung in »75 Jahre Bayerische Landwirtschaft«.

Ilse E. Haseder, geboren 1953 in Galla/Ortenburg bei Passau, ist Mitarbeiterin des Bayerischen Staatsministeriums für Landwirtschaft und Forsten und beschäftigt sich seit vielen Jahren mit den Themen Forstwirtschaft, Jagd, Landwirtschaft, Fischerei, Natur- und Umweltschutz. Die passionierte Jägerin und Sammlerin alter Jagd- und Forstliteratur ist unter anderem auch Autorin des Werkes »Das Kosmos Wald- und Forstlexikon«. In ihrer Freizeit fotografiert sie Pflanzen und Tiere in ihrer natürlichen Umwelt.

Genehmigte Lizenzausgabe für Verlagsgruppe Weltbild GmbH, Steinerne Furt, 86167 Augsburg
Copyright der 1. Auflage und folgende (1984, 1988, 1996)
bei Droemersche Verlagsanstalt Th. Knaur Nachf. GmbH & Co. KG;

Redaktion: Ekkehard Ophoven
Umschlaggestaltung: Büro 18, Friedberg (Bay.)
Umschlagmotive: sodapix/F1online (oben); Radius Images/mauritius images (unten links);
Wolfgang Filser/mauritius images (unten Mitte); Michael Jaeger/mauritius images (unten rechts)
Gesamtherstellung: Firmengruppe APPL, aprinta druck, Wemding
Printed in the EU
978-3-8289-3458-0

2012 2011
Die letzte Jahreszahl gibt die aktuelle Lizenzausgabe an.

Einkaufen im Internet:
www.weltbild.de

Zum Geleit

Als Präsident des Deutschen Jagdschutz-Verbandes, der Dachorganisation der 16 Landesjagdverbände mit rund 300 000 Mitgliedern, habe ich gerne der Bitte entsprochen, diesem nicht nur informativen, sondern auch sehr ansprechend gestalteten Lexikon ein Geleitwort voranzuschicken.

Die Jagd ist eine der ältesten Beschäftigungen des Menschen überhaupt und hat daher in allen Gesellschaften eine lange Tradition. Auch in den deutschsprachigen Ländern ist sie ein Stück Kulturgut, und wir sollten uns hüten, unsere altbewährten und hochgeschätzten Traditionen einfach über Bord zu werfen – wir würden dadurch nur verlieren. Dieses Bewahren von Bräuchen heißt aber nicht, daß wir nicht aktuelle wissenschaftliche Forschungsergebnisse in unsere tägliche Arbeit miteinbeziehen. Denn Jagd ist auch Naturschutz und um dieser Aufgabe voll und ganz gerecht zu werden, müssen wir neue Erkenntnisse integrieren.

Jäger nutzen Teile der Natur und bekennen sich dazu. Sie wissen aber auch, dass die Nachhaltigkeit ihres Tuns nur gewährleistet sein kann, wenn sie sich um die Belange des Arten-, Natur- und Umweltschutzes kümmern. Dies gilt insbesondere vor dem Hintergrund einer stetig fortschreitenden Zersplitterung der Lebensräume durch Siedlungen, Verkehr, Industrie und Freizeitnutzung.

Die Jägerschaft unternimmt seit Langem große Anstrengungen, um die zum Nachteil von Flora und Fauna veränderten Lebensräume wieder naturnaher und wildfreundlicher zu gestalten. Ihr Betätigungsfeld umfasst dabei das breite Spektrum möglicher Naturschutzmaßnahmen, angefangen vom Biotopschutz über die Biotopvernetzung bis hin zu gezielten Artenschutzprogrammen.

Das Leitbild des modernen Naturschutzes verfolgt heute nicht mehr ausschließlich Schutzinteressen nach dem »Käseglockenprinzip«, sondern integriert auch Nutzungsgedanken. Mehr und mehr wird erkannt, dass man Natur nicht durch den Ausschluss des Menschen und »gegen« ihn, sondern nur unter Berücksichtigung seiner Interessen nachhaltig schützen kann.

Wie alle Lebewesen sind auch wir Menschen in die Naturkreisläufe eingebunden, und wir sollten nie vergessen, dass jede Nutzung in Verantwortung für zukünftige Generationen erfolgen muss.

Besonders in einem Industrieland wie Deutschland bietet uns heute die Jagd eine der letzten Möglichkeiten, mit der Natur zu verschmelzen, zurückzukehren zu unseren Wurzeln und die Zwänge des Alltags hinter uns zu lassen.

Das Interesse an allen Lebewesen, seien es Tiere oder Pflanzen, und an ihrem faszinierenden Wechselspiel, die Leidenschaft, ökologische Zusammenhänge zu begreifen und die Natur zu beobachten, das alles macht einen guten Jäger aus. Dazu gehört natürlich auch die Bereitschaft zu lebenslangem Lernen, vor Ort im Revier und auch daheim am Schreibtisch. Denn auch nach der schwierigen und umfangreichen Jägerprüfung, nicht umsonst als »Grünes Abitur« bezeichnet, ist es mit dem Studieren noch lange nicht vorbei.

Als 1984 die erste Ausgabe dieses Lexikons auf den Markt kam – damals noch als »Knaurs Großes Jagdlexikon« – war die Anschaffung für mich als passioniertem Jäger natürlich ein Muss, und ich habe es nicht bereut. Umso mehr freut es mich, dass sich der renommierte Kosmos-Verlag mit seinem vielfältigen und anspruchsvollen Jagdbuchprogramm nun dieses Standardwerkes angenommen hat und es vollständig aktualisiert, um zahlreiche Stichworte erweitert und auf weiten Strecken neu bebildert herausgibt. Von A wie Aalrute, über J wie Jagdsignale bis hin zu Z wie Zerwirken oder Zwölfender – hier finden Jäger, solche, die es werden wollen, und natürlich auch Menschen, die einfach nur die Natur lieben, leicht verständliche Erklärungen rund um die Jagd und unsere heimische Tierwelt. Ein Nachschlagewerk, das mit der Zeit geht, aber auch unser menschliches Bedürfnis nach Bräuchen und Traditionen berücksichtigt. Ausführliche Informationen über Jagdmuseen, Jagdkünstler, aber auch Brüche und Jagdsignale tragen diesem Bedürfnis Rechnung. – Auch diese Ausgabe wird ihren Platz in meinen Bücherschrank haben.

Ich wünsche Ihnen allen viel Freude an diesem ausgezeichneten Nachschlagewerk mit seinen fesselnden Abbildungen und Fotos. Gehen Sie mit offenen Augen durch die Natur, stellen Sie Fragen und suchen Sie Antworten. Denn nur wer versucht, unser Ökosystem zu begreifen, erkennt, wie faszinierend durchdacht, aber auch empfindlich es ist. Diese Ehrfurcht vor der Schöpfung ist unabdingbar, um sie zu schützen und zu bewahren.

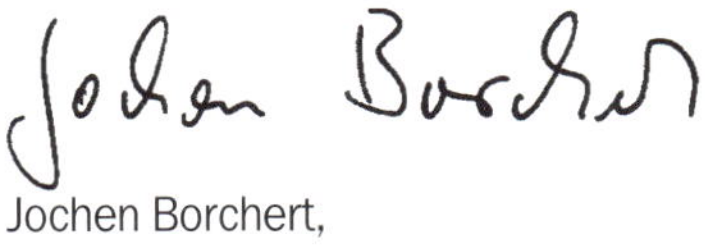

Jochen Borchert,
Präsident des Deutschen Jagdschutz-Verbandes e. V.

Jagst du in Feld, Wald oder Au,
jagst du auf Has, Hirsch oder Sau,
jagst du als Fürst, Herr oder Knecht,
nicht »Wer«, das »Wie« macht waidgerecht.

HEGENDORF (1871–1938)

Das ist des Jägers Ehrenschild,
das er hegt und schützt sein Wild,
waidmännisch jagt wie sich's gehört,
den Schöpfer im Geschöpfe ehrt.

OSKAR VON RIESENTHAL (1830–1898)

Das Schießen allein macht den Jäger nicht aus;
Wer nichts weiter kann, bleibe zu Haus.
Doch wer sich ergötzet an Wild und Wald,
Auch wenn es blitzet und nicht knallt,
Und wer noch hinauszieht zur jagdlosen Zeit,
Wenn Heide und Holz sind vereist und verschneit,
Wenn mager die Äsung und bitter die Not,
Und hinter dem Wilde einherschleicht der Tod;
Und wer ihm dann wehret, ist Weidmann allein,
Der Heger, der Pfleger kann Jäger nur sein.
Wer bloß um das Schießen hinausgeht zur Jagd,
Zum Weidmann hat er es niemals gebracht.

HERMANN LÖNS (1866–1914)

In jedem Wildstand ruhet tief
Entartung und Gedeihen.
In Deinem Hirn entscheidet sich,
was wahr wird von den zweien.

FERDINAND FRHR. VON RAESFELD (1855–1929)

Vorwort

Mit dem vorliegenden aktuellen Nachschlagewerk »Das Große Kosmos Jagdlexikon« wollten wir ein Kompendium schaffen, das in sorgfältig ausgewählten Stichwörtern alle wichtigen Daten und Fakten zur Jagd, zur Jägersprache und zu deren wichtigsten angrenzenden Fachbereichen beinhaltet. Es war uns ein Bedürfnis, die bedeutendsten Begriffe aus dem großen Gebiet des Jagdwesens und die spezifischen Wortschöpfungen der Jägersprache in gesammelter Form lexikalisch aufzubereiten sowie vom Vergessen bedrohtes Wissen im Licht neuerer Erkenntnisse und Aussagen darzustellen. Unser Ziel bestand darin, für den Benutzer eine ausgewogene und interessante Auswahl zu treffen.

Mit mehr als 12.500 Stichwörtern behandelt das Lexikon daher die verschiedenen Fachbereiche und Spezialgebiete der Jagd: Wildbiologie und Zoologie, Jagdpraxis und Wildhege, Jagdwaffen, Jagd- und Waffenrecht, Brauchtum, jagdliche Organisation, Jagdwesen in Österreich und der Schweiz, Natur-, Landschafts- und Umweltschutz, Falknerei, Waidmannssprache, Waldbau, Wildkrankheiten und Wildschaden – um nur die wichtigsten zu nennen.

Neben den großen Kapiteln »Jagdkunst« und »Jagdliteratur« sollen eingehende Abhandlungen bestimmter Themen – beispielhaft genannt seien »Jagd, Jagdzeug und Wild in der Bibel«, »Wild und Jagd im Wappen« oder »Wildtiere auf Briefmarken« – und weitere ausführliche Stichworte wie »Jägerkulturen«, »Felskunst der Jäger« oder »Röntgenstil« das Werk abrunden. Soweit Stichwörter noch auf das Vorgängerwerk zurückgehen, wurden sie kritisch geprüft, weitestgehend überarbeitet, ergänzt und aktualisiert.

Soll ein einbändiges Lexikon ein ganzes Fachgebiet abdecken, muß Definitionsstrenge walten, müssen Begriffe nach bestimmten Auswahlkriterien selektiert werden. Nur so lässt sich die angestrebte Breite erreichen. Bewußt wurden daher in diesem Werk Begriffe aus den Teilgebieten Waldbau, Natur- und Landschaftsschutz sowie Umweltschutz auf das notwendige Maß beschränkt. Hierzu verweisen wir auf die im KOSMOS-Verlag erschienenen Standardwerke »Das Kosmos Wald- und Forstlexikon« von Erlbeck/Haseder/Stinglwagner und »Das Große Kosmos Angel- & Fischereilexikon« von Stinglwagner/Bachfischer, die alles abdecken, was den Rahmen des vorliegenden Buches gesprengt hätte. Dies ließ Raum für rein jagdspezifische Begriffe, aber auch für eine Vielzahl von Kurzbiographien von Persönlichkeiten, die deren Ruf als Jagdwissenschaftler, Jagdschriftsteller oder Künstler begründen. So können nunmehr rund 500 Personen im Rahmen dieses Buches vorgestellt werden. Einige von ihnen wurden bisher weder im jagdlichen Schrifttum noch lexikalisch in anderen Werken behandelt. Sie ergänzen die ausführliche Darstellung der »Jagdliteratur« und der »Jagdkunst«. Lebende Personen wurden hingegen nicht in dieses Werk aufgenommen.

Das Buch wendet sich nicht nur an den ausgebildeten Jäger und Forstmann, sondern in gleichem Maße an alle an unserer heimischen Tierwelt und an der Jagd interessierten Laien. Für die Aus- und Weiterbildung der Jäger, für jagdliche Ausbildungskräfte und Berater, für Journalisten, aber auch für Lehrerinnen und Lehrer und ihre Schüler ist das verständlich abgefasste Werk mit seinen detaillierten Hintergrundinformationen eine nützliche Hilfe und ausführliche Wissensquelle. Hinsichtlich ausgeklammerter fachwissenschaftlicher Themenkomplexe verweisen wir auf vorhandene Spezialliteratur.

Erklärtes Anliegen dieses Buches ist aber auch, zu einem besseren Verständnis der Jagd und ihrer Bedeutung für die gesamte Landeskultur beizutragen.

All denen, die an der Verwirklichung des Lexikons beteiligt waren, möchten wir Dank sagen. Die Firmen Frankonia Jagd, Würzburg, und die Dynamit Nobel-AG haben uns erneut Bildmaterial überlassen. Der Deutsche Jagdschutz-Verband e.V. räumte uns das Recht ein, verschiedene seiner Positionspapiere zu aktuellen Themen von grundsätzlicher Bedeutung aus dem DJV-Handbuch zu übernehmen.

Herrn Bernd E. Ergert, Jagd- und Fischmaler und Direktor des Deutschen Jagd- und Fischereimuseums München, gilt unser Dank für die freundliche Bereitstellung sehr umfangreichen Bildmaterials. Dem KOSMOS-Verlag danken wir für die Herausgabe des Werkes ebenso wie Herrn Ekkehard Ophoven für die redaktionelle Betreuung und die fachlichen Ratschläge.

Für Anregungen aus dem Leserkreis, insbesondere die Mitteilung ergänzender Lebensdaten bedeutender Jagdwissenschaftler, -schriftsteller und Künstler sind die Autoren und der Verlag hinsichtlich der weiteren Pflege des Werkes dankbar.

Gerhard K. F. Stinglwagner, Ilse E. Haseder

Benutzerhinweise

Die Stichwörter sind in alphabetischer Folge halbfett gesetzt und im fortlaufenden Text jeweils mit ihrem Anfangsbuchstaben abgekürzt; Unterstichwörter erscheinen in einer schwächeren Fettung. Zur besseren Übersicht und Gliederung des Stoffes sind, besonders in größeren Artikeln, auch weitere Unterstichwörter und Wortfolgen kursiv und/oder halbfett hervorgehoben.

Kursiv-Schrift wird auch zur Bezeichnung der wissenschaftlichen Nomenklatur verwendet.

Stichworte mit mehreren Bedeutungen (z. B. abbaumen, Revier, Jagdgebühren) sind in **1**), **2**) ... untergliedert.

Die alphabetische Anordnung berücksichtigt das gesamte Stichwort in der Reihenfolge der Buchstaben. Die Umlaute ä (ae), ö (oe) und ü (ue) werden bei der alphabetischen Einordnung gem. DIN 5007 wie die Vokale a, o, u behandelt.

Beispiel: **Jagdhundezucht – Jagdhütte – Jagd in Schutzgebieten**

Adelsprädikate, akademische Grade sowie Namensbestandteile sind dem Stichwort (Namen) nachgestellt und haben keinen Einfluss auf die alphabetische Einordnung.

Sind einem Stichwort in Klammern gesetzte Wörter hinzugefügt, so handelt es sich um eine inhaltliche Begriffsgleichheit; diese Wörter können geläufige Ersatzwörter, lokale oder veraltete Ausdrücke sowie frühere Schreibweisen sein.

Der Pfeil (▸) vor einem oder mehreren Wörtern weist auf ein Stichwort hin, unter dem notwendige oder empfehlenswerte weitere Informationen zu finden sind. Wird von einem Stichwort ohne weitere Erläuterung auf ein anderes verwiesen, findet man die Definition des erstgenannten Stichwortes entweder als Unterstichwort des Verweiswortes (z. B. **Waidblatt**, das: ▸ Blanke Waffen) oder unter im laufenden Text des begriffsgleichen Stichwortes (z. B. **Stelljagen**, das: ▸ Eingestellte Jagen). Pfeile vor Begriffen am Ende eines Artikels weisen auf weiterführende Informationen, auf Vergleichendes oder Gegensätzliches hin.

Um für jedermann eine leichte Handhabung zu erreichen, wurde bei der Beschreibung der Tierarten grundsätzlich vom Männchen und Weibchen gesprochen oder die waidmännische Bezeichnung benutzt; auf die Zeichen ♂ (= männlich) und ♀ (= weiblich) wurde verzichtet.

Der Anhang des Lexikons enthält praktische Übersichten und Tabellen, die dem Benutzer einen raschen Überblick vermitteln.

Im einzelnen sind dies:

S. 800–801:	Wichtige Adressen
S. 801–802:	Literaturverzeichnis
S. 803–804:	Verzeichnis der wissenschaftlichen Tiernamen
S. 804:	Namen der Autoren, die den wissenschaftlichen Artnamen eines Tieres in Verbindung mit der wissenschaftlichen Beschreibung gegeben haben
S. 805–806:	Mehrsprachiges Glossar einiger ausgewählter Tierarten
S. 807:	Natur (Vögel, Wildtiere, Fische, Bäume, Pilze) des Jahres
S. 808–809:	Der Mensch als Jäger
S. 810:	Fortpflanzung des Haarwildes
S. 811–817:	Neststandorte, Nistplatzlage und Fortpflanzung der beschriebenen Vogelarten
S. 818–819:	Waffengesetz – Überblick über die wichtigsten Bestimmungen zu gängigsten Waffen und Munition
S. 820–821:	Unfallverhütungsvorschrift Jagd (UVV Jagd) der Gartenbau-Berufsgenossenschaft (VSG 4.4)
S. 822:	Abbildungsnachweis

Autoren und Verlag sind für Hinweise und Anregungen dankbar. Zuschriften bitte an: Kosmos Verlag; Stichwort »Jagdlexikon« Pfizerstr. 5–7; 70184 Stuttgart

Verwendete Abkürzungen

Abk.	Abkürzung
allg.	allgemein
BArtSchV	Bundesartenschutzverordnung
Bez.	Bezeichnung
BGB	Bürgerliches Gesetzbuch
BGBl	Bundesgesetzblatt
BJG	Bundesjagdgesetz
BNatSchG	Bundesnaturschutzgesetz
BWaldG	Bundeswaldgesetz
BWildSchV	Bundeswildschutzverordnung
bzw.	beziehungsweise
d. h.	das heißt
DJV	Deutscher Jagdschutz-Verband
engl.	englisch
FlHG	Fleischhygienegesetz
FlHV	Fleischhygieneverordnung
franz.	französisch
Ggs.	Gegensatz
i. A.	im Allgemeinen
i. d. R.	in der Regel
Jh.	Jahrhundert(-s)
lat.	lateinisch
LJV	Landesjagdverband
s. o.	siehe oben
s. u.	siehe unten
sog.	sogenannt(-e, -em, -en, -er, -es)
svw.	soviel wie
TierSchG	Tierschutzgesetz
TierSG	Tierseuchengesetz
u. a.	unter anderem
u. U.	unter Umständen
v. a.	vor allem
VO	Verordnung
WaffG	Waffengesetz
z. B.	zum Beispiel
RL	Rutenlänge
SH	Schulterhöhe
SL	Schwanzlänge
KRL	Kopf-Rumpf-Länge
OL	Ohrlänge

A

Aalrute, die: Im Ggs. zur ▸ Bürstenrute bei Jagdhunden eine nicht kupierte, glatt und kurz behaarte, aber lange ▸ Rute, die schon vom Ansatz an dünn verläuft.

Aalstreifen, der: ▸ Aalstrich.

Aalstrich, der: Ein dunkler Längsstrich auf dem Rücken verschiedener Tierarten, so der Hirsche, des Stein- und Gamswildes im Sommer und mancher Hundearten; z.B. bei ▸ Schweißhund und Dachshund. Der A. zieht sich vom Nacken bis zum ▸ Wedel bzw. bis zur ▸ Rute.

Aar, der: Poetische Bez. für den Adler. Bis ins 12. Jh. allgemeine Bez. für den Adler, aber auch für alle größeren ▸ Greifvögel, wobei überwiegend der Bussard als »Bußaar« bezeichnet wurde. Gotisch: »ara«, mittelhochdeutsch: »ar», althochdeutsch: »aro«.

Aas, das: Verwesendes Fleisch (Tierleiche). Es wird gerne vom ▸ Raubwild und ▸ Raubzeug, insbesondere von den ▸ Canidae und gelegentlich von ▸ Greifvögeln angenommen. Bei der ▸ Fallenjagd eignet sich A. vorzüglich als Köder, ebenso zum Auslegen an ▸ Luderplätzen.

Aaser, der: Veraltete Schreibweise für ▸ Aser.

Aasfliegen, die: ▸ Schmeißfliegen.

Aasfresser, die: (Nekrophagen): A. werden alles Wild und alle Vögel genannt, die Aas annehmen, d.h. fressen.

Aasgeier, der: ▸ Geier 2.

Aasjagd, die: ▸ Aasjägerei.

Aasjäger, der: ▸ Aasjägerei.

Aasjägerei, die: Unwaidmännisches und gesetzwidriges Bejagen von Wild mit verbotenen bzw. ungeeigneten Waffen (auch Munition). Das Wild wird häufig nur krankgeschossen und verendet elend.

Dem sog. Aasjäger (veraltet: Afterjäger) kommt es dabei nur auf die Jagdbeute an. Als A. wird aber auch der unwaidmännische Schuss auf den Hasen in der Sasse oder auf den laufenden Fasan (»Infanteristen«) bezeichnet; ▸ Schießer, ▸ verludern.

Aaskrähe, die: ▸ Rabenvögel 2. und 3.

Aasrabe, der: ▸ Rabenvögel 1.

Aasseite, die: Die Innenseite der ▸ Decke, des ▸ Balges, des ▸ Fells und der ▸ Schwarte.

Aaswittrung, die: ▸ Fuchswittrung 4.

abäsen (abbeißen, abpressen): Das Abfressen von Pflanzen durch das Wild. In einer Verordnung der Landgräfin Hedwig-Sophie von Hessen-Cassel anno 1665 wird a. auch »abätzen« genannt.

abätzen: ▸ abäsen.

abäugen: Vom Hochwild: das Gelände mit den Lichtern (Augen) absuchen; auch abäugeln.

abbacken: Das Gewehr absetzen, es von der Backe absetzen; Ggs.: ▸ anbacken.

abbalgen: Auch abbälgen, bälgen. Das Hautabziehen bei Hasen, Kaninchen, Bisam und Raubwild (Fuchs, Baum- und Steinmarder, Waschbär, Iltis und Wiesel). Wird dem Federwild ausnahmsweise das Gefieder abgezogen, spricht man ebenfalls vom A.

Raubwild: Es wird wie folgt abgebalgt: Der Balg an den Hinterläufen wird – am Ballen beginnend – an der Laufinnenseite bis zum ▸ Weidloch aufgeschärft (bei den Vorderläufen bis zur Brust) und von Schenkel und Zehen bis zum letzten Zehenglied gelöst, dann kurz vor den Krallen abgezwickt. Ebenso wird mit den Vorderläufen verfahren. Die Krallen und Ballen verbleiben am Balg. Sodann wird die ▸ Lunte auf der Unterseite bis zu einem Viertel aufgeschärft und von der Schwanzwurzel (beim Fuchs »Rübe« genannt) gelöst. Die restliche Schwanzwurzel wird mit einem kräftigen Ruck herausgezogen. Erleichtert wird das Herauslösen durch die Verwendung eines 20 bis 25 cm langen und ca. 1 cm starken Astes, den man an einem Ende etwas spaltet. Der gespaltene Teil des Astes wird wie eine Klammer über die abgebalgten Schwanzwirbel geschoben, die Lunte festgehalten und einige Male hin- und hergedreht. Anschließend wird die Klammer in Richtung Luntenspitze gedrückt und der Balg heruntergezogen. Die Lunte wird auf ihrer Innenseite bis zur äußersten Spitze aufgeschärft. Nun wird das Wild an den Hinterläufen aufgehängt. Als Nächstes wird der Balg bis zu den Gehören abgezogen, die Gehöre werden abgeschärft und die Gehörknorpel herausgelöst. Der Balg wird mit der Innenseite

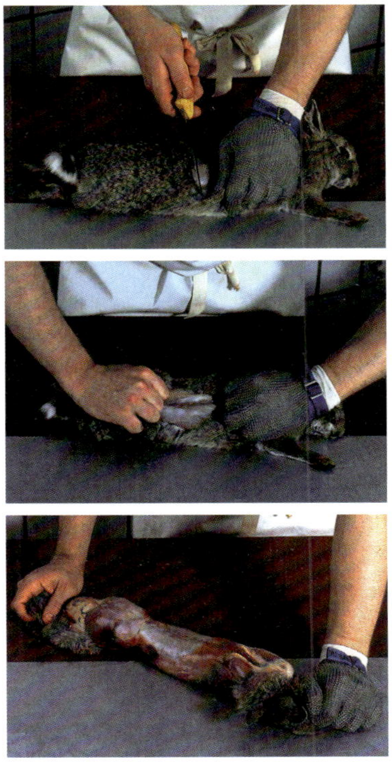

Schnelle Methode zum Abbalgen von Hasen und Kaninchen: Am Rücken wird ein Querschnitt in den Balg geführt. Beide Hände greifen in den Schnitt und ziehen den Balg auseinander und über Kopf bzw. Hinterleib des Tieres herunter.

Gänse beim Abendstrich

nach außen auf ein ▸ Balgbrett gezogen und getrocknet. Um zu vermeiden, dass sich die Lunte und die Läufe beim Trocknen einrollen, werden sie mit Zeitungspapier ausgelegt. Die Nase wird angeheftet. Der Balg wird nach einigen Tagen gewendet (Haarteil nach außen) und nochmals an der Luft getrocknet.
Hasen und Kaninchen: Sie werden ähnlich wie das Raubwild abgebalgt. Bei dem an den Hinterläufen aufgehängten Wild wird an den Sprunggelenken ein Ringsumschnitt geführt, die Hinterläufe werden auf der Innenseite bis zum Weidloch aufgeschärft und der Fleischkern wird aus der ▸ Blume entfernt. Als Nächstes werden die Vorderläufe an den Gelenken abgeschärft und aus dem Balg gezogen, sodann wird der Hals abgestreift, an den Löffeln werden die Knorpel durchgeschärft und die ▸ Seher und ▸ Äser ausgelöst. Wird auf einen unversehrten Balg kein Wert gelegt, gibt es eine zweite, schnellere Variante: Auf dem Rücken des Tieres wird ein Querschnitt in den Balg geführt. Beide Hände greifen in diesen Schnitt hinein und ziehen den Balg rechts und links auseinander (s. Abbildungen S. 9). Die Balghälften werden abschließend an den Läufen und am Hals mitsamt Kopf abgeschärft.

abbalzen: Beenden der Balzzeit (Begattungszeit) bei Waldhühnern (Auer-, Birk- und Haselwild), Schneehühnern und Fasanen.

abbaumen: **1**) Beim Federwild, v.a. Auerwild: ▸ abstreichen (wegfliegen) von einem Baum; ▸ abfallen, ▸ abreiten, ▸ abdonnern, ▸ abstehen, ▸ abstieben, ▸ absteigen. **2**) Auch ▸ abholzen: bei Wildkatze, Luchs, Marder, Iltis: das Herunterklettern oder Hinabspringen vom Baum. **3**) Beim Jäger: scherzhafte Bez. für das Herabsteigen vom Hochsitz.

abbeißen: **1**) Beim ▸ Raubwild: Vertreiben der ausgewachsenen Jungtiere aus dem Revier der Elterntiere. **2**) ▸ abäsen. **3**) Die noch nicht begattungsbereite Hündin wehrt den Rüden ab.

abbeizen: **1**) Ein Revier mit dem ▸ Beizvogel abjagen. **2**) im Herbst: aufhören zu beizen.

Abbiss, der: **1**) Der Teil, der vom ▸ Schalenwild an Pflanzen und Sträuchern abgebissen (abgeäst) wurde. **2**) Svw. ▸ Abzugsbissen.

Abbisse, die (Abtritte): Herabgefallene, abgerissene oder abgetretene Koniferenzweigstücke, die sich im Winter unter den Äsungsbäumen des Auerhuhns finden.

abblasen: **1**) Das Jagdhornsignal »Aufhören zu schießen« blasen, mit dem das ▸ Treiben beendet wird; ▸ Jagdsignale. **2**) Früher das Abrufen der Hunde mit dem Horn. **3**) Durch Hornsignale ankündigen, nicht mehr in das Treiben bzw. in den Kessel hineinzuschießen. **4**) Durch Hornsignal einen Jagdteilnehmer von seinem Stand abrufen.

abblatten: Das Wild blattet ab, wenn es nur Blätter abäst.

Abbrändler, der: Österreichische Bez. für einen (meist jungen, gut veranlagten) Hirsch mit stumpfen, klobig verdickten, porösen und modrig erscheinenden Stangenenden, die wie abgebrannt wirken.

abbrechen: **1**) Das Losmachen von Hunden, die sich am Wild verbissen haben; ihnen mit einem ▸ Knebel den Fang öffnen (die Hunde werden ausgeknebelt). **2**) Dem ▸ Beizvogel weniger ▸ Atzung als normal geben, um ihn in Jagdkondition zu bringen; ▸ Kondition **3**) Ein ▸ Treiben oder eine Jagd vorzeitig beenden oder auch nur kurzfristig unterbrechen. **4**) Dem zu fetten Hund oder Pferd weniger Futter geben. **5**) Von einem großen Trieb (Treiben) einen Teil abtrennen, wenn nur eine geringe Anzahl von ▸ Treibern und ▸ Schützen zur Verfügung steht; ▸ abschneiden 7). **6**) Eine ▸ Nachsuche aufgeben oder unterbrechen. **7**) Ein Hund bricht das Ausarbeiten der ▸ Fährte oder ▸ Spur ab, er gibt auf; ▸ abfallen 3).

abbrennen: **1**) Früher Bez. für das Verkohlen der Federn (Borsten) des erlegten ▸ Schwarzwildes über einem Feuer. **2**) Auch flammen. Nach den Naturschutzgesetzen verbotenes A. von Röhricht und Altgras im Frühjahr. Durch das A. werden u.a. zahlreiche Gelege bodenbrütender Vogelarten vernichtet.

Abbruch tun: Dezimierung einer Wildart durch Fang und Jagd sowie durch andere Einflüsse wie Wetter, ▸ Raubzeug, Straßenverkehr usw.

abbrunften: Brunftunlust bei allem ▸ Schalenwild mit Ausnahme des ▸ Schwarzwildes. Das Ende der Brunftlust ist jedoch nicht gleichzusetzen mit dem Ende der Brunftzeit. Man sagt z.B., der Hirsch ist abgebrunftet, wenn er brunftunlustig, d.h. durch die ▸ Brunft körperlich geschwächt ist; ▸ abbalzen, ▸ abrammeln, ▸ abranzen, ▸ abrollen, ▸ abrauschen.

abbrüten: Das Beenden der Brutzeit bei allem ▸ Federwild; es hat abgebrütet.

ABC-Geschoss, das: Ein Tombak-Vollgeschoss; ▸ Büchsengeschosse.

abdanken: **1**) Dem Jagdhund für geleistete gute Arbeit schöntun; auch ▸ abliebeln. **2**) Nach einer Jagd die ▸ Treiber und das Jagdpersonal nach Hause schicken. **3**) Die Entlassung eines Jägers aus dem Dienst; veraltete Bez.

abdecken: Alter Ausdruck für das Abziehen der ▸ Decke beim ▸ Hochwild. Ausnahme: ▸ Schwarzwild; ▸ abschärfen, ▸ abhäuten, ▸ abstreifen, ▸ abfellen, ▸ streifen, ▸ aus der Decke schlagen, ▸ auswirken und ▸ ausziehen.

abdocken (althochdeutsch: toccha = Bündel): Das Abwickeln des je nach Jagdhundeart 6 bis 12 m langen, aufgedockten ▸ Schweißriemens sowie des Hängeseils; Ggs.: ▸ aufdocken (aufwickeln).

abdonnern: Beim Auerhahn und beim sonstigen starken ▸ Federwild das Abstreichen, Abreiten; ▸ abbaumen, ▸ abfliegen, ▸ abreiten, ▸ abstreichen, ▸ abstieben.

abdringen: svw. ▸ abtreten 3).

abdrücken: Den Abdrücker (Abzug) des Gewehres betätigen; mit dem Finger a.

Abdrücker, der (Abdruck): Der Abzug (▸ Abzugsvorrichtung) am Gewehr.

Abendansitz, der: ▸ Abendanstand.

Abendanstand, der (Abendansitz): Die Jagd am Abend durch Ansitz ausüben; Ggs.: ▸ Morgenanstand oder ▸ Morgenansitz.

Abendbalz, die: Die Balz des Auerhahnes nach dem Abendeinfall.

Abendbirsch, die: ▸ Abendpirsch.

Abendfalk, der: Der Rotfußfalke (▸ Falken 6), der mit Vorliebe noch in der späten Abenddämmerung nach Käfern etc. jagt.

Abendjagd, die: A. nannte man früher die Jagd nach Sonnenuntergang auf Dachse, Marder und anderes Raubwild.

Abendpirsch, die: Auch Abendbirsch, -pürsch. Die ▸ Pirsch am Abend.
Abendruf, der: Ein Sammelruf gesellig lebender Vögel (z.B. Rebhühner) am Abend; Ggs.: ▸ Morgenruf.
Abendstrich, der: Das ▸ Streichen (Fliegen) der Schnepfen, Enten und Gänse am Abend. Schnepfenstrich, Entenstrich, Gänsestrich; Ggs.: ▸ Morgenstrich.
Aberglaube, der: ▸ Jägeraberglaube.
Aberwind, der: ▸ Aperwind.
abfährten: Absuchen eines Revieres nach Fährten des ▸ Schalenwildes; das ▸ Ein- und ▸ Auswechseln des Wildes bzw. dessen ▸ Einstand bestätigen, auch den ▸ Wildstand ermitteln; ▸ abspüren.
abfallen: **1**) Das Herabgleiten (Absitzen, Abspringen) des männlichen Schalenwildes (Hirsch, Rehbock usw.) vom weiblichen Stück nach dem ▸ Beschlag. **2**) Vom Auer- und Birkwild: von einem Baum auf die Erde fliegen. **3**) Vom Jagdhund, hauptsächlich vom ▸ Schweißhund: von einer bereits angefallenen Fährte abkommen; sie verlieren. **4**) Das Abmagern von Hund und Wild (auch ▸ Beizvogel und Pferd).
abfangen: **1**) Das Töten des kranken Wildes mit Saufeder, Waidblatt, Hirschfänger oder Nicker. Einem kranken Stück Schalenwild nähert man sich von hinten und stößt die Klinge hinter dem Blatt in den Brustkorb in Richtung Herz (Blattfang: mit Hirschfänger, Saufeder oder Waidblatt). Beim Kahlwild wird der Hirschfänger von vorne am Stich (Halsgrube) in Richtung Herz gestoßen (Kälberfang oder Stichfang). Beim A. von Rehwild wird die Klinge zwischen Hinterhauptbein und dem ersten Halswirbel in das Genick gestoßen und dadurch das Rückenmark im Wirbelkanal durchtrennt (Genickfang). Zum A. von Sauen wird die Saufeder benutzt. Sie wird hinter dem Blatt in den Wildkörper gestoßen. Das A. von krankem Wild mit ▸ Blanken Waffen erfordert gute Kenntnisse der Anatomie des abzufangenden Wildes und entsprechende Übung am erlegten Stück. Dieses Üben sollte man vor dem ▸ Aufbrechen vornehmen, um beim Aufbrechen sehen zu können, ob das Herz richtig getroffen wurde bzw. welche Fehler gemacht wurden. Das A. ist immer dann erforderlich, wenn die örtlichen Verhältnisse den Gebrauch der Schusswaffe nicht gestatten (z.B. öffentliche Straßen, Wildfolge ohne Gewehr). Das A. war früher besonders bei der ▸ Parforcejagd und bei ▸ Eingestellten Jagen üblich. Häufiger gebräuchlich sind in der ▸ Waidmannssprache die Begriffe ▸ abnicken, ▸ abknicken (veraltet: abg(e)nicken) statt a. **2**) Beim ▸ Federwild: Vom Habicht gebundenes und noch nicht verendetes Federwild wird vom Falkner mit einem Stich vom Genick aus in den Hinterkopf abgefangen. Bei Fuchs, Hase und Kaninchen, die der Beizvogel mit dem Kopfgriff gebunden hat, ist es oft nicht möglich, das Stück mit einem Stich mit dem Falkenmesser in das Genick oder in den Hinterkopf abzufangen, da die Füße des Beizvogels gefährdet werden könnten. Der Falkner fängt deshalb Fuchs, Hase oder Kaninchen mit einem Stich unterhalb des Vorderlaufes, den er leicht anhebt, in Richtung Herz ab. **3**) Dezimieren des Raubwildbesatzes durch Aufstellen von ▸ Fallen. **4**) Das Fangen und Anhalsen von ▸ Hatzhunden. **5**) Einem Stück Wild, das aus einer Deckung kommt, einen raschen Schuss antragen, bevor es wieder in der nächsten Deckung verschwindet, es auf einer Schneise oder Lichtung a.

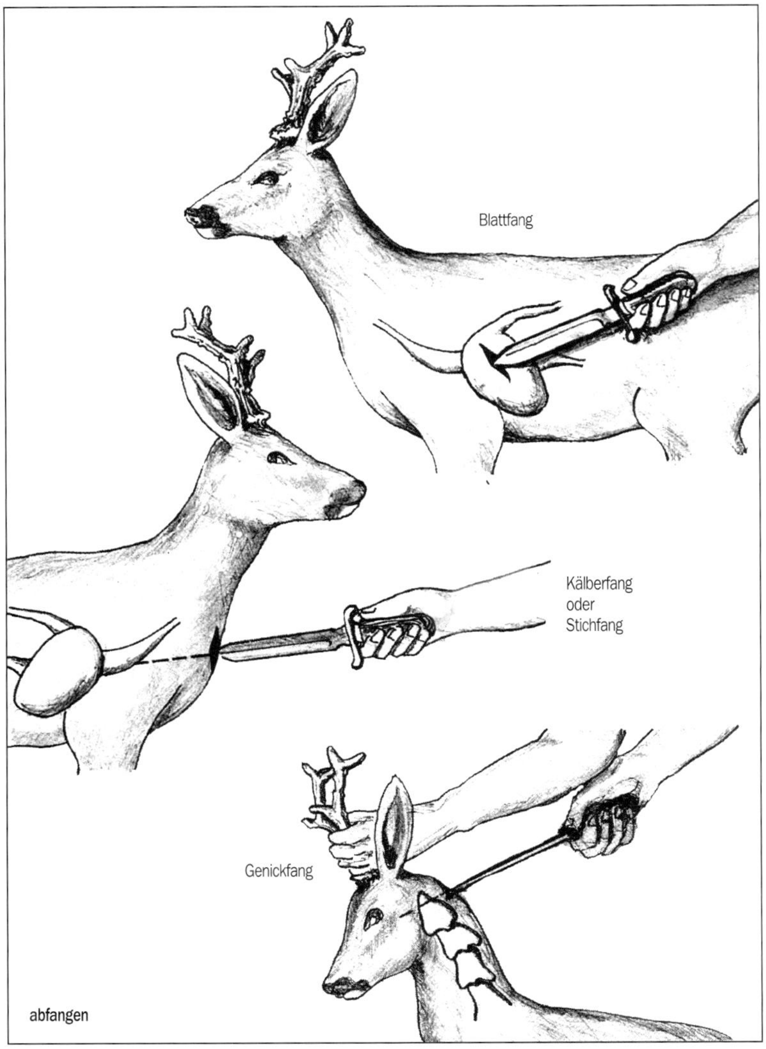

abfangen

abfärben: Nur selten gebrauchte Bez. für ▸ verfärben.
abfassen: Gleichbedeutend mit ▸ abwürgen.
abfedern: Das Töten angeschossenen ▸ Federwildes mit einer Feder. Mit der Spitze einer ausgerissenen Schwungfeder wird dem Flugwild durch das Hinterhauptloch ins Gehirn gestoßen. Diese Methode wird heute kaum mehr angewandt und ist auch abzulehnen.

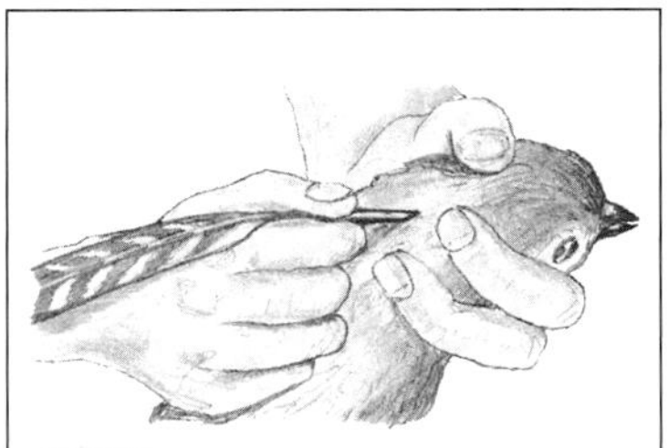
abfedern

abfegen: ▸ fegen.
abfellen: Dem Seehund das Fell abziehen; ▸ abdecken.
abfliegen: Bei allem Federwild: von einem Baum wegfliegen.
abführen: **1**) Schulung (Dressur) des Jagdhundes (Ausnahme: ▸ Hatzhunde) nach beendeter ▸ Stubendressur. Ein Hund gilt als abgeführt, wenn er die jagdliche Schulung abgeschlossen hat. Man sagt: »Der Hund ist gut abgeführt«; beim Hatzhund hingegen: »Er ist gut eingehetzt«; ▸ Hundeabrichtung. **2**) Nannte man früher auch das Nach-Hause-Fahren von ▸ Jagdzeug und erlegtem Wild.
Abgangsfehlerwinkel, der: ▸ Ballistik.
Abgangswinkel, der: ▸ Ballistik.
abgebrunftet: ▸ abbrunften.
abgegriffen: ▸ abgreifen.

abgehen: **1**) Beim Hund: das Verlassen der ▸ Fährte bzw. das Nicht-weiter-Verfolgen des Wildes (od.: das Wild wird nicht weiterverfolgt), hauptsächlich beim ▸ Schweißhund gebräuchlich; ▸ abfallen. **2**) Das Begehen eines Reviers aus jagdbetrieblichen Gründen. **3**) Beim Wild: Flüchtig werden, wenn es den Jäger wahrgenommen hat. **4**) Bei ▸ Schützen und ▸ Treibern: vom Sammelplatz zu den zugewiesenen Plätzen gehen.

abgellen (abgelten): Das Abprallen von Geschossen und Schrotkörnern (sog. Abpraller) von einem Hindernis bei einem bestimmten Auftreffwinkel. Sie prallen z.B. bei einem Auftreffwinkel bis zu 10° von Wasser, bei einem Auftreffwinkel bis zu 20° von Wiesen und Äckern und bei einem Auftreffwinkel bis zu 45° von Steinen, vereisten Hölzern, Straßen, Böschungen und Baumwurzeln ab. Ein A. der Geschosse und Schrotkörner ist aber auch von Bäumen und Flügelknochen fliegender Vögel möglich. Durch diese unkontrollierbaren Richtungsänderungen der Abpraller wird auch der Gefährdungsbereich nach Seite und Höhe vergrößert. Abprallende Geschosse können u.U. die gleiche Fluggeschwindigkeit und Flugstrecke wie die freifliegenden Geschosse erreichen. Abpraller sind besonders bei Vollmantel- und Flintenlaufgeschossen zu beobachten; ▸ Querschläger.

abgelten ▸ abgellen.

abgenicken ▸ abfangen 1).

abgesäugt: Beendigung der Säugezeit des Hundewelpen.

abgnicken: ▸ abfangen 1).

abgräseln: ▸ abtreten 3).

abgreifen: Das Stumpfwerden der ▸ Schalen bei alten Sauen; die Schalen sind abgegriffen (abgenutzt); ▸ abwechseln 1).

abhächsen (abhässen, abhäsen, abhessen, abheesen, abhäcksen): Das Durchschneiden oder Durchschlagen der Beugesehnen (Hachsen) an den Hinterläufen des bei der ▸ Parforcejagd gestellten Hirsches, um ihn gefahrlos ▸ abfangen zu können; ▸ Hächse.

abhalsen: Dem Hund das Halsband (▸ Halsung oder Halse) abnehmen. Gegenteil: ▸ anhalsen; ▸ schnallen.

abhängen: Das Wild erhält einen intensiveren Geschmack, wenn es einige Tage an einem kühlen Ort im ▸ Balg, in der ▸ Decke, in der ▸ Schwarte oder im ▸ Federkleid abhängt. Besonders Hasen (bis zu sechs Tagen) und Fasane gewinnen dadurch an Geschmack (▸ anbrüchig, ▸ Wildbret, ▸ Wildbrethygiene). Wegen der Milben und Bakterien in den Federn ist es jedoch unhygienisch, Federwild länger als 24 Stunden ungerupft liegen zu lassen. Wer Wert auf intensiveren Geschmack legt, sollte das gerupfte und gesäuberte Federwild ein bis zwei Tage im Kühlschrank aufbewahren.

abhären (verhären): **1**) Der Haarwechsel des ▸ Haarwildes im Frühjahr und Herbst; ein kaum mehr gebräuchlicher Ausdruck für ▸ verfärben. **2**) Der Haarwechsel beim Jagdhund.

abhäsen: ▸ abhächsen.

abhaspeln: Die Jagdlappen von der ▸ Haspel abwickeln bzw. ablaufen lassen; ▸ Jagdzeug.

abhässen: ▸ abhächsen.

abhauben: (aufdecken, abhäuben, abkappen, enthauben, entkappen): Dem ▸ Greifvogel (▸ Beizvogel) die Kappe oder Haube (▸ Falkenhaube) abnehmen; ▸ aufhauben.

abhäuben: ▸ abhauben.

abhauen: Das Abnagen (Abbeißen) der Baumstämme und Äste durch den ▸ Biber, auch Abschneiden genannt.

abhäuten: Die Haut abziehen, waidmännisch nur für den ▸ Braunbären, doch ist auch für diesen die Bez. ▸ abschärfen üblicher.

abheben: A. nannte man das Wegräumen des ▸ Jagdzeuges, speziell der Lappen, wenn die ▸ Archen oder Leinen nicht an den Stellstangen, sondern an Bäumen und Zweigen festgebunden waren.

abheesen: ▸ abhächsen.

abhefteln: A. nannte man das Losmachen von ▸ Jagdzeug, das nur am ▸ Heftel befestigt war.

abhessen: ▸ abhächsen.

abholzen (abbaumen): Das Herunterklettern oder Herabspringen von einem Baum bei allem Haarraubwild (Wildkatze, Luchs, Marder, Wiesel, Iltis) und beim Eichhörnchen.

abhorsten: Alter Ausdruck für das Abfliegen der ▸ Greifvögel aus ihrem Horst.

abhupen: Jemanden durch den ▸ Jagdschrei »Hup« ▸ abrufen.

abiotische Faktoren, die: ▸ ökologische Faktoren.

abjagen: **1**) Das ▸ Eingestellte Jagen (eingerichtete Jagen), einen bestimmten Revierteil bejagen. **2**) ▸ abkämpfen 1). **3**) Von Lauf- und Wildbodenhunden: zu jagen beginnen (veraltet). **4**) Vom Jagdhund: Einen Trieb abjagen, d.h. ihn vollständig nach Wild absuchen. **5**) svw. ▸ abstreichen 2).

Abjagensflügel, der (Abjagungsflügel): ▸ Stellflügel.

abkämpfen: **1**) Den Nebenbuhler vertreiben. Rivalitätskämpfe während der Begattungszeit; z.B. zwischen Hirschen in der Brunftzeit, Rehböcken in der Blattzeit, Keilern in der Rauschzeit, Auer- und Birkwild in der Balzzeit. Der unterlegene Nebenbuhler wird abgekämpft (abgejagt, abgetrieben, abgeschlagen); ▸ Kommentkampf. **2**) Das Abbrechen von Geweihenden bei Kämpfen; z.B.: »Der Hirsch hat die linke Eissprosse abgekämpft.«

abkappen: ▸ abhauben.

abklingeln: A. von Feldern; ▸ Klingeljagd.

abknebeln (ausknebeln): Den am Wild verbissenen Hund mit dem Knebel (▸ Knebel 4) losmachen, ▸ abbrechen.

abknicken: ▸ abfangen 1).

abkommen: Erfassen des Zieles im Augenblick der Schussabgabe; ▸ Abkommen 2).

Abkommen, das: **1**) Das Abmagern beim Wild, Hund und Pferd. **2**) Der Punkt, auf den die Visierlinie im Augenblick des Schusses zeigt. Das A. wird angesagt mit »gut abgekommen, links oder rechts, hoch oder tief abgekommen«. Wird der Schuss verwackelt (z.B. harter Abzug, schlechte Auflage usw.), so ist man »schlecht abgekommen«. **3**) Beim Jagdhund: die ▸ Fährte verlieren, von ihr abgehen oder abfallen. **4**) Die Visierung (das ▸ Absehen) des Gewehres; ▸ Jagdoptik, ▸ Visiereinrichtung.

abkoppeln: Die Hunde von der Koppel lösen, sie abhalsen, auch auskoppeln oder ablassen genannt.

Abkürzungen im Jagdhundwesen: ▸ Hundekauf, ▸ Hundeleistungszeichen.

abladen: Veralteter Ausdruck für das Ablaufenlassen einer Federhaspel; ▸ abhaspeln.

ablassen: ▸ abkoppeln.

ablaufen lassen: **1**) Die Jagdlappen (▸ Jagdzeug) abrollen; ▸ abhaspeln, ▸ abladen. **2**) Den Auer- oder Birkhahn auf dem Balzplatz auf schussgerechte Entfernung weglaufen lassen, um ihn nicht zu zerschießen.

abledigen: Dem ▸ Beizvogel die Wurffessel (▸ Geschüh) abnehmen.

ablegen: **1**) Das Alleinlassen von Kalb, Kitz bzw. eines jungen Seehundes durch das Mut-

Abgekommenes (abgemagertes) Alttier (im Bild rechts)

◂◂ Abgelegte Dachsbracke

tertier während der Nahrungssuche; das Jungtier ist abgelegt. **2**) Beim Federwild: Beendigung der Legezeit. »Die Eier sind abgelegt« sagt man, wenn die Henne das Gelege vollzählig hat. **3**) Beim Jagdhund: den Hund frei (nicht angeleint) oder bei einem persönlichen Gegenstand (Rucksack, Mantel etc.) zurücklassen. Das A. muss dem Hund so beigebracht werden, dass er weder Laut gibt noch winselt oder gar seinen zugewiesenen Platz verlässt.

ableinen: svw. ▸ schnallen.

Ablenkfütterung, die: ▸ Ablenkungsfütterung.

Ablenkungsfütterung, die: Eine Fütterung v. a. des Schwarzwildes im Wald. Die A. soll das Schwarzwild an den Wald binden und damit vermeiden helfen, dass es zu Felde zieht und hohe ▸ Wildschäden verursacht. Diese Futterstellen sind räumlich so anzulegen, dass das Wild von den gefährdeten Flächen ferngehalten wird. Die Erlegung des Wildes an solchen Stellen ist verboten, bei einer ▸ Kirrung jedoch erlaubt; ▸ Körnung 2), ▸ Luderplatz.

abliebeln (ablieben): **1**) Beim Jagdhund: ihm als Belohnung für die geleistete Arbeit schmeicheln, ihn loben, ihm schlechthin schöntun; auch ▸ abdanken 1). **2**) Beim Beizvogel und Uhu: sie mit einer Feder aufmuntern, loben; ▸ abspinnen.

Ablieger: ▸ Mutter-Kind-Beziehung.

ablocken: **1**) Bei Auer- und Birkhenne: Durch Locklaute wie »gock« oder »goik«, die öfter wiederholt werden, versucht die Henne, den Hahn zu sich zu locken; der Hahn wird abgelockt. Dies geschieht auch durch lautes Auffliegen oder ▸ Abstreichen. **2**) Beim Hund: alter und seltener Ausdruck für ▸ abrufen.

ablösen: **1**) Beim Zerlegen (▸ Zerwirken) des Wildes Teile des Wildbrets mit dem Jagdmesser muskelgerecht abschneiden (durchtrennen). Muss der Hirschfänger oder das Waidblatt (▸ Blanke Waffen) verwendet werden, spricht man von »abschlagen«. **2**) Seltener im Sinne von ▸ abkoppeln, ▸ abhalsen.

Ablösungszeremoniell, das: Verhalten brutpflegender Tiere bei der Ablösung eines Partners durch den anderen. Das A. ist v.a. bei Vögeln am Nest zu beobachten. Es dient u.a. der Beschwichtigung von Aggressivität (▸ Aggression) bei dem Tier, das die Eier bzw. die Jungen bewacht, und enthält daher Elemente aus der ▸ Balz und der ▸ Brutpflege. Manchmal werden Futtergaben oder nur symbolische Gaben überreicht; ▸ Balzfüttern.

abmucken: Alter und seltener Ausdruck für das ▸ Abschlagen 3) von Hase und Kaninchen.

abnehmen: **1**) ▸ abtragen 1). **2**) Den Beizvogel von der Beute wegnehmen. Man lässt ihn auf die mit ▸ Atzung dargereichte Faust übertreten.

abnicken: **1**) ▸ abfangen 1). **2**) Vom Falken: dem gebundenen Flugwild den Halswirbel durchbeißen.

abnorm: Jede regelwidrige Abweichung – auch krankhafter Art – hinsichtlich Geweih- oder Gehörnbildung, Körperbau usw. Diese allgemein übliche Bez. fällt nicht unter die speziellen jagdlichen Ausdrücke.

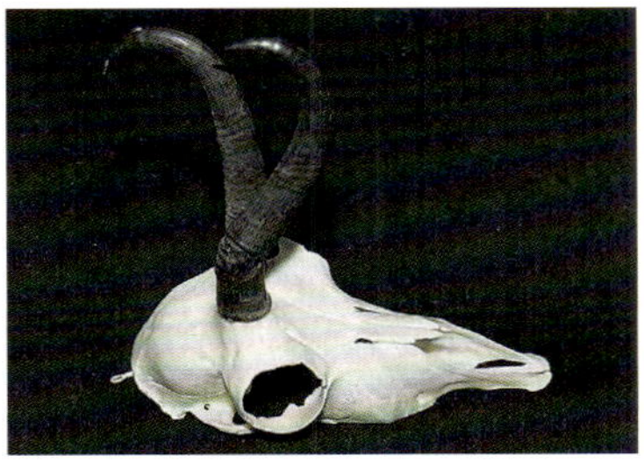

◂◂ Abnormes Gamsgeißgehörn: Knickbruch des rechten Horns

Abortus Bang, die: ▸ Brucellose.

abpfeifen: **1**) Benachrichtigung der ▸ Schützen und ▸ Treiber durch einen Pfiff, dass sie ihren ▸ Stand bzw. Platz verlassen können. **2**) Den Hund von einer Fährte wegholen.

Abpraller, der: ▸ abgellen.

abprossen: **1**) Das Abäsen oder Abfressen von Knospen und Weichholzrinde durch ▸ Hochwild, Rehwild und Hasen von Weichholzzweigen oder ▸ Prossholz (eingeschlagenes Weichholz). **2**) Das Abäsen von Nadel- und Blattknospen durch das Auerwild.

abrammeln: Das Beenden der Rammelzeit (Begattungszeit) bei ▸ Hasen und ▸ Wildkaninchen.

abranzen: Das Beenden der Ranzzeit (Begattungszeit) bei Fuchs, Dachs, Stein- und Baummarder, Iltis, Frettchen, Nerz, Großem und Kleinem Wiesel und Fischotter.

abrauschen: Das Beenden der Rauschzeit (Begattungszeit) beim ▸ Schwarzwild.

abreiten: Bei Auer- und Birkhahn: wegfliegen (abstreichen, abstehen, abfliegen, abrollen); ▸ abstoßen.

abrevieren: **1**) Einen Revierteil durch Jäger und/oder Hund absuchen. **2**) svw. ▸ abstreichen 2).

abrichten: Den Hund ▸ abführen, ihm die für die Jagdausübung notwendigen Kenntnisse beibringen.

Abrichtung der Jagdhunde: ▸ Hundeabrichtung.

abrollen: **1**) ▸ abranzen. **2**) Vom Auer- und Birkhahn: fortfliegen, ▸ abreiten. **3**) ▸ abhaspeln.

abrufen: Das Zurückrufen oder Wegrufen eines ▸ Schützen, ▸ Treibers oder eines Hundes (mittels Ruf, Pfiff oder ▸ Sichtzeichen); ▸ abpfeifen 1), ▸ abhupen, ▸ Hundeabrichtung.

Abrundung von Jagdbezirken: Die ▸ Jagdbezirke können durch Abtrennung, Angliederung oder Austausch von Grundflächen abgerundet werden, wenn dies aus Erfordernissen der Jagdpflege und Jagdausübung notwendig ist (BJG §5 Abs. 1). Die A. v. J. ist eine jagdrechtliche Veränderung der Grundflächen, die dazu dient, ein jagdlich zweckmäßiges Areal zu erhalten. Sie ist nur bei einem bestehenden Bezirk möglich und dient daher nicht der Angliederung an Grundflächen zu dem Zwecke, eine Neubildung eines Jagdbezirkes zu erreichen. Nach den Landesjagdgesetzen ist sowohl eine freiwillige Vereinbarung – mit behördlicher Genehmigung – zwischen den Beteiligten möglich (z.B. Bayern) als auch eine Abrundung von Amts wegen durch Verwaltungsakt der ▸ Jagdbehörden, die überall vorgesehen ist.

absäugen: ▸ absetzen 2).

abschälen: ▸ schälen.

abschärfen (veraltet: abschürfen): **1**) Ursprünglich die Bez. für das Abtrennen der ▸ Decke des Bären vom Wildbret und das Abziehen der ▸ Schwarte beim Dachs. **2**) Heute allgemeine Bez. für das Abschneiden mit dem Waidmesser: »Man schärft ab«; ▸ Blanke Waffen.

abscheiden: Das Absondern der jagdbaren Hirsche vom Kahlwildrudel; früher bei ▸ Eingestellten Jagen ▸ separieren genannt.

abschießen: **1**) Dem Wild einen Körperteil wegschießen; z.B. Haare, ▸ Lauf etc. Beim Federwild nur für das A. der Federn und des Schnabels üblich, bei den Greifvögeln für das A. der ▸ Fänge und beim Wassergeflügel für das A. der ▸ Latschen oder ▸ Ruder. Bei Federwild, dessen Beine als Ständer bezeichnet werden, spricht man von »Ständern«. Für das Treffen oder Wegschießen des Flügelknochens wird bei allem Federwild der Ausdruck »flügeln« gebraucht. **2**) Ein Gewehr abfeuern, einen Schuss abgeben. **3**) Den Abschuss tätigen, d.h. das Wild erlegen; es a.

Abschießplätze, die: Alte Bez. für jene Plätze, an denen beim Zeugjagen das Wild von den Jagdschirmen heraus erlegt wurde; ▸ Lauf, ▸ Eingestellte Jagen.

Abschlag, der: ▸ Hauptschlag.

abschlagen: **1**) Der stärkere Hirsch (Platzhirsch) schlägt die jüngeren, schwächeren Hirsche (Beihirsche) ab, er vertreibt sie; ▸ abkämpfen. **2**) Das Abschneiden (Absägen) des Gehörns oder Geweihs. Das Gehörn und das Geweih wurden früher mit dem Waidblatt abgeschlagen; ▸ ausschlagen. **3**) Das Töten von Hasen und Kaninchen durch einen Schlag hinter die Löffel (Genickschlag), entweder mit der Kante der flachen Hand oder mit einem Stock; ▸ Totschlagen. **4**) Die Hirsche schlagen den ▸ Bast vom Geweih ab, sie fegen oder ▸ verfegen. **5**) Die Muttertiere vertreiben vor dem erneuten ▸ Setzen bzw. zu Beginn der ▸ Brunftzeit ihre Jungen. **6**) Das Schwarzwild wehrt mit seinem ▸ Gewaff die Hunde ab; es schlägt die Hunde ab. **7**) Dem Hund die ▸ Rute a.; ihn ▸ kupieren. **8**) Starke ▸ Keiler sondern sich von der ▸ Rotte ab. **9**) Starke Keiler schlagen in der ▸ Rauschzeit die schwächeren ab. **10**) Das Muttertier schlägt den Beutegreifer ab, um das Jungtier zu schützen.

abschmeißen: Das Geweih oder Gehörn ▸ abwerfen. Das Wort a. anstelle von abwerfen ist hauptsächlich im Alpenraum gebräuchlich.

abschneiden: **1**)▸ abhauen. **2**) Vom Jagdhund: die Leine abbeißen. **3**) Das Abnagen von Halmen durch den Hasen. **4**) Das Abtreten von Gräsern durch den Rothirsch; der sog. Abtritt oder Abschnitt; ▸ Hirschgerechte Zeichen. **5**) Das Abnagen und Abbeißen von Zweigen und Ästen durch das Eichhörnchen. **6**) Wegschießen der Haare vom Wildkörper; Abschusshaar oder ▸ Schnitthaar. **7**) Ein Treiben zweiteilen, jeder Teil heißt Abschnitt; ▸ abbrechen 5).

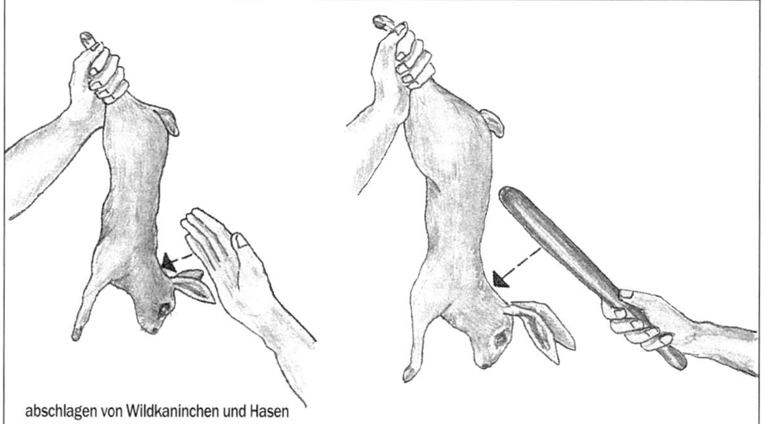
abschlagen von Wildkaninchen und Hasen

Abschnitt, der: **1**) ▸ Hirschgerechte Zeichen. **2**) ▸ abschneiden 7).

abschrauben: Veraltete Bez. für ▸ abstehlen.

abschrecken: **1**) Das Wild aus Saatfeldern etc. durch aufgestellte ▸ Wildscheuchen vertreiben. **2**) Alter Ausdruck für ▸ verlappen.

Abschritt, der (Abtritt): ▸ Hirschgerechte Zeichen.

abschürfen: Weniger gebräuchliche Bez. für ▸ abschärfen.

Abschuss, der: Eine bestimmte Zahl einer Wildart eines Revieres, die geschossen werden soll oder geschossen worden ist; ▸ Wahl-A., ▸ Hege-A., ▸ Ernte-A., ▸ Not-A., ▸ Reduktions-A., ▸ Total-A. und ▸ Fehl-A.; ▸ A.-Regelung.

Abschussbock, der: Ein schlecht veranlagter Rehbock, der nach Körperbau, Gehörngewicht und Gehörnentwicklung nicht dem Hegeziel entspricht und deshalb geschossen werden soll. Ein junger Bock (ein- und zweijährig) gilt als A., wenn er Ende Juni noch nicht gefegt hat. Zu den ▸ abschussnotwendigen jungen Böcken zählen auch die ▸ Knopfspießer. Bei den mittelalten Böcken (drei- bis fünfjährig) sollten alle abnormen, schwachstangigen und schlecht ▸ vereckten Böcke dem Abschuss unterliegen. In dieser Altersklasse kann aber ein Bock als A. auch dann angesehen werden, wenn er hinsichtlich Gehörnmasse, Perlung, Stangenhöhe oder Auslage gegenüber anderen Rehböcken bei gleichen Standortverhältnissen merklich zurückbleibt. Der alte Bock (ab dem sechsten Jahr) hingegen zählt grundsätzlich und unabhängig von der Güte des Gehörns zu den »abschusswürdigen« Böcken, den sog. Ernteböcken; ▸ Ernteabschuss.

Abschussetat, der: ▸ Abschussplan.

Abschusshaar, das: ▸ Schnitthaar.

Abschusshirsch, der: Ein schlecht veranlagter Hirsch, d.h. mit unzureichender oder fehlerhafter Geweihentwicklung und geringem Geweihgewicht. Junge Hirsche sind als A. aus der Wildbahn zu nehmen, wenn sie vom ersten Kopf an (anderthalb Jahre alt) nicht mehr als fingerlange Spieße aufhaben und vom zweiten Kopf an (zweieinhalb Jahre alt) sich nur als Spießer oder Gabler entwickelt haben oder als Sechser nur eine kurze Mittelsprosse aufweisen. Bei den mittelalten Hirschen sind die auf der Sechser- und Achterstufe stehen gebliebenen Hirsche sowie die Eissprossenachter ▸ abschussnotwendig. Zu den mittelalten abschussnotwendigen Hirschen zählen aber auch Eissprossenzehner, bei denen die Geweihmasse nach oben (Endenstärke) augenfällig abnimmt. Alte Hirsche ohne Krone sind ebenfalls als A. anzusehen. Ein Hirsch wird unabhängig von seinem Alter immer dann als A. anzusprechen sein, wenn er kein Ge-

Rehgeiß schlägt den Fuchs ab (aus Otto Grashey, »Praktisches Handbuch für Jäger«, 1894, 3. Auflage 1916)

weih trägt (sog. Mönch oder Plattkopf) oder wenn infolge einer Rosenstockverletzung Einstangigkeit vorliegt.

Abschussliste, die: Jeder Jagdrevierinhaber hat über das erlegte ▸ Schalenwild einschließlich ▸ Schwarzwild eine Abschuss- oder Streckenliste zu führen. Die Länder können über Führung, Vorlage und Einsichtnahme der A. nähere Regelungen treffen. Die A. ist der unteren ▸ Jagdbehörde vorzulegen und enthält i. Allg. folgende Angaben: laufende Nummer, Datum der Erlegung, Wildart (männliche Stücke aufgeteilt in Stärkeklassen, weibliche Stücke nach Altersbezeichnung wie Alttier, Schmaltier usw.) und Art der Verwertung. In einzelnen Ländern kann die untere Jagdbehörde zugleich mit der A. die Vorlage des Kopfschmuckes und des Unterkiefers verlangen. Die Eintragung und Anrechnung von ▸ Fallwild und verendetem Wild ist in den Ländern unterschiedlich geregelt, ebenso der Zeitpunkt der Vorlage der A.; ▸ Streckenmeldung.

Abschussmeldung, die: Die Erfüllung des ▸ Abschussplans wird durch ein – in den Ländern unterschiedliches – Abschussmeldeverfahren überwacht und kann ggf. erzwungen werden. Die Meldung hat grundsätzlich schriftlich zu erfolgen. Die A. enthält die Bez. des Stückes nach Wildart, Stärke, Geschlecht und Gewicht und die Verwertung des Wildbrets. Bei Schwarzwild ist ferner mitzuteilen, ob eine ▸ Trichinenschau stattgefunden hat. Die A. ist nur für das Wild zu erstatten, für das ein Abschussplan aufgestellt worden ist (Ausnahme: Schwarzwild). Der Zeitpunkt der Vorlage der Meldung an die untere Jagdbehörde ist in den Jagdgesetzen der Länder geregelt.

abschussnotwendig: Wild wird als a. bezeichnet, wenn es wegen schlechter Entwicklung (Kümmerer; beim Muffelwild z.B. auch Einwachser) sowie Krankheit, Überalterung oder wegen Verletzung bevorzugt erlegt werden soll; ▸ Hegeabschuss, ▸ Notabschuss.

Abschussplan, der: Nach dem BJG (§21 »Abschussregelung«) dürfen Schalenwild (mit Ausnahme von Schwarzwild; in Brandenburg, Mecklenburg-Vorpommern und in Rheinland-Pfalz – in Letzterem als Abschussvereinbarung – [Länderregelung] auch Schwarzwild) sowie Auer-, Birk-, und Rakelwild nur aufgrund und im Rahmen eines A. erlegt werden, der von der zuständigen Behörde im Einvernehmen mit dem Jagdbeirat zu bestätigen oder festzusetzen ist. Seehunde dürfen nur aufgrund und im Rahmen eines A. bejagt werden, der jährlich nach näherer Bestimmung der Länder für das Küstenmeer oder Teile davon aufgrund von Bestandsermittlungen aufzustellen ist. Der A. wird jährlich (in einigen Bundesländern für bestimmte Wildarten auch für einen längeren Zeitraum) aufgestellt und ist nach Geschlecht, ggf. auch nach Altersklassen, Stärke- und Güteklassen zu gliedern. Damit soll eine ausgewogene Altersstruktur geschaffen und das richtige ▸ Geschlechterverhältnis hergestellt werden. Die Belange der Land-, Forst- und Fischereiwirtschaft haben dabei Vorrang vor einem hohen Wildbestand (Schutz vor ▸ Wildschäden). Die Angaben im A. berücksichtigen in manchen Bundesländern auch die Ergebnisse einer vorgenommenen Wildbestandsermittlung (▸ Frühjahrsstand), wobei bei der Ermittlung der Abschusszahlen meist vorrangig die Vegetationsverhältnisse und der Zustand der Waldverjüngung zu berücksichtigen sind. Hierzu erstellen die Forstbehörden ▸ Forstliche Vegetationsgutachten (dafür sind unterschiedliche Bez. üblich), die in einigen Ländern entweder gesetzlich vorgeschrieben sind oder als Empfehlungen gelten. Die vom Revierinhaber – bei verpachteten Eigenjagdrevieren im Einvernehmen mit dem ▸ Jagdberechtigten, bei Gemeinschaftsjagdrevieren im Einvernehmen mit dem Jagdvorstand – aufgestellten A. sind in mehrfacher Ausfertigung bei der zuständigen ▸ Jagdbehörde zur Bestätigung oder Festsetzung termingerecht einzureichen. Ein rechtswirksam bestätigter oder festgesetzter A. soll während der Jagdzeit nur geändert werden, wenn sich für die ▸ Abschussregelung wesentliche Angaben als unrichtig erweisen oder wenn sich der ▸ Wildstand seit Aufstellung des A. erheblich geändert hat. Der A. für Schalenwild muss erfüllt werden. Bei Nichterfüllung kann der Abschuss nach erfolgloser schriftlicher, befristeter Aufforderung und nach Androhung der Säumnisfolgen durch die Jagdbehörde zwangsweise (Übertragung des Abschusses an einen Berufsjäger oder jagdlich bewährten Jagdscheininhaber) vorgenommen werden. Weitere Zwangsmittel sind Zwangsgeld und die Anordnung des körperlichen Nachweises. Zur Überwachung der A.-Erfüllung ist jeder Abschuss formblattmäßig zu melden (▸ Abschussmeldung). Außerdem werden öffentliche Pflichttrophäenschauen/Hegeschauen (▸ Trophäenschau) durchgeführt.

Abschussprämien, die: A. sind Entgelte (Belohnungen) für das Erlegen bestimmten Wildes. Meist handelt es sich um Prämien für das Erlegen von Fuchs, Dachs und Marder, wenn das Wild tollwutverdächtige Erscheinungen zeigte und in einem zum Abschussgebiet erklärten Bezirk (▸ gefährdeter Bezirk) erlegt wurde. Die Prämien werden entweder durch die Behörden (z.B. Landratsämter) oder durch die Forstverwaltung an ihre Bediensteten (hier auch z.T. Schwarzwildprämien) oder durch die Revierinhaber an ihr Jagdpersonal entrichtet. Nach dem BJG sind für Federwild A. verboten. Die Länder können jedoch Ausnahmen zulassen (z.B. für Ringeltauben zur Wildschadenverhütung); ▸ Accidenzen, Schussgelder.

Abschussregelung, die: Ein Teil der ▸ Wildhege. Nach dem BJG (§ 21 Abs. 1) ist der Abschuss des Wildes so zu regeln, dass die berechtigten Ansprüche der Land-, Forst- und Fischereiwirtschaft auf Schutz gegen ▸ Wildschäden voll gewahrt bleiben sowie die Belange von ▸ Naturschutz und ▸ Landschaftspflege berücksichtigt werden. Innerhalb der hierdurch gebotenen Grenzen soll die A. dazu beitragen, dass ein gesunder Wildbestand aller heimischen Tierarten in angemessener Zahl erhalten bleibt und insbesondere der Schutz von Tierarten gesichert ist, deren Bestand bedroht erscheint. Der Abschuss von Wild, dessen Bestand bedroht erscheint, kann in bestimmten Bezirken oder in bestimmten Revieren dauernd oder zeitweise gänzlich verboten werden. In administrativer Hinsicht umfasst der Begriff A. alle Gesetze, Vorschriften, Gutachten, Richtlinien und Empfehlungen, die die Regelung des Abschusses, d.h. die Bejagung des Wildes, zum Inhalt haben; ▸ Abschussplan.

Abschusswidder, der: ▸ Muffelwild (Hege mit der Büchse).

abschwarten: Das Abziehen (Abschärfen mit dem Waidmesser) der ▸ Schwarte bei Schwarzwild und Dachs. Beim A. des Schwarzwildes erfolgen die Schnittführung und das weitere Vorgehen ähnlich wie beim übrigen Schalenwild; ▸ zerwirken. Beim Dachs wird ähnlich wie beim Fuchs verfahren; ▸ abbalgen, ▸ aus der Decke schlagen, ▸ abstreifen, ▸ ausziehen.

Absehen, das: Eine Zielvorrichtung an einer Büchse und im Zielfernrohr; ▸ Jagdoptik, ▸ Visiereinrichtung.

absetzen: **1)** Das angeschlagene, aber noch nicht abgeschossene Gewehr nochmals a., es von der Backe nehmen; ▸ abbacken. **2)** Die Junghunde der Muttermilch entwöhnen, sie nicht mehr säugen lassen; auch absäugen, abstecken, absperren.

absitzen: Vom Wild: svw. ▸ abfallen 1).

abspannen: **1)** svw. ▸ entspannen; ▸ Fallen. **2)** Eine gespannte Falle (▸ Fallen) entspannen; sie losmachen.

absperren: svw. ▸ absetzen 2).

abspinnen: Den ▸ Beizvogel mit der ▸ Spinnfeder streicheln, um ihn zu beruhigen, aber auch, um ihn an die Berührung durch den ▸ Falkner zu gewöhnen. Die meisten Habichte und Falken lassen sich leicht an das Streicheln mit der Hand gewöhnen. Wildfalken (▸ Wildfang 1), besonders Hagardfalken (▸ Hagard), sind manchmal der Hand gegenüber sehr empfindlich, es empfiehlt sich deshalb, diese Vögel mit der ▸ Spinnfeder oder dem ▸ Spinnstab zu streicheln und sie so langsam an die Berührung mit der Hand des Falkners zu gewöhnen. Habichte streichelt man vom Kopf bis hinab zum ▸ Staart, Falken vom Kopf bis auf den Rücken (nicht über den Rücken hinab bis auf die ▸ Schwungfedern).

absprengen: **1)** Ein Stück (Hirsch oder Rehbock) vom ▸ Rudel oder ▸ Sprung forttreiben; ▸ abschlagen 1). Hirsch oder Bock sprengen in der ▸ Brunft den geringeren Rivalen ab. **2)** Verjagen der Kitze durch die Ricke (Geiß) kurz vor dem erneuten ▸ Setzen bzw. vor Beginn der Brunftzeit; ▸ abschlagen 5).

abspringen: **1)** Vom ▸ Schalenwild (außer Schwarzwild): svw. flüchtig werden (weglaufen); ▸ abgehen 3). **2)** Einen Absprung machen, das Wild springt ab; ▸ Absprung 1). **3)** Der ▸ Beizvogel springt ab, wenn er sich von der Faust fallen lässt.

Absprung, der: **1)** Wenn ▸ Haarwild, v.a. Hirsch und Hase, bei einem ▸ Widergang einen plötzlichen Sprung zur Seite macht, so nennt man das einen A. machen oder abspringen. Der Hase macht diesen Sprung meist unvermutet, kurz bevor er sich ins Lager (Sasse) drückt, um etwaige Feinde zu täuschen. **2)** Die Stelle, an der der Marder oder die Wildkatze nach einem Sprung vom Baum auf dem Boden aufkommt. **3)** ▸ abspringen 3).

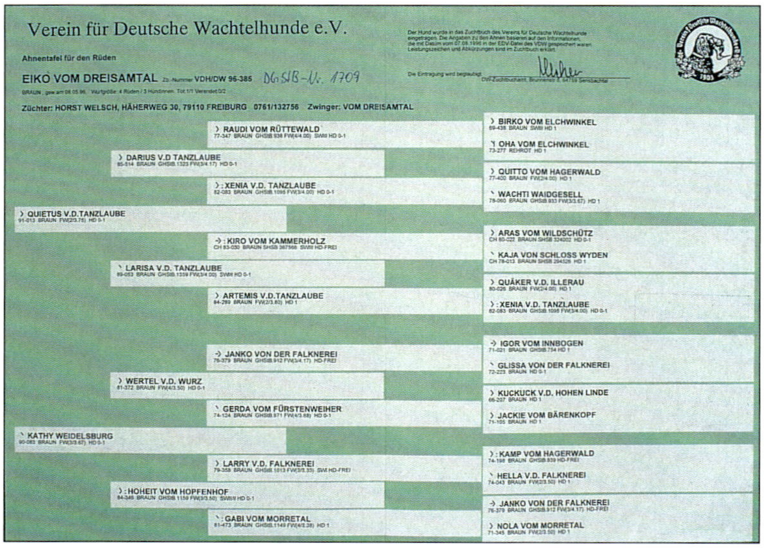
Verein für Deutsche Wachtelhunde e.V.

Ahnentafel für den Rüden

EIKO VOM DREISAMTAL Zb.-Nummer VDH/DW 96-385 DGStB-Nr. 1709

BRAUN, gew.am 08.05.96 Wurfgröße: 4 Rüden / 3 Hündinnen Tot 1/1 Verendet 0/2

Züchter: HORST WELSCH, HÄHERWEG 30, 79110 FREIBURG 0761/132756 Zwinger: VOM DREISAMTAL

Der Hund wurde in das Zuchtbuch des Vereins für Deutsche Wachtelhunde eingetragen. Die Angaben zu den Ahnen basieren auf den Informationen, die mit Datum vom 07.08.1996 in der EDV-Datei des VDW gespeichert waren. Leistungszeichen und Abkürzungen sind im Zuchtbuch erklärt.

Die Eintragung wird beglaubigt. DW-Zuchtbuchamt

QUIETUS V.D.TANZLAUBE 91-013 BRAUN FW(2/3.75) HD 0-1
- DARIUS V.D TANZLAUBE 85-514 BRAUN GHStB.1323 FW(3/4.17) HD 0-1
  - RAUDI VOM RÜTTEWALD 77-347 BRAUN GHStB.938 FW(4/4.00) SWH HD 0-1
    - BIRKO VOM ELCHWINKEL 69-438 BRAUN SWH HD 1
    - OHA VOM ELCHWINKEL 73-277 REHROT HD 1
  - XENIA V.D. TANZLAUBE 82-083 BRAUN GHStB.1095 FW(3/4.00) HD 0-1
    - QUITTO VOM HAGERWALD 77-400 BRAUN FW(2/4.00) HD 1
    - WACHTI WAIDGESELL 78-060 BRAUN GHStB.933 FW(3/3.67) HD 1
- LARISA V.D. TANZLAUBE 89-053 BRAUN GHStB.1359 FW(3/4.00) SWH HD 0-1
  - KIRO VOM KAMMERHOLZ CH 83-030 BRAUN SHSB 387566 SWH HD-FREI
    - ARAS VOM WILDSCHÜTZ CH 80-022 BRAUN SHSB 334002 HD 0-1
    - KAJA VON SCHLOSS WYDEN CH 78-013 BRAUN SHSB 294526 HD 1
  - ARTEMIS V.D.TANZLAUBE 84-299 BRAUN FW(2/3.80) HD 1
    - QUÄKER V.D. ILLERAU 80-026 BRAUN FW(2/4.00) HD 1
    - XENIA V.D. TANZLAUBE 82-083 BRAUN GHStB.1095 FW(3/4.00) HD 0-1

KATHY WEIDELSBURG 90-083 BRAUN FW(3/3.67) HD 0-1
- WERTEL V.D. WURZ 81-372 BRAUN FW(4/3.50) HD 0-1
  - JANKO VON DER FALKNEREI 76-379 BRAUN GHStB.912 FW(3/4.17) HD-FREI
    - IGOR VOM INNBOGEN 71-021 BRAUN GHStB.754 HD 1
    - GLISSA VON DER FALKNEREI 72-223 BRAUN HD 0-1
  - GERDA VOM FÜRSTENWEIHER 74-124 BRAUN GHStB.871 FW(4/3.88) HD 0-1
    - KUCKUCK V.D. HOHEN LINDE 66-207 BRAUN HD 1
    - JACKIE VOM BÄRENKOPF 71-105 BRAUN HD 1
- HOHEIT VOM HOPFENHOF 84-346 BRAUN GHStB.1159 FW(3/3.50) SWH HD 0-1
  - LARRY V.D. FALKNEREI 79-358 BRAUN GHStB.1013 FW(3/3.33) SWH HD-FREI
    - KAMP VOM HAGERWALD 74-198 BRAUN GHStB.839 HD-FREI
    - HELLA V.D. FALKNEREI 74-043 BRAUN FW(2/3.50) HD 1
  - GABI VOM MORRETAL 81-473 BRAUN GHStB.1149 FW(4/3.38) HD 1
    - JANKO VON DER FALKNEREI 76-379 BRAUN GHStB.912 FW(3/4.17) HD-FREI
    - NOLA VOM MORRETAL 71-345 BRAUN FW(2/3.50) HD 1

Die Ahnentafel weist die Abstammung nach, hier des Deutschen Wachtelhundes »Eiko vom Dreisamtal«.

abspüren: Ein Revier nach ▸ Spuren absuchen. Der ▸ fährtenkundige Jäger stellt dabei vorhandenes Wild nach Art, Geschlecht und Zahl fest. Erfolg versprechend ist das A. bei frisch gefallenem Schnee (▸ Neue). Der Jäger umgeht hierbei ein Waldstück und zählt bzw. bestimmt die ein- und auswechselnden Fährten und Spuren. Zugleich erfährt er beim A. die Tageseinstände des Wildes (▸ abfährten).

Abstammung, die: Beim Hund: Beim Kauf eines Jagdhundes ist es notwendig, die A. zu kennen, um einen brauchbaren und jagdlich leistungsfähigen Hund zu erhalten. Hierzu werden von den ▸ Zuchtvereinen A.-Nachweise (Ahnentafel, Stammbaum etc.) ausgestellt. Die Ahnentafel des Hundes wird vom jeweiligen Rassezuchtverein ausgestellt, wenn der Wurf (die Junghunde) vom Zuchtwart abgenommen wurde und ins Zuchtbuch (▸ Hundezuchtbuch) eingetragen wird. Sie bestätigt, dass der Hund ordnungsgemäß nach den Vorschriften des Zuchtvereins gezüchtet wurde. Die Ahnentafel enthält den Namen des Hundes, evtl. ▸ Hunde-Zuchtzeichen, die Zuchtbuchnummer, den Wurftag, Angabe über das Geschlecht des Hundes, Haarfarbe etc., Name und Adresse des Züchters und die Vorfahren des Hundes zurück bis zu den Ururgroßeltern. Die Namen der Vorfahren sind mit Zuchtbuchnummer, Leistungszeichen (▸ Hunde-Leistungszeichen) und Farbangaben versehen. In diese Ahnentafel werden der Name des Besitzers und später die Prüfungsbewertungen, die der Hund erhalten hat, eingetragen. Die Ahnentafel wird bei einem Besitzerwechsel dem neuen Besitzer ausgehändigt und begleitet den Hund bis zu dessen Tod, dann ist sie meist an das Zuchtbuchamt zurückzusenden. Die Ahnentafel von in Deutschland gezüchteten Hunden muss von einem Zuchtverein ausgestellt sein, der dem Jagdgebrauchshundverband (JGHV) (▸ Hundeverbände 1) angeschlossen ist, um international anerkannt und zu den Prüfungen des Jagdgebrauchshundverbandes (▸ Hundeprüfungen), in manchen Bundesländern auch zur Jagdeignungsprüfung, zugelassen zu werden.

Abstammungsnachweis, der: ▸ Abstammung.

abstäuben: ▸ aufstieben 1).

abstechen: **1**) Auch entstechen, waffentechnischer Begriff; ▸ Stecherabzug. **2**) Das Durchschneiden des ▸ Wildbrets beim ▸ Zerwirken.

abstecken: **1**) Bei ▸ Eingestellten Jagen die Vorarbeit zum Aufstellen der Tücher, die den ▸ Lauf bildeten. Die Jäger schlugen einige Heftel ein und steckten so die Größe des Laufes ab. **2**) Seltener Ausdruck für ▸ absetzen 2).

abstehen: **1**) Beim Auerhahn und allem größeren ▸ Federwild: vom Baum abstreichen. Beim Auerhahn auch: den Balzplatz nach der ▸ Balz verlassen. **2**) Seltener und alter Ausdruck für das Weggehen des Jägers von seinem ▸ Stand oder ▸ Ansitz.

abstehlen: Das unbemerkte, heimliche Fortschleichen des Wildes; z.B.: »Der Fuchs stahl sich unbemerkt aus dem ▸ Treiben ab.«

absteigen: Beim Auerhahn: vom Baum auf die Erde fliegen; ▸ abbaumen 1).

abstellen: **1**) Bei einem ▸ Treiben bestimmte Stellen mit ▸ Schützen und ▸ Treibern besetzen; ▸ Gesellschaftsjagd. **2**) Gestellte ▸ Schlingen schließen. **3**) Eine Fangvorrichtung (▸ Fallen) aus der fängischen Stellung bringen. **4**) Seltene Bez. für ▸ einstellen oder ▸ einrichten.

abstieben: Das rasche und plötzliche Wegfliegen des ▸ Federwildes, v.a. des Auerwildes vom Baum; ▸ abbaumen 1); ▸ aufstieben, ▸ abdonnern.

abstoßen: Beim Auerhahn: svw. ▸ abreiten.

abstreichen: **1**) Das Abfliegen des Federwildes; ▸ abstehen 1), ▸ abstieben. **2**) Das Absuchen eines Gebietes nach Beute durch ▸ Greifvögel; auch abjagen, abrevieren. **3**) Ein Feld a. oder ausstreichen hieß früher, Rebhühner, Wachteln etc. in die vorgestellten ▸ Garne (Netze) treiben.

abstreifen: **1**) Das Abziehen des ▸ Balges von Hasen, Kaninchen und ▸ Haarraubwild, außer Dachs (mancherorts auch bei diesem a. genannt) und Bär; ▸ abbalgen. **2**) Beim Hirsch: das Geweih ▸ abwerfen. **3**) Das Abäsen der Getreidekörner durch das ▸ Schalenwild. **4**) Einen Niederwildrevierteil bejagen, ihn a.

abstreiten: svw. ▸ abkämpfen 1), ▸ abschlagen 6) und 9), hauptsächlich beim Schwarzwild üblich.

abstürzen: Der Adler oder Geier treibt manchmal ein Stück Wild durch Flügelschläge an den Rand eines Abgrunds und bringt es zum Abstürzen.

absuchen: Mit dem Hund ein Feld nach Fasanen, Rebhühnern, Hasen und sonstigem ▸ Niederwild a.; ▸ Suche.

Abszess, der (österr. auch das): Eiterherd, Eiteransammlung in einem anatomisch nicht vorgebildeten Gewebehohlraum. Ein A. bei ▸ Beizvögeln kommt meist in der Oberschnabelhöhle vor. Um hier eine sehr gute Heilaussicht zu bewirken, ist der A. parallel zur Schnabelrichtung zu spalten und auszudrücken. Beim ▸ Aufbrechen des Wildes ist auf etwaige A. in den Innenorganen zu achten. Sie sind stets ein bedenkliches Merkmal und machen bei einem zum Verzehr bestimmten Stück eine ▸ Fleischuntersuchung erforderlich.

Abteilung, die: ▸ Waldeinteilung.

abtraben: Vom Wolf, Luchs und Fuchs: sich trabend entfernen.

abtragen: **1**) Den ▸ Jagdhund von der ▸ Fährte wegtragen. Der Hund wird weggetragen, wenn die ▸ Nachsuche aufgegeben oder abgebrochen werden muss. Die kleinen Hunde werden dabei auf den Armen weggetragen, größere Hunde hebt man an der Brust hoch und führt sie einige Meter von der Fährte weg. Der ▸ Leithund wurde von der Fährte mindestens zehn Schritt weit abgetragen, wenn er sich müde gearbeitet hatte. Der Hund wusste dadurch nicht, wo die Fährte geblieben war. Bei der Weitersuche musste er sie erneut suchen. Damit sollte der Jagdeifer des Hundes erhalten bleiben; ▸ abziehen 1). **2**) Auch bereiten: Einen ▸ Greifvogel zum ▸ Beizvogel abrichten, ihn ▸ locke machen, d.h. so weit wie möglich zähmen und ihn dabei gleichzeitig auf

▸▸▸ Verkappter Falke auf der Faust (Falkenhaube mit Trosch)

eine bestimmte Jagdart und auf eine bestimmte Wildart einstellen. Der Beizvogel wird auf Hasen, Rebhühner etc. abgetragen. Der ▸ Nestling oder ▸ Ästling muss trocken, d.h. sein Gefieder voll ausgebildet sein, wenn mit dem A. begonnen wird. Als Erstes wird der Nestling, Ästling und auch der ▸ Wildfang an die Gegenwart des Menschen und an den Umgang mit ihm gewöhnt. Der Falke muss auch an die ▸ Falkenhaube gewöhnt werden. Mit dem Tragen kann bei einem Nestling oder Ästling, der bereits relativ locke ist, tagsüber begonnen werden. Bei einem Wildfanghabicht beginnt man nachts, weil er da ruhiger ist und weniger abspringt, d.h. sich nicht so oft von der Faust fallen lässt. Der Falke, besonders aber der Habicht, muss täglich, häufig und lange auf der Faust getragen werden, um mit dem Falkner vertraut und wirklich locke zu werden. Sobald er ruhig auf der Faust steht, reicht man ihm ▸ Atzung und gewöhnt ihn daran, auf der Faust zu ▸ kröpfen. Gleichzeitig mit dem A. wird er auch an den Hund (▸ Vogelhund 1) gewöhnt und langsam mit anderen Personen und Dingen (z.B. Fahrzeugen) bekannt gemacht, damit er diese später nicht scheut. Man gewöhnt ihn auch an Lärm und macht ihn mit dem Weg ins Revier vertraut. Es folgen Beireitübungen an der ▸ Lockschnur, bei denen man ihn auf die Faust, auf das ▸ Federspiel oder auf den Hasenbalg beireiten lässt, wobei bei den Übungen bereits Teile des zukünftigen Beutewildes verwendet werden. Sobald der Beizvogel wirklich locke ist, folgen Beireitübungen ohne Lockschnur und bei den Falken Flugübungen mit dem Federspiel; früher wurde den Falken ▸ Wildflug gegeben. Der Beizvogel wird dann an lebendes Wild gebracht und zur gewünschten Jagdart, als ▸ Faustvogel, für die ▸ freie Folge oder zum ▸ Anwarten, abgetragen.

abtreiben: **1**) ▸ Schwangerschaftsunterbrechung. **2**) Beim Rotwild: das Vertreiben der Hirsche untereinander; aber auch das Verjagen der Kälber durch die Alttiere in der ▸ Brunft; ▸ abschlagen 1) und 5). **3**) Das Wild mittels einer Treiberkette den Schützen zutreiben; das Revier a.; ▸ durchtreiben.

abtreten: **1**) Mit Absicht das Wild zum ▸ Abspringen oder ▸ Abreiten bringen. Von a. spricht man aber auch, wenn der Jäger aus Unvorsichtigkeit oder durch sonstige Beunruhigung den Auerhahn zum Abreiten bringt; ▸ vertreten. **2**) Der Auer- oder Birkhahn tritt die Henne ab, d.h., er begattet sie. **3**) Veraltet auch: abgräseln, das Abtreten von Gräsern durch ▸ Schalenwild, speziell des Rothirsches; der Abtritt ist ein ▸ Hirschgerechtes Zeichen.

Abtrieb, der: ▸ Kahlschlag.

Abtritt, der: **1**) ▸ Hirschgerechte Zeichen. **2**) Rund um den Bau eines ▸ Dachses vorhandene, selbst gegrabene Löcher und Mulden, in welche der Dachs sich immer wieder löst, d.h. seine ▸ Losung absetzt; Dachsabtritte, Dachsaborte.

Abtritte, die: ▸ Abbisse.

Abtritteisen, das: ▸ Fallen 15.

abtrollen: Beim ▸ Schalenwild: sich im Troll (Trab) entfernen.

abtun: **1**) Krankgeschossenes Wild sondert sich auf der Flucht vom gesunden Wild ab (sich a.). **2**) Vom Hund: Der Hund muss krankgeschossenes ▸ Federwild a. (töten); ▸ abwürgen. **3**) Federwild a., vom Jäger: svw. ▸ abfedern.

Abundanz, die: ▸ Populationsdichte.

abwachen: Einen ▸ Beizvogel durch Schlaflosigkeit zahm und handgerecht machen.

abwalgen: Herabrollen eines schweren, tödlich getroffenen Stück Wildes über einen Hang; das Wild walgt ab.

abwandern: Eine Wildart verlässt ihren Lebensraum (wandert ab), wenn widrige Verhältnisse wie z.B. Nahrungsmangel, fehlende Deckung oder schlechte Witterung entstanden sind; ▸ auswechseln, ▸ Migration.

abwechseln: **1**) Die Stümpfe (Schalenspitzen) des ▸ Schalenwildes werden mit zunehmendem Alter durch Abnutzung immer runder und stumpfer, sie sind abgewechselt (abgenutzt). Beim Schwarzwild sagt man abgreifen; sie sind abgegriffen. **2**) svw. ▸ auswechseln.

Abwehrdrüse, die: ▸ Stinkdrüse.

Abwehrer, die: ▸ Treiber, die bei einem Treiben aus Mangel an ▸ Schützen an den Stellen aufgestellt werden, die sonst mit Schützen zu besetzen gewesen wären. Sie haben das Wild abzuwehren.

abweichen: Vom jungen Rebhuhn: Wenn es selbstständig geworden ist und nicht mehr unter den Flügeln der Henne Schutz sucht, sagt man: »Es ist von der Henne abgewichen.«

abwerfen: **1**) Die männlichen Cerviden (Elch-, Rot-, Dam-, Sika- und Rehwild) werfen einmal jährlich ihren Hauptschmuck (▸ Geweih, ▸ Schaufeln und ▸ Gehörn) ab. Der Abwurf der Stangen und Schaufeln wird durch das völlige Absinken des Geschlechtshormons Testosteron im Blut eingeleitet. Da das Geschlechtshormon bei jüngeren Böcken und Hirschen länger gebildet wird als bei den älteren, werfen die jüngeren später ab. Zwischen ▸ Rosenstock und Stange sterben die Knochenzellen ab. Erst bildet sich eine Rille (Abwurfrille), dann bricht die Stange vom Rosenstock ab. Das A. der zweiten Stange erfolgt kurze Zeit nach der ersten. Sofort nach dem Abwurf beginnt das neue Geweih bzw. Gehörn zu schieben (Einzelheiten siehe unter der jeweiligen Wildart). Gesucht und gefunden werden die abgeworfenen Stangen meist an den festen Wechseln und an den Fütterungen; ▸ Abwurfstange. **2**) Den ▸ Beizvogel mit einem Schwung von der Faust starten lassen; ihn a.; ▸ werfen. **3**) Nach Beendigung des Jagens das ▸ Jagdzeug von den Stellstangen a.

abwilpern: Alter Ausdruck für das Abmagern des Wildes.

Abwind, der: ▸ Wind.

abwölfen: Das Beenden des Wölfens (Gebären) bei Wolf, Fuchs und Hund; »Die Hündin hat abgewölft.«

Abwürfe, die: Abgeworfene Geweih- und Gehörnstangen; ▸ Abwurfstange, ▸ abwerfen 1).

Abwurfperiode, die: ▸ Abwurfzeit.

Abwurfrille, die: ▸ abwerfen 1).

Abwurfstange, die: Eine abgeworfene Stange (▸ abwerfen 1) des Elch-, Rot-, Dam-, Sika- und Rehwildes. Zusammengehörige Stangen eines Jahres heißen Passstangen. Die Abbruchfläche einer Stange wird als Petschaft oder Siegel bezeichnet. Man sagt, je flacher das Petschaft, desto älter der Hirsch, was jedoch häufig nicht stimmt. A. unterliegen dem Jagdrecht und können vom ▸ Jagdausübungsberechtigten angeeignet werden (▸ Aneignungsrecht). Zum Sammeln der A. ist nach dem BJG (§15 Abs. 1 Satz 2) die schriftliche Erlaubnis des Jagdausübungsberechtigten erforderlich. In manchen Gegenden ist bei der Bevölkerung das A.-Suchen (Harz: Zackelsuchen; Alpenland: Hörndlsuchen) durchaus üblich.

Abwurfstangenschau, die (Bayern: Zackelschau): auf freiwilliger Basis veranstaltete Begutachtung von ▸ Abwurfstangen.

Abwurfzeit, die (Abwurfperiode): Der Zeitraum, in welchem der Hauptschmuck (▸ Geweih) des Elch-, Rot-, Dam-, Sika- und Rehwildes abgeworfen wird (siehe unter der jeweiligen Wildart).

abwürgen: Töten von ▸ Raubwild und ▸ Raubzeug durch den Hund oder ein größeres Stück an der Kehle fassen und niederziehen. Soweit der Jagdhund das Stück bereits ergriffen hat und ein Schuss nicht mehr möglich ist, stellt das A. oder Abfassen durchaus eine ▸ waidgerechte Handlung dar. Verboten ist es jedoch

Abwurfstange vom Rothirsch

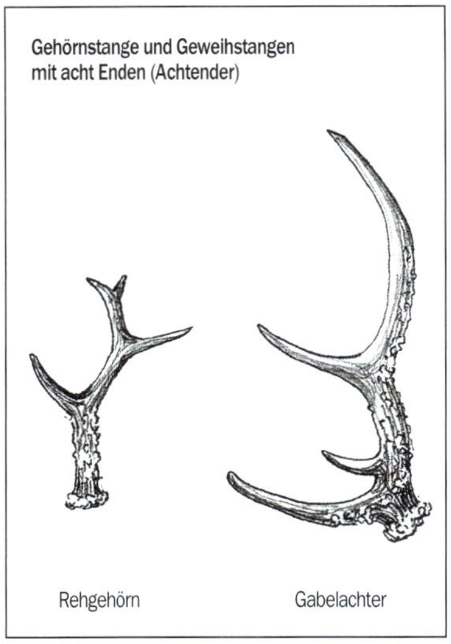

Gehörnstange und Geweihstangen mit acht Enden (Achtender)

nach dem ▸ Tierschutzgesetz, die Hunde an lebenden Katzen, Füchsen usw. scharf zu machen, d.h. abzurichten (▸ Kieler Entschließung); ▸ abtun 2).

abzanken: Krähen, Elstern und ▸ Greifvögel, die bei einem ▸ Fallwild zusammenkommen, vertreiben ihre schwächeren Artgenossen, sie zanken sie ab.

Abzeichen, die: Einzelne andersfarbige Flecken oder Platten am Kopf und am Körper von Hunden. Befinden sich die A. über den Augen, spricht man von ▸ viergeäugelt.

abziehen: **1**) Der ▸ Schweißhund (früher auch: der ▸ Leithund) wird von einer falschen Fährte mit dem ▸ Schweißriemen abgezogen; ▸ abtragen 1). **2**) Probeweise den Abzug der ▸ Falle a. **3**) Das Wegziehen der ▸ Zugvögel. **4**) Den ▸ Beizvogel von der geschlagenen Beute ▸ abnehmen. **5**) Alte Bez. für das A. der Haut mitsamt den Federn beim ▸ Federwild; ▸ abbalgen.

abzucken: Beim Haselhahn: Unterbrechen des Balzens durch Pausen.

Abzug, der: **1**) Die Vorrichtung zum Abfeuern eines Gewehres; ▸ A.-Vorrichtung. **2**) Ein kurzer Ruck mit dem ▸ Schweißriemen (Hängeseil), um den ▸ Schweißhund (früher auch den ▸ Leithund) zu strafen. **3**) Eine Vorrichtung an ▸ Fallen, die die fängisch gestellte Falle zusammenschlagen lässt, sobald der befestigte ▸ Abzugsbissen (Köder) abgezogen wird.

Abzugsbissen, der (Abzugsbrocken, Anbiss oder Abbiss, Stellbrocken): Ein Köder an der Abzugsvorrichtung von ▸ Fallen und Eisen.

Abzugsbrocken, der: ▸ Abzugsbissen.

Abzugsbügel, der: Ein Metallbügel (seltener ein Kunststoff- oder Hornbügel) am Gewehr, der Abzug und Stecher in einem Bogen umspannt und die Abzüge vor unmittelbarer Berührung schützt.

Abzug(s)eisen, das: Ein sofort tötendes Fanggerät (Deutscher Schwanenhals, Berliner A., Ei- und Haar-A.); ▸ Fallen.

Abzugsfaden, der (Kontrafaden): Ein beim Schwanenhals (▸ Fallen) durch die Abzugsröhre der Pfeife laufender Faden, der den Abzug betätigt.

Abzugsköder, der: ▸ Abzugsbissen.

Abzugssicherung, die: ▸ Sicherung.

Abzugsstange, die: ▸ Sicherung.

Abzugsvorrichtung, die: Sie dient zur Auslösung des gespannten Gewehrschlosses. Durch Betätigung des Abzuges wird die Abzugsstange aus der Rast gehoben. Das unter einer Federkraft stehende Schlagstück (Hahn) wird dabei frei, schlägt nach vorne und löst durch den Aufschlag des Schlagbolzens auf das Zündhütchen den Schussvorgang aus. Man unterscheidet: Flintenabzug (Doppelabzug, Einabzug), Druckpunktabzug, Stecherabzug und Spannabzug. Der Flintenabzug ist bei Flinten üblich, wird jedoch auch bei Kugelwaffen und Sportwaffen (▸ Matchabzug) verwendet. Er setzt dem Zeigefinger geringen Widerstand entgegen (hat vielfache Übersetzung) und lässt sich weich abziehen. Doppelflinten und Bockdoppelflinten haben zwei Abzüge *(Doppelabzug)*. Bei Doppelflinten ist i.d.R. der vordere Abzug für den rechten, der hintere für den linken Lauf. Bei Bockdoppelflinten ist meist der vordere Abzug für den unteren, der hintere für den oberen Lauf. Um jedoch die Schüsse schnell hintereinander abgeben zu können, können sie mit einem Abzug *(Einabzug)* abgefeuert werden; sind jedoch zwei Abzüge vorhanden, so ist häufig der hintere Abzug als Einabzug eingerichtet. Beim *Druckpunktabzug* spürt man erst nach einer kurzen Strecke einen Widerstand (den sog. Druckpunkt), nach dessen Überwindung der Schuss erst bricht. Er ist bei Kleinkaliberwaffen und Luftgewehren üblich. *Stecherabzug*: Um das »Verreißen« der Waffe beim Schuss zu vermeiden, wird für Büchsenläufe der Abzugswiderstand durch den Stecher verringert (▸ Stecherabzug). Der *Spannabzug* ist bei Pistolen und Revolvern gebräuchlich. Wird die Pistole gesichert, ist sie zugleich entspannt. Durch das Betätigen des Abzugshahns wird die Waffe gespannt und gleichzeitig der Schuss ausgelöst.

Abzugswiderstand, der: Der Widerstand, der beim Betätigen des ▸ Abzugs überwunden werden muss, um den Schuss auszulösen.

abzwingen: svw. ▸ abtreten 3).

Acaruskrätze, die: svw. ▸ Demodikose.

Accidenzen, die: A. waren früher die Hauptteile der Besoldung der Förster und Jäger. Sie bestanden überwiegend aus Holz-, Stamm-,

▸▸ Ungerader Achtzehnender

Anweise- und Triftgeldern. Daneben zählten auch die Anteile an gerodeten Stöcken sowie Straf- und Pfandgebühren etc. zu den A. Speziell die Jagd-A. setzten sich überwiegend aus ▸ Fanggeldern und ▸ Schussgeldern für Raubwild sowie aus den ▸ Abschussprämien für wildernde Hunde zusammen. Letztlich gehörten in verschiedenen Gebieten auch die vom Jäger gefundenen ▸ Abwurfstangen und das ▸ Jägerrecht zu den A.

Achleitner, Arthur (16.8.1858 Straubing bis 29.9.1927 München): Schriftsteller, Verfasser zahlreicher Jagd- und Berggeschichten. Er schrieb u.a. »Fröhlich Gejaid! Jagdgeschichten aus den Bergen« (1895), »Jagdbrevier. Lustige Weidwerksgeschichten aus dem Hochgebirge« (1896), »Jagdparadiese in Wort und Bild« (1913), »Der Jagdbischof« (um 1919), »Der Hirsch von Esslingen« (1898), »Im grünen Rock. Erzählungen aus dem Jägerleben« (1924) und »Büchsenspanner. Erinnerungen aus dem Hofjagdleben« (1922). A. war u.a. Redakteur der »Süddeutschen Presse« bis zu deren Einstellung im Jahre 1887. Als freier Schriftsteller wurde A. 1897 zum Professor, 1903 zum Geheimen Hofrat ernannt. Sein Grab befindet sich auf dem Friedhof in Sendling (Stadtteil von München). In mancher Literatur wird als Sterbeort (fälschlich) Straubing angegeben; ▸ Jagdliteratur.

Achtender, der (Achter): Ein Hirsch (seltener Rehbock) mit vier ▸ Enden an jeder Geweihstange (bzw. Gehörnstange). Beim Hirsch lassen sich zwei Formen unterscheiden: a) der Spitzen-A. oder Eissprossen-A. mit einem Äug-, Eis-, Mittelspross und einem Stangenende und b) der Gabel-A. mit einem Äug- und Mittelspross und einer Gabel als Stangenabschluss. Der Eisspross fehlt. Befinden sich an einer Stange vier, an der anderen drei Enden, so spricht man von einem ungeraden A.

Achter, der: ▸ Achtender.

Achterbock, der: Ein Rehbock (Ausnahmeerscheinung) mit vier ▸ Enden an jeder Stange. Bei vier Enden an nur einer Stange wird er ungerader A. genannt.

Achterreihe, die: Eine Reihe von achtendigen Geweihbildungen, die ein Hirsch mehrere Jahre hintereinander zeigt. Sie entspricht nicht der normalen Geweihentwicklung, ein solcher Hirsch wird deshalb auch als ewiger Achter bezeichnet; ▸ Abschusshirsch.

Achterstufe, die: Die vierte Geweihentwicklungsstufe, bei der der Hirsch bei normaler Entwicklung acht ▸ Enden trägt; ▸ Rotwild (Hauptschmuck).

Achtzehnender, der: Ein Rothirsch, der an jeder Stange mindestens neun ▸ Enden aufweist (gerader A.). Zeigt eine Stange weniger als neun Enden, so spricht man von einem ungeraden A.

Ackerbohnen, die: Wildäsungspflanzen.

Ackerkrähe, die: ▸ Rabenvögel 4.

Ackerlerche, die: ▸ Lerchen 2.

Ackerrandstreifenprogramm, das: Eine in Deutschland durchgeführte staatliche Fördermaßnahme zum Schutz der Acker- und Wiesenwildkräuter (Acker-, Wiesen- und Uferrandstreifenprogramm). Das A. dient der Erhaltung der gefährdeten Acker- und Wiesenwildkräuter mit der dazugehörigen Tierwelt sowie der Herstellung einer Verbindung zwischen isolierten Biotopen in der Landschaft (▸ Biotopverbundsysteme). Voraussetzung für eine Förderung ist der Verzicht auf den Einsatz von Pflanzenbehandlungs- und Düngemitteln auf Acker- oder Wiesenrandstreifen einer näher bestimmten Breite. Meist ist auch die Anzahl der Mahden beschränkt (per Festlegung durch die Naturschutzbehörde) und der Abtransport des Mähgutes vorgeschrieben.

Ackerunkräuter, die: Als A. werden Pflanzen bezeichnet, die im Ackerland in Konkurrenz zu den als Nutzpflanzen angebauten Arten wachsen. Kennzeichen der vergänglichen (ephemerischen) A. sind deren rasches Wachstum, die schnelle Reife und die große Produktion an Samen. Manche A., die überdauernden (perennierenden) A., sind auch durch zähe, regenerationsfähige Wurzeln an ein Leben im Acker angepasst. Durch die Reinigung des Saatgutes vor dem Aussäen und die Behandlung mit Herbiziden (▸ Pflanzenschutz) sind die A. weitgehend aus den Kulturen verdrängt worden. In größeren Populationen und in großer Artenvielfalt sind sie hingegen an Acker- und Feldrändern sowie auf Flurwegen zu finden. Typische A. sind u.a.: Klatschmohn, Kriechender Hahnenfuß, Weißer Gänsefuß, Acker-Vergissmeinnicht, Acker-Gauchheil, auch Roter Gauchheil, Kornblume, Hirtentäschel, Acker-Kratzdistel und viele Wolfsmilcharten; ▸ Unkräuter.

Acquaviva ▸ Jagdliteratur.

Adam, Münchener Malerfamilie: **1**) Albrecht (16.4.1786 Nördlingen bis 28.8.1862 München), Schlachten- und Pferdemaler, daneben Jagdszenen. **2**) Benno Raffael (15.7.1812 München bis 9.3.1892 München), Sohn von 1), zeichnete sich durch Darstellung der jagdbaren Tiere und Jagdhunde in figurenreichen Kompositionen (Hirschjagd, Fuchshetze, Sauhatz, Halali) sowie der Haustiere aus. Von ihm stammt u.a. »Jägersmahlzeit nach der Jagd«. **3**) Franz (1817 München bis 1880 München), Sohn von 1), malte Bilder aus dem Kriegs-, Volks- und Jagdleben.

Adamy: Jagdwaffenhersteller. Im Jahre 1921 gründeten die Brüder Franz und Albert A. die Firma Gebr. A. in Suhl. Die Firma stellt heute in Suhler Büchsenmachertradition Kipplauf- und Doppelbüchsen, Bockdoppelbüchsen, Büchsflinten, Bockbüchsflinten, Bergstutzen, Drillinge, Doppelbüchs- und Büchsflintendrillinge, Bockdrillinge und Vierlinge her.

Adaptation, die: Auch Adaption. In der Biologie Bez. für die Anpassung von Organismen an bestimmte Umweltbedingungen (z.B. Schatten- und Lichtpflanzen), aber auch Anpassung des Auges an unterschiedliche Helligkeit, Fähigkeit der Wärmeregulation vieler Wirbeltiere durch Anpassung an den Temperaturfaktor sowie ▸ Schutzanpassung, Feindanpassung und vieles mehr werden als A. bezeichnet. Das dickere Fell der Tiere in Polargebieten, sogar schon in Berggebieten, ist eine Anpassungserscheinung. Beim Aussetzen von Wildtieren ist stets auch deren Anpassungsfähigkeit zu berücksichtigen (▸ Auswilderungsgehege, ▸ Eingewöhnungsgatter). Die Anpassungsfähigkeit des Jagdhundes zeigt sich in dessen gutem Verhältnis zu seinem Herrn, seiner häuslichen Umgebung und den darin lebenden anderen Menschen.

Adapter, der: Reduzierhülse; ▸ Lauf 4)6.

Adebar, der: ▸ Störche 1.

Adel, der: Von A. spricht man beim Hund, wenn er eine rassetypische, edle Erscheinung (z.B. stolze Haltung) hat. Ein Junghund ist von A., wenn er von formschönen und leistungsfähigen Ahnen (▸ Abstammung) abstammt.

Adelar, der: svw. »edler Aar«; ▸ Aar.

Adjutant, der: Scherzhafte, nicht der ▸ Waidmannssprache entstammende Bez. für einen Beihirsch (jüngerer und schwächerer, d.h. geringerer Hirsch), der zur ▸ Feistzeit mit einem starken, älteren Hirsch in einem ▸ Trupp oder ▸ Rudel beisammensteht. Beim Austreten auf Lichtungen oder Äsungsplätzen etc. lässt der ältere Hirsch, der i.d.R. als Letzter zieht, dem A. den Vortritt; ▸ Schneider 2).

Adjutorismus, der: Lockere Vergesellschaftung verschiedener Tierarten mit gleichen Nahrungsansprüchen, die sich zur Sicherung ihrer Beute zusammenschließen; z.B. gemeinsame Jagd verschiedener Greifvögel, Wolfsrudel etc.

ADJV: **1**) Abk. für »Allgemeiner Deutscher Jagdschutz-Verein«; ▸ Jagdschutz-Verband. **2**) Abk. für Akademische Jagdverbindungen; ▸ Wernigeroder Jagdkorporationen Senioren-Convent, ▸ Kongress akademischer Jagdcorporationen.

Adler, die: Familie der Greife (*Accipitridae*) aus der ▸ Ordnung der ▸ Greifvögel (*Falconiformes*). Sie sind drei verschiedenen Unterfamilien zugeordnet. Schell-, Schrei-, Stein- und Seeadler gehören zur Unterfamilie der Habichte, Bussarde, Adler (*Accipitrinae*); der Schlangenadler gehört zur Unterfamilie Schlangenadler (*Circaetinae*) und der Fischadler zur Unterfamilie der Fischadler (*Pandioninae*). Die A. zählen zu den ▸ Taggreifvögeln; der größte einheimische A. ist der Seeadler. Besondere Merkmale der A.: Schnabel stets länger als die Hälfte des Kopfes, schräge Nasenlöcher, kleiner Kopf mit flachem Schädel, auf Nacken und Halsseite starre, lanzettförmige Federn. Die Krallen sind sehr stark und gekrümmt, die Krallenenden scharf zugespitzt (Grifftöter). Alle A. sind ▸ jagdbar, haben aber keine Jagdzeit. See- und Steinadler gehören zum ▸ Hochwild. Da die Gelege der A.-Arten meist nur aus zwei Eiern bestehen und oftmals nur ein Junges groß wird, sind umfangreiche Schutzmaßnahmen nötig, um die A.-Arten, die zudem erst mit einigen Jahren geschlechtsreif werden, zu erhalten. Die Geschlechter sind gleich gefärbt. Das Weibchen ist stets größer als das Männchen. Es erfolgt jährlich nur eine Brut. A. beanspruchen ein großes Revier und dulden dort keine weiteren Artgenossen. Die A.-Paare bleiben zeit ihres Lebens zusammen. Waidmännische Ausdrücke ▸ Greifvögel.

Mythologie: Die den A. auszeichnenden Eigenschaften wie Mut, Kraft und Fluggewandtheit

Der Seeadler – die größte einheimische Adlerart

ließen ihn zum Wappentier vieler Herrscherfamilien werden. Als Sinnbild war der A. bei Babyloniern, Persern und Indern Zeichen der höchsten Gottheit; Heereszeichen (Feldzeichen) war er zuerst bei den Persern und bei den Ptolemäern. In der nordischen Mythologie wurde der A. oft von Druiden und Schamanen zu ihren Trancereisen oder geistigen Flügen in die Anderwelt gewählt. Auch der weise Barde Taliesin wird gelegentlich in Gestalt eines A. dargestellt. Bei den Griechen war er Symbol des Zeus; in Rom als Zeichen Jupiters Sinnbild der kaiserlichen Macht; durch Marius wurde er zum Feldzeichen der Legion erhoben. Im Christentum ist er das Kennzeichen des Evangelisten Johannes, Sinnbild der Wiedergeburt durch die Taufe sowie der Himmelfahrt Christi. Als kaiserliches Wahrzeichen wurde der A. von Karl d. Gr. übernommen und im 12. Jh. zum deutschen Reichswappen erhoben. 1919 bis 1935 war das Wappen der Hohenstauferkaiser in seiner romanisch-gotischen Form das Reichswappen, seit 1950 ist es das Bundeswappen.

1. Steinadler, der (*Aquila chrysaëtos*, L.): Auch Berg-, Königs-, Gold-, Hasen-, Stockadler, brauner A., Ringelschwanzadler. Länge: 77 bis 95 cm, Gewicht: Männchen um 3500 g, Weibchen um 4500 g, ▸ Flügelspannweite: 200 bis 230 cm.

Der Steinadler ist Brutvogel im Alpenraum.

Aussehen: Die Altvögel sind überwiegend dunkelbraun, der Oberkopf und der Nacken goldgelb (Goldadler!). Die Ständer sind vollständig befiedert, die Federhosen reichen bis an die Zehen. Schnabel mächtig, an der Wurzel gerade, an der Spitze hakig. Im ▸ Jugendkleid ▸ Stoß weiß mit fast schwarzer Endbinde und weißem Fleck auf der Unterseite der gespreizten Flügel. Die Weißfärbung nimmt mit zunehmendem Alter – etwa ab dem fünften Lebensjahr – ab. Das mittlere Paar der Stoßfedern ist gleich lang, die übrigen sind sanft abgestuft, sodass der Stoß leicht abgerundet erscheint. Die ▸ Fänge sind goldgelb und mit starken, gekrümmten, scharf zugespitzten Krallen bewehrt.

Vorkommen: Er ist in verschiedenen Rassen über große Teile Eurasiens und Nordamerikas verbreitet, doch in vielen Gegenden bereits ausgerottet. Nur noch geringe Bestände in den Alpen: alpenweit etwa 1100 Brutpaare, in Bayern etwa 50, v.a. im Nationalpark Berchtesgaden, in den Chiemgauer Alpen, im Ammergebirge und in den Allgäuer Alpen. Sein Lebensraum sind höhere Gebirge mit steilen Felswänden. Brutvogel in Schottland, Norwegen, Nordschweden, Finnland, in den Alpen, auf der Iberischen Halbinsel, in den Karpaten, im französischen Zentralmassiv, auf den größeren Mittelmeerinseln sowie in Nordosteuropa und in großen Teilen Asiens. Bei uns überwiegend ▸ Standvogel, gelegentlich ▸ Strichvogel.

Fortpflanzung: Erst im Alter von fünf bis sechs Jahren geschlechtsreif. Der S. bevorzugt zum Horsten steile Felswände mit Nischen oder Vorsprüngen. Die ▸ Horste werden sehr groß gebaut. Horste mit einem Durchmesser bis zu 2 m und einer Höhe von über 1 m sind hierbei keine Ausnahme. Häufig werden mehrere Horste angelegt, die im Laufe der Jahre abwechselnd benutzt werden. Das Horstmaterial besteht aus grobem Astwerk, die Horstmulde wird mit feinem Reisig, Flechten, Moos oder Heidekraut ausgelegt. Das Gelege besteht meist aus zwei, seltener aus einem oder drei trübweißen, mit braunen und grauen Flecken versehenen Eiern, deren Schale sich etwas rau anfühlt. Die Eier sind 77 x 60 mm groß und ca. 140 g schwer. Die Eier werden überwiegend vom Weibchen 42 bis 44 Tage bebrütet. Meist wird nur ein Junges groß. Die ▸ Nestlingszeit beträgt 75 bis 80 Tage, die Jungen sind dann flugfähig, werden aber von den Eltern bis in den Spätwinter hinein geführt. Die Aufzucht der Jungen übernehmen die Eltern gemeinsam. Das Zerkleinern des Futters und das eigentliche Füttern im Horst übernimmt jedoch ausschließlich das Weibchen. Eine Jahresbrut (Ende März bis Mitte April).

Nahrung: Die Beute wird nur am Boden geschlagen (Such- bzw. Überraschungsjäger, als Ansitzjäger weniger erfolgreich). Vorwiegend schlägt der S. Murmeltiere, daneben auch Alpenschneehasen, Reh- und Gamskitze, Auer- und Birkwild, Füchse, junge Schafe und Eichhörnchen, aber auch kleine Säuger und Vögel. In Notzeiten (Winter) nimmt er auch Aas (Fallwild) an. Er trägt bis zu 7 kg.

2. Seeadler, der (*Haliaeëtus albicilla*, L.): Auch weißschwänziger S., weißschwänziger Meer-, großer Fischadler, Weißschwanz, Fischgeier,

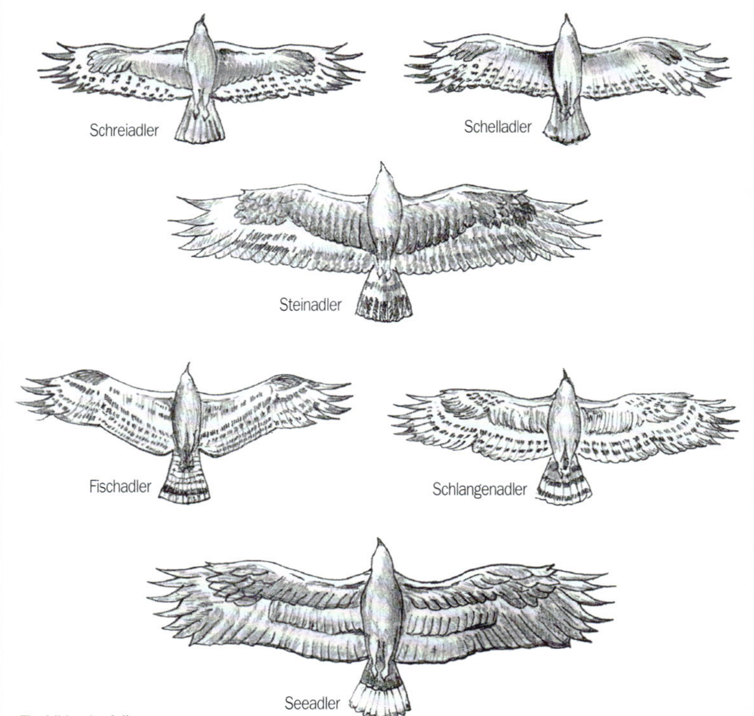

Flugbilder der Adler

Gelbschnabel, Gänseadler, Beinbrecher. Größter einheimischer A. Länge: 78 bis 95 cm, Gewicht: Männchen um 3500 g, Weibchen um 5500 g, Flügelspannweite: 215 bis 250 cm.
Aussehen: Beim Altvogel ist das Gefieder überwiegend dunkelbraun, Kopf, Hals und Brust sind gelblich weiß bis rahmfarben, der kurze, keilförmige Stoß ist reinweiß. Ständer nur bis zur Hälfte befiedert; ▸ Wachshaut, Augen, Ständer, Fänge und der mächtige Schnabel gelb. Beim Jungvogel sind Kopf- und Nackenfedern dunkelbraun, die Oberseite ist fahlbraun mit dunklen Spitzen, der keilförmige Stoß dunkelbraun und mit grauen Flecken durchsetzt.
Vorkommen: Nur noch geringe Bestände in Südosteuropa, von Norddeutschland (Ostholstein) ostwärts, Skandinavien, Island, Westküste Grönlands, nördliches Asien. Bei uns im Winter Strichvogel bis zu den Alpen, aber als ▸ Brutvogel in seinem Bestand bereits vom Aussterben bedroht. Er benötigt als Lebensraum größere, nahrungsreiche Gewässer in offenen Landschaften. Im Gebirge ist er nicht anzutreffen.
Fortpflanzung: Erst mit fünf bis sechs Jahren geschlechtsreif. Einehe auf Lebenszeit. Der Horst wird auf hohen Einzelbäumen oder auf Felsen errichtet und mehrere Jahre benutzt, wobei er stetig an Höhe und Umfang zunimmt (bis zu 2 m Durchmesser und über 1 m hoch). Ausnahmsweise werden Horste auch am Boden errichtet. Ähnlich dem Steinadler verwendet der S. grobes Astwerk und Reisig zum Horstbau und füllt die Zwischenräume mit Moos und Flechten aus. Das Gelege besteht aus zwei, selten aus drei kalkweißen Eiern, die 72 x 56 mm groß und etwa 140 g schwer sind. Die Eier werden hauptsächlich vom Weibchen 35 bis 42 Tage bebrütet. Der junge S. ist erst nach ca. 80 bis 90 Tagen flugfähig und verlässt den Horst. Während die Altvögel im Winter meist in der Nähe der Brutplätze bleiben, streichen die Jungen zu allen Jahreszeiten weit umher (Strichvögel). Eine Jahresbrut (Ende Februar bis Mitte März).
Nahrung: Sie besteht hauptsächlich aus Blessrallen, Fischen und Tauchern. Fische werden stoßtauchend erbeutet. Daneben zählen aber auch alle Arten von Wasservögeln bis zur Schwanengröße sowie Hasen und schwache Rehe, Ratten und Eidechsen zu seiner Beute. Im Winter geht er auch gerne an Aas.
3. Fischadler, der (*Pandion haliaëtus*, L.): Auch Flussadler, Fischaar, Fischerrabe, Hasenaar, Karpfenschläger, Weißbauch, weißköpfiger Blaufuß. Länge: 60 bis 65 cm, Gewicht: 1500 bis 2100 g, Flügelspannweite: 150 bis 170 cm.
Aussehen: Von der Schnabelwurzel vorbei an den Augen bis zum Hinterhals zieht sich ein schwarzbraunes Band. Auf dem Oberkopf kurze, weißliche Federhaube mit schwarzen Spitzen. Rücken und Oberflügel schwarzbraun, die Unterseite und die Kehle leuchtend weiß. Schnabel grau mit sehr langer Hakenspitze. Der Stoß ist braun mit sechs bis sieben dunklen Querbinden. Auffällig sind die blaue Wachshaut und die blauen, unbefiederten Ständer. Die Fänge sind grau, die Augen lebhaft gelb. Die ▸ Schwingen überragen sichtbar den Stoß. Der Jungvogel ähnelt den Eltern, Obergefieder jedoch mehr fahlbraun mit dunklen Spitzen, die Unterseite trübweiß und gefleckt. Charakteristisch sind im Flugbild die auffallend gewinkelten Schwingen. Er bleibt in der Luft häufig ▸ rüttelnd stehen.
Vorkommen: Der nur noch vereinzelt bei uns in Schleswig-Holstein und in Mecklenburg (ca. 35 F.-Paare) vorkommende F. ist bereits – wie alle A.-Arten – vom Aussterben bedroht. Er bewohnt zwar mit Ausnahme Südamerikas alle Erdteile, ist aber in Europa nur noch in Nord- und Osteuropa sowie in Südspanien Brutvogel. In Dänemark, Westdeutschland, Holland, Belgien, Frankreich, der Schweiz, Italien, Österreich, Ungarn und den Balkanländern fehlt er. In Europa ▸ Sommervogel, der hauptsächlich im tropischen Afrika überwintert. Bei Übersommerern handelt es sich meist um noch nicht brutreife Vögel. Sein Lebensraum sind fischreiche Binnengewässer aller Art in bewaldeter Umgebung oder im offenen Gelände mit Baumgruppen.
Fortpflanzung: Mit zwei bis drei Jahren geschlechtsreif. Der Horst steht überwiegend im Wipfel eines starken, hohen Baumes in der Nähe von Wasser, seltener auf Fels oder in einer Ruine. Zum Horstbau werden oftmals morsche, im Wasser gelegene Äste verwendet. Die Horstmulde wird mit weichem Material (Moos, Farne, Blätter und Gräser) ausgelegt. Das Gelege besteht meist aus drei (zwei bis vier) kalkweißen, rotbraun und aschgrau gefleckten Eiern, die ca. 68 bis 71 g schwer und 62 x 46 mm groß sind. Beide Eltern brüten abwechselnd 37 bis 38 Tage. Die Jungen verlassen nach etwa 60 bis 70 Tagen den Horst. Eine Jahresbrut (Ende April bis Anfang Mai).
Nahrung: Sie besteht fast ausschließlich aus Fischen, die er rüttelnd und stoßtauchend erbeutet.
4. Schreiadler, der (*Aquila pomarina*, Brehm): Auch klingender Schelladler, hochbeiniger A., russischer A., Schreier, Raufußadler. Kleinster einheimischer A. Länge: 61 bis 66 cm, Gewicht: Männchen um 1500 g, Weibchen um 1800 g.
Aussehen: Der Altvogel ist überwiegend fahlbraun, auf Kopf und Hals fast grau. Die Handschwingen sind stumpfschwarz, der Stoß mehr dunkelbraun mit sehr schwacher Bänderung. Die bis zu den Zehen befiederten Ständer sind wie die überwiegende Färbung fahlbraun. Augen dunkelbraun, Wachshaut und Zehen gelb, Krallen schwarzgrau. Im Jugendkleid sind Kopf-, Nacken- und Rückenfedern dunkelbraun mit rostgelben Spitzen. Die oberen Stoßfedern sind grau und gelblich gebändert. Die Augen des Jungvogels sind grau, der Schnabel hornfarbig.
Vorkommen: Osteuropa, von Nordgriechenland bis zum 60. Breitengrad im Norden (Estland), Kleinasien und nördlicher Iran. Früher häufig im norddeutschen Raum, heute nur noch vereinzelt in Mecklenburg und in Brandenburg Brutvogel. Er bevorzugt feuchte, stille Laub- und Mischwälder, v.a. in Teich- und Seenlandschaften. Er ist bei uns ein Zugvogel, der im Spätsommer überwiegend nach Süd- und Ostafrika zieht und erst im April an die Brutplätze zurückkehrt.
Fortpflanzung: Er sucht mit Vorliebe hohe Laubbäume am Rande einer Waldblöße zum Horsten. Der Horst steht jedoch immer in Wassernähe. Nicht selten werden verlassene Bussard- oder Habichtshorste angenommen und erweitert. Das Gelege besteht fast immer aus zwei Eiern (seltener aus einem Ei), die auf trübweißem Grund mit mehr oder weniger rotbraunen, hellbraunen oder violetten Flecken versehen sind. Die Eier sind 63 x 51 mm groß und ca. 83 g schwer. Die Brutdauer beträgt 39 bis 41 Tage. Der Jungvogel ist etwa nach 50 bis 55 Tagen flugfähig. Eine Jahresbrut (Mitte Mai).
Nahrung: Frösche, Eidechsen, Mäuse, Schlangen und gelegentlich Kleinvögel. Er jagt gerne zu Fuß in nassen Wiesen.
5. Schelladler, der (*Aquila clanga*, Pall.): Auch großer Schreiadler. Länge: 66 bis 74 cm, Gewicht: Männchen um 1600 bis 2000 g, Weibchen 2100 bis 3100 g, Flügelspannweite 160 bis 185 cm.
Aussehen: Der Altvogel ist oberseits dunkelbraun, unterseits etwas heller. Der Stoß ist

Oben: Der Schreiadler kommt nur noch vereinzelt in Nordostdeutschland vor.

Unten: Fischadler kröpft Beute.

Oben: Kaiseradler (östliche Rasse)

Unten: Schlangenadler

schwarzbraun und ohne Bänderung. Die Augen sind dunkelbraun, die Wachshaut und die Zehen gelb. Die Jungvögel des S. sind ähnlich gefärbt, oberseits jedoch mit vielen gelblich weißen Flecken, im Fluge sind zwei helle Flügelbinden zu sehen.

Vorkommen: Von Osteuropa bis nach China, lokal in Nordwestindien. In Europa nur in Südfinnland, Ostpreußen, Polen, Ungarn und Rumänien sowie im europäischen Russland Brutvogel. Kommt sonst in Mitteleuropa nur als Irrgast vor. Zugvogel, der hauptsächlich in Ägypten und Vorderasien überwintert. Er liebt, ähnlich dem Schreiadler, lichte, feuchte Wälder, Seengebiete und Sümpfe.

Fortpflanzung: Der Horst wird auf hohen Bäumen, gelegentlich auch in Büschen oder auf dem Steppenboden angelegt. Er ist kleiner als bei den übrigen A.-Arten (ca. 80 cm Durchmesser). Das Gelege besteht aus zwei trübweißen, glanzlosen, graubraun und violettgrau gefleckten Eiern, die 68 x 54 mm groß sind. Die Brutdauer beträgt etwa 40 Tage, die Nestlingszeit 55 bis 63 Tage. Eine Jahresbrut im Mai.

Nahrung: Mäuse, Ratten, Frösche, Eidechsen, Schlangen, Ziesel, aber auch mittelgroße Wasser- und Sumpfvögel. Gelegentlich geht er auch an ▸ Fallwild.

6. Kaiseradler, der (*Aquila heliaca*, Savigny): Auch Königs-, Sonnenadler, schwarzer, kurzschwänziger A. Länge: 79 bis 84 cm. Gewicht: Männchen um 2600 g, Weibchen um 3900 g, Flügelspannweite: 185 bis 215 cm.

Aussehen: Sein Erscheinungsbild wirkt im Vergleich zum Steinadler kleiner, plumper und schwerfälliger. Der Altvogel ist vorherrschend bräunlich schwarz, Oberkopf schwarz, Hinterkopf und Nacken gelblich. Hals, Rücken und Schultern weisen eine rötliche Färbung auf. Kennzeichnend ist u.a. der aus mehreren Federn bestehende weiße Schulterfleck, der beim Weibchen nach der ersten, beim Männchen (Terzel) nach der zweiten Mauser in Erscheinung tritt. Der Stoß wirkt gerade abgeschnitten und wird auf grauem Grund von sechs bis sieben dunklen Bändern unterbrochen. Die Ständer sind bis zu den Füßen befiedert. Der Schnabel ist horngrau mit schwarzer Spitze. Das Auge ist graugelb, die Wachshaut goldgelb. Der Jungvogel ist je nach Alter gelbbraun bis fleckig-dunkelbraun mit rostfarbenem Scheitel, der dann immer heller wird.

Vorkommen: Es gibt zwei Rassen. Die eine Rasse bewohnt den Süden der Pyrenäenhalbinsel und den Norden Marokkos, die andere ist von Südosteuropa durch Südrussland und Südsibirien bis zum Baikalsee beheimatet, daneben auch in Kleinasien, auf Zypern und lokal im Iran. Die beiden Rassen sind in Europa einerseits in Spanien, andererseits in Nordgriechenland, Ungarn, den Ländern des ehem. Jugoslawien, in Bulgarien, Rumänien und Südrussland verbreitet. Bei uns nicht anzutreffen. Er zieht die Ebene dem Gebirge vor, liebt die freie Umschau und ist deshalb in größeren Wäldern nicht anzutreffen. Überwiegend ▸ Jahresvogel.

Fortpflanzung: Er horstet mit Vorliebe auf hohen Bäumen, in der Steppe jedoch auch zu ebener Erde. Das Gelege besteht aus zwei, in Ausnahmefällen aus drei trübweißen Eiern, die 72 x 56 mm groß sind. Die Brutdauer beträgt etwa 43 Tage, die Nestlingszeit 60 bis 70 Tage. Eine Jahresbrut (April).

Nahrung: Schlägt überwiegend nur kleine Tiere wie Ziesel, Kaninchen, Ratten, Mäuse, Hamster und gelegentlich Vögel, geht aber an Fallwild.

7. Schlangenadler, der (*Circaetus gallicus*, Gmel.): Auch Bussardadler, blaufüßiger A., kurzzehiger A., Natternadler, weißer Hans. Länge: 63 bis 69 cm, Gewicht: 1500 bis 2100 g, Flügelspannweite: 165 bis 185 cm.

Aussehen: Beim Altvogel sind Scheitel, Nacken und Halsseiten dunkelgraubraun. Oberseite graubraun, Unterseite mehr oder weniger weiß und etwas braun gefleckt. Der Stoß braun und weiß gesäumt mit drei dunklen Querbinden. Die Unterseite der Flügel ist überwiegend weiß mit braunen Flecken und Binden. Das Auge ist leuchtend gelb, die Wachshaut gelb, der Schnabel grau mit dunkler Spitze. Ständer und Füße grau. Der Jungvogel ist unterseits heller braun mit dunklen Längsflecken. Die Geschlechter erinnern sowohl in der Färbung und Haltung als auch im Flug und in der Lautäußerung an den kleineren Bussard; der Kopf mit den gelben Augen jedoch mehr an eine Eule. Rüttelt häufig.

Vorkommen: Nordwestafrika, Süd- und Mitteleuropa, Osteuropa, Vorderasien, Südwestsibirien, Mongolei und Nordwestindien. In Europa ist er noch in Süd- und Mittelfrankreich, auf der Pyrenäenhalbinsel, in der Südschweiz, östlich von Oder und Weichsel, im ost- und südosteuropäischen Raum anzutreffen. In Europa Sommervogel, der hauptsächlich im tropischen Afrika überwintert. Sein Lebensraum sind Binnengewässer aller Art in Wäldern sowie offene Landschaften wie Moore und Heiden mit entsprechendem Nahrungsangebot an Schlangen und Eidechsen.

Fortpflanzung: Wahrscheinlich erst mit mehreren Jahren geschlechtsreif. Der Horst steht meist auf hohen, alten Bäumen. Das Gelege besteht aus einem, in den seltensten Fällen aus zwei weißen (im frischen Zustand schwach grünlichen) Eiern. Sie sind 73 x 58 mm groß und ca. 174 g schwer. Die Eier werden von den Eltern abwechselnd 44 bis 47 Tage bebrütet. Die Nestlingszeit beträgt 65 bis 75 Tage. Eine Jahresbrut (Anfang bis Mitte Mai).

Nahrung: Schlangen aller Art, aber auch Frösche, Eidechsen, Insekten, Fische, Ratten und Mäuse. Seine gegenüber den anderen A.-Arten weniger stark ausgeprägten Fänge erlauben es dem S. nicht, größeres Wild wie Hasen oder Kaninchen zu schlagen.

Adlerdrachen, der: Drachen in Form und Zeichnung eines ▸ Taggreifvogels. Bei der Rebhuhnjagd (Hühnersuche) im Herbst ließ man an windigen Tagen den Drachen steigen, um den Rebhühnern einen Greifvogel vorzutäuschen. Da Rebhühner zu dieser Jahreszeit i.d.R. nicht mehr halten, drückten sie sich angesichts ihres (vermeintlichen) natürlichen Feindes und konnten dann vom Jagdhund aufgestoßen werden; ▸ Drachenjagd.

Adlereule, die: ▸ Eulen 1.

Adlerflaum, der: Die weißen, zarten und flaumigen Federn des Adlers und aller anderen ▸ Greifvögel, die als Trophäen gelten. Bei einigen Arten sind diese Trophäenfedern handgroß. Je nach Körperteil sind sie entweder ganz aus Flaum oder nur in ihrem untersten Teil flaumig; ▸ Bruck.

Adlergraf, der: Im Volksmund Bez. für den bayerischen Grafen ▸ Arco-Zinneberg.

Adlerjäger, der: Im 19. Jh. Bez. für einen Gebirgsjäger, der sich beim ▸ Aushorsten und Erlegen von Adlern bewährt hatte; ▸ Arco-Zinneberg.

Adolph, Franz Josef (1671 bis 1749): Österreichischer Hofmaler, malte u.a. um 1750 im Auftrag des Bischofs von Olmütz für dessen Sommerresidenz in Krems zwei Ölbilder, welche die Hatz auf Bär und Auerochse mit Hunden darstellen.

Adonis: In der griechischen Mythologie ist der Name des Jünglings A. das Symbol für männliche Schönheit. Nach einer Version wurde A. während einer Jagd von einem Eber tödlich verletzt. Aus seinem Blut entstand die Anemone, Symbol für den in jedem Jahr wiederkehrenden Frühling. Nach einer anderen Version verliebte sich Persephone beim Eintritt in die

Unterwelt in A. und nahm sich seiner an. Nach einer wieder anderen Variante verliebte sich Ares, der Kriegsgott, in Aphrodite und ließ seinen Rivalen A. von einem Eber töten.

Adresstafel, die: ▸ Geschüh des ▸ Beizvogels.

à droit! (franz.: Richte dich auf!): Zuruf an den ▸ Apportierhund, wenn man ihn daran gewöhnen will, apportiertes Wild aufrecht und auf den Hinterläufen stehend (und nicht sitzend) zu übergeben; der Ausdruck ist veraltet und war auch selten gebräuchlich.

adult (lat.: erwachsen): Ornithologischer Ausdruck für einen erwachsenen, geschlechtsreifen Vogel mit voll entwickeltem Federkleid (▸ Alterskleid).

Aelst, Willem van (1625 bis 1683): ▸ Jagdkunst.

Aff, der: Das junge ▸ Murmeltier.

After, der: Die Bez. kommt von achter oder achtern und bedeutet svw. hinten oder nachher; wird in Zusammensetzungen wie ▸ Afterbalz, ▸ Afterdrüse usw. gebraucht.

Afrikanische Schweinepest (ASP), die: ▸ Schweinepest.

Afterbalz, die: Eine ▸ Balz außerhalb der normalen Balzzeit; auch wilde Balz genannt; letztgenannte Bez. wird bevorzugt für die Herbstbalz des Auerhahnes gebraucht.

Afterbrunft, die: ▸ Nachbrunft.

Afterbrut, die: ▸ Nachbrut.

Afterbürde: Ein in der alten Literatur (Fleming, Heppe, Behlen etc.) verwendeter Ausdruck für das Kalb im Mutterleib bei Rot-, Dam-, Elch- und Rehwild; ▸ Tracht.

Afterdarm, der: Veralteter Ausdruck für den ▸ Weiddarm.

Afterdrüsen, die: ▸ Analdrüsen.

Afterfeder, die: ▸ Vogelfeder.

Afterflügel, der: Der Daumen des ▸ Vogelflügels mit den Federn.

Aftergehörn, das: Ein selten vorkommendes Gehörn bei einer Rehgeiß (Ricke); ▸ Zwitter.

Afterjäger, der (Aasjäger): ▸ Aasjägerei.

Afterklauen, die (Geäfter, Sparren, Aftern, Afterrücken, speziell beim Rotwild Oberrücken, Oberballen, Oberklaue, seltener Überrücken genannt): **1)** Die A. sind zwei über dem Fesselgelenk rückwärts stehende Klauen (Hornvorsprünge; zweite und fünfte Zehe) bei den meisten rezenten Paarhufern (*Artiodactyla*), somit auch beim ▸ Schalenwild, beim Hund und bei den zur Familie der Hunde (▸ Canidae) gehörenden Raubtieren (▸ Beutegreifer); ▸ Wolfsklaue. Die A. drücken sich beim Schwarzwild – hier meist Geäfter genannt – seitwärts der Schalen in der ▸ Fährte ab, beim übrigen Schalenwild sind sie nur bei tiefem (weichem) Boden und stets nur in der Verlängerung der Schalen abgedrückt. Die Gemsen benutzen die A. als zusätzlichen Halt in schwierigem Gelände. **2)** ▸ Hirschgerechte Zeichen.

afterklauig (wolfsklauig): Bez. für einen Hund, der mehr als die normale Zahl von ▸ Afterklauen hat; ▸ Wolfsklaue.

Afterkralle, die: ▸ Wolfsklaue.

Aftern, die: ▸ Afterklauen.

aftern (äftern): **1)** Das Schalenwild aftert, wenn sich die ▸ Afterklauen im weichen Boden mit abdrücken; Schwarzwild aftert meistens. **2)** Einen Fährtenbruch a.: heißt, einen kleinen Bruch quer hinter diesem legen; ▸ Bruchzeichen.

Afterrose, die: Auch Doppelrose, eine beim Rehbock vorne oder seitlich des ▸ Rosenstocks auftretende dritte oder vierte kleine ▸ Rose. Wächst aus einer dieser Rosen eine dritte oder vierte ▸ Stange (ohne eigenen Rosenstock), so nennt man diese Afterstangen. A. bzw. Afterstangen kommen beim Rothirsch und bei den anderen Hirscharten äußerst selten vor.

Afterrücken, der: ▸ Afterklauen.

Afterrutschen, das: ▸ Schlittenfahren, ▸ Analdrüsen.

Afterstange, die: ▸ Afterrose.

Afterzehe, die: ▸ Wolfsklaue.

Ageraster, der: ▸ Rabenvögel 8.

Ägerst, der: ▸ Rabenvögel 8.

Aggregation, die: Zufällige Ansammlung – ohne soziale Bindungen – von artgleichen Tieren zu einem ▸ anonymen Verband, meist durch Umwelteinflüsse entstanden.

Aggression, die: In der Verhaltensforschung Bez. für Angriffslust (oder eine Drohhandlung) auf ein anderes Lebewesen. Sie kann sich gegen eigene Artgenossen (intraspezifische A.) oder gegen Artfremde (zwischenartliche A.) richten. Aggressives Verhalten kommt in zahlreichen Funktionszusammenhängen vor, z.B. zur Feindabwehr (Selbstverteidigung nicht sozialer Art), Revierverteidigung, Rivalenkampf bei der Balz (sozial bedingte A.), Ausbildung von Rangordnungen. Im Laufe der Stammesgeschichte haben sich Kontroll- und Hemmungsmechanismen entwickelt, die eine schwere Verletzung oder gar Tötung des Artgenossen weitgehend vermeiden. An die Stelle des Kampfes treten ritualisierte ▸ Demutsgebärden bzw. ▸ Imponierverhalten und ▸ Drohverhalten (▸ Eckzahndrohen) und der ▸ Kommentkampf, wobei häufig damit die Stärkenverhältnisse geklärt werden. Beim Jagdhund ist A. im positiven Sinne erwünschte Schärfe (▸ scharf 1)), die durch Erziehung gelenkt wird. Ein Hund mit neurotisch gesteigerter, nicht lenkbarer A. ist bissig; ▸ Reizschwelle.

AGJSO: Abk. für »Arbeitsgemeinschaft der Jagdverbände des Südostalpenraumes«. Die Vereinbarung über die Gründung einer Arbeitsgemeinschaft wurde am 25.10.1980 in Ljubljana (heutiges Slowenien) von den Delegierten der bisher in der zwischenstaatlichen Jagdkonferenz vereinigten Jagdverbände der Steiermark, Kärntens, Tirols, Sloweniens und Oberitaliens (Trentino, Südtirol) unterzeichnet.

Aglaster, der: ▸ Rabenvögel 8.

AG Naturnahe Jagd Norddeutschland e.V. (NJN): Gegründet am 26. April 1991 in Göttingen. Die NJN versteht sich als regionaler ökologischer Jagdverein und will mit ihren Veranstaltungen einen Dialog zwischen konkurrierenden Berufs- und Verbandsgruppen fördern sowie jagdrechtliche Konzeptionen erarbeiten.

Agrarzönose, die: Lebensgemeinschaften (▸ Biozönose) auf landwirtschaftlichen Flächen.

Agricola, Johannes, Georgius: ▸ Jagdliteratur.

Ahlschwanz, der: ▸ Wildenten 13.

Blätter von Bergahorn, Feldahorn und Spitzahorn (von oben; s. Ahorne, S. 24)

Bergahorn-Solitär (s. Ahorne, S. 24)

Johann Elias Ridinger (1696–1767): »Die Jagt gehet gut die Hunde haben den Hirsch en vué und jagen aus vollem Halse«, Kupferstich

Unbekannter venezianischer Meister: »Diana verurteilt den Aktäon«, 2. Hälfte des 19. Jh., Öl auf Leinwand. München, Deutsches Jagd- und Fischereimuseum

Ahnentafel, die: Ein Abstammungsnachweis des Hundes; ▸ Abstammung.

Ahnenverlust, der: In der Kynologie Bez. für erwünschte oder unerwünschte Eigenschaften, die bei den Enkeln oder Urenkeln der Hunde nicht mehr vorhanden sind, da sie nach den ▸ Mendel'schen Regeln verschwunden (ausgemendelt) sind.

Ahorne, die *(Acer)*: Eine Gattung der Ahorngewächse *(Aceraceae)*: Bei uns sommergrüne Laubbäume oder Sträucher mit lang gestielten, meist einfachen, bandförmig gelappten, seltener gefiederten oder ungelappten Blättern. Die Blüten sind klein, gelblich oder grünlich in Rispen, Doldenrispen oder Trauben. Die Früchte (Spaltfrüchte) sind lang geflügelt und zerfallen bei der Reife in zwei Teilfrüchte; Windverbreitung.

1. Berg-A. (*Acer pseudoplatanus*): Bis 35 m hoher und 500 Jahre alter Baum v.a. in den Mittelgebirgslagen (Bergmischwald, Schluchtwald) mit prächtiger Herbstlaubfärbung. Halbschatten- bzw. Schattengewächs. Verbiss- und schälgefährdet. Liefert wertvolles Nutzholz für Möbel und Furniere (Riegelahorn) sowie für den Geigenbau.

2. Feld-A. (*Acer campestre*): Auch Maßholder. Trägwüchsiger, bis zu 22 m hoher und 200 Jahre alter, sommergrüner Baum oder Strauch in wärmeren Lagen, z.B. in Eichen-Hainbuchen-Mischwäldern, Feldgehölzen und -rainen, Waldrändern und Hecken, Zierbaum in Parks und Anlagen. Halbschatt(en)baumart mit gutem Stockausschlagvermögen; bietet daher dem Wild gute Deckungsmöglichkeit. Das Laub dient auch als Viehfutter. Das harte Holz wird v.a. bei Tischlerarbeiten benutzt, ergibt auch gute Holzkohle. Wenig verbissgefährdet.

3. Spitz-A. (*Acer platanoides*): Bis 30 m hoher und 150 Jahre alter breitkroniger, sommergrüner Baum. Kommt hauptsächlich in den Laubwäldern (Buchen- und Laubmischwäldern, v.a. in Eichen-Hainbuchen- und Linden-Ahorn-Wäldern) vor. Licht- bzw. Halbschattengewächs, verbiss- und schälgefährdet. Das feste Holz wird zu Drechslerarbeiten und Furnieren verwendet.

4. Burgen-A. (*Acer monspessulanum*): Auch Französischer A. Bis zu 11 m hoher, sommergrüner Baum oder Strauch. Vorkommen bei uns nur im Mittelrheingebiet, an der Mosel, der Nahe und am Oberlauf des Mains.

A. I. N. C.: Abk. für Action Interrégionale Nature et Chasse (Interregionale Aktionsgemeinschaft Natur und Jagd); ein Zusammenschluss der Landesjagdverbände von Ostfrankreich, Luxemburg, dem Saarland und Rheinland-Pfalz.

Aitinger, Johann Conrad (27.9.1577 Schloss Rheinfels bei St. Goar bis 1637): A. war 1601 Kanzlist beim Landgrafen Moritz von Hessen in Kassel und wurde 1609 zum Rentschreiber und Burggrafen von Rotenburg ernannt. Er schrieb 1626 ein Buch über das Vogelfangen: »Kurtzer vnd Einfeltiger Bericht Von Dem Vogelstellen...« Es erschien 1681 in 3. Auflage unter dem Titel »Volständiges Jagd- und Weydbüchlein/Von dem Vogelstellen/In dreyen Theilen verhandelt«; ▸ Jagdliteratur.

Akademische Jagdverbindungen (ADJV): ▸ Wernigeroder Jagdkorporationen Senioren-Convent, ▸ Kongress akademischer Jagdcorporationen.

Akazie, Falsche, die: ▸ Robinie.

Akinese, die: Regloses Verharren als Schutzreaktion von Tieren bei drohender Gefahr, z.B. das Sich-Totstellen (Thanatose) von Insekten und das Sich-Drücken von Vögeln.

Akklimatisation, die: I. Allg. Bez. für die Gewöhnung von Lebewesen an die klimatischen Verhältnisse eines anderen Landes. Um die Wende vom 19. zum 20. Jh. wurde dieses Wort (Modewort) für die Einbürgerung von Tieren und Pflanzen gebraucht. Sog. A.-Vereine hatten es sich zur Aufgabe gemacht, neue Pflanzen und Tiere einzuführen. In Paris wurde zu diesem Zweck 1860 ein 20 ha großer A.-Garten eingerichtet; ▸ Aussetzen von Wild.

Aktäon (Aktaion): Sohn des Aristaios und der Autonoe. Ein berühmter Jäger, der in Orchomenos die ▸ Jagdgöttin Artemis mit ihren Nymphen zufällig beim Baden überraschte. Wütend verwandelte sie ihn deshalb in einen Hirsch und hetzte seine eigenen Hunde auf ihn, die ihn zerrissen.

Aktinobazillose, die: ▸ Aktinomykose.

Aktinomykose, die: Eine ▸ Infektionskrankheit. Die A., eine Strahlenpilzerkrankung, wird durch verschiedene Bakterien verursacht. Es werden unterschieden: a) die Knochen-A., hervorgerufen durch das Bakterium *Actinomyces israelii* und *Actinomyces bovis*, und b) die Haut- und Weichteil-A. (Aktinobazillose), hervorgerufen durch das Bakterium *Actinobazillus lignieresii*. Die Bakterien kommen auf Gras, an Getreidehalmen und in der Erde vor und können auch ohne Gewebeschädigung auf der Mundschleimhaut, auf den Schleimhäuten der Verdauungsorgane und auf der Haut leben. Sie sind fakultative Anaerobier, d.h., sie können sich unter Ausschluss von Sauerstoff, aber auch bei dessen Anwesenheit vermehren. Daneben können an einer Erkrankung auch Eiterbakterien beteiligt sein. Die Knochen-A. kommt v.a. am Unter- und Oberkiefer des Rehwildes, seltener bei anderem ▸ Haarwild vor. Auch der Mensch kann sich durch Grashalmkauen infizieren. Die Infektion geht von kleinen Wunden am Kiefer (meist Zahnwechselwunden der Backenzähne) aus. Es kommt zu eitergefüllten Abszessen; die Eiterungen schreiten fort und erfassen immer wieder neue Knochenkammern. Der Kieferknochen nimmt langsam an Umfang zu, quillt schwammartig auf und wird brüchig. Die Weichteil-A. tritt meist am Gesäuge, seltener an der Zunge auf. Besonders beim

Schwarzwild kommt sie häufig am Gesäuge vor (Bisswunden der Frischlinge); sie bildet große knotenartige Geschwülste. Durch die Knochenvergrößerung bzw. Geschwulstbildung zeigen sich am befallenen Teil (Gesäuge/Kiefer) Auftreibungen. Bei der Knochen-A. kommt es zu Zahnausfall, durch die Behinderung bei der Nahrungsaufnahme zu Abmagerung und schließlich zum Tod. Eine Verschleppung der Erreger auf dem Blutwege und damit Metastasenbildung ist möglich, aber selten. A. hat für unser Wild kaum Bedeutung, da sie von Tier zu Tier nicht übertragbar ist. Das erkrankte Tier jedoch verendet nach langsam fortschreitender Krankheit.
Bekämpfung: Erkrankte Stücke sind zu erlegen, weil eine Heilung nicht möglich ist. Das Wildbret ist nach der Entfernung des Krankheitsherdes genusstauglich, sofern das Stück nicht zu sehr abgekommen ist. Bei Mensch und Tier ist eine Heilung durch den Arzt bzw. Tierarzt möglich.

Aktionsraum, der: Das Wohngebiet (Streifgebiet, home range) einzelner oder mehrerer Populationsmitglieder (Individuen) während des ganzen Lebens. Der A. schließt auch das ▸ Territorium (▸ Revier) mit ein. Während im A. Artgenossen i. Allg. geduldet werden, werden die Territorien (Nahrungsreviere, Fortpflanzungsreviere) ihnen gegenüber verteidigt; ▸ Territorialverhalten.

Aktivitätsperiode, die: Tageszeitlich bedingte Aktivitätsphasen einer Tierart, die von Art zu Art verschieden sein können (Tages-, Dämmerungs- und Nachtaktive).

à la meute (franz.: zur Meute): Ein Zuruf des Parforcejägers an die Hunde, wenn sie sich in einer ▸ Meute sammeln sollten. Dieser Ausdruck wird sowohl von ▸ Hartig als auch von ▸ Winckell gebraucht und hatte im Deutschen keinen Ersatz.

Alaster, der: ▸ Rabenvögel 8.

à la vue (franz.): »Chasser le cerf à la vue« (auch »en vue«) heißt, den Hirsch bei der ▸ Parforcejagd im Auge zu behalten. Die beim jeweiligen Anblick des Hirsches geblasene Fanfare heißt »à la vue« oder »le vue«. Von den Hunden sagt man: »Sie jagen den Hirsch ›à la vue‹ oder ›en vue‹«, wenn sie diesem so hart folgen, dass sie ihn immer im Auge behalten. Dieser Ausdruck wird bei ▸ Döbel, ▸ Hartig und ▸ Winckell gebraucht und hatte wie der Begriff »à la meute« in der deutschen Sprache keinen Ersatz.

Albani, Francesco: ▸ Jagdkunst.

Albertus Magnus: ▸ Jagdliteratur.

Albinismus, der (span., lat.: *albus*, weiß): Der angeborene (erblich bedingte) Farbstoffmangel (Fehlen von Pigmenten) bei Lebewesen. Diese sind dadurch sehr hellhäutig, haben rote Augen (durchscheinende Blutgefäße), einen rosa Nasenspiegel, weiße, durchscheinende Schalen oder Krallen und rosa Lefzen und werden Albinos genannt. Man unterscheidet einen totalen A. (völlige Pigmentlosigkeit) und einen partiellen A., bei dem nur bestimmte Körperstellen ohne Pigmente sind (z.B. Weißscheckung);▸ Melanismus.

Albino, der: ▸ Albinismus.

Albinofrettchen, das: Ein gelbweiß gefärbtes Frettchen mit roten Augen; ▸ Iltisse 2.

Alexandrinerklee, der: ▸ Wildäsungspflanzen.

Alkar, der: ▸ Rabenvögel 7.

Alken, die: Eigene ▸ Familie (*Alcidae*), Unterordnung der wat- und schnepfenähnlichen Vögel aus der ▸ Ordnung der ▸ Watvögel (▸ Sumpfvögel) und möwenartigen Vögel (*Charadriiformes*). A. sind mit 22 Arten über die Nordozeane verbreitet und ausgezeichnete Schwimmvögel. Kennzeichnend für sie sind der kurze Hals, der gerade Schnabel (etwa von Kopfeslänge), die sehr kurzen und schmalen Flügel und die weit zurückgesetzten Beine. Sie waren früher jagdbar, aber ganzjährig geschont und unterliegen nach der Neufassung des BJG vom 1.4.1977 nicht mehr dem Jagdrecht. Sie sind jetzt durch das Naturschutzgesetz geschützt. Fünf Arten Brutvögel im nördlichen Europa: Papageitaucher (*Fratercula arctica*), Tordalk (*Alca torda*), Trottellumme (*Uria aalge*), Gryllteiste (*Cepphus grylle*) und der nur starengroße Krabbentaucher (*Plautus alle*). Der flugunfähige Riesenalk (*Alca impennis*) wurde 1844 ausgerottet. Die letzten Exemplare wurden auf der Felseninsel Eldey bei Island erschlagen. Die beiden wichtigsten Arten sind:

1. Tordalk, der (*Alca torda*, L.): Auch Eisalk, Klubalk, Scherrschnabel. Länge: um 40 cm, Gewicht: um 800 g.
Aussehen: Der schwarze und hell quergestreifte Schnabel ist bogig aufgeschwungen und seitlich zusammengedrückt. Kopf, Kehle, Halsseiten, Hinterhals und die ganze Oberseite sind tiefschwarz, Vorderhals und die ganze Unterseite weiß. Vom Ansatz des Oberschnabels bis zum Auge ein weißer Streif, der im ▸ Ruhekleid fehlt. Augen hellgrau, ▸ Latschen dunkelbraun. Im Ruhekleid ist die Oberseite schwarzbraun. Das ▸ Jugendkleid ähnelt dem Ruhekleid.
Vorkommen: Helgoland, Küstenbereich des nordwestlichen Mitteleuropa, nordatlantische Inseln, Küstengebiete der Britischen Inseln und Skandinaviens, Grönland und nordwestliches Nordamerika. Sein Lebensraum sind Felsküsten mit Steilwänden sowie Felseninseln. Außerhalb der Brutzeit hält er sich überwiegend auf dem offenen Meer auf. In Europa ▸ Jahresvogel und ▸ Teilzieher. Überwintert an den Küsten West- und Südwesteuropas.
Fortpflanzung: Etwa mit zwei Jahren geschlechtsreif. Er nistet kolonienweise, vielfach zwischen Lummen. Wie alle A.-Arten baut auch der T. kein Nest. Das einzige, bräunlich weiße, dunkelgefleckte Ei wird ohne Unterlage auf Felsbändern und Kanten steil abfallender Felsen abgelegt. Beide Partner bebrüten das 73 x 47 mm große und ca. 70 bis 100 g schwere Ei etwa 25 bis 31 Tage. Das Junge ist ▸ Platzhocker und springt im Alter von etwa 18 Tagen ins Meer, wo es bald selbstständig Nahrung aufnimmt. Eine Jahresbrut (April bis Mai/Juni).
Nahrung: Kleinere Fische, Krebstiere und Meereswürmer.

2. Trottellumme, die (*Uria aalge*, Pontopp.): Länge: um 40 cm, Gewicht: um 1000 g.
Aussehen: Im Sommerkleid (▸ Brutkleid) Kehle, Hals, Kopf und die Oberseite schwarzbraun, die Unterseite weiß. Bei einigen Exemplaren weißer Ring um das Auge, der sich in einem schmalen Streif bis zum Ohr hinzieht. Das Ruhekleid (Winterkleid) ist dem Brutkleid ähnlich, Kehle, Schläfen und Hals sind jedoch weiß. Jugendkleid ähnlich Ruhekleid.
Vorkommen: Lokal an den Küsten Westeuropas, auf Helgoland, vereinzelt an der Ostsee, an den Küsten Islands und der Britischen Inseln; südlich an der spanischen Küste. Darüber hinaus in Ostasien, im nördlichen Nordamerika und in Ostgrönland. Ihr Lebensraum sind steile und hohe Felsenküsten und Felseninseln. Außerhalb der Brutzeit hält sie sich überwiegend auf dem offenen Meer auf. In Europa Teilzieher, der hauptsächlich an den Küsten West- und Südwesteuropas überwintert.
Fortpflanzung: Erst mit zwei bis drei Jahren geschlechtsreif. Sie nistet in großen ▸ Kolonien,

Trottellumme

◂◂ Albinofrettchen

◂◂ Tordalk (aus: Otto Grashey, »Praktisches Handbuch für Jäger«, 1894, 3. Aufl. 1916)

oft mit Tordalken und Dreizehenmöwen. Auch die T. baut kein Nest. Das einzige, langkreiselförmige Ei von variabler Grundfarbe (grünlich oder bläulich weiß) mit tiefbraunen bis schwarzen Flecken und ebensolchen Schnörkeln und Haarlinien wird ohne Unterlage auf nacktem Fels abgelegt. Es ist 82 x 50 mm groß und 100 bis 140 g schwer. Beide Partner bebrüten das Ei 28 bis 38 Tage und füttern gemeinsam das Junge. Dieses ist ein Platzhocker und springt im Alter von zwei Wochen ins Meer. Eine Jahresbrut (Mitte Mai bis Juni).
Nahrung: Hauptsächlich kleinere Seefische, außerdem Krebstiere.

Alledeis, der: ▸ Iltisse 1.

Allen'sche Regel, die: Eine von dem US-amerikanischen Zoologen J. A. Allen aufgestellte Theorie, die besagt, dass Körperanhänge (z.B. Ohren, Schwanz oder Beine) von ▸ Warmblütern, hauptsächlich ▸ Säugetieren, in kälteren geografischen Lagen geringer sein sollen als bei entsprechenden Formen in wärmeren geografischen Lagen (Nord-Süd-Gefälle). Eine Anpassungserscheinung, die größere Wärmeverluste verhindern soll. Beispiel: Eisfuchs (arktische Zonen) mit sehr kleinen Ohren, Rotfuchs (gemäßigte Zonen) mit mittelgroßen und Wüstenfuchs (subtropische Zonen) mit sehr großen Ohren; ▸ Bergmann'sche Regel.

Allesfresser, die (Omnivoren, Generalisten): Tiere, die sowohl von tierischer als auch von pflanzlicher Nahrung leben (z.B. ▸ Braunbär, ▸ Dachs, ▸ Fuchs, ▸ Eichhörnchen, ▸ Mink, ▸ Marderhund, ▸ Möwen, ▸ Rabenvögel, ▸ Ratten, ▸ Schwarzwild, ▸ Waschbär, ▸ Wildenten etc.).

Allgemeiner Deutscher Jagdschutz-Verein (ADJV), der: ▸ Jagdschutz-Verband.

Allich, L.: ▸ Jagdliteratur.

Allmande, die: ▸ Allmende.

Allmende, die (Allmande): Hauptsächlich in Süddeutschland, Österreich und in der Schweiz gemeinsamer Grundbesitz (Gemeinschaftseigentum) einer Dorfgemeinde. Sie wurde meist gemeinschaftlich genutzt und bejagt. Durch die Ausweitung des ▸ Wildbanns (▸ Bannforst) durften die Bauern aber bereits ab dem 15. Jh. das Jagdrecht nicht mehr ausüben. Durch Neuordnung des Bauernrechts im 19. Jh. wurden die A., die bis dahin Merkmal einer fast tausendjährigen Bodenordnung waren, weitgehend aufgelöst.

Allons cherche! (franz.: Vorwärts, suche!): Zuruf an den ▸ Vorstehhund, wenn man ihn, nachdem er vorher mit »derrière« oder »zurück« abgerufen worden war, wieder suchen lässt. Der Ausdruck findet sich in der alten Jagdliteratur zuerst bei ▸ Jester.

Allonynus, St.: ▸ Schutzpatron der Falkner.

Alpenamsel, die: ▸ Rabenvögel 6.

Alpenbock, der: Frühere Bez. für den Steinbock; ▸ Steinwild.

Alpendohle, die: ▸ Rabenvögel 6.

Alpengeier, der: ▸ Geier 1.

Alpenhase, der: ▸ Hasen 2.

Alpenkonvention, die: Im November 1991 abgeschlossener völkerrechtlich verbindlicher Vertrag. Vertragspartner sind Deutschland, Frankreich, Italien, Liechtenstein, Österreich, die Schweiz, Slowenien und die Europäische Gemeinschaft. Österreich, Liechtenstein und Deutschland haben als erste Staaten die A. 1994 ratifiziert. Ziel der A. ist es, die Alpen für ihre Bewohner als stabilen Lebens- und Wirtschaftsraum im Herzen Europas zu sichern und als einzigartige und vielfältige ▸ Naturlandschaft zu erhalten. Mit der A. wird zum ersten Mal grenzübergreifend für eine europäische Region mit 11 Mio. Einwohnern (43 Regionen und 5800 Gemeinden) eine Vernetzung von Wirtschaft, Kultur und Umwelt im Sinne einer nachhaltigen Entwicklung realisiert.

Alpenkrähe, die: ▸ Rabenvögel 5.

Alpenländer-Bracke, die: ▸ Bracken.

Alpenländische Dachsbracke, die: ▸ Bracken 2.

Alpenmaus, die: ▸ Murmeltier.

Alpenmurmeltier, das: ▸ Murmeltier.

Alpenschneehase, der: ▸ Hasen 2.

Alpenschneehuhn, das: ▸ Raufußhühner 5.

Alpenspitzmaus, die: ▸ Spitzmäuse 2.

Alpenstange, die: Alpenländische Bez. für den ▸ Bergstock.

Alpensteinbock, der: ▸ Steinwild.

Alpenstrandläufer, der: ▸ Schnepfenvögel 16.

Alphahn, der (Alphuhn): Alpenländische Bez. für den Auerhahn (Auerhuhn); ▸ Raufußhühner 1.

Alphanet, der: Bez. für die nordafrikanischen Lannerfalken (*Falco biarmicus* und *Falco tanyterus*), v.a. für die hellfarbenen Saharafalken, die überwiegend aus Marokko kommen. In der alten Falkenliteratur werden sie häufig als selbstständige Art bezeichnet. Die Griechen betrachteten diese ▸ Falken als die schönsten und edelsten und gaben ihnen daher den Namen nach dem ersten Buchstaben ihres Alphabets.

Alphatier, das: Individuum, das in einer sozialen ▸ Rangordnung den obersten Platz einnimmt; ▸ Leittier, ▸ Hackordnung, ▸ Kommentkampf.

Alster, die (Alster-Kadl): ▸ Rabenvögel 8.

alt: **1**) Eine Fährte wird als a. bezeichnet, wenn sie mindestens 24 Stunden steht, kalt ist sie hingegen bereits nach drei Stunden. **2**) A. im Sinne von ▸ jagdbar. Darüber hinaus spricht man auch vom ▸ Alt-Reh, ▸ Alt-Tier, Alt-Geiß (Alt-Ricke) usw.

Altdeutscher Vorstehhund, der: Ein Deutscher ▸ Vorstehhund der älteren Zuchtrichtung. Er ist schwerer als der heutige Deutsche Vorstehhund und ist gekennzeichnet durch starke Lefzen und Triefaugen.

Altdurchforstung, die: ▸ Bestand(e)spflege.

alter Raufer, der: ▸ Raufer.

Altersbestimmung: Die A. beim erlegten Wild dient in erster Linie der planmäßigen Bewirtschaftung der Wildbestände (z.B. Feststellung des Altersaufbaus des Wildbestandes, Reifealtersfeststellung) und, soweit erforderlich, der Beurteilung der ▸ Trophäen auf den ▸ Trophäenschauen. Die Hege mit der Büchse (▸ Wahlabschuss) erfordert bereits spezielle Ansprechkenntnisse des Jägers hinsichtlich der Abschussnotwendigkeit des einzelnen Stückes und setzt große Erfahrung und eine langjährige Praxis voraus. Für die A. des jagdbaren ▸ Schalenwildes wurden bis zur Wende vom 19. zum 20. Jh. ausnahmslos die Merkmale des ▸ Geweihs bzw. ▸ Gehörns, das Verhalten des Wildes sowie die Rückschlüsse auf Körperform und -masse herangezogen. Zusätzliche Merkmale am erlegten Wild waren nicht bekannt. Die heute von den Wildbiologen angewandten Möglichkeiten zur A. des Schalenwildes – hauptsächlich die Altersmerkmale am Gebiss (▸ Zahnalterslehre) – werden zwar den Anforderungen des Jagdbetriebes gerecht, eine exakte Methode steht jedoch noch aus; nur beim Hirsch bringt die A. durch ▸ Zahnschliff bei etwa 80% ein hundertprozentiges Ergebnis. Eine genaue A. ist derzeit nur bei Wild, das mit ▸ Wildmarken gekennzeichnet wurde, sowie beim Jungwild bis zum Abschluss der Zahnentwicklung möglich. Schwierig ist auch die A. beim ▸ Niederwild. Eine mehr oder weniger genaue Trennung junger Stücke von älteren Stücken ist bis jetzt nur beim Auerhahn und beim Hasen möglich. Speziell beim Flugwild ist die A. sehr kompliziert und gibt nur unzureichende Anhaltspunkte. Im einzelnen werden zur A. erlegten Wildes folgende Merkmale herangezogen:

▸ Rotwild: Ziemlich genaue Feststellung des Alters anhand der Zahnentwicklung bis zur Vollendung des dritten Lebensjahres, danach Beurteilung des Abnutzungsgrades der Backenzähne. Bei fehlendem Unterkiefer grobe Beurteilung nach Durchmesser und Höhe der Rosenstöcke möglich; genauere Ergebnisse werden durch ▸ Zahnschliff erreicht.

▸ Damwild: Ziemlich genaue Feststellung des Alters anhand der Zahnentwicklung bis zur Vollendung des zweiten Lebensjahres, danach Beurteilung des Abnutzungsgrades der Backenzähne oder mikroskopische Feststellung der Zonierung des Zahnzements in den Molaren.

▸ Muffelwild: Sichere Feststellung des Alters nach der Zahnentwicklung bis zum Alter von 44 Monaten, danach Beurteilung des Abnutzungsgrades der Backenzähne. Beim Widder exakte A. durch Zählung der Jahresringe auf dem Hornschlauch (Schnecke).

▸ Rehwild: Exakte Feststellung des Alters nach der Zahnentwicklung bis zum Alter einjährig, ab dem zweiten Lebensjahr Beurteilung des Abnutzungsgrades der Backenzähne; Schätzung des Alters anhand der Verwachsungen der Stirnbeinnähte.

▸ Elchwild: Altersfeststellung nach der Zahnentwicklung bis zum Ende des zweiten Lebensjahres, danach Beurteilung des Abnutzungsgrades der Backenzähne, wobei ab dem zehnten Lebensjahr nur noch eine Grobschätzung möglich ist.

▸ Gamswild: Altersfeststellung nach der Zahnentwicklung bis zum vierten Lebensjahr. Spätere Beurteilung nach dem Zahnabschliff ist schwierig, weil im Ggs. zu den ▸ Cerviden die Kauflächen scharfkantig bleiben. Exakte Bestimmung des Alters ab Jährling durch Zählung der Jahresringe an der Krücke bei Bock und Geiß.

▸ Steinwild: Altersfeststellung nach der Zahn-

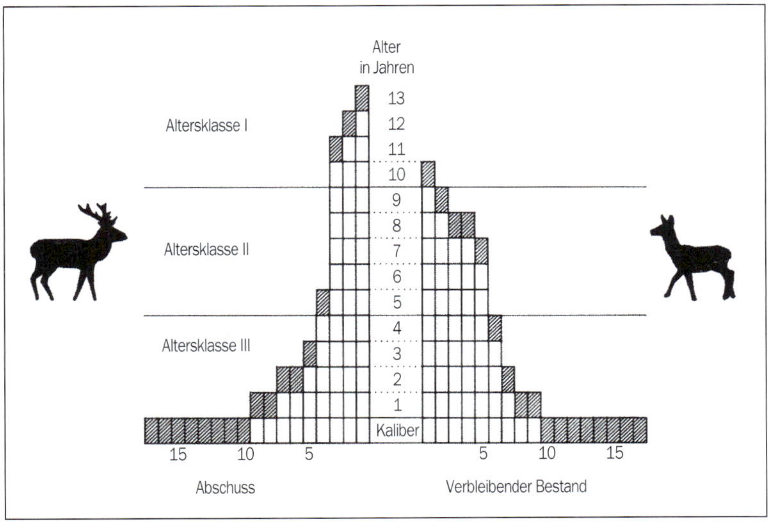

◂◂ Bestandspyramide: Schematische Darstellung der Gliederung und jagdlichen Behandlung eines Rotwildbestandes von 100 Stück bei einem Geschlechterverhältnis von 1:1 und einem Zuwachs von 67 Prozent des weiblichen Frühjahrsbestandes (= 34 Kälber)

entwicklung und exakte Bestimmung anhand der Schmuckwülste beim Bock.

▸ Schwarzwild: Altersfeststellung nach der Zahnentwicklung bis zum Alter zweijährig, danach ungefähre Beurteilung des Abnutzungsgrades der inneren Schneidezähne. Bei älteren Stücken dienen die Veränderungen im Durchmesser der Gewehre (Keiler) und an den Haken (Bache) zur A.

Hase/Kaninchen: Bestimmung des Alters nach dem Strohschen Zeichen bis zum sechsten Lebensmonat und nach der Masse der getrockneten Augenlinsen; ▸ Hasen 1 (Altersbestimmung, Altersmerkmale).

Raubwild: Möglichkeit der A. beim männlichen Wild nach Größe und Form des ▸ Penisknochens sowie anhand der Gebissentwicklung.

Flugwild: Ungefähre Feststellung des Alters (Jungvogel) mit der Bursa-Kontrolle (▸ Bursa Fabricii). Bei den ▸ Hühnervögeln bedingt auch aufgrund der Mauser der Handschwingen möglich. Beim Auerhahn zusätzliche Anhaltspunkte nach dem Zustand der Verwachsung der beiden Knochen der Schläfengrube, beim Birk- und Haselwild nach der Härte der Schnabelwurzel, beim Fasan bedingt nach Form und Länge der Sporen, bei den Wildenten nach der Färbung des Gefieders und den Spitzen der Schwungfedern, bei den Wildtauben nach der Gefiederfärbung (siehe hierzu auch unter der einzelnen Wildart).

Altersklassenaufbau, der: Die zahlenmäßige Gliederung des Schalenwildbestandes in beide Geschlechter und alle Altersklassen (Jahrgänge). Der A. wird mithilfe einer Bestandspyramide (Alterspyramide) grafisch dargestellt und gibt einen brauchbaren Anhaltspunkt für die Abschussplanung. Die für den Aufbau einer Bestandspyramide notwendigen Werte wie Bestandshöhe, durchschnittlicher jährlicher ▸ Zuwachs, ▸ Geschlechterverhältnis und geschätzte Altersklassenzusammensetzung lassen sich nur durch langjährige Revierkenntnisse und ständige und gute Beobachtung ermitteln. Bei der grafischen Darstellung des A. werden alle Tiere eines Jahrgangs zu einer Altersklasse zusammengefasst, auf eine Linie gesetzt und durch ein rechteckiges Kästchen dargestellt. Im linken Feld der Pyramide stehen die männlichen, im rechten Feld die weiblichen Tiere. Die Festlegung des Zielalters unter Berücksichtigung der üblichen durchschnittlichen Verluste – natürlicher Art und durch Straßenverkehr usw. – soll erkennen lassen, in welchen Altersklassen der Eingriff in den jeweiligen Wildbestand zu erfolgen hat. Erfahrungsgemäß muss in der jüngsten Altersklasse am stärksten eingegriffen werden. In der mittleren ist aber häufig Zurückhaltung geboten (z.B. wegen Erntetrophäen bei Hirschen).

Alterskleid, das: Das ▸ Federkleid ▸ adulter Vögel nach der ▸ Mauser, nach der sie das ▸ Jugendkleid ablegen. Bei den meisten Arten ist das A. von Weibchen und Männchen sehr unterschiedlich.

Alterspyramide, die: ▸ Altersklassenaufbau.

Altersschätzung: A. beim lebenden Wild: ▸ Ansprechen; Altersschätzung am erlegten Wild: ▸ Altersbestimmung.

alte Schachtel, die: Scherzname für das nicht führende weibliche Stück bei Rot-, Dam-, Muffel- und Gamswild.

Altgeiß, die: ▸ Altreh.

Altholz, das: Auf die Entwicklungsstufe ▸ Baumholz folgender, erntereifer Altbestand, der zur ▸ Verjüngung ansteht. Soweit es sich auch um ▸ fruchttragende Bäume handelt, verbessern sie das Äsungsangebot für das Wild.

altjagdbar: Alte Bez. für einen über acht Jahre alten Hirsch.

altkrank: A. ist Wild, das schon seit längerer Zeit, z.B. durch eine Schussverletzung, ▸ krank ist oder durch andere Ursachen, z.B. Unfall, verletzt wurde.

Altreh, das (Altgeiß, Altricke): Eine Rehgeiß vom ersten ▸ Setzen an (i.d.R. zwei Jahre alt).

Altricke, die: ▸ Altreh.

Alttier, das: Das weibliche Geschlecht der Hirscharten (Ausnahme: Rehwild) nach dem ersten Setzen (Muttertier, mindestens zwei Jahre alt); ▸ Schmaltier.

Altum, Johann Bern(h)ard Theodor, Dr. (31.1.1824 Münster in Westfalen bis 1.2. 1900 Eberswalde): Jagdzoologe. A. studierte Theologie und Philologie und später Naturwissenschaften. 1856 wurde er Realschullehrer, 1859 Dozent für Zoologie in Münster und 1869 Professor der Zoologie an der Forstakademie Eberswalde. Er schrieb u.a. »Forstzoologie« (1872 bis 1875, 3 Bde.); »Die Geweihbildung bei Rothirsch, Rehbock, Damhirsch. Ein Beitrag zur Jagdzoologie« (1874).

Altwasser, die: In den Auen gelegene Stillgewässer (Weiher, Tümpel), die entweder künstlich angelegt wurden oder natürlich durch den Durchbruch einer Mäanderschleife eines Fließgewässers entstanden sind. A. sind als ▸ Feuchtgebiete im Naturhaushalt von großer ökologischer Bedeutung, z.B. als Heimstatt für Frösche, Lurche, Libellen und ▸ Wasservögel.

Altwelthirsche, die: Unterfamilie der ▸ Hirsche.

Ambosszündhütchen, das (Boxerzündhütchen): ▸ Büchsenpatrone, ▸ Schrotpatrone, ▸ Kurzwaffenmunition.

Amerikanischer Nerz, der: Bez. für den Mink; ▸ Nerz.

Ameise, die (Große, Mittlere und Kleine Rote Waldameise): Ganzjährig geschützt. Sie lebt in Nadelwäldern und legt dort große Nester (A.-Haufen) an. Für die Forstwirtschaft ist sie äußerst nützlich, da sie große Mengen schädlicher Insekten bzw. deren Raupen vertilgt. Sie

Habicht im Alterskleid

Habicht im Jugendkleid

Jost Amman (Ammon): »Wie man die Hirsch im Garn fängt« aus dem Buch »Wohlgerissenen New Figuren von allerlei Jagt und Weidwerck« (1592)

sollte deshalb besonders geschützt werden, etwa durch eine Maschendrahthaube über dem A.-Haufen oder durch Anlage neuer A.-Nester.

Amling, Franz (1853 Trier bis 1894 Schleißheim b. München): Jagd-, Militär- und Landschaftsmaler, lebte seit 1884 in München. Von ihm stammt u.a. das Jagd-Genre: »Rendezvous vor der Fuchsjagd«.

Ammann (Ammon), Jost: ▸ Jagdkunst.

Ammerländer Bracke, die: ▸ Hannoversche Haidbracke.

Amphibien, die: Auch Lurche. Eine Klasse wechselwarmer, nackthäutiger Wirbeltiere mit im Wasser kiemenatmenden Larven (Kaulquappen), erwachsen im Wasser und an Land luftatmend. Die A. umfassen a) die Froschlurche, hierzu zählen die Frösche (Laubfrosch *Hyla arborea*, Grasfrosch *Rana tempraria*, Moorfrosch *Rana arvalis*, Springfrosch *Rana dalmatina*, Wasserfrosch *Rana esculenta*, Seefrosch *Rana ridibunda*), die Kröten (Erdkröte *Bufo bufo*, Geburtshelferkröte *Alytes obstetricans*, Knoblauchkröte *Pelobates fuocus*, Kreuzkröte *Bufo calamita*, Wechselkröte *Bufo viridis*) und die Unken (Gelbbauchunke *Bombina variegata*, Rotbauchunke *Bombina bombina*); b) die Schwanzlurche mit den Salamandern (Alpensalamander *Salamandra atra*, Feuersalamander *Salamandra salamandra*) und den Molchen (Bergmolch *Triturus alpestris*, Fadenmolch *Triturus helveticus*, Kammolch *Triturus cristatus*, Teichmolch *Triturus vulgaris*) und c) die in den Tropen vorkommenden Blindwühlen. Alle 19 in Deutschland vorkommenden Arten sind geschützt, elf Arten stehen bereits auf der ▸ Roten Liste, stark gefährdet hiervon sind die Gelbbauch- und die Rotbauchunke, der Laub-, der Moor- und der Springfrosch. Hauptursache für die Gefährdung ist der starke Rückgang offener Kleingewässerflächen (▸ Feuchtgebiete), auf die alle europäischen A. (ausgenommen Alpensalamander) angewiesen sind. Viele A. wandern im Frühjahr zur Fortpflanzung in ihre angestammten Laichgewässer. Dabei wird ein beträchtlicher Teil Opfer des Straßenverkehrs. Einzig bewährtes Gegenmittel: Anlage einer Straßenunterführung (Krötentunnel), wobei gleichzeitig ein niedriger engmaschiger Zaun den Tieren den Weg über die Straße verwehrt.

Amsel, die: ▸ Drosseln 6.

Amseldohle, die: ▸ Rabenvögel 6.

Amselmere, die: ▸ Drosseln 6.

amtlicher Beschuss: ▸ Beschuss.

anaasen: Wenig gebräuchlicher Ausdruck für anködern oder anludern; das ▸ Raubwild und ▸ Raubzeug durch Auslegen von ▸ Luder (z.B. ▸ Luderplatz anlegen) anlocken.

Analbeutelentzündung, die: ▸ Analdrüsen.

Analdrüsen, die (Afterdrüsen): Meist zwei beiderseits des Afters (Anus) liegende Drüsen, die mit einem fetten, oft übelriechenden Sekret gefüllt sind. Sie kommen bei vielen Tiergruppen (z.B. bei Amphibien, Nagetieren, Raubtieren, auch Raupen und Käfern) vor und sind besonders bei Säugetieren, die sich geruchlich orientieren, stark ausgeprägt. Sie dienen u.a. dem ▸ Markierungsverhalten und dem Sexualverhalten, der Verteidigung (z.B. beim ▸ Iltis) und der innerartlichen Kommunikation. Beim Hund: Die A. entleeren sich durch das Rutenwedeln auf natürliche Weise. Bei kurzkupierten Hunden kann es hierbei aufgrund unzulänglicher Rutenbewegung zu einem Sekretstau kommen, der zu einer Analbeutelentzündung führen kann. Die hiervon betroffenen Hunde drehen sich im Kreise, da sie versuchen, an das ▸ Weidloch zu gelangen, oder rutschen mit dem Hinterteil über den Boden (sog. ▸ Schlittenfahren, Afterrutschen) und versuchen hierbei, die A. zu entleeren. Das gleiche Verhalten zeigen Hunde jedoch auch bei Wurmbefall und Kotresten am Weidloch. Die gefüllten A. werden – sofern der Hund nicht tierärztlich behandelt werden soll – mit einem Wattebausch oder Papiertaschentuch ausgedrückt.

anäsen: Das ▸ Hochwild durch Anlegen von Futterstellen (Äsung auslegen) an einen bestimmten Platz heranziehen; es anlocken. Beim ▸ Schwarzwild »ankörnen«, beim ▸ Federwild »anposchen«, beim ▸ Raubwild »anludern« genannt.

anatzen (anätzen): Alte Bez. für das Anlocken von ▸ Greifvögeln mit ▸ Atzung.

anäugen: Beim Wild und beim Hund: svw. ansehen, anblicken (äugen, beäugen, eräugen).

anbacken: Das Gewehr in ▸ Anschlag bringen, es an die Backe legen. Ggs.: ▸ abbacken.

anbeißen: Den Anbiss oder ▸ Abbiss an den Fangvorrichtungen annehmen.

anbinden: Der Ausdruck war in der ▸ Waidmannssprache nur für das Befestigen der ▸ Archen und Leinen beim Zeugstellen (▸ Jagdzeug) üblich.

anbirschen: ▸ pirschen.

Anbiss, der: ▸ Abbiss 2).

anblasen: **1**) Den Beginn eines ▸ Treibens oder einer Treibjagd durch ein Jagdhornsignal ankündigen; ▸ Jagdsignale. **2**) Ein Hornsignal bei der ▸ Parforcejagd, das bei anlaufenden Hirschen nach ihrer Endenzahl gegeben wurde (entsprechende Zahl von Hifthornstößen), oder nur das Signal »à la vue«. Bei ▸ Eingestellten Jagen geschah dies meist in gleicher Weise, jedoch mit geänderten Signalen.

▸▸ Jagdsignal »Anblasen des Treibens«

Anblasen des Treibens

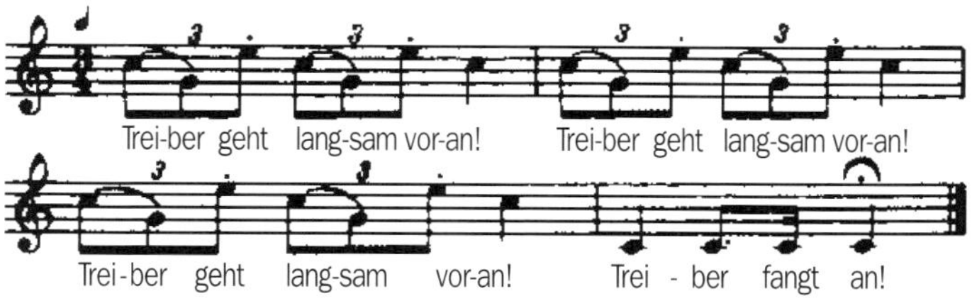

anblatten: Den Rehbock in der ▸ Blattzeit durch Nachahmen des Fieptons der brunftigen Geiß (Ricke) oder des Angstgeschreis anlocken; ▸ blatten, ▸ Lockjagd, ▸ Rehwild (Jagdarten).

anbleien: Wenig übliche Bez. für das Anschießen des Wildes; ▸ anflicken.

Anblick, der: **1**) Wildbeobachtung, z.B.: guten A. haben, d.h., Wild sehen, »Guten A.« auch als Jägerglückwunsch gebraucht; ▸ Jägergruß. **2**) Österreichische ▸ Jagdzeitschrift »Der Anblick«.

anborsten: Das Aufstellen der Rückenborsten oder Federn beim erregten ▸ Keiler.

anbrechen ▸ anbrüchig.

anbringen: **1**) Beim Jagdhund: ihn auf eine ▸ Fährte legen; ▸ anlegen 4). **2**) Bei einem Stück Wild den Schuss a.; zu Schuss kommen. **3**) Jemanden an ein Wild a. heißt, ihn zu Schuss zu bringen. **4**) Früher beim ▸ Leithund: ihn ▸ abrichten.

anbrüchig (angegangen, anbrechen): Ein in Fäulnis übergehendes ▸ Wildbret, das übel zu riechen anfängt; ▸ abhängen, ▸ Wildbret, ▸ Wildbrethygiene.

anbürschen (anpirschen): ▸ pirschen.

Andreae, Edgar (14.8.1849 Frankfurt bis 29.12.1922 Frankfurt): Jagdschriftsteller. A. war Inhaber der Firma J. Sackreuther für Waffen, Jagd- und Fischereibedarf in Frankfurt.

Andreas, Konrad (1894 bis 1969): Jagdschriftsteller. Der auf Rügen geborene A. schrieb u.a.: »Der Fuchs, seine Jagd und sein Fang« (1936), »Hubertusland. Querschnitt durch ein Jägerleben« (1948), »Gerechte Jagdhundschulung durch planmäßige, Psyche und Individualität des Hundes berücksichtigende Abrichtung und leistungsfördernde Führung« (1966), »Der Hund – mein Waidgesell. Studien am Hund, Erinnerungen an Hunde, Jagden und Jäger« (1968).

andrücken (zudrücken, riegeln): ▸ drücken 2).

Aneignungsrecht, das: Nach dem BJG umfasst das Recht zur Aneignung von (lebendem und erlegtem) Wild auch die ausschließliche Befugnis, sich krankes oder verendetes Wild, ▸ Fallwild und ▸ Abwurfstangen sowie die Eier von Federwild anzueignen. Das A. steht dem ▸ Jagdausübungsberechtigten zu. Wer das A. verletzt, begeht ▸ Wilderei; ▸ Sammeln von Eiern.

anfahren: **1**) An ein Stück Wild mit einem Wagen (▸ Pirschwagen) oder im Wasser mit einem Boot heranfahren; ▸ anreiten. **2**) Im Sinne von ▸ anfliehen.

Anfall, der: **1**) Der Platz, an dem die Vögel anfallen, d.h. einfallen. **2**) Beim Auerhahn: ▸ aufbäumen. **3**) Beim Hund: ▸ anfallen 1).

anfallen: **1**) Beim Jagdhund: die ▸ Fährte oder ▸ Spur aufnehmen. Wenn der Hund die richtige Fährte findet und arbeitet, so sagt man: »Er fällt sie an.« **2**) Beim ▸ Raubwild, z.B. Wolf: ein Schaf a., d.h., es angreifen. **3**) Bei Vögeln: auf einem Baum einfallen.

Anfangsballistik, die: ▸ Ballistik.

Anfangsgeschwindigkeit, die: Die Geschwindigkeit (*velocitas*) des Geschosses an der Laufmündung (V0); ▸ Ballistik.

Anfangswald, der: ▸ Vorwald.

anfärben (veraltet): Ein Wild ▸ anschweißen.

anfassen: svw. Anbinden und Befestigen der ▸ Archen und Leinen beim Zeugstellen (▸ Jagdzeug) sowie das Anleinen des ▸ Leithundes oder ▸ Schweißhundes.

anfedern (anfiedern, aufkluppen): Dem erlegten ▸ Federwild wird durch die Nasenlöcher eine lange Feder (oder ein Draht) gezogen, die zu einer zum Tragen geeigneten Schlinge geknüpft wird. Das Federwild wird angefedert (aufgehängt); ▸ Klupp.

anfeuchten: Beim Hund und beim ▸ Raubwild: an einen Baum, Stein usw. harnen bzw. nässen; ▸ Harnspritzen.

anfiedern: ▸ anfedern.

anflicken: Auch ankratzen. Nicht der ▸ Waidmannssprache entstammendes Wort; umgangssprachlich gebraucht für einen schlechten (leichtfertig abgegebenen) Schuss, der das Wild nur streift, aber nicht tötet; ▸ anbleien, ▸ Schlumpschuss, ▸ anschweißen.

anfliehen: Das Anrennen (Anprallen) des flüchtigen ▸ Schalenwildes gegen ein Hindernis (Gatter, Baum, Strauch, Jagdzeug, Treiber etc.). Dies ist häufig der Fall, wenn Schalenwild beim sog. Blattschuss noch in wilder Flucht vorwärts stürmt; ▸ anprellen.

Anflug, der: Im Waldbau Bez. für ▸ Jungwuchs (Naturverjüngung), der aus leichtem, flugfähigem Samen entstanden ist, z.B. ▸ Ahorn, Birke, Kiefer, Esche; ▸ Aufschlag.

anfrischen: Den Hund durch gutes Zureden ermuntern; ihn ▸ anrüden.

anführen: Früher allgemeine Bez. für abrichten. In ▸ Döbels »Jäger-Praktika« (1828) ist das Wort speziell für den Dachshund im Ggs. zu dressieren (Vorstehhund), arbeiten (▸ Leithund und ▸ Schweißhund), einjagen (Laufhund) und einhetzen (Windhund) angewendet.

anfußen (fußen): Von kleinen ▸ Greifvögeln: svw. ▸ aufbäumen.

angeben: Schreien der Hirsche in der ▸ Brunft; der Hirsch gibt an.

angegangen: ▸ anbrüchig.

angehen: **1**) svw. ▸ anbrüchig werden, z.B. das Wildbret ist angegangen. **2**) Auch anpirschen; ▸ pirschen. **3**) Beim Jagdhund: eine ▸ Fährte annehmen. **4**) Sich dem frei im Gelände oder auf der Beute stehenden ▸ Beizvogel vorsichtig von vorne nähern (Wind im Rücken). **5**) Bei Schwarz- und stärkerem Raubwild: angreifen, annehmen. **6**) Beim Schwarzwild: anderes Wild zerreißen.

angehend: Wild, das sich nach seinem Alter und Zustand einer anderen Stärkeklasse bzw. dem Ende der körperlichen Entwicklung nähert. Beim Schwarzwild wird der Keiler vom vierten Jahr an »a. Schwein« genannt, beim Elch- und Damwild spricht man vom »a. jagdbaren Schaufler«.

angejagtes Wild: Das vom Hund gejagte Wild; ▸ Anjagdhirsch.

Angel, die: **1**) Bei ▸ Blanken Waffen: die Verlängerung der Klinge, die im Griff oder Schaft verankert ist. **2**) Ein früheres, jedoch unwaidmännisches Fanggerät für Wölfe und Füchse; ▸ Angeleisen.

Angeleisen, das (Fuchs-, Wolfsangel): Eine Fangvorrichtung für Füchse, gelegentlich auch für Wölfe, die früher verwendet, aber bereits damals schon aufgrund ihres Fangmechanis-

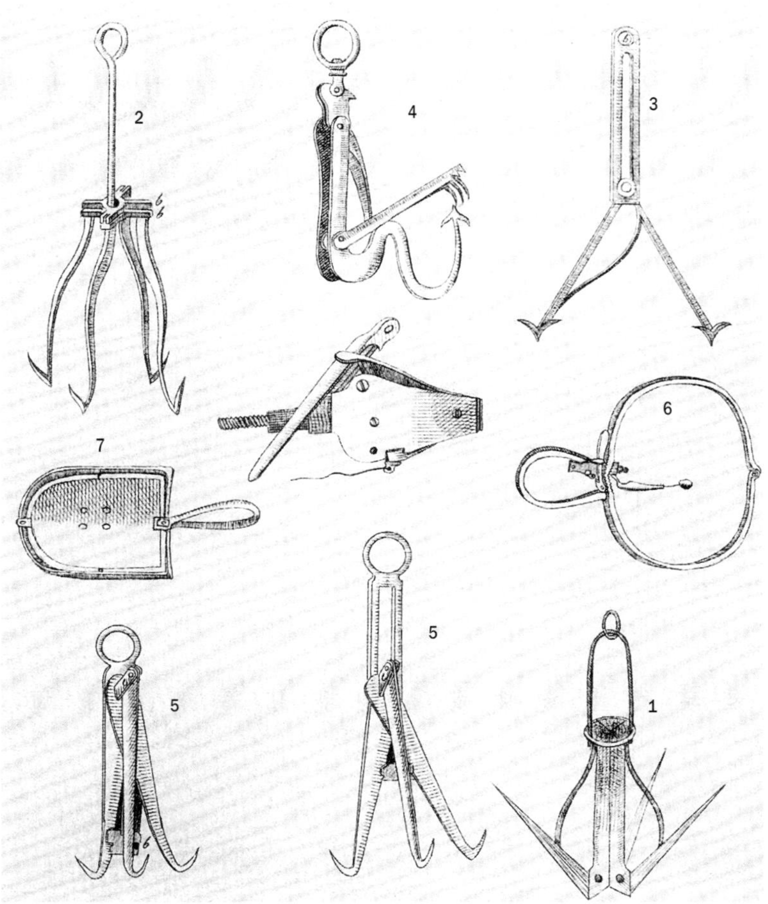

Angeleisen, Darstellung aus »Die Forst- und Jagdwissenschaft nach allen ihren Theilen« von Dr. J. Bechstein, 2. Band, Erfurt und Gotha 1920:
1 Lothringische Fuchsangel
2 Deutsche Fuchsangel
3 Italienische Fuchsangel
4 Fränkische Fuchsangel
5 Thüringische Fuchsangel
6 Schwanenhals
7 Schwanenhals

mus, der eine grausame Tötung bewirkte, von vielen Jägern abgelehnt wurde. Sie bestand i. Allg. aus zwei bis vier kleinen eisernen Stäben oder Armen mit Widerhaken, die mit einem Köder (Wildleber, Hasengescheide, Katzenfleisch etc.) umgeben bzw. bedeckt wurden, sodass nur die Spitzen schwach hervorragten. Die ▸ fängisch gestellte Angel wurde schwebend an einen Ast gehängt, und zwar in eine Höhe, dass der Fuchs oder Wolf nach dem Köder springen musste. Schnappte das Tier nach diesem Köder, so schnellten die Stäbe bzw. Arme durch Federkraft auseinander und hielten das Tier, das zudem in der Luft schwebte, im Fang fest. Der so gefangene Fuchs oder Wolf verendete in solch einer Angel erst nach längerem Martyrium. Wegen dieser Grausamkeit sind diese Angeln seit Langem nicht mehr im Gebrauch. Bei den A. unterschied man nach Form und Konstruktion die lothringische Fuchsangel, das deutsche A., die italienische Fuchsangel, die fränkische und die thüringische Fuchsangel.

angereimelt: ▸ angereimt.

angereimt: Beim Gamsbart: der Bart ist a., wenn die Haare weiße Spitzen, einen sog. Reif oder Reim, haben. Der Bart ist gut gereimelt, angereimelt oder a.

angewölft: Beim Jagdhund: bestimmte Eigenschaften des Jagdhundes lassen sich nicht anerziehen, sie müssen a. (angeboren) sein, z.B. Schärfe, Jagdpassion, Jagdverstand, Wasserfreude, Spurwille, Spurlaut, Wesensfestigkeit, gute Nase und Nervenstärke.

Angilbert: ▸ Jagdliteratur.

Angliederungsgenossenschaft, die: ▸ Jagdgenossenschaft.

angreifen: **1**) Der ▸ Beizvogel greift Wild an, wenn er versucht, es zu schlagen. **2**) ▸ anschneiden 2).

Angriffsflug, der: Ein sehr schneller, mit durchgezogenen Schwingenschlägen geführter Flug des angreifenden ▸ Beizvogels, am deutlichsten erkennbar beim Falken: ▸ Kampfflug. Der A. hat mit dem ▸ Stoßen nichts zu tun. Ist er jedoch fallend, so bildet er den Übergang zum eigentlichen Stoßen.

Angriffshemmung, die: Hemmung des Angriffs auf einen Artgenossen durch den Einsatz besonderer Signale meist in Form von ▸ Demutsgebärden.

Angstbeißer, der: Ein Hund, der übermäßig scharf und ängstlich ist und auf jede fremde, seiner Ansicht nach feindliche Regung mit Beißen reagiert (Aggressionsstau); unerwünschte Wesensschwäche, die Zuchtuntauglichkeit zur Folge hat.

Angstgeschrei, das: Ein ängstlicher Fieplaut der durch den treibenden Bock arg bedrängten Rehgeiß in der ▸ Brunft; ▸ klagen 1).

Angstgeschreiblatter, der: Auch Klageblatter; ▸ Lockjagd.

anhaken: Das Niederlassen (Aufbäumen) der ▸ Greifvögel auf Bäumen usw.

anhalsen: Dem Jagdhund das Halsband (▸ Halsung) anlegen; ihn an die Leine legen; Ggs.: ▸ abhalsen.

anhalten: Den ▸ Leithund a. nannte man beim ▸ Nachhängen das Festhalten des Hundes mit dem ▸ Hängeseil auf jener Stelle, wo er die ▸ Fährte eintupfen, d.h. zeichnen sollte.

anhaltend: Beim Jagdhund: mit Fleiß und Ausdauer auf der ▸ Fährte bleiben; der Hund jagt a. Auch beim ▸ Erdhund im Bau gebräuchlich: der Hund liegt a. vor, er liegt anharrend vor.

anharren: ▸ anhaltend.

Anhatz, die: Die Abgangsstelle, von der aus eine ▸ Hatz angehetzt, d.h. losgekoppelt wurde.

anhatzen (anhetzen, anrüden): Die Hunde zum Anfall einer ▸ Fährte anfeuern bzw. sie auf krankes Wild hetzen.

anhefteln: Das ▸ Jagdzeug durch hölzerne Pfähle (▸ Heftel) befestigen.

anhetzen ▸ anhatzen.

anheulen: Einen Wolf durch Nachahmen des Heulens anlocken.

Anjagd, die: Der Platz, von dem aus die ▸ Hetzjagd oder ▸ Parforcejagd begann.

Anjagdhirsch, der (Meutehirsch): Ein vorher ▸ bestätigter und zu Beginn der ▸ Parforcejagd vom ▸ Lancierhund aufgejagter Hirsch.

anjagen: **1)** Das ▸ Werfen des ersten ▸ Beizvogels bei der ▸ Gesellschaftsbeize. **2)** Den Hirsch bei der Parforcejagd a. hieß, ihn aufzujagen.

anjuchen: Seltener Ausdruck für ▸ anrüden.

Ankergeweih, das: Ein Hirschgeweih, dessen Kronenenden nach unten gerichtet sind.

ankirren: **1**) Durch Fütterungseinrichtungen Wild anlocken und an eine bestimmte Stelle gewöhnen; z.B. Auslegen von Weizen für Fasane, um sie im Revier zu halten; ▸ Ablenkfutter, ▸ anäsen, ▸ anposchen. **2**) Beim ▸ Raubwild: durch ausgelegte Köder in der Prügelfalle (▸ Fallen) etc. das Wild a. (anlocken, anködern); ▸ Kirrung 2).

anködern: ▸ ankirren 2).

ankommen: Das Sichannähern an ein Stück Wild auf Ansprech- oder Schussentfernung. Man sagt: »Der Bock ließ mich auf Schussentfernung a.«

ankoppeln: Veraltet auch ankuppeln. Die Hunde an die Koppel legen; ▸ koppeln.

ankörnen: svw. ▸ ankirren; ▸ körnen.

Ankörung, die: ▸ Körung.

ankratzen: ▸ anflicken.

ankuppeln: ▸ ankoppeln.

Anlageprüfung, die: ▸ Hundeprüfungen.

anlanden: Ist ein Hund, z.B. ein Dackel, zu schwach, ein Stück ▸ Federwild aus dem Wasser zu ▸ apportieren, so stößt er es ans Ufer, er landet es an.

Anlauf, der: Das Zukommen des Wildes auf den ▸ Stand des Jägers. Je nachdem, ob viel oder wenig Wild auf den Stand zukommt, wird vom guten oder schlechten A. gesprochen; z.B.: »Der Jäger hatte einen guten A.«

anlaufen lassen: **1**) Ein Wild auf sich zukommen lassen. **2**) Beim Schwarzwild: svw. ▸ auflaufen lassen.

anlegen: **1**) Den Hund an eine Leine anbinden. **2**) Ein ▸ Treiben planen und vorbereiten. **3**) Das Gewehr in ▸ Anschlag bringen, es anbacken. **4**) Den Hund an die ▸ Fährte legen; ▸ anbringen 1), ▸ ansetzen 2). **5**) A. von ▸ Winterkleid oder ▸ Sommerkleid beim Wild.

anleinen: Den Hund an die Leine nehmen.

Anleinpflicht für Hunde: ▸ Leinenzwang für Hunde.

anlocken: **1**) Den ▸ Beizvogel mit dem ▸ Federspiel, einem ▸ Vorlass oder durch die hochgehaltene Atzungsfaust unter gleichzeitigem Ruf oder Pfiff zurückholen. **2**) Bei der ▸ Lockjagd das Wild a.

anludern: **1**) Anlocken (anködern) von ▸ Räubern oder Schwarzwild an einen bestimmten Platz durch Auslegen von ▸ Luder an einem ▸ Luderplatz. **2**) Den ▸ Beizvogel mit dem Luder (▸ Federspiel) locken; selten gebraucht.

anmäuseln: Anlocken von ▸ Räubern durch ▸ Mäuseln (Nachahmen der Mäusestimmen).

Anmeldefrist für Schusswaffen: ▸ Waffenrecht.

Wasserfreude ist eine angewölfte Eigenschaft.

Unbekannter Künstler: »Wie man den Hirsch anjagen und hetzen soll«, 14. Jh., aus Gaston Phoebus, Come de Foix, Vicomte de Béarn: »Le Livre de la Chasse«, Blatt 68

annehmen: **1**) Beim Wild: die beschickte Fütterung oder die ▸ Salzlecken regelmäßig aufsuchen bzw. das ausgelegte ▸ Luder oder den Kirrbrocken a. **2**) Beim Hirsch, Rehbock, von der Sau und größerem ▸ Raubwild: im angeschossenen oder kranken Zustand (z.B. bei ▸ Tollwut) den Menschen oder den Hund angreifen. **3**) Beim Jäger: den Hund an die Leine nehmen, um ihn zu führen. **4**) Beim Hund: ▸ anfallen. **5**) Beim Wild: einen ▸ Wechsel benutzen. **6**) Beim ▸ Beizvogel: wenn er ▸ beireiten will, ihn beireiten lassen und ▸ festnehmen.

annoncieren: Ein vorstehender Hund unterbricht das ▸ Vorstehen, holt seinen Führer, sucht das Wild wieder und steht erneut vor.

anonymer Verband, der: Länger andauernder Zusammenschluss von vielen artgleichen Tieren. Neben der ▸ Aggregation unterscheidet man als einfache Form der Ansammlung den »offenen a. V.«. Er besteht aus einer lockeren Vergesellschaftung von Tieren, die sich individuell nicht kennen, wie z.B. Stare, Fischschwärme. Bei diesen Schwärmen kann sich jeder fremde Artgenosse dem Verband anschließen. Tiergemeinschaften, z.B. Brutkolonien von Vögeln, in denen sich zumindest die Nachbarn kennen, werden »offener nicht a. V.« genannt. Bei »geschlossenem a. V.«, z.B. Tierstaaten der Bienen, Wespen, auch der Ratten u.a., erkennen sich die Tiere des gleichen Staates am spezifischen Nest- bzw. Artgeruch, sie kennen sich jedoch nicht individuell. Artgenossen können sich diesen Verbänden nicht anschließen. Sie werden verjagt oder getötet. Im »geschlossenen individuellen V.« (Rudel, Rotte; z.B. bei Wölfen und Wildschweinen) kennen sich die Artgenossen untereinander persönlich, hierbei ist eine Rangordnung ausgebildet, gruppenfremde Tiere werden meist gehindert, sich der Gruppe anzuschließen, doch kommen gelegentlich Zu- und Abwanderungen vor.

anpfeifen: ▸ Anpfiff.

Anpfiff, der (Anpfeifen): Hasen, Gams, Murmeltiere, Rot- und Rehwild bleiben oftmals auf einen Pfiff hin kurz stehen (sie ▸ verhoffen). Wird vom kundigen Jäger angewandt, um auf ziehendes Wild noch bzw. leichter zum Schuss zu kommen; ▸ Mahnen 3).

anpirschen (anpürschen) ▸ pirschen.

anposchen: Das Federwild durch Ausstreuen von Futter anlocken.

Anposchplatz, der: Die Futterstelle für Federwild; ▸ Poschplatz, ▸ Kirrung, ▸ anposchen.

anprellen: Das Anfliegen von ▸ Federwild gegen Hindernisse oder gegen die früher »gestellten Netze« (▸ Garne); ▸ anfliehen.

anpürschen (anpirschen): ▸ pirschen.

anregen: Das Wild rege machen; es aus seiner Ruhe aufstören; ▸ anrühren 2).

anreißen: svw. ▸ anschneiden.

anreiten: **1**) Sich dem Wild mit dem Pferd auf schussgerechte Entfernung nähern; ▸ anfahren. **2**) Das Anfliegen der ▸ Raufußhühner.

anreizen: ▸ reizen.

anrüden: Den Hund ermuntern; ihn anfeuern; ▸ anfrischen, ▸ anhatzen, ▸ anjuchen.

anrufen: **1**) Flüchtiges oder trollendes Wild a., um es zum ▸ Verhoffen zu bringen; ▸ Anpfiff, ▸ Mahnen 3). **2**) Der ▸ Keiler wird mit dem Ruf »Hu Sau« angerufen, um ihn dazu zu bewegen, den Jäger anzunehmen; ▸ annehmen 2), ▸ auflaufen lassen. **3**) Den Wilderer a., um

▸▸ ihn zum Stehenbleiben zu veranlassen. **4**) Bei der ▸ Parforcejagd: Der angejagte Hirsch wurde vom Jäger, der ihn erblickte, durch einen ▸ Jagdschrei der Jagdgesellschaft kundgetan; er wurde angerufen oder angeschrien; ▸ à la vue, ▸ anblasen 2).

anrühren: **1**) Bei der Entenjagd: von einer Hütte aus oder aus einer getarnten Stellung heraus die an einer Schnur hängende Lockente (▸ Lockjagd) durch Ziehen hin- und herbewegen. **2**) Beim Wild: es vorsichtig in Bewegung bringen, z.B. bei einer Drückjagd; ▸ anregen.

ansagen: **1**) Vom Schützen: nach der Schussabgabe den Sitz der Kugel angeben. **2**) Nach dem ▸ Treiben oder nach der Jagd die ▸ Strecke a.

anschalmen: ▸ anschrecken.

anschießen: **1**) Das Gewehr a.; einen Probeschuss abgeben. Im Ggs. zum ▸ Einschießen ist das A., d.h. die Abgabe eines Probeschusses, im Revier erlaubt. **2**) ▸ Niederwild durch einen Schuss nur so verwunden, dass es noch flüchten kann. Beim Wild der Hohen Jagd krankschießen oder anschweißen genannt; ▸ anflicken.

anschilden (anschildern): Wenn man sich mithilfe eines Schildes (▸ Schild 5) vorsichtig an scheues Wild schussmäßig heranpirschte oder die ▸ Feldhühner durch planmäßiges Vorgehen mit dem Schild in das ▸ Treibzeug zu bringen suchte, nannte man dies a.

Anschlag, der: Die Haltung der Waffen beim Schießen; mit dem Gewehr in A. gehen, es anlegen. Je nachdem, wie einem das Gewehr liegt, spricht man von einem guten oder schlechten A. Beim Schießen unterscheidet man den A. liegend, kniend, sitzend und stehend. Das Gewehr kann dabei aufgelegt, angestrichen oder freihändig gehalten werden. Nach der Vorschrift des Deutschen Jagdschutz-Verbandes (DJV) ist für das ▸ jagdliche Schießen auf Schießständen für jede Schussdisziplin eine bestimmte A.-Art vorgeschrieben. Sie ist in der jagdlichen Praxis beim Büchsenschuss in aller Regel aufgelegt (Hochsitz). Wenn ausnahmsweise stehend freihändig geschossen wird, ist darauf zu achten, dass der Kolben voll in die Schulter eingezogen wird. Der Kolbenhals wird mit der ganzen Hand fest eingespannt, die leicht gespreizten Beine sind hierbei gleichmäßig zu belasten. Der Körper ist dabei dem Ziele mit einer Vierteldrehung nach rechts (beim Links-A. entsprechend nach links) zugewandt. Auch beim Schrotschuss ist im Wesentlichen die gleiche Grundhaltung einzunehmen. Beim A. der Flinte wird dabei über die volle Laufschiene gesehen. Gerade beim Schrotschuss kann der richtige A. der Flinte nur durch häufiges Üben erlernt werden. Beim Schuss mit der Kurzwaffe ist der stehend freihändige A. meist die Regel. Beim Büchsenschuss leistet ein Berg- oder Zielstock zum Anstreichen wertvolle Hilfe. Im Gebirge ist u. U. ein Schuss liegend aufgelegt nötig.

Anschlag beim Büchsenschuss, sitzend aufgelegt

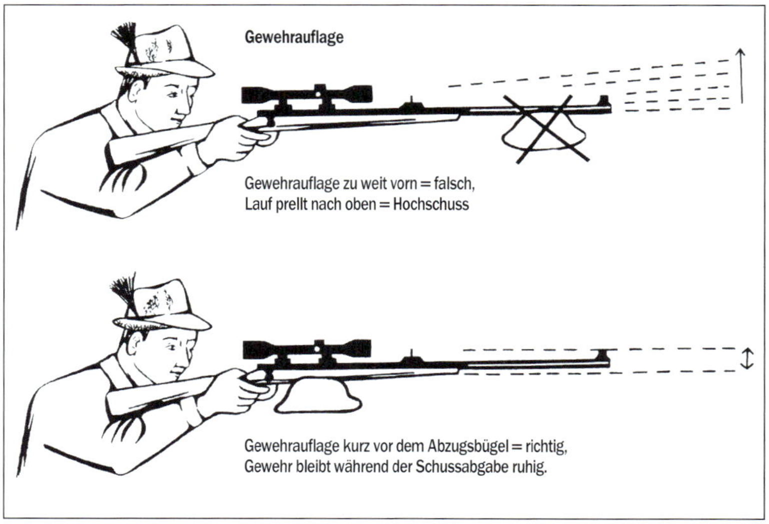

anschlagen: **1**) Das Gewehr zum Schießen anlegen, es in Anschlag bringen; ▸ Anschlag. **2**) Das ▸ Bellen des Hundes (Lautgeben).

anschleichen (anpirschen): ▸ pirschen.

anschleifen: **1**) Zusammenbinden von zwei Leinen. **2**) Die Lockvögel (Ruhrvögel) am ▸ Vogelherd wurden früher angeschleift oder angerührt; ▸ anrühren 1). **3**) Dem Hund die Dressurleine an die ▸ Halsung anbinden. **4**) Erlegtes Wild an einen Riemen oder an eine Leine binden, um es fortziehen zu können; ▸ Bringung des Wildes. **5**) Das ▸ Federwild an den Schlingen der Jagdtasche befestigen.

anschmecken: Ein ▸ Schweißhund, der eine ▸ Fährte ▸ windet und dann annimmt, hat die Fährte »angeschmeckt«.

anschneiden: **1**) Beim Hund: das gefundene bzw. geschossene Stück Wild anfressen; ▸ Anschneider. **2**) Beim ▸ Raubwild und ▸ Schwarzwild: verendetes Wild anfressen.

Anschneider, der: Ein Jagdhund, der gefundenes bzw. geschossenes Wild bei der ▸ Schweißarbeit oder beim ▸ Verlorenbringen anschneidet (anfrisst). Die Ursache ist meist falsche Erziehung oder zu großer Hunger. Bei

Anschlag beim Schrotschuss: Korrekte Fußstellung und Körperhaltung

Schrotschuss: Richtiger Anschlag und korrekte Armhaltung

der Abrichtung ist es wichtig, Fehler, die zum Anschneiden führen könnten – eventuell falsches ▸ Genossenmachen –, zu vermeiden. Ein Hund, der beim Anschneiden ertappt wird, ist sofort zu bestrafen, da ein notorischer A. für den Jagdbetrieb praktisch unbrauchbar ist. A. können die Prüfungen der Hundeverbände nicht bestehen; ▸ Rupfer.

anschrecken (seltener: anschalmen): Das Wild durch Nachahmung des Schrecklautes, vornehmlich beim Rot-, Reh- und Gamswild, anrufen, um es für kurze Zeit zum Stehenbleiben (Verhoffen) zu veranlassen. Das A. ermöglicht dem Jäger das genaue ▸ Ansprechen (Erkennen) des Wildes, zudem ermöglicht es ihm einen sicheren Schuss; ▸ anpfeifen, ▸ anrufen 1), ▸ mahnen 3), ▸ anschreien.

anschreien: **1**) Den Brunftschrei (das Röhren) des Hirsches nachahmen, um ihn am Ort des vermeintlichen Rivalen erscheinen zu lassen. Man sagt: »Ich schrie den Hirsch an.« ▸ Lockjagd. **2**) Eine Sau a., z.B. mit »Hu Sau«, um sie zum Annehmen zu veranlassen; ▸ anrufen 2). **3**) Durch lautes Zurufen den Beginn eines ▸ Treibens bekannt geben (Ersatz für das Hornsignal; ▸ Jagdsignale); ▸ Jagdschrei.

Anschuss, der: **1**) Standpunkt des Wildes, an dem es den Schuss erhielt. Er ist an den Eingriffen (das Wild stemmt durch den Schock des Schusses die Schalen in die Erde), den ▸ Schnitthaaren, je nach Schuss auch am ▸ Schweiß oder auch an Knochensplittern zu erkennen; ▸ Schusszeichen. Es ist darauf zu achten, dass der A. nicht vertreten wird. Er wird mit dem A.-Bruch (▸ Bruchzeichen) gekennzeichnet und ist Ausgangspunkt für die ▸ Nachsuche. **2**) Der Einschuss am Wildkörper.

Anschussbruch, der: ▸ Bruchzeichen.

Anschussscheibe, die: ▸ Wildscheibe.

Anschussstelle, die: ▸ Anschuss 1).

Anschütz, J. G. GmbH & Co. KG.: Jagd- und Sportwaffenfabrik in Ulm, gegründet im Jahre 1856 von Julius Gottfried A., dem Sohn eines Büchsenmachers in Zella-Mehlis/Thüringen zur Fertigung von Flobert- und Taschenpistolen, Teschings, Schrotflinten und Lancaster-Terzerole. Bei Kriegsende 1945 wurde die Firma stillgelegt, demontiert und enteignet. Im Jahre 1950 wurde in Ulm die Firma Julius Gottfried Anschütz GmbH neu gegründet. Schwerpunkt der Fabrikation sind die Matchsysteme. A. stellte als erster europäischer Hersteller ein Jagdgewehr im neuen Kaliber .17 HMR vor (schnellste Randfeuerpatrone der Welt).

anschweißen (veraltet: anfärben): Das ▸ Hochwild anschießen, es verwunden. Beim ▸ Niederwild anschießen genannt.

anseilen: Den ▸ Schweißhund oder ▸ Leithund an das ▸ Hängeseil nehmen, ihn anhängen.

ansetzen: **1**) Beim Wild: ▸ Feist a. **2**) Beim Jagdhund: ihn an einer ▸ Fährte a.; ▸ anlegen 4). **3**) Das ▸ Jagdhorn zum Blasen an den Mund führen. **4**) Beim Jäger: sich zur Jagd ansetzen und auf Wild warten.

Ansitz, der (Anstand, wenn der Jäger steht): Die Stelle, an der der Jäger auf das Wild wartet. Zur Jagdausübung oder auch nur zur Wildbeobachtung setzt sich der Jäger an ihm bekannte Wildwechsel oder Äsungsplätze an. Hierbei ist zu unterscheiden:

– der A. am Boden mit Jagdstock oder hinter dem Schirm (▸ Jagdeinrichtungen 2.);

– der A. auf der Leiter bzw. auf der Kanzel (▸ Jagdeinrichtungen 2.) und

– der A. im Boot bei der Jagd auf Wasservögel (z.B. Enten); ▸ Wasserjagd.

Der A. ist unter Beachtung der Windrichtung so zu wählen, dass der Jäger gutes Sicht- und Schussfeld hat, selbst aber ausreichend gedeckt sitzt; ▸ Gewitter.

Ansitz-Drückjagd, die: ▸ Gesellschaftsjagd 3.

Ansitzleiter, die (Leiter): ▸ Jagdeinrichtungen 2.

Ansitzloch, das: Eine Vertiefung (Grube), in der der Jäger verdeckt ansitzen kann.

Ansitzschirm, der: ▸ Jagdeinrichtungen 2.

Anson-Deely-System, das: ▸ Schlosssystem bei Kipplaufwaffen.

Ansprechen, das: Das Beurteilen und Erkennen des Wildes hinsichtlich dessen Geschlecht, Alter, Stärke, Verhaltensweise, Trophäe u.a.m. durch genaue Betrachtung des Stückes oder von dessen ▸ Fährte, ▸ Spur oder ▸ Losung, z.B.: »Ich habe es als Schmalreh angesprochen«, oder »Ich habe den Hirsch als gut veranlagten Achter angesprochen«. Dem Schuss hat immer das A. vorauszugehen. Einzelheiten siehe unter der jeweiligen Wildart.

anspringen: **1**) An den balzenden Auerhahn ungesehen sprungweise herangehen. Dies geschieht während des letzten Teils der ▸ Balzarie, des »Schleifens«, mit wenigen kurzen Schritten. In dieser – nur Sekunden dauernden – Phase ist der balzende Hahn unaufmerksam (fast taub, aber nicht blind) und nimmt den springenden Jäger nicht so leicht wahr. **2**) Beim ▸ Schalenwild, insbesondere Gamswild: den Stand des Schützen anlaufen. **3**) Beim Rehbock: In der ▸ Blattzeit auf den Lockruf des Jägers kommen.

Anstand, der: ▸ Ansitz.

anstehen: **1**) ▸ anfußen, ▸ antreten, ▸ aufbäumen usw. von allem größeren ▸ Federwild. **2**) A. des Jägers am Anstand; ▸ Ansitz.

anstellen: **1**) Den ▸ Schützen und ▸ Treibern die Stände zuweisen. **2**) Sich auf seinen ▸ Stand begeben; der Jäger stellt sich an.

Ansteller, der: Bei einer Gesellschaftsjagd eine dem ▸ Jagdleiter beim Anstellen der Schützen behilfliche Person.

Anton Straßgschwandtner (1826–1881): »Das Anspringen auf den Auerhahn zur Balzzeit«, um 1860, Lithografie

Anstellort, der: Alte Bez. für Anstand; ▸ Ansitz.

anstoßen: Ein Jagen oder einen ▸ Trieb durch Jagd- und Hifthornstöße a. heißt, den Beginn der Jagd usw. anzeigen; ▸ anblasen.

anstreichen: **1**) Das seitliche Anlehnen des Gewehres an einen feststehenden Gegenstand wie Baum oder Zielstock. Es soll möglichst nahe dem Abzugsbügel erfolgen (nicht weiter als 15 cm entfernt). Dabei ist darauf zu achten, dass das Gewehr nicht direkt am Baum oder Zielstock angestrichen, sondern die linke bzw. rechte Hand als Polster dazwischengeschoben wird, um ein Laufprellen und damit die Ablenkung des Schusses zu vermeiden. **2**) Das Zufliegen von ▸ Federwild auf den Schützen. **3**) Das Berühren der Pflanzen mit dem Körper ziehenden Wildes. Das Wild hinterlässt dabei seine Wittrung, ggf. auch ▸ Schweiß; ▸ Anstrich.

Anstrich, der: **1**) Der ▸ Schweiß, den angeschossenes Wild an Zweigen, Blättern, Gräsern usw. beim Anstreifen (Anstreichen) hinterlässt. **2**) ▸ anstreichen 2).

Ansuche, die: **1**) Die Stelle, wo der ▸ Schweißhund zur Fährte gelegt wird; meist die Anschussstelle. **2**) Als zeitlicher Begriff: z.B. »Mit der A. auf den angeschweißten Keiler wurde am frühen Morgen begonnen.«

ansuchen: **1**) Die Anschussstelle oder einen Widergang durch den Hund finden lassen, den Hund a. lassen; ▸ Ansuche 1). **2**) A.: das vorsichtige, zögernde Versuchen des Wildes, einem ▸ Treiben zu entkommen.

Anthrax, der: ▸ Milzbrand.

Anton, Karl Gottlob: ▸ Jagdliteratur.

Antonio Zoli: Von Giuseppi Z., dessen Vorfahren bereits seit 1490 in der handwerklichen Jagdwaffenherstellung tätig waren, am 1. Oktober 1945 in ▸ Gardone Val Trompia gegründete Waffenfabrik, die heute zu den größten Waffenherstellern Italiens zählt. Bereits 1867 wurde Giovanni Z. als Waffenschlosshersteller bekannt. Aus dieser Zeit stammt auch eine hervorragend verarbeitete Vorderladerpistole, die das Z.-Familienwappen trägt. Als erster und bislang einziger italienischer Hersteller bietet die Firma A. Z. eine Bockbüchsflinte mit Zweischlosshandspannsystem (Modell Corona) an.

Antonoff, Georg, Dr. (1910 bis 1980): Regierungsoberforstrat und Forstwissenschaftler. A. ist der Verfasser zahlreicher Publikationen auf waffentechnischem Gebiet, aber auch durch Fachbücher wie »Das Auge des Waldes. Jagdliches und anderes aus dem grünen Reich, bunt gemischt« (1966), »Die Sprache des Waidmanns« (2. Aufl. 1977) und »Wie behandle ich meine Jagdbeute« (2. Aufl. 1976) einem größeren Kreis bekannt geworden.

antraben: Bei Fuchs, Luchs oder Wolf: das Nahen (Herankommen) im Trab.

antragen: Auf ein Stück Wild einen Schuss abgeben; dem Wild die Kugel a.

antreiben: **1**) Das ▸ Treiben beginnen lassen. **2**) Das A. von Wild an die Schützen durch die Treiber. **3**) Beim ▸ Erdhund: im Bau den Fuchs oder Dachs bedrängen.

antreten: Beim Auerhahn: ▸ aufbäumen.

Antrittbaum, der: ▸ Fallbaum 1).

Antrittsreiser, die: Die Büsche am Vogelherd (▸ Vogelherd 7), auf die sich die Vögel setzen sollten; ▸ Fallbaum 1).

antrollen: Im Trab (Troll) anlaufen oder näher kommen. Nur beim ▸ Schalenwild und beim Braunbär gebräuchlich.

Antvogel, der: ▸ Erpel.

Antwort, die: Ein ▸ Jagdsignal. Auf das Signal »Wo bist denn du?« wird mit dem Signal »Bin hier! Bin hier!« geantwortet.

Anwarten, das: Das Ringholen (Kreisen in der Luft) des ▸ Beizvogels über dem Falkner oder dessen Hund. Zum A. wird der Falke abgehaubt und abgeworfen. Er steigt dann ringholend auf 60 bis 80 m hoch oder noch höher und wartet an, d.h., er wartet dort kreisend, bis vom Falkner oder vom Hund Wild aufgejagt wird. Dieses Wild schlägt er dann, von oben herabstoßend. Entweder bindet er es in der Luft und trägt es dann zur Erde oder er schlägt es im Vorbeistoßen, wobei auch hier das Wild meist schon verendet auf die Erde herunterkommt. Der mit sehr großer Geschwindigkeit stoßende Falke steilt nach dem Vorbeistoßen wieder auf (▸ aufsteilen), kommt aber dann herunter und lässt sich auf seiner Beute nieder.

Zum A. eignen sich die sog. leichten Falken, das sind Falken, die von Natur aus, also auch in Freiheit, im A. jagen würden. Grundsätzlich eignen sich – mit Ausnahme des Merlin – fast alle Falkenarten, speziell die Terzel (▸ Falken), zum A. Ungeeignet sind jedoch Habicht, Sperber und Adler, wobei es bei Letzterem in einigen Fällen gelungen ist, sie als Anwarter zu fliegen. Die Anwarterfalknerei ist die schwierigste, aber auch die schönste Art der Beizjagd; ▸ freie Folge.

Anwarter, der: ▸ Anwarten.

anwinden: Alter und seltener Ausdruck für das Auflecken des ▸ Schweißes vom verendeten Wild durch den ▸ Schweißhund; ▸ anschneiden 1).

anwischen (veraltet): Sich mithilfe des ▸ Wischs dem Wild auf Schussentfernung nähern.

anzeigen: Vom Hund: durch sein Benehmen den Jäger auf Wild, ▸ Fährte oder ▸ Schweiß aufmerksam machen. Der ▸ Schweißhund stupft hierbei mit der Nase auf den Boden, der ▸ Vorstehhund steht vor.

Anzeigepflicht von Tierseuchen, die: Nach dem Tierseuchengesetz in der Fassung der Bekanntmachung vom 22. Juni 2004, zuletzt geändert durch Gesetz vom 9. Dezember 2010, und nach Verordnung über anzeigepflichtige Tierseuchen vom 3. November 2004, zuletzt geändert durch Verordnung vom 18. Dezember 2009 sind folgende Seuchen – hierzu zählen auch Wildseuchen – anzeigepflichtig:
1. Affenpocken; 1a. Afrikanische Pferdepest; 2. Afrikanische Schweinepest; 2a. Amerikanische Faulbrut; 3. Ansteckende Blutarmut der Einhufer; 3a. Ansteckende Blutarmut der Lachse; 4. Ansteckende Schweinelähmung (Teschener Krankheit); 5. Aujeszkysche Krankheit; 5a. Befall mit dem Kleinen Bienenbeutenkäfer (Aethina tumida); 5b. Befall mit der Tropilaelaps-Milbe; 6. Beschälseuche der Pferde; 7. Blauzungenkrankheit; 8. Bovine-Herpes-Virus-Typ 1-Infektion (alle Formen); 8a. Bovine-Virus-Diarrhoe; 9. Brucellose der Rinder, Schweine, Schafe und Ziegen; 9a. Ebola-Virus-Infektion; 9b. Epizootische Hämorrhagie der Hirsche; 9c. Epizootische Hämatopoetische Nekrose; 9d. Epizootisches Ulzeratives Syndrom; 10. Enzootische Leukose der Rinder; 11. Geflügelpest; 12. Infektion mit Bonamia exitiosa; 12a. Infektion mit Bonamia ostreae; 12b. Infektion mit Marteilia refringens; 12c. Infektion mit Microcytos mackini; 12d. Infektion mit Perkinsus marinus; 12e. Infektion mit dem West-Nil-Virus bei einem Vogel oder Pferd; 13. Infektiöse Hämatopoetische Nekrose der Salmoniden; 14. Koi-Herpesvirusinfektion der Karpfen; 15. Lumpy-skin-Krankheit (Dermatitis nodularis); 16. Lungenseuche der Rinder; 17. Maul- und Klauenseuche; 18. (weggefallen); 19. Milzbrand; 20. Newcastle-Krankheit; 20a. Niedrigpathogene aviäre Influenza bei einem gehaltenen Vogel; 21. Pest der kleinen Wiederkäuer; 21a. Pferdeenzephalomyelitis (alle Formen); 22. Pockenseuche der Schafe und Ziegen; 23. Psittakose; 24. Rauschbrand; 25. Rifttal-Fieber; 26. Rinderpest; 27. Rotz; 28. Salmonellose der Rinder; 29. Schweinepest; 30. (weggefallen); 31. (weggefallen); 32. Stomatitis vesicularis; 32a. Taura-Syndrom; 33. Tollwut; 34. Transmissible Spongiforme Enzephalopathie (alle Formen); 35. Trichomonadenseuche der Rinder; 36. Tuberkulose der Rinder (Mykobakterium bovis und Mykobakterium caprae); 37. Vesikuläre Schweinekrankheit; 38. Vibrionenseuche der Rinder; 39. Virale Hämorrhagische Septikämie der Salmoniden; 40. Weißpünktchenkrankheit der Krebstiere; 41. Yellowhead Disease. Der Jagdausübungsberechtigte hat alle Wildseuchen und deren Verdacht unverzüglich (d.h. »ohne schuldhaftes Verzögern«) der Behörde anzuzeigen. Die untere Verwaltungsbehörde erlässt eine Verordnung zur Seuchenbekämpfung nach der Feststellung der Seuche. Der Jagdausübungsberechtigte hat der Behörde auf Verlangen Fallwild oder seuchenverdächtiges, erlegtes Wild zur Verfügung zu stellen; ▸ Wildkrankheiten, ▸ Tierkörperbeseitigung.

anziehen: Beim Hund: durch langsames Vorwärtsgehen anzeigen, dass er ▸ Wittrung von Wild bekommen hat; ▸ nachziehen 2).

Apell, David August von (23.2.1754 Kassel bis 30.1.1832 Kassel): Geheimer Kammerrat, Komponist, Schriftsteller und Generalintendant des Kasseler Hoftheaters. Von ihm stammt u.a.: »Die Jagd, oder Wohltat und Vergeltung, ein pantomimisches Ballet« (1805).

Aperwind, der (Aberwind): Ein Tauwind im Gebirge, der die Hänge schneefrei (aper) macht.

Aphthenseuche, die: ▸ Maul- und Klauenseuche.

Appell, der (franz.: Ruf): Gehorsam und Folgsamkeit des Hundes und des ▸ Beizvogels; z.B.: »Der Hund hat guten A.«, d.h., er ist sehr folgsam. A. nennt man auch ein verabredetes Hornsignal des Jagdleiters, das alle Jäger und ▸ Treiber an den Ort ruft, von wo aus es geblasen wurde.

Appetenzverhalten, das: Auch Suchverhalten. Die Suche eines Tieres nach einem bestimmten Reiz, der ihm erlaubt, über einen ▸ Auslösemechanismus eine Instinkthandlung (▸ Erbkoordination) ablaufen zu lassen. Das Tier ist in einer Stimmung oder hat den Drang nach einer Handlung, die es vielleicht schon lange nicht mehr ausführen konnte (z.B. Jagdstimmung). Ein Beispiel ist das Umherschweifen hungriger Tiere, bevor sie gezielt Beute jagen. Nach Ablauf der Jagdstimmung (z.B. Töten der Beute) ist der Trieb durch die ▸ Endhandlung befriedigt. A. kann sehr variabel sein und verschiedene Verhaltensweisen in wechselnder Zusammensetzung aufweisen, bevor das i.d.R. stereotype Endverhalten eintritt.

applaudieren: Beim Damwild: Wenn bei einem Stück vorbeigeschossen wird, klatscht es mit dem ▸ Wedel gegen die Keulen; man sagt dazu: »Es applaudiert.«

Apport! (franz.: Bring!): Ein Befehl an den Hund, wenn er erlegtes Wild bringen (▸ apportieren) soll.

Apportierbock, der (Dressurbock, Bringbock): Um den Hund das Bringen (▸ apportieren) erlegten Wildes zu lehren, wird hierfür ein hölzerner A. verwendet. Dem Aussehen und der Funktion nach ähnelt der A. einer kleinen Hantel. Die beiderseits des Bockes angebrachten Holzringe sind abnehmbar und können durch Eisenringe ersetzt werden. Bei den Apportierübungen kann dieses Gerät dadurch bis zu einem Gewicht von ca. 8 kg beschwert werden.

apportieren (bringen): Das Bringen von Wild und anderen mit Wild in Verbindung stehenden, zufällig gefundenen Gegenständen, wie z.B. ▸ Abwurfstangen, durch den Jagdhund. Bei der Jagd auf ▸ Niederwild muss der Hund das geschossene Stück Wild auf den Befehl »Apport!« oder »Bring!« aufnehmen und seinem Herrn bringen. Er soll sich vor diesen setzen und hat das Stück erst auf den Befehl »Gib aus!« oder »Aus!« loszulassen. Der Hundeführer nimmt ihm das Stück mit der Hand ab. Das A. muss dem Hund, besonders wenn er von Natur aus nicht bringfreudig ist, systematisch beigebracht werden. Anfangs lässt man ihn kleinere, leichte Gegenstände (z.B. Hasenbalg) bringen. Später arbeitet man mit dem ▸ Apportiersack oder ▸ Apportierbock. Im Laufe der Zeit werden diese immer mehr beschwert, zugleich wird die Bringstrecke vergrößert. Der Hund soll die apportierten Gegenstände etwa in der Mitte fassen, aber nicht quetschen (▸ Knautscher). Um für den Hund die Arbeit interessant zu machen und ihn an die verschiedenen Wildarten zu gewöhnen, arbeitet man so oft wie möglich mit Wild (Hase, Kaninchen, Taube, Rebhuhn usw.) und legt damit ▸ Schleppen 1). Die Schleppspur hat der Hund auszuarbeiten und das am Ende niedergelegte Stück zu a.

Apportierhunde, die: Von englischen und amerikanischen, aber auch von deutschen Züchtern speziell für die ▸ Feldarbeit und ▸ Wasserarbeit nach dem Schuss gezüchtet. Sie sind reine Spezialisten und gehen bei der Jagd bei Fuß oder warten bei ihrem Herrn auf dem Stand, bis der Schuss fällt; erst dann ▸ apportieren sie auf Kommando das geschossene Stück Wild. Durch ihre ausgezeichnete Nase sind die A. sichere ▸ Verlorenbringer. Die in Deutschland meistverwendeten A. sind:

1. Golden Retriever:

Herkunft: Kreuzung aus dem gelben Retriever, dem Wasserspaniel, dem Bluthund, dem Irish-Setter und dem schwarzen Retriever.

Äußere Merkmale: Mittelgroßer bis großer Hund, ▸ Widerristhöhe: 52 bis 61 cm, Gewicht: 25 bis 30 kg. Langes, dichtes, flaches oder leicht gewelltes Haar mit dichter Unterwolle und

Apportiergegenstände: oben Apportiersack, links darunter Apportierbock (nach Oberländer) und weitere Bringhölzer, rechts Dummies

Golden Retriever

▸▸
Labrador Retriever

guter Befederung. Die Haarfärbung ist rahmfarben bis gold in allen Schattierungen. Die Rute ist lang mit schöner Fahne. Augenfarbe ist dunkel. Verwendung und hervorstechende Eigenschaften: Intelligenter, ruhiger, leichtführiger A. Er ist Spezialist für die Arbeit nach dem Schuss und ein sicherer Verlorenbringer.

2. Labrador Retriever:
Herkunft: Eine alte Rasse, hervorgegangen aus den schwarzen Wasserhunden in Neufundland. Äußere Merkmale: Mittelgroßer bis großer Hund. Widerristhöhe: 54 bis 62 cm, Gewicht: 25 bis 30 kg. Das kurze, dichte Haar ist einfarbig schwarz, gelb oder braun. Die Rute ist mittellang. Augenfarbe haselnuss- bis dunkelbraun. Verwendung und hervorstechende Eigenschaften: Zuverlässiger, ruhiger A. Er ist Spezialist für die Arbeit nach dem Schuss und ein sicherer Verlorenbringer.

3. Flat-Coated Retriever:
Herkunft: Bei der Entstehung dieser Hunderasse sollen der Kleine Neufundländer, der Setter, der Pointer, die großen Spaniels und der ausgestorbene Sankt-Johns-Hund beteiligt gewesen sein. Sein direkter Vorfahr ist der Wavy-Coated Retriever.
Äußere Merkmale: Der schwarze oder lederfarbene Hund mit gestrecktem, kräftigem Körperbau hat eine tiefe Brust, eine Schulterhöhe von ca. 58 cm und ein Gewicht von 27 bis 31,5 kg. Das Haar soll möglichst glatt sein. Verwendung und hervorstechende Eigenschaften: Intelligenter, lebhafter, wachsamer Hund, der zur Federwildjagd verwendet wird.

Apportiersack, der: Ein meist mit Fell überzogener Leder- oder Leinenbeutel, der mit Sand gefüllt ist. Er wird bei der Hundeabrichtung wie der ▸ Apportierbock verwendet; ▸ apportieren.

Aquaviva: ▸ Jagdliteratur.

arbeiten: **1**) Den Jagdhund oder ▸ Beizvogel ausbilden; A. wird speziell die Ausbildung des früheren ▸ Leithundes sowie des heutigen ▸ Schweißhundes genannt. Der Leithund war dabei so abgerichtet, dass er keine Fährte überging, d.h. jede anzeigte, eine angefallene Fährte unverdrossen fortsuchte und auch den Tritt des Tieres anzeigte; ▸ anführen. **2**) Den Hund eine ▸ Fährte, ▸ Spur oder ein ▸ Geläuf verfolgen lassen; z.B.: »Der Hund arbeitet auf kalter Fährte.«

Arbeiter-Jagd- und Schützenverein, der: Im Jahre 1926 in Österreich gegründeter sozialdemokratischer Verband mit dem Mitteilungsblatt »Der Freie Jäger« (seit 1.5.1929). Verband und Zeitung wurden bereits am 30.3.1933 aufgelöst, nachdem in den Klubräumen der Arbeiter-Jäger Militärwaffen und Sprengstoff gefunden worden waren.

Arbeitsgemeinschaft deutscher Beauftragter für Naturschutz und Landschaftspflege e.V. (ABN): ▸ Naturschutzverbände.

Arbeitsgemeinschaft Naturnahe Jagd Norddeutschland e.V. (NJN): Am 26.4.1991 in Göttingen gegründeter Verein, der sich als regionaler ökologischer Jagdverein versteht und mit seinen Veranstaltungen einen Dialog zwischen konkurrierenden Berufs- und Verbandsgruppen fördern sowie jagdrechtliche Konzeptionen erarbeiten will.

Arbeitsgemeinschaft wildbiologischer und jagdkundl. Forschungsstätten: 1968 in Bonn-Beuel von Dr. ▸ Brüll, Prof. Dr. ▸ Rieck und Dr. ▸ Ueckermann mit dem Ziel einer Koordination der Forschungsarbeiten über die Institutsleiter gegründet. Der A. gehören auch belgische und französische Einrichtungen an.

Arbeitskreis Wildbiologie an der Justus-Liebig-Universität Gießen e.V.: Widmet sich der Wildtierkunde (einschließlich Altersbestimmung und Wildtierernährung), Erkrankungen der Wildtiere (einschließlich Wildbrethygiene), Wildtiergenetik, Zucht und Haltung, Etho-Ökologie, Biotopgestaltung, Kulturanthropologie und Naturschutz, Wildtierbewirtschaftung.

Arbeitspunkte, die: ▸ Hundeprüfungen.

Arche, die: Eine starke, meist aus Hanffäden gestrickte Leine, die zum Stellen und Spannen des Jagdzeuges verwendet wurde. Die obere Leine (Oberarche, Oberleine, Hauptarche, Hauptleine) war eine fingerdicke Leine, die durch die obere Kante bzw. durch die Ringe der hohen Tücher (Netze) gezogen wurde und diese trug. Sie hielt somit die Last der Tücher und Netze und musste straff angezogen werden. Zum Straffen der Netze waren sechs bis acht kräftige Männer nötig. Die untere Leine wurde als Unterarche oder Unterleine bezeichnet. Das Wort »Arche« ist einer der ältesten speziell waidmännischen Ausdrücke und schon im 11. Jh. nachweisbar.

Arco-Zinneberg, Maximilian Bernhard Graf von (1811 bis 1885), genannt »Adlergraf«;

Flat-Coated Retriever

bayerischer Jäger und Sammler von Jagdtrophäen. Wie bei dem Berufsjäger Leo Dorn (im Volksmund Adlerkönig genannt), der über 100 Adler erlegte, war auch A. große Leidenschaft das Aushorsten und Bejagen der Adler, v.a. im Allgäu. Seine berühmte Geweihsammlung bildet mit den Grundstock des Deutschen Jagd- und Fischereimuseums in München; ▸ Jagdmuseen.

Arcussia, Charles de: ▸ Jagdliteratur.

Areal, das: Verbreitungsgebiet einer Tier- oder Pflanzenart (auch einer anderen Einheit des Systems der Pflanzen oder Tiere; z.B. Gattung, ▸ Familie). Es kann aus mehreren Teilflächen bestehen und als kleinste Einheit ein Art-A. darstellen.

Arealkunde, die: Wissenschaft von der räumlichen Verbreitung der Pflanzen und Tiere.

Arenabalz, die: Besondere Form der ▸ Balz (Gruppen- oder Gemeinschaftsbalz) beim Birkwild (▸ Raufußhühner 2) und bei den Kampfläufern (▸ Schnepfenvögel 18). Mehrere Hähne versammeln sich dazu bei den Balzplätzen, um die Begattung mit den herangelockten Hennen durchzuführen. Meist ist dabei ein dominanter Hahn besonders erfolgreich. Die A. ist verbunden mit arttypischen ▸ Lautäußerungen und Sexualsignalen wie z.B. dem auffallenden Prachtkleid der Hähne. Die Hähne von sog. Arenavögeln kennen keine Paarbildung und beteiligen sich nicht an der Brutpflege.

arktische Kunst, die: Der Begriff »a. K.« wird auf klar abgrenzbare Gruppen der steinzeitlichen Felsbilder angewandt, die über Skandinavien und Nordrussland verteilt sind. Sie wurden von Jägern und Fischern geschaffen, die noch genauso lebten wie die Völker des Aurignacien (etwa 34000 bis 30000 v. Chr.) und des Magdalénien (etwa 15000 bis 10000 v. Chr.) am Ende der Eiszeit gelebt hatten. Die früheren arktischen Felsbilder in Nordnorwegen sind besonders naturalistisch und deutlich mit der späten Aurignacien-Kunst in Westeuropa verbunden; in späterer Zeit wurde der ▸ Röntgenstil immer mehr stilisiert, wie z.B. auf einer Felsgravierung mit stilisierten Tieren und einem Wal (Skogerveien, Drammen, Buskerud, Norwegen); ▸ Felskunst der Jäger.

Arenavögel, die: ▸ Arenabalz.

Aristaios: Auch Aristaeus. In der griechischen Mythologie Sohn des Apollon und der Nymphe Kyrene. A. ging im Mannesalter nach Böotien, wo ihn die Musen auf Anordnung von Apollon in der Jagdkunst, der Medizin und in der Schafzucht unterrichteten. Als ursprünglich mächtiger Gott der Jäger soll er eines Tages mit großer Ausdauer die Dryade (Nymphe) Eurydike verfolgt haben. Als sie ihm entfliehen wollte, trat sie versehentlich auf eine Giftschlange, an deren Biss sie starb. A. ist der Beschirmer der Herden, des Acker-, Wein- und Ölbaus, der Jagd und der Bienenzucht. Er ist der Vater von ▸ Actäon.

Arktur, der: Svw. Jäger; ▸ Sternbilder.

Armatur, die: Die Gesamtausrüstung des ▸ Falkners (Falknereigerätschaft); hierzu zählen: der Bell oder die Rolle, das Geschüh oder die Wurffessel, die Drahle, die Kurzfessel, die Langfessel, die verschiedenen Julen und ▸ Recks, die Badebrente, die Falkenhaube oder Falkenkappe, der Falknerhandschuh, die Falknertasche, das Federspiel, die Falknerstange, der Vorlass, die Rönne; siehe hierzu die Einzelbeschreibungen. Die Bez. A. ist besonders für die Ausrüstung, das ▸ Geschirr, des Beizvogels üblich.

Armbrust, die (Armborst, Armrust, Ärmst, Arbrost): Aus dem Pfeilbogen hervorgegangene alte Waffe (§1 Abs. 2 WaffG). Sie besteht aus einem Schaft aus Holz (meist ▸ Eibe), einem Bogen aus Stahl oder Fischbein, dessen Enden durch die aus Tiersehnen oder Hanffäden gedrehte Sehne verbunden sind. In Europa ist sie vermutlich z.Z. der Kreuzzüge aufgekommen und war bis ins 17. Jh. im Gebrauch. Mit der A. wurden Bolzen oder Pfeile, später auch Kugeln (▸ Schnepper) verschossen. Da die Schussweite von der Federkraft des Bogens abhängig war, wurden zum Spannen eigene Vorrichtungen verwendet: bei kleineren Bögen der Spanner, bei größeren die Handwinde (z.B. Zahnstangenwinde) und bei den größten, die zum Beschießen von Festungsanlagen dienten, der Flaschenzug. ▸ Maximilian I., der ein leidenschaftlicher und großer Jäger war, bediente sich bei der Jagd auf Gamswild ausschließlich der A.; ▸ Bogenjagd.

Arme, die: Die Vorderfüße des Bären.

Armschwingen, die (Schwingen zweiter Ordnung): ▸ Schwungfedern.

Arnim, Achim von (26.1.1781 Berlin bis 21.1.1831 Wiepersdorf bei Jüterborg). A., der zusammen mit seinem Freund Clemens Brentano (8.9.1778 Koblenz bis 28.7.1842 Aschaffenburg) zu den bedeutendsten Dichtern der deutschen Hochromantik in Prosa und Lyrik zählt, gab mit ihm zusammen 1806 bis 1808 die Volksliedersammlung »Des Knaben Wunderhorn« (3 Bde.) heraus, eine der größten Arbeiten, die im Geist der jüngeren Romantik geleistet wurden. Darin enthalten: das Lied »Aufgegebene Jagd«, daneben »Die schwarzbraune Hexe«. Ohne Brentano schrieb er die Geschichte »Die schießwütige Gräfin«.

A. Schuler: »Birkhahnbalz auf der Heide«, aus Otto Grashey, »Praktisches Handbuch für Jäger«, 1894, 3. Auflage 1916

Maximilian Graf von Arco-Zinneberg (1811–1885), nach einem Foto lithografiert von F. Hanfstaengl

Bolzenköcher mit fünf Bolzen, deutsch, um 1500: kantige Spitzen und hölzerne Flugfedern, Holzkörper mit Rinderhaut bezogen. Unten deutsche Zahnstangenwinde, 1630: Zahnstange und Gehäuse reich geätzt und teilweise feuervergoldet, auf der Stange bez.: »HZ 1630«

Armbrust, deutsch, um 1650: Gerade, mit gravierten Beineinlagen, verzierter Säule, Stahlbogen, Strickverankerung und Sehne. München, Deutsches Jagd- und Fischereimuseum

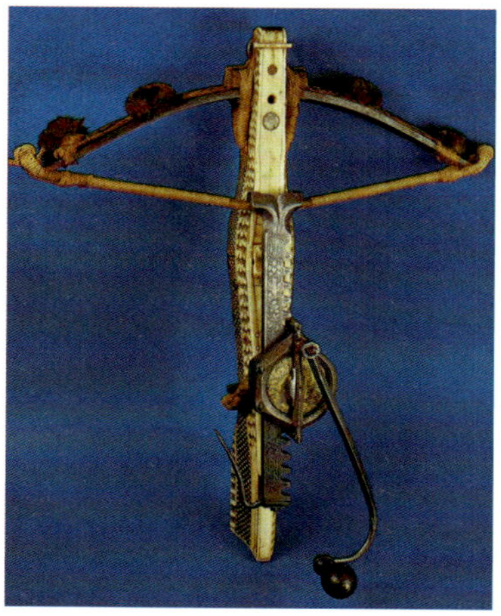

▸▸▸ Armbrust, deutsch, um 1550, mit Stahlbogen, originaler Sehne, Wollaufputz und Verbeinungen

Arp, der (Schnarp): ▸ Rallen 4.
Arpel, der: ▸ Erpel.
Arpschnarp, der: ▸ Rallen 4.
Arrêthund, der: Alte rheinländische Bez. für den ▸ Vorstehhund.
Arriamsgeier, der: ▸ Geier 3.
Arrianus, Flavius (um 95 n. Chr. bis 180 n. Chr.): griechischer Schriftsteller. Von ihm stammt »Kynegetica«, eine den ▸ Xenophon ergänzende Abhandlung über die Jagd. Nach A. zeichnete sich die Keltenbracke (▸ Segusier) durch eine besonders feine Nase, eine bedächtige Suche und durch langsames, aber leidenschaftliches Jagen mit hellem ▸ Hals aus. A. vergleicht ihren Gesichtsausdruck mit dem von Straßenbettlern: die Hunde böten einen leidvollen Anblick und die am höchsten im Blute stehenden Tiere sähen unglücklich aus. A. spielt hier auf die langen, tief angesetzten Behänge und die lose, viele Falten werfende Kopfhaut der Keltenbracke an.

Art, die (Spezies): Die einzig objektiv definierte Einheit im System der Pflanzen und Tiere. Die zu einer A. gehörenden Individuen stimmen in allen wesentlichen Merkmalen überein und können sich fortpflanzen. Individuen einer A. pflanzen sich nicht mit Mitgliedern anderer A. fort. Besonderes Kennzeichen einer A. ist das gleiche äußere Erscheinungsbild. Die A. werden wissenschaftlich benannt und in einem Ordnungssystem zusammengefasst. In der Zoologie gilt jeweils der erste einem Tier ab dem 1.1.1758 (C. von Linné: Systema naturae, 10. Aufl.) gegebene wissenschaftliche Name. A. werden zu Gattungen zusammengefasst; z.B. gehören die Steinmarder zu den *Martes foina*, wobei dem Namen der Gattung (Martes) erst der Artname (*foina*) folgt. Hinzugefügt wird noch der Name des Wissenschaftlers, der den eigentlichen A.-Namen in Verbindung mit der wissenschaftlichen Beschreibung gegeben hat, z.B. *Martes foina* Erxleben. In der Rangstufe folgen nach der A. Gattung, ▸ Familie, ▸ Ordnung, ▸ Klasse. Die Klassen bilden letztlich den Stamm, das Tierreich.

Das am 1.3.2010 in Kraft getretene Bundesnaturschutzgesetz (BNatSchG, ▸ Naturschutz) definiert die A.: Jede A., Unterart oder Teilpopulation einer A. oder einer Unterart; für die Bestimmung einer A. ist ihre wissenschaftliche Bez. maßgebend. Im Sinne des BNatSchG bedeuten:

1. Heimische A.: eine wild lebende Tier- oder Pflanzen-A., die ihr Verbreitungsgebiet oder ihr regelmäßiges Wanderungsgebiet ganz oder teilweise a) im Inland hat oder in geschichtlicher Zeit hatte oder b) auf natürliche Weise in das Inland ausdehnt; als heimisch gilt eine wild lebende Tier- oder Pflanzen-A. auch, wenn sich verwilderte oder durch menschlichen Einfluss eingebürgerte Tiere oder Pflanzen der betreffenden Art im Inland in freier Natur und ohne menschliche Hilfe über mehrere Generationen als Population erhalten.

2. Gebietsfremde A.: eine wild lebende Tier- oder Pflanzen-A., wenn sie in dem betreffenden Gebiet in freier Natur nicht oder seit mehr als 100 Jahren nicht mehr vorkommt.

3. Invasive A.: eine A., deren Vorkommen außerhalb ihres natürlichen Verbreitungsgebiets für die dort natürlich vorkommenden Ökosysteme, Biotope oder A. ein erhebliches Gefährdungspotenzial darstellt.

4. Besonders geschützte A.: a) Tier- und Pflanzen-A., die in Anhang A oder Anhang B der Verordnung (EG) Nr. 338/97 des Rates vom 9.12.1996 über den Schutz von Exemplaren wild lebender Tier- und Pflanzen-A. durch Überwachung des Handels (ABl. L 61 vom 3.3.1997, S. 1, L 100 vom 17.4.1997, S. 72, L 298 vom 1.11.1997, S. 70, L 113 vom 27.4.2006, S. 26), die zuletzt durch die Verordnung (EG) Nr. 318/2008 (ABl. L 95 vom 8.4.2008, S. 3) geändert worden ist, aufgeführt sind, b) nicht unter

▸▸ Hans Burgkmair (1473–1531): »Der junge Weißkunig auf der Gamsjagd«, zwischen 1505 und 1516, Holzschnitt, aus der Autobiografie Maximilians I. »Weißkunig«

Armbrust

1 Säule
a Oberseite
b Unterseite
c Seiten
d Bolzenführung
2 Stahlbogen
3 Seilwerkverankerung
4 Aufputz
5 Sehne
6 Nuss, im Faden laufend
7 Bolzenklammer
8 Windenknebel
9 Abzugsschutzbügel
10 Drücker
11 Stecher

Armbrust mit Winde

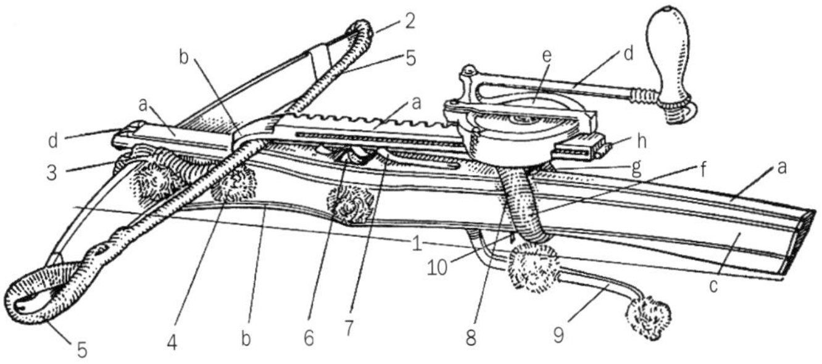

Winde

a Zahnstange
b Krampe
c Gehäuse
d Kurbel
e Gehäusedecke
f Windfaden
g Gürtelhaken
h Zapfen

Armbrustbolzen des 15. und 16. Jh.

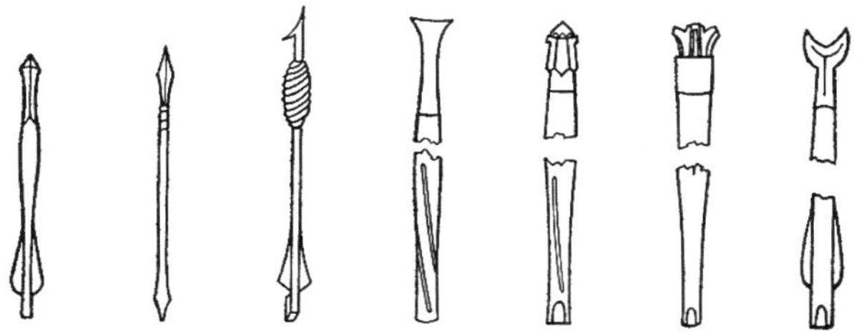

Armbrust mit Winde und Armbrustbolzen des 15. und 16. Jh., nach Hans Schedelmann: »Waffen und Rüstungen«

Buchstabe a) fallende aa) Tier- und Pflanzen-A., die in Anhang IV der Richtlinie 92/43/EWG aufgeführt sind, bb) europäische Vogelarten, c) Tier- und Pflanzen-A., die in einer Rechtsverordnung nach §54 Abs. 1 aufgeführt sind.
5. Streng geschützte A.: besonders geschützte A., die a) in Anhang A der Verordnung (EG) Nr. 338/97, b) in Anhang IV der Richtlinie 92/43/EWG, c) in einer Rechtsverordnung nach §54 Abs. 2 aufgeführt sind.
6. Prioritäre A.: die in Anhang II der Richtlinie 92/43/EWG mit dem Zeichen (*) gekennzeichneten Tier- und Pflanzen-A.
7. Europäische Vogel-A.: in Europa natürlich vorkommende Vogel-A. im Sinne des Art. 1 der Richtlinie 79/409/EWG.
Artemis, die: **1)** Griechische Göttin der Jagd; ▸ Jagdgöttin; ▸ Kalydonische Eberjagd. **2)** Jagd-Corps A.: Deutsche Akademische Corporation A.; gegr. 1984 in München; ▸ Kongress akademischer Jagdcorporationen.
Artenschutz, der: Der A. ist ein Teilgebiet des ▸ Naturschutzes und des ▸ Umweltschutzes und umfasst auf nationaler und internationaler Ebene alle (v.a. behördliche) Maßnahmen, die zur Erhaltung und Pflege von Tier- und Pflanzenarten beitragen, die vom ▸ Aussterben bedroht sind. Der A. dient vorrangig der Erhaltung funktionsfähiger Ökosysteme und der Erhaltung der Artenvielfalt durch Sicherung eines möglichst breit gestreuten Genpotenzials; dazu kommen Schutzgründe verschiedener Art, wie sie der Naturschutz allgemein vertritt. Seit Beginn des 20. Jh. wurden verschiedene Gesetze zur Erhaltung seltener oder bedrohter Tier- und Pflanzenarten erlassen. Dieser indirekte A. musste aber erfolglos bleiben, solange die Lebensräume der bedrohten Lebewesen ohne Schutz blieben. Es wurden zwar bestimmte Standorte seltener Pflanzen zu Reservaten erklärt, doch waren sie meist so kleinräumig, dass menschliche Eingriffe in unmittelbarer Nähe bereits zur Zerstörung führten. Nachhaltiger und wirkungsvoller ist heute der Schutz gesamter Biozönosen und ihrer Biotope (▸ Biotopschutz), also gesamter Ökosysteme, in denen natürliche Kreisläufe noch funktionieren und die durch die Fähigkeit zur Selbstregulierung ihr biologisches Gleichgewicht aufrechterhalten können. Dieser Schutz wird noch verstärkt durch die Überwachung. Zum A. gehört aber auch die Wiedereinbürgerung einer Art an Orten, an denen sie bereits ausgestorben oder dem Aussterben nahe ist. Bereits 30 bis 50% der wild wachsenden Pflanzen und der frei lebenden Tiere in Deutschland sind in ihrer Existenz bedroht bzw. schon ausgestorben (▸ Rote Listen).
Artenschutzkonvention, die: ▸ Artenschutzrecht.
Artenschutzrecht, das: Das Hauptziel des Artenschutzes ist es, den Gesamtbestand an Tier- und Pflanzenarten in ihrer naturgegebenen Vielfalt unter den Bedingungen der natürlichen Auslese so zu fördern, dass die natürliche Entwicklung (Evolution) der Arten gesichert bleibt und die verschiedenen Arten ihre Aufgabe zur Erhaltung der Funktionsfähigkeit der einzelnen ▸ Ökosysteme erfüllen können. Möglichkeiten zum Schutz gefährdeter Arten in aller Welt bietet das Washingtoner Artenschutzabkommen, auf nationaler Ebene ist das A. in Bestimmungen des Bundes und der Länder verankert (Naturschutzgesetze, Jagdgesetze, Bundesartenschutzverordnung; ▸ Bundeswildschutzverordnung). Im BNatSchG nach der sog. Unberührtheitsklausel die Trennung der Rechtskreise Artenschutzrecht und Jagdrecht festgeschrieben. Am 8. März 1973 wurde in Washington das weltweite Artenschutzabkommen (WA), auch CITES-Abkommen (Convention on International Trade in Endangered Species of Wild Fauna and Flora, Übereinkommen über den internationalen Handel mit gefährdeten Arten frei lebender Tiere und wild wachsender Pflanzen) von 60 Staaten unterzeichnet. Insgesamt gehören derzeit 106 Staaten dem Washingtoner Abkommen an. Die Vereinten Nationen (UN) hatten bei ihrer ersten Umweltkonferenz 1972 in Stockholm empfohlen, den durch den internationalen Handel bedingten weltweiten Ausverkauf der Tierwelt zu unterbinden oder zu beschränken. Das A. verbietet den Handel mit etwa 600 Arten (lebende oder tote Tiere und Pflanzen sowie Produkte aus ihnen) vollständig und macht ihn für mehrere hundert Arten von Ausfuhrgenehmigungen abhängig. Das Washingtoner Abkommen hat die erfassten Tiere und Pflanzen nach ihrer Schutzbedürftigkeit aufgelistet:
- vom Aussterben bedrohte Arten, deren Handel verboten ist (Anhang I),
- Arten, die von einem Staat in seinem Hoheitsgebiet einem besonderen Artenschutz unterworfen sind und deshalb nur mit Dokumenten gehandelt werden dürfen.

Das Washingtoner Artenschutzübereinkommen ist erstmalig durch Bundesgesetz vom

22.5.1975 in nationales Recht umgesetzt worden. Derzeit gilt die *Bundesartenschutzverordnung* (BArtSchV) vom 16. Februar 2005 (BGBl. I S. 258, 896), die zuletzt durch Artikel 22 des Gesetzes vom 29. Juli 2009 (BGBl. I S. 2542) geändert worden ist. Es war notwendig, die ehemalige Bundesartenschutzverordnung in der Fassung vom 1.1.1987 an zwischenzeitliche Änderungen des Washingtoner Artenschutzübereinkommens anzupassen und die Ein- und Ausfuhrregelungen für einige gefährdete Tier- und Pflanzenarten zu verschärfen. Es war ferner erforderlich, weitere Tierarten einer Einfuhrkontrolle zu unterwerfen, um der Gefahr einer Verfälschung der heimischen Tierwelt durch die Einfuhr von nicht heimischen Tieren zu begegnen. Darüber hinaus mussten aufgrund der gewonnenen Erfahrungen die Vorschriften über die Buchführung, die Anzeigepflicht für Wirbeltiere geschützter Arten und die Vermarktung gezüchteter Wirbeltiere überarbeitet werden, um die Effizienz des Verwaltungsvollzuges bei besonders gefährdeten Tier- und Pflanzenarten zu verbessern.
Die Bundesartenschutzverordnung legt in erster Linie die unter besonderen Schutz zu stellenden wild lebenden Tier- und Pflanzenarten fest und erfüllt für den Bereich des ▸ Naturschutzes auch die Verpflichtungen aus der ▸ EU-Vogelschutzrichtlinie (Richtlinie 79/409/EWG über die Erhaltung der wild lebenden Vogelarten, 2009); 1979 wurde auch die ▸ Bonner Konvention über die Erhaltung der wandernden wild lebenden Tierarten unterzeichnet und die völkerrechtliche ▸ Berner Konvention zum Schutz wild lebender Tiere und Pflanzen und ihrer natürlichen Lebensräume abgeschlossen.
Auf dem Jagdsektor wurde die ▸ Bundeswildschutzverordnung erlassen; sie setzt insoweit auch die EU-Vogelschutzrichtlinie in nationales Recht um. Die Aufgabenbeschreibungen und Begriffsbestimmungen des Artenschutzes sind im »Fünften Kapitel« des Bundesnaturschutzgesetzes (ab §37) näher beschrieben. Im gesetzlichen Artenschutz geht es um: Schutz der (gesamten) wild lebenden Tier- und Pflanzenarten in allen ihren Entwicklungsformen (einschließlich ihrer Teile) und ihrer Lebensgemeinschaften; Schutz ihrer Lebensstätten (und ihrer sonstigen Lebensbedingungen; ▸ Biotopschutz); Schutz vor dem direkten menschlichen Zugriff (durch Entnahme, Handel, Haltung usw.).

Artenschutzübereinkommen, das: ▸ Artenschutzrecht.

Artenschutzverordnung, die: ▸ Artenschutzrecht.

Artensicherung, die: Für den Jäger bedeutet die Erhaltung eines zahlenmäßig ausreichenden Wildbestandes die Voraussetzung für die Jagd. Somit führt letzthin die Jagdausübung auch zu einer A. Den besten Ausdruck findet der Gedanke der A. in den ▸ Jagdzeiten und Schonzeiten, die über eine gesetzlich fundierte Verordnung für jeden Jäger verbindlich sind.

Aschente, die: ▸ Wildenten 12.

äsen: Die Nahrungsaufnahme bei allem Wild mit Ausnahme des ▸ Schwarzwildes und des ▸ Raubwildes sowie der ▸ Greifvögel.

Aser, der: Schweizerische (lokal auch süddeutsche) Bez. für eine ▸ Jagdtasche, auch für die Mahlzeit des Jägers in freier Natur. Lagert er dabei am Feuer, ist dies das »Aserfeuer«.

Äser, der (Geäse, seltener: Schmecker): Das Maul von allem ▸ Haarwild mit Ausnahme des ▸ Schwarzwildes und des ▸ Raubwildes; ▸ Gebrech, ▸ Fang.

Aserfeuer das: ▸ Aser.

Äserschuss, der: ▸ Schusszeichen.

Asgardreia: In der germanischen Mythologie die wilde Jagd Odins, während der ein Sturm die Seelen der Verstorbenen freiließ; ▸ Wilder Jäger.

A.-Sgr.: Abk. für Ausstellungssieger; ein Leistungszeichen, das im Zuchtbuch (Abstammungsnachweis) vor dem Namen des Hundes eingetragen wird; ▸ Hunde-Leistungszeichen.

ASJV: Abk. für »Allgemeiner Schweizerischer Jagdschutzverband«. Freiwillige Vereinigung von rd. 7000 Revierjägern (gegr. 1909), die sich besonders der Aus- und Weiterbildung der Jäger annehmen; ▸ CHJV, ▸ SPW, ▸ DIANA, ▸ FACTI, ▸ Jagdschutzverband.

ASP: Abk. für »Afrikanische Schweinepest« ▸ Schweinepest.

Aspe, die: ▸ Pappel 3.

Assoziation, die: In der Verhaltensforschung Bez. für die Fähigkeit, Wahrnehmungen miteinander zu verknüpfen und diese Verknüpfungen im Gedächtnis zu behalten. Auf dieser Fähigkeit, aus Begebenheiten zu lernen, beruht die Erziehung und Abrichtung des Hundes und auch das Abtragen eines Greifvogels zum ▸ Beizvogel.

Aster, Ernst Ludwig von (1902 bis 1986): Landschafts- und Tiermaler, Illustrator. A. wurde in Weimar u.a. von Max Thedy, Alexander Olbricht und Günther Brendel ausgebildet. Er illustrierte einige Bücher wie z.B. Otto Busdorf »Wilddieberei und Förstermorde« (52 Zeichnungen), Hans Otto Rosdorff »Wald, Wild, Waidwerk«, Wilhelm ▸ Hochgreve »Kleine Wild- und Jagdkunde. Kurzgefasster Leitfaden« (30 Zeichnungen), Werner Siebold »Klaus und die Waldtiere«.

Ästling, der (Deckung, Tackling): Ein fast flügger ▸ Greifvogel (oder Eule, Krähe, Reiher, Wildtaube u.a.), der bereits außerhalb des Horstes auf den Ästen sitzt und noch von den Altvögeln gefüttert wird. Ästlinge eignen sich sehr gut für die ▸ Falknerei, weil sie noch leicht zu fangen sind und die schwierige Aufzucht entfällt. Wie beim ▸ Aushorsten sind auch hier die jagdrechtlichen Bestimmungen zu beachten.

Äsung, die: Das natürliche Futter (Nahrung) des Wildes. Ausnahme: Beim ▸ Schwarzwild bzw. ▸ Raubwild nennt man die Nahrung »Fraß«. Unterschieden wird hierbei nach natürlicher und künstlicher Ä. Unter natürlicher Ä. wird das gesamte Nahrungsangebot, das sich dem Wild in freier Wildbahn anbietet, zusammengefasst. Unter künstlicher Ä. ist das dem Wild in Notzeiten an Futterstellen (▸ Jagdeinrichtungen) dargereichte Futter zu verstehen; ▸ Wildfütterung.

Äsungsflächen, die: ▸ Wildäsungsflächen.

Äsungspflanzen, die: ▸ Wildäsungspflanzen.

Äsungsverbesserung, die: Verbesserung des vorhandenen natürlichen Äsungsangebots durch Anlage von ▸ Wildäsungsflächen (z.B. Dauergrünäsungsflächen, Wildäcker, Verbissgehölze), Einbringung von ▸ fruchttragenden (masttragenden) Bäumen und beerentragenden Sträuchern, v.a. am Waldrand, Schaffung von ▸ Remisen und ▸ Feldgehölzen, Schneisenbegrünung, Bereitstellung von ▸ Prossholz, Waldfeldbau, Zwischenfruchtanbau auf landwirtschaftlichen Nutzflächen, Ackerrainerhaltung und ▸ Flächenstilllegung. Ä. für das Wild heißt Verbesserung der Lebensbedingungen für das Wild. Neben der Erhaltung und Stärkung der ▸ Kondition des Wildes dient die Ä. auch der Verringerung von ▸ Wildschäden sowie der Vorbeugung gegen ▸ Wildkrankheiten.

Atalante: In der griechischen Mythologie ist A. die Tochter des Iasos, König von Arkadien. Sie war eine Jägerin (wird von manchen Schriftstellern als eine Verkörperung der ▸ Artemis betrachtet). Enttäuscht darüber, dass sie kein Junge war, hatte ihr Vater sie auf dem Berg Parthenos ausgesetzt. Eine von Artemis herbeigesandte Wölfin säugte sie. Jäger fanden sie schließlich und zogen sie auf. A. war von besonderer Schönheit, von ungewöhnlich athletischer Gestalt und eine berühmte Jägerin. Als einzige Frau nahm sie an der ▸ Kalydonischen Eberjagd teil, zu der Jäger aus ganz Griechenland zusammengekommen waren. Einige lehnten sich gegen die Teilnahme einer Frau auf, aber ▸ Meleagros, der die Jagd anführte und sich in A. verliebt hatte, hielt an ihr fest. Sie brachte dem Eber die ersten Verwundungen bei. Um A. gebührend zu ehren, überreichte Meleagros ihr das Fell des Tieres.

ätschen: Bez. für den Schreckton der Bekassine, gelegentlich auch der Zwergschnepfe beim Herausstreichen. Die Bekassine »ätscht«.

Attrappe, die: Ein ausgestopfter Haarwild- oder Federwildbalg (z.B. Hasen, Krähen, Reiher), an dem Atzung (Nahrungsbissen) befestigt wird, um den ▸ Beizvogel anzulernen; ▸ Balban, ▸ Hüttenjagd.

Atzblock, der: Block, auf dem die ▸ Atzung festgebunden und dem ▸ Beizvogel angeboten wird.

Atzblock

atzen: 1) Auch ätzen, den ▸ Beizvogel füttern bzw. ihn kröpfen (fressen) lassen; ▸ aufatzen. 2) Das Füttern junger ▸ Greifvögel durch die Altvögel.

ätzen: ▸ atzen.

Atzklaue, die: Die Kralle der vorderen Innenzehe von Habicht und Sperber und des vorderen Innenfingers der Falken, mit der sie beim Kröpfen die Beute (Atzung) festhalten. Gelegentlich werden auch Innenzehe und Innenfinger selbst als A. bezeichnet; ▸ Halteklauen, ▸ Fangklaue.

Atzung, die: **1**) Die Nahrung für die jungen ▸ Greifvögel, die ihnen von den Altvögeln zugetragen wird. **2**) Der Vorgang des Fütterns der ▸ Nestlinge an sich. **3**) Die Nahrung, die der ▸ Beizvogel vom ▸ Falkner erhält. Man lockt den Beizvogel auf die A. oder gibt die A. aus. Ein gesunder, größerer Beizvogel wird einmal am Tag, die kleineren Arten wie Merlin und Sperber (Sprinz), die sehr empfindlich sind, werden zweimal pro Tag geatzt; Nestlinge hingegen anfangs dreimal, wenn sie älter sind, zweimal. Einem verstoßenen Beizvogel, den man halb verhungert zurückerhält, gibt man am Anfang nur wenige Bissen bester A. (leicht gewässertes, schieres Fleisch), wartet, bis diese aus dem Kropf abgestiegen sind, und gibt dann weitere (etwa alle 20 bis 30 Minuten) hinzu. Bis er sich wieder erholt hat, erhält er nur blanke A. (keinesfalls A. mit ▸ Gewölle). Die günstigste Zeit zur A. ist um die Mittagszeit; zu früh am Morgen hat er meist das Gewölle vom Vortag noch nicht geworfen, zu spät nachmittags geatzt, wirft er das Gewölle am nächsten Tag zu spät. Es sollte daher immer eine feste Stunde eingehalten werden. Der Beizvogel, besonders der, der abgetragen wird, soll möglichst auf der Faust geatzt werden. Die A. kann auch an einem Federspiel befestigt werden, das mit den Flügeln des Tieres versehen ist, auf das der Beizvogel abgetragen wurde bzw. wird. Ansonsten wird die A. auf dem ▸ Atzblock, dem Atzbrett des Rundrecks oder auf dem hohen ▸ Reck gereicht. Jene Nahrung, wie sie der ▸ Greifvogel in Freiheit schlägt (täglich frische Beute mit Haaren, kleinen Knochen und Federn), ist für den Beizvogel, der weniger Bewegung und dadurch nicht so regen Stoffwechsel hat, nur bedingt geeignet. Ein Beizvogel benötigt gute, abwechslungsreiche A. Er braucht daher regelmäßig A. von frischtoten Tieren mit etwas Haaren, kleinen Knochen und Federn, um Gewölle bilden zu können. Es ist aber darauf zu achten, dass das Gewölle des Vortages bereits geworfen wurde. Geeignet zur A. sind Hühner- und Entenköpfe, da sie alles enthalten, was der Beizvogel benötigt (Fleisch, Fett, Knochen, Sehnen und Gewölle). Zur Abwechslung gibt man blanke A. wie zartes Rind- oder Pferdefleisch (ohne Fett), Rinder- oder Pferdeherz, ferner Meerschweinchen, Sperlinge, Elstern, Eichelhäher, Tauben und Krähen, wobei Letztere nicht jeder Beizvogel mag. Bei Vögeln ist der Verdauungstrakt zu entfernen, um Trichomoniasis zu vermeiden. Gelegentlich kann auch Kaninchenfleisch (geringer Nährwert) gereicht werden. In den Wintermonaten sollte blankes Fleisch durch Eintauchen in warmes Wasser (mit einem Tuch abtrocknen) erwärmt werden. Die Merline, besonders die Terzel, benötigen zartes Fleisch kleiner Tiere wie Mäuse, ab und zu kann ihnen auch zartes Lamm- oder Hammelfleisch (ohne Fett) gereicht werden. Bei allem Wild, das geschossen wurde, sind die Schrotkörner restlos zu entfernen, sonst kann der Beizvogel an Bleivergiftung eingehen. Wird ein Beizvogel auf größeres Wild abgetragen, reicht man ihm kleinere Beutetiere so zerkleinert, dass sie für ihn unkenntlich sind. Keinesfalls dürfen tot gefundene Tiere, gekochtes, trocken erwärmtes oder schlechtes Fleisch verfüttert werden; dies würde zur Vergiftung führen. Ein Beizvogel, der nicht in der ▸ Mauser steht und nicht zur ▸ Beizjagd benutzt wird, erhält gute, abwechslungsreiche Nahrung. Was er nicht annimmt, räumt man wieder weg. Da er wenig Bewegung hat, wird er auch nicht zu viel nehmen. Ein Beizvogel in der Mauser hingegen erhält so viel wie möglich von bester A., um kräftige Federn bilden zu können. Mit der A. kann vorsichtig Lebertran und frisches rohes Eigelb gegeben werden. Um ihn von der Mauserkondition in Jagdkondition (▸ Kondition 3) zu bringen, erhält er kleinere Portionen und gewässertes Fleisch.

Atzung, blanke, die: Die ▸ Atzung ohne Federn und Fell.

Atzungsrecht, das: Im Mittelalter eine Dienstbarkeit, welche Untertanen ihren Herren zu erbringen hatten. Jagdherr und Bedienstete, einschließlich der Hunde und Pferde, hatten häufig das Recht, während der Jagd in Höfen, Klöstern usw. Unterkunft, Essen und Futter zu verlangen. Jäger, Hunde und Pferde wurden aber auch oft ständig längere Zeit in Dörfern und Klöstern untergebracht. Die Befugnis, das A. zu fordern, ging teils auf den Besitz bestimmter Güter zurück, teils auf Verträge oder altes Herkommen. Manche Holzberechtigungen haben ihren Grund in der Atzungspflicht. Später traten an die Stelle des A. Geld- und Naturalabgaben, wie Herbergegeld, Futterhafer und Atzgeld usw. Zu Beginn des 19. Jh. erlosch das A.; ▸ Jagdfron, ▸ Habichtslehen, ▸ Hundelege, ▸ Jagdzehnten.

Auen, die (Auwald): Eine charakteristische Pflanzengesellschaft in einem Flusstal, die sich an hohen Grundwasserstand und Überschwemmung angepasst hat. Vorherrschende Baumarten (Laubmischwald) sind: Eiche, Erle, Pappel, Esche, Weide, Ahorn. Daneben sind A. durch starken Strauch- und hohen Krautwuchs gekennzeichnet. Die A.-Böden sind, durch die ständige Zufuhr von Schlamm, Schlick, Sand und Kies bei Hochwasser, sehr oft wertvolle Weideböden und besonders für Weizen- und Zuckerrübenanbau geeignet (mineralische Nassböden).

Auenhirsch, der: ▸ Auhirsch.

Auergeflügel, das: svw. Auerwild; ▸ Raufußhühner 1.

Auerhahn, der: ▸ Raufußhühner 1.

Auerhahnbart, der: ▸ Bart 6).

Auerhahnbeller, der: Eine kleine Hundeart, die früher – vorwiegend in den Ardennen und in Norwegen – den aufgebäumten Auerhahn am Baume verbellte, um dem Jäger die Möglichkeit zu geben, sich schussmäßig anzuschleichen. Da jedoch i. Allg. eher die Henne und die jungen Hähne den A. ausgehalten haben, ist diese Jagdart als unwaidmännisch schon seit Langem außer Gebrauch gekommen. Erwähnt wird der A. u.a. in ▸ Döbels »Jägerpraktika« (1746).

Auerhahnhund, der: ▸ Auerhahnbeller.

Auwald (Erlen-Eschen-Wald)

Johann Elias Ridinger (1698–1767): »Auerhahnbeller«, Kupferstich

Auerhahn, kleiner, der: ▸ Raufußhühner 2.
Auerhahnsteine, die: ▸ Magensteine.
Auerhenne, die: ▸ Raufußhühner 1.
Auerhuhn, das (Auerwild): ▸ Raufußhühner 1.
Auerochs, der (Urochs, *Bos primigenius*): Ein Wildrind (▸ Wiederkäuer) von etwa 700 bis 800 kg Gewicht und mit einer Schulterhöhe von ca. 200 cm. Die erwachsenen A. waren schwarz, sie trugen einen weiß-gelblichen ▸ Aalstrich auf dem Rücken, während die Kühe rötlich braun gefärbt waren mit dunklerem Hals. Die letzte Ur-Kuh verendete im Jahre 1627 im Wildpark von Jaktorowka in Polen, 50 km südwestlich von Warschau. Der A. wird als sehr schnell, wild und wütend geschildert. Seine Jagd galt unter den Deutschen als die rühmlichste. Er gilt als Stammform unseres Hausrindes. In der Eiszeit war er weit verbreitet und ist uns durch Höhlenzeichnungen als Jagdwild des Eiszeitmenschen bekannt. Vor mehr als 50 Jahren begann der Münchner Tierparkdirektor Heinz Heck, A. zurückzuzüchten. Es wurden dazu ungarische Steppenrinder, schottische Hochlandrinder, Allgäuer, Werdenfelser, Angler, ferner gescheckte Niederungs- und Gebirgsrinder, podolische und korsische Rinder miteinander verpaart. Im Frühjahr 1932 wurden im Tierpark Hellabrunn in München aus dieser Mischlingszucht die ersten A. der Neuzeit geboren. Zwischen Ammersee und Starnberger See leben z. Z. auf 15 ha Weideland wieder A. in einem natürlichen Lebensraum. Der Grundbestand dieser kleinen Herde stammt aus den Rückzüchtungen des Tierparks Hellabrunn in München; ▸ Wisent.
Auerwild, das: **1**) Bez. für Auerhahn und Auerhenne, seltener auch Auergeflügel genannt; ▸ Raufußhühner 1. **2**) Bez. für den ▸ Auerochsen.
Auf, der: ▸ Eulen 1.
aufarten: ▸ Aufartung.
Aufartung, die: Den Wildbestand durch sachgemäße ▸ Auslese und ▸ Hege mit der Büchse und durch andere geeignete Maßnahmen verbessern. Vorrangig sollte dabei die Erhaltung erbgesunder und artstarker Tiere durch die Herausnahme aller schwachen und kranken Stücke sein, die dem Hegeziel nicht entsprechen und deshalb zur Fortpflanzung nicht geeignet sind. Inzwischen hat man erkannt, dass die Überlegungen und Maßnahmen zur A. falsch sind.
aufäsen: Die Nahrung vom Boden aufnehmen; bei allem Wild mit Ausnahme des ▸ Schwarzwildes und des ▸ Raubwildes, bei diesen spricht man von auffressen.
aufatzen: Dem ▸ Beizvogel seine ▸ Atzung ausgeben, ihm einen vollen Kropf bzw. die Tagesration (Hauptmahlzeit) ausgeben; ▸ Lockbissen.
aufbahnen: Speziell in Bayern (aber selten) wird so das Aufstöbern von ▸ Federwild genannt.
aufbaumen: **1**) Beim größeren ▸ Federwild: auf einen Baum fliegen. **2**) Bei Luchs, Wildkatze, Marder und Eichhörnchen: auf einen Baum klettern; auch aufholzen genannt. **3**) Scherzhafter Ausdruck für das Auf-den-Hochsitz-Steigen des Jägers.
aufbeeren: Die Beeren, hauptsächlich die Vogelbeeren, auf dem zum Drosselfang dienenden Bügel befestigen; ▸ Dohnen, ▸ ausbeeren.
Aufbewahrung von Waffen und Munition: ▸ Jagdwaffenaufbewahrung.

▸▸ Auerochs, in einer kolorierten Darstellung aus dem 19. Jh.

Aufbrechen beim Schalenwild

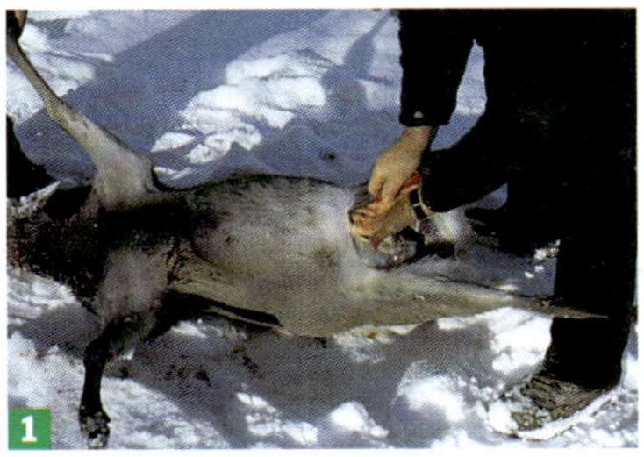
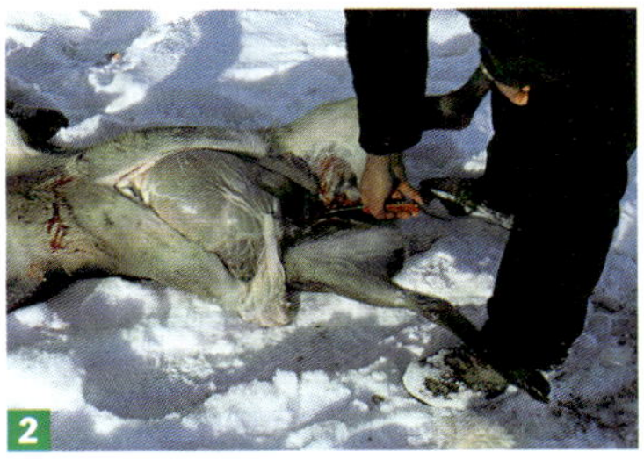
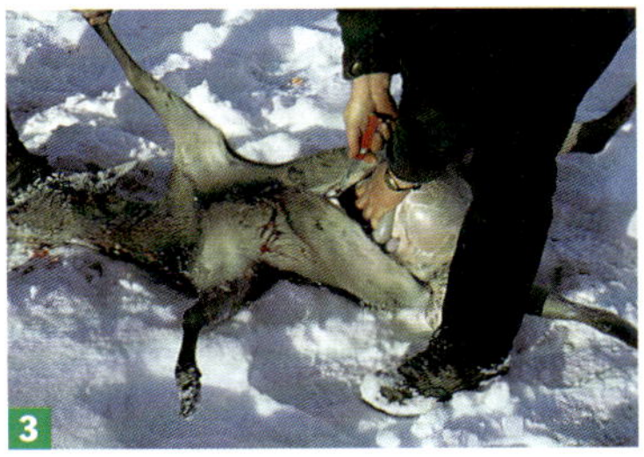
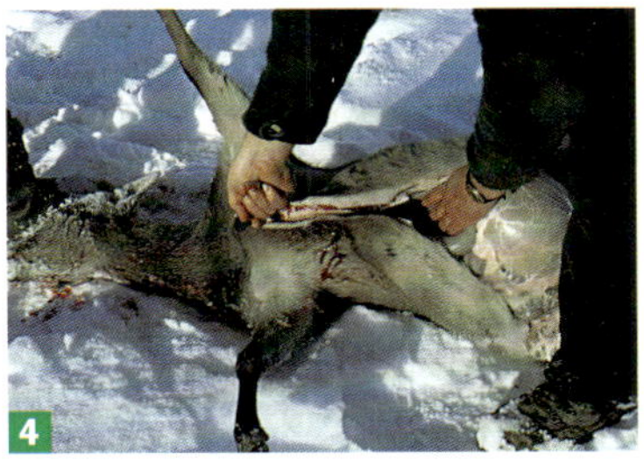
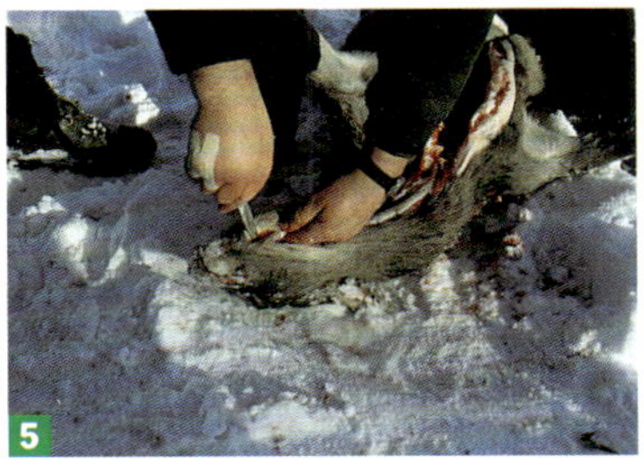

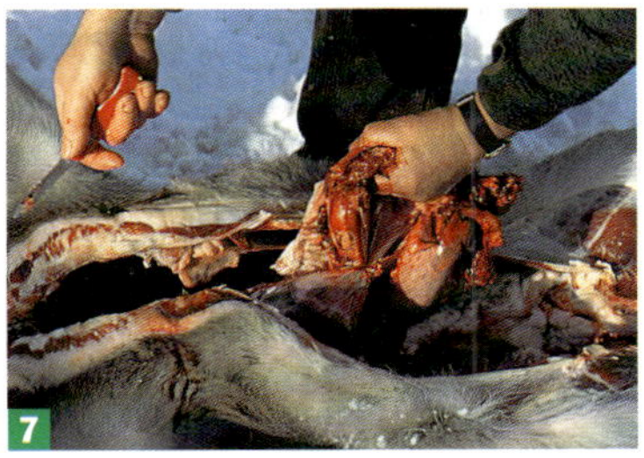

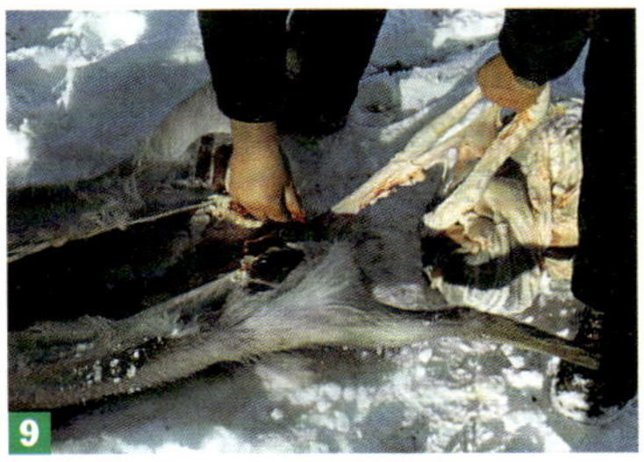
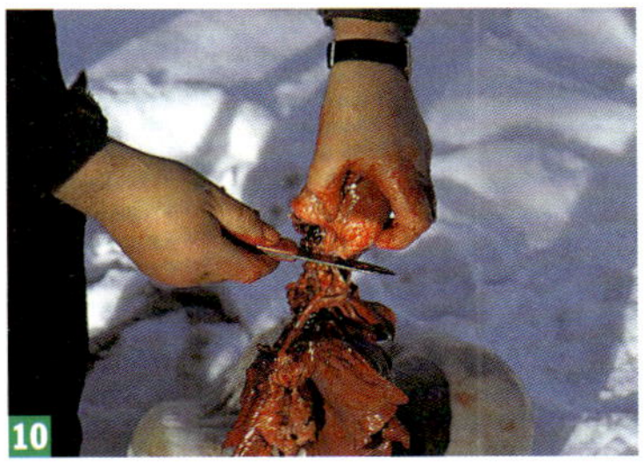
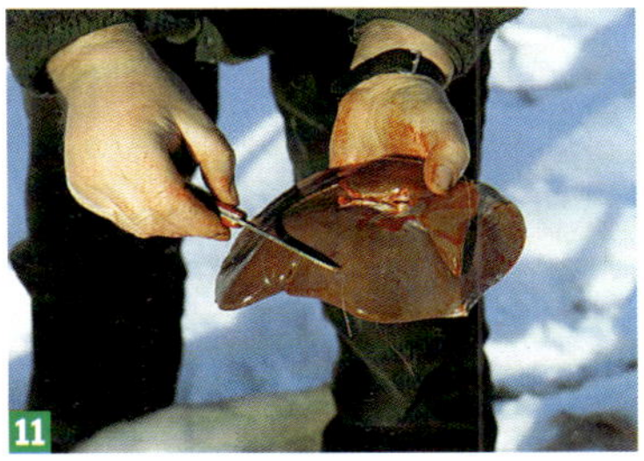

aufblättern: Österreichische Bez. für das Abstreichen, Aufstieben von allem ▸ Federwild, das ein plätscherndes, »blätterndes« Geräusch verursacht; z.B. bei allen ▸ Hühnervögeln und Tauben.

aufblocken: Vom ▸ Greifvogel und ▸ Beizvogel: sich auf einem Block, Pfahl, Felsen oder einem anderen erhöhten Standplatz niederlassen; ▸ aufhaken.

aufbräuen: Auch Ziliation, Ziliatur. Beim ▸ Greifvogel: eine heute nur noch teilweise im Orient übliche Methode, den Greifvogel zeitweise zu blenden, um ihn zu zähmen oder an die Kappe zu gewöhnen. Zu diesem Zweck wurden die unteren Augenlider mit je einem dünnen Faden heraufgezogen und auf dem Scheitel des ▸ Beizvogels verknotet. Zur Zeit Kaiser Friedrichs II. hieß das A. ciliativ, daher die Ausdrücke Ziliation und Ziliatur.

aufbrechen: **1**) Beim erlegten ▸ Schalenwild, beim Murmeltier, Trutwild, Trapp- und Auerhahn die Bauchdecke aufschärfen und das ▸ Gescheide und das ▸ Geräusch herausnehmen. Erlegtes Wild hält sich am besten, wenn es sofort aufgebrochen und ausgekühlt wird. Der ▸ Erleger sollte das Wild selbst a. Bei Wildjagden kann das A. den Jagdhelfern überlassen werden, um den Ablauf der Jagd nicht zu verzögern. Beim Aufbrechen ist folgende Vorgehensweise zweckmäßig: Das Wild wird auf den Rücken gelegt – wenn möglich der vordere Teil höher als der hintere. Nun tritt man zwischen die beiden Keulen und schärft die Decke vom Ansatz der Keulen bis zum ▸ Pinsel auf. Die ▸ Brunftkugeln liegen beiderseits, der Pinsel links der Schnittlinie. Anschließend werden die Brunftkugeln ausgelöst und die Samenleiter abgerissen. Der Pinsel wird nicht entfernt (bei weiblichen Stücken bleiben ▸ Schürze und ▸ Feuchtblatt). Die ▸ Brunftrute wird losgelöst und etwas nach links abgelegt, aber erst nach Entfernung der Harnblase ganz entfernt, um eine Verschmutzung durch den Blaseninhalt zu vermeiden. Die Decke wird weiter bis zum Brustbein aufgeschärft. Um Gescheide und Pansen nicht zu beschädigen, wird dabei die Messerklinge sehr flach und über den Fingern der linken Hand geführt, wobei Letztere gleichzeitig Gescheide und Pansen herunterdrückt (Abb. 1). Anschließend werden die Haut zwischen den Keulen, genau an der Trennungsnaht, bis zur Beckennaht (▸ Schloss) durchgeschärft (Abb. 2) und das ▸ Schloss mit dem Nicker oder einer Säge durchtrennt oder auch mit dem Waidblatt aufgeschlagen – dabei achtet man auf die Blase. Als Nächstes greift man mit beiden Händen in das Schloss und hebt es an, bis die Beckenhälften auseinanderbrechen. Zur heute üblichen Öffnung des Brustkorbes wird nun die ▸ Decke oberhalb des Brustbeins bis zum ▸ Stich aufgeschärft und dann die Brustbeinnaht selbst durchgetrennt (Abb. 3 u. 4). Der ▸ Träger wird entlang der ▸ Drossel bis zum ▸ Drosselknopf aufgeschärft (Abb. 5), ▸ Drossel und ▸ Schlund werden herausgezogen und dicht unterhalb des Drosselknopfes abgeschärft (Abb. 6). Anschließend können Lunge und Herz, das sog. Geräusch (Abb. 7), und – nachdem das Zwerchfell rundherum abgeschärft wurde – großes und kleines Gescheide (Abb. 8) unter gelegentlicher Zuhilfenahme des Nickers abgelöst und nach hinten aus dem Wildkörper herausgezogen werden. Die in der Beckenhöhle liegenden Teile wie ▸ Weiddarm, Blase, Nebenhoden usw. löst man ab und schärft sie vorsichtig heraus (Abb. 9). Abschließend werden die unterhalb des Ziemers zu den Keulen laufenden Brandadern aufgestochen bzw. -geschärft. Aus dem Aufbruch werden dessen verwertbare Teile, wie Herz (S. 43, Abb. 10), Lunge, Leber (S. 43, Abb. 11), Milz und Nieren (Kleines ▸ Jägerrecht), abgelöst oder herausgeschärft. Letztere können zum Transport auch im Stück belassen werden. Bei Gams-, Muffel-, Stein- und Schwarzwild muss von der Leber noch äußerst sorgfältig die ▸ Gallenblase entfernt werden, ohne diese zu beschädigen. Das Stück wird nun zum ▸ Ausschweißen vorn angehoben oder besser noch aufgehängt. Das Auslüften und Abkühlen kann durch einen in die Brusthöhle gespreizten Stock etwas beschleunigt werden. Die Bauchhöhle darf niemals mit Gras, Moos oder Laub gereinigt werden. Falls sie verschmutzt ist (z.B. durch einen ▸ Weidwundschuss), ist zur Reinigung Wasser in Trinkwasserqualität zu verwenden. Nach altem Brauch (heute überholt; ▸ Brauchtum) wird beim A. weder die Kopfbedeckung abgenommen noch werden die Ärmel aufgestreift; ▸ Entbästen, ▸ Zerwirken, ▸ Wildbrethygiene. **2**) Den ▸ Beizvogel a.: ihn an das Geschüh nehmen. **3**) Vom Schwarzwild: svw. die Erde aufwühlen. **4**) svw. ▸ abbrechen 1).

aufbrehlen: Beim ▸ Beizvogel, hauptsächlich beim ▸ Falken, üblich. Um den Beizvogel am Flattern zu hindern, wird ihm mithilfe eines schmalen Riemens, welcher in der Mitte einen Längsschnitt hat, der Flügel zugebunden. Zu diesem Zweck wird der Flügelbug durch den Schlitz des Brehlriemens (Brehl, in Österreich auch Prell) gesteckt, das eine Ende des Riemens unter dem Flügel durchgeschlungen und mit dem anderen Ende des Riemens auf der Schulter des Falken verknotet. Der Brehl wird auch bei verkappten Falken, die auf der Trage zur Beize getragen werden, angewandt, um das ▸ Ballieren und ▸ Springen der einzelnen Falken zu verhindern. Der Brehl wird heute kaum noch gebraucht; ▸ Falkensack.

aufbringen: Das Aufziehen oder Hochbringen eines jungen Tieres.

Aufbruch, der: Die inneren Organe des ▸ Schalenwildes, des Trapp-, Trut- und Auerhahns (▸ Gescheide und ▸ Geräusch). In Bayern wird unter A. das kleine ▸ Jägerrecht (Herz, Lunge, Leber, Milz und Niere) verstanden; ▸ aufbrechen.

Aufbruch zur Jagd: **1**) Ein ▸ Jagdsignal, das zum Aufbruch auffordert. **2**) Auf die Jagd gehen.

aufbügeln: Das Anbringen von Futter (Beeren) an den ▸ Dohnen bzw. den Bügeln wurde früher A. genannt; ▸ aufbeeren.

aufburren: Geräuschvolles Auffliegen einer Kette Rebhühner.

aufdecken: **1**) Das Entfernen des ▸ Bruches von einer verbrochenen Fährte. **2**) Dem ▸ Beizvogel die Haube abnehmen (abhauben, abkappen, entkappen).

auf den Ball (Keif) hetzen: ▸ Ball.

auf die Decke legen: Das ▸ Schalenwild, mit Ausnahme des Schwarzwildes, erlegen; es zur Strecke bringen.

auf die Weide gehen: **1**) Beim Dachs: auf Nahrungssuche gehen. »Der Dachs geht auf die Weide.« **2**) Bei Rebhühnern: auf Nahrungssuche gehen; seltener gebräuchlich bei Gänsen und Enten.

aufdocken: Den ▸ Schweißriemen oder das ▸ Hängeseil kunstgerecht aufwickeln; ▸ abdocken.

auffahren: **1**) Das plötzliche Aus-der-Sasse-Fahren des Hasen; ▸ Sasse. **2**) Rasches In-Anschlag-Bringen des Gewehres.

auffallen: **1**) Beim Auerhahn und sonstigem größeren Federwild: svw. ▸ aufbäumen. **2**) ▸ anfallen 1).

auffordern: Die Sau zum Anlaufen auf die Saufeder reizen; ▸ anschreien 2).

Aufforstung, die: Die Pflanzung (künstliche Anlage) von jungen Bäumen auf freien Flächen zur Walderhaltung bzw. Waldvermehrung. Erfolgt die A. auf vorher waldfreien Flächen (z.B. Ödland, Abbaugelände, Deponien, v.a. aber vormals landwirtschaftlich genutzten Flächen), wird sie als Erst- oder Neu-A. bezeichnet, auch wenn die Flächen früher durch Rodung dem Wald abgerungen worden sind. Die Erst-A. bisher intensiv landwirtschaftlich genutzter Böden bietet v.a. eine Möglichkeit zur nachhaltigen Verringerung der landwirtschaftlichen Überschussproduktion (langfristige Entlastung der Agrarmärkte). Eine gezielte Erst-A. kann auch zu landeskulturellen Verbesserungen führen (z.B. an erosionsgefährdeten Hängen, in Wassereinzugsgebieten). Die Erst-A. leistet somit einen wichtigen Beitrag zur Sicherung der ländlichen Räume durch Erhaltung oder Schaffung zusätzlicher Arbeits- und Einkommensmöglichkeiten für bäuerliche Betriebe. Ferner kann sie den Erholungswert von Agrarlandschaften verbessern. Die Anlage neuer Waldflächen wird in Deutschland seit Langem durch Investitionszuschüsse gefördert, die bis zu 85% (bei reinen Laubholzkulturen) betragen können.
Eine sog. Wieder-A. findet auf einer kahlgeschlagenen Waldfläche (nach Holzernte durch ▸ Kahlschlag) statt. Wegen des Freiflächenklimas eignen sich hierfür nur robuste Baumarten wie Fichte und Kiefer, zu denen sich häufig ▸ Pionierbaumarten von selbst hinzugesellen. Andere Baumarten, v.a. frostempfindliche wie Eiche, Buche und Tanne, werden oft unter dem Schutz eines Teils des Vorbestandes oder eines ▸ Vorwaldes aufgeforstet. Die Wieder-A., auch durch Naturverjüngung, ist nach dem ▸ Bundeswaldgesetz und den Landeswaldgesetzen vorgeschrieben. Die Erst-A. bedarf i.d.R. einer Genehmigung durch die Forst- oder Landwirtschaftsbehörde.

▸▸ Aufgebrehlter Falke

auffrischen: Eine ▸ Salzlecke erneuern; frische Salzsteine ein- bzw. auflegen.

auffußen: Beim größeren ▸ Federwild: sich auf dem Boden oder auf einem Baum niederlassen.

Aufgang, der: A. der Jagd, Beginn der Jagdzeit; ▸ aufgehen 2).

aufgehen: **1**) aufstoßen, aufjagen, das ▸ Niederwild einschließlich ▸ Federwild durch Hingehen oder sonstige Beunruhigung zum Fortlaufen oder Fortfliegen veranlassen. **2**) Der Beginn der Jagdzeit für einzelne Wildarten; z.B.: »Am 16.5. geht die Bockjagd auf« oder »Die Jagd auf Hasen geht am 16.10. auf.«

aufgreifen: Beim Hund: svw. ▸ anfallen 1).

aufhaben: Das Tragen eines Kopfschmucks bei allem männlichen ▸ Schalenwild, außer bei Schwarzwild, z.B.: »Der Hirsch hat gut (oder schlecht) auf.« Oder: »Der Rehbock hat nur daumenbreit über die ▸ Lauscher auf.« Haben die Hirsche nach dem Abwurf das neue ▸ Geweih noch nicht geschoben, sagt man: »Die Hirsche haben noch nicht auf.«

Aufhabende, der: Seltene Bez. für ▸ Geweihte.

aufhaken: (anhaken): Von ▸ Greifvogel und ▸ Beizvogel: sich auf einem Baum bzw. Ast niederlassen; ▸ aufblocken.

aufhauben: Dem ▸ Beizvogel die Haube oder Kappe (▸ Falkenhaube) aufsetzen; auch zudecken, bedecken, verkappen oder verhauben, häuben, seltener helmen; ▸ abhauben.

aufheben: Das ▸ Abwerfen gestellter ▸ Jagdzeuge wurde früher A. genannt.

aufholzen: ▸ aufbäumen 2).

Aufhütte, die: Die Uhu- oder Krähenhütte; ▸ Hüttenjagd.

Aufjagd, die: ▸ Hüttenjagd.

aufjagen: svw. ▸ aufgehen 1).

Aufkippmontage, die: Montageart für Zielfernrohre; ▸ Jagdoptik.

aufkluppen ▸ anfedern.

aufkoppeln: Wenig gebräuchlicher Ausdruck für loskoppeln; ▸ koppeln.

auflaufen lassen (anlaufen lassen): Heute kaum mehr übliche Jagdmethode auf ▸ Schwarzwild. Das A.-L. geschah früher v.a. in ▸ Eingestellten Jagen sowie bei der ▸ Nachsuche auf eine angeschweißte Sau. Die verletzte oder in die Enge getriebene Sau ließen die Jäger auf einen ca. 2 m langen hölzernen Spieß mit Eisenspitze, die sog. Saufeder (▸ Blanke Waffen 4), auflaufen. Die Saufeder wurde der Sau – nachdem sich der Jäger recht fest und etwas breit auf die Beine gestellt hatte – so entgegengehalten, dass sich die auflaufende Sau die Feder hinter dem Kopf von vorne ins Blatt rannte. Die ▸ Parierstange an der Feder verhinderte das zu weite Eindringen des Schaftes in den Wildkörper. Bei Unterstützung durch Hunde hatte man aber auch Gelegenheit, die Feder von hinten hinter das Blatt nach vorne zu stoßen. Möglich war diese Art der Jagd aufgrund der Tatsache, dass die Sau den sich mit Gesten und Schrei-

◂◂ Zwei Beizfalken (adult) mit Falkenhauben indischer Art

en bemerkbar machenden Jäger i.d.R. anläuft. Dies geschah v.a. bei den Eingestellten Jagen, in denen die Sauen ohnehin schon gereizt waren. Der übliche Jagdruf der Jäger lautet: »Hui Sau!« oder »Hu Su!«, woraus sich der Ruf ▸ »Hussah!« entwickelte. In der alten Jägerei war es Sitte, die grobe Sau auf die Saufeder auflaufen zu lassen, während man für die geringe Bache und für die Frischlinge den Hirschfänger verwendete. Bei den ▸ Parforcejagden ließ man die Sauen auch auf das Schweinsschwert (▸ Blanke Waffen 8.) auflaufen.

auflegen: **1**) Das Gewehr auf eine Auflage (Rucksack, Mantel etc.) auflegen, um einen sicheren Schuss abgeben zu können; ▸ Anschlag. **2**) Beim ▸ Haarraubwild: Sommer- bzw. Winterhaar auflegen; ▸ verfärben bzw. ▸ anlegen 5). **3**) Vom Wild: ▸ Feist oder ▸ Fett auflegen, d.h. fett oder dick werden.

auflösen: svw. aufschlagen, aufschneiden, das ▸ Schloss beim ▸ Schalenwild öffnen; (▸ aufbrechen 1)).

aufmähren (aufmerren): Alter bayerischer Ausdruck für ▸ aufstoßen.

aufmüden: Ein im ▸ Wundbett sitzendes, angeschweißtes ▸ Schalenwild bei der ▸ Nachsuche hochmachen (hochjagen) bzw. wieder ▸ rege machen.

aufnehmen: **1**) Beim ▸ Schweißhund und ▸ Leithund: eine ▸ Fährte aufnehmen und verfolgen; ▸ anfallen 1), ▸ arbeiten 2). **2**) Beim Schweißhund: aufnehmen im Sinne von ▸ abtragen. **3**) Bei der Hündin: Sie hat aufgenommen, wenn sie nach dem ▸ Decken trächtig ist. **4**) Beim Hund: Er nimmt auf, wenn er ein Stück geschossenes Wild fasst und bringt; ▸ apportieren. **5**) Beim ▸ Greifvogel oder ▸ Rabenvogel: das ausgelegte ▸ Luder a. **6**) Beim ▸ Schalenwild außer Schwarzwild: Die ▸ Äsung a. Das gereichte Futter wird aufgenommen. **7**) Den ▸ Beizvogel auf die Faust nehmen, ihn a.

aufprellen: Österreichische Bez. für ▸ aufbrehlen.

aufregen (anregen, rege machen): Das Wild aus seiner Ruhe aufstören.

aufreiben: Die letzten Rebhühner einer schwachen ▸ Kette abschießen; die Kette auflösen.

Aufreiten, das: In der Wildbiologie Bez. für den ▸ Beschlag (Begattung), d.h. das Besteigen des Weibchens durch das Männchen. Bei Jungtieren (noch nicht geschlechtsreifen Tieren) auch als spielerisches Verhalten gegenüber erwachsenen weiblichen Tieren zu beobachten.

Aufsatz, der: **1**) ▸ Helm. **2**) Kleines Vorsatzrohr am Mundstück des ▸ Jagdhorns, mit dessen Hilfe man tiefere Töne erzeugen kann. **3**) Eine ▸ Visiereinrichtung bei Büchsen, bestehend aus einer Stahlschiene mit einem Einschnitt zur Aufnahme des Korns beim Zielen, dann die Klappe eines Klappvisiers, die zum Zielen auf größere Entfernung als Fleckschussweite (▸ Fleckschuss) dient. **4**) Das Gehörn des Steinbockes.

Aufsatzröhre, die: Ein Mündungsaufsatz (Polychoke), der auf Flintenlaufmündungen aufgeschraubt wird, um die Schussleistung einläufiger Flinten zu beeinflussen; ▸ Lauf 4)2.

aufs Blatt springen: Redewendung für das Heraneilen des Rehbockes, der vom Jäger mit der Rehblatte angelockt wurde; ▸ Rehwild (Jagdarten), ▸ laufen 4).

aufschärfen: **1**) Das Schneiden mit dem Waidmesser beim ▸ Aufbrechen etc. In der ▸ Waidmannssprache wird immer anstelle von auf-, weg- oder durchschneiden von auf-, ab- und durchschärfen gesprochen. **2**) Beim Hirsch: Er schärft den Boden auf, wenn er bei trockenem Boden das Erdreich durch seine Tritte auseinanderdrückt und z.T. zerbröckelt.

aufschieben (auftreiben): Den Hasen ▸ aufstoßen.

aufschirren: Dem ▸ Beizvogel das ▸ Geschirr anlegen.

Aufschlag, der: **1**) svw. ▸ Kugelschlag. **2**) Das Spannholz der ▸ Garne, die früher beim ▸ Vogelfang am ▸ Vogelherd benutzt wurden. **3**) Beim Vogelfang ein gerader, nicht gekrümmter ▸ Sprenkel, der federnd wirkte und den Vogel an den Ständern fing. **4**) Im Waldbau Bez. für ▸ Jungwuchs (Naturverjüngung), der aus schwerem, nicht flugfähigem Samen wie Bucheckern, Eicheln und Kastanien entstanden ist; ▸ Anflug.

aufschlagen: **1**) Das Öffnen des Schlosses beim ▸ Schalenwild. **2**) Beim ▸ Schalenwild und Schwarzwild: Hegeeinrichtungen zerschlagen.

aufschrecken (aufstecken): Einen Hasen aus der ▸ Sasse aufjagen.

Aufschubmontage, die: Montageart für Zielfernrohre; ▸ Jagdoptik.

aufschürfen (veraltet): ▸ aufschärfen.

aufschwingen (einschwingen): Beim größeren ▸ Federwild: svw. ▸ aufbäumen, ▸ auffallen 1).

aufsetzen: **1**) Nach dem Abwerfen des ▸ Geweihs oder Gehörns wächst sofort ein neues nach, man sagt: »Der Hirsch oder Bock setzt auf«, »Der Hirsch hat gut aufgesetzt«, »Der Hirsch setzt eine Doppelkrone auf.« Das Wort a. ist in dieser Bedeutung schon seit dem 16. Jh. allgemein üblich. **2**) Der Hirsch setzt oder sitzt zum ▸ Beschlagen auf das Tier auf. **3**) Befestigen einer Trophäe auf dem Holzschild.

aufsitzen: **1**) Vom Hirsch: svw. ▸ aufsetzen 2). **2**) Bei einem hoch schießenden Gewehr lässt man das Ziel a., d.h., das Ziel sitzt auf dem Korn auf.

aufsperren: Das Jagen a. sagte man früher bei ▸ Eingestellten Jagen, wenn man einen Teil der Zeuge (▸ Jagdzeug), z.B. jene, die die Kammer vom Lauf trennten, abwarf.

aufsprengen: Beim Federwild: vornehmlich Rebhühner vom Boden aufjagen. Seltener beim ▸ Hochwild: Es aus der Ruhe aufscheuchen.

aufsprossen: Ein kaum mehr üblicher Ausdruck für das ▸ Aufsetzen des ▸ Geweihs oder Gehörns; z.B.: »Der Bock sprosst auf.« Die Bez. a. findet sich zuletzt in der Literatur von Ch. W. von ▸ Heppe.

aufstäuben: ▸ aufstieben.

aufstäubern: ▸ aufstöbern.

aufstechen (aufschrecken): Das Hochmachen (Aufjagen) eines Hasen durch den Hund.
aufstecken: **1**) Das Hochmachen eines Hasen aus dem Lager durch einen Jäger oder ▸ Treiber; ▸ aufstechen. **2**) Das Befestigen eines ▸ Bruches am Hut.
aufstehen: Das Erheben oder Auffliegen bei allem ▸ Niederwild (Ausnahme Rehwild), das sich am Boden befindet. Hauptsächlich wird dieser Ausdruck aber für das ▸ Federwild gebraucht; ▸ hoch werden.
aufsteigen: **1**) Beim ▸ Greifvogel: sich kreisend in die Luft erheben. **2**) Beim ▸ Raubwild: an einem Gebäude oder Felsen hochklettern. Auf einen Baum klettern nennt man aufholzen; ▸ aufbäumen 2).
aufsteilen: Von a. spricht man, wenn ein herabstoßender ▸ Beizvogel die Wucht des Stoßes abfängt und plötzlich fast wieder senkrecht in die Höhe fliegt; er steilt auf; ▸ Durchgang.
aufstellen: **1**) Sich einen ▸ Beizvogel anschaffen, ihn auf den (die) ▸ Reck stellen. **2**) svw. ▸ aufblocken.
aufstieben (aufstäuben, abstäuben, abstieben): **1**) Das plötzliche, rasche und erschreckte Auffliegen des ▸ Federwildes, v.a. der ▸ Hühnervögel, vom Boden. Fliegt der Vogel hingegen vom Baume ab, so sagt man: »Er stiebt ab.« **2**) Das Aufjagen von Federwild, das Wild aufstieben; selten gebräuchlich; besser: aufstöbern oder auftreten.
Aufstieg, der: Die Stelle, von der aus kletterndes ▸ Raubwild aufbäumt oder aufsteigt.
aufstöbern (aufstäubern): Das Wild vom Boden aufjagen. Die Begriffe »stäuben«, »stieben«, »stäubern« und »stöbern« sind sinn- und stammverwandt. Die gebräuchlichste Form ist zwar »stöbern«, doch die richtigere wäre »stäubern«, weil das plötzliche Aufjagen meist unter Verursachung von »Staub« geschieht.
Aufstoß, der: Die Beute oder der ▸ Köder für ▸ Greifvögel.
aufstoßen (aufstechen): Das Hochjagen von Wild, vornehmlich bei Hasen und ▸ Feldhühnern gebräuchlich, seltener beim übrigen ▸ Federwild; ▸ aufstöbern, ▸ aufsprengen, ▸ aufschrecken, ▸ aufgehen, ▸ auftun.
aufstreichen: Bei allem ▸ Federwild: vom Boden auffliegen; ▸ abstreichen 1), ▸ zustreichen, ▸ anstreichen 2), ▸ einstreichen 1), ▸ aufstieben 1).
aufsuchen: Beim ▸ Saufinder: versuchen, die Sauen zu finden; sie a.
Auftreffenergie, die: Auch Auftreffwucht; ▸ Ballistik.
Auftreffgeschwindigkeit, die: ▸ Ballistik.
auftreten: Beim größeren ▸ Federwild, v.a. Auer- und Birkwild: es vom Boden aufscheuchen, man tritt es auf; ▸ aufstieben 2).
auftun: **1**) Aufscheuchen, Aufjagen des ▸ Niederwildes. **2**) Beim ▸ Schalenwild: sich erheben, Ggs.: ▸ niedertun.
aufwerfen: Beim ▸ Schalenwild außer Schwarzwild: das plötzliche Hochnehmen des ▸ Hauptes bei drohender Gefahr, um zu sichern. Man sagt z.B.: »Der Hirsch warf auf und äugte in meine Richtung.«
Aufwind, der: ▸ Wind.
aufziehen: Das neuerliche Stellen heruntergefallener oder zugezogener ▸ Dohnen und Schlingen wurde A. genannt.
Aufzucht, die: Das Aufziehen von Jungwild und Hunden (siehe unter der jeweiligen Wildart und unter Hundezucht).
Aufzuchtbau, der: Meistens ein Feldbau, der von der ▸ Fähe zur Aufzucht der jungen Füchse benutzt wird, nachdem sie vorher die Jungen in einem sog. ▸ Wurfbau gewölft und diesen bis zur völligen Verschmutzung bewohnt hat.
Aufzuchtzeit, die: ▸ Heckzeit 2).
Aufzug, der: **1**) Veraltete Bez. für ▸ Aufzucht. **2**) Auch Huderkasten, früher eine Art Hühnersteige, in die die Jungfasane mit einer Henne gesperrt wurden (Maße: 3,50 x 1 m). **3**) ▸ Fasanenaufzug.
Auge, das: Bez. für das Auge beim ▸ Federwild, beim ▸ Beizvogel und beim Hund. Beim ▸ Schalenwild werden die Augen »Lichter«, beim ▸ Haarraubwild, bei Hasen, Kaninchen und Murmeltieren »Seher« genannt.
äugen: Bez. für ▸ sehen und schauen bei allem Wild und bei Hunden. Man sagt: »Das Wild äugt scharf, schwach, gut oder schlecht.«
Augende, das: ▸ Augspross.
Augendorne, die: Vorspringende Flügelfortsätze der Stirnbeine weit über den Augenhöhlen des Hasen; ▸ Hasen 1 (Altersbestimmung).
Augenende, das: ▸ Augspross.
Augenring, der: Der Ring um die Augen der ▸ Greifvögel.
Augenspross, der: ▸ Augspross.
Augentarnung, die: Tarnung des verletzlichen Auges durch die Körperzeichnung, u.a. Mittel zum Schutz gegen Angriffe von Artgenossen (Rivalen) oder Fressfeinden. Verschiedene Vögel und Fische zielen z.B. bei Angriffen auf

Rehbock springt im Getreide aufs Blatt.

die Augen des Gegners. Offensichtlich dient die A. auch dem Verbergen des auffälligen Auges, z.B. der schwarz-weiße Augenstreif beim Dachs; ▸ Schutzanpassung.

Augspross, der (Augsprosse, seltener Augende, Augenende, Augenspross oder mundartlich Augsprüssel): Das unterste Ende des ▸ Geweihs unmittelbar über der Rose bei Rot-, Dam- und Sikahirsch. Er ist meist die kräftigste und längste Sprosse und ist nach der Spießerstufe i.d.R. bei jeder Geweihentwicklungsstufe vorhanden, jedoch nicht beim ▸ Hochgabler.

Augsprossgabler, der: Ein ▸ Spießer mit Augspross (normaler Gabler); ▸ Hochgabler.

Auhirsch, der (Auenhirsch): Ein ▸ Rothirsch, der in Flussauen lebt. Der A. ist ein Restbestand des Alpenhirsches und lebte ursprünglich in allen Auwäldern entlang der Alpenflüsse. Er lebt heute nur noch in einer Population von 100 bis 250 Stück (geschätzt) im Auwald zwischen München und Freising.

Aujeszkysche Krankheit (Pseudowut, Juckpest): Infektionskrankheit, die durch ein Herpesvirus hervorgerufen wird. Das Aujeszky-Virus ist gegen Umwelteinflüsse relativ widerstandsfähig, bei 55 bis 60 °C wird es in 30 Minuten, bei 80 °C in 10 Minuten, beim Kochen sofort inaktiviert. Die A. K. ist weltweit verbreitet und wurde bisher bei verschiedenen Haustieren sowie bei Rot-, Reh-, Schwarzwild, Luchs, Dachs, Fuchs, Fischotter, Marder, Iltis, Hase, Kaninchen, Igel und Ratten nachgewiesen. Besondere Bedeutung kommt ihr bei unseren Haustieren (Schweine- und Rinderbestände, Hund und Katze), in freier Wildbahn beim Schwarzwild und beim Fuchs zu. Die Ratten (Wanderratten) spielen eine große Rolle bei der Verbreitung der Krankheit; da die erkrankten Tiere meist verenden und von ihren Artgenossen aufgefressen werden, die sich dadurch anstecken, breitet sich die Krankheit rasch aus. Eine Übertragung erfolgt auch durch Beschnüffeln oder Aufnahme von verseuchtem Futter und Fleisch. Das Virus befindet sich im Sekret des Nasen- und Rachenraumes, der Genitalien und in der Milch. Da das Hausschwein als Hauptwirt dieser Erkrankung anzusehen ist, trägt das Ausbringen von Mist, besonders von Flüssigmist, aus verseuchten Schweinebeständen besonders zur Ausbreitung dieser Krankheit bei. Eine einheitliche Verlaufsform der Krankheit lässt sich aufgrund der erheblichen Virulenzunterschiede zwischen den einzelnen Stämmen nicht festlegen. In den meisten Fällen endet die Krankheit nach akutem Verlauf tödlich, kann aber auch stumm und somit unbemerkt verlaufen. In freier Wildbahn verläuft sie häufig unerkannt. An der A. K. verendetes, aufgefundenes Wild weist meist Deckenläsionen auf. Da bei derartigen Merkmalen stets auch an ▸ Tollwut gedacht werden muss, hat immer eine Untersuchung in einem geeigneten Institut zu erfolgen (hierzu wird das Haupt eingesandt). Bei Jungtieren verläuft die Krankheit meist sehr heftig, bei Frischlingen z.B. führt sie ohne typische Symptome in ein bis zwei Tagen, bei etwas älteren in vier bis fünf Wochen unter Bewegungsstörungen und Krämpfen zum Tode. Bei Überläufern kommt es zu Husten, Atembeschwerden, starkem Juckreiz (blutig gescheuerte Schwarte, Bissverletzungen), Lähmungserscheinungen und schließlich zum Tode. Bei älterem Schwarzwild kann die Krankheit auch ohne Symptome verlaufen (Durchseuchung), wobei die Tiere das Virus schubweise oder kontinuierlich bis zu einem halben Jahr ausscheiden. Ist die Seuche festgestellt, sind alle erkennbar kranken Tiere zu erlegen, d.h. zu töten, und das ▸ Fallwild unschädlich zu beseitigen. Besonders gefährlich ist die A. K. für Hunde und Katzen. Erkrankte Schlachtschweine zeigen oft äußerlich kein sichtbares Krankheitsbild, und auch bei der ▸ Fleischuntersuchung wird kein Krankheitszeichen festgestellt. Das infizierte Schweinefleisch kommt also unbeanstandet in den Handel und ist für Menschen ungefährlich. Wird infiziertes Schweinefleisch an Hund oder Katze ungekocht verfüttert, wird es zu einer tödlichen Gefahr für die Tiere. Die Inkubationszeit beträgt ein bis vier Tage. Die ersten Krankheitssymptome beim Hund sind Verweigerung der Nahrung, Würgen, Erbrechen; das Tier ist abwechselnd matt, dann wandert es ruhelos und schwankend umher. Es kommt zu Speichelfluss, manche Tiere zeigen auch ängstliches oder aggressives Verhalten. Häufig treten starker Juckreiz und Erweiterung der Pupillen auf. Der Gesundheitszustand verschlechtert sich rapide innerhalb von Stunden. Die Krankheitssymptome gleichen denen der Tollwut, deshalb auch die Bez. »Pseudowut«. Das erkrankte Tier verendet stets nach wenigen, höchstens drei Tagen, unter Tollwutsymptomen. Es bestehen keine Heilungschancen. Die einzige Möglichkeit, sein Tier (Hund, Katze) vor dieser Krankheit zu schützen, ist Vorbeugung, d.h., Schweinefleisch nur in gekochtem Zustand zu verfüttern; eventuell enthaltene Viren sind dann abgetötet. Nach dem ▸ Tierseuchengesetz besteht ▸ Anzeigepflicht.

Aule, gemeine, die: ▸ Eulen 10.

Aus!: Ein Befehl an den Hund, einen ▸ apportierten Gegenstand loszulassen. Früher auch der Zuruf für Wind- und Hatzhunde, um von gefangenem Wild loszulassen.

ausarbeiten: Mit dem ▸ Jagdhund eine ▸ Fährte oder ▸ Spur vom Anschuss bis zum Stück verfolgen; die Fährte a.; aber auch im Sinne von ihn ▸ »ferm dressieren«.

ausbälgen: Den ▸ Balg abziehen. Der Ausdruck wird selten und nur beim kleineren ▸ Federwild gebraucht.

ausbalzen: Selten gebräuchlicher Ausdruck für ▸ abbalzen.

ausbeeren: Beim ▸ Vogelfang: Das Wegfressen der Beeren aus den ▸ Dohnen durch kleinere Vögel, z.B. ▸ Krammetsvögel, ohne dass sie sich darin fangen. Dohnen wurden mitunter auch von Rot- und Rehwild ausgebeert.

ausbleien: Das Reinigen der Gewehrläufe von zurückgebliebenen Bleiresten; ▸ verbleien.

ausbrechen: **1**) Beim Wild: das Wild bricht aus, wenn es bei einem ▸ Treiben seitwärts durch die ▸ Wehren flüchtet. Flüchtet es hingegen durch Lappen oder sonstige Abwehr, so bricht es durch. Das Wild bricht auch aus, wenn es, vom Hund gestellt, wieder flüchtig wird. **2**) Beim ▸ Beizvogel: wenn sich der Beizvogel mit den Fängen so in der Beute verfangen hat, dass er nicht aufgenommen oder abgehoben werden kann, muss man ihn a., d.h. jede einzelne Klaue aus der Beute lösen. **3**) Beim ▸ Schwarzwild: die Erde nach ▸ Fraß brechen; es bricht die Erde aus. **4**) Beim Beizvogel: Der anwartende Beizfalke verlässt seinen Platz hoch über Falkner und Hund, um auf eigene Faust zu jagen oder weil er weiter entfernt Wild bemerkt. Gute Anwarter kehren nach ergebnislosem Ausflug wieder über den Falkner zum weiteren ▸ Anwarten zurück; der ausbrechende Beizvogel kann sich aber ▸ verstoßen.

ausbrennen: **1**) svw. ▸ ausräuchern. **2**) Bei Perkussionsgewehren: Viele Jäger, die früher das Perkussionsgewehr besaßen, hatten die Gewohnheit, vor dem ersten scharfen Laden einen blinden Schuss abzugeben, um aus den ▸ Pistons etwa vorhandenen Staub oder Fett zu entfernen und so einen Versager zu vermeiden. Das Gewehr wurde ausgebrannt oder ausgeflämmt. **3**) Ein Gewehr ist ausgebrannt, wenn das Patronenlager durch langen Gebrauch ausgeweitet ist; außerdem heißen alle Gewehrteile, die durch Pulvergase angegriffen sind, ausgebrannt.

ausbringen: Das Ausbrüten bei allem ▸ Federwild. Man sagt z.B.: »Die Henne hat acht Küken ausgebracht.«

ausbüssen (ausbüsen): Alter Ausdruck für das Ausbessern der Netze und ▸ Garne; mittelhochdeutsch: buezen (ausbessern).

ausdampfen (ausdämpfen): svw. ▸ ausräuchern.

aus der Decke schlagen: Dem Schalenwild mit Ausnahme des Schwarzwildes die Haut abziehen. Dabei sollte das Messer nur für wenige Handgriffe verwendet werden. Das Lösen der Decke erfolgt vielmehr durch Ziehen und Nachdrücken mit der Faust oder dem Handballen; ▸ zerwirken.

aus der Nase laufen: Weglaufen von Fasanen und Rebhühnern vor dem vorstehenden Hund, wenn dieser nicht nachzieht; ▸ nachziehen 2).

ausdocken: svw. ▸ abdocken; ▸ Schweißriemen.

ausdrücken (entnässen): Dem Hasen und dem Kaninchen die Blase a. Unmittelbar nach dem Erlegen wird der Hase oder das Kaninchen an den Vorderläufen mit einer Hand hochgenommen und auf die zusammengedrückten Knie gelegt; mit der anderen Hand wird mit festem Druck auf der Bauchseite nach unten gestrichen, die Harnblase wird dadurch vollkommen entleert. Entleert sich die Blase nicht, versucht man es einige Minuten später nochmals; ▸ ausschleudern.

Ausdrucksverhalten, das: Eine bestimmte Ausdrucksbewegung beim Tier gegenüber der gleichen oder einer anderen Art, mit der bestimmte Sachverhalte angezeigt werden, z.B. Drohung, Unterwerfung, Begattungsbereitschaft. Typische Beispiele sind das Zähnefletschen und die ▸ Demutsgebärden des

Hundes und die Balzsprünge des Birkhahnes; ▸ Drohverhalten, ▸ Aggression, ▸ Imponiergehabe.

ausecken: ▸ verecken.

auseinandertun: Junge Hunde tun sich auseinander, wenn sie rasch wachsen (alter Ausdruck).

ausfahren: **1**) Beim Fuchs, Dachs oder Kaninchen: den ▸ Bau verlassen; vom Hasen: die ▸ Sasse verlassen; beim Schwarzwild: den ▸ Kessel verlassen. **2**) Bei ▸ Waldhühnern und Trappen: das ▸ Gescheide herausnehmen; ▸ ausweiden, ▸ ausschleudern. Beim Auerhahn, der zum Hohen Wild gehört, ist jedoch statt a. aufbrechen die üblichere Bez. **3**) Hunde streichen, ziehen oder fahren brav aus, wenn sie so schnell wie möglich laufen.

Ausfahrt, die (Ausgang): **1**) Der Röhrenausgang beim Fuchs-, Dachs- und Kaninchenbau. **2**) svw. der Auswechsel; ▸ auswechseln.

Ausfährte, die: ▸ Ausgangsfährte.

Ausfall, der: Der ▸ Balzflug des Auer- und Birkwildes. Die Bez. ist jedoch nur für das Zustreichen zu den ▸ Balzplätzen gebräuchlich und nicht auch für das Abstreichen.

ausfallen: **1**) Beim Birkhahn: früh vom Wald aufs Feld streichen, der Hahn fällt aus (Ausdruck in Gebirgsgegenden). **2**) Beim ▸ Federwild: aus dem Ei schlüpfen; man sagt: »Die Eier sind ausgefallen«, d.h., die Jungen sind aus den Eiern geschlüpft.

ausfärben: Das Wild beendet den Haar- und Federkleidwechsel im Frühjahr und Herbst; es hat ausgefärbt.

ausfiedern: Beim ▸ Federwild: svw. ausmausern, die ▸ Mauser beenden; es hat ausgefiedert.

ausflämmen: svw. ▸ ausbrennen 1) und 2) und ▸ ausräuchern.

ausfliegen: **1**) Junge Vögel fliegen aus, wenn sie flügge geworden sind und das Nest oder den Horst verlassen. Der Ausdruck wird aber hauptsächlich für Nicht-Bodenbrüter verwendet. Bei Bodenbrütern besser: auslaufen. **2**) Auch ausstreichen; um ein sehr nahe fliegendes ▸ Federwild nicht zu zerschießen, lässt der Schütze dieses a., auf schussgerechte Entfernung wegfliegen.

ausfrischen: Beim Hund: ihm ein Abführmittel eingeben (selten gebräuchlich).

Ausfuhr von Schusswaffen und Munition: Bei Jagdreisen in ein anderes EU-Land, ein Nicht-EU-Land und von diesen Ländern zurück nach Deutschland wird die Mitnahme von Waffen und Munition durch die §§31 und 32 WaffG geregelt; ▸ Europäischer Feuerwaffenpass, ▸ Einfuhr von Waffen und Munition.

ausführen: **1**) Einen Hund ins Freie bringen; v.a. den ▸ Vorstehhund nach Ende der ▸ Stubendressur a., ihn zum ersten Male ins Feld mitnehmen. **2**) Bei Fuchs, Dachs und Kaninchen: beim Baugraben die Erde vor die Röhre schieben; man sagt: »Sie führen die Erde aus.« **3**) Das Wegbringen der Jungen aus dem Bau bei Fuchs und Dachs, wenn sie in der Aufzuchtzeit gestört werden; man sagt: »Sie führen die Jungen aus.«

Ausgang, der: **1**) ▸ Ausfahrt 1). **2**) Die Austrittsstelle des Wildes (Wildwechsel) aus dem Bestand; Ggs.: ▸ Eingang. **3**) ▸ ausgehen 2).

Ausgangsfährte, die (Ausfährte): Die beim ▸ Auswechseln (z.B. vom Holz ins Feld) oder bei der Ausfahrt getretene Fährte.

ausgebalzt: ▸ abbalzen.

ausgeben: **1**) Beim Jagdhund: Der Hund gibt aus, wenn er beim Anfallen einer ▸ Fährte zu bellen beginnt. **2**) Beim Jagdhorn: Es gibt gut aus, wenn es einen kräftigen Ton gibt. **3**) Beim Hund: einen ▸ apportierten Gegenstand loslassen. Der Hund hat sich vor den Hundeführer zu setzen und den apportierten Gegenstand erst auf den Befehl »Gib aus!« oder »Aus!« loszulassen.

ausgefiedert: ▸ ausfiedern.

ausgehen: **1**) Mit Ausnahme der Rotwildfährte eine ▸ Fährte oder eine ▸ Spur a. (ausmachen), bis man den Standort bzw. das Wild selbst findet; besonders beim Marder üblich. **2**) Bei Dachs und Bär: Sie gehen aus oder machen einen Ausgang, wenn sie abends den Bau bzw. das Lager verlassen.

Ausgeher, der: Revierkundige Person (Jäger oder Treiber), die bei der Kreisjagd (▸ Gesellschaftsjagd) als Erste den Sammelplatz verlässt, als Erste ausgeht.

ausgelegt: Ein ▸ Geweih oder Gehörn, dessen Stangen weit auseinanderstehen, ist a. Man sagt: »Das Geweih ist gut ausgelegt« oder »Es hat eine gute ▸ Auslage«.

Ausgewöhnungsstation, die: Eine Einrichtung, in der verletzte, hilflose oder junge (elternlose) Wildtiere (überwiegend Vögel) durch Pflege und Förderung der artspezifischen Verhaltensweisen wieder an die freie Natur gewöhnt werden; ▸ Aussetzen, ▸ Auswildern.

ausgraben: Das Herausholen des Fuchses oder Dachses durch Graben; ▸ Fuchs und ▸ Dachs (Jagdarten).

aushaken (aushakeln, ausziehen): Das Herausziehen des ▸ Gescheides mithilfe eines

Ausfahren: Rotfuchs verlässt seinen Bau.

Hakens beim ▸ Federwild (Ausnahme: Auerwild und Trappen). Beim kleinen Federwild, nicht jedoch bei der Schnepfe (▸ Schnepfendreck), wird das Gescheide mit einem kleinen Haken entfernt (ausgehakelt). Der Haken wird durch das ▸ Weidloch etwa 8 bis 10 cm tief in das Leibesinnere gesteckt und mit einigen Umdrehungen mit dem anhängenden Gescheide vorsichtig und immer kurz nachfassend herausgezogen. Das Gescheide, das sich schnurartig herausziehen lässt, wird am Weidloch abgerissen. Gelingt dies nicht, weil z.B. bei Schussverletzungen das Gescheide zerschossen wurde, ist die Bauchdecke mit dem Waidmesser aufzuschärfen und das Gescheide mit der Hand zu entfernen. Letztgenannte Methode ist überhaupt aus hygienischen Gründen vorzuziehen.

aushalsen: svw. ▸ Gewölle auswerfen (ausspeien). Selten gebräuchlich.

aushalten: **1**) Sagt man beim ▸ Federwild, seltener beim ▸ Schalenwild, das den Jäger oder den Hund auf eine bestimmte Entfernung herankommen lässt. Je nachdem, wie nahe das möglich ist, spricht man von: »Das Wild hat gut (oder schlecht) ausgehalten.« **2**) Wird nach dem Schuss das Gewehr nicht sofort abgesetzt, sondern bleibt man vielmehr noch im ▸ Anschlag, so sagt man: »Im Schuss a.« **3**) Beim Blasen des Jagdhorns einen Ton lange halten; ihn a.

Aushatz, die: Früher hin und wieder die Bez. für den ▸ Auslauf eines ▸ Eingestellten Jagens, v.a. dann, wenn Schwarzwild eingestellt war.

ausheben: **1**) Eine Sau wird ausgehoben, wenn sie von Hatzhunden, sog. ▸ Saupackern, gedeckt ist und abgefangen werden soll. Man fasst sie hierzu an den Hinterläufen und hebt sie hoch, damit sie sich nicht rühren kann. **2**) Bei der früheren Reitjagd: Der von den Hunden gewürgte Fuchs wurde an den Hinterläufen aufgehoben, damit er von den Hunden nicht zerrissen wurde. **3**) Jungvögel aus dem Nest herausnehmen; sie a. oder ausnehmen.

aushorsten: Junge ▸ Greifvögel aus dem ▸ Horst nehmen, sie ausheben. Das A. von Greifvögeln, d.h. die Entnahme eines Greifvogels aus der Natur für die ▸ Beizjagd, ist Jagdausübung. Dabei sind die geltenden Jagd- und Schonzeiten zu beachten. Da Greifvögel in Deutschland gegenwärtig ganzjährige Schonzeit haben, ist es nicht erlaubt, sie der Natur zu entnehmen. Lediglich Habichtsnestlinge dürfen mit einer Sondergenehmigung der zuständigen Jagdbehörde für die Falknerei ausgehorstet werden. Früher diente das A. der Greifvogelbekämpfung.

ausjagen: Ein ▸ Eingestelltes Jagen ausschießen oder abjagen.

ausklopfen: ▸ auslärmen.

ausknebeln: ▸ abbrechen 1).

auskommen: svw. ▸ ausfallen 2), aber selten gebräuchlich.

auskoppeln: svw. abkoppeln; ▸ koppeln.

auskühlen: Aufgebrochenes Wild muss vor dem Transport a. Während man das verhältnismäßig leichte Rehwild zum A. und ▸ Ausschweißen am besten an einen Baum hängt, lässt man das übrige ▸ Schalenwild am schattigen Boden in Rückenlage a. Zur Auskühlung werden das ▸ Schloss und die Bauchhöhle mit einem Stock aufgespreizt, damit die Frischluft ungehindert durchströmen kann. Beim Schwarzwild, das sehr leicht verhitzt (verdirbt), wird hierzu noch die Schwarte zwischen den Blättern und dem Rumpf aufgeschärft und vom Brustkorb getrennt, um das A. zu beschleunigen. Hasen, Kaninchen und Federwild werden zum A. mit genügendem Abstand (möglichst ohne gegenseitige Berührung) luftig auf Stangen aufgehängt.

Auslage, die: Der Abstand der Spitzen des ▸ Geweihs oder Gehörns voneinander (Spannweite), wobei die Messung des maximalen Abstands beider Stangen in Zentimetern ausschlaggebend ist. Liegt z.B. bei einem Geweih, dessen Stangen bogenförmig nach oben gehen, der weiteste Abstand zwischen den Stangen in der Mitte, wird dort die A. gemessen. Bei Gamskrucken erfolgt die Messung der A. an der Krümmung; ▸ Trophäenbewertung.

Ausländerjagdschein, der: ▸ Jagdschein.

Auslandsjagd, die: ▸ Jagdreisen, ▸ Jagen im Ausland, ▸ Safari Club International (SCI).

auslärmen (ausklopfen, ausläuten, auspochen, austrommeln, austreiben): Marder oder Iltis mit lauten Hilfsmitteln (Blechtöpfen, Trommeln, Klappern, Glocken etc.) aus seinem Unterschlupf (Heuboden, Scheune, Reisighaufen u.a.) jagen. Dabei ist darauf zu achten, dass die Schützen freies Schussfeld haben, in guter Deckung stehen, um vom Marder nicht eräugt zu werden, dass sämtliche Fluchtwege von den Schützen eingesehen werden können und die Personen, die ihn auslärmen, so lautlos wie möglich Aufstellung nehmen und dann plötzlich mit den Blechtöpfen, Trommeln usw. einen Höllenlärm veranstalten. Der so erschreckte Marder ergreift i.d.R. kopflos die Flucht und verlässt seinen Unterschlupf. Für den gut postierten Schützen ist er dann eine leichte Beute.

auslassen: **1**) Dem ▸ Leithund oder ▸ Schweißhund mehr Seil geben, d.h., ihn weiter suchen lassen. **2**) Beim Hasen oder bei sonstigem ▸ Haarwild: das Wild sich eine gewisse Strecke entfernen lassen, wenn es zu nahe aufgefahren oder angelaufen ist, um es nicht zu zerschießen; üblicher ist die Bez. auslaufen lassen; ▸ ausfliegen 2). **3**) Wenn sich Wild innerhalb des Streukegels der Schrote befindet, aber von keinem getroffen wird, so sagt man: »Die Schrote haben es ausgelassen.«

Auslauf, der: **1**) Der Hasenpass vom Wald zum Feld. **2**) Z.Z. der ▸ Eingestellten Jagen der mit Tüchern eingestellte Raum, auf den das Wild aus der Kammer an die Schützen vorgejagt wurde; ▸ Lauf 3).

auslaufen: **1**) Bei Bodenbrütern: flügge werden, das Nest verlassen; ▸ ausfliegen 1). **2**) Ein Stück ▸ Haarwild auf die richtige Schussentfernung *a.* lassen. **3**) Das geordnete Ausgehen (Verteilen) der ▸ Schützen und ▸ Treiber von einer Stelle aus, insbesondere bei Kesseltreiben; ▸ Gesellschaftsjagd 8. **4**) Von der Hündin: aufhören, läufig oder hitzig zu sein; ▸ Hitze. **5**) ▸ Garne, Netze, Lappen oder Tücher ihrer ganzen Länge nach ausbreiten; sie a. lassen; ▸ Auslauf 2).

ausläuten: ▸ auslärmen.

Auslese, die (Selektion): Die Ausmerzung schwächerer Individuen, die sich weniger gut an ihre Umwelt angepasst haben, und das Überleben der am besten angepassten Individuen, die sich gegenüber Feinden, Klima, Nahrungs- und Fortpflanzungskonkurrenz behaupten können (natürliche A.). Die A. wurde 1859 von Ch. Darwin als wichtiger Faktor für die Entstehung der Arten (▸ Evolution) erkannt.

Auslesebäume, die (Elitebäume, Zukunftsbäume, Z-Bäume): Besonders ausgesuchte und vitale Bäume, die ein Maximum an Masse und/oder Wert versprechen. Bei der ▸ Bestandspflege (Durchforstung etc.) werden die Bäume, die die A. in ihrer Entwicklung hemmen oder hindern, entfernt. Die A. werden deutlich gekennzeichnet, z.B. mit einer Sprühdose.

Auslesedurchforstung, die: ▸ Bestandspflege.

Auslösemechanismus, der: In der Verhaltensforschung Bez. für die an ihre Signalfunktion angepassten ▸ Schlüsselreize (Auslöser), die eine instinktive Verhaltensweise auslösen. Eine Funktionseinheit des Gehirns wählt offenbar aus den zahlreichen Reizen den Schlüsselreiz aus, der dann eine passende Verhaltensweise, den »angeborenen auslösenden Mechanismus (AAM)«, auslöst. Auslöser können sich dabei aus sehr verschiedenartigen Verhaltenskomponenten entwickeln: z.B. aus Bewegungen des Körpers oder einzelner Körperteile (etwa Mimik), Formen und/oder Farben (z.B. Balzverhalten des Auerhahns), ▸ Lautäußerungen (z.B. Revier- und Balzgesang bei Vögeln) und letztlich aus Duftstoffen (▸ Duftdrüsen) als Auslöser für Paarungsbereitschaft; ▸ Appetenzverhalten, ▸ Erbkoordination.

auslösen: **1**) Das in Netzen, Garnen und Schlingen gefangene Wild herausnehmen; es a. **2**) Beim Zerlegen von ▸ Schalenwild verschiedene Körperteile herauslösen, z.B. die Schlegel aus der Pfanne lösen. **3**) Die ▸ Grandeln beim Rotwild a. **4**) Dem ▸ Berufsjäger wurde früher vom Jagdherrn für die Bälge und Fänge des ▸ Raubwildes das übliche ▸ Schussgeld und Fanggeld bezahlt. Die Bälge und Fänge wurden dem Berufsjäger ausgelöst.

ausmachen: **1**) Den Standort, ▸ Wechsel oder ▸ Pass des Wildes suchen und finden (z.B. Brunft- oder Balzplatz a.); ▸ bestätigen, ▸ verlosen, ▸ verhören, ▸ ausgehen 1). **2**) Einem gestellten, angeschossenen Wild den ▸ Fangschuss geben oder es mit dem Hirschfänger bzw. Jagdmesser ▸ abfangen; selten gebräuchlich.

Ausmähen der Gelege: Gelege der Fasane und Rebhühner, die bei Erntearbeiten ausgemäht oder auch wegen dauernder Störung verlassen wurden, sollte man durch Zwerg- oder Haushennen oder in Brutmaschinen ausbrüten lassen. Die eingesammelten Eier soll-

Das Bild aus dem »Jacht-Buch« (1639) von Wolfgang Birkner (1582–1651) zeigt das Ausbreiten und Aufstellen der auf vierrädrigen Zeugwagen herbeigeführten hohen Tücher.

ten möglichst erschütterungsarm transportiert werden; ▸ Sammeln von Eiern.

Ausmähen des Jungwildes: ▸ Wildretter.

ausmausern: Die ▸ Mauser beenden; ▸ ausfiedern.

ausnehmen: **1**) Auch ausheben, junges ▸ Federwild oder die Eier aus dem Nest oder Horst nehmen; ▸ aushorsten. **2**) Kleineres Federwild ausweiden, d.h. die Eingeweide entnehmen. **3**) ▸ auslösen 1); selten gebräuchlich.

Ausnehmen, das: Auch Mitnehmen, Auswurf, Einschlag. Ein Fährtenzeichen des Rothirsches; ▸ Hirschgerechte Zeichen.

ausneuen: Das Ausgehen (Folgen) einer Marder- oder Iltisspur bis zum Unterschlupf bei einer ▸ Neuen (Neuschnee); ▸ Marder (Jagdarten).

ausöden: **1**) ▸ ausschießen 1). **2**) Auch veröden, durch unsachgemäße Bewirtschaftung einen Wildbestand bzw. Wildbesatz fast oder gänzlich vernichten.

auspochen: ▸ auslärmen.

ausräuchern (seltener ausbrennen, ausschmauchen, ausflämmen, ausdampfen, ausdämpfen): Einen Fuchs, Dachs oder Baummarder aus seinem Bau bzw. einem hohlen Baum heraussprengen, indem man in einer Röhre ein Feuer anzündet und den Rauch in den Bau eindringen lässt.

ausrecken: ▸ verecken.

ausreißen: Von a. spricht man, wenn ein Stück ▸ Hochwild plötzlich flüchtig wird.

Ausriss, der: ▸ Eingriffe.

Ausrottung, die: ▸ Aussterben.

ausschärfen: ▸ aufschärfen.

ausschieben: Beim Schwarzwild: den ▸ Kessel verlassen. Man sagt: »Es schiebt sich aus«, seltener: »Es nimmt seinen Ausschlag« Ggs.: »Es schiebt sich ein« oder »Es schlägt sich ein«; auch »einkesseln« ist gebräuchlich.

ausschießen: **1**) Auch ausöden, ausschinden, ein Revier a. Ein Revier ist ausgeschossen, wenn zu viel Wild geschossen wurde oder eine Wildart, z.B. Kaninchen, gänzlich weggeschossen wurde. **2**) Einen Gewehrlauf a.: Ein Büchsenlauf ist ausgeschossen, wenn die Felder und Züge (▸ Lauf 4) 1.) infolge des Abriebs durch eine Vielzahl von Schüssen abgenutzt sind und das Geschoss keine richtige Führung mehr hat. Ein Flintenlauf ist ausgeschossen, wenn durch die Abnutzung des Laufes eine zu große Streuung auftritt. **3**) Beim Scheibenschießen einen Gegenstand, z.B. eine Ehrenscheibe oder einen Preis, a. **4**) Alle auf die Jagd mitgenommene Munition verbrauchen; z.B.: »Ich hatte mich auf der Treibjagd bereits um zehn Uhr völlig ausgeschossen.« **5**) Bei einem ▸ Eingestellten Jagen (Hauptjagen) wurde von den herrschaftlichen Jägern das zusammengetriebene Wild aus den Zelten oder aus den Jagdschirmen heraus (auf dem Land oder im Wasser) geschossen.

ausschinden: ▸ ausschießen 1).

Ausschlag, der: Der aus Baumstümpfen (▸ Stockausschlag) oder Wurzeln (Wurzelbrut) entstandene ▸ Jungwuchs.

ausschlagen: **1**) Auch abschlagen, dem erlegten Hirsch das ▸ Geweih mit dem Waidblatt a. (herausschlagen). Das A. war früher die einzige waidgerechte Art. Heute wird das Geweih jedoch zur Schonung ausgesägt bzw. abgesägt. **2**) Die Jagdtücher und Netze wurden beim Abladen so ausgebreitet, dass sie sich nicht verdrehten, sie wurden ausgeschlagen. **3**) Das Wegschlagen der ▸ Blanken Waffen durch das Wild (Bär und Sau). Wird beim ▸ Abfangen einer Sau die Saufeder ungeschickt gehalten und die Sau schlägt die Saufeder zur Seite, so sagt man: »Sie schlägt das Eisen aus.« **4**) Eisen und ▸ Fallen schlagen gut aus, wenn beim Zusammenklappen die Bügel fest zusammenhalten. **5**) Ein Jagdhorn schlägt gut aus oder gibt gut aus, wenn es einen kräftigen und reinen Ton gibt; ▸ ausgeben 2).

▸▸ Ausgemähtes Nest der Wiesenweihe

6) Schwarzwild schlägt aus, wenn es den ▸ Kessel verlässt (selten, besser ▸ ausschieben).
ausschleifen: Beim Auerhahn: das Schleifen (Teil des Balzgesanges) beenden.
ausschleudern (auswerfen, ausweiden): Den frisch erlegten Hasen und Kaninchen das ▸ Gescheide entfernen. Dem Wild wird erst die Harnblase ausgedrückt (▸ ausdrücken) und zwei Fingerbreit über dem ▸ Weidloch der ▸ Balg und die Bauchdecke quer aufgeschärft. Der Hase (das Kaninchen) wird daraufhin mit beiden Händen an Vorderläufen und Brust festgehalten und von oben (etwa Kopfhöhe) mit einem kräftigen Ruck nach unten geschleudert. Das sehr locker sitzende Gescheide wird dabei ausgeschleudert. Die entstandene Öffnung im Balg wird wieder geschlossen, indem man gegenüber der ▸ Blume eine kleine Öffnung durch den Balg schärft, die Blume hindurchsteckt und straff anzieht. Dadurch wird das Wildbret vor dem Austrocknen geschützt. Bei milder Witterung ist das Wild sofort auszuschleudern, bei Frost lässt man das Gescheide bis zum Abbalgen im Wild. Das Herausnehmen des Gescheides mit der Hand wird heute dem A. vorgezogen.
ausschmauchen: Bayerischer Ausdruck für ▸ ausräuchern.
ausschneiden: ▸ Raubwild, das sich mit dem ▸ Lauf in einem Eisen gefangen hat, beißt sich den Lauf ab, um sich zu befreien; es schneidet sich aus.
Ausschuss, der: **1**) Die Stelle am Wildkörper, an der die Kugel wieder austritt, im Ggs. zu An- und Einschuss. Die A.-Stelle ist fast immer größer als die Einschussstelle. Maßgebend für die Größe der A.-Stelle sind das Aufpilzungsvermögen und die Auftreffenergie des Geschosses sowie der Durchschlag im Wildkörper (Weichteile oder Knochen). **2**) Einen guten A. haben heißt, einen Schuss anbringen zu können, ohne dass Büsche, Bäume, Gräser usw. den Schuss abgellen können. Ein freies Feld oder ein Weg bieten den günstigsten A. (Schussfeld).
Ausschussseite, die: Die Seite am Wildkörper, an der die Kugel austritt, im Ggs. zur An- oder Einschussseite; ▸ Ausschuss 1).
ausschütten: Kaum gebräuchlicher und unterschiedlich verwendeter Ausdruck für ▸ wölfen, ▸ setzen, ▸ werfen. In der früheren Jagdliteratur z.T. für alle Wildarten gebraucht, z.T. nur für Jagdhunde oder nur für die Wildkatze.
ausschweißen: svw. ausbluten. Beim aufgebrochenen ▸ Schalenwild werden zuletzt die Brandadern (Schenkelvenen) mit dem Waidmesser der Länge nach aufgeschärft, damit es a. kann. Das Wild wird hierzu entsprechend aufgehängt oder gelegt.
ausschwingen (seltener: ausstieben, ausstehen): Vom Auer- und Birkwild: von einem Baum wegfliegen, im Ggs. zum Einschwingen.
ausseilen: Dem ▸ Schweißhund (früher auch dem ▸ Leithund), der zufällig über das Hängeseil tritt, durch Senken des Seiles oder Riemens wieder zurechthelfen, damit er aus dem Seil heraustreten kann; der Hund muss ausgeseilt werden.
Außenballistik, die: ▸ Ballistik.
Außenfahne, die: Teil der ▸ Vogelfeder.
Außenparasiten, die (Ektoparasiten): Darunter werden alle Parasiten verstanden, die im Ggs. zu den ▸ Innenparasiten vorübergehend oder dauernd als Wirtstiere in der ▸ Decke oder im ▸ Balg des Wildes bzw. im Gefieder der Vögel leben. Hierzu gehören die Milben (Räudemilben), Lausfliegen, Läuse (Hirschläuse), Zecken, Flöhe, Federlinge und Haarlinge. Parasiten gehören zu den niederen Tieren und ernähren sich von den ▸ Wirtstieren; siehe auch die Einzelbeschreibungen der ▸ Parasiten und Wildkrankheiten.
Aussetzen (von Wild), das: Das Freilassen von Tieren, die (meist) vorübergehend in ▸ Auswilderungsgehegen oder ▸ Eingewöhnungsgattern gehalten wurden, in die freie Natur (Wildbahn). Zweck des A. ist die Einbürgerung bzw. Wiedereinbürgerung von Tieren mit dem Ziel, sowohl die Fauna als auch die Jagd zu beleben. Für Jagdzwecke erfolgt das A. daher v.a., um nur noch geringe Besatzdichten, z.B. bei Fasanen, zu erhalten und aufzustocken oder um vorhandene Wildbestände zu verbessern. Das A. oder das Ansiedeln fremder Tiere in der freien Natur ist nur mit behördlicher Genehmigung gestattet. Nach dem BJG ist das A. von Schwarzwild und Wildkaninchen verboten. Daneben sind auch die jeweiligen Landesjagdgesetze zu beachten, in denen das Hegen oder A. weiterer Tierarten beschränkt oder verboten werden kann. Damit sollen unerwünschte Einbürgerungen (auch Zufallseinbürgerungen) von Tieren, v.a. fremder Tiere, die sich z.T. unkontrollierbar verbreiten können (wie z.B. Bisam und Waschbär), vermieden werden. Zudem dienen diese Verbote auch dem Schutz heimischen Wildes, das durch fremde Tierarten u.U. verdrängt werden kann.
1. A. von Federwild:
<u>Auerwild:</u> Das A. (Auswildern) von Auerwild ist äußerst schwierig und meist erfolglos. Beim A. ist zu beachten, dass das Jungwild im zukünftigen ▸ Biotop heranwächst (▸ Auswilderungsgehege), dass der vorgesehene Biotop für das Auerwild geeignet, der Feinddruck durch ▸ Raubwild, Schwarzwild und Habicht nicht zu groß ist und eine genügende Anzahl von Küken zur Verfügung steht. Die erfolgreichste Wiedereinbürgerung fand in den Jahren 1838/1839 in Schottland statt. Das Auerwild war dort 1760 ausgestorben. Heute gibt es in Schottland einen ausgewogenen und bejagbaren Auerwildbestand.
<u>Birkwild:</u> Wie beim Auerwild durch Fehlen bzw. Schrumpfung geeigneter Biotope äußerst schwierig. Die Aussetzungsversuche, v.a. in Nordwestdeutschland, sind alle missglückt. Das A. des Birkwildes erfolgt in der Abenddämmerung.
<u>Rebhühner:</u> Das A. erfolgt in Revieren, in denen der Nahrungskonkurrent Fasan fehlt oder nur in geringer Zahl vorhanden ist. Wichtig ist ein geeigneter Lebensraum hinsichtlich Äsung und Deckung, in dem auch Raubwild und ▸ Raubzeug kurzgehalten werden. Die Freilassung erfolgt grundsätzlich am Morgen aus Transportkästen und -körben.
<u>Fasane:</u> Im Ggs. zu den vorgenannten Federwildarten ist das A. von Fasanen, die keine ▸ Kulturflüchter sind, bei geeigneten Biotopen meist erfolgreich. Bestens geeignet sind Reviere, die nicht über 400 m liegen und einen durchwachsenen Feld- oder Waldanteil mit Wasser aufweisen. Reine Feld- oder reine Waldgebiete hingegen sind ungeeignet. Fasane sollen regelmäßig und in größerer Anzahl ausgesetzt werden. Die Küken stammen meist aus einer ▸ Fasanerie und werden vor dem A. (etwa bis zum Alter von zehn Wochen) in Aufzuchtgehegen (Volieren) und später drei bis vier Wochen in einem Auswilderungsgehege gehalten. Die günstigste Zeit für das A. (kurz vor der Abenddämmerung) ist das Frühjahr. In der Nähe der Aussetzungsstelle soll eine reich beschickte Schüttung stehen.
2. A. von Schalenwild: Hauptwildarten sind vorwiegend Rot-, Muffel-, Dam-, Sika- und Steinwild. Vor dem A. wird dieses Wild meist in einem Eingewöhnungsgatter gehalten, dessen Größe von der Wildart und von der Anzahl der Tiere abhängt (Muffelwildgatter müssen größer sein als Damwildgatter). Das Wild soll aus gleichwertigen oder schlechteren Biotopen stammen. (Zur Geschichte der Wiedereinbürgerung siehe unter Dam-, Muffel- und Steinwild.)
ausspringen: Auswechseln von Wild aus einem ▸ Gatter.
Aussprung, der: Eine Vorrichtung an einer Umzäunung (Gatter), die dem Wild das Verlassen der Umzäunung, nicht jedoch das Einspringen ermöglicht.
ausspüren: Nach der ▸ Fährte oder ▸ Spur das Wild ausmachen; es ▸ bestätigen.
ausstehen: Seltener Ausdruck; ▸ ausschwingen.
aussteigen: Vom Fischotter und Biber: das Wasser verlassen und an Land gehen. Die Stelle, an der dies geschieht, nennt man den ▸ Ausstieg; ▸ Einstieg.
ausstellen: Das Wild durch aufgestellte ▸ Jagdzeuge von einem bestimmten Ort ausschließen.
Ausstellungen und Messen: ▸ Jagdausstellungen.
Ausstellungsverbot für Hunde: ▸ Kupieren.
Aussterben, das: Das Verlöschen, d.h. gänzliche Verschwinden von Tier- und Pflanzenarten (z.B. ▸ Populationen, Arten, Gattungen). Das A. ist meist auf anhaltende Veränderungen der Umweltverhältnisse (mangelnde Anpassungsfähigkeit) sowie auf die Konkurrenz anderer, neu entstandener Arten zurückzuführen. Die Ursachen für das A. sind umstritten. Z.T. ist für das A. (Ausrottung) der Mensch verantwortlich, v.a. bei verschiedenen Großtierarten wie ▸ Auerochs und Riesenalk. Durch besondere Pflege wurden aber andere Arten, wie z.B. der Wisent, vor dem A. bewahrt.
ausstieben: Seltener Ausdruck, svw. ▸ ausschwingen.
Ausstieg, der: Die Stelle, an der Fischotter oder Biber das Wasser verlassen. Den A. der Fischotter erkennt man an den Spuren, außerdem auch an den zurückgelassenen Res-

ten erbeuteter Fische und an der hier gerne abgesetzten ▸ Losung; ▸ Einstieg.

ausstöbern: Veralteter Ausdruck; das Wild durch Spürhunde (sog. Stöber oder Stäuber) aufsuchen lassen.

ausstreichen: **1**) Einen Jagdhund weit entfernt vom Jäger suchen oder stöbern lassen. **2**) Bei der ▸ Fährte: sie mit der Hand oder mit dem Fuß unkenntlich machen, sie verwischen, auch aus- oder vertreten genannt. **3**) Ein Feld strich man aus, wenn man ein Deckgarn oder ein mit Lappen versehenes Seil über das Feld streifte, um die ▸ Feldhühner in vorgestellte Hoch- und Klebgarne zu treiben; das Feld wurde aus- oder abgestrichen. Nicht mehr üblich bzw. verboten; ▸ Garne. **4**) Beim Federwild: es ausfliegen lassen; ▸ ausfliegen 2).

ausstreifen: Selten für ▸ abstreifen 1).

ausstreunen: Beim Jagdhund: ohne Erlaubnis herumlaufen.

Austauschläufe, die: Im Waffenrecht sind A. Läufe für ein bestimmtes Waffenmodell oder -system, die ohne Nacharbeit ausgetauscht werden können. A. werden häufig auch als ▸ Wechselläufe bezeichnet.

Austernfischer, der *(Haematopus ostralegus*, L.): Familie der A. (*Haematopodidae*), Unterordnung der Wat- und schnepfenähnlichen Vögel aus der Ordnung der ▸ Watvögel und möwenartigen Vögel *(Charadriiformes)*; auch Austernfresser, Moor-, See-, Strand-, Wasserelster, europäischer A., gescheckter, rotfüßiger A. genannt. Länge: 43 cm, Gewicht: um 500 g. Er ist ganzjährig geschützt.

Aussehen: Die Geschlechter sind gleich gefärbt. Im ▸ Brutkleid (Sommerkleid) sind Oberseite, Kopf, Hals und Brust schwarz, die Unterseite, der Bürzel, die Unterseite der Flügel und der vordere Teil des Schwanzes weiß. Der ca. 7 cm lange Schnabel und die Ständer sind rot, die Augen karminrot. Im ▸ Ruhekleid (Winterkleid) weißliches Kehlband und kleiner, weißer Fleck unter dem Auge. Im ▸ Jugendkleid oberseits mehr dunkelbraun, sonst dem Altvogel im Ruhekleid sehr ähnlich.

Vorkommen und Lebensweise: An allen Küsten Europas beheimatet, fehlt der A. nur gebietsweise im Mittelmeerraum. Darüber hinaus ist er am Kaspischen Meer, in Asien, in Ostasien, an den Küsten Nord- und Südamerikas, in Afrika, Australien und Neuseeland beheimatet. Er bewohnt sandige, felsige und kiesige Strände, Sumpfgebiete, Dünen- und Wattlandschaften und wird nicht selten auch im Binnenland an Gewässern mit flachen Uferbereichen angetroffen. Er ist ein äußerst lebendiger Vogel, der vortrefflich schwimmt und taucht und sehr gesellig lebt. Überwiegend ▸ Jahresvogel.

Fortpflanzung: Der A. ist erst mit drei Jahren geschlechtsreif und lebt in Dauerehe. Vom Frühjahr bis weit in den Sommer hinein findet eine ▸ Arenabalz statt. Er brütet in lockeren ▸ Kolonien an der Küste auf Sanddünen und Schotterbänken oder im küstennahen Binnenland am Boden. Das Nest ist eine flache Mulde, die mit dürren Blättern und Halmen, an der Küste fast immer mit Muschelschalen ausgelegt wird. Das Gelege besteht aus drei (zwei bis vier) sandfarbenen, schwarzbraun und mattgrau punktierten und gefleckten Eiern, die 56 x 40 mm groß und ca. 50 g schwer sind. Die Eier werden von beiden Partnern ca. 27 Tage bebrütet. Die Jungen sind ▸ Nestflüchter und werden von den Eltern geführt. Mehrere Familien bleiben bis in den Winter zusammen. Eine Jahresbrut (Mitte Mai bis Juni).

Nahrung: Insekten, Weichtiere, Krebse, Muscheln, Wattwürmer.

austränken: Seltener Ausdruck; Wild durch Wasser aus dem ▸ Bau treiben.

austreiben: ▸ auslärmen.

austreten: **1**) Beim ▸ Schalenwild: zur ▸ Äsung aus der Deckung auf die Felder, Wiesen oder Lichtungen hinaustreten. **2**) Das Schalenwild tritt in die ▸ Brunft und aus der Brunft, d.h., es beginnt zu brunften und beendet die Brunft. **3**) Im Sinne von ▸ ausstreichen 2).

Austrittspupille, die: ▸ Jagdoptik.

austrommeln: ▸ auslärmen.

Auswachsen, das: **1**) Ein A. der ▸ Schalen kommt gelegentlich bei allem ▸ Schalenwild vor. Die Ursachen hierfür sind unterschiedlich, meist ist es aber die Folge einer Verletzung oder ohne erkennbare Ursache. Gehäuft treten Schalenauswachsungen bei Muffelwild auf, das auf ungünstigen Standorten (zu weichem und feuchtem Boden) eingebürgert wurde und dessen Schalen sich daher nicht genügend abnutzen können. Die Tiere gehen lahm, das Allgemeinbefinden ist gestört, und sie sind auch in der Nahrungsaufnahme behindert. Die unförmig auswachsenden Schalen biegen sich unter der Sohle zu Tüten um und brechen ab, dadurch wird der Hornschuh meist geöffnet, Fäulniskeime dringen ein. Dadurch wird die Schalenlederhaut zersetzt; das Schalenwandhorn löst sich von der Lederhaut

Austernfischer bei der Nahrungssuche. Die Art kommt an fast allen Meeresküsten Europas vor.

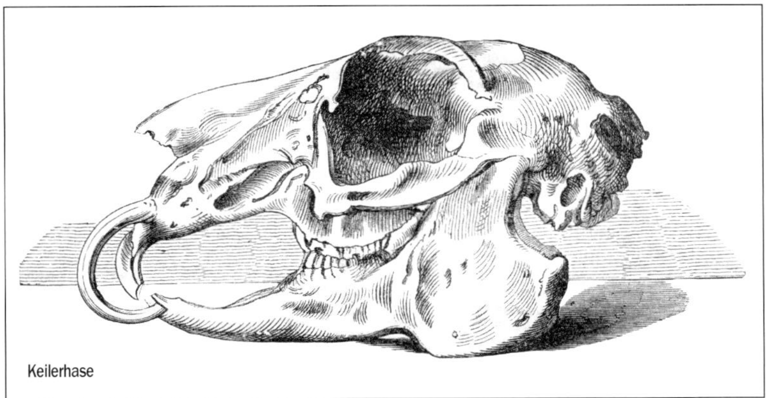

Hasenschädel mit abnorm verlängerten (ausgewachsenen) Schneidezähnen

ab. Die Tiere kümmern, und es kommt auch zu Todesfällen. Bei in Gehegen gehaltenem Wild können derartige Auswachsungen mit einer scharfen Schere abgeschnitten werden; in freier Wildbahn ist das kümmernde Stück zu erlegen. **2**) Das A. der Zähne kommt bei mangelnder Abnutzung, einer Fehlstellung oder beim Fehlen des Gegenbisses (Gegenzahnes) vor. Minimal verlängerte Zähne kommen beim Wild häufig vor. Es liegt meist an einer Fehlstellung des Zahnes, am schlechten Zustand oder am Fehlen des gegenüberliegenden Zahnes. Besonders krasse Auswachsungen sind selten und treten meist beim Hasen auf. Da Hasenzähne wurzellos sind und ständig nachwachsen, wachsen sie, wenn der Zahn nicht genügend durch den Gegenzahn abgenutzt wird, unkontrolliert weiter und krümmen sich zu einer Spirale. Hasen mit ausgewachsenen Zähnen werden als »Keilerhasen« bezeichnet. **3**) Das A. des Beizvogelschnabels; ▸ Überschnabel 2). **4**) Das A. der Klauen des ▸ Beizvogels; ▸ Überklauen.

auswandern: Beim ▸ Federwild, insbesondere Birkwild: Verlässt es für dauernd das bisherige Revier, in dem es gestanden hat, so sagt man: »Es wandert aus«; ▸ auswechseln, ▸ abwandern.

Auswärtsgehen, das: ▸ Hirschgerechte Zeichen.

Auswechsel, der: ▸ auswechseln.

auswechseln (abwechseln): Beim ▸ Schalenwild, bei Bär, Wolf und Luchs: aus einem Revier oder bestimmten Gebiet in ein anderes überwechseln; das Wild wechselt bei Ersterem aus, beim Anderen ein. Die Stelle, an der dies geschieht, heißt Auswechsel bzw. Einwechsel (Ausfahrt bzw. Einfahrt, Ausgang bzw. Eingang). Die hierbei getretene ▸ Fährte ist die Ausgangs- bzw. Eingangsfährte. Beim ▸ Federwild, insbesondere beim Birkwild, heißt das A. »auswandern«.

ausweiden: svw. auswerfen, ▸ ausschleudern. Der Ausdruck »ausweiden« ist in erster Linie bei ▸ Federwild gebräuchlich; beim Auerwild spricht man allerdings von »aufbrechen«. Bei kleineren Arten sagt man »ausnehmen« oder »ausziehen«.

auswerfen: **1**) ▸ ausschleudern; ▸ ausweiden. **2**) Ein Wild oder einen Hund kastrieren (veraltet).

Auswildern, das: Wild, das längere Zeit in Gefangenschaft gehalten wurde oder in Gefangenschaft aufgezogen wurde, wieder in die freie Wildbahn entlassen. Das A. wird z. Z. bei vielen gefährdeten Tierarten, besonders bei Vögeln (z.B. Uhu, Wanderfalk, Raufußhühner usw.) versucht. Es ist z.T. sehr mühevoll und schwierig und nur mithilfe von Auswilderungsvorrichtungen möglich. Voraussetzung sind jedoch eine Biotopverbesserung und eine scharfe Räuberbejagung. ▸ Auswilderungsgehege, ▸ Eingewöhnungsgatter und ▸ Aussetzen von Wild.

Auswilderungsgehege, das: Freigehege, das der Einbürgerung (Neueinbürgerung) oder Wiedereinbürgerung von Wild – hauptsächlich Federwild – wie Fasanen, Raufußhühnern, Greifvögeln, Uhu und Schalenwild (für Letzteres ▸ Eingewöhnungsgatter) dient. A. stehen jeweils in dem Revierteil, in dem das Wild (Jungwild) eingebürgert (ausgesetzt) werden soll. Bei Wildgeflügel sollen sie so beschaffen sein, dass ▸ Raubwild und ▸ Raubzeug nicht eindringen können. Zum Schutz vor Greifvögeln können sie mit Perlonnetzen (Volierenetzen) überspannt werden. Wichtig für das Gelingen der Auswilderung ist die Möglichkeit des freien Austritts nach einer Eingewöhnungsphase und der ungehinderten und kurzfristigen Rückkehr des Wildes in das Gehege (z.B. verschließbare Austrittstüren). Der Innenraum der A. soll dem neuen ▸ Biotop angepasst sein und daher entsprechende Äsungs- und Deckungsflächen aufweisen; ▸ Aussetzen von Wild, ▸ Eingewöhnungsgatter.

auswirken (abdecken): Dem ▸ Schalenwild mit Ausnahme des Schwarzwildes die Haut oder Decke abziehen; es aus der Haut schlagen. In der alten Jagdliteratur (z.B. J. G. Lentner: »Taschenbüchlein der Jagdsprache«, 2. Aufl. 1833; O. von Riesenthal: »Jagdlexikon«, 1882) ist a. gleichbedeutend mit zerlegen bzw. ▸ zerwirken.

auswischen: Eine im Wald zu verfolgende Richtung für revierunkundige Jäger durch Strohwische, Strohpuppen u.a. Zeichen kenntlich machen. Hierzu werden entweder die Bäume mit Stroh umwickelt oder Strohwische auf Stangen angebunden und aufgestellt.

auswittern: Auffinden des Wildes durch den Hund.

Auswurf, der: **1**) Das herausgenommene bzw. ausgeworfene ▸ Gescheide von Hase und Kaninchen. **2**) Auch Mitnehmen (Einschlag), ein Fährtenzeichen des Rothirsches; ▸ Hirschgerechte Zeichen.

ausziehen: **1**) Dem Hasen, Kaninchen, Murmeltier und dem ▸ Haarraubwild den ▸ Balg abziehen (abstreifen, streifen); ▸ abbalgen. **2**) ▸ aushaken; ▸ ausweiden. **3**) Das ▸ Hochwild zieht aus dem Holze ins Freie (von Holz zu Feld), im Ggs. zum Einziehen (von Feld zu Holz). **4**) Man zieht mit dem ▸ Schweißhund aus, wenn man ihn ausführt, um mit ihm zu arbeiten. **5**) Der Jäger bzw. die gesamte Jägerschaft zieht zur Jagd aus.

Auszieherrille, die: ▸ Ausziehmechanismus.

Ausziehfernrohr, das (Spektiv): ▸ Jagdoptik.

Ausziehhaken, der: ▸ aushaken.

Ausziehkralle, die: ▸ Ausziehmechanismus.

Ausziehmechanismus, der: Eine Vorrichtung am Gewehr, mit der nach der Schussabgabe die Patrone schnell aus dem Lauf entfernt werden kann. Bei Kipplaufwaffen ist am hinteren Laufende ein Patronenauszieher angebracht. Er hebt die Patrone so weit aus dem Patronenlager heraus, dass man sie mit den Fingern erfassen und herausziehen kann. Hochwertige Flinten, gelegentlich auch Kipplaufbüchsen, haben einen automatischen Hülsenauswerfer (Ejektor). Der Ejektor schleudert nach dem Schuss die abgeschossene Hülse aus dem Lauf. Das Vorhandensein eines Ejektors erkennt man bei abgekippten Läufen am geteilten Patronenauszieher. Die Ejektorfedern unter dem Vorderschaft werden beim Schließen des Gewehrs gespannt und durch das Auslösen des Schusses entriegelt, sodass, wenn die Läufe abgekippt werden, nur die abgeschossene Patrone ausgeworfen wird. Bei Selbstladeflinten (halbautomatische Waffe) wird die abgeschossene Patrone während des Repetiervorganges ausgeworfen. Bei Repetiergewehren wird hierbei die Patrone an der Auszieherrille von der Ausziehkralle, die sich vorne am Verschlusszylinder befindet, erfasst, aus dem Patronenlager gezogen und durch den Ausstoßer seitwärts ausgeworfen.

Auszug, der: Die Stelle, an der ▸ Hochwild austritt (von Holz zu Feld); ▸ ausziehen 3).

Autökologie, die: ▸ Ökologie.

automatische Sicherung, die: ▸ Sicherung.

Auwald, der: ▸ Auen.

Avance! (franz., Vorwärts!): Alter Ausdruck. Zuruf, wenn der Hühnerhund beim Suchen vorgehen soll.

Avosettsäbler, der: ▸ Säbelschnäbler.

Axishirsch, der (*Axis axis*): Hirschart der Gattung Fleckenhirsche (*Axis*) der Unterfamilie Echte Hirsche (*Cervinae*) aus der Ordnung der ▸ Paarhufer. Körpermaße: Kopf-Rumpf-Länge 140 bis 150 cm, Wedel: 20 bis 30 cm, Gewicht: 75 bis 105 kg. Hinsichtlich der Körperfärbung ähnelt der A. dem Damwild. Die Decke ist rotbraun bis gelblich braun mit perlschnurartigen weißen Fleckenreihen, am Rücken dunkler bis schwarzer ▸ Aalstrich. Der Träger (Hals) weist einen großen weißen Fleck auf.

Der Axishirsch stammt ursprünglich aus Vorderindien. Er braucht ein warmes Klima und wird in Europa vorwiegend in Wildparks gehalten.

Das Geweih hingegen ist rotwildartig geformt, jedoch kleiner und bildet keine Krone. Der ursprünglich aus Vorderindien stammende A. wurde in Europa eingebürgert, wobei er hauptsächlich in Wildparks (z.B. Ludwigsburg) gehalten wird. Im Ggs. zum eingebürgerten Damhirsch stellt der A. höhere Ansprüche an das Klima und kann daher nur in wärmeren Gegenden im Freiland überwintern. Der A. ist im Ggs. zu anderen Hirscharten stärker tagaktiv. Die Hirschrudel werden meist von einem Weibchen (Leittier) geführt. Da alte Platzhirsche zumeist zu Einzelgängern werden, setzen sich die Rudel überwiegend aus jüngeren Tieren zusammen. Die Brunftzeit ist nicht auf eine eng begrenzte Jahreszeit beschränkt. Nach einer Tragzeit von sieben bis siebeneinhalb Monaten wird ein Kalb gesetzt (selten zwei Kälber), das anfangs gut versteckt abgelegt und nur zum Säugen aufgesucht wird. Nach wenigen Tagen folgt das Kitz dem Muttertier, das es zum Rudel führt.

Aylmeri-Geschüh, das: Ein Geschüh, benannt nach seinem Erfinder, dem ehemaligen Präsidenten der American Falconers Association, Gus Aylmer; ▸ Geschüh.

Azel, der (Azzel): ▸ Rabenvögel 8.

B

Babenberger: Altes fränkisches Grafengeschlecht, nach dem Stammsitz Bamberg genannt, Kolonisatoren der Ostmark, des späteren Österreichs, 976 bis 1156 Markgrafen, bis 1246 Herzöge von Österreich. Friedrich II., der letzte B., fiel 1246 im Kampf gegen die Magyaren in der Schlacht an der Leitha. Ein besonders leidenschaftlicher Jäger war Markgraf Luitpold III. (1095 bis 1136). Das jagdliche Leben zur Zeit der B. ist auf den berühmten farbigen Tafeln des B.-Stammbaumes in Stift Klosterneuburg/Österreich überliefert und gibt Aufschluss über das Zeitalter des ritterlichen Waidwerks. Die »laute Jagd«, d.h. die ▸ Hetzjagd, dominierte. Pfeil und Bogen waren in jener Jagdepoche zwar allg. als Jagdwaffe noch in Gebrauch, doch zeigt der B.-Stammbaum Heinrich von Mödling den Jüngeren bereits mit einem anderen Jäger mit Armbrust. Neben der Hetzjagd, der »vénerie«, galten die Beize (▸ Beizjagd), die ▸ Fangjagd und der ▸ Vogelfang als gebräuchlichste Jagdarten. Die Kaiser übergaben den B. Jagdrechte in der Ostmark. Bereits im Jahre 1002 hatte der deutsche König und römische Kaiser Heinrich II. dem B. Heinrich I., dem Sohn des Markgrafen Luitpold I., eigene Jagdgebiete im Wienerwald bestätigt. Eine weitere Belehnung mit weitreichenden Jagdrechten erfolgte 1156 anlässlich der Erhebung der Markgrafschaft zum Herzogtum Österreich; ▸ Habsburger.

Babesieninfektion, die: ▸ Babesiose.

Babesiose, die: Auch Piroplasmose, Babesieninfektion. Diese Erkrankung des Hundes wird durch die Erreger *Babesia canis* (*Babesia*, Gattung der *Sporozoa*), die Protozoen (einzellige Blutschmarotzer) sind, verursacht, die durch die Braune Hundezecke (▸ Zecken) übertragen werden. Diese kommt hauptsächlich in südlichen und südöstlichen Ländern vor, kann jedoch durch Hunde aus dem Ausland mitgebracht werden und so auch Hunde im Inland infizieren. Die Inkubationszeit beträgt 7 bis 20 Tage. Die Erkrankung kann akut oder chronisch verlaufen. Als Erstes kommt es zur sog. Parasitämie, die Parasiten vermehren sich in den roten Blutkörperchen, die nach Ausschleusung der Babesien zugrunde gehen (Hämolyse). Die Parasiten verschwinden dann vorübergehend aus dem Blut. 10 bis 14 Tage später kommt es jedoch zu einer erneuten, massiveren Parasitämie. Die Symptome sind Mattigkeit, Schwäche, Apathie, Erbrechen (dadurch Austrocknung bis zum Nierenversagen), Fieber (bis 42 °C), Anämie (blasse Schleimhäute), roter bis bräunlicher Harn, Leber- und Milzvergrößerung (Tast- oder Röntgenbefund). Bei bereits kranken, geschwächten oder jungen Tieren kann es zum plötzlichen Tod kommen. Die chronische und milde Verlaufsform der Krankheit kann medikamentös behandelt werden. Bei stärkerer Erkrankung ist bereits eine Bluttransfusion notwendig und die Heilungschancen verringern sich. Zeckenbekämpfung ist daher zum Schutz des Hundes sehr wichtig. Eine Impfung, die es in manchen Ländern (z.B. in Frankreich) gibt, verhindert Todesfälle, bietet aber nur wenige Wochen Schutz vor Infektion und diesen auch nicht hundertprozentig.

Bach, der: Alte, bis zum ausgehenden Mittelalter gebrauchte Bez. für das weibliche Schwarzwild; ▸ Bache.

Bache, die (veraltet: Bach, Bachin): Weibliches Wildschwein (▸ Schwarzwild) ab dem dritten Lebensjahr, Bez.: dreijährige B., vierjährige B. Ab dem fünften Lebensjahr wird nach starker, alter oder grober B. unterschieden. Wildschweine (männlich und weiblich) werden im ersten Lebensjahr als Frischlinge (weiblich auch als Frischlings-B.), im zweiten Lebensjahr als Überläufer (überlaufende B. oder Überläufer-B.) bezeichnet.
Der Ausdruck B. für das weibliche Schwarzwild ist frühneuhochdeutscher Prägung. Zur Grundlage hat dieses Wort das mittelhochdeutsche »bache«, die »geräucherte oder die zum Räuchern bestimmte Speckseite eines Schweines«. Anfangs verwendete man Bach für Wildsauen allg., oft in doppelter Form, z.B. »22 Bach Wildsau«, später nur noch für die weibliche Sau nach vollendetem zweiten Lebensjahr. Im 17. Jh. herrschte mehrfach die männliche Form vor: »Der Bach trägt jährlich nur einmal«. In mancher Literatur wird eine B. im dritten Lebensjahr als »angehende B.« bezeichnet, während man erst im vierten Lebensjahr von einer starken, alten oder groben B. spricht.

Bacher, der (Becher, Becker, Bäcker, Backer): alte männliche Form zu ▸ Bache; in bestimm-

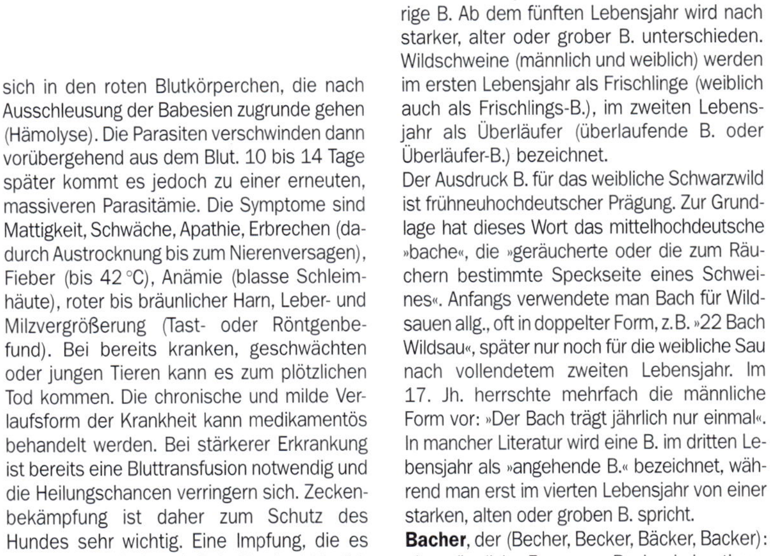

Bacher-Spur, Zeichnung von Johann Elias Ridinger (1698–1767)

Johann Elias Ridinger (1698–1767); Keiler (Bacher) in sumpfiger Waldlandschaft: Schilf, Riedgräser und Rotbuche, Pinselzeichnung

ten Gegenden noch heute Bez. für männliches Wildschwein (Sau) ab dem 1. April des auf die Geburt folgenden (zweiten) Jahres bis zu Beginn des vierten Jahres. Üblicher sind jedoch Bez. wie »Keiler« oder »Eber«, z.B. »zweijähriger Keiler« oder »dreijähriger Keiler« (scherzhaft »Hosenflicker«). Sie werden ab dem vierten Lebensjahr »angehendes Schwein«, mit fünf bis sechs Jahren »hauendes« oder »gutes Schwein« und mit sieben Jahren und älter »Haupt-« oder »grobes Schwein« genannt. Im ersten Lebensjahr werden sie »Frischling«, im zweiten Lebensjahr »Überläufer« (wie auch beim weiblichen Wildschwein) genannt; ▸ Eingänger, ▸ Schwarzwild.

Bachhund, der: Eine Art Dachshund, der sich zur Biber- und Otterjagd verwenden ließ.

Bachin, die: ▸ Bache.

Bachofen von Echt, A.: ▸ Jagdliteratur.

Bachwasserläufer, der: ▸ Schnepfenvögel 13.

Backe, die (Schaftbacke): Der erhöhte Teil des Gewehrschaftes. Sie soll beim Büchsenschuss dem ▸ Schützen durch das »Anbacken« (mit der Wange an der Gewehr-B. liegen) einen bequemeren ▸ Anschlag, aber auch einen festeren Halt beim Zielen gewähren; ▸ Schäftung.

Backenformen, die: ▸ Schäftung.

Backer, der: (veraltet) ▸ Bacher.

Bäcker, der: (veraltet) ▸ Bacher.

Badebrente, die (Badbrente, Brente, Brennte): Eine Zink- oder Plastikwanne für ▸ Beizvögel, die neben dem Sprenkel oder der Blockjule und auch in der Mauserkammer (▸ Falkenkammer) steht. Sie hat einen oberen Durchmesser von ca. 60 cm, einen unteren von ca. 40 cm und eine Höhe von etwa 12 bis 15 cm. Sie muss stets mit frischem Wasser gefüllt sein. Beizvögel sind überaus reinlich, baden gern und nehmen – besonders an heißen Tagen – auch Wasser auf. Es ist empfehlenswert, immer etwas Chinosol oder Eleudron (etwa eine halbe Tablette) als Desinfiziens im Badewasser aufzulösen.

Badel, die: ▸ Pfanne 1).

bähen: Lautäußerung (Blöken) der Muffelschafe.

Bail, der: ▸ Ball.

bailen: svw. ▸ bellen; ▸ Ball.

Baillonisches Rohrhuhn, das: ▸ Rallen 7.

Baisch, Hermann (1846 Dresden bis 18.5.1894 Karlsruhe): Ab 1880 in Karlsruhe, malte B. v.a. Kühe, aber auch Waldlandschaften, die er oft mit Tiergruppen als Staffage ausstattete.

baissen: Veraltete Bez. für ▸ beizen.

Baisz (Baize, Baiz): Veraltete Schreibweise für ▸ Beize; ▸ Beizjagd.

baizen: Alte, überkommene Schreibweise für ▸ beizen.

Bakterienkrankheiten, die: Verschiedene ▸ Wildkrankheiten.

Bakterielle Hasenkrankheiten, die: Beim Feldhasen kommen verschiedene bakterielle Erkrankungen vor, die auch für den Menschen ansteckend sind und bei den Tieren zum Tod führen können. Es sind dies: ▸ Brucellose, ▸ Pasteurellose, ▸ Pseudotuberkulose, ▸ Tularämie und die ▸ Staphylokokkose. Bei erkrankten Tieren auffallend sind eine vergrößerte Milz sowie weißliche Herdchen und Abszesse verschiedener Größe in Lunge, Leber, Milz, Darm, Geschlechtsorganen und anderen Organen. Tiere mit derartigen Veränderungen sind nicht genusstauglich; ▸ Wildkrankheiten.

Balban, der (Pullwan, Pulwan, Bulwan, Bulvan, Ballhahn, Balbhahn): Ein ausgestopfter Birkhahnbalg, der in Skandinavien und Russland als ▸ Lockvogel bei der Birkhahnjagd verwendet wurde. Der ▸ Balg wurde an einer langen Stange in den Baumkronen angelegt und sollte die von einem Jagdgehilfen aufgetriebenen Birkhähne zum Einfallen veranlassen.

Balbhahn, der: ▸ Balban.

Balbussard, der (Balbuzard): ▸ Adler 3.

Balester, der: ▸ Schnepper.

Balg, der: **1**) Das Fell des ▸ Haarraubwildes außer Bär (Decke, Haut) und Dachs (Schwarte), des Hasen, des Kaninchens und des Murmeltieres sowie die samt Federn abgezogene Haut aller Vögel (Vogel-B., Feder-B.). **2**) Ein ausgestopfter B. (Kaninchen-, Hasen- oder Fuchs-B.) mit darauf befestigter ▸ Atzung zum Anlocken des ▸ Beizvogels; hauptsächlich Adler und Habicht. **3**) Die Scheide des Jagdschwertes.

Balgbrett, das: Ein Spannbrett zum Aufziehen und Trocknen der Bälge. Das Brett darf nicht kürzer sein als die Länge des Balges von der Nase bis zur Ruten- bzw. Luntenspitze. Das Brett verjüngt sich nach oben und läuft in einer stumpfen Spitze aus. Die seitlichen Kanten sind abgerundet. Für die Bälge der einzelnen Raubwildarten werden verschieden große Bretter benötigt. Ideal sind – v.a. für die größeren Raubwildarten wie Fuchs und Marder – die verstellbaren Spannbretter. Sie bestehen aus zwei Hälften, zwischen die ein langer, schmaler Keil getrieben wird, bis der locker aufgezogene Balg straff sitzt. Ein Normalbrett für Fuchsbälge ist ca. 1,2 m lang, 3 cm stark und unten ca. 25 cm breit; ▸ abbalgen.

bälgen: Allgemeine Bez. für das Abziehen der Haut eines Tieres, um dieses zu präparieren. In der Waidmannssprache wird b. selten und dann nur für das kleine ▸ Haarraubwild gebraucht.

Balgstuck, das: Früher ein ▸ Jagdbezirk innerhalb eines landesfürstlichen Jagdreviers, der einem Privaten gehörte und nur mit der kleinen Jagd (▸ Niederjagd) ausgestattet war.

Balkantaube, die: ▸ Wildtauben 2.

Balkenvisier, das: Eine Visierung für den Büchsenschuss. In einigem Abstand zum Auge befindet sich auf dem Lauf oder auf der Laufschiene des Gewehres ein B., das auf seinem Visierfuß ein Visierblatt trägt, in dessen Oberkante eine Kimme eingefeilt ist.

Ball (Bail, Beil, Boll, Keif): Eine veraltete frühere Bez. für das ▸ Bellen der Jagdhunde. In späterer Zeit nur noch in Redewendungen in Verbindung mit dem ▸ Standlaut erhalten, z.B.: »Der Hund ballt die Sau«, d.h., er stellt sie und gibt Standlaut. Stellt sich die Sau dem Hund, so »hält sie den B.«, flüchtet sie hingegen weiter oder bedrängt sie den Hund, sodass er für kurze Zeit aufhört zu bellen, so »bricht er den B.«. Nähert sich der Jäger dem Standlaut gebenden ▸ Saufinder und hetzt weitere ▸ Hatzhunde zu, so spricht man von »auf den B. hetzen« (B.-Hatz). Eine Sau »auf den B. (Keif) schießen« heißt, sie vor dem Standlaut gebenden Saufinder erlegen. B. nannte man aber auch den Standlaut des Jagdhundes, wenn dieser ein krankes Stück Wild stellte und verbellte, sodass der Jäger herankommen und den ▸ Fangschuss geben konnte; die oben angegebenen Redewendungen wurden auch hier sinngemäß verwendet.

Balläster, der: ▸ Schnepper.

Ballban, der: ▸ Balban.

Ballen, der: Die unbehaarte Fußsohle bei allem ▸ Haarwild und beim Hund. Beim ▸ Schalenwild nur die elastische zweiteilige Sohle (Wulst) an der Unterseite der Schalen, die sich auch im ▸ Trittsiegel abdrückt.

Ballengeschwulst, die: Bei ▸ Beizvögeln ▸ Leichdorn.

Ballenpflanzung, die: ▸ Pflanzverfahren.

Ballenzeichen, das (Vierballenzeichen): ▸ Hirschgerechte Zeichen.

Ballhahn, der: ▸ Balban.

Ballhatz, die: ▸ Ball.

ballieren: Das Schwingenpeitschen des ▸ Falken auf dem ▸ Reck, auf der ▸ Jule oder auf der Faust. Das B. des Falken auf der Jule ohne häufiges Abspringen ist ein Zeichen von Flug- und Jagdlust bzw. Gesundheit und Wohlbefinden.

Ballistik, die (altgriechisch: ballein = werfen): Die Lehre von der Bewegung geworfener oder geschossener Körper (Schießlehre).

I. *Der Büchsenschuss*: Wenn man sich mit den ballistischen Fragen des B. beschäftigen will, muss man zunächst verschiedene Vorgänge beim Schuss voneinander unterscheiden: Der Begriff »Innenballistik« (▸ 1.) beschreibt die Vorgänge im Lauf der Waffe vom Beginn der Zündung bis zum Austritt des Geschosses aus der Laufmündung. Die »Mündungsballistik« (▸ 2.) befasst sich mit den Prozessen beim Austritt des Geschosses aus der Laufmündung. Unter dem Begriff »Außenballistik« (▸ 3.) fasst man die Vorgänge während des Geschossfluges unmittelbar hinter der Laufmündung bis zum Erreichen des Zieles zusammen. Gegenstand der »Zielballistik« (▸ 4.) sind die Vorgänge beim Auftreffen des Geschosses auf das Ziel und während seines Weges durch den Zielkörper.

1. Innenballistik: Nachdem der Zündsatz im Zündhütchen (oder im Bodenrand bei ▸ Randfeuerpatronen) durch den Aufschlag des Schlagbolzens zur Entzündung gebracht worden ist, setzt die sehr heiß abbrennende Zündflamme das Treibmittel aus Nitrozellulosepulver in Brand, dessen Verbrennungstemperatur etwa bei 2500 °C liegt. Bei der zeitlich sehr schnell erfolgenden Verbrennung, der Explosion, setzt sich das Pulver in Gase um, wobei je Gramm Nitrozellulosepulver fast 1000 ccm Gasmenge bei normalen Luftdruck- und Temperaturverhältnissen entwi-

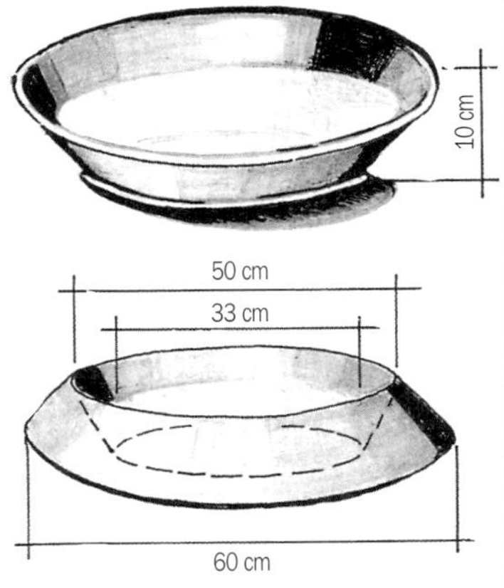

Badebrenten

Balgbrett

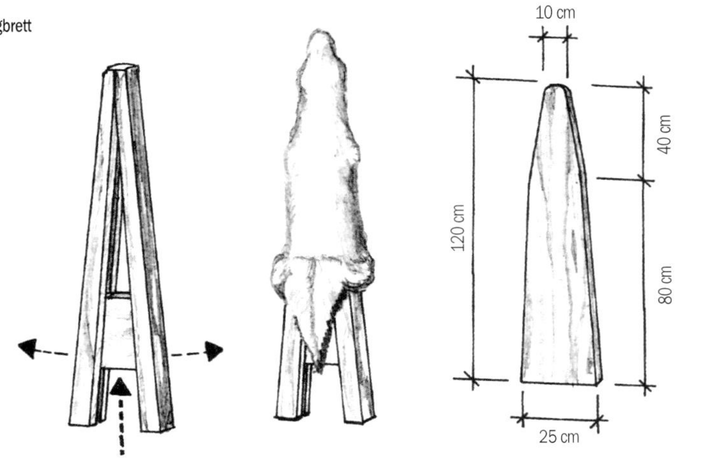

Verhältnis Gasdruck zu Lauflänge

▸▸ ckelt werden. Hierbei entsteht in Abhängigkeit von Pulvermenge und Pulvertyp, aber auch von der Art und dem Gewicht des Geschosses sowie auch von der Form der Patronenhülse ein sehr hoher Druck. Der ansteigende Druck wirkt sich im Pulverraum allseitig und somit auch auf den Geschossboden aus, bis das Geschoss als die schwächste Stelle dieser »Druckkammer« nachgebend ausweicht und mit schnell wachsender Geschwindigkeit durch den Lauf getrieben wird. Dabei werden unter fortschreitender Pulververbrennung weitere Gasmengen gebildet, deren Druck auf den Boden des sich im Lauf fortbewegenden Geschosses auch dann noch beschleunigend wirkt, wenn der Höchstgasdruck, der je nach Ladung und Pulvertyp bis zu etwa 4000 bar betragen kann (1 bar $\approx$ 1 kp/cm^2), bereits überschritten ist (Abb. 1). Wenn das Geschoss durch den hohen Druck der Verbrennungsgase aus dem Hülsenmund der Patrone getrieben wird, erfolgt die Einpressung in die Züge des Laufes nicht unmittelbar, sondern nach dem Durchgang durch den sog. *Übergangskonus* zwischen dem Ende des Patronenlagers und dem Beginn des gezogenen Laufteils (Abb. 2). Ein zu kurzer Übergangskonus kann beim Einpressen des Geschosses in den Führungsteil des Laufes durch Verklemmung zu unerwünschten, ja gefahrvollen Gasdrucksteigerungen führen, während in einem zu langen Übergangskonus das noch rotationslos fliegende Geschoss völligen *Freiflug* erhält, indem es mit dem hinteren Ende seines Führungsteils den Hülsenmund bereits verlassen hat, bevor es im Auslauf des Übergangskegels zwischen den Feldern vorne wieder Führung gefunden hat. Dabei kann das Geschoss von seiner ursprünglichen Axialrichtung abweichen und am Ende des Übergangskegels nicht gerade, sondern schräg in die Felderführung eintreten. Hierdurch und auch infolge der im zu langen Übergangskegel bereits gewonnenen größeren Geschwindigkeit muss es einen zu hohen Einpresswiderstand überwinden. Auch können bei völligem Freiflug um das Geschoss herum zur Laufmündung hin Pulvergase entweichen, sodass sich dann hinter dem Geschoss nicht mehr die notwendige optimale Gasdruckentwicklung vollziehen kann. Alle diese Nachteile eines zu langen Übergangskegels führen zu starker Verminderung der Treffgenauigkeit und zu einem Leistungsabfall. Beim Eintreten in den Lauf wird das Geschoss gezwungen, den Schraubenwindungen der Züge, dem *Drall*, zu folgen, wobei es in schnelle Kreiseldrehung, in Rotation um seine Längsachse, versetzt wird. Dies ist notwendig, um ein Langgeschoss in seiner Flugbahn zu stabilisieren, denn ein nicht rotierendes, aus glattgebohrtem Lauf verfeuertes Langgeschoss würde im Flug kippen und sich überschlagen. Die Anzahl der Züge, ihre Breiten- und Tiefenmaße sowie die Dralllänge, d.h. das Maß der Lauflänge, in der die Züge eine ganze Umdrehung machen, richten sich nach der Geschoss- bzw. Mantelart, nach dem Durchmesser und der Länge des Geschosses sowie auch nach der gewünschten Anfangs-

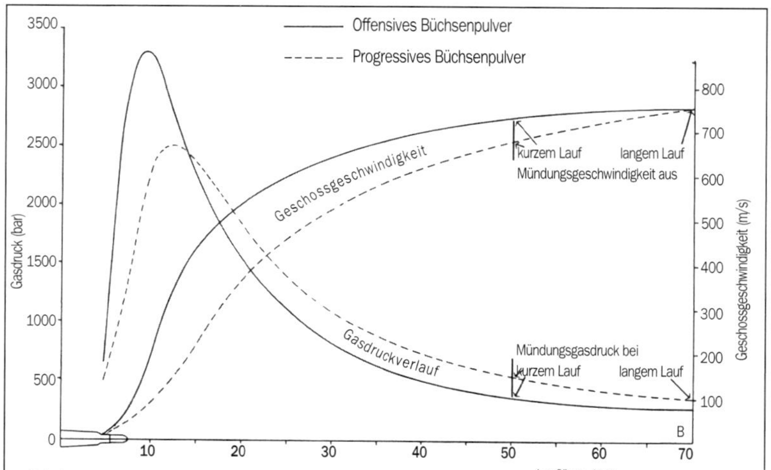

Abb. 1

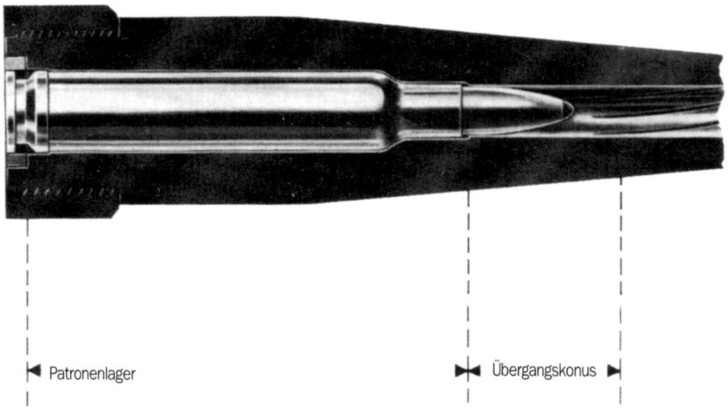

Abb. 2

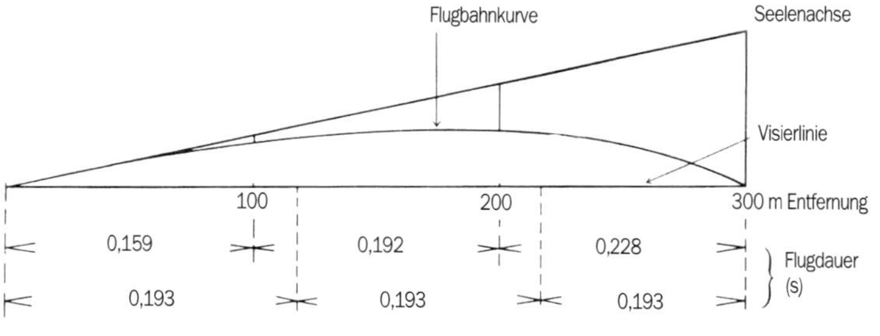

Abb. 3

geschwindigkeit des Geschosses nach Verlassen der Mündung (V_0). Für die heute gebräuchlichen deutschen Büchsenkaliber und Mantelgeschosse liegt die Dralllänge etwa zwischen 200 und 400 mm, was bei Anfangsgeschwindigkeiten zwischen 1200 und 750 m/s Drehzahlen bis zu 6000 Umdrehungen pro Sekunde bedeutet.

$$\text{Drehzahl} = \frac{V_0}{\text{Dralllänge}}$$

Nur etwa ein Drittel der gesamten bei der Verbrennung frei werdenden Pulverenergie wird in Bewegungsenergie des Geschosses beim Verlassen der Mündung umgewandelt. Bis zu 7% entfallen auf die Überwindung des Einpresswiderstandes und auf Reibungsverluste im Lauf, wobei sich das Geschoss selbst bis auf etwa 170 °C erhitzt. Etwa 20 bis 25% der Gesamtenergie gehen als Wärmeabgabe an Lauf und Hülse verloren, der Rest von 35% gelangt als ungenutzte Wärme- und Bewe-

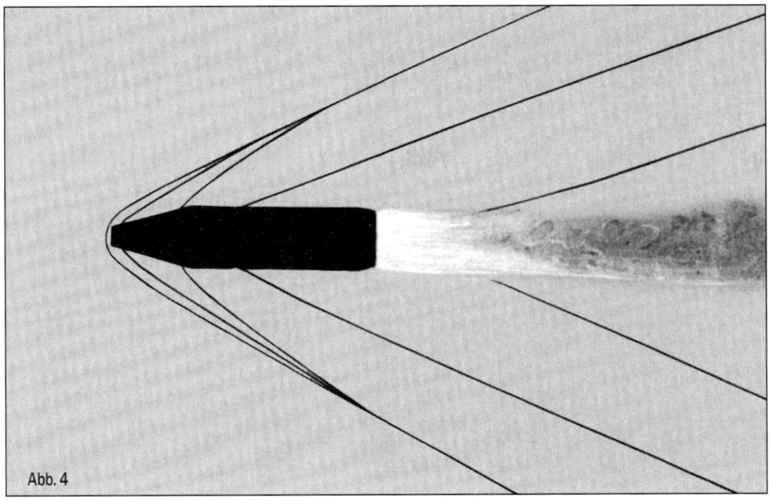

Abb. 4

gungsenergie der Pulvergase ins Freie. Die Zeit vom Aufschlag des Schlagbolzens auf den Zündhütchenboden bis zum Austritt des Geschossbodens aus der Laufmündung nennt man *Schussentwicklungszeit*. Ihre Dauer richtet sich nach der Art der Zündung, nach dem Pulvertyp, dem Kaliber, der Lauflänge und der Geschossart. Sie liegt für Patronen mit offensivem Pulver etwa bei 0,002 Sekunden und bei solchen mit progressivem Pulver etwa bei 0,003 Sekunden. Den Ablauf der Vorgänge innerhalb des Laufes während der Schussentwicklungszeit verdeutlicht Abb. 1, wobei besonders auf den Einfluss zu achten ist, den der Offensivitätsgrad des Pulvers auf den Entwicklungsverlauf und den dabei erreichten Höchstwert des Gasdrucks ausübt, und wie davon die Entwicklung der Geschossbeschleunigung abhängig ist.

2. Mündungsballistik: Auch Übungsballistik (Erscheinungen beim Verlassen der Laufmündung). Wenn das Geschoss die Mündung verlässt, beträgt der Gasdruck im Lauf (wie auch aus Abb. 1 hervorgeht) immer noch etwa 500 bar. Diese hohe Verdichtung hinter dem Geschoss bewirkt das Entstehen von Druckwellen, die als *Mündungsknall* wahrgenommen werden. Ist der Verbrennungsprozess des Pulvers noch nicht abgeschlossen, wenn das Geschoss den Lauf verlässt – dies kann durch Verwendung eines Pulvertyps unzureichenden Offensivitätsgrades, bei einem zu kurzen oder auch bei einem bereits sehr stark ausgeschossenen Lauf eintreten –, so ist damit wieder ein verstärkter Mündungsknall und auch sehr starkes, besonders in der Dämmerung störendes Mündungsfeuer verbunden. Beides ist auf die explosionsartige Verbrennung restlicher Pulvergase in Verbindung mit dem Sauerstoff der Luft zurückzuführen. Zu dem eigentlichen Mündungsknall tritt auch noch der *Geschossknall*, der immer dann entsteht, wenn die Geschossgeschwindigkeit über der Schallgeschwindigkeit liegt, was bei Büchsengeschossen ja meist der Fall ist. Der Schütze selbst kann Mündungs- und Geschossknall nicht unterscheiden, weil sie in so kurzem Abstand voneinander entstehen, dass sein Ohr sie nur wie einen einzigen Knall wahrnimmt. Befindet man sich aber in einiger Entfernung vor dem Schützen und seitlich der Geschossflugbahn, so vernimmt man deutlich zunächst den Geschoss- und daran anschließend den Mündungsknall, weil die Schallwellen (mit etwa 333 m/s) wesentlich langsamer sind als das mit viel höherer Geschwindigkeit von beispielsweise 800 m/s vorbeieilende Geschoss. Der Geschossknall ist natürlich ebenfalls auf Druckwellen zurückzuführen, die ein mit Überschallgeschwindigkeit die Luft durcheilendes Projektil erzeugt. Eine weitere Erscheinung, deren Höhepunkt eintritt, wenn das Geschoss den Lauf verlässt, ist der *Rückstoß*, d.h. die Rückwärtsbewegung des Gewehres beim Schuss. Sie entsteht, weil der Druck der Pulvergase, wie schon gesagt, nicht nur auf das Geschoss, sondern nach allen Seiten und somit auch rückwärts gerichtet auf den Verschluss bzw. auf den Kammerkopf oder den Stoßboden wirkt. Der durch rückwärtigen Druck der Pulvergase hervorgerufene Rückstoß wird noch verstärkt durch den sog. *Raketeneffekt*. Dieser entsteht als entgegengesetzte Bewegung in Abhängigkeit von der Bewegungsgröße, dem Impuls ($m \cdot v$) der an der Mündung ausströmenden Gasmoleküle. Der Rückstoß wird als umso stärker empfunden, je größer Masse und Anfangsgeschwindigkeit des Geschosses sind, je größer das Kaliber, je leichter die Waffe und je kürzer ihr Lauf ist. Es wird nicht so sehr die Kraft des Rückstoßes als vielmehr die sehr hohe Geschwindigkeit, mit der dieser Stoß erfolgt, als unangenehm empfunden.

3. Außenballistik: Die Flugbahn des Geschosses und deren Beeinflussung. Würden auf das Geschoss nach dem Verlassen der Laufmündung außer der Treibkraft der Pulvergase keine anderen Kräfte einwirken, dann würde es in der Abgangsrichtung geradlinig in Verlängerung der Seelenachse des Laufes mit gleichbleibender Geschwindigkeit unendlich weiterfliegen. In Wirklichkeit ist das Geschoss aber dem Einfluss der Erdanziehung bzw. der Schwerkraft oder der Fallbeschleunigung und dem Widerstand ausgesetzt, den die Luft auf sich schnell bewegende Körper ausübt. Die Schwerkraft ist veränderlich und abhängig von der Entfernung eines Körpers vom Erdmittelpunkt. Dabei bleibt seine Masse – in Kilogramm gemessen – unabhängig von der Entfernung vom Erdmittelpunkt immer gleich, nicht dagegen sein Gewicht, als Kraftmoment seiner »Schwere« – in N (Newton)

$$1\,\text{N} = \frac{1\,\text{kg}}{\text{s}^2}$$

gemessen –, das zunimmt, je näher der Körper dem Erdmittelpunkt ist (in unserer geografischen Breite beträgt der Durchschnittswert der Fallbeschleunigung $g = 9{,}81\ \text{m/s}^2$). Die Geschossflugbahn kann daher auch im luftleeren Raum nicht geradlinig in Abgangsrichtung verlaufen, sondern wird unter dem Einfluss der Schwerkraft eine mathematisch berechenbare, in ihrem Gipfelpunkt parabolische Kurve beschreiben. Sie ergibt sich für die Fallstrecke nach der Formel

$$F = \frac{g}{2} \cdot t^2,$$

wobei t die Flugzeit über eine bestimmte Flugstrecke bedeutet. Je kürzer die Flugzeit ist, in der ein Geschoss eine bestimmte Flugstrecke durcheilt, desto geringer ist seine Fallstrecke, desto rasanter, d.h. gestreckter ist seine Flugbahn. Neben der Schwerkraft bestimmt der Luftwiderstand die Entwicklung der Geschossflugbahn. Wie ein Schiff in schneller Fahrt deutlich sichtbare Bug- und Heckwellen im Wasser hervorruft, entstehen derartige Wellen auch beim Flug des Geschosses in der Luft (Abb. 4). Sie entstehen durch den auf den Geschosskopf wirkenden Druck und durch die hinter dem Geschossheck sich entwickelnde Luftverdünnung, den Sog. Daneben können auch Rillen und Einschnürungen im Geschossmantel Ausgangspunkt weiterer Wellenbildung sein. Es entsteht v.a. durch frontalen Druck auf das Geschoss, aber auch durch rückwärtigen Sog eine Geschwindigkeitsverminderung, die bewirkt, dass zum Durchgang eines Geschosses durch gleich große Teilstrecken einer Flugbahn immer längere Zeitabschnitte benötigt werden (Abb. 3). Natürlich wirkt sich auch die Schwerkraft entsprechend aus, d.h., auch die Fallstrecken vergrößern sich mit zunehmender Flugzeit des Geschosses in gleichen Teilstrecken. Von wesentlichem Einfluss auf den Grad des Flugwiderstandes ist die Geschossform und ganz besonders die Kopfform des Geschosses, denn vorne abgeflachte oder zylindrische Geschosse überwinden den Luftwiderstand natürlich weniger gut als Halbspitz- oder Spitzgeschosse. Daneben richtet sich der Luftwiderstand in ganz besonderem Maße nach der Fluggeschwindigkeit des Geschosses, denn er verringert sich umso mehr, als die Fluggeschwindigkeit mit größer werdender Flugstrecke abnimmt. Natürlich ist der Luftwiderstand auch abhängig von dem Grad der Luftdichte, d.h. von der Masse eines Kubikzentimeters Luft in Kilogramm in Abhängigkeit von Luftdruck, Temperatur und Feuchtigkeitsgehalt der Luft. Es wurde bereits dargestellt, dass die *Flugzeit* (t) letztlich ausschlaggebend für die Rasanz der Flugbahnkurve ist. Die Flugzeit errechnet sich für Kurzflugstrecken, die für die Jagd-B. alleine von Bedeutung sind, nach der Formel

$$t = \frac{s}{v},$$

wobei s die Flugstrecke und v die Fluggeschwindigkeit ist, die sich auf der halben Flugstrecke ergibt (gleichsam als mittlere Fluggeschwindigkeit zwischen V_0 und V_z).
Die Flugzeit ist jedoch nicht nur das Ergebnis der Anfangsgeschwindigkeit einerseits sowie der Masse und Kopfform des Geschosses andererseits, sondern es spielt dabei auch die *Querschnittsbelastung* des Geschosses eine besondere Rolle. Die Querschnittsbelastung

$$QB = \frac{g}{q}$$

ist das Verhältnis des Geschossgewichtes in Gramm zur Fläche des Geschossquerschnittes in Quadratzentimetern. Bei gleichkalibrigen Geschossen erhöht sich die Querschnittsbelastung mit zunehmendem Geschossgewicht, bei gleich schweren Geschossen erhöht sie sich mit abnehmendem Kaliber. Je höher jedoch die Querschnittsbelastung eines von zwei gleichkalibrigen oder gleich schweren Geschossen ist, desto leichter überwindet es den Luftwiderstand, desto rasanter ist seine Flugbahn und desto kürzer seine Flugzeit innerhalb gleicher Flugstrecken bei gleicher V_0. In diesem Zusammenhang sei jedoch darauf hingewiesen, dass man die Querschnittsbelastung der Geschosse nicht beliebig vergrößern kann. Dies scheitert an der möglichen Höchstlänge eines Langgeschosses, das nicht länger sein soll als etwa das Fünffache seines Kalibers, da es anderenfalls die für einen ruhigen Flugbahnverlauf notwendige Achsenstabilität nicht mehr aufweist. Alle genannten Faktoren gemeinsam, also Anfangsgeschwindigkeit, Kaliber, Gewicht und Kopfform des Geschosses, seine Querschnittsbelastung und die Einflüsse von Luftwiderstand und Erdbeschleunigung, bestimmen den Verlauf der Flugbahn, die Flugbahnkurve. Ihre Basis ist immer die gradlinige Verbindung von der Mitte der Laufmündung bis zum Treffpunkt im Ziel (Abb. 5). Aus der Laufneigung in die Abgangsrichtung des Geschosses, die notwendig ist, um es auf eine bestimmte Schussentfernung ins Ziel zu bringen, ergibt sich der *Abgangswinkel* »a«, dessen Neigungsgrad sich sowohl nach der Größe der Schussentfernung als auch nach der Flugzeit richtet, in welcher die betreffende Flugstrecke vom Geschoss durcheilt wird. In ihrem Gipfelpunkt erreicht die parabelähnlich verlaufende Flugbahnkurve die höchste Erhebung über ihrer Basis. Dieses Höhenmaß entspricht nicht der maximalen Flughöhe des Geschosses über der Visierlinie (Abb. 5), da diese in unterschiedlicher Höhe über dem Mittelpunkt der Laufmündung verläuft, je nachdem, ob das Ziel über offene Visierung (Abstand etwa 2,5 cm) oder durch das Zielfernrohr (Abstand etwa 5 cm) anvisiert wird oder ob z.B. mit einer Repetierbüchse oder einem Drilling geschossen wird. In jedem Fall ist die maximale Flughöhe über der Visierlinie geringer als die Höhe des Gipfelpunktes der Flugbahnkurve über ihrer Basis, die man, wenn Mündung und Ziel in einer waagerechten Ebene liegen, auch die Mündungswaagerechte nennt. Um eine Waffe auf die der Patrone entsprechende *Günstigste Einschuss-Entfernung (GEE)* mit Fleckschuss einschießen zu können, muss man daher auch den Abstand der Visierlinie zur Mündungswaagerechten im Entfernungsbereich des Flugbahngipfels berücksichtigen. Die günstigste Einschussentfernung wird nach der Flugbahnrasanz einer Patrone bzw. ihres Geschosses jeweils so gewählt, dass die höchste Flughöhe des Geschosses über der Visierlinie nicht mehr als etwa 4 cm beträgt. Da der weiteste Geschossabstand darunter am Anfang des aufsteigenden Astes der Flugbahnkurve auch bei Verwendung eines Zielfernrohres kaum größer ist, erreicht man bei Fleckschuss in der günstigsten Einschussentfernung, dass innerhalb eines optimal großen Schussbereichs mit stets gleichbleibendem Haltepunkt geschossen werden kann. Infolge des höheren Abstandes der Visierlinie von der Mündungswaagerechten liegt bei der Verwendung eines Zielfernrohres die günstigste Einschussentfernung, abhängig von der Flugbahnrasanz, um 10 bis 30 m weiter von der Laufmündung entfernt als für den Schuss über offene Visierung. Neben den bisher besprochenen Einflüssen auf Entwicklung und Verlauf der Geschossflugbahn, die von allgemeiner Gültigkeit sind und bei Verwendung bestimmter Norm-Lauflängen berechenbar als Ergebnis zu den umfassenden Angaben in den Schusstafeln über die Treffpunktlage geführt haben, gibt es noch einige nicht voraussehbare Faktoren, durch die Flugbahnverlauf und Flugrichtung beeinflusst werden. Als Erstes ist dabei der sog. *Abgangsfehlerwinkel* des Geschosses beim Verlassen der Laufmündung zu nennen. Er ist von Waffe zu Waffe verschieden, da selbst kleinste Unterschiede in Material und Wandstärke der Läufe sowie in der Verbindung mehrerer Läufe untereinander zu unterschiedlichen Laufschwingungen beim Schuss führen, sodass jeder Lauf einen besonderen, nur ihm eigenen Abgangsfehlerwinkel besitzt, der beim Einschießen der Waffe durch die Verstellung der Visierung ausgeglichen wird. Eine ungewöhnliche Erhitzung oder Unterkühlung der Waffe kann zu Spannungsänderungen im Lauf oder im gesamten Zusammenbau führen, wodurch eine Änderung des bisherigen Abgangsfehlerwinkels und somit auch der Treffpunktlage bewirkt wird. Hierzu gehört auch das Aufwärtswandern der Treffpunktlage bei kombinierten Waffen mit unterliegendem Büchslauf nach dessen Erwärmung durch vorangegangene Schüsse. Eine Veränderung der Treffpunktlage kann aber auch durch falsches Auflegen zu weit zur Mündung hin oder ohne weiche Unterlage wie auch durch seitliches Andrücken der Waffe beim Anstreichen erfolgen, weil dadurch die normale Laufschwingung behindert wird. Eine weitere Ablenkung der Flugbahn kann durch die Luftbewegung, besonders bei starkem Seitenwind, erfolgen. Ausschlaggebend für das Maß der Abtrift, die sich bei großen Schussentfernungen auf die Treffpunktlage nachteilig auswirken kann, sind neben der Windstärke selbst Masse und Formwert des Geschosses, die in allen Fluggeschwindigkeitsbereichen sein Verhalten gegenüber dem Luftwiderstand bestimmen. Daher sind Geschosse geringer Masse und niedriger Querschnittsbelastung, deren Fluggeschwindigkeit schneller abnimmt als diejenige von Geschossen hoher Querschnittsbelastung, auch besonders windscheu. Zuletzt ist noch die Richtungsablenkung durch Hindernisse in der Flugbahn zu erwähnen. Es ist verständlich, dass auch ein durch Drall stabilisiertes Geschoss, das im Flug ein Hindernis (Ästchen, Grashalme usw.) trifft oder auch nur streift, mehr oder weniger stark aus seiner bisherigen Flugrichtung abgelenkt wird. Der Grad der Ablenkung hängt dabei von den verschiedenen Umständen (wie etwa Auftreffwinkel) oder von der Geschwindigkeit, Masse und Kopfform des Geschosses ab. In welchem Maß da-

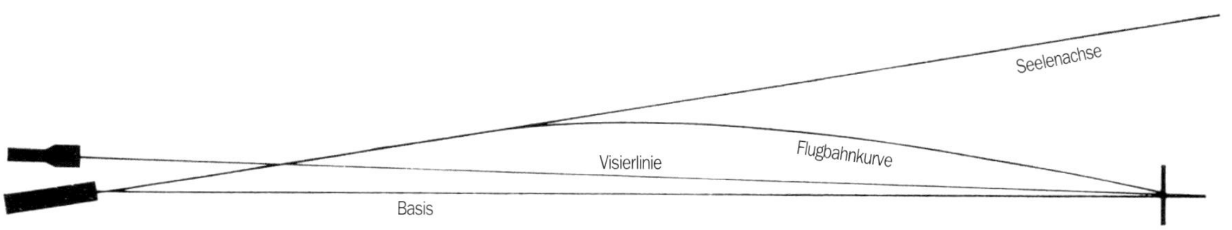

Abb. 5

bei das Hintergelände gefährdet wird, richtet sich außerdem nach der Geschosskonstruktion und der dadurch bedingten Deformierungs- und Zerlegungsbereitschaft.

4. Zielballistik: Die Masse eines Geschosses, seine Form, Konstruktion und Querschnittsbelastung sowie seine Fluggeschwindigkeit beim Auftreffen auf das Ziel – seine Auftreffgeschwindigkeit (Vz) – sind maßgeblich für seine Wirkung im Wildkörper, weil sich danach die Durchschlagszeit und die Energieabgabe des Geschosses gegenüber Zielwiderständen wechselnder Härte richten. Die höchstmögliche Energie, die ein Geschoss im Wildkörper abgeben bzw. in tötende Kräfte umwandeln kann, entspricht der jeweiligen *Auftreffenergie* im Ziel (Ez). Die Auftreffenergie ist die kinetische oder Bewegungsenergie des Geschosses im Augenblick des Auftreffens auf das Ziel. Sie berechnet sich nach der Formel

$$E = \frac{G \cdot v^2}{2\,g}.$$

Hierbei ist G das Geschossgewicht in Kilogramm, g die Erdbeschleunigung (9,81 m/s^2) und v die Geschossgeschwindigkeit. Wie die bereits erwähnte Impulsformel ($w = m \cdot v$) ist auch die Energieformel eines der Newton'schen Bewegungsgesetze. Es fällt dabei auf, welch hohen Anteil die Geschossgeschwindigkeit am Zustandekommen der Geschossenergie hat, in die sie ja mit ihrem Quadrat eingeht, während die Masse nur mit ihrem einfachen Gewicht als Faktor daran beteiligt ist. Dennoch darf die Bedeutung der Geschossmasse nicht zugunsten der Geschwindigkeit vernachlässigt werden, denn bei gleich großer Auftreffgeschwindigkeit bedeutet die doppelte Geschossmasse auch doppelte Auftreffenergie. Die Menge an Auftreffenergie alleine ist nicht ausschlaggebend für die Beurteilung der *Geschosswirkung*, sondern es kommt nach dem Vorangesagten darauf an, wie sie sich zur Geschossmasse, zur Querschnittsbelastung und zur Auftreffgeschwindigkeit verhält, sowie auf den Beginn und den zeitlichen und anteilmäßigen Ablauf der Energieabgabe mit ihren biologischen Auswirkungen. Dennoch müsste man je nach Stärke des Wildkörpers eine bestimmte Mindestauftreffenergie voraussetzen, und zwar noch am Ende desjenigen Schussbereichs hinter der günstigsten Einschussentfernung, in dem noch ohne Haltepunktveränderung mit guter Treffpunktlage zu rechnen ist. Man hätte auf diese Weise die Problematik des jagdlich vertretbaren Weitschusses wenigstens auf Büchsenpatronen mit auch in ihrem jagdlichen Weitschussbereich erwartungsgemäß ausreichender Geschosswirkung beschränkt. Die vom Gesetzgeber für Rehwild in 100 m Schussentfernung geforderte Mindestauftreffenergie müsste vernünftigerweise mit annähernden Werten auch noch für die Weitschussbereiche der betreffenden Rehwild-Patronen gefordert werden und für den Weitschussbereich von Patronen für stärkeres Schalenwild mindestens 2300 bis 2500 Joule betragen. Nach dem Auftreffen auf das Ziel

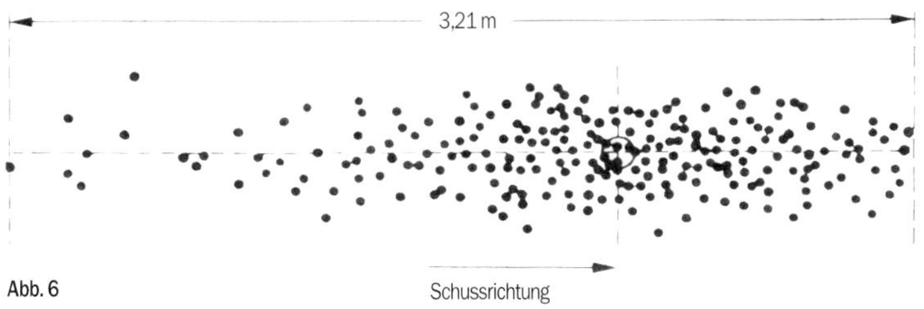

Abb. 6

entstehen beim Durchschlagen des Geschosses im Wildkörper Verletzungen durch die mechanische Zerstörung, die das Geschoss im Bereich des Schusskanals vollzieht. Gleichzeitig entstehen dabei Druckverdichtungen, die sich nach vorne und seitlich des Schusskanals als Schwingungen fortpflanzen, und zwar mit einer Geschwindigkeit, die wesentlich höher ist als die Geschossgeschwindigkeit selbst. Je größer die Durchschlagsgeschwindigkeit des Geschosses ist, desto heftiger werden die Druckänderungen und führen bei Geschossgeschwindigkeiten von 800 m/s und mehr sogar zu Kavernenbildungen längs des Schusskanals, die sich aufgrund der Gewebeelastizität in schnellem Wechsel vergrößern und verkleinern, wodurch blitzartig heftige, aber schnell wieder abklingende Pulsationen des Gewebes hervorgerufen werden. Die direkte Zerstörungsarbeit des Geschosses im Muskel- und Organgewebe kann, je nachdem, in welchem Umfang bestimmte Organe und Körperteile im Bereich des Schusskanals zerstört werden, zu einem früher oder später eintretenden Verletzungstod führen (▸ Schusszeichen). Bei schlecht angetragenen Schüssen z.B. im Bereich des Gescheides oder der Nieren tritt der Tod oft erst nach langen Stunden qualvoller Schmerzen ein. Bei hoher Durchschlagsgeschwindigkeit des Geschosses (wobei es zu schneller Energieabgabe und zu den beschriebenen Gewebepulsationen kommt) werden die Nerven so überstarken Reizen ausgesetzt, dass dies zu reflektorischen Lähmungen im Organbereich führt, die den sog. *Schocktod* bewirken können, und zwar ganz besonders, wenn die Reize nicht nur in der Einschussseite des getroffenen Stückes, sondern auch auf die Nerven der Ausschusskörperseite, also im Wildkörper, paarig wirksam werden, sodass nicht eine Seite des Nervensystems unbeschädigt bleibt und die auf der verletzten und geschockten Seite entstandenen Ausfälle teilausgleichen kann. Um dem Wild in möglichst jedem Fall und selbst bei weniger gut angetragenen Schüssen einen sicher und schnell eintretenden Tod zu bereiten, muss man also bemüht sein, die mechanisch zerstörende Geschosswirkung durch das Auslösen von Schockreflexen zu erhöhen, sodass beim Geschossaufprall und beim Durchschlagen des Zieles durch Energieumwandlung tötende Kräfte von schnellster biologischer Wirksamkeit im Wildkörper gebildet bzw. frei werden. Dazu benötigt man schnell fliegende Geschosse, die bei genügend großer mechanischer Zerstörungsarbeit den Wildkörper so schnell durchschlagen, dass dabei auch möglichst ein paariger Schockreflex ausgelöst wird, was natürlich in jedem Fall Ausschuss voraussetzt und daher bedeutet, dass ein solches Geschoss einen nicht zu geringen Überschuss an kinetischer Energie besitzen muss. Wie viel nun ein Geschoss von seiner Auftreffenergie an den Wildkörper abgibt bzw. in ihm umwandelt, liegt neben der Auftreffgeschwindigkeit, der Geschossmasse und der Querschnittsbelastung v.a. auch an der Kopfform und Konstruktion des Geschosses, die in Verbindung mit dem Härtegrad des Zielwiderstandes für seine Deformierungs- und Zerlegungsbereitschaft im Wildkörper ausschlaggebend sind. Es gibt dabei zwei Extreme:

- Ein Geschoss (z.B. ein Vollmantel- oder Spitzgeschoss) durchschlägt den Wildkörper ohne merkliche *Deformation* und Querschnittsvergrößerung. Es gibt dabei kaum Energie an den Wildkörper ab, und wenn es nicht zufällig lebenswichtige Organe, Gefäße oder Nervenzentren trifft und seine Durchschlagsgeschwindigkeit nicht zur Auslösung von tötenden Schockreflexen ausreicht, dann kommt es zu der sog. Nadelstichwirkung, d.h., das getroffene Stück springt ohne zu ▸ zeichnen wie gesund ab.
- Ein Geschoss (z.B. mit sehr weicher Spitze und spröder, dünner Ummantelung) wird schon beim Auftreffen sehr heftig deformiert und zerlegt sich bereits kurz hinter dem Einschuss vollständig. Es gibt zwar seine gesamte ihm innewohnende kinetische Energie an den Wildkörper ab, hat aber keine Tiefenleistung, weil die Geschossreste bzw. Splitter im Gewebe sofort abgebremst werden, sodass kein Geschossrest in der dem Einschuss abgewandten Körperhälfte biologisch wirksame Störungen hervorrufen kann. Das getroffene Stück wird nur bei besonders günstiger Treffpunktlage (Halswirbel usw.) auf dem Anschuss bleiben. Auch dieses Geschoss hat keine ausreichende tötende Wirkung.

Ein Geschoss darf daher weder so hart konstruiert sein, dass es sich überhaupt nicht deformieren lässt, noch so weich aufgebaut sein, dass es sich sofort und völlig zerlegt. Vielmehr soll die Deformierung seines Kopfes beim Eindringen in den Wildkörper so frühzeitig einsetzen, dass sich der Geschossquerschnitt durch Stauchung und Aufpilzung des Geschossmantels vergrößert, wodurch die Energieumwandlung und damit auch die Druckwellenentstehung beschleunigt wird und bereits in der Einschusskörperhälfte eine Schusswirkung von hohem biologischen Effekt erzielt wird. Gleichzeitig muss aber der Geschossrest nach dem Aufpilzen des Mantels und der dabei erfolgten Abgabe von Splittern aus dem Geschosskopf noch so viel Masse zurückbehalten, dass er auch noch mit möglichst hoher Geschwindigkeit und mit Ausschuss die abgewandte Körperhälfte durchschlägt, um dort als sog. Durchschlagskörper die notwendige Tiefenleistung zu vollziehen, damit auch in dieser Körperhälfte eine biologisch ausreichende Schusswirkung erreicht wird. Der Beginn und der Umfang der Geschossdeformation richten sich aber auch nach dem Härtegrad des Zielwiderstandes, indem sehr starker Widerstand, wie z.B. bei harten Knochentreffern, den Deformationsprozess beschleunigt, während ihn dagegen schwacher Widerstand, wie z.B. bei weichen Treffern auf das Gescheide oder zwischen zwei Rippen, verzögert. In ähnlicher Weise wirkt sich auch der unterschiedliche Körperwiderstand starken und schwachen Schalenwildes aus. Dazu kommt außerdem, dass sich der Zielwiderstand gegenüber einem Geschoss umso mehr verhärtet, je höher dessen Auftreffgeschwindigkeit ist (z.B. Schuss auf kurze Entfernung). Daher müssen sehr schnell fliegende Geschosse auch wesentlich festere Geschosskopfkonstruktionen als langsam fliegende aufweisen, da sie andernfalls bereits beim Auftreffen auf das Ziel »zerspritzen« können. Der Vollständigkeit halber sei im Rahmen der zielballistischen Erörterungen noch der sog. *Kugelschlag* genannt. Er kommt beim Aufprall des Geschosses auf den Wildkörper zustande und ist je nach der getroffenen Körperseite in einem mehr oder weniger dumpfen Ton vernehmbar, was u.U. auf den Sitz des Treffers hinweisen kann. Natürlich kann man den Kugelschlag nur dann hören, wenn die Schussentfernung so groß ist, dass man die vom Kugelschlag ausgehenden Schallwellen von denen des Mündungsknalls unterscheiden kann. Aus all diesen Gesetzmäßigkeiten der Z. geht hervor, dass es keine Universalpatrone und auch kein Universalgeschoss geben kann, denn dazu sind die Anforderungen an eine jeweils rechtzeitig einsetzende und sicher ausreichende Geschosswirkung ohne brutale Wildbretzerstörungen gegenüber so verschieden starken Wildarten wie Rot-, Dam-, Schwarz- und Rehwild, ganz abgesehen von außereuropäischem Hoch- und Großwild, viel zu differenziert.

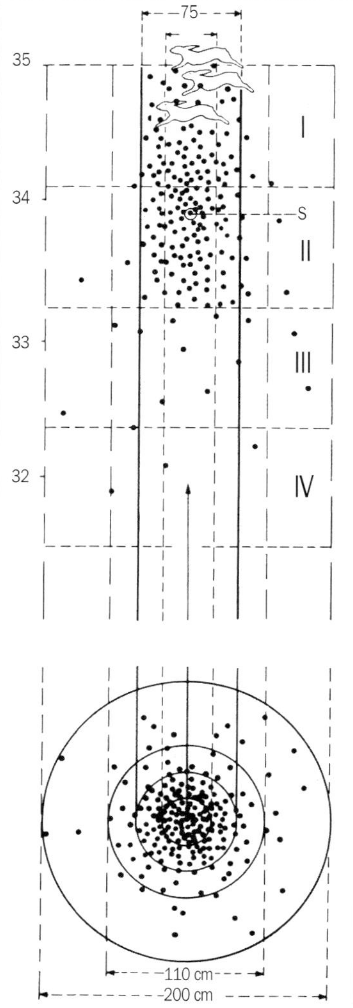

Abb. 7

II. *Der Flintenschuss:* Ganz im Ggs. zum Büchsenschuss, bei dem mit nur einem Geschoss aus gezogenem Lauf beabsichtigt ist, das meist stehende oder sich nur langsam bewegende Ziel möglichst genau zu treffen, um durch die Tiefenwirkung des Geschosses einen Verletzungstod zu erzielen, ist der Schrotschuss ein gewollter Streuschuss auf fast immer sich mehr oder weniger schnell bewegende Erd- oder Flugziele. Der F. aus glattem Lauf mit einer großen Anzahl von Schrotkörnern, also vielen Einzelgeschossen, ergibt den Streuschuss, der mit seiner Schrotgarbe eine große Fläche zu decken vermag und so dem Jäger eine weit höhere Trefferchance gibt. Hierbei kommt es darauf an, die Körperfläche des jeweiligen Zieles möglichst gleichmäßig verteilt zu treffen, um durch die Vielzahl der Einzeltreffer gleichzeitig das Nervensystem des Wildes zu treffen und so den sofortigen Schocktod zu bewirken. Wie auch beim Büchsenschuss müssen beim Schrotschuss die einzelnen ballistischen Vorgänge getrennt voneinander betrachtet werden.

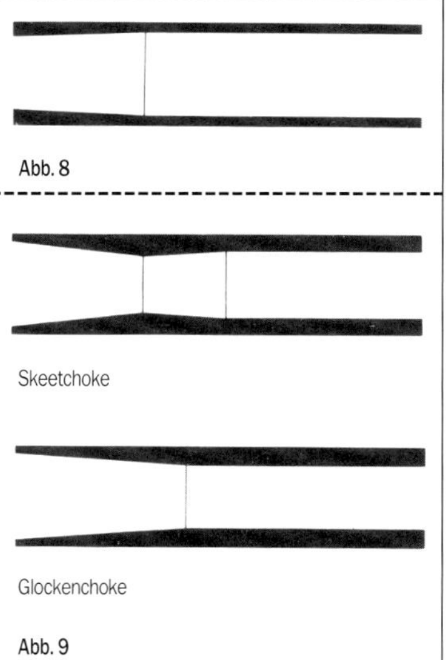
Abb. 8

Skeetchoke

Glockenchoke

Abb. 9

Durch die vom Zündhütchen ausgehende Zündflamme wird das rauchschwache Nitrozellulosepulver zur Verbrennung gebracht. Da die Schrote vor Verlassen der Laufmündung weitestmöglich beschleunigt werden müssen, verbrennt das Schrotpatronenpulver sehr schnell, wobei der Höchstgasdruck bereits auf den ersten 10 cm der Lauflänge erreicht ist. Das widerlegt die vielfach aufgestellte Behauptung, dass besonders lange Läufe höhere Schrotgeschwindigkeiten und größere Schussweiten ermöglichen. Die von Schuss zu Schuss gleichmäßige Ausnutzung des durch den Pulverabbrand entstehenden Gasdruckes ist weitgehend vom Zwischenmittel bzw. Pfropfen abhängig, dessen Aufgabe es ist, die im Durchgang durch den Lauf immer größer werdende Druckkammer durch Anpressung an die Laufwandung abzudichten. Die so vor dem Pfropfen befindliche Schrotladung wird durch diesen durch den Lauf nach vorn geschoben, wobei die an die Wandung gedrückten Schrote, je nach Härtegrad ihrer Oberfläche, durch Abschliff deformiert werden und als Randschrote aus der Schrotgarbe abirren. Es ist einleuchtend, dass der Schrotschuss mit seiner Vielzahl von Einzelgeschossen sich als Streuschuss auswirken muss, da die einzelnen Körner, nicht miteinander verbunden, nach Austritt aus der Mündung als Einzelkörper dem Luftwiderstand ausgesetzt sind und durch diesen stetig mehr auseinandergetrieben werden. Dazu kommt eine Beeinflussung der Flugrichtung durch Berühren der Schrotkörner untereinander. Die so fliegende Schrotladung lässt sich in ihrer Form mit einer Zigarre vergleichen, wobei der größte Teil der Schrote sich im vorderen Drittel befindet (Abb. 6, S. 61). Abb. 7 zeigt im unteren Teil das Trefferbild eines Schusses mit 3,5-mm-Schrot auf 35 m Entfernung und im oberen Teil die fliegende Garbe von oben, also im Längsschnitt. Bei einer Fluggeschwindigkeit des 3,5-mm-Schrotkornes von 266 m/s bei 35 m Entfernung trifft das erste Schrotkorn nach 0,12 s den Hasen und das letzte nur 0,02 s später. In diesem Zeitraum kann der Hase nur um weniger als eine halbe Körperlänge weiter flüchten. Um nun die Breitenstreuung einer Schrotgarbe zu beeinflussen, verwendet man Läufe mit unterschiedlichen Mündungsbohrungen. Diese sog. *Choke*- oder *Würgebohrungen* werden in verschiedenen Grundformen hergestellt. Am stärksten vertreten ist die Normalbohrung, bestehend aus einem ca. 60 mm vor der Mündung beginnenden und konisch sich verengenden Mündungsteil. Durch diese Würgebohrung (Abb. 8) wird erreicht, dass die Schrote nach Austritt aus der Mündung länger zusammenbleiben, d.h., dass eine geringere Breitenstreuung erzielt wird, als dies bei nicht im Mündungsbereich verengten Läufen der Fall wäre. Es wäre unvollkommen, dieses Zusammenhalten der Schrote und die damit verbundene größere Reichweite der Flinte als den ausschließlichen Zweck der Würgebohrung zu betrachten, da der Bremseffekt, den die so verengte Mündung auf das den Schroten folgende Zwischenmittel ausübt, von großer Wichtigkeit ist. Ohne diesen würde der Pfropfen ungehindert direkt hinter der Mündung in die abfliegende, noch sehr dicht zusammenliegende Ballung von Schroten hineingeschossen und so durch das zwangsläufig entstehende Verprellen der Schrote gegeneinander die gleichmäßige Garbenbildung sehr negativ beeinflussen. Andere Chokeformen (Glockenchoke, Skeetchoke; Abb. 9) bewirken größere Streuungen, wie dies für Schüsse auf geringere Entfernungen, z.B. beim Skeet-Schießen, erforderlich ist. Je nach Grad der Mündungsverengung kann man in 35 m Schussentfernung auf einer 75-cm-Kreisscheibe mit folgenden Trefferprozenten rechnen:

Bohrung	Verengung	Treffer
Zylinderbohrung	0,00 mm	ca. 25%
verbesserte Zylinderbohrung	ca. 0,10 mm	ca. 30%
$\frac{1}{4}$-Choke	0,25 mm	ca. 55%
$\frac{1}{2}$-Choke	0,45 mm	ca. 60%
$\frac{3}{4}$-Choke	0,65 mm	ca. 70%
Vollchoke	0,80 mm und enger	70% und mehr

Bei den meisten Jagdflinten ist der rechte bzw. untere Lauf mit Halbchoke- und der linke bzw. obere Lauf mit Vollchokebohrung versehen. Bei kritischer Vergleichsbetrachtung von Schussbildern aus Halb- und Vollchokeläufen auf 25 m sowie 35 m Entfernung wird man feststellen, dass die tatsächlich wirksam gedeckten Flächen sich kaum voneinander unterscheiden. Das bedeutet, dass die angeblich früher einsetzende Ausbreitung der Schrotgarbe aus dem Halbchokelauf, der für Schüsse auf kürzere Entfernung gedacht ist, nicht eingetreten ist und somit die gewünschte größere Trefferchance, z.B. beim ▸Buschieren und bei der ▸Waldjagd, nicht gegeben ist. Die so in ihrer Bohrung zwar unterschiedlichen, jedoch in der Deckung gleichen Läufe sind für den allgemeinen praktischen Jagdgebrauch weniger geeignet, da bekannterweise der größte Teil aller Schüsse auf ca. 25 m oder darunter abgegeben wird. Bei Flinten mit Läufen dieser Bohrung empfiehlt sich die Verwendung von *Jagdstreupatronen*, besonders wenn zu erwarten ist, dass sich aufgrund des Geländes in erster Linie Schussentfernungen von 15 bis 25 m ergeben. Das

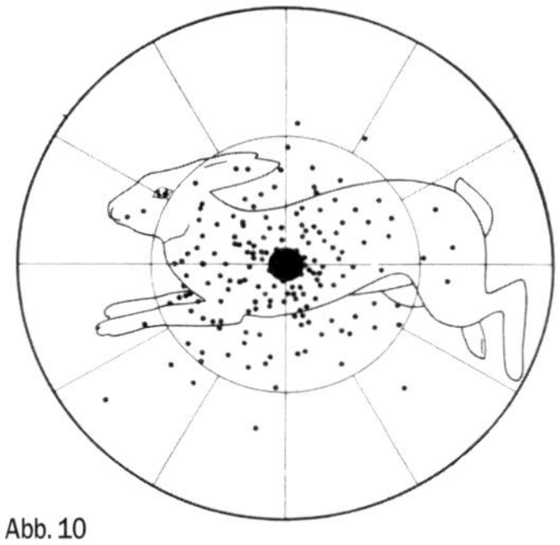
Abb. 10
15 m, Normalpatrone

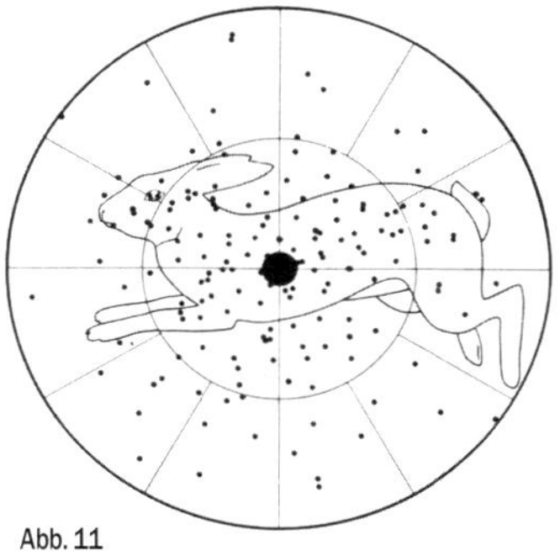
Abb. 11
15 m, Streupatrone

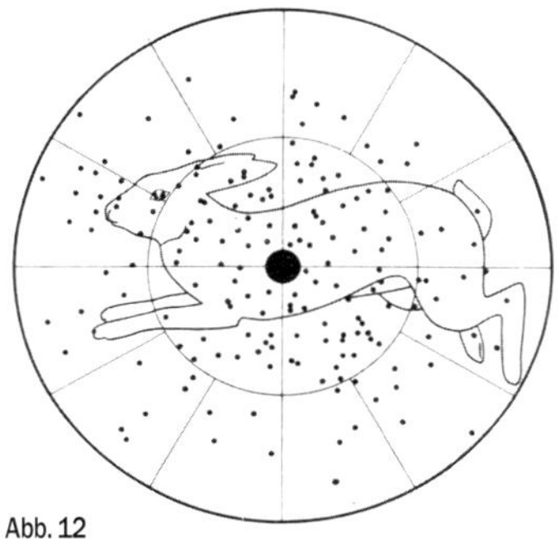
Abb. 12
25 m, Normalpatrone

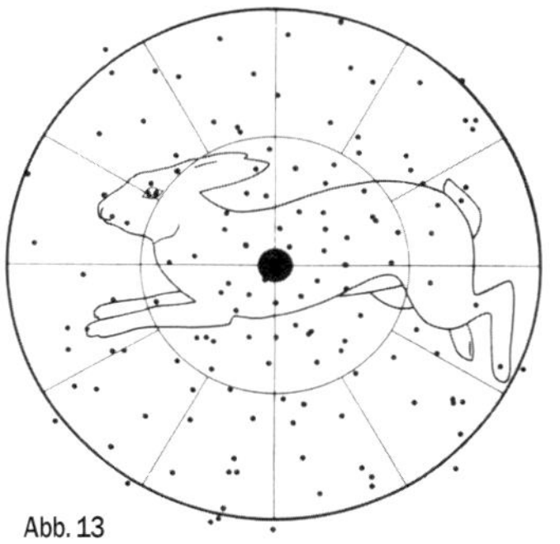
Abb. 13
25 m, Streupatrone

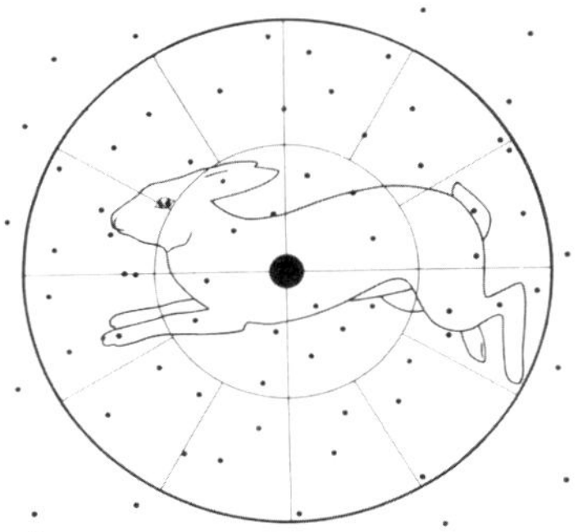
Abb. 14
Kal. 12/70, 4 mm, $\frac{1}{2}$-Choke

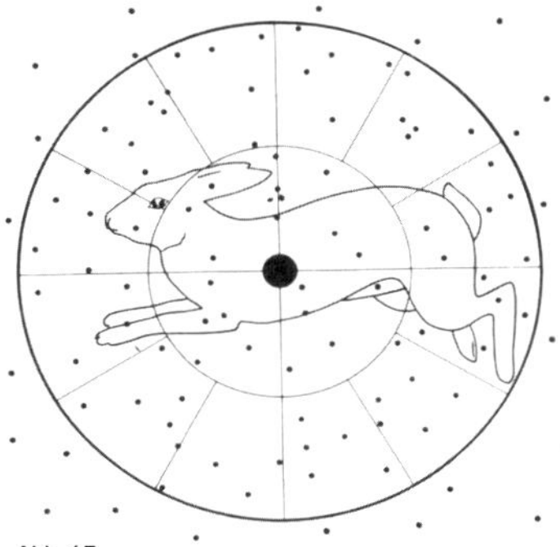
Abb. 15
Kal. 12/70, $3\frac{1}{2}$ mm, $\frac{1}{2}$-Choke

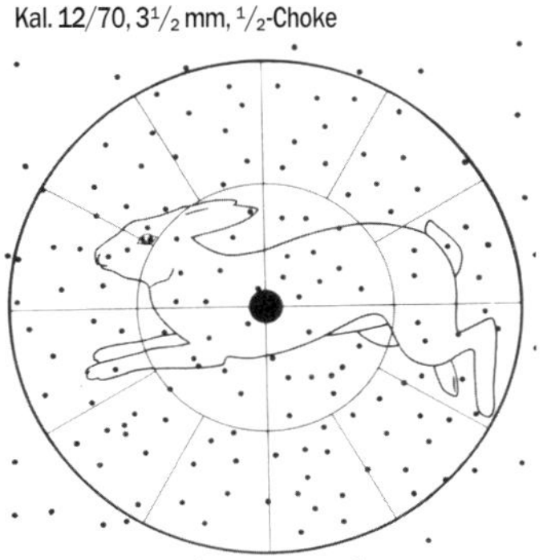
Abb. 16
Kal. 12/70, 3 mm, $\frac{1}{2}$-Choke

in der Schrotladung dieser Patrone stehende Streukreuz wird im Chokebereich des Laufes zusammengedrückt und bewirkt durch die entstehende Verwirbelung der Schrote, dass diese sich schnell nach Austritt aus der Mündung zu einer Garbe verteilen, die schon auf 25 m Schussentfernung ihre Optimalstreuung aufweist. Die Abb. 10 bis 13 zeigen Schussbilder von Jagdstreupatronen im Vergleich zu Normaljagdpatronen. Die höchstmögliche Schussentfernung für den Schrotschuss, d.h. die Entfernung, auf die noch eine konstant wiederkehrende, ausreichende Deckung erwartet werden kann, liegt bei 43 bis 45 m. In diesem Entfernungsbereich beginnt das sehr leichte und wegen seiner runden, also ballistisch ungünstigen Form, relativ schnell zu beeinflussende Schrotkorn, hinsichtlich seiner Flugstabilität dem Luftwiderstand zu unterliegen. Diese Tatsache ist bei Schussbildung auf 50 m Entfernung bereits deutlich durch die von Schuss zu Schuss festzustellende unregelmäßige Deckung, auch im Zentrum der gedeckten Fläche, zu erkennen. Wohl haben die

Flintenlauf-Prüfscheiben

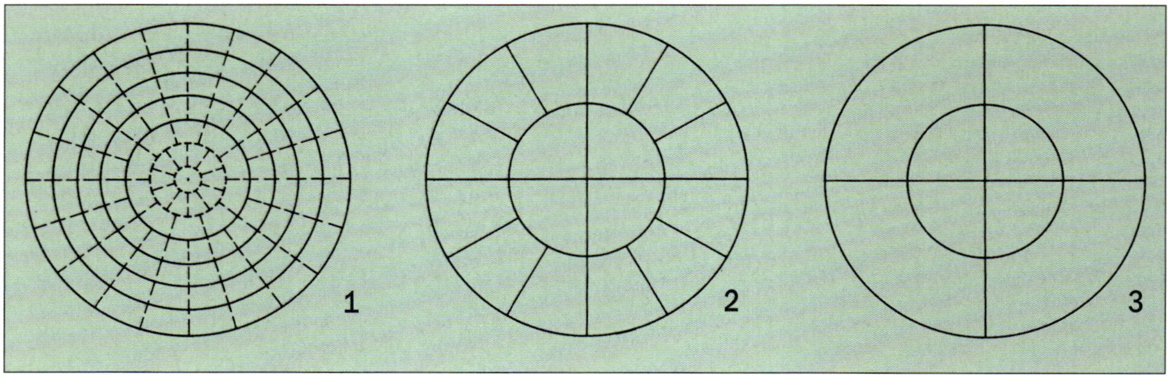

Schrote auf Entfernungen bis zu 65 m – und hier variiert die Entfernung mit der Größe des einzelnen Schrotkornes – noch ausreichende Auftreffenergie, um ein Stück Wild verenden zu lassen, doch werden derartige Weitschüsse, deren Erfolg dem reinen Zufall überlassen ist, zum unwaidmännischen Handeln, da aufgrund der unzuverlässigen Deckung die Möglichkeit des Krankschießens stärker gegeben ist als ein Erfolg. Um für die Niederwildjagd und das Wurftaubenschießen, für stärkeres bzw. schwächeres Wild und für Skeet- oder Traptauben jeweils Munition mit Schroten von genügender Auftreffenergie zur Verfügung zu haben, werden die Patronen mit Schroten von unterschiedlicher Stärke geladen. Als generelle Empfehlung mögen diese Angaben dienen:

- 2,00-mm-Schrot Nr. 9 für Skeettauben
- 2,41-mm-Schrot Nr. T 7 für Traptauben
- 2,5-mm-Schrot Nr. 7 für Rebhuhn, Schnepfe, Kaninchen, Taube
- 2,75-mm-Schrot Nr. 6 für alles Niederwild
- 3-mm-Schrot Nr. 5 für Fuchs, Hase, Kaninchen, Fasan, Ente
- 3,5 mm-Schrot Nr. 3 für Fuchs, Hase, Gänse.

Die nachstehende Tabelle zeigt die Anzahl der in eine Patrone bei maximal möglichem Schrotgewicht geladenen Schrote:

Schrotgröße	Körnerzahl bei Kaliber			
	12/70	16/65	16/70	20/70
$2^1/_2$ mm	390	310	335	285
3 mm	220	180	192	164
$3^1/_2$ mm	140	113	129	107
4 mm	94	76	84	71

Die Zahlen sind Richtwerte. Wie bei allen technischen Erzeugnissen muss auch hier mit Toleranzen gerechnet werden. Ein Vergleich dieser Zahlen verdeutlicht, wie sich die Anzahl der in der Patrone vorhandenen Schrote bei zunehmender Korngröße verringert. Dies wiederum hat zur Folge, dass bei Verwendung von stärkeren Schroten die Dichte der Deckung zurückgeht. Diese Erkenntnis ist geeignet, die vielfach gegebene Empfehlung, auf Hasen und Füchse im Winterbalg, besonders bei nassem Wetter, grobes Schrot von 3,5 oder 4 mm Stärke zu verschießen, in Zweifel zu ziehen. Hier mag folgender Vergleich verdeutlichen: Im Kaliber 12/70 enthält eine Schrotpatrone:

- ca. 94 Schrote von 4 mm Stärke
- ca. 140 Schrote von 3,5 mm Stärke
- ca. 220 Schrote von 3 mm Stärke.

Verwendet man nun eine Flinte mit einer Halbchoke-Bohrung, die ca. 60 % Trefferleistung auf 35 m Schussentfernung bietet, so ständen bei Zugrundelegung der üblichen 75-cm-Kreisscheibe bei 4-mm-Schroten 55, bei 3,5 mm-Schroten 85 und bei 3-mm-Schroten 135 Schrote in diesem Kreis zur Verfügung. Die Abb. 14 bis 16, S. 63, verdeutlichen, wie viele Schrote auf der relativ großen Körperfläche des Hasen auftreffen, wobei es überlassen ist, sich statt des Hasen die Größe eines Fasans bzw. Rebhuhns in diesen Schussbildern vorzustellen. Die Erfahrung hat gelehrt, dass 12 bis 15 Schrote ausreichen, um beim Hasen den gewünschten *Schocktod* auszulösen. Jedes der Bilder zeigt, wie viel gute bzw. schlechte Treffer auf dem Hasen je nach Schrotgröße erzielt werden. Vielfach wird nun angeführt, dass im 3-mm-Korn doch nicht die Energie enthalten ist, um genügend tief in den Wildkörper einzudringen. Dazu ist zu sagen, dass bei Versuchen, die die *Eindringtiefe* von Schroten in Hasen mit tropfnassem Winterbalg ermitteln sollten, festgestellt wurde, dass 3-mm-Schrot auf 40 m Schussentfernung eine Eindringtiefe von 4 bis 6 mm hatte. Da das Nervensystem, das es zu verletzen gilt, schon 1 mm unter der Wildbrethaut liegt, ist eine Verletzung in jedem Fall gewährleistet. Es kommt nun nur darauf an, eine solche Nervenverletzung an einer großen Menge von Punkten gleichmäßig verteilt über den ganzen Wildkörper herbeizuführen, um eine Nervenlähmung – gleich Schocktod – zu bewirken. Damit ist der alte Lehrsatz »Deckung geht vor Energie!« wieder gültig. Der dichteren Deckung von 3-mm-Schroten, die genügend Durchschlagskraft haben, um die Nervenenden zu treffen, dabei aber das Wildbret nicht entwerten, sollte hier gegenüber stärkeren Schroten der Vorzug gegeben werden. Letztere haben zwar wegen ihres höheren Gewichtes eine größere Auftreffenergie und Eindringtiefe (Wildbretzerstörung), können aber wegen der geringeren Deckung, da weniger Schrote in der Patrone enthalten sind, nicht immer den sofortigen Schocktod garantieren.

Prüfung der Flintenläufe: Die Abb. oben zeigt die zur Prüfung von Flintenläufen geschaffenen Scheiben. Während die 100-Felder-Scheibe (1) seltener und fast nur zur Beurteilung von Wurftaubenflinten benutzt wird, werden fast alle Leistungsangaben über Flintenläufe auf der 16-Felder-Scheibe (2) ermittelt. Die Schussentfernung beträgt 35 m. Die Scheibe besteht aus zwei Kreisen (Durchmesser des Außenkreises 75 cm, Durchmesser des Innenkreises 37,5 cm). Die Gesamtfläche ist in 16 gleich große Felder aufgeteilt. Ein Feld gilt als gedeckt, wenn es mit 2,5-mm-Schroten mindestens zwölf, mit 3-mm-Schroten mindestens sieben Treffer aufweist. Diese Prüfmethode ist sehr allgemein gehalten; so wird hierbei generell auf 35 m Entfernung geschossen, wodurch man für die Beurteilung eines Laufes für Nahschusszwecke, z.B. für Waldjagd oder Skeetschießen, ein Bild erhält, das nicht der Praxis entspricht. Praxisnäher wäre eine Prüfung der Laufleistung unter Zugrundelegung der dem jeweiligen Verwendungszweck entsprechenden Schussentfernung. Hierbei ist ggf. eine Schematisierung nach Nahschussentfernung 25 m und Weitschussentfernung auf 35 m ratsam, wobei dann auf eine gleichmäßige, kreisrunde Deckung der Anschussscheibe größter Wert gelegt werden sollte. Die Scheibe 3 wird weniger benutzt, da wegen der großen Flächen eine detaillierte Beurteilung Schwierigkeiten bereitet. Zusammenfassend sei gesagt, dass die Leistung eines Flintenlaufes nicht nach einer möglichst stark konzentrierten Schrotgarbe bewertet werden sollte. Mit derartigen Läufen wird das sich schnell bewegende Wild oft gefehlt. Sinnvoller ist es, einen Lauf zu wählen, dessen Bohrung so beschaffen ist, dass in dem Entfernungsbereich, in dem der größte

Teil der jagdlichen Schrotschüsse abgegeben wird, eine größtmögliche ausreichende Deckung erzielt wird. Das gilt analog auch für Flinten, die für das Wurftaubenschießen benutzt werden, wobei man für Trapschießen 30 bis 50 m, für Skeet 12 bis 23 m zugrunde legen sollte. So ausgerüstet sollte es jedem Jäger und Sportschützen gelingen, durch systematische Vorbereitung ein Höchstmaß an Leistung zu erzielen.

Balz, die (Falz, Pfalz, Palz [althochdeutsch]; wahrscheinlich von ital. balzare, springen): Die Begattungszeit (Zeit und Ort) bei ▸ Waldhühnern, Trappen, Störchen, Kranichen, Fasanen, ▸ Schnepfenvögeln und ▸ Wildtauben. Man unterscheidet: Haupt-, Vor-, Neben-, Nach- (After-), Hoch-, Boden-, Herbst-, Früh-, Abend-, volle, laue und kalte B. wie z.B. bei der ▸ Abendbalz oder bei der ▸ Nachbalz. Die B. dient der Einleitung der Begattung und ist gekennzeichnet durch bestimmte Verhaltensweisen, Stimmäußerungen und arttypische Bewegungen (Näheres siehe unter der jeweiligen Wild- bzw. Vogelart); ▸ Brunft, ▸ Paarungsverhalten.

Balz, der: Gemeint ist hier der B.-Platz (Ort); »der Hahn (Auer- oder Birkhahn) wurde auf dem B. erlegt«.

Balzarie, die: Lautäußerungen (Balzlaute) des Auerhahns während der Balz; ▸ Gesetzel, ▸ Raufußhühner 1.

Balzast, der: Der Ast, auf dem der Auerhahn sein Balzlied singt.

Balzbaum, der: Der Baum, auf dem der Auerhahn sein Balzlied singt.

balzen: Die Lautäußerungen und das Gebaren während der Balz bei allem ▸ Federwild, bei dem die Begattung ▸ Balz heißt.

Balzfedern, die: ▸ Balzstifte.

Balzfeste, die: Die Hauptbalz des Auerhahnes, d.h. die Tage, an denen die ▸ Balz in vollem Gange ist.

Balzflug, der: **1**) Fliegen (An- und Abstreichen) des Auer- und Birkwildes und der Schnepfe zum und vom ▸ Balzplatz. **2**) Der Flug und die Flugspiele von zahlreichen Federwildarten im Frühjahr zur Paar- bzw. Balzzeit (▸ Balz).

Balzfüttern, das: Angeborene Verhaltensweisen bei einigen Vogelarten, bei denen das Männchen zur Balzzeit (▸ Paarungsverhalten) dem angelockten Weibchen Futter übergibt, z.B. bei Seeschwalben und Falken. Bei Gimpeln (Dompfaff) hingegen werden nur Fütterungsbewegungen ausgeführt, ohne dass dabei wirklich Futter übergeben wird; ▸ Ablösungszeremoniell.

Balzgesang, der: Die ▸ Balzarie des Auer- und Birkhahnes; ▸ Raufußhühner 1. und 2.

Balzgold, das: ▸ Balzlosung.

Balzgräten, die: ▸ Balzstifte.

Balzgreten, die: ▸ Balzstifte.

Balzjagd, die: Die übliche Jagdart auf den balzenden Auer- oder Birkhahn sowie auf Waldschnepfe, Taube, Haselhahn und Großtrappe. Bei der B. sind die ▸ Jagd- und Schonzeiten zu beachten; ▸ Brunftjagd, ▸ Lockjagd.

Balzkammer, die: Auch Balzzwinger. Zwinger in einer ▸ Fasanerie, in dem zur Balzzeit Hahnen und Hennen zur Begattung eingesetzt werden.

Balzkragen, der (Balzstängel, Balzstingel): Die gesträubten Halsfedern des balzenden Auerhahnes als ▸ Drohverhalten gegenüber Rivalen.

Balzlaut, der: Die typischen ▸ Lautäußerungen bei allem ▸ Federwild, bei dem die Begattung ▸ Balz heißt.

Balzlosung, die (Balzgold, Falzpech, Falzlosung, Balzpech): Eine zähflüssige, fladenförmige Losung des Auerwildes, die sich besonders unter den Schlaf- und Balzbäumen findet und meist in den Morgenstunden abgesetzt wird. Diese grünlich gelb gefärbte Blinddarmlosung hat aber mit der ▸ Balz nichts zu tun, sondern wird von beiden Geschlechtern das ganze Jahr über abgesondert. Im Winter ist sie im Schnee besonders gut sichtbar und erleichtert daher dem Jäger das Bestätigen des Hahnes; ▸ Balzspäne, ▸ Raufußhühner.

Balzmorgen, der: Der Morgen, an dem die ▸ Balz stattfindet.

Balznägel, die: ▸ Balzstifte.

Balzpech, das (Falzpech): ▸ Balzlosung.

Balzpfeife, die (Balzpfeiferl, Pfeife, Pfeifchen): Ein Lockinstrument, mit dem das ▸ Spissen des Haselhahnes nachgeahmt wird; ▸ Lockjagd.

Balzstifte, die (Balzgreten, Balzgräten, Balzfedern, Balzstoppeln, Balzstockeln, Balznägel): Kleine hornartige Zehenstifte (Zehenfedern) an der Seite der Zehen der ▸ Raufußhühner. Sie haben mit der eigentlichen ▸ Balz nichts zu tun. Sie fallen, wie die anderen Federn auch, bei der ▸ Mauser ab und wachsen wieder nach. Sie ermöglichen es den Hühnern, auch auf weicherem Schnee zu laufen, ohne besonders tief einzusinken; sie wirken wie Schneeschuhe; ▸ Raufußhühner 1.

Balzstingel, der: ▸ Balzkragen.

Balzstockeln, die: ▸ Balzstifte.

Balzstoppeln, die: ▸ Balzstifte.

Balzstrophe, die: Die aus dem Kampfruf (Blasen oder Zischen) und dem Kullern bestehenden ▸ Lautäußerungen (Balzlaute) des Birkhahns.

Balzverhalten, das: ▸ Paarungsverhalten.

Balzzeit, die: Die Begattungszeit bei allem ▸ Federwild, das balzt; seltener Falz oder Falzzeit genannt; ▸ Balz.

Balzzwinger, der: ▸ Balzkammer.

BAM: Abk. für »Bundesamt für Materialprüfung«. Waffen, Munition und Einsteckläufe mit dieser Aufschrift weisen darauf hin, dass sie vom BAM zugelassen worden sind; ▸ BWB, ▸ BMI, ▸ PTB.

Balzender Auerhahn (siehe auch Balzbaum)

Balzplatz, der: Der Platz, an dem die ▸ Balz stattfindet.

Balzrose, die: Ein roter, warziger Hautwulst über dem Auge der ▸ Waldhühner, Fasane, Stein- und Schneehühner, der während der ▸ Balz anschwillt.

Balzruf, der: Der Laut des Fasanen-, Wachtel-, Schnee- und Rebhahnes in der ▸ Balzzeit.

Balzspäne, die: Die Losung der ▸ Waldhühner in fester Form während der ▸ Balz; ▸ Balzlosung.

Balzsprung, der: Das Hochspringen (Flattersprung) des am Boden balzenden Hahnes der ▸ Raufußhühner und des Fasanenhahnes bei der ▸ Bodenbalz.

Balzstände, die: Die Waldorte bzw. Revierteile, die Balzplätze besitzen.

Balzstängel, der: ▸ Balzkragen.

Balzstellung, die: Die Stellung des Hahnes beim Balzen; ▸ Balz.

Bambi, das: In der Kindersprache svw. Rehkitz. In Felix ▸ Saltens Tiergeschichte »Bambi« (1923) erstmals so bezeichnet.

Band, das (Mittelschaft): Der mittlere Teil des Schaftes beim ▸ Haar.

Bandelier: (von franz.: bandoulière = Wehrgehänge): Auf einer Schulter getragener und zur Hüfte der gegenüberliegenden Körperseite geführter Riemen aus Leder oder aus anderen Materialien. An ihm wurden die ▸ Windhunde mit einem ▸ Hatzstrick geführt oder auch das Wehrgehänge, Hieb- und Stichwaffen, Patronen- und Pulverbehälter befestigt.

Bandläufe, die (Bandrohre): Die Gewehrrohre, die aus schmalen Eisenstreifen zusammengeschmiedet sind; ▸ Damast.

Bandrohre, die: ▸ Bandläufe.

Bandrose, die: ▸ Kranzrose.

Bandscheibenvorfall, der: ▸ Hundelähme.

Jan van der Straet, genannt Stradanus (1523–1605): »Bärenjagd mit Schwert und Jagdspießen« (der von Hunden gehetzte Bär wird mit Bäreneisen abgefangen), Kupferstich

Bandwürmer, die (*Cestoda*): Innere Parasiten (Plattwürmer), die im Dünndarm sämtlicher Säugetiere schmarotzen und bei vielen Wirbeltierarten (z.B. bei Vögeln) wirtsspezifisch, meist auch zwischenwirtsspezifisch sind. B. haben einen abgeplatteten Körper, der aus einzelnen aneinandergereihten Gliedern besteht, und einen rundlichen, mit Saugnäpfen und Haken ausgerüsteten Kopf. Sie sind gelblich weiß gefärbt und mund- und darmlos. Sie ernähren sich vom Speisebrei im Dünndarm ihrer Wirte, wobei sie die zum Leben notwendigen Substanzen durch ihre Körperoberfläche aufnehmen. Sie sind zweigeschlechtlich; am hinteren Kopfende werden ständig neue Glieder gebildet, die weibliche und männliche Geschlechtsanlagen enthalten. Am Ende des Wurmes befinden sich die größten Glieder, in welchen sich bereits herangereifte Eier befinden. Von Zeit zu Zeit lösen sich die letzten Glieder ab und werden mit dem Kot ausgeschieden. Diese Bandwurmglieder sind beweglich, können vom eigentlichen Kot wegwandern und setzen sich an Gräsern fest; beim Zerfallen werden die Eier frei und in der Umgebung verstreut. Werden sie nun mit der Äsung von einem geeigneten Zwischenwirt aufgenommen, schlüpfen im Darm aus den Eiern Hakenlarven. Diese durchdringen die Darmwand, wandern durch verschiedene Organe, wobei sie Gewebeschäden verursachen (vernarbte und verkalkte Bohrgänge), und setzen sich an der Leber oder Lunge, in der Bauchhöhle, in der Muskulatur oder im Gehirn als Finne fest. Bei Hühnern und Hühnervögeln kommt die Bandwurmgattung *Choanotaenia* der Ordnung *Cyclophyllidea* vor. *Choanotaenia infudibulum* wird 20 cm lang und 3 mm breit. Beim Schalenwild, gelegentlich auch beim Hasen, setzt sich die dünn- oder langhalsige Finne (*Cysticercus tenuicollis*) fest, die eine haselnuss- bis hühnereigroße Blase mit wässrigem Inhalt bildet.

Die etwa senfkorngroße Kopfanlage des zukünftigen B. ist in der Blase deutlich zu erkennen. Diese Finnen setzen sich an der Leber und in der Bauchhöhle fest. Wird nun eine dieser Finnen von einem geeigneten Wirt (Fuchs, Hund) z.B. mit dem ▸ Aufbruch verzehrt, stülpt sich die Kopfanlage der Finne nach außen und heftet sich mit der Haftanlage an die Dünndarmschleimhaut an. Daraus entwickelt sich dann erneut der ca. 7 mm breite und über 1 m lange geänderte Hunde-B. *(Taenia hydatigena)*. Aus diesem Grund ist darauf zu achten, dass mit Finnen behaftetes Gescheide keinesfalls an den Hund verfüttert wird. Innereien sollten überhaupt nur gekocht an den Hund verfüttert werden. Bei Hasen und Kaninchen findet sich am Netz, am Magen oder an der Leber oft massenhaft die erbsenförmige Finne oder Hasenfinne (*Cysticercus pisiformis*), aus der sich der bis 5 mm breite und 80 bis 200 cm lange gezähnte oder gesägte B. (*Taenia pisiformis*) entwickelt. Dieser B. schmarotzt bei Hund und Fuchs. Durch diese Finnen kann es bei Kaninchen, Wildkaninchen und Feldhasen seuchenhaft zu Todesfällen kommen. Gelegentlich kommt die Muskelfinne des Hasen *Coenurus serialis* vor, die sich in der Muskulatur, v.a. in der Schenkelmuskulatur, aber auch in der Unterhaut festsetzt. Sie ist die Finne des beim Fuchs und Hund parasitierenden Bandwurms *Multiceps serialis*. Die oft in großer Zahl bei Rehwild anzutreffende, 4 bis 6 mm große, länglich-ovale sog. Rehfinne (*Cysticercus cervi*) ist die Finne des bei Fuchs und Hund schmarotzenden Bandwurms *Taenia cervi*. Diese Finne setzt sich in der Muskulatur des Wirtstieres, speziell in dessen Herz, in dessen Lunge und ebenso in dessen Zwerchfell fest.

Die Schweinefinne, die Vorstufe des Einsiedler-B., die beim Wild- und Hausschwein im Muskelgewebe schmarotzt und für den Menschen gefährlich ist, ist äußerst selten geworden. Die walnuss- bis hühnereigroße Finne (Quese) *Coenurus cerebralis* des beim Hund und Fuchs vorkommenden, 40 bis 80 cm langen und 3 bis 5 mm breiten Gehirnblasenwurmes (Quesen-B., *Taenia multiceps*) schmarotzt in der Schädelhöhle oder am Rückenmark bei wiederkauendem Schalenwild und auch bei wiederkauenden Haustieren und verursacht beim Rot-, Reh- und Gamswild die Drehkrankheit. Diese Finne kann auch beim Menschen schmarotzen. Die Finne, der Hülsenbandwurm oder die Hülsenwurmblase (*Echinococcus hydatidosus*) des 3 bis 6 mm langen Dreigliedrigen Hunde-B. (*Echinococcus granulosus*) hat als Zwischenwirt das Schalenwild, die Hauswiederkäuer, die Schweine und manchmal auch den Menschen. Sie bildet in der Lunge und in der Leber bis etwa gänseeigroße Blasen (▸ Echinococcose). Eine Blase enthält eine große Menge winziger B.-Kopfanlagen. Wird ein Aufbruch mit Finnen an Hunde verfüttert, entwickeln sich im Dünndarm des Hundes Tausende 3 bis 6 mm lange B., deren reife Glieder wiederum mit der ▸ Losung ausgeschieden werden. Von immer größerer Bedeutung und auch Gefahr für den Menschen wird der dasselbe Krankheitsbild, die Echinococcose, verursachende Kleine oder Fünfgliedrige ▸ Fuchsbandwurm (*Echinococcus multilocularis*), der beim Fuchs, aber auch bei Hund und Katze schmarotzt. Die Finne des kürbiskernförmigen B. (*Dipylidium caninum*), der Blasenwurm (*Zystizerkoid*), benötigt zur weiteren Entwicklung die Larven von Flöhen oder Haarlingen (Zwischenwirte). Dieser B. ist ca. 2 bis 3 mm breit und 20 bis 40 cm lang und schmarotzt bei Hund und Fuchs und manchmal auch beim Menschen. Der bis zu 10 m lange Wiederkäuer-B. (*Moniezia expansa*) kommt bei wiederkauendem Schalenwild, besonders bei Muffel-, aber auch bei Rot- und Gamswild vor. Der bis 4 m lange typische Rinderbandwurm (*Moniezia benedeni*) kommt auch beim Schalenwild vor. Die Finnen dieser B. leben in verschiedenen Moosmilben (Zwischenwirte), die B.-Eier von der Losung erkrankter Tiere aufgenommen haben. Die Moosmilben werden mit der ▸ Äsung aufgenommen, die in ihnen enthaltenen Finnen gelangen so in den Magen und infizieren das Wild. Bekämpfung: In freier Wildbahn nur im geringen Umfange an Fütterungen durch Beseitigung der Losung und durch Desinfektion möglich. Beim Hund müssen die Innereien, die man verfüttert, genau untersucht werden, damit der Entwicklungskreislauf unterbrochen werden kann. Ist der Hund vom B. befallen, ist eine medikamentöse Behandlung möglich (Tierarzt). Das ▸ Wildbret ist genusstauglich, bei Massenbefall genussuntauglich, v.a. bei Massenbefall von Hase und Kaninchen.

Bandwurmfinne, die: ▸ Bandwürmer.

Bank, die: Das Strickholz, über dem die Netze (▸ Garne) gestrickt wurden.

Bannforst, der (Bannholz, Bannwald, Forst, *Silva defensata s. inforestata, Silva regis, Forestum dominicum s. bannarium*): Im Mittelalter Waldungen, die von den Trägern der öffentlichen Gewalt in Ausübung des Bannrechts (des Rechts zum Gebot und Verbot, Forstbann) für gewisse Nutzungen bei Strafe des Königsbanns für den allg. Gebrauch geschlossen (eingeforstet, in Bann gelegt) wurden. Zum wirksamen Schutz ihres ▸ Jagdrechts erklärten die Könige im 9. Jh. ihre Waldungen zu B. (*in forestum redigere*), in denen jedem anderen der Zutritt und das Jagen verboten waren. Später dehnten sie das Recht, einen Wald zum B. zu erklären, auch auf andere Waldungen aus, indem sie die Besitzer mit dem Königsbann oder ▸ Wildbann beliehen (▸ Inforestation). Ursprünglich bestand die Beleihung nur in Gestattung der Jagd, die in höhere und niedere Jagd unterschieden wurde. Erst später dehnten die mit dem Königsbann Beliehenen ihre Befugnisse auf den Bezug von Gefallen (Erträgen), Strafen usw. aus. Mit Ausbildung der Territorialherrschaft ging die Befugnis, den Wildbann zu verleihen, von den Königen auf die Fürsten über. Diese suchten den Wildbann allmählich im ganzen Gebiete in Anspruch zu nehmen, ihre Rechte auch auf Bewilligung von Rodungen, der Mastnutzung usw. auszudehnen. Bisweilen wurde das Bannrecht auch an weltliche und geistliche Größen verliehen oder verschenkt. Die vollständige Einführung des Jagdregals (▸ Jagdhoheit) gelang aber erst nach Annahme des römischen Rechts im 15. Jh. und fand ihren Ausdruck in den landesherrlichen Jagdordnungen. Die Belastungen des Volkes mit ▸ Jagdfronen, Unterhalt des Forst- und Jagdpersonals usw. führten von der Zeit des Bauernkrieges an zu ununterbrochenen Klagen, zu vielen Rechtsverletzungen und wirtschaftlich unhaltbaren Zuständen, die erst im 18. und 19. Jh. abgebaut und beseitigt wurden. Welches Brauchtum in den B. bei Ausübung der Jagd üblich war, ist in den ▸ Weistümern (im Mittelalter urkundliche, insbesondere von Gemeinden oder Schöffenkollegien gegebene Erklärungen über bestehendes Recht, namentlich Gewohnheitsrecht, oder sehr alte Rechtssatzungen und Rechtsgebräuche) festgehalten. So musste bei einer kaiserlichen Jagd der Forstmeister des Reviers eine weiße ▸ Bracke mit silbervergoldetem Halsband und seidenem Hängeseil auf einer seidenen Decke und seidenen Kissen bereithalten. Dem Kaiser hatte er eine Armbrust mit einem Bogen aus Eibenholz zu überreichen, eine Säule von Elfenbein und Pfeile, deren Spitze aus Silber und deren Schaft aus Lorbeerholz gefertigt und die mit Straußen- und Pfauenfedern befiedert waren.

Banngebiete, schweizerische, die: ▸ Jagdbanngebiete.

Bannholz, das: ▸ Bannforst.

Bannmeile, die: Eine bestimmte Entfernung vom ▸ Bannforst.

Bannwald, der: **1**) In Bayern (Waldgesetz für Bayern) ein Wald, der aufgrund seiner Lage und seiner flächenmäßigen Ausdehnung v.a. in Verdichtungsräumen und waldarmen Bereichen unersetzlich ist und deshalb in seiner Flächensubstanz erhalten werden muss. Die Erklärung von Wald zu B. erfolgt durch Rechtsverordnung. Zu B. kann auch Wald erklärt werden, der in besonderem Maß dem Schutz vor Immissionen dient. Der B. ist ein ▸ Schutzwald im Sinne des ▸ Bundeswaldgesetzes und gesetzlich vor Rodung geschützt. **2**) ▸ Bannforst.

Bär, der: **1**) Das männliche ▸ Murmeltier. **2**) Der ▸ Braunbär.

Barbari, Jacopo de (1445 bis 1514): ▸ Jagdkunst.

barbieren (rasieren): Einem Wildschwein (dreijährig und stärker), das ▸ parforce gejagt oder gehetzt werden sollte, wurden die Gewehre abgestumpft, damit es den Hunden (▸ Saumeute) weniger gefährlich wurde. Diese Wildschweine wurden für Zwecke der ▸ Parforcejagd in ▸ Saugärten oder Saufängen gehalten.

bären: **1**) Beim Bären: sich begatten. **2**) Bei der Bärin: Junge gebären.

Bärenbeißer, der: ▸ Bullenbeißer.

Bäreneisen, das: **1**) Zum ▸ Abfangen eines angeschweißten Bären verwendete ▸ Blanke Waffe. **2**) Ein schweres, großes Tellereisen zum Fangen von Bären und sonstigem sog. ▸ Großraubwild.

Bärenfang, der: ▸ Braunbär (Jagdarten).

Bärenhatz, die: ▸ Braunbär (Jagdarten).

Bärenhund, karelischer: ▸ Elchhunde.

Bärenjägerrecht, das: Nach dem B. und dem Wolfsjägerrecht in den Gerichtsbezirken Kitzbühel, Kufstein und Rattenberg aus dem 16. Jh. stand den Jägern folgender Beuteanteil zu: »Wenn die Jäger einen Bären fangen, so gehört davon der Herrschaft das Haupt und die rechte Hand (Pranke), dem Pfarrer die tengt (linke) Hand, in dessen Revier und Pfarrei der Bär gefangen wurde. Von demselben Bären gehörten den Jägern die Haut, das Schmer (Fett), der Fürschlag (die vorderen Teile) und die Brust. Und sie sollen diese Teile nicht außerhalb unserer Herrschaft verkaufen. Das andere Teil des Wildbrets sollen sie teilen unter die Bauernschaft, die ihnen die Bären fangen helfen.« Es bestand Meldepflicht für den, der den Bären gefährtet hatte. Dieses, wie die Hilfeleistung der Bauern beim Jagen, wurde belohnt und besondere Tapferkeit ausgezeichnet. In einigen Gegenden, z.B. im Wittgensteinischen, durfte der Erleger, die Pranke vorzeigend, in den umliegenden Dörfern sammeln gehen.

Frans Snyders (1579–1657): »Bärenhatz«, Öl auf Leinwand. München, Deutsches Jagd- und Fischereimuseum

▸▸ Basse nennt man starke Keiler wie diesen.

Bärenstein, der: In gleicher Weise wie einem besonders starken erlegten Hirsch ein ▸ Hirschstein gesetzt wurde, setzte man im Böhmerwald zwischen Hirschbergen (Jeleni) und Schwarzem Kreuz (Cerny Kriz) dem letzten in dieser Gegend (am 14.11.1856) erlegten Bären einen B. Er steht heute an einer Wanderroute, dem sog. böhmischen Bärenpfad.

Bärin, die: Der weibliche Bär; ▸ Braunbär.

Barmbracke, die: Historischer Name einer kleinen Bracke (*Bracco parvus*), die um 800 n. Chr. den Friesen zur Verfolgung kleineren Wildes diente.

Barren, der: **1**) Auch Futterbarren. Eine Vorrichtung, in der die Winterfütterung gegeben wird; ▸ Jagdeinrichtungen. **2**) Parierstange an der Saufeder; ▸ Blanke Waffen 4.

Barsoi, der: »Der Schnelle«. Langhaariger russischer Windhund, der bereits im 17. Jh. in Russland hauptsächlich zur Wolfshetze gezüchtet wurde. Seine Vorfahren waren kurzhaarige arabische Gazellenhunde, gekreuzt mit langhaarigen Schäferhunden. Der B. wird heute noch zur Hetzjagd auf Wölfe, Füchse und Hasen verwendet; ▸ Greyhound.

Bart, der: 1) Die langen Rückenhaare des Gamsbockes. 2) Die Rückenhaare des Dachses und des Schwarzwildes. 3) Die Borstenhaare an den Lippen (Schnurrhaare) des ▸ Haarwildes und des Hundes; ▸ Hasenbart. 4) Die langen Haare unten am Träger (Hals) des Hirsches (▸ Brunftmähne). 5) Der Haarbeutel (Kehlbeutel) am Träger des Elches, auch Glocke. 6) Die Federbüschel am Kinn des Auerhahnes sowie der aus den ca. 10 cm langen, hauchfeinen, grauweißlichen Federn der Unterschenkel und der Bauchgegend (sog. Wurl-, Wangerl- oder Maudelfedern) gebundene, zarte, kugelartige B. (Auerhahn- oder Hahnen-B.) und der Bürzel-B. (Federn der ▸ Bürzeldrüse). 7) Die am ▸ Bürzel der Schnepfe befindlichen kleinen Federchen, die wie ein gebundener Gams-B. auf einem Stiele stehen. 8) Die langen, schmalen, meist grauen Federn, die beiderseits am Unterkiefer des Trapphahnes hängen. 9) Der Rüssel des Schwarzwildes; seltene und veraltete Bez. 10) Die längere Behaarung um den ▸ Fang bei manchen Hunderassen. 11) Der Haarbüschel am Kinn des Steinwildes. 12) Die Halshaare des Muffelwidders. 13) Das von der Brust herabhängende Borstenbüschel beim Trutwild. 14) Die backenbartähnliche Gefiederzeichnung beiderseits der Kehle beim Falken.

bärteln: svw. ▸ bartln.

Bartgams, der: Ein Gamsbock, der am Rücken einen schönen und starken Bart trägt; ▸ Gamswild.

Bartgeier, der (Lämmergeier): ▸ Geier 4.

Barth, Ferdinand (1842 bis 1892): B. illustrierte viele Jagdbücher sowie Liederbücher von Franz von ▸ Kobell, z.B. den »Wildanger«.

bartln: Ausrupfen des Gamsbarts (steirischer Ausdruck).

Carl Friedrich Deiker (1836–1892): Basse, von Hunden gestellt, aus R. Cornell: »Die Jagd und ihre Wandlungen« (1884)

Bartsch, R. H.: ▸ Jagdliteratur.

Bärwild, das: ▸ Braunbär.

Bärzeit, die: Die Begattungszeit des Braunbären und des Murmeltieres.

Baschieri & Pellagri SpA: Im Jahre 1885 von Settimio Baschieri und Guido Pellagri gegründete Firma mit Sitz in Castenaso bei Bologna (Italien). Die Firma ist einer der größten europäischen Hersteller von Schrotpatronenpulver sowie von Jagd- und Sportschrotpatronen.

Basküle, die: Der Verschlusskasten (das Gehäuse), der bei Kipplaufwaffen zur Aufnahme der Verschluss- und Schlossbestandteile dient; ▸ Schlosssystem.

Basse, der: Ein starker (alter) Keiler (männliches ▸ Schwarzwild); ▸ Eingänger.

Basset, der: ▸ Englische Laufhunde.

Bast, der: **1**) Die mit Blutgefäßen und Nerven durchsetzte samtartige Haut um das Gehörn und ▸ Geweih während dessen Wachstum (▸ Kolbenbock, ▸ Kolbenhirsch). Die in der Basthaut verlaufenden Blutgefäße versorgen das wachsende Gehörn oder Geweih mit allen für den Aufbau notwendigen Nährstoffen. Mit Beendigung der Gehörn- oder Geweihbildung versiegt der Blutzufluss, und der B. trocknet von oben herab ein. Er wird an Bäumen, Ästen und dgl. abgerieben, d.h. gefegt. Der B. wurde deshalb früher von vielen Jägern auch ▸ Gefege genannt; ▸ Fegeschäden. **2**) der oder das (mittelhochdeutsch): Die Enthäutung und Zerlegung des Wildes (nach Gottfried von Straßburgs »Tristan und Isolde«), auch ▸ Entbästen.

Bastbock, der: ▸ Kolbenbock.

Bastdohne, die: ▸ Dohnen.

Bastgehörn, das: Das Gehörn des Rehbocks, das noch im ▸ Bast ist.

Bastgeweih, das: Das ▸ Geweih aller Hirscharten, das noch im ▸ Bast ist.

Basthirsch, der: ▸ Kolbenhirsch.

Bastzeit, die: Die Zeit, in der die Gehörne und ▸ Geweihe im ▸ Bast sind.

Rothirsche im Bastgeweih

Batterieschloss, das: ▸ Steinschloss.
Bätze, die (Betze, Petze): Der weibliche Fuchs (Fähe).
Bau, der: Die natürliche oder selbst gegrabene unterirdische Behausung der Füchse, Dachse, Wildkatzen, Kaninchen, Iltisse, Nerze, Fischotter und der Murmeltiere (Haupt- oder Mutter-B., Neben-B., Wurf-B., Not-B., Winter-B.). Gelegentlich auch für die Behausung des Bibers gebraucht (richtig aber »Burg«).
Bauarbeit, die: Die Arbeit des ▸ Erdhundes im Fuchs- und im Dachsbau; ▸ Fuchs (Jagdarten), ▸ Dachs (Jagdarten).
Baubegasung, die: ▸ Begasung von Fuchsbauen.
Baueignungsprüfung: für Teckel; ▸ Hundeprüfungen.
bauen: Das Graben eines Baues.
Bäuerling, der: ▸ Drosseln 4.
Bauhund, der: ▸ Erdhund.
Baujagd, die: Eine Jagdart, die auf Fuchs, Dachs und Kaninchen angewendet wird; ▸ Fuchs (Jagdarten), ▸ Dachs (Jagdarten) und ▸ Wildkaninchen (Jagd).
Baukolonie, die: Dicht beieinander angesiedelte Wildkaninchen- und Murmeltierbaue; ▸ Kolonie.
baulaut: Ein ▸ Erdhund (Dachshund), wenn er im ▸ Bau Laut gibt (bellt), ohne vor dem Fuchs oder dem Dachs zu liegen. B. Hunde sind unerwünscht; ▸ Laut 1).
Baumann, Alexander (7.2.1814 Wien bis 26.12.1857 Graz): Dramatiker, Lustspiel- und Mundartdichter und Komponist, seit 1856 Archivar des österreichischen Reichsrats. B. gab auch Singspiele aus den österreichischen Bergen heraus, darunter »Der Freiherr als Wildschütz«, worin die Berliner Überbildung der österreichischen Gutmütigkeit entgegengesetzt wird.

◂◂ Erfolgreiche Baujagd

Baumann, Johann Heinrich (10.2.1753 Mitau, heute Jelgava, Lettland bis 7.6.1832 Klein Jungfernhof): Maler. B. wurde von dem Tiermaler Jakob Samuel Beck ausgebildet. Sein Werk umfasst 1713 Ölgemälde, die mit Ausnahme einiger Porträts fast nur Tierstücke und Jagdszenen darstellen. B. veröffentlichte eine Sammlung von Jagdanekdoten und Erzählungen in lettischer Sprache.
Baumbalz, die: Die ▸ Balz des Auerhahns auf dem Baum; ▸ Hochbalz 2).
Baumeister, Johann Wilhelm (27.4.1804 Augsburg bis 3.2.1846 Stuttgart): Tiermaler, Schriftsteller und Professor der Veterinärmedizin. Zum Tiermaler bildete sich B. in München und Augsburg aus. 1831 wurde er Lehrer an der landwirtschaftlichen Akademie in Hohenheim, 1839 Prof. an der Tierarzneischule in Stuttgart. Von ihm stammt u.a. »Die Jagd- und andere Hunde in allen ihren Verhältnissen« (1832).
Baumeule, die: ▸ Eulen 4. und 5.
Baumfalke, der: ▸ Falken 3.
Baumfuchs, der: ▸ Eichhörnchen.
Baumgans, die: ▸ Wildgänse 8.
Baumgansente, die: ▸ Wildgänse 7.
Baumgruppe, die: Sie unterscheidet sich vom ▸ Feldgehölz durch die Bestockung einer kleineren Fläche, durch die geringe Zahl der Einzelglieder und durch die fehlenden Strauchzonen; ▸ Hecke.
Baumholz, das: Auf die Entwicklungsstufe ▸ Stangenholz folgender ▸ Bestand mit einem ▸ Brusthöhendurchmesser von 20 bis 50 cm. Je nach Stärke des Brusthöhendurchmessers spricht man vom geringen, vom mittleren oder vom starken B. Die auf das B. folgende Entwicklungsstufe wird ▸ Altholz genannt.
Baumkatze, die: ▸ Wildkatze.
Baumlerche, die: ▸ Lerchen 3.
Baummarder, der: ▸ Marder 2.
Baumreiter, der: ▸ Wildkatze.

Baumroller, der: ▸ Spechte 6.
Baumscharbe, die: ▸ Kormorane 1.
Baumschläfer, der: ▸ Buche.
Baumsterben, das ▸ Waldsterben.
Bäuschel, das (Beuschel): Das Eingeweide (Gescheide) des niederen ▸ Federwildes.
Baustatt, die: Das Innere des Dachsbaues.
Bavo(n), St.: ▸ Schutzpatron der Falkner.
Bayerischer Gebirgsschweißhund, der: ▸ Schweißhunde.
Bayern, Herzog Albrecht von: ▸ Jagdliteratur, ▸ Wittelsbacher.
Bayern, Herzog Ludwig in: ▸ Jagdliteratur, ▸ Wittelsbacher.
Bay(e)rischer Hies(s)el (Matthias Klostermeier): ▸ Wilderer.
Beagle, der: ▸ Meutehunde.
beäugen (anäugen): Bei allem Wild und beim Hund: svw. betrachten, besehen; ▸ eräugen.
Becher, der: ▸ Bacher.
Becherkrone, die: Die Krone des Hirschgeweihes in becherartiger Form; ▸ Krone 1), ▸ Rotwild (Hauptschmuck).
Bechstein, Johann Matthäus, Dr. (11.7.1757 Waltershausen bis 23.2.1822 Dreißigacker): Ornithologe und Forstmann, studierte in Jena von 1778 bis 1780 Theologie, Naturwissenschaften, Forst- und Kameralwissenschaft. Er wurde 1785 Lehrer der Naturgeschichte und Mathematik an der Erziehungsanstalt zu Schnepfenthal und unterhielt von 1795 bis 1799 ein Privatforstinstitut in Kemnote bei Waltershausen. 1800 wurde er Direktor der 1801 eröffneten Lehranstalt für Forst- und Jagdkunde in Dreißigacker bei Meiningen. Er stiftete 1795 die »Societät für Forst- und Jagdkunde«, die bald zahlreiche Mitglieder im In- und Ausland hatte und deren Abhandlungen in »Diana oder Gesellschaftsschrift …« (ab 1797) veröffentlicht wurden. Er schrieb u.a. Teile von: »Die Forst- und Jagdwissenschaft nach allen ihren Theilen für angehende und ausübende Forstmänner und Jäger« (1810 bis 1830) und »Handbuch der Jagdwissenschaft« (1801 bis 1809).
Beck, der: Schnabel des ▸ Beizfalken.
Beck, Leonhard: ▸ Jagdkunst.
Beck, Wolfgang Freiherr von (1905 bis 1990): Jagdschriftsteller; ▸ Jagdliteratur.
Becker, der: Seltener Ausdruck für Keiler; ▸ Bacher.
Becker-Berke, Helmar (1906 bis 1980): Zeichner und Buchillustrator. B. illustrierte zahlreiche Jagdbücher, z.B. »Reineke Fuchs« (1953) von Wilhelm Fronemann, »Geheimnisse des Waldes. Ein Tierfreund erzählt vom Wald und seinen Bewohnern« von Erich ▸ Kloss, »Wilderer im Busch« (1962) von Hans W. Ulrich und »Der letzte Schuss am Bärensee« (1953) von Fritz von ▸ Forell.
Beckmann, Johann Gottlieb (um 1700 bis um 1777): B., für den keine näheren Lebensdaten bekannt sind, war Hochgräfl. Schönburgscher Jäger und Gräfl. Einsiedelnscher Forstinspektor in Sachsen. Er gehörte zu den sog. forst- und ▸ holzgerechten Jägern. Nach K. Mantel und J. Pacher gilt B. als der bedeutendste Vertreter der holzgerechten Jäger. Er hatte das einseitige Jägertum überwunden, besaß eine gute Beobachtungsgabe und zeichnete sich durch ein kritisches, oft sehr scharfes Urteil aus.

G. Boettger d. Ä.: Johann Matthäus Bechstein (1757–1822). 1814, Kupferstich

Beckmann, Ludwig (21.1.1822 Hannover bis 1.8.1902 Düsseldorf): Tiermaler, Zeichner, Schriftsteller (Pseudonym: Revierförster Holster) und Kynologe. Von ihm stammen u.a. »Füchse vor dem Bau«, »Waldinneres mit fliehendem Hirsch«, »Die Reiherbeize« und die Zeichnung »Otterjagd mit Hunden«. Er schrieb u.a. »Die Rassen des Hundes« (1894) und Jagdhumoresken (u.a. »Idiotismus venatoris«, 1858).
Beckerle, das: ▸ Schnepfenvögel 4.
Becquerel (Bq): Nach dem französischen Physiker Antoine Henri B. (1852 bis 1908) benanntes Einheitszeichen (Bq) für die Aktivität einer radioaktiven Substanz. Es gibt an, wie viele Atome einer gemessenen Probe in der Sekunde zerfallen. 1 Bq entspricht einem radioaktiven Zerfall pro Sekunde. Meistens wird die Aktivität auf einen Kubikmeter (m^3) Luft oder ein Kilogramm (kg) Nahrung bezogen. In B. kann die Aktivität sämtlicher in einer Probe strahlenden Stoffe angegeben werden oder – und dies ist das häufigere Vorgehen – die Aktivität eines bestimmten radioaktiven Elementes wie ▸ Cäsium 137. Seit der Reaktorkatastrophe von Tschernobyl im Jahre 1986 ist regional neben den wild wachsenden Beeren und Pilzen wie Maronen (▸ Pilzesammeln) auch Wildbret, insbesondere das von Wildschweinen, z.T. noch extrem hoch mit radioaktivem Cäsium verseucht. Wildschweine ernähren sich nämlich zu einem erheblichen Teil von Insekten, Würmern und Pilzen, die sie im Waldboden finden. In Deutschland dürfen Lebensmittel nur bis zu einem Cäsiumgehalt von 600 Bq/kg verkauft werden. Höher belastetes Fleisch muss als Sondermüll entsorgt werden.
bedecken: **1**) ▸ aufhauben. **2**) Das Beschlagen beim Rotwild (▸ Beschlag; kaum gebräuchlich) und bei Hunden (decken). **3**) Das Stellen und Festhalten einer Sau durch die ▸ Hatzhunde, auch Decken oder Bereiten genannt.
beeren: Das Aufnehmen von Beeren durch das ▸ Federwild.
Beerensträucher, die: Sammelbezeichnung für alle Sträucher in Wald, Flur und Garten, die Beeren, auch Scheinbeeren oder beerenähnliche Früchte, tragen. Diese Früchte dienen entweder der menschlichen (mit echten Beeren im botanischen Sinne) oder der tierischen Nahrung. Viele B. bieten dem Niederwild hervorragende Deckungs- und Äsungsmöglichkeiten (z.B. Fasan, Rebhuhn, Feldhase) und sind zugleich Setz- und Brutstätten (Vogelschutzgehölze) für viele Tiere. B. eignen sich besonders für den Anbau in ▸ Feldgehölzen, an ▸ Hecken und an ▸ Waldrändern. Sofern B. auch Dornen

tragen, werden sie als Dornsträucher bezeichnet. Oft werden unter B. auch Beerkräuter verstanden. Zu den wichtigsten B. gehören: Brombeere, Himbeere, Steinbeere (▸ Rubus), ▸ Heidelbeere und Preiselbeere, ▸ Berberitze, ▸ Kreuzdorn, ▸ Weißdorn, ▸ Schlehe, ▸ Heckenkirsche, ▸ Sanddorn, ▸ Liguster, ▸ Hartriegel, ▸ Pfaffenhütchen, Schneebeere und ▸ Wacholder.

Beervogel, der: ▸ Raufußhühner 4.

befahren: svw. bewohnt; beim Fuchs-, Dachs- und Kaninchenbau usw. Man sagt, ein Bau ist b., wenn man außen an den Eingängen sowohl frische Spuren als auch Rutschstellen, Nahrungsreste oder frische ▸ Losung und dgl. feststellen kann.

befegen: Ein ▸ Bruch (z.B. Hauptbruch und Leitbruch; ▸ Bruchzeichen) wird bzw. ist befegt, wenn ein Teil seiner Rinde entfernt wird bzw. ist; er ist dadurch auffälliger.

beffen (beffeln, beffern, beffzen, beffzgen): svw. bellen wie der Fuchs (bayerisch).

beflogen: ▸ flugbar.

beflügeln: Alte Bez.: Für die Aufstellung des ▸ Jagdzeuges durch einen Waldteil Schneisen oder Flügel hauen.

beflügelt: Ein Wald (Revier), der mit Stellwegen oder ▸ Stellflügeln versehen war.

befriedete Bezirke, die: I.d.R. umfriedete Hofräume und Hausgärten, Friedhöfe, Gebäude, überbaute Flächen im Geltungsbereich von Bebauungsplänen, Flächen im Zusammenhang von bebauten Ortsteilen sowie Tiergärten und Tiergehege, soweit diese nicht jagdlichen Zwecken dienen. Nach dem BJG kann in b. B. eine beschränkte Ausübung der Jagd gestattet werden.

Begang, der: **1**) Der ▸ Reviergang selbst. **2**) Der einem Jäger als Aufsichts-, Dienst- oder Pirschbezirk zugewiesene Revierteil; ▸ Beritt, ▸ Belauf.

Begasung von Fuchsbauen: Ein früher bereits sehr umstrittenes und schon nach der ▸ Tollwutverordnung von 1991 nicht mehr erlaubtes Mittel zur Bekämpfung der ▸ Tollwut. I.d.R. wurde zweimal begast, das erste Mal im April, das zweite Mal im Mai. Die Begasung der Fuchsbaue brachte nicht die gewünschte starke Dezimierung der Füchse, sondern führte vielmehr gebietsweise fast zur Ausrottung des Dachses. Zur Eindämmung der Tollwut hat daher eine äußerst straffe, aber waidmännische Bejagung des Fuchses im Vordergrund zu stehen. Daneben kann die zuständige Behörde eine orale Immunisierung (▸ Schluckimpfung) durchführen; ▸ Tollwutverdacht.

begehen: Einen Revierteil aus Gründen des ▸ Jagdschutzes durchstreifen bzw. abgehen; ▸ Reviergang.

begehren: **1**) svw. ▸ ranzen beim Luchs. **2**) Früher üblicher Ausdruck für die Äußerung des Begattungstriebes bei Hunden und beim Rotwild, nach J. A. Großkopf bei allen wilden Tieren. **3**) Alter, bis ins 19. Jh. gebrauchter Ausdruck, wenn Wild versuchte, über gestelltes ▸ Jagdzeug hinwegzuspringen, z.B. »Der Hirsch begehrt das Zeug.«, aber auch, wenn angeschweißtes oder gehetztes Wild, insbesondere Sauen und Hirsche, den Hund oder den Jäger annahmen: »Der Hirsch begehrte den Jäger«, »Die Sau begehrte den Hund«. **4**) Lokale Bez. für den Lockruf des weiblichen Damwildes in der Brunftzeit.

Begehungsschein, der: ▸ Jagderlaubnisschein.

begrasen: Vom Jäger: die einzelnen Halme im Gras zur Seite biegen, um die eingedrückte ▸ Fährte besser beurteilen zu können.

Behältnis: Ein Dickicht oder eine morastige Gegend, in der sich Wild, insbesondere ▸ Schwarzwild, gern aufhält; selten gebräuchlich.

Behang, der: **1**) Die herabhängenden Ohren der Jagdhunde. Je nach Länge und Form wird von einem guten oder schlechten B. gesprochen; »Der Hund ist gut oder schlecht behangen.« **2**) Altersangabe der ▸ Schweißhunde; ▸ Hundealter. **3**) Das Lehrjahr des angehenden Jägers; ▸ Behänge.

Behänge, die: Die »drei B.«, Bez. für die drei Lehrjahre, die früher jeder ableisten musste, der Jäger werden wollte. Im ersten Behang musste er als ▸ Hundejunge die Hunde betreuen. Im zweiten Behang wurde er jagdlich und forstlich ausgebildet und musste das Schießen lernen. Im dritten Behang wurde er ▸ Jägerbursche genannt. Nach Beendigung der Lehrzeit wurden Freunde und Nachbarn zu seiner Wehrhaftmachung (▸ wehrhaft machen, ▸ Jägerschlag) eingeladen. Er wurde dann zum Jäger geschlagen und erhielt den Hirschfänger und den ▸ Lehrbrief. Als »reisender Jäger« suchte er sich anschließend eine ihm zusagende Anstellung. Die Lehrzeit nannte man auch B.-Zeit.

behängen: **1**) Den ▸ Leit- oder ▸ Schweißhund zur Arbeit anhalsen, z.B. um einer ▸ Fährte nachzuhängen. **2**) Wenn der ▸ Hatzhund ein Wild – mit Ausnahme des Schwarzwildes – stellte und packte, so sagte man früher: »Er behängt es.« **3**) Bei Hunden allgemein: sich begatten; ▸ hängen 1).

Behängezeit, die (Behängzeit): **1**) Die Arbeitszeit, in welcher der ▸ Schweißhund (früher auch der ▸ Leithund) am meisten auf kalter gesunder ▸ Fährte gearbeitet wird. Sie beginnt im Mai/Juni und dauert bis zur Hirschbrunft (September/Oktober). Die Arbeitszeit auf Schwarzwild beginnt im Herbst. **2**) svw. Lehrzeit: ▸ Behänge.

behängter Hund: Ein ▸ Leit- oder ▸ Schweißhund, der bereits gearbeitet (abgerichtet) ist.

behetzen: Die Hunde auf Wild einhetzen; ▸ einhetzen 1) und 2).

Behlen, Stephan Christophorus (5.8.1784 Fritzlar bis 7.2.1847 Aschaffenburg): B. zog bereits als Kind mit seinen Eltern nach Rothenbuch (im Spessart) und vollendete seine Schulausbildung auf dem Gymnasium in Aschaffenburg. Von 1800 bis 1802 widmete er sich juristischen und kameralistischen Studien. 1803 wurde er Landeskommissar bei der Landesverbesserungsdeputation, 1804 Kurfürstlicher Forstkontrolleur über die Staatswaldungen des Spessarts, 1808 Forstmeister für die gemeinheitlichen Stiftungs- und Privatwaldungen im Amte Lohr. 1819 wurde ihm das Forstamt Kothen mit dem Wohnsitz in Hammelburg übertragen. Von 1821 bis 1832 war er Professor der Naturgeschichte an der neu organisierten Forstschule zu Aschaffenburg. B. schrieb 22 größere selbstständige Werke, u.a. »Lehrbuch der gesamten Forst- und Jagdthiergeschichte« (1826), »Jagdkatechismus, zum Gebrauche bei dem öffentlichen Unterrichte und der Selbstbelehrung« (2 Teile, 1828/29), »Lehrbuch der deutschen Forst-und Jagdgeschichte« (1831), »Lehrbuch der Jagdwissenschaft in ihrem ganzen Umfange. Zum Gebrauche bei öffentlichen Vorlesungen und beim Selbststudium« (1835), »Real- und Verbal-Lexicon der Forst- und Jagdkunde mit ihren Hülfswissenschaften« (7 Bde., 1840 bis 1846). Von 1823 bis 1846 redigierte er die »Neue Zeitschrift für das Forst- und Jagdwesen mit besonderer Rücksicht für Bayern«, 1825 bis 1846 die von ihm gegründete »Allgemeine Forst- und Jagdzeitung«.

Behnke, Hans (1912 bis 1998): Wildmeister. B. war von 1954 bis 1974 Geschäftsführer des Landesjagdverbandes Schleswig-Holstein. Für sein gesamtliterarisches Schaffen erhielt er 1974 den DJV-Literaturpreis. Er schrieb u.a. »Hege und Jagd im Jahreslauf« (1969), »Jagdbetriebslehre. Eine praktische Einführung in die einzelnen Jagdarten« (1965), »Bilderfibel der Hege« (1970), »Fährten- und Spurenkunde. Ein Hilfsbuch für Jäger über Fährten, Spuren, Geläufe u.a. Wildzeichen« (1978) und »Von Mondhasen und Erdkitzen« (1982).

Behörden, jagdliche: ▸ Jagdbehörden.

behost: **1**) Bei ▸ Greifvögeln: die im oberen Drittel befiederten ▸ Fänge (▸ Hosen 1). Sind die Fänge bis unten b., spricht man von raufüßig. **2**) ▸ Hosen 2).

behundet sein: Hunde besitzen. »Ich bin schlecht itzo behundet«, schrieb im 17. Jh. ein Freiherr von Münchhausen (J. A. Schmeller, »Bayerisches Wörterbuch«, 2 Bde., 1. Aufl. 1827 bis 1837).

Beigarten, der: Alte Bez. für den an einem Saufang angebrachten umzäunten Raum, in dem die im Saufang gefangenen Sauen eingesperrt wurden, bevor sie in das Saugatter (▸ Saugarten) kamen.

Beihirsch, der: Ein schwächerer (geringer) Hirsch, u.U. auch ein stärkerer, der in der ▸ Feistzeit mit einem starken – zumindest mit einem stärkeren – Hirsch zusammensteht und sich in der ▸ Brunftzeit in der Nähe des ▸ Rudels aufhält, um in unbewachten Augenblicken dem ▸ Platzhirsch ein Tier zur Begattung fortzutreiben. Meist wird er jedoch vom Platzhirsch auf den Schwung gebracht (vertrieben oder abgekämpft).

Beijagen: Früher übliche Bez.: **1**) Für ein kleineres Jagen oder ein Nebenjagen bei einer großen Jagd oder im Ggs. zu dieser. **2**) Für das Vortreiben des Jagdhirsches vor den Jagdherrn zum Schuss. **3**) Für ▸ Heckjagen.

Beil, die: ▸ Ball.

Beil brechen: ▸ Ball.

beilen: svw. ballen; ▸ Ball.

Beil halten: ▸ Ball.

Unbekannter Künstler: »Eisländer Falck«, 18. Jh., Öl auf Leinwand. München, Deutsches Jagd- und Fischereimuseum

Beimesser, das: Ein in der Scheide einer ▸ Griffwaffe (z.B. Hirschfänger, Waidblatt) mitgeführtes Messer.

Beimle, die: ▸ Drosseln 4.

Beinbrecher, der: ▸ Adler 2.

Beinhase, der: ▸ Böhnhase.

beireiten: Das Zurückkehren des ▸ Beizvogels zum ▸ Falkner; entweder auf die Faust oder auf das an der Leine hängende und auf die Erde geworfene ▸ Federspiel.

Beischaft, die: svw. Merkmal, Kennzeichen.

beischlagen: Wenn ein Finder (▸ Hatzhund) Wild gefunden hat, schlagen die anderen Hunde der Meute bei, d.h. sie hetzen ebenfalls an dem gefundenen Wild (▸ Ball) und geben Laut. Hunde schlagen sich gut bei, wenn sie beim Jagen gut beisammenbleiben.

Beißhemmung, die ▸ Kampfspiele.

beistehen: ▸ sekundieren.

Beitreiben, das (Hinterjagen): Alle Teile eines ▸ Eingestellten Jagens mit Ausnahme der Kammer des Zwangstreibens und des Laufes. Beim B. wurde das Wild aus umliegenden Gegenden zusammengetrieben.

beitreiben: Wild aus Revierteilen, die nicht getrieben werden, vor der Jagd ins ▸ Treiben drücken.

Beitritt, der: ▸ Hirschgerechte Zeichen.

Beizadler, der: Ein zur ▸ Beizjagd verwendeter abgetragener Adler. Hierzu eignen sich jedoch nur der Stein-, der Kaiser- und der Habichtsadler, bedingt auch der Zwergadler. Der Steinadler wird hauptsächlich zur Beizjagd auf Hasen und Füchse, der geringere Habichtsadler v.a. auf Hasen eingesetzt.

Beize, die (veraltet: Baize): Die Jagd mit abgetragenen Beizvögeln; ▸ Beizjagd.

Beizeichen, die (Nebenzeichen): Im Ggs. zu den Hauptzeichen für das Ansprechen einer Rotwildfährte weniger wichtige und auch nicht immer zuverlässige Zeichen, die heutzutage völlig unberücksichtigt bleiben; ▸ Hirschgerechte Zeichen.

beizen: Mit dem ▸ Beizvogel jagen.

Beizerlaubnis, die: Derjenige, der kein eigenes Jagdrevier hat, muss neben einem gültigen ▸ Jagdschein und Falknerjagdschein auch noch eine schriftliche Erlaubnis des Revierinhabers mit sich führen, in dessen Revier ihm die Ausübung der ▸ Beizjagd gestattet ist. Da sich der ▸ Beizvogel sehr oft über die Reviergrenze entfernen kann, ist es erforderlich, mit den angrenzenden Revierinhabern eine Folge zu vereinbaren; ▸ Wildfolge.

Beizfalke, der: Ein abgetragener Falke. Unterschieden wird nach ▸ Faustfalken, die von der Faust aus an Wild geworfen werden, und nach Anwartern (▸ Anwarten), die in einer bestimmten Höhe kreisend darauf warten, dass Wild hochgemacht wird.

Beizhabicht, der: Ein abgetragener Habicht. Als B. werden hauptsächlich weibliche Habichte eingesetzt, die wesentlich stärker sind als der Terzel (Männchen). Gebeizt wird v.a. auf laufendes Wild wie Kaninchen und Hasen. Der kleinere, aber dafür wendigere Terzel wird meist nur auf Flugwild (Rebhühner, Fasane) eingesetzt. Gejagt wird entweder von der Faust aus oder in ▸ freier Folge.

Beizhund, der: Der zur ▸ Beizjagd verwendete Hund; ▸ Vogelhund 1).

Beizjagd, die (Beize, Falknerei, Falkenjagd, veraltet: Baize): Die Jagd mit dem abgetragenen oder bereiteten (▸ abtragen 2) ▸ Greifvogel, v.a. mit Falken, aber auch mit Habichten, Sperbern und Adlern (Stein-, Kaiser- und Habichtsadler). Die B. oder Beize leitet sich von dem Wort »beißen« ab. Speziell die Falken töten ihre Beute durch den Biss in das Genick. Keine Jagdart stand über Jahrhunderte so in Blüte wie die B. Früheste bildliche Darstellungen von Greifvögeln in Zusammenhang mit Menschen sind aus dem Vorderen Orient um 1400 v. Chr. bekannt. Die Wissenschaft ist sich jedoch nicht sicher, ob es sich damals schon um die Jagd mit den Greifvögeln gehandelt hat. In China wurde sie nachweisbar bereits im 7. Jh. v. Chr. ausgeübt. Um 400 v. Chr. soll, wie es der griechische Geschichtsschreiber Ktesias, Leibarzt des Artaxerxes, beschreibt, die B. auch den Indern bekannt gewesen sein. 75 n. Chr. jagten die Thraker mit Falken, und der Sohn des römischen Kaisers Avitus soll die Falkenbeize in Rom eingeführt haben. Es liegen jedoch keine haltbaren Beweise vor, dass Griechen und Römer die Falknerei betrieben haben. Sie war allerdings schon alte deutsche Sitte, wobei ungewiss ist, ob ▸ Kelten oder Germanen die B. als Erste ausübten. Im 4. und 5. Jh. n. Chr. erscheint sie in Schriften von Pausinus von Pella, Sidonius Apollinaris, Prosper und Aquitanus als eine selbstverständliche und allbekannte Jagdart im südwestlichen Gallien. In ihren Anfängen wurzelt sie aber von jeher in Mittelasien, und Marco Polo erzählt von 10000 Falkenieren und Vogelstellern, die ein Khan von China mit auf die Jagd nahm. Auch der Hunnenfürst Attila, der auf seinen Fahnen das Bild eines gekrönten Falken führte, jagte mit abgetragenen Greifvögeln. Unbestreitbar spielte die B. bei der germanischen Bevölkerung eine dominierende Rolle. V. a. der Adel und der Klerus waren ihr sehr zugetan. Auf dem Konzil zu Agde im heutigen Südfrankreich im Jahre 506 wurde der Geistlichkeit das Halten von Jagdhunden und Falken untersagt. Das Verbot wurde jedoch kaum eingehalten, obwohl der Beschluss ständig wiederholt wurde. Karl der Große regelte die Falkenjagd durch Gesetze

Beizhabicht auf geschlagener Rabenkrähe

und verbot sie allen Unfreien. Kaiser Friedrich I. richtete selbst Falken ab, und Kaiser ▸ Friedrich II., der wohl berühmteste Falkenjäger aller Zeiten, der »Falkenkaiser«, schrieb das bekannte Werk »De arte venandi cum avibus« – »Über die Kunst, mit Vögeln zu jagen« (erstmals 1596 erschienen), das heute noch klassischen Wert hat und von seinem Sohn, König Manfred, mit Anmerkungen versehen wurde. Eine vollständige Übersetzung dieses hervorragenden sechsbändigen Werkes durch Prof. C. A. Willemsen – mit ausführlichem Kommentar – erschien 1964 im Insel Verlag. Um 1270 schrieb Demetrius, wahrscheinlich Arzt des oströmischen Kaisers Michael Paläologos, ein Buch über die Falknerei. Franz I. von Frankreich, unter dem die Falkenjagd ihre Glanzperiode feierte, hatte einen Oberfalkenmeister, dem 15 Edelleute und 50 Falkeniere unterstanden. Die Zahl seiner Falken betrug 300. Im Deutschordensland Preußen errichtete der Hochmeister Konrad von Jungingen 1396 beim Ordenshaus eine eigene Falkenschule. Die besten Falkeniere wurden in dem Dorf Falkenwerde bei Maastricht in den Niederlanden ausgebildet. Die Falkner von Falkenwerde holten die Vögel aus Norwegen und Island, früher auch aus Pommern, fingen viele Falken in der Umgebung, behielten aber von den gefangenen meist nur die nicht über zwei Jahre alten Weibchen. In Österreich erinnerte man sich an der Wende vom 17. zum 18. Jh., während der Regierungszeit Kaiser Leopolds I., wieder an die Jagd mit dem Falken, aber es war hauptsächlich Leopolds Sohn, Kaiser Joseph I., der sich als eifriger Falkner auszeichnete. Der Park von ▸ Laxenburg wurde neuerlich zu einem beliebten B.-Gelände, in dem man vorerst hauptsächlich Krähen mit dem Uhu (dem »Auf«) anlockte, um sie dann zu beizen. Allmählich ging man in Laxenburg zur ▸ Reiherbeize mit verfeinerten Regeln über. Ende des 18. Jh. kam die B. allmählich aus der Mode. Gründe dafür waren der ungeheuer große Aufwand, mit dem sie von Königen und Fürsten betrieben wurde, aber auch die Begrenzung des Grundeigentums, der Verfall der ▸ Jagdhoheit und das Aufkommen der Feuerwaffen. In Frankreich wurde die B., die auch dort das Privileg des Adels war, durch die Französische Revolution abgeschafft, etwa zur gleichen Zeit wie in Deutschland und im übrigen Europa. Erhalten hat sie sich danach nur noch in England in Bedford und in Didlington Hall (Norfolk). Begeisterte Anhänger gründeten dort den »Old Hawking Club« und schlossen sich später im »British Falconers Club« zusammen. 1923 wurde in Deutschland (Leipzig) wieder ein Verband, »Der Deutsche ▸ Falkenorden«, gegründet, dem inzwischen weitere Verbände, auch im europäischen Ausland, folgten, so z.B. in Frankreich, in Österreich, in den Niederlanden, in Italien und in der Schweiz. Darüber hinaus besteht auch in den USA ein Falknerclub. Im Mittelalter wurde die Falkenjagd in den Hohen und den Niederen Flug eingeteilt. Zum Hohen Flug (Königsbeize), der die vornehmste Art der B. war, wurden ausschließlich Edelfalken wie Ger-, Würg- und

Beizjäger mit Beizvogel und Vorstehhund

Wanderfalke verwendet. Weiße Falken wurden in alter Zeit besonders geschätzt. Unter Hohem Flug versteht man die Beize auf hoch fliegende Beutevögel, besonders aber auf Vögel (Reiher, Kranich, Rotmilan), die, vom Falken angegriffen, diesem durch Höhersteigen in hohe Luftschichten (Übersteigen) zu entkommen versuchen. Die zum Hohen Flug abgetragenen Falken werden von der Faust aus an das Beizwild geworfen. Zum Beizwild des Hohen Fluges zählten im Mittelalter: Reiher, Rohrdommel, Kranich, Trappe, Schwan, Fasan, Moorhuhn (England), Wildgans, Wildente, Weihe und Rotmilan. Das Abtragen des Falken zum Hohen Flug blühte v.a. in den Niederlanden und wurde daher auch niederländische Falknerei genannt. Der Niedere Flug war die einfachere Beizart und wurde früher auch als deutsche Beize bezeichnet. Zum Beizwild des Niederen Fluges zählten: Rebhühner, Wachteln, Tauben, Lerchen, Bekassinen, Kiebitze, Krähen, Elstern u.a. Beim Niederen Flug wurden die Beizvögel von der Faust aus an Wild geworfen oder als Anwarter geflogen. Ein anwartender Falke ist ein Falke, der hoch über dem Falkner und dessen Hund ringholend darauf wartet, dass Wild hochgemacht wird. Zum Anwarten eignen sich alle Falkenarten mit Ausnahme des Merlins, die Neigung zum ▸ Anwarten ist jedoch nicht jedem Falken gegeben. Die Anwarterfalknerei erfordert ein harmonisches Zusammenspiel von Falkner, Hund und Falke. Sie ist die schönste, aber auch die schwierigste Art der B. Die Falkenbeize erfordert weites, übersichtliches, deckungsarmes, gut passierbares Gelände und sollte beritten ausgeübt werden, oder es sollte zumindest ein geländegängiges Auto zur Verfügung stehen. Für die B. in bewaldetem, unübersichtlichem Gelände eignen sich besonders die Kurzstreckenjäger Habicht und Sperber. Habicht, Sperber und Adler werden zur B. aus der freien Folge abgetragen, d.h., sie folgen Falkner und Hund von Baum zu Baum, oder sie werden wie die Falken von der Faust an Wild geworfen. Sie zählen zu den Beizvögeln des Niederen Fluges und wurden früher hauptsächlich zur sog. Küchenjagd eingesetzt, und zwar der Habicht (Küchenmeister) auf Rebhühner, Fasane und Hasen, der Sperber auf Drosseln, Tauben und Rebhühner. Das Abtragen eines Beizvogels erfordert monatelange geduldige, mühevolle Arbeit. Zusätzlich muss der Falke, besonders aber der Habicht, täglich einige Stunden umhergetragen werden, sich an die Hand des Falkners und an den zur B. verwendeten Hund gewöhnen. Um einen Beizvogel als abgetragen bezeichnen zu können, muss er 1. ruhig auf der Faust des Falkners stehen und sich tragen lassen, die Atzung aus der Hand des Falkners aufnehmen und auf ein bestimmtes Zeichen auf die Faust oder auf das an einer Leine auf die Erde geworfene Federspiel beireiten (zurückfliegen); 2. auf das Wild, auf das er abgetragen ist und an das er geworfen wird, zustoßen und 3. bei einem Fehlstoß, d.h. wenn er die Beute nicht geschlagen hat, auf die Faust des Falkners zurückkehren oder sich auf das Federspiel zurückholen lassen. Hat er das Wild geschlagen, muss er es binden, d.h. greifen und halten. Das setzt voraus, dass der Falke in guter Jagdkondition, also in guter körperlicher Verfassung, ist, aber gleichzeitig auch etwas hungrig und somit beutelustig (▸ Kondition 3). Da ein Falkenauge auf die Ferne eingestellt ist und der Falke dadurch auch weiter entfernt aufstehendes Wild wahrnimmt und auf der Faust unruhig wird, wird er, um ihn ruhigzustellen, verkappt getragen, d.h., ihm wird die ▸ Falkenhaube aufgesetzt. Wird ihm nun bei aufstehendem Wild die Falkenhaube abgenommen, nimmt sein Auge als Erstes das nahe aufstehende Wild wahr, und er stößt danach. Habicht und Sperber werden dagegen als Kurzstreckenjäger nicht verkappt. Der Beizvogel trägt ständig Bellen (▸ Bell) und ▸ Geschüh an beiden Händen bzw. Füßen, auch während des Beizfluges. Die Bellen erleichtern das Wiederauffinden des auf der Beute stehenden oder nach einem Fehlstoß aufgeblockten Beizvogels. Der Ruheplatz im Freien für den Beizfalken ist der Falkenblock (▸ Jule 1.), für den Habicht der Habichtssprenkel oder die Habichtskrücke (▸ Jule 2. und 3.). Die Beizvögel werden mittels des ▸ »Falknerknotens« mit der vollen Länge der Langfessel am Ring der ▸ Jule angelegt. Der Ruheplatz der Beizvögel in der Falken- oder Mauserkammer ist der ▸ Reck in verschiedener Form. Geräte und Hilfsmittel des Falkners; ▸ Armatur.

Die früher der Falkenjagd dienenden Jäger hießen Falkeniere. Vier Mann, d.h. ein Falkeniermeister und drei Falkeniere, die abwechselnd Falkenier-, Pikeur- oder Cagenträgerdienste leisteten, bildeten eine Kompanie. Falkeniere, die zu Cagenträgerdiensten eingeteilt waren, mussten die zur Jagd verwendeten Falken mit der ▸ Falkentrage zur Jagd tragen. Die Falkenjagd erfolgte zu Pferde, dem auf der Jagd verwendeten Habicht und dem Sperber folgte man dagegen zu Fuß unter Mitführung eines Hundes.

Verwendung der einzelnen Beizvögel: Mit dem Habicht, v.a. mit dem Weibchen, wird hauptsächlich auf laufendes Wild wie Kaninchen und Hasen gebeizt. Der männliche, kleinere, aber dafür wendigere Habicht (Terzel) eignet sich besser für Flugwild wie Fasane und Rebhühner. Gejagt wird mit dem Habicht sowohl von der Faust als auch aus der freien Folge. Der Sperber (Sprinz) eignet sich besonders für die Sperlingsbeize. Mit dem wesentlich stärkeren Weibchen beizt man Vögel bis zur Größe eines Jungfasans oder Rebhuhns. Mit den Falken – verwendet werden hauptsächlich die Weibchen des Wanderfalken, des Sakers, des Lanners, des Präriefalken und des Luggerfalken –, mit denen zugleich von der Faust gejagt wird, beizt man Fasan, Rebhuhn, Tauben, Möwen, Enten, Gänse, Reiher, Elstern und Krähen. Die Terzel der vorgenannten Arten eignen sich besser zum Anwarten. Bei Gerfalk, Baumfalk, Merlin und Eleonorenfalk werden beide Geschlechter von der Faust geflogen. Von den Adlerarten kommen nur der Stein-, der Kaiser- und der Habichtsadler, gelegentlich auch der Zwergadler, infrage. Sie sind nur bedingt einsetzbar und werden auf Hasen und Füchse angesetzt. Die B., zu deren Helfern vorstehende oder stöbernde Jagdhunde sowie das Frettchen gehören, erfordert von dem Falkner ein hohes Maß an Können, das er in einer besonderen gesetzlichen Prüfung nachweisen muss; ▸ Falknerprüfung, ▸ Beizerlaubnis).

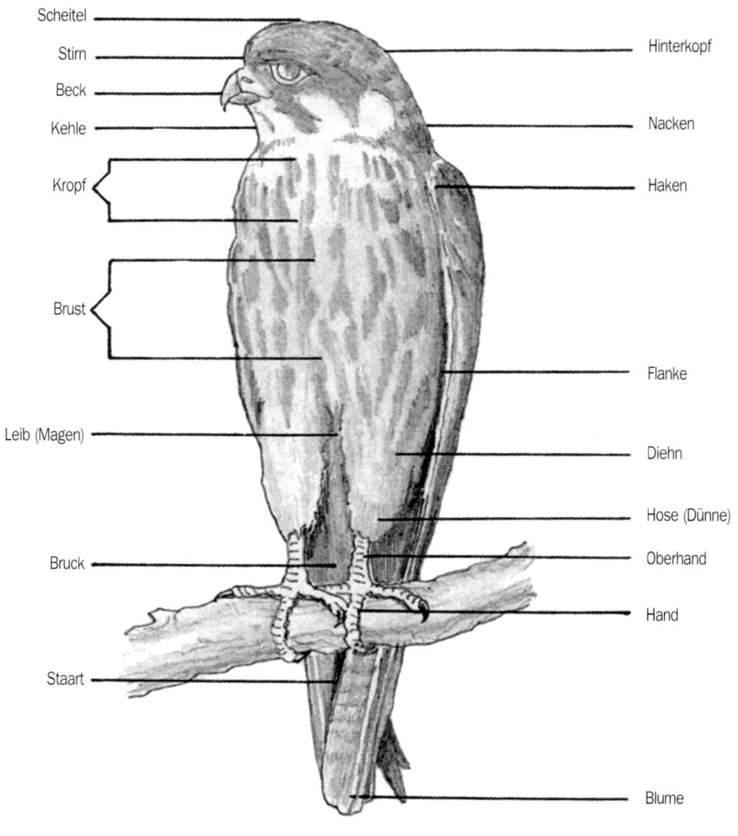

Falknerausdrücke für die Körperteile des Beizvogels (Beispiel Falke)

Beizsperber, der: Ein abgetragener ▸ Sperber; ▸ Beizjagd.

Beizvogel, der: **1**) Allgemeine Bez. für jeden zur ▸ Beizjagd abgetragenen Vogel. Hierzu eignen sich außer Falke, Habicht, Sperber und Adler auch der abgetragene Kolkrabe und der Würger. **2**) B. vom Hohen Flug und B. vom Niederen Flug; ▸ Beizjagd.

Beizwild, das: Das bei der ▸ Beizjagd gejagte Wild.

Beizwind, der: Ein bei der ▸ Beizjagd verwendeter leichter ▸ Windhund.

bejagen: **1**) Auf ein bestimmtes Wild jagen. **2**) In einem bestimmten Revier die Jagd ausüben; das Revier b.

Bejagungsregelung, die: Die Bejagung des Wildes ist so zu regeln, dass die berechtigten Ansprüche der Land- Forst- und Fischereiwirtschaft auf Schutz gegen ▸ Wildschäden möglichst gewahrt bleiben sowie die Belange von Naturschutz- Landschaftspflege und des Tierschutzes berücksichtigt werden. Innerhalb der hierdurch gebotenen Grenzen soll die Abschussregelung dazu beitragen, dass ein gesunder, in seiner Sozialstruktur intakter Bestand aller Wildarten in angemessener Zahl erhalten bleibt, sodass eine nachhaltige Nutzung gewährleistet und insbesondere der Schutz von Tierarten gesichert ist, deren Bestand bedroht erscheint. Die Abschussplanung für Schalenwild – ausgenommen Schwarzwild – ist getrennt nach Wildart, Geschlecht und ▸ Altersklassen beizubehalten. Sinnvollerweise sollten Vorschläge über die Abschussfestsetzung über die Hegegemeinschaften erfolgen, um einer wildbiologisch erforderlichen großflächigen Bewirtschaftung Rechnung zu tragen. Dazu benötigen die Hegegemeinschaften bzw. Hegeringe größere Befugnisse als bisher. So sollen die Zahlen des Abschussplanes, falls es revierübergreifend für erforderlich gehalten wird, in einem bestimmten Maß auch unter- oder überschritten werden können. Dadurch wird unvorhergesehenen Veränderungen in den Wildbeständen oder Lebensräumen Rechnung getragen. Eine planmäßige Bejagung des Schwarzwildes, die sich an Altersklassen orientiert, ist zu fördern. Dabei ist aus wildbiologischen Gesichtspunkten einer ausgewogenen Sozialstruktur Rechnung zu tragen. (Quelle: DJV-Handbuch »Jagd«).

Bekämpfung gefährlicher Hunde: ▸ Gefährliche Hunde.

Bekassine, die: ▸ Schnepfenvögel 2.

Bekker, Georg (22.9.1770 Darmstadt bis 24.8.1836 Darmstadt): Forstwirt und Zoologe. B. bildete sich nach Abschluss des Gymnasiums autodidaktisch v.a. in Natur- und Forstwissenschaften weiter und erhielt 1797 die Inspektion des landgräflich-hessischen Naturalienkabinetts und späteren zoologischen Museums in Darmstadt übertragen. B. promovierte 1804 an der Universität Jena zum Dr. phil. und wurde 1806 unter Ernennung zum Rat in das Großherzogliche Oberforstkolleg berufen. Er war Mitglied mehrerer gelehrter Gesellschaften. Er schrieb u.a. »Anleitung zum Ausstopfen und Aufbewahren der Vögel und Säugetiere« (1791) und war Mitherausgeber der »Deutschen Ornithologie« (1800 bis 1812).

belappen: Das Umstellen eines ▸ Treibens mit Lappen; ▸ einlappen.

Belauf, der (Hut): svw. ▸ Begang, früher der Dienstbereich eines Jägers/Forstbeamten zu Fuß; ▸ Beritt.

belaufen, sich: Beim Hund: svw. sich begatten. Die Hündin beläuft sich mit dem Hund, wenn sie sich mit ihm begattet; ▸ belegen.

Belche, die: ▸ Rallen 1.

Belchenjagd, die: ▸ Papchenjagd.

Belecken, das: ▸ Körperpflege, ▸ Mutter-Kind-Beziehung. .

belegen: Decken (Begatten) der Hündin durch den Rüden; die Hündin ist belegt, sie ist rein belegt, wenn sie von einem Rüden gleicher Rasse gedeckt wurde; ▸ belaufen.

Belehrungsschießen, das: Wird meist in Hegeringen, Kreis- bzw. Bezirksgruppen für Jäger und Anfänger durchgeführt, die in ihren Leistungen unsicher sind bzw. noch nicht gelernt haben, »durch das Feuer zu sehen«. Unter Anleitung erfahrener Jäger und Waffenmeister werden ihnen in theoretischen und praktischen Übungsstunden das notwendige Wissen und die richtige Handhabung der Waffe vermittelt.

Bell, der (engl.: bell, Glocke, Schelle): Auch die Rolle: Ein kleines rundes oder länglich rundes Glöckchen, das am Fuß bzw. an der Hand des ▸ Beizvogels oberhalb des Geschühriemens mit der sog. B.-Fessel befestigt wird. I.d.R. trägt der Beizvogel zwei B., d.h. an jeder Hand eine. Die B. (auch Jagd-B. genannt) erleichtern durch das Klingeln das Wiederauffinden des Beizvogels, außerdem zeigen sie an, dass es sich um einen abgetragenen Beizvogel handelt. Einige Falkner befestigen einen besonders leichten und laut klingenden B. am Staartansatz des Habichts. Sie befestigen ihn mit einer speziellen Klammer zwischen den Kielen der beiden ▸ Deckpennen. Darüber hinaus finden noch besonders schwere B. Verwendung, die sog. Wildflug-B., die dem Wildflugfalken (▸ Wildflug) angelegt werden, um ihn daran zu hindern, frühzeitig und unerlaubt Beute zu machen.

Bellen, die: ▸ Bell.

bellen: **1**) Lautäußerung des Hundes, die je nach Anlass und Stimmung verschieden ist. Scharfes, kurzes, warnendes B., freudiges, häufig durch ▸ Winseln unterbrochenes B., tiefes, rufendes B. (verbellen) vor gestelltem oder verendetem Wild, in der ▸ Jägersprache als ▸ Laut bezeichnet. **2**) Das B. des Fuchses zur ▸ Ranzzeit. **3**) Früher auch Bez. für das Lautgeben der Rehe.

Beller, der: **1**) Eine Hundeart, die den aufgebäumten Auerhahn so verbellte (▸ Auerhahn-B.), dass sich der Jäger unbemerkt heranpirschen konnte. **2**) ▸ Vogelhund. **3**) ▸ Fasanenbeller.

Bellfessel, die: ▸ Bell.

Bellhuhn, das: ▸ Rallen 1.

beludern: Alter und seltener Ausdruck für die Verwendung von Pferdekadavern usw. zum Wolfsfang.

bemalen (beschmeißen): Das Beschmutzen des Schlaf- und Horstbaumes mit Geschmeiß (Kot) durch den ▸ Greifvogel.

Bengel, der: ▸ Knüppel.

Benberg, R. A. von: ▸ Jagdliteratur.

bengeln (mittelhochdeutsch: bengel, Knüppel): Dem Hund einen Knüppel (Holzbengel) an das Halsband hängen, um ihn am schnellen Laufen bzw. am Wildhetzen zu hindern.

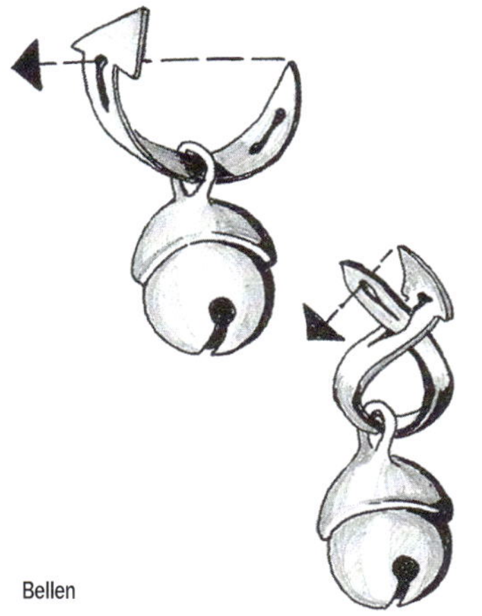

Bellen

benießen (benossen): Einen Hund genießen oder ▸ genossen machen; ihn nach gelungener Arbeit mit Teilen und ▸ Schweiß des zur Strecke gebrachten ▸ Hochwildes belohnen, um die Passion weiter anzuregen.

Beninde, Joachim (1905 bis 1939): Jagdwissenschaftler (Spezialgebiet: Biologie des Rotwildes) und Fachbuchautor. Er schrieb u.a. »Zur Naturgeschichte des Rothirsches« (1937) und »Die Fremdblutkreuzung (sogenannte Blutauffrischung) beim deutschen Rotwild« (1940).

benossen: ▸ benießen.

beperlt (geperlt): Mit ▸ Perlen versehene Geweih- oder Gehörnstangen.

berauschen: ▸ Beschlag 1).

Berberfalk, der: ▸ Falken.

Berberitze, die (*Berberis vulgaris*, L.): Auch Gemeiner Sauerdorn. Bis 3 m hoher, sehr stacheliger (Blattdornen), mittelgroßer bis großer Strauch mit schlanken, rutenförmigen, hängenden, gelblich grauen Zweigen. Die B. ist häufig in Gebüschen, Hecken und Holzschlägen, an Waldrändern, in Auwäldern, lichten Laub- und Kiefernwäldern anzutreffen. Sie blüht überreich von April bis Juni. Die Früchte

Berberitze Ende September

Karl Heinrich Edmund Freiherr von Berg

(hochrot und länglich) reifen im September/Oktober und bleiben oft den Winter über an den entlaubten Zweigen hängen. Sie werden gerne von Vögeln gefressen und, da unverdaulich, mit dem Kot abgesetzt und so verbreitet. In der Nähe landwirtschaftlicher Flächen ist die B. unerwünscht, da sie als Zwischenwirt des Getreiderostes (*Puccina graminis*), einer gefährlichen Pilzkrankheit des Getreides, dient.

Berchem, (Berghem) Nikolaes (1.10.1620 in Harlem getauft bis 18.2.1683 Amsterdam): Landschafts-, Hirten- und Tiermaler. Von ihm stammt u.a. »Rast an der Weinschänke«. Das Bild stellt u.a. einen höfischen Jäger mit Flinte und Falke auf dem Arm dar. Die Szene ist umgeben von Hunden und Dienstleuten.

Berdanzündhütchen, das: ▸ Büchsenpatrone.

Berdastil, der: ▸ Greiftierstil.

bereift: Vom Gamsbart: ▸ Reif.

bereiten: **1**) Das Packen einer Sau durch den ▸ Hatzhund. **2**) Das Revier zu Pferde bereiten; ▸ Beritt. **3**) Vom ▸ Greifvogel: svw. ▸ abtragen.

beren: Vom Vogelfänger (veraltet): die ▸ Dohnen mit Beeren behängen.

Beretta: Die Firma Pietro Beretta SpA mit Sitz in ▸ Gardone Val Trompia (Italien) wurde im Jahre 1526 zum ersten Mal urkundlich erwähnt. Die Firma ist nunmehr seit 15 Generationen in Familienbesitz und gehört zu den größten Waffenherstellern Europas. Die Tagesproduktion von B. beläuft sich (2002) auf ca. 1500 Waffen der unterschiedlichsten Art. Die Firma B. stellt Pistolen, Jagd- und Sportwaffen her.

Berg, Karl Heinrich Edmund, Freiherr von (30.11.1800 Göttingen bis 20.6.1874 Schandau): Forstmann, studierte ab 1815 in Dreißigacker und in Göttingen, trat 1820 bei den oberharzischen Berg- und Forstämtern zu Clausthal in Hannoversche Staatsdienste, wurde 1821 an der Forstschule Clausthal Hilfslehrer, 1824 Forstschreiber und 1830 Oberförster und Referent im Berg- und Forstamt. 1833 als Chef der Forstinspektion nach Lauterberg versetzt, führte er das Privatforstinstitut von Uslar zur Ausbildung praktischer Forstleute fort. 1845 ging er als Oberforstrat und Direktor der Akademie für Forst- und Landwirte nach Tharandt, wurde 1849 Mitglied des Landeskulturrates und 1866 pensioniert. Als berühmter Jäger und fleißiger Forstreisender wurde B. vielfach zu Kommissionen von großem Umfang herangezogen, z.B. von der russischen Regierung in Finnland (1858) und in Polen (1865). Er schrieb u.a. »Pürschgang im Dickicht der Jagd- und Forstgeschichte« (1869).

Bergadler, der: ▸ Adler 1.

Bergahorn, der: ▸ Ahorne 1.

Bergamsel, die: ▸ Drosseln 5.

Bergdohle, die: ▸ Rabenvögel 6.

Bergdrossel, die: ▸ Drosseln 2.

Bergelster, die: ▸ Würger 2.

Bergente, die: ▸ Wildenten 12.

Berger, Jean: ▸ Jagdbibliotheken.

Bergeule, die: ▸ Eulen 1.

Bergfalke, der: ▸ Falken 10.

Berggeier, der: ▸ Geier 4.

Berggratscher, der: Steirische Bez. für den Tannenhäher; ▸ Rabenvögel 10.

Berghahn, der: ▸ Raufußhühner 2.

Berghase, der: ▸ Hasen 1.

Berghirsch, der: Ein im Gebirge lebender Hirsch (Rothirsch) im Ggs. zum Tieflandhirsch; ▸ Hochlandhirsch, ▸ Steinhirsch, ▸ Auhirsch.

Berghühnli: ▸ Raufußhühner 4.

Bergjäck, der: ▸ Rabenvögel 10.

Bergjagd, die: ▸ Hochgebirgsjagd.

Bergkiefer, die: ▸ Kiefern 1.

Bergkrähen, die (*Pyrrhocorax*): Gattung der in der felsigen Gebirgsregion wohnenden Rabenvögel mit der Alpenkrähe und der Alpendohle; ▸ Rabenvögel 5. und 6.

Bergmann'sche Regel, die: Eine von Carl Bergmann (1814 bis 1865) aufgestellte biologische Regel, die besagt, dass Säugetiere und Vögel sowie die Populationen derselben ▸ Art von wärmeren geografischen Lagen zu den Polen hin an Größe zunehmen. Größere Tiere erleiden einen geringeren Wärmeverlust; ▸ Allen'sche Regel.

Bergmaus, die: Tiroler Bez. für das ▸ Murmeltier.

Bergmiller, F.: ▸ Jagdliteratur.

Bergreiher, der: ▸ Reiher 2.

Bergschaf, das: Bez. für das ▸ Muffelwild.

Bergschnepfe, die ▸ Schnepfenvögel 1.

Bergstock, der: Ein für die Jagd im Hochgebirge unentbehrlicher, etwa 2 m langer Stock (Jagdstock), der zum Abstützen auf unwegsamen Pirschpfaden, aber auch als Zielstock verwendet wird. Er ist i. Allg. so dick, dass er in die Faust passt, und wird aus dem rundgewachsenen Holz der Eberesche oder des Haselstrauches geschnitten. An seinem untersten Ende befindet sich eine Stahl- oder eine Eisenspitze. Beim lautlosen ▸ Pirschen wird der Stock umgedreht, sodass nur das Holz den Boden berührt.

Bergstutzen, der: Eine Kipplaufwaffe; ▸ Jagdgewehr 10.

Bergtaube, die: ▸ Wildtauben 3.

Bergulme, die: ▸ Ulmen 1.

Bergwild, das: Sammelbezeichnung für alles Wild, das im Hochgebirge vorkommt. Der Begriff umfasst somit alle Wildarten, die ausschließlich im Hochgebirge vorkommen (Gams- und Steinwild, Schnee- und Steinhuhn, Schneehase und Murmeltier), und alle übrigen Wildarten, die auch außerhalb des Hochgebirges verbreitet sind.

Bergwind, der: der Aufwind; ▸ Winde.

berichten: svw. ▸ abtragen; hauptsächlich beim Habicht, aber auch beim Falken gebräuchlich.

bericht sein: Von ▸ Beizvögeln: svw. abgerichtet sein (▸ abtragen); ein hauptsächlich beim Habicht, aber auch beim Falken gebräuchlicher Ausdruck.

Beringung von Vögeln: ▸ Vogelberingung.

Beritt, der (Forstberitt, Jagdberitt): In früherer Zeit die Bez. für den Dienst- bzw. Aufsichtsbezirk eines berittenen Forstmannes oder Jägers; ▸ Begang 2), ▸ Belauf.

Berlepsch, Karl Friedrich Freiherr von (8.2.1724 auf Schloss Berlepsch a. d. Werra bis 18.7.1790 Kassel): Kurfürstl. Hessen-Kasselscher Staatsminister und Oberjägermeister. Gehört neben ▸ Minnigerode und von ▸ Langen zu den sog. »fortschrittlichen Jägern«, ist aber in der Literatur kaum in Erscheinung getreten.

Berliner Eisen, das (Berliner Schwanenhals): ▸ Fallen 13.

Berlinklausel, die: Im Zuge der deutschen Wiedervereinigung erlosch die B. ▸ Einigungsvertrag. Nach §45 des BJG galt das Jagdgesetz nach Maßgabe des §13 (Abs. 1) des Dritten Überleitungsgesetzes vom 4.1.1952 auch im Land Berlin. Nach dem Überleitungsgesetz wurde Bundesrecht, dessen Geltung im Gebiet des Landes Berlin ausdrücklich bestimmt war, im Lande Berlin binnen eines Monats nach seiner Verkündigung im Bundesgesetzblatt in Kraft gesetzt. Wegen Einspruch des Kontrollrates (westlicher Militärgouverneure) galt es jedoch nicht in Westberlin. Am 27. März 1986 konnte jedoch wegen Wegfalls des Einspruchs das BJG in Berlin übergeführt werden.

Bernaert de Bridt (2. Hälfte des 17. Jh. bis nach 1722): Flämischer Tierstilllebenmaler, ab 1688 Meister der Antwerpener Gilde. Ihm zugeschrieben wird z.B. das Jagdgemälde »Erlegter Reiher«.

Berneis, Benno (1884 Fürth bis 1916 Frankreich): Maler B. studierte seit 1902 in München und bildete sich bei Max Liebermann, Lovis Corinth und Max Slevogt fort. B. wurde bekannt durch seine impressionistisch gestalteten Sport- und Jagdszenen und Porträts.

Berner Bracke, die (Berner Laufhund): ▸ Schweizer Laufhunde.

Berner Konvention, die: Im Jahre 1979 von 19 Staaten geschlossenes »Übereinkommen über die Erhaltung der europäischen wild lebenden Pflanzen und Tiere und ihrer natürlichen Lebensräume«. Insbesondere »die Arten und Lebensräume, deren Erhaltung die Zusammenarbeit mehrerer Staaten erfordert«, sollen erhalten und eine zwischenstaatliche Zusammenarbeit gefördert werden; ▸ Artenschutzrecht, ▸ Bonner Konvention.
Berner Niederlaufhund, der: ▸ Schweizer Laufhunde.
Bernhardt, August: ▸ Jagdliteratur.
Bernickelgans, die: ▸ Wildgänse 8.
Berrens, Karl H., Dr. med (1913 bis 1988): Arzt und Jagdfachschriftsteller. B., ein Kunstkenner und international anerkannter Experte auf dem Gebiet der Jagdkunst, wurde in Würdigung seiner langjährigen Verdienste um die Förderung der Jagdkunst 1985 mit dem Kulturpreis des Deutschen Jagdschutz-Verbandes ausgezeichnet. Er schrieb u.a. »Geschichte der Jagdkunst von der Höhlenmalerei bis zur Münchner Schule« (1984), »Meine schönsten Kurzgeschichten – Dianas Wächter«, illustriert von Ludwig Peinecke, daneben war B. Co-Autor des BLV-Jagdlexikons.
Berry, Jean Herzog von (1340 bis 1416): ▸ Jagdliteratur.
bersarii: ▸ Jagdgeschichte 1.
Berufsjäger, die: Personen, welche die Ausbildung zum Revierjäger bzw. zur Revierjägerin (staatlich anerkannter Ausbildungsberuf; landwirtschaftlicher Ausbildungsberuf) erfolgreich abgeschlossen haben; ▸ Revierjäger, Revierjägerinnen. In früherer Zeit (zur Zeit des Absolutismus) war der B.-Stand stark ausgeprägt und von einer straffen Ranghierarchie gekennzeichnet. In hohem Ansehen standen die adeligen Jagdbediensteten (meist ohne besondere Ausbildung), während die einfachen Jäger mehr dem Jagdpersonal zuzuordnen waren. Gerade aber an sie wurden – auch in der Ausbildung – hohe Ansprüche gestellt. Sie mussten u.a. fährten- und hirschgerechte Jäger sein, große Jagden (▸ Eingestellte Jagen) einrichten können und sämtliche mit der Jagd zusammenhängende Gebiete beherrschen. Die Ausbildung zum B. war je nach Zeitepoche und Landesteil unterschiedlich, der Abschluss mit einem besonderen Zeremoniell verbunden (▸ Lehrbrief, ▸ Lehrprinz, ▸ Lehrzeit, ▸ Wehrhaftmachen). Die Bezahlung für die einfachen Jäger war sehr gering, z.T. war sie nur eine Naturalentlohnung (▸ Jägerrecht 1). Entsprechend ihrer Verwendung teilte man die B. in hirschgerechte Jäger, Parforce-, Feld- und Reisjäger ein, wobei bei Letzteren noch nach Otterjäger, Biber-, Fuchs- und Vogelfänger usw. unterschieden wurde. Ein besonderer Stand waren die Falkeniere mit späteren Rangbezeichnungen wie Falkner, Hilfsfalkner, Oberfalkner, Falken-, Oberfalken- und Großfalkenmeister. Die Bez. der Jäger, aber auch ihre Dienststellung, besonders bei Hofe, waren sehr unterschiedlich; auch Fasanen-, Jäger-, Jagdzeug- und Oberjägermeister, Hundejungen, Jagdjunker, Jagdlakai, Jagdpage, Jägerbursche, Oberjäger, Piqueur sowie Jagdhöfe, Jägerschlag und Jägerlehrhof. In der Schweiz werden die B. Wildhüter genannt.
Berufsjägerausbildung, die: ▸ Revierjäger, Revierjägerinnen.
Berufsjägerorganisationen, die: ▸ Revierjäger, Revierjägerinnen.
Berufsverband Deutscher Berufsjäger e.V. (BDB): ▸ Revierjäger, Revierjägerinnen.
berupfen: Von Hunden: dem Hasen die Wolle oder den Vögeln die Federn ausreißen; ▸ Rupfer 2).
Berzel, der: svw. ▸ Bürzel.
Besatz, der: Die Gesamtzahl des in einem Revier vorhandenen Niederwildbestandes (außer Rehwild) oder einer einzelnen Niederwildart, z.B. der B. an Hasen oder Hühnern; ▸ Wildstand.
besaugen: Vom Rotwild: das Rotwildkalb besaugt das Muttertier; seltener von anderen Wildarten.
Beschädigungskampf, der: Aggressive soziale Auseinandersetzung. Bei innerartlichen Rivalenkämpfen (z.B. ▸ Kommentkampf) kann es zu Verletzungen kommen, die auch zum Tode führen können. Man bezeichnet solche Kämpfe, die v.a. bei Ratten und bei Wölfen, aber auch bei wirbellosen Tieren (z.B. bei Krebsen und Spinnen) vorkommen, als B. In der freien Natur kommt es auch bei einem B. wegen der fast immer vorhandenen Fluchtmöglichkeit selten zu lebensgefährlichen oder tödlichen Verletzungen.
bescheln: svw. abschälen, ▸ zerwirken (nach Gottfried von Straßburgs »Tristan und Isolde«).
beschicken: Das Futter in einer ▸ Wildfütterung oder ▸ Schütte ausschütten; die Fütterung wird beschickt oder versorgt.
beschießen: **1**) Allgemeine Bez. für das Schießen auf ein Stück Wild. **2**) Einen Teil der ▸ Feldhühner wegschießen; das Volk (z.B. bei Rebhühnern) ist beschossen. **3**) Eine Jagd b., d.h. die Jagd überhaupt ausüben.
beschildert: Bei den Vögeln: vorne an den Fußwurzeln mit schuppenförmigen Schildern bedeckt sein.
Beschlag, der: **1**) Der Begattungsakt (Deckakt) bei allem ▸ Schalenwild, beim Schwarzwild auch Berauschen, beim Rotwild seltener Bedecken genannt; ▸ beschlagen. **2**) ▸ Kleidung. **3**) Die metallenen Schutz- oder Verstärkungsteile (▸ Mundblech, ▸ Ortband, Schienen, Scheidenbänder) bei Lederscheiden oder lederbezogenen Holzscheiden für ▸ Blanke Waffen.
Beschläge, die: **1**) Moder oder Schlamm, den das Wild (Rot- oder Schwarzwild) nach dem Suhlen (Baden) an Bäumen oder Sträuchern abstreift. **2**) Die Metallverzierungen und Schnallen an der ▸ Hirschfängerkoppel und an der ▸ Hornfessel. **3**) ▸ Gefege 1). **4**) Die ▸ Fegestellen an Bäumen oder Sträuchern. **5**) ▸ Kleidung.
beschlagen: **1**) Die Begattung durch das männliche ▸ Schalenwild (▸ Beschlag). **2**) Der Zustand des trächtigen weiblichen Schalenwildes; das Stück ist b. oder das Stück ist hochbeschlagen (kurz vor dem ▸ Setzen).
beschleichen: svw. anpirschen; ▸ pirschen.
Beschluss, der (Schluss): Ein ▸ Hirschgerechtes Zeichen.
beschmeißen: ▸ bemalen.
beschneit: Vom Gamsbart: svw. bereift sein (▸ Reif); die Bez. ist hauptsächlich in der Ferlacher Gegend in Kärnten üblich.
beschossen: ▸ beschießen.
Beschränkungen des Jagdrechts: ▸ Jagdbeschränkungen.
Beschuss, der: Der amtliche B. ist eine Festigkeitsprüfung, bei der spezielle Patronen mit überhöhter Pulverladung verwendet werden. Damit soll sichergestellt werden, dass die Waffen den Gasdruckbelastungen standhalten und damit die Sicherheit des Schützen und seiner Umgebung gewährleistet ist. Für Kugelläufe werden Patronen verwendet, die einen Überdruck von mindestens 30% über der stärksten handelsüblichen Patrone des betreffenden Kalibers haben. Für Schrotläufe werden Patronen mit doppeltem Druck von Normalpatronen verwendet. Nach dem Waf-

Rehwild beim Beschlag

fengesetz müssen ▸ Handfeuerwaffen, Böller, Einsteckläufe oder Austauschläufe, die in den Handel gebracht oder anderen überlassen werden, amtlich beschossen sein (▸ Beschusspflicht).

Beschussämter, die: Der amtliche (staatliche) Beschuss hat durch eines der sieben deutschen B. zu erfolgen. Neben dem amtlichen bundesdeutschen Beschusszeichen (stilisierter Bundesadler) muss auch das Zeichen des jeweiligen Beschussamtes angebracht werden. B. (Beschussstellen) gibt es in Suhl (Sohle mit Hacke), Mellrichstadt (Rautenschild), Hannover (Pferd), Kiel (Nesselblatt), Köln (drei Kronen), München (Rautenschild) und Ulm (Geweihstange). Die österreichischen B. befinden sich in Ferlach und Wien. In Deutschland wird der staatliche Beschuss von folgenden Ländern (und umgekehrt) anerkannt: Belgien, Chile, Tschechien und Slowakei, Großbritannien, Frankreich, Italien, Österreich, Ungarn, früheres Jugoslawien und Spanien.

Beschusspflicht, die: Die B. wird durch das Beschussgesetz geregelt.
§3 B. für Feuerwaffen und Böller:
(1) »Wer Feuerwaffen, Böller sowie höchstbeanspruchte Teile, die ohne Nacharbeit ausgetauscht werden können, herstellt oder in den Geltungsbereiches dieses Gesetzes verbringt, hat sie, bevor er sie in der Verkehr bringt, durch ▸ Beschuss amtlich prüfen zu lassen. Satz 1 gilt nicht für Gasböller, die gemäß §7 Abs. 1 Satz 1 in ihrer Bauart und Bezeichnung zugelassen sind. Wird eine Feuerwaffe aus bereits geprüften höchstbeanspruchten Teilen zusammengesetzt, so gilt Satz 1 entsprechend, wenn einzelne Teile zu ihrer Einpassung der Nacharbeit bedürfen oder nicht mit dem für diese Waffe vorgeschriebenen Beschussgasdruck beschossen sind.«
(2) »Wer an einer Feuerwaffe oder einem Böller, die nach Absatz 1 geprüft sind, ein höchstbeanspruchtes Teil austauscht, verändert oder instand setzt, hat den Gegenstand erneut durch Beschuss amtlich prüfen zu lassen. Dies gilt nicht für Feuerwaffen, deren höchstbeanspruchte Teile ohne Nacharbeit lediglich ausgetauscht worden sind, sofern alle höchstbeanspruchten Teile mit dem für diese Waffen vorgeschriebenen Beschussgasdruck beschossen worden sind.«
Mit den Ausnahmen der B. befasst sich §4 des Beschussgesetzes.

Beschussprüfung, die: Eine staatliche Gewaltprobe für Feuerwaffen. Nach dem Beschussgesetz (§5) ist zu prüfen, ob die höchstbeanspruchten Teile der Feuerwaffe der Beanspruchung standhalten, der sie bei der Verwendung der zugelassenen Munition oder der festgelegten Ladung ausgesetzt werden (Haltbarkeit), die Verschlusseinrichtung, die Sicherung und die Zündeinrichtung sowie bei halbautomatischen Schusswaffen der Lademechanismus einwandfrei arbeiten und die Waffe sicher geladen, geschlossen und abgefeuert werden kann (Funktionssicherheit). Auf Antrag ist der ▸ Beschuss von Schusswaffen mit glatten Läufen mit einem erhöhten Gasdruck (verstärkter Beschuss) oder mit Stahlschrotmunition vorzunehmen. Ergeben sich bei diesen Untersuchungen keine Beanstandungen, erhält die Waffe das amtliche ▸ Beschusszeichen (Prüfzeichen).

Beschusszeichen, das: Ein Prüfzeichen für Feuerwaffen, Böller und deren höchstbeanspruchte Teile. Sie sind nach dem Beschussgesetz mit dem amtlichen B. zu versehen, wenn sie mindestens weißfertig sind und die ▸ Beschussprüfung keine Beanstandung ergeben hat. Andernfalls sind sie mit dem amtlichen Rückgabezeichen zu versehen. Höchstbeanspruchte Teile, die nicht mehr instand gesetzt werden können, sind als unbrauchbar zu kennzeichnen (vgl. §6 Beschussgesetz).

Beschwichtigungsgebärden, die: ▸ Demutsgebärden.

besetzen: **1)** Das Beziehen eines zugewiesenen Standes bei einer ▸ Treibjagd oder einer ▸ Drückjagd; die Stände oder ▸ Wechsel werden mit ▸ Schützen besetzt. **2)** Ein Revier ist gut (Ggs.: schlecht) mit Wild besetzt, wenn es sich ständig darin aufhält;▸ Besatz.

besonders geschützte Arten: ▸ Art.

Besitz von Schusswaffen und Munition durch Jäger: ▸ Waffenrecht.

besprengen: Das Bespritzen des unruhigen ▸ Beizvogels mit Wasser. Ein Falke verhält sich wesentlich ruhiger, wenn er benässt wird. Üblich ist es, den Falken mit einer feinen Blumenspritze zu beträufeln. Früher geschah das B. dadurch, dass man einen Schluck Wasser über den Falken ausprustete.

Bestand, der: **1)** (Wildbestand) ▸ Wildstand. **2)** Eine Waldfläche, die sich durch Alter, Holzart, Standort, Struktur und Wuchs deutlich von der Umgebung unterscheidet und deren Größe und Form eine selbstständige Bewirtschaftung ermöglichen.

Beständer, der: Lokale Bez. (Hessen und Mittelrheingebiet) für Jagdpächter.

Bestand(e)sbegründung, die: Die Anlage eines neuen Waldbestandes durch natürliche (▸ Anflug oder ▸ Aufschlag) oder künstliche (Saat oder Pflanzung) Verjüngung (Kultur). Beide Verjüngungsarten werden in der Forstwirtschaft angewendet.

Bestandesjagden, die: ▸ Gnadenjagden, die der Landesfürst früher gegen eine jährliche, oft hohe Abgabe verlieh.

Bestand(e)spflege, die: Waldbauliche Pflegemaßnahmen zur Erreichung einer höchstmöglichen Massen- und Wertleistung im Sinne des forstlichen Betriebsziels.
1. Jungwuchspflege: Schutz des ▸ Jungwuchses vor Schäden aller Art, z.B. Schutz vor Mäusen, Weidevieh, Wild; daneben Beseitigen von verdämmenden Wildkräutern, Entfernen unerwünschter Baum- und Straucharten, Auflockerung zu dichter Naturverjüngung und ggf. ▸ Nachbesserung bei Fehlstellen sowie das Entfernen kranker und beschädigter Bestockungsglieder.
2. Dickungspflege: Auch ▸ Läuterung, Reinigung, Säuberung, negative Auslese von ▸ Protzen, Zwiesel und Vorwüchsen; Herausnahme von pilz- und krebsbefallenen Bäumen, Begünstigung und Freistellung der erwünschten ▸ Mischbaumarten.
3. Jungdurchforstung (Auslesedurchforstung): Pflege des ▸ Stangenholzes, v.a. der ▸ Auslesebäume, durch Beseitigung von schädigenden oder bedrängenden Konkurrenten (Stammzahlreduzierung). Die J. steigert zugleich den ▸ Zuwachs.
4. Lichtwuchsdurchforstung (Altdurchforstung): Pflegemaßnahmen in der zweiten Umtriebszeithälfte, wobei hier vorrangig die Kronenfreistellung künftiger Samenbäume erfolgt. Die Hochdurchforstung beschränkt sich hauptsächlich auf die Entnahme von Bäumen in der herrschenden Baumklasse, während bei der Niederdurchforstung in die beherrschte Baumklasse, d.h. in den Unter- und Zwischenstand, eingegriffen wird. Die schematische Durchforstung (geometrische oder Reihendurchforstung) wird nur in Nadelholzmonokulturen angewandt. Hierbei wird immer eine gepflanzte Reihe (z.B. die dritte) entnommen.
5. Vorratspflege: Die V. sind Pflegehiebe in älteren Baum- und Althölzern, in denen die Auslese der Tüchtigsten durch die vorangegangenen Durchforstungen erfolgt ist.

Bestandsermittlung, die (Bestandserfassung): Nachweismethoden zur Ermittlung des

Beschusszeichen an der Unterseite einer Bockbüchsflinte

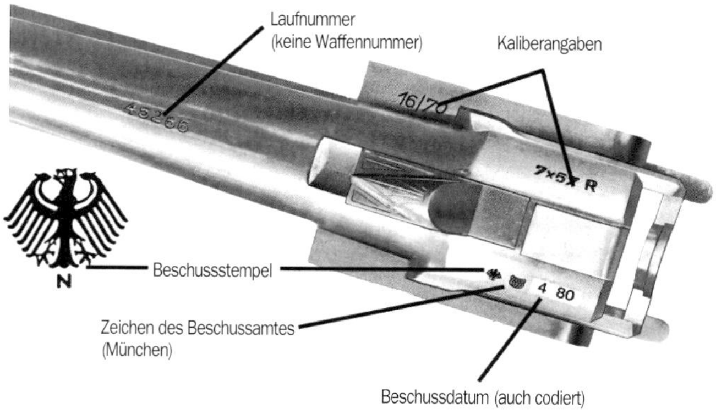

Wildstandes (▸ Wildzählung) durch Direktbeobachtung und indirekte Nachweise, z.B. Abfährten, Funde der Trittsiegel, Haare, Lager, Wechsel, Fege- und Schälschäden, Abwurfstangen, Losung etc.; ▸ Scheinwerferzählung.

Bestandspyramide, die: ▸ Altersklassenaufbau.

Bestandsunterstützung, die: Bez. für alle Maßnahmen, die dazu beitragen, gefährdete Tierarten in ihrem Bestand zu erhalten. Zur B. gehören neben der Lebensraumverbesserung (Äsungs- und Deckungsverbesserung) das ▸ Aussetzen und ▸ Auswildern und die Wiederansiedlung der in ihrem Bestand bedrohten Tierarten, aber auch die Dezimierung ihrer natürlichen Feinde. Die B. erfolgt hauptsächlich bei Fischotter, Feldhase, Fasan, Rebhuhn, Raufußhühnern, Luchs, Wildkatze, Eulen und Wanderfalke.

bestätigen (bestatten): Das Feststellen und genaue ▸ Ansprechen eines Stück Wildes, seines Standortes, ▸ Wechsels, ▸ Lagers oder ▸ Passes; hauptsächlich beim Hirsch, beim Rehbock und beim Auerhahn gebräuchlich. Man sagt: »Der Jäger hat den Hirsch, Bock usw. bestätigt.«

bestätigte Jagdaufseher: ▸ Jagdaufseher.

bestätigtes Jagen, das (Bestätigungsjagen): ▸ Eingestellte Jagen 4.

Bestätigungsjagen, das (Bestattjagen): ▸ Eingestellte Jagen 4.

bestatten: ▸ bestätigen.

Bestattjagen, das (Bestätigungsjagen): ▸ Eingestelltes Jagen 4.

Besteck, das: Bei ▸ Blanken Waffen (z.B. Waidbesteck) in der Scheide mitgeführtes Zubehör (Messer, Gabel, Pfriem u.a.).

bestecken: Die Steckgarne zum Hühnerfang aufstellen; ▸ Garne.

besteigen (▸ betreten): Vom Auer- und Birkhahn: die Henne besteigen, um sie zu treten (begatten, befruchten). Beim Rotwild weniger gebräuchlich; ▸ bespringen, ▸ beschlagen 1).

Bestiarien, die: B. sind mittelalterliche allegorische Bücher, in denen Tieren bestimmte Eigenschaften zugewiesen wurden, die man in Beziehung zu den bekanntesten Gestalten und typischen menschlichen Verhaltensweisen setzte. Die B. des Mittelalters basieren auf religiös-allegorischen Traktaten über Tiere wie dem »Physiologos«, ein Buch mit Naturbeschreibungen, das wahrscheinlich im 2. Jh. in Alexandria/Ägypten entstand. Es wurde im 4. Jh. aus dem Griechischen ins Lateinische übersetzt und erfuhr zahlreiche Bearbeitungen. Der heilige Isidor, Bischof von Sevilla/Spanien, erweiterte es in seiner »Etymologiae«, indem er den 74 Geschöpfen der Handschrift fünf weitere Tiere und ein Fabelwesen hinzufügte: Wolf, Steinbock, Hund, Krokodil, Eule und Drache. Die B. gehörten zu den beliebtesten Büchern im mittelalterlichen Europa und wurden auch als Lehrbuch benutzt. Die häufig illustrierten Tierbücher, einige auch mit Jagdszenen, haben die bildenden Künstler aller Zeiten immer wieder beschäftigt und zu Meisterleistungen veranlasst. Die B. wurden in Klöstern oft kopiert und erreichten eine Verbreitung, die jener der Bibel nur in Wenigem nachstand. Die erste deutsche Fassung entstand im 11. Jh. im Kloster Hirsau im Schwarzwald; ▸ Tierdichtung.

bestreiten: Das Befruchten einer bestimmten Anzahl von Fasanenhennen durch den Hahn; der Hahn bestreitet sieben bis zehn Hennen, d.h., er kann sie alle fruchtbar treten (begatten).

Besuch, der: Früher übliche Bez. für den mit dem ▸ Leithund ins Revier gehenden Jäger, um Wild, speziell Rotwild, zu suchen.

Besuchsjäger, der (Besuchjäger, Besuchsknecht, Suchmann, Suchjäger): Früher der Führer eines ▸ Leithundes, der an der ▸ Fährte, an Schritt und Schrank und an anderen ▸ Hirschgerechten Zeichen feststellen (bestätigen) musste, um was für einen Hirsch es sich handelte. Auf seiner Sachkenntnis beruhte mehr oder weniger der Erfolg der Jagden (▸ Parforcejagd). Gute B. standen daher in hohem Ansehen. Nach französischer Sitte verwahrte der B. die Losung des bestätigten Hirsches in seinem Hifthorn auf und zeigte sie nach seiner Rückkehr dem Jagdherrn vor. Der B. musste ein ▸ hirschgerechter Jäger sein.

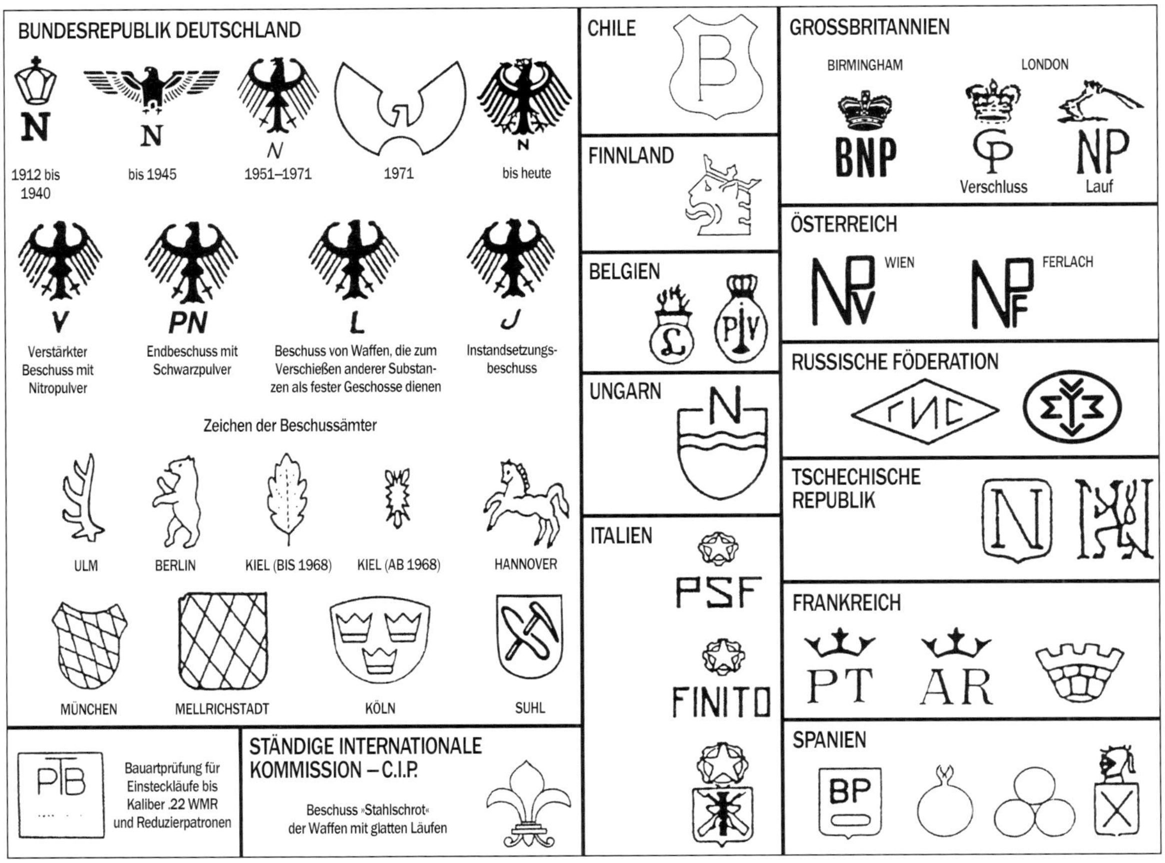

Amtliche Beschusszeichen für den Endbeschuss mit rauchlosem Pulver (Nitropulver)

Johann Elias Ridinger (11698–1767): »Suchjäger (Besuchsknecht) mit Leithund an langer Leine, aus dem Wald in freies Gelände tretend«, grau und braun lavierte Federzeichnung in Bister

Besuchsknecht, der: ▸ Besuchsjäger.
betreten: svw. treten, das Begatten bei allem Federwild; ▸ besteigen, ▸ bestreiten.
Betreten des Waldes: Zum Zwecke der ▸ Erholung in der freien Natur ist das B. d. W. nach dem Bundeswaldgesetz jedermann gestattet. Das ▸ Radfahren, das Fahren mit Krankenfahrstühlen und das ▸ Reiten im Wald ist nur auf Straßen und Wegen gestattet. Die Benutzung erfolgt auf eigene Gefahr. Die Länder regeln die Einzelheiten. Sie können das B. d. W. aus wichtigen Gründen, insbesondere des ▸ Forstschutzes, der Wald- oder der Wildbewirtschaftung, zum Schutz der Waldbesucher oder zur Vermeidung erheblicher Schäden oder zur Wahrung anderer schutzwürdiger Interessen des Waldbesitzers einschränken und andere Benutzungsarten ganz oder teilweise dem Betreten gleichstellen. Solche einschränkenden Maßnahmen sind überwiegend in den Forstgesetzen und den Naturschutzgesetzen der Länder geregelt. Einschränkende Bestimmungen enthalten aber auch das Wasser-, das Straßen- und das Straßenverkehrsrecht. Zum B. d. W. gehören auch das Skifahren, das Schlittenfahren, das Ballspielen und ähnliche sportliche Betätigungen in der freien Natur. Die unteren ▸ Naturschutzbehörden können durch Rechtsverordnung oder Einzelanordnung das Betreten von Teilen der freien Natur im erforderlichen Umfang untersagen oder beschränken, soweit das Betretungsrecht nicht nach anderen Vorschriften ausgeschlossen oder beschränkt werden kann. Wird das Betretungsrecht ausgeschlossen oder eingeschränkt, müssen deutlich sichtbare Sperren, insbesondere Einfriedungen (z.B. Kulturzäune) und Schranken, sowie eine ausreichende Zahl von Beschilderungen angebracht werden. Beschilderungen müssen auf einen gesetzlichen Grund hinweisen, der eine Beschränkung des Betretungsrechts rechtfertigt. Kurzfristige Sperren können auch aus Gründen der Sicherheit angebracht werden (z.B. Holzfällung und -transport, Durchführung einer Jagd). Bei gemeinschaftlichen Jagden (z.B. bei Durchführung einer Drückjagd auf Schwarzwild) kann der ▸ Jagdausübungsberechtigte bestimmte Teile des Jagdbezirks für kurze Dauer sperren. Das kurzzeitige Sperren von Wald und Flur ist der zuständigen Behörde anzuzeigen. Das gesperrte Gebiet ist durch Schranken, Schilder etc. so zu kennzeichnen, dass die Sperre auch von Dritten deutlich erkannt wird. In Bayern sind der Genuss der Naturschönheiten und die Erholung in der freien Natur, insbesondere das B. d. W. und der Bergweide usw., in der Verfassung (BV Art. 141 Abs. 3) festgelegt.
Betriebsarten, die (Waldbetriebsarten): Bez. für die unterschiedlichen Arten der technischen Waldbewirtschaftung. Unterschieden wird nach Hoch-, Nieder- und Mittelwald.
Hochwald: Hochstämmiger ▸ Wirtschaftswald aus Nadel- und Laubbaumarten, der aus Samen (Kernwüchsen), Naturverjüngung, Saat oder Pflanzung entsteht. Das Betriebsziel ist die Produktion von Nutzholz.
Niederwald: Setzt sich aus Laubbaumarten zusammen und entsteht überwiegend nach dem Fällen durch erneutes Austreiben des verbleibenden Wurzelstockes (▸ Stockausschlag). Das Betriebsziel ist hier die Produktion von Brennholz und Gerbrinde.
Mittelwald: Besteht aus Laubbaumarten, hauptsächlich Eiche, und bildet sich z.T. als Kernwuchs aus Samen (Oberholz), z.T. aus Stockausschlägen (Unterholz) aus. Der Mittelwald ist eine Mischung aus Hoch- und Niederwald. Das Betriebsziel ist die Produktion von Brennholz und Starkholz.
Betrügerei, die: **1**) Wenn ein Beizvogel (Falke) kleinere Beutevögel schlägt und diese kröpft, bevor der Falkner ihn erreicht, so sagt man: »Er ist scharf auf Betrügereien.« **2**) Wenn sich der Beizvogel beim Herannahen des Falkners regungslos über der Beute duckt, um übersehen zu werden, so begeht er eine B.
Bett, das: Die Stelle, an der sich das wiederkäuende ▸ Schalenwild niedertut, um zu ruhen; das Wild »sitzt im B.«. Beim Schwarzwild wird diese Stelle Lager (Kessel), beim Hasen Sasse (Lager) genannt.
Bettelflug, der: Die gerade flügge gewordenen Junghabichte fliegen dem mit Beute anstreichenden Habichtsterzel oder dem Habicht lahnend (rufend bzw. bettelnd) entgegen, um ihm die Beute abzubetteln; ▸ Bettelverhalten.
Bettelverhalten, das: Verhaltensform bei vielen Tierarten (von den Insekten bis zu den Säugetieren), die die Elterntiere dazu bewegen soll, die Jungtiere zu füttern. So betteln z.B. junge Vögel um Futter, indem sie seitlich gegen den Schnabel der Eltern klopfen. Taucht die gleiche Bewegung bei ausgewachsenen Tieren auf, ist sie ein Signal für Kontaktbereitschaft.
Bettschaft, die: Österreichische Bez. für ▸ Petschaft; ▸ Abwurfstange.
Betze, die: ▸ Bätze.
Beuchel, das: ▸ Hirschgerechte Zeichen.
Beunruhigungsjagd, die: Eine spezielle Form der ▸ Drückjagd, v.a. auf Reh- und Dam-

wild, auf großer zusammenhängender Fläche (z.B. durch Zusammenfassung mehrerer ▸ Jagdbezirke). Kennzeichen einer B. gegenüber einer herkömmlichen Drückjagd ist v.a. die große Zahl der teilnehmenden Schützen mit nur wenigen Treibern (Sicherheit!) und eine größere Anzahl ▸ brauchbarer Jagdhunde (v.a. Stöberhunde). Ähnlich wie bei einer Drückjagd soll auch bei der B. ein ständiger ▸ Jagddruck vermieden und zugleich der Abschuss durch einen einmaligen Eingriff weitgehend erfüllt werden; ▸ Bewegungsjagd, ▸ Wildruhezonen.

Beunruhigung von Wild: Beabsichtigte und unbeabsichtigte Störung wild lebender Tiere aller Art. Hierzu gehören insbesondere: sportliche Betätigungen in der freien Natur (Wandern, Bergsteigen, Skifahren, Ballspielen, Joggen, Radfahren, Reiten, Pilzesammeln, Abwurfstangensuchen u.a.; ▸ Betreten des Waldes, Radfahren im Wald, Reiten im Wald), i. w. S. auch land- und forstwirtschaftliche Aktivitäten sowie intensive Jagdausübung (▸ Jagddruck). Nach §19 BJG ist es verboten, Wild, insbesondere sofern es in seinem Bestand gefährdet oder bedroht ist, unbefugt an seinen Zuflucht-, Nist-, Brut- oder Wohnstätten durch Aufsuchen, ▸ Fotografieren, Filmen oder ähnliche Handlungen zu stören. Die Länder können für bestimmtes Wild Ausnahmen zulassen. Ähnliche Vorschriften enthält auch das Bundesnaturschutzgesetz, wobei sich der Schutz nicht auf die Handlungen bezieht, die im Rahmen einer ordnungsgemäßen land-, forst- oder fischereiwirtschaftlichen Bodennutzung notwendig sind. Erlaubt hingegen ist die sanfte B. im Rahmen einer ordnungsgemäß durchgeführten Jagdausübung, z.B. bei ▸ Bewegungsjagden (Drückjagden auf Schalenwild; ▸ Beunruhigungsjagd). B. kann zu erhöhtem Energieverbrauch des Wildes führen und dessen Ernährungsrhythmus stören. Die Folgen sind i. Allg. deutlich ansteigender Verbiss-, Fege- und Schäldruck. Auch wird das Wild zum ▸ Nachtwild oder besiedelt wie das Gamswild verstärkt Waldgebiete; ▸ Jagdbeschränkungen; ▸ Wildruhezonen.

Beuschel, das: ▸ Bäuschel.

Beute, die: Das erbeutete Wild, die gesamte Strecke.

Beutebruch, der: In Österreich Bez. für Schützenbruch; ▸ Bruchzeichen 1).

Beutefalke, der (Beutehabicht): Ein bei der Jagd besonders erfolgreicher ▸ Beizfalke oder -habicht.

Beutefang-Auslöser, der: In der Wildbiologie Bez. für verschiedene Verhaltensweisen der Beutetiere, die beim ▸ Beutegreifer (▸ Carnivora) den Fang- bzw. Tötungstrieb auslösen; z.B. kann das Geflatter der Hühner oder der Tauben dazu führen, dass ein in den Stall bzw. in den Taubenschlag eingedrungener Marder den gesamten Bestand tötet. Das ist jedoch kein »Blutrausch«, wie diese Reaktion häufig bezeichnet wird.

Beutegreifer, die: Auch Prädatoren (englisch: Predator). Von H. ▸ Brüll geprägter Begriff für Tierarten, die sich von Beutetieren ernähren,

Heute in unseren Wäldern sehr selten gewordene Beutegreifer (Luchs, Wolf und Wildkatze)

die sie schlagen, d.h. greifen und töten (Raubtiere; ▸ Carnivora); ▸ Raubwild.

Beutel, der: svw. Sack; ▸ Sackgarn.

beuteln: Das Gefiederausschütteln und Sich-Prusten des Auerhahns frühmorgens beim Erwachen; seltener beim Birkhahn gebräuchlich.

Beuteschmarotzer, die: Tiere, die anderen Tieren die Beute abnehmen, z.B. die ▸ Raubmöwen den ▸ Seeschwalben.

beverarii: ▸ Jagdgeschichte 1.

Bewegungsjagd, die: Eine ▸ Gesellschaftsjagd, die i.d.R. nur einmal pro Jahr in einem Teilgebiet des Reviers stattfinden sollte und bei der bevorzugt einzeln jagende Hunde eingesetzt werden. Diese müssen vom Wesen und vom Körperbau her geeignet sein. Unter dem Begriff B. sind die Jagdarten ▸ Treibjagd, ▸ Drückjagd, ▸ Lappjagd, ▸ Riegeljagd und ▸ Beunruhigungsjagd zu verstehen; ▸ Wildruhezonen.

Bewertungsformeln, die: ▸ Trophäenbewertung.

bewohnen: Vom Dachs: seinen ▸ Bau bewohnen.

Beymesser, das: Veraltete Schreibweise für Beimesser, einen Teil des Waidbestecks (▸ Blanke Waffen).

Beyschaft, die: Veraltete bayerische Schreibweise für ▸ Beischaft.

beziehen: **1**) Vom Auerhahn: anfangen zu balzen; die ▸ Balz betreten. **2**) Sich b.; bei den Jagdhunden: sich begatten; ist die Hündin begattet, so hat sie sich bezogen.

Bezirksjägermeister, der: ▸ Landesjagdorganisation.

Bezoar, das (Bezoarsteine, Bezoarkugeln): ▸ Hirsch-B., ▸ Magenkugeln.

BfN: Abk. für ▸ Bundesamt für Naturschutz.

B-Gläser, die: Jagdgläser für Brillenträger; ▸ Jagdoptik.

BGSH: Abk. für Bayerischer Gebirgsschweißhund; ▸ Schweißhunde.

Biber, der (*Castor fiber*, L.): Familie der B. (*Castoridae*) aus der Ordnung der ▸ Nagetiere (*Rodentia*); in der Fabel Meister Bockert genannt. Früher jagdbares Tier. Mit dem zweiten Gesetz zur Änderung des BJG vom 16.7.1976 wurde der B. dem Naturschutzgesetz unterstellt.

Waidmännische Ausdrücke: Der B. hat eine Nase, Seher (Augen), Lauscher (Ohren), ein Fell oder einen Balg. Der abgeflachte, beschuppte Schwanz heißt Kelle oder B.-Kelle. Der B. bewohnt einen Bau oder eine Burg und steigt (ruhig), fällt oder fährt (eilig) ins Wasser. Dort wo er regelmäßig ins Wasser steigt, ist der Einstieg, wo er heraussteigt, der Ausstieg. Die Begattungszeit heißt Brunft, das Weibchen bringt Junge. Der B. geht seiner Äsung (Nahrung) nach oder geht auf Äsung. Er haut oder schneidet Bäume, Sträucher und Äste um oder ab. Spuren, die durch den Transport von Zweigen zu den Bauen entstanden, werden als B.-Geschleif bezeichnet. Wenn der B. im Wasser schwimmt, rinnt er.

Vorkommen: Bis ins Mittelalter war er noch von Nordskandinavien bis Südfrankreich, vom Atlantik bis Sibirien verbreitet. Durch intensive Bejagung und besonders durch die Zerstörung seines Lebensraumes ging der Bestand stark zurück. Heute kommt er noch in Südfrankreich (an der Rhône), in Finnland, Norwegen, Schweden, in Ostpolen, in der GUS, an der Elbe sowie in der Schorfheide und am

▸▸ Der Biber ist in manchen Teilen Deutschlands wieder zu Hause.

Werbellinsee vor. In Niedersachsen und im Naturschutzgebiet Unterer Inn, an Isar und Donau wurde er wieder eingebürgert und hat sich örtlich wieder deutlich vermehrt. In Wien und in den Donauauen unterhalb Wiens deuteten und deuten die Namen B.-Bastei (B.-Gasse), B.-Haufen usw. auf das ehemalige große Vorkommen des B. hin. Ursache für seinen Rückgang bzw. für die gebietsweise Ausrottung waren sein wertvoller Balg, die Verwendung seines Fleisches als Fastenspeise und das als Heilmittel sehr geschätzte B.-Geil. Der letzte B. in der Schweiz wurde 1705 in Birs bei Basel erlegt, im Rheinland und in Sachsen rottete man den B. um 1840 aus, in Bayern um 1850, in Württemberg 1854, in Niedersachsen starb der letzte B. 1856 und in Nordrhein-Westfalen 1877.

Aussehen: Der B. ist einer der größten Nager der Erde und zugleich das größte europäische Nagetier. Die Kelle (Schwanz) ist etwa 30 bis 40 cm lang, ca. 15 cm breit, waagerecht abgeplattet und mit Schuppen besetzt. Sie dient ihm als Stütze und als Ruder. Der Körper ist plump und stark, hinten wesentlich dicker als vorne. Der Rücken ist gewölbt, der Bauch hängend, der Hals kurz und dick. Der Kopf ist hinten breit und verschmälert sich nach vorne. Die Läufe sind kurz und sehr kräftig. Die Füße sind fünfzehig, die hinteren Zehen sind bis an die Krallen durch eine breite Schwimmhaut miteinander verbunden. Die Ohren sind klein sowie innen und außen behaart. Der wertvolle Balg ist von brauner Farbe mit leichtem grauen Anflug und besteht aus dichten, flockigen, seidenartigen Wollhaaren und langen, dichten und steifen ▸ Grannen, die z. T. über 5 cm lang sind. Dem sehr begehrten und dementsprechend teuren Fell wurde zuerst das Oberhaar ausgerupft. Die sehr großen, starken und an der Seite meißelartigen Nagezähne ragen weit aus dem Kiefer hervor. Zahnformel:

$$\frac{1}{1}\frac{0}{0}\frac{1}{1}\frac{3}{3} = 20 \text{ Zähne}$$

(▸ Zahnalterslehre).

Sinne: Er wittert und vernimmt gut, äugt aber schlecht.

Lebensraum und Lebensweise: Der B. lebt an Gewässern, in Flussauen oder in Sümpfen. Einzelne B. graben gern ihre Baue in steile Uferböschungen und polstern die Kessel mit Spänen und Pflanzenteilen aus, während Familien sog. B.-Burgen und -Dämme in flachem Wasser oder auf sumpfigem Gelände errichten. Die Burgen bauen sie aus Reisig und Zweigen (sog. B.-Stöcken) und dichten sie mit Schilf, anderen Pflanzenteilen und Schlamm ab. Eine B.-Burg kann – dem Wasserstand entsprechend – einige Meter hoch sein und mehrere Meter Durchmesser haben. Die Eingänge sind stets unter Wasser; der ausgepolsterte Wohnkessel liegt über Wasser. Durch den Dammbau an fließenden Gewässern wird das Wasser angestaut, bei Niedrigwasser wird der aus Morast, Schlick, Ästen und Schilf errichtete B.-Damm abgedichtet, bei Hochwasser sorgen die B. für Überläufe. An Gewässern, an denen B. wohnen, findet man häufig deren Ausstiege; sind diese durch häufige Benutzung vertieft und erweitert (wie ein Graben), werden sie als B.-Kanäle bezeichnet. Der B. lebt in Familienverbänden, ist an Land unbeholfen, im Wasser jedoch sehr wendig und ein ausgezeichneter Schwimmer und Taucher (bis 15 Minuten). Er ist überwiegend dämmerungs- und nachtaktiv; dementsprechend sind seine Sinne ausgebildet.

Nahrung: Als Pflanzenfresser ernährt er sich von krautigen Pflanzen, Wasserpflanzen, Schilfstängeln, Rinde und Zweigen von Weichhölzern (Birken, Erlen, Weiden, Pappeln). Er schneidet Sträucher und Bäume (jedoch kaum Nadelbäume) von nicht geringer Stärke ab, indem er rundherum nagt und sie so zu Fall bringt. Eine ca. 8 cm dicke Weide ist in etwa fünf Minuten durchschnitten. In den Bauen oder in der Burg werden Rinde und dünne Zweige von Weichhölzern als Wintervorrat unter Wasser gelagert, die stärkeren Zweige dienen als Bauholz, mit dem der B. im Herbst die Burgen ausbessert. Die Nahrung verzehrt der B. meist am Uferrand, dem sog. B.-Sitz.

Biber: Aussehen		
Körpermaße	Männchen	Weibchen
KRL	80–100 cm	80–95 cm
SH	bis 40 cm	bis 40 cm
SL	30–40 cm	30–40 cm
Gewicht	20–30 kg	20–25 kg

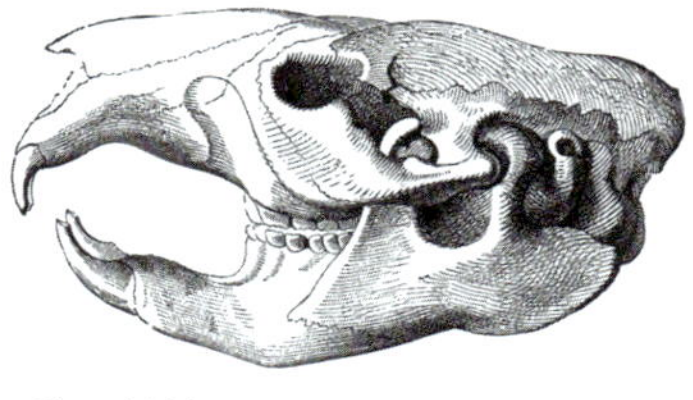

Biberschädel

Fortpflanzung: B. leben in Einehe und sind mit drei bis vier Jahren geschlechtsreif. Die ▸ Brunftzeit ist zwischen Januar und März. Das Weibchen bringt einmal jährlich nach einer Tragzeit von 105 bis 107 Tagen zwei oder drei, selten vier dicht behaarte Junge. Die jungen B., die leicht mit einer ▸ Bisamratte verwechselt werden können, sehen sofort, doch sind die Augen in den ersten zwei Tagen noch halb zu und mit einer dicken Flüssigkeit bedeckt. Das Geburtsgewicht liegt zwischen 500 und 700 g. Die Jungen bleiben ca. vier Wochen im Bau (Burg). Sie werden ca. acht Wochen gesäugt, sind dann selbstständig, bleiben jedoch noch bis zu einem Alter von drei Jahren bei den Eltern. Der B. kann 10 bis 15 Jahre alt werden, in Ausnahmefällen sogar über 20 Jahre.

Losung: Sie wird immer im Wasser abgesetzt, manchmal findet man sie ans Ufer geschwemmt. Die Losung ist kurz und dick und hat an einem Ende die Andeutung einer Spitze. Sie ist etwa 2 cm dick und 2 bis 2,5 cm lang, von dunkelbrauner Färbung und enthält noch viele Pflanzen- und Holzreste.

Spur: Seine Spur ist selten deutlich und findet sich nur an Gewässern, im Schlamm oder im Schnee. Die B.-Spur ist aber charakteristisch und mit keiner anderen Spur zu verwechseln, da der B. die breite Kelle (Schwanz) hinter sich nachschleift und im weichen Boden oder im Schnee eine breite Schleifspur über den Fußabdrücken hinterlässt. Die Vorderfußspur ist etwa 3 bis 3,5 cm lang und 4 bis 4,5 cm breit, die vier stark gespreizten Zehen und die spitzen Krallen werden meist deutlich abgedrückt. Die Hinterfußspur ist etwa 14 bis 15 cm lang

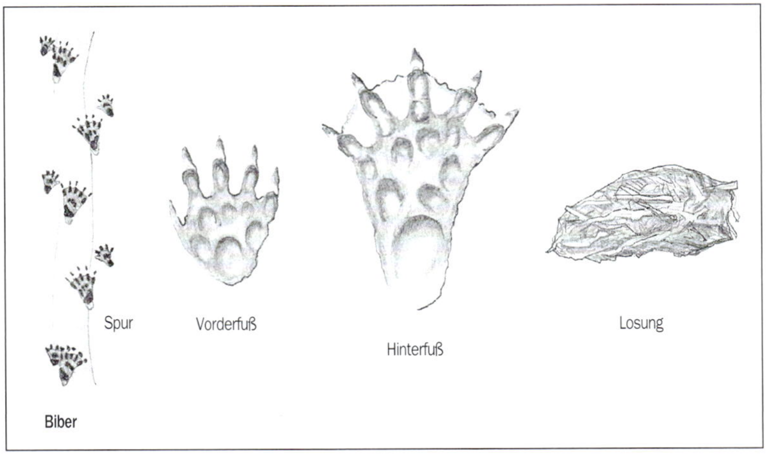

und 9 bis 10 cm breit. Die fünf Zehen und die stumpfen Krallen hinterlassen keine deutlichen Abdrücke. Auf weichem Boden wird jedoch die Schwimmhaut, die alle fünf Zehen miteinander verbindet, abgedrückt.
Jagd: Der B. war, als er noch dem Jagdrecht unterlag, ganzjährig mit der Jagd zu verschonen. Bis zur Mitte des 19. Jh. wurde er mit Netzen gefangen, die von Ufer zu Ufer gestellt wurden und sich in der Mitte sackartig verengten. Ebenso hing man sog. B.-Netze vor die Baue. Zu dieser Netzjagd wurden sog. B.-Hunde, meist die Otterhunde, verwendet, die den B. aufjagten und vor die Netze trieben. Gelegentlich wurde er auch mit Schrot auf dem ▸ Anstand in der Nähe seines Ausstieges erlegt oder mit einem gut verblendeten Tellereisen gefangen. Die vom Hund aus dem Bau gehetzten B. wurden mit dem B.-Stich, einer dreizinkigen Gabel, abgestochen. Die gnadenlose Jagd auf den B. wurde u.a. wegen seines sehr wertvollen Pelzes und wegen des B.-Geils durchgeführt.
Das B.-Geil ist das Sekret der großen, birnenförmigen, etwa 7 cm langen und 4,5 cm breiten paarigen Drüsen vor dem Weidloch beim männlichen und beim weiblichen B. und dient der Reviermarkierung. Die sog. Castorenbeutel (Castorensäcke, Geildrüsen) wiegen bis zu 250 g und enthalten das B.-Geil (*Castoreum*), eine braune, glanzlose und stark riechende Masse, die früher für viele Krankheiten als Heilmittel besonders geschätzt und sogar mit Gold aufgewogen wurde. Noch 1852 zahlte man für ein B.-Geil 720 Mark, nach damaligem Geldwert. Das beruhigend, krampfstillend und belebend wirkende Mittel brauchte man hauptsächlich bei Hysterie, bei Kardialgie und bei Typhus. Es ist ein Heilmittel auf der Basis von Salizin, das auch in Weidenrinde – einer bevorzugten Nahrung des B. – enthalten ist und heute synthetisch hergestellt wird. Das 1679 in Frankfurt erschienene »Kreuterbuch« von Lonicerus enthält eine Fülle von Anwendungsvorschriften dieser »Wundermedizin« gegen ziemlich alle Krankheiten vom Hauptweh bis zur Wassersucht. Marius und Frank veröffentlichten 1685 zu Augsburg noch eine »Castorologia« mit über 200 verschiedenen Rezepten. Das B.-Geil verschwand erst 1891 aus dem Dt. Arzneibuch. Das Fleisch des B. wurde gern gegessen, v.a. deshalb, weil es die katholische Kirche als Fastenspeise erlaubte. Die Kelle (Schwanz) galt als Leckerbissen.
Biberente, die: ▸ Säger 1.
Bibergeil, das: ▸ Biber.
Bibergeschleife, die: Die durch stete Transporte von Stangen oder dünnen Stämmen durch den Biber zum Ufer oder zu den Burgen entstehenden Schleifstellen. In den Urwäldern Kanadas vergrasen solche Streifen zu sog. Biberwiesen.
Biberhund, der: Ein früher zur Biberjagd abgerichteter Hund; ▸ Otterhund.
Biberkanäle, die: Von Bibern von Seen aus in tiefer liegende Sumpfgebiete getretene Wechsel (schmale Kanäle), durch die sie abgenagte Zweig- und Aststücke zu ihren Dämmen befördern.

◂◂ Nagespuren an Bäumen und vom Biber abgehauener Stamm (links im Bild)

◂◂ Biberkanal: Häufig benutzter Wasserausstieg

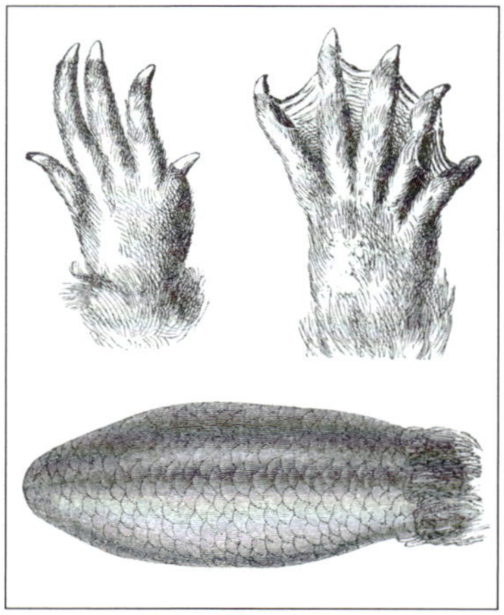

Vorder-(links) und Hinterschwimmer des Bibers, Biberkelle (unten)

Biberkelle, die (Biberzagel): Der breite, abgeflachte Schwanz des ▸ Bibers.

Bibernetz, das: Ein großes Steckgarn (▸ Garne), in das die Biber, von den ▸ Biberhunden aus der ▸ Burg getrieben, hineingejagt wurden.

Biberratte, die (*Myocastor coypus*): Auch Nutria, Sumpfbiber. Sie zählt zoologisch zur Familie der B. (*Myocastoridae*) und zur Ordnung der ▸ Nagetiere (*Rodentia*).

Vorkommen: Die Urheimat der B. sind die gemäßigten Zonen Südamerikas. In Rheinland-Pfalz ist sie nach Kriegsende aus Farmen entwichen. Sie wurde aber auch zur Schilfbekämpfung (Verlandung) an Fischteichen ausgesetzt. Seither vermehrt sie sich und kommt vereinzelt in freier Wildbahn vor. Bei weiterem Vormarsch sollte dieses Tier scharf bejagt werden. Die B. wird weltweit in Pelzfarmen gehalten.

Aussehen: Das plump wirkende Tier hat eine Länge (ohne ▸ Rute) von ca. 45 bis 60 cm und ein Gewicht von etwa 6 bis 9 kg. Der Kopf ist dick, das Schädeldach flach, die Schnauze stumpf mit langen, weißen oder hellgrauen Schnurrhaaren. Das Haarkleid ist von dunkelbrauner Farbe mit langen ▸ Grannen und dichter, seidiger Unterwolle. Der Hals ist ebenfalls dick und kurz, die ▸ Gehöre sind klein und rund; die ▸ Seher klein, die Läufe kurz und kräftig. Die fünf Zehen haben stark gekrümmte, spitzige Krallen, die Hinterzehen breite Schwimmhäute. Die Rute ist drehrund, schwach behaart und etwa 40 cm lang. Die weiblichen Tiere sind kleiner als die männlichen. Die B. hat einen sehr geschätzten Pelz von gelbgrauer bis dunkelbrauner Färbung. Zahnformel:

$$\frac{1}{1}\,\frac{0}{0}\,\frac{1}{1}\,\frac{3}{3} = 20 \text{ Zähne}$$

(▸ Zahnalterslehre).

Sinne: Bis auf den Gesichtssinn sind die Sinne gut ausgebildet.

Lebensraum und Lebensweise: Die B. bevorzugt pflanzenreiche stehende Gewässer mit großem Schilfgürtel oder Sumpfgebiete. Sie unterwühlt die Ufer und legt 40 bis 50 cm breite und bis zu 1 m lange Höhlen an. Die Eingänge befinden sich auf Höhe des Wasserspiegels, die schräg aufwärts führenden Gänge können bis zu 6 m lang sein. Die Lebensweise ähnelt jener der Bisamratte. Die B. ist verhältnismäßig standorttreu, sehr scheu und lebt paarweise in ▸ Kolonien (Familienverbänden). Wenn sie auch ein hervorragender Schwimmer ist, so steht sie z.B. dem Biber im Tauchen nach (bis 5 Minuten). Das dämmerungs- und nachtaktive Tier ist außergewöhnlich strengen Wintern nicht gewachsen.

Nahrung: Sie lebt von Schilf, Wurzeln, Feldfrüchten und gelegentlich auch von kleinen Fischen. Mit Vorliebe plündert sie Zuckerrübenfelder oder -mieten.

Fortpflanzung: Die ▸ Ranzzeit ist ganzjährig. Nach einer Tragzeit von 128 bis 132 Tagen wirft die Sumpfbiberin zweimal (selten dreimal) jährlich vier bis sechs, ausnahmsweise bis zwölf Junge. Sie kommen behaart und sehend zur Welt und können auch sofort schwimmen. Die Sumpfbiberin hat ihre Milchdrüsen ziemlich hoch an den Körperseiten, fast auf dem Rücken, zu vier bis fünf Paaren und säugt die Jungen ca. zwei Monate.

Losung: Die einzelnen Kotpillen sind ca. 2 bis 3 cm lang und haben etwa 1 cm Durchmesser und eine fein gerillte, für die B. charakteristische Oberfläche. Man findet sie in Sumpfgebieten, an Teichen und Flussläufen.

Spur: Die B. bewegt sich ziehend, meist jedoch wegen der kürzeren Vorderläufe hüpfend vorwärts. Zieht sie vertraut, so schränkt sie stark, und die Hinterläufe werden etwas zurückbleibend auf die Abdrücke der Vorderläufe gesetzt. Die nachschleifende Rute zieht zwischen den Schritten eine schmale Linie. Auf der Flucht bewegt sich die B. ziehend, wegen der kürzeren Vorderläufe meist jedoch hüpfend vorwärts. Die größeren Hinterläufe werden dann vor die Vorderläufe gesetzt. Die Trittsiegel stehen paarweise nebeneinander. Die Rute zieht dann ebenfalls eine Linie. Der Vorderfuß ist klein, etwa 4 bis 6 cm lang und breit. Der Hinterfuß ist etwa 10 bis 12 cm lang und 5 bis 7 cm breit.

Jagd: In einigen Bundesländern (Bayern, Hessen, Rheinland-Pfalz, Sachsen und Thüringen) ist sie ganzjährig jagdbar mit Ausnahme des ▸ führenden Tieres. Die B. wird entweder in der Falle gefangen oder mit Schrot geschossen. Das Wildbret der B. soll einen sehr schmackhaften Braten abgeben, muss aber vorher auf ▸ Trichinen untersucht werden.

Bibersitz, der: Ein vom Biber zusammengetragener Haufen aus Reisern und geschälten Knüppeln.

Biberstich, der: Eine frühere Jagdart, bei der die von Biberhunden aus der ▸ Burg getriebenen Biber mittels einer eisernen dreizinkigen Gabel aufgespießt wurden.

Bibertaucher, der: ▸ Säger 1.

Biberwiese, die: ▸ Bibergeschleife.

Biberzagel, der: ▸ Biberkelle.

Biegel, der: svw. ▸ Dohne.

Biedermann, Christoph Freiherr von: ▸ Jagdbibliotheken.

Biedermann-Arendts, Hermine (10.2.1855 München bis 5.11.1916 Garmisch-Partenkirchen): Tier-, Jagd- und Landschaftsmalerin. B., die Tochter des Geografen Carl Arendts, erhielt mit 14 Jahren durch den Historienmaler August von Heckel Farben und begann ohne Unterricht das Malen. 1874 heiratete sie den Gymnasialprofessor Dr. Biedermann. 1875 von Heinrich von ▸ Zügel in der Malerei gründlich unterrichtet und durch rechtzeitige Anerkennung künstlerisch gefördert. Ihre humoristischen Katzenfamilien und Hundeszenen fanden lohnenden Beifall. B. war in Freising, seit 1901 in Landshut, später in Garmisch-Partenkirchen tätig. Sie führte eine Malschule für Frauen und war Mitglied des Münchener Kunstvereins. Ihr Bild »Parforcejagd aus dem 16. Jh.« erwarb z.B. Prinzregent Luitpold. Wei-

▸▸▸ Die Biberratte (Nutria) kommt seit dem Ausbruch aus Farmen wieder in freier Wildbahn vor.

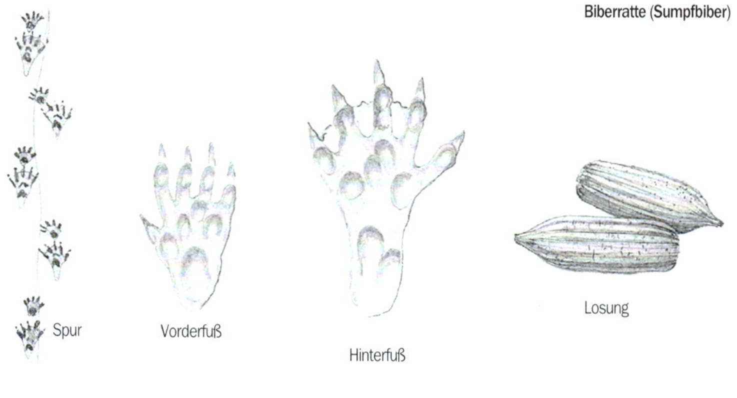

Biberratte (Sumpfbiber)

tere Jagdbilder sind u.a. »Jagd auf dem Starnberger See« und »Dackel mit erlegtem Fuchs«. Im Jahre 1878 erhielt sie für ihr Hundebild »Gestörter Schmaus« die Silbermedaille auf der Ausstellung im Sydenhamer Kristallpalast in London.

Bieger, Wilhelm (1886 bis 1947): ▸ Jagdliteratur.

Bieger-Formel, die: Formel zur Bewertung des Rehbockgehörns, ausgearbeitet von Forstmeister Bieger aus Rostock; ▸ Trophäenbewertung.

Biekehlchen, das: ▸ Wildenten 2.

Bienenfalke, der (Bienengeier): ▸ Bussarde 3.

Biesfliege, die: svw. Hautdasselfliege; ▸ Hautdasseln.

Bigne, Gace de la (1328 Normandie bis nach 1374): Hofkaplan dreier Valois-Könige von Frankreich. B. lernte in englischer Gefangenschaft die Jagd kennen und schrieb um 1359 den Jagdroman »Roumain des deux amours«, in dem er sämtliche Meuten Frankreichs aufführt.

Bilbaudieren, das: Eine bei der ▸ Parforcejagd angewandte grausame Sitte, bei welcher der Hirsch absichtlich krank gemacht wurde, um ihn danach mit Hunden auf der frischen ▸ Schweißfährte leichter hetzen zu können. Im 16. Jh. wurde dem Hirsch, auf den die Hunde zur Jagd über Land angejagt werden sollten, der Lauf verletzt, indem man die Schale aufspaltete, sodass er nicht mehr so schnell flüchten konnte. Der hierfür ausersehene Hirsch musste mit Netzen gefangen werden. In späterer Zeit schoss man den Hirsch krank, wahrscheinlich auch durch einen Laufschuss, dann hetzte man die Hunde nach, bis der Hirsch verendet war, und ließ ihn von diesen zerreißen. Auf diese Weise sparte man sich die ▸ Curée.

Bilche, die: Auch Schlafmäuse oder Schläfer. Familie der B. oder Schläfer (*Gliridae*). Sie gehören zu den ▸ Nagetieren. Im Ggs. zu den übrigen Nagetieren der gemäßigten Zonen hamstern sie kein Futter, sondern halten einen Winterschlaf (▸ Überwinterung). Sie setzen hierzu im Herbst, wenn reichlich Nahrung vorhanden ist, viel Speck an und ziehen sich in ihre meist gut ausgepolsterten Verstecke (Erd- oder Baumlöcher) zurück. Während des Winterschlafs fällt die Körpertemperatur bis auf 4 °C. B. sind dämmerungs- und ▸ nachtaktive Tiere mit großen Augen, die überwiegend in Laub- und Mischwäldern sowie in Obstgärten leben und sich hauptsächlich von Insekten, Knospen, Obst und Beeren ernähren. Ihre Feinde sind Eulen, Marder, Iltisse, Wiesel und auch die Wildkatze. B. sind nach dem Naturschutzrecht geschützt. Nach der ▸ Roten Liste zählen Haselmaus, Garten- und Siebenschläfer zu den gefährdeten Tierarten, der Baumschläfer ist bereits vom ▸ Aussterben bedroht.

1. Siebenschläfer, der (*Glis glis*, L.): Der S. ist die größte ▸ Art aus der Familie der B. oder Schläfer. Oberseits ist er einheitlich grau oder braungrau gefärbt, unterseits licht aufgehellt mit weißlichem Anflug. Backenseiten und Kehle sind weiß, um die Augen trägt er einen dunklen Ring. Die Körperlänge beträgt 13 bis 19 cm, der zweizeilige und buschig behaarte Schwanz ist 11 bis 15 cm lang. Der S. kommt in Mittel- und Südeuropa vor und lebt gesellig in kleinen Familientrupps, springt und klettert ausgezeichnet. Sein Lebensraum sind Laubwälder, Parkanlagen und Obstgärten. Im Gebirge ist er noch in einer Höhe von 1500 m anzutreffen. Sein Nest baut er in Baum- und Erdhöhlen. Der S. hat einen Wurf (seltener zwei) im Jahr (Juni/Juli), der meist aus drei bis sechs nackten und blinden Jungen besteht, die nach drei Wochen die Augen öffnen und nach zwei Monaten selbstständig sind. Im alten Rom galten gemästete S. als begehrte Leckerbissen. Auch in den Alpenländern, besonders in der Steiermark, wurde dem S. früher nachgestellt. Seine Nahrung besteht im Frühjahr aus Knospen, jungem Laub und zarter Rinde, später aus Nüssen, Eicheln, Kastanien, Obst und Beeren. Er vergreift sich auch an Eiern und Jungvögeln, außerdem frisst er Insekten.

Der Gartenschläfer ist ein Kulturfolger und lebt auch in Obst- und Weingärten.

2. Gartenschläfer, der (*Eliomys quercinus*, L.): Wie alle B. ist auch der G. ein Dämmerungs- und Nachttier. Er ist wesentlich kleiner als der Siebenschläfer und vornehmlich durch den kurzbehaarten Schwanz mit weißer Endquaste gekennzeichnet. Er ist oberseits rötlich grau oder braungrau mit hellerem Schimmer an den Haarspitzen, unterseits rein weiß und scharf abgesetzt. Die großen, schwarzbraunen Augen liegen in einem schwarzen Augenfeld, das sich unter dem Ohr nach hinten fortsetzt. Die Körperlänge beträgt 11 bis 15 cm, der Schwanz ist 9 bis 11 cm lang. Der G. lebt auf Bäumen und am Boden und ist weniger gesellig. Als ▸ Kulturfolger kommt er in bewaldeten Landschaften, Obst- und Weingärten vor. In den Alpen ist er noch in einer Höhe von 2000 m anzutreffen. Sein Schlafplatz befindet sich in Vogelnestern, Baumhöhlen, Felsspalten, selbst gebauten Kobeln, Nistkästen und in Jagdhütten. Die G. tragen heftige Paarungskämpfe aus. Der Wurf besteht aus zwei bis acht Jungen, die nackt und blind geboren werden und nach fünf Wochen selbstständig sind. Die Nahrung besteht aus Kleinvögeln, Kleinsäugern, Kerbtieren, Würmern, Eiern, Obst, Beeren und Sämereien. Bekannt ist seine Vorliebe für Fett und Speck.

3. Baumschläfer, der (*Dryomys nitedula*, Pall.): Der B. führt das gleiche zurückgezogene Leben wie seine Verwandten, kommt jedoch bei uns kaum vor. Sein Hauptmerkmal ist – bei einer Körperlänge von ca. 10 cm – der etwa 8 cm lange, buschige, zweizeilig behaarte Schwanz, der oben und unten eine deutlich verschiedenartige Färbung zeigt. Der schwarze Zügelstrich am Kopf endet an den Ohren. Ansonsten ist der B. oberseits überwiegend grau bis schwarzgrau gefärbt, unterseits rein weiß. Er bewohnt in Südostbayern und Österreich Mischwälder, hält sich aber auch in Obstgärten auf und findet sich noch in einer Höhe von 1000 m. Im Ggs. zu den übrigen B. ernährt er sich hauptsächlich von Knospen, Obst, Beeren und Sämereien. Der Wurf im Juni besteht aus zwei bis sechs Jungen.

4. Haselmaus, die (*Muscardinus avellanarius*, L.): Die H. ist der kleinste Vertreter aus der Familie der B. oder Schläfer. Sie erreicht etwa die Größe einer Maus (7 bis 8 cm) und ist oberseits einfarbig gelbbraun. Kehle und

Der Siebenschläfer ist die größte heimische Bilchart.

▸▸ Brust sind weiß, der zweizeilige, etwa 7 cm lange Schwanz ist gleichmäßig und anliegend behaart. Die H. kommt fast überall in Europa vor und lebt in buschigem Gelände, im Jungholz und in Wäldern mit Unterholz. Haselnusssträucher und Weiden werden stets bevorzugt. Eine erstaunliche Gewandtheit zeigt die H. beim Klettern in Gezweig und Buschwerk; die Fortbewegung im Dickicht erfolgt mit solcher Schnelligkeit, dass sie mit den Augen kaum zu verfolgen ist. Das Sommernest wird im Gezweig oder auf dem Boden errichtet. In den Winterschlafnestern (Erdlöcher, Gebäude) halten oft mehrere Haselmäuse gemeinsam den Winterschlaf. Die Jungen, meist drei bis sieben, kommen im Juli oder im August in einem Kugelnest zur Welt. Die Nahrung besteht überwiegend aus Nüssen, Eicheln, Sämereien, Obst, Beeren und Insekten.

Bill! (vermutlich von mittelhochdeutsch: bilen, bellen): Früher ein Zuruf an den ▸ Hühnerhund, wenn er ▸ Federwild, dem er vorstand, aufstoßen sollte.

Billichmatzen, die: Mundartliche Bez. für früher verwendete Holzfallen zum Fang der ▸ Bilche.

Der Baumschläfer ernährt sich vor allem von vegetarischer Kost.

Die Haselmaus ist ein gewandter Kletterer.

Billwissgang, der: ▸ Billwisssteig.

Billwissschnitt, der: ▸ Billwisssteig.

Billwisssteig, der (Billwissgang, -schnitt, Hasensteig, Hexensteig, Bockschnitt): Der ▸ Pass des Hasen im Getreide, den er sich freigebissen hat. Dadurch entsteht der sog. Billwissschnitt. Billwiss ist im alten deutschen Volksglauben ein Dämon, der in die Saaten Streifen schneidet. Der Billwiss- oder Getreideschneider ist das männliche Gegenstück zur Hexe. Er wird meist mit einer Sichel am Fuße und manchmal auf einem schwarzen Bock reitend dargestellt und geht besonders vor Johannis und vor Walpurgis um.

Bindehautentzündung, die: Beim Hund wird sie meist durch Reizung des Auges durch Fremdkörper (Sand, Fliegen, Samen usw.) ausgelöst und beginnt mit Tränenfluss und einer Rötung der Bindehaut (Lid anheben). Nach ca. zwölf Stunden wird der Augenfluss dickflüssig und dann eitrig; die Wimpern und die Haare in der Umgebung des Auges verkleben. Das Auge ist mit lauwarmem Wasser auszuwaschen und mit speziellen Tropfen zu behandeln. Wird es nicht besser, ist ein Tierarzt aufzusuchen.

binden: **1**) Beim Falken: wenn er Beute greift und festhält, so bindet er sie. Habicht und Sperber greifen und halten. **2**) svw. ▸ hängen.

Binne (Binnemann): Von den Falknern als das Podagra (Fußgicht) der Falken bezeichnet; ▸ Gelenkgicht.

Binnemann, der: ▸ Binne.

binzen (verbinzen): Das Abscheuern der Pennen (Spitzen der Großfedern des Stoßes und der großen Schwungfedern) beim ▸ Beizvogel. Abgenutzte und abgebrochene Federn mit ausgefransten Fahnen sind gebinzt; der Beizvogel ist verbinzt. Abgebrochene Pennen werden geschiftet; ▸ schiften.

Biogeografie, die: Als Teilgebiet der allgemeinen ▸ Biologie ist sie eine Zusammenfassung der Zweige der Geografie, die sich mit dem Leben auf der Erde, seiner Verteilung und der Wechselwirkung zwischen Lebewesen und Landschaft befassen: physische Anthropogeografie, Vegetations-(Pflanzen-) und Tiergeografie. Die Vegetationsgeografie (Lehre von der Verbreitung der Pflanzen auf der Erde) wurde 1807 von Alexander von Humboldt begründet.

Biologie, die: Die Wissenschaft vom Leben, seinem Ursprung, seiner Entwicklung, seinem Wesen, seinen Gesetzmäßigkeiten, Erscheinungsformen und seiner Ausbreitung. Sie umfasst als selbstständige Teilgebiete die Botanik (Pflanzenkunde), die Zoologie (Tierkunde), die Physiologie (Stoff- und Energiehaushaltslehre, d.h. die funktionellen Abläufe in den Organismen), die Morphologie (Formenlehre), die Anatomie (Aufbau der Organsysteme), die Mikro-B. (Kleinstorganismen), die Genetik (Vererbungslehre), die Taxonomie (Systematik; das Einordnen der Organismen nach ihrer Verwandtschaft), die ▸ Ökologie (Lehre von den Umweltbedingungen der Organismen), die Ethologie (Verhaltensforschung), die Histologie (Gewebelehre), die Zytologie (Zellenlehre) und die ▸ Biogeografie.

Biologische Bundesanstalt für Land- und Forstwirtschaft (BBA): 1905 als Biologische Zentralanstalt aus der Biologischen Abteilung am Kaiserlichen Gesundheitsamt hervorgegangen, seit 1950 BBA. Die Aufgaben dieser Bundesanstalt sind: Erforschung von Schädlingen und ihren Bekämpfungsmöglichkeiten, daneben beratende Funktion, Prüfung von Schädlingsbekämpfungsmitteln und -geräten, Warndienst vor Großschädlingen usw. Die BBA ist eine Dienststelle des Bundesministeriums für Ernährung, Land- und Forstwirtschaft (Zentralen in Berlin-Dahlem und in Braunschweig-Gliesmarode) mit vielen Instituten in ganz Deutschland.

biologische Reinigung: Befreit das Abwasser von organischen Substanzen. In Flussläufen geschieht sie automatisch (Selbstreinigung), wenn nicht zu viel oder zu konzentriertes Abwasser zugeleitet wird. Die Selbstreinigung geschieht durch die im Wasser lebenden Kleinstorganismen (Bakterien, Wimpertierchen), die unter Sauerstoffverbrauch organische Stoffe im Abwasser abbauen. Bei stark belasteten Gewässern (z.B. bei Kläranlagen) werden Tropfkörper verwendet oder es wird das Belebtschlammverfahren angewandt.

biologischer Pflanzenschutz: ▸ Pflanzenschutz.

biologische Schädlingsbekämpfung: ▸ Pflanzenschutz.

biologisches Gleichgewicht (biozönotisches Gleichgewicht): Ein dynamischer Zustand innerhalb einer Lebensgemeinschaft, der ausgewogen ist, wenn sich durch Selbstregulierung aller Lebensvorgänge eine gewisse Stabilität der Artenzusammensetzung eingestellt hat (▸ Biozönose). I. Allg. bleibt das b. G. so lange bestehen, bis sich die Umweltverhältnisse fundamental ändern.

Biophylaxe, die: Erhaltung und Schutz der natürlichen Lebensbedingungen für Tiere, Pflanzen und den Menschen.

Biorhythmik, die (biologischer Rhythmus): Ablauf des Lebens in bestimmten Perioden, wie Tagesrhythmus und Jahresrhythmus (z.B. Winterschlaf des Murmeltieres).

Biosphäre, die: Der Lebensraum aller Organismen. Sie umfasst den gesamten von Lebewesen bewohnten oder bewohnbaren Raum der Erde.

Biosphärenreservate, die: B. sind rechtsverbindlich festgesetzte, einheitlich zu schützende und zu entwickelnde Gebiete, die 1. großräumig und für bestimmte Landschaftstypen charakteristisch sind, 2. in wesentlichen Teilen ihres Gebiets die Voraussetzungen eines ▸ Naturschutzgebietes, im übrigen überwiegend die eines ▸ Landschaftsschutzgebietes erfüllen, 3. vornehmlich der Erhaltung, Entwicklung oder Wiederherstellung einer durch hergebrachte vielfältige Nutzung geprägten Landschaft und der darin historisch gewachsenen Arten- und Biotopvielfalt, einschließlich der Wild- und früheren Kulturformen wirtschaftlich genutzter oder nutzbarer Tier- und Pflanzenarten, dienen und 4. beispielhaft der Entwicklung und Erprobung von die Naturgüter besonders schonenden Wirtschaftsweisen dienen (§25 Abs. 1 BNatSchG). Die Länder stellen sicher, dass B. unter Berücksichtigung der durch die Großräumigkeit und die Besiedelung gebotenen Ausnahmen über Kernzonen, Pflegezonen und Entwicklungszonen entwickelt werden und wie Naturschutzgebiete oder Landschaftsschutzgebiete geschützt werden (§25 Abs. 3 BNatSchG).

biotischer Faktor, der (Umweltfaktor): ▸ ökologische Faktoren.

Biotop, der und das (griech.: Lebensstätte): Bez. für den natürlichen Lebensraum oder Standort der Tier- und Pflanzengesellschaft, der als Lebensgemeinschaft (▸ Biozönose) relativ gleiche Lebensbedingungen aufweist. Der B. ist ein nahezu einheitliches Gebiet und lässt sich gegen die Umgebung abgrenzen (z.B. Tümpel, Moore, Streuwiesen, Almen).

Biotophege, die: Die auf die Lebensansprüche der wild lebenden Tiere und Pflanzen ausgerichtete Sicherung, Pflege und Gestaltung der Lebensräume. In Bezug auf die ▸ wild lebenden Tiere ist B. die Erhaltung und Verbesserung von ▸ Feuchtgebieten, die Anlage ausreichender Deckungs- und Äsungsflächen (z.B. ▸ Raine, ▸ Hecken, ▸ Feldgehölze und ▸ Waldränder). Die B. beinhaltet auch das Verbot des Abbrennens von Böschungen, Hecken, Rainen und Getreidestoppeln, den Verzicht auf übermäßige Düngung und den integrierten ▸ Pflanzenschutz (statt ausschließlich chemischen Pflanzenschutz).

Biotopkartierung, die: Die kartenmäßige Erfassung schutzwürdiger ▸ Biotope. Die Erhaltungsmaßnahmen werden aus einer umfangreichen Bestandsaufnahme mit Analyse und Bewertung abgeleitet. Diese regionalen Erhebungen wurden in einigen Ländern der Bundesrepublik Deutschland amtlich durchgeführt. Sie ermöglichen abgesicherte Entscheidungen hinsichtlich der Erhaltungspriorität von Biotopen. Die erfassten Biotope sind meist als erhaltenswerte Landschaftsbestandteile oder als ▸ Naturdenkmale eingestuft und genießen deshalb einen gesetzlichen Mindestschutz.

Biotoppflege, die: Hierunter fallen alle Maßnahmen, die notwendig sind, um schützenswerte ▸ Biotope zu erhalten, zu verbessern oder auszubauen. Im weiteren Sinne zählt hierzu auch die Neuschaffung von Biotopen, die zur Verbesserung des Naturhaushaltes beitragen sollen. Vorrangige Aufgaben der B. sind die Erhaltung des ▸ Auwaldes durch Anstau von Wasser und Anbau geeigneter Holzarten wie Pappel, Erle usw., die Erhaltung der Moore durch Einschlag von Birken sowie die Erhaltung von Heiden durch Mähen usw.; ▸ Biotopschutz.

Biotopschutz, der: In enger Beziehung zur ▸ Biotoppflege stehend, umfasst er das Erhalten, Sanieren und Neugestalten von ▸ Biotopen. Speziell in der ▸ Flurbereinigung gewann die Erhaltung von Biotopen immer stärkeren Stellenwert und hat heute absoluten Vorrang. So werden z.B. zur Erhaltung der biologischen und gestalterischen Funktion des Landschaftselements Lebendverpflanzungen von Feldrainen und ▸ Hecken vorgenommen oder die Bewirtschaftungsrichtung an vorhandene Kleinstrukturen angepasst (▸ Biotopverbundsysteme). Auch hinsichtlich der Biotopsanierung, bei der das Spektrum der Maßnahmen breit gefächert ist, bieten sich folgende Qualitätsverbesserungen an: Verbesserung der Artenzusammensetzung von Vegetationsbeständen; Verjüngung von Gehölzen; ergänzende Pflanz- und Saatmaßnahmen; Baumpflege; Baumsanierung; Beseitigung von unerwünschtem Gehölzaufwuchs; Regelung von Erholungsnutzung; Änderung der forstlichen Bewirtschaftung; Änderung oder Regelung der landwirtschaftlichen Bewirtschaftung; Renaturierung von Fließgewässern; Wiederherstellung von Stillgewässern und Regelung des Wasserhaushaltes. Die Neuschaffung oder Neuanlage von Biotopen steigert die Leistungsfähigkeit des Naturhaushaltes sowie die Vielfalt und die Eigenart von Natur und Landschaft und geschieht auf der Grundlage des umfassenden landschaftsplanerischen Konzeptes. Geeignete Maßnahmen sind: Anlage von ▸ Feldgehölzen, Hecken, Gehölzgruppen und Begleitpflanzungen an Wegen und Gewässern; Anlage von Einzelbäumen, Baumreihen, -alleen und -gruppen; Anlage von Obstgehölzen und -beständen; Anlage von Sukzessionsflächen; Anlage von Gewässern wie z.B. Tümpeln, Amphibienteichen, Schilfübergangszonen; Anlage neuer geomorphologischer Strukturen; Lebendverbaumaßnahmen. Wichtigste Aufgabe im ▸ Artenschutz ist der Schutz der Lebensräume. Der Schutz seltener oder bedrohter Arten stellt nur einen Teilaspekt des Artenschutzkonzeptes dar. Als Grundlage des Artenschutzes muss stets der B. angesehen werden.

Biotopverbund, der: ▸ Biotopverbundsysteme; ▸ Biotopverbund durch Wildtierkorridore.

Biotopverbund durch Wildtierkorridore: Der Deutsche Jagdschutz-Verband e.V. (DJV), der Naturschutzbund Deutschland (NABU) und die Umweltstiftung WWF-Deutschland verfolgen gemeinsam das Ziel, die Landschaft als Lebensraum von Wildtieren vor weiteren Zerschneidungen durch Verkehrsachsen und Siedlungen zu bewahren. Durch ein nationales Programm zur Aufhebung von Barrierewirkungen müssen den Tieren zukünftig wieder natürliche Wanderungen und der Austausch zwischen den Populationen ermöglicht werden.

Die Versiegelung von Flächen und Zerschneidung von Landschaften durch Siedlungen und Verkehrsinfrastrukturen und der dafür erforderliche Flächenverbrauch von rund 130 ha pro Tag ist zu einem der gravierendsten Probleme für den Schutz und die Erhaltung von Arten und Landschaften geworden. Die Lebensräume für wild lebende Tiere werden kleiner und immer stärker verinselt. Insbesondere stark befahrene Straßen, Bahntrassen und kanalisierte Fließgewässer stellen für viele Wildtiere – vom Laufkäfer bis zum Rothirsch – nahezu unüberwindliche Barrieren dar. Dadurch werden Lebensräume lokaler Populationen zerschnitten und großräumige Wanderungen von Arten wie Luchs, Wildkatze, Rotwild oder Fischotter auf tradierten Wanderrouten unterbunden. Ihr langfristiges Überleben in »Lebensrauminseln« ist durch eine erhebliche Beeinträchtigung des natürlichen Genaustausches bedroht. Genauso ist die Wiederbesiedlung verwaister Lebensräume erschwert. Das Straßennetz der Bundesrepublik Deutschland ist mit über 600 000 km eines der dichtesten im internationalen Vergleich. Von Straßen unzerschnittene, verkehrsarme Räume mit mindestens 100 Quadratkilometern Flächengröße – d.h. Lebensräume mit ausreichender Größe für wild lebende Tiere und Pflanzen – haben dramatisch abgenommen. Der Trend hält weiter an: So sieht der Bundesverkehrswegeplan bis zum Jahr 2012 durch den Bau zusätzlicher Autobahnen und Bundesstraßen eine weitere Verdichtung des Verkehrsnetzes um mehr als 15% vor. Zu den Straßen addieren sich noch die Netze der Eisenbahnlinien und Wasserstraßen, die ebenfalls zu den dichtesten der Welt gehören. Je nach Bauart kann die Barrierewirkung von Bahnlinien und Wasserstraßen mit derjenigen von Bundesfernstraßen verglichen werden, meist ist sie jedoch deutlich geringer.

Eine große Zahl von z.T. schweren Unfällen mit Wildtieren auf Straßen führt zu einer erheblichen Beeinträchtigung der Verkehrssicherheit. Verkehrstote und Verletzte verursachen menschliches Leid. Wildunfälle sind oft mit Qualen für die Tiere verbunden und stellen daher ein Tierschutzproblem dar. Hohe Sachschäden und der Verlust von Wildbret bedeuten auch einen wirtschaftlichen Schaden.

Das Bundesnaturschutzgesetz verlangt die Schaffung eines Netzes verbundener Lebensräume (Biotopverbund), das mindestens 10% der Landesfläche umfassen soll. Ein ▸ Biotopverbundsystem muss auch den Ortswechsel und Populationsaustausch von größeren Wildtieren berücksichtigen und setzt daher die Erhaltung und Wiederherstellung von Korridoren für Wildtiere voraus. Neu- und Ausbau von Straßen und Bahnstrecken stehen dem jedoch oft entgegen. Dabei bestehen mit ▸ Grünbrücken oder Unterführungen mittlerweile bewährte Lösungen, um Wildtieren das Queren von Verkehrsträgern zu ermöglichen. Mit Querungshilfen wird das Problem der Zerschneidung von Lebensräumen zwar nicht vollständig gelöst, gleichwohl stellen sie besonders für größere mobile Arten unverzichtbare Hilfen für den Ortswechsel innerhalb ihres Lebensraumes bzw. zwischen Teillebensräumen dar. Im Vergleich zu den Niederlanden, der Schweiz und Österreich weist die Bundesrepublik Deutschland einen erheblichen Entwicklungsrückstand bei Grünbrücken und Querungshilfen auf: In den Niederlanden wird flächendeckend seit den 1980er Jahren ein nationales »Entschneidungsprogramm« umgesetzt, bei dem v.a. an bestehenden Verkehrswegen Barrierewirkungen, z.T. mit hohem Aufwand, beseitigt oder gemildert werden. In Österreich und der Schweiz gibt es landesweite Grundlagenuntersuchungen zu Wildtierwanderwegen, Barrieren und der Tauglichkeit bestehender Brücken und Durchlässe für Wildtiere. Deutschland fällt hier deutlich zurück, da im Gegensatz zu fast allen anderen mitteleuropäischen Ländern die COST-Aktion 341 (»Habitat fragmentation due to infrastructure«; EUREKA/COST) nicht unterzeichnet wurde. Diese beschäftigt sich länderübergreifend in ganz Europa mit Folgen von und Maßnahmen gegen die zunehmende Landschaftszerschneidung durch Verkehrsinfrastrukturen. Daraus leiten sich nachstehende Forderungen an Politik und planende sowie vollziehende Behörden ab:

- Unzerschnittene, verkehrsarme Räume erhalten!
- Neue Zerschneidungen vermeiden!
- Negative Auswirkungen von Verkehrswegen lindern!
- Nationalen Biotopverbund einrichten!
- Nationales Entschneidungsprogramm beschließen!
- Mitarbeit in internationalen Gremien intensivieren!

Biotopverbundsysteme, die (Biotopvernetzung): Der Aufbau von B., d.h. die Vernetzung der Landschaft mit ▸ Hecken, ▸ Rainen, ▸ Feldgehölzen, ▸ Grünbrache und sonstigen ökologisch wertvollen Strukturen (artenreiche Kulturlandschaft). Die B. dienen der Realisierung von Zielen des ▸ Naturschutzes und der ▸ Landschaftspflege (ästhetische Bereicherung der Landschaft, indem sie diese gliedern und auflockern) und sind hervorragend für die Niederwildhege geeignet. Besonders Flurneuordnungsverfahren bieten durch die dabei bestehenden Möglichkeiten des Landzwischenerwerbs und der Bodenordnung beste Voraussetzungen, um die für B. notwendigen Flächen unter Wahrung der Eigentumsrechte der Landwirte und Grundeigentümer planmäßig an den dafür benötigten Stellen verfügbar zu machen. Das am 1. März 2010 in Kraft getretene BNatSchG bestimmt in §20 ff. (Biotopverbund): Die Länder schaffen ein Netz verbundener Biotope (Biotopverbund), das mindestens 10% der Landesfläche umfassen soll. Der Biotopverbund soll länderübergreifend erfolgen. Die Länder stimmen sich hierzu untereinander ab (§21 Abs. 2 S. 2). Der Biotopverbund dient der nachhaltigen Sicherung von heimischen Tier- und Pflanzenarten und deren Populationen einschließlich ihrer Lebensräume und Lebensgemeinschaften sowie der Bewahrung, der Wiederherstellung und der Entwicklung funktionsfähiger ökologischer Wechselbeziehungen (§21 Abs. 1). Der Biotopverbund besteht aus Kernflächen, Verbindungsflächen und Verbindungselementen. Bestandteile des Biotopverbunds sind: 1. ▸ Nationalparks und Nationale Naturmonumente, 2. Naturschutzgebiete, Natura-2000-Gebiete und Biosphärenreservate oder Teile dieser Gebiete, 3. gesetzlich geschützte ▸ Biotope im Sinne des §30, 4. weitere Flächen und Elemente, einschließlich solcher des Nationalen Naturerbes, des Grünen Bandes sowie Teilen von ▸ Landschaftsschutzgebieten und ▸ Naturparks, wenn sie zur Erreichung des in Abs. 1 genannten Zieles geeignet sind (§21 Abs. 3); ▸ Biotopverbund durch Wildtierkorridore.

Biotopvernetzung, die: ▸ Biotopverbundsysteme.

Biozönose, die: Eine Lebensgemeinschaft der verschiedenen Arten von Lebewesen, die eine Lebensstätte (▸ Biotop) bevölkern. Diese Lebensgemeinschaft hat sich bestimmten Umweltbedingungen angepasst und befindet sich in einem beweglichen (dynamischen) Gleichgewicht. Die ihr angehörenden Lebewesen beeinflussen sich wechselseitig und sind voneinander abhängig. Innerhalb dieser Beziehungen werden drei Typen von Organismen unterschieden: 1. Produzenten, die organisches Material aufbauen (grüne Pflanzen); 2. Konsumenten, die organisches Material verbrauchen (Tiere); und 3. Destruenten, die organisches Material abbauen (Mikroorganismen); ▸ biologisches Gleichgewicht.

Birdlife International: Vormals Internationaler Rat für Vogelschutz. Der B. I. hat ein spezielles Programm (IBA = Important Bird Areas) zur Unterschutzstellung bedeutender Vogelgebiete in Europa vorgelegt. Diesem Ziel dient auf regionaler, nationaler und internationaler Ebene die Entwicklung und Unterstützung eines Netzwerkes von nicht staatlichen Schutzorganisationen; ▸ Vogelschutz.

Birkauge, das: Bez. für graue, blaugraue oder weißliche Augenfarbe der Jagdhunde, die von der üblichen dunklen (erwünschten) Augenfarbe der Jagdhunde abweicht; ▸ Habichtsauge.

Birken, die (*Betula*): Zur Familie der Birkengewächse (*Betulaceae*) zählende, ca. 40 über die nördliche Halbkugel verbreitete Arten umfassende Gattung sommergrüner, raschwüchsiger und windblütiger Bäume und Sträucher. Die Blüten stehen in männlichen oder weiblichen Kätzchen zusammen auf demselben Baum. Aus den unscheinbaren weiblichen Blüten entwickeln sich kleine, oft geflügelte (zweiflügelige), dünnhäutige Nüsse (Windverbreitung). B. sind Frühlingsbäume und dienen bei Maifesten und Fronleichnamsprozessionen als Schmuck.

1. Hängebirke, die (*Betula pendula*): Auch Gemeine Birke, Sand-, Warzen- oder Weißbirke. Bei uns häufigste B.-Art; kommt in fast ganz Europa, eingestreut in lichte Laub- und Nadelwälder, von den Tieflagen bis ins Gebirge (1800 m ü. NN in den Nordalpen bis 2000 m ü. NN in den Südalpen) vor. Frostharte ▸ Pionierbaumart auf Brach- und Kahlflächen, auch auf Heiden und in Mooren. Stellt keine großen Bodenansprüche. Wuchshöhe bis 30 m, Alter bis 120 Jahre. Das Holz ist hell, schwer spaltbar, stark schwindend, im Freien unbeständig. Verwendung für Möbel und Drechslerarbeiten; Maserformen ergeben wertvolle Furniere. Ausgezeichnetes Brennholz (Kaminholz). Aus Reisig werden Besen hergestellt, aus dem Blutungssaft Haarwasser und aus der Rinde B.-Teer gewonnen.

2. Moorbirke, die (*Betula pubescens*): Auch Haar-, Flaum-, Schwarz- oder Ruchbirke. Kommt in Mitteleuropa vom norddeutschen Tiefland bis zu den Alpen (bis 2200 m ü. NN) vor. Anspruchsloser Baum auf anhaltend feuchten und nur mäßig nährstoffreichen Böden in Moor- und Bruchwäldern, auch in Eichen-Birken-Wäldern. Wuchshöhe bis 20 m, Alter bis 120 Jahre. Holzeigenschaften und -verwendung wie die der Hängebirke.

Birkenmarder, der: ▸ Marder 1.

Birkfuchs, der (Goldfuchs): ▸ Fuchs.

Birkhahn, der: ▸ Raufußhühner 2.

Birkhenne, die: ▸ Raufußhühner 2.

Birkhuhn, das: ▸ Raufußhühner 2.

Birkner, Wolfgang (1581 Bayreuth bis 1651 Coburg): Maler, von 1616 bis 1630 Hofmaler des jagdliebenden Herzogs Johann Casimir in Coburg; schuf viele Ölbilder mit Jagdszenen.

◂◂ Die Hängebirke ist die häufigste heimische Birkenart.

◂◂◂ Männliche und weibliche Blütenkätzchen der Hängebirke

B. stellte auf Aquarellen verschiedene für das 17. Jh. typische Jagdarten vor. Das ▸ Eingestellte Jagen z.B. wird von B. auf 15 Tafeln festgehalten. »Das Ältere Jagdbuch«, eine Jagdchronik, ist vermutlich um 1633 entstanden; vorhanden sind nur noch einige Originalfotografien auf der Veste Coburg. »Das Jüngere Jagdbuch« stammt aus der Zeit von 1639 bis 1651. Letzteres befindet sich in der Wissenschaftlichen Forschungsbibliothek in Gotha; ▸ Jagdkunst.

Birkwild, das: ▸ Raufußhühner 2.

Birsch, die (Birsche): ▸ Pirsch.

Bisamfallen, die: ▸ Fallen 14.

Bisamratte, die (*Ondatra zibethica*): Auch Zibetratte, Moschusratte. Sie zählt zoologisch zur Familie der wühlmausartigen Nagetiere (*Microtidae*), zur Ordnung der ▸ Nagetiere (*Rodentia*) und zur Gattung *Ondatra*. Sie unterliegt nicht dem Jagdrecht.

Vorkommen: Ihre Urheimat ist Nordamerika und zwar zwischen dem 30. und 69. Breitengrad, also etwa von Arizona bis Labrador. Im Frühjahr 1905 brachte Fürst Josef ▸ Colloredo-Mannsfeld von einer Jagdreise aus Cincinnati, Ohio (USA) vier B.-Paare auf sein etwa 40 km südwestlich von Prag gelegenes Gut Dobuis (Dobrisch) mit und setzte sie in seinen Parkteichen zusammen mit dem nordamerikanischen Ochsenfrosch, der sich allerdings nicht akklimatisieren konnte, aus. Nach wenigen Jahren wurden in der Umgebung bereits Hunderte von B. erlegt. Sie verbreiteten sich bereits 1915 bis nach Bayern (Niederbayern/Oberpfalz) und drangen über Wien bis nach Ungarn vor. In den folgenden Jahren und Jahrzehnten (z.B. 1917 Erzgebirge, 1927 Württemberg sowie ganz Nieder- und Oberösterreich, Burgenland und Teile der Steiermark, 1946 Berlin, 1957 Stuttgart) verbreiteten sie sich über ganz Mitteleuropa. Ab 1921 erfolgte zugleich eine Einwanderung von Frankreich aus, 1928 wurden sie in der damaligen Sowjetunion eingebürgert.

Aussehen: Sie hat einen plumpen, gedrungenen, maximal kaninchengroßen Körper. Der Schwanz ist sehnig und mit kleinen Hautschuppen und Borsten bedeckt. Dieser Ruderschwanz ist kielförmig abgeplattet. Der Kopf ist kurz und dick, der Schädel flach und breit. An der Schnauze befinden sich mehrere Reihen bis 7 cm langer Tasthaare. Die Vorderbeine sind relativ kurz, die Hinterbeine hingegen groß und schaufelartig. An den Zehen befinden sich kräftige, 5 bis 7 mm lange und stark gekrümmte Krallen. Obwohl die B. wegen des wertvollen Pelzes aus Nordamerika eingeführt wurde, erreicht dieser in Deutschland nicht die gleiche Qualität. Der Pelz ist dunkel- bis kastanienbraun und das ganze Jahr über verwertbar.

Lebensraum und Lebensweise: Ihr eigentlicher Lebensraum ist das Wasser. Sie besiedelt daher Bäche, Flussränder, Gräben, Kanäle, Teiche, Flachseen und Sümpfe. Im Wasser ist sie außerordentlich beweglich und taucht auch hervorragend (bis zu 12 Minuten). Die kleinen Ohren können durch eine Hautfalte im Innern des Gehörganges dicht verschlossen werden. Die B. ist in der Lage, auch unter Wasser zu beißen und zu nagen. Die größte Aktivität zeigt sie in den frühen Morgenstunden und in der Nacht. Sie lebt in Erdbauen, die in den Uferböschungen angelegt werden. Die Röhren zu den Erdkesseln, die mit zusammengetragenen Pflanzenteilen ausgepolstert werden, haben einen Durchmesser von ca. 10 cm und liegen unter Wasser. Ein Familienbau besteht aus mehreren Kesseln und Röhren. Bei sinkendem Wasserstand werden die trockengelegten Röhren mit Schlamm und Pflanzen verstopft und tiefer gelegene Eingänge (unter Wasser) angelegt. Gelegentlich finden sich Nebeneingänge über Wasser. Die Winterburgen, die etwa im September angelegt werden, sind größer und enthalten zwei bis drei Kammern. Der Kessel liegt bei den Winterburgen i. Allg. etwas über der Wasserfläche. Die Röhren enden jedoch ebenfalls unter Wasser. Die B. hält sich größtenteils im Wasser auf, ist jedoch in der Lage, täglich viele Kilometer weit zu wandern. Bei

Der Bisam verursacht in einigen Gegenden ernsthafte Schäden.

Bisamratte: Aussehen		
Körpermaße	Männchen	Weibchen
KRL	24–32 cm	23–31 cm
SL	20–27 cm	20–25 cm
Ohrlänge	1,5–2,0 cm	1,6–2,0 cm
Gewicht	0,66–1,3 kg	0,64–1,0 kg

Gefahr greift sie sogar den Menschen an. Die B. hält keinen Winterschlaf.
Fortpflanzung: Die B. (Weibchen) ist mit etwa fünf Monaten geschlechtsreif. Ihren Partner findet sie durch paarige Talgdrüsen (Moschusdrüsen; ▸ Duftdrüsen) im Bereich der Geschlechtsorgane des Männchens, die ein moschusähnliches Sekret absondern (daher auch der Name Moschusratte). Die Begattungszeit beginnt – je nach Witterung – im Februar und geht bis September. Der Höhepunkt liegt im April/Mai. Jährlich erfolgen zwei bis vier Würfe mit jeweils 7 bis 10, seltener bis 16 Jungen. Jungtiere des ersten Wurfes können noch im Herbst des gleichen Jahres selbst einen Wurf bringen. Nach einer Tragzeit von 22 bis 30 Tagen kommen die Jungen nackt, blind und etwa 20 g schwer zur Welt. Sie öffnen nach 9 bis 14 Tagen die Seher (Augen) und können erstmals nach zwei bis drei Wochen den Bau verlassen. Die B. wird in freier Natur ca. vier Jahre alt.
Nahrung: Sie ist ein reiner Pflanzenfresser und ernährt sich hauptsächlich von Wasserpflanzen und Uferkräutern, aber auch von Kulturpflanzen wie Mais, Rüben, Getreide und Gemüse. Sie selbst zählt zur Nahrung von Marder, Iltis, Fuchs, Luchs, Waschbär, Wildkatze und den Eulenarten.
Losung: Die Losung ist etwa 1 bis 1,5 cm lang und etwa 0,5 cm dick. Im Frühjahr setzt die B. sie an den Ufern zur Markierung auf erhöhte Stellen ab. Während des übrigen Jahres wird sie meist im Wasser abgesetzt. Sie ähnelt der Rehlosung, ist jedoch wesentlich kleiner.
Spur: Vorder- und Hinterfüße haben fünf Zehen. Die fünfte Zehe des Vorderfußes kommt meist nicht zum Abdruck. Der Vorderfußabdruck hat eine Länge von ca. 7 cm und eine Breite von 5 cm. Der Schwanz, den die B. nachschleift, hinterlässt auf weichem Untergrund eine schmale Schleifspur zwischen den Tritten.
Bekämpfung: In Europa verursacht die B. erhebliche Schäden durch ihre Wühltätigkeit. In den Niederlanden ist sie z.B. eine ernsthafte Gefahr für die Landwirtschaft geworden. Ein erheblicher Teil der Deiche wurde durch die B. bereits unterminiert. In Deutschland und in der Schweiz unterliegt die B. nicht dem Jagdrecht, in Österreich ist sie z.T. jagdbar. In verschiedenen Ländern wurden deshalb amtliche Bisamjäger bestellt. In Bayern gibt es z.B. einen amtlichen Bisamüberwachungsdienst, der von der Bayer. Landesanstalt für Bodenkultur und Pflanzenbau geleitet wird. Der Fang erfolgt mit unter Wasser aufgestellten ▸ Fallen (z.B. Roith'sche Bisamfalle). Das Fleisch der B. (Sumpfkaninchen, Wasserkaninchen) ist wohlschmeckend. Es ist auch als Fuchsköder sehr beliebt.

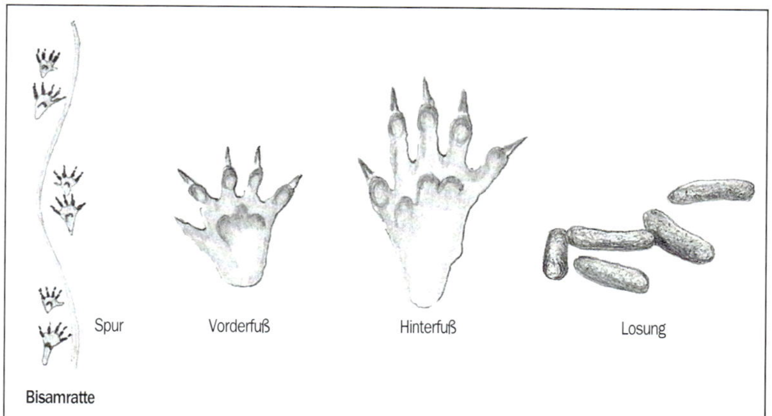

Bisamratte

Bisamvogel, der: ▸ Kormorane 1.
bischen: ▸ bisten.
Bischoff, Th. Ludwig Wilhelm: ▸ Jagdliteratur.
Bischofsmütze, die: Kaum gebräuchliche Bez. für das an eine B. erinnernde Perückengeweih des Rehbockes; ▸ Rehwild (Hauptschmuck).
Bisciola, J.: ▸ Jagdliteratur.
Bismatente, die: ▸ Wildenten 17.
Bissen, letzter: ▸ Bruchzeichen.
bissig: ▸ Aggression, ▸ scharf 1).
Bisstöter, der: ▸ Greifvögel.
bisten (bischen): Der Lockruf der Haselhenne. Von b. spricht man auch, wenn der Jäger den Lockruf der Henne mit dem Wusperl nachahmt; ▸ Lockjagd.
Bitter, der: Alte Bez. für die Rot- oder Weindrossel; ▸ Drosseln 4.
Biturfuß, der: Ein Wildfangfalke, der noch grünliche oder bläuliche Füße hat. Diese Farbe der Füße galt früher als Kennzeichen hohen Adels. Sie zeigt sich hauptsächlich bei nordischen Falken, aber auch beim Wanderfalken. Die Farbe haben aber nur die jungen (bis einjährigen) Falken, die sich leichter und besser als ältere ▸ Wildfänge (Hagardfalken) abtragen lassen; ▸ Blaufuß 2).
Blaas von: Österreichische Künstlerfamilie. **1**) Julius von B. (22.8.1845 Albano bei Rom bis 2.8.1922 Bad Hall in Oberösterreich): Maler. B. erhielt seine erste künstlerische Ausbildung – wie auch sein Bruder Eugen – von seinem Vater Karl v. B. (1815 bis 1894) an der Akademie in Venedig. Nach weiteren Studien ließ er sich in Florenz und Rom nieder. Unter dem Einfluss von Franz von Defregger begann er in den 1870er-Jahren mit der Darstellung des Tiroler Volkslebens. Neben seinen naturalistischen Genreszenen schuf er auch Porträts und spezialisierte sich später auf Pferde- und Jagdbilder. Ein bekanntes Aquarell von ihm ist die »Parforce-Jagd bei Gödöllö« im Kunsthistorischen Museum in Wien, das Kaiser Franz Joseph, Kaiserin Elisa-

◂◂ Rehbock mit letztem Bissen

beth und Kronprinz Rudolf darstellt. 2) Karl Theodor B. von (6.6.1886 Kreuth bei Tegernsee bis 10.12.1960 Salzburg): Maler und Schriftsteller; Sohn und Schüler von 1). Karl Theodor v. B. war u.a. auch Schüler von Carl von Marr in München. 1914 ließ er sich in Wien nieder. Während des Ersten Weltkrieges war er als Kriegsmaler tätig. 1929 bis 1931 war er in den USA als Bildnismaler und 1932 bis 1935 in London. Er schrieb das Buch »Waidmannsheil«.

Blacktaube, die: ▸ Wildtauben 3.

blädern (bledern, blettern, plädern): Die meckernden, ziegenbockartigen Brunftlaute des Gamsbockes.

Blahe, die: Vom mittelhochdeutschen blâhe (lat.: plaga) abgeleiteter, wenig gebrauchter Ausdruck für Jagdtücher; ▸ Jagdzeug 2.

Blahenknecht, der: svw. ▸ Jagdzeugknecht.

Blan, der: ▸ Plan.

blank: Ein Geweih oder Gehörn b. fegen (▸ verfegen), d.h. vom ▸ Bast befreien. Es ist b. oder b. gefegt, wenn es vom Bast befreit ist.

Blanke Waffen, die (Blankwaffen, kalte Waffen): B. W. nennt man in Abgrenzung zu den Feuerwaffen (Fernwaffen) die Nahwaffen, deren sich der Jäger zum ▸ Abfangen und Abnicken (Töten) und zum Zerlegen des Wildes bedient: Die B. W. sind Hirschfänger, Waidblatt, Nicker und Saufeder. Sie dienten aber auch zum Abhauen von Ästen oder für die Herrichtung eines Jagdstandes. Die Stangenwaffen wurden zur Jagd auf Bären und Wildschweine benötigt. Heute werden unter dem Begriff B. W. allgemein nur noch der Hirschfänger und die Saufeder verstanden, während alle anderen Messer wie Waidblatt und Nicker schlechthin als Jagdmesser bezeichnet werden. Noch um die Wende vom 19. zum 20. Jh. waren hierfür auch die Begriffe Seitengewehre (Hirschfänger, Standhauer, Waidmesser oder Waidblatt und Nicker oder Genickfänger) und Fangeisen (Saufeder und Bäreneisen) üblich. Die B. W. waren bis zur Mitte des 16. Jh. die gebräuchlichsten ▸ Jagdwaffen. Der Jagdspieß war die allgemeine Bez. für den Sauspieß (Saufeder), für den Bärenspieß (Bäreneisen) und für den Gamsspieß. Er war die ideale Waffe für den Jäger zu Fuß.

1. Hirschfänger, der: Er wurde in früherer Zeit nur zum Abfangen des ▸ parforce gejagten Hirsches verwendet und gilt von alters her als die Ehrenwaffe des ▸ hirschgerechten Jägers. Der Name dieser Waffe kam gegen Mitte des 17. Jh. auf. Früher wurde der H. einem ausgelernten hirschgerechten Jäger feierlich mit dem ▸ Lehrbrief übergeben; der Jäger wurde ▸ wehrhaft gemacht. Ursprünglich diente der

Von links nach rechts: Jagddegen, um 1700, mit meisterhaft komponierten Jagdszenen, von Silberbändern und Silberlitze umflochtener Hilze sowie geätzter Klinge. – Jagdsäbel, Brescia, Ende 17. Jh., mit reich verziertem Griff, Griffbügel und Schalen sowie gerader Rückenklinge mit Hohlkehlungen. – Hirschfänger, deutsch, um 1740: Griff mit Schildpatt, üppig verziertes Gefäß aus Bronze (Leihgabe Rudolf Hoesch, Düren). – Hirschfänger, deutsch, gegen 1800: Hirschhorngriff von Kette spiralig umwunden, mit Jagdszenen und ornamentalem Schmuck, geätzter und teilweise vergoldeter Klinge. München, Deutsches Jagd- und Fischereimuseum

H. zum Erlegen von Rot- und Damwild, aber auch von schwachem Schwarzwild wie Bachen und Frischlingen. Erst gegen Anfang des 19. Jh. wurde er auch beim ▸ Blattschlagen eingesetzt, das ursprünglich mit dem Waidblatt ausgeführt wurde. Man unterscheidet beim H. zwei Formen: den deutschen (oder Berliner) H. mit Bügel und die französische Form, die etwas kürzer ist und keinen Bügel besitzt. Der H. besteht aus dem kurzen, starken Griff oder Gefäß (i.d.R. aus Horn) und dem Blatt oder der Klinge. Griff und Klinge sind durch die Parierstange getrennt. Die 30 bis 40 cm lange Klinge ist einseitig – am vorderen Drittel beidseitig – scharf geschliffen mit abgerundeter Spitze, um beim Auftreffen auf einen Knochen nicht zu brechen. Die Metallteile des Griffes und der Scheide sowie die Parierstange dürfen nicht glänzen. Das obere Metallteil der Scheide heißt Mundblech, das untere Ortblech. Der durch den Griff gehende Teil der Klinge wird als Fuß bezeichnet; dieser wird durch die Angel mit dem Griff fest verbunden. Die Klinge muss fest in der Scheide sitzen, darf nicht klappern und auch beim Kriechen durch Dickicht und Büsche nicht herausfallen. Der H. wird auf der linken Seite in einer Lederscheide an einer Koppel (H.-Koppel oder Wehrgehänge) getragen, die um die Taille geht oder unter der Schulter hängt. An der Außenseite der Scheide ist häufig noch ein Genickfänger (Knicker) zum ▸ Zerwirken usw. eingesteckt. Heute ist der H. nur noch Paradewaffe und wird bei offiziellen Anlässen zur forstlichen Uniform getragen.

2. Waidblatt, das: Es dient zum ▸ Abfangen, Aufbrechen, Zerwirken und Zerlegen von Wild und kann auch zum Aushauen und Ausputzen von Büschen und Bäumen (sog. Standhauer)

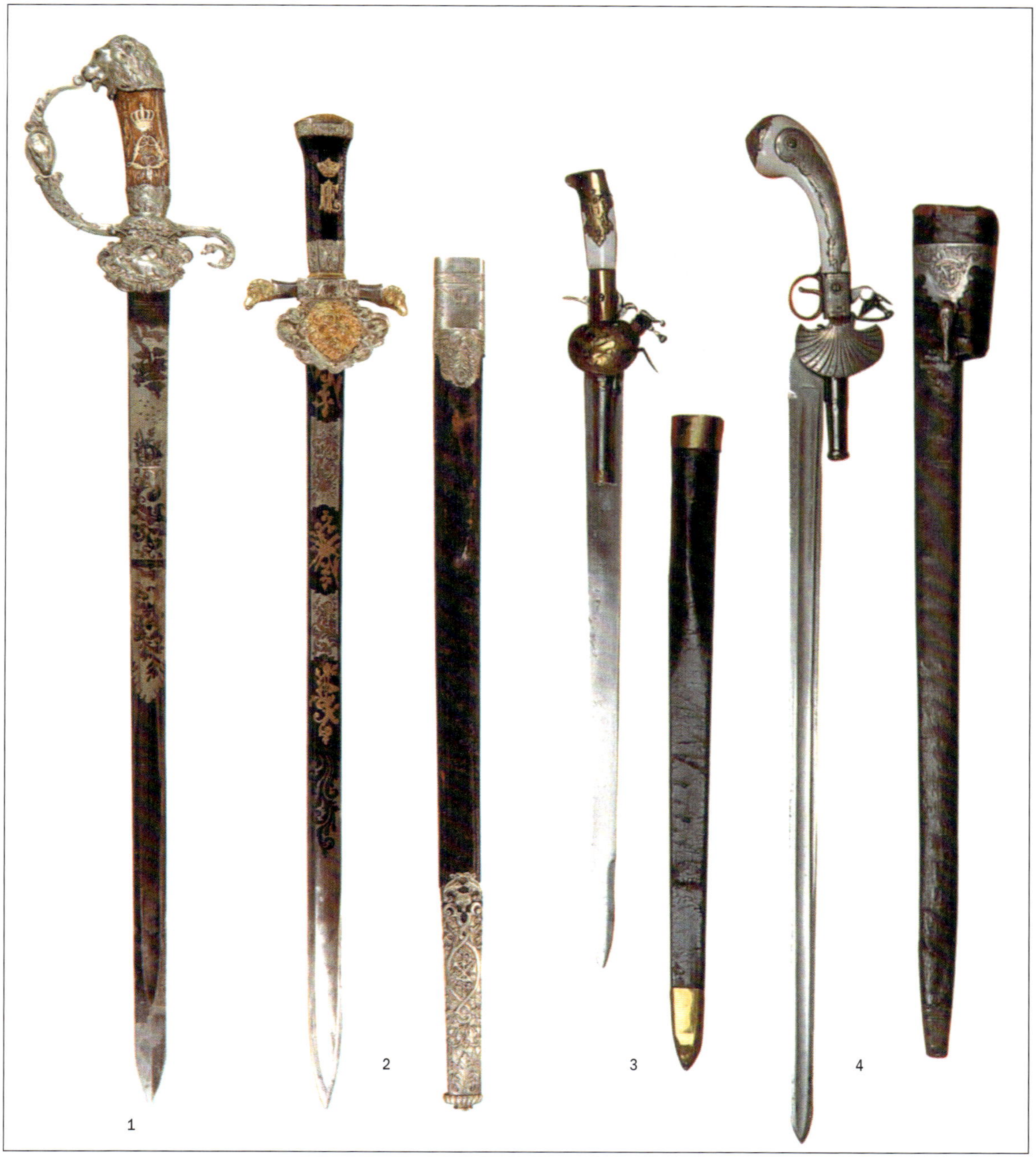

1 Hirschfänger mit Initialen König Ludwigs II., um 1860, gedrechselter Horngriff, Stichblatt durchbrochen gearbeitet. 2 Hirschfänger mit Scheide, München, um 1850: Griff mit Initialen »FL« und Königskrone; Parierstange endigt in Hundeköpfen, Klinge poliert, teilweise gebläut und vergoldet; Scheide bez.: »Johann Stroblberger München«. 3 Hirschfänger mit Terzerol, deutsch, um 1780; Knauf und Stichblatt messingvergoldet, auf dem Stichblatt ein Löwe, ein elfenbeinbelegter Griff bildet den Pistolenknauf. Klinge am Lauf des Terzerols angeschraubt. 4 Jagddegen mit Terzerol, London, um 1800: Pistolenknaufförmiger Elfenbeingriff mit graviertem Silber beschlagen. Am Terzerol die Klinge befestigt, muschelförmiges Stichblatt; Originalscheide mit Silbergarnitur, bez.: »Beckett St. James«; Terzerol ist »Harris« signiert. Silberschmiedemarken. München, Deutsches Jagd- und Fischereimuseum

Oben: Waldpraxe, deutsch, 1663: eisenbeschlagener Hirschhorngriff, muschelförmige Griffschale, Klinge mit Sägerücken, geätztes Blatt mit Jagdszenen und Inschrift.
Unten: Waidbesteck, deutsch, 16. Jh., mit im Blatt eingeschlagenen Marken, Hirschhornschalengriff und eisenmontierter Lederscheide. München, Deutsches Jagd- und Fischereimuseum

am ▸ Pirschsteg, am Schirm usw. benutzt werden. Vom Hirschfänger unterscheidet es sich v.a. durch seine kürzere Klinge, außerdem ist es zweiseitig geschliffen. Wie der Hirschfänger hat auch das W. einen Hirschhorngriff und eine Parierstange und wurde früher in einer ledernen, meist eisenbeschlagenen Scheide getragen und diente den Forstbeamten und Forstschutzbediensteten zum persönlichen Schutz. Die bekanntesten Waidblätter sind das Lippertsche W., das dem althannoverschen Kuto gleicht, und das W. nach Oberforstmeister W. Frevert. Ein W. zusammen mit einem Nicker bilden ein *Waidbesteck*, wenn sie gemeinsam in einer zusammengenähten Scheide untergebracht sind. Mit dem W. wurde in früherer Zeit das sog. ▸ Blattschlagen durchgeführt. Vom 16. bis zum 18. Jh. diente die *Waidpraxe* (Weidpraxe, Praxe, Plötze) der gleichen Verwendung wie das W. heute. Sie war ein schweres Waidmesser mit am Ort erweiterter Rückenklinge. Die Klingenform der Waidpraxe erlaubt nur eine Verwendung als Hiebwerkzeug. Die Praxen wurden zum Zerlegen des Wildes, zum Ausschlagen des Geweihes oder zum Freischlagen des Jagdstandes und der Pirschpfade von Ästen benutzt.

3. Nicker, der (Genickfänger): Ein kurzes, spitzes, meist feststehendes Jagdmesser von ca. 11 cm Klingenlänge mit Anreißschneide. Mit dem N. wird in Ausnahmefällen angeschweißtes Wild durch einen Stich ins Genick (zwischen Hinterhauptbein und ersten Halswirbel) abgefangen. Ein N. mit einem Hirschhorngriff ist ein sog. bayerischer N. Ein N. in Form eines Klappmessers wird als N.-Messer bezeichnet.

4. Saufeder, die (Sauspieß, Saueisen, Schwein[s]eisen, Schweinsspieß): Sie gehört neben dem Bäreneisen (Bärenspieß) zu den Fangeisen (Stangenwaffe) und besteht aus einer ca. 30 cm langen und zweischneidigen, scharf geschliffenen Stahlspitze (zwei- oder vierkantig hohlgeschmiedet) mit einer hohen Mittelrippe, die mit einer ungefähr 15 cm langen Tülle mit dem bis zu 2 m langen Holzschaft (hauptsächlich aus zähem Eschenholz) fest vernietet ist. Die sichere Halterung am Schaft war wichtig, denn in die Enge getriebene Bären und Sauen waren sehr gefährlich. Eine Besonderheit der Sau- und Bärenspieße ist der unterhalb des Blattes angebrachte Knebel. I.d.R. handelt es sich dabei um ein mit Lederriemen beweglich befestigtes Horn- oder Holzstück. Bei den Bärenspießen bestand der Knebel oft aus Eisen. Ebenso wie die kleinen Knebel an den Schweinsschwertern sollte dieser sog. »Auflaufknebel« das zu tiefe Eindringen der Waffe in den Tierkörper verhindern und das angreifende Tier auf Distanz zum Jäger halten. Nicht selten waren am Übergang von der Tülle zum Schaft Fransen, Troddeln oder Samtbahnen angebracht, die den Schweiß des Tieres abfangen sollten, damit der Schaft sauber und griffig blieb. Die Jagd mit der S. hatte schon im 16. Jh. ihre praktische Bedeutung verloren, und im Zeitalter des Barock kam den Waffen nur noch ein

Verschiedene Nicker heutiger Zeit

Sauspieße

Unten: Jagdsäbel, Brescia, Ende 17. Jh.: Griff und Griffbügel sind mit ausgezeichnetem Eisenschnitt, Blumen, Blüten und Blattranken verziert; ausgesägte Halbmonde und Punkte auf der Schale; gerade Rückenklinge mit Hohlkehlungen. Oben: Jagdsäbel, deutsch, Mitte 17. Jh.: Griffschalen aus Hirschhorn; Griffbügel, Parierstange und Stichblatt graviert, mit alter Vergoldung. Klinge mit Sägerücken und Meistermarken. München, Deutsches Jagd- und Fischereimuseum

Jagdschwert (Sauschwert), 18. Jh.: Facettierter Knauf, Holzgriff und abwärts geneigte Parierstange: runde Klinge, in vierkantige Stoßklinge übergehend, mit beweglicher Auflaufscheibe. München, Deutsches Jagd- und Fischereimuseum

symbolischer Wert zu. Am Ende des 18. Jh. benutzte der adlige Jäger die S. einzig bei Tierhetzen und Kampfjagden im Rahmen aufwendiger Hoffeste. Die S. des 18. Jh. unterschied sich nicht von ihren Vorgängern, ihre Klinge war vielfach mit einem Herrschermonogramm belegt und dokumentierte dadurch die enge Bindung der Jagdveranstaltungen an die Interessen des Hofes. Sie ist aber heute mehr oder weniger nur noch ein Dekorationsstück; ▸ auflaufen lassen.

5. **Bäreneisen**, das: Fangeisen (Bärenspieß), ähnlich der Saufeder, das bei der Bärenjagd verwendet wurde.

6. **Gamsspieß**, der: Eine besondere Abart des Jagdspießes und gewöhnlich ca. 4 m lang. Er hatte am unteren Ende einen spitzen Eisenschuh und diente auch als ▸ Bergstock.

7. **Hirschlanze**, die (Jagdlanze): Eine Lanze (bzw. ein Speer), auf die man das Wild, v.a. aber den Hirsch, auflaufen ließ.

8. **Jagdschwert**, das: Das J. ist ein in früherer Zeit bei der Jagdausübung gebrauchtes Schwert, breit am Griff und spitz auslaufend. Es war die typische Waffe des Jägers zu Pferde, von wo aus sie auch häufig gehandhabt wurde. Die Gemälde von P. P. Rubens und F. Snyders sowie die Berichte von ▸ G. Phoebus geben Zeugnis hiervon. Es wurde meist als Stichwaffe bei der Jagd auf Bären und auf Sauen verwendet, um das von Hunden gestellte oder schon verwundete Tier abzufangen oder auflaufen zu lassen. Der Jäger sprang hierzu vom Pferd, krümmte das rechte Knie, stemmte den linken Fuß ausgestreckt gegen den Boden und umfasste das J. mit beiden Händen. Eine besondere Form des J. war das Schweinsschwert, auch Sauschwert, das gegen Ende des 15. Jh. besonders in Deutschland und in Spanien verbreitet war und sein Entstehen Kaiser ▸ Maximilian I. verdanken soll. Es war eine kurzlebige Waffe, die gegen Mitte des 16. Jh. wieder verschwand. Sein Griff war überlang. Allerdings war seine Klinge etwas anders gearbeitet. Sie war zu etwa zwei Dritteln Stab, während das vordere Drittel in eine lanzettförmige Spitze auslief. Dort wo Stab und Spitze ineinander übergingen, befand sich häufig eine runde Scheibe, die ein zu tiefes Eindringen der Klinge in den Tierkörper verhindern sollte. Andere Typen von Schweinsschwertern ähneln dem normalen J., lediglich ihre Klinge ist breiter. Ein Loch im vorderen Drittel der Klinge diente dem Aufbinden eines Knebels, der die Funktion der runden Scheibe beim Stabschwert hatte.

9. **Jagdsäbel**, der: Speziell für die Jagd entwickelte ▸ Griffwaffe mit einschneidiger, gerader Klinge (oft auch mit Rückenschneider oder Sägerücken) und Parierstange (oft mit Mitteleisen). Im 16. Jh. blühte die Herstellung von kostbar verzierten J. und Schwertern mit Kalenderklingen über deren gesamte Klingenfläche ein Kalender geätzt war. Dabei handelt es sich um einen immerwährenden Kalender für einen Zeitraum von etwa 20 bis 30 Jahren. Anhand eines am Klingenansatz befindlichen Umrechnungsschlüssels konnte der Besitzer den geeigneten Jagdtag herausfinden, denn neben dem Datum stand oft der Name des Schutzheiligen. Da man nicht nur auf sein Geschick, sondern auch auf sein Jagdglück vertrauen musste, war ein solcher Kalender für die Wahl des richtigen Termins nicht unwichtig.

10. **Jagddegen**, der: Degen, speziell für die Jagd und besonders für den Stich geeignet. ▸ Griffwaffe mit langer, gerader Klinge. J. wurden auch als ▸ Kombinationswaffe (mit ▸ Terzerol) verwendet.

Blase, Richard: ▸ Jagdliteratur.

blasen: **1**) Fauchen, Rauschen oder Zischen beim Birkhahn ▸ Raufußhühner 2), fälschlich auch Schleifen genannt. Dabei ist der Birkhahn besonders aufmerksam. **2**) Schnauben der Sauen bei Erregung; ein Warnlaut. **3**) Das geräuschvolle, langsame, tiefe und prüfende Einziehen der Luft beim ▸ Braunbären. **4**) Keuchen des Rehbockes, wenn er die Geiß treibt. **5**) Das B. des Jagdhorns.

Blasengehörn, das: Ein Rehgehörn mit blasenförmigen Auftreibungen; ▸ Rehwild (Hauptschmuck).

Blasenwürmer, die: ▸ Bandwürmer.

Blaser Jagdwaffen GmbH: Firma in Isny/Allgäu. Die B. J. G. gehört zu den bedeutendsten deutschen Waffenherstellern. Hergestellt werden fünf Waffenreihen: 1. R 93: eine Repetierbüchse mit Geradezug-Radialbundverschluss, Kastenmagazin für drei Patronen, wahlweise als Hand- oder Selbstspanner einsetzbar. 2. Bockbüchsflinte 700/88 mit Einschlosssystem und Laufwahl über die Abzüge sowie Bockbüchsflinte BBF 95 mit zwei frei schwingenden Läufen. 3. Bockdrilling BD 880 mit Einschloss-SKL-System. 4. Bergstutzen B750/88. 5. Kipplaufbüchse K95/K77 mit SKL-Sicherheitsspannersystem und Kippblockverschluss.

Bläserschießen, das: Ein seit 1972 in der Schweiz durchgeführtes Jagdhornblasen (Eidgenössisches Jagdhornbläserschießen), bei dem Schießen und Blasen einzeln bewertet werden und aus dem Gesamtergebnis eine Rangliste erstellt wird.

Blässe, die: ▸ Rallen 1.

Blässedelwild, das: ▸ Blesshirsche.

Blässente, die: ▸ Rallen 1.

Blässgans, die (Blessgans): ▸ Wildgänse 2.

Blässgen, das: ▸ Rallen 1.

Blässhenne, die: ▸ Rallen 1.

Blässhuhn, das: ▸ Rallen 1.

Blässrotwild, das: ▸ Blesshirsche.

Blässwild, das: ▸ Blesshirsche.

Bläszlein, das (oberbayerisch: Blasse): Das Blässhuhn; ▸ Rallen 1. Nach einer alten Schrift im Schloss Starnberg in Bayern hat Kurfürst Max Emanuel von Bayern einmal vom Morgen bis zum Mittag 224 Blässhühner erlegt.

Blatt, das: **1**) Der vordere Teil des Rumpfes beim ▸ Schalenwild (beim Schwarzwild früher auch Plätze genannt), an dem die Schulterblätter – schaufelförmige Knochen über dem Vorderlauf – sitzen. Das B. reicht noch ca. eine Handbreit über die Schulterblätter hinaus. Der waidgerechte Schuss ist der Schuss aufs B., hinter dem im Wesentlichen Herz und Lunge liegen. **2**) Ein Jagdmesser mit sehr schwerer, breiter Klinge, auch Bez. für die Klinge des Jagdmessers und des Sauspießes; ▸ Blanke Waffen. **3**) Das B. einer Buche oder ein Grashalm, auf dem der Fiepton des weiblichen Rehes täuschend ähnlich nachgeahmt wird. Der Rehbock springt aufs B.; ▸ Lockjagd.

Blättchenpulver, das: Ein Nitrozellulosepulver in Blättchenform; ▸ Pulver.

Blatte, die: ▸ Lockjagd.

blatten: Sich eines Blattes oder der Blatter (▸ Lockjagd) bedienen; mit dem Blatt oder mit der Blatter locken; ▸ Rehwild (Jagdarten), ▸ Blattzeit.

Blatter, die (Blatte): ▸ Lockjagd.

Blattfang, der: Das Abfangen kranken Schalenwildes; ▸ abfangen 1).

Blattgeben, das: svw. ▸ Blattfang.

Blattjagd, die: Die ▸ Lockjagd auf den Rehbock zur ▸ Blattzeit (Brunftzeit); ▸ Rehwild (Jagdarten).

Blattschlagen, das (Waidmesserschlagen, Waidmessergeben, Waidblattgeben, Pfundegeben): Ein uralter Jagdbrauch, der in vielen alten jagdlichen Aufzeichnungen festgehalten ist. Dieses B. oder Pfundegeben (wobei unter einem Pfund ein Schlag mit der flachen Klinge des Waidblattes auf das Gesäß des Jägers verstanden wurde) wurde bei einem jagdlichen Verstoß oder bei sonstigem unwaidmännischem Verhalten durchgeführt. Ursprünglich verwendete man hierfür das Waidblatt (Waidmesser); gegen Anfang des 19. Jh. setzte sich aber immer mehr der Hirschfänger, die Paradewaffe des ▸ hirschgerechten Jägers, durch. Wenn auch das B. immer einem festen Ritual unterlag, so haben sich doch im Wandel der Zeit die verschiedensten Formen des zeremoniellen Ablaufs herausgebildet. M. Strasser von Kollnitz schrieb in seiner im dritten Jahrzehnt des 17. Jh. entstandenen Handschrift: »Wan man ainen Waidmann umb dergleichen Versprôchen wil mit dem Waidmösser strafen, so sol man in lassen zu ainer Pankh, oder zu einem umbgefallenen Paumb, Stockh, Pichele oder Stain niederknien lassen… ime das Waidmösser zu jeder Erzöllung aines begangenen Fals zümblich empfindlich auf den Arsch schlagen.« 200 Jahre später führt S. ▸ Behlen in seinem »Real- und Verbal-Lexicon« (1843) an, dass der Delinquent als Unterlage die Brüche der besten zur Strecke gebrachten Hirsche erhält und sich nicht, wie bei Strasser erwähnt, auf einem Baumstumpf oder auf einem Erdhügel niederknien muss. Nach einem 1852 erschienenen »Lehrbuch der Jagd« musste sich hingegen der Verurteilte über einen Hirsch oder eine starke Sau legen und erhielt, je nach der Höhe seines Ranges, entweder vom Chef der Jägerei oder von einem Forstmeister drei Pfunde (Schläge bzw. Streiche) mit der flachen Klinge des Hirschfängers auf das Hinterteil. Zu dieser Zeit war es üblich, dass der Verurteilte Folgendes rufen musste: (beim ersten Schlag) »Dies für meinen Fürsten [bzw. Grafen usw.] und Herrn«, (beim zweiten) »Dies ist für Ritter, Reiter und Knecht«, (beim dritten) »Das ist fürs edle Jägerrecht«. Nach der Bestrafung lüftete die anwesende Jäger-

Von links nach rechts: Hirschfänger, um 1730: Das reliefierte, teilweise durchbrochen gearbeitete Gefäß zeigt jagdliche Motive, alles feuervergoldet; die Klinge beidseitig mit vergoldeter Ätzung und u.a. Inschrift: »Palm und Lorber ihn vergnügt weil die Feinde seindt besiegt«. – Hirschfänger, Ende 18. Jh. mit vollplastisch aus Elfenbein geschnitztem Griff und Parierstange, vergoldetem Griffring, polierter Rückenklinge mit Jagdmotiven (Leihgabe Rudolf Hoesch, Düren). – Jagdsäbel, deutsch, 17. Jh. mit Griff aus Elfenbein, Knauf in Form eines Löwenkopfes, spiralig gewundener Blattranke und einem Relief mit Sau-, Hirsch-, Bären- und Gamshatz sowie gezahnter Sägerückenklinge. München, Deutsches Jagd- und Fischereimuseum

schaft den Hirschfänger und stieß einen Jägerschrei (▸ Jagdgeschrei) aus. Der Bestrafte hatte sich nach der Zeremonie durch eine Verbeugung gegen die ▸ Jagdgesellschaft zu bedanken. In dieser Strafe lag selbstverständlich nichts Entehrendes, sie sollte im Gegenteil erheiternd, aber zugleich erzieherisch wirken. In dem 1751 in Augsburg erschienenen Jagdlehrbuch »Aufrichtiger Lehrprinz« von C. von ▸ Heppe wird sogar die Behandlung von Damen erläutert, die wegen kleiner Verstöße in der Waidmannssprache und in waidmännischen Handlungen scherzhaft bestraft wurden: »Ist nun die Person eine vornehme Dame, so macht sich der Fürst selber das Vergnügen, solche Strafe an ihr zu vollziehen.« Musste es sich der männliche Delinquent gefallen lassen, dass ihm vor der Strafe die Jäger die Rockzipfel und die Hosen fein glatt strichen, so wurde der adeligen Dame vom Hofjäger persönlich »das Oberkleid und Reifröckchen auf den Rücken gelegt«. Das B. wurde in neuerer Zeit durch das Jagdgericht ersetzt, das nach einer ▸ Gesellschaftsjagd und nach dem sog. Schüsseltreiben zusammentritt. An die Stelle des Hirsches trat ein Stuhl, für die Verurteilung wird das Jagdgericht einberufen. Es besteht aus drei Jägern, dem Vorsitzenden, dem Ankläger und dem Büttel, der in heiterer Weise die Sitzung gestalten muss. Während des Dritten Reiches war es üblich, dass der Verurteilte vom Büttel die drei Schläge erhielt, wobei der Jagdrichter rief: »Jo ho, das ist für unser deutsches Reich; jo ho, das ist für Jäger, Ritter und Knecht; jo ho, das ist das edle Jägerrecht.« Soweit heute noch Jagdgerichte zusammentreten, richtet sich die Strafe nach der Schwere des Vergehens und nach den Vermögensverhältnissen des Angeklagten. Die Strafe erfolgt auch nicht mehr in Form von Schlägen mit dem blanken Waidblatt oder Hirschfänger, sondern in die Jagd- oder Treiberkasse muss Geld abgeführt werden.

Blattschuss, der (Kammerschuss): Ein Schuss auf das ▸ Blatt 1); ▸ Schusszeichen.

Blattstammkohl, der: ▸ Wildäsungspflanzen.

Blattzeit, die: Die Brunftzeit des Rehwildes in der Zeit von Ende Juli bis Mitte August. Zur B. stehen die Rehböcke auf die nachgeahmten Laute der Geiß (Ricke) zu; die Böcke springen aufs Blatt; ▸ Rehwild (Jagdarten), ▸ Lockjagd.

Blattziemer, der: ▸ Vorderziemer.

Blaubäckchen, das: ▸ Sperber.

Blaubeere, die: ▸ Heidelbeere 1.

Blaubelag, der: ▸ Jagdoptik.

Blauegel, der: ▸ Weihen 2.

blaue Holztaube, die: ▸ Wildtauben 3.

Blauente, die: ▸ Wildenten 1.

Blaufalke, der: ▸ Falken 4.

Blaufuß, der: **1**) Bez. für die »kleinere« Waldschnepfe; ▸ Schnepfen 1. **2**) Im Mittelalter in Deutschland übliche Bez. für den Sakerfalken, da der junge Sakerfalke bläuliche, graublaue oder grünlich blaue Hände hat, die erst mit zunehmendem Alter gelblich weiß werden. Auch für den jungen Lannerfalken (insbesondere Feldeggsfalken) und gelegentlich auch für den jungen Gerfalken wurde die Bez. B. gebraucht; ▸ Biturfuß. **3**) Ein weißköpfiger B. ist ein Fischadler; ▸ Adler 3.

blaujagen: Vom Falken: Flugwild in weiter Ferne anjagen, obwohl er an näher stehendes Wild geworfen wurde.

Blaukragen, der: Bez. für ein Rebhuhn, bei dem bereits die bläuliche Halsfärbung hervortritt.

Blaumantel, der: ▸ Möwen 4.

blauroter Weih, der: ▸ Weihen 3.

Blautaube, die: ▸ Wildtauben 1. und 3.

Blauziemer, der: ▸ Drosseln 1.

bledern: ▸ blädern.

Blei, das: Alle früher zur Jagd verwendeten Geschosse. »Die Büchse schießt ein starkes oder schwaches B.« bzw. »ein grobes oder fei-

Während der Blattzeit des Rehwilds im Juli und August verspricht die Blattjagd Erfolg.

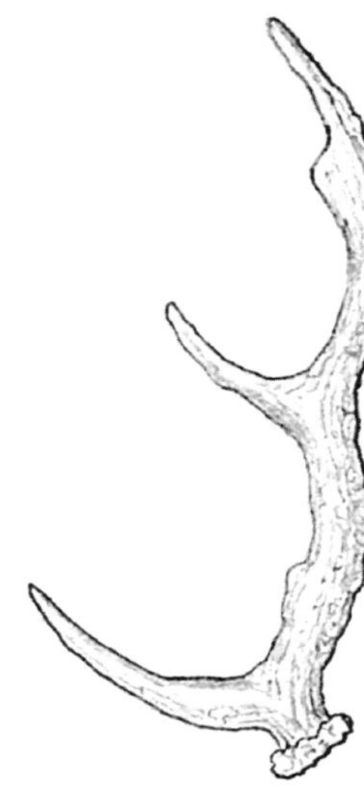

Sechserstange, auf zehn blendend

nes B.« heißt, sie schießt eine große oder eine kleine Kugel; ▸ Kugel 2).

Bleifalke, der: ▸ Weihen 2.

Bleigeschosse, die: ▸ Kugel 2), ▸ Büchsengeschosse, ▸ Randfeuerpatrone, ▸ Kurzwaffenmunition.

Bleischrot, das: ▸ Weicheisenschrot.

Bleizeichen, das: ▸ Hirschgerechte Zeichen.

Blenden, das: ▸ Hirschgerechte Zeichen.

blenden: **1**) Vom ▸ Geweih oder Gehörn: durch weiß polierte Enden stärker scheinen, als es in Wirklichkeit ist; das Geweih oder das Gehörn blendet. **2**) Vom Geweih: nur schwache Enden als kleine Erhebungen anzeigen; es blendet auf. **3**) Das Vorstehen des Hundes, ohne Wildwittrung zu haben (▸ Blender); aber auch ihm die Augen bedecken, damit er das Wild nicht sehen kann. **4**) Die im Winde flatternden Feder- oder Wimpellappen (▸ Blendzeug) b. das Wild, d.h., sie scheuchen es zurück. **5**) Ein ▸ Treiben oder ein Revier verlappen; es verblenden. **6**) Vom Hirsch: das B.; ▸ Hirschgerechte Zeichen.

Blender, der: Ein Hund, der blendet, d.h., der vorsteht, ohne dass er Wittrung von Wild bekommen hat. B. können die Prüfungen der ▸ Hundeverbände nicht bestehen; ▸ Blinker.

Blendfalle, die: Eine Kastenfalle, in der das gefangene Wild im Dunkeln sitzt.

Blendling, der: **1**) Ein Bastard, namentlich von ▸ Hatzhund und Windhund (Dänischer B., Ulmer Dogge). **2**) Eine Kreuzung von Haus- und ▸ Wildkatze (Bastard).

Blendtritt, der (Blenden): ▸ Hirschgerechte Zeichen.

Blendzeug, das: Sammelbezeichnung für die verschiedenen Arten von Lappen, speziell Tuch- und Federlappen, sowie für die Flintern, mit denen eine Lappstatt (das ist der verlappte Ort) umstellt wird. Die Verwendung von B. ermöglicht die Abhaltung einer größeren Treibjagd (sog. ▸ Lappjagd) mit wenigen ▸ Schützen, da man alle Seiten eines Treibens, für die man keine Schützen hat, verlappt und dort das Wild zur Umkehr zwingt. Nach dem BJG ist allerdings die Lappjagd innerhalb einer Zone von 300 m von der Bezirksgrenze verboten; ▸ Jagdzeug.

Blesse, die: **1**) Beim Hund, beim Pferd und auch beim Rotwild (selten): ein weißer Streifen, der von der Nase bis zur Stirn zwischen den Augen durchläuft; ▸ Blesshirsche. **2**) ▸ Rallen 1.

Blessgans, die (Blässgans): ▸ Wildgänse 2.

Blesshirsche, die: Auch Blässedelwild, Blässwild, Blässrotwild, Blesswild. Selten vorkommendes ▸ Rotwild mit weißem Stirnfleck und gelegentlich Weiß an den Läufen. Bereits in »Allgemeine Historie der Natur« (1757, Hamburg und Leipzig) werden B. erwähnt. Raoul v. Dombrowski schreibt in seinem Buch »Das Edelwild« (1878): »Das Blässedelwild trägt die Farbe des gewöhnlichen Edelwildes, nur ist dasselbe durch einen weißen Fleck, welcher sich von der Stirn zwischen den Lichtern gegen das Geäse herabzieht – oft nur in Form eines Sternes –, ausgezeichnet.« H.-H. Hatlapa schreibt in »Wild und Hund« (Nr. 19/1987): »Bekannt ist weiter, dass größere Rudel in Böhmen und im Harz standen. In das Gehege des Fürsten Stollberg, Wernigerode, gelangten Blässhirsche als Geschenk des Königs von Dänemark Ende des 18. Jh.« Von dort gelangten einige zum Herzog von Bedford in Woburn, deren Nachkommen heute noch im schottischen Bergland die Fährte ziehen. Ein Exemplar davon war der Ahnherr eines kleinen Blesswildrudels im Wildpark Eekholt und im Wildpark Rosegg (Österreich).

Blesshuhn, das (Blässhuhn): ▸ Rallen 1.

Blessralle, die: ▸ Rallen 1.

Blesswild: ▸ Blesshirsche.

Bley, Fritz (23.7.1853 Quedlinburg bis 2.10.1931 Berlin): Schriftsteller und Journalist. Wegen seiner Verdienste um den Elch wurde er auch »Elchvater« genannt. Er schrieb u.a. »Der Edelhirsch« (1909), »Vom nordischen Urwilde. Geschichten von Wild, Steinen und Menschenherzen« (1921), »Fünfzig Jahre deutsche Jagd. Erinnerungsschrift des Allgemeinen Deutschen Jagdschutzvereins« (1925), »Vom Edelen Hirsche. Geschichten vom Rothirsche und seinen Verwandten in allen Ländern und Zeiten« (1923), »Wildkatzen – Eine Tiergeschichte aus dem Harz« (um 1928). B. ist auf dem Waldfriedhof Stahnsdorf bei Berlin bestattet.

blettern: ▸ blädern.

blind: **1**) Ein Gamsbart, der keinen ▸ Reif hat. **2**) Ein Schuss ist b., wenn die Patrone nur mit Pulver geladen war und nur als Knall wirken sollte; er wurde als ▸ Signalschuss verwendet.

Blinddarm, der: Ein blindsackartiger Teil des aufsteigenden Dickdarms unterhalb der Einmündungsstelle des Dünndarms. Er ist bei Vögeln paarig, bei Säugetieren in der Einzahl. Pflanzenfressende Säugetiere haben einen stark vergrößerten B., Raubtiere hingegen einen relativ kleinen. Der B. enthält eine reiche Flora an symbiotischen Zellulosezersetzern (Bakterien, Hefepilze oder Flagellaten). Viele Hasenartige (Feldhase, Wildkaninchen) und Nager steigern die Wirksamkeit der Zelluloseverdauung durch Aufnahme des ausgeschiedenen Inhalts des B.. Sie erhalten dadurch u.a. den lebensnotwendigen Stickstoff- und Vitamininhalt der Mikroflora; ▸ Coecotrophie.

Blinddarmkot, der: ▸ Coecotrophie.

Blinddarmlosung, die: ▸ Balzlosung.

blinken: ▸ Blinker.

Blinker, der: Ein Hund, der absichtlich wahrgenommenem Wild ausweicht, ohne es anzuzeigen; der Hund blinkt bzw. ist ein B. B. können die Prüfungen der ▸ Hundeverbände nicht bestehen.

blittern (plittern): Eine ▸ Lautäußerung des Haselwildes bei Erregung.

Blitz-Schloss, das (Blitzsystem): ▸ Schlosssystem.

Blitzvogel, der: ▸ Lappentaucher 1.

Blixen, Tania (1885 bis 1962): eigentlich Karen Christence von Blixen-Finecke. Dänische Schriftstellerin. Sie schrieb u.a. »Schatten wandern übers Gras« (1961), darin enthalten die Jagderzählung »Auf Safari«.

blochen: ▸ blocken.

Block, der (Blockjule): Eine ▸ Jule, auf welcher der ▸ Beizfalke mit der Langfessel festgelegt steht.

Blockbüchse, die: ▸ Jagdgewehr 8.

blocken (blochen): Beim ▸ Greifvogel: auf einem Baume sitzen; ▸ aufblocken.

Blockjule, die: ▸ Jule 1.

Blockreck, der: ▸ Reck.

Blocktaube, die: ▸ Wildtauben 1. und 3.

Blockverschluss, der: ▸ Schlosssystem.

Blohm, die oder der: Alte Bez. für die Hirschbrunft.

Blohmplatz, der: Alte Bez. für den Brunftplatz der Hirsche.

Blume, die: **1**) Der Schwanz des Hasen und des Kaninchens, früher auch beim Rot-, Dam- und Gamswild gebräuchlich; ▸ Wedel. **2**) Die Spitze an der ▸ Lunte bzw. an der ▸ Standarte des Wolfes und des Fuchses. **3**) Der Rand der Schwung- und Startpennen (▸ Pennen) der ▸ Beizvögel, wenn sie eine vom übrigen Gefieder abweichende Farbe haben.

Blum(en)ziemer, der: ▸ Wedelziemer.

Blumeweisen, das: Optisches Signal der ▸ Hasen, wenn während der Rammelzeit (Fortpflanzungszeit) sich die am ▸ Rammelplatz versammelten Partner über das Streifgebiet hinausbegeben. Der zurückbleibende Hase markiert durch ▸ Harnen und B.

Bluthund, der (pluethund, aus: »Teuerdank«, allegorisches Gedicht über die Brautfahrt Maximilians I., 1517): Die älteste Rasse englischer Hounds, ein wohl flüchtiger, kräftiger Hetzhund, der »auf Sicht« jagte, offenbar aber kein ▸ Schweißhund. Diese Hunde wurden auf angeschweißtes Wild losgelassen.

Blutjäger, der (Bluthundjäger): Frühere Bez. für eine Art ▸ Hundeknecht (Rüdenknecht), der die Aufsicht über die ▸ Bluthunde führte.

Blutlinie, die: Ausdruck in der Kynologie für die Ahnenreihe einer Rassefamilie. Sie geht aus der Ahnentafel, dem Abstammungsnachweis (▸ Abstammung), hervor.

Blutrausch, der: Fälschliche Bez. für den

Tötungszwang bei vielen ▸ Mardern, besonders bei Stein- und Baummarder; ▸ Beutefang-Auslöser.

Blutspecht, der: ▸ Spechte 5.

BMI: Abk. für »Beschaffungsstelle des Bundesinnenministeriums«; ein ▸ Beschusszeichen.

BNA: Abk. für »Bundesverband für fachgerechten Natur- und Artenschutz e.V.«; ▸ Naturschutzverbände 9.

Bock, der: **1**) Das männliche Stück des Reh-, Gams- und Steinwildes. **2**) Ein Gewehr, dessen Läufe übereinanderliegen, d.h., bei dem ein Lauf dem anderen aufgebockt ist; ▸ Jagdgewehr. **3**) Veralteter Ausdruck für den ▸ Rammler (beim Kaninchen). **4**) Eine Stellung aus Pferdehaaren, mit der früher ▸ Greifvögel auf ihren Horsten gefangen wurden; ▸ Bömsch.

Bockbüchse, die: ▸ Jagdgewehr 9.

Bockbüchsflinte, die: ▸ Jagdgewehr 13.

Bockdoppelbüchsdrilling, der: ▸ Jagdgewehr 16.

Bockdoppelbüchse, die: ▸ Jagdgewehr 9.

Bockdoppelflinte, die: ▸ Jagdgewehr 2.

Bockdrilling, der: ▸ Jagdgewehr 16.

bocken: Das ▸ Wildbret eines männlichen Stückes, das den Brunftgeruch angenommen hat, bockt. Um dies wenigstens teilweise zu vermeiden, muss man dem geschossenen Wild sofort das ▸ Kurzwildbret auslösen.

Bockert, der: Meister B., Name des ▸ Bibers in der Fabel.

Bockfieber, das: ▸ Jagdfieber.

Bockflinte, die: ▸ Jagdgewehr 2.

Bockgewehr, das: Ein Gewehr mit übereinanderliegenden, »aufgebockten« Läufen. B. gibt es auch mit Wechselläufen; ▸ Jagdgewehr.

Bockkalb, das: Weniger gebräuchlicher Ausdruck für das männliche Kalb beim Reh- und Damwild; besser: Bockkitz (Kitzbock) beim Rehwild, Hirschkalb beim Damwild.

Bockkitz, das: Das männliche Kitz des Gams-, Stein- und Rehwildes (bei Letzterem auch Kitzbock) im ersten Lebensjahr, d.h. vom ▸ Setzen bis zum 31. März des auf das Setzen folgenden Jahres.

Bockkrucke, die (Bockkrickel): Der Kopfschmuck des Gamsbockes.

bockkruckig: Die Krucke einer Gamsgeiß ist b., wenn sie die Form einer Bockkrucke (stärker im Umfang und stärker gehackelt) aufweist; ▸ geißkruckig.

Böcklin, Arnold (16.10.1827 Basel bis 16.1.1901 San Domenico bei Fiesole/Italien): Schweizer Maler. B. ist neben A. Feuerbach, H. von Marées und A. v. Hildebrand Hauptvertreter des Idealismus in der Malerei des 19. Jh. 1845 bis 1847 war er Schüler der Düsseldorfer Akademie, 1850 bis 1857 in Rom, danach abwechselnd in Italien, Deutschland und der Schweiz. 1857 bis 1859 waren Basel, Hannover und München seine Schaffensorte. 1860 wurde er als Professor an die Weimarer Kunstschule berufen. Die »Jagd der Diana« (1862) für das Basler Museum war B. erste große Auftragsarbeit.

Bockschnitt, der: ▸ Billwisssteig.

böcksern: Alte Bez. für den Brunftgeruch des ▸ Wildbrets von Elch-, Rot- und Damwild; ▸ bocken.

Bockstall (mittelhochdeutsch nach Hadamar von Labers ▸ Jagdgedicht, um 1335 bis 1340: bogestall, Bogenschussweite; Pockstall): Freier Platz mit Schirmen zum versteckten Aufstellen von ▸ Schützen und ▸ Hatzhunden, auf welchen bestätigte ▸ Feisthirsche mit Hunden und Mannschaften vorgejagt wurden. Bis Ende des 16. Jh. üblicher Jagdbetrieb.

Bock tot! (Reh tot!): Ein ▸ Jagdsignal.

Boden, der: **1**) Allgemeine waidgerechte Bez. für Erde, z.B. der Hahn streicht zu B., die ▸ Fährte steht kalt im B., der Hund sucht mit der Nase am B. **2**) Bestimmter Teil eines Auwaldreviers, svw. ▸ Bogen. **3**) ▸ Jagen 1). **4**) Als B. oder Erde bezeichnet man den belebten, obersten und lockeren Teil der Erdkruste und in weiterem Sinne die Erdkruste, soweit sie vom Menschen genutzt wird. Vereinfacht ausgedrückt: Das Material, das zwischen Luft und Untergrundgestein liegt. Der B. ist Lebensgrundlage und Lebensraum für Menschen, Tiere und Pflanzen, Teil der ▸ Ökosysteme mit ihren Stoffkreisläufen, besonders im Hinblick auf Wasser- und Nährstoffhaushalt, und prägendes Element der Natur und der Landschaft. B. entsteht aus Gesteinen, die durch physikalische und chemische Einflüsse verwittern. Durch die unterschiedlichen Gesteinsarten (z.B. Granite, Gneise, Buntsandsteine, Kalkgesteine) entstehen bei der Verwitterung nicht nur unterschiedliche Körnungen, sondern auch Böden mit unterschiedlichen chemischen (Sorptionsvermögen) und physikalischen Eigenschaften (Wasserdurchlässigkeit, Durchlüftbarkeit, Wärme) und unterschiedlichen mineralischen Zusammensetzungen. Alle Böden und ihre Ausgangsgesteine enthalten von Natur aus Schwermetalle in unterschiedlich hohen Konzentrationen. Zu diesem natürlichen (geogenen) Schwermetallgehalt kommt durch den Menschen bewirkter Eintrag hinzu. Eine besondere Gefahr liegt in der Fähigkeit des B., Schwermetalle zu binden und damit bei weiterer Zufuhr zu akkumulieren. Viele Schwermetalle sind als Spurenelemente für das Pflanzenwachstum notwendig, sie können aber in größeren Konzentrationen zum Schadstoff werden. Die ▸ B.-Organismen haben große Bedeutung für die ▸ B.-Fruchtbarkeit, die sie durch Mineralisierung organischer Stoffe und günstige Beeinflussung der Bodenstruktur erhöhen. Zur Bodenfauna gehören Vertreter fast aller Tiergruppen, vom Einzeller bis zum Säugetier. Die in den B. gelangten tierischen und pflanzlichen Reste werden von den Kleinstlebewesen und den Bakterien aufgelöst und umgewandelt, die darin enthaltenen chemischen Stoffe aus ihrer Gebundenheit befreit und in Verbindungen übergeführt, die den Pflanzen (und durch diese wieder den Tieren) als unerlässlicher Rohbedarf zum Aufbau ihres Körpers dienen; Bodenpflege ist daher auch eine wichtige Aufgabe der naturgemäßen Waldwirtschaft.

Bodenabtrag, der: ▸ Bodenerosion.

Bodenanalyse, die: ▸ Bodenuntersuchung.

Bodenanzeiger, die: Das Vorkommen und Gedeihen vieler Pflanzen (Wildpflanzen) hängt von der ▸ Bodenart, vom Bodenklima, von den vorhandenen Nährsalzen, vom Feuchtigkeitsgrad, vom Humusgehalt und nicht zuletzt vom Kalk- und Säuregehalt des ▸ Bodens ab. Diese Pflanzen (Wildpflanzen) werden als B. (Leitpflanzen, Zeigerpflanzen) bezeichnet. Treten mehrere Arten der gleichen Bodenanzeigergruppe häufig auf, können Schlüsse auf die betreffende Bodeneigenschaft gezogen werden. Beispiele: kalkanzeigende Pflanzen (Luzerne, Schwarzdorn), kalkfliehende Pflanzen (Riedgräser, Heidekraut), humoser Waldboden (Sauerklee, Waldmeister), Stickstoffanzeiger (Brennnessel, Vogelmiere) u.a.

Bodenart, die: Die B. wird nach dem Anteil der verschiedenen Korngrößen benannt. Man unterscheidet Ton (bis 0,002 mm), Schluff (0,002 bis 0,06 mm), Sand (0,06 bis 2 mm) und Steine sowie Kies mit gerundeten Steinen. Die B. werden mit der Fingerprobe unterschieden. Dabei wird eine durchfeuchtete Bodenprobe zwischen den Fingern geknetet, bis kein überschüssiges Wasser mehr vorhanden ist. Ton ist formbar und bindig; Schluff ist nicht bindig, hat eine samtig-mehlige Beschaffenheit, haftet in den Fingerrillen; Sand haftet überhaupt nicht, ist mit bloßem Auge erkennbar und fühlbar körnig. Im Labor werden die Korngrößenanteile durch Schlämmen oder durch Sieben analysiert. Die einzelnen Fraktionen beeinflussen die physikalischen und chemischen Eigenschaften des Bodens. Sandböden z.B. haben überwiegend große Poren, dadurch eine gute Durchlüftung, aber eine geringe Wasserkapazität. Im Lehm sind die vorgenannten Korngrößen etwa zu gleichen Anteilen vertreten, er hat deshalb günstige Wasserkapazität und Durchlüftung. Die Bodenstruktur beeinflusst ebenfalls die Durchlüftung und die Wasserkapazität.

Bodenbalz, die: **1**) Vom Auer- und vom Birkhahn: die nach der Frühbalz auf dem Baum am Boden fortgesetzte ▸ Balz. Auch abends vor dem Einschwingen balzt der Hahn häufig am Boden; ▸ Raufußhühner 1. und 2. **2**) Von der Waldschnepfe: der Balzreigen auf dem Boden.

Bodenbearbeitung, die: Die B. ist die Bearbeitung des ▸ Bodens mit Geräten und Maschinen mit dem Ziel, für Pflanzen optimale Lebensbedingungen zu schaffen bzw. zu erhalten. Weiterhin gehören zur B. die Pflege der aufgegangenen Saaten durch Offenhalten des Bodens sowie Bekämpfung der den Pflanzenwuchs nachteilig beeinflussenden ▸ Unkräuter und der ▸ Bodenschädlinge, das Einbringen von organischen Substanzen und Mineraldünger und die Regulierung des Wasserhaushalts. Zur B. gehören Wenden der Krume (Pflügen), Zerkleinern der zu groben Teile (Eggen u. Walzen), Lockern zu festen Bodens (Grubbern und Eggen), Krustebrechen (Walzen oder Eggen), Mischen (z.B. mit Kunstdünger) und Unterbringen der Saat (Eggen). Die B. ist in der Landwirtschaft uralt und in Verbindung mit Düngung das wichtigste Kulturmittel. In die Forstwirtschaft fand die B. erst Eingang mit der allgemeinen Verbreitung der Kunstverjüngung Mitte des 19. Jh. Hierbei werden verarmte oder durch Gras- und Kraut-

Auerhahn bei der Bodenbalz

wuchs verwilderte Böden durch Pflügen (Vollumbruch, Bifangpflügung) oder durch Fräsen vorbereitet. Um das Ankommen der Naturverjüngung zu fördern, wird der Boden verwundet (mit Grubber, Schälpflug) oder die Bodendecke entfernt, z.B. durch Abschieben des Oberbodens. Früher erreichte man die Bodenverwundung durch Schweineeintrieb.

Bodenbelastung, die: Beeinträchtigung der natürlichen Bodenbeschaffenheit durch Schadstoffe aus Abfällen, Abgasen, Abwässern oder Altlasten sowie durch intensive Landwirtschaft und Bebauung. Der Einsatz von chemischen Mitteln führt nicht nur zur B., sondern auch zu Wasserverschmutzung und Zerstörung von Tier- und Pflanzenarten. Auch große Mengen von Gülle aus Massentierhaltung tragen dazu bei.

Bodenbrüter, die: Bez. für Vogel, die im Ggs. zu den Baumbrütern ihre Nester am Boden bauen bzw. Bodenvertiefungen zur Eiablage benutzen; z.B. Fasane, Rebhühner, Auerhühner, Lerchen u.a.

Bodendünger, der: Ein Humusdünger (Kompost, Stallmist), der die Bodeneigenschaften in biologischer (Nahrung der Mikroorganismen) und in physikalischer Hinsicht (Krümelstruktur) verbessert.

Bodeneinschlag, der: **1**) ▸ Dachs, ▸ Fuchs (Jagdarten). **2**) Eine zum Zwecke der ▸ Bodenuntersuchung (Entnahme von Bodenproben), insbesondere zum Studium des ▸ Bodenprofils, ausgehobene Grube von mindestens 100 cm Tiefe mit senkrechter, glattgestochener Seitenwand.

Bodenerosion, die (Bodenabtrag, Denudation, Abtrag): B. nennt man den Verlust von Bodensubstanz (Massenverlust des festen Landes) durch Wind (Winderosion) oder Wasser (Wassererosion). Bodenverdichtung, durch Einsatz schwerer Geräte oder Tritt verursacht, kann ebenfalls wegen der herabgesetzten Wasserdurchlässigkeit und des damit verstärkten oberflächigen Abflusses vermehrte B. zur Folge haben (Vermeidung des Einsatzes schwerer Maschinen in der Forstwirtschaft und in der Landwirtschaft, soweit auf empfindlichen, insbesondere extensiv genutzten Böden Schäden verursacht würden). Im Bergland ist die Erosionsgefahr wegen des ausgeprägten Reliefs und der speziellen klimatischen Verhältnisse besonders groß. Auch neuartige ▸ Waldschäden, überhöhte Schalenwildbestände, ▸ Waldweide sowie Erschließungen für Siedlungen, Fremdenverkehr und Erholung fördern die B. Die B. kann durch folgende Maßnahmen begrenzt werden: Verminderung der Einschwemmung von Bodenteilen in Oberflächengewässer, u.a. durch Anlage von Schutzstreifen; Einstellung des ▸ Kahlschlags in Waldbeständen auf gefährdeten Standorten; Verhinderung der Übernutzung von Flächen durch Skisport und Trittschäden in Berggebieten.

Bodenforkeln, das (Grasforkeln): Eine von männlichen Hirschen und Hornträgern (Gams-, Stein- und Muffelwild, Wisent) zur Brunftzeit gezeigte Kampfhandlung gegenüber einem – meist jüngeren – Rivalen, bei welcher der Boden als Ersatzobjekt dient und mit dem Geweih (Horn) bearbeitet (geforkelt) wird. B. baut die ▸ Aggression ab, ist aber zugleich ein ▸ Imponierverhalten und soll einschüchternd wirken; ▸ Forkeln.

Bodenfruchtbarkeit, die (Bodenproduktivität): Die Fähigkeit des Bodens, aufgrund der Wechselwirkungen seiner physikalischen, chemischen und biologischen Eigenschaften Pflanzenwachstum zu ermöglichen. Die organische Substanz des Bodens bestimmt wesentlich die B. bzw. den Fruchtbarkeitsgrad. Die B. kann durch humusmehrende Fruchtfolgen, Ausbringung von Dünger (z.B. Stallmist) sowie Mängelbeseitigung der Bodenstruktur u.a. langfristig gefördert werden.

Bodengare, die (Gare): Der Boden ist für die Pflanzen gar, d.h. verzehrbereit, wenn er wegen seines hohen Humusgehalts eine gute Krümelbildung aufweist, locker und etwas elastisch ist. Die B. wird durch Maßnahmen der ▸ Bodenbearbeitung, Düngung und Pflege herbeigeführt und ist ein günstiger Zustand des Bodens für das Pflanzenwachstum. Voraussetzung zur B. ist ein günstiges Verhältnis von Wasser, Luft, Wärme, Bakterien und anderen Kleinlebewesen im Boden. Unterschieden wird zwischen

1. Frostgare: Die sprengende Wirkung des Frostes führt zu einem Zerkleinern größerer Strukturen im Boden und damit zu einer ausgeprägten feinen Krümelung und Lockerheit.

2. Schattengare: Die Bodenbedeckung wirkt erhaltend auf die B. Sie schützt den Boden vor Austrocknung durch Sonne und Wind und dämpft die Temperaturunterschiede (Tag/Nacht).

Bodengericht, das: Die ganze Anlage der Laufdohnen; ▸ Dohnen.

Bodenhorizont, der: Die überwiegend parallel zur Oberfläche verlaufenden Bodenschichten. Bei uns werden v.a. drei Haupt-B. unterschieden: *A-Horizont (Oberboden)* humushaltiger, dicht bewurzelter Boden, in dem sich die Masse der Bodenorganismen befindet; *B-Horizont (Unterboden, Illuvialhorizont)* humusarmer, weniger durchwurzelter Boden. Er ist der Verwitterungshorizont, in dem die Verwitterung noch in vollem Gange ist; *C-Horizont (Untergrund)* in ihm befindet sich noch wenig verwittertes geologisches Ausgangsmaterial, er wird hauptsächlich aus zerfallenem, mitunter auch aus festem Gestein gebildet; ▸ Bodenprofil.

Bodenjagd, die: Das Sprengen des Fuchses aus dem Bau mit dem Erdhund, des Wildkaninchens mit dem Frettchen sowie das Dachsgraben; ▸ Fuchs, ▸ Dachs, ▸ Wildkaninchen (Jagdarten).

Bodenjäger, der: Ein Jäger, der die ▸ Bodenjagd ausübt.

Bodenkultur, die: Bez. für alle Maßnahmen der ▸ Bodenbearbeitung sowie zur Erhaltung und Förderung der ▸ Bodenfruchtbarkeit.

Bodenlebewesen, die: ▸ Bodenorganismen.

Bodenmast, die: ▸ Mast.

Bodenorganismen, die (Bodenlebewesen): Mehrere Billionen Individuen vieler tausend Arten der Mikroflora (Kleinpflanzen) und -fauna (Kleintiere) leben in einem Bodenblock von 1 qm Bodenoberfläche. Sie haben eine große Bedeutung für die Erhaltung der ▸ Bodenfruchtbarkeit und bilden die organische Substanz des Bodens. Innerhalb der ▸ Nahrungskette im Boden wird abgestorbene organische Substanz (z.B. Blätter, Nadeln, Zweige) zersetzt und in Nährstoffe zerlegt (humifiziert), sodass diese von den Pflanzen wiederverwertet werden können. Einen wesentlichen Beitrag leisten die Regenwürmer (in 1 ha Laubwald können etwa 250000 Regenwürmer vorhanden sein), die allerdings im nasssauren Rohhumus und in tonfreien Sandböden fehlen. Die meisten Arten ernähren sich von verwesenden oder vorbereiteten Abfällen.

Bodenproduktivität, die: ▸ Bodenfruchtbarkeit.

Bodenprofil, das: Das B. wird bei einem senkrechten Schnitt durch den Boden bis wenigstens 100 cm Tiefe sichtbar. Es lässt den Bodenaufbau aus den ▸ Bodenhorizonten erkennen. Das B. kann im Aufschluss oder mit dem Erdbohrer studiert werden.

Bodenschädlinge, die: Bez. für Pflanzenschädlinge, die vorwiegend im Boden leben. Hierzu zählen u.a. die Engerlinge der Maikäfer, die Erdraupen der Wintersaateule, die Drahtwürmer der Schnellkäfer, die Haarmücken und die Wiesenschnaken. Schwarzwild ist ein großer Vertilger von B.

Bodenschicht, die: **1**) Der ▸ Bodenhorizont. **2**) Die untere Schicht einer Pflanzengesellschaft (meist Moose und Flechten) unterhalb der Baum- und Strauchschicht.

Bodenschutz, der: Unter den Industriestaaten der Erde ist die Bundesrepublik Deutschland durch Bevölkerungsdichte und intensive wirtschaftliche Tätigkeit heute eines der Länder mit der weitaus höchsten Umwelt- und Ressourcenbeanspruchung. Der Flächenverbrauch für Wohnen, Industrie, Gewerbe und Verkehr ist stetig angestiegen. Sparsamer Landverbrauch ist daher ein wesentlicher Beitrag zu einem effizienten B. Großflächige Schäden der Wälder, zunehmende Versorgungsprobleme mit hochwertigem Trinkwasser und die Notwendigkeit einer strikten Kontrolle der Nahrungs- und Futtermittel auf schädliche Stoffe zeigen, dass durch massive Umweltbelastungen, Übernutzung des Bodens und schleichende Umweltveränderungen Gefahren entstehen. Die Funktionen des Bodens, seine Schutzbedürftigkeit, die an ihn gestellten Nutzungsansprüche und die daraus resultierenden Gefahrenpotenziale bilden die Bezugspunkte für eine Bodenschutzpolitik der Bundesregierung.

Bodenschutzwälder, die: Als B. werden in meist geneigter bis steiler Lage befindliche Waldbestände bezeichnet, deren humose oder z.B. feinsandige Bodenoberfläche ohne den Baumbewuchs alsbald infolge von Verhagerung bzw. Ausblasung usw. abgetragen würde, sodass nur noch der unverwitterte Untergrund übrig bliebe. In den meisten Fällen hätte dies zur Folge, dass das so entblößte Gelände praktisch für jede Art kultureller Nutzung verloren wäre.

Bodensitz, der: Schirm; ▸ Jagdeinrichtungen 2.

Bodenspur, die (Bodenwittrung): Durch den suchenden Hund unmittelbar am Boden wahrgenommene Wittrung (Körperwittrung des Wildes); ▸ Luftspur, ▸ Schwimmspur.

Bodenstreu, die: Früher ein Teil der ▸ Waldstreunutzung. Zur B. gehören alle unzersetzten (toten und lebenden) pflanzlichen Teile, die sich auf dem Waldboden befinden. Bei der B. wurde zwischen Laubstreu und Nadelstreu, Moosstreu und Unkräuterstreu (hauptsächlich aus Heidekraut, Besenpfriem, Heidel- und Preiselbeere, Ginster, Farne und Schilfrohr) unterschieden. Sie diente v.a. als Einstreu in den Viehställen.

Bodentyp, der: Ein Boden mit einer bestimmten Folge von ▸ Bodenhorizonten. Er wird u.a. bestimmt durch das vorhandene Ausgangsgestein, die physikalische Struktur, den Wasserhaushalt und den Humusgehalt. Die wichtigsten B. sind: Schwarzerde, Braunerde, Parabraunerde, Gleiböden, Aueböden, Marschböden, Moore, Ranker, Rendzina, Podsol, Pelosole etc.

Bodenuntersuchung, die (Bodenanalyse): Die Untersuchung des Bodens auf seine Bestandteile (▸ Bodenart) sowie auf seinen Nährstoffgehalt. B. ist Voraussetzung für einen gezielten ▸ Bodenschutz und für eine bedarfs- und umweltgerechte Düngung. Die chemischen Untersuchungen von Bodenproben zur Feststellung des pH-Wertes, des Gehalts an Phosphat, Kali und Kalk sowie an Spurenelementen wie Mangan, Magnesium oder Bor dienen auch der Kenntnis der Kalk- und Nährstoffversorgung der Böden. Es werden daher Bodenauszüge mit schwachen Lösungen hergestellt, die den natürlichen Lösungen entsprechen, und auf das Vorhandensein des zu bestimmenden Nährstoffes überprüft. Häufig wird die Nährstoffuntersuchung nach der Elektroultrafiltrationsmethode erprobt, die auch den organisch gebundenen Stickstoff erfasst.

Bodenverdichtung, die: Meist durch den Einsatz schwerer Großgeräte (Schlepper, Holzerntemaschinen, auch Militärfahrzeuge etc.) verursachte oder beschleunigte Verdichtung des Bodens. Die Folge sind kleineres Porenvolumen des sonst hohlraumreichen Oberbodens, geringerer Luftgehalt und geringere Luftdurchlässigkeit sowie Schwund der Bodenlebewesen. Daneben führt B. zum verminderten Wasserabzug. Die fehlende Lockerheit des Waldbodens behindert das Wurzelwachstum der Pflanzen. B. entstand früher durch die Streunutzung, bei der dem Boden die wasseraufsaugende Bodenauflage genommen wurde und starker Regen die B. langfristig herbeiführte.

Bodenversauerung, die: Die Versauerung der Böden stellt eine wesentliche Belastung für die Waldökosysteme (▸ Ökosystem) dar. Im Boden ist bereits eine natürliche Versauerung der Bodenlösung, des Bodenwassers und der Bodenteilchen vorhanden. Die Reaktion der Niederschläge liegt i. Allg. bei pH 5,6. Unterhalb von pH 3 sind durch die Freisetzung von Aluminium- und Schwermetallionen bereits Schäden an den Pflanzenwurzeln zu erwarten. Hauptträger der Versauerung sind das Schwefeldioxid (SO_2) und in etwas geringerem Maße die Stickstoffverbindungen, die zusammen zu einer Absenkung des pH-Wertes führen. In Niederschlägen löst sich das Schwefeldioxid zu schwefeliger Säure und die Stickoxide lösen sich zu Salpetersäure. Damit nimmt die Säuremenge oder die Säuresättigung des Bodens zu. Basisch wirksame Nährstoffe wie Kalzium (Ca), Magnesium (Mg) und Kalium (K) können dann ausgewaschen werden, wobei in den Pflanzen ein Nährstoffmangel entsteht. Nur ein geringer Teil der Säure gelangt jedoch mit den Niederschlägen in den Wald. Die größte Versauerung entsteht durch das Auskämmen trocken deponierter Schadstoffe (gasförmige Luftverunreinigungen) durch das Kronendach. Diese Auskämmung erfolgt durch Lösung von Schwefeldioxid und Stickoxiden im Benetzungswasser der Nadeln

(Blätter) und Zweige und auch durch Ausfilterung des Nebels. Im Ggs. zu Laubwäldern kämmen Fichtenwälder besonders stark aus. Hält der Prozess der Versauerung über längere Zeit an, so werden Aluminium-(Al-), Mangan- und Eisenionen mobilisiert, die schädlich auf Pflanzenwurzeln oder ▸ Bodenorganismen wirken können. V. a. Aluminiumionen wirken schon in geringen Konzentrationen giftig auf die Feinwurzeln der Pflanzen sowie auf streuzersetzende Mikroorganismen. Geschädigte Bäume, v.a. die Fichten als Flachwurzler (Tellerwurzel), verlieren dadurch ihre Standfestigkeit; ▸ saurer Regen.

Bodenwittrung, die: ▸ Bodenspur.

Bodenzeichen, die: Alle Zeichen, die das Wild auf dem Boden oder im Boden hinterlässt; z.B. ▸ Fährte, ▸ Spur.

Boel, Peter (1622 bis 1674): Tiermaler, Schüler von Paul de Vos, lebte in Antwerpen.

bögeln: Der Hund versucht, eine verlorene Spur oder Fährte durch Kreisen wiederzufinden, er bögelt oder er bögelt sich ein.

Bogen, der: **1**) Auch Jagdbogen: Ein bestimmter Teil eines Reviers bzw. eines ▸ Treibens. Die Bez. ist hauptsächlich in Bayern gebräuchlich und bezog sich ursprünglich auf einen Revierteil, in dem ein zur ▸ Hohen Jagd gehörendes Wild ▸ bestätigt wurde. **2**) Ein gemeinschaftlicher ▸ Jagdbezirk kann in Teilen, sog. Jagdbögen, verpachtet werden. **3**) Jagdwaffe (Pfeil und Bogen), in der Bundesrepublik Deutschland zur Jagd verboten, in anderen Ländern, wie z.B. in einigen Bundesstaaten der USA, zur Jagd erlaubt; ▸ Bogenjagd.

Bogenjagd, die: Die Jagd mit Pfeil und ▸ Bogen. Die B. auf ▸ Schalenwild ist nach dem BJG verboten, die B. auf Nicht-Schalenwild verstößt gegen die Grundsätze der Waidgerechtigkeit. Auch aus tierschutzrechtlicher Sicht sollte es bei diesem Verbot für die einst naturnahe B. bleiben, obgleich sie sich in vielen Ländern der Erde, insbesondere in den USA und in Kanada, größter Beliebtheit erfreut. Die tödliche Wirkung eines Pfeils steht wegen fehlender Schockwirkung deutlich hinter einer Büchsenpatrone zurück.

Bogenreck, der: ▸ Reck.

bogenrein: Ein Hund, der bei einer ▸ Treibjagd aufgejagtem Wild nicht weit über das Treiben (Bogen) hinaus folgt. Geschieht dies doch, muss er sich vom Hundeführer sofort durch Pfiff oder Zuruf zurückrufen lassen; ▸ überjagen.

Bogen schlagen: Vom Jagdhund und vom Fuchs: das Wild im Halbkreis umgehen, um Wind zu nehmen; der Hund bzw. der Fuchs schlägt einen Bogen.

Bogenschuss, der: Ein Gewehr hat B., wenn die Flugbahn des abgefeuerten Geschosses früh fällt, was früher bei schwacher Pulverladung und schweren Geschossen der Fall war.

Böhmischer Jagdfasan, der: ▸ Fasane 1.

Böhmische Stellung, die: ▸ Bömsch.

Böhmisches Treiben, das: ▸ Gesellschaftsjagd 6.

Böhmische Streife, die ▸ Gesellschaftsjagd 6.

Bohnen, die: **1**) Die ▸ Losung bei Hirscharten (bohnenförmige Stücke). **2**) svw. ▸ Grandeln 1).

Meister des Girart: Jagd mit Pfeil und Bogen auf Hirsche. Miniatur aus der Handschrift »Livre du Roy Modus«, Brüssel, Bibliothéque Royale Albert I.

Bohnengans, die: ▸ Wildgänse 3.

Böhnhase, der (niederdeutsch: Bönhase [= Bodenhase], neuhochdeutsch: Beinhase): Ein unerfahrener Jäger, Sonntagsjäger, der die ▸ Jägersprache nicht beherrscht. H. W. ▸ Döbel nennt in seiner 1746 veröffentlichten »Eröffnete Jäger-Praktika« diese nicht gerechten Jäger verächtlich »Federschützen oder Bönhasen«.

Bohrer, der: Ein ▸ Vorstehhund, der bei der Suche mit tiefer Nase sucht, d.h. die Nase nicht hochnimmt. Als B. werden aber auch alle Jagdhunde bezeichnet, die einer kalten Spur/Fährte intensiv mit tiefer Nase folgen, die Rute in ständiger Bewegung halten und meist keinen Laut geben.

Bohrungsarten der Schrotläufe: ▸ Lauf 4) 2.; ▸ Ballistik.

Boll, der (Bail): ▸ Ball.

Böllhuhn, das: ▸ Rallen 1.

Bolvan, der: ▸ Balban.

Bömsch, der (Böhmische Stellung): Ein heute verbotenes Fanggarn für ▸ Greifvögel; ▸ Landbömsch, ▸ Wasserbömsch, ▸ Garne 9.

Boner, Charles (29.4.1815 Bath bis 7.4. 1870 München), englischer Dichter und Reiseschriftsteller. B. lebte lange als Erzieher im Hause der Fürsten Thurn und Taxis in Regensburg, ab 1860 als Schriftsteller in München und ab 1865 als Berichterstatter der »Daily News« in Wien und anderen Orten. Literarischen Ruhm erwarb er sich zuerst durch sein Buch über die Gamsjagd: »Chamois hunting in the mountains of Bavaria« (1853) mit Illustrationen von ▸ Horschelt, später erschien »Forest creatures« (1861, deutsch 1862), eine Schilderung der jagdbaren Tiere Deutschlands; ▸ Jagdliteratur.

Bönhase, der: ▸ Böhnhase.

Bonner Erklärung, die: Eine am 22. Mai 2001 von führenden Verbänden von Grundeigentum, Landwirtschaft und Jagd unterzeichnete Erklärung zu Grundeigentum, Naturschutz und Jagd, in der sie die deutsche Bundesregierung zum gleichzeitigen Schutz von Eigentum und Natur auffordern. Die Organisationen vertreten dabei die Interessen von 4,5 Mio. Mitgliedern. In der B. E. heißt es:

»Die nachhaltige Nutzung von Naturgütern ist seit Jahren erklärtes Ziel der Naturschutzpolitik der Bundesrepublik Deutschland. Sie hat daher das Prinzip der nachhaltigen Nutzung von Naturgütern im Naturschutzgesetz verankert und sich in zahlreichen internationalen Verträgen dazu bekannt und verpflichtet. Garant einer nachhaltigen Nutzung ist v.a. die Stärkung des Eigentums an Grund und Boden. Zur nachhaltigen Nutzung der natürlichen Ressourcen Boden, Luft, Wasser, Pflanzen und Tiere fordern die Unterzeichner die Bundesregierung auf:

- das Prinzip der nachhaltigen Nutzung auch im gesellschaftlichen Leitbild zu verankern und dabei den Schutz des Eigentums zu gewährleisten;
- ihre Politik so zu gestalten, dass nicht auf Betreiben einzelner Interessengruppen Eigentumsrechte Dritter, die eine nachhaltige Nutzung sichern, eingeschränkt werden. Dies gilt insbesondere für das BNatschG, aber auch für das BJG, mit dem in seiner geltenden Fassung eine nachhaltige Jagdausübung gewährleistet wird;
- das flächendeckende Engagement von Grundeigentümern und Jägerschaft für eine artenreiche Tier- und Pflanzenwelt sowie die ehrenamtliche Motivation und Tätigkeit von Eigentümern und Jägern zur Erhaltung und

Verbesserung der Lebensbedingungen der frei lebenden Tier- und Pflanzenwelt anzuerkennen und zu fördern;
- dafür Sorge zu tragen, dass das Zerr- und Feindbild des Naturnutzers korrigiert und auf einen Konsens aller an der Erhaltung der natürlichen Lebensgrundlagen Interessierten hingearbeitet wird;
- einer Naturschutz- und Jagdpolitik Vorrang einzuräumen, die der Eigenverantwortung von Grundeigentümern und Nutzungsberechtigten für eine nachhaltige Nutzung von Naturgütern Rechnung trägt, d.h. einer Politik des Miteinanders, nicht der Ausgrenzung und Bevormundung durch administrative Regelungen.

Die Unterzeichner werden für die Umsetzung ihrer Forderungen in Politik und Gesellschaft entschlossen eintreten. Im Interesse eines gemeinsamen konstruktiven Miteinanders für den Natur- und Artenschutz und den Schutz des Eigentums werben sie für eine breite Unterstützung bei politischen Parteien, Verbänden und Organisationen.«

Unterzeichner der B. E. sind Arbeitsgemeinschaft der Grundbesitzerverbände, Arbeitsgemeinschaft Deutscher Waldbesitzerverbände, Bundesarbeitsgemeinschaft der Jagdgenossenschaften und Eigenjagdbesitzer, ▸ Bundesverband Deutscher Berufsjäger e.V., ▸ Bundesverband Deutscher Jagdaufseher e.V., Bundesverband für fachgerechten Natur- und Artenschutz (▸ Naturschutzverbände 9.), Deutscher Bauernverband, Deutscher Falkenorden, Deutscher Jagdrechtstag, Deutscher Jagdschutz-Verband, Jagdgebrauchshundverband.

Bonner Jägertage: Jährliche Vortragsveranstaltung, die von der Forschungsstelle für Jagdkunde und Wildschadensverhütung des Landes Nordrhein-Westfalen durchgeführt wird. Sie ist eine Begegnung zwischen Jagdpraxis und Jagdwissenschaft mit jeweils wechselnden aktuellen Leitthemen.

Bonner Konvention, die: Ein aus dem Juni 1979 stammendes »Übereinkommen zur Erhaltung der wandernden wild lebenden Tierarten« (1983 in Kraft getreten). Die B. K. hat das Ziel, jene Tierarten besonders zu schützen, die aufgrund ihres Wanderverhaltens (z.B. ▸ Zugvögel) mehrere Staaten aufsuchen, aber dort wegen eines Mangels an nationalen Maßnahmen nur unzureichend geschützt werden. Zu diesem Zweck sollen die Vertragsstaaten spezielle Regionalabkommen schließen; ▸ Artenschutzrecht, ▸ Berner Konvention, ▸ Vogelschutz.

Boppe: Meister Boppe (gestorben nach 1287) war fahrender Spruchdichter aus Schwaben. Über das Leben des B. ist sehr wenig bekannt. In der Großen Heidelberger Liederhandschrift (▸ Manessische Handschrift) sind 40 Strophen in acht Tönen unter seinem Namen ohne Titel überliefert, in der Jenaer Liederhandschrift wird er »Meister« genannt. Um 1280 berichtet B. vom »Gamzen hetzen bi Tirol«.

Bor, der: Der Bär (mundartlich, niederdeutsch); ▸ Braunbär.

Borch, Wilhelm Friedrich Frhr. von der (17.12.1771 Westfalen bis 1833): Forstmann. Nach zwei Jahren Praktikum studierte B. ab 1790 Naturwissenschaften und Mathematik in Karlsruhe, nach einem Aufenthalt in Russland auch in Göttingen. Danach war er im Forstvermessungs- und Taxationsamt von Berlin tätig. Ab 1794 in Bayreuth, wurde er 1796 Forstmeister und erhielt ein Forstamt im Fichtelgebirge. B. ging 1799 nach Gunzenhausen, stand ab 1806 in bayerischen Diensten und wurde schließlich Kämmerer. Mit Christian Peter ▸ Laurop schrieb er »Ein Taschenbuch zum Nutzen und Vergnügen für Wald- und Jagdfreunde auf das Jahr 1831«.

Bördelverschluss, der: Ein Verschluss der ▸ Schrotpatrone durch ein (Papp-)Plättchen, festgehalten durch den umgebördelten Hülsenrand.

Border Terrier, der: ▸ Erdhunde 7.

Borkenflechte, die: ▸ Glatzflechte.

Borkenkäfer, die (*Scolytidae*): Eine weltweit verbreitete Käferfamilie mit etwa 4600 Arten, davon etwa 150 in Europa und ca. 95 einheimisch. B. sind sehr kleine bis mittelgroße, etwa 0,8 bis 9 mm lange, dunkelbraune bis schwarze Käfer mit meist walzenförmigem Körper. Die Larven sind meist weiß oder fleischfarben, beinlos, bauchwärts gekrümmt und haben einen braunen, chitinisierten Kopf. Die Puppen sind kurz und gedrungen, weißlich und bewegungslos. B. können als Larven, Puppen oder Käfer überwintern. Sie leben entweder in der Bastschicht zwischen Rinde und Splint (Rindenbrüter) oder im Holzkörper (Holzbrüter). Rindenbrüter erkennt man am braunen, Holzbrüter am weißen aus dem Baum austretenden Bohrmehl. Darüber hinaus erleichtern das Auftreten an bestimmten Wirtsbäumen sowie die artspezifischen Fraßbilder das Bestimmen der B. Sie sind auf verschiedene arttypische Laub- und Nadelhölzer spezialisiert, sind aber v.a. gefürchtete Nadelholzschädlinge, wie z.B. der Buchdrucker und der Kupferstecher in Fichtenwäldern. Einige Arten neigen zur Massenvermehrung, besonders nach trockenen und warmen Jahren, nach Windwurf, Blitzschlag und Schneebruch. Sie befallen dann ebenso gesunde Bäume und können Nadelbäume innerhalb weniger Wochen zum Absterben bringen und den Wert des Holzes erheblich beeinträchtigen. Bei den in Einehe lebenden Arten frisst das Weibchen einen Muttergang, an dessen Seiten es die Eier in Einischen (Eigruben) ablegt. Bei den in Vielehe lebenden Arten bohrt das Männchen sich zuerst ein und fertigt eine sog. Rammelkammer für die Begattung. Von dort aus legen die Weibchen die Brutgänge an. Die Larven schlüpfen etwa zwei Wochen nach der Eiablage und fressen, meist jede für sich, mehr oder weniger waagerecht vom Muttergang abzweigende, allmählich breiter werdende Larvengänge, an deren Ende sie sich in länglichen Puppenwiegen verpuppen und in etwa 8 bis 13 Wochen zum Jungkäfer entwickeln. Sie verlassen meist auf kürzestem Weg durch ein kreisrundes Flugloch den Baum. Durch die Larvengänge entstehen arttypische Fraßbilder. Da alle B.-Insektizide bienengefährlich und fischgiftig sind, sind die einschlägigen Vorschriften, z.B. Bienenschutz- und Wasserschutzverordnung, besonders zu beachten. Aus Gründen des Umweltschutzes ist daher ihr Einsatz auf das zwingend notwendige Maß zu beschränken. Darüber hinaus muss alles gefällte oder durch Naturereignisse zu Boden gelangte Nadelholz, welches nicht unverzüglich aus dem Wald abgefahren, im Wasser oder auf Sprühpoltern gelagert werden kann, sofort entrindet oder behandelt werden. Ein modernes Hilfsmittel bei der Überwachung von Buchdrucker und Nutzholz-B. sind die Lockstofffallen (Pheromonfallen mit Sexuallockstoffen). Die wichtigsten B. sind:

1. Großer Ulmensplintkäfer, der (*Scolytus scolytus*): Der Käfer ist 4 bis 6 mm groß, schwarz oder pechbraun. Er schwärmt von Mai bis Juni und im August. Er befällt kränkelnde Ulmen, aber auch Pappeln, Weiden, Eschen und Hainbuchen und nagt an Stämmen und Ästen einen bis zu 10 cm langen, einarmigen Längsgang. Die 10 bis 15 cm langen Larvengänge, die in Puppenwiegen enden, zweigen rechtwinklig vom Längsgang ab. Der Käfer überträgt den Pilz *Ceratocystis* (Ulmensterben). Stark befallene Bäume werden wipfeldürr und sterben ab. Ihm ähnlich: **Kleiner Ulmensplintkäfer** (*Scolytus multistriatus*). Er ist jedoch nur 2 bis 4 mm groß und nagt einen einarmigen, 2 bis 6 cm langen Längsgang. Die Larvengänge sind zahlreicher (bis zu 50 auf jeder Seite), aber schmaler und stehen meist sehr dicht.

2. Buchdrucker, der (*Ips typographus*): Der 4,4 bis 5,5 mm große, rotbraune bis schwarzbraune, in der Jugend hellbraune Käfer neigt zur Massenvermehrung. Das Männchen bohrt eine in der Rinde verborgene geräumige Rammelkammer, die deshalb beim Abheben der Rinde vom Stamm an der Rindeninnenseite nicht sichtbar wird. Die folgenden Weibchen fressen 6 bis 15 cm lange Gänge nach oben und nach unten oder einen Stimmgabelgang. Unter der Rinde werden bis zu 100 Eier abgelegt. Die nach 10 bis 14 Tagen schlüpfenden Larven fressen, jede für sich, einen rechtwinklig vom Muttergang abzweigenden, kurzen, immer breiter werdenden Gang, der mit Bohrmehl verstopft ist und an dessen Ende sich eine Puppenwiege befindet. Schaden durch den Käfer tritt hauptsächlich an den über 70 Jahre alten Fichten auf; vorzugsweise befällt er frisch gefällte, aber auch vom Wind geworfene oder kränkelnde stehende Stämme. Bei Massenvermehrung greift er auch gesunde Bäume an. Starker Befall wirkt durch Zerstörung des Bastes tödlich.

3. Kupferstecher, der (*Pityogenes chalcographus*): Der sehr kleine, nur 2 mm große und glänzend rotbraune Käfer ist ein regelmäßiger Begleiter des Buchdruckers und befällt fast ausschließlich die Fichte; selten findet er sich an anderen Nadelhölzern. Er legt in der dünnen Rinde im oberen Stammteil oder in den Ästen einen Sterngang mit drei bis sechs Brutarmen sowie in der Rinde verborgener Rammelkammer an. Er befällt hauptsächlich

◂◂ Fraßbild des Buchdruckers

Fichtendickungen und kann in Gemeinschaft mit dem Buchdrucker gefährlich werden. Seine Nahrung besteht aus dem Bast von Fichten und Kiefern.

Bormenta, das: Das ▸ Murmeltier (mundartlich, vorarlbergisch).

Bornemann, Wilhelm (2.2.1766 Gardelegen bis 25.5.1851 Berlin): Niederdeutscher Dialektdichter, studierte in Halle Theologie, gab aber nach Bestehen der Prüfung als Predigtamtskandidat die theologische Laufbahn auf, wurde Sekretär bei der Kgl. Lotterieadministration in Berlin und stieg später in das Amt eines Generallotteriedirektors auf. Er trat 1845 in den Ruhestand. Schriften sind u.a. »Natur- und Jagdgemälde mit natur- und jagdgeschichtlichen Bemerkungen« (1827) und »Das waidmännische Sankt Hubertusfest, mit jagdlichen Zugaben und Jagdgesängen von Zelter, Rungenhagen und Spiker« (1829); »Humoristische Jagdgedichte« (1855), aus den hinterlassenen Handschriften des verstorbenen Dichters gesammelt und hrsg. von C. Bornemann.

Borreliose, die: ▸ Lyme-Borreliose.

Borrestil, der: ▸ Greiftierstil.

Borsten, die: Die steifen, harten Haare des ▸ Schwarzwildes; auf dem Rücken heißen sie Federn; ▸ Saubart.

Borstenwild, das: Wenig gebräuchliche Bez. für ▸ Schwarzwild.

Börzel, der: Alte Bez. für ▸ Bürzel.

Bosch, Ernst (1834 bis 1917): Maler. Von ihm stammt u.a. »Jäger am Kartoffelfeld«.

Böttcher, Maximilian (20.06.1872 Schönwalde bis 16.05.1950 Eisenach): Pseudonym: Hans von Unruh. Schriftsteller. Nach landwirtschaftlichem Studium wurde B. Journalist und freier Schriftsteller (ab 1892). Er verfasste zahlreiche Dramen und erfolgreiche Romane sowie Jagdliteratur. Von 1924 bis 1926 war er Redakteur des »Deutschen Weidwerks«, des Organs des Allgemeinen Deutschen Jagdschutzverbandes. Er schrieb u.a. »Das Liebesfest des Waldfreiherrn. Ein Jagdidyll« (1923) mit 14 Zeichnungen von Fritz von ▸ Forell, »Lachen im Walde. Ungereimtes von Tieren und Menschen« (1937), »Hochzeit im Moor. Eines Freien Liebe und Tod« (1933), ein Roman über das Erwachsenwerden eines Rehbocks, »Der Jäger und sein Hund – Erlebte Jagdgeschichte« (1944). B. war Herausgeber des »Deutschen Weidwerks hohes Lied« (1925), anlässlich der 50-Jahr-Feier des Allgemeinen Deutschen Jagdschutzverbandes.

Botulismus, der: Eine durch das Bakterium *Clostridium botulinum* hervorgerufene Vergiftung. Das weltweit vorkommende verheerende Massensterben von wild lebenden Vögeln, besonders von Wat- und Wasservögeln, ist darauf zurückzuführen. An B. können neben Vögeln auch andere Wirbeltiere erkranken, vom Fisch über Raubwild, Schalenwild bis zum Menschen (Lebensmittelvergiftung). Der B. ist daher für den Menschen und seine Nutz- und Haustiere eine tödliche Gefahr. Das B.-Bakterium, ein grampositives Stäbchenbakterium, das end- bis mittelständige Sporen (Dauerformen) bildet, ist kein einheitlicher Organismus, sondern ein Konglomerat verschiedener Typen, die typspezifische Neurotoxine bilden. Die sieben Haupttypen werden mit Buchstaben von A bis G bezeichnet, wobei für das Massensterben von Vögeln i.d.R. der Typ C verantwortlich ist, nur ausnahmsweise die Typen A und E, die jedoch auch für den Menschen (und den Hund) gefährlich sind. Das Bakterium ist in Böden und im Schlamm weltweit verbreitet und kann in Form von stoffwechselinaktiven Sporen dort lange Zeit überdauern. Aus diesem Grund ist auch bei einem einmal aufgetretenen Botulismus über Jahre hinweg mit neuen Intoxikationen zu rechnen, sobald wieder entsprechende Umweltbedingungen herrschen. Bei für die B.-Bakterien günstigen Bedingungen, etwa bei hohen Temperaturen (über 20 °C), anaeroben Bedingungen (unter Ausschluss von Sauerstoff) und eiweißreicher Nährlösung – was in nährstoffreichen (eutrophen) und überdüngten (eutrophierten) Gewässern, besonders in Uferbereichen und Flachwasserzonen von stehenden Gewässern, der Fall ist –, kommt es zu einer Vermehrung der Bakterien. Wenn diese Bakterien nun von bestimmten Viren, sog. Bakteriophagen, befallen werden, kann es zur Bildung eines starken Nervengiftes kommen. Dieses Gift ist das stärkste uns bekannte Gift, ein Nervengift (Neurotoxin), das die Informationsübertragung zwischen Nerv und Muskel blockiert, dadurch zu schweren Lähmungserscheinungen und schließlich zum Tod durch Atmungs- und Herzlähmung führt. Dieses B.-Toxin ist monatelang haltbar und sehr widerstandsfähig gegen Kälte, Wärme und saures Milieu. Durch Erhitzen auf über 80 °C wird es erst nach 30 Minuten zerstört. Eine besondere Gefahr für die Ausbreitung des B. stellen verendete, in den Gewässern liegende Tiere aller Art dar, weil das Gift so in das Gewässer und in den Bodenschlamm gelangt. Diese Tierkadaver werden auch von aas- und fleischfressenden Vögeln (Rabenvögel, Möwen, Eulen, Greifvögel) verzehrt. Ferner werden sie von vielen Insekten zur Eiablage genutzt, wodurch sich viele Maden und Larven bilden, die zwar ihrerseits gegen das Gift immun sind, es jedoch in hoher Konzentration enthalten. Sie werden dann von Vögeln, nicht nur von Wasservögeln, sondern auch von anderen wie z.B. Fasan und Rebhuhn, verzehrt und vergiften diese Vögel. Die Inkubationszeit reicht von wenigen Stunden bis zu einigen Tagen. Die anfangs bewegungsgestörten, später gelähmten Tiere verenden schließlich, liegen im und um das Gewässer und tragen dann wieder zur Ausbreitung der Intoxikation bei. Da bestimmte Typen von B.-Bakterien (z.B. Typen A, B, E) auch für den Menschen und andere Tiere (für den Hund auch Typ C) gefährlich sind, ist bei Auftreten von B. Vorsicht geboten. Vorbeugende Maßnahmen und auch Gegenmaßnahmen bei B. sind die Herstellung eines ausreichend hohen Wasserstandes und die Wiederherstellung von aeroben Verhältnissen in den Gewässern, also Vermeidung von Eutrophierung.

Boucher, François: ▸ Jagdkunst.

Boviden, die *(Bovidae)*: ▸ Horntiere.

Bovine Spongiforme Enzephalopathie: ▸ BSE.

Boxerzündhütchen, das (Ambosszündhütchen): ▸ Büchsenpatrone, ▸ Schrotpatrone, ▸ Kurzwaffenmunition.

Bracco Italiano, der: Vermutlich aus italienischen Windhunden und weißen Molossern gezüchteter Jagdhund (Vorstehhund), der als Urahn aller heutigen Vorstehhunderassen gilt. Die Geschichte des B. I. reicht bis ins 5. Jh. v. Chr. zurück. Ursprünglich wurde er beim Vogelfang mit Netzen und als Falknerhund eingesetzt, später bei Jagdarten mit der Schusswaffe. Der B. I. ist ein führiger, nervenstarker und robuster Hund, zählt aber zu den spätreifen Jagdhunderassen, denn erst mit zweieinhalb bis drei Jahren kann man seine Ausbildung als abgeschlossen ansehen. Der B. I. wird heute auch außerhalb Italiens wieder zunehmend geführt, nachdem er schon im 19. Jh. weitgehend von Pointern und Pointereinkreuzungen verdrängt worden war. Italienische Züchter haben seit 1930 wieder eine solide Zuchtbasis geschaffen. Auf der Welthundeausstellung im Jahre 2000 siegte ein Vertreter dieser Rasse.

Alpenländische Dachsbracke

▸▸ Deutsche Bracke (auch Westfälische, Sauerländer oder Olper Bracke)

Tiroler Bracke

▸▸ Österreichische Brandbracke

Bracher, der: ▸ Schnepfenvögel 7.

Brachflächen, die: Auch Brachen. Landwirtschaftlich genutzte Flächen, die wie zu Zeiten der Dreifelderwirtschaft ein- oder mehrjährig stillgelegt werden (▸ Flächenstilllegung), d.h. aus der landwirtschaftlichen Produktion herausgenommen werden. Mit der Wiedereinführung von B., die durch verschiedene Programme der EU, des Bundes und der Länder gefördert werden, will man Überschüssen landwirtschaftlicher Erzeugnisse begegnen, den Landwirten die Fläche als Erzeugungsflächen erhalten und den ökologischen Wert der Kulturlandschaft erhöhen. B., eingestreut in die Felder, erhöhen die Strukturvielfalt und bereichern die Landschaft. Sie schaffen neue Lebensräume, bieten konkurrenzschwachen Pflanzen Lebensmöglichkeiten und fördern zahlreiche Tierarten. Sie bieten Brutgelegenheiten für Bodenbrüter und ermöglichen Arten mit geringer Ausbreitungstendenz das Wandern von Biotop zu Biotop (▸ Biotopverbundsysteme). Die Brachlegung erfolgt entweder als Rotations- oder als Dauerbrache durch Selbstbegrünung (mit hohem ökologischem Wert) oder Einsaat. Bei der Rotationsbrache wird der Schlag in die ▸ Fruchtfolge eingereiht. Jedes Jahr wird somit ein anderer Schlag brachgelegt. Die Brachdauer beträgt eine Vegetationsperiode. Eine besondere (verkürzte) Form der Rotationsbrache ist die Winterstoppelbrache. Hierbei bleibt nach der Getreideernte die Stoppelfläche über den Winter ohne Bearbeitung und ohne Aussaat bis zum 20. März des Folgejahres liegen. Mit der Winterstoppelbrache können insbesondere die Lebensbedingungen des Rebhuhns verbessert werden. Bei der Dauerbrache bleibt die Fläche über mehrere Jahre brach liegen. Für die bodenständige Tier- und Pflanzenwelt ist diese Art der Brache am vorteilhaftesten. Sie ist nicht in die Fruchtfolge eingebunden und sollte u.a. dort angelegt werden, wo sie den Bodenabtrag (Erosion) vermindert oder als Puffer für gefährdete Biotope wirkt. Bei der Schwarzbrache handelt es sich um planmäßig und vorübergehend unbebautes Land innerhalb einer geregelten Nutzung (z.B. Dreifelderwirtschaft); ▸ Gründbrache, Ödland.

Brachland, das: ▸ Sozialbrache.

Brachlerche, die: ▸ Lerchen 2.

Brachvogel, der: ▸ Schnepfenvögel 7.

Brack, der: Das Männchen beim Hund, besser jedoch Rüde.

Bracken, die: Der in Deutschland »Bracke«, in den Alpenländern »Wildbodenhund«, in Frankreich und in der Schweiz »Laufhund« und in Skandinavien »Stövare« genannte Hund ist der Urjagdhund, der auf der Fährte oder der Spur »jagende« Hund. Nach geografischer Verbreitung und morphologischen Kennzeichen werden die B. des Südens, des Westens, des Ostens und der Mitte unterschieden. Zu den B. des Südens gehören die altägyptischen B., die B. der Griechen und Römer sowie deren direkte Nachfahren. Die B. des Westens gehen auf die Kelten-B. zurück. Die B. des Ostens hatten um die Wende des 19. zum 20. Jh. in der Kostroma-B. ihren wichtigsten Vertreter. Der »Fahlgelbe Russische Laufhund« zeigt noch heute die typischen Kennzeichen dieser Gruppe. Die B. des Ostens haben kleine und dreieckige Behänge. Ihr Laut (russisch: »saliv«) wird in der kynologischen Literatur als ein sich ergießendes Heulen (»Eiferheulen«) bezeichnet. Zu den B. der Mitte, auch Intermediäre B. genannt, gehören die deutschen und österreichischen B., die Stövare der skandinavischen Länder und die zahlreichen Rassen und Schläge des Balkans, Griechenlands und der Türkei. B. sind im Alpenraum, in Westfalen und im Sächsischen viel gebrauchte Hunde mit viel Dachshundblut (▸ Dachsbracke), die in verschiedenen Arten gezüchtet werden und die früher in zahlreichen Lokalrassen vorkamen. Sie sind laut jagende Hunde, sehr spursicher und haben eine feine Nase. In schwierig zu bejagenden Bergwäldern werden sie zur Jagd auf Fuchs und Hase verwendet. Ihr wohlklingender Jagdlaut wird als Geläut bezeichnet. Die B. nehmen von Natur fast alle ▸ Fährten und ▸ Spuren auf; sie auf eine bestimmte Wildart einzujagen, gelingt nur schwer und nur bei wenigen Zuchtrassen. Man unterscheidet u.a. die ▸ Holsteinische Bracke (der »Stöber«), die ▸ Hannoversche Haidbracke (Heidebracke), die ▸ Holzbracke, die ▸ Steinbracke, die große Deutsche Bracke, die Dachsbracke, die Schweißbracke, die Österreichische Bracke, die Bayerische Hochgebirgsbracke, den Württembergischen Wildbodenhund und den Polnischen Jagdhund; Letzterer ist der stärkste und derbste. Das erste Fachbuch des Mittelalters, das sich mit der B. beschäftigt, ist die Jagdanleitung »De arte bersandi« (Über die Kunst des Pirschens) des deutschen Ritters Guicennans aus der 1. Hälfte des 13. Jh. In der höfischen Dichtung des hohen Mittelalters wird immer wieder die B. genannt. In ▸ Heinrich von Veldekes »Eneide« (etwa 1189/90 vollendet) wird sie als Schweißhund eingesetzt, im ▸ Nibelungenlied (um 1200) als ▸ Leithund. Sie wird auch von ▸ Eilhart von Oberge genannt, der um 1170 über den uralten Stoff von Tristan und Isolde berichtet. Auch ▸ Wolfram von Eschenbach (1170 bis 1220) berichtet in seinem Epos »Titurel« von einem kleinen Hund, welcher der Fährte eines Hirsches folgt. Grundsätzlich gibt es drei Arten, mit B. zu jagen, die alle bereits in der Antike und im Mittelalter ausgeübt wurden: Die ▸ Parforcejagd, die ▸ Treibjagd und die ▸ Riemenarbeit.

Die heute noch zur Jagd verwendeten Zuchtrassen sind:

1. Westfälische Dachsbracke, die:
Herkunft: Entstanden in Westfalen durch Kreuzung von Deutschen B. mit Dachshunden.
Äußere Merkmale: Kleiner Hund, ▸ Widerristhöhe 30 bis 35 cm; das Stockhaar ist mittellang und dicht, auf dem Kopf und auf den Unterläufen kurz. Die Haarfärbung ist rot bis gelb mit schwarzen Platten oder Sattel und weißen Abzeichen. Die Rute ist mittellang und dick, die Augenfarbe dunkel.
Verwendung und hervorstechende Eigenschaften: Sie wird zur Jagd auf Hase oder Fuchs verwendet. Dieser feinnasige Hund ist klug, ruhig, sehr spursicher, spurlaut, raubwild- und raubzeugscharf und leistet gute ▸ Schweißarbeit.

2. Alpenländische Dachsbracke, die:
Herkunft: Eine selbstständige Rasse aus dem böhmisch-sächsischen Erzgebirge, die von dort nach Österreich und Deutschland gelangte.
Äußere Merkmale: Kleiner Hund, Widerristhöhe 34 bis 40 cm. Das Haar ist kurz und hart. Die Haarfärbung ist einfarbig hirschrot, hirschrot mit Schwarz und schwarzem Sattel oder schwarz mit gelbbraunen Abzeichen (kein Weiß). Die Rute ist mittellang und wird leicht hängend oder aufwärts gebogen getragen; die Augenfarbe ist braun.
Verwendung und hervorstechende Eigenschaften: Sie wird zur Jagd auf Hase und Fuchs verwendet. Der anspruchslose und wetterharte Hund hat ein ruhiges Wesen, ist feinnasig, sehr spursicher, spurlaut, raubwild- und raubzeugscharf und leistet gute Schweißarbeit.

3. Deutsche Bracke, die (Westfälische, Sauerländer oder Olper Bracke):
Herkunft: Sie ist aus den letzten alten deutschen B., insbesondere aus der großen alten Holzbracke, hervorgegangen. Die früher zahlreichen Lokalschläge wurden nach ihrer Größe in Holz- (große) und Steinbracken (kleine) eingeteilt. Der Name D. B. für die Westfälische, Sauerländer oder Olper B. ist seit 1900 die offizielle Bez.
Äußere Merkmale: Mittelgroßer Hund, Widerristhöhe 45 bis 52 cm. Er hat kurzes, dichtes, grobes, glatt anliegendes Haar. Die Haarfärbung ist grau, gelb, rotgelb, schwarz, schwarz gemischt mit Gelb oder Dunkelgrau, gold gestromt oder rehfarben mit weißen Abzeichen auf der Brust, auf den Läufen und auf der Rutenspitze. Die Rute ist lang und dick, die Augenfarbe braun.
Verwendung und hervorstechende Eigenschaften: Dieser feinnasige, spursichere, spurlaute Hund ist Spezialist für die Hasenjagd. Er ist klug, raubwild- und raubzeugscharf und leistet gute Schweißarbeit.

4. Tiroler Bracke, die:
Herkunft: Nahe verwandt mit der Österreichischen Brandlbracke.
Äußere Merkmale: Mittelgroßer Hund; Widerristhöhe 30 bis 45 cm. Kurzes, glatt anliegendes oder raues Haar von schwarzer, roter oder rotgelber Färbung mit weißen Abzeichen (Blesse, Brustfleck, Halsring, Rutenspitze), auch dreifarbig, schwarz mit roten oder gelbbraunen und wenigen weißen Abzeichen. Die Rute ist lang, die Augenfarbe braun.
Verwendung und hervorstechende Eigenschaften: Intelligenter, lebhafter, zuverlässiger Hund mit hervorragender Nase. Er wird zur B.-Jagd und zur Schweißarbeit verwendet.

5. Österreichische Brandlbracke, die:
Herkunft: Alte Rasse aus Kärnten und der Steiermark. Sie stammt von den keltischen B. ab und ist mit dem Schweizer Jura-Laufhund verwandt.
Äußere Merkmale: Mittelgroßer Hund, Widerristhöhe 46 bis 54 cm. Glattes, dichtes, glänzendes Haar. Die Haarfärbung ist schwarz mit rostroten oder gelben Abzeichen (gebrandelt), rot, rot mit Schwarz oder Rotbraun (ein weißer Brustfleck ist erlaubt). Die Rute ist lang und etwas aufwärts gebogen. Augenfarbe: hell- bis dunkelbraun.
Verwendung und hervorstechende Eigenschaften: Lebhafter, zuverlässiger, feinnasiger, spursicherer und spurlauter Hund. Er ist wie alle B. ein Spezialist für die Hasenjagd, raubwild- und raubzeugscharf und leistet gute Schweißarbeit.

6. Steirische rauhaarige Hochgebirgsbracke, die (Peintinger Bracke):
Herkunft: Der Hund wurde in der zweiten Hälfte des 19. Jh. aus der Kärntner Bracke, der rauhaarigen Istrianer Bracke und dem Hannoverschen Schweißhund gezüchtet.
Äußere Merkmale: Ein mittelgroßer, rauhaariger Hund mit 40 bis 50 cm Widerristhöhe. Die Färbung ist rotgelb bis fahlgelb, ein weißer Brustfleck ist gestattet. Die Rute ist mittellang und wird leicht hoch getragen. Die Augen sind gelbbraun bis braun, die Physiognomie sehr ernst.
Verwendung und hervorstechende Eigenschaften: Intelligenter Hund mit großer Jagdpassion. Er hat eine sehr gute Nase und ist ein harter Gebrauchshund für das Hochgebirge.

7. Schwarzwildbracke, die (Slowakische Bracke, Kopov und Slovensky Kopov):
Herkunft: Ursprünglich in der Slowakei gezüchteter, mittelgroßer, temperamentvoller Jagdhund (Laufhund). Anfang der 60er Jahre des 20. Jh. wurde die S. erst in der ehem. DDR und seit der Wiedervereinigung in ganz Deutschland rein gezüchtet. Sie wird in Deutschland durch den Schwarzbrackenverein (im Jagdgebrauchshundverband) vertreten.
Äußere Merkmale: Die Größe (Stockmaß) beträgt beim Rüden 45 bis 50 cm, bei der Hündin 40 bis 45 cm; das Gewicht liegt zwischen 15 und 20 kg. Die S. gleicht nach Aussehen, Form und Farbe der Brandlbracke, mit der sie eng verwandt ist. Sie hat ein festes Knochengerüst in länglicher Rechteckform. Die 2 bis

Steirische Rauhaarige Hochgebirgsbracke (Peintinger Bracke)

3 cm langen Haare (an Rücken, Hals und Rute länger) sind anliegend und dicht, ihre Farbe ist schwarz mit braunen bis mahagonifarbenen Abzeichen an den Läufen. Die etwas tief liegenden Augen sind dunkel und mandelförmig. Verwendung und hervorstechende Eigenschaften: Die S. wird v.a. für die Bejagung des Schwarzwildes verwendet. Sie hat eine ausgezeichnete Nase und einen hervorragenden Orientierungssinn. Hält die Fährte gut und gibt ausdauernd Laut bei stundenlangem Folgen einer frischen Fährte oder Spur. Die S. kann auch zur Schweißarbeit abgeführt werden.

8. Schweizer B.: ▸ Schweizer Laufhunde.

9. Englische B.: ▸ Englische Laufhunde.

Brackenjagd, die (Brackieren, Brackierjagd): Eine ▸ Treibjagd auf Hasen (seltener Fuchs), jedoch keine ▸ Hetzjagd, da die ▸ Bracke langsamer ist als der Hase, ihn also vor sich hertreibt und nicht hetzt. Die Bracke folgt laut jagend (sog. Geläute) dem aus der ▸ Sasse gestoßenen Hasen auf dessen Spur. Die Gewohnheit des Hasen, nach einem großen Bogen wieder zu seiner Sasse zurückzukehren, macht sich der Jäger zunutze, indem er in der Nähe der Sasse ansteht und dort den Hasen erwartet. Die B. darf in der Bundesrepublik nur in Revieren über 1000 ha ausgeübt werden. Bei der B. gelten besondere Bräuche. So werden z.B. die Hornsignale auf dem Sauerländer Halbmond (▸ Jagdhorn 9) geblasen.

Brackieren, das: ▸ Brackenjagd.

Brackierhunde, die: Zum Brackieren (▸ Brackenjagd) verwendete Hunde; ▸ Bracken.

Brackierjagd, die: ▸ Brackenjagd.

Brackvogel, der: ▸ Drosseln 3.

Brägen, der (Bregen): Veraltete Bez. für das Gehirn des ▸ Schalenwildes.

Brakenherm, der: ▸ Eulen 5.

Brand, der: **1**) Auch Brandfleck, Brunftfleck, -schild, -brand (veraltet: Hirschbrand), der sich während der ▸ Brunft immer mehr verstärkende schwarze, metallisch schimmernde Fleck um die ▸ Brunftrute des Hirschen; ▸ Harnspritzen. **2**) Die mit ▸ Schweiß unterlaufenen und daher dunkelblau bis schwarz gefärbten Stellen im ▸ Wildbret, hauptsächlich um den Ein- und den Ausschuss herum. **3**) Veralteter Ausdruck für die Güte eines Gewehres, wenn z.B. die Gesamteigenschaften des Gewehres bei einem guten Schuss das Wild sofort zusammenbrechen und verenden ließen. Man sagte: »Das Gewehr hat guten B.« **4**) Auf-den-B.-laden nannte man früher das Nachladen eines abgeschossenen Gewehres, solange noch Pulverdampf im Gewehr war. **5**) Die rot- bis rostbraun gefärbten Abzeichen an Fang, Augen (viergeäugelt), Behängen, Läufen usw. des Hundes; z.B. bei einigen Brackenarten, Jagdterrier, Gordonsetter. Die gleiche Farbzeichnung haben schwarz-rote Dachsbracken, Kurzhaarteckel und Rauhaarteckel sowie Cockerspaniel. **6**) Der ▸ kalte B., der ▸ heiße B.

Brand, Johann Christian (1722 Wien bis 1795 Wien): Tier- und Landschaftsmaler. Nach seiner Ausbildung trat B. in den Dienst der ungarischen Adelsfamilie Pálffy. Im Jahre 1758, nach seiner Rückkehr nach Wien, erhielt B. den Auftrag zu einer vierteiligen Bildfolge (Ablauf einer Reiherbeize in ▸ Laxenburg; Österreichische Galerie). Das Bild »Ausfahrt Kaiserin Maria Theresias zu einer Falkenjagd in Laxenburg«, entstanden um 1758, dürfte ebenfalls von B. stammen.

Brandadern, die: Die nach dem ▸ Aufbrechen des ▸ Schalenwildes zu beiden Seiten des Rückgrates (nahe dem Schloss über die Keulen laufend) sichtbaren dicken, blauschwarzen Adern (Schenkelvenen, Darmbeinvenen), die beim Aufbrechen mit dem Waidmesser geöffnet werden, um das Stück besser ▸ ausschweißen zu lassen.

Brandente, die: ▸ Wildenten 8.

Brandeule, die: ▸ Eulen 3. und 5.

Brandfalke, der: ▸ Weihen 1.

Brandfleck, der: ▸ Brand 1).

Brandflecke, die: Die schwarzbraunen Flecken mit hellen Rändern auf den Vogeleiern.

Brandfuchs, der (Kohlfuchs): ▸ Fuchs (Aussehen).

Brandgans, die: ▸ Wildenten 8.

Brandgeier, der: ▸ Weihen 1.

Brandhirsch, der: Ein Rothirsch, der im Sommer eine besonders tiefrotbraune Färbung und einen dunklen ▸ Aalstrich, im Winter schwarzbraunes und am Halse auffallend verlängertes Haar aufweist.

brandig: Die kolbig verdickten Enden des Hirschgeweihs bei jungen, gut veranlagten Hirschen, die das ▸ Geweih noch nicht zu Ende entwickelt haben; ▸ Abbrandler.

Brandlbracke, die: ▸ Bracken 5.

Brandmaus, die: ▸ Mäuse 3.

Brandseeschwalbe, die: ▸ Seeschwalben 4.

Brandvogel, der: ▸ Seeschwalben 1.

Brandweih, die: ▸ Weihen 1.

Branken, die (Branten, Pranken, Pranten): Die Tatzen des Bären und der untere Teil des Laufes beim ▸ Haarraubwild: Wolf, Luchs, Iltis, Marder, Wiesel, Fuchs, Dachs, Otter, Marderhund, Waschbär und Wildkatze; Vorderbranken, Hinterbranken.

Branten, die: ▸ Branken.

Brasch, der: Veraltete Bez. für den ▸ Leithund.

Brat(en)wildbret, das (Edelwildbret): Hierzu zählen der Rücken (Ziemer), die Keulen und die Blätter des Wildes; alles übrige gehört zum ▸ Kochwildbret.

Brauchbare Jagdhunde: Als brauchbar gilt ein Jagdhund, wenn er eine entsprechende Brauchbarkeitsprüfung (▸ Hundeprüfungen) abgelegt hat. Nach den Jagdgesetzen (Bund und Länder) besteht die Pflicht zur Verwendung b. J., und zwar bei jeder Such-, Drück- und Treibjagd (in Bayern und Sachsen auch bei der Riegeljagd) und – nach Landesrecht unterschiedlich geregelt – z.B. bei jeder Jagd (oder Jagdart) auf (Wald-)Schnepfen und Wasserwild, bei jeder Jagd (Jagdart) auf Niederwild, bei jeder ▸ Nachsuche auf Wild (alle Arten; teilweise begrenzt auf Schalenwild) und zum Apportieren. Die Pflicht zur Verwendung trägt dem Gebot der waidgerechten Jagdausübung Rechnung. In einigen Bundesländern sind die Revierinhaber (▸ Jagdausübungsberechtigter) verpflichtet, einen brauchbaren Jagdhund zu halten oder zur Verfügung zu halten, in anderen kann die Jagdbehörde dem Revierinhaber zur Auflage machen, einen brauchbaren Jagdhund zu halten; ▸ Jagd und Tierschutz.

Brauchbarkeit, die: ▸ Brauchbare Jagdhunde.

Brauchbarkeitsprüfung, die: ▸ Hundeprüfungen.

Brauchtum, das (jagdliches Brauchtum, Jägerbräuche): Die Gesamtheit der ungeschriebenen Gesetze im Jagdwesen, sowohl praktischer als auch ethischer Art, die sich die Jäger selbst gaben und die teilweise zumindest in den Ansätzen so alt sind wie die Jagd selbst. Seine größte Wertschätzung und Ausdehnung erhielt das B. mit der Ausbildung des Berufsjägerstandes ab etwa dem 12. Jh. Das jagdliche B. unterliegt genauen Regeln und z.T. einem genauen Zeremoniell, an dem mit mehr oder weniger großen Abweichungen – wenn auch der Sinn der gleiche geblieben ist – noch heute festgehalten wird. In diesen Sitten und Gebräuchen spiegelt sich die Auffassung vom Waidwerk und vom Wild, vom Jagen und Hegen wider. Die ▸ Waidgerechtigkeit z.B. (als ein Teil des B.) fand bereits bei den Jagden der Donaukelten ihren Niederschlag. Bei den damals durchgeführten Hetzjagden mit flüchtigen Windhunden wurden bei der Jagd auf Hasen nur zwei Hunde geschnallt, um dem Wild eine Chance zu geben. Am Schluss solcher Jagden wurden Jagdfeste abgehalten, die aus einer Jagdkasse finanziert wurden, in welche die Erleger eines Stückes Wild einen bestimmten Geldbetrag einzuzahlen hatten. In ähnlicher Form werden heute noch die Hubertusfeiern abgehalten. Ausgeprägt war auch das Zeremoniell um den Jagdhund, der nach der Jagd mit Brüchen und Kränzen geschmückt wurde, oder der Brauch des Gepfneischs und des ▸ Genossenmachens, der zu jeder Leithundprüfung gehörte. Den Höhepunkt erlebten die Bräuche im 17. und im 18. Jh., wie der einschlägigen Literatur entnommen werden kann (z.B. F. Röhrig, »Das Waidwerk in Geschichte und Gegenwart«, 1933; ▸ Jagdliteratur). Es war dies die Zeit des höfischen Prunks, in der die Jagd aber auch die ersten Anzeichen der Entartung aufwies, z.B. ▸ Fuchsprellen, Prunkjagden (▸ Eingestellte Jagen). Besonders gepflegt wurde hingegen das B. an den Jägerhöfen, die bereits ab der Mitte des 16. Jh. entstanden sind. Die Pflege jägerischen B. stößt jedoch dort an Grenzen, wo hygienische (auch gesetzliche) Vorschriften missachtet oder unzeitgemäße Handlungen vollzogen werden. Es ist z.B. sicherlich kein Verstoß mehr gegen das jagdliche B., wenn beim Aufbrechen von Schalenwild die Jacken- und Hemdsärmel hochgekrempelt werden. Die wesentlichsten Kapitel des jagdlichen B. sind: ▸ Jägersprache, ▸ Jagd-Signale, ▸ Jägerlieder, ▸ Jagdmusik, ▸ Jagdgericht, ▸ Jagdgeschrei, ▸ Waidsprüche, ▸ Blattschlagen, ▸ Hirschgerechte Zeichen, ▸ Bruchzeichen, das ▸ Abfangen krankgeschossenen Wildes, das ▸ Streckelegen, das ▸ Hunderecht und das ▸ Falken-

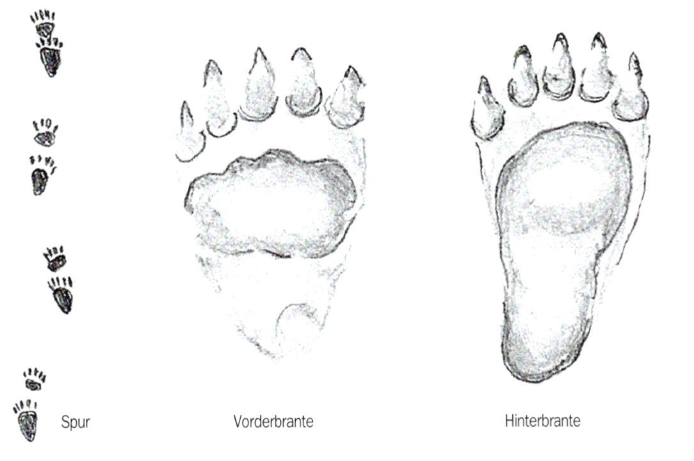

Braunbär

Waidmännische Ausdrücke beim Bären	
Arme	Vorderfüße
Bär	männl. Bär
bären	1. sich begatten 2. Junge bringen
Bärin	weibl. Bär
Bärzeit	Begattungszeit
blasen	geräuschvolles, langes, prüfendes und tiefes Einziehen der Luft
Branten, Branken (Tatzen)	Füße
brüllen	Lautäußerung
brummen	Lautäußerung
Bürzel (Pürzel)	Schwanz
Decke (Fell)	Haut
einschlagen	sich ins Winterquartier zurückziehen
erheben	das Lager verlassen (sich aufrichten)
erniedrigen	aus der aufrechten Stellung niederfallen oder sich zur Ruhe begeben
Fell	s. o.: Decke
Gehöre	Ohren
Hauptbär	über sechs Jahre alter Bär
Haut	Haut
Jungbär	Bär bis zur Vollendung des dritten Lebensjahres (Geschlechtsreife)
Kopf	Kopf
Lager (Loch)	Behausung des Bären
Mittelbär	über drei Jahre alter Bär bis zur Vollendung des sechsten Lebensjahres
Schadbär (Schlagbär, Schlachter)	Bär, der zu Schaden geht, d.h. Weidevieh schlägt
Seher	Augen
Tatzen	s. o.: Branten
Weißes	Bärenfett

recht, die Durchführung von ▸ Gesellschaftsjagden sowie die ▸ Waidgerechtigkeit.

Braunbär, der (*Ursus arctos*): Auch Landbär, gemeiner brauner Bär, Aasbär, Zottelbär, scherzhaft Meister Petz.

Vorkommen: Zur Familie der Bären gehörend, ist er mit ca. 30 Unterarten in Europa und Asien vertreten und kommt auch in Nordamerika vor. B. waren früher in ganz Europa verbreitet. Die europäische Population beträgt (Stand 2002) etwa 50 000 Exemplare. Heute finden sich größere B.-Populationen nur noch in Russland (etwa 38 000 Stück = ca. 80% der europäischen Gesamtpopulation), in den Karpaten (etwa 8000 Stück), wobei die Karpaten die Länder Slowakei, Polen, die Ukraine und Rumänien umfassen. In einem weiteren Bereich, der sich über das Gebiet vom östlichen Alpenraum Österreichs und vom Nordosten Italiens über das Dinarische Gebirge im ehem. Jugoslawien bis ins griechische Pindos-Gebirge erstreckt, wird die Gesamtpopulation auf etwa 2800 B. geschätzt. Restpopulationen bestehen in den Abruzzen (zwischen 40 und 50 B.) und in den französischen Pyrenäen mit nur noch einigen Tieren. Der Bestand in Norwegen und Schweden wird auf 800 bis 1300 Tiere geschätzt, wobei etwa 95% davon in Schweden leben. Deutschlands letzter B. kam am 24.10.1835 bei Ruhpolding (Erleger: Forstamtsaktuar Klein), Österreichs letzter B. 1913 bei Nauders zur Strecke. Inzwischen ist eine B.-Familie wieder in den steirisch-niederösterreichischen Kalkalpen heimisch. Die Zuwanderung eines B. erfolgte Mitte der 1970er Jahre aus Jugoslawien; 1989 wurde diesem B. eine Jungbärin zugeführt, die 1991 erstmals Junge führte. Seither erfolgten weitere Zuwanderungen.

Aussehen: Der B. ist das plumpste und schwerste Raubtier Europas. Die Färbung seines dichten, zotteligen Felles durchläuft alle Schattierungen und reicht von Gelbbraun über Braun, Dunkelbraun bis fast Schwarz. Die Jungbären zeigen oft eine weiße, später nur noch etwas hellere Halsbandzeichnung. Der Hals ist kurz, die Stirne mehr oder weniger abgeplattet, und der Fang wirkt im Verhältnis zum breiten Kopf sehr gestreckt. Die Läufe sind lang und kräftig, die großen Pranken sind fünfzehig, mit langen, stark gebogenen Krallen und nackten Sohlen, die sich etwa im Februar häuten. Die Seher sind klein und von einem nackten Hautrand umgeben, die Gehöre sind etwa 12 bis 13 cm lang und an der Spitze abgerundet. Ein ausgewachsener B. misst vom Windfang bis zum Bürzel 160 cm, die Schulterhöhe beträgt ca. 100 bis 125 cm. Der durch das zottelige Fell kaum sichtbare Bürzel ist etwa 9 bis 10 cm lang. Ein ausgewachsener männlicher B. kann bis zu 270 kg schwer werden.

Lebensraum und Lebensweise: Der europäische B. ist sehr scheu und lebt mit Ausnahme der Bärin und deren Nachwuchs als Einzelgänger. Als Lebensraum schätzt er urwüchsige und ausgedehnte Wälder sowie abgelegene Täler. Er liebt die Einsamkeit und schläft gerne in hohlen Bäumen oder in Fels- und Erdhöhlen. Geländeerschließung, Besiedelung und Tourismusdruck wirken sich sehr negativ auf die B.-Bestände aus. Bei dem plump wirkenden B. sehen die Bewegungen ungeschickter aus als sie sind. Er läuft, trotz seines behäbigen Ganges, sehr schnell und kann außerdem vortrefflich schwimmen und ausgezeichnet klettern. In der Zeit von November bis März ist der hauptsächlich nachtaktive B. meist in seiner Höhle. Die Bärin legt ihr Lager (Loch) sorgfältig mit Moos, Laub, Gras und Zweigen aus. Die B. sind jedoch keine echten Winterschläfer, da die Körpertemperatur nicht herabgesetzt ist. An warmen Wintertagen verlassen sie daher auch häufig für kurze Zeit ihr Lager.

Sinne und Lautäußerung: Die B. haben trotz ihrer kurzen Lauscher ein ausgezeichnetes Gehör, aber auch eine sehr feine Nase. Ihr Gesichtssinn ist nicht besonders gut ausgeprägt. Als Lautäußerung ist ein tiefes Brummen zu hören.

Fortpflanzung: Die B. sind mit ca. drei bis vier Jahren geschlechtsreif. Zur Bärzeit im April bis Juni/Juli treffen sich Bär und Bärin und gehen nach dem Bären (Begatten) wieder ihre eigenen Wege. Nach sechs- bis neunmonatiger Tragzeit (davon ein bis zwei Monate ▸ Vortragezeit) bringt die Bärin jedes zweite Jahr in den Wintermonaten ein oder zwei, ganz selten drei Junge zur Welt. Es werden etwa 20% mehr Bären als Bärinnen geboren. Die neugeborenen B. sind nackt und blind, etwa rattengroß (ca. 25 cm) und wiegen, je nach Anzahl, höchstens 500 g. Die Bärin säugt die Jungen und drückt sie zum Wärmen an sich. Nach ca. vier Wochen öffnen die Jungen die Seher und können mit der Bärin das Lager verlassen. Bevor die Bärin ihr Winterlager bezieht, verjagt sie ihren Nachwuchs vom Vorjahr, der von den älteren, noch nicht geschlechtsreifen Geschwistern (den »Kindermädchen«) betreut wird. Der Nachwuchs bezieht dann ein eigenes Winterlager. Die Jungensterblichkeit ist sehr hoch und drückt daher sehr auf die Vermehrungsrate. Der B. kann über 30 Jahre alt werden. Zahnformel:

$$\frac{3}{3}\frac{1}{1}\frac{4}{4}\frac{2}{3} = 42 \text{ Zähne}$$

(▸ Zahnalterslehre).

Die Reißzähne sind nur schwach ausgebildet und zeigen, dass der Bär ein Allesfresser und mehr auf pflanzliche als auf tierische Nahrung angewiesen ist.

Nahrung: Der B. nimmt alles, was er findet. Er grast Almböden ab, nimmt Käfer, Schnecken, Mäusenester, Eicheln, Beeren, Honig, Wurzeln, Bucheckern, Wildobst, Fische, Fallwild (Aas) und schlägt auch geschwächte Tiere. Weidevieh nehmen nur die ewig hungrigen jungen B. oder überalte B., die nicht mehr in der Lage sind, Wild zu schlagen. Starke Hauptbären vergreifen sich äußerst selten an Weidevieh. Reißt der B. ein Stück, nimmt er i.d.R. in der ersten Nacht nur die Innereien und kommt in der darauffolgenden Nacht wieder zu den Resten zurück.

Jagdarten: Der B. gehörte früher zur ▸ Hohen Jagd. Die Hauptrolle bei der Bärenhatz spielten die Hunde, die den B. jagten, stellten und packten (Bärenhunde, Bullenbeißer), bis der Jäger herankam und den B. mit dem Jagdspieß abfing. Eine dominierende Rolle spielten hierbei auch die ▸ Wildbodenhunde. In den Ländern, in denen die Bärenjagd noch erlaubt ist, erlegt man den B. hauptsächlich während der Feistzeit auf Treibjagden, seltener durch Ansitz oder an der ▸ Kirrung. In Russland sucht man ihn mit Vorliebe in oder vor seinem Winterlager auf, wobei er mit langen Stangen und Hunden gereizt wird und beim Verlassen des Lagers von mehreren Jägern gleichzeitig erlegt wird. In früherer Zeit bediente man sich zudem schwerer Schlageisen (Bäreneisen) oder fing den B. in Fanggruben (Fallgruben). Die Decke (Fell) des B. sowie der Penisknochen gelten als Trophäe. Das Wildbret des B., v.a. die Branten, sind geräuchert eine Delikatesse. Hervorragend soll auch ein mit Champignons zubereiteter Bärenkopf schmecken.

Braune Hundezecke, die: ▸ Zecken.

Brauner Milan, der: ▸ Milane 2.

Braunkopf, der: ▸ Wildenten 9.

Braunschimmel, der: Ein Jagdhund (meist Vorsteh- oder Stöberhund) mit dichten, braunen Platten (zusammenhängenden Flecken). Der B. wurde früher auch als Brauntiger bezeichnet.

Braunschweiger Modell, das: Nach dem Zweiten Weltkrieg in Niedersachsen, insbesondere um Braunschweig, von der Jägerschaft vorbildlich angelegte ▸ Feldgehölze in der artenarmen und ausgeräumten Feldflur. Aus diesen Wildhegeprojekten entwickelte sich in der Folge, v.a. durch die Initiative der Landesjägerschaft Niedersachsen, die landesweite Aktion ▸ Hegebüsche; ▸ Wildökoland-Aktion.

Brausehuhn, das: ▸ Schnepfenvögel 18.

Brausekohlschnepfe, die: ▸ Schnepfenvögel 18.

brausen (burren): **1**) Vom Haselwild: eine kurze Strecke geräuschvoll fliegen. **2**) Geräuschvolles Auffliegen der Rebhühner.

brav: **1**) svw. gut, stark. Beim Wild der Bedeutung nach groß und kräftig, z.B. ein b. Hirsch, ein b. Bock; bei einem starken Geweih oder Gehörn: ein braves Geweih usw. **2**) Beim ▸ Abliebeln 1) lobender Zuspruch für den Jagdhund, z.B.: »So ist's b.«

brechen: **1**) Beim Schwarzwild: mit dem ▸ Gebrech (Wurf) den Boden nach Nahrung b. Man sagt: »Die Sauen durchbrechen den Boden«, d.h., sie suchen die Erd-, Brut- oder Untermast; ▸ Mast. **2**) Wenn starkes Wild (▸ Schalenwild) durch eine Dickung trollt (flüchtet), dabei knackende Äste oder raschelndes Laub hörbar werden, sagt man: »Der Jäger hört das Wild b. (wegbrechen, fortbrechen).« **3**) Beim Schwarzwild: die Sau (die einzelne) bricht sich ein ▸ Lager; von der ▸ Rotte: sie b. sich einen Kessel, d.h., sie machen ein Ruhelager (Schlafstelle). **4**) Beim Einstellen (Einlappen) eines Reviers die ▸ Jagdzeuge im Winkel stellen. **5**) Beim Rebhuhn: die Rebhühner b., wenn sie im Winter den Schnee wegscharren, um sich ein Lager zu machen oder um an die Nahrung am Boden zu gelangen. Diese Stellen werden Gebreche genannt. Man sagt: »Hier haben Rebhühner gebrochen.« **6**) Den Ball b.; ▸ Ball.

Brechfalle, die: Ein Schlagbaum; ▸ Fallen 11.

Ehemals in ganz Europa verbreitet, zählte der Braunbär früher zur Hohen Jagd.

I. Hanuth, niederländischer Meister des 17. Jh.: »Bärenhatz«. München, Deutsches Jagd- und Fischereimuseum

Bregen, der: ▸ Brägen.
Brehl, der: ▸ aufbrehlen.
Brehm, Alfred Edmund (2.2.1829 Renthendorf/Thüringen bis 11.11.1884 Renthendorf/Thüringen): Zoologe und Forschungsreisender. B. wurde nach vielen Reisen 1863 Zoodirektor in Hamburg und gründete 1867 das Berliner Aquarium, das er bis 1875 leitete. Sein größtes Werk: »Brehms Tierleben« (1. Auflage 1863 bis 1869, 6 Bde.) und zusammen mit Emil Adolf ▸ Roßmäßler »Die Thiere des Waldes« (1864 und 1867, 2 Bde.; 1. Bd.: »Die Wirbelthiere des Waldes«, 2. Bd.: »Die wirbellosen Thiere des Waldes«).
Brehm, Christian Ludwig (24.1.1787 Schönau bei Gotha bis 23.6.1864 Renthendorf/Thüringen): Vogelforscher und Vater von Alfred Edmund. B. Er schrieb u.a. »Beiträge zur Vögelkunde in vollständigen Beschreibungen mehrerer neu entdeckter und vieler seltener, oder nicht gehörig beobachteter deutscher Vögel« (zusammen mit Wilhelm Schilling; 3 Bde. 1820 bis 1822), »Handbuch der Naturgeschichte aller Vögel Deutschlands« (1831) und »Der vollständige Vogelfang. Eine gründliche Anleitung aller europäischen Vögel ... mit Tag- und Nacht-Zugnetzen ... Garnen ... Vogelfallen ... Leimruthen ... zu fangen ...« (1855); ▸ Jagdliteratur.
breit: **1**) Wenn ein Stück Wild dem Jäger die volle Breitseite zeigt, so sagt man: »Es steht b.« Der auf ein b. stehendes Wild abgegebene Schuss heißt Breitschuss; ▸ spitz. **2**) Ein ▸ Geweih steht b., wenn es eine weite Auslage hat, d.h., wenn die Stangen von der ▸ Rose weg weit nach außen gebogen sind und die Kronenenden weit voneinander weg stehen; Ggs.: ein steiles Geweih.
Breitschnäbel, die: Bez. für die ▸ Wildenten.
Breitschuss, der: ▸ breit 1).
Breitseits-Imponierschreiten, das: Ein v.a. vom Rothirsch – aber auch von anderen Horntieren – beim ▸ Herden gezeigtes ▸ Imponierverhalten gegenüber Rivalen, bei dem er langsam, steifbeinig und mit waagerecht gehaltenem Haupt in kleinen Schritten seitlich oder parallel zum Rivalen schreitet.
Bremer, Vitus: ▸ Jagdliteratur.
bremmeln: Alte Bez. für das schwache ▸ Trenzen des Hirschen zu Beginn der ▸ Brunft.
Brenneke, Wilhelm, (1865 bis 1951): deutscher Waffen- und Geschosskonstrukteur (z.B. die 8 x 64 S). B., ein Pionier in der Entwicklung moderner Jagdgeschosse für Flinte und Büchse, gründete im Jahre 1895 sein Unternehmen in Leipzig, welches heute als B. GmbH in Langenhagen bei Hannover ansässig ist; ▸ Flintenlaufgeschoss.
Brenneke-Flintenlaufgeschoss: ▸ Flintenlaufgeschoss.
Brenneke-Torpedo-Ideal-Geschoss: ▸ Büchsengeschosse.
Brenneke-Torpedo-Universal-Geschoss: ▸ Büchsengeschosse.
Brennhahn, der: ▸ Raufußhühner 2.
Brentano, Clemens: ▸ Arnim.
Brente, die: ▸ Badebrente.
Brentgans, die: ▸ Wildgänse 7.
Bresslern-Roth, Norbertine von (13.11.1891 Graz bis 30.11.1978 Graz): Malerin. B.-R. studierte an der steiermärkischen Kunstschule in Graz-Kroisbach, der Akademie der bildenden Künste in Wien und an der Tiermalschule von H. von Hayek in Dachau. Sie reiste durch Europa und Afrika und wurde durch ihre naturalistischen Tierdarstellungen und Bewegungsstudien bekann. U.a. illustrierte sie naturwissenschaftliche Werke und Kinderbücher, z.B. das Buch von Erich ▸ Kloss »Zwei Rehkinder und ihre Mutter«. 1932 erhielt sie den Professorentitel.
Bretonischer Vorstehhund, der: ▸ Vorstehhunde 16.
Briefmarken, die: ▸ Wildtiere auf Briefmarken.
Brille, die: Helle Ringe um die Lichter (Augen), die bei zunehmender Vergrauung des Gesichts beim fünf- bis siebenjährigen Rehbock erscheinen.
Bring! (Bring her!): Ein Zuruf (Befehl) an den Hund, wenn er geschossenes Wild apportieren soll. Früher rief man: »Apport!«
Bringbock, der: ▸ Apportierbock.
bringen: **1**) ▸ apportieren. **2**) Alle ▸ Raubtiere mit Ausnahme des Bären (bären, er bärt) und des Wolfes (wölfen, er wölft) b. Junge; sie werfen. **3**) Bei einer Treibjagd bringt man ein Stück Wild an den ▸ Schützen, bringt es zu Schuss, bringt einen Schützen darauf zu Schuss.
Bringfreude, die: Dem Hund ▸ angewölfte Freude, Gegenstände zu bringen. Sie ist schon beim spielerisch apportierenden ▸ Welpen erkennbar; ▸ apportieren.

Bringsel, das: Ein Lederwulst, der dem abgerichteten Jagdhund (Bringselverweiser) vorne an einer schwachen Gummihalsung befestigt und von ihm beim ▸ Totverweisen (bei dem von ihm gefundenen erlegten Wild) in den Fang genommen wird, als Zeichen dafür, dass er das Stück gefunden hat (sog. B.-Verweisen). Es wurde vom bekannten Psychologen Pfungst als Arbeitsart für die Sanitätshunde erdacht.

Bringselverweisen, das (Totverweisen): ▸ Bringsel.

Bringselverweiser, der (Totverweiser): ▸ Bringsel.

Bringtreue, die: Zuverlässiges ▸ Apportieren allen Wildes oder anderer Gegenstände, die der Hund bei der Arbeit (Suche, Stöbern usw.) zufällig findet.

Bringtreueprüfung, die: ▸ Hundeprüfungen.

Bringung des Wildes (Transport des erlegten Wildes): Die B. d. W. richtet sich i. Allg. nach den örtlichen Gegebenheiten (z.B. nach dem vorhandenen Wegenetz mit Pkw-befahrbaren Straßen). Üblicherweise wird heutzutage das erlegte Wild im Kofferraum des Autos befördert. Zum Transport des Wildes vom Erlegungsort zum Einladeplatz muss sich der Jäger jedoch häufig verschiedener Hilfsmittel bedienen, die von der Größe und dem Gewicht des Wildes sowie vom Gelände und von der Personenzahl abhängig sind. Im unwegsamen Gelände kann es durchaus erforderlich sein, das Wild an Ort und Stelle zu ▸ zerwirken und die Einzelteile im Rucksack zu transportieren. Im Hochgebirge werden, wenn Schnee liegt, Rot- und Gamswild, aber auch Sauen geschleift. Im schwierigen, aber nicht zu steilen Gelände ist es dabei auch üblich, Stücke unaufgebrochen abrollen zu lassen. Im Sommer ist dies jedoch nur auf begrasten und steinlosen Hängen möglich. Ein einfaches Hilfsmittel für kurze Strecken ist das Schleppen auf zwei dicken Stangen, auf denen das Wild befestigt wird und die dann einfach nachgezogen werden. Ist eine zweite Person anwesend, kann das geschränkte (▸ schränken 1) Wild auch mit einer Stange, die auf den Schultern der Träger ruht, getragen werden. Speziell für das Gebirge wurde eine große Zahl von Transportgeräten entwickelt, die z.T. bewährte »Eigenbaue« der Jäger sind. Besonders hervorzuheben sind hier die ▸ Wildtransportschlitten und die ▸ Wildtransportkarren. Schwaches (leichtes) Schalenwild und Jungwild wird – ausgeschweißt und ausgekühlt – meist im Rucksack gebracht. V. a. Reh- und Gamswild wird dort verstaut. Dazu wird die Decke an den Vorderläufen vom Kniegelenk bis zum Laufansatz aufgetrennt und die Sehne freigelegt. Die Hinterläufe werden dann durch die ▸ Hachsen der Vorderläufe durchgezogen; das Wild wird geschränkt. Bewährt haben sich aber auch spezielle Tragevorrichtungen wie z.B. der ▸ Gamsträger oder der Schulterriemen. Letzterer besteht aus einem breiten Lederriemen von 50 bis 60 cm Länge und zwei 15 cm langen Schlaufen. In die Schlaufen des Schulterriemens werden die paarweise geschränkten Läufe des Wildes – zuerst immer der Lauf mit der freigelegten Sehne – eingehängt und das Haupt des Wildes durch die geschränkten Vorderläufe gesteckt. Ein einfaches, aber praktisches Transportmittel ist die im Gebirge gebräuchliche hölzerne Wildtrage (Kraxe) für Hasen und geringes Schalenwild mit Schulterriemen, die wie der Rucksack getragen wird. Sie besteht aus einem großen Rückenbrett mit einem unten angebrachten Stützbrettchen. Spannketten oder -riemen, die vom seitlichen äußeren Rand des Stützbrettchens zum oberen Rand des Rückenbrettes verlaufen, verleihen dem Stützbrett zusätzlichen Halt. Gelegentlich angebrachte Haken am Rückenbrett dienen dem besseren Befestigen des Wildes. Hasen, Dachse, Raubwild usw. werden meistens außen am Rucksack getragen. Sie können aber auch bequem mit dem erwähnten Schulterriemen transportiert werden. Im Gebirge dient hierzu auch die hölzerne Wildtrage. Großfederwild (Auer- und Birkhahn) wird über dem Rucksack, Kleinfederwild (Rebhühner, Fasane usw.) an ▸ Galgen (Leder- oder Schnurschlingen) getragen. Bei größeren Treibjagden werden Wildwagen (Pferdewagen oder Traktoranhänger) verwendet. Auf den Querleisten (Stangengerüst auf dem Wildwagen) werden die Hasen und Fasane mit etwas Abstand zum Auskühlen aufgehängt, die Hasen an den Hinterläufen; den Fasanen wird dazu eine Schnur durch die Nasenöffnungen gezogen. Der Boden des Wildwagens wird meistens mit Fichtenzweigen ausgelegt; ▸ Wildbrethygiene, ▸ Fleischuntersuchung.

Brocken: **1**) Der Abbiss (Anbiss, Stell-B., Abzugs-B., Abzugsbissen), d.h. ein Köder an einer Fangvorrichtung; ▸ Kirrbrocken. **2**) Das Äsen des Auerhahnes an Beerensträuchern.

Brocker, der: In verschiedenen Gegenden die Bez. für den Schnabel des Auerhahnes.

Brombeere, die: ▸ Rubus 1.

Bronzeputer, der: Bez. für den Wildtruthahn.

bröseln: Vom Auerhahn: die ▸ Losung fallen lassen.

Browning, John Moses (23.1.1855 bis 1926): amerikanischer Waffenkonstrukteur, u.a. Erfinder der automatischen Feuerwaffe (Selbstladepistole »Colt M 1911« und Selbstladeflinte »FN Auto 5«). B. begann bereits im Jahre 1878 mit der Entwicklung seiner ersten Einzellader-Büchse und gründete 1880 mit seinen Brüdern die Firma J. M. Browning & Bro. B. reichte 1890 das erste Patent für Gasdrucklader und 1894 das Patent für das spätere Winchester Modell 1894 ein, die erste Lever-Action-Büchse für Patronen mit rauchlosem Pulver. Sie gehört zu den bekanntesten Büchsen, die je gebaut wurden. Im Jahre 1900 wird das erste von vier Patenten für die revolutionäre Selbstladeflinte Auto 5 eingereicht. Sie wird ab 1903 bei FN (Fabrique Nationale) in Belgien und ab 1905 von Remington produziert. Im Jahre 1965 führt die Firma die BAR-Selbstladebüchse als Jagdwaffe ein.

Brucellose, die (Abortus Bang): Eine Infektionskrankheit. Die B. wird durch eine Gattung sehr kleiner Bakterien, die sog. Brucellen, hervorgerufen – benannt nach dem Engländer

Bringselverweisen

Bruce, der sie 1887 entdeckte. Innerhalb der Gattung gibt es mehrere Arten, die als Krankheitserreger bekannt sind. Die wichtigsten sind *Brucella abortus* (Rinder-B., Bangsche Krankheit des Menschen), *Brucella suis* (Schwein, Hase, Mensch), *Brucella canis* (Hund), *Brucella melitensis* (Schaf, Ziege, Maltafieber des Menschen), *Brucella leporis* (Hase), *Brucella ovis* (Schaf), *Brucella intermedia* (Wild allgemein). Die Brucellen sind relativ widerstandsfähig. In organischem Material können sie bei kühler Witterung, vor Sonne geschützt, bis zu vier Monate infektiös bleiben. Durch Desinfektionsmittel und Erhitzen werden sie abgetötet. B. ist unter den verschiedensten Tierarten (Schalenwild, Hasen, Haustiere) weit verbreitet. In den letzten Jahren ist sie durch eine umfangreiche Bekämpfungsaktion bei Rindern, Schweinen und Wildtieren sehr selten geworden. Erkrankte Tiere scheiden mit der Losung, dem Harn und dem Ausfluss aus den Geschlechtsorganen Bakterien aus. Die Bakterien werden mit der Äsung aufgenommen oder bei der Fortpflanzung übertragen. Die Krankheit verläuft meist sehr langsam. Die Bakterien rufen in den Hoden oder im Tragsack eitrige, gelb-käsige Herde und krankhafte Veränderungen hervor. Die Milz vereitert und vergrößert sich. In der Leber, der Lunge und den Nieren entstehen gelb-käsige, vereiterte Knoten. Es kommt zu Fehlgeburten, zu langsamer Abmagerung, Schwächung und schließlich zum Tod des Tieres. Durch bakteriologische Untersuchung ist eine sichere Diagnose möglich. Eine Bekämpfung ist aber bei Wildtieren nicht möglich, da die Krankheit selten ist und i.d.R. nur Einzelfälle vorkommen. Erkrankte erlegte Stücke sind entweder an ein Institut zu senden oder unschädlich zu beseitigen. Da Ansteckungsgefahr für den Menschen besteht, sind Stücke, bei denen B.-Verdacht besteht, nur mit Schutzhandschuhen anzufassen und damit in Berührung gekommene Gegenstände (z.B. Messer) zu desinfizieren. Hat sich ein Mensch infiziert, treten periodisch Fieber, dann Gelenk- und Hodenentzündung auf, und eine Behandlung mit Antibiotika wird erforderlich. B. ist nach dem Tierseuchengesetz (TierSG) bzw. nach §24 BJG anzeigepflichtig; ▸ Anzeigepflicht von Tierseuchen. Das Wildbret befallener Tiere ist genussuntauglich.

Bruch, der **1**) Ein abgebrochener (nicht abgeschnittener) grüner Zweig vom Laub- oder Nadelholz, der nach altem Brauch für allerlei jagdliche Handlungen bzw. für jagdliches Zeremoniell verwendet wird. Als B. werden nur Zweige von den sog. gerechten Holzarten (Eiche, Erle, Tanne, Fichte, Kiefer, Latsche, Zirbelkiefer) verwendet. Andere Zweige werden als B. nur dann verwendet, wenn keine der gerechten Holzarten am Erlegungsort zur Verfügung stehen. Nach G. L. ▸ Hartig (»Lexikon für Jäger und Naturfreunde«, 1836) werden als B. nur belaubte Eichenzweige verwendet, die, sofern nicht vorhanden, durch jeden belaubten Zweig ersetzt werden können. Auch J. G. Lentner (»Taschenbüchlein der Jagdsprache«, 1833) bezeichnet den B. allgemein als belaubtes abgebrochenes Ästchen. Laut E. von ▸ Dombrowski (»Deutsche Waidmannssprache«, 1897) kann als B. jeder abgebrochene grüne Baumzweig, einerlei ob von Laub- oder von Nadelholz, verwendet werden.
Dies war auch in der früheren DDR üblich. B. durfte von allen nicht unter Naturschutz stehenden Bäumen und Sträuchern genommen werden, von Zier- und Gartengehölzen nur dann, wenn andere Holzarten fehlten; ▸ Bruchzeichen. **2**) Bei Wildschweinen: die Stelle, an der die Sauen gebrochen haben, d.h. mit dem Gebrech den Boden auf der Suche nach Nahrung zerwühlt haben.
Brucheule, die: ▸ Eulen 3.
Bruchhase, der: ▸ Hase 1.
Bruch, silberner: ▸ Jagdorden.
Bruchwälder, die: Wälder, die auf ständig vernässten Böden stocken. B. finden sich deshalb v.a. im Verlandungsbereich von Seen und Teichen. Vorherrschend im Bruchwald ist die ▸ Erle (Schwarzerle).
Bruchwasserläufer, der: ▸ Schnepfenvögel 12.
Bruchweide, die: ▸ Weiden.
bruchwürdiges Wild, das: Wild, nach dessen Erlegung der ▸ Erleger den Schützenbruch erhält; ▸ Bruchzeichen.
Bruchzeichen, die: Grüne Zweige bzw. Äste, die den Jägern als Beute- oder Standeszeichen oder als Weisungen im Revier dienen (▸ Bruch 1). Von den Verständigungszeichen (siehe d) mit i)) wird heute jedoch kaum mehr Gebrauch gemacht. Funksprechgerät und Handy haben diese B. mehr oder weniger abgelöst. Es gibt folgende B.:
1. Schützenbruch (Erlegerbruch): Er wurde früher nur dem ▸ Erleger eines Rothirsches oder eines starken Keilers überreicht, heute jedoch auch dem Erleger eines Stücks ▸ Schalenwildes, Auer- oder Birkwildes, eines Trapphahnes, Fuchses oder Murmeltieres. Der S. wird i.d.R. vom ▸ Jagdherrn, bei der ▸ Pirsch vom ▸ Jagdführer, bei einer ▸ Nachsuche vom ▸ Schweißhundeführer überreicht. Der S. wird mit dem ▸ Schweiß des erlegten Stückes benetzt und auf dem abgenommenen Hut oder auf der blanken Klinge des Hirschfängers (Bruchstelle in Richtung Erleger) mit einem »Waidmannsheil« dem Erleger überreicht. Alle anwesenden Jäger entblößen dabei das Haupt. Der Erleger ergreift den S. mit der linken Hand und drückt dem Übergebenden mit einem »Waidmannsdank« die Hand. Der S. wird – im Ggs. zum Trauerbruch – auf der rechten Seite des Hutes angesteckt. Wird der S. nach erfolgreicher Nachsuche vom Schweißhundeführer überreicht, sollte der Erleger von seinem Bruch einen Teil abbrechen und an den Hundeführer zurückgeben, der diesen an die ▸ Halsung des Hundes steckt. Mit dieser Geste soll angedeutet werden, dass auch Hundeführer und Hund am Zur-Strecke-Kommen des Stückes wesentlichen Anteil haben. I.d.R. wird der S. nur am Erlegungstag getragen bzw. bei einer Nachsuche an dem Tag, an dem das Wild zur Strecke kam.
2. Inbesitznahmebruch (Streckenbruch, Wildbruch): Er bedeutet, dass der Schütze ein erlegtes Stück Schalenwild in Besitz genommen hat, und zeigt an, dass es von einem Jagdberechtigten und nicht von einem Wilderer gestreckt wurde. Er ist außerdem symbolisch der letzte Gruß des Jägers. Bei der Inbesitznahme wird das Stück auf die rechte Seite gelegt und der I. so auf den Wildkörper gelegt, dass bei männlichen Stücken das angebrochene Ende, bei weiblichen Stücken das gewachsene Ende nach dem Haupt zeigt.
3. letzter Bissen: Ein besonders schöner Brauch, bei dem den männlichen Stücken als Wegzehr ein I. B. quer durch den ▸ Äser bzw. durch das ▸ Gebrech, bei Auer- und Birkhahn durch den Schnabel gesteckt wird. In Österreich wird auch dem Murmeltier und dem Haselwild der I. B. gegeben.
4. Hauptbruch: Er ist armlang und bedeutet »Achtung«. Wird er von einem Jäger entdeckt, bedeutet dies für ihn, dass er sich umsehen und suchen soll, wo etwas los ist. Da vom H. eine Signalwirkung ausgehen soll, wird mit dem Waidmesser etwas Rinde abgeschält, damit er besser auffällt. Der befegte Zweig wird gut sichtbar aufgehängt oder auf den Boden gelegt.
5. Leitbruch: Er ist halbarmlang und soll auf etwas hinleiten, z.B. zum Anschuss oder zum gestreckten Wild. Wie der Hauptbruch wird auch der L. befegt. Die gewachsene Spitze zeigt dem Jäger die entsprechende Richtung an.
6. Anschussbruch: Mit ihm bezeichnet man die Stelle, an der das Schalenwild den Büchsenschuss erhielt. Die Anbringung des A. ist von großer Bedeutung, weil er zum einen das Finden der Pirschzeichen erleichtert und zum anderen die für die Nachsuche wichtige Ausgangsstelle markiert. Er ist wie der Leitbruch halbarmlang, wird jedoch nicht befegt. Das abgebrochene Ende wird senkrecht in den Boden gesteckt; der A. kann daher auch bei Schneefall noch gut gesehen werden.
7. Fährtenbruch: Wenn am Anschuss die Fährte oder die Schaleneingriffe und die Fluchtrichtung des Wildes angezeigt werden sollen, wird hierzu der ungefegte F. verwendet. Ist das Stück männlich, zeigt die mit dem Messer angespitzte Bruchstelle in die Fluchtrichtung, ist es weiblich, zeigt die gewachsene Spitze die Fluchtrichtung an. Um Missverständnisse auszuschließen, wird der F. geäftert, d.h., es wird ein kleinerer Bruch quer hinter den F. gelegt. Ist die Fluchtrichtung unbekannt bzw. unsicher, werden zwei kleine Querbrüche hinter den F. gelegt; der F. wird doppelt geäftert.
8. Standplatzbruch: Er bezeichnet bei Waldjagden den ▸ Stand des ▸ Schützen. Der S. wird aufrecht in die Erde gesteckt, nachdem ihm die untersten Queräste entfernt worden sind, sodass der S. halb kahl ist. Zwischen diesem S., den er unmittelbar vor sich hat, und dem Hauptbruch, der so gelegt wird, dass die gewachsene Spitze die Folge anzeigt, nimmt

Bruchwälder sind typisch für dauerhaft vernässte Standorte.

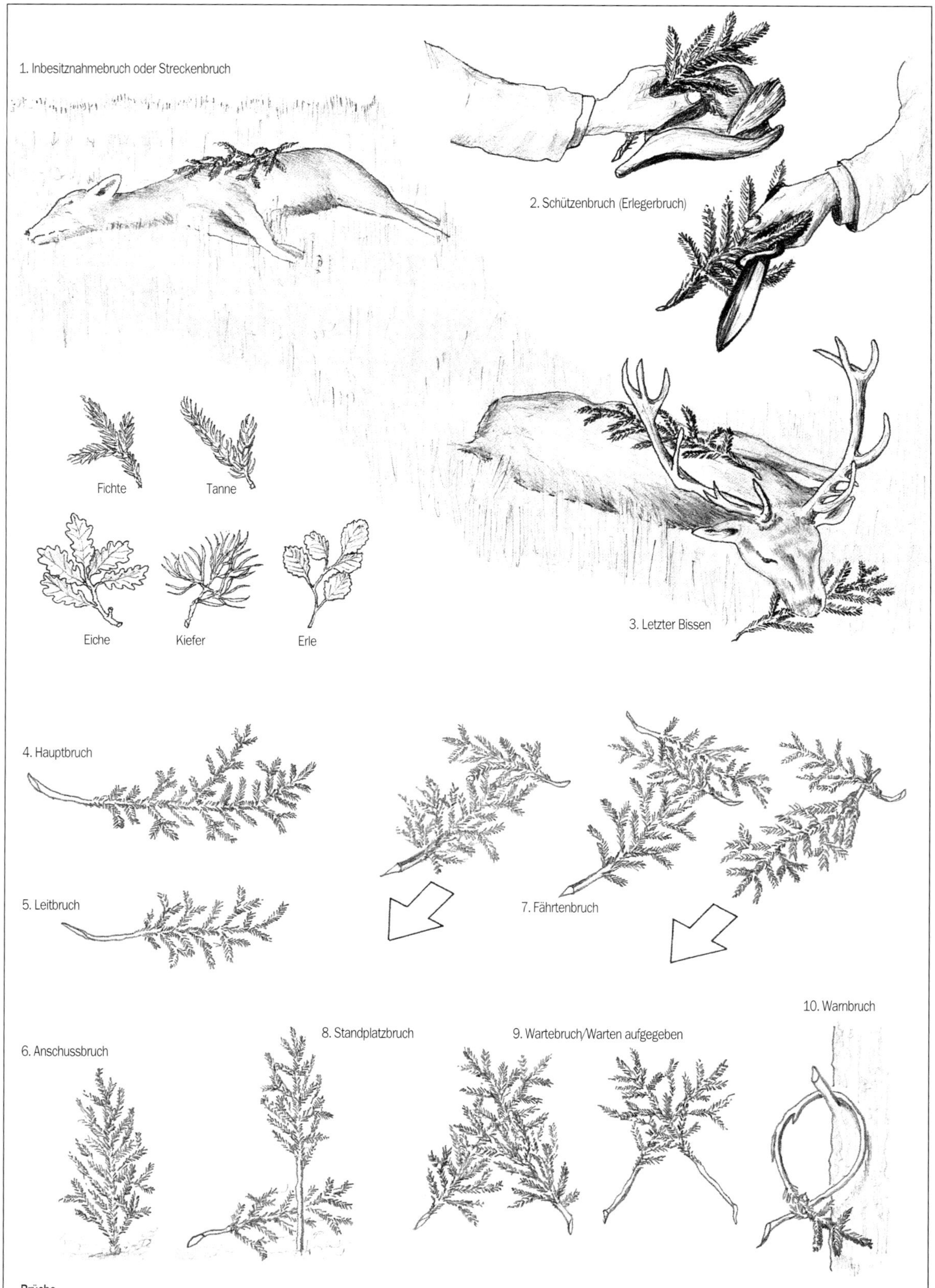
1. Inbesitznahmebruch oder Streckenbruch
2. Schützenbruch (Erlegerbruch)
Fichte
Tanne
Eiche
Kiefer
Erle
3. Letzter Bissen
4. Hauptbruch
5. Leitbruch
7. Fährtenbruch
10. Warnbruch
8. Standplatzbruch
9. Wartebruch/Warten aufgegeben
6. Anschussbruch

Brüche

der Schütze seinen Stand ein. Der Hauptbruch als Folgebruch zeigt dem Schützen somit die Richtung an, in die er sich nach Beendigung des Triebes begeben muss. Der S. kann auch durch ein numerisches Schild ersetzt werden.
9. Wartebruch (Warten aufgegeben): Mit ihm verständigen sich die Jäger. Er wird verwendet, wenn sich Jäger miteinander zu einer bestimmten Zeit an einem bestimmten Ort verabredet haben. Stößt einer auf dieses Zeichen, so weiß er, dass der andere bereits hier war, jedoch wieder weg musste, ihn aber beim W. erwartet. Zu diesem Zweck werden zwei abgebrochene armlange und unbefegte Brüche gekreuzt auf den vereinbarten Platz gelegt. Muss der Wartende das Warten aufgeben, entfernt er die Seitenzweige und legt die halbkahlen Brüche gekreuzt so hin, dass der Raum zwischen den beiden Spitzen in die Richtung zeigt, in die er fortgegangen ist. Drei nebeneinander hingelegte Wartebrüche bedeuten Sammelplatz.
10. Warnbruch: Er weist auf eine Gefahr hin (z.B. auf eine aufgestellte Falle oder auf einen beschädigten Hochsitz) und sollte nicht übersehen werden. Der W. muss deshalb ähnlich wie der Hauptbruch recht auffällig gemacht werden. Er wird mit dem Waidmesser bis auf einige kleine Zweige an der Spitze völlig abgeschält, sodass das Holz hell leuchtet. Er wird an weit sichtbarer Stelle, entweder rund gebogen oder zur Schlinge geformt, angebracht.
11. Trauerbruch: Beim Begräbnis eines Jägers tragen die an der Beerdigung teilnehmenden Jäger einen grünen Bruch an der linken Seite des Hutes. Der T. wird örtlich auch mit der Nadelunterseite nach außen getragen.
12. Standesbruch, Festbruch: Der S. oder F. ist ein Nadelholz-Dreispross oder Laubholzzweig bescheidener Größe und wird (in Österreich) bei Jägerveranstaltungen und feierlichen Anlässen auf der linken Hutseite getragen.

Bruck, der: Die flaumigen Unterschwanzfedern der ▸ Beizvögel. Der weiße B. des Althabichts (Habichts-B.) wird von Falknern als Hutschmuck getragen; ▸ Adlerflaum.

Brücke, die (Kehle, Einkehle): Alte Bez. für die halbe Masche, die an einem ▸ Treibzeug (▸ Garne 7) in der Mitte angestrickt wurde, damit eingelaufene Vögel nicht mehr zurückkonnten.

Bruegel, Pieter: ▸ Jagdkunst.

Brühl, Alfred Graf von (25.4.1862 Pförten/ Lausitz bis 28.2.1922 Weizenrodau bei Scheidnitz): B. studierte u.a. (bei Christian ▸ Kröner) in Düsseldorf Malerei. Von 1916 bis 1919 war er Direktor der Kunstakademie in Königsberg. Er malte bevorzugt Jagd- und Wildszenen und stellte regelmäßig auf Ausstellungen in Düsseldorf, Berlin und München aus.

Brüll, Heinz, Dr. (24.6.1907 bis 21.10.1992): Biologe; Promotion 1936 an der Universität Kiel mit der Arbeit »Das Leben deutscher Greifvögel«. Er war von 1953 bis 1972 Leiter der Forschungsstation »Wild, Wald, Flur« in Schleswig-Holstein. B. machte sich besonders um die ▸ Falknerei, die Greifvogelkunde und den ▸ Greifvogelschutz sowie um den landschaftsbiologischen Umweltschutz verdient. Im Ruhestand führte er den Ansatz einer jagdlichen Forschung auf landschaftsbiologischer Grundlage in seinem Institut für Landschaftsökologie und Umweltforschung in Hostenholm fort und war später wissenschaftlicher Leiter des Instituts für Artenschutz im Wildpark Eekholt. Von 1957 bis 1978 war er Ordensmeister des ▸ Deutschen Falkenordens. Er schrieb u.a. »Das Leben deutscher Greifvögel. Ihre Bedeutung in den Landschaften« (DJV-Literaturpreis 1966), »Die Beizjagd« und »Waldhühner«.

brüllen: Die Lautäußerung des ▸ Braunbären.

brummen: Die Lautäußerung des ▸ Braunbären.

Brummer, der: In der Falknersprache Bez. für den Gerfalken; ▸ Falken 9.

Brummhahn, der: ▸ Raufußhühner 1.

Brünette: ▸ Schnepfenvögel 16.

Brunft, die (Brunst, veraltet: Brünst): Die Begattung, die Begattungszeit und der Begattungstrieb allen ▸ Schalenwildes mit Ausnahme des Schwarzwildes (Rauschen) und des Bibers. Die B. ist der Zustand der geschlechtlichen Erregung und Aktivität, der periodisch (einmal jährlich) durch hormonelle Änderungen ausgelöst wird. Die B. führt auch zur Ausbildung sexueller Signale (Sekrete von ▸ Brunftfeigen und ▸ Brunftfalten) und zur Änderung von Verhaltensweisen (z.B. Brunftschreie des Hirsches, Treiben des weiblichen Stückes, Imponiergehabe usw.). Das Wild brunftet, wenn es sich begattet, oder ist brunftig, wenn es den Begattungstrieb empfindet. Man sagt vom Hirsch: »In die B. treten« oder »die B. beginnen«. Von dem laut brummenden Schrei des Platzhirsches ist der Jägerausdruck »B.« abgeleitet, mit dem man die Paarungsszeit und die Paarungsbereitschaft bezeichnet. Eigentlich müsste es somit »Brumft« heißen. Das Wort B. wird oft anstelle von »Brunst« (abgeleitet von Brennen) fälschlich auch auf ganz andere Tiere angewandt; man sollte es aber nach Bernhard ▸ Grzimek nur für das Paarungsverhalten der ▸ Wiederkäuer gebrauchen; ▸ Ranzzeit, ▸ Rauschzeit, ▸ Rammelzeit, ▸ Reihzeit.

Brunftacker, der: Veraltete Bez. für ▸ Brunftplatz.

Brunftballen, die: ▸ Brunftfeige.

Brunftbett, das: ▸ Brunftkuhle.

Brunftbrand, der: ▸ Brand 1).

Brunftdrüsen, die: ▸ Brunftfeige.

brunften: ▸ Brunft, ▸ brunftig.

Brunftfalte, die: Eine während der ▸ Brunft beim weiblichen ▸ Schalenwild etwa 2 cm hohe, halbmondförmige Anschwellung zweier ▸ Duftdrüsen an der Stelle des Hauptes, an welcher der Hirsch das ▸ Geweih trägt. Diese Hautfalte (B.) ist nur während der Brunft angeschwollen und verschwindet mit Beendigung der Brunft wieder.

Brunftfeige, die (Feige, Gamsfeigen, Gamsrose, Brunftballen, Brunftkappen, Brunftknöpfe, Brunftdrüsen, Brunftrosen): Eine beim Gamswild während der Brunft auf bis zu 10 x 5 cm anschwellende und am Hinterhaupt (hinter den Krucken) liegende Drüse (paarige Hautdrüse; ▸ Duftdrüsen). Sie schwillt v.a. beim Bock stark an und scheidet ein fettartiges, übelriechendes Sekret aus. Beim ▸ Aufbrechen des erlegten Stückes wird sie daher sofort entfernt. Außerhalb der Brunftzeit dient die B. auch der Einstandsmarkierung. Diese B. wurden früher in verschiedenen Gegenden von den Jägern ausgeschnitten und in getrocknetem Zustand den Gebärenden in die Hand gegeben. Sie sollten die Geburtswehen beschleunigen.

Brunftfleck, der: ▸ Brand 1).

Brunftgeruch, der: Der Geschlechtsgeruch in der Brunftzeit, besonders bei Hirsch und Gams.

Brunftgrube, die: ▸ Brunftkuhle.

Brunfthirsch, der: Ein in der ▸ Brunft stehender Hirsch.

brunftig: Das begattungsbereite weibliche ▸ Schalenwild (außer Schwarzwild) und die begattungsbereite Biberin während der ▸ Brunft, wenn es bzw. sie die Annäherung des männlichen Stückes sucht und duldet.

Brunftjagd, die: Eine Jagd – besonders ▸ Lockjagd – auf männliches ▸ Schalenwild, hauptsächlich auf Rothirsch, Rehbock (Blattjagd), Damhirsch und Gamsbock. Das Verhalten dieser Wildarten, speziell die ▸ Lautäußerungen während der Brunftzeit (Brunftlaute), erleichtern allgemein die Jagdausübung; ▸ Balzjagd, ▸ Lockjagd.

Brunftkappen, die: ▸ Brunftfeige.

Brunftknöpfe, die: ▸ Brunftfeige.

Brunftkragen, der: ▸ Brunftmähne.

Brunftkreis, der: ▸ Hexenring.

Brunftkugeln, die: Die Hoden des männlichen ▸ Schalenwildes; ▸ Kurzwildbret.

Brunftkuhle, die (Brunftbett, Brunftgrube): Eine kleine Bodenmulde, die der Damschaufler während der Brunft in der Nähe des ▸ Brunftplatzes schlägt. In diese Kuhle nässt er, bevor er sich darauf niedertut. B. dieser Art schlagen auch der Elch und der Sikahirsch.

Brunftlaute, die: Alle ▸ Lautäußerungen des Wildes in der ▸ Brunft; ▸ Brunftjagd; siehe auch unter der jeweiligen Wildart.

Brunftmähne, die (Brunftkragen): Die langen Haare an der Unterseite des ▸ Trägers des Rothirsches.

Brunftplan, der: ▸ Brunftplatz.

Brunftplatz, der (Brunftacker, Brunftplan, Brunftstand): Ein freier Platz (Schlag, Blöße, Wiese), auf dem der Hauptbrunftbetrieb stattfindet.

Brunftring, der: ▸ Hexenring.

Brunftrose, die: svw. Brunftfleck und ▸ Brand 1).

Brunftrosen, die: ▸ Brunftfeige.

Brunftrudel, das: Ein ▸ Trupp ▸ Kahlwild zur ▸ Brunftzeit, den ein stärkerer Hirsch (Platzhirsch) bei sich hat. Schwächere Hirsche haben meist nur ein Stück oder wenige Stücke Wild bei sich oder werden nur als ▸ Beihirsche beim Rudel geduldet.

Brunftrute, die (Brunftstange): Das männliche Glied beim ▸ Schalenwild.

Brunftschallen, die: Die Laute der brunftigen Rehgeiß, um den Bock zu locken oder wenn sie von diesem getrieben wird; ▸ Rehwild.

Röhrender Brunfthirsch

Brunftschild, das (Brunftfleck): ▸ Brand 1).
Brunftschlag, der (Hirschschlag): Ein mit dem ▸ Geweih mehr oder weniger zerschlagener Jungstamm.
Brunftschrei, der: Die Lautäußerung des ▸ Brunfthirsches.
Brunftstand, der: ▸ Brunftplatz.
Brunftstange, die: ▸ Brunftrute.
Brunftstrang, der: Der Samenstrang des männlichen ▸ Schalenwildes.
Brunftverhalten, das: ▸ Paarungsverhalten.
Brunftwild, das: Das brunftige ▸ Kahlwild i. Allg.
Brunftwittrung, die: Der typische Hirschgeruch während der Brunftzeit.
Brunftzeit, die: Die Begattungszeit; ▸ Brunft.
Brünner Waffen: Von der tschechischen Firma Cesca Zbrojowka in Uhersky Brod hergestellte und von ▸ Frankonia Jagd vertriebene Waffen. Bekannte Modelle sind die Repetierbüchse ZKK in verschiedenen Systemlängen und Bockwaffen der Modellreihen ZH.
Bruns, Hans: ▸ Jagdliteratur.
Brunst, die (Brünst): ▸ Brunft.
Brusthöhendurchmesser, der: Der Durchmesser eines stehenden Baumstammes in 1,3 m Höhe (Brusthöhe).
Brustschild, das: ▸ Schild 1).
Brut, die: **1**) Das Brüten der Vögel. **2**) Die Gesamtheit der Jungvögel selbst.
Brutdauer, die: ▸ Brutzeit 1).
Brutfleck, der: Die kahlen Stellen am Unterleib eines brütenden Vogels.
Brutfürsorge, die: Sammelbezeichnung für alle Vorsorgemaßnahmen und Instinkthandlungen der Elterntiere für ihre Nachkommenschaft (▸ Erbkoordination), die mit der Eiablage bzw. dem Bringen der Jungen beendet sind. Bei den weiteren Pflegemaßnahmen handelt es sich um die ▸ Brutpflege. Zur B. zählen Schutz und Tarnung der Eier (Eiablage in Verstecken wie Erdlöchern, Bohrgängen usw.), Kokonbildung, Eiablage an die Nahrung, Lähmung lebender Nahrung (z.B. bei Grabwespen).

Bruthenne, die: Das brütende Weibchen bei allen Vogelarten, bei denen die Geschlechter als Hahn und Henne bezeichnet werden.
Bruthütte, die: Eine künstliche Nistgelegenheit für Wildenten. Die B. (Brutkörbe) sollen als Hegemaßnahmen dort aufgestellt werden, wo es den Wildenten an natürlichen Nistgelegenheiten (Schilf, Hecke, Röhricht, Kopfweiden usw.) fehlt. Die Hütten oder Körbe ruhen auf Pfählen, die mit einer Blechmanschette gegen Wanderratten geschützt werden. Zweckmäßigerweise sollen sie mit Schilf getarnt werden.
Brutkleid, das (Hochzeitskleid, Sommerkleid, Frühjahrskleid, Prachtkleid): Das ▸ Federkleid ▸ adulter Vögel, das im Frühjahr vor der Brutzeit wächst und bei der darauffolgenden ▸ Mauser im Spätsommer oder Herbst wieder abgelegt wird; ▸ Ruhekleid, ▸ Winterkleid.
Brutkorb, der: ▸ Bruthütte.

Brutlosung, die: Die Losung der Auerhenne, die beim Brüten zurückgehalten wird und sich daher zu einem Klumpen bis Hühnereigröße zusammenballt. Die Auerhenne setzt sie in der Nähe des Geleges ab.
Brutmast, die: ▸ Mast.
Brutpflege, die: Bez. in der Zoologie für alle angeborenen Verhaltensweisen (Instinkthandlungen) der Elterntiere, die der Aufzucht und der Pflege der Nachkommen dienen. Die B. beginnt nach der ▸ Brutfürsorge und umfasst die Bewachung und Versorgung der Eier und der Brut, das Wärmen der Jungtiere, v.a. bei Säugetieren und Vögeln, die Futterbeschaffung, die Sauberhaltung der benutzten Nester, Höhlen usw. sowie den Unterricht in arttypischen Verhaltensweisen des Nahrungserwerbs.
Brutvogel, der: **1**) Auch Heckvogel: Eine Vogelart, die in einer Gegend regelmäßig brütet; ▸ Strichvogel und ▸ Zugvogel. **2**) Der brütende Vogel.
Brutzeit, die (Heckzeit): **1**) Die Brutdauer, z.B. 24 Tage. **2**) Die Zeit, in der das Brüten i. Allg. stattfindet, z.B. im Mai/Juni; ▸ Jagdzeiten 3 a), ▸ Setzzeit.
Bschlachter, der: Gebirglerischer Ausdruck für einen jungen Baum, an dem gefegt wurde; ▸ fegen.
BSE: Abk. für **B**ovine (= bei Rindern auftretende) **S**pongiforme (= schwammartige) **E**nzephalopathie (= Rückbildung von Gehirnsubstanz). BSE, umgangssprachlich auch als Rinderwahnsinn bezeichnet, ist eine übertragbare, seuchenhaft verlaufende Erkrankung bei Rindern. Nach einer Inkubationszeit von durchschnittlich vier bis fünf Jahren kommt es zu nervalen Erscheinungen wie Übererregbarkeit, Zittern, Ängstlichkeit, Schwanken, Niederstürzen und schließlich zum Tod. Als Erreger werden sogenannte Prione vermutet, das sind Eiweißmoleküle, die auch im gesunden Nervensystem zu finden sind, im krankmachenden Zustand jedoch eine veränderte räumliche Struktur aufweisen. Sie sind extrem

▸▸ Rotbuche (Weidfeldbuche)

widerstandsfähig gegenüber den üblichen Desinfektionsmaßnahmen. Eine ähnliche, auch äußerst dramatische Erkrankung mit ebenfalls tödlichem Ausgang ist die beim Menschen sehr selten vorkommende Creutzfeldt-Jakob-Krankheit (CJK, englisch: CJD von Creutzfeldt-Jakob desease; benannt nach den deutschen Neurologen Hans-Gerhard Creutzfeldt und Alfons Jakob). BSE gehört wie ▸ Scrapie bei Schafen, die Creutzfeld-Jakob-Krankheit des Menschen und andere Krankheiten zur Gruppe der sogenannten Transmissiblen Spongiformen Enzephalopathien (TSE). Nach den derzeitigen Erkenntnissen der Wissenschaft ist eine Übertragung von BSE auf einheimische Wildarten durch Kontakt mit möglicherweise erkrankten Rindern höchst unwahrscheinlich, da BSE nach heutigem Wissensstand nicht direkt von Tier zu Tier weitergegeben wird. Der Übergang des Erregers von Kühen auf ihre Nachkommen gilt aber als wahrscheinlich. BSE tritt seit 1986 auf. Als Grund für das Auftreten wird die Verfütterung von Tiermehl vermutet, das aus mit Scrapie infizierten Schafen oder aus an BSE erkrankten Rindern hergestellt worden war. Ende der 1970er-Jahre war das Herstellungsverfahren von Tiermehl in Großbritannien aus wirtschaftlichen Gründen geändert worden (niedrige Temperaturen und geringer Druck), wodurch der Erreger nicht mehr unschädlich gemacht wurde. Das Ausbringen von Tiermehl zur Fütterung von Schalenwild ist daher nach EU-Recht, aber auch nach einigen Landesjagdgesetzen der Bundesländer ausdrücklich untersagt.

Bubenik, Anthony B.: ▸ Jagdliteratur.

Buch, der (Bücher): Früher gebräuchlicher Ausdruck für ▸ Blatt 1).

Buchdrucker, der: ▸ Borkenkäfer 2.

Buche, die (*Fagus sylvatica*): Auch Rotbuche. In Mitteleuropa verbreitetste Laubbaumart der Gattung Buchen (*Fagus*) aus der Familie der Buchengewächse (*Fagaceae*); ▸ Schatt(en)-baumart. Die Frucht (Bucheckern, Bucheln) ist dreikantig, spitz und etwa 1 cm lang. In jeder Stachelhülle stehen zwei Bucheckern. Die stark ölhaltige Frucht dient dem Schalenwild, vielen Vögeln und Kleinsäugern als Nahrung. Mastjahre alle 6 bis 10 Jahre. In früheren Zeiten wurden Schweine (▸ Schweinemast) in Buchen- und Eichenwäldern geweidet. Verjüngt sich hauptsächlich natürlich. Wuchshöhe bis 40 m, Alter bis über 300 Jahre.

Vorkommen und Standort: Wächst besonders auf nährstoffreichen, kalkhaltigen, feuchten, aber nicht nassen Böden. Die Wuchsgrenze liegt bei etwa 1500 m. Die B. bildet oft Reinbestände, man findet sie jedoch auch in Mischwäldern zusammen mit Fichten und Tannen, in niedrigen Lagen auch mit Eiche, Hainbuche und anderen Laubbaumarten. Das Holz ist schwer, hart, zäh und gut spaltbar. Es wird v.a. für Furniere, Möbel, Werkzeuge, Schwellen und für Zellulosegewinnung verwendet. Die Jungpflanzen sind stark gefährdet durch Schalenwildverbiss, daneben leidet die B. unter ▸ Schälschäden durch Rotwild.

Buchmarder, der: ▸ Marder 1.

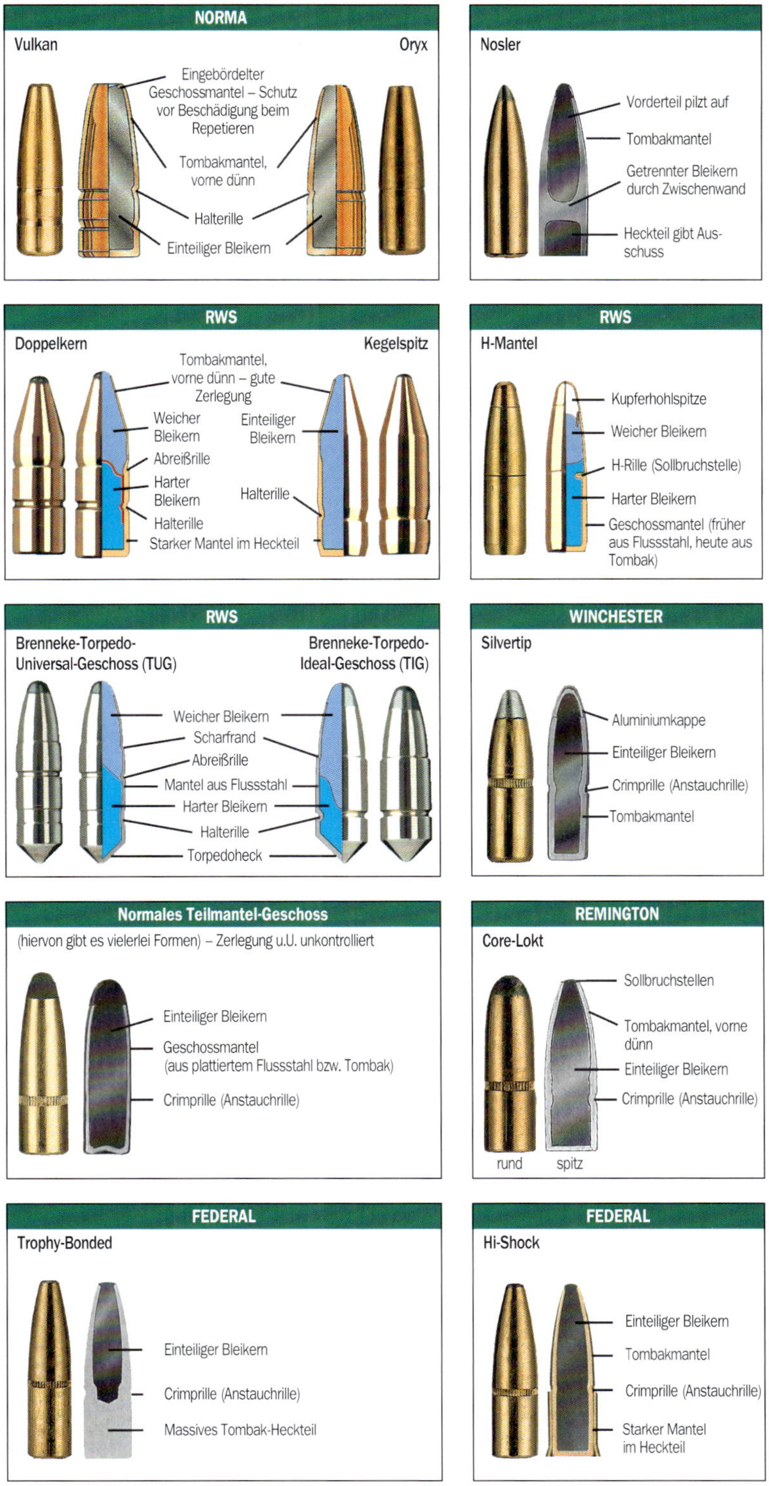

Teilmantelgeschosse im Schnitt

Büchse, die: Ein Gewehr mit einem gezogenen Lauf für den Kugelschuss; ▸ Jagdgewehr.

Büchsenfutter, das (Büchsenfutteral, Büchsensack): Eine aus Segeltuch oder Leder gefertigte Aufbewahrungstasche (Futteral) für die Büchse.

Büchsengeschosse: Für die Wirkung eines Jagd-B. im Wildkörper sind, neben der Auftreffgeschwindigkeit, der Masse und ihrer Querschnittsbelastung, seine Materialbeschaffenheit und seine Konstruktion hinsichtlich des Geschossaufbaues und der Geschossform

Geschosszerlegung im Wildkörper

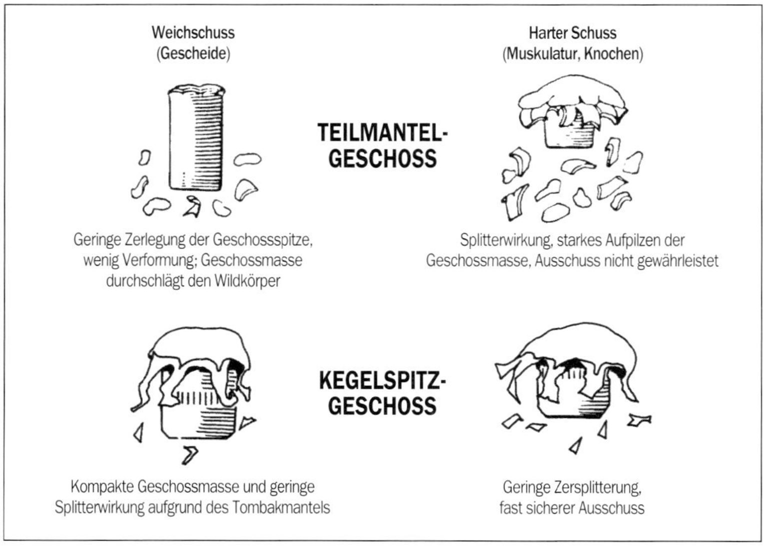

▸▸▸ Geschossspitzen: Links Rundkopf-, rechts Spitzgeschoss

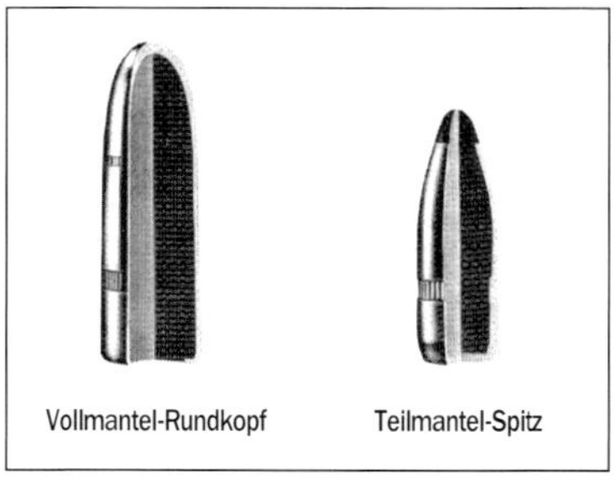

(und zwar vorwiegend der Geschosskopfform) von besonderer Bedeutung. Die ursprüngliche Geschossform war die Rundkugel, die außer in Schrotpatronen heute nur noch für Kleinmunition, z. B. bei Flobert-Patronen, Verwendung findet. Um auch auf weiter entfernte Ziele einen treffsicheren und wirkungsvollen Schuss antragen zu können, bedarf es einer anderen Geschossform, des Langgeschosses, das bei gleichem Geschossquerschnitt wegen seiner Länge natürlich wesentlich schwerer ist als eine Rundkugel, somit viel mehr Masse besitzt und dadurch eine höhere Querschnittsbelastung aufweist. Die *Querschnittsbelastung* ist das Verhältnis des Geschossgewichtes g in Gramm zum Geschossquerschnitt Q in Quadratzentimetern, also QB = g/Q. Je höher die Querschnittsbelastung ist, desto geringer ist die Abbremsung des Geschosses durch den Luftwiderstand beim Durcheilen seiner Flugbahn und desto geringer wirkt der Zielwiderstand beim Eindringen in den Wildkörper und beim Durchschlagen desselben. Damit sich das Langgeschoss im Flug nicht überschlägt, muss man ihm eine Kreiselstabilisierung verleihen, d.h. eine schnelle Rotation um seine Längsachse. Diese erreicht man durch den Laufdrall, im Laufinnern schraubenförmig eingefräste oder eingehämmerte Züge. Durch die Gasdruckentwicklung beim Schuss wird das Geschoss in den Lauf eingepresst, dabei in Richtung seiner Längsachse etwas zusammengestaucht, wodurch sich der Querschnitt seines Führungsteils entsprechend vergrößert und es gezwungen wird, beim Durchgang durch den Lauf den jetzt in seinen Führungsteil einschneidenden Feldkanten rotierend zu folgen, sodass es den zu einer Achsenstabilität notwendigen Drehimpuls erhält. Nach ihrer Grundkonstruktion unterscheidet man bei den Langgeschossen:

1. Reine Bleigeschosse: Sie können – auch wenn sie aus Hartblei gefertigt sind – nur bis zu Mündungsgeschwindigkeiten von etwa 450 m/s verschossen werden, weil sie bei höheren Anfangsgeschwindigkeiten (durch verstärkte Patronenladung) den Lauf zu stark verbleien und in den Zügen durch »Überspringen« einzelner Felder nicht mehr sicher geführt werden, sodass sie keine genügende Treffgenauigkeit gewährleisten. Reine B. entsprechen nicht mehr den heutigen Anforderungen an ein auch auf weitere Schussentfernungen wirksames Büchsengeschoss und finden praktisch – wenn man von den Flintenlaufgeschossen absieht, die sowieso nur für kurze Schussentfernungen bis höchstens 50 m gedacht sind – für Waffen mit gezogenen Läufen nur noch in Kleinkaliber-Patronen bis zum Kaliber .22 lfB oder in Revolvern Verwendung.

2. Mantelgeschosse: Sie bestehen aus einem Bleikern und seiner Ummantelung aus einem Material wesentlich höherer Festigkeit. Als Mantelmaterial dienen dabei vorwiegend Flussstahl, Nickel und Metalllegierungen aus Kupfer, Nickel und Zink, wie Tombak oder Gilding. Ein fester Geschossmantel ist notwendig, um Geschossen mit hoher Mündungsgeschwindigkeit durch sichere Zug- bzw. Feldführung im Lauf auch gute Treffgenauigkeit zu verleihen. Ein fester Geschossmantel verhindert ferner das »Zerplatzen« von Geschossen hoher Auftreffgeschwindigkeit beim Aufprall auf den Zielwiderstand. Nach der Ausgestaltung des Mantels selbst unterscheidet man *Voll-M.* mit ganzummanteltem Geschosskopf und *Teil-M.*, bei denen der Geschosskopf nicht mitummantelt ist, sondern dort den Bleikern freigibt oder eine offene oder verdeckte trichterförmige Hohlspitze aufweist.

Voll-M. werden vorwiegend als Militärgeschosse verwendet. Die gänzliche Ummantelung des Geschosses verhindert weitgehend seine Deformierung und schließt bei normalem Zielwiderstand Absplitterungen des Mantels und des Geschosskerns aus, sodass zwar der Gegner außer Gefecht gesetzt wird, bei nicht tödlichen Treffern aber auch keine zu brutalen Verletzungen erleidet. Jagdlich werden Voll-M. in Patronen kleinerer Kaliber (bis Kal. 6,5 mm) vornehmlich für die Erlegung meist schwächeren Wildes benötigt, das man mit möglichst wenig verletztem Balg (oder Decke) als Trophäe präparieren lassen will und das man mit einem Schrotschuss nicht erlegen kann bzw. nicht erlegen darf. In Patronen starker Kaliber (ab Kal. 8 x 68 S) werden Voll-M. hauptsächlich von Tropenjägern auf Dickhäuter wie Elefant und Nashorn verwendet, damit das Geschoss die starke und feste Decke derartigen Großwildes undeformiert durchschlagen kann und im Wildkörper selbst noch die für eine zuverlässige Tiefenleistung notwendige Durchschlagskraft bewahrt. Für die Erlegung europäischen Schalenwildes sind Voll-M. nicht geeignet, weil sie den Wildkörper meist nadelstichartig durchdringen. Dabei geben sie viel zu wenig Energie ab, um einen zuverlässig und schnell eintretenden Tod herbeizuführen.

Teil-M. sollen die gegenteilige Wirkung im Wildkörper aufweisen. Durch die fehlende Kopfummantelung viel leichter stauchbar, sollen sie gleich nach dem Eindringen in den Wildkörper durch rechtzeitig einsetzende Deformierung, Aufpilzung des Geschossmantels und stärkere Abbremsung durch den vergrößerten Geschossquerschnitt möglichst viel der ihnen innewohnenden Geschossenergie in zuverlässig und schnell tötende Kräfte umwandeln, bevor der Geschossrest den Wildkörper durch den Ausschuss wieder verlässt. Auch bei weniger gut angetragenen Treffern wie etwa Weidwundschüssen sollen Teil-M. durch ausreichende Schock- oder Verletzungswirkung dem Wild einen langen und qualvollen Tod ersparen. Es gibt zahlreiche Konstruktionen und Typen von Teil-M., die sich zunächst nach der besonderen Ausbildung der Geschossspitzen (vgl. Übersicht in Tab. S. 117) voneinander unterscheiden:

Die Kopfform der Geschosse ist von hohem Einfluss sowohl hinsichtlich der Flugleistung als auch im Hinblick auf ihre Deformierung im Wildkörper. Je schlanker, je spitzer ein Geschoss ist, desto leichter überwindet es den Luftwiderstand und desto größer kann seine Auftreffgeschwindigkeit im Ziel sein, desto anfälliger ist es aber auch gegenüber Ablenkungen selbst durch kleinste Hindernisse in der Flugbahn, wie kleine Zweige und Grashalme. Dies gilt im besonderen Maß für gleichzeitig sehr schnelle und leichte Geschosse (ungünstige QB). Ein Spitzgeschoss dringt normalerweise leichter in den Wildkörper ein und durchschlägt ihn schneller als ein stumpfes Geschoss desselben Gewichtes und Kalibers

Geschossspitzentypen	
mit Rundbogenprofil	– Rundkopfgeschosse (z. B. Vollmantel-/Teilmantel-Rundkopf)
mit mehr oder weniger schlankem bzw. abgerundetem Spitzbogen profil, auch Ogival-Geschosse genannt	– Spitzgeschosse (z. B. Teilmantel-Spitz) – Halbspitzgeschosse (z. B. Brenneke TIG, Brenneke TUG)
mit Kegelkopfprofil	– Kegelspitz-(KS-)Geschosse

von gleicher Materialbeschaffenheit und Auftreffgeschwindigkeit. Auch der Deformierungsvorgang läuft unterschiedlich ab. Bei gleicher Treffpunktlage, gleicher Wildstärke sowie gleichem Zielwiderstand und Schusskanal wird das Spitzgeschoss (ohne Hohlspitze) von den Gewebeteilen, in die es sich hineinpresst, länger zusammengehalten als ein stumpfes Geschoss, bei dem der frontale Gegendruck des Zielwiderstandes auf eine viel größere Aufpressfläche auch eine frühere Stauchung und Deformierung bedeutet. Hohlspitzen dienen der Beschleunigung der Geschossdeformierung. Ob sie offen oder verdeckt sind (Kupferhohlspitze), richtet sich v.a. nach ballistischen Erfordernissen. Der zylindrische Führungsteil der Geschosse und ihre Heckform spielen für das Flugverhalten eine geringere Rolle, wenn auch Querrillen des Mantels und ein flacher Geschossboden nicht so strömungsgünstig sind wie eine glatte Zylinderwand und ein konisch ausgezogenes Heckteil. Man kann Geschosse jedoch nicht in beliebiger Länge herstellen, um dadurch etwa ein größeres Geschossgewicht und eine höhere Querschnittsbelastung zu erreichen. Vielmehr sollen sie nicht länger als etwa ihr fünffacher Durchmesser sein, weil sie darüber hinaus keine ausreichende Achsenstabilität mehr aufweisen und folglich auch keine Treffgenauigkeit bieten können. Außerdem würde ihr Massewiderstand viel zu groß sein gegenüber den sie antreibenden Pulvergasen, sodass sich bei Einhaltung des für die Waffe zulässigen Gasdrucks nur eine viel zu geringe Mündungsgeschwindigkeit des Geschosses ergeben kann.

Von besonderer Bedeutung für die *Geschosswirkung* im Wildkörper ist neben der Kopfform auch die Konstruktion des Mantels, durch die sich der zeitliche Beginn, die Schnelligkeit und der Grad der Geschossdeformierung maßgeblich steuern lassen. Bei einem Teil-M. einfacher Konstruktion mit einem glatten zylindrischen Mantel gleichbleibender Wandstärke, wie z.B. beim Teilmantel-Rundkopf-Geschoss, vollzieht sich bei einem normalen, also nicht zu harten Treffer die Deformierung etwa folgendermaßen: Beim Aufprall auf das Ziel wird zunächst ein Druck auf den vorstehenden Kopf des Geschosskerns ausgeübt, der beim weiteren Eindringen in den Wildkörper mehr und mehr zusammengestaucht wird, sodass der Mantel an seinem vorderen offenen Rand fortschreitend aufgeweitet wird, bis die Zerreißfestigkeit des Mantelmaterials überbeansprucht ist, sodass er aufreißt, indem sich eine Anzahl von Längsrissen bildet, wobei sich die dazwischen entstandenen Mantelstreifen, die man auch »Fahnen« nennt, beim weiteren Durchgang des Geschosses durch den Wildkörper wie ein Pilzhut nach hinten umstülpen und mehr oder weniger große Teile des mehr und mehr in die Breite gedrückten Geschosskerns absplittern. Bei harten Treffern auf starke Knochen reißt der Mantel weiter auf, eventuell bis zum Geschossboden, und der Geschosskern löst sich durch stärkere Absplitterung u.U. gänzlich auf. Dadurch verliert der Geschossrest so viel Masse, dass im Zusammenhang mit seinem vergrößerten Querschnitt die Durchschlagskraft des Geschosses zu schnell verloren geht und es keine Tiefenleistung mehr erbringen und auch der Ausschuss fehlen kann. Durch Spezialkonstruktionen mit Wandverstärkung des hinteren Mantelteils zur Verfestigung des Heckteils oder mit Verstärkung des vorderen Mantelteils zur Verzögerung der Geschosskopf-Deformation und durch andere Mittel hat man den Ablauf und den Grad der *Geschossdeformation* sowohl im Hinblick auf weiche als auch auf harte Treffer bedeutend besser unter Kontrolle gebracht. Neben B. für jagdliche Sonderzwecke, wozu auch Voll-M. gehören, benötigt man v.a. solche Geschosse, die jagdlich eine universellere Verwendbarkeit gestatten. Diese müssen Konstruktionen sein, deren Geschossspitze weder zu weich noch zu hart ist, die rechtzeitig genügend Energie in zuverlässig und schnell tötende Kräfte umwandeln und dennoch für eine eventuell notwendige Nachsuche mit dem Hund durch sicheren Ausschuss auch den notwendigen Schweiß liefern. Aus der breiten Palette an Büchsengeschossen, die derartige Ansprüche in unterschiedlichen Schussentfernungen sowohl bei weichen als auch bei harten Treffern erfüllen, stellen nachfolgend beschriebene Geschosskonzeptionen von RWS und Geschossarten anderer Hersteller seit Langem ihre Praxistauglichkeit unter Beweis.

Das *H-Mantelgeschoss* ist gekennzeichnet durch eine starke ringförmige Einschnürung des Geschossmantels unmittelbar vor dem Führungsteil der Geschosse. Im Längsschnittbild stellt sich der Geschossmantel ähnlich wie ein H dar, woher auch die Geschossbezeichnung abgeleitet wurde. Durch die Manteleinschnürung, die H-Rille, entstehen zwei Geschossteile, ein vorderer Deformierungsteil und ein hinterer Durchschlagskörper. Vom Augenblick des Eindringens in den Wildkörper an staucht sich der vordere Geschossteil, wobei der Geschossmantel bis zur H-Rille einreißt und sich auch bis dorthin aufpilzt, während gleichzeitig der vordere Geschosskern absplittert und die Mantelfahnen schließlich an der H-Rille, ihrer Sollbruchstelle, abreißen. Der hintere Geschossteil, also der Geschossrest, staucht sich nur geringfügig und gibt keine Mantel- oder Kernsplitter mehr ab, sodass eine genügend große Geschossmasse von günstiger Querschnittsbelastung auch bei zuvor harten Knochentreffern noch ausreichende Durchschlagskraft für gute Tiefenleistung und sicheren Ausschuss gewährleistet. H-Mantelgeschosse eignen sich daher gleichzeitig für starkes wie auch für schwächeres Wild. Sie werden als Hohlspitzgeschosse mit offener oder verdeckter Hohlspitze hergestellt, wobei vorwiegend ballistische Gründe maßgeblich sind.

Die *Kegelspitz-(KS-)Geschosse* der RWS zeichnen sich ebenfalls durch hervorragende Schusspräzision und zuverlässige Geschosswirkung bei Wildarten unterschiedlicher Stärke sowie bei harten und bei weichen Treffern aus. Die zur Geschossspitze etwas stärker werdende Mantelwand verfestigt den Geschosskopf, sodass der Deformierungsbeginn leicht verzögert wird, danach aber die Deformierung sehr wirksam und heftig bis in die Höhe des Führungsteils mit Mantelaufpilzung und nur geringfügiger Kernabsplitterung und somit kaum nennenswerter Gewichtseinbuße des Geschosses voranschreitet. Dadurch wirkt der von dem zum Heck hin wieder stärker werdenden Mantel gut zusammengehaltene Geschossrest trotz vergrößerten Querschnitts als zuverlässiger Durchschlagskörper, der durch den nach der Aufpilzung des Geschossmantels noch erweiterten Schusskanal eine besonders gute Tiefenleistung und i.d.R. auch sicheren Ausschuss bewirkt. Die KS-Geschosse zeichnen sich durch hervorragende Aufhaltekraft gegenüber dem getroffenen Wild in allen jagdlichen Schussentfernungen aus und verbinden, für hohe Auftreffgeschwindigkeiten bestimmt, zuverlässige Verletzungswirkung mit bestem Schockeffekt in einer besonders zufriedenstellenden Weise. Die *Original-Brenneke-Torpedo-Idealgeschosse* (TIG) und die *Original-Brenneke-Torpedo-Universalgeschosse* (TUG) ergänzen das RWS-Programm. Diese Geschosse nach der Konstruktion von W. Brenneke haben einen zweigeteilten Bleikern. Der der Geschossspitze zugekehrte ist von weicherer und der im Heckteil befindliche von härterer Legierung. Beim Auftreffen und Eindringen in den Wildkörper leitet der vordere weichere Kern die Aufpilzung ein, wobei sich der Geschossmantel fahnenbildend nach hinten aufrollt, das Weichblei abfließt und den härteren Heckkern zum Anstauchen bringt. Diese Funktion garantiert die Beibehaltung genügend großer Querschnittsbelastung, verbürgt gute Tiefenwirkung und den gewünschten Ausschuss. Weitere Geschosse sind z.B.: *Core-Lokt-Geschoss:* Ein Geschoss mit Tombakmantel von Remington für Kaliber ab 6 mm aufwärts, pilzt sich, bei reichlicher Splitterwirkung, beim Eindringen in den Wildkörper auf das Doppelte des Kaliberdurchmessers auf. Eine vollkommene Zerlegung beim weiteren Eindringen wird durch eine konische Verstärkung des Mantels verhindert. Das aufgepilzte Geschoss sorgt für Tiefenwirkung, der Geschossrest bringt den Ausschuss. Es ist vergleichsweise unempfindlich gegen Flugbahnhindernisse und passt sich bei der Zerlegung dem Wildkörper an.

Power-Lokt-Geschoss: Das Geschoss mit Tombakmantel ist eine Remington-Entwicklung für kleinkalibrige Hochgeschwindigkeitspatronen bis 6 mm. Es ist ein Hohlspitz-Vollmantelgeschoss mit Längseinschnitten an der Geschossspitze. Das verhindert ein frühzeitiges Zerlegen beim Auftreffen. Die Schockwirkung ist nach dem Eindringen durch das explosionsartige Zerlegen und die starke Splitterwirkung enorm. Ausschuss ist nicht immer vorhanden. Ausgezeichnete Ballistik und engere Streuung zeichnen dieses Geschoss aus.

Nosler-Geschoss: Es hat einen durch eine Zwischenwand getrennten Bleikern und einen Tombakmantel, der vorne den Bleikern frei lässt. Beim Eindringen in den Wildkörper pilzt sich der vordere Geschossteil bis zur Zwischenwand stark auf, ohne viele Splitter abzugeben. Der hintere Teil bleibt erhalten und gibt einen guten Ausschuss.

ABC-Geschoss: Ein massives Tombakgeschoss (Vollgeschoss), dessen Kegelspitze bis zur Kegelbasis eine zentrale, mit Blei gefüllte Bohrung hat. Beim Auftreffen auf den Wildkörper teilt sich der Kegel in einige sich fast gleichmäßig nach hinten aufrollende Streifen, wodurch sich der Geschossdurchmesser vergrößert. Im Wildkörper bleibt dieses Geschoss kompakt und gibt lediglich die Bleifüllung der Bohrung, aber keine Splitter ab. Ein gerader Schusskanal sowie ein gestanzter Ausschuss mit Schnitthaaren sind die hervorstechenden Eigenschaften dieser in Österreich entwickelten Geschosskonstruktion.

Büchsenkaliber, das: ▸ Büchsenpatrone.

Büchsenlauf, der: Ein Gewehrlauf für den Kugelschuss; ▸ Lauf 4) 1.

Büchsenlicht, das (Schusslicht): Die Zeit am Morgen und am Abend (Dämmerung), in der das Tageslicht noch zu einem sicheren Schuss ausreicht. Gutes B. ist Voraussetzung für die Abgabe eines waidgerechten Schusses.

Büchsenpatrone, die: Moderne Jagd-B. haben eine flaschenförmige *Patronenhülse* aus Messing. Ihr vorderer, eingezogener Teil, in den das Geschoss eingesetzt wird, ist der Hülsenhals. Von dort verläuft die konische, zuweilen leicht abgerundete Hülsenschulter in den breiteren Hülsenteil, der die Treibmittelladung aufnimmt. Auch dieser Hülsenteil verläuft in seiner ganzen Länge bis zum Patronenboden leicht konisch. Dadurch wird nach dem Schuss das Ausziehen oder Auswerfen der leeren Hülse erleichtert, die zuvor unter der Einwirkung des hohen Gasdrucks bei der Pulververbrennung in der ganzen Länge ihrer Wandung gegen das Patronenlager gepresst wird (Abb. 1). An die Festigkeit des Hülsenmaterials werden dabei hohe Anforderungen gestellt, da es einerseits unter dem hohen Druckeinfluss an keiner Stelle aufreißen darf, andererseits aber so elastisch sein muss, dass es beim Schuss das Patronenlager nach hinten zuverlässig abdichtet (anlidern), sodass um die Hülse außen herum keine Pulvergase nach hinten durchschlagen können. Das Patronenlager ist in seinen laut Beschussgesetz festgelegten minimalen Abmessungen immer geringfügig größer als die jeweilige Patrone in ihren maximalen Maßen. Die somit beim Schuss analog den Patronenlagermaßen leicht geweitete Hülse muss nachher wieder zurücklidern, sodass sie aus dem Patronenlager wieder leicht durch den Patronenauszieher herausgezogen werden kann. Hülsen für Büchsenpatronen mit verstärkter Ladung und besonders hoher Gasdruckentwicklung weisen an ihrem hinteren Ende über dem Hülsenboden oft eine ringförmige Verstärkung auf. Man nennt sie Gürtelhülsen. Es gibt B. mit und ohne Rand am Hülsenboden (vgl. Abb. oben rechts). Normalerweise sind Patronen mit Randhülsen für Kipplaufwaffen und solche mit randlosen Hülsen für Repetierbüchsen bestimmt. Hülsen mit überstehendem Rand werden in Kipplaufwaffen von einem Auszieherschlitten, der die Hülse hinter dem Rand erfasst, beim Abkippen der Läufe so weit aus dem Patronenlager zurückgezogen, dass sie dann leicht zu greifen und ganz herauszuziehen sind. Randlose Hülsen haben über ihrem Boden eine ringförmig eingefräste Auszieherrille, in der bei Repetierbüchsen, zuweilen aber auch bei Kipplaufwaffen, der Patronenauszieher mit einer Kralle, der sog. Auszieherkralle, bereits beim Schließen des Gewehrverschlusses einrastet, sodass beim Wiederöffnen des Verschlusses die Hülse aus dem Patronenlager mit herausgezogen und bei Repetierbüchsen durch den Ausstoßer ausgestoßen wird.

Die heute gebräuchlichen Jagd-B. sind ausschließlich mit *Zentralzündung* versehen. Hierbei trifft die Spitze des Schlagbolzens genau in die Mitte des Hülsenbodens auf das dort eingesetzte Zündhütchen. Dieses sitzt in der sog. *Zündglocke*, einem in den Hülsenboden dafür besonders eingepressten Lager. In dessen Mitte befindet sich ein zentrales rundes Zündloch als Durchlassöffnung für den Zündstrahl des gezündeten *Ambosszündhütchens* (wird auch als *Boxerzündhütchen* bezeichnet). Das Amboss- oder Boxerzündhütchen stellt durch seinen konstruktiven Aufbau eine Einheit dar, bestehend aus Zündhütchennapf, Zündsatz und Amboss. Als solche wird es in die Zündglocke eingepresst. Beim Auftreffen des Schlagbolzens auf den Zündhütchenboden wird der zwischen diesem und dem Amboss eingebrachte Zündsatz schlag-

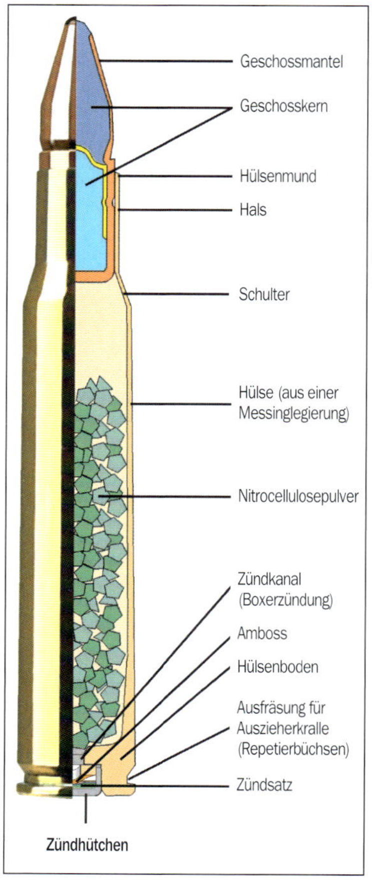

▸▸ Büchsenpatrone im Schnitt

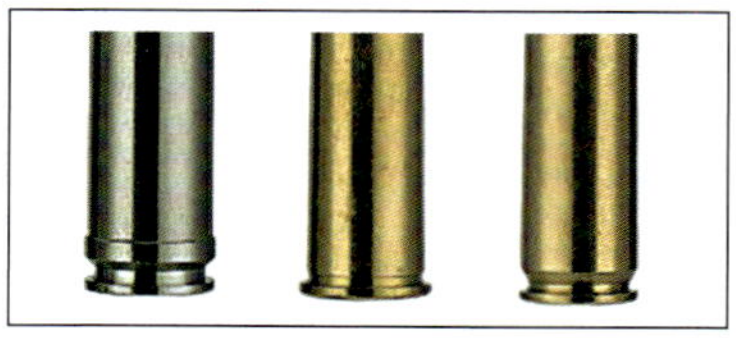

▸▸▸ Patronen-Hülsenböden, von links: Gürtelhülse, Hülse mit Rand und Hülse ohne Rand

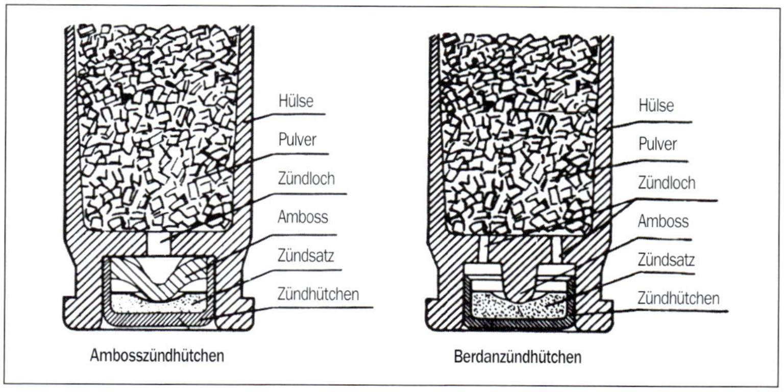

▸▸ Zündhütchen in Büchsenpatronen

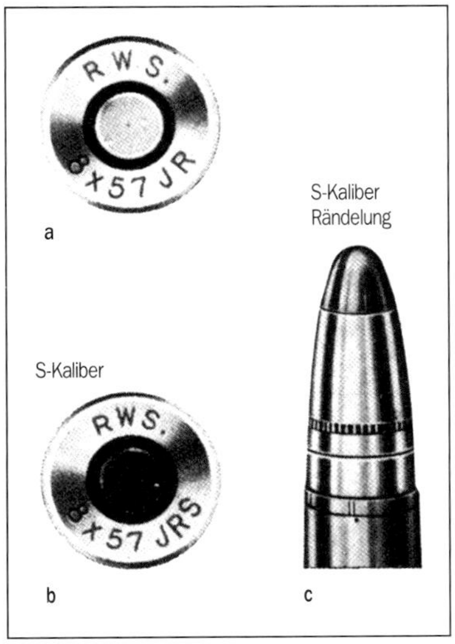

◂◂◂ **S-Kaliber-Kennzeichnungen am Patronenhülsenboden und am Geschoss**

artig zusammengepresst und dabei zur Entzündung gebracht. Durch das im Hülsenboden zentral angebrachte Zündloch dringt der genau auf die jeweilige Nitrozellulosepulverart abgestimmte intensive Zündstrahl und setzt diese durch den Abbrand in eine treibende Kraft um. Neben dieser Zündhütchenart gibt es für einige Zentralfeuerpatronen noch das offene oder *Berdanzündhütchen*, welches sein Gegenlager (Amboss) als massiven Teil in der Zündglocke der Patronenhülse hat. Neben den vorstehend beschriebenen Zündhütchen gibt es noch eine Reihe anderer Arten, die wir dann, wie bei den Schrotpatronen, als Zündungen bezeichnen.

Während das früher verwendete leicht entzündbare Schwarzpulver keinen Zündsatz besonders hoher Zündkraft erforderte, sind für die Entzündung der modernen rauchlosen – bzw. genauer gesagt rauchschwachen – Pulversorten Zündsätze mit wesentlich stärkerem Zündvermögen notwendig. Dabei besteht aber die Gefahr, dass bei Verbrennung des Zündsatzes und des Pulvers im Laufinnern Ausbrennungserscheinungen, also Beschädigungen der Innenfläche des Laufes, auftreten (Erosion) und die Verbrennungsrückstände im Lauf zur Rostbildung führen (Korrosion). Die Ursachen für beide Erscheinungen sind v.a. der Gehalt von Kaliumchlorat und Knallquecksilber in den älteren Zündsätzen. Der von der RWS entwickelte und von diesen Bestandteilen völlig freie SINOXID-Zündsatz hat die bei der Zündung rauchschwacher Pulver aufgetretenen Probleme ein für alle Mal gelöst. Der SINOXID-Zündsatz ist absolut rostfrei, zuverlässig erosionssicher und praktisch unbegrenzt lagerfähig. Seine schnelle und völlig gleichmäßige Zündung bürgt für höchste Präzision von Schuss zu Schuss.

Neben der Qualität des Zündsatzes spielt für die Leistung einer Patrone auch die richtige Auswahl und Laborierung des Treibmittels, also des Pulvers, eine bedeutende Rolle. Während man früher als Treibmittel für Geschosse nur Schwarzpulver kannte, eine fein verteilte Mischung aus Salpeter, Schwefel und Holzkohle, wird für moderne Patronen rauchschwaches, bedeutend leistungsstärkeres Nitrozellulosepulver verwendet. Die hochexplosive reine Nitrozellulose wird dazu gelatiniert und in einen knet- und verformbaren Zustand versetzt. Je nachdem, welche Größe, Form, Oberflächenausdehnung und Oberflächenbehandlung das Pulver erhält, das zu Körnchen, Stäbchen, Blättchen oder Röhrchen verarbeitet wird, lässt sich dadurch der Ablauf des Verbrennungsvorgangs beeinflussen und steuern. Das Pulver brennt bei jedem einzelnen Partikel schichtweise von außen nach innen ab. Je größer also die Oberfläche ist, desto schneller vollziehen sich der Verbrennungsablauf, die Gasentwicklung und damit auch die Gasdrucksteigerung. Ein durch hohe Porosität und sehr große Oberfläche schnell abbrennendes Pulver heißt offensives Pulver. Ein langsam abbrennendes Pulver geringerer Porosität und kleinerer Oberfläche nennt man progressives Pulver. Da das Büchsengeschoss einen viel größeren Einpress- und Reibungswiderstand im gezogenen Büchsenlauf erfährt als die Schrotladung im glatten Flintenlauf, müssen für beide Patronenarten auch sehr unterschiedliche Pulversorten verwendet werden. Schnell abbrennendes offensives Schrotpatronenpulver würde, in B. geladen, einen viel zu hohen Gasdruck entwickeln, der unweigerlich zur Laufsprengung führen müsste. Langsamer abbrennendes progressives B.-Pulver würde, in Schrotpatronen geladen, den Gasdruck im Lauf viel zu langsam ansteigen lassen, sodass die Schrote bei Weitem nicht die für einen wirkungsvollen Schuss notwendige Mündungsgeschwindigkeit erhielten. Gleichzeitig geht aus dieser Überlegung hervor, dass die reine Gewichtsangabe der Pulverladung einer Patrone noch nichts über deren Leistung besagt, solange nicht die Pulversorte mitbenannt wird, die erst Auskunft über den Grad der Offensivität des Pulvers gibt.

Die Bez. der B. erfolgt nach dem Laufkaliber, für welches das verwendete Geschoss hergestellt ist, und nach der Hülsenlänge der Patrone in Millimeterangaben, also z.B. 6,5 x 57, 7 x 64 oder 9,3 x 74 R. Die erste Zahl ist jeweils das Nennkaliber des Laufes, ein abgerundetes Maß. Das genaue *Kaliber* eines Büchsenlaufes wird nach dem Laufdurchmesser zwischen gegenüberliegenden Feldern und zwischen gegenüberliegenden Zügen korrekt angegeben, z.B. bei 7 mm: 6.98/7.24. Die zweite Zahl, hinter der Angabe des Nennkalibers, gibt die jeweilige Hülsenlänge an. Bei der Patronenbezeichnung gibt der Zusatz »R« an, dass es sich um eine Hülse mit Rand handelt. Besondere Aufmerksamkeit verdient das 8-mm-Kaliber für die Patronentypen 8 x 57 J(R) und 8 x 57 J(R)S. Der Zusatz »J« ist eine Typenbezeichnung, die darauf hinweist, dass es sich dabei um Patronen für Läufe mit einem Mindestfelderkaliber von 7,80 mm und einem Mindestzugkaliber von 8,07 mm handelt. Bei der Patrone 8 x 57 JS bedeutet der Zusatz »S« eine Sonderbezeichnung, die angibt, dass hierbei der Geschossdurchmesser dem stärkeren, für Militärgewehre üblichen S-Kaliber mit einem Felderdurchmesser von minimal 7,89 und einem Zugdurchmesser von minimal 8,20 mm entspricht. Die Geschosse der Patronen 8 x 57 J(R)S haben also einen etwas größeren Durchmesser als diejenigen der Patronen 8 x 57 J(R) und dürfen daher auch nur aus den dafür gefertigten S-Läufen verschossen werden, da sie in engeren 8-mm-Läufen, in deren Patronenlager sie wegen der gleichen Hülsenmaße natürlich auch hineinpassen, sehr leicht zu Laufsprengungen führen können. Um Verwechslungen auszuschließen, sind die S-Patronen wie folgt gekennzeichnet:

– Die Zündhütchen dieser Patronen sind im Ggs. zu denen aller anderen Patronen schwarz gefärbt (Abb. links: a, b).
– Die im Hülsenboden eingeprägte Kaliberbezeichnung trägt den Zusatz »S«.
– Der aus dem Hülsenhals ragende Geschossteil weist eine rundlaufende Rändelung im Geschossmantel auf (Abb. links: c).

In den englischsprachigen Ländern werden die B. nach ihrem Kaliber mit 1/100 oder 1/1000 Zoll bezeichnet. So ist .22 lfB die Bez. für die deutsche Kleinkaliber-Sportpatrone »lang für Büchsen« und besagt, dass es sich dabei um das Kaliber 0,22 Zoll = 5,6 mm handelt. Häufig wird auch der Hersteller oder Erfinder mit angegeben, z.B. .224 Weatherby Magnum, die von dem Amerikaner Roy Weatherby entwickelt wurde. Der Zusatz »Magnum« oder »M« bedeutet (auch bei deutschen Patronenbezeichnungen), dass die Patrone eine besonders starke Ladung besitzt und sich gegenüber den Standardlaborierungen durch wesentlich bessere ballistische Leistungen auszeichnet. Bei der B. .30-06 nach dem Modell der früheren US-amerikanischen Militärpatrone bedeutet die Zahl vor dem Strich ein Kaliber von 0,30 Zoll = 7,62 mm und die Zahl dahinter das Konstruktionsjahr 1906. Bei manchen Patronenbezeichnungen wird auch das Gewicht der (Schwarz-)Pulverladung und das Geschossgewicht, in Grains ausgedrückt, mit angegeben. Wenn solche Zusatzangaben bei der Bez. deutscher Jagd-B. auch fehlen, so ist deren Kennzeichnungsweise doch wesentlich klarer und vollständig ausreichend, zumal die Angaben über das Geschossgewicht und den Geschosstyp auf den Patronenpackungen aufgedruckt sind.

Es gibt keine Universalpatronen mit Universalgeschossen für alles Wild, die unabhängig von der Wildstärke, der Härte des Zielwiderstandes und der Schussentfernung eine immer gleich zuverlässig und schnell tötende Wirkung ausüben. Ein und dieselbe Jagd-B. kann verständlicherweise nicht im gleichen Maße zur waidgerechten Erlegung von schwachem Rehwild und von starkem Hochwild oder sogar von außereuropäischem Großwild geeignet sein. Vielmehr macht es die sehr unterschiedliche Körperstärke der zu bejagenden Wildarten und die z.T. bereits daraus mitbestimmte unterschiedliche Verhaltensweise des Zielwiderstandes erforderlich, dementsprechend auch verschiedenartige B. herzustellen, die sich sowohl nach dem Geschossgewicht (und dadurch bedingt nach dem Kaliber) als auch nach der Geschosskonstruktion sowie nach Gewicht und auch Laborierung der Treibmittelladung voneinander unterscheiden. Die Dynamit Nobel AG, die zu den ältesten Herstellern von Jagd-B. zählt, hat seit jeher die generellen Ansprüche, aber auch die entsprechend den jagdlichen Verhältnissen und Absichten oft unterschiedlichen Sonderwünsche an die Wirksamkeit der B. und das Verhalten ihrer Geschosse durch ein reichhaltiges und sinnreiches Sortenangebot erfüllt. In allen gängigen Kalibern stehen daher Patronen mit unterschiedlichen Geschosstypen und von unterschiedlicher Laborierung zur Bejagung ganz spezieller Wildarten wie auch für die Erlegung von Wildarten unterschiedlicher Körperstärke als dafür universell geeignet zur Verfügung. Weil ein Geschoss wegen seiner zur Treffsicherheit notwendigen Achsenstabilität nicht länger sein soll als etwa das Fünffache seines Kalibers, sind dem Geschossgewicht folglich bestimmte Grenzen gesetzt, sodass sich für kleinkalibrige Büchsenläufe eben keine Hochwild- oder gar Großwildpatronen mit den dafür notwendigerweise höheren Geschossgewichten laborieren lassen. In den mittleren Kalibern von 6,5 bis 8 mm steht eine größere Anzahl von Jagd-B. zur Verfügung, die gleichzeitig zur Bejagung von schwächerem und stärkerem Schalenwild geeignet sind, wie beispielsweise die Patronen in den Kalibern 6,5 mm, 7 und 8 mm mit 57 oder 64 bzw. 65 mm langen Hülsen und mittleren Geschossgewichten zwischen etwa 10 und 12 g.

Büchsensack, der: Der B. diente früher zur Aufbewahrung von Pulver, Blei und erlegtem Wild. Er war entweder ganz aus Kalbsleder gefertigt oder der obere Teil mit Dachsschwarte oder Seehundfell überzogen. Er wurde an einem Riemen über der rechten Schulter auf der linken Seite getragen; ▸ Jagdtasche.

Büchsenschuss, der: ▸ Ballistik.

Büchsenspanner, der: Der Leibjäger einer hochgestellten Persönlichkeit, dessen Aufgabe es war, sich um die Waffen der Herrschaft zu kümmern, dieser auf der Jagd zur Seite zu stehen und die Waffe zu laden und zu spannen.

Büchsflinte, die: ▸ Jagdgewehr 12.

Büchting, Johann Jacob (9.3.1729 Wernigerode bis 15.3.1799 Harzgerode): Er besuchte 1752 nach mehrjährigem praktischem Forstdienst die Universität Halle und studierte Naturwissenschaften und Mathematik. Er war erst Landmesser und Markscheider in Bernburg (1752 bis 1755) und ab 1764 bis 1793 Anhaltischer Forstkommissar und Bergamtsassessor in Harzgerode. Er schrieb u.a. »Kurzgefasster Entwurf der Jägerey ...« (1756); ▸ Jagdliteratur.

Buchweizen, der (*Fagopyrum esculentum*): Auch Heidekorn. Zu den Knöterichgewächsen gehörende, schnell wachsende und nur geringe Ansprüche stellende Körnerfrucht der Heide- und Heidemoorgebiete. Sie dient u.a. als Zwischenfruchtfutter, Bienenweide und für den Anbau auf ▸ Wildäsungsflächen.

Buckelschaft, der: Ein Schaft mit gekrümmtem Schaftrücken (Buckel oder Schweinsrücken); ▸ Schäftung.

Buckshot, der: ▸ Posten.

Buddenberg, Wilhelm (1890 Trier bis 1967 Neuss), Jagd- und Tiermaler; arbeitete viel für die Jagdzeitschrift »Wild und Hund«. Von ihm stammen u.a. »Weite Flusslandschaft mit Rehen«, »Fasanen an der Fütterung« und »Gemsen auf einer Anhöhe im Gebirge«.

Budel, der: **1**) Frühere Bez. für einen lang- und rauhaarigen Hund, der für die ▸ Niederjagd verwendet wurde. **2**) Dänischer B., eine Kreuzung von Blendling und Wasserhund. Daraus dürften unsere raubärtigen Hühnerhunde hervorgegangen sein.

Büffel(hirsch), der: Hirsch, der kein Geweih schiebt; ▸ Rotwild (Hauptschmuck), ▸ Kahlhirsch.

Bug, der: Je nach Gegend wird so das ▸ Blatt am Vorderlauf des ▸ Schalenwildes genannt. Als B. werden aber auch Vorder- und Mittelziemer (▸ Ziemer) bezeichnet.

Bugbein, das: Vom ▸ Schalenwild: der vordere Oberschenkel.

Bügel, der: **1**) Beim Schwanenhals (▸ Fallen 13.) die halbkreisförmig gebogenen eisernen Arme. **2**) Der ▸ Abzugsbügel. **3**) Ein Handschutz am Hirschfänger, der als gebogener Metallstab vom oberen Ende des Griffes nach der Parierstange führt. **4**) Der ▸ Riemenbügel.

Bügeldohne, die: Jede ▸ Dohne, bei der die Schlinge an einem Bügel, d.h. an einer halbkreisförmig gebogenen Rute, befestigt war, nannte man früher B.

Bugsieren, das: Die Verfolgung eines Hasen oder eines Fuchses zu Pferde. Beim B. auf freiem Feld wurde der Hase oder der Fuchs so lange gehetzt, bis er ermüdet war und sich drückte. Bei dieser früher hier und da angewandten Jagdart waren jedoch mehrere Reiter erforderlich. Hunde wurden hierzu nicht verwendet. Vortrefflich verstanden sich die Kosaken auf das B. Die asiatischen Reitervölker z.B. bugsierten häufig den Wolf.

Buhu, der: Alte Bez. für den Uhu; ▸ Eulen 1.

Bujak, J. G. ▸ Jagdliteratur.

Bukett, das: Ein ▸ Trupp gleichzeitig am gleichen Ort aufstehender Fasanenhähne.

Bukettflügel, der: Ein im Fasanentreiben aufgestelltes, winkeliges Flechtwerk, in dem sich die getriebenen Fasane festlaufen und daher zum Aufstehen gezwungen werden.

Bullenbeißer, der (Bärenbeißer): Ein sehr beherzter ▸ Hatzhund, der zur Jagd auf Bär und Wildschwein verwendet wurde (Bärenhatz, Sauhatz).

Bülow, Alexander von (30.10.1883 Dessin bei Sternberg bis 23.10.1973 Wittlich in der Eifel): B. studierte Forstwissenschaften an der Forstakademie in Eberswalde, anschließend Staatsrecht in Berlin und Nationalökonomie in München. Im Jahre 1912 trat er in den Oberförstereien Rowa und später Wildpark als Forstassessor in großherzogliche Dienste. Nach dem Ersten Weltkrieg (als Offizier in den Vogesen und in Finnland im Einsatz) übernahm er die Leitung der Oberförsterei Wildpark bei Neustrelitz, bereits 1926 erfolgte seine Berufung als Landforstmeister nach Neustrelitz, 1943 wird er Oberlandforstmeister für ganz Mecklenburg. Zum 30.6.1943 legt B. sein Amt nieder und tritt in die Reichsforstverwaltung ein, mit Verwendungen in den besetzten Gebieten Italiens und der Ukraine und

Anton Straßgschwandtner (1826–1881): »Bugsieren auf Hasen«, um 1860, Lithografie

schließlich im Spreewald bei Lübben. Nach dem Krieg und Kriegsgefangenschaft wird B. Baumschulvertreter und Waldgutmakler, aber auch wieder Schriftsteller. Die jagdlichen Verhältnisse hat B. bereits in der ersten Hälfte des 20. Jh. in vielen Erinnerungsbüchern und Erzählungen in Jagdzeitschriften festgehalten. Er schrieb u.a. »Jägerleben aus dem Vollen« (1951), »Wilderer im Revier« (1956), »Leben und Jagen« (1957) und »Jagdtage voller Passion« (1962).

Bulvan, der (Bulwan): ▸ Balban.

Bund, der: **1**) Maßeinheit für ▸ Lappen. Mit einem B. Lappen kann eine Strecke von 150 Schritten belappt werden. **2**) Beim ▸ Beizfalken: beim Stoßen sich schräg senken und dabei einen Bogen machen (Flugfigur).

Bund Deutscher Jäger e.V.: Ein in jagdlicher Opposition zum ▸ Deutschen Jagdschutz-Verband stehender Verband, der die ▸ Vereinsjagd anstrebt. Mitbegründer des Verbands war u.a. der Münchener Forstgeschichtler Prof. Dr. R. Plochmann.

Bundesamt für Naturschutz (BfN): Selbstständige Bundesoberbehörde, der die Aufgabe der fachwissenschaftlichen Unterstützung und Beratung des Bundesumweltministeriums in Fragen des nationalen wie internationalen Naturschutzes obliegt. Hinzu kommen anwendungsorientierte Forschungsarbeiten, wie z.B. die Erarbeitung der ▸ Roten Listen. Das BfN ist auch Vollzugsbehörde im ▸ Artenschutz (▸ Artenschutzrecht) des Washingtoner Artenschutzübereinkommens (Convention on International Trade of Endangered Species, CITES). Es betreut darüber hinaus die Projektförderung in den Bereichen Naturschutz und Landschaftspflege.

Bundesartenschutzverordnung, die: ▸ Artenschutzrecht.

Bundesgesetz über die Jagd und den Schutz wild lebender Säugetiere und Vögel: ▸ Schweizer Jagdrecht.

Bundesjagdgesetz (BJG), das: ▸ Jagdrecht.

Bundesjagdzeiten-Verordnung: ▸ Jagdzeiten und Schonzeiten.

Bundesnaturschutzgesetz (BNatSchG), das: ▸ Naturschutz.

Bundesverband Deutscher Berufsjäger e.V.: Mit Ausnahme der im Freistaat Bayern tätigen Berufsjäger gehören dem B. ca. 600 der ca. 1000 deutschen Berufsjäger an. Die Ziele dieser berufsständischen Organisation sind: Sicherung und Förderung der Lebensgrundlagen der frei lebenden Tiere, Umsetzung der Erkenntnisse des Jagdwesens und der Jagdwissenschaft sowie die Pflege des jagdlichen Brauchtums.

Bundesverband Deutscher Jagdaufseher e.V.: Dem B. gehören in den deutschen Bundesländern ca. 800 Mitglieder an. Seine Ziele und Aufgaben sind: Das Jagdwesen sowie die Aus- und Weiterbildung von Jagdaufsehern zu fördern und die Interessen der Jagdaufseher der Bundesrepublik Deutschland zu wahren, sofern diese Mitglieder des Verbandes sind. Die europäischen Jagdaufseherverbände sind in der »Europäischen Jagdaufseherkonferenz« zusammengeschlossen.

Johann Elias Ridinger (1698–1767): »Winter« aus »Die vier Jahreszeiten der Hunde«. Der Kupferstich zeigt einen Jäger mit drei schweren Englischen Doggen (»Bullenbeißern«) und dem erlegten Bären und ist unterschrieben: »Im Winter hat der Bär die grösseste Gefahr, Dieweil zu solcher Zeit sein Pelz sehr fein von Haar, Es stellt Ihm der Polac auf allen Seiten nach, Doch dient die Englisch Dock am besten zu der Sach.«

Bundesverband für fachgerechten Natur- und Artenschutz e.V. (BNA): ▸ Naturschutzverbände 9.

Bundeswaffengesetz (BWaffG), das: ▸ Waffenrecht.

Bundeswaldgesetz (BWaldG), das: Am 2.5. 1975 (Bundesgesetzblatt I, S. 1037), nach Aufstellung der Forstgesetze (Waldgesetze) in den meisten Bundesländern, trat das B. in Kraft. Der Gesetzeszweck ist insbesondere: 1. den Wald wegen seines wirtschaftlichen Nutzens (Nutzfunktion) und wegen seiner Bedeutung für die Umwelt, insbesondere für die dauernde Leistungsfähigkeit des Naturhaushaltes, das Klima, den Wasserhaushalt, die Reinhaltung der Luft, die Bodenfruchtbarkeit, das Landschaftsbild, die Agrar- und Infrastruktur und die Erholung der Bevölkerung (Schutz- und Erholungsfunktion), zu erhalten, erforderlichenfalls zu mehren und seine ordnungsgemäße Bewirtschaftung nachhaltig zu sichern, 2. die Forstwirtschaft zu fördern und 3. einen Ausgleich zwischen dem Interesse der Allgemeinheit und den Belangen der Waldbesitzer herbeizuführen.
Das B. befasst sich im 1. Kapitel mit allgemeinen Vorschriften (wie der gesetzlichen Definition des Begriffs Wald und den Waldeigentumsarten), im 2. mit der Erhaltung des Waldes, mit der forstlichen Rahmenplanung, der Erstaufforstung, der Bewirtschaftung, den Schutz- und Erholungswalderklärungen und dem Betretungsrecht, im 3. Kapitel mit den forstwirtschaftlichen Zusammenschlüssen und im 4. mit der Förderung der Forstwirtschaft. Die Forstgesetze der Länder regeln v.a. die Bereiche, die in die ausschließliche Gesetzgebungszuständigkeit der Länder fallen. Dazu zählen: die besonderen Vorschriften für den Staats-, Körperschafts- und Privatwald; der behördliche Aufbau der Landesforstverwaltungen; die Forstaufsicht und der Forstschutz; Berufsbezeichnungen und Dienstkleidungsvorschriften; Verfahrensvorschriften und die landesspezifischen Ordnungswidrigkeiten. Als Rahmengesetz (Rechtsstand vor der Föderalismusreform 2006) wurden u.a. das Betretungsrecht, die forstliche Rahmenplanung sowie die Erklärungen zu Schutz- und Erholungswald behandelt; ▸ Wald.

Bundeswildschutzverordnung (BWildSchV), die: Die B. vom 25.10.1985 (BGBl I S. 2040) wurde aufgrund der Bestimmungen des §36 BJG erlassen. Nach der B. sollen die dem ▸ Jagdrecht unterliegenden heimischen Wildarten (aufgeführt in den Anlagen 1 und 4) besonders geschützt werden. Der Schutz der

Tiere (lebender wie toter) wird durch folgende Verbote gewährleistet: Es ist verboten, die in Anlage 1 genannten Arten (Anm.: 4 Haarwild- und 53 Federwildarten)

1. in Besitz zu nehmen, zu erwerben, die tatsächliche Gewalt über sie auszuüben, sie zu be- oder verarbeiten oder sonst zu verwenden,
2. abzugeben, anzubieten, zu veräußern oder sonst in den Verkehr zu bringen sowie
3. für eine der in Nummer 2 genannten Tätigkeiten zu befördern.

Daneben enthält die B. Bestimmungen über das Halten von Greifen und Falken sowie Aufzeichnungs- und Kennzeichnungspflichten für diejenigen Personen, die gewerbsmäßig tote Tiere der in der Anlage 5 genannten Arten oder Teile dieser Tiere präparieren oder lebende Tiere der in der Anlage 5 genannten Arten oder Teile dieser Tiere in den Verkehr bringen oder erwerben. Diese Personen haben ein Aufnahme- und Auslieferungsbuch zu führen. Für die in der Anlage 5 genannten Arten ist darüber hinaus der rechtmäßige Besitz nachzuweisen. Die B. erfasst jedoch nicht die in §2 Abs. 1 BJG genannten Tiere, die in den Anhängen I und II des Washingtoner Artenschutzgesetzes (▸ Artenschutzrecht) aufgeführt sind oder als Arten des Anhangs III WA nach der Verordnung (EWG Nr. 3626/82) einer gemeinschaftlichen Sonderregelung unterliegen, wie Wildkatze, Luchs, Muffelwild, Fischotter, Großtrappe, Knäck- und Moorente sowie alle heimischen Greife und Falken.

Bund für Falknerei und Greifvogelschutz e.V.: ▸ Verband Deutscher Falkner (VDF).

Bund für Umwelt und Naturschutz Deutschland (BUND): ▸ Naturschutzverbände.

Holzschnitt von Hans Burgkmair (1473–1531) aus Kaiser Maximilian I.: »Tewrdannckh« (1517). Er zeigt Kaiser Maximilian I. auf der Gamsjagd.

Bund-Hühnerschlinge, die: Gebündelte ▸ Hühnerschlingen.

Bundschlinge, die: Gebündelte ▸ Hühnerschlingen.

Buntdrossel, die: ▸ Drosseln 4.

bunter Gockel, der: Bez. für den Fasanenhahn; ▸ Fasane.

Buntsink, der: Alte Bez. für den ▸ Iltis.

Buntspecht, der: ▸ Spechte 5.

Burckhardt, Heinrich Christian, Dr. (26.2.1811 Adelebsen bei Göttingen bis 14.12.1879 Hannover): Forstmann und Schriftsteller. B. studierte in Göttingen und war anschließend im Privatdienst tätig. 1844 bis 1849 war er Lehrer der Forstwissenschaft und Revierverwalter an der Forstlehranstalt in Münden und nach deren Aufhebung Forstrat und Mitglied der Domänenkammer zu Hannover. 1858 wurde er Forstdirektor und Chef der hannoverschen Forstverwaltung. Er war einer der bedeutendsten Forstmänner seiner Zeit und erwarb sich Verdienste um die Forstorganisation und -gesetzgebung (»Der Waldwert«, 1860). Von ihm stammt u.a. die Sammlung »Wald- und Jagdlieder. Im Verein mit Waid- und Forstgenossen herausgegeben« (1866).

Burenanschlag, der: Beim freihändigen Schießen ein Gewehranschlag in Sitzstellung mit gekreuzten Beinen.

Burg, die: Behausung des Bibers, wenn sie hoch über die Wasseroberfläche herausgebaut ist, sonst Bau (Biberbau) genannt.

Bürgel, das (Burgstall): ▸ Hirschgerechte Zeichen.

Burgenahorn, der: ▸ Ahorne 4.

Burger, Anton (1825 Frankfurt a. M. bis 1905 Kronberg/Taunus): Maler. Von ihm stammt u.a. das herrliche Ölgemälde »Der aufgefundene Hirsch«.

Bürger, Gottfried August (31.12.1747 Molmerswende bis 8.6.1794 Göttingen): Deutscher Dichter (Balladen, Lieder). Von ihm stammt die klassische, volkstümlich gewordene Form der Münchhausen'schen Lügengeschichten mit den Jagdabenteuern des Freiherrn von Münchhausen (1. Entenjagd, 2. Fuchs- und Schwarzwildjagd, 3. Bären- und Wolfsjagd, 4. Löwen- und Krokodilsjagd). Von B. stammt auch das 36 Strophen umfassende Gedicht »Der wilde Jäger«; ▸ Wilder Jäger.

Bürgerliches Gesetzbuch (BGB), das: Das BGB, das am 18.8.1896 für das Deutsche Reich erlassen wurde und am 1.1.1900 in Kraft trat, ist ein Gesetzbuch zur Regelung des bürgerlichen Rechts. Im Jahre 1990 wurde der §90a in das BGB aufgenommen. Danach sind Tiere keine Sachen. Weiter ist bestimmt, dass Tiere unter dem Schutz bestimmter Gesetze stehen. Damit ist anerkannt, dass der Mensch den Tieren als empfindenden Mitgeschöpfen zu Schutz und Fürsorge verpflichtet ist.

Burgkmair, Hans: ▸ Jagdkunst, ▸ Maximilian I.

Burgstall, der: ▸ Hirschgerechte Zeichen.

Burian, Zdenek (11.2.1905 Koprivnice bis 1.7.1981 Prag): Tschechischer Maler und Illustrator. B. studierte an der Prager Kunsthochschule. Das Verständnis für die wirklichkeitsgetreue Darstellung ausgestorbener Tiere erlernte er von seinem Landsmann, dem Paläontologen Prof. Josef Augusta (1903 bis 1968). So konnte B. sein Wissen mit seinen künstlerischen Fähigkeiten verbinden. Der international bekannte Künstler schuf zahlreiche Darstellungen zur Anthropologie, Paläobotanik und Zoologie. Seine Rekonstruktionsdarstellungen finden sich sowohl in populär- als auch in fachwissenschaftlicher Literatur, z.B. Fachbücher von Dr. Eduard Storch zur Steinzeit oder Teilband »Erdgeschichte« von »Grzimeks Tierleben«. Für das Grazer Jagdmuseum Schloss Eggenberg schuf er hervorragende Dioramen zur Darstellung prähistorischer Lebensumstände. Im Regensburger Naturkundemuseum hängt die Abbildung eines tertiären Hauerelefanten (Deinotherium), der vor rund 25 bis 5 Mio. Jahren in unseren Breiten lebte.

Bürkel, Heinrich (1802 bis 1869): ▸ Jagdkunst.

burren: ▸ brausen.

Burrhuhn, das: ▸ Schnepfenvögel 18.

Bursa Fabricii, die: Ein lymphatisches Organ und ein Anhanggebilde der ▸ Kloake des ▸ Flugwildes. Sie mündet in den kaudalen Abschnitt der Kloake. Die Ausbildung der B. F. ist ein verhältnismäßig sicheres Altersmerkmal, speziell beim Auer- und beim Birkwild, beim Haselwild, bei Fasan, Rebhuhn und Blesshuhn. Mit Ausnahme des Blesshuhnes bildet sich die B. F. einige Monate nach der Geschlechtsreife – zu dieser Zeit hat sie ihre größte Ausdehnung – zurück und ist dann nicht mehr nachweisbar.

Bürsch: In allen Zusammensetzungen; ▸ Pirsch.

Bürstenrute, die: Im Ggs. zur ▸ Aalrute bei stock- und rauhaarigen Jagdhunden eine nicht kupierte, grob behaarte und bürstenartige, lange ▸ Rute.

Burz, der: ▸ Hirschgerechte Zeichen.

Bürzel, der: **1**) Auch Pürzel, der Schwanz des Bären, des ▸ Schwarzwildes (Federlein, Leier, Pinsel, Ringel, Schnörkel, Schnürgel, Krickel) und des Dachses (Zain, Zein, Zagel). **2**) Bei Vögeln die Zone zwischen Unterrücken und Schwanzansatz, meist auffällig gezeichnet.

Bürzelbart, der: ▸ Bart 6) und 7).

Bürzeldrüse, die (Öl- oder Fettdrüse): Eine auf der Rückseite der Schwanzwurzel (Steiß) liegende Hautdrüse (Talgdrüse) bei den meisten Vögeln, v.a. bei Wasservögeln, die ein ölartiges Sekret ausscheidet. Sie fehlt bei Trappen und Tauben. Das Bürzelöl dient der

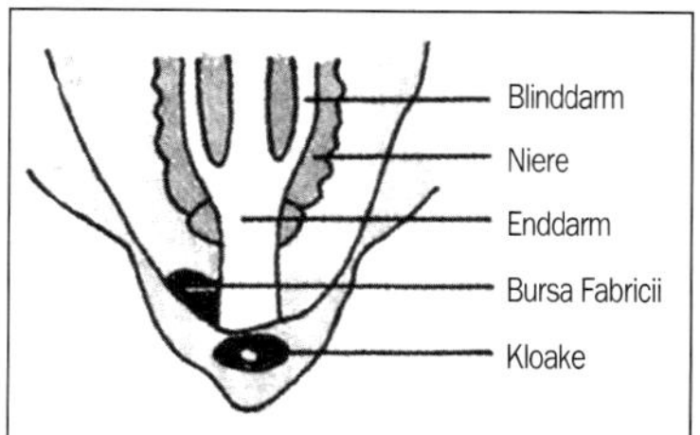

Bursa Fabricii

Gefiederpflege, hat eine Wasser abstoßende Wirkung und wird mit dem Schnabel über das Gefieder verteilt. Es schützt die Federn vor Durchnässung und Austrocknung; ▸ Staud.

Busch, Heinrich Christian Wilhelm (15.4. 1832 Wiedensahl b. Hannover bis 9.1.1908 Mechtshausen) deutscher Dichter, Zeichner und Maler. Von ihm stammt u.a. die Geschichte: »Die wunderbare Bärenjagd«.

Büschelpflanzung, die: Ein früher bei Fichte und Buche angewandtes Verfahren, bei dem zur Vermeidung von Wildverbiss und Absterben mehrere Pflanzen in ein Pflanzloch gesetzt wurden.

Buschieren, das: Eine Suchjagd mit dem ▸ Vorstehhund, aber auch mit einem Stöberhund, einem Terrier oder einem Dackel, auf Hase, Kaninchen, Fasan oder Wasserwild in nicht mehr übersichtlichem Gelände (z.B. bewachsene Schläge, niedere Forstkulturen, Hecken, Heide, lichtes Stangenholz) und im Feld (Kartoffelfeld). Der Hund muss sich kurzhalten lassen, d.h., er darf sich nicht weiter als 30 bis 35 m (Schrotschussentfernung) vom ▸ Hundeführer entfernen und muss planmäßig kurz unter der Flinte bei Ausnutzung von Wind und Deckung suchen. Der Vorstehhund steht vor und wartet, bis der Hundeführer das Wild heraustritt. ▸ Stöberhunde und andere Hunde stoßen das Wild heraus, dürfen diesem aber nicht nachprellen. Bei mehreren Teilnehmern kommt auf zwei Schützen ein Hund. Das Tempo der Jagd, Pausen und Rast sind von der Verfassung des Hundes abhängig, da er der Hauptakteur ist.

Buschklepper, der: **1**) Alte und verächtliche Bez. für einen Jäger, meist Wilddieb, der ohne Hund im Buschwerk und im Vorholz das Wild zu erlegen suchte. **2**) auch svw. Strauchdieb, Räuber.

Busen, der: **1**) Die Einbuchtung eines nicht straff gespannten, sondern faltig gestellten Jagdnetzes oder Jagdtuches. Allen Netzen und Tüchern, mit denen man etwas fangen wollte, musste man B. geben, d.h., sie mussten busenreich gestellt werden, weil Wild sich in losen Netzen mehr verwickelt, als dies in straff angezogenen Netzen möglich wäre. Dagegen wurden Jagdtücher, die nur zum Zurückhalten des Wildes aufgestellt wurden, möglichst prall gestellt; ▸ Prellnetz 2). **2**) ▸ Inbusen.

busenreich: ▸ Busen 1).

Bussardadler, der: ▸ Adler 7.

Bussarde, die (*Buteo*): Unterfamilie der Bussardartigen (*Buteoninae*) aus der Familie der Greife (*Accipitridae*), die zur Ordnung der ▸ Greifvögel (*Falconiformes*) gehören. Die B. sind mittelgroße, etwas plump und schwerfällig wirkende Greifvögel. Der Schnabel ist bereits von der Wurzel aus gebogen und ohne Zahn. Die Schwingen sind breit, der Stoß ist kurz und abgerundet. Auch die B. rütteln, aber nicht so oft und so anhaltend wie der Turmfalke. Sie streichen mit langsamen Flügelschlägen ab und segeln anhaltend. Die Beute wird ausschließlich im Sitzen oder im Laufen vom Ansitz aus geschlagen; im Fliegen vermögen die Bussarde nicht zu schlagen. Sie sind Grifftöter. Die B. sind wie alle anderen Greifvögel jagdbar, aber ganzjährig mit der Jagd zu verschonen. Waidmännische Ausdrücke ▸ Greifvögel.

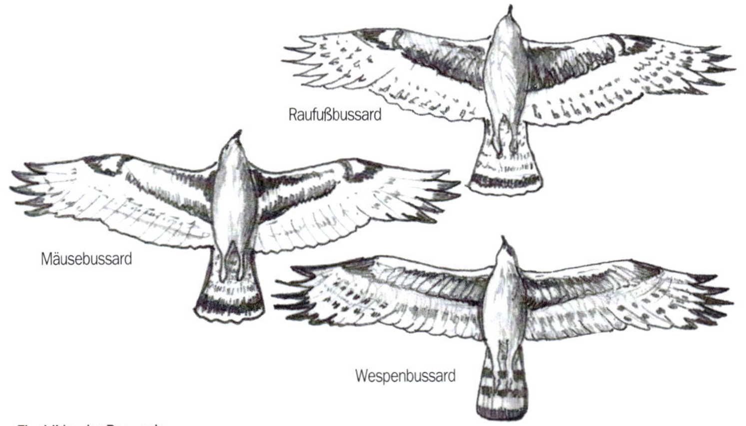

Flugbilder der Bussarde

1. Mäusebussard, der (*Buteo buteo* L.): Auch Mausadler, Mauser, Mäusefalk, Katzenaar, gemeiner Bussard, Busshard, Busaar, Mäusegeier, Stockaar, Waldgeier, Schlangen- und Unkenfresser. Länge: ca. 51 bis 57 cm, Gewicht: Männchen etwa 600 bis 900 g, Weibchen etwa 800 bis 1200 g, Flügelspannweite: 120 bis 140 cm. ▸ Stand- und ▸ Strichvogel.

Aussehen: Sehr unterschiedlich in der Färbung, beide Geschlechter gleich gefärbt: oberseits dunkelbraun bis braun, gelegentlich fast weiß, unterseits hellbraun bis weißlich gefleckt oder gebändert. Der Stoß ist eng gebändert mit zwölf Binden. Das Auge ist meist nussbraun, die ▸ Wachshaut, die behosten ▸ Ständer und die ▸ Fänge sind gelb. Die schwarzen Krallen sind kräftig und scharf gebogen. Die Jungvögel ähneln den Eltern, sind jedoch unterseits längsgefleckt und haben meist hellgraue Augen.

Vorkommen und Lebensweise: Der M. bewohnt mit Ausnahme Irlands ganz Europa und ist unser häufigster Greifvogel in der Ebene und im Gebirge. Er ist ein Waldbewohner und horstet sowohl in zusammenhängenden Beständen als auch in kleinen Feldgehölzen. Sein Flug ist langsam und schwerfällig, oft kreist er stundenlang im Segelflug. Für sein ▸ Flugbild sind der kurze, weitgefächerte Stoß, die aufgebogenen Schwingen und der eingezogene Hals kennzeichnend. Zum Ansitz benutzt er gern Pfähle, Telegrafen- und Lichtmasten.

Stimme: Sie ist ein katzenartiges »hiäh, hiäh«. Er wird daher gelegentlich auch Katzenaar genannt.

Fortpflanzung: Der Horst, der von beiden Geschlechtern gebaut wird, steht überwiegend im Kronendach hoher Laub- oder Nadelbäume und wird über mehrere Jahre hinweg benutzt. Gelegentlich steht der Horst auch an steilen Felswänden. Der im Durchschnitt 70 cm große, umfangreiche Horst wird hauptsächlich aus Reisern und groben Ästen errichtet und die Mulde mit Rindenstückchen, Laub, Grashalmen, Heidekraut, Moos, aber auch mit kleinen, grünen Zweigen ausgepolstert. Das Gelege ist gewöhnlich in der ersten Aprilhälfte vollzählig und enthält zwei bis drei, seltener vier grauweiße, braunrot oder violettrot gefleckte Eier, die in Ausnahmefällen auch fleckenlos sein können. Die Eier sind 56 x 45 mm groß, etwa 61 g schwer und werden von beiden Geschlechtern, überwiegend jedoch vom Weibchen, bebrütet. Die Brutdauer beträgt etwa 31 bis 34 Tage, die Nestlingszeit ca. 40 bis 42 Tage. Eine Jahresbrut (April).

Nahrung: Sie besteht in erster Linie aus Mäusen (Name!) und Maulwürfen, daneben auch aus Ratten, Hamstern, Schlangen, Insekten, Eidechsen, Fröschen; selten aus jungen Hasen und Kleinvögeln. Gelegentlich wird auch Aas angenommen, v.a. im Winter.

2. Raufußbussard, der (*Buteo lagopus*, L.): Auch Graufalke, Schneegeier, Schneeaar, Scherengeier, isländischer Mauser, kleiner Adler, Nebelgeier. Länge: ca. 51 bis 61 cm, größer als der Mäusebussard, Gewicht: Männchen 800 bis 1100 g, Weibchen 850 bis 1300 g, Flügelspannweite: 135 bis 155 cm. Ein Zugvogel, der nur im Winter bei uns anzutreffen ist.

Aussehen: Der R. sieht dem Mäusebussard sehr ähnlich, unterscheidet sich aber von diesem durch die bis an die Zehen befiederten Ständer (Name!) und den hellen, fast weißen Stoß mit breiter, dunkler Endbinde. Bei ausgebreiteten Flügeln ist

Raufußbussard

Mäusebussard

▸▸▸ Wespenbussard

nahe dem Schwingenbug ein dunkler Fleck zu sehen, der beim Mäusebussard lange nicht so konstant ist. Im Übrigen kennzeichnen den R. ein heller Scheitel, ein dunkler Rücken und ein dunkler Bauchstreif auf der sonst sehr hellen Unterseite. Die Augen sind rotbraun. Die Geschlechter sind gleich gefärbt.

Vorkommen und Lebensweise: Der R. ist in Nordeuropa, in Nordasien und in Nordamerika als ▸ Brutvogel beheimatet und bei uns nur gelegentlich als ▸ Zugvogel in der Zeit von Oktober bis April anzutreffen. In seiner Brutheimat bewohnt er die offenen Tundren (Strauch- und Moortundren) nördlich des Waldgürtels. Sein Verhalten, der Flug und das Flugbild ähneln sehr dem Mäusebussard, er rüttelt aber häufiger als dieser. Bevorzugte Ansitzplätze sind Erhöhungen wie z.B. Erdhaufen und Steine.

Stimme: Wie beim Mäusebussard »hiäh, hiäh«, nur etwas heller.

Fortpflanzung: Der aus feinen Reisern erbaute Horst steht meist auf dem Boden, gelegentlich auf Felsklippen, selten jedoch auf Bäumen. Das Gelege besteht im Mai aus drei bis vier, in Lemmingjahren aus fünf oder sechs, manchmal sogar aus sieben grauweißen, mit bräunlichen Flecken durchsetzten Eiern, die kaum von denen des Mäusebussards zu unterscheiden sind. Sie sind durchschnittlich 55 x 44 mm groß und etwa 61 g schwer. Die Brutdauer beträgt 33 bis 35 Tage, die Nestlingszeit 38 bis 42 Tage. Es brütet nur das Weibchen.

Nahrung: Sie besteht überwiegend aus Lemmingen und anderen arktischen Kleinnagern, daneben aber auch aus kranken und schwachen Kleinvögeln; im Winter ernährt er sich auch von Aas. Als ▸ Durchzügler oder ▸ Wintergast in Mitteleuropa erbeutet er hauptsächlich Mäuse.

3. Wespenbussard, der (*Pernis apivorus*, L.): Auch Wespenfalke, Wespenfresser, Bienen- und Honigfalke, Läuferfalke, Honigbussard, grauschnäbeliger Bussard, Vogelgeier, Froschgeier, Sommermauser. Länge: 51 bis 58 cm, etwa gleich groß wie der Mäusebussard, Gewicht: Männchen 700 bis 900 g, Weibchen 800 bis 1000 g, Flügelspannweite: 125 bis 140 cm. Ein Zugvogel, der nur in den Sommermonaten bei uns anzutreffen ist und im tropischen Afrika überwintert.

Aussehen: Die Gefiederfärbung des W. – beide Geschlechter sind fast gleich gefärbt – ist sehr variabel. Kopf und Nacken sind aschgrau (Männchen) bis graubraun (Weibchen); die Oberseite ist braun, die Unterseite dunkelbraun bis weißlich mit großen dunklen Flecken oder mit dunklen Querbändern. Der ▸ Stoß ist dunkelbraun mit zwei schmalen dunklen Binden an der Stoßwurzel und einer breiten dunklen Binde am Stoßende. Die dazwischenliegenden Binden sind mehr verwaschen und kaum sichtbar. Wachshaut und Schnabel sind schwarzgrau, die Augen lebhaft gelb, Ständer und Fänge gelb. Am Schnabelgrund – zwischen Auge und Oberschnabelwurzel – sind im Ggs. zu den anderen Greifvögeln keine Bartborsten, sondern dicht stehende, schuppenartige Federn, die als Schutz gegen Bienen- und Wespenstiche dienen. Die ▸ Klauen sind mehr gestreckt als gekrümmt. Im Jugendkleid auf den Hosen rötlich gelbe Querbinden, schwarzbraune Schwingen und gelblich weiße Kehle. Im Fluge fallen der taubenartig vorgestreckte, kleinere Kopf, die Stoßbänderung, die schmäleren Schwingen und die dunkle Wellenzeichnung auf den Unterflügeln auf.

Vorkommen und Lebensweise: Mit Ausnahme einzelner Länder (z.B. Norwegen, Nordschweden, Nordfinnland, Spanien, Britische Inseln, Süditalien und Südgriechenland) ist der W. als Brutvogel in fast ganz Europa verbreitet. Sein Lebensraum sind die Waldränder und -wiesen, Lichtungen und Heiden; gelegentlich ist er auch in größeren Parklandschaften anzutreffen. Wenn er auch weniger segelt und rüttelt, ähnelt er mit seinem schwerfälligen und langsamen Flug doch sehr dem Mäusebussard, ist aber im Flugbild an dem kleineren Kopf, den schmäleren Schwingen und dem längeren Stoß zu erkennen. Mit Vorliebe sitzt er jedoch am Boden, auf dem er sich schrittweise wie eine Krähe fortbewegt und nach den Erdnestern von Wespen und Hummeln Ausschau

hält, die er hühnerartig aus dem Boden scharrt.

Stimme: Sie ist ein sehr lautes und hell klingendes »Wieh, wieh« oder gedehntes »Kiäh, kiäh«, manchmal ein hastiges »Tek, tek« und unterscheidet sich deutlich vom Ruf des Mäusebussards.

Fortpflanzung: Der Horst steht auf hohen, alten Laubbäumen, meist auf Eichen und Erlen, und fast immer in der Nähe des Waldrandes. Mit Vorliebe benutzt der W. die alten Horste von Mäusebussard oder Habicht, baut aber auch eigene Horste. Die Horstmulde des im Durchschnitt 80 bis 100 cm großen und ca. 40 cm dicken Horstes ist stets mit grünen Zweigen oder Blättern ausgelegt. Das Gelege besteht aus zwei gelblich weißen und mit vielen rotbraunen Flecken dicht besetzten Eiern. Sie sind 51 x 41 mm groß und ca. 53 g schwer. Die Brutdauer beträgt 33 bis 34 Tage. Die Jungen sind ▸ Nesthocker. Eine Jahresbrut (Mai/Juni).

Nahrung: Sie besteht v.a. aus den aus Erdnestern ausgescharrten Larven von Wespen, Hummeln, Bienen, Hornissen und aus anderen Insekten, aus Käfern, Raupen, Fröschen, Eidechsen, Schlangen und Jungvögeln sowie aus Knospen, Beeren und süßem Fallobst wie Birnen und Zwetschgen, was eine Ausnahme unter den Greifvögeln darstellt.

Bustelli, Franz Anton: ▸ Jagdkunst.

Buttoloblatter, der: Ein bei der Blattjagd verwendetes Lockinstrument; ▸ Lockjagd.

BUWAL: Abk. für Bundesamt für Umwelt, Wald und Landschaft. Die Sektion Jagdwesen und Wildforschung im B. ist die oberste Landesjagdbehörde der Schweiz. Sie publiziert jährlich die Eidgenössische Jagdstatistik.

BWB: Abk. für »Bundesamt für Wehrtechnik und Beschaffung«; ein ▸ Beschusszeichen.

C

CAC (Abk. für franz.: Certificat d'Aptitude au Championnat): Befähigungsnachweis der Hunde für einen Siegertitel. Das CAC muss dreimal errungen werden, um nationaler Sieger zu werden.

CACIB (Abk. für franz.: Certificat d'Aptitude au Championnat International de Beauté): Die Anwartschaft des Hundes auf das internationale Schönheitschampionat wird auf internationalen Zuchtschauen vergeben. Der Begriff wurde von der Dachorganisation ▸ FCI geschaffen, in der die führenden kynologischen Vereinigungen vieler Länder zusammengefasst sind; ▸ CACIT.

CACIT (Abk. für franz.: Certificat d'Aptitude au Championnat International de Travail): Ein Arbeitswettbewerbspreis für Hunde, der auf bestimmten, unter der Schutzherrschaft der ▸ FCI stehenden Prüfungen verliehen wird. Der Begriff CACIT wurde wie der Begriff ▸ CACIB von der FCI geschaffen.

Ça faux! Ça faux! (franz.: Das ist falsch!): Der Ruf der Parforcejäger, wenn die Hunde falsch jagten oder die ▸ Fährte verloren hatten; ▸ Parforcejagd.

Cage, die (Trage): ▸ Falkentrage.

Calliphoridae, die: ▸ Schmeißfliegen.

Camilla (Casmilla): In der römischen Mythologie eine jungfräuliche Jägerin, Kriegerin und Favoritin von Diana, die der griechischen Artemis (▸ Jagdgöttin) entsprach. Sie war schneller als der Wind und focht mit einer entblößten Brust, um mehr Bewegungsfreiheit für ihren Bogen zu haben. C. starb, während sie mit den italienischen Stämmen gegen Äneas kämpfte. Sie war die Tochter von Metabus, dem König der Volsker. Von ihm wurde sie zur wilden Jägerin erzogen. Schon als Kind erlegte C. den Schwan und den Kranich.

Caminneci: **1**) Andrea C. (11.6.1889 Mühlheim am Rhein bis 19.2.1958 Schruns/Österreich): Bankier und Jagdschriftsteller. C. studierte in Bonn Mathematik und Chemie und promovierte zum Dr. rer. nat. Er ist Verfasser des Jagdklassikers »Vom Achtzehnender zum Slatorog« (1936). C. schildert hierin seine Jagderlebnisse in den Karpaten, in Tirol und in Bayern. **2**) Oscar (17.4.1885 Palermo bis 9.3.1945 KZ Mauthausen): Jagdschriftsteller, Bruder von 1). Er schrieb »Diana, Hubertus und ich« (um 1930). C. hatte in Pommern ein Rittergut erworben und jagte überwiegend im Revier Zetthun. Seine gezielte Verhaftung am 21.7.1944 sollte einen Zusammenhang mit dem Attentat auf Hitler erkennen lassen und scheint, wie die Familie C. offensichtlich aufgrund aufgefundener Akten im Reichsjagdamt Berlin belegen kann, auf eine Intrige des Oberstjägermeisters und SS-Brigadeführers Ulrich ▸ Scherping zurückzugehen. C. erhielt ein Verfahren wegen Kriegswirtschaftsverbrechen.
Die Brüder Andrea und Oscar C., deren Vater aus Palermo stammte, verbrachten ihre Kindheit hauptsächlich in Bonn und Windeck. Burg Windeck war im Besitz ihres Großvaters, des königlichen Landrats Oscar Danzier.

Campagnepferd, das: ▸ Parforcepferd.

Candid, Peter: ▸ Jagdkunst.

Canidae, die: Die Hundeartigen (lat.: canis, Hund). Kennzeichen der Familie der Hundeartigen aus der Ordnung der Raubtiere (▸ *Carnivora*) ist der lange, starke Fangzahn (Eckzahn). Die C. sind weltweit mit etwa 15 Gattungen vertreten; bei uns nur Wolf, Fuchs, Marderhund und Hund.

Canini, die: ▸ Zahnalterslehre.

Canis segusius, der: ▸ Segusier.

Canon tordu, der (franz., Damastlauf): Ein Gewehrlauf aus Banddamast; ▸ Damast.

Carnivora, die: Zoologische Sammelbezeichnung für die Ordnung Raubtiere (Fleischfresser, sog. ▸ Beutegreifer), deren Gebiss meist aus drei meißelförmigen Schneidezähnen, einem langen, starren Fangzahn (Eckzahn) und vier bis sieben Backenzähnen je Kieferhälfte besteht. Sie besitzen sehr gut entwickelte Sinnesorgane und ein leistungsfähiges Nervensystem, das schnelle Reflexe und ein komplexes Verhalten ermöglicht. Die Beine und die Beinmuskulatur befähigen sie zum schnellen Laufen und Springen; ▸ Canidae, ▸ Haarraubwild, ▸ Herbivora, ▸ Katzen.

Carracci, Annibale: ▸ Jagdkunst.

Carré-Staupe, die: ▸ Staupe.

Cartouche, die (franz., Patrone; cartouchière: Patronentasche): Veraltete Bez. für die kleine, mit einer Klappe versehene Patronentasche des Jägers.

Cäsium (Cs): Das C. gehört mit seinen radioaktiven Isotopen Cs 137 bzw. Cs 134 zu den wichtigsten künstlichen Radionukliden. Physikalische Halbwertszeit 30,2 bzw. 2,1 Jahre, biologische Halbwertszeit 70 Tage (Ganzkörper) und 140 Tage für Muskeln, Knochen und Lunge. Cs. 137 bzw. Cs 134 zerfällt unter Aussendung von Beta- und Gammastrahlung. Bei der Darstellung radioaktiver Stoffe wird folgende Schreibweise verwendet: Nach ihrer chemischen Abkürzung Cäsium (Cs) folgt die Massenzahl des Atomkerns: Cs 137. Radioaktives C. gelangt über Fallout von Atomwaffentests, Abwasser von Kernkraftwerken und infolge von Kernkraftunfällen (Tschernobyl) in die Umwelt. Daneben werden Kontaminationen der Oberflächengewässer und vereinzelt auch des Grundwassers festgestellt. C. wird über die Luft, über Pflanzen und ganz besonders über Milch und Fleisch vom Menschen aufgenommen. Cs 137 ist seit dem Unfall von Tschernobyl das meistverbreitete langlebige radioaktive Element. Die Radionukliden reichern sich in den Bodenpflanzen und Pilzen an, die dem Wild als Nahrungsgrundlage dienen. Insbesondere Pilze nehmen das radioaktive C. aus dem Waldboden sehr schnell und in großen Mengen auf. Über den Verzehr von Wildfleisch (Wildbret) oder Beeren und Pilzen kann das C. dann in den menschlichen Körper gelangen, wo es beim erwachsenen Menschen etwa 80 bis 120 Tage nach dem Verzehr zur Hälfte ausgeschieden wird; ▸ Becquerel.

Casmilla: ▸ Camilla.

Castorensäcke, die: Die Drüsensäcke beim ▸ Biber (*Castor fiber*), die das Bibergeil enthalten.

Castoreum, das: Das Bibergeil ▸ Biber.

Cerunnos: C., »der Gehörnte«, war der keltische Gott der Jäger, der Wildtiere, des Waldes und des Überflusses. Er wird mit gekreuzten Beinen sitzend mit ärmelloser Tunika, eine Perlenkette tragend und mit eindrucksvollem Geweih auf dem Kopf beschrieben; ▸ Kelten.

Cerviden, die (*Cervidae*): Bez. für die Familie der ▸ Hirsche (zoologische Einteilung).

Cervus (lat., Hirsch): Edelhirsche, Gattung der Echthirsche (*Cervinae*), bekannteste Art ist das ▸ Rotwild.

Chamisso, Adelbert von, eigentlich Louis Charles Adélaïde de C. de Boncourt (30.1. 1781 auf Schloss Bonvourt/Champagne bis 21.8.1838 Berlin): Dichter, Erzähler, Naturforscher und Weltreisender. C. entstammt dem lothringischen Adel. Seine Familie floh während der Französischen Revolution nach Deutschland. C. war 1796 Page der Königin Friederike Louise von Preußen und von 1798 bis 1807 preußischer Offizier. 1811 ging er nach Schloss Coppet am Genfer See, wo er sich mit Botanik beschäftigte. 1815 bis 1818 nahm er an einer Weltumsegelung teil, deren wissenschaftliche Erkenntnisse er u.a. in der »Reise um die Welt mit der Romanzoffischen Entdeckungsexpedition« (1836) veröffentlichte. Von ihm stammt u.a. »Die rote Hanne oder das Weib des Wilddiebes« (in: A. v. Ch., Werke in fünf Teilen. Hg. Von Max Sydow. 1. Teil. S. 107–108).

Change jagen (franz.: changer, wechseln): Bei der früheren ▸ Parforcejagd svw. ▸ Changieren der ▸ Parforcehunde; ▸ Meute.

Change là! (franz.: Wechsle dorthin!): Ein Hornsignal bei der ▸ Parforcejagd, wenn die Hunde ▸ changieren.

changieren: Das Wechseln des Jagdhundes von einer angefallenen ▸ Spur oder ▸ Fährte auf eine andere, meist wärmere Spur oder Fährte (Untugend); ▸ fährtenrein.

Charivari, das (Wirrwarr): Kette mit in deren Gliedern eingehängten oder an deren Ende angehängten kleinen Amuletten, Anhängern oder kleinen Trophäen (Knopfbockhörnchen, Nagezähne usw.).

Chardin, Jean-Baptiste Siméon (1699 bis 1779): Französischer Maler, malte u.a. Jagdstillleben.

Chasse à courre, die (franz.): Die Jagd mit der Hundemeute (Meutejagd). In Deutschland wurde diese Jagdart unter der Bez. ▸ Parforcejagd bekannt, ein Ausdruck, den die Franzosen nicht kennen. Eine c. à. c. wird in Frankreich noch heute nach aus dem Mittelalter überlieferter Tradition abgehalten; ▸ Curée, ▸ Ehrenlauf.

chasse machen (franz.: chasser = jagen, Jagd machen): Bei den zur ▸ Parforcejagd verwendeten Hunden bedeutete dies, dass sie folgsam und an Ruf und Horn gewöhnt waren.

Chatsche, die: Alter Ausdruck für ▸ Falkentrage.

chemischer Duftzaun, der: ▸ Duftzaun.

chemischer Pflanzenschutz, der: ▸ Pflanzenschutz.

Chemise, das: Auch Falkenhemd, Falkenjäckchen. Früher verwendetes Hemdchen für den ▸ Beizfalken.

Cherche! (franz.: Suche!): Veralteter Zuruf an den ▸ Hühnerhund, wenn er suchen sollte.

Chinaseuche, die: ▸ Rabbit Haemorrhagic Disease.

Chinesischer Ringfasan, der: ▸ Fasane 2.

CHJV: Abk. für Schweizerische Jagdverbände, ein im Jahre 1985 gegründeter Zusammenschluss (Dachverband) der jagdlichen Landesverbände; ▸ AJSV, ▸ DIANA, ▸ FACTI, ▸ SPW.

Choke-Bohrung, die (Würgebohrung): ▸ Lauf 4)2., ▸ Ballistik.

Emblem des CIC

CIC (Abk. für franz.: Conseil International de la Chasse et de la Conservation du Gibier = Internationaler Jagdrat zur Erhaltung des Wildes): Der CIC ist eine übernationale Organisation und vertritt die Interessen der Jagd und der Jäger auf der ganzen Welt. Er hat beim Europarat einen Beraterstatus inne. Sitz des Verwaltungsrates ist Paris. Der CIC wurde 1930 in Paris gegründet, als sich 121 allgemein anerkannte Persönlichkeiten der Jagdwelt aus 28 Nationen zusammenfanden. Gegenwärtig sind 78 Staaten mit 1100 Mitgliedern im CIC vertreten. Oberstes Ziel des CIC ist es, alle in der Welt vorkommenden Wildbestände, insbesondere natürlich bedrohte Wildtierarten, zu erhalten und mit Nachdruck deren Lebensräume zu sichern. Zur Erreichung dieses Zieles fördert die Organisation die wissenschaftliche Forschung, berät Regierungen sowie internationale Organisationen, gibt Fachveröffentlichungen heraus, organisiert Völker verbindende Tagungen und unternimmt direkte Maßnahmen zur Erhaltung des Wildes. Neben der regionalen Gliederung des CIC in Landesdelegationen gibt es staatenübergreifende Kommissionen und Arbeitsgruppen; Letztere gehören aber nicht einer konkreten Kommission an, sondern sind selbstständig. Zu folgenden Themen gibt es Kommissionen: tropisches Wild, paläarktisches Großwild, Niederwild, Zugvögel, Ausstellungen und Trophäen, Jagd in der Kunst, Fotojagd sowie Umweltverständnis und Information. Arbeitsgruppen beschäftigen sich u.a. mit Falknerei, mit traditionellen Jägervölkern und mit Jagdethik; ▸ CIC, ▸ Wildlife management.

CIC-Young Opinion (CIC-YO): Aus Anlass der Generalversammlung des CIC in Berlin im Mai 2000 trafen sich auf Einladung der deutschen Delegation interessierte Jugendmitglieder des CIC verschiedener Nationen. Als Ergebnis dieses Treffens entstand die CIC-YO, die automatisch alle CIC-Mitglieder unter 35 Jahren einschließt. Als Vorsitzende dieser Gruppe wurden ein Mitglied aus der deutschen und ein Mitglied aus der italienischen Delegation gewählt. CIC-YO soll das Sprachrohr für »junge Standpunkte« innerhalb des CIC werden und will internationale Kontakte zwischen passionierten jungen Jägern fördern.

Cimier: ▸ Zimeren.

CITES-Abkommen, das: ▸ Artenschutzrecht.

Claudius, Matthias (15.8.1740 in Reinfeld/Holstein bis 21.1.1815 Hamburg): C., Sohn eines Pastors, kam 1755 auf die Lateinschule in Plön und studierte anschließend Theologie und Jura an der Universität Jena, kehrte aber ohne Abschluss in sein Elternhaus zurück. 1763 veröffentlichte er sein erstes Buch. Eine Anstellung als Sekretär des Grafen Holstein in Kopenhagen 1764/65 führte C. in den dortigen deutschen Dichterkreis. C. war 1771 bis 1775 Herausgeber des »Wandsbecker Bothen«. Von ihm stammt u.a. »Schreiben eines parforcegejagten Hirschen an den Fürsten, der ihn parforcegejagt hatte, d. h. jenseits des Flusses«. (In »Asmus omnia sua secum portans« oder »Sämtliche Werke des Wandsbecker Boten«, 1777).

Clewing, Carl (22.4.1884 Schwerin bis 16.5.1954 Badenweiler): Musikhistoriker, Schauspieler und Sänger. C. war Schauspieler an den Stadttheatern Bromberg und Straßburg, am Berliner Theater und 1911 bis 1920 am Kgl. Schauspielhaus Berlin. 1922 erhielt er ein Engagement als Heldentenor an der Berliner Staatsoper, 1924/25 sang er bei den Bayreuther Wagner-Festspielen. 1926 beendete C. seine Bühnenkarriere und wurde zum Professor ernannt. Er lehrte in Berlin, ab 1929 am Wiener, ab 1932 schließlich am Berliner Konservatorium. Als Forscher und Publizist beschäftigte er sich mit dem Volkslied. Er gab u.a. heraus: »Hundert Jägerlieder mit Bildern und zweistimmigen Weisen« (1937), »Musik und Jägerei. Lieder, Reime und Geschichten vom Edlen Waidwerk« (1937), »Es sind nit alle Jäger, die ein Hörnlein führen« (1943).

Clewing'sches Taschenhorn, das: ▸ Jagdhorn.

Clouet, François (1516 bis 1572): Französischer Maler. Sein Bild »Bad der Diana«, auf dem sich lüsterne Faune unter die Mädchen mischen, befindet sich im Museum zu Rouen.

CL-Rate, die: ▸ Gelbkörperrate.

Coccidien (innere Parasiten): Mikroskopisch kleine, einzellige Sporentierchen, die in den Deckzellen der Darmschleimhaut oder auch in den Gallengängen der Leber schmarotzen. Es gibt eine große Anzahl verschiedener C., die wirtsspezifisch sind und für unser jagdbares Wild, insbesondere für den Hasen, eine bedeutende Rolle spielen. Die Coccidiose kommt bei Hasen (v.a. Junghasen), Wildkaninchen, Fasanen und manchmal auch beim Schalenwild, bei Haustieren und Flugwild vor. Beim Schalenwild kommt ihr keine große Bedeutung zu. Lediglich bei in Gehegen gehaltenem Wild (Mufflon, Reh-, Dam- und Schwarzwild) kann es zu Massenbefall kommen und eine Behandlung mit Coccidiostatika, die mit dem Futter gereicht werden, erforderlich sein. C. kommen beim Raubwild äußerst selten vor. In Fasanerien und Rebhuhnzuchten führt die Coccidiose oft zu einem massenhaften Kükensterben und wird dort auch als »Rote Kükenruhr« bezeichnet. In den Dünn- und Blinddärmen von Fasanen und Rebhühnern schmarotzen verschiedene C. der *Eimeria*-Arten. Die Infektion erfolgt durch Aufnahme von Oozysten mit der Nahrung, die bereits ein bis zwei Tage nach dem Absetzen im Gestüber ansteckungsfähig sind. Es kommt mehrfach zu ungeschlechtlicher Vermehrung in den Darmzellen und zur geschlechtlichen Entwicklung, der Ausbildung von Dauerstadien, den Oozysten, die nach ca. fünf bis sieben Tagen ausgeschieden werden und dann weitere Tiere infizieren können.

Die Coccidiose verursacht v.a. unter den Junghasen hohe Verluste. Nasse, kühle Sommer, jeweils gefolgt von einem warmen, langen Herbst, sind für die Ausbreitung der Seuche zum Ende des Sommers und Anfang des Herbstes besonders günstig. Die von einem Wirtstier mit der Losung ausgeschiedenen Oozysten reifen bei Wärme, Feuchtigkeit und unter Sauerstoffeinwirkung in vier bis zehn Tagen zu ansteckungsfähigen Sporen heran (Sporogonie). Werden diese nun von einem geeigneten Wirtstier aufgenommen, dringen sie nach Auflösung der Hülle in die Deckzellen der Darmschleimhaut ein. Dort vermehren sie sich ungeschlechtlich (durch Zellteilung), zerfallen in Sichelkeime (Schizogonie), welche neue Darmzellen befallen. Diese Vermehrung wiederholt sich mehrmals, die Deckzellen der Darmschleimhaut werden zerstört, und die Darmwand wird zu durchlässig. Es kommt zu einer Darmentzündung, und durch die Darmwand gehen giftige Stoffe ins Blut über, was eine Herzschwäche bewirkt. Bei der letzten Zellteilung entstehen weibliche und männliche Geschlechtszellen (Makro- und Mikrogametozyten), die sich vereinigen (Gametogenie). Diese Entwicklungsform (Zygote) umgibt sich mit einer Hülle, sie wird zur Oozyste. Diese Oozysten lösen sich von der Darmwand und werden mit der Losung ausgeschieden, wo sie zu ansteckungsfähigen Sporen heranreifen und so der Entwicklungskreislauf von Neuem beginnt. Befall mit C. verursacht Aufblähung und starken Durchfall (ersichtlich an kotverschmierten Hinterläufen), was zu starkem Wasserentzug, Abmagerung und Herzschwäche, Erschöpfung und schließlich zum Tode führt. Liegen bei Herbstjagden viele Althasen und auffallend wenige Junghasen auf der Strecke, liegt häufig ein Coccidiosebefall vor. Durch Untersuchung der Losung nach Oozysten und bei erlegten Hasen durch Untersuchung der Gedärme und des Darminhalts kann der Coccidiosebefall nachgewiesen werden. Bekämpfung: Besatzregulierung, Abschuss kranker Stücke und deren unschädliche Beseitigung (▸ Tierkörperbeseitigung), Verbesserung der Äsung und Auslegen von kleinen, süßen, vollreifen, mit Medikamenten präparierten Äpfeln oder auch Vermengung des Medikamentes mit gereichtem Futter. Das Wildbret ist genussuntauglich.

Der ▸ Beizvogel hat fast immer C., sie nehmen aber überhand, wenn er durch zu scharfe ▸ Kondition oder durch Krankheit geschwächt ist. Es ist empfehlenswert, immer etwas Chinosol oder Eleudron (etwa eine halbe Tablette) als Desinfiziens im Badewasser aufzulösen. Der Vogel nimmt zwar auch das Wasser auf, doch schadet ihm diese geringe Menge nicht.

Cockerspaniel, der: ▸ Stöberhunde.

Coecotrophie, die: Die sofortige Wiederaufnahme des von Zeit zu Zeit durch den Enddarm ausgeschiedenen Inhalts des ▸ Blinddarms (sog. Blinddarmkot) durch Hasenartige (*Lagomorpha*) und Nager (*Rodentia*). Durch die bakterielle Zersetzung der aufgenommenen Nahrung werden die Zellulose abgebaut und deren Spaltprodukte bei der folgenden zweiten Darmpassage resorbiert. Durch die zusätzliche symbiotische Zersetzung entstehen verschiedene lebensnotwendige Vitamine.

Coler(us), Johannes (19.9.1566 Adelsdorf bei Goldberg/Schlesien bis 23.10.1639 Parchim/Mecklenburg): Schriftsteller der Hausväterliteratur. C. war Sohn des Landpfarrers Jacob C., Probst an der Nikolaikirche in Berlin und zuletzt Superintendent in Güstrow. C. studierte sowohl Medizin als auch Jura, wurde aber wie sein Vater Geistlicher und war zuletzt Superintendent in Parchim. Zusammen mit seinem Vater schuf er das meistverbreitete Hausbuch in deutscher Sprache »Oeconomia ruralis et domestica, worin das Ampt aller braven Hausväter und Hausmütter begriffen«, dessen sechs Teile zwischen 1592 und 1599 aufgelegt wurden. In der »Oeconomia ruralis et domestica …« (1645) finden sich auch Kapitel über »Wild- und Vögelfang/Weidwerck/ Fischereyen«; ▸ Jagdliteratur.

Collins, Woldemar: ▸ Jagdkunst.

Colloredo-Mannsfeld, Joseph Hieronymus Rudolf Ferdinand Franz Maria, Fürst von (17.2.1866 Prag bis 21.2.1957 Paris): Großgrundbesitzer. C.-M. besaß um 1906 etwa 57 000 ha Grund in Böhmen. Zu seinem Besitz gehörte auch die Allodialherrschaft Dobris (Dobrisch) etwa 40 km südwestlich von Prag. In seinen Teichanlagen in Dobris setzte C.-M. im Jahre 1905 die ▸ Bisamratte aus, die sich von hier aus über weite Teile Europas verbreitete, sowie den nordamerikanischen Ochsenfrosch, der sich jedoch nicht akklimatisieren konnte und daher ausstarb. Außerdem setzte der Fürst den ▸ Weißwedelhirsch (Virginiahirsch) aus, der in den Wäldern um Dobris noch heute in freier Wildbahn lebt.

Colt, Samuel P. (19.7.1814 Hartford/Connecticut USA bis 10.1.1862 Hartford): C. war einer der bedeutendsten US-Waffenkonstrukteure und ist der Erfinder des Revolvers. Die von ihm 1852 gegründete Firma besteht heute noch. C. steht auch synonym für Revolver.

Compagnie (franz. = Gesellschaft): Veraltete Bez. für eine ▸ Kette oder ein ▸ Volk.

Companiefalken, die: ▸ Kompaniefalken.

Companieschuss, der: ▸ Kompanieschuss.

Conibearfalle, die: ▸ Fallen 14.

Coninck, David de (1636 bis 1699): Flämischer Tier- und Jagdmaler.

Connoissance, die: Alter franz. Ausdruck bei der ▸ Parforcejagd für das besondere Kennzeichen, wodurch sich ein Hirsch von einem gleich starken – sowohl an der ▸ Fährte als auch am ▸ Geweih – unterscheiden ließ.

Conseil International de la Chasse ▸ CIC.

Contius, C(onstantin) S(elma) (1760 bis 1817): C. war Notar und verfasste einige jagdliche Schriften, u.a. »Kurzgefasste Beschreibung sämmtlicher Kunstwörter des Jagd- und Forstwesen, nebst einem Beytrag über die bekanntesten wilden Baumgattungen« (1803).

Contrafährte, die: ▸ Gegenfährte.

Contrajagen, das (Kontrajagen): ▸ Eingestellte Jagen.

Contraruf, der: Alter Ausdruck für ▸ Wachtelpfeife.

Coon-Hound, der: ▸ Waschbär (Jagd).

Core-Lokt-Geschoss, das: ▸ Büchsengeschosse.

Corinth, Lovis (21.7.1858 Tapiau/Ostpreußen bis 17.7.1925 Zandvoort/Holland): Ostpreußischer Maler und Grafiker. C. lebte von 1890 bis 1900 in München und war anschließend in Berlin als führendes Sezessionsmitglied (ab 1915 Präsident) tätig. Von ihm stammt u.a. das Ölgemälde »Jagdstillleben«.

Corneli, R.: ▸ Jagdliteratur.

Correggio, Max (21.6.1854 München bis 15.2.1908 München). Maler. Die Ausbildung erhielt C. zunächst von seinem Vater Joseph C. (1810 bis 1891), der hauptsächlich ein Stilllebenmaler war, dann bei W. v. Diez an der Münchner Akademie. Er trat besonders mit Sport- und Jagdbildern sowie mit Jagdporträts an die Öffentlichkeit. Von ihm stammen u.a. »Treibjagden«, »Knödelbogen«, »Prinzregent Luitpold mit seinen beiden Söhnen auf der Fasanenjagd« und »Auf frischer Tat ertappt«.

Cort, Cornelis (1533 bis 1578): Niederländischer Maler und Kupferstecher. Von ihm stammt u.a. der Kupferstich: »Bad der Diana mit ihren Nymphen an einem Brunnen«.

Corvin, Otto von (12.10.1812 Gumbinnen bis 2.3.1886 Wiesbaden): eigentlich Corvin-Wiersbitzki; Schriftsteller, berühmter Verfasser des »Pfaffenspiegel« (1869). C. war ein begeisterter Jäger und rühriger Schriftsteller und gab 1844 den »Sporting-Almanach« (mit Jagd, Fischerei, Reitsport, Pferdezucht, Fechten, Turnen etc.) heraus. Nach dem Vorbild von Wildungens Jagdtaschenbuch konzipiert, enthält dieser einzige erschienene Jahrgang des »Sporting-Almanachs« einen Gestüts- und Jagdkalender sowie Beiträge über den Fuchs,

Johann Elias Ridinger (1698–1767): »Das Curée«, Kupferstich

Eberjagd und Eberjäger, Aphorismen über Falkenjagd sowie u.a. die Schilderung einer Jagdpartie in den Schweizer Alpen.

Cossa, Francesco del: ▸ Jagdkunst.

Couche! (franz.: Kusch dich!): Der Zuspruch für den ▸ Hühnerhund, wenn er sich auf die Erde drücken (kuschen) und stillliegen soll. Häufig sagt man auch »Leg dich!« oder ▸ »Down!«.

coupieren: Veraltet für ▸ kupieren.

Cour, die (franz. = Kur): Alte Bez. für den Anstand (▸ Ansitz) auf Hasen; ▸ Hasenkur.

courable (franz., svw. ▸ jagdbar): Veralteter Ausdruck bei der ▸ Parforcejagd.

Courbet, Gustave: ▸ Jagdkunst.

Cours-Hunde, die (franz.: cours = Lauf): Nach H. F. von Fleming (»Der vollkommene teutsche Jäger«, 1719) wurden bei ▸ Eingestellten Jagen vorkommende Wölfe mit C.-H. gehetzt.

Couteau de chasse, das (franz.: Jagdmesser, Hirschfänger): Bei der althannoverschen Jägerei hieß, der franz. Aussprache entsprechend, das Waidblatt der »Kuto«.

Crainitz, der: ▸ Feldhühner 2.

Cramer, Johann Ulrich, Freiherr von (8.11.1706 Ulm bis 18.6.1772 Wetzlar): Marburger Professor, der ab 1752 als Beisitzer des Reichskammergerichts in Wetzlar tätig war, verfasste die Streitschrift »Vindiciae regalis juris venandi, oppositae vindiciis juris venandi nobilitatis germanicae D. G. Strube« (1740) gegen David Georg Strube, dessen »Vindiciae juris venandi ...« ein Jahr zuvor erschienen war. C. bestritt Strubes Satz, dass das Jagdrecht kein Regal sei. Strube, der die Regalität der Jagd in Zweifel zog und das Jagdrecht als Zubehör von Grund und Boden für den landsässigen Adel in Anspruch nahm, sorgte mit seiner Arbeit damals für großes Aufsehen.

Cramer-Klett, Ludwig Benedikt Freiherr von (21.3.1906 bis 15.8.1985): Jagdschriftsteller. Er schrieb u.a. »Traum auf grünem Grund« (1956), »Spiel der Lichter und Schatten« (1960), »Glückselige Einsamkeit« (1964), »Des Waldhorns Widerhall« (1968). Die Erzählung »Der Heuraffler« (1930) hat C.-K. als 24-Jährigen in die Jagdliteratur eingeführt. Sie hat den Zauber der abgeschieden lebenden und geheimnisumwitterten Hirsche des unteren und oberen Heuraffels in den Aschauer Bergen zum Gegenstand.

Cranach, Lucas: ▸ Jagdkunst.

Cräntzen, das: svw. Kränzen; ▸ Hirschgerechte Zeichen.

Cravatten, die: Die langen, ledernen Riemen, die den Hunden um den Hals gehängt wurden, um sie daran zu hindern, dass sie zu schnell suchten oder die Hasen zu lange verfolgten.

Crell, Christoph Ludwig (25.5.1703 Leipzig bis 8.10.1758): C., Professor der Rechte an der Universität Wittenberg, fertigte eine sorgfältige, geschichtlich und sprachwissenschaftlich unterbaute Dissertation über die mit der Anlage und der Unterhaltung von Tiergärten zusammenhängenden Rechtsfragen »De iure vivariorum. Von Thier-Gärten. Disputabit L. G. F. Pezolt« (1740) an.

Crescentiis, Peter (ca. 1233 bis ca. 1320): Bologneser Senator, Advokat und Gutsbesitzer; ▸ Jagdliteratur.

Cronenberger Bracke, die: Ausgestorbene hirschrote Art der ▸ Bracken (Lokalrasse), die in der Gegend von Cronenberg bei Wuppertal gezüchtet wurde. Die C. B. hatte z.T. Gesichtsfalten, einen sehr langen, etwas gedrehten Behang, einen hellen Nasenstreifen und ein hervortretendes Hinterhauptbein (▸ Jagdhöcker). Als letzter bekannter Züchter wird 1934 Wilhelm Arntz in Remscheid-Hasten genannt.

Cryptococcaceae-Infektion, die: ▸ Sprosspilzinfektion.

Csergezán, Pál (1924 bis 1996): Auch Czergezán geschrieben. Ungarischer Jagd- und Naturmaler und Träger des DJV-Kulturpreises 1982. C. illustrierte mehr als 500 Bücher und Zeitschriften, u.a. die ungarische Jagdzeitung »Nimrod«, deren Kunstredakteur er seit 1977 war. Berühmt sind u.a. seine Junghasen- und Wildschafmotive. In Persien malte er auf Einladung des Schahs dessen Pferde.

CSp: Abk. für Cockerspaniel; ▸ Stöberhunde.

Curée, die (franz., Recht der Hunde [die den Hunden gegebenen Teile des Wildes]; mittelhochdeutsch: curie): Das Genossenmachen der Hunde nach der ▸ Parforcejagd. Als Erster erhielt der ▸ Leithund, der den gehetzten Hirsch bestätigt hatte, Herz und Haupt des Hirsches, anschließend die übrigen Hunde der Meute. Unmittelbar darauf wurden von den ▸ Hundejungen auf der Innenseite der Hirschdecke (Aasseite) Feist, Lunge, Leber, Milz und Hirn zusammen mit kleinen Wildbretteilen, die alle gut mit ▸ Schweiß vermischt wurden, ausgelegt. I.d.R. wurden zudem noch kleine Brotstücke und Käse mit Schweiß übergossen dargereicht und eine Schüssel Wasser daneben gestellt. Auf ein Signal der Jäger durften sich die Hunde auf den Fraß stürzen. Die mit Ruten ausgerüsteten Hundejungen hatten dabei darauf zu achten, dass alle Hunde zu ihrem Recht kamen. Dieses alte Zeremoniell endete mit einem Waidgeschrei (▸ Jagdgeschrei) und einem kräftigen Umtrunk. Das C.-Machen (Pfneischen, Genossenmachen) ist im Deutschen schon seit dem 13. Jh. eingebürgert. Es zählt zum ältesten jagdlichen Brauchtum und wird auch als »Hunderecht« bezeichnet. Bereits im Tristanlied (um 1200) wird die C. in einem eigenen Abschnitt beschrieben. Nach G. L. ▸ Hartig (»Lexikon für Jäger und Jagdfreunde«, 1836) war die C. ein Hauptteil des Jagens und wurde nicht eher gemacht, bis die ganze Jägerei – durch den Fürstenruf zusammengerufen – versammelt war. Dieser Brauch wird in heutiger Zeit noch in Frankreich ausgeübt.

Curway, der (Curwey): Alte Bez. für den Roten Milan; ▸ Milane 1.

Czergezán: ▸ Csergezán.

Czynk, Edward von: ▸ Jagdliteratur.

Da, da! Huch da!: Der Zuruf für die Jagdhunde, wenn sie sich verloren hatten.

Dach, das: Der Rücken des ▸ Beizvogels, insbesondere zwischen den Schultern.

Dacha, der (Dachal): ▸ Rabenvögel 7.

Dachmarder, der: ▸ Marder 2.

Dachrose, die (Schirmrose): Dachförmige, nach unten gezogene ▸ Rose eines Rehbockgehörns, hauptsächlich bei alten Böcken; ▸ Kranzrose, ▸ Schnurrose, ▸ Tellerrose.

Dachs, der (*Meles meles,* L.): Auch Grimbart, Greifing, Grüning, Gräwing, Gräber, Gräving, Grewing, Schmalzmann. Ein Landraubtier (*Carnivora*), das zur Familie der Marder (*Mustelidae*) und zur Unterfamilie der Dachse (*Melinae*) zählt. Der D. ist in ganz Europa (mit Ausnahme von Nordeuropa) verbreitet. Vielerorts haben sich die Bestände deutlich erholt.

Aussehen: Der D. hat weiche, kurze Unterhaare und drahtiges, längeres Deckhaar. Der Rücken ist hellgrau, Bauch und Hals sind dunkel bis fast schwarz. Kopf und Branten sind kurz und glatt behaart, der Kopf ist schwarzweiß gestreift, die Branten sind dunkel bis fast schwarz. Der Bürzel (Schwanz) ist lang behaart. Die Schwarte wirkt im Winter heller als im Sommer, weil das helle Unterhaar im Winter dichter ist und stärker durchschimmert. Der D.-Schädelknochen hat einen deutlichen Knochenkamm (Falz) in Längsrichtung (Scheitel). Fuchs- und Hundeschädelknochen haben hingegen keinen Kamm. Je älter der D. ist, desto ausgeprägter (höher) ist der Kamm. In der Gelenkpfanne des Schädels ist der Unterkieferknochen fest verankert und nur durch Gewaltanwendung zu trennen. Bei anderen Tieren ist er leicht zu trennen. Im Mittelalter glaubte man aufgrund der Farbvarietät, dass es zwei Arten von D. gebe, den Hunds- und den Schweins-D. In der älteren Jagdliteratur werden die Unterschiede so beschrieben: Demnach soll der Schweins-D. gelbe und schwarze Streifen am Kopf, eine gelbe Kehle, ein kurzgebogenes Gebiss und einen doppelt gespaltenen Fuß (wie ein Schwein) gehabt haben. Sein D.-Weiß (Schmalz) soll weiß gewesen sein, der Kern wie Jungschweinernes geschmeckt und als Leckerbissen gegolten haben. Der Hunds-D. soll schwarze und weiße Streifen am langen, dünnen Kopf, eine weiße Kehle, ein langes Gebiss wie ein Hund und einen mehrfach gespaltenen Fuß gehabt haben. Sein D.-Weiß soll von gelber oder dunkler Färbung und sein Kern ungenießbar gewesen sein. Das Gebiss ist ähnlich wie das der Marder. Zahnformel (▸ Zahnalterslehre):

$$\frac{3}{3}\ \frac{1}{1}\ \frac{4}{4}\ \frac{1}{2} = 38 \text{ Zähne}$$

Sinne und Lautäußerung: Er windet und vernimmt gut, äugt aber schlecht. Der D. schnaubt, brummt, faucht und murrt. In der Ranz gibt er unheimliche Ranzschreie von sich.

Lebensraum und Lebensweise: Lebensraum des D. sind Feld- und Waldlandschaften. Er ist als Einzelgänger meist allein auf Nahrungssuche. Die D. leben jedoch sehr sozial in Familien, wobei eine Familie ihr Territorium und besonders ihr Gebiet, in dem sie Nahrung sucht (Aktionsraum), gegenüber den Nachbarfamilien deutlich abgrenzt. Der D. ist ein Baubewohner, der den Tag im selbst gegrabenen Bau verschläft und erst in der Dämmerung aktiv wird und auf Nahrungssuche geht. Er hält eine mehrmals unterbrochene Winterruhe (also keinen echten Winterschlaf). Sie dauert je nach Witterung etwa von Mitte November bis Ende Februar. In dieser Zeit kommt er einige Male aus dem Bau, um sich zu entleeren und manchmal auch einen kurzen Spaziergang zu machen. Er ist sehr behäbig, besonders im Spätherbst, und bewegt sich, wenn er

Die Bestände des Dachses haben sich seit Ende der Fuchsbaubegasung wieder aufwärts entwickelt.

arglos ist, sehr gemächlich vorwärts. Bevor er den Bau verlässt, schüttelt er sich kräftig den Sand aus der Schwarte. Das dabei entstehende Geräusch wird als »Poltern« bezeichnet.
Bauanlage: Die vom D. selbst gegrabenen Baue sind leicht mit Fuchsbauen zu verwechseln. Vor D.-Bauen ist jedoch noch eine Rinne ausgescharrt, die in den Pass übergeht. Die Erdauswürfe vor D.-Bauen und auch die Röhren sind rinnenförmig ausgetreten (sog. Geschleife). In der Umgebung befinden sich die »Stechstellen«, das sind etwa faustgroße Löcher, die der D. mit der Vorderbrante »sticht«. Er setzt hierin auch seine Losung ab (D.-Abtritte, D.-Aborte). Frische Losung lässt auf einen befahrenen D.-Bau schließen. Der Kessel wird mit Polstermaterial ausgelegt (Heu, Stroh, Laub, Zweige, Moos). Auf den Pässen zum D.-Bau liegt im Herbst verlorenes Polstermaterial. Im Frühjahr leert der D. den Kessel und schafft das Polstermaterial vor den Bau. Die gesamte Bauanlage ist beim D. meist größer als beim Fuchs und hat auch mehrere und größere Kessel. Alte D.-Baue können 100 Jahre und älter sein und enorme Ausmaße annehmen. Sie haben meist viele Ein- und Ausgänge und mehrere Etagen. D.-Baue gehen mehr in die Tiefe, während Fuchsbaue flacher angelegt werden. In großen Bauanlagen leben neben dem D. oft auch noch andere Tiere (z.B. Fuchs). Der Fuchs lebt dann meist in der oberen Etage, während der D. tiefer wohnt.
Ernährung (Fraß): Bei der Nahrung des D. unterscheidet man Ober- und Untermast. Obermast ist alles, was er über der Erde findet, z.B. Eier, Käfer, Obst usw., Untermast alles, wonach er stechen muss, z.B. Würmer, Larven usw. Er ist ein ▸ Allesfresser und geht in der Dämmerung auf die Weide (auf Nahrungssuche). Er weidet Eier von Bodenbrütern, Mäuse, Junghasen, Schnecken, Würmer, Engerlinge, Larven, Insekten (insbesondere Mistkäfer) und räumt auch Bienen- und Hummelnester aus. Daneben nimmt er auch Pflanzen wie Pilze, Mais und Hafer zur Milchreife. Gelegentlich trifft man ihn auch in Weinbergen an. In Niederwildrevieren kann er an Fasanen, Birk-, Auerwild und Junghasen erheblichen Schaden anrichten. In Gegenden, in denen zu viele D. vorkommen, ist er, insbesondere zum Schutz des bodenbrütenden Federwildes, kurzzuhalten.
Fortpflanzung: Der D. lebt vermutlich in Dauerehe. D. paaren sich während des ganzen Jahres, die Hauptfortpflanzungszeit (Ranz- und Rollzeit) ist jedoch von Februar bis März, also kurz nach dem Werfen der Jungen. Manche, vermutlich junge Fähen ranzen im Juli/August. Die Ranzschreie, die der D. ausstößt, sind laut und gellend. Die Dächsin geht (einschließlich der sog. ▸ Vortragezeit) sieben bis acht Monate dick und bringt Ende Februar/Anfang März zwei bis drei (eins bis fünf) leicht und hell behaarte, etwa maulwurfgroße Jung-D. Diese sind vier bis fünf Wochen lang blind und werden ca. 16 Wochen gesäugt. Erst Anfang Juli kommen die D. zum ersten Mal vor den Bau. Sie bleiben auch im Winter bei der Dächsin und überwintern im selben Bau. Mit etwa anderthalb Jahren sind sie ausgewachsen und fortpflanzungsfähig. Da die D. eine sehr lange Aufzuchtzeit haben, überschlägt die Dächsin häufig ein Jahr, um wieder zu Kräften zu kommen. Die Vermehrung der D. ist auch aus diesem Grund sehr gering.
Losung: Sie ist fast immer wurstförmig (ohne feine Spitze), weich bis breiig (selten trocken) und durchsetzt mit unverdauten Nahrungsresten (z.B. Haaren, Federn, Knochenteilen, im Sommer mit Chitinpanzern von Käfern, Obstresten und Getreide, im Herbst mit Beerenkernen). Die Losung ist meist braun, kann aber auch (je nach aufgenommener Nahrung) eine andere Färbung haben. Im Herbst nimmt der D. gerne Beeren auf (z.B. Heidelbeeren), die Losung ist dann entsprechend gefärbt. Er setzt sie fast immer in sog. D.-Abtritten (von ihm gegrabenen Löchern oder Mulden) in der Nähe seines Baues ab. D.-Abtritte (D.-Aborte, D.-Latrine) sind eine ideale Brutstätte für Mistkäfer, die ihm auch als Nahrung dienen.
Spur: Der D. ist ein ▸ Sohlengänger. Er hat einen schwieligen Hauptballen mit fünf verhältnismäßig kleinen Zehenballen daran. Die Vorderbrante ist stärker als die Hinterbrante. Bei der Spur ist der Hauptballen vorne meistens ganz, hinten jedoch manchmal nur halb abgedrückt. Die Abdrücke der Zehenballen sind dicht beisammen und stehen fast in einer Reihe. Der innere Zehenballen ist manchmal nur leicht abgedrückt oder fehlt ganz. Die Nägel sind deutlich abgedrückt, der D. »nagelt«. Die Nägel der Vorderbranten sind lang und stark, die der Hinterbranten geringer. Der Ab-

Dachs: Aussehen

Körpermaße	Rüde	Dächsin
KRL	70–80 cm	70–80 cm
SH	ca. 30 cm	ca. 30 cm
SL (Bürzel)	15–20 cm	15–20 cm
Gewicht Sommer	 10–12 kg	 10–12 kg
Spätherbst	14–16 (20) kg	14–16 kg

Waidmännische Ausdrücke beim Dachs

Borsten	Haare
brummen (fauchen, murren)	Lautäußerung
Bürzel (Pürzel, Zain, Zein, Rute)	Schwanz
Branten (Pranten)	Pfoten
Dachsbär	der männliche D. (selten)
Dachsweiß (Weißes, Schmalz)	Fett
Einfahrt (Geschleife)	die Zugänge zum Bau (Röhren)
Grimbart	Name des D. in der Fabel
Kern	Dachskörper ohne Schwarte
Klauen	Zehen
Milchdachs	Dächsin, die ein Geheck im Bau hat
Nägel	Krallen
poltern	rumpeln im Bau, bevor der D. ihn verlässt
Schmalzröhre (Stinkloch, Saugloch)	Drüse in einer quer zwischen dem Weidloch und dem Bürzel liegenden Hauttasche
Schwarte	Fell
stechen	mit der Vorderbrante nach Fraß graben
stempeln	Setzen der Duftmarken. Der D. drückt sein Hinterteil auf den Boden und dreht sich um die eigene Achse. Dabei sondert er aus der Schmalzröhre ein Sekret ab. Dieses Setzen der Duftmarken ist für den D. typisch.
totschlagen	den D. totschlagen, d.h., ihm mit einem Knüppel auf die Nase bzw. gegen den Kehlkopf schlagen
weiden (er nimmt Weide, weidet sich oder geht zur Weide)	Nahrung suchen bzw. aufnehmen
wurzeln	wühlen in der Laubdecke auf der Suche nach Fraß
Zügel	Streifen im Gesicht
Weitere waidmännische Ausdrücke wie beim ▸ Fuchs.	

druck der Vorderbrante ist etwa 3,5 bis 4 cm breit und, wenn der D. mit der ganzen Sohle auftritt, etwa 6,5 bis 7 cm lang. Tritt er nur mit dem vorderen Teil der Brante auf, ist der Abdruck etwa 4,5 bis 5 cm lang. Der Hinterbrantenabdruck ist etwa 3 bis 3,5 cm breit und etwa 6 bis 6,5 cm lang, wenn der D. mit der ganzen Sohle auftritt. Der Abdruck ist 4 bis 4,5 cm lang, wenn er nur mit dem vorderen Teil der Brante auftritt. Der D. bewegt sich im Schritt, im Trab und im Galopp oder mit Sprüngen vorwärts. Im Schritt tritt er mit der Hinterbrante fast genau in das Trittsiegel der Vorderbrante. Die Schrittlänge beträgt etwa 40 bis 50 cm. Auch beim Troll (Trab) macht er mehr oder weniger den Schluss. Trollt er schnell, so übereilt er etwas. Bei sehr langsamem Troll bleibt er etwas zurück, die Schrittlänge beträgt etwa 70 bis 80 cm. Bei der Flucht galoppiert er oder macht Sprünge. Dabei setzt er die Hinterbranten vor die Vorderbranten. Er setzt Vorder- und Hinterbranten dabei so schräg auf, dass die Abdrücke entweder schräg stehen oder die Form eines Trapezes haben.

Jagdarten:

▸ *Ansitz am D.-Bau:* Er findet in mondhellen Nächten am Morgen oder am Abend statt, wobei auf guten ▸ Wind geachtet werden muss, und ist v.a. im Spätsommer und im Frühherbst, wenn der D. bei Büchsenlicht den Bau verlässt oder ihn morgens aufsucht, besonders lohnend. Es ist zu empfehlen, mit dem Schuss zu warten, bis der D. sich etwas vom Bau entfernt hat, denn er ist bei Schussverletzungen sehr hart und versucht stets den Bau zu erreichen. Der D. braucht einen guten Schuss auf Kopf, Hals oder Blatt. Bei Schrotschuss sind 4-mm-Schrote zu empfehlen. Die Schussentfernung sollte aber 30 m nicht überschreiten.

D.-Graben im Spätherbst: Der D. springt nur sehr selten. Hat er jedoch den Jäger nicht bemerkt und ist der Bau nicht groß, so verlässt er manchmal, kurze Zeit nachdem der Hund zurückgepfiffen wurde, den Bau. Man lässt einen ▸ Erdhund (Dackel oder Terrier) einschliefen und macht zwischen dem vorliegenden Hund und dem D. den Einschlag. Wo der Hund vorliegt, d.h. den D. gestellt hat und verbellt, wird durch die Geräusche festgestellt. Die Röhre wird dann zum Ausgang hin verstopft und zum D. hin erweitert, bis man ihn mit der ▸ Dachszange erreichen (fassen) kann. Der gefasste D. wird durch einen Kopfschuss mit einer ▸ Faustfeuerwaffe getötet. Man spricht bei dieser Jagdart von »überrollen«, wenn der D. über den vorliegenden Hund hinweg aus dem Bau fährt. Wird der D. hingegen vom Hund stark bedrängt, scharrt er gelegentlich die Röhre zwischen sich und dem Hund zu; er verklüftet sich. Der Hund versucht fast immer nachzukommen und verklüftet sich dabei oft selbst. Um den Hund zu retten, muss auch hier ein Bodeneinschlag gemacht werden. Gefährlich sind Felsenbaue, da hier ein Bodeneinschlag selten möglich ist und dem Hund dann kaum geholfen werden kann.

Fang des D. mit der D.-Haube (▸ Garne 3.), eine alte Jagdart.

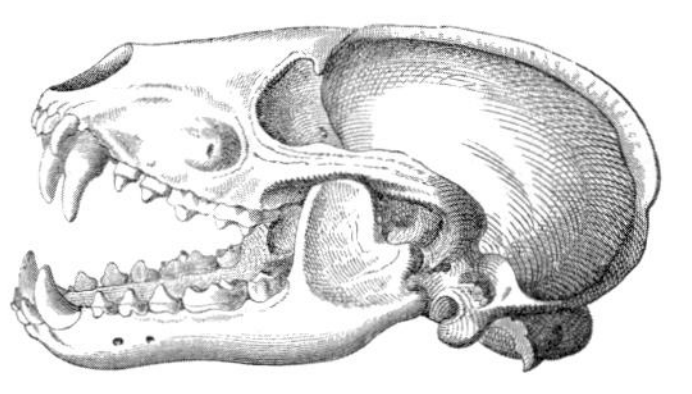

Dachsschädel

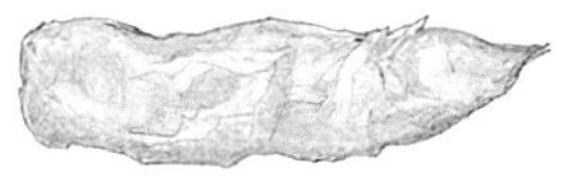

Dachslosung

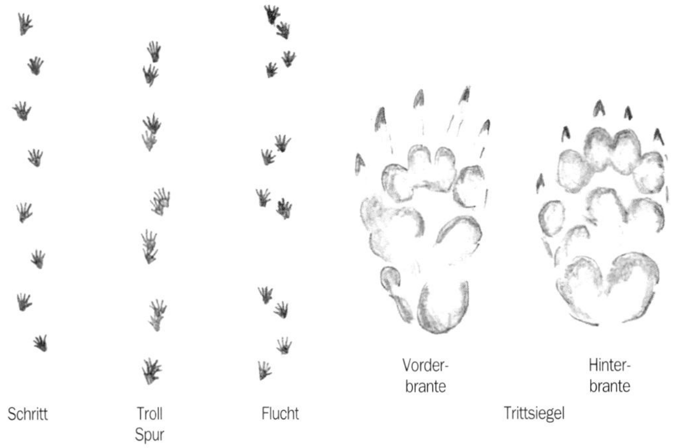

Dachs

D.-Hetze zur Nachtzeit mit Hunden (D.-Suchen), eine früher übliche Jagdart: An Orten, an denen ein D.-Graben ungünstig war (Fels, besonders tief liegende Baue usw.), wurde der D. früher mithilfe des D.-Finders (D.-Suchers) und des ▸ Hatzhundes bejagt. Die Jagd wurde Ende Oktober und im November – zu der Zeit, wenn der D. fett ist – ausgeübt. Der D.-Bau wurde am Tag zuvor gezeichnet, d.h., man stellte Grashalme oder Reiserchen vor die gangbare (befahrene) Röhre. Kurz vor Mitternacht begab sich der Jäger zum Bau, um zu sehen, ob der nachts zur Weide gehende D. den Bau verlassen hatte, also die Zeichnung (Gräser oder Reiser) umgestoßen war. Hatte der D. den Bau verlassen, wurde eine ▸ Dachshaube in die Röhre gehängt und der ▸ Dachsfinder losgelassen. Dieser hatte den D. zu finden und zu verbellen. Gab der D.-Finder Laut (wobei er nur am D. Laut geben durfte), wurde mit dem Hatzhund zugehetzt. Dieser hatte den D. zu packen und zu würgen. War der Hund dazu nicht kräftig genug, wurde der D. mit einer ▸ Dachsgabel erstochen. Hatte der D. zu viel Vorsprung und erreichte den Bau, bevor ihn die Hunde einholen konnten, fing er sich in der in die Röhre gehängten D.-Haube. Der Jäger musste ihn so bald wie möglich aus der Röhre ziehen und erstechen, da der gefangene D. sich sonst – um freizukommen – durch die Maschen schnitt. Der in der Nähe des D.-Baues zurückgebliebene oder wieder dorthin zurückgekehrte Jäger hatte auch die Aufgabe, den D. in die D.-Haube zu schrecken, da dieser, wenn er sie bemerkte, zurückwich.

Fang mit Fangeisen: Darüber hinaus wurde der D. bei der umstrittenen Baubegasung (▸ Begasung von Fuchsbauen), die dem Fuchs galt, stark dezimiert.

Als Trophäe dienen ▸ Dachsbart, ▸ Penisknochen und ▸ Fänge. Die D.-Schwarte wird zu Zier- und Schutzdecken sowie zu ▸ Jagdtaschen verarbeitet. Bei den früheren Jägerbataillonen bestanden die Tornisterdeckel aus D.-Schwarten. Aus den D.-Haaren werden sowohl Maler- als auch hochwertige Rasierpinsel gefertigt.

Das D.-Fett (D.-Weiß) und der Schweiß (Blut) wurden früher als Arzneimittel benutzt. Das Fett hat eine gelblich weiße Farbe, riecht wie Gänsefett, ist sehr flüssig und wurde mit Schweineschmalz vermischt gegessen. Es diente auch als Stiefelschmiere. Der Kern des D. soll (besonders im Herbst) einen wohlschmeckenden Braten abgeben und auch geräuchert vorzüglich sein. Vor dem Verzehr muss jeder D. auf ▸ Trichinen untersucht werden; ▸ Trichinenschau.

Dachsaborte, die: ▸ Dachs (Losung).

Dachsabtritte, die: ▸ Dachs (Losung).

Dachsbär, der (Dachsrüde): Der männliche ▸ Dachs.

Dachsbart, der: Hutschmuck, bündelartig gebunden aus den langen Winter-Rückenhaaren des ▸ Dachses. I.d.R. haben nur die alten starken Rüden gute, genügend lange Haare für einen D.

Dachsbracke, die: Die Bez. D. wurde erst im Jahre 1886 von den Kynologen Ludwig Beckmann und Otto ▸ Grashey geprägt. Nach Prof.

Georg Grünbauer (1899) soll sie zum Ausdruck bringen, dass es sich hier um eine Übergangsform vom niedrigen, reinen Dachshund zur hochläufigen ▸ Bracke handelt. Nach Auffassung Rudolf ▸ Frieß' rührt die Bez. hingegen daher, dass diese Hunde wie der Dachs auf niedrigen Läufen stehen. Zu Beginn des 20. Jh. wurden auf Ausstellungen alle über 10 kg schweren Dachshunde als D. eingestuft. Diese Klassifizierung wurde aufgegeben, nachdem man erkannt hatte, dass es sich bei der D. um eine eigenständige Rasse handelt.

Dachseisen, das: Ein Fangeisen für den ▸ Dachs.

Dächsel, der (Dachshund, Dackel) ▸ Erdhunde I.

Dächseln, das: Den Dachs mit Dachshunden (▸ Erdhunde I) bejagen.

Dachsfähe, die (Dächsin): Der weibliche ▸ Dachs.

Dachsfaisch, das (Dachsschweiß): Das Blut des ▸ Dachses.

Dachsfänge, die: Die ▸ Eckzähne des ▸ Dachses (selten).

Dachsfänger, der: Ein starker Hund, ungeachtet der Rasse, der den vom ▸ Dachsfinder verbellten Dachs packte.

dachsfarben: Ein Hund ist d., wenn seine braunen oder graubraunen Haare schwarze Spitzen haben.

Dachsfett, das: ▸ Dachsweiß.

Dachsfinder, der (Dachssucher): Früher ein speziell für das Aufsuchen der Dachse bei Nacht (▸ Dachshatz) gebrauchter Hund, der nur an Dachsen Laut geben und jagen durfte; ▸ Dachskriecher.

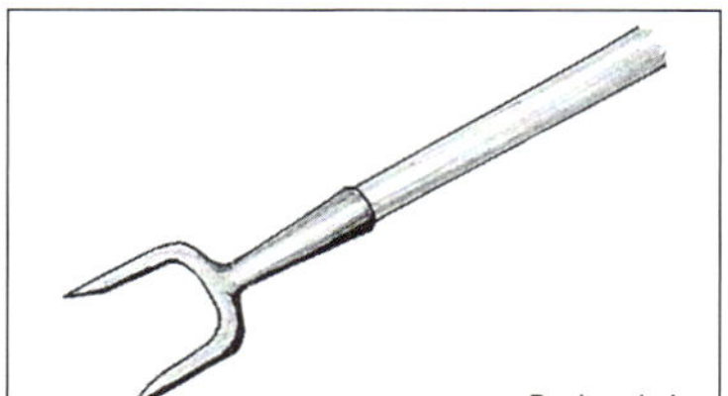

Dachsgabel

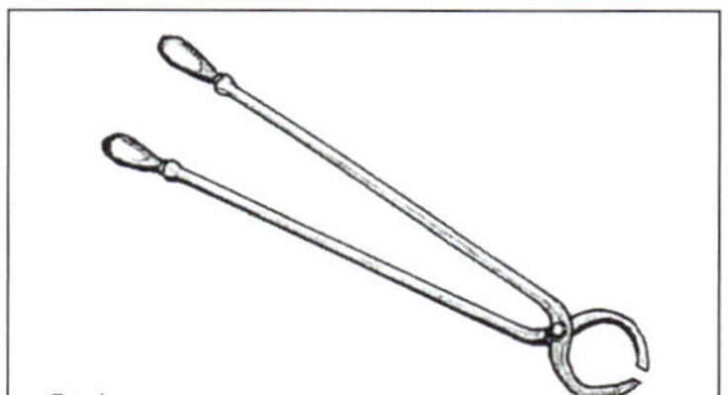

Dachszange

Dachsgabel, die: Eine starke, zweizinkige Gabel aus Eisen, die an einem Holzstiel befestigt ist und mit der man den aus dem Bau fahrenden Dachs (oder Fuchs) niederhält oder ersticht. Der Zinkenabstand der Gabel beträgt ca. 18 cm. Sie wird zur Dachsjagd nicht mehr verwendet.

Dachsgraben, das: ▸ Dachs (Jagdarten).

Dachshaken, der (Dachskrätzer): Ein eiserner Haken, mit dem man beim Fuchs- oder Dachsgraben das Tier aus dem Bau zieht. Seine Verwendung ist unwaidmännisch, und er ist gut durch die ▸ Dachszange zu ersetzen.

Dachshatz, die (Dachshetze): Eine nächtliche ▸ Hetzjagd mit Hunden auf den Dachs; ▸ Dachs (Jagdarten).

Dachshaube, die (Dachssack): Sackförmiges Netz, welches in die Eingangsröhre des Dachsbaues gehängt wird. Der einfahrende Dachs fängt sich darin; ▸ Garne 3.

Dachshetze, die: ▸ Dachs (Jagdarten).

Dachshund, der (Teckel, Dackel, Dächsel): ▸ Erdhunde I.

Dächsin, die: Der weibliche ▸ Dachs.

Friedrich Karl Joseph Simler (Simmler) (1801–1872): »Jäger, die das Verbellen des Dachses in seinem Kessel erwarten«, 1834, Öl auf Leinwand. München, Deutsches Jagd- und Fischereimuseum

Dachskern, der: Der Dachskörper ohne ▸ Schwarte.

Dachskrätzer, der: ▸ Dachshaken.

Dachskriecher, der (Dachsschleiffer): Ein Hund, der im 16. und 17. Jh. zur Erdarbeit verwendet wurde; ▸ Dachsfinder.

Dachslager, das (Dachslieger): Das Lager des ▸ Dachses.

Dachslatrine, die: ▸ Dachs (Losung).

Dachslieger, das: ▸ Dachslager.

Dachsranzen, der: ▸ Jagdranzen.

Dachsrüde, der (Dachsbär): Der männliche ▸ Dachs.

Dachssack, der: ▸ Dachshaube.

Dachsschleiffer, der (Dachsschliefer): ▸ Dachskriecher.

Dachsschmalz, das: ▸ Dachsweiß.

Dachsschwarte, die: Die Haut (Fell) des ▸ Dachses.

Dachssucher, der: ▸ Dachsfinder.

Dachsweiß, das (Weißes, Schmalz): Bez. für das Fett des Dachses; ▸ Dachs.

Dachszange, die (Fuchszange): Eine kräftige Zange von ca. 1 m Länge und mit so weiten Zangenteilen, dass man damit dem Dachs oder dem Fuchs um den Hals greifen kann. Mit ihr wird bei der ▸ Baujagd der Dachs oder der Fuchs hinter den ▸ Gehören um den Hals gefasst und dann aus dem Bau gezogen. Die D. wird hauptsächlich dann verwendet, wenn der Dachs lebend gefangen werden soll.

Dackel, der (Teckel, Dachshund, Dächsel): ▸ Erdhunde I.

Dackellähme, die: ▸ Hundelähme.

Dähel, der oder die: ▸ Rabenvögel 7.

Daher! Dahin!: Ein Zuruf für den Jagdhund (speziell den ▸ Leithund und den ▸ Schweißhund), wenn er sich nach rechts (daher!) oder nach links (dahin!) wenden soll.

Dahlem, Joseph (1872 bis 1955): Maler, malte insbesondere Greifvögel in Aquarelltechnik.

Dähling, Heinrich Anton (1773 bis 1850): Maler und Professor der Berliner Akademie. Von ihm stammt u.a. »Graf Strahl trifft auf der Jagd das Käthchen von Heilbronn«.

Dahm, Paul Wilhelm (28.5.1913 Jüterbog/Mark Brandenburg bis 19.3.1988 Riedsend/Schwaben). D., ursprünglich Offizier, begann nach Ende des Zweiten Weltkrieges mit der Malerei, war u.a. Schüler von Professor Löbenberg (▸ Jagdkunst) und einer der bekanntesten deutschen Jagd- und Naturmaler.

Dähn, das: ▸ Damwild.

Dähnenwild, das: ▸ Damwild. Der Name deutet auf die Herkunft des Wildes, nämlich Dänemark, hin.

Dähnewild, das: ▸ Damwild.

Dahnwild, das: ▸ Damwild.
Däle, die: Örtliche Bez. für Hündin.
Dallinger von Dalling, Johann (13.8.1741 Wien bis (6. oder 8.1.1806): österreichischer Maler. D. v. D., seit 1771 Direktor der fürstlichen Liechtensteinischen Galerie in Wien, schuf v.a. Altarblätter und Jagdlandschaften.
Damast, der: Bez. für das Produkt, das durch Zusammenschweißen von Stäben aus sehr harten und weicheren Eisen- und Stahlsorten gewonnen wird. In poliertem Zustand mit verdünnter Salzsäure geätzt, entsteht, je nach Anordnung der Stäbe und nach Art der Streckung, des Verwindens und des Schweißens, eine ziemlich regelmäßige Zeichnung. Hinsichtlich der Verarbeitungsart unterscheidet man Band-, Bernard-, englischen, Hufnagel-, Laminette-, Rosen-, Serpentin- und türkischen D. Er wird zu Gewehrläufen (D.-Läufen) und für die Klingen der ▸ Blanken Waffen verwendet (Damaszenerklinge, wurmbunte Klinge).
Damastflinte, die: Bez. für eine Flinte mit Damastläufen; ▸ Damast.
Damastlauf, der: Ein nach altem Verfahren gewickelter Lauf; ▸ Damast, ▸ Lauf 4)3.
Dambock, der: svw. Damhirsch, das männliche ▸ Damwild, die Bez. ist v.a. in Österreich gebräuchlich.
Damgeiß, die: ▸ Damtier.
Damhirsch, der: Das männliche ▸ Damwild.
Damhirschkalb, das: Männliches ▸ Damwild im ersten Lebensjahr.
Damhirsch tot!: Ein ▸ Jagdsignal.
Dämlein, das: Frühere Bez. für ▸ Damwild.
Dämmerungsleistung, die: ▸ Jagdoptik.
dämmerungsaktive Tiere: T. mit besonders leistungsfähigen Augen, damit sie auch bei geringer Lichtstärke noch ausreichend sehen können. Orientierungshilfe bieten meist noch gut entwickelte Tastsinnes- und Gehörorgane. Typische Vertreter einheimischer d.T. sind Mäuse, Weihen, Kaninchen, die Große Rohrdommel und der Rotfußfalke. In der Morgendämmerung aktiv sind z.B. die Raufußhühner. Die meisten d.T. sind auch ▸ nachtaktive Tiere. Hierzu zählen fast alle einheimischen ▸ Raubtiere (Beutegreifer).
Dämmerungszahl, die: ▸ Jagdoptik.
Dampf, der: Der Jäger macht Dampf, wenn er schießt; ein beschossenes Stück liegt im Dampf, wenn es im Feuer zusammenbricht und verendet.
Damspießer, der: Männliches ▸ Damwild vom ersten Kopf (Schmalspießer); ▸ Rotspießer.
Damtier, das: Das weibliche ▸ Damwild; in Österreich auch Damgeiß genannt.
Damwild, das (*Dama dama*, L.): Das D. zählt zoologisch zur Familie der ▸ Hirsche (Cerviden) und wird den sog. echten Hirschen zugeordnet. Es kann im Gatter bis zu 33 Jahre alt werden, im Freiland ca. 20 Jahre.
Vorkommen: Die Unterart des europäischen Damhirsches war bereits vor etwa 130 000 Jahren in Europa und insbesondere in Dänemark heimisch, wie Knochenfunde beweisen. Durch die Eiszeit wurde sie in den Mittelmeerraum (Ägäis, Kleinasien) zurückgedrängt. Seit Ende des 11. Jh. gibt es wieder Zeugnisse über Vorkommen von D. in Dänemark. 1530 schenkte der dänische König dem Landgrafen Wilhelm von Hessen 30 Damhirsche; daher die Namen Dähnewild, Dannenwild usw. Aus diesen Stücken erwuchs Europas neue D.-Population. Das D. stammt aus Südosteuropa und dem Vorderen Orient. Es wurde über England und Dänemark nach Mitteleuropa eingeführt. Es kommt in Deutschland v.a. in Schleswig-Holstein, Niedersachsen, Nordrhein-Westfalen, Mecklenburg und Brandenburg in freier Wildbahn vor. In geringen Beständen, hauptsächlich in ▸ Wildgehegen, trifft man es in allen Teilen Deutschlands an. Die gebietsweise in freier Wildbahn vorkommenden Bestände werden heute durch Länderverordnungen als »D.-Gebiete« begrenzt. Außerdem ist D. noch in Niederschlesien, Pommern, Ostpreußen, Polen, Tschechien, der Slowakei, in Ungarn und in Dänemark heimisch. Seine Verbreitung nimmt immer mehr zu. Es ist das anpassungsfähigste Wild unserer einheimischen Hirscharten. Es eignet sich auch vorzüglich als Gatterwild, ist sehr widerstandsfähig gegenüber ▸ Wildkrankheiten (Parasitenbefall) und verursacht im Ggs. zum Rotwild sehr geringen ▸ Wildschaden. Heutzutage wird D. nicht nur als Jagdwild, sondern in Intensivhaltung auch als Weidevieh zur Fleischerzeugung genutzt. Letzteres ist schwerer als frei lebendes D.
Aussehen: Der etwas gedrungene Körperbau vereint die Merkmale der Bewohner offener Landschaften und der Bewohner dichter Buschvegetation. Die Jungtiere ähneln mehr dem Schlüpfertyp (▸ Schlüpfer) und sind hinten etwas überbaut, während sich mit zunehmendem Alter die gerade Wirbelsäule des Läufertyps durchsetzt. D. verfärbt im Juni und

Damwild: Aussehen		
Körpermaße	Hirsch	Tier
KRL	ca. 140 cm	ca. 120 cm
SH	ca. 100 cm	ca. 80 cm
SL (Wedel)	ca. 20 cm	ca. 20 cm
Gewicht (aufgebrochen)	60 – 90 kg	30 – 45 kg

Waidmännische Ausdrücke beim Damwild	
Damwildkalb	weibliches D. im ersten Lebensjahr
Damhirschkalb	männliches D. im ersten Lebensjahr
Damschmaltier	weibliches D. im zweiten Lebensjahr
Damtier	weibliches Stück
Damhirsch	männliches Stück
Damspießer	männliches D. vom ersten Kopf
Sprossler	Damhirsch vom zweiten Kopf
Knieper	Damhirsch vom zweiten Kopf
Zweiköpfer	Damhirsch vom zweiten Kopf
Dreiköpfer	Damhirsch vom dritten Kopf
Löffler	Damhirsch vom dritten Kopf
Halbschaufler	Damhirsch vom vierten oder fünften Kopf
angehender Schaufler	Damhirsch vom vierten oder fünften Kopf
Schaufler	Damhirsch ab dem vierten Kopf
guter (starker) Schaufler	Damhirsch ab dem fünften Kopf
Kapital- oder Hauptschaufler	Damhirsch ab dem siebten Kopf
Dorn (Schauflerhaken, Sporn)	das hintere, unterste Ende einer Schaufel, wenn es von dieser durch eine Rille abgesetzt ist
Krebsschere	O-förmige Einkerbung der Schaufel (nicht erwünscht)
Schaufel	verbreiterter Geweihteil mit den Enden
Winkelspross	ein hinteres, höher gelegenes Ende, wenn es senkrecht zur Schaufel nach innen gebogen ist
Mahnen (Gluchsen)	Lautäußerung der Tiere und Kälber
Brunftkuhlen (Brunftbetten)	Kuhlen (Vertiefungen), die der brunftende Damhirsch mit den Vorderläufen schlägt, in die er nässt und sich dann darin niedertut
Die übrigen waidmännischen Ausdrücke sind dieselben wie beim ▸ Rotwild.	

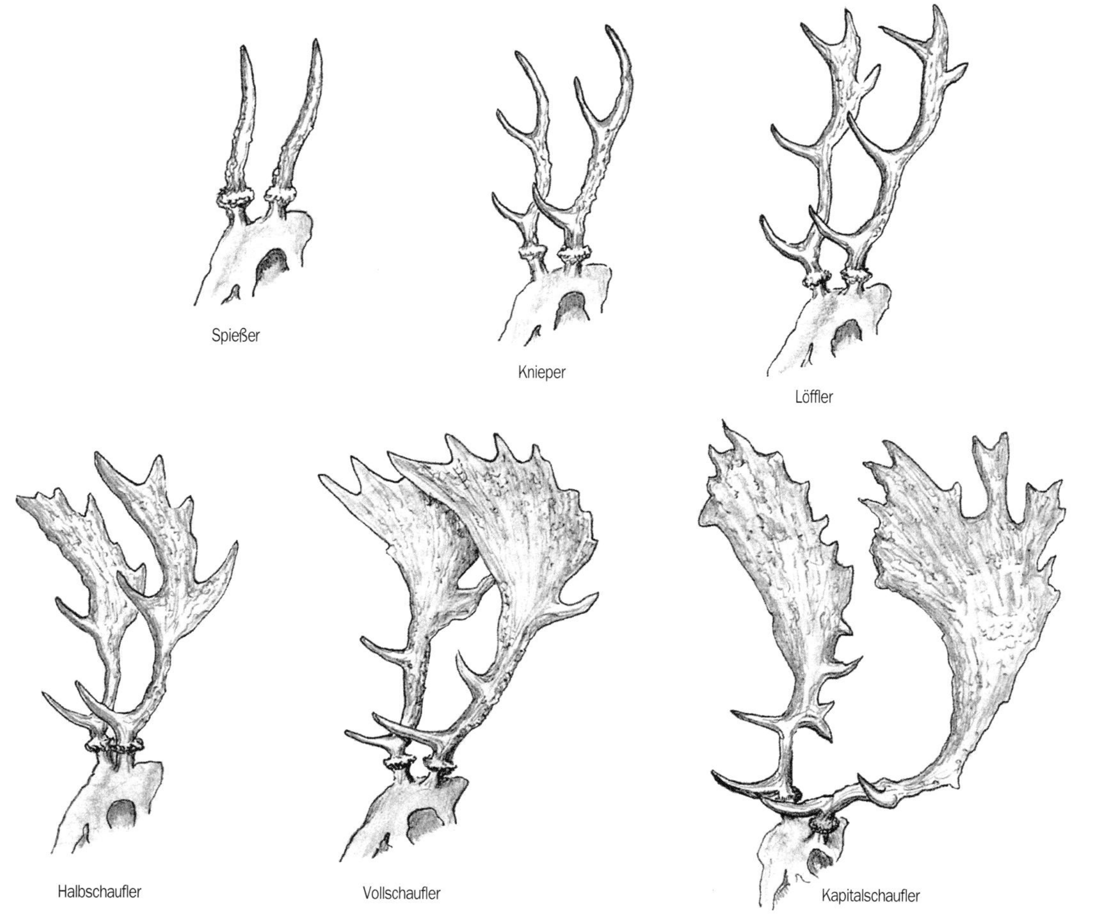

Geweihentwicklung beim Damhirsch

im Oktober. Bei der Sommerdecke ist die Oberseite hellrötlich braun mit weißen Flecken, die Unterseite weißlich. Die Winterdecke ist dunkelgraubraun. Gelegentlich kommt fast schwarzes (sehr schwach gefleckt) und fast weißes D. vor. D. hat einen weißen Spiegel, der schwarz umrandet ist. Der ca. 0,2 m lange, schwarz umrandete Wedel ist ständig in Bewegung. Spiegel und Wedel haben innerhalb des Rudels Signalwirkung.

Sinne und Lautäußerung: D. windet und vernimmt sehr gut und äugt auch gut (besser als Rot- und Sikawild), da es mehr Tagtier ist. Für die innerartliche Kommunikation spielen alle Sinne eine Rolle. Auf größere Distanzen sind Düfte, auf kurze Distanzen Lautäußerungen von Bedeutung, die Wedelstellung und der optisch auffällige Spiegel in Sichtbereich. Der Schreckruf des D. ist dem des Rehwildes ähnlich, jedoch einen Ton tiefer. Der Brunftschrei des Damhirsches ist höher als der des Rothirsches, eintönig und wird als Knören und Schreien bezeichnet.

Lebensraum und Lebensweise: Der Lebensraum des D. sind parkähnliche Kulturlandschaften mit in etwa gleichen Teilen von Wald, Wiesen und Feldern. Es ist ein ausgesprochener ▸ Kulturfolger und kann mit wenig Wald auskommen. Häufig wird es dort heimisch, wo das Rotwild verdrängt wurde. D. bevorzugt strauchreiche Mischwaldbestände und steht im Sommer gern im Getreide. Es gedeiht am besten in Ländern mit feuchtem, gemäßigtem Niederungsklima (Dänemark, Schleswig-Holstein), ist jedoch ungeeignet für hartes Klima und für das Gebirge. D. ist unruhig und wechselt weit, wenn es ▸ rege gemacht wird. Es wandert auch gern über weite Strecken. Bei Tage kann man es leichter beobachten als das Rotwild. Es suhlt nie. Es ist sehr gesellig und lebt in Rudeln unterschiedlichster Größe. Bietet der Lebensraum genügend Deckungsmöglichkeiten (z.B. im Sommer), sind die Gruppen kleiner; verringert sich das Deckungsangebot (z.B. im Winter), so werden größere Gruppen gebildet (bis zu 80 Stück). Die kleinste Gruppe ist die Mutterfamilie, bestehend aus Alttier, Jährling und Kalb. Mehrere Mutterfamilien (Familiengruppen) bilden eine Tiergruppe. Innerhalb der Tiergruppe tun sich die Jährlinge und Kälber beiderlei Geschlechts zu Junggruppen zusammen. Nach der Brunft (November) bilden Hirsch- und Tiergruppen ein gemeinsames Rudel. Während der Zeit des Geweihabwurfes (April/Mai) trennen sich die Hirsche von der Tiergruppe und bilden verschieden große Hirschgruppen. Eine Hirschgruppe wird vom stärksten Hirsch angeführt. Alte Hirsche leben auch einzelgängerisch. Kurz vor dem Setzen verlässt das hochbeschlagene Damtier das Rudel. Besteht irgendeine Gefahr, drängt sich das Rudel zusammen, äugt in Richtung Gefahrenquelle und lauscht, bis dann eines der weiblichen Tiere zu fliehen beginnt.

Nahrung: Als Äsung bevorzugt D. weiche Futtersorten und Früchte und steht daher gerne in Wildwiesen und -äckern. Bevorzugt werden verschiedene Gräserarten, allerlei Futterpflanzen und Kräuter, verschiedene Früchte, Halbsträucher, Samen, Wurzeln und Knollen. Triebspitzen schätzt es weniger. ▸ Schälschäden kommen selten, gelegentlich jedoch an Eschen und Ahorn vor. D. ist bezüglich der Nahrung relativ anspruchslos und äst die Pflanzen nie ganz ab. Aus diesem Grund wird es immer häufiger in schwierig zu bewirtschaftenden Gebieten zur schonenden Be-

Anton Straßgschwandtner (1826–1881): »Jagd auf Damhirsche«, um 1860, Lithografie

weidung eingesetzt. Bei der Winterfütterung werden dem D. weiche Raufuttersorten, z.B. Luzerne und Kleeheu, gereicht. Daneben werden Hülsenfrüchte, Körnermischungen, Eicheln, Bucheckern, Kastanien sowie Mais, Gerste und Hafer gerne angenommen. Als Silofutter werden hauptsächlich Apfeltrester und Rübenblätter verwendet. Ist D. ungestört, nimmt es während des ganzen Tages – unterbrochen durch Ruhephasen (Wiederkäuen) – Nahrung auf. Wird es häufig gestört, äst es zeitlich konzentrierter in den Morgen- und Abendstunden.

Fortpflanzung: Die Brunft beginnt Anfang/Mitte Oktober, erreicht ihren Höhepunkt Mitte/Ende Oktober und endet Mitte November. In dieser Zeit werden große Brunftrudel gebildet. Es herrscht den ganzen Tag über Brunftbetrieb. Die Damtiere finden sich am Brunftplatz beim meldenden ▸ Platzhirsch ein, der bereits vor dem Brunftigwerden des Kahlwildes mit dem Schreien beginnt. Damhirsche haben im Ggs. zu Rothirschen keine ▸ Brunftmähne. Während der Brunft schlägt der Damschaufler auf dem Weg zum Brunftplatz mit dem blank gefegten Geweih auf Bäumchen und Sträucher ein oder reibt es an Stämmen. Im Zentrum seines Territoriums schlägt er in der Nähe des Brunftplatzes eine sog. ▸ Brunftkuhle, in welche er nässt und sich dann niedertut (▸ Harnen). Gelegentlich sind diese Territorien zahlreich und klein. Mancherorts ist das Verhalten der Hirsche nicht territorial, sondern sie folgen den Weibchengruppen und verteidigen diese gegen Rivalen. Bei den Damhirschen gibt es verschiedene Übergangsformen von Territorial- zu Haremsverhalten. Die Brunftkämpfe der Damhirsche haben mehr zeremoniellen Charakter. Das Geweih wird als Waffe im direkten Vorstoß und anschließenden Schiebe-

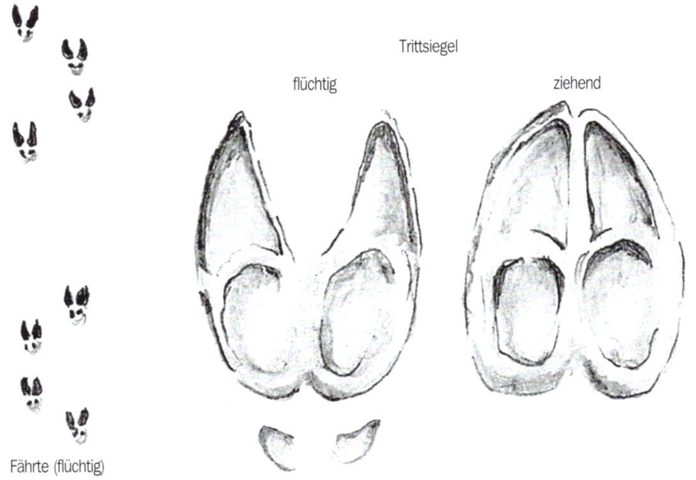

Damwild

Damwildlosung

▸▸ Damhirsche im Sommerhaar: Deutlich zu erkennen sind bei den Hirschen rechts die Kälberflecke, die bis zum Herbst vom nachwachsenden Haar verdeckt werden. Im Hintergrund ein schwarzer Hirsch (Melanismus).

kampf eingesetzt. Auch bei einem erbitterten Kampf wird der Gegner nur selten verletzt; ▸ Kommentkampf, ▸ Eckzahndrohen. Erhebliche Verletzungsgefahr besteht, wenn ein Damhirsch sein Geweih seitlich gegen Schultern und Rippen des Rivalen schlägt. Die Haut der Hirsche verdickt sich aus diesem Grunde zur Brunftzeit an Hals und Schultern bis auf 1 cm. Die D.-Kälber, i.d.R. eines oder zwei, werden nach 33-wöchiger Tragzeit im Juni gesetzt (Geburtsgewicht: 4 bis 5 kg). Zwillinge sind häufiger als beim Rotwild. Zum ▸ Setzen sondert sich das Damtier ab und kehrt nach einigen Wochen mit dem Kalb wieder zum Rudel zurück. Das Kalb wird mindestens fünf (höchstens zehn) Monate gesäugt. Damtiere sind bereits als Jährlinge (ca. 16 Monate alt) geschlechtsreif. Ab dem zweiten Lebensjahr ist die Reproduktionsrate sehr hoch und nimmt nach dem siebten Lebensjahr wieder ab. Die Jungtiersterblichkeit wird v.a. durch Kälte bei der Geburt, Nässe und Dürre verursacht. Auch Raubtiere, schneereiche und kalte Winter können den Bestand dezimieren.

Losung: Sie ist etwas kleiner als die des Rotwildes und runder. Beim Damtier besteht sie meist aus einzelnen Beeren; beim Damhirsch sind diese fast immer mehr oder weniger in Form eines länglichen Klumpens zusammengepresst. Die frische Losung ist grünschwarz und von einer dünnen, glänzenden Schleimschicht überzogen, die jedoch sehr schnell trocknet. Ältere Losung ist graugrün und matt. Eine einzelne Beere ist ca. 1 bis 1,5 cm lang und 0,7 bis 1,2 cm breit. Sommer- und Winterlosung sind fast gleich.

Fährte: Das ▸ Trittsiegel des D. ist kleiner und schmaler (gestreckter) als das des Rotwildes. Der Abdruck des Ballens ist meist deutlich und macht etwa die Hälfte des gesamten Trittsiegels aus. Das Trittsiegel eines Damhirsches ist ca. 7 bis 8 cm lang und 4 bis 5 cm breit, das eines Damtieres ca. 5 bis 6 cm lang und 3 bis 4 cm breit. Seine Anordnung ist bei den verschiedenen Gangarten wie beim Rotwild, der ▸ Schrank ist jedoch geringer und die ▸ Schrittlänge kürzer.

Hege: Verbesserung der natürlichen Äsung und ausreichende Winterfütterung. Die Hege mit der Büchse ist durch Abschuss aller kümmernden und kranken Stücke und durch starke ▸ Auslese, besonders unter dem Jungwild, durchzuführen. Beim ▸ Kahlwild sind neben den kümmernden und kranken Stücken die geringen und überalten Tiere herauszunehmen. Gut vererbende Damtiere sind jedoch zu schonen. Ein Damschaufler kann früher geerntet werden als ein Rothirsch. Ein ▸ Geschlechterverhältnis von 1 : 1 ist anzustreben. Ist ein Bestand erst im Aufbau begriffen, kann es auch bis 1 : 3 (männlich : weiblich) betragen.

Jagdarten: Üblich sind ▸ Ansitz, ▸ Pirsch, ▸ Drückjagd, ▸ Pirschenfahren. D. springt bei Flucht mit allen vier Läufen gleichzeitig hoch und streckt dabei den Wedel gerade nach hinten. Ein charakteristisches ▸ Schusszeichen bei einem guten Schuss ist das sog. Klemmen

Damkahlwild im Winter

◂◂ Weißer Damhirsch

des auffallend langen Wedels bei der Flucht. Wurde vorbeigeschossen, klatscht es mit dem Wedel gegen die Keulen, es ▸ applaudiert. Bei D. ist in freier Wildbahn eine ▸ Wilddichte von bis zu drei bis vier Stück je 100 ha tragbar. Das Vorkommen von anderem ▸ Schalenwild ist entsprechend zu berücksichtigen.

Geweihentwicklung: Das Damhirschkalb schiebt im April/Mai des auf die Geburt folgenden Jahres (mit ca. zehn bis elf Monaten) seine ersten ▸ Spieße (bis zu 7 mm pro Tag). Eine kolbenartige Verdickung über dem ▸ Rosenstock gilt als Zeichen einer guten Veranlagung. Ab 1. April spricht man dann vom Damspießer (erster Kopf). Die ersten Spieße haben keine ▸ Rosen und können eine Länge von 5 bis 40 cm erreichen. Der Damspießer verfegt Anfang bis Mitte August. Ältere Damhirsche verfegen von Ende August bis Mitte September, und von April bis Mai werden dann die ▸ Geweihe bzw. die Spieße abgeworfen. Jüngere und gesunde Hirsche verfegen früher und werfen später ab als kümmernde und ältere. Ein Damhirsch im dritten Jahr (zweiter Kopf) wird als Knieper, Zweiköpfer oder Sprossler bezeichnet; er trägt nun Rosen, Aug- und Mittelspross und am Stangenende meist eine Gabel. Ein Damhirsch vom dritten Kopf wird als Dreiköpfer oder Löffler bezeichnet (am Stangenende deutet sich bereits die Schaufel an), ein Hirsch vom vierten und fünften Kopf als Halbschaufler. Später, wenn die Schaufel sich mehr verbreitert, bezeichnet man ihn als angehenden Schaufler, als guten oder braven Schaufler, dann als Vollschaufler, ab dem siebten Kopf als Haupt- oder Kapitalschaufler. Bis zur vollen Reife benötigt der Damschaufler zehn bis elf Jahre. Kapitale Schaufler sollen nicht vor dem elften oder zwölften Kopf erlegt werden. Die Schaufel ist auf der Rückseite gezackt. Das unterste Ende wird, wenn es mit einer Rille von der Schaufel abgesetzt ist, als Dorn, Sporn oder Schauflerhaken bezeichnet. Ein oberes Ende heißt Winkelspross, wenn es senkrecht zur Schaufel nach innen gebogen ist. Das Damhirschgeweih hat nur in Ausnahmefällen eine Eissprosse. Geweihe mit einer Stangenlänge von über 70 cm und einer Schaufelhöhe von 40 cm sowie einer Schaufelbreite von 20 cm sind zu den kapitalsten zu zählen. Das Hegeziel sind lange, breite, volle, wenn möglich dicke Schaufeln, starke Stangen mit guter Auslage und kräftige Mittelsprossen sowie möglichst viele, gut ausgebildete Enden am oberen, hinteren Schaufelrand. Erwünschte Schaufelformen sind Karo-, Fischbauch- und Brettform, bei vollen Schaufeln eventuell noch Keilform. Die Bewertung der Trophäe erfolgt nach der CIC-Formel; ▸ Trophäenbewertung.

Zahnbildung und Zahnwechsel: Bald nach dem Setzen erscheinen beim Kalb die ersten sechs Milchschneidezähne und die beiden ▸ Eckzähne im Unterkiefer (im Oberkiefer keine Schneidezähne). Im darauffolgenden Monat wachsen auch die zwölf Milchbackenzähne (P 1, P 2, P 3). Der dritte untere Milchbackenzahn ist dreiteilig. Im Oktober/November (das Kalb ist etwa fünf Monate alt) werden die vierten Backenzähne (M I) geschoben; sie erscheinen gleich als Dauerzähne. Bis zum Sommer des auf die Geburt folgenden Jahres werden die fünften Backenzähne (M II) geschoben und die vorderen vier Milchschneidezähne (I 1, I 2) durch Dauerschneidezähne (I I, I II) ersetzt. Der Damspießer bzw. das Schmaltier ist dann etwa 14 bis 15 Monate alt. Bis zum Herbst werden die restlichen zwei Schneidezähne (I 3) und der Milcheckzahn (C 1) durch Dauerzähne (I III, C I) ersetzt; das Stück ist dann etwa 19 bis 20 Monate alt. Im Mai des auf die Geburt folgenden zweiten Jahres werden die sechsten Backenzähne (M III) geschoben (Alter ca. 24 Monate). Im Frühjahr des auf die Geburt folgenden zweiten Jahres (zwischen dem 22. und dem 25. Lebensmonat) werden die Milchbackenzähne (P 1, P 2, P 3) durch Dauerbackenzähne ersetzt (P I, P II, P III); der dritte untere Backenzahn ist zweiteilig. Mit ca. 26 Monaten ist das Gebiss vollständig. D. hat i.d.R. keine ▸ Grandeln, Ausnahmen kommen vor. Die Zähne sind weicher als die des Rotwildes. Zahnformel:

$$\frac{0}{3}\,\frac{0}{1}\,\frac{3}{3}\,\frac{3}{3} = 32 \text{ Zähne}$$

(▸ Zahnalterslehre).

Damwildkalb, das: Weibliches ▸ Damwild im ersten Lebensjahr.

Dändl, das: Frühere Bez. für ▸ Damwild.

Dänischer Blendling, der: ▸ Blendling 1).

Dänische Tücher, die (dänisches Zeug): Älterer Ausdruck für Mitteltücher; ▸ Jagdzeug 2.

Dänl, das: Frühere Bez. für ▸ Damwild.

Dänlein, das: Frühere Bez. für ▸ Damtier.

Dannenwild, das (Danwild): ▸ Damwild.

D'Arcussia de Capre (1547 bis 1617): ▸ Jagdliteratur.

Darmstaupe, die: ▸ Staupe.

Darmwürmer, die: ▸ Magenwürmer.

Darß, der: Ein urwüchsiges und wildreiches, 6000 ha großes, teilweise mit kaum betretbaren Bruchwäldern durchsetztes und daher schwer zugängliches Waldgebiet in Mecklenburg-Vorpommern. Es bildet den Mittelteil einer Halbinsel an der Ostsee und hängt im Westen mit der schmalen Nehrung Fischland, im Osten mit der Halbinsel Zingst zusammen. Der D. ist heute Teil des Nationalparks Vorpommersche Boddenlandschaft (▸ Naturparks). In früherer Zeit war er das Jagdgebiet der Pommernherzöge und der Schwedenkönige. Im Dritten Reich war der D. Jagdgebiet für Parteigrößen, nach dem Zweiten Weltkrieg Leibgehege für die DDR-Prominenz. Der D. ist verbunden mit dem Namen von ▸ Ferdinand von Raesfeld, dem Altmeister des deutschen Waidwerks, der von 1891 bis 1913 die damalige Oberförsterei Born (heute Forstamt und Sitz der Nationalparkverwaltung) auf dem D. leitete.

Das Ganze!: Ein ▸ Jagdsignal.

Dass, der: Plattdeutscher Ausdruck für Dachs.

Dasselfliege, die (Hautdasselfliege): ▸ Hautdasseln.

Daude, J. C. C.: ▸ Jagdliteratur.

Dauerbrache, die: ▸ Brachflächen.

Dauergebiss, das: ▸ Zahnalterslehre.

Dauergrünäsungsfläche, die: ▸ Wildäsungsflächen 1.

Dauerlupine, die: ▸ Wildäsungspflanzen, ▸ Lupine.

Daumenschild, das (Daumenstück): Metallene Platte, die am Gewehrkolben als Verzierung angebracht ist und die Anfangsbuchstaben des Namens oder das Wappen des Besitzers trägt. Sie wird so bezeichnet, weil beim schussfertigen Tragen des Gewehrs an jener Stelle der Daumen der rechten Hand liegt.

David, Adam (2.7.1872 Basel bis 13.8.1959 Basel): Schweizer Zoologe und Kaufmann. D. wirkte nach einer Handelsexpedition in den Sudan (1900) bis 1905 als Landwirtschaftsexperte an einem Kairoer Gerichtshof. 1908 bis 1914 organisierte er Jagd- und Filmausflüge im Gebiet des Oberen Nil, unterhielt eine Tierstation in Khartum und belieferte von dort

Keiler, von Hunden gedeckt, aus R. Corneli: »Die Jagd und ihre Wandlungen« (1884)

zoologische Gärten in ganz Europa. Er schrieb u.a. »Jagden und Abenteuer in den Gebieten des oberen Nil« (1916).

DBV: Abk. für Deutscher Bund für Vogelschutz; ▸ Vogelschutz.

DD: Abk. für Deutsch-Drahthaar; ▸ Vorstehhunde.

Debe, die: Niederdeutscher Ausdruck für Hündin.

Deckakt, der: Die Begattung bei Hunden und bei ▸ Haarraubwild.

Decke, die: **1**) Die Haut von allem ▸ Schalenwild mit Ausnahme des Schwarzwilds (Schwarte) sowie von Bär, Wolf und Hund. Bei Bär und Wolf sind jedoch die Bez. Fell bzw. Balg üblicher. Auf die D. legen, erlegen, ▸ aus der D. schlagen, Abziehen der D. **2**) Die mittleren zwei Federn im ▸ Stoß des Flugwildes, besonders der ▸ Greifvögel; ▸ Deckpennen.

Decken, die: ▸ Deckpennen.

decken: **1**) Begatten bei Hund und ▸ Haarraubwild. **2**) Zusammenhalten der Schrotgarbe; ▸ Deckung 2). **3**) Schwarzwild, von Hunden gestellt, umringt und festgehalten, ist gedeckt, bedeckt, festgemacht oder beritten. **4**) Fangen von ▸ Federwild mit dem Deckgarn (▸ Garne 2.), es d. **5**) »Der Jäger deckt sich«, wenn er sich hinter etwas (z.B. Baum, Schirm etc.) versteckt.

Deckfedern, die: Bei Vögeln Bez. für Federn, welche die Schwung- und Schwanzfedern z. T. bedecken. Flügel-D. oder Flügeldecken und Schwanz-D., Schwanzdecken oder Stoß-D.

Deckgarn, das (Decknetz): ▸ Garne 2.

Deckgeld, das: Ein Geldbetrag, der für das ▸ Decken der Hündin an den Rüdenbesitzer bezahlt wird. Je nach Vereinbarung kann anstelle des D. auch ein Welpe (Deckwelpe) überlassen werden.

Deckhaar, das: Längeres, oberes Haar im Ggs. zum darunterliegenden Unterhaar bzw. zur Unterwolle beim ▸ Haarwild und bei den Jagdhunden.

Deckling, der (Tackling): ▸ Ästling.

Decknetz, das (Deckgarn): ▸ Garne 2.

Deckpennen, die (Decke, Decken): Die mittleren zwei Pennen (Federn) im Staart (Schwanz) des ▸ Beizvogels, so benannt, weil bei zusammengelegtem Staart alle anderen Staartpennen unter diesen beiden Pennen liegen.

Deckrüde, der: Ein zur Zucht zugelassener Rüde.

Deckung, die: **1**) Sammelbezeichnung für alles, was das Wild und auch den Jäger davor schützt, gesehen zu werden. **2**) Bez. für die gleichmäßige Verteilung der Schrote auf der 35 m entfernten Prüfscheibe. Neben der Choke-Bohrung hat auch der Aufbau der Patrone Einfluss auf die D. Gute D. bedeutet ein gutes Zusammenhalten der Schrotgarbe; ▸ Ballistik II.

Deckungseinstand, der: ▸ Einstand 1).

Deckwelpe, der: ▸ Deckgeld.

Deformation von Geschossen: ▸ Büchsengeschosse, ▸ Ballistik.

Defregger, Franz von (1835 bis 1921): ▸ Jagdkunst.

Dehn, das: ▸ Damwild.

Deiker, Malerfamilie, welche die Jagdkunst der Düsseldorfer Schule prägte. **1**) Friedrich (1792 bis 1843), Zeichenlehrer in Wetzlar. **2**) Johannes (1822 bis 1895), Sohn von 1) ▸ Jagdkunst. **3**) Carl Friedrich (1836 bis 1892) ▸ Jagdkunst. **4**) Carl (1879 bis 1958), Sohn von 3), Jagdmaler, illustrierte überwiegend eigene Bücher. **5**) Hans (1876 bis ?), Sohn von 2), malte v.a. Landschaftsbilder.

Dekorationsgeweih, das: Alte österreichische Bez. für ein kapitales oder auch abnormes Geweih.

Delegierte Commission (DC), die: ▸ Hundeverbände 1.

Della, Caspar (um 1583 Benediktbeuern bis 1661 Wien): D. war in Wien Hof- und Kammermaler. Von ihm stammt »Kaiser Ferdinand II. mit Jagdhund« (1627).

Demodex-Krätze, die: ▸ Demodikose.

Demodex-Milben, die: ▸ Demodikose.

Demodex-Räude, die: ▸ Demodikose.

Demodikose, die (Erkrankung durch äußere Parasiten): D. (Demodex-, Acarus-, Rote Krätze, Demodex-Räude) wird durch ▸ Haarbalgmilben der Gattung *Demodex* hervorgerufen und ist eine besonders hartnäckige Form von ▸ Räude. Die Demodex-Milben bohren sich in tiefe Hautschichten (tiefer als Sarcoptes-Milben) und verursachen eine Hautverdickung, Schuppenbildung (trockene Form) und manchmal auch entzündete Pusteln (nasse Form). D. wurde z.B. beim Rotwild (*Demodex cervi*), beim Mufflon (*Demodex ovis*), bei Fuchs und Hund (*Demodex canis*) diagnostiziert. In freier Wildbahn ist sie ohne Bedeutung, beim Hund ist eine Behandlung durch den Tierarzt notwendig.

Demökologie, die: ▸ Ökologie.

Demutsgebärden, die (Demutsverhalten, Demutsgeste, Beschwichtigungsgebärde):

Bei den einzelnen Tierarten angeborene Verhaltensweisen (Körperhaltungen wie Kleinermachen und Verstecken der Waffen), die sie einnehmen, wenn sie sich einem aggressiven (▸ Aggression) und meist stärkeren Artgenossen (z.B. Rivalen) geschlagen geben (sog. Unterwerfungsgebärde). D. können auch Beschwichtigungsgebärden sein, wenn sie den Aggressionstrieb des Artgenossen neutralisieren sollen. Bei vielen Tierarten, z.B. bei Wölfen, werden dem Rivalen die verwundbaren Körperteile ungeschützt dargeboten. Dadurch werden schwere Verwundungen im Kampf oder gar Tötung von Artgenossen verhindert. D. spielen bei der Beendigung von ▸ Kommentkämpfen eine große Rolle und sind bei wehrhaften Tieren besonders ausgeprägt; ▸ Drohverhalten, ▸ Ausdrucksverhalten, ▸ Ritualisierung.

Dendl, das (Denl): Alter Ausdruck für ▸ Damwild.

Denk, Hugo Ludwig Dr. (8.11.1913 Landshut bis 1.12.2002 Gmund am Tegernsee): Forstmann und Jagdmaler. D. nahm nach dem Abitur ein Forst- und Kunststudium auf. Nach Kriegsdienst (zuletzt Rittmeister) legte er 1947 die Große Forstliche Staatsprüfung ab und promovierte 1950 zum Doktor der Staatswissenschaften. Nach Verwendung an verschiedenen Forstämtern, z.B. Teisendorf (1949 bis 1955) und Walchensee (1955 bis 1966) kam D. als Jagdreferent und Leiter der obersten Jagdbehörde (1966 bis 1977) an das Bayerische Staatsministerium für Ernährung, Landwirtschaft und Forsten. Nach seiner Pensionierung als Ministerialrat widmete sich D. der Malerei und der Grafik. Seine Werke wurden u.a. im Haus der Kunst in München ausgestellt.

Deputatwild, das: Eine zum Gehalt oder Lohn gehörende Naturalleistung, welche die oberen Jagdbeamten früher in den verschiedenen deutschen und österreichischen Ländern erhielten; z.B. die ▸ Hosengams.

Derbholz, das: Alles Holz ab 7 cm Durchmesser; ▸ Reisig.

Derby, das: Bez. für die Verbandsjugendprüfung für Deutsch-Kurzhaar; ▸ Hundeprüfungen.

Der Deutsche Jäger: ▸ Jagdzeitschriften.

Deringer, Henry (1786 bis 1868): Amerikanischer Büchsenmacher; nach ihm wurde die zweiläufige Perkussions-Taschenpistole benannt, die D. 1850 herstellte (Deringer-Philadelphia). Die Schreibweise »Derringer« (»rr«) steht i.d.R. für Nachbauten und Nachahmungen, da D. Waffe nicht patentiert war. Der Vater D. kam aus Thüringen und hieß ursprünglich »Döringer«.

Derrière! (franz.: Zurück!): Früherer Zuruf an den ▸ Vorstehhund.

Derringer: ▸ Deringer.

Desmarées, Georges, auch George(s) de(s) Marées (1697 Österby/Schweden bis 1776 München): Maler. D., der seine Ausbildung bei seinem niederländischen Onkel Martin Mytens d. Ä. erhielt, ging 1724 mit nur kurzen Aufenthalten über Amsterdam nach Nürnberg, Venedig und München, wo er vom Kurfürsten Karl Albrecht zum Hofmaler ernannt wurde. Einige Jahre später kam er ebenfalls als Hofmaler an den Hof von Clemens August, der ihm den Titel »Kurfürstlicher Rat« verlieh. Am kurkölnischen Hof war er 1745 bis 1749 und in Bonn von 1753 bis 1754 tätig. Das letzte Drittel seines Lebens verbracht D. in München. Von ihm stammen u.a. »Die rote Dame« (Kurfürstin Maria Anna im Parforcejagd-Kostüm), »Clemens August mit dem Pagen von Weichs, im Hintergrund Jagdschloss Falkenlust« und »Kurfürst Karl Albrecht von Bayern mit Feuerwaffe und apportierendem Jagdhund«. D. war ein bedeutender Bildnismaler des Bayerischen Rokoko.

Desportes, Alexandre-François (1661 bis 1743): ▸ Jagdkunst.

Deuchel, der (Deuchler, Deucher): ▸ Lappentaucher 1.

Deutsch-Drahthaar (DD): ▸ Vorstehhunde.

Deutsche Beize, die: Frühere Bez. für die ▸ Beizjagd mit Habicht (▸ Küchenmeister) und Sperber; sie wurde überwiegend als Küchenjagd betrieben.

Deutsche Bracke, die: ▸ Bracken.

Deutsche Jagd, die: Frühere Bez. für die Jagd mithilfe von Gewehren, ▸ Jagdzeug, Eisen und ▸ Fallen. Auch alles, was mit ▸ Hatzhunden und ▸ Windhunden gefangen oder geschossen wurde, zählte zur D. J. im Ggs. zur ▸ Parforcejagd (Hetzjagd zu Pferde mit Hunden), die auch Französische Jagd genannt wird.

Deutsche Jäger-Zeitung: ▸ Jagdzeitschriften.

Deutscher Bund für Vogelschutz (DBV): Ab 1992 Naturschutzbund Deutschland (NABU); ▸ Vogelschutz.

Deutscher Falkenorden (DFO): ▸ Falkenorden.

Deutscher Fasan, der: Alte Bez. für das Birkhuhn; ▸ Raufußhühner 2.

Deutscher Hirschfänger, der: ▸ Blanke Waffen.

Deutscher Jagdrechtstag e.V.: Im November 1987 in Bebra-Weiterode als beitragsfreier gemeinnütziger Verein gegründet. Der Verein mit Sitz in Köln bezweckt die Forschung und Weiterbildung auf dem Gebiet des Jagdrechts, des Natur- und Umweltrechts sowie weiterer verwandter Rechtsgebiete und die Förderung der Anwendung. Die Mitglieder sind im Wesentlichen Rechtsanwälte, Richter, Staatsanwälte und Verwaltungsjuristen. Jagdrechtsseminare werden seit 1968 jedes Jahr

Carl Friedrich Deiker (1836–1892): Hirsch und Hund (Totsuche), Zeichnung

durchgeführt. Bis 1987 waren Träger die Deutsche Anwaltsakademie und der Deutsche ▸ Jagdschutz-Verband. Der D. J. gibt seit 1990 eine Schriftenreihe heraus, in der die zur Veröffentlichung geeigneten Referate zusammengefasst werden.

Deutscher Jagdschutz-Verband (DJV): ▸ Jagdschutz-Verband.

Deutscher Jagdterrier: ▸ Erdhunde 5.

Deutscher Naturschutzring (DNR): ▸ Naturschutzverbände.

Deutscher Schwanenhals, der: ▸ Fallen 13.

Deutscher Stecher, der: ▸ Stecherabzug 1.

Deutscher Wachtelhund: ▸ Stöberhunde 1.

Deutscher-Wildgehege-Verband e.V.: Ein als gemeinnützig anerkannter Verband auf Bundesebene. Er ist ein Zusammenschluss von privaten, kommunalen und staatlichen Wildgehegen jeder Zweckbestimmung und Größe, z.B. Jagdgattern, Wildparks, Schaugehegen, Lehr- und Forschungsgehegen sowie Zuchtgehegen, die sich einer tierschutzgerechten Wildtierhaltung verpflichtet fühlen.

Deutsche Sektion des Internationalen Rates für Vogelschutz (DS/IRV): ▸ Vogelschutz.

Deutsches Gebrauchshund-Stammbuch (DGStB): ▸ Hundestammbuch.

Das Deutsche Gebrauchshund-Stammbuch (DGStB), Band 2001

Deutsches Jagd- u. Fischereimuseum, das: ▸ Jagdmuseen.

Deutsches Weidelgras, das: ▸ Wildäsungspflanzen.

Deutsche Umweltaktion (DUA): ▸ Naturschutzverbände.

Deutsche Versuchs- u. Prüfanstalt für Jagd- und Sportwaffen e.V. (DEVA): Eine Nachfolgeorganisation der Deutschen Versuchsanstalt für Handfeuerwaffen e.V. und des Deutschen Instituts für Jagdliches und Sportliches Schießwesen e.V. Sie wurde am 26.11.1888 auf Wunsch von deutschen Jägern gegründet, die eine neutrale Beratungsstelle für ungeklärte und strittige Fragen auf dem Gebiet der Jagdwaffen, der Munition und der Jagdausrüstung für notwendig hielten. Die DEVA ist nach der Gründung des Allgemeinen Deutschen Jagdschutzvereins der älteste von Jägern ins Leben gerufene Verein. Ihr Zweck ist die unabhängige technische und wissenschaftliche Bearbeitung von Aufgaben und Forschungen, die im jagdlichen und sportlichen Schießwesen anfallen, um Jäger, Sportschützen, Behörden und Industrie beraten zu können. Die Ergebnisse werden veröffentlicht. Der Verein wird getragen aus Jagdabgabemitteln im Rahmen der institutionellen Förderung des Jagdwesens des Landes Nordrhein-Westfalen, vom Deutschen ▸ Jagdschutz-Verband e.V., von der überwiegenden Zahl der Landesjagdverbände, vom Deutschen Schützenbund e.V., von der Fachpresse und von Versicherungsunternehmen, von der einschlägigen Industrie des In- und Auslandes, von den Büchsenmachern sowie von Einzelmitgliedern. Die Institution kann grundsätzlich von jedermann in Anspruch genommen werden. Vereinsmitglieder erhalten auf die Gebührenordnung entsprechenden Nachlass. Der Bundesminister des Innern hat die DEVA in der Ersten Verordnung zum Sprengstoffgesetz neben den staatlichen ▸ Beschussämtern als Prüfstelle für die Ermittlung von Ladedaten von Treibladungsmitteln für das nicht gewerbsmäßige ▸ Wiederladen eingesetzt. Sie kann damit im Rahmen ihrer Tätigkeit für die Wiederlader unter den Jägern offiziell Gasdruckmessungen durchführen. Die DEVA führt ferner staatlich anerkannte Lehrgänge zur Vermittlung der Fachkunde (im gewerblichen und nicht gewerblichen Bereich) für den Verkehr und den Umgang mit explosionsgefährlichen Stoffen und deren Beförderung durch. Bei dem zuständigen Gewerbeaufsichtsamt kann dann mit dem von der DEVA ausgestellten Zeugnis eine Erlaubnis für den Erwerb von Nitro- und (oder) Schwarzpulver beantragt werden. Die DEVA ist auch Gutachterstelle für die Beurteilung von technischen, wissenschaftlichen und kulturhistorisch bedeutsamen Waffensammlungen, auch für die Bedürfnisfrage bei der Beantragung von Waffenbesitzkarten für Kurzwaffen. Sie ist im Beschussrat des zuständigen Bundesministeriums vertreten und wird auch zur Prüfung von Waffen und Munition gemäß den Vorschriften des Waffengesetzes eingesetzt. Darüber hinaus wird sie noch zu anderen das jagdliche und sportliche Schießwesen betreffenden Aufgaben von den dafür zuständigen Behörden herangezogen. Seit Mitte 1995 betreibt die DEVA wieder ihren 7 ha großen Schießstand in Berlin-Wannsee, der 1880 in Halensee gegründet, 1928 nach Wannsee verlegt und 1945 enteignet worden war.

▸▸ Markenzeichen der Deutschen Versuchs- u. Prüfanstalt für Jagd- und Sportwaffen e.V. (DEVA)

Deutsche Vorstehhunde: ▸ Vorstehhunde I.

Deutsch-Kurzhaar: ▸ Vorstehhunde 2.

Deutsch-Langhaar: ▸ Vorstehhunde 3.

Deutsch-Stichelhaar: ▸ Vorstehhunde 4.

DEVA: Abk. für ▸ Deutsche Versuchs- und Prüfanstalt für Jagd- und Sportwaffen e.V.

Dewitz-Cölpin, Fritz von: ▸ Jagdliteratur.

DFO: Abk. für Deutscher ▸ Falkenorden.

DGStB: Abk. für Deutsches Gebrauchshund-Stammbuch; ▸ Hundestammbuch.

Diana: **1**) ▸ Jagdgöttin. **2**) Ausleseprüfung für erfahrene Kurzhaar-Hündinnen: ▸ Hundeprüfungen.

DIANA (Abk. für Société suisse de chasseurs »La Diana«): Eine freiwillige Vereinigung (Jagdverband) schweizerischer Jäger (französischsprechende Schweiz mit ▸ Lizenzsystem) mit Sitz in Delémont und mit eigener Zeitschrift. Der Jagdverband D. gründete im Jahre 1892 im Schweizer Kanton St. Gallen den Wildpark »Peter und Paul«; ▸ ASJV, ▸ SPW, ▸ CHJV, ▸ FACTI.

Diana von Poitiers (3.9.1499 Schloss Anet/Frankreich bis 22.4.1566 Schloss Anet): Die Geliebte Heinrichs II. von Frankreich wurde durch Brantôme als »erste Jägerin von Frankreich« besungen, »die im gleichen Köcher Pfeile der Jagd und Liebe hatte«. Sie stellte sich den Künstlern oft als Modell, und das Ölgemälde »Diana als Jägerin« eines unbekannten Meisters der Schule von Fontainebleau und die Marmorplastik »Die Diana von Anet« des Jean Goujon sind zeitloser Ausdruck eleganter Frauenschönheit. D. übte auch großen politischen Einfluss aus. Für ihre Klugheit zeugt, dass sie das maßlose Jagen des Klerus beschneiden ließ und die ersten Hegevorschriften auf französischem Boden erwirkte.

Dianendrossel, die: ▸ Drosseln 5.

Dianen-Orden, der: ▸ Jagdorden.

Diaz, Narcisso Virgilio (Diaz de la Peña) (20.8.1807 Bordeaux bis 18.11.1876 Menton): Französischer Maler spanischer Herkunft. Von ihm stammen u.a. »Diana auf der Jagd«, »Diana als Jägerin«, »Der Wilddieb« und »Meute im Wald von Fontainebleau«.

dick: **1**) Der ▸ Beizvogel mit vollen Brustmuskeln von guter, hoher ▸ Kondition. **2**) Weibliches ▸ Raubwild und die Hündin, wenn sie trächtig sind. Man sagt z.B.: »Die Hündin wird d.«, »ist d.« oder »geht d.«. Seltener beim Hasen und beim Kaninchen üblich; hier besser: innehaben; ▸ beschlagen 2).

Dicke Hände: ▸ Leichdorn.

Dickfuß, der: **1**) Der ▸ Triel. **2**) ▸ Schnepfenvögel 8.

Dickicht, das: Dichter, fast undurchdringlicher Bestand aus Gebüsch ▸ Dickung.

Dickkopf, der: **1**) ▸ Wildenten 14. **2**) ▸ Würger 1.

Dickmast, die (Dickmaß): Seltener, alter Ausdruck für den ▸ Bast oder das ▸ Gefege.

Dickung, die: Auch Jungmaiß, Maiß, Schonung. Der auf die Entwicklungsstufe ▸ Jungwuchs folgende und heranwachsende Bestand vom Beginn des eingetretenen Bestandsschlusses (▸ Schluss) bis zum Beginn der natürlichen Astreinigung (Absterben der unteren Äste). Die nächste Entwicklungsstufe wird ▸ Stangenholz genannt. Die D. bildet v.a. dem Schalenwild gute Einstände.

Dickungspflege, die: Bestand(e)spflege.

Dieffenbacher, August Wilhelm (14.8.1858 Mannheim bis 1940 München): Jagdmaler. D. war von 1875 bis 1877 Schüler der Münchener Kunstgewerbeschule und 1878 bis 1883 Student der Münchener Akademie. D. befasste sich vorwiegend mit Wildererszenen, z.B. »Verfolgt«, »Die Geächteten«, »Der Verstoßenen Heimkehr«, »Festnahme eines Raubschützen auf der Fraueninsel«. Daneben stammen von ihm »Höhlenbewohner im Kampfe mit Bären« und eine »Gamsstudie«.

Diehn, der (Plur.: die Diehnen): Bez. für den Oberschenkel des ▸ Beizfalken. In Österreich auch Bez. für den Oberschenkel der dem Beizvogel zur Atzung dienenden Taube.

Diene, das: Alte Bez. für Damwild.

Dietrich, Christian Wilhelm Ernst: ▸ Jagdkunst.

Dietrich, Ewald Christian Victorin (19.7.1785 Grünhain bis 1.1.1832 Leipzig): Mediziner und Schriftsteller. D. war Militärarzt, nahm an verschiedenen Feldzügen teil und ging 1820 als Oberchirurg mit der österreichischen Armee nach Italien. Neben medizinischen Abhandlungen schrieb er zahlreiche Reiseführer, Gedichte, Erzählungen und historische Romane, darunter »Des Jägers Waffen-Glück und Minne oder Das Forsthaus auf der Heinzebank in Wolkenstein« (1826).

Diezel (Dietzel), Carl Emil (8.12.1779 Irmelshausen in Oberfranken bis 23.8.1860 Schwebheim bei Schweinfurt): Forstmann und Jagdschriftsteller. Nach der Grundschulausbildung besuchte er das Gymnasium in Schleusingen und in Coburg, studiert dann Jurisprudenz und Cameralia (Rechtswissenschaft und Volkswirtschaft) in Jena und in Leipzig. Er war Hauslehrer in Zell bei Alsfeld (Hessen). 1806 nahm er eine Stellung als Lehrer an der Forstlichen Lehranstalt in Zillenbach an, wo er Unterricht in Jagdkunde, in neuen Sprachen, im Geschäftsstil und im Fechten erteilte. 1809 trat er in Würzburg als Forstsekretär in großherzogliche Dienste. 1813 wurde er Großherzoglicher Forstinspektor und später – nach dem Übergang Würzburgs an Bayern (1815) – zum Kgl. Bayerischen Revierförster in Röthlein a. M. bestellt. Von 1826 bis zu seiner Pensionierung 1852 war er Kgl. Bayerischer Revierförster in Kleinwallstadt a. M. 1821 und 1823 erschienen die »Fragmente für Jagdliebhaber«, 1849 die »Erfahrungen aus dem Gebiete der Niederjagd«. D. verfasste außerdem über 30 Jagdgedichte.

◂◂◂ H. Ludwig Heubner: Carl Emil Diezel (1779–1860), Zeichnung

Dill, Otto (4.6.1884 Neustadt/Weinstraße bis 6.7.1957 Bad Dürkheim): D. kam im Jahre 1908 als Schüler des Tiermalers Heinrich von ▸ Zügel an die Münchner Kunstakademie. Ab 1924 wirkte er als Professor an der Akademie der bildenden Künste in München. D. gilt mit seinen Darstellungen, insbesondere von Pferderennen und Fuchsjagden, als einer der besten deutschen Tiermaler.

Diller, 1) Fritz (1875 bis 1946): Tierbildhauer in Holz und Bronze sowie Kynologe. F. D. wurde auch zu großen Hundeschauen als Preisrichter zugezogen. Er schuf u.a. eine Bronzemedaille (1927) mit einem Hundeporträt. **2)** Helmut (1911 Stuttgart bis 1984 München): Maler, Zeichner und Bildhauer, Sohn von 1), illustrierte v.a. naturwissenschaftliche Werke wie z.B. »Grzimeks Tierleben« (▸ Eigener und ▸ Reimann; ▸ Jagdkunst) und die beiden Werke von Theodor Haltenroth: »Das Großwild der Erde und seine Trophäen« und »Säugetiere Afrikas und Madagaskars«. Zusammen mit Dr. Theodor Haltenroth gab er das Buch »Rassehunde – Wildhunde. Herkunft, Arten, Rassen, Haltung« (1958) heraus. D. schuf in diesem Werk die besonders dekorativen farbigen Hundeporträts. Seine Bilder finden sich auch in Fritz Nüßleins »Jagdkunde«. Auch der World Wildlife Fund (WWF) sicherte sich die Mitarbeit von D. Illustrationen fertigte er auch für das Buch von Wilhelm ▸ Hochgreve »Der Teufelshirsch. Jagd- und Tiergeschichten« (1957) und für das Buch von Paul G. Ehrhardt »Der Keiler, das Waldgespenst« (1957) an.

Dilwica: In der slawischen und besonders in der serbischen Mythologie die Göttin der Jagd. Sie wurde i.d.R. als schöne Jungfrau dargestellt, die auf einer schnellen Stute mit Gefolge durch den Wald reitet. D. ist vermutlich von der römischen Diana (▸ Jagdgöttin) abgeleitet.

Dimitz, Ludwig; Pseudonym: Waldeck (9.9.1842 Laibach, heute Ljubljana/Slowenien bis 22.4.1912 Wien): Forstmann und Jagdschriftsteller. D. war ein Vorkämpfer des Naturschutzgedankens. Ab 1887 war er Leiter der forstlichen Versuchsanstalt Mariabrunn, ab 1890 leitete er das Forsttechnische Departement im Ackerbauministerium. Er schrieb u.a. »Die Jagd in Österreich mit besonderer Rücksicht auf das Erzherzogthum Österreich ob der Ems« (1886) und »Liedermappe eines Grünrocks« (1889).

Dinglinger, Johann Melchior: ▸ Jagdkunst.

Diopter, der: svw. Lochvisier; ▸ Visiereinrichtung.

Dirofilariose, die: Parasitäre Herzerkrankung bei Hunden und anderen Caniden, die durch Dirofilarien (Gattung *Filaria*) hervorgerufen wird, die in südlichen oder südöstlichen Ländern vorkommen und durch Stechmücken (*Culex*, *Anopheles*) übertragen werden. Die adulten Würmer (*Dirofilaria immitis*), sog. Herzwürmer, schmarotzen beim Hund und bei anderen Caniden im rechten Herzen und in den Pulmonalarterien. Es kommt dadurch zu Leistungsabfall, Husten, Atemnot und Stauungen. Auf Dauer wird das Herz-Kreislauf-System nachhaltig geschädigt. Beim Menschen, der einen Fehlwirt darstellt, schmarotzen die Dirofilarien subkutan, d.h. unter der Haut, in Knoten, selten in der Bindehaut des Auges oder abgestorben in Thromben der Pulmonalarterie.

Diplomatenjagd, die: ▸ Kunzellenhasen.

Dispersion, die: In der Biologie Bez. für die Verteilung von Individuen einer Organismenart in einem bestimmten Raum. Die Ab- und Zuwanderung und Neubesetzung von Territorien ist neben Geburt und Tod ein wichtiges Element der Populationsdynamik einer bestimmten Wildart in einem Jagdbezirk. Bei der Ermittlung des ▸ Wildstandes ist neben dem ▸ Zuwachs auch die D. zu berücksichtigen.

Distanztier, das: Tier, das zu Artgenossen eine deutliche ▸ Individualdistanz einhält und damit einen direkten Körperkontakt vermeidet. Hierzu gehören neben verschiedenen Fischarten die meisten Huftiere, aber auch viele Vogelarten (z.B. Möwen, Schwalben, Stare), auch wenn sie überwiegend sozial leben; ▸ Kontakttiere.

Disziplinarordnung, die: Eine vom Deutschen ▸ Jagdschutz-Verband (DJV) im Jahre 1980 beschlossene und zuletzt 1995 geänderte Ordnung (früher Ehrenordnung des DJV) mit folgenden Grundsätzen (§1): »Pflicht eines jeden Jägers ist es insbesondere, a) die geschriebenen und ungeschriebenen Gesetze zum Schutz des Wildes, über die Ausübung der Jagd und zur Erhaltung des Waidwerks zu beachten, b) darüber hinaus – namentlich auch in seinem Verhalten anderen Jägern gegenüber – alles zu unterlassen, was geeignet ist, das Ansehen der Jägerschaft gröblich zu verletzen.« Vorsätzliche und fahrlässige Zuwiderhandlungen gegen §1 können als Pflichtwidrigkeit im Disziplinarverfahren geahndet werden (§2). Zu diesem Zweck werden Disziplinarausschüsse in jedem ▸ Landesjagdverband gebildet (§5). Die D. regelt in den §§7 bis 9 den Verfahrensweg und in §10 die Berufungsinstanz.

DJT: Abk. für Deutscher Jagdterrier; ▸ Erdhunde 5.

DJV: Abk. für Deutscher ▸ Jagdschutz-Verband.

DJV-Schießnadeln, die: Das regelmäßige Übungsschießen ist für jeden Jäger eine moralische Verpflichtung gegenüber dem Wild. Tierschutzgerechtes Jagen kann nur durch einen handwerklich perfekten Gebrauch von Flinte und Büchse erreicht werden. Hierzu müssen Jägerinnen und Jäger regelmäßig an Übungsschießen teilnehmen, um im Sinne

einer waidgerechten Jagdausübung vor Aufgang der Jagd den Umgang mit der Waffe zu vervollkommnen. Der Deutsche ▸ Jagdschutz-Verband (DJV) hat daher zur Förderung der Breitenarbeit im jagdlichen Schießen drei neue Schießnadeln ins Leben gerufen, die seit 2001 jedes Jahr neu erworben werden können und die die bisherige DJV-Jahresschießnadel nach 30 Jahren ersetzen. Neben einer allgemeinen Teilnehmernadel kann künftig eine Schießnadel »Büchse« und eine Schießnadel »Flinte« erworben werden.
1. Teilnehmernadel: Die Teilnehmernadel erhält jeder Jagdschütze, der während des Jahres an einem organisierten jagdlichen Übungsschießen mit der Flinte und/oder mit der Büchse teilgenommen oder seine Waffe eingeschossen hat.
2. Schießnadel »Büchse«: Diese Nadel erhält jeder Jagdschütze, der nach zehn abgegebenen Schüssen mit der Kugel auf eine beliebige DJV-Wildscheibe (Nr. 1 bis Nr. 6) mit beliebiger Anschlagsart (auch sitzend auf den Fuchs) von 100 möglichen Ringen mindestens 60 Ringe erzielt hat.
3. Schießnadel »Flinte«: Die Schießnadel »Flinte« wird an Jagdschützen vergeben, die 15 bewegliche Ziele (Trap, Skeet, Kipphase oder Rollhase) beschossen und dabei mindestens vier Treffer erzielt haben.
Das Schießen um die Nadeln kann beliebig oft, auch am selben Tag wiederholt werden. Schießleiter und Aufsichtspersonen sollten pädagogisch und psychologisch so geschult sein, dass sie die Jäger zum weiteren Üben im jagdlichen Schießen motivieren können. Der Erwerb der DJV-S. Bronze, Silber und Gold für Lang- und Kurzwaffen sollte als Ziel angestrebt werden; ▸ Verbandsabzeichen.

DK: Abk. für Deutsch-Kurzhaar; ▸ Vorstehhunde 2.

DL: Abk. für Deutsch-Langhaar; ▸ Vorstehhunde 3.

DNR: Abk. für Deutscher Naturschutzring; ▸ Naturschutzverbände.

Döbel, Heinrich Wilhelm (1699 im Erzgebirge bis 14.6.1759 Schmerkendorf): Forst- und Jagdschriftsteller der Barockzeit. D. entstammte einer alten Jägerfamilie (sein Vater war reitender Förster) und zählt zu den bedeutendsten ▸ hirsch- und ▸ holzgerechten Jägern. Er absolvierte eine dreijährige Jägerlehre bei seinem Großvater und seinem Vater und wurde 1717 in Harzgerode als Jägerbursche freigesprochen. Auf der Wanderschaft ließ sich D. in der ▸ Parforcejagd ausbilden und besuchte dabei die damals bekannten Jägerhöfe wie z.B. Potsdam, Nymphenburg, Celle, Schwerin, Ludwigsburg und Darmstadt. 1723 trat er in Blankenburg in die Dienste des Herzogs von Braunschweig, 1725 in die Leopolds von Dessau. Ab 1727 bewirtschaftete er die Ländereien seiner Frau Henriette Agnes, geb. Trümpler. 1733 ging er als ▸ Piqueur/Oberpiqueur zu Kurfürst Friedrich August II. von Sachsen nach Hubertusburg, bald darauf nach Reckwitz. Um 1746 wurde er Förster in Falkenberg und Schmerkendorf bei Torgau. Mit Ausbruch des Siebenjährigen Krieges 1756 wird seine Vita unsicher. D. war ein hervorragender Vertreter des aus dem Jägertum herausgewachsenen »Forsthandwerks«. So war er z.B. ein Verfechter der Plenternutzung. Seine im Folio-Format erschienenen »Eröffnete Jäger-Praktica oder der wohlgeübte und erfahrene Jäger…« (1746), eines der ältesten forstwirtschaftlichen Bücher (3 Bde.), behandeln manche Gegenstände der Jagdkunde so vortrefflich, dass sie noch heute Beachtung verdienen. Die Arbeit des ▸ Leithundes und des ▸ Schweißhundes, die Einrichtung der ▸ Eingestellten Jagen usw. sind musterhaft dargestellt.

Heinrich Wilhelm Döbel (1699–1759)

Docke, die: Der aufgedockte, d.h. kunstgerecht aufgewickelte ▸ Schweißriemen, auch ein Bund zusammengeschnürter Leinen oder Schnüre und das zusammengewickelte ▸ Hängeseil.

docken (aufdocken, abdocken): svw. auf- und abwickeln: **1**) des ▸ Schweißriemens. **2**) des ▸ Hängeseils. **3**) der Leinen von Tüchern oder ▸ Garnen.

Doggen, die: ▸ Hatzhunde.

Dohle, die: ▸ Rabenvögel 7.

Döhle, die: Schlesischer Ausdruck für Hündin (weiblicher Hund).

Dohnen, die: Bügelartige, kreisförmige oder im Dreieck gebogene Zweige aus Weiden, Birken oder Fichten, die in größerer Anzahl in einer Höhe von 1,5 bis 2 m an Bäumen angehängt (Hänge-D.) oder in die Baumstämme eingebohrt wurden (Steck-D.). Ähnlich gebaut waren die Bast- oder Bindfaden-D., bei denen die Schlingen statt an einem Zweig in einer gedrehten Bastschnur hingen. Sie dienten alle dem Fang kleinerer Vögel, hauptsächlich aber der Wacholderdrossel und der Misteldrossel, wobei sich auch beerenfressende Singvögel wie Dompfaff und Seidenschwanz gelegentlich in den Schlingen fingen. Jede Dohne trug ein bis drei Schlingen (D.), die aus gedrehten Rosshaaren bestanden. Die Weite der Schlingen betrug etwa 9 cm, die Seite einer Bügeldohne etwa 20 cm; von der untersten Seite bis zu den Schlingen betrug der Abstand etwa 4 cm, der Seitenabstand war etwas geringer. Einige D.-Arten waren noch mit Unterschlingen versehen, die den Köder umgaben. Beködert wurden die D. mit Vogelbeeren. Etwas größer, aber unbeködert und auf dem Erdboden befestigt, waren die sog. Lauf-D. (auch Fall-D., Springel oder Schnell-D.). Zum

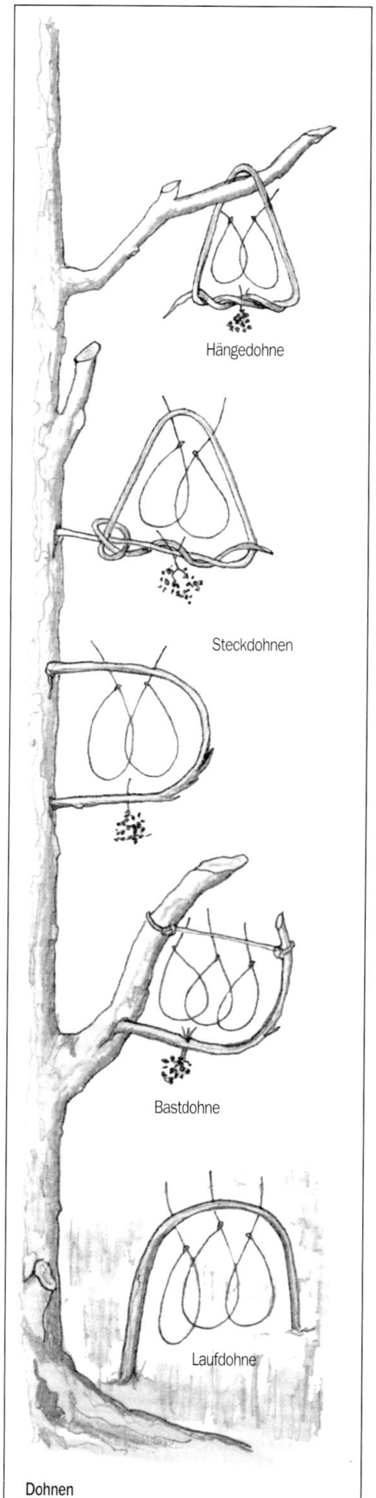

Dohnen

Fang größerer Vögel (z.B. Schnepfen) waren die Lauf-D. 25 bis 30 cm hoch und am Boden etwa 20 cm breit, die herabhängenden Schlingen endeten ca. 8 cm über dem Erdboden. Für die Hänge- und Steck-D. wurden als Fangplatz am Waldrand stehende, aber nicht für jedermann sichtbare Bäume gewählt oder alte, wenig begangene Steige benutzt. Waren solche Steige nicht vorhanden, wurden eigens – meist mit Windungen versehene – Schneisen in den Wald gehauen (sog. D.-Steige oder -Stiege, D.-Schneisen, D.-Striche oder Vogel-Schneisen) und die D. in einem Abstand von 10 bis 15 Schritt (Sichtverbindung) aufgehängt bzw. aufgesteckt. Hänge-D. wurden überwiegend im Laubwald, Steck-D. im Nadelwald verwendet, wo das herausquellende Harz sie sehr gut festhielt. Die Schlingen mussten so stehen, dass der Vogel, der auf der Unterseite der Dohne auftrat, zwangsläufig den Kopf durch die Schlinge stecken musste, um an die Beeren zu gelangen. Fangzeit waren die Monate September, Oktober und November. Die Vögel fingen sich am besten bei trübem und nebeligem Wetter sowie in der Frühe. Die Drosseln wurden in »ganze« oder Großvögel und in »halbe« oder Kleinvögel eingeteilt. Zu Ersteren zählten die Mistel- und die Wacholderdrossel sowie die Amsel, zu den anderen die übrigen Arten. Bei den Ganz- oder Großvögeln wurden immer zwei, bei den Halb- oder Kleinvögeln immer vier Vögel mit einer durch die Nasenlöcher gezogenen Schwungfeder zusammengebunden. Solche Bündel zu jeweils zwei oder vier Vögeln nannte man ▸ Klupp (Klubb) oder Kluppe. In Deutschland wurde der Drosselfang in Schlingen bereits durch das Reichsvogelschutzgesetz vom 30.5.1908 verboten.

Dohnensteig, der (Dohnenschneise, Dohnenstieg, Dohnenstrich): ▸ Dohnen.

Dolchspross, der: ▸ Wolfsspross.

Dombrowski: **1**) Carl Ritter von (1872 Schloss Ulitz im Sudeten-Kreis Mies bis 1952 München): Tier- und Jagdmaler, Sohn von 3). Der Impressionist D. schuf zahlreiche Werke, z.B. die Aquarelle »Bartgams äugt ins Tal hinab« und »Brunfthirsch mit Rudel«. 1926 veröffentlichte er das reich bebilderte Buch »Vom hohen Weidwerk ...«. **2**) Ernst Ritter von (1862 bis 1917): Jagdschriftsteller; Sohn von 3) und Verfasser der Werke »Die mittelalterliche Jagdliteratur Frankreichs« (1886), »Altdeutsches Waidwerk« (1886), »Deutsche Waidmannssprache« (1892), »Die Wildschäden« (1896) u.a. **3**) Raoul Ritter von (3.6.1833 Prag bis 3.9.1896 Wien): Österreichischer Jagdschriftsteller und seit 1878 Hofforstmeister in Wien. D. zählt zu den großen Altmeistern der zweiten Hälfte des 19. Jh. und ist Verfasser der hervorragenden Wildmonografien »Das Reh. Ein monografischer Beitrag zur Jagdzoologie« (1876), »Das Edelwild« (1877) und »Der Fuchs« (1883). Er schrieb ferner »Aus dem Tagebuch eines Wildtöters. Jagdskizzen für Freunde des Waidwerkes und deren Frauen« (1878), »Die Geweihbildung der europäischen Hirscharten mit besonderer Berücksichtigung anatomischer, physiologi-

◂◂ Raoul von Dombrowski (1833–1896) aus R. Corneli: »Die Jagd und ihre Wandlungen« (1884)

scher, patologischer und patogenischer Momente« (1884), »Lehr- und Handbuch für Berufsjäger« (1884) sowie als Herausgeber das achtbändige Werk »Allg. Encyklopädie der gesamten Forst- und Jagdwissenschaften« (1886 bis 1894).

Domestikation, die: (lat. »domesticus« = zum Haus gehörig). Allmähliche Umwandlung von Wildtieren in ▸ Haustiere durch den Menschen. Kulturpflanzen sind etwas älter als Haustiere. Bereits aus der Altsteinzeit kennt man erste Hinweise auf die Haltung lebender Tiere. Nomadische Jägerstämme dürften den wandernden Rentierherden gefolgt sein, die genutzt und kontrolliert wurden. Der Hund (ältester Fund im Siebengebirge) war das erste Haustier (12. Jt. v. Chr.); es folgten Schaf, Ziege (9. Jt. v. Chr.) und Pferd (4. Jt. v. Chr.). In das 10. Jt. v. Chr. fallen auch die Versuche, Antilopen und Gazellen in Herden zu halten, um von der Jagd unabhängig zu sein. Durch die veränderten Lebensbedingungen der Tiere, z.B. durch die Ernährung oder die Beeinflussung der sexuellen Partnerwahl, ersetzt der Mensch die natürliche Selektion durch eine künstliche, nach bestimmten Richtlinien vorgenommene Auslese. Die bei Wildtieren eingeschränkte, bei Haustieren aber voll zur Geltung kommende Variationsbreite innerhalb einer Art führt zu einer großen Formenmannigfaltigkeit, die das Ausgangsmaterial für eine gezielte Züchtung liefert. Aufgrund der bei der D. auftretenden morphologischen Merkmalsänderungen kann man feststellen, seit wann Tiere domestiziert werden.

Dominanzbeziehung, die: Verhältnis zweier Tiere in Bezug auf Zugang zu Ressourcen und Demonstration von Unter- oder Überlegenheit. Dominantes Tier hat bevorzugten Zugang zu Ressourcen und zeigt Droh- und aggressives Verhalten (▸ Drohverhalten, ▸ Aggression) gegenüber subdominantem Tier, das i.d.R. Unterlegenheitsverhalten (submissives Verhalten) zeigt und ausweicht; ▸ Rangordnung.

Donl, das: Alte Bez. für ▸ Damwild.

Doppelabzug, der: ▸ Abzugsvorrichtung.

Doppelbekassine, die: ▸ Schnepfenvögel 3.

Doppelbüchsdrilling, der: ▸ Jagdgewehr.

Doppelbüchse, die: ▸ Jagdgewehr.

Doppelflinte, die: ▸ Jagdgewehr.

Doppelgabelkrone, die: Aus zwei Gabeln bestehende Krone des Rothirschgeweihs; auch »Stiefelknecht« genannt.

Doppelgarn, das: Ein Fanggarn (Steckgarn), das aus zwei Spiegelwänden und einem gemeinsamen Ingarn besteht; ▸ Garne 1.

Doppelgehörn, das: ▸ Doppelkopf.

Doppelgewehr, das: svw. Zwilling, ein Gewehr mit zwei Läufen.

Doppelgeweih, das: ▸ Doppelkopf.

Doppel-Greenerverschluss, der: Der Kerstenverschluss; ▸ Verschlussarten.

Doppelhals, der: Bez. für das Gebell eines Jagdhundes, der in der Lage ist, in einem höheren und einem tieferen Ton zu bellen.

Doppelhandkrone, die: ▸ Doppelkrone.

doppelkalibriges Gewehr, das: Gewehr, aus dem Munition zweier verschiedener Kaliber verschossen werden kann, z.B. Doppelbüchse mit verschiedenen Kalibern (Bergstutzen; ▸ Jagdgewehr 10.) oder ein einläufiges Gewehr mit Einstecklauf; ▸ Lauf 4)4.

Doppelkelchkrone, die: ▸ Doppelkrone.

Doppelkopf, der (Doppelgeweih, Doppelgehörn): Ein ▸ Geweih oder Gehörn, das noch nicht abgeworfen wurde, während das neue bereits geschoben wird. Diese D.-Bildung kommt häufiger beim Damhirsch, seltener beim Hirsch und beim Rehbock vor.

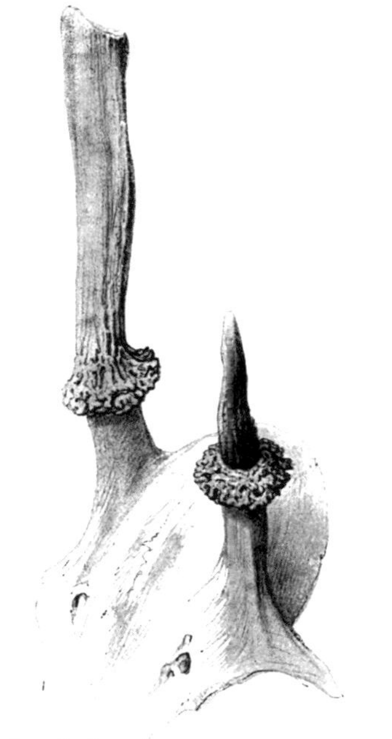

Doppelkopf

Doppelkrone, die: Geteilte ▸ Krone, bei der jeder Teil mindestens drei Enden hat. Sie kommt selten und nur bei kapitalen Hirschen vor. Man spricht dann je nach Ausformung von Doppelgabel-, Doppelhand- oder Doppelkelchkrone; ▸ Rotwild (Hauptschmuck).

Doppel-Mantelgeschoss, das ▸ Büchsengeschosse.

Doppeln (dublieren) von Jagdzeug

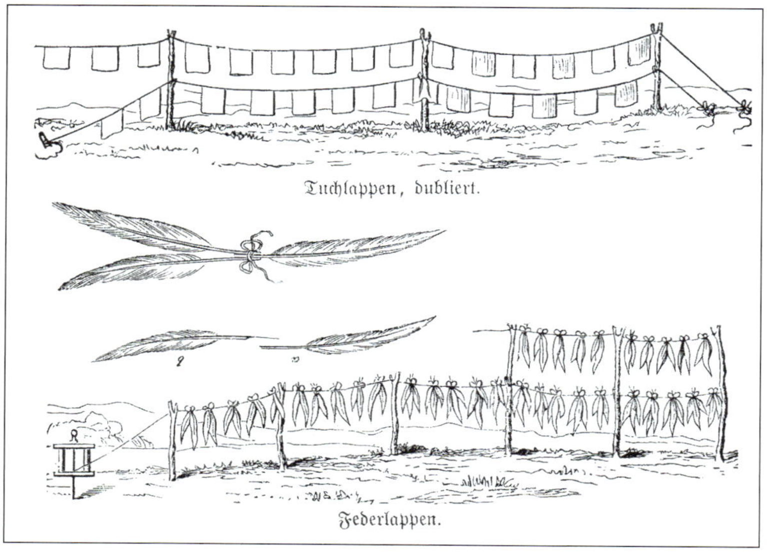

doppeln: **1**) Bei mehrläufigen Gewehren das unbeabsichtigte gleichzeitige Losgehen des Schusses aus dem zweiten Lauf, wenn der erste abgeschossen wird (Defekt im Schloss oder Handhabungsfehler). **2**) Auch Dublieren von ▸ Jagdzeug, d.h. Jagdzeug in zwei parallelen Linien nebeneinander oder auch Lappen zweireihig übereinander aufstellen. Dies war v.a. bei ▸ Eingestellten Jagen auf Rotwild und auf Sauen üblich. Bei Hirschjagen wurden die ▸ Garne an der Außenseite und die Tücher an der Innenseite, bei Saujagen die Garne an der Innenseite und die Tücher an der Außenseite aufgestellt.

Doppelriegelverschluss, der: svw. doppelter Laufhakenverschluss; ▸ Verschlussarten.

Doppelrose, die: Bei einem ▸ Geweih oder Gehörn zwei übereinanderliegende Rosen (seltene Abnormität bei Rehbock und Damhirsch). Sie scheinen eine Art ▸ Doppelkopf zu sein, da ihre Ausbildung erst in der zweiten Hälfte des Geweihbildungszeitraumes erfolgt. D. weisen auf eine Störung im Hormonhaushalt des Tieres hin und sind der Beginn der Perückenbildung; ▸ Rehwild (Hauptschmuck).

Doppelschaufel, die: Beim Damhirschgeweih eine geteilte Schaufel; sie kommt gelegentlich bei kapitalen Damhirschen vor.

Doppelschlag, der: svw. Hauptschlag, dritter Teil der Balzarie des Auerhahns; ▸ Raufußhühner 1.

Doppelschläger, der: Ein ▸ Beizfalke, der nach dem Niederschlagen eines Stücks ▸ Federwild sofort ein zweites verfolgt und schlägt.

Doppelschnepfe, die: ▸ Schnepfenvögel 3.

Doppelsperber, der: ▸ Habicht.

Doppeltreffer, der: Zwei Stück Wild mit einem Schuss treffen.

Doppelvogel, der: ▸ Drosseln 3.

Doppelzüngelstecher, der: ▸ Stecherabzug 1.

Dorn, der: ▸ Sporn 1) und 2).

Dornbüchse, die: Eine Vorderladerbüchse, bei der die Kugel (Langgeschoss) auf einen in der Mitte der Kammer frei stehenden Dorn aufgetrieben wird.

Dorndreher, der: ▸ Würger 1.

Dornkretzer, der: ▸ Würger 1.

Dornschnepfe, die: ▸ Schnepfenvögel 1.

Double Action: ▸ Faustfeuerwaffen.

Doublette, die: ▸ Dublette.

Doucement! (franz.: Sachte!): Ein veralteter Zuruf an den ▸ Hühnerhund, wenn dieser zu eifrig suchte.

Douglas, Wilhelm, Graf von (1907 bis 1987): Landesjägermeister und Präsident des Landesjagdverbandes Baden-Württemberg von 1965 bis 1981. In dieser Zeit gehörte D. auch dem Deutschen Jagdschutzverband als Vorstandsmitglied an.

Douglasie, die (*Pseudotsuga menziesii, P. douglasii, P. taxifolia*): Auch Douglastanne, Douglasfichte. Nadelbaumart aus der Gattung D. (*Pseudotsuga*), die zur Familie der Kieferngewächse (*Pinaceae*) zählt. Im westlichen Nordamerika wichtiger Waldbaum, bei uns vor rd. 100 Jahren eingeführt mit zunehmender forstlicher Bedeutung (wichtigste fremdländische Holzart).

Wuchshöhe bis über 50 m, Alter bis 400 Jahre; in Nordamerika bis über 90 m bzw. bis 1000 Jahre möglich. Raschwüchsige Halbschattbaumart (▸ Schatt[en]baumart).

<u>Vorkommen und Standort:</u> Liebt fruchtbaren, tiefgründigen, jedoch keinen schweren Boden, im Wald oft mit anderen Nadelbaumarten gemischt. Die D. leidet stark unter ▸ Fegeschäden und ist empfindlich gegen Frosttrocknis und Spätfröste. Das lärchenartige Holz (Oregon Pine) wird für Parkettböden, Masten, Pfosten, Papier und in der Möbelindustrie verwendet.

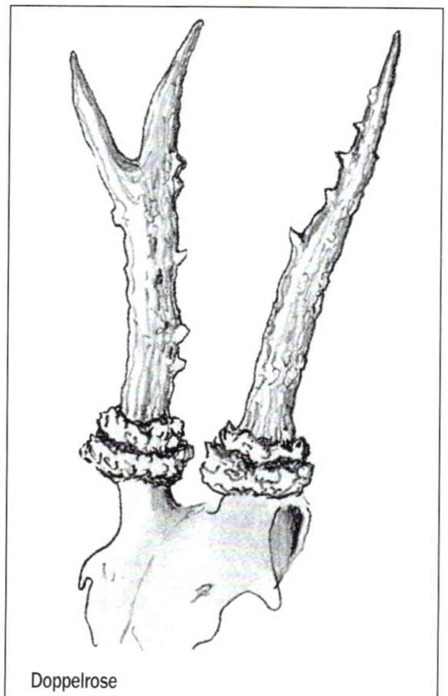

Doppelrose

▸▸ Zweige und Nadeln der Douglasie

Douvestüsser, der: Siebenbürgisch-sächsischer Ausdruck für den ▸ Habicht.
Down!: Befehl an den Hund, sich niederzulegen, in D.-Lage zu gehen. Der Hund wird meist so abgerichtet, dass er bei Aufheben der rechten Hand (Sichtzeichen), beim Ruf »Down!« oder beim Trillerpfiff (Hörzeichen) in D.-Lage geht. Die D.-Lage, bei welcher der Hund ausgestreckt am Boden liegt, den Kopf u. U. noch auf oder zwischen den Vorderläufen, ist eine sehr wichtige Gehorsamsübung.
Drachenjagd, die: Eine alte Jagdmethode bei der Hühnerjagd. Man machte sich hierbei den Umstand zunutze, dass sich die Hühner bei Erscheinen eines ▸ Greifvogels (Habicht, Sperber) gerne drücken und nicht aufstehen wollen. Da dies für die Jäger eine Möglichkeit war, sehr nahe und auf Schussentfernung an die Hühner heranzukommen, bedienten sie sich eines greifvogelähnlichen Drachens (▸ Adlerdrachen), den sie bei geeignetem Wetter über dem Feld steigen ließen.
Drahle, die: Kleiner Doppelwirbel aus Messing, der in die Geschühriemenenden eingeschlungen wird und sie a) beim Falken mit der Langfessel, b) beim Habicht mit der Kurzfessel und diese dann (zweite D.) mit der Langfessel verbindet.
Anstelle der D. zwischen Geschühriemen und Kurzfessel wurde früher in jedes Geschühriemenende ein Metallring geknotet, beide Ringe wurden zusammengefasst und die Kurzfessel durchgeschlungen. Die D. verhindert das Aufdrehen des ▸ Geschühs und der Langfessel des am Habichtsbogen oder an der Blockjule festgelegten ▸ Beizvogels.
Drahthaar, das: Raues, hartes, dichtes und kurzes ▸ Hundehaar.
Drahthaar, **Deutsch-Drahthaar**: ▸ Vorstehhunde 1.
Drahthose, die: ▸ Wildschaden(s)verhütung.
Drahtschleife, die: ▸ Drahtschlingen.
Drahtschlingen, die (Drahtschleifen): Die meist aus Messingdraht hergestellten Schlingen, mit denen ▸ Wilderer (Schlingensteller) verbotenerweise und auf unwaidmännische Art das Wild fangen. Die Verwendung von D. ist nach den Jagdgesetzen verboten; ▸ Schlingen 1).
Drak, der: Niederdeutscher Ausdruck für Erpel (männliche ▸ Wildente).
Drall, der: ▸ Ballistik.
Draller, die: Bez. für die geringelten Stoßfedern des Stockentenerpels; ▸ Wildenten 1.
Drangladung, die: ▸ Ladung.
Drassel, die (Drasselente): ▸ Wildenten 2.
Drehblock-Verschluss, der: ▸ Schlosssystem.
Drehbüchse, die: ▸ Dreher.
Drehbüchsflinte, die: ▸ Dreher.
Dreher, der (Wender): Ein altes, mehrläufiges Jagdgewehr mit übereinanderliegenden Läufen. War eine Patrone abgeschossen, musste man, um es wieder abfeuern zu können, die Läufe so drehen, dass der nächste Lauf vor das Schloss kam. Eine fast nur bei Vorderladergewehren übliche Konstruktion, die, je nachdem, ob es sich um gezogene oder um glatte Läufe handelte, als Drehbüchse, Drehflinte oder Drehbüchsflinte bezeichnet wurde.
Drehflinte, die: ▸ Dreher.
Drehkrankheit, die: ▸ Bandwürmer.
Dreiballenzeichen, das: ▸ Hirschgerechte Zeichen.
Dreiecksregel, die: ▸ Rotwild (Hauptschmuck).
Dreiecksverband, der: ▸ Pflanzverband.
Dreifuß, der: Ein zusammenklappbarer Sitzstuhl (Ansitzstuhl) mit drei Beinen.
Dreiköpfer, der: Der Damhirsch vom dritten Kopf; ▸ Damwild.
Dreilauf, der (Dreiläufer): svw. Drilling; ▸ Jagdgewehr.
Dreiläufer, der: **1**) Bez. für einen Junghasen, der zu ca. drei Vierteln ausgewachsen, d.h. ungefähr drei bis vier Monate alt ist. **2**) Eine veraltete Bez. für einen Drilling (Dreilauf); ▸ Jagdgewehr.
Dreistangenbock, der: Rehbock mit einem Dreistangengehörn (Abnormität); ▸ Rehwild (Hauptschmuck).

Drahle

Dreitritt des Marders

Dreistangenhirsch, der: Hirsch mit einem Dreistangengeweih (Abnormität).
Dreitritt, der: Das Spurbild des sich hüpfend fortbewegenden kleinen ▸ Raubwildes zeigt jeweils zwei Tritte nebeneinander (Paartritt). Selten kommen auch drei Tritte zusammen, der sog. D. oder Dreisprung, vor.
Dreizehenmöwe, die: ▸ Möwen 6.
Dresseur, der: Ein Jäger, der Hunde abrichtet.
Dressur, die: Die Abrichtung der Jagdhunde. Ausführungen von Handlungen, die vom Menschen festgesetzten Zwecken dienen. Die D. erfolgt durch eine Vielzahl vom Menschen gesteuerter Lernvorgänge, wobei man speziell beim Jagdhund folgende Abrichtungsfächer unterscheidet: ▸ Verlorenbringen, ▸ Schweißarbeit, ▸ Wasserarbeit; bei Vorstehhunden ▸ Feldarbeit, bei Erdhunden ▸ Bauarbeit, bei Stöberhunden ▸ Stöbern; ▸ Hundeabrichtung.
Dressurangel, die: ▸ Reizangel.
Dressurbock, der: ▸ Apportierbock.
Dressurhalsband, das: ▸ Halsung.
Dressurleine, die: Ein starkes, früher bei der Dressur des Hundes verwendetes Hanfseil, in das an einem Ende in kurzen Abständen vier Knoten geknüpft wurden und das mit diesem Ende dem Hund um den Hals geschlungen wurde. Die Leine zog sich zwar auf ein Rucken zusammen, der nächste Knoten verhinderte aber ein zu starkes Drosseln des Hundes.

◂◂ Dreistangenhirsch

▸▸▸ Die Wacholderdrossel kommt in Deutschland als Stand- und Zugvogel vor.

Dressurpeitsche, die: Eine früher für die Abrichtung des Hühnerhundes gebrauchte, mäßig starke Peitsche.

Dressurpflock, der: Früher ein anstelle des Dressurbockes verwendetes Stück Holz von etwa 1 Fuß Länge, an beiden Enden ca. 3 Zoll stark und in der Mitte 6 Zoll breit ausgedrechselt. (1 Fuß = 0,25 bis 0,34 m, unterteilt in 10 bis 12 Zoll).

Dressurzwille, die: ▸ Jagdzwille.

Dreyse, deutsche Waffenkonstrukteure: **1**) Johann Nikolaus; geadelt 1864 (20.11.1787 Sömmerda bei Erfurt bis 9.12.1867 Sömmerda); J. N. v. D. war Eisenwaren-, dann Zündhütchenfabrikant und ist Erfinder des Zündnadelgewehres (1827). 1841 gründete er mit Unterstützung der preußischen Regierung eine größere Gewehr- und Munitionsfabrik. Von 1809 bis 1814 arbeitete er in der Gewehrfabrik von Pauli in Paris. **2**) Franz von D. (2.3.1822 Sömmerda bis 17.8.1894 Sömmerda); Sohn von 1), fügte im Jahre 1870 dem Unternehmen eine Maschinenfabrik und eine Eisengießerei hinzu. F. v. D. war Konstrukteur von Repetier- und Jagdgewehren. Seine Jagdgewehre, bei denen er 1889 die Zündnadel durch den Schlagbolzen ersetzte, zeichneten sich durch leichte Handhabung und Schärfe des Schusses aus; ▸ Jagdwaffen, ▸ Vorderlader.

Drilling, der (veraltet: Dreilauf, Dreiläufer): Eine Kipplaufwaffe mit drei Läufen (z.B. zwei Schrotläufe oben und ein Büchsenlauf unten). Der erste D. mit Hinterladersystem wurde 1878 hergestellt; ▸ Jagdgewehr.

Drohverhalten, das: Ein der jeweiligen Tierart angeborenes, charakteristisches und stets abweisendes Verhalten mit aggressiver Motivation, das sie gegenüber Artgenossen, artfremden Tieren oder Menschen zeigt. Es enthält stets Komponenten des Angriffs-, vielfach auch des Fluchtverhaltens (Kampf- und Abwehrstellungen). Das D. zeigt sich in arttypischen Drohstellungen (Drohgebärden) wie z.B. Sträuben der Haare, Aufplustern des Gefieders, Zähnefletschen (▸ Eckzahndrohen), z.T. verbunden mit Droh- und Wutlauten; ▸ Ausdrucksverhalten, ▸ Demutsgebärden, ▸ Reizschwelle.

Drossel, die: **1**) Die Luftröhre allen ▸ Schalenwildes. **2**) svw. ▸ Drosselknopf. **3**) Sammelbezeichnung für die Drosselarten; ▸ Drosseln.

▸▸ Rehbock in der Winterdecke mit geteiltem Drosselfleck

Drosselfleck, der: Der im Winterhaar bei einzelnen Rehen an der Halsunterseite in der Drosselgegend vorhandene, verschieden große, manchmal auch geteilte weiße Fleck.

Drosselgriff, der: Der Hund hetzt geringes krankes Wild zu Stande, greift es an der Drossel und zieht es nieder.

Drosselknopf, der: Der Kehlkopf des Schalenwildes; das ist die Verdickung am oberen Drosselteil, an dem Luftröhre und Schlund zusammenhängen.

Drosseln, die: Vögel aus der Unterfamilie D. (*Turdinae*); Familie: drosselähnliche Vögel (*Turdidae*); Überfamilie: ▸ Singvögel (*Oscines*). D. sind Singvögel mit hohen, dünnen Ständern, großen, dunklen Augen und verhältnismäßig kurzen, abgestutzten Flügeln. Der Schwanz ist gerade abgeschnitten oder schwach abgerundet. Einige von ihnen (z.B. Singdrossel) gehören zu den eindrucksvollsten Sängern des Waldes. Zur gleichen Familie gehören auch die Gattungen der Nachtigallen, der Rotkehlchen, der Rotschwänze, der Steinschmätzer, der Wiesenschmätzer und der Steinrötel. D. bauen offene, kunstvolle, z.T. mit Erde verstärkte Nester und legen zwei- bis dreimal im Jahr vier bis fünf gefleckte Eier. Mit Ausnahme der Amsel (▸ Standvogel) sind D. überwiegend ▸ Zug- und ▸ Strichvögel. Alle D.-Arten mit Ausnahme der Schwarzdrossel oder Amsel waren früher jagdbar. Sie stehen unter ▸ Naturschutz bzw. genießen einen besonderen ▸ Artenschutz gemäß der Bundesartenschutzverordnung.

1. Wacholderdrossel, die (*Turdus pilaris*, L.): Auch Krammetsvogel, Kramtsvogel, Krametser, Schacker, Blauziemer, Grasziemer, Giemer. Etwa amselgroß, Länge: 25 bis 26 cm, Gewicht: um 100 g.

Aussehen: Die Geschlechter sind fast gleich gefärbt. Kopf und ▸ Bürzel sind grau, der Rücken ist kastanienbraun, Schwingen und Schwanz sind fast schwarz, Kehle und Brust sind rostgelb und schwarz gestreift, die Flanken schwarz gefleckt. Im Flug sind die weißen Flügelunterseiten und der graue Bürzel markante Erkennungszeichen. Die Jungvögel ähneln den Eltern, sind jedoch oberseits bräunlich, der Bürzel ist grau.

Vorkommen und Lebensweise: Sie ist in ganz Europa beheimatet. Der gesellig lebende Vogel ist häufig in Süddeutschland anzutreffen und wird im Spätherbst vorübergehend in großen Scharen um die nördlichen und östlichen Brutvögel vermehrt. Bei uns ist die W. z.T. Standvogel, z.T. Zugvogel, der in den süd- und westeuropäischen Ländern überwintert. Sie lebt in Feldgehölzen und Auwäldern sowie am Rande der verschiedensten Waldtypen, in Parklandschaften und in Obstbaumkulturen. Im Gebirge ist sie ab einer Höhe von 1800 m nicht mehr anzutreffen. Ihr Flug ist leicht wellenförmig.

Fortpflanzung: Das Nest ähnelt dem der Amsel und wird mit Vorliebe an Waldrändern oder

im offenen Gelände mit einzelnen Baumgruppen ziemlich hoch über dem Boden (4 bis 9 m), meist in Stammnähe oder in einer Astgabel, errichtet. Das Gelege enthält fünf bis sechs dunkelgrüne, mit rostroten Flecken und Strichen versehene Eier, die kaum von den Amseleiern unterschieden werden können. Sie sind 29 x 21 mm groß und ca. 7 g schwer. Die Eier werden nur vom Weibchen bebrütet. Die Brutdauer beträgt 13 bis 14 Tage, die ▸ Nestlingszeit 14 Tage. Häufig zwei Jahresbruten (Ende April/Mai bis Juni).

Nahrung: Sie besteht aus Insekten, Würmern, Schnecken, Spinnen, aus Früchten und Beeren (Wacholderbeeren, Name!). In Gegenden, in denen sie in großen Massen auftritt, kann sie in Obstbaumkulturen durch das Anpicken von reifen Birnen und Äpfeln gelegentlich Schäden anrichten.

2. Singdrossel, die (*Turdus philomelos* Brehm): Auch Berg-, Kragdrossel, kleine Misteldrossel, Zippe, Zippdrossel. Kleiner als Amsel und Misteldrossel. Länge: 23 cm, Gewicht: um 70 g.

Aussehen: Die Geschlechter sind gleich gefärbt. Oberseits olivbraun, unterseits gelblich weiß mit dunkelbraunen Flecken, Flügelunterseite rahmgelblich, Flügeldecken und Schwanz bräunlich. Die Augen sind braun, die Ständer rötlich gelb. Sie ähnelt im Aussehen sehr der Misteldrossel. Der Jungvogel ist etwas rötlicher gefärbt und zeigt oberseits lange, ockerfarbene Tropfenflecken.

Vorkommen und Lebensweise: Mit Ausnahme des äußersten Nordens ist sie in ganz Europa verbreitet. Sie ist in der Ebene ebenso zu Hause wie im Gebirge und liebt unterholzreiche Wälder, Feldgehölze mit größerer Ausdehnung, stellt sich aber auch in Gärten und Parkanlagen ein. Sie fliegt und hüpft wie die Misteldrossel und ist ein sehr quirliger und aufmerksamer Vogel. Die S. ist ein ▸ Teilzieher, der in Westeuropa und im Mittelmeerraum überwintert.

seite weiß, Bürzel bräunlich grau, Schnabel an der Wurzel rötlich gelb, an der Spitze dunkel, an den Mundwinkeln gelb. Augen dunkelbraun, Ständer rötlich gelb. Der Jungvogel ähnelt den Eltern, ist aber oberseits lebhafter und stärker gefleckt.

Rotdrossel

◂◂◂ Die Singdrossel ist ein Teilzieher.

Fortpflanzung: Das sehr kunstvoll gebaute Nest wird gut versteckt in einer Höhe von 1 bis 2 m in Büschen, Hecken, jungen Fichten oder in Ziersträuchern errichtet. Das Gelege enthält vier bis sechs grünlich blaue Eier mit einigen wenigen kleinen schwarzen Flecken, die sich am stumpfen Ende etwas verdichten. Die Eier werden vom Weibchen 12 bis 13 Tage bebrütet. Sie sind 27 x 20 mm groß und ca. 6,5 g schwer. Die Nestlingszeit beträgt ca. 14 Tage. Zwei Jahresbruten (April bis Juli).
Nahrung: Sie besteht hauptsächlich aus Insekten, Würmern und Schnecken. Schneckengehäuse werden durch Schlagen auf Steine zertrümmert, sog. Drosselschmieden. Im Herbst nimmt die S. auch Beeren und Früchte.
3. Misteldrossel, die (*Turdus viscivorus*, L.): Auch große Singdrossel, Doppelvogel, großer Kramtsvogel, (Mistel-)Ziemer, Schnärre, Snarker, Eichdrossel, Grasschnarcher. Größte D.-Art. Länge: 27 cm, Gewicht: um 120 g.
Aussehen: Die Geschlechter sind gleich gefärbt und sehen der kleineren Singdrossel sehr ähnlich. Oberseits jedoch überwiegend graubraun, unterseits rahmweiß mit dichten großen schwarzbraunen Flecken. Flügelunterseite weiß, Bürzel bräunlich grau, Schnabel an der Wurzel rötlich gelb, an der Spitze dunkel, an den Mundwinkeln gelb. Augen dunkelbraun, Ständer rötlich gelb. Der Jungvogel ähnelt den Eltern, ist aber oberseits lebhafter und stärker gefleckt.
Vorkommen und Lebensweise: Mit Ausnahme des westlichen und nördlichen Skandinavien ist die M. in ganz Europa beheimatet. Sie bevorzugt alte Nadel- und Laubwälder von der Ebene bis ins Gebirge, kommt aber gebietsweise auch in Parks, großen Gartenanlagen und Obstgärten vor. Sie ist in Mitteleuropa Zugvogel und überwintert meist in Südwesteuropa und im Mittelmeerraum. Sie ist sehr scheu und fliegt, wie die meisten D., mit hastigem Flügelschlag und über größere freie Flächen in Bogenlinien.
Fortpflanzung: Das Nest sitzt meist in den Astgabeln hoher Bäume oder am Stamm in der Krone von Nadelbäumen. Es gleicht dem der Amsel und enthält drei bis fünf grünlich blaue Eier, die mit violettgrauen und rotbraunen Flecken unregelmäßig gezeichnet sind. Sie sind 31 x 22 mm groß und ca. 7 g schwer. Die Eier werden vom Weibchen 13 bis 14 Tage bebrütet, die Jungen bleiben 12 bis 15 Tage im Nest. Zwei Jahresbruten (Anfang April bis Juni).
Nahrung: Sie wird fast ausschließlich vom Boden aufgelesen und besteht aus Insekten und deren Larven, aus Würmern, Schnecken, Spinnen, Beeren (Mistelbeeren) und Früchten.
4. Rotdrossel, die (*Turdus iliacus*, L.): Auch Weindrossel, Buntdrossel, Beimle. Länge: 22 cm, Gewicht: um 60 g.
Aussehen: Die Geschlechter sind gleich gefärbt und sehen der Singdrossel sehr ähnlich. Auffallend sind der weißgelbe Streif über dem Auge und ein dunkler Fleck an den Halsseiten. Die Oberseite ist dunkelbraun (dunkler als bei der Singdrossel), die Unterseite weißlich mit schwarzbraunen Längsstreifen, Flanken und Unterflügel sind rostrot. Das Auge ist braun, der Schnabel schwarzbraun, die Ständer fleischfarben. Die Jungvögel ähneln den Eltern, sind aber insgesamt stärker gefleckt, der weißgelbe Streif über dem Auge ist bereits vorhanden.
Vorkommen und Lebensweise: Die R. ist ein Teilzieher, der in Mitteleuropa und Nordafrika überwintert und im hohen Norden brütet. Bei uns ist sie als ▸ Durchzügler in Wäldern und Parkanlagen anzutreffen, in ihrer nordischen Heimat bewohnt sie Nadelwälder sowie feuchte und sumpfige Erlen- und Birkenbestände. Sie ist sehr gesellig und wenig scheu. Auf dem Durchzug fällt sie häufig in großen Scharen ein. In Flug und Bewegung gleicht sie der Singdrossel.
Fortpflanzung: Das Nest wird überwiegend auf Birken und Nadelbäumen oder im Gebüsch, gelegentlich unter Wacholderbüschen am Boden errichtet. Das Gelege besteht aus vier bis sechs grünlichen, mit rostbraunen Flecken versehenen Eiern, die vom Weibchen 12 bis 13 Tage bebrütet werden. Sie sind 26 x 19 mm groß und ca. 6,5 g schwer. Die Nestlingszeit beträgt 12 bis 14 Tage. Ein bis zwei Jahresbruten (Ende Mai bis Juli).
Nahrung: Sie setzt sich ähnlich zusammen wie die der Singdrossel.
5. Ringdrossel, die (*Turdus torquatus*, L.): Auch Ringamsel, Schilddrossel, Schildamsel, Bergamsel, Stockziemer, Dianendrossel. Ungefähr amselgroß. Länge: ca. 24 cm, Gewicht: um 110 g.
Aussehen: Das Männchen ist überwiegend grauschwarz gefärbt, die Brust ziert ein großes, halbmondförmiges weißes Schild. Der Schnabel ist gelblich grauschwarz, die Augen sind braun, die Ständer bräunlich schwarz, der Schwanz ist einfarbig schwarz. Das Weibchen ist heller (bräunlicher) gefärbt, das Brustschild ist kleiner und trübweiß. Den Jungvögeln fehlt das Brustschild, außerdem sind sie auf der Unterseite heller und dicht dunkelbraun gefleckt.
Vorkommen und Lebensweise: Die R. ist ein Gebirgsvogel, der bei uns in den Alpen, im Schwarzwald und im Bayerisch-Böhmischen Wald verbreitet ist. In ihren Bewegungen am Boden und im Flug erinnert sie an die Singdrossel. Teilzieher, überwintert in den südeuropäischen und den nordafrikanischen Ländern.
Fortpflanzung: Das Nest steht meist in geringer Höhe (2 m hoch) dicht am Stamm von Nadelbäumen, gelegentlich auch am Boden oder

◂◂ Misteldrosseln mit Jungvögeln am Nest

Die Ringdrossel ist in Deutschland ein Vogel der Mittel- und Hochgebirgslagen.

Amselhahn: Die Amsel ist vom Waldbewohner zum Kulturfolger geworden.

nur dicht darüber in Wacholder-, Alpenrosen- oder Latschengestrüpp. Das Gelege besteht aus vier bis fünf blaugrünen, mit rostbraunen Flecken versehenen Eiern, die etwa 30 x 22 mm groß und ca. 8 g schwer sind. Es brütet nur das Weibchen ca. 12 bis 14 Tage. Die Nestlingszeit beträgt ca. 14 bis 15 Tage. Häufig zwei Jahresbruten (April/Mai bis Juni/Juli).
Nahrung: Ähnlich wie die der Amsel.

6. Amsel, die (*Turdus merula*, L.): Auch Schwarzdrossel, Schwarzamsel, Stockamsel, Merle, Kohlamsel, Grünamsel. Länge: ca. 25,5 cm, Gewicht: um 100 g.
Aussehen: Die Geschlechter sind unterschiedlich gefärbt. Das Männchen ist einfarbig und vollständig schwarz mit orangegelbem Schnabel und Augenring. Das Weibchen und die ähnlich gefärbten Jungvögel sind dunkelbraun, Kehle und Brust etwas heller mit dunkler Fleckung, Schnabel hornfarben. Die Jungvögel sind unterseits etwas heller als das alte Weibchen und dunkler braun gefleckt.
Vorkommen und Lebensweise: Mit Ausnahme des nördlichen Skandinaviens ist die A. u.a. in ganz Europa beheimatet. Sie dürfte wohl ursprünglich ein reiner Waldbewohner gewesen sein, ist heute aber von der Ebene bis ins Gebirge in allen Dörfern und Städten anzutreffen. Sie ist ungemein zutraulich, sucht ihre Nahrung ausschließlich am Boden, bewegt sich dabei in kleinen Trippelschritten oder hüpft drosselartig dahin. Beim Geradeausflug legt sie öfters die Flügel an, und beim Landen wird der Stoß gefächert aufgestellt, wobei sie häufig mit hängenden Flügeln zuckt. Sie ist überwiegend Stand- und nur noch selten Strich- oder gar Zugvogel.
Fortpflanzung: Das Nest wird an allen möglichen Plätzen, z.B. auf Bäumen und in Hecken, auf Balkonen und in Mauernischen, in Gartenlauben und Spalieren und gelegentlich sogar am Boden, errichtet. Das Gelege besteht aus vier bis sechs Eiern, die auf grünlichem Grund mit rotbraunen Flecken und Strichen kräftig gezeichnet sind. Sie sind ca. 29 x 21 mm groß und ca. 9 g schwer. Die Brutdauer beträgt 11 bis 14 Tage; es brütet nur das Weibchen. Die Jungen verlassen meist mit 12 bis 14 Tagen das Nest und werden von den Altvögeln noch weitere 14 Tage, bis sie voll flugfähig sind, am Boden und versteckt in Hecken und Büschen gefüttert. Meist zwei bis drei Jahresbruten (April bis Juli).
Nahrung: Sie besteht aus Insekten, Würmern, Schnecken, Beeren und Obst.

Drosselschnitt, der: ▸ aufbrechen.

Droste Hülshoff, Annette von, eigentlich Anna Elisabeth von Droste zu Hülshof (12.1.1797 Haus Hülshof[f] bei Münster in Westfalen bis 24.5.1848 Meersburg): Bedeutende deutsche Dichterin. Von ihr stammen »Der Jäger« (um 1842), worin sie die Fuchsjagd im Waidegrund schildert, und »Am Turme« (1842). In letzterem Werk dient ihr das Jägerleben als Symbol der Freiheit.

drücken: **1**) Wild drückt sich, d.h., es verharrt flach in der Deckung und lässt ▸ Treiber und ▸ Schützen nahe vorbeigehen; verbirgt es sich hingegen im Gebüsch, so sagt man: »Es steckt sich.« **2**) Wild vorsichtig, langsam gehend, aus der Deckung d. (nicht treiben); ▸ Drückjagd. **3**) svw. knautschen; ▸ Knautscher. **4**) Das Gamswild drückt sich, wenn es im Winter die Hochlagen verlässt und ins Tal zieht.

Drücker, der (Abzug): ▸ Abzugsvorrichtung.

Drückjagd, die: Eine Jagdart (▸ Bewegungsjagd) auf ▸ Hochwild (▸ Schalenwild) mit mehreren Jägern und ▸ Treibern. Das Wild wird von den Treibern durch vorsichtiges, langsames und stilles Durchgehen rege gemacht (nicht getrieben) und aus der ▸ Deckung gedrückt. So in Bewegung gebracht, kommt es den angestellten ▸ Schützen meist ziehend oder im Troll (nicht flüchtend wie beim Treiben), sodass es angesprochen und sicher beschossen werden kann. Wird das Wild auf Riegel (Zwangswechsel) zu gedrückt, spricht man von einer Riegeljagd. Der Sinn dieser Jagden ist es, den Abschussplan in möglichst kurzer Zeit zu erfüllen. Sie werden meist auf weibliches Rotwild und Rotwildkälber, auf Schwarzwild und Gamswild ausgeübt. Bei D. und bei Riegeljagden ist das Mitführen von ▸ brauchbaren Jagdhunden in fast allen Landesjagdgesetzen vorgeschrieben, hierzu das Positionspapier des Deutschen ▸ Jagdschutz-Verbandes:
Die D. auf Schalenwild zählt zu den sog. »Bewegungsjagden« und bietet, sorgfältig geplant und betrieben, die Möglichkeit – neben der Einzeljagd – den Abschuss auf waidgerechte Art zu erfüllen. D. sollten vornehmlich in Form von Ansitzdrückjagden durchgeführt werden, die folgende Vorteile bieten:

- Einmal beunruhigtes Wild kann bei revierübergreifender Organisation auch im ▸ Nachbarrevier erlegt werden, was die Effektivität der Jagd bei gleichzeitiger Minderung des Jagddrucks erhöht.
- Eine sichere Ansprache des oft langsam anwechselnden Wildes, auch auf Schneisen, ist möglich.

– Da das Wild langsam ziehend ins Schussfeld kommt, ist eine im Sinne des Tierschutzes sicherere Schussabgabe möglich.
– Durch erhöhte Ansitze mit Vorteilen beim Kugelfang und besserem Geländeeinblick bietet diese Form der Bewegungsjagd eine insgesamt höhere Sicherheit.

1. Zeitpunkt der Drückjagd:
1.1 Eine Drückjagd auf Rot-, Dam-, Muffel- und Sikawild sollte tunlichst nicht vor Abschluss der Brunft abgehalten werden. Gamsriegler sind nach regionalen und wildbiologischen Gegebenheiten anzupassen.
1.2 Jede Bewegungsjagd auf Schalenwild hat aus Gründen des Tierschutzes während der Notzeit, Tiefschnee oder Harsch zu unterbleiben.
1.3 Die Jagd muss ausreichend früh beendet werden, damit genügend Zeit für Kontroll- und Nachsuchen verbleibt.
2. Geeignete erhöhte Ansitzeinrichtungen an den geeigneten Wechseln sind, sofern nicht vorhanden, einzurichten.
3. Dem Wildlebensraum und der Revierstruktur entsprechend sollte möglichst großflächig und bei Bedarf revierübergreifend gejagt werden. Auf alle Fälle sollte der Jagdnachbar – schon wegen des bisweilen unvermeidlichen Überjagens von Hunden – von der Jagd informiert werden.
4. Die Schützen sollten, möglichst an bekannten Wechseln, weiträumig abgestellt werden. Dies begünstigt das langsame Anwechseln, das Sichern und Verhoffen des Wildes und ermöglicht somit einen sicheren Schuss. Stände mit gutem Wind sind möglichst als Erste zu besetzen!
5. Die Freigabe von Wild durch den Jagdleiter muss die Sozialstruktur des Wildes und die Erfordernisse des Tierschutzes berücksichtigen. Ziel muss es sein, führende weibliche Stücke nicht vor zugehörigem Jungwild zu erlegen. Vor der Schussabgabe ist das Wild präzise anzusprechen.
6. Die Schützen müssen über die erforderlichen Kenntnisse für eine schnelle und sichere Ansprache des Wildes verfügen sowie eine den speziellen Verhältnissen gerecht werdende Schießfertigkeit besitzen.
7. In der Regel kann nach dem Anstellen geladen und geschossen werden. Beginn und Ende der Jagd werden wegen der Weiträumigkeit zweckmäßigerweise nach Uhrzeit festgelegt. Dies schließt selbstverständlich ein zeitgleiches An- bzw. Abblasen nicht aus.
8. Das Durchdrücken erfolgt in Form des »Anrührens« ohne großen Lärm – zunächst ohne Hunde, die ggf. erst dann frei laufend eingesetzt werden, wenn das Wild die Treiber umgeht und nicht zum Auswechseln aus dem Einstand zu bewegen ist. Über den Einsatz geeigneter Hunde ist aufgrund örtlicher Erfahrung, Wildart und Witterung zu entscheiden.
9. Aus Gründen des Tierschutzes und der Wildbrethygiene sollte das Wild verhoffend, aber auch ziehend oder im Troll, dann jedoch nur breit, beschossen werden. Schüsse, die nach den gegebenen Umständen keine hinreichende Treffsicherheit erwarten lassen, sind zu unterlassen. Rehwild darf nur beschossen werden, wenn es verhofft. Auf offensichtlich angeschossenes Wild ist jeder mögliche Schuss, der der Erlegung dient, abzugeben.
10. Bei Bewegungsjagden sollten bevorzugt einzeln jagende Hunde eingesetzt werden, die vom Wesen und Körperbau her geeignet sind, wenn sie aufgrund ihrer Ausbildung und ihres Wesens nicht zu weit jagen und das Wild nicht zu stark bedrängen. Das Wild muss sich den Hunden zeitweise entziehen können.
11. Für Kontroll- und Nachsuchen müssen qualifizierte Hunde in ausreichender Zahl gesondert bereitgehalten werden. Nachsuchen sind nur von den von der Jagdleitung beauftragten Personen durchzuführen.
12. Zur Einhaltung der bestehenden wildbrethygienischen Vorschriften muss für fachgerechtes Aufbrechen, ausreichendes Auskühlen und sachgerechtes Transportieren des Wildes Sorge getragen werden. Ggf. sind bereits bei der Organisation entsprechende Aufbrechpausen vorzusehen. Eine gute Wildbretqualität ist auch ein Kriterium für die jagdethische Vertretbarkeit einer Bewegungsjagd.
13. Eine D. sollte in der dazu bestimmten Revierteilen i.d.R. nur einmal pro Jahr stattfinden.
14. Es empfiehlt sich, bei jeder D. Aufzeichnungen zu machen über die Art der Durchführung, Anzahl, Name und Standort der Schützen, Anzahl und Erlegungsort des Wildes, Hundeeinsatz, Datum und Wetter am Jagdtag usw., um auf diese Weise für künftige Jagden örtliche Erfahrungen zu gewinnen. Dazu dienen auch Standkarten, in denen die Schützen ihre Beobachtungen, abgegebene Schüsse und erlegtes Wild eintragen.
15. Bei der Planung und Durchführung sind, wie bei jeder Jagd, die Vorschriften der ▸ Unfallverhütungsvorschrift Jagd in ihrer jeweils gültigen Fassung zu beachten; ▸ Gesellschaftsjagd, ▸ Beunruhigungsjagd.

◂◂ Drückjagdszene: Überläufer überfällt einen Weg.

Drückjagdwaffe, die: Allg. Bez. für Repetier- und Doppelbüchsen, auch Selbstladebüchsen und Doppelbüchsdrillinge in einem hochwildtauglichen Kaliber und einer der Drückjagd entsprechenden Ausstattung.

Druckknopfsicherung, die: Art der Handhabe der ▸ Sicherung.

Druckpunktabzug, der: ▸ Abzugsvorrichtung.

Druschabfall, der: Abfälle, die beim Vorreinigen des Getreides anfallen und Fasanen, Rebhühnern usw. als Nahrung dienen.

Drüsenmagen, der: Vorderer Teil des Vogelmagens, der als drüsenreicher Produktionsort des Magensaftes, weniger als Verdauungsraum selbst dient, da die Nahrung ihn zu schnell passiert (insbesondere bei Körnerfressern). Die Nahrungszerkleinerung findet im anschließenden ▸ Muskelmagen statt.

Druver, der: svw. ▸ Stricker.

DS/IRV: Abk. für Deutsche Sektion des Internationalen Rates für Vogelschutz; ▸ Vogelschutz.

DSt: Abk. für Deutsch-Stichelhaar; ▸ Vorstehhunde 4.

DUA: Abk. für Deutsche Umweltaktion; ▸ Naturschutzverbände.

Dublette, die (Doublette): Mit einem mehrschüssigen Gewehr zwei Stück Wild mit zwei Schuss hintereinander erlegen, ohne das Gewehr abzusetzen.

dublieren: ▸ doppeln 2).

Duckantl, das: Bayerischer Ausdruck für den Zwergtaucher; ▸ Lappentaucher 2.

Dückel, das: ▸ Lappentaucher 1.

Düdervügel, der: Siebenbürgisch-sächsischer Ausdruck für Schleiereule; ▸ Eulen 10.

Duftdrüsen, die (Duftorgane): Ein- oder mehrzellige Hautdrüsen. Bei den Säugetieren sind D. meist umgewandelte Talg- oder Schweißdrüsen. Ihre Lage am Körper ist je nach Tierart unterschiedlich, ebenso verschieden sind ihre Funktionen. D. dienen entweder der Abwehr und Abschreckung (Abwehrorgane) – z.B. die ▸ Stinkdrüse am Weidloch des Iltis –,

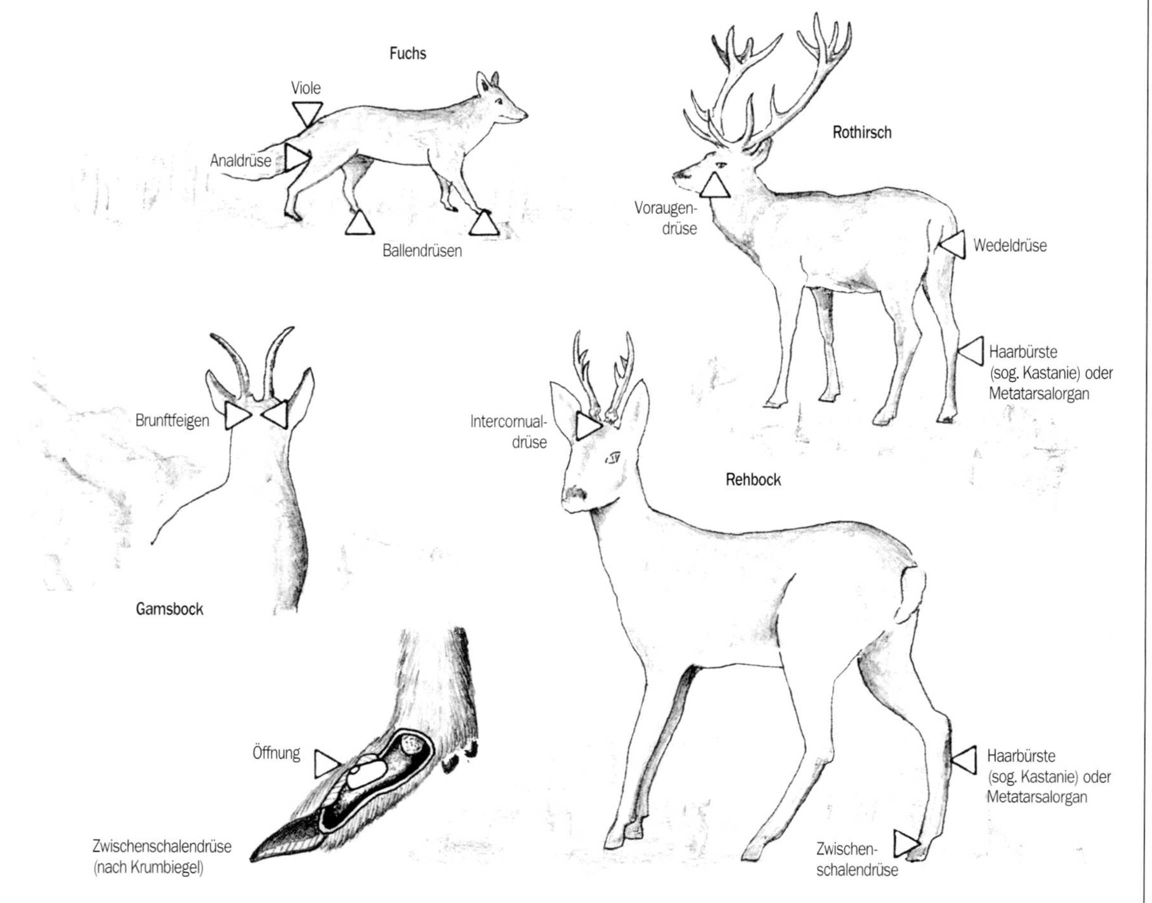

Duftdrüsen

der Revierabgrenzung durch Absetzen von ▸ Duftmarken, die zur innerartlichen Verständigung beitragen und die Anwesenheit von Artgenossen signalisieren (Markierungsorgane für die Fährten- und Reviermarkierung) oder den Geschlechtspartner anlocken (Brunftorgane). D. sind bei männlichen Tieren, besonders in der Brunft, stark entwickelt, z.B. die ▸ Brunftfeigen des Gamsbockes, die Voraugendrüse (▸ Tränengrube) beim Rothirsch und beim Muffelwild und die Intercornualdrüse zwischen und vor den Rosenstöcken beim Rehbock. Beim Rehwild sind als Markierungsdrüsen sog. Zwischenschalendrüsen zwischen den Schalen des Hinterlaufes vorhanden; daneben finden sich an den Außenseiten der Hinterläufe (▸ Laufbürsten), und zwar kurz unterhalb des Sprunggelenkes, die Haarbürsten (sog. Kastanien) oder das Metatarsalorgan (auch beim Rotwild). Der Rothirsch hat – wie seine nahen Verwandten auch – am Wedel eine Wedeldrüse, deren Sekret eine ▸ Luftfährte bildet, aber auch als Duftstoff Bodenhaftung hat. Die Markierungsdrüsen (Fährtenmarkierungsdrüsen) finden sich nicht nur beim Schalenwild, sondern auch bei den Raubtieren. Bei Letzteren sind die Sohlen- und die Zehenballen die Träger von D. (Ballendrüsen). Beim Fuchs sondert auch die ▸ Viole die Duftstoffe ab. Der Dachs setzt durch ▸ Stempeln Duftmarken ab. Der Inhalt der D. besteht aus einem meist bräunlichen, schmierigen und stark riechenden Sekret. Dieses Sekret mit dem unterschiedlichen Individualgeruch der jeweiligen Wildart ermöglicht dem Jagdhund die Verfolgung einer Fährte/Spur. ▸ Luftspur, ▸ Schwimmspur, ▸ Harnspritzen.

Duftdrüsenorgane, die: ▸ Duftdrüsen.

Dufthetze, die: Die Arbeit des Hundes auf sehr frischer ▸ Spur bzw. ▸ Fährte, wobei er mit hoher Nase der Körperwittrung des Wildes folgt.

Duftmarken, die: Bei Säugetieren eine Kennzeichnung, durch die das Revier, der eigene Körper, der Sozialpartner oder andere Objekte für den Geruchssinn herausgehoben werden (chemische Sinne). Im Ggs. zu anderen chemischen Signalen kann man von D. nur dann sprechen, wenn der Duftstoff eine gewisse Zeit fest auf einem Objekt haftet (▸ Markierungsverhalten). D. werden v.a. von Tieren mit gutem Riechvermögen benutzt: Raubtiere, Nagetiere u.a. markieren Reviergrenzen mit ▸ Harn, andere Nager oder Beutetiere benutzen Speichel, Marder das Sekret eigener ▸ Duftdrüsen (▸ Analdrüsen), Huftiere das der Voraugendrüsen (▸ Tränengrube, ▸ Hirschbezoar 1). Bei Insekten (z.B. bei Bienen) spielt die Wegmarkierung bzw. die Markierung von Futterquellen durch D. (sog. Duftstraßen, Duftbahnen) eine große Rolle.

Duftorgane, die: ▸ Duftdrüsen.

Duftzaun, der: Ein aus chemischen Mitteln hergestellter und nach Wölfen und anderem Raubwild riechender Duftstoff, der zur Verhinderung von ▸ Wildunfällen entlang von Straßenrändern ausgebracht wird (chemischer Duftzaun). Der D. ist 1990 als Sieger aus einem Ideenwettbewerb der ADAC motorwelt hervorgegangen und hat entlang der Teststrecken (ca. 1100 km) in den ersten 18 Monaten im Durchschnitt einen Rückgang der Unfälle mit Wild um 75% bewirkt.

Duke of York: ▸ Jagdliteratur.

Dulllerche, die: ▸ Lerchen 3.

dummer Gang, der: ▸ Gang 4).

Dumoulin, Henri, et Fils S. A.: Die im Jahre 1947 in Lüttich (Belgien) gegründete Firma ist bekannt durch die Herstellung von hochwertigen und großkalibrigen Repetierbüchsen nach

Mauser-System (Safariwaffen) und Doppelbüchsen.

Dunen, die: Die Flaumfedern der Vögel; ▸ Vogelfeder.

Dunenkleid, das: Erste Befiederung (Flaumfederkleid) verschiedener Jungvögel, z.B. von ▸ Hühnervögeln und ▸ Wildenten.

Dunkelfasan, der: ▸ Fasane 5.

Dunkelkammer, die: Eine Kammer für Falken, die sich vollkommen verdunkeln lässt; ▸ Falkenkammer.

Dunkelzeug, das (dunkles oder finsteres Zeug): Bez. für die Jagdtücher (Ggs.: lichtes Zeug); ▸ Jagdzeug 2.

Dunkler Wasserläufer, der: ▸ Schnepfenvögel 11.

Dunlein, das: ▸ Schnepfenvögel 16.

Dünne, die: ▸ Dünnung.

Dünnen, die (Hosen): Herabhängende, lange, weiche Federn am Diehn (Oberschenkel) des ▸ Beizvogels.

Dünnung, die (Dünne, Dünnwildbret, Wammen, Fläme): Die Weichen bzw. Flanken des ▸ Rotwildes von den Rippen bis zu den Keulen; ▸ Flaume.

Dünnwildbret, das: Das ▸ Wildbret der ▸ Dünnung.

Dunst, der: **1**) Auch Vogeldunst. Kleinste Schrotgröße (unter 2 mm) zum Schuss auf ganz schwaches ▸ Federwild, die hauptsächlich beim kleinsten Schrotkaliber (Kal. 22) und bei Kleinkaliberwaffen (▸ Randfeuerpatronen) Verwendung fand. **2**) Auch Teufelshaar. Die ▸ Dunen der ▸ Nestlinge in der Sprache der Falkner.

Grauganskükenim Dunenkleid

Duralumin: Eine hochfeste Aluminiumlegierung (Leichtmetall) der Gattung Al-Cu-Mg, aus der Verschlusskästen, Zielfernrohrgehäuse usw. hergestellt werden, wenn das Gewicht des Gewehres verringert werden soll. Das spezifische Gewicht (2,8) ist wesentlich geringer als bei Eisen (7,8).

durchbrechen: **1**) D. des Wildes bei einem ▸ Treiben durch die Treiberkette. **2**) Eingestelltes Wild durchbricht das ▸ Jagdzeug, wenn es dieses unterflieht oder niederreißt; ▸ durchfallen und ▸ durchgehen 3). **3**) D. des Schwarzwildes: Zerwühlen des Bodens, um an die Erdmast zu kommen.

durchbrennen: Entweichen von Pulvergasen bei schadhaftem Gewehrverschluss.

durchdrücken: svw. ▸ drücken 2); ▸ riegeln.

Durchfahrparks, die: ▸ Wildgehege.

durchfallen: Flüchten von eingestelltem ▸ Schalenwild durch die Jagdlappen (▸ Jagdzeug), welche es dabei niederreißt; es durchfällt oder durchbricht das Jagdzeug. Werden die Lappen hingegen vom Wild übersprungen, so sagt man: »Das Wild überfällt das Jagdzeug.«

Rotwild durchbricht das Jagdzeug, aus R. Corneli: »Die Jagd und ihre Wandlungen« (1884)

durchfangen: Beim ▸ Zerwirken des Wildes der waidmännische Ausdruck für durchstechen und durchschneiden.

durchfliehen: svw. ▸ durchbrechen 2).

Durchforstung, die: Entnahme von schwachen, kranken und zu dicht beieinanderstehenden Bäumen (Vornutzung) zur Förderung der Kronen- und Zuwachsentwicklung der wuchskräftigen und qualitativ besseren Bäume; ▸ Bestand(e)spflege.

Durchgang, der: Bez. für den fehlgeschlagenen Stoß (▸ Fehlstoß) eines ▸ Beizvogels nach der Beute, auch wenn er diese berührt. Man nennt dies »einen D. geben«. Als »D. geben« bezeichnet man auch das Stoßen des Falken auf das geschwungene ▸ Federspiel zu Übungszwecken; ▸ aufsteilen.

durchgefiedert: svw. ausgefiedert, ein fertig gefiederter Vogel.

durchgehen: **1**) Das Fortlaufen, Sich-nicht-Stellen von ▸ Schalenwild, insbesondere von Schwarzwild. **2**) Durchbrechen der Treiberkette von Niederem Wild. **3**) Das Durchbrechen der Treiberkette von Hohem Wild bei den ▸ Eingestellten Jagen; ▸ durchbrechen 2). **4**) ▸ Treiber gehen einen ▸ Trieb langsam und ruhig durch.

Durchhau, der (Durchhieb): Früher ein geschlagener Pfad durch einen Wald zum Jagdzeugstellen (▸ Stellflügel); heute, um dem Jäger gute Sicht und gutes Schussfeld zu ermöglichen.

Durchhieb, der: ▸ Durchhau.

durchklappern: Durchtreiben eines Waldteiles mit Klappern; ▸ Klapperjagd.

durchrichten (durchstellen): Das ▸ Jagdzeug (Tücher, Garne oder Federlappen) d. heißt, einen Walddistrikt damit quer einstellen, aber nicht auf eigenen Stellstangen.

durchrinnen: svw. durchschwimmen, bei allem ▸ Haarwild, besonders bei hohem Haarwild gebräuchlich.

durchrudern: svw. durchschwimmen, jedoch nur beim Wasserwild gebräuchlich.

Durchschlag, der: **1**) svw. Einschlag, Bodeneinschlag beim Fuchs- oder Dachsgraben; ▸ Fuchs, ▸ Dachs (Jagdarten). **2**) Die Fähigkeit des Geschosses, in Materie (z.B. Wildkörper) einzudringen bzw. diese zu durchschlagen.

durchschlagen: Von Sauen (aber auch von Rotwild), wenn sie durch die Tücher oder die Netze gehen; sich d.

Durchschlagsgeschwindigkeit, die: ▸ Ballistik.

Durchschlagskraft, die: Die Eigenschaft eines Geschosses, einen Wildkörper oder einen anderen Gegenstand zu durchdringen. Eine gute D. haben Vollmantelgeschosse, z.B. Vollmantel-Spitzgeschoss für die Jagd auf Pelztiere; ▸ Ballistik.

durchschneiden: Gefangenes ▸ Raubwild beißt sich durch die ▸ Fallen (kleines Raubwild) oder Netze (Luchs, Wolf), um freizukommen; die Stelle, die durchschnitten wurde, wird als Durchschnitt bezeichnet.

Durchschnitt, der: **1**) ▸ durchschneiden. **2**) Seltene Bez. für eine eingehauene Schneise oder einen alten Weg.

durchstehen: Die Ausdauer des Hundes, so lange ▸ vorzustehen, bis der Jäger nachgerückt ist; vorstehen.

durchstellen: **1**) ▸ Schützen in einer Linie innerhalb eines ▸ Treibens anstellen. **2**) svw. ▸ durchrichten.

Durchstrich, der: Durchzug der ▸ Zugvögel.

durchtreiben: Flottes Durchgehen der ▸ Treiber durch einen bestimmten Waldteil.

durchziehen: **1**) Die Untugend eines ▸ Schützen, mit angeschlagenem Gewehr, dem Wild folgend, durch die Schützenlinie mitzuschwingen; ▸ Unfallverhütungsvorschrift Jagd. **2**) Das langsame Hinwegziehen des ▸ Schalenwildes über ein Feld oder eine Wiese usw.

Durchzügler, die (Durchzugsvögel): Bez. für die in unseren Breiten (Mitteleuropa) nicht brütenden, nur auf dem Durchzug befindlichen Vögel, die sich meist nur kurzfristig bei uns aufhalten.

Dürer, Albrecht: ▸ Jagdkunst.

Dusel: ▸ Sicke 1).

Dütchen, das: **1**) ▸ Schnepfenvögel 10. **2**) ▸ Regenpfeifer 6.

Duttenhofer, Max Wilhelm von (20.5.1843 Rottweil/Neckar bis 14.8.1903 Tübingen): D., ursprünglich Apotheker, trat 1863 in die Pulverfabrik der Mutter in ▸ Rottweil ein. 1871 erwarb er weitere Werke und wandelte 1872 den Betrieb in eine Aktiengesellschaft um. 1877 errichtete er eine Zweigfabrik in Düneburg und wurde Direktor der Pulverfabrik Rottweil-Hamburg. 1884 entwickelte er ein chemisches Pulver (rauchloses Nitrozellulosepulver), das rasch das Schwarzpulver ablöste. 1889 stellt er die Produktion auf das technisch überlegene Blättchenpulver um.

DW: Abk. für Deutscher Wachtelhund; ▸ Stöberhunde.

Dybowski-Hirsch, der: ▸ Sikawild.

Dynamit Nobel AG: Im Jahre 1931 innerhalb des IG-Farben-Konzerns aus der 1886 gegründeten Rheinisch-Westfälischen Sprengstoff AG (RWS) und der seit 1865 bestehenden Dynamit Actiengesellschaft, vormals Alfred Nobel & Co., entstanden. Firmensitz wurde 1932 Troisdorf. Bei der Neuordnung des Unternehmens im Jahre 1992 wurde es komplett an die Hüls AG in Marl verkauft, wobei das Geschäft mit Sprengmitteln und Munition sowie die Herstellung spritzgegossener thermoplastischer Kunststoffformteile gleichzeitig auf eine neue Firma übertragen wurde, die das Recht bekam, den Namen D. N. weiterzuführen. Seit mehr als 100 Jahren werden im Werk Stadeln (Fürth) der RUAG Ammotec Munitionserzeugnisse gefertigt. Das Unternehmen hat eine überaus bewegte Geschichte. 1855 erhielt Heinrich Utendoerffer in Nürnberg die Genehmigung zur Errichtung eines Laboratoriums zur Herstellung von Zündsatz. 1889 verkaufte Utendoerffer seine Firma an die 1886 in Köln gegründete »Rheinisch Westfälische Sprengstoff-Actien-Gesellschaft« (RWS). Bis heute wird in Stadeln (gehört zur Stadt Fürth/Bayern) eine breite Palette von Produkten mit »explosivem« Charakter produziert, nun unter der Regie der RUAG Ammotec GmbH. Die Munitionshersteller RUAG, ansässig in der Schweiz, und Dynamit Nobel AmmoTec GmbH, ansässig in Fürth, haben zum 01.04.02 ihr Geschäft in der neuen Gesellschaft RUAG Ammotec gebündelt und führen nun die Geschäfte gemeinsam weiter. Nach wie vor bürgen die Markennamen RWS, ▸ Rottweil und Geco für allerbeste Qualität bei Munition, Waffen, Optik und Zubehör.

Dysplasie, die: ▸ Hüftgelenksdysplasie.

E

Eber, der: das männliche Schwein. Die Bez. ist nur für das Hausschwein üblich. Das Wort E. steht aber in der griechischen und römischen Mythologie stets für das »wilde Schwein«, den ▸ Keiler.

Eberesche, die (*Sorbus aucuparia*): Auch Vogelbeere, Quitschbeere. Sommergrüner Baum oder Strauch aus der Gattung Ebereschen und Mehlbeeren (*Sorbus*), die zur Familie der Rosengewächse (*Rosaceae*) zählt. Frostharttes, kurzlebiges Gehölz; ▸ Pionierbaumart. Die kugelförmigen, bis 1 cm dicken und zuletzt rot gefärbten Früchte sind reich an Vitamin C und werden durch Vögel, v.a. Amseln, Stare und Drosseln, verbreitet. Auch Dachs und Fuchs sowie dem Schalenwild dienen sie als Nahrung. Wuchshöhe bis 18 m, Alter 100 bis 150 Jahre.

Vorkommen/Standort: Der anspruchslose Baum oder Strauch (Halbschatt[en]baumart) wächst sowohl auf trockenen, mageren Böden als auch im feuchten Torfmoor und kommt im Gebirge bis zur Waldgrenze vor. Bildet leicht ▸ Wurzelbrut und ▸ Stockausschlag. Besonders gut geeignet zum Anbau in Vogelschutzgehölzen, ▸ Hecken, ▸ Feldgehölzen, Alleen und an Waldrändern sowie als ▸ Prossholz. Die E. leidet jedoch stark durch ▸ Schälschäden, Fege- und Verbissschäden. Das harte und schwere Holz wird v.a. von Drechslern und Tischlern verarbeitet.

Eberle, Adolf (11.1.1843 München bis 24.1.1914 München): Maler. E., ein Schüler von Piloty, malte zunächst Motive aus dem Dreißigjährigen und dem Siebenjährigen Krieg und spezialisierte sich später mit Bildern wie »Försters Sonntagsfreude« (1888), zunehmend auf Genre- und Tiermalerei, insbesondere Jagdmilieubilder.

Eberlein, Johann F.: ▸ Jagdkunst.

EBHS: Abk. für ▸ European Brown Hare Syndrome.

Ebinger, der: ▸ Störche 1.

Ebke, Walter (1907 bis 1976): Maler, Zeichner, Autor. Von ihm stammen u.a. »Skizzen aus dem Ruhr-Zoo« (o. J.), »Abenteuer um einen Galgenvogel« (1956), daneben illustrierte er »Das kleine Hundebuch« von Curt Strohmeyer (1960) und das Buch von Joachim Blaschzyk: »Blitz, der graue Habicht, und andere Tiergeschichten« (1972).

Echinococcose, die (Echinokokkose): Bei Tieren und beim Menschen vorkommende Parasitose, hervorgerufen durch den Dreigliedrigen Hundebandwurm (*Echinococcus granulosus*; ▸ Bandwürmer) oder den Kleinen oder Fünfgliedrigen ▸ Fuchsbandwurm (*Echinococcus multilocularis*).

Echte Adler, die: ▸ Edeladler.

Echte Hirsche, die: Unterfamilie der ▸ Hirsche; ▸ Schalenwild (Tabelle).

Ecken, die: Die äußersten Geweihspitzen. Ein ▸ Geweih ist gut »vereckt«, wenn die ▸ Enden gut ausgebildet sind.

Eckerich, der: Der ▸ Fraß des Schwarzwildes (Eicheln, Bucheckern) auf dem Boden, die sog. Obermast; ▸ Mast.

Eckzahndrohen, das: Aggressives Verhalten v.a. des Rot- und des Damhirsches. Beim E. wird die Oberlippe, verbunden mit einem leisen grunzenden Brummen, so weit hochgezogen, dass die Eckzähne, die ▸ Grandeln, sichtbar werden; ▸ Aggression, ▸ Drohverhalten.

Eckzähne, die (*Canini*, Hundszähne): Einwurzelige Zähne von kegel- oder hakenförmiger Gestalt von Säugern, die besonders bei Raubtieren als »Fangzähne« entwickelt sind. Die vier E. stehen jeweils einzeln zwischen den Schneide- und den vorderen Backenzähnen.

◂◂ Blätter und Früchte der Eberesche

Sie fehlen bei einigen Wiederkäuern sowie bei Nagern und Insektenfressern.

edel: In der Waidmannssprache alles, was schön und gut ist, z.B. die edle Trophäe, der edle ▸ Leithund; »schön« findet hingegen niemals Anwendung.

Edeladler, die: Sammelbezeichnung für die ▸ raufüßigen ▸ Adler; hierzu zählen in Europa Stein- oder Goldadler (*Aquila chrysaëtos*), Kaiseradler (*Aquila heliaca*), Steppenadler (*Aquila orientalis*), Schelladler (*Aquila clanga*), Schreiadler (*Aquila pomarina*) und Zwergadler (*Hieraaëtus pennatus*).

Edelfalke, der (Edelfalk): Bez. für den Gerfalken, wird jedoch auch für alle größeren zur ▸ Beizjagd verwendeten Falkenarten gebraucht; hierzu zählen: Wanderfalk, Baumfalk, Saker, Lanner, Merlin und Eleonorenfalk; ▸ Falken.

Edelfasan, der: ▸ Fasane 1.

Edelhirsch, der: Der Rothirsch; ▸ Rotwild. Unter der Bez. E. werden in ▸ Wildgehegen der europäische Rothirsch, der amerikanische ▸ Wapiti sowie der asiatische Rothirsch, auch ▸ Maral genannt, gehalten. Diese drei Formen werden in der Systematik als eine einzige Art »Rothirsch« aufgefasst und sind miteinander kreuzbar.

Edelhund, der: Ein Jagdhund, der in alter Zeit zur ▸ Edeljagd verwendet wurde; ▸ Lange Jagd.

Edeljagd, die: Frühere Bez. für die Jagd mit Hunden auf ▸ Haarwild und mit ▸ Beizvögeln auf ▸ Federwild.

Edelkastanie, die (*Castanea sativa*): Auch Esskastanie. Laubbaumart der Gattung Kastanien (*Castanea*) aus der Familie der Buchengewächse (*Fagaceae*). Die E. wurde seit der Römerzeit zusammen mit dem Wein in den wärmeren Gebieten Mittel- und Westeuropas eingebürgert und war ursprünglich im gesamten Mittelmeergebiet verbreitet. Bei uns hauptsächlich im Rheinland angebaut. Wegen des hohen Stockausschlagvermögens werden E.-Wälder meist als Niederwald (▸ Betriebsarten) bewirtschaftet.

Wuchshöhe und Alter: bis 35 m, bis 200 Jahre, südlich der Alpen bis 500 Jahre. Die E. ist frostgefährdet und bevorzugt kalkarme, mineralkräftige Stein- und Lehmböden. Die Samen sind glänzend braune, 2 bis 3 cm große Nüsse und wohlschmeckend (Marone). Das dauerhafte Holz wird v.a. in der Möbelindustrie verarbeitet.

Blätter und Früchte der Edel- oder Esskastanie

Edelknabe, der: Veralteter Ausdruck für einen ▸ angehend jagdbaren oder ▸ edel werdenden Rothirsch (i.d.R. ein Achterhirsch).

Edellaubbaumarten, die (Edelhölzer): Verschiedene Laubbäume (Harthölzer), die durch ihre feine Maserung besonders gut für Einlegearbeiten, Kunsttischler- und Schnitzarbeiten sowie für hochwertige Furniere geeignet sind. Meist ausländische Holzarten, von den einheimischen u.a. ▸ Ahorne, ▸ Eschen, ▸ Linden, ▸ Ulmen und ▸ Vogelkirsche. Die E. sollen nur bei Saftruhe eingeschlagen werden.

Edelmarder, der: ▸ Marder 1.

Edelrabe, der: ▸ Rabenvögel 1.

Edelreiher, der: ▸ Reiher 3.

Edelrose, die: Eine kranzförmige ▸ Rose des Rehbockgehörns.

edelster Vogel: Als e.V. der Wälder wurde der Auerhahn, als e.V. der Felder der Trapphahn bezeichnet.

Edeltanne, die: ▸ Tanne.

Edeltier, das: Das weibliche ▸ Rotwild.

Edelwild, das: ▸ Rotwild.

Edelwildbret, das: ▸ Bratenwildbret.

edge-effect: ▸ Ökoton.

edle Jägerei, die: Frühere Bez. für das Waidhandwerk, das ein ▸ hirschgerechter Jäger beherrschen musste.

edler Waidmann, der (edler Jäger): Uralter Ausdruck für einen ▸ hirschgerechten Jäger.

edles Wild, das: Alter Ausdruck für das essbare ▸ Haar- und ▸ Federwild.

Eger, Georg Adam: ▸ Jagdkunst.

Eggenschär, die: ▸ Rallen 4.

EG-Vogelschutzrichtlinie, die: In der ursprünglich aus dem Jahre 1979 stammenden Richtlinie (jetzt: Richtlinie 79/409/EWG über die Erhaltung der wild lebenden Vogelarten aus dem Jahr 2009) wird gefordert, alle natürlich vorkommenden wild lebenden Vogelarten der europäischen Mitgliedsstaaten unter Schutz zu stellen (auch die ▸ Rabenvögel). Darüber hinaus sieht sie Schutz, Management und Bestandskontrolle dieser Arten vor und erlässt Gesetze gegen deren Ausbeutung. Die Verordnung gilt auch für Eier, Nester und Habitate; ▸ Artenschutzrecht, ▸ Vogelschutz, ▸ Birdlife International, ▸ Berner Konvention, ▸ Bonner Konvention.

Ehrenhirschfänger des Deutschen Jagdschutz-Verbandes (DJV): ▸ Verbandsabzeichen.

Ehrenlauf, der: Bei der ▸ Parforcejagd der rechte Vorderlauf des erlegten Hirsches, der dem würdigsten Jagdgast oder dem Jagdherrn überreicht wurde. Der Vorderlauf wurde am Kniegelenk abgeschärft, jedoch noch ein ca. 15 cm langer Hautstreifen darüber belassen, in den ein Schlitz geschärft wurde. Der E. wurde vom Oberjägermeister oder, wenn dieser nicht anwesend war, vom Oberpiqueur (▸ Piqueur) überreicht. Er wurde über den Griff des Hirschfängers (durch den Schlitz im Hautfetzen) gehängt, später präpariert und als Trophäe aufbewahrt. Die übrigen Läufe wurden den Jagdgästen gegeben, denen eine besondere Ehre erwiesen werden sollte. Dieser Brauch wird heute noch in Frankreich ausgeübt.

Ehrenordnung des Deutschen Jagdschutz-Verbandes (DJV), die: Frühere Regeln zur Standesgerichtsbarkeit der im DJV organisierten Jäger. Bei vorsätzlichen oder fahrlässigen Zuwiderhandlungen konnte ein förmliches Ehrenverfahren eingeleitet werden. Die E. ist inzwischen durch die ▸ Disziplinarordnung ersetzt worden.

Ehrenschnepfe, die: Ein früher ausgeübter Brauch, bei dem die erste Schnepfe, die im Frühjahr erlegt wurde, dem Jagdherrn vorgelegt wurde. Der Jäger erhielt als Belohnung dafür den sog. Schnepfentaler (Schnepfendukaten).

Ehrlichiose, die: Eine in den tropischen und subtropischen Gebieten (südlich des 45. Breitengrades) Afrikas und Asiens sowie der Mittelmeerländer weitverbreitete Erkrankung von Mensch und Tier. Die intrazellulär lebenden Erreger, die Ehrlichien (kugelförmige Bakterien der Gattung *Ehrlichia*, Familie der Rickettsien), werden durch ▸ Zecken von einem Tier zum anderen, somit auch auf Hunde, Pferde, aber auch auf den Menschen übertragen. Von den bisher bekannten neun Ehrlichien-Arten sind zwei auch für den Menschen virulent und verursachen die humane granulozytäre E. (HGE). Diese Krankheit tritt auch oft zusammen mit der ▸ Lyme-Borreliose auf. Die Bakterien dringen in die Leucozyten, die weißen Blutkörperchen, ein und vermehren sich dort in den Phagosomen, einem Zellbereich der Leucozyten, der bei der Vernichtung von Antigenen eine Rolle spielt, d.h. sie greifen in den Bereich des Immunsystems ein, der den Körper vor Antigenen schützen soll. Viele Infektionen verlaufen ohne Symptome. Bei älteren oder bereits geschwächten Menschen kann es zu einer schweren Infektion kommen. Die Inkubationszeit beträgt drei bis sieben Tage. Die Symptome sind Unwohlsein, Übelkeit, Schüttelfrost, Fieber über 39,5 °C, Kopfschmerzen, Muskelschmerzen, Gelenkbeschwerden, Husten und Durchfall, gelegentlich auch eine entzündliche Hautveränderung oder zentralnervöse Störungen. Mit Antibiotika lassen sich die Symptome deutlich lindern. Die Krankheit heilt meist ohne Folgen aus.

Bei Hunden beginnt die E. mit Appetitlosigkeit, Fieberschüben bis 41 °C, Atemnot, Lymphknotenschwellung, Durchfall, eitrigem Nasen- und Augenausfluss. In schweren Fällen kann es auch zu Muskelentzündungen, Hyperästhesie (Überempfindlichkeit), Krampfanfällen und Lähmungserscheinungen der Hinterhand oder zur Gelenkentzündung kommen. Nach etwa 6 bis 17 Wochen kommt es (auch ohne Behandlung) zur Heilung oder, wenn der Organismus nicht in der Lage ist, die Ehrlichien zu eliminieren, zur chronischen Erkrankung. Frühzeitig erkannt und behandelt sind die Heilungschancen gut, in fortgeschrittenem Stadium eher schlecht.

Ei, das (Eizelle, Ovum): Die weibliche Fortpflanzungs- oder Keimzelle vielzelliger Lebewesen. E. ist die gemeinsprachliche Bez. in der Zoologie und in der Medizin, Eizelle jene sowohl in der Zoologie als auch in der Botanik. Der Aufbau tierischer E. ist fast einheitlich. Als Fortpflanzungszelle und Träger des gesamten mütterlichen Erbgutes ist das E. meist von kugeliger, aber auch von gestreckter oder abge-

Eier von:
1. Fischadler,
2. Kuttengeier,
3. Mäusebussard,
4. Sperber,
5. Wanderfalke,
6. Baumfalke,
7. Turmfalke,
8. Wespenbussard,
9. Rabe,
10. Nebelkrähe,
11. Saatkrähe,
12. Alpendohle,
13. Dohle,
14. Elster,
15. Eichelhäher,
16. Nusshäher,
17. Nachtigall,
18. Rotkehlchen,
19. Gartenrotschwanz,
20 a. Braunkehlchen,
20 b. Grauer Steinschmätzer,
21. Steinmerle,
22. Blaumerle,
23. Misteldrossel,
24. Singdrossel,
25. Rotdrossel,
26. Wacholderdrossel,
27. Ringdrossel,
28. Amsel
(nach Otto Grashey, »Praktisches Handbuch für Jäger«, 1894, 3. Auflage 1916)

Eier von:
1 a. Wendehals,
1 b. Nachtschwalbe,
2 a. Rauchschwalbe,
2 b. Kuckuck,
3. Wiedehopf,
4. Auerhuhn,
5. Birkhuhn,
6. Haselhuhn,
7. Alpenschneehuhn,
8. Fasan,
9. Rebhuhn,
10. Steinhuhn,
11. Wachtel,
12. Steppenhuhn,
13. Blässhuhn,
14. Teichhuhn,
15. Flussregenpfeifer,
16. Kiebitz,
17. Alpenstrandläufer,
18. Bekassine,
19. Waldschnepfe,
20. Gemeine Seeschwalbe,
21. Brandseeschwalbe,
22. Lachmöwe,
23. Silbermöwe
(nach Otto Grashey, »Praktisches Handbuch für Jäger«, 1894, 3. Auflage 1916)

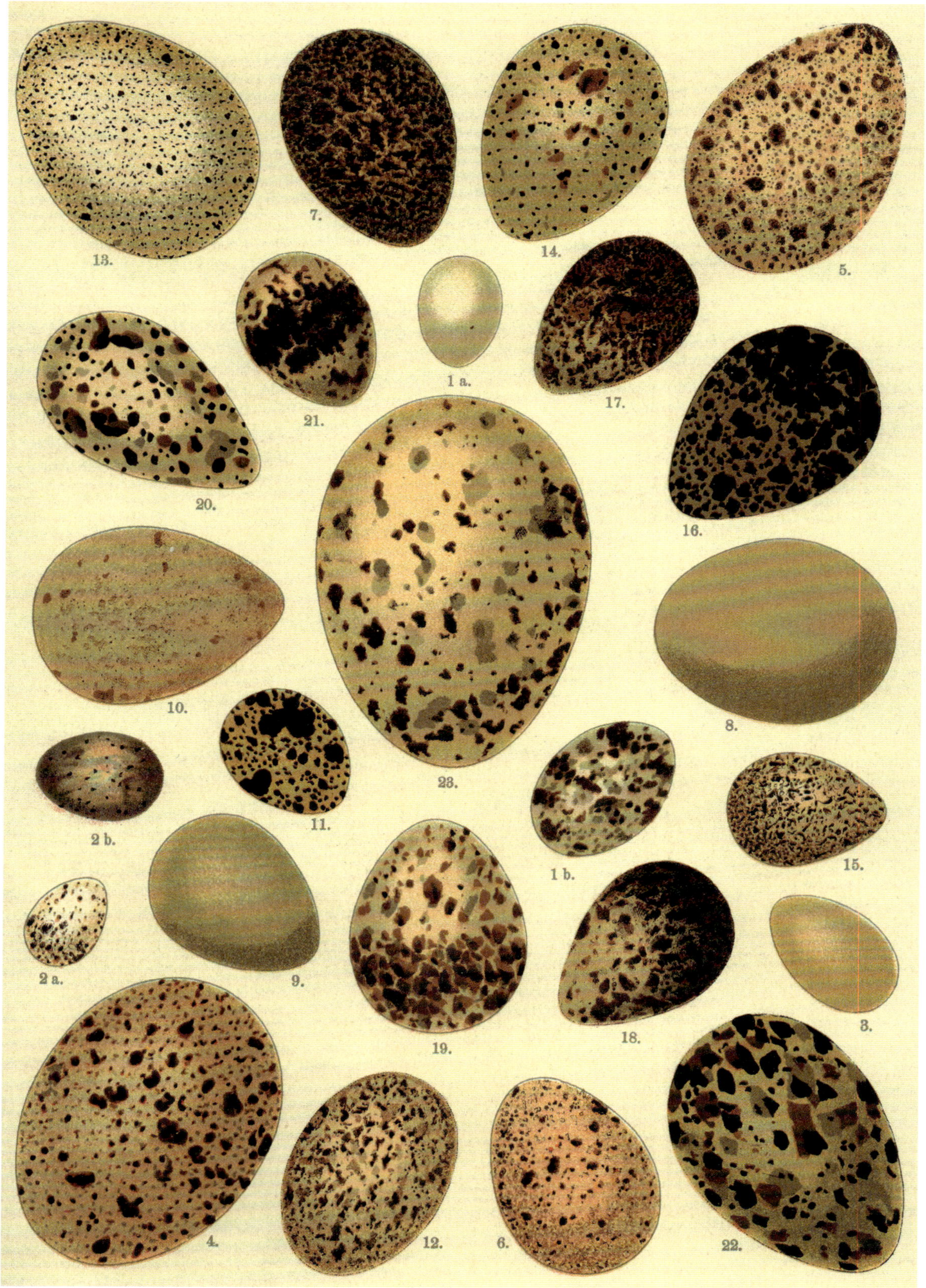

platteter Form. Unter der von der Eizelle selbst gebildeten Eihaut (Dotterhaut) befindet sich das Eiplasma mit einem verhältnismäßig großen Eikern (Keimbläschen). Die Gesamtheit der im Eiplasma gespeicherten Reservestoffe (z.B. Eiweiß, Fette usw.) wird als Dotter bezeichnet. Die Größe der E. ist je nach Dottergröße unterschiedlich. Die Zahl der jährlich abgelegten E. hängt von der Lebensweise sowie vom Stand der ▸ Brutfürsorge und -pflege und von den Umweltbedingungen (z.B. Klima, Nahrungsangebot, Feinde) ab. Die Entwicklung des E. beginnt allg. mit der Befruchtung. Nach der Befruchtung heißt die Eizelle Zygote. Die Entwicklung des E. vollzieht sich entweder in der Gebärmutter, z.B. bei Säugetieren, oder nach der Eiablage (z.B. Vogel-E. im Nest, Fisch-E. im Wasser usw.). Während der Eientwicklung wird zwischen Regulations-E. – das sind E., bei denen die Embryonen (Keimlinge) noch Entwicklungsstörungen ausgleichen können – und Mosaik-E. unterschieden, bei denen die Entwicklung durch ein Mosaik bestimmter organbildender Plasmabezirke bereits festgelegt ist. Vogel-E. sind individuell gefärbt und unterschiedlich groß, weshalb sie Rückschlüsse auf die Vogelart zulassen, von der sie stammen. Die E. des Federwildes (▸ jagdbare Tiere) unterliegen dem Jagdrecht; ▸ Sammelrecht von E.

◂◂◂ Nadeln und Früchte der Gemeinen Eibe

Eiabzugseisen, das: ▸ Fallen 14.

Eiben, die (*Taxus*): Eine Gattung immergrüner Nadelhölzer aus der Familie der Eibengewächse (*Taxaceae*). In Mitteleuropa ist die bei uns unter ▸ Naturschutz stehende giftige **Gemeine Eibe** (*Taxus baccata*, L.) heimisch. Sie ist ein bis 15 m hoher Baum oder Strauch, extrem langsamwüchsig, dafür aber ausschlagkräftig, jedoch frostempfindlich. Ihre spärliche Verbreitung erstreckt sich über ganz Europa bis zum Kaukasus. Sie kommt in Deutschland überwiegend in Einzelexemplaren vor, kleinere Bestände in Oberbayern und im Bayerischen Wald. Sie ist eine ▸ Schatt(en)baumart und bevorzugt feuchte Klimalagen. Das Holz ist hart und elastisch. Große E.-Bestände wurden im Mittelalter wegen ihres wertvollen Holzes, das für ▸ Bogen und ▸ Armbrüste benötigt wurde, vernichtet. Die Früchte mit rotem Samenmantel werden gerne von Vögeln gefressen, die damit auch zur Verbreitung der E. beitragen. E. werden stark verbissen.

Eiberle, Kurt, Prof. Dr. (25.3.1930 Madrid bis 26.5.1993 Zürich): Schweizer Biologe. E. war ab 1961 Dozent für Wild- und Jagdkunde der Abteilung für Forstwirtschaft der ETH Zürich. Im Jahre 1971 (Habilitation) wurde er Privatdozent für Wildkunde. In Anerkennung seiner Verdienste, auch als Versuchsleiter am Institut für Waldbau der ETH, wurde ihm 1976 der Professorentitel verliehen. E. war v.a. an den Zusammenhängen zwischen dem Wild und dem Ökosystem Wald interessiert. Er veröffentlichte u.a. »Lebensweise und Bedeutung des Luchses in der Kulturlandschaft« (1972).

Eichdrossel, die: ▸ Drosseln 3.

Eichelhäher, der: ▸ Rabenvögel 9.

Eichelhäherfalle, die (Häherfang): ▸ Fallen 4.

Eichelhäherlocker, der: ▸ Lockjagd.

Eichelmast, die: Bez. für den Fall der Früchte (Eicheln) der Stiel- und der Traubeneiche (▸ Eichen). Die E. erfolgt zum ersten Mal bei einem Alter der Bäume zwischen 50 und 80 Jahren; Vollmasten mit sehr gutem Eichelfall treten alle 7 bis 10 Jahre auf; ▸ Mast, ▸ Schweinemast.

Eichelspießer, der: Ein Rehbock (Knopfspießer), der nur verkrüppelte Spieße, die von einem Perlenkranz umgeben sind, auf dem Haupt trägt.

Eichen, die (*Quercus*): Über 500 Arten umfassende Baumgattung aus der Familie der Buchengewächse (*Fagaceae*). E.-Holz ist sehr wertvoll, hart, schwer und elastisch; Verwendung für Furniere, Massivmöbel, Bauholz, Parkett. Alle E. haben starkes Stockausschlagvermögen; die Stiel- und die Trauben-E. wurden daher im Nieder- und Mittelwaldbetrieb sehr gefördert. Die Samenverbreitung erfolgt durch Tiere (z.B. Eichelhäher). Früher von großer Bedeutung für die Gerbstoffgewinnung aus der Rinde (E.-Schälwälder, Lohwälder) sowie für die Waldweide (▸ Schweinemast).

Trauben- und Stiel-E. sind gefährdet durch Verbiss (Reh- und Rotwild) und ▸ Schälschäden (Rotwild), Rot-E. zusätzlich durch ▸ Fegeschäden.

1. Traubeneiche (*Quercus petraea*): Auch Wintereiche.

Vorkommen: In Mittel- und Südeuropa weit verbreitet. Baum des Hügellandes und der Mittelgebirge (bis 700 m ü. NN).

Wuchshöhe und Alter: 20 bis 30 m und 500 bis 800 Jahre, Umtriebsalter bei Furnier-E. ca. 250 Jahre, meist vergesellschaftet mit Buche und Hainbuche (Eichen-Hainbuchen-Wald).

Früchte (Eicheln): 2 bis 3 cm lang, in Gruppen zu zwei bis sechs sitzend oder sehr kurz gestielt.

Tiefbeasteter Eichensolitärbaum

Blätter und Früchte der Stieleiche

2. Stieleiche (*Quercus robur*): Auch Sommereiche.
Vorkommen: Europa, in Mitteleuropa häufig (bis 1000 m ü. NN).
Wuchshöhe und Alter: 30 bis 40 m, 500 bis 800 Jahre.
Früchte (Eicheln): 1,5 bis 2 cm lang, meist zu 2 bis 3 auf 4 bis 6 cm langem Stiel. Bestandsbildend in der Hartholzaue.
3. Roteiche (*Quercus rubra*):
Vorkommen: Ursprüngliche Heimat Nordamerika, in Mitteleuropa forstlich kultiviert (raschwüchsig); häufiger Parkbaum wegen dekorativer Herbstfärbung (Rotfärbung).

Roteichenblätter im Herbst

Wuchshöhe: bis 35 m.
Früchte (Eicheln): 1,5 bis 2 cm lang, breit fässchenförmig auf etwa 1 cm langem Stiel.
4. Zerreiche (*Quercus cerris*):
Vorkommen: Südeuropa, Deutschland (Kaiserstuhl), Österreich (Steiermark, Niederösterreich), Schweiz (Tessin).
Wuchshöhe und Alter: bis 35 m, Alter bis 200 Jahre.
Früchte (Eicheln): 2 bis 3 cm groß; werden von den breiten, grob geschuppten Bechern fast ganz eingehüllt.
Holzverwendung: Das Holz ist von geringerer Qualität als das der anderen E.-Arten und v.a. als Schwellen- und Grubenholz geeignet.
5. Flaumeiche (*Quercus pubescens*):
Vorkommen: Mitteleuropa, Südeuropa. Nördlich der Alpen nur Schweizer Jura, Oberelsass.
Wuchshöhe: bis 25 m.

Eichhörnchen, das (*Sciurus vulgaris*): Auch Eichkatze, Eichkätzchen, Eichkatzl, Immenaffe, Tannenaffe, Eicher, Eichhorn; aus der Familie der Hörnchen (*Sciuridae*). Das E. besiedelt das bewaldete Europa und Asien. Sein Lebensraum sind lichte Nadel- und Laubwälder, Parks und große Stadtgärten mit reichem Baumbestand. E. sind Einzelgänger, mehrere Tiere trifft man nur zur Paarungszeit und an reichen Futterplätzen an. Sie haben einen schlanken, geschmeidigen, etwa 25 cm langen Körper, die Schwanzlänge beträgt ca. 20 cm, die Höhe am Widerrist 10 cm. E. werden etwa 200 bis 250 g schwer. Die Färbung des Fells ist rotbraun bis dunkelbraun, in manchen Gebieten kommen fast schwarze Exemplare vor. Es handelt sich hierbei nicht um eine Abart; vielmehr können in einem Wurf sowohl rotbraune als auch schwarze Tiere vorkommen. Die Unterseite (Bauch und Brust) ist bei allen Farbvarianten fast weiß. Der Schwanz ist sehr buschig und zweizeilig, das Ohr ziert ein Büschel langer Haare, die Fußsohlen sind nackt. Das E. ist der Affe unserer Wälder und besitzt auch Eigenschaften, die an jenen erinnern. Es gehört zu den muntersten und klügsten Nagern und bewegt sich lebhaft, schnell und behende. Seine Gewandtheit zeigt sich v.a. im Klettern. Mit unglaublicher Sicherheit und Schnelligkeit rutscht es auch an den glattesten Baumstämmen empor. Die langen, scharfen Krallen an den fingerartigen Zehen leisten dabei vortreffliche Dienste. Es häkelt sich dabei in die Baumrinde ein, und zwar immer mit allen vier Füßen gleichzeitig. Dann nimmt es einen neuen Anlauf zu einem weiten Sprung, zu dem es die langen Hinterläufe befähigen. Die lang behaarte Rute (Schwanz) benützt es dabei zum Steuern und zum Ausbalancieren. Stammabwärts klettert das E. immer mit dem Kopf nach unten. Auf der Erde ist es ebenso flink. Niemals läuft es im Schritt oder im Trab, sondern hüpft schnell in größeren oder kleineren Sprüngen vorwärts. Es geht zwar ungern ins Wasser, kann aber ausgezeichnet schwimmen. Die Sinne, v.a. Gehör-, Geruchs- und Gesichtssinn, sind stark ausgeprägt. Die Stimme ist im Schreck ein lautes »Duck, Duck«, bei Wohlbehagen ein »Murksen«. Bei besonderer Freude oder Erregung pfeift das E. Zahnformel:

$$\frac{1}{1}\ \frac{0}{0}\ \frac{2}{1}\ \frac{3}{3} = 22\ \text{Zähne}$$

(▸ Zahnalterslehre).
Das E. baut ein mit Haaren, Gras und Moos ausgepolstertes Kugelnest, den sog. Kobel, hoch oben in den Ästen eines Baumes. Daneben werden auch Nebennester angelegt. Bei schlechtem Wetter finden sich häufig mehrere Tiere in einem Kobel. Das Ausgangsloch an der Wetterseite wird dabei sorgfältig verstopft. Auch bei Einbruch der Nacht zieht sich das E. in den Kobel zurück und schläft zusammengerollt, solange es dunkel ist. Die Paarungszeit erstreckt sich von März bis September. Ältere E. begatten sich schon im März, jüngere etwas später. Die Männchen fechten in dieser Zeit bisweilen blutige Kämpfe aus. Das im Alter von sechs bis acht Monaten geschlechtsreife E. bringt zwei bis drei Würfe im Jahr mit je drei bis sechs Jungen. Sie werden nackt und blind geboren, sind nach 20 Tagen voll behaart und öffnen nach einem Monat die Augen. Nach zwei Monaten sind sie bereits selbstständig. Das E. ist ein ▸ Allesfresser. Seine Nahrung besteht aus Samen, Früchten, Nüssen, Beeren, Pilzen, Vogeleiern und auch aus Jungvögeln. Vom Nahrungsangebot ist die jeweilige Populationsdichte abhängig. Da es keinen Winterschlaf hält, betreibt das E. Vorratswirtschaft, indem es in Spalten und Löchern hohler Bäume und Baumwurzeln oder in einem seiner Nester Nüsse, Körner, Eicheln, Bucheckern und Kerne usw. versteckt. Das E. selbst ist das Hauptbeutetier des Baummarders, der den Kobel des E. als Unterschlupf benutzt. Das E. war nicht jagdbar, aber auch nicht geschützt und durfte im Rahmen des ▸ Jagdschutzes erlegt werden. Nach der BArtSchV steht das Eichhörnchen unter besonderem Schutz.

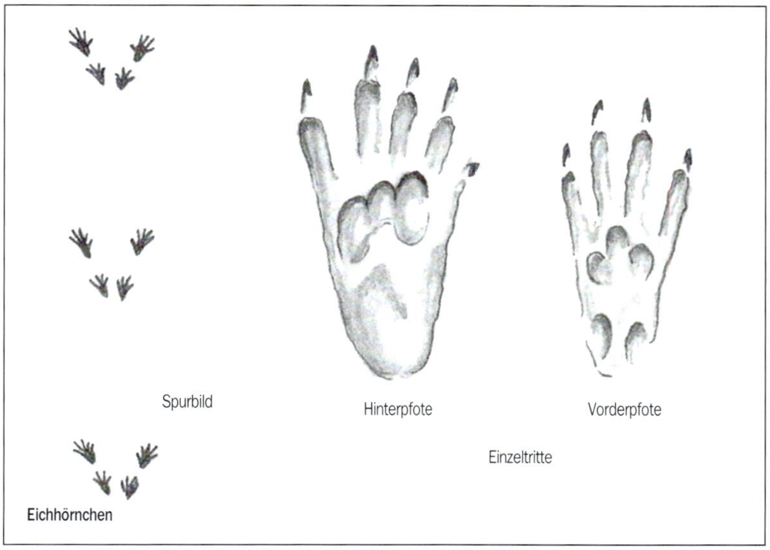

Eichhörnchen: Je nach Region kann die Färbung von rotbraun bis nahezu schwarz variieren.

Eichkätzchen, das (Eichkatze, Eichkatzl): ▸ Eichhörnchen.
Eichvogel, der: Örtliche Bez. für den ▸ Habicht.
Eiderente, die: ▸ Wildenten 18.
Eidergans, die: ▸ Wildenten 18.
Eidervogel, der: ▸ Wildenten 18.
Eidgenössische Jagdbanngebiete, die: ▸ Jagdbanngebiete.
Eifelruf, der: ein Hirschruf; ▸ Lockjagd.
Eigener, Wilhelm (1904 bis 1982): Tierillustrator, sein Hauptwerk: »Enzyclopädie der Tiere« mit 4000 farbigen Abbildungen in zwei Bänden; fertigte auch viele Bilder für »Grzimeks Tierleben«; ▸ Diller und Reimann; ▸ Jagdkunst.
Eigenjagdberechtigung, die: ▸ Österreichisches Jagdwesen.
Eigenjagdbezirke, die: ▸ Jagdbezirke.
Eigenjagdreviere, die: ▸ Jagdreviere.
Eigenwittrung, die: Der individuelle Geruch, der von jedem Stück Wild ausgeht.
Eignungsprüfung für Jagdhunde: ▸ Hundeprüfungen.
eilen: Rasches Ziehen des Hirsches, wobei ein geringer Hirsch das Zeichen des Ereilens oder Übereilens macht; ▸ Hirschgerechte Zeichen.
Eilers, Konrad, Dr. (1871 bis 26.1.1961): Studienrat, Schriftsteller, Jäger und Sportschütze. E. lebte in Rostock und war u.a. Mitarbeiter bei verschiedenen Jagdzeitschriften. Er schrieb u.a. »Handbuch der praktischen Schusswaffenkunde und Schießkunst für Jäger und Sportschützen« (1910), »Philosophie des Weidwerks« (1904), »Deutsches Weidmannsbrevier. Ein Handbuch der Weidgerechtigkeit« (1928).
Eilhart von Oberg (Oberge): Mittelhochdeutscher Dichter aus braunschweigischem Ministerialengeschlecht, dichtete um 1170 das Liebesepos »Tristrant und Isalde«, die erste deutsche Bearbeitung dieses ursprünglich keltischen Stoffes nach einer verlorenen französischen Vorlage. Er nennt in seinem Epos auch die ▸ Bracke. Als Tristrant mit der Königin in die Wälder flieht, folgt ihm sein zurückgelassener Hund. Mithilfe dieses Hundes spürt er dann das Wild auf und wird durch die Jagd vor dem Hungertod bewahrt.
Einabzug, der: ▸ Abzugsvorrichtung.
einarbeiten: Den ▸ Schweißhund ausbilden, ihn e.
Einbalzen, das (Einspielen): Wenn der Auerhahn vom unterbrochenen Balzen zum eigentlichen Balzlied übergeht, d.h. wenn er mit dem ernstlichen Balzen beginnt, so balzt er sich ein oder spielt sich ein.
einbeeren: ▸ Dohnen zum Drosselfang mit Beeren als Köder versehen.
einbeißen: Manche Wasservögel, besonders die Enten, beißen sich, wenn sie angeschossen sind, unter Wasser an einem Schilfstängel so fest, dass sie auch nach dem Verenden daran hängen bleiben. Ohne einen sehr guten, wasserfreudigen Hund ist das Wild für den Jäger verloren.
einbinden: Das Befestigen von ▸ Garnen, Leinen, Schlingen usw. an ▸ Forkeln, Bügeln usw.
einbögeln: ▸ bögeln.
einbögnen: ▸ einkreisen 1).
einbrechen: **1**) ▸ durchbrechen. **2**) Wenn ein einzelnes Stück Schwarzwild sich ein Lager oder einen Kessel wühlt und sich dort einschiebt oder einschlägt, bezeichnet man das als sich e. **3**) Wenn Schwarzwild mit dem ▸ Wurf den Boden auf der Suche nach Erdmast (▸ Mast) durchwühlt, so bricht es ein oder bricht durch.
Einbürgerung von Wild: ▸ Aussetzen von Wild.
Eindringtiefe von Schroten: ▸ Ballistik II.
eindrücken: Wild in einen bestimmten Walddistrikt drücken, der später bejagt werden soll.
einfahren: **1**) Kriechen in den ▸ Bau bei allen Wildarten, die einen Bau bewohnen, sowie vom Frettchen und vom ▸ Erdhund; bei Letzterem auch einschliefen genannt; ▸ Schliefer. **2**) In die Netze springen; von ▸ Niederwild, besonders von Kaninchen beim Frettieren. **3**) svw. ▸ einspringen 3), selten.
Einfahrt, die (Eingang): Seltener Einfall; die Eingangsröhre zum ▸ Bau.
Einfall, der: **1**) svw. das Einfallen (Niederlassen) von ▸ Federwild; ▸ einfallen 1). **2**) Der Platz, an dem Federwild einfällt. **3**) Seltene Bez. für ▸ Einfahrt.
einfallen: **1**) Das Anfliegen und Sich-Niederlassen des ▸ Federwildes auf einem Baum, z.B. auf einem Schlafbaum, auf dem Wasser oder dem Boden, ▸ Morgeneinfall, ▸ Abendeinfall. **2**) Das Anprellen gegen die busenreich gestellten Netze (▸ Jagdzeug) und Sich-Fangen des zur ▸ Hohen Jagd gehörenden Wildes (veraltet). **3**) Der ▸ Schweißhund (früher: der ▸ Leithund) fällt auf einer ▸ Fährte ein, wenn er sie annimmt. **4**) Seltene Bez. für das ▸ Einfahren des Dachses in den Bau, er fällt ein.
Einfallstellen, die: Die Stellen, an denen sich das Wild gerne niederlässt.
einfangen: **1**) Wild aller Art mithilfe von ▸ Jagdzeug und Fangapparaten lebend fangen. **2**) ▸ Hatzhunde fangen sich in ein Wild ein oder verfangen sich darin, wenn sie sich verbeißen. **3**) Selten gebraucht für ▸ einstellen 1).
einfassen: Selten verwendetes Wort für ▸ einlappen oder verlappen.
einfliegen: Den ▸ Beizvogel an das Fliegen auf Wild gewöhnen; ▸ abtragen.
Einfuhr von Jagdtrophäen: Das gültige EU-Artenschutzrecht mit den Verordnungen (EG) Nr. 338/97 und Nr. 939/97 zur Durchführung

des Washingtoner Artenschutzübereinkommens (WA, im Englischen: CITES) ist am 1.6.1997 in Kraft getreten. Dies bedeutet für die Einfuhr von Jagdtrophäen:

1. Jagdtrophäen von Arten des Anhangs A: In Anhang A der EU-Verordnung werden im Wesentlichen solche Arten unter Schutz gestellt, die in Anhang I des WA aufgeführt sind. Sie gelten in Deutschland als streng geschützte Arten. Für die Einfuhr aus einem nicht zur EU gehörenden Staat ist ein WA-Ausfuhrdokument des Ursprungslandes sowie eine WA-Einfuhrgenehmigung des Bundesamtes für Naturschutz (BfN) erforderlich. Die WA-Ausfuhrgenehmigung des Ursprungslandes und die WA-Einfuhrgenehmigung des Bundesamtes für Naturschutz müssen der Einfuhrzollstelle im Original vorgelegt werden.

Nicht einfuhrfähig sind derzeit folgende Populationen der Arten Wolf, Wildkatze und Luchs: *Canis lupus* (Wolf) aus Bangladesch, Bosnien-Herzigowina, Kroatien, Grönland, Serbien, Montenegro, Nordkorea, Südkorea, Libanon, Mexiko, Myanmar, Norwegen, Polen, Slowakische Republik, Slowenische Republik; *Felis silvestris* (Wildkatze) aus Eritrea, Äthiopien, Gambia, Guinea, Indien, Sierra Leone; *Lynx lynx* (euroasiatischer Luchs) aus Aserbaidschan, Ungarn, Indien, Litauen, Moldawien, Ukraine.

Einfuhrfähig sind Trophäen von europäischen Populationen der Art *Ursus arctos* (Braunbär) nur aus Bulgarien, Estland, Rumänien, Russland, Slowakei. Darüber hinaus ist die Einfuhr von Populationen aus Kanada und den USA (einschließlich der Unterart *Ursus arctos horribilis,* Grizzlybär) möglich. Seit 29. November 2001 gilt aber ein Einfuhrverbot für Grizzly-Trophäen aus der kanadischen Provinz British Columbia (BC) in die Staaten der Europäischen Union. Einfuhrfähig sind außerdem Wolfstrophäen (*Canis lupus*) aus Kanada, aus der Mongolei, aus Rumänien, Russland, Bulgarien, Estland, Kasachstan, Litauen, Weißrussland und den USA, Luchstrophäen (*Lynx lynx*) aus Estland, Lettland, Rumänien, Norwegen und Russland und Wildkatzentrophäen (*Felis silvestris*) aus Mosambik.

2. Jagdtrophäen von Arten des Anhangs B: Jagdtrophäen von Arten des Anhangs B können grundsätzlich mit der Originalausfuhrgenehmigung des Ursprungslandes als persönliche oder Haushaltsgegenstände aus Nicht-EU-Staaten eingeführt werden. Der Einführer bekommt eine ebenfalls vorzulegende Fotokopie des Ausfuhrdokuments mit dem gestempelten Einfuhrvermerk der Zollstelle zurück. Dieses Dokument ist dann der gültige Herkunftsnachweis für die eingeführten Trophäen, mit dem die Trophäen auch wieder ausgeführt werden könnten. Die Erleichterung für die Einfuhr von Arten des Anhangs B besteht darin, dass ein Einfuhrdokument des ▸ BfN in den Fällen des persönlichen Gebrauchs nicht mehr erforderlich ist. Anzumerken bleibt, dass diese Erleichterungen für Jagdtrophäen bislang nicht in der EU abgestimmt wurden. In anderen Mitgliedstaaten könnte daher für die Einfuhr von Trophäen der Arten des Anhangs B zusätzlich eine Einfuhrgenehmigung erforderlich sein.

Folgende jagdrelevante Arten aus Amerika und Afrika sind in Anhang B der Verordnung (EG) 338/97 aufgeführt und können gegebenenfalls als persönliche oder Haushaltsgegenstände ohne Einfuhrdokument eingeführt werden:

Amerika: *Ursus americanus* (Schwarzbär), *Ursus maritimus* (Eisbär), *Lontra canadensis* (Nordamerikanischer Fischotter), *Lynx canadensis* (amerikanischer Luchs), *Lynx rufus* (Rotluchs) und – eingeschränkt – *Puma concolor* (Puma). Die in Anhang I WA aufgeführten Unterarten des Puma, der *Puma concolor coryi* (Floridapuma), *Puma concolor costaricensis* (Costa-Rica-Puma) und *Puma concolor cougar* (Ostamerikanischer Puma) unterliegen den strengen Bestimmungen des Anhangs A der Verordnung (EG) Nr. 338/97 und dürfen nicht eingeführt werden.

Afrika: *Panthera leo* (Löwe), *Hippopotamus amphibius* (Flusspferd; aber *nicht einfuhrfähig* aus Angola, Benin, Burkina Faso, Burundi, Kamerun, Zentralafrikanische Republik, Tschad, Elfenbeinküste, Äquatorial-Guinea, Eritrea, Äthiopien, Gambia, Ghana, Guinia-Bissau, Liberia, Namibia, Niger, Nigeria, Ruanda, Senegal, Sierra Leone, Togo), *Papio ursinus* (Pavian), *Felis serval* (Servalkatze; aber *nicht einfuhrfähig* in die EU aus Algerien, Burkina Faso, Elfenbeinküste, Dschibuti, Eritrea, Äthiopien, Guinea, Lesotho, Mauretanien und Mosambik), *Felis caracal* (Karakal; nur afrikanische Population), *Ceratotherium simum simum* (Breitmaulnashorn; nur südafrikanische Population), *Kobus leche* (Litschi-Wasserbock oder Litschi-Moorantilope) und *Equus zebra hartmannae* (Hartmann-Bergzebra; genehmigungsfähig nur Populationen von Südafrika und Namibia, Trophäen aus Angola nicht einfuhrfähig), *Loxodanta africana* (Afrikanischer Elefant; nur aus Populationen von Namibia, Simbabwe und Botswana)

Die Bestimmungen hinsichtlich der einfuhrfähigen Ursprungspopulationen können sich aufgrund von Beschlüssen der EU-Kommission kurzfristig ändern. Vor einer geplanten Jagdreise sollten daher unbedingt die aktuellen Informationen beim ▸ Bundesamt für Naturschutz (▸ BfN) eingeholt werden.

Einfuhr von Jagdwaffen, die: Die E. v. J., d.h. das Verbringen von Waffen und Munition in oder durch Deutschland (Geltungsbereich des WaffG; ▸ Waffenrecht) wird durch die §§29, 30, 32 und 33 WaffG geregelt; ▸ Ausfuhr von Schusswaffen und Munition; ▸ Europäischer Feuerwaffenpass.

Eingang, der: **1**) Auch der Einwechsel. Bezeichnet die Stelle, an der das Wild, ein Revier verlassend, ein anderes betritt. Die hierbei getretene ▸ Fährte ist die E.-Fährte; ▸ auswechseln. **2**) Seltener anstelle von ▸ Einfahrt.

Eingänger, der (Einsiedler, Einzelgänger, Einläufer, Umgänger): Einzelnes altes ▸ Hauptschwein, das meist vom übrigen Wild getrennt lebt. E. wird auch jedes ältere männliche Stück Schalenwild (▸ Basse) genannt, das – mit Ausnahme der Paarungszeit – einzeln lebt. Beim alten einzeln lebenden Gamsbock ist hierfür speziell die Bez. Einsiedler üblich.

Eingangsfährte, die: ▸ Eingang 1).

eingattern: Errichten eines Gatters um ein Revier oder einen Revierteil. Das darin befindliche Wild wird Gatterwild genannt.

eingehen: **1**) Das Wild, das eines natürlichen Todes, d.h. an Altersschwäche, an einer Krankheit, durch Hunger oder Frost, stirbt, geht ein. Für Hohes Wild wird der Ausdruck fallen gebraucht. Eingegangenes Wild gilt als ▸ Fallwild und darf nicht in den Handel gebracht werden. **2**) svw. ▸ einkreisen (selten).

eingejagt: Jagdhunde (meist ▸ Bracken), die gewöhnt sind, miteinander zu jagen, sind e.

Eingeräusch, das (Eingereuch, Eingereusch): svw. ▸ Geräusch.

eingerichtetes Jagen, das: svw. ▸ Eingestelltes Jagen.

eingeronnene Fährte, die (verronnene Fährte): Eine durch Regen oder sonstige Witterungseinflüsse zerronnene, unkenntlich gewordene ▸ Fährte.

eingeschlagene Hunde, die: Hunde, die gut geraten sind.

Eingestellte Jagen (eingerichtete Jagen), die: Stelljagen waren Jagden auf ▸ Hochwild, bei denen das Wild aus größeren Waldflächen mithilfe einer großen Zahl von Treibern auf eine kleine, mit ▸ Jagdzeug umstellte Fläche zusammengetrieben wurde. Auf diesem verhältnismäßig engen Raum wurde das Wild durch Öffnung der Tücher an einer bestimmten Stelle vor die ▸ Schützen gebracht. E. J. wurden etwa gegen Ende des 16. Jh. eingeführt. Die Vorbereitungen zu einem E. J. dauerten oft mehrere Wochen, und es wurden hierzu viele ▸ Treiber, Jäger, Pferde, Zeugwagen sowie große Mengen an Zeug, Lebensmitteln und Brennholz benötigt. Sie waren deshalb auch sehr kostspielig. Die Einrichtung des Jagens geschah derart, dass zunächst das Wild aus entfernteren Waldorten durch Treiber langsam in das für die Jagd bestimmte Gebiet hineingedrängt wurde. Das Jagen wurde aus dem »Weiten« in die »Enge« gebracht. Nachdem das Wild übergewechselt war, wurde der Waldort sofort verlappt, d.h., es wurden Tücher und Netze aufgestellt, um das Wild am Zurückbrechen zu hindern. Um dies auch zur Nachtzeit zu vermeiden, wurde an den Lappenlinien eine Kette von Wachtfeuern unterhalten; das Jagen wurde verfeuert. Hierfür stellte man zusätzlich Treiberwehren ab, die wie alle Treiber ohne Entlohnung Frondienste (▸ Jagdfron) zu leisten hatten. Berittene Wachen kontrollierten beim Schein der Feuer, dass weder Wild noch Treiber im Schutze der Nacht ausbrachen. Je enger der Raum war, in den das Wild hineingedrängt wurde, desto größer wurden die verwendeten Tücher, bei denen nach halben, mittleren und hohen Tüchern unterschieden wurde. War sehr viel Wild eingeschlossen und sollte das Jagen erst einige Tage später stattfinden, dublierte (▸ doppeln 2)) man die Tücher, indem neben diesen zusätzliche Prellnetze aufgestellt wurden, die ein Durchbrechen des Wildes bzw. ein Durchschlagen der Sauen verhindern sollten.

Eingestelltes Jagen, aus dem »JachtBuch« (1639) von Wolfgang Birkner (1582–1651)

Das Jagen selbst hatte meist rundliche Form und abgerundete Schmalseiten (Jagensrundungen). Es bestand aus zwei Hauptteilen, dem Zwangstreiben und dem Lauf. Im Zwangstreiben wurde immer enger zusammengetrieben und durch Zeug abgestellt; dieser enge Raum wurde Kammer genannt. Der Lauf hingegen lag auf freiem Platze und war wie die Kammer mit hohen Tüchern umgeben (eingestellt). Lauf und Kammer wurden durch sog. Quertücher getrennt, wobei bei sehr großen Wildmengen die Kammer nochmals mit Quertüchern (Lauf-, Fall- oder Rolltuch) in Abteilungen getrennt wurde. Mithilfe eines sog. Roll- oder Schnapptuches, das beliebig oft geöffnet und geschlossen werden konnte, wurde das Wild separiert, d.h. nach Geschlecht und Stärke getrennt. Man unterschied folgende E. J.:

1. Hauptjagen: Das Wild wurde in mehreren Hundert Stück aus einem ausgedehnten, meist mehrere Quadratmeilen großen Distrikt mit manchmal Tausenden von Treibern zusammengetrieben und in den mit Tüchern und Netzen umstellten Lauf gebracht, in dessen Mitte sich ein Pavillon oder Schirm für die Schützen befand. H. beanspruchten oft mehrere Wochen und waren hinsichtlich Material und Geld außerordentlich aufwendig. In früherer Zeit wurden diese H. besonders als Hoffestlichkeiten abgehalten. Man nannte sie:

2. Prunk- oder Festinjagen (Festin, franz.: le festin, Fest, Bankett usw.): Bei diesen P. spielten der Glanz und die Toiletten der Frauen die Hauptrolle. Diese Jagen, bei denen die Jäger die Galauniform anlegten und ein Musikkorps aufspielte und namentlich die starken Hirsche, die auf dem Lauf erschienen, mit der Fanfare angeblasen wurden, hatten mit der eigentlichen Jagd nichts mehr zu tun. Derartige Jagen wurden früher an fast allen Fürstenhöfen abgehalten und mit entsprechenden Gelagen beendet. Nach Jägermeister ▸ Döbel (»Jägerpractica«, 1754) wurden z.B. 1748 bei einem Jagen in Leonberg in Württemberg von den 800 Stück eingestellten Wildes 500 erlegt, den Rest ließ man aufgrund des großen Erfolges frei.

3. Wasserjagen (Wasserjagden): Hier wurde das Wild aus dem Treiben ins Wasser gedrängt – hierfür legte man auch künstliche Gewässer an – und es musste dies zwangsweise durchrinnen (durchschwimmen). Von aufgestellten Schirmen aus wurde das im Wasser schwimmende oder das wieder auf den Lauf gekommene Wild erlegt. Wasserjagen kamen auf, weil die Vorderlader-Waffen eine schnelle Schussfolge nicht erlaubten und das schnell vorbeiflüchtende Wild schwer zu treffen war. Im Wasser hingegen konnte das Wild sich nur langsam fortbewegen bzw. es kam ermüdet an Land wieder auf den Lauf.

4. Bestätigte Jagen (Bestätigungs-, Bestattjagen): Ein e. J. auf Hirsche. Vor Beginn der Jagd wurden dabei die in einem bestimmten Revier vorhandenen Hirsche mithilfe von ▸ Besuchsjägern und ▸ Leithunden hinsichtlich Anzahl und Geschlecht festgestellt, d.h. bestätigt. Sodann wurde der Revierteil mit hohem Zeug eingestellt und das Wild der Herrschaft vorgejagt. B. J. sind e. J. ohne Treiben.

5. Kontrajagen: Jagen, bei denen ein ▸ Trupp oder ein einzelner Hirsch durch Tücher von seinem Wechsel abgeschnitten und in einen angrenzenden, vorher eingestellten Distrikt getrieben wurde. K. (Kontralauf) nannte man es auch, wenn sich am Ende des Laufs wieder eine Kammer befand, aus welcher das nicht erlegte Wild wieder zurück über den Lauf zur ersten Kammer und von da wieder zurückgejagt wurde, bis alles Wild erlegt war. Im Prinzip handelt es sich um zwei Kammern mit einem verbindenden Lauf.

6. Kesseljagen (Schützenjagen): Die einfachste Form der Zeugjagd, die ohne Lauf durchgeführt wurde. Das Wild wurde durch hin- und hergehende Treiber den in den eingerichteten Schirmen sitzenden Schützen zugetrieben.

7. Fangjagen: Sie wurden abgehalten, um Wild lebend für andere Reviere oder Gehege zu fangen. Das Wild wurde hierbei gegen fängisch und busenreich gestellte Netze getrieben, in denen es sich verfing.

Das letzte E. J., das auf deutschem Boden stattfand, wurde 1840 im Spessart vom bayerischen König Ludwig I. abgehalten. E. J. auf Schwarzwild hielt noch Kaiser Wilhelm II. ab.

Eingewöhnungsgatter, die (Eingewöhnungsgehege): Vollständig eingefriedete Freigehege, in denen Wild, hauptsächlich ▸ Schalenwild (z.B. Muffel- und Damwild), zum Zwecke der Einbürgerung oder Wiedereinbürgerung in der natürlichen Umgebung seines zukünftigen Lebensraumes gehalten wird. E. sollen in ruhigen und störungsfreien Gebieten liegen und die Umzäunung soll mindestens 2 m hoch sein. Solange sich das Wild im Gatter befindet, muss für ausreichende Fütterung gesorgt sein; ▸ Aussetzen von Wild, ▸ Auswilderungsgehege.

eingraben: Selten gebrauchtes Wort für ▸ einbrechen 2).

eingreifen: **1)** Der ▸ Leithund oder der ▸ Schweißhund greift gut ein, wenn er anhaltend mit tiefer Nase sucht. **2)** svw. eindrücken, speziell das E. der ▸ Schalen des Wildes, aber auch der Waffen, Klauen, Branten usw., in den Boden.

Eingriffe, die: Die Bodenverletzung (Vertiefung) durch die Schalen des plötzlich flüchtenden Wildes. Sie entsteht meist dann, wenn getroffenes Wild durch den Schreck zusammenruckt und flüchtig abgeht. Solche E. sind daher immer stärker im Boden ausgeprägt als wenn Wild nur durch Beunruhigung flüchtet. Schaleneindrücke werden E., rissartige Vertiefungen durch herausgerissene Erd- und Grasteilchen werden Ausrisse genannt; ▸ Schusszeichen.

einhächsen (-häcksen, -häsen, -hässen): ▸ einhessen.

Einhakmontage, die: Montageart für Zielfernrohre; ▸ Jagdoptik.

einhauen: **1**) Luchs, Wildkatze oder ▸ Greifvögel hauen ein, wenn sie ihre Krallen oder Fänge in die Beute schlagen. **2**) Einen Bodeneinschlag machen; ▸ Dachs und ▸ Fuchs (Jagdarten); veraltete Bez.

einheesen: ▸ einhessen.

Einheitspatrone, die: Bez. für die Patrone, bei der das Zündmittel, das Pulver und das Geschoss in einer Patronenhülse vereinigt sind. Alle für ▸ Hinterlader bestimmten Patronen sind E., während bei Vorderladern Schrot- und Pulverpatronen separat sind und das Zündhütchen auf das Piston aufgesetzt wird.

einhessen (einhächsen, einhäcksen, einhäsen, einhässen, einheesen): Am erlegten ▸ Haarwild den Hinterlauf am Sprunggelenk durchstechen, um den zweiten Hinterlauf hindurchziehen zu können. Das E. (Verschränken) dient zum Aufhängen des Wildes; so werden z.B. die Hasen an die Stangen des Wildwagens gehängt.

einhetzen (einjagen): **1**) Junge ▸ Hatzhunde zur ▸ Hetzjagd abführen. Man hetzte sie zusammen mit älteren, schon erfahrenen Hetzhunden an Wild. **2**) Einen jungen ▸ Wildhund abführen. Man nahm dazu zwei ältere und einen jungen oder einen älteren und zwei junge Hunde an einen ▸ Strick. **3**) In den Alpenländern: Auslassen der Hunde zur Jagd.

einheuen: ▸ heuen.

einholen: Wenn ▸ Schweißhunde oder ▸ Apportierhunde angeschweißtes Wild, Windhunde bei der Hetze den Hasen, Hatzhunde bei der Sauhatz das Schwarzwild erreichen, spricht man von e. E. wird auch das Zurückholen des freigelassenen ▸ Beizvogels auf die Faust genannt, insbesondere beim ▸ Anwarten oder aus der freien Folge.

Einigungsvertrag, der: Durch den E. vom 31.8.1990 ist das BJG insoweit geändert worden, als die Länder in §7 Abs. 1 ermächtigt wurden, nunmehr auch für Eigenjagdbezirke die Mindestgröße allgemein oder für bestimmte Gebiete höher festzusetzen. Weiterhin wurde §11 Abs. 5 BJG ergänzt, wonach die Zeit, während der jemand vor dem 3.10.1990 eine Jagderlaubnis in der DDR besessen hat, auf die Zeit angerechnet wird, die zur Erlangung der Jagdpachtfähigkeit gemäß §11 Abs. 5 Satz 1 BJG verstrichen sein muss. Bedeutsam sind letztlich die Änderungen des §15 BJG, wonach u.a. die in der DDR abgelegte Jagdprüfung der Jägerprüfung nach dem BJG gleichgestellt wurde.

einjagen: ▸ einhetzen.

einkammern: Lebend gefangene Fasane zum Überwintern in geschlossene Räume (▸ Fasanenkammern) einsetzen.

Einkehle, die (Kehle, Brücke): Bez. für die trichterförmige Passage in einem Fangnetz (▸ Garne), die das eingelaufene Wild am Zurückweichen und Entkommen hindert.

einkesseln: Einschieben einer ▸ Rotte Schwarzwild in den ▸ Kessel; ▸ einschieben.

einknebeln: Beim Zeugstellen das Befestigen einer Arche oder Leine im ▸ Knebel 3).

einkreisen: **1**) abspüren, umschlagen, einbögnen, kreisen, umkreisen, d.h. Umgehen einer Dickung oder eines Revierteiles, um bei Neuschnee (▸ Neue) nach Spuren und Fährten des Wildes zu suchen. Durch den Vergleich der Aus- (Hin-) und Einfährten (Rückfährten) kann der kundige Jäger feststellen, wie viele Stücke Wild in der eingekreisten Dickung stecken. **2**) Ein ▸ Hühnerhund, der laufende Hühner vor sich hat, diese in einem Bogen umschlägt, ihnen den Weg abschneidet und sie zum Stillhalten bringt, kreist die Hühner ein.

Einkreiser, der (Kreiser): Eine Person, die einkreist (▸ einkreisen 1)). E. waren nicht immer Jäger, sondern auch andere im Kreisen geübte Personen.

einkriechen: Das Frettchen lässt man in den Kaninchenbau e., den ▸ Erdhund in den Fuchs- oder den Dachsbau. Für Letzteren sind jedoch schliefen und einschliefen gebräuchlicher; ▸ Schliefer.

Einladung zur Jagd, die: ▸ Jagdeinladung.

einlappen (selten auch: einfassen): Einen Revierteil für die ▸ Lappjagd mit Jagdlappen (▸ Jagdzeug) umstellen, d.h. das darin befindliche Wild e.; das Wild wurde eingelappt bzw. der Revierteil wurde verlappt, belappt; ▸ Eingestellte Jagen.

Einlauf, der: **1**) Vorrichtung, die dem Wild das Einwechseln in ein Gatter ermöglicht, das Auswechseln jedoch verhindert; ▸ Einsprung. **2**) Der Pass, auf dem der Hase am Morgen vom Felde zu Holze rückt.

einlaufen: **1**) Einwechseln des Wildes durch den ▸ Einlauf in ein Gatter. **2**) E. des Wildes in Fallen oder Netze, im Sinne von fangen. **3**) svw. ▸ einrinnen. **4**) Seltener Ausdruck für das Auflaufen des Schwarzwildes auf die Saufeder; es läuft ein, auf oder an.

Einläufer, der: ▸ Eingänger.

einlegen: **1**) Der ▸ Schweißhund (früher auch der ▸ Leithund) legt sich stark in den Riemen (▸ Hängeseil) oder in die Faust, wenn er hitzig fortsucht; er legt sich ein. **2**) Der Hirsch legt das ▸ Geweih ein, wenn er es zum Angriff senkt und auf den Hund oder auf den Jäger losgeht. **3**) Bei einer angelegten Schleppe oder Schweißfährte die Richtung ändern, einen Haken e.

Einlegläufe, die: ▸ Wechselläufe.

einlesen: Die Maschen e. bedeutet, durch die Endmaschen eines Netzes eine Leine ziehen.

Einmannhund, der: Ein Hund, der nur einer Person Anhänglichkeit bekundet und alle anderen Familienmitglieder höchstens toleriert.

einmäschen: ▸ mäschen.

einreiten: Einen Jagdbezirk durch feierliches Umreiten übergeben.

einrichten: **1**) Ein Jagen einstellen, d.h. einen bestimmten Revierteil mit Tüchern umlappen; z.B. ein Zeugjagen (▸ Eingestellte Jagen) e. **2**) E. des Reviers mit ▸ Reviereinrichtungen (Fütterungen, Hochsitze, Anlegen von ▸ Wildäsungsflächen usw.). **3**) Die zur Durchführung einer Jagd notwendigen Maßnahmen treffen; eine Jagd e.

einrinnen (einlaufen): Das Verschwimmen, d.h. das Auflösen der ▸ Fährte oder ▸ Spur durch Regen; die Fährte oder die Spur ist eingeronnen.

Einsatzrohr, das: Frühere Bez. für Einstecklauf; ▸ Lauf 4)4.

Einsätze für Waffen, die: Nach dem WaffG Teile, die den Innenmaßen des ▸ Patronenlagers der ▸ Schusswaffe angepasst und zum Verschießen von ▸ Munition kleinerer Abmessungen bestimmt sind; ▸ Lauf 4).

einschieben: Ein Stück Schwarzwild schiebt sich ins ▸ Lager, eine Rotte in den ▸ Kessel ein. Ggs.: ausschieben, ▸ einbrechen 2).

Einschießen, das: Jede Waffe muss eingeschossen werden, um die genaue Schussleistung auf eine bestimmte Entfernung und bei bestimmten Einflüssen zu ermitteln. Ein Jäger, der sich mit einem neuen Gewehr vertraut macht, schießt sein Gewehr ein.

1. E. des Büchsenlaufes: Ein Büchsenlauf muss auf einem Anschusstisch, in einen Sand-

Eingekesselte Bache mit Frischlingen

Johann Elias Ridinger (1698–1767): »Die in das Netz gefallenen Hirsche«, Kupferstich

Frettchen beim Einschliefen in eine Kaninchenröhre

sack eingeschlagen, oder mit einem ▸ Einschießgerät eingeschossen werden. Da das ▸ Büchsengeschoss sofort nach dem Verlassen des Laufes durch den Luftwiderstand gebremst wird und durch die Erdanziehung (Gravitation) fällt, wird es etwas überhöht abgeschossen. Aus diesem Grunde kreuzt die Flugbahn des Geschosses zweimal die Visierlinie: das erste Mal kurz nach dem Verlassen des Laufes, das zweite Mal je nach Kaliber verschieden, meist bei ca. 150 m Entfernung. Ist ein Gewehr auf 150 m ▸ Fleck eingeschossen, so ist die Visierung so eingestellt, dass bei dieser Entfernung die Flugbahn des Geschosses die Visierlinie das zweite Mal schneidet und es bei 100 Metern einen Hochschuss von ca. 4 cm ergibt. Schießt man nun auf kürzere Entfernung, ist entsprechend darunter, bei größerer Entfernung entsprechend darüber zu halten. Die günstigste Einschussentfernung (GEE) und die Zielabweichung bei kürzerer oder weiterer Entfernung ist auf der Rückseite der Patronenpackung angegeben; diese Angaben beziehen sich immer auf Meereshöhe, was besonders bei der Jagd im Gebirge zu beachten ist. Ebenso ist bei den Angaben auf diesen Schusstafeln zwischen dem Schuss mit dem Zielfernrohr und über Kimme und Korn zu unterscheiden.

2. E. von Schrotläufen: Auch eine Flinte sollte auf eine genügend große Scheibe eingeschossen werden (einheitlich auf 35 m Entfernung). Dabei ist zu beachten, dass das Zentrum der Schrotgarbe umso höher sitzt, je mehr Laufschiene man beim Zielen sieht. Ferner ist zu bedenken, dass der Schütze das Wild beim Schuss sehen will und deshalb häufig zu tief zielt; es ist deshalb zu empfehlen, Schrotläufe so einzuschießen, dass sie auf 35 m Entfernung einen Hochschuss von ca. 15 cm haben. Das Gewehr sollte beim E. in einen Sandsack eingeschlagen werden. Näheres ▸ Ballistik II.

Einschießgerät, das: Eine Vorrichtung zum Einspannen des Gewehrs. Mit diesem Gerät kann durch Ausschaltung menschlicher Ziel- und Abkommensfehler die Schussleistung des Gewehrs genauestens festgestellt werden, sodass es mit optimaler Präzision eingeschossen werden kann.

Einschlag, der: **1**) Auch Inschlag; ▸ Hirschgerechte Zeichen. **2**) Der Boden-E. (Durchschlag); ▸ Dachs, ▸ Fuchs (Jagdarten/Baujagd).

einschlagen: **1**) ▸ Salzlecken im Frühjahr frisch e. (nachfüllen). **2**) Einen Bodeneinschlag machen; ▸ Dachs und ▸ Fuchs (Jagdarten/Baujagd). **3**) Ein Wurf Hunde, der gut geraten ist; die Hunde sind gut eingeschlagen (selten). **4**) Der Bär begibt sich in sein Winterlager; er schlägt sich ein. **5**) Das Schwarzwild schlägt sich in den Kessel ein; ▸ einschieben. **6**) Hochwild schlägt sich ein oder fällt ein, wenn es ▸ Jagdzeuge anflieht; ▸ einlaufen 2), ▸ anfliehen. **7**) Im Sinne von ▸ einhauen 1).

einschliefen: Den ▸ Erdhund und das Frettchen lässt man in den Bau e.; ▸ einkriechen.

einschrecken: **1**) ▸ Federwild durch Erschrecken zum Aufstehen bringen und in die aufgestellten Netze jagen; es e. ▸ Herde, bei denen das Federwild in die gestellten Netze eingeschreckt wurde, wurden früher als Schreckherde bezeichnet; ▸ Vogelfang 7. **2**) Wild durch Erschrecken in aufgestellte ▸ Garne jagen.

Einschuss, der (Anschuss): Die Stelle, an der das Geschoss in den Wildkörper eindringt; der E. ist i.d.R. nur ein kleines Loch im Ggs. zum ▸ Ausschuss.

einschwingen: Auerwild, Birkwild und größere ▸ Greifvögel lassen sich auf einem Baum nieder; sie schwingen sich ein.

Einsiedler, der: ▸ Eingänger.

einsitzen: Einfallen von größerem Flugwild auf den Boden.

einspielen: ▸ einbalzen.

einsprengen: In eine mit ▸ Jagdzeug umstellte Jagdabteilung noch zusätzlich Wild hineintreiben, es e. oder eindrücken.

einspringen: **1**) E. von Wild in das Gatter durch den ▸ Einsprung. **2**) Das Sich-Einstellen von Gamswild; ▸ einstellen 2). **3**) Ein ▸ Vorstehhund, der sich drückendes Wild ohne Befehl vorzeitig hochmacht; er »springt ein«. **4**) Muffelwild und Damwild springt ein, wenn es flüchtig wird und dabei bei den ersten Sprüngen gleichzeitig mit allen vier Läufen hochspringt.

Einsprung, der: **1**) Eine Vorrichtung unterschiedlicher Konstruktion an einem ▸ Wildgatter, die das Einspringen des Wildes ermöglicht, nicht aber das Verlassen des Gatters; ▸ Einlauf 1). **2**) Bei der Gams: ▸ einstellen 2).

Einstand, der: **1**) Bez. für jenes Gebiet, das sich das ▸ Schalenwild als seinen engeren Aufenthaltsort erwählt. Nach der jeweiligen Jahreszeit bezeichnet man dieses Gebiet auch als ▸ Sommereinstand oder als ▸ Wintereinstand. Nach Reimoser (1985) besteht der E. aus Wohnraum- und Deckungs-E. Ersterer dient dem Wild als Aufenthaltsort bei gutem Wetter. Deckungseinstände hingegen werden bei Schlechtwetter (Klimaschutz-E.) oder bei Beunruhigung (Feindschutz- bzw. Sichtschutz-E.) aufgesucht. **2**) Beim Schalenwild: ▸ einstellen 2).

Einstandskämpfe, die: Rehböcke, die ein ausgesprochenes ▸ Territorialverhalten zeigen, fechten im Frühjahr zur Abgrenzung ihres

▸▸ Einstandskampf rivalisierender Rehböcke

Lebensraumes mit Rivalen E. aus. Weibliches Wild wird geduldet.

Einstangler, der: Hirsch oder Rehbock mit nur einer Geweih- bzw. Gehörnstange; ▸ Rehwild (Hauptschmuck).

einstechen: das Stechschloss spannen; ▸ Stecherabzug.

Einstecklauf, der: ▸ Lauf 4)4.

Einsteckpatrone, die: ▸ Lauf 4)5.

Einstecksysteme, die: E. sind nach den Begriffsbestimmungen des WaffG (Anlage 1) ▸ Einsteckläufe einschließlich des für sie bestimmten Verschlusses.

einstehen: **1**) Von der Gams: ▸ einstellen 2). **2**) Einschwingen des Auer- und des Birkhahns auf seinen Schlafbaum zur Balzzeit.

einstellen: **1**) Einen Walddistrikt mit ▸ Jagdzeug umstellen (▸ Eingestellte Jagen), um das Auswechseln des Wildes zu vermeiden. Das darin befindliche Wild ist eingestellt. **2**) Schalenwild stellt sich in einem bestimmten Revierteil ein. Speziell bei der Gams gebräuchlich, wenn sie bei Gefahr eine weder für den Hund noch für den Menschen erreichbare Stelle im Fels erklimmt und dort ausharrt, bis die Gefahr vorüber ist. Diese Stellen werden auch Einsprung oder Einstand genannt; die Gams stellt sich ein (Feindschutz-Einstand). **3**) Ein ▸ Beizvogel wird auf Wild eingestellt, d.h., er wird daran gewöhnt, bestimmtes Wild zu schlagen; z.B. den Habicht auf Hasen e.; ▸ abtragen.

Einstieg, der: Stelle am Ufer, an der ▸ Haarwild, insbesondere der Otter und der Biber, ins Wasser steigt; ▸ Ausstieg.

einstreichen: **1**) Einfliegen der Rebhühner auf den Äsungsplatz. **2**) Einfliegen des ▸ Federwildes in die zum Fang aufgestellten Netze (Hochgarne); ▸ Garne. **3**) Zusammenlegen der gespreizten Schwingen und des Stoßes des balzenden und dabei misstrauisch gewordenen Auerhahns. **4**) Federwild, v.a. Lerchen, strich man ein, wenn man sie aufjagte und in die vorgestellten ▸ Garne scheuchte.

eintreten: Der Schwan tritt ein, wenn er sich vom Land ins Wasser begibt (alter, seltener Ausdruck).

eintupfen: **1**) Die Nase des Hundes, speziell des ▸ Leithundes, in die einzelnen Tritte des Wildes stecken, um ihn darauf aufmerksam zu machen. Auch das Anzeigen des Schweißes durch den Jagdhund mit der Nase wird E. genannt. **2**) Mundartlicher Ausdruck für einstechen, das Stechschloss spannen; ▸ Stecherabzug.

Einwachser, der: Ein männliches Stück ▸ Muffelwild mit abnormem Schneckenwuchs in Richtung Träger (Hals); ▸ Scheuerer, ▸ Trophäenbewertung.

Einwanderung, die: ▸ Migration.

Einwechsel, der: Die Stelle, an welcher das Wild in die Dickung oder in ein Revier eingezogen, d.h. eingewechselt ist. Ggs.: ▸ Auswechsel.

einwechseln: Einziehen des Wildes in eine Dickung oder in einen bestimmten Walddistrikt; Ggs.: ▸ auswechseln.

einweisen: Der Jagdherr oder der oberste Jagdbeamte macht einen neu aufgenommenen Jäger mit seinem Jagdbezirk bekannt; er weist ihn ein.

Einzelgänger, der: ▸ Eingänger.

Einzelgeschoss, das: svw. Kugel, im Ggs. zu den Schroten, die auch als Streugeschoss bezeichnet werden.

Einzeljagd, die: Alle Jagdarten (meist ▸ Ansitz oder ▸ Pirsch), die ein Jäger allein oder mit revierkundiger Begleitung ausübt. In Einzelfällen können auch die Suchjagd und die Baujagd als E. ausgeübt werden; Ggs. ▸ Gesellschaftsjagd.

Einzellader, der: Ein Gewehr ohne Magazin mit einem oder mehreren Läufen, das vor jedem Schuss aus demselben Lauf von Hand geladen werden muss, z.B. kombinierte Waffen, Kipplaufbüchsen u.a.; Ggs. ▸ Mehrlader. E.-Jagdbüchsen werden i.d.R. als Kipplaufgewehre oder Blockbüchsen hergestellt. Eine besonders führige und elegante Pirschbüchse ist z.B. ein Kipplaufgewehr mit Doppelgreener-(Kersten-)Verschluss.

Einzellader-Jagdbüchsen, die: ▸ Einzellader.

Einzelschöpfungen der Natur: ▸ Naturdenkmale.

Einzelschutz von Forstpflanzen: ▸ Wildschaden(s)verhütung.

einziehen: **1**) ▸ einwechseln. **2**) Das Zurückrufen des ▸ Beizvogels auf das ▸ Federspiel oder die Faust nach einer Fehljagd.

einzirken: Lokaler und seltener Ausdruck für ▸ einkreisen.

Eiruhe, die: ▸ Vortragezeit.

Eisalk, der: ▸ Alken 1.

Eisbein, das (seltener auch Eisknochen): Die Hüft- und Kreuzbeine des Schalenwildes, die mit dem ▸ Schloss verbunden sind.

Eisen, das: **1**) Sammelbezeichnung für alle eisernen Fanggeräte, z.B. Schwanenhals, Abzugs-E.; ▸ Fallen. **2**) Für Saufeder, Bären-E. usw.; ▸ Blanke Waffen.

Eisendachter, der: ▸ Achtender.

Eisende, das: svw. ▸ Eissprosse.

Eisendzehner, der: ▸ Zehnender.

Eisendzwölfer, der: ▸ Zwölfender.

Eisente, die: ▸ Wildenten 13.

eiserner Leithund, der: ▸ Leithund 4).

Eiskinig, der: ▸ Säger 3.

Eisknochen, der: ▸ Eisbein.

Eismöwe, die: ▸ Möwen 6.

Eisscharbe, die: ▸ Kormorane 1.

Eisschellente, die: ▸ Wildenten 13.

Eissprosse, die (Eisspross, Eisende): Ein über dem ▸ Augspross wachsendes Ende des Rothirschgeweihs (nicht immer vorhanden). In früherer Zeit, bevor die Bez. Augspross gebraucht wurde, nannte man diesen den unteren Eisspross und die E. den oberen Eisspross.

Eisspross(en)achter, der: ▸ Achtender.

Eisspross(en)zehner, der: ▸ Zehnender.

Eisspross(en)zwölfer, der: ▸ Zwölfender.

Eisprüssel, der: Alte Bez. für ▸ Eissprosse.

Einsprung an einem Gatter

Eistauchente, die: ▸ Wildenten 13.
Eistaucher, der: ▸ Seetaucher 3.
eiterbissig: Bez. für Hunde mit schwarzem oder schwarz geflecktem Rachen. Man glaubte früher, dass Bisswunden von solchen Hunden schwer heilen oder eitern.
Eiterkrankheit, die: ▸ Staphylokokkose.
Eiweißpflanzen, die: ▸ Leguminosen.
Ejektor, der: Ein automatischer Hülsenauswerfer an Kipplaufgewehren; ▸ Ausziehmechanismus.
Eklampsie, die: Ein Krampfzustand, der bei akutem Kalziummangel auftritt. E. kommt bei säugenden Hündinnen vor, wenn sie zu viel Kalzium mit der Muttermilch an die Jungtiere abgeben. Die ersten Symptome sind Unruhe, Zittern, starrer Blick und Bewegungsstörungen, anschließend kommt es zu krampfartigen Zuckungen des ganzen Körpers. Bei E. ist sofort ein Tierarzt aufzusuchen, da die Hündin innerhalb weniger Stunden verenden kann.
Ektoparasiten, die: ▸ Außenparasiten.
Ektropium, das: Eine ganze oder teilweise Auswärtsstülpung des unteren Lidrandes. Diese Fehlbildung des Lides ist häufig ererbt und kommt v.a. bei Hunden mit sog. ▸ offenem Auge vor. Diese Auswärtsstülpung des Lidrandes kann nur durch eine Operation behandelt werden; ▸ Entropium.
Ekzem, das; bei Hunden: Sammelbegriff für viele verschiedene Arten von Hautkrankheiten. E. können verschiedene Ursachen haben, z.B. Allergien, hormonelle Störungen, Parasitenbefall, Staub, Schmutz, chemische Stoffe, falsche Ernährung, Stoffwechselstörung usw. Das E. beginnt mit Rötung der Haut und Juckreiz, dann bilden sich Knötchen, Bläschen und Schorf. E. können in nässender und trockener Form akut auftreten und auch chronisch werden. Es ist zu empfehlen, einen Tierarzt zurate zu ziehen, bevor sich das E. weiter ausbreitet. Besonders wichtig ist es, die Ursache zu kennen, da chronische E. sehr schwer zu heilen sind.
Elbthier, das: ▸ Iltis.
Elch, der: Das männliche ▸ Elchwild.
Elchbart, der (Glocke): Der behaarte Kehlsack des Elches.
Elchhirsch, der: Männliches ▸ Elchwild.
Elchhirsche, die (*Alcinae*): Eine Unterfamilie der ▸ Hirsche (*Cervidae*) mit nur einer Art, dem Elch; ▸ Elchwild.
Elchhirschkalb, das: Männliches Elchjungwild bis zum 31. März des auf das Setzen folgenden Jahres.
Elchhunde, die: Mittelgroße, langhaarige, spitzähnliche Hunde mit einer Widerristhöhe von ca. 50 cm. Sie werden in Skandinavien zur Jagd auf Elch, Rentier und Hirsch verwendet. Der angeleinte Hund arbeitet die Fährte des Wildes aus (▸ lancieren) oder arbeitet frei und verbellt das Stück, bis der Jäger herankommt und es erlegt. Nach dem Schuss ist die Arbeit auf der Schweißfährte seine Aufgabe. Zu den E. zählen: Gråhund (Norwegischer Elchhund), Jämthund, karelischer Bärenhund, schwarzer E.
Elchtier, das: Weibliches ▸ Elchwild.
Elchtierkalb, das: Weibliches Elchjungwild bis zum 31. März des auf das Setzen folgenden Jahres.
Elchuhr, die: Eine vom schwedischen Jagdverband herausgegebene grafische Darstellung der Zonen für den waidgerechten Schuss bei verschiedenen Stellungen des Elches.
Elchvater, der: Bez. für den Jagdschriftsteller Fritz ▸ Bley wegen seiner Verdienste um den Elch.
Elchwild, das (*Alces alces* L.): Auch Elen, Elk; zählt zoologisch zur Familie der ▸ Hirsche (Cerviden) und wird den sog. Trughirschen zugeordnet. Diese sind langballige Cerviden (Neuwelthirsche), die sich erst entwickelten, als die kurzballigen Cerviden (Altwelthirsche) schon längst existierten. Das E. ist der stärkste Vertreter der Familie der Hirsche. E. kann 20 bis 25 Jahre alt werden.
Waidmännische Ausdrücke: wie beim ▸ Rotwild; ferner ▸ Elchhirsch, ▸ Elchhirschkalb, ▸ Elchtier, ▸ Elchtierkalb (Elchwildkalb), ▸ Elin, ▸ Spießer, ▸ Gabler, ▸ Stangenelch oder Stangler, angehender, starker, kapitaler ▸ Schaufler, ▸ Hauptschaufler. Der behaarte Kehlbeutel wird als Bart oder Glocke bezeichnet, die kurze Mähne auf dem Träger als Schopf.
Vorkommen: Ursprünglich war das E. in ganz Norddeutschland heimisch, heute kommt es in Deutschland in freier Wildbahn nur gelegentlich in den östlichen Bundesländern als »Wanderwild« vor, daneben noch in Ostpreußen, Polen (an der polnisch-russischen Grenze) und in Russland, Norwegen, Schweden, Finnland, Alaska und Kanada. Noch um 1900 wurden in Ostpreußen (Revier Ibenhorst) 179 Stück und im Regierungsbezirk Königsberg 113 Stück E. gezählt. Im gesamten Ostpreußen wurden vor 1945 etwa 1200 Elche gezählt. In diesen Gebieten werden heute wieder etwa 3800 Stück gehegt. Seit dem Jahre 2001 läuft im Landkreis Bautzen (Sachsen) das Forschungsprojekt »Wissenschaftliche Untersuchungen zum Offenland-Management auf ehemaligen Truppenübungsplätzen«. Auf dem ehemaligen Truppenübungsplatz Dauban sollen Elche auf einem 19 ha großen Gelände den Wildwuchs in der ursprünglichen Heidelandschaft eindämmen.

Norwegischer Elchhund

◂◂ Alaska-Elch

Größe, Gewicht und Aussehen: E. (größtes Wild Europas) wird etwa 2,50 m lang und ca. 2 m hoch; starke Hirsche wiegen bis zu 400 kg. In Kanada wird E. besonders stark, Hirsche können dort bis zu 500 kg wiegen. Der Oberkörper des E. ist höher gestellt als der hintere Körperteil; der Hals ist kurz und gedrungen, das breite ▸ Geäse ist behaart. Die Sommerdecke des E. ist von brauner Färbung; das Winterhaar ist graubraun, ▸ Dünnung und ▸ Läufe sind weißlich grau.

Zahnbildung und Zahnwechsel: Der Wechsel vom Milchgebiss zum Dauergebiss vollzieht sich beim E. sehr schnell. Bereits mit 16 Monaten ist der Zahnwechsel beendet und das Dauergebiss voll ausgebildet. Zahnformel:

$$\frac{0}{4}\ \frac{0}{0}\ \frac{3}{3}\ \frac{3}{3} = 32 \text{ Zähne}$$

(▸ Zahnalterslehre).

Sinne und Lautäußerung: E. vernimmt und windet sehr scharf, der Gesichtssinn ist weniger gut ausgebildet. Der Brunftschrei des Elchs klingt »Oa, oa, oa, öch, öch«. Bei Störungen lässt das Wild meist ein Schnauben hören.

Lebensraum und Lebensweise: Das E. ist ein ▸ Kulturflüchter. Sein Lebensraum sind große Waldungen und Moore sowie ausgedehnte Seen- und Flusslandschaften mit reichen Weichholzbeständen. Es lebt meist einzeln und bildet nur in Notzeiten kleine Trupps. Der Elch ist ein ausgezeichneter und ausdauernder Schwimmer und übersetzt mit Leichtigkeit größere Ströme, ja selbst Meeresarme.

Nahrung: Die Äsung besteht hauptsächlich aus Blättern, Zweigen und der Rinde von Weichhölzern sowie aus Wasserpflanzen, Getreide und Kräutern.

Fortpflanzung: E. ist im dritten Lebensjahr fortpflanzungsfähig, Brunft ist im September. Der Schaufler brunftet i.d.R. nur mit einem Elchtier, selten mit zweien oder dreien. Er schlägt Brunftkuhlen, in welche er nässt und sich dann niedertut. Zur Brunftzeit unternimmt er auf der Suche nach einem brunftigen Tier Wanderungen. Das Elchtier trägt ca. 35 Wochen. Ende April, meist jedoch im Mai, setzt es ein bis zwei bereits 10 bis 14 kg schwere Kälber, die bis in den Winter gesäugt werden und im Oktober bereits ein Gewicht von 80 bis 100 kg erreichen. Als Zuwachs rechnet man 40 bis 70% des ▸ Frühjahrsstandes.

Losung: Die Losung des Elches ist sehr verschieden. Sie ist fast kugelförmig bis länglich. Die einzelne Beere ist ca. 2 bis 3 cm lang und 1,5 bis 2 cm breit. I.d.R. ist die Sommerlosung dunkelbraun, weich und mehr oder weniger zu einem Klumpen zusammengeballt. Die Winterlosung ist hell, je nach Äsung gelblich braun bis hellbraun, trocken und fest und besteht meist aus einzelnen Beeren. Sie ist von beiden Geschlechtern fast gleich und nicht voneinander zu unterscheiden.

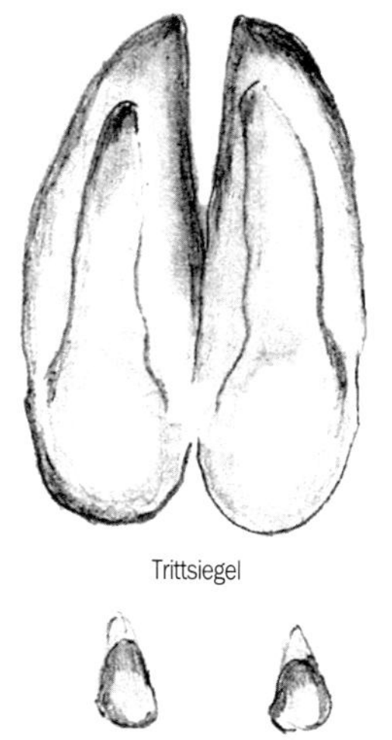

Elchwild

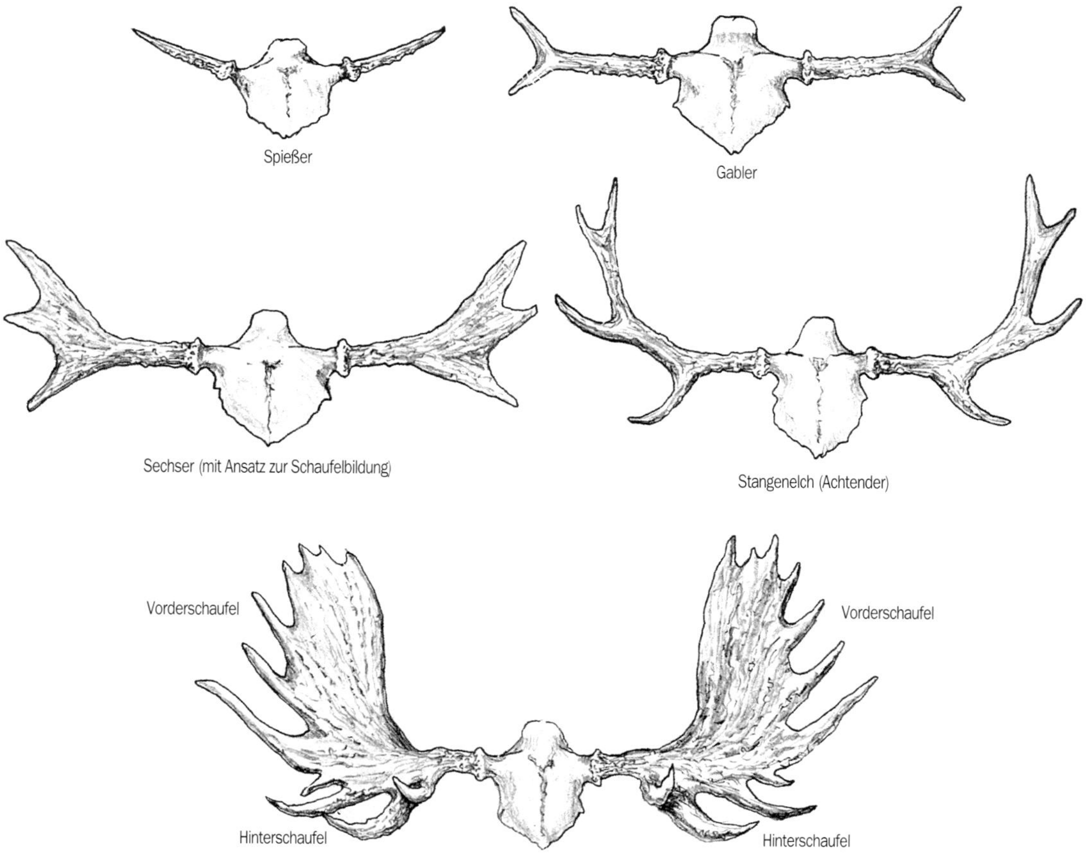

Elchwild (Geweihentwicklung)

Fährte: Die Fortbewegungsart ist meist ein Ziehen (Schritt) oder Trollen (Trab), seltener eine Flucht (Galopp). Das fast rechteckige Trittsiegel des Elches (beim Elchtier geringfügig kleiner) ist etwa 13 bis 15 cm lang und 11 bis 13 cm breit. Die Schalen sind spitz, der Ballen macht etwa ein Drittel des gesamten Trittsiegels aus. Das Trittsiegel des Hinterlaufes ist meist etwas länger und schmaler (gestreckter) als das des Vorderlaufes. Das Geäfter, insbesondere das des Vorderlaufes, ist häufig mit abgedrückt.
Geweihbildung: Das ▸ Geweih des Elches wird im Juli/August gefegt und Ende Oktober bis Anfang November, von jüngeren Hirschen erst im Januar, abgeworfen. Der Elch benötigt also etwa acht Monate zum Geweihaufbau. Es ist fast waagerecht und hat keine Augsprossen. Ab dem vierten Jahr (manchmal auch schon ab dem zweiten) bilden sich die breiten Schaufeln mit den vielen unregelmäßigen Enden. Bei einigen Elchen bilden sich keine Schaufeln; sie werden als Stangenelche bezeichnet. Das Geweih der kanadischen Elche kann eine Auslage von 1,80 m und ein Gewicht von etwa 50 kg erreichen. Die Bewertung der Trophäe erfolgt nach der CIC-Formel; ▸ Trophäenbewertung.
Trophäe, Verwertung: Als Trophäe gilt das Geweih. Aufgebrochen und zerwirkt wird der Elch wie das Rotwild. Geäse, Gehör, Zunge und Röhrenmark gelten in den nördlichen Ländern als Leckerbissen. Das Wildbret ist sehr schmackhaft, steht aber dem des Rotwildes nach. Die Decke, sämisch gegerbt, gibt ein weiches und dauerhaftes Leder. Die Knochen sind fest und weich, vergilben nicht und lassen sich wie Elfenbein verarbeiten. Die Elchschalen dienten früher als Heilmittel gegen Fallsucht.
Jagdarten: In den nördlichen Ländern wird die Jagd als ▸ Pirsch mit dem Wagen oder mit dem Schlitten ausgeübt; auch die Jagd allein oder zu zweit mit Hundeführer und ▸ Elchhund ist üblich, daneben auch die Rufjagd auf den Brunfthirsch. Eine weitere Jagdform ist das Ausarbeiten der Gesundfährte mit dem angeleinten Elchhund, was dem früher in Deutschland praktizierten ▸ Lancieren mit dem ▸ Leithund entspricht. ▸ Gesellschaftsjagden (Treiben) sind die häufigste Jagdform. In früherer Zeit wurden auch ▸ Eingestellte Jagen durchgeführt.
Fressfeinde: Wolf, Luchs, Vielfraß.
Elchwildkalb, das: Weibliches Elchjungwild bis zum 31. März des auf das Setzen folgenden Jahres.
Elen, das: der Elch; ▸ Elchwild.
Elen-Hirsch, der: Alte Bez. für Elch;▸ Elchwild.
Elen-Schinder, der: Frühere Bez. für ▸ Elchhund.
Elen-Thier, das: Alt für Elchtier; ▸ Elchwild.
Eleonorenfalke, der: ▸ Falken 8.
Elin, die: Nordische Bez. für Elchtier; ▸ Elchwild.
Elitebaum, der: ▸ Auslesebaum.
Elk, der: **1**) Der Elch; ▸ Elchwild. **2**) Auch Elkatz; ▸ Iltisse 1.
Elke, die: ▸ Rabenvögel 7.
Elledeis, der: ▸ Iltisse 1.
Elster, die: ▸ Rabenvögel 8.
Elsternfang, der: ▸ Fallen 4.
Elstertaucher, der: ▸ Säger 3.
Eltas, der (Eltes, Eltisz): ▸ Iltisse 1.
Emigration, die: ▸ Migration.
Enbesten: ▸ Entbästen.
Endbeschuss, der: ▸ Beschuss.
endemische Parese, die: ▸ Kreuzlähme 2).
Enden, die (veraltet: Zinken): Die Geweih- oder Gehörn-E., besonders für Kronen- und Gabel-E. Die Bez. ist zwar auch für die untersten drei Sprossen am Hirschgeweih üblich, doch sagt man hierzu besser Aug-, Eis- und Mittelsprosse. Nach alter Jägerregel gilt beim Hirschgeweih jeder Auswuchs als Ende, an den man eine Hornfessel hängen kann (ca. 2 cm); ▸ Leiste.
Ender, der: In der Zusammensetzung wie z.B. ▸ Achtender, ▸ Zehnender, ▸ Zwölfender bedeutet es Rothirsch mit achtendigem, zehnendigem bzw. zwölfendigem Geweih.
Ender, Johann (1793 Wien bis 1859 Wien): Maler. Von ihm stammt u.a. das Gemälde »Ein Alpenjäger« (um 1830/1840).
Endhandlung, die: In der ▸ Verhaltensforschung wird das Gesamtverhalten eines Tieres aufgeteilt in das variable ▸ Appetenzverhalten und die meist starre E. Kann eine ▸ Erbkoordination oder Instinkthandlung (▸ Instinktverhalten) bis zum Ende ablaufen und wird sie durch eine E., z.B. das Fangen und Töten der Beute, abgeschlossen, ist der Trieb des Tieres befriedigt.
Endoparasiten, die: ▸ Innenparasiten.
Endröhre, die: ▸ Sackröhre.
Endspross, der (Endsprosse): ▸ Rückspross.
Energiepflanzen, die: ▸ Nachwachsende Rohstoffe.
Enge, die: Das Wild steht in der E., wenn beim ▸ Eingestellten Jagen das Wild schon sehr zusammengedrängt ist.
engen (schränken): Durch enges Zusammenbinden das ▸ Geschüh so kürzen, dass der ▸ Beizvogel den Falkner nicht schlagen kann. Wird nur bei bösartigen, größeren Beizvogelarten gemacht und nur, wenn diese auf dem ▸ Reck stehen.
Englische Krankheit, die: ▸ Rachitis.
Englische Laufhunde, die: Zu den E. L. zählen: der Beagle und der Foxhound, die besonders geeignet sind, in einer Meute zu jagen, und für Hundemeuten bevorzugt werden (▸ Meutehunde), sowie der Basset Hound.
Basset Hound, der:
Herkunft: Die Bassets stammen von den ▸ Bracken ab. Die ursprüngliche Heimat ist Frankreich. Zur Gruppe der Bassets gehören u.a. die aus Frankreich stammenden Rassen »Basset Bleu de Gascogne«, »Basset Artésien-Normand«, das Gegenstück des Deutschen Dachshundes, der »Basset Fauve de Bretagne«, der v.a. für die Jagd im Dickicht geeignet ist und meist auf Kaninchen angesetzt wird, sowie der »Basset Griffon Vendéen«, eine rauhaarige Rasse. Der B. H. entstand um die Wende vom 19. zum 20. Jh. in England aus der Kreuzung französischer B. mit Bluthunden.
Äußere Merkmale: Kompakter, niedriger und kurzhaariger Niederlaufhund. Überlanger Körper, voller langer Schädel, schwere Lefzen, lange Behänge und hoch getragene Säbelrute. Stockmaß (Rüde und Hündin) 26 bis 38 cm. Die Behaarung in der Farben Schwarz, Weiß und Rot- oder Rostbraun, auch Gelb.

◂◂ Elchkuh mit Kalb

Der Basset Hound zählt zu den Englischen Laufhunden.

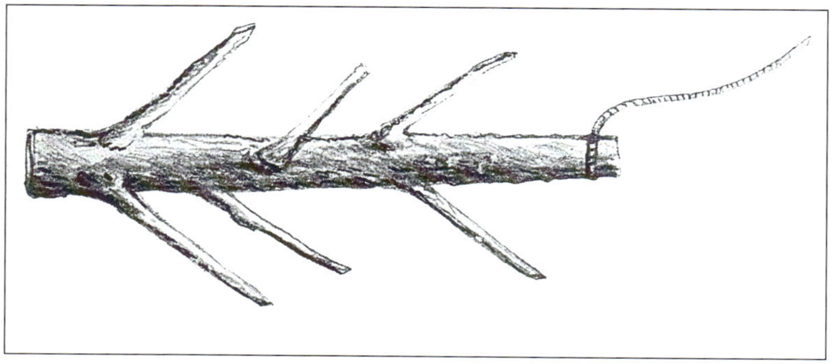
Entenanker (Abschnitt eines Fichtenstammes), nach Otto Grashey, »Praktisches Handbuch für Jäger«, 1894, 3. Auflage 1916

Verwendung und hervorstechende Eigenschaften: Besonders in den neuen Bundesländern der Bundesrepublik Deutschland wird er jagdlich geführt und v.a. zur ▸ Schweißarbeit verwendet. Er jagt mit lockerem Spurlaut u.a. Hasen, Kaninchen und Fasane.

Englischer Schaft, der: ▸ Schäftung.

Englischer Setter: ▸ Vorstehhunde.

Englischer Springer-Spaniel: ▸ Stöberhunde.

Englische Vorstehhunde: ▸ Vorstehhunde II.

Enok, der: ▸ Marderhund.

Entbästen, das (veraltet: enbesten): Frühere unter französischem Einfluss entstandene Verfahrensweise beim Aus-der-Decke-Schlagen, ▸ Aufbrechen und ▸ Zerwirken von Wild, aus dem sich die heutige Handhabung beim Aufbrechen und Zerwirken entwickelt hat. Zum E. wurde das Stück Wild, z.B. der Hirsch, auf den Rücken gelegt. Nach Abschärfen der Decke (beginnend am Haupt) wurden die Blätter mit je drei anhängenden Rippen, die Keulen, der hintere Teil des Rückens und schließlich die übrigen Rippen ausgelöst. Das Gescheide wurde zwischendurch entfernt. Nach dem E. schloss sich die ▸ Furkie an. Vor der Entwicklung des Zeremoniells des – bereits von Gottfried von Straßburg in seinem Epos »Tristan und Isolde« (Ende des 12. Jh.) erwähnten – E. wurde das erlegte Wild üblicherweise nach dem Aus-der-Decke-Schlagen durch je einen Längs- und Querschnitt in vier Teile zerlegt.

Ente, die: Das Weibchen aller Entenarten; ▸ Wildenten.

Enten, die: ▸ Wildenten.

Entenadler, der: ▸ Adler 4.

Entenanker, der: Ein aus einer dürren jungen Fichte oder Kiefer herausgeschnittener Astquirl mit Stiel. Seitenarme 20 bis 25 cm lang, Stiel ca. 35 cm lang mit Öse am Ende, um ein Seil anbinden oder einhängen zu können. Mit dem E. kann im Wasser schwimmendes oder auf dünner Eisdecke liegendes Wasserwild (z.B. Enten) oder Bisam geborgen werden.

Entenbeize, die: Die Jagd mit ▸ Beizvögeln auf ▸ Wildenten.

Entendunst, der: ▸ Entenhagel.

Enteneinfall, der: ▸ Einfall.

Entenfang, der: ▸ Vogelkojen.

Entenflinte, die: Ein großkalibriges, meist einläufiges Schrotgewehr mit langem Lauf bzw. langen Läufen, das speziell für die Wasserjagd bestimmt ist und mit dem verhältnismäßig weit geschossen werden kann.

Entengehege, das: Bez. für ein für Enten gut geeignetes und gut gehegtes Revier.

Entengeier, der: ▸ Weihen 1.

Entengrütze, die: Die Wasserlinse, eine beliebte Äsungspflanze für ▸ Wildenten.

Entenhagel, der (Entenschrot, Entendunst): Die für Enten geeigneten Schrotsorten; ▸ Schrotpatrone.

Entenherd, der: In früherer Zeit ein dem Entenfang dienender Herd auf dem Land oder im Wasser (Land-E., Wasser-E.). Er bestand aus Schlagnetzen, Lockenten und Hütten für die Entenjäger. Der Fang wurde zu den Zugzeiten der Enten im Frühjahr und im Herbst in der Morgen- und Abenddämmerung betrieben.

Entenkoje, die (Entenkoi): ▸ Vogelkojen.

Entenlocke, die (Entenruf): Ein zum Anlocken der Wildenten verwendetes Lockinstrument; ▸ Lockjagd.

Entenringel, die: ▸ Erpellocken.

Entenschlag, der: Die Jagd auf ▸ Wildenten wird gelegentlich so genannt.

Entenschläger, der: ▸ Weihen 1.

Entenschneckerln, die: ▸ Erpellocken.

Entenschrot, der: ▸ Entenhagel.

Entenstellen, das: Bez. für den Entenfang mit einem Schlagnetz; ▸ Vogelkoje.

Entenstößer, der: ▸ Weihen 1.

Entenstrich, der: Regelmäßiges abendliches Streichen der ▸ Wildenten.

Entenvögel, die (*Anatidae*): Mit etwa 150 Arten, die z.T. eng an das Wasser gebunden sind,

Meister des Girart: Beizjagd mit Falken auf Enten. Miniatur aus »Livre du Roy Modus« (1455). Brüssel, Bibliothéque Royale Albert I.

weltweit verbreitete Familie der Wasservögel. Hervorstechendes Merkmal ist der recht unterschiedlich ausgeformte Schnabel, der innen Hornlamellen oder -zähne trägt. Bei vielen Arten haben diese die Funktion eines Seihapparates bei der Nahrungsaufnahme. Zwischen den Vorderzehen befinden sich Schwimmhäute; im Flug (▸ Flugbild) werden Kopf und Hals bei den meisten Arten nach vorne gestreckt. Die Jungen sind bei allen Arten ▸ Nestflüchter. Während der Sommermauser (Ausfall der Schwungfedern) sind sie für einige Zeit flugunfähig. Zu den E. zählen bei uns die ▸ Schwäne, die ▸ Wildenten, die ▸ Wildgänse (Halbgänse, z.B. Brandente) und die ▸ Säger.

Enterich, der: ▸ Erpel.

enthahnen: Abschießen überzähliger Hahnen im Rahmen der Wildhege; hauptsächlich bei ▸ Fasanen üblich.

enthauben: ▸ abhauben.

entkappen: ▸ abhauben.

Entladestock, der: ▸ Ladestock.

Entnässen, das: ▸ ausdrücken.

Entropium, das: Eine Einwärtsstülpung des unteren oder oberen Augenlides oder beider Augenlider bei Hunden. Die Wimpern kommen mit dem Augapfel in Kontakt und reizen die Hornhaut, dadurch kommt es zu Tränenfluss und Entzündung. Diese Fehlbildung ist häufig ererbt und nur durch eine Operation zu beheben. Hunde mit E. sind von der Zucht ausgeschlossen; ▸ Ektropium.

Entspannen, das (Abspannen): Um ein Schlappwerden der Schlagfeder zu verhindern, muss bei einer Waffe, die nicht benötigt wird, die Feder entspannt werden. Hahngewehre sind entspannt, wenn die Hähne auf dem Schlagbolzen ruhen. Ist ein Hahn gespannt, hält man ihn mit der Hand fest, zieht den Abzug und lässt den Hahn langsam und vorsichtig nach vorne gleiten. Er wird auf diese Weise entspannt. Selbstspanner-Gewehre ohne automatische Sicherung werden entsichert und durch Schließen der Waffe, während der Abzug bzw. die Abzüge gezogen werden, entspannt. Bei Selbstspanner-Gewehren mit automatischer Sicherung und bei Ejektor-Gewehren müssen die Schlagbolzen auf Pufferpatronen abgeschlagen werden. Ein Drilling wird i.d.R. auf folgende Weise entspannt: Man schaltet auf Kugel, zieht beide Abzüge und schließt das Schloss etwas, schaltet dann auf Schrot um, zieht den vorderen Abzug nochmals und schließt die Waffe ganz. Ist die Waffe entspannt, so sind alle vorhandenen Signalstifte versenkt. Beim Sicherheitsdrilling (Drilling mit separater Kugelspannung) müssen nur die Schlagfedern für die beiden Schrotläufe entspannt werden. Man entsichert, zieht beide Abzüge und schließt die Waffe. Der Repetierer wird entspannt, indem man die Kammer öffnet, entsichert, beide Abzüge zieht und die Kammer schließt; ▸ Spannen.

Entstechen, das: ▸ Stecherabzug.

Entvogel, der: ▸ Erpel.

entwaeten: svw. enthäuten, d.h. aus der Decke schlagen; ▸ zerwirken.

Entwicklungsstufen des Waldbestandes: Nach der Kultivierung oder nach einer ▸ Naturverjüngung wächst ein Bestand (Altersklassenwald) über folgende Entwicklungsstufen (Altersphasen) zum erntereifen Altbestand heran: ▸ Jungwuchs, ▸ Dickung, ▸ Stangenholz, ▸ Baumholz und ▸ Altholz.

Entwurmung, die: ▸ Spulwürmer.

Entziehung des Jagdscheins: ▸ Jagdschein.

Épagneul Breton, der: ▸ Vorstehhunde.

eräugen: Beim Wild gebräuchliches Wort für erblicken.

erbeizen: Durch die ▸ Beizjagd erbeuten.

Erbkoordination, die: Auch Instinktbewegung. Die angeborenen, arttypischen Bewegungsweisen bei Tieren. Sie werden durch entsprechende Reize ausgelöst (▸ Auslösemechanismus) und laufen in immer gleicher Weise ab, auch wenn sie in unnatürlichen Situationen sinnlos sind. E. sind also endogene Automatismen. So drehen sich z.B. die Hunde einige Male auf einer Stelle im Kreis, bevor sie sich im Zimmer hinlegen, obwohl es dort kein Gras gibt, das niedergedrückt werden müsste. Will man nachweisen, dass bestimmte Verhaltenweisen angeboren sind, zieht man die Tiere isoliert auf und hält alle Erfahrungen von ihnen fern, durch die sie diese lernen könnten. Viele E. entwickeln sich erst vergleichsweise spät im Leben eines Tieres, wie z.B. die gut untersuchten Balzbewegungen bei Enten oder die Eirollbewegung bei Graugänsen. Alle Handlungen der ▸ Brutfürsorge sind ebenfalls E. Gewöhnlich werden E. zur Instinkthandlung ergänzt; ▸ Instinktverhalten, Übersprungshandlung.

Erblandjägermeister, der: Ein von Erzherzog Ferdinand II. von Österreich (14.6.1529 Linz bis 24.1.1595 Innsbruck) in Tirol eingeführtes Ehrenamt, das als erbliches Lehenamt an bestimmte Familien des Landes verliehen werden konnte. Der E. hatte bei gewissen Landesfeierlichkeiten am Hofe des Landesfürsten zu dienen. Erstmals verliehen wurde es im Jahre 1578 an den Grafen Schurf von Marienstein. Dem Grafen Schurf folgten die Grafen Fieger von Friedberg von 1710 bis 1804, diesen die Tänzel von Tratzberg und diesen dann die Grafen von Enzenberg.

erblinden: Seuchenhaftes Erblinden des Gamswildes; ▸ Gamsblindheit.

erbrüten: Selten gebrauchtes Wort für das Ausbrüten der Eier (bei allem Federwild).

Erdbracher, der: ▸ Triel.

Erdbull, der: ▸ Reiher 7.

Erdbunker, der: ▸ Jagdeinrichtungen 3.

Erddohne, die: svw. Laufdohne; eine auf der Erde angebrachte ▸ Dohne für den Vogelfang.

Erddrossel, die: ▸ Drosseln 5.

Erdente, die: ▸ Wildenten 8.

Erdgeier, der: ▸ Geier 1. und 2.

Erdhunde, die: Kleine Hunde, die in erster Linie zur Baujagd, d.h. unter der Erde (▸ Fuchs [Jagdarten] und ▸ Dachs [Jagdarten]), verwendet werden. Der Erdhund hat die Aufgabe, in die Bauröhren einzuschliefen, den Fuchs oder den Dachs zu suchen, ihn zu stellen und durch Attacken aus dem Bau zu sprengen oder so lange vorzuliegen, bis die Jäger durch einen Bodeneinschlag an das Wild herankommen. Ferner eignet sich der Erdhund auch gut für planmäßiges Buschieren (die Terrier für Stöberarbeit hinter Schwarzwild) und für die ▸ Schweißarbeit. Folgende Hunderassen zählen zu den E.:

Kurzhaariger Dachshund (schwarzrot)

I. *Dachshunde*, die (Dacke, Teckel):

1. Kurzhaar-Teckel, der (KT), oder kurzhaariger Dachshund:

Herkunft: Sehr alte Rasse, gezüchtet aus Zwerg-Bracke und Erdhund.

Äußere Merkmale: Kleiner Hund, Widerristhöhe 20 bis 25 cm, Brustumfang über 35 cm bei normalgroßen Hunden. kurzes, glattes, dichtes Haar. Die Färbung ist einfarbig rot, braun, gelbbraun oder schwarz; braun oder schwarz mit rostbraunem oder gelbbraunem Brand, Tigern mit verschiedenfarbigen Flecken oder auch gestromt. Die Rute ist lang und wird entweder waagerecht oder hängend getragen. Die Augenfarbe ist dunkelbraun bis schwarz.

Verwendung und hervorstechende Eigenschaften: Stöber- und Bauhund, leistet gute Schweißarbeit, ist spurlaut, raubwild- und raubzeugscharf, wachsam, anhänglich und eigenwillig.

2. Langhaar-Teckel, der (LT), oder langhaariger Dachshund:

Herkunft: KT wurden mit Deutschen Wachtelhunden und mit Cockerspaniels gekreuzt.

Äußere Merkmale: Kleiner Hund, Widerristhöhe 20 bis 25 cm, Brustumfang über 35 cm bei normalgroßen Hunden. Langes, seidiges, glattes oder leicht gewelltes Haar. Die Färbung ist einfarbig rot, braun, gelbbraun oder schwarz mit rostbraunem oder gelbbraunem Brand. Die Rute ist lang, mit Fahne. Die Augenfarbe ist dunkelbraun.

Verwendung und hervorstechende Eigenschaften: Stöber- und Bauhund, leistet sehr gute Schweißarbeit, ist spurlaut, raubwild- und raubzeugscharf, wachsam, anhänglich und eigenwillig.

3. Rauhaar-Teckel, der (RT), oder rauhaariger Dachshund:

Herkunft: KT wurden mit Dandie-Dinmont-Terriern, Schnauzern und rauhaarigen Bracken gekreuzt.

Bild oben: Rauhaariger Dachshund (saufarben); darunter: Langhaariger Dachshund

Rechts: Glatthaariger (im Bild links) und rauhaariger Deutscher Jagdterrier; unten: Glatthaariger Foxterrier

Äußere Merkmale: Kleiner Hund, Widerristhöhe 20 bis 25 cm, Brustumfang über 35 cm bei normalgroßen Hunden. Glatt anliegendes, raues, harsches Haar mit guter Unterwolle, ausgeprägter Bart und buschige Augenbrauen. Die Färbung ist schwarz mit rostbraunem bis gelbbraunem Brand, saufarben (schwarzgrau) oder dürrlaubfarben (graubraun). Die Rute ist lang und nicht zu sehr behaart. Die Augenfarbe ist dunkelbraun bis schwarz.
Verwendung und hervorstechende Eigenschaften: Stöber- und Buschierhund, leistet gute Schweißarbeit, ist spurlaut, raubwild- und raubzeugscharf, wachsam, anhänglich und eigensinnig.

KT, LT und RT gibt es in verschiedenen Größen: Die kleinsten unter ihnen sind die Kaninchenteckel mit einem Brustumfang bis 30 cm und bis zu 3,5 kg Körpergewicht. Die Zwergteckel sind etwas größer, sie haben einen Brustumfang von 30 bis 35 cm und 3,5 bis 4 kg Körpergewicht. Bei der größeren Züchtung (über 35 cm Brustumfang) gibt es drei Gewichtsklassen, den leichten Schlag von 5 bis 6 kg, den mittleren Schlag von 6 bis 7 kg und den schweren Schlag von 8 bis 9 kg.

II. *Terrier*, die:

4. Foxterrier, der (FT):
Herkunft: Alte in England gezüchtete Rasse unklaren Ursprungs. Äußere Merkmale: Klein, Widerristhöhe 34 bis 38 cm, Gewicht 7 bis 8 kg. Der glatthaarige FT ist kurz, flach, dicht und hart behaart. Die rauhaarige Züchtung hat längeres, drahtiges, hartes Haar. Das Haar ist weiß mit schwarzen oder schwarz mit rötlichen Platten oder Flecken. Die Rute wird um ein Drittel kupiert, Augen sind dunkel.
Verwendung und hervorstechende Eigenschaften: Er wird als Meutehund, zur Jagd auf Schwarzwild, zum Fuchssprengen und zum Dachsgraben verwendet. Er leistet sehr gute Stöber-, Wasser- und Schweißarbeit (auch auf der Rotwildfährte) und apportiert schwächeres Niederwild. Er ist klug, sehr lebhaft, mutig, raubwild- und raubzeugscharf.

5. Deutscher Jagdterrier, der (JT):
Herkunft: In Süddeutschland von Jägern aus glatt- und drahthaarigen FT und den Welsh-T. gezüchtet.
Äußere Merkmale: Kleiner Hund, Widerristhöhe 34 bis 40 cm. Der Glatthaar-JT hat kurzes, glatt anliegendes, hartes, dichtes Haar. Die rauhaarige Züchtung hat längeres, drahtiges Haar. Die Haarfärbung ist schwarz mit rotbraunen Abzeichen (gebrandelt) oder dunkelbraun mit gelbbraunen Abzeichen auf der Brust, am Fang, über den Augen, an den Läufen und unter der Rute. Die Rute wird um ein Drittel bis zur Hälfte kupiert, die Augenfarbe ist dunkel.
Verwendung und hervorstechende Eigenschaften: Scharfer, mutiger, vielseitiger Jagdgebrauchshund. Er wird zur Jagd auf Schwarzwild, zum Fuchssprengen und zum Dachsgraben verwendet. Er leistet sehr gute Stöber-, Wasser- und Schweißarbeit und apportiert schwächeres Niederwild. Er ist sehr lebhaft, klug, raubwild- und raubzeugscharf.

6. Welsh Terrier, der (Waliser Terrier):
Herkunft: Alte Terrierrasse aus Wales (Großbritannien), die bereits 1866 offiziell als selbstständige Rasse anerkannt wurde.
Äußere Merkmale: Gut proportionierter Hund von mittlerer Größe bis 39 cm Widerristhöhe mit mäßig breiter Brust und geradem Rücken. Er hat einen flachen, schmalen Schädel mit geringem Stop und relativ langem Fang. Sein Fell besteht aus weicher Unterwolle und dichtem, sehr rauem Deckhaar in Schwarz und Lohfarben. Er hat dunkle, mittelgroße Augen, hoch angesetzte V-förmige Kippohren und eine gerade Rute (wird kupiert).
Verwendung und hervorstechende Eigenschaften: In England wurde er ursprünglich in der Meute zusammen mit Otterhunden zur Jagd auf Otter und Fuchs verwendet. In Deutschland wird er hauptsächlich zur Baujagd eingesetzt. Er ist klug und mutig; ein typischer Terrier.

7. Border Terrier, der:
Herkunft: Der aus dem Grenzgebiet zwischen England und Schottland stammende B. T. ist eine als Arbeitshund gezüchtete Rasse.
Äußere Merkmale: Der B. T. hat einen otterähnlichen Kopf mit breitem Schädel und kurzem Fang und einen straffen Körperbau, eine Schulterhöhe von 25 bis 30 cm und ein Gewicht von 5 bis 6,5 kg (Hündin) bzw. 6 bis 7 kg (Rüde). Sein Haar ist dicht, hart, mit dichter Unterwolle und weizenfarben, rot, grau oder blau mit rotbrauner Zeichnung (blue and tan).
Verwendung und hervorstechende Eigenschaften: Der B. T. ist mutig, anpassungsfähig und ein hervorragender Bauhund. In England wird er bei Fuchsjagden mit den Meutehunden verwendet, um den in den Bau gefahrenen Fuchs wieder zu sprengen.

8. Parson (Jack) Russell Terrier, der (PRT), und **Jack Russell Terrier**, (JRT):
Herkunft: In England von dem Pfarrer Parson Jack Russell (gestorben 1883) etwa um 1820 gezüchteter Terrierschlag mit guter Nase und

Bild oben links: Jack Russell Terrier; Bild oben rechts: Border Terrier; darunter: Welsh (Walliser) Terrier

ausgeprägtem Jagdverstand für die Reitjagd auf Füchse. Der PRT ist etwas hochläufiger als der JRT.
Äußere Merkmale: Ihr Deckhaar ist harsch und vollständig oder überwiegend weiß, mit lohfarbenen, gelben oder schwarzen Abzeichen. Die ideale Widerristhöhe der Rüden liegt bei 35 cm, die Widerristhöhe der Hündinnen bei 33 cm.
Verwendung und hervorstechende Eigenschaften: Ursprünglich als »working terrier« (Arbeitsterrier) bezeichnet, kam in den 30er Jahren des 20. Jh. die Bez. »Jack Russell Terrier« (JRT) auf. Seinem damaligen Zuchtziel entsprechend fand er in England Einsatz besonders bei der Foxhoundmeute. Er sollte den von der ▸ Meute zu Bau gejagten Fuchs sprengen, damit die Meute ihn weiter jagen konnte. Nach dem Zweiten Weltkrieg wurde der PRT auch auf dem europäischen Kontinent von Jägern und Reitern geführt. In den 1970er Jahren wurde er als leichtführiger, vielseitiger Jagdgebrauchshund populär, insbesondere für die Bauarbeit und für die Arbeit in der Saumeute (Stöbern, Schweißarbeit).

Erdhütte, die: ▸ Hüttenjagd.

Erdmann, der: Häufiger Name, aber auch scherzhafte Bez. für einen Dachshund (▸ Erdhunde I).

Erdmast, die: ▸ Mast.

Ereilen, das: ▸ Hirschgerechte Zeichen.

Eremit, der: **1**) Süddeutsche Bez. für den ▸ Waldrapp. **2**) die Alpenkrähe; ▸ Rabenvögel 5.

erfrischen (frischen): svw. trinken, bei allem Wild und beim Hund.

Erfüllung, die (das Zurückbleiben): ▸ Hirschgerechte Zeichen.

Erhaltungsäsung, die (Erhaltungsfutter): Bez. für das winterliche Äsungsangebot, das den ▸ Wildwiederkäuern zur Verfügung steht. Im Ggs. zur Frühjahrs-, Sommer- und Herbstäsung (stärke- und eiweißreich sowie rohfaserarm) ist die E. nährstoffärmer und schwer verdaulich (Vegetationsruhe der Pflanzen). Wildwiederkäuer setzen daher die im Herbst aufgenommenen Nährstoffe – bei eingeschränkter Aktivität und allmählich gedrosseltem Stoffwechsel – in Speicherenergie (Fettdepots, Feiste) um. Da sie in den Wintermonaten ihren Erhaltungsenergieaufwand bis fast an den Grundumsatz absenken können, brauchen sie nur geringe Mengen an E. aufzunehmen. Im Laufe der ▸ Evolution haben sich bei den Wildwiederkäuern der Verdauungsapparat und seine Funktionsabläufe dem geringen Äsungsangebot im Winter angepasst. Die lebensnotwendige Energieeinsparung des Wildes durch Inaktivität und dadurch bedingte Drosselung der Wärmeproduktion wird jedoch durch Störungen aller Art vereitelt.

erheben: **1**) Der Bär erhebt sich, wenn er sich auf die Hinterbranten stellt; er erniedrigt sich, wenn er sich auf die vier Branten niederlässt. **2**) Das ▸ Jagdzeug wird vom Boden erhoben. **3**) Das Wild erhebt sich aus dem Lager oder Bett, es tut sich auf oder wird hoch.

erhöhen: ▸ erheben 1).

Erhöhungsvisier, das: Ein Visier auf einem Aufsatz, mit dem man auf weitere Entfernung genauer schießen konnte als mit dem auf der gleichen Büchse montierten Standvisier.

Erholung in der freien Natur: Umwelt und Natur werden in steigendem Maße von den Menschen in Anspruch genommen. Diese gehen in der freien Landschaft ihrem Sport oder anderen Freizeitvergnügungen nach. V.a. der Wald wird von den Mitbürgern mehr als 250 Mio. Mal besucht. Ein allgemeines Grundrecht auf E. besteht allerdings außer in Bayern (hier in Art. 141 verfassungsrechtlich garantiert) nicht. Aufgrund der in den einzelnen Landesgesetzen (z.B. in Wald- und Forstgesetzen, Jagd- und Naturschutzgesetzen sowie im Wasser-, Straßen- und Verkehrsrecht) festgelegten Regelungen kann jedoch die E. in verschiedenen Gebieten eingeschränkt oder mit Auflagen verbunden werden, v.a. dann, wenn die Interessengegensätze zwischen Grundstückseigentümern, Jägern, Fischern und Forstleuten, Reitern, Sportlern, Wanderern u.a. gegeben sind; ▸ Betreten des Waldes.

Erholungsfunktion des Waldes, die: ▸ Waldfunktionen.

Erholungswald, der: Nach dem ▸ Bundeswaldgesetz kann Wald zu E. erklärt werden, wenn es das Wohl der Allgemeinheit erfordert, Waldflächen für Zwecke der Erholung zu schützen, zu pflegen oder zu gestalten. Das Nähere regeln die Länder. V.a. im Staatswald und in den stadtnahen Körperschaftswäldern wurden für die Erholung suchende Bevölkerung zahlreiche Erholungseinrichtungen geschaffen (z.B. Parkplätze für Waldbesucher, Wald- und Naturlehrpfade, Gesundheitspfade, Liegeflächen und Rastplätze). Wälder, die zu E. erklärt werden können, sind i. Allg. in den Regionalplänen und im Landesplanungsgesetz als E. ausgewiesen; ▸ Betreten des Waldes, ▸ Erholung in der freien Natur.

erkalten: Eine Fährte ist erkaltet, wenn sie bereits so lange steht, dass der Hund sie nicht mehr aufnehmen bzw. halten kann; ▸ kalte Fährte.

erlegen (strecken, zur Strecke bringen): Wild waidgerecht töten (mit Schuss- und Stichwaffe oder Fangeisen); ▸ Töten des Wildes.

Erleger, der: Der Jäger, der das Wild waidgerecht und regelmäßig erbeutet. Bei ▸ Niederwild (Ausnahme: Rehwild) gilt der Schütze, der den letzten Schuss abgibt und damit das Wild endgültig zur Strecke bringt, als E. Bei ▸ Hochwild und bei Rehwild gilt – mit Ausnahmen – der Schütze als E., der den ersten Schuss abgibt. Nach altem Brauchtum galt bei ▸ Eingestellten Jagen (heute sinngemäß für die Jagd im Gatterrevier) derjenige als E., der dem Stück Wild die letzte, tödliche Kugel antrug. Eine Brauchtumsregel, die über anderen Regeln steht, besagt, dass die Entscheidung des ▸ Jagdleiters, wer als E. des Stückes gilt, unanfechtbar ist, d.h., bei einem Fehlabschuss im Gatterrevier wird der Jagdleiter den, der die erste Kugel angetragen hat, als E. bestimmen; ▸ Jägerrecht.

Erlegerbruch, der (Schützenbruch): ▸ Bruchzeichen.

Erlen, die (*Alnus*): Sommergrüne Laubbaumgattung der Familie der Birkengewächse (*Betulaceae*) mit ca. 30 Baum- oder Straucharten. Auf Rohböden tragen E. wegen ihrer Fähigkeit, Stickstoff zu binden, sehr zur Bodenverbesserung bei. Die stickstoffreiche Streu ist rasch abbaubar. Alle E. haben hohes Stockausschlagvermögen (typische Bäume des Niederwaldes) und sind daher als Deckungsgehölze für das Wild gut geeignet. Sie leiden nicht unter ▸ Verbissschäden.

1. Schwarzerle, die (*Alnus glutinosa*): Auch Roterle.

Vorkommen und Standort: Fast ganz Europa. Baum der Ebenen bis mittleren Gebirgslagen (in den Zentralalpen bis 1800 m ü. NN). Die S. wächst auf feuchten, mineralstoffreichen Böden, v.a. an Bächen und kleinen Flüssen (Erlenbrüche), auf Nasswiesen und in Flachmooren.

Wuchshöhe und Alter: bis 25 m (max. 35 m), bis 150 Jahre.

Das widerstandsfähige Holz der Schwarzerle ist unter Wasser sehr dauerhaft. Verwendung auch für Schnitzerarbeiten und Modellbauten sowie als Drechslerholz.

Wegbegleitende Schwarzerlenreihe

2. Grauerle, die (*Alnus incana*): Auch Weißerle.

Vorkommen und Standort: In weiten Teilen Europas verbreitet. ▸ Pionierbaumart auf Bergrutschhängen, in Gebirgsauwäldern und entlang von Bächen und Flüssen. Frostharter Baum, dessen Holz ähnlich wie das der Schwarzerle genutzt wird.

Wuchshöhe und Alter: bis 15 m (Baum, Strauch), bis ca. 50 Jahre.

Ermeline: Frau E. wird die Fuchsfähe in der Fabel genannt.

Ermels, Georg Paul: ▸ Jagdkunst.

Ermittlungspersonen der Staatsanwaltschaft: ▸ Hilfsbeamte der Staatsanwaltschaft

Ernährungsstörungen, die: Verursacht hauptsächlich durch Nahrungsmangel bei zu hoher Wilddichte oder infolge falscher oder nicht wildartgerechter Äsung oder Fütterung. Beim Schalenwild kommt es besonders beim Rehwild (▸ Konzentratselektierer) zu Erkrankungen. V.a. das ausschließliche Äsen der Triebe und Nadeln der Koniferen (bei fehlender ausreichender natürlicher Äsung) wirkt sich durch den Gehalt an Harz und ätherischen Ölen schädigend auf die Darmwände aus. Störungen im Verdauungsapparat treten beim Rehwild auch auf, wenn Vitaminmangel herrscht (bei Aufnahme minderwertiger Pflanzen); die Folge ist der gelegentlich zu beobachtende Frühjahrsdurchfall (verschmutzter Spiegel!). Dieser kann aber auch dann auftreten, wenn durch das einseitige Äsungsangebot im Frühjahr sich die Darmbakterien sehr stark vermehren (Bildung giftiger Gärungs- und Fäulnisprodukte durch rasche Zersetzung des Darminhaltes). Die Haarseuche des Rehwildes (flächiger Bruch der Haare) ist auf einen Mangel an Kupfer und Zink zurückzuführen und ökologisch bedingt. Durch gezielte Düngungen der Vegetation mit Kupfer- und Zinkverbindungen kann die Haarseuche bekämpft werden. Vermutlich führt ein Mangel an Spurenelementen (Eisen, Zink, Kupfer, Kobalt, Mangan) bei Reh-, Rot- und Damwild auch zu einem ▸ Auswachsen der Schalen. Rotwild gleicht diesen Mangel durch stärkeren ▸ Verbiss aus.

Ernährungstypen, die: Nach R. R. Hofmann Einteilung der ▸ Wiederkäuer in drei Hauptäsungstypen, und zwar: ▸ Konzentratselektierer (z.B. Rehwild), Gras- und Raufutterfresser (z.B. Stein- und Muffelwild) und Intermediär- oder Zwischentyp (z.B. Gamswild, Rotwild). Die Einteilung beruht auf anatomischen Merkmalen des ▸ Wiederkäuermagens.

erneuern: **1**) Ein bestätigtes oder ▸ Eingestelltes Jagen nochmals mit dem Hund umkreisen, um sich zu versichern, dass das Wild noch im betreffenden Walddistrikt steckt. **2**) Bei der ▸ Parforcejagd: wenn der ▸ Leithund bei der Vorsuche oder später die Jagdhunde (Meute) bei der Hetze an einem Widergang, bei Kreuzfährten oder auf ungünstigem Boden die Fährte verloren hatten oder unsicher wurden, mussten sie abgenommen und weiter zurück erneut an die Fährte gelegt werden. Dies nannte man e.

erniedrigen: **1**) Der Bär erniedrigt sich, wenn er (erhoben) sich wieder auf die Vorderbranten fallen lässt. **2**) Der Hirsch erniedrigt sich, wenn er sein Geweih abwirft (selten gebräuchlich).

Ernteabschuss, der: Der Abschuss von jagdbarem männlichem Schalenwild, das reif ist, d.h. den Höhepunkt seiner Trophäenentwicklung erreicht hat (sog. Erntebock, Erntehirsch). Das Alter, mit dem dieser Zeitpunkt erreicht ist, ist je nach Wildart, Lebensraum, Biotopverhältnissen, Klima und Veranlagung verschieden. Als Anhaltspunkt kann gelten: Rehwild fünf bis sechs Jahre, Rotwild zehn bis zwölf Jahre, Damwild acht bis zehn Jahre, Sikawild zehn bis zwölf Jahre, Gamswild acht Jahre und älter, Muffelwild sechs Jahre und älter; ▸ Wahlabschuss, ▸ Hegeabschuss, ▸ Notabschuss, ▸ Reduktionsabschuss, ▸ Fehlabschuss und ▸ Totalabschuss.

Ernst Ludwig, Großherzog von Hessen und bei Rhein (25.11.1868 Darmstadt bis 9.10.1937 Schloss Wolfsgarten/Krs. Offenbach): E. L. regierte von 1892 bis zu seiner Absetzung im November 1918. Seine Schwester Alix war seit 1894 Zarin. E. L. war ein Förderer von Wissenschaft und Volkswohlfahrt. Auf seine Initiative gehen die Gründungen des Porzellanmuseums (1907), des Jagdmuseums Kranichstein (1918), der »Gesellschaft hessischer Bücherfreunde« (1918) und der Schule der Weisheit zurück.

Erntebock, der: ▸ Ernteabschuss.

Erntehirsch, der: ▸ Ernteabschuss.

Erntemilbe, die (Herbstgrasmilbe): ▸ Milben.

Erpel, der (Enterich, Entvogel, Antvogel): Die männliche Ente aller Entenarten und der Säger.

Erpelhaken, die: ▸ Erpellocken.

Erpellocken, die (Erpelhaken, Entenringel, Erpelringel, Entenschneckerln, Schneckerln, Draller, Wirken): Die zwei bis vier kleinen, gekrümmten Schwanzfedern am Bürzel des Stockentenerpels. Sie gelten als Jagdtrophäe (▸ Trophäen) und werden an den Hut gesteckt.

Erpelringel, die: ▸ Erpellocken.

Ersatzbrut, die: ▸ Nachbrut.

erstanden: Eine Fährte, die ausgemacht, d.h. bestätigt ist, ist e. (seltener Ausdruck).

Erste, die: Bez. für den ersten Schnee; ▸ Neue.

Erstlingsgehörn, das (Erstlingsgeweih): Das erste Gehörn bzw. ▸ Geweih (i.d.R. Spieße), das männliches, zu den Cerviden (▸ Hirsche) zählendes Schalenwild schiebt. Siehe unter der jeweiligen Wildart.

Erwerb von Schusswaffen und Munition: ▸ Waffenrecht.

erwürgen: ▸ abwürgen.

Erymanthischer Eber, der: ▸ Herakles.

Erzgebirgler und Alpenländische Dachsbracke: ▸ Ehemalige Bez. für die Alpenländische Dachsbracke; Bracken 2.

Erzjägermeister: Des »Deutschen Reiches E.«; ▸ Maximilian I.

Erzpiqueur, der (Oberpiqueur, veraltet): Der Oberjäger bei einer ▸ Parforcejagd; ▸ Piqueur.

Esche, die (*Fraxinus*): Eine Gattung sommergrüner Laubbaumarten (▸ Edellaubbaumart) aus der Familie der Ölbaumgewächse (*Oleaceae*).

Gemeine E. (*Fraxinus excelsior*):
Vorkommen und Standort: Fast überall in Europa. Wächst in krautreichen Laubmischwäldern von der Ebene bis in mittlere Gebirgslagen; v.a. in Auen, Schluchtwäldern, an Bächen und Flüssen, in feuchten Buchen- und Eichen-Hainbuchen-Wäldern (sog. Wassereschen) sowie auf trockenen, flachgründigen Kalkstandorten (sog. Kalkeschen).
Wuchshöhe und Alter: bis 40 m, bis 200 Jahre.
Holzverwendung: Das harte, zähe und elastische E.-Holz findet v.a. zum Bau von Sportgeräten (Skiern), Werkzeugstielen, Furnieren, Schreiner- und Tischlerarbeiten Verwendung.
E. sind raschwüchsige, jedoch spätfrostempfindliche ▸ Pionierbaumarten, die auch als Allee- und Parkbäume gepflanzt werden. Sie haben gutes Stockausschlagvermögen, leiden aber unter starken Verbiss-, Schäl- und Fegeschäden durch Reh- und Rotwild. Dafür aber besonders geeignet für Verbissgärten.

Escherich, Georg, Dr. (4.1.1870 Schwandorf bis 26.8.1941 München): Forstmann, Politiker und Schriftsteller. E. studierte in Aschaffenburg, München und Tübingen Forstwissenschaft, unternahm 1907 bis 1909 zwei Reisen nach Abessinien, wo er den Entwurf für ein Jagdgesetz erarbeitete, wurde 1909 Forstrat und leitete 1913/14 eine forstwissenschaftliche Expedition nach Kamerun. 1915 wurde er Leiter der Militärforstverwaltung in den Wäldern von Bielawicz und 1921 für die Bayerische Staatsforstverwaltung in die Reichsforstwirtschaft delegiert. Nach der Ausrufung der Münchner Räterepublik gründete er die bayerischen Einwohnerwehren und wurde 1920 Leiter der »Organisation Escherich« (Orgesch), die deutsche und österreichische Selbstschutzorganisationen umfasste und die Bekämpfung des Bolschewismus zum Ziel hatte. E. wurde 1929 Führer des bayerischen Heimatschutzes. Er veröffentlichte u.a. »Im Urwald« (1927), »Der alte Jäger. Erinnerungen aus meinem Leben« (1934) und »Der alte Forstmann. Fahrten und Fährten in weiter Welt« (1935). E. war auch Herausgeber des aus zwei Teilen bestehenden Buches »Aus dem Leben zweier Herrenjäger« (1928) mit Beiträgen von Prinz Leopold von Bayern (»Meine Jagderinnerungen« [Teil 1]) und Graf Hugo von Lerchenfeld (»Aus meinem Jägerleben« [Teil 2]).

Esparsette, die: ▸ Wildäsungspflanzen.

Espe, die: ▸ Pappeln 3.

Esskastanie, die: ▸ Edelkastanie.

Ethologie, die: ▸ Verhaltensforschung.

Eul, die: ▸ Eulen.

Eulen, die (*Strigiformes*): Die Ordnung E. gliedert sich in die Familie der Echten Eulen (*Strigidae*), zu denen Uhu, Waldohr-, Sumpfohr-, Zwergohreule, Wald-, Habichts-, Stein-, Raufuß- und Sperlingskauz zählen, und in die Familie der Schleiereulen (*Tytonidae*). Obwohl E. auch Nachtgreifvögel genannt werden, sind sie mit den ▸ Greifvögeln (*Falconiformes*) nicht verwandt. Als nicht jagdbare Tiere sind sie durch das Naturschutzgesetz geschützt. Sie besitzen einen dicken, fast runden Kopf mit flachem Gesicht und einen plump wirkenden Körper. Die Augen sind ungewöhnlich groß, nach vorne gerichtet und unbeweglich. Sie haben ein durchsichtiges inneres Augenlid, das sie willkürlich schließen und öffnen können und welches das Auge vor Schäden durch zu grelles Licht schützt. E. sehen auch am Tage gut. Als Ausgleich dafür, dass sie den Augapfel nicht bewegen können, sind sie in der Lage, Kopf und Hals bis zu 270 ° zu drehen, ohne die Körperhaltung zu ändern. Der Schnabel ist kurz, ohne Zahn und bereits von der Wurzel weg scharf nach unten gebogen. E. tragen einen Gesichtsschleier, d.h., das Gesicht wird von einem Kranz steifer und nach rückwärts gekrümmter Federn umgeben. Vermutlich befähigt sie der Gesichtsschleier auch dazu, die geringsten Geräusche wahrzunehmen. Das Körpergefieder ist weich und groß und erlaubt den E. einen fast geräuschlosen Flug. Die Ständer sind bis zu den Fängen dicht befiedert, die Krallen stark gekrümmt und sehr scharf. Zwei der Zehen sind stets nach vorne gerichtet, die äußere dritte Zehe ist eine Wendezehe. E. sind überwiegend nachtaktive Vögel, jagen aber auch in den Dämmerstunden und schlagen ihre Beute nach Gesicht und Gehör. Ihre Nahrung besteht hauptsächlich aus Mäusen und Ratten aller Art sowie aus Kleinvögeln. Unverdauliche Rückstände wie Knochen, Federn, Haare, Zähne und Krallen werden von den E. ausgewürgt. Da ihr Magensaft kaum Salzsäure enthält, können sie diese Rückstände – im Ggs. zu den Greifvögeln – nicht verdauen. Das ▸ Gewölle der E. ist daher gut vom Gewölle der Greifvögel zu unterscheiden. E. bauen, mit Ausnahme der Sumpfohreule, keine eigenen Horste. Sofern sie keine verlassenen Greifvogelhorste oder Krähen- und Elsternnester vorfinden, nisten sie gerne in Kirchtürmen, in Baum- und Felshöhlen, in Mauernischen oder in Erdhöhlen (z.B. Sumpfohreule). Die Brutplätze sind vor Störungen zu schützen. Die Eier sind rund und rein weiß. Die Geschlechter sind gleich gefärbt und gezeichnet und daher kaum zu unterscheiden. Auch hinsichtlich der Größe besteht kaum ein Unterschied zwischen ihnen. Nur das Uhuweibchen ist i.d.R. größer als das Männchen.

I. *Echte Eulen*, die (*Strigidae*):

1. Uhu, der (*Bubo bubo*, L.): Auch Auf, die größte europäische Eule. Landläufige, jedoch kaum mehr verwendete Bez. sind: Große Ohreule, Haun, (große) Horneule, Schuhu, Bergeule, Steineule, Adlereule. Der gänsegroße U. erreicht eine Länge von etwa 70 cm und eine ▸ Flügelspannweite bis 180 cm. Das Gewicht beträgt 2 bis 2,5 kg. Das Weibchen ist i.d.R. größer als das Männchen. Der U. wurde früher zur ▸ Hüttenjagd benutzt. Hierfür finden heute nur noch künstliche U. (Attrappen) Verwendung, damit das bestandsbedrohende Aushorsten der Jung-U. unterbunden wird.
Aussehen: Gefieder oberseits rostbraun mit schwarzbrauner Zeichnung, unterseits gelbbraun mit schwarzen Schaftstrichen. Die fast schwarzen Ohrbüschel (Federohren) sind sehr auffällig und 7 bis 9 cm lang. Flügel und Stoß sind schwarz gebändert, der Gesichtsschleier ist rostbraun und schwarz punktiert. Die großen Augen sind orangegelb, die Pupillen tiefschwarz. Die Fänge sind stark ausgeprägt und bis zu den Zehen dicht befiedert.
Vorkommen und Lebensweise: Der U. bewohnt als ▸ Standvogel große zusammenhängende Wälder mit Felshängen und beansprucht als Jagdrevier eine Fläche von ca. 6000 bis 7000 ha. In Deutschland gehört er zu den selten gewordenen E.-Arten. Erfolgreiche Wiedereinbürgerungsversuche (z.B. in Bayern, Württemberg und Niedersachsen) lassen aber den U.-Bestand erfreulicherweise wieder anwachsen. Er lebt ungesellig und scheu und hält sich tagsüber meist regungslos an geschützten und möglichst unzugänglichen Stellen auf. Von Kleinvögeln, Krähen und Greifvögeln wird er gehasst und verfolgt, wenn er am Tage gesichtet wird. Die Beutejagd erfolgt abends und nachts. Der Flug ist lautlos und meist niedrig.
Stimme: Sie ist ein dumpfes und weithin hörbares »Puhu« oder »U-hu, U-hu« (Name!). Bei Wut faucht er und knappt mit dem Schnabel.
Fortpflanzung: Die Balzzeit fällt in den März oder den April. Als Horst werden Greifvogel- oder Reiherhorste benutzt. Häufig genügt ihm jedoch schon eine einfache Bodenmulde. Das Gelege enthält zwei bis drei, selten vier kurzovale, weiße Eier, die ca. 60 x 49 mm groß und ca. 80 g schwer sind. Die Brutdauer beträgt 34 bis 36 Tage. Ebenso lange sitzen die Jungen im Horst (▸ Platzhocker). Es erfolgt nur eine Jahresbrut (Anfang April).

Gemeine Esche am Waldtrauf

Nahrung: V.a. Mäuse und Ratten, aber auch Rehkitze, Hasen, Wildkaninchen, Fasane, Bussarde, Igel und Frösche.

2. Waldohreule, die (*Asio otus*, L.): Auch gemeine Ohreule, kleine W., Horneule, langohrige Eule, Ranzeule, Fuchseule, Knappeule, Ohrkauz, kleiner Uhu. Wesentlich kleiner als der Uhu, ist sie diesem jedoch sehr ähnlich. Länge: ca. 35 cm, Flügelspannweite: 80 bis 90 cm.

Aussehen: Oberseits vorherrschend braun und gelbbraun gefleckt, unterseits rostgelb mit dunklen Längsstreifen und feiner wellenförmiger Querbänderung. Die Federohren sind sehr lang (ca. 5 cm). Die Augen sind groß und gelb. Um den inneren Halbkreis der Augen zieht sich ein schwarzer Federbogen, der Gesichtsschleier ist stark ausgeprägt. Die Fänge sind befiedert. Je nach Nahrungsangebot ist sie Stand-, ▸ Strich- oder ▸ Zugvogel.

Vorkommen und Lebensweise: Von allen Ohreulen kommt sie noch am häufigsten bei uns vor und lebt in Wäldern, in Parkanlagen und in Friedhöfen. Die nachtaktive Eule ist sehr gesellig – v.a. im Winter – und sitzt tagsüber, geschützt und sehr dicht an den Stamm gedrückt, schlank aufgerichtet auf einem Ast. Der Flug ist wie bei allen E. lautlos, aber schwankend, und nur gelegentlich gibt es ein Schwingenklatschen.

Stimme: Sie ist ein tiefes, lang gezogenes und seufzend wirkendes »Hu-u-u« oder nur ein dumpfes »Wumb«.

Fortpflanzung: Zum Brüten werden verlassene Krähen- und Elsternnester, gelegentlich außerdem auch die Horste von Sperber und Reiher benützt. Ab und zu brütet die W. auch auf dem Boden. Das Gelege enthält vier bis sechs kurzovale und weiße Eier, die ca. 41 x 33 mm groß und 23 g schwer sind. Die Brutdauer beträgt 27 bis 28 Tage. Eine Jahresbrut wird im März/April angelegt, in guten Mäusejahren ist aber auch eine zweite Brut möglich. Die Jungen der W. bleiben ca. vier Wochen im Nest (Platzhocker).

Der Uhu – die größte Eule Europas

Nahrung: Sie besteht aus Mäusen und Fröschen, in mäusearmen Jahren auch aus Kleinvögeln.

3. Sumpfohreule, die (*Asio flammeus*, Pontopp.): Auch kurzohrige Eule, Schnepfeneule, Mooreule, Rohreule, Wieseneule, Brucheule, Brandeule, gelber Kauz, gelber König, Kohleule, Parunkeneule. Sie ist nur geringfügig größer als die Waldohreule und erreicht bei einer Länge von 35 bis 40 cm eine Flügelspannweite von 90 bis 95 cm. Bei guten Nahrungsverhältnissen (milder Winter) bleibt sie als Wintergast hier, ansonsten zieht sie als Strich- oder Zugvogel in die Mittelmeerländer.

Aussehen: Von der Waldohreule unterscheidet sie sich v.a. durch die kleinen, nur etwa 2 cm langen Federohren, die oft kaum sichtbar sind und mit dem Gehör nichts zu tun haben. Die gelbbraune, längsgestreifte Unterseite hat keine Querbänderung, die Oberseite ist ebenfalls gelblich braun und ohne Sprenkelung. Die Schwingen sind gebändert und zeigen am Bug einen dunklen Fleck. Die Augen sind zitronengelb.

Vorkommen und Lebensweise: Sie bevorzugt sumpfiges Gelände, feuchte Wiesen, Moore, Heiden und Sanddünen. Tagsüber sitzt sie gerne versteckt in Schilf und hohem Gras am Boden. Sie jagt sowohl am Tage als auch in der Dämmerung. Ihr Flug ist niedrig und schaukelnd, oft geht sie ins Gleiten über.

Stimme: Sie ist ein bellendes »Gäär, gäär«, in der Balzzeit ein tiefes »Bu, bu, bu«.

Fortpflanzung: Im Ggs. zu den anderen E. baut sie einen Horst, und zwar immer am Boden und gut getarnt zwischen Binsen- oder Schilfbeständen. Der Horst wird auf umgeknickten Halmen errichtet und mit trockenen Schilfgräsern (Halmen) ausgelegt. Das Gelege enthält vier bis sieben, in Mäusejahren bis zu elf weiße Eier. Größe der Eier: 40 x 32 mm, Gewicht: um 22 g. Eine Jahresbrut im April/Mai, Brutdauer: 25 bis 29 Tage. Die Jungen bleiben 17 Tage im Horst.

Nahrung: Ähnlich wie Waldohreule.

4. Zwergohreule, die (*Otus scops*, L.): Auch kleine Ohreule, Baumeule, krainische Eule, gehörntes Käuzchen, Waldäuffel, Posseneule. Sie ist die kleinste der Ohreulen, etwa drosselgroß und 18 bis 19 cm lang. Ihr Gewicht beträgt nur ca. 100 g. Als Strich- und Zugvogel brütet sie nur vereinzelt in Mitteleuropa und zieht im Winter bis Afrika. Erst im März/April kehrt sie wieder zurück.

Aussehen: Die kleinen Federohren sind kaum sichtbar. Bei ihr sind nur die Ständer befiedert, die Fänge dagegen nackt. Die Färbung ist gleichmäßig erdbraun mit dunklen Schaftstrichen und sehr feiner Quersprenkelung. Die Augen sind lebhaft gelb, der Schnabel ist dunkel. Mit ihren sehr feinen dunklen Zeichnungen erinnert sie mehr an einen Wendehals oder an eine Nachtschwalbe.

Vorkommen und Lebensweise: Die nur noch sehr selten in den südlichen Alpenländern vorkommende Z. bevorzugt lichte Wälder und parkartiges Gelände. Wie alle E. sitzt sie tagsüber dicht an einen Baumstamm gedrängt oder versteckt sich in einer natürlichen Baumhöhle. In den Dämmerstunden und in hellen Nächten wird sie jedoch aktiv und fliegt wendig und niedrig über dem Boden dahin.

Stimme: Sie ist ein helles »Giu, giu« oder »Glüh« und v.a. in der Balzzeit zu hören.

Fortpflanzung: Die Eier werden fast immer in Baumhöhlen und nur selten in Mauer- und Felslöchern oder in verlassenen Vogelnestern abgelegt. Die Brutzeit fällt in den Mai/Juni, das Gelege enthält drei bis vier, seltener fünf kurzovale, weiße Eier, die etwa 31 x 27 mm groß und ca. 12 g schwer sind. Sie werden 24 bis 25 Tage bebrütet. Die Jungen bleiben ca. vier Wochen im Nest. Eine Jahresbrut.

Nahrung: Nachtschmetterlinge, Insekten und kleine Mäuse.

5. Waldkauz, der (*Strix aluco*, L.): Auch gemeine Waldeule, Heuleule, Stockeule, Katzeneule, Knappeule, Brandeule, Knarreule, große Baumeule, Horneule, rote Eule, braune Eule, Kieder, Melker, Milchsauger, Brakenherm, Geistervogel. Er ist etwas größer als die Sumpfohreule. Länge: 39 cm, Flügelspannweite: annähernd 98 cm. In unserer Heimat Standvogel.

Aussehen: Sein Kopf ist auffallend dick und rund, von graubrauner Farbe mit Flecken und Streifen, die Federohren fehlen. Der graue Gesichtsschleier ist stark ausgeprägt und von glänzend weißen, braun gefleckten Federn eingefasst. Die Gesamtfärbung des Obergefieders wechselt vom hellen Braun bis ins dunkle Braun oder Rostrot. Die Unterseite ist gelbbraun bis grau und von Längs- und Querstreifen sowie von Flecken durchsetzt. Die großen Augen sind bräunlich schwarz, die Fänge dicht und grau befiedert und von kleinen, braunen Wellen durchzogen.

Vorkommen und Lebensweise: Er bewohnt noch häufig die Laub- und Nadelwälder unserer Heimat, ist aber auch in Parkanlagen und großen Gärten anzutreffen. Während der Aufzucht der Jungen fliegt er gelegentlich auch bei Tage lautlos umher, ist aber wie alle E. hauptsächlich ein nachtaktiver Vogel. Im Flug ist er an seinem dicken, runden Kopf und an den kurzen, breiten und abgerundeten Schwingen zu erkennen. Seinen Unterschlupf sucht er im Sommer überwiegend auf Bäumen, dicht an den Stamm gedrückt, im Winter sitzt er aber auch in Kaninchenröhren und gelegentlich in verlassenen Fuchsbauen.

Stimme: Sie ist ein gellendes und etwas unheimliches »Kui-witt, kui-witt« und zur Balzzeit ein weit schallendes »Hu-huu, hu-huu«.

Fortpflanzung: Der W. baut keinen eigenen Horst, sondern legt die Eier in Baumhöhlen, Scheunen, alten Krähen- und Elsternnestern oder in Kaninchenbauen ab. Das Gelege besteht aus zwei bis fünf, im Durchschnitt aus zwei oder drei weißen Eiern. Die Größe der Eier beträgt 48 x 39 mm, das Gewicht etwa 38 g. Eine Jahresbrut im März/April, manch-

Stoß etwas länger als beim Steinkauz mit fünf bis sechs weißen, feinen Querstreifen. Der Gesichtsschleier ist kräftig und begrenzt. Über den Augen stehen die Federn so dicht, dass sie wie ein Büschel aussehen.
Vorkommen und Lebensweise: Er bevorzugt große, dichte Wälder, mit Vorliebe Nadelwälder. Den düsteren Gebirgswald zieht der nur noch selten anzutreffende Kauz dem Wald der Ebene vor. Den Tag verschläft er in alten Nadelbäumen, in der Abenddämmerung geht er, geräuschlos und schwankend fliegend, auf Nahrungssuche.
Stimme: Ein schnelles, trillerndes »Bububu«, bei Stille auf weiteste Entfernung zu hören.
Fortpflanzung: Die Brutzeit ist Ende April/Anfang Mai. Die Eier werden mit Vorliebe in Schwarzspechthöhlen – besonders wenn diese sich in Fichten oder in Kiefern befinden –, aber auch in natürlichen Baumhöhlen und gelegentlich in Nistkästen abgelegt. Der Niststand ist häufig sehr hoch. Das Gelege enthält durchschnittlich vier bis sechs weiße Eier. Größe: 32 x 26 mm, Gewicht: ca. 12,4 g. Die Brutdauer beträgt 26 bis 28 Tage, die Nestlingszeit 32 bis 36 Tage. Eine Jahresbrut.
Nahrung: Sie besteht überwiegend aus Mäusen, daneben auch aus Kleinvögeln und Insekten.
8. Steinkauz, der (*Athene noctua*, Scop.): Auch Totenvogel, Toteneule, Wichtel, kleine Hauseule, Komm-mit-Eule, Scheuneneule, Schützeneule, Leicheneule Leichenhühnchen, Leichenvogel, Klagemutter, Klagevogel. Länge: 20 bis 22 cm, Flügelspannweite: 45 bis 50 cm. Er ist ein ausgesprochener Standvogel. Im antiken Griechenland war er der Göttin Athene geweiht und galt als Sinnbild der Gelehrsamkeit.

◂◂ Der Waldkauz ist überwiegend nachtaktiv, kann aber gelegentlich auch tagsüber beobachtet werden.

mal auch schon Ende Februar. Die Brutdauer beträgt 28 bis 29 Tage, die Nestlingszeit etwa 28 bis 35 Tage.
Nahrung: Sie besteht aus Mäusen, daneben aber auch aus Insekten, Fröschen, Kleinsäugern, Junghasen und Vögeln bis zur Taubengröße. In Notzeiten wird auch ▸ Fallwild genommen.
6. Habichtskauz, der (*Strix uralensis*, Pall.): Auch Uralkauz, schwarzäugige Eule, uralische Eule, große braune, langschwänzige sibirische Eule, Habichtseule, Habergeiß. Mit einer Länge von 58 bis 61 cm und einer Flügelspannweite von etwa 118 cm ist er wesentlich größer als der Waldkauz. Er ist ein Standvogel, der aber in harten Wintern als Strichvogel weit umherstreicht.
Aussehen: Die Grundfärbung ist grau oder bräunlich, auf der Unterseite etwas weiß und längsgefleckt. Der graue Gesichtsschleier ist stark ausgeprägt, der Stoß ziemlich lang und kräftig quergebändert. Die relativ kleinen Augen sind schwarzgrau.
Vorkommen und Lebensweise: Er bevorzugt hauptsächlich Laub- und Nadelwald mit ausreichenden Altholzbeständen und entsprechenden Baumhöhlen. Sein Vorkommen beschränkt sich auf die nordischen Länder, im deutschsprachigen Raum ist er nur noch vereinzelt im östlichen Alpengebiet (Steiermark, Kärnten) anzutreffen.
Stimme: Sie ist ein weitschallendes und tiefes »Wuhuu, wuhuu« oder ein »Kuäg, kuäg«.
Fortpflanzung: In entsprechend großen Baumhöhlen oder in verlassenen Greifvogelhorsten werden drei bis vier, seltener fünf weiße Eier abgelegt. Die Eier sind 50 x 43 mm groß und etwa 47 g schwer. Die Brutdauer beträgt 27 bis 29 Tage, die Nestlingszeit 32 bis 39 Tage. Eine Jahresbrut (Ende Februar bis April).
Nahrung: Kleinsäuger bis Eichhörnchengröße, aber auch Mäuse, Insekten und Frösche.
7. Raufußkauz, der (*Aegolius funereus*, L.): Auch raufüßiger Kauz, langschwänziges Käuzchen, Puppeneule, Tengmalmseule. Länge: ca. 26 cm. Stand- und Strichvogel, der im Winter aus Gebirgsrevieren gerne in die Täler und Ebenen ausweicht.
Aussehen: Er ist dem Steinkauz so täuschend ähnlich, dass er häufig mit diesem verwechselt wird. Das markanteste Unterscheidungsmerkmal sind die bis an die Zehen dicht befiederten Ständer und Fänge, die beim Steinkauz fast nackt und nur mit einzelnen Borsten besetzt sind. Im Übrigen ist der Kopf etwas größer, das Gesicht länger und heller als beim Steinkauz. Das Gesamtgefieder ist hellbraun und gefleckt. Der Scheitel leicht weiß gefleckt, der

Der Raufußkauz lebt bevorzugt in Gebirgswäldern.

Aussehen: Der Gesichtsschleier ist undeutlich und zeichnet sich nur um den Außenrand des Auges fester ab. Der Stoß ist gerade und kurz. Die Ständer und Fänge sind im Ggs. zum Raufußkauz, dem er sehr stark ähnelt, nicht befiedert, sondern nur mit einzelnen Federborsten versehen. Er wirkt rund und geduckt, sein Aussehen ist flachköpfig. Die Oberseite ist braun mit weißen, z.T. etwas rötlich gefärbten Flecken. Die Unterseite ist grauweiß und unregelmäßig mit grauen und braunen Längsstreifen durchsetzt. Die Augen sind lebhaft gelb.
Vorkommen und Lebensweise: Der S. liebt das offene Gelände mit lichten Baumbeständen. Bevorzugt hält er sich deshalb in Parkanlagen, in großen Obstgärten, in Feldgehölzen und auf Friedhöfen auf. Seinen Unterschlupf findet er in Scheunen, Türmen, Steinbrüchen, Felsschluchten, Dachböden und alten Gemäuern. Außer in den skandinavischen Ländern ist er in ganz Europa anzutreffen, in den südlichen Ländern jedoch häufiger als in den nördlichen. Im Ggs. zu den anderen E. ist er auch oft während des Tages munter und sitzt dabei gerne auf Masten, Zäunen und Dächern. Seine Eigenart, sich bei Unsicherheit oder Erregung zu ducken, um dann wieder hoch aufzufahren, sowie seine tiefen Verbeugungen lassen ihn äußerst possierlich erscheinen.
Stimme: Sie ist ein weiches, aber klagendes »Kuuk, kuuk« oder »Kuwitt, kuwitt«, aus dem abergläubische Menschen die Aufforderung »Komm mit« – nämlich ins Jenseits – heraushörten; der S. galt daher als Todesvorbote.
Fortpflanzung: Die Brutzeit ist Mitte März/Ende April. Die Eier werden in Baumhöhlen, Mauer- und Felslöchern und in Nistkästen abgelegt. Das Gelege enthält drei bis fünf, seltener sechs reinweiße Eier. Größe: 33 x 28 mm, Gewicht: ca. 15 g. Die Brutdauer beträgt 28 Tage, die Nestlingszeit 28 bis 30 Tage. Eine Jahresbrut.
Nahrung: Sie besteht aus Kleinnagern aller Art, aus Insekten, Eidechsen, Würmern, Fröschen und seltener auch aus kleinen Vögeln. Häufig legt er in Baumhöhlen Vorräte an.

9. Sperlingskauz, der (*Glaucidium passerinum*, L.): Auch Zwergkauz, Sperlingseule, kleiner Waldkauz, Tannenkauz, Tagkauz, akadische Eule. Die kleinste, nur starengroße Eule. Länge: 15 bis 17 cm, Flügelspannweite: ca. 27 bis 31 cm. Bei uns Standvogel.
Aussehen: Der allein schon durch seine Größe bemerkenswerte S. hat einen undeutlichen Gesichtsschleier, der nur am Außenrand des Auges vorhanden ist. Der S. ist auf der ganzen Oberseite braun mit weißen Punkten und Flecken, auf der Unterseite grauweiß mit dunkelbraunen Längsflecken. Der Stoß ist kurz und hat fünf bis sechs schmale, weiße Querbänder. Der Kopf ist verhältnismäßig klein und schmal, die Augen hellgelb, der Schnabel rotgelb.
Vorkommen und Lebensweise: Der nur noch vereinzelt anzutreffende S. bewohnt die Nadelwälder der Gebirge und nur selten ist er auch in großen und ruhigen Wäldern der Ebene anzutreffen. Er ist sehr lebhaft und keck und stellt seiner Beute auch bei Tage nach. Charakteristisch ist sein häufiges Wippen mit dem Stoß. Im Sonnenlicht wie in der Dämmerung fliegt er schnell und gewandt und schlägt kleine Vögel im Flug.
Stimme: Sie ist ein pfeifendes »Kiu« oder »Kitschik« und in der Balzzeit ein dompfaffähnliches »Djüb, djüb«.
Fortpflanzung: Die Eier werden in natürlichen Baumhöhlen oder in Spechthöhlen (Buntspecht) abgelegt. Das Gelege enthält vier bis sechs weiße, runde und schwach glänzende Eier, die 29 x 23 mm groß und etwa 8 g schwer sind. Die Jahresbrut erfolgt im April/Mai. Die Brutdauer beträgt 28 Tage, die Nestlingszeit 30 bis 32 Tage.
Nahrung: Kleinnager aller Art, Insekten und Fledermäuse.

II. *Schleiereulen*, die (*Tytonidae*):

10. Schleiereule, die (*Tyto alba*, Scop.): Auch Aule, Schleierkauz, Perleule, Perückeneule, Goldeule, Feuereule, Herzeule, Flammeneule, Turmeule, Kircheneule, Klageeule und Ranz-

Schleiereule im geräuschlosen Anflug

Der Steinkauz liebt offenes Gelände.

eule, fliegende Katze, Kauzeule, Toteneule, Schläfereule, Schnarchkauz. Länge: ca. 35 cm, Gewicht: um 340 g, Flügelspannweite: 92 bis 96 cm. ▸ Kulturfolger und Standvogel.
Aussehen: Der stark entwickelte Gesichtsschleier ist herzförmig und gelblich weiß. Die Oberseite der S. ist goldgelb, mit schwarzen und weißen Tropfenflecken und Strichen durchsetzt. Die Unterseite wechselt zwischen zarter rostgelber und seidenartiger weißer Färbung. Die Ständer sind auffallend hoch, dünn, X-beinig und nach den Zehen hin nur spärlich befiedert. Die Augen sind schwarz, der stark hängende Schnabel hornbraun.
Vorkommen und Lebensweise: Sie haust vorwiegend in Scheunen, in Dachkammern, in alten Kirchtürmen und in Ruinen. Ihr Flug ist schwankend und leise. Als ausgesprochene Nachteule sieht sie am Tage äußerst schlecht, ist aber zur Dämmerung und v.a. nachts sehr rege. Strenge Winter mit hoher Schneelage dezimieren die bereits selten gewordene S. stark. Auch fehlende Nistgelegenheiten schränken ihren Lebensraum ein.
Stimme: Das eigentümliche »Ckriiüü, ckriiiiiüü« erinnert an einen schnarchenden Menschen.
Fortpflanzung: Wie fast alle E. baut die S. keinen Horst, sondern legt ihre vier bis sieben reinweißen und ovalen Eier auf den Boden ihrer Behausung ab. Die Eier sind ca. 39 x 31 mm groß und 21 g schwer. Der Brutbeginn ist von der Mäusepopulation abhängig (April bis August). In mäusereichen Jahren ist eine zweite Brut möglich. Die Brutdauer beträgt durchschnittlich 32 Tage, die Jungen sind etwa 60 Tage lang Platzhocker.
Nahrung: Sie schlägt Mäuse in unglaublichen Mengen und hat für das von ihr bewohnte Gehöft sicherlich einen höheren Stellenwert als die Hauskatze. In mäusearmen Jahren zählen Kleinvögel, Fledermäuse und Frösche zu den Beutetieren.

Eulenkopf, der: **1**) Bez. für größere Exemplare der Waldschnepfen mit dickerem Kopf, im Ggs. zu Dornschnepfen oder Blaufüßen (▸ Schnepfenvögel). **2**) Der ▸ Triel.

Euroducks: Im April 1987 wurde E. International als Dachorganisation für allmählich entstehende nationale Sektionen gegründet. Die Organisation bemüht sich um den Schutz und die Erhaltung der Wasservögel und ihrer Lebensräume, was großräumige Planung ungeachtet politischer Grenzen erforderlich macht. Büro: Brüssel (Belgien).

EURONATUR: ▸ Stiftung Europäisches Naturerbe.

Europäische Lärche, die: ▸ Lärchen 1.

Europäischer Feuerwaffenpass: Der E. F. wurde durch die EG-Waffenrichtlinie vom 18.6.1991 eingeführt und durch die bundesdeutsche Verordnung vom 20.10.1994 (BGBl. I. S. 3073) in nationales Recht umgesetzt. Die Mitnahme von erlaubnispflichtigen Schusswaffen und der dafür bestimmten Munition in einen anderen Mitgliedsstaat der EU bei Besuchen ist danach zulässig, wenn der Betreffende im Besitz eines E. F. ist und diese dort eingetragen sind. Der E. F. wird von der Unteren Waffenbehörde erteilt, sofern der Antragsteller eine waffenrechtliche Erlaubnis, z.B. einen ▸ Jagdschein, besitzt. Dies gilt sinngemäß auch für Personen, die ihren Wohnsitz in einem anderen Mitgliedsstaat haben, für Besuche in Deutschland. Wer Jäger ist, benötigt außerdem für bis zu drei Langwaffen zum Zwecke der Jagd nicht die sonst allg. über den ausländischen F. hinaus notwendige Erlaubnis der deutschen Waffenbehörden; ▸ Jagen im Ausland.

Europäischer Nerz, der: ▸ Nerz.

Europäisches Naturerbe: ▸ Stiftung Europäisches Naturerbe.

Europäische Schweinepest (ESP), die: ▸ Schweinepest.

Europäisches Ren, das: ▸ Rentier.

europäische Stockhaube, die: ▸ Falkenhaube.

European Brown Hare Syndrome (EBHS), das: Beim Feldhasen eine durch Viren hervorgerufene Erkrankung, die durch eine schwere Leberentzündung und -degeneration gekennzeichnet ist. Die Leber wird dabei fahlbraunorange und sehr brüchig. Da die Krankheit sehr rasch verläuft, sind die Feldhasen zumeist noch in einem guten Ernährungs- und Konditionszustand. Viele Hasen überleben diese Viruserkrankung, die auf Mensch und Hund nicht übertragbar ist.

European Wildlife Research Institute (EWI), das: Das Europäische Wildforschungsinstitut der Universität des Saarlandes mit den Arbeitsstellen in Bonndorf-Glashütte und Saarbrücken umfasst u.a. folgende Arbeitsgebiete: Entwicklung von Umweltbeobachtungssystemen und Ökokatastern unter besonderer Berücksichtigung der europäischen Wildtiere und ihrer Lebensräume; Analysen und Bewertung von Umweltchemikalien und Radionukliden in Nah-

Albrecht Dürer (1471–1528): »Eustachius« (um 1500/1503), Kupferstich. Besonders interessant ist die Darstellung des Pferdes und der Hunde (Windhunde).

rungsketten und Wildtieren; Erarbeitung von Grundlagen für eine ökosystem- und tierschutzgerechte Bejagung von Wildtieren durch Verbesserung von Verbissbewertungen und Jagdmethoden, Bearbeitung und der Darstellung der Zusammenhänge zum Schutz und Nutzung von Wildtierpopulationen, der Räuber-Beute-Beziehungen i. Allg. und des jagdlichen Eingriffs im Besonderen. Daneben obliegen dem EWI die wissenschaftliche Lehrtätigkeit und die Mitarbeit in internationalen Organisationen wie ▸ CIC, ▸FACE und ▸ Euroducks etc.; ▸ Forschungsstelle für Jagdkultur der Uni Bamberg.

Eustachius, St.: ▸ Schutzpatrone.

Eutrophierung, die: ▸ Überdüngung.

EU-Vogelschutzrichtlinie, die: ▸ EG-Vogelschutzrichtlinie

Evolution, die: Auch Phylogenese. Die allgemeine Entwicklung. In der ▸ Biologie ist die E. die stammesgeschichtliche Entwicklung der Lebewesen von niederen Lebensformen zu hoch entwickelten Formen. Die E.-Theorie besagt, dass die heute existierenden Lebewesen einer E. unterworfen waren bzw. sich aus sich selbst heraus entwickelt haben. Die Grundprobleme der E.-Forschung bestehen darin, die Entstehung der Mannigfaltigkeit der Lebewesen und der Höherentwicklung zu erklären. Dies wird durch Untersuchungen an lebenden bzw. an ausgestorbenen Populationen und Arten ermöglicht.

ewiger Achter, der: ▸ Achterreihe.

Expansionskugel, die (Minié-Geschoss): ▸ Kugel 2).

Express-Patronen: Zylindrische Jagdpatronen mit großem Pulverraum und relativ großem Kaliber.

Exterieur, das: Bez. für die äußere Erscheinung des Hundes.

Extremitäten, die: Frühere Bez. für die gelbbraune Zeichnung, die sich an schwarzen Leit-, Jagd- und Dachshunden findet.

F

FACE: Abk. für (franz.) Fédération des Associations de Chasseurs de l'UE = Zusammenschluss der ▸ Jagdschutz-Verbände in der Europäischen Union; Änderung des Namens im September 2000 in: »Zusammenschluss der Verbände für Jagd und Wildtiererhaltung in der Europäischen Union« unter Beibehaltung der Abk. FACE. Die Organisation wurde 1977 in Brüssel von mehreren nationalen Verbänden gegründet, um die europäische Integration auf jagdlichem Gebiet zu fördern. Sie nimmt als Dachverband die jagdlichen Interessen der in der EU und im Europarat zusammengeschlossenen Länder mit rd. 7 Mio. Jägern wahr. Aufgrund einer Statutenänderung können auch die nationalen Jagdverbände aus den Mitgliedsländern des Europarates bei der F. einen Antrag als Vollmitglied stellen. Seither weitere Mitglieder: Bosnien-Herzegowina, Bulgarien, Estland, Kroatien, Lettland, Malta, Norwegen, Polen, Rumänien, Schweiz, Serbien-Montenegro, Slowakei, Slowenien, Tschechien, Ungarn und Zypern. (Stand 2003: 31 Länder: 15 der EU sowie 16 weitere Länder des Europarates.) Sitz der F., die mit dem IUCN (▸ Naturschutzverbände) zusammenarbeitet, ist Brüssel.

Fächer, der: In Österreich auch Großer ▸ Stoß. Der Stoß des Auerhahnes. Er fächert, wenn er seinen Stoß ausbreitet; ▸ Raufußhühner 1.

fächern: Das Ausbreiten des Stoßes bei allen Vögeln, insbesondere beim Auerhahn; ▸ Fächer.

Fachmessen: ▸ Jagdausstellungen.

Fachwertziffern, die: ▸ Hundeprüfungen.

Fackeljagd, die (Fackeltreiben): Eine heute nicht mehr übliche Hasenjagd. Hierbei wurden in Herbst- und Winternächten in busenreich (▸ Busen 1)) gestellte Hasengarne die Hasen von den mit Fackeln versehenen Treibern eingetrieben. F. nannte man aber auch ein Nachtreiben, bei dem Wild in einen bestimmten Waldteil gedrückt wurde, in dem anderntags gejagt werden sollte; ▸ Garne 8.

Fackeltreiben, das: ▸ Fackeljagd.

FACTI: Abk. für (ital.) Federazione cantonale delle associazione cacciatori ticinesi; eine 1910 gegründete freiwillige Vereinigung (Jagdverband) schweizerischer, italienischsprechender Jäger mit derzeit rd. 3000 Mitgliedern. Sitz in Lugaggia.

Fädchen, das (Faden, Fädlein): ▸ Hirschgerechte Zeichen.

Fähe, die (veraltet: Fäh, Fähin, Fehe, Fohe, Föhe, Fee, Feh): Das Weibchen aller Marderarten (▸ Marder) und beim Fuchs (auch Bätze), beim Dachs jedoch »Dächsin«, beim Fischotter »Otterin« üblich.

Fähin, die: ▸ Fähe.

Fahlgeier, der: ▸ Geier 1.

Fahlwild, das: ▸ Steinwild.

Fahne: **1**) Die Haare an der Rute der langhaarigen Hunde; seltener für die an der Lunte des Fuchses. **2**) Teil der ▸ Vogelfeder. **3**) Der Schwanz des Eichhörnchens.

Fähnlein, das: **1**) Die ▸ Fahne des Hundes. **2**) Bez. für ein kleines, an einer Stange befestigtes Netz, das früher zum Lerchenfang verwendet wurde. **3**) Lokale Bez. für ▸ Blume 1).

Fährde, die: Alte Schreibweise für ▸ Fährte.

fahren: **1**) Beim Hasen: aus dem ▸ Lager aufspringen. **2**) Beim Fuchs: aus dem Bau und in den Bau kriechen. **3**) Bei Otter und Biber: ins Wasser fallen; ▸ steigen, ▸ fallen 6).

Fahrt, die: Mundartliche Bez. für ▸ Fährte.

Fährte, die: Mehrere Abdrücke der Schalen des Schalenwildes, der ▸ Branken vom Bären, der Ballen von Wolf und Luchs sowie der Füße des Auerhahns, des Truthahns und des Trappen. Wenn sie neu ist, spricht man von frischer oder warmer F. Krankes oder angeschossenes Wild hinterlässt eine Wund- oder Schweiß-F., gesundes Wild eine gesunde F. Eine gut sichtbare F. ist eine gerechte F. Bei der ▸ Brackenjagd Bez. für die Abdrücke der Füße von Fuchs und Hase. Der Brackenjäger spricht von der Fuchsfährte oder der Hasenfährte und von der fährtensicheren und fährtenlauten ▸ Bracke. Veraltete Schreibweisen und Ausdrücke sind: Gefährd, Farth, Fort, Fahrt, Fährde, Ferte, Färte, Föhrde, Föhrte. Mehrere F. sind ein Gefährte; ▸ Luftfährte, ▸ Spur, ▸ Geläuf 1).

Fährte legen: ▸ Schweißfährte 2).

fährten: **1**) Das Absuchen eines Revieres nach Fährten (▸ abfährten) sowie das Verfolgen einer Fährte. **2**) Wild fährtet sich oder zieht seine ▸ Fährte.

Fährtenarbeit, die: Die Arbeit des Jagdhundes und des Hundeführers auf der ▸ Fährte.

Fährtenbahn, die: ▸ Spürbahn.

Fährtenbruch, der: ▸ Bruchzeichen.

fährtenfreudig: Ein Hund, der eine ▸ Fährte freudig anfällt und sie hält.

Fährten geben: Beim Schalenwild: seltener Ausdruck anstelle von ▸ schweißen.

Kleiner Münsterländer Vorstehhund mit ausgeprägter Fahne an der Rute

Wanderfalke (adulter Terzel)

fährtengerecht (fährtenkundig): Der Jäger, der eine ▸ Fährte richtig ansprechen kann, ist f.; ▸ forstgerecht, ▸ hirschgerecht, ▸ hundegerecht, ▸ holzgerechte Jäger.

Fährtenkreuz, das (Fährtenrad): Früher verwendetes Hilfsmittel (Kreuz, Rad), in das abgetrennte Schalen von Rot-, Reh-, Schwarzwild u.a. eingeklemmt wurden. Damit wurden für die Einarbeitung des Schweißhundes möglichst naturgetreue Wundfährten gelegt; ▸ Fährtenschuh.

Fährtenkunde, die: Die Lehre von den ▸ Fährten und ▸ Spuren aller Wildarten.

fährtenkundig: ▸ fährtengerecht.

fährtenlaut: Ein Hund, der auf der ▸ Fährte oder der ▸ Spur laut wird, ist f. Der Hund jagt geschnallt auf der warmen Fährte; er arbeitet eine Fährte laut aus, ohne des Stückes ansichtig zu sein; ▸ Laut 1), ▸ spurlaut.

Fährtenmarkierung, die: Form der Einstands- bzw. Reviermarkierung mittels der ▸ Duftdrüsen, z.B. der ▸ Laufbürsten bei Reh und Rotwild, der ▸ Zwischenklauensäckchen beim Reh-, Gams- und Muffelwild.

Fährtenrad, das: ▸ Fährtenkreuz.

fährtenrein: Ein Hund, welcher der ▸ Fährte, an die er gelegt wurde, sicher folgt, ohne sich von anderen Fährten – auch frischeren – irreführen zu lassen, ist f. oder fährtentreu.

Fährtenschuh, der: Auch Schweißfährtenschuh, Schweißschuh. Holzschuh, an dessen Unterseite abgetrennte Schalen von Rot-, Dam-, Reh-, Schwarzwild u.a. befestigt werden. Mit dem F. wird eine künstliche Fährte getreten und daneben sparsam mit dem Schweiß der gleichen Wildart eine künstliche Schweißfährte (▸ Schweißfährte 2)) getropft oder getupft. Hunde, die am F. ausgebildet wurden, zeigen später ausgezeichnete Leistungen auf der Schweißfährte und führen, sogar über lange Strecken und bei wenig Schweiß, den Hundeführer sicher zum Wild.

Fährtenwille, der: ▸ Spurwille.

Fährtenzeichen, die: Diejenigen Merkmale einer ▸ Fährte, die dem kundigen Jäger Aufschluss über Art und Stärke des Wildes geben. Die F. des Rothirsches sind ▸ Hirschgerechte Zeichen.

Faisch, der (Fasch, Feisch, Farbe): ▸ Schweiß.

Faischhund, der: ▸ Schweißhund.

Faischschnur, die: ▸ Schweißschnur.

faisten: ▸ schweißen.

Falat, Julian (30.7.1853 Tuliglowy/Galizien, jetzt Lviv/Ukraine bis 9.7.1929 Habelschwerdt/Schlesien, jetzt Bystrzyca Klodzka/Polen): polnischer Maler, schuf hervorragende Jagdbilder, insbesondere Szenen aus dem Jägerleben, auch Winterlandschaften und Aquarelle. F. arbeitete als Zeichner u.a. für den Archäologen Stanislaw Krzyzanowski (1841 bis 1881) und dem Architekten Feliks Gsiorowski und studierte anschließend in Zürich und München Architektur. In München setzte er in den Jahren 1877 bis 1880 seine Studien unter Alexander Strähuber (1814 bis 1882) und Georg Raab (1821 bis 1885) fort. Von 1900 bis 1910 war er Direktor der Kunstakademie in Krakau.

Falbwild, das: Seltene Bez. für ▸ Steinwild.

Falch, der (Falck, Falk): Der ▸ Falke.

Falke, der: Allgemeine Bez. in der Falknersprache für den weiblichen Wanderfalken, der als ▸ Beizvogel geflogen wird. Die Bez. schwerer F. oder leichter F. hat mit dem Körpergewicht nichts zu tun. Sie bringt vielmehr zum Ausdruck, dass ein leichter F. zum ▸ Anwarten geeignet ist, ein schwerer F. hingegen nicht.

Falke, blauer, der ▸ Weihen 2.

Falken, die (*Falconidae*): Familie aus der Ordnung der ▸ Greifvögel (*Falconiformes*). Sie sind ganzjährig geschont und wurden auch aufgrund der Bundesartenschutzverordnung in den besonderen Artenschutz einbezogen, unterliegen aber dem Jagdrecht.

<u>Kennzeichen</u>: Stark gewölbter Kopf mit großen, nussbraunen Augen und nacktem Augenkreis. Nasenlöcher kreisrund. Oberschnabel mit seitlich stark hervortretendem scharfem Zahn (F.-Zahn), der sich in eine entsprechende Einkerbung im Unterschnabel einfügt. Bisstöter, der seiner Beute das Genick durchbeißt. Schwarzer Backenstreif (Zügel, der bei mehreren kleineren Arten nur angedeutet ist). Schwingen lang und spitz, zweite Schwungfeder stets am längsten. Stoß mittellang und keilförmig zusammengezogen; beim Turmfalken jedoch gleich breit. Die F. bauen mit Ausnahme des Rötelfalken keine eigenen Horste, sondern benützen verlassene Kolkraben-, Krähen- und Elsternnester (z.B. Rotfußfalk, Baumfalk, Turmfalk) oder legen die Eier (meist drei bis fünf) in Fels- und Mauernischen ab (z.B. Rötelfalk, Eleonorenfalk). Beide Geschlechter brüten, überwiegend jedoch die Weibchen, und füttern abwechselnd. Während der Fortpflanzungszeit bleiben sie aufgrund einer schnell verlaufenden Mauser voll flugfähig. Unter den Greifvögeln sind sie die schnellsten und wendigsten Flieger, wobei hier wiederum der Wanderfalke die übrigen F.-Arten überbietet. Die Edelfalken (Wanderfalk, Baumfalk, Gerfalk, Saker, Lanner, Merlin, Eleonorenfalk) schlagen ihre Beute fast ausschließlich im Fluge, während die unedlen oder Rüttelfalken (Rötelfalk, Rotfußfalk, Turmfalk) ihre Beutetiere vorwiegend am Boden erjagen. Alle F. lassen die Schultergürtel der erbeuteten Vögel mit den noch fest am Handskelett sitzenden Handschwingen als Beuterest zurück. Das ▸ Geschmeiß wird im Ggs. zu Habicht und Sperber nicht weit weggeworfen, sondern unmittelbar an der ▸ Rupfung als runder Schmelzfleck abgesetzt. Waidmännische Ausdrücke: ▸ Greifvögel.

<u>Mythologie</u>: Der Falke erscheint in der Mythologie gewöhnlich als göttlich, allem Diabolischen feindlich. Indra (altindischer Kriegs- und Gewittergott) erscheint oft in Gestalt eines F., er tötet die feindlichen Dämonen und bringt den Menschen die Götterspeise. Der Falke ist meist eine glänzende Gestalt und tritt oft in Ggs. zum düsteren Adler (Krimhildens Traum). Nach Homer war der Falke der schnelle Bote Apollons. Nach dem Tode hat er die Fähigkeit, zu prophezeien; er wehklagt über einen Leichnam, scharrt Unbegrabene ein, lebt 700 Jahre und besitzt sehr viele Heilkräfte. In Ägypten war er ein heiliger Vogel. Auf ägyptischen Reliefs und Gemmen findet sich Horus mit einem Falkenkopf. Auch im slawischen Altertum wurde der Falke verehrt und in den Götterhainen gehegt. Im Mittelalter galt er als eines der unterscheidenden Zeichen des Ritters (daher auf Grabmälern). Nach einem Gesetz aus dem Jahre 818 sollten Schwert und Falke im Besitz des Besiegten bleiben. Der Falke war auch das Feldzeichen Attilas.

<u>Beschreibung der Arten</u>: Die F. sind mit mehr als 60 Arten weltweit verbreitet. Die F.-Arten, die bei uns streng geschützt sind, können i. Allg. für die ▸ Beizjagd nur noch aus Zuchten oder aus solchen Ländern bezogen werden, in denen sie noch zahlreich vorkommen und keinen Schutz genießen. Außer den nachstehend näher beschriebenen zehn Arten sind noch zwei sehr nahe Verwandte des Wanderfalken zu erwähnen: Die besonders langflügeligen und sehr schnellen Wüstenfalken (*Falco pelegrinoides*), und zwar der Berberfalk (*Falco p. pelegrinoides*, Temminck) aus Nordafrika und der Rotnackenschahin (*Falco p. babylonicus*, Sclater) aus Persien und Afghanistan. Ein guter ▸ Faustfalke und Anwarter (▸ Anwarten) ist auch der in Indien lebende Lugger (*Falco jugger*, Gray), der im Vergleich zum Saker beträchtlich kleiner und schlanker und auch dunkler in der Färbung ist. Verhältnismäßig viel eingeführt wird auch der aus den Prärien im Südwesten der USA und aus Mexiko stammende Präriefalk (*Falco mexicanus*, Schlegel), der als Faustfalke auf Krähen und als Anwarter eingesetzt wird.

1. Wanderfalke, der (*Falco peregrinus*, Tunst.): Auch Edelfalke, Taubenfalke, Taubenstößer, Fremdling, Bergfalke, Blaufalke, Steinfalke, Tannenfalke, Waldfalke und Pilgrimsfalke,

Schwarzbacken, Blaufuß, gefleckter Falke, gefleckter Habicht, Schlechtfalke, Beizfalke. Länge: ca. 38 bis 50 cm (krähengroß), Gewicht: Terzel 550 bis 700 g, Weibchen 900 bis 1100 g, ▸ Flügelspannweite: ca. 90 bis 115 cm. ▸ Stand- und ▸ Strichvogel. Zur Blütezeit der F.-Jagd galt der W. als Idealvogel für die Beizjagd, weil er hinsichtlich Mut, Kraft und Geschicklichkeit den Anforderungen voll genügte.

Aussehen: Beide Geschlechter ähnlich gefärbt. Altvogel: Oberseits schiefergrau, Kopf etwas dunkler gefärbt, Kehle und Halsseiten (bis auf den scharf abgegrenzten schwarzen Backenstreif) weißlich; unterseits grauweiß mit dunklen Querbinden und Tropfenflecken. ▸ Wachshaut, Fänge und Augenkreis sind leuchtend orangegelb, die Augen nussbraun. Jungvogel: Oberseits dunkelbraun, unterseits rostgelblich und dunkel längsgefleckt. Wachshaut, Fänge und Augenkreis bläulich grün.

Vorkommen und Lebensweise: Er bewohnt zwar ganz Europa (mit verschiedenen Rassen fast die ganze Erde), ist aber bereits sehr selten geworden und in verschiedenen Gegenden vom ▸ Aussterben bedroht. Sein Lebensraum sind alle Landschaftsformen von der Ebene bis ins Gebirge, bevorzugt aber Gegenden mit steilen und zerklüfteten Felswänden sowie Wälder mit Lichtungen. Vereinzelt dringt er bis in die Ortschaften vor. Er gilt als der wendigste, mutigste und schnellste Greifvogel. Im Sturzflug (Winkel 45°) erreicht er eine Geschwindigkeit von über 300 km/h. Im ▸ Flugbild ähnelt er sehr dem Baumfalken und ist an den langen, schmalen und spitzen Schwingen und an dem verhältnismäßig kurzen, sich nach hinten verjüngenden Stoß zu erkennen. Er fliegt geradlinig und mit schnellen, kraftvollen Flügelschlägen, die hie und da durch ein Gleiten unterbrochen werden. Seine Beute bindet er im Fluge und schlägt sie mit pfeilschnellen Angriffen, wobei er im Sturzflug die Schwingen fast geschlossen hält (Stoßfluggreifer). Die Beute wird mit einem Biss in den Kopf getötet (Bisstöter) und am Boden gerupft und gekröpft (verzehrt). Bei Störung kehrt er nicht mehr zur ▸ Rupfung zurück. Wird ihm die Beute durch Bussarde oder Milane streitig gemacht, so überlässt er sie diesen ohne Verteidigung.

Fortpflanzung: Er ist erst im zweiten Jahr geschlechtsreif und vollführt im zeitigen Frühling seine Balzflüge. Als Horstplätze werden mit Vorliebe passende Nischen oder Höhlen in Felswänden, in Steinbrüchen oder in Kirchtürmen gewählt. Gelegentlich verwendet er auch verlassene Greifvogelhorste auf hohen Bäumen oder scharrt eine Bodenmulde. Das Gelege besteht meist aus drei bis vier gelblich weißen Eiern, die mit vielen rotbraunen Flecken dicht besetzt sind. Sie sind 53 x 42 mm groß und etwa 48 g schwer. Die Brutdauer beträgt ca. 30 Tage, die ▸ Nestlingszeit etwa 36 bis 39 Tage. Eine Jahresbrut (Ende März/Anfang April).

Nahrung: Sie besteht fast ausschließlich aus Flugwild bis zur Fasanengröße, hauptsächlich aber aus Tauben, Krähen, Drosseln und Staren. Das Jagdgebiet kann bis zu 6000 ha umfassen.

2. Turmfalke, der (*Falco tinnunculus*, L.): Auch Rüttelfalke, Mauerfalke, Mäusefalke, Kirchfalke, Rotfalke, Graukopf, Lerchensperber, Lerchenhabicht, Sperlingshabicht, roter Sperber, Rötel, Rüttelgeier, Schwimmer, Lachweih, Wiegweih, Windweih, Rötelweih, Rüttelweih, Steinschmack, Steinschmatz, Steringall, Wandweher. Der nur taubengroße T. (etwa so groß wie der Baumfalke) erreicht eine Länge von 32 bis 35 cm, Gewicht: Männchen um 190 g, Weibchen um 215 g, Flügelspannweite: 72 bis 80 cm. Stand-, Strich- und ▸ Zugvogel.

Aussehen: Terzel (adult): Kopf graublau mit ganz feiner dunkler Strichelung; oberseits rotbraun mit einigen schwarzen Flecken, unterseits rahmfarben mit dunkelbraunen Längsflecken; Stoß graublau mit schwarzer, ca. 3 cm breiter Endbinde. Weibchen (adult): Kopf rostbraun gestrichelt, oberseits und Stoß ebenfalls rostbraun mit brauner Querbänderung, unterseits rahmfarben und stärker gefiedert als das Männchen. Der Jungvogel ist überwiegend blasser gefärbt, oberseits ebenfalls rostbraun und braun quergebändert, unterseits mehr gestreift. Die Wachshaut und die Fänge sind gelb, die ▸ Waffen schwarz, die Augen nussbraun.

◂◂◂ Turmfalke (Terzel)

Vorkommen und Lebensweise: Der T. ist noch ein häufiger, überall bei uns vorkommender ▸ Brutvogel. Er bewohnt ganz Europa und ist in der Wahl seines Standortes nicht wählerisch. Überwiegend hält er sich an Waldrändern, im offenen Gelände mit Feldgehölzen, in Steinbrüchen, Felswänden und Ruinen auf, wird aber nicht selten auch in den Städten angetroffen, wo er gerne in den Nischen und Mauerlöchern der Türme (Name!) und in sonstigen hohen Gebäuden horstet. Im Flugbild ist er an dem sehr langen und schmalen Stoß und an den spitzen Flügeln zu erkennen. Er fliegt schnell und gewandt, ab und zu gleitend, und über freien Flächen ▸ rüttelt er (Rüttelfalke), d.h., er flattert auf einer Stelle und stößt dann blitzschnell mit angelegten Schwingen auf die eräugte Beute herab. Soweit er Zugvogel ist, zieht er bereits im September/Oktober in seine Winterquartiere (Mittelmeerländer, Afrika) und kehrt Anfang April wieder zurück.

Fortpflanzung: Der T. ist bereits im ersten Lebensjahr geschlechtsreif. Im Frühjahr zur Balzzeit führen die Paare anmutige Flugspiele aus und rufen zu dieser Zeit viel. Als Horst dienen außer verlassenen Greifvogelhorsten Krähen- und Elsternnester, auch Turm-, Mauer- und Felsnischen. Einen eigenen Horst baut der T. nie. Das Gelege enthält vier bis sechs, seltener sieben gelblich weiße, mit dichten, rotbraunen Flecken versehene Eier, die vom Weibchen 28 bis 30 Tage bebrütet werden. Die Eier sind 39 x 31 mm groß und ca. 21 g schwer. Der Terzel besorgt während der Aufzucht die ▸ Atzung und übergibt sie dem Weibchen in Horstnähe. Die Jungen bleiben ca. 29 Tage im Horst. Die Jahresbrut erfolgt zwischen April und Juni.

Nahrung: Als ausgesprochener Bodenjäger jagt er fast ausschließlich Mäuse, v.a. Feldmäuse, daneben gehören aber auch Eidechsen, Frösche, Käfer und Heuschrecken zu seiner Beute. Kleine Vögel hingegen, die er aus geringer Höhe am Boden stößt, werden nur ausnahmsweise erjagt.

3. Baumfalke, der (*Falco subbuteo*, L.): Auch Lerchenfalke, Steinfalke, kleiner Wanderfalke, Weißbacken, Lerchenhabicht, Stößer, Schmerl, Lerchenstößer. Er ist ungefähr so groß wie der Turmfalke (etwa haustaubengroß), ca. 30 bis 36 cm lang, Gewicht: Terzel um 210 g, Weibchen um 310 g, Flügelspannweite: 70 bis 80 cm; Zugvogel.

Aussehen: Er ist das verkleinerte Ebenbild des Wanderfalken. Der Altvogel ist oberseits blauschwarz; der schmale, schwarze Bartstreif hebt sich stark von Kehle, Kinn, Halsseiten und Oberbrust ab, die rein weiß sind. Unterseits ist der B. weiß mit dunklen Schaftstreifen (Längsstreifen); Hosen und Unterschwanzdecken sind lebhaft rostrot, bei jungen Vögeln mit einigen schwarzen Tupfen. Der Jungvogel ist oberseits dunkel-braungrau, alle Federspitzen und die Unterschwanzdecken rahmfarben; unterseits ist er rotgelblich mit fast schwarzen Schaftstreifen. Der Schnabel ist bläulich mit schwarzer Spitze, Wachshaut und Fänge sind gelbgrün. Die Schwingen des B. sind lang und sichelförmig und reichen bis an die Spitze des relativ kurzen, sich nach hinten verjüngenden Stoßes.

Baumfalke

Vorkommen und Lebensweise: Der B. kommt zwar fast in ganz Europa und Asien vor (in Island fehlt er gänzlich), doch ist er in einigen Ländern – z.B. in Deutschland – ein nur noch selten anzutreffender Brutvogel. Als Zugvogel kehrt er bereits im August/September in seine afrikanischen und indischen Winterquartiere zurück und erscheint erst wieder im April/Mai in seinen europäischen Brutgebieten. Sein Lebensraum sind die offene Landschaft und die lichten Waldungen. Er ist einer der schnellsten Flieger unter den Greifvögeln, äußerst kühn und gewandt und schlägt sogar die schnellen und wendigen Schwalben und Mauersegler im Fluge (Flugjäger). Im Fluge ähnelt er mit seinen langen, spitzen Schwingen sehr dem Turmfalken, kann aber von diesem durch den wesentlich kürzeren Stoß und auch daran, dass er nie rüttelt, gut unterschieden werden. Aufgebaumt sitzt er meist mit eingezogenem Kopf und aufgeplustertem Gefieder und ist aus der Ferne bereits an den typischen schwarzen Bartstreifen, die sich von den reinweißen Kopfseiten kräftig abheben, gut zu unterscheiden.

Rötelfalke (Terzel)

Fortpflanzung: Der B. benützt alte, verlassene Nester (Krähennester oder Bussardhorste), v.a., wenn sie am Waldrand stehen. Der Neststand ist meist sehr hoch (12 bis 20 m). Das Gelege besteht aus zwei bis vier, meist aber drei gelblich weißen Eiern, die dicht und fein rötlich braun gefleckt sind. Die Eier sind 42 x 33 mm groß und etwa 24 g schwer. Die Brutdauer beträgt 28 Tage, die Nestlingszeit 28 bis 32 Tage. Eine Jahresbrut im Juni. Die Jungen werden nach der Nestlingszeit noch etwa 15 bis 20 Tage von den Eltern versorgt. Während der Aufzucht versorgt überwiegend das Männchen die Brut mit Atzung und übergibt diese dem Weibchen in Horstnähe in der Luft.

Nahrung: Die Beute wird grundsätzlich im Fluge geschlagen. Sie besteht v.a. aus Vögeln wie Lerchen (daher auch Lerchenfalke genannt), Schwalben und Mauerseglern; daneben greift er auch Libellen und größere Flugkäfer.

4. Merlin, der (*Falco columbarius*; L.): Auch Zwerg-, Stein-, Blau-, Geierfalke, Schmerl, Schmerlein, kleiner Sperber, Mirle, Sprenzchen, kleiner Lerchenstößer genannt; der männliche M. auch Falket(t), Falkonett. Als kleinster europäischer Falke erreicht er nur eine Länge von 27 bis 33 cm. Gewicht: Terzel etwa 165 bis 180 g, Weibchen etwa 190 bis 205 g, Flügelspannweite: 61 bis 67 cm.

Aussehen: Terzel: Oberseits blaugrau, unterseits rostgelb mit schwarzbraunen Längsflecken, Stoß blaugrau mit breiter, schwarzer Endbinde. Weibchen und Jungvogel: Oberseits graubraun, unterseits weißlich mit breiten, braunen Längsstreifen, Stoß dunkel quergebändert. Die Ständer und die Fänge der Altvögel sind gelb, die Krallen schwarz.

Vorkommen und Lebensweise: Der M. ist bei uns im Frühjahr und im Herbst fast nur als ▸ Durchzügler anzutreffen, vereinzelt aber auch als Überwinterer. Überwiegend hält er sich im Winter (Zugvogel!) jedoch in den Mittelmeerländern und in Afrika auf. Als Brutvogel lebt er dagegen hauptsächlich im nördlichen Europa (Island, Britische Inseln, Skandinavien, Finnland und Rußland) und im nördlichen Asien. Sein Lebensraum sind die offenen Landschaften, v.a. die Hochmoore und Heiden der Tundra. Er streicht stets niedrig, aber reißend schnell über die Erde hin und hakt gerne auf Zäunen, Pfählen, Baumstümpfen oder Steinen auf. Seine Beute schlägt er mit größter Sicherheit, weshalb er auch als ▸ Beizvogel geschätzter war als der schneller fliegende Baumfalke.

Fortpflanzung: Die Brutzeit fällt in den Mai/Juni. Der Horst ist – sofern nicht ein altes Nest anderer Bodenbrüter verwendet wird – eine einfache, gescharrte Bodenmulde, die zwischen Grasbüscheln oder im Heidekraut angelegt wird. Nur selten werden verlassene Krähennester auf einzeln stehenden Bäumen benützt. Das Gelege besteht aus vier oder fünf, seltener aus sechs gelblich weißen, stark rotbraun gefleckten Eiern, die denen des Turmfalken sehr ähneln. Sie sind 40 x 31 mm groß und ca. 21 g schwer. Die Brutdauer beträgt 28 bis 30 Tage, die Nestlingszeit ebensolange. Während der Brutzeit wird das Weibchen vom Männchen mit Nahrung versorgt; gelegentlich brütet auch das Männchen für kurze Zeit. Eine Jahresbrut (Mai/Juni).

Nahrung: Sie besteht aus Kleinvögeln wie Lerchen, Ammern und Drosseln, seltener aus Mäusen und Insekten.

5. Rötelfalke, der (*Falco naumanni*, Fleischer): Auch italienischer Turmfalke, gelbklauiger Falke, Naumannsfalke. Länge: 30 bis 31 cm, Gewicht: um 150 g, Flügelspannweite: 70 bis 75 cm.

Aussehen: Der R. ist etwas kleiner und schlanker als der Turmfalke, sieht diesem jedoch täuschend ähnlich. Wesentlichste Unterscheidungsmerkmale sind die weißen Krallen, die beim Turmfalken schwarz sind, und die leuchtend rotbraune, aber völlig ungefleckte Oberseite des R.-Terzels. Auch Kopf und Stoß sind blauer als beim Turmfalken, und beim stehenden Vogel ist seitlich auf dem Flügel ein großer schiefergrauer Fleck zu erkennen. Weibchen und Jungvogel dagegen sind mit Ausnahme der weißen Krallen nur sehr schwer vom Turmfalkenweibchen bzw. -jungvogel zu unterscheiden.

Vorkommen und Lebensweise: Der gesellig lebende R. brütet überwiegend im Mittelmeergebiet, in Nordafrika, Südosteuropa und Asien und ist auch (noch) in Österreich (Steiermark, Kärnten) Brutvogel. Die in Österreich lebenden Brutpaare ziehen zum Überwintern in die afrikanischen Länder und kehren erst wieder im Mai zurück. In Deutschland ist der R. nur in Bayern gelegentlich als ▸ Durchzügler zu beobachten. Sein Lebensraum ist das offene Gelände, wobei er sich gerne an felsigen Hängen aufhält. Er rüttelt selten.

Fortpflanzung: Der oftmals in kleinen ▸ Kolonien brütende R. legt seine Eier ausnahmslos in Höhlungen ab (Felsen, Baumhöhlen, Mauerlöcher oder Nistkästen). Nicht selten brütet er inmitten menschlicher Siedlungen. Das Gelege ist im Mai vollständig und enthält vier oder fünf, manchmal sechs gelblich weiße, rotbraun gefleckte Eier, die ca. 35 x 29 mm groß sind. Die Brutdauer beträgt 28 Tage, die Nestlingszeit ca. 27 bis 30 Tage.

Nahrung: Sie besteht überwiegend aus großen Insekten (Heuschrecken, Käfer usw.), die im Fluge oder zu Fuß erbeutet werden. Daneben schlägt er auch kleine Reptilien und Kleinsäuger.

6. Rotfußfalke, der (*Falco vespertinus*, L.): Auch Abendfalke. Länge: ca. 30 bis 31 cm, Gewicht: um 200 g, Flügelspannweite: 72 bis 76 cm. Zugvogel.
Aussehen: Der adulte Terzel ist oberseits einschließlich Kopf und Stoß fast schwarz, unterseits schiefergrau, Hosen und Unterschwanzdecken sind lebhaft rostrot, Wachshaut, Augenkreis und Fänge leuchtend rot. Das nur geringfügig größere Weibchen ist oberseits einschließlich Stoß grau mit schwarzer Querbänderung, Kopf und Bauchseite sind braun bis rotgelb mit schwarzbraunen Schaftstrichen. Wachshaut, Augenkreis und Fänge sind gelbrot. Die Jungvögel sind oberseits braun, unterseits längsgestreift.
Vorkommen und Lebensweise: Er lebt überwiegend im osteuropäischen und im asiatischen Raum, ist aber auch in Polen und in Ungarn ein häufiger Brutvogel. Während des Frühjahrszuges ist er nicht selten im süddeutschen Raum anzutreffen, gelegentlich sogar als Brutvogel. Er lebt sehr gesellig und jagt oft zusammen mit Baum- und Rötelfalken. Sein Lebensraum ist das offene, mit alten Bäumen durchsetzte Gelände, und mit Vorliebe jagt er noch in der Abenddämmerung nach Insekten, was ihm auch den Namen Abendfalke einbrachte. Im Flugbild ist er dem Baumfalken sehr ähnlich, hat aber einen sanfteren Flügelschlag. Er rüttelt gerne.
Fortpflanzung: Der R. brütet kolonienweise und meist in Gemeinschaft mit Saatkrähenkolonien. Als Horst verwendet er alte Krähennester, in denen er im Juni drei bis sechs, meist jedoch vier gelbliche, rotbraun gefleckte Eier ablegt. Die 37 x 29 mm großen Eier werden nur 22 bis 23 Tage bebrütet; gelegentlich löst das Männchen das Weibchen beim Brüten ab. Die Nestlingszeit beträgt ca. 27 bis 29 Tage.
Nahrung: Sie besteht überwiegend aus Insekten, hauptsächlich aus Heuschrecken, Grillen und Käfern, daneben auch aus Kleinsäugern und Fröschen, in Ausnahmefällen auch aus Kleinvögeln (Jungvögeln).

7. Lanner- oder Feldeggsfalke, der (*Falco biarmicus*, Temm.): Früher auch Schwimmer genannt; ist etwa so groß wie der Wanderfalke, dem er auch im Flugbild ähnelt. Er hat jedoch eine schlankere Gestalt und einen längeren Stoß, schlägt aber im Fluge langsamer mit den Flügeln, wodurch dieser seicht und schwimmend wirkt (daher auch der Name Schwimmer). Länge: ca. 44 bis 48 cm, Gewicht: Terzel um 600 g, Weibchen um 900 g, Flügelspannweite: ca. 100 bis 110 cm.
Aussehen: Oberseite hellblaugrau, Federsäume dunkel. Scheitel und Nacken sind fuchsrot bis sandgelb, bei der europäischen Rasse (*feldeggi*) dunkel mit ockerfarbenem Hinterkopf. Im Ggs. zum Wanderfalken ist der dunkle Backenstreif sehr schmal. Die Unterseite ist hell, oft rötlich schimmernd und fein dunkel gefleckt. Der Stoß zeigt zahlreiche schmale Querbinden. Die Färbung des Jungvogels ist weniger kontrastreich. Er ist oberseits dunkelbraun, der Scheitel ist hellbraun gestreift, die Unterseite weißlich mit braunen Längsflecken. Die Augen sind dunkelbraun.

Eleonorenfalke (helle Phase)

Bei Altvögeln ist die Wachshaut gelb, bei Jungvögeln grünlich.
Vorkommen und Lebensweise: Er bewohnt in fünf verschiedenen Rassen fast ganz Afrika und ist mit seiner nördlichsten Form (*Falco biarmicus feldeggi*) auch im Süden Europas, z.B. in Mittel- und Süditalien, Südjugoslawien, Griechenland, seltener jedoch in Spanien anzutreffen. Während die Altvögel meist Standvögel sind, streichen die Jungen mehr oder weniger weit umher. Der Lebensraum sind steile Bergmassive, die an weite und offene, möglichst halbwüstenartige Landschaften anschließen.
Fortpflanzung: Der L. ist im zweiten Jahr geschlechtsreif. Als Brutplätze werden Höhlungen und Nischen in steilen Felswänden gewählt. Als Horst dient lediglich eine flach gescharrte Mulde. Nur die europäische Art horstet gelegentlich auf Bäumen und benützt hierzu alte Krähennester. Das Gelege enthält drei oder vier Eier, die ca. 50 x 40 mm groß sind und den Eiern des Wanderfalken sehr ähneln. Sie sind jedoch etwas kleiner und mehr gelblich als rötlich braun gefleckt und werden vom Weibchen ca. 30 bis 35 Tage bebrütet. Die Jungen sind ▸ Nesthocker und verlassen im Alter von 35 bis 40 Tagen das Nest. Eine Jahresbrut wird in der zweiten Februarhälfte angelegt.
Nahrung: Sie wird von beiden Partnern häufig in einer Überraschungs- und Kombinationsjagd erbeutet und besteht hauptsächlich aus Dohlen, Tauben und Lerchen. Aber auch am Boden werden Beutetiere (kleine Säuger bis zur Größe eines Kaninchens sowie Eidechsen und größere Insekten) geschlagen.

8. Eleonorenfalke, der (*Falco eleonorae*, Géné): Er liegt in der Größe etwa zwischen Baum- und Wanderfalke. Länge: ca. 36 bis 38 cm, Gewicht: Terzel um 400 g, Weibchen um 500 g, Flügelspannweite: ca. 90 bis 100 cm. Zugvogel.
Aussehen: Der E. sieht dem Baumfalken sehr ähnlich, ist aber im Fluge erheblich größer. Es gibt zwei vom Geschlecht unabhängige Farbphasen: 1. eine dunkle Phase, die oberseits überwiegend schiefergrau bis schwarz und unterseits mehr graubraun ist, 2. eine helle Phase, die dem Baumfalken sehr ähnelt. Diese Farbphasen treten auch bei den Jungvögeln auf; diese sind aber hauptsächlich durch rostgelbe Federsäume auf dem Rücken zu unterscheiden und zudem mehr bräunlich gefärbt. Die Augen sind wie bei allen F. dunkelbraun. Die dunkle Phase überwiegt und macht etwa 80% des Bestandes aus.
Vorkommen und Lebensweise: Der E. ist ein Kolonienbrüter auf den Felseninseln des Mittelmeerraumes, v. a. auf denen der Ägäis sowie auf Kreta und Zypern. Als typischer ▸ Sommervogel überwintert er an der Ostküste Afrikas, auf Madagaskar und den benachbarten Inseln.
Fortpflanzung: Er ist wahrscheinlich erst mit zwei Jahren geschlechtsreif. Die Brutzeit beginnt erst Ende Juli oder Anfang August. Die zwei oder drei Eier werden in Felsnischen und -höhlungen direkt auf den Boden gelegt. Sie sind stark gelb- bis rotbraun gefleckt, ca. 43 x 34 mm groß und werden vom Weibchen allein ca. 28 Tage bebrütet. Nur gelegentlich wird das Weibchen vom Partner abgelöst. Meist brüten mehrere Paare nebeneinander, sodass regelrechte Brutkolonien entstehen. Die Jungen bleiben ca. 35 bis 40 Tage im Horst und verlassen anschließend mit den Altvögeln das Brutgebiet. Eine Jahresbrut.
Nahrung: Sie besteht hauptsächlich aus Kleinvögeln, die sich während der Aufzuchtzeit der Jungen bereits aus nördlichen Ländern auf den Zug begeben haben und daher in Massen über dem Mittelmeer vorkommen. Weitere Beutetiere sind aber auch Käfer und Heuschrecken, die bis zum Herbstzug der Kleinvögel die Hauptnahrung ausmachen. Daneben schlagen die E. die Beute auch am Boden, z.B. Eidechsen, Kleinsäuger, Geckos usw. Die Jagd findet häufig noch bis weit in die Däm-

merung hinein statt, wobei auch Fledermäuse zur Nahrung zählen.

9. Gerfalke, (*große*), der (*Falco rusticolus*, L.): Auch Gierfalk, Gor-, Gyrfalke, Isländer (Jagdfalke). Größter europäischer Falke und der größte unter den Edelfalken. Länge: ca. 51 bis 55 cm, Gewicht: Terzel um 1000 g, Weibchen um 1500 g, Flügelspannweite: ca. 110 bis 130 cm. Bei uns gelegentlich Wintergast in den Küstengebieten. Einer der schnellsten und wendigsten Falken.

Aussehen: Er tritt in einer hellen und in einer grauen Phase auf. Die hellere Phase ist überwiegend weiß gefärbt und hat dunkle Flügelspitzen. Häufiger vertreten ist die graue Phase, die oberseits schiefergrau bis graubraun ist und helle Federsäume hat, unterseits hingegen weißlich ist und dunkle Längsflecken zeigt, wobei die Flanken grob quergefleckt sind. Der Stoß ist länger als beim Wanderfalken, hat zahlreiche dunkle Querbinden und eine breite Endbinde. Der Backenstreif ist nur schwach ausgebildet und fehlt bei der hellen Phase gänzlich. Die Jungvögel der grauen Phase sind unterseits längsgefleckt.

Vorkommen und Lebensweise: Seine Heimat sind v.a. nordische Länder wie Island, Grönland, Skandinavien und Finnland sowie das arktische Asien und Nordamerika. Er bevorzugt felsiges Gelände und die offene arktische Landschaft sowie Meeresküsten und weite Flusstäler. Die skandinavische Rasse wird als Kleiner Gerfalk (*Falco r. rusticolus*, L.), die isländische als Der Isländer (*Falco r. islandus*, Brünnich) und der schneeweiße, nur in Grönland brütende G. als Polarfalke (*Falco r. candicans*, Gmel.) bezeichnet.

Fortpflanzung: Er ist im zweiten Jahr geschlechtsreif. Die Brutpaare sind standorttreu, bleiben zusammen und beginnen in der zweiten Aprilhälfte mit dem Brutgeschäft. Die drei oder vier Eier werden in überdachten Felsnischen direkt auf den Boden abgelegt. Gelegentlich werden auch die alten Horste von Kolkrabe oder Raufußbussard besetzt. Die Eier sind auf weißlichem Grund dicht und fein lehmfarben rötlich braun gefleckt und ca. 59 x 46 mm groß. Die Brutdauer beträgt ca. 30 bis 35 Tage, es brütet überwiegend das Weibchen. Die Jungen bleiben etwa 45 Tage im Horst. Eine Jahresbrut. Bei Nahrungsmangel brüten einige Paare überhaupt nicht.

Nahrung: Die Beute wird sowohl in der Luft als auch am Boden bzw. im Wasser geschlagen. Sie besteht überwiegend aus Schneehühnern und Lemmingen, daneben aber auch aus Birk- und Auerhühnern, Sägern, Enten, Möwen, Brachvögeln, Regenpfeifern, Strandläufern, Drosseln, Schneehasen und Eichhörnchen. Die zyklischen Schwankungen seiner Hauptbeutetiere (Schneehühner und Lemminge) beeinflussen seine Fortpflanzung erheblich.

10. Sakerfalke, der (*Falco cherrug*, Gray): Auch Würgfalke, heiliger Geierfalke. Er ist wenig größer als der Wanderfalke und mit den Gerfalken und Lannern nahe verwandt. Er ist ein beliebter Beizvogel, besonders bevorzugt von asiatischen Falknern. Länge: ca. 46 bis 52 cm, Gewicht: Terzel um 800 g, Weibchen um 1300 g, Flügelspannweite: ca. 110 bis 120 cm.

Aussehen: Im Flugbild ist er vom etwas kleineren Wanderfalken an der schlankeren Körperform, am verhältnismäßig langen Stoß und am langsameren und schweren Flügelschlag gut zu unterscheiden. Bei den Altvögeln ist die Oberseite braun, Scheitel und Nacken sind braun gestreift. Der Backenstreif ist schwach ausgebildet, schmal und dunkel. Die Unterseite ist weißlich und zeigt eine dunkle Tropfenfleckung, die an den Flanken wesentlich kräftiger ist. Das ▸ Jugendkleid ähnelt dem ▸ Alterskleid, die Jungvögel sind oberseits dunkelbraun, der Scheitel ist hellbraun gestreift, die Unterseite ist weißlich mit brauner Längsfleckung. Fänge, Augenumrandungen und Wachshaut sind bläulich weiß (beim Altvogel gelb), daher die frühere Bez. ▸ Blaufuß.

Vorkommen und Lebensweise: Er kommt nur im Osten und Südosten Europas in sechs Rassen vor. In der Slowakei, in Niederösterreich, Ungarn und den Ländern des ehem. Jugoslawien noch Brutvogel, wurde er 1980 auch in Thüringen als Brutvogel beobachtet. Außerhalb Europas ist er in Zentralasien weit verbreitet, daneben in der Mandschurei, nach Süden bis Turkestan und Nordiran. Er über-

Gerfalke (graue Phase)

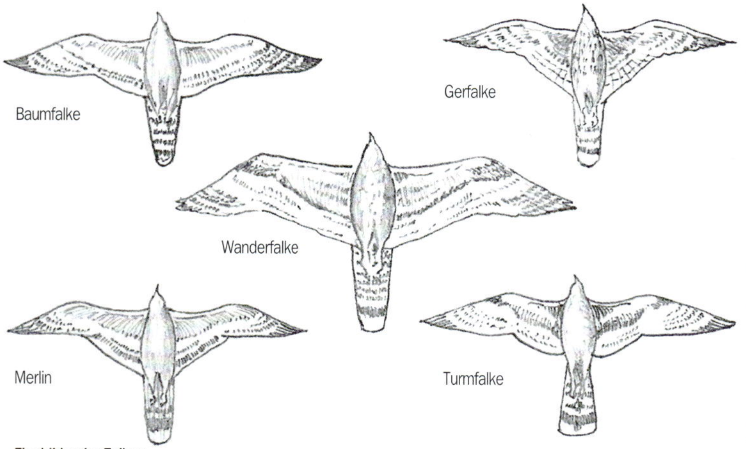

Flugbilder der Falken

Falkenkopf

wintert in Südosteuropa und in Nordostafrika, die asiatischen Vögel ziehen bis Indien. Er liebt offenes, weites und steppenartiges Gelände und braucht ein ziemlich großes Jagdrevier, kommt aber auch in Gebirgen vor, wenn sie an offenes Gelände anschließen.

Fortpflanzung: Wahrscheinlich im zweiten Lebensjahr geschlechtsreif. Er horstet überwiegend auf Bäumen und benützt dazu die Nester anderer Vogelarten, v.a. die in Graureiher- und Saatkrähenkolonien. In Felsnischen brütet er dagegen selten. Die Eiablage erfolgt in der zweiten Aprilhälfte. Das Gelege enthält drei oder vier Eier, die auf weißlichem Grund dicht und fein lehmbraun gefleckt und ca. 54 x 42 mm groß sind. Das Weibchen bebrütet die Eier allein ca. 30 Tage und wird in dieser Zeit vom Terzel mit Nahrung versorgt. Die Jungen verlassen im Alter von ca. 40 Tagen das Nest. Eine Jahresbrut.

Nahrung: Die Beute wird sowohl in der Luft als auch am Boden geschlagen.

Hauptbeutetier ist im Sommer der Ziesel (kleines Nagetier der Steppen), sonst alle Vögel bis etwa Entengröße und Kleinsäuger.

Falkenabteil, das: ▸ Falkenkammer.

Falkenbann, der: Früher das alleinige Recht, in dem gebannten Wald Falken einzufangen. Den F. verlieh bereits Kaiser Otto I. (912 bis 973) dem Bischof von Chur.

Falkenbeize, die (Falkenjagd, Falknerei): ▸ Beizjagd.

Falkenblock, der: Blockjule (Block); ▸ Jule 1.

Falkenfessel, die (Wurffessel): ▸ Geschüh.

Falkengeschuhe, das: ▸ Geschüh.

Falkenhaube, die (Falkenkappe): Eine Haube, die dem Falkenkopf übergestülpt wird, den ganzen Kopf umschließt und nur den Schnabel und die Nasenlöcher frei lässt. Da ein Falkenauge auf die Ferne eingestellt ist und der Falke dadurch auch weiter entfernt aufstehendes Wild wahrnimmt und unruhig auf der Faust wird, wird er, um ihn ruhigzustellen, verkappt getragen. Wird ihm nun bei aufstehendem Wild die F. abgenommen, nimmt sein Auge als Erstes das nahe aufstehende Wild wahr, und er stößt danach. Kaiser ▸ Friedrich II. lernte die F. im Orient kennen und führte sie in Italien ein. Nach Deutschland brachte sie der deutsche Adel von den Kreuzzügen aus dem Osten mit. Die F. wird aus sehr leichtem, aber steifem Leder über einem »Stock« gearbeitet oder wie die orientalische Haube aus einem Stück Leder geschnitten und genäht. Sie darf den Kopf und den Schnabel des Falken nicht drücken und muss über den Augen besonders weit sein. Zu unterscheiden sind:

1. Stockhaube, die: Die normale F. mit Trosch (Federbusch) zum jagdlichen Gebrauch. Die Mollenhaube, europäische oder holländische S. (über dem Stock gearbeitet) ist verhältnismäßig schwer und sitzt selten gut. Die orientalische oder indische Form (aus einem Stück Leder geschnitten und genäht) ist etwas leichter als die europäische und wird auch von den Falken lieber getragen. Eine vereinfachte Form der indischen Haube ist die kirgisische F., die besonders für Adler Verwendung findet, da sie deren anatomischer Kopfform und Augenstellung besser entspricht als andere F.-Formen.

2. Rauschhaube, die: Eine provisorische, halbe, weite Lederhaube ohne Trosch, die frisch gefangenen Falken als Erstes übergestülpt wird, um sie heimzutragen.

3. Zierhaube, die: Im Mittelalter verwendete, besonders prachtvolle Haube, die in der Praxis nicht benutzt wurde. In der europäischen Falknerei werden nur Falken und Adler verkappt, im Orient auch die Habichte. Seit einigen Jahren jedoch gewöhnen manche Falkner ihre Habichte auch an die Haube und verkappen sie während des Transportes; im Jagdgelände werden sie dann ohne Haube getragen.

Falkenhemd, das: ▸ Chemise.

Falkenhof, der: Falkenhöfe und Greifvogelwarten sind Einrichtungen von falknerischen Organisationen oder Privatpersonen, in denen ▸ Greifvögel aufgezogen, gehalten, zur Falknerei (▸ Beizjagd) abgetragen und auch trainiert werden. In der Bundesrepublik Deutschland:

- Adlerhorst-Falknerei H. Schmidt bei Bad Wörishofen
- Adler- und Wolfspark Kasselburg bei Gerolstein
- Adlerwarte Berlebeck in Detmold
- Bayerischer Jagdfalkenhof Schloss Schillingsfürst bei Rothenburg o. d. T.
- Bayerischer Jagdfalkenhof Schloss Tambach bei Coburg
- Burgfalknerei Hohenbeilstein bei Beilstein
- Deutsche Greifenwarte Burg Guttenberg bei Neckarmühlbach
- Falkenhof Schloss Augustusburg bei Chemnitz
- Falkenhof Schloss Rosenburg bei Riedenburg
- Harzfalkenhof bei Bad Sachsa
- Historischer Adler- und Falkenhof Burg Maus bei St. Goarshausen/Rhein
- Hochwild-Freigehege Gangelt bei Geilenkirchen
- Wildgehege Hellenthal bei Schleiden

Sakerfalke mit Jungvogel

- Wildpark Lüneburger Heide bei Hanstedt
- Wildpark Potzberg bei Kusel.

Falkenhund, der (Beizwind): Bez. für einen zur ▸ Beizjagd (Falkenjagd) verwendeten ▸ Windhund; ▸ Vogelhund 1).

Falkenier, der: ▸ Falkner.

Falkeniermeister, der: Der erste ▸ Falkner einer Kompanie; ▸ Beizjagd.

Falkenjäckchen, das: ▸ Chemise.

Falkenjagd, die (Falknerei, Falkenbeize): ▸ Beizjagd.

Falkenjunge, der: Bez. für einen Jungen, der einem ▸ Falkner beim ▸ Abtragen und bei der Pflege der ▸ Beizvögel behilflich ist und die Falknerei erlernt.

Falkenkaiser, der: Bez. für Kaiser ▸ Friedrich II.

Falkenkammer, die (Mauserkammer, Falkenabteil, Habichtsabteil): Ein Raum, in dem die ▸ Beizvögel untergebracht sind. Eine F. sollte mindestens folgende Maße haben: Länge: 2,5 bis 3 m, Breite: 1,5 bis 2 m, Höhe: 2 bis 2,5 m. Steht mehr Platz zur Verfügung, können die Abteile auch größer sein. Drei Wände des Abteils sind geschlossen und bestehen aus verfugten Brettern oder Backsteinen; eine

Zwei Falkenhauben (sog. Mollenhauben): Links einfache Stockhaube, rechts sog. Zierhaube. München, Deutsches Jagd- und Fischereimuseum

Seite, der Sonne zugewandt, besteht aus einem Holzgitter mit einem Gitterabstand von 3 bis 5 cm, je nach Beizvogel. Im flachen Dach bringt man ein etwa 1 bis 2 qm großes Fenster aus Drahtglas an und bespannt es auf der Innenseite so mit einem durchsichtigen Stoff, dass sich zwischen Scheibe und Stoff ein Hohlraum befindet, damit der Beizvogel sich nicht den Kopf anstößt, wenn er gegen das Licht fliegt. Den Boden der Kammer bedeckt man mit grobem Flusssand oder Kies und stellt Holzblöcke oder Feldsteine hinein. In der Mitte der Kammer wird die stets mit frischem Wasser gefüllte ▸ Badebrente aufgestellt. In einer Kammer für Falken werden an den Wänden verschiedene Aufblockmöglichkeiten angebracht, z.B. flache Bretter, eine Stange und vorne vor dem Gitter ebenfalls flache Bretter. In der Kammer für Habichte sind drei ▸ Recks unterschiedlicher Höhe und Dicke und von verschiedenen Holzarten aufzustellen und an den Wänden Stangen anzubringen. Die Recks sollten berindet sein und von unterschiedlicher Griffigkeit, damit eine Erkrankung der Fänge verhindert wird und die Klauen ihre natürliche Schärfe behalten. Die Kammern müssen peinlichst saubergehalten werden. Eine Kammer, die sich vollkommen verdunkeln lässt – für Beizvögel, die sich ruhig verhalten müssen (z.B. bei Krankheit, Abtragen) –, wird als Dunkelkammer bezeichnet; ▸ Mauserhaus.

Falkenkappe, die: ▸ Falkenhaube.

Falkenkorb, der: der Habichtskorb; ▸ Fallen 3.

Falkenlager, das: Bez. für eine früher verwendete komplizierte Fangvorrichtung zum Falkenfang. Die Anlage bestand aus Locktauben und Taubenattrappen, einem Raubwürger als Melder, einem oder mehreren Netzen, die von Hand betätigt wurden, und einer Hütte für den Falkner.

Falkenmeister, der: Ein ▸ Falkner, dem die Aufsicht über den ▸ Falkenhof obliegt.

Falkenmöwe, gefleckte große, die: ▸ Möwen 1.

Falkenorden, Deutscher (DFO): Der DFO wurde im Mai 1923 in Leipzig mit dem Ziel gegründet, die praktische Falknerei wieder zu erlernen, zu pflegen, auszuüben, bekannt zu machen und den deutschen Jägerverbänden einzugliedern. Weitere Ordensziele sind die Ausübung des praktischen Naturschutzes (besonders Greifvogelschutz) und die Pflege aller übrigen mit der Falknerei zusammenhängenden Gebiete wie Kunst, Wissenschaft, Literatur usw. Das erste Ordensmeisteramt hatte Professor Otto Fehringer inne, der es im Frühjahr 1932 an ▸ R. Waller (bis 1957) abgab. Das Gelübde des DFO lautet: »Wir jagen nicht der Beute wegen, sondern um des Schönen willen bei der Jagd.« Der DFO ist heute dem Deutschen ▸ Jagdschutz-Verband angeschlossen und richtet alle zwei Jahre eine Internationale Ordenstagung aus; ▸ Orden Deutscher Falkoniere.

Falkenpille, die: ▸ Federpille.

Falkenrecht, das: In ähnlichem Sinne wie ▸ Hunderecht. In der Falknerei ist es Brauch, den ▸ Beizvogel auf dem letzten Stück aufzuatzen, d.h. drei Stück für den Falkner, eines für den Vogel.

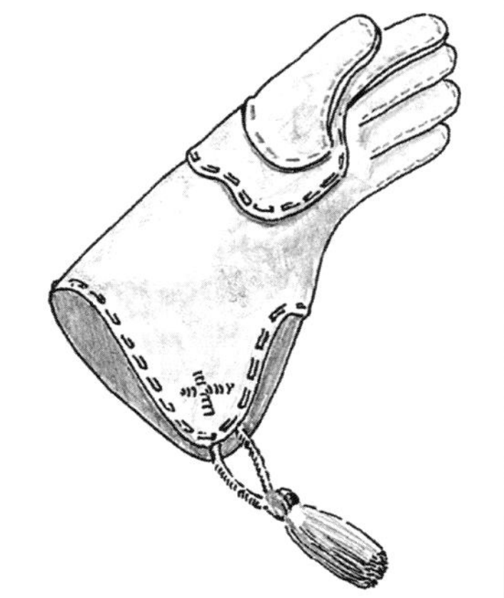

Falknerhandschuh

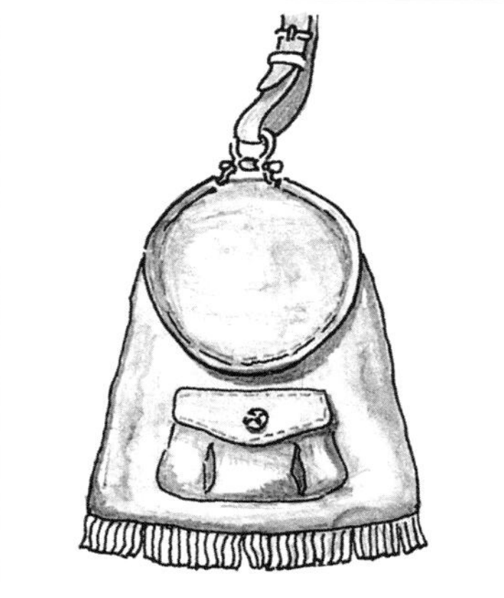

Falknertasche

Falkenrinne, die: ▸ Garne 9.

Falkenrönne, die: ▸ Garne 9.

Falkensack, der: Ein Leinensack zum Transport frisch gefangener Falken, der dem Körper des Falken angepasst ist und nur Kopf, Staart (Schwanz) und Hände frei lässt. Häufig Ersatz für das ▸ Aufbrehlen.

Falkenschlag, der: Das Herabsteigen des Falken aus der Luft.

Falkenstoß, der (Falkenstolz): die Falkenrönne; ▸ Garne 9.

Falkenterzel, der: Der männliche Falke.

Falkentrage, die (Cage, Chatsche): Ein früher verwendetes quadratisches oder auch rundes und tragbares Holzrahmengestell zum Transport mehrerer verkappter Falken ins Jagdgelände. In der Mitte der Trage ging der Falkner oder eine Hilfsperson (Cagenträger).

Falkenzahn, der: ▸ Falken.

Falket(t), der (Falkonett): Der männliche Merlin; ▸ Falken 4.

Falke, unedler, der: ▸ Passage.

Falke, weißer, der: ▸ Weihen 2.

Falkner, der (Falkenier, Falkonier): Bez. für jeden, der die ▸ Beizjagd mit Falken und anderen Beizvögeln ausübt bzw. die Falken entsprechend bereitet (▸ abtragen). F. tragen auch zum Erhalt bedrohter Greifvogel- und Falkenarten bei, indem sie nachgezogene Vögel auswildern.

Falknerei, die: ▸ Beizjagd.

Falknereigerätschaft, die: Sammelbezeichnung für alle Geräte (▸ Armatur), die der ▸ Falkner zur Ausübung der ▸ Beizjagd, einschließlich des Abtragens der Beizvögel, benötigt.

Falknerhandschuh, der: Ein Schutzhandschuh (Stulpenhandschuh) aus festem, aber weichem Leder (meist Rothirsch-, Elch- oder Rindspaltveloursleder), der die linke Hand des ▸ Falkners vor den scharfen Fängen des ▸ Beizvogels schützt. Er hat eine lange Stulpe, die das Handgelenk und den Unterarm schützt, und ist häufig verziert. Der F. für kleinere Beizvögel (Sperber, Merlin) ist ein leicht gearbeiteter Handschuh, der für größere Beizvögel (Habicht, Wanderfalke usw.) ist aus festem Leder, wobei Daumen, Zeige- und Mittelfinger mit einem Sattel verstärkt sind. Handschuhe für den Beizadler müssen fest und stabil gearbeitet sein.

Falknerjagdschein, der: ▸ Falknerprüfung.

Falknerknoten, der: Ein spezieller Knoten in der Falknerei.

Falknermesser, das: Kleines Messer, das der Falkner stets bei sich führt, um vom ▸ Beizvogel gebundenes, aber noch nicht verendetes Wild abzufangen; ▸ abfangen 2).

Falknerprüfung, die: Eine der Voraussetzungen für die Ersterteilung eines Falknerjagdscheines. Nach dem BJG §15 Abs. 7 ist die erste Erteilung eines Falknerjagdscheines davon abhängig, dass der Bewerber im Geltungsbereich des BJG zusätzlich zur ▸ Jägerprüfung eine F. bestanden hat (gemäß Beschluss des BVerfG vom 5.11.1980 – BGBl. I 1981, S. 41 – teilweise nichtig). Er muss darin ausreichende Kenntnisse des Haltens, der Pflege und des Abtragens von ▸ Beizvögeln, des Greifvogelschutzes sowie der ▸ Beizjagd nachweisen. Für Bewerber, die vor dem 1.4.1977 mindestens fünf Falknerjagdscheine besessen haben, entfällt die Jägerprüfung; gleiches gilt für Bewerber, die vor diesem Zeitpunkt mindestens fünf Jahresjagdscheine besessen und während deren Geltungsdauer die Beizjagd ausgeübt haben. Das Nähere hinsichtlich der Erteilung des Falknerjagdscheines regeln die Länder. Eine vor dem Tag des Wirksamwerdens des Beitritts in der Deutschen Demokratischen Republik abgelegte Jägerprüfung für Falkner steht der Falknerprüfung im o. g. Sinne gleich. Nach Ablegung der erforderlichen Prüfungen wird der Falknerjagdschein von der unteren Jagdbehörde auf Antrag ausgestellt. Mit dem im Jahre 1934 geschaffenen Falknerjagdschein (auf Antrag R. ▸ Wallers) wurde die Falknerei in Deutschland staatlich anerkannt. In Österreich wird die Ausübung der Beizjagd durch die Landesjagdgesetze geregelt. In einzelnen Bundesländern ist für die Ausübung der Beizjagd zusätzlich zur Jagdkarte ein entsprechender Berechtigungsvermerk bzw. Berechtigungsschein vorgeschrieben. In diesem Fall

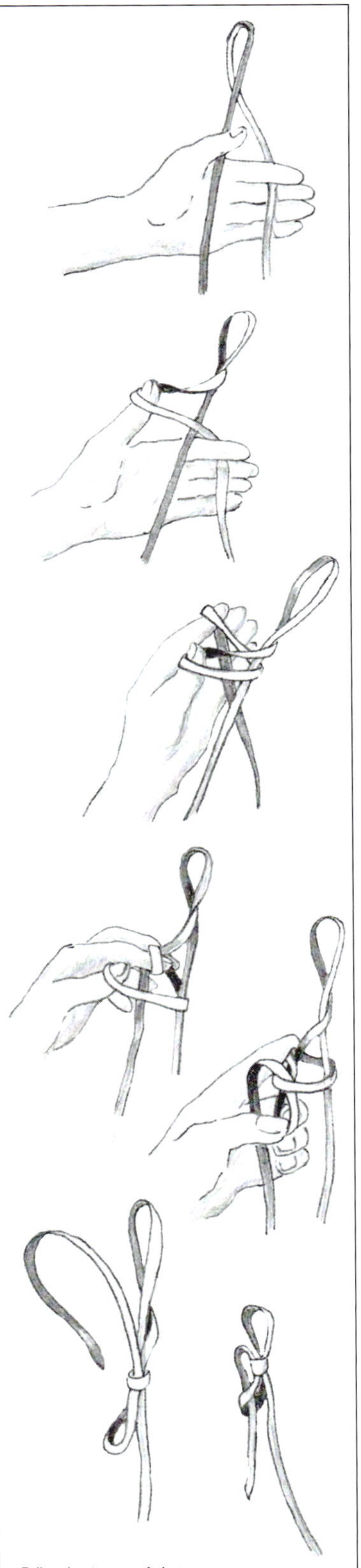

Falknerknoten zum Anlegen des Beizvogels an eine Jule

Unbekannter Künstler: »Der Falkonier nimmt den Falken wieder auf.« Für das Ölgemälde diente als Malgrund der Kupferstich von Martin Elias Ridinger (gest. 1780), den er nach Entwürfen (Serie »Jäger und Falkoniers mit ihren Verrichtungen«) seines Vaters Johann Elias Ridinger (1698–1767) herstellte. München, Deutsches Jagd- und Fischereimuseum

muss die falknerische Eignung durch eine Prüfung nachgewiesen werden.

Falknersheil: Der Gruß der Falkner untereinander. Als Wunsch für Jagderfolg beim Aufbruch zu einer Beizjagd, der mit »Falknersdank« erwidert wird. Als Glückwunsch zu einem Jagderfolg mit dem Beizvogel, der ebenfalls mit »Falknersdank« erwidert wird.

Falkner-Signal, das: Ein von R. ▸ Waller komponiertes Signal, das zu Beginn und zum Schluss von ▸ Gesellschaftsbeizen des ▸ Deutschen Falkenordens geblasen wird.

Falknersprache, die: Die alte und mannigfache Zunftsprache der ▸ Falkner. Ein Großteil der überlieferten Wörter der F. stammt aus dem berühmten Werk des Hohenstaufen-Kaisers ▸ Friedrich II. »De arte venandi cum avibus« (»Die Kunst, mit Vögeln zu jagen«, erstmals 1596 erschienen). Die F. ist ein Teil der Waidmannssprache (▸ Jägersprache). Sie sollte nicht nur aus Traditionsgründen erhalten und gesprochen werden, ihre Kenntnis ist auch unumgänglich notwendig, um die einschlägige Literatur zu verstehen. Die wichtigsten falknerischen Ausdrücke: ▸ Greifvögel.

Falknerstange, die: Eine früher gebräuchliche, ca. 2 m lange Stange mit oder ohne Eisenspitze oder mit abwärts gerichtetem Haken. Sie wird auch heute noch vom ▸ Falkner oder von dessen Begleiter zum Festnehmen des ▸ Beizvogels, entweder durch Festspießen der Beute oder durch Einhaken in die Öse des Geschühriemens, gebraucht. Dem Begleiter des Falkners leistet sie als Treiberstock gute Dienste.

Falknertasche, die: Eine vom ▸ Falkner auf der rechten Seite zu tragende Tasche, da der ▸ Beizvogel auf der linken Faust steht. Sie besteht aus Stoff, der mit Leder eingesäumt ist, und sollte so leicht wie möglich sein, damit sie beim Laufen nicht behindert. In der F. werden Teile der Falknereigerätschaft und die Beute untergebracht. In einem besonderen Fach sollte der Falkner immer eine Reservehaube, eine Langfessel, eine Drahle und ein Fläschchen Jod aufbewahren; ▸ Jagdtasche.

Falkner-Union, die: Europäische F. (Internationale Vereinigung von ▸ Falknern, die nach Kaiser ▸ Friedrich II. von Hohenstaufen praktizieren).

Falkonett, der: ▸ Falket(t).

Falkonier, der (Falkenier): ▸ Falkner.

falkonieren: Bei der Beizjagd von der rechten Seite auf ein Pferd steigen, da die rechte Hand die Zügelfaust ist. Der Falke wird auch auf dem Pferd auf der linken Faust getragen.

Fallbaum, der: **1**) Auch Antrittbaum, Hakbaum, Hakreis, Hackbaum, Hockreis, Krakel, Krakelbaum: Bei einem Vogelherd (▸ Vogelfang 7.) oder bei der Uhuhütte (Krähenhütte)

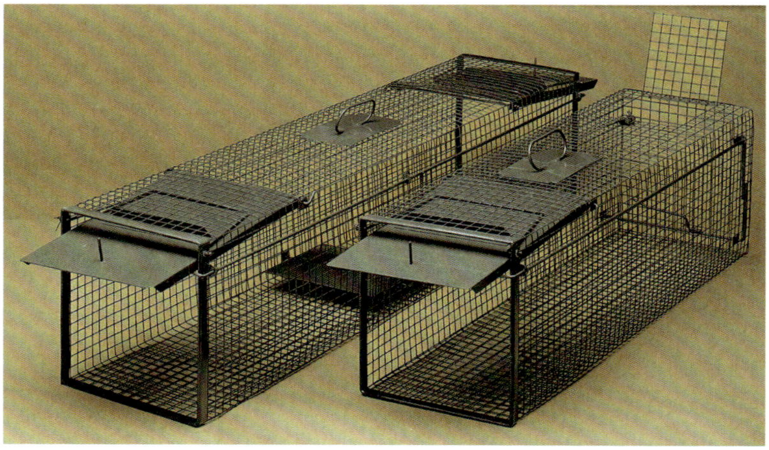

Kastenfallen aus Holz

▸▸ Beide Abb. rechts: Draht-Kastenfallen für den Lebendfang von kleinem und großem Haarraubwild und -zeug

stehender, meist kahler oder dürrer Baum zum Aufhaken der ▸ Greifvögel und der ▸ Rabenvögel. Das Wort Krakel kam im 16. Jh. auf (Schreibweise Crackel, später Krakeel) und bedeutet Lärm, Streit; ▸ Hüttenjagd. **2)** ▸ Fallprügel der Knüppelfalle; ▸ Fallen 10.

Fallblock-Verschluss, der: ▸ Schlosssystem.

Falldohne, die: ▸ Dohnen.

Fallen: Vorrichtungen aus Holz, Kunststoff, Beton, Draht oder Eisen, mit denen der Jäger versucht, insbesondere in befriedeten Bezirken regulierend in den Wildbestand einzugreifen, um die ▸ Beutegreifer (▸ Raubwild) kurzzuhalten. Hierzu bedient sich der Jäger der F., die das Wild unversehrt lebend (Lebendfang-F.) fangen oder sofort töten (Totschlag-F., Fangeisen). Die Klemm- oder Schlagkraft, die das sofortige Töten sichern soll, wird bei Schlageisen in Newton (N) angegeben; z.B. Fangeisen: Bügelweiten 37 cm = 150 N, 46 cm = 175 N, 56 bis 60 cm = 200 N. Spezielle Prüfgeräte zur Feststellung der Klemmkraft werden im Handel angeboten. Grundsätze, Umgang und Vorsichtsmaßnahmen beim Einsatz der Fallen: ▸ Fallenjagd; ▸ Fanggruben, Saufang (▸ Jagdeinrichtungen 4.) und ▸ Wolfsgrube.

I. *Lebendfangfallen*, die: Zum Fang gestellte Lebendfangfallen müssen zweimal täglich kontrolliert werden.

1. Kastenfalle, die: Die K. ist ein länglicher Kasten, dessen Schmalseiten offen und mit Falltüren versehen sind. Im Innern befindet sich ein Trittbrett mit einer Auslösevorrichtung, welche die Falltüre zufallen lässt, sobald sich das Tier in der Falle befindet. Gute Fangplätze sind trockene Gräben, Engpässe, Zwangswechsel, Straßenränder, Zaunlöcher an längeren Kulturzäunen, Bahndämme, Wegdurchlässe in der Nähe von Ortschaften, Scheunen und einzeln stehende Gebäude. Besonders auszunutzen sind schmale Übergänge über Wasserläufe. Waschbärfallen, beködert mit Ei oder Rosinen, bringen häufig in den Randbereichen von Müllkippen Erfolg, während man speziell zum Katzenfang als Köder Baldrian verwendet, dessen Duft die Katzen kaum widerstehen können. Ansonsten werden die K. nicht beködert, sie sind jedoch in jedem Falle gut zu verblenden und täglich zu kontrollieren. Gefangenes Raubwild wird in einen Fangsack geschüttelt und mit einem kräftigen Schlag auf den Boden oder mit einem Kleinkaliberschuss durch das Drahtgitter unter der Dachklappe der Falle getötet. Rinnt dabei eventuell Schweiß in die Falle, ist dies günstig für weitere Fänge. Für Wiesel, Marder, Katze, Fuchs und Waschbär gibt es auch Lebendfangfallen in Kastenform aus Stahldrahtgeflecht sowie aus verzinktem oder lackiertem Draht.

2. Wieselwippbrettfalle, die (Wipp[brett]falle): Eine ideale und einfache Falle, die in verschiedenen Varianten gebaut wird und im Fachhandel auch aus Zement oder Kunststoff erhältlich ist. Der beste Fangplatz für die W. ist die Feldflur, wobei sie dort am besten an Durchlässen, in Steinhaufen oder am Feldrain steht. Es ist darauf zu achten, dass mehrere F. aufgestellt werden (Abstand ca. 30 bis 50 m) und zu jeder Falle ein langer und glatter Einlaufwechsel führt. Die W. wird mit Erde gut verblendet, aber nicht beködert. Der Einbau muss so erfolgen, dass immer frische Luft hindurchziehen kann. Fangen sich darin Mäuse, werden sie herausgeschüttelt. Ihre Wittrung bzw. der zurückgelassene Kot wirken ausgezeichnet als Köder. Gefangene und noch lebende Wiesel (meistens verenden sie nach kurzer Zeit durch Herzschlag) werden in einen Sack geschüttelt und durch recht harten Schlag auf den Boden getötet.

3. Habichtskorb, der (Habichtsfang): Eine Fangvorrichtung (optische Lockjagd) für ▸ Greifvögel, vornehmlich für den Habicht. Er besteht aus einem aus Drahtgeflecht gefertigten Korb, in dem die Locktaube (meist eine weiße, weißgefiederte oder im Winter eine dunkle Taube) gehalten wird, die entsprechend gefüttert und mit Wasser versehen werden muss. Zweckmäßigerweise sollte aber eine künstliche Locktaube verwendet werden. Über dem Korb ist ein Schlagnetz angebracht, das eine Bügelweite von mindestens 1 m haben muss. Der H. ist als allg. Fangmethode verboten, jedoch mit Sondergenehmigung zum Lebendfang von Habichten teilweise zulässig.

◂◂ Wieselwippbrettfallen (links) und Bisamfalle

◂◂ Krähen-, Eichelhäher- und Elsternfang

4. Häher- und Elsternfang, der: Der Fangkasten sollte mindestens zweifach aufgestellt werden, weil gefangene Häher und Elstern erfahrungsgemäß ihre Artgenossen anziehen. Der sehr wirkungsvolle Fangkasten ist äußerst einfach konstruiert und besteht aus einer Sprossenkiste. Der Sprossenabstand muss so groß sein (bis 4 cm), dass gefangene Singvögel wieder entweichen können. Ideale Stellplätze für den Fangkasten sind Einzelbüsche und -bäume in der Feldflur (v.a. masttragende Bäume) sowie Bestandsränder und Teiche mit Busch- und Heckendeckung. Ab dem Sommer bis zum Winterausgang werden als Lockfutter Mais oder Maiskolben, Eicheln, Weizen und Roggen ausgelegt. In den Monaten März bis Mai empfiehlt es sich, ein Kunstnest mit Taubeneiern einzusetzen.

5. Krähenfang, der (Krähenfalle): Eine nach dem Fischreusenprinzip arbeitende Falle, die aus Norwegen stammt. Der K. ist ein mit engem Maschendraht (ca. 2 cm) umkleidetes Holzgerüst (Länge 3 m, Breite 2 m, Höhe 2 m). Die Einfluglöcher sollten keinesfalls größer als 16 x 16 cm sein. Sie ermöglichen es zwar den Krähen, nach unten in den Käfig einzudringen, lassen sie aber durch die reusenartige Konstruktion nicht mehr entweichen. Zweckmäßig ist es, die Wetterseite der Falle mit Laub- oder Nadelholzzweigen zu verblenden. Sie wird am besten in der freien Landschaft oder auf größeren Kahlschlägen im Walde aufgestellt, damit sie von möglichst vielen Rabenkrähen eräugt werden kann. Nach Möglichkeit sollen im Revier mehrere F. aufgestellt werden. Eine Falle ist etwa für 500 ha Revierfläche ausreichend. Hervorragende Fangplätze sind auch Müllkippen und Plätze in der Nähe von Schlafbäumen. Als Köder eignen sich besonders Wildgescheide (Rabenkrähen sind Aasfresser) sowie Mais und Weizenkörner. Eine Vogeltränke darf nicht fehlen. Auch zwei Lockkrähen werden in die Falle eingesetzt, die täglich – am besten am Abend – kontrolliert werden muss. Gefangene Krähen – gelegentlich fangen sich auch Greifvögel – werden mit einem Netzkescher eingefangen. Der Fang und die Erlegung bedürfen der Erlaubnis der zuständigen Behörde. Aus Gründen des Tierschutzes, aber auch aus waidmännischen Gründen sollte der K. im Winter nicht betrieben werden. In dieser Notzeit fangen sich auch am häufigsten Greifvögel. Einzelne Länder haben über die Verwendung des K. besondere Bestimmungen getroffen, die zu beachten sind.

6. Hundefalle, die: Wegen der strengen Bestimmungen über den Abschuss ▸ wildernder Hunde, v.a. aber wegen der manchmal nicht leichten Abgrenzung zwischen streunenden und wildernden Hunden sollte die Aufstellung einer H. für den Lebendfang immer das letzte Mittel sein. Als Köder eignen sich besonders Wildgescheide oder andere Abfälle von Wild, z.B. Wildläufe. Die H. wird im Revier gut verblendet aufgestellt. Mit der H. hat der Jäger die Möglichkeit, den Hundebesitzer zu überführen oder den gefangenen Hund der Ordnungsbehörde zu übergeben. Die jeweiligen Landesjagdgesetze sind zu beachten.

7. Gestängefalle, die: Eine von einem Jäger aus Thüringen konstruierte unversehrt fangende Falle, die in eine passende Röhre eingeschoben wird. Das Fallengestänge gibt es in verschiedenen Längen und für verschiedene Rohrdurchmesser, sodass es in bereits bestehende Röhren oder Durchlässe eingeschoben werden kann.

8. Zementrohrfalle, die: Eine weitgehend von der Forschungsstelle für Jagdkunde und Wildschadenverhütung des Landes Nordrhein-Westfalen entwickelte Lebendfanganlage für den Fuchs. Sie besteht aus vier je 1 m langen Betonrohrdolen (Durchmesser 30 cm), die etwa 50 cm tief eingegraben und verblendet werden. Wird das darin befindliche Luder berührt, werden die Stellstangen freigegeben. Der Schieber wird oberirdisch bedient. Der nach Hochziehen des Schiebers freigesetzte Fuchs wird mit Schrot erlegt.

II. *Totschlagfallen*, die: Zum Fang gestellte Totschlagfallen müssen einmal täglich kontrolliert werden. Hinsichtlich ihrer Verwendung sind die jeweiligen Landesjagdgesetze zu beachten.

9. Scherenfalle, die: Sie ist eine Knüppelfalle mit scherenartiger Wirkung, die leicht und billig herzustellen ist. In kleinerer Ausführung ist sie für den Fang von Marder, Iltis und Wiesel geeignet, in größerer Ausführung auch für den Fuchsfang. Aufgestellt wird sie auf Pässen oder Zwangspässen (z.B. in den Boden eingelassene Röhren oder Durchschlupfe). Wie jede Totschlagfalle muss sie (z.B. mit Steinen) genügend beschwert werden, die Fallengröße für Wiesel und Marder mit mindestens 8 kg. An Pässen oder Zwangspässen wird sie nicht beködert; steht sie jedoch an einer anderen Stelle, wird der Köder in ein spatentief ausgehobenes Loch unter der Falle gegeben und zu ihr hin eine ▸ Schleppe gelegt.

10. Knüppel- oder Prügelfalle, die: Sie zählt zu den ältesten F., die das jagdliche Handwerk kennt. Sie wurde in den verschiedensten Formen und Größen für den Fang aller Raub-

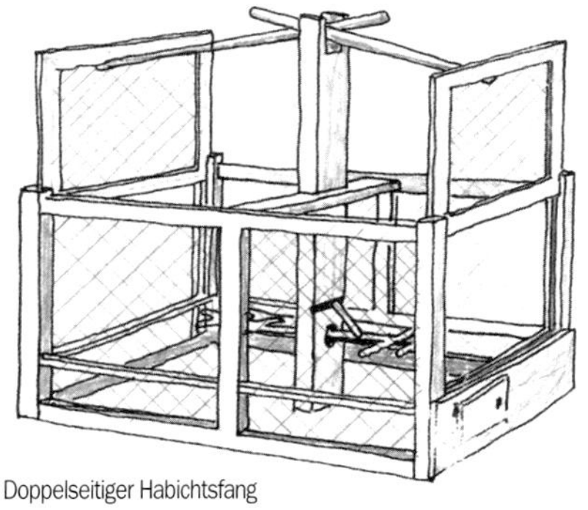

Doppelseitiger Habichtsfang

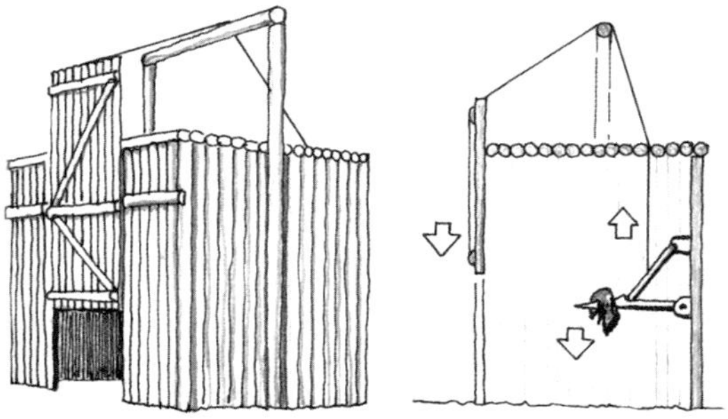

Hundefalle

Knüppel- oder Prügelfalle

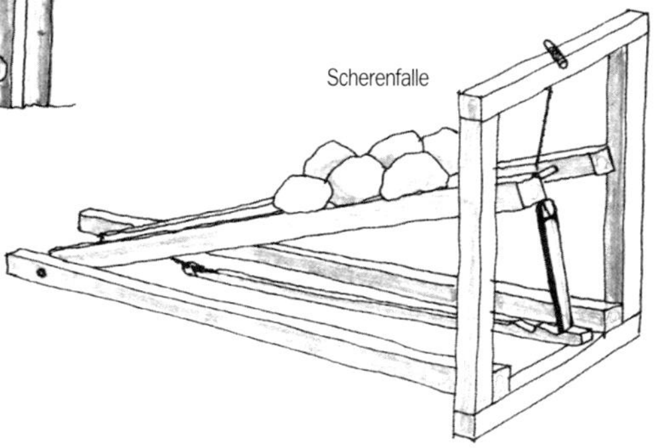

Scherenfalle

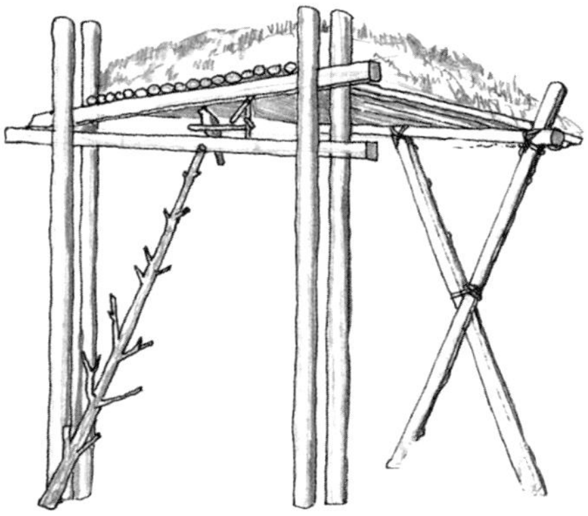

Schlagbaum

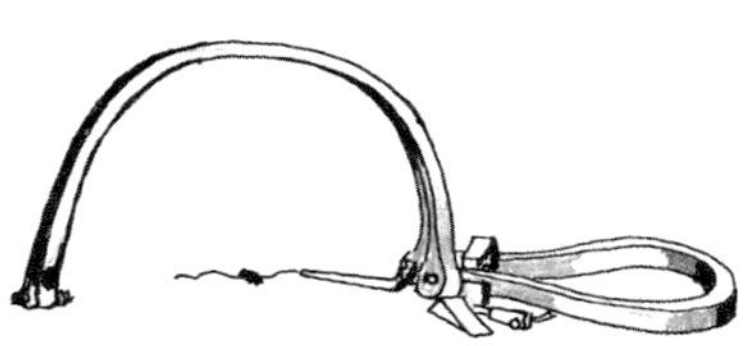

Berliner Schwanenhals

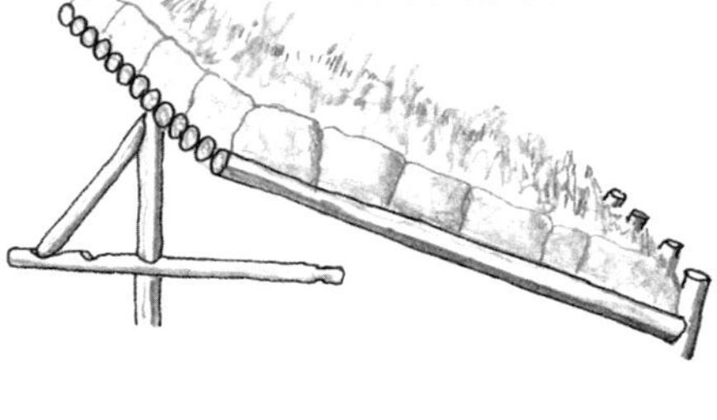

Mord- oder Rasenfalle

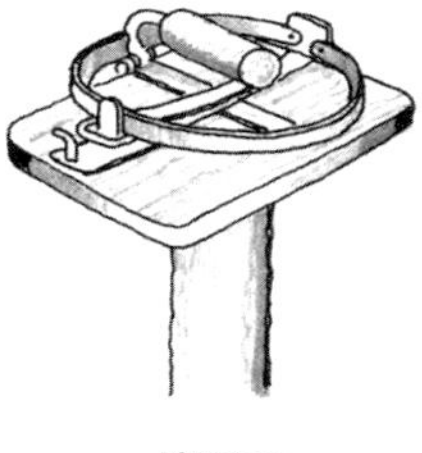

Pfahleisen

Fallen

wildarten gebaut. In unseren Revieren sollte sie jedoch aus Sicherheitsgründen nur noch für Raubwild und Raubzeug bis Katzengröße Verwendung finden (z.B. für Iltis und Steinmarder). An der Falle wird das Wild zwar das ganze Jahr gekirrt; beködert und fängisch gestellt wird sie jedoch nur zur Jagdzeit.

11. Schlagbaum, der (Marderschlagbaum): Er ist im Prinzip eine hochgestellte Knüppelfalle, die vorwiegend zum Fang des Baummarders (gelegentlich auch des Steinmarders) dient, aber auch für den Fang des Waschbären mehr und mehr eingesetzt wird. Der S. wird im Walde dort errichtet, wo der Baummarder durchzuwechseln pflegt; außerdem soll er vor Wind und Schnee geschützt werden, d.h., man errichtet ihn zweckmäßigerweise in Fichtenstangengehölzen.

12. Mord- oder Rasenfalle, die: Sie ist in dieser Form veraltet und im Prinzip eine Knüppelfalle. Sie wird im Wald an ruhigen und wenig besuchten Stellen hauptsächlich zum Marderfang aufgestellt. Wird der angebrachte Köder vom Marder abgerissen, fallen die drei lose miteinander verbundenen Hölzer zusammen und lassen die Decke mit Wucht herunterstürzen. Um die Decke noch schwerer zu machen, aber auch, um der Falle ein natürliches Aussehen zu verleihen, wird sie oben kreuz und quer mit Ruten versehen, auf die dann starke Rasenstücke gelegt werden (besser mit 30 bis 40 kg schwerem Stein), die zuletzt noch mit Moos, Streu oder Laub bedeckt werden.

III. *Fangeisen*, das:

13. Schwanenhals, der:

Berliner Schwanenhals, der (Berliner Eisen): Das F. gehört zu den ältesten und bewährtesten Eisen und wird hauptsächlich für den Fuchsfang verwendet.

Deutscher Schwanenhals, der: Das Eisen aus schwarzlackiertem Schmiedeeisen besteht aus zwei miteinander verbundenen Teilen: aus dem Bügel mit der doppelten Feder und aus der Stellschiene mit der Abzugsvorrichtung.

14. Abzugseisen, das:

Eiabzugseisen, das: Es dient zum Fang von Fuchs, Iltis, Marder und verwilderten Katzen und wird in verschiedenen Konstruktionen zum Kauf angeboten. E. reagieren auf Druck und Zug und sind in einen flachen Holzkasten eingelegt, der bis zu seiner Oberkante in den Boden eingelassen wird. Wie der Name schon sagt, wird die Falle mit einem Ei beködert, aber auch Fleischstücke von Haar- und Federwild sowie Gescheide erfüllen den gleichen Zweck.

Haarabzugseisen, das: Fast gleich groß wie das Eiabzugseisen ist das H., das sich beim Fang von Rabenkrähen, Iltis, Marder und wildernden Katzen bestens bewährt hat. Zwischen zwei Stellstäben wird eine Schnur gespannt, die durch den Köder belastet wird. Beim sog. hängenden Eisen wird diese Schnur mittels eines an die Halteschiene gebundenen Fädchens in der Waagerechten gehalten. Die Falle wird entweder 30 bis 50 cm über dem Boden an Äste oder an Bohlen genagelt, wo sie Marder und Katze tödlich hinter dem Kopf fängt, oder auf dem Boden ausgelegt; um die Bügel werden handlange trockene Ästchen gesteckt.

Wasserabzugseisen, das: Ein speziell für den Einsatz in flachen und ruhig fließenden Gewässern entwickeltes A., das im Winter hauptsächlich für den Fuchsfang verwendet wird. Voraussetzung für das Aufstellen in seichten Gewässern ist ein gleichbleibender Wasserstand. Das W. gleicht in seiner Form dem Deutschen Schwanenhals, ist jedoch wesentlich stärker gebaut und lässt sich aufgrund der unempfindlichen Stellung auch in Kies oder in Schlamm einbetten. Der Kirrbrocken (etwa faustgroß) wird mit einem dünnen Draht auf der Fangbrockenauflage befestigt. Vorzüglich eignen sich Hasen- oder Kaninchenköpfe. Im Wasser wird die Falle gut verankert aufgestellt und dann fängisch gestellt. Der Kirrbrocken soll etwa zu zwei Dritteln aus dem Wasser ragen.

Conibearfalle, die: Eine aus Nordamerika stammende Drahtbügelschlagfalle aus Stahldraht, in unterschiedlicher Größe, Bügelweite und Federn hergestellt. Die C. eignet sich, je nach Ausführung, zum Fang von Fuchs, Marder, Waschbär, Iltis, Wiesel, streunender Katze und auch für Bisam. An Zwangspässen wird sie nicht beködert eingesetzt. Da ihre Zuverlässigkeit umstritten ist, ist ihre Verwendung nicht in jedem Bundesland erlaubt.

Kania-Falle, die: Benannt nach ihrem Konstrukteur Ed Kania. Eine aus Kanada stammende Totschlagfalle, die in einer Fallenbox untergebracht ist und hängend, liegend und unter Wasser arbeitet. Sie wird mit einem artspezifischen Duftmittel beködert und fängt somit selektiv.

Bisamfallen, die: Sie sind in verschiedenen F.-Typen wie Haar- und Stabgreiffallen, Köderfallen und Reusenfallen auf dem Markt. Die Reusenfalle wird aus tierschützerischen Gründen hingegen kaum mehr verwendet, weil der Bisam hier durch Ertrinken getötet wird. Aufgestellt werden die F. von Anfang November, wenn der letzte Wurf selbstständig ist, bis Anfang April. Die beiden wichtigsten F.-Typen sind: Die *Haargreiffalle* (Roitsche Haargreiffalle), eine unbeköderte und früher am meisten benutzte Totschlagfalle. Sie fängt nur unter Wasser und wird am Baueingang bzw. auf den Grundwechseln fängisch gestellt. Es ist jedoch verboten, diese F. zu beködern und am Ufer zu stellen (Gefahr für alle kleinen Tiere). Die *MWS-Spezial-Bisam-Köderfalle* dagegen setzt sich in Deutschland immer mehr durch und gilt als wirksamste Falle zur Bisambekämpfung. Sie ist ebenfalls eine Totschlagfalle, die aber am Ufer gestellt werden darf, weil die Stellung stark genug ist, um ein Zuschlagen zu verhindern, wenn z.B. Vögel daran picken. Als Köder werden gelbe Rüben, Sellerieknollen, Petersilienwurzeln und Äpfel verwendet.

15. Grundsätzlich verbotene Fallen, die (Eisen):

Tellereisen, das (Tritt-, Abtritt-, Fuchseisen): Eine Falle, die zu Recht verboten wurde, weil sie den sich darin fangenden Tieren Ständer und Fänge zerquetschte oder abschlug und die Tiere dann langsam und qualvoll verendeten. Die Falle wurde durch Niedertreten eines in der F.-Mitte befindlichen Brettchens oder Eisenbleches (Teller) ausgelöst, sodass die Bügel durch die Kraft der Feder zusammenschlugen.

Pfahleisen, das (Locheisen; früher auch Raubvogeleisen genannt): Diese Falle ist ebenso verwerflich wie das Tellereisen und ähnelt diesem sehr. Es wurde hauptsächlich für den Fang von Greifvögeln, Krähen, Hähern usw. verwendet. Die Vorliebe der Greifvögel, aufzufußen, machte man sich zunutze, indem in der Mitte der Falle ein berindetes Holzstück angebracht wurde, das die Stellung aushob, sobald sich ein Vogel darauf niederließ. Diese F. wurden auf der Spitze von Stangen bzw. Pfählen befestigt.

Aus Gründen des Tierschutzes, der Waidgerechtigkeit und der Sicherheit für Mensch und Haustier haben einige Bundesländer über das Verbot des §19 (1) Nr. 9 BJG hinaus weitere Totschlagfallen per Verordnung zu »verbotenen Fanggeräten« erklärt. Das jeweilige Landesrecht ist zu beachten. Wer verbotene Fallen einsetzt, handelt ordnungswidrig.

fallen: **1**) Beim Wild: zugrunde gehen, verenden; ▸ Fallwild. **2**) Beim ▸ Schalenwild: über etwas f. im Sinne von springen; z.B.: Der Hirsch überfällt einen Zaun oder fällt über den Graben; ▸ übersetzen. **3**) Beim Hund: die jungen Hunde f. von einer Hündin, wenn sie geworfen werden. **4**) Beim Hund: eine ▸ Fährte ▸ anfallen oder auf eine Fährte f. **5**) Beim Federwild: es fällt ein; der Auerhahn fällt vom Baum zu Boden, die Rebhühner f. auf die Weide ein. **6**) Bei Biber und Otter: Sie f. ins Wasser sagt man, wenn sie rasch hineinspringen; ▸ fahren 3), ▸ steigen, ▸ aussteigen. **7**) Bei Rebhuhn, Schneehuhn und Wachtel: zu Paaren f., d.h. sich paaren; die Begattungstätigkeit allgemein. **8**) Über ein Hindernis, einen Weg oder eine Schneise fallen, diese überfallen; bei Bär, Luchs und Wolf.

fällen: Veraltete Bez. für ▸ erlegen.

Fallenbunker, der: ▸ Fangbunker.

Fallenjagd, die: Eine waidgerechte Hegemaßnahme zur Dezimierung der ▸ Beutegreifer (des ▸ Raubwildes und ▸ Raubzeuges). Sie trägt zur Erhaltung vieler gefährdeter frei lebender Tierarten bei und hilft auch, die auf den Menschen übertragbare ▸ Tollwut einzudämmen und der Verbreitung des ▸ Fuchsbandwurmes entgegenzuwirken. Die F. ist eines der Instrumente zur Erfüllung der gesetzlich vorgeschriebenen Jagdschutzauf-

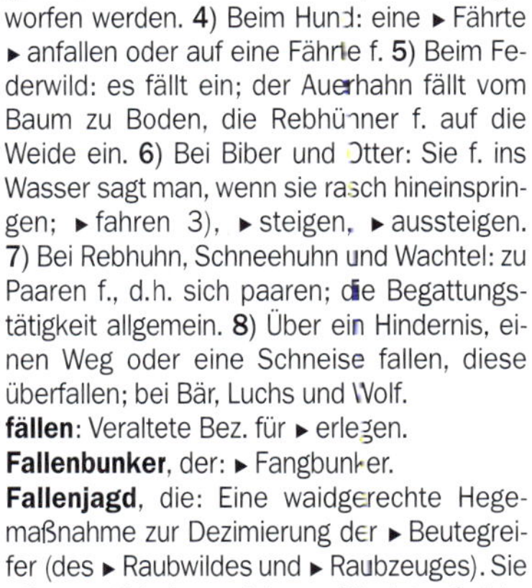

Deutscher Schwanenhals und Eiabzugseisen

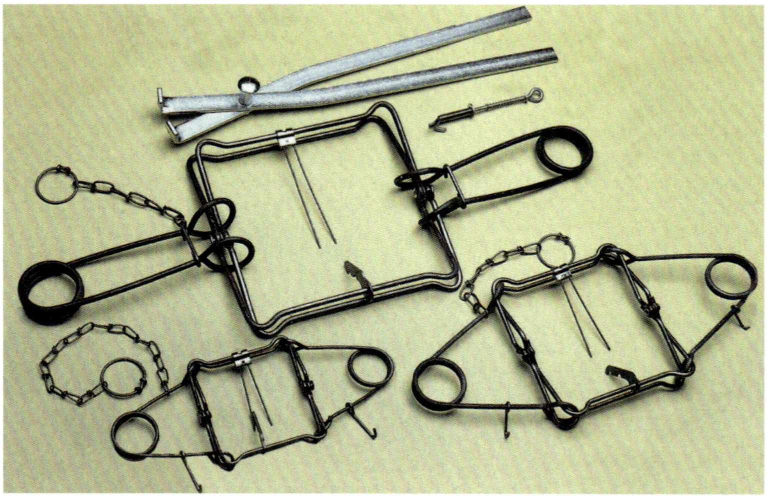

Conibear-Fallen für Fuchs, Dachs, Waschbär (große Falle), Waschbär und Katze (Falle mittlerer Größe), Marder, Bisam, Wiesel, Iltis, Wander- und Wasserratte (kleine Falle)

▸▸▸ Darstellung eines im heute verbotenen Tellereisen (Abtritteisen) gefangenen Fuchses

gaben zum Schutz des Wildes vor Tierseuchen, ▸ wildernden Hunden und Katzen. Wer die F. ausübt (=Jagdausübung!), muss einen Jagdschein besitzen und in verschiedenen Bundesländern außerdem einen Sachkundennachweis erbracht haben. Hilfspersonen ohne Jagdschein dürfen ▸ Fallen kontrollieren, jedoch kein gefangenes Wild aufnehmen und keine Falle fängisch stellen. Zur F. erlaubt sind nur Geräte, die das Wild sofort töten (Totschlagfallen) oder unversehrt fangen (Lebendfangfallen). Es dürfen daher nur zuverlässige Fanggeräte verwendet werden, wie z.B. Schwanenhals, Eiabzugseisen und Kastenfalle. Nach §19 des BJG (sachliche Verbote) dürfen Fanggeräte, die nicht unversehrt fangen oder nicht sofort töten (z.B. Pfahl- und Tellereisen), sowie Selbstschussgeräte nicht verwendet werden. Die ▸ Unfallverhütungsvorschrift Jagd (VSG 4.4) schreibt in §3 »Ausübung der Jagd« vor, dass Fangeisen nur mit einer entsprechenden Vorrichtung gespannt und nur mit einem geeigneten Gegenstand ge- bzw. entsichert werden dürfen (Abs. 7) und dass sie fängisch nur so aufgestellt werden dürfen, dass keine Personen gefährdet werden (Abs. 8). Daneben müssen die Jagd- und Schonzeiten beachtet und verschiedene Sicherheitsmaßnahmen getroffen werden. Der Fangplatz muss abgeschirmt sein (z.B. durch Vegetation) und abseits von Wegen liegen (Schutz der Waldbesucher). Zum Schutz der Greifvögel sind die Fallen und Köder nach oben zu verblenden. In Tollwutgebieten kann die Aufstellung von Warnschildern hilfreich und empfehlenswert sein. Lebendfangfallen sind täglich zweimal, Totschlagfallen täglich einmal zu kontrollieren. Die Schutzzonen für Katzen (je nach Landesrecht unterschiedlich: 200 m, 300 oder 500 m vom nächsten bewohnten Haus entfernt) sind ebenso zu beachten. Innerhalb dieser Zonen darf man keine Totschlagfallen aufstellen. Gefangenes Wild ist sofort zu töten oder freizulassen.

Fallensteig, der (Fangsteig): Ein schmaler, etwa 30 bis 40 cm breiter Steig oder Pfad im Revier, auf dem mehrere ▸ Fallen zum Fang von ▸ Raubwild und ▸ Raubzeug aufgestellt werden und der speziell zu diesem Zwecke angelegt wurde. Kleineres Haarraubwild nimmt solche bequemen und engen Steige, auf denen es sich geräuschlos fortbewegen kann, gerne an. Der Fallboden soll möglichst mit dem Steig eine Ebene bilden. Die Fallen werden mit Reisig usw. verblendet und verwittert. Man lässt sie einige Zeit offen und mit festgelegter Stellung stehen, damit sich das Raubwild an diese Durchgänge gewöhnt. Die später fängisch gestellten Fallen (Kastenfallen) brauchen nicht beködert zu werden. Die günstigsten Plätze für die Anlage eines F. sind Waldränder, Feldgehölze, Feldraine und gut bewachsene Ufer von Wasserläufen.

Fallenzentrum, das: Bez. für eine Stelle im Revier, an der mehrere ▸ Fallen für verschiedene ▸ Beutegreifer eingerichtet werden.

Fallgarn, das (Fallnetz): Ein Garn oder Netz, das auf fängisch gestellte Stellstangen gehängt wird. Das dagegen anprallende Wild fängt sich in dem herabfallenden F.; ▸ Garne.

Fallgrube, die: ▸ Fanggrube.

Fallknüppel, der: ▸ Fallprügel.

Fallnetz, das: **1**) ▸ Fallgarn. **2**) Auch Schlagnetz; ▸ Garne 6.

Fallprügel, der (Fallbaum, Fallknüppel): Ein Knüppel an einer Schlagfalle, der beim Losschlagen der Falle auf das betreffende Tier fällt und es tötet; ▸ Fallen II.

Fallrute, die: Das Trittholz beim Habichtskorb (▸ Fallen 3.) und das Stellholz beim Schlagbaum. Beide Teile lösen beim Berühren den Fangmechanismus aus.

Fallstock, der (Hängsel): Ein Stock, der auf der Fallenklappe steht und beim Fang umfällt. Der F. dient der Kontrolle der ▸ Falle aus der Ferne.

Falltuch, das (Quertuch, Rolltuch, Lauftuch, Schnapptuch, Hebtuch): Ein Jagdtuch beim ▸ Eingestellten Jagen, das mittels der an den Stellstangen angebrachten Rollen sowohl in die Höhe gezogen als auch zur Erde gesenkt werden konnte.

Fallwild, das: Wild, das infolge von Unglücksfällen, Krankheit, Hunger und Kälte getötet wird bzw. verendet, auch das krankgeschossene Wild, das nicht innerhalb kurzer Zeit nach dem Schuss zur Strecke gebracht oder nicht frisch verendet aufgefunden wird. F. ist grundsätzlich genussuntauglich. Muss F. als Untersuchungsmaterial an eine Untersuchungsstelle als Bahnexpressgut versandt werden, sind Expressgutkarten und Expressgutanhänger wie folgt zu beschriften: »Tierische Körperteile für Untersuchungszwecke! Auf Güterböden und in den Wagen getrennt von Nahrungs- und Genussmitteln lagern!« Diese Angaben sind entweder in roter Schrift zu machen oder rot zu unterstreichen. Der Sendung ist außerdem ein Begleitschreiben beizugeben, das Angaben über eigene Beobachtungen enthalten soll. Nach Möglichkeit soll der ganze Tierkörper eingesandt werden, weil er der Untersuchungsstelle einen besseren Überblick gibt als Einzelteile wie Geräusch oder Gescheide. Beim Verpacken des F. ist darauf zu achten, dass keine Flüssigkeit durch das Verpackungsmaterial durchsickern kann. Völlig luftdicht abschließende Behälter sind jedoch wegen Begünstigung der anaeroben Fäulnis ungeeignet. Die Anrechnung des F. auf den ▸ Abschussplan ist in den Landesjagdgesetzen unterschiedlich geregelt.

Falsche Akazie, die: ▸ Robinie.

Faltverschluss, der (Sternverschluss): ▸ Schrotpatrone.

Falwild, das: ▸ Steinwild.

Falwild-Zem, das: Das Membrum (männliches Glied) vom Steinbock galt in früheren Zeiten als probates Mittel gegen die Unfruchtbarkeit der Kühe.

Falz, die: ▸ Balz.

falzen: ▸ balzen.

Falzpech, das: ▸ Balzlosung.

Famars di Abbiatico & Salvinelli Srl: Italienische Jagdwaffenfabrik in ▸ Gardone Val Trompia, gegründet im Jahr 1967 von Mario Abbiatico und dem Graveur Remo Salvinelli. Die Firma fertigt Luxuswaffen, die in fast allen bedeutenden Königshäusern anzutreffen sind. Seit 1976 tragen alle Waffen das eingetragene Warenzeichen »Abbiatico & Salvinelli«.

Jede hergestellte Waffe ist ein Unikat. Die Produktion übersteigt selten 60 Waffen pro Jahr.

Familie, die: Eine Rangstufe im zoologischen System, wobei eine F. aus mehreren verwandten Gattungen besteht. Wo diese Stufe nicht ausreicht, wird noch eine Unter-F. eingefügt, z.B.: F. Hirsche (*Cervidae*), Unter-F. Echte Hirsche (*Cervinae*) und Unter-F. Trughirsche (*Odocoilinae*); ▸ Art.

Fan, der: ▸ Triel.

Fanfaren, die: Kurze Melodien auf Jagdhörnern, die, ähnlich wie beim Militär, für bestimmte Verrichtungen die Zeichen geben. Sie werden in Parforcejagdsignale und Treibjagdsignale eingeteilt; ▸ Jagdsignale.

Fang, der: **1**) Das Maul des ▸ Raubwildes und des Hundes, und zwar die ganze Schnauzenpartie des Ober- und des Unterkiefers mit Lefzen und Mundwinkeln. **2**) Die Füße oder nur die Klauen oder Zehen der ▸ Greifvögel. **3**) Das kranke Wild mit der ▸ Blanken Waffe abfangen; dem Wild den F. geben; ▸ abfangen 1). **4**) Das Fangen von Wild mit F.-Geräten: Sau-, Dachs-, Fuchs-, Marder-F. usw. **5**) Bez. für eine F.-Vorrichtung: z.B. Enten-F. (▸ Vogelkoje).

Fangbäume, die: Von Schadinsekten (v.a. ▸ Borkenkäfern) befallene Bäume, die gefällt und dann zur Anlockung weiterer legebereiter Schädlinge liegengelassen werden. Die geschälte Rinde mit der Insektenbrut wird später vernichtet, i.d.R. verbrannt.

Fangbunker, der: Auch Fallenbunker. Mit Holzpfählen, Betonröhren oder Steinen umgebener Fangplatz, in dessen Innerem sich die ▸ Fallen (Totschlag- oder Totfangfallen) befinden. Die künstlich geschaffene Umfriedung soll nur dem kleinen ▸ Haarraubwild (Marderbunker), gelegentlich auch dem Fuchs (Fuchsbunker) den Durchschlupf zu den fängisch gestellten Fallen ermöglichen; ▸ Fallenjagd.

Fänge, die: **1**) Die ▸ Fangzähne. **2**) Die Füße oder nur die Klauen oder Zehen der Greifvögel; ▸ Fang 2).

Fangeisen, das: **1**) ▸ Fallen III. **2**) Die Saufeder und das Bäreneisen; ▸ Blanke Waffen.

fängeln: Wenig gebräuchliche Bez. für das Zerschießen eines Greifvogelfußes (Fanges); ▸ ständern.

fangen: **1**) Im Sinne von ▸ abfangen. **2**) Des Jägers: mithilfe von Fangvorrichtungen ein Stück Wild f. **3**) Beim Wild: sich in einer Fangvorrichtung f. **4**) Einen Baum f., d.h. das Ende des ▸ Jagdzeuges oder einer Leine um den Baum schlingen. **5**) Bei Raubwild und Hund: ein Stück Wild ergreifen und es festhalten (selten).

Fangfinger, der: Hinterer, alleinstehender Finger an der Hand (Fang) des Beizfalken; vorwiegend mit ihm schlägt er seine Beute nieder.

Fanggarn, das (Fangnetz): ▸ Garne.

Fanggarten, der: **1**) Bez. für eingefriedete, speziell für den Wildfang (Selbstfang) vorgesehene Revierteile bzw. Fangplätze. **2**) Eingezäunter Platz an geschützter, ruhiger Stelle (Hecke, Feldholzinsel, Wildacker usw.), in der Nähe einer Kanzel, auf dem verschiedene ▸ Fallen zum Fang von ▸ Haarraubwild aufgestellt werden. Die Umzäunung sollte aus Sicherheitsgründen etwa 1,50 m hoch sein und muss mit Schildern (»Betreten verboten«, »Lebensgefahr« usw.) versehen werden. In Niederwildrevieren besteht sie aus Maschendraht (Maschenweite 5 x 5 cm), in Schwarzwildrevieren aus Baustahlmatten. Die darin angebrachten Einschlupfe bestehen aus Röhren, Halbhölzern oder Natursteinen und sollten nicht mehr als 15 x 15 cm Durchmesser haben, um größeren Tieren den Eingang zu versperren. Im F. werden Marder- und/oder Fuchsbunker (▸ Fangbunker) angelegt. Zur Anlockung des Haarraubwildes dient eine ▸ Mäuseburg. Mit der Umzäunung sollten auch eine oder zwei Julen angebracht werden für ▸ Greifvögel und ▸ Eulen, denen die Mäuse als Nahrung dienen.

◂◂ Unbekannter Künstler: »Wie man Wildschweine und anderes Wild in Fallgruben fangen kann«, 14. Jh., aus Gaston Phoebus, Comte de Foix, Vicomte de Béarn: »Le Livre de la Chasse«, Blatt 105

Fang geben, den: ▸ abfangen.

Fanggeld, das: Die Belohnung, die der Jäger für das Fangen von ▸ Raubwild und ▸ Raubzeug von seinem Jagdherrn erhält; ▸ Schussgeld, ▸ Hegegeld.

Fanggrube, die (Fallgrube): Eine mit Zweigen abgedeckte Grube zum Fangen von Wild. Der Fang in F. ist ohne Genehmigung der zuständigen Behörde verboten. Die F. diente früher zum Lebendfangen von Bären, Wölfen und Füchsen.

Fanghund, der: Veraltete Bez. für den ▸ Hatzhund.

fängisch: Eine Falle, die zum Fangen hergerichtet ist, d.h., die Fangvorrichtung ist gespannt und entsichert; die Falle ist f. gestellt oder steht f.

Fangjagd, die: Eine Jagd mithilfe von Geräten (z.B. ▸ Fallen, Leimruten, Garne, Netze und Schlingen) und Vorrichtungen (z.B. Fanggruben, Saufänge usw.), bei der Wild lebend oder tot gefangen wird. F. ist Jagdausübung; sie darf nur ausüben, wer die Jägerprüfung bestanden hat sowie einen gültigen Jagdschein, ggf. einen Sachkundenachweis nach Landesrecht und eine Erlaubnis zur Jagdausübung besitzt. Nach dem BJG ist es verboten, Fanggeräte, die nicht unversehrt fangen oder nicht sofort töten, sowie Selbstschussgeräte zu verwenden. Hierzu zählen v.a. die Teller- und die Pfahleisen und die früheren Habichtskörbe. Verboten ist es auch, Schlingen jeder Art herzustellen, in denen sich Wild fangen kann. Heutzutage beschränkt sich die F. fast ausschließlich auf die ▸ Fallenjagd auf Raubwild und auf die Baujagd, bei der sog. Decknetze (beim Frettieren) verwendet werden. Die F. war vor Erfindung der Feuerwaffen zwangsläufig die vorherrschende Jagdart. Entsprechend entwickelt und vielseitig waren auch die eingesetzten Geräte und Vorrichtungen, die aber auch z.T. sehr quälerisch waren; ▸ Dohnen, ▸ Angeleisen, ▸ Eingestellte Jagen, ▸ Garne, ▸ Jagdzeug, ▸ Jagdeinrichtungen, ▸ Saugrube, ▸ Wolfsgarten, ▸ Wolfsgrube, ▸ Wolfsjagen, ▸ Vogelfang, ▸ Vogelkoje, ▸ Wildkaninchen (Jagdarten).

Fangjagen, das: ▸ Eingestellte Jagen 7.

Fangklaue, die: Die Klaue an der hinteren, alleinstehenden Zehe (Finger) des ▸ Beizvogels, aber auch Bez. für die Zehe (bzw. den Finger, mit Klaue), die v.a. zum Schlagen der Beute dient und die stärkste Haltekraft besitzt; ▸ Atzklaue, ▸ Halteklauen.

Fangleine, die: ▸ Fangstrick, ▸ Hatzstrick.

Fangmesser, das: Ein kurzer Hirschfänger ohne Bügel; ▸ Blanke Waffen.

Fangnetz, das (Fanggarn): ▸ Garne.

Fangplatz, der: Ein Platz (Stelle), an dem eine Fangvorrichtung eingerichtet wird.

Fangruf, der: Ein Hornsignal, welches bei der ▸ Parforcejagd beim Abfangen des Rothirsches geblasen wird.

Fangschlaufe, die (Fangschlinge): Ein Fanggerät zum Wiedereinfangen bereits verwilderter, verstoßener ▸ Falken oder zum Einholen von Wildflugfalken. Es besteht aus einer F., die um einen tellerartigen, hölzernen Fangblock gelegt wird, der am oberen Rand einen Kranz von Federn trägt. In die Mitte des Fangblockes wird ▸ Atzung gelegt. Die Federn haben den Zweck, die F. beim Zusammenziehen über die Atzung hinweg um die Hände des darauf kröpfenden Falken zu leiten. Notfalls kann die F. auch um einen Kranz aus Federn (wenn diese entsprechend lang sind) gelegt werden, die in die Erde gesteckt sind.

Fangschleife, die: ▸ Schleife 3).

Fangschlinge, die: ▸ Fangschlaufe.

Fangschnur, die: **1**) Die zum ▸ Rundieren, d.h. zum Einfangen eines verstoßenen und bereits verwilderten ▸ Beizvogels verwendete Schnur. **2**) ▸ Lockschnur.

Fangschuss, der: Das Töten eines kranken Wildes durch einen meistens aus kurzer Entfernung abgegebenen Schuss. Zu beachten ist dabei, dass allem Wild, das auf Schalen geht, die Kugel gehört. Beim F. auf ▸ Schalenwild und Seehunde ist es verboten, Schrot, Posten, gehacktes Blei oder Bolzen zu verwenden. Nach dem BJG ist der F. mit der ▸ Faustfeuerwaffe erlaubt, wenn die Mündungsenergie des Geschosses mindestens 200 Joule beträgt. Im praktischen Jagdbetrieb gibt es immer wieder Situationen, bei denen der Einsatz von Pistole oder Revolver sinnvoll und berechtigt ist. Das ▸ Abfangen (Abnicken) mit der kalten Waffe wird heute von vielen Jägern nicht mehr beherrscht oder sogar abgelehnt; auch gibt es oft Umstände, bei denen der F. mit der Büchse nicht durchgeführt werden kann, z.B. bei Verkehrsunfällen mit Wild oder auf der ▸ Nachsuche in Dickungen. Die Schussentfernung bei Abgabe eines Fangschusses liegt, wie die Erfahrung vieler Nachsuchen zeigt, zwischen 3 und 6 m. Häufig ist es aber durch die situationsbedingten Gegebenheiten, durch Aufregung des Schützen, Unruhe des Stückes usw. nicht möglich, einen sicheren Schuss auf den Träger abzugeben. Daher ist es erforderlich, einen ▸ Kammerschuss anzutragen. Für die in der Jägerschaft sehr weit verbreiteten Revolver im Kaliber .357 Magnum und .38 Special gibt es eine spezielle F.-Patrone, die GECO-Revolverpatrone .38 Special 7,5 g. Diese kann auch in Revolvern mit dem Kaliber .357 Magnum verschossen werden. Das verkupferte Bleigeschoss hat an der Spitze eine 2 mm tiefe Ausnehmung. Dies begünstigt eine bessere Deformation im Wildkörper als bei Teilmantel-Hohlspitz- oder Vollbleigeschossen. Das niedrige Geschossgewicht von 7,5 g erlaubt eine höhere Geschwindigkeit. Im Vergleich zur normalen .38 Spec. Blei Rundkopf 10,2 g erhöht sich die V0 von 265 m/s auf 320 m/s. Damit ist auch die Energie von E0363 auf E0385 gesteigert. Beim Eindringen in den Wildkörper spricht das Geschoss sofort an und deformiert. Bei stärkerem Wild wie Sauen und Rotwild wird die gesamte Geschossenergie voll an den Wildkörper abgegeben. Rasches Verenden des Wildes ist die Folge.

Fangschussgeber, der: ▸ Lauf 4)10.

Fangstange, die: **1**) svw. Stellstange; ▸ Fallgarn, ▸ Falltuch. **2**) Zusätzliche Sicherungsvorrichtung zur Abzugssicherung; ▸ Sicherung.

Fangschlaufe

Fangsteig, der: ▸ Fallensteig.

Fangstrick, der (Fangleine, Holzstrick): Ein Seil, an dem ▸ Schweißhunde und Jagdhunde geführt wurden; ▸ Hatzstrick.

Fangtag, der: Ein Tag, an dem der Jäger guten Fang gemacht hat. Ein Sprichwort lautet: »Es ist wohl alle Tage Jagdtag, aber nicht alle Tage F.«

Fangwarzen, die: Die kleinen, warzigen Ballen an den Fängen der ▸ Greifvögel.

Fangzähne, die: Auch Fänge, Haken. Besonders lang und kräftig ausgebildete ▸ Eckzähne (*Canini*) bei ▸ Haarraubwild und Hund im Unterschied zu den ▸ Reißzähnen. Bei solchen Raubtieren (▸ Beutegreifer), die ihre Beute nicht mit den ▸ Branken erlegen können, sind die F. die wichtigste Differenzierung des Gebisses, um die Beute zu packen und festzuhalten, bis sie erstickt oder verblutet ist. Die F. von Dachs, Fuchs, Wildkatze und Wolf gelten als Trophäen.

Fangzehe, die: Die hintere, alleinstehende Zehe am Fuß (Fang) des Beizhabichts und des Beizsperbers.

Fangzeit, die: Diejenige Zeit, in der ▸ Haarraubwild – soweit es keinen gesetzlichen Schonzeiten unterliegt – am besten gefangen wird; z.B. für Fuchs und Marder der Winter (Wert des Balges!).

Fanzel, das: Veraltete Bez. für das künstlich hergestellte Aufzuchtfutter für Fasane.

FAO: Abk. für Food and Agriculture Organization (Organisation für Ernährung und Landwirtschaft der Vereinten Nationen). Die FAO hat ihren Sitz in Rom und wurde am 15.10.1945 gegründet; die Bundesrepublik Deutschland ist seit 1950 Mitglied. Ziel der FAO ist es, die Ernährung zu verbessern und die Verteilung von Nahrungsmitteln und anderen landwirtschaftlichen Produkten sowie von Fisch- und Walderzeugnissen sicherzustellen. Hauptarbeitsgebiet sind die Entwicklungsländer. Die FAO befasst sich auch mit den Themen Wild und Wald, ▸ Waldfunktionen und der Einrichtung von Reservaten und ▸ Nationalparken (▸ IUCN).

Farbe, die: **1**) svw. ▸ Schweiß. **2**) Das ▸ Haar des Wildes (in Norddeutschland üblich).

färben: **1**) Beim ▸ Schalenwild: im Frühjahr und im Herbst das Haar wechseln; der Bock färbt sich bzw. verfärbt. Beim Schwarzwild ist die Bez. ▸ versetzen üblich. **2**) Beim Hund: die läufige Hündin (▸ Hitze) färbt, wenn ihr aus der ▸ Schnalle Schweiß (Blut) austritt.

Färbezeit, die: Die Zeit, in der das ▸ Schalenwild sich verfärbt (Frühjahr und Herbst); ▸ färben 1).

Fart, die: ▸ Fährte.

Färte, die: ▸ Fährte.

Farth, die: ▸ Fährte.

Fasanbeller, der: ▸ Fasanenbeller.

Fasane, die: Eigene Unterfamilie (*Phasianinae*) aus der ▸ Ordnung der ▸ Hühnervögel (*Galliformes*). Eine beträchtliche Anzahl der heute bei uns vorkommenden F. sind mehr oder weniger Kreuzungen verschiedener Rassen. Ursprünglich stammt der bei uns am häufigsten anzutreffende Fasan, der (Böhmische) Jagdfasan (Kupferfasan, Edelfasan, *Phasianus colchicus*) aus Asien. Seine Urheimat ist Transkaukasien (Fluss Phasis im Lande Kolchis, östlich vom Schwarzen Meer). In diesem Gebiet bildet er mehr als 40 Subspecies aus. In Mitteleuropa wird »fasis« im 5. Jh. bei Venatius Fortunatus als Delikatesse erwähnt. Anfang des 6. Jh. begegnet die Art in einer Diät für den Frankenkönig Theuderich. Ekkehard von St. Gallen erwähnt ihn im 8. Jh. Im 9. Jh. tritt er im Capitulare de villis von Karl dem Großen auf als eines der auf den königlichen Höfen zu haltende Tiere. Im 11. Jh. kennt man ihn in England und Böhmen als Jagdwild. Im 12 Jh. erwähnt Hildegard von Bingen den »phasianus gallus«. Im 13. Jh. ist der F. durch Albert Magnus und Kaiser Friedrich II. eindeutig als frei lebend bezeugt, seit dem 14. Jh. auch bei kleineren Fürsten in Bayern und Hessen. Es handelte sich um in Volieren gehaltene Zier- und Speisevögel, doch wurden sie auch ausgewildert und mit Falken bejagt.

Balzender Fasanenhahn

Vorkommen und Lebensweise: Fast alle F.-Arten sind reine ▸ Kulturfolger und passen sich den Umweltveränderungen verhältnismäßig gut an. Darüber hinaus haben sich durch Kreuzungen, aber auch durch bewußte Züchtungen Rassen herausgebildet, die nahezu für jedes Landschaftsbiotop geeignet sind. Einige Arten sind reine Wald-, andere reine Feld-F., wieder eine andere Art kommt nur in den Mittelgebirgen vor. F. kommen aber überall da vor, wo es Wald, Wasser, Wiese und Weizen gibt. Ihr Lieblingsaufenthalt sind parkähnliche Landschaften mit genügend Getreide- und Maisfeldern, die ihnen sowohl Äsung als auch Deckung bieten, und die feuchten Auenlandschaften. F. leben sehr gesellig, laufen schnell und gut, fliegen geräuschvoll und reißend. Zur Nachtzeit baumen sie auf Bäumen oder Büschen auf. Die Größe beträgt bei der Henne ca. 60 cm, beim Hahn ca. 80 cm, das Gewicht der Henne beträgt etwa 800 bis 1200 g, das des Hahnes etwa 1000 bis 1500 g.

Sinne: F. bewegen sich auf der freien Fläche äußerst vorsichtig, äugen und vernehmen ausgezeichnet. Ihr Geruchssinn hingegen scheint nur schwach ausgeprägt zu sein. Bei Gefahr ergreifen sie selten die Flucht, sondern drücken sich nur fest an den Boden und stehen erst dann auf, wenn man, z.B. bei Treibjagden, unmittelbar auf sie stößt.

Nahrung: Die Nahrung wird scharrend und hackend aufgenommen und besteht sowohl aus pflanzlicher als auch aus tierischer Kost, die sich aus Kartoffel- und Maikäfern, Engerlingen, Schnecken, Würmern, Larven und Raupen, Rachenbremsen und Dasselfliegen, Ameisenpuppen und Jungmäusen zusammensetzt. Die pflanzliche Nahrung besteht hauptsächlich aus Getreide (v.a. Weizen), Mais, Sämereien, Eicheln und Bucheckern, Hagebutten, Weißdorn-, Liguster- und Sanddornbeeren, Feldfrüchten, Gräsern, Kräutern und Knospen. Um die aufgenommene Nahrung in seinem ▸ Muskelmagen zerkleinern zu können, muss der Fasan auch kleine Steinchen (▸ Magensteine; Grit) aufnehmen.

Balz: Sie beginnt etwa Ende März/Anfang April und dauert bis Ende Juni. F. leben polygam und sind mit einem Jahr geschlechtsreif. Während der ▸ Balz sind die Hähne unverträglich, ihr ▸ Balzruf »Göckgöck«, dem ein schwirrender Flügelschlag folgt, ist häufig zu hören. Die Stimme der Henne hingegen ist ein feines Pfeifen. In der Balz stolziert der Hahn mit gesträubtem Gefieder und abgespreizten Schwingen umher und verteidigt seine festen Balzplätze unter harten Kämpfen gegen die Nebenbuhler; ▸ Balzsprung. Ein Hahn tritt stets mehrere Hennen. Das Geschlechterverhältnis soll bei 1:4 (1 Hahn auf 4 Hennen) liegen. Treffen zu wenige Hennen auf einen Hahn oder herrscht gar Überhang an Hähnen bei gleichzeitig hoher Besatzdichte, nehmen die Territorialkämpfe zu, wodurch die Befruchtungsrate sinkt und es außerdem zu einer Abwanderung junger Hähne kommen kann.

Brut: Das Nest ist eine gescharrte Mulde, die mit einigen Halmen und altem Laub ausgelegt wird. Es wird meist im Gestrüpp oder unter dichter Vegetation angelegt. Das Gelege enthält 10 bis 14 (selten mehr) einfarbige, olivbraun oder olivgrau glänzende Eier. Sie sind 46 x 36 mm groß und ca. 30 g schwer. Die Henne brütet 24 bis 25 Tage. Die Jungen sind ▸ Nestflüchter und werden einige Wochen geführt. Ihre Nahrung ist in den ersten Wochen fast ausschließlich animalisch. Nach ca. sieben Wochen können sie bereits aufbaumen. Eine Jahresbrut (Mai/Juni). Bei Verlust des Geleges sind bis zu zwei ▸ Nachbruten möglich.

Zucht: F. werden mit gutem Erfolg gezüchtet. Hierzu werden auch ausgemähte Gelege genommen, die entweder von F.-Hennen, von Haushühnern oder im Brutofen ausgebrütet werden. In Gefangenschaft (Volieren) gehaltene Hennen, denen man mehrmals die Eier weggenommen hat, können bis zu 50 Eier legen. Bei Jung-F., die nicht in der ▸ Fasanerie verwildern können, müssen vor dem ▸ Aussetzen im Revier – will man Fehlschläge ausschließen – einige Vorbereitungen getroffen werden (▸ Auswilderungsgehege).

Altersbestimmung: In der Praxis wird das Alter des Hahnes allgemein nach der Form der Sporen und der Anzahl der Hornringe beurteilt. Als Faustregel gilt: Anzahl der Ringe + ein Jahr = Alter des Hahnes. Ein Hahn ohne Ring wäre demnach einjährig. Untersuchungen haben jedoch ergeben, dass Hähne im ersten Lebensjahr bereits Hornringe an den Sporen trugen. Die Schätzung des Alters nach den Sporen gilt allgemein als äußerst unzuverlässig. Hähne

Waidmännische Ausdrücke beim Fasan	
Bukett	mehrere zusammen aufstehende F.
enthahnen	Regulierung des Geschlechterverhältnisses durch den Abschuss von Hähnen
Federohren	s.u. Hörner
Gesperre	Henne mit Jungen
himmeln	senkrechtes Aufsteigen bei einem Lungenschuss
Hörner (Federohren)	Federbüschel am Kopf
Krönchen	s.u. Sporn
Infanterist	zu Fuß laufender F.
Rosen	roter Hautwulst um die Augen des Hahnes
Spiel	Stoß (Schwanz) beim Hahn
Sporn (Krönchen)	spitzer Dorn an der Hinterseite des Ständers beim Hahn

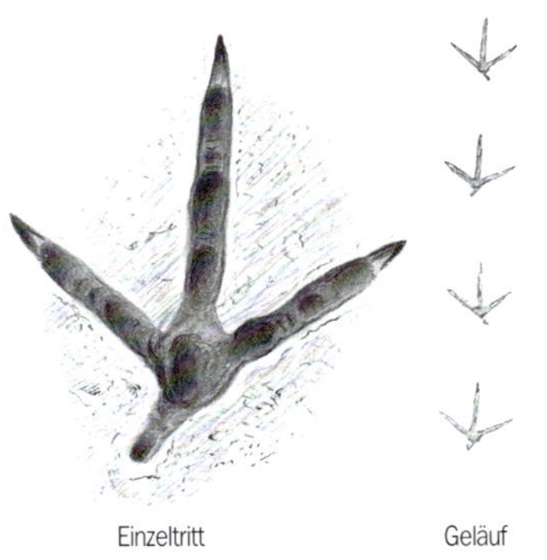

Fasan

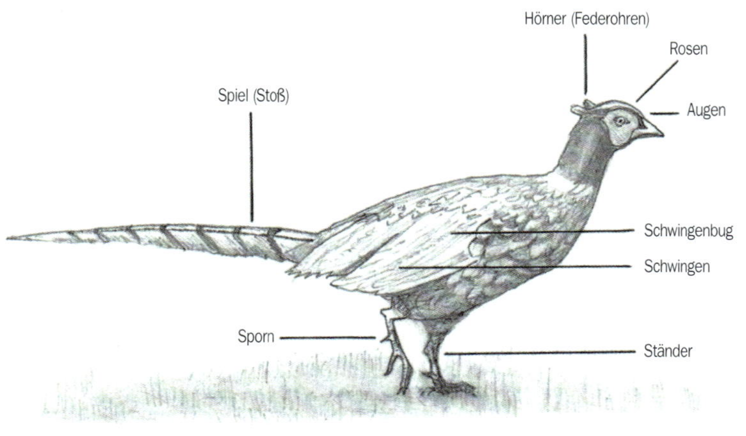

Waidmännische Ausdrücke beim Fasan

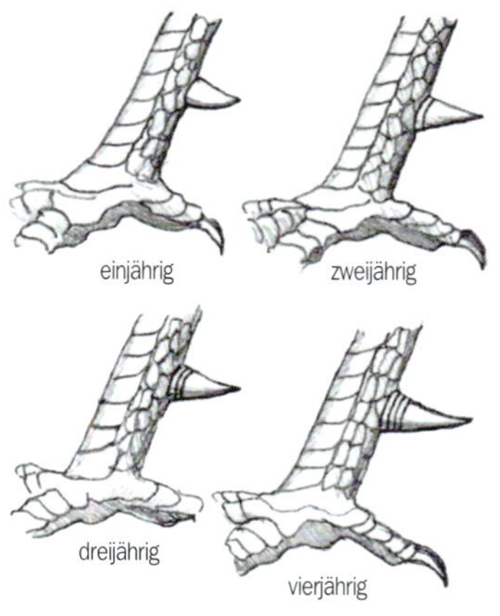

Fasan, Altersbestimmung

mit weißen Sporenspitzen, die abwärts gebogen sind, werden als mindestens vierjährig bezeichnet. J. Necas hat auf der Grundlage von Messungen festgestellt, dass Hähne, deren Sporenlänge unter 10 mm beträgt, mit großer Sicherheit diesjährige Hähne sind. Alte Hennen sind an ihren volleren und längeren Spielfedern zu erkennen (nach A. Szederjei).

Gestüber: Das ▸ Gestüber des Fasans ist etwa 2 cm lang und 4 bis 5 mm dick. An einem Ende hängt gewöhnlich ein weißer Harnklumpen. Die Farbe des Gestübers hängt von der aufgenommenen Nahrung ab, meist ist es jedoch braunschwarz oder grünlich. Gestüberhaufen zeigen den Schlafplatz an (Baum, Busch).

Mauser: Die Herbstmauser findet Ende September/Anfang Oktober statt. Die Jungvögel nehmen nach dieser Mauser bereits die Färbung der Altvögel an. Die bis dahin vereint gebliebenen ▸ Gesperre fallen auseinander.

Hege: Ausreichende Fütterung ab dem Frühherbst und Kurzhaltung von ▸ Raubwild und ▸ Raubzeug sind Grundvoraussetzungen für einen guten F.-Besatz. Einfach erstellte Schüttungen, die nach allen Seiten offen sein sollten, werden mit Getreide, Mais, Wildbeeren, Abfallrosinen, Eicheln, Sonnenblumenkernen und verschiedenen Kohlarten sowie mit Futterrüben und Apfeltrestern beschickt und gleichmäßig über das Revier verteilt. Zweckmäßig ist auch die Anlage von ▸ Remisen, die den F. außer Nahrung auch Deckung bieten. Als besonders positiv für die F.-Hege hat sich die Vernetzung von naturnahen Landschaftselementen mit Wildkrautstreifen, Daueräsungsflächen und ▸ Wildäckern zu einem ▸ Biotopverbundsystem erwiesen. Dachs, Marder, Iltis, Wiesel, Wanderratte, Krähen und Elstern sind Gelegeräuber, ebenso auch Fuchs und verwilderte Hauskatzen. Habicht, Fuchs und der unter Naturschutz stehende Igel dezimieren zusätzlich den F.-Besatz bzw. die Gelege.

Jagd: Meist wird die Jagd als ▸ Treibjagd ausgeübt. Der Fasan läuft lieber, als dass er fliegt, und drückt sich gerne. Eine dichte Treiberkette ist daher unerlässlich. Häufige Jagdarten sind auch die ▸ Suche mit dem Vorstehhund, das ▸ Stöbern und das ▸ Buschieren. Suchjagden im Wald sind aber nur dann Erfolg versprechend, wenn das Laub bereits abgefallen und die Bodenvegetation niedergedrückt bzw. niedergefroren ist. Waidmännisch ist nur der Schuss auf den fliegenden Fasan. Verpönt ist daher der Schuss auf aufgebaumte und zu Fuß laufende F. (sog. Infanteristen). Auf dem Boden laufende geständerte oder geflügelte F. sind jedoch zu beschießen. Die günstigste Schussentfernung bei der Fasanenjagd ist 30 bis 40 m und soll nicht unter 15 m liegen, wobei nur ein Fasan anvisiert und beschossen werden soll; der Schuss in einen Trupp (Bukett) zugleich aufstehender F. ist ebenfalls verpönt. Der Fasan wird vom Jäger, mit dem Kopf in einem Galgen der Jagdtasche geknüpft, getragen und spätestens am Abend des Jagdtages ausgehakelt (▸ aushaken).

Waidmännische Ausdrücke: Bis auf die obenstehenden und in Tabelle S. 195 genannten Ausnahmen werden für die F. dieselben Bez. wie für die ▸ Feldhühner gebraucht.

1. (Böhmischer) Jagdfasan, der: Auch Edelfasan, Kupferfasan, Schwarzmeerfasan (*Phasianus colchicus colchicus*). Häufigste Art, sehr widerstandsfähig. Kopf und Hals sind schwarzgrün, sonst überwiegend kupferrot gefärbt. Kein Halsring.

2. Chinesischer Reis- oder Ringfasan, der (*Phasianus c. torquatus*). Markantestes Zeichen: weißer, geschlossener Halsring, der an der Kehle unterbrochen ist. Heller gefärbt als der Jagdfasan, wird hauptsächlich in Revieren der Ebene eingesetzt. Baumt selten auf, fällt daher häufig Raubwild und Raubzeug (▸ Beutegreifer) zum Opfer. Wenig gewandt und achtsam. Im 19. Jh. eingebürgert.

3. Mongolischer Ringfasan, der (*Phasianus c. mongolicus*): Halsring vorne unterbrochen, Iris weiß, Federohren kaum sichtbar, Kopf und Hals bronzegrün, Nacken purpurbronzen, Brustmitte dunkelgrün, übriges Gefieder kastanienbraun, Schwungfedern etwas heller. Widerstandsfähiger und kräftiger Fasan, der sich für raue Klimazonen und hoch gelegene Reviere eignet.

4. Japanischer Buntfasan, der (*Phasianus c. versicolor*): Kleinere F.-Art, recht dunkel gefärbt. Kopf, Kehle, Brust und Rücken metallisch grün, Schwingendecken bläulich, der Stoß

Fasanenhenne mit Gesperre, dahinter ein Hahn

graugrün, violetter Halsring. Gut geeignet für Mittelgebirgslagen mit höherem Waldanteil.

5. Dunkelfasan, der (*Phasianus c. tenebrosus*): Hahn und Henne sind sehr dunkel, fast schwarzblau gefärbt. Harter und anspruchsloser Fasan, der gut zur Aufdunkelung heller Fasanenschläge geeignet ist. Eine Mutation des Böhmischen Jagdfasans.

Fasanenaufzug, der: Alte Bez. für die Gesamtheit der Jungfasanen in einer ▸ Fasanerie.

Fasan(en)beller, der: Frühere Bez. für einen für die Fasanenjagd abgerichteten ▸ Stöberhund; meist ein Wachtelhund, der die Fasanen zum Aufbaumen brachte und verbellte, sodass sie leicht erlegt werden konnten. Diese Art, Fasane zu bejagen, ist heute nicht mehr üblich und gilt auch nicht als waidgerecht.

Fasanenbesatz, der: Die Gesamtzahl der Fasanen eines Reviers.

Fasanenente, die: ▸ Wildenten 7.

Fasanenfütterung, die (Fasanenschütte, Fasanenschüttung): ▸ Jagdeinrichtungen 3.

Fasanengarten, der: ▸ Fasanerie.

Fasanenhahn, der: Der männliche ▸ Fasan.

Fasanenhaus, das: ▸ Fasanenkammer.

Fasanenhenne, die: Der weibliche ▸ Fasan.

Fasanenkammer, die (Fasanenhaus, Fasanenzwinger, Volieren): Behausung, in der die Fasanen im Winter oder über einen gewissen Zeitraum gehalten werden; ▸ Fasanerie.

Fasanenmeister, der: Der Leiter einer ▸ Fasanerie.

Fasanenrauch, der: Bis Mitte des 19. Jh. wurde allgemein davon ausgegangen, dass der Rauch, speziell von gewissen Holzarten – wobei dem Feuer Mastix, Kampfer, Kümmel, Eisenhut, Zucker und Wachs beigegeben waren –, den Fasanen angenehm und zu ihrem Gedeihen notwendig sei. Später brannte man an den Schüttungen das gleiche Feuer ab, sobald frisches Futter gegeben wurde. Verstrichene Fasane sollten von diesem Rauch wiederangelockt werden. Dieses Verfahren wurde auch vor Abhaltung eines Jagens angewandt. Heute wird diese Methode, Fasane anzulocken, als Aberglaube abgetan. Es handelt sich jedoch hierbei um einen sog. bedingten Reflex (pawlowscher Reflex).

Fasanenschüttung, die (Fasanenschütte): ▸ Jagdeinrichtungen 3.

Fasanenwärter, der: Ein dem Fasanenmeister untergeordneter Mitarbeiter in einer ▸ Fasanerie.

Fasanenzwinger, der: ▸ Fasanenkammer.

Fasanerie, die (franz.: faisanderie; Fasanengarten): Eine Anlage zur Aufzucht und Vermehrung von ▸ Fasanen, früher auch zahme F. genannt im Ggs. zur wilden F. (▸ Fasanenkammer), in der die Fasane nur den Winter über gehalten, zumindest aber laufend gefüttert wurden. F. werden in Zucht-F. und Wild-F. unterteilt. Bei Ersteren werden die vorher kühl gelagerten Eier in geschlossenen Räumen mithilfe von Brutmaschinen ausgebrütet und die Küken unter Wärmestrahlern (Infrarotlampen) aufgezogen. In den Wild-F. werden die Eier durch eine Hennenglucke (Amme) ausgebrütet, wobei die jungen Fasanenküken unter Freilandbedingungen aufwachsen. Bei den offenen Wild-F. können die flüggen Jungfasane (nach acht bis zehn Wochen) unmittelbar ins benachbarte Revier verstreichen und zur Futteraufnahme wieder einfliegen. In Zucht-F. hingegen, die der Massenvermehrung dienen, verbleiben die Fasane bis zum Alter von sieben Wochen in verschlossenen Räumen mit Kunstlicht. Anschließend erfolgt die Umsetzung ins Freilandgehege (Voliere). Häufig zeigen sich bei diesen Fasanen Verhaltensstörungen und Federfressen. Den Fasan haben die Römer, die neben den Griechen die Fasanenhaltung und -zucht in großem Stil betrieben, nach Deutschland gebracht und in sog. Fasanenhöfen gehalten. Nach der Römerzeit gab es Fasanenhöfe nur an den Höfen der Adeligen, die hierfür Fasanenmeister und -wärter anstellten. Diese Fasanenhöfe gab es zunächst in England, Böhmen und Mähren, im 15. Jh. im süddeutschen Raum (die erste F. legte Herzog Ludwig von Bayern im Jahre 1416 bei Ingolstadt an) und erst im 17. Jh. in Norddeutschland. Bis zum Ende des 17. Jh. wurden die Fasane ausschließlich in Gehegen gehalten. Mit der gezielten Aussetzung des Fasans wurde erst Anfang des 18. Jh. begonnen; ▸ Aussetzen von Wild.

Fasch, der (Faisch, Feisch, Farbe): ▸ Schweiß.

Faschhund, der: ▸ Schweißhund.

Fasel, das: Gamsgeiß mit Kitz.

faseln: Beim Hund: unsicheres Herumsuchen, ohne die ▸ Fährte bzw. die ▸ Spur zu finden; der Hund faselt, ist ein Schwärmer (▸ schwärmen).

Faselzeug, das: ▸ Scharwild.

Faserholz, das: Zur Verwendung in der Papier- oder Plattenindustrie bestimmtes ▸ Schichtholz (Industrieholz).

Fass!: Zuruf an Jagdhunde, wenn sie etwas anpacken oder aufnehmen sollen.

Fassbeinigkeit, die: Eine besondere, O-förmige Stellung der Hinterbeine des Hundes. Die Zehen stehen dabei enger als die Sprunggelenke. Diese Beinstellung ist meist angeboren, kann aber auch Folge von ▸ Rachitis sein.

Fässel, das: Alte, in Vorarlberg übliche Bez. für ein streifendes Wildschwein.

fassen: **1**) Den Hund an den Riemen f., d.h. ▸ anhalsen. **2**) Das ▸ Jagen enger f., es enger machen.

Fastenschlier, der: Alte Bez. für Wasservögel (z.B. Blässhühner), die von den Katholiken auch an Fasttagen gegessen werden durften.

fauchen: **1**) Der Zornlaut (Abschrecklaut) des kleinen ▸ Haarraubwildes, des Luchses und der Wildkatze. **2**) ▸ blasen 1).

Faul, die: ▸ Reiher 7.

Faulbaum, der: ▸ Kreuzdorn 2.

Faulkner (bis 1924 Falkner), William Harrison (25.9.1897 New Albany/Missouri bis 6.7.1962 Oxford/Missouri): US-amerikanischer Schriftsteller, erhielt 1950 den Nobelpreis. Er schrieb u.a. »Der große Wald« (deutsch 1964) mit vier Jagdgeschichten, u.a. mit der Erzählung »Hetzjagd in der Frühe«.

Faulpirsch, die: Bez. für die ▸ Pirsch zur Mittagszeit, die gelegentlich auf Rehbock und auf Feisthirsch ausgeübt wird.

Fauna, die: Bez. (nach der römischen Göttin Fauna) für die Tierwelt eines bestimmten Gebietes. F.-Regionen sind tiergeografische Regionen; ▸ Tiergeografie.

Faust, die: Die linke Hand des ▸ Falkners, über die der ▸ Falknerhandschuh gezogen wird und auf welcher der ▸ Beizvogel seinen Platz hat.

Faustfalke, der: Ein Falke, der von der ▸ Faust aus zur Jagd an Wild geworfen wird.

Faustfeuerwaffen, die: Auch Kurzwaffen. Zu den F. gehören einläufige einschüssige Pistolen, mehrläufige Pistolen, Selbstladepistolen und Revolver. Allg. in Gebrauch sind heute im Grunde nur noch Selbstladepistolen und Revolver. Nach § 19 BJG ist es verboten, mit F. auf Wild zu schießen, ausgenommen im Falle der Bau- und der Fallenjagd sowie zur Abgabe von Fangschüssen, wenn die Mündungsenergie der Geschosse mindestens 200 J beträgt. Dem Inhaber eines gültigen Jagdscheins wird im Waffengesetz das Recht zum Führen von F. in Wahrnehmung seiner jagdlichen Aufgaben zuerkannt. Dieses Recht verpflichtet ihn aber gleichzeitig, sich die notwendige Sicherheit und Fertigkeit im Gebrauch einer solchen Waffe anzueignen. Darüber, ob eine Selbstladepistole oder ein Revolver die geeignetere Waffe ist, differieren die Meinungen, zumal beide Waffen ihre Vor- und Nachteile haben. F. erfüllen dann ihren Zweck, wenn sie ohne Gefahr

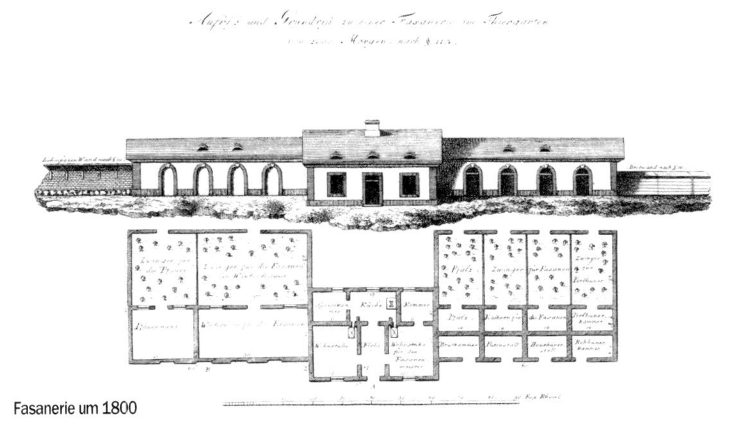

Fasanerie um 1800

für den Schützen schussbereit am Körper getragen werden können und schnell und problemlos zu bedienen sind.

1. Pistolen: Selbstlade-P., auch fälschlicherweise automatische P. genannt, sind einläufige Waffen, bei denen bei einmaliger Betätigung des Abzuges sich ein Schuss löst (bei automatischen Waffen lösen sich so lange Schüsse, wie der Abzug gezogen wird). Von einschüssigen P. und vom Revolver unterscheiden sie sich im Wesentlichen dadurch, dass der Spann-, Lade- und Ausziehvorgang durch den Gasdruck und nicht durch manuelle Betätigung ausgelöst wird. Selbstlade-P. können neben der im Patronenlager des Laufes befindlichen Patrone noch weitere Patronen in einem Magazin (bei den meisten Modellen im Griffstück) aufnehmen. Wird aus einer Selbstlade-Pistole ein Schuss abgegeben, so wird, bedingt durch den Rückstoß, der Selbstlademechanismus betätigt. Durch diesen Mechanismus wird ohne Einwirkung des Schützen die leere Patronenhülse seitlich ausgeworfen, eine neue Patrone aus dem Magazin in das Patronenlager gedrückt und der Schlagbolzen bzw. der Hahn gespannt. Um den nächsten Schuss abzugeben, braucht der Schütze nur wieder den Abzug durchzuziehen. So ist es möglich, in schneller Folge mehrere Schüsse hintereinander abzugeben. Die geeignetsten P. sind Selbstlade-P. mit Spannabzug. Sie haben einen außenliegenden Hahn und den sog. Spannabzug, wodurch sie gefahrlos und doch jederzeit feuerbereit getragen werden können. Befindet sich bei der ungespannten Pistole der Hahn in Ruhestellung, so ist zwischen Hahn und Schlagbolzen eine Blockierung eingeschaltet. Erst bei völligem Zurückziehen des Abzugs kann sich ein Schuss lösen. Selbstlade-P. haben eine äußerst hohe Feuerfertigkeit, die natürlich von der Geschicklichkeit und Fertigkeit des Schützen abhängt und bestimmt wird. Mit einem kleinen Kaliber (6,35 mm) sind sie zwar sehr handlich, in ihrer Wirkung und v.a. in ihrer Aufhaltekraft aber den größeren Kalibern (7,65 mm, 9 mm Parabellum und .45 Automatic) unterlegen.

2. Revolver: R. sind F. mit einer drehbaren Trommel zur Aufnahme von fünf oder mehr Patronen. Patronenlager und Lauf sind voneinander getrennt, die Trommel wird durch Spannen des Hahnes von einer Patrone zur anderen um ihre Achse gedreht (Revolving-System). Man unterscheidet R. mit einfacher (Single Action) und mit doppelter Abzugsbewegung (Double Action). Bei R. mit einfacher Abzugsbewegung muss der Hahn jedesmal von Hand gespannt werden; hingegen kann bei doppelter Abzugsbewegung der Hahn nach Wahl mit der Hand oder durch Durchziehen des Abzuges gespannt werden. Beim Durchziehen schlägt der Hahn sofort durch und löst den Schuss. Weiter unterscheidet man R. mit innenliegendem, verdecktem Hahn und R. mit außenliegendem Hahn. Auch in Bezug auf die Konstruktion ihrer Lade- bzw. Entladeeinrichtung unterscheiden sich R. in a) Waffen mit fest gelagerter Trommel, bei denen das Laden und Entladen nach dem Öffnen der Ladeklappe geschieht, b) Waffen mit seitlich herausschwenkbarer Trommel, c) Kipplaufwaffen, wobei die Trommel und der Lauf gekippt werden.

Faustgehörn, das: Alter Ausdruck für ▸ Handgeweih.

Faustmesser, die: ▸ verbotene Waffen.

faustscheu: Ein ▸ Beizvogel, der aus irgendwelchen Gründen nicht auf die Faust des Falkners geht und nicht auf diese beireiten will, ist f. Solche Vögel werden am besten mit dem ▸ Federspiel oder dem Balg eingezogen.

Faustvögel, die: **1**) Vögel von der Faust wurden früher der Habicht und der Sperber ge-

▸▸ Verschiedene Pistolen (Heckler & Koch)

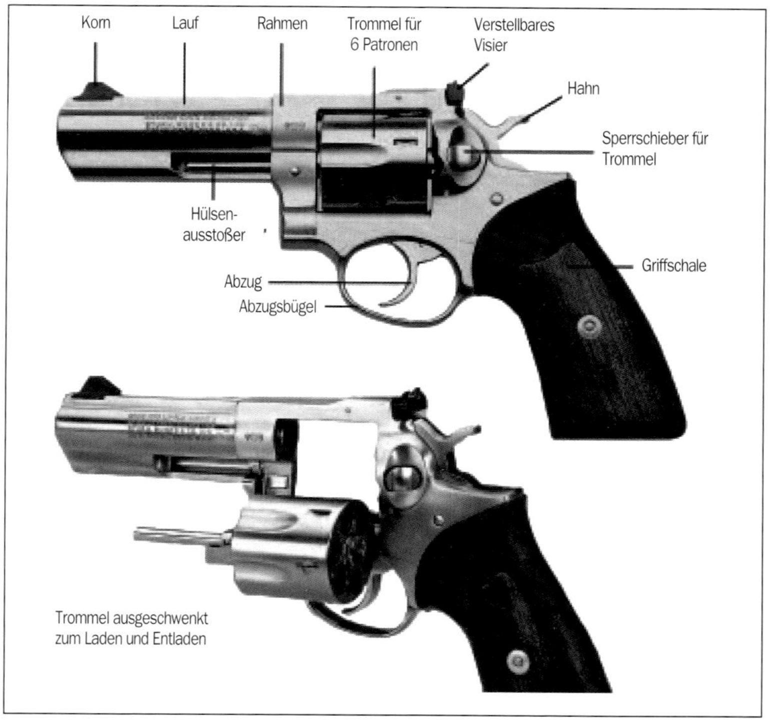

▸▸ Ruge-Revolver Kaliber .357 Magnum

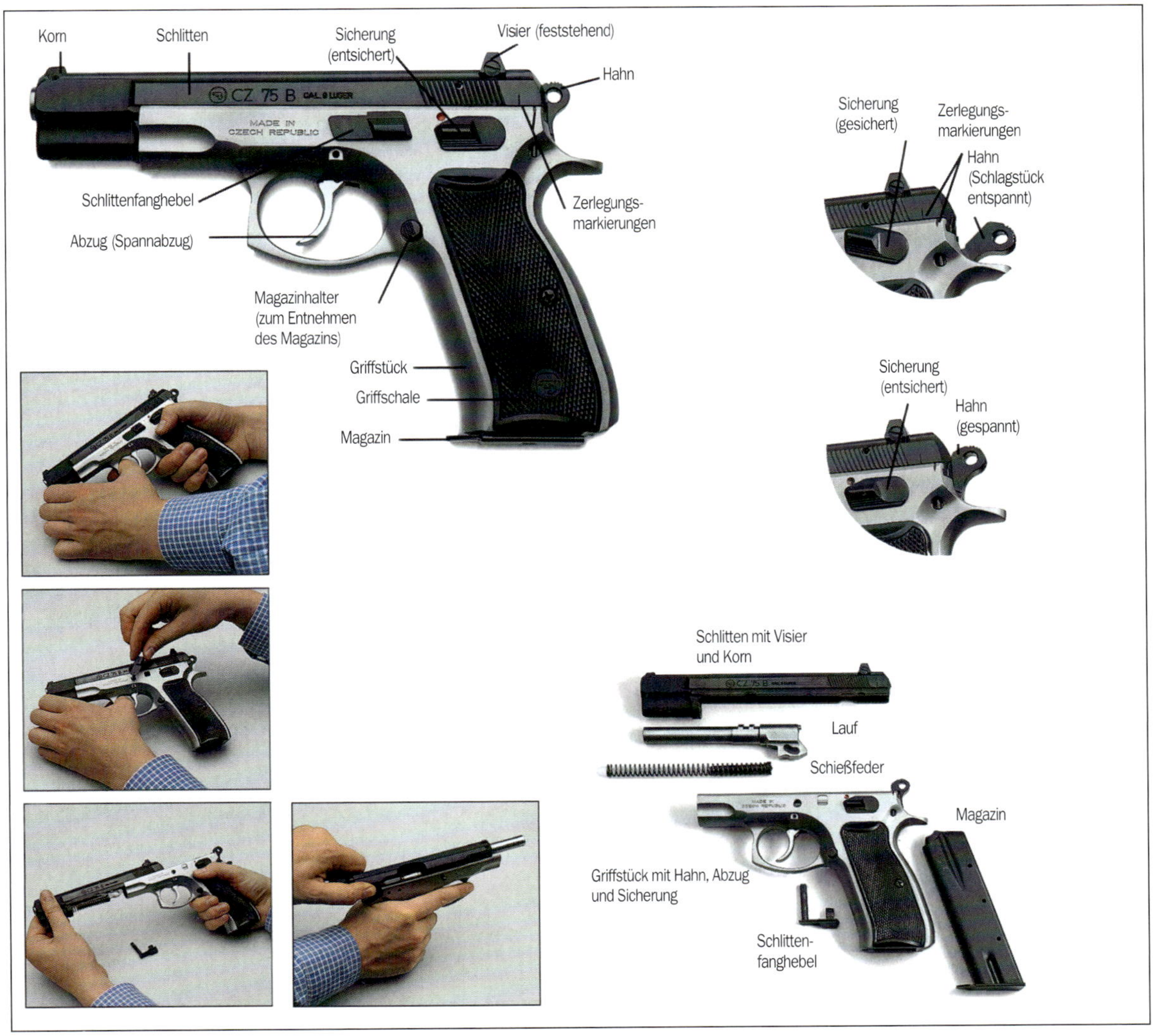

CZ75-Pistole Kaliber 9 mm Luger – schrittweises Zerlegen der Waffe: Magazin entnehmen, Hahn in Sicherheitsraste zurückziehen. Kleine Bilder: 1 Pistole mit der rechten Hand umfassen. Mit der linken Hand den Schlitten nach hinten schieben, sodass die Markierung auf Schlitten und Griffstück übereinstimmt; 2 Schlittenfanghebel von rechts nach links herausdrücken; 3 Schlitten mit Lauf nach vorne abziehen. Zusammensetzen in umgekehrter Reihenfolge. 4 Einführen der ersten Patrone in den Lauf: Gefülltes Magazin einführen, Schlitten zurückziehen und nach vorne schnellen lassen.

◂◂ Verschiedene Revolver (Smith & Wesson)

nannt, weil sie fast ausschließlich von der ▸ Faust aus zur Jagd geworfen wurden und auf diese auch wieder zurückkehrten. Heute wird auch der Falke Faustvogel genannt (▸ Faustfalke), wenn er entsprechend abgetragen wurde. **2**) Ohne ▸ Federspiel auf die Faust beireitender ▸ Beizvogel.

FCI: Abk. für (franz.) Fédération Cynologique Internationale. Diese internationale Vereinigung des Hundewesens (Sitz in Thuin/Belgien) wurde 1911 in Paris von den führenden Vereinigungen des Hundewesens Belgiens, Deutschlands, der Niederlande, Österreichs und Frankreichs gegründet. Nach dem Ersten Weltkrieg fiel sie auseinander; 1921 wurde sie von Frankreich und Belgien neu gegründet, Deutschland und Österreich kehrten 1934 bzw. 1932 in die FCI zurück. 1939 zählte sie 48 Vereinigungen. Im Zweiten Weltkrieg ging diese Zahl auf 23 zurück. Nach dem Zweiten Weltkrieg stieg die Mitgliederzahl wieder, sodass die FCI 1965 insgesamt 21 nationale Organisationen als föderative und 14 Organisationen als außerordentliche Mitglieder zählte. Die FCI er-

Faustvogel: juveniler Beizhabicht auf der Faust

kennt in jedem Land nur eine Organisation an: in Deutschland den Verband für das Deutsche Hundewesen (VDH), Dortmund; in Österreich den Kynologen-Verband, Wien; in der Schweiz die Schweizerische Kynologische Gesellschaft, Bern; ▸ Hundeverbände.

Feder: **1**) Die Rückenborsten des ▸ Keilers in der Winterschwarte. **2**) svw. Saufeder; ▸ Blanke Waffen. **3**) Die Wirbelknochen-Dornfortsätze am Rückgrat des ▸ Schalenwildes, die Rippe selbst oder das Rippenstück beim Zerlegen des Wildes; ▸ Wand. **4**) Die Stacheln des ▸ Igels. **5**) Als F. bezeichnet man die längeren Haare auf der Hinterseite der Vorderläufe langhaariger Hunde; ▸ Fahne 1). **6**) ▸ Vogelfeder.

Federal: Die 1922 gegründete Munitionsfabrik mit Sitz in Anoka/Minnesota (USA) ist heute einer der größten Hersteller für Jagd- und Sportmunition (F. Cartridge Company). Bekannt ist u.a. die speziell für die Jagd auf Großwild entwickelte Kugelpatrone »Premium Safari«, für die ausschließlich vernickelte Hülsen verwendet werden, und die »Premium Trophy Bonded« für schweres, wehrhaftes Wild.

Federbart, der (Kehlbart): Die Kehlfedern des Auerhahnes sowie die langen, feinen Federn beiderseits am Unterkiefer des Trapphahnes.

Federchen, das: ▸ Federlein.

Federhahn, der: Alte lokale Bez. für den Auerhahn; ▸ Raufußhühner 1.

Federhaspel, die: Eine Winde zum Aufwickeln der Federlappen; ▸ Jagdzeug 1.

Federkleid, das (Gefieder): Bez. für die Gesamtheit aller Federn eines Vogels (▸ Vogelfeder). Das F. dient als Wärmeschutz (sog. Kleingefieder), ferner der Fortbewegung (Flügel- und Stoßfedern, sog. Großgefieder) sowie durch die Farbgebung der Art- und Geschlechtserkennung. Bei vielen Vogelarten ist die Färbung des F. von männlichen und weiblichen Tieren unterschiedlich (Weibchen meist schlichter und unauffälliger gefärbt). Der Wechsel des F. ist die sog. ▸ Mauser. Unterschieden wird nach Brut-, Pracht-, Sommer- oder Hochzeitskleid (das nach der Frühjahrsmauser, einer Kleingefiedermauser, entsteht), nach Ruhe-, Schlicht- oder Winterkleid (das nach der Hauptmauser, nach der Brutzeit im Sommer, entsteht), nach Nestlings- oder Dunenkleid und nach Jugendkleid (als erstes F.), das meist dem Schlichtkleid der Weibchen ähnelt; ▸ Brutkleid, ▸ Ruhekleid, ▸ Alterskleid und ▸ Jugendkleid.

Federl, das (Feder): ▸ Federlein.

Federlappen, die: ▸ Vogelfedern (Schwungfedern), in lange, dünne Schnüre eingebunden; ▸ Jagdzeug 1., ▸ Blendzeug.

Federlein, das (Federl, Federle, Federchen): Der ▸ Pürzel beim Schwarzwild, seltener für die ▸ Blume des Hasen und den ▸ Wedel des Hirsches gebräuchlich.

Federlinge, die: ▸ Haarlinge.

federn: **1**) Beim Flugwild: es bei der Jagd so treffen, dass ihm nur Federn abgeschossen werden. **2**) Beim Schalenwild: die Dornfortsätze am Rückgrat treffen (krellen), sog. ▸ Krellschuss; das Stück ist gefedert. **3**) Beim Federwild allgemein: svw. ▸ mausern. **4**) ▸ abfedern.

Federohren, die (Hörner): Die grün glänzenden Federbüschel am Kopf der Fasane sowie die Federbüschel bei Ohreulen.

Federpille, die (Falkenpille): In der Falknersprache eine etwa haselnussgroße, aus Fleisch und Federn geformte Pille, die dem Falken zur Bildung von ▸ Gewölle eingegeben wird. Dies ist notwendig, wenn der Beizvogel lange Zeit keine Gelegenheit hatte, Gewöllstoffe (Haare und Federn) von Beutetieren mitzukröpfen.

Federrücken, der: Der Rücken (▸ Ziemer) des Schalenwildes vom Träger bis zur letzten Rippe (Vorder- und Mittelziemer).

Federschuss, der: ▸ federn 2), ▸ Krellschuss.

Federschütze, der: F. wurde ein Jäger genannt, der sich nur mit der Jagd auf ▸ Federwild beschäftigte und daher einem hirschgerechten Waidmann nicht ebenbürtig war. Es war ihm auch nicht gestattet, Hornfessel und Jagdhorn, geschweige denn einen Hirschfänger zu tragen. Heutzutage wird aber auch ein besonders guter Federwild- bzw. Flugwildschütze als Federwildschütze bezeichnet (▸ Böhnhase, ▸ Hasenstamperer).

Federspiel, das: **1**) Früher übliche Bez. für die eigentliche Beize (▸ Beizjagd), aber auch für den ▸ Beizvogel selbst. **2**) (Veraltet: Luder, Luier): Bez. für eine Beuteattrappe (Flugwildattrappe), die zum Zurücklocken des Falken dient. Sie besteht aus einem hufeisenförmigen Körper aus Leder oder festem Stoff, auf dem beiderseits Vogelflügel befestigt sind. Es befinden sich ferner noch sog. Spickbänder daran, mit denen die Atzungsstücke auf dem F. festgebunden werden. Der Stoff- oder Lederkörper wird jeweils mit den Schwingen desjenigen Wildes bestückt, auf das der Falke eingeflogen wird. Das F. wird an einer etwa 2,5 m langen Lederleine geschwungen, die an einem Ende einen Lederknoten hat und mit einer Drahle am F. verbunden ist. Edelfalken wurden auch »Vögel aufs F.«, Habichte und Sperber »Vögel von der Faust« genannt. Ein Schwerfederspiel ist ein F., in dessen Stoff- oder Lederkörper ein Hufeisen eingenäht ist und mit dem man einem Beizvogel das Leiten oder Führen abgewöhnen kann, wenn er dazu neigt; ▸ führen 4).

Federwild, das (Wildgeflügel, Flugwild, früher auch Geflugl, Geflüg): Sammelbezeichnung für alle jagdbaren Vogelarten; ▸ jagdbare Tiere.
Federwildbret, das: Das essbare ▸ Federwild.
Federzeit, die: ▸ Mauserzeit.
Fee, die: ▸ Fähe.

◂◂ Johann Elias Ridinger (1698–1767): »Ein Federschütze auf einem Schieß Pferde«, Kupferstich

Fegen, das (Himmelsspur): ▸ Hirschgerechte Zeichen.
fegen: Das Abschaben und Abreiben des ▸ Bastes von den neugebildeten ▸ Geweihen und Gehörnen an Bäumen (Fegebäumen) und Sträuchern. Die abgeriebenen, behaarten Hautfetzen (Bast) werden Gefege genannt. Gleiche Verhaltensweisen des Hirsches wie beim F. in der Feist- und Brunftzeit nennt man ▸ schlagen 1).
Fegeschäden, die: Schäden, die durch das ▸ Fegen an jungen Stämmchen auftreten. Sie fallen gegenüber den Schäl- und Verbissschäden kaum ins Gewicht, sodass ein Schutz vor F. nur an wertvollen Bäumen (z.B. an in Kulturen einzeln eingebrachten und selten vorkommenden Holzarten wie Douglasien und Lärchen) angebracht ist. Hierfür stehen mechanische und chemische Abwehrmittel zur Verfügung; ▸ Wildschaden(s)verhütung.
Fegeschutz, der: ▸ Wildschaden(s)verhütung.
Fegestellen, die: Die Stellen, an denen ein Hirsch oder ein Rehbock gefegt hat. Dem kundigen Jäger geben sie Auskunft über die Einstände des Wildes.
Fegezeit, die: Die Zeit, in der die männlichen Hirscharten ihren Hauptschmuck verfegen.
Feh, die: **1**) svw. ▸ Fähe, hauptsächlich für das weibliche Frettchen gebräuchlich. **2**) ▸ Veh.
Fehe, die: ▸ Fähe.
Fehlabschuss, der: Ein entgegen den Richtlinien für die Hege und die Bejagung des Schalenwildes getätigter Abschuss; ▸ Ernteabschuss, ▸ Hegeabschuss, ▸ Wahlabschuss, ▸ Notabschuss, ▸ Reduktionsabschuss und ▸ Totalabschuss.
fehlen: svw. vorbeischießen, fehlschießen; Fehlschuss ▸ Schusszeichen.
Fehlfang, der: Eine zugeschlagene Falle ohne Fangerfolg.
Fehlhatz, die (Fehlhetze): Eine erfolglose ▸ Hatz mit Hunden.
Fehlhetze, die: ▸ Fehlhatz.
Fehljagd, die (Fehljagen): Eine erfolglose Jagd, besonders früher bei ▸ Eingestellten Jagen, wenn sich der gewünschte Erfolg nicht eingestellt hat. Eine F. liegt auch vor, wenn bei einem Trieb kein Wild vor die Stände gebracht wird.
Fehlschuss, der: Ein Schuss, der das Ziel verfehlt hat; ▸ Schusszeichen.

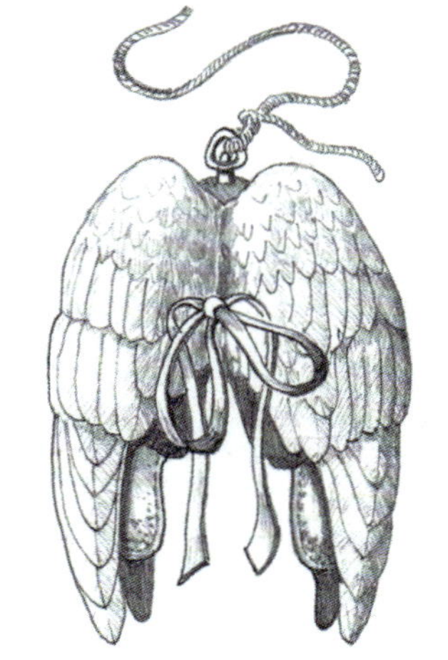

Federspiel

Fegender Rehbock

Das Apportieren von Federwild ist ein Fach der Feldarbeit.

Fehlstoß, der: Ein erfolgloser Stoß des Greifvogels bzw. Beizvogels nach der Beute; ▸ Durchgang.

Fehwamme, die: Der Pelz von der Unterseite (Bauchseite) des Fuchses.

Feichtblatt, das (Feigenblatt): ▸ Feuchtblatt.

feichten: ▸ feuchten 1).

Feige, die: ▸ Brunftfeige.

Feigenblatt, das: ▸ Feuchtblatt.

Feindschutz-Einstand, der: ▸ Einstand.

Feindvermeidung, die: ▸ Schutzverhalten.

feiner Hals: Bez. für das schwache Lautgeben (Bellen) des Jagdhundes.

Feinkorn, das: ▸ Visiereinrichtung.

Feisch, der (Faisch): ▸ Schweiß.

Feischhund, der (Faischhund bzw. Faschhund): Der ▸ Schweißhund.

Feischschnur, die: ▸ Schweißschnur.

Feist, das: Das ▸ Fett, das auf dem Wildbret bei allem ▸ Schalenwild außer bei Schwarzwild (▸ Weiß) unmittelbar unter der ▸ Decke liegt; ▸ Inselt.

feist: svw. gut genährt und fett; bei allem Wild, dessen Fett als Feist bezeichnet wird. Ein f. Hirsch ist ein gut genährter Hirsch; ▸ Feisthirsch, ▸ Feistzeit.

Feiste, die: ▸ Feistzeit.

Feisthirsch, der: Ein Hirsch in der Zeit vom ▸ Fegen bis zum Beginn der Brunft. In dieser Zeit (Hochsommer) ist der Hirsch am besten im ▸ Wildbret. Er hat ▸ Feist angesetzt; ▸ Feistzeit.

Feisthirschrudel, das: Eine Gesellschaft (Rudel) von Rothirschen oder Damhirschen in der ▸ Feistzeit.

Feistjagen: Ein Jagen, das zur ▸ Feistzeit der Hirsche abgehalten wird.

Feistzeit, die (Feiste, früher auch Fettung): Die Zeit vom ▸ Fegen bis zur Brunft, etwa der Zeitraum von Juli bis September. In dieser äsungsreichen Zeit wird der Hirsch sehr feist. Er ist in der F. besonders faul und nur schwer zu bejagen. Ein Reim lautet: »Der Feisthirsch ist ein Waldgespenst, das du nur ahnst und niemals kennst. Dort, wo du meinst, da steht er nicht, und wo du wartest, geht er nicht, und ist nur hoch bei Sternenlicht!« Bereits im ▸ Weistum über den Dreieicher Wald von 1338 ist die F. die Benennung der nach Wildart und Geschlecht verschiedenen Jahreszeit, in der das Wild am feistesten ist.

Feld, das: **1**) Altersangabe bei ▸ Vorstehhunden; ▸ Hundealter. **2**) Beim Büchsenlauf: der zwischen den ▸ Zügen stehengebliebene, erhabene Teil im Laufinneren; ▸ Lauf 4) 1. **3**) Beim Hund: weit oder kurz suchen; der Hund nimmt viel F. oder wenig F., je nachdem ob er eine flotte, kurze oder zu kurze ▸ Suche hat. **4**) Das Wild zieht zu Felde. **5**) ▸ zu Felde schießen. **6**) Bei der ▸ Parforcejagd die Masse der Reiter.

Feldahorn, der: ▸ Ahorne 2.

Feldarbeit, die: Die Arbeit (das Jagen) des Hundes im Felde; z.B. flotte, aber planmäßige Quersuche mit Sichtverbindung zum Herrn; Hühner und Hasen usw. aufspüren, vorstehen, verlorensuchen und bringen. Ggs.: ▸ Waldarbeit, ▸ Wasserarbeit; ▸ Hundeprüfungen.

Felddressur, die: Die Dressur des ▸ Vorstehhundes im Freien (Ausbildung zur Feldjagd); Ggs.: ▸ Stubendressur.

Feldeggsfalke (Lannerfalke): ▸ Falken 7.

feldern: Zur Äsung auf Felder einfallen, speziell bei ▸ Wildenten, aber auch bei ▸ Wildtauben (Ringeltauben).

Feldgänse, die: ▸ Wildgänse.

Feldgeflügel, das: Bez. für das im Felde lebende ▸ Federwild wie Rebhühner, Wachteln, Lerchen usw.; Ggs.: Waldgeflügel.

Feldgehölz, das (Feldholzinsel, Waldinsel): Kleinflächiger Baum- und Strauchbestand in der Feldmark. Es unterscheidet sich vom Wald durch die Kleinheit der bestockten Fläche und den dadurch verhältnismäßig größeren Anteil der Waldrandbedingungen. Wie ▸ Hecken und Ackerraine bilden sie wichtige Glieder eines ▸ Biotopverbundsystems. Sie sind Lebensraum für Tiere und Pflanzen und schaffen ein günstiges Kleinklima für die landwirtschaftliche Nutzung der Feldfluren. Die Lebensräume für unser heimisches Wild, v.a. für das Niederwild (Niederwildhege), können insbesondere durch folgende Maßnahmen verbessert werden: Neupflanzungen teilweise mit schnell wachsenden Pioniergehölzen (z.B. Weide und Erle) durchsetzen; Pflanzung ▸ fruchttragender Bäume sowie frucht- und dorntragender Sträucher (Schlehe, Sanddorn, Brombeere, Holunder und alle heimischen Wildrosenarten). Letztere bieten dem Wild im Herbst und Winter nach dem Abernten der Felder sowohl Schutz als auch Äsung. Auf den Anbau von Kreuzdorn (Zwischenwirt für den Kronenrost des Hafers) sollte in Getreideanbaugebieten verzichtet werden. Heckenartige Pflanzungen sind möglichst in einer Breite von 8 bis 10 m anzulegen, unterbrochen durch Wildwuchsstreifen. Besonders die Grasflächen sind für verschiedene Tiere wie Rebhuhn, Fasan und Feldlerche von besonderer Bedeutung. F. als Hegeinseln sind die günstigste Form des Wildbiotops. Die Größe sollte zwischen 300 qm und 3000 qm liegen. Unter dem wildbiologisch wichtigen Aspekt der Vernetzung sind mehrere, günstig im Gebiet verteilte, kleinere F. besser als wenige größere. Zweckmäßig ist es, in der Nähe von F. Äsungsflächen anzulegen, damit das Wild keine langen Wege zurücklegen muss; ▸ Äsungsverbesserung, ▸ Hegebüsche, ▸ Hegeflächen.

feldgerecht: Ein Jäger, der in der ▸ Niederjagd, speziell der Feldjagd, geübt ist.

Feldhahn, der (Rebhahn): Bez. für das männliche Rebhuhn; ▸ Feldhühner 1.

Feldhamster, der: ▸ Hamster.

Feldhase, der: ▸ Hasen 1.

Feldhenne, die: Bez. für das weibliche Rebhuhn; ▸ Feldhühner 1.

▸▸ Johann Elias Ridinger (1698–1767): »Feldhase in üppiger Waldlandschaft«, Pinselzeichnung

◂◂ Franz Krüger (1797–1857): »Feldhuhnjagd«, Öl auf Leinwand. München, Deutsches Jagd- und Fischereimuseum

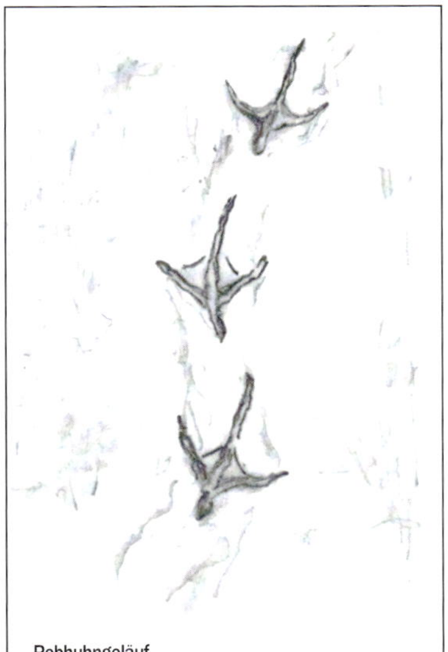

Rebhuhngeläuf

◂◂ Rebhenne mit Gesperre

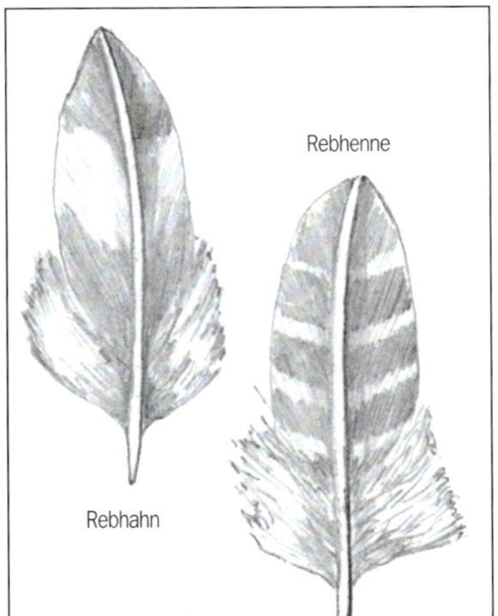

Obere Flügeldeckfedern

◂◂ Rebhahn (links) und Rebhenne

Feldherd, der: Im Felde stehender Vogelherd; ▸ Vogelfang 7.
Feldholzinsel, die: ▸ Feldgehölz.
Feldhuhn, das: ▸ Feldhühner 1.
Feldhühner, die: Unterfamilie Glattfußhühner (*Phasianinae*) aus der ▸ Ordnung der ▸ Hühnervögel (*Galliformes*). Hierzu gehören Rebhuhn (*Perdix perdix*), Wachtel (*Coturnix coturnix*), Steinhuhn (*Alectoris graeca*) und Rothuhn (*Alectoris rufa*).
1. Rebhuhn, das (*Perdix perdix*, L.): Auch Repphuhn, Feldhuhn. Länge: um 30 cm, Gewicht: ca. 400 g (Hahn) bzw. bis 470 g (Henne); Flügellänge 145 bis 165 mm.
Aussehen: Der Hahn ist oberseits graubraun bis rostbraun mit gelblichen Schaftstrichen, Kopf und Kehle sind hell rotbraun, der Hals grau, die Ohrgegend aschblau, auf dem nackten Augenkreis sind kleine, hochrote Wärzchen (Rosen). Bauch und untere Stoßdecken sind trübweiß, auf dem Bauch ist ein hufeisenförmiges, rotbraunes Schild. Die Flanken

Waidmännische Ausdrücke bei den Feldhühnern	
aufstehen	wegfliegen
ausfallen	ausschlüpfen
äsen (weiden)	Nahrung aufnehmen
einfallen	sich nach dem Flug niederlassen
Feldhahn/Feldhenne	Rebhahn/Rebhenne
festliegen	fest auf dem Boden sitzen
Gabelhuhn	nicht ausgewachsenes Rebhuhn, dessen Stoß nur die äußeren Federn aufweist, sodass dieser gabelförmig ist
Geläuf	Spur
Gestüber	Kot
halten	den Hund und den Jäger nahe herankommen lassen
hudern	1) im Sand oder Staub baden 2) die Henne nimmt ihre Jungen unter die Flügel, um sie zu wärmen oder zu schützen
Kette	Familie
Kragen	Hals
locken (rufen)	Laut des Rebhahnes und Mutterruf der Hennen nach Jungen
Paarhühner	Rebhahn und Rebhenne im Frühjahr
paaren	begatten
Rebhahn/Rebhenne	das männliche/weibliche Stück bei den Rebhühnern
rufen	s.o.: locken
Schild	hufeisenförmiger, rotbrauner Fleck auf der Brust des Rebhahnes und der Rebhenne
schildern	Federwechsel der jungen Rebhähne
schlagen	Lautäußerung des Wachtelhahnes
Schüttung	Fütterungseinrichtung
schnippen	zucken mit dem Stoß (Rebhühner)
stäuben	s.o.: hudern 1)
streichen	fliegen
treten	begatten
Volk	mehrere Ketten zusammen
vollschwänzig	ist das Rebhuhn, wenn es ausgewachsen ist und der Stoß die endgültige Forrm aufweist (▸ Gabelhuhn)
verhören	aufgrund der Lautäußerung den Standort feststellen
warnen	Lautäußerung des Hahns
weiden	s.o.: äsen
Weidkorn	Magensteine

sind gebändert, die Stoßfedern rotbraun, die Augen braun, der Schnabel bräunlich grau, die Ständer schiefergrau. Die Henne ähnelt dem Hahn. Auch der markante hufeisenförmige Fleck auf der Brust des Hahnes kommt schwächer hie und da bei der Henne vor. Im Fluge sind Hahn und Henne nicht zu unterscheiden. Das wesentlichste Unterscheidungsmerkmal sind die Flügeldeckenfedern. Beim Hahn zeigen sie einen hellen Längsstrich entlang des Kiels und sind zudem mit einem rostbraunen und einem schwarzen Fleck versehen. Bei der Henne dagegen fehlen die Flecken, und vom Schaftstrich weg verlaufen schmale, helle Querbinden. Der Jungvogel ähnelt der Henne, die Ständer sind jedoch gelb, der Schnabel ist schwarz.

Sinne: Die Rebhühner äugen und vernehmen sehr gut. Der Geruchssinn ist wie bei allen Vögeln kaum ausgeprägt. Bei Gefahr aus der Luft drücken sie sich fest auf den Boden. Der die Kette (das Volk) führende Rebhahn ist äußerst wachsam und rege.

Stimme: Beim Rebhahn ist der Revierruf, ein schnarrendes »Girr-rreck«, besonders am Abend zu hören. Beim Auffliegen lassen Hahn und Henne ein raues »Gröck, gröck« hören.

Vorkommen und Lebensweise: Die intensive Bewirtschaftung unserer Felder, verbunden mit der Anlage von Monokulturen, sowie der Einsatz von Pflanzenschutz- und Unkrautbekämpfungsmitteln haben den Lebensraum des Rebhuhns stark eingeschränkt. In Europa fehlt es zwar nur auf Island, im größten Teil Skandinaviens, südlich der Pyrenäen, auf den Mittelmeerinseln und in Griechenland, doch sind die Besätze in den meisten Ländern rückläufig. In Nordamerika wurde es eingebürgert. Das R. ist ein ▸ Jahresvogel und ▸ Kulturfolger. Sein Lebensraum sind hauptsächlich kleinflächig gegliederte Kulturlandschaften und Grassteppen mit Hecken, Gebüschen und Rainen, die Äsung und Deckung bieten. Es fliegt schwerfällig, immer geradeaus, aber verhältnismäßig schnell und mit absetzenden Flügelschlägen. Der Flug ist nie sehr weit. Beim vertrauten langsamen Gehen zieht es den Kopf ein, krümmt den Rücken und lässt den Stoß hängen. Bei Gefahr oder Beunruhigung rennt es mit vorgestrecktem Hals ungemein schnell und weit. Das Vorkommen der Rebhühner im Revier erkennt man an den Huderstellen (v.a. auf staubigen oder sandigen Feldwegen), am ▸ Gestüber, am ▸ Geläufe im Staub oder im Schnee sowie am Locken und Rufen. Die Rebhühner sind tag- und dämmerungsaktiv, nächtigen immer am Boden und baumen niemals auf.

Nahrung: Sie besteht aus Insekten aller Art, aus Spinnen, Gliederfüßlern, Schnecken, Würmern, Sämereien (hauptsächlich Unkrautsamen), Grasspitzen sowie aus Knospen, Kohl und Klee. Beim Jungvogel (kurz nach dem Schlüpfen) überwiegt die animalische, beim älteren Vogel die pflanzliche Nahrung. Wie alle Hühnervögel nimmt das R. mit der Nahrung ▸ Magensteine auf (▸ Muskelmagen).

Gestüber: Das Gestüber befindet sich hauptsächlich am und im Nachtlager und ähnelt im Aussehen dem des Fasans, doch ist es nur halb so groß (ca. 1 cm lang), walzenförmig und stärker gedreht. Das Brutgestüber der Henne ist hartknollig.

Fortpflanzung: Rebhühner sind im ersten Jahr geschlechtsreif. Die Paarbildung findet gegen Ende des Winters statt, sobald die Winterketten sich auflösen. Die Balz ist relativ unauffällig. Rebhühner leben nur während der Brutzeit paarweise. Als Nistplatz werden Standorte in Wiesen und Feldern gewählt, die mit Büschen durchsetzt oder abgegrenzt sind. Das ▸ Nest ist eine einfache Bodenmulde und wird meist unter Heckenrosenbüschen oder Brombeerhecken usw. errichtet (Sichtschutz von oben). Das Gelege enthält zwischen 10 und 25 einfarbig olivbraun bis grüngrau gefärbte Eier. Sie sind 35 x 27 mm groß und ca. 14 g schwer. Sie werden von der Henne etwa 23 bis 25 Tage bebrütet. Die Jungen sind ▸ Nestflüchter, bleiben aber mit den Altvögeln bis in den Winter in einer Kette (Familienverband) verbunden. Eine Jahresbrut (Mai/Juni). Bei Verlust des Geleges wird ein ▸ Nachgelege mit geringerer Eizahl angelegt. Der Hahn beteiligt sich nicht an der Brut, hält aber während der Brutzeit Wache und beteiligt sich an der Jungenführung.

Altersbestimmung: Bei den Rebhühnern kann nur nach diesjährigen und mehrjährigen Vögeln unterschieden werden. Die Jungvögel beenden nach der zwölften oder dreizehnten Woche ihre zweite Jugendmauser. Während der Mauser werden mit Ausnahme der neunten und der zehnten Handschwinge alle Hand- und Armschwingen erneuert. Bei einem jungen R. unter neun Monaten (bis zur Frühjahrsmauser) laufen die neunte und die zehnte

Handschwinge spitz aus, beim älteren Stück sind sie abgerundet. Ein weiteres Altersmerkmal ist die Stärke der Schädeldecke. Nach Torner (1933) ist die Schädeldecke eines jungen Stückes so dünn wie Pergamentpapier und lässt sich leicht eindrücken. Bei älteren Stücken ist hierzu ein kräftiger Daumendruck nötig. Im Übrigen besitzen junge Rebhühner gelbe Ständer und einen schwarzen Schnabel, alte Rebhühner bräunlich graue Ständer und einen schiefergrauen Schnabel. Altvögel (über ein Jahr) haben über dem Auge einen kleinen roten Augenring (Rosen), der bei jungen Rebhühnern noch fehlt.

Hege: Bereits im Herbst sollten die Schüttungen beschickt werden. Zur Fütterung eignen sich Unkrautsamen, Dreschabfälle, Raps, Hirse und gemahlener Weizen. Bei Schneefall und Frost bieten Futterkohl und Rübenschnitzel eine hervorragende Nahrungsgrundlage. Die Schüttungen müssen jedoch schneefrei bleiben und sind daher mit Reisern gegen Verwehungen zu schützen. Als Standort sind möglichst Plätze zu wählen, die keine Einzelbäume und Pflöcke zum Aufblocken von Greifvögeln aufweisen. Sinnvoll und notwendig ist die Anlage von Randstreifen an Wiesen und Feldern mit ▸ Hecken, die den Rebhühnern Schutz und Äsung bieten. In der Nähe der Schüttungen sollten Huderplätze angelegt werden. Darüber hinaus ist die Anlage von ▸ Wildäckern mit Winterkohl, Raps und Hanf zu empfehlen. Zu den Hegemaßnahmen gehört auch die Kurzhaltung der natürlichen Feinde des R. Hierzu zählen neben den ▸ Greifvögeln Fuchs, Marder, Iltis, Dachs, Wiesel, Wanderratte, wildernde Katze, Krähenvögel, Möwe und Igel.

Jagd: Die heute übliche Jagdart ist – soweit es der Bestand zulässt – die sog. Hühnersuche im Herbst mit dem ▸ Vorstehhund und maximal drei Schützen. Der Hund sucht dabei in schneller Quersuche auf dem Feld und steht den Hühnern vor. Anvisiert und beschossen wird jeweils nur ein Huhn, aber nicht das als Erstes aufstehende Huhn einer Kette, weil es sich hierbei meist um die führende Henne handelt. Die Schrotgröße sollte 2 1/2 mm betragen. Bejagt werden nur schwache Ketten, da starke Ketten strenge Winter viel besser überstehen können (Schutz und Weide). Erlegte Rebhühner sind sofort auszuhakeln.

2. Wachtel, die (*Coturnix coturnix*, L.): Auch Schlag-, gemeine W., Perpelitza, Quackel. Länge: Hahn ca. 20 bis 21 cm, Henne ca. 17 cm, Gewicht: um 100 g. Einziger ▸ Zugvogel unter unseren Hühnervögeln. Sie ist jagdbar, genießt aber ganzjährige Schonzeit. Die W. und ihre Eier gelten als Delikatesse. Waidmännische Ausdrücke wie beim Rebhuhn.

Aussehen: Die W. sieht dem Rebhuhn sehr ähnlich, ist aber wesentlich kleiner. Die vorherrschende Farbe ist bräunlich, der schwarzbraune Oberkopf ist mit rostbraunen Flecken und grauen Säumen durchsetzt. Die Oberseite ist überwiegend weißlich gelb mit schwarzen Quer- und hellen Längsstreifen. Die Unterseite ist rahmfarben, an den Flanken helle und dunkle Längsstreifen. Der kurze Stoß ist rötlich gelb mit schwarzen Querbinden und Flecken. Der Schnabel ist fast schwarz, die Augen sind dunkelbraun. Beide Geschlechter sind fast gleich gefärbt, das Männchen jedoch mit dunkelbrauner, das Weibchen mit heller Kehle. Die Jungvögel ähneln dem Weibchen.

Vorkommen und Lebensweise: In Europa mit Ausnahme Skandinaviens, Islands und des äußersten Nordostens beheimatet. Die W. ist überwiegend in Ebenen mit großen Getreideschlägen, in Brachschlägen mit vielen Unkräutern sowie im feuchten Wiesengelände anzutreffen. Bereits Ende September, wenn die letzten Getreidefelder geleert sind, findet sie sich zu größeren Flügen zusammen und zieht in den Süden (Steppengebiete südlich der Sahara), aus dem sie erst spät im April oder Mai zurückkommt. Während der Balz – sie beginnt bald nach der Rückkehr aus dem Süden – sind die Hähne sehr kampflustig und bleiben in dieser Zeit bei den Hennen. Im April/Mai sind der anheimelnde Balzruf des Hahnes, der sog. W.-Schlag: »pick der wick«, und der Ruf der Henne »quip, quip« Tag und Nacht zu hören. Die übrige Zeit leben die W. polygam. Durch zunehmend schlechtere Lebensbedingungen in unserer Heimat und durch übermäßigen Fang und Abschuss auf ihrer Herbstwanderung in den Süden ist das Vorkommen in Deutschland merklich zurückgegangen.

Fortpflanzung: Das Nest ist eine gescharrte Mulde, die notdürftig mit trockenen Halmen ausgelegt wird. Das Gelege ist im Juni vollzählig und besteht aus 8 bis 15 gelbbraunen Eiern, die mit großen schwarzbraunen Flecken und Punkten versehen sind. Die Eier sind 30 x 23 mm groß und 8 bis 9 g schwer. Die Brutdauer beträgt ca. 18 Tage; es brütet nur das Weibchen. Die Jungen sind Nestflüchter, werden aber noch ca. sieben Wochen geführt. Eine Jahresbrut (Mai/Juni). Bei einer zweiten Brut, meist im Juli, dürfte es sich um ein Nachgelege handeln; ▸ Wachteleier und -fleischerzeugung.

Nahrung: Sie besteht vorwiegend aus Weizenkörnern und Sämereien, Grasspitzen, grünen Teilen von Kräutern, daneben auch aus Insekten, Würmern und Schnecken.

3. Steinhuhn, das (*Alectoris graeca*, Meisner): Länge: ca. 35 cm, Gewicht: ca. 450 g. Früher jagdbar mit ganzjähriger Schonzeit, nunmehr durch das Naturschutzgesetz geschützt; in die ▸ Rote Liste der gefährdeten Vogelarten (potenziell gefährdet) aufgenommen.

Aussehen: Oberseits graubraun, an den Seiten gelbrotbraun und schwarz, scharf schwarz umrandeter weißer Kehlfleck; unterseits rostgelb, Stirn aschgrau. Der Hahn hat im Unterschied zur Henne einen roten Schnabel und rote Ständer. Der Augenring ist rot, der Stoß rotbraun.

Vorkommen und Lebensweise: Das S. ist nur noch in den Alpenländern (in Deutschland im Königsseegebiet) beheimatet und bewohnt sonnige, etwas begraste Hänge zwischen Baum- und Schneegrenze. Lebt in strenger Einehe, findet sich aber im Winter häufig zu Ketten zusammen. Es läuft und klettert sehr gut, fliegt gewandt und schnell, baumt aber nur im Notfall auf und versteht sich meisterhaft zu drücken.

Fortpflanzung: Die Balz fällt in den April/Mai. Das Gelege enthält 10 bis 15, manchmal auch mehr gelblich weiße Eier mit kleinen, rötlich braunen Flecken. Sie sind 41 x 30 mm groß und 24 bis 25 g schwer. Die Brutdauer beträgt 24 oder 25 Tage. Eine Jahresbrut (April/Juni). Die Jungen finden sich aber nicht zu einem gemeinsamen ▸ Gesperre zusammen. Sie sind Nestflüchter.

Nahrung: Sie besteht aus Knospen, Blättern, Beeren, Sämereien, Insekten, Schnecken und Würmern.

4. Rothuhn, das (*Alectoris rufa*, L.): Länge: ca. 35 bis 38 cm (Hahn) bzw. 34 bis 36 cm (Henne), Gewicht: 400 bis 630 g (Hahn) bzw. 340 bis 500 g (Henne); etwas größer als das Rebhuhn.

Wachtelhenne: Die Wachtel ist der einzige Zugvogel unter den heimischen Hühnervögeln.

Das Steinhuhn ist ganzjährig geschützt.

Das Rothuhn – Standvogel in südlichen Breiten

Aussehen: Beide Geschlechter sind oberseits vorwiegend rötlich graubraun. Die Kehle und ein Teil der Wangen sind rahmfarben und durch ein schwarzes Band eingefasst, das sich nach unten in Flecken auflöst. Die Flanken sind schwarz und in den Farben Weiß und Kastanienbraun stark quergebändert. Schwanz und Unterschwanzdecken sind rotbraun, der Schnabel und die Füße rot. Die Jungen ähneln den Eltern.
Vorkommen und Lebensweise: Das R. ist in Spanien, Frankreich, Norditalien, auf Korsika, in Südengland, auf den Balearen, auf Madeira, auf den Azoren und den Kanarischen Inseln beheimatet und dort ▸ Standvogel. Das R. ist im ersten Jahr geschlechtsreif und lebt zur Brutzeit paarweise. Das Gelege enthält 10 bis 15, manchmal auch mehr gelblich bräunliche, etwas rotbraun oder hellbraun gefleckte Eier, die 41 x 31 mm groß und ca. 24 g schwer sind. Die Brutdauer beträgt 24 bis 26 Tage. Eine Jahresbrut (April/Juni). Die Jungen sind Nestflüchter, sie bleiben jedoch bis zum Herbst bei der Henne.
Nahrung: Sie besteht meist aus Sämereien, Knospen, Grasspitzen, Beeren, Spinnen und Insekten.

Feldhüter, der: Von den Gemeinden (z.B. in Niedersachsen) für den Feldschutz bestellte Personen; ▸ Forsthüter.

Feldjagd, die: **1**) Eine Jagd im Felde (z.B. ▸ Suche, ▸ Treibjagden im Feld). **2**) Ein ▸ Jagdbezirk, der überwiegend aus Feldern und Wiesen besteht; auch Feldrevier.

Feldjäger, der: **1**) Ein Jäger, dem nur eine Feldjagd untersteht. Früher eine Bez. für denjenigen Jäger, der nur mit der Niederen Jagd beschäftigt war (▸ Reisjäger). **2**) Angehöriger des »Reitenden F.-Corps«, das von Friedrich d. Gr. 1740 gegründet und 1919 aufgelöst wurde. Das F.-Corps wurde zuerst ausschließlich aus Söhnen von Forstbediensteten gebildet und umfasste anfangs 60, dann 172 gelernte Jäger. Um 1800/01 ergänzte sich das reitende F.-Corps aus jungen Leuten, die sich dem höheren Forstfach gewidmet hatten, und zählte 1893 zwei Oberjäger (Premierleutnants) und 80 Feldjäger (Premier- und Sekondleutnants). An der Spitze stand ein Generaladjutant des Königs als Chef, der Inspekteur der Jäger und Schützen als Kommandeur. Die F. mussten die Studien des Forstfachs beendet haben und schieden, sobald sie als Oberförster angestellt wurden, aus dem F.-Corps aus.

Feldkaliber, das: ▸ Büchsenpatrone.

Feldkrähe, die: ▸ Rabenvögel 4.

Feldlauf, der: Bez. für einen Flintenlauf (▸ Lauf 4) 2.) mit geringerer Breitenstreuung für die Feldjagd, da dort meist auf weitere Entfernungen geschossen werden muss.

Feldläufer, der: ▸ Regenpfeifer 2.

Feldleine, die: Eine selten bei der ▸ Feldarbeit (Abrichtung) der Jagdhunde verwendete leichte, 30 bis 40 m lange Leine aus Leder oder Hanf.

Feldlerche, die: ▸ Lerchen 1.

Feldmäher, der: ▸ Schnepfenvögel 7.

Feld nehmen: ▸ Feld 3).

Feldpfau, der: ▸ Regenpfeifer 1.

Feldrabe, der: ▸ Rabenvögel 2.

Feldrehe, die: Bez. für Rehe, die ständig auf offenen Flächen leben und den Wald meiden. Von typischen Waldrehen unterscheiden sich die F. u.a. durch hellere (und meist stärkere) Gehörne (wegen geringerer Beizmöglichkeiten beim Fegen), durch Rudelbildung und durch größeres Pansenvolumen. Bei Flucht streben F. immer dem offenen Gelände und nicht dem Wald zu.

Feldrevier, das: ▸ Feldjagd 2).

Feldspitzmaus, die: ▸ Spitzmäuse 5.

Feldstecher, der: svw. Fernglas; ▸ Jagdoptik 1.

Feldsuche, die: Eine ▸ Suche auf freiem Feld.

Feldtreiben, das (Feldtreibjagd): Eine Treibjagd im Felde; ▸ Gesellschaftsjagd.

Feldulme, die: ▸ Ulmen 2.

Feldwächter, der: ▸ Rallen 4.

Felidae, die: ▸ Katzen.

Fell, das: **1**) Dicht ausgebildetes und aus verschiedenen Haartypen zusammengesetztes Haarkleid der meisten Landsäugetiere. Das F. schützt gegen mechanische Einwirkungen, dient der Regulierung der Körpertemperatur und trägt durch Pigmentierung der Haare wesentlich zum arttypischen Aussehen des Tieres bei. Daneben bietet es vielen Ektoparasiten einen weitgehend geschützten Lebensraum. **2**) Als waidmännische Bez. nur bei Biber (hier auch Balg genannt), Bär, Wolf und Seehund gebräuchlich.

Fellpflege, die: ▸ Körperpflege.

Felskunst der Jäger, die: Die F. d. J., die in den ▸ Höhlenmalereien Südfrankreichs und Nordspaniens in der Zeit zwischen 40 000 und 12 000 v. Chr. ihren Ursprung hatte, breitete sich seit etwa 15 000 v. Chr. über die ganze Welt aus, und von da an kann man von einem allg. Tierstil sprechen. Unter Felsbildern oder Felszeichnungen versteht man vorgeschichtliche figürliche Darstellungen verschiedenen Inhalts und Stils, die meist an schriftlose Kulturen der Vorzeit gebunden sind und an Felswänden angebracht wurden. Die frühesten Darstellungen sind Umrisse, die in den Stein eingraviert und überpoliert wurden. Solche Abbildungen findet man in einem Gebiet, das von Spanien über Nordafrika bis nach Südafrika reicht. Auch in Norwegen und in Sibirien sind Felsbilder zu finden. Die F. d. J., auch als Kunst einer Jagdkultur bezeichnet, wanderte nur langsam nach Norden, wahrscheinlich nicht auf direktem Weg. Sie erreichte Skandinavien zwischen 6000 und 2000 v. Chr., Sibirien um 2000 v. Chr., und erschien im ersten vorchristlichen Jahrtausend im fernen Osten. Um 500 v. Chr. gelangte sie von dort nach Amerika. Die Felsbildkunst der Altsteinzeit stand ganz im Bann des Tieres. Es handelt sich bei ihr aber nicht einfach um Wild- oder Jagddarstellungen, denn die Bedeutung des Tierbildes konnte auch in der Eiszeit so vielfältig sein wie die Rolle, die das Tier in der Vorstellungswelt des Menschen überhaupt spielt: Wirtschaftsfaktor, Feind, Freund, Totem (Tierahne, Schutzgeist), Geschlechtssymbol; geometrische Zeichen, die oft als Geräte gedeutet wurden, können die symbolische Bedeutung verstärken. Eiszeitliche Felsbilder sind die Dokumentation des Weltbildes der Jäger, das im bildnerischen Gestalten und in den damit verbundenen Riten seinen deutlichsten Ausdruck gefunden hat; ▸ arktische Kunst, ▸ Röntgenstil.

Femelschlag, der (Femelhieb, Femelschlagbetrieb): Ein Verjüngungsverfahren, bei dem gruppenweise und über eine größere Fläche unregelmäßig verteilt Bäume zur Auflockerung des Bestandes (Auflockerung des Kronendaches) herausgenommen werden. Diese unregelmäßigen Schirm- und Löcherhiebe führen eine ungleichförmige, ungleichartige Ansamung herbei (natürliche oder künstliche Verjüngung). Der F. ist ein hauptsächlich in den ▸ Bergmischwäldern angewandtes Verfahren. Abgewandelte Formen des F. sind der Bayerische F. und der Badische F.; ▸ Kahlschlag, ▸ Schirmschlag, ▸ Saumschlag.

Femelwald, der: Ein Wald, bei dem die Altbäume trupp-, gruppen- oder horstweise entnommen werden.

Ferlach: Stadt in Kärnten (Österreich), bekannt durch die Ferlacher Jagdwaffenfertigung. Ferdinand I. holte bereits im Jahr 1558 Waffenschmiede aus Holland nach F. Im Jahre 1884 wurde die Genossenschaft der Ferlacher Büchsenmachermeister gegründet mit dem Ziel, eine zentrale Fertigung von Waffenteilen für die Ferlacher Gewehrerzeugung zu schaffen. Bis heute bildet die Genossenschaft das Herzstück der F. Jagdwaffenfertigung. Sämtliche Stahlteile für F. Jagdwaffen, wie Läufe, Basküle usw., werden in den Fertigungshallen der Genossenschaft hergestellt; ▸ Steyr.

ferm (franz.: ferme, fest; von lat.: firmus): Ein voll ausgebildeter Hund. Auch einen jagdlich sehr erfahrenen und tüchtigen Jäger bezeichnet man als f. oder firm.

Fern, das: ▸ Fernetier.

Fernetier, das: Ein Damschmaltier von der ersten Brunft bis zum Trächtigsein; bei ▸ G. L. Hartig auch beim Elch- und Rotwild für das ▸ Schmaltier gebrauchter Ausdruck.

Fernglas, das (Feldstecher): ▸ Jagdoptik 1.

Fernrohr, das: ▸ Jagdoptik 2.

Fernwechsel, die: ▸ Wechsel, die vom Wild immer wieder benutzt und auch immer wieder gefunden werden. Ein bekannter F. ist der Weg, den im Abstand von Jahren und Jahrzehnten immer wieder Wölfe aus dem Osten über das Warschau-Berliner Urstromtal und über die Elbe zur Lüneburger Heide nehmen.

Ferrières, Henri de: ▸ Jagdliteratur.

Fersen, Alexander von (1884 bis 1981): Landschafts- und Wildtiermaler, Schriftsteller. F. schrieb »Elchjagd mit dem Ruf. Baltische Jagderinnerungen des Malers Alexander von Fersen« (1990). Das von Hubertus Neuschäffer herausgegebene Buch enthält 85 Bilder des Künstlers. Daneben illustrierte F. das von Baron Edgar Kruedener herausgegebene Buch »Jagd im Baltikum« (1970) mit 12 Bildern.

Ferte, die: Alte Schreibweise für ▸ Fährte.

fertig werden: Beim Schießen: svw. ▸ abkommen. »Ich konnte auf den Bock nicht f. w.« bzw. »nicht abkommen«.

Fessel, die: **1**) Bez. für alle Riemen an den Händen bzw. an den Füßen der ▸ Beizvögel, wie Wurf-F., Kurz-F., Lang-F.; ▸ Geschirr. **2**) ▸ Hornfessel.

Festbruch, der: ▸ Bruchzeichen.

feste Dressur, die (Parforcedressur): Ggs. zur spielenden Dressurmethode ohne Peitsche und Koralle.

Festinjagen, das (Prunkjagen): ▸ Eingestellte Jagen 2.

festlegen: Den ▸ Beizvogel an ▸ Reck oder ▸ Jule anbinden.

festliegen: **1**) Bei Rebhühnern, seltener bei Hasen, Fasanen und bei Wildenten: Sie liegen fest, wenn sie gut halten, d.h. ungern aufstehen. **2**) Bei der Fuchs- und der Dachsjagd: vom Hunde in die Enge getrieben sein; der Hund liegt fest vor; ▸ fest sein.

festmachen (ausmachen); **1**) Den Aufenthaltsort des Raub- und Schwarzwildes bestätigen, z.B.: Die Sauen sind festgemacht. **2**) Beim Hund, speziell beim Hatzhund: das Schwarzwild f., d.h. es stellen (umringen) und festhalten; ▸ decken.

Festmeter, das, der (Abk.: fm): Bez. für eine Holzmasse (lang ausgehaltenes ▸ Rundholz), die dem Rauminhalt eines Kubikmeters entspricht. Rechnungseinheit für gesägtes Holz ist 1 Kubikmeter (1 m³); Ggs.: ▸ Raummeter.

Festnahme, vorläufige: Ergreifen eines Straftäters auf frischer Tat, bei Fluchtverdacht oder zur Identitätsfeststellung. Zur v. F. ist jedermann berechtigt. In Bezug auf die Jagdausübung (▸ Jagdschutz) ist v. F. nur beim Vorliegen einer Straftat erlaubt, z.B. bei ▸ Wilderei, Sachbeschädigung an jagdlichen Einrichtungen, Diebstahl, unerlaubtem Führen von Waffen.

festnehmen: Einen ▸ Beizvogel f. heißt, sich seiner wieder bemächtigen.

fest sein: Von Fuchs und Dachs: Sie sind im Bau fest, wenn der Hund fest vorliegt. Auch ein bestätigter Marder ist fest.

Fett, das: F. besitzen das ▸ Federwild, das ▸ Raubwild, das Kaninchen, der Hase und das Murmeltier; beim Letzteren und beim Dachs ist auch »Schmalz« gebräuchlich; ▸ Inselt, ▸ Weiß, ▸ Feist.

Fettdrüse, die: ▸ Bürzeldrüse.

fetten: Beim Hundefutter: Fett unter das Fressen mischen.

Fettloch, das: ▸ Saugloch.

Fettung, die: ▸ Feistzeit.

Feuchtblase, die (Feuchtsack): Die Harnblase bei allen Hirscharten.

Feuchtblatt, das (Feigenblatt oder Feichtblatt): Das äußere weibliche Geschlechtsteil bei allem ▸ Schalenwild; seltener ▸ Feuchtglied genannt.

feuchten: **1**) Das ▸ Nässen (Harnen) bei allem Wild und beim Hund (veraltet: feichten). **2**) Dem fastenden ▸ Beizvogel Wasser oder Milch reichen. Dies ist sehr wichtig, weil Vögel, die fasten und dabei ohne Wasser bleiben, sehr leicht erkranken.

Feuchtgebiete, die: Feuchtwiesen, Moor- und Sumpfgebiete sowie Gewässer, die natürlich oder künstlich, dauernd oder zeitweilig, stehend oder fließend, Süß-, Brack- oder Salzwasser sind, einschließlich solcher Meeresgebiete, deren Tiefe bei Niedrigwasser 6 m nicht übersteigt. Die Unterzeichnung des internationalen Übereinkommens zum Schutz von F. (Übereinkommen über F., insbesondere als Lebensraum für Wasser- und Watvögel von internationaler Bedeutung, Ramsar-Konvention 1971) und die in der Bundesrepublik Deutschland durchgeführte Internationale Konferenz zum Schutz von F. (Heiligenhafen 1974) trugen wesentlich dazu bei, dass in der Öffentlichkeit mehr Verständnis für den Schutz der Gewässer und der Feuchtlandschaften sowie ihrer Vogelwelt aufgebracht wurde. Ein maßgebliches internationales Forschungsprojekt, das sich mit F. befasst, ist das UNESCO-Programm »Man and Biosphere«. Es hat sich zum Ziel gesetzt, den Einfluss menschlicher Aktivitäten auf die natürlichen Ökosysteme zu erforschen, und hat weltweit Biosphärenreservate eingerichtet. Viele der wasserbewohnenden und an Feuchtlandschaften gebundenen Vogelarten gehören zu den ▸ jagdbaren Tieren. Neben der Erklärung gefährdeter F. zu Natur- und Landschaftsschutzgebieten steht die Lenkung der Jagd, z.B. durch ▸ Wildschutzgebiete. Flächen, deren spezielle Pflege und Bewirtschaftung zur Erhaltung des gesamten F. notwendig ist, werden angekauft. Nach Artikel 2 des Übereinkommens bezeichnet jede Vertragspartei geeignete F. in ihrem Hoheitsgebiet zur Aufnahme in eine »Liste international bedeutender F.«. In erster Linie sollen F., die während aller Jahreszeiten im Hinblick auf Wat- und Wasservögel von internationaler Bedeutung sind, in die Liste aufgenommen werden. Wat- und Wasservögel im Sinne des Übereinkommens (Artikel 1) sind Vögel, die von F. ökologisch abhängig sind; ▸ Internationales Büro für Wasservogel- und Feuchtgebietsforschung.

Feuchtgebiet in ehemaliger Kiesgrube

▸▸ Fichtenzweige mit (hängenden) Zapfen

Feuchtglied, das: Das männliche Glied des ▸ Haarraubwildes und des Hundes; seltener im Sinne von ▸ Feuchtblatt gebräuchlich.

Feuchtsack, der: ▸ Feuchtblase.

Feuer, das: Aus dem Militärischen übernommener Ausdruck für die Schussabgabe (auf Schalenwild). »Durchs F. sehen«, d.h. im Augenblick der Schussabgabe das Ziel nicht aus den Augen verlieren; »im Feuer stürzen« heißt, das Wild stürzt in dem Moment, in dem es von der Kugel getroffen wird; bleibt es liegen, »liegt es im F.«; verendet es gleich, »verendet es im F.«.

Feuereule, die: ▸ Eulen 10.

Feuerrabe, der: ▸ Rabenvögel 5.

feuerscheu: Ein Jäger, der im Moment der Schussabgabe die Augen zudrückt (nicht durch das ▸ Feuer sieht) oder erschrickt.

Feuersteinschloss, das: ▸ Steinschloss.

Feuerwaffenpass, der: ▸ Europäischer Feuerwaffenpass.

Feuerwiesel, **Sibirisches**, das: ▸ Kalinken.

feurig: Temperamentvolle und eifrige Hunde sind f.

Feussner, Reinhold (1885 bis 1985): Tier- und Landschaftsmaler. F. studierte an der Kunstakademie in Königsberg. Seine spätere Schaffensperiode im Harz galt Wildtieren in der Landschaft, Jagdhunden und Pferden. In den Fünfzigerjahren des letzten Jh. war F. Hauptillustrator der Jagdzeitschrift »Wild und Hund«. Von ihm stammen u.a. »Im Karnickelrevier« und »Beim Einlauf«.

Rotfichte (Solitärbaum)

FFH-Richtlinie, die: Richtlinie der Europäischen Union (Richtlinie 92/43/EWG , Fauna-Flora-Habitat-Richtlinie) zur Umsetzung des Artenschutzes in den Mitgliedsstaaten. In Deutschland im Naturschutzrecht und im Jagdrecht umgesetzt.

Fiber, der: Alter Ausdruck für ▸ Biber (*Castor fiber*, L.).

Fibig, Gottfried (1612 bis 1645): Professor der Rechte in Jena. Er schrieb: »Dissertationem juris publici, de jure venandi, aucupandi et piscandi, germanis: Von Wild-, Vogel-, Fischfang- und Forst-Rechten, auch wie man und wer sich dessen anzumassen befugt« (1638).

Fichte, die (*Picea abies*): Gemeine Fichte, auch Rottanne, Rotfichte. Immergrüner Nadelbaum der Gattung Fichte (*Picea*) aus der Familie der Kieferngewächse (*Pinaceae*). Brotbaum der Forst- und Holzwirtschaft mit einem Anteil von ca. 36% an der Waldfläche der Bundesrepublik Deutschland. Wuchshöhe 30 bis 50 m, Alter im Wirtschaftswald 150 bis 200 Jahre, unter urwaldähnlichen Bedingungen bis 600 Jahre. Als Flachwurzler stark windwurfgefährdet. Zudem gefährdet durch Insektenkalamitäten (z.B. ▸ Borkenkäfer), Rotfäule; daneben ist sie stark vom ▸ Waldsterben betroffen. Von der F. gibt es einige seltene Spielarten, u.a. die Schlangen-F., die Hänge-F. und die Hasel-F. Eine häufigere Wuchsform ist die Stelzen-F. und die Wetter-F. Auf das Erscheinungsbild der F. hinsichtlich der Verzweigung der Seitenzweige beziehen sich Namen wie Bürsten-F., Kamm-F. und Platten-F. Da die F. ein Rohhumusbilder ist, führen Monokulturen zur Bodenversauerung, was die Wiederbestockung mit Laubbäumen sehr erschwert. Die Rinde ist bräunlich, im Alter häufig graubraun.

<u>Vorkommen/Standort:</u> Durch forstliche Kultivierung (Monokulturen) über ganz Mittel- und Nordeuropa verbreitet. Sie wächst auf frischen, nassen, lockeren, mittel- bis tiefgründigen, humosen, basenreichen bis sauren Lehm- und Tonböden. Kommt im Gebirge bis 2000 m vor. Das helle, weiche Holz findet überwiegend als Bauholz und für die Papierherstellung Verwendung. Bei hoher Walddichte leidet die F. unter Schälschäden durch Rotwild, die Jungpflanzen unter Verbiss durch Rehwild. F.-Dickungen bieten dem Wild gute Deckung; ▸ Hagen.

fiedern: Ein Vogel fiedert sich, wenn er ein neues ▸ Federkleid anlegt. Nach der ▸ Mauser, wenn der Vogel wieder voll befiedert ist, sagt man: »Er ist ausgefiedert.«

fiepen: Lautäußerung des Rehkitzes und der brunftigen Rehgeiß bzw. des brunftigen Schmalrehes. Während der ▸ Blattzeit ahmt der Jäger den Fieplaut nach (▸ Rehwild/Jagdarten), um den Bock zum Anspringen zu bewegen.

Fieplaut, der: ▸ fiepen.

figuriertes Jagen, das: ▸ Fuchsprellen.

Fikentscher, Otto (6.7.1862 Zwickau bis 26.2.1945 Baden-Baden): Maler, Radierer, Lithograf, Bildhauer. Nach Studium in Dresden, München und Karlsruhe sowie Studienreisen nach Siebenbürgen, Ungarn und Amerika war F. in Grötzingen bei Karlsruhe tätig. Er schuf v.a. Darstellungen aus der Tierwelt, meist in landschaftlicher Umgebung, die er in Aquarell, Öl, bevorzugt aber als Radierung oder Lithografie ausgestaltete. F. stellte wiederholt auf großen deutschen Kunstausstellungen aus.

Fila Brasileiro, der: ▸ Mastiff.

Fimmelholz, das: Frühere Bez. für ein spitzes Holz, mit dem alle die Teile am Gewehr gereinigt wurden (z.B. Schraubenlöcher), die man mit dem Putzlappen nicht erreichte.

Finder, der: ▸ Saufinder.

Finger, der: Die Zehe des ▸ Beizfalken. Beim Beizfalken sagt man Hand und F., beim Beizhabicht, beim Beizsperber und beim Beizadler Fuß und Zehen.

Fingerhaken, der: Ein Haken am Abzugsbügel bei Büchsen, der, mit dem Mittelfinger gegriffen, einen ruhiger abgegebenen Kugelschuss ermöglicht.

Fingerling, der: svw. ▸ Lederfinger.

Fink, August (30.4.1846 München bis 25.6.1916 München): Landschaftsmaler und Akademieprofessor. F. kam bereits als 13-Jähriger nach Amerika und ging bis 1866 einer kaufmännischen Tätigkeit nach. Wieder in Deutschland, lebte er ab 1878 als selbstständiger Maler in München und wurde 1890 zum Professor ernannt. F. malte meist bayerische Herbst- und Winterlandschaften, oft in

Verbindung mit Jagdszenen, z.B. »Winternacht mit Fuchs«. Jagdszenen malte er auch für die Decke des hellblauen Saals in Schloss Herrenchiemsee. F. stimmungsvolle, meist mit Wild bevölkerte Herbst- und Winterlandschaften sind im Druck sehr verbreitet.
Finkenbeißer, der (Finkenwürger): ▸ Würger 1.
Finkenhabicht, der: ▸ Sperber.
Finkenherd, der: Der Vogelherd; ▸ Vogelfang 7.
Finkenstich, der: ▸ Vogelfang 3.
Finnen, die: ▸ Bandwürmer.
Finnentroper Bracke, die: ▸ Holzbracken.
finsteres Zeug, das: Sammelname für das dunkle Zeug (undurchsichtiges Zeug); ▸ Jagdzeug 2.
Fiocchi SpA, **Giulio**: Im Jahre 1876 in Lecco (Italien) gegründete Munitionsfabrik mit umfangreichem Sortiment an Jagd-, Sport- und Militärpatronen.
Firdenheim, Hans Peter von: ▸ Jagdliteratur.
firm: ▸ ferm.
Firmian, Leopold Ernst Graf von (22.9.1708 Trient/Italien bis 13.3.1783 Passau): 1739 Bischof von Seckau, 1763 von Passau (verwaltete als Letzter Oberösterreich und Niederösterreich), 1772 Kardinal. F. begründete die fürstbischöfliche Akademie. Er besaß fünf Jagdschlösser, darunter das Jagdschloss Thyrnau bei Passau, seit 12.3.1902 Kloster und im Besitz der Zisterzienserinnen. Das Jagdschloss Thyrnau war F. Lieblingsaufenthalt, er ging als »Nimrod im Purpurgewande« in die Geschichte ein. F. legte große Forstbetriebe und ein stattliches Hirschgehege an. Das Wildererunwesen bekämpfte er mit Nachdruck. F. hinterließ eine Forstordnung sowie eine umfangreiche Sammlung erlesener Jagdtrophäen und Waffen.
Fischaar, der: **1)** Der Fischadler; ▸ Adler 3. **2)** Die Rohrweihe; ▸ Weihen 1.
Fischadler, der: ▸ Adler 3.
fischen: Das Wild fischt, wenn es Fische als Nahrung fängt.
Fischer: 1) J. (30.1.1769 Wien bis 5.9.1822 Wien): Wiener Landschaftsmaler und Kupferstecher. F. ist der anonyme Verfasser von »Versuch einer Anweisung Thiere, besonders wilde, zu entwerfen und auszuzeichnen. Erstes Heft (alles Erschienene). Hunde« (1801). Er war lange Jahre im Dienste des Fürsten Nikolaus Esterházy, ab 1821 Professor der Landschaftszeichnung und Radierung in Wien. **2)** Vincenc (5.4.1729 Schmidham/Griesbach im Rottal bis 26.10.1810 Wien): Maler. Von ihm stammt u.a. »Die Jagd des Agamemnon« (1763) und das Deckenbild im Dianentempel in ▸ Laxenburg »Jagd der Diana« (1763).
Fischermöwe, die: ▸ Möwen 6.
Fischerrabe, der: ▸ Adler 3.
Fischgeier, der: ▸ Adler 2.
Fischhaut, die: Eine Aufrauung in feiner Rauten- oder Schuppenform am Pistolengriff und am Vorderschaft des ▸ Jagdgewehres. Sie soll den Händen des Schützen guten Halt geben.
Fischmarder, der: ▸ Fischotter.
Fischotter, der (*Lutra lutra*, L.; *Lutra vulgaris*, Erxleben): Auch Flussotter, Landotter, Wassermarder, Flussmarder oder Fischmarder. Der F. (Eurasischer Otter) ist ein Landraubtier, das zur Familie der Marder (*Mustelidae*), zur Unterfamilie der Otter (*Lutrinae*) und zur Ordnung der Raubtiere (▸ *Carnivora*) zählt. Noch im 19. Jh. zählte er zur Fischerei, sein wohlschmeckendes Fleisch wurde als Fastenspeise gegessen. In früheren Jahrhunderten wurde er sogar den ▸ Amphibien zugeordnet, »propter suam caudam squamosam«. Der F. ist nach dem BJG jagdbar, aber ganzjährig geschont. Nach der ▸ Berner Konvention und dem Washingtoner Artenschutzübereinkommen gehört er in die oberste Schutzkategorie. Auch auf europäischer Ebene gehört der F. zu den nach Anhang IV der ▸ FFH-Richtlinie streng geschützten Arten. Er kann bis zu 20 Jahre alt werden, im Freiland bis 16 Jahre.
Waidmännische Ausdrücke: Die Körperteile werden wie beim ▸ Fuchs bezeichnet. Otterin oder Otterfähe heißt der weibliche F., Rüde oder Otter der männliche Otter. Er »steigt« oder »fällt« (springt) ins Wasser und »geht über Land«. Sein Schwanz ist die Rute, seine Beine nennt man Schwimmer, sein Fleisch heißt Wildbret oder Kern; die Otterin geht dick und bringt Junge.
Vorkommen: Der F. kommt in ganz Europa und Asien vor, ist aber in der Bundesrepublik fast ausgerottet. Er ist vereinzelt nur noch in Bayern (Bayerischer Wald) und in Niedersachsen, etwas häufiger in Schleswig-Holstein anzutreffen. Ferner kommt er im mittleren Oderabschnitt, in der Lausitz sowie in der Mecklenburgischen Seenplatte vor. Gründe für den starken Rückgang sind die Biotopveränderungen und die zunehmende Verunreinigung der Bäche und Flüsse, die ihm die Nahrungsgrundlagen entziehen.
Aussehen: Der F. ist schlank, marderähnlich, aber gedrungener, der Kopf ist länglich rund, die Schnauze abgerundet mit vielen langen, steifen Tasthaaren. Die Seher sind klein, aber lebhaft und von brauner Farbe. Die Lauscher sind sehr kurz, halbeiförmig zugerundet und fast ganz im Balg versteckt. Sie sind durch eine Hautfalte verschließbar. Die fünfzehigen Läufe sind stämmig kurz und durch Schwimmhäute verbunden, die Sohlen sind nackt. Der Balg ist dicht und kurzhaarig, oberseits hell- bis dunkelbraun, unterseits (Bauch und Kehle) stets heller und graubraun gefärbt. Am Kinn hat er einen hellen Fleck. Bei zunehmendem Alter erhält der Balg meist eine graubraune Tönung. Vereinzelt kommen auch Otter mit hellen Flecken vor, was vermutlich eine Alterserscheinung ist.

Fischotter: Aussehen

Körpermaße	Rüde	Fähe
KRL	65–78 cm	60–74 cm
OL	8,5–10,5 cm	8–10 cm
SL	32–46,5 cm	31–42 cm
SH	männlich und weiblich bis 38 cm	
Gewicht	5–9,5 kg	4,5–8,5 kg

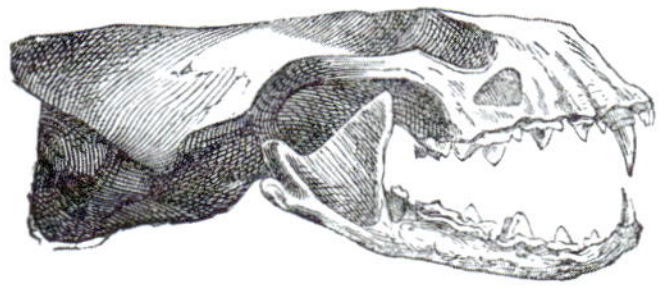
Fischotterschädel

Den Fischotter hielt man früher für eine Amphibie.

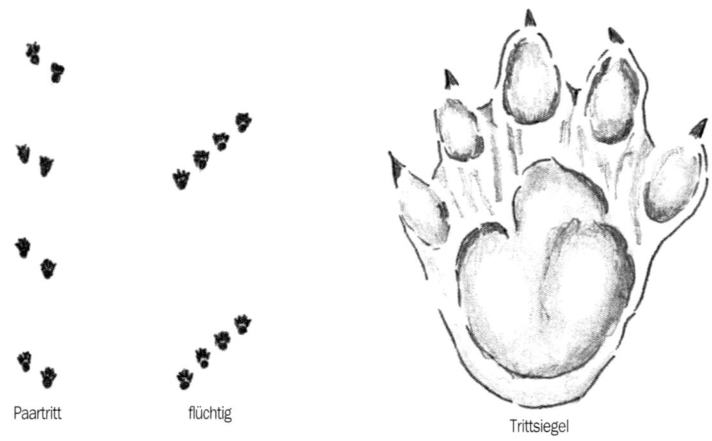

Fischotterspur

Zähne: Das Gebiss des Otters ist dem des Marders ähnlich. Zahnformel:

$\frac{3}{3}\ \frac{1}{1}\ \frac{4}{3}\ \frac{1}{2} =$ 36 Zähne

(▸ Zahnalterslehre).

Sinne und Lautäußerung: Die Sinne sind sehr scharf. Er äugt, vernimmt und windet ausgezeichnet. Die Lautäußerung des Otters bei Wut und Abwehr ist ein Fauchen und Kreischen. Zur Ranzzeit locken sich Otter und Otterin mit einem anhaltenden hellen Pfeifen. Junge Otter geben einen leisen Fieplaut von sich.

Lebensraum und Lebensweise: Der F. lebt an Flüssen, Bächen und Seen und versteckt sich tagsüber in Bauen am Ufer, hinter Faschinen oder in Baumhöhlungen. Ausgeschwemmte Löcher am Ufer richtet er sich zu Bauen ein. Der Otterbau besteht i.d.R. aus einer mit trockenem Gras und Laub ausgepolsterten Haupthöhle, die über dem Wasserspiegel liegt. Sie wird von einem Landausgang (einem Notausgang) mit Luft versorgt. Der Hauptausgang liegt etwa 0,50 m unter Wasser. Ein Otterbau wird mehrere Generationen hindurch benutzt. Gelegentlich nimmt der Otter Fuchs- und Dachsbaue an, die in der Nähe von Wasser liegen. An Stellen, an denen er nicht gestört wird, trifft man ihn zuweilen auch bei Tage außerhalb des Baues oder des Wassers an, behaglich auf Schilfbüscheln oder auf einem alten Stock ruhend und sich sonnend. Er zieht i. Allg. erst nach Sonnenuntergang zum Fischfang aus. Das Einsteigen in das Wasser geschieht ohne Wasserspritzer. Der Bau seines Körpers befähigt ihn in unübertrefflicher Weise zum Schwimmen und Tauchen (schwimmt in Bauch-, Rücken- und Seitenlage). Bei der Jagd nach Fischen – häufig auch im Familienverband – schwimmt er stets stromaufwärts; beim Tauchen kann er bis zu sieben Minuten unter Wasser bleiben. Zum Aufsuchen und Verlassen des Wassers benutzt er immer die gleichen Stellen, den sog. Ein- und Ausstieg. Dort findet man häufig auch Beutereste (Gräten, Fischschuppen, Schwimmblasen u.a.), da er seine Beute (mit Ausnahme kleiner Fische) an Land verspeist. Gelegentlich verzehrt er sie auch auf flachen Steinen im Bachbett, wo dann ebenfalls Beutereste liegenbleiben. Manchmal erkennt man, wenn der Stein trocken ist, einen dunklen, öligen Fleck. Er ist das Sekret der ▸ Afterdrüsen, das der Otter durch Rutschen auf dem Hinterteil abstreift und das zur Markierung dient. Von einem Gewässer zum anderen geht er oft weit über Land. Alte F. sind häufig Einzelgänger, jüngere Otter leben gesellig. Alte Weibchen streifen lange Zeit mit ihren Jungen umher. Die sehr intelligenten Otter gewöhnen sich in der Gefangenschaft sehr schnell an den Menschen.

Ernährung: Die tägliche Nahrungsmenge beträgt etwa 1 kg. Die Nahrung besteht aus Fischen (hauptsächlich Forellen), Krebsen, Wasserwild, Nagern (Bisamratte, Wühlmaus, Wasserspitzmaus), Lurchen, Fröschen, Pflanzen und Obst. Der Fraßplatz des Otters befindet sich am Ufer von Gewässern, manchmal auf Inseln oder auf großen Steinen im Bachbett. Der Otter beginnt den Fisch vom Kopf her zu verspeisen – manchmal lässt er dann den Schwanz liegen –, die schlüpfrige Beute hält er dabei zwischen den Vorderläufen fest.

Fortpflanzung: Da zu allen Jahreszeiten Jungotter gefunden wurden, scheint die Ranz an keine feste Zeit gebunden zu sein. Die meisten Otter ranzen jedoch im Spätwinter (Februar/März). Die Tragzeit beträgt ca. neun Wochen. Bei ungünstigen klimatischen Verhältnissen (Winter) und geringem Nahrungsangebot kommt jedoch auch eine längere Tragzeit vor, wahrscheinlich auch bedingt durch eine vermutete Eiruhe (▸ Vortragezeit). Die Otterin bringt im Bau, im dichten Schilf oder in einem anderem Versteck gewöhnlich zwei oder drei (selten bis fünf) Junge, die behaart und mindestens zehn Tage (bis 35 Tage?) blind sind. Das Gewicht beträgt 100 bis 120 g, die Länge ca. 21 cm. Erst im zweiten oder dritten Lebensjahr sind sie ausgewachsen und geschlechtsreif. Sie bleiben bis zu einem Jahr im Familienverband.

Losung: Frisch abgesetzte Losung ist entweder dunkelbraun bis grünlich schwarz und sehr weich mit einem starken Schleimüberzug oder grau und trocken. Sie hat einen tranähnlichen Geruch und enthält meist Krebsschalen, Fischgräten und Schuppen. Wird die Losung älter, so verblasst ihre Färbung, und sie zerbröckelt. Sie wird an Land, auf erhöhten Punkten und beim Ein- und Ausstieg abgesetzt. Manchmal scharrt der Otter auch Sand oder Erde am Ufer zusammen und setzt seine Losung darauf ab; wie der Fuchs benutzt er sie auch zur Markierung (▸ Markierverhalten).

Spur: Die Zehenballen des Otters sind klein, der Hauptballen ist verhältnismäßig groß. Die fünf Zehen des Otters sind durch Schwimmhäute miteinander verbunden, was, wenn sie mit abgedrückt werden, das typische Trittsiegel des Otters ausmacht. Ein Vorderfußabdruck ist fast rund und bis zu etwa 7 cm lang und 6 cm breit, der Hinterfußabdruck ist bis zu etwa 9 cm lang und wirkt länglich. Der Otter bewegt sich im Schritt und im Trab (beides selten), durch Hüpfen (meistbenutzte Gangart) und auf der Flucht durch Sprünge vorwärts. Bewegt er sich im Schritt vorwärts, so setzt er den Hinterlauf hinter das Trittsiegel des Vorderlaufs. Es befinden sich dann zwei Trittsiegel etwas rechts, zwei etwas links. Trabt er, so verdecken die Hinterfußabdrücke leicht die Vorderfußabdrücke. Die Schrittlänge beträgt etwa 60 bis 70 cm. Hüpft der Otter, so setzt er die Hinterfüße genau in die Tritte der Vorderfüße; es entstehen dann jeweils zwei Trittsiegel nebeneinander oder schräg zueinander. Auf der Flucht macht er weite Sprünge. Die Trittsiegel stehen hier in Vierergruppen. Die Anordnung der Trittsiegel der Vorder- und der Hinterfüße kann sehr variieren. F. rutschen manchmal beim Spielen schneebedeckte Böschungen hinunter, wobei lange Furchen, die sog. Rutschbahnen, entstehen.

Jagd in früherer Zeit: Die Jagd auf den Otter erfolgte auf dem Anstand, durch Fang mit Fallen oder mit dem ▸ Otterhund mit oder ohne Netze. Beim Anstand musste der Jäger den Ein- oder den Ausstieg kennen, der vom Otter mit gleicher Regelmäßigkeit angenommen wird wie der Wechsel anderer Wildarten. Der Anstand erfolgte hauptsächlich in mondhellen Nächten auf den nachtaktiven Otter. Beliebter und interessanter war die Hetze mit den Otterhunden. Hierzu wurde eine Strecke des Wasserlaufes, innerhalb derer man den Otter vermutete, mit den sog. Ottergarnen oberhalb und unterhalb abgesperrt und die Flussufer wurden von den Otterhunden abgesucht. Schwamm nun ein aufgestöberter Otter flussaufwärts oder -abwärts in eines der ▸ Garne, wurde dieses mit der Zugleine geschlossen. Wurden keine Garne verwendet, hatten die Hunde die Aufgabe, den Otter aufzuspüren, hartnäckig zu verfolgen und zu stellen. Da sich der Otter wohl zu wehren versteht, folgte der Jäger den Hunden mit der Flinte und der ▸ Ottergabel, um den Otter abzufangen. Für die Otterjagd wurden früher eigene Jäger, die sog. Otterjäger, angestellt. Als Auslösung zahlte man ihnen geringe Summen, sie hatten aber das Recht, Balg und Kern zu eigenem Nutzen zu verwerten.

Fischreiher, der: ▸ Reiher 1.

Fischwaid, die: **1**) Die Fischjagd der Graureiher. **2**) (Fischweid) Das waidgerechte Angeln, die Angelfischerei.

Fischwittrung, die: ▸ Fuchswittrung.

flache Hand: Lokale Bez. für die ▸ Handkrone des Hirschgeweihes.

Flächenschutz von Forstkulturen: ▸ Wildschaden(s)verhütung.

Flächenstilllegung, die: Die F. war bis 2009 ein Instrument der EU-Agrarpolitik, um Überschüsse auf dem Getreidemarkt abzubauen. In der EU werden ca. 128 Mio. ha landwirtschaftliche Nutzfläche bewirtschaftet. Zur Zeit sind Landwirte auf einer bestimmten Betriebsgröße verpflichtet, einen Teil ihrer Flächen stillzulegen. Das EG-weite fünfjährige Flächenstilllegungsprogramm (Förderung der Stilllegung von Ackerflächen), das seit dem Wirtschaftsjahr 1988/1989 im früheren Bundesgebiet angewandt worden war, ist in Deutschland letztmalig im Wirtschaftsjahr 1991/1992 angeboten worden. 1991/1992 war mit rd. 483 000 ha ein Höchststand seit Bestehen dieser Maßnahme erreicht. Die 291 000 ha stillgelegter Fläche des einjährigen, nur 1991/1992 durchgeführten Programms standen für die Ernte 1993 wieder zur Verfügung. Seit 1992/1993 wird als Ersatz der genannten Programme EU-weit die konjunkturelle F. im Rahmen der GAP-Reform (GAP = Gemeinsame Agrarpolitik) durchgeführt. Landwirtschaftliche Flächen, die nach EU-Recht dauerhaft aus der Produktion genommen werden, können nach Ablauf der Stilllegungsfrist seit 1.1.1994 wieder als Ackerland genutzt werden. Grundsätzlich ist nunmehr zu unterscheiden zwischen der sechsjährigen *Rotationsbrache* und der *einfachen Stilllegung*, die keine Rotationsverpflichtung enthält. Darüber hinaus gibt es die *garantierte Dauerbrache*, eine Sonderform der einfachen Stilllegung. Der Landwirt muss sich bei dieser Stilllegungsform verpflichten, 20 % seiner beihilfeberechtigten Fläche fünf Jahre hintereinander stillzulegen, sofern er im Wirtschaftsjahr 1993/1994 mit dieser Sonderform begonnen hat. Neueinsteiger mussten zur Ernte 1995 nur 17 % stilllegen. Die F. ist mit Auflagen verbunden. So dürfen die Flächen nicht gedüngt, der Aufwuchs nicht entfernt und keine Pflanzenschutzmittel verwendet werden. Die stillgelegten Flächen, auf denen sich Gräser und Wildkräuter entwickeln können, bieten ideale Voraussetzungen für die Verbesserung des Wildbiotops (Äsungsflächen, Rückzugsflächen für das Wild), insbesondere für die Niederwildhege und hier vor allem für Hase und Rebhuhn. Zugleich mindern sie ▸ Wildschäden in Feld und Wald. Sie bilden zusammen mit ▸ Feldgehölzen, ▸ Hecken, ▸ Rainen und Feuchtbiotopen die angestrebten ▸ Biotopverbundsysteme. Insoweit sollten die Stilllegung von Agrarflächen vorrangig den Zielen des Natur- und Artenschutzes dienen und stillgelegte Flächen wildtierfreundlich gestaltet werden; ▸ Brachflächen.

Flachgarn, das (Steckgarn): ▸ Garne 1.

Flachlandgemsen, die: ▸ Gamswild.

flachseln: Auch flechseln. Österreichische Bez. Bei Hase und Kaninchen: Den Hinterlauf zwischen Knochen und Sehne durchstechen, um den anderen Lauf durchzustecken und so das Stück transportieren zu können. Aus hygienischen Gründen werden aber oft die Läufe mit einer Schnur zusammengebunden.

Flaggen, die: Die vier Schulterfedern am Oberarmbein des Falken. Sie verbinden die Tragflächen der ▸ Wannen mit dem Körper, wenn der Vogel fliegt (▸ Vogelflügel).

Flähme, die (Fläme, Flämme, Flaume, Flanke, Dünnung, Dünne, Dünnwildbret, Wamme): Die F. sind die Weichteile (Bauchdecken) zwischen Rippen und Keule des ▸ Schalenwildes; ▸ Flaume.

Fläme, die (Flämme): ▸ Flähme.

Flämenschuss, der (Flankenschuss): Schuss durch das kleine ▸ Gescheide; ▸ Schusszeichen.

Flammen, die: Rote Haut (Rosen) über und an den Augen des Auer- und des Birkhahns; ▸ Rose 2).

Flammeneule, die: ▸ Eulen 10.

Flanke, die: ▸ Flähme.

Flankenschuss, der: ▸ Flämenschuss.

Flat-coated Retriever, der: ▸ Apportierhunde 3.

Flatterulme, die: ▸ Ulmen 3.

Flaumbirke, die: ▸ Birken 2.

Flaume, die (Flissen, Lisen): Wildbretlappen des Schwarzwildes, der hinter den Rippen das ▸ Gescheide umschließt; ▸ Flähme.

Flaumeiche, die: ▸ Eichen 5.

flechseln: ▸ flachseln.

Fleckschuss, der (veraltet: Kernschuss): Ein Büchsenschuss, bei dem Ziel- und Treffpunkt zusammenfallen. Die Büchse schießt Fleck. Die Entfernung, bei der Ziel- und Treffpunkt zusammenfallen, wird als F.-Weite (Kernschussweite) bezeichnet.

Fledermäuse, die (*Microchiroptera*): Eine weltweit mit etwa 900 Arten verbreitete Unterordnung der Flattertiere. Die 21 in Deutschland vorkommenden Arten stehen alle auf der ▸ Roten Liste. Fünf davon sind bereits vom ▸ Aussterben bedroht und 14 stark gefährdet. F. sind die einzigen aktiv fliegenden Säugetiere und dämmerungs- bzw. ▸ nachtaktiv. Ihre Körperlänge beträgt je nach Art etwa 3 bis 16 cm, ihre Flügelspannweite rd. 18 bis 70 cm. Der Kopf ist stark verkürzt bis extrem lang ausgezogen, die Nase oft mit bizarr geformten, häutigen Aufsätzen. Die Ohren sind je nach Art mittelgroß bis sehr groß, gelegentlich über dem Kopf verwachsen. Die Augen sind klein. Das Gebiss besteht aus kleinen, spitzen und scharfen Zähnen und ist der jeweiligen Ernährungsweise angepasst. Die Insekten (Kerbtiere), welche die F. jagen, werden durch Ultraschallortung aufgespürt. Mit dieser Echolotpeilung machen F. auch ihre Artgenossen aus, ebenso erkennen sie damit Gegenstände wie Bäume, Felsvorsprünge etc. in ihrer Flugbahn. Die Laute werden durch Nase oder Mund ausgestoßen. Im Kampf gegen schädliche Insekten sind die F. große Nützlinge. Eine kleine Kolonie von etwa 50 Tieren kann in einer Saison 15 bis 30 kg Kleinschmetterlinge, Mücken und Köcherfliegen etc. erbeuten. Zur Überwinterung – meist in Kolonien – suchen F. ein dunkles, frost- und zugfreies Quartier auf (Felshöhlen und -stollen, Mauerspalten, Baumhöhlen und Dachräume) mit ausreichend hoher Luftfeuchtigkeit, die sie vor dem Vertrocknen schützen soll. Sie senken dabei ihre Körpertemperatur stark ab und zehren von ihren Fettreserven. Als Winterquartiere bevorzugen einige Arten Baumhöhlen und -spalten sowie Dachräume, andere Arten überwintern hauptsächlich in Felshöhlen und -spalten. Im Frühjahr finden sich zahlreiche trächtige Muttertiere in sog. Wochenstuben zusammen. Je nach Art bringen sie nach einer Tragzeit von 50 bis 75 Tagen meist nur ein Junges zur Welt, das bei der Geburt mit der Schwanzhaut aufgefangen wird. Nach etwa zwei Wochen wird es jedoch in der Wochenstube zurückgelassen, nach sechs bis acht Wochen ist es selbstständig. Verschiedene Fledermausarten erreichen ein Lebensalter um 20 Jahre. In Europa wurden seit 1954 über 600 Tollwutfälle an sechs Fledermausarten gemeldet, bei Bissen von F. ist daher äußerste Vorsicht angezeigt und sofort ein Arzt aufzusuchen. Personen, die häufig mit F. zu tun haben, und zu denen auch die Jäger zählen, rät die Bundesforschungsanstalt für Viruskrankheiten zur Tollwut-Schutzimpfung.

Durch die übermäßige Anwendung von Insektiziden und Herbiziden wird den F. nicht nur die Nahrungsgrundlage weitgehend entzogen (z.B. Rückgang der Maikäfer), sondern sie reichern vielmehr als Endglieder einer Nah-

Das Große Mausohr – die größte heimische Fledermausart

Große Abendsegler im Flug

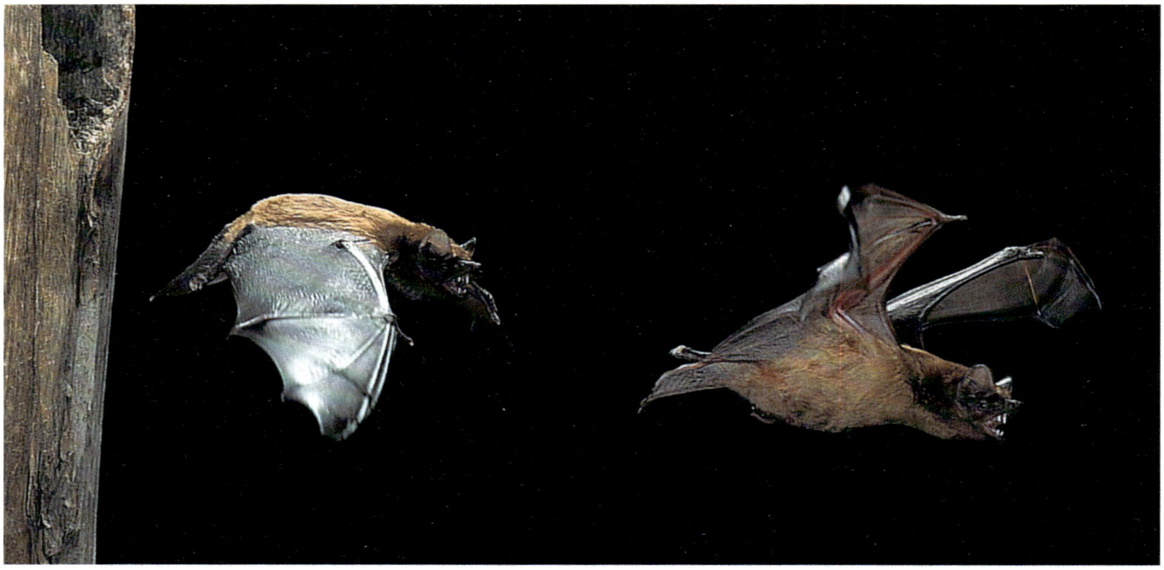

rungskette auch die Gifte an. Zudem fehlt es immer mehr an geeigneten Winter- und Sommerquartieren und Wochenstuben durch die Fällung alter hohler Bäume (z.B. ▸ Totholz), durch die Renovierung und Isolierung von Dachstühlen und durch die Verbarrikadierung von Felsenhöhlen und -stollen. Durch das gezielte Anbringen von Fledermauskästen und -brettern sowie durch Offenhalten von Felsenhöhlen und -stollen versucht man vielerorts, die F. vor dem Aussterben zu bewahren. Eine der wirkungsvollsten Maßnahmen hierzu wäre eine drastische Reduzierung der Unkraut- und Schädlingsbekämpfungsmittel. In den gemäßigten Klimaten Europas leben vier Fledermaus-Familien: Die Hufeisennasen (*Rhinolophidae*), die Glattnasen (*Vespertilionidae*), die Hohlnasen (*Nycteridae*) und die Bulldoggfledermäuse (*Molossidae*). Die wichtigsten in Deutschland vorkommenden F.-Arten sind:

1. Großhufeisennase (*Rhinolophus ferrumequinum*): Körperlänge bis 7 cm, mit Schwanz bis 11 cm, Flügelspannweite fast 40 cm, Gewicht 14 bis 34 g, Weibchen größer als Männchen.

2. Kleinhufeisennase (*Rhinolophus hipposideros*): Körperlänge bis 4,5 cm, mit Schwanz bis 7 cm, Flügelspannweite um 20 cm, Gewicht 4 bis 10 g.

3. Bartfledermaus (*Myotis mystacinus*): Körperlänge ca. 4 bis 5 cm, mit Schwanz ca. 8 cm, Flügelspannweite bis 22 cm, Gewicht 3 bis 6,5 g.

4. Fransenfledermaus (*Myotis nattereri*): Körperlänge 4,5 cm, mit Schwanz 9 cm, Flügelspannweite bis 25 cm, Gewicht 5 bis 10 g.

5. Bechsteinfledermaus (*Myotis bechsteini*): Körperlänge 4,5 bis 5 cm, mit Schwanz um 9,5 cm, Flügelspannweite 25 bis 27 cm, Gewicht 7 bis 12 g.

6. Großes Mausohr (*Myotis myotis*): Körperlänge 6,5 bis 8 cm, mit Schwanz um 14 cm, Flügelspannweite bis 36 cm, Gewicht 20 bis 45 g. Das G. M. ist die größte der in Deutschland vorkommenden F.-Arten.

7. Wasserfledermaus (*Myotis daubentoni*): Körperlänge um 5 cm, mit Schwanz um 9 cm, Flügelspannweite ca. 24 cm, Gewicht 6,5 bis 11 g.

8. Teichfledermaus (*Myotis dasycneme*): Körperlänge um 6 cm, mit Schwanz 11 cm, Flügelspannweite ca. 30 cm.

9. Wimperfledermaus (*Myotis emarginatus*): Auch Gewimpertes Mausohr. Körperlänge um 5 cm, mit Schwanz um 9,5 cm, Flügelspannweite ca. 24 cm, Gewicht 7 bis 10 g.

10. Zweifarbfledermaus (*Vespertilio murinus*): Körperlänge 5 bis 6 cm, mit Schwanz um 10,5 cm, Flügelspannweite ca. 30 cm, Gewicht 12 bis 14 g.

11. Nordfledermaus (*Eptesicus nilssoni*): Körperlänge 5 bis 5,5 cm, mit Schwanz ca. 10,5 cm, Flügelspannweite etwa 27 cm, Gewicht 8 bis 13 g.

12. Breitflügelfledermaus (*Eptesicus serotinus*): Körperlänge 6,5 bis 8 cm, mit Schwanz bis 13,5 cm, Flügelspannweite um 40 cm, Gewicht 16 bis 35 g.

13. Großer Abendsegler (*Nyctalus lasiopterus*): Körperlänge ca. 7,5 cm, mit Schwanz ca. 12,5 cm, Flügelspannweite um 38 cm, Gewicht 16 bis 40 g.

14. Kleiner Abendsegler (*Nyctalus leisleri*): Körperlänge um 7 cm, mit Schwanz um 11 cm, Spannweite bis 30 cm, Gewicht 14 bis 20 g.

fledern: svw. flattern, mit Flügeln schlagen.

Flehmen, das: Mimische Ausdrucksbewegung von Säugetieren, insbesondere von Huftieren, z.B. bei Rot-, Muffel- und Gamswild: die Lefzen (Oberlippe) hochziehen, sodass die Zähne des Oberkiefers und der Gaumen teilweise sichtbar werden. Häufig werden dabei Kopf und Hals gehoben und die Nasenlöcher verschlossen. Die männlichen Tiere nehmen durch das F. die Brunftigkeit der weiblichen Stücke wahr (Geruchskontrolle); ▸ Drohgebärde, ▸ Eckzahndrohen.

Fleischbeschaugesetz, das: Später Fleischhygienegesetz und Fleischhygieneverordnung; jetzt im Artikelgesetz zur Neuordnung des Lebensmittel- und des Futtermittelrechts ▸ Fleischuntersuchung.

Fleischfliegen, die: ▸ Schmeißfliegen.

Fleischhygienegesetz, **Fleischhygieneverordnung**: ▸ Fleischuntersuchung.

Fleischjäger, der: ▸ Küchenjäger 1).

Fleischuntersuchung, die: Wesentliche Grundlage für die F. ist das Artikelgesetz zur Neuordnung des Lebensmittel- und des Futtermittelrechts vom 1. September 2005 (BGBl I S. 2618).

Sein Artikel 1 enthält das Lebensmittel-, Bedarfsgegenstände- und Futtermittelgesetzbuch (Lebensmittel- und Futtermittelgesetzbuch – LFGB), zuletzt in der Fassung der Bekanntmachung vom 24. Juli 2009 (BGBl I. S 2205), geändert durch Verordnung vom 3.

▸▸▸ Ernst von Dombrowski (1862–1917): »Flehmender Gamsbock«, Zeichnung

August 2009 (BGBl I S. 2630), veröffentlicht. Das LFGB dient nach §1 Abs. 3 der Umsetzung und Durchführung von Rechtsakten der Europäischen Gemeinschaft. Artikel 2 des Artikelgesetzes enthält das Gesetz über den Übergang auf das neue Lebensmittel- und Futtermittelrecht. Nach §1 Abs. 1 Nr. 4 dieses Gesetzes ist, solange aufgrund der Ermächtigung keine neue Regelungen getroffen worden sind und soweit dies erforderlich ist, eine Reihe von Vorschriften des Fleischhygienegesetzes (FlHG) weiter anzuwenden, obwohl Artikel 7 Nr. 7 des Artikelgesetzes das FlHG aufgehoben hat.

Die Verordnung zur Durchführung von Vorschriften des gemeinschaftlichen Lebensmittelhygienerechts vom 8.8.2007 (BGBl I S. 1816) ist eine weitere rechtliche Grundlage für die F. Sie umfasst fünf Verordnungen, nämlich:
- die Verordnung über Anforderungen an die Hygiene beim Herstellen, Behandeln und Inverkehrbringen von Lebensmitteln (Lebensmittelhygiene-Verordnung – LMHV),
- die Verordnung über Anforderungen an die Hygiene, Behandeln und Inverkehrbringen von bestimmten Lebensmitteln tierischen Ursprungs (Tierische Lebensmittel-Hygieneverordnung – Tier-LMHV),
- die Verordnung zur Regelung bestimmter Fragen der amtlichen Überwachung des Herstellens, Behandelns und Inverkehrbringens von Lebensmitteln tierischen Ursprungs (Tierische Lebensmittel-Überwachungsverordnung),
- die Verordnung mit lebensmittelrechtlichen Vorschriften zur Überwachung von Zoonosen und Zoonoseerregern und
- die Verordnung über die Durchführung der veterinärrechtlichen Kontrolle bei der Einfuhr und Durchfuhr von Lebensmitteln tierischen Ursprungs aus Drittländern sowie über die Einfuhr sonstiger Lebensmittel aus Drittländern (Lebensmitteleinfuhr-Verordnung – LMEV).

Ausgenommen von diesen Vorschriften ist die Primärproduktion für den privaten Gebrauch oder die häusliche Verarbeitung, Handhabung oder Lagerung von Lebensmitteln zum häuslichen privaten Verbrauch. Sofern jedoch Wild oder Teile davon nicht nur gelegentlich an Dritte, auch an Verwandte oder Freunde, abgegeben werden, sind alle vorgenannten Vorschriften jedoch anzuwenden. Wer kleine Mengen erlegten Wildes direkt an Verbraucher oder an örtliche Betriebe des Einzelhandels zur unmittelbaren Abgabe an Verbraucher abgibt, hat nach § 5 Abs. 1 Satz 1 LMHV i.V. mit der dazugehörigen Anlage 2 bei der Herstellung oder Behandlung des erlegten Wildes angemessene Maßnahmen zu treffen für
- die Instandhaltung, die Reinigung und die Desinfektion der Räume und Einrichtungen, die mit den Jagderzeugnissen in Berührung kommen,
- die Sicherstellung der Produktions-, Transport- und Lagerungshygiene,
- die Trinkwasserhygiene und
- die Lagerung und Entsorgung von Abfällen und gefährlichen Stoffen.

Daneben ist Schalenwild so schnell wie möglich nach dem Erlegen, Kleinwild (Federwild, Feldhasen, Wildkaninchen) spätestens bei der Abgabe aufzubrechen bzw. auszuweiden (Anlage 4 Nr. 1.1). Schalenwild ist unmittelbar nach dem Aufbrechen so aufzubewahren, dass es gründlich auskühlen und in den Körperhöhlen abtrocknen kann. Kleinwild ist unmittelbar nach dem Erlegen ebenfalls so aufzubewahren, dass es gründlich auskühlen kann. Schalenwild muss deshalb nach dem Erlegen auf eine Innentemperatur von höchstens + 7 °C, Kleinwild auf eine Innentemperatur von höchstens + 4 °C abgekühlt werden; erforderlichenfalls ist das erlegte Wild dazu in eine geeignete Kühleinrichtung zu verbringen (Anlage 4 Nr. 1.2).

Beim Erlegen und Aufbrechen ist auf folgende Merkmale zu achten:
- abnorme Verhaltensweisen oder Störungen des Allgemeinbefindens,
- Fehlen von Anzeichen äußerer Gewalteinwirkung als Todesursache (Fallwild),
- Geschwülste oder Abszesse, wenn sie zahlreich oder verteilt in inneren Organen oder in der Muskulatur vorkommen,
- Schwellungen der Gelenke oder Hoden, Hodenvereiterung, Leber- oder Milzschwellung, Darm- oder Nabelentzündung,
- bei Federwild Entzündung des Herzens, des Drüsen- oder Muskelmagens,
- fremdem Inhalt in den Körperhöhlen, insbesondere Magen- und Darminhalt oder Harn,
- wenn Brust- oder Bauchfell verfärbt sind,
- erhebliche Gasbildung im Magen- und Darmkanal mit Verfärbung der inneren Organe,
- erhebliche Abweichungen der Muskulatur oder der Organe in Farbe, Konsistenz oder Geruch,
- offene Knochenbrüchen, soweit sie nicht unmittelbar mit dem Erlegen in Zusammenhang stehen,
- erhebliche Abmagerung,
- frische Verklebungen oder Verwachsungen von Organen mit Brust- oder Bauchfell,
- Geschwülste oder Wucherungen im Kopfbereich oder an den Ständern bei Federwild,
- verklebte Augenlider,
- Anzeichen von Durchfall, insbesondere im Bereich der Kloake, sowie Verklebungen und sonstigen Veränderungen der Befiederung, Haut- und Kopfanhänge sowie Ständer bei Federwild,
- sonstige erhebliche sinnfällige Veränderungen außer Schussverletzungen.

Eingeweide, die Veränderungen aufweisen, sind so zu kennzeichnen, dass die Zugehörigkeit zu dem betreffenden Wildkörper festgestellt werden kann; sie müssen bis zum Abschluss der amtlichen Untersuchung beim Wildkörper verbleiben (Anlage 4 Nr. 1.4).

Wildkammern müssen nach Anlage 4 Nr. 3 über eine geeignete Kühleinrichtung verfügen.

Für die Bearbeitung des erlegten Wildes gilt nach Anlage 4 Nr. 4 in den Räumen Folgendes:
- Untersuchungspflichtiges, erlegtes Wild ist so rechtzeitig der Untersuchung zuzuführen, dass Veränderungen bei der amtlichen Untersuchung erkannt und beurteilt werden können.
- Erlegtes Großwild ist auf Ersuchen des amtlichen Untersuchers zur Untersuchung zu enthäuten; der Brustkorb ist zu öffnen. Die Wirbelsäule und der Kopf sind längs zu spalten, wenn nach Feststellung des Untersuchers gesundheitliche Gründe dies erforderlich machen.
- Erlegtes Großwild in der Decke darf nicht eingefroren werden.
- Erlegtes Federwild ist auf Verlangen des Untersuchers zur Untersuchung so herzurichten, dass die nach der fachlichen Beurteilung erforderlichen Untersuchungen durchgeführt werden können.
- Ungerupftes und nicht ausgenommenes Federwild darf nicht eingefroren werden.
- Großwild in der Decke oder Kleinwild im Balg oder im Federkleid dürfen Fleisch von erlegtem Wild nicht berühren.

Die Abgabe kleiner Mengen von erlegtem Wild direkt an Verbraucher oder an örtliche Betriebe des Einzelhandels zur unmittelbaren Abgabe an Verbraucher darf nach §4 Abs. 1 Satz 1 Tier-LMHV nur durch Personen erfolgen, die bezüglich Körperbau, der Lebensfunktionen, Verhalten und krankhafter Veränderungen des Wildes sowie der hygienischen Anforderungen im Umgang mit Wild ausreichend geschult sind.

Die Pflicht zur Anmeldung für die Fleischuntersuchung nach Feststellung von gesundheitlich bedenklichen Merkmalen und im Fall von Wildschweinen, Sumpfbibern, Dachsen oder anderen Tieren, die Träger von ▸ Trichinen sein können, für die Trichinenuntersuchung bei der für den Erlegeort oder den Wohnort zuständigen Behörde besteht nach §4 Abs. 2 Satz 1 Tier-LMHV für denjenigen, der kleine Mengen erlegten Wildes zum Zwecke der Abgabe nach §3 Abs. 1 Satz 1 Tier-LMHV in Eigenbesitz genommen hat; das ist meist der ▸ Jagdausübungsberechtigte. Die Trichinenuntersuchung ist bei potenziellen Trichinenträgern auch dann Pflicht, wenn der Tierkörper keine bedenklichen Merkmale aufweist

§5 Abs. 3 Tier-LMHV verbietet ausdrücklich, kleine Mengen von erlegtem Wild vor Abschluss der amtlichen Fleischuntersuchung nach §4 Abs. 2 Satz 1 Nr. 1 oder der amtlichen Trichinenuntersuchung nach §4 Abs. 2 Satz 1 Nr. 2 oder unausgeweidet an Verbraucher abzugeben.

Fleming, (Flemming) Hanns Friedrich, Freiherr von (zweite Hälfte des 17. Jh. bis nach 1726): Er studierte in Tübingen und in Straßburg, bereiste England, Frankreich, Holland, Deutschland und war unter August dem Starken 1702 Oberstleutnant, später polnischer Kammerherr und kursächsischer Oberforst- und Wildmeister. Er schrieb »Der Vollkomme-

Flintenlaufgeschoss: Ballistische Daten

Entfernung (m)	V (m/s)	Energie (J)			Flugzeit (m/s)	Treffpunktlage (in cm) zur Visierlinie							
		Kal. 12	Kal. 16	Kal. 20		Zielfernrohr				Laufschiene und Korn			
0	430	2865	2495	2220	0								
25	370	2110	1860	1680	63	⊕	−0,5	+1,5	+4,0	⊕	+1,5	+3,5	+6,5
50	330	1655	1460	1330	134	+0,5	⊕	+3,5	+8,5	−2,5	⊕	+4,5	+10
75	300	1375	1215	1110	214	−4,5	−5,5	⊕	+7,5	−11	−6,5	⊕	+8,5
100	275	1170	1040	955	302	−17	−18	−10	⊕	−26	−11	−11	⊕

ne Teutsche Jäger, Darinnen Die Erde, Gebirge, Kräuter und Bäume, Wälder, Eigenschaften der Wilden Thiere und Vögel, So wohl Historice, als Physice, und Anatomie …« (2 Bde., 1719 bis 1724; Neuaufl. 1749), von historischem Interesse und lange Zeit die wichtigste Jagdschrift. Mit großer Ausführlichkeit werden die früheren großen Hof- und Luxusjagden sowie die Jagdbräuche beschrieben, doch wird auch der administrative Teil des Forstwesens (zweckmäßige Benutzung des Holzes, Zugutemachung der Waldprodukte, Sicherung der ▸ Nachhaltigkeit usw.) behandelt. Anonym wurde ein Auszug veröffentlicht: »Kurzer Begriff der edlen Jägerei« (Erstaufl. 1730; 4. Aufl. 1745). Von F. wird erstmals der Begriff der ▸ Jagdwissenschaft geprägt.

Flemming: ▸ Fleming.

Fleuron, Svend: ▸ Jagdliteratur.

flicken: **1**) Scherzhafter Ausdruck für das Annehmen des Menschen durch Sauen, ohne ihn zu verletzen, bzw. für das leichte Beißen durch Hunde. Man sagt: »Die Sau hat ihn angeflickt«; ▸ Hosenflicker. **2**) Ein Stück Wild schlecht, aber nicht lebensgefährlich treffen, es anflicken, anschießen.

Fliedern, die: ▸ Jagdzeug 1.

Fliege, die: ▸ Mücke.

fliegen: Beim ▸ Beizvogel: ihn besitzen und einsetzen, d.h. von der Faust abstreichen lassen. Man fliegt den Beizvogel aufs ▸ Federspiel, im ▸ Anwarten oder als ▸ Faustvogel auf Krähen usw. Von F. auf Verdacht spricht man, wenn der Falkner seinen Anwarter-Falken vorsorglich f. lässt, weil er glaubt, bald Wild hochzumachen. Häufige Fehlflüge enttäuschen jedoch einen Falken und verderben ihn.

Fliegender Kamp, der: ▸ Pflanzgarten.

fliegendes Treiben, das: Die Streifjagd; ▸ Gesellschaftsjagd 6.

Fliegendes Saatbeet, das: ▸ Pflanzgarten.

fliegenlassen: ▸ schießen 2).

fliehen: Beim Schalenwild: svw. flüchtig werden bzw. flüchtig sein; ▸ anfliehen.

Flindern, die: ▸ Jagdzeug 1.

Flinte, die: Ein Gewehr mit glattem ▸ Lauf, aus dem Schrot verschossen wird. Es gibt einläufige F., Doppel- oder Quer-, Bockdoppel-, Repetier- und Selbstlade-F.. Die Bez. »F.« kommt von Flins (dem Feuerstein). Der Flintstein als Funkenspender für das Losbrennen der Gewehre wurde um 1500 in Spanien entdeckt; ▸ Jagdgewehr.

Flintenabzug, der: Ein leichter, weicher Abzug an Flinten, gelegentlich auch an Büchsen; ▸ Abzugsvorrichtung.

Flintenkaliber, das: ▸ Schrotpatrone.

Flintenkorn, das: Ein grobes, ca. 3 bis 4 mm großes Korn auf der Laufschiene des Schrotgewehres.

Flintenlauf, der: ▸ Lauf 4) 2.

Flintenlaufgeschoss, das: Nach dem Jagdgesetz ist der raue Schuss mit Postenschrot auf ▸ Schalenwild verboten. Um aus glatten Flintenläufen auf Schalenwild schießen zu können, wurden Patronen mit F. entwickelt. Es gibt hier die vielfältigsten Typen. Durchgesetzt haben sich ROTTWEIL-Patronen mit Original-Brenneke-F. Das Original-Brenneke-F. besteht aus einem zylindrischen Bleikopf mit Spitze und daran befestigtem Filzpfropfen. Hierdurch wird eine bessere Führung und Präzision erreicht. Das hohe Geschossgewicht sichert den jagdlichen Erfolg. ROTTWEIL-Brenneke-Flintenlaufpatronen können zuverlässig auf eine Entfernung bis 50 m präzise verschossen werden.

Dabei spielt die Art der Chokebohrung nur eine geringe Rolle. Die Form der Flintenlaufgeschosse mit Spitze ist vorzüglich dazu geeignet, einen offenen Einschuss und damit Schweiß und bei breit stehendem Wild i.d.R. auch einen Ausschuss zu liefern. Flintenlaufgeschosse zerlegen sich nicht und deformieren nur geringfügig. Durch den Schock und die starke Auftreffwucht des großen Kalibers wird die blitzartige Wirkung herbeigeführt. Deshalb kann dieses Geschoss auch auf schwächeres Schalenwild verwendet werden, da Ein- und Ausschuss nur kalibergroß sind. Dabei sollte aber eine Schussentfernung von 50 m nicht überschritten werden. Vor der Jagd müssen auf jeden Fall die Treffpunktlage und die Präzision der Patrone aus der Flinte oder der kombinierten Waffe ermittelt werden. Wichtig ist zu wissen, wie bei kombinierten Waffen die Treffpunktlage im Vergleich zum Kugellauf ist. Da Flintenlaufpatronen häufig bei Drückjagden auf flüchtiges Wild verschossen werden, empfiehlt es sich, unbedingt einige Probeschüsse auf den »laufenden Keiler« abzugeben, um das richtige Vorhaltemaß zu ermitteln. Gerade bei Schwarzwild empfiehlt es sich, nicht, wie mit der Kugelwaffe gewohnt, auf den Teller zu visieren, sondern weiter vorn am Wurf oder am Gebräch abzukommen, damit die Kugel auf den richtigen Fleck gebracht wird.

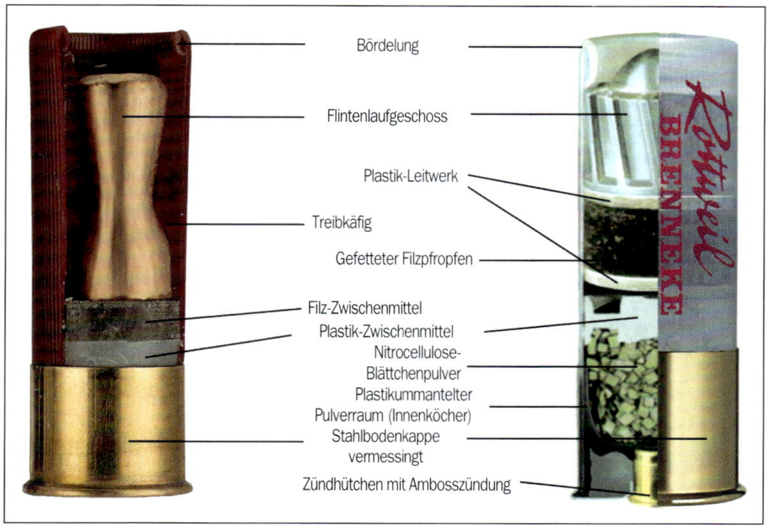

Slug-Flintenlaufgeschoss (links) und Brenneke-Flintenlaufgeschoss im Schnitt

Flintenschießen des DJV: ▸ jagdliches Schießen.

Flintenschuss, der: ▸ Ballistik.

Flintenspanner, der: selten; häufiger ▸ Büchsenspanner.

Flintern, die: ▸ Jagdzeug 1.

Flissen, die: ▸ Flaume.

Flitzer, der (grauer Flitzer): Das ▸ Wildkaninchen (scherzhafte Bez.).

Flobert, Louis Nicolas (1819 bis 1894): französischer Büchsenmacher aus Paris. F. entwickelte das nach ihm benannte leichte Gewehr (▸ Flobert) für die ebenfalls von ihm erfundene Randfeuerpatrone.

Flobert, der (auch Tesching, Zimmerbüchse, Gartenflinte): F., benannt nach dem französischen Büchsenmacher ▸ Flobert, der die Konstruktion 1860 angab. Die gleiche Waffe wird auch nach der Stadt Teschen als Tesching oder F.-Tesching bezeichnet. Der F. hat ein so kleines Kaliber (6, 7 und 9 mm), dass die Gase eines stark geladenen Zündhütchens genügen, um das erbsengroße Geschoss durch ein 10 bis 20 m entferntes, mäßig starkes Brett zu treiben. Verwendet werden F.-Randfeuerpatronen mit Rundkugel. Der F. erzeugt wenig Knall und Rauch und diente früher auch zur Jagd auf kleine Vögel, v.a. Spatzen, aber auch auf Mäuse und Ratten und wurde auch zum Scheibenschießen benutzt. Fälschlich werden gelegentlich leichte Kleinkalibergewehre umgangssprachlich als F. bezeichnet.

Flöhe, die (äußere Parasiten): F. (*Siphonaptera* oder *Aphaniptera*) sind eine weltweit verbreitete Ordnung der Insekten mit ca. 1500 Arten (davon etwa 70 Arten in Mitteleuropa). Sie sind Ektoparasiten, die als Blutsauger an Vögeln und an Säugetieren vorkommen und 2 bis 6 mm groß werden können. Das Sprungvermögen ist je nach Art und Wirtsfindung verschieden; einige Arten können bis 50 cm weit und 30 cm hoch springen. Zum Blutsaugen sind die Mundwerkzeuge zu 3 Stechborsten umgebildet. Die Haut des Wirtstieres wird angebohrt und das Blut nach Injektion eines gerinnungshemmenden Stoffes in den Darm gesaugt. Die Blutmahlzeit kann bis zu 3 Stunden dauern. Die bis zu 0,5 mm großen Eier werden im Fell des Wirtstieres gelegt, fallen auf den Boden und es entwickeln sich die Larven, wobei ein Flohweibchen in seinem Lebenszyklus von drei Wochen bis zu 2000 Nachkommen haben kann. Die Entwicklungsdauer (über 3 Larvenstadien und eine Puppe) ist je nach Art und Lebensbedingungen sehr unterschiedlich. Beim Hundefloh (*Ctenocephalides canis*) z.B. verpuppen sich die Larven nach ein bis zehn Tagen in einen Kokon, der sie zuverlässig vor Insektiziden schützt. Durch äußere Reize wie Erschütterungen, Wärme und Anstieg von Kohlendioxid wird die Puppenruhe beendet. Viele Arten können bis zu 12 Monate hungern. Von F. befallene Tiere fallen durch häufiges Sichkratzen auf. Neben dem Hundefloh ist der Katzenfloh (*C. felis*) der bekannteste Floh. Beide Arten belästigen auch für unterschiedliche Zeit den Menschen und können auch Zwischenwirt des ▸ Bandwurms *Dipylidium caninum* sein, der im Hundedarm parasitiert. Der Hasenfloh (*Spilopsyllus cuniculi*) kommt bei Hase und Kaninchen, aber auch auf Marder, Iltis, Fuchs und Dachs vor und kann ▸ Myxomatose, ▸ Staphylokokkose und ▸ Tularämie übertragen. Der Hunde- und Fuchsfloh (*Ctenocephaiides canis*) kommt bei Hund und Fuchs vor. Er ist Zwischenwirt und Überträger des Bandwurms. Der Dachsfloh (*Chaetopsylla trichosa*) befällt den Dachs und den Fuchs, der Hühnerfloh (*Ceratophyllus gallinae*) Fasan, Rebhuhn und andere Wildvögel. Eine Bekämpfung ist bei Wildtieren nicht möglich, bei Hunden erfolgt sie mit dem Wirkstoff Lufenuron, der jede Synthese von Chitin hemmt, das in Eihülle und Außenskelett von F. vorkommt und existentiell notwendig für deren Entwicklung ist. Das Flohweibchen nimmt den Wirkstoff über das Blut des Hundes beim Stich auf. Lufenuron gelangt so in die Floheier und unterbindet hier das Schlüpfen der Flohlarve. Das Wildbret von Wildtieren, die von F. befallen sind, ist genusstauglich.

Florinus, F. Ph.: ▸ Jagdliteratur.

Floris, Frans, eigentlich de Vriendt (1516 Ant-

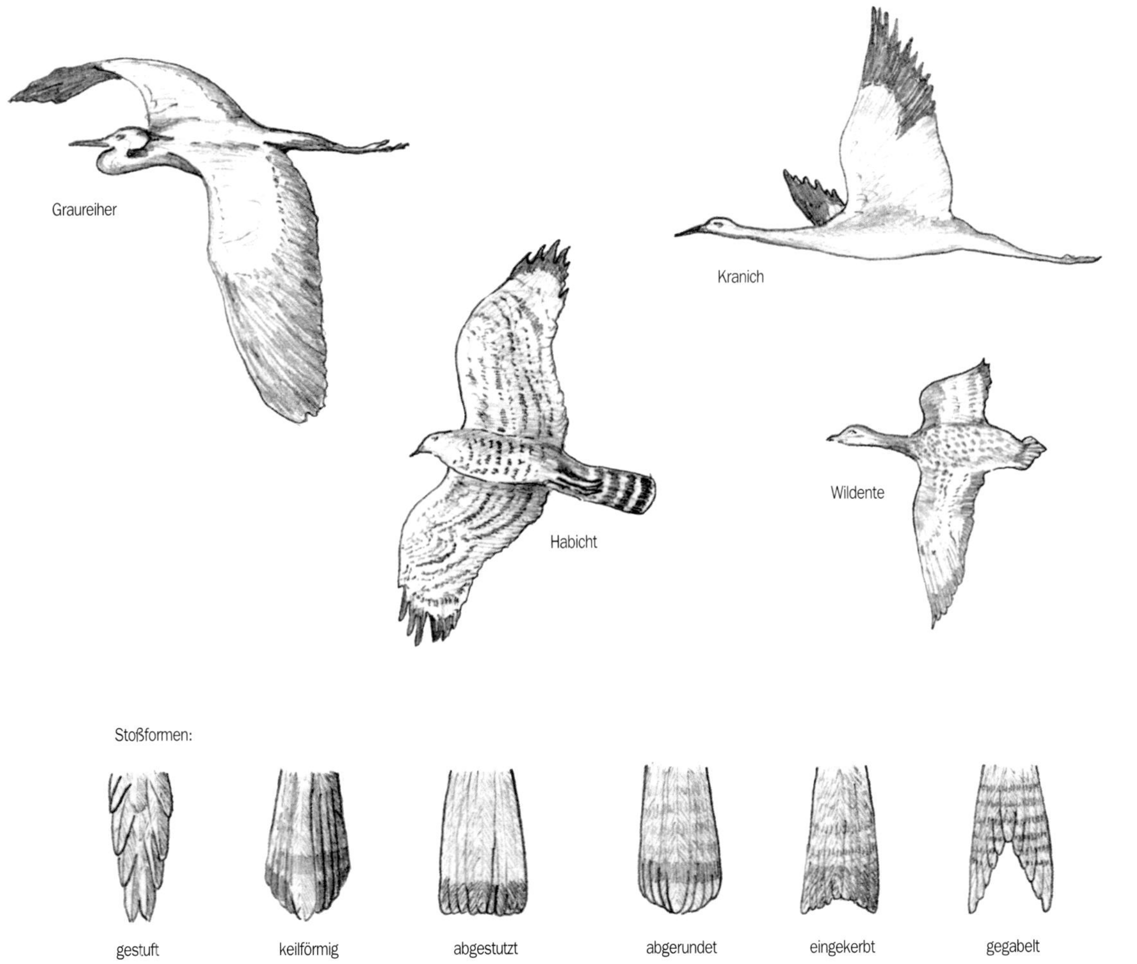

Flugbilder

▸▸▸ Flugdrahtanlage

werpen bis 1.10.1570 Antwerpen): niederländischer Maler; malte v.a. mythologische Szenen und Bildnisse. Von ihm stammt u.a. »Der Falkenjäger« (1558) und »Die Frau des Falkenjägers« (1558).

Flossen, die: Die Vorder- und Hinterruder vom Seehund.

flotte Suche, die: Das flinke und rasche Suchen eines Jagdhundes; ▸ Suche.

Flucht, die: Ein weiter Sprung des ▸ Schalenwildes. Eine hohe F. machen, d.h. in hohen Sprüngen abgehen; das Wild macht eine F., es geht flüchtig ab bzw. es flüchtet.

fluchtbar: ▸ flugbar.

Fluchtbau, der: ▸ Notbau.

Fluchtdistanz, die: Entfernung, bei deren Unterschreitung durch eine bestimmte Gefahrenquelle die Flucht ausgelöst wird. Die F. ist je nach Tierart unterschiedlich groß und hängt auch von den individuellen Vorerfahrungen ab. Hirsche fliehen z.B. in der freien Natur i. Allg. bereits auf große Entfernung vor dem Menschen, in einem Nationalpark hingegen kann die F. sehr gering sein; ▸ Individualabstand.

Fluchten, die: **1**) ▸ Schwungfedern. **2**) Weite Sprünge des Schalenwildes; ▸ Flucht.

flüchten: ▸ Haarwild bewegt sich in schneller Gangart fort, es ist flüchtig oder hochflüchtig; ▸ Flucht.

Fluchtenten, die: Die gerade flügge gewordenen jungen ▸ Wildenten.

Fluchtfährte, die: Die ▸ Fährte des flüchtenden Wildes ohne Unterscheidung nach gesunder oder kranker Fährte. Für Letztere ist jedoch der Ausdruck »Schweißfährte« gebräuchlicher; siehe unter der jeweiligen Wildart.

Flucht haben (Flucht und Schweiß haben): Eine Blutspur sehen und den Ort kennen, wohin das Wild geflohen ist (alte Redewendung).

flüchtig: **1**) ▸ flüchten. **2**) Der Hund ist f. oder er hat eine f. Suche, wenn er beim Suchen viel Feld nimmt; ▸ Feld 3).

Fluchtröhre, die: ▸ Notröhre.

Fluchtschütze, der: Ein Schütze, der im Schuss auf flüchtendes Wild geübt ist; ▸ Flugschütze, ▸ Laufschütze.

Fluchtspur, die: Die ▸ Spur des flüchtenden Wildes.

Flug, der: **1**) Beim ▸ Federwild: Mehrere Ketten oder Schofe bilden einen (geringen oder starken) F. Bez. hauptsächlich bei Wildenten und beim Birkwild üblich. **2**) Beim ▸ Beizvogel: a) Vogel vom F., ein zur ▸ Beizjagd verwendeter Vogel, b) Vogel ohne F., ein Beizvogel, der noch nicht oder nicht mehr zur Beizjagd verwendet wird. **3**) Beim Beizvogel: a) Hoher F., die Beizjagd mit von der Faust geworfenen Falken (Vögel zum Hohen F.), hauptsächlich auf Reiher, Milane und Kraniche. Diese Beutevögel versuchen durch das Aufsteigen in höhere Luftschichten sich des Angriffs des Falken zu entziehen. b) Niederer F., die Beizjagd mit Adler, Habicht, Bussard und Sperber; ▸ Beizjagd. **4**) Beim Beizvogel: Vogel vom ersten, zweiten, dritten usw. F.; ein Beizvogel, gleich welchen Alters, der bereits das erste, zweite, dritte usw. Jahr als Beizvogel fliegt. **5**) Ein F. (Beizvögel) sind zwei oder mehrere Falken, die abgetragen sind, zusammen die gleiche Beute zu jagen; auch Kompaniefalken genannt.

Flugbahn, die: bei Geschossen; ▸ Ballistik.

flugbar (fluchtbar, flügge, beflogen): Vom Flugwild, hauptsächlich von Wildenten: das Federwild, das in seiner Gefiederentwicklung so weit fortgeschritten ist, dass es zu fliegen vermag. Man sagt: »Die jungen Enten sind f.«; sie haben die volle Flugbarkeit erreicht.

Flugbild, das: Das charakteristische Erscheinungsbild eines Vogels, von der Erde aus betrachtet. Verschiedene große Vogelarten sind an ihren typischen F. schon von Weitem zu erkennen und erleichtern damit das Ansprechen; z.B. bei dem oft stundenlangen Kreisen der Geier und der Störche mit unbewegten, waagrecht gestreckten Flügeln. V.a. an der Ausformung des Stoßes (gegabelt, eingekerbt, abgerundet, abgestutzt, keilförmig, gestuft) und seiner Länge sowie an jener der Schwingen (lang, kurz, breit, spitz, gerundet) und an der Länge und Haltung des Halses (gestreckt oder S-förmig) kann der Kundige eine Vogelart erkennen. Daneben geben arttypische Flugbewegungsweisen, z.B. Segelflug der Milane, Adler und Geier, Gaukelflug der Weihen, Rüttelflug der Turmfalken und Bussarde sowie der schnelle Verfolgungsflug der Falken, Auskunft über die Vogelart.

Flugbreite, die: ▸ Flügelspannweite.

Flugdrahtanlage, die: Eine für die Beizvogelhaltung zweckmäßige Anlage im Freien, in welcher der ▸ Beizvogel während und außerhalb der Mauser bei verhältnismäßig großer Bewegungsfreiheit gehalten werden kann. Sie dient dem Falkner auch für Appellübungen und stärkt zugleich die ▸ Kondition des Beizvogels. Die F. soll an einem ruhigen Platz stehen. Entsprechend der Witterung kann der Beizvogel sich sowohl auf dem ▸ Reck bewegen als auch kurze Flüge an der Langfessel im Freien unternehmen. Die F. besteht aus einer vorne offenen Hütte, die nachts verschließbar sein muss (Flügeltüre) und in deren Mitte ein Reck mit Recktuch steht. Von dem Reck läuft etwa 40 cm über dem Boden ein 5 bis 15 m langer, rostfreier Stahldraht (sog. Flugdraht) ins Freie, an dessen Ende der niedere Reck oder Bogenreck steht. Über den Flugdraht wird ein Metallring gezogen, an dem der Beizvogel mit der Langfessel angebunden wird, damit er hin- und herfliegen kann. Bremsvorrichtungen (Druck- und Zugfedern) an den Flugdrahtseiten mildern dabei den Zug auf die Hände (Füße) des Beizvogels bei Ausreißversuchen. In Reichweite der Langfessel werden eine ▸ Badebrente und ein ▸ Atzblock aufgestellt. Ein ▸ Sprenkel, der ähnlich wie der hohe Reck mit einem Tuch versehen ist, steht parallel zum Flugdraht.

Flügel, der: **1**) Die beiden Seiten der Treiber- und Schützenlinien bei Streifjagden; ▸ Wehr 1), ▸ Flügelwehren. **2**) Kalter F. wird jede sehnige oder knochige Gliedmaße mit wenig Atzfleisch von Geflügel genannt, das dem ▸ Beizvogel zur Beruhigung bzw. zur Beschäftigung gereicht wird. **3**) Die zum Fliegen dienenden, befiederten vorderen Gliedmaßen der Vögel; ▸ Vogelflügel. **4**) Stellflügel.

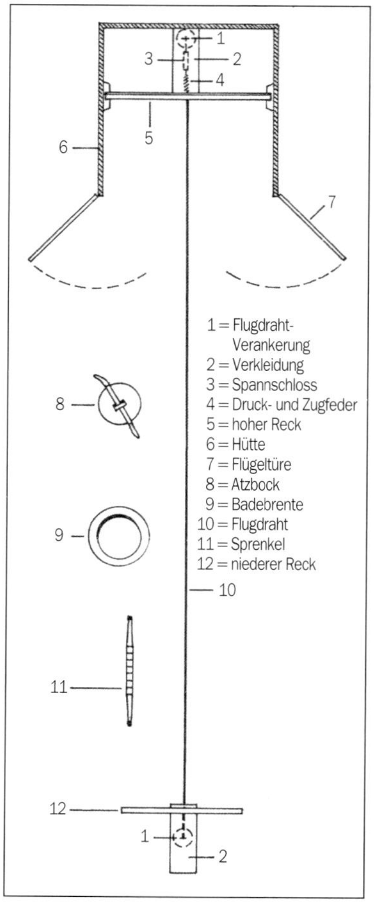

Flügelbreite, die: ▸ Flügelspannweite.

Flügelbug, der: Der Ellbogen am ▸ Vogelflügel, und zwar die Stelle, an welcher der Vogel den Flügel, wenn er ihn zusammengelegt hat (Ruhestellung), einbiegt.

Flügeldecken, die: ▸ Flügeldeckfedern.

Flügeldeckfedern, die (Flügeldecken): ▸ Deckfedern, ▸ Vogelflügel.

Flügelführer, der (Flügelmeister, Treiberführer): Bez. für die beiden Jäger, die bei einer Streifjagd die beiden ▸ Flügel führen.

Flügelhorn, das (Halber Mond): ▸ Jagdhorn.

flügellahm (fluglahm): Wenn Flugwild durch einen Schuss oder durch eine sonstige Verletzung am Flügel so verletzt ist, dass dieser – oder auch beide – nicht mehr benützt werden kann, ist es f.; ▸ Schusszeichen.

Flügelmarke, die: Eine Marke zum Kennzeichnen wild lebender Vögel, die an der Spannhaut der Vogelschwinge angebracht wird.

Flügelmeister, der: ▸ Flügelführer.

flügeln: Den Flügel eines Vogels durch einen Schuss verletzen; er ist geflügelt; ▸ Schusszeichen.

Flügelschütze, der: Jeder der beiden Schützen, die am äußersten Punkt der beiden Flügel (▸ Flügel 1)) der Triebfront bei Streifjagden eingeteilt werden, heißt F.

Flügelsicherung, die: Eine ▸ Sicherung für Repetierbüchsen nach Mauser und Mannlicher-Schönauer.
Flügelspannweite, die (Flugbreite, -weite, -breite, Flügelweite, Spannweite): Die Gesamtlänge der ausgebreiteten Vogelflügel, die von Flügelspitze zu Flügelspitze gemessen wird.
Flügelwehren, die: Bei einer Streifjagd die beiden Treiberwehren, die das seitliche Ausbrechen der Hasen verhindern sollen; ▸ Wehr 1).
Flügelweite, die: ▸ Flügelspannweite.
Flugente, die: ▸ Hochbrutflugente.
Flugform, die (Jagdform, Jagdkondition): ▸ Kondition 3).
flügge: ▸ flugbar.
Flugjagd, die (Luftjagd): Veraltete Bez. für die ▸ Beizjagd.
fluglahm: svw. ▸ flügellahm.
Flugschuss, der: Ein Schuss auf streichendes Federwild.
Flugschütze, der (veraltet: Luftschütze): Ein Schütze, der im Schießen auf Flugwild (Federwild) besonders geübt und gewandt ist; ▸ Laufschütze und ▸ Federschütze.
Flugweite, die: **1**) ▸ Flügelspannweite. **2**) Von Geschossen und Schroten; ▸ Gefährdungsbereich.
Flugwild, das: ▸ Federwild.
Flugwild tot!: Ein ▸ Jagdsignal, das bei der Streckenlegung geblasen wird.
Flugzeit von Geschossen: ▸ Ballistik.
Fluktuation, die: ▸ Gradation.
Flurbereinigung, die: Die F. ist ein behördlich geleitetes Verfahren zur Neuordnung ländlichen Grundbesitzes. Die Durchführung obliegt nach dem Genossenschaftsprinzip den Grundeigentümern bzw. dem von diesen gewählten Vorstand. Ursprüngliche Zielsetzung war die Erhöhung der landwirtschaftlichen Produktion durch Zusammenlegung zersplitterter Grundstücke und Bodenverbesserungen. Mit der Novellierung des Bundesflurbereinigungsgesetzes 1976 wurde die Aufgabe der F. erweitert. Danach sind die Ziele der F. heute a) die Verbesserung der Produktions- und Arbeitsbedingungen in der Land- und Forstwirtschaft (Steigerung der Produktivität und Effizienz landwirtschaftlicher Betriebe), b) die Förderung der allgemeinen Landeskultur (insbesondere durch Umsetzung von Maßnahmen des ▸ Naturschutzes und der Landespflege) und c) die Förderung der Landentwicklung (durch Hilfen für die Verbesserung der gemeindlichen Infrastruktur und Unterstützung öffentlicher Vorhaben sowie Planung und Durchführung von Maßnahmen der Dorferneuerung). In Bayern hat diese Aufgabenerweiterung im Jahre 1992 zur Umbenennung der Flurbereinigungsverwaltung in »Verwaltung für Ländliche Entwicklung« geführt. Inzwischen ist es selbstverständlich geworden, dass auch die F. dazu beiträgt, die bedrohte Pflanzen- und Tierwelt sowie schützenswerte Naturräume zu erhalten. Jäger und ▸ Jagdgenossenschaften haben nunmehr (z.B. in Bayern) bei Neuordnungsverfahren nach dem Flurbereinigungsgesetz Mitwirkungsmöglichkeiten. Rechtzeitig vor Einleitung des Verfahrens werden hierzu die beteiligten Behörden und Organisationen angehört. Zu diesen gehört auch der LJV Bayern. Er gibt eine Stellungnahme ab und informiert seine örtlichen Mitglieder. Bei der anschließenden Aufstellung der Neugestaltungsgrundsätze wirken Jagdverband und Jagdgenossenschaft mit. Jägerschaft und Jagdgenossenschaft können bei diesem wichtigen Verfahrensabschnitt unter anderem durch Mitteilung folgender Angaben mitwirken:
- Anzahl und Abgrenzung der Jagdreviere
- Angaben allgemeiner Art (ggf. in einer Karte), z.B. Schutz- und Ruhezonen; Standorte für Verbissgehölze; Flächen zur Lebensraumverbesserung; bedeutende Landschaftselemente (▸ Hecken, Büsche, Feldholzinseln; ▸ Feldgehölze)
- Vorkommende Wildarten (früher, heute, Verbesserungsvorschläge)
- Interessen- und Nutzungskonflikte (Erholung, Freizeit, Golfplatz, Waldbau, Wilddichte)
- Wildunfallstatistik, Wildwechsel.

Sind mehrere Jagdreviere am Verfahren beteiligt, so sollte darauf hingewiesen werden, dass nach der Neuordnung des Grundbesitzes eine Neufestsetzung der Reviergrenzen durch die Jagdgenossenschaften zusammen mit der Unteren ▸ Jagdbehörde angestrebt wird.
Flussadler, der: ▸ Adler 3.
Flussauen, die: ▸ Auen.
Flussmeerschwalbe, die: ▸ Seeschwalben 2.
Flussotter, der: ▸ Fischotter.
Flussregenpfeifer, der: ▸ Regenpfeifer 4.
Flussschwalbe, die: ▸ Regenpfeifer 4.
Flussseeschwalbe, die: ▸ Seeschwalben 2.
Flussuferläufer, der: ▸ Schnepfenvögel 14.
Flüsterpatrone, die: ▸ Subsonic-Patronen.
FN Herstal: Die Waffenfabrik »Fabrique National d'Armes de Guerre« wurde 1889 von einem Konsortium in Herstal bei Lüttich (Belgien) gegründet. Ihren Ruhm begründete sie mit der Herstellung von Flinten und Selbstladepistolen, nachdem ihr John M. ▸ Browning am 7.7.1897 die Patente übertragen hatte. Nach Ende des Zweiten Weltkrieges und Neuaufbau der Firma fertigte FN H. erneut Waffen, wie z.B. das FAL, welches das erste Sturmgewehr (G1) der Bundeswehr war. In der Folge wurden wieder Jagd- und Sportwaffen hergestellt, heute jedoch wieder unter dem Namen Browning bekannt. Die Firma selbst hat sich auf Militärwaffen (Maschinengewehre, Ma-

Johann Elias Ridinger (1698–1767): »Flugschütze«, Kupferstich

schinenpistolen) spezialisiert. Die Fertigung von Jagd- und Sportwaffen bei FN H. wurde eingestellt.

Focke, der: ▸ Reiher 5.

Fohe, die (Föhin): ▸ Fähe.

Föhrde, die (Föhrte): Alter Ausdruck bzw. alte Schreibweise für ▸ Fährte.

Foix, Gaston de, Vicomte von Bèarn: ▸ Phoebus, ▸ Jagdliteratur.

Folge, die: **1**) ▸ Wildfolge. **2**) Die Richtung, in die der angestellte Schütze nach beendetem Treiben gehen soll; ▸ Bruchzeichen. **3**) ▸ freie Folge.

Folgebruch, der: ▸ Bruchzeichen.

Folgeschnur, die: ▸ Schweißschnur.

Fontaine-Guérin, Hardouin de: ▸ Jagdliteratur.

Forchel, die: ▸ Forkel.

Förderkreis Jagdpolitik, der: Der F. J. wurde 1987 als gemeinnütziger Verein gegründet. Er will das Engagement für die Jagd herausfordern sowie die Jägerschaft zu gesellschaftsadäquatem Verhalten durch an Ökologie und Naturschutz ausgerichtete, zukunftsorientierte Jagdpolitik bewegen. Der F. J. vergibt jährlich den »Hamburger Preis für Jagdpolitik« und verleiht die ▸ Hermann-Löns-Jagdmedaille in Gold.

Forell, Fritz von (8.9.1893 Berlin bis 2.9.1991 Köln): Schriftsteller, v.a. Jagdschriftsteller, Illustrator, Oberst a. D.; lebte in Trier, Ransbach/Westerwald und zuletzt in Köln-Brück. Er schrieb u.a. »Halali auf Wald und Heide. Spannende Jagderlebnisse« (o. J.), »Die grüne Jägerfibel. Ein Buch für die Freunde von Wild und Jagd« (um 1952), »Rotes Herz im grünen Rock« (1961), »Sie jagen 1000 Jahre schon. Beitrag zur Kulturgeschichte der deutschen Jäger« (1964), »Jägerhorn und Rittersporn« (1976) und »Die Tränen der lieblichen Wildsau« (1977). F. illustrierte u.a. das Buch von Maximilian ▸ Böttcher »Das Liebesfest des Waldfreiherrn. Ein Jagdidyll« (1923).

Forellentiger, der: Farbvarietät bei kurzhaarigen ▸ Vorstehhunden; hellhaariger Hund mit vielen größeren und kleineren dunklen Tupfen.

Forke, die: svw. Gabel, mundartliche Bez. für die Geweihstange; ▸ Furke.

Forkel, die (Forchel, Furchel, Furke, Furckel, Forgel, Stellstab, Stellstange, selten auch Stiefel oder Stiftel): Eine gabelartige Stellstange, die zum Stellen der ▸ Jagdzeuge (Tücher und Netze) diente.

forkeln: Bei Geweih- und Gehörnträgern: ein anderes Wild, z.B. einen Nebenbuhler (Hirsch oder Rehbock), aber auch einen Menschen oder einen Hund angreifen und mit dem ▸ Geweih oder Gehörn verletzen. Ein geforkelter Hirsch: durch das Geweih eines Rivalen verletzter oder gar gestreckter Hirsch. Als F. bezeichnet der Gebirgsjäger auch das Beibringen von Verletzungen mit der Gamskrucke; ▸ Bodenforkeln, ▸ Forkelstich, ▸ hakeln.

Forkelstich, der: Der Stich (Verletzung), den ein Stück Wild von einem meist stärkeren (Geweih- oder Gehörnträger) erhielt; ▸ forkeln.

Form, die: ▸ Kondition.

Formwert, der: Der F. eines Hundes basiert auf dem vom jeweiligen Verband festgelegten Standard einer bestimmten ▸ Jagdhunderasse. Je mehr der Hund dem festgelegten Standard (dem erstrebten Zuchtziel) entspricht, desto höher ist sein F. Dieser wird von einem oder mehreren Richtern auf Zuchtschauen oder Hundeprüfungen festgestellt. Die Beurteilung der Hunde erfolgt mit den Prädikaten: v = vorzüglich; sg = sehr gut; g = gut; gen. = genügend; ungen. = ungenügend. Auch bei den Hundeprüfungen spielt der F. eine Rolle. So werden zu manchen Prüfungen (z.B. zur Internationalen Kurzhaar-Prüfung und zur Dr.-Kleemann-Zuchtausleseprüfung) nur Hunde zugelassen, die einen F. von mindestens sg nachweisen.

Formzucht, die: Hundezucht auf körperliche Merkmale, bei Jagdhunden auf Erhalt oder Verbesserung des rassetypischen Aussehens; ▸ Formwert, ▸ Leistungszucht.

Forschungsinstitut für Wildtierkunde und Ökologie: Das F. gehört zur Veterinärmedizinischen Universität Wien und wurde 1977 errichtet. Sitz des F. ist seit 1982 das Wirtschaftsgebäude des Schlosses Wilhelminenburg. Dazu gehört ein ca. 50 ha großer Umgriff. Aufgaben und Ziele des F. sind u.a.: Grundlagenforschung im Bereich der Wildtierkunde, Entwicklung neuer Techniken zur Untersuchung frei lebender Tiere, Erarbeitung von Methoden zur möglichst objektiven und genauen Beurteilung der Belastung eines Lebensraumes durch Mensch und Tier, Prüfung der Auswirkungen der durch den Menschen gesetzten Maßnahmen auf die frei lebenden Wildtiere, Untersuchung der Ursachen der ▸ Wildschäden und Erarbeitung von Verfahren zu ihrer Vermeidung, Erstellung von Konzepten für die gleichzeitige Nutzung eines Lebensraumes durch Mensch, Tier und Pflanze, Maßnahmen zur Verbesserung des Lebensraumes und des Nahrungsangebotes frei lebender Wildtiere, Untersuchung von ▸ Wildkrankheiten und Entwicklung von Bekämpfungsmethoden etc.

Forschungsstelle für Jagdkultur: Die zur Universität Bamberg gehörende F. betreibt Forschung auf allen nichtnaturwissenschaftlichen Gebieten der Jagd, z. Zt. mit Schwerpunkten in den Bereichen ▸ Jägersprache, ▸ Jagdliteratur, ▸ Jagdgeschichte, ▸ Jagdstatistik und jagdliches ▸ Brauchtum; ▸ Lindner.

Forschungsstelle für Jagdkunde und Wildschadensverhütung: Die im Forsthaus Hardt bei Bonn untergebrachte und 1957 als private Stiftung des Landes Nordrhein-Westfalen und des Landesjagdverbandes Nordrhein-Westfalen gegründete F. wurde 1976 verstaatlicht. Die F. betreibt Forschung auf den Gebieten Lebens- und Umweltbedingungen des Wildes, Wildschadensverhütung, Wildstandbewirtschaftung, Wildernährung, Biotopgestaltung, Niederwild und Schutz des Wildes. Weitere Arbeitsgebiete: Auskunft und Beratung für Jäger, Forstleute, Betriebe, Verwaltungen, Organisationen sowie Altersschätzungen, Trophäenbewertungen und Bestimmungsuntersuchungen. Daneben Herausgabe verschiedener Schriften und Mitwirkung in der Schriftleitung und Herausgabe der »Zeitschrift für Jagdwissenschaft«.

Forst, der: **1**) Ursprünglich der befriedete, gebannte Wald (Forstbann); ▸ Bannforst. **2**) Ein abgegrenzter Wald, der zur forstwirtschaftlichen Nutzung eingerichtet ist. **3**) Im weiteren Sinne svw. ▸ Wald.

Forstaufsicht, die: Die Aufsicht (hoheitliche Tätigkeit), die der Staat ausübt, um den nicht in seinem Alleineigentum stehenden Wald zu erhalten, vor Schäden zu bewahren und seine sachgemäße Bewirtschaftung zu sichern. Mit der Durchführung der F. sind die Revierbeamten (Hilfsbeamte der Staatsanwaltschaft) der Staatsforstverwaltungen beauftragt.

Forstbann, der: ▸ Bannforst.

Forstbehörden, die: ▸ Forstorganisation.

Forstfutter, das: Ein früher von den Grafen von Görz im Pustertal (damals österreichisch, heute zu Südtirol gehörend) seit altersher ausgeübtes Recht, welches die Bauern verpflichtete, einen Beitrag zu den Kosten für die

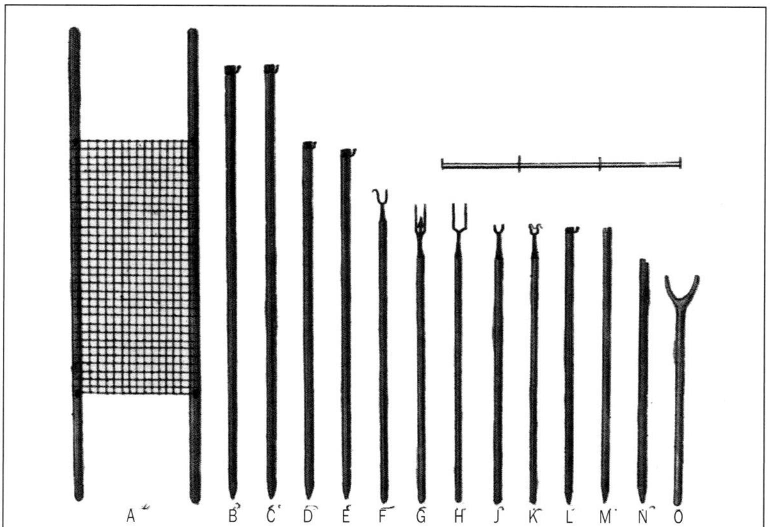

▸▸ Forkel-Typen, aus »Magazin für das Jagd- und Forstwesen«, 1804: A Wildtrage (Wildprethstrage), B Stellstange (Forchel) für hohe Tücher (Rinckentücher), C Forchel für hohe Tücher (Gemäschtücher), D Mitteltücher-Forchel, E Mitteltücher-Forchel zur Stellung der Prellgarne, F Stellgabel oder Hebegabel, G Bibergabel, H Fischottergabel, J Stellgabel, K Otterhaken, L Forchel für schmale Mitteltücher, M Dänische Tücher-Forchel, N Ablauf-Forchel, O Wolfs- und Saugabel

Dezimierung des Raubwildes zu leisten; ▸ Jägerhaber.

Forstenhund, der: Bez. für den dem heutigen Wachtelhund ähnlichen ▸ Vogelhund um die Mitte des 16. Jh.

Försterpatrone, die: Bez. für die früher verwendete, leistungsschwache Patrone 9,3 x 72 R mit Teilmantel-Flachkopf-Geschoss (12,5 g). Da ihre E100 nur wenig über 1000 Joule beträgt, ist die F. nur für Rehwild erlaubt.

Forstgabe, die: Eine früher an verschiedenen Orten eingeführte Abgabe, welche derjenige, der ein Waldstück rodete und in Feld umwandelte, demjenigen zu zahlen hatte, dem das Jagdrecht in dem Wald zustand. Die F. war i. Allg. der zehnte Teil der erzeugten Getreidemenge.

forstgerecht: Alte Bez. für einen Jäger, wenn er auch im Forstwesen bewandert oder ausgebildet war; ▸ holzgerechte Jäger, ▸ hirschgerecht, ▸ fährtengerecht, ▸ hundegerecht.

Forstgesetz, das: ▸ Bundeswaldgesetz.

Forsthüter, der: In Niedersachsen von den Gemeinden für den ▸ Forstschutz bestellte Personen. In den Forsten des Landes, des Bundes und der Gemeinden etc. sind F. die Forstamtsleiter, die Forstbetriebsbeamten sowie die Büroleiter des Forstamtes.

Forstliche Vegetationsgutachten, die: Von den Bundesländern wird der Zustand der Waldvegetation hinsichtlich Schäl- und Verbissschäden durch die zuständige Forstbehörde (Forstamt) i.d.R. im dreijährigen Turnus untersucht. Die Forstpflanzen werden dabei nach in den Ländern unterschiedlich angewandten Verfahren (z.B. Stichprobenverfahren) nach Baumart, Höhe, Verbiss im oberen Drittel, Leittriebverbiss und Fegeschäden angesprochen. Die Gutachten bilden Empfehlungen für die Hegegemeinschaften und sind wertvolle Grundlage für die Erstellung des ▸ Abschussplans. Sie sind in Bayern, Sachsen und Thüringen gesetzlich vorgeschrieben. Ziel der F. V. ist, dass die ▸ Hauptbaumarten sich möglichst ohne Schutzvorkehrungen (Flächenschutz) verjüngen lassen, die Waldverjüngung und -entwicklung nicht gefährdet wird und die Begründung standortgefährdeter Mischwälder möglich ist. Dabei soll ein artenreicher und gesunder Wildbestand in Anpassung an die landschaftlichen und landeskulturellen Verhältnisse erhalten bleiben (Pflege und Sicherung der Lebensgrundlagen des Wildes). Die F. V. werden je nach Bundesland unterschiedlich bezeichnet, z.B. als Waldbauliche (Forstliche) Gutachten zum Abschussplan, Wildverbiss-Gutachten, Lebensraumgutachten etc.

Forstorganisation, die: In Deutschland sind die Länder auf dem Gebiet der Forst- und Holzwirtschaft sowie des Jagdwesens selbstständig und verfügen über eigenständige Landesforstverwaltungen (Ober-, Mittel-, Unterstufe). Dem Bund (Bundesministerium für Ernährung, Landwirtschaft und Forsten) obliegen nur übergeordnete und koordinierende Aufgaben (Rahmengesetzgebung: z.B. BJG, Bundeswaldgesetz). In der Oberstufe sind die Forstverwaltungen der Bundesländer als Abteilungen (Bereiche) bei den Ministerien für Landwirtschaft und Forsten und/oder Umwelt(schutz) oder für Wirtschaft angesiedelt. Sie sind i.d.R. zugleich oberste ▸ Jagdbehörde. In der Mittelstufe (Mittelbehörden) bestehen mit Ausnahme von Hamburg, dem Saarland und Brandenburg (keine Mittelbehörden) Forstdirektionen, in Berlin als Landesforstamt eingegliedert in die Senatsverwaltung für Stadtentwicklung und Umweltschutz, Berliner Forsten, in Hessen und Sachsen als Abteilungen bzw. Dezernate bei den Regierungspräsidenten, in Niedersachsen als Forstabteilung bei den Bezirksregierungen, in Schleswig-Holstein als Forstabteilung bei den Bezirksregierungen, in Schleswig-Holstein als Amt für Landesforsten beim Ministerium für Ernährung, Landwirtschaft und Forsten.
In der Unterstufe bestehen in allen Bundesländern Forstämter mit Forstdienststellen (Forstdienstbezirken, Forstrevieren) als Außenstellen. Bez.: Staatliche Forstämter in Bayern, Baden-Württemberg, Hessen, Niedersachsen, im Saarland, in Sachsen-Anhalt; Forstämter in Berlin, Hamburg, Rheinland-Pfalz, Schleswig-Holstein, Mecklenburg-Vorpommern; Regionalforstämter in Nordrhein-Westfalen bzw. Ämter für Forstwirtschaft in Brandenburg. Die Forstämter werden von Beamten des höheren Dienstes, die Forstdienststellen von Beamten des gehobenen Dienstes (Ausnahme: mittlerer Dienst) geleitet. Neben diesen staatlichen Forstämtern bestehen noch örtlich private, in einigen Bundesländern auch selbstständige kommunale Forstverwaltungen.

Forstpflanzgarten, der: ▸ Pflanzgarten.

Forstschutz, der (Waldschutz): Schutz der Wälder und Forsterzeugnisse vor menschlichen Übergriffen (z.B. unberechtigte Aneignung, Zerstörung und Beschädigung von Walderzeugnissen und Forstzeichen, Störung der Ordnung im Wald, Forstgefährdung durch Feuer, Rauchen im Wald). F. beinhaltet auch den Waldschutz gegen Tiere, insbesondere Insekten (Borken-, Rüsselkäfer und andere schädliche Käfer) sowie den Schutz der Kulturen gegen ▸ Wildschäden, den Schutz gegen Pflanzen und Pilze (Kiefernschütte, Rotfäule, Him- und Brombeere, Adlerfarn usw.), den Schutz vor witterungsbedingten Schäden und Naturkatastrophen (Wind-, Sturm-, Schnee-, Wasser- und Dürreschäden, Erosion), den Schutz vor Immissionen sowie den biologischen Forstschutz (z.B. Hege der Roten Waldameise, Schaffung von Nistgelegenheiten für Vögel usw.).

Forsttechniker(in): ▸ Forstwirt(in).

Forstverwaltungen, die: ▸ Forstorganisation.

Forstwirt(in), der (die): Staatlich anerkannter Ausbildungsberuf nach dem Berufsbildungsgesetz für die praktische Arbeit im Wald. Voraussetzungen für diesen Beruf sind u.a. Hauptschulabschluss, gute Gesundheit und körperliche Leistungsfähigkeit. Die Ausbildung dauert i.d.R. zwei Jahre. Die berufliche Tätigkeit umfasst u.a. das Begründen neuer Waldbestände, die Pflege des Waldes in allen Altersphasen, den Waldschutz und die Holzernte. Weitere Arbeiten ergeben sich insbesondere im Zusammenhang mit der Pflanzenzucht, dem Jagdbetrieb, der Anlage und Unterhaltung von forstlichen Wegen und Walderholungseinrichtungen. Die Ausbildung findet an Waldarbeitsschulen statt. Nach mindestens dreijähriger folgender Tätigkeit im Forstbetrieb können sich F. für die Forstwirtschaftsmeisterprüfung bewerben. Der Forstwirtschaftsmeister arbeitet im Forstbetrieb mit, bildet zukünftige F. aus und wird für Sonderaufgaben (z.B. Lehrmeister an Waldarbeitsschulen, arbeitstechnische Schulungen im Privatwald) eingesetzt. Daneben können F. zum zweijährigen Studium »Forsttechniker«, das u.a. den erfolgreichen Abschluss des Ausbildungsberufes F. voraussetzt, zugelassen werden (Staatlich geprüfte/r Forsttechniker/in). Die wichtigsten Unterrichtsfächer an der staatl. Bayerischen Technikerschule für Waldwirtschaft in Lohr a. Main sind neben allgemeinbildenden Fächern naturwissenschaftliche Grundlagen, Waldbau und Waldschutz, Forstnutzung und Walderschließung, Jagd-, Natur- und Umweltschutz, Arbeitslehre und Maschinenkunde, Forstliche Betriebswirtschaftslehre etc. Bei den Wahlfächern wird u.a. auch Jagdhornblasen angeboten. Die Technikerprüfung gilt als bestandene ▸ Jägerprüfung, wenn im Fach Jagdwesen ausreichende Ergebnisse erzielt werden. Forsttechniker werden hauptsächlich auf Revierebene in privaten und kommunalen Forstbetrieben, bei forstlichen Zusammenschlüssen etc. eingesetzt.

Forstwirtschaftsmeister(in), der (die): ▸ Forstwirt(in).

Forstwissenschaft, die: Die Wissenschaft und Lehre von den biologischen Gesetzmäßigkeiten im Wachstum von Bäumen und Wäldern, von der planmäßigen Erwirtschaftung von nachhaltigen Erträgen in der Holzwirtschaft auf der Grundlage von Wirtschaftsplänen sowie von der Anwendung von Technik und Mechanisierung in der Forstwirtschaft. Der F. obliegt auch die Abgrenzung und Regelung aller rechtlichen und gesetzlichen Probleme zwischen Mensch und ▸ Wald. Die F. gliedert sich in naturwissenschaftliche Grundwissenschaften und die drei Fachwissenschaften Produktionslehre, Betriebslehre und Forstpolitik, die noch weiter unterteilt werden. Das Studium der F. ist in der Bundesrepublik Deutschland an den Fakultäten der Universitäten Freiburg, Göttingen, München und Tharandt, in Österreich an der Hochschule für Bodenkultur in Wien, in der Schweiz an der Eidgenössischen Technischen Hochschule (ETH) Zürich möglich.

fortbaumen (fortholzen): Bei Mardern und Flugwild: sich von einem Baum zum anderen fortbewegen.

Fortbewegung, die: ▸ Sohlengänger, ▸ Spitzengänger, ▸ Zehengänger.

fortbrechen: ▸ brechen 2).

fortbringen: Das sichere Verfolgen der Fährte beim ▸ Lancieren oder bei einer ▸ Nachsuche durch den Jäger, den ▸ Leithund oder den ▸ Schweißhund. Der Hund bringt die

Fůchs vnd Tachs Jagt.
Von Art vnnd Eygenschafft der Fůchs vnd Tachs.
Das ein vnnd sechtzigste Capitel.

Aus der deutschen Übersetzung »New Jägerbuch: Jacoben von Fouilloux«, Straßburg 1590. Die Abbildung zeigt Fuchs und Dachs. Bemerkenswert ist die Beschreibung von »Schweinstachs« und »Hundstachs«.

Fährte gut fort, d.h., er hält die Fährte sicher, ohne von ihr abzukommen; ▸ abfallen, ▸ abkommen.

fortholzen: svw. ▸ fortbaumen, jedoch nur beim Marder gebräuchlich.

Fortpflanzungsverhalten, das: ▸ Paarungsverhalten.

fortstäuben: ▸ fortstieben.

fortstieben (fortstäuben): Das rasche Fortfliegen von Flugwild, besonders bei Rebhühnern; ▸ aufstieben.

fortstreichen: Das Fortfliegen von allem Flugwild; ▸ streichen 1), ▸ abstreichen 1), ▸ aufstreichen, ▸ anstreichen 2).

forttreten: Das langsame Zurückweichen des Wildes vor dem suchenden Hund.

fortziehen: **1**) Bei den ▸ Zugvögeln: im Herbst in die Winterquartiere f. **2**) Bei allen Wildarten: ein Revier verlassen; beim Federwild auch »auswandern« genannt; ▸ auswechseln. **3**) Beim Schalenwild: langsam und vertraut weiterziehen; ▸ ziehen.

Forum Lebendige Jagdkultur: Im Jahre 1996 auf dem Jagdschloss Hubertusstock in der Schorfheide gegründeter Verein. Ziel des Vereins ist laut Satzung die Pflege, Förderung und Entwicklung schöpferischer Beiträge der Jagdkultur, v.a. der deutschsprachigen Jagdliteratur, insbesondere der Belletristik, der Kinder- und Jugendliteratur, der Jagd-, Wildtier- und Landschaftsmalerei, der künstlerischen Buch-Illustration und der Musik, soweit sie Beziehung zur Jagd haben. Der Verein hat seinen Sitz in Mainz.

FORUM NATUR: Am 23.5.2001 in Bonn gegründeter Verein. Im F. N. haben sich einflussreiche und prominente Persönlichkeiten aus Politik, Wirtschaft und Natur-Organisationen zusammengeschlossen. Es soll dazu beizutragen, die Natur zu erhalten, zu pflegen und zu nutzen. Dabei bemüht sich das F. N. darum, die Interessen aller Naturnutzer und -schützer zu bündeln und ohne ideologische Vorgaben aufeinander abzustimmen, um so dem Gebot der ▸ Nachhaltigkeit gerecht zu werden und die Schöpfung als lebenswerte Umwelt zu erhalten. Zweck ist ferner die Förderung der Bildung im Bereich des Naturschutzes. Der Verein respektiert die Zuständigkeit der Fachverbände und vermeidet es, mit ihnen in Konkurrenz zu treten.

Forum Waffenrecht, das: Eine Interessenvertretung der legalen Waffenbesitzer in Deutschland (Jäger, Schützen, Sammler). Gründungsmitglieder sind: ▸ Brenneke GmbH, Eduard ▸ Kettner KG, ▸ Frankonia Jagd GmbH, Verband der Hersteller von Jagd-, Sportwaffen und Munition e.V. Das F. W. ist präsent in allen Gremien, die in Deutschland und auch auf internationaler Ebene (Wien, Brüssel, New York) Waffengesetze machen. Das oberste Ziel ist die Sicherung des Rechts auf privaten Waffenbesitz. Das 1997 gegründete F. W. verfügt über 170 Mitgliedsorganisationen sowie 26 500 Privatmitglieder im Förderkreis des F. W.

Förzel, das: Mundartliche Bez. für den ▸ Pürzel des Schwarzwildes.

Fouilloux, **Jacoben von** (um 1521 bis um 1580): ▸ Jagdliteratur.

Foxhound, der: ▸ Meutehunde.

Foxterrier, der: ▸ Erdhunde.

Foxtrott (englisch für »Fuchsgang«, »Fuchsschritt«): Im Jahre 1912 in den Vereinigten Staaten von Amerika aufgekommener Gesellschaftstanz, der, nach einer Fülle eigener Melodien in lebhaftem Rhythmus im 4/4-Takt getanzt, die auf Zehenspitzen schleichende Vorwärtsbewegung eines Fuchses nachahmt.

Fraas, Rudolf (17.4.1880 St. Pölten bis 7.7.1934 Wien): österreichischer Architekt. F. baute vor dem Ersten Weltkrieg zahlreiche Wohn- und Geschäftshäuser in der Umgebung von St. Pölten und das Jagdschloss Julius Meinls bei Mariazell und das des Grafen Szechenyi in der Tatra.

Fram, der: Der kurze Wurfspieß der Germanen zu Caesars Zeiten. Er wurde auch zum Stoßen benützt und dürfte damals auf der Jagd die am meisten angewandte Waffe gewesen sein.

Franchi, Luigi: Die Waffenfabrik F. L. in Brescia wurde 1868 gegründet und ist eine der ältesten Waffenfabriken Italiens. F. stellt u.a. Bockflinten, Doppelflinten sowie verschiedene Modelle an Trap-Flinten und Revolvern her.

Franck, Adolf Theodor (11.6.1841 Billwärder bei Hamburg bis 26.6.1929 Hamburg.): Maler. F. ging nach einem Aufenthalt in München nach Florenz., später nach Rom, kehrte dann nach München zurück, lebte von 1868 bis 1870 in Hamburg, dann erneut bis 1881 in München. Von München aus führten ihn mehrere Reisen nach Tirol. Ab 1882 lebte er wieder in Hamburg. Von ihm stammt u.a. »Kampf mit den Wilderern«.

Francke, Heinrich: ▸ Jagdliteratur.

frangen (alt-, oberdeutsch: pfrengen, in die Enge treiben): svw. Scherzen oder Spielen von Rot-, Dam- und Rehwild, eine kaum gebräuchliche Bez..

Frankonia Jagd: Das Firmenunternehmen wurde im Jahre 1907 von Nikolaus Hofmann als »Waffen- und Munitionszentrale Frankonia« in Eichfeld bei Würzburg gegründet. 1953 bringt F. J. den ersten Katalog »Der Ratgeber für Jäger und Schützen« heraus (Umfang 160 Seiten). F. J. hat zur Zeit in folgenden Städten Filialen: Berlin, Bexbach bei Saarbrücken, Darmstadt (1961 als erste Filiale eröffnet), Dortmund, Düsseldorf, Erfurt, Hannover, Kassel, Magdeburg, München, Nürnberg, Rostock, Stuttgart; das Stammhaus befindet sich in Würzburg. In Frankreich, Österreich und Ungarn bestehen Dependancen. F. J. ist heute ein Komplettanbieter für Jäger und Schützen mit einem großen Ausrüstungssortiment und dazugehöriger Funktionsbekleidung. Die hauseigene Werkstätte bietet dem Nachwuchs die Möglichkeit, das Büchsenmacher-Handwerk zu erlernen. Im Oktober 2001 übernahm die Handelsgesellschaft Heinrich Heine GmbH Karlsruhe 100% der Gesellschaftsanteile von F. J.

Fransen, die: Das lange Haar am ▸ Behang des Hundes, z.B. bei Spaniels und bei Vorstehhunden.

Franzosenkrankheit, die: Alte Bez. für eine syphilitische Krankheitserscheinung beim Hasen; ▸ Brucellose.

Französische Jagd, die: Frühere Bez. für die ▸ Parforcejagd im Ggs. zur ▸ Deutschen Jagd, der Jagd mithilfe von Gewehren, ▸ Jagdzeug, Eisen und Fallen.

französischer Hirschfänger, der: ▸ Blanke Waffen.

Französischer Stecher, der: ▸ Stecherabzug 2.

Fraß, der (Gefräß): Die Nahrung des ▸ Haarraubwildes, des Schwarzwildes und der Greifvögel. Bei Hunden seltener gebräuchlich.

Frauentaube, die (niederbayerisch): Volksausdruck für die Kohltaube (Ringeltaube); ▸ Wildtauben 1).

Frau Ermeline: Fuchsfähe in der Fabel.

Fraulein, das (Frauelein): ▸ Vroele.

Freese, Hermann (14.5.1830 in Pommern bis 25.7.1871 Hasenfelde bei Fürstenwalde): F. widmete sich erst seit seinem 34. Lebensjahr nach bewegtem Schicksal der Kunst und arbeitete eine Zeitlang in den Ateliers von Brücke und Steffeck in Berlin, um sich zum Tier- und Jagdmaler auszubilden. Seinem Erstlingswerk »Kämpfende Hirsche« (1857) folgten: »Hirsche von Wölfen angefallen«, »Die Eberjagd« und »Flüchtige Hirsche« (die beiden Letzteren wurden in die Berliner Nationalgalerie aufgenommen). Wie vortrefflich F. auch als Landschaftsmaler war, zeigen nicht nur die Hintergründe seiner Tierstücke, sondern auch eine stimmungsvolle Mondscheinlandschaft. Als Tiermaler war F. besonders hervorragend in der Darstellung dramatischer Szenen. Er verunglückte als leidenschaftlicher Jäger tödlich auf der Jagd.

Frehsesche Wittrung, die: ▸ Fuchswittrung.

freie Büchse, die: ▸ Freipirsch.

freie Folge, die: Das sich wiederholende Voraus- und Nachfliegen von Baum zu Baum des ▸ Beizvogels (meist Habicht, selten Adler) über Falkner und Vogelhund in einem baumbestandenen Revier, um aufgestöbertes Wild sofort angreifen zu können; ▸ Anwarten, ▸ Faustvögel.

freie Pirsch, die (Freipürsch, freie Pürsche): Die f. P. kam im späten Mittelalter (16. Jh.) auf und bedeutete, dass in einem größeren Bezirk, der zum Territorium mehrerer Landesherren und Reichsstädte gehörte, alle ansässigen und unbescholtenen Personen (Bürger und Bauern) zur vollen Ausübung der Jagd berechtigt waren. Solche f. P. fanden sich besonders in Südwestdeutschland und sind als Rest des freien Tierfangs anzusehen. Zum Gebiet der f. P. gehörten die Städte und Ämter zwischen Ries, Donau und Blau, Memmingen in Oberschwaben und der Schwarzwald mit Rottweil, dessen f. P. König Konrad III. (1093/94 bis 1152) begründete und Kaiser Friedrich III. 1474 bestätigte. Für Personen, die zur f. P. nicht befugt waren und die weder Haus noch Hof hatten, wurde ein sog. ▸ Jagdpass (Pürsch-Pass) eingeführt. Alle Pirschberechtigten eines Distriktes bildeten einen Verein, der über die Berechtigung selbst Anordnungen treffen und Beamte für die Verwaltung bestellen konnte. Kaiser ▸ Maximilian I. bestätigte die f. P. im Jahre 1516. Die f. P. sollten aber wegen vieler daraus hervorgehender Übelstände Ende des 17. Jh. aufgehoben werden, was jedoch nicht gelang. In einem Teil der betroffenen Gebiete zwischen Donau, Blau und Riss wurde 1722 ausdrücklich vereinbart, dass die f. P. fortbestehen solle, doch sollten die unehrlichen Leute davon ausgeschlossen sein. Die f. P., die auch in einem Teil des Schwarzwalds (um Freudenstadt) bestand, wurde zu Beginn des 18. Jh. von den Landesherren eingezogen. Über die f. P. schrieben von ▸ Harprechtstein, Gottfried Daniel ▸ Hoffmann und Jacob ▸ Otto.

freie Pürsche, die: ▸ freie Pirsch.

freier Verweiser, der: ▸ totverweisen.

Freie Vereinigung zum Schutze des Waidwerks, die: Am 12.12.1910 in Österreich als jagdliche Vereinigung und als Gegenorganisation zum Reichsjagdverband gegründet.

freie Wildbahn: Jedes Revier, das nicht eingezäunt ist; Ggs.: ▸ Gatterrevier.

Freifischer, der: Scherzhafte Bez. für den Grau- oder den Fischreiher; ▸ Reiher 1.

Freiflug, der: Übliche, aber nicht richtige Bez. für den kurzen Weg, den das noch rotationslose Geschoss vom Verlassen des Hülsenmundes bis zum Eintritt in den gezogenen Laufteil im Büchsenlauf zurücklegt; ▸ Ballistik.

Freikugel, die: In früherer Zeit, als der Aberglaube blühte und auch in der alten Jägerei das Mystische stark verbreitet war, glaubte man u.a. an die F. Mithilfe des Teufels, dem man sich aber verschreiben musste, konnte man Kugeln gießen, die auch auf größte Entfernung nicht fehlten und jedes gewünschte Stück Wild streckten. Dies war jedoch nur für sechs Kugeln der Fall, die siebte gehörte dem Bösen, d.h., sie nahm die Richtung, die ihr der Teufel vorschrieb. Nach verschiedenen Überlieferungen war bei einigen die siebte Kugel die letzte Kugel, nach anderen war sie eine unter den sieben. Der Schütze, der diese F. im Besitze hatte, wurde Freischütz genannt (vgl. die gleichnamige Oper von C. M. v. Weber ▸ Jagdmusik); er konnte damit Freischüsse abgeben.

Freipirsch, die (Freipürsch, Freibirsch): Das Recht, in einem Revier die Jagd frei ausüben zu dürfen (z.B. früher in der Schweiz, wo jedem überall die Jagdausübung offenstand). Diese Art der freien Jagd ging jedoch sehr zu Lasten des gesamten Wildbestandes. Da bei der F. auch die Schusswaffe verwendet werden durfte, wurde sie »freie Büchse« genannt. Älter als die F. ist die ▸ freie Pirsch.

Freir: ▸ Freyr.

Freischüsse, die: ▸ Freikugel.

Freischütz, der: ▸ Freikugel, ▸ Jagdmusik.

freisprechen: Früher wurde ein Jägerlehrling nach Abschluss seiner Ausbildung zum Berufsjäger (meist nach drei Lehrjahren, den sog. ▸ Behängen) von seinem Lehrmeister, dem Lehrprinzen, freigesprochen, erhielt den sog. ▸ Lehrbrief (Lehrabschied) und durfte den Hirschfänger tragen. Der Jungjäger wurde »wehrhaft gemacht«; ▸ wehrhaft machen.

Freisprechung, die: ▸ freisprechen.

Freisuche, die: Die ▸ Suche mit dem nicht angeleinten Hund (▸ Feldleine).

Freiverlorensuche, die: Der Hund sucht frei verloren, wenn er geschossenes oder angeschossenes Wild sucht, ohne auf eine ▸ Fährte, eine ▸ Spur oder ein ▸ Geläuf gesetzt worden zu sein; er arbeitet mit hoher Nase.

Freizeitwege, die: Für Wanderer, Spaziergänger, Wassersportler oder auch für Reiter in Feld und Forst besonders ausgewiesene Wander-, Ufer- oder Reitwege. F. sind i.d.R. keine öffentlichen Straßen im Sinne der Straßengesetze der Länder. F. in ▸ Naturschutzgebieten und ▸ Landschaftsschutzgebieten bedürfen zudem der Zustimmung der zuständigen Naturschutzbehörde. Pirschwege und ▸ Pirschstege sind weder allgemeine Wege noch öffentliche Wege; ▸ Erholung in der freien Natur, ▸ Reiten im Wald.

fremde Tiere, die: Nach §28 Abs. 3 BJG sind darunter alle Tierarten zu verstehen, die am 1. April 1953 auf dem Gebiete der damaligen Bundesrepublik Deutschland nicht heimisch waren, z.B. Amerikanische Virginia-Wachteln, außereuropäische Hirsche, Marderhunde und Polarfüchse.

Fremdling, der: ▸ Falken 1.

Freseke, die ▸ Wildenten 10.

fressen: Die Nahrungsaufnahme bei ▸ Haarraubwild, Schwarzwild und Hunden; ▸ äsen.

Frett, das: Ältere Bez. für das Frettchen; ▸ Iltisse 2.

Frettchen, das: Eine domestizierte, albinotische Iltisart; ▸ Iltisse 2.

Frettchenhalfter, das: Ein Halfter, das dem Frettchen bei der Baujagd (▸ Wildkaninchen/Jagd) angelegt wird, damit es die Kaninchen nicht reißen kann. Es muss so konstruiert sein, dass das Frettchen es abstreifen kann, wenn es sich damit im Bau verfängt.

Frettchenzwinger, der: Ein Drahtzwinger; ▸ Iltisse 3.

Frettieren, das: Die Jagd mit dem Frettchen auf Kaninchen; ▸ Wildkaninchen (Jagd).

Frettwiesel, das: Bez. für das Frettchen; ▸ Iltisse 2.

Freund, Fritz (13.4.1859 Darmstadt bis 1936): Maler. F. lernte in München bei Wilhelm Lindenschmit jun. (1829 bis 1895) die Tier- und Landschaftsmalerei. Von F. stammt u.a. das Wildschützgemälde »Nach der Tat«.

Frevert, Walter (13.10.1897 Hamm/Westfalen bis 30.7.1962 Forstamt Kaltenbronn, Gernsbach/Baden): Oberforstmeister. F. studierte von 1918 bis 1924 Forstwissenschaft und war anschließend als Forstassessor am Forstamt Wolfgang bei Hanau tätig. Nach mehrjähriger Tätigkeit als Forstmeister am Forstamt Battenberg/Eder kam F. 1936 in die ▸ Rominter Heide (Bezirk Gumbinnen). Als die Rominter Heide Staatsjagdrevier wurde, wurde F. ab 1.4.1938 zusätzlich Forstinspektionsbeamter für alle vier Forstämter der

Rominter Heide und am 16.12.1938 zum Oberforstmeister befördert. Nach dem Krieg war F. Vorstand des badischen Forstamtes Kaltenbronn in Gernsbach. Hier verunglückte er bei der Jagd tödlich. F. entfaltete auch eine große jagdschriftstellerische Tätigkeit. Seine Werke sind u.a. »Jagdliches Brauchtum. Im Auftrag des Reichsbundes Deutsche Jägerschaft herausgegeben« (1936), »Rominten« (1962), »Wörterbuch der Jägerei« (1954); »Das Jägerleben ist voll Lust und alle Tage neu. Jagdliche und andere Erinnerungen« (1960).

Freyr (Freir, Fricco): Skandinavische Lichtgottheit (Hauptgott Schwedens), die Erde mit Fruchtbarkeit segnend, Sohn Njörds, Bruder der Freyja (Göttin der Liebe). F. wohnt in Alfheim, reitet auf dem goldborstigen Eber »Gullinborsti« und ist auch im Besitz des Wunderschiffes Skidbladnir (Wolke).

Fricco: ▸ Freyr.

Friedenauer, Wilhelm: ▸ Jagdliteratur.

Friedl, Paul, nach dem Hofnamen seines Großvaters auch »Baumsteftenlenz« genannt (22.5.1902 Pronfelden bei St. Oswald-Riedlhütte im Bayerischen Wald bis 22.1.1989 Pronfelden): Heimatdichter, Musikant und Volkssänger. F. verfasste über 40 Romane und über 1000 kleinere Schriften und Beiträge, des Weiteren 150 Lieder, Theaterstücke und über 20 volkskundliche Werke. Er schrieb u.a. »Wildschützen, Räuber und Schwärzer im Waldgebirg« (1974).

Friedrich II., Kaiser (26.12.1194 Jesi in der Mark Ancona bis 13.12.1250 Fiorentino): Enkel Kaiser Barbarossas. Er widmete sich besonders der Falknerei, begnügte sich jedoch nicht mit der Ausübung der Jagd, sondern bemühte sich durch unablässiges Beobachten, Forschen und durch entsprechende Versuche, sie zu verbessern und zu veredeln. Er schrieb das sechsbändige Werk »De arte venandi cum avibus« (»Die Kunst, mit Vögeln zu jagen«; erschienen erstmals 1596), das von seinem Sohn, König Manfred, mit Anmerkungen versehen wurde. Das erste Buch befasst sich mit Ornithologie, die folgenden fünf mit der ▸ Beizjagd. Mit diesem Werk eilte Friedrich seiner Zeit weit voraus. Er war einer der besten Sachkenner aller Zeiten und sprengte mit der Originalität seines Werkes sämtliche Regeln des herkömmlichen scholastischen Denkens. Mit seiner Denkweise überragte er als Naturforscher alle Zeitgenossen und war seiner Zeit zu weit voraus, um verstanden zu werden. Eine seltene Ausgabe des berühmten Falkenjagdbuches in einer wissenschaftlich hoch bedeutenden und noch heute maßgeblichen kommentierten Fassung stammt von dem gelehrten und verdienstvollen Herausgeber Johann Gottlob Schneider (1750 bis 1822).

Friedwild, das: Alles pflanzenfressende Wild, d.h. Wild, das nicht zu den Prädatoren (▸ Beutegreifer) zählt.

Friese, Richard, Prof. (15.12.1854 Gumbinnen bis 13.8.1918 Bad Zwischenahn/Oldenburg): Maler und Plastiker. F. studierte seit 1877 an der Akademie der bildenden Künste in Berlin und gründete 1880 ein eigenes Atelier. Er schuf zahlreiche Bilder und Illustrationen für zoologische Werke und illustrierte Zeitschriften. Hauptgegenstand seines künstlerischen Schaffens war das wilde Tier. F. wurde insbesondere bekannt durch seine Elchbilder, war zudem aber auch ein erfolgreicher Tierbildhauer.

Frieß, Joachim: ▸ Jagdkunst.

Frieß, Rudolf (22.4. 1881 bis 4.9.1965): Oberforstmeister (zuletzt Forstamt Siegsdorf/Oberbayern) und Verfasser jagdkynologischer Abhandlungen. F. war 1949 Mitbegründer der ▸ Schutzgemeinschaft Deutsches Wild und gilt als »Vater des Wachtelhundes«. Er schrieb u.a. »Unsere Jagdhunde« (1949), »Hatz – Watz, Ein Buch für Waid- und Rüdemänner und die es werden wollen ...« (1950).

Frisch, die (Frische): Veraltete und seltene Bez. für eine Wasserstelle, zu der das Wild zum Frischen (Trinken) zieht.

frisch: Eine Fährte (Spur), die noch warm ist, d.h. noch nicht lange steht; ▸ kalte Fährte, ▸ alt 1).

Frischbett, das: ▸ Frischplatz.

Kaiser Friedrich II. und sein Falkenmeister. Aquarellkopie von einem Blatt vom Werk Kaiser Friedrich II.: »De arte venandi cum avibus«, um 1250. Vatikan, Biblioteca Apostolica

frischen: **1**) Das Gebären des ▸ Schwarzwildes; ▸ Frischling. **2**) Sich f.: das Schöpfen (Trinken) bei Schalenwild und Hund. **3**) Die Hunde anfrischen; sie ▸ anfeuern oder ▸ anrüden. **4**) Beim Büchsenlauf: Neue Züge in den Kugellauf einschneiden, wenn diese stumpf geworden sind, der Lauf ausgeschossen ist.

Frischkessel, der: ▸ Frischplatz.

Frischling, Junges Wildschwein beiderlei Geschlechts vom ▸ Frischen bis zur Vollendung des ersten Lebensjahres (biologisch) bzw. bis zum 31. März des auf die Geburt folgenden Jahres (jagdbetrieblich); ▸ Frosch.

Frischlingsbache, die: Weiblicher ▸ Frischling, der zum Ende des ersten Lebensjahres beschlagen wurde.

Frischlingsstall, der (Frischlingsrechen) ▸ Jagdeinrichtungen 3.

Frischplatz, der (Frischkessel, Frischbett): Der Ort, an dem die Bache gefrischt hat (▸ frischen 1)) und an dem die Frischlinge noch etwa 14 Tage bleiben; ▸ Schwarzwild (Fortpflanzung).

Frischung, die: Das Wasser, das vom Schalenwild geschöpft oder dem Hunde gereicht wird. Ein Hirsch, der schöpft, nimmt F. an; ▸ frischen 2), ▸ Frisch.

Fritsche, L. Ernst: ▸ Jagdliteratur.

Fritschi, Alfred: ▸ Jagdliteratur.

Fröhlich, Ernst (1810 Kempten bis 1882 München): Landschaftsmaler und Illustrator. F. war schon als Schüler der Münchner Akademie von der historischen Komposition zur freien Genre-, Tier- und Landschaftsmalerei übergegangen und beschäftigte sich als phantasiebegabter Humoresken- und Buchschmuckzeichner. Er war ein leidenschaftlicher Jäger und veröffentlichte in Mannheim mehrere Folgen von »Jagderinnerungen«.

fromm: Das Wild ist f., wenn es vertraut, d.h. nicht scheu ist; selten gebräuchlich.

fromm machen: Beim Wilde: Wollte man früher sicherstellen, dass die Jagdherren oder sonstigen hohen Herrschaften von ihren ▸ Pirschwagen aus leicht zu Schuss kommen konnten, so fuhr man oft in Revierteilen, in denen man viel Wild bestätigt hatte, umher, ohne einen Schuss abzugeben. Das Wild wurde dadurch nach und nach fromm, d.h. vertraut, sodass man zur gegebenen Zeit mit dem Pirschwagen auf Schussentfernung heranfahren konnte.

Frondienste, die: ▸ Jagdfron.

Frons, die: Auch nasse F. Ein Nasenfluss bei den Falken, der mit Niesen verbunden ist (Schnupfen). Sie tritt meist bei Jungvögeln auf und ist ansteckend. Bei ordentlicher Unterbringung heilt sie meist von selbst.

Frosch, der: Scherzhafte Bez. für einen ▸ Frischling, solange er noch gestreift ist, also bis zu etwa vier Wochen Alter.

Frösche, die: ▸ Amphibien.

Froschgeier, der: ▸ Bussard 3.

Froschlurche, die: ▸ Amphibien.

Frostbohrer, der: Ein Instrument beim ▸ Jagdzeug, mit dem bei starkem Frost Löcher für die Stellstangen in die Erde gebohrt wurden.

Frostgehörn, das (Frostgeweih): ▸ Rehwild (Hauptschmuck).

Frostspanner, der: ▸ Schmetterlinge 2.

Fruchtfolge, die: Geregelte Aufeinanderfolge verschiedener Kulturpflanzen im Ackerbau. Sie wird einerseits durch die Saatzeit-, Bearbeitungs- und Wasseransprüche der Pflanzen, andererseits durch ihre verschiedene Selbstverträglichkeit bzw. durch die Gefahren der Bodenmüdigkeit bestimmt. Wichtigste biologische Grundsätze der F. in Abgrenzung zur Monokultur sind: größtmögliche Vielseitigkeit, Trennung des Anbaus unverträglicher Früchte durch möglichst lange Zeiträume, Gleichgewicht zwischen Blatt- und Halmfrüchten, kürzestmögliche Brachezeiten.

Fruchtglied, das: Das Glied des männlichen ▸ Haarraubwildes und des Hundes; ▸ Rute 2).

fruchttragende Bäume: Der Anbau f. B. dient der ▸ Äsungsverbesserung für das Wild, erhöht die Artenvielfalt der Flora und damit auch der Fauna und bereichert die ästhetische und optische Wirkung des Landschaftsbildes. Besonders geeignet für den Anbau der f. B. sind die Randzonen im Wald-Feld-Bereich (▸ Hecken, ▸ Feldgehölz). Zu den f. B. zählen v.a. Eiche, Buche, Rosskastanie, Wildobstbäume sowie Eberesche, Holunder und Sanddorn.

Frühbalz, die: Die Balz am Morgen bei Auer- und bei Birkwild, im Ggs. zur Abendbalz.

Frühjahrskleid, das: ▸ Brutkleid.

Frühjahrsstand, der (Frühjahrsbestand, Frühjahrswildstand, Frühjahrswildbestand): Der am Ende des Jagdjahres (31. März) vorhandene ▸ Wildstand.

Frühjahrsstrich, der: Der Abend- oder Morgenflug der Schnepfen im Frühjahr, wenn sie zu ihren Brutplätzen ziehen; ▸ Schnepfenstrich.

Frühsommer-Meningo-Enzephalitis, die (FSME): ▸ Zeckenbiss-Enzephalitis.

Frühwirt, Josef (1722 Zlawing bis 1797 Wien): Büchsenmacher. F. wurde 1753 in Wien Geselle und 1757 Meister. Durch seine Heirat mit Franziska Ries übernahm er die Werkstätte ihres Vaters Christoph Ries (1757). F. wurde 1758 Hofbüchsenmacher und Büchsenspanner. F. ist Begründer der Büchsenmacherdynastie F., die sich mit seinem Sohn Johann (seit 1789) und seinem Enkel Ferdinand drei Generationen lang in diesem Gewerbe behaupten konnte.

Fuchs, der (*Vulpes vulpes*, L.): Ein Landraubtier aus der ▸ Ordnung der Raubtiere (▸ *Carnivora*), zählt zoologisch zur Familie der hundeartigen Raubtiere (▸ *Canidae*) und zur Unterfamilie der echten Hunde (*Caninae*). Lässt man den Luchs, der nur vereinzelt in den Randgebieten des Bayerischen Waldes vorkommt, außer Betracht, so ist der F. unser einziges »großes Haarraubwild«. Er wird scherzhaft Rotrock, Reineke, Voss, Rotvoss, roter Schelm, Frau Ermeline (Fabelname der Fuchsfähe) genannt. Von keinem Tier gibt es so viele bezeichnende Sprichwörter und Fabeln wie vom F.; er überlistet alle Tiere und ist im indischen Mythos die Verkörperung des Abenddämmerungshimmels, sowohl seiner Farbe als auch seiner Schlauheit wegen. Die Stunde des Zwielichts ist die Zeit der Ungewissheiten und Täuschungen. Auch Griechen und Römer ergehen sich in unzähligen Betrachtungen über die Schlauheit und Falschheit des F. In deutschen Sagen, Sprichwörtern, Gedichten und Kinderliedern hat er Berühmtheit erlangt.

Fuchs: Aussehen		
Körpermaße	Rüde	Fähe
KRL	60–100 cm	50–70 cm
RL	29–54 cm	29–41 cm
Ohrlänge	19–25 cm	17–22 cm
Gewicht	5,6–15 kg	5,4–8 kg
Schulterhöhe	Rüden und Fähen bis 35 cm	

Vorkommen: Füchse gibt es in ganz Europa, in Nordamerika und Nordafrika; um 1850 wurden sie in Australien eingebürgert. Der F. fehlt auf den Balearen, auf Malta und auf Kreta und kommt in den Alpen bis 3000 m vor.

Aussehen: Zierlicher in Tracht und Haltung als seine Verwandten, der Wolf und der Marderhund. Der Kopf ist breit, die Stirn platt, der Fang (Schnauze), der sich plötzlich verschmälert, lang und schmal. Die Seher (bei ganz jungen Füchsen bläulich, später gelbgrün) stehen schief und die Gehöre (Ohren), die sich am Grunde verbreitern und nach oben zuspitzen, aufrecht. Die Färbung des F. variiert stark. Dominierend ist jedoch das bekannte »Fuchsrot«. Die Rückenfärbung und die Farbe der Laufaußenseite sind rostrot, die Laufinnenseite zeigt einen hellroten Längsstreifen. Schwarz sind die Außenseiten der Gehöre (innen gelb) sowie die Oberseite der Pfoten und die Vorderseite der Vorderläufe bis über das Vorderfußwurzelgelenk. Kopf, Hals und die Rumpfunterseite, häufig auch die Spitze der Lunte, sind weiß bis grauweiß. Die Läufe sind dünn und kurz. Da die Färbung sehr schwankt, gibt es dementsprechend Farbvarietäten, die als sog. Birk- oder Goldfüchse, Brand-, Moor- oder Kohlfüchse und als Kreuzfüchse bezeichnet werden. Es handelt sich hierbei aber nicht um Unterarten, wie früher fälschlich angenommen wurde. Solche Farbvarianten können vielmehr in einem Wurf vorkommen. Der Birk- oder Goldfuchs – die häufigste Art – hat eine gelbrote bis fuchsrote Oberseite, die Unterseite des Rumpfes, das Kinn und die Kehle sind hell bis fast weiß. Die Blume (Spitze der Lunte) ist weiß. Der seltenere Brand-, Kohl- oder Moorfuchs hat eine brandrote Oberseite, die Unterseite des Rumpfes, das Kinn, die Kehle und die Blume sind dunkel bis fast schwarz. Manche Füchse haben quer über die Schultern und entlang des Rückens einen Streifen dunkler Haare, die sich kreuzen. Sind diese Haare sehr dunkel und die Streifen besonders deutlich, spricht man von einem Kreuzfuchs. Der F. verliert im Frühjahr sein Winterhaar. Der ▸ Haarwechsel beginnt im Spätwinter und endet im Frühsommer, er dauert also zwei bis drei Monate. Er beginnt beim Kopf und an den Läufen und endet am Rücken und bei der Lunte. Rüden verhären schneller. Fähen mit Geheck haben jedoch oft noch bis in den Juni hinein einen ruppigen Balg. Das Sommerhaar ist kurz und stumpf. Von Oktober bis in den Dezember wächst der Winterbalg. Das Winterhaar besteht aus den dichten Wollhaaren und den langen Grannen. Erst im Dezember ist der Balg reif und hat die langen (Rücken-)Grannen, die den Balg wertvoller machen. Er hat dann einen wie bereift aussehenden Anflug.

Zahnbildung und Zahnwechsel: Die Welpen kommen zahnlos zur Welt. In den ersten vier Wochen wird das Milchgebiss geschoben. Es besteht nur aus 28 Zähnen, und zwar aus den Schneidezähnen, den Eckzähnen (Fangzäh-

Waidmännische Ausdrücke beim Fuchs

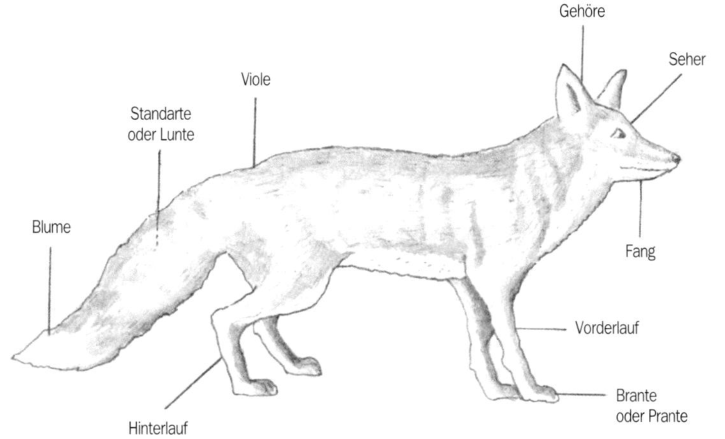

Waidmännische Ausdrücke beim Fuchs	
anhorchender F.	F., der zum Bau schnürt
Balg	Fell
Bau	Unterschlupf, Wohnung
befahrener Bau	bewohnter Unterschlupf
bellen	Lautäußerung
Betze	s.u.: Fähe (selten)
Blume	helle Spitze an der Lunte
Branten	s.u.: Pranten
dick gehen	trächtig sein
einfahren	in den Bau kriechen
Fähe (Fähin, Föhe, Betze)	weiblicher F. (von Foha, weibliche Form von *vulpes*, der Fuchs)
Fang	Maul
Fangzähne (Fänge)	Eckzähne
Feige	s.u.: Schnalle
Fett (nicht Feist)	Fett
Fraß	Nahrung
Fruchtglied	s.u.: Rute
füchseln	Geruch während der Ranzzeit
Fuchsfeuchte	Fuchsräude
Geheck	Gesamtheit der Jungen
Gehöre	Ohren
Geilen	s.u.: Geschröte
Gescheide	Gedärme
Geschröte (Geilen)	Hoden
Grannen	lange Haare des Winterbalges
keckern	Lautäußerung
Kern	abgebalgter F.-Körper
klagen	Lautäußerung bei Schmerz
Klauen	Zehen mit Nägeln
Kreuzfuchs	eine Farbvariante des Fuchses
Läufe	Beine
Losung	Kot
Lunte (Standarte, Stange)	Schwanz
mausen	Mäuse fangen
Nelke	s.u.: Viole
Nuss	s.u.: Schnalle
Pranten (Branten)	Füße
Ranzbrille	dünne behaarte Stellen auf der Schulterpartie in Brillenform während des Haarwechsels im Februar (hat mit der Ranz nichts zu tun)
Ranzzeit (Rollzeit)	Begattungszeit
Raub	Beute
reißen	lebende Tiere töten
Reißzähne	vierter Backenzahn im Oberkiefer und fünfter Backenzahn im Unterkiefer
reizen	Lockjagd mit Hasenquäke oder Mauspfeife
Riss	vom Fuchs gerissenes (getötetes) Wild
Röhre	Gang zum Bau
Rüde	männlicher F.
Rute (Fruchtglied)	männliches Geschlechtsteil
Schnalle (Nuss, Feige)	weibliches Geschlechtsteil
schnüren	leichter Trab
Seher	Augen
sprengen	den Fuchs mit dem Hund aus dem Bau treiben
springen	der Fuchs flüchtet aus dem Bau
Standarte (Stange)	s.o.: Lunte
streifen	Balg abziehen
verhären	Haarwechsel
verklüften	verschanzen im Bau
vernehmen	hören
Viole (Nelke)	Talgdrüse (Duftdrüse) auf der Schwanzwurzel (von lat. Viola, Veilchen)
Welpen	Jungfüchse
werfen (wölfen)	Junge bringen
wittern	riechen

nen) und den drei Prämolaren (P 2, P 3, P 4). Ein Prämolar (P 1) und sämtliche Molaren erscheinen nur im Dauergebiss. Zwischen dem vierten und dem siebten Lebensmonat werden die Milchzähne durch Dauerzähne ersetzt, und der erste Prämolar (P 1) und die Molaren werden geschoben. Die Eckzähne im Ober- und Unterkiefer werden beim F. als Fangzähne bezeichnet; sie dienen zum Greifen und Festhalten. Der Jäger schätzt sie als Trophäe; der vierte obere und der fünfte untere Backenzahn werden als Reißzähne bezeichnet und dienen zum Zerkleinern von Fleisch und Knochen. Zahnformel:

$$\frac{3}{3}\,\frac{1}{1}\,\frac{4}{4}\,\frac{2}{3} = 42 \text{ Zähne}$$

(▸ Zahnalterslehre).

Sinne und Lautäußerung: Der F. äugt, windet und vernimmt außerordentlich scharf und weiß mit überraschender Geistesgegenwart und Schlauheit jede gemachte Beobachtung zu nutzen. Er ist sehr vorsichtig und misstrauisch, kann sich lautlos vorwärts bewegen. Seine Lautäußerung ist ein heiseres Bellen, das am besten an frostigen, ruhigen Abenden, v.a. in der Rollzeit, zu hören ist, wenn Rüde und Fähe sich zusammenrufen. In Erregung, besonders bei Kämpfen untereinander oder mit dem Hund, ist auch das Keckern zu hören. Vor dem Angriff, aber auch beim Spielen ist das Knurren (Brummton) zu hören. Bei Schmerz klagt er, was jedoch sehr selten vorkommt.

Lebensraum und Lebensweise: Der Lebensraum des F. sind dünnbesiedelte Landschaften mit größeren Waldungen und angrenzenden Wiesen und Feldern. Seine Wohnung ist der Wald, sein Jagdrevier sind Wiesen und Felder. Auf dem Weg in sein Jagdrevier und zurück in den Wald benutzt er stets die gleichen Wege, den sog. Pass; meist eine Bodenvertiefung, Büsche oder hohes Gras oder auch den Waldrand, wo er etwas gedeckt ist. Wo er seinen Tag verbringt, hängt vorwiegend vom Wetter ab. Wie der Hund hält auch er die Wärme hoch. Bei schönem Wetter legt er sich zusammengerollt auf einen Baumstamm oder einen Stein, um sich zu sonnen. Dort, wo er sich sicher fühlt, überlässt er sich auch an wenig oder nicht gedeckten Stellen ziemlich sorglos dem Schlafe. Bevorzugt steckt er aber tagsüber in Laubholzverjüngungen, Nadelholzdickungen, ▸ Hecken oder ▸ Feldgehölzen. Im Herbst trifft man ihn auch gelegentlich auf Feldern an, wenn ihm die Feldfrüchte genügend Deckung bieten. Bei schlechtem Wetter sucht er Schutz unter Bäumen. Bei Regen, Nebel oder nach dem ersten Schneefall steckt er i.d.R. im Bau. Ist sein Balg jedoch nass vom Regen oder vom Tau, lässt er ihn im Freien trocknen. An stürmischen Tagen, während des Laubfalls im Herbst, in stark belebten Gegenden (z.B. in Erholungsgebieten) und zur Ranzzeit ist er meist auch im Bau anzutreffen. Da Rüde und Fähe einzeln leben und zur Ranzzeit einander suchen, sind sie zu dieser Zeit, besonders nach Neuschnee, auch tagsüber unterwegs. Auch im Frühjahr, wenn die Fähe ihr hungriges Geheck mit Fraß zu versorgen hat, ist sie tagsüber auf den Läufen. Gerne ist der

F. auch bei Schneetreiben unterwegs, und eine ▸ Pirsch hat hier schon oft Erfolg gebracht. Die Nacht zieht er i. Allg. aber dem Tage vor, um zu jagen. Mit Einbruch der Dämmerung beginnt er dann mit seinen Schleich- und Raubzügen und schnürt äußerst vorsichtig, meist gegen den Wind, dahin und äugt und windet von Zeit zu Zeit. Er ist ein sehr anpassungsfähiger ▸ Kulturfolger.

Bauanlage: Seine Baue legt er in Waldungen mit dichtem Unterwuchs, auch in Dickungen und dichten Stangengehölzen an. Er bevorzugt leicht hügeliges Gelände, nach Möglichkeit mit bindigem Sand. Im Gebirge bewohnt er auch natürliche Felsenbaue. Wenn es irgendwie möglich ist, gräbt er sich diese Baue nicht selbst, sondern bezieht alte, verlassene Dachsbaue. Bei großen Bauanlagen, die mehrere Kessel haben, bewohnt er die Baue häufig zusammen mit dem Dachs, aber auch die Wildkatze ist gelegentlich zusammen mit ihm in der gleichen Bauanlage anzutreffen. Er legt Wohnbaue (Haupt- und Mutterbaue), Wurfbaue und Notbaue an. Der Wohnbau ist ein meist größerer Kessel, zu dem mehrere Röhren führen, von denen jedoch nur wenige benutzt werden und wovon die übrigen als sog. Fluchtröhren dienen und häufig mit Laub bedeckt sind. Der Wurfbau (ein meist älterer und umfangreicher Bau) hat nur eine oder zwei kurze Röhren (bis zu etwa 4 m), an deren Ende sich ein meist kleiner Kessel befindet. Er wird von der Fähe Jahr für Jahr aufgesucht, um dort zu wölfen und die Jungen aufzuziehen. Hat die Fähe keinen Wurfbau oder wird sie dort gestört, legt sie kurz vor dem Wölfen einen sog. Notbau an. Dieser hat meist nur eine kurze Röhre, an deren Ende sich ein kleiner Kessel befindet. Im Ggs. zum Dachs polstert der F. seinen Kessel niemals aus. Die Röhre eines neu angelegten F.-Baues kann sehr eng sein, etwa 25 bis 30 cm. Hindernisse, wie Steine oder starke Wurzeln, umgeht er beim Graben. Eine blind endende Röhre wird als Sack- oder Endröhre bezeichnet, eine senkrechte Röhre, die zwei übereinanderliegende Etagen miteinander verbindet, als Fallröhre oder Fallrohr. Zweigt eine Röhre von einer anderen ab, bezeichnet man dies als Kreuzröhre. Der F. fährt in den Bau, fährt aus dem Bau oder steckt im Bau.

Rotfuchs im Sommerbalg

Kunstbau: Er wird im Sommer angelegt, damit er bis zum Herbst verwittert ist, und dient dem Bejagen ebenso wie dem Abführen des ▸ Erdhundes. Kunstbaue sind dort zu empfehlen, wo es kaum natürliche Baue gibt oder nur Felsenbaue, die nicht zu bejagen sind. Felsenbaue müssen daher verstänkert werden, um das Einfahren der Füchse zu verhindern. Man schiebt einen mit Dieselöl (oder auch Rohkresol, Petroleum oder Kornotol) getränkten Lappen in die Röhre und verstänkert so den Naturbau (Felsenbau); die Füchse sind dann gezwungen, den Kunstbau anzunehmen. In Feldrevieren mit wenigen Bauen legt man die Kunstbaue gern in Feldgehölzen, in Hecken, in Sand- oder Kiesgruben an. Die Röhre wird so gelegt, dass man freies Schussfeld hat. Ein Kunstbau besteht aus zwei Erdröhren und einem warmen, trockenen und zugfreien Kessel mit einem Deckel aus Holz oder Stein, der leicht abzunehmen ist. Liegt der Hund im Kunstbau dem F. vor, braucht nur der Deckel abgehoben und nicht erst lange gegraben zu werden. Die zwei Röhren zum Kunstbau sollten mindestens je 3 m, besser jedoch 5 bis 6 m lang sein. Die Bauanlage sollte möglichst an Südhängen oder auf Kuppen angelegt werden. Der Kessel muss vor Frost geschützt, etwa 70 bis 100 cm unter der Erde und neben der Röhre liegen. Die Röhre lässt man von der Einfahrt bis zum Kessel ansteigen, damit der Kessel trocken ist; auch muss sie eine Krümmung aufweisen, damit der Kessel zugfrei ist. Kessel und Röhren (aus Steinplatten oder Brettern)

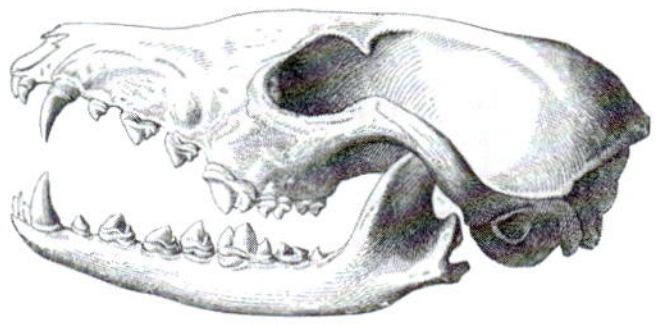

Fuchsschädel

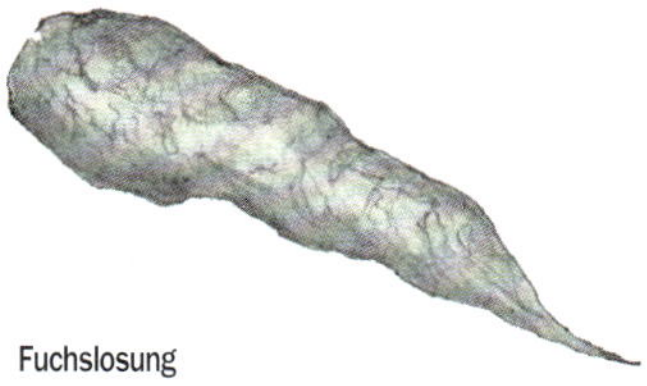

Fuchslosung

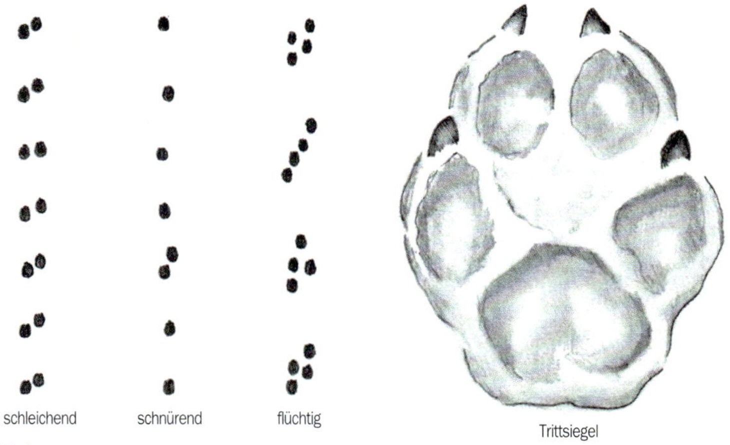

Fuchsspur

Anton Straßgschwandtner (1826–1881): »Beschiessen der Füchse aus der Luderhütte«, um 1860, Lithographie

müssen 2 bis 3 cm dick mit Erde oder mit Sand ausgestreut werden. Eine Höhe und Breite von je 22 bis 25 cm sind für die Röhren ausreichend. Ob ein Bau befahren (bewohnt) ist oder nicht, kann man an verschiedenen Merkmalen erkennen. Steckt man z.B. den Kopf in den Eingang der Röhre und es »füchselt«, so kann man annehmen, dass er befahren ist. Werden in dem Bau Welpen großgezogen, sind die Pflanzen um den Bau herum meist niedergetreten, da sich die Jungfüchse bei gutem Wetter im Freien aufhalten; auch sind die Futterreste oft verstreut, und »es riecht schlecht«. Vor einem Dachsbau liegen z.B. keine Reste. Beim gelegentlichen Überprüfen der Baue ist jede Veränderung am Bau und an der näheren Umgebung zu vermeiden. Der Hund ist vom Bau fernzuhalten, damit der F. nicht misstrauisch oder gar vergrämt wird.

Ernährung (Fraß): Der F. ist ein Allesfresser, seine Hauptnahrung besteht vorwiegend aus Mäusen, besonders die des Jungf.; er nimmt jedoch alles, was für ihn erreichbar ist und ihm mundet, z.B. Insekten, Würmer, Käfer, Larven, Schnecken, Eidechsen, Maulwürfe, sämtliches Jungwild (Junghasen, Rehkitze), auch Federwild und v.a. schwaches und krankes Wild bis zur Größe des Rehs sowie pflanzliche Nahrung, Obst und Beeren sowie Aas. Müllplätze in Siedlungsnähe werden regelmäßig besucht. Hat eine Fähe Mühe, ihr Geheck satt zu bekommen, macht sie auch vor kleinen Haustieren (z.B. Hühnern) nicht halt; diese holt sie dann auch bei Tage. Bei Überfluss wird die Beute auch verscharrt. Findet man totes Federwild oder Reste davon und sind die Kiele der Federn zerbissen, handelt es sich um den ▸ Riss von Haarwild und hierbei meist vom F. Die Beute wird meist angeschlichen, angesprungen (hauptsächlich Mäuse) und durch Genick- oder Kehlbiss getötet oder totgeschüttelt.

Fortpflanzung: Die Füchse sind etwa mit zehn Monaten erwachsen. Die Ranz- oder Rollzeit beginnt Ende Dezember, erreicht im Januar den Höhepunkt und endet im Februar. Die Ranz wird durch die Ranzwittrung der hitzigen Fähe ausgelöst, Beginn und Verlauf der Ranz sind aber auch von den Witterungsverhältnissen abhängig. Der intensive Geruch (Ranzgeruch) wird von den Afterdrüsen (▸ Analdrüsen) der Fähe abgegeben. Die Begattung erfolgt hauptsächlich im Freien, aber auch im Bau. Rüde und Fähe »hängen« dabei mindestens 15 bis 25 Minuten. Eine Fähe wird häufig von mehreren Rüden gedeckt. Wie bei den Hunden können daher die Welpen eines Wurfes von mehreren Rüden stammen. Es kommt jedoch – wenn auch sehr selten – vor, dass ein starker Rüde andere Rüden von seiner Fähe fernhält und ihr später durch Zutragen von Beute bei der Aufzucht ihres Gehecks behilflich ist. In Ausnahmefällen nimmt sich auch ein Rüde eines verwaisten Gehecks an. Die Tragzeit ist etwa 53 bis 54 Tage. Man sagt: »Die Fähe geht dick.« Sie wölft im März/April i.d.R. 3 bis 6 (1 bis 13) Welpen. Sie kommen blind und behaart zur Welt; sie sind zwölf bis 14 Tage blind. Ein Welpe wiegt bei der Geburt 80 bis 100 g (150 g), mit sechs Wochen bereits über 1 kg und mit vier Monaten schon über 3 kg. Die ersten zwei bis drei Lebenswochen nähren sich die Welpen nur von der Muttermilch; dann erbricht die Fähe halbverdaute Nahrung, bis die Welpen fähig sind, Beutestücke selbst zu verzehren. Ab der sechsten Woche sind sie fähig, sich teilweise selbst zu ernähren. Etwa vier Wochen nach dem Wölfen erscheinen die Welpen zum ersten Mal vor dem Bau; wenn sie etwa sechs bis sieben Wochen alt sind, zieht die Fähe aus. Wird die Fähe im Bau gestört oder erscheint er ihr zu unsicher, so sucht sie für ihre Jungen häufig einen anderen Bau oder Unterschlupf. Im Alter von neun bis zehn Wochen verlassen die Welpen den Bau endgültig und leben im Freien (Getreidefelder, Hecken o. Ä.). Im Alter von elf bis zwölf Wochen gehen die Jungfüchse mit der Mutter auf die Pirsch. Sie lernen sehr schnell, selbst zu jagen, und werden dann bald selbstständig. Im Juli/August lösen sich die Familien auf, die Jungen werden

von der Fähe abgebissen. Bei den Füchsen überwiegt die Zahl der Rüden etwas. In freier Wildbahn werden Füchse 10 bis 12 Jahre alt.
Losung: F.-Losung ist i.d.R. wurstförmig – ähnlich wie beim Hund – und läuft an einem Ende in einer gedrehten Spitze aus. Besteht die Losung aus mehreren Teilen, hat nur das letzte Stück eine Spitze. Die Losung ist normalerweise 8 bis 10 cm lang und 2 cm dick. Die Farbe der Losung ist je nach Fraß verschieden. Im Frühjahr, im Sommer und im Herbst ist sie überwiegend dunkelgrau bis fast schwarz und im Winter hellbraun bis grau. Sie enthält auch Chitinteile (Flügeldeckenreste) von Käfern, Haarreste oder Knochenteile von Vögeln und kleinen Nagern (hauptsächlich von Mäusen). Häufig finden sich auch die Reste von Beeren und Obst; sie ist dann entsprechend gefärbt. In frischem Zustand hat sie einen leichten Schleimüberzug. Die Losung behält Form und Farbe einige Zeit bei und zerfällt dann. Zurück bleiben dunkel schimmernde Teilchen, Knochenteile und graue Haarreste. Je mehr Haarreste sie enthält, um so länger bleibt ihre Form bestehen. Der F. setzt seine Losung nicht überall ab, sondern mit Vorliebe an bestimmten, meist erhöhten Stellen (z.B. Wegsteine, Baumstümpfe, Hügel, Grenzsteine o. Ä.). Wie alle hundeartigen (Raub-)Tiere benutzt auch der F. ▸ Harn und Losung zur Markierung (▸ Markierungsverhalten) seines Reviers und zur Verständigung. An Stellen, an denen der F. genässt hat, »füchselt« es. Auch frisch abgesetzter Losung haftet dieser süßliche Duft an, besonders vor und nach der Ranz. Zum Markieren benützt der F. auch die Afterdrüsen (▸ Analdrüsen).
Spur: Außer im Schnee und auf dem F.-Pass findet man F.-Spuren auch noch in Ackerfurchen, an Bachufern, Feld- und Waldwegen. Sie ist leicht mit der eines kleinen Hundes zu verwechseln. Der F. hat wie der Hund fünf Zehen am Vorderfuß und vier Zehen am Hinterfuß. Die Innenzehe (fünfte Zehe) am Vorderfuß sitzt jedoch so hoch, dass sie keinen Abdruck hinterlässt. Die Zehenballen des F. sind etwas kleiner und länger gestreckt als die des Hundes, auch der Hauptballen ist etwas kleiner. Die Abstände zwischen den vier Zehenballen und dem Hauptballen sind jedoch größer, auch die beiden mittleren Zehenballen sind etwas weiter vorne als beim Hund. Die Krallen sind spitz, lang und schmal und kommen zum Abdruck. Im Ggs. zur Haus- und zur Wildkatze nagelt der F. Der Vorderfußabdruck des F. ist etwas, wenn auch kaum merklich, größer als der Hinterfußabdruck. Ein einzelner Abdruck ist etwa 5 cm lang und 4 bis 4,5 cm breit. Es kann vorkommen, dass im Winter, besonders im Norden, der Haarwuchs zwischen den Ballen so stark ist, dass er die Ballen bedeckt und dadurch der Abdruck unklar wird und größer und runder erscheint. Der F. schleicht, schnürt (trabt) und flüchtet; die häufigste Fortbewegungsart ist jedoch der Trab. Der F., der sich vertraut fortbewegt, trabt leicht, wobei er mit den Hinterläufen in die Trittsiegel der Vorderläufe tritt. Er schränkt dabei nicht, sondern setzt die Tritte in gleichem Abstand genau hintereinander; er schnürt. Je schneller der F. trabt, um so genauer schnürt er. Die Schrittlänge ist beim Trab etwa 65 bis 80 cm. Wenn der F. sich langsamer fortbewegt, besonders wenn er schleicht, stehen die Tritte nicht mehr in einer Reihe, sondern schräg zueinander und auch dichter zusammen. Die Schrittlänge beträgt dann etwa 25 bis 35 cm. Da der F. beim Schleichen die Läufe nachzieht, sind bei hoher Schneelage bei der Schleichspur die Tritte durch eine Linie miteinander verbunden; gelegentlich sieht man auch kurze flache Striche bei der Spur; sie sind von der Lunte, wenn er sie über den Schnee schleift. Ein flüchtender F. setzt die Hinterläufe vor die Vorderläufe, dabei setzt er die Vorderläufe hintereinander, die Hinterläufe schräg zueinander auf. Bei der Spur sind so drei Tritte in einer Reihe und ein Tritt rechts oder links außerhalb der Reihe. Die Trittsiegel sind in Vierergruppen angeordnet, der Abstand der Gruppen beträgt bis zu 1,20 m. Auf der Flucht wechselt der F. sehr oft seine Gangart, sodass das sichere Ansprechen nur am einzelnen Trittsiegel möglich ist.
Jagdzeit: Füchse haben ganzjährig Jagdzeit. Nach dem BJG (§22 Abs.4) sind die an der Aufzucht der Jungen beteiligten Elternteile während der Aufzuchtzeit zu schonen; dies ist etwa der Zeitraum von Anfang März bis Ende August. Für Füchse (auch für Schwarzwild und für Wildkaninchen) können die Länder jedoch Ausnahmen erlassen, was z.B. beim F. in Tollwutgebieten z. Z. der Fall ist; dies setzt jedoch voraus, dass vorher auch die Jungtiere restlos getötet werden.
Jagdarten: Die üblichsten Jagdarten sind: Ansitz am Pass, am ▸ Luderplatz (Luderschacht), am Bau, Fang mit ▸ Fallen, F.-Sprengen und F.-Graben (Notlösung), F.-Reizen, F.-Riegeln. Gelegentlich wird ein F. auch in einem Treiben (Treibjagd) erlegt.
Ansitz: Lohnend ist der Ansitz in der Dämmerung, wenn der F. auf gewohntem Pass in sein Jagdrevier (Wiesen und Felder) oder zurück schnürt. Erfolg versprechend ist auch der Früh- oder der Abendansitz am Bau, besonders kurz vor oder während der Ranz. Häufig wird der Ansitz am ▸ Luderplatz ausgeübt, v.a. dann, wenn zusätzlich ▸ Fallen aufgestellt sind. Diese Fallen können sowohl am Luderplatz als auch an anderen zuvor vorbereiteten Stellen aufgestellt werden. Die gebräuchlichsten Fallen für den F. sind der Schwanenhals und das Berliner Eisen. Ferner werden auch noch das Grellsche Universal-Abzugseisen und das Wasser-Abzugseisen verwendet, die sofort töten. Nimmt der F. am Luderplatz oder an den anderen vorbereiteten Stellen die Kirrbrocken an, so kann dort die Falle aufgestellt werden, wenn der Balg reif ist. Daneben kann man auch ▸ Schleppen (Duftspuren) anlegen, die zum Luderplatz oder zu einer anderen Stelle führen, die gut von einem Hochsitz aus beschossen werden kann. Erfolg versprechend sind dafür Hasen- und Kaninchengescheide. Der Blaseninhalt einer kurz zuvor geschossenen Fähe führt in der Ranzzeit oft zum Erfolg (Schmook).
Baujagd: Soweit möglich sollte sie – für den Fall, dass der einschliefende Hund befreit werden muss – vormittags oder mittags, keinesfalls aber am Abend durchgeführt werden. Sie ist jedoch nur dort zu empfehlen, wo sämtliche Röhren zu übersehen sind und ein einigermaßen freies Schussfeld besteht. Die günstigste Jahreszeit für die Baujagd ist von Anfang November bis zum Ende der Ranz. Später ist der Balg abgeranzt. Im November/Dezember können auch noch Jungfüchse im Bau stecken, und zur Ranzzeit (besonders bei Neuschnee) sind nicht selten mehrere Füchse im Bau. Die Vorgehensweise bei der Baujagd kann verschieden sein. Geht der Jäger allein zur Baujagd, sollte er sich der F.-Hauben (▸ Garne 2.) bedienen, die er, bevor der Hund einschlieft, über diejenigen Röhren legt, die er im Rücken hat bzw. nicht beschießen kann. Bei größeren Bauanlagen sollten mindestens zwei Schützen vorhanden sein. Bei mehreren Schützen läuft die Baujagd meist wie folgt ab: Die Schützen stellen sich lautlos bei gutem Wind und guter Deckung in kurzer Entfernung vom Bau auf, sodass sie gut auf den aus dem Bau springenden F. schießen können. Man lässt dann den Erdhund (Dackel oder Terrier) einschliefen und wartet auf den springenden F. Liegt der Hund vor und springt der F. nicht (der Dachs springt fast nie), wird der Hund abgenommen und geräuschlos etwa eine halbe Stunde gewartet, bis der Fuchs aus dem Bau fährt. Liegt der Hund vor, ohne dass der F. springt, und lässt sich der Hund auch nicht zurückpfeifen, so muss ein Bodeneinschlag gemacht werden. Der Einschlag erfolgt zwischen dem vorliegenden Hund und dem F. Wo der Hund vorliegt, d.h. den F. (oder auch den Dachs) in einer blind endenden Röhre gestellt hat und verbellt, stellt man durch die Geräusche fest, z.B. mit dem Ohr auf der Erde. Die Schützen müssen den eventuell springenden Fuchs erwarten. Beim F.-Graben kann nur mit dem Spaten gearbeitet werden. In der Nähe der Röhre muss sehr vorsichtig weitergegraben werden, damit der Hund nicht verletzt wird. Stößt man durch, ist der Teil der Röhre, in dem sich der F. befindet, mit dem Spaten sofort zu verschließen und der Hund durch die Öffnung herauszuholen. Sind genügend Schützen vorhanden, lässt man nun den F. springen. Ansonsten wird er mit der F.-Zange (▸ Dachszange) herausgeholt, mit einem Schlag auf die Nasenwurzel betäubt und durch kräftige Schläge auf die Kehle oder durch einen ▸ Fangschuss in den Nacken getötet. Liegt der Hund vor und der F. »springt« über den Hund hinweg, so »überrollt« er ihn.
Fuchsreizen: Der F. wird durch Nachahmen des Klagelautes des Hasen, des Kaninchens (mit der Kaninchenklage oder der Hasenquäke), der Entenstimme oder der Lautäußerung der Maus (mit der Mauspfeife) angelockt. Hierbei ist darauf zu achten, dass der F. gegen den Wind kommt. Besonderen Erfolg hat das F.-Reizen mit der Hasenquäke zwei bis drei Tage nach Hartschnee, da bei Hartschnee die Mäuse unerreichbar sind. Sehr selten ist die Jagd mit dem F.-Ranzlaut.

Fuchsriegeln: Hier macht ein erfahrener Treiber den außerhalb seines Baues ruhenden F. rege und drückt ihn bei günstigem Wind zum Jäger hin, der am Pass ansteht. Der F. kommt dabei vertraut und nicht flüchtig. Die beste Zeit hierfür sind sonnige Spätherbst- und Wintertage. Nach Neuschnee kann man den F. auch einkreisen. Dazu wird ein Bestand, in dem ein F. vermutet wird, abgefährtet und anhand der Fährten festgestellt, ob sich einer im Bestand befindet. Ist dies der Fall, so kann der F. durch F.-Riegeln bejagt werden.
Treibjagd: Gelegentlich kommt ein F. auch bei ▸ *Treibjagden* vor. Er kommt dann meistens sehr früh einem ruhig stehenden Schützen. Wird beim Anstellen darauf aufmerksam gemacht, dass sich ein F. im Treiben befindet, machen sich die Schützen schussfertig und verhalten sich ruhig. Versucht der F. die Deckung zu verlassen, wird entweder sofort geschossen oder gewartet, bis er die Deckung ganz verlassen hat.
Überholte und verbotene Jagdarten: Früher wurde auch mit ▸ Bracken auf den F. gejagt, v.a. in Sumpfgebieten oder unwegsamem Gelände. Voraussetzung war aber ein geringes Wildvorkommen in den fraglichen Revierteilen, weil die Hunde sonst gerne die F.-Spur verließen. Eine weitere Jagdart war die ▸ Hetzjagd mit Windhunden, die auf weitem, möglichst baumlosem Gelände durchgeführt wurde. Die Jäger folgten den Hunden zu Pferde. Zur Ranzzeit war es auch üblich, den Schlitten zu verwenden. Die Hunde wurden dabei auf dem Schlitten mitgeführt, und erst auf den Feldern, wenn man sich nahe einem F. wähnte (Füchse scheuen Fuhrwerke wenig und lassen sie häufig nahe herankommen), ließ man sie vom Schlitten. Daneben wurde auch noch die ▸ Parforcejagd mit dem ▸ Fuchshund und dem ▸ Fuchsgascher ausgeübt. Unwaidmännisch und grausam war das ▸ Fuchsprellen früherer Zeiten und die Verwendung von ▸ Angeleisen und ▸ Fuchskrätzer.
Der F. wird mit Schrot oder Kugel (oft mit Vollmantel, um den Balg nicht zu verderben) geschossen. Geht der F. nach dem Schuss mit starrer, hoch erhobener Standarte ab, so ist er getroffen, schwingt er sie kreisförmig oder vollführt er gar noch Zickzacksprünge, liegt ein Fehlschuss vor. Der Fuchs stellt sich mitunter nur tot. Ist er tatsächlich verendet, steht sein Weidloch offen.

Fuchs, Wendelin (28. 1. 1934 Einsiedeln/ Schweiz bis 18. 7 2002) Bürger von Unteriberg im Kanton Schwyz; Schweizer Journalist, Natur- und Vogelschützer. F. war langjähriger Sekretär des Schweizerischen Patentjäger- und Wildschutzverbandes (SPW) und seit 1998 Ehrenmitglied des Verbandes, auch Sekretär des Dachverbands Schweizerischer Jagdverbände sowie Mitglied des CIC. Er redigierte rund 27 Jahre die Jagdzeitschrift »Schweizer Jäger«.

Fuchsangel, die: ▸ Angeleisen.

Fuchsbalg, der: Das Fell des ▸ Fuchses.

Fuchsbandwurm, der: Der Kleine oder Fünfgliedrige F. (*Echinococcus multilocularis*), etwa 3 bis 5 mm groß, wurde bisher vorwiegend in Baden-Württemberg nachgewiesen. Als besonderes Verbreitungsgebiet galt die Schwäbische Alb. Dort wurde dieser Parasit bei über der Hälfte der Füchse gefunden. Inzwischen breitet er sich immer mehr aus. Der F. befällt hauptsächlich den ▸ Fuchs, in Einzelfällen auch Katzen und Hunde, v.a. streunende Tiere, die als Endwirte vom F. infiziert werden. Im Darm der Tiere können mehrere tausend bis hunderttausend Stück dieser Parasiten leben. Jeder Bandwurm stößt etwa alle vierzehn Tage ein ca. 1 mm großes Bandwurmglied ab, das mit etwa 300 reifen Eiern gefüllt ist. Der Bandwurmträger scheidet bei normal hohem Befall täglich 100 000 bis über 1 000 000 unter einem hundertstel Millimeter große Bandwurmeier mit dem Kot aus. Diese werden (nach dem Aufplatzen des Bandwurmgliedes) durch den Wind weit im Umkreis verteilt. Die Bandwurmeier sind über Monate ansteckungs- und äußerst widerstandsfähig. Selbst nach Monaten oder bei Temperaturen von −20 °C sind sie noch ansteckungsfähig. Bei intensiver Sonneneinstrahlung werden sie nach etwa acht Wochen und bei Temperaturen von etwa 45 °C in ca. drei Stunden zerstört, Hitze über 70 °C tötet die Eier in wenigen Minuten. Die Bandwurmeier können von einem Zwischenwirt aufgenommen werden. Hierfür kommen alle Säugetiere in Betracht, wobei Nagetiere (Mäuse, Bisam) die größte Rolle spielen. Der von der Finne (*Echinokokke*) des F. befallene Mensch stellt einen seltenen Fehl-Zwischenwirt dar. Allerdings handelt es sich dann um eine sehr ernstzunehmende Krankheit; unbehandelt führt die alveoläre ▸ Echinococcose stets zum Tode. Bei frühzeitiger Diagnose ist eine Therapie, jedoch bisher keine echte Heilung möglich. Die Zeitspanne bis zum Ausbruch der Krankheit schätzt man auf 10 bis 15 Jahre. Durch Blutuntersuchungen (Antikörper im Blut) und Computertomografie (Ultraschalluntersuchung der Leber) lässt sich ein Befall vor Ausbruch der Krankheit erkennen. Beim Menschen wandert die im Ei enthaltene Larve i.d.R. zur Leber und entwickelt sich zu einer Finne (ein Zwischenstadium im Entwicklungskreislauf des Bandwurms), deren Innenwandung Hunderte von Bandwurmköpfen ausbildet. Diese Finne führt dort durch die Abschnürung weiterer Tochterfinnen zu krebsartiger Zerstörung des Gewebes, presst dadurch die Gallengänge und die Blutgefäße ab und kann Tochtergeschwüre in der Lunge und im Gehirn auslösen. Die Infektion des Menschen erfolgt durch Aufnahme und Verschlucken von Wurmeiern. Als Infektionsweg dürfte am häufigsten der Verzehr von mit Fuchskot bzw. Bandwurmeiern verunreinigten Lebensmitteln, z.B. niedrighängenden Waldfrüchten wie Erdbeeren oder Heidelbeeren sowie Pilzen, in Betracht kommen. Auch beim Kauen auf einem Grashalm können die Eier über den Mund aufgenommen werden; ferner kann auch direkter Kontakt mit infizierten Tieren, wie er beispielsweise beim Abbalgen von Füchsen durch den Jäger stattfindet, zu einer Übertragung von Wurmeiern führen. Eine Infektionsgefahr besteht ebenso für die Besitzer von Hunden und Katzen, die sich durch Fressen befallener Zwischenwirte (v.a. Mäuse) infiziert haben. Es empfehlen sich daher folgende Vorsichtsmaßnahmen: Kein Verzehr roher Waldfrüchte; Waldbeeren und Pilze sollten nur nach Erhitzen über 70 °C (Kochen, Backen) genossen werden; Hunde und Katzen sollten möglichst nicht frei laufen, um die Gefahr der Aufnahme von Wurmeiern durch Fangen von Mäusen oder Anfressen von Kadavern zu verringern. In Fuchsbauen eingesetzte Hunde sollten anschließend geduscht

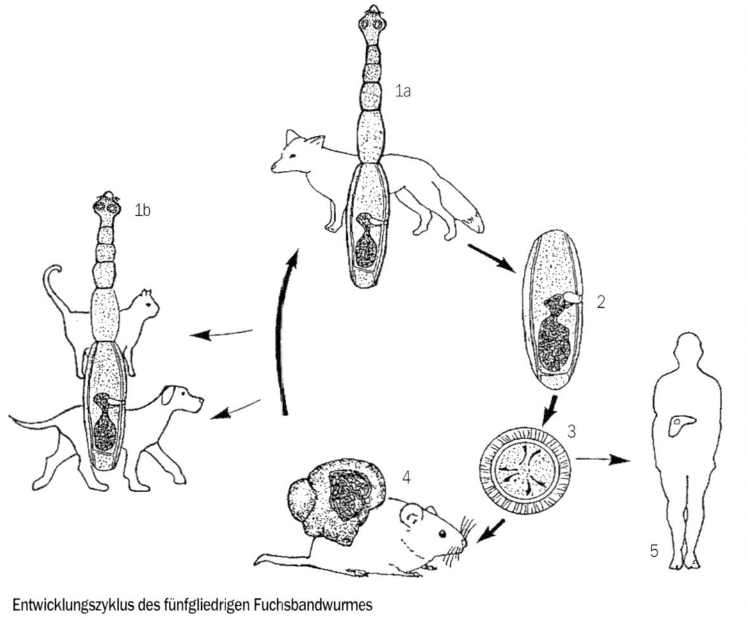

Entwicklungszyklus des fünfgliedrigen Fuchsbandwurmes

Entwicklungszyklus des fünfgliedrigen Fuchsbandwurmes: 1 a, b Bandwurm, Lokalisation Dünndarm; 2 abgestoßenes Endglied des Bandwurmes, welches mit dem Kot ins Freie gelangt, im Inneren der Proglottis Uterus angefüllt mit Eiern (diese enthalten beschalte Onkosphären); 3 sog. beschalte Onkosphäre (Häkchenlarve mit Embryonalhülle), die durch Mazeration oder Beschädigung der ausgeschiedenen Proglottis frei wird; 4 Finne in der Leber der Feldmaus, 5 Lokalisation des Alveolar-Echinococcus im Menschen (fast ausschließlich Leber)

◂◂ Jungfuchs an der Bauausfahrt

werden, um am Fell anhaftende Eier zu entfernen. Sie sollten zudem mit einem spezifischen Mittel prophylaktisch entwurmt werden. Diese Maßnahme ist nur dann wirksam, wenn sie regelmäßig im Abstand von vier Wochen wiederholt wird, weil die Entwicklungszeit des Parasiten im Darm des Hundes mindestens 28 Tage beträgt. Beim Abbalgen von Füchsen sind Vorsichtsmaßnahmen (Anfeuchten des Fells, Tragen von Handschuhen und Mundschutz, Wechsel der Kleidung nach der Arbeit) in jedem Falle, auch außerhalb der Risikogebiete, angezeigt. Der Mundschutz ist deshalb nötig, weil – wenn auch die Gefahr nicht sehr groß sein dürfte – die Möglichkeit besteht, dass freischwebende Eier inhaliert werden. Beim Aufbrechen des Wildes ist auf mit klarer Flüssigkeit gefüllte Hohlräume in den Organen zu achten. Befallene Organe sind unschädlich zu beseitigen, um den Entwicklungskreislauf des F. zu unterbrechen.

Fuchsbau, der: Die unterirdische Behausung des ▸ Fuchses.

Fuchsblume, die: Die äußerste Spitze der Standarte des ▸ Fuchses.

Fuchsbrett, das: Ein Spannbrett (▸ Balgbrett), auf dem der Balg des erlegten Fuchses straff gespannt und getrocknet wird; ▸ abbalgen 1.

Fuchsbunker, der: ▸ Fangbunker, speziell für den Fang des Fuchses.

Fuchseisen, das: Ein Tellereisen; ▸ Fallen 15.

füchseln: **1**) In der Ranz- oder Rollzeit füchselt der ▸ Fuchs, d.h., er verbreitet eine unangenehme Wittrung. **2**) Die Jäger f. sich, wenn sie sich gegenseitig necken; scherzhafter Ausdruck.

Fuchsfänge, die: Die Fangzähne (▸ Eckzähne) des ▸ Fuchses; eine Trophäe.

Fuchsfeuchte, die (Fuchssucht): Die ▸ Räude des Fuchses.

Fuchsgans, die: ▸ Wildenten 8.

Fuchsgascher, der: Ein Foxterrier, der früher in England bei der ▸ Parforcejagd auf den Fuchs in einer Fuchsmeute mitlief und die Aufgabe hatte, den Fuchs aus dem Bau zu treiben, wenn er in einen solchen eingefahren war, um sich zu retten.

Fuchsgraben, das: ▸ Fuchs (Jagdarten).

Fuchsgrube, die: Fanggrube für Füchse.

Fuchshaube, die: ▸ Garne 2.

Fuchshetze, die: Die Jagd auf Füchse mit Windhunden; ▸ Fuchs (Jagdarten).

Fuchshund, der: Ein Parforcehund, der ausschließlich zur Jagd auf den Fuchs benutzt wird und diesen in der Meute mit außerordentlicher Schärfe und Ausdauer jagt. Der F. wurde früher speziell in England gehalten, wo die ▸ Parforcejagd auf den Fuchs ein sehr beliebter Sport ist.

Fuchshütte, die: Eine ▸ Luderhütte für die Fuchsjagd.

Fuchskel, die: Der Pelz von der Fuchskehle.

Fuchskern, der: Der Körper des abgebalgten (abgestreiften) Fuchses.

Fuchskrätzer, der: Veraltetes und unwaidmännisches, an einer langen Stange befestigtes Werkzeug in Form eines großen, doppelten Korkenziehers, mit dem der verklüftete Fuchs angebohrt und herausgezogen wurde.

Füchsling, der: Ein Handschuh aus Fuchspelz; kaum gebräuchliche Bez.

Fuchspass, der: ▸ Pass des Fuchses.

Fuchspassen, das: Beim Jäger: In der Fuchshütte oder vom Ansitz aus auf das Nahen des Fuchses warten.

Fuchsprellen, das: Das F. war ehemals eine grausame Unterhaltung an Höfen und vornehmlich bei deutschen Landjunkern beliebt. Es bestand darin, den Fuchs und auch anderes Kleinwild mittels Prelltüchern langsam und in tierquälerischer Weise zu Tode zu werfen. Die eingefangenen und in Kästen gehaltenen Füchse wurden entweder in einen Saal gebracht und dort auf langen, schmalen Tüchern oder feinmaschigen Netzen mit entsprechenden Haltegriffen an den vier Enden so lange in die Höhe geworfen (geprellt) und wieder aufgefangen, bis sie verendeten, oder man brachte sie zu einem umfriedeten Prellplatz (meist in den Schlosshof). Hier wurde in ähnlicher Weise verfahren. Da auf dem häufig gepflasterten Schlosshof die Tiere zu schnell getötet worden wären, wurden die Höfe vorher mit Sand bestreut und überharkt. Man ließ dann die Füchse in die hergerichtete Arena laufen und das Netz in dem Moment, in dem der Fuchs darüberlief, emporschnellen. Es kam v.a. darauf an, den Fuchs möglichst hoch zu werfen und ihn langsam zu töten. Lag er

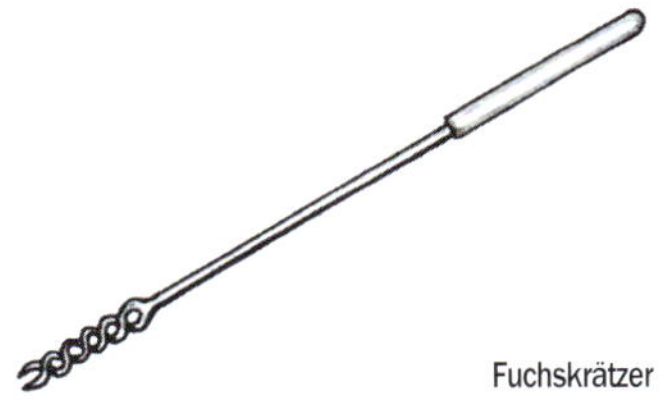

Fuchskrätzer

Fuchsprellen, Darstellung aus dem 19. Jh., Kupferstich

letztlich betäubt oder mit gebrochenen Gliedern am Boden, wurde er getötet. Beim sog. figurierten Jagen, einer besonders verwerflichen Abart des F., wurden die Tiere vor dem Prellen kostümiert. Sauen wurden z.B. gesattelt oder gezäumt, Füchse als Harlekins verkleidet oder als Eidechsen dargestellt. Gelegentlich wurden Feuerwerkskörper an sie angebunden und entzündet. Bei diesem rohen Vergnügen wurden neben Füchsen auch Marder, Iltisse, Wildkatzen, junge Wölfe, Dachse, Frischlinge, Biber, Fischotter sowie Hasen und Kaninchen geprellt. Diese heute abstoßende Belustigung wurde von Franz von Kobell in seinem »Wildanger« (1859) wie folgt gekennzeichnet: »Herren und Damen engagierten sich zu diesem Prellen, wie man sich zum Tanz oder zum Volantspiel engagiert … Wenn man die Porträts von Damen aus jener Zeit betrachtet und wie sie so kindlichen Gemüts, eine Rose oder Lilie in der Hand haltend, dargestellt sind, und man denkt ans Fuchsprellen, so gibt's einem, wie man bei uns sagt, einen Riss, der manchen schönen Wahn entzweireißt.« König August II. von Sachsen ließ 1747 bei einem Fest in Dresden nicht weniger als 414 Füchse, 9 Wildkatzen, 39 Dachse und 281 Hasen zu Tode prellen. Im Jahre 1751 wurden vor dem königlichen Schloss in Dresden 687 Füchse geprellt und weitere 83 Stück am nächsten Tag.

Fuchsquäke, die (Hasenquäke): Ein Lockinstrument; ▸ Lockjagd.

Fuchsräuchern, das: Das Ausräuchern eines Fuchsbaues.

Fuchsreizen, das: ▸ Fuchs (Jagdarten).

Fuchsriegeln, das: Eine Riegeljagd, Drückjagd auf den Fuchs; ▸ Fuchs (Jagdarten).

Fuchsröhre, die: Die Röhre des Fuchsbaues.

Fuchsscheibe, die: Eine bei Meisterschaftsschießen verwendete Wildscheibe, die einen sitzenden Fuchs darstellt. Beim Büchsenschießen werden u.a. als Übung auf die F. fünf Schüsse auf 100 m abgegeben (Anschlag liegend auf der Pritsche, sitzend oder kniend; nicht aufgelegt und nicht angestrichen).

Fuchsschleppe, die: ▸ Schleppe 1).

Fuchssprengen, das: ▸ Fuchs (Jagdarten).

Fuchsspur, die: ▸ Fuchs (Spur).

Fuchssucht, die (Fuchsfeuchte): Die ▸ Räude des Fuchses.

Fuchs tot!: Ein ▸ Jagdsignal.

Fuchswittrung, die: Die F. ist ein künstliches Geruchslockmittel und wird hauptsächlich zum Fuchsfang verwendet, dient aber auch zum Fang anderen ▸ Haarraubwildes. Mit ihr soll der menschliche Geruch, der den ▸ Fallen anhaftet, verdrängt bzw. unterdrückt werden; zugleich soll sie durch ihren intensiven und für das Raubwild angenehmen Geruch als Lockmittel dienen. Da in gutbesetzten Niederwildrevieren der Fangjäger nicht auf den Hunger des Raubwildes rechnen darf, ist eine gute Wittrung (aber auch ein guter Köder) Voraussetzung für den Fangerfolg. Alte Fangjäger schwören dabei auf ihre eigenen Rezepte, die sog. Fanggeheimnisse. Gute F. sind die Fischwittrung, die Frehsesche Wittrung, die Maikäferwittrung und die Aaswittrung.

1. Fischwittrung: Eine aus hellem Glas bestehende Flasche wird mit kleinen Fischen gefüllt, mit einem Korken verschlossen und so lange der Sonne ausgesetzt, bis sich eine breiige und ölige Flüssigkeit gebildet hat.

2. Frehsesche Wittrung: Man schmilzt in einem neuen Topf über mäßigem Feuer ein Viertelpfund ungesalzenes, reines Schweine- oder Gänseschmalz. Ein Löffel Honig, verrührt mit einem gehäuften Löffel pulverisiertem Bärenklau, wird beigemengt und die Mischung an einem kühlen Ort aufbewahrt.

3. Maikäferwittrung: Sie wird wie die Fischwittrung hergestellt.

4. Aaswittrung: Sie besteht aus Fisch- und Fleischresten, die in einem verschlossenen und mit Wasser gefüllten Glas an einem warmen Ort oder an der Sonne einige Zeit stehen müssen, bis sie in Fäulnis übergehen. Die Wittrung wird in verschlossenen Behältern an einem kühlen Ort aufbewahrt.

Fuchswochen, die: 1976 vom Landesjagdverband Bayern (Bayerische F.) ins Leben gerufene Aktion zur intensivsten Bejagung des Fuchses vor und während der Ranzzeit (Dezember bis Februar). Die F. dienen der Wildtiertollwutbekämpfung und sollen den Hauptträger der Seuche möglichst kurzhalten. An den F., zu denen inzwischen alle Landesjagdverbände und -behörden aufrufen, sollen auch revierlose Jäger beteiligt werden.

Fuchszange, die: ▸ Dachszange.

Fuder Zeug, ein: Eine Maßeinheit, die eine Wagenladung mit ▸ Jagdzeug beinhaltet, einschließlich der zum Stellen nötigen Geräte, z.B. Stellstangen, Heftel, Stichel, Haken. Gewöhnlich betrugen vier hohe Tücher oder fünf Mitteltücher (Dänisches Zeug) ein Fuder.

führen: **1**) Beim Muttertier: ein Junges haben; es geleiten; ▸ führendes Stück. **2**) svw. ein Gewehr benutzen, es f. Die Erlaubnis zum F. einer Waffe wird nach §10 WaffG durch einen Waffenschein erteilt; ▸ Waffenrecht. Nach der Unfallverhütungsvorschrift Jagd (VSG 4.4) dürfen Schusswaffen aber nur während der tatsächlichen Jagdausübung geladen sein (§3 Abs. 1). Beim Besteigen von Fahrzeugen und während der Fahrt muss die Waffe entladen sein (§3 Abs. 3). Das bedeutet, dass auch bei der »Pirschfahrt« durch das Revier, die Waffe zwar zugriffsbereit, aber ungeladen im Fahrzeug mitgeführt werden darf. Bei Gesellschaftsjagden dürfen Durchgehschützen die Waffe nur entladen mitführen und nur zum

▸▸ Führendes Rotalttier mit seinem Kalb

Fangschuss oder zur eigenen Verteidigung, z.B. vor angreifendem Schwarzwild (▸ annehmen 2)), einsetzen. 3) Beim Hund: er wird geführt, wenn man ihn an der Leine bei Ausgängen mitnimmt; ▸ führig, ▸ leinenführig, ▸ Führigkeit. 4) Beim ▸ Beizvogel: f. oder leiten nennt man hier die schlechte Eigenart einiger Beizvögel, geschlagene Beute oder auch ▸ Atzung weit vom Falkner wegzutragen, um in Ruhe atzen zu können. Hauptsächlich der Merlin neigt dazu. Das F. oder Leiten wird dem Beizvogel mit dem Schwerfederspiel (▸ Federspiel) oder dem ▸ Lederfinger wieder abgewöhnt. 5) Beim ▸ Leittier: ein Rudel f. 6) Einen Jagdgast f. heißt, ihn bei der Jagd begleiten und möglichst zum Erfolg bringen. 7) Halten eines Jagdhundes zum Jagdgebrauch.

führendes Stück: Ein Stück Mutterwild, das ein Kalb, ein Kitz oder ein Lamm hat.

Führer, der: ▸ Hundeführer, ▸ Jagdführer.

führig: Jeder Hund, der willig mit seinem Herrn zusammenarbeitet, ist f.; ▸ Führigkeit. Die Leit- und Schweißhunde sind f. Hunde, wenn sie nach einjähriger Arbeit am Riemen ruhig arbeiten; sie sind riemen- oder ▸ leinenführig; ▸ abführen, ▸ führen 3).

Führigkeit, die: Die aus Veranlagung erwachsene Voraussetzung für jede jagdlich nützliche Zusammenarbeit zwischen Führer und Hund. Die Art der F. zeigt sich in der Willigkeit des Hundes, mit seinem Führer jederzeit Verbindung zu halten, und in der freiwillig dem Führer entgegengebrachten Bereitschaft, sich in dessen Dienst zu stellen. Die F. eines Hundes wird auf der Verbands-Jugendprüfung (VJP) erstmals und in der Verbands-Herbstzuchtprüfung (HZP) erneut geprüft; ▸ Hundeprüfungen.

Fuhrmann, Max (1860 bis 1908): Maler. Von ihm stammt u.a. »Berittener Jäger mit Hunden im Wald«.

Führung, die: 1) ▸ führen 3). 2) Im Innern des Büchsenlaufes die Lenkung des Büchsengeschosses durch den Drall; ▸ Ballistik (I, 1.).

Ful, das (mittelhochdeutsch: vul, Urful, Eber): Eine uralte Bez. für ein wildes Schwein (▸ Schwarzwild).

Fünfgliedriger Fuchsbandwurm, der: ▸ Fuchsbandwurm.

Furchel, die: ▸ Forkel.

Furchen, die: ▸ Riefen.

Furchenkohl, Westfälischer, der: ▸ Wildäsungspflanzen.

Furini, Francesco (1600 bis 1646): Florentiner Maler; schuf u.a. eine klassische Artemis in Öl auf Leinen (Städtisches Museum Genf).

Furke, die (altfranz.: furque; mittelhochdeutsch: furca): Die Gabel, ein gegabelter Zweig, an den Wildbretstücke gehängt wurden, die der Jagdherr für sich selbst reservierte; ▸ Furkie, ▸ Forkel.

Furkie, die: Das Aufhängen der Wildbretstücke für den Jagdherrn auf den gegabelten Zweig (Furke) mit grünem Bast, dem Netz, den Nieren und der Leber; ▸ Entbästen.

Fürlagen, die: ▸ Relais.

Furse, Charles Wellington (1868 bis 1904): englischer Maler, schuf in seinem Todesjahr eine »Diana des schottischen Hochlandes«.

Fürslag, der: Alter Ausdruck für ▸ Vorschlag 1) als ▸ Jägerrecht.

Fürst, Hermann von, Dr. (29.3.1837 Ansbach bis 13.2.1917 Aschaffenburg): Forstmann, geadelt 1901, besuchte die Forstlehranstalt Aschaffenburg und anschließend die Universität München, trat 1858 in den bayerischen Staatsforstdienst, wurde 1871 Oberförster zu Berg in der Oberpfalz, 1878 Forstmeister in Regensburg, war 1878 bis 1909 Direktor der Kurbayerischen Forstlehranstalt Aschaffenburg und wurde 1892 Oberforstrat. Er war auch der Herausgeber der 1. und der 2. Auflage des »Illustrirtes Forst- und Jagd-Lexikons« (1888 u. 1904) sowie von »Deutschlands nützliche und schädliche Vögel …« (2 Bde., 1893 u. 1894).

Fürstenruf, der: Die Fanfare, die bei der ▸ Parforcejagd geblasen wurde, um der Herrschaft anzuzeigen, wo sich der von den Hunden gestellte Hirsch befand.

Fürstenweg, der (Fürstenstraße): Ein durch und für den Landesfürsten für Jagden und dergl. unterhaltener und für jeden anderen gesperrter Weg, z.B. die Jagd- oder Fürstenstraße in der Nähe von Neuburg a. d. Donau.

Fürst Pleßsches Jagdhorn, das: ▸ Jagdhorn.

Fuschlberger, Hans: ▸ Jagdliteratur.

Fuß, der: 1) Der Fuß bei Waldhühnern, bei Trappe und Fasan sowie beim Beizhabicht, beim Beizsperber und beim Beizadler; ▸ Hände. 2) Beim Hirschfänger: der durch den Griff gehende Teil, der durch die Angel mit dem Griff verbunden ist; ▸ Blanke Waffen. 3) In der alten Waidmannssprache ein gerechtes Wort für ▸ Fährte.

Fußbaum, der: svw. ▸ Fallbaum 1); ▸ fußen.

fußen: Bei allen ▸ Waldhühnern, selten bei ▸ Greifvögeln: svw. sich auf einen Stein oder eine Bodenerhebung niederlassen.

Fußreis, das: Die dürren Stangen, die um den Vogelherd (▸ Vogelfang 7.) gesteckt wurden, damit sich die Vögel daraufsetzen konnten.

Futter, das: 1) Alle Nahrung, die dem Wild und dem Hund gereicht wird (Äsung oder Fraß); ▸ Prossholz, ▸ Wildfütterung. 2) Das ▸ Kugelfutter.

Futterautomat, der: ▸ Jagdeinrichtungen 3, ▸ Magazinfütterung.

Futterfloß, das: Schwimmendes Holzbrett zur Fütterung und/oder ▸ Kirrung von Wildenten (Stockenten). Der Gesetzgeber schreibt aus ökologischen Gründen vor, dass Futtermittel grundsätzlich nicht ins Wasser gelangen dürfen.

Futtergeld für Jagdhunde: Ein Beitrag zu den Kosten der Jagdhundehaltung, den v.a. die Jagd- und Forstverwaltungen ihren Bediensteten für die Haltung ▸ brauchbarer Jagdhunde (Brauchbarkeitsprüfung) zahlen, wenn der einsatzfähige Hund der Verwaltung jederzeit zur Verfügung steht und für die ▸ Regiejagd der Verwaltung notwendig ist.

Futtermittel, die: Nahrung, die dem Wild, v.a. im Winter, wenn es an natürlicher Äsung fehlt (▸ Notzeit), an entsprechend angelegten Futterstellen (▸ Wildfütterung, ▸ Jagdeinrichtungen 3.) dargereicht wird. Sie soll daneben auch der ▸ Wildschadensverhütung dienen.

Dr. Hermann von Fürst (1837–1917)

Man unterscheidet bei den F.: Saftfuttermittel (Nassfutter), das sind die Futtermittel, die neben den Nährstoffen eine ausreichende Menge Wasser enthalten (z.B. Kartoffeln, alle Rübenarten, Obst, Trester, ferner Triebe, Frucht-, Gemüseabfälle, ▸ Silage), und Kraftfuttermittel, das sind die industriell hergestellten Mischkraftfutter sowie Eicheln, Kastanien, Hafer, Mais, Zuckerrübenschnitzel und Sesamschrot (bei Federwild zusätzlich Gemüseabfälle, Druschabfall und Winterkorn). Kraftfutter diente als Beifutter zu Saft- und Raufutter und ist heute in vielen Bundesländern verboten. Daneben gibt es noch wasserarme und stark zellulosehaltige Raufuttermittel, das sind ▸ Prossholz, Heu, Laubheu und Grummet, wobei für Rotwild dem Heu etwa ein Drittel Laubheu beigemischt werden soll.

Futterpflanzen, die: ▸ Wildäsungspflanzen.

Futterplatz, der: Auch Fütterungsplatz, Futterstelle. Die Stelle, an der sich eine Fütterung (▸ Wildfütterung, ▸ Jagdeinrichtung 3.) befindet; z.B. Futterautomat, Futterschütte, Futterschirm, Futtertrog, Futterraufe, Futterschuppen, Futterbarren.

Futterstelle, die: ▸ Futterplatz.

Fütterung, die: 1) Eine Anlage, in der dem Wild Futter dargereicht wird; ▸ Jagdeinrichtungen 3. 2) Die ▸ Wildfütterung schlechthin, d.h. der Platz zur Vorlage artgerechter ▸ Futtermittel in der ▸ Notzeit des Wildes.

Fütterungsplatz, der: ▸ Futterplatz.

Fux, Joseph (1841 Wien – 1904 Wien): Maler. Von ihm stammt u.a. das Aquarell »Hirschjagd und Falkenjagd« (1879), eine Huldigung der Jäger beim Festzug der Stadt Wien 1879.

Fyt, Jan (1611 bis 1661): ▸ Jagdkunst.

G

Gabel, die: **1**) Hirschgeweih und Rehgehörn mit zwei Enden an einer Stange. **2**) Oberes geteiltes Ende eines mehrendigen Hirschgeweihs (G.-Achter). **3**) ▸ Dachsgabel, ▸ Ottergabel. **4**) Auch Hebe-G., Stell-G., Zeug-G., Garn-G., eine ca. 3 m lange hölzerne Stange mit natürlich gewachsener G. oder mit am oberen Ende angebrachter eiserner G. Mit ihr wurden die Oberleinen der Jagdtücher oder der Jagdnetze auf die Stellstangen gehoben. Zum vollen ▸ Jagdzeug gehörten 16 Hebegabeln.

Gabelachter, der: ▸ Achtender.

Gabelbock, der (Gabler): Ein Rehbock mit nur zwei Enden (Gabel) an jeder Stange. Befindet sich an einer Stange eine Gabel, an der anderen nur ein Ende, spricht man von einem ungeraden Gabler.

Gabelende, das: Bei einem ▸ Geweih oder Gehörn das Ende einer ▸ Gabel.

Gabelgehörn, das: Das Gehörn eines ▸ Gabelbockes.

Gabelbock: Rehbock mit Gabelgehörn

Gabelgeweih, das: Das ▸ Geweih eines ▸ Gabelhirsches.

Gabelhirsch, der (Gabler): Ein Hirsch, dessen ▸ Geweih nur zwei Enden an jeder Geweihstange aufweist (Augsprosse und einen Spieß); ▸ Hochgabler.

Gabelhuhn, das: Bez. für ein nicht ausgewachsenes Rebhuhn, solange der ▸ Stoß nur die äußeren Federn aufweist, sodass dieser gabelförmig ist; ▸ vollschwänzig.

gabeln: **1**) Ein Geweih- oder Gehörnende »gabelt« oder »gabelt sich«, wenn es sich teilt. **2**) svw. ▸ forkeln; jedoch selten gebräuchlich.

Gabelschwanz, der: ▸ Milane 1.

Gabelspießer, der: Ein Hirsch, dessen Erstlingsgeweih bereits eine Gabel zeigt.

Gabelweihe, die (der Gabelweih): ▸ Milane 1.

Gabelwurm, der: ▸ Rotwurmbefall.

Gabelzehner, der: ▸ Zehnender.

Gabilot, das: Ein leichter Wurfspieß, der früher als Jagdwaffe insbesondere von österreichischen Jägern (v.a. in der Untersteiermark) zur Zeit der ▸ Babenberger stark in Verwendung stand. Das G. wird bereits von ▸ Wolfram von Eschenbach in »Parzival« erwähnt.

Gabler, der: ▸ Gabelhirsch oder ▸ Gabelbock.

Gablerstufe, die: Die meist zweite Geweihbildungsstufe beim Hirsch und beim Rehbock, bei der sie normalerweise ein Gabelgeweih bzw. -gehörn tragen sollen.

Gacke, die: ▸ Rabenvögel 7.

gackern: Lautgeben der Auer- und der Birkhenne.

Gage, die (Cage, Chatsche, Trage): ▸ Falkentrage.

Gageln, die: Österr. Bez. für die einzeln gefallenen Teile der ▸ Losung des Schalenwildes. Sie haben die Form von Kugeln oder Laibchen oder sind zylindrisch mit spitzen, abgerundeten oder eingebuchteten Enden.

Gagern, Friedrich Freiherr von (26.6.1882 Schloss Mokrić in Krain bis 14.11.1947 Geigenberg bei St. Leonhard am Forst in Niederösterreich): Schriftsteller, verfasste exotische Romane, Tier- und Jagdgeschichten, z.B. »Der Jäger und sein Schatten« (1940), »Birschen und Böcke« (1925), sowie zahlreiche schießtechnische Aufsätze. Von 1906 bis 1914 redigierte er die A. Hugosche Jagdzeitung.

Gageträger, der: Ein Mann, der die Gage (▸ Falkentrage) trägt.

Gail, das (Bibergeil): ▸ Biber.

Gailen, die: ▸ Geschröte.

Gailsäcke, die: Veraltete Schreibweise für Geilsäcke (Kastorensäcke); ▸ Biber.

Gais, die (süddeutsch): Weibliches Reh und weibliches Gamswild (Gamsgais). In Österreich offizielle Schreibweise: Rehgais, Gamsgais.

Gaiz, wilde, die: Alte Bez. für ▸ Gamswild.

Galgen, der: Hühnergalgen. In ein Lederband geknüpfte ▸ Hühnerschlingen. Befestigt wird der G. am Rucksack, an der Jagdtasche oder auf dem Wildwagen.

Galgenvogel, der: ▸ Rabenvögel 1.

Galle, die: **1**) Seltene Bez. für den ▸ Wedel des Rotwildes; so genannt wegen des bitteren Geschmackes. **2**) ▸ Gallenblase.

gallen: Seltene Bez. für nässen (feuchten), besonders beim Hasen.

Gallenblase, die: Ein dünnwandiger, birnenförmiger Schleimhautsack an der Unterseite der Leber, dient als Speicherorgan für die in der Leber produzierte Galle. Die Gallenflüssigkeit, ein stark bitter schmeckendes Sekret und Exkret der Leber, gelangt entweder durch den Lebergallengang in den Dünndarm (als dünne, helle Flüssigkeit) oder wird zunächst in der G. eingedickt und gespeichert (zähflüssig) und geht bei Aufnahme von fetthaltiger Nahrung als grüne Flüssigkeit ab. Die meisten Wirbeltiere (Ausnahme: Cerviden, Pferde, Tauben, Ratten) besitzen eine G. Das Vorhandensein einer G. ist beim ▸ Aufbrechen des erlegten Stein-, Gams-, Muffel- und Schwarzwildes zu beachten.

Gallensteine, die: ▸ Steinbildung.

Gallice, Henri: ▸ Jagdbibliotheken.

galt: ▸ gelt 1).

Gambettwasserläufer, der: ▸ Schnepfenvögel 10.

gampsen: ▸ gamsen.

Gams, das, der oder die: ▸ Gamswild; ▸ Gämse, ▸ Gemse.

Gamsballen, die: ▸ Gamskugeln.

Gamsbart, der: ▸ Gamswild.

Gamsbezoar, das: ▸ Gamskugeln.

Gamsbirg, das (Gämsbirg): Bayerischer Ausdruck für einen Gebirgsteil, in dem ▸ Gamswild steht.

Gamsblinde, die: ▸ Gamsblindheit.

Gamsblindheit, die *(Keratoconjunctivitis infectiosa)*: Eine ▸ Infektionskrankheit, hervorgerufen durch das *Mycoplasma conjunctivae*. Mykoplasmen – meist Parasiten der Schleimhäute – sind die kleinsten Mikroorganismen, die sich selbstständig, d.h. ohne Wirtszelle, vermehren können. Diese Krankheit tritt meist bei Gamswild, gelegentlich auch bei Reh- und Steinwild sowie bei Haustieren (Rindern, Ziegen, Schafen) auf. Bei Gamswild kann sie sich zu einer schlimmen Seuche ausbreiten. Die G. wird durch direkte Berührung und auch durch Fliegen übertragen. Die ▸ Inkubationszeit beträgt wenige Tage. Dieses seuchenhafte Erblinden tritt im Juni auf und erreicht in den Monaten August/September den Höhepunkt. Es beginnt mit einer Bindehautreizung, mit Schwellungen der Augenlider, Bindehautentzündung und eitrigem Tränenfluss. Zuerst trübt sich die Hornhaut, schließlich bricht die Entzündung ins Auginnere durch, und das Stück erblindet auf dem erkrankten Auge. Das befallene Tier bewegt sich durch die Blindheit unsicher auf den Läufen, sondert sich vom Rudel ab, tut sich nieder und bleibt dort liegen. Die Nahrungsaufnahme ist gestört, das Stück wird geschwächt. Dabei kann es zu einer eitrigen Lungenentzündung (▸ Lungen-Erkrankungen) und nach wenigen Tagen zum Tod kommen. Bei leichter Erkrankung kommt es manchmal zur Ausheilung und zu einer Teilimmunität. Bekämpfung: Bestandsregulierung. Abschuss aller kranken Stücke. Eine Beunruhigung ist zu vermeiden, um das Abwandern und dadurch die Ausbreitung der Seuche zu verhindern. Bei in Gehegen lebendem Wild ist eine medikamentöse Behandlung im frühen Stadium möglich. Das Wildbret ist – wenn nicht zu stark abgekommen – genusstauglich.

Gamsbock, der: Männliches ▸ Gamswild nach Vollendung des ersten Lebensjahres.

Gämse, die: Schweizerische Schreibweise (Jägersprache) für ▸ Gams und Gemse, auch nach den neuen Regeln der deutschen Rechtschreibung korrekte Schreibweise; ebenso in Wortverbindungen: Gämsbart, Gämsbock, Gämsjäger, Gämswild usw. In diesem Lexikon wird die alte Schreibweise »Gams…« bzw. Gemse(n) beibehalten.

gamsen (gämsen, gampsen): Bayerischer Ausdruck: svw. lustige Sprünge machen.

Gamsfeiertag, der (oberösterreichisch): Der Allerseelentag, ein Tag, an dem der Jäger Gemsen nicht nachstellen darf (Gamsjagd am Allerseelentag soll Unglück bringen); ▸ Jägeraberglaube.

Gamsfeige, die: (▸ Brunftfeige) ▸ Gamswild.

Gamsgeier, der (Gämsgeier): Alter bayerischer Ausdruck für den Bartgeier; ▸ Geier 4.

Gamsgeltgeis, die: Österreichische Bez. für weibliches Gamswild, das ▸ gelt ist.

Gamshamatl, das (Gamsmutter, Gamsstuben, Hamatl): Gebirglerischer Ausdruck für den Lieblingsstandort des ▸ Gamswildes.

Gamshaube, die: Bez. für eine den ganzen Kopf und die untere Gesichtshälfte verdeckende Haube, an der Gamskrucken befestigt wurden. Der Schütze setzte sie auf und versuchte so, näher an den Gamsbock heranzukommen.

Gamshüter, der: Der Gebirgsjäger benennt so den Nebel im Hochgebirge.

Gamskitz, das: Junges ▸ Gamswild bis zum 31. März des auf das Setzen folgenden Jahres.

Gamsknödel, der: Eine ▸ Salzlecke in Knödelform mit einer Mischung aus Lehm und Salz.

Gamskugeln, die (Gamsballen, Gamsbezoar): Raue oder glatte Haarfaserbälle von wenigen Zentimetern Durchmesser, die man manchmal in Gamsmägen (Pansen) findet; ▸ Magenkugeln, ▸ Hirschbezoar; ▸ Körperpflege.

Gamsläuten, das: Ein Ausdruck von Gebirgsjägern für den klirrenden Laut, der durch das Anschlagen der Spitze des ▸ Bergstockes an Steinen entsteht und dadurch das Gamswild und anderes Wild aufmerksam macht.

Gamsmutter, die: Steiermärkischer Ausdruck für ▸ Gamshamatl.

Gamspatronen, die: Leistungsstarke Patronen im Jagdbüchsenkaliber 5,6 mm (.22, .222), z.B. 5,6 x 57, 5,6 x 61 Superexpress, die für weite Schussentfernung auf relativ geringes Wild (z.B. Gamswild) entwickelt wurden. Sie dürfen aber nach dem BJG nicht verwendet werden (zulässig für Hochwild nur im Büchsenkaliber 6,5 und mehr); ▸ Hochwildpatronen, ▸ Rehwildpatronen.

Gamsradel, das: Kokarde aus Gamshaaren, die wie der Gamsbart als Hutschmuck dient.

Gamsräude, die: ▸ Räude.

Gamsriegeln, das: Eine Riegeljagd (▸ Drückjagd) auf ▸ Gamswild. Die Gemsen werden von wenigen Treibern ▸ rege gemacht und auf Riegel (Pass oder Zwangswechsel) zugedrückt, an denen die Schützen angestellt sind.

Gamsriegler, der: Österr.-alpenländische Bez. für ▸ Gamsriegeln.

Gamsrose, die: Seltene Bez. für ▸ Brunftfeige.

Gamsspieß, der: Besondere Abart des Jagdspießes; ▸ Blanke Waffen.

Gamsstand, der: Die Gesamtzahl des ▸ Gamswildes in einem Revier.

Gamsstuben, die: ▸ Gamshamatl.

Gams tot!: Ein ▸ Jagdsignal.

Gamsträger, der: Der G. besteht aus zwei gleich langen Lederriemen, die mit einem stabilen Ring verbunden sind, und dient der ▸ Bringung des Wildes. Er wird hauptsächlich im unwegsamen Gelände zum bequemeren Tragen des mittelgroßen, geringen Schalenwildes verwendet. Durch eine Schnalle kann er bei Nichtbenützung wie ein Gürtel (Leibriemen) getragen werden. Bei Verwendung des G. werden die Läufe des Wildes kreuzweise geschränkt (▸ schränken 1)) und das Wild mit den an dem Ring befestigten Schnüren festgebunden. Das richtig befestigte Wild kann dann rucksackartig auf dem Rücken befördert werden.

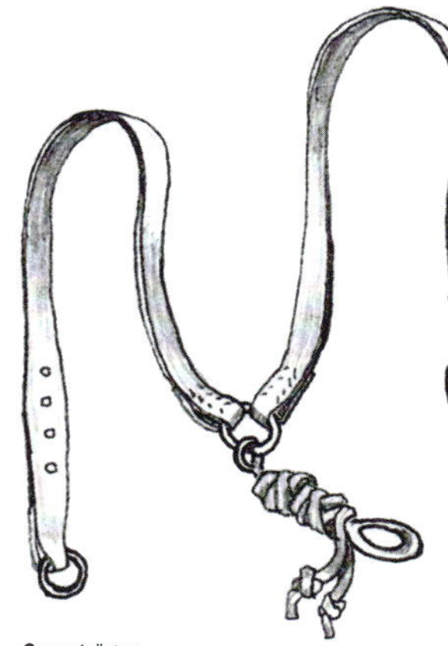

Gamsträger

Gamswachler, der: der Gamsbart; ▸ Gamswild.

Gams-Warzenkrankheit, die: ▸ Papillomatose.

Gamswild, das (*Rupicapra rupicapra*): Auch Gemswild, Krickelwild. Es zählt zoologisch zur Familie der ▸ Horntiere (Boviden) und zur Unterfamilie der Ziegenartigen Hornträger. Beide Geschlechter tragen einen Kopfschmuck (Krucke oder Krickel), der nicht gewechselt

Gamswild: Aussehen		
Körpermaße	Bock	Geiß
KRL	110–130 cm	
SH	70–80 cm	
SL	3–5 cm	
Gewicht	30–50 kg	28–43 kg
Gewicht aufgebrochen	22–35 kg	19–30 kg

wird. Böcke können ein Alter von etwa 16 bis 18 Jahren erreichen; Geißen werden bis zu 20 Jahre alt.

Vorkommen: Das G. ist ein ausgesprochenes Gebirgswild und lebt in den europäischen Gebirgen (Alpen, Pyrenäen, Schweizer Jura, Abruzzen, Karpaten, Hohe Tatra) sowie in einigen Mittelgebirgsregionen (z.B. Schwarzwald, Elbsandsteingebirge und Vogesen; sog. Flachlandgemsen). Die Sommerdecke ist fahl bis gelblich braun gefärbt, das Haar ist kurz (ca. 3 cm). Die Winterdecke ist dunkelbraun, fast schwarz, das Winterhaar ist länger (ca. 10 bis 12 cm). Besonders dunkle Stücke werden auch als Kohlgams bezeichnet; auch weißes G. (Albinos) kommt vor. Die Läufe des G. sind immer schwarz. Die Bauchseite ist bei Sommer- und bei Winterdecke heller. Vom Windfang (Nase) über die Lichter (Augen) zur Krucken- und Ohrmuschelbasis zieht sich der schwarze Zügel; er ist bei jungen Gemsen deutlich von der Umgebung abgesetzt (Maske). Das G. verfärbt im Mai und im September.

Sinne und Lautäußerung: Das G. eräugt Bewegungen schnell, erkennt aber den unbeweglichen Jäger schlecht; es windet sehr gut, vernimmt aber weniger gut. Es gibt sehr unterschiedliche Laute von sich. Eine Geiß, die ihr Kitz lockt, oder ein Kitz, das die Mutter lockt, »meckert«. Beim Bock ist diese Lautäußerung sehr selten. Bei Zorn, Unsicherheit, Erregung, Misstrauen und als Warnung pfeift das G. Es stößt dazu die Luft durch den Windfang aus und stampft oft mit den Vorderläufen; der Gamsbock stellt dabei häufig den Bart (langes Rückenhaar) auf. Bei Schmerzen oder bei Angst klagt das G.; der Klagelaut (lautes Blöken) ist dem Blöken des Schafes sehr ähnlich. Der Brunftlaut des Bockes wird als Blädern bezeichnet; wenn er die Geiß treibt, so keucht er.

Lebensweise: Das G. lebt sehr gesellig. Geißen, Kitze und noch nicht geschlechtsreife Böcke (Scharwild, Faselzeug oder Geraffel) schließen sich zu größeren Rudeln zusammen, die von einer Geiß, der Leitgams, geführt werden. Mittelalte Böcke bilden zur Feistzeit kleinere Rudel (i.d.R. drei bis sechs Stück). Alte Böcke (sog. Einsiedler) stehen meist allein; gelegentlich tun sich zwei gleich alte zusammen, die sich bei Beginn der Brunft jedoch wieder trennen. Das G. ist ein ausgezeichneter Kletterer. Es lebt im Sommer in den Hochlagen der Gebirge, an der Fels-Wald-Grenze; im Winter zieht es in tiefere Lagen. Gemsen sind Tagtiere.

Äsung: Die Äsung besteht aus Gräsern, Alpenkräutern, Laubblättern, im Winter aus Flechten (hoher Eiweißgehalt), Latschen und Moosen. Die Oberlippe des G. ist gespalten; so kann es auch kurze Pflanzen aufnehmen. Der Pansen des G. hat ein hohes Fassungsvermögen. Dies ermöglicht dem G. im Vergleich zum Rehwild längere (und damit weniger) Äsungsperioden und zugleich größere Äsungsaufnahme.

Brunft: Das G. brunftet Anfang November bis Mitte Dezember. Die Böcke sind während der Brunft sehr unruhig und lebhaft. Sie suchen brunftige Geißen und verjagen energisch Riva-

Waidmännische Ausdrücke beim Gamswild	
Bartgams	Gamsbock mit Bart im Winterhaar
Bezoare	s.u.: Gamskugeln
blädern	Brunftlaut des Bockes
Bockkitz	männliche Gams (s.u.: Gamskitz) im ersten Lebensjahr
Brunftfeigen	eine beim G. während der Brunft anschwellende und am Hinterhaupt (hinter den Krucken) liegende Drüse. Sie schwillt vor allem beim Bock stark an und scheidet ein fettiges, übelriechendes Sekret aus.
Faselzeug	s.u.: Geraffel
Gamsbart	lange Haare entlang des Rückgrates
Gamsbock	männliche Gams nach Vollendung des ersten Lebensjahres
Gamsgeiß	weibliche Gams nach Vollendung des ersten Lebensjahres
Gamskitz	junges G. bis zum 31. März des auf das Setzen folgenden Jahres
Gamskugeln	verklebte, harzige Pflanzenhaar- und Tierhaarbälle im Pansen
Geißkitz	junge, weibliche Gams bis zum 31. März des auf das Setzen folgenden Jahres
Geraffel (Faselzeug, Scharwild, Scharl)	Rudel, bestehend aus Geißen, Kitzen und noch nicht geschlechtsreifen Böcken
Gratgams	Gams der hohen Bergregion
Grind	Haupt
Haberl (Standerl, Steherl)	Verhoffen, kurzes Stehenbleiben flüchtiger Gemsen
hakeln	Kampf und Abwehr mit der Krucke
hornen	Reiben der Krucken an Ästen, Büschen und Bäumen; s.u.: Pechkrucke
Kitzgeiß	führende Geiß, Geiß mit Kitz
Kohlgams	besonders dunkel gefärbte Gams im Winterhaar
Krickel (Krucke)	Hauptschmuck
Latschenbock	Bock, der im Sommer in den Latschen steht
Laubbock (Laubgams, Stoßbock)	Bock (Gams), der (das) im Sommer in tieferen Lagen (im Wald) steht
Leitgeiß (Leitgams)	die eine Gruppe Gemsen anführende Geiß
meckern	Lockruf der Geiß oder des Kitzes
Pechbock	Bock, dessen Krucken Latschen-Pechbelag aufweisen
Pechkrucke	Krucke mit Latschen-Pechbelag; s.o.: hornen
pfeifen	Lautäußerung bei Erregung, Unsicherheit und zur Warnung
Reim (Reif)	helle Spitzen der Gamsbarthaare. Der Gamsbart ist angereimelt.
Scharwild (Scharl)	s.o.: Geraffel
Schlauch	einzelnes Horn des Hauptschmuckes
schlagen	Bearbeiten von Büschen mit der Krucke
Schmalgeiß	weibliche Gams vom Beginn des zweiten Lebensjahres (1. April) bis zum ersten Setzen
Standerl (Steherl)	s.o.: Haberl
Sommergams	Gams vor dem herbstlichen Haarwechsel
Stoßbock	s.o.: Laubbock
verfärben	Haarwechsel
Wachler	Gamsbart, aber auch Gamsbock mit starkem Bart
Waldgams	die Waldregion bewohnende Gams
Zapfen	zapfenförmiger Schädelfortsatz, auf dem der Schlauch aufsitzt
Zügel	braunschwarze Streifen, die durch die helle Gesichtsfärbung über die Backe vom Äser zu den Lichtern verlaufen und mit den Jahren verblassen
Die übrigen waidmännischen Ausdrücke sind – soweit anwendbar – dieselben wie beim ▸ Rotwild.	

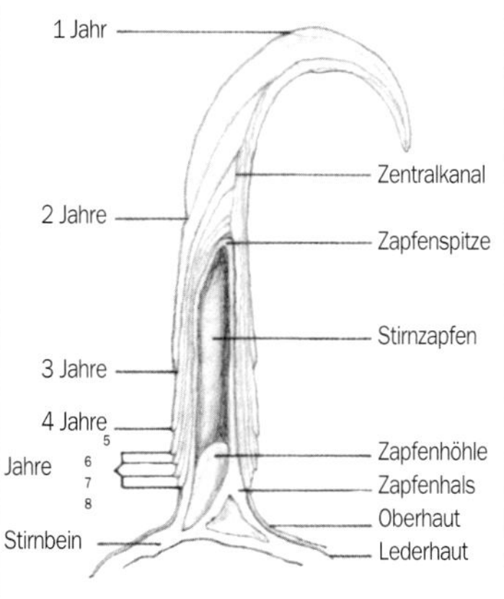

Gamskrucken-Längsschnitt

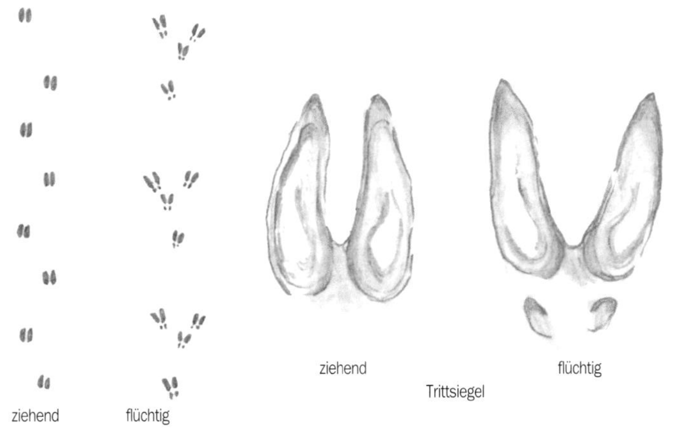

Gamsfährte

len. Gelegentlich kommt es hierbei auch zu Kämpfen. Wenn der Platzbock einen Rivalen angreift, lässt er den Brunftlaut, das Blädern, hören, Bart und Wedel werden aufgestellt; ▸ Kommentkampf, ▸ Breitseits-Imponierschreiten. Die Gegner versuchen beim Kampf, sich gegenseitig mit ihrer Krucke zu hakeln, wobei es bei etwa gleich starken Böcken zu wilden Hetzjagden, oftmals in schwierigem Gelände, kommen kann. Die Böcke nehmen während der Brunft kaum Äsung zu sich und werden dadurch und durch den Brunftbetrieb sehr geschwächt; sie können dabei bis zu einem Drittel ihres Körpergewichts verlieren. Bricht dann auch noch früh ein sehr strenger Winter ein, gehen die alten Böcke oft an Entkräftung ein. Die zwei Drüsen am Hinterhaupt (hinter den Krucken) des G., die besonders beim Bock zur Brunftzeit stark anschwellen und ein streng riechendes, talgiges Sekret absondern, nennt man Brunftfeigen (Postcornualdrüsen); ▸ Duftdrüsen. Das Sekret dient auch zur Einstandsmarkierung. Das Wildbret schmeckt während der Brunftzeit streng. Diesen Brunftgeschmack verliert es jedoch durch das Einfrieren.

Trag- und Setzzeit: G. ist ab dem vierten Lebensjahr fortpflanzungsfähig. Die Gamsgeiß setzt im fünften Lebensjahr das erste Kitz. Im Schwarzwald (mildes Klima) sind Geißen bereits ab dem dritten Lebensjahr fortpflanzungsfähig. Etwa 24 bis 26 Wochen nach dem Beschlag wird im Mai/Juni i.d.R. ein Kitz (selten zwei) gesetzt. Die Geiß, die sich kurz vor dem Setzen vom Rudel abgesondert hat, gesellt sich wenige Tage nach dem Setzen mit dem Kitz wieder zum Rudel. Als Zuwachs rechnet man etwa 20 % des gesamten am 1. April vorhandenen weiblichen Gamswildes.

Losung: G.-Losung ist fast kugelförmig und meist trocken. Die einzelne Kotbeere hat einen Durchmesser von etwa 1,5 cm. Die Losung wird im Frühjahr manchmal traubenförmig zusammengeklebt abgesetzt, die Kotbeeren sind dann etwas flachgedrückt. Gamsbock- und Geißlosung sind nicht voneinander zu unterscheiden.

Fährte: Das G., ein Gebirgswild, hat Schalen, die ausgezeichnet zum Klettern geeignet sind. Sie sind sehr schmal und laufen nach vorne spitz (keilförmig) zu. Die Schalenränder sind kräftig, schmal und scharf zugespitzt; sie bestehen aus elastischem Horn. Der Ballen ist nur ein kleiner Teil der Schale. Durch diese Schalenbeschaffenheit entsteht das für das G. typische Trittsiegel. Die Schalen sind kantig abgedrückt. Zwischen den beiden Schalenabdrücken ist ein deutlicher, verhältnismäßig großer Zwischenraum. Das Trittsiegel wirkt beim Ziehen fast rechteckig. Bei beschleunigter Gangart werden die Schalen mehr als bei allem anderen Wild gespreizt, und das Trittsiegel wirkt dadurch trapezförmig. In weichem Boden und im Schnee wird das Geäfter mit abgedrückt. Bei der Fluchtfährte sind die Schalen weit gespreizt, wobei das Geäfter kräftig abgedrückt wird. Das Trittsiegel eines ausgewachsenen Stückes ist etwa 6 cm lang und 3 cm breit. Ziehendes G. macht i.d.R. den ▸ Schluss, es schränkt (▸ Schrank) auch gelegentlich ein wenig. Auch der Beitritt und das Zurückbleiben kommen manchmal vor. Eine Gamsfährte ist sehr unregelmäßig; es können verschiedene Formen in einer Fährte wechseln, was auf die unterschiedliche Bodenbeschaffenheit zurückzuführen ist. Merkmale, an denen Bock- und Geißfährte zu unterscheiden wären, gibt es nicht.

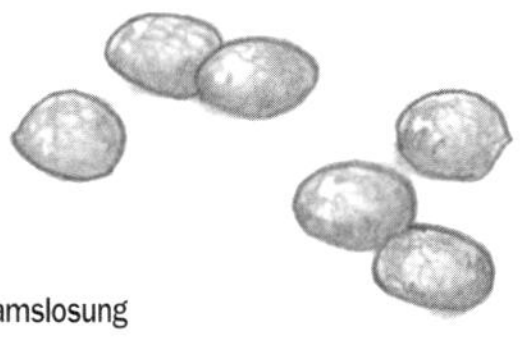
Gamslosung

Ansprechen: Auf weite Entfernung G. richtig anzusprechen ist nicht leicht; die das Geschlecht charakterisierenden Unterschiede sind sehr gering. Kitze sind an ihrer Figur zu erkennen. Sie haben im Verhältnis zu aus-

Gamswild

Gamswildrudel in der Bergregion (vgl. auch Gratgams)

gewachsenen Stücken relativ lange Gliedmaßen, einen kurzen Rumpf und einen kurzen Gesichtsschädel. Obwohl die männlichen Tiere schneller wachsen als die weiblichen, sind sie anhand der Größe bis zum Ende des zweiten Lebensjahres nicht sicher von diesen zu unterscheiden; ebenso verhält sich das Ansprechen nach den Krucken in den ersten beiden Lebensjahren. Bei der Unterscheidung der Geschlechter ist ferner zu beachten: Die Krucke der Geiß ist meist enger gestellt und weniger gehakelt (ca. 90° bis 135°) als die des Bockes (ca. 180°). Der einzelne Schlauch der Bockkrucke ist im Querschnitt fast rund und stärker, während jener der Geißkrucke im Querschnitt oval und schwächer ist. Jedoch bestätigen Ausnahmen die Regel. So gibt es auch Böcke, die typische Geißkrucken haben und umgekehrt (▸ bockkruckig, ▸ geißkruckig). Auch ist beim Ansprechen auf Figur oder eventuell vorhandenes Kitz zu achten. Böcke erscheinen stärker und gedrungener und haben einen Gamsbart. Bei mittelalten und älteren Gamsböcken ist auch der Pinsel sichtbar, und vor der Brunft nimmt der Umfang des Trägers und der Backen auffällig zu. Oft sind alte Böcke auch Einzelgänger. Das Winterhaar des Bockes ist i.d.R. auch dunkler als das der Geiß. Reifere Gemsen tragen den Träger beim Ziehen tiefer als jüngere, alte tragen ihn fast waagrecht. Die Zügel ergrauen bei zunehmendem Alter, und ihre Konturen werden undeutlicher. Auch die Rudelbildung kann Auskunft über das ungefähre Alter geben; z.B. bilden häufig mittelalte Böcke Bockrudel, Geißen stehen meist mit Jährlingen in einem Rudel.

Gamsbart: Neben der Krucke ist beim Bock noch der Gamsbart eine begehrte Trophäe. Der Gamsbart (lange Haare – Leithaare – entlang der Wirbelsäule) wächst ab dem Frühjahrshaarwechsel und wird beim Haarwechsel im Herbst nicht abgestoßen. Er erreicht seine größte Länge im Dezember und wird, wenn das Stück noch warm ist, vor dem ▸ Aufbrechen (damit der Bart weder beschmutzt noch beschädigt wird) aus dem Rückenhaar sorgfältig gerupft und später gebunden. Auch Geißen haben einen Bart, doch ist dieser kürzer und weniger schön. Ein Gamsbart soll schwarzbraun (nicht grau und nicht rotbraun) sein, einen bis zu 3 mm langen Reif (helle Spitzen) haben und etwa 18 bis 20 cm (manchmal bis 25 cm) lang sein. Ohne Reif wird er als blind bezeichnet. Der Gamsbart ist sehr empfindlich, besonders gegen Sonne, Regen und Schnee. Er wird dadurch spröde und bricht. Am besten bewahrt man ihn in einer Papprolle auf und steckt ihn nur von Zeit zu Zeit, z.B. bei besonderen Anlässen, auf den Hut.

Hauptschmuck: Er besteht aus Hornschläuchen, die auf Stirnzapfen (Schädelknochenfortsätzen) aufsitzen und niemals abgeworfen werden (sog. Krucken, Krickel). Schon das Kitz trägt die Anlagen der beiden Stirnzapfen, die später emporwachsen und im Laufe der Jahre mit den Hornschläuchen an Höhe zunehmen. Über diese Stirnzapfen spannen sich Ober- und Lederhaut. Die Oberhaut scheidet Hornzellen aus und bildet so jedes Jahr eine Hornhülle. Die Hornhüllen sind ineinandergeschoben, ihre unteren Ränder sind als Jahresringe sichtbar; diese sind nach unten offen und entstehen durch das verminderte Wachstum während des Winters. Da die Ausscheidung der Hornzellen jedoch nicht gleichmäßig erfolgt, ist das Gehörnwachstum vom ersten bis zum dritten Lebensjahr am größten, verringert sich dann und beträgt im vierten Lebensjahr etwa 1 cm (Zentimeterring), ab dem fünften Lebensjahr nur noch etwa 1 bis 2 mm (Millimeterring). Die Millimeterringe haben auf die Höhe der Krucke nur noch wenig Einfluss. Auch ist das Gehörnwachstum von April bis Dezember größer als im Winter. Die während eines Jahres entstehenden Rillen und Wülste bezeichnet man als Schmuckringe. Eine Krucke kann bis zu 20 cm hoch werden; sie ist beim Bock wuchtiger und stärker gehakelt als bei der Geiß. Die Krucke entwickelt sich dabei wie folgt: Beim frisch gesetzten Kitz finden sich zwei kleine Haarbüschel an der Stelle, an der sich in der Folge die knöchernen Hornzapfen entwickeln. Im Verlauf des zweiten Lebensmonats bildet sich über jedem Knochenzapfen eine etwa 10 bis 15 mm lange, schwarze, spitze Hornkappe; im Alter von vier bis fünf Monaten sind diese Kappen bereits 25 bis 30 mm lang und leicht nach hinten gebogene kleine Krickel. Im Dezember, etwa im Alter von sieben Monaten, sind die Krucken ca. 6,5 cm (Bock) bzw. 5,5 cm (Geiß) lang. Die Hakelung ist noch nicht ausgebildet. Das Wachstum wird dann von Dezember bis März unterbrochen (Unterbrechung = Jahrring). Im zweiten Jahr sind die Krucken im Winter nunmehr 15 bis 18 cm lang, im dritten Jahr, ebenfalls im Winter, 20 bis 22 cm lang. Im vierten

▸▸ Gamsgeiß mit Kitz im Sommerhaar

und im fünften Lebensjahr wird das Wachstum etwas verringert. Im sechsten Lebensjahr beginnt der Millimeterzuwachs. Die Wachstumsringe sind dann an der Schlauchbasis dünner und schmäler und annähernd gleich. Durch häufiges Reiben (Hornen) der Krucken an harzenden Bäumen und Sträuchern (z.B. Kiefern, Latschen) kann sich die Krucke mit Pech (Harz) behaften (Pechkrucke). Am erlegten Stück kann diese Pechablagerung die Altersbestimmung erschweren. Die Bewertung der Trophäe erfolgt nach der CIC-Formel; ▸ Trophäenbewertung.

Altersbestimmung: Ein Gamsbock gilt ab dem vollendeten achten Lebensjahr als jagdbar. Die Altersbestimmung am lebenden Stück ist äußerst schwierig und selten ganz genau möglich (s. o.: Ansprechen). Das genaue Alter kann man erst am erlegten Stück an der Krucke feststellen. Die Bestimmung des Alters am Zahnabschliff ist ungenau. Die durch das jährliche Wachstum der Krucke entstehenden Jahresringe sind vom Schlauchende her und an verschiedenen Stellen zu zählen, die Millimeterringe am besten auf der Rückseite, um keinen zu übersehen.

Jagdarten: Die Jagd auf G. kann den ganzen Tag über ausgeübt werden. Üblich sind ▸ *Pirsch* (z.B. Bartgamspirsch) oder ▸ *Ansitz*. Vom Gebirgsjäger wird zum genaueren Ansprechen meist ein Spektiv, ein fernrohrähnliches, ausziehbares Jagdglas mit sehr hoher Vergrößerung (▸ Jagdoptik 2.), verwendet. Weite Schüsse sind im Gebirge oft unvermeidbar. Früher wurde G. auch noch durch »Gamsriegeln« (Riegeljagd auf Gams) bzw. mit ▸ Eingestellten Jagen bejagt. Beim *Riegeln* wurde G. von ▸ Treibern auf einige Zwangswechsel (Riegel) zugedrückt, an denen sich Jäger angestellt hatten. Beim Aufbrechen von G. ist auf die ▸ Gallenblase zu achten; sie darf nicht beschädigt und muss so bald wie möglich entfernt werden.

Hege: Hege mit der Büchse: Bei normaler ▸ Wilddichte sollte der Abschuss ca. 6 bis 10% des gesamten G.-Bestandes betragen. Beide Geschlechter und Jährlinge werden bejagt. Bei den Kitzen hält der Winter Auslese; sie werden deshalb kaum geschossen. Bevorzugt soll in die Altersklasse bis drei Jahre eingegriffen werden. Alles kranke und schwache Wild, auch alles krankheitsverdächtige, ist abzuschießen. Böcke und Geißen mit enger Kruckenstellung oder mit abnormen Krucken werden beim ▸ Hegeabschuss vorgezogen. Der Hegeabschuss muss auf jeden Fall vor dem ▸ Ernteabschuss stehen. Bei G. ist ein Geschlechterverhältnis von 1:1,5 (1:1) anzustreben, um zu verhindern, dass die Böcke zur Brunftzeit zu sehr beansprucht werden (zu sehr abbrunften).

Winterfütterung: Wegen der hohen Schneelage im Gebirge ist es unmöglich, G. regelmäßig zu füttern. G. findet sich in den Wintermonaten in tieferen Lagen ein; dort werden dann Heutristen angebracht. Hirsch- und Rehwildfütterungen meidet das G. ▸ Salzlecken mit Wurmbekämpfungsmitteln sind wichtig und werden vom Wild gern angenommen. Flachlandgemsen (z.B. im Schwarzwald) werden in strengen Wintern regelmäßig gefüttert.

Wilddichte: Acht Stück je 100 ha ist die oberste Grenze bei besten Äsungsverhältnissen. In Waldrevieren ist die Wilddichte niedriger zu halten (etwa vier bis sechs Stück je 100 ha). Die häufigsten Ursachen für G.-Verluste sind: Parasitenbefall, ▸ Gamsräude und ▸ Gamsblindheit, Steinschlag und Lawinen.

Zahnbildung und Zahnwechsel: G. hat ein typisches Wiederkäuergebiss. Im Oberkiefer sind keine Schneidezähne, im Unterkiefer vier, von denen der vierte ein umgebildeter Eckzahn ist. Es fehlen die ▸ Grandeln. Bis zu einem Alter von zwei Monaten wachsen die vier unteren Milch-Schneidezähne und die ersten drei Milch-Backenzähne im Unter- und im Oberkiefer (P 1, P 2, P 3). Zwischen dem sechsten und dem 14. Lebensmonat erscheinen die vierten Backenzähne (M I) als Dauerzähne. Zwischen dem 18. und dem 26. Lebensmonat erscheinen als Dauerzähne die fünften Backenzähne (M II). Ab dem 28. Lebensmonat werden die ersten und der zweiten Milch-Schneidezähne durch Dauer-Schneidezähne und die dritten unteren Milch-Backenzähne (P 3) durch Dauer-Backenzähne (P III) ersetzt; ebenso bildet sich der sechste untere Dauer-Backenzahn (M III). Zwischen dem 32. und dem 38. Lebensmonat wird der dritte Milch-Schneidezahn durch einen Dauer-Schneidezahn ersetzt, und der sechste obere Backenzahn (M III) kommt als Dauerzahn hinzu. Zwischen dem 40. und dem 48. Lebensmonat wird der letzte Milch-Schneidezahn durch einen Dauer-Schneidezahn ersetzt. Das vollständige Dauergebiss weist dann 32 Zähne auf. Zahnformel:

$$\frac{0}{4}\;\frac{0}{0}\;\frac{3}{3}\;\frac{3}{3} = 32 \text{ Zähne}$$

(▸ Zahnalterslehre).

Gang, der: **1**) Selten gebrauchte Bez.: svw. ▸ Fährte, ▸ Spur. Alter G., neuer G., gerechter G., kalter G., frischer G., hitziger (heißer) G., früher G., später G., nächtlicher G., übernächtlicher G., sichtbarer G. oder unsichtbarer G.;

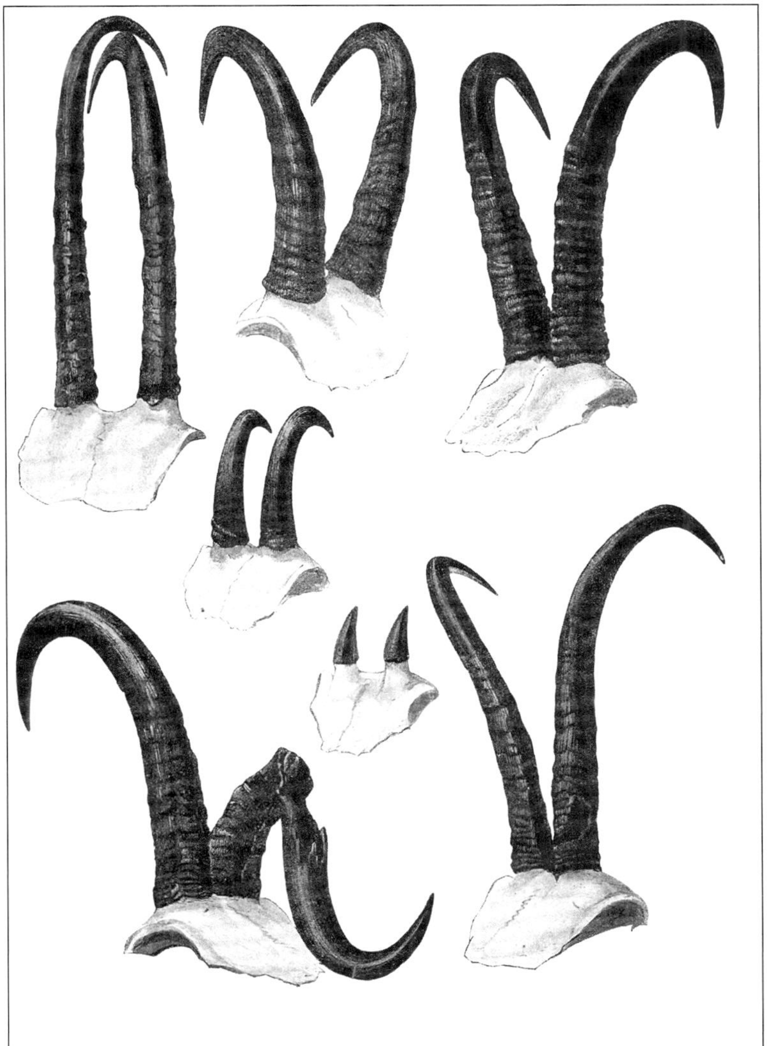

Gamskrucken-Stadien und -Formen (aus Otto Grashey, »Praktisches Handbuch für Jäger«, 1894, 3. Auflage 1916)

▸ Widergang, ▸ Kirchgang. **2**) Eine Reihe aufgestellter Klebgarne, ▸ Garne 4. **3**) Der Marder macht einen G., d.h., er setzt eine Spur. **4**) »Dummer G.«, gebräuchlicher Ausdruck für die Gewohnheit des Rehbockes, zur Mittagszeit im Sommer ganz unbekümmert in der Nähe seines ▸ Einstandes herumzubummeln (»Er macht seinen dummen G.«). **5**) Schmaler Steg in einer Felswand, der vom Gams- oder Steinwild benutzt wird.

Gangarten, die: Die Fortbewegungsarten der ▸ Säugetiere. Sie können nach der Geschwindigkeit unterschieden werden, z.B. ruhiger Gang, Trab, Flucht usw. (siehe unter der jeweiligen Wildart), oder nach der Art des Aufsetzens des Fußes auf dem Boden; ▸ Zehengänger, ▸ Sohlengänger, ▸ Spitzengänger.

gangbar (gegangen): Seltener Ausdruck für ▸ befahren (vom Fuchs- und vom Dachsbau).

Gänge, die: Maßangabe anstelle von Schritt; z.B. die Entfernung betrug 50 G.

Gänge machen: **1**) Das Laufen der Hunde. **2**) Das Hin-und-her-Laufen des Wildes; ▸ Gang.

Ganghofer, Ludwig (7.7.1855 Kaufbeuren bis 24.7.1920 Tegernsee): Schriftsteller. Der Sohn des Forstmannes August von Ganghofer (1827 bis 1900) studierte Philologie und Philosophie und war ab 1881 Dramaturg am Wiener Ringtheater. G. schrieb zahlreiche Volksstücke und übersiedelte dann als freier Schriftsteller nach München. Viele Jahre verbrachte er in seinem Jagdhaus »Hubertus« auf der Tillfußalm im Gaistal, einem Seitental des Leutaschtales, und verfasste dort einen guten Teil seiner Werke. Er schrieb Romane und Erzählungen, die das Bauerntum und auch das Jäger- und Wildererleben der oberbayerischen Landschaft schildern, ferner Jagdgeschichten, Gedichte und Kriegslieder. 1897 gab er »Das Deutsche Jägerbuch« heraus. Einige der bekanntesten Werke sind: »Der Jäger von Fall« (1882), »Edelweißkönig« (1886), »Der Klosterjäger« (1893), »Schloss Hubertus« (1895) und die Erzählung der »Adlerjagd« sowie »Pirsch auf den Feisthirsch«. Für seinen Roman »Der Mann im Salz« (1906) wählte er einen Jäger (Jäger Adelwart) als Hauptfigur und die Berchtesgadener Natur als Schauplatz der Handlung. Im Jagdhaus »Hubertus« führte G. eine Hauschronik, sein Jagdbuch, in der er Jagdberichte niederschrieb und sie mit Zeichnungen und Aquarellen eigenhändig illustrierte. Mit seinem Freund Ludwig ▸ Thoma ging G. häufig auf die Jagd. Im Jahre 1999 wurde in Leutasch das »Ganghofer-Museum« errichtet, das auch die Jagd in der Leutasch darstellt.

Darstellung Ludwig Ganghofers

gängig: Ein ▸ Schweißhund oder ein ▸ Leithund ist g., wenn er am ▸ Hängeseil oder am ▸ Schweißriemen gut sucht. Der Leithund wurde g. gemacht, wenn er eingearbeitet oder ▸ ferm gemacht wurde.

Ganner, der: ▸ Säger 1.

Gans, die: Weibliches Tier der ▸ Wildgänse.

Gänse, die: ▸ Wildgänse.

Gänseadler, der: ▸ Adler 2.

Gänsegeier, der: ▸ Geier 1.

Ganser, der: Österr. Bez. für die männliche Gans; ▸ Wildgänse.

Gänsesäger, der: ▸ Säger 1.

Ganstaucher, der: ▸ Säger 1.

Ganter, der: Die männliche Gans; ▸ Wildgänse.

ganze Mast, die: Alte Bez. für Vollmast; ▸ Mastjahr.

Ganzes Rüdenhorn, das: ▸ Jagdhorn.

ganz machen: **1**) Die ▸ Treiberwehr g. m. heißt, eine in Unordnung gekommene Treiberwehr wieder in Ordnung stellen. **2**) Bei ▸ Eingestellten Jagen einen Walddistrikt mit ▸ Jagdzeug ganz umstellen. Das Jagen ist ganz gemacht, es ist ganz oder es steht im Ganzen.

Ganzschaft, der: ▸ Schäftung.

Ganzvogel, der (Großvogel): Eine frühere Klassifizierung in manchen alten ▸ Jagdordnungen. Zu den Ganzvögeln zählen Schnepfen, Tauben, Mandelkrähe, Krammetsvögel, Schildamsel, Misteldrossel, Schwarz- und Grünspecht (▸ Halbvögel). Für den Transport oder für den Markt wurden vier Stück zu einem ▸ Spieß oder zwei Stück zu einem ▸ Klupp genommen.

Gardone Val Trompia: Nördlich von Brescia und westlich des Gardasees gelegener Ort im Val Trompia, der auf Waffenfabrikation spezialisiert ist. Hier wird auch die weltberühmte ▸ Beretta von Pietro Beretta SpA hergestellt. In der Val Trompia werden insgesamt etwa 80% der italienischen Kleinwaffen gefertigt. Vertreten sind u.a. die Firmen Amadini Sandro & C., snc; ▸ Antonio Zoli, SpA; Armi F.lli Poli; Davide Pederesoli & C.; Francesco Pedretti; Fratelli Bertuzzi; Fratelli Gamba, ▸ Sabatti Srl; Wifra Arms; Zanardini & C., snc.; Lu Mar, Srl; Piotti Fratelli, snc; Sab. Societa Armi Brescine, Srl; ▸ Famars Abbiatico & Salvinelli Srl; Ferlib di Tanfoglio Ivano; Vincenzo Bernardelli SpA.; Renato Menegon; Renato Telo.
Die Familie Cominazzo aus G. V. T. stellten die berühmtesten Büchsenmacher während des 16. und 17. Jh. G. V. T. ist auch Sitz der italienischen Beschussanstalt.

Gare! Gare!: Ruf bei der früher ausgeübten ▸ Parforcejagd, um auf den Jagdhirsch aufmerksam zu machen.

Gärfutter, das: Im Grünzustand geschnittenes Saftfutter. Geeignet hierfür sind u.a. Markstammkohl, Rübenblätter, Topinambur und Siliermais, auch Sonnenblumen, Klee, Gras, Raps und Wicken. G. dient der Fütterung der landwirtschaftlichen Nutztiere und zur Winterfütterung des Schalenwildes.

Garm, **Garmr**: ▸ Götterhunde.

Garne, die (Netze): Sammelbezeichnung für alle zum Wildfang benutzten Netze (sog. lichtes Zeug). Es werden Fangnetze und Prellnetze unterschieden. Die Fangnetze werden so geknüpft, dass die Diagonalen der Maschenreihen senkrecht zur Erde stehen; bei den Prellnetzen stehen die Maschenseiten senkrecht zur Erde, sie werden spiegelig gestrickt. Doppel-Garn wird jedes Fang-Garn genannt, das aus zwei weitmaschigen Spiegel-G., den sog. Spiegelwänden, und einem engmaschigen Ingarn besteht. Das Ingarn wird zwischen den Spiegel-G. aufgestellt. Fallnetze oder Fall-G. sind mit Stangen senkrecht aufgestellte, leicht befestigte Netzwände, die beim Anprallen des Wildes herabfallen, sodass sich dieses verwickelt und fängt. Zu den Fallnetzen zählt auch die Rönne. Die Fallnetze wurden je nach Wildart mit verschiedener Maschenweite hergestellt. Die für den Hirschfang verwendeten Netze wurden Hirsch-G. (Hirschnetz, Hirschseile), die für den Rehfang Reh-G. (Rehnetz) und die für den Saufang Sau-G. (Saunetz, Sauseile) genannt (▸ Jagdzeug, ▸ Eingestellte Jagen). Nach dem BJG ist es verboten, Netze beim Fang oder beim Erlegen von Federwild zu verwenden, ausgenommen ist jedoch die Verwendung von Netzen beim Fang von Fasanen. Verboten ist auch die Netzjagd auf Robben, die darin besteht, dass die Robben in einem durch Netze abgesperrten Priel (Wasserlauf zwischen zwei Sandbänken) von ihrem Lagerplatz in das am Ausgang des Priels stehende Netz getrieben werden, sodass Robben u. U. in größeren Mengen auf einmal gefangen werden. Von den wichtigsten, z.T. historischen Jagdnetzen sind zu nennen:

1. Steckgarne (Spiegel): Sie dienten früher dem Fang von Rebhühnern, Wachteln und Fasanen. Sie wurden entweder verdeckt aufgestellt und das Federwild vorsichtig eingetrieben, oder man wartete geduldig das Einlaufen des Federwildes ab. S. waren niedere, dreifache und parallel laufende Netze, die aus zwei äußeren, weitmaschigen Spiegel-G. mit einer busigen, engmaschig gestrickten Einlage, dem Ingarn, bestanden. Sie wurden auf kräftigen Stäbchen befestigt, mit denen sie senkrecht aufgestellt werden konnten.

2. Deckgarne (Decknetze) nennt man:

- Die zum Fangen von Füchsen benötigten quadratischen Netze von ca. 1,5 m Seitenlänge, die mit schweren, an Schnüren befestigten Bleikugeln an den vier Ecken versehen sind und über die Bauein- und -ausgänge (Röhren) geworfen werden. Wenn der Fuchs vom Bauhund aus dem Bau getrieben wird, verwickelt er sich durch das Zusammenschlagen der Bleikugeln im Garn.
- Die früher zum Fangen von Federwild, hauptsächlich von Rebhühnern, verwendeten Netze (Hühner-G., Tirass, Tyrass). In aller Regel war es ein ca. 13 m breites und

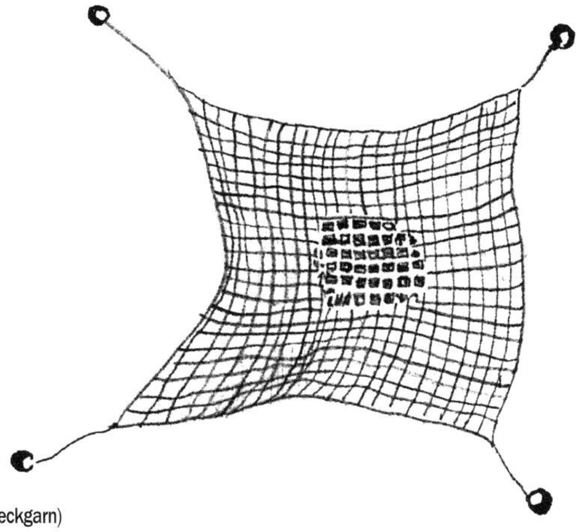

Decknetz (Deckgarn)

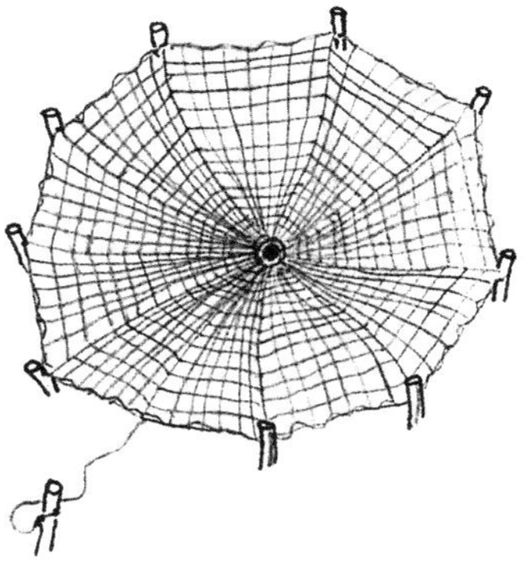

Dachshaube

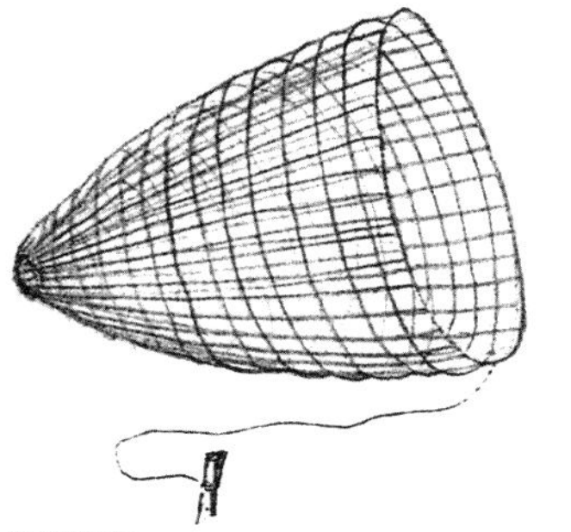

Dachshaube

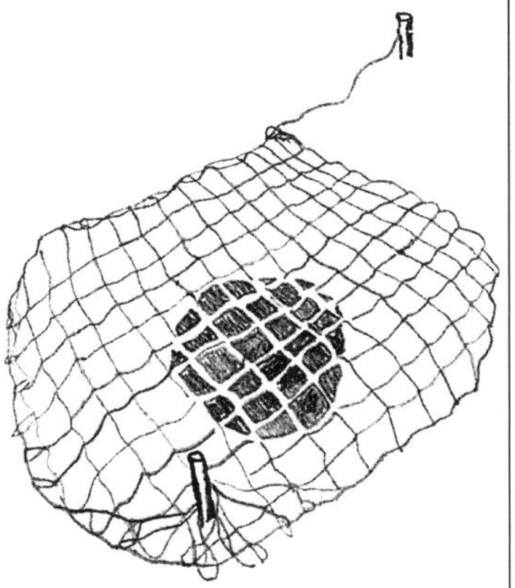

Kaninchenhaube

20 m langes Netz, bei dem an einer Längsseite eine Leine durchgeschleift war, mit der das Netz von zwei Mann über die Hühner oder die Fasane gezogen wurde. Die Hühner wurden »gedeckt«.

– Die früher zum Fangen von Lerchen bei Nacht verwendeten Netze (Deck-G., Nacht-G., Streich-G.). An dem ca. 10 m langen und 6 m breiten Garn wurden seitlich Stangen angebunden, die von zwei Männern gehalten und kurz über den Erdboden hinweggetragen wurden. An der hinteren Seite hingen einige Strohwische, sog. Wecker, welche die Lerchen zum Aufstehen veranlassten. Die Träger (Lerchenstreicher) ließen daraufhin sofort das Netz fallen und nahmen die gedeckten Vögel heraus.
– Gelegentlich wurden auch Saunetze, die zum Saufang aus freier Hand bestimmt waren, Decknetze genannt; ▸ tirassieren 2).

3. **Sackgarne** hatten, wie der Name bereits sagt, eine sackförmige Form und waren daher an einem Ende offen, am anderen Ende geschlossen. Eine größere Form diente als sog. Dachshaube zum Fang des Dachses beim Einfahren in den Bau; ein kleineres, ähnlich beschaffenes, heute noch benutztes Garn dient als Kaninchenhaube (Kaninchennetz) zum Fangen der vom Frettchen aus dem Bau gesprengten Kaninchen, wobei hier der Sack nach außen zu liegen kommt, während die offene Seite rings um die Röhre mit Heftelhaken festgesteckt wird.

4. **Hoch- oder Klebgarne** (Hoch- oder Klebnetze): Sie galten bereits Mitte des 19. Jh. als unwaidmännisch und wurden daher kaum mehr gebraucht. Es waren feine, hohe und senkrecht aufgestellte Klebnetze (oben spiegelig und unten busig), in denen sich die anstreichenden Vögel fingen und verwickelten. H.- oder K., sog. Tagnetze, wurden zum Fang von Lerchen, Wachteln, Rebhühnern, Schnepfen und Drosseln verwendet.

5. **Glockengarne** (Glocken): Schneehauben, Schneegarne oder Einkriecher dienten früher zum Einfangen von Hühnern und Fasanen im Winter und wurden an ▸ Poschplätzen errichtet. Die G. waren quadratische, busige Netze, die an den Ecken fest angepflockt wurden. Durch einen in der Mitte eingerammten Pfahl konnten sie so in die Höhe gezogen werden, dass sich eine Pyramidenform ergab. Hatten sich die unter dem Netz angeposchten Hühner an das Glockengarn gewöhnt, wurde es so fängisch gestellt, dass ein am Mittelpfahl angebrachter Ring nach Auslösung das Netz herabgleiten ließ und die Hühner zudeckte. Die Auslösung erfolgte entweder durch eine Zugleine, die vom versteckt liegenden Jäger ausgelöst wurde, oder durch die Hühner selbst, indem man an dem Ring am Mittelpfahl Weizenähren aufhängte, die mit der Stellung verbunden waren und beim Picken der Hühner den Stellmechanismus auslösten. Gefahr bestand jedoch bei starkem Wind, der das Glockengarn oft ohne gewollte Auslösung zum Herabgleiten brachte. Die Schneehauben und Einkriecher waren ringsum geschlossen und hatten besondere Öffnungen, durch welche die Vögel an das ausgelegte Futter gelangen konnten. Die Schneehauben wurden durch eine besondere Vorrichtung so fängisch gestellt, dass die eingeschlüpften Vögel nicht mehr austreten konnten.

6. **Schlaggarn** (Schlagnetz, Schlagwand): S. wurde früher beim ▸ Vogelfang auf dem Vogelherd zum Fang von Drosseln und sonstigen kleinen Vögeln verwendet. S. bestanden aus zwei gerahmten Netzflügeln, die mit einer Zugleine schnell über dem ▸ Poschplatz zum Zusammenschlagen gebracht wurden.

7. **Hühnertreibzeug** wird heute nicht mehr verwendet. Dem Aussehen nach glich es einem überdimensionalen Trichter. Es bestand aus dem am Ende spitz zulaufenden, ca. 6 bis 10 m langen Hamen, der durch Reife gespannt gehalten wurde, und einem nach vorne sich erweiternden Himmel, von dem scherenartig zwei ca. 30 m lange Netzwände, das sog. Geleiter, weggingen. Ein auf einen Rahmen gespanntes Stück Leinwand mit einer aufgemalten weidenden Kuh (»der Schild«) enthielt Beobachtungslöcher. Mithilfe des Schildes versuchte man, langsam ein Hühnervolk auf das in der Nähe aufgestellte Garn zuzutreiben. Das Geleiter sollte dabei ein seitliches Entweichen der Hühner vermeiden. Die gefangenen Hühner wurden am Hamenende herausgenommen.

8. **Hasengarn** (Hasennetz) wird heute nicht mehr verwendet. Die einzelnen Netze waren aus starkem Spagat spiegelig, d.h. vertikal und horizontal, gestrickt und hatten am Rand eine starke Rebschnur. Sie waren i. Allg. 50 m lang und etwa 1 m hoch. Die Netze wurden busenreich auf Stellstangen aufgerichtet und mit Holzhaken (Hefteln) am Boden befestigt. Erfolg versprechend war die Aufstellung des

Fang-Garns bei feuchtwarmem und dunstigem Wetter, wenn die Hasen möglichst ▸ festlagen. Sie wurden dann mit einer dichten Treiberkette gegen das Netz gedrückt. Das gleiche Garn wurde auch als Prellnetz bei der Streifjagd verwendet. Es schloss den Streifen ab und musste straff gespannt werden, weil es nicht dem Hasenfang diente, sondern nur das Weiterwechseln der Hasen verhindern sollte.

9. Rönne (Falkenrinne, Falkenstoß, Falkenstolz, Falkenrönne, Habichtsstoß): Ein Fangnetz (Stoßgarn) für Greifvögel, hauptsächlich aber für Falken und Habichte. Es ist 2,5 m hoch, 12 m lang und hat 8 bis 10 cm weite Maschen aus sehr dünnem, aber starkem Zwirn. Auf einem ca. 4 m hohen und auf vier Pfählen ruhenden, quadratischen (3 x 3 m) Bretterverschlag – gelegentlich auch nur als Dreieck errichtet – werden die Pfahlenden mit ca. 2,60 m langen Stöcken verlängert, die Stöcke am Kopf, in der Mitte und unten auf der Innenseite eingekerbt (die beiden oberen Kerben verlaufen schräg von unten nach oben, die unterste umgekehrt) und das Netz darin sehr lose und bis zum Boden reichend eingehängt. In der Mitte des Bretterbodens, des Podestes, wird eine helle Taube festgebunden. Der schräg stoßende Falke oder der Habicht, der mit großer Wucht gegen das Netz fliegt, wirft es aus den Kerben und wird dabei von dem schnell fallenden Stoßgarn zugedeckt. Heute dient die R. nur noch zum Wiedereinfangen ▸ verstoßener Beizfalken und Beizhabichte.

Garngabel, die: ▸ Gabel 4).

Garnitur, die: **1)** Sammelname für Schnauzbart, Bart und Brauen bei rauhaarigen Hunden. **2)** An einem Jagdgewehr: Die G. besteht entweder aus Holz, aus Metall oder aus Horn. Zu ihr zählen: die Kappe am Gewehrkolben, die Pistolengriffkappe, das Abzugsblech, der Abzugs- und die Riemenbügel. Bei ▸ Vorderladern zählen dazu noch die Pfeifen, in denen der Ladestock steckt. Die metallenen Beschläge wurden früher auch als ▸ Kleidung bezeichnet. **3)** Die zu einem Jagdhut gehörende Dekoration wie Hutschnur, Gamskokarde mit Agraffe usw.

Garnsack, der: Ein sackartig gestricktes oder flaches, aber sackartig gestelltes ▸ Garn.

Gartenflinte, die: ▸ Flobert.

Gartenkrähe, die (Gartenrabe): ▸ Rabenvögel 8.

Gartenschläfer, der: ▸ Bilche.

Gartenspitzmaus, die: ▸ Spitzmäuse 4.

Gasdruck, der: ▸ Ballistik.

Gasdrucklader, der: Eine Selbstladeflinte; ▸ Jagdgewehr.

Gast, der: ▸ Jagdgast.

Gastbaumart, die: Bez. für Baumarten, die in der Forstwirtschaft außerhalb ihres natürlichen Verbreitungsgebietes mit Erfolg angebaut werden, z.B. Fichte und Lärche als G. in einem natürlichen Buchenwaldgebiet. Außereuropäische G.: Douglasie, Robinie, Roteiche, Japanische Lärche, Strobe, Schwarzkiefer, Schwarzpappel.

Gaston: ▸ Phoebus (Phöbus), Graf von Foix und Vicomte von Béarn.

Gatschen, die: ▸ Rabenvögel 8.

Gatter, das: **1)** ▸ Gehege 2) und ▸ Eingewöhnungsgatter. **2)** Eine Schutzvorrichtung (Kulturzaun, Forst-G.) zum Schutz der Forstkulturen; ▸ Wildschadensverhütung. Als G. wird auch eine verstellbare Einzäunung um einen Wildacker (▸ Wildäsungsflächen) bezeichnet.

Gatterer, Christoph Wilhelm Jakob, Dr. (2.12.1759 Göttingen bis 11.9.1838 Heidelberg): Kameralist und Forstwissenschaftler. G. war Professor der Kameralwissenschaften und Technologie in Heidelberg. Er schrieb: »Abhandlung vom Nutzen und Schaden der Thiere, nebst den vornehmsten Arten dieselben zu fangen und die schädlichen zu vermindern« (1781 bis 1782, 2 Bde.) und »Allgemeines Reppertorium der forst- und jagdwissenschaftlichen Litteratur nebst kritischen Bemerkungen über den Werth der einzelnen Schrift« (1796). Er. gab 1811 mit C. P. ▸ Laurop den ersten Band der »Annalen der Forst- und Jagdwissenschaft« heraus.

Gatterrevier, das: Mit einem ▸ Gatter (Zaun) vollständig eingefriedetes Jagdrevier; ▸ Wildgehege, Tiergehege.

Gatterwild, das: Wild, das in einem Gatter gehalten wird. Nach der ▸ Tierschutz-Schlachtverordnung sind in einem Gehege gehaltene Wildwiederkäuer und Wildschweine G.; ▸ Gehege 2) und ▸ Eingewöhnungsgatter.

Gattung, die ▸ Art.

Gauch, der: Alter bayerischer Ausdruck für ▸ Kuckuck.

Gaudecker, Hans von (1896 bis 1972): Jagdschriftsteller. Er schrieb u.a. »Wunder in Wald und Flur. Streifzüge durchs grüne Revier« (1963), »Geheimnisse der Wildbahn« (1962) und »Pirschen – die Krone des Jagens. Mit einem kleinem Wörterbuch der Jäger und Falkner« (1969).

Gauermann, Friedrich (1807 bis 1862): ▸ Jagdkunst.

Gaul, Georg August (22.10.1869 Großauheim bei Hanau bis 19.10.1921 Berlin-Dahlem): Bildhauer, Grafiker. G., Sohn des Steinmetzes Philipp G., war von 1884 bis 1888 Schüler der Hanauer Zeichenakademie und Ziselierlehrling in einer Silberwarenfabrik. Im Jahre 1888 ging G. nach Berlin. Ab 1890 betrieb G. autodidaktische Studien im Berliner Zoo und studierte ab 1894 Tiermalerei bei Paul ▸ Meyerheim an der Berliner Kunstakademie. Ab 1908 war G. Professor der Preußischen Akademie der Künste. Er schuf fast ausschließlich Plastiken einzelner Tiere in ruhender Haltung sowie Tiergrafiken, z.B. »Trinkende Tiere« (1906) und »Kämpfende Wisente« (1911), Letztere stehen an der Brunnenanlage in der vormaligen Hufen-Allee in Königsberg. Für Königsberg schuf er auch »Kämpfende Widder« (1914), heute Museen Hanau. Von den »Liegenden Wisenten« vor der Kieler Kunsthalle wurde der erste 1911 fertiggestellt, der zweite 1913 in Angriff genommen.

Gause, Wilhelm (1853 Krefeld bis 1916 Stein/Donau): Maler; von ihm stammen u.a. »Jagdgesellschaft vor Schloss Mürzsteg« (um 1898), eine Bleistiftzeichnung; »Kaiserstand in der Zimnitz-Wildnis« (1910); »Hofjagdleiter v. Tietz überreicht dem Kaiser den Bruch nach einem coup-double am Innerwaidastand« (1910).

Gauwitz, der: Niederbayerischer Ausdruck für Kiebitz; ▸ Regenpfeifer 1.

Geäfter, das: ▸ Afterklauen.

Geäse, das: **1)** Äser, Vorderkopf des ▸ Schalenwildes mit Ausnahme des Schwarzwildes (bei diesem: Gebrech, Wurf), ferner des Hasen, des Schneehasen, des Kaninchens, des Bibers und des Murmeltieres. **2)** Äsung, Nahrung allen Wildes mit Ausnahme des Schwarzwildes und des Raubwildes (bei diesen: Fraß); man sagt z.B.: »Die Rebhühner fallen auf das G.« oder: »Das Rotwild zieht auf das G. aus«.

▸▸ Ein Keiler auf Fraßsuche steht im Gebräch.

Geäß, das: Alte Bez. für den ▸ Fraß des ▸ Schwarzwildes.
Gebahn, das: ▸ Geban.
Geban, das (Gebahn): Seltener Ausdruck für die ▸ Losung des Rotwildes, der sich in der Literatur bei ▸ Bechstein findet.
Gebäu, das: ▸ Gebäude 1).
Gebäude, das: **1**) Bez. für die Statur (Körperbau) des Hundes; ein tiefer, geräumiger Rumpf wird als geschlossenes G. bezeichnet. **2**) Seltener Ausdruck für den Bau des Fischotters oder die Burg des Bibers.
Gebend, das (Widerlincen): Alter österreichischer Ausdruck für Himmelszeichen; ▸ Hirschgerechte Zeichen.
Gebet, das (Morgengebet, Morgenandacht): Kurze Balzpause (Unterbrechung im Balzgesang) des Birkhahns bei Sonnenaufgang. »Der Hahn hält sein Morgengebet.«
gebietsfremde Art: ▸ Art.
gebinzt: ▸ binzen.
Gebirgsbracken, die: ▸ Bracken.
Gebirgshirsch, der (Berghirsch): Ein Rothirsch, der im Gebirge lebt; ▸ Auhirsch.
Gebirgsjagd, die: ▸ Hochgebirgsjagd.
Gebirgsmeister, der: Eine unter Kaiser ▸ Maximilian I. angestellte Person, der die Herrichtung der Jagdsteige sowie die Jagdleitung oblag.
Gebirgsrabe, der: ▸ Rabenvögel 5.
Gebirgsschweißhund, Bayerischer: ▸ Schweißhunde.
Gebiss, das: Sammelname für die Zähne des Jagdhundes (▸ Hundegebiss) und des ▸ Haarwildes; siehe unter der jeweiligen Tierart.
Gebiste, das (Gepiste): Das Bisten oder Pisten (Lautäußerung) der Haselhühner. Der Haselhahn wird gebistet, wenn er durch Nachahmung des Bistens angelockt wird; ▸ Lockjagd.
Gebladder, das: Die ▸ Balzlosung des Auerhahns (seltener Ausdruck).
Gebler, Otto, Prof. (18.9.1838 Dresden bis 30.1.1917 München): Tiermaler, erhielt seine Ausbildung ab 1854 an der Kunstakademie in Dresden und ab 1858 in München bei K. v. Piloty. Seine Motive waren vorwiegend Schafe und Hunde.
Gebloder, das: Bez. für das Fluggeräusch aufstehender Haselhühner.
Gebräch, das: **1**) Auch Gebräche (Gebrech, Gebreche, Saubruch). Bez. für den vom ▸ Schwarzwild bei der Nahrungsaufnahme durchwühlten Boden. Schwarzwild bricht, wenn es nach Fraß wühlt; es steht im G., wenn es im durchwühlten Boden steht. **2**) svw. Gebreche 1).
gebrandelt: Hunde mit ▸ Brand 5).
Gebrauchshund, der: Ein zu bestimmten Arbeiten abgerichteter und verwendeter Hund. G. sind: Polizeihunde, Wachhunde, Schutzhunde, Rettungshunde, Blindenhunde usw. Daneben gibt es noch die Gruppe der ▸ Jagdgebrauchshunde.
Gebrauchshundeprüfung, die: ▸ Hundeprüfungen.
Gebrauchshund-Stammbuch, das: ▸ Hundestammbuch.
Gebrauchsprüfung, die: ▸ Hundeprüfungen.

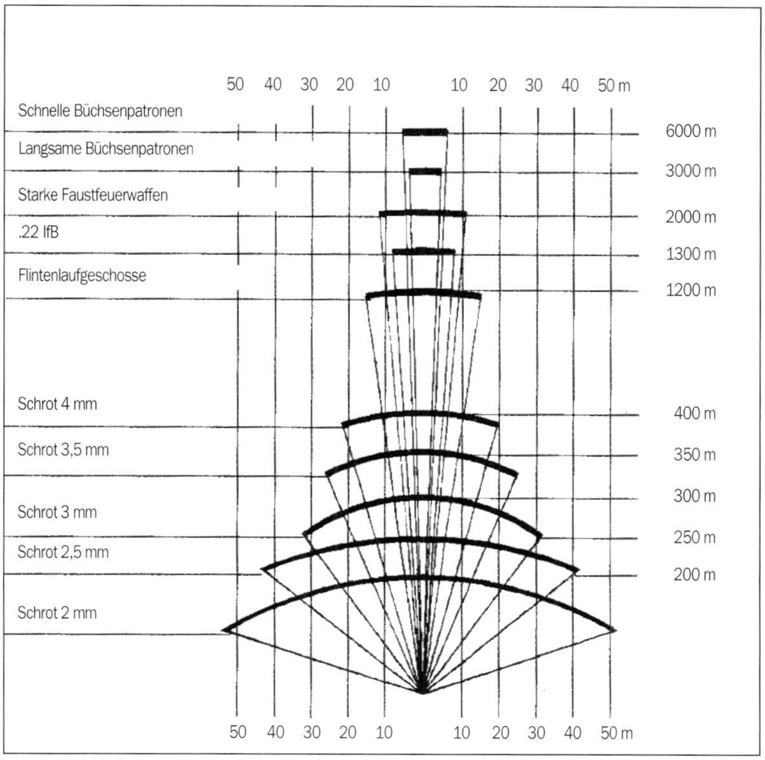

Gefährdungsbereich beim Büchsen- und Schrotschuss

Gebrech, das: **1**) Ober- und Untergebrech (Wurf); der Vorderkopf, das Maul (Rüssel) des ▸ Schwarzwildes. **2**) ▸ Gebräch 1).
Gebreche, das: **1**) Rebhuhngestüber in deren Lager. **2**) Seltene Bez. für das Rebhuhnlager selbst. **3**) ▸ Gebräch 1).
Gebrechschuss, der: Der Schuss auf das ▸ Gebrech des ▸ Schwarzwildes; ▸ Schusszeichen.
gebrochener Lauf, der: Das in Winkelform aufgestellte ▸ Jagdzeug.
gebrochene Stangen: Die etwas schräg an die Tücher (▸ Jagdzeug) gestellten Stangen, die verhindern sollten, dass das Wild unter den Tüchern durchbrach.
Gebüsch, das: Gegenüber dem ▸ Feldgehölz ist das G. gekennzeichnet durch eine geringere Höhe der Einzelglieder (unter 5 m), durch den hohen Anteil an Sträuchern und damit durch die geringere Ausbildung von Baum- und Strauchzonen. Das G. bietet wie die ▸ Hecke und das Feldgehölz dem Niederwild sehr gute Äsungs- und Deckungsmöglichkeiten; ▸ Biotopverbundsystem.
Geco: ▸ Dynamit Nobel AG, ▸ Rottweil-Waffen.
Gedenksteine, die: ▸ Bärenstein, ▸ Hirschstein, ▸ Hubertussäule, ▸ Wolfsstein.
GEE: Abk. für Günstigste Einschuss-Entfernung; ▸ Ballistik (Büchsenschuss).
Gefährd, das: Alter Ausdruck für ▸ Fährte.
gefährdete Pflanzen und Tiere: ▸ Artenschutz, ▸ Artenschutzrecht.
Gefährdeter Bezirk, der: Wird bei wild lebenden Tieren die ▸ Tollwut festgestellt oder besteht der Verdacht, dass bei wild lebenden Tieren die Tollwut ausbricht (▸ Tollwutverdacht), muss nach der ▸ Tollwutverordnung (§8) die zuständige Behörde (i.d.R. die Veterinärbehörde) die Umgebung der Abschuss-, Tötungs- oder Fundstelle des Tieres – unter Berücksichtigung der örtlichen Gegebenheiten ein Gebiet mit einer Fläche von mindestens 5000 km^2 oder mit einem Radius von mindestens 40 km – zum g. B. erklären und dies öffentlich bekanntgeben. An den Zugängen zum g. B. und an anderen geeigneten Stellen werden von der zuständigen Behörde Schilder (Warnschilder) angebracht mit der Aufschrift: »Tollwut! Gefährdeter Bezirk«. Füchse und anderes Raubwild, die innerhalb eines gefährdeten B. erlegt werden, dürfen nach dem ▸ Tierseuchengesetz nicht abgebalgt werden. Sie müssen zur Untersuchung eingesandt oder unschädlich beseitigt werden. Im gefährdeten B. dürfen Hunde und Katzen nicht frei laufengelassen werden. Hiervon ausgenommen sind Hunde, die nachweislich unter wirksamem Impfschutz stehen und die von einer Person begleitet werden, der sie zuverlässig gehorchen, sowie Katzen, die nachweislich unter wirksamem Impfschutz stehen.
Gefährdungsbereich beim Schuss: Der G. in der Tiefe ist von der Gesamtschussweite (Flugweite der Geschosse) abhängig. Sie ist je nach Art der Geschosse (z.B. Schrote, Flintenlaufgeschosse, Kleinkalibergeschosse, Geschosse aus Faustfeuerwaffen oder Büchsengeschosse) sehr unterschiedlich. Beim Schrotschuss wird der G. in der Tiefe von der Flugweite und in der Breite vom Streukegel der Schrote bestimmt. Der Streukegel und die Flugweite sind von der Schrotstärke (Ge-

wicht), von der Anfangsgeschwindigkeit und vom Lauferhöhungswinkel abhängig. Da bei allen Markenpatronen die Anfangsgeschwindigkeit nur in kleinen Bereichen schwankt, sind letztlich für die Flugweite der Schrotdurchmesser und der Lauferhöhungswinkel maßgebend. Eine freifliegende Schrotgarbe vergrößert mit zunehmender Schussentfernung ihre Ausdehnung progressiv. Bedingt durch diese Streuung ergibt sich daher ein G. sowohl in der Tiefe (Flugweite) als auch in der Breite.

Gefährliche Hunde, die: Am 13. April 2001 ist das Gesetz zur Beschränkung des Verbringens oder der Einfuhr gefährlicher Hunde in das Inland (Hundeverbringungs- und -einfuhrbeschränkungsgesetz, HundVerbrEinfG) vom 12. April 2001 in Kraft getreten. Damit ergänzt der Bund im Rahmen seiner Zuständigkeiten landesrechtliche Hundegesetze und -verordnungen mit dem Ziel, zukünftig verstärkt Gefahren und Übergriffe durch g. H. von der Bevölkerung abzuwenden. Das Gesetz regelt im Einzelnen:

- ein Einfuhr- und Verbringungsverbot für die vier Hunderassen Pitbull-Terrier, American Staffordshire-Terrier, Staffordshire-Bullterrier und Bullterrier sowie für Hunde weiterer Rassen, für die nach den Vorschriften des Landes, in dem der Hund ständig gehalten wird, eine Gefährlichkeit vermutet wird;
- Verstöße gegen diese Importverbote werden unter Strafe gestellt;
- zudem wird die Möglichkeit eröffnet, bei Verstößen gegen die genannten Bestimmungen die Hunde einzuziehen;
- im Tierschutzgesetz wird ein Zuchtverbot für Hunde ausgesprochen, bei denen durch die Zucht erblich bedingte Aggressionssteigerungen verstärkt werden;
- in das Strafgesetzbuch wird ein Tatbestand eingefügt, der es unter Strafe stellt, g. H. – entgegen einem landesrechtlichen Verbot – zu züchten, mit ihnen zu handeln bzw. sie ohne Genehmigung oder entgegen einer vollziehbaren Untersagung zu halten.

Gefährte, das: Bez. für mehrere ▸ Fährten zusammen.

Gefänge, das: **1**) Selten gebrauchtes Wort für das ▸ Geweih des Hirsches. **2**) Seltener Ausdruck für Gebiss; besonders für die vorderen Teile (Schneidezähne und Fangzähne) gebraucht (J. M. Bechstein und J. W. von Pärson).

gefängig: **1**) svw. ▸ fängisch bei allen Fangvorrichtungen. **2**) svw. bissig beim ▸ Haarraubwild. **3**) Veraltetes und selten gebrauchtes Wort für die ▸ Bringfreude des Hundes (H. F. von ▸ Fleming).

Gefäß, das: Altes Wort für die Handhabe (und auch den Handschutz) aller ▸ Blanken Waffen (Waidmesser, Nicker, Saufeder, Bäreneisen), besonders aber für den Griff des Hirschfängers.

Gefege, das (Geschläge): **1**) Vom ▸ Geweih (Gehörn) abgefegte Bastteile; man findet sie jedoch selten an Fegebäumen, da sie in kleinen Teilen abgefegt und vom Wind verweht werden. **2**) Stellen im Wald, an denen ein Hirsch oder ein Rehbock geschlagen oder gefegt hat.

Gefieder, das: Das ▸ Federkleid aller Vögel. Das Deck-G. bedeckt schützend den Körper, das Flug-G. ermöglicht das Fliegen; ▸ Vogelfeder, ▸ Vogelflügel.

Gefild, das (Gefill): ▸ Gefühl.

Geflüg, das: Altes Wort für Wildgeflügel (▸ Federwild).

Geflügel, das (Wildgeflügel): das ▸ Federwild.

Geflügelcholera, die: ▸ Pasteurellose des Geflügels.

Geflügelfleischhygienegesetz (GFlHG): G. vom 17.7.1996 (BGBl. I S. 991), aufgehoben durch Art. 7 Nr. 8 des Gesetzes vom 01.09. 2005. Nun wird durch das Gesetz über den Übergang auf das neue Lebensmittel- und Futtermittelrecht vom 01.09.2005 (BGBl I S. 2618) sichergestellt, dass weite Teile des GFlHG weiter anwendbar sind. Solange noch nicht auf Grund der Ermächtigungen des Lebensmittel- und Futtermittelgesetzbuches neue Regelungen getroffen worden sind, sind, auch soweit dies zur Vermeidung von Strafbarkeitslücken und Lücken in der Bußgeldbewehrung erforderlich ist, die §§1 bis 3, 5 bis 9, 11 bis 14, 16, 17 Abs. 1, 2 und 3 Satz 2, die §§28, 29, 30 Abs. 1, 2, 3 Nr. 1 und Abs. 4, die §§30a bis 30c, 31, 32 Satz 2 und §33a des Geflügelfleischhygienegesetzes vom 17. Juli 1996 (BGBl I S. 991), das zuletzt durch Artikel 2 des Gesetzes vom 13. Mai 2004 (BGBl I S. 934) geändert worden ist. Nach dem weiterhin geltenden §1, Absatz 2 des G. ist der Aneignungsberechtigte (▸ Jagdausübungsberechtigte) dafür verantwortlich, dass nur Geflügelfleisch von erlegtem Federwild in den Verkehr gelangt, das gesundheitlich und substantiell unbedenklich ist.
Insoweit findet das G. keine Anwendung, wenn keine Merkmale festgestellt werden, die das Geflügelfleisch als bedenklich zum Verzehr für Menschen erscheinen lassen, und folgende Zweckbestimmungen vorgesehen sind:

- Federwild sowie Geflügelfleisch werden zum Verbrauch im eigenen Haushalt des Aneignungsberechtigten verwendet;
- Abgabe unzerteilter Tierkörper von Federwild durch den Aneignungsberechtigten unmittelbar an Verbraucher zur Verwendung im eigenen Haushalt;
- Abgabe unzerteilter Tierkörper von Federwild durch den Aneignungsberechtigten in geringen Mengen an nahegelegene be- oder verarbeitende Betriebe zur Abgabe an Verbraucher zum Verzehr an Ort und Stelle (z.B. in Gaststätten) oder Abgabe an Verbraucher zur Verwendung im eigenen Haushalt (z.B. durch Fleischerei).

Weiterhin sollte auf gesundheitlich bedenkliche Merkmale geachtet werden, z. B. auf:
1. Fehlen von Anzeichen äußerer Gewalteinwirkung als Todesursache – Federfallwild;
2. Befunderhebung beim Erlegen;
2.1 Abnorme Verhaltensweisen;
2.2 Lahmungen von Kopf oder Flügeln;
2.3 Störungen des Allgemeinbefindens wie Lahmheiten;
3. Befunderhebung beim Versorgen;
3.1 Geschwulste und Abszesse in inneren Organen, in der Muskulatur, im Kopfbereich oder an den Standern;
3.2 Gelenk-, Milz- und Leberschwellung; Darmentzündung;
3.3 Verklebungen der Augenlider, der Kloake, der Befiederung, der Kopf- und Hautanhange sowie der Stander;
3.4 Abmagerungen;
3.5 Abweichungen in Farbe, Geruch und Konsistenz.
▸ Fleischuntersuchung.

Geflügelpest, die (Infektionskrankheit): Es gibt zwei Arten von G., die klassische G., die bei uns nicht vorkommt, und die Newcastle-Krankheit (atypische G.), die in Deutschland große Bedeutung hat. An G. erkranken nur Hühnervögel, wie z.B. Haus-, Trut-, Perl-, Wildhühner, und in seltenen Fällen auch Wassergeflügel. G.-Fälle in freier Wildbahn kommen gelegentlich bei dichtbesetzten Revieren vor. In ▸ Fasanerien ist die G. eine gefährliche Krankheit, die hohe Verluste fordert. Die Tiere verenden nach wenigen Tagen; nur wenige genesen. Bei einer Erkrankung kommt es zu Mattigkeit, Fieber, Atembeschwerden und Durchfall. Findet man in einem gut besetzten Revier plötzlich verendete Fasane, ist mit G. zu rechnen. Bei einer Sektion ist meist nur wenig zu finden; gelegentlich erkennt man Schleimhautblutungen. Bekämpfung: Bei G. im Revier ist der Bestand zu verdünnen; die Seuche muss sich totlaufen. In Fasanerien ist der Hühnerpest durch Schutzimpfungen vorzubeugen. Beim Zukauf neuer Tiere ist Vorsicht geboten. Man sollte entweder nur geimpfte Tiere kaufen oder sie impfen lassen und 14 Tage in Quarantäne halten, bevor sie mit den anderen Tieren zusammenkommen. Eine Heilbehandlung von bereits erkrankten Tieren ist nicht möglich. Das Wildbret ist genussuntauglich. Die G. ist eine anzeigepflichtige Tierseuche; ▸ Anzeigepflicht von Tierseuchen.

Geflügelpocken, die: Eine Infektionskrankheit, die durch zwei Virusarten hervorgerufen wird. Die G. treten vorwiegend bei Tauben (Taubenpocken) auf, seltener bei Wildgeflügel. Das G.-Virus scheint sehr weit verbreitet zu sein; es erkranken jedoch verhältnismäßig wenige Tiere. Es sind viele Wildtaubenbestände infiziert, was zwar zu einer stillen Durchseuchung, jedoch selten zu einer Massenerkrankung führt. Am häufigsten erkranken Jungtiere, da sie noch keine Immunität besitzen. Beim Wildgeflügel sind meist Rebhühner betroffen. Bei G. kommt es zu pockenartigen Wucherungen auf den nicht befiederten Teilen, zur Schnabeldeformation und zum Absterben von Hautteilen an den Zehen. Die Tiere können sich nicht mehr auf den Ästen halten und sitzen v.a. zu Beginn der Erkrankung oder bei akutem Verlauf mit gesträubtem Gefieder auf der Erde herum. Eine Bekämpfung der G. bei Wildgeflügel ist nicht nötig.

geflügelt: svw. flügellahm geschossen; ▸ flügeln.

Geflugl, das: Altes Wort für Geflügel (▸ Federwild).
Gefneisch, das (▸ Gepfneisch): Der Hund wird gefneischt.
geforkelt: Durch das Geweih/Gehörn eines Nebenbuhlers tödlich verletzt.
Gefräß, das: **1)** ▸ Fraß. **2)** Selten auch der Vorderkopf (Maul) des ▸ Haarraubwildes.
Gefühl, das (Gefild, Gefill): Alte Bez. für das Pelzwerk des kleinen ▸ Haarraubwildes.
gegangen: svw. ▸ gangbar.
Gegenfährte, die (Contrafährte, Kontrafährte, Widerfährte, Widergang): Eine Rückfährte, die genau auf der Hinfährte verläuft; ▸ Fährte.
Gegenwind, der: Ein guter Wind; ▸ Wind.
Gehäge, das (veraltet): ▸ Gehege 1).
gehakelt: Die nach hinten gekrümmten oberen Enden der Gamskrucke sind g.; je nach Krümmung sind sie gut oder schlecht g.
Gehänge, das: **1)** ▸ Behang des Jagdhundes (selten). **2)** Hornfessel und Hirschfängerkoppel (die Hirschfängerkoppel allein wird auch als Wehrgehänge bezeichnet): ▸ Kreuzzug.
Gehäse, das: Veraltete Bez. für Vorder- und Hinterteile des Hasen (Vordergehäse, Hintergehäse).
Gehätz, das: Alter, seltener Ausdruck für ▸ Hatz, ▸ Hetzjagd.
Geheck, das (veraltet: Gehuck, Hecke): **1)** Sammelname für die Jungen des ▸ Haarraubwildes während der Aufzuchtzeit, besonders von Fuchs und Wolf (z.B. ein G. Füchse, ein G. Wölfe). **2)** Auch Heck (Flug): die Brut und die Jungen des Wassergeflügels.
Gehege, das: **1)** Alte Bez. für ein waidgerecht gehegtes Revier, in dem das Wild besonders gehegt und nur gelegentlich bejagt wird. **2)** Eingefriedetes Gebiet, in dem Wild gehalten wird (z.B. Rotwild-G., Damwild-G. usw.); ▸ Tiergehege, ▸ Wildgehege.
Gehegebereiter, der (Hegemeister, Hegereiter, Wildheger): Alte, früher v.a. in Österreich übliche Bez. für den Heger von Niederwild oder für jemanden, der die Aufsicht über ein Gehege hatte. Ihm unterstellt waren G.-Knechte oder Gehegeaufseher. In kleineren Revieren, in denen sich die Anstellung eines Jägers nicht lohnte, wurden G. mit dem Wildabschuss betraut.
gehen: **1)** svw. laufen bei Hase, Schneehase und Wildkaninchen. **2)** Der Biber und der Dachs g. auf Äsung; der Otter geht über Land; der Wolf geht flüchtig; der Bär geht von und zu Holze. **3)** Der Hirsch geht hoch, wenn er ein ▸ Geweih trägt, er geht niedrig, wenn er dieses abgeworfen hat. **4)** Das Tier geht hochbeschlagen, wenn es trächtig ist. **5)** Der Hund geht auf den ▸ Schweiß, wenn er eine ▸ Schweißfährte arbeiten kann, für Schweißarbeit brauchbar ist. **6)** Schwarzwild und Rotwild g. in die Suhle. **7)** Der Jäger geht pirschen, jagen, auf die Jagd.
Gehilz(e), das: ▸ Hilze.
Gehirnblasenwurm, der: ▸ Bandwürmer.
Gehirnquese, die: Vorstufe des Quesenbandwurmes; ▸ Bandwürmer.
Gehöre, die: Die Ohren des ▸ Haarraubwildes, des Murmeltieres, des Bibers, der Biberratte und nur selten auch des Schwarzwildes (bei Letzterem besser und üblicher: Teller oder Schüsseln). In früherer Zeit war G. ein allg. üblicher Ausdruck für die Ohren des Wildes; ▸ Lauscher, ▸ Löffel.
Gehörn, das: **1)** Der Hauptschmuck des Rehbocks, früher auch der des Widders, wenn er noch nicht zur Schnecke gewunden war, des Gams- (selten) und des Steinwilds. In neuerer Zeit hat sich zumindest in der Literatur für das G. des Rehbocks die zoologische Bez. Geweih durchgesetzt. Riesenthals Jagdlexikon aus dem Jahre 1916 merkt hierzu bereits an: »Das Reh-G. (Gewicht) ist nur im zoologischen Sinne als Geweih, sonst stets als G. zu bezeichnen«. Im Sprachgebrauch (Jägersprache) wird die Stirnwaffe des Rehbocks auch weiterhin als G. bezeichnet. **2)** In alter Zeit auch für den Hauptschmuck des Hirsches üblich; Hirschgehörn (Hirschgehürn, später Geweyhe, heute ▸ Geweih, ▸ Hirschgeweih).
Gehörnjungen, die: Eine Mitte des 16. Jh. übliche Bez. für Jagdgehilfen, welche die Jagdhörner trugen.
Gehörnte, der: ▸ Cerunnos.
gehörnte Geiß, die: ▸ Zwitter.
gehörnter Hase, der (Hasenbock): ▸ Hirschhase.
Gehörnträger, die: Die Familie der ▸ Hornträger.
Gehörnvortragen, das: ▸ Geweihvortragen.
Gehorsam, der: Beim Hund: Eine durch Erziehung des Junghundes erreichte Folgsamkeit. Der G. ist die Voraussetzung für eine erfolgreiche Abrichtung und für die Brauchbarkeit des Hundes für den praktischen Jagdbetrieb.
Gehuck, das: ▸ Geheck.
Gehurn, das: Alter bayerischer und österreichischer Ausdruck für Krucke, Hauptschmuck des ▸ Gamswildes.
Gehutter, das: Altes bayerisches Wort für Wachtel; ▸ Feldhühner 2.
Geibitz, der (Geibicz): Altes bayerisches Wort für Kiebitz; ▸ Regenpfeifer 1.
Geier, der (veraltet: Geyer, Geiher): **1)** Die Dreizehenmöwe (benannt nach ihrem Schrei »gai, gai«); ▸ Möwen 6. **2)** Das Blässhuhn; ▸ Rallen 1. **3)** Früher allg. übliche Bez. für einen ▸ Greifvogel. Man unterschied Fisch-, Rittel-, Mäuse- und Hasen-Geyer. Die Bez. G. ist im Volksmund auch heute noch für verschiedene Greifvogelarten gebräuchlich.
Geier, die (*Aegypiinae*): Eine Unterfamilie aus der Familie der Greife (*Accipitridae*), die zur Ordnung der ▸ Greifvögel (*Falconiformes*) gehört. G. sind große Vögel mit langem, starkem Schnabel, welcher höher als breit und an der Spitze hackig übergebogen ist. Ihre Flügel sind ungewöhnlich lang, breit und abgerundet, der Stoß ist mittellang, z.T. gerundet, z.T. stark abgestuft. Die Ständer sind mittelhoch, stark und von der Ferse ab unbefiedert. Die Zehen dagegen sind lang, schwach und nicht greiffähig. Die Weibchen sind größer als die Männchen. Die Jungen sind sehr gefräßig und erlangen erst nach ei-

Der Gänsegeier ist ausschließlicher Aasfresser.

▸▸ Bartgeier: Der letzte in Deutschland soll 1855 erlegt worden sein.

▸▸ Schmutzgeier

▸▸▸ Kutten- oder Mönchsgeier am Horst

nigen Monaten Selbstständigkeit. So hässlich und unbeholfen die G. aus der Nähe wirken, so schön bieten sie sich im Flug dar. Sie halten sich meist hoch in den Lüften, nützen dabei die Aufwinde aus, die ihnen einen mühelosen Langflug gestatten, und suchen den darunterliegenden Grund nach Kadavern ab. Sobald ein G. aus großer Höhe nach unten fliegt, hat dies schon ein anderer beobachtet, der nun ebenfalls auf das Aas zufliegt. Diese Kettenreaktion setzt sich fort und versammelt oft eine große Anzahl G. um einen Fraß. Viele G.-Arten haben nackte Köpfe und Hälse. So können sie in das Leibesinnere von Kadavern eindringen, ohne das Gefieder zu beschmutzen.

Mythologie: Hier spielt der G. oft eine ähnliche Rolle wie der ▸ Adler. Der indische G. Gatayu weiß alles Vergangene und alles Zukünftige, weil er die ganze Erde durchmessen hat. Er kämpft mit den Ungeheuern und ist den Herden und den Göttern freundlich gesinnt. Nach Herodot war der G. mit Herakles befreundet; er kündigte Romulus, Caesar und Augustus die Alleinherrschaft an. Verbrannte G.-Federn vertreiben Schlangen und erleichtern die Geburtswehen. Die Gefräßigkeit des G. wurde bei den Alten sprichwörtlich; er sollte Leichname sogar schon vor dem Tode riechen können, und daher wurden hungrige Erben G. genannt. Bei den Germanen galt der G. für ein böses Prinzip (daher die Verwünschung). Bei den Ägyptern war er ein Symbol der Sonne, und weil sie glaubten, dass es unter den G. nur Weibchen gäbe, die vom Ostwind befruchtet würden, war er auch das Symbol der Mutter und der Göttin Reith geweiht, die mit einem G.-Kopf abgebildet wurde. In Europa kommen vier G.-Arten vor:

1. Gänsegeier, der *(Gyps fulvus,* Hablizl): Auch Alpengeier, Weißkopfgeier, weißköpfiger Geier, Fahlgeier, ägyptischer Erdgeier. Länge: um 100 cm, Gewicht: um 7000 g, ▸ Flügelspannweite: etwa 250 cm.

Aussehen: Die Hauptfärbung ist lehmbraun, Unterrücken und Stoß sind schwarzbraun, Handschwingen schwarz. Kopf, Hals und Halskrause sind weiß, bei Jungvögeln die Halskrause rötlich braun. Kopf mehr lang als breit, einem Gänsekopf ähnlich, daher der Name G. Der recht lange, kurzbefiederte Hals wird beim Fliegen eingezogen. Schnabel dunkel hornfarben, ▸ Wachshaut und Ständer fleischfarbig, die Augen groß und dunkel.

Vorkommen und Lebensweise: Österreich (Kärnten, Salzburger Land), Südosteuropa, Vorder- und Zentralasien, im Apennin, in Südfrankreich, auf Sardinien, Sizilien, der Iberischen Halbinsel, in Nordafrika und Südostafrika, Türkei bis Ägypten. Der G. ist überwiegend Jahresvogel, unternimmt aber z.T. große Ausflüge (er taucht aus diesem Grunde immer wieder im Nationalpark Königssee auf). Er bevorzugt offene Landschaften sowie kahle Gebirge und Felsschluchten und schraubt sich in Kreisen in die Luft.

Fortpflanzung: Als Horstplatz werden Nischen in steilen Felswänden oder hohe Bäume gewählt. Der G. nistet sowohl einzeln als auch

gesellig. Der Horst – sofern er nicht auf hohen Bäumen errichtet oder ein alter Greifvogelhorst bezogen wurde – besteht aus einigen Reisern und Federn. Das Gelege besteht nur aus einem weißen, ungefleckten Ei, das 92 x 70 mm groß und ca. 252 g schwer ist. Es wird hauptsächlich vom Weibchen 48 bis 50 Tage bebrütet. Das Junge wird anfangs mit einem von den Eltern ausgewürgten Brei gefüttert. Es verlässt den Horst erst nach drei Monaten und ist mit vier Monaten selbstständig. Eine Jahresbrut (Februar bis März).

Nahrung: G. leben ausschließlich von Aas. Aufgefundenen Kadavern wird mit dem kräftigen Schnabel die Bauchhaut aufgerissen, und zuerst werden die Eingeweide gefressen.

2. Schmutzgeier, der (*Neophron percnopterus*, L.): Auch Aasgeier, Maltesergeier, schwarzer, brauner Erdgeier, Pharaonshenne, ägyptischer Aasgeier, Mistgeier und Kotgeier. Länge: um 62 cm, Gewicht: ca. 2000 g, Flügelspannweite: etwa 155 cm.

Aussehen: Bis auf die schwarzen Schwingen ist bei den Altvögeln die vorherrschende Färbung weiß. Kopf flach und kahl, am Hinterkopf struppige Federn. Schnabel lang, gerade, im letzten Drittel in einem Haken abwärts gebogen; Gesicht und Kehle sind gelb. Augen in der Jugend rotbraun, im Alter gelb. Das Gefieder des jungen Vogels ist vorwiegend düster erdbraun mit schwärzlichen Schwingen. Der Stoß des Altvogels ist abgestuft.

Vorkommen und Lebensweise: Südeuropa, Schwarzmeergebiet, Afrika und Vorderasien. Früher war er auch in Frankreich und in der Schweiz beheimatet. Sein Lebensraum sind Gebirge mit steilen Felswänden und Schluchten, von denen er häufig weite Ausflüge bis in die Ebene hinaus unternimmt. Der S. ist in Europa ▸ Teilzieher, der im Mittelmeerraum überwintert.

Fortpflanzung: S. sind mit etwa sechs Jahren voll ausgefärbt, können aber schon früher brüten. Sie horsten in schwer zugänglichen Felsenhöhlen oder -nischen. Das Gelege besteht aus einem oder zwei weißlichen, rotbraun gefleckten Eiern, die ca. 65 x 46 mm groß sind und fast immer auf dem nackten Fels abgelegt werden. Die Eier werden von beiden Partnern etwa 42 Tage bebrütet. Die Jungen werden in der ersten Zeit mit vorverdauter Nahrung aus dem Kropf gefüttert; später werfen ihnen die Eltern Aas ohne weitere Zubereitung vor. Eine Jahresbrut (Februar/März).

Nahrung: Aas, Abfälle aller Art, Kot und kleinere Wirbeltiere.
3. Kutten- oder Mönchsgeier, der (*Aegypius monachus*, L.): Auch brauner, gemeiner, grauer Geier, Kahlkopfgeier. Mit einer Länge von 115 cm und einer Flügelspannweite bis 290 cm ist er einer der größten G. Europas. In der Gestalt ähnelt er dem Gänsegeier, ist jedoch schwarzbraun gefärbt und zeigt eine braune Halskrause. Er ist im Süden der Iberischen Halbinsel, auf Sizilien, Sardinien und Mallorca sowie in Griechenland, im Schwarzmeergebiet und in großen Teilen Asiens ▸ Brutvogel. Er war früher auch auf dem Balkan beheimatet und ist auch in Deutschland nicht selten gesehen und erlegt worden. Er horstet einzeln auf Bäumen und legt ein weißes Ei.
4. Bart- oder Lämmergeier, der (*Gypaëtus barbatus*, L.): Auch Bartadler, Geieradler, Berg-, Jochgeier, bärtiger Geieradler, Alpenbartgeier, Gemsengeier und Schafgeier, Greif, Gir.
Aussehen: Mit einer Länge von 135 cm und einer Flügelspannweite von 3 m ist er der größte G. Im Gesicht ist er hell befiedert, trägt eine schwarze »Augenmaske« und am Schnabel beiderseits ein schwärzliches Federbärtchen. Kopf und Hals sind voll befiedert. Am Körper hauptsächlich rostfarben mit schwärzlichen Schwingen und schwarzem, langem, keilförmigem Stoß.
Vorkommen und Lebensweise: Er brütet in hohen Gebirgen der Iberischen Halbinsel, Siziliens, Sardiniens, Korsikas, Südosteuropas sowie in Asien, Afrika und heute wieder lokal als Stand- und Strichvogel in den österreichischen Alpen. In Deutschland soll der letzte B. 1855 bei Berchtesgaden erlegt worden sein. Der B. fliegt äußerst schnell und falkenartig, sein ▸ Flugbild gleicht dem einer Riesenschwalbe.
Nahrung: Mit Vorliebe frisst der B. Knochen (auch Schildkrötenpanzer), die er aus großer Höhe fallen lässt, um sie zu zerkleinern. Daneben ernährt er sich von Aas und von kleineren Wirbeltieren, die er nach Greifvogelart schlägt. Der B. ist mit vier bis fünf Jahren fortpflanzungsfähig. Brutdauer 53 bis 57 Tage, die Jungvögel sitzen rund 110 Tage im Horst. I.d.R. wird das Brutgeschäft mit dem Schlupf des ersten Jungen beendet. Das zweite Ei dient nur als Reserve.

Geier, brauner, gemeiner, grauer: ▸ Geier 3.

Geier, weißköpfiger, der: ▸ Geier 1.

Geieradler, der: ▸ Geier 4.

Geierfalke, der: ▸ Falken 4.

Geierfalke, heiliger, der: ▸ Falken 10.

Geierschlag, der: Altes bayerisches Wort für eine noch im 18. Jh. übliche Belustigung, bei der die noch nicht flüggen Geyer (Wasservögel, Dreizehenmöwen) aus den Nestern ins Wasser geworfen und dort schwimmend aus den Kähnen erschlagen wurden.

Geiger, Karl Joseph (14.12.1822 Wien bis 19.10.1905 Wien): Maler und Illustrator. G. wurde an der Wiener Akademie der bildenden Künste ausgebildet. Er war Buchillustrator und Historienmaler, entwarf Diplome und Huldigungsblätter und arbeitete als Emailmaler sowie Freskenrestaurator. Von ihm stammt u.a. das Aquarell »Die Wilde Jagd« (1893; Grafische Sammlung Albertina, Wien).

Geilen, Die: Seltene Bez. für die Hoden beim Wild, besonders bei Auer-, Birk- und Trapphahn; ▸ Geschröte.

geilen: Seltenes Wort für feuchten oder ▸ nässen.

Geilfus, Heinz (25.11.1890 Gießen bis 25.1.1956 Bad Nauheim): Jagdmaler; ▸ Jagdkunst.

Geilsäcke, die: Die ▸ Analdrüsen bei Marder, Fischotter usw.; Bibergeil ▸ Biber.

Geiß, die: Das weibliche Reh (Ricke), das weibliche Gams- (Gamsgeiß) und Steinwild (Steingeiß) ab dem vollendeten zweiten Lebensjahr. Eine führende G. wird auch Kitzgeiß genannt. Früher wurde das Wort auch für weibliches Muffel- und weibliches Damwild gebraucht.

Geißkitz, das: Weibliches Gams-, Stein- oder Rehwild (Kitz) vom Setzen bis zum 31. März des auf die Geburt folgenden Jahres; ▸ Bockkitz.

Geißkrucke, die (Geißkrickel): Der Hauptschmuck des weiblichen ▸ Gamswildes.

geißkruckig: Die Krucke eines Gamsbockes ist g., wenn sie die Form einer Geißkrucke (schwächer und schwächer gehackelt) aufweist; ▸ bockkruckig.

Geistervogel, der: ▸ Eulen 5.

Geisvogel, der: **1**) Der Große Brachvogel; ▸ Schnepfenvögel 7. **2**) Der Kiebitz; ▸ Regenpfeifer 1.

Geiwitz, der: Alter bayerischer Ausdruck für Kiebitz; ▸ Regenpfeifer 1.

gejackt: svw. gepanzert; Hatzhunde sind g. oder gepanzert; ▸ Jacke 3).

Gejaid, das (Plur.: die Gejaider, die Gejeide, Gejegede, Gejagede): Altes süddeutsches Wort für die Jagd, das ▸ Waidwerk, auch in der dichterischen Sprache gerne im Sinne von Jagd verwendet.

Gejaidsordnung, die: Früher eine den Jagdbetrieb ordnende Gesetzesvorschrift; vergleichbar mit den heutigen Jagdgesetzen. Die ältesten G. entstanden wohl Ende des 15. und Anfang des 16. Jh. Z.T. legten die G. bereits Schon- und Schusszeiten fest. In Bayern erschien z.B. die Herzoglich-Baierische G. durch Herzog Albrecht V. am 15.7.1551. Sie legte u.a. die Gebiete fest, in denen dem Herzog unterstellte Landeigentümer jagen durften.

Gejaidtuchlerknecht, der: Alter süddeutscher Ausdruck für ▸ Jagdzeugknecht.

Gekalk, das: ▸ Geschmeiß.

Gekälk, das: ▸ Geschmeiß.

geklaut: Alles ▸ Haarraubwild und übrige Haarwild der Niederjagd, das Klauen (Nägel) hat; ▸ geschalt.

geklemmtes Korn, das: ▸ Visiereinrichtung.

Gekröpf, das: Bez. für die Nahrung der ▸ Greifvögel; ▸ Atzung.

Gelach, das: Altes Wort für ▸ Suhle. Ein Tümpel oder eine Sumpfstelle, in der sich Rot- oder Schwarzwild suhlt.

Geläger, das (veraltet: Gelieger): Das Lager von Rebhuhn, Schneehuhn und Wachtel.

gelähmt: svw. flügellahm; ▸ geflügelt.

Geläppe, das: Seltene Bez. für den Behang (die Ohren) der Jagdhunde.

Gelász, die (Gläszlein): Alte süddeutsche Bez. für Schlinge zum ▸ Vogelfang; ▸ Schlinge 1).

Gelauf, das: ▸ Geläuf.

Geläuf, das: **1**) Auch Gelauf; aufeinanderfolgende Fußabdrücke von allem Federwild (Ausnahme: Trappe, Auerhahn und Wildtruthahn; diese haben eine ▸ Fährte). Früher wurde das Wort gelegentlich auch für die Fußabdrücke des niederen ▸ Haarraubwildes gebraucht; ▸ Spur. **2**) Die ▸ Windhunde haben gutes oder schlechtes G., je nachdem ob der Boden, auf dem sie laufen, gut oder schlecht ist (selten).

Gelaut, das: ▸ Geläute.

Geläute, das (Gelaut, Läuten): Das Gebell mehrerer ▸ jagender Hunde (▸ Brackenjagd, ▸ Parforcejagd), wenn sie auf der Fährte oder der Spur des Wildes jagen.

gelb gekleidet: ▸ Kleidung.

Gelbhalsmaus, die: ▸ Mäuse 2.

Gelbkehlchen, das: ▸ Marder 1.

Gelbkörperrate, die (CL-Rate): Die Feststellung der G. erfolgt in den Ovarien der Wildtiere. Sie ist ein Maß für die potenzielle Vermehrungsrate einer Wildtierpopulation. Nach den Untersuchungen Prof. Ellenbergs beim Rehwild besteht ein enger Zusammenhang zwischen dem Körpergewicht des weiblichen Rehwildes und der G. Der Kurvenverlauf ist dabei gebietsspezifisch. In den Nürnberger Reichswaldrevieren liegt z.B. das Durchschnittsgewicht der Geißen bei 14 kg; dies entspricht einem durchschnittlichen potenziellen Zuwachs von 160% der vermehrungsfähigen weiblichen Stücke.

Gelbreife, die: ▸ Reifestadium.

Gelbschnabel, der: ▸ Adler 2.

Gelbschopf, der: ▸ Wildenten 17.

Gelbsenf, der: ▸ Wildäsungspflanzen.

Gelbsucht, infektiöse, die: ▸ Leptospirose.

Gelege, das: **1**) Die von einem Vogel gelegten Eier in einem Nest; ▸ Nachbrut, ▸ Zweitbrut. **2**) Das Nest bzw. der Horst mitsamt den gelegten Eiern. **3**) Die junge Brut selbst; ▸ Gesperre, ▸ Geheck.

Geleger, das: Altes süddeutsches Wort für Leger; ▸ Lager.

Geleiter, die (die Leiter): Beim Feldhühnerfang die beiden Seitenflügel der Steckgarne, durch die das einlaufende Federwild in den Hamen geführt (geleitet) wurde; ▸ Garne 7.

Gelenkgicht, die (bei ▸ Beizvögeln): In Gefangenschaft gehaltene ▸ Greifvögel, die vorwiegend oder ausschließlich mit Muskelfleisch geatzt werden, leiden des öfteren unter G. Die einseitige Ernährung führt häufig zu Vitamin-A-Mangel. Dieser Mangel und zu eiweißreiche Nahrung werden für das Auftreten der G. verantwortlich gemacht. Die G. äußert sich durch dicke Gelenke, besonders an den Händen, was dem Vogel sichtlich Unbehagen, sogar Schmerzen bereitet. Möglichst natürliche, vitaminreiche ▸ Atzung verhindert diese Erkrankung.

Gelieger, das: ▸ Geläger.

Geliger, das (Geleger, Leger): Alter Ausdruck für ▸ Lager 1).

gell (veraltet): svw. ▸ gelt.

gellen: ▸ abgellen.

Geller, der: Ein Schuss, bei dem das Geschoss abgellt bzw. die Geschosse ▸ abgellen.
gellern: ▸ abgellen.
Gelock, das (veraltet): **1**) Das Locken, d.h. die Nachahmung des Lockrufs durch den Jäger; ▸ Lockjagd. **2**) Die Locke, ein Lockinstrument zur Nachahmung des Lockrufes; ▸ Lockjagd.
Gelos, das: svw. ▸ Losung (wenig übliche Bez.).
Gelöse, das: Wenig übliche Bez. für ▸ Losung.
gelt: **1**) Auch galt; weibliches Schalenwild, welches nicht mehr aufnimmt, also aufgrund hohen Alters oder Krankheit nicht mehr fortpflanzungsfähig ist. **2**) G. geht weibliches Wild, das vorübergehend kein Kalb führt. **3**) Federwild, das die Küken verloren hat (Gelthenne).
Geltbache, die: Eine ▸ Bache, die ▸ gelt ist.
Geltgeiß, die (Geltricke): Eine Geiß, die ▸ gelt ist. Rehgeißen sind in den seltensten Fällen gelt; sie haben kein Klimakterium und sind bis ins hohe Alter fortpflanzungsfähig.
Gelthenne, die: Eine Henne, die keine Küken führt.
Geltricke, die: ▸ Geltgeiß.
Geltschaf, das: Weibliches Muffelwild, das ▸ gelt ist.
Gelttier, das: Ein Alttier, das vorübergehend oder dauernd ▸ gelt ist.
geludert: An den ▸ Luderplatz gelockt.
Gelünge, das: ▸ Geräusch.
Gemärk, das (Gemerk): Seltener Ausdruck für ▸ Schweiß. G. geben, svw. ▸ anschweißen.
Gemäsche, das (Gemasche): Sammelname für die Maschen der Jagdnetze; ▸ Garne.
Gemäschtücher, die: Jagdtücher, die oben und unten Gemäsche (Maschen) hatten, durch welche die Leinen (▸ Arche) geführt wurden; ▸ Ringtücher.
gemeine adelige Jagd, die: Frühere (veraltete) Bez. für niedere Jagd; ▸ Niederjagd.
Gemeine Birke, die: ▸ Birken 1.
Gemeine Esche, die: ▸ Esche.
Gemeiner Seehund, der: ▸ Seehunde 1.
gemeinschaftliche Jagdbezirke: ▸ Jagdbezirke.
Gemeinschaftsbalz, die: ▸ Arenabalz.
Gemeinschaftsjagdbezirk, der: ▸ Jagdbezirke.
Gemeinwohl, das (Gemeinnutzen): Da der Wald weit mehr als die landwirtschaftlichen Flächen oder die Gärten dem G. dient, v.a. hinsichtlich der Erholung der Bevölkerung (▸ Waldfunktionen), ist es durch das im ▸ Bundeswaldgesetz verankerte Betretungsrecht (▸ Betreten des Waldes) erlaubt, ihn jederzeit zu besuchen. Gewisse Einschränkungen sind dabei in den Ländergesetzen enthalten (z.B. Wegegebote, ▸ Wildschutzgebiete). Aus dieser starken Bindung an das G. erwachsen dem Waldbesitzer oft erhebliche Mehraufwendungen (z.B. Errichtung von Erholungseinrichtungen und Parkplätzen, Säuberung des Waldes von Müll und Unrat, Schutz vor Waldbränden, Mindereinnahmen durch Beschädigung von Bäumen). Auch bestimmten Pflichten hat der Waldbesitzer nachzukommen: Bei Forstarbeiten (z.B. Holzfällung) hat er u.a. vorbeugende Maßnahmen zum Schutz von Waldspaziergängern zu treffen (Warntafeln, Warnsignale, Absperrungen); besonders markante Bäume dürfen meist nicht geschlagen werden, auch wenn dies unter

Unbekannter Künstler: »Wie man den Leithund genossen (rechts unten) und den Hetzhunden die Curée macht«, 14. Jh., aus Gaston Phoebus, Comte de Foix, Vicomte de Béarn: »Le Livre de la Chasse«, Blatt 72

wirtschaftlichen Gesichtspunkten zweckmäßig und nützlich wäre.
Gemerk, das: ▸ Gemärk.
gemischte Wehr, die: ▸ Wehr 1.
Gemse, die: Das, der oder die ▸ Gams; ▸ Gämse, ▸ Gamswild.
gemsfarben: Alte Bez. für chamois (gelbbraun).
Gemsengeier, der: ▸ Geier 4.
Gemssperre, die: ▸ Sperre.
Gemswild, das: ▸ Gamswild.
Gen, das: ▸ Vererbung.
Generalisten: ▸ Allesfresser.
genetzte Tarsen: Tarsen (Fußwurzeln bei den Vögeln), die eine netzartig angeordnete Hornhaut haben.
genicken: svw. abnicken (abgenicken, nicken); Wild durch einen Stich zwischen Schädel und erstem Wirbel ▸ abfangen.
Genicker, der: der Nicker; ▸ Blanke Waffen.
Genickfang, der: Das ▸ Abfangen des Wildes mit dem Genickfänger (Nicker).
Genickfänger, der: **1**) Der Nicker, ein Jagdmesser; ▸ Blanke Waffen. **2**) Früher ein schmales, spitzes Messer aus Stahl, das auf beiden Seiten scharf war.
Genickschlag, der: ▸ abschlagen 3.
Genieß, das: ▸ Genuss.
genießen (süddeutsch): Der Jagdhund, besonders der ▸ Schweißhund, genießt, d.h., er wittert die ▸ Fährte.
genießen geben: svw. ▸ genossen machen.
genossen machen (bei Jagdhunden auch pfneischen): **1**) Dem Jagdhund als Belohnung für gute Arbeit etwas Schweiß oder Teile des Aufbruchs aus der Hand geben. **2**) Einem Beizvogel Teile vom gebeizten Wild zum Kröpfen geben; ▸ Falkenrecht. **3**) Einem ▸ Leithund wurde früher von Zeit zu Zeit rohes Wildbret zu fressen gegeben, um ihm die Freude an seiner Arbeit zu erhalten. Dabei wurden am Morgen von einem tags zuvor geschossenen Stück Rotwild Milzstücke oder mit Schweiß bestrichene ▸ Halsbraten zwischen die Schalen des Stückes geklemmt und das Stück, mit Zweigen verdeckt, auf einen bekannten Rotwildwechsel gelegt. Den Leithund ließ man eine ▸ Gesundfährte arbeiten, dieses Stück in der Fährte finden und die Milzstücke oder den Halsbraten genießen. Der Leithund wurde dann ▸ abgeliebelt und anschließend ▸ abgetragen. **4**) Die ▸ Curée, der Brauch des Genossenmachens der Meutehunde nach der Hirschjagd.
Genossenschaftsjagd, die: Ein gemeinschaftlicher Jagdbezirk; ▸ Jagdbezirke.
Genossenschaftsjagdgebiet, das: ▸ Österreichisches Jagdwesen.
Gentyp, der: Das Erbgut (ererbte Anlagen) eines Lebewesens, somit die Anlagen, die es von seinen Vorfahren ererbt hat und an seine Nachkommen weitervererben wird.
Genuss, der (veraltet: Genieß): Wildbret oder ▸ Gescheide, mit dem man Hunde oder Beizvögel nach der Jagd genossen macht (▸ genossen machen, ▸ Gepfneisch). Früher wurde das ▸ Geräusch mit frischem Wildbret zerhackt und mit Brot und Schweiß vermischt; man nannte dies G. geben.

Johann Elias Ridinger (1698–1767): »Wie die Hunde ihr recht bekomen oder gepfneischt werden«, Kupferstich

Genuss-Jagen, das: Frühere Bez. für die ersten Sommerjagden, besonders für die ▸ Parforcejagd.
Genusstauglichkeit von Wild: G. ist gegeben, wenn Wild sich vor dem Erlegen normal verhalten hat und an dessen Wildbret und inneren Organen keine auffälligen krankhaften Veränderungen festgestellt werden. Genussuntauglich hingegen ist vorerst alles Wild, das sich entweder vor dem Erlegen unnatürlich verhalten hat oder an dessen Wildbret oder Organen auffällige, krankhafte Veränderungen erkennbar sind. Solches Wild darf nur verwertet werden, wenn die durchzuführende notwendige ▸ Fleischuntersuchung die G. einwandfrei feststellt. ▸ Fallwild ist grundsätzlich genussuntauglich; es muss unschädlich beseitigt werden.
Georgel, das: Das Orgeln (Schreien des Brunfthirsches); ▸ Rotwild.
gepanzert: **1**) Sauen mit ▸ Panzer 1). **2**) G. bzw. gejackte Hunde; ▸ Jacke 3).
geperlt: Mit ▸ Perlen versehene Geweih- oder Gehörnstangen.
Gepfneisch, das (Gefneisch): Früher übliche Zeremonie des Genossenmachens der Hunde nach einer Hetzjagd (franz.: curée; Anteil der Hunde am erlegten Wild); ▸ Curée, ▸ genossen machen, ▸ Genuss.
Gepiste, das ▸ Gebiste.
gerade: Ein Gehörn bzw. ▸ Geweih, dessen beide Stangen jeweils die gleiche Endenzahl haben, z.B. g. Sechser, g. Achter; ▸ ungerade.
Geräff, das: ▸ Geräusch.
Geraffl, das: Auch Geraffel. Gebirglerischer Ausdruck für ▸ Scharwild.
Geräumte, das: Seltener Ausdruck für ▸ Stellflügel.
Geräusch, das (veraltet: Gelünge, Geräff, Gereuch, Gereusch, Graisch, Eingeräusch, Eingerausch, Eingereuch, Ingereusch, Ingraisch, Ingeraisch, Ingewaid, Lunze, Luntze, in Bayern auch ▸ Aufbruch): Bez. für Herz, Lunge und Leber, manchmal auch noch für die Nieren allen ▸ Schalenwildes und des zum ▸ Hochwild zählenden Federwildes; ▸ Jägerrecht.
gerecht: **1**) Ein Jäger, der sein Waidwerk gründlich versteht. **2**) Alles, was den Regeln und Gebräuchen des Waidwerks entspricht (z.B. hirschgerecht, waidgerecht, eine g., d.h. gut sichtbare Fährte, die Verwendung g. Holzarten als ▸ Bruch).
gerechte Brüche: ▸ Bruch.
gerechte Fährte, die: Eine gut sichtbare Fährte.
gerechte Zeichen: svw. ▸ Hirschgerechte Zeichen.
Gerege, das: Bez. für das Gestell beim ▸ Vogelfang am Vogelherd, auf das der Lock- oder Ruhrvogel gesetzt wurde.
gereift: svw. ▸ gereimelt.
gereimelt (gereift): Ein Gamsbart, wenn er mit Reif bzw. Reim versehen ist, d.h. wenn seine äußersten Spitzen weiß sind.
Gereuch, das: ▸ Geräusch.
Gereusch, das: ▸ Geräusch.
Gerfalke, der: ▸ Falken 9. In der Falknerei übliche Bez. für den weiblichen G., der als ▸ Beizvogel geflogen wird.
Geri und Freki: Die Jagdhunde oder Jagdwölfe des germanischen Gottes ▸ Wodan, ▸ Götterhunde.
Gericht, das: Boden- und Hochgericht; ▸ Dohnen.
gerichtet: ▸ Jagdzeug ist g., wenn es gestellt ist.
gering: Waidmännischer Ausdruck für klein, schwach oder jung. Ein g. Hirsch ist ein junger Hirsch. G. jagdbar ist kaum jagdbar; Ggs. ▸ stark.
Germanus von Auxerre: ▸ Schutzpatrone.
Gerstäcker, Friedrich Wilhelm Christian (10.5.1816 Hamburg bis 31.5.1872 Braunschweig): Abenteurer, Reiseschriftsteller und Erzähler. G. erlernte die Landwirtschaft, wanderte 1837 nach Amerika aus und lebte dort abenteuerlich als Matrose, Heizer, Jäger, Farmer, Koch, Silberschmied, Holzfäller, Fabrikant (Schokoladenhersteller) und Hotelier. 1843 kehrte er nach Deutschland zurück. 1849 bis 1852 bereiste er Südamerika, Kalifornien, Hawaii, die Gesellschaftsinseln und Australien. Anschließend lebte er in Plagwitz bei Leipzig. 1860/61 reiste er wieder nach

Südamerika, 1862 als Begleiter des Herzogs Ernst von Gotha nach Ägypten und Abessinien, 1867/68 hielt er sich in Nord- und Mittelamerika auf und lebte danach als Schriftsteller in Dresden und Braunschweig. Er schrieb u.a. »Streif-und Jagdzüge durch die Vereinigten Staaten Nordamerikas«, »Gamsjagd in Tyrol« und »Amerikanische Wald- und Strombilder« mit nordamerikanischen Jagd- und Reiseschilderungen in Cincinnati, Arkansas etc. G. beschreibt hierin u.a. die Alligator-, Bären- und Pantherjagd; ▸ Jagdliteratur.

Gesang, der: ▸ Gesetzel.

Gesätzl, das: ▸ Gesetzel.

Gesäuge, das: Bez. für die Zitzen des ▸ Haarwildes und der Hunde (beim Schalenwild mit Ausnahme des Schwarzwildes auch Spinne).

Geschaide, das: **1**) Alter Ausdruck für das Ende eines Hirschgeweihs; acht G. sind acht ▸ Enden (Gejaids-Ordnung von 1616). **2**) Alte Schreibweise für ▸ Gescheide.

geschalt: Alles Wild, das auf Schalen zieht, also alles ▸ Schalenwild ist g.; ▸ geklaut.

Gescheide, das: Das Eingeweide (Magen, Gedärme) des Wildes. Die Gedärme werden auch als kleines G. oder Geschlinge, der Magen als großes G. bezeichnet; ▸ Geräusch, ▸ Aufbruch, ▸ Beuschel.

Geschichte der Jagd, die: ▸ Jagdgeschichte.

geschiedenes Jagen: Ein ▸ Eingestelltes Jagen, in dessen Kammer nicht verschiedene Wildarten standen, weil diese vorher separiert wurden; ▸ separieren.

geschildert: **1**) Federwild (z.B. Rebhuhn, Haselhuhn), das nach der Mauser den dunklen Brustfleck hat, hat bereits g. oder ist geschildet; ▸ Schild 1). **2**) Die Ständer des Federwildes sind g., wenn sie mit schuppenartigen Platten versehen sind.

geschildet: **1**) Der Keiler ist g., wenn er an den Blättern (Schultern) eine dicke Schwartenpartie (▸ Schild 6)) ausgebildet hat; er ist gepanzert, wenn der Schild zusätzlich durch eintrocknendes Harz (häufig durchsetzt mit Erd- und Lehmteilen) verdickt wird (▸ Panzer 1)). **2**) ▸ geschildert 1).

Geschirr, das: Sammelbezeichnung für die Ausrüstung eines ▸ Beizvogels. Dazu zählen: Das ▸ Geschüh (ein Paar Geschühriemen oder Wurffesseln) mit Adresstafel, ein Paar ▸ Bellen (Rollen), eine ▸ Drahle (die zwischen Geschüh und Kurz- bzw. Langfessel eingeschlungen wird), die Kurzfessel (die beide Geschühriemen verbindet, nur beim Habicht), eine zweite Drahle (welche die Kurz- mit der Langfessel verbindet, nur beim Habicht), die Langfessel, die durch den Drahlring gezogen wird.

Geschläge, das: ▸ Gefege 1) und 2).

Geschlagen, das: Österreichischer Ausdruck; ▸ schlagen 1), ▸ Hirschgerechte Zeichen.

Geschlecht, das: Bez. für zwei verschiedene Einzelwesen im Hinblick auf ihre Aufgabe bei der Fortpflanzung; männliches G., weibliches G. Das biologische Symbol für Männchen: ♂ = Speer und Schild des Mars, Mehrzahl: ♂♂; für Weibchen: ♀ = Spiegel der Venus, Mehrzahl: ♀♀.

Geschlechterverhältnis (GV), das: Das zahlenmäßige Verhältnis von männlichen zu weiblichen fortpflanzungsfähigen Stücken einer bestimmten Wildart in einem bestimmten Gebiet; z.B. GV 1:2, d.h. ein männliches Stück zu zwei weiblichen. Männliche und weibliche Kitze, Kälber oder Lämmer werden im Verhältnis 1:1 gesetzt. Je mehr das weibliche Wild überwiegt, desto höher fällt der Zuwachs aus. Zum anzustrebenden bzw. vorherrschenden GV siehe unter der jeweiligen Schalenwildart.

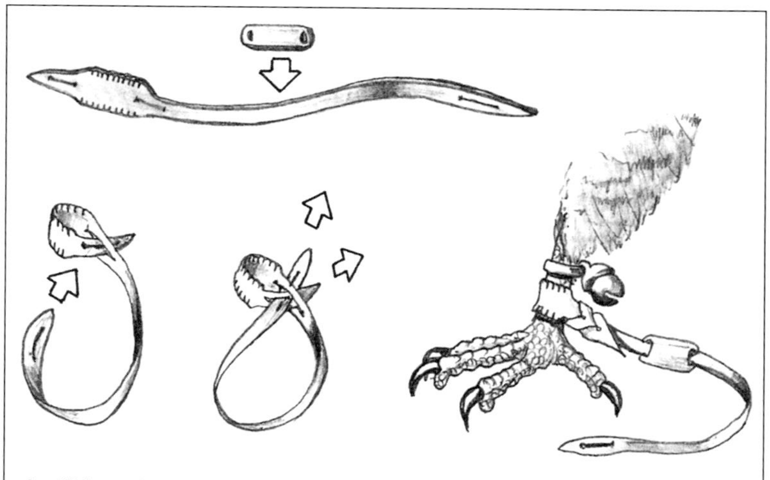

Geschühriemen mit Adresstafel

Geschleif, das: **1**) Auch Geschleppe; ▸ Schleppe 1). **2**) Alter Ausdruck für die ▸ Röhre eines Fuchs- oder eines Dachsbaues. **3**) Bez. für den rinnenförmig ausgetretenen Pass vor der Röhre des Dachsbaues.

Geschleppe, das: **1**) svw. ▸ Schleppe 1). **2**) Seltener Ausdruck für eine Schleifspur, die durch das Nachschleppen einer Fuchslunte oder eines kranken Laufes verursacht wird. **3**) Alte Bez. für frische oder aufgeweichte Hirschläufe, die der ▸ Piqueur vom Sattel aus nachschleppt, damit die Parforcemeute auf dieser Duftspur wie auf einer wirklichen Hirschfährte jagt. **4**) Beim Wild: beim Ziehen durch hohen Schnee mit den Läufen verursachte Furchen. Das G. des Hirsches ist ein ▸ Hirschgerechtes Zeichen.

Geschlinge, das (kleines ▸ Gescheide): Mundartliches Wort für die Gedärme des Wildes.

geschlossen: **1**) Eine Kette Rebhühner ist g., wenn kein Stück davon fehlt. **2**) Eine Fährte ist g., wenn das ziehende Wild die Schalen dicht zusammenhielt. Das Stück geht g., es macht den Zwang. Der Zwang ist auch ein ▸ Hirschgerechtes Zeichen. **3**) Die Treiber gehen g., wenn sie ihre Abstände genau einhalten und keine Lücke bilden. **4**) Ein Trieb ist g., wenn er verlappt ist. **5**) Ein geschlossenes Jagen ist ein ▸ Eingestelltes Jagen (selten). **6**) Ein Revier ist g., wenn darin nur eine Person das ▸ Jagdrecht hat. **7**) Der Kessel bei einem ▸ Kesseltreiben ist g., wenn die beiden auslaufenden Flügel zusammentreffen.

geschlossenes Auge, das: Die Augenlider des Hundes umschließen das Auge so straff, dass das Weiß des Auges kaum noch zu sehen ist; ▸ offenes Auge.

Geschmeiß, das (Schmeiß, Gekalk, Gekälk): Der Kot aller ▸ Greifvögel und Reiher (▸ Schmelz). Das Koten selbst heißt ▸ Schmeißen oder Kälken.

Geschmelz, das: svw. ▸ Geschmeiß.

Geschoss, das: G. im Sinne des WaffG (Anhang S. 818) sind als Waffen oder für ▸ Schusswaffen bestimmte feste Körper und gasförmige, flüssige oder feste Stoffe in Umhüllungen; ▸ Büchsengeschosse, ▸ Flintenlaufgeschoss, ▸ Kurzwaffenmunition, ▸ Randfeuerpatrone.

Geschossdeformation, die: ▸ Ballistik.

Geschossdurchmesser, der: ▸ Ballistik.

Geschossknall, der: ▸ Ballistik.

Geschosstypen, die: ▸ Büchsengeschosse.

Geschosswirkung, die: ▸ Ballistik, ▸ Büchsengeschosse.

Geschränk, das: ▸ Schrank.

Geschrei, das: ▸ Angstgeschrei, ▸ Jagdgeschrei.

Geschreiblatter, der ▸ Lockjagd.

Geschröte, das (Geschröt, Geschrött, Schröte; veraltet auch: Gailen, Geilen, Geulen): Bez. für die Hoden und alle Geschlechtsteile des männlichen ▸ Haarraubwildes und des Hundes; ▸ Kurzwildbret.

Geschüh, das (Geschühriemen, Wurfriemen, Wurffesseln): Bez. für die beiden kurzen Lederriemen, die der ▸ Beizvogel an beiden Händen bzw. Füßen trägt. Die G.-Riemen bestehen aus weichem, aber zähem Leder, das kein Wasser aufnehmen soll, da sie der Beizvogel ständig, auch während des Beizfluges, trägt. Jeder der beiden G.-Riemen wird mit dem sog. G.-Knoten, einem Knoten, der sich weder auf- noch zuzieht, an der Hand bzw. am Fuß des Beizvogels befestigt. Der G.-Knoten darf weder zu weit noch zu eng geschlungen werden. Es ist zweckmäßig, an einem G.-Riemen eine Adresstafel aus Messing oder aus Silber zu befestigen (Name, Anschrift und Telefonnummer), damit der Beizvogel, falls er sich verstößt, wieder dem Besitzer zurückgegeben werden kann. **Aylmeri-Geschüh**: Dieses G., benannt nach seinem Erfinder G. Aylmer, dem

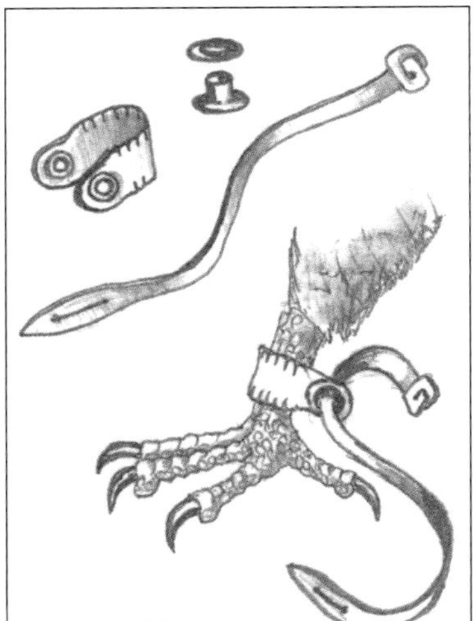

Aylmeri-Geschüh

ehemaligen Präsidenten der American Falconers Association, besteht aus zwei Teilen, der G.-Manschette und einem G.-Riemen. Die Manschettenlaschen werden zusammengelegt und durch eine Metallöse geschlossen. Durch diese wird der Riemen, an dessen Ende sich ein Knoten befindet, gezogen. Diese G.-Riemen werden vor dem Abwerfen aus den Ösen gezogen, und der Beizvogel trägt beim Beizflug nur die Manschetten. Das hat den Vorteil, dass er sich mit dem Schlitz im G.-Riemen nicht verhängen kann.

Geschühriemen, die: ▸ Geschüh.

geschützte Landschaftsbestandteile: ▸ Landschaftsbestandteile, geschützte.

geschützte Pflanzen: Für g. P. gelten im Wesentlichen dieselben Rechtsvorschriften wie für die ▸ geschützten Tiere. Die ▸ Roten Listen enthalten dabei ebenfalls regionale Zusammenstellungen der in ihrem Bestand bedrohten oder ausgestorbenen Pflanzenarten. Zu den gefährdeten einheimischen Pflanzenformationen gehören insbesondere Feuchtwiesen, Quellfluren, naturnahe Waldgesellschaften, Zwergstrauchheiden, Trocken- und Halbtrockenrasen, Ackerwildkrautfluren (▸ Acker[un]kräuter) sowie nährstoffarme Moore und Moorwälder etc.; ▸ Artenschutz.

geschützte Tiere: Nach der Artenschutzverordnung (▸ Artenschutzrecht) und dem Naturschutzgesetz sind alle heimischen Tiere, die kein Wild sind (sonstige Tierarten), allg. geschützt. Folgende Säugetierarten genießen einen allg. Schutz, soweit sie nicht nach jeweiligem Landesrecht dem Jagdrecht unterliegen: Bisam, Marderhund, Sumpfbiber, Wanderratte, Waschbär, verwilderte Hauskatze sowie Haus-, Feld-, Scher-, Erd- und Rötelmaus. Diese Tiere dürfen nur gefangen und getötet werden, wenn dafür ein ▸ vernünftiger Grund gegeben ist, z.B. im Rahmen der Niederwildhege. Sofern Marderhund, Sumpfbiber und Waschbär nach jeweiligem Landesrecht »Wild« sind, dürfen sie bejagt werden. Alle Vögel genießen im Übrigen einen besonderen Schutz. Nur dem Jagdrecht unterliegende Arten wie Rabenkrähe, Elster und Eichelhäher dürfen – je nach Landesrecht – mit besonderer Erlaubnis bejagt werden; ▸ Bundeswildschutzverordnung.

Geschwing, das: Alter bayerischer Ausdruck für die beiden Flügel (▸ Vogelflügel) größerer Vögel.

Gesell, der: In der Zusammensetzung: Waidgesell; ▸ Waidgenosse.

Gesellschaft für Sport und Technik (GST): Die am 7.8.1952 in der ehem. DDR gegründete GST war zunächst eine Wehrsportorganisation mit dem Ziel, dem im Lande dominierenden Pazifismus entgegenzuwirken. In der GST wurde auch der Umgang mit Schusswaffen – anfangs nur Luftdruckwaffen, später auch Kleinkalibergewehre – geübt. Da die Jagd auf wild lebende Tiere eigentlich immer mit dem Einsatz von Schusswaffen verbunden ist, bot sich die Schirmherrschaft der GST über die Ausübung der Jagd an. Am 22.4.1954 wurden daher die ▸ Jagdkommandos aufgelöst, gleichzeitig ▸ Jagdgemeinschaften gebildet, und die Jagd wurde der GST übertragen. Die Zuständigkeit der GST endete im Jahre 1962 mit der Neuordnung des Jagdwesens und der Übertragung der Jagdbewirtschaftung an die Staatlichen Forstwirtschaftsbetriebe; ▸ Jagdwesen in der DDR.

Gesellschaft für Wildökologie und Naturschutz e.V. (GWN): 1999 in Göttingen als gemeinnützig anerkannte, wissenschaftliche Gesellschaft mit dem Ziel gegründet, die Wildtierforschung in Deutschland zu fördern. Hierfür werden Mittel aus Wirtschaft, Stiftungen und Spenden in einem speziellen Forschungsfond angelegt und zweckgebunden für Grundlagenforschung oder Schutzprojekte vergeben. Besonders unterstützt die GWN gezielte Maßnahmen zum besseren Verständnis und Miteinander von Mensch und (Wild-)Tier. Sie berät Naturschutz-, Umwelt- und Jagdbehörden sowie andere öffentliche oder private Entscheidungsträger in allen wildbiologischen und wildökologischen Belangen und übernimmt außerdem Gutachten und Auftragsforschungen.

Gesellschaft für Wildtier- und Jagdforschung e.V. (GWJF): Am 12.10.1991 als unabhängige Vereinigung von Wildbiologen, Wissenschaftlern, Ökologen, Studenten, Praktikern, Verbänden und Institutionen in Berlin gegründet. Die GWJF mit Sitz in Halle/Saale möchte die Tradition der humanistischen deutschen Jagdwissenschaft in Gegenwart und Zukunft fortsetzen. Sie versteht sich als Erbin der 1795 von ▸ Johann Matthäus Bechstein in Waltershausen gegründeten weltersten jagdwissenschaftlichen Vereinigung »Societät«, der von August Ströse 1919 in Berlin gegründeten »Gesellschaft für Jagdkunde« und der 1956 durch Hans Stubbe ins Leben gerufenen »Arbeitsgemeinschaft für Jagd- und Wildforschung« an der Akademie der Landwirtschaftswissenschaften zu Berlin. Ihre Ziele und Aufgaben sieht die GWJF unter anderem darin, Forschung zu betreiben »zur Erhaltung des Wildes und seiner Lebensräume, zu seiner Bewirtschaftung in umweltangemessenen, ökologisch vertretbaren Populationsgrößen«.

Gesellschaftsbeize, die: Eine mit mehreren Falknern und ▸ Beizvögeln durchgeführte ▸ Beizjagd.

Gesellschaftsjagd, die: Bez. für jede Jagdart (Treib- oder Drückjagd), an der mehrere Jäger und ▸ Treiber teilnehmen. Die Anzahl der ▸ Schützen und der Treiber ist z.T. in den Landesjagdgesetzen unterschiedlich festgelegt. Nach dem BJG berechtigt der Jugendjagdschein nicht zur Teilnahme an G. Wesentliches Merkmal einer G. ist, dass bei diesen Jagdarten das Wild von Treibern mit oder ohne Unterstützung von Hunden den anstehenden oder mitgehenden Schützen zugetrieben wird. Hunde sind für die eventuell notwendige ▸ Nachsuche immer mitzuführen (z.B. ▸ Verlorenbringer für die Feldtreibjagd, ▸ Schweißhunde für die Drückjagd). G. werden hauptsächlich auf Kaninchen, Hasen, Fasane, Wildenten und Rebhühner abgehalten. Daneben werden aber auch Füchse, die Marderarten, Elstern, Krähen, Eichelhäher und andere jagdbare Niederwildarten erlegt. Auf Schalen-

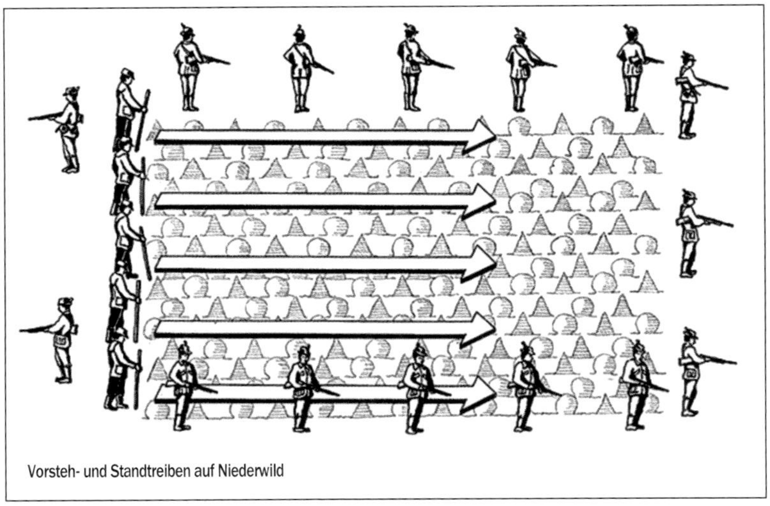

Vorsteh- und Standtreiben auf Niederwild

wild, aber auch auf Füchse, werden sog. Drück- oder Riegeljagden (Riegel: Wechsel oder Pass des Wildes im Gebirge) durchgeführt. Die Schützen werden hier nur an den Wechseln (z.B. an Zwangswechseln im Gebirge) angestellt. Einige wenige Treiber machen das Wild rege und drücken es langsam und möglichst lautlos den Schützen zu. Bei den Treibjagden hingegen wird das Wild von den Treibern aufgescheucht und mit Lärm den Schützen zugetrieben. Nach der ▸ Unfallverhütungsvorschrift Jagd (Anhang S. 820) der Landwirtschaftlichen Berufsgenossenschaft (§4 »Besondere Bestimmungen für G.«) muss der Unternehmer bei G. einen Jagdleiter bestimmen, dessen Anordnungen zu befolgen sind. Jede Treib- und Drückjagd bedarf einer gewissenhaften Vorbereitung, die bereits mit der Auswahl und der Einladung der Schützen beginnt (▸ Jagdeinladung). Am Jagdtag haben sich dann Jagdleiter, Schützen und der kundige Obertreiber über den Ablauf der Jagd abzusprechen. Bei gut organisierten Treibjagden werden die einzelnen Treiben (Trieb, Treiben, Bogen, im Hochgebirge auch Riegler) sowie die Folge und die Stände auf einer Skizze eingezeichnet. Zweckmäßig ist es, wenn einige Tage vor Beginn der Treibjagd die Grenzen der Treiben abgegangen, die geplanten Stände mit einem ▸ Bruch (Standplatzbruch; ▸ Bruchzeichen) markiert und das zulässige Schussfeld eindeutig gekennzeichnet werden.

Es werden folgende Treib- und Drückjagden (G.) unterschieden:

I. *Treib- und Drückjagden im Wald*:

1. Vorsteh- oder Standtreiben auf Niederwild: Den Schützen werden feste Stände zugewiesen, indem sie entweder rings um das ganze Treiben oder nur an der Stirnseite angestellt werden, wobei dann die Flanken frei bleiben oder verlappt werden. Die Schützen stehen meist mit dem Rücken zur Dickung und dürfen bis zum Abblasen den zugewiesenen Platz nicht verlassen. Vor Beginn des Treibens erhalten sie vom Jagdherrn (Jagdleiter) genaue Anweisung; z.B. wann und auf welches Wild und gegebenenfalls nach welcher Richtung geschossen werden darf. Untereinander machen sich die angestellten Schützen durch Winken (nicht durch Rufen) bemerkbar. Die Treiber beginnen nach dem Anblasen (▸ Jagdsignal: Langsam treiben) lärmend zu treiben und schlagen dabei gegen Bäume und Büsche. Bei Kaninchentreiben wird auf den Boden geschlagen. Das *Scherentreiben* wird bei T. auf Kaninchen und Fasane im Wald mit dichtem Unterwuchs und manchmal auch bei Hochwild-Drückjagden angewendet. Es ist ein Treiben, bei dem von zwei Seiten die ▸ Treiberwehren aufeinander zu- und aneinander vorbeigehen, sich gegeneinander bewegen.

2. Drück-(Riegel-)Jagd auf Rot-, Gams-, Reh- und Schwarzwild oder auf Füchse: Bei dieser Jagdart stehen die Schützen etwa einen Büchsenschuss vom Rand des Treibens entfernt und in der Nähe der bekannten Wechsel bzw. Pässe. Die Windrichtung ist zu beachten. Die D. auf Rot-, Gams-, Rehwild und Füchse ist eine stille Jagd, die mit wenigen Schützen

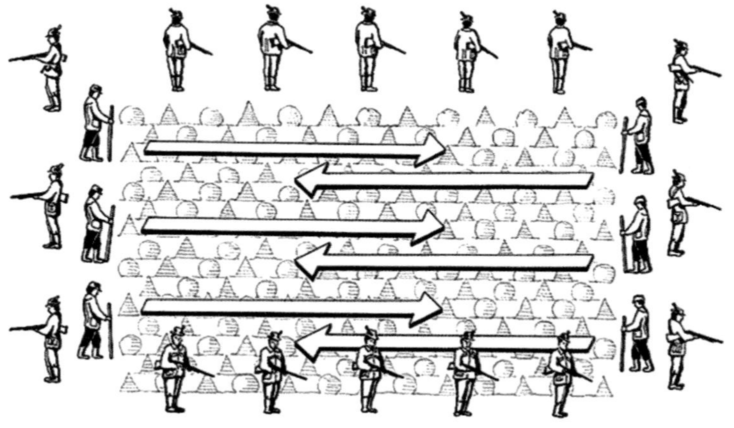
Scherentreiben

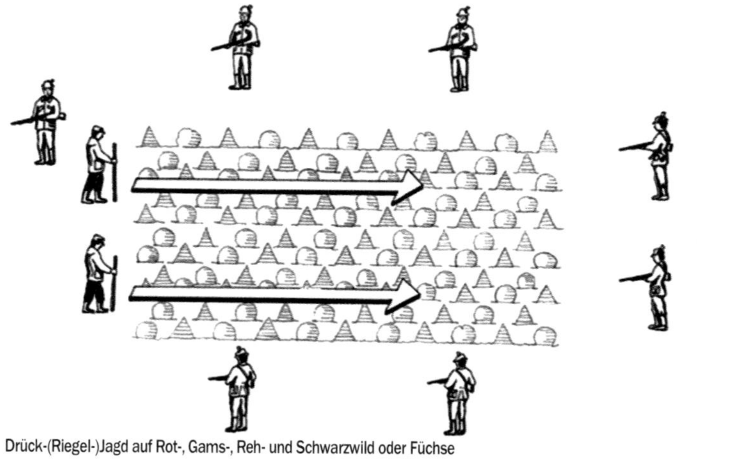
Drück-(Riegel-)Jagd auf Rot-, Gams-, Reh- und Schwarzwild oder Füchse

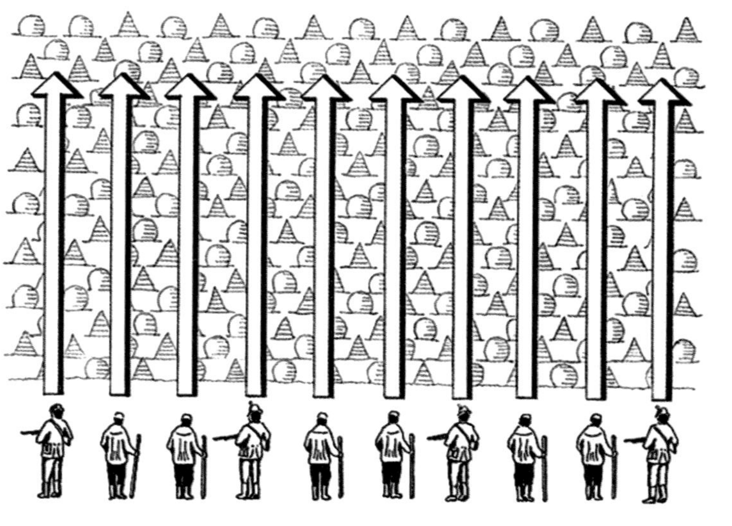
Streife im Wald (Waldstreife) auf Niederwild

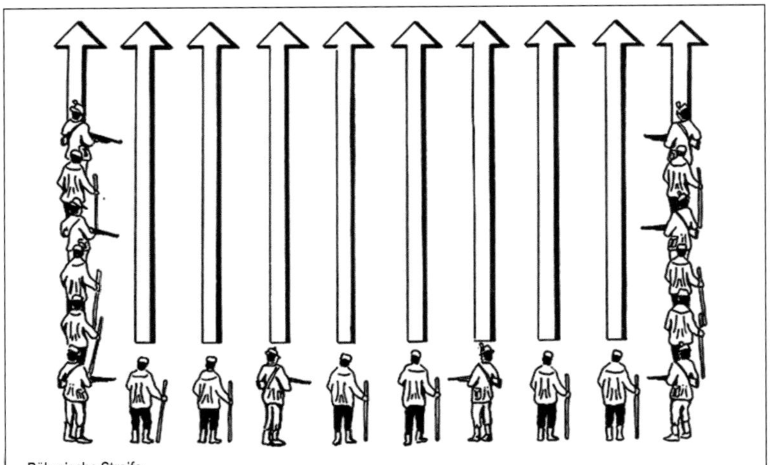

Böhmische Streife

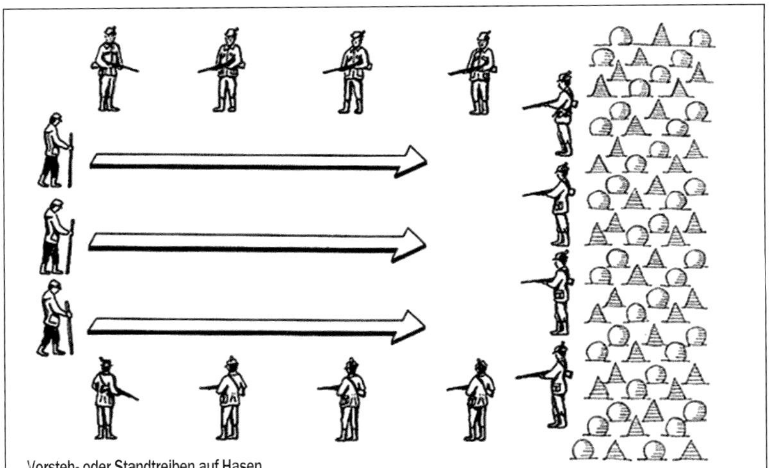

Vorsteh- oder Standtreiben auf Hasen

und Treibern (in Bayern nicht mehr als vier Personen als Treiber) durchgeführt wird. Die Treiber gehen mit dem Wind zu einer vereinbarten Zeit (kein Anblasen; Ruhe!) möglichst leise und langsam und nur gelegentlich hüstelnd, sich räuspernd oder einen Ast knickend den Trieb durch. Das beunruhigte und rege gemachte Wild kommt bei guter Durchführung den Schützen meist vertraut ziehend und nicht flüchtig, sodass diesen Zeit zum ▸ Ansprechen bleibt. D. auf Sauen ▸ Schwarzwild (Jagdarten).

3. Ansitz-Drückjagd: Um bei großen Waldkomplexen das Hochwild nicht zu sehr zu beunruhigen, werden die Schützen in und um das Treiben verstreut auf Ständen postiert. Die Treiber (nur wenige) gehen einzeln und in Gruppen möglichst lautlos hin und her, damit das Wild den Schützen möglichst vertraut kommt. Diese kombinierte A. hat zugleich den Vorteil, dass die Auswahl des zu schießenden Wildes besser vorgenommen werden kann.

4. Streife im Wald (Waldstreife) auf Niederwild: Bei der S. i. W. gehen Schützen und Treiber in einer Linie vor und beschießen das aufstehende Wild. Es ist aber darauf zu achten, dass kein Schütze oder Treiber vorprellt bzw. einen Sack macht. Die Schützen-Treiber-Linie hat sich daher ständig in einer Linie auszurichten. Bei der Streife im Wald werden kurzsuchende (buschierende) Hunde mitgeführt.

II. *Treibjagden im Feld*:

5. Streife im Feld (Feldstreife) auf Niederwild: Sie verläuft wie die Waldstreife. Die Schützen und die Treiber gehen in breiter Front vor. Die mitgeführten Hunde dürfen nur geschnallt werden, wenn sie ▸ hasenrein sind, gut ▸ vorstehen und nicht zu weit vorpreschen.

6. Böhmische Streife (Böhmisches Treiben oder fliegendes Treiben): Die heute gebräuchlichste Streife ist die B. S. Sie wurde bereits um die Mitte des 19. Jh. auf den Gütern des böhmischen Adels praktiziert. Bei der B. S. werden gegenüber der gewöhnlichen Feldstreife der rechte und der linke Flügel vorgezogen, um das Wild am seitlichen Ausbrechen zu hindern. Die Aufstellung der Schützen und der Treiber bildet dabei ein großes, eckiges U. Häufig werden hierbei die Treiber mit einer langen Schnur verbunden und in die Zwischenräume bunte Wimpel gehängt, die das Wild am Durchbrechen hindern sollen.

7. Vorsteh- oder Standtreiben auf Hasen: Das V. a. H. im Feld läuft im Wesentlichen wie das Vorstehtreiben im Walde ab. Die Schützen stehen mit etwa 60 Schritt Abstand voneinander. Der Stand ist nach Möglichkeit an Sträuchern und dgl. anzulegen. Die beiden Flügel der Treiberwehr sind häufig vorgezogen.

8. Kesseljagd (Kesseltreiben): Schützen und Treiber treffen sich am Sammelplatz. Es wird nach Eintreffen das Signal »Begrüßung« geblasen, und der Jagdherr gibt die Verhaltens- und Vorsichtsmaßregeln bekannt. Zugleich bestimmt er, ob beim Auslaufen des Treibens geladen und aufstehendes Wild geschossen werden darf. Die Größe (Umfang) des Kessels und die Anzahl der vorhandenen Schützen und Treiber dienen als Anhalt für den zu gehenden Abstand. Auf das Signal »Aufbruch zur Jagd« laufen nach Namensaufruf abwechselnd und unter revierkundiger Führung (Spitzenführer) die Treiber und die Schützen links und rechts aus. Treffen die Führenden zusammen, ist der Kessel geschlossen, und der Spitzenführer bläst das Signal »Das Ganze«. Der beim Jagdherrn verbliebene Bläser bläst das Signal »Halt«. Daraufhin müssen alle Schützen und Treiber stehenbleiben, um die Abstände auszugleichen und eine Wendung zur Kesselmitte vorzunehmen. Auf das Signal »Das Ganze – langsam treiben« darf geladen und geschossen werden, wobei die Schützen und die Treiber langsam, gleiche Abstände haltend, auf die Kesselmitte zugehen. Wenn sich der Kessel bis auf die Gefahrenzone von 350 bis 400 m verengt hat, wird das Signal »Das Ganze« und »Treiber rein« geblasen. Nach diesem Signal darf nicht mehr in den Kessel geschossen werden. Während nun die Treiber in den Kessel gehen, bleiben die Schützen stehen, gleichen wieder die Abstände aus, drehen sich um und dürfen von da ab nur noch auf das Wild schießen, welches die ▸ Schützenwehr passiert hat. Wenn die Treiber die Mitte erreicht haben, ertönt das Signal »Das Ganze« und »Aufhören zu schießen« (»Hahn in Ruh!«). Die K. ist damit zu Ende, die Gewehre werden entladen und die nach dem Signal »Treiber rein« geschnallten Hunde wieder angeleint.

Nach dem Abblasen (Jagdsignal: »Hahn in Ruh, aufhören zu schießen«) ist jeweils das Gewehr zu entladen und gekippt oder mit der Mündung nach oben zu tragen. Auf kranke Hasen ist nach jedem Trieb nachzusuchen, am nächsten Tag ist auf dem bejagten Gebiet nochmals eine Nachsuche durchzuführen. Am Ende einer G. wird das Wild zur Strecke gelegt und verblasen; ▸ Streckelegen. Ein gemeinsames Jagdessen, letzter Trieb, Knödelbogen, Schüsseltrieb oder ▸ Schüsseltreiben genannt, schließt den Jagdtag ab; ▸ Taubenjagdtage.

Gesellschaftskrähe, die: ▸ Rabenvögel 4.

Gesetzel, das (Gesetzl, Gsetzl, Gesätzl, Balzgesang, Gesang, Balzarie, Vers, Gstanzl, Spiel, Strophe): Bez. für das Balzlied des Auerhahns.

Professor Vogel: »Gesellschaftsjagd bei Tambach am 13. Dezember 1861 mit den Grafen Franz-Karl und Friedrich zu Ortenburg«, 18. Jh., Privatbesitz, Schloss Tambach

Ein G. machen bedeutet svw. balzen; ▸ Raufußhühner 1.

Gesicht, das: **1**) svw. ▸ Gesichtssinn, das Sehvermögen. ▸ Windhunde jagen nur auf G., d.h., sie jagen nur, solange sie das Wild sehen. **2**) Bez. beim ▸ Ansprechen des Schalenwildes, z.B.: »Der Bock hat ein altes (junges) G.«

Gesichte, das: Frühere Bez. für die Kimme auf den Kugelbüchsen, Teil einer ▸ Visiereinrichtung.

Gesichtsfeld, das: ▸ Jagdoptik.

Gesichtssinn, der: Bei den höheren Wirbeltieren sind die Augen (Sehorgane) im Gesicht lokalisiert, daher die Bez. G. Bei den einzelnen Tierarten ist die Leistungsfähigkeit der Augen äußerst unterschiedlich und hängt nicht unwesentlich von der Ausbildung weiterer Fernsinne wie Ohr und Nase (▸ Makrosmaten, ▸ Mikrosmaten) ab. Bei ▸ Nachttieren beruht der G. fast ausschließlich auf der Helldunkelwahrnehmung (Stäbchensehen). Die Sehschärfe in der Dunkelheit ist dabei nicht sehr gut, weil die weit geöffnete Pupille die Abbildungsfehler der Linse voll zur Wirkung bringt. Außerdem reflektiert bei den Nachttieren die hinter der Netzhaut liegende Schicht aus Guaninkristallen das Licht, das durch die Netzhaut fällt. Dadurch verschlechtert sich zwar die Sehschärfe, aber dafür vergrößert sich die Lichtempfindlichkeit. Fluchttiere haben ein Gesichtsfeld von mehr als 270°, die Augen stehen deshalb seitlich am Kopf. Sie müssen einen möglichen Feind bereits auf große Distanz wahrnehmen. Bei Tieren, die auf ein gutes räumliches Sehen angewiesen sind (z.B. Eulen, ▸ Beutegreifer), ist das Gesichtsfeld kleiner (ca. 180°), weil beide Augen den räumlich zu sehenden Gegenstand gleichzeitig fixieren müssen. Für diese Tiere ist das räumliche Sehen lebenswichtig, weil sie andere Tiere durch gezieltes Zupacken im Sprung (Beutegreifer) oder im Flug (Eulen) jagen und erbeuten; ▸ Temperatursinn.

Gespenst, das: **1**) Bez. für irgendein Stück, z.B. Kleidungsstück, Jagdtasche usw., das, wenn ein Marder auf einem frei stehenden Baum fest ist, unten aufgehängt wird und ihn so am Abbaumen hindert. Der Jäger kann dann seine Jagdwaffe holen oder den Marder ausräuchern, was früher als »den Marder verfeuern« bezeichnet wurde. Das Aufhängen des Kleidungsstückes usw. wird als »ein G. machen« bezeichnet. **2**) Als »ein G. machen« bezeichnet man auch das Verblenden mit Brüchen und das Verstänkern mit einer abgeschossenen Patronenhülse (früher mit Pulver eingeriebene Papierstreifen) eines geschossenen Stück Wildes, das nicht sofort oder gar erst am darauffolgenden Tag abtransportiert werden kann. Dieses Verblenden und Verstänkern (Verwittern) hält Raubwild und Sauen ab.

gesperbert: Das Gefieder junger Vögel und alter Habichte, die eine sperberähnliche, quer verlaufende wellenförmige Zeichnung auf der Brust tragen, vergleichbar mit der unterseitlichen Querbänderung des ▸ Sperbers.

Gesperre, das: Auch Gesperr. Gesamtheit der Jungen und der Alten (Familie) bei Auerwild, Birkwild, Haselwild, Trappe und Fasan; ▸ Kette.

gesperrtes Jagen: Eingerichtetes oder ▸ Eingestelltes Jagen.

gespiegelt: Junge Wildenten, wenn diese ihren charakteristischen ▸ Spiegel am Flügel haben.

gespisst: Eine Haselhenne, die durch Nachahmung des ▸ Spissens 2) angelockt wurde, wurde g.

gesprengt werden: Vom Wild umgeworfen und dabei durch das Wild oder durch den Sturz verletzt werden.

Gesprinz, der: Altes bayerisches Wort (Landau) für ▸ Beizvogel.

Geständе, das: **1**) Auch Geständ; Horst der Reiher, mittelalterliche Bez. für Reiherstand (Reiherkolonie). **2**) Der Horst der ▸ Greifvögel und der Platz, an dem sie aufblocken. **3**) Seltene Bez. für die Fänge (Füße) der Greif- und der ▸ Beizvögel.

geständert: Vögel, bei denen ein oder beide Ständer (Beine) durch einen Schuss verletzt wurden.

Gestänge, das (Gestemm, Gstemm): Seltener alpenländischer Ausdruck für ein Hirschgeweih mit vielen Sprossen.

Gestängefalle, die: Eine Lebendfangfalle; ▸ Fallen 7.

gestangelt: Österreichischer mundartlicher Ausdruck für ▸ geständert.

Gestell, das: **1**) ▸ Stellflügel. **2**) Die Fänge (Füße) der ▸ Beizvögel (selten).

gestellt: Ein Stück Wild ist vom Hund g. oder stellt sich dem Hund, wenn es vor diesem nicht mehr weiter flüchtet.

Gestemm, das: ▸ Gestänge.

Gestöber, das: Alte Bez. für ▸ Gestüber; ▸ Geschmeiß.

gestrichen Korn: ▸ Visiereinrichtung.

gestromt: Farbzeichnung (dunkle Querstreifung) mancher Hunderassen, z.B. des Hannoverschen Schweißhundes. Bei dunkler Grundfarbe spricht man von dunkelgestromt, bei heller Grundfarbe von hellgestromt.

Gestüber, das (veraltet: Gestöber): Der Kot allen essbaren, zum Niederwild zählenden Federwildes mit Ausnahme der Trappen.

gestuppt: Pennen, die ▸ Grimale haben.

gesund: Ein Stück Wild, das nicht angeschweißt ist, d.h. nicht von der Kugel getroffen wurde.

Gesundfährte, die: Die ▸ Fährte eines gesunden Stücks Schalenwild; Ggs.: ▸ Schweißfährte (Wundfährte).

Gesundspur, die: Die ▸ Spur von gesundem Wild; Ggs.: ▸ Schweißspur (Wundspur).

getigert: Farbzeichnung (tigerartige Streifung) mancher Hunderassen.

Getreideweih, der: ▸ Weihen 2.

Geulen, die: ▸ Geschröte.

Gevögel, die: Alte Bez. für das gesamte kleine ▸ Federwild.

Gewaff, das: **1**) Auch Waffen; die beiden ▸ Eckzähne im Ober- und Unterkiefer des Keilers; ▸ Schwarzwild. **2**) Seltene Bez. für die Fänge (▸ Fangzähne) des Bären, des Wolfes und des Luchses. **3**) Die Krallen der ▸ Greifvögel.

gewahren: Sehen und Hören des Birkhahns.

Gewaid, das (altes süddeutsches Wort): **1**) Eingeweide (Gedärme, das kleine ▸ Gescheide). **2**) Auch Geweide, Geäse, die ▸ Äsung.

Gewämp, das: Das unedle Eingeweide, der ▸ Wanst.

Gewärff, das: Seltener Ausdruck für ▸ Gewehre 1).

Gewehr, das: **1**) ▸ Jagdgewehr. **2**) Alte Bez. für die Waffen des Keilers; ▸ Waffen 4.

Gewehre, die: **1**) Auch Hauer (veraltet: Gewerf, Gewärff): die ▸ Eckzähne im Unterkiefer des Keilers (männliches ▸ Schwarzwild); ▸ Hauer, ▸ Haderer, ▸ Haken 2). **2**) Sammelbezeichnung für alle Waffen, die früher zur Jagdausübung verwendet wurden, wie Seiten-G. (Hirschfänger, Standhauer, Waidblatt usw.) und Schieß-G., heute nur noch für alle Langwaffen (▸ Jagdgewehr); ▸ Blanke Waffen.

Gewehrfutteral, das: Ein Behälter aus Stoff, Kunststoff oder Leder mit Tragriemen für den Transport eines Gewehres.

gewehrgerecht: Frühere Bez. eines Jägers, der mit Feuerwaffen umgehen konnte.

Gewehrkoffer, der: Aus Metall, Kunststoff oder Leder gefertigter starrer Behälter (Koffer) für den Transport eines Gewehres.

Gewehrlauf, der: ▸ Lauf 4).

Gewehrriemen, der: Riemen, der das Tragen des Gewehres erleichtert. Der zünftige Jäger trägt die Flinte am glatten Riemen, die Büchse (und nur diese) am geflochtenen Riemen. Bis zum Ende der Donaumonarchie war es bei Personen von Stand üblich (mancherorts auch noch heute), bei Treibjagden die Flinten ohne G. zu führen. Diese Sitte geht auf einen Vorfall anlässlich einer Hoftreibjagd 1758 bei Schlosshof zurück. Bei dieser Jagd rückte dem Obrist-Stallmeister Ihrer Majestät ein Hirsch auf den Leib und warf ihn zu Boden. Dabei verfing sich der G. im Geweih des Hirsches, welcher noch tags darauf mit dem Gewehr gesehen wurde. Von da an trug man bei Hofe die Flinten ohne G. Die riemenlose Flinte wurde zum Standes- und Statussymbol folgender Generationen. Seit das Jagen mit Gewehrträgern und Büchsenspannern aus der Mode gekommen ist, führt heute selbst der Hochadel die Flinten wieder mit Riemen.

Gewehrfutterale zum sicheren Transport der Waffe mit Patronengürtel und Gewehrriemen

Gewehrschloss, das: ▸ Schlosssystem.

Geweih, das: Eigentlich svw. Geäst (veraltet: Gehörn, Geweye, Geweihe, Gewicht, Gewichte, speziell beim Rothirsch früher auch Gezierde oder Gezinde): Der Hauptschmuck (die paarig ausgebildete Stirnwaffe) der Cerviden (▸ Hirsche). Mit Ausnahme des Rens tragen i.d.R. nur die männlichen Tiere ein G. In der Jägersprache wird der Hauptschmuck des Rehbocks als Gehörn bezeichnet. Johann ▸ Täntzer und Johann Wilhelm Pärson bringen bereits in ihren 1734 erschienenen Büchern den Unterschied zwischen G. und Gehörn zum Ausdruck: »Geweyhe sind die Hörner vom Hirsch. Die Hörner aber, so die Reh-Böcke tragen, heißen eines Reh-Bocks Gehörn, und kein Geweyh«, »Der Hirsch trägt Stangen-Geweyh, und keine Hörner«. Das G. dient seinem Träger als Imponierorgan sowie für Brunft- und Abwehrkämpfe mit Rivalen (▸ Kommentkampf). Im Unterschied zu den ▸ Horntieren ist das G. eine Hautknochenbildung, die unter Einwirkung der Schilddrüsenhormone entsteht; sie sitzt mit einer Knochenverbreiterung (Rose) auf der Knochenwucherung des Stirnbeins, dem sog. Rosenstock, auf und wird alljährlich abgeworfen und wieder erneuert (geschoben). Das G. ist während seiner Entwicklung von einer plüschartig behaarten, blutgefäßreichen Haut (▸ Bast) überzogen und weich (Kolben-G., Kolbenhirsch). Gegen Ende des Wachstums wird es durch Einlagerung von phosphorsaurem Kalk nach und nach gefestigt; die Haut trocknet ein. Durch Schlagen und Reiben (Fegen) wird die vertrocknete Haut an Bäumen und Sträuchern abgescheuert. Der ursprünglich helle, fast weiße G.-Knochen wird v.a. durch die Gerbstoffe der Baumrinde beim Fegen dunkel gefärbt, bei Buchen, Birken und Weiden heller, bei Eichen und Erlen dunkler. Die am fertig gefegten G. sichtbaren, schnurartigen Rillen (Furchen) stammen von den Eindrücken der Blutgefäße des Bastes. Einige Zeit nach Abklingen der Brunft wird durch Einwirkung von Geschlechtshormonen das G. abgeworfen, wobei es zu einer ringartigen Auflösung des Knochens am Stirnzapfen (Knochenzapfen, Rosenstock) des Stirnbeins dicht unterhalb der ▸ Rose kommt; ▸ Petschaft. Das G. besteht aus den beiden Stangen, die je nach Alter und Hirschart unterschiedliche Gestalt haben und deren Abweichungen (▸ Enden

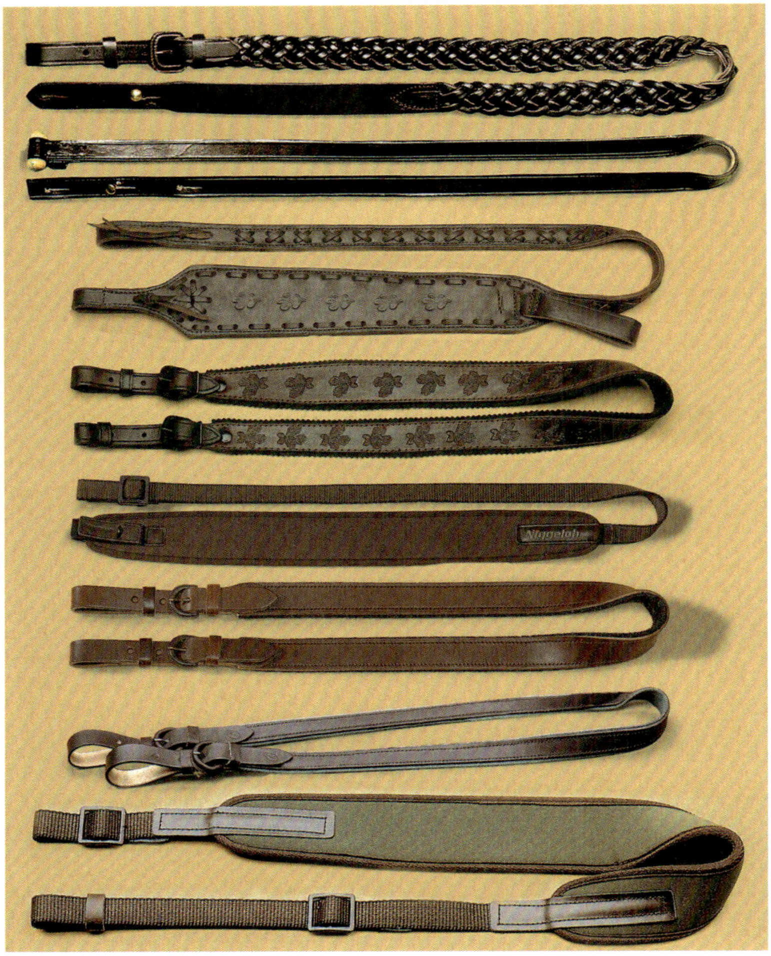

◂◂ Verschiedene Gewehrriemen aus Leder und Kunststoffgeweben

Rothirsch mit imposantem Geweih

oder Sprossen) mehr oder weniger zahlreich sein können. Beim Dam- und beim Elchwild kommt es an der oberen Hälfte der Stange zu einer Abflachung und Verbreiterung der Stange, der sog. Schaufel. Mehrere (mindestens drei) Enden an der Stangenspitze bilden eine Krone. Bei Rot-, Dam- und Sikahirsch folgt nach der Rose als erstes Ende der nach vorne weisende Augspross. Es folgt – manchmal – der Eisspross, dann der Mittelspross und manchmal noch ein Wolfsspross. Die nachfolgenden Enden bilden die Gabel oder die Krone. Beim Rehbock folgt – bei der Sechserstufe – im Anschluss an die Rose der nach vorne stehende Kampf- oder Vorderspross, dann der nach hinten stehende Rück-, Hinter- oder Endspross und der Mittel- oder Stangenspross. Ist die Endenzahl an jeder Stange gleich, wird von einem geraden G., ist sie ungleich, von einem ungeraden G. gesprochen; ▸ Achtender, ▸ Zehnender, ▸ Zwölfender. Krankheiten und Verletzungen führen – besonders beim ▸ Rehwild – häufig zu Missbildungen des Gehörns bzw. des G.; z.B. Perücken-, Frost-, Widder- und Korkenziehergehörn.

Geweihschau, die: ▸ Trophäenschau.

Geweihstange, die: Eine einzelne Stange eines ▸ Geweihs.

Geweihstuhl, der: Alte und seltene Bez. für ▸ Rosenstock.

Geweihte, der: Hirsch, der ein ▸ Geweih trägt; »der G. geht kahl« heißt, der Hirsch hat sein Geweih abgeworfen. Der Hochgeweihte ist ein Hirsch mit einem besonders starken Geweih; ▸ Rotwild.

Geweihträger, die: Die Familie der ▸ Hirsche.

Geweihvortragen, das (Gehörnvortragen, seltener: Hauptvortragen): Wenn die ▸ Parforcejagd beendet und der Hirsch zur Strecke gekommen war, wurde das Haupt nach dama-ligem Brauch mit drei Schlägen mit dem Waidblatt abgeschlagen. Es wurde dem Jagdherrn vorgetragen und dann vom Oberjägermeister, falls dieser von Adel war (in dessen Vertretung vom ältesten anwesenden Jäger), dem ▸ Leithund, der den Hirsch bestätigt hatte, vorgetragen. Der Leithund wurde dabei mit ▸ Waidsprüchen angesprochen. Anschließend wurde das Haupt den anderen anwesenden Jägern dem Range nach vorgetragen (gezeigt). Dieser Brauch wird heute noch in Frankreich ausgeübt.

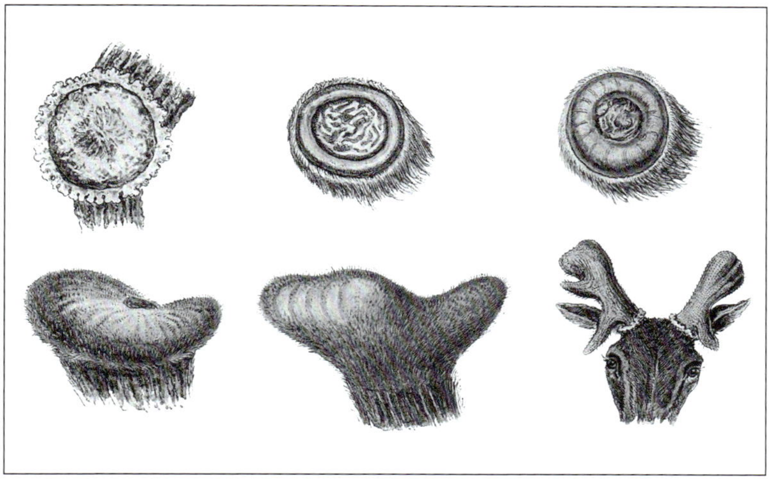

Geweihwachstum, Illustration aus Otto Grashey, »Praktisches Handbuch für Jäger« 1894, 3. Auflage 1916

Gewende, das (das Wenden): Das Himmelszeichen; ▸ Hirschgerechte Zeichen.

Gewerbe, das: ▸ Gewirre.

Gewerf, das (Gewärff): Seltener Ausdruck für ▸ Gewehre.

Gewicht, das: **1)** Auch Gewichte, alte süddeutsche Bez. für ▸ Geweih. **2)** Alter Ausdruck für ▸ Gewichtl. **3)** ▸ Wildbretgewicht, ▸ Wildgewicht.

Gewichtl, das (Gwichtl, veraltet: Gewicht): Süddeutsche und österreichische Bez. für den Hauptschmuck des Rehbockes; ▸ Rehwild.

Gewirre, das (Gewerbe): Bez. für den gezähnten Kamm an den Bügeln des Berliner Schwanenhalses; ▸ Fallen 13.

Gewitter(regen)vogel, der: ▸ Schnepfenvögel 7.

Gewölle, das (Schleimsel): Unverdauliche Nahrungsreste von Beutetieren (z.B. Haare, Wolle, Federn, Knochen, Krallen, Muschelschalenreste, Chintinreste von Insekten, Zähne) in Form von länglichen Ballen, die ▸ Greifvögel und ▸ Eulen mehrere Stunden nach dem Kröpfen wieder auswürgen (Speiballen). Das Auswürgen der G. dient dem Schutz der Darmwand vor Verletzungen. Auch Eisvögel, Reiher, Störche, Möwen, Würger und Rabenvögel würgen G. aus. Aus der Größe, Zusammensetzung und Farbe der G. lassen sich Schlüsse auf die Vogelart ziehen. Jedoch nur bei der Aufnahme eines vollen Kropfes Nahrung wird ein für die Art typisches G. gebildet, anhand dessen sich diese Schlüsse ziehen lassen. G., die gut erhaltene Knochenreste und ganze Mäuseschädel enthalten, stammen von Nachtgreifvögeln (Eulen), da diese wenig Salzsäure im Magen haben. Taggreifvögel dagegen haben genügend davon und können deshalb die Knochen ganz oder weitgehend verdauen. G. aus dichtgefilzten Haaren stammen vom Turmfalken und vom Mäusebussard, solche aus festgefilzten Federn vom Baumfalken, vom Habicht oder vom Sperber. G. aus Haaren, Federn und Eischalenresten stammen von Weihen. Enthalten sie kleine Federn und den Kropfinhalt der Beute (z.B. Flügeldecken von Käfern), sind es Wanderfalken-G. Beim ▸ Beizvogel muss dem G. besondere Aufmerksamkeit geschenkt werden. Er muss immer wieder ▸ Atzung mit etwas Federn oder Fell erhalten, um G. bilden zu können. Um genügend Jagdlust zu haben, muss der Beizvogel vor der Beize sein G. geworfen haben. Auf die Beschaffenheit des G. ist zu achten, da sie eine etwaige Krankheit oder auch schwere Konditionsfehler anzeigen kann. Das G. sollte bei einem gesunden Beizvogel fest und nicht schmierig sein. Bei gesunden Falken ist es mit einer hauchdünnen, gallertartigen Haut umkleidet. Ist diese etwas angetrocknet, sollte sie sich klebrig und elastisch anfühlen. Durch Untersuchung der G. lassen sich die Beutetiere ermitteln. Die Untersuchung von Eulen-G. gibt zudem einen guten Überblick über die Kleinsäugerfauna des jeweiligen Lebensraumes der Eulen.

Gewöllverstopfung, die (Gries): Beim ▸ Beizvogel muss vor dem ▸ Atzen darauf geachtet werden, dass er das ▸ Gewölle vom Vortag bereits geworfen hat. Ist dies nicht der Fall, kann es zu einer G. kommen, woran der Vogel lange kränkeln und schließlich eingehen kann.

Geyer, der: Ältere Schreibweise für ▸ Geier.

Gezierde, das: ▸ Gezinde.

Gezinde, das (Gezierde): Alte süddeutsche Bez. für das ▸ Geweih des Hirsches (von Zint, Zacke).

gezogener Lauf: Ein mit Zügen versehener Gewehrlauf (Büchsenlauf, Pistolen- und Revolverlauf); ▸ Lauf 4)1.

Giemer, der: ▸ Drosseln 1.

gieren: svw. ▸ girren 1).

Gierfalk, der: ▸ Falken 9.

Giftbissen, der: Der ▸ Köder.

Gifteier, die: Zur Bekämpfung schädlicher Vögel (Rabenkrähenbekämpfung) meist in künstlichen Nestern ausgelegte Eier, die gelben Phosphor enthalten. Das Auslegen ist genehmigungspflichtig. Nach §19 BJG ist es verboten, Wild zu ▸ vergiften oder vergiftete oder betäubende Köder zu verwenden.

◂◂ Tollkirsche (Giftpflanze)

Aaronstab (Giftpflanze)

Giftpflanzen, die: Pflanzen, die aufgrund des Gehaltes an Giftstoffen (Alkaloide, Glykoside, ätherische Öle) für Menschen und Tiere schädlich sind. Wildtiere meiden G. Der Genuss dieser Pflanzen kann zu Vergiftungserscheinungen oder zum Tode führen. Die Giftstoffe sind i. Allg. in allen Pflanzenteilen zu finden, doch ist häufig eine Anreicherung in bestimmten Organen und/oder in den Früchten festzustellen (z.B. in Blüten, Blättern, Beeren, Wurzeln, Rinde etc.). Bei einigen G. wirken nur größere Mengen giftig. Bei geringer Dosierung sind die G. häufig sehr segensreich wirkende Drogen und finden als Heilpflanzen Verwendung. Auch können einige G. für eine bestimmte Tierart sehr schädlich, für eine andere hingegen völlig ungefährlich sein. Die Giftstoffe wirken auf Darm und Magen, auf die Herztätigkeit und das Nervensystem ein. Die wichtigsten einheimischen G. sind: Efeu (*Hedera helix*), Weißer Germer (*Veratrum album*), Blauer Eisenhut (*Aconitum napellus*), Tollkirsche (*Atropa belladonna*), Schierling (*Conium maculatum*), Liguster (*Ligustrum vulgare*), Herbstzeitlose (*Colchicum autumnale*), Roter Fingerhut (*Digitalis purpurea*), Brechnuss (*Strychnos nux vomica*), Maiglöckchen (*Convallaria majalis*), Einbeere (*Paris quadrifolia*), Gemeine Heckenkirsche (*Lonicera xylosteum*), Eibe (*Taxus baccata*) Gemeiner Seidelbast (*Daphne mezereum*) und Aronstab (*Arum maculatum*).

Giftpilze, die: G. sind höhere Pilze mit einem Fruchtkörper, der bestimmte Substanzen als Stoffwechselbestandteil in so hohen Anteilen enthält, dass nach seinem Genuss bei Mensch und Tier Vergiftungserscheinungen auftreten. Wie kein anderes Lebewesen sind Pilze dazu befähigt, äußerst komplizierte organische Verbindungen einzugehen. Insofern unterscheiden sich ihre Inhaltsstoffe grundlegend von denen der Blütenpflanzen (▸ Giftpflanzen). Von den etwa 200 Giftpilzarten der nördlichen gemäßigten Zone sind mehr als 40 gefährlich giftig und 10 tödlich giftig, die übrigen verursachen zumindest Magen-Darm-Erkrankungen. Eine Reihe dieser Pilzarten baut giftige Substanzen auf, die menschliche Organe, v.a. Leber, Nieren und den Kreislauf, angreifen und unter Umständen zum Tod führen können. G. sind z.B. Knollenblätterpilze, Fliegenpilz, die Risspilze, viele Arten der Trichterlinge und der

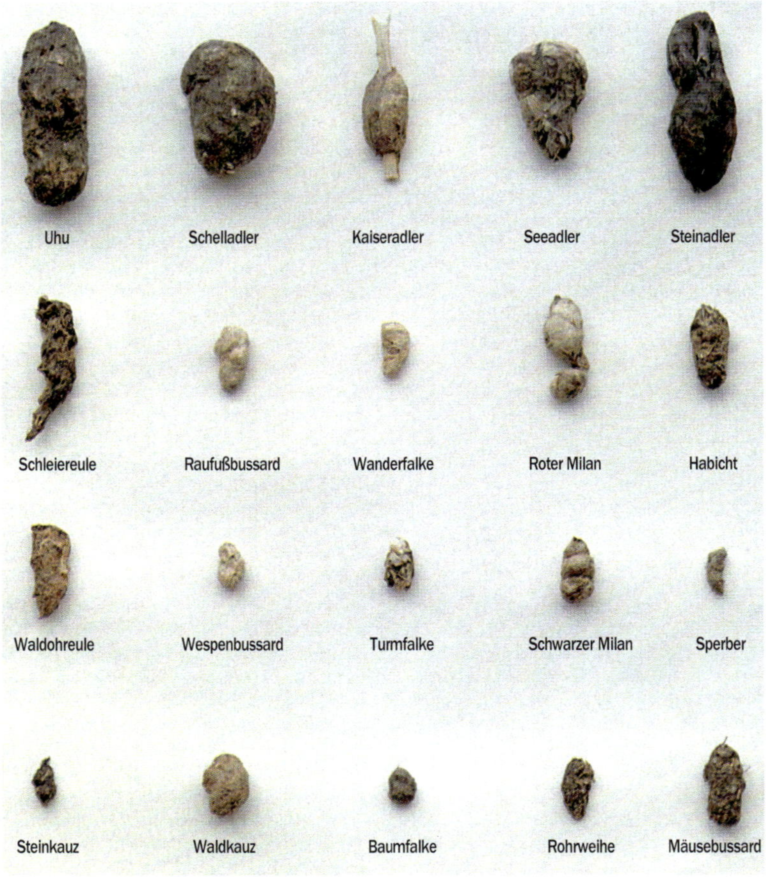

◂◂ Greifvogel- und Eulengewölle

Rötlinge, Karbolegerling, einige Schleierlinge, Flämmlinge, Schwefelkopf, Täublinge und Milchlinge.

Giftweizen, der (Giftgetreide): Rot angefärbte, mit Gift (Rodentiziden) präparierte Weizenkörner zur Bekämpfung von Ratten und Mäusen.

Giloch, der: ▸ Schnepfenvögel 7.

Ginovsky, Josef (1800 Tölszék/Slowakei bis 1857 Leoben): Maler und Holzschnitzer, daneben leidenschaftlicher Jäger. G. malte v.a. Jagdszenen, Gams- und Hirschjagden sowie Hahnenbalzen. Von ihm stammt u.a. das Ölgemälde »Treibjagd auf Hasen beim Neugebäude« (1842).

Gir, der (alter alpenländischer Ausdruck): **1**) Bart- oder Lämmergeier; ▸ Geier 4. **2**) Auch Gyr, der Steinadler; ▸ Adler 1.

Giro!: ▸ Jagdgeschrei 2.

girren: **1**) Lautäußerung der jungen ▸ Greifvögel und ▸ Rabenvögel; nach ▸ Atzung schreien. **2**) Frühere Bez. für das Gurren der Turteltaube.

Girtanner, A.: ▸ Jagdliteratur.

Gjäg, das: **1**) Altes süddeutsches Wort für Wilde Jagd; ▸ Wilder Jäger. **2**) Schweizerische Bez. für einen Jagdhund, der lauthals ein Stück Wild verfolgt.

Glasauge, das: Bez. für ein sehr helles Auge mit pigmentloser Regenbogenhaut.

Glatte Büchse, die (Glattbüchse): Eine Büchse mit glattem Lauf (ohne Züge). Heute nicht mehr im Gebrauch; ▸ gezogener Lauf.

Glattfußhühner, die: Sammelbezeichnung für ▸ Feldhühner, ▸ Fasane und Truthühner, d.h. ▸ Hühnervögel mit unbefiederten Laufbeinen; ▸ Raufußhühner.

Glatthafer, der: ▸ Wildäsungspflanzen.

Glatzflechte, die (Trichophytie): Eine Pilzerkrankung, die durch einen pflanzlichen Parasiten, einen Hautpilz (*Herpes tonsurans*), verursacht wird. Sie kommt besonders beim Hausrind, aber auch bei Elch-, Rot-, Dam- und Rehwild, bei Wolf, Dachs, Hase, Igel, Iltis, Sumpfbiber, beim Hund und auch beim Menschen (Zoonose) vor. Die Ansteckung erfolgt mit Pilzsporen durch direkten Kontakt oder durch die Berührung mit infizierten Lagerstellen oder Malbäumen. Das Hautpilzgeflecht dringt in die Haut ein – besonders bei verletzter oder feuchter Haut –, lebt in der Hornschicht der Decke, des Balges, der Schwarte oder der Haut und dringt bis zu den Haarwurzeln vor. Es verursacht einen Haarausfall, wobei sich besonders an Schultern, Hals und Kopf, aber auch an anderen Körperstellen kreisrunde kahle Stellen bilden. Die Haut wird blaugrau und rau, schuppig oder borkig. Bekämpfung: Die befallenen Stücke sind zu erlegen. Bei in Gefangenschaft gehaltenem Wild, bei Hund und Mensch ist eine Heilbehandlung durch den Tierarzt bzw. Arzt möglich. Nach der Heilung wachsen die Haare wieder nach. Das Wildbret ist – wenn nicht zu sehr abgekommen – genusstauglich. Bei der Bearbeitung des Wildkörpers ist jedoch wegen der Übertragbarkeit auf Mensch und Hund Vorsicht geboten.

gleichwarm: ▸ Warmblütler.

glepfen: svw. ▸ knappen 2).

Gletschergams, die (Keesgams): Bez. für ▸ Gamswild in der Gletscherregion. Es ist im Wildbret meist etwas geringer als die Gamsen tieferer Lagen.

Glocke, die: **1**) (Glockengarn) ▸ Garne 5. **2**) ▸ Bart 5).

glockeln (glöckeln): svw. ▸ knappen 2).

glocken: ▸ gocken.

Glockengarn, das (Glocke): ▸ Garne 5.

gluchsen (seltener: mahnen): Bez. für die Lautäußerung des weiblichen ▸ Damwildes.

Glück auf!: Früher gebräuchliche Begrüßungs- oder Abschiedsformel, die gelegentlich anstatt »Waidmannsheil« verwendet wurde; ▸ Jägergruß, ▸ Falknersheil, ▸ Waidsprüche.

Glucken, das: Der Ton, mit dem die Auerhenne ihre Jungen lockt.

Glühkorn, das: ▸ Nachtkorn.

Gluth, der (Glut): Der ▸ Triel.

GMV: Abk. für Großer schwarzweißer Münsterländer; ▸ Vorstehhunde.

Gnadengejaid, das: Alte Bez. für ▸ Gnadenjagd.

Gnadenjagd, die (Gnadengejaid, Gnaden-Jagen, seltener: Reversjagd): Eine besonders im 16. und 17. Jh. vom Landesherrn gnadenweise verliehene Jagd (Jagdrecht). Sie wurde entweder auf Widerruf oder auf Lebenszeit vergeben. Der begünstigte Personenkreis waren häufig Beamte, aber auch andere Persönlichkeiten, denen als Belohnung für geleistete Dienste usw. eine Jagd gnadenweise überlassen wurde. Auf den G. behielten sich die Landesherren aber meist das Recht auf Mitjagd vor. Die über die Verleihung der G. ausgestellten Urkunden bestimmten, ob es sich um eine Land-, eine Wasser-, eine Hoch- oder eine Niederjagd usw. handelte oder ob nur eine Wildart bzw. eine bestimmte Stückzahl erlegt werden durfte. Gnadenweise vergaben die Landesherren das Jagdrecht auch erblich als sog. Erbjagden.

gnicken: Krankes Wild mit dem Nicker (▸ Blanke Waffen) ▸ abfangen.

Gnicker, das (Nicker): Ein Jagdmesser; ▸ Blanke Waffen.

Göchhausen, Hermann Friedrich von (3.3.1663 Freigut Ottstedt bei Weimar bis 30.12.1733 Buttelstedt): Jagdschriftsteller. G. war Oberlandjägermeister im Fürstentum Sachsen-Weimar und 23 Jahre Leiter der Wälder und Jagden seines Landesherrn. G. verfasste die ersten Regeln über das Verhalten der Schützen bei ▸ Treibjagden. Sein Werk: »Notabilia Venatoris oder Jagd- und Weidewercks Observationes …«, erschienen 1707, wurde in den folgenden Jahren in verschiedenen deutschen Orten und z.T. mit veränderterm Titel herausgegeben.

Gockel, der (Hahn): Der männliche ▸ Fasan.

Gocken, das (seltener Glocken): Der Ton, mit dem die Auerhenne den Hahn warnt. Auch das Locken von Gesperre und Hahn wird so bezeichnet.

Goeckingk, Leopold Friedrich Günther (1748 Gröningen bis 1828 Wartenburg bei Breslau). Schriftsteller, Redakteur und Nationalökonom. G. war 1768 Referendar in Halberstadt, 1770 Kanzleidirektor in Ellrich, Kriegs- und Domänenrat in Magdeburg, 1788 Steuerrat in Wernigerode, 1789 für seine Verdienste um Quedlinburg geadelt, 1793 Geh. Oberfinanzrat in Berlin. Von ihm stammt u.a. »Die Parforce-Jagd« (1777).

Gödde, August: ▸ Jagdliteratur.

Goethe, Johann Wolfgang von (28.8.1749 Frankfurt a. M. bis 22.3.1832 Weimar): Dichter von Weltruhm, Rechtsanwalt, Leiter der wissenschaftlichen Sammlung und des Hoftheaters in Jena (1791 bis 1817). Von ihm stammt u.a. »Jägers Nachtlied« (1776), welches 33-mal vertont wurde, »Ilmenau« (1783; Warnung vor dem Unmut der Bevölkerung über die Parforcejagd), »Die Novelle« (1797, 1828).

Goisser, der (Goiser, Goissvogel, Gössvogel): Am Neusiedler See (Österreich) Bez. für den Brachvogel; ▸ Schnepfenvögel 7.

Goldadler, der: ▸ Adler 1.

goldene Federn: Wenn im Spätherbst (Oktober) die Rebhühner vollkommen ausgewachsen sind und nicht mehr halten, d.h. Jagdhund und Jäger nicht mehr auf Schussentfernung herankommen lassen, sagt man: »Sie haben g. F.«, weil sie dann sehr schwer zu erlegen sind.

goldener Verbiss, der: Rehwild nimmt beim Äsen nur einzelne Kräuter, Blätter, Gräser und Knospen (sog. Selektionsäser; ▸ Konzentratselektierer), sodass es den Eindruck der Naschhaftigkeit macht, was man als goldenen V. bezeichnet.

Golden Retriever, der: ▸ Apportierhunde 1.

Goldeule, die: ▸ Eulen 10.

Goldfuchs, der (Birkfuchs): ▸ Fuchs (Aussehen).

Goldkehlchen, das: ▸ Marder 1.

Goldkiebitz, der: ▸ Regenpfeifer 2.

Goldmarder, der: ▸ Marder 1.

Goldregenpfeifer, der: ▸ Regenpfeifer 2.

Goldschakal, der (*Canis aureus*, L.): Der zu den hundeartigen Raubtieren (▸ *Canidae*) zählende, ursprünglich in Asien heimische G. wird seit 1988 vereinzelt als sog. »Neubürger« in Österreich (Steiermark, Waldviertel, Salzburg), aber auch in Italien (Region Udine) nachgewiesen. In Österreich wurde er seit 1991 mehrmals erlegt. Seine Zuwanderung erfolgte über Ungarn, wo er seit Jahrzehnten bekannt ist. Der G. hat wie alle Schakale dreieckige Ohren. Seine Gestalt ist schlank und hochbeinig. Die Kopf-Rumpf-Länge beträgt 65 bis 85 cm, die Schulterhöhe etwa 40 bis 45 cm, das Gewicht zwischen 10 und 15 kg. Das Fell ist rötlich bis fahlbraun. Kehle und Unterseite sind grauweiß. Die buschige Rute hat eine schwarze Spitze. Er ist nachtaktiv, hat ein feines Gehör und einen ausgezeichneten Geruchssinn. Tagsüber hält er sich in Erdlöchern oder Dickungen etc. versteckt. Er heult laut und klagend, v.a. abends und in den frühen Nachtstunden. Neben kleineren Säugetieren, Insekten, Feldfrüchten etc. gehört auch Fallwild zu seiner Nahrung (Aasfresser). Der G. lebt in lebenslanger Einehe, die Jungen werden gemeinsam aufgezogen. Ranzzeit in den Monaten Februar/März. Die Fähe ist in dieser

Zeit ein bis zwei Tage hitzig. Das Geheck umfasst i.d.R. vier bis sechs (drei bis acht) Welpen, die nach einer Tragzeit von etwa neun Wochen Ende April/Anfang Mai gewölft werden. Sie öffnen nach etwa 14 Tagen die Augen und verlassen nach ca. zwei Monaten den Bau. Bis in die Wintermonate hinein verbleiben sie im lockeren Familienverband bei der Fähe. Im Ggs. zum Marderhund und zum Waschbär (Verbreitung durch Aussetzung) stellt die Zuwanderung des G. eine natürliche Ausbreitung dar (ähnlich wie die der Türkentaube). Auf den G. können die für den ▸ Fuchs üblichen waidmännischen Ausdrücke angewandt werden. Wichtigstes Unterscheidungsmerkmal, an dem man den G. nach der Erlegung oder einem Totfund gut von Fuchs, Wolf und Hund unterscheiden kann, ist eine Hautfalte zwischen dem 3. und 4. Ballen der Vorderpfoten.

Goldtute, die: ▸ Regenpfeifer 2.

Goos, die: Siebenbürgisch-sächsischer Ausdruck für Gans; ▸ Wildgänse.

Gordon Setter, der (Schottischer Setter): ▸ Vorstehhunde 11.

Gorfalke, der: ▸ Falken 9.

Gössel, die: Bez. für die jungen, noch nicht flugfähigen ▸ Wildgänse.

Gössvogel, der: ▸ Goisser.

Götterhunde, die: Viele Götter wurden von Hunden (▸ Hunde) begleitet, mit Hunden dargestellt und schickten Hunde als Boten. Hecate, die griechische Göttin der Toten und der Kreuzwege, war immer von ihrer Hundemeute umgeben. Ebenso zeigten Darstellungen die ▸ Jagdgöttin Artemis und die Jägerin ▸ Atalante häufig mit Hunden. Die römischen Laren (Seelen der Verstorbenen, die das Haus ihrer Nachkommen beschützen) wurden mit Hunden dargestellt und auch in ihrer Funktion als Schützer des Hauses durch Hunde vertreten. In der nordischen Mythologie bewacht Garm(r), der Hund der Totengöttin Hel, den Eingang zur Unterwelt (Hel) und die Wölfe ▸ Geri und Freki, die Hunde ▸ Wodans genannt, begleiten diesen auf seiner Wilden Jagd (▸ Wilder Jäger).

Gottfried von Straßburg: Mittelhochdeutscher Dichter (Epiker), neben Hartmann von Aue und ▸ Wolfram von Eschenbach der dritte der großen höfischen Epiker der Stauferzeit. G., über dessen Leben wenig bekannt ist, schrieb um 1205 bis 1215 in Anlehnung an Thomas von Britanje das höfische Versepos Tristan (Tristan und Isolt). Er schildert hierin, wie Tristan bei seiner Ankunft in England einer Jagdgesellschaft das waidmännische Zerwirken von Wild zeigt.

Götz-Räcknitz, Paul (1873 Rächnitz bei Dresden bis 1952 München): Maler. Von ihm stammt u.a. »Porträt eines Jägers«.

Gr: Abk. für Griffon; ▸ Vorstehhunde 5.

graben: **1**) Dachs-G. ▸ Dachs (Jagdarten); Fuchs-G. ▸ Fuchs (Jagdarten). **2**) Fuchs, Dachs und Kaninchen g. sich ihre Baue.

Gräber, der: ▸ Dachs.

Grabgans, die: ▸ Wildenten 8.

Gräbhein, Wilhelm (1859 Beinstädt bei Gotha bis 1931 München): Maler. G. war als Lithograf tätig und studierte ab 1880 an der Münchner Akademie bei L. v. Löffeltz. Er schuf Landschaften, Jagdszenen und Porträts.

Grabmilbe, die ▸ Räude.

Gracklauer, O.: ▸ Jagdliteratur.

Gradation, die: Der zeitlich begrenzte Gesamtablauf der Massenvermehrung einer Population, d.h. die Zeitspanne, in der die Populationsdichte den Normalbestand weit übertrifft, z.B. bei Insekten. Die G.-Lehre (Wissenschaft von der Massenvermehrung bei verschiedenen Tierarten) heißt auch Fluktation, Populationsdynamik.

Graffel, das: ▸ Geraff(e)l.

Graffl, das: Gebirglerischer Ausdruck für ▸ Scharwild.

Gråhund, der: ▸ Elchhunde.

grain: International verwendete Gewichtsangabe (in Ländern mit metrischem System neben Gramm) für Büchsengeschosse und Ladedaten der Patronen, 1 g. = 0,0648 Gramm.

Gramann, Nikolaus Heinrich (um 1579 Kulmbach – nach 1629): Jagdschriftsteller; »Wildschützen-Latein« (1620) u.a.

Gramvogel, der: Alte süddeutsche Bez. für den Roten Milan; ▸ Milane 1.

Grandeln, die: **1**) (Haken, Kusen, Kufen, Bohnen, Graneln, Granln, Grandln, Graanln, Gränlein, Granen, Gräne[n], Grannen): Die als Trophäen geltenden zwei ▸ Eckzähne (▸ Zahnalterslehre) im Oberkiefer des Sika- und des Rotwildes; ▸ Eckzahndrohen. Bei Rehwild und bei Damwild sind sie selten. Sie werden vom Erleger herausgelöst und häufig zu Anhängern, Nadeln oder Ringen usw. verarbeitet (▸ Jagdschmuck). G. verlieren im Laufe der Zeit ihre schöne braune Farbe. **2**) Seltene Bez. für ▸ Malerfeder.

Grandln, die: Mundartlicher bayerischer Ausdruck für ▸ Grandeln.

Gränel, die (ital.: granello, Beere; granelli, Granellen, Grünlinge): Seltener alpenländischer Ausdruck für das Kurzwildbret (Hoden) des Rothirsches.

Granellen, die: ▸ Gränel.

Graneln, die (Granln): ▸ Grandeln 1).

Granen, die: **1**) Auch Gränen, österreichischer Ausdruck für ▸ Grandeln 1). **2**) ▸ Grannen 3).

Granitz, Jagdschloss: ▸ Jagdschlösser.

Gränlein, die: ▸ Grandeln 1).

Grannen, die: **1**) ▸ Grandeln 1). **2**) Die langen Rückenhaare des Fuchses im Winterbalg, auch des Hasen, des Bibers, der Biberratte und des Murmeltieres. **3**) Auch Granen, örtliche Bez. für die ▸ Haare des Schwarzwildes, gelegentlich auch für die längeren Deckhaare der Hirscharten (auch als »Nadeln« bezeichnet).

gräseln: Der Hirsch gräselt, d.h., er macht das Zeichen des Gräslein; ▸ Hirschgerechte Zeichen.

Grasente, die: ▸ Wildenten 1.

Graser, der: **1**) ▸ Lecker. **2**) In Bayern und Österreich auch ein für ▸ Äser verwendetes Wort.

Gräser, die: Landwirtschaftlich wichtigste Pflanzenfamilie der Erde. Sie umfasst neben den Getreidearten und dem Zuckerrohr zahlreiche Futterpflanzen. Je nach dem Verwendungszweck unterscheidet man bei den G. Wiesengräser, Weidengräser und Feldfuttergräser, nach der Wuchsform Ober- und Untergräser, ferner Horstgräser und Ausläufergräser, nach der Lebensdauer ein- und überjährige (viele Trespenarten), mehrjährige und ausdauernde Gräser (Deutsches Weidelgras, Wiesenrispe); ▸ Wildäsungspflanzen.

Grasforkeln, das: ▸ Bodenforkeln.

Grasfressen, das: Beim Hund: Zu viele Knochen bei der Hundefütterung (erkennbar an hartem, hellem und trockenem Kot) führen häufig zu Verdauungsbeschwerden. Durch G. können Hunde die unverdaulichen Knochenteile leichter erbrechen. G. galt früher als Zeichen für eine kommende Schlechtwetterperiode.

Grasfresser, die: ▸ Ernährungstypen.

Grashey, Otto (20.4.1833 Günzburg/Donau bis 8.3.1912 München): Jagdmaler und Schriftsteller. G. war ursprünglich Postbeamter und stellte seine Bilder erstmals im Jahre 1869 im Münchner Glaspalast aus. Er war von 1878 bis 1908 Redakteur der Jagdzeitschrift »Der deutsche Jäger«. Bekannte Bilder von ihm sind »Der Mäusejäger« mit einem mausenden Fuchs, »Im Feuer« (flüchtiger Rehbock fällt im Knall, während die Geiß weiterflieht), »Gamsrudel im Grasband« und »Berghirsch«; ▸ Jagdliteratur.

Grashirsch, der: Bez. für einen Rothirsch im Vorsommer (bis Juni) bis zur Milchreife des Hafers (Ende der ▸ Kolbenzeit), weil er bis dahin noch keine Körner, sondern nur Gras äst. Später heißt er Feisthirsch (▸ Feistzeit), dann Brunfthirsch (▸ Brunftzeit).

Grasläufer, der: ▸ Rallen 4.

Gräslein, das: ▸ Hirschgerechte Zeichen.

Grasmahl, das (süddeutsch): Ein Mahl im Wald, das bei Jagdpartien usw. auf der Erde eingenommen wird.

Grasmilbe, die: ▸ Milben.

Grasrätscher, der: ▸ Rallen 4.

Grasschnarcher, der: **1**) Altes bayerisches Wort für Wachtelkönig; ▸ Rallen 4. **2**) Auch Schnarrvogel; ▸ Drosseln 3.

Grasschnarrer, der: ▸ Rallen 4.

Grässe, Johann Georg Theodor (31.1.1814 Grimma bis 27.8.1885 Wackerbarthsruhe bei Dresden): Bibliograf und Literaturhistoriker. Er studierte in Leipzig unter G. Hermann Philologie und ließ sich dann in Dresden nieder. Dort wurde er 1843 zum Inspektor des Münzkabinetts ernannt. 1861 erhielt er die Stellung des Direktors der Porzellansammlung, 1864 wurde zum Direktor des Grünen Gewölbes mit Hofratstitel ernannt. G. trat 1882 in den Ruhestand. Von seinen zahlreichen Schriften, Lehrbüchern, Biografien und Abhandlungen sind, die Jagd betreffend, zu nennen: »Jägerbrevier, Jagdaltertümer, Weidsprüche und Jägerschreie, Jagdkalender etc.« (1. Aufl. 1857; 2. Aufl. 1869), »Jagdhörnlein, Jägerlügen, Jägerlieder« (1861), »Hubertusbrüder«(1875).

Grasziemer, der: ▸ Drosseln 1.

Gratgams, die: ▸ Grattier.

Gratscher, der: Steiermärkischer Ausdruck

für den Nuss- oder Eichelhäher; ▸ Rabenvögel 9.

Grattier, das (Gratgams): Gamswild, das in der höheren Gebirgsregion seinen Stand hat.

Grattius, Faliscus: G., ein Zeitgenosse Ovids (43 v. Chr. bis ca. 17 n. Chr.) und geboren um Christi Geburt, ist der Verfasser des Jagd-Lehrgedichtes »Cynegetica« (Fragment). In diesem Lehrgedicht finden sich erste Hinweise auf keltisch-germanische ▸ Bracken. G. rühmt die schnellen Sugambrer, benannt nach dem westgermanischen Volk östlich des Rheins zwischen Lippe und Sieg.

Graue Krähe, die: ▸ Rabenvögel 3.

Grauentchen, das: ▸ Wildenten 2.

Grauer Kranich, der: ▸ Kranich.

Grauerle, die: ▸ Erlen 2.

Graufalke, der: ▸ Bussarde 2.

Graugans, die: ▸ Wildgänse 1.

Grauhund, der: Scherzhafte Bez. für den ▸ Wolf.

Graukerl, der: Österreichischer Ausdruck für Kegelrobbe; ▸ Seehunde 2.

Graukopf, der: ▸ Falken 2.

Graukracke, die: Süddeutsches Wort für Nebelkrähe; ▸ Rabenvögel 3.

Graumantel, der: ▸ Rabenvögel 3.

Graureiher, der: ▸ Reiher 1.

Grauschwanz, der: ▸ Weihen 1.

Grauspecht, der: ▸ Spechte 2.

Grauwerk, das: ▸ Veh.

Grauwild, das: Alte, seltene Bez. für Birkwild; ▸ Raufußhühner 2.

Grauwürger, der: ▸ Würger 3.

Gräving, der: ▸ Dachs.

Gräwing, der: ▸ Dachs.

Greben, der: ▸ Lappentaucher 1.

Greener, William (1864 bis 1909): Englischer Büchsenmacher, nach ihm benannt der ▸ Greener-Verschluss.

Greener-Verschluss, der: Verschlusssystem an Kipplaufwaffen, benannt nach ▸ Greener, einem Londoner Büchsenmacher; ▸ Verschlussarten.

Greif, der: ▸ Geier 4.

Greife, die: ▸ Greifvögel.

greifen: **1**) Beim Hund: das Wild fassen (z.B. Hasen); es g. **2**) Beim Bären: die Beute g. **3**) Beim ▸ Greifvogel: die Beute fassen und halten. Auch Beizsperber, Beizhabicht und Beizadler g. und halten die Beute.

Greiffalk, der: Altes bayerisches Wort für Gerfalk; ▸ Falken 9.

Greifing, der: ▸ Dachs.

Greiftierstil, der: Eine aus der germanischen ▸ Tierornamentik des Vendelstils (Tierornamentik auf Fibeln in verschiedener Formen) abgeleitete Variante der Wikingerkunst, vermehrt um karolingische und orientalische Stilelemente. Die erste Phase des G. lässt sich in der 1. Hälfte des 9. Jh. nachweisen und wird Berdalstil genannt, nach dem Hauptfundort im westlichen Norwegen. Er ist v.a. in Jütland und in Norwegen verbreitet. Die in die 2. Hälfte des 9. Jh. fallende zweite Phase des G. heißt auch Borrestil, benannt nach dem Fundort im südöstlichen Norwegen. Verbreitet war der Stil besonders im östlichen Norden. Beim Berdalstil sind die Tiere immer zur Gänze dargestellt,

Grifftöter (z. B. Habicht)

Bisstöter (alle Falken)

▸▸ Bisstöter (Falke) mit geschlagener Taube; Darstellung nach Müller-Dahlem in Maximilian Böttchers »Deutschen Weidwerks Hohes Lied«, Berlin 1925

mit betont ausgebildetem Vorder- und Hinterleib und mit Tatzen oder Klauen. Der Kopf ist immer in einer Fratze (en face) mit Glotzaugen und Nackenschopf wiedergegeben. Beim Borrestil sind die Fabeltiere oft mit geometrischen Flechtbandornamenten verbunden. Abgelöst wurde der G. vom Jellingestil (verschlungene, symmetrisch bandartig verschlungene Tierkörper).

Greifvögel, die: Greife. Durch etwa 280 Arten weltweit verbreitete Ordnung (*Falconiformes*) mit u.a. der Familie der Falken (*Falconidae*) und der großen Familie der Greife (*Accipitridae*), zu der u.a. die Adler, die Bussarde, die Milane, die Habichte, die Sperber, die Geier und die Weihen gehören. Kennzeichnend für alle G. – die auch als Raubvögel oder Tag-G. bezeichnet werden – sind der gekrümmte Oberschnabel und die starken Fänge. Sie sind fast alle ausgesprochene Tagjäger (Ausnahme Weihen, die gerne in der Dämmerung jagen) und können sehr scharf und sehr weit sehen. Sie töten ihre Beute entweder mit den Krallen, den sog. Waffen (Grifftöter), oder durch einen Schnabelbiss ins Genick (Bisstöter). Zu den Grifftötern gehören die Adler, die Habichte, die Sperber, die Mäusebussarde und die Rohrweihen; zu den Bisstötern die Falken. Falken, Hühnerhabichte, Sperber und vereinzelt auch Adler werden zur Beize (▸ Beizjagd) verwendet, wobei Habicht und Sperber für jedes Gelände geeignet sind. Die Rupfungen der G. erkennt man daran, dass sie die Federn des Beutevogels unversehrt mit dem Kiel ausreißen, während bei einem Riss durch ▸ Haarraubwild die Federkiele zerbissen sind. Unverdaute Nahrungsreste wie Haare, Federn, Knochensplitter und Steinchen werden als ▸ Gewölle (Speiballen) wieder ausgespien. Das Gewölle der G. enthält im Ggs. zu dem der Eulen nur ganz selten Knochenteile. G. leben monogam. Das Weibchen ist immer größer als das Männchen (Terzel, beim Sperber Sprinz genannt). G. haben ein abgegrenztes Brutrevier (Standrevier), in dem sie keine Artgenossen dulden, und ein sehr viel größeres Jagdrevier, in dem auch andere Vögel Beute machen. Das Standrevier bei einem Habichtspaar ist z.B. je nach Nahrungsangebot zwischen 3000 und 5000 ha groß. Der Horst steht entweder an Felswänden (Steinadler, Geier) oder im Wipfel hoher Bäume (Bussarde, Adler, Habichte, Milane). Am Boden horsten die Weihen und der Steppenadler. Meist brütet nur das Weibchen, bei einigen Arten wechseln sich die Partner ab (z.B. Steinadler, Schwarzer Milan und Falken). Das brütende Weibchen wird bei einigen Arten vom Männchen mit Nahrung versorgt. Während der Aufzucht der Jungen bringt das Männchen die Beute an den Horst, wo sie vom Weibchen zerkleinert und an die Jungen verfüttert wird. Die Jungen sind ▸ Nesthocker; bei einigen Arten beträgt die ▸ Nestlingszeit mehr als 70 Tage (z.B. bei Steinadler, Schlangenadler und Seeadler). G. können aufgrund ihres ▸ Flugbildes und ihrer Flugart beurteilt und erkannt werden. Der Falke ist ein schneller und gewandter Flieger mit schmalen, spitzen

Waidmännische Ausdrücke sowohl für die Greifvögel als auch für die ▸ Eulen.
(Die Tab. umfasst auch die wichtigsten Falkner-Ausdrücke (F); ▸ Falknersprache)

abtragen (F)	zum Beizvogel abrichten
Ästling	Jungvogel, der sich auf den Ästen um den Horst herum bewegt und noch nicht voll flugfähig ist
atzen	Füttern von jungen G.
Atzklaue (F)	die vordere Innenzehe von G.
Atzung	Nahrung der G. und Beizvögel, auch Fütterungsvorgang
Auf	Uhu, der für die Hüttenjagd benutzt wird
aufatzen (F)	Füttern des Beizvogels; s.o.: atzen
aufblocken (aufbaumen, aufhaken)	sich auf einem Baum, Pfahl, Fels, Gemäuer, selbst auf den Boden niederlassen (Fuß fassen)
aufdecken (entkappen) (F)	dem Falken (Beizvogel) die Kappe abnehmen
auffußen	Niederlassen größeren Federwildes (auch Auer- und Birkwild) auf den Boden oder auf einen Baum
aufhauben (F)	dem Falken (Beizvogel) die Kappe (Haube) aufsetzen
aufschirren (F)	dem Beizvogel Geschüh, Fesseln, Drahlen und Bellen anlegen
Augen	Augen
Augenstern	s.u.: Stern
Balzflug	Flugspiele der G. zur Paarzeit
Beck (F)	Schnabel des Falken
behost	sind die Fänge im oberen Drittel (befiedert)
beireiten (F)	das Zurückkehren des Beizvogels zum Falkner
Beize (Baize)	s.u.: Beizjagd
Beizjagd (Beize, Baize) (F)	das Jagen mit allen abgetragenen (gezähmten und abgerichteten) Beizvögeln, nicht nur mit G.; hierzu gehören auch abgetragene Kolkraben und Würger.
Bell (F)	kleine, runde Schelle am Fuße des Beizvogels
binden (greifen)	Beute greifen und festhalten
Dach (F)	Rücken des Falken
Diehn (Plur.: Diehnen) (F)	Oberschenkel des Beizfalken
Eier	Eier (Gelege)
einschwingen	sich auf einen Baum niederlassen
entkappen (F)	s.o.: aufdecken
Falkenkammer (F)	Unterbringungsraum für Falken
Falkenzahn	Höcker an beiden Seiten des Oberschnabels
Fänge	Füße
Fittiche	Flügel
Fraß	die Nahrung (tote Tiere)
Gelege	Eier im Horst
Geschmeiß	der Kot der G.
Geschüh (F)	die beiden kurzen Lederriemen an den Füßen des Beizvogels
Gewaff	die Krallen der G.
Gewölle	unverdaubare Nahrungsteile (Speiballen)
greifen	s.o.: binden
Habichtler (F)	Falkner, der nur Habichte und Sperber abträgt
Haken	die krumme Spitze des Schnabels
Hände (F)	die Fänge der abgetragenen Falken
Handschwingen	die äußersten Flügelfedern
hocken	sitzen, warten
Horst	Nest der G. (auch der Kraniche, Reiher, Störche, Rabenvögel, Eulen)
Horstfeld	Brutrevier

Horstzeit	Brutzeit
Hosen	Federn an den Schenkeln
kälken	Kot abgeben
klaftern	mit ausgebreiteten Schwingen umspannen (Entfernung von Schwingenspitze zu Schwingenspitze)
Kleid	Gefieder
kröpfen	fressen, verzehren
lahnen	Lautäußerung, auch um Nahrung betteln
locken (F)	den Beizvogel an die Faust gewöhnen oder ihn durch Ruf, Pfiff, Atzung oder Federspiel zurückrufen
madriert (F)	mehrmals gemausert
manteln	die Beute mit den Schwingen abdecken
Nestlinge	junge G. im Horst
Raub	die lebend gefangene Beute
Ring (F)	die Wachshaut am Schnabel des Beizvogels
rupfen	Ausreißen der Federn des Beutevogels
Rupfung	Reste von Federwild oder herumliegenden Federn von der Beute eines G.
rütteln	in der Luft stehen (durch rasche Bewegungen der Fittiche)
Schellen (F)	die Augenlider der Beizvögel
schlagen	die Beute fassen
schmeißen	Koten der G.
Schmelz (F)	der Kot der Beizvögel
schmelzen (F)	Koten der Beizvögel
schreien	Lautäußerung
Sprinz	der männliche Sperber
Stern (Augenstern)	der farbige Ring (Iris), der die Pupille des G.-Auges umschließt
Stoß	Schwanz
stoßen	steiles Herabfliegen (Herabstoßen) auf die Beute (Raub)
streichen	abstreichen, zustreichen, svw. fliegen
Terzel	jeder männliche Greifvogel mit Ausnahme des Sperbermännchens (Sprinz); in der Falknersprache wird noch der männliche Sakerfalke »Sakret« und der männliche Lannerfalke »Lanneret« genannt.
Waffen	Krallen
warten	auf Beute lauern
wecken (F)	das Hochmachen von Wild vor dem Beizvogel
werfen (F)	den Beizvogel zur Jagd abwerfen
Wildfang (F)	ein Falke oder Habicht, der, nachdem er schon selbstständig gejagt und Beute gemacht hat, eingefangen wird, aber noch das Jugendkleid trägt
Zahn	s.o.: Falkenzahn
Zügel	ein farbiger Streifen, der sich bei einigen Arten vom Schnabelwinkel bis zum Hinterkopf zieht

Schwingen und schlankem Stoß. Ein langsamer Flieger, oft gleitend und segelnd, dabei mit seinen breiten Schwingen und dem breiten Stoß plump wirkend, ist der Bussard. Habicht und Sperber sind schnelle Flieger mit langem, kräftigem Stoß und kräftigen Rundschwingen; sie unterscheiden sich nur hinsichtlich ihrer Größe (Sperber sind wesentlich kleiner). Die Weihen bevorzugen bestimmte Biotope, wie ihre Namen schon zum Ausdruck bringen (Rohrweihe, Wiesenweihe, Kornweihe), jagen zudem in der Dämmerung mit hochgewölbten Schwingen und schaukelndem Flug. Milane sind an dem gegabelten Stoß (beim Roten Milan stark ausgeprägt) unschwer zu erkennen. Die Adler sind bereits an den gewaltigen Schwingen und dem breiten Stoß sowie an ihrem kraftvollen Flug (sie segeln gerne) und allg. an ihrer Übergröße gut einzuordnen. Alle G. sind jagdbar, aber ganzjährig mit der Jagd zu verschonen. Viele Arten, so z.B. die Adler, sind bei uns vom ▸ Aussterben bedroht. Biotope, die durch Veränderungen den Ansprüchen der G. nicht mehr gerecht werden, aber auch der Einsatz chemischer Pflanzenschutzmittel (▸ Pflanzenschutz) in der Land- und Forstwirtschaft haben zu einem stetigen Rückgang verschiedener Arten geführt. Einige Bundesländer haben daher besondere Bestimmungen zum Schutz der G. getroffen, die u.a. auch die Haltung, den Erwerb und die Verwendung zur Falknerei beinhalten. Darüber hinaus sind die G. in den besonderen ▸ Artenschutz einbezogen worden; ▸ Greifvogelschutz.

Greifvogelfang, der (Habichtsfang, Habichtskorb): ▸ Fallen 3.

Greifvogelschutz, der: Alle ▸ Greifvögel unterliegen dem ▸ Jagdrecht, sind jedoch ganzjährig geschont. Die ▸ Bundeswildschutzverordnung hingegen schränkt das Halten der Greifvögel ein und belegt den Falkner mit Auflagen. Dieser muss einen gültigen Falknerjagdschein besitzen, die Greife und Falken unverzüglich dauerhaft und unverwechselbar (durch Fußringe) kennzeichnen, er darf insgesamt nur zwei Exemplare der Arten Habicht, Steinadler und Wanderfalke besitzen (z.B. einen Habicht und einen Wanderfalken) und muss schriftlich innerhalb von vier Wochen der zuständigen Behörde den Bestand anzeigen und spätere Änderungen unverzüglich mitteilen. Die zuständige Behörde kann hiervon Ausnahmen zulassen. Die zuständige Behörde kann auch den Lebendfang der Habichte erlauben, wenn dies zum Schutze bestandsbedrohten Wildes (z.B. Auerwild und Birkwild) notwendig ist. Lebendgefangene Habichte müssen jedoch anderenorts wieder in Freiheit gesetzt werden. Mit entsprechender Genehmigung der zuständigen Behörde dürfen auch Junghabichte unter gewissen Voraussetzungen für Beizzwecke ausgehorstet werden. Der G. umfasst auch alle praktischen Maßnahmen, die dazu beitragen, den Bestand zu erhalten und zu schützen, z.B. Horstbewachung durch Naturschützer, Biotopverbesserung u.a.

Greifvogelwarte, die: ▸ Falkenhof.

Greiß, Wilhelm von: Österreichischer Oberjägermeister. Er verfasste um 1498 das »Gejaidbuch«, das für die österreichischen Erbländer genau angab, wie jedes einzelne Jagdgebiet bejagt werden sollte, wo die »Jaghundtwarth« und die »Windtwarth« angelegt werden sollten und von wo aus der Oberste Jagdherr die Jagd am bequemsten erreichen konnte.

Grenzertragsboden, der: Boden von meist geringer Ertragskraft, auf dem durch Wirtschaftserschwernisse, insbesondere durch hohen Arbeitsaufwand, die Erträge so gering sind, dass sie die Produktionskosten kaum decken oder nur geringfügig überschreiten. Solche Flächen scheiden i.d.R. aus der landwirtschaftlichen Produktion aus.

Grenzjagd, die: Eine Jagd, bei der entlang einer Landes-, Ämter- oder Reviergrenze gejagt wird; ▸ scharfe Grenze.

Grenzlinienwirkung, die: ▸ Ökoton.

Grenzschinder, der: ▸ scharfe Grenze 1).

Grenzsteine, die: ▸ Jagdsteine.

Grenzwild, das: Wild, das seinen Stand in der Nähe der Reviergrenze hat; ▸ Standwild, ▸ Wechselwild, ▸ Naschwild.

Greve, der: ▸ Lappentaucher 1.
Grewing, der (Gräwing): ▸ Dachs.
Greyhound, der: Der G. zählt zu den imponierendsten Hunderassen, ist einer der ältesten Windhunde und wohl auch einer der ältesten Züchtungen überhaupt. Sein Exterieur ist schlank, der Kopf gestreckt, die Zähne greifen ineinander. Das Haarkleid ist glatt, kurz und glänzend. Dank ihrer Schnelligkeit (bis zu 70 km/h) waren sie als Jagdhunde, die das Wild stellen, sehr beliebt. Die Ägypter kannten diese Hunderasse schon um 4000 v. Chr. Wie Abbildungen in ihren Grabkammern zeigen, waren sie neben den Pharaonenhunden schon damals Begleiter des Menschen und Helfer bei der Jagd. G. kamen als Handelsware in den Nahen Osten, aber auch nach Europa. Etwa im 6. Jh. v. Chr. brachten ihn die Kelten auf ihren Kriegszügen auf die britischen Inseln. Er wurde zur Hetzjagd auf Hirsche und nach Berichten aus dem 15. Jh. auch zur Hasenhetze (▸ Windhetze) eingesetzt. Diese Hunde waren fast ausschließlich im Besitz des englischen Adels. Der G. war auch ein beliebter Hund der ▸ Wittelsbacher; ▸ Barsoi.
Gries, der: ▸ Gewöllverstopfung.
Griff, der: **1)** Der G. am Hirschfänger. **2)** Der Schlag mit den Fängen des ▸ Beizvogels, wenn er das Wild fasst.
Griffe, die: Die Fänge der ▸ Greifvögel; bei ▸ Beizvögeln spricht man von ▸ Händen und Füßen (▸ Fuß 1)).
Griffhülse, die: Auf eine schmale ▸ Angel aufgeschobene Hülse (meist aus Holz; ▸ Hilze), welche die Handhabe der ▸ Griffwaffe bildet; ▸ Blanke Waffen; ▸ Griffschalen.
Griffon, der: ▸ Vorstehhunde 5.
Griffschalen, die: Bei ▸ Griffwaffen wurde eine breite, flache ▸ Angel (Flachangel) mit G. belegt (häufig aus Hirschhorn); ▸ Griffhülse.
Grifftöter, die: ▸ Greifvögel.
Griffwaffe, die: Am Körper getragene Hieb- oder Stichwaffe mit besonders ausgebildetem Griff für die Hand (oder für zwei Hände), z.B. Hirschfänger, Jagddegen, Jagdschwert, Jagdsäbel, Jagdplaute; ▸ Blanke Waffen.
Grimale, die (Hungermale): Bez. für lückenhafte Querlinien von minderer Hornqualität in den Federn des ▸ Beizvogels. Sie entstehen bei älteren Beizvögeln während der Mauser und werden durch Beschädigung (Schnabeldruck, Ektoparasiten) oder durch Eintrocknung (mangelnde Badegelegenheit) der Blutkiele und durch unregelmäßige und unzureichende ▸ Atzung verursacht. G. sieht man häufig bei ▸ Nestlingen auf den ▸ Staartpennen, wenn diese ausgewachsen sind. Diese G. entstanden an der Stelle des ▸ Staarts, die gerade vom Körper des Vogels gebildet wurde, als er dem Horst entnommen wurde. An diesen G. kann man später feststellen, in welchem Alter der Vogel dem Horst entnommen wurde.
Grimbart, der: Meister Grimbart, Name des ▸ Dachses in der Fabel.
Grimmen, das: **1)** Auch Burgstall; ▸ Hirschgerechte Zeichen. **2)** Das Kneten der Beizfalken mit den Händen, besonders aber des Beizadlers und des Beizhabichts mit den Füßen auf der Beute oder auf dem Falknerhandschuh.
Grimmer, der (Grimmevogel): Alte Bez. für den Roten Milan; ▸ Milane 1.
Grind, der: Das Haupt bzw. der Kopf aller Hirscharten und des Gamswildes; selten auch der Kopf des Otters (mundartlicher süddeutscher Ausdruck). Ein G.-Schuss ist ein Kopfschuss.
Grindschnabel, der: ▸ Rabenvögel 4.
Grinsel, das: Seltene (österreichische) Bez. für ▸ Kimme 2); ▸ Visiereinrichtung.
Gritscherl, das: ▸ Kritscherl.
Grlec, Joze, Professor (1913 bis 2000): Musikschullehrer und Experte der slowenischen Jagdmusik; Mitbegründer der slowenischen Jagdhornbläsergruppen. G. war durch seine kompositorische Tätigkeit auf dem Gebiet der Gebrauchsjagdmusik auch im deutschsprachigen Raum weit bekannt. Seine ersten Publikationen erschienen 1990 in der Serie »Neue österreichische Jagdmusik« und »Skladbe za lovske rogove« (Kompositionen für die Jagdhörner), erschienen 1993 in Murska Sobota.
grobe Bache, die: ▸ grobe Sau.
grobe Jagd, die: Alte westfälische und niedersächsische Bez. für ▸ Hohe Jagd.
grobe Sau, die (grobes Schwein): svw. starke Sau; ▸ Schwarzwild ab dem dritten Lebensjahr. Eine Rotte g. S. ist eine Rotte ohne Frischlinge und Überläufer. Der Begriff grober Keiler steht jedoch für einen alten, starken Keiler, und mit grobe Bache ist meist eine Bache ab dem vierten Lebensjahr gemeint; ▸ kapital.

Auseinandersetzung zwischen groben Keilern

grober Hals, der: Bez. für ein tiefes Bellen des Hundes.
grober Keiler, der: ▸ grobe Sau.
grobes Geläute, das: Das tiefe Gebell ▸ jagender Hunde. Starke Hunde haben ein g. (tiefes) G., schwache Hunde hingegen ein feines (hohes) Geläut.
grobe Stimme, die: Bez. für ein tiefes, mächtiges ▸ Röhren des Hirsches.
grobe Vögel, die: Alte Bez. für größere jagdbare Vögel im Ggs. zu den Singvögeln, die auf Vogelherden gefangen wurden.
Grobkorn, das: svw. Vollkorn: ▸ Visiereinrichtung.
Grobwild, das: **1**) Seltener Ausdruck für ▸ Schwarzwild. **2**) Alter, unpassender Ausdruck für ▸ Elchwild, ▸ Rotwild und ▸ Damwild.
gröhlen: **1**) Auch grölen, kröpfen, wörgen: Das ▸ Worgen des Auerhahns. **2**) ▸ Trensen des Hirsches.
Grollen, das: Alter, seltener Ausdruck (▸ Stephan Christophorus Behlen) für das Geschrei des Hirsches zur Brunftzeit, das er beim Kampf mit seinem Nebenbuhler ausstößt.
grondln: ▸ kollern 1).
gronen: Kurzes, faules Röhren des Brunfthirsches.
Grönlandfalke, der (grönländischer Jagdfalke): Der Gerfalk; ▸ Falken 9.
Gronnen, das (mundartlich): svw. Burgstall, das Grimmen; ▸ Hirschgerechte Zeichen.
Gropper, der: ▸ Schnepfenvögel 16.
Grose, die: Veraltete niedersächsische Bez. (17. Jh.) für ▸ Schonzeit.
Großblättrige Linde, die: ▸ Linden 2.
Große Jagd, die: Seltener Ausdruck für ▸ Hohe Jagd.
Große Mooskuh, die: ▸ Reiher 7.
Großer Brachvogel, der: ▸ Schnepfenvögel 7; auch alte österreichische Bez. für den ▸ Triel.
Großer Buntspecht, der: ▸ Spechte 5.
Großer Hahn, der: Der Auerhahn; ▸ Raufußhühner 1. Der Kleine Hahn ist der Birkhahn.
Großer Leberegel, der: ▸ Leberegel.
Großer Münsterländer, der: ▸ Vorstehhunde.
Große Rohrdommel, die: ▸ Reiher 7.
großer Rabe, der: ▸ Rabenvögel 1.
großer Schreiadler, der: ▸ Adler 5.
großer Sperber, der: ▸ Habicht.
großer Stoß, der: Bez. für die oberen Stoßfedern des Auerhahns; ▸ Raufußhühner 1, ▸ Fächer.
großer Stößer, der: ▸ Habicht.
großes Gescheide, das: Bez. für den Magen; ▸ Gescheide.
großes Jägerrecht, das: ▸ Jägerrecht.
große Sumpfschnepfe, die: ▸ Schnepfenvögel 3.
Großes Waidwerk, das: svw. ▸ Hohe Jagd.
Großes Wiesel, das: ▸ Wiesel 1.
Großgefieder, das: Bez. für die Schwungfedern (Hand- und Armschwingen) und die Schwanzfedern (Steuerfedern) aller Vögel: ▸ Federkleid, ▸ Kleingefieder.
Großkopf, der: ▸ Würger 1.
Großkopff, Johann August (1699 bis 1768): Jagdschriftsteller. Sein 1759 erschienenes und 352 Seiten umfassendes »Jagdlexikon« trägt den vollständigen Titel: »Neues und wohl eingerichtetes Forst-, Jagd- und Weidewercks-Lexicon, Worinnen fast alle und jede, bey dem Forst- und Jagd-Wesen vorkommende Wörter und Benennungen, nach rechter Jäger-Manier und Weidmännischer Mund-Art ausgedrücket, auch deren Verstand und Innhalt deutlich beschrieben, alles aus selbst eigener Erfahrung zusammen getragen, und der Jägerey-lernenden Jugend zum Besten in alphabetische Ordnung gebracht«.
Großraubwild, das: Sammelbezeichnung für Bär, Luchs und Wolf. Die genannten Arten haben in den letzten Jahren oder Jahrzehnten in Europa Lebensräume, die sie früher besetzt hatten, wieder zurückerobert. Die in der ▸ Internationalen Jagdkonferenz zusammengeschlossenen Jagdverbände fühlen sich berufen und kompetent, zur Rückkehr des G. in Europa ihren Beitrag zu leisten. Wiederansiedlungen werden dann unterstützt, wenn 1. die Gründe für das vormalige Verschwinden der Art beseitigt sind, 2. die Lebensräume den Ansprüchen der wiederkehrenden Arten genügen und sich selbst tragende Populationen zulassen, 3. die Verhinderung oder Vergütung möglicher Schäden gesichert ist; ▸ Goldschakal.
Großtrappe, der: ▸ Trappen 1.
Großwiesel, das: ▸ Wiesel 1.
Großwild, das: Bez. für Tiere anderer Erdteile, welche die mitteleuropäischen an Größe übertreffen (z.B. Elefant, Nashorn, Büffel, Elch, Tiger, Löwe). In Europa werden Bär und Elch, bisweilen auch Rotwild als Großwild bezeichnet; ▸ Mega-Herbivore.
Großwildpatrone, die: Eine großkalibrige Patrone mit unterschiedlichen Geschosstypen. Für Dickhäuter (z.B. Elefanten, Büffel); ▸ Büchsenpatrone.
grudeln (süddeutsch): ▸ kollern 1).
Gruel, der: ▸ Schnepfenvögel 7.
Gruen, das (das Gräslein): ▸ Hirschgerechte Zeichen.
Grügel, die: Alter bayerischer Ausdruck für Auerhenne; ▸ Raufußhühner 1.
Grügelhahn, der: ▸ Raufußhühner 1.
Grugeln, das: Altes bayerisches Wort für ▸ kollern 1).
Grummen, das: Altes bayerisches Wort für das Grimmen oder den Burgstall; ▸ Hirschgerechte Zeichen.
grün: ▸ grün(ledrig).
Grünäsung, die: Laub, Gräser, Kräuter usw.; alles, was das Wild in grünem Zustand äst; ▸ Wildäsungspflanzen.
Grünbrache, die: Eine besondere Form der ▸ Sozialbrache. Sie besteht aus begrünten, aus der landwirtschaftlichen Produktion herausgelösten Flächen. Sie weist als naturnahe Fläche einen artenreichen Bewuchs und großen Insektenreichtum auf und bietet daher günstige Äsungs- und Deckungsmöglichkeiten für das Niederwild; ▸ Flächenstilllegung.
Grünbrücken, die: Begrünte, bepflanzte Brücken (Querungshilfen) über den Wildlebensraum zerschneidende Verkehrslinien. Sie sollen wie die Schutzzäune (▸ Wildschutzzaun) ▸ Wildunfälle vermeiden und die Durchgängigkeit der Landschaft für Wildtiere erhalten bzw. wiederherstellen. Insbesondere sollen G. auch dem Rotwild die Benutzung der noch vorhandenen ▸ Fernwechsel ermöglichen; ▸ Biotopverbund durch Wildtierkorridore.
Grundbestand, der: Der am 1. April vorhandene Wildbestand. Die einzelnen Stücke gehen am 1. April in die nächsthöhere Altersklasse über (d.h., aus Kitzen werden Schmaltiere usw.); ▸ Wildstand, ▸ Frühjahrsstand.
Gründelente, die: svw. Schwimmente; ▸ Wildenten.
Gründeln, das: Das Suchen der Wildente nach Äsung unter der Wasseroberfläche.
Sie hat dabei den Kopf unter Wasser, den Bürzel aus dem Wasser gehoben.
Grundhase, der: Seltener, alter Ausdruck für einen Hasen, der sich in niedrigen Gegenden aufhält.
Grundsätze der Waidgerechtigkeit: ▸ Waidgerechtigkeit.
Gründüngung, die: Eine Bodendüngung mit lebenden oder abgestorbenen, zumeist als ▸ Zwischenfrucht angebauten Pflanzen. Die G. dient u.a. der Zufuhr organischer Substanz, der Stickstoffbereicherung, der Nährstofferschließung und der Erhaltung sonst ausgewaschener Nährstoffe. Daneben dient sie der Erhaltung des Krümel- und Gareschutzes, der Bodenbeschattung und der Entwicklung großer Kohlensäuremengen sowie nicht zuletzt der Bereicherung der Fruchtfolge und der Erhaltung und Verbesserung der Bodenfruchtbarkeit.
Grüne Farbe, die: Bez. für die Gesamtheit aller Forstleute.
grüne Freimaurer: Abfällige Bez. Adolf Hitlers für die Jägerschaft. Hitler, ein Nichtjäger, stand den Jägern bekanntlich ablehnend gegenüber.
Grüne Gilde, die: Bez. für die Gesamtheit aller Jäger.
Grüner Eichenwickler, der: ▸ Schmetterlinge 6.
Grünes Abitur, das: Humorvolle Bez. für die Jägerprüfung, die im gesamten Naturschutzbereich einen hohen Wissensstand und eine fundierte Ausbildung erfordert.
Grünes Kreuz, das: ▸ Verein Grünes Kreuz.
Grunert, Julius Theodor (31.1.1809 Halle bis 30.8.1889 Trier): Forstmann, studierte in Halle und in Eberswalde, wurde 1839 Dozent in Eldena, noch im selben Jahr Forstassessor in Königsberg, 1843 Oberförster in Neu-Glienicke, 1846 Forstinspektor in Danzig, 1850 Forstmeister und Oberforstbeamter in Köslin, 1851 in Danzig, 1854 Oberforstmeister in Danzig, 1859 Direktor der Forstakademie Eberswalde, 1866 Oberforstmeister in Trier. 1878 schied er aus dem Staatsdienst. Er schrieb u.a. »Jagdlehre« (2 Bde., 1879/1880) und »Die Jagdgesetzgebung Preußens in ihrer geschichtlichen Entwicklung« (1885).
Grünfüßel, der: ▸ Schnepfenvögel 13.
Grünfüßiges Teichhuhn, das: ▸ Rallen 2.
Grünfüßiges Wasserhuhn, das: ▸ Rallen 2.
Grüning, der: ▸ Dachs.
Grünkragen, der: Lokale Bez. für Stockente; ▸ Wildenten 1.

Gründelnde Stockerpel

Grünland, das: Bez. für Wiesen- und Weideflächen. G. ist die Grundlage für die Rinderhaltung. Unterschieden werden Dauer-G. (absolutes G.) und fakultatives (wahlweises) G. (G. im Wechsel mit Ackerbau). G. besteht überwiegend aus Gräsern (meist aus mehrjährigen Süßgräsern) und Kräutern, bei Wildäckern hauptsächlich aus Klee-Gras-Gemischen.
grün(ledrig): Der nicht vollwertige bis wertlose Sommerbalg des ▸ Haarraubwildes ist g. Ggs.: ▸ weißledrig.
Grünlinge, die: ▸ Gränel.
Grünschenkel, der: ▸ Schnepfenvögel 9.
Grünspecht, der: ▸ Spechte 1.
Grunzen, das: Lautäußerung der vertraut brechenden Sauen.
Gruppenbalz, die: ▸ Arenabalz.
Gruppenhirsch, der: Ein Hirsch, der für mehrere Reviere (z.B. innerhalb eines Rotwildringes) zum Abschuss freigegeben wird. Seine Erlegung muss sofort gemeldet werden, damit der Abschuss in den anderen Revieren gesperrt wird.
Gruß, der: ▸ Jägergruß.
Grußzeit, die (Grüsz): Alte Bez. für die Hegezeit (▸ Schonzeit) von Walpurgi (25. Februar) bis Johanni (24. Juni), »wo die Vögel brüten und das Wildbret im ▸ Setzen begriffen ist und daher niemand in den Wald gehen soll, um zu jagen«. Die Bez. G. kommt daher, dass der Jäger, wenn er Schalenwild erblickte, wie grüßend den Hut zog, um sich bemerkbar zu machen, für ungefährlich gehalten zu werden und ein Abspringen des Wildes zu erreichen, ohne dass es schreckte.
Gruszhirsch, der (von Gruse, süddeutsch: Gruess, Rasen): svw. ▸ Grashirsch.
Grutsch, der: Altes süddeutsches Wort für ▸ Hamster.
Grützner, Eduard von, Prof. (26.5.1846 Großkarlowitz bei Neiße/Schlesien bis 3.4.1925 München): Maler. G. studierte an der Münchner Kunstakademie und bildete sich bei H. Anschütz und ab 1867 bei K. v. Piloty weiter. Seine Trinkszenen und die Schilderungen aus dem Kloster- und Jägerleben wurden weithin bekannt und finden sich in vielen Museen. Von ihm stammen u.a. »Ein g'standener Jäger« und »Jägerlatein« (1873).
Grygelhahn, der (Grygallus, Gurgelhahn, Grügelhahn): Alte süddeutsche Bez. für den Auerhahn; ▸ Raufußhühner 1.
Gschleif, das: svw. ▸ Geschleif 3).
Gsetzel, das (Gsetzl): Mundartliches Wort für ▸ Gesetzel.
Gstanzl, das: Mundart für ▸ Gesetzel.
Gstemm, das: **1)** Auch Gestemm; ▸ Gestänge. **2)** Bez. der Gebirgsjäger für einen geweihtragenden Hirsch.
Guicennans (Ritter): ▸ Jagdliteratur.
Gullinborsti, der: ▸ Freyr.
Gummigehörn, das: ▸ Rehwild (Hauptschmuck).
Günther, J. O. H.: ▸ Jagdliteratur.
Gurgelhahn, der: ▸ Raufußhühner 1.
gurgeln: ▸ kollern 1).
Gurre, die (alte Gurre): Scherzhafte süddeutsche Bez. für ein ▸ Gelttier oder eine ▸ Geltgeiß.
gurren: svw. rucksen, Lautäußerung des Ringeltaubers.
Gurt, der: Ein Riemen, den die Jäger früher um den Leib trugen. Er diente zum Anhängen des Schrotbeutels, aber auch zum Anleinen der Hunde.
Gürtelpatrone, die: Eine ▸ Büchsenpatrone mit Gürtelhülse.
gut: Waidmännischer Ausdruck für alles, was schön, stark, edel, günstig ist, z.B. g. Nase, g. Wind, g. Bache, g. Bock, g. Hirsch, g. Anblick, g. Geweih, g. Fährte, g. Abkommen, g. Ausschuss usw.; auch ein Qualitätsbegriff im Jagdhundewesen für den Leistungsstand der Jagdhunde.
gut bei Leib: Wild, das gut genährt ist.
gut halten: Rebhühner, welche die Annäherung des Jägers bis auf kurze Entfernung gestatten, halten gut.
Gute Jagd!: Ein ▸ Jagdsignal, das geblasen wird, wenn bei der ▸ Parforcejagd die Hundemeute an der richtigen Fährte festhält.
Güteklasse, die: ▸ Stärkeklassen.
Guten Anblick!: Ein ▸ Jägergruß.
guter Kropf, der: Der ▸ Beizvogel hat einen guten K., wenn er gut geatzt, d.h. aufgeatzt wurde; ▸ aufatzen.
guter Schweiß, der: Schweiß, der auf oder neben die Fährte fällt und gut zu finden ist. Dies ist beim Lungenschuss (hellroter, schaumiger Schweiß), beim mittleren Blattschuss (dunkelroter Schweiß) und beim Tiefblattschuss (dunkelroter Schweiß) der Fall.
guter Wind, der: ▸ Wind, der den Jäger von vorne anweht (Gegenwind).
gutes Schwein, das (Basse): Ein starker ▸ Keiler.
gute Zeit, die: Zeit, in der das Wild gut bei Leibe ist, d.h. gut genährt ist.
Guttenberg: ▸ Jagdliteratur.
Gütvogel, der: Altes bayerisches Wort für den Großen Brachvogel; ▸ Schnepfenvögel 7.
Gwichtel, das: ▸ Gewichtl.
GWJF: Abk. für ▸ Gesellschaft für Wildtier- und Jagdforschung e.V.
GWN: Abk. für: ▸ Gesellschaft für Wildökologie und Naturschutz e.V.
Gyr, der: ▸ Gir 2).
Gyrfalke, der (norwegischer Jagdfalke): ▸ Falken 9.

H

Haar, das: Alles »behaarte« Wild (▸ Haarwild) trägt H., mit Ausnahme des Schwarzwildes (Borsten) und des Hasen, des Kaninchens und des Schneehasen (Wolle). Beim H.-Wild wird je nach Jahreszeit zwischen Sommer-H. und Winter-H. unterschieden. Beim Schneehasen und beim Hermelin ist auch die Bez. Sommerkleid und Winterkleid üblich. Entsprechend dem Alter des Tieres (H.-Färbung) wird auch vom ▸ Jugendkleid gesprochen. Für den praktischen Jagdbetrieb hat das H. als Pirschzeichen (▸ Schlaghaar, ▸ Schnitthaar, ▸ Schnitthaarbuch, ▸ Schusszeichen) besondere Bedeutung.
Die H. (lat.: pili) sind ein- oder mehrzellige, fadenförmige Gebilde der Außenhaut. Unter den Wirbeltieren haben nur die Säugetiere H. Sie dienen als Temperaturregler, als Strahlenschutz, zur Geschlechtserkennung, zur Tarnung und haben auch Tastsinn-Funktion (z.B. bei Katzen); ▸ Tasthaare. Unterschieden wird nach dem über die Oberhaut (Epidermis) herausragenden H.-Schaft (unterteilt in Unterschaft, Band oder Mittelschaft und Spitze oder Oberschaft) und nach der in einer grubenförmigen Einsenkung (H.-Balg) steckenden H.-Wurzel, die am Ende zur sog. H.-Zwiebel verdickt ist. Diese sitzt auf einer zapfenförmigen, blutgefäßreichen Lederhautpapille (H.-Papille). Von hier aus wird das Haar ernährt und wächst als H.-Schaft nach. Die H. sitzen meist schräg in der Haut. Sie können durch einen H.-Balgmuskel aufgerichtet werden (z.B. beim ▸ Drohverhalten des Tieres). Zwischen Muskel und H. liegen ein bis zwei Talgdrüsen (H.-Balgdrüsen), die in den H.-Balg münden. Die H. bestehen aus Hornzellen, die in einer Mark- und einer Rindenschicht angeordnet und von dem Oberhäutchen überzogen sind. Farbeinlagerungen (Pigmente) in der Rindenschicht bestimmen die H.-Farbe. Beim Fehlen der Pigmente sind die H. bleich (▸ Albinismus). Die grauweiße Färbung des H. (Altersgrauheit) entsteht durch eingesprengte Luftbläschen und Pigmentverfall. Je nach Form und Stärke werden Leit-, Grannen- und Wollhaare unterschieden, z.B. beim ▸ Hasen (Feldhase, Aussehen). Starke Grannen-H. (Deck-H.) wie beim Schwarzwild werden als Borsten bezeichnet; ▸ Hundehaar.

Der Aufbau des Einzelhaars

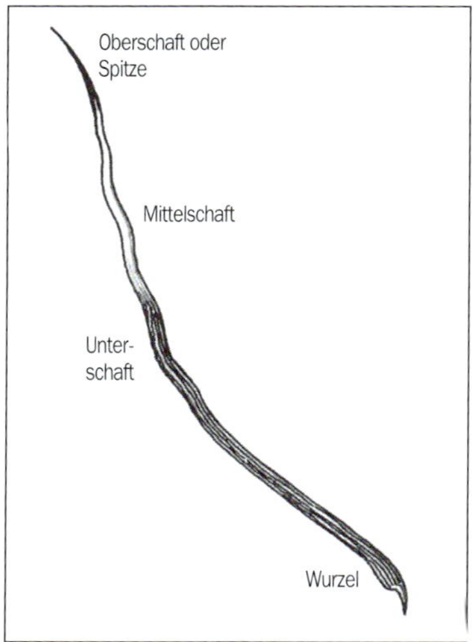

Haarabzugseisen, das: ▸ Fallen 14.
Haararten, die: ▸ Hundehaar.
Haarbalgmilben, die (*Demodicidae*): Zwischen 0,009 und 0,5 mm große, kurzbeinige Milben mit wurmförmigem Körper. Sie leben in Haarfollikeln von Säugetieren und ernähren sich vom Talg der Haarbalgdrüsen. Bei Hunden können sie bei einer Massenvermehrung die Acarusräude (▸ Demodikose) hervorrufen.
Haarbirke, die: ▸ Birken 2.
Haarbraten, der: Seltener Ausdruck für den ▸ Ziemer des Schwarzwildes.
Haarbürsten, die (Kastanien): Etwas dunkler gefärbte, borstige Haare unter dem Sprunggelenk der Hinterläufe der Hirscharten (*Cervidae*). Unter den H. befinden sich ▸ Duftdrüsen.
Haarentchen, das: ▸ Lappentaucher 2.
Haargreiffalle, die (Roitsche Haargreiffalle): Eine Bisamfalle; ▸ Fallen 14.
Haarlinge und Federlinge, die (äußere Parasiten): Beißläuse (*Mallophaga*): Es sind flügellose Insekten mit flachem Körper, drei kräftigen Beinpaaren mit beweglichen Krallen zum Festhalten und einem breiten Kopf (breiter als der Rumpf) mit kauenden Mundwerkzeugen. Sie ernähren sich von Hautschuppen und Haarteilen (Haarlinge) oder Federteilen (Federlinge). H. kommen bei Rot-, Dam-, Reh- und Steinwild sowie bei Fuchs, Dachs und Hund vor. F. befallen das Haus- und Wildgeflügel und die Beizvögel. Die Übertragung erfolgt durch direkte Berührung. Die gesamte Entwicklung vom Ei bis zum ausgewachsenen Haarling bzw. Federling vollzieht sich auf der Haut eines ▸ Wirtstieres. Die Weibchen kleben ihre Eier an Haare oder Federn; nach wenigen Tagen schlüpfen Larven, die zur Geschlechtsreife heranwachsen. Ohne Wirtstier können H. und F. nur wenige Tage überleben. Bei gesunden Stücken kommt es nur zu geringem Befall, bei älteren und kranken kann es aber zum Massenbefall kommen, wodurch das Allgemeinbefinden des Stückes beeinträchtigt wird. Massenbefall kann zu Veränderungen der Haut und zu Haar- bzw. Federausfall führen. Beim Hund sind H. als Zwischenwirte des Hundebandwurmes gefährlich. Bekämpfung: Vorbeugende Maßnahmen durch gute Ernährung. Bei in Gattern lebendem Wild, Beizvögeln, Hausgeflügel und Wildgeflügel in Gefangenschaft können H. und F. mit Insektiziden bekämpft werden. Das Wildbret ist – außer bei Massenbefall – genusstauglich.
Haarmilben, die (Demodexmilben): ▸ Demodikose.

Haar mit Haar jagen: Haarwild mit Jagdhunden jagen; ▸ Lange Jagd, ▸ Edeljagd.
Haarnutzwild, das: Bez. für alles aus menschlicher Sicht »nützliche«, jagdbare ▸ Haarwild; dazu zählen alles ▸ Schalenwild, Hase, Schneehase, Kaninchen und Murmeltier; ▸ Nutzwild.
Haarpflege, die: ▸ Körperpflege.
Haarraubwild, das: Sammelbezeichnung für alle jagdbaren Säugetiere, die anderes Wild (z.B. ▸ Nutzwild) rauben (fangen und töten, sog. ▸ Beutegreifer). Zum H. (Raubwild, das Haar trägt), das zoologisch zur ▸ Ordnung der Raubtiere (▸ *Carnivora*) gehört, zählen die in der Tabelle aufgeführten Wildarten.
Haarschlag, der (Schnitthaare): ▸ Schusszeichen.
Haarschleifen, die (Haarschlingen): Aus Rosshaar gefertigte Schlingen, die früher zum Fang von kleinem Federwild verwendet wurden; ▸ Dohnen.
Haarschlingen, die: ▸ Haarschleifen.
Haarschnepfe, die: ▸ Schnepfenvögel 4.
Haarseuche des Rehwildes: ▸ Ernährungsstörungen.
Haarwechsel, der (waidmännisch: verfärben): Der H. des ▸ Haarwildes ist wie bei den anderen Säugetieren auch ein kontinuierlicher oder periodischer Ausfall von ▸ Haaren und unterliegt meistens einem jahreszeitlichen Rhythmus. Das Haarkleid enthält im Winter zahlreiche Wollhaare und ist damit dichter, im Sommer hat es mehr feste Deckhaare. Im Zusammenhang mit dem H. kann auch eine totale Umfärbung erfolgen (z.B. Hermelin und Schneehase: im Sommer braun, im Winter weiß). Der Zeitpunkt, die Dauer und die Art des H. dienen auch dem ▸ Ansprechen des Wildes und geben dem kundigen Jäger Auskunft über das Befinden und das Alter des Wildes. Näheres siehe unter der jeweiligen Wildart; ▸ Mauser.
Haarwild, das: Bez. für alle jagdbaren ▸ Säugetiere, die üblicherweise nicht als ▸ Haustiere gehalten werden und nicht ständig im Wasser leben. Hohes H. ist eine alte Bez. für das zur ▸ Hohen Jagd zählende H.; ebenso war die Bez. Niederes H. üblich. Diese beiden Klassen wurden früher wiederum in edles, nützliches oder essbares und in unedles oder schädliches H. (auch Haarraubzeug, Haarraubwild) unterteilt.
Haarwürmer, die (innere Parasiten): In verschiedenen Arten vorhanden. Diese haardünnen, bis zu 4 cm langen Würmer gehören zu den Rundwürmern (Nematoden). Sie kommen v.a. bei Fasanen, Rebhühnern, Gänsen, Enten, Tauben und Greifvögeln (Beizvögeln) vor. Aber auch andere Vogelarten sowie Rotwild, Muffelwild, Dachs, Fuchs, Feldhase und Wildkaninchen werden von ihnen befallen. Die meisten H. haben keinen Zwischenwirt. Nur der im Kropf der Hühnervögel schmarotzende Haarwurm hat den Regenwurm als Zwischenwirt. Die überwiegende Mehrzahl der Arten schmarotzt im Dünndarm, beim Fuchs in der Blase oder auch in der Lunge, bei den Hühnervögeln und den Greifvögeln (Beizvögeln) auch im Schlund, im Kropf und im Blinddarm. Das befallene Wild fällt meist durch Blutarmut auf, verbunden mit Magen-, Darm- und Kropfentzündung. Beim Zerlegen ist erkenntlich, dass es fast kein Blut und eine fast weiße Lunge hat. Bei unserem Wild sind die H. nur von geringer Bedeutung. Im Zusammenwirken mit anderen Parasiten kann es jedoch zu Todesfällen kommen. Bekämpfung: Bei in Gefangenschaft lebenden Vögeln (Hühnervögel, Beizvögel) kann man Medikamente im Futter oder im Trinkwasser reichen. Bei frei lebendem Wild ist jedoch kaum eine Möglichkeit zur Bekämpfung gegeben.

Haarraubwild

Art	Unterfamilie	Familie
Fuchs (*Vulpes vulpes*, L.) Wolf (*Canis lupus*, L.) Marderhund (*Nyctereutes procyonides*) Goldschakal (*Canis aureus*)		hundeartige Raubtiere (*Canidae*)
Waschbär (*Procyon lotor*)		Kleinbären (*Procyonidae*)
Braunbär (*Ursus arctos*)		Bären (*Ursidae*)
Dachs (*Meles meles*, L.) Fischotter (*Lutra lutra*, L.) Baummarder (*Martes martes*, L.) Steinmarder (*Martes foina*, Erxleben)	Dachse (*Melinae*)	Marder (*Mustelidae*)
Iltis (*Mustela putorius*, L.) Frettchen (*Putoria/Mustela furo*) Nerz (*Mustela lutreola*) Hermelin (*Mustela erminea*, L.) Mauswiesel (*Mustela nivalis*, L.)	Wieselartige (*Mustelinae*)	Marder (*Mustelidae*)
Luchs (*Lynx lynx*, L.) Wildkatze (*Felis silvestris*, Schreber)		Katzen (*Felidae*)
Seehund (*Phoca vitulina*, L.) Ringelrobbe* (*Pusa hispida*) Kegelrobbe* (*Halichoerus grypus*, Fabricius)	Seehunde (*Phocinae*)	Hundsrobben (*Phocidae*)

* geschützte Tiere

Haarzüge, die: Alte Bez. für sehr feine und gerade Züge in vielen Flintenläufen, aus denen früher auch Rundkugeln verschossen wurden.
Hab acht!: ▸ Jagdgeschrei 2.
Habcher, der: Alter Ausdruck für ▸ Habichtler.
Habenschaden, Sebastian (29.3.1813 München bis 7.5.1868 München): Maler. H. war zunächst Porzellanmaler und besuchte dann die Münchner Kunstakademie und versuchte sich erfolglos in Historienmalerei. Später wandte er sich der Landschaftsmalerei zu und spezialisierte sich auf Jagd- und Hirtenszenen sowie Darstellungen der oberbayerischen Landschaft.
Haberbock, der (Haberlämmlein, Haberziege): Scherzhafte Bez. für die Bekassine; ▸ Schnepfenvögel 2.
Habergeiß, die: **1)** Österreichischer Volksausdruck für den Wachtelkönig; ▸ Rallen 4. **2)** Der Habichtskauz; ▸ Eulen 6. **3)** Die Bekassine; ▸ Schnepfenvögel 2.
Haberl, das: ▸ Standerl.
Haberlämmlein, das: ▸ Haberbock.
Habichler, der: ▸ Habichtler.
Habicht, der (*Accipiter gentilis*, L.): Auch Hacht(vogel), Hajor, Hühnerhabicht, großer Sperber, Stockfalke, Doppelsperber, Taubenhabicht, -stößer, (großer) Stößer. Familie der Greife (*Accipitridae*) aus der Ordnung der ▸ Greifvögel (*Falconiformes*). Der etwa hühnergroße H. erreicht eine Länge von ca. 50 bis 63 cm und eine ▸ Flügelspannweite von 105 bis 120 cm. Das Weibchen – wesentlich größer als das Männchen (Terzel) – erreicht ein Gewicht von 900 bis 1250 g, der Terzel ein Gewicht von 500 bis 800 g. Jagdbar, jedoch ganzjährig geschont. Er ist überwiegend ▸ Standvogel, gelegentlich ▸ Strichvogel. Waidmännische Ausdrücke ▸ Greifvögel.
Aussehen: Altvogel (Kleid gegen Ende des zweiten Lebensjahres): Oberseits dunkelbraun, unterseits weißliche Grundfärbung mit enger, dunkelbrauner Querbänderung (gesperbert). Über und hinter dem Auge weißlicher Streifen. Der lange Stoß hat vier breite, dunkle Binden, die Schwingen sind kurz und abgerundet. Die Fänge und die hohen unbefiederten Ständer sind ebenso wie die ▸ Wachshaut gelb, das Auge ist orangerot bis leuchtend gelb. Der Schnabel ist schwarz und kurz, aber stark gekrümmt. Beide Geschlechter sind fast gleich gefärbt. Jungvogel: Braun, oberseits heller gefärbt als der Altvogel, unterseits überwiegend gelblich mit dunkelbraunen Tropfen (längsgefleckt). Junge H. unterscheiden sich erheblich von Adulten und werden aufgrund ihrer Längsflecken (Tropfen) auf der Unterseite häufig für Mäusebussarde gehalten.
Vorkommen und Lebensweise: Ursprünglich in ganz Europa vorkommend, ist der selten gewordene H. in Großbritannien und in Irland bereits ausgerottet. Auch in Deutschland hat der H.-Bestand durch Aushorsten und übermäßigen Abschuss stark abgenommen. Der scheue und ungesellig lebende H. bevorzugt ausgedehnte Waldungen mit hohen Bäumen von der

Rothabicht (juveniler Habicht) mit frisch geschlagenem Eichhörnchen

Ebene bis ins Gebirge, jagt aber mit Vorliebe im offenen, mit Hecken und lichten Gehölzen durchsetzten Gelände. Im Fluge ist er an dem langen, gleichmäßig breiten Stoß und an den weißen Unterschwanzdecken zu erkennen. Er fliegt reißend schnell und sehr wendig, meist aber sehr niedrig über der Erde. Nach mehreren schnellen Flügelschlägen geht er häufig ins Gleiten über, rüttelt aber nie. Seine Beute schlägt er sowohl in der Luft als auch am Boden und tötet sie mit den stark ausgeprägten Fängen durch Kopf- und Halsgriff (Grifftöter). Das Standrevier (Lebensbereich) für ein H.-Paar beträgt etwa 3000 bis 5000 ha und wird gegen Artgenossen, aber auch gegen Jung-H., die zur ▸ Strichzeit durchziehen, energisch verteidigt. Wie beim Sperber der Sprinz (Männchen) mausert auch der Terzel nur sehr langsam und bleibt daher während der gesamten Mauserzeit voll beuteflugfähig. Die H.-Familie wird in dieser Zeit ausschließlich vom Terzel versorgt, der die ▸ Atzung an den Horst bringt, die aber nur vom Weibchen zerkleinert und an die Jungen verfüttert wird.

Fortpflanzung: Die H. sind meist schon im zweiten Jahr geschlechtsreif und tragen daher bei der ersten Brut noch das ▸ Jugendkleid. Der ▸ Horst steht häufig auf hohen Laub- und Nadelbäumen, vorzugsweise tief im Wald, und wird in Stammnähe errichtet. Der umfangreiche Horst wird aus Ästen und Reisern errichtet, die Horstmulde mit Blättern oder Fichten- und Tannennadeln begrünt. H.-Horste, die mehrere Jahre benutzt werden, können einen Durchmesser von 1,20 m und eine Höhe von 30 bis 100 cm erreichen. Hie und da werden auch verlassene Milan- oder Mäusebussardhorste benutzt und entsprechend ausgebaut. Das Gelege besteht aus drei oder vier, seltener aus fünf grünlich weißen Eiern, die ausnahmsweise schwach hellbraun oder violettgrau gefleckt sein können. Größe der Eier: etwa 56 x 42 mm, Gewicht um 61 g. Die Brutdauer beträgt 36 bis 40 Tage, die ▸ Nestlingszeit ca. 40 Tage. Eine Jahresbrut im April/Mai. Das Weibchen ist während der Brut- und Aufzuchtzeit nahezu ausschließlich am Horst und mausert in dieser Zeit den Großteil seines Gefieders.

Nahrung: Sie besteht hauptsächlich aus Hähern, Drosseln, Tauben und Elstern, daneben auch aus Haus-, Feld- und Waldhühnern (daher auch Hühnerhabicht genannt) sowie aus Hasen, Kaninchen und Eichhörnchen. Als Kurzstreckenjäger – Pirsch- und Startfluggreifer – schlägt der H. die Beute im plötzlichen Überraschungsangriff; sie wird meist an einem gedeckten Platz gerupft und anschließend gekröpft. Bei Störung streicht der H. mit der Beute sofort ab, sodass die ▸ Rupfung einer einzigen Beute auf mehrere Plätze verteilt sein kann.

Jagd: Wie alle Greifvögel ist auch der H. ganzjährig mit der Jagd zu verschonen. Der früher als schädlicher Raubvogel geltende H. wurde entweder mit dem Habichtskorb (▸ Fallen 3.) und der Rönne (▸ Garne 9.) gefangen oder am Horst erlegt. Die Horste mit Gelege wurden ausgeschossen, Horste mit Jungen ausgenommen. Üblich war auch der Fang mit dem Pfahleisen (▸ Fallen 15.) und der Pfahlschuss (Selbstschussanlage), bei dem der Schuss durch das Eigengewicht des H. ausgelöst wurde und diesen in die Brust traf.

Habicht, der: In der Falknersprache ein weiblicher H., der als ▸ Beizvogel geflogen wird. Der männliche H. wird Terzel genannt.

Habicht, blauer, der: ▸ Weihen 1.

Habicht, gefleckter, der: ▸ Falken 1.

Habicht, kleiner, der: ▸ Sperber.

Habichtler, der: Jemand, der die ▸ Beizjagd mit dem abgetragenen (gezähmten und abgerichteten) Beizhabicht oder Beizsperber ausübt.

Habichtsabteil, das (Mauserkammer): ▸ Falkenkammer.

Habichtsadler, der (*Hieraaëtus fasciatus fasciatus*, Vieillot; *Aquila bonelli*, Temm.): Kleine Adlerart, die nur in den Mittelmeerländern beheimatet ist und alle anderen Adler an Mut und Schnelligkeit übertrifft. Er ist hervorragend für die ▸ Beizjagd geeignet.

Habichtsauge, das: Eine für den Weimaraner (▸ Vorstehhunde) typische helle gelbliche Augenfarbe, die bei allen anderen Jagdhunden (möglichst dunkle Augenfarbe) jedoch unerwünscht ist; ▸ Birkauge.

Habichtsbogen, der (Habichtssprenkel): Eine bogenförmige ▸ Jule 2.

Habichtsbruck, der: ▸ Bruck.

Habichtseule, die: ▸ Eulen 6.

Habichtsfang, der (Habichtskorb): Eine Lebendfangfalle; ▸ Fallen 3.

Habichtsgeschirre, das: Sammelbezeichnung für die Ausrüstung eines ▸ Beizhabichts; ▸ Geschirr.

Habichtshund, der: Ein zur ▸ Beizjagd mit dem Habicht verwendeter Hund; ▸ Vogelhund.

Habichtskauz, der: ▸ Eulen 6.

Habichtskoller, der: Bez. für das Toben eines verärgerten Habichts auf der Faust. Er springt dabei ständig ruckweise nach unten ab, ohne sich wieder aufschwingen zu wollen.

Habichtskorb, der (Habichtsfang): Eine Lebendfangfalle; ▸ Fallen 3.

Habichtskrücke, die: ▸ Jule 3.

Habichtslehen, das: Im 14. Jh. ein Lehen, welches den Vasallen verpflichtete, dem Lehensherrn jährlich einen abgerichteten Falken (Habicht genannt) zu liefern; ▸ Taubenzehnt.

Althabicht mit Beute

Habichtslocke, die: Ein Lockinstrument; ▸ Lockjagd.

Habichtssprenkel, der (Habichtsbogen): ▸ Jule 2.

Habichtsstoß, der: ▸ Garne 9.

Habitat, das: Das Aufenthaltsgebiet (Wohn- oder Aktionsraum), in dem Tiere und Pflanzen einer bestimmten Art regelmäßig vorkommen. Der Begriff H. bezieht sich ausschließlich auf

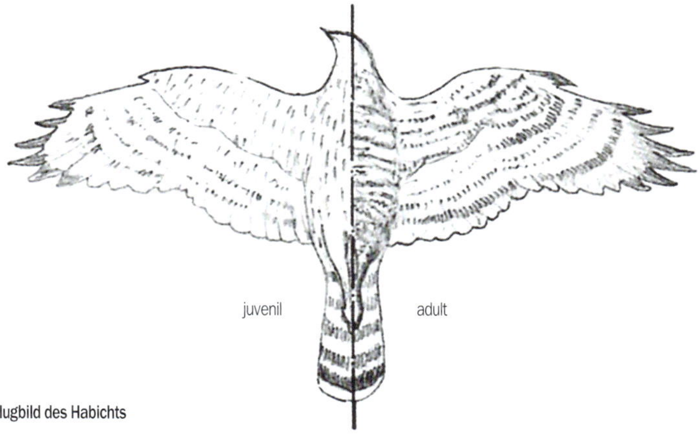

Flugbild des Habichts

Kaiser Franz-Joseph I. von Österreich auf der Hirschjagd, 1912, Fotografie. München, Deutsches Jagd- und Fischereimuseum

die engere Umwelt eines oder mehrerer Stücke einer bestimmten Wildart (Pflanzenart). Die H.-Qualität für das Wild hängt von verschiedenen wildökologischen Faktorengruppen ab, z.B. von Klima, Nahrung, Einstand, Beunruhigung und Geländeform.

Habsburger, die: Deutsch-österreichisches Fürstengeschlecht, benannt nach der Stammburg Habsburg (Habichtsburg) bei Brugg im Kanton Aargau. Die H. gewannen mit Graf Rudolf IV. Österreich und die Steiermark und wurden durch dessen Wahl zum deutschen König (1273) erstmals zum Herrscherhaus des alten deutschen Reiches. Nachweislich verschenkte Rudolf IV. ▸ Wildbanne. Besonders mit Herzog Rudolf IV. (1339 bis 1365), Kaiser ▸ Maximilian I., Erzherzog Ferdidnand II. (15641595) und Kaiser Karl VI. (1685 bis 1740) brachten sie hervorragende und leidenschaftliche Jäger hervor, die im Sinne ihrer Zeit waidmännisch dachten und handelten. Erzherzog Karl II., der nach dem Tode Ferdinands I. die Regierung übernahm, gilt als Schöpfer des rein steirischen Jägereihofstaates. Er liebte besonders die ▸ Beizjagd. Von Kaiser Leopold I. (1658 bis 1705) stammen die allerstrengsten jagdlichen Gesetze und Verordnungen. Kaiser Karl VI. richtete die Einteilung des Jahres nach der Jagd. Mit dem Schnepfenstrich im Prater fing das Jagdjahr an, dann folgte die Beizjagd in den Auen, und Ende April übersiedelte der Hof nach ▸ Laxenburg. Erzherzog Johann (1782 bis 1859) belebte die Jagd in Österreich wieder. Er war in erster Linie Heger. Seine Hegefürsorge schrieb sein Sohn, Franz Graf Meran, im Jahre 1859 nieder. Erzherzog Johann ist auch der Schöpfer der steirischen Jägertracht (graue Jacke mit grünen Aufschlägen); ▸ Babenberger.

Hächse, die (Hesse, veraltet: Heese, Hese): Die Beugesehne beim ▸ Haarwild oberhalb des Knies an der Vorderseite des Vorderlaufes und oberhalb des Sprunggelenks an der Hinterseite des Hinterlaufes.

hächsen (hechsen, heesen, hessen): Die ▸ Hächse über dem Kniegelenk durchschneiden (bei ▸ Parforcejagden üblich) bzw. über dem Kniegelenk freilegen (um das Wild ▸ knebeln zu können).

Hacht, der (Hachtvogel): ▸ Habicht.

Hackbaum, der: ▸ Fallbaum.

Hackelberg, Hans: ▸ Wilder Jäger.

Hackfrüchte, die: Sammelbezeichnung für Wurzelfrüchte (Kartoffeln, Topinambur) und Knollenfrüchte (Rüben; Zucker- und Futterrübe), Tabak und alle Feldgemüsearten, bei denen der Boden zur besseren Entwicklung mehrfach gehackt und auch gedüngt werden muss.

Hackordnung, die: Bez. für eine Form der ▸ Rangordnung in ▸ Tiergesellschaften, insbesondere bei ▸ Vögeln. Typisch für die festgelegten H. ist das Weghacken eines Schwächeren bzw. Rangniedrigeren vom Futterplatz, z.B. bei Haushühnern und bei ▸ Rabenvögeln.

Hadamar von Laber (1317 bis 1354): ▸ Jagdgedichte, ▸ Jagdliteratur.

Haderer, die (veraltet: Häderer): Untergewehr; die ▸ Eckzähne im Oberkiefer des ▸ Keilers; ▸ Gewehre, ▸ Haken 2).

Haeckel, Ernst, Prof. Dr. (16.2.1834 Potsdam bis 9.8.1919 Jena): Zoologe. H., Sohn eines Juristen, verlebte seine Kindheit und Jugend in Merseburg. H. studierte zunächst (1852 bis 1858) in Berlin, Würzburg und Wien Medizin, gab aber nach kurzer Paraxis diesen Beruf auf. 1861 habilitierte er sich für vergleichende Anatomie an der Universität Jena, wo er 1862 eine außerordentliche Professur sowie die Leitung des Zoologischen Museums und 1865 das neugegründete Ordinariat für Zoologie erhielt. H. war einer der Neuformer der Biologie und Verfechter der Abstammungslehre Ch. Darwins. Mit seiner Urzeugungs- und Monerentheorie sowie durch sein biogenetisches Grundgesetz suchte er die Deszendenztheorie, die er auch auf die Entwicklung des Menschen ausdehnte, weiter zu untermauern, u.a. durch seinen Monismus, den er als Band zwischen Religion und Wissenschaft verstand. Die Radilarien, Kalkschwämme, Medusen und Staatsquallen beschäftigten ihn auch in ästhetischer Hinsicht.

Hafer, der: ▸ Wildäsungspflanzen.

Haferkrähe, die (Haferrücke): ▸ Rabenvögel 4.

Haffmöwe, die: ▸ Möwen 6.

Haffmöwe, große, die: ▸ Möwen 3.

Haffpicker, der: ▸ Seeschwalben 4.

Haft, der (Haftel, Häftel): ▸ Heftel.

Hafte, die: Alte Bez. für die Laufhaken (▸ Verschlussarten) bei Kipplaufgewehren.

häfteln: ▸ hefteln.

Hag, der: Alte Bez. für dichte ▸ Hecken, die meist größere Gebiete umschließen und Lücken zum Durchwechseln des Wildes haben; ▸ Hagen, ▸ Hagenjagd.

Hagard, der: In der Falknersprache ein vielleicht mehrjähriger Greifvogelwildfang, der bereits das ▸ Alterskleid trägt. Hat ein H. noch einzelne Federn seines Jugendkleides im Gefieder, so hat er erst einmal gemausert, ist also ein zweijähriger Vogel. Ein derartiger Vogel ist wertvoller – weil leichter abzutragen – als ein älterer H., von dem man das genaue Alter nicht kennt; ▸ Wildfang, ▸ Lapard, ▸ Sorfalke.

Hagebuche, die: ▸ Hainbuche.

Hagedorn, der: ▸ Weißdorn.

Hagel, der: Alte Bez. (17. Jh.) für ▸ Schrot. Grober H. ist grober Schrot.

Hagelgeschoss, das: Alte Bez. für ▸ Schrotpatrone.

Hagemeister, Karl (12.3.1848 bis 5.8.1933): Deutscher Landschaftsmaler. Seine impressionistischen Havellandschaften, seine Bilder von Rügen und der Ostseeküste gehören zu den herausragenden Arbeiten der Berliner Secession. Erste Erfolge hatte H. als passionierter Jäger jedoch mit Jagdstücken und Stillleben. H. war befreundet mit dem Wiener Maler Carl ▸ Schuch und mit Wilhelm ▸ Trübner.

Hagen, die (Hecken, Hegken): Lebende Zäune, mit denen Äcker, Felder, Waldteile, Gärten, Burggräben usw. z.T. für Verteidigungszwecke, z.T. der Jagd wegen (▸ Hagenjagd) angelegt wurden. Am häufigsten benutzte man dazu Weißdorn, Hainbuche, Liguster und Fichte. Die eingezäunten Grundstücke nannte man Wild-H., H.-Wild oder je nach Wildart auch Reh-H., Rehhag, Rehhecke, Schweinshecke usw.

Hahn-Kipplaufbüchse

Hagenjagd, (Heckenjagd): Eine alte Jagdart, bei der Wild gegen Einzäunungen (▸ Hagen) getrieben und dort in aufgestellten Netzen gefangen und getötet wurde. Die H. entwickelte sich sehr früh und war bis zum Ende des Mittelalters eine der beliebtesten Jagdarten. Das »Hecken-Schlagen«, d.h. Hecken-Anlegen, war ein Recht, das nur dem Jagdberechtigten zustand, auch im fremden Wald. Wer nur die Niederjagd hatte, durfte nur niedrige Rehhecken (Rehhagen) anlegen, die das Rotwild leicht überfallen konnte. Für Rotwild waren die Hagen 3 m hoch. Sollte nun gejagt werden, wurden die Lücken, die auch mancherorts bewegliche Türen hatten, mit Netzen verschlossen. Bei Schwarzwild wurden die Lücken mit Strauchwerk so verkleinert, dass nur noch die sog. Schweinssäcke hingehängt werden konnten; die Lücken wurden verstrickt. Das Wild wurde dann mit Treibern und Hunden gegen die Hagen gejagt. Es verfing sich dabei in den Netzen, die ihm die gewohnten Ein- und Auswechsel (▸ Zwangswechsel) versperrten. Größeres Wild, v.a. Rothirsche, wurde auch gern in Burggräben, Parks und Einfriedungen gehalten, um ▸ Wildschäden auf den Feldern der Bauern zu vermeiden. Es konnte durch Ausgänge in den freien Wald gelangen und kehrte zur Futterzeit wieder zurück. Häufig brachte es dabei fremdes Wild mit, das dann erlegt wurde.

Hagente, die: ▸ Wildenten 1.

Hagenwild, das: ▸ Hagen.

Häher, der (veraltet: Heher): ▸ Rabenvögel 9. und 10.

Häherfang, der: ▸ Fallen 4.

Hahn, der: **1**) Der Abzugs-H. am Gewehr oder der Spann-H. am H.-Gewehr und bei Revolver und Pistole. **2**) Das Männchen aller ▸ Hühnervögel, des Kampfläufers, des Trappen und der Schnepfe, örtlich auch des Reihers; der Kleine H. ist der Birkhahn, der Große H. oder der Urhahn ist der Auerhahn.

Hahn(en)balz, die (Hahnfalz): Die Balz des Auer- und des Birkhahns; ▸ Raufußhühner 1. und 2.

Hahnenbart, der (Auerhahnbart): ▸ Bart 6).

hahnenfedrig: Eine Henne ist h., wenn ihr Gefieder dem des Hahns ähnlich ist. Die sog. Hahnenfedrigkeit ist eine Hormonstörung, die bei älteren Hennen, meist bei ▸ Hühnervögeln, auftritt.

Hahnenschneid, die: ▸ Schneid.

Hahnfalz, die: Alpenländischer Ausdruck für die Balz des Auer- und des Birkhahns; ▸ Raufußhühner 1. und 2.

Hahngewehr, das: Eine Kipplaufwaffe mit außenliegenden Hähnen (Schlagstücken).

hahnlos: Frühere Bez. – als überwiegend Hahngewehre verwendet wurden – für Gewehre mit innenliegenden Schlagstücken.

Hahnrevier, das: Bez. für ein Revier, in dem Auer- oder Birkwild steht.

Hahnverhörer, der: ▸ Verloser.

Hahnverloser, der: ▸ Verloser.

Haidehuhn, das: ▸ Heidehuhn.

Haider: **1**) Max (1807 bis 1873); ▸ Jagdkunst. **2**) Karl (6.2.1846 München-Neuhausen bis 29.10.1912 Schliersee), Sohn von 1), war Landschafts- und Porträtmaler, schuf einige Jägerbildnisse, z.B. »Der Jäger Berger aus Schliersee«, »Der neue Stutzen« in Schloss Pillnitz bei Dresden.

Haidetaube, die (Haidtaube, Haittaube, Heidtaube): Niederbayerischer Ausdruck für Ringeltaube; ▸ Wildtauben 1.

Haimlich Gejaidt Puech, das: Eines der drei Bücher von Kaiser ▸ Maximilian I.; es wird in der Wiener Staatsbibliothek verwahrt.

Hainbuche, die (*Carpinus betulus*): Auch Weißbuche, Hagebuche, Hornbaum. Sommergrüner, recht frostharter Baum der Gattung Hainbuche (*Carpinus*) aus der Familie der Hainbuchen (*Carpinaceae*). Wuchshöhe bis 25 m, Alter bis 150 Jahre. Die zweizeilig angeordneten Blätter mit den hervortretenden Adern sind scharf doppelt gesägt und zugespitzt. Die Früchte sind kleine Nüsschen mit dreilappigen Flügeln (Flugfrüchte) in lockeren, hängenden Kätzchen. Sie sind anfangs grün, später braun und gerippt.

<ins>Vorkommen und Standort</ins>: Fast in ganz Europa verbreitet. Wächst besonders gut auf frischen bis feuchten, nährstoffreichen, tiefgründigen und lockeren Böden. Kommt v.a. in krautigen Laubmischwäldern, in der Hartholzaue und im Eichen-Hainbuchen-Wald vor. Im

Unbekannter Künstler: »Wie man Hagen für die Jagd auf alle Arten von Tieren anlegt«, 14. Jh., aus Gaston Phoebus, Comte de Foix, Vicomte de Béarn: »Le Livre de la Chasse«, Blatt 103

Gebirge ist sie bis in 1000 m Höhe anzutreffen. Sie hat ein hohes Ausschlagvermögen (wächst bei ▸ Stockausschlag häufig vielstämmig und strauchartig) und ist bestens geeignet als Bodenschutzgehölz, als Schnitthecke in Gärten, aber auch für den Anbau in ▸ Hecken, ▸ Feldgehölzen und ▸ Remisen. Das gelblich weiße Holz (schwerstes Holz aller einheimischen Baumarten) ist zäh, schwer spaltbar und dient v.a. für die Herstellung von Werkzeugen und Geräten und im Maschinenbau. Die H. wird in der Jugend gerne vom Rehund vom Rotwild verbissen, ist daher auch als ▸ Verbissgehölz sehr gut geeignet; ▸ Hagen.

Hainzl (Hainzel): **1**) Der Zwergtaucher; ▸ Lappentaucher 2. **2**) Die Dreizehenmöwe; ▸ Möwen 6.

Haittaube, die: ▸ Haidetaube.

Hajor, der: ▸ Habicht.

Hakbaum, der: ▸ Fallbaum.

hakeln: Kämpfen des Gamsbockes mit der ▸ Krucke, d.h., er greift in feindlicher Absicht einen Rivalen, einen Menschen, einen Hund oder ein sonstiges Tier an; ▸ forkeln, ▸ Hakler.

Hakelung, die: Bei der Gamskrucke (▸ Gamswild) der obere, gekrümmte Teil. Je nach Biegungsgrad sagt man, die Krucke ist gut oder schlecht gehakelt.

Haken, der: **1**) Alles ▸ Haarwild, besonders aber der Hase, schlägt einen H., wenn es plötzlich seine Fluchtrichtung ändert und in rechtem Winkel nach rechts oder links springt (im Zickzack läuft) und sich so zu retten versucht. **2**) ▸ Heftelhaken. **3**) Die krumme Spitze des Greifvogelschnabels. **4**) Der H. zum ▸ Aushaken des Federwildes.

Haken, die: **1**) Die ▸ Grandeln. **2**) Die ▸ Eckzähne im Ober- und Unterkiefer der Bache (weibliches ▸ Schwarzwild); ▸ Gewaff. **3**) Die ▸ Fangzähne (▸ Eckzähne) des Raubwildes, z.B. Fuchs-H. **4**) ▸ Sporn 1). **5**) Die hakenförmigen Spitzen (▸ Hakelung) der Gamskrucke; ▸ Gamswild.

Hakenjährling, der: Kärntnerischer Ausdruck für einen einjährigen Gamsbock mit stark gehakelter Krucke.

Hakenwürmer, die: ▸ Magen- und Darmwürmer.

Hakler, der: Alpenländischer Ausdruck für einen starken Gamsbock.

Hakreis, der: ▸ Fallbaum.

Halali, das: Aus dem Französischen; von der ▸ Parforcejagd übernommenes ▸ Jagdsignal (die Betonung liegt auf der zweiten Silbe): ha, là lit = ha, da liegt er; ha, là lui = ha, ihm (dem Hirsch) nach. Der Hirsch ist halali, wenn er sich bei der Parforcejagd den Hunden stellt; dabei wird das Signal H. geblasen oder gerufen.

halbautomatische Waffen: H. W. finden bei der Jagd nur als einläufige Flinten (Gasdruck- oder Rückstoßlader) Verwendung; ▸ Jagdgewehr 4; ▸ Selbstladewaffen.

Deutscher Wachtelhund gibt an der abgedeckten Futterschüssel Hals (Laut).

Halbente, die: Die Krick- und die Knäkente; ▸ Wildenten 2. und 3.

Halber Mond, der: ▸ Jagdhorn.

Halber Wind, der (Halbwind): ▸ Wind.

Halbes Rüdenhorn, das: ▸ Jagdhorn.

Halbe Tücher, die: ▸ Jagdzeug 2.

Halbhase, der (halbwüchsiger Hase): Ein ca. zwei bis drei Monate alter Hase, der halb erwachsen ist; ▸ Dreiläufer 1), ▸ Quarthase.

Halbmast, die: ▸ Mastjahr.

Halbmond, **Sauerländer**, der: ▸ Jagdhorn.

Halbneue, die: ▸ Neue.

Halbrundreck, der: ▸ Reck.

Halbschaft, der: ▸ Schäftung.

Halbschatt(en)baumarten, die: ▸ Schatt(en)-baumarten.

Halbschaufler, der: ▸ Damwild.

Halbschnepflein, das: ▸ Schnepfenvögel 16.

halbspitz: Wild steht h., flüchtet h. weg oder zieht h. weg oder heran, wenn dies in einem Winkel von 45° erfolgt.

Halbtücher, die ▸ Jagdzeug 2.

Halbvögel, die: Eine frühere Klassifizierung in manchen alten ▸ Jagdordnungen. Zu ihnen zählten Singdrossel und Weindrossel, Amsel, Pirol, Kernbeißer, Seidenschwanz, Dompfaff, Ortolan, Kreuzschnabel, Star, Rotspecht und Kuckuck. Von ihnen wurden acht zu einem ▸ Spieß oder vier zu einem ▸ Klupp gerechnet; ▸ Ganzvogel.

Halbweih, der: ▸ Weihen 2.

Halbwildflug, der: ▸ Wildflug.

Halbwind, der (Halber Wind): ▸ Wind.

halbwüchsig: Alles Jungwild ist h., wenn es halb erwachsen ist.

halbwüchsiger Hase, der: ▸ Halbhase.

Hallo, Charles (1882 bis 1969): Französischer Illustrator, Jagdmaler und -schriftsteller aus Lille. H. ist der Gründer des Nationalmuseums für Parforcejagd (Musée de la Vénérie) in Senlis und gab auch die erste umfassende Studie über Kleidung, Technik und Brauchtum der Parforcejagd von ihrer Gründung bis zum heutigen Tage heraus: »De la Cape à la Botte« (»Von der Kappe bis zum Stiefel«).

Halm laufen (Halm streichen): ▸ Hundealter.

Hals, der: **1**) Der H. des Haarniederwildes (Ausnahme Rehwild), des Schwarzwildes und allen ▸ Federwildes (Ausnahme: der Auerhahn hat einen Stingel oder Stängel); ▸ Träger. **2**) Die Stimme des Hundes. Er gibt H. oder Laut, wenn er bellt; er hat einen lockeren H., wenn er gern bellt; er hat einen hellen (feinen) oder einen groben H., wenn er hoch bzw. tief bellt; er gibt anhaltend H.

Halsbandregenpfeifer, der: ▸ Regenpfeifer 3.

Halsbandsteindreher, der: ▸ Schnepfenvögel 8.

Halsbraten, der (Kehlbraten): Der Wildbretstreifen, der entlang Drossel und Schlund des Rothirsches und auch des Elchs verläuft. Früher wurde damit der Hund, insbesondere der ▸ Leithund, genossen gemacht (▸ genossen machen).

Halse, die: ▸ Halsung.

Halsfleck, der: ▸ Drosselfleck.

Hals geben: ▸ Laut geben, ▸ Hals 2).

◂◂ Normale Lederhalsungen mit Schnallenverschluss

Schweißhalsung mit zwei Schweißriemen

◂◂ Würgehalsungen (oben begrenzter Würger mit Stoppring)

Oberländer Dressurhalsband und Stachel-Würgehalsband

Halsung, die (Halse): Das Halsband des Jagdhundes. Die H. darf nicht zu eng den Hals des Hundes umschließen, aber auch nicht über den Kopf rutschen, wenn er plötzlich stehenbleibt oder nach hinten springt. Bei freier Arbeit im Gelände, besonders im Wald, wenn der Hund mit der H. hängenbleiben könnte, ist sie abzunehmen. Bei Bringselverweisern (▸ Bringsel) wird bei der Arbeit die H. durch ein Gummiband ersetzt. Hundehalsbänder gab und gibt es in verschiedenen Weiten und Breiten und aus unterschiedlichem Material. Die wichtigsten sind:

1. Lederhalsung, die: Ein der Halsweite des Hundes angepasstes Lederhalsband. Es besteht meist aus zwei miteinander vernähten Ledersorten. Auf der Innenseite wird meist weiches Leder verwendet, das ein Wundscheuern des Hundes verhindern soll, auf der Außenseite das feste Leder.

2. Schweißhalsung, die: Je nach Größe des Hundes eine 3 bis 5 cm breite, mit weichem Leder gefütterte H., die sich nicht zuziehen kann. An der H. befindet sich ein in einem Wirbel drehbarer Ring, der das Verdrehen des Schweißriemens verhindert. Die S. wird dem Hund nur bei der ▸ Nachsuche am langen Riemen angelegt.

3. Würgehalsband, die (Würgehalsung): Ein rundgenähtes Lederhalsband, ein normales Lederhalsband oder eine Ketten-H., durch de-

Hundehalsband, deutsch, 18. Jh.: Doppeltes Lederband, besetzt mit vier Reihen kurzer, runder Stacheln, dreifach verstellbar und mit Anhängevorrichtung. München, Deutsches Jagd- und Fischereimuseum

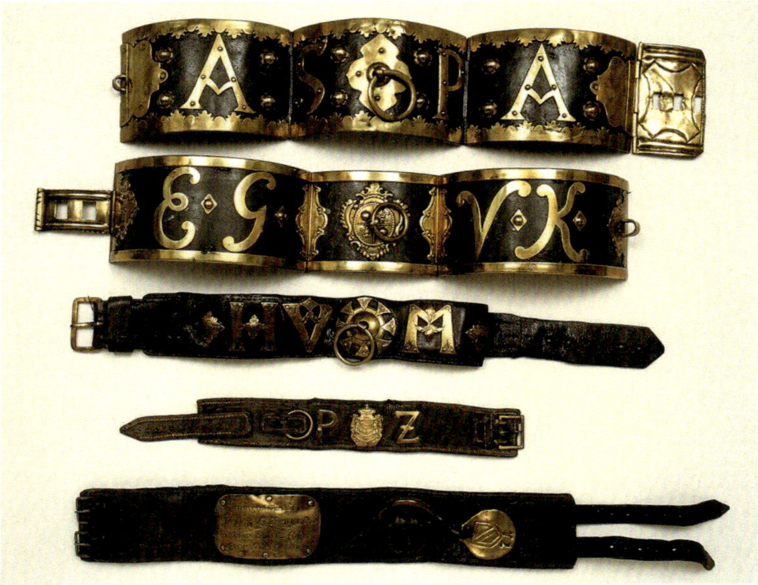

Hundehalsungen (von oben nach unten): Deutsch, 17. Jh.: Großes, eisernes Brackenhalsband mit Messingeinfassungen, Zierrosettenbeschlägen und Initialen; aus süddeutschem Adelsbesitz. – Deutsch, 18. Jh.: Dreiteiliges Eisenband mit ornamentalen Gelenkbeschlägen, Messingrändern, Messingwappen und Besitzerinitialen, Lederfutter. – Deutsch, 18. Jh.: Lederband mit Führungsring an Messingzierrosette und Initialen; aus süddeutschem Adelsbesitz. – Deutsch, Ende 18. Jh.: Lederband mit Wappen und Messinginitialen; aus der Kurfürstlichen Jagdkammer, München. – Lederband (1771) mit Inschrift auf einem Messingtäfelchen und Hundemarke (Straßburg 71) am Führungsring; aus der Kurfürstlichen Jagdkammer, München.

ren Ring an einem Ende das zweite Ende gezogen wird. Zerrt der Hund an der Leine, zieht sich das Halsband zusammen, bei Nachlassen des Zuges weitet es sich wieder.

4. Dressurhalsband, das: Eine Würge-Leder-H. mit stumpfen Stacheln auf der Innenseite, das zur Dressur harter Hunde verwendet wird.

5. Stachel-Würgehalsband, das: Eine H., bestehend aus Stachelgliedern mit stumpfen Stacheln auf der Innenseite, die ebenfalls zur Dressur harter Hunde verwendet wird.

6. Hatzband, das: Das H. der Hatzhunde ist ein schweres, breites Halsband aus Leder oder aus Metallgliedern, das an der Außenseite häufig mit starken spitzen Stacheln (Stachelhalsband) versehen ist. Es wurde den Hatzhunden bei der Hatz angelegt und sollte sie vor dem sich zur Wehr setzenden Wild (Sauen, Bären, Wölfe) schützen; ▸ Jacke 3). Daran angebracht war häufig ein metallenes Schildchen mit der Nummer der Hatze.

7. Prunkhalsung, die: Eine P. legte man z. Z. der höfischen Jagden besonders wertvollen Hunden oder den Lieblingshunden der Herrschaft um. Sie war aus Leder, mit Samt überzogen oder mit vergoldeten oder versilberten Metallbeschlägen (mit Namen oder Wappen) versehen.

Halt!: 1) Ein ▸ Jagdsignal. 2) Ein Hörzeichen der Jagdhundeführung; Befehl an den Hund, sich niederzulegen; svw. ▸ down!

Halteklauen, die: Bez. für die Krallen an Mittel- und Außenfinger bzw. Mittel- und Außenzehen des ▸ Beizvogels, die mit zum Halten der Beute dienen und schwächer sind als die ▸ Atzklaue und die ▸ Fangklaue.

halten: 1) Der Hund hält die ▸ Fährte oder die ▸ Spur, wenn er ihr folgen kann. 2) Der ▸ Beizvogel (Sperber, Habicht und Adler) greift geschlagenes Wild und hält es; ▸ binden 1). 3) Wild – v.a. ▸ Federwild – hält, wenn es den Jäger nahe herankommen lässt, ohne flüchtig zu werden oder aufzufliegen. Je nachdem wie nahe es den Jäger herankommen lässt, spricht man von gut h. oder von schlecht h. 4) Der Vorstehhund hält, wenn er fest vorsteht, ohne unruhig zu werden.

Halten von Wildtieren, das: In Österreich ist nach verschiedenen Landesjagdgesetzen das Halten ganzjährig geschonter Taggreifvögel und Eulen verboten. Ausnahmen hiervon beschränken sich auf die Ausübung der ▸ Beizjagd. In der Schweiz bedarf nach der Verordnung des Schweizerischen Bundesrats über die Jagd und den Schutz wild lebender Säugetiere und Vögel vom 29.2.1988 die Haltung geschützter Tiere der Bewilligung durch die zuständigen Kantone. Sie wird nur erteilt, wenn a) dadurch das Überleben der Art in freier Wildbahn nicht gefährdet wird und b) nachgewiesen ist, dass Erwerb, Haltung oder Pflege der Tiere der Gesetzgebung über Tierschutz sowie über Jagd und Artenschutz genügen. Die Bewilligung zur Pflege wird außerdem nur erteilt, wenn ein Tier nachweislich pflegebedürftig ist. Sie ist zu befristen. Nach dem Schweizer Jagdgesetz (Bundesgesetz über die Jagd und den Schutz wild lebender Säugetiere und Vögel, ▸ Schweizer Jagdrecht) legt der Bundesrat die Bedingungen fest, unter denen geschützte Tiere gehalten werden dürfen. Über die Pflege von Taggreifvögeln und Eulen kann das Bundesamt für Umwelt Richtlinien erlassen.

Haltepunkt, der: svw. Zielpunkt; ▸ Fleckschuss.

Haltlage, die: svw. Down-Lage; ▸ down!

Haltstatt, die: Der bei einer Jagd oder auch sonst vorher bekanntgegebene Treffpunkt der Jäger im Wald. Als »Hat-Statt« bezeichnet Johann August Großkopfs »Forst- Jagd- und Weidewercks-Lexicon« (1759) einen Treffpunkt, an dem sich die Leithundeführer, wenn sie gemeinsam einen Distrikt ▸ umschlugen, trafen und einander Bericht erstatteten (veraltete Bez.).

Ham, der: ▸ Hamer.

Hamann, Johann Georg (27.8.1730 Königsberg bis 21.6.1788 Münster): Philosophischer Schriftsteller und zeitweise Hauslehrer. Wegen der Düsternis seiner Schriften auch der »Magus aus dem Norden« genannt. H. ist Verfasser eines Flugblattes, in dem er die Hetzjagd zu Pferde, damals ein fürstliches Vergnügen, geißelt: »Schreiben eines parforcegejagten Hirsches an den Fürsten, der ihn parforcegejagt hatte, d.h. jenseits des Flusses: ›Durchlauchtigster Fürst und Herr! Ich habe heute die Gnade gehabt, von Ew. Hochfürstlichen Durchlaucht parforcegejagt zu werden; bitte aber untertänigst, dass Sie gnädigst geruhen, mich künftig damit zu verschonen. Ew. Hochfürstl. Durchlaucht sollten nur einmal parforcegejagt sein, so würden Sie meine Bitte nicht unbillig finden. Ich liege hier und mag den Kopf nicht aufheben, und das Blut läuft mir aus Maul und Nüstern. Wie können Ihre Durchlaucht es noch über das Herz bringen, ein armes, unschuldiges Tier, das sich von Gras und Kräutern nährt, zu Tode zu jagen? Lassen Sie mich lieber totschießen, so bin ich kurz und gut davon. Noch einmal, es kann sein, dass Ew. Durchlaucht ein Vergnügen an Parforcejagden haben; wenn Sie aber wüssten, wie mir noch das Herz schlägt, Sie täten's gewiss nicht wieder, der ich die Ehre habe zu sein mit Gut und Blut bis in den Tod usw. usw.‹« Das Flugblatt ging damals von Hand zu Hand.

Hamatl, das: ▸ Gamshamatl.

Hamel, der: ▸ Hamer.

Hamen, der: ▸ Garne 7.

Hamer, der (Ham, Hamel; veraltet: Hammer): Wenig gebräuchliche Bez. für den Schlegel (Hinterlauf) des ▸ Schwarzwildes (Hinter-H.), seltener auch für das Schulterblatt (Vorder-H. oder Plätzen).

Hamilton, Johann Georg: ▸ Jagdkunst.

Hamilton, Philipp Ferdinand: ▸ Jagdkunst.

Hammer, der: 1) Alte Bez. für das Schlagstück oder den Hahn am Gewehr; ▸ Schlosssystem. 2) ▸ Hamer.

Hammer, Guido (4.2.1821 Dresden bis 27.1.1898): Tier- und Jagdmaler, Illustrator. Fertigte u.a. Wald- und Waidmannsbilder für die von E. Keil im Jahre 1853 gegründete Familienzeitschrift (bis 1943) »Die Gartenlaube« und veröffentlichte »Hubertusbilder«.

Hammerhead: Von den Sako-Werken (Finnland) speziell für die Elchjagd konstruiertes Teilmantelgeschoss (▸ Büchsengeschoss), dessen verstärkter Geschosskopf (Hartbleikern) in Verbindung mit einem verdünntem, gerilltem ▸ Tombak-Mantel für große Eindringtiefe mit hoher Energieabgabe und Schockwirkung konzipiert ist; ▸ Büchsengeschosse.

haemorrhagische Septikaemie: ▸ Pasteurellose.

Hamster, der (*Cricetus cricetus*): Auch Feldhamster, Schwarzbauchhamster, in Süddeutschland Grutsch, in Österreich Kritsch, Kritscherl, Gritscherl. Er zählt zoologisch zur Ordnung der ▸ Nagetiere (*Rodentia*) und zur Familie der Hamster (*Cricetidae*). Er ist nicht jagdbar und steht unter besonderem Schutz (▸ Artenschutz).

Vorkommen: Ursprünglich ein Steppentier, ist er dem Ackerbau gefolgt und in vielen Unterarten in ganz Mitteleuropa (jedoch lückenhaft) verbreitet.
Aussehen: Er ist ca. 20 bis 30 cm lang und 200 bis 550 g schwer, weibliche Tiere bedeutend geringer. Sein Fell ist dreifarbig, Bauchseite dunkel, Oberseite rötlich gelbgrau und graubraun. Die Kopfseiten und die Schultern sind rostgelb. Kehle, Backen und Füße sind weiß. Farbabweichungen sind nicht selten. Die Gestalt ist gedrungen, die Ohren und der Schwanz (ca. 5 cm) sind kurz. Zahnformel:

$$\frac{1}{1}\;\frac{0}{0}\;\frac{0}{0}\;\frac{3}{3} = 16 \text{ Zähne}$$

(▸ Zahnalterslehre).
Lautäußerung: Der H. faucht bei Erregung oder Angst und klappert mit den Zähnen.
Lebensraum und Lebensweise: In Deutschland kommt er nur in den klimatisch begünstigten Gebieten vor (fast nie über 400 m Seehöhe). Er schätzt lehmig-sandige Böden, die sich besonders für seine ausgedehnten Bauanlagen mit Kesseln, Vorratskammern, Fallröhren usw. eignen, in denen er i.d.R. den Tag verbringt. Der Feldhamster ist ein Dämmerungstier; zur Erntezeit ist er auch am Tage zu sehen. Die H. sammeln Vorräte in speziellen Vorratskammern ihrer Bauanlagen. Im Spätherbst ziehen sie sich in ihre Baue zurück und verschließen die Eingänge mit Erde. Während des Winterschlafs sinkt die Körpertemperatur auf 4 °C ab (Normaltemperatur 32 °C). Die H. rollen sich dabei nicht ein, sondern liegen auf dem Bauch. Der Winterschlaf wird fast wöchentlich unterbrochen, um von den Vorräten zu zehren. Der sehr reinliche H. setzt seinen Kot in einer extra dafür geschaffenen Höhle ab.
Nahrung: Sie besteht hauptsächlich aus Weizen, Luzerne und anderen Körnerfrüchten. Der H. nimmt auch Kleintiere wie Würmer, Schnecken, Gliederfüßer usw., gelegentlich auch Kleinsäuger. In seinen breiten Backentaschen kann er Futter bis zum Umfange eines Hühnereis aufnehmen. Mit diesen Taschen tragen die Tiere ihre Wintervorräte an Körnern (bis zu 25 kg) zusammen. Der H. selbst ist die Beute des Iltisses.
Fortpflanzung: Die Paarungszeit beginnt im April. Die Männchen dringen in die Wohngebiete der Weibchen ein und setzen ihre Duftmarken ab. Später werben sie mit rhythmischem Schnaufen und Zähnewetzen um die zunächst abweisend fauchenden Weibchen. Nach längerem Vorspiel kommt es schließlich im Bau des Weibchens zur Begattung; das Männchen wird dann wieder vertrieben. Das Weibchen bringt nach 20 Tagen Tragzeit 4 bis 16 Junge, die 14 Tage blind sind. Meist zwei, seltener drei Würfe pro Jahr. Die Jungen, die nackt geboren werden, wiegen 8 bis 10 g. Nach ca. drei Wochen verlassen sie den Mutterbau, machen sich selbstständig und sind mit acht Wochen ausgewachsen.
Spur: Die Vorderfußspur ist ca. 1,5 cm lang und 1 cm breit, die Hinterfußspur 2 bis 3 cm lang und ca. 1 cm breit. Der H. hat an jedem Fuß fünf lange Zehen mit Krallen. Die Krallen werden mit abgedrückt, die Innenzehe des Vorderfußes ist in der Spur nicht zu sehen.

◂◂ Hamster (Feldhamster)

Hände, die: **1**) Die Fänge der ▸ Beizfalken (Jagdfalken), ▸ Fuß. **2**) Seltene Bez. für die ▸ Branken des Bären.

Handel mit Wild, der: ▸ Wildhandel, ▸ Wildhandelsbuch.

Handfeuerwaffen: H. sind im Ggs. zu Geschützen alle Waffen, die von einer Person getragen und aus der Hand abgefeuert werden können und bei denen zum Antrieb der Geschosse heiße Gase verwendet werden. Zu den H. zählen somit a) Gewehre oder ▸ Langwaffen, die mit einem Kolben oder einer Schulterstütze in die Schulter eingesetzt und mit beiden Händen gehalten werden, und b) ▸ Faustfeuerwaffen oder Kurzwaffen, die üblicherweise nur mit einer Hand gehalten und abgefeuert werden; ▸ Jagdgewehr.

handgerecht: Ein abgetragener ▸ Beizvogel, der gewohnt ist, vom Falkner getragen zu werden, und ruhig auf der ▸ Faust steht.

Handgeweih, das: Ein starkes Rothirschgeweih mit einer ▸ Handkrone; ▸ Rotwild (Hauptschmuck).

Handkrone, die: Die Krone des Rothirschgeweihs, deren Form an eine Hand denken lässt; ▸ Rotwild (Hauptschmuck).

handscheu: Ein Hund ist h., wenn er infolge rauer Behandlung oder ungerechtfertigter Bestrafung Angst vor seinem Herrn (▸ Hundeführer) hat und sich deshalb nicht oder nur widerwillig anfassen lässt und vor seiner Hand verängstigt zurückweicht. H. Hunde können die Prüfungen der ▸ Hundeverbände nicht bestehen.

Handschwingen, die (Schwingen erster Ordnung): ▸ Schwungfedern.

Handspanner, der: Ein ▸ Jagdgewehr, dessen Schlosse bei Betätigung des Verschlusses nicht gespannt werden, sondern stets vor Schussabgabe von Hand gespannt werden müssen. Die Waffe kann geladen geführt werden und ist trotzdem sehr sicher.

Handvogel, der: Ein ▸ Beizvogel, der ▸ handgerecht ist.

Hängebirke, die: ▸ Birken 1.

Hängedohnen, die: Die ▸ Dohnen, die an Sträuchern oder an Bäumen befestigt wurden.

hängeln: Ein ▸ Beizfalke hängelt, wenn er sich mit ausgebreiteten Schwingen in der Luft auf der Stelle hält. Anwarterfalken tun dies häufig, besonders bei starkem Wind; ▸ rütteln.

hängen: **1**) Bez. für das Zusammenhängen während des Begattungsaktes bei Hunden, Füchsen, Marderhunden und Wölfen. Durch die Schwellung der Schwellkörper am Fruchtglied bleiben die Tiere nach dem Begattungsakt noch einige Zeit miteinander verbunden. **2**) ▸ Hatzhunde, die das Wild (Ausnahme Schwarzwild) stellen und packen, h. daran.

Hänger, Max (1874 München bis 1955 München) Maler. Von H. stammen u.a. »Rebhühner und Enten mit ihren Küken vor einer Scheune«, »Waldlichtung mit auffliegendem Fasan und Fasanengruppe«.

Hänger, Max Josef (1874 München bis 1941 Fürstenfeldbruck): Maler. H. machte eine Ausbildung als Dekorationsmaler und besuchte anschließend die Münchner Akademie. Er war Tiermaler, malte v.a. Federvieh, meist in freier Natur in der Nähe von Bauernhöfen. Von ihm stammt »Landschaft mit Auerhahn«.

Hängeseil, das (Leitseil): Ein früher zur Führung des ▸ Leithundes verwendetes dünnes Seil aus Hanf und Pferdehaaren oder ein Lederriemen. Das H. wurde zusammengeschlungen auf der rechten Seite getragen und auch der Leithund daran auf der rechten Seite geführt. Zum H. gehörte eine ▸ Halsung mit Wirbel, ähnlich der Schweißhalsung; ▸ Schweißriemen, ▸ Hatzstrick, ▸ Hetzriemen.

Hängsel, das (Fallstock): Ein aufgehängter Stock, der beim Zuschlagen der Falle abgeworfen wird. Er dient zur Kontrolle der Falle aus der Ferne.

Hanik, der: ▸ Wildenten 13.

Hanke, Henriette (Wilhelmine), geborene Arndt (24.6.1785 Jauer/Schlesien bis 15.6. 1862 Jauer): Schriftstellerin. H. war Pastorenfrau und beliebte Erzählerin. Ihre Werke fanden in adligen und bürgerlichen Kreisen weite Verbreitung. Von ihr stammt u.a. »Das Jagdschloss und Wallys Garten. Zwei Erzählungen« (1822).

Hannoversche Haidbracke, die: Eine Lokalrasse der ▸ Bracken, die in der Lüneburger Heide gezüchtet wurde. Sie war etwas leichter als die ▸ Holsteiner Bracke, von hochläufigem Habitus mit aufgezogenem Bauch. Die Schulterhöhe lag zwischen 53 und 58 cm. Das oft 3 bis 4 cm lange Haar war stockig. Die H. H. hatte eine vorzügliche Nase und große Ausdauer. Sie wurde vorwiegend zum Brackieren von Hase und Fuchs verwendet. Bedingt durch die großflächige Aufforstung der schlechteren Heideböden und der Hege des Hochwildes kam es zur Verdrängung der H. H. Sie war bereits vor dem Ersten Weltkrieg ausgestorben. Allerdings wurde das Blut der H. H. in den Hannoverschen Schweißhund eingekreuzt, v.a. um dessen Hetzpassion zu fördern. Neben der H. H. gab es im Ammerland, dem Kerngebiet Oldenburgs in Niedersachsen, noch die Ammerländer Bracke. Sie war mit der H. H. eng verwandt und dürfte noch vor Beginn des Zweiten Weltkrieges ausgestorben sein.

Hannoversche Jägerhofmethode, die (Hirschmann-Schule): Eine im Laufe des 19. Jh. eingebürgerte Bez. für das Einarbeiten (Abführen) des Hannoverschen Schweißhundes und auch jedes anderen Jagdhundes auf der kalten (also mindestens zwei Stunden alten) ▸ Gesundfährte von Rotwild oder auch von Schwarzwild. Um dem Hund die Befähigung zu geben, die kalte Fährte eines Stückes ohne vorhandenen ▸ Schweiß zu halten, ohne sich von warmen Gesundfährten irreführen zu lassen (er darf nicht ▸ changieren), wird er zu Beginn seiner Ausbildung ein volles Jahr auf der kalten Gesundfährte geführt, erst dann auf Schweißfährten. Das Einarbeiten des Hundes auf der kalten Gesundfährte wird auch heute noch von Leithundeführern und Führern anderer Hunde geübt, die besonderen Wert auf eine gute Ausbildung ihres Hundes legen. Bis zur Mitte des 18. Jh. wurde die Leithundarbeit (▸ Leithund) von der Schweißhundarbeit (▸ Schweißarbeit) grundsätzlich getrennt. Als die Bestätigungsjagen (▸ Eingestellte Jagen 4.) immer weniger wurden und auch die Arbeit des Leithundes nachließ, benötigte man mehr Hunde nach dem Schuss. Dafür wurden neben den alten ▸ Schweißhunden auch die Leithunde verwendet, die am Hannoverschen Jägerhof nach wie vor auf der kalten Gesundfährte ausgebildet und auch gearbeitet wurden. So ging aus den letzten Leithunden, wenn auch durch Einkreuzung anderer Hunderassen, der Hannoversche Schweißhund hervor. Die Schwierigkeit besteht darin, dass man nach der H. J. nur dann arbeiten kann, wenn die Fährte genau zu kontrollieren ist. Dies ist nur bei günstigen Bodenverhältnissen (weicher Boden) möglich und durch die Anlage von ▸ Spürbahnen.

Hannoverscher Schweißhund, der: ▸ Schweißhunde.

Hans, weißer, der: ▸ Adler 7.

Hantavirus-Infektionen: die: Hantaviren sind mit verschiedenen Typen weltweit verbreitet. Die in Mitteleuropa vorherrschenden Typen verursachen i.d.R. keine schweren Krankheitsbilder. Meist verlaufen die Infektionen bei uns unbemerkt in Form von milden, grippeähnlichen Erscheinungen. Erkrankungen mit Lungen- oder Nierenentzündung sind selten. Die Wirte für diese Hantaviren sind Mäuse und Ratten. Der Mensch infiziert sich durch direkten oder indirekten Kontakt mit ihren Ausscheidungen, v.a. durch Einatmen von virushaltigen Staubpartikeln. H. wurden z.B. beobachtet nach Aufenthalten in alten Scheunen und Dachböden, nach Ausbringen von Gartenerde und nach Nagetierbissen. Jäger, Angler, Waldarbeiter und Landwirte sind erfahrungsgemäß etwas häufiger von H. betroffen.

Hapahunt, der: svw. Habichtshund, Bez. für den bei der ▸ Beizjagd mit dem Habicht zum Aufstöbern von Wild verwendeten Hund der Germanen.

Hardouin de Fontaine Guérin (um 1362 bis 1399): H. wurde u.a. bekannt durch seine langwierigen Kämpfe um das von seinem Vater geerbte Jagdrecht, welches dieser verliehen bekam. In einer Fehde der Herzöge von Anjou wurde er vom Grafen Roger von Beaufort gefangen genommen und erst 1395 wieder freigelassen; ▸ Jagdliteratur.

hären: ▸ verhären.

Harfen, das: Unter H. versteht man beim Auerhahn (▸ Raufußhühner 1.) ein Geräusch, das entsteht, wenn der Hahn mit seinen Zehen durch den gespreizten Flügel fährt; ▸ rauschen 3).

Harm, der (Härmlein): das Hermelin; ▸ Wiesel 1.

Harms, Anton Friedrich (1695 bis 1745): Jagdmaler am Hofe des Kurfürsten Clemens August. Von ihm stammt u.a. »Gerfalke ›Königin‹, von Clemens August selbst abgetragen und auf 30 Reiher geworfen«.

Harn, der: **1**) Der Strick aus Hanf oder aus Rosshaar, an dem der junge ▸ Parforcehund ausgeführt wurde. **2**) Urin. Flüssige, von den Nieren ausgeschiedene, v.a. stickstoffhaltige Endprodukte aus dem Eiweiß- und Nukleinsäurestoffwechsel, aber auch nicht verwertbare, u.a. giftige Nahrungsbestandteile sowie Blut- und Gewebesubstanzen. Viele weibliche Säugetiere scheiden mit dem H. ▸ Duftstoffe aus, die wahrscheinlich an ihre Geschlechtshormone gebunden sind; ▸ Harnspritzen.

Harnisch, der: Der ▸ Panzer 1) der Sauen.

Harnischschwein, das: svw. Panzerschwein; ▸ Panzer 1).

Harnspritzen, das: Geruchlose Markierung der Wege und Grenzen des Reviers durch viele Säugetierarten, z.B. Markieren des Brunftplatzes durch den Platzhirsch oder Bespritzen der Bauchdecke (Brunftfleck; ▸ Brand 1)); ▸ Markierungsverhalten.

Harpprecht zu Harpprechtstein, Stefan Christoph (12.6.1676 Tübingen – 11.1.1735 Wien): Jurist. Ab 1702 Prof. in Tübingen, ab 1709 Regierungsrat und Kammergerichtsprokurator in Stuttgart, zuletzt Geheimrat. Er schrieb »Sciagraphiam liberae venationis germanicae imprimis verò suevicae, vulgo Die freye Pürst-Gerechtigkeit. Respondente« (1702); ▸ freie Pirsch, ▸ Otto.

Harrier, der (normannisch: harier, Jagdhund): Ein dem Foxhund ähnlicher Hund, der in England zur ▸ Parforcejagd auf Füchse und Hirsche verwendet wurde. Nach 1800 wurde er mehr und mehr zur Hetzjagd auf Hasen verwendet.

Harro! (Wahr zu!): Ein Jagdruf; ▸ Jagdgeschrei 2.

hart: **1**) Ein Hund ist h., wenn er sehr eigenwillig ist, wenn Strapazen ihm nichts ausmachen und Strafen ihn kaum beeindrucken. Hat man genügend Geduld und Einfühlungsvermögen, erhält man einen sehr guten, brauchbaren, charakterfesten Hund. Gegenteil: weicher Hund. **2**) Das Haar rauhaariger oder stockhaariger Hunde ist h., wenn es borstig und dick ist. **3**) Wild, das widerstandsfähig und genügsam ist, ist h.

Hartballenkrankheit, die: ▸ Hartballenstaupe.

Hartballenstaupe, die (Hartballenkrankheit; Hard pad disease = H. p. d.): ▸ Infektionskrankheit; eine durch Viren hervorgerufene Nebenform der ▸ Staupe und gefährlicher als diese. An H. können v.a. der Hund, aber auch Fuchs, Wiesel und Marder erkranken. Die Krankheitssymptome sind dieselben wie bei der Staupe. Es kommt jedoch zusätzlich zu einer Verhärtung der Zehenballen, der Fußbal-

len und des Nasenspiegels sowie zu einer Ablösung der Hornhäute. Bekämpfung: Schutzimpfung gegen Staupe. Der gegenwärtig benutzte Impfstoff schützt gegen Staupe und gegen H.
Harter, Erich: ▸ Jagdliteratur.
harthörig: Ein Hund ist h., wenn er nur auf sehr laute Befehle reagiert.

Hartig, Georg Ludwig, Dr. phil. h. c. (2.9.1764 Gladenbach bis 2.2.1837 Berlin): Er wurde 1786 Fürstlich Solmsscher Forstmeister in Hungen und siedelte 1797 als Nassauischer Landforstmeister nach Dillenburg über. 1806 ging er als Oberforstrat nach Stuttgart und errichtete dort ein Forstinstitut. 1811 wurde er als Oberlandforstmeister nach Berlin berufen. Er schrieb das »Lehrbuch für Jäger und die es werden wollen« (1809) und das »Lexikon für Jäger und Jagdfreunde oder waidmännisches Conversations-Lexikon« (1836). Er redigierte ferner das »Journal für das Forst-, Jagd- und Fischereywesen« (1806 bis 1808), das »Forst- und Jagdarchiv von und für Preußen« (1816 bis 1820) und das »Allgemeine Forst- und Jagdarchiv« (1822 bis 1827).
Hartig, Theodor, Dr. (21.2.1805 Dillenburg/Nassau bis 26.3.1880 Braunschweig): Sohn von Georg Ludwig H., erhielt nach seinem Studium an der Universität in Berlin provisorisch die Reviere Woltersdorf und Liebenwalde. 1831 wurde er zum Oberförster und zum Dozenten an der Universität Berlin ernannt. 1838 wurde er als Dozent und Mitglied der Forstdirektion nach Braunschweig berufen und dort 1877 als Oberforstrat pensioniert. Er gab einige Schriften heraus und überarbeitete u.a. das 1861 in Marburg erschienene »Lexikon für Jäger und Jagdfreunde« seines Vaters Georg Ludwig H.
Hartriegel, der (*Cornus*): Auch Hornstrauch. Eine etwa 45 Baum- und Straucharten umfassende Gattung aus der Pflanzenfamilie der Hartriegelgewächse (*Cornaceae*) mit zwei Arten in Mitteleuropa.
1. Kornelkirsche (*Cornus mas*, L.): Der trägwüchsige, 2 bis 5 m (bis 8 m) hohe sommergrüne Strauch oder Baum wächst in Au- und Laubwäldern, an sonnigen bis felsigen Hängen, an bebuschten Orten und an Waldrändern. Blütezeit ist meist im März/April. Die kirschenähnlichen, genießbaren Früchte sind hängend, länglich-elliptisch, 1 bis 2 cm lang, glänzend scharlachrot und reifen im August/September. Das Holz ist sehr hart, zäh und schwer spaltbar und dient u.a. zur Herstellung von Gehstöcken. Die K. wird wegen des rotgefärbten Herbstlaubes auch als Zierstrauch angepflanzt.
2. Roter Hartriegel (*Cornus sanguinea*, L.): Der sommergrüne, trägwüchsige, 2 bis 5 m hohe Strauch oder Baum bildet reichlich ▸ Stockausschlag und Wurzelbrut. Er wächst an Waldrändern, als Unterwuchs in feuchten Laub- und Mischwäldern, in Gebüschen, in Auwäldern und in ▸ Hecken. Er dient auch zur Befestigung des Bodens (Rohbodenpionier). Gut als Verbissgehölz geeignet. Verträgt starke Beschattung, ist aber frostempfindlich. Blütezeit von Mai bis Ende Juli. Blätter im Herbst blutrot, wird daher auch als Zierstrauch verwendet. Die blauschwarzen Steinfrüchte reifen von Ende August bis Oktober und sind roh ungenießbar.
Hartschrot, das: ▸ Schrot aus Hartblei (Blei mit Arsen und Antimon); ▸ Schrotpatrone, ▸ Weicheisenschrot.
Hasardschuss, der (Glücksschuss): Ein nicht genauer, hingeworfener Schuss, der getroffen hat. Bez. auch für einen Schuss auf zu große Distanz oder mit einer zu kleinen Kugel auf starkes Wild. Im Hinblick auf die Sicherheitsregeln im Umgang mit Schusswaffen sind solche leichtsinnigen Schüsse zu unterlassen; sie verstoßen zudem gegen die Grundsätze der ▸ Waidgerechtigkeit und ggf. gegen geltende gesetzliche Regelungen.
Haselgeflügel, das: Alte Bez. für Haselwild; ▸ Raufußhühner 4.
Haselmaus, die: ▸ Bilche 4.
Haselnuss, die (*Corylus avellana*, L.): Auch Hasel. Sommergrüner, stets mehrstämmiger Strauch mit hohem Ausschlagvermögen. Die H. ist relativ häufig und wächst in Wäldern, besonders in Laubwäldern, in ▸ Gebüschen, in ▸ Hecken, an Waldrändern und wird häufig auf Wiesen und auf Weiden angebaut. Als typischer Eichenbegleiter ist die H. als Unterholz an lichten Standorten v.a. in den Laubmischwäldern anzutreffen. Die Früchte (Nüsse) reifen im August/September. Sie dienen vielen Tieren, v.a. den ▸ Bilchen und den ▸ Eichhörnchen, als Nahrung.
Haselulme, die: ▸ Ulmen 1.
Haselwild, das: ▸ Raufußhühner 4.
Hasen, die (*Leporidae*): Säugetierfamilie aus der ▸ Ordnung der Hasenartigen (Hasentiere) (*Lagomorpha*), den Nagetieren ähnlich, jedoch u.a. durch ein zweites Schneidezahnpaar im Oberkiefer von ihnen unterschieden. Zu den H. gehören die Kaninchen (▸ Wildkaninchen) und die echten H., der Feldhase (*Lepus europaeus*, Pall.) und der Schneehase (*Lepus timidus*, L.).
1. Feldhase, der (*Lepus europaeus*, Pall.): Scherzhaft und in der Literatur auch Meister Lampe, Löffelmann, Mümmelmann, Krummer. Er kann bis zu zwölf Jahre alt werden; die in freier Wildbahn lebenden F. sind jedoch selten älter als acht Jahre. Hinsichtlich seines Lebensraumes werden verschiedene ökologische Formen unterschieden: z.B. Berghase, Moorhase, Feldhase, Heidehase, Bruchhase, Sumpfhase, Sandhase, Holzhase, Mooshase, Waldhase usw.
Vorkommen: Mit Ausnahme Irlands (inzwischen dort eingebürgert) und der nördlichen Teile Skandinaviens und Russlands bewohnt der F. ganz Europa. Im Hochgebirge fehlt er jedoch und wird dort durch seinen Artverwandten, den Schneehasen, und auf der Iberischen Halbinsel durch den Kaphasen (*Lepus capensis*) vertreten.
Aussehen: Der Hasenbalg ist auf der Oberseite rötlich bis gelbbraun gefärbt. Die Seiten erscheinen stumpf graugelb bis rötlich braun. Der Bauch und die Kehle sind weiß, die Löffelspitzen schwarz. Die Blume ist auf der Oberseite schwarz, auf der Unterseite weiß. Die Ohren zeigen an der Spitze einen weißen Fleck. Bei einem laufenden H., den man spitz von hinten sieht, erscheint die Blume immer schwarzweiß, beim Kaninchen hingegen immer rein weiß. Die langen Spür- bzw. Schnurrhaare, auch ▸ Tasthaare (▸ Hasenbart), sind weiß, die Seher sind gelblich braun bis bernsteinfarben. Die Wolle (▸ Haar) kann in drei Formsysteme eingeteilt werden:
1. Die Leithaare ragen beim Winterbalg weit hervor und haben eine helle bis weiße Spitze, sodass der Balg wie bereift aussieht. Sie sind fast gerade oder nur kurz gebogen.
2. Die Grannenhaare sind i. Allg. dunkel gefärbt und zeigen an der Spitze einen noch dunkleren Ring. Das untere Drittel der Haare ist heller und oft rein weiß gefärbt. Die Grannenhaare sind i. Allg. stark wellenförmig gebogen.
3. Die sehr dünnen und stark wellenförmig ge-

◂◂◂ L. Buchhorn: Georg Ludwig Hartig (1764–1837), Kupferstich

Feldhase

Feldhase drückt sich auf blankem Acker.

Hasen: Aussehen		
Körpermaße	Rammler	Häsin
KRL	51–64 cm	50–61 cm
Schwanzlänge (Blume)	7,8–10 cm	7,5–11 cm
Ohrlänge (Löffel)	10–12 cm	10–12 cm
Gewicht	3–5,5 kg	3–5 kg

bogenen Wollhaare sind fast immer weiß bis gelblich weiß gefärbt.
Männliche und weibliche H. sind nur an den Geschlechtsorganen – säugende Häsinnen am Gesäuge – sicher zu unterscheiden. Zur Geschlechtsbestimmung muss daher dem erlegten H. die Geschlechtsöffnung aufgestülpt werden. Die Ballen der H. sind behaart und hinterlassen daher fast keine Wittrung. Aus diesem Grunde »steht« eine H.-Spur schlecht und nur kurze Zeit, sodass der Hund sofort auf die Spur eines angeschossenen H. gesetzt werden muss, denn schon nach wenigen Minuten ist die Wittrung verflogen.
Sinne und Lautäußerung: Er vernimmt sehr gut, windet gut, äugt aber nicht besonders. Da die Augen sich sehr weit seitlich am Kopf befinden (typisch für Fluchttiere; ▸ Gesichtssinn), ermöglichen sie dem Hasen fast eine Rundumsicht. Hingegen erkennt er keine räumliche Tiefe im Sehfeld. Die langen Ohren bzw. Ohrenmuscheln dienen einer sehr feinen Schallaufnahme mit genauer räumlicher Ordnung der Schallwelle. An den Lippen und an der Stirn befinden sich lange borstenartige Haare (▸ Tastsinnorgane), welche die Reichweite des Tastsinns erhöhen. In der Not ist die Lautäußerung ein quäkendes Klagen und gleicht dem Geschrei eines kleinen Kindes.
Lebensraum und Lebensweise: Der F. lebt meist gesellig, besonders beim Äsen, und war ursprünglich ein Steppenbewohner, der sich jedoch unserer Kulturlandschaft gut angepasst hat (▸ Kulturfolger). Er schätzt trockenen Boden und Gegenden mit vielen Feldern, die von Wäldchen und ▸ Remisen unterbrochen werden. Gegen feuchtes Klima und starken Wind ist er sehr empfindlich; er sucht sich daher stets windgeschützte Sassen. Als Tagesunterschlupf bevorzugt er umgepflügte Äcker, Feldraine, Hecken, Gräben und Böschungen und liegt stets gegen den Wind in seiner Sasse, wobei er meist zwei solcher Lager besitzt, die er mit den Vorderläufen scharrt. In der Sasse löst er sich auch und nässt in sie hinein. Er wird zwar zunehmend zum Nachttier, ist aber dort, wo er ungestört ist, auch tagsüber zu sehen. Aus der Sasse gestoßen, kehrt er so bald wie möglich wieder dorthin zurück. Wird er nicht regelmäßig gestört, ist er standorttreu. Jahreszeitlich bedingte Wechsel kommen jedoch vor (er zieht z.B. im Winter von den Gebirgslagen in die tiefer gelegenen Zonen). Den Tag verbringt er meist ruhig in der Sasse; in der Abenddämmerung rückt er zur Äsung aufs freie Feld und kehrt am frühen Morgen wieder in seine Ruhestätte zurück. Im Winter hält er sich mit Vorliebe auf Sturzäckern auf und lässt sich gerne in der Sasse einschneien. Auch bei Sonne und bei Frost sowie im Herbst beim Laubfall zieht er das Feld dem Wald vor. Bei stürmischem Wetter bevorzugt er hingegen den Wald. Seinen Balg pflegt er, indem er mit den Vorderläufen Duftstoffe aus dem Backenorgan streift und seinen gesamten Balg, die Löffel und den Bart bürstet. Häufig trommelt er dabei mit den Vorderläufen. Typische Zeichen, die der Hase im Revier hinterlässt, sind: Spur, Losung, Sassen, Verbissstellen, Pässe.
Äsung: Sie besteht aus saftigen Gräsern, Kräutern, Getreidesaaten, Kohlpflanzen und Rüben; im Winter nimmt er auch Knospen, Triebe und Rinde von Obstbäumen und Weichhölzern.
Fortpflanzung: Bei günstigen klimatischen Verhältnissen beginnt die Rammelzeit schon im Januar und dauert bis Ende August. Der Höhepunkt ist im April/Mai. Der Beginn der Rammelzeit (▸ Rammelplätze) ist an der herumliegenden Wolle, der sog. Rammelwolle, zu erkennen, welche die Rammler beim Kampf um die Häsin oder bei den Hieben verlieren, die sie selbst beziehen, wenn sie die z.T. noch

Junghasen in der Sasse. Als Nachfolger sind sie wenige Stunden nach der Geburt bereits mobil.

aggressivere Häsin mit den Vorderläufen »ohrfeigen«. Beim Kampf mit einem Nebenbuhler trommeln sie häufig mit den Vorderläufen auf den Boden. Nach einer Tragzeit von 42 bis 44 Tagen (sechs Wochen) setzt die Häsin meist drei-, seltener viermal im Jahr einen Satz von zwei bis vier Junghasen. Der erste Satz fällt etwa im März (sog. März-H.). Diese an mehr oder weniger gut geschützten Stellen gesetzten H. werden behaart und sehend (Wildkaninchen nackt und blind) geboren und sind Nachfolger, die bereits einige Stunden nach der Geburt laufen können. Sie wiegen bei der Geburt etwa 130 g. Der Satz Jung-H. wird von der Häsin, oft getrennt voneinander, abgelegt und täglich etwa zwei- bis dreimal zum Säugen aufgesucht. Die übrige Zeit ist er sich selbst überlassen; die Rammler kümmern sich nicht um den Nachwuchs. Durch das seltene Aufsuchen der Häsin, die geringe Wittrung, die Jung-H. abgeben, die Tarnfärbung und die Angewohnheit, sich bei Gefahr zu drücken, sind sie vor Feinden einigermaßen sicher. Die Saugzeit beträgt etwa 35 Tage; die Jung-H. sind dann selbstständig. Bereits Ende der zweiten, spätestens in der dritten Lebenswoche nehmen sie etwas Grünnahrung auf. Im auf die Geburt folgenden Jahr – im Alter von etwa neun Monaten – sind sie bereits fortpflanzungsfähig. Früh gesetzte Junghäsinnen können daher noch im ersten Lebensjahr setzen. Mit acht bis zehn Monaten sind die H. ausgewachsen. In seltenen Fällen kommt eine ▸ Superfetation (Doppelbefruchtung) vor. Dabei wird eine bereits trächtige Häsin kurze Zeit vor dem Setzen erneut befruchtet. Möglich ist dies, wenn die Tracht sich nur in einem Tragsack (Horn) befindet. Die Eireife wird durch den Deckakt ausgelöst und zwölf Stunden später erreicht. Jagdlich ist dies jedoch ohne Bedeutung. Das Geschlechterverhältnis ist i.d.R. etwa 1:1.

Feinde und Gefahren: Die größten natürlichen Feinde des H. sind Fuchs, Marder, Iltis, Wiesel, Habicht, Roter Milan, gelegentlich der Mäusebussard, aber auch Eulen, Krähen, wildernde Hunde und Katzen. Sein Hauptfeind war früher der Luchs (▸ Wildungen). Auch Pflug und Mähmaschinen dezimieren den Besatz. Großen Einfluss auf den von Jahr zu Jahr schwankenden und gebietsweise z.T. zurückgehenden H.-Besatz haben auch die Pflanzenschutz- und Unkrautvertilgungsmittel. Nicht unerheblich ist die Anzahl der H., die dem Straßenverkehr zum Opfer fallen. Gegenüber schlechter Witterung (Nässe und Kälte) sind sie äußerst empfindlich und erleiden dadurch große Verluste, besonders die ersten beiden Jahressätze. Demzufolge entstehen hohe Verluste – beim gesamten Niederwild – durch die Beregnung der Acker- und Grünlandflächen mit kaltem Wasser aus Tiefbrunnen. Da diese Flächen in der Trockenzeit fast ausschließlich nachts berieselt werden, geht das empfindliche Jungwild an Unterkühlung ein. Auch das verbotene Abbrennen von Hecken und Dürrgras (Naturschutzgesetz) kostet viele Jung-H. das Leben. Weitere Verluste erleidet der H.-Besatz durch Parasitenbefall (Coccidien, Ma-

Waidmännische Ausdrücke beim Hasen	
abbalgen (streifen)	Fell abziehen
abschlagen	den erbeuteten, noch nicht verendeten H. durch einen Schlag hinter die Löffel töten (Genickbruch)
abschneiden	abbeißen (z.B. Halme)
Absprung	Sprung aus der Spur zur Seite, bevor der H. sich in der Sasse lagert
aufstehen	Der H. verlässt sein Lager freiwillig.
Auslauf	vom Wald zum Feld führender Hasenpass
ausweiden (auswerfen)	Entfernen des Gescheides
Balg	Fell, Haut
Besatz	Hasenbestand eines Reviers
Blume	Schwanz
Dreiläufer	etwa drei bis vier Monate alter H.
drücken, sich	sich in der Sasse klein machen
einhessen	Man schärft die Hauptsehne eines Hinterlaufes frei und steckt den zweiten hindurch, um den H. aufhängen zu können.
Einlauf	vom Feld zum Wald führender Hasenpass
entnässen	Ausdrücken der Blase
festliegen	erst im letzten Moment aus der Sasse fahren
Geäse	Mund
Haken schlagen	Ändern der Fluchtrichtung
Halbhase	etwa zwei bis drei Monate alter H.
hält gut	Der H. lässt den Jäger nahe an die Sasse kommen, bevor er die Flucht ergreift.
Hasenbart	Barthaare
Hasenkammer	Teil des Reviers, in dem es viele H. gibt
Hasensteige (Hexensteige)	Hasenpässe, die der H. sich freibeißt (z.B. im Getreide)
Häsin (Satzhase, Setzhase)	weiblicher H.
herausstoßen (hochmachen)	aus seinem Lager aufscheuchen
Hinterläufe (Sprünge)	Hinterbeine
hochmachen	s.o.: herausstoßen
hocken (sitzen)	aufrechtes Sitzen mit Vorder- und Hinterläufen auf der Erde
hoppeln	langsame Fortbewegungsart
innehaben	Die Häsin ist trächtig.
Junghase	bis zu zehn Monate alter H.
Kegel machen	Der H. steht auf den Sohlen der Hinterläufe mit angezogenen Vorderläufen (die Blume befindet sich dabei auf dem Boden).
Klagen	Angstgeschrei
Lager (Sasse)	Vertiefung, die der H. sich scharrt (er hat stets mehrere Sassen)
sich lagern	sich niedertun in der Sasse
locker liegen	früh aus der Sasse fahren
Löffel	Ohren
Männchen machen	hoch aufgerichtet, nur auf den Spitzen der Hinterläufe stehen
Mümmelmann	Bezeichnung für den H.
Pass	Wechsel, Weg
Quäken	Klagelaut
Quarthase	ein bis zwei Monate alter H.
Rammelwolle	Hasenhaar, das bei den Kämpfen der Rammler zurückbleibt
Rammelzeit	Begattungszeit
Rammler	männlicher H.
rinnen	schwimmen

zu Felde rücken	aufs Feld ziehen
zu Holze rücken	in den Wald ziehen
rutschen	langsames Vorwärtsbewegen beim Äsen
Sasse	s.o.: Lager
Satz	eine Gruppe zusammengeborener Junghasen
Satzhase	s.o.: Häsin
Seher	Augen
setzen	gebären, zur Welt bringen
Setzhase	s.o.: Häsin
sitzen	s.o.: hocken
Sprünge	s.o.: Hinterläufe
Spur	Abdrücke der Fußballen
streifen	s.o.: abbalgen
trommeln	Schlagen auf den Boden mit den Hinterläufen
Widergang	in der eigenen Spur zurückgehen
Wolle	die Haare des H.

Hasen: Altersbestimmung	
Quart-H.	etwa ein bis zwei Monate alt
Halb-H.	etwa zwei bis drei Monate alt
Dreiläufer	etwa drei bis vier Monate alt
Jung-H.	bis zu einem dreiviertel, höchstens einem Jahr
Hase (alt)	über zehn Monate

gen- und Darmwürmer). Meist erreichen nur zwei bis drei Junghasen pro Häsin, das sind etwa 25% eines Jahressatzes, die Jagdzeit.
Losung: Es werden – wie beim Kaninchen – zwei verschiedene Arten von Losung ausgeschieden: eine weiche, an Vitamin B_1, Spurenelementen und Bakterien reiche Losung und eine größere, harte und strohige Losung. Die vitaminreiche und weiche Losung kommt aus dem Blinddarm und wird überwiegend in den Morgenstunden ausgeschieden. Ein Teil des Vitaminkots wird vom H. direkt vom ▸ Weidloch abgenommen und wieder verschluckt. Seine Form ist unregelmäßig, die Größe schwankt zwischen 4 und 11 mm. Die Oberfläche ist glänzend und enthält Schleim; ▸ Coecotrophie. Die harte Losung (Normalkot) ist kugelförmig und hat einen Durchmesser von ca. 14 mm. Sie wird zu jeder Tageszeit und an jedem beliebigen Ort in kleineren Mengen (einige Kugeln) abgesetzt. Sie ist je nach Äsung fast schwarz (Grünäsung) oder dunkelbraun (Rindenäsung) gefärbt. An der Luft wird sie später mehr hellgrau.
Fortbewegung (Spur): Der Hase hat sehr kurze Vorderläufe und relativ lange Hinterläufe. Damit ist er im Ggs. zu anderen Säugetieren nicht in der Lage, zu stehen; sein Stehen ist vielmehr ein Sitzen. Die H.-Spur ist daher charakteristisch und mit keiner anderen zu verwechseln. Ob er nun rutscht, gemächlich hoppelt oder flüchtig ist – immer setzt er die Hinterläufe vor die voreinander gestellten Vorderläufe. Bei der Flucht sind die Sätze größer als wenn er hoppelt. Die Sohlen sind mit dichter kurzer Wolle behaart, sodass die Ballen undeutlich abgedrückt werden. Die Nägel jedoch sind klar abgedrückt; der Hase nagelt. Bei der Flucht kommt nur der vordere Teil der Hinterlaufpfoten (Ballen) zum Abdruck, beim Hoppeln die gesamte Sohle. Eine Vorderpfote ist etwa 4,5 bis 5 cm lang und 2,5 bis 3 cm breit, die Hinterlaufpfote 10 bis 12 cm lang und 3 bis 3,5 cm breit. Das langsame Vorwärtsbewegen während des Äsens wird als Rutschen bezeichnet.
Altersbestimmung: Hierzu werden von den Jägern die unterschiedlichsten Methoden angewandt:

- Bei jungen H. lassen sich die Löffel leicht einreißen; zweifelhafte Methode.
- Die vorspringenden Flügelfortsätze der Stirnbeine (Augendorne) über den Augenhöhlen können bei den Jung-H. leicht zusammengedrückt bzw. umgebogen werden. Beim Alt-H. sind die Augendorne bereits hart (verknöchert) und spitzer; ebenfalls zweifelhafte Methode.
- An der Außenstelle des Vorderlaufes – etwa 1 cm oberhalb des Fußwurzelgelenkes – befindet sich bei den Jung-H. (bis zu zehn Monaten) eine knotenartige Verdickung, das sog. Stroh'sche Zeichen oder Jugendknötchen, das durch den Balg zu erfühlen ist. Bei im Februar und im März gesetzten H. ist allerdings dieses Zeichen bereits im Dezember kaum mehr vorhanden.
- Hebt man einen H. an einem Vorderlauf hoch, wobei er kurz oberhalb des Vorderfußwurzelgelenks angefasst wird, bricht beim jungen H. durch das Eigengewicht häufig der Vorderlauf, weil die Verkalkung der Knochen noch zu gering ist.
- Eine wissenschaftliche Methode, die jedoch nur im Labor durchzuführen ist, ist die Feststellung des Linsen-(Augen-)Gewichts. Bei jungen Hasen liegt die Linsenmasse unter 270 mg, H. mit größerer Masse sind Alt-H.

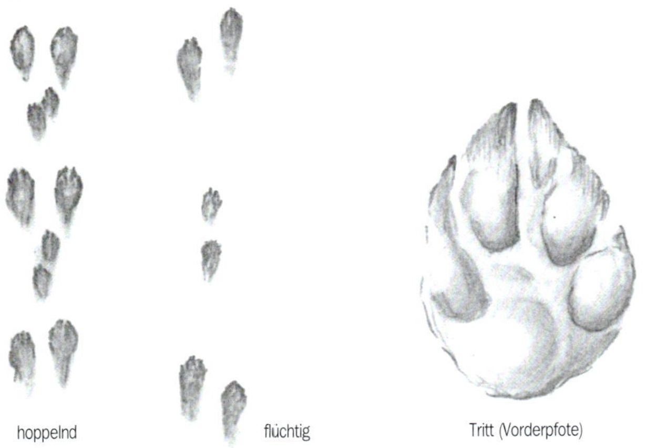

Hasenspur

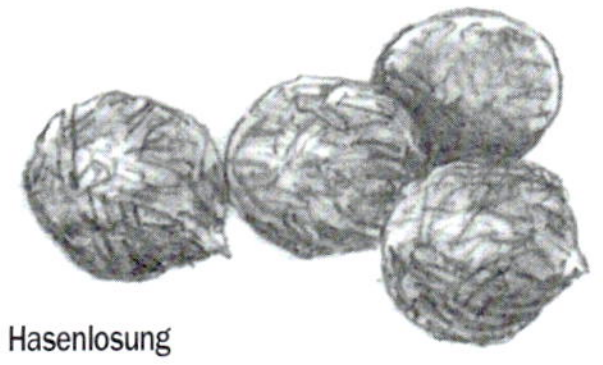
Hasenlosung

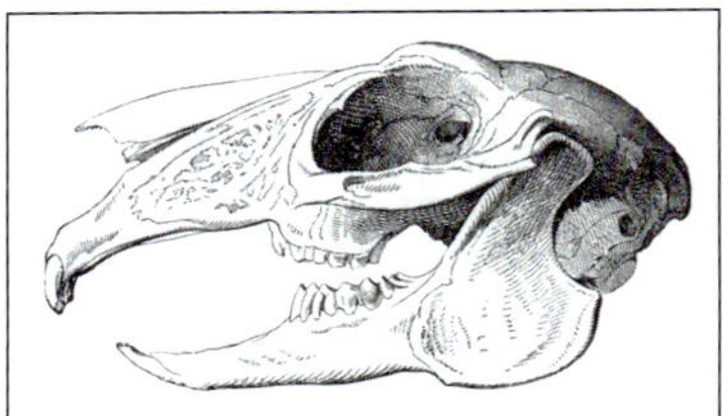
Hasenschädel

<u>Hege</u>: Im Vordergrund steht die Lebensraumverbesserung, z.B. durch Anlage von mosaikartig in der Feldflur angelegten ▸ Wildäckern im Rahmen eines ▸ Biotopverbundsystems. Der Anbau von Wildackerpflanzen sollte im Mai/Anfang Juni erfolgen, damit zur Vermeidung eines »Ernteschocks« kurz vor der oder zur Getreideernte ausreichend Äsung und Deckung vorhanden sind. In reinen Getreideanbaugebieten sollten zudem Dauergrünflächen (▸ Flächenstilllegung) mit einer Einsaat von Klee- oder Klee-Gras-Mischungen geschaffen werden. Winterfütterung ist in strengen Wintern erforderlich, z.B. durch Auslegen von frischem ▸ Prossholz und Saftfutter (v.a. Rüben, Karotten und Kohl) sowie durch Freipflügen von Gründüngungsflächen. Heu (Kleeheu) kann in kleinen Bündeln an Bäume gebunden oder in Futterraufen angeboten werden. Zur Verhinderung von Ausmähverlusten sollten ▸ Wildretter eingesetzt werden; ▸ Wildfütterung 2 a).

<u>Jagd</u>: Sie hat einen wesentlichen Einfluss auf den Hasenbesatz und sollte nicht zu früh beginnen (Anfang November), aber bereits um die Dezembermitte enden, weil ab diesem Zeitpunkt vielfach die Rammelzeit beginnt. Auch wenn der Streckenanteil der Junghasen unter 50% liegt, sollte die Jagd eingestellt werden, weil dies auf einen geringen Zuwachs schließen lässt (Hege!). Zur Jagd sind ▸ brauchbare Jagdhunde (Verlorenbringer) mitzuführen. Die gebräuchlichsten Jagdarten sind ▸ Gesellschaftsjagden wie Kesseljagden, Vorstehtreiben und Streife.

Als Einzeljagd werden der Ansitz, die ▸ Brackenjagd und die Suche ausgeübt. Beim *Ansitz* erwartet der Jäger den H. am Ein- und Auslauf am Waldrand, wo er morgens zu Holze und abends zu Felde rückt. Diese Jagdart wird auch als *Hasenkur* (franz.: cours, Lauf) bezeichnet. Dabei ist zu beachten, dass die am frühen Abend erscheinenden H. i.d.R. Häsinnen oder Jung-H. sind und deshalb geschont werden sollen. Ältere Rammler erscheinen spät, äsen gern am Waldrand entlang und laufen nach vorsichtigem Sichern schnell ins Feld. Die *Brackenjagd* wird heute nur noch sehr selten ausgeübt. Bei der ▸ *Suche*, entweder auf freiem Feld oder buschierend in buschigem Gelände oder im Wald, arbeitet man mit dem Hund. Da die letzten beiden Jagdarten grundsätzlich zu einer Beunruhigung des H.-Besatzes und letztlich zum Abwandern der H. führen, sollte dasselbe Revier auf diese Art nicht oft bejagt werden. Früher wurden auch die ▸ *Parforcejagd* und die ▸ *Windhetze* auf H. ausgeübt. Bei der H.-Jagd ist ferner zu beachten: Auf der Flucht läuft der Hase lieber bergan als bergab. Auf dem Feld hochgemacht, sucht er den schützenden Wald zu erreichen. Unwaidmännisch ist es, auf einen in der Sasse liegenden H. zu schießen. H., die den Jäger gut aushalten, sind gewöhnlich Häsinnen. Auch sollte nicht über 35 m geschossen werden. Die günstigste Entfernung ist 25 bis 35 m. Bei zu kurzer Entfernung wird das Wildbret zerstört. Bei größerer Entfernung (über 40 m) wird der Hase nur von wenigen

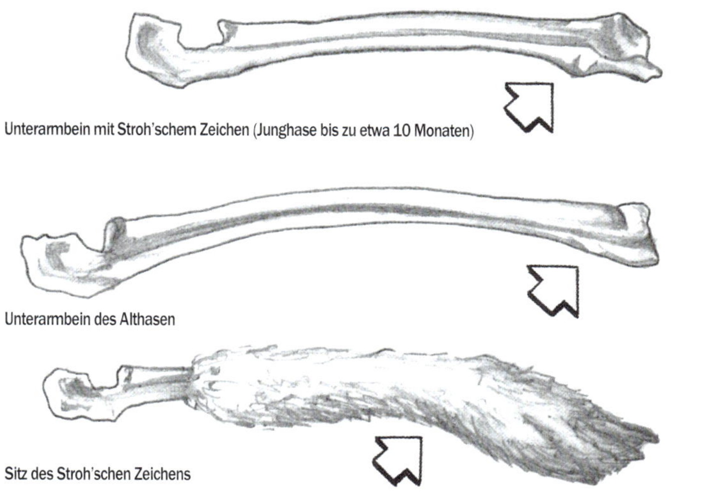

Unterarmbein mit Stroh'schem Zeichen (Junghase bis zu etwa 10 Monaten)

Unterarmbein des Althasen

Sitz des Stroh'schen Zeichens

Schrotkugeln getroffen, entkommt scheinbar gesund und verendet dann häufig doch.

<u>Versorgen des Wildbrets</u>: Nach dem Schuss, spätestens vor dem Abtransport, muss der Hase entnässt, d.h. die Blase ausgedrückt, und das ▸ Gescheide ausgeworfen werden (▸ ausdrücken, ▸ ausschleudern). Auch sollte er auskühlen. Zur Verbesserung des Geschmacks lässt man den H. einige Tage abhängen. Die Innereien (Herz, Leber, Lunge, Nieren) bleiben im H.; sie werden zusammen mit Hals und Rippen als H.-Jung oder ▸ H.-Klein bezeichnet und als H.-Pfeffer zubereitet.

<u>Gebiss und Zahnformel</u>: Das Gebiss der H. und der Kaninchen hat folgende Merkmale: Die Nagezähne (Schneidezähne) sind wurzellos, wachsen ständig nach und müssen deshalb stetig abgenutzt werden. Fehlen jedoch die Gegenzähne, kommt es zur Bildung von sog. Keiler-H. (▸ Auswachsen der Zähne). Die Schneidefläche der Nagezähne ist immer scharf, weil das Zahnbein sich stärker abnutzt als der Schmelz. Hinter den oberen Nagezähnen sitzen sog. Stiftzähne. Die Eckzähne fehlen bei den H. (große Lücken zwischen Schneide- und Backenzähnen). Die Backenzähne haben höckrige Erhebungen. Das Kauen erfolgt durch seitliches Verschieben des Unterkiefers sowie von vorn nach hinten und von hinten nach vorn; sog. Mümmeln (Mümmelmann). Zahnformel (Dauergebiss):

$$\frac{2\ 0\ 3\ 3}{1\ 0\ 2\ 3} = 28 \text{ Zähne}$$

(▸ Zahnalterslehre).

2. Schneehase (*Lepus timidus*, L.):

<u>Vorkommen</u>: Er kommt in mehreren geografischen Formen in den Gebirgen Europas (Pyrenäen, Kaukasus, Alpen) in Höhenlagen von 1200 bis 3500 m, in Nordeuropa (Skandinavien, Irland, Schottland) und im Norden Asiens vor.

<u>Aussehen</u>: Er ist kleiner als der Feldhase, hat eine Gesamtlänge von ca. 55 bis 65 cm, eine Schulterhöhe von etwa 10 bis 12 cm, eine Löffellänge von 9 bis 13 cm; die Länge der Blume ist etwa 5 bis 6 cm. Das Lebendgewicht beträgt 2 bis 4 kg. Die Hinterläufe (Sprünge) sind länger und kräftiger als beim Feldhasen, die Hinterpfoten kann der S. zu »Schneetellern« spreizen. Der Sommerbalg des S. ist auf der Oberseite graubräunlich (etwas grauer als der des Feldhasen) mit schwarzen Löffelspitzen, fast weißer Blume und weißlich grauer Unterseite. Sein Winterbalg ist rein weiß mit schwarzen Löffelspitzen. Die Färbung des S. ist von der Temperatur abhängig; so ist er z.B. in arktischen Gebieten ganzjährig weiß gefärbt, während er in wärmeren Gebieten (z.B. in Irland) das ganze Jahr über braunweiß gescheckt ist.

<u>Sinne und Lautäußerung</u>: Wie Feldhase.

<u>Äsung</u>: Gräser, Kräuter, Flechten, Zweige, Rinde, Knospen und Triebe.

<u>Fortpflanzung</u>: Die Rammelzeit ist i.d.R. im Frühjahr. Die Häsin hat 45 bis 52 Tage inne. Sie setzt im Sommer meist zwei Sätze von je zwei bis vier Junghasen, und zwar im April/Mai

Schneehase im Winterbalg

und im Juli/August. Sie werden behaart und sehend gesetzt und ca. drei Wochen gesäugt. Mit acht bis neun Monaten sind sie geschlechtsreif und können bis zu zehn Jahre alt werden. Kreuzungen zwischen Feldhasen und S. sind möglich (Blendlinge). Die Bastarde sind aber offenbar unfruchtbar.
Losung: Wie Feldhase.
Fortbewegung und Spur: Wie Feldhase. Feldhasen- und S.-Spuren sind schwer voneinander zu unterscheiden. Die Spur des S. ist jedoch etwas breiter, weil er die Zehen, besonders die der Hinterläufe, spreizt. Bei tiefem Schnee wird das besonders deutlich.
Hege: Verringerung der natürlichen Feinde wie Fuchs, Marder und Hermelin. Zu seinen Feinden zählen auch Uhu, Adler, Habicht und Kolkrabe.
Jagd: Der Alpen-S. ist ganzjährig geschont. Früher wurde, wenn überhaupt, die ▸ Brackenjagd auf ihn ausgeübt. Sein Wildbret soll weniger gut schmecken als das des Feldhasen.
Gebiss und Zahnformel: Wie Feldhase.

Hasenaar, der: ▸ Adler 2.

Hasenadler, der: ▸ Adler 1. und 2.

Hasenbart, der: Ein Hutschmuck, der aus den langen weißen und kräftigen Oberlippenhaaren (Tasthaaren, Schnurrhaaren) des ▸ Hasen gebunden wird und als Jagdtrophäe gilt.

Hasenbock, der: ▸ Hirschhase.

Hasenbrucellose, die: ▸ Brucellose.

Hasenfinnen, die: ▸ Bandwürmer.

Hasenfloh, der: ▸ Flöhe.

Hasengarn, das (Hasennetz): Ein Garn zum Fang von Hasen; ▸ Garne 8.

Hasengarten, der: In früherer Zeit versuchte man in umzäuntem Gelände von 0,5 bis 5 ha Größe, mit Futteranbau Hasen in Mengen zum Aussetzen zu züchten. Obwohl sie sich gut vermehrten, trat eine derart hohe Sterblichkeit auf, dass der eigentliche Zweck der Hasengärten, nämlich die Hasenbestände zu vermehren, verfehlt wurde. Sie wurden daher bald wieder aufgegeben (▸ Hasenpannamt). Die heutzutage angelegten Hasengärten haben sich hingegen bewährt. Die Hasen werden dort bei besten Umweltbedingungen (geeignete Biotope, gute Fütterung, Fernhalten der natürlichen Feinde) gezüchtet, mit Netzen eingefangen und in ähnlichen Biotopen wieder ausgesetzt oder verkauft.

Hasengehäg, das: ▸ Jagdsteine.

Hasengehäge, das: Ein Revier oder ein Revierteil, in dem Hasen besonders gehegt und nur selten geschossen wurden; ▸ Jagdsteine.

Hasenhatz, die: ▸ Windhetze.

Hasenhaus, das: Einstmals im Zentrum von Wien (Kärntnerstraße, Ecke Seilergasse) stehendes zweistöckiges Haus, in dem das Hasenamt (Hasenpannamt; im Wiener Volksmund Haspelamt genannt) untergebracht war, dessen Errichtung auf eine Weisung Kaiser ▸ Maximilians I. aus dem Jahre 1509 zurückgeht und das bis ins frühe 18. Jh. bestand. Die gesamte Fassade des H. war kunstvoll mit Fresken bedeckt. Sie zeigten den »Krieg der Hasen gegen Jäger und Hunde«, und zwar den Triumph der Hasen über die Jägerei: Die Jäger werden von Hasen gefangen genommen, ins Gefängnis gesteckt, in der Folterkammer malträtiert, verurteilt oder gar enthauptet. Das im H. untergebrachte Hasenamt hatte sich um die Belange der Niederjagd auf Hasen in den Feldern um Wien zu kümmern, da Kaiser Maximilian I. auch ein begeisterter Falkner war und die Hasen v.a. als Beute für seine Beizvögel schätzte. Er ließ daher in ▸ Laxenburg einen Hasengarten einrichten, der dem »Hasenpannmeister« unterstand. Im Hasenamt residierte der oberste Jagdverwalter der kaiserlichen Reviere in Österreich, dem auch der Forstmeister und der Waldmeister des Wienerwald-Amtes unterstanden.

Anton Straßgschwandtner (1826–1881): »Anstand auf Hasen«, um 1860, Lithografie

Hasenhetze, die: ▸ Windhetze.

Hasenhetzer, der: Ein Hund, der Hasen hetzt, also nicht hasenrein ist. H., die sich nicht zurückrufen lassen, können die Prüfungen der Hundeverbände nicht bestehen.

Hasenhorde, die: Eine v.a. im 17. Jh. verwendete Schlagfalle zum Hasenfang. Sie war aus Reisig geflochten und mit Steinen beschwert; kroch der Hase unter der Horde durch, so löste er die Stellvorrichtung aus und wurde von der Reisigmatte bedeckt. Um den Hasen lebend zu fangen, wurde die Horde nach oben gewölbt, sodass sie ihn nur überdeckte. Die H. stellte man an Hecken oder an Zäunen auf, an denen die Hasen im Winter gern entlanglaufen. Zur Beköderung der H. wurde Kohl benutzt.

Hasenjahr, das: Ein Jahr, in dem es viele Junghasen gibt, ist ein gutes H., ein Jahr, in dem es wenige Junghasen gibt, ein schlechtes H.

Hasenjung(es), das: ▸ Hasenklein.

Hasenkammer, die: Ein Teil eines Revieres, in dem sich die meisten Hasen aufhalten.

Hasenklage, die: **1**) Der quäkende Klagelaut des Hasen. Beim Kaninchen in höheren Tönen (Kaninchenklage). **2**) Ein Lockinstrument; ▸ Lockjagd.

Hasenklapper, die: Hölzerne ▸ Klapper.

Hasenklein, das (Hasenjung, Hasenjunges): Sammelbezeichnung für Herz, Lunge, Leber und die untere Hälfte der Rippen sowie für die Schulterblätter, den Kopf und den Hals des Hasen (Kochwildbret). Das aus diesen Teilen zubereitete Gericht wird Hasenpfeffer oder Schwarzhase genannt.

Hasenkopff, L.: ▸ Jagdliteratur.

Hasen-Künlein, das: Oberfränkische Bez. für das ▸ Wildkaninchen.

Hasenkur, die (franz.: cours, Lauf; Kur oder Cour): Alte Bez. für den Anstand des Jägers auf den Hasen am Ein- und Auslauf am Waldrand, wo der Hase morgens zu Holze und abends zu Felde zieht; ▸ Hasen 1 (Jagd).

hasenlauschen (hasenlausen, lauschen, lausen, luzen): Der Anstand (an den Lücken der Hecken oder auch der Zäune) und das Fangen oder Erlegen des Hasen. Häufig wurde auch eine Waldabteilung verlappt, und an den freien Stellen (Lücken) wurden Netze (Lucknetze) aufgestellt.

Hasenleberentzündung, die: ▸ European Brown Hare Syndrome (EBHS).

Hasenlutzer, der: Ein Jäger, der auf Hasen ansteht oder ansitzt; ▸ hasenlauschen (veraltete Bez.).

Hasennetz, das: **1**) Dehnbares Netz, das bei Bedarf zum Transport eines erlegten Hasen auf die Jagdtasche aufgeschnallt werden kann. **2**) (Hasengarn) Netz zum Fang von Hasen; ▸ Garne 8.

Hasenpannamt, das: ▸ Hasenhaus.

Hasenpanner, das: Veraltete Bez. für die ▸ Blume des Hasen, die er bei der Flucht hochstreckt (das Hasenpanier ergreifen = flüchten).
Hasenpannmeister, der: ▸ Hasenhaus.
Hasenpass, der: ▸ Pass.
Hasenpfeffer, der: ▸ Hasenklein.
Hasenpfote, die: Bez. für eine bei Jagdhunden unerwünschte, lange und flache Pfote des Hundes; ▸ Katzenpfote.
Hasenpest, die: ▸ Tularämie.
Hasenquäke, die: Ein Lockinstrument; ▸ Lockjagd.
hasenrein: Ein Hund, der einem Hasen nur auf Befehl nachhetzt oder sich – falls nicht befohlen – sofort wieder zurückrufen lässt.
Hasenreize, die: Ein Lockinstrument; ▸ Lockjagd.
Hasensarg, der: Scherzhafte Bez. für eine früher getragene große ▸ Jagdtasche aus Dachsschwarte. In ihr hatten mehrere Hasen Platz.
Hasensäulen, die: ▸ Jagdsteine.
Hasenscharte, die: Eine tiefe Furche, welche die Oberlippe von Hasen und anderen ▸ Nagetieren in zwei Hälften teilt.
Hasenschrot, der: Die für den Schuss auf Hasen passende Schrotstärke; ▸ Schrotpatrone.
Hasenseuche, die: ▸ Pasteurellose.
Hasensilvester, der: Scherzhafte Bez. für den 15. Januar (Ende der Jagdzeit auf Hasen nach der Bundesjagdzeitenverordnung).
Hasensprung, der: **1**) Ein schwacher, vorstehender Knochen im unteren Teil des Fersengelenkes des Hasen. Früher schrieb man ihm Wunderwirkung zu, später wurden Pfeifenräumer daraus gefertigt. **2**) Das Spurbild des ▸ Hasen.
Hasenstamperer, der: Abwertender Ausdruck für einen Jäger, der nur in Feldrevieren auf Hasen jagt und vom Schalenwild und von dessen Bejagung wenig versteht und besonders einem ▸ hirschgerechten Jäger nicht ebenbürtig ist; ▸ Federschütze.
Hasenstampern, das: Mundartliche Bez. für die Stöberjagd auf Hasen.
Hasensteig, der: ▸ Billwisssteig.
Hasensteine, die: ▸ Jagdsteine.
Hasentiere, die: ▸ Hasen.
Hasen tot!: Ein ▸ Jagdsignal.
Hasenvogel, der: Bez. für einen ▸ Beizvogel, der auf Hasen eingeflogen ist.
Hasenzwirn, der: Der dünne Bindfaden, aus dem die Hasennetze (▸ Garne 8.) gefertigt wurden.
Häsin, die (Setzhase, Satzhase): Der weibliche ▸ Hase und das weibliche ▸ Wildkaninchen.
Haspel, die: Ein hölzernes Gerät zum Auf- und Abwickeln der Jagdlappen (▸ Jagdzeug 1.) und zu deren Transport. Wurden mit der H. Federlappen aufgewickelt, nannte man sie Feder-H. Sie umfasste meist 800 bis 1000 m Lappen.
Haspelamt, das: ▸ Hasenhaus.
hassen: Heftige Reaktion der Vögel gegenüber ihren Feinden, besonders das Herabstoßen von ▸ Rabenvögeln und ▸ Greifvögeln, auch von Singvögeln, auf andere Tiere, insbesondere auf den Uhu; ▸ Hüttenjagd.

Zwei Hatzhunde (kolorierter Stich)

Hat-Statt, die: ▸ Haltstatt.
Hatz, die: **1**) Eine Jagd, bei der schwere und mittlere Hunde (▸ Hatzhunde) an Wild, besonders an Sauen und an Bären gehetzt wurden; ▸ Sauhatz. **2**) Eine Anzahl Hunde – je nach Wildart, Geschlecht und Alter verschieden –, die zusammen eingejagt waren und die gemeinschaftlich an das Wild gehetzt wurden. **3**) Im Sinne von Hetze (▸ Hetzjagd); die Jagd mit ▸ Windhunden auf Hasen, Wölfe, Füchse und Dachse; ▸ Windhetze, ▸ Hetzen.
Hätz, die: ▸ Rabenvögel 8. und 9.
Hatzband, das: Die ▸ Halsung der Hatzhunde.
hatzfertig: Eine ▸ Hatz steht h., wenn auf Befehl die ▸ Rüdemänner die Hatzhunde sofort schießen lassen können; ▸ Hatz los!
Hatzführer, der (Hetzer): Der Führer einer ▸ Hatz 2); ▸ Hatzmann.
Hatzhunde, die (Hetzhunde): Hunde, die flüchtiges Wild durch ihre Schnelligkeit und Ausdauer einholen, würgen und festhalten können. Sie stehen daher im Ggs. zu den Parforcehunden (Meutehunden), die am Anfang schneller laufendes Wild (Hirsche) durch Ermüdung dazu zwingen, sich zu stellen.
Die H. gehörten verschiedenen Hunderassen an und wurden in schwere, mittlere und leichte H. eingeteilt. Zur Bären- und zur Sauhatz bediente man sich der schweren H., der englischen Doggen, und der mittleren H., die anfangs als dänische Blendlinge (gezüchtet aus den schweren englischen Doggen und Windhunden), später als Dänische, in Süddeutschland als Ulmer, dann zusammen als Deutsche Doggen bezeichnet wurden (▸ Saupacker), und der pommerschen Blendlinge (von englischen Jagdhunden und Saurüden). Die leichten, flüchtigen H., die großen Windhunde, besonders die isländischen und die Courshunde, wurden gerne an Wölfe gehetzt. Die H., auf deren Farbe kein Gewicht gelegt wurde, mussten einen starken, aber nicht zu kurzen Kopf, einen zugespitzten Fang, vier starke ▸ Fangzähne und eine breite Brust haben sowie kurz und stark gekeult sein. Die leichten H. wurden zur Fuchs-, Wolfs- und Hasenhetze verwendet.
Hatzjagd, die: ▸ Hetzjagd.

Hatzleine, die: ▸ Hatzstrick.
Hatz los! (Hatz zu!): Befehl des Jägers an den Hatzmann (Hundeführer), die ▸ Hatzhunde zu lösen (zu schnallen) und sie an das Wild zu hetzen.
Hatzmann, der (Hetzmann): Der Führer eines ▸ Hatzhundes oder einer Koppel. Früher, als man noch die schweren, auch ihrem Führer nicht ungefährlichen Doggen verwendete, wurde ein H. mit mehr als einem schweren Hatzhund nicht fertig; ▸ Hatzführer.
Hatzriemen, der: ▸ Hatzstrick.
Hatzschirme, die (Hetzschirme): Schirme, die den ▸ Hatzhunden den Blick auf das Treiben verwehrten, um sie nicht nervös zu machen; ▸ Jagdeinrichtungen 2.
Hatzstrick, der (Fangstrick, Fangleine, Hetzleine, Hatzleine, Hetzstrick, Hatzriemen): Strick oder Riemen, an dem ein ▸ Hatzhund (auch ein ▸ Windhund) geführt wurde. Er war meist ein mit Rosshaaren durchflochtener Hanfstrick, befestigt an einem Bandelier (oder Riemen), das der ▸ Hatzmann über der Schulter trug.
Haube, die: **1**) Dachs-, Fuchs- und Kaninchenhaube: ▸ Garne. **2**) ▸ Falkenhaube. **3**) ▸ Holle. **4**) Schneehaube (Schneegarn); ein Netz; ▸ Garne 5. **5**) Bez. für den Netzmagen des ▸ Wiederkäuermagens. **6**) Lederne Scheide über der Klinge der Saufeder zum Schutze der Schärfe; ▸ Blanke Waffen.
häuben ▸ aufhauben.
Haubenente, die: ▸ Wildenten 10.
Haubenlerche, die: ▸ Lerchen 1.
Haubenscharbe, die: ▸ Kormorane 2.
Haubensteißfuß, der: ▸ Lappentaucher 1.
Haubentaucher, der: ▸ Lappentaucher 1.
hauen: **1**) Schlagen des Wildschweines (▸ Keilers) mit den Waffen nach Mensch oder Tier. **2**) Abhauen (Abbeißen, Abschneiden) von Baumstämmen und Ästen durch den ▸ Biber.
hauendes Schwein, das: Ein starker, fünf- bis sechsjähriger ▸ Keiler. Nach den alten Jagdklassikern G. F. D. aus dem Winckell, J. Täntzer, S. Behlen und G. L. Hartig musste es mindestens vier Jahre, nach J. M. Bechstein, H. W. Döbel und C. von Heppe mindestens fünf

Hauptschaufler: Reifer Damhirsch mit starkem Träger und gut entwickelten Geweihschaufeln

Jahre alt sein. Der Begriff h. S. taucht erstmals im Nibelungenlied auf, dort steht: »… ein grosz hawend wild schein …«

Hauer, die (Gewehre): Die ▸ Eckzähne im Unterkiefer des ▸ Keilers. In Süddeutschland werden die Ober- und die Unterkiefereckzähne (Waffen) als H. bezeichnet. Früher wurde gelegentlich der Keiler selbst als H. bezeichnet; ▸ Schwarzwild.

Hauerhahn, der: ▸ Raufußhühner 1.

Häufel, das (Häuflein): Lokale, seltene Bez. für eine Rotte Sauen.

Haulen, das: Bez. für das Balzen der ▸ Wildtauben.

Haun, der: ▸ Eulen 1.

Haupt, das: Der Kopf allen ▸ Schalenwildes mit Ausnahme des Schwarzwildes; bei Letzterem auch Kopf bzw. Wurf (Vorderkopf).

Hauptarche, die: ▸ Arche.

Hauptbalz, die (Hochbalz): Der Höhepunkt der Balzzeit von Auerhahn, Birkhahn, Haselhahn, Fasanenhahn und Trapphahn; ▸ Vorbalz, ▸ Nachbalz.

Hauptbär, der: ▸ Braunbär.

Hauptbau, der: Alter, besonders umfangreicher Bau mit vielen Röhren; ▸ Notbau, ▸ Mutterbau.

Hauptbaumart, die (Hauptholzart): Eine vorherrschende oder im Bestand am meisten vorhandene Baumart, die den Produktionszeitraum (▸ Umtriebszeit) bestimmt. Bei ▸ Schälschäden und ▸ Verbissschäden an H. im jeweiligen Jagdbezirk steht dem Grundeigentümer ▸ Wildschadenersatz zu.

Hauptbock, der: Außergewöhnlich starker Reh-, Gams- oder Steinbock.

Hauptbruch, der: ▸ Bruchzeichen.

Hauptbrunft, die (Hochbrunft): Höhepunkt der Brunft beim Rotwild; bei der H. schreien die Hirsche am stärksten; ▸ Vorbrunft und ▸ Nachbrunft.

Hauptdickicht, das: Wenig übliche Bez. für ein Dickicht, in dem mit Vorliebe das Wild steht oder steckt; ▸ Hauptstand 2), ▸ Dickung.

Haupterwerbsbetriebe, die: ▸ landwirtschaftliche Betriebe.

Hauptheftel, der: ▸ Heftel.

Haupthirsch, der: Besonders starker, mindestens zehn- bis zwölfjähriger Rothirsch.

Hauptjagd, die: Groß angelegte, gut vorbereitete Jagd, meist einen großen Teil des Reviers umfassende Treibjagd auf Niederwild (▸ Gesellschaftsjagd).

Hauptjagen, das (Haupttreiben): ▸ Eingestellte Jagen 1.

Hauptkeiler, der: Männl. ▸ Schwarzwild ab dem siebten Lebensjahr.

Hauptleine, die: ▸ Arche.

Hauptneue, die: ▸ Neue.

Hauptprüfung, die: Eine Leistungsprüfung für ▸ Schweißhunde; ▸ Hundeprüfungen.

Hauptröhre, die: Die am stärksten befahrene (meistbenutzte) ▸ Röhre eines Dachs-, Kaninchen- oder Fuchsbaues.

Hauptschaufel, die: Bez. für die große Schaufel des Elchgeweihs; ihr ist die kleinere Schaufel, die ▸ Vorderschaufel, vorgelagert.

Hauptschaufler, der (Kapitalschaufler): Sehr starker alter Dam- oder Elchschaufler mit voll ausgebildeter Schaufel; ▸ Damwild, ▸ Elchwild.

Hauptschirm, der: ▸ Leibschirm.

Hauptschlag, der (Hochschlag, Überschlag, Abschlag): Dritter Teil der Balzarie des Auerhahns. Er klingt wie das Entkorken einer Flasche; ▸ Raufußhühner 1.

Hauptschwein, das: Grober ▸ Keiler (grobes Schwein) ab dem siebten Lebensjahr, seltener wird damit eine sehr alte Bache bezeichnet; ▸ hauendes Schwein.

Hauptspross, der: Der nach oben gerichtete Stangenspross (Mittelspross) des Rehgehörns.

Hauptstand, der: **1**) Der Stand des Schützen bei einem Treiben, der an einem besonders stark benutzten ▸ Wechsel (Hauptwechsel) liegt und an dem der Schütze voraussichtlich viel zu Schuss kommt. **2**) Ein Revierteil, in dem besonders viel Wild steht; ▸ Hauptdickicht.

Haupttreiben, das: **1**) Das voraussichtlich beste Treiben bei einer ▸ Treibjagd; ▸ Gesellschaftsjagd. **2**) svw. Hauptjagen; ▸ Eingestellte Jagen 1.

Hauptvortragen, das: ▸ Geweihvortragen.

Hauptwald, der: ▸ Vorwald.

Hauptwände, die: Bei einem Lerchengarn, bestehend aus vier Seitenwänden und einem Himmel, wurden die Seitenwände als H. bezeichnet; ▸ Garne.

Hauptwechsel, der: Ein stark benutzter ▸ Wechsel.

Hauptwildarten, die: Wildarten, die in einem bestimmten Gebiet (Landstrich, v.a. aber in einem Revier) hauptsächlich vorkommen und jagdlich genutzt werden. Je nach Gegend gelten in der Bundesrepublik Deutschland als H.: Haarwild: Rotwild, Damwild, Sikawild, Muffelwild, Gamswild, Rehwild, Schwarzwild und Feldhase; Federwild: Fasan, Rebhuhn, Wildente und Wildtauben. Auer- und Birkwild können durch den stetigen Rückgang in keinem Gebiet mehr als H. bezeichnet werden.

Hauptwirt, der: ▸ Wirtstier.

Hauptzeichen, die (Hirschzeichen): ▸ Hirschgerechte Zeichen.

Haus, das: Seltener, veralteter Ausdruck für ▸ Bau oder ▸ Burg.

Haus der Jagd: Das H. d. J. wurde im Jahre 1991 vom Landesjagdverband Hessen im Freilichtmuseum Hessenpark bei Neu-Anspach im Taunus eröffnet. Neben dem Landesjagdverband stellen sich in dem Gebäude auch die Naturlandstiftung Hessen und der Verband der Sportfischer vor.

Hauseule, die: ▸ Eulen 8.

Haushund, der: ▸ Hunde 1.

Hauskrähe, die: ▸ Rabenvögel 2.

Hauslerche, die: ▸ Lerchen 1.

Hausmarder, der: ▸ Marder 2.

Hausspitzmaus, die: ▸ Spitzmäuse 6.

Haustaube, die: Sammelbezeichnung für z. Z. mehr als 100 Taubenrassen, die alle aus der Felsentaube gezüchtet wurden. Verwilderte H. erscheinen in großen Schwärmen auf den Feldern, auf denen sie sich ihre Nahrung suchen, oder in den Städten, bevorzugt auf größeren Plätzen mit alten Gebäuden, an deren Fassaden sie Nistplätze finden. H. werden hauptsächlich aus Liebhaberei und als Brieftauben gehalten; ▸ Wildtauben.

Hausteufel, der: ▸ Schnepfenvögel 18.

Haustiere, die: Vom Menschen zur Nutzung ihrer Produkte oder Arbeitsleistungen oder aus Liebhaberei gezüchtete und gehaltene Tiere. Seit mindestens 14 000 Jahren hält und züchtet der Mensch Tiere (▸ Domestikation). Sie liefern ihm Nahrung und Kleidung, helfen bei der Jagd und beim Ackerbau oder transportieren Lasten. Zu den ältesten Haustieren gehören Hund, Schaf, Ziege und Rind. Von rund 5000 bekannten Säugetierarten wurden nur die nachfolgend 20 Arten zu H.: Hund, Schaf, Ziege, Rind, Schwein, Esel, Pferd, Ren, Balirind, Büffel, Gayal, Jak, Trampeltier, Dromedar, Lama, Alpaka, Katze, Frettchen, Kaninchen, Meerschweinchen. H. stammen immer nur von einer Wildform ab, von der sie sich aber meist in Aussehen und Verhalten unterscheiden.

Hausunk, der: ▸ Iltisse 1.

Haut, die: **1**) Das Fell des Bären und des Wolfes; früher auch übliche Bez. für die Decke allen ▸ Schalenwildes mit Ausnahme des Schwarzwildes (dieses hat eine Schwarte); ▸ Balg. **2**) Auf die Haut bringen (veraltet), svw. auf die Decke legen, zur Strecke bringen.

Hautbremsen, die (veraltet: Hautbrehmen): ▸ Hautdasseln.

Hautdasseln, die (innere Parasiten): Larven der Dasselfliege. Zwei Arten sind von Bedeutung, die Rehdasselfliege (*Hypoderma diana*) und die Hirschdasselfliege *(Hypoderma acteon)*. H. kommen bei Elch-, Rot-, Dam- und Rehwild, selten bei Stein-, Gams- und Muffelwild vor. Die Dasselfliege ist eine 10 bis 12 mm große, grauschwarze, behaarte Fliege mit gelbbraunen Beinen. Sie fliegt von Mai bis August und klebt ihre Eier an die Hinterläufe, die Flanken und den Unterbauch des Wildes. Nach drei bis sechs Tagen schlüpfen aus den Eiern 0,5 mm große Larven, die sich nach wenigen Stunden durch die Haut bohren und in den Körper eindringen. Im Laufe von sechs Monaten wandern sie im Unterhautgewebe zum Rücken. Sie überwintern dort und atmen durch Luftlöcher in der Decke. Hier wachsen sie zu einer Länge von 2,5 bis 3 mm und einer Dicke von ca. 1 cm heran. Die reifen Larven verlassen zwischen April und August das Wirtstier durch ihre Atemlöcher, fallen zu Boden und verpuppen sich dort. Nach ca. 30 bis 40 Tagen schlüpfen aus den Puppen die geschlechtsreifen Fliegen. Von Dasselfliegenlarven befallene Stücke haben am Rücken beulenartige Entzündungen. Geringer Befall ist bedeutungslos. Bei geschwächten, jungen oder überalten Stücken kommt es manchmal jedoch zu einem Massenbefall. Dieser beeinträchtigt das Allgemeinbefinden, und durch das Scheuern (Juckreiz) kommt es zu Haarabschürfungen. Diese Stücke krümmen häufig ihren Rücken, und gelegentlich kommen auch Todesfälle vor. Bekämpfung: Abschuss von Stücken, die am Rücken Dasselbeulen erkennen lassen, und unschädliche Beseitigung (Verbrennen) der Dassellarven. Ferner sind puppen-, larven- und insektenfressende Tiere wie Dachs, Igel und Vögel zu hegen und zu

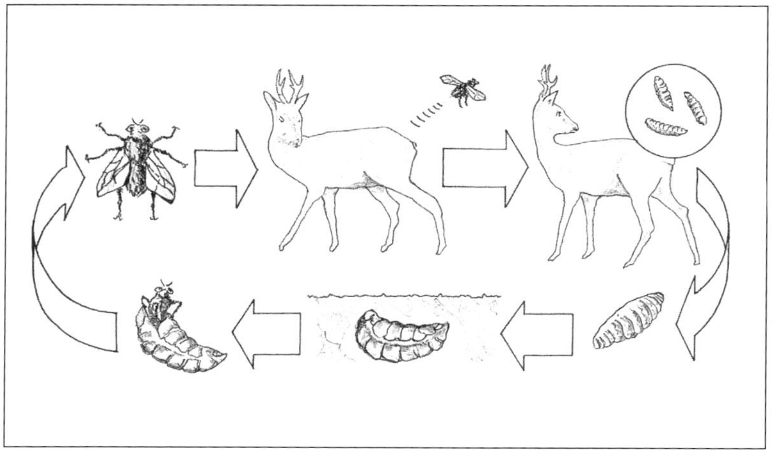

Hautdasseln: Entwicklung der Dasselfliege

schützen. Medikamentöse Bekämpfung ist möglich, jedoch bei Wild äußerst schwierig. Das Wildbret ist nach Entfernung der Larven und des umliegenden zerstörten Wildbrets genusstauglich.

Hautdrüsenorgane, die: ▸ Duftdrüsen.

Hautgoût, der: Bez. für den spezifischen scharfen Geruch und Geschmack, der länger abgelagertem ▸ Wildbret anhaftet. H. wird durch richtige Behandlung des erlegten Wildes und sachgemäße Lagerung des Wildbrets erreicht. Unsachgemäß behandeltes oder gelagertes Wild wird stickig und geht in Fäulnis über. Wildbret mit H. hat eine dunkelbraune bis schwarzrote Färbung, ist mürbe und weich und hat einen säuerlich-aromatischen Geschmack. Wildbret mit H. wird heute als ▸ anbrüchig abgelehnt.

Haut! là-haut! (franz.: haut, aufrecht; là-haut!, da oben!): Alter Zuspruch an den Hühnerhund, wenn er apportiertes Federwild aufrecht ▸ ausgeben sollte.

Hauthorn, das: Horngebilde, das manchmal auf der Decke des Wildes, besonders des ▸ Gamswildes, an den unterschiedlichsten Körperstellen auftritt. Die Oberhaut sondert Hornschichten ab, die nach einiger Zeit zu hornartigen Gebilden auswachsen.

Häutl, das: Das Fell des ▸ Murmeltieres.

Häutling, der: ▸ Löser 2).

Hautniggl, der: ▸ Löser 2).

Hautparasiten, die: ▸ Außenparasiten.

Hautpilze, die: H. verursachen bei Wildtieren (Haarwild) einen flächenhaften, kreisförmigen Haarausfall. Beim Umgang mit einem hautpilzbefallenen Stück ist zu beachten, dass der Hautpilz auch auf den Menschen übergehen kann. Haarausfall, verbunden mit Hautverdickung, Schuppen- und Krustenbildung, sind v.a. bei der Räude-Erkrankung an Füchsen, Luchsen, Gemsen und Steinböcken festzustellen (▸ Räude). Auch hier ist Vorsicht geboten, da die Fuchsräude auf den Jagdhund übertragen werden und der Mensch nach Kontakt mit einem räudigen Tier eine stark juckende »Pseudoräude« entwickeln kann.

Haydn, (Franz) Joseph (1732 bis 1809): Österreichischer Komponist; Kapellmeister bei Nikolaus Fürst Esterházy in Eisenstadt und des Grafen Morzin auf Lukavec. H. war, wie auch seine vorgenannten Arbeitgeber, selbst Jäger. Jagd und Fischfang in Ungarn gehörten zu H. Lieblingserholungen. Der Höhepunkt seiner Verbundenheit mit dem Waidwerk kommt in den Jagdbildern im Herbstteil seines Oratoriums »Die Jahreszeiten« zum Tragen. In der Arie wird die Rebhuhnjagd musikalisch genau dargeboten. Man sieht im Notenbeispiel, wie die Rebhuhnketten vor dem Hund aufstehen; dies ist so nur nachvollziehbar von einem, der das bei der Hühnerjagd sehr genau beobachtet hat, und: Es fällt ein Schuss, und in den Figuren der Geigen und der Flöten sieht man das getroffene Huhn »himmeln«, wie es in der Waidmannssprache heißt. Im daran anschließenden Chor werden die mit dem Gesang geschilderten Vorgänge der ▸ Parforcejagd auf einen Hirsch durch die entsprechenden französischen Jagdsignale verbunden, wie sie vermutlich die Jäger des Fürsten Esterházy verwendet haben. Erhalten sind die von ihm benutzten Jagdfanfaren in seiner Fassung und in den Lesarten der Zeit (»Almanach du Chasseur«, Paris 1773, und »Manuel du Veneur«, um 1810). H. hat das traditionelle Jagdthema zweimal auch symphonisch behandelt: zum ersten Mal im Jahre 1765, zu Beginn seines 30 Jahre dauernden Dienstes auf dem Fürstensitz Esterháza, in der Symphonie Nr. 31, die wegen ihrer Hornklänge »Auf dem Anstand« oder »Mit dem Hornsignal« genannt wurde; zum zweiten Mal 1788, als sich der Übergang zu den späteren Pariser und Londoner Symphonien anbahnte, in der Symphonie Nr. 73, die den Untertitel »Die Jagd« trägt; ▸ Jagdmusik.

Hazardjagd, die: Jede Jagd, die unter ungünstigen Bedingungen begonnen wird.

Hazardjagen, das (Bestätigungsjagen): ▸ Eingestellte Jagen 4.

Hebegabel, die: ▸ Gabel 4).

heben: **1**) Jungfasane h., wenn sie in der Lage sind, Getreidekörner aufzunehmen (selten gebrauchter Ausdruck). **2**) ▸ Jagdzeug und Archen (Leinen) hob man früher mit der Hebegabel auf die ▸ Forkeln. **3**) Der Bär hebt sich oder erhebt sich, wenn er sich auf die Hinterbranten stellt. **4**) Einen Hasen hebt man aus dem Lager, wenn man ihn aus dem Bett aufjagt (selten gebrauchte Redewendung). **5**) Wolf und Fuchs h., wenn sie den Lockbissen annehmen. **6**) Auffliegen der Vögel vom Boden; z.B.: »Die Fasane heben sich.«

Hebeschuss, der: Alpenländische Bez. für einen Schuss, der den Beginn einer ▸ Drückjagd, besonders der Riegeljagd auf Gams, anzeigt.

Hebtuch, das: ▸ Falltuch.

Hecheln, das: Der Temperaturregulation dienendes Verhalten vieler Säugetiere und Vögel. Beim H. wird durch schnelle oberflächige Atembewegungen die Luft über die Schleimhäute des Mundes, über die Zunge usw. bewegt, sodass diese durch Verdunstung abkühlen. Vögel sperren z.B. den Schnabel auf, Hunde lassen die Zunge aus dem Rachen heraushängen.

hechsen: ▸ hächsen.

Heck, Lutz, Prof. Dr. (23.4.1892 Berlin bis 6.4.1983 Wiesbaden): Naturschützer, Jäger, Fischer, Schriftsteller, Zoologe, Tierfotograf und ehem. Direktor des Berliner Zoologischen Gartens. H. studierte an den Universitäten Freiburg i. Br., Königsberg und Berlin und war 22 Jahre lang im Berliner Zoo tätig, wo er 1931 die Nachfolge seines Vaters (Geheimrat Prof. Ludwig Heck) als wissenschaftlicher Direktor des Gartens antrat. Auf seine Veranlassung und nach seinen Plänen wurde 1927/1928 in Springe der Wisentschutzpark angelegt. Als Befürworter der Rotwildhege hat er sich bereits in den 20er-Jahren des 20. Jh. ganz besonders für den Abschuss der sog. »schlechten Geweihvererber« eingesetzt. Zusammen mit seinem Bruder Direktor Heinz Heck, der seit 1928 den Tierpark Hellabrunn in München leitete, hat H. 1935 in der Röth bei Berchtesgaden den Alpensteinbock wieder ausgesetzt. In seiner langjährigen Jägerpraxis befasste sich H. auch mit der Jagdhundeführung. Er war Präsident des deutschen Brackenklubs und mehrere Jahrzehnte Mitglied des deutschen Drahthaarvereins. Von ihm stammen u.a. die beiden Monografien »Der deutsche Edelhirsch. Lebensbild mit photographischen Naturkunden aus der Wildbahn« (1935), 2. Aufl. mit dem Titel »Der Rothirsch. Ein Lebensbild« (1956), und »Schwarzwild. Lebensbild des Wildschweins« (1950).

Heckbau, der: ▸ Mutterbau.

Hecke, die: **1**) Der Flachs oder das Hanfwerg. **2**) Seltene Bez. für ▸ Geheck 1) und 2). **3**) ▸ Hagen. **4**) Vorwiegend aus Sträuchern mit eingestreuten Bäumen, die meist nicht ihre volle Höhe erreichen, bestehende Anpflanzung. Bei der H. sind zudem die Einzelglieder wie bei einem Schutzstreifen meist bandartig angeordnet. Sie sind Sekundärbiotope, die vom Menschen angelegt oder geduldet und gepflegt werden. H. haben besondere Bedeutung für die Niederwildhege. Mit der Anlage von H. und ▸ Feldgehölzen, am besten im Rahmen eines ▸ Biotopverbundsystems, können verdrängte Wildarten zurückgeholt bzw. individuenarme Populationen gestärkt werden. Sie schaffen Brut- und Setzmöglichkeiten für das

Jagen an den Hecken – zum Fangen und Erlegen des Wildes waren die Durchlässe in den Hecken mit Netzen und Fallen verstellt; Farblithografie aus Deigné Delacourt: »La Chasse à la Haie«, Paris 1858. München, Deutsches Jagd- und Fischereimuseum

Wild. H. bieten z.B. den Fasanen, den Hasen und den Kaninchen frische Äsungspflanzen, Winternahrung, winterlichen Unterschlupf und Einstände, den Rebhühnern und den Wachteln eingestreute Deckungsmöglichkeiten in der offenen Landschaft (Sichtschutz gegen natürliche Feinde). Das Rehwild nützt als Waldrandbewohner die H. als ▸ Einstand und Äsungsbereich, die Greifvögel (v.a. Turmfalken, Habichte und Bussarde) nutzen Bäume zum Aufblocken und als Anstand. Jagdliche Einrichtungen (z.B. Hochsitze) können in H. gut getarnt werden; ▸ Gebüsch.

hecken: svw. ▸ nisten, brüten beim zur ▸ Niederjagd gehörenden Federwild; besonders beim ▸ Wassergeflügel üblicher Ausdruck.

Hecken, die: ▸ Hagen, ▸ Hecke 4).

Heckenjagd, die: ▸ Hagenjagd.

Heckenkirsche, die (*Lonicera*): Auch Geißblatt. Zahlreiche Gattungen umfassende Pflanzenfamilie der Geißblattgewächse (*Caprifoliaceae*). Eine häufige Art ist die

Gemeine Heckenkirsche (*Lonicera xylosteum*, L.): Auch Beinholz, Teufelskirsche. Der bis 2,5 m hohe, reichverzweigte Strauch wächst auf kräftigen, frischen, kalkhaltigen Böden, an Waldrändern, in Gebüschen, in lichten Laub- und Mischwäldern und in Hecken; er liebt mäßigen Schatten. Blütezeit Mai/Juni. Die erbsengroßen, kugeligen und scharlachroten Beeren sind ungenießbar und reifen im Juli. Die H. wird auch gerne als Ziergehölz angebaut.

Heckenschnarrer, kleiner, der: ▸ Rallen 6.

Heckente, die: Eine junge Ente, die noch nicht richtig ▸ flugbar ist.

Heckgans, die: Eine junge Gans, die noch nicht richtig ▸ flugbar ist.

Heckjagen, das: **1)** Auch Beijagen; ein Treiben durch Hecken (▸ Hagen) und Vorhölzer, bei dem das darin steckende Wild herausgetrieben wurde. **2)** Ein Jagen, das an verbotenen Orten zur Hegezeit (▸ Schonzeit) vorgenommen wurde.

Heckjäger, der (Winkeljäger): Frühere Bez. für denjenigen, der ohne Erlaubnis auf die Jagd ging.

Heckler & Koch Jagd- und Sportwaffen GmbH: ▸ Suhler Jagd- und Sportwaffen GmbH (SJS).

Heckvogel, der: svw. ▸ Brutvogel.

Heckzeit, die: **1)** ▸ Brutzeit 1) und 2). **2)** Zeit, in der die Füchse und das kleine ▸ Raubwild ihre Jungen (Geheck) großziehen (Aufzuchtzeit). Während der Aufzuchtzeit sind die für die Aufzucht notwendigen Elterntiere nach dem BJG (§22 Abs. 4 Satz 1) zu schonen; ▸ Jagdzeiten 3 a).

Hediger, Heini, Prof. Dr. (1908 bis 1992): Schweizer Zoologe und Verhaltensforscher. H. war von 1954 bis 1973 Direktor des Zoologischen Gartens in Zürich und ist der Begründer der Tiergartenbiologie. Mit seinem 1942 erschienenen Buch »Grundriss der Tiergartenbiologie« war er Mitbegründer der modernen Wissenschaft der Zootierhaltung, die auf Verhaltensbeobachtungen basiert. Er schrieb u.a. »Jagdzoologie auch für Nichtjäger. Begegnungen mit europäischen Wildtieren« (o. J.) und »Aus dem Leben der Tiere. Lebensgewohnheiten europäischer Tierarten« (1966).

Heerd, der: ▸ Herd.

Heerdschnepfe, die: ▸ Schnepfenvögel 2.

Heerdvogel, der: ▸ Herdvogel.

Heerenbüchse, die: Eine bekannte einschüssige Büchse mit Vertikalblock-Verschluss (▸ Schlosssystem). Ein sog. Sicherheitsgewehr, das geladen und entspannt getragen werden kann und bei dem Spannen und Einstechen, auch im Anschlag, mit einer Daumenbewegung möglich ist.

Heermännchen, das: svw. Kleines Wiesel; ▸ Wiesel 2.

Heerschnepfe, die: ▸ Schnepfenvögel 2.

Heese, die: ▸ Hächse.

heesen: ▸ hächsen.

Heftel, der (Heft, Haft, Haftel, Häftel, Häft): Ein ca. 1 m langer zugespitzter Pfahl, an dem die Leinen mit den Jagdlappen (▸ Jagdzeug 1.)

Blätter und Früchte der Gemeinen Heckenkirsche

angebunden werden und der in den Boden eingeschlagen wird. Ein sehr starker H., der bei der Rundung des Jagens angebracht wird, wird Spann-H. oder Haupt-H. genannt; ▸ Forkel.

Heftelhaken, die: Ca. 30 cm lange spitze Pfählchen mit Haken, an denen die Unterleinen (Unterarchen) der Jagdlappen (▸ Jagdzeug 1.) festgemacht werden und früher die Schlagnetze am Vogelherd (▸ Vogelfang 7.) niedergehalten wurden. Die H. werden in den Boden eingeschlagen.

hefteln (häfteln): Das Anpflocken oder Festmachen der Leinen des ▸ Jagdzeugs an die ▸ Heftel.

Hege, die: Bez. für die Maßnahmen des Jägers zum Schutz und zur Pflege des Wildes und von dessen Lebensraum; ▸ Wildhege.

Hegeabschuss, der: Der Abschuss alles kranken, schwachen, verletzten und überalten Wildes, das sich nicht vererben soll, sog. »Hege mit der Büchse«. Siehe unter der jeweiligen Schalenwildart; ▸ Wahlabschuss, ▸ Ernteabschuss, ▸ Notabschuss, ▸ Fehlabschuss, ▸ Reduktionsabschuss, ▸ Totalabschuss.

Hegebüsche, die: Seit 1967 bestehende und von der Landesjägerschaft Niedersachsens aus dem sog. ▸ Braunschweiger Modell entwickelte Projekte für die Wildhege. H. sind in der deckungsarmen (ausgeräumten) Feldflur angelegte ▸ Feldgehölze, ▸ Hecken, ▸ Remisen u.a. und bestehen aus Kräutern, Sträuchern und im Endbestand aus eingestreuten Bäumen, die durch Saat, Pflanzung oder natürliche Ansamung begründet wurden. Die H. werden nach Artenvielfalt und Standort der jeweiligen Landschaft angepasst.
Den H. entsprechen die in den übrigen Bundesländern mit teilweise anderer Bez., jedoch mit gleicher Zielsetzung angelegten ▸ Hegeflächen und ▸ Wildeinstandsflächen; ▸ Wildökoland-Aktion.

Hegeflächen, die: Flächen zur Lebensraumgestaltung und Äsung. Sie verbessern die Wildlebensräume und helfen, ▸ Wildschäden in Feld und Wald zu mindern. H. (auch ▸ Hegebüsche) sollen auch dazu beitragen, dass das Wild sich von Straßenrändern fernhält, die meist einen verbissattraktiven Wildkrautbewuchs aufweisen. H. sind in der Feldflur wildgerecht zu verteilen und müssen einen für die Äsung geeigneten und ausreichenden Bewuchs liefern. Für H. sind i.d.R. Größen von jeweils 500 bis 2000 qm ausreichend; ▸ Wildeinstandsflächen, ▸ Feldgehölz, ▸ Biotopverbundsystem.

Hegegeld, das: ▸ Fanggeld bzw. ▸ Schussgeld für ▸ Raubwild und ▸ Raubzeug.

Hegegemeinschaften, die: Nach dem BJG (§10 a Abs. 1) können für mehrere zusammenhängende ▸ Jagdbezirke die ▸ Jagdausübungsberechtigten zum Zwecke der Hege des Wildes eine Hegegemeinschaft als privatrechtlichen Zusammenschluss bilden.
Absatz 2: Abweichend von Absatz 1 können die Länder bestimmen, dass für mehrere zusammenhängende Jagdbezirke die Jagdausübungsberechtigten zum Zwecke der Hege des Wildes eine Hegegemeinschaft bilden, falls diese aus Gründen der Hege im Sinne des §1 Absatz 2 (▸ Hegeziel) erforderlich ist und eine an alle betroffenen Jagdausübungsberechtigten gerichtete Aufforderung der zuständigen Behörde, innerhalb einer bestimmten Frist eine Hegegemeinschaft zu gründen, ohne Erfolg geblieben ist. Absatz 3: Das Nähere regeln die Länder. H. können nicht rechtsfähige Vereine oder sonstige Rechtsformen des Privatrechts sein; ihre Rechtsform ist allerdings nicht abschließend geregelt. Sie können teilweise nach Landesrecht von Amts wegen oder (unter bestimmten Voraussetzungen) kraft Gesetzes errichtet werden. Manche H. bedürfen der Bestätigung durch die zuständige Jagdbehörde. Damit innerhalb der H. eine ausgewogene Hege der darin vorkommenden Wildarten gewährleistet ist, sollen die H. insbesondere folgende Aufgaben erfüllen: Abstimmung der Hegemaßnahmen in den einzelnen Jagdrevieren sowie Durchführung gemeinsamer Hegemaßnahmen (z.B. Fütterungsgemeinschaften), Mitwirkung bei der Wildbestandsermittlung, Abstimmung der Abschussplanvorschläge der Revierinhaber, Koordinierung revierübegreifender Jagdmethoden (vor allem ▸ Gesellschaftsjagden) und Mitwirkung bei der Überwachung der Erfüllung der ▸ Abschusspläne. Die Frage der ▸ Abschussregelung ist dabei bei den meisten H. betont in den Vordergrund gerückt.

Hegemeister, der: ▸ Gehegebereiter.

Hege mit der Büchse: ▸ Hegeabschuss.

Hege mit der Falle: Kurzhaltung des ▸ Raubwildes mit der ▸ Falle; ▸ Fallenjagd.

Hege mit der Flinte: Ausreichende Bejagung des ▸ Raubwildes und Bekämpfung des ▸ Raubzeugs.

hegen: Die ▸ Hege ausüben.

Hegenbarth, Emanuel (14.1.1868 Böhmisch-Kamnitz, heute Tschechien, bis 18.7.1923 Dresden): Maler. H., ein Schüler von Heinrich von ▸ Zügel und dessen Schwiegersohn, wurde v.a. bekannt durch seine Tierdarstellungen.

Hegendorf: Pseudonym für Ludwig Mérey von Kapos Mére (1871 bis 1938). H. ist die Methode der individuellen Hundeerziehung und -abrichtung zu verdanken. Seine erprobten Anweisungen zur Abrichtung und Führung in Feld, Wald und bei der Wasserarbeit sind aus einer großen Erfahrung im Umgang mit Hunden entstanden und wurden zur Richtschnur ungezählter Abrichter und Führer von Jagdgebrauchshunden. Sein bis 2004 lieferbares Werk »Der Gebrauchshund, seine Erziehung und Dressur« (1910) wurde zuletzt von Heinrich Uhde, dem Ehrenpäsidenten des Jagdgebrauchshundverbandes, vollständig überarbeitet und erweitert. Außerdem schrieb H. u.a. »Die Hebung der Niederjagd in Pacht- und Eigenjagdbezirken« (1925), »Erfolgreiche Hegemaßnahmen und Reviereinrichtungen für den weidgerechten Jagdbetrieb« (ca. 1930), »Handbuch der Revierverwaltung und Jagdleitung« (1912); »Das Totverweisen« (1927), »Der Wilderer und seine erfolgreichste Bekämpfung bei Verwendung des Jagdgebrauchshundes« (1935) und »Richten und Führen. Verantwortliches Richten und erfolgreiches Führen von Hunden auf Jugend- und Gebrauchsprüfungen« (1938); ▸ Jagdliteratur.

Hegente, die ▸ Wildenten 1.

Hegepflicht, die: Die gesetzlich verankerte Pflicht, v.a. des ▸ Jagdausübungsberechtigten, zur ▸ Wildhege (einschließlich Biotop-Pflege) als Ausfluss des ▸ Jagdrechts 2); ▸ Hegeziel.

Heger, der: **1**) Ein waidgerechter Jäger, der sein Wild hegt; alte Bez.: Hegebereiter, Hegemeister; ▸ Gehegebereiter. **2**) Der Nusshäher; ▸ Rabenvögel 10.

Hegereiter, der: ▸ Gehegebereiter.

Hegeringe, die: Die kleinsten Einheiten eines Landesjagdverbandes. Die innerhalb von Kreisgruppen bestehenden H. halten die ▸ Trophäenschauen ab, treffen Regelungen über die ▸ Wildfolge, planen gemeinsame Hegemaßnahmen und stimmen ihre Abschusspläne ab; ▸ Jagdschutz-Verband.

Hegeruf, der: ▸ Jagdsignale.

Hegesäule, die (Jagdsäule): Frühere Bez. für eine hölzerne Säule, welche die Grenzen der herrschaftlichen Jagdreviere kennzeichnete.

Hegeschauen, die: Öffentliche H. svw. ▸ Trophäenschauen.

Hegewald: Pseudonym für Freiherr Sigismund von Zedlitz und Neukirch (24.5.1838 Neukirch/Schlesien bis 8.7.1903 Halle an der Saale). H. hat sich Ende des 19. Jh. große Verdienste um das Jagdhundewesen erworben, setzte sich als Erster für Leistungsprüfungen der Jagdhunde ein und schuf das Gebrauchshund-Stammbuch. Er war u.a. Redakteur des »Waidmanns« (1896), Schriftleiter der »Oberländer Jagdzeitung« und Jagdschriftsteller: »Der Gebrauchshund zur Jagd« (1881), »Entwicklungsgeschichte der deutschen Kynologie« (1889) u.a.

Hegewald-Zuchtprüfung, die: Eine Ausleseprüfung für rauhaarige Vorstehhunde; ▸ Hundeprüfungen.

Hegezeichen, die (Hegetafeln, Warnzeichen): Aus Strohwischen oder Strohringen wurden früher H. an Waldbeständen, Kulturen oder Schlägen angebracht, in denen eine Mast-, Weide- oder Grasnutzung verboten war oder die nicht betreten werden durften.

Hegezeit, die: svw. ▸ Schonzeit.

Hegeziel, das: Nach dem BJG (§1 Abs. 2) hat die Hege (▸ Wildhege) die Erhaltung eines den landschaftlichen und landeskulturellen Verhältnissen angepassten, artenreichen und gesunden Wildbestandes sowie die Pflege und die Sicherung seiner Lebensgrundlagen zum Ziel; aufgrund anderer Vorschriften bestehende, gleichartige Verpflichtungen bleiben unberührt. Die Hege muss so durchgeführt werden, dass Beeinträchtigungen einer ordnungsgemäßen land-, forst- und fischereiwirtschaftlichen Nutzung, insbesondere ▸ Wildschäden, möglichst vermieden werden. Dem H. entsprechen oder das H. erreichen heißt in der jagdlichen Umgangssprache auch svw. einen altersmäßig gesunden und starken Wildbestand (auch Einzelstücke, z.B. Erntebock, Erntehirsch) haben, wobei die örtlichen Revierverhältnisse zu berücksichtigen sind.

Hegken, die: Altes bayerisches Wort für Hecken; ▸ Hagen.

Hegkenjagd, die: Altes bayerisches Wort für Heckenjagd; ▸ Hagenjagd.

Heher, der: ▸ Häher.

Hei, hei! Hubei!: Alter Zuruf bei der ▸ Deutschen Jagd an die Hunde, damit sie auf einer Fährte zusammenbleiben.

Heidedrossel, die: ▸ Drosseln 4.

Heidehahn, der: Der Birkhahn (der Heide); ▸ Raufußhühner 2.

Heidehase, der: ▸ Hasen 1.

Heidehuhn, das (Haidehuhn): **1**) Das Birkhuhn; ▸ Raufußhühner 2. **2**) Der Kampfläufer; ▸ Schnepfenvögel 18.

Heidekorn, das: ▸ Buchweizen.

Heidelbeere, die: (*Vaccinium*): Eine rd. 150 Arten umfassende Gattung der Heidekrautgewächse (*Ericaceae*). H. sind meist immergrüne Sträucher (▸ Beerensträucher) und Halbsträucher mit vielfach essbaren Früchten. Die wichtigsten Arten sind:

1. Blaubeere, die (*Vaccinium myrtillus*): Auch Schwarzbeere. Bis 50 cm hoher, langsam wachsender, sommergrüner und recht verästelter Strauch. Die Blätter verfärben sich im Herbst orangefarben. Die im Juli reifen Beeren sind blauschwarz, bereift und haben einen roten Saft. Sie dienen als Kuchenbelag oder werden eingemacht oder zu Marmelade verarbeitet. Die B. liebt lockere, feuchte und saure Böden, besonders Sandböden, und wächst v.a. in Hochmooren und in lichten Nadelwäldern.

2. Preiselbeere, die (*Vaccinium vitisidaea*): Auch Kronsbeere. Die P. ist ein immergrüner, aufrechter und nur spärlich verzweigter Zwergstrauch und wird nur 10 bis 30 cm hoch. Sie wächst in sonnigen Lagen auf sauren Böden, in lichten Nadelwäldern (meist in Kiefernwäldern), auf Heide- und auf Moorböden. Blütezeit von Mai bis Juli. Die scharlachroten Beeren reifen im August/September, ähneln einer kleinen Kirsche und sind eine beliebte Zugabe bei Wildgerichten.

3. Moosbeere, die (*Vaccinium oxycoccus*): Der immergrüne niederliegende Zwergstrauch hat im Moos kriechende, bis 80 cm lange, fadenförmige und verholzende Zweige. Die M. wächst in Torfmooren. Blütezeit Mai/Juni. Die roten Beeren reifen im Sommer und im Herbst. Sie sind kugelig bis birnenförmig und werden im Frühjahr nach den Frösten gesammelt.

4. Rauschbeere, die (*Vaccinium uliginosum*): Auch Moosbeere, Krähenbeere. Sommergrüner, bis 75 cm lang und bis 100 cm hoch werdender Kleinstrauch. Die R. wächst hauptsächlich auf sauren Böden, auch in feuchten und sumpfigen Torfmooren und in moorigen Wäldern. Blütezeit Mai/Juli. Die kugeligen oder birnenförmigen, etwa 10 mm großen Beeren sind blau bereift, schmecken süßlich und reifen im August.

Heidelberger Liederhandschrift, die: ▸ Manessische Handschrift.

Heidelerche, die: ▸ Lerchen 3.

Heidenachtigall, die: ▸ Lerchen 3.

Heidepfeifer, der: ▸ Regenpfeifer 2.

Heideritter, der: Der Birkhahn (der Heide); ▸ Raufußhühner 2.

Heidewachtel, der (Kleiner Münsterländer Vorstehhund): ▸ Vorstehhunde 6.

Heidtaube, die: ▸ Haidetaube.

Heimerdinger, Friedrich (10.1.1817 Altona bis 3.10.1882 Hamburg); Maler, studierte von 1839 bis 1842 in Düsseldorf unter Th. Hildebrandt und 1842 bis 1845 in München die Malerei und gründete anschließend in München eine Vorschule für Künstler. Seine Spezialitäten waren das Stillleben und das Fruchtstück. Mit besonderer Virtuosität malte er tote Rebhühner, Krammetsvögel u. dgl., die an täuschend nachgeahmten Kistenbrettern aufgehängt sind.

heimische Art: ▸ Art.

heimisch sein: Wild ist h., es ist ▸ Standwild.

heimlich: Wild, wenn es sehr scheu und vorsichtig ist und sich selten sehen lässt; ▸ vertraut.

Heinel, Eduard (1835 München bis 14.5. 1895 Fürstenfeldbruck): Maler. H. stellte erstmalig 1866 in München aus. In den Jahren 1869/70 hielt er sich in Rom auf. Seine Gemälde stellten zunächst Bauernstuben, Jäger oder Obsthökerinnen nach dem Vorbild seines Vater Philipp H. (1800 Bayreuth – 1843 München) dar, später wandte er sich der Landschaftsmalerei zu.

Heinrich von Veldeke (geboren zwischen 1140 und 1150, gestorben vor 1220): H. entstammt einem Ministerialengeschlecht in der Gegend von Maastrich. Er erwähnt in seiner »Eneide«, einer Übertragung von Vergils »Aeneis« nach einer französischen Vorlage ins Mittelhochdeutsche, eine ▸ Bracke, die als Schweißhund eingesetzt wird.

Heinroth, Oskar August, Dr. (1.3.1871 Kassel-Kostheim bei Mainz bis 31.5.1945 Berlin): Zoologe. H. studierte in Leipzig, Halle und Kiel Medizin. Im Jahre 1895 promovierte er mit der Arbeit »Untersuchungen über den Fischharn«. Von einer Expedition auf den Bismarckarchipel, auf der deren Leiter Bruno Mencke tödlich verunglückte, kehrte H. mit wichtigen zoologischen Sammlungen heim und war ab 1904 im Zoologischen Garten in Berlin tätig. Er baute dort das seinerzeit größte und vielfältigste Aquarium auf. H. widmete sich auch der Aufzucht zahlreicher Vogelarten. Sein scharf zergliedernder Geist schuf die Voraussetzungen für eine neue experimentelle Tierseelenkunde. Bahnbrechend waren seine Untersuchungen zum Triebleben der Tiere (angeboren – erworben) und ihren Beziehungen zueinander und zum Menschen aufgrund eines bis dahin unbekannten, riesigen Wissensstoffes, wie er nur aus der subtilen Beobachtung der feineren Lebensgewohnheiten der Tiere zu gewinnen war. Er schrieb zusammen mit seiner ersten Frau Magdalena (1883 bis 1932) »Die Vögel Mitteleuropas in allen Lebens- und Entwicklungsstufen, photographisch aufgenommen und in ihren Seelenleben bei der Aufzucht vom Ei ab beobachtet.« (4 Bde., 1924 bis 31). H. war in zweiter Ehe mit der späteren Zoodirektorin des Berliner Zoos, Katharina Bertha Charlotte H., geb. Berger (1897 bis 1989), verheiratet.

Heinz Sielmann Stiftung: Im Jahre 1994 von dem bekannten Tierfilmer Heinz Sielmann und seiner Ehefrau Inge gegründete Stiftung, die sich unter dem Leitmotto »Naturschutz als positive Lebensphilosophie« dem Schutz der Vielfalt von Flora und Fauna widmet. Daneben will die H. S. S. auch Kinder und Jugendliche an einen verantwortungsvollen Umgang mit der Natur heranführen und das H. S.-Naturfilm- und Fotoarchiv für moderne Kommunikationstechniken nutzbar machen. Die gemeinnützige Stiftung hat ihren Sitz in Gut Herbigshagen bei Duderstadt in Niedersachsen.

heiß: **1**) Auch hitzig; eine Hündin, die läufig ist; ▸ Hitze. **2**) H. (warm) ist eine ▸ Fährte oder eine ▸ Spur, wenn sie frisch ist.

heißer Brand, der: Alter Aberglaube der Jäger (▸ Jagdkünste). Ein Gewehr, das nicht gut traf, wurde ähnlich wie beim ▸ kalten Brand, jedoch mit einer Blindschleiche geladen, die so lange im Lauf blieb, bis sie verendet war. Dann schoss man sie in die Luft. Ein mit einem derartigen Gewehr auch nur leicht getroffenes Wild kam dann nicht mehr weit, zudem war das Wildbret um den Schuss herum wie entzündet und verbrannt.

heiße Waffen, die: svw. ▸ Handfeuerwaffen. Ggs.: kalte Waffen, ▸ Blanke Waffen.

Heister, der: ▸ Rabenvögel 8.

Helemann, Walter (1933 bis 1989): Jäger und Jagdschriftsteller, seit 1970 Hauptschriftleiter der Jagdzeitschrift »Die Pirsch – Der Deutsche Jäger«. Er schrieb u.a. »Das Jahr der Wildbahn. Wild und Jagd in heimischen Revieren« (1989). An Nüßlein's Lehrbuch »Jagdkunde« arbeitete H. mit.

heller Hals: ▸ Hals 2).

helles Zeug (lichtes Zeug): ▸ Jagdzeug 2.

Hellrung, C. L.: ▸ Jagdliteratur.

Helm, der (Aufsatz): Bez. für den Hauptschmuck (die Hörner) des ▸ Wisents. Das einzelne Horn heißt Holm.

helmen: ▸ aufhauben.

Hemingway, Ernest (21.7.1899 Oak Park, Ill. bei Chicago bis 2.7.1961 Ketchum/Idaho): Amerikanischer Schriftsteller, leidenschaftlicher Jäger (Großwildjäger) und Fischer. H. erhielt im Jahre 1954 den Nobelpreisträger für Literatur für »Der alte Mann und das Meer« (1952). Die Eltern weckten schon früh sein Interesse an Kunst und Musik bzw. an Jagd und Fischfang, das ihn sein Leben lang begleitete. 1918 meldete sich H. als Kriegsfreiwilliger für Italien (Sanitätstruppe). Er führte ein unstetes Leben, lebte jahrelang auf Kuba und in Spanien, reiste durch Afrika, war fasziniert vom Stierkampf und der Metropole Paris und kehrte schließlich nach Idaho zurück. H. gilt als Hauptsprecher der verlorenen Generation, die nach der Erschütterung der bürgerlichen Welt durch den Ersten Weltkrieg desillusioniert wurde. In den Gefühlen und Aktivitäten seiner Helden (Trieb, Liebe, Mut; Krieg, Jagd, Sport) verschmelzen wesentliche Aspekte der zeitgenössischen Existenz. H. verübte Selbstmord.

Hendl, das: Kurzbezeichnung für Rebhuhn ▸ Feldhühner 1.

Hendljagd, die (Hendljagen): svw. Rebhuhnjagd.

Henne, die: Bez. für die Weibchen der ▸ Hühnervögel, des Kampfläufers und des ▸ Trappen.

Henneberg, Rudolf (13.9.1825 Braunschweig bis 14.9.1876 Braunschweig): Maler. Eines seiner Hauptwerke ist »Wilde Jäger« (1856), heute in der Schackgalerie in München ausgestellt.

Hennings, Johann Friedrich (16.10.1839 Bremen bis ?): Maler. H. bildete sich in Düsseldorf bei Oswald Achenbach aus, bereiste dann mehrmals zum Malen Italien und ließ sich anschließend in München nieder. Zu seinen besten Werken zählt u.a. das Bild »Aufbruch zur Jagd« (1876).

Henrich, Josef Karl Ludwig (25.8.1879 Abertham/Böhmen bis 17.5.1943 Bregenz): Österreichischer Forstmann und Schriftsteller. H. studierte an der Hochschule für Bodenkultur in Wien und schloss als Dipl.-Ing. ab. 1902 arbeitete er in Innsbruck bei der Wildbach- und Lawinenverbauung. 1912 wurde er Bauleiter in Vorarlberg, 1920 Forstinspektor an der Bregenzer Landesforstbehörde, wo er bis zu seinem Ruhestand 1939 tätig war. H., der den Forst- und Jagdaufsichtsdienst in Vorarlberg neu ordnete, machte sich in vielen Vorträgen, Aufsätzen und Zeitungsartikel zum Fürsprecher für Wald und Wild. Er schrieb auch Romane, Gedichte und Biografien, u.a. die Romantrilogie »Wenn der Wald stirbt« (1900).

Der sich selbst rathende Jäger, Oder: Hundert und siebenzehn auserlesene und zum Theil sehr delicate Casus und streitige Fälle, welche täglich bey dem Forst-Jagd- und Fischerey-Wesen vorkommen, und sowol aus denen Rechten, als besonders löbl. Observanz entschieden sind. Ans Licht gestellet von Tit. Herrn Carln von Heppe, Erb-Lehn- und Gerichtsherrn auf Thalborn, auch Erbherrn zu Reigershausen ꝛc. Sr. Churfürstl. Durchl. in Bayern wirkl. Truchseß, auch Wald-Forstmeistern des löbl. Reyntamts Straubingen; desgleichen Mitlandstand einer löbl. Ritterschaft des Herzogthums Sachsen-Eisenach.

Augsburg, bey Johann Jacob Lotters sel. Erben, 1754.

Seite aus »Der sich selbst rathende Jäger« (1754) von Carl von Heppe

Henry-Martini-Verschluss: Ein Fallblock-Verschluss; ▸ Schlosssystem.

Henschel: ▸ Jagdliteratur.

Hepatitis, **ansteckende**, die: ▸ Infektionskrankheit des Hundes. Die H. (*Hepatitis contagiosa canis*) ist eine durch Viren hervorgerufene, ansteckende Leberentzündung. An ihr erkranken Hunde jeden Alters, am häufigsten jedoch vier bis neun Monate alte Junghunde. Die Infektion erfolgt durch indirekten Kontakt mit erkrankten Hunden. Das Virus befindet sich v.a. im Urin. Die ▸ Inkubationszeit beträgt sechs bis neun Tage. Die Symptome sind Mattigkeit, Freßunlust, schwankendes Fieber (bis 41 °C), manchmal auch Erbrechen und Durchfall. Bei erkrankten Hunden ist der Druck hinter den Rippen sehr schmerzhaft (entzündete Leber). Hunde, die von einer H.-Erkrankung genesen sind, sind lebenslänglich immun. Bei akuter Erkrankung kann es zu Krämpfen und innerhalb von 24 Stunden zum Tod kommen. Dabei dringen neben den H.-Viren auch noch Staupeviren in den Körper ein. Die Inkubationszeit ist hier kürzer, und der Hund hat kaum eine Chance, die Erkrankung zu überstehen.
Bekämpfung: Schutzimpfung (▸ Impfung). Bei Erkrankung ist sofort ein Tierarzt aufzusuchen.

Heppe, Carl von (23.6.1686 Kassel bis 6.1.1759 Freihols): Jagdschriftsteller: »Aufrichtige Lehrprinz oder Praktische Abhandlung von dem Leithund, als dem Fundament der edlen hirschgerechten Jägerey ...« (1751); »Der sich selbst rathende Jäger oder: Hundert und siebenzehn auserlesene und zum theil sehr delikate Casus und streitige Fälle, welche täglich bey dem Forst- Jagd- und Fischerey-Wesen vorkommen, und sowol aus denen Rechten, als besonders löbl. Oberservanz entschieden sind« (1754).

Heppe, Christian Wilhelm von (1716 Volkenroda in Mittelthüringen bis 21.1.1791 Amberg): Sohn von Carl von H., Jagdschriftsteller: »Einheimisch und ausländischer wohlredender Jäger oder nach alphabetischer Ordnung gegründeter Rapport derer Holz-, Forst- und Jagd-Kunstwörter nach verschiedener teutscher Mundart und Landesgewohnheit« (1763).

Heppe, Johann C.: Jagdschriftsteller: »Die Jagdlust oder die hohe und niedere Jagd nach allen ihren Verschiedenheiten in drey Theilen gründlich beschrieben ...« (1783/1784) und »Der Vogelfang und seine verschiedenen Arten« (2 Bde., 1797 bis 1805).

herabsteigen: Vom Auerhahn: der balzende Hahn fliegt vom Baum auf den Boden herab.

Herakles (latinisiert Hercules): H., von den Römern Hercules genannt, ist die populärste Gestalt der griechischen Mythologie. Er verkörpert die physische Kraft. Als Sohn des Zeus und der Alkmene war H. ein Halbgott. Argos und Theben stritten sich um das Vorrecht, seine Geburtsstätte zu sein. Als jedoch H. in einem Wahnsinnsrausch (aus Rache von

Hera verursacht) sechs seiner Kinder und zwei seiner Enkel mit seinen Pfeilen tödlich traf, befragte er das Orakel von Delphi, da er wünschte, von seinem Verbrechen entsühnt zu werden. Der Orakelspruch lautete, H. solle Eurystheus, dem König von Argos, dienen. Eurystheus trug ihm zwölf Arbeiten auf, von denen zwei (die dritte und vierte) den Fang von Wildtieren verlangten. Die dritte Arbeit, »Der Erymanthische Eber«, bestand darin, einen riesigen Eber lebend zu fangen. Das Tier hauste an den Waldhängen des Berges Erymanthos in Arkadien und terrorisierte die Gegend. Es gelang H., das Untier in den tiefen Schnee zu stoßen, der die Bergkuppen bedeckte, und ihn zu binden. Anschließend trug H. das Tier auf seinen Schultern bis nach Argos, um Eurystheus die Ausführung des Auftrags zu beweisen. Als der König den an seinen Fesseln zerrenden und vor Wut brüllenden Eber sah, versteckte er sich aus Angst in einem großen Fass, bis sich H. mit dem Untier wieder entfernt hatte. Die vierte Arbeit war die »Keryntische Hirschkuh«. Sie war eine der fünf Hirschkühe, die die Göttin Artemis in Thessalien aufgespürt hatte. Vier spannte Artemis vor ihren Wagen, die fünfte konnte auf den Berg Keryneia fliehen. Das Tier hatte Hufe aus Metall und ein Geweih aus Gold und war der Artemis (▸ Jagdgöttin) geweiht. Herakles sollte es lebend und unverletzt nach Argos bringen. Mit der gefangenen Hirschkuh auf den Schultern traf er auf dem Weg zu Eurystheus Artemis, die von ihm verlangte, die Hirschkuh nach dem Vorzeigen bei seinem Auftraggeber wieder freizulassen.

herausbrechen: **1**) Kommt Schwarzwild flüchtig aus einem Dickicht, spricht man von h. **2**) Flüchtet ▸ Schalenwild durch die Schützen- oder die Treiberlinie aus dem Treiben, bricht es aus oder heraus; ▸ durchbrechen.

herausfahren: **1**) Plötzliches Verlassen der ▸ Sasse (vom Hasen). **2**) Verlassen des Baues (von Fuchs, Dachs und Kaninchen).

herausstöbern: Heraustreiben von Wild durch einen stöbernden Hund.

herausstoßen: Aufjagen (Hochjagen) von ▸ Niederwild (außer Rehwild) durch den ▸ Vorstehhund, ohne dass er vorsteht; der Hund stößt das Wild heraus.

heraustreten: **1**) Absichtliches H. von ▸ Niederwild, besonders von gut haltendem Wild wie Hasen, Hühner und Fasane. **2**) Das vertraute Austreten des ▸ Schalenwildes vom Wald auf das Feld oder auf die Wiese; das Wild zieht oder tritt heraus.

Herbivora, die: Zoologische Bez. für pflanzenfressende (i. e.S. krautfressende) Säugetiere (Friedwild); ▸ Carnivora.

Herbizide, die: ▸ Pflanzenschutz.

Herbstbalz, die: **1**) Auch wilde Balz, die Balzübung des jungen Birk- oder Auerhahns im Herbst bzw. auch der ▸ Hühnervögel. **2**) Die Balz (Paarbildung) der Schwimm- oder Gründelenten; ▸ Wildenten.

Herbstfeistzeit, die: Bei Reh- oder Rotwild die Zeit nach der Brunft (beim Rotwild etwa zwei Monate später als beim Rehwild), bei der die Vorratsreserven (Fettgewebe = Feist) für die Wintermonate angelegt werden. Fehlt es im Herbst an ausreichendem natürlichen Pflanzenangebot, kommt es zu einer verstärkten Verbissäsung (▸ zähe Äsung) in den Wintermonaten.

Herbstgrasmilbe, die: ▸ Milben.

Herbstkleid, das: ▸ Winterkleid.

Herbstmast-Simulation, die: Ein 1980 von Prof. Dr. R. R. Hofmann geprägter Begriff für eine geeignete und maßvolle Fütterung von Schalenwild (Reh- und Rotwild) im Spätsommer und im Herbst bei Mangel an natürlicher Äsung (Herbstmast). V.a. bei Reh- oder Rotwild ist für das Überleben in den Wintermonaten eine Energie-Vorratsbildung (Feist) notwendig. Fehlende natürliche Herbstmast soll daher durch eine zeitlich richtige Fütterung und durch ▸ Äsungsverbesserung ersetzt werden (Nachahmung der natürlichen Herbstmast). Im Herbst feist gewordenes Wild braucht zudem im Winter nur wenig ▸ Erhaltungsäsung und verursacht dadurch auch weniger ▸ Wildschaden.

Herbststand, der: Der Ort, an dem sich das Wild im Herbst bevorzugt aufhält.

Herbststrich, der: Der Balzflug der Schnepfe im Herbst.

Herbstzuchtprüfung, die (HZP): ▸ Hundeprüfungen.

Herd, der (Heerd, Vogelherd): Ein Apparat, mit dem man in Verbindung mit Netzen Tiere, insbesondere Vögel, fing; ▸ Vogelfang 7.

Herden, das: Bei männlichen ▸ Hirschen und ▸ Horntieren zur Brunftzeit aggressiv motivierte Handlungsweise, bei der das Rudel zusammengehalten, d.h. sich entfernende Tiere zum Rudel – häufig mit einem ▸ Sprengruf – zurückgejagt werden. Das H. erfolgt unter ▸ Eckzahndrohen bzw. durch ▸ Breitseits-Imponierschreiten oder seitliches Überholen.

Herdschnepfe, die: ▸ Schnepfenvögel 2.

Herdvogel, der (Heerdvogel): Ein Lockvogel am Vogelherd; ▸ Vogelfang 7.

Herfährte, die: ▸ Rückfährte.

Heringsmöwe, die: ▸ Möwen 3.

Hermännchen, das: ▸ Wiesel 2.

Hermann-Löns-Jagdmedaille, die: ▸ Förderkreis Jagdpolitik.

Hermann-Löns-Kreis, der: ▸ Löns.

Hermaphrodit, der: ▸ Zwitter.

Hermelin, das: ▸ Wiesel 1.

Herold, der: ▸ Rabenvögel 10.

Herrenjagd, die: Alte Bez. für **1**) jede Jagd, die der Jagdherr bestellt und abhält und zu welcher er einladen lässt; **2**) eine dem Jagdherrn vorbehaltene Jagd, die ohne seine Anordnung nicht durchgeführt werden darf.

herrenlos: Wild, Fallwild, Abwurfstangen oder Eier von Federwild sind herrenlos (§960 Abs. 1 BGB). Das Aneignungsrecht steht dem ▸ Jagdausübungsberechtigten zu. Insofern ist die Aneignung durch Unbefugte kein Diebstahl, sondern ▸ Wilderei; ▸ Wildfarm.

herrenlose Tiere, die: ▸ jagdbare Tiere.

herunternehmen: Einen ▸ Beizvogel h. heißt, ihn fasten lassen, wenn er zu hohe Kondition hat; ▸ Kondition 3).

Herzbein, das (Herzkreuzl, Hirschkreuz, Hirschbein): Kreuzförmiger Knorpel, der im Herzen des Rotwildes, des Gamswildes und des Steinwildes vorkommt und durch Erhärtung der Herzklappen entsteht. Besonders dem Herzkreuz des Steinwildes wurde früher große Heilwirkung zugeschrieben; es sollte auch unverwundbar machen; ▸ Jägeraberglauben.

Herzkreuzl, das: ▸ Herzbein.

Herzschuss, der: Ein Schuss durchs Herz, ein sog. Blattschuss; ▸ Schusszeichen.

Herzschweiß, der: ▸ Schweiß aus dem Herzen.

Hese, die: ▸ Hächse.

Heß, Eugen (25.6.1824 München bis 21.11.1862 München): H. war der älteste Sohn des Schlachtenmalers Peter von Hess. Genremaler und Radierer; malte Kriegsszenen und historische Genres und zeichnete sich auch durch romantische Jagdszenen aus. Zu seinen Hauptwerken zählen u. a: »Jägers Morgengebet« und »Erster Unterricht im Waidwerk«.

Hess, Fritz: ▸ Jagdliteratur.

Hess, Peter von: ▸ Jagdkunst.

Hesse, die (Hese): ▸ Hächse.

hessen: ▸ hächsen.

Hesshaimer, Ludwig (10.3.1872 Kronstadt/Siebenbürgen bis 10.1.1956 Rio de Janeiro): Maler, Grafiker und Buchillustrator. H. wuchs in Triest und Wien auf, war ab 1891 aktiver Offizier und ab 1901 vorwiegend als Zeichenlehrer an den Militärschulen St. Pölten, Sarajewo und Pressburg beschäftigt. Im Ersten Weltkrieg war er Kriegsmaler in Russland und Mazedonien. Er lebte später in Wien, bevor er schließlich nach Brasilien übersiedelte. H. malte u.a. Postkarten für die Internationale Jagdausstellung in Wien; ▸ Jagdmotive auf Postkarten.

Hetz! Hetz!: Zuruf an den Windhund; ▸ Windhetze.

Hetzbahn, die: ▸ Hetzen.

Hetze, die: **1**) ▸ Hetzjagd. **2**) Das meist zum Ende einer ▸ Nachsuche durchgeführte schnelle Verfolgen des Wildes durch den Hund, um das krankgeschossene (oder auch durch Unfall verletzte) Stück zur Strecke zu bringen. Der geschnallte Hund folgt dabei dem Wild erst auf der noch warmen ▸ Wundfährte oder ▸ Wundspur, später (oder auch von Anfang an) auf Sicht (Sichthetze), und fasst (kleineres Wild) oder stellt es (größeres wehrhaftes Wild).

hetzen: **1**) Aufgejagtes Wild durch Hunde, die schneller sind, verfolgen, festhalten und niederreißen lassen; daher der Ausdruck Hetze (Hatz); ▸ Hetzjagd (Hatzjagd; franz.: chasse à courre, chasse aux chiens courants; vénerie, Jägerei; engl.: hunting at force), ▸ Hatzhunde, ▸ Hetzhunde, ▸ einhetzen 1) und 2), ▸ jagen 2). **2**) Den Hund anfeuern, flüchtigem Wild zu folgen; ihn an Wild hetzen. **3**) ▸ Hetzer 3).

Hetzen, die: Frühere Bez. für das verwerfliche und tierquälerische Vergnügen, eingefangenes Wild (z.B. Bären, Wölfe, Füchse) in einem besonders dazu eingerichteten Raum (Hetzbahn, Hetzgarten) von Hunden verfolgen, niederziehen und auch zerreißen zu lassen; ▸ Fuchsprellen.

Hetzer, der: **1**) Der ▸ Hatzführer. **2**) Die Elster; ▸ Rabenvögel 8. **3**) Ein Hund, der eigenmächtig (ohne Befehl) gesundes, flüchtendes Wild verfolgt. **4**) Ein Hund, der bei der Suche nach Wild übereifrig ist und anderen Hunden stets zuvorkommen will.

Hetzgarten, der: ▸ Hetzen.

Hetzhunde, die: svw. ▸ Hatzhunde. Im engeren Sinne die für die ▸ Hetzjagd (Hetze) auf Hasen, Wölfe, Füchse und Dachse verwendeten ▸ Windhunde (leichte Hatzhunde), die auf Sicht und nicht mithilfe der Nase hetzen; ▸ Windhetze, ▸ Saupacker.

Hetzjagd, die (Hetze): Die Jagd mit ▸ Windhunden (leichten Hatzhunden) auf Hasen, Wölfe, Füchse und Dachse. Die H. mit schweren Hatzhunden (den Packern) auf grobes Wild (Sauen und Bären) wird hingegen als Hatzjagd oder Hatz bezeichnet. Die H. war schon von alters her üblich. Man nannte sie auch »laute H.«, die »venatio clamorosa«, im Ggs. zur »stillen Jagd«, der »venatio placida« (Einzelpirsch, Ansitz). Ein schwedisches Felsenbild aus der Bronzezeit beweist, dass schon damals die H. mit Hunden betrieben wurde. Sie war auch später sehr beliebt. Arrian, ein Jäger und Schüler Xenophons, berichtet über die Jagdgewohnheiten der Donaukelten (▸ Kelten), der Segusier, und über deren H. auf Hasen, die sie besonders schätzten. Der Hase wurde mit nur zwei Hetzhunden (▸ Veltragus) gejagt, die Jäger folgten zu Pferde. Der Hetzhund musste den Hasen fangen und ihn unverletzt seinem Herrn im Fang überbringen. In späterer Zeit wurde die H. auf Hasen (sog. ▸ Windhetze) und auf Haarraubwild ausgeübt. In der Barockzeit war die H. auf Hirsche, die sog. ▸ Parforcejagd, sehr beliebt, ebenso wurde die H. auf Sauen (▸ Sauhatz) häufig und gerne ausgeübt. Die Dachshetze ▸ Dachs (Jagdarten). Die H. auf Wild ist in der Bundesrepublik Deutschland nach dem BJG (§19 Abs. 1 Nr. 13) verboten. Das Wildbret von stark gehetztem Wild riecht und schmeckt bitter, verhitzt sehr leicht und fault schnell, da infolge von Sauerstoffmangel bei der Hetze eine CO_2-Erhöhung eintritt und der Glykogenverbrauch ansteigt. Solches Wildbret ist genussuntauglich.

Hetzlaut, der: Das Gebell des hetzenden Hundes, i.d.R. ein hoher und heller ▸ Laut (Sichtlaut).

Hetzleine, die: ▸ Hatzstrick.

Hetzmann, der: ▸ Hatzmann.

Hetzriemen, der: **1**) Alte Bez. für den ▸ Schweißriemen. **2**) Bez. für den Riemen, an dem die ▸ Windhunde vom zu Pferde sitzenden Windhetzer geführt wurden. Der H. hat an einem Ende eine Schlaufe zum Halten, das andere Ende wird so durch die Halsung des Hundes geschlungen, dass es schnell gelöst werden kann; ▸ Windhetze.

Hetzschirme, die: ▸ Hatzschirme.

Hetzstrick, der: ▸ Hatzstrick.

Hetz zu!: ▸ Hatz los!

heuen (einheuen): Das ▸ Murmeltier macht Heu, wenn es Gras und Kräuter abbeißt, von der Sonne trocknen lässt und das fertige Heu in den Bau trägt.

heulen: **1**) Seltener Ausdruck für das Rucksen der Ringel- und der Turteltaube; ▸ Wildtauben 1. und 4. **2**) H. der Wölfe. Die alte Wölfin heult, wenn sie ihre Jungen sucht, die Jungen h., wenn sie ihre Mutter rufen. Wölfe h. in der Ranzzeit, bei kalter Witterung und wenn sie hungrig sind. **3**) H. der jungen Robben; ▸ Seehunde 1. **4**) H. (Rufen) der ▸ Eulen. **5**) Wolfsartiges H. des Hundes als Ausdruck von Unbehagen. **6**) Doppellaut mancher Bracken beim Jagen, besonders bei Spurverlust und Wiederfinden der Spur. Es ist ein tiefes, lang gezogenes H. und bezeichnend für ▸ Schweizer Laufhunde, besonders für den Jura-Laufhund, der auch als Heuler bzw. Hurleur bezeichnet wird, sowie für russische und asiatische Bracken (Småland-Stövare und Dunkerbracke); ▸ Geläute.

Heuler, der: **1**) Bez. für einen von der Mutter verlassenen, häufig auch abgelegten ▸ Seehund 1. **2**) Bez. für den Jura-Laufhund (franz.: Hurleur); ▸ Schweizer Laufhunde.

Heuleule, die: ▸ Eulen 5.

Hexenring, der (Brunftring, Brunftkreis, veraltet: Reitbahn, Reitschule): Der H. entsteht, wenn während der Brunft eine Rehgeiß vom Bock öfter im selben engen Kreis getrieben wird und das Wild hierbei den Bodenwuchs niedertritt oder die Erde zertritt.

Hexensteig, der: ▸ Billwissssteig.

HGE: Abk. für Humane granulozytäre ▸ Ehrlichiose.

Hey, Paul (1867 München bis 1952 Gauting): Maler. H. studierte an der Münchner Akademie und malte in Öl- und in Gouache-Technik, schuf Radierungen und Lithografien, illustrierte Märchen- und Liederbücher und gestaltete Bilderfolgen für Sammelalben. In den 20er-Jahren des 20. Jh. erhielt H. vom »Volksbund für das Deutschtum im Ausland« den Auftrag für eine Postkartenserie »Deutsche Volkslieder«. H. schuf hierzu u.a. die Motive: »Im Wald und auf der Heide« und »Es blies ein Jäger wohl in sein Horn«; ▸ Jägerlieder.

Heyden, Hubert von (13.9.1860 Berlin bis 20.1.1911 München): Tiermaler.

Heym: Im Jahre 1865 von dem Büchsenmacher Friedrich Wilhelm Heym in Suhl gegründete Jagd- und Sportwaffenfirma. Die Firma erhielt 1891 ein Patent auf den ersten hahnlosen Drilling. Der große Erfolg stellte sich mit der Herstellung von Drillingen, Flinten und Bockbüchsflinten ein. Nach dem zweiten Weltkrieg siedelte sich die Firma im Westen an. In dieser Zeit entstand die leichte Sicherheitsbockbüchsflinte 22 F und die Repetierbüchse SR 10, die während einer Kooperation mit der Firma ▸ Mauser besonders in den USA als »Mauser 3000« sehr bekannt wurde. Im September 1996 kehrte die Firma nach Thüringen zurück und siedelte sich in Gleichamberg an.

Hiawatha: Mythischer Krieger der nordamerikanischen Indianerstämme, Lehrer der Jagd, des Fischfangs und der Künste des Friedens.

hie! hie! such! such!: Der Zuspruch an die ▸ Bracken oder die ▸ Wildbodenhunde, wenn man ihnen die Fährte oder die Spur, die sie verfolgen sollten, zeigen wollte.

Hiebssatz, der: Die jährlich oder periodisch mögliche Holznutzung in Festmetern je Hektar.

Hief, der: **1**) Alte Bez. für den Ton des H.-Horns oder Hifthorns; ▸ Jagdhorn. **2**) Der Stoß durch das Horn.

Hiefhorn, das: ▸ Jagdhorn.

Hiefstoß, der: ▸ Hief 2).

Hifthorn, das: ▸ Jagdhorn.

Hildebald, auch Hildibold (um 998): Bischof von Worms, Herkunft und Ausbildung sind unbekannt. Um 979 wurde er zum Kanzler ernannt und stand bei Otto II. (um 955 bis 7.12.983 Rom) und Otto III. (980 bis 23.1.1002) in hoher Gunst. Von Otto II. erhielt er 979 eine Säulenhalle in Frankfurt zur Ausgestaltung seines Wohnsitzes, von Otto III. Güter und Jagdgebiete im Wormsfeld und Nahegau.

Hilf, Richard Berthold, Dr. (14.7.1895 Limburg a.d. Lahn bis 3.9.1955 Klagenfurt): Forstwissenschaftler. H. studierte Rechts- und Staatswissenschaften in Kiel, Frankfurt und Mainz sowie Forstwissenschaften in Eberswalde. In Freiburg baute er das Forstgeschichtliche Institut auf. Neben zahlreichen Veröffentlichungen schrieb er zusammen mit F. Röhrig »Wald und Weidwerk in Geschichte und Gegenwart« (1933 bis 1938, 2 Bde.).

Hilfsbaumarten, die (dienende Baumarten): Baumarten von meist geringer forstwirtschaftlicher Bedeutung, aber erheblichem wirtschaftlichem und ökologischem Nutzen für die ▸ Hauptbaumarten. Sie reinigen z.B. durch Beschattung die Hauptstämme, verhüten Wasserreiserbildung (Schaftpflege), sorgen für Luftruhe (hauptsächlich im Zwischen- und im Unterstand), decken den Boden und schaffen ein ausgeglichenes Bestandsklima. Typische H. sind z.B. Birke, Weißerle, Robinie, Hainbuche, Vogelkirsche, Eberesche, Zitterpappel und die Strobe.

Hilfsbeamte der Staatsanwaltschaft: Veralteter Begriff für Ermittlungspersonen der Staatsanwaltschaft. Im Rahmen des ▸ Jagdschutzes sind bei Gefahr in Verzug bestätigte ▸ Jagdaufseher, die ▸ Berufsjäger oder forstlich ausgebildet sind, sowie – je nach Landesrecht – auch die Forstbeamten in ihren Dienstbezirken H. d. S. im Sinne des BJG (§25 Abs. 2) und der Strafprozessordnung (§105). Sie haben damit u.a. das Recht zur Beschlagnahme (z.B. Wild, Waffen, auch Kraftfahrzeuge), zu Durchsuchungen (z.B. Personen- und Hausdurchsuchungen) und zur vorläufigen ▸ Festnahme.

Hille, die: Lokaler, alter Ausdruck für Ricke (Geiß), weibliches ▸ Rehwild.

Hiller (eigentlich Hüller), **Johann Adam** (25.12.1728 Wendisch-Ossig/Oberlausitz bis 16.6.1804 Leipzig): H. gewann Ansehen sowohl als Komponist durch seine Singspiele als auch durch seine biografischen Arbeiten als Musikschriftsteller. Er schrieb u.a. »Die Jagd, eine comische Oper in drey Acten, in die Musik gesetzt von Johann Adam Hiller« (Uraufführung 1771 in Leipzig).

Hilo!: **1**) Ruf (Lockruf) des ▸ Falkners, wenn er mit dem ▸ Federspiel den Falken herbeilocken will. **2**) Alter Zuruf der Jäger untereinander, wenn ein ▸ Hauptschwein abgefangen wurde (nach G. L. Hartig).

Johann Elias Ridinger (1698–1767): »Ruhende Hirschkuh in bergiger Waldlandschaft«, 1737, Pinselzeichnung

Hilze, die: Auch das Gehilze (abgeleitet von Holz). Bei ▸ Griffwaffen (▸ Blanke Waffen) der die ▸ Angel bedeckende Griffteil aus Holz.
Himbeere, die: ▸ Rubus 2.
Himmel, der: Die Deckwand beim Fangen der Lerchen und der Rebhühner mit dem Treibzeug; ▸ Garne 7.
himmeln (türmen): Das senkrechte In-die-Höhe-Steigen des im Flug getroffenen Federwildes; ▸ Schusszeichen 3.
Himmelsleiter, die: ▸ Hirschgerechte Zeichen.
Himmelslerche, die: ▸ Lerchen 2.
Himmelsspur, die: ▸ Hirschgerechte Zeichen.
Himmelszeichen, das: ▸ Hirschgerechte Zeichen.
Himmelsziege, die: ▸ Schnepfenvögel 2.
hin! hin!: Früher ein Anfeuerungsruf für den ▸ Leithund, seltener für den ▸ Schweißhund, wenn er vorwärts suchen sollte.
Hinde, die (mittelhochdeutsch: Hinde; althochdeutsch: Hinta, Hinda; Hind, Hindin): Vom 13. bis zum 16. Jh. allg. übliche Bez. für Rottier, weibliches ▸ Rotwild.
Hindenkalb, das: Alte Bez. für Wildkalb, weibliches Rotwildkalb.
Hinfährte, die (veraltet: Hinterfährte, Hingang): Die ▸ Fährte, die vom Wald (Holz) zum Felde führt, im Ggs. zur Rückfährte bzw. Herfährte; ▸ Gegenfährte.
Hingang, der: Seltener Ausdruck für ▸ Hinfährte.
Hinterbranken, die (Hinterbranten): ▸ Branken.
Hinterende, das (Hinterspross): ▸ Rückspross.
Hinterfährte, die: **1**) Bez. für den Abdruck der Schalen der Hinterläufe. **2**) Alter Ausdruck für ▸ Hinfährte.
Hintergehäse, das: ▸ Gehäse.
Hinterhamer, der: ▸ Hamer.
Hinterhand, die: Bez. für den hinteren Körperteil (Becken und beide Hinterläufe) des Hundes.
Hinterhauptstachel, der: Nach hinten stehende Fortsetzung der Schädelleiste, die durch das Hinterhauptbein gebildet wird. Bei einigen Jagdhunderassen besonders gut ausgeprägt; ▸ Jagdhöcker.
Hinterhetzer, der: Ein ▸ Hundeknecht, der bei einer ▸ Hetzjagd hinter den Hunden nachfolgte.
Hinterjagen, das: ▸ Beitreiben.
Hinterlader, der: Bez. für alle: ▸ Jagdgewehre, die von hinten, am Verschlusskasten, geladen werden, im Ggs. zu Vorderladern, die von der Laufmündung aus geladen werden; ▸ Jagdwaffen.
Hinterlass, der: ▸ Hirschgerechte Zeichen.
Hinterlassen, das: ▸ Hirschgerechte Zeichen.
Hinterlauf, der: Waidmännische Bez. für das Hinterbein des Jagdhundes und allen ▸ Haarwildes mit Ausnahme von Bär, Fuchs, Dachs, Wildkatze, Marder, Iltis und Wiesel (sie haben Hinterbranken) und des Otters (er hat Hinterschwimmer). Die Hinterläufe von Hase, Schneehase und Kaninchen werden in der Jägersprache auch Sprünge oder Springer genannt.
Hinterpranken, die (Hinterpranten): ▸ Branken.
Hinterschaft, der: ▸ Schäftung.
Hinterschwimmer, der: Das Hinterbein des ▸ Fischotters; ▸ Hinterlauf.
Hinterspross, der (Hinterende): ▸ Rückspross.
Hinweisbruch, der: Seltene Bez. für Hauptbruch; ▸ Bruchzeichen.

Röhrender Hirsch während der Brunft

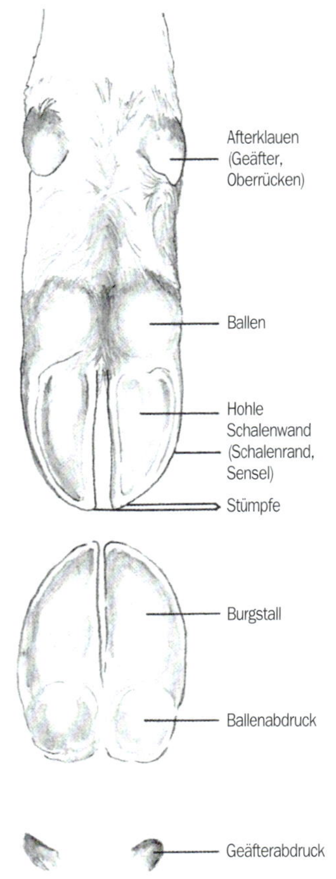

Lauf und Trittsiegel des Rothirsches

Hirsch, der: Das männliche Stück bei Elchwild, Rotwild, Damwild und Sikawild. Je nach Lebensalter spricht man von einem »Hirsch vom ersten, zweiten, dritten ▸ Kopf« usw.

Hirsch, Christoph Anton (1707 Ellingen bis 1760 Ansbach): Kammermaler des Markgrafen Carl Wilhelm von Brandenburg-Ansbach. Von ihm stammt u.a. das Bild »Falkner mit Falknertrage« (1752), auf dem ein markgräflicher Falkner mit 12 Gerfalken abgebildet ist. Das Bild befindet sich im Kreis- und Stadtmuseum Ansbach.

Hirschbart, der: Der aus den langen Haaren der Brunftmähne des Rothirsches gebundene Bart, der als Hutschmuck getragen wird. Er gilt als ▸ Trophäe und ist von den spät im Jahr erlegten Hirschen am schönsten.

Hirschbein, das: ▸ Herzbein.

Hirschbezoar, das: **1**) Auch Hirschträne; zähe braune Masse in den Tränenhöhlen des Rothirsches. Die Masse – ein Sekret der Duftdrüsen – erhärtet allmählich und ist dann dunkelbraun glänzend und schwarz geädert. Sie galt früher als Heilmittel gegen Vergiftungen und Verwundungen; ▸ Tränengrube. **2**) Auch Hirschkugeln; Haarfaserbälle, die man manchmal in Rotwildmägen (Pansen) findet; ▸ Magenkugeln.

Hirschbrand, der: ▸ Brand 1).

Hirschdecke, die (veraltet: Hirschhaut): Die Haut des Hirsches.

Hirschdukaten, der: ▸ Jagdgulden.

Hirsche, die: Zur Familie der H. (*Cervidae*) zählen: Elchwild, Rotwild (Maral in Nordosteuropa, Wapiti in Nordamerika), Ren, Damwild, Sikawild und Rehwild. Nur die männlichen Stücke (beim Ren auch die weiblichen Stücke) tragen einen Hauptschmuck (▸ Geweih) aus Knochensubstanz (phosphorsaurem Kalk), der auf Stirnfortsätzen (Rosenstöcken) aufsitzt. Er wird jährlich abgeworfen und in vier bis fünf Monaten neu gebildet. Sämtliche Cerviden haben Haarbürsten an den Hinterläufen, unter denen sich ▸ Duftdrüsen befinden; sie dienen u.a. der Verständigung des Wildes untereinander und der Markierung des Einstandes (▸ Markierungsverhalten). Die Familie der H. ist unterteilt in die Unterfamilie der echten H. oder Altwelt-H. – zu ihnen zählen Rotwild, Damwild und Sikawild – und in die Unterfamilie der Trug- oder Neuwelt-H.; zu ihnen zählen Elchwild, Rehwild und Ren. Die Neuwelt-H. (Trug-H.) entwickelten sich später als die Altwelt-H. und zählen zur Gruppe der langballigen Cerviden. Diese unterscheiden sich von den Altwelt-H. (kurzballigen Cerviden) dadurch, dass ihre männlichen Kälber bzw. die Bockkitze bereits ein Erstlingsgeweih zeigen, ihre Sohlen langballig sind, sich am Endteil des Kanonenbeins die Überbleibsel der zurückgebildeten Mittelfußknochen finden und das Pflugscharbein verhältnismäßig klein ist.

Hirschend, das: Alte Bez. für das ▸ Mittelende am Rothirschgeweih.

Hirschfährte, die: ▸ Rotwild (Fährte).

Hirschfänger, der: Das Seitengewehr des Jägers; ▸ Blanke Waffen.

Hirschfängerkoppel, die (Hirschfängerkuppel, Wehrgehänge): Bez. für das Gehänge oder den ledernen Riemen mit der Muschel, den der Jäger um den Leib trägt und an dem der Hirschfänger (▸ Blanke Waffen) hängt.

Hirschfeist: **1**) H., der: Das äußerlich auf dem ▸ Wildbret liegende Fett des Rotwildes. Die Hirsche sind etwa vier bis sechs Wochen vor der Brunft am feistesten (fettesten); ▸ Inselt. **2**) H., die: Bez. für die ▸ Feistzeit des Hirschen, veraltet auch für die Hirschjagd.

◂◂ Hirschfänger, von links nach rechts: Hirschfänger von Max I. Joseph, König von Bayern, um 1810: Horn-Griffschalen, Messingbeschläge mit Verzierungen, zur Hälfte gebläute Klinge, reliefiertes feuervergoldetes Bronzegefäß. – Hirschfänger mit Scheide ohne Beimesser: Griff geschwärztes Horn, feuervergoldete Metallteile, gebläute Klinge zeigt beidseitig ein »L« mit Krone (Ludwig I. von Bayern). – Hirschfänger König Ludwigs II., um 1860: Gedrechselter Horngriff, Stichblatt durchbrochen gearbeitet. – Hirschfänger mit Scheide, München, um 1850: Reliefiertes Gefäß mit Keilerkopfknauf, Griffbelag aus Hirschhorn, Stichblatt mit von einer Königskrone überhöhter Initiale »A« (Prinz Adalbert von Bayern); Lederscheide mit reliefierten Beschlägen.

Hirschfeld, A. Frhr. von: ▸ Jagdliteratur.
Hirschfieber, das: ▸ Jagdfieber.
Hirschfliege, die (Hirschlausfliege): ▸ Lausfliege.
Hirschfraß, der: Vom Rotwild verursachter ▸ Schälschaden.
Hirschgarn, das: ▸ Garne, ▸ Jagdzeug 2.
Hirschgehörn, das (Hirschgehürn): ▸ Gehörn 2).
hirschgerecht: Ein Jäger, der mit der Fährtenkunde, der Hege und der Bejagung des ▸ Rotwildes und letztlich mit dessen Lebensgewohnheiten vollkommen vertraut ist. Nach H. W. Döbel war die Bez. »h. Jäger« das »vornehmste Prädikat eines wohlexerzierten Weidmannes«. Er musste fähig sein, den edlen Hirsch nach seinen Zeichen (▸ Hirschgerechte Zeichen) sicher anzusprechen und zu bestätigen, die Jagd auf denselben waidmännisch auszuüben und zu leiten, die ▸ Schusszeichen richtig zu beurteilen und den ▸ Schweißhund richtig zu führen (▸ Schweißarbeit). Früher musste er auch das Zeugrichten (▸ Zeugjagen, ▸ Eingestellte Jagen) verstehen; ▸ forstgerecht, ▸ fährtengerecht, ▸ hundegerecht, ▸ Verein hirschgerechter Jäger, ▸ Waidgerechtigkeit.

Hirschgerechte Zeichen, die: Merkmale (Unterscheidungs- bzw. Erkennungsmerkmale), die ein Stück ▸ Rotwild, insbesondere der Hirsch, hinterlässt. An den H. Z. kann der Hirsch vom Tier unterschieden, in etwa auf sein Alter und seine Stärke geschlossen und auch ein bestimmter Hirsch an der ▸ Fährte wiedererkannt werden. Unterschieden wird nach Fährtenzeichen und Zeichen, die nicht mit der Fährte in Verbindung stehen. In dem französischen Buch »La chasse du cerf« (Mitte des 13. Jh.) über die Parforcejagd wurden bereits einige H. Z. erwähnt. In einem Mitte des 14. Jh. wahrscheinlich in Schwaben entstandenen Werk über die Hirschjagd, von dem nur Bruchstücke erhalten sind, die Th. G. Karajan unter dem Titel »Von den Zeichen des Hirsches« (1858 und 1881) veröffentlichte, wurden bereits 25 H. Z. erläutert. Sie waren für das ▸ Bestätigen des Hirsches von großer Bedeutung und haben auch heute noch Gültigkeit. Im Laufe der Jahrhunderte wurde das Bestätigen des Rothirsches anhand dieser Zeichen zu einer wahren Kunst entwickelt, die keine Parallele zu einer anderen Wildart aufweist. Im 18. Jh. kannte der hirschgerechte Jäger 72 Zeichen (48 Fährtenzeichen und 24 Zeichen, die nicht mit der Fährte in Verbindung stehen). Sie wurden in wichtige Zeichen (Hauptzeichen) und in weniger wichtige Beizeichen (Nebenzeichen) eingeteilt. Der hirschgerechte Jäger musste alle H. Z. beherrschen. Anhand der Fährte oder anderer Merkmale hatte er die Hirschfährte von der Tierfährte zu unterscheiden, um den Hirsch mit dem ▸ Leithund bestätigen zu können. Die Zahl der Hauptzeichen bewegte sich im Laufe der Jahrhunderte zwischen 7 und 22. Heute begnügt sich der Jäger mit sieben Hauptzeichen: Schrank, Burgstall, Zwang, Abtritt, Insiegel, Ballenzeichen und Geäfter.
Die wichtigsten und interessantesten H. Z. sind:

1. Zeichen des ▸ Trittsiegels und der Fährte:
Stärke des Trittsiegels: Anhand der Stärke, d.h. der Länge und Breite des Trittsiegels, kann festgestellt werden, ob es sich um ein

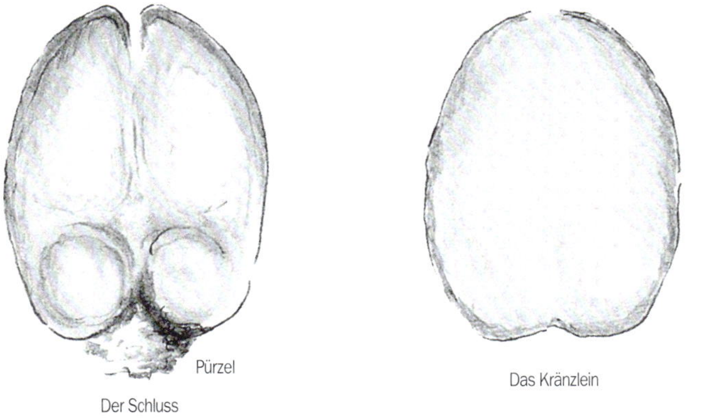

Hirschgerechte Zeichen

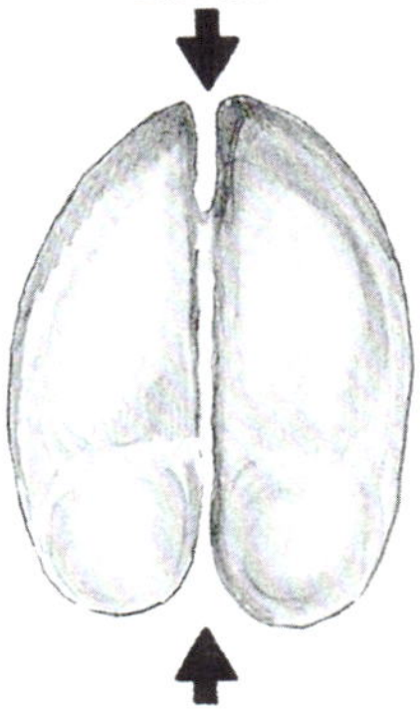

Hirschgerechte Zeichen

Hirschgerechte Zeichen	Breite des Vorderlauf-Trittsiegels (mm)	Breite des Hinterlauf-Trittsiegels (mm)
Kalb im Sommer/Herbst	32,7/37,2	30,4/33,9
Schmaltier/Schmalspießer	45,6/47,4	42,4/44,0
Gabelhirsch und Alttier	50,7	46,3
Hirsch von 6 Enden/8 Enden	53,0/55,2	48,5/50,8
Hirsch von 10 Enden/12 Enden	57,5/60,9	53,1/55,3
Hirsch von 14 Enden/16 Enden	64,3/67,2	57,5/61,0

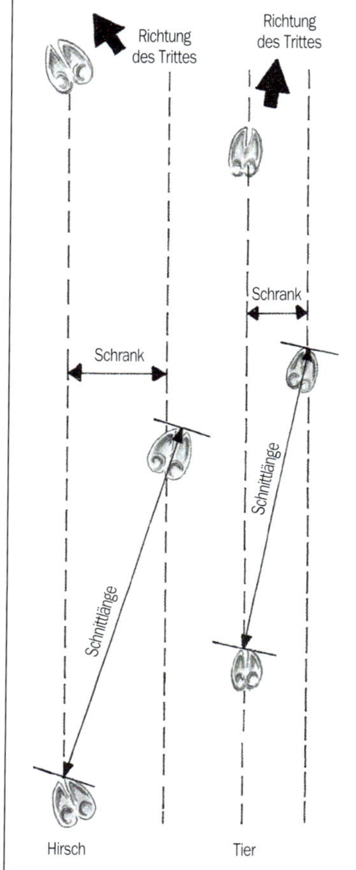

Hirschgerechte Zeichen

Kalb, ein Schmaltier, ein Alttier oder um einen Hirsch handelt. Letztlich sind auch Rückschlüsse auf die Stärke des Hirsches möglich (Tabelle nach G. L. ▸ Hartig):

Der *Stumpf*, die *Stümpfe*: Die Schalenspitzen der Hirsche nutzen sich ab, besonders die der Gebirgshirsche. Je älter ein Hirsch ist, desto stumpfer und runder wird die Schalenspitze. Sie ist im Trittsiegel als relativ flacher Bogen zu erkennen. Zwar nutzen sich auch die Schalenspitzen eines Tieres (des weiblichen Rotwilds) ab, sie sind jedoch höchstens so stumpf wie die eines geringen Hirsches (Sechserhirsch).

Der *Zwang* oder das *Zwängen, Zwingen*: Er steht stets in Zusammenhang mit der geschlossenen Fährte. Dadurch, dass der Hirsch beim Ziehen die Schalen fest zusammendrückt (geschlossen hält), drängt er die im Tritt zusammengepresste Erde oder den Schnee nach rückwärts. Auch das Alttier zwingt, jedoch nicht so stark wie der Hirsch. Das *übermachte Zwingen* entsteht, wenn der Hirsch so stark mit den Hinterläufen zwingt, dass der Abdruck davon, wenn er genau im Abdruck des Vorderlaufes steht, erheblich kleiner wirkt.

Reine Fährte: Durch die geschlossene Fährte und durch den Zwang steht die Fährte des Hirsches in weichem Boden oder in feuchtem Sand besonders deutlich. Diese sog. reine Fährte ist typisch für den Hirsch. Die Fährte des weiblichen Rotwildes hingegen ist nicht so rein.

Der *Burgstall* oder das *Grimmen, Gronen, Burgel, Bürgel*, der *Huebel*: Die Schalen des Rotwildes sind zwischen Schalen und Spitze ausgehöhlt. Durch diese ▸ Hohle und durch das feste Zusammenschließen der Schalen beim Tritt entsteht eine kleine Erhöhung in der Fährte zwischen Ballen- und Schalenabdruck. Der Burgstall entsteht hauptsächlich dann, wenn der Hirsch auf weichen Boden oder Schnee tritt.

Der *Schlosstritt* oder *Schlusstritt*: Im Bett eines Hirsches steht meist in der Mitte ein einzelner Schalenabdruck. Er entsteht, weil der Hirsch bei dem ▸ Hochwerden einen Hinterlauf mitten unter den Körper schiebt. Weibliches Rotwild setzt beim Hochwerden den Hinterlauf seitlich an.

Die *Ballen* sind beim Spießer etwa so stark wie bei einem Alttier, werden jedoch tiefer abgedrückt und bilden eine mehr herzförmige und länglichere Form.

Die *Oberrücken* oder das *Geäfter* (▸ Afterklauen): Die Oberrücken von einem Sechserhirsch sind bereits deutlich stärker und stumpfer als beim Tier. Dieser Unterschied ist auch an den Abdrücken sichtbar. Die Oberrückenabdrücke eines Tieres haben gewöhnlich einen Durchmesser von 13 bis 15,5 mm, die eines jagdbaren Hirsches von 20 bis 22,5 mm. Sie sind in der Verlängerung der Schalen nur in weichem Boden mit abgedrückt. Bei einem Hirsch-Trittsiegel stehen die Oberrückenabdrücke weiter von den Schalenabdrücken entfernt und auch weiter auseinander als beim weiblichen Rotwild. Sie stehen auch eher quer, beim weiblichen Stück eher längs.

Das *Bleizeichen* ist ein altes, heute kaum mehr beachtetes Fährtenzeichen. Es entsteht, wenn der Hirsch auf einen Stein oder auf eine Felsplatte tritt, wobei er manchmal von den Kanten der Schalen, bedingt durch sein hohes Körpergewicht, die Kontur in feinen Linien hinterlässt, die dann aussieht, als sei sie mit einem Blei gezeichnet.

Der *Burz*, ein heute kaum mehr beachtetes Zeichen. Es entsteht, wenn der flüchtige Hirsch mit der Spitze der Schalen vorne ein kleines Kügelchen Erde aufwirft.

Das *Näslein, Näschlein* oder *Näschen*: Zwischen den Schalen des Vorderlaufes bleibt häufig ein kleiner Erdstreifen hoch stehen. Er entsteht dadurch, dass der Abdruck des Vorderlaufes nicht ganz ausgefüllt wurde. Das Näslein entsteht zwar auch bei starken Alttieren, aber seltener als bei starken Hirschen.

Das *Fädlein, Fädchen* oder der *Faden* ist die Verlängerung des Näsleins und geht durch den ganzen Spalt der Schalen hindurch. Dieser schmale Erd- oder Schneestreifen entsteht bei geringem Spreizen der Schalen und kommt gelegentlich auch beim weiblichen Rotwild vor.

Das *Beuchel* oder *Beuschel*: Wenn der Hirsch an einem Hang entlang flüchtig war, entstehen infolge seines Körpergewichtes nach der Unterseite des Hanges zu, also unterhalb der Tritte, eiförmige, kleine Erderhöhungen. Dieses alte Zeichen des Rothirsches kommt auf weichem Boden auch beim weiblichen Rotwild vor.

Der *Umschlag*: Beim ▸ Ziehen über Moos und Laub reißt der Hirsch dieses mit den Läufen hoch, sodass es umgedreht (umgeschlagen) zu liegen kommt.

Der *Schluss* oder *Beschluss*: Der Hirsch macht den Schluss oder den Beschluss, wenn er beim Ziehen den Hinterlauf genau in das Trittsiegel des Vorderlaufes setzt. Dies kommt beim Hirsch gelegentlich, beim weiblichen Rotwild aber meistens vor.

Der *Pürzel*: Wenn der Hirsch den Schluss macht, bildet sich häufig dort, wo Schalen und Ballen zusammenstoßen, ein kleines Häufchen. Dieses Zeichen kommt beim weiblichen Rotwild nicht vor.

Das *Kränzen, Cräntzen*, der *Kranz* oder das *Kränzlein* entsteht beim Ziehen des Rothirsches auf hartem Boden, da sich auf hartem Boden nur die äußeren Schalenkanten (der Kranz) als schmale Kränze abdrücken. Das Kränzen ist beim weiblichen Rotwild wegen des geringeren Körpergewichtes kaum zu beobachten.

Das *Scheibchen, Scheubel*, die *Scheibe* oder der *Schub*: Wenn es nach einer langen Trockenzeit etwas geregnet hat, prägt sich die Fährte bei unbewachsenem Boden in der obersten, feuchten Bodenschicht ab. Das Mittelteil des Trittsiegels wird hierbei so zusammengepresst, dass es als Scheibchen vom unteren trockenen Boden abgehoben werden kann. Der Hirsch »schiebt«, wenn er das Zeichen der Scheibe macht; dieses Zeichen kommt auch beim weiblichen Rotwild vor. Wenn der Hirsch über langes Gras zieht, drückt er dieses herunter, sodass es geraume Zeit liegen bleibt. Zieht weibliches Rotwild über langes Gras, so erhebt sich dieses in kürzerer Zeit wieder.

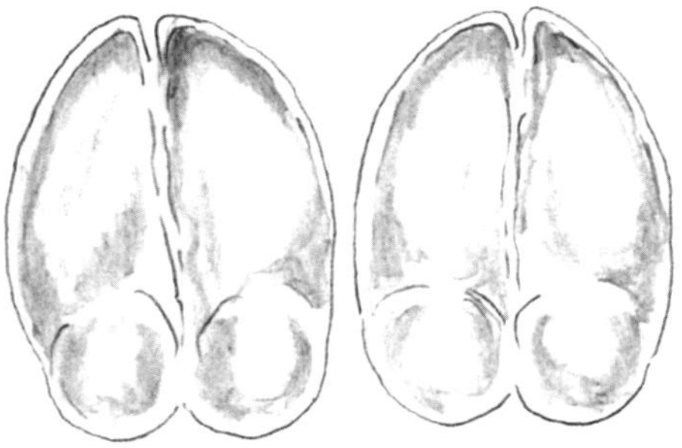

Der Beitritt

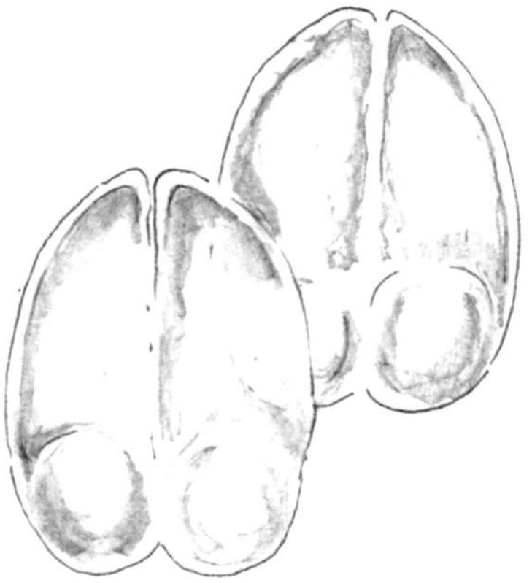

Der Kreuztritt

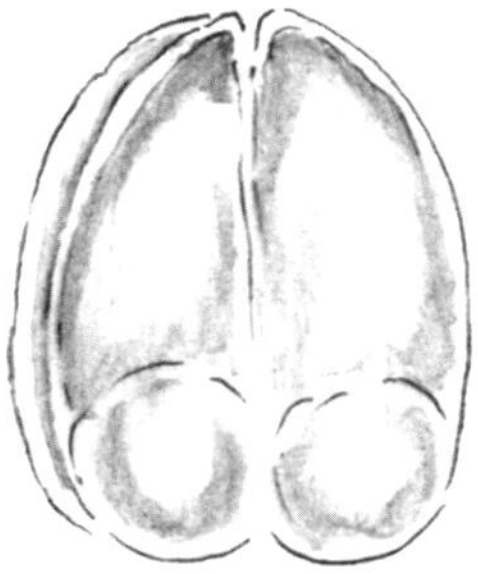

Das Blenden

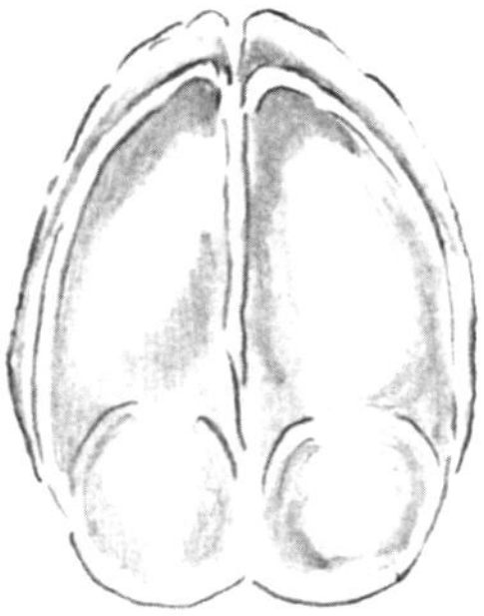

Das Reiflein

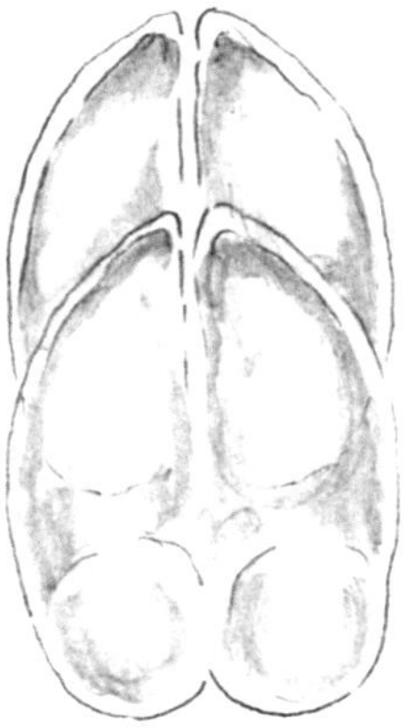

Das Ereilen

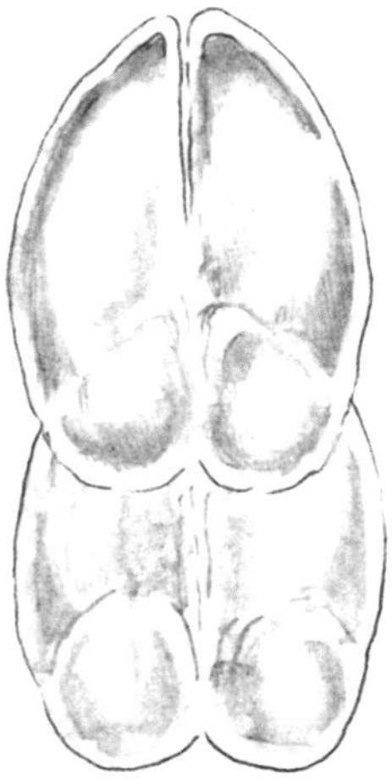

Das Übereilen

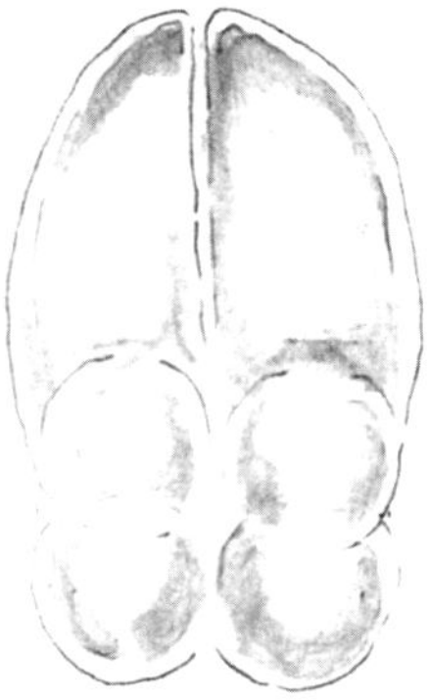

Das Vierballenzeichen

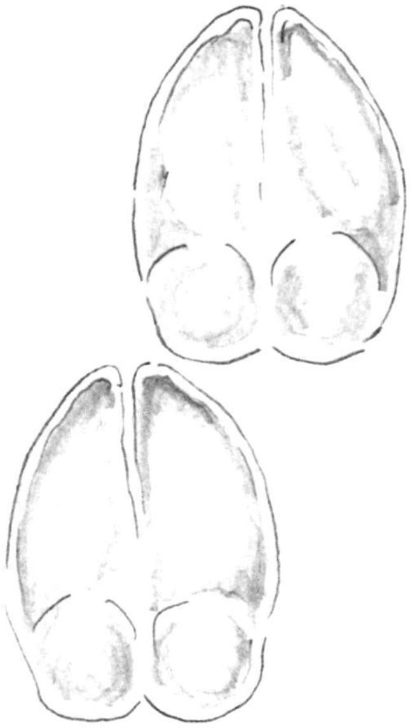

Das Zurückbleiben

Hirschgerechte Zeichen

Der Hirsch drückt das Gras auch in der ganzen Fährte herunter, beim weiblichen Rotwild dagegen bleibt es häufig zwischen den Schalen stehen.

Der *Abtritt, Abschritt* oder *Abschnitt*, das *Gräslein, Gruen* oder der *Murb*: Wenn der Hirsch über grasbewachsene Flächen mit hartem Untergrund zieht, schneidet er durch das hohe Körpergewicht mit den Schalenwänden das Gras glatt ab, das dann in der Fährte liegenbleibt. Das weibliche Rotwild drückt das Gras nur nieder, der Hirsch »gräselt«.

Der *Einschlag, Inschlag*, das *Mitnehmen* oder der *Auswurf*: Dieses Zeichen entsteht, wenn abgetretenes Gras (grüne Getreidehalme) zwischen den Schalen eingeklemmt wird, später auf unbewachsenem Boden herausfällt und in der Fährte liegenbleibt. Je nachdem ob das Gras noch frisch, bereits welk oder trocken ist, kann daran auch das Alter der Fährte ermessen werden.

Der *Schritt*, d.h. die Schrittweite oder -länge: Der Schritt ist der Abstand der Tritte voneinander, gemessen von Schalenspitze zu Schalenspitze; er ist beim Hirsch größer als beim weiblichen Rotwild. Er nimmt mit der Stärke des Stückes zu. Die Schrittweite eines Hirsches vom dritten Kopf ist bereits weiter als die eines starken Alttiers, sodass selbst beim Fehlen anderer Zeichen anhand der Schrittweite das Geschlecht und auch die Stärke des Hirsches in etwa bestimmt werden kann. Laut ▸ G. L. Hartig, dem bedeutenden Jagdwissenschaftler, betragen die Schrittweiten beim Ziehen auf der Ebene wie folgt:

Kalb im Sommer	33 cm
Kalb im Herbst	36 cm
Schmaltier im Sommer	41 cm
Spießer	44 cm
Gabelhirsch und Alttier	51 cm
Hirsch von 6 Enden	52 cm
Hirsch von 8 Enden	54 cm
Hirsch von 10 Enden	59 cm
Hirsch von 12 Enden	61 cm
Hirsch von 14 Enden	62 cm
Hirsch von 16 Enden	63 cm

Das *Schränken* oder der *Schrank*, der *volle Mann* oder das *Geschränk* bzw. *Geschrenk*: Der Schrank ist die Abweichung der Tritte von der Körpermittellinie. Die Trittsiegel von jungem Rotwild bilden bei ruhiger Gangart (Ziehen) fast eine Linie; es schränkt kaum. Je stärker ein Stück ist, um so mehr schränkt es; je rascher es sich fortbewegt, desto weniger schränkt es. Der Hirsch schränkt im Ziehen und im Troll stärker als das weibliche Rotwild. Er schränkt am stärksten während der ▸ Feistzeit (10 bis 14 cm), am wenigsten nach der Brunft. Das weibliche Rotwild schränkt im Frühjahr am stärksten, wenn es ▸ hoch beschlagen geht.

Die *Richtung der Tritte* oder das *Auswärtsgehen*: Bei ruhiger Gangart (Ziehen) setzt der Hirsch die Stümpfe (Schalenspitzen) deutlich auswärts. Je älter und je stärker er an Wildbret ist, um so mehr setzt er die Stümpfe auswärts. Beim weiblichen Rotwild ist die Auswärtsdrehung der Stümpfe nur sehr gering, die Trittsiegel stehen fast parallel zur Richtung, in der das Stück zog.

Der *Beitritt*: Der Hirsch tritt mit dem Hinterlauf neben die Fährte des Vorderlaufes, sodass beide Trittsiegel nebeneinander stehen. Dieses gerechte Zeichen machen besonders der ▸ Feisthirsch und das ▸ hoch beschlagene weibliche Stück.

Der *Kreuztritt*, die *Kreuzfährte* oder das *Dreiballenzeichen*: Der Hirsch setzt beim Ziehen den Tritt des Hinterlaufes so neben das Trittsiegel des Vorderlaufes, dass dieses vom Trittsiegel des Hinterlaufes halb verdeckt ist, also nur drei Ballen im Boden sichtbar sind. Der K. kommt hauptsächlich beim Feisthirsch und beim hochbeschlagenen weiblichen Rotwild vor.

Das *Blenden* oder der *Blendtritt*: Es entsteht, wenn der Hirsch den Schluss macht und dabei mit dem Hinterlauf nicht ganz genau in den Tritt des Vorderlaufes tritt, sodass die Fährte breiter erscheint, als sie in Wirklichkeit ist. Der Hirsch macht das Blenden bzw. er blendet. Es kommt hauptsächlich beim geringen Hirsch vor.

Das *Reiflein, Reifchen, Reifel* oder der *Reif*: Beim Blenden schiebt der Hirsch mit dem Hinterlauf etwas Erde oder Schnee nach vorne; dabei entsteht ein halbmondförmiger Erdsaum. Das Reiflein entsteht meist dann, wenn der Hirsch mit dem Hinterlauf nicht genau in das Trittsiegel des Vorderlaufes tritt.

Das *Ereilen*: Es entsteht, wenn beim Hirsch das Trittsiegel des Hinterlaufes das des Vorderlaufes so verdeckt, dass von diesem nur noch die vordere Hälfte oder auch weniger sichtbar ist. Das Ereilen kommt manchmal auch beim Alttier vor.

Das *Übereilen, Überholen* oder die *Übereilung*: Beim Ziehen setzt der Hirsch den Tritt des Hinterlaufes vor das Trittsiegel des Vorderlaufes; er greift darüber hinaus. Dieses Zeichen kommt jedoch nur bei jungen Hirschen vor.

Das *Vierballenzeichen* ist eine Folge des Übereilens. Der Hirsch tritt dabei mit dem Hinterlauf so auf das Trittsiegel des Vorderlaufes, dass die vier Ballen deutlich sichtbar sind.

Das *Zurückbleiben, Hinterlassen*, die *Erfüllung* oder der *Hinterlass*: Dieses Zeichen entsteht, wenn der Hirsch den Hinterlauf hinter den Tritt des Vorderlaufes setzt. Das kommt i.d.R. nur bei älteren und alten Hirschen vor. Je älter sie sind, umso weiter bleiben sie zurück. Das Zurückbleiben kommt gelegentlich auch bei hochbeschlagenen Alttieren vor. Ggs.: Übereilen.

Das *Lecklein* oder das *Lecken* ist ein Zeichen, das beim Zurückbleiben entsteht. Der Hirsch macht infolge des Zwanges mit der Spitze der Hinterlaufschale ein Löchlein.

Das *Insiegel, der Hirschschuh* oder der *Schuh*: Beim Ziehen über weichen, tonigen Boden oder über Pappschnee bleibt häufig Erde oder Schnee an der Schale hängen und fällt erst später ab. Diese abgefallenen Erdfladen zeigen dann das Trittsiegel des Hirsches. Das Insiegel kommt auch beim weiblichen Rotwild vor. Die abgefallenen Erd- oder Schneefladen sind jedoch kleiner. Zieht der Hirsch über mooriges Gelände und reißt Bodenteile mit heraus, die dann umgeklappt liegenbleiben, spricht der Jäger vom *Hohen Insiegel.*

Der *Tauschlag*: Er entsteht, wenn der Hirsch durch taunasse Wiesen zieht. Er hinterlässt dabei eine breite, dunkelgrün aussehende Fährte; beim Kahlwild ist diese schmäler.

Kirchgang wird das bedächtige Einziehen des Hirsches vom Feld zu Holze in der Morgendämmerung genannt. Er macht dabei häufig den *Widergang*, d.h., er wechselt ein Stück auf der eigenen Fährte zurück, um dann im scharfen Winkel seinem Einstand zuzuziehen.

Auch das Knacken der Läufe (der Gelenke) ist ein H. Z. Der Hirsch zieht wegen seines Geweihes gerne auf Schneisen und auf Wegen. Beim Ziehen auf Äckern nimmt er häufig die Furche an, während das Kahlwild quer über den Acker zieht. Bei der Flucht liegt das Körpergewicht des Hirsches mehr auf den Ballen als auf der Schale, sodass bei einer Fluchtfährte die Ballen besser abgedrückt sind als die Schalen. Infolge des höheren Körpergewichts stehen die Trittsiegel des Hirsches tiefer im Boden als die des weiblichen Rotwilds. In sehr weichem Boden drückt sich der Teil des Laufes zwischen Schalen und Geäfter beim Hirsch breiter ab als beim weiblichen Rotwild. Der Hirsch hat einen festeren Tritt als das weibliche Rotwild, da er geschlossener und gezwungener zieht. Das weibliche Stück rutscht leichter, besonders auf glattem Boden. Im tiefen Schnee hinterlässt der Hirsch beim Ziehen eine breitere Furche als das weibliche Rotwild; er macht ein größeres ▸ Geschleppe.

2. Nicht mit der Fährte im Zusammenhang stehende Zeichen:

Die *Losung* des Hirsches ist das ganze Jahr über von der Losung der weiblichen Stücke zu unterscheiden; ▸ Rotwild (Losung).

Friedrich Gauermann (1807–1862): »Hirschhatz«, Öl auf Leinwand. München, Deutsches Jagd- und Fischereimuseum

Das *Nässen*: Der Hirsch nässt zwischen die hintereinanderstehenden Tritte, das weibliche Rotwild zwischen die nebeneinanderstehenden Tritte bzw. zwischen die breiter gestellten Hinterläufe.
Das *Plätzen*: Der Hirsch schlägt mit den Läufen den Boden auf und setzt sich darauf, um sich zu kühlen. Er plätzt besonders in der Brunft.
Die *Himmelsspur*, das *Fegen*, *Gefege* und das *Schlagen*, *Geschläge*, in Österreich auch das *Geschlagen* genannt: Der Hirsch fegt vom fertig geschobenen Geweih an Bäumen und Sträuchern den Bast ab. Nach dem Fegen bearbeitet er die Bäumchen und Sträucher weiter und beschädigt sie, indem er von ihnen die Rinde abfegt. An Fege- und Schlagstellen ist an der Höhe der Beschädigungen auf das Geweih des Hirsches zu schließen. Hat er hochgelegene Ästchen und Zweige umgedreht, geht man davon aus, dass sein Geweih mindestens eine Gabel aufweist.
Das *Himmelszeichen, Wenden, Gewende*, seltener *Widerlincen*, die *Himmelsleiter*, in Österreich auch das *Gebend* genannt: Beim Ziehen durch dichte Bestände wendet und knickt der Hirsch mit dem Geweih Blätter und Zweige und bricht dabei auch kleine Ästchen ab, die dann welk herabhängen.
Das *Scherzen*: Der Hirsch wirft mit dem Geweih Erde, Gras und Moospolster hoch.
Das *Wimpelschlagen*, der *Wimpelschlag*, das *Ruren* oder *Murben*: Der Hirsch schlägt (wühlt) mit dem Geweih – oft aus Übermut – in einem Ameisenhaufen und wirft ihn auseinander. Mit Sicherheit kann aber nicht festgestellt werden, ob dieses Zeichen vom Hirsch stammt, weil gelegentlich auch das weibliche Rotwild Ameisenhaufen mit den Läufen auseinanderschlägt.
Die ▸ *Suhle*: Wenn ein Hirsch sich gesuhlt hat, findet man am Rande der Suhle im weichen Boden häufig Abdrücke seiner Stangen. Gelegentlich ist an den Abdrücken die Stärke und die ungefähre Endenzahl zu erkennen.
Der *Teerbaum*, eine veraltete Methode, ein H. Z. zu erhalten. Wenn bei hartem Boden der Hirsch sich nicht fährten konnte, stellte man auf dem vermuteten Wechsel mit Holzteer bestrichene Stangen auf. Der Hirsch sollte daran scheuern und mit dem Geweih schlagen.
Der Hirsch nimmt die Äsung höher als das weibliche Stück und verbeißt auch schärfer. Kahlwild quetscht beim Verbeißen mehr.

Hirschgrallen, das: Alter Ausdruck für Hirschbrunft; ▸ Rotwild.

Hirschgrandeln, die: ▸ Grandeln 1).

Hirschgulden, der: ▸ Jagdgulden.

Hirschhaken, die: ▸ Grandeln 1).

Hirschhalsung, die: In der antiken Welt galt der Hirsch als geheiligtes Tier der Artemis (▸ Jagdgöttin). Der griechische Schriftsteller Pausanias berichtet (Beschreibung Griechenlands, 160 bis 180 n. Chr.), dass man in Arkadien einen geheiligten Hirsch gekannt habe, der ein Halsband mit der Inschrift trug: »Wurde, ein Kalb noch, gejagt, als gen Ilion zog Agapenor«. Alexander der Große (356 bis 13.6.323 v. Chr.) ließ manchmal ein gefangenes Hirschkalb wieder frei, nachdem er ihm ein Halsband umgelegt hatte, auf dem die Jahreszahl eingeritzt war. Es soll einmal ein Hirsch mit einem solchen Halsband gefangen worden sein. Aus der Jahreszahl darauf ergab sich ein Alter des Hirschs von 85 Jahren(!). Daher der alte Spruch »Cervinos annos vivere« (»so alt werden wie ein Hirsch«). Eine metallene H. ließ auch der Pfalzgraf Friedrich IV. einem Rothirsch anlegen, dem er die Freiheit schenkte.

Hirschhase, der (gehörnter Hase, Hasenbock): Ein Hase mit Gehörn zwischen den Löffeln. Jahrhundertelang geisterte der gehörnte Hase durch Naturgeschichte und Jagdliteratur. In der »Naturgeschichte der Tiere« (24 Bde., 1749 bis 1783) des französischen Naturwissenschaftlers G. L. L. Buffon (ab 1785 Bouffon) werden neben gehörnten Hindinnen und gehörnten Rehgeißen auch gehörnte Hasen, sog. H., erwähnt. Ch. W. von Heppe berichtet 1779, selbst einen gehörnten Hasen gesehen zu haben. L. C. von Wildungen schreibt 1817 nach genauer Prüfung von Präparaten und Berichten:

»Gehörnte Hasen soll es geben?
Wie? Sollten derer wirklich leben?
Auf Läufen, Freund,
sah ich noch keinen;
Doch sieht man manchen
auf zwei Beinen!«

Hirschhatz, die: Hetzjagd auf den Hirsch; ▸ Parforcejagd.

Hirschhaut, die: ▸ Hirschdecke.

Hirschholunder, der: ▸ Holunder 2.

Hirschhorn, das: Bez. für die verarbeiteten Geweihstangen des Hirsches. H. lässt sich bohren und abdrehen und wird zu Kronleuchtern, Steh- und Tischlampen, Möbeln und allerlei Gebrauchsgegenständen wie Messer- und Gabelheften, Stockknöpfen, Gewehrhaltern, Garderoben, Tabakspfeifen, Schnupftabaksdosen usw. verarbeitet. Es wird auch, in dünne Scheiben geschnitten, zum Furnieren feiner Kästchen verwendet; ▸ Horn.

Hirschhorngeist, -öl, -salz: Sie spielten in früherer Zeit in der Medizin eine Rolle. Bei tro-

Hirschhalsung aus zwölf Messing-Plattengliedern, die Pfalzgraf Friedrich IV. einem Rothirsch im Jahre 1609 anlegen ließ.

ckener Destillation liefert Hirschhorn außer brennbaren Gasen das Hirschhornsalz (*Sal volatile cornu cervi, Ammonium carbonicum pyro-oleosum*), durch Hirschhornöl mehr oder weniger braun gefärbtes kohlensaures Ammoniak, ferner eine braune, wässrige Flüssigkeit, den Hirschhorngeist oder Hirschhornspiritus, der außer kohlensaurem Ammoniak noch essigsaures Ammoniak, Cyanammonium und Schwefelammonium enthält und früher wie das Salz medizinisch benutzt, später aber durch eine mit wenigen Tropfen Tieröl versetzte Lösung aus reinem kohlensaurem Ammoniak ersetzt wurde. Neutralisiert man Hirschhorngeist und Bernsteinsäure, so erhält man den *Liquor cornu cervi succinctus*. Schließlich tritt bei der trockenen Destillation des Hirschhorns noch heftig stinkendes Hirschhornöl (Tieröl) auf, dessen Zusammensetzung sehr kompliziert ist. Diese Präparate werden schon lange nicht mehr angewandt.

Hirschhund, der: Englischer oder französischer Hetzhund, der zur Hetzjagd auf Hirsche (▸ Parforcejagd) verwendet wurde.

Hirschinselt, das: ▸ Inselt.

Hirschjagd, die: Verschiedene Arten den Hirsch zu jagen; i.d.R. ist der Rothirsch (▸ Rotwild) gemeint; ▸ Hirsch-Jagen, ▸ Parforcejagd.

Hirsch-Jagen, das ▸ Eingestelltes Jagen, das früher meist im Sommer und im Herbst stattfand und bei dem die Hirsche zuerst auf den Lauf kamen.

Hirschkalb, das: Das männliche Jungwild beim Elch-, Rot-, Dam- und Sikawild bis zum 31. März des auf das Setzen folgenden Jahres.

Hirschkarren, der: ▸ Bringung des Wildes.

Hirschkasten, der: Ein Kasten zum Transport lebenden Rotwilds.

Hirschkolben, die: Das noch weiche, mit ▸ Bast überzogene Hirschgeweih. Früher wurde daraus der *Spiritus cornu cervi* (▸ Hirschhorngeist) hergestellt. Dieses weiche Geweih wurde früher als »Salat« bei großen Tafeln serviert und galt als Delikatesse.

Hirschkreuz, das: ▸ Herzbein.

Hirschkugeln, die (Hirschbezoar): ▸ Magenkugeln.

Hirschlanze, die: Eine Lanze, auf die man früher den Hirsch auflaufen ließ; ▸ Blanke Waffen.

Hirschlaus, die (Hirschlausfliege): ▸ Lausfliege.

Hirschlocke, die (Hirschruf): ▸ Lockjagd. Die Jagd mit dem Hirschruf; ▸ Rotwild (Jagdarten).

Hirschlosung, die: ▸ Rotwild (Losung). Sie zählt zu den ▸ Hirschgerechten Zeichen.

Hirschluchs, der: Frühere Bez. für einen ausgewachsenen ▸ Luchs im Sommerbalg.

Hirschmann: Alter, weitverbreiteter Name für die früheren ▸ Leithunde und jetzigen ▸ Schweißhunde. »Verein H.« heißt der Zuchtverein für Hannoversche Schweißhunde. Als H.-Schule wird die Einarbeitung des Schweißhundes auf der kalten Gesundfährte (▸ Hannoversche Jägerhofmethode) bezeichnet.

Hirschnetz, das: ▸ Garne, Jagdzeug 2.

Hirschprellen, das: Das absichtliche Absprengen des ▸ Geweihs vom lebenden Hirschkörper kurz vor der Abwurfzeit, um ein vorzeitiges Abwerfen herbeizuführen. Diese früher wohl angewandte, jedoch unwaidmännische und tierquälerische Handlung wurde noch Anfang des 20. Jh. als Jagdvergehen besonders erwähnt und war unter Strafe gestellt.

Hirschradl, das: Hutschmuck aus radförmig gebundenen Hirschhaaren.

Hirschriegler, der: ▸ Riegeljagd auf Rotwild, bei der auch (oder nur) Hirsche erlegt werden.

Hirschruf, der (Hirschlocke): ▸ Lockjagd. Die Jagd mit dem Hirschruf; ▸ Rotwild (Jagdarten).

Hirschrute, die: ▸ Brunftrute des Hirsches.

Hirschschlag, der: ▸ Brunftschlag.

Hirschschuh, der: ▸ Hirschgerechte Zeichen.

Hirschschwaden, der: Seltene und wohl auch veraltete Bez. für den Wedel (Schwanz) des Rothirsches.

Hirschseile, die: ▸ Garne, ▸ Jagdzeug 2.

Hirschstein, der: An den Stellen im Revier, an denen ein besonders starker Hirsch zur Strecke gekommen war, wurde diesem häufig ein Gedenkstein errichtet. Auf diesem wurden der genaue Zeitpunkt der Erlegung, Endenzahl, Gewicht und häufig auch eine Abbildung des Hirsches eingemeißelt. Derartige H. sind heute noch in manchen Revieren erhalten; ▸ Bärenstein.

Hirschtaler, der: ▸ Jagdgulden.

Hirschtalg, der (*Sebum cervinum*): Der ausgeschmolzene, weiße und feste Talg (Fett) des Hirsches, der zu Salben, Pflastern usw. gebraucht wird. Er wird teilweise durch Rinder- oder Hammeltalg ersetzt. Im Winter dient H. der Vogelfütterung.

Hirsch tot!: Ein altes ▸ Jagdsignal bei der Parforcejagd, wenn der Jagdherr dem Hirsch den Fang gab, und ein zu Ehren eines erlegten Hirsches geblasenes Signal.

Hirschträne, die (Hirschthräne): **1**) Frühere Bez. für die Tränenhöhle des Rothirsches; ▸ Tränengrube. **2**) ▸ Hirschbezoar 1).

Hirschunschlitt, das: ▸ Inselt.

Hirschwolf, der: Seltene, alte Bez. für den ▸ Luchs.

Hirschzeichen, das: svw. Hauptzeichen; ▸ Hirschgerechte Zeichen.

Hirsen, die: Kleinkörnige Getreidearten. H. sind sehr dürrefest. Rispen-Hirse (*Panicum*)

▸▸ Hirschjagd mit Wappen des Caspar Sayller von Augsburg, 1607. Unten beigefügter Text: »Zur Ehrung und guter gedechtnis hab Ich Caspar Sayller von Augspurg dem Edlen und Vesten Georg Heronimo dla Porta von Nürnberg dis mein wappen hierin mahlen lassen. Ano Januar 1607. S.«, Aquarell, mit Gold erhöht. München, Deutsches Jagd- und Fischereimuseum

wird als Körnerfrucht, Kolben-Hirse (*Setaria*) als Futterpflanze angebaut. H. eignen sich besonders für die Fasanen- und die Rebhuhnhege; ▸ Wildäsungspflanzen.

Hirtenberger. Österreichische Patronenfabrik (militärische und zivile Munition) im Ort Hirtenberg in Niederösterreich, gegründet 1860. H. war Lieferant für die k. u. k. Armee. Nach dem Ersten Weltkrieg wurden Zweigwerke in Warschau, Dordrecht, Schönebeck/Elbe und in Solothurn (Schweiz) errichtet. Die 1945 vollständige zerstörte Firma begann 1958 mit der Fertigung von Munition und Jagdkugelpatronen in den Kalibern .22 Magnum bis 9,3 x 74 R sowie mit ▸ ABC-Geschossen und Nosler-Geschossen (▸ Nosler-Tombakgeschoss). H. wurde von 1887 bis 1981 von der Familie Mandl als Familienunternehmen geführt, seit 1996 ist Dr. Schuster Eigentümer der Firma mit ca. 400 Mitarbeitern. Die Firma verfügt über öffentlich zugängliche Schießstände für Schrot und Kugel, die an zwei Schützenvereine verpachtet sind.

Hitze, die (Läufigkeit, Hitzigkeit der Hündin): Die Zeit, in der die Hündin zur Begattung bereit ist. Die Hündin tritt mit acht oder neun Monaten in die erste H.; sie ist damit geschlechtsreif. Sie darf jedoch im Interesse ihrer Entwicklung nicht vor der dritten H. zur Zucht verwendet werden. Die H. der Hündin tritt nach Erreichen der Geschlechtsreife an alle sechs bis acht Monate ein und dauert etwa drei Wochen. Sie beginnt mit der Schwellung der ▸ Schnalle und wässrig-blutigem Ausfluss, der später stärker wird. Die Hündin ist ab dem neunten Tag bereit, den Rüden anzunehmen. Soll sie gedeckt werden, ist der Zeitraum zwischen dem neunten und dem vierzehnten Tag des ▸ Färbens der günstigste. Die Hündin ist zu dieser Zeit besonders unruhig. Nach dem vierzehnten Tag klingt die H. wieder ab, die Hündin lässt jedoch noch bis zum zwanzigsten Tag den Rüden zu. Ist die H. nicht erwünscht, kann sie der Tierarzt mithilfe von Injektionen verhindern. Man sagt, die Hündin kommt oder tritt in die H. ein oder sie wird läufig. Bei Wölfen und anderen ▸ *Canidae* tritt die H. nur einmal im Jahr auf.

hitzig: **1**) Eine Hündin ist h. (▸ Hitze), aber auch die Fuchsfähe in der ▸ Ranzzeit. **2**) Der Auerhahn bzw. der Birkhahn balzt und kämpft h., d.h. besonders erregt. **3**) Der Jäger ist h. oder schießt h., wenn er aufgeregt ist oder übereilt schießt. **4**) Eine Fährte ist h. oder heiß, solange sie einem Hund gute Wittrung bietet, d.h. frisch ist.

H-Mantel-Geschoss, das: ▸ Büchsengeschosse.

Ho! Ho!: Anfangs- und Schlussworte der ▸ Jägerschreie, bedeuten so viel wie »man höre mich«.

hobeln: Wird bei einer Hochwild-Drückjagd ein Trieb zweimal genommen, wird er gehobelt.

hoch: Ein ▸ Beizvogel in hoher ▸ Kondition 3).

Hochbalz, die: **1**) ▸ Hauptbalz. **2**) Balz auf erhöhtem Standplatz, z.B. auf Bäumen (Baumbalz) oder auf Steinen; z.B. beim Auerhahn.

Hochbein, das: Alter Ausdruck für den ▸ Säbelschnäbler.

hochbeschlagen: Weibliches Schalenwild kurz vor dem ▸ Setzen bzw. dem ▸ Frischen. Das Wild geht h.

Hochblatt, das: Am Wildkörper die Stelle hoch am Blatt. Ein H.-Schuss ist stets tödlich; ▸ Schusszeichen (Blattschuss).

hochbringen: ▸ aufbringen.

Hochbrunft, die: ▸ Hauptbrunft.

Hochbrutflugente, die (Flugente): Eine zahme, wildfarbene Flugente, die der Wildente sehr nahesteht und häufig als Brutente zur Begründung eines Wildentenbesatzes verwendet wird. Als Stammform der H. gilt die Stockente; ▸ Wildenten 1.

Hochdurchforstung, die: ▸ Bestand(e)spflege.

hochflüchtig: ▸ flüchten.

Hochgabler, der (Kronengabler): Ein Rothirsch im dritten Lebensjahr, bei dem sich anstatt des normalen Gabelgeweihs (Spieße und Augsprossen) Spieße mit hoch angesetzten Mittelsprossen ohne Augsprossen bilden. H. kommen selten vor.

Hochgarn, das: ▸ Garne 4.

Hochgebirgsjagd, die (Gebirgsjagd, Bergjagd, Schweiz: Hochjagd): Die Jagd im Hochgebirge und (in Bayern) in seinen Vorbergen auf ▸ Bergwild. H. gilt in jeder Beziehung als schwierige und anstrengende Jagd. In hohen Lagen und in unwegsamem, steilem Gelände sind neben guter körperlicher Verfassung auch alpine Erfahrung und entsprechende Kleidung und Ausrüstung (z.B. Bergschuhe, ggf. mit Steigeisen, im Winter mit Gamaschen, sowie ▸ Bergstock) erforderlich, meist auch spezielle Jagdausrüstung, z.B. Bergstutzen (▸ Jagdgewehre 10) und Spektiv (▸ Jagdoptik) notwendig und zweckmäßig. Häufig muss auch Verpflegung und Waschzeug für einen Aufenthalt in nicht bewirtschafteten Hütten (Jagd- und Forsthütten) mitgeführt werden. Gemäß der ▸ Unfallverhütungsvorschrift Jagd der Landwirtschaftlichen Berufsgenossenschaften (§3 Abs. 6 mit Durchführungsanweisung zu Abs. 6) ist zu beachten, dass bei einer mit besonderen Gefahren verbundenen Jagdausübung, wie sie z.B. die H. darstellt, ein Begleiter zur Hilfeleistung mitzunehmen ist. Revierunkundige Jäger haben die H. mit einem Jagdführer auszuüben. Bei einer Schussabgabe steil nach oben oder unten (bei meist großer Schussentfernung) sind die Gesetzmäßigkeiten der ▸ Ballistik nach dem Grundsatz »Bergauf oder bergrunter, halt immer drunter« (sonst Hochschuss!) zu beachten. Übliche Jagdarten im Hochgebirge sind ▸ Ansitz (z.B. auf Rotwild und auf Murmeltier) oder ▸ Pirsch (z.B. auf Gamswild). Äußerst schwierig gestaltet sich im Hochgebirge auch die ▸ Bringung des Wildes, v.a. schweren Wildes (Rotwild), für die eine große Zahl von unterschiedlichen Transportgeräten entwickelt wurde (z.B. Wildtransportkarren und -schlitten, ▸ Gamsträger, ▸ Wildtragen u.a.). Schwierig und teilweise gefährlich gestaltet sich auch eine evtl. notwendige ▸ Nachsuche in unwegsamem Gelände, v.a. wenn Schluchten, Geröllhalden, Steilhänge und ungesicherte Pirschsteige zu überwinden sind; ▸ Notsignale.

hoch gehen: Der Hirsch geht hoch, wenn er sein ▸ Geweih völlig vereckt und gefegt hat; ▸ niedrig 1).

Hochgericht, das: Die ganze Anlage der Hängedohnen, die in geringer Höhe an Bäumen angebracht wurden; im Ggs. zum Bodengericht; ▸ Dohnen.

Hochgeweihter, der: ▸ Geweihter.

Hochgreve, Wilhelm (1885 bis 1968): Jagdschriftsteller. Er schrieb u.a. »Von Wild und Wald und fröhlichem Jagen«, »Über Kimme und Korn. Schnurren und Schwänke aus dem Jägerleben« (ohne Jahr), »Der lachende Wald. Ein heiteres Buch für Jagd- und Tierfreunde« (um 1925), »Familie Borstig. Ein Tier- und Jagdbuch« (1925), »Mit Büchse, Hund und Kamera. Jagdschilderungen« (ca. 1940).

hoch irrig: **1**) Der Hund bei der ▸ Schweißarbeit, wenn er bei ▸ Widergängen unsicher wird und sich mit hoher Nase behelfen will. **2**) Eine Hirschfährte, wenn der Hirsch wiederholt abgesprungen ist (▸ Absprung 1)).

Hochjagd, die: **1**) svw. ▸ Hohe Jagd. **2**) Eine Jagd auf ▸ Hochwild. **3**) Ein Jagdbezirk mit Hochwild; ▸ Hochwildrevier. **4**) Schweizerische Bez. für eine Jagd im Hochgebirge; ▸ Hochgebirgsjagd.

hochjagdbar: Ein Stück Schalenwild, wenn es älter ist und eine starke Trophäe trägt; ▸ Ernteabschuss.

Hochlandhirsch, der (Berghirsch): Bez. für den Rothirsch des Hochlandes. H. sind i.d.R. im Geweihgewicht und im Wildbret geringer als Mittelgebirgs- und Tieflandhirsche; ▸ Auhirsch.

hochläufig: Bei allem Wild, das Läufe hat, und bei Hunden svw. hochbeinig.

hochlautend ausgeben: So sagt man von den ▸ Bracken, wenn sie laut bellend Hals geben.

Hochlicht, das: Der Auerhahn steht im H., wenn er bei günstigem Licht erhöht und vollkommen frei auf einem Baum oder auf einem Feld steht und sich daher gut gegen den Himmel abhebt.

hochmachen: Wild beunruhigen und aufschrecken (z.B. durch Treiber oder durch Hunde); ▸ aufgehen 1), ▸ aufstehen.

Hochnetz, das: ▸ Garne 4.

Hochschirm, der: svw. Hochsitz; ▸ Jagdeinrichtungen 2.

Hochschlag, der: ▸ Hauptschlag.

Hochsitz, der (Hochstand): ▸ Jagdeinrichtungen 2.

Hochsuche, die: ▸ hohe Suche.

hoch vereckt: svw. völlig vereckt; ▸ verecken.

Hochwald, der: ▸ Betriebsarten.

hochwerden: Das Schalenwild steht vom Lager oder vom Wundbett auf, es wird hoch; ▸ aufstehen.

Hochwild, das: Hochwild und Niederwild sind jagdgeschichtliche Begriffe (▸ Hohe Jagd). Nach dem BJG (§2 Abs. 4) gehören zum H. ▸ Schalenwild (außer Rehwild), Auerwild, Steinadler und Seeadler. Alles übrige Wild gehört zum Niederwild. Zum H. gehören ferner die nach Bundesrecht nicht mehr jagdbaren Tiere Wolf, Bär und früher auch der (zu den jagdbaren Arten zählende) Luchs, örtlich auch Trappen, Kranich, Reiher u.a. In manchen Gegenden wird der Begriff H. mit ▸ Rotwild gleichgesetzt.

Hochwildjagd, die: **1**) Die Jagd auf ▸ Hochwild, sowohl als ▸ Einzeljagd als auch als ▸ Gesellschaftsjagd. **2**) ▸ Hochwildrevier.

Hochwildpatronen, die: Nach dem BJG müssen Büchsenpatronen auf ▸ Hochwild (Schalenwild mit der Ausnahme von Rehwild) ein Kaliber (Geschossdurchmesser) von mindestens 6,5 mm haben. Daneben muss die Auftreffenergie auf 100 m (E_{100}) mindestens 2000 Joule betragen; ▸ Gamspatronen, ▸ Rehwildpatronen.

Hochwildrevier, das (Hochwildjagd, veraltet: Hochjagd): Ein Revier, in dem das zum Hochwild zählende ▸ Schalenwild (außer Schwarzwild) seinen ▸ Einstand hat und regelmäßig bejagt wird. In einigen Bundesländern wie z.B. Bayern und Hessen beträgt die Mindestpachtzeit für H. zwölf Jahre; ▸ Jagdpacht.

Hochzeitskleid, das: ▸ Brutkleid.

hockeln: veraltet, svw. ▸ hoppeln.

hocken: bei ▸ Greifvögeln svw. sitzen .

Höckerschwan, der: ▸ Schwäne 1.

Hockreis, das: ▸ Fallbaum.

Hodenfehler, der: ▸ Kryptorchismus.

Hoensbroech, Lothar Graf von: ▸ Jagdliteratur.

Hofer, Peter: Die Firma P. H. in Ferlach (Österreich) wurde als Einmannbetrieb im Jahre 1986 gegründet. Maximal fünf Waffen pro Jahr verlassen die Manufaktur. Die unterste Grenze der Lieferzeit beträgt eineinhalb Jahren, die niedrigsten Preise liegen bei € 25 000.

Hoff, Jakob (14.7.1838 Frankfurt a. M. bis 28.12.1892 Frankfurt a. M.): H. war v.a. Landschaftsmaler; von ihm stammt das Ölgemälde »Jagdfrühstück im Taunus«.

hoffen: ▸ verhoffen.

Hofjagd, die: Eine große und meist prunkvolle Jagd (▸ Parforcejagd, ▸ Eingestellte Jagen), die früher die regierenden Fürsten abhielten.

Hofjagdreviere, die (Leibgehege): Nach der Revolution im Jahre 1848 wurden die bis dahin geltenden jagdlichen Sonderrechte aufgehoben und die regierenden Fürsten in jagdlicher Beziehung den übrigen Bürgern des Staates gleichgestellt. Damit waren sie in ihrer Jagdausübung beschränkt auf ihren Privatbesitz und auf die Krongüter. Einige der Landesherren reservierten sich allerdings – wohl in ihrer Eigenschaft als höchste Staatsbeamte – die Jagd in einzelnen Staatsforsten. Für die Wildfütterung und -pflege, aber auch für die Wiedereinbürgerung einiger vom ▸ Aussterben bedrohter Wildarten stellten sie erhebliche Beträge zur Verfügung. Es entstanden die H. mit ihren reichen Wildbeständen, die z.T. bis 1919 bestanden. Sie wurden hervorragend bewirtschaftet und boten dem arg nachgestellten Wild (▸ Jagdgeschichte) Schutz und Zuflucht. Die größten und bekanntesten H. waren:

1. Preußen: Reviere bei Königswusterhausen, Schorfheide, Rominten, Oranienburg, die Göhrde, der Grunewald bei Berlin und die Letzlinger Heide.

2. Bayern: Die Wildparke Ebersberger Forst, Forstenried und Grünwald, Berchtesgaden (seit 1811), Hohenschwangau und Vorderriss sowie große Reviere im Allgäu.

3. Österreich: Lainz (▸ Lainzer Tiergarten), ▸ Laxenburg, Lobau, Bad Ischl (Salzkammergut) sowie Radmer bei Eisenerz und Mürzsteg, beide in der Steiermark gelegen.

▸▸ Kaiser Wilhelm II. in Letzlingen

Hofjäger, die: Bez. für das frühere ▸ Jagdpersonal an den Höfen Adeliger, die meist die bestgestellten niederen Jäger waren, da sie neben ihrem Gehalt als H. noch irgendeinen Forst beaufsichtigen mussten und auch das Gehalt als Forstknecht (z.B. in Österreich) bekamen. Die H. genossen großes Ansehen. In Württemberg nahm z.B. 1731 der Chef der Jägerei, der den Titel Oberhofjägermeister trug, die vierte Stelle unter den Hofchargen ein. Ihm zur Seite stand der Viceoberhofjägermeister.

Hofjägermeister, der: ▸ Jägermeister 1).

Hoffmann, Gottfried, Daniel (1719 bis 1780): Württembergischer Wirklicher Geheimer Rat und Professor des Staatsrechts an der Universität Tübingen. Von H. stammt die für die Geschichte der Memminger ▸ Freien Pirsch auf dem Bosserhard wertvolle Schrift »De libera venatione speciatim suevo-memingensi. Disputabit J. G. de Sayler. Tübingen« (1753).

Hoffmann, Heinrich (13.6.1809 Frankfurt a. M. bis 20.9.1894 Frankfurt a. M.): Deutscher Arzt und Schriftsteller, Verfasser des weltweit bekannten und fast in alle europäischen Sprachen übersetzten »Struwwelpeter«, welcher die »Geschichte vom wilden Jäger« (▸ Wilder Jäger) enthält.

Hofmann, Arno W.: ▸ Jagdliteratur.

Hofmann, L.: ▸ Jagdliteratur.

Hofmann, Otto: ▸ Jagdliteratur.

Hohberg, Wolf Helmhard von (1612 bis 1688): ▸ Jagdliteratur

Hohe Jagd, die: **1**) Hochjagd, seltener: Große Jagd, Großes Waidwerk. Die Einteilung der Jagd in H. J. und Niedere Jagd, in einigen Ländern auch noch in Mittlere Jagd, unterlag in früheren Zeiten der Laune der Herrscher und der Mode der Zeit. Nach Aufhebung der Jagdregalien zählten zur H. J.: Wisent, Elchwild, Rotwild, Damwild, Muffelwild, Rehwild, Gamswild, Steinwild und Schwarzwild sowie Bären, ferner Wölfe und Luchse, die im Notfall auch mit Schrot erlegt wurden. Vom Federwild zählten dazu: Auerwild, Birkwild und Haselwild, Fasane und die meist nur mit der Kugel erlegbaren Schwäne, Trappen, Kraniche, Pelikane, Uhus und Adler. Zu der Zeit, als die ▸ Beizjagd in Blüte stand, zählten auch die dazu verwendeten Falken zur H. J. Heute wird die Einteilung des Wildes in ▸ Hochwild und ▸ Niederwild vom BJG (§2 Abs. 4) geregelt; ▸ Niederjagd, ▸ Mitteljagd. **2**) Jährlich in Salzburg stattfindende internationale Fachmesse für Jäger, Fischer und Naturliebhaber; nunmehr als »Die Hohe Jagd & Fischerei« bezeichnet; ▸ Jagdausstellungen.

Hohenzollern, die: Deutsches Fürstengeschlecht. Wahrscheinlich gingen sie aus dem alten schwäbischen Herzogsgeschlecht der Burchardinger hervor, da der Name Burchard bei ihnen in früherer Zeit sehr häufig vorkommt. Ihr nachweisbarer Ahnherr ist Graf Huntfried von Rätien (9. Jh.); in den Chroniken des 11. Jh. findet man die H. zunächst unter dem Namen von Zolre (»von Söller«, nach der Lage der Burg) oder Zolorin; später nannten sie sich Zollern und endlich H., als die sie ab 1871 die deutschen Kaiser stellten: Wilhelm I. (1797 bis 1888), Friedrich III. (1831 bis 1888) und Wilhelm II. (1859 bis 1941). So leidenschaftliche Jäger die H. auch gewesen sind, so hat – selbst in der Zeit des größten Aufwandes, den zu ermöglichen anderswo durch Steuern und Dienstleistungen der Bevölkerung erzwungen wurde – der Berliner Hof nie einen übermäßigen Prunk in Jagddingen entfaltet (wenn man vom ersten preußischen König absieht). Auch hatte sich keiner der Herrscher den Ruf eines berühmten Jägers erworben, wie dies bei einigen Herrschern aus dem Hause der ▸ Habsburger oder aus dem der ▸ Wittelsbacher der Fall war. Friedrich Wilhelm, der Große Kurfürst (1620 bis 1688), beschränkte sein Jagdinteresse im Wesentlichen auf die Verringerung des Raubwildes und übte selbst zusammen mit seiner Gemahlin Luise Henriette von Oranien nur die ▸ Reiherbeize aus. Der Kurfürstin zu Ehren erbaute er das Jagdschloss Oranienburg und setzte im Oranienburger Tiergarten Elche aus Preußen aus. Als eigentlicher Jäger aus dem Hause H. ist Friedrich Wilhelm I. anzusehen. Von seinen Jägern und Pagen verlangte er, dass sie selbst starke Sauen am Teller festhielten, bis er herangekommen war. Alljährlich hielt er sich für zwei Monate im 1718 erbauten Jagdschloss Wusterhausen auf und führte täglich eine ▸ Parforcejagd durch. Außer der Reiherbeize, die er bei Potsdam durchführte, hielt er 14 Tage vor und 14 Tage nach Weihnachten in den königlichen Saugärten der Mark und Pommerns Schwarzwildjagden ab. Friedrich II., der Große (1712 bis 1786), der »Alte Fritz«, war ein ausgesprochener Nichtjäger. Aus der ablehnenden Haltung zur Jagd heraus ließ er die jagdlichen Einrichtungen seines Vaters eingehen. Der letzte deutsche Kaiser hingegen, Wilhelm II., war der Jagd wieder sehr zugetan. Unzählige Fotografien zeigen ihn bei der Jagd, bei der z.T. große Strecken erzielt wurden. Häufig hielt er sich in seinem Jagdschloss Königswusterhausen auf. Die Letzlinger Heide (Colbitz-Letzlinger Heide), ein Waldgebiet in der Altmark nördlich Magdeburgs, war bevorzugtes Jagdgebiet der H.; ▸ Jagdmuseen.

hohe Reck, der (die): ▸ Reck 1.

Hoher Flug, der: ▸ Flug 3).

Hohes Haarwild, das: Alte Bez. für das zur ▸ Hohen Jagd zählende ▸ Haarwild.

Hohes Insiegel, das: ▸ Hirschgerechte Zeichen (Insiegel).

hohe Suche, die: Die ▸ Suche des ▸ Vorstehhundes mit hoher Nase im Felde; er hat eine Hochsuche. ▸ Schweißhunde und ▸ Stöberhunde hingegen suchen mit tiefer Nase.

Hohes Wild, das: ▸ Hochwild, ▸ Hohe Jagd.

hohes Zeug, das (Hohe Tücher): Hohe Jagdtücher, die für Rotwild bestimmt waren; ▸ Jagdzeug 2.

hohe Tücher, die: ▸ Jagdzeug 2.

Hohle, die: Bez. für die leichte Höhlung in der Schale des ▸ Schalenwildes, besonders des Rotwildes, zwischen Schalen und Ballen, die sich im Trittsiegel als Erhöhung auswirkt. Diese Erhöhung, der Burgstall, ist ein ▸ Hirschgerechtes Zeichen.

Höhlenbrüter, die: Bez. für Vögel, die zur Aufzucht der Jungen ihre Nester in Höhlen und Röhren bauen; z.T. werden diese Höhlen selbst gefertigt (z.B. von Spechten), z.T. natürliche Höhlen (Baum- und Erdlöcher) oder Nistkästen benutzt. Alle H. haben weiße Eier. Typische H. sind: Brandente, Schellente, Eisvogel, Uferschwalbe, Gänsesäger, Hohltaube, Star, Waldkauz, Sperlingskauz und Steinkauz, Zwergohreule, verschiedene Meisenarten und die Dohle.

Höhlengans, die: ▸ Wildenten 8.

Höhlenmalereien, die: Vor ca. 40 000 Jahren lösten Einwanderer aus Afrika den Neandertaler in Europa ab. Diese modernen, körperlich schwächeren Menschen waren kreativer. In der Altsteinzeit (Paläolithikum) vor etwa 34 000 bis 30 000 Jahren begann der Mensch in Südfrankreich und Nordspanien mit fünf Fingern regellose Linien in die Lehmwände seiner Höhlen zu zeichnen, z.B. in die feuchte Tonwand einer Höhle in Altamira (Umrisslinien von Maul und Wange eines Moschusochsen, um 30 000 v. Chr.) Aus den regellosen Linien entwickelten sich Umrisszeichnungen und Malereien sowie Flachreliefs. In der Epoche des Solutréen, einer Kulturepoche während der 4. Eiszeit (20 000 bis 15 000 v. Chr.), benannt nach Solutré (Frankreich; Département Saône-et-Loire), und des Magdalénien, einer Kulturepoche der jüngeren Altsteinzeit (15 000 bis 10 000 v. Chr.), benannt nach dem Fundort La Madeleine an der Dordogne (Frankreich), entwickelten sich dann freie Gravuren, die mit dünnen Farbtönen koloriert wurden. Diese Malereien sind das erregendste Zeugnis frühester künstlerischer Schöpferkraft des Menschen. Sie entstanden in der Steinzeit am Ausgang der Eiszeit, also einer Klimaperiode, in der weite Teile Europas noch mit Gletschern überzogen waren. Der Eingang der Grotte Cosquer in Südfrankreich liegt heute nach der Eisschmelze infolge Klimaerwärmung unter dem Meeresspiegel. Eiszeitliche H. wurden zum erstenmal im Jahre 1879 von dem spanischen Baron Sautuola in der Altamira-Höhle entdeckt. In der 270 m langen Höhle befinden sich ca. 930 Malereien oder Gravierungen, die zwischen 14 000 und 9500 Jahre alt sind. Die meist mehrfarbigen Darstellungen zeigen an den Wänden und Decken überwiegend Bisons, Pferde, Wildschweine und Hirsche. Aus der jüngeren Altsteinzeit (Magdalénien) sind uns über 100 Fundstellen mit H. bekannt. Dieser vorgeschichtliche Höhlenkult wurzelt wahr-

Die Hohltaube ist ein Höhlenbrüter. Sie brütet in natürlichen Baumhöhlen, aber auch in ehemaligen Spechthöhlen.

scheinlich in der Vorstellung von einer Wiedererstehung des getöteten Jagdtieres in der Unterwelt, als deren Zugang die Höhlen angesehen wurden. Die Kunst der frühen ▸ Jägerkulturen erreichte um 12 000 v. Chr. ihren Höhepunkt. Kennzeichnend für die frühen Jägerkulturen ist z.B. der Tierstil der Felsbilder (▸ Felskunst der Jäger) wie überhaupt die Neigung zur Felsmalerei. Nicht so verbreitet sind einige Besonderheiten, wie etwa der ▸ Röntgenstil, bei dem innere Organe der Tiere mit dargestellt werden. In der 1940 entdeckten Höhle von Lascaux (Dordogne, ca. 15 000 bis 9000 Jahre alt), welche in einer Gesamtausdehnung von über 100 Metern Bilder von Pferden, Rindern, Rentieren, Auerochsen, Nashörnern, Löwen, Bären, Wisenten, Katzen und Steinböcken enthält, fanden sich u.a. Zeichnungen von Hirschen. Die Höhe der Hirsche beträgt 80 cm. Während eines langen Zeitraums geschaffen oder erneuert – vielleicht in der Jagdzeit –, waren diese meisterhaften Tierzeichnungen, die mit rotem Ocker und mit Holzkohle ausgeführt sind, Teil eines magischen Rituals, das den Jägern nach ihrem Glauben Macht über die Geister der Tiere verlieh, von denen ihre Existenz abhing. Das Wild würde daraufhin freiwillig zu ihnen kommen. Die Hirsche sind in dieser Höhlenmalerei wahrscheinlich später auf den Felsen aufgetragen worden als das große Pferd und die Rinder am oberen Rand der Malerei. Ein weiteres Bild aus der eiszeitlichen Kunst in der Höhle von Lascaux stellt einen Mann mit Vogelkopf-Maske dar, der von einem verwundeten Bison angegriffen wird (15 000 bis 10 000 v. Chr.). Diese lebendige und blutige Szene kann man mithilfe schamanistischer Legenden (▸ Schamanismus und Jagd) erklären, die sich in Sibirien bis heute erhalten haben. Die Höhle von Lascaux kann seit 1963 nicht mehr besichtigt werden, weil grüne Algen die Kunstwerke überwucherten. Die Besucher werden heute in eine originalgetreue Kopie der Höhle geführt. Erst im Jahre 1994 wurde die Grotte Chauvet im Vallon Pont d'Arc in Südfrankreich entdeckt. Sie gilt als die bisher älteste und bedeutendste Bilderhöhle aller Höhlenkunstwerke. Im Inneren der Höhle befinden sich mehrere ausgedehnte Wandgemälde mit großflächigen und ausladenden Darstellungen von Tieren und Tiergruppen. Die Werke sind ca. 31 500 Jahre alt. Die Höhle ist für Besucher nicht zugänglich; ▸ arktische Kunst.

Hohlschuss, der: Eine Schussverletzung beim Schalenwild; ▸ Schusszeichen.

Hohlspitzgeschoss, das: ▸ Büchsengeschosse.

Hohltaube, die: ▸ Wildtauben 3.

Hohlwein, Ludwig (27.71874 Wiesbaden bis 15.9.1949 Berchtesgaden): Architekt, Jagdmaler und Illustrator. Einige seiner Plakate werden heute noch nachgedruckt; von ihm stammt u.a. »Ein alter Berufsjäger« und »Gebirgsjäger«.

Holderpfeife, die: ▸ Reiherpfeife.

Holland & Holland: Englische Jagdwaffenfabrik mit Sitz in London. Die Firma wurde im Jahre 1835 von Harris Holland unter den Namen »H. Holland« gegründet. Als sein Neffe Henry 1867 in das Unternehmen eintrat, wurde die Firma in H & H umbenannt. Henry H. entwickelte über 40 Patente, die berühmtesten sind das »Royal«-Seitenschloss aus dem Jahre 1833 und die Patrone .375 H & H Magnum von 1912. Die bekanntesten Waffenmodelle sind: »Royal«-Seitenschloss-Doppelflinte, »Royal«-Seitenschloss-Bockdoppelflinte, Sporting Bockdoppelflinte, Seitenschloss-Doppelflinte Round Action, »Royal«-Doppelbüchse, Seitenschloss-Doppelbüchse Round Action und die H & H Repetierbüchse.

Holland-&-Holland-System, das: ▸ Schlosssystem.

holländische Stockhaube, die: ▸ Falkenhaube.

Holle, die (Federschopf): Einige hochstehende, haubenartige Federn auf dem Kopf des Federwildes (z.B. des Haselwildes, des Eichelhähers, der Kolbenente, des Seidenschwanzes und des Wiedehopfs).

Holm, der: Einzelnes Horn des ▸ Wisents. Beide H. zusammen werden als Helm oder als Aufsatz bezeichnet.

Holsteiner Bracke, die: Auch Stöber. Eine Lokalrasse der ▸ Bracken von dunkelgrauer Farbe mit gelbbraunen Wolfsmarken, auch einfarbig rotgelb oder graugelb mit wenigen weißen ▸ Abzeichen. Sie war mit einer Schulterhöhe bis 65 cm die größte der norddeutschen Bracken, stark gebaut, jedoch nicht plump. Der Rücken war gerade, mitunter eingesenkt. Die starke Bürstenrute wurde säbelförmig getragen; die Behänge waren breit, hoch angesetzt und glatt anliegend. Die H. B. wurde auf den herrschaftlichen Gütern in Meuten von 10 bis 20 Koppeln (20 bis 40 Hunde) gehalten, wobei man ihnen die Anfangsbuchstaben des Namens des Besitzers oder des Gutes in das dichte Stockhaar schnitt. Mit der H. B. wurde entsprechend den landschaftlichen Strukturen Holsteins mehr gestöbert als brackiert. Die letzten Stöbermeuten wurden um 1889 aufgelöst, die Hunde meist nach Dänemark, Schweden, auch Norwegen verkauft. Sie gelten als die Stammväter der dortigen Bracken, der »Stövare«.

Holster, der: Alter Ausdruck für eine ▸ Jagdtasche, die meist aus einer Dachsschwarte gefertigt wurde, oder für einen ▸ Büchsensack, aber auch Bez. für das Pistolenhalfter zum verdeckten Tragen von Pistole und Revolver (Schulterholster oder Gürtelholster).

Holunder, der (*Sambucus*): Eine etwa 20 Arten umfassende Gattung aus der Pflanzenfamilie der Geißblattgewächse (*Caprifoliaceae*).

1. Roter Traubenholunder (*Sambucus racemosa,* L.): Auch Hirschholunder. Mittelgroßer bis großer, 1 bis 4 m hoher Strauch mit weitreichenden Wurzeln. Er wächst an Waldrändern, in Mischwäldern, in lichten Nadelwäldern, in Holzschlägen (typische Schlagpflanze; ▸ Schlagflora), in ▸ Hecken, an felsigen Berghängen und auf Gesteinsschutthalden. Blütezeit von März bis Mai. Die dicht stehenden Steinfrüchte (Reifezeit von Ende Juni bis Mitte August) sind bis 5 mm groß, kugelig und leuchtend scharlachrot. Die einjährigen Triebe werden aufgrund ihres hohen Eiweißgehaltes vom Schalenwild stark verbissen. Gutes Deckungsgehölz für Niederwild.

2. Schwarzer Holunder (*Sambucus nigra,* L.): Der Schwarze H., eine alte Heilpflanze, ist ein bis zu 10 m hoher Baum oder Strauch und wächst auf frischem, fruchtbarem Boden, in Hecken, in Gebüschen, an Waldrändern, in Auwäldern und in lichten Waldungen. Er hat eine hohe Ausschlagfähigkeit. Seit langem kultiviert, ist er auch in Gärten und in Parkanlagen zu finden. Er verträgt starken Verbiss. Die Blütezeit ist im Mai/Juni (Juli). Die Steinfrüchte (Reifezeit von August bis September) sind glänzend schwarz, etwa 6 mm groß und kugelig und haben einen weinroten Saft. Die essbaren Beeren werden gerne von Vögeln, v.a.

Früchte des Roten Trauben- oder Hirschholunders

▸▸ Früchte des Schwarzen Holunders

von Drosseln und Rotkehlchen, und auch vom Rehwild verzehrt.

Holunderpfeife, die: ▸ Reiherpfeife.

Holz, das: Im jagdlichen Sprachgebrauch svw. ▸ Wald; der Jäger oder das Wild zieht zu Holze; ▸ zu Holze schießen.

Holzapfel, der: ▸ Wildapfel.

Holzaushaltung, die: In der Forstwirtschaft Bez. für das Vermessen, Klassifizieren und Numerieren von Holz für den Verkauf.

Holzbirne, die: ▸ Wildbirne.

Holzbock, der: **1**) ▸ Zecken. **2**) Scherzhafte Bez. für ein Rebhuhn, das, wenn es hochgemacht wird, stets sofort ins Holz streicht.

Holzbodenfläche, die: Der Teil der Waldflache, der mit Forstpflanzen bestockt ist und der Holzproduktion dient. Dazu gehören zeitweilig unbestockte Flächen (Blößen) sowie Wege und Schneisen unter 5 m Breite. Der Holzboden wird nach Wirtschaftswald (regelmäßig bewirtschaftete H.) und Nichtwirtschaftswald (alle nicht zum Holzboden zählende Flächen der Waldfläche) unterschieden.

Holzbracken, die: Norddeutsche Lokalschläge der ▸ Bracken, hervorgegangen aus der Westfälischen oder Sauerländer Bracke. Man unterschied eine größere und eine kleinere H. Der größere, ursprünglichere Schlag (Finnentroper Bracke) war die bis zu 55 cm hohe H., die in den 80er-Jahren des 19. Jh. in der Gegend von Finnentrop, Bamenohl, Altena, Olpe, Drolshagen und Rehringhausen gezüchtet wurde. Später wurde dieser Schlag nach seinem Hauptzuchtort auch Finnentroper H. genannt. Es handelte sich dabei um kräftige, derbe Jagdhunde, die mit Vorliebe Rehwild jagten. Das Haar war stockig, die Farbe rotgelb mit großen weißen Abzeichen, auch dreifarbig, mit schwarzem Sattel oder Mantel. Eigentümlich war die dichtbehaarte, wurstförmige Rute, die wegen ihres keulenförmigen Aussehens auch »Fuchslunte« genannt wurde. Der kleinere Schlag, der bald den größeren Schlag verdrängte, dürfte aus der Verschmelzung der Letzteren mit den lokalen ▸ Steinbracken hervorgegangen sein. Sehr schöne und tüchtige H. des kleineren Schlages wurden zwischen den beiden Weltkriegen gezüchtet. Diese sog. »Olper Bracken « (Widerristhöhe bis 45 cm) waren das Glanzstück der westfälischen Brackenzucht.

holzen: ▸ aufholzen, ▸ fortholzen, ▸ abholzen.

Holzer, Joseph, (20.3.1824 Wien bis 17.1. 1876 Wien): Österreichischer Maler. H. studierte 1856 bis 1859 als kaiserlicher Stipendiat in München. Er malte v.a. Landschafts- Tier- und Jagdmotive aus den Karpaten und dem Wienerwald. Von ihm stammt u.a. »Praterlandschaft mit Rotwild« (um 1855).

holzgerechte Jäger, die: Bez. für die ab der Mitte des 18. Jh. im Wald tätigen Forstleute, die noch keine schulmäßige systematische Ausbildung, sondern nur die damals übliche Jägerlehre durchlaufen hatten. In Deutschland waren zu jener Zeit die Ausbildung und Erziehung der Beamten in erster Linie auf den Jagdbetrieb zugeschnitten, der Forstbetrieb war Nebensache; er gewann erst mit dem steigenden Holzwert an Bedeutung. Die Beamten mussten ▸ hirschgerecht, holzgerecht, waidgerecht und ▸ forstgerecht sein. Die h. J. waren daher Praktiker, die, nachdem die Vormachtstellung der Jäger gebrochen war, sich mehr um forstliche Belange kümmerten und z.T. auch ihre örtlichen Kenntnisse, Erfahrungen und Beobachtungen schriftlich niederlegten. Zu den h. J. gehörten z.B. ▸ Johann Gottlieb Beckmann, ▸ Heinrich Wilhelm Döbel, ▸ Johann Jacob Büchting und ▸ Melchior Christian Käpler.

Holzhäher, der: ▸ Rabenvögel 9.

Holzhase, der: ▸ Hasen 1.

Holzheister, der: ▸ Rabenvögel 9. und 10.

Holzjagd, die: svw. Waldjagd, Treibjagd im Wald; ▸ Gesellschaftsjagd I.

Holzlerche, die: ▸ Lerchen 3.

Holzmarder, der: ▸ Marder 1.

Holzschnepfe, die: ▸ Schnepfenvögel 1.

Holzschreier, der: ▸ Rabenvögel 9.

Holzschreier, schwarzer, der: ▸ Rabenvögel 10.

Holzsortierung, die: Das Einteilen des Holzes in Handelsklassen nach Durchmesser (Mittenstärkensortierung oder Heilbronner Sortierung), Gütemerkmalen oder besonderen Verwendungszwecken (z.B. Eisenbahnschwellen).

Holzstrick, der: ▸ Fangstrick.

Holztaube, die: **1**) Blaue oder kleine H., die Hohltaube; ▸ Wildtauben 3. **2**) Große H., die Ringeltaube; ▸ Wildtauben 1.

Holztreiben, das: svw. Waldtreiben, Treiben im Wald; ▸ Gesellschaftsjagd I.

Holzvorrat, der: Das gesamte ▸ Derbholz einer Waldfläche, das mittels Messen der Bäume oder Schätzen nach Durchschnittswerten (Ertragstafeln) festgestellt wird; ▸ Waldinventur.

Holzzuwachs, der: ▸ Zuwachs.

home range: In der Wildbiologie Bezeichnung für ein bevorzugtes Aufenthaltsgebiet einer Tiergruppe oder von Individuen. Grenzen dieses Gebietes werden nicht verteidigt oder markiert, andere Artgenossen werden auf diesem Gebiet toleriert. Wird ein Teil des Gebietes doch verteidigt, so stellt dieses ein ▸ Territorium dar; ▸ Territorialverhalten.

Honigbussard, der (Honigfalke): ▸ Bussarde 3.

Honigflecken, die: Bez. für die gelben Flecken auf Marderbälgen; es sind räudige Stellen; ▸ Räude.

Honigiltis, der: Ein Iltis, bei dem die gelbliche Unterwolle sehr stark hervorsticht, sodass der Balg einen gelblichen Schimmer zeigt.

hoppeln: Hasen und Kaninchen hüpfen langsam und vertraut fort; Spurbild des ▸ Hasen.

Horbel, die: ▸ Rallen 1.

Horemans, Peter Jakob: ▸ Jagdkunst.

Hörmann, Theodor von (1840 Imst bis 1895 Graz): Maler. Von ihm stammt u.a. »Wald mit Jäger« (1875).

Horn, das: **1**) Eine überwiegend aus Keratin bestehende und in den Epidermiszellen vieler Tiere gebildete, harte, zähe und elastische Eiweißsubstanz, die große Widerstandsfähigkeit besitzt. Das H. bildet Federn, Haare, Schuppen, Klauen sowie die Hufe (Schalen) der Wirbeltiere und die Schnäbel der Vögel. **2**) Das verschieden geformte Gehörn (Stirnwaffe) vieler ▸ Horntiere. Es besteht aus einem häufig lufthaltigen, vom Stirnbein ausgehenden Knochenzapfen (H.-Zapfen) und aus einer hornigen Scheide (H.-Scheide). Mit Ausnahme der Gabelantilope bleibt das H. im Ggs. zum ▸ Geweih zeitlebens erhalten. Durch periodisch unterschiedlich starke Bildung von H.-Ringen an der Basis erfolgt das Längen- und das Dickenwachstum. Die Abnutzung der Hörner erfolgt nur an der Spitze; ▸ Wisent, ▸ Steinwild, ▸ Muffelwild und ▸ Gamswild. **3**) ▸ Jagdhorn. **4**) svw. ▸ Hauthorn.

Horn, Oskar: ▸ Jagdliteratur.

Hornbaum, der: ▸ Hainbuche.

Hörndl, die: Alpenländische Bez. für ▸ Geweih (Gehörn).

Horneck, Heribert (1926 bis 1987): ▸ Jagdliteratur.

Hörner, die (Federohren): Federbüschel über den Ohren auf dem Kopf des Fasans und der Ohreulen.

Horneule, die: ▸ Eulen 2.

Horneule, große, die: ▸ Eulen 1.

Hornfessel, die: Riemen, an dem das ▸ Jagdhorn getragen wird. Früher bestand die H. bei den ▸ Jägerburschen aus einem einfachen schwarzen, ca. 1,5 cm breiten Glanzlederriemen mit Stahlbeschlägen. Bei den höheren Jagdbeamten war sie aus grünem Saffian, ca. 5 cm breit, mit silbernen oder goldenen Tressen und Silberbeschlägen. Ein Ende an einem Hirschgeweih wird nach altem Brauch nur dann gezählt, wenn die H. daran hängenbleibt.

Hornjagen, das: Frühere Bez. für ein Jagen, bei dem die Hunde durch Blasen auf dem Horn zum Suchen angefrischt wurden.

Hornsatz, der: Die aus Schnüren gefertigte Verzierung an den Hifthörnern bzw. die um den Mittelteil der großen ▸ Jagdhörner gewickelte Schnur.

Hornstrauch, der: ▸ Hartriegel 1.

Horntiere, die (*Bovidae*, Boviden, Hornträger): Horntragendes ▸ Schalenwild. Bei den H. bestehen die Stirnwaffen aus Knochenzapfen, die von einspitzigen Hornscheiden umhüllt sind und nicht oder nur einmal in der Jugend gewechselt werden. Die Hörner (▸ Horn 2)) sitzen auf zapfenförmigen Schädelauswüchsen auf. Zu den ziegenartigen Hornträgern zählen: ▸ Wisent (*Bison bonasus*), ▸ Steinwild (*Capra ibex*), ▸ Gamswild (*Rupicapra rupicapra*); zu den schafartigen Hornträgern zählt das ▸ Muffelwild (*Ovis ammon musimori*). H. haben eine ▸ Gallenblase, worauf beim ▸ Aufbrechen zu achten ist.

Hornträger, die: ▸ Horntiere.

Hornung, der (kleiner Horn): Alter deutscher Name für Februar. Bez. für die Zeit, in der die starken Hirsche abwerfen.

Horrido!: Aus dem Hetzruf des Rüdemeisters »Ho – rüd' – ho!« (▸ Jagdgeschrei 1.) entwickelt, wird es heute anstelle eines Hochrufes bei festlichen Gelegenheiten gebraucht. Eine Person aus der Runde bringt auf die zu ehrende Person ein dreifaches »Horrido« aus, die anderen Jäger antworten jedesmal laut im Chor: »Joho!« oder »Hoho!«. Etwaige andere

Hubertushund, Darstellung aus der deutschen Übersetzung »New Jägerbuch: Jacoben von Fouilloux«, Straßburg 1590. Darin wird »Von den alten schwartzen Hunden der Abtey zu S. Hubert in Ardene« berichtet.

Nachrufe sind neu, unangebracht und sollten unterbleiben. Es war früher auch ein zur Begrüßung des höchsten Jagdherrn auf dem Sammelplatz zur Jagd gebrauchtes Jagdgeschrei; ▸ Hussah!

Horschelt, Theodor (16.3.1829 München bis 3.4.1871 München): Maler. H. schuf u.a. auch Jagdstücke. Er fertigte die Illustrationen zu dem Jagdbuch des Charles ▸ Boner »Chamois hunting in the mountains of Bavaria«. 1850 stellte er im Münchener Kunstverein einen Wildschützen aus. H. war einer der bekanntesten Schlachtenmaler seiner Zeit. Seinen Nachlass erwarb der russische Zar. Sein Grabstein befindet sich im Alten Nördlichen Friedhof in München.

Horst, der: Das ▸ Nest der ▸ Greifvögel, der ▸ Eulen, der ▸ Rabenvögel, der ▸ Kraniche, der ▸ Reiher und der ▸ Störche, gelegentlich auch der Wildtauben (Österreich); beim Eichhörnchen seltener gebräuchlich, hier besser Kobel. Der H. wird im Ggs. zum Nest oft mehrere Jahre benutzt und dabei ständig ausgebessert und häufig auch weiter ausgebaut; Näheres zum H.-Bau siehe unter den Einzelbeschreibungen der obengenannten Vogelarten.

Horstbaum, der: Ein Baum, auf dem ein oder mehrere ▸ Horste stehen.

Horstbewachung, die: Schutzmaßnahme von Natur- und Vogelschützern für Horstplätze von seltenen und vom ▸ Aussterben bedrohten ▸ Greifvögeln (z.B. Seeadlerschutz in Schleswig-Holstein) und Großvögeln (z.B. die Kranichpopulation in Niedersachsen) gegen Störungen durch Eiersammler, Vogelhalter (Ausheben der Jungvögel), Touristen und Fotografen.

horsten: Das Brüten der ▸ Greifvögel, der ▸ Eulen, der ▸ Rabenvögel, der ▸ Kraniche, der ▸ Reiher und der ▸ Störche.

Horstfeld, das: Die Zone um den ▸ Horst (Brutrevier), in der die horstenden ▸ Greifvögel während der Aufzuchtzeit der Jungvögel keine Beute schlagen; aber auch das Gebiet, in dem sie keine Vögel derselben Art dulden.

Horstjagd, die: Bez. für die früher übliche Jagd auf ▸ Greifvögel am Horst.

Horstvögel, die: **1**) Vögel, die in einem bestimmten Gebiet regelmäßig ▸ horsten. **2**) Bez. für horstende (brütende) Vögel; speziell für ▸ Greifvögel.

Horstzeit, die: Brutzeit, in der die ▸ Greifvögel, die ▸ Eulen, die ▸ Rabenvögel, die ▸ Kraniche, die ▸ Reiher und die ▸ Störche horsten.

Hortikel, die: ▸ Reiher 7.

Hörzeichen, die: ▸ Hundeabrichtung.

Hosen, die: **1**) Herabhängende, lange, weiche Federn am Oberschenkel der ▸ Greifvögel; bei ▸ Beizvögeln auch Dünnen genannt. **2**) Bei langhaarigen Hunden die langen Haare an der Oberschenkelrückseite.

Hosenflicker, der: Scherzhafter Ausdruck für einen angehenden (zwei- bis dreijährigen) ▸ Keiler.

Hosengams, die (Deputatgams): Eine Gams, die der Jäger zusätzlich zum üblichen ▸ Jägerrecht als Naturalentlohnung erhielt. Sie wird so genannt, weil sich aus der Decke der Gams eine kurzlederne Hose machen lässt.

Hosenträger, die: Bez. für ein einfaches Band aus weichem Leder mit zwei kleinen Ausschnitten, mit dem beim ▸ Vogelfang dem ▸ Lockvogel die Flügel bis unter die Achsel gesteckt wurden. Das Band wurde unter dem Bauch des Lockvogels zusammengenäht, und es wurde eine Schnur daran befestigt.

Hosse, die: Örtliche Bez. für ▸ Hächse.

Hoster, der: ▸ Rabenvögel 8.

Hourvari, das (franz., das Zurückrufen der Meute): Ein Parforcejagdsignal (es bedeutet falsche Jagd) oder ein Zuruf an die Laufhunde, wenn sie fehljagten oder die Fährte verloren hatten oder wenn der Hirsch einen ▸ Widergang machte.

HSH: Abk. für Hannoverscher Schweißhund; ▸ Schweißhunde.

Hu!: **1**) Hu such! Hu hetz!: Zuruf an den ▸ Schweißhund, wenn er zur Hetze geschnallt, d.h. losgelassen wird. **2**) Hu Sau!: Zuruf, um die Hatzrüden an die Sauen zu hetzen, aber auch Zuruf an den Keiler, um ihn zum ▸ Auflaufen zu bewegen. Daraus entwickelte sich der Ruf ▸ Hussah!

Huber, Carl Rudolf (15.8.1839 Schleinz/Niederösterreich bis 28.8.1896 Wien): österreichischer Maler und Grafiker. H. studierte u.a. an der Düsseldorfer Akademie der bildenden Künste. Als passionierter Pferdeliebhaber malte er insbesondere Pferde-, Jagd- und Tierbilder.

hübern (hubern): ▸ hudern 2).

Hubertus, der: **1**) Der hl. H., ▸ Schutzpatron der Jagd (und der Jäger). **2**) ▸ Jagdzeitschriften.

Hubert(u)sburg: ▸ Jagdschlösser.

Hubertusfonds, der: Am 1.7.1911 gegründeter, selbstständiger jagdlicher Wohltätigkeitsverein, hervorgegangen aus dem ehem. »Reichsverband Österreichischer Forstleute und Berufsjäger«. Der H. rief z.B. im Jahre 1923 anlässlich der einsetzenden Inflation in Deutschland zu einer Weihnachts- und Neujahrsspende für deutsche Förster- und Jägerkinder auf. Das gesammelte Geld erreichte die Summe von 63 Mio. Kronen (zum Vergleich: das Monatsgehalt eines in herrschaftlichen Diensten stehenden Oberjägers betrug damals 100000 Kronen); ▸ Verein Grünes Kreuz.

Hubertushund, der: Der im 9. Jh. im heutigen Belgien und Frankreich gezüchtete ▸ Segusier (Segusische Bracke) wurde H. genannt. Seinen Namen bekam er vom Kloster St. Hubertus in den Ardennen, in dem der schwere Segusier schon seit Jahrhunderten gezüchtet wurde. Der Bluthund (Bloodhound), obwohl eine englische Rasse, heißt in Frankreich noch immer H. (chien de St-Hubert). Die Rasse soll von den schwarzbraunen ▸ Bracken abstammen, die im 7. Jh. im Kloster St. Hubertus gezüchtet wurden. Man vermutet, dass sie z. Z. Wilhelms des Eroberers nach England kamen, dort weitergezüchtet wurden (seit dem 14. Jh. werden sie als »Bloodhounds« bezeichnet) und deshalb auch mit dem heutigen H. der Ardennen (chien courant de St-Hubert) nahe verwandt sind. Auch die Schweizer Jurabracke (Bruno) ist eng mit dem H. der Ardennen verwandt. Diese Jurabracken (▸ Schweizer Laufhunde) sollen die reinblütigsten Nachkommen der alten keltischen Bracken sein. Die schwerste Art der Jurabracken wird noch H. (chien d'Ordre St-Hubert des Ardennes) genannt.

Hubertusjagd, die: **1**) Eine Jagd am 3. November (Hubertustag). **2**) Bez. für eine Prunkjagd, ganz gleich zu welchem Zeitpunkt sie stattfindet; ▸ Eingestellte Jagen.

Hubertusklaue, die: ▸ Wolfsklaue.

Hubertuskrankheit, die: Die Hundetollwut; ▸ Tollwut.

Hubertuslegende, die: ▸ Schutzpatrone.

Hubertusmesse, die: Eine Messe (Jägergottesdienst) zu Ehren von St. Hubertus.

Hubertusorden, der: ▸ Jagdorden.

Hubertussäule, die: Zu Ehren des Heiligen ▸ Hubertus (▸ Schutzpatrone) errichtete Säule. Bildstöcke zu Ehren von Jesus, der Jungfrau Maria und verschiedener Schutzpatrone sind häufig an markanten Stellen oder an Wegen zu finden. Ein schönes Exemplar ist z.B. die im Herbst 2000 eingeweihte H. im fränkischen Landkreis Weißenburg; ▸ Bärenstein, ▸ Hirschstein, ▸ Jagdsteine, ▸ Wolfsstein.

Hubertusschlüssel, der: Die eisernen Ketten, in die der Apostel Petrus in seinen letzten Lebenstagen geschlagen wurde, hielten die Christen in hohen Ehren. Kleine Stücke dieser Ketten wurden in Form eines Ringes, als Kreuz oder als Schlüssel vom Papst an hochgestellte geistliche oder weltliche Persönlichkeiten verschenkt. Einen derartigen Schlüssel erhielt auch St. Hubertus (▸ Schutzpatrone). Dieser Schlüssel befindet sich heute noch in Luik in der Kirche des Hl. Kreuzes; er ist reich verziert und 37 cm lang. Mit Hirsch, Pferd, Hunden, Jagdhorn, Mitra, Stab und Stola gehört auch dieser Schlüssel zu den Attributen des hl. Hubertus. Sehr bald wurden Kopien dieses Schlüssels benutzt, um Menschen und Tiere, die von tollwütigen Hunden oder anderen wilden Tieren gebissen worden waren, damit zu brennen. Man zog es vor, bei Menschen und Tieren die Wunde auszubrennen; konnte man keine Wunde finden, wurden die Tiere an der Stirn gebrannt.

Hubertusstern, der (Hundsstern): Sirius (Doppelstern), im Sternbild Großer Hund, 8,8 Lichtjahre entfernt, erscheint dem Auge als hellster aller Fixsterne.

Hubertusstock: ▸ Jagdschlösser.

Hubertustag, der: Der 3. November; ▸ Hubertus 1), ▸ Hubertusjagd.

Hubjes, die: Bez. für kleine Brötchen, die am Tag des hl. Hubertus (▸ Schutzpatrone) zu seinen Ehren gebacken wurden und jene, die sie verzehrten, vor ▸ Tollwut bewahren sollten.

hucksen (huxen): Bez. für die Lockbewegung und -stellung des Jägers auf der Seehundjagd.

Huderkasten, der: Ein für die Aufzucht von Wildgeflügel benötigter und mit feinem Sand gefüllter Kasten zum ▸ Hudern. Dieser flache Holzkasten wird meist in einer Größe von ca. 40 x 40 cm gefertigt.

hudern: **1**) Auch stauben (stäuben, stieben), bei ▸ Hühnervögeln, die ein Staubbad oder ein Sandbad nehmen und das Gefieder anschließend schütteln. **2**) Die Henne nimmt ihre Küken unter die Flügel, um sie zu wärmen und zu schützen (veraltet: hübern, hubern).

Huebel, der: ▸ Hirschgerechte Zeichen.

Hufbein, das: Alter Ausdruck für die ▸ Keule des Rothirsches.

Hufeisenfleck, der (Hufeisenschild): Bez. für das hufeisenförmige Schild auf der Unterbrust des Rebhahnes und der hahnenfedrigen Rebhennen.

Hufnageldamast, der: ▸ Damast.

Hüftgelenksdysplasie, die (beim Hund): Bei H. (HD) handelt es sich um eine meist angeborene und (möglicherweise) vererbliche Abweichung der Hüftgelenksform von der Norm. Die Gelenkpfanne ist auffallend flach und der Gelenkkopf verformt. Die HD ist bei der Geburt nicht oder nur latent vorhanden. Eine einwandfreie Diagnose ist i.d.R. im Alter von sieben bis acht Monaten unter dem Röntgenschirm möglich (die flache Gelenkpfanne ist deutlich sichtbar). Die ersten Symptome sind Bewegungsunlust und auffallend schnelle Ermüdung, dann unsicherer Gang, Lahmheit und zuletzt Versteifung der Hinterhand. Da die ersten Symptome gering sind, ist die HD im Anfangsstadium schwer erkennbar. Sie wird international in vier Erkrankungsgrade eingeteilt; sie ist nicht heilbar. Nach neuesten US-amerikanischen Forschungen soll sie kein genetischer Geburtsfehler und nicht vererblich sein. Hunde mit HD sind von den Zuchtverbänden zur Zucht nicht zugelassen.

Hüfthorn, das: ▸ Jagdhorn.

Hühner, die: Übliche Bez. für Rebhühner; ▸ Feldhühner 1.

Hühneradler, der (Hühneraar): ▸ Milane 1.

Hühnerbär, der (Treibzeug): ▸ Garne 7.

Hühnerdieb, der: ▸ Weihe 2.

Hühnerdrache, der: ▸ Drachenjagd.

Hühnereinfall, der: Winterunterkunft für Rebhühner (▸ Feldhühner 1.) im freien Feld. Sie wird in Zeltform aus Reisig (am besten aus Dornenreisig) errichtet und dient auch als Futterstelle (Schüttung); ▸ Jagdeinrichtungen.

Hühnergalgen, der: ▸ Galgen.

Hühnergarn, das: Ein Garn zum Rebhühnerfangen; ▸ Garne 2.

Hühnergeier, der: **1**) Der Rote Milan; ▸ Milan 1. **2**) Seltene Bez. für den Hühnerhabicht; ▸ Habicht.

Hühnergeschrei, das: Ein Lockinstrument; ▸ Lockjagd.

Hühnerhabicht, der: ▸ Habicht.

Hühnerhund, der: Alte Bez. für einen besonders auf Federwild abgerichteten ▸ Vorstehhund.

Hühnerjagd, die (Hühnersuche): ▸ Feldhühner 1.

Hühnerkammer, die: **1**) Abgeschlossener Raum, in dem früher im Herbst gefangene Rebhühner überwintert wurden, um sie dann im Frühjahr wieder in die freie Wildbahn zu entlassen. **2**) Im übertragenen Sinne Bez. für ein Revier, das besonders gut mit Rebhühnern besetzt ist.

Hühnerlager, das (Gelieger, Geläger): Ein Platz, an dem eine Kette Rebhühner längere Zeit gelegen hat. Dies ist am aufgescharrten Boden und am gehäuften ▸ Gestüber erkennbar.

Hühnerlocke, die: Ein Lockinstrument; ▸ Lockjagd.

Hühnerpest, die: ▸ Geflügelpest.

Hühnerpocken, die: ▸ Geflügelpocken.

Hühnerruf, der: Ein Lockinstrument; ▸ Lockjagd.

Hühnersack, der (Laterne): Ein Sack oder ein Netz zum Transportieren von erlegten Rebhühnern.

Hühnerschlingen, die: Schlingen aus Leder oder Hanf, in denen geschossenes kleines Federwild, insbesondere Rebhühner, am Hals aufgehängt transportiert wird. H. werden gebündelt (Bund-H.) am Rucksack oder an der Jagdtasche befestigt; ▸ Galgen.

Hühnerschrot, das: Die für den Schuss auf Rebhühner geeignete Schrotstärke (2,5 mm); ▸ Schrotpatronen.

Hühnersteckgarn, das: ▸ Garne 1.

Hühnersuche, die: ▸ Feldhühner 1.

Hühnertasche, die: Jagdtasche mit daran angebrachten Hühnerschlingen und Netz.

Hühnertreibzeug, das: ▸ Garne 7.

Hühnervögel, die (*Galliformes*): H. bilden eine ▸ Ordnung der ▸ Vögel. Mehr oder weniger große und gedrungene Bodenvögel mit kleinem Kopf, kurzem oder mittellangem Hals, kräftigem Hackschnabel und kräftigen, zum Scharren geeigneten Beinen. Hinterzehe höher als die Vorderzehen. H. besitzen einen ▸ Muskelmagen mit Reibeplatten und nehmen ▸ Magensteine (Mahlsteine) auf, die zum Zerkleinern der aufgenommenen Nahrung dienen. Sie nehmen gerne Staubbäder, aber keine Wasserbäder. Die Hähne sind oft größer und weitaus prächtiger gefärbt als die Hennen. Das Flugvermögen ist gering, H. fliegen meist schwerfällig und polternd. Sie leben polygam und vollführen während der Paarzeit (Begattungszeit) eine auffällige Baum- oder Bodenbalz. Das Nest ist eine einfache gescharrte Bodenmulde, die mit nur wenig Nistmaterial (trockene Blätter, Halme, Moos usw.)

Zwei Hühnerhunde (kolorierter Stich, 19. Jh.)

ausgelegt wird. Die je nach Art sehr umfangreichen Gelege enthalten 6 bis 14 Eier. Die Jungen sind ▸ Nestflüchter, folgen der Mutter vom ersten Tag an und nehmen bereits alleine die Nahrung auf. Eine Jahresbrut. H. leben häufig in kleinen Scharen und ernähren sich überwiegend von Insekten und deren Larven, von Schnecken, Würmern, Beeren, Knospen, Körnern und Sämereien. Meist ▸ Standvögel. Zur Ordnung der H. zählen:

Raufußhühner (*Tetraonidae*)	Auerwild (*Tetrao urogallus*) Birkwild (*Lyrurus tetrix*) Haselwild (*Tetrastes bonasia*) Alpenschneehuhn (*Lagopus mutus*) Moorschneehuhn (*Lagopus lagopus*)
Feldhhühner (*Perdicidae*)	Rebhuhn (*Perdix perdix*) Steinhuhn (*Alectoris rufa*) Rothuhn (*Alectoris graeca*) Wachtel (*Coturnix coturnix*)
Fasane (*Phasianidae*)	Fasan (*Phasianus colchicus*) Königsfasan (*Syrmaticus reevesii*)
Truthühner (*Meleagrididae*)	Trutwild (*Meleagris gallopavo*)

Huhu, der: ▸ Eulen 1.
Huifedern, die: Gebirglerischer Ausdruck für die Stoßfedern eines starken Birkhahns.
Hui Sau! (Hu Sau!) ▸ Hussah!
hulen: **1**) Seltene Bez. für das Girren der Ringeltaube und der Turteltaube. **2**) Heulen eines jungen, verlassenen Seehundes; ▸ Heuler.
Huler, der: ▸ Heuler.
Hülse, die: **1**) H. für Schrotpatronen; ▸ Schrotpatrone. **2**) H. für Büchsenpatronen; ▸ Büchsenpatrone. **3**) Auch Mutter, hohles Metallstück an der Spitze des ▸ Ladestockes, in das der Krätzer (▸ Kugelzieher) eingeschraubt wird.
Hülsenauswerfer, der: ▸ Ausziehmechanismus.
Hülsenfrüchtler, die: ▸ Leguminosen.
hülsenlose Munition, die: Neue, ursprünglich für militärische Zwecke entwickelte Munition mit gepresster Treibladung, in der die Anzündeinheit und das Geschoss eine Einheit bilden. Die h. M. im Geschossdurchmesser (▸ Kaliber) 5,70 mm (.224) wird im Handel zusammen mit einer hierzu notwendigen Spezial-Repetierbüchse mit eingebauter elektronischer Zündung (Batteriebetrieb) auch für die Jagd angeboten.
Hülsenwürmer, die (Echinokokken): ▸ Bandwürmer.
Humane granulozytäre Ehrlichiose: ▸ Ehrlichiose.
Hummelshain: H., etwa 7 km östlich von Kohla in der näheren Umgebung von Jena, war einst bevorzugtes Jagdrevier der Altenburger Herzöge; die Jagd- und Pirschanlage Rieseneck ist die größte erhaltene Anlage dieser Art aus dem 17./18. Jh.; ▸ Jagdanlage Rieseneck.
Hunde, die: **1**) Eine Gattungsgruppe aus der Familie der hundeartigen Raubtiere (▸ *Canidae*), zu der besonders die Arten der Gattung *Canis* (Schakale und Wölfe) gehören. Die wilden H. sind z.T. tagaktive Raubtiere, die oft gesellig in Rudeln leben und ihre Beutetiere häufig als sog. Hetzjäger gemeinsam hetzen. H. haben einen ausgeprägten Gehör- und Geruchssinn. Vom Wolf stammt der heutige Haushund (*Canis familiaris*) ab. Verwilderte Formen des Haushundes sind der Dingo und die Pariahunde. Der Mensch hat den H. durch Beeinflussung seiner Lebensweise an sich gewöhnt und ihn durch Züchtung und Ausbildung als Haustier nutzbar gemacht. Er unterstützt ihn bei der Jagd, bewacht ihn und sein Hab und Gut, zieht seine Schlitten, schützt und treibt sein Vieh, begleitet ihn in den Krieg und seit spätestens Ende des 19. Jh. ist auch sein Stellenwert als Spielgefährte, Familienmitglied und Freund gesichert. Die ▸ Domestikation des H. geht bis in die mittlere Steinzeit (vor ca. 14000 Jahren) zurück. In Mitteleuropa begann die Domestikation etwa im 8. Jh. v. Chr.
Durch Züchtung entstanden weltweit über 400 verschiedene H.-Rassen; ▸ Haustiere. Die ersten Darstellungen von H. finden wir bereits in der frühesten künstlerischen Betätigung des Menschen, nämlich in der Felsmalerei (▸ Felskunst der Jäger). Im alten Ägypten war der Stellenwert des H. bereits so hoch, dass es unter Androhung der Todesstrafe verboten war, einen H. zu töten. So gibt es auch aus dieser Zeit schon viele Abbildungen, Skulpturen und sogar Mumien von H. Auch in der Mythologie treten immer wieder H. auf. Die römische ▸ Jagdgöttin Diana wurde stets von einer Meute wilder H. begleitet, der Hades wird bewacht von Zerberus, einem dreiköpfigen H. und der ägyptische Totengott Anubis wird mit einem Schakal- oder H.-kopf (Pharaonenhund) dargestellt; ▸ Gebrauchshunde, ▸ Gefährliche Hunde, ▸ Jagdhunde, ▸ Jagdhundegruppen, ▸ Jagdhunderassen. **2**) Bez. für die männlichen ▸ Seehunde.
Hundeabrichtung, die: Die Ausbildung (Erziehung bzw. Dressur) des ▸ Hundes zu einem ▸ brauchbaren Jagdhund. Mit der Abrichtung, welche die guten Anlagen des Hundes wecken und fördern soll, wird bereits im Welpenalter begonnen. Das Dressuralter liegt etwa bei einem Jahr. Bei der Abrichtung kommt es darauf an, sich dem Hund – seiner Wesensart entsprechend – verständlich zu machen, sodass er begreift, was sein Herr von ihm verlangt, damit er seine Aufgabe im Vertrauen auf seinen Herrn mit Eifer ausführen kann. Um sich dem Hund verständlich zu machen, bedient sich der Hundeführer bestimmter *Hör-* und *Sichtzeichen*, die so oft wiederholt, d.h. geübt werden, bis sie der Hund versteht und befolgt. Einige Hör- und

▸▸▸ **Hundeabrichtung: Der Befehl »Sitz!« wird hier mit einem Sichtzeichen verbunden.**

Sichtzeichen sind z.B. »Pfui«, »Pfui, lass das!«, »Sitz!« oder »Platz!«, »Halt!« oder »Down!«, »Hierher!«, »Bleib!« oder »Dableiben!«, »Such verwundt!«, »Apport!« oder »Bring!« usw. (Hörzeichen) und Streicheln, leichter Gertenhieb, senkrecht erhobener Arm, z.B. beim Kommando »Halt!«, »Down!« usw. (Sichtzeichen). Diese Hör- und Sichtzeichen müssen dem Hund mit viel Geduld und Einfühlungsvermögen beigebracht werden. Der Hund muss immer das vom Hundeführer Gewünschte mit dem entsprechenden Hör- und Sichtzeichen verknüpfen können. Zur Abrichtung des Jagdhundes gehören aber auch je nach Rasse das Bringen (▸ Apportieren) und die ▸ Schweißarbeit usw. Für die H. (Jagdhundeschulung) steht eine Vielzahl von geeigneter Fachliteratur zur Verfügung, mit deren Hilfe sich ein nicht erfahrener Hundeführer mit der H. vertraut machen sollte. Die Abrichtung kann aber auch gegen Entgelt einem geeigneten Abrichter überlassen werden. Daneben stehen auch die Gebrauchshundevereine und die örtlichen Organisationen der Zuchtvereine für Gebrauchshunderassen dem Hundeführer mit Rat und Tat zur Seite. Nach erfolgter Abrichtung und nach Erfüllung der jeweils geforderten Voraussetzungen kann der Jagdhund zu den einzelnen ▸ Hundeprüfungen zugelassen werden.
Hundealter, das: Gewöhnlich erreicht der Hund ein Alter von 12 bis 14 Jahren. Im Vergleich zum Menschen entspricht das erste Lebensjahr des Hundes ca. 14, das zweite Lebensjahr ca. sieben und jedes weitere fünf Menschenjahren. Beim ▸ Schweißhund und beim ▸ Vorstehhund spricht man nicht von Lebensjahren, sondern von Behängen bzw. von Feldern. Ein Schweißhund, der z.B. drei Jahre alt ist, steht im zweiten Behang (zweites Jahr, in dem er am Schweißriemen hängt). Ein Vorstehhund von drei Jahren steht im zweiten Feld (zweites Jahr, in dem er im Feld arbeitet).

Früher sagte man hierzu auch »Halm laufen« oder »Halm streichen«; z.B. »Der Hund ist über den zweiten Halm gelaufen.«

Hundeamme, die: Eine Hündin, die als Amme verwendet wird; die Rasse spielt hierbei keine Rolle.

Hundearbeit, die: Im jagdlichen Sprachgebrauch alle Arbeiten, die der Hund seiner Veranlagung und Ausbildung nach im praktischen Jagdbetrieb zu verrichten hat (z.B. ▸ Stöbern, ▸ Suche, ▸ Nachsuche). Unterschieden wird v.a. nach: ▸ Bauarbeit, ▸ Wasserarbeit, ▸ Waldarbeit, ▸ Feldarbeit, ▸ Schweißarbeit und ▸ Spurarbeit; ▸ apportieren.

hundeartige Raubtiere, die: ▸ *Canidae*.

Hundebandwurm, der: ▸ Bandwürmer.

Hundechampionat, das: ▸ CAC, ▸ CACIB, ▸ CACIT.

Hundeernährung, die (Hundefütterung): Nach dem Tierschutzgesetz (§2, Tierhaltung) muss, wer ein Tier hält, betreut oder zu betreuen hat, das Tier seiner Art und seinen Bedürfnissen entsprechend angemessen ernähren, pflegen und verhaltensgerecht unterbringen und muss über die hierfür erforderlichen Kentnisse und Fähigkeiten verfügen. Der Haushund gehört seiner Abstammung nach, wie Wolf und Fuchs, zu den Fleischfressern (▸ *Carnivora*), die aber auch aus den Eingeweiden ihrer Beutetiere pflanzliche Nahrung aufnehmen. Da sie nur einen kurzen Verdauungskanal, d.h. einen kurzen Darm, haben, fehlen ihnen die notwendigen Verdauungssäfte, um die Kohlehydrate des aufgenommenen Grünfutters auszunutzen, die der Hund benötigt, um das für ihn ebenfalls lebensnotwendige Fett in Energie umzuwandeln und um seine Darmtätigkeit anzuregen, die wiederum eine bessere Nutzung der Nährstoffe ermöglicht. Die Ausnutzung der Kohlehydrate von pflanzlichen Stoffen ist nur möglich, wenn die pflanzliche Nahrung in den Eingeweiden der Beutetiere bereits vorverdaut wurde. Wie ein Hund zu füttern ist, hängt von der Größe, vom Alter und von der Rasse ab. Bei Hunden, die gewisse Leistungen zu vollbringen haben, z.B. bei Jagdhunden, liegt daher der Futterbedarf höher. Die Welpen verdoppeln in der ersten Lebenswoche ihr Geburtsgewicht in etwa und haben es im Alter von ca. drei Wochen vervierfacht. Bis zur dritten und vierten Lebenswoche erhalten sie ausschließlich Muttermilch. Zugefüttert wird i. Allg. ab der vierten Woche, wobei viermal am Tag am besten ein Kindermehl-Milch-Gemisch oder auch Welpentrockenmilch gereicht wird. Ab der sechsten Woche kann man bereits feste Nahrung wie geschabtes rohes Fleisch, Gemüse usw. reichen. Die Welpen dürfen nach der Tierschutz-Hundeverordnung (in Kraft seit 1.9.2001) nur noch abgegeben werden, wenn sie älter als acht Wochen sind. Es ist daher zweckmäßig, sich beim Züchter über die bisherige Fütterungsweise zu informieren, die man am besten noch kurze Zeit beibehält, bis man den Hund dann langsam an anderes Futter gewöhnt. Junghunde sind besonders für Magen- und Darmbeschwerden anfällig. Aus diesem Grunde muss der Futternapf nach jeder Mahlzeit gesäubert werden. Nahrungsreste dürfen nicht herumstehen; dies gilt auch für die ausgewachsenen Hunde. Junghunde im Alter von fünf bis acht Monaten füttert man am besten dreimal, solche im Alter von acht bis vierzehn Monaten zweimal pro Tag; ab vierzehn Monaten erhalten sie nur noch eine Hauptmahlzeit, wobei die Umstellung langsam zu erfolgen hat. Neben der Hauptmahlzeit werden noch einige kleine Zwischenmahlzeiten gereicht, die zugleich der Kontaktpflege zwischen Herr und Hund dienen. Ein Fasttag in der Woche tut dem Hund gut. Der Hund braucht mit dem Futter folgende Nährstoffe: a) Kohlehydrate; sie finden sich in gerösteten Futterflocken (Getreideflocken) und in vorgekochten Getreideprodukten (Futterreis). Sie sind das geeignete Beifutter zur Fleischnahrung. b) Vitamine, die besonders zahlreich in gekochten Haferflocken, in Lebertran und in Trockenhefe vorhanden sind. Daneben sind als Rohkost Karotten, Bananen, geriebene Äpfel, Brunnenkresse und Sellerieblätter sehr vitaminreich. Vitamine können auch in Form von geeigneten Vitaminpräparaten (Tabletten) gereicht werden. c) Mineralien wie z.B. Phosphor und Kalzium, die in weichen Kalbsknochen und in Knorpelfleisch sowie in Knochenmehl enthalten sind. d) Eiweiß und Fett, die in Innereien (Pansen und Milz), wie überhaupt im Fleisch (roh und gekocht), auch in Trockenfleisch, Dosenfleisch, Trockenmilch und im Hundekuchen enthalten sind. Das Futter sollte zu zwei Dritteln aus fleischlicher, möglichst roher Nahrung und zu einem Drittel aus pflanzlicher Nahrung bestehen. Es eignen sich besonders Innereien (Herz, Leber, Lunge, Milz, Nieren, Pansen), Muskelfleisch und Fisch. Der Nährwert der Lunge ist allerdings gering. Bei roher Leber neigen einige Hunde zu Durchfall. Wird dem Hund ▸ Pansen von erlegtem Schalenwild gereicht, soll er nur grob gesäubert werden; die Reste des Panseninhalts dienen der Vitaminversorgung. Kalbsknochen benötigt der heranwachsende Hund zur Kräftigung seines Gebisses und zum Aufbau des Knochengerüstes. Röhrenknochen, besonders Geflügelknochen, dürfen jedoch keinesfalls gefüttert werden. Bei älteren Hunden verursachen Knochen leicht Verstopfung. Als pflanzliche Kost eignen sich besonders Karotten, die von manchen Hunden sehr gerne gefressen werden. Dem Futter kann auch gekochter Spinat, Kresse, Spinatblätter und Salat sowie anderes Gemüse, das nicht bläht, ferner Reis, Obst aller Art oder auch »Matzinger Bio-Hundeflocken« beigemengt werden. Frisches Wasser muss dem Hund immer zur Verfügung stehen; ab und zu kann ihm auch Milch (jedoch niemals angesäuerte) gegeben werden. Gewürzte Küchenabfälle, Süßigkeiten und Kartoffeln sind zu vermeiden. Auch sollte niemals angegorenes Futter und salzhaltige Nahrung verfüttert werden. Salz kann der Hund, der nur wenige Schweißdrüsen besitzt, fast ausschließlich durch die Nieren wieder ausscheiden. Falsch ist auch die häufig vertretene Ansicht, dass Käse die Nase des Jagdhundes verdirbt. Milder Käse mit wenig Salz reguliert die Darmflora. Obwohl der Hund überwiegend frische Nahrung erhalten sollte, empfiehlt es sich, ihn auch an Trockennahrung (z.B. Happ, Frolic, Latz usw) zu gewöhnen. Diese Trockennahrung ist besonders auf Reisen praktisch und enthält alle notwendigen Nähr- und Wirkstoffe. Die zu reichende Futtermenge hängt von der Größe des Hundes und von der Zusammensetzung des Futters ab. Die einmalige Fütterung des ausgewachsenen Hundes sollte immer um die gleiche Zeit, z.B. mittags, erfolgen. Das Futter darf nicht zu kalt und nicht zu heiß sein. Hält man mehrere Hunde, ist ein eigener Fressnapf für jeden Hund sinnvoll.

Hundefalle, die: Eine Lebendfangfalle für Hunde; ▸ Fallen 6.

Hundefloh, der: ▸ Flöhe.

Hundeführer, der: Eine Person, die einen ▸ Gebrauchshund beim Arbeitseinsatz führt. Der H. muss nicht der Eigentümer des Hundes sein. Besonders bei ▸ Hundeprüfungen wird der Hund häufig von der Person geführt, die ihn abgerichtet hat, jedoch nicht dessen Besitzer ist. Von Ortsgruppen des ▸ Jagdschutz-Verbandes und des Gebrauchshundverbandes werden häufig H.-Lehrgänge durchgeführt. Z. Z. des Absolutismus, als ▸ Parforcejagden und Bestätigungsjagen (▸ Eingestellte Jagen) die üblichen Jagdarten waren, hatten die H. eine weit größere Bedeutung als heute (▸ Besuchsjäger, ▸ Hatzmann).

Hundeführung, die: Die Anleitung des Hundes beim Jagen auf Wild. Bei der Abführung des Jagdhundes werden speziell vom vielseitigen Gebrauchshund alle Arbeiten vor dem Schuss, ohne Schuss und nach dem Schuss im Feld, im Wald sowie am und im Wasser gefordert. Bei der Führung des fertig abgerichteten Hundes darf man keine Eigenmächtigkeiten zulassen. Wichtig ist jedoch, dass ihm das bereits Beigebrachte durch ständige Übung zur Routine wird. In der jagdruhigen Zeit sollte man daher den Hund auf ▸ Schleppen und auf künstlichen ▸ Schweißfährten arbeiten lassen. Totverbellen, Totverweisen und Verlorenbringen sind ständig zu wiederholen, um das Erlernte zu vertiefen.

Hundefütterung, die: ▸ Hundeernährung.

Hundegebiss, das: Das H. besteht aus den Schneidezähnen, den Fangzähnen, den Prämolaren (vordere oder »falsche« Backenzähne) und den Molaren (hintere oder »echte« Backenzähne). Als Reißzahn wird der jeweils kräftigste Zahn im Oberkiefer (P 4) und im Unterkiefer (M 1) bezeichnet. Die Reißzähne dienen zum Reißen und zum Zerkleinern, die Fangzähne zum Fassen und Festhalten der Beute. Das Gebiss des erwachsenen Hundes besteht wie beim Wolf, beim Fuchs und beim Schakal aus 42 Zähnen, und zwar 20 im Oberkiefer und 22 im Unterkiefer. Der Unterkiefer hat auf jeder Seite einen Molar mehr als der Oberkiefer. Von den 42 Zähnen sind 12 Schneidezähne, 4 Fangzähne und 26 Backenzähne. Zahnformel (Dauergebiss):

$$\frac{3}{3}\,\frac{1}{1}\,\frac{4}{4}\,\frac{2}{3} = 42 \text{ Zähne}$$

(▸ Zahnalterslehre).

Scherengebiss (Idealgebiss)

Zangengebiss
(bei manchen Rassen zuchtausschließend)

Vorbiss (zuchtausschließend)

Rückbiss (zuchtausschließend)

Hundegebissstellungen

Der Junghund wird zahnlos geboren. In den ersten vier Lebenswochen erscheinen die Milch-Schneidezähne, später die Milch-Fangzähne und die Milch-Prämolaren. Das Milchgebiss eines Hundes weist 28 Zähne auf, je 14 im Oberkiefer und im Unterkiefer. Zahnformel:

$$\frac{3}{3}\,\frac{1}{1}\,\frac{3}{3} = 28 \text{ Zähne}$$

Der Junghund wechselt im Alter von vier bis fünf Monaten seine Schneidezähne (I 1, I 2, I 3), und die ersten Prämolaren (P I) erscheinen sogleich als Dauerzähne. In diesem Alter erscheinen auch die ersten Molaren (M I). Im Alter von fünf bis sechs Monaten kommen die zweiten Molaren (M II), mit sechs bis sieben Monaten werden die Fangzähne (auch Eck- oder Hackenzähne) gewechselt (C), und die letzten Molaren (M III) im Unterkiefer brechen durch. Mit sieben bis neun Monaten ist das Dauergebiss (42 Zähne) vollständig.

Das Normalgebiss der Jagdhunde ist ein Scherengebiss. Die Oberkiefer-Schneidezähne liegen ohne Zwischenraum auf der Vorderseite der Unterkiefer-Schneidezähne auf. Das Zangengebiss entspricht nicht mehr der Norm. Die Zähne schließen dabei wie eine Zange, d.h., sie liegen bei geschlossenem Fang nicht übereinander. Hunde mit Zangengebiss sind nur bedingt zuchttauglich. Hunde, deren Unterkiefer-Schneidezähne bei geschlossenem Fang vor den Oberkiefer-Schneidezähnen stehen, werden als Vorbeißer oder als Überbeißer bezeichnet und sind zuchtuntauglich. Hunde, deren Oberkiefer-Schneidezähne bei geschlossenem Fang mit Zwischenraum vor den Unterkiefer-Schneidezähnen liegen, werden als Rückbeißer, Hinterbeißer oder Unterbeißer bezeichnet und sind ebenfalls zuchtuntauglich. Fehlen die Prämolaren (P I, PII), sind die Hunde ebenfalls zuchtuntauglich, da sich alle Gebissfehler angeblich vererben.

hundegerecht: Ein Jäger, der mit Hunden umzugehen weiß, ist h.; ▸ forstgerecht, ▸ hirschgerecht, ▸ fährtengerecht, ▸ Waidgerechtigkeit, ▸ holzgerechte Jäger.

Hundehaar, das: Das ▸ Haar des Urhundes bestand aus einer kurzen, dichten Unterwolle und einem längeren, derben Deckhaar; er hatte sog. Stockhaar. Heute haben dieses nur noch die nordischen Hunderassen. Aus diesem Haar des Urhundes entwickelten sich – v.a. durch Züchtung – andere Haarformen (Kurzhaar, Langhaar, Rauhaar). Bei einigen Hunderassen gibt es verschiedene Haarvariationen (auch Schläge genannt), z.B. vom Weimaraner einen kurzhaarigen und einen langhaarigen Schlag, beim Teckel den Rauhaar-Teckel, den Kurzhaar-Teckel und den Langhaar-Teckel, ferner den Magyar Vizsla (Kurzhaar) und den Magyar Vizsla (Drahthaar). Bei kurzhaarigen (oder glatthaarigen) Hunden ist das Deckhaar am ganzen Körper kurz, ohne Unterwolle und liegt dicht und glatt auf der Haut. Kurz- oder glatthaarige Jagdhunde sind z.B. der Deutsch-Kurzhaar, der Pointer, der Kurzhaar-Teckel und der Weimaraner (Kurzhaar). Die rauhaarigen Hunde haben längeres, hartes Haar. Ist das Haar mittellang, rau und hart, wird es als Stichelhaar bezeichnet; ein typisches Beispiel ist der Deutsch-Stichelhaar. Ist das Haar kurz, hart und drahtig, am Kopf etwas länger (Bart), spricht man vom Drahthaar, z.B. Deutsch-Drahthaar. Die langhaarigen Hunde haben langes, feines, glänzendes Deckhaar, gewellt oder glatt mit mehr oder weniger Unterwolle, verhältnismäßig glattem Gesicht und langen Haaren an den Läufen und an der Rute. Langhaarige Jagdhunde sind u.a. der Langhaar-Teckel, der Gordon Setter, der Irish Setter und der English Setter, der Weimaraner (Langhaar), der Große Münsterländer und der Deutsch-Langhaar.

Hunde-Haftpflichtversicherung, die: Jeder Hundebesitzer haftet für die von seinem Hund verursachten Schäden. Bei der ▸ Jagdhaftpflichtversicherung, die jeder Jagdscheininhaber abschließen muss, sind zwei ▸ brauchbare Jagdhunde oder sich jeweils in jagdlicher Abrichtung befindliche Junghunde mitversichert. Die jagdliche Brauchbarkeit des oder der Jagdhunde muss anerkannt sein, entweder von der unteren Jagdbehörde (abgelegte Brauchbarkeitsprüfung) oder durch Bestehen der Verbands-Herbstzuchtprüfung (HZP) oder der zusätzlichen Schweißprüfung oder der Verbands-Gebrauchsprüfung (VGP) oder einer gleichgestellten Prüfung (▸ Hundeprüfungen). Im Rahmen der Haltung von zwei Jagdhunden sind i. Allg. auch Jagdhundwelpen bis zu einem Alter von sechs Monaten mitversichert (ohne Nachweis jagdlicher Abrichtung). Nach dem Tode des Jagdhundehalters erlischt der Versicherungsschutz mit Ablauf der Versicherungsperiode.

Hundehalsband, das: ▸ Halsung.

Hundehalsung, die: ▸ Halsung.

Hundehaltung, die: Die Haltung der Hunde ist in der Tierschutz-Hundeverordnung, in Kraft seit 1.9.2001, geregelt. Für den Jagdhundeführer sind folgende Regelungen bedeutsam: Die Verordnung zielt auf das körperliche wie artgemäß psychische Wohl des Hundes. So ist einem Hund außer genügendem Auslauf im Freien oder einer Anbindehaltung auch ausreichender Umgang mit der Person zu gewähren, die den Hund hält oder betreut bzw. zu betreuen hat. Mehrere Hunde auf demselben Grundstück sind – abgesehen von Sonderregelungen – grundsätzlich in der Gruppe zu halten. Einem einzeln gehaltenen Hund ist täglich mehrmals die Möglichkeit zu länger dauerndem Umgang mit Betreuungspersonen zu gewähren. Die Tierschutz-Hundeverordnung unterscheidet zudem nach einer Hundehaltung im Freien, in Räumen und im Zwinger.

Hundehaltung im Freien: Für einen im Freien gehaltenen Hund ist eine Schutzhütte und außerhalb der Hütte ein witterungsgeschützter, schattiger Liegeplatz mit wärmegedämmtem Boden notwendig. Die Schutzhütte muss aus wärmedämmendem, gesundheitsunschädlichem Material hergestellt und so beschaffen sein, dass der Hund darin trocken liegen, sich verhaltensgerecht bewegen und hinlegen sowie den Innenraum mit seiner Körperwärme warm halten kann, sofern die Hütte nicht beheizbar ist.

Hundehaltung in Räumen: In Räumen darf ein Hund nur gehalten werden, wenn der Einfall von natürlichem Tageslicht sichergestellt ist. Sofern die Räume nicht auch dem Aufenthalt von Menschen dienen, muss die Fläche der Öffnungen für das Tageslicht mindestens ein Achtel der Bodenfläche betragen, wenn dem Hund nicht ständig ein Auslauf ins Freie zur Verfügung steht. Bei geringem Tageslichteinfall sind die Räume entsprechend dem natürlichen Tag-Nacht-Rhythmus zusätzlich zu beleuchten. In den Räumen muss eine ausreichende Frischluftversorgung sichergestellt sein. Sofern die Räume nicht nach ihrer Zweckbestimmung dem Aufenthalt von Menschen dienen, darf in ihnen ein Hund nur gehalten werden, wenn die benutzbare Bodenfläche, je nach Größe des Hundes, folgende Mindestflächen aufweist: Widerristhöhe bis 50 cm: 6 m^2, 50 bis 65 cm: 8 m^2 und über 65 cm: 10 m^2. Dabei muss jede Seitenlänge mindestens der doppelten Körperlänge des Hundes entsprechen und darf nicht kürzer als 2 m sein. Für jeden weiteren Hund im selben Raum sowie für jede Hündin mit Welpen wird die Bodenfläche um 50% vergrößert. In nicht be-

◂◂ Hundehütten-Varianten mit überdachter Liegefläche und Schrägdach. Die Reinigung des Schlafraums ermöglicht eine eingebaute Tür.

heizbaren Räumen darf ein Hund nur gehalten werden, wenn sie mit einer Schutzhütte, die den oben angeführten Kriterien entspricht, oder mit einem trockenen, ausreichend Schutz vor Luftzug und Kälte bietenden Liegeplatz ausgestattet sind und außerhalb dieser Hütte ein wärmegedämmter Liegebereich zur Verfügung steht. *Zwingerhaltung*: Der Zwinger muss die obengenannte, für die Hundehaltung in Räumen erforderliche Bodenfläche aufweisen. Die Höhe der Einfriedung des Zwingers muss so bemessen sein, dass der aufgerichtete Hund mit den Vorderpfoten die obere Begrenzung nicht erreicht. Mindestens eine Seite des Zwingers muss dem Hund freie Sicht nach außen ermöglichen. Die Einfriedung muss aus gesundheitsunschädlichem Material bestehen und so beschaffen sein, dass sich der Hund nicht daran verletzen kann. In einem Zwinger dürfen bis zu einer Höhe, die der aufgerichtete Hund mit den Vorderpfoten erreichen kann, keine Strom führenden Vorrichtungen, mit denen der Hund in Berührung kommen kann, oder Vorrichtungen, die elektrische Impulse aussenden, vorhanden sein. Werden mehrere Hunde auf einem Grundstück einzeln in Zwingern gehalten, so sollen die Zwinger so angeordnet sein, dass zwischen den Hunden Sichtkontakt besteht. Hunde dürfen in einem Zwinger nicht angebunden gehalten werden.
Daneben ist nach der Tierschutz-Hundeverordnung noch Folgendes zu beachten: Für jeden Hund, der regelmäßig an mindestens fünf Tagen in der Woche den überwiegenden Teil des Tages außerhalb seines Zwingers verbringt, muss die benutzbare Zwingerfläche (ohne Hütte) mindestens 6 m² betragen. Mit dieser Regelung wird den Jägern geholfen, die ihren Hund nur nachts im Zwinger halten (ansonsten ist der Hund im Haus, im Garten oder mit auf der Jagd). Ein Hund darf in einem Auto nur dann ohne Aufsicht belassen werden, wenn zuverlässig für ausreichende Frischluft und angemessene Lufttemperatur gesorgt worden ist. Im Übrigen sind Verstöße gegen die Bestimmungen der o.a. Verordnung zu Ordnungswidrigkeiten erklärt worden; ▸ Hundeernährung, ▸ Hundepflege.

Hundehütte, die: ▸ Hundehaltung.

Hundejacke, die: ▸ Jacke 3).

Hunde, jagende, die: ▸ jagende Hunde.

Hundejungen, die (Hundsjungen): Am Hofe hochgestellter Persönlichkeiten, an dem viele Jagdhunde zu versorgen waren, wurden früher vom ▸ Hundeknecht H. angestellt. Die H., die häufig keine »Jungen« mehr waren, mussten die Hunde füttern, striegeln, baden und auch die Ställe sauber halten.

Hundekauf, der: Beim Kauf eines Jagdhundes ist die Rasse nach den räumlichen Verhältnissen (Etagenwohnung, Landhaus usw.), nach dem Verwendungszweck (Schweißarbeit, Hühnersuche, Wasserjagd usw.) und nach der Beschaffenheit des Reviers (Hochgebirge, Hochwildrevier, Niederwildrevier usw.) auszuwählen. Es ist darauf zu achten, dass der Hund eine Ahnentafel (▸ Abstammung) mitbringt, dass beide Elternteile jagdlich geführt werden und mindestens eine Brauchbarkeitsprüfung haben und dass wenigstens ein Elternteil, am besten die Mutter, Schärfe aufweist. Wird ein Welpe gekauft, muss er selbstverständlich entwöhnt sein. Nach der Tierschutz-Hundeverordnung (▸ Hundehaltung) dürfen Welpen nur abgegeben werden, wenn sie älter als acht Wochen sind. Eine vorherige Trennung darf nur nach tierärztlichem Urteil zum Schutz des Muttertieres oder des Welpen erfolgen, um Schmerzen, Leiden oder Schäden zu verhindern. Wenn mehrere Welpen von der Mutter getrennt werden, sollen sie bis zu acht Wochen in der Gruppe zusammenbleiben. Hat man die Wahl, nimmt man einen lebhaften Welpen, der keine Furcht zeigt und ein blankes Fell, klare Augen und eine feste Muskulatur hat. Ein fertig abgeführter Hund darf nicht nervös sein. Die Umgewöhnung ist ihm so leicht wie möglich zu machen. Es sind daher dieselben Kommandos zu verwenden und dieselben Futterzeiten einzuhalten wie bisher. Niemals sollte man sich einen Jagdhund aufgrund einer Zeitungsanzeige zuschicken lassen. Für die betreffende Rasse geben die Zuchtvereine die gewünschte Auskunft. Im Übrigen enthalten die kynologischen Zeitschriften eine große Zahl von Verkaufsanzeigen, die verschiedene im Jagdhundewesen gebräuchliche Abk. und Symbole aufweisen können.

Hundeknecht, der (Rüdenknecht): Der H. hatte früher am Hofe hochgestellter Persönlichkeiten die Hunde zu versorgen; ▸ Hundejungen.

Hundekrankheiten, die: Ist ein Hund krank, äußert sich das in erster Linie in seinem Verhalten (Körperhaltung, Appetit, Müdigkeit) und an Atmung, Puls und Körpertemperatur. Die Normalwerte eines gesunden Hundes sind: Körpertemperatur: junger Hund 38,5 °C bis 39,5 °C, alter Hund 37,5 °C bis 38,5 °C. Puls: kleiner Hund 100 bis 120/Min., großer Hund 60 bis 80/Min. Hunde atmen ca. 12- bis 24-mal pro Minute. Die wichtigsten Hundekrankheiten:
Infektionskrankheiten: hervorgerufen durch Viren: Aujeszkysche Krankheit (Pseudo[toll]wut), Hartballenstaupe (Hartballenkrankheit), Hepatitis, Parvovirose, Staupe, Tollwut; hervorgerufen durch Bakterien: Leptospirose (SH), Botulismus.
Erkrankungen durch Parasiten: Hautparasiten, Ektoparasiten (äußere Parasiten): Flöhe, Haarlinge, Läuse, Milben, Ohrräudemilben, Räude, Demodikose, Zecken (Holzböcke). Innenparasiten, Endoparasiten (innere Parasiten): Bandwürmer, Spulwürmer, Toxoplasmose.
Erkrankungen der Organe: Augen: Bindehautentzündung, Ektropium, Entropium. Bewegungsorgane: Fassbeinigkeit, Hüftgelenksdysplasie (HD), Hundelähme, Kuhhessigkeit, Rachitis. Haut: Ekzeme. Ohren: Ohrenzwang. Pfoten: Wolfsklaue.
Sonstige Erkrankungen: Knochenbrüche, Vergiftungen, Analbeutelentzündung (▸ Analdrüsen), Eklampsie, Scheinträchtigkeit, Kryptorchismus (Verborgenhodigkeit).
Alle diese Krankheiten sind im vorliegenden Lexikon beschrieben; siehe unter dem jeweiligen Namen sowie unter ▸ Zoonose.

Abkürzungen und Leistungszeichen im Jagdhundewesen			
4,4	4 männliche, 4 weibliche (Welpen)	SchwhN	Schweißprüfung auf natürlicher Wundfährte
AH	Armbruster-Haltabzeichen	Schwsch	Schwarzschimmel
AZP	Alterszuchtprüfung	sg	sehr gut
br	braun	sg/v	Formwertnote »sehr gut«, Haarwertnote »vorzüglich«
Br.	Bringtreue-Prüfung (am Fuchs)	sil	sichtlaut
Brsch	Braunschimmel	spl	spurlaut
D	Derby (Anlageprüfung des DK-Verbandes)	st	stumm
DGStB. 28808	nach Bestehen einer Verbands-Gebrauchsprüfung unter der Nummer 28808 im Deutschen Gebrauchshunde-Stammbuch eingetragen	Sw I	Verbands-Schweißprüfung auf der über 20 Stunden alten Fährte mit 1. Preis bestanden
EP	Eignungsprüfung	Sw II/III	Verbands-Schweißprüfung auf der über 20 Stunden alten Fährte mit 2. Preis und auf der über 40 Stunden alten Fährte mit 3. Preis bestanden
Fw	Formwert	Tvb	Totverbeller
GS *und* G.Sg	Gebrauchssieger	ugen.	ungenügend
gen.	genügend	Vbr.	Verlorenbringerprüfung auf natürlicher Wundspur (Hase oder Fuchs)
gew.	geworfen, gewölft	VGP	Verbands-Gebrauchsprüfung
GP	Gebrauchsprüfung	VGPO	Verbands-Gebrauchsprüfungsordnung
HD	Hüftgelenksdysplasie	VHZP	Vereins-Herbstzuchtprüfung
Hdn	Hündin	VGP I	VGP mit 1. Preis bestanden
H-N	Härtenachweis	VJP	Verbands-Jugendprüfung
Hw	Haarwert	VJP 67 P	Verbands-Jugendprüfung mit 67 Punkten bestanden
HZP	Verbands-Herbstzuchtprüfung	VSwP	Verbands-Schweißprüfung
IKP	Internationale Kurzhaar-Prüfung	VZPO	Verbands-Zuchtprüfungsordnung(en)
JEP	Jagdeignungsprüfung	wdl	waidlaut
JGHV	Jagdgebrauchshundverband	WP	Wasserprüfung
JGP/R	Jagdgebrauchsprüfung für Retriever	WT	Wurftag
JP	Jugendprüfung	Zb. 1443	unter der Nummer 1443 im Zuchtbuch der Rasse eingetragen
JZ	Jugendzuchtprüfung	ZPO	Zuchtprüfungsordnung
KS	Kurzhaarsieger	\	Lautjagerstrich (spurlautes Jagen oder Nachweis lauten Stöberns)*
LL	Leistungsliste	/	Härtenachweis*
LZ	Leistungszucht	I	Totverweiser*
m	mangelhaft	–	Totverbeller*
PO	Prüfungsordnung	>I	Lautjager, Härtenachweis und Totverbeller*
Rd	Rüde	->	Lautjager, Härtenachweis und Totverweiser*
S	Solms (Herbstzuchtprüfung) des DK-Verbandes	\\	Weitjager*

** Symbol steht vor dem Namen*

Wird der Hund in den Urlaub oder zu einer Auslandsjagd mitgenommen, können auch noch andere Krankheiten auftreten, wie z.B. ▸ Barbesiose, ▸ Dirofilariose, ▸ Ehrlichiose, ▸ Leishmaniose. Es ist deshalb bei gesundheitlichen Störungen nach einem Auslandsaufenthalt frühestmöglich ein Tierarzt aufzusuchen. Die Inkubationszeit vieler exotischer Krankheiten kann aber auch sehr lang sein.

Hundelähme, die (Dackellähme, Teckellähme): Ein Bandscheibenvorfall, besonders bei Hunden mit einem langen Rücken wie z.B. Dackel oder Basset, der zu einer zeitweisen Lähmung der hinteren Körperteile führt. Der Bandscheibenvorfall wird durch schnelle Bewegungen und Wendungen ausgelöst. Der Hund empfindet zu Beginn der Erkrankung akuten Schmerz bei Bewegungsversuchen. Bei vollständiger Lähmung der Hinterhand hört jede Schmerzempfindlichkeit auf. Das Leiden kann vom Tierarzt durch Einrichtung der Wirbelsäule und durch Verabreichung von Medikamenten gebessert werden.

Hundelege, die: Ein ▸ Jagdfron. Unter H. verstand man, dass die Einwohner eines ▸ Wildbanns Hunde aufziehen und in der jagdfreien Zeit unterhalten oder Haferkleie zur Fütterung abliefern mussten. Die Schäfer wurden beispielsweise zur Aufzucht der Hunde herangezogen, die Müller mussten die Fütterung besorgen (▸ Hundsaß). In den Städten wurden die Hunde bei den Metzgern (Fleischhauern), auf dem Land in Klöstern untergebracht, die für die Hunde eigens einen Rüdenknecht (▸ Hundejungen, ▸ Hundeknecht) anstellen mussten; ▸ Nachtselde, ▸ Jägerbutterschmalz.

Hunde-Leistungszeichen, die: Zur Kennzeichnung der einzelnen Leistungen – auch um sie besonders herauszustellen – wurde eine Vielzahl von Symbolen und Abk. (sog. Leistungszeichen) entwickelt. Sie werden im Zuchtbuch und in der Ahnentafel vor oder nach dem Namen des Hundes eingetragen (s. Tabelle).

Hundemeute, die: ▸ Meute.

Hundemörder, der: Bez. für einen hauenden ▸ Keiler.

Hundepanzer, der: ▸ Jacke 3).

Hundepflege, die: Eine wesentliche Voraussetzung für das Wohlbefinden und die Gesundheit des Hundes ist die H. Die Decke des Hundes ist regelmäßig zu bürsten; dabei ist auf Parasiten zu achten. Für die Haarpflege langhaariger Hunde gibt es einen sog. Bürstenhandschuh, bei dem die üblichen Bürstenhaare durch feine Drahthaare ersetzt sind. Bei rauhaarigen Terrierarten wird das abgestorbene Haar (Deckhaar und Unterwolle) mithilfe von Trimmkämmen entfernt. Hat der Hund tatsächlich Hautparasiten (z.B. Holzböcke), sind diese zu entfernen oder mit Parasitenpuder oder Parasitenspray (gegen Flöhe usw.) zu bekämpfen. Gleichzeitig ist auch die Hütte bzw. das Lager zu säubern und mit Parasitenpuder oder Parasitenspray zu behandeln. Gebadet wird der Hund nur, wenn es unbedingt nötig ist. Welpen und Junghunde etwa bis zu einem Jahr sollte man jedoch nicht baden. Als Ersatz bietet sich die Trockenreinigung mit einem

Haarpuder an. Mit dem Puder kann zugleich der schlechte Geruch des Haares beseitigt werden. Die Ohren (Gehörgänge) sind von Zeit zu Zeit, besonders aber nach der ▸ Wasserarbeit zu säubern. Das Ohr, besonders der äußere Gehörgang, ist relativ empfindlich und bedarf daher aufmerksamer Pflege. V.a. Schmutz und andere Fremdkörper lassen eine Entzündung des äußeren Gehörgangs (*Otitis externa*), auch Ohrwurm genannt, entstehen (▸ Ohrenzwang). Besondere Aufmerksamkeit sollte der Gebisspflege (Erhaltung des Gebisses) geschenkt werden. Vorbeugend kann schon beim Welpen durch eine ausgewogene, d.h. zweckmäßige Ernährung auf die Entwicklung des Dauergebisses Einfluss genommen werden. Bei starkem Zahnstein bei älteren Hunden sollte man zum Tierarzt gehen. Großer Pflege bedarf auch das Auge. Ein Hund mit trüben, glanzlosen Augen ist wirklich krank. Bei einem gesunden Hund sind die Augen dagegen glänzend und lebhaft. Zur Verhütung einer ▸ Bindehautentzündung muss das Auge vor Zugluft geschützt werden. Den Hund sollte man daher beim Autofahren nicht aus dem Fenster schauen lassen. Entzündungen des Auges entstehen auch durch Blütenstaub und durch das Herumlaufen in staubigem Gelände. Meist macht sich das beim Hund durch Tränenfluss bemerkbar, was letztlich zu schleimigen oder eitrigen Absonderungen führen kann. In vielen Fällen helfen Augentropfen. Tritt keine Besserung ein oder ist der Ausfluss eitrig, ist ein Tierarzt aufzusuchen. Leicht verschmutzte Augen können mit Zellstoff saubergewischt werden. Verschiedene Kleinhunderassen, die wegen ihrer kurzen Gliedmaßen nicht allzu beweglich sind, haben häufig zu lange Nägel und rutschen daher auf glattem Boden oder auf Treppen aus. Die Nägel müssen mit einer Nagelzange gekürzt werden. Es ist jedoch darauf zu achten, dass keine zu langen Teile abgeschnitten werden, weil sonst das im Nagel liegende Blutgefäß verletzt wird. Hat man hierin keine Erfahrung, lässt man die Nägel bei einem Tierarzt oder in einem Hundesalon schneiden. Bei eingewachsenen Nägeln sollte immer ein Tierarzt aufgesucht werden. Brüchige Nägel müssen eingefettet werden. Besondere Pflege benötigen auch die haarlosen Zehenballen. Streusalz auf den Straßen wirkt auf die Ballen ätzend und führt häufig zu schmerzhaften Entzündungen. Kommt der Hund voraussichtlich mit Streusalz in Berührung, sind die Zehenballen vorher einzufetten (z.B. mit Vaseline) und nach der Berührung abzuwaschen und wieder einzufetten. Zur Pflege des Hundes gehört auch die Wurmbekämpfung, die mit Kapseln, mit Tabletten oder mit einer Paste durchgeführt wird. Erkennbar ist Wurmbefall u.a. an der Fressunlust, an Abmagerung, an stumpfem Haarkleid und an leichtem Fieber. Wenn der Hund mit dem Hinterteil auf dem Boden rutscht (▸ Schlittenfahren), ist ein Verdacht auf Wurmbefall gegeben. Unter Umständen kann es sich aber auch um eine Analbeutelentzündung (▸ Analdrüsen) handeln. Zur Feststellung der Krankheitsursache ist daher ein Tierarzt aufzusuchen; ▸ Spulwürmer. Zur Vermeidung von Infektionskrankheiten sind als Gesundheitsvorsorge Schutzimpfungen vorzunehmen; ▸ Impfung.

Hundeprüfungen, die: H. werden von allen Vereinen abgehalten, die Mitglieder des Jagdgebrauchshundverbandes (JGHV, ▸ Hundeverbände 1.) sind. Im JGHV können alle Jagdhundbesitzer Mitglied werden. Die Dachorganisation, der JGHV, legt für die große Zahl der ▸ Vorstehhunde einheitliche Prüfungsordnungen fest, die jeweils für eine bestimmte Zeit gelten und immer wieder überprüft und gegebenenfalls geändert werden. An diese Prüfungsordnung haben sich alle Mitglieder des JGHV zu halten. Ein Vorstehhund hat i. Allg. drei Prüfungen zu absolvieren: als Junghund die Verbands-Jugendprüfung (VJP) im Frühjahr, die eine reine Anlagenprüfung ist, die Verbands-Herbstzuchtprüfung (HZP), bei der die beginnende Abrichtungsarbeit begutachtet wird, und die Verbands-Gebrauchsprüfung (VGP), die ebenfalls im Herbst stattfindet und bei welcher der fertig abgeführte und firme Jagdhund seine »Meisterprüfung« ablegt. Neben diesen drei Prüfungen gibt es noch verschiedene Zusatzprüfungen für Spezialaufgaben (Bringtreue, Verlorenbringen, Lautjager) sowie eine Ordnung für Verbands-Schweißprüfungen (VSwPO), eine Sonderprüfung auf künstlicher Rotfährte, an der alle Jagdhunderassen teilnehmen können. In Abgrenzung zu den Prüfungen der Jagdgebrauchshund-Vereine halten u.a. auch die Zuchtvereine für Stöber- und Erdhunde eigene Prüfungen ab. Die Prüfungen geben den Züchtern über den Stand der Zucht und über die Leistungen der Hunde Aufschluss und sollen sie u.a. zur Steigerung der Leistung in der Zucht anregen. Daneben gibt es noch eine Brauchbarkeitsprüfung (Jagdeignungsprüfung) für Hunde, die keine VGP abgelegt haben; sie dient zum Nachweis der Mindestanforderungen an die jagdliche Brauchbarkeit. Als Brauchbarkeitsprüfung gilt auch eine Herbstzuchtprüfung mit zusätzlicher Schweißprüfung. Die Brauchbarkeitsprüfung ist staatlich verordnet und wird meist von den Bezirksgruppen der Landesjagdverbände durchgeführt. Sie darf jedoch nicht als Gebrauchsprüfung bezeichnet werden. Alle Hunde, die nach den Regeln des Jagdgebrauchshundverbandes eine Prüfung abgelegt haben, einschließlich der Jagdhunde, die eigene, rassebedingte Leistungsprüfungen gelaufen sind (Prüfungen der Dachsbracken, Schweißhunde, Pointer und Setter, der Wachtel und Jagdspaniel, Gebrauchs- und Bauprüfungen der Jagd- und der Foxterrier sowie die Vielseitigkeitsprüfungen der Teckel), werden in das Gebrauchshund-Stammbuch (DGStB) eingetragen (▸ Hundestammbuch). Bei den Prüfungen der Hundeverbände können handscheue und schussscheue Hunde, Blender, Blinker, Knautscher, Rupfer, Anschneider und Totengräber sowie Hasenhetzer, die sich nicht zurückrufen lassen, die Prüfung nicht bestehen. Um die Anlagen und Leistungen der einzelnen Hunde bei den Prüfungen gleichwertig beurteilen zu können, werden sie mit Prädikaten bezeichnet, die einer bestimmten Note entsprechen. Die Prüfungen der Jagdgebrauchshund-Vereine haben jedoch unterschiedliche Bewertungssysteme. Bei den von den Mitgliedsvereinen durchgeführten Verbands-Jugendprüfungen und Herbstzuchtprüfungen wird mithilfe von Fachwertziffern und Arbeitspunkten und der durch Multiplikation daraus resultierenden Wertungspunkte, bei der Verbands-Gebrauchsprüfung mithilfe von Fachwertziffern und Leistungsziffern und der durch Multiplikation daraus resultierenden Urteilsziffern bewertet.

I. *Jagdhundeprüfungen in Deutschland*

1. Verbands-Jugendprüfung (VJP): Die VJP darf nur im Frühjahr abgehalten werden. Sie ist eine Anlagenprüfung, bei der die ererbten Anlagen des Jagdhundes festgestellt werden; diese sollten so weit geweckt sein, dass Nase, Suche, Spurwille, Vorstehen und Führigkeit beurteilt werden können.

2. Herbstzuchtprüfung (HZP): Ähnlich wie bei der VJP werden auch bei der im Herbst stattfindenden HZP die Anlagen des Hundes als vielseitiger Jagdgebrauchshund und als Zuchthund geprüft. Zu diesem Zeitpunkt soll die Ausbildung des Hundes in der Feld- und Wasserarbeit im Wesentlichen abgeschlossen sein.

3. Verbands-Gebrauchsprüfung (VGP): Die VGP ist eine nur im Herbst stattfindende Leistungsprüfung und gilt als die Meisterprüfung des fertig abgeführten, firmen Jagdgebrauchshundes. Bei der VGP werden die Brauchbarkeit des Hundes für den vielseitigen Jagdbetrieb, die Wald-, Feld- und Wasserarbeit, ferner Gehorsam und Bringen geprüft.

4. Verbands-Schweißprüfungen (VSwP): Die VSwP ist eine Sonderprüfung auf künstlicher Rotfährte. An ihr können Jagdhunde aller Rassen teilnehmen, die mindestens zwei Jahre alt sind und im Zuchtbuch eines vom Jagdgebrauchshundverband anerkannten Zuchtvereins eingetragen sind.

5. Internationale Kurzhaar-Prüfung (IKP): Diese vom Deutsch-Kurzhaar-Verband durchgeführte Prüfung ist eine internationale Feld- und Wasserprüfung, bei der hohe Anforderungen gestellt werden, um u.a. den Freunden des kurzhaarigen deutschen Vorstehhundes im In- und Ausland Gelegenheit zu geben, sich über den Stand der Zucht und über die Leistungen der Hunde im Felde und im Wasser ein Bild zu machen.

6. Dr.-Kleemann-Zuchtausleseprüfung: Sie ist eine Zuchtausleseprüfung, um bemerkenswerte Zucht-Kurzhaar-Rüden und -Hündinnen herauszustellen. Bei dieser Prüfung werden höchste Leistungen verlangt.

7. Weitere rassespezifische Prüfungen für Jagdhunde:

Bracken: Vom Deutschen B.-Club werden drei Prüfungen durchgeführt: die Anlageprüfung für jüngere Hunde bis zu zwei Jahren, die Gebrauchsprüfung und die DBC-Schweißprüfung. ***Dachsbracken***: Der Verein Dachsbracken führt nur Gebrauchsprüfungen durch. ***Englische Vorstehhunde***: Jugend- und Alterssuche (reine Feldarbeit), Herbstprüfung (mit

Bringen der Ente aus tiefem Wasser – ein Fach vieler jagdlicher Hundeprüfungen

Wasserarbeit und Verlorenbringen). ***Retriever***: Der Deutsche R.-Club veranstaltet zwei Arten von Prüfungen, die Jagd-Gebrauchsprüfung und die Spezial-Jagd-Gebrauchsprüfung. ***Schweißhunde***: Prüfungen für S. werden vom Club für Bayerische Gebirgsschweißhunde und vom Verein Hirschmann (Hannoversche S.) abgehalten; Vorprüfung (VP) und Hauptprüfung (HP). ***Stöberhunde***: Für Deutsche Wachtelhunde und für die Jagdspaniels werden Anlage-, Eignungs- und Gebrauchsprüfungen durchgeführt. ***Teckel***: Baueignungsprüfung, Spurlautprüfung, Stöberprüfung und Vielseitigkeitsprüfung. ***Terrier***: Für Foxterrier und für Jagdterrier werden Junghund-, Gebrauchs- und Baueignungsprüfungen abgehalten.

8. Brauchbarkeitsprüfung: Sie ist eine Jagdeignungsprüfung für Jagdhunde jeden Alters und jeder Rasse, die in den meisten Bundesländern von den unteren Jagdbehörden – häufig an Bezirksgruppen von Jägervereinen delegiert – durchgeführt wird. Bei der B., bei der es dem Gesetzgeber im Wesentlichen nur darauf ankommen muss, dass angeschweißtes Nutzwild auch zur Strecke kommt, werden nur Gehorsam und ausreichende Leistungen des Hundes nach dem Schuss verlangt, also Leistungen in der Schweißarbeit auf der Rot- oder der künstlichen Schweißfährte sowie das Verlorenbringen auf Schleppen und aus dem Wasser. Diese Leistungen werden in den einzelnen Bundesländern unterschiedlich bemessen. Für Spezialisten (Schweißhunde, Erdhunde usw.) gelten besondere Bestimmungen. Für Hunde, die nur zur Schwarzwildjagd verwendet werden (sog. Saupacker und Saufinder), wird die Brauchbarkeitsbescheinigung ohne Prüfung ausgestellt. Bei der B. lautet das Prüfungsergebnis entweder »brauchbar« oder »nicht brauchbar«. Hunde, welche die B. bestanden haben, werden durch die untere Jagdbehörde (Kreisverwaltungsbehörde) als »geeignet« anerkannt.

II. *Jagdhundeprüfungen in Österreich*
Laut Österreichischem Jagdgebrauchshunde-Verband werden in Österreich folgende Prüfungen abgehalten:
Vorstehhunde: Anlagenprüfungen (Feld- und Spurprüfung) – Leistungsprüfung (Feldprüfung, Wasserprüfung) – Vollgebrauchsprüfung, Schweißsonderprüfung – Sonderprüfung: Bringtreue-, Lautstöber-, Schweißsonderprüfung, Mannschärfeprüfung, Verlorenbringerprüfung auf natürlicher Wundspur. ***Schweißhunde***: Vorprüfung und Hauptprüfung. ***Deutscher Wachtelhund***: Anlagenprüfung und Vollgebrauchsprüfung. ***Deutscher Jagdterrier***: Anlagenprüfung (Arbeit ober und unter der Erde) – Vollgebrauchsprüfung (Arbeit ober und unter der Erde). ***Spaniel***: Anlagenprüfung und Vollgebrauchsprüfung (Spurlaut bei Anlagenprüfung). ***Welshterrier***: Anlagenprüfung und Vollgebrauchsprüfung. ***Foxterrier***, ***Borderterrier***: Keine eigenen Prüfungen. Die Hunde dürfen jedoch bei anderen Erdhundevereinen nach deren Prüfungsordnung geprüft werden. ***Dachshunde***: Prüfung ober der Erde – Naturbauprüfung – Vollgebrauchsprüfung – Spezialprüfungen: Spurlaut-, Schweiß-, Wasserarbeit. ***Retriever***: Bringleistungsprüfung – Vollgebrauchsprüfung und Schweißsonderprüfung. ***Beagle***: Anlagenprüfung und Vollgebrauchsprüfung. ***Basset***: Anlagenprüfung und Gebrauchsprüfung. ***Bracken***: Anlagenprüfung und Vollgebrauchsprüfung. ***Alpenländische Dachsbracke***: Anlagenprüfung und Gebrauchsprüfung. ***Tiroler Bracke***: Anlagenprüfung – Brackierprüfung – Gebrauchsprüfung – Schweißprüfung. ***Schweizer Laufhunde***: Anlagenprüfung und Gebrauchsprüfung.
Alle Rassen haben Schweißprüfungen bzw. Schweißsonderprüfungen. Die Schweißprüfungen des Österreichischen Jagdgebrauchshunde-Verbandes sind offen für alle Rassen (Mindestalter des Hundes: zwei Jahre). Oberösterreich und das Burgenland haben eine gesetzlich vorgeschriebene Brauchbarkeitsprüfung. Für diese werden aber Feld- und Wasserprüfung in Verbindung mit Schweißarbeit und die Vollgebrauchsprüfung anerkannt.

Hunderasse, die: Bez. für eine Gruppe von Hunden, die sich durch einheitliche äußere Erscheinung und bestimmte Eigenschaften, die sie weitervererben, von anderen Hunden unterscheiden; ▸ Jagdhunderassen.

Hunderäude, die: ▸ Räude, ▸ Demodikose.

Hunderecht, das: Bez. für die Teile des erlegten Wildes, mit denen bei der ▸ Parforcejagd die Meutehunde (▸ Curée), bei der Langen Jagd die Windhunde, bei sonstigen Jagden die Schweißhunde und eventuell die Dachshunde genossen gemacht wurden; ▸ Genuss, ▸ genossen machen, ▸ Falkenrecht.

Hunderuf, der: Ein ▸ Jagdsignal, mit dem die Hunde gesammelt oder, wenn sie bei der ▸ Deutschen Jagd oder bei der ▸ Parforcejagd falsch jagten, zurückgerufen werden mussten. Ist kein Jagdhorn zur Verfügung, wird laut »hido« gerufen.

Hundeschirm, der: Früher ein Schirm beim Lauf- oder Hauptjagen (▸ Eingestellte Jagen), hinter dem die herrschaftlichen Leibhunde verborgen wurden.

Hundeschlag, der: Varietät einer ▸ Hunderasse. Häufig gibt es von einer Hunderasse einen »schweren« und einen »leichteren« Schlag, d.h. eine Linie mit kompakteren, schwereren Hunden und eine Linie mit zarteren, leichteren Hunden. Auch gibt es entsprechend dem Haarkleid die Schläge »Kurzhaar«, »Langhaar« und »Rauhaar« (▸ Hundehaar). Ein »kalter Schlag« ist die Züchtung einer ▸ Jagdhunderasse, die nicht zur Jagd verwendet wird.

Hunde-Schutzanzug, der: Die alten ▸ Hatzhunde trugen früher zu ihrem Schutz bei der Saujagd schwere Hundepanzer (▸ Jacke 3)). Heute versucht man Schweiß- und Stöberhun-

Das Bild aus dem »JachtBuch« (1639) von Wolfgang Birkner (1582–1651) zeigt das Genossen machen oder Pfneischen der Hunde nach beendeter Jagd. Die Jägerknechte und -jungen schneiden den Aufbruch in Stücke und reichen ihn unter Hörnerschall den Hunden auf einer frischen Hirschdecke. Im Hintergrund die bevorzugte Behandlung der Leithunde: Sie werden einzeln an die abgeschlagenen Geweihe geführt.

de bei der Jagd auf Schwarzwild mit einem leichten H. zu schützen. Dieser besteht aus elastischem, besonders stoß- und stichfestem Polymergewebe, ähnlich den Schutzwesten der Degenfechter. Der H. wird in Längsrichtung verschlossen und schützt die besonders gefährdeten Körperteile des Hundes (Hals, Bauch und Brustkorb), ohne dessen Bewegungsfreiheit einzuschränken.

Hundeseuche, **Stuttgarter**, die: ▸ Leptospirose.

Hundespur, die: Der Hund hat fünf Zehen am Vorderfuß und vier Zehen am Hinterfuß. Die Innenzehe (fünfte Zehe) am Vorderfuß sitzt jedoch so hoch, dass sie keinen Abdruck hinterlässt. Die Abdrücke der Zehenballen des Hundes wirken rund und geschlossen, die des Fuchses z.B. sind lang gestreckter und wirken offener. Die Krallen drücken sich stumpf ab. Der Vorderfuß ist deutlich größer als der Hinterfuß, was auch an den Abdrücken zu erkennen ist. Die Größe des Abdrucks variiert, je nachdem um welche Rasse es sich handelt.

Hundestammbaum, der (Stammbaum, Ahnentafel): ▸ Abstammung.

Hundestammbuch, das (Deutsches Gebrauchshund-Stammbuch, DGStB): Das H. wird vom Jagdgebrauchshundverband (JGHV) geführt. Das Gebrauchshund-Stammbuch erschien 1897 erstmals als Beilage zu »Oberländers Jagdzeitung« unter der Schriftleitung von S. von Zedlitz und Neukirch (gen. ▸ Hegewald). Nach mehrmaligem Verlagswechsel ging 1906 das Eigentumsrecht an den Deutschen Jagdgebrauchshundverband über. Im DGStB durften früher nur diejenigen Prüfungen eingetragen werden, die nach den Ordnungen des JGHV abgehalten wurden. Inzwischen erfasst man auch alle Leistungsprüfungen von ▸ Jagdhunderassen, die eigene, rassebedingte Leistungsprüfungen gelaufen sind und prämiert wurden, einschließlich der verschiedenen Meuten, die in Deutschland noch arbeiten. Dieses umfangreiche Nachschlagewerk zeigt somit die Entwicklungsgeschichte des deutschen Jagdgebrauchshundwesens auf.

Hundestaupe, die: ▸ Staupe.

Hundesteuer, die: Eine von den Gemeinden erhobene direkte Aufwandsteuer auf das Halten über drei Monate alter Hunde. Je nach Gemeinde und Steuersatzung kann die H. unterschiedlich hoch sein. Befreiung oder Ermäßigung wird i. Allg. für Diensthunde, Blindenhunde, Sanitätshunde und Jagdhunde gewährt. Bei Letzteren muss jedoch die Brauchbarkeit (▸ Hundeprüfungen 8.) nachgewiesen werden.

Hundeverbände, die:

1. Der Jagdgebrauchshundverband e.V. (JGHV): Gegründet am 10.2.1899 (auf Initiative ▸ Hegewalds) in Berlin durch Zusammenschluss einiger Vereine zum »Verband der Vereine für Prüfung von Gebrauchshunden zur Jagd«. Zunächst wurde 1879 die »Delegierte Commission« (DC) ins Leben gerufen. Beteiligt waren daran fünf Vereine, die jeweils Delegierte in die Hauptversammlungen entsandten. Die DC stellte erstmals Rassekennzeichen auf. Sie erließ neben Anforderungen für eine gebrauchstüchtige Körperform Bestimmungen über Größe, Haar und Farbe. Darüber hinaus wurde das Ausstellungswesen geregelt und ein erstes Hundestammbuch für alle Hunderassen eingerichtet. Damals dominierte das Ausstellungswesen in der Hundezucht. Die jagdlichen Leistungen wurden eher vernachlässigt. Der heutige JGHV ist die Spitzenorganisation des Jagdhundewesens in Deutschland. Ursprünglich wurde er gegründet, um die Bemühungen zu fördern, den Deutschen Vorstehhund als vielseitigen ▸ Jagdgebrauchshund für die Arbeit vor und nach dem Schuss, für ▸ Waldarbeit, ▸ Feldarbeit und ▸ Wasserarbeit zu züchten und zu führen. Nach und nach schlossen sich die Zuchtvereine anderer ▸ Jagdhunderassen dem Verband an. Heute ist er die Dachorganisation aller Prüfungs- und Zuchtvereine sowie der Verbände von Jagdhunden, deren Interessen er gegenüber der Öffentlichkeit, den Behörden und anderen Institutionen vertritt. Ohne einen ▸ brauchbaren Jagdhund ist eine waidgerechte Jagdausübung aus jagdethischen und jagdwirtschaftlichen Gründen nicht möglich. Der JGHV hat sich deshalb die Aufgabe gestellt, alle Vereine fest zusammenzuschließen, die durch Prüfung, Zucht und belehrende Tätigkeit für die Beschaffung brauchbarer Jagdhunde sorgen und damit dem waidgerechten Jagen dienen wollen. Seine Ziele sucht der JGHV zu erreichen durch: 1. Festsetzung gemeinsamer Prüfungsordnungen; 2. Führung des Deutschen Gebrauchshund-Stammbuches (DGStB) als Leistungsstammbuch; 3. Auszeichnungen (Ehrenabzeichen) an verdiente Vereine, Züchter, Abrichter und Führer. Der JGHV dient ausschließlich gemeinnützigen Zwecken. Vereine, Zuchtverbände und DJV-Gruppen gehören dem JGHV an. Er besteht heute aus mehr als 300 Einzelvereinen. Die Zuchtvereine führen Zucht- und Stammbücher, in denen die ▸ Abstammung reinrassiger Hunde eingetragen ist. Die Prüfungsvereine veranstalten Anlage- und Gebrauchsprüfungen (▸ Hundeprüfungen), deren Ergebnisse in die Zuchtbücher bzw. in das Deutsche Jagdgebrauchshund-Stammbuch (▸ Hundestammbuch) eingetragen werden. Dieses Leistungsstammbuch wird vom JGHV geführt und jährlich herausgegeben. In das Jagdgebrauchshund-Stammbuch (DGStB) werden nur Hunde eingetragen, die nach den Prüfungsbestimmungen des JGHV oder der angeschlossenen Verbände und Vereine geprüft und prämiert wurden. Wissenswertes über das Jagdhunde- und Verbandswesen wird in der Zeitschrift »Der Jagdgebrauchshund« veröffentlicht, die monatlich erscheint. Der JGHV bemüht sich ferner um die Aus- und Fortbildung von Prüfungsrichtern und um die Durchführung von Hundeführerlehrgängen, somit um die Jagdhundeabrichtung und um die gerechte Jagdhundeführung. In *Österreich* entspricht der *Österreichische Jagdgebrauchshunde-Verband (ÖJGV)* mit Sitz in Wien dem JGHV. Die einzelnen Rassehundevereine sowie die jagdlichen Vereinigungen, die sich dem Jagdgebrauchshundewesen widmen, sind Mitglieder. Der ÖJGV führt das Österreichische Leistungsbuch für Jagdhunde (ÖLBJ) und verleiht u.a. das Gebrauchshundeführer-Abzeichen.

Spitzenorganisation des *Schweizer Jagdhundewesens* ist die *»Technische Kommission für das Jagdhundewesen« (TKJ)*. In der TKJ sind die der ▸ Schweizer Kynologischen Gesellschaft angeschlossenen Spezialklubs zusammengefasst. TKJ und die Klubs sind für die Aus- und Weiterbildung der einzelnen Hunderassen verantwortlich.

2. Verband für das Deutsche Hundewesen (VDH): Dieser Verband ist die Spitzenorganisation für das Ausstellungswesen. Etwa 650 000 Mitglieder sind in den 160 Mitgliedsvereinen des Verbandes organisiert. Über 250 verschiedene Hunderassen werden in den Zuchtvereinen des VDH betreut und unter strengsten Kontrollen gezüchtet. Beide Spit-

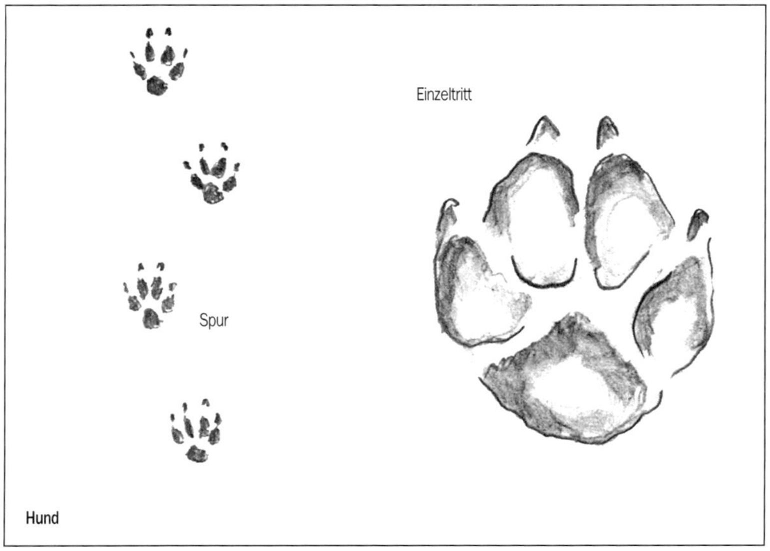

◂◂◂ Sperlingshund (Deutsch-Kurzhaar), Motiv des Tiermalers Heinrich Sperling (1844–1924): Emblem und geschützte Dienstleistungsmarke des Jagdgebrauchshundverbandes e.V.

zenorganisationen, JGHV und VDH, erkennen sich gegenseitig an.
In *Österreich* ist der *Österreichische Kynologen-Verband (ÖKV)* mit Sitz in Wien die Dachorganisation für die Reinzucht von Hunden (Jagdhunde wie Nichtjagdhunde). Er veranstaltet internationale Hunde-Schönheitskonkurrenzen in Österreich. Ihm angeschlossen ist das *Österreichische* ▸ *Hundezuchtbuch (ÖHZB).*
3. Internationaler Hundeverband (**F**édération **C**ynologique **I**nternationale) mit Sitz in Thuin (Belgien); ▸ FCI.
Hunde, wildernde: ▸ Jagdschutz, ▸ wildernde Hunde.
Hundezecke, Braune, die: ▸ Zecken.
Hundezucht, die: Die H. beruht bei Jagdhunden auf dem Grundsatz der Rassereinheit und auf der züchterischen Freiheit. Sie ist eine gezielte Vermehrung der Hunde, die gleichzeitig die Leistungsfähigkeit steigern soll. Zur Zucht dürfen nur Hunde verwendet werden, welche die Voraussetzungen der Zuchtordnung des jeweiligen Verbandes erfüllen und für zuchttauglich erklärt werden. Die Zuchttauglichkeit bzw. Zuchtuntauglichkeit wird i. Allg. anlässlich einer Zuchtschau oder einer Anlagen- bzw. Leistungsprüfung festgestellt (z.B. Verbands-Jugendprüfung [VJP], Verbands-Herbstzuchtprüfung [HZP] oder Verbands-Gebrauchsprüfung [VGP]; ▸ Hundeprüfungen). Bei diesen Zuchtprüfungen werden bereits die natürlichen Anlagen des Junghundes im Hinblick auf seine Eignung und zukünftige Verwendung im vielseitigen Jagdgebrauch und als Zuchthund festgestellt. Sie dienen ferner dem Erkennen des Erbwertes der Eltern, dessen Feststellung durch Prüfung möglichst vieler Wurfgeschwister erleichtert wird. Schussscheue und handscheue Hunde sowie Hunde mit Hüftgelenksdysplasie, Zahn-, Hoden- und Augenfehlern gelten hiernach als zuchtuntauglich. Der Deckrüde ist besonders sorgfältig auszuwählen. Mit ihm sollte versucht werden, eventuelle Schwächen der Hündin auszugleichen. Hat die Hündin auf einem Gebiet eine Schwäche, ist ein Rüde auszuwählen, der auf diesem Gebiet Stärke zeigt (z.B. Schärfe, Haarqualität, Nase usw.). Nach Möglichkeit sollte man eine Hündin so decken lassen, dass die Jungen zu Anfang des Jahres gewölft werden, da Sommer und Herbst für die Aufzucht der Junghunde günstiger sind als die kalte Jahreszeit. Hündinnen werden mit ca. acht bis neun Monaten (Eintritt der ersten ▸ Hitze), Rüden mit ca. zwölf Monaten geschlechtsreif. Bei der Hündin wiederholt sich die Hitze alle sechs bis acht Monate (i.d.R. im Frühjahr und im Herbst) und dauert durchschnittlich drei Wochen. Die Hündin sollte i. Allg. erst bei der dritten Hitze gedeckt werden. Die Zuchtordnungen der Verbände schreiben jedoch das Mindestalter der Hündinnen zum Zeitpunkt der Paarung vor. Bei der Zuchtordnung des DK-Verbandes z.B. muss die zuchttaugliche Hündin zum Zeitpunkt der Paarung das Mindestalter von 18 Monaten überschritten haben. Ausnahmen von dieser Altersbestimmung werden nicht erteilt. Auch darf innerhalb zweier Kalenderjahre die Hündin nur zweimal zur Zucht verwendet werden. Der Rüde sollte auch voll entwickelt, d.h. mindestens zweijährig sein, bevor er zum Decken kommt. Die Zeit, in der die Hündin den Rüden zulässt, dauert etwa vom 9. bis zum 20. Tag der Hitze. Die günstigste Zeit, sie decken zu lassen, ist zwischen dem 9. und dem 14. Tag. Ist eine Hitze nicht erwünscht, kann sie vom Tierarzt durch Injektionen verhindert werden. Wurde eine Hündin von einem Rüden gedeckt, muss man sie von anderen Rüden fernhalten, weil sie in den folgenden Tagen auch andere Rüden zulässt, wobei dann die Welpen eines Wurfes von verschiedenen Vätern stammen können (▸ Superfekundation). Wurde eine Hündin versehentlich von einem anderen, nicht zur Zucht vorgesehenen oder gar rassefremden Rüden gedeckt, kann der Tierarzt eine Trächtigkeit durch Verabreichung von Hormoninjektionen verhindern, wenn ihm die Hündin frühzeitig gebracht wird. Die Tragzeit der Hündin dauert ca. 63 Tage; ab dem 59. Tag sind die Welpen lebensfähig. Sie werden behaart und blind gewölft. Mit sieben bis zehn Tagen öffnen die Welpen die Augen; sie werden die ersten drei Wochen ausschließlich von der Hündin mit Muttermilch ernährt. Ab diesem Zeitpunkt muss zugefüttert werden (Welpenfutter, Haferflocken, Milch, gehacktes Fleisch usw.; ▸ Hundeernährung). Im Alter von etwa acht Wochen, wenn die ersten Zähne vollzählig sind, lässt die Hündin die Jungen nicht mehr zu. Ist ein Kürzen der Rute notwendig (▸ Kupieren), darf es nur während der ersten sieben Tage nach dem Wölfen vom Züchter selbst vorgenommen werden. Danach ist die Rute nur von einem Tierarzt unter Betäubung zu kürzen. Da alle Welpen ▸ Spulwürmer haben, ist im Alter von etwa vier bis fünf Wochen eine Wurmkur nach tierärztlicher Beratung durchzuführen. Schreibt der entsprechende Zuchtverband ein Tätowieren der Hunde vor, muss ein Zuchtberater hinzugezogen werden. In den Rasse- und Zuchtvorschriften der einzelnen Verbände ist außerdem festgelegt, wie viele Welpen eines Wurfes aufgezogen werden dürfen. Die Welpen sind im Alter von sieben bis neun Wochen erstmals gegen Staupe, Hepatitis und Leptospirose zu impfen (▸ Impfung). Die Tollwutimpfung kann später erfolgen. Die Welpen sind langsam zu entwöhnen und dürfen nach der Tierschutz-Hundeverordnung nur abgegeben werden, wenn sie älter als acht Wochen sind. Der Eigentümer des Deckrüden hat nach dem Deckakt eine Deckbescheinigung auszufüllen. Sie ist entweder bei dem ortszuständigen Klubvorsitzenden oder beim Vereinszuchtwart einzureichen.
Hundezuchtbuch, das: Ein Eintragungsregister für Rassehunde. Es wird von den Zuchtvereinen geführt. In das Zuchtbuch werden nur Rassehunde von rassereinen Eltern und Großeltern eingetragen. Die Zuchtbuchnummer (Zb-Nr.) steht nach dem Namen des Hundes. Eine zweite, fettgedruckte (oder unterstrichene) Zahl bedeutet, dass der Hund eine Gebrauchsprüfung bestanden hat und mit dieser Nummer im Deutschen Gebrauchshund-Stammbuch (DGStB) eingetragen wurde; z.B.: Edda von Weigoldsberg 12533, **1121** oder 147/61,370. Die einzelnen Zuchtvereine verwenden dabei ihre unverwechselbaren Ziffernkombinationen.
Dem Hundezuchtbuch entspricht in Österreich das *Österreichische Hundezuchtbuch* (ÖHZB) mit der Eintragung von rasserein gezüchteten Hunden.
Hunde-Zuchtzeichen, die: Zeichen, die hinter dem Namen des Hundes auf der Ahnentafel eingetragen werden. Sie bedeuten z.B.: ZSp = Zuchtsperre, W = Warnung bei Weiterzucht. Sie werden dem Namen des Hundes angefügt, um deutlich zu machen, dass dieser reinrassige Hund gewisse Mängel aufweist und deshalb zur Zucht ungeeignet (W) oder von der Zucht ausgeschlossen (ZSp) ist.
Hundezwinger, der: ▸ Hundehaltung.
Hündin, die: **1**) Weiblicher Hund. **2**) Weiblicher ▸ Seehund.
Hundsaß, die: Frühere Bez. für Hundefutter, das als Abfindung für die ▸ Hundelege geliefert wurde; ▸ Jagdfron.
Hundsdachs, der: ▸ Dachs.
hundsgerecht: ▸ hundegerecht.
Hundsjungen, die: ▸ Hundejungen.
Hundsstern, der: ▸ Hubertusstern.
Hundswut, die: ▸ Tollwut.
Hungerlucken, die: In Österreich gebräuchliche Bez. für tief eingefallene Hüftgruben bei stark abgekommenem Schalenwild.
Hungermale, die: ▸ Grimale.
Hunger-Trophäen, die: Kümmerformen des Rehwildgehörns (▸ Rehwild/Hauptschmuck), zurückzuführen u.a. auf zwanghaft falsche Nahrungswahl (z.B. ▸ zähe Äsung), bedingt durch fehlendes notwendiges Nahrungsangebot (▸ selektive Äsung), wobei es zu einem gestörten Gleichgewicht mit den Parasiten des Verdauungstraktes kommt. H. werden fälschlicherweise auch als »degeneriert« bezeichnet. Abhilfe: Verbesserung des Äsungsangebots und Reduktion des Wildbestandes.
Hunter, der: **1**) (huntsman, sportsman): Englisch für Jäger. **2**) Englische Bez. für Jagdhund, aber auch für das Jagdpferd. Letzteres wurde in England besonders für die Jagd gezüchtet. Die besten H. sind aus einer Kreuzung von Vollbluthengsten und Yorkshirestuten hervorgegangen.

Johann Elias Ridinger (1698–1767): »Hüttenjagd«, Kupferstich

Hup, der: Signal des Jägers. Alter Jagdruf im Wald, um einem anderen den Ort anzuzeigen, an dem man sich befindet.

Hurbel, schwarze, die: Ostpreußischer Ausdruck für Blässhuhn; ▸ Rallen 1.

Hurleur, der: ▸ Schweizer Laufhunde (Jura-Laufhund).

Hu Sau! (Hui Sau!) ▸ Hussah!

Hüsch, der: Schlesischer Ausdruck für Hirsch.

Hussah! (Hu Sau – hu Sau!, Hui Sau!): Alter Zuruf, um die Hatzrüden an die Sauen zu hetzen; auch Zuruf an den Keiler, um ihn zum ▸ Auflaufen zu bewegen; ▸ Horrido!

Hut, die: ▸ Belauf, Waldweide.

Hutmöwe, die: ▸ Möwen 2.

Hutscher, der: ▸ Rabenvögel 8.

Hutschmuck, der: Folgende Trophäen werden als H. verwendet: Hirschbart, Gamsbart, Saubart, Dachsbart, Hasenbart. Beim Federwild sind sämtliche schön gefärbten Federn (Schmuckfedern) als H. verwendbar. Besonders begehrt sind: Adlerflaum, Erpelringeln, Kopffedern des Fischreihers, die Malerfedern allen Federwildes (besonders die der Waldschnepfe), Schnepfenbart, Eichelhäher-Flügeldecken (blauschwarz), Steinhuhnfedern, die Sicheln und der weiße Unterstoß des Birkhahns, der Hahnen- und der Bürzelbart des Auerhahns sowie der Habichtsbruck.

Hütte, die: **1**) Jagdhütte, in der ein Jäger vorübergehend wohnt; ▸ Jagdeinrichtungen 1. **2**) Erdhütte; ▸ Hüttenjagd.

Huttel, Hermann: ▸ Jagdliteratur.

Hüttenjagd, die (Aufjagd oder Uhujagd): Die H. war früher eine sehr beliebte und deshalb häufig ausgeübte Jagdart auf Krähen (Rabenkrähe und Nebelkrähe, seltener Saatkrähe, die kaum hasst), Elstern, Eichelhäher und Taggreifvögel (Bussarde, Habichte, Milane, Falken und Sperber). Man nutzte dabei den angeborenen Hass dieser Vögel auf Eulen aus, die auf diese hassen (stoßen), sie umfliegen oder in ihrer unmittelbaren Nähe auf Bäumen aufblocken und »schimpfen«. Die H., eine Form der ▸ Lockjagd, wird heute nur noch gelegentlich auf Rabenvögel, soweit zulässig, ausgeübt. Zu diesem Zwecke wird auf einem freien Feld eine Hütte, auch Schießhütte, Krähenhütte, Erdhütte, Rabenhütte oder Uhuhütte genannt, errichtet. Sie besteht aus ca. 2 m langen Brettern, die so weit in den Boden eingelassen werden, dass sie nur noch etwa einen halben Meter aus dem Boden herausragen. Das Dach, meist aus Dachpappe, wird mit Stroh, Reisig oder Heu verblendet. Knapp unter dem Dach werden auf drei Seiten die Schießscharten eingelassen. In günstiger Schrotschussentfernung (etwa 25 bis 30 m) müssen die Fall- oder Hakbäume (Krakeln) – das sind dürre, kahle oder nur dünn belaubte Bäume – stehen. Fehlen am gewählten Standort die natürlichen Fallbäume, setzt man an dieser Stelle zwei bis drei abgestorbene, aber noch berindete und ca. 7 bis 9 m hohe Ersatzbäume mit wenigen Ästen. Sie müssen gut im Boden verankert werden. Seitlich der Fallbäume, aber so, dass die anstreichenden Vögel breit zur Schießluke streichen, wird eine $1^1/_2$ m hohe Jule (krückenförmiger Pfahl) aufgestellt und auf diese eine Uhuattrappe mit beweglichen Flügeln gesetzt. Sie wird i.d.R. aus einem Hasenbalg und Bussardfedern hergestellt. Daneben können auch Waldkauz- und Waldohreulenattrappen verwendet werden. Der ansitzende Jäger kann dann von der Hütte aus, die er bereits im Morgengrauen bezieht, die Ravbenvögel sowohl in der Luft als auch auf den Fallbäumen beschießen. Die günstigste Zeit für die H. (Aufjagd) sind die Monate März/April und Oktober/November. Früher ließ man zur H. einen in Gefangenschaft gehaltenen Uhu aufhaken. Dazu wurden häufig bewegliche Julen (sog. Reizjule, Reizkrücke oder Reizpfahl) verwendet, bei denen durch entsprechende Vorrichtung von der Hütte aus mit einer Leine die Krücke auf- und abbewegt wurde. Man wollte damit erreichen, dass der verhältnismäßig träge Uhu durch die Schlingerbewegungen zum Flügelschlag angeregt wurde und damit die Vögel anlockte. Der lebende Uhu hatte für den ansitzenden Jäger den Vorteil, dass er anstreichende Vögel markierte, d.h. durch sein Verhalten wie Kopfdrehen, Ducken, Aufplustern, Augenrollen usw., das Nahen der Vögel anzeigte. Das Halten von Uhus in Gefangenschaft ist äußerst schwierig und bedarf zudem größter Sachkenntnis. Da alle ▸ Greifvögel ganzjährig geschont sind und lebende ▸ Eulen ohne Genehmigung nicht gehalten werden dürfen, wird in der Bundesrepublik die H. mit einem lebenden Uhu nicht mehr und mit Uhuattrappen nur noch sehr selten auf Krähen, Elstern und Eichelhäher ausgeübt – sofern diese überhaupt bejagt werden dürfen.

Hüttenuhu, der: Gezähmter, in Gefangenschaft gehaltener Uhu, der früher bei der ▸ Hüttenjagd bei der Uhuhütte als Lockvogel diente.

huxe(l)n: ▸ hucksen.

IBA: Abk. für (engl.) Important Bird Areas; ▸ Birdlife International.

Ibis, brauner, der: ▸ Ibisvögel 2.

Ibisvögel, die: Sumpfvögel aus der Familie der Löffler und Ibisse (*Threskiornithidae*), die zur ▸ Ordnung der ▸ Schreitvögel (*Ciconiiformes*) zählt.

1. Löffler, der (*Platalea leucorodia,* L.): Der L. (Löffelgans, Löffelreiher) unterliegt nicht mehr dem Jagdrecht. Länge: um 84 cm, Gewicht: etwa 2 kg, ▸ Flügelspannweite: ca. 140 cm.

Aussehen: Der lange Schnabel ist an der Spitze löffelartig verbreitert und schwarz, die Schnabelspitze jedoch gelblich. Die Hauptfärbung ist weiß; am Hinterkopf langer, rostgelber Schopf, der dem Jungvogel noch fehlt. Die ▸ Ständer sind schwarz, sehr kräftig und lang, über dem Fersengelenk wenig befiedert. Die drei Vorderzehen sind mit Schwimmhäuten verbunden. Die Flügel sind lang und breit, der ▸ Stoß ist kurz und abgerundet. Die Augen sind karminrot.

Vorkommen: Er ist in Europa hauptsächlich in Dänemark, Holland, Südspanien und Österreich (Neusiedler See) heimisch und dort auch ▸ Brutvogel. Schlammige Gewässer und Sumpfgelände mit Schilf sind sein Aufenthaltsgebiet. Im Winter zieht er meist in die afrikanischen Länder südlich der Sahara. Der sehr gesellig lebende L. erinnert seinem ganzen Wesen und Aussehen nach an die Reiher und die Störche. Sein Flug ist gleichmäßig, aber langsam; er fliegt mit gestrecktem Hals. Wenn sich mehrere L. zu einem Trupp vereinigen, schließen sie im Flug häufig zur Reihenformation auf.

Fortpflanzung: Das Nest wird meist in verschilften Sumpfgebieten auf umgebrochenem Schilf, manchmal auch auf Bäumen errichtet (Koloniebrüter). Am Nestbau und am Brutgeschäft beteiligen sich beide Geschlechter. Das Gelege besteht meist aus drei bis fünf, seltener aus sechs oder sieben mattweißen Eiern, die mit rostbraunen Flecken versehen sind. Sie sind 67,5 x 46 mm groß und 75 g schwer. Die Jahresbrut erfolgt von April bis Juni, die Brutdauer beträgt durchschnittlich 23 Tage, die ▸ Nestlingszeit etwa 30 Tage. Die L. sind erst mit drei bis vier Jahren geschlechtsreif.

Nahrung: Sie besteht aus kleineren Weichtieren, aus Fischen, kleinen Fröschen, Kaulquappen sowie aus Schnecken und Krebstieren, die mit dem langen Schnabel aus seichten, schlammigen Gewässern aufgenommen werden.

2. Sichler, der (*Plegadis falcinellus,* L.): Auch brauner S., Nimmersatt, Sichelschnäbler, brauner Ibis, dunkelbrauner, schwarzer Brachvogel, Schwarzschnepfe, türkische Schnepfe, schwarzer Keckhahn bzw. Keikhahn. Länge: ca. 57 cm, Gewicht: ca. 600 g. Bei den Ägyptern galt er als Symbol der Weisheit und war dem Gott Thoth geweiht. Er ist geschützt.

Aussehen: Beide ▸ Geschlechter sind gleich gefärbt. Die überwiegende Färbung ist dunkelrotbraun. Oberseite, Flügel und Stoß sind schwarzgrün mit bläulichem und purpurnem Schimmer. Im ▸ Winterkleid sind Kopf und Hals schwarzbraun mit feiner Längszeichnung, Oberrücken und Schultern fast schwarz mit Metallschimmer. Der Jungvogel ist ähnlich gefärbt.

Vorkommen: Der vorwiegend am Plattensee, in Oberitalien und in den Ländern des ehemaligen Jugoslawien beheimatete S. überwintert im tropischen Afrika. Er kommt bei uns nur

Brauner Sichler

◂◂ Löffler

ausnahmsweise auf dem Zug vor und liebt sumpfiges Gelände, größere Binnengewässer und Brackwassersümpfe.
Fortpflanzung: Der sehr gesellig lebende S. brütet meist in ▸ Kolonien, häufig in Eintracht mit Reihern und Löfflern. Am Nestbau beteiligen sich beide Geschlechter. Das Nest wird vorwiegend im Schilf – oft mehrere Nester auf engstem Raum –, seltener auf Bäumen errichtet. Das Gelege enthält drei oder vier Eier von auffallend dunkel-blaugrüner Farbe. Die Eier sind ca. 53 x 35 mm groß und werden von beiden Geschlechtern bebrütet. Die Brutzeit beträgt durchschnittlich 21 Tage. Zur Fütterung stecken die Jungvögel ihren Schnabel tief in den Schlund des Altvogels. Im Alter von 14 Tagen beginnen die Jungvögel bereits in der näheren Nestumgebung herumzuklettern.
Nahrung: Sie besteht hauptsächlich aus Würmern und Weichtieren, aus Insekten und deren Larven.

Ibrum, die: ▸ Reiher 7.

ICBP: Abk. für International Council for Bird Preservation ▸ Internationaler Rat für Vogelschutz.

ici (franz.: hier): Früherer Zuruf an den Hühnerhund.

Iffland, August Wilhelm (19.4.1759 Hannover bis 22.9.1814 Berlin): Schauspieler, Dramatiker, Intendant und Regisseur. I. war von 1796 bis 1813 Direktor des Berliner Nationaltheaters (ab 1811 Generaldirektor der königlichen Theater zu Berlin). Er schrieb das Trauerspiel: »Die Jäger. ein ländliches Sittengemälde in fünf Aufzügen« (1785). Die Uraufführung von den »Jägern« fand am 9.3.1785 statt. Es war I. erfolgreichstes Stück.

Igel, der (*Erinaceus europaeus*): Der I. ist ein Nachttier, das in seinem Nest den Tag verschläft. Er hat eine schweineartige Schnauze sowie ein ausgezeichnetes Geruchs- und Sehvermögen. Im Gesicht ist er weiß oder rötlich gelb behaart mit schwarzen Schnurrhaaren, an Hals und Bauch hellgrau oder weißgrau; die Stacheln sind gefurcht, gelblich, in der Mitte und an der Spitze dunkelbraun. Der I. wird bis zu 30 cm lang. Von Oktober bis Winterende hält er Winterschlaf. Der I. paart sich von Ende Mai bis Anfang Juni. Nach sieben Wochen wirft das Weibchen zwei bis sechs Junge, i.d.R. zweimal im Jahr. Sie kommen in einer vom I. selbstgegrabenen, 30 bis 40 cm tiefen Höhle mit zwei Röhren zur Welt. Dieses Lager, meist unter einem Gebüsch, wird mit Blättern, Heu, Stroh oder Moos ausgepolstert. Hierin hält der I. auch seinen Winterschlaf. Daneben dienen ihm aber auch hohle Bäume, Mauerlöcher sowie Mist- und Heuhaufen als Unterschlupf. Die Nahrung der I. besteht aus Eiern, Reptilien (auch Kreuzottern), Mäusen, Schnecken, Würmern, Insekten, Puppen und Larven. Bei Gefahr auf seinen nächtlichen Beutezügen rollt der I. sich mithilfe der Hautmuskulatur zusammen. Seine natürlichen Feinde sind Fuchs und Uhu.

Der Igel ist fast ausschließlich nachtaktiv.

IJK: Abk. für ▸ Internationale Jagdkonferenz.

IKK: Abk. für ▸ Infektiöse Keratokonjunktivitis.

il bat l'eau! (franz., er nimmt das Wasser an): Bez. der Fanfare, die bei der ▸ Parforcejagd geblasen wurde, wenn der angejagte Hirsch ein Gewässer annahm.

Ilgner, Emil: ▸ Jagdliteratur.

Ilk, der: ▸ Iltisse 1.

Illedeis, der: ▸ Iltisse 1.

Illing, der: ▸ Iltisse 1.

Iltisse, die:

1. Iltis, der (*Mustela putorius*, L.): Auch Waldiltis, Stänker, Ratz, Alledeis, Illedeis, Eltas, Eltes, Eltisz, Ilk, Stinkmarder, Ülk, Illing, Iltnisz. Der I. ist ein Landraubtier (▸ Beutegreifer), das zur Familie der ▸ Marder und zur Unterfamilie der wieselartigen Marder (Stinkmarder) zählt und in Abgrenzung zum Steppen-I. besser Wald-I. genannt wird. Die waidmännischen Ausdrücke sind dieselben wie bei den Mardern und beim ▸ Fuchs.

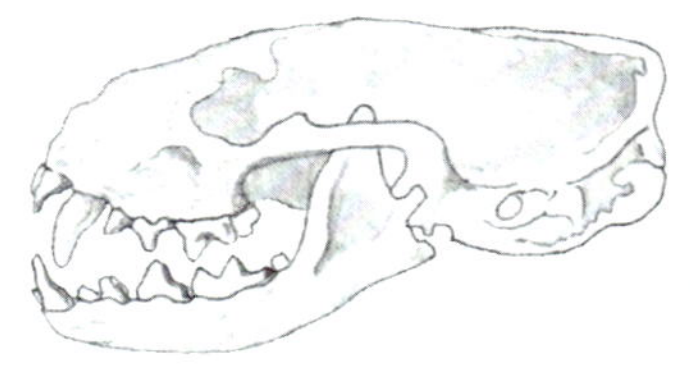

Iltisschädel

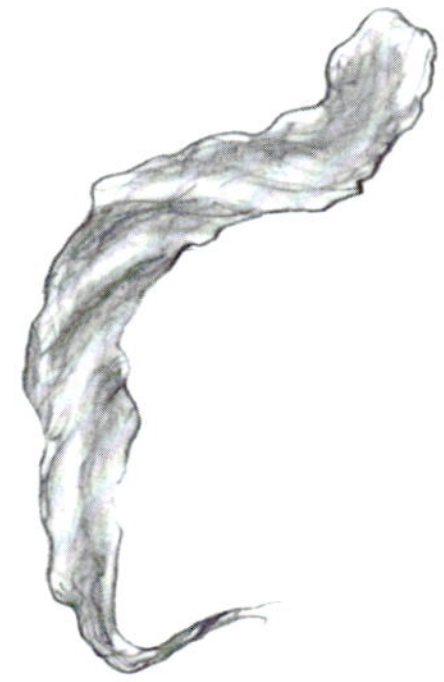

Iltislosung

Vorkommen: Er kommt in ganz Mitteleuropa vor, besiedelt im Norden Südschweden, im Süden ganz Italien, fehlt aber auf den Mittelmeerinseln Elba, Korsika und Sizilien; im Westen (England und Schottland) ist er lokal anzutreffen.
Aussehen: Der Balg ist am Rücken dunkelbraun gefärbt; die gelbliche bis fast weiße Unterwolle schimmert jedoch deutlich durch. Unterseite, Kehle und Branten sind dunkelbraun bis fast schwarz. Im Gesicht hat der I. viel Weiß (I.-Maske). Die Nase ist abgerundet, die hell gesäumten Gehöre sind kurz und dreiseitig abgerundet. Die Rute ist dünner und kürzer als beim Marder. Gelegentlich ist die Unterwolle extrem gelb gefärbt; solche I. werden dann auch als Goldiltis oder Honigiltis bezeichnet. Der Haarwechsel findet im Frühjahr und im Herbst statt. Zahnformel:

$$\frac{3}{3}\,\frac{1}{1}\,\frac{3}{3}\,\frac{1}{2} = 34 \text{ Zähne}$$

(▸ Zahnalterslehre).
Sinne und Lautäußerung: Die Sinne des I., der ein dämmerungs- und nachtaktiver Jäger ist, sind ganz auf das Leben und Jagen in der Dunkelheit eingestellt. Die Lautäußerung untereinander ist ein Keckern. Während der Ranz ist, wenn ein Rüde eine Fähe jagt, von dieser ein lautes Kreischen zu hören; der Rüde hingegen gibt ein gackerndes Geräusch von sich. Ein arg bedrängter I. lässt einen schrillen Ton (Kehllaut) hören und faucht. Bis zur fünften Lebenswoche geben die Jung-I. feine zwitschernde und pfeifende Töne (sog. Nestgezwitscher) von sich.

Der Iltis zählt zur Unterfamilie der wieselartigen Marder.

Lebensraum und Lebensweise: Der I. lebt an Waldrändern und in der Nähe menschlicher Siedlungen und schätzt besonders die Nähe von Wasser. Tagsüber steckt er in Reisighaufen, Steinhaufen, Kaninchenbauen und Baumstümpfen, im Winter auch in alten Gemäuern, in Stallungen, in Scheunen oder auf Dachböden. Erst nach Einbruch der Dämmerung zieht er auf Raub aus. Sein Jagdrevier ist nicht so groß wie das eines Steinmarders, er bejagt es jedoch gründlicher. Wie dieser hält auch er seinen ▸ Pass sehr genau ein. Er jagt mit Vorliebe entlang von Teichen, Bächen oder Flussläufen. Da er sich überwiegend von Mäusen und Ratten ernährt, lebt er häufig wie diese: im Sommer in Wald und Feld, im Winter in Gebäuden und Scheunen.

Ernährung: Sein Fraß besteht zum größten Teil aus Mäusen, Hamstern und Ratten. Ferner nimmt er Frösche, Lurche, Schlangen, Gelege, Kleinvögel, Jungwild von Kaninchen, Hasen, Rebhühnern und Fasanen, auch Käfer und Engerlinge, Fische und Krebse, Obst, Beeren und sogar Aas. Gelegentlich bricht er in Hühnerställe ein und richtet großen Schaden an (▸ Beutefang-Auslöser), raubt aber nur ein Stück. Auch legt er (wie alle Marder) Vorratskammern für Notzeiten an. An Gewässern oder in Sumpfgebieten findet man Fraßplätze mit Resten seiner Mahlzeit. Charakteristisch für den I. ist, dass er die Köpfe der Kröten übriglässt (Giftdrüse im Kopf). In Eier beißt er der Breite nach längliche, fast rechteckige Löcher.

Fortpflanzung: Die ▸ Ranzzeit ist i.d.R. im März, kann aber bis in den Juni gehen. Bei der Begattung verbeißt sich der Rüde fest im Nacken der Fähe (▸ Nackenbiss 1); die beiden Tiere bleiben bis zu einer Stunde vereint. Die Tragzeit beträgt 41 bis 43 Tage. Die Fähe bringt vier bis acht Jung-I. (mehr Rüden als Fähen) in einem Versteck (z.B. Kaninchenbau, Reisighaufen oder Scheune) zur Welt. Sie sind dünn, weiß behaart und 28 bis 34 Tage blind. Bei der Geburt wiegen sie etwa 10 Gramm und sind 6 bis 7 cm lang. Sie werden etwa fünf Wochen gesäugt, nehmen jedoch schon nach der vierten Lebenswoche festen Fraß zu sich. Mit etwa zwölf Wochen sind sie bereits selbständig, mit fünf Monaten ausgewachsen und mit neun Monaten fortpflanzungsfähig. Das Geheck bleibt bis in den Spätherbst zusammen, dann löst sich die Familie langsam auf.

Losung: Die ▸ Losung des I. ist ein etwa 8 bis 10 mm dickes, gedrehtes Röllchen von 6 bis 8 cm Länge und von brauner bis fast schwarzer Färbung, das Haare, Federn, Knochen und Beerenreste enthält. Hat er Frösche verzehrt, so ist die Losung fast schwarz und breiig. I.-Losung strömt eine scharfe, unangenehme Witterung aus. Der I. besitzt (wie die Marder und die Wiesel) am Weidloch zwei bohnengroße Drüsen (▸ Analdrüsen), die ein gelbliches Sekret von starkem, (besonders zur Ranzzeit) unangenehmem Geruch absondern. Wird ein I. stark bedrängt (z.B. von einem Hund), entleert er diese Drüsen (▸ Stinkdrüsen) zur Abwehr. Für feinnasige Hunde ist dieser Geruch so unangenehm, dass sich viele sogar weigern, den I. zu apportieren. An Gewässern oder auf feuchten Wiesen findet man im Sommer manchmal gallertartigen Schleim, sog. ▸ Sternschnuppen.

Iltis: Aussehen

Körpermaße	Rüde	Fähe
KRL	35–50 cm	30–41 cm
OL	2,0–3,5 cm	1,5–2,5 cm
Gewicht	1000–1800 g	600–900 g
SL (Rute)	12–19 cm	8–16,5 cm

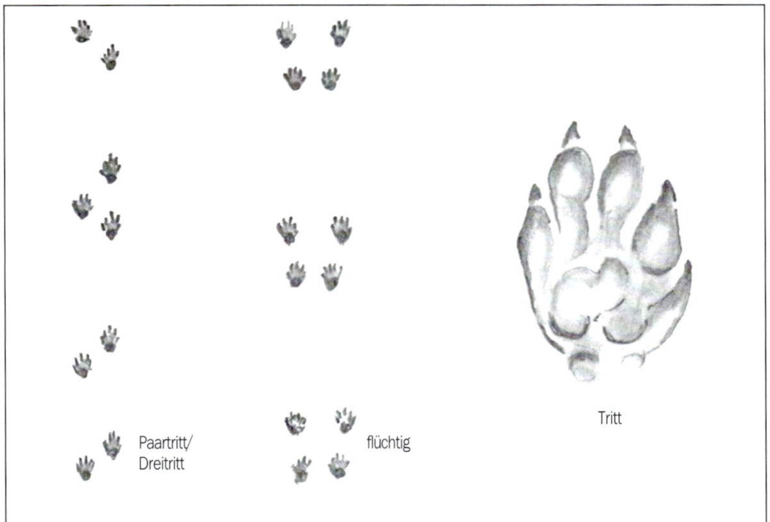

Iltisspuren

Spur: Sie ist der des Marders ähnlich. Die Sprünge sind jedoch kürzer, und der ▸ Dreitritt kommt häufiger vor. Das einzelne Trittsiegel ist markanter, da die Brantenunterseite nur sehr wenig behaart ist. Es ist auch kleiner, und zwei Zehen werden weiter vorne abgedrückt, sodass das Trittsiegel offener und länglicher wirkt. Der I. nagelt. Das Spurbild, die Trittfolge eines schreitenden, schleichenden oder flüchtigen I., gleicht dem des Marders. Das einzelne Trittsiegel einer I.-Vorderbrante ist etwa 3 bis 3,5 cm lang und etwa 2,5 bis 3,5 cm breit, das einer Hinterbrante etwa 4 bis 4,5 cm lang und 3,5 bis 4 cm breit. ▸ Jagdzeit vom 1. August bis zum 28. Februar (Bundesjagdzeitenverordnung).

Jagdarten: Der I. kann mit Prügelfallen, mit Kastenfallen oder mit dem Abzugseisen gefangen werden (▸ Fallen). Er steht auch auf Kaninchen- und Hasenklage, auf Mäuseln und auf Vogelangstgeschrei zu (▸ Lockjagd); auf

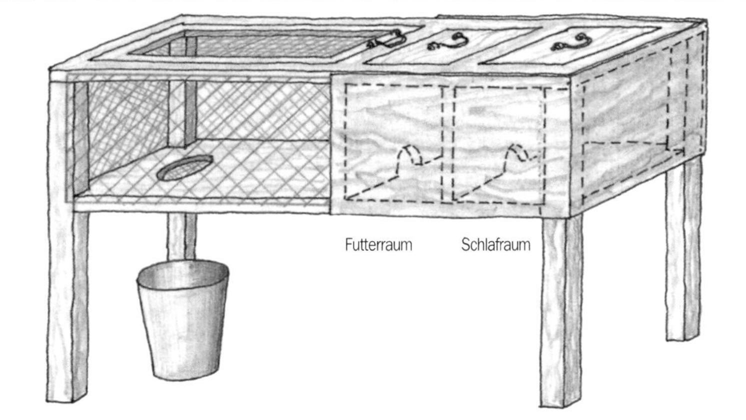

Frettchenzwinger

dem ▸ Luderplatz erscheint er gelegentlich. Kastenfallen versprechen jedoch nur Erfolg, wenn sie auf ▸ Zwangswechseln, z.B. in einer Zaunlücke (bei Wippbrettfallen ist kein Köder nötig) oder in Gebäuden stehen, wo durch die überall herumstehenden Gegenstände der I. keinen Verdacht schöpft. Auch Abzugseisen bringen Erfolg. Werden sie in Gebäuden verwendet, kann man als Köder auch lediglich ein Ei verwenden, um nicht ein Haustier (z.B. Katze) fangen zu müssen.
Besonderheiten: Marder- und I.-Schädel sind deutlich voneinander zu unterscheiden. Der I.-Schädel hat eine erhöhte Stirnnaht, ferner hat er vier Backenzähne weniger, also nur 34 Zähne (Marder 38). Es kommt gelegentlich vor, dass ein I.-Schädel durchlöchert ist, wofür ein Saugwurm (*Troglotrema acutum*) verantwortlich ist.
2. Frettchen (*Putoria/Mustela furo*): Auch Frett oder Frettwiesel genannt. Das F. ist ein aus Nordafrika importierter Albino-Iltis; es ist fast weiß gefärbt mit rötlichen Sehern.
3. Iltisfrettchen: Das I. ist eine Kreuzung zwischen Frettchen und hat eine helle Iltisfarbe.
Beide Arten werden gezähmt und zur Kaninchenjagd (Frettieren) verwendet; ▸ Wildkaninchen (Jagd). Die Frettchen werden in einem Frettchenzwinger gehalten, der an windgeschützter Stelle, die auch Schatten bietet, auf etwa 70 cm hohen Pfählen ruht. Er besteht aus einem Drahtkäfig (ca. 1 m x 0,5 m x 0,5 m), an dessen Stirnseite ein regenwasserdichter, zugfreier Holzkasten angesetzt ist, der als Schlafraum dient. Das Schlupfloch in dem Kasten beträgt ca. 10 cm. Beide Käfigteile müssen sich von oben öffnen lassen. Der Schlafraum wird auch im Sommer mit Heu und Stroh gefüllt, das regelmäßig erneuert werden muss, da Frettchen Sauberkeit lieben. Da sie sich im Zwinger immer an derselben Stelle lösen, kann unter das Drahtgeflecht ein Eimer gestellt werden, der die durchfallende Losung aufnimmt. Im Käfig muss immer eine Schale mit frischem Wasser stehen. Gefüttert werden Frettchen und Iltisfrettchen mit verschiedenen Arten von frischem Fleisch, z.B. mit Kaninchenfleisch, Mäusen, Tauben, Eichelhähern, Spatzen, Rinder- und Schweineleber, Rinder- und Schweineherz. Ersatzweise kann auch Milch mit Weißbrot gereicht werden. Bei guter Pflege und engem Kontakt mit dem Betreuer werden die Tiere sehr zutraulich. Die Sinne der Frettchen und der Iltisfrettchen sind ganz auf Leben und Jagd in der Dunkelheit eingestellt. Beide Arten wittern und vernehmen gut, äugen jedoch schlecht. Die Ranzzeit der Frettchen ist im März oder im Juli/August. Die Tragzeit beträgt 41 bis 43 Tage. Die Fähe bringt vier bis sieben Junge, gelegentlich auch mehr. Diese sind ca. 14 Tage blind.
4. Steppeniltis (*Mustela eversmanni*, Less.): Der S. kommt vom Osten und drängt immer weiter nach Westen. Vorkommen in Österreich u.a. im Marchfeld und im Nordburgenland. Er ist dämmerungsaktiv (morgens und abends), jagt bei trübem Wetter auch am Tage. Zu seinen Beutetieren gehören v.a. Ziesel, Feldmaus und Hamster. Sein Balg ist heller als der des I., die Rutenspitze ist schwarz.

Iltiswiesel, der: Seltener Ausdruck für das Frettchen; ▸ Iltisse 2.

Imberseetaucher, der (die Imbergans): ▸ Seetaucher 3.

immatur (lat.: immaturus, unreif): Ornithologischer Ausdruck für einen jungen, bereits ausgewachsenen, aber noch nicht geschlechtsreifen Vogel, dessen Federkleid vom ▸ Alterskleid und vom ▸ Jugendkleid abweicht.

Imme, Theodor: ▸ Jagdliteratur.

Immenaffe, der: Das ▸ Eichhörnchen.

Immenwolf, der: ▸ Spechte 1.

Immigration, die: ▸ Migration.

Immobilisierung von Wild: ▸ Narkosegewehr, ▸ Wildtierimmobilisation.

Immunisierung, die: ▸ Impfung, ▸ Schluckimpfung.

Impfbescheinigung, die: Bei der Grundimmunisierung des Hundes stellt der Tierarzt einen Internationalen Impfpass aus. Dieser enthält neben Namen, Geburtsdatum, Geschlecht und ▸ Rasse auch genaue Angaben über die verabreichten ▸ Impfungen und die verwendeten Impfstoffe. Die I. ist beim Grenzübertritt ins Ausland mitzuführen.

Impfung, die: I. *des Hundes*: Um den Hund vor ▸ Infektionskrankheiten zu schützen, sollte er schutzgeimpft werden. Die Grundimmunisierung erfolgt durch eine zweimalige I. des Hundes im Abstand von vier bis fünf Wochen. Die erste I. sollte im Alter von sieben bis neun Wochen, die zweite im Alter von zwölf bis vierzehn Wochen erfolgen. Geimpft wird meist mit einem kombinierten Impfstoff gegen ▸ Staupe, ▸ Hepatitis und ▸ Leptospirose. Wegen der immer wieder auftretenden ▸ Parvovirose sollten die Hunde auch gegen diese Infektionskrankheit schutzgeimpft werden. Hunde in Tollwutgebieten, besonders aber zur Jagdausübung verwendete Hunde, sind auch gegen ▸ Tollwut zu impfen. Da eine Grundimmunisierung nur eine bestimmte Zeit wirksam ist, muss von Zeit zu Zeit (etwa alle zwölf Monate) eine Wiederholungs-I. erfolgen. Der Hund muss zum Zeitpunkt der I. vollkommen gesund, wurmfrei und ungezieferfrei sein. In den ersten 10 bis 20 Tagen nach der I. sind körperliche Anstrengungen zu vermeiden, bei Junghunden auch der Kontakt mit anderen Hunden, da der Impfschutz noch nicht gegeben ist und sich erst Antikörper bilden müssen. *I. des Menschen*: Kommt der Mensch mit tollwütigen Tieren in Berührung, muss er schutzgeimpft werden. Für Personen, die sich viel im Wald aufhalten, ist in Gebieten, in denen mit Frühsommer-Meningoenzephalitis-Viren verseuchte Zecken vorkommen, auch eine FSME-Schutzimpfung zu empfehlen; ▸ Zeckenbiss-Enzephalitis, ▸ Schluckimpfung.

Imponierflug, der: ▸ Kampfflug.

Imponierverhalten, das (Imponiergehabe): Das I. ist in der Verhaltensforschung die Bez. für eine Verhaltensweise der Tiere, v.a. der Männchen gegenüber Artgenossen, die eine Drohwirkung (auf einen Rivalen) und eine Werbewirkung (auf den Fortpflanzungspartner) in sich vereinigt. Dieses I. kommt sowohl in Bewegungsformen (z.B. ▸ Breitseits-Imponierschreiten des Rothirsches, Imponierschwimmen der Enten) als auch in Darstellungsformen zum Ausdruck, bei der die eigene Körpergröße hervorgehoben wird (z.B. fächerartiges Ausbreiten des Stoßes, Sträuben des Gefieders bei den ▸ Hühnervögeln). Der Hund versucht durch Haaresträuben, Schwanzheben und Knurren zu imponieren; ▸ Bodenforkeln.

Inbesitznahmebruch, der: ▸ Bruchzeichen.

Inbusen, der (Ingarn, Ingemäsch): Das mittlere, zwischen den Spiegeln angebrachte Netz beim Treibzeug (▸ Garne).

Incisivi, die: ▸ Zahnalterslehre.

Indische Haube, die: Eine ▸ Falkenhaube.

Individualabstand, der (Individualdistanz): In der Verhaltensforschung ein bestimmter Abstand, den Tiere gleicher Art (▸ Distanztiere) voneinander halten. Der Distanzabstand zeigt sich deutlich bei Koloniebrütern. Der I. ist triebabhängig und wird in bestimmten Situationen, z.B. bei der Balz oder bei Gefahr, aufgegeben. Ein Überschreiten des I. löst Flucht oder ein Kampfverhalten aus; ▸ Kontakttiere.

individueller Verband, der: ▸ anonymer Verband.

Individuendichte, die: ▸ Abundanz.
Individuum, das: Bez. für das einzelne Lebewesen als biologische Einheit. Bei niederen Lebewesen (z.B. Korallen) ist nicht immer eindeutig, was als biologische Einheit zu gelten hat.
Industriepflanzen, die: ▸ Nachwachsende Rohstoffe.
Infanterist, der: Bez. für einen ▸ Fasan, der bei einem Treiben nicht auffliegt, sondern auf dem Boden laufend zu fliehen versucht. Auf einen gesunden I. zu schießen ist unwaidmännisch.
Infektionskrankheiten, die: Krankheiten, die durch Infektion (Ansteckung) hervorgerufen werden.
Beim Hund: a) Hervorgerufen durch Bakterien: Leptospirose. b) Hervorgerufen durch Viren: Aujeszkysche Krankheit (Pseudotollwut), Hartballenkrankheit, Hepatitis, Parvovirose, Staupe, Tollwut. Auf Menschen übertragbare Krankheiten (▸ Zoonosen) sind: Leptospirose und Tollwut.
Beim Wild: a) Hervorgerufen durch Bakterien: Brucellose, Gamsblindheit, Geflügelcholera, Milzbrand, Moderhinke, Pasteurellose, Pseudotuberkulose, Rauschbrand, Salmonellose, Staphylokokkose, Tuberkulose, Tularämie (Nagerpest), Botulismus, Pararauschbrand, Rotlauf. b) Hervorgerufen durch Viren: Geflügelpest, Maul- und Klauenseuche, Myxomatose, Ornithose, Papillomatose, Schweinepest (europäische), Tollwut, Zeckenbiss-Enzephalitis, European Brown Hare Syndrome, Rabbit Haemorrhagic Disease. Auf Menschen übertragbare Krankheiten (Zoonosen) sind: Milzbrand, Pseudotuberkulose, Salmonellose, Staphylokokkose, Tularämie (Nagerpest), Maul- und Klauenseuche, Tollwut, Botulismus und Zeckenbiss-Enzephalitis; ▸ Invasionskrankheiten.
Infektiöse Keratokonjunktivitis, die: Eine ansteckende Entzündung der Lidbindehäute und der Hornhaut des Auges bei Rindern, Schafen und Ziegen sowie bei Gams- und Steinwild; ▸ Gamsblindheit.
Inforestation, die: Im Mittelalter war herrenloses Gebiet zunächst das Land des Königs, über das er frei verfügen konnte. Es hatte nur als Jagdgebiet einen Wert. Um Eingriffe der Markgenossen zu verhüten, verhängte der König ein mit der Strafe des Königsbannes bewehrtes Verbot der Jagdausübung über bestimmte Teile des Jagdgebietes. Diese Verbotsgebiete hießen »Forst-« oder »Wildbann«, die Verhängung des Jagdverbotes war die I. Der Name kommt von »forenis« bzw. »forestis« (= Fremder) und bedeutet den Ausschluss der Fremden von der Jagdausübung. Im 13. und 14. Jh. trat besonders in den italienischen Statuten der Unterschied zwischen »terrigener« (Eingeborener) und »forestis« auf. Die I. betraf nicht nur ein Jagdverbot, sondern auch das Verbot des Holzeinschlags mit Rücksicht auf die Jagd sowie das Verbot der Rodung. Daraus ergibt sich der Zusammenhang zwischen Jagd-, Rodungs- und Holzeinschlagsverboten und daraus »Jagdregal«, »Forstregal« und Waldgesetzgebung.
Ingarn, das (Ingemäsch): ▸ Inbusen.
Ingeräusch, das (Ingeraisch, Ingereusch, Ingewaid, Ingraisch): Veralteter Ausdruck für ▸ Geräusch.
Inguinalorgane, die: Leistentaschen bei beiden Geschlechtern des ▸ Muffelwildes, die ein stark riechendes, salbenartiges Sekret erzeugen und durch Ausstülpen entleert werden können. Die Bedeutung dieser ▸ Duftdrüsen ist bisher unbekannt.
Inhaber des Jagdrechts, der: ▸ Jagdrecht.
Inkarnatklee, der: ▸ Wildäsungspflanzen.
Inkubationszeit, die: **1**) In der Zoologie die Zeitdauer der Bebrütung des Eies. **2**) Auch die entwicklungsfördernde Erwärmung von Bakterienkulturen (Krankheitserregern). Bei den ▸ Infektionskrankheiten somit der Zeitraum zwischen der Infektion (Eindringen eines Krankheitserregers in das von ihm befallene Organ) und dem Ausbruch der Krankheit. Der Zeitraum ist je nach Krankheit unterschiedlich, er kann Stunden, Tage, Wochen und länger dauern.
Innehaben, das: Das Trächtigsein bei Feldhase, Schneehase, Wildkaninchen und Murmeltier; ▸ Trächtigkeit.
Innenballistik, die: ▸ Ballistik.
Innenfahne, die: Teil der ▸ Vogelfeder.
Innenparasiten, die (Endoparasiten): Parasiten, die zeitweise oder ständig im Inneren eines Tieres leben und sich vom Blut, vom Nahrungsbrei oder von Gewebesäften des ▸ Wirtstieres ernähren (z.B. Leberegel, Lungenwürmer, Hautdasseln usw.); ▸ Wildkrankheiten und Einzelbeschreibungen der ▸ Parasiten.
Inschlag, der: ▸ Hirschgerechte Zeichen.
Inschlicht, das (Inschlitt): ▸ Inselt.
Inselt, das (Inslicht, Inschlicht, Inschlitt, Unschlitt): Das Fett an den inneren Organen des Schalenwildes mit Ausnahme des Schwarzwildes; ▸ Fett, ▸ Feist, ▸ Weiß, ▸ Hirschtalg.
Insiegel, das: ▸ Hirschgerechte Zeichen.
Inslicht, das: ▸ Inselt.
Inspektion Staatsjagd (ISJ), die: ▸ Jagdwesen in der DDR.
Instandsetzungsbeschuss, der: ▸ Beschusspflicht.
Instinkt, der: Ein hierarchisch organisierter, nervaler Mechanismus, der auf bestimmte vorwarnende, auslösende und richtende, innere oder äußere Impulse anspricht und sie mit wohlkoordinierten, lebens- und arterhaltenden Bewegungen beantwortet. Die verschiedenen I. beeinflussen sich gegenseitig. Sie äußern sich im ▸ Instinktverhalten, das wiederum in einzelne I.-Bewegungen (▸ Erbkoordination) gegliedert wird. In der ▸ Verhaltensforschung ein umstrittener, in vielfältiger Bedeutung gebrauchter Begriff, der überwiegend als die angeborene Fähigkeit von Lebewesen verstanden wird.
Instinktbewegung, die: ▸ Erbkoordination.
Instinktverhalten, das (Instinkthandlung): Artspezifisches, i.d.R. lebens- und arterhaltendes Verhalten eines Lebewesens; I. ist ererbt, es kann jedoch, besonders bei höheren Tieren, durch Erfahrung modifiziert werden. Durch Stimulation übergeordneter Zentren des hierarchisch organisierten I. können untergeordnete Zentren erregt oder gehemmt werden. Ein I. setzt sich aus einer ▸ Erbkoordination und einer Orientierungsbewegung zusammen. Eine einfache Instinkthandlung ist die von Konrad ▸ Lorenz erforschte Eirollbewegung der Graugans, die durch ein Ei oder einen eiähnlichen Gegenstand außerhalb der Nestmulde ausgelöst wird. Voraussetzung für das erfolgreiche Ablaufen einer Instinkthandlung ist eine gewisse Bereitschaft, die ein ▸ Appetenzverhalten zur Folge hat. Ein ▸ Schlüsselreiz löst die Handlung über den angeborenen ▸ Auslösemechanismus aus. Sie wird durch die ▸ Endhandlung abgeschlossen; ▸ Übersprungsverhalten.
Institut für Zoo- und Wildtierforschung (IZW): Gegründet am 17.11.1992 in Berlin-Friedrichsfelde. Das IZW übernimmt als zentrale und unabhängige Forschungseinrichtung für Deutschland die Aufgabe, durch Grundlagenforschung neue wissenschaftliche Erkenntnisse über das gesunde und das kranke nicht domestizierte Tier in freier Wildbahn, in tiergärtnerischen Einrichtungen und in Reservaten zu erarbeiten und in internationaler Kooperation zum Erhalt gefährdeter und vom Aussterben bedrohter Arten beizutragen.
integrierter Landbau, der: Der integrierte L. ist die konsequente Weiterentwicklung von Anbau- und Produktionsverfahren der Landwirtschaft, die sowohl ökologischen als auch ökonomischen Erfordernissen Rechnung tragen. Dabei sollen alle geeigneten Verfahren des Acker- und des Pflanzenbaus standortgerecht aufeinander abgestimmt werden. Der Landwirt muss v.a. seine Bewirtschaftungsmaßnahmen (Anbautechnik, Fruchtfolge, Pflanzenernährung und -schutz, Sortenwahl) auf die natürlichen Gegebenheiten abstimmen, unter denen er Bodennutzung betreibt. Darüber hinaus ist es erforderlich, die Belastung von Grundwasser und Oberflächenwasser und Stoffeinträge in benachbarte ▸ Biotope zu vermeiden sowie typische Landschaftselemente zu erhalten (▸ Bodenschutz). Der integrierte L. ist wesentlicher Bestandteil einer umweltverträglichen Landbewirtschaftung und eine Weiterentwicklung des ▸ konventionellen Landbaus mit dem Ziel, Produktionsverfahren noch umweltschonender auszurichten und zugleich ökonomischer zu gestalten; ▸ ökologischer Landbau.
integrierter Pflanzenschutz: ▸ Pflanzenschutz.
Intermediärtyp, der: ▸ Ernährungstypen.
Internationale Fachmesse für Jagd- und Sportwaffen, Outdoor und Zubehör (IWA): Die IWA wendet sich an Jäger, Sportfischer und Sportschützen und bietet einen umfassenden Überblick über Jagd- und Sportwaffen, Jagdoptik und Jagdzubehör, Hegeeinrichtungen, Fischereibedarf, Geländefahrzeuge und Jagdreisen. Die jährlich in Nürnberg stattfindende Fachmesse ist ausschließlich dem Fachhandel vorbehalten und wird von den Verbänden der Hersteller von Jagdwaffen, Sportwaffen und Munition gefördert. Ideeller und fachlicher Träger der Ausstellung ist der Deutsche ▸ Jagdschutz-Verband mit den

ihm angeschlossenen Landesjagdverbänden; ▸ Jagdausstellungen.

Internationale Jagdausstellungen, die: Gemeinsame Informationsausstellungen mehrerer Länder sowie reine Trophäen- und Präparateausstellungen. Bereits 1881 fand in Kleve (Niederrhein) eine I. Jagdausstellung statt. Als erste I. Jagdausstellung wurde jedoch die in Wien (7.5. 1910 bis 10.10.1910) bezeichnet. Sie fand im Wiener Prater statt und hatte insgesamt 2 703 090 zahlende Besucher. Neben allen im österreichischen Reichsrat vertretenen Königreichen und Ländern – außer Dalmatien, wo die Jagd frei war – beteiligten sich an dieser Ausstellung auch die meisten europäischen und daneben auch einige außereuropäische Staaten. Aus Deutschland waren Bayern und Sachsen noch gesondert vertreten. Auf dem Messegelände wurde damals auch das kaiserliche Jagdschloss Mürzsteg nachgebaut und für die Dauer der Messe mit der originalen Inneneinrichtung ausgestattet. Auch Deutschland hatte ein Jagdschloss im Barockstil errichtet. Nach Wien folgten Ausstellungen in Leipzig (1930), Berlin (1937), Düsseldorf (1954), Novi Sad (Jugoslawien, 1967), Budapest (Ungarn, 1971), Plovdiv (Bulgarien, 1981), Nürnberg (Deutschland, 1986); ▸ Jagdausstellungen.

Internationale Jagdkonferenz (IJK), die: 1964 in Salzburg gegründeter satzungsloser Zusammenschluss einiger europäischer Jagdverbände: Schweiz (Allgemeiner Schweizerischer Jagdschutzverein, Schweizerischer Patentjäger- und Wildschutzverband), Dänemark (Dansk Jagtforening), Deutschland (Deutscher Jagdschutz-Verband), Südtirol (Südtiroler Jagdverband), Liechtenstein (Liechtensteiner Jägerschaft), Luxemburg (Fédération des Chasseurs Luxembourgeois), Belgien (Royal Saint Hubert Club de Belgique), Niederlande (Koninklijke Nederlandse Jagersvereniging), Österreich (Österreichische Landesjagdverbände). Die Geschäftsführung obliegt dem Südtiroler Jagdverband.

Internationaler Hundeverband: ▸ FCI, ▸ Hundeverbände.

Internationaler Jagdrat: ▸ CIC.

Internationaler Rat für Vogelschutz (IRV): Internationale Vereinigung (International Council for Bird Preservation, ICBP), gegründet 1922 zur Koordinierung der fachlichen und der politischen Bemühungen für den ▸ Vogelschutz. Hat kontinentale und nationale Sektionen in 86 Ländern mit rd. 270 Mitgliedsorganisationen. Die deutsche Sektion wurde 1923 gegründet. 1993 Umbenennung in ▸ Birdlife International.

Internationaler Ring der Jagdwissenschaftler, der: 1954 bei der ▸ Internationalen Jagdausstellung in Düsseldorf von Jagdwissenschaftlern aller Fachbereiche als lose Vereinigung (International Union of Game Biologists, IUGB) gegründet. Für jedes einzelne Land wird ein Obmann aufgestellt. Als Nachfolgeorganisation der bisherigen Gruppe BR Deutschland wurde im Jahre 2001 die ▸ Vereinigung der Wildbiologen und Jagdwissenschaftler (VWJD) gegründet. Die Jagdwissenschaftler der Mitgliedsländer treffen sich alle zwei Jahre zu einem Kongress. Seit der Gründung der Vereinigung fanden bisher folgende Kongresse statt: Düsseldorf (1954), Graz (1955), Aarhus (1957), Arnheim (1959), Bologna (1961), Bournemouth (1963), Belgrad/Ljubljana (1965), Helsinki (1967), Moskau (1969), Paris (1971), Stockholm (1973), Lissabon (1975), Atlanta (1977), Dublin (1979), Trujillo (1981),Štrbské Pleso (1983), Brüssel (1985), Krakau (1987), Trondheim (1989), Gödöllö (1991), Halifax (1993), Sofia (1995), Straßburg (1997), Vlissingen (1999), Lemesos (= Limassol, 2001).

Internationaler Schweißhundeverband: ▸ Schweißhundeverband.

Internationales Büro für Wasservogel- und Feuchtgebietsforschung (IWRB): Das IWRB (International Waterfowl Research Bureau) ist in Forschungsarbeitsgruppen organisiert, die international bestimmte Fragestellungen bearbeiten. Das IWRB erstellt auch die Feuchtgebietsverzeichnisse und betreibt Monitoring (Begleitkontrolle) von Wasservogelpopulationen. Besonders hervorzuheben sind die internationalen Zählungen der in Europa überwinternden ▸ Wasservögel. Auf Betreiben des IWRB wurde 1971 die Ramsar-Konvention (▸ Feuchtgebiete) abgefasst; ▸ EG-Vogelschutzrichtlinie, ▸ Richtlinie zur Erhaltung der natürlichen Lebensräume sowie der wild lebenden Tiere und Pflanzen.

Internationale Union für die Erhaltung der Natur und der natürlichen Hilfsquellen (IUCN): ▸ Naturschutzverbände.

Intervalljagd, die: Eine Jagdstrategie, bei der nach kurzfristiger, intensiver Bejagung eines Gebietes wieder eine Ruhephase für das Schalenwild folgt. Die Bejagung in Intervallen hat die Reduzierung des ▸ Jagddrucks zum Ziel, z.B. durch Drückjagden, denn die ständige Bejagung (Ansitz, Pirsch) eines Reviers (Reviertei-les) führt zu einer Beunruhigung des Wildes, wodurch es vergrämt in den Einständen bleibt und nur noch nachts auswechselt (▸ Nachtwild). Durch die I. wird das Wild wieder vertraut und leichter bejagbar; ▸ Beunruhigungsjagd.

Invasion, die: ▸ Migration.

Invasionskrankheiten, die: Durch tierische Schmarotzer (▸ Parasiten) hervorgerufene parasitäre Erkrankungen (Parasitosen); ▸ Infektionskrankheiten.

Inverkehrbringen und Schutz von Wild: ▸ Wildverkehr, ▸ Bundeswildschutzverordnung, ▸ Fleischuntersuchung, ▸ Lebensmittelrecht, ▸ Präparieren von Wild.

Inzestzucht, die: Die Paarung von blutsverwandten Hunden ersten und zweiten Grades (Eltern, Kinder, Geschwister, Großeltern).

Inzucht, die: Die Paarung von blutsverwandten Hunden dritten und vierten Grades (Onkel, Nichte, Tante, Neffe).

Iprump, die: ▸ Reiher 7.

Irischer (Irish) Setter: ▸ Vorstehhunde 12.

Ischler Stutzen, der: Ein einschüssiges, vollgeschäftetes Hahngewehr (Vorderlader) mit großem Kaliber, ehemals hergestellt von dem damals sehr bekannten Büchsenmacher W. Leitner sen. aus Ischl (Österreich). Der I. S. war eine der Lieblingsjagdwaffen Kaiser Franz Josephs, die er freihändig abschoss. Die I. S. hatten ursprünglich ein Kaliber von 16,5 mm. Die späteren Stutzen waren bereits mit dem sog. Lancaster-Zündsystem ausgestattet. Sie waren die ersten Waffen mit Zentralzündung, welche die bis dahin übliche ▸ Stiftzündung verdrängte. Diese Waffen hatten schon das genormte Kaliber von 8 mm und Halbmantelgeschosse und waren bereits äußerst perfekt.

Isegrim, der (Isengrim, Isengrin): Bez. des ▸ Wolfes in der Fabel, die »Eisenmaul« bedeuten soll.

ISJ: Abk. für Inspektion Staatsjagd; ▸ Jagdwesen in der DDR.

Isländischer Jagdfalke, der (Isländer, großer Gerfalke): ▸ Falken 9.

IUCN: Internationale Union für die Erhaltung der Natur und der natürlichen Hilfsquellen; ▸ Naturschutzverbände.

IUGB: Abk. für International Union of Game Biologists; ▸ Internationaler Ring der Jagdwissenschaftler.

IWA: Abk. für ▸ Internationale Fachmesse für Jagd- und Sportwaffen, Outdoor und Zubehör.

IWRB: Abk. für ▸ Internationales Büro für Wasservogel- und Feuchtgebietsforschung.

IZW: Abk. für ▸ Institut für Zoo- und Wildtierforschung.

Internationale Jagdausstellung 1986 in Nürnberg

J

Jacht, die: Veraltete Schreibweise für Jagd.
Jacht Buch, das: ▸ Birkner.
Jäck, der: ▸ Rabenvögel 9.
Jacke, die: **1**) Die Decke (Behaarung) des Hundes; ▸ Hundehaar. **2**) Seltene Bez. für das Fell des Bären. **3**) Eine aus Leder, grobem Leinen oder Barchent gefertigte, mit Werg, Baumwolle oder Haar dick gefütterte, gesteppte, von unten her dicht mit Fischbein ausgelegte J. (Hundepanzer), die, nebst einem Stachelhalsband (Hatzband; ▸ Halsung), den ▸ Hatzhunden früher bei Sau-, Wolfs- und Bärenhetzen zum Schutz gegen die Hauer, die Wolfsfänge bzw. die Bärenbranken angelegt wurde. Die J. bedeckte Blatt, Leib und Keulen, hinderte aber die Hunde am schnellen Laufen. Die Hunde wurden als Panzerhunde, gepanzerte oder gejackte Hunde bezeichnet. Nunmehr versucht man, Stöber- und Schweißhunde bei der Jagd auf Schwarzwild durch leichte J. (▸ Hunde-Schutzanzug) vor Verletzungen zu schützen.
Jacobi, Arnold (31.1.1870 Leipzig bis 16.6.1948 Dresden): Zoologe und Enthnograf. J. studierte Naturwissenschaften und war seit 1898 wissenschaftlicher Hilfslehrer für Zoologie an der Biologischen Abteilung für Land- und Forstwirtschaft am Kaiserlichen Gesundheitsamt Berlin. J. war seit 1903 Professor der Zoologie an der Forstakademie Tharandt und wurde 1906 Direktor des Zoologischen und Anthropologisch-Enthnographischen Museums in Dresden. Er veröffentlichte u.a. »Tiergeographie« (1904) und »Die Bedeutung der Farben im Tierreich« (1904).
Jacobsen, Jürgen (1625 bis 1685): Hamburger Jagdstückemaler.
Jacobsonsches Organ, das: Zusätzliches Geruchsorgan (Sonderbildung) der Huftiere und der Reptilien. Meist liegt es im vorderen Nasenhöhlenbereich bzw. am Mundhöhlendach (Gaumendach). Dieses Organ funktioniert bei Huftieren durch den Vorgang des ▸ Flehmens während der ▸ Brunft. Es signalisiert dem brunftbereiten männlichen Stück, ob das Tier brunftig ist bzw. vor dem Eisprung steht. Auf schleckend-flehmende Weise testen die männlichen Tiere dabei die Konzentration des brunftauslösenden weiblichen Geschlechtshormons Östrogen im ▸ Harn weiblicher Tiere. Reptilien nehmen die Duftstoffe durch Züngeln auf.
Jagd, die: Ausdruck für **1**) das Aufsuchen, Nachstellen, Fangen und Erlegen von Wild (▸ jagdbare Tiere) nach den Regeln des ▸ Jagdrechts und des jagdlichen ▸ Brauchtums; ▸ Jagdausübung. **2**) das ▸ Jagdwesen und die ▸ Jagdwirtschaft schlechthin. **3**) das Jagdrevier, den ▸ Jagdbezirk (z.B.: »Ich habe die Jagd in X. gepachtet.«). **4**) eine Jagdveranstaltung; z.B.: Es wird zu einer Jagd (▸ Gesellschaftsjagd) in A. eingeladen.
Ursprünglich war das Wort J. nur verbreitet als »J. auf Wild machen«. Erst im 17. Jh. erweiterte sich die Bedeutung, galt auch als Sammelname für den Wildbestand eines Reviers (z.B. die J. ist gut oder schlecht), als Bez. für ein Jagdrevier (Feldjagd, Waldjagd, Gebirgsjagd) und im Sinne von Waidwerk und letzendlich erhielt es mit der Zeit auch alle oben unter 1) mit 4) angeführten Bedeutungen.
Jagd & Hund: Größte Jagdmesse Europas, die jährlich in Dortmund stattfindet. Die J. & H. ist eine Internationale Ausstellung für Jagd und Angelfischerei und besteht seit 1982; ▸ Jagdausstellungen.
Jagd, jagen, Jäger in der Redensart, im Sprichwort und Zitat: Eine große Anzahl von sogenannten »geflügelten Wörtern«, die immer eine genau nachweisbare Herkunft haben, aber auch viele im Volk verwurzelte Redensarten, Sprichwörter und Zitate haben die Jagd, den Jäger und/oder das Wild zum Inhalt. Darunter finden sich mehrzeilige, gereimte Sprüche mit zum Teil liedhaftem Charakter, neben kurzen, oft nur vier oder fünf Worte umfassenden Aussprüchen. Hier eine Auswahl: »Es ist ein schlechter Hund, den man zur Jagd tragen muss«, »Man muss die Hunde nicht loslassen, ehe die Jagd beginnt« (svw.: Übereifer schadet), »Mit alten Hunden ist die sicherste Jagd«, auch »Alter Hund macht gute Jagd« (Erfahrene Helfer sind die besten), »Viele Hunde sind des Hasen Tod«, »Wenn der Hund lacht, so weint der Hase«, »Ein bellender Hund taugt nicht zur Jagd«, »Ein Jagdhund beißt sich nicht mit dem Möpslein«, »Der eine jagt das Wild, der andere isst den Braten«, »Jagst du (nicht), so fängst du (nicht)«, »Man kann alle Tage jagen, aber nicht alle Tage fangen«, »Auf einer Jagd fängt man nicht alles Wild«, »Man muss fischen, wenn man nicht jagen kann«, »Schrecken jagt den Hasen aus dem Busch«, »Da liegt der Hase im Pfeffer«, »Wo der Has geheckt, das sitzt er gern«, »Wollen erst sehen, wo der Hase läuft, wissen wie der Hase läuft, wo der Hase im Busch liegt«, »Wer Grillen jagt, wird Grillen fangen«, »Wer mit Katzen jagt, bringt Mäuse heim«, »Wer sich zum Lamm macht, den jagen die Wölfe«, »Wo kein Wild ist, kann man nicht jagen«, »Alte Jäger hören noch gern blasen«, »Es sind nicht alle Jäger, die Hörner führen«, »Man muss oft die Jagd abblasen, weil man gleich nichts gefangen hat«, »Der beste Jäger kommt oft leer nach Haus«, »Jagest du, so fahest du«, »Wer nicht jagt, der fahet nicht« (fahet = fängt), »Es ist allweg Jagetag, aber nicht allweg Fahetag«, »Nicht Jeder, der jagt, hat Waidmannsglück«, »Jagen und nicht fangen macht verdrossne Jäger«, »Ein Jäger unverdrossen hat es oft genossen«, »Ein Jäger und sein Hund essen zu jeder Stund«, »Der Jäger gehört in den Wald«, »Der Jäger macht den Hund, nicht der Hund den Jäger«, »Es gibt mehr Hasen als Jäger«, »Es ist ein schlimmer Jäger, der seinen Hund schießt

statt des Hasen«, »Es ist nicht jeder ein Jäger, der einen grünen Rock trägt«, »Es sind nicht alle Jäger, die das Horn gut blasen«, »Nasse Jäger, trockne Fischer, schlecht' Geschäft«, »Jäger, Fischer und Hahnreie müssen viel Geduld haben«, »Ein guter Jäger lässt sich nicht aufs Rohr sehen«, »Ein Jäher gibt keinen guten Jäger«, »Wer den Andern jagt, wird auch müde«, »Flinke Jäger sind die Weiber, jagen ohne Schuss und Treiber«, »Je schlechter der Jäger, je schlimmer der Hund«, »Kein Heger, kein Jäger«, »Kluge Jäger streuen den Vögeln Körner«, »Wer mit Jägern gehen will, der muss hetzen«, »Ein Jäger, der nicht raucht und trinkt, nicht liebt und frohe Lieder singt und niemals spricht ein Wort Latein – das kann kein rechter Jäger sein«, »Das Wild frisst armer Leute Brot und der Teufel den Jäger«, »Wer Wild zu sehr liebt, der wird wild«, »Zu solchem Wild gehört solcher Waidmann«. »Ein gewaltiger Jäger vor dem Herrn« (nach einem Bibelwort; Buch Moses 10,9, gemeint war Nimrod, scherzhaft nennt man begeisterte Jagdfreunde so), »Den Mann lernt man kennen im Spiel, auf der Jagd und in der Liebe«, »Wer andre jagen will, muss selbst gut laufen können«, »Jeder Jäger wird mal ein Hase« (Wilhelm Busch), »Es lebe, was auf Erden stolziert in grüner Tracht: Die Wälder und die Felder, die Jäger und die Jagd« (Wilhelm Müller: »Jägers Lust«), »Nun kommt der Herbst, nun kommt die Jagd, nun kommt des Weidwerks Freude« (F. Freiligrath, nach Burns), »Wie der Hirsch schreiet nach frischem Wasser, so schreiet meine Seele, Gott, zu dir« (Psalm 42.2), »Das ist Lützows wilde verwegene Jagd!« (Kehrreim eines Gedichtes von Theodor Körner (1791 bis 1813; Lützow [1728 bis 1834] war ein Freikorpsführer in den deutschen Befreiungskriegen 1813 bis 1815), »Die Jagd ist doch immer was und eine Art von Krieg« (Goethe: »Götz von Berlichingen«), »Die wilde Jagd und die deutsche Jagd, auf Henkersblut und Tyrannen« (Theodor Körner: »Lützows wilde Jagd«), »Hals- und Beinbruch« (ursprünglich ein Jägerwunsch), »Wald!, Wein!, Weib!, Wild!« (deutscher Jägerspruch), »Aufpassen wie ein Schießhund« (svw. scharf aufpassen; Schießhund war eine seit der 2. Hälfte des 18. Jh. geläufige Bez. für einen schussfesten Vorstehhund). »Mein Name ist Hase, ich weiß von nichts!«. (Dieses geflügelte Wort stammt von einem Jurastudenten, der vor dem Heidelberger Universitätsgericht an ihn gerichtete Fragen verneinte. Die Worte nahmen bald ihren Weg durch alle deutschen Universitäten und gingen von da in den Sprachschatz des Volkes über.), »Mit einem Hasen schwanger gehen« (svw. »närrisch« sein, »einen ›Klaps‹« haben), »Mich hat ein Hase geleckt« (wenn einem Schmeichelhaftes widerfährt), »Die Arbeit ist kein Hase, läuft nicht fort« (Ausspruch des Arbeitsunlustigen), »Der Has ist im Garn« (Betrüger über den Betrogenen), »Ich bin kein heuriges Häslein mehr« (svw. kein Dummkopf sein: alte Buschhasen rücken besonders vorsichtig und spät zu Felde), »Der Wolf im Schafspelz«, »Wenn ein Wolf den anderen frisst, ist Hungersnot«, »Wer einen Wolf großzieht, wird zum Dank von ihm gefressen«, »Wer sich zum Schaf macht, den fressen die Wölfe«, »Dem Wolf ein Lamm aus dem Rachen reißen« (svw. sich zu viel zugemutet haben), »Wer beim Wolf Gevatter stehen will, muss einen Hund unterm Mantel haben«.

Jagd, jagen, Jäger und Wild im Volkslied: ▸ Jägerlieder.

Jagdabgabe, die: Eine Abgabe, die beim Lösen und beim Verlängern des ▸ Jagdscheines außer den ▸ Jagdscheingebühren erhoben wird. Sie wird zur Förderung der Wildforschung, der Berufsjäger, der jagdlichen Aus- und Fortbildung, der Brauchtumspflege, des Jagdhundewesens und zur Förderung gemeinnütziger Verbände oder Gesellschaften verwendet, die sich die Erhaltung des Wildes und der Lebensräume des Wildes zur Aufgabe gemacht haben. Eine J. wird z.Z. in den Bundesländern Baden-Württemberg, Bayern, Brandenburg, Hessen, Mecklenburg-Vorpommern, Nordrhein-Westfalen, Rheinland-Pfalz, Sachsen, Sachsen-Anhalt, Schleswig-Holstein und Thüringen erhoben. Die Höhe der J. ist z.T. unterschiedlich geregelt (bis zum Fünffachen der Jagdscheingebühr). In früherer Zeit, v.a. im 17. und im 18. Jh., wurden die eingehobenen J. (Steuern) von den Landesfürsten für die Deckung der Kosten feudaler Jagdausübung verwendet; z.T. waren es Prämien für die Raubzeugbekämpfung. Die J. bestanden anfangs aus Naturalien, später aus Geldabgaben; ▸ Accidenzen, ▸ Atzungsrecht, ▸ Habichtslehen, ▸ Hundelege, ▸ Jagdfron, ▸ Jagdrecht 1), ▸ Jagdzehnten, ▸ Jägerbutterschmalz, ▸ Taubenzehnt, ▸ Nachtselde.
Österreich: ▸ Jagdsteuer.
Schweiz: Die J. ist in den einzelnen Kantonen hinsichtlich Höhe und Verwendungszweck unterschiedlich geregelt. I. Allg. dienen die erhobenen J. der Wildhege, der Regulierung von ▸ Wildschäden und dem Vogelschutz.

Jagdaccidenzen, die: ▸ Accidenzen.

Jagdallegorie, die ▸ Jagdgedichte.

Jagdamt, das: Eine für die Regelung und Führung des ▸ Jagdwesens zuständige untere Jagdbehörde (z.B. Kreisjagdamt in Baden-Württemberg, Landesamt für Ernährungswirtschaft und Jagd in Nordrhein-Westfalen); ▸ Jagdbehörden.

Jagdanlage Rieseneck, die: Südlich von Kahla im Saale-Holzland-Kreis (Thüringen), in der Nähe von Trockenborn-Wolfersdorf, befindet sich das Jagdschloss »Fröhliche Wiederkunft«, 1547 bis 1551 von dem Weimarer Baumeister Nikolaus Gromann errichtet und 300 Jahre später neugotisch ausgebaut. Es ist heute ein Jugendlernhof. Eine historische Rarität ist die Pirschanlage »Rieseneck«, in der man sich anhand erhaltener Schützenstände, Gräben und unterirdischer Gänge sowie Zweckbauten über die feudalen Praktiken der »Hohen Jagd« unterrichten kann;▸ Hummelshain.

Jagdapparat, der: Seltene Bez. für ▸ Jagdgeräte.

Jagdarten, die: Methoden der ▸ Jagdausübung, die sich in ▸ Einzeljagden und in ▸ Gesellschaftsjagden gliedern. Sie werden entweder alleine (z.B. Ansitz, Pirsch) oder mit mehreren (z.B. Treibjagd), mit Hunden (z.B. Brackenjagd, Baujagd, Hühnersuche), mit Beizvögeln (▸ Beizjagd), mit Frettchen (Frettieren) oder mit anderen Hilfsmitteln (z.B. Lockjagd, Fangjagd, Pirschenfahren) durchgeführt. Je nachdem in welchem Gelände die Jagd ausgeübt wird, unterscheidet man die Waldjagd, die Feldjagd und die Wasserjagd. Eine weitere Unterteilung ist die Bez. einer Jagd hinsichtlich der bejagten Wildart, z.B. Fuchsreizen, Gamsriegeln usw. Die einzelnen auch heute noch üblichen J. sind:
- ▸ Ansitz und Anstand
- Aufjagd (▸ Hüttenjagd mit dem Uhu)
- Baujagd mit Erdhunden oder Frettchen, Baujagd auf Fuchs und Dachs; ▸ Fuchs (J.) und ▸ Dachs (J.) sowie ▸ Wildkaninchen (Jagd)
- ▸ Balzjagd
- ▸ Beizjagd
- Blattjagd; ▸ Rehwild (J.)
- ▸ Brackenjagd
- ▸ Buschieren
- Fallenjagd mit oder ohne Köder; ▸ Fallen, ▸ Fallenjagd
- ▸ Gesellschaftsjagd: Drückjagd, Riegeljagd, Kesseljagd, Treibjagd, Standtreiben, Vorstehtreiben, Streife, Böhmische Streife, Scherentreiben und als besondere Form der Treib- und Drückjagd die sog. ▸ Lappjagd
- ▸ Lockjagd
- ▸ Pirsch
- ▸ Pirschenfahren
- ▸ Suche im Feld, Hühnersuche
- ▸ Stöbern im Wald und im Schilf; ▸ Stöberjagd
- ▸ Wasserjagd

Frühere J.:
- ▸ Eingestellte Jagen: Hauptjagen, Prunkoder Festinjagen, Wasserjagen, Bestätigte Jagen, Kontra- und Fangjagen
- ▸ Hagenjagd
- Hetzjagd auf Hirsche; ▸ Parforcejagd
- Hetzjagd mit Windhunden; ▸ Lange Jagd, ▸ Windhetze
- Hetzjagd auf Sauen, Streifhatz; ▸ Sauhatz

Jagd auf den Ruf, die: ▸ Lockjagd.

Jagdaufseher, der: Person, die haupt- oder nebenberuflich den Jagdschutzdienst (▸ Jagdschutz) versieht. Der ▸ Jagdausübungsberechtigte (Revierinhaber) kann zur Beaufsichtigung des Jagdreviers, zur Pflege der jagdlichen Einrichtungen und zur Übernahme der Hegearbeiten eine zuverlässige volljährige Person, den J., beauftragen und anstellen. Ein J. (ohne Bestätigung und forstliche Ausbildung) ist nach dem Bundesrecht kein ▸ Hilfsbeamter der Staatsanwaltschaft und hat nicht mehr Rechte als jedermann. Zwischen ihm und dem Revierinhaber wird ein privatrechtlicher Vertrag geschlossen. Wird dieser Vertrag von der unteren ▸ Jagdbehörde bestätigt, so spricht man von einem bestätigten J. Er erhält von der unteren Jagdbehörde eine Bescheinigung und ein Dienstabzeichen, die er im Einsatz bei sich zu tragen und bei dienstlichem Einschreiten auf Verlangen vorzuweisen hat, falls Sicherheitsgründe dem nicht entgegenstehen. Er hat im Jagdschutz dieselben Rechte wie der Jagdausübungsberechtigte. Ist ein bestätigter J. forstlich ausgebildet oder ▸ Berufsjäger, so hat er innerhalb seines Dienstbereichs in Angelegenheiten des Jagdschutzes die gleichen Rechte und Pflichten wie ein Polizeibeamter; er ist Hilfsbeamter der Staatsanwaltschaft. Diese Befugnisse stehen – je nach Landesrecht – auch den Forstbeamten zu. Ein bestätigter J. untersteht der Aufsicht der Jagdbehörde. In einigen Bundesländern (Hessen und Saarland) werden Prüfungen für J. abgehalten. Absolventen dieser Prüfungen sind dann geprüfte J., jedoch keine Hilfsbeamten der Staatsanwaltschaft. J. sind zur ▸ Jagdausübung nur berechtigt, wenn sie einen ▸ Jagderlaubnisschein haben oder die Jagdausübung im Anstellungsvertrag festgelegt ist. Auf freiwilliger Basis sind die J. im Bundesverband Deutscher J. bzw. im Bund Bayerischer J. organisiert; ▸ österreichisches Jagdwesen.

Jagdaufsichtsorgan, das: ▸ österreichisches Jagdwesen.

Jagdausrüstung, die: Im engeren Sinne zählen hierzu alle zur ▸ Jagdausübung geeigneten Geräte (z.B. Gewehr, Fallen). Die allg. Ausrüstung des Jägers umfasst auch die Kleidung (▸ Jagdkleidung), den Rucksack, die Jagdtasche, das Jagdglas, den Jagdstock, das Waidblatt (Jagdmesser) und alle anderen zur Jagd notwendigen Gegenstände.

Jagdausstellungen, die: I. Allg. jagdbezogene Ausstellungen, die der Information (Öffentlichkeitsarbeit) über das gesamte Jagdwesen dienen und/oder eine umfassende Marktübersicht (Vermarktung) über das Jagdzubehör geben. Hierzu zählen reine Fachmessen der Hersteller (wie z.B. die ▸ Internationale Fachmesse für Jagd- und Sportwaffen, Outdoor und Zubehör), die ▸ Trophäenschauen (Geweihschauen) der Jagdorganisationen sowie die großen ▸ Internationalen Jagdausstellungen. Daneben informieren Jagdverbände auch auf anderen Fachmessen, z.B. auf land- und forstwirtschaftlichen Ausstellungen wie Zentrallandwirtschaftsfest, Grüne Woche Berlin usw., über die Belange der Jagd. Im Rahmen der Öffentlichkeitsarbeit werden auf J. vorwiegend die ▸ Jagdkultur, das ▸ Jagdwesen und die Zusammenarbeit zwischen Jagd und ▸ Naturschutz (▸ Biotopschutz, Wildschutz und Wildhege) dargestellt. Die ▸ Trophäenschauen, die meist hegegemeinschafts- oder kreisweise durchgeführt werden, sind hingegen Pflichttrophäenschauen. Die erste deutsche Geweihausstellung fand 1895 in Berlin statt. Heute bedeutende Messen und Ausstellungen sind: ▸ Angeln & Jagen (AnJa); ANSPO; ANUGA; Fischen Jagen Schießen, Fachmesse in Bern (Schweiz); Fischen und Jagen; Die Hohe Jagd & Fischerei; Internationale Fachmesse für Jagd- und Fischereibedarf; Jagd & Angeln; Jagd & Pferd in Hannover; Jagd und Hund in Dortmund; Internationale Ausstellung für Jagd & Angelfischerei in Dortmund; Jagen, Fischen, Reiten; Reiten & Jagen, seit 1996 in Friedrichshafen stattfindende Messe; Revier & Jagen sowie die Jaspowa, Österreichs größte Fachmesse für Jagd- und Sportwaffen, Fischerei, Allrad und Zubehör, die seit dem Jahr 2001 jährlich (zuvor im zweijährigen Rhythmus) in Wien stattfindet.

Logo der »Jagd & Hund« in Dortmund, Europas größter internationaler Jagdausstellung

Jagdausübung, die: Das BJG (§1 Abs. 4) versteht unter J. das Aufsuchen, Nachstellen, Erlegen und Fangen von Wild. Zur J. befugt ist der ▸ Jagdausübungsberechtigte oder ein von ihm beauftragter Jäger. §41 a des BJG befasst sich mit dem Verbot der J.:

»(1) Wird gegen jemanden
1. wegen einer Straftat, die er bei oder im Zusammenhang mit der J. begangen hat, eine Strafe verhängt oder
2. wegen einer Ordnungswidrigkeit nach §39, die er unter grober oder beharrlicher Verletzung der Pflichten bei der J. begangen hat, eine Geldbuße festgesetzt, so kann ihm in der Entscheidung für die Dauer von einem Monat bis zu sechs Monaten verboten werden, die Jagd auszuüben.
(2) Das Verbot der J. wird mit der Rechtskraft der Entscheidung wirksam. Für seine Dauer wird ein erteilter ▸ Jagdschein, solange er nicht abgelaufen ist, amtlich verwahrt; das gleiche gilt für einen nach Ablauf des ▸ Jagdjahres neu erteilten Jagdschein. Wird er nicht freiwillig herausgegeben, so ist er zu beschlagnahmen.
(3) Ist ein Jagdschein amtlich zu verwahren, so wird die Verbotsfrist erst von dem Tage an gerechnet, an dem dies geschieht. In die Verbotsfrist wird die Zeit nicht eingerechnet, in welcher der Täter auf behördliche Anordnung in einer Anstalt verwahrt wird.
(4) Über den Beginn der Verbotsfrist nach Absatz 3 Satz 1 ist der Täter im Anschluss an die Verkündung der Entscheidung oder bei deren Zustellung zu belehren.« ▸ Jagdausübungsrecht.

Jagdausübungsberechtigter, der (in Bayern, Niedersachsen und Bremen auch Revierinhaber): J. ist derjenige, der das ▸ Jagdausübungsrecht besitzt; bei Eigenjagdbezirken der Eigentümer, bei gemeinschaftlichen Jagdbezirken die ▸ Jagdgenossenschaft, bei verpachteten Jagdbezirken der Pächter, nicht jedoch der ▸ Jagdgast.

Jagdausübungsrecht, das: Die gesetzliche Berechtigung, die Jagd in einem bestimmten Gebiet auszuüben. Das BJG gestattet die ▸ Jagdausübung nur dem ▸ Jagdausübungsberechtigten. Jagdausübungsberechtigt ist jedoch ein Grundstückseigentümer nur, wenn sein zusammenhängender Grundbesitz eine bestimmte Größe aufweist und deshalb einen Eigenjagdbezirk bildet. Ist ein Nutznießer des Grundeigentums vorhanden, so ist statt des Eigentümers der Nutznießer jagdausübungsberechtigt. In einem gemeinschaftlichen ▸ Jagdbezirk hingegen steht das J. der ▸ Jagdgenossenschaft zu. Bei Eigenjagdbezirken kann der Jagdausübungsberechtigte die Jagd entweder selbst ausüben, wobei er sich angestellter ▸ Jagdaufseher als seiner Beauftragten bedienen darf, oder die Ausübung des Jagdrechts an Dritte verpachten, die dann Jagdausübungsberechtigte im Sinne des Gesetzes werden. Die Jagdgenossenschaft darf die Jagd nur durch Verpachtung (Regelfall) nutzen oder durch angestellte Jäger ausüben lassen. Mit Zustimmung der unteren Jagdbehörde kann sie die Jagd auch ruhen lassen. Der Jagdausübungsberechtigte ist befugt, ▸ Jagdgästen eine ▸ Jagderlaubnis zu erteilen. Wer die Jagd ausübt, ganz gleich ob als Jagdausübungsberechtigter, als angestellter Jäger oder als Jagdgast, muss grundsätzlich einen ▸ Jagdschein besitzen und bei sich füh-

Logos der Jagdfachmessen »Fischen, Jagen, Schießen« in Bern (Schweiz, links) und »Reiten und Jagen« in Friedrichshafen

ren. Der Besitz des Jagdscheines ist indessen für die Frage, ob jemand Jagdausübungsberechtigter im Sinne des BJG ist, zunächst ohne Bedeutung. Der Eigenjagdbesitzer, der keinen Jagdschein besitzt, bleibt Jagdausübungsberechtigter.

Jagdbann, der: ▸ Wildbann, ▸ Bannforst.

Jagdbanngebiete, die (Banngebiete): In der Schweiz Bez. für besonders ausgewiesene Gebiete, die dem Schutz und der Erhaltung von seltenen und bedrohten wild lebenden Säugetieren und Vögeln und ihrer Lebensräume sowie der Erhaltung von gesunden, den örtlichen Verhältnissen angepassten Beständen jagdbarer Arten dienen. Derzeit bestehen 41 eidgenössische J. Sie dienten schon früher dem Schutz von Wildarten, die durch die Jagd bedroht waren. 1569 wurde im Kanton Glarus das älteste heute noch existierende Jagdbanngebiet geschaffen. Ihre volle Bedeutung erhielten die J. jedoch erst mit dem ersten Bundesgesetz über Jagd und Vogelschutz im Jahre 1875. Damals wurden die Gebirgskantone zur Ausscheidung von insgesamt 19 Bannbezirken »von angemessener Ausdehnung« verpflichtet. Gründe für die Ausweisung von J. waren damals neben der Erhaltung bedrohter Tierarten auch finanzielle Erwägungen. Die Kantone erhofften sich eine – tatsächlich erfolgte – Zunahme des Wildes und damit Mehrerlös aus den Jagdpatenten. Heute werden die J. vom schweizerischen Bundesrat im Einvernehmen mit den Kantonen ausgeschieden. In den J. einschließlich den Vogelreservaten ist die Jagd verboten. Die kantonalen Vollzugsorgane können jedoch den Abschuss von jagdbaren Tieren zulassen, wenn es für den Schutz der Lebensräume, für die Erhaltung der Artenvielfalt, zur Hege oder zur Verhütung von übermäßigen ▸ Wildschäden notwendig ist. Zum Schutz des Wildes werden in den J. von den Kantonen vollamtliche Wildhüter (Berufsjäger) angestellt. Die Kosten hierfür teilen sich Bund und Kantone, wobei auch die Patentgebühren (▸ Patentjagd) zur Teilfinanzierung herangezogen werden. Für Wildschaden, der auf ein eidgenössisches Jagdbanngebiet zurückzuführen ist, trägt der Bund 30 bis 50% der Entschädigungskosten; ▸ Schweizer Jagdrecht.

jagdbar: **1**) J. sind alle Tiere, die dem ▸ Jagdrecht unterliegen; im Ggs. zu den nicht jagdbaren Tieren; ▸ jagdbare Tiere. **2**) Das Wort j. wird auch beim Ansprechen des Hirsches gebraucht, und zwar hinsichtlich seines Geweihgewichtes (je nach Gegend verschieden hohes Gewicht); z.B. ein gut j. oder ein hoch j. Hirsch. Ursprünglich stammt dieses Wort in seiner Bedeutung aus Frankreich und wurde sinngemäß im 16. und im 17. Jh. auch in Deutschland angewandt. Die Franzosen nannten jeden Hirsch vom fünften Kopf an »cerf de dix cors« (Hirsch von zehn Enden); sie behielten diese Bez. auch für solche Hirsche bei, die tatsächlich weniger oder mehr als zehn Enden trugen. In Deutschland wurde der Hirsch als j. angesprochen, wenn er mindestens zehn Enden trug. Verschiedene Autoren des 18. Jh. erkannten jedoch die Unzulänglichkeit eines solchen Ansprechens und bezeichneten – ohne Rücksicht auf die Endenzahl – einen Hirsch als j., wenn er aufgebrochen mindestens 300 Pfund wog. D. aus dem ▸ Winckell (»Handbuch für Jäger, Jagdberechtigte und Jagdliebhaber«, 1805) spricht noch vom Hirsch mit mindestens zwölf Enden und einem Gewicht von 300 Pfund, ▸ Laube setzt dieses Gewicht bis auf 200 Pfund herunter. Heute werden in den einzelnen Bundesländern solche Hirsche als j. bezeichnet, die unter den gegebenen Verhältnissen jenen Grad der Reife und der Stärke erreicht haben, der ihre Erlegung gerechtfertigt erscheinen lässt; d.h., der Hirsch muss dem örtlichen Hegeziel entsprechen. Die Jagdbehörden setzen daher im Einzelfall fest, was als j. Hirsch zu gelten hat. **3**) Im Sinne von schussbar; z.B. ist der Hase vom 1. Oktober bis zum 15. Januar j.

jagdbare Tiere: Alle ▸ wild lebenden Tiere unterliegen entweder dem freien Tierfang, dem ▸ Artenschutz, stehen unter ▸ Naturschutz oder unterliegen dem Jagdrecht. Tierarten, die dem Jagdrecht unterliegen, sind herrenlose, wilde Tiere, einschließlich des ▸ verendeten Wildes und des ▸ Fallwildes. Verwilderte Haustiere (z.B. Schwäne oder Hochbrutflugenten) werden auch dann noch nicht zu j. T., wenn sie herrenlos geworden sind, d.h., wenn sie es nicht mehr gewohnt sind, an den Ort ihrer Haltung zurückzukehren. Die herrenlosen und in Freiheit lebenden Nachkommen solcher Haustiere und Kreuzungen mit ihren Wildformen hingegen sind den j. T. zuzurechnen. Die Tierarten, die dem Jagdrecht unterliegen, sind im BJG §2 Abs. 1 aufgeführt. Nach Absatz 2 können jedoch die Länder weitere Tierarten bestimmen, die dem Jagdrecht unterliegen. Nach dem BJG (§2) sind folgende Tiere jagdbar:

1. Haarwild: Wisent (*Bison bonasus*, L.), Elchwild (*Alces alces*, L.), Rotwild (*Cervus elaphus*, L.), Damwild (*Dama dama*, L.), Sikawild (*Cervus nippon*, Temminck), Rehwild (*Capreolus capreolus*, L.), Gamswild (*Rupicapra rupicapra*, L.), Steinwild (*Capra ibex*, L.), Muffelwild (*Ovis ammon musimon*, Pallas), Schwarzwild (*Sus scrofa*, L.), Feldhase (*Lepus europaeus*, Pallas), Schneehase (*Lepus timidus*, L.), Wildkaninchen (*Oryctolagus cuniculus*, L.), Murmeltier (*Marmota marmota*, L.), Wildkatze (*Felis silvestris*, Schreber), Luchs (*Lynx lynx*, L.), Fuchs (*Vulpes vulpes*, L.), Steinmarder (*Martes foina*, Erxleben), Baummarder (*Martes martes*, L.), Iltis (*Mustela putorius*, L.), Hermelin (*Mustela erminea*, L.), Mauswiesel (*Mustela nivalis*, L.), Dachs (*Meles meles*, L.), Fischotter (*Lutra lutra*, L.), Seehund (*Phoca vitulina*, L.)

2. Federwild: Rebhuhn (*Perdix perdix*, L.), Fasan (*Phasianus colchicus*, L.), Wachtel (*Coturnix coturnix*, L.), Auerwild (*Tetrao urogallus*, L.), Birkwild (*Lyrurus tetrix*, L.), Rackelwild (*Lyrurus tetrix x Tetrao urogallus*), Haselwild (*Tetrastes bonasia*, L.), Alpenschneehuhn (*Lagopus mutus*, Montin), Wildtruthuhn (*Meleagris gallopavo*, L.), Wildtauben (*Columbidae*), Höckerschwan (*Cygnus olor*, Gmelin), Wildgänse (Gattungen *Anser*, Brisson, und *Branta*, Scopoli), Wildenten (*Anatinae*), Säger (Gattung *Mergus*, L.), Waldschnepfe (*Scolopax rusticola*, L.), Blässhuhn (*Fulica atra*, L.), Möwen (*Laridae*), Haubentaucher (*Podiceps cristatus*, L.), Großtrappe (*Otis tarda*, L.), Graureiher (*Ardea cinerea*, L.), Greife (*Accipitridae*), Falken (*Falconidae*), Kolkrabe (*Corvus corax*, L.), In einigen Bundesländern wurden darüber hinaus noch weitere Tierarten für jagdbar erklärt:

Bayern: Waschbär (*Procyon lotor*), Sumpfbiber/Nutria (*Myocastor coypus*), Marderhund, Enok (*Nyctereutes procyonoides*), Eichelhäher (*Garrulus glandarius*, L.), Elster (*Pica pica*, L.), Rabenkrähe (*Corvus corone corone*, L.).

Hessen: Waschbär (*Procyon lotor*), Sumpfbiber/Nutria (*Myocastor coypus*), Marderhund, Enok (*Nyctereutes procyonoides*); Rheinland-Pfalz: Waschbär (*Procyon lotor*), Marderhund, Enok (*Nyctereutes procyonoides*), Bär (*Ursus arctos*), Wolf (*Canis lupus*, L.); Niedersachsen: Waschbär (*Procyon lotor*); Nordrhein-Westfalen: Marderhund, Enok (*Nyctereutes procyonoides*), Waschbär (*Procyon lotor*); Brandenburg: Waschbär (*Procyon lotor*), Marderhund, Enok (*Nyctereutes procyonoides*), Mink (*Mustela vison*); Mecklenburg-Vorpommern: Waschbär (*Procyon lotor*), Marderhund, Enok (*Nyctereutes procyonoides*), Mink (*Mustela vison*), Wolf (*Canis lupus*, L.); Sachsen: Waschbär (*Procyon lotor*), Marderhund, Enok (*Nyctereutes procyonoides*), Sumpfbiber/Nutria (*Myocastor coypus*), Mink (*Mustela vison*); Sachsen-Anhalt: Waschbär (*Procyon lotor*), Marderhund, Enok (*Nyctereutes procyonoides*), Mink (*Mustela vison*); Thüringen: Waschbär (*Procyon lotor*), Marderhund, Enok (*Nyctereutes procyonoides*), Mink (*Mustela vison*), Sumpfbiber/Nutria (*Myocastor coypus*). In der DDR zählten auch Wacholderdrossel und Rotdrossel zu den j. T.

Jagdbarkeit, die: **1**) ▸ jagdbar 1) und 3). **2**) Als Synonym für Jagdberechtigung im Sinne von ▸ Jagd 3).

Jagdbauern, die (Jagdleute): Die Untertanen, die z. Z. des Feudalismus zu Frondiensten (▸ Jagdfron) bei Treibjagden und bei den ▸ Eingestellten Jagen zum Zeugstellen herangezogen wurden.

Jagdbeamte, die: Alle mit Aufgaben der Jagdverwaltung betrauten Beamten, z.B. die Forstbeamten, früher auch Jägermeister, Jagdmeister, Wildmeister, Fasanenmeister und Hegemeister.

Jagdbedienstete, die: ▸ Jagdpersonal.

Jagdbehörde, die: Die ▸ Landesjagdgesetze der Länder regeln die Organisation der J. z.T. unterschiedlich. Die örtliche Zuständigkeit einer J. endet an den Grenzen ihres Amtsbezirks. Im Regelfall ist der Aufbau der J. dreistufig (untere J.; obere, mittlere oder höhere J.; oberste J.). Der Zuständigkeitsbereich der unteren J. entspricht dem der Landkreise, jener der oberen (mittleren oder höheren) J. – mit Ausnahme von Bremen, Hamburg, Schleswig-Holstein und dem Saarland – dem Zuständigkeitsbereich eines Regierungsbezirkes. Der Bereich der obersten J. deckt sich mit den Grenzen des Bundeslandes. Zur Gliederung der Jagdverwaltung in den einzelnen Bundesländern siehe Tabelle.

Jagdbehörden			
Land	oberste Jagdbehörde	obere oder höhere (mittlere) Jagdbehörde	untere Jagdbehörde
Baden-Württemberg	Ministerium für Ernährung und Ländlichen Raum mit Jagdbeirat	Regierungspräsidium mit Jagdbeirat	Kreisjagdamt beim Landratsamt und Stadtkreis
Bayern	Staatsministerium für Landwirtschaft und Forsten mit Jagdbeirat	Regierung mit Jagdbeirat	Landratsamt, kreisfreie Stadt mit Jagdbeirat
Berlin	Senator für Stadtentwicklung	—	—
Brandenburg	Ministerium für Landwirtschaft, Umweltschutz und Raumordnung mit Landesjagdbeirat	—	Landkreis oder kreisfreie Stadt mit Jagdbeirat
Bremen	Senator für Bau und Umwelt mit Jagdbeirat	—	Stadtamt Bremen; Magistrat der Stadt Bremerhaven (jeweils mit Jagdbeirat)
Hamburg	Behörde für Wirtschaft und Arbeit mit Jagdbeirat (Landesjagdrat)	—	—
Hessen	Ministerium für Umwelt, Ländlichen Raum und Verbraucherschutz mit Landesjagdbeirat	Regierungspräsident mit Jagdbeirat	Landrat oder in kreisfreier Stadt der Oberbürgermeister mit Jagdbeirat
Mecklenburg-Vorpommern	Ministerium für Ernährung, Landwirtschaft, Forsten und Fischerei mit Jagdbeirat	Leiter der Forstdirektionen mit Jagdbeirat	Landrat (Kreise), Oberbürgermeister (kreisfreie Städte) mit Jagdbeirat
Niedersachsen	Ministerium für den ländlichen Raum, Ernährung, Landwirtschaft und Verbraucherschutz	Bezirksregierung	Landkreis oder kreisfreie Stadt mit Jagdbeirat
Nordrhein-Westfalen	Ministerium für Umwelt und Naturschutz, Landwirtschaft und Verbraucherschutz mit Landesjagdbeirat	Landesamt für Ernährungswirtschaft und Jagd mit Landesjagdbeirat	Landkreis oder kreisfreie Stadt mit Jagdbeirat
Rheinland-Pfalz	Ministerium für Umwelt und Forsten mit Landesjagdbeirat	Bezirksregierung	Kreisverwaltung oder in kreisfreier Stadt die Stadtverwaltung mit Kreisjagdbeirat
Saarland	Ministerium für Umwelt mit Landesjagdbeirat	—	Landratsamt und in Saarbrücken der Oberbürgermeister mit Jagdbeirat
Sachsen	Staatsministerium für Umwelt und Landwirtschaft mit Jagdbeirat	Forstdirektionen mit Jagdbeirat	Landratsamt oder Stadtverwaltung mit Jagdbeirat
Sachsen-Anhalt	Ministerium für Landwirtschaft und Umwelt	Bezirksregierung	Landkreis, kreisfreie Stadt mit Jagdbeirat
Schleswig-Holstein	Ministerium für Umwelt, Naturschutz und Landwirtschaft	—	Landrat oder in kreisfreier Stadt der Bürgermeister mit Jagdbeirat
Thüringen	Ministerium für Landwirtschaft, Naturschutz, und Umwelt mit Jagdbeirat	Landesforstdirektion mit Jagdbeirat	Landratsamt, kreisfreie Stadt mit Jagdbeirat

Aufgaben der J.: Das Bundesministerium für Ernährung, Landwirtschaft und Forsten ist zuständig für die Bearbeitung allg. jagdlicher Angelegenheiten. Es bereitet die bundeseinheitliche Jagdgesetzgebung vor (z.B BJG) und setzt die Jagdzeiten fest. Es ist jedoch nicht J. hinsichtlich des Vollzugs des BJG. Zuständig für den verwaltungsmäßigen Vollzug des BJG und der jeweiligen Landesjagdgesetze sind die J. der Länder. Wesentliche Aufgaben dieser Behörden sind:
untere J.: Prüfung und Genehmigung von Pachtverträgen und ▸ Abschussplänen einschließlich Überwachung des Abschusses; Ausstellung von ▸ Jagdscheinen; Jagdabrundungen; Abhaltung von ▸ Jägerprüfungen und ▸ Trophäenschauen; Bestätigung von Jagdaufsehern, Wildseuchenbekämpfung.
obere (mittlere, höhere) J.: Ihr obliegen u.a. die Anordnungen zur Verhinderung übermäßigen ▸ Wildschadens, die Bestellung ihrer ▸ Jagdbeiräte sowie die Zulassung von Ausnahmen von der Jagdpachtfähigkeit nach dem BJG (§11 Abs. 5). Sie übt die Rechts- und Fachaufsicht über die untere J. aus.
oberste J.: Sie ist zuständig für die Zulassung von Fanggeräten nach dem BJG (§19), für die Festsetzung von Richtlinien für die Abschussregelung, für die Genehmigung zum ▸ Aussetzen oder für das Ansiedeln fremder Tiere in der freien Natur sowie für die Bestellung von ▸ Jagdberatern bei den Mittelstellen. Der Erlass von Rechtsverordnungen als Form der Gesetzgebung ist ausschließlich Sache der obersten J. Durch förmliche Übertragung von Verwaltungsbefugnissen können jedoch die Obersten J. Aufgaben der mittleren J. den nachgeordneten Behörden (oder umgekehrt) zuweisen. In staatseigenen Jagdbezirken werden die Verwaltungsbefugnisse der J. durch die staatlichen Forstbehörden (Forstämter, Regierungspräsidenten bzw. Forst- oder Oberforstdirektionen) wahrgenommen. Dies gilt nicht für die Abrundung von Jagdrevieren, für die Erteilung, Versagung und Einziehung von Jagdscheinen, für die Richtlinien der Abschussregelung, für die Anweisungen zur Bekämpfung von Wildseuchen und für die Verfolgung von Ordnungswidrigkeiten. Den Behörden kann ein Jagdberater (Kreisjagdberater, Regierungsjagdberater, Landesjagdberater) mit beratender Funktion zugeordnet werden. Nach dem BJG ist zudem die Bildung von Jagdbeiräten vorgeschrieben; ▸ österreichisches Jagdwesen, ▸ Schweizer Jagdrecht.

Jagdbeirat, der: Das BJG (§37) verpflichtet die Länder dazu, Jagdbeiräte zu bilden. Diese beraten die ▸ Jagdbehörden in allen wichtigen Fragen (z.B. Festsetzung des Abschussplans). Dem J. müssen Vertreter der Landwirtschaft, der Forstwirtschaft, der ▸ Jagdgenossenschaft, der ▸ Jäger und des ▸ Naturschutzes angehören. Seine Größe und Zusammensetzung ist je nach Bundesland verschieden; ▸ Jagdbehörden.

Jagdbell, der: ▸ Bell.

Jagdbelletristik, die: ▸ Jagdliteratur.

Jagdberater, der: In einigen Bundesländern stehen den ▸ Jagdbehörden, insbesondere den oberen und den unteren Jagdbehörden, ehrenamtliche, sachkundige J. zur Seite, welche die Behörden in allen jagdlichen

Fragen beraten (Landesjägermeister, Bezirksjägermeister, Kreisjagdmeister, Kreisjägermeister, Stadtjägermeister) und denen verschiedene Angelegenheiten zur eigenen Erledigung übertragen werden können.

Jagdberechtigter, der: **1)** In der Schweiz svw. ▸ Jagdausübungsberechtigter. **2)** ▸ Staatlich beauftragte Jagdberechtigte.

Jagdberechtigung, die: In der Schweiz Bez. für ▸ Jagdschein.

Jagdberitt, der: ▸ Beritt.

Jagdbeschränkungen, die: Hierzu zählen auch die Pflichten bei der ▸ Jagdausübung und das ▸ Beunruhigen von Wild. Im BJG werden die allg. anerkannten Grundsätze deutscher ▸ Waidgerechtigkeit, die bei der Ausübung der Jagd und bei der ▸ Hege des Wildes beachtet werden müssen, als konkrete Begriffe und Tatbestände gesetzlich bereits fixiert. Die J. können in sachliche, in örtliche und in zeitliche Verbote eingeteilt werden.

1. *Sachliche Verbote* – §19 BJG:
(1) Verboten ist
1. mit Schrot, Posten, gehacktem Blei, Bolzen oder Pfeilen, auch als ▸ Fangschuss, auf ▸ Schalenwild und ▸ Seehunde zu schießen;
2. a) auf Rehwild und Seehunde mit ▸ Büchsenpatronen zu schießen, deren Auftreffenergie auf 100 m (E_{100}) weniger als 1000 Joule (= 101,9 kpm) beträgt;
b) auf alles übrige Schalenwild mit Büchsenpatronen unter einem Kaliber von 6,5 mm zu schießen; im Kaliber 6,5 mm und darüber müssen die Büchsenpatronen eine Auftreffenergie auf 100 m (E_{100}) von mindestens 2000 Joule haben;
c) auf Wild mit halbautomatischen oder automatischen Waffen, die mehr als zwei Patronen in das Magazin aufnehmen können, zu schießen;
d) auf Wild mit Pistolen oder Revolvern zu schießen, ausgenommen im Falle der ▸ Bau- und ▸ Fallenjagd sowie zur Abgabe von Fangschüssen, wenn die Mündungsenergie der Geschosse mindestens 200 Joule beträgt;
3. die ▸ Lappjagd innerhalb einer Zone von 300 m von der Bezirksgrenze, die Jagd durch Abklingeln der Felder und die ▸ Treibjagd bei Mondschein auszuüben;
4. Schalenwild, ausgenommen ▸ Schwarzwild, sowie ▸ Federwild zur Nachtzeit zu erlegen; als Nachtzeit gilt die Zeit von eineinhalb Stunden nach Sonnenuntergang bis eineinhalb Stunden vor Sonnenaufgang; das Verbot umfasst nicht die Jagd auf Möwen, Waldschnepfen, Auer-, Birk- und Rackelwild;
5. a) künstliche Lichtquellen, Spiegel, Vorrichtungen zum Anstrahlen oder Beleuchten des Zieles, Nachtzielgeräte, die einen Bildwandler oder eine elektronische Verstärkung besitzen und für Schusswaffen bestimmt sind, Tonbandgeräte oder elektrische Schläge erteilende Geräte beim Fang oder Erlegen von Wild aller Art zu verwenden oder zu nutzen sowie zur Nachtzeit an Leuchttürmen oder Leuchtfeuern Federwild zu fangen;
b) Vogelleim, Fallen, Angelhaken, Netze, Reusen oder ähnliche Einrichtungen sowie geblendete oder verstümmelte Vögel beim Fang oder Erlegen von Federwild zu verwenden;
6. Belohnungen für den Abschuss oder den Fang von Federwild auszusetzen, zu geben oder zu empfangen;
7. Saufänge, ▸ Fang- oder Fallgruben ohne Genehmigung der zuständigen Behörde anzulegen;
8. ▸ Schlingen jeder Art, in denen sich Wild fangen kann, herzustellen, feilzubieten, zu erwerben oder aufzustellen;
9. Fanggeräte, die nicht unversehrt fangen oder nicht sofort töten, sowie Selbstschussgeräte zu verwenden;
10. in ▸ Notzeiten Schalenwild in einem Umkreis von 200 m von Fütterungen zu erlegen;
11. Wild aus Luftfahrzeugen, Kraftfahrzeugen oder maschinengetriebenen Wasserfahrzeugen zu erlegen; das Verbot umfasst nicht das Erlegen von Wild aus Kraftfahrzeugen durch Körperbehinderte mit Erlaubnis der zuständigen Behörde;
12. die Netzjagd auf Seehunde auszuüben;
13. die ▸ Hetzjagd auf Wild auszuüben;
14. die Such- und Treibjagd auf Waldschnepfen im Frühjahr auszuüben;
15. Wild zu vergiften oder vergiftete oder betäubende Köder zu verwenden;
16. die ▸ Brackenjagd auf einer Fläche von weniger als 1000 ha auszuüben;
17. ▸ Abwurfstangen ohne schriftliche Erlaubnis des ▸ Jagdausübungsberechtigten zu sammeln;
18. eingefangenes oder aufgezogenes Wild später als vier Wochen vor Beginn der Jagdausübung auf dieses Wild auszusetzen.
(2) Die Länder können die Vorschriften des Absatzes 1 mit Ausnahme der Nummer 16 erweitern oder aus besonderen Gründen einschränken; soweit Federwild betroffen ist, ist die Einschränkung nur aus den in Artikel 9 Abs. 1 der Richtlinie 79/409 EWG des Rates vom 2. April 1979 über die Erhaltung der wild lebenden Vogelarten (ABl. EG Nr. L 103 S. 1) in der jeweils geltenden Fassung genannten Gründen und nach den in Artikel 9 Abs. 2 dieser Richtlinie genannten Maßgaben zulässig.
(3) Die in Absatz 1 Nr. 2 Buchstaben a und b vorgeschriebenen Energiewerte können unterschritten werden, wenn von einem staatlichen oder staatlich anerkannten Fachinstitut die Verwendbarkeit der Munition für bestimmte jagdliche Zwecke bestätigt wird. Auf der kleinsten Verpackungseinheit der Munition ist das Fachinstitut, das die Prüfung vorgenommen hat, sowie der Verwendungszweck anzugeben.

Beunruhigen von Wild – §19a BJG:
Verboten ist, Wild, insbesondere soweit es in seinem Bestand gefährdet oder bedroht ist, unbefugt an seinen Zuflucht-, Nist-, Brut- oder Wohnstätten durch Aufsuchen, Fotografieren, Filmen oder ähnliche Handlungen zu stören. Die Länder können für bestimmtes Wild Ausnahmen zulassen.

2. *Örtliche Verbote* – §20 BJG:
(1) An Orten, an denen die Jagd nach den Umständen des einzelnen Falles die öffentliche Ruhe, Ordnung oder Sicherheit stören oder das Leben von Menschen gefährden würde, darf nicht gejagt werden.
(2) Die Ausübung der Jagd in ▸ Naturschutz- und ▸ Wildschutzgebieten sowie in ▸ National- und ▸ Wildparken wird durch die Länder geregelt.«

3. *Zeitliche Verbote:*
▸ Jagdzeiten und Schonzeiten.

Jagdbetrieb, der: Umfassende Bez. für alle in einem Jagdrevier anfallenden Tätigkeiten der praktischen ▸ Jagdausübung. Dazu zählen alle Arten der ▸ Einzeljagd, die ▸ Fallenjagd, die ▸ Gesellschaftsjagden einschließlich deren Vorbereitung usw.

Jagdbeute, die: Die J. ist eine unmittelbare Frucht des ▸ Jagdausübungsrechts. Im Ggs. zum BJG vom 19.11.1952 gebraucht das BJG vom 29.9.1976 den Ausdruck nicht mehr. Rein begrifflich wird unter diesem Terminus das erlegte und auch das gefangene Wild verstanden (Recht zur Aneignung von Wild). Dazu zählt auch die ausschließliche Befugnis, sich krankes oder ▸ verendetes Wild, ▸ Fallwild und ▸ Abwurfstangen sowie die Eier von Federwild anzueignen (BJG §1 Abs. 5); ▸ Trophäen.

Karikatur aus dem »Kladderadatsch« auf das Verbot der Sonntagsjagd

Jagdbezirke, die (in Bayern und in Österreich: Jagdreviere): Grundflächen von bestimmter Mindestgröße, auf denen die Jagd ausgeübt werden darf. In der DDR war der Jagdbezirk Teil des Territoriums einer Jagdgesellschaft (▸ Jagdgesellschaft 3)) von i.d.R. mindestens 1000 ha und höchstens 4000 ha Größe. Nach dem BJG (§4) sind J., in denen die Jagd ausgeübt werden darf, entweder Eigen-J. (§7) oder gemeinschaftliche J. (§8).

1. *Gestaltung der J.* – §5 BJG:

»(1) J. können durch Abtrennung, Angliederung oder Austausch von Grundflächen abgerundet werden, wenn dies aus Erfordernissen der Jagdpflege und ▸ Jagdausübung notwendig ist.

(2) Natürliche und künstliche Wasserläufe, Wege, Triften und Eisenbahnkörper sowie ähnliche Flächen bilden, wenn sie nach Umfang und Gestalt für sich allein eine ordnungsmäßige Jagdausübung nicht gestatten, keinen Jagdbezirk für sich, unterbrechen nicht den Zusammenhang eines J. und stellen auch den Zusammenhang zur Bildung eines J. zwischen getrennt liegenden Flächen nicht her.«

2. *Befriedete Bezirke; Ruhen der Jagd* – §6 BJG:

»Auf Grundflächen, die zu keinem Jagdbezirk gehören, und in befriedeten Bezirken ruht die Jagd. Eine beschränkte Ausübung der Jagd kann gestattet werden. Tiergärten fallen nicht unter die Vorschriften dieses Gesetzes.«

3. *Eigenjagdbezirke* – §7 BJG:

»(1) Zusammenhängende Grundflächen mit einer land-, forst- oder fischereiwirtschaftlich nutzbaren Fläche von 75 ha an, die im Eigentum ein und derselben Person oder einer Personengemeinschaft stehen, bilden einen Eigenjagdbezirk. Die Länder können abweichend von Satz 1 die Mindestgröße allg. oder für bestimmte Gebiete höher festsetzen. Soweit am Tag des Inkrafttretens des Einigungsvertrages in den Ländern eine andere als die in Satz 1 bestimmte Größe festgesetzt ist, behält es dabei sein Bewenden, falls sie nicht unter 70 ha beträgt. Die Länder können, soweit bei Inkrafttreten dieses Gesetzes eine solche Regelung besteht, abweichend von Satz 1 bestimmen, dass auch eine sonstige zusammenhängende Fläche von 75 ha einen Eigenjagdbezirk bildet, wenn dies von Grundeigentümern oder Nutznießern zusammenhängender Grundflächen von mindestens je 15 ha beantragt wird.

(2) Ländergrenzen unterbrechen nicht den Zusammenhang von Grundflächen, die gemäß Absatz 1, Satz 1, einen Eigenjagdbezirk bilden. In den Fällen des Absatzes 1, Satz 3, besteht ein Eigenjagdbezirk, wenn nach den Vorschriften des Landes, in dem der überwiegende Teil der auf mehrere Länder sich erstreckenden Grundflächen liegt, für die Grundflächen insgesamt die Voraussetzungen für einen Eigenjagdbezirk vorliegen würden. Im Übrigen gelten für jeden Teil eines über mehrere Länder sich erstreckenden Eigen-J. die Vorschriften des Landes, in dem er liegt.

(3) Vollständig eingefriedete Flächen sowie an der Bundesgrenze liegende zusammenhängende Grundflächen von geringerem als 75 ha land-, forst- oder fischereiwirtschaftlich nutzbarem Raum können allg. oder unter besonderen Voraussetzungen zu Eigen-J. erklärt werden; dabei kann bestimmt werden, dass die Jagd in diesen Bezirken nur unter Beschränkungen ausgeübt werden darf.

(4) In einem Eigenjagdbezirk ist jagdausübungsberechtigt der Eigentümer. Anstelle des Eigentümers tritt der Nutznießer, wenn ihm die Nutzung des ganzen Eigen-J. zusteht.«

Abweichend vom BJG beträgt die Mindestgröße in Bayern 81,755 ha (das sind etwa 240 Tagwerk), im Hochgebirge und in seinen Vorbergen sind es 300 ha; in Brandenburg 150 ha, in Sonderfällen 75 ha. In einigen Bundesländern können die Mindestgrößen mit Genehmigung der jeweiligen Jagdbehörde unterschritten werden.

Berlin: Eigen-J., die im Eigentum des Landes Berlin stehen (ca. 90% der Jagdflächen), dürfen, sofern es sich um Waldflächen handelt, nicht verpachtet werden. Für diese Eigen-J. werden von der Forstbehörde entgeltliche Jahresjagderlaubnisscheine erteilt.

Die Landesforstverwaltungen von Thüringen, Schleswig-Holstein, Sachsen und Brandenburg verpachten ebenfalls keine Eigen-J. Die Landesforstverwaltung von Sachsen beteiligt z.B. die Privatjäger an jährlichen »Stimulationsregelungen«, d.h., dass z.B. jedes dritte erlegte Stück Schwarzwild bis 40 kg unentgeltlich dem Erleger überlassen wird.

4. *Gemeinschaftliche J.* – §8 BJG, Zusammensetzung:

»(1) Alle Grundflächen einer Gemeinde oder abgesonderten Gemarkung, die nicht zu einem Eigenjagdbezirk gehören, bilden einen gemeinschaftlichen Jagdbezirk, wenn sie im Zusammenhang mindestens 150 ha umfassen.

(2) Zusammenhängende Grundflächen verschiedener Gemeinden, die im Übrigen zusammen den Erfordernissen eines gemeinschaftlichen J. entsprechen, können auf Antrag zu gemeinschaftlichen J. zusammengelegt werden.

(3) Die Teilung gemeinschaftlicher J. in mehrere selbstständige J. kann zugelassen werden, sofern jeder Teil die Mindestgröße von 250 ha hat.

(4) Die Länder können die Mindestgrößen allg. oder für bestimmte Gebiete höher festsetzen.

(5) In gemeinschaftlichen J. steht die Ausübung des Jagdrechts der ▸ Jagdgenossenschaft zu.«

Abweichend vom BJG beträgt die Mindestgröße für Gemeinschaftliche Jagdbezirke in *Bayern*: im Flachland 250 ha, im Hochgebirge und in seinen Vorbergen 500 ha; in *Baden-Württemberg, Nordrhein-Westfalen* und *Hamburg*: 150 ha; in *Hessen, Niedersachsen, Rheinland-Pfalz, Schleswig-Holstein*, im *Saarland*, in *Bremen, Sachsen, Sachsen-Anhalt* und *Thüringen* 250 ha; in *Mecklenburg-Vorpommern*: 350 ha; in *Brandenburg*: 500 ha.

▸ Abrundung von Jagdbezirken.

Jagdbibliotheken, die: Öffentliche oder private Fachbüchereien mit jagdlichen und jagdgeschichtlichen Büchern und Zeitschriften.

1. Privatsammlungen: Eine der größten, privat je angelegten J. besaß der deutschstämmige Engländer C. F. G. R. (Carl Franz Georg Richard) Schwerdt (1862 bis 1939), ein passionierter Jäger. Seine Sammlung umfasste Bücher aller Sprachen, daneben auch Handschriften, Zeichnungen und Grafiken. Einen Teil seiner Buchtitel bezog er 1909 durch den Ankauf einer Sammlung aus dem Besitz des Freiherrn Christoph von Biedermann (1862 bis 1913), die dieser zwangsweise veräußern musste. Viele Buchtitel aus dem Besitz von Biedermann haben die Beizjagd zum Inhalt. Für seine Sammlung, die er in einem Zeitraum von 30 Jahren zusammen mit seiner Ehefrau Mathilde anlegte, ließ Schwerdt 1928 einen großformatigen, reich und farbig bebilderten Katalog in drei Bänden erstellen, der vierte Band folgte 1937 (»Hunting, Hawking, Shooting ...«). Der Katalog erschien in nur 300 Exemplaren, die Druckplatten ließ Schwerdt vernichten. Seine legendäre und einzigartige Sammlung wurde 1939 aufgelöst und in zwei Teilen (1939 und 1946) bei Sotheby's in London versteigert. Ein Nachdruck des Katalogs erschien 1985 mit einem Vorwort von Kurt ▸ Lindner. Eine bescheidenere, gleichwohl eine der größten Sammlungen, besaß der Franzose Marcel Jeanson (1885 bis 1942), der seine Sammlung überwiegend in den Jahren 1920 bis 1939 anlegte. Jeanson konnte u.a. die vollständige Bibliothek von Henri Gallice aus Epernay erwerben, die wiederum auf die Auflösung von sechs bedeutenden Sammlungen von 1878 bis 1901 zurückgeht, und erwarb auch Bücher aus dem Nachlass von Schwerdt. Seine Sammlung, die u.a. von den 46 bekannten Manuskripten des Gaston ▸ Phoebus allein sechs umfasste (35 in Museumsbesitz) wurde 1987 ebenfalls bei Sotheby's versteigert. Eine weitere umfassende Sammlung besaß der Franzose Jean Berger, meist Titel aus dem französischen Sprachraum. Seine Kostbarkeiten wurden 1993 weitgehend durch Christie's versteigert. Nach Dr. Hanns Lindner verfügte auch der schwedische Universitätslehrer Gunnar Tilander (1894 bis 1978) über eine umfangreiche Sammlung (darunter zahlreiche Exemplare aus der Sammlung Schwerdt), die er der königlichen Bibliothek in Stockholm vermacht hat.

2. Öffentliche Sammlungen: Den einstmals größten Bestand an alter Jagdliteratur besaß die Preußische Staatsbibliothek in Berlin. Der Bestand ging in den Wirren des Zweiten Weltkrieges verloren. Derzeit besitzt den größten Bestand die Bayerische Staatsbibliothek in München. Umfangreiche Jagdliteratur besitzen auch Tharandt und die Universität Augsburg. Die Universität Augsburg konnte im Jahre 1980 die wertvolle J. des Fürsten Oettingen-Wallerstein erwerben. Die »Bibliotheca Tiliana«, eine der größten Privatsammlungen (13 000 Bände), die von dem Jagdhistoriker Prof. Dr. Dr. hc Kurt Lindner angelegt wurde,

Jagdeinladung von 1826

war als zeitlich beschränkte Leihgabe in der Staatsbibliothek Bamberg (enthält u.a. auch die ehem. Sammlung des Forstschriftstellers C. W. Freiherr von Tessin) und kam im Rahmen der Frühjahrsauktion 2003 des renommierten Buch- und Kunstauktionshauses F. Zisska & R. Kistner in München zur Versteigerung. Die Stadtbibliothek Mainz und das Naumannmuseum in Köthen besitzen je zur Hälfte die Sammlung des Ornithologen Jakob Moyat (1861 bis 1933). Moyat sammelte Bücher zur Vogelkunde und zum Vogelfang. Die Schweizerische Jagdbibliothek auf Schloss Landshut (▸ Jagdmuseen) umfasst etwa 5000 Bücher und Zeitschriftenbände und wird von der Gesellschaft Schweizer Museum für Wild und Jagd geführt.

Jagdbogen, der: ▸ Bogen 1), ▸ Jagdpacht.

Jagdbüchse, die: ▸ Jagdgewehr b).

Jagdbüchsenpatrone, die: ▸ Büchsenpatrone.

Jagdchroniken, die: ▸ Jagdtagebücher.

Jagddegen, der: ▸ Blanke Waffen.

Jagddichtung, die: ▸ Jagdgedichte.

Jagddilettant, der: **1**) Bez. für den Laien auf dem Gebiet des ▸ Jagdwesens. **2**) Bei der ▸ Parforcejagd: Bez. für den, der nur des Reitens halber oder als Zuschauer teilnahm.

Jagddruck, der: Ständige Störung des Wildes in den Einständen, den Wildäsungs- oder den Brunftplätzen etc. durch intensive (z.B. Verlängerung der Schusszeiten) und teilweise auch falsche Jagdausübung. Hoher J. wirkt sich v.a. beim Rotwild negativ auf die soziale Verhaltensweise der Rudel aus (Störung der Sozialstruktur) und kann zudem zur Schwächung der ▸ Kondition führen. Die Negativwirkungen und -folgen des J. werden zusätzlich verstärkt durch Störungen aller Art, z.B. durch Spaziergänger, Radfahrer, Pilzesammler u.a. Die Wildtiere werden zu Nachttieren, daneben entstehen ▸ Wildschäden in den Zwangseinständen wegen fehlender Ruhezonen; ▸ Beunruhigungsjagd, ▸ Beunruhigung von Wild, ▸ Intervalljagd.

Jagdeignungsprüfung (JEP), die: **1**) Eine Brauchbarkeitsprüfung; ▸ Hundeprüfungen. **2**) In der DDR Bez. für die Jägerprüfung. Zur Vorbereitung auf die J. (seit 1954) wurden von der ▸ Gesellschaft für Sport und Technik örtlich Lehrgänge und Zirkel eingerichtet. Besonderer Wert wurde auf den sicheren Umgang mit Jagdwaffen gelegt. Auch nach Bestehen der J. musste die Schießfertigkeit jährlich vor Beginn des Jagdjahres beim Pflichtschießen (seit 1979) nachgewiesen werden. Davon hing auch die Erteilung (Verlängerung) der Jagderlaubnis ab. Das Pflichtschießen musste jedoch 1986 wegen Rohstoffmangels für die Munitionsherstellung eingestellt werden. Im Übrigen gliederte sich die J. in drei Prüfungsteile: eine theoretische, eine praktische und eine schießtechnische Prüfung.

Jagdeinladung, die: Die schriftliche Einladung zu einer ▸ Gesellschaftsjagd sollte folgende Angaben enthalten: Ort und Zeitpunkt des Treffens, Art der Jagd und des Wildes, welches bejagt wird, sowie Ort und ungefährer Zeitpunkt der Beendigung der Jagd. Der geladene Jäger hat sich umgehend für die Einladung zu bedanken und mitzuteilen, ob er an der Jagd teilnimmt. In vielen Fällen werden bereits Antwortkarten mitverschickt.

Jagdeinrichtungen, die (Reviereinrichtungen): Künstlich geschaffene Einrichtungen zur Verbesserung von Hege und Jagd. Hierzu zählen: Jagdhütten, Hochsitze, Schirme, Luder- und Krähenhütten, Prügelfallen, Saufänge, Fütterungsanlagen, Wildtränken und Suhlen, Vogelnistkästen und ▸ Wildäsungsflächen. Nach den Landesjagdgesetzen darf der Revierinhaber (▸ Jagdausübungsberechtigter) auf land- und forstwirtschaftlich genutzten Grundstücken besondere, das Eigentum wesentlich beeinträchtigende Anlagen nur mit Einwilligung des Grundeigentümers, des Nutznießers und des Pächters errichten; die Einwilligung kann durch die ▸ Jagdbehörde ersetzt werden, wenn die Duldung der Anlage zumutbar ist. Der Eigentümer des Grundstücks kann eine angemessene Entschädigung verlangen, die auf Antrag eines der Beteiligten durch die Jagdbehörde festgesetzt wird. Keiner Einwilligung dagegen bedarf es bei Einrichtungen, die auf Brachland stehen oder die das Grundeigentum nur unwesentlich beeinträchtigen. Hierunter fallen bewegliche Hochsitze, Erdansitze, Schirme, Schütten, Prügelfallen, ▸ Salzlecken und ▸ Pirschsteige. Der Jagdausübungsberechtigte darf diese Einrichtungen – sofern sie keinen Schaden verursachen – bereits aufgrund seines Jagdpachtvertrages anbringen. Dagegen sollte die Errichtung von Jagdhütten, Kanzeln, Fütterungsanlagen für Schalenwild, Krähenhütten und Saufängen bereits im Jagdpachtvertrag vereinbart werden; sie zählen zu Anlagen, die das Grundeigentum wesentlich beeinträchtigen. Wildzäune, die ausschließlich der ▸ Wildschadensverhütung dienen, zählen jedoch nicht zu den J. Hinsichtlich der Konstruktion von J. gibt es keine Normen. Es ist dem handwerklichen Können und der Phantasie des Revierinhabers überlassen, wie er die einzelnen Anlagen errichtet. Grundsatz sollte jedoch sein, dass sie sich gut in die Landschaft einfügen und soweit möglich aus Holz gebaut werden (keine Autowracks als Ansitzplätze). Daneben sind die Bestimmungen der Landwirtschaftlichen Berufsgenossenschaft zu beachten (▸ Unfallverhütungsvorschrift Jagd, § 7 Hochsitze). Zu Holmen, Sprossen und Belägen soll nur gesundes Material (hauptsächlich Fichtenstangen) verwendet werden. Zum Schutz gegen Fäulnis und Pilzbefall sind die baulichen Einrichtungen mit Imprägnierungsmitteln zu behandeln und einmal im Jahr auf einwandfreien Zustand hin zu überprüfen. Bauliche Einrichtungen, die im Eigentum des Jägers stehen und allein dem Jagdausübungsberechtigten und seinen Helfern für die Jagd dienen, sind dem Gemeingebrauch entzogen. Eine Benutzung z.B. der Hochsitze ist auch dann unbefugt, wenn der Jagdpächter kein Schild angebracht hat, auf dem das Besteigen des Hochsitzes verboten wird. Das unbefugte Benutzen von J. stellt nach den meisten Landesjagdgesetzen eine ▸ Ordnungswidrigkeit dar.

Die wichtigsten J. im einzelnen:

1. Jagdhütten: Unter einer Jagdhütte, die im Außenbezirk, d.h. nicht innerhalb der im Zusammenhang bebauten Ortsteile, als eine im Sinne des Bundesbaugesetzes privilegierte bauliche Anlage grundsätzlich nur mit Genehmigung der zuständigen Behörde errichtet werden darf, ist nur »ein möglichst einfacher Bau zu verstehen, dessen Errichtung, örtliche Lage, Größe und Gestaltung ausschließlich nach Gesichtspunkten bestimmt werden, die sich aus den konkreten Erfordernissen einer ordnungsgemäßen Ausübung der Jagd ergeben«; nicht also ein Bau, der für jagdliche Zwecke überhaupt nicht oder nicht im geplanten Umfang benötigt wird oder für dessen Standort oder bauliche Gestaltung ersichtlich andere als jagdliche Gründe maßgebend sind. Eine Dauerbewohnung einer J. ist demnach unzulässig.

2. Ansitzeinrichtungen (Hochsitze und Schirme):

Hochsitze: Die für die Ausübung der Jagd und des ▸ Jagdschutzes wohl wichtigste Einrichtung im Revier ist der Hochsitz. Er sollte in jedem Revier an ausgewählten Plätzen (z.B. in der Nähe von Wechseln und Wildäsungsflächen, an Schneisen und Waldrändern) in ausreichender Zahl vorhanden sein. Neben der praktischen Jagdausübung erleichtert der Hochsitz dem Jäger die Wildbeobachtung und die ▸ Wildzählung und trägt dazu bei, dass eine unnötige Vergrämung des Wildes, z.B. durch häufige Pirschgänge, vermieden wird. Hochsitze werden als verstellbare Leitern (Ansitzleitern) oder als Daueransitzeinrichtungen (Kanzeln) errichtet. Sie haben zudem den Vorteil, dass sie, falls sie hoch genug errichtet werden, den Jäger von der jeweiligen Windrichtung einigermaßen unabhängig machen. Ob ein einfacher Leitersitz, eine offene Kanzel oder eine geschlossene Kanzel errichtet werden soll, hängt ganz von den örtlichen Gegebenheiten ab. Soll der Hochsitz auch für den Nachtansitz oder für den Winteransitz benutzt werden (z.B. Fuchspassen), wird wohl eine geschlossene Kanzel zu wählen sein. Hochsitze sollen nach Möglichkeit gut gedeckt stehen und frei stehend – unter Beachtung der Hauptwindrichtung – gebaut werden. Das Annageln an einen Baum ist unzweckmäßig, weil die mit dem Baum fest verbundenen Teile des Hochsitzes bei Wind meist knarren und sich häufig lockern. Der Hochsitz muss außerdem gute Sicht und gutes Schussfeld bieten und störungsfrei bezogen und ebenso wieder verlassen werden können. Die Anlage eines Pirschsteiges, der jedoch nicht über den Wildwechsel führen darf, ist daher unerlässlich. Für den Bau der Hochsitze werden Rundhölzer (gesunde, trockene Fichtenstangen) verwendet. Die Kanzeln sollten je nach Verwendungszweck zwischen 5 und 8 m hoch sein und auf vier kräftigen Stützstangen stehen. Die Zahl der noch anzubringenden Verstrebungen hängt von der Bauweise und von der Größe der Kanzel ab. Die Sprossen der Leiter stehen in einem Abstand von 30 cm. Bei der einfachsten Form der Kanzel, der sog. offenen Kanzel, haben die Kanzelwände (Brüstung) eine Höhe von ca. 1 m. Zu empfehlen ist der Bau einer Kanzel mit Dach zum Schutz gegen Regen. Das Dach soll jedoch weit überstehen. Die geschlossene Kanzel hat hingegen den Nachteil, dass man in ihr die Vorgänge außerhalb schlechter hört. Bei den einfachen Hochsitzen, den Ansitzleitern, die schnell auf- und abgebaut werden können, ist v.a. auf eine gute Fußstütze (oberste Sprosse) zu achten, die eine bequeme und natürliche Beinhaltung gestattet. Die Fußstütze darf deshalb nicht zu hoch und nicht zu tief, aber auch nicht zu weit unter dem Sitz angebracht werden. Ansitzleitern werden zwar häufig mit einer Querstange zwischen zwei Stützbäumen angelehnt oder an einem Baum festgemacht, sie können aber auch mit Verstrebungen ebenso freistehend wie Kanzeln gebaut werden. In den Fachgeschäften sind auch leichte, tragbare Stahl- und Aluminiumhochsitze für ein oder zwei Personen erhältlich, die sowohl zum Aufstellen im freien Gelände als auch zum Befestigen an Bäumen geeignet sind. Sie sind serienmäßig meist mit 3 m und 4 m hohen Leitern ausgestattet und haben eine Ringsum-Gewehrauflage.

Schirme: Sie sind der Örtlichkeit angepasste Blenden am Boden, die dem Jäger entweder das Sitzen (Jagdschirm) oder das Stehen (Jagdstand) ermöglichen und ihm gute Deckung geben. Schirme wurden früher auch bei ▸ Eingestellten Jagen oder eingerichteten Jagen verwendet, bei denen das Wild aus der Kammer auf den Lauf getrieben und von den Schirmen heraus durch einen oder mehrere Schützen erlegt wurde. Diese Schirme waren z.T. schön verzierte Rotunden mit erhöhtem Boden und einem Dach. Schirme zählen zu den ältesten A. und werden aus dem Material der Umgebung (Reisig, Schilf, Binsen, Heidekraut, Stroh, Zweige und Steine) gebaut. Wenn sich ein natürlicher Schirm, wie er in Dickungen möglich ist, nicht herstellen lässt, werden einige Pfähle im offenen Viereck in den Boden eingeschlagen und die Zwischenräume mit Reisigbündeln usw. verflochten. Im Felde genügt auch das Aufstellen von Strohballen, im Gebirge das Aufschichten von Steinen. Schirme werden bei der ▸ Drückjagd auf Rot-

◂◂◂ Geschlossene Kanzel

◂◂ Ansitzleiter

◂◂ Nicht verblendeter Erd- oder Bodenschirm

Rotwild an der Winterfütterung

Kälberstall für Rotwild (nach F. v. Raesfeld)

Futterraufe für Rehwild

Überdachter Futterbarren

▸▸ Heufutterraufe für Rotwild

wild, Schwarzwild und Fuchs, bei Anstandsjagden, zum Fuchsreizen, zur Jagd und Beobachtung auf den balzenden Birkhahn sowie zur Taubenjagd und zur Entenjagd benutzt. Der auf dem Feld zur Taubenjagd errichtete Schirm ist auch gegen Sicht von oben zu verblenden. Ideale Plätze für die Schirme sind Wiesen und Blößen im Wald, die am Rande von Pirschsteigen liegen. Bei Schirmen ist jedoch die Windrichtung besonders zu beachten.

3. Fütterungsanlagen

Rotwildfütterung: Bei größeren Fütterungen ist es zweckmäßig, Futterstadel mit Futterraufe und Trog zu kombinieren. Die überdachte Futterraufe sollte möglichst lang sein (4 bis 6 m), damit das Rotwild genügend Platz zur Nahrungsaufnahme hat und sich nicht gegenseitig stört. Daneben sind etwa sieben bis zehn Futtertröge aufzustellen, damit sich das Rotwild an der Fütterung gut verteilen kann, denn Hirsche schlagen die Tiere und die Kälber ab. Für das Jungwild ist ein sog. Kälberstall zu errichten. Es handelt sich hierbei um eine Fütterungsanlage speziell für Kälber, umgeben von einem Pfahlzaun von 2 m Höhe, damit der Kälberstall von den Hirschen nicht überfallen werden kann. Durch die jeweils ca. 25 cm voneinander entfernt stehenden Pfähle ermöglicht er den Kälbern das Hindurchkommen, aber nicht den Alt- und den Schmaltieren. Gut bewährt haben sich auch automatische Futterkästen und -tröge, bei denen das Futter aus einem Vorratsbehälter automatisch in den Futtertrog nachrutscht (Futterautomat). Für das Rotwild sollte auf je 500 ha Revierfläche eine Fütterungsanlage errichtet werden.

Rehwildfütterung: Dafür eignen sich am besten transportable Fütterungen mit Raufe für Laubheu und großen Trögen für Rau- und Saftfutter. Da Rehwild sehr empfindlich auf ▸ Parasiten reagiert, ist das Umsetzen der Fütterung während einer Fütterungsperiode ratsam, wobei F., die auf Kufen stehen, sich leicht fortbewegen lassen. Auch für die Rehwildfütterung haben sich die sog. Futterautomaten, bei denen das Futter nachrutscht, bestens bewährt.

F. sind an ruhigen Orten, möglichst in der Nähe der ▸ Einstände (besonders Rehwildfütterungen), an sonnigen, windgeschützten Stellen anzulegen. Verbiss- und schälgefährdete Waldteile sind zu meiden (▸ Futtermittel, ▸ Wildfütterung). Die Futterstellen sind sauberzuhalten, d.h., die vom Wild hinterlassene ▸ Losung ist mehrmals während der Fütterungsperiode und nach deren Abschluss zusammenzurechen und der Haufen mit Branntkalk zu überstreuen (Parasiten).

Schüttung (Schütte, Futterplatz für Rebhühner, Fasane und Birkwild): Eine Rebhuhnschüttung wird ohne Dach auf freiem Feld in der Nähe trockener Lagerplätze angelegt. Der Platz sollte sonnig sein (Südseite) und in der Nähe von Büschen, Sträuchern oder Hecken liegen, die Schutz bieten. Ist ein derartiger Schutz nicht vorhanden, kann man Fichtenreisighaufen oder ähnliches anlegen. Bäume dürfen nicht in der Nähe sein, da auf ihnen ▸ Greifvögel aufblocken können. Die Rebhuhnschüttung kann mit Druschabfall, Heu, Heublumen, Hanf, Hirse, geschrotetem Mais, Weizen und auch Sand (sog. Weidkörner, ▸ Magensteine) beschickt werden. Eine Fasanenschüttung sollte überdacht sein. Das Dach, etwa 2,50 m x 2,50 m, auf niedrigen Pfählen und Stangen ruhend, wird so geneigt, dass es auf der Wetterseite ca. 40 cm, auf der Stirnseite ca. 70 cm vom Boden entfernt ist. Es wird mit Brettern, Nadelholzreisig, Schilf oder Stroh abgedeckt und nur locker verblendet, damit der Fasan die Umgebung gut überblicken kann (Raubwild), den Greifvögeln jedoch ein Angriff erschwert wird. Die Fasanenschüttung ist in der Nähe von Wasserläufen in Fichtenstangengehölzen, in ▸ Remisen, in ▸ Hecken oder in ▸ Feldgehölzen anzulegen, keinesfalls weiter als 3 m vom nächsten schützenden Gebüsch entfernt. Beschickt werden können Fasanenschüttungen mit Bucheckern, Eicheln, Hirse, Hanf, gekochten Kartoffeln, Blattstamm-Kohl, Mais (auch Maiskolben), Mohn, Rosinen (liebt der Fasan besonders), Rüben, Salat, Vogelbeeren und Weizen. Der Boden der Schüttung wird entweder gelockert oder mit feinem Sand bedeckt, da der Fasan (wie alle ▸ Hühnervögel) gern im Staub oder im Sand hudert. Anschließend wird der Boden mit Körnerfutter, vermengt mit Druschabfall (Spreu oder Kaff), bedeckt. Eine Schüttung für Birkwild kann beschickt werden mit Buchweizen, Druschabfall, Hafer, Knospen und Vogelbeeren.

Schwarzwildfütterung: Futterplätze für Schwarzwild (Sauschütten) werden mit Eicheln, Mais, Rüben und notfalls auch mit Kastanien beschickt (Landesrecht beachten!). Eine ähnliche Einrichtung wie der Kälberstall ist der Frischlingsstall (Frischlingsrechen). Diese ca. 1,50 m hohe Fütterungseinrichtung besteht aus genagelten Derbstangen, die so eng stehen müssen, dass nur Frischlinge hindurchkommen, die im Innern des Stalls mit Futter versorgt werden. Eine Derbstange wird unten am Boden befestigt, damit stärkere Sauen sich nicht hindurchwühlen können. Zur Lagerung von Hackfrüchten für die Winterfütterung dienen auch die Erdbunker, die jedoch wildsicher sein müssen.

Fasanenschüttung

Frischlingsstall oder -rechen

Erdbunker zur Lagerung von Rüben für die Winterfütterung

4. Saufang: Sie dienen dazu, das ▸ Schwarzwild lebend zu fangen, um es dann innerhalb der Umzäunung zu töten. Die Errichtung von Saufängen ist nur mit Genehmigung der Jagdbehörde zulässig (BJG § 19 Abs. 1 Nr. 7). Der Deutsche Jagdschutzverband lehnt den Lebendfang von Schwarzwild in Saufängen zur anschließenden Tötung grundsätzlich ab. Ein S. besteht aus einer festen und engen Umzäunung, die unterschiedliche Ausmaße (mindestens jedoch 20 qm) haben kann und mit Falltüren versehen wird. Die Falltüre wird so

Saufang für den Lebendfang von Schwarzwild

konstruiert, dass sie sich nach dem Einwechseln des Wildes jeweils wieder schließt. Sie kann aber auch derart fängisch gestellt werden, dass sie mit einer Zugleine von dem auf einer Kanzel sitzenden Jäger heruntergelassen werden kann. Die Umzäunung sollte etwa 2,5 m hoch sein und tief genug (etwa 1 m) in der Erde stehen, damit sie nicht unterwühlt werden kann. Zur Ankirrung werden Kartoffeln, Getreide, Eicheln und ▸ Gescheide verwendet. Früher dienten hierzu auch Pferdekadaver. Die ▸ Kirrung wird sowohl außerhalb als auch weit genug innerhalb des Fanges und im großen Bogen um die Falltüre ausgelegt. Bei älteren Bauweisen bestand ein S. aus dem Fang, dem Beigarten und dem Hetzplatz und war manchmal über 400 qm groß. Fang, Beigarten und Hetzplatz waren durch Palisadenzäune eingefriedet und voneinander getrennt. Der Fangplatz selbst durfte nur wenig, der Beigarten dagegen mit dichtem Buschwerk bewachsen sein. Der Hetzplatz sollte möglichst holzfrei sein. Die gefangenen Sauen wurden durch Falltüren im Zwischenraum in den Beigarten gebracht und dort so lange gehalten, bis eine für die Jagd ausreichende Zahl vorhanden war. Zur Jagd wurden sie dann auf den Hetzplatz getrieben.

Jagdeinteilung, die: Die J. erfolgt heute in Hochwildjagd (▸ Hochwildrevier) und in Niederwildjagd (▸ Niederjagd). Früher wurde die Jagd in ▸ Hohe Jagd und in Niedere Jagd, mancherorts noch in Mittlere Jagd (▸ Mitteljagd) eingeteilt.

Jagdequipage, die (Parforceequipage): Bez. für die früher zu einer Jagd, insbesondere zur ▸ Parforcejagd, benötigten Personen, Pferde, Hunde und Geräte; nach ▸ H. W. Döbel zählten hierzu: ein Befehlshaber, Jagdjunker, Jagdpagen, Oberpiqueur, Piqueure, Besuchsknechte, Hundeknechte (Rüdenknechte), Bereiter, Stallknechte, Sattler und Riemer, ein Schmied und ein Sporer; ▸ Jagdpersonal.

Jagderlaubnis, die: J. liegt immer dann vor, wenn der ▸ Jagdausübungsberechtigte einen Dritten (▸ Jagdgast) an der Wahrnehmung seiner Befugnis beteiligt, ohne die Jagd deshalb zu verpachten. Auch der ▸ Jagdpächter ist im Rahmen der ihm durch den Pachtvertrag eingeräumten Rechtsstellung befugt, einem Dritten die J. zu erteilen. Denkbar ist eine J. als schuldrechtliche oder unverbindliche, als entgeltliche oder unentgeltliche, als dauernde oder vorübergehende, als umfassende oder beschränkte Beteiligung an der Ausübung des Jagdrechts; ▸ Jagdausübungsrecht, ▸ Jagderlaubnisschein. Eine J. ist nach den Landesjagdgesetzen gültig, wenn sie nur mündlich erteilt wird und in Begleitung (Ruf- oder Sichtweite) des Jagdausübungsberechtigten stattfindet. Ohne Begleitung ist es eine ▸ Ordnungswidrigkeit, ohne Erlaubnis ▸ Wilderei.

Jagderlaubnisschein, der (Begehungsschein, Gehschein): Jeder ▸ Jagdausübungsberechtigte (Revierinhaber) ist befugt, einem ▸ Jagdgast einen entgeltlichen oder unentgeltlichen J. auszustellen. Sind mehrere Personen Revierinhaber (z.B. Mitpächter), ist die Jagderlaubnis nur dann gültig, wenn diese von allen Revierinhabern unterzeichnet wurde. Übt der Jagdgast die Jagd (z.B. Fallenstellen, Erlegen von Hoch- oder Niederwild) ohne Begleitung des Jagdausübungsberechtigten aus, so hat er neben dem ▸ Jagdschein auch eine schriftliche Jagderlaubnis, den J., bei sich zu führen, um sich gegenüber Jagdschutzberechtigten, Polizeibeamten usw. legitimieren zu können. Der Inhalt der Jagderlaubnis ist möglichst genau festzulegen. Sie kann auch die Befugnis zur Tötung von ▸ wildernden Hunden und Katzen enthalten. An den Wortlaut des J. stellt keines der Landesjagdgesetze besondere formale Anforderungen. Die Erteilung eines unentgeltlichen J. ist ein Gefälligkeitsvertrag, der vom Jagdausübungsberechtigten (Revierinhaber) jederzeit widerrufen werden kann; zweckmäßig ist es jedoch, ihn für einen bestimmten Zeitraum auszustellen. Die Erteilung eines entgeltlichen J. ist eine pachtähnliche Bindung (eine Ausnahme bilden Einzelabschüsse gegen Entgelt) und bedarf immer der Schriftform. Die Zahl der entgeltlichen J. ist beschränkt und muss im Rahmen der genehmigten Mitpächterzahl bleiben. Sie muss der unteren Jagdbehörde angezeigt werden und ist in einigen Bundesländern genehmigungspflichtig. In Niedersachsen können die Jagdbehörden für Küstengewässer und für den Meeresstrand unbeschränkt J. (gegen Entgelt) für die Jagdausübung auf Wassergeflügel oder für Einzelabschüsse auf Seehunde ausstellen; ▸ Jagdpass, ▸ Jagdpatent.

Sr. Königl. Majestät in Pohlen / rc.
und
Churfl. Durchl. zu Sachsen / rc. rc.
MANDAT,
Was vor Wildpret eigentlich
zur
Hohen- Mittel-
und
Nieder-Jagd
gerechnet wird /
Auch
Wer Wölffe zu fällen
befugt seyn soll.
Mit Königl. Pohln. und Churfl. Sächs. allergn. Privilegio.
DRESDEN,
Gedruckt und zu finden beym Königl. Hof-Buchdrucker, Joh. Riedeln, und dessen Adjuncto, Johann Conrad Stößeln.

▸▸ Titelseite des Mandats von Friedrich August I. (August der Starke, 1670–1733) aus dem Jahre 1717: »Was vor Wildpret eigentlich zur Hohen- Mittel- und Nieder-Jagd gerechnet wird«. München, Deutsches Jagd- und Fischereimuseum

Jagdethik, die: Bez. für das sittliche Wollen und Handeln in Normen und Regeln bei der ▸ Jagdausübung unter Zugrundelegung der Verantwortung und Verpflichtung gegenüber dem Wild. Zur J. zählt auch die ▸ Waidgerechtigkeit. Kaiser ▸ Maximilian I. setzte als Erster gültige Maßstäbe jagdlicher Ethik. In seinen drei Büchern (»Teuerdank«, »Weißkunig« und »Haimlich Gejaidt puech«) hat er der Nachwelt seine jagdlichen Gedanken, Erlebnisse und Erfahrungen hinterlassen. Er hat – seiner Zeit weit voraus – den heute selbstverständlichen Dingen wie Abschussplanung, Hege, Revierausstattung, Salzlecken, Wildbewirtschaftung, Winterfütterung und Sorge des Jägers für das ihm anvertraute Wild Geltung verschafft.

Jagdfalke, der: **1**) Der Gerfalke in der Ornithologie; ▸ Falken 9. **2**) Volkstümliche Bez. für einen ▸ Beizfalken.

Jagdfasan, der: ▸ Fasane.

Jagdfasan, Böhmischer, der: ▸ Fasan 1.

Jagdfex, der: Verächtlicher Ausdruck für einen Jäger, der zwar tadellos angezogen und ausgerüstet an Jagden teilnimmt, aber von der Jagd nur wenig versteht.

Jagdfieber, das (Schussfieber, Bockfieber, Hirschfieber, Jagdhitze): Bez. für die Aufregung, die den Jäger vor oder nach dem Schuss befällt.

Jagdfläche, die: Die bejagbare Fläche. Die J. der Bundesrepublik Deutschland umfasst (2001) ca. 31 895 000 ha (gemeinschaftliche Jagdbezirke und Eigenjagdbezirke 28 141 000 ha, Staatsjagden 3 754 000 ha).

Jagdflinte, die: ▸ Jagdgewehr a).

Jagdflug, der: ▸ Kampfflug.

Jagdfolge, die: svw. ▸ Wildfolge.

Jagdförderung, die: Zur Förderung des Jagdwesens werden vom Staat Einnahmen aus der ▸ Jagdabgabe und in einigen Bundesländern auch ganz oder teilweise die ▸ Jagdscheingebühren sowie staatliche Zuschüsse zur Verfügung gestellt. Gefördert werden sollen insbesondere: Maßnahmen zur Erhaltung und Verbesserung der Lebensgrundlagen des Wildes, Erforschung der Lebens- und Umweltbedingungen der Wildarten, Erforschung von Möglichkeiten zur Verhütung und Verhinderung von ▸ Wildschäden in der Land-, Forst- und Fischereiwirtschaft, das Berufsjägerwesen, die Errichtung und der Betrieb von Muster- und ▸ Lehrrevieren, sonstige Maßnahmen und Einrichtungen zur Information sowie Aus- und Fortbildung der Jäger, der Jagdvorsteher und der für den Vollzug der jagdrechtlichen Vorschriften zuständigen Organe.
In Österreich wird die J. weitgehend aus den Einnahmen der ▸ Jagdsteuer bestritten (▸ Österreichisches Jagdwesen).
In der Schweiz wird die J. kantonal durch Mittel der ▸ Jagdabgabe finanziert. Der Bund stellt Mittel für die Forschung, für die Aus- und Weiterbildung der Wildschutzorgane und für Informationszwecke zur Verfügung.
Jagdform, die (Jagdkondition): Die ▸ Kondition und Jagdbereitschaft des Beizvogels, des Frettchens oder des Jagdhundes.
Jagdfreiheit, die (freie Jagd): ▸ Freipirsch.
Jagdfrevel, der: Frühere Bez. für ▸ Wilderei bzw. für Vergehen aller Art in Bezug auf die Jagd.
In früherer Zeit wurde ein J. mit sehr harten Strafen geahndet. Bis zur Mitte des 9. Jh. wurde der Jagd eine viel höhere Bedeutung beigemessen als der Holznutzung. In den meisten Volksrechten wurde bei Entwendung oder Tötung von Hunden, Falken und des gezähmten Edelwildes nach deren Brauchbarkeit unterschieden, und es wurden entsprechende Strafen verhängt. Die Strafe bestand aus einer Geldbuße, außerdem musste häufig Schadenersatz geleistet werden, z.B. durch Stellung eines gleichwertigen Hundes oder Falken. Bei den Burgundern waren für die Entwendung von Hunden und Falken entehrende und grausame Strafen angedroht. Bei Entrichtung einer entsprechenden Geldstrafe konnten sie jedoch vermieden werden. Strafbar war auch, wer sich Wild, das von einem anderen angeschossen, gehetzt oder gefangen worden war, in rechtswidriger Weise aneignete. Wer solches Wild aber nicht verheimlichte, durfte z.B. bei den Langobarden den rechten Vorderlauf nebst sieben Rippen als ▸ Jägerrecht für sich behalten. In der Zeit von 850 bis 1550 wurde der J., z.B. unberechtigtes Jagen in den ▸ Bannforsten, mit der Strafe des Königsbannes bedroht. In den Markweistümern finden sich mannigfaltige Strafen für die einzelnen Jagdvergehen. Für J. wurden z.T. eigentümliche Strafen ausgesprochen. So musste bisweilen für einen Hirsch ein bunter Ochse, für ein Reh eine fahle Gais, für Meisen eine »falbe Henne mit sieben Hünkeln« abgeliefert werden. I. Allg. wurden bis zum Ende des Mittelalters die Strafen für Forstfrevel immer geringer, die für J. immer strenger, eine Entwicklung, die v.a. im 17. und im 18. Jh. ihren Höhepunkt erreichte. Besonders hart und grausam waren die Strafen für Wilddiebe, für die hohe Leibes- und Freiheitsstrafen und sogar Todesstrafen ausgesprochen wurden. In der Pfalz-Zweibrückenschen Forstordnung von 1785 heißt es: »Wer Nachricht hat, dass Jemand mit Wilddieben umgeht und keine Anzeige thut, dessen Vermögen soll confiscirt und er mit empfindlicher Strafe belegt werden. Der Angeber eines Wilddiebes soll bei Verschweigung seines Namens 25 Reichsthaler erhalten, und wenn der Wilddieb daraufhin handfest gemacht wird, sollen dem Anzeiger 50 fl. und zweijährige Abgabenfreiheit bewilligt werden. Wenn ein Wilddieb bei Betretung auf den Zuruf sich nicht ergab, durfte Feuer gegeben werden. Wer einen solchen Wilddieb todt einlieferte, sollte 10 Reichsthaler erhalten, bei lebendiger Einlieferung 20 Thlr. Die Wildpretsdiebe sollen mit schweren Leibes- und nach Beschaffenheit des Verbrechens sogar mit Lebensstrafe beahndet werden.« Mit der Aufhebung des Jagdrechts auf fremden Grund und Boden im Jahre 1848 entfielen neben der ▸ Jagdfron auch die harten Bestrafungen für J.
Jagdfron, die (Frondienste, in Österreich: Jagdrobot. Veraltet auch Jagdfrohne, Jagdfrohnde, Jagdscharwerk): Dienstleistungen, z.B. Hand- und Anspanndienste, welche die Jagduntertanen (meist Bauern) ihren Herrschaften früher zu leisten hatten. Hierzu gehörten auch das Herbeifahren und Stellen des ▸ Jagdzeuges bei ▸ Eingestellten Jagen, Transport des erlegten Wildes, Verpflegung der Jäger, Hundefütterung und das Zweigrecht. In Braunschweig musste z.B. jeder Müller einen starken Hund füttern. Die J. im 17. und im 18. Jh. bildete eine ungemein drückende Last, da zu einer einzigen Jagd oft über 1000 Menschen aufgeboten wurden, die sich während der dringendsten Feldarbeit mit ihrem Gespann zeitweise wochenlang ohne Gegenleistung im Wald aufhalten mussten. Die Frondienste entfielen im Jahre 1848 mit der Aufhebung des Jagdrechts auf fremden Grund und Boden; ▸ Atzungsrecht, ▸ Habichtslehen, ▸ Hundelege, ▸ Jagdzehnten, ▸ Nachtselde.
Jagdführer, der: Eine revierkundige Person, die einen Jagdgast führt. Der J. ist meist ein angestellter ▸ Berufsjäger, der ▸ Jagdaufseher, der ▸ Jagdausübungsberechtigte selbst oder eine von ihm beauftragte Person.
Jagdgast, der: Ein Jäger, der vom ▸ Jagdausübungsberechtigten an der Wahrnehmung seiner Befugnisse (Jagdausübung) beteiligt wird. Der J. gilt allg., auch nach Landesrecht, nicht als Jagdausübungsberechtigter. Die Erlaubnis, ein jagdbares Tier zu erlegen, berechtigt nicht ohne weiteres auch zu dessen Aneignung; hierüber sind zusätzliche Vereinbarungen zu treffen. Das ▸ Jägerrecht ist jedoch zu beachten. Bei Abschuss gegen Entgelt (z.B. in den Staatsforsten) gehört der Kopfschmuck regelmäßig dem J. Der Jagdausübungsberechtigte darf dem J. eine teilweise Ausübung des ▸ Jagdschutzes erlauben, v.a. als Abschuss von ▸ wildernden Hunden und Katzen. Eine selbstständige Jagdschutzbefugnis hat der J. nicht; er hat vielmehr nur die jedermann zustehenden Befugnisse (z.B. vorläufige Festnahme, Notwehr, Notstand). Mit sich führen muss der J. einen schriftliche ▸ Jagderlaubnis bzw. einen ▸ Jagderlaubnisschein, sofern nicht ein Fall zulässiger Begleitung vorliegt.
Jagdgatter, das: ▸ Wildgehege.
Jagdgeber, der: ▸ Jagdherr.
Jagdgebiet, das: Bez. für eine Vereinigung von mehreren ▸ Jagdbezirken oder auch für ein großes ▸ Jagdrevier. In der DDR Teil des Territoriums einer Jagdgesellschaft (▸ Jagdgesellschaft 3)).
Jagdgebietsverantwortlicher, der: In der DDR innerhalb der ▸ Gesellschaft für Sport und Technik zuständige Person, welche die Aufgabe hatte, das jagdbare Wild in dem ihr zugewiesenen Jagdgebiet festzustellen und auf dieser Grundlage Vorschläge für den Abschussplan zu erarbeiten, der von der jewei-

Das Bild aus dem »JachtBuch« (1639) von Wolfgang Birkner (1582–1651) zeigt Jägerknechte (Stulpenstiefel fehlen) beim Frühstück und fronpflichtige Bauern, die auf Zeugwagen herangefahrene hohe Tücher aufstellen.

ligen Kreisjagdbehörde zu bestätigen war. Zu den Pflichten des Jagdgebietsverantwortlichen gehörte auch die Ausstellung des Wildursprungsscheines (der i.d.R. auch einen tierärztlichen Befund auswies) für jedes einzelne erlegte Stück (bei Federwild, Hasen und Kaninchen für die gesamte Strecke des Jagdtages) sowie die genaue Buchführung über Erleger, Ablieferungsdatum usw. Der Jagdgebietsverantwortliche hatte auch den Jagdschutz auszuüben, war zuständig für die Wildhege und für die Anlage jagdlicher Einrichtungen. Zur Ausführung der letzteren Aufgaben war er befugt, Inhaber von ▸ Jagdteilnahmescheinen oder andere Hilfskräfte zu den Arbeiten heranzuziehen. Weitere Aufgaben waren die Bekämpfung von Raubwild und Raubzeug (▸ Beutegreifer), die Organisation der Zusammenarbeit mit dem staatlichen Naturschutzbeauftragten sowie die Organisation einer angemessenen Wildfütterung in Notzeiten. Mit der Neuordnung des Jagdwesens im Jahre 1962 erhielten die Jagdgebietsverantwortlichen die Bez. »Jagdleiter«; ▸ Staatlich beauftragte Jagdberechtigte, ▸ Jagdwesen in der DDR.

Jagdgebrauchshund, der: Allg. übliche Bez. für jeden nach Rasse und Leistung zur Jagd geeigneten und verwendeten Hund. Um die Wende vom 19. zum 20. Jh. und in den ersten Jahren nach der Gründung des J.-Verbandes (▸ Hundeverbände 1.) verstand man unter J. nur den vielseitig verwendbaren deutschen Vorstehhund; ▸ brauchbare Jagdhunde.

Jagdgebrauchshundverband, der (JGHV): ▸ Hundeverbände 1.

Jagdgebrauchshundverein, der: Ein Prüfungsverein für ▸ Hundeprüfungen.

Jagdgebühren, die: **1**) ▸ Jagdscheingebühren. **2**) Bez. für die von Jagdgästen auf der Einzeljagd in Verwaltungsjagdrevieren (▸ Regiejagd) zu zahlenden Gebühren. Sie bestehen aus einer Grundgebühr, einem Abschussentgelt (je nach Wildart in unterschiedlicher Höhe) sowie gegebenenfalls aus einer Führungsgebühr.

Jagdgedichte, die: Während des Mittelalters verstand man darunter eine Art altdeutscher Dichtungen, in denen das ritterliche Liebesleben unter der Allegorie einer Jagd dargestellt wird. Die sinnvollste Produktion dieser Art ist »Die Jagd« des Hadamar von Laber, eines didaktischen Dichters aus dem ritterlichen Geschlecht der Herren von Laber in Bayern (bei Regensburg). Er lebte wahrscheinlich in der ersten Hälfte des 14. Jh. Das Liebesgedicht »Die Jagd«, worin er unter dem Bild eines Jägers sich selbst darstellt, wie er mit seinem Herzen als Hund das edle Wild, die Geliebte, verfolgt, ist trotz einer manchmal ermüdenden Länge (600 Titurelstrophen) nicht arm an einfallsreichen, wirklich dichterischen Zügen. Andere altdeutsche Dichtungen führen die Titel »Der Minne Falkner«, »Jagd der Minne« usw. Aus dieser Zeit sind kaum Gedichte jagdlich-symbolischen Inhalts erhalten. Etwa Ende des 18. Jh. entstanden Gedichte, welche die Gefühle des Einzelnen zum Tier, zur Jagd und zur Natur zum Inhalt haben. In dieser Zeit entstand das eigentliche deutsche Jagdgedicht, die sog. Fachpoesie. Die hohe Zeit der deutschen Jagdpoesie waren die Jahre von 1790 bis 1860. Die wichtigsten Vertreter, deren Gedichte jedoch heute kaum noch bekannt sind, waren: Ludwig C. E. H. F. von ▸ Wildungen, Carl Emil ▸ Diezel, Franz Graf von ▸ Waldersee, Wilhelm ▸ Bornemann, Heinrich ▸ Laube und Franz von ▸ Kobell. Aber auch große deutsche Dichter wie Friedrich von Schiller, Eduard Mörike, Annette von Droste-Hülshoff, Franz Grillparzer und Joseph Freiherr von Eichendorff schrieben J. Seit dieser Zeit wurden und werden, wenn auch nicht in diesem Maße, Jagdgedichte (Jagdpoesie) geschaffen.

Jagdgefälle, das: Alte Bez. für alle Einnahmen aus der ▸ Jagdnutzung.

Jagdgehege, das: Sammelbegriff für Wildparks und Gatterreviere. J. sind eingefriedete Bezirke, wo Schalenwild weder aus- noch einwechseln kann. Gatterreviere erstrecken sich i.d.R. über größere Flächen als Wildparks. Sie unterliegen in jedem Fall, auch wenn sie nicht jagdlichen Zwecken dienen, dem ▸ Jagdrecht; ▸ Wildgehege, ▸ Tiergehege.

Jagdgemeinschaften, die: **1**) Tiergesellschaften, die sich zusammenfinden entweder zur gemeinsamen Jagd oder um das bestehende Nahrungsangebot optimal nutzen zu können; z.B. Wölfe, Hyänen, bei den Vögeln die gemeinsam tauchenden (jagenden) Säger. **2**) In der DDR bei der ▸ Gesellschaft für Sport und Technik seit 1953 installierte Organisation, hervorgegangen aus den ▸ Jagdkommandos. Die J. hatten die Verantwortung für die Durchführung der ▸ Kollektivjagden in Abstimmung mit den Jagdberechtigten bzw. ▸ Jagdgebietsverantwortlichen. Mit der Neuordnung des Jagdwesens im Jahre 1962, bei der die Jagdbewirtschaftung den staatlichen Forstwirtschaftsbetrieben übertragen wurde, wurden die J. in ▸ Jagdgesellschaften überführt.

Jagdgenossen, die: Die Eigentümer der Grundflächen (je nach Landesrecht auch die Nutznießer), die zu einem gemeinschaftlichen ▸ Jagdbezirk gehören. Ausnahme: Die Eigentümer ▸ befriedeter Bezirke. Alle J. zusammen bilden die ▸ Jagdgenossenschaft.

Jagdgenossenschaft, die: nach §9 BJG:

»(1) Die Eigentümer der Grundflächen, die zu einem gemeinschaftlichen ▸ Jagdbezirk gehören, bilden eine J. Eigentümer von Grundflächen, auf denen die Jagd nicht ausgeübt werden darf, gehören der J. nicht an.

(2) Die J. wird durch den Jagdvorstand gerichtlich und außergerichtlich vertreten. Der Jagdvorstand ist von der J. zu wählen. Solange die J. keinen Jagdvorstand gewählt hat, werden die Geschäfte des Jagdvorstandes vom Gemeindevorstand wahrgenommen.

(3) Beschlüsse der J. bedürfen sowohl der Mehrheit der anwesenden und vertretenen Jagdgenossen als auch der Mehrheit der bei der Beschlussfassung vertretenen Grundfläche.«

Eine Angliederungsgenossenschaft – gebildet durch Eigentümer von Flächen, die einem Eigenjagdbezirk angegliedert sind, zur Wahrnehmung ihrer Rechte – kennen Bayern, Hessen, Nordrhein-Westfalen, Rheinland-Pfalz und Schleswig-Holstein in unterschiedlicher Ausgestaltung. In den Landesgesetzen wird die Rechtsnatur der J. als rechtsfähige Genossenschaft des öffentlichen Rechts oder als Körperschaft des öffentlichen Rechts festgelegt, die unter staatlicher Aufsicht steht.

Jagdgeräte, die (Jagdgerätschaften): Die zur Ausübung der verschiedenen ▸ Jagdarten benötigten Geräte wie ▸ Jagdzeug, ▸ Eisen, ▸ Fallen, ▸ Locken usw.

jagdgerecht: svw. waidgerecht (▸ Waidgerechtigkeit), jedoch mit der Einschränkung, dass sich das Wort schwerpunktmäßig auf die Praxis bezieht, d.h. der Jäger in allen ▸ Jagdarten erfahren ist; ▸ forstgerecht, ▸ hirschgerecht, ▸ hundegerecht, ▸ fährtengerecht, ▸ holzgerechte Jäger.

Jagdgerechtigkeit, die: **1**) ▸ jagdgerecht. **2**) svw. Jagdberechtigung, d.h. das Recht, die Jagd auf eigenem Grund und Boden und auch auf fremdem Grund und Boden auszuüben. Z.Z. des Absolutismus auch mit dem Recht verbunden, ▸ Jagdordnungen und Waidwerksordnungen zu erlassen.

Jagdgericht, das: ▸ Blattschlagen; ▸ Jägerehrengericht.

Jagdgeschichte, die (Geschichte der Jagd): Dieses nur in einer umfangreichen Beschreibung darstellbare Gebiet – wobei die Geschichte des Jagdwesens und die des Jagdrechts eigentlich nicht zu trennen sind – bedarf zum besseren Verständnis, aber auch zur notwendigen Ergänzung des Sachzusammenhanges weiterer Erklärungen; auf die als Querverweis gekennzeichneten Stichwörter und auf den Anhang wird deshalb besonders hingewiesen; im Übrigen kann hier die Geschichte der Jagd nur angedeutet werden; ▸ arktische Kunst, ▸ Felskunst der Jäger, ▸ Höhlenmalereien, ▸ Jagdkunst, ▸ Schamanismus und Jagd.

1. Die Jagdgeschichte der Vorzeit bis zur Mitte des 9. Jh.: Der Mensch der Vorzeit bis zum Beginn der Jungsteinzeit (etwa 5000 v. Chr.) war Jäger und Sammler, verbrachte also die längste Periode seiner Entwicklungsgeschichte als Jäger. Das Wildbret bildete seine Hauptnahrung. Häute, Schwarten und Bälge wurden für Kleidung, Knochen, Hörner und Sehnen als Werkzeuge oder sonstige Gebrauchsgegenstände verwendet. Zum Fang des lebensnotwendigen Wildes wurden Pfahlgruben, Fanggruben oder Fallgruben angelegt; die Jagd wurde in der Gemeinschaft durchgeführt. Große Beutetiere trieb man auch ins Moor oder in den tiefen Schnee, um sie dann zu töten. Als der Mensch der Vorzeit nomadisierender Viehhirt oder sesshafter Bauer wurde und Ackerbau betrieb, jagte er zwar auch der Nahrung wegen weiter, v.a. aber um sein Vieh und seine Felder vor Schäden zu schützen. Während der Mensch der Vorzeit überwiegend Mammuts, Rentiere und Höhlenbären jagte, zählten bei dem zum Bauern gewordenen Menschen Rot- und Schwarzwild, Wildpferde sowie Wisent und Auerochs zu den Hauptbeutetieren. Neben den Fallgruben usw. fanden nunmehr auch ▸ Jagdwaffen, aus Holz,

◂◂◂ Riesenhirsch, Ritzzeichnung aus der Combarelles-Höhle, Dordogne, Südwestfrankreich

Stein und Knochen gefertigt, Verwendung. Diese Waffen waren Wurfspeere und Wurfhölzer, Lanzen, Stoßspeere und Spieße. Der Hund wurde zum ersten Haustier und Jagdhelfer; damit konnte auch der Jagdraum ausgeweitet werden. Ausgefeilter und vollkommener wurden auch die vorhandenen Jagdwaffen und Jagdmethoden. Die Speere, Spieße und Lanzen erhielten Bronze- oder Eisenspitzen, die Reichweite der Waffen wurde größer. Die Jäger entwickelten bereits verschiedene wirksame Fallensysteme und fingen das Wild in Netzen und in Schlingen. Mit den Anfängen des Ackerbaus begann zugleich der Kampf gegen die Umwelt. Die Jagd als alleiniger Nahrungserwerb verlor ihre überragende Bedeutung. Dafür wurden aber zunehmend die Komponenten der männlichen Ertüchtigung durch die Jagd und die Freude an der Jagd wichtig. Antike Autoren schildern uns, dass die Jagd den Germanen Lebensbedürfnis war. Im Kynegetikos, dem ersten bekannten Handbuch über die Jagd, schrieb der Grieche ▸ Xenophon: »Männer, die die Jagd lieben …, gewinnen Gesundheit des Körpers, einen schärferen Blick, besseres Hörvermögen und ein längeres Leben.« Die Kelten des Königreiches Noricum wiederum galten als ausgezeichnete und kultivierte Jäger, deren Jagd eine sportliche Note hatte. In den Quellen werden die Hetzjagd zu Pferde und die Jagd mit gut ausgebildeten Jagdhunden erwähnt. Das Jagdrecht war bei den Kelten streng an den Besitz von Grund und Boden gebunden. Mit den Römern gelangte auch das römische Recht in unser Land. Dem Grundsatz der freien Jagd im römischen Recht entsprach die Herrenlosigkeit des Beutetieres, das erst durch die Erlegung ins Eigentum des Jägers überging. Bis etwa 800 n. Chr. wurde die Jagd mit Speer und Jagdschwert, durch Anschleichen und an Zwangswechseln ausgeübt. Zur gleichen Zeit wurden aber auch die Bauern fast gänzlich von der Jagdausübung verdrängt; nur noch die Jagd auf Füchse, auf Wölfe und auf Schwarzwild war ihnen gestattet (▸ Jagdrecht). Aus der Regierungszeit des letzten fränkischen Merowingerkönigs Dagobert (7. Jh.) sind älteste Regeln der Jagdausübung überliefert. Man achtete in hochgestellten Kreisen bereits auf die Einhaltung bestimmter Grundsätze, denn die Jagd diente der Körperertüchtigung und bot Gelegenheit, seinen Mut zu beweisen. Etwa zu dieser Zeit kamen an den Grenzen des Reiches auch die Bannwälder im Sinne forstlicher Sperrgebiete auf. Unberechtigt Jagende wurden mit dem Königsbann bedroht, für das Entwenden von Jagdhunden oder Beizvögeln wurden z.T. hohe Strafen festgelegt (▸ Jagdfrevel). Mit der Festigung ihrer Macht gingen die Könige, v.a. die fränkischen, daran, große Waldgebiete zu ▸ Bannforsten zu erklären, in denen sie sich die Jagd vorbehielten. Die ersten Bannforste schuf Kaiser Karl d. Gr. (742/43–814). Das Recht des freien Tierfanges (▸ Freipirsch) wurde eingeschränkt; er war nur noch in der unverteilten Feldmark, den ▸ Allmenden, möglich. Später errichteten auch einzelne weltliche Größen und Bischöfe Bannforste. Sie benötigten hierzu aber einerseits die Zustimmung der Grundbesitzer und andererseits die Verleihung des Bannes durch den König, um diesen Jagdbezirk zu schützen, d.h., es wurde ihnen der ▸ Wildbann übertragen. Karl d. Gr. kannte bereits ein organisiertes ▸ Jagdpersonal. Den vier Oberjägermeistern und dem obersten Falkenmeister an seinem Hofe unterstanden die Jäger und die Falkoniere. Diese waren Ministeriale, also Hörige, die zu keinen untergeordneten Arbeiten, sondern nur zu persönlichem Dienst bei König oder Königin verwendet wurden. Die Jäger waren in drei Kategorien eingeteilt: die »bersarii«, welche die Waldjagd, die »veltrarii«, welche die Feldjagd, und die »beverarii«, welche die Wasser-, die Fuchs- und die Dachsjagd auszuüben hatten. Kaiser Karl d. Gr. war ein begeisterter Jäger. In den kaiserlichen Bannforsten fing er den Keiler mit dem Schwert ab oder hetzte den Hirsch zu Pferde hinter der Meute, und bestimmte Zeremonien waren auf die Würde des Kaisers abgestellt: Der Forstmeister des Reviers musste eine weiße Bracke auf seidener Decke und seidenem Kissen mit silbernem, vergoldetem Halsband und seidenem Hängeseil bereithalten. Ferner hatte er dem Kaiser eine ▸ Armbrust mit einem Bogen aus Eibenholz zu reichen. Selbstverständlich war, dass der Kaiser bei solchen Jagdzügen das Recht der Gastung in Anspruch nahm, nicht nur für seine Person, sondern auch für sein Gefolge, das beherbergt und beköstigt werden musste.

2. Jagdgeschichte von der Mitte des 9. Jh. bis zur Mitte des 16. Jh.: Bereits zum Ende des 9. Jh. war die Jagd hoch entwickelt. In den einschlägigen Volksrechten werden nicht weniger als neun Hunderassen erwähnt, die bei der Jagd Verwendung fanden. Neben dem Jagdspieß und dem Jagdschwert, dem Wurfspeer, dem Pfeil und dem Bogen entwickelte sich bis etwa zum 12. Jh. die Armbrust zu einer der wichtigsten Jagdwaffen und wurde bis ins 16. Jh. verwendet. Ihr eifrigster Anhänger war Kaiser ▸ Maximilian I. Es begann die Zeit der Zeugjagen (▸ Lappjagd), der ▸ Hetzjagden mit Pferden und Hunden (▸ Überlandjagen); auch die ▸ Beizjagd mit dem Edelfalken kam zur Blüte, und fast überall wurde die ▸ Hagenjagd (Heckenjagd) betrieben. Nach Ausbildung der Landeshoheit im 13. Jh. verlangte der königliche Hof das Gastrecht von den Fürsten, diese forderten es im Laufe der Zeit wiederum bei ihren Untertanen ein. So entstand die sog. ▸ Nachtselde, eine Fronpflicht (▸ Jagdfron), die schließlich die Bauern am härtesten drückte. Alle Jagdarten, die damals beliebt waren, nämlich die Beizjagd mit dem Falken und die Hetzjagd hinter der Hundemeute, wurden ohne Rücksicht auf das im Halm stehende Getreide oder auf bestellte Felder durchgeführt. Immer größer wurde der Aufwand an Jägern, Pferden und Hunden, den die Herren trieben, und immer größer der Tross, der verpflegt werden musste, wenn der Jagdherr, ein geistlicher oder weltlicher Fürst, sich in die Wälder begab und sich dort mit der hohen Jagd auf »Rotwild und Federspiel« vergnügte. Solche Jagdausflüge fanden oft mehrmals im Jahr statt. Das alleinige Recht des Königs, in den Bannforsten zu jagen, ging mit der Ausbildung des ▸ Jagdregals (▸ Jagdhoheit), das sich seit Beginn des 15. Jh. entwickelte, auch auf die Fürsten über die ihrerseits wieder dem niederen Adel und der kirchlichen Obrigkeit eine Jagdberechtigung übertrugen. Offiziell war zwar den Geistlichen die Ausübung der Jagd verboten dennoch fanden sich genug Anlässe, zur Jagd zu gehen. So musste z.B. Wild gejagt werden, um »mit dem Leder die Bibeln zu binden und mit dem Wildbret die Schwachen zu stärken«. Mit der Entwicklung des Jagdregals und damit dem Entzug des freien Jagdrechts für den freien Mann betrat auch eine kulturhistorisch prägende Symbolfigur die jagdliche Bühne, die im Konflikt zum feudalen Jagdherrn stand: der Wilderer. Die Falknerei wurde immer mehr ein Vorrecht des hohen Adels (▸ Falkenbann). Der gemeine Mann war letztendlich aus dem Wald de facto ausgeschlossen. Niemand durfte mehr mit Armbrust oder Büchse in den Wald. Nicht die eigenen Hunde durften die Bauern auf das Wild loslassen. Sie hatten die Hunde zu knüppeln und waren verpflichtet, ihren Dorfhunden einen Prügel an das Halsband zu binden. So vermehrte sich das Wild in immer stärkerem Maße und verwüstete die Felder, ohne dass der Bauer sich dagegen wehren konnte. In dieser Zeit entwickelten sich die ▸ Jägersprache und die ▸ Falknersprache (▸ Friedrich II.), das jagdliche ▸ Brauchtum. An den Höfen war ein umfangreiches ▸ Jagdpersonal angestellt, auch die ersten ▸ Berufsjäger kamen auf. Es entstanden die Begriffe ▸ Hohe Jagd, ▸ Mitteljagd und ▸ Niederjagd. Auch vom ▸ Atzungsrecht wurde Gebrauch gemacht. Die Bauern wurden rücksichtslos zu Frondiensten herangezogen. Die drückende Last der Frondienste führte u.a. 1502 in Speyer zur Gründung des Bundschuhs, der freie Jagd und Fischerei forderte: »Alle Waidnerei, Thier, vögl, visch seyn frey«. Im Jahre 1525 rotteten sich die Bauern zusammen und in ihren Forderungen hieß es: »Zum vierten ist bisher Brauch gewesen, dass kein armer Mann nit Gewalt gehabt hat, das Wildbret, Geflügel oder Fisch in fließendem Wasser zu fangen und dem Wort Gottes nit gemäß. Auch an etlichen Orten halten die Obrigkeiten und das

Wild zu Trotz und mächtigem Schaden, dieweil uns das Unsere (so Gott dem Menschen zu Nutz hat wachsen lassen) die unvernünftigen Tier zu Unnutz fressen mitwilliglich.« Der Bauernaufstand, der Schwaben, Franken, Thüringen, das Elsass und Österreich erfasst hatte, brach 1525 zusammen. Damit wuchs auch die Macht der Landesfürsten, und sie nahmen endgültig das Jagdrecht des ganzen Landes (Jagdhoheit) für sich in Anspruch. Der gemeine Mann war nun – mit Ausnahme des Rechts in der freien Pürsche – praktisch ganz von der Jagd ausgeschlossen. In ▸ Jagdordnungen, die z.T. auch ▸ Schonzeiten enthielten, wurden die Rechte der Landesherren festgehalten; die Jagdfron hingegen wuchs noch stärker an. Für rund dreihundert Jahre wurde fürstliche Jagdleidenschaft zum Schrecken der Bauern, ohne dass diese sich wehren konnten. Über die ▸ Wildfolge finden sich in den Rechtsbüchern, wie den ▸ Weistümern, dem ▸ Sachsenspiegel und dem ▸ Schwabenspiegel, z.T. unterschiedliche Bestimmungen. Erlaubt war dem gemeinen Mann (Bauer) gebietsweise nur der ▸ Vogelfang; dafür musste er jedoch meist eine hohe Abgabe entrichten und von den gefangenen Vögeln nochmals einen bestimmten Anteil abzweigen. Das Geschäft mit den Vögeln blühte dennoch. Es ging so gut, dass zu Anfang des 16. Jh. immer wieder Klagen laut wurden, die auf einen schnellen Rückgang der Vögel hinwiesen. Einer der prominentesten Protestverfasser gegen den Vogelfang war Martin Luther. In der Folge kam es zu immer neuen Edikten, Verboten, Beschränkungen gegen die »Losgänger«, die Vogelfänger. Sie nutzten wenig, denn noch bis in die Mitte des 19. Jh. gehörten Singvögel zum Standardgericht auf deutschen Speisezetteln.

3. Jagdgeschichte von der Mitte des 16. Jh. bis zum Ende des 18. Jh.: Mit der Ausdehnung der Jagdhoheit (Jagdregal) begann auch die Zeit der großen aufwendigen ▸ Parforcejagden zu Pferde mit einer Hundemeute, der ▸ Eingestellten Jagen (mit ▸ Jagdzeug) und der entarteten Massenjagden. Insbesondere die Eingestellten Jagen verlangten die größten Opfer von den Bauern. König Friedrich II. von Preußen ließ 1732 Netzwerk von über 100 km Länge herankarren. 4000 Treiber und 600 Mann Jagdpersonal wurden für eine Jagd aufgeboten. Auch das tierquälerische ▸ Fuchsprellen und die ▸ Kampfjagden fallen in diese Zeit. Den Landesherren stand uneingeschränkt das ▸ Jagdrecht zu, die Hohe Jagd beanspruchten sie ganz für sich. Es entstanden auch die sog. ▸ Gnadenjagden, die ▸ Lustjagden und die ▸ Koppeljagden. Verständlicherweise wuchs der Hass auf die Jagd und den Jagdherrn, und man versuchte heimlich – gestützt auf altes Recht – Wild zu erlegen: Der Bauer wurde zum »Wildbretschützen«, der von immer härteren Strafen bedroht war. Erzherzog Ferdinand II. von Habsburg, ein Enkel des »letzten Ritters«, des Kaiser Maximilian I., bestimmte in einem Jagdmandat vom 22.10.1584, dass von nun an jeder ledige Wilddieb auf die Galeere verschickt werden solle. Auch die Kirchenfürsten von Salzburg, berühmt wegen ihrer Jagdleidenschaft und ihrer unerbittlichen Strenge, führten mit Erlass vom 27.11 1665 die Galeerenstrafe ein und schickten die Betroffenen auf die Galeeren von Venedig. Wer also von den Bergbewohnern Wilderei beging, wurde von ihnen damit wesentlich härter bestraft als von den weltlichen Fürstenkollegen. Noch im Jahre 1787, also zwei Jahre vor der Französischen Revolution, gab der Bischof von Fulda einen Erlass heraus, der dem »Erleger, Verwunder oder Einbringer« eines Wilderers 20 Taler zusicherte. Der Delinquent mochte tot, verwundet oder unverletzt sein, wenn er nur an den Galgen kam. Hansferdinand Döbler schreibt u.a. Aber auch die angestellten Jäger hatten keineswegs ein menschlicheres Leben, wenn sie auch bei Hofe, als Spezialisten für die fürstliche Jagdleidenschaft, eine Sonderstellung einnahmen und sich freier bewegen konnten als sonstige Bedienstete. Jäger wurden damals ständig angeboten und verkauft. So werden in einer Anzeige der Königsberger Wöchentlichen Nachrichten aus dem Jahre 1744 einige ›Personen, so verkaufet werden sollen in Königsberg‹ angeboten, darunter ›ein Mensch von 20 Jahren, welcher das, was zur Jagd gehöret, bei einem königl. Förster lernet‹. Ein Jäger kostete damals etwa 155 Mark, und für eine Koppel Hunde gab man eine ganze Bauernfamilie her.«

Ab Mitte des 16. Jh. fanden verstärkt Feuerwaffen (▸ Jagdwaffen) Verwendung, welche die Jagd erleichterten. Daneben spielte aber die ▸ Fangjagd weiterhin eine wichtige Rolle, ▸ Saugruben und ▸ Wolfsgärten wurden angelegt, seit dem 17. Jh. gab es auch eiserne Schlagfallen. Beliebt waren in dieser Zeit der ▸ Vogelfang am Vogelherd oder mit ▸ Dohnen sowie die ▸ Lockjagd, besonders die ▸ Hüttenjagd. Jagdliches Brauchtum, besonders an den ▸ Jagdhöfen, die ▸ Jägersprache (Zunftsprache) und die Berufsjäger hatten ihre Blütezeit. Die Jagd – die Landesherren errichteten für diese Zwecke z.T. prunkvolle ▸ Jagdschlösser – wurde allerdings ohne Rücksicht auf Land- und Forstwirtschaft ausgeübt; die Bauern erhielten keine Entschädigung für ▸ Wildschäden und ▸ Jagdschäden. Durch die starke Bejagung starben im 17. Jh. die Wildpferde und die Auerochsen, im 18. Jh. die Wisente aus. Es entstand eine selbstständige deutsche ▸ Jagdliteratur, die im 17. und im 18. Jh. einen enormen Aufschwung erfuhr, ebenso die ▸ Jagdkunst, wobei im 17. und im 18. Jh. v.a. die deutschen Jagdmaler ▸ Johann Elias Ridinger und Johann Heinrich Tischbein d. Ä. hervortraten.

In der Nacht zum 4. August 1789 hatte die Pariser Nationalversammlung alle Feudalrechte aufgehoben. Die Nationalversammlung konnte sich jedoch nicht entschließen, das Jagdrecht nun allen Bürgern zu erteilen. Dies Rechte wurden nur denjenigen zugestanden, die über Grund und Boden verfügen konnten. Eine Verordnung bestimmte schon ein halbes Jahr nach der Abschaffung der Feudalrechte, dass es »allen Personen verboten ist, auf dem Boden des anderen ohne dessen Einwilligung zu jagen, zu welcher Zeit und in welcher Art es auch sei«. Für die königlichen Jagdreviere, dazu gehörten die Wälder von Versailles, St-Germain, Compiègne und Fontainebleau, ließ sich der König eine Sonderregelung sichern. In diesen Waldrevieren war es allen Personen verboten, die Jagd auszuüben oder das Wild zu vernichten, sie waren für kurze Zeit als Jagdreviere zum persönlichen Vergnügen des Königs reserviert. Als Folge der Revolution fingen die Bauern an, überall das Wild der Herren zu jagen. Nachdem sie lange Jahre hindurch zugesehen hatten, wie das Wild ihre Ernten vernichtete, töteten sie nun selbst die Räuber, ohne eine Erlaubnis abzuwarten.

4. Die Jagdgeschichte im 19. Jh.: In den linksrheinischen deutschen Gebieten, die zwischen 1801 und 1813 an Frankreich abgetreten werden mussten, fiel das frühere Jagdrecht nunmehr um 1800 ganz weg. Jeder durfte nun auf seinem Grund und Boden ohne Rücksicht auf das Gemeinwohl jagen, mancherorts wurde sogar die »Freipirsch« wieder praktiziert. Auch Deutschland hatte im Zeichen der Französischen Revolution seine Wildpogrome. Im Frühsommer des Jahres 1780 – die französischen Bauern waren durch die neue Jagdordnung gerade in ihre Schranken verwiesen worden – zogen in Sachsen die Bauern und Häusler los, um in den Wäldern das Wild auszurotten, sodass Truppen aufgeboten werden mussten, um diesem Wildfrevel Einhalt zu gebieten. Erst 50 Jahre später konnte sich die bäuerliche Wut in voller Wucht gegen das Wild entladen. Das Revolutionsjahr 1848 brachte in allen Landesteilen Deutschlands eine Aufhebung der Jagdbeschränkungen. Jeder konnte hinausgehen und dem Wild nachstellen. Als sich zeigte, dass auf diese Weise der Wildbestand ausgerottet werden würde, forderte die »öffentliche Meinung« die Erhaltung des Wildes und die Einschränkung der Jagd. Es erfolgte auch die Umwandlung landesherrlicher Jagden in Staatsjagden (▸ Hofjagdreviere). Am 7. März 1850 erließ Preußen ein erstes Jagdpolizeigesetz. Mit Polizeigewalt konnte damit den Wildnachstellungen ein Ende bereitet werden. Zu Hilfspolizisten wurden Förster und Berufsjäger bestellt, soweit sie in staatliche Dienste übernommen wurden. 1851 bestimmte man, dass das Jagdrecht dem Grundeigentümer zustehe und die Jagdbezirke eine bestimmte Mindestgröße haben müssen. Die ▸ Jagdausübung beschränkte sich nun auf Eigenjagdbezirke, auf ▸ Jagdpächter und Inhaber von ▸ Jagderlaubnisscheinen. Die Jagdpächter hatten eine Pachtsumme zu bezahlen und Jagd- und ▸ Wildschäden zu vergüten. Die Regelung der Jagd oblag (auch nach der Reichsgründung 1871) den Bundesstaaten. Das Strafgesetzbuch vom 15.5.1871 enthielt nunmehr Bestimmungen über die Wilderei und über den Widerstand gegen Forst- und Jagdbeamte; das Bürgerliche Gesetzbuch vom 1.1.1900 regelte den Wildschadenersatz. Mit der erwähnten Änderung des Jagdrechts und dem Wegfall der Jagdfronen war auch eine wesentliche Änderung der älteren

Jagdmethoden verbunden. Die früheren großen Eingestellten Jagen sowie die Parforcejagden, die den Stolz der alten Jägerei ausmachten, verschwanden ebenso wie der Vogelfang gänzlich. An ihre Stelle traten die auch heute noch üblichen Jagdarten wie Ansitz, Treibjagd, Suche, Fallenjagd usw.

5. Die Jagdgeschichte im 20. Jh.: Im Jahre 1910 fand in Wien die Erste Internationale Jagdausstellung statt. Bereits nach Ende des Ersten Weltkrieges begannen einzelne Länder die Erteilung eines Jagdscheines von der Ablegung einer Jägerprüfung abhängig zu machen, z.B. Bremen als erstes deutsches Land seit 1922. Schließlich zählte man im deutschen Reich im Jahre 1900 bereits 260000 Jagdscheininhaber. Diese Pflicht zur Ablegung einer Jägerprüfung fand Eingang in das ▸ Reichsjagdgesetz, und 1934 wurde die Prüfung reichseinheitlich eingeführt. Vermutlich führten die Anforderungen an die Jägerprüfung aber dazu, dass die Zahl der Jagdscheininhaber in der Folge sank (1925: 257000, 1935: nur noch 178000 Jagdscheininhaber). Entscheidende jagdpolitische Ereignisse im 20. Jh. waren unbestreitbar zum einen das Reichsjagdgesetz vom 3.7.1934, welches am 1.4.1935 im ganzen Reichsgebiet in Kraft trat, und die damit verbundene Zwangsmitgliedschaft der Jäger in einer Organisation und die Übernahme des materiellen Inhalts des Reichsjagdgesetzes in den bundesdeutschen Rechtsstaat. Vorbildlich war die reichsweite Verankerung des Hege-, Wildschutz- und Tierschutzgedankens im Reichsjagdgesetz. Der besonderen berufsständischen Bedeutung des Reichsjagdgesetzes entsprach der völlig neue Aufbau der Reichsjagdverwaltung. Das Reichsgebiet wurde in Länder und Gaue mit Gaujägermeistern eingeteilt. Im April 1938 wurden Teile des Reichsjagdgesetzes im Lande Österreich eingeführt, am 16.5.1939 galt das Gesetz vollinhaltlich in Österreich. Nach Ende des Zweiten Weltkrieges war den deutschen Jägern das Führen von Waffen weitgehend verboten, die Alliierten übten i.d.R. die Jagd selbst aus. Ein bundeseinheitliches Jagdgesetz stieß in den Jahren 1947 und 1948 auf politische und verfassungsmäßige Schwierigkeiten. Es wurden daher zunächst in den Jahren 1949/50 ▸ Landesjagdgesetze geschaffen, die im Wesentlichen die Grundzüge des Reichsjagdgesetzes wiederholten und sich dessen Fassung teilweise anschlossen. Eine einheitliche Jagdgesetzgebung in Form eines bundesdeutschen Rahmengesetzes erfolgte mit dem BJG vom 2.12.1952, in Kraft seit 1.4.1953. Es spricht den Ländern das Recht zu, eigene Landesgesetze zu erlassen. Zur Entwicklung der jagdrechtlichen Verhältnisse in Deutschland ▸ Jagdrecht 1). In den letzten Jahrzehnten des 20. Jh. gewannen Biotop- und Artenschutz wie auch der Tierschutz immer mehr an Bedeutung, entsprechende internationale und nationale Gesetze wurden erlassen. (In der Novellierung des Gesetzes über das ▸ Jagdwesen in der DDR wurde am 15.6.1984 auch die Erhaltung und Pflege der natürlichen Umwelt und die Einbeziehung des Jagdgebrauchshundewesens festgeschrieben). Auch die Jagdethik, das Verhalten des Jägers und seine Verantwortung gegenüber dem Tier und der Umwelt wurden ein zentrales Thema. Der Deutsche ▸ Jagdschutz-Verband verabschiedete z.B. im Jahre 1998 eine »Standortbestimmung der Jagd«. Darin heißt es u.a.: »Die Jagd hält fest an dem Prinzip der nachhaltigen Nutzung ihrer Ressourcen und steht dabei im Einklang mit der Biodiversitätskonvention von Rio de Janeiro aus dem Jahre 1992. Die Wildbestände werden nur in dem Umfang jagdlich genutzt, wie sie tatsächlich nachwachsen. Die Jagd setzt auf diese Weise ihre Tradition der bestandserhaltenden Nutzung fort und trägt zur langfristigen Überlebensfähigkeit von Arten bei.« Klaus Maylein schreibt in seiner Abhandlung »Jagd und Jäger in der modernen Gesellschaft – Ambivalenz und Notwendigkeit?«: »Der moderne Jäger ist mehr als je zuvor gezwungen, sein Handeln rational und überzeugend zu begründen. Er muss in der Lage sein, für sein Handeln, das er bisher überwiegend auf Passion und Distinktion gegründet hat, der Gesellschaft einen funktionalen Zweck seines Tuns glaubhaft und letztendlich kontrollierbar anzugeben. Denn beides, sowohl Passion als auch Distinktion, haben das Töten schmerzempfindlicher Tiere zum Inhalt, die nach dem Gesetz herrenlos sind und damit einen Teil der Kultur der jeweiligen Gesellschaft repräsentieren. Darüber hinaus entscheidet die Jagdausübung auch unmittelbar über Erfolg oder Misserfolg des Konsensmodells »naturnaher Waldbau«, der in seinen ökologisch äußerst positiven Auswirkungen erst in Generationen spürbar sein wird. Dadurch trägt die Jagd eine Verantwortung, die nicht ausschließlich auf Passion und/oder Distinktion gründbar ist.« Professor Dr. Heribert Kalchreuter schließlich schreibt in der Neuauflage seines Buches »Die Sache mit der Jagd« (2003) in seinem beschließenden »Ausblick« Folgendes: »Mehr denn je bedarf es der Mithilfe der Jagd zur Erhaltung der Artenvielfalt in einer Welt, in der sich Wildtiere und die wachsende Zahl von Menschen den immer knapper werdenden Lebensraum teilen müssen«.

Jagdgeschrei, das (Wald- und Waidgeschrei, Jägerschreie, Jagdrufe): Früher bei Jagden übliche Rufe und Schreie, um Wild anzukündigen, zu treiben, die Nebenmänner auf Wild aufmerksam zu machen, die Schützen zu benachrichtigen, geschossenes Wild anzuzeigen usw.

1. Jagdgeschrei (Wald- und Waidgeschrei, Jägerschreie):

- Bei ▸ Eingestellten Jagen und bei ▸ Treibjagden auf Hirsche: Beim Ziehen der Jägerei vom Schirm des Laufes in die zu treibenden Kammern und zurück: »Jo ho! Ha ho! Ho Holz!« bzw. »Holz, ha, ho, jo!« oder »Ja ha ha, ja ha!« Später durch ▸ Jagdsignale ersetzt. Ferner, um die Treiberwehr zu leiten: »Ho! Ho, ho! Stellt an!« bzw. »Geht zu, Wehr halt, Wehr zurück, ho! Ho!« Später durch Jagdsignale ersetzt.
- Bei Saujagen (▸ Sauhatz): Zu Beginn der Jagd wird vom Rüdemeister gerufen: »Ho ro do, ho ha ho!« oder »Jo, ho, ho, rüd ho! Huch su!« (aus diesem entwickelte sich das ▸ Horrido!). Angerufen wurden auch die von ▸ Hetzhunden gedeckten Sauen, um sie zum Anlaufen auf die Saufeder oder (bei geringeren Stücken) auf den Hirschfänger zu veranlassen: »Hui Sau! Hui Sau!«
- Beim Erblicken von Wild im Treiben wurde der vorstehende Schütze mit dem folgenden Ruf aufmerksam gemacht: Bei einem jagdbaren Hirsch: ▸ »Tajo!« oder »Tago!« oder »Juch Hirsch!«, bei einem Hauptschwein: »Wallo!« oder »Huch Sau!«
- Beim Auffinden eines angeschossenen oder eines verendeten Stückes: »Ho ho tot, Hirsch!« bzw. »Sau tot!« Diese Jagdschreie wurden später durch die entsprechenden Jagdsignale ersetzt.

2. Jagdrufe: Bei Wald- und Feldtreiben und bei der Suche ruft der Nachbar eines unaufmerksamen Schützen diesen, um ihn auf anlaufendes oder zustreichendes Wild aufmerksam zu machen, mit folgenden Worten an: bei Hasen: »Harro! Harro!« (vermutlich vom dänischen »Hare«, Hase), bei Schnepfen, Rebhühnern und Fasanen: »Tire haut!« (franz.: »Schieß hoch!«), deutsch: »Tiro!« oder »Giro!« Statt »Harro!« und »Tire haut!« werden auch die deutschen Worte »Wahr zu!« oder »Hab acht!« gebraucht; ▸ Waidsprüche.

Jagdgesellschaft, die: **1**) Die Gesamtheit der Pächter eines Jagdrevieres; ▸ Jagdpacht. **2**) Die Versammlung von ▸ Schützen und ▸ Treibern bei der ▸ Gesellschaftsjagd. **3**) In der ehem. DDR einheitliche und juristisch selbstständige Organisation der Jäger, Jagdhundezüchter und -führer, Falkner, Frettierer und Raubwildjäger, hervorgegangen aus den ▸ Jagdgemeinschaften. U.a. rund 40000 Jäger waren in 920 J. zusammengeschlossen, wobei jeder J. mindestens drei ▸ Jagdgebiete, jedoch nicht mehr als fünf, zur Bejagung übergeben waren.

Jagdgesetz, das: ▸ Jagdrecht.

Jagdgewehr, das: Ein Gewehr, das zur Jagdausübung verwendet wird (zur Entwicklung der J. ▸ Jagdwaffen). Jedes Gewehr besteht aus dem ▸ Lauf bzw. den Läufen, dem Schloss mit Verschluss (▸ Schlosssystem, ▸ Verschlussarten), dem Schaft (▸ Schäftung) und der ▸ Visiereinrichtung. Die J. werden in Flinten und in Büchsen eingeteilt und nach Laufsystemen unterschieden. Hinsichtlich des Ladesystems werden sie in Einzellader, in Mehrlader und in Selbstlader eingeteilt.

I. *Flinten* (Schrotgewehre):

1. Doppelflinte, Zwilling oder **Querflinte**: Die Läufe liegen nebeneinander (Abb. 1, S. 340), und i.d.R. hat der rechte Lauf Halbchoke-Bohrung (größere Streuung), der linke Vollchoke-Bohrung (geringere Streuung); ▸ Ballistik. D. haben meist Selbstspanner-Systeme (▸ Spannen).

2. Bockdoppelflinte oder **Bockflinte**: Die beiden Schrotläufe liegen übereinander (Abb. 2, S. 340), d.h., ein Lauf ist dem anderen »aufgebockt«. Meist ist der untere Lauf Halbchoke, der obere Vollchoke. Auch B. haben überwiegend ein Selbstspanner-System.

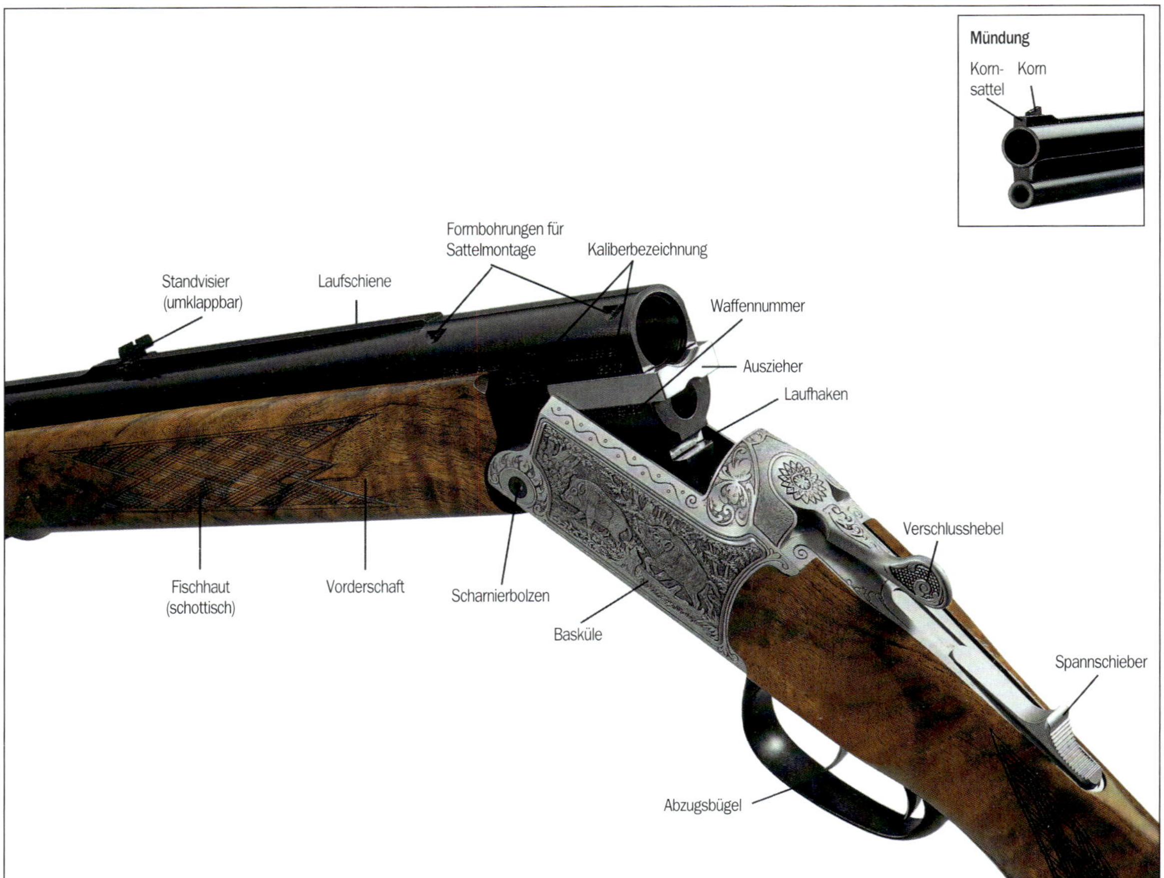

Blaser Einschloss-Bockbüchsflinte 95

3. Einläufige Flinten: Flinten mit nur einem Lauf; sie haben den Nachteil, dass die Choke-Bohrung und damit die Streuung immer gleich ist. Es gibt jedoch Choke-Aufsatzröhren (Poly-Choke); sie werden an der Laufmündung angebracht, und mit einer Handbewegung kann jede gewünschte Choke-Bohrung eingestellt werden (▸ Lauf 4) 2.

4. Einläufige Selbstlade-Flinten: Einläufige Schrotgewehre, die ein Magazin für zwei Schrotpatronen im Schaft haben. Das Auswerfen der abgeschossenen Patrone, das erneute Spannen und das Nachladen der nächsten Patrone erfolgen durch Rückstoß oder Gasdruck (Gasdrucklader) beim Schuss. Lauf und Choke-Bohrung sind wie bei der einläufigen Flinte.

5. Pumpgun oder **Pump-Action-Flinte**: In Amerika sehr beliebte einläufige Flinte. Unter dem beweglichen Vorderschaft (Vorderschaftrepetierer) befindet sich ein Rohrmagazin für weitere Patronen, das in der Bundesrepublik Deutschland mit einem Adapter auf zwei Patronen reduziert wird (gesetzlich vorgeschrieben). Nach dem Schuss wird durch Zurückziehen des Vorderschaftes die leere Hülse aus dem Patronenlager entfernt und bei Vorwärtsbewegung eine Patrone aus dem Magazin zugeführt.

II. *Büchsen* (Gewehre für den Kugelschuss):

6. Kipplaufbüchse: Einläufige Kugelbüchse mit abkippbarem Lauf. Selten geführte Waffe.

7. Repetierbüchse: Mehrschüssige Jagdbüchse; einläufige Kugelwaffe mit Kammerverschluss und einem Magazin für drei bis fünf Patronen. Beim Zurückziehen und Vorschieben des Schlosses (Repetieren) wird die Patrone aus dem Magazin in das Patronenlager geschoben. Ist eine Patrone im Patronenlager,

▸▸ Jagdgewehre und Laufkombinationen: 1 Doppel- oder Querflinte, 2 Bockdoppelflinte, 3 Büchsflinte

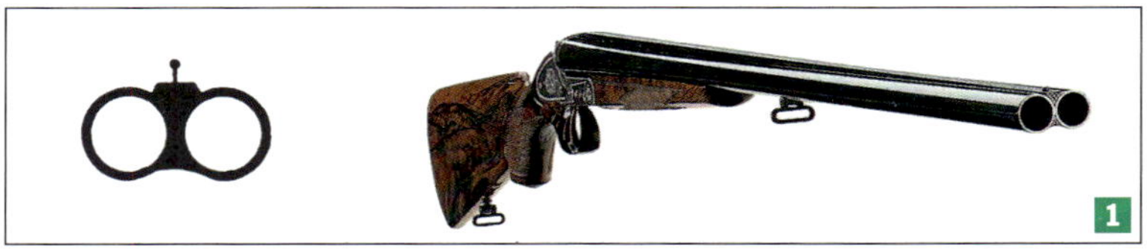

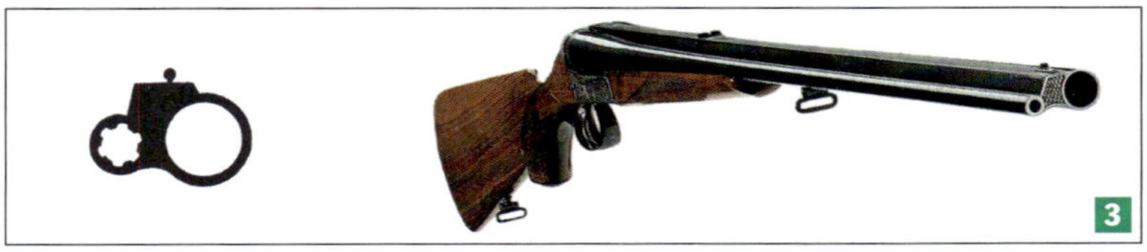

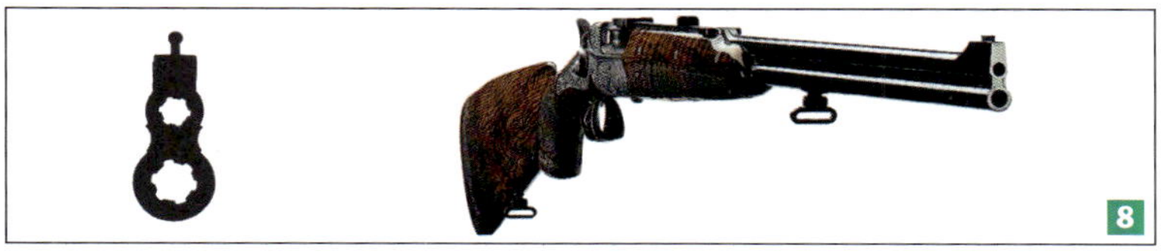

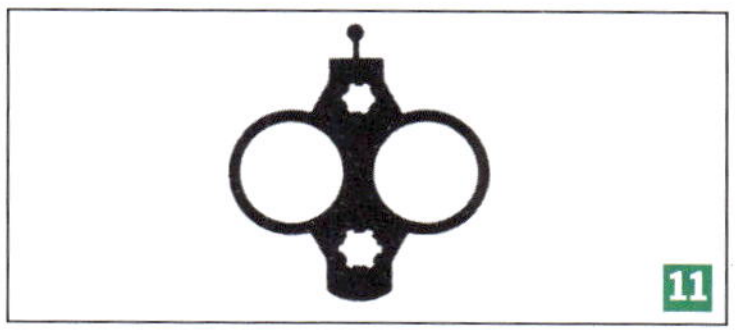

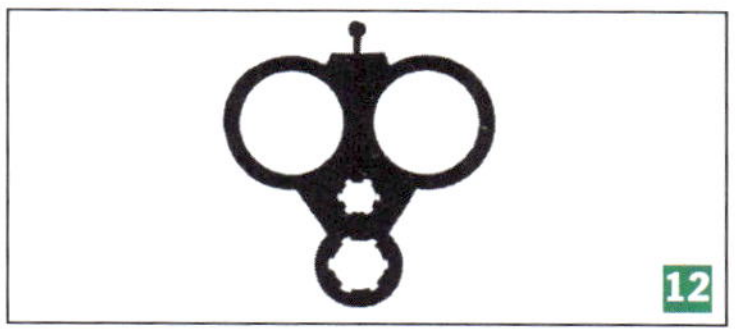

Jagdgewehre und Laufkombinationen: 4 Bockbüchsflinte, 5 Doppelbüchse, 6 Bock(doppel)büchse, 7 Drilling, 8 Bergstutzen, 9 Doppelbüchsdrilling, 10 Bockdrilling – Laufkombinationen: 11 Vierling (Schienen-), 12 Vierling (T-), 13 Waldläufer oder Schienendrilling

wird sie beim Zurückziehen des Schlosses ausgeworfen und eine neue aus dem Magazin rutscht nach oben nach. Eine beliebte und häufig geführte Waffe. Die gebräuchlichsten Systeme sind das Mausersystem oder abgeänderte Systeme nach Mauser (die Patronen werden in Zickzackform im Magazin gelagert) und das Mannlicher-Schönauer-System (mit Trommelmagazin). R. sind auch die Pumpguns (s. o: 5.), bei denen das Repetieren durch Zurückziehen des Vorderschaftes erfolgt, der mit dem Verschluss verbunden ist (z.B. von Winchester, Remington, Savage).

8. Einläufige Büchse mit Blockverschluss: Kugelwaffe mit Blockverschluss, dessen Mechanismus durch den Abzugsbügel (er ist herunterzudrücken) gespannt wird. Das Blockverschluss-System ist sehr kurz, sodass das Gewehr ca. 10 cm kürzer als ein Repetiergewehr, deshalb sehr handlich und für die Jagd im Gebirge gut geeignet ist.

9. Doppelbüchse und **Bockdoppelbüchse** (Bockbüchse): Kipplaufwaffe mit zwei nebeneinander- oder übereinanderliegenden Kugelläufen, meist gleichen oder auch verschiedenen Kalibers. D. haben bei gleichkalibrigen Läufen den Vorzug, dass zwei Schuss gleich hintereinander abgegeben werden können, was besonders bei ▸ Drückjagden und bei ▸ Riegeljagden günstig ist.

10. Bergstutzen: Eine Bockdoppelbüchse mit abkippbaren Läufen für zwei verschiedene Kugelkaliber. Der untere Lauf hat ein Kaliber bis 7 x 65 R, der obere, in die Laufschiene eingebettete Lauf ist kleinkalibrig (z.B. .22 Hornet, .22 Rem, .22 WMR u. ä.). Die Waffe ist bis zur Laufmündung geschäftet und sehr handlich. Durch diese Kombination ist sie eine ausgewogene Hochwild- und Schonzeitwaffe.

11. Stutzen: Einläufige Repetierbüchse, ca. 50 cm lang und bis zur Laufmündung geschäftet.

III. *Kombinierte Waffen* (Waffen für den Kugel- und den Schrotschuss):

12. Büchsflinte: Schrot- und Kugellauf liegen nebeneinander. Diese Waffe wurde in den letzten Jahren durch die Bockbüchsflinte etwas verdrängt.

13. Bockbüchsflinte: Kombinierte Kipplaufwaffe. Meist unten Kugellauf und oben Schrotlauf. Am häufigsten werden das Blitz-, das Anson & Deeley- und das Seitenschloss-System verwendet; auch Sicherheitssysteme mit separater Kugelspannung sind gebräuchlich. Diese Waffe ist besonders vorteilhaft für ▸ Pirsch und ▸ Ansitz in gemischten Revieren.

14. Drilling oder **Waldläuferdrilling**: Kipplaufwaffe mit zwei nebeneinanderliegenden Schrotläufen und einem Kugellauf darunter. Die Regel sind das Selbstspanner-Blitzsystem oder auch Sicherheitssysteme mit separater Kugelspannung. Eine häufig geführte Waffe.

15. Doppelbüchsdrilling: Kipplaufwaffe mit zwei nebeneinanderliegenden Kugelläufen und einem Schrotlauf darunter.

16. Bockdrilling oder **Bockdoppelbüchsdrilling**: Bockbüchsflinte mit einem seitlich angebauten kleinkalibrigen Kugellauf. Eine seltene Kombination ist ein Schrotlauf und zwei Kugelläufe übereinanderliegend.

17. Schienendrilling: Kipplaufwaffe mit zwei

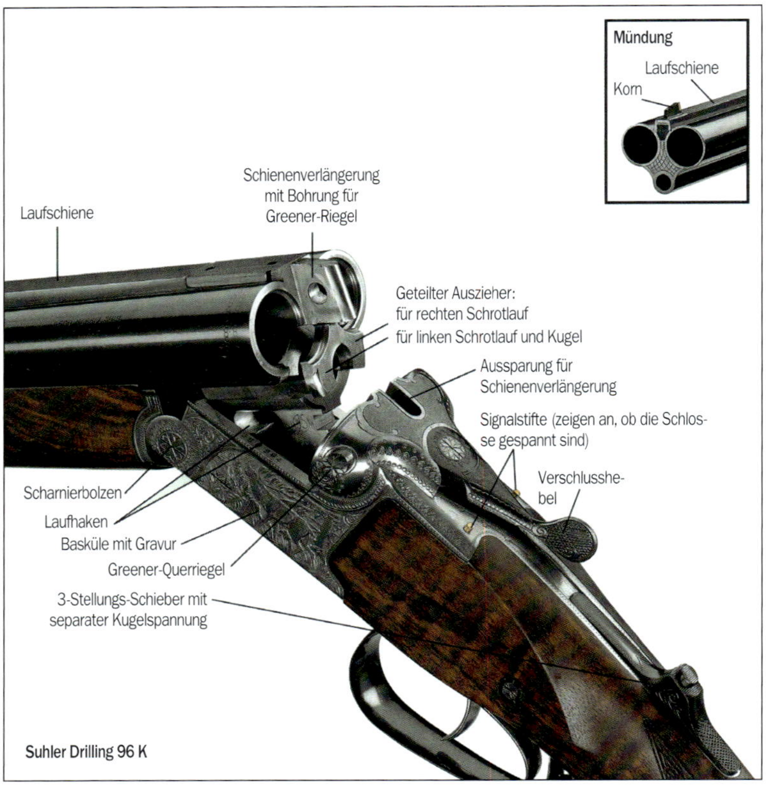

Suhler Drilling 96 K

nebeneinanderliegenden Schrotläufen und einem Kugellauf darüber (unter der Laufschiene).

18. Vierling: Kipplaufwaffe mit vier Läufen. Die beiden Schrotläufe liegen nebeneinander, in der Mitte darunter und darüber je ein Kugellauf oder beide Kugelläufe darunter (T-Form). Diese Waffe ist selten und wird heute nur auf Bestellung angefertigt.

19. Büchsvierling: Kipplaufwaffe mit einem Schrotlauf, darunter sind halbkreisförmig drei Kugelläufe angebaut. Eine sehr seltene Waffe, die ebenfalls nur auf Bestellung angefertigt wird.

Jagdglas, das: ▸ Jagdoptik.

Jagdgobelin, der: ▸ Jagdkunst.

Jagdgöttin, die: **1**) In der griechischen Mythologie war Artemis die Göttin der Jagd, ursprünglich vielleicht die Göttin des Mondes. Sie ist die Tochter des Zeus und der Leto (Latona), nach der Sage als Zwillingsschwester des Apollon einen Tag vor diesem auf Delos geboren. Auf diese mythologische Geburtsstätte machten jedoch noch andere Orte ihren Anspruch geltend, v.a. jene, die den alten Artemisdienst ausübten (z.B. die gleichnamige Insel bei Syrakus). Neben der Verehrung als nächtliche Lichtgöttin, als Pflegerin der Jugend, als Mondgöttin und neben ihrer kriegerischen Bedeutung war sie v.a. Waldgöttin und J. In Ätolien war ihr der Eber, in Arkadien und in Attika der Bär, das stärkste Tier des Waldes, geweiht. Als ihr Liebling galt aber in ganz Griechenland die Hirschkuh, weswegen sie auf Hirschen reitet oder ihr Wagen von Hirschen mit goldenem Geweih gezogen wird. Mitunter trägt sie selbst ein Hirschgeweih. Als Göttin der Jagd feierte man ihr zu Ehren alljährlich im Frühling das Fest der Elaphebolien (Hirschjagd), bei dem ihr Hirsche oder Kuchen in Hirschform geopfert wurden. Homer nennt Artemis »Herrin des Rotwildes«, »Souverän der Tiere« und »Löwin der Frauen«. **2**) In der römischen Mythologie wurde Diana u.a. als Göttin der Jagd verehrt. Für die Römer war Artemis mit Diana identisch. Römische Legionäre brachten den Kult auch zu den Germanen. Die germanische Mythologie kannte keine eigene Jagdgottheit, sondern lediglich eine jagende, den nordischen Göttern feindlich gesinnte Riesin namens ▸ Skadi und einen kaum bekannten Bogengott ▸ Ull, der in Ydalir (Eibentälern) wohnte und ebenfalls mit der Jagd zu tun hatte (Bogen wurden vorzugsweise aus Eibenholz hergestellt). Sie nahmen Diana deshalb als Göttin bereitwillig auf und errichteten ihr Heiligtümer. In den Ardennen und an der Mosel wurde Diana am meisten verehrt, und bis zum Ende des 6. Jh. wurden ihr Tieropfer dargebracht.

Karoly Mark (1791 bis 1860): »Bestrafung der Nymphe Kallisto durch Artemis«, Öl auf Leinwand. München, Deutsches Jagd- und Fischereimuseum

Jagdgrenze, die: Die Grenze eines ▸ Jagdbezirkes.

Jagdgruppe, die: In der DDR Gesamtheit der für ein Jagdgebiet zuständigen (eingesetzten) Jäger einschließlich des Jagdleiters.

Jagdgulden, der: Zu allen Zeiten wurden auf Münzen Tier- und Jagdmotive dargestellt. Auf griechischen und auf römischen Münzen waren häufig Tiere und die Jagdgöttin (Artemis bzw. Diana) geprägt. Im europäischen Mittelalter wurden häufig Jagdfalken auf Münzen abgebildet und im 17. und 18. Jh. besondere Münzen und Medaillen mit Jagdsprüchen und Jagdszenen geprägt. ▸ Hirschgerechte Jäger oder auch ▸ Besuchsknechte erhielten diese sog. Hirschgulden, Hirschdukaten, Hirschtaler oder Saudukaten als Andenken an eine besondere Jagd oder bei Erlegung eines besonders starken Hirsches oder Keilers. Der Saudukaten geht auf Ludwig VIII. von Hessen-Darmstadt zurück. Für die Jäger, die ihn auf einen kapitalen Hirsch oder auf einen groben Keiler zu Schuss brachten, ließ er 1740 Golddukaten schlagen mit der auf das Wild gemünzten Umschrift: »Durch den Dukaten ward ich verraten.«

Jagdhaftpflichtversicherung, die: Für jeden Jagdscheininhaber ist der Abschluss einer J. Pflicht und Voraussetzung für die Lösung oder Verlängerung des ▸ Jagdscheines (in Deutschland 500 000 € für Personenschä-

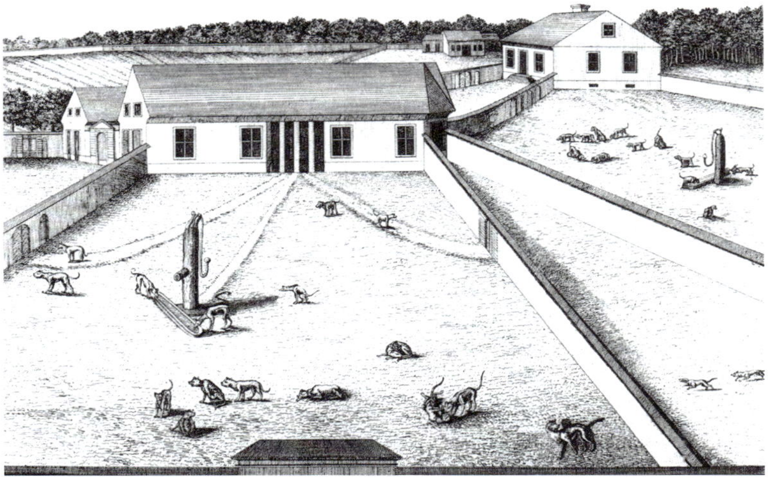
Jägerhof, um 1800

den und 50 000 € für Sachschäden). Sie schützt den Versicherten vor Schäden, für die er nach dem Bürgerlichen Gesetzbuch (BGB) haftbar gemacht werden kann, auch wenn diese Schäden ohne sein Verschulden entstanden sind. Für die Lösung eines Falknerjagdscheines ist der Abschluss einer J. ebenfalls erforderlich. Bei der J. sind zwei ▸ brauchbare Jagdhunde mitversichert; auch ein in jagdlicher Ausbildung stehender Hund ist mitversichert. Die jagdliche Brauchbarkeit des Jagdhundes bzw. der Jagdhunde kann insbesonders durch eine abgelegte Brauchbarkeitsprüfung oder durch Bestehen der Verbands-Herbstzuchtprüfung (HZP) mit zusätzlicher Schweißprüfung oder der Verbands-Gebrauchsprüfung (VGP) oder einer gleichgestellten ▸ Hundeprüfung nachgewiesen werden. Bei der Jungjäger-Ausbildung müssen die Teilnehmer an Übungsschießen und dgl. eine Unfall- und Haftpflichtversicherung abschließen (einzeln oder die ganze Gruppe).
In Österreich gelten ähnliche Regelungen.
In der Schweiz: Minimale Deckungssumme 2 Mio. Franken.

Jagdhandschuhe, die: Spezielle Fingerhandschuhe, bei denen das erste Glied jedes Fingers frei ist.

Jagdhaus, das: Im Revier stehendes Haus mit mehreren Räumen, das wohnlich eingerichtet ist und einer größeren Anzahl von Jägern als Quartier dient. Es ist Ausgangspunkt für größere Jagden oder ▸ Gesellschaftsjagden.

Jagdhelfer, die: Alle Personen, die bei einer Jagd, v.a. bei einer ▸ Gesellschaftsjagd, Hilfsdienste leisten, z.B. Treiber, Träger, Wildwagenfahrer usw.

Jagdherr, der: Auch Jagdgeber. Der Eigentümer oder auch der Pächter eines ▸ Jagdbezirkes (Revierinhaber, ▸ Jagdausübungsberechtigter). Dem J. obliegt auch die Durchführung der ▸ Gesellschaftsjagden. Er ist u.a. dafür verantwortlich, dass nur Schützen teilnehmen, die einen gültigen Jagdschein besitzen, dass die Sicherheitsbestimmungen eingehalten, genügend ▸ brauchbare Jagdhunde mitgeführt werden und keine Jugendlichen als Schützen teilnehmen. Vor Beginn der Jagd hat er die notwendigen Belehrungen und Einweisungen durchzuführen, z.B. Einweisung der Schützen in ihre Stände und in das Gelände (Nachbarschützen), Bekanntgabe der Jagdsignale etc. Der J. kann die ihm obliegenden Aufgaben einem ▸ Jagdleiter (z.B. ▸ Jagdaufseher oder geeigneter ▸ Jagdgast) übertragen; ▸ Jagdausübungsrecht.

◂◂◂ »Kaiser Wilhelm II. als Jagdherr«, aus Fritz Skowronnek: »Kulturgeschichtliche Monographien – Die Jagd«, Bielefeld und Leipzig 1901

Jagdherrlichkeit, die: ▸ Jagdhoheit.

Jagdhitze, die: svw. ▸ Jagdfieber.

Jagdhöcker, der: Bez. für den stark entwickelten Hinterkopfknochen (Hinterhauptbein), der den Hund als »guten Jäger« kennzeichnen soll; ▸ Hinterhauptstachel.

Jagdhöfe, die (Jägerhöfe): Ursprünglich Gebäude, in denen ▸ Jäger, ▸ Jagdpferde, ▸ Jagdhunde, ▸ Beizvögel und ▸ Jagdzeug untergebracht wurden. Sie waren aber zugleich Hochburgen der ▸ Jägerei, in denen das jagdliche ▸ Brauchtum besonders gepflegt und gefördert wurde. Der Jagdhof unterstand einem Oberjägermeister, der als Chef eines ganzen Landes eingesetzt war, und dem an großen Höfen noch ein Oberhofjägermeister zur Seite stand. Von den zahlreichen J. werden beispielhaft angeführt: Der Jagdhof in Alten-Dresden, der von 1568 bis 1831 bestand, und der Jagdhof Dessau. Hervorzuheben ist auch der Jagdhof von Schloss Kranichstein bei Darmstadt, der unter dem Landgrafen Ludwig VIII. zu hoher Blüte gelangte, und von dem aus mehrere kleinere J., z.B. in Katzenbach und in Neu-Jägersdorf, angelegt wurden. Seit 1951 gehört der Jagdhof (Jagdschloss) Kranichstein zum Hessischen Jagdhof (Stiftung des öffentlichen Rechts) und besitzt ein vielseitiges historisches Jagdmuseum mit großer Gemälde-, Trophäen-, Waffen- und Kunstsammlung. Am über 100 m langen barocken

Emblem des Hessischen Jägerhofes

Jagdzeughaus (1689) aus Bruchstein neben dem Schloss beginnt die »Museumsstraße Jagdkundlich-historischer Lehrpfad Kranichstein«, die auf einem 7 km langen Rundweg über Jagdgeschichte, Jagdkunde, jagdliches Brauchtum, Jagdmusik und die Grundsätze deutscher Waidgerechtigkeit informiert. In Braunschweig bestand von 1936 bis 1945 der ▸ Reichsjägerhof Hermann Göring mit angeschlossenem Reichsfalkenhof. Größte Berühmtheit erlangte der Hannoversche Jagdhof, v.a. weil hier der Hannoversche Schweißhund gezüchtet wurde (▸ Hannoversche Jägerhofmethode). Er wurde 1677 in Celle gegründet, 1772 nach Hannover verlegt und nach 1866 aufgelöst. Die heutigen J. (ebenso die ▸ Jägerlehrhöfe) sind überwiegend Ausbildungsstätten (▸ Landesjagdschulen) für Jäger, Revierinhaber, Berufsjäger und Jagdaufseher. Sie dienen daneben auch für Veranstaltungen der Kreisgruppen, der Jägerschaften und der Hegeringe. Meist sind ihnen ▸ Lehrreviere angegliedert, wie z.B. bei dem 1977 eingerichteten Jägerhof Brüggen des Landesjagdverbandes Nordrhein-Westfalen. In Österreich gibt es den Jagdhof Schloss Mageregg im Besitz der Kärntner Jägerschaft; ▸ Jägerlehrhof, ▸ Jagdschlösser.

Jagdhoheit, die (Jagdherrlichkeit): Ein Ausfluss der Landeshoheit bestand in dem Recht, landesherrliche Vorschriften über die ▸ Jagd-

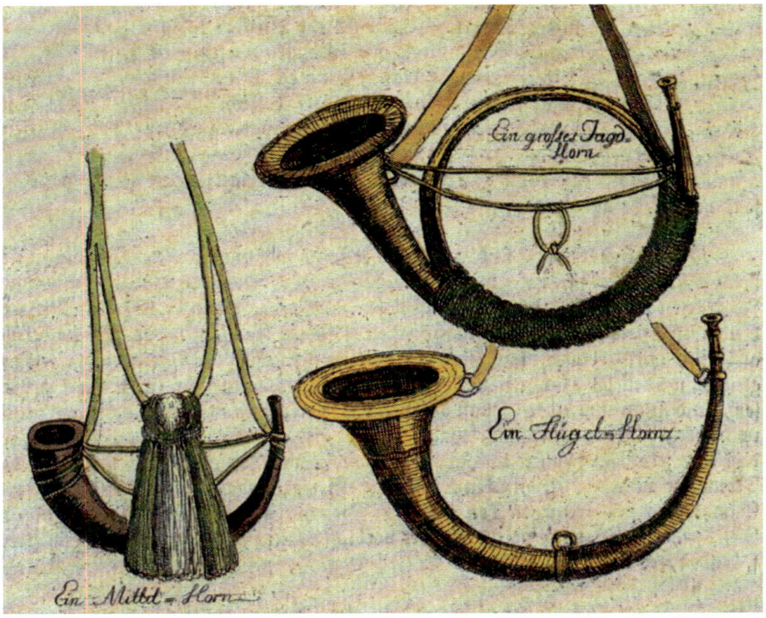

▸▸ Großes Jagdhorn, Mittelhorn und Flügelhorn; kolorierter Stich aus dem 19. Jh.

▸▸ Jagdhorn (Rufhorn), gefertigt aus einem Alpensteinbockhorn; süddeutsch, 18. Jh. München, Deutsches Jagd- und Fischereimuseum

ausübung, sofern sie aus allg. staatspolizeilichen oder volkswirtschaftlichen Rücksichten notwendig waren, zu erlassen und über deren Befolgung im ganzen Staatsgebiet zu wachen. Mit der Ausübung der Landeshoheit entwickelte sich in den einzelnen deutschen Staaten zwangsläufig auch die J. Zuerst begriff man Forst und Jagd unter der gemeinschaftlichen Bez. »forstliche Obrigkeit«, dann trennte man Jagd als ▸ »Wildbann«, Forsthoheit als »Forstbann« unter dem Einfluss der alten Begriffe von den ▸ Bannforsten. Auch das Jagdregal, bei dem die Jagd als ein nutzbares Hoheitsrecht vom Landesherrn in Anspruch genommen wurde, lässt sich historisch erst mit der Entwicklung der Landeshoheit vom 16. Jh. an begründen und fand ihren Ausdruck in den landesherrlichen ▸ Jagdordnungen. Zu den älteren, bei dem Jagdregal als vorbereitend auftretenden Verhältnissen gehören die der Bannforsten, deren Errichtung nur mittels königlicher Rechte geschehen konnte, dann die herrschende Idee der Zeit, wonach der Landesherr auch als Landeseigentümer angesehen werden wollte, ferner die weiteste Ausdehnung der Forderungen des öffentlichen Wohles als Ausfluss der Hoheitsrechte und zuletzt die aus dem römischen Recht übernommene Lehre von den herrenlosen Sachen, die auf die Jagdtiere angewendet wurde. All dies führte dazu, das Jagdregal als vorhanden, ja sogar als bewiesen anzusehen, ehe und ohne dass dieses wirklich der Fall war. Die nächste Folge der Regalitätserklärung der Jagd war, dass das ▸ Jagdrecht aufhörte, grundsätzlich mit dem rechten Eigentum und dem rechten Lehen verbunden zu sein, und nunmehr bloß die Verleihung durch die Fürsten oder die Aufnahme einer stillschweigenden Gestattung, durch langen Gebrauch nachgewiesen, als Grund dieser Befugnis angesehen wurde. Die Regalitätsidee der Jagd wurde dadurch noch weiter geführt, dass die Einteilung der Jagd in »Hohe Jagd« und »Niedere Jagd« schärfer hervorgehoben, namentlich die ▸ Hohe Jagd unbedingt als Regal erklärt und bei der Jagdverleihung häufig dem Lehensherrn vorbehalten wurde. Die »Niedere Jagd« (▸ Niederjagd) überließen die Lehensherren den niederen Adeligen, den Geistlichen und den Patriziern. Der gemeine Mann, der früher noch Schwarzwild, Wölfe und Füchse erlegen durfte, wurde damit nun fast ganz von der Jagd ausgeschlossen, und es verbreitete sich die Ansicht, dass nur den Adeligen die Jagd zustehe. Damit wurde die Jagd auf fremdem Grund und Boden immer häufiger. Es war die Zeit der großen ▸ Parforcejagden zu Pferde auf Hirsche und auf Sauen, die Zeit der ▸ Eingestellten Jagen und der entarteten Massenjagden. Die schlimmste Frucht dieser von dem ursprünglichen Rechtsweg abgeirrten Verhältnisse war, neben den unmenschlichen Gesetzen gegen die ▸ Wilderer, der ▸ Jagddruck, der auf den Bauern lastete (z.B. unentgeltliche Arbeitsleistung, Hundeernährung, Unterhalten des Forst- und des ▸ Jagdpersonals, ▸ Wildschaden). Diesen unhaltbaren Zuständen wurde durch den Unwillen des Volkes (in Frankreich nach der Revolution 1789 und in Deutschland 1848) ein gewaltsames Ende bereitet; ▸ Infostation.

Jagdhorn, das: Früher ein reines Signalinstrument, mit dessen Hilfe bei Jagden im Walde, die sich oft weit auseinanderzogen, Befehle und Hinweise gegeben werden konnten. Heute ist das J. ein Teil des jagdlichen ▸ Brauchtums. Schon im frühen Mittelalter (800 bis 1000) war das Horn wegen seines lauten, weit hörbaren Tones das beliebteste Signalinstrument bei der Jagd. Wie das Schwert waren auch die Hörner den Alten heilig und unantastbar. Sie durften nicht verloren gehen, niemand außer dem berechtigten Träger durfte sie berühren oder auf ihnen blasen.

1. Alte Jagdhörner: Sie gab es in zwei naturgewachsenen Formen: Der *Oliphant*, das J. der Edlen im 11. und im 12. Jh., wurde aus einem Elefantenzahn (Elfenbein) gefertigt, verziert mit kunstvollen Schnitzereien, häufig auch mit Gold und Edelsteinen. Er wog 3 bis 4 kg, klang dumpf, sein Grundton lag bei C und A. Der O. wurde an der rechten Seite getragen und stammt wohl aus dem Orient. Das *Hiefthorn* (auch Hifthorn, Hiffthorn, Hiefhorn, später Hüfthorn, die kleinere Ausführung lokal auch Zinke oder Zinken genannt) war das Horn der einfachen Jäger, gefertigt aus einem Büffelhorn oder einem Stierhorn; es ist wahrscheinlich das älteste Horn. Es wird an einer Hornfessel getragen. Beide Hornarten haben ein gebohrtes oder geschnitztes Mundstück und eine stark konische Röhre. Diese Hörner gaben einen weit schallenden, aber ungeschlachten Ton von sich. Die Signale kamen durch Tonintervalle zustande, wobei eine bestimmte Anzahl hintereinander ausgestoßener Töne eine bestimmte Bedeutung hatte. Z.B. bedeutete bei den Normannen eine Serie

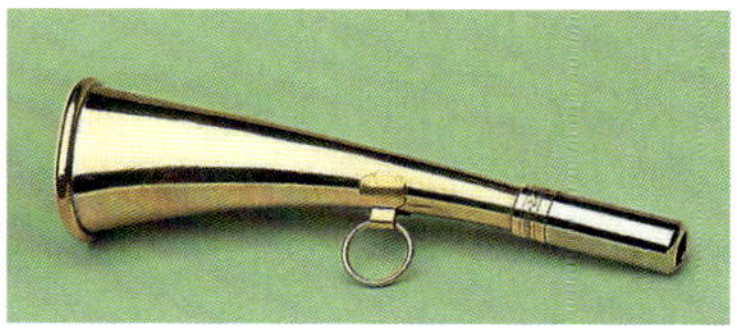

Einfaches Rufhorn

◄◄ Clewingsches Taschenhorn

◄◄ Fürst-Pleß-Jagdhörner mit (oben) und ohne Ventile

kurzer, schneller Töne den Beginn einer Hetze. Lang gezogene Töne in größeren Abständen zeigten den jeweiligen Standort des Jägers an. Eine lang ausgedehnte Serie triumphierender Laute tat die Erlegung des Stückes kund und rief die verirrten Jäger und Hunde zusammen.

2. Rüdenhorn (Rüdehorn, Riedenhorn, Riedhorn): Es war eine Art Hiefthorn (aus Horn), jedoch etwas größer, wurde vom ▸ Rüdemeister geführt und zum Anfeuern und Rufen der Hunde benutzt.

3. Ganzes Rüdenhorn: Dieses Horn war die größte Art der Hiefthörner und schlangenförmig gewunden. Es wurde bei festlichen Anlässen am verzierten Bandelier über der linken Schulter und auf der rechten Seite mit der Schallöffnung nach vorne getragen.

4. Halbes Rüdenhorn: Dieses Horn war ebenfalls eine Art Hiefthorn, schlangenförmig gewunden, kleiner als das Ganze Rüdenhorn, jedoch etwas größer als das Mittelhorn.

5. Mittelhorn: Ein J. von mittlerer Größe, kleiner als das Ganze Rüdenhorn, jedoch größer als das gewöhnliche Rüdenhorn und schwach halbmondförmig. Es war aus starkem Ochsenhorn gefertigt und hatte eine weite Schallöffnung.

Auch aus anderen Hörnern (z.B. Steinbockhorn) wurden Jagdhörner gefertigt. Die späteren und nachfolgend beschriebenen Hörner waren aus Metall.

6. Flügelhorn oder **Halber Mond**: Hierbei handelt es sich um ein halbmondförmiges größeres Horn aus Messing oder Kupfer mit mäßigem Schallbecher. Der Name F. stammt von der Tatsache, dass bei Streifjagden die Jäger und die Treiberführer, welche die Signale auf dem F. bliesen, an den Flügeln der Treiberwehr gingen.

7. Monde: Sie waren alte runde Jagdhörner und wurden z.B. noch 1818 bei einem erlegten Luchs im Harz geblasen.

8. Fürst-Pleß-J.: Dieses heute gebräuchlichste (fünftönig oder mit Ventilen) Jagdhorn (in B) ist noch keine 100 Jahre alt (Länge 172 cm, Kreisdurchmesser 20 cm). Sein Schöpfer war Herzog Hans Heinrich XI. von ▸ Pleß.

9. Sauerländer Halbmond: Er ist ein sichelförmiges J. aus Messing, das heute noch von den Sauerländer Brackenjägern getragen wird.

10. (Französisches) Parforcehorn: In B, in Es oder in D gestimmt, ist dies ein großes, kreisförmiges, metallenes J. mit zwei Windungen. Auf ihm werden die Parforcesignale geblasen.

11. Volpersdorfer Horn und **Clewingsches Taschenhorn**: Während auf ▸ Treibjagden und zum Verblasen der Strecke (▸ Streckelegen) das Fürst-Pleßsche J. (in B) verwendet wird, ist zum ▸ Pirschen und für die ▸ Nachsuche mit dem Hund das Taschenhorn von Carl Clewing ideal; es klappert und blinkt nicht, da es mühelos in der Rock- oder Hosentasche Platz hat. Das J. (Ausnahme: Taschenhorn) wird während des Jagdbetriebes an der ▸ Hornfessel auf der rechten Seite (der Sauerländer Halbmond auf der linken Seite) mit dem Mundstück nach vorne getragen. Es wie nach altem Brauch mit der Schallöffnung nach vorne zu tragen ist nicht zu empfehlen, da die blitzende Öffnung weithin sichtbar ist. Das Parforcehorn hat keine Hornfessel. Zum Tragen steckt man den rechten Arm und den Kopf hindurch, sodass es auf der linken Schulter zu liegen kommt; ▸ Jagdhornblasen, ▸ Jagdmusik.

Jagdhornblasen, das: Das J. ist heute ein wesentlicher Bestandteil des jagdlichen ▸ Brauchtums und v.a. bei der Durchführung von ▸ Gesellschaftsjagden (Blasen von ▸ Jagdsignalen) üblich. Zur Pflege des J. hat der Deutsche ▸ Jagdschutz-Verband (DJV) den Kreisgruppen bzw. Kreisvereinen oder Jägerschaften der Landesjagdverbände (Landes-Vereinigungen der Jäger) empfohlen, Jagdhornbläsergruppen zu bilden. Zu den Aufgaben einer Bläsergruppe gehören die Pflege und Förderung des jagdlichen Brauchtums und die Ausbildung insbesondere des jagdlichen Nachwuchses im J. Die hierzu vom DJV erlassene Vorschrift für das J. (Bläserordnung) enthält die Richtlinien für die Durchführung von Wettbewerben im J., um bei Landes- und Bundeswettbewerben vergleichbare Ergebnisse zu erzielen. Die Mitglieder der Bläsergruppe müssen Mitglieder eines dem Deutschen Jagdschutz-Verband e.V. angehörenden Landesjagdverbandes oder dessen Untergliederungen sein. Seit 1961 wird alle zwei Jahre ein DJV-Bundeswettbewerb im J. im Jagdschloss Kranichstein bei Darmstadt ausgetragen. Daneben gibt es seit 1974 eine deutsche Landesgruppe der D-Horn-Bläser, die eine Ergänzung zur Fürst-Pleß-Gruppe darstellt. Das D-Horn (mit 16 Naturtönen) wurde bei uns bis Mitte des 19. Jh. benutzt; in Frankreich wird es noch heute bei ▸ Parforcejagden geblasen; ▸ Bläserschießen, ▸ Jagdmusik.

Jagdhornbläserschießen, das: ▸ Bläserschießen.

Jagdhund, der: Ein zur ▸ Jagdausübung verwendeter und brauchbarer ▸ Hund ohne Unterschied der Rasse. Etwa um 10000 v. Chr. erwählte sich der Mensch den Hund als Haustier. Es dauerte dann noch Jahrtausende, bis dieser zum Hütehund, Wachhund und J. wurde. Sicher ist, dass schon die alten Ägypter J. abrichteten. Der griechische Schriftsteller Arrian (95 bis 180), ein Zeitgenosse des römischen Kaisers Marc Aurel, beschreibt die Jagd der Donaukelten (▸ Kelten) und ihre J. Sie jagten mit dem schnellen ▸ Windhund, dem ▸ Veltragus, und mit dem ▸ Segusier (*canis segusius*), der Keltenbracke, einem bedächtigen Hund mit sehr feiner Nase, die es ihm ermöglichte, auch einer kalten Fährte zu folgen. Von dieser Keltenbracke stammen alle unsere eurasischen hängeohrigen J. ab. Erst in den vergangenen Jahrhunderten wurden ganz gezielt unsere heutigen ▸ Hunderassen herangezüchtet. Aus den vorhandenen Hunden wurden Typen ausgewählt, die nach ihren natürlichen Anlagen, nach Körperbau, Leistungsvermögen und Besonderheiten für eine bestimmte Jagdart besonders brauchbar waren. Durch Weiterzüchtung und Einkreuzung entstanden die heutigen ▸ Jagdhundegruppen, die einzelnen ▸ Jagdhunderassen und auch die besonders spezialisierten J. Die Jagdgesetze der Länder schreiben die Haltung und die Führung, das Bereithalten, Mitführen oder Verwenden ▸ brauchbarer Jagdhunde (▸ Hundeprüfungen) – insbesondere bei der ▸ Suche, bei ▸ Drückjagd, ▸ Riegeljagd und ▸ Treibjagd, bei der Jagd auf Waldschnepfen und auf Wasserwild sowie bei der ▸ Nachsuche (v.a. auf angeschossenes ▸ Schalenwild) – vor. Von einem J. erwartet man Jagdpassion und Jagdverstand; er soll gesund und kräftig, gelehrig und gehorsam, mutig, ausdauernd und wesensfest sein.

Körperbau des Jagdhundes und Fachbegriffe

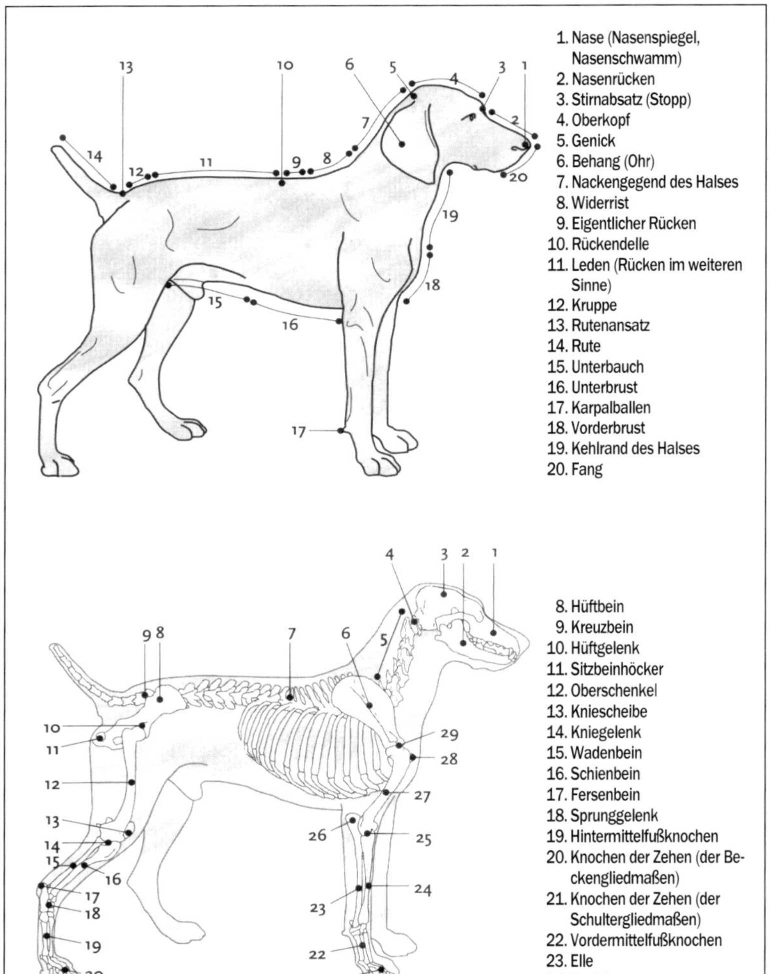

Jagdhundeabrichtung, die: ▸ Hundeabrichtung.

Jagdhundeführung, die: ▸ Hundeführung.

Jagdhundegruppen, die: Die Jagdhunde werden nach ihrer Verwendung in folgende Gruppen eingeteilt: 1. Vorstehhunde, 2. Stöberhunde, 3. Erdhunde, 4. Schweißhunde, 5. Bracken, 6. Meutehunde, 7. Apportierhunde; siehe hierzu die Einzelbeschreibungen; ▸ Jagdhunderassen.

Jagdhundehaltung, die: ▸ Hundehaltung, ▸ Hundeernährung, ▸ Hundepflege, ▸ Hundezwinger, ▸ Hundehütte.

Jagdhunderassen, die: ▸ Hunderassen, die bevorzugt zur Jagd verwendet werden. Die einzelnen ▸ Jagdhundegruppen gliedern sich in nachstehende Rassen:

1. ▸ Vorstehhunde: *Deutsche Vorstehhunde*: Deutsch-Drahthaar; Deutsch-Kurzhaar; Deutsch-Langhaar; Deutsch-Stichelhaar; Griffon; Kleiner Münsterländer; Großer Schwarzweißer Münsterländer; Pudelpointer; Weimaraner (Kurzhaar); Weimaraner (Langhaar). *Englische Vorstehhunde*: Englischer (English) Setter; Gordon Setter (Schottischer Setter); Irischer (Irish) Setter; Pointer. *Ungarische Vorstehhunde*: Magyar Vizsla (Kurzhaar); Magyar Vizsla (Drahthaar). *Französische Vorstehhunde*: Bretonischer Vorstehhund (Épagneul Breton).

2. ▸ Stöberhunde: Cockerspaniel; Englischer Springer-Spaniel; Deutscher Wachtelhund.

3. ▸ Erdhunde: *Dachshunde*: Kurzhaar-Teckel; Langhaar-Teckel; Rauhaar-Teckel. *Terrier*: Deutscher Jagdterrier; Foxterrier; Welsh Terrier; Border Terrier.

4. ▸ Schweißhunde: Bayerischer Gebirgsschweißhund; Hannoverscher Schweißhund.

5. ▸ Bracken: *Deutsche Bracken*: Westfälische Dachsbracke; Dachsbracke des Erzgebirges und der Alpenländer; Deutsche Bracke (Westfälische Bracke, Sauerländer Bracke oder Olper Bracke). *Österreichische Bracken*: Tiroler Bracke; Österreichische Brandlbracke; Steirische rauhaarige Hochgebirgsbracke (Peintinger Bracke). ▸ *Schweizer Laufhunde*: Schweizer Bracke; Berner Bracke; Luzerner Bracke; Schweizer Niederlaufhund; Berner Niederlaufhund; Luzerner Niederlaufhund; Jurabracke (Jura-Laufhund); Jura-Niederlaufhund. ▸ *Englische Laufhunde*: Basset, Beagle und Foxhound (▸ Meutehunde).

6. ▸ Apportierhunde: Golden Retriever; Labrador Retriever; Flat-coated Retriever. Siehe hierzu die Einzelbeschreibungen.

Jagdhundekauf, der: ▸ Hundekauf.

Jagdhunde-Leistungszeichen, die: ▸ Hunde-Leistungszeichen.

Jagdhundeschläge, die: ▸ Hundeschlag.

Jagdhundewesen, Abkürzungen: ▸ Hundekauf, ▸ Hunde-Leistungszeichen

◂◂ W. Melchior: »Jagdhunde mit Beute«, 1889, Öl auf Leinwand. München, Deutsches Jagd- und Fischereimuseum

Jagdhundezucht, die: ▸ Hundezucht.
Jagdhütte, die: ▸ Jagdeinrichtungen 1.
Jagd in Schutzgebieten: Schutzgebiete sind wichtige Bestandteile unserer Kulturlandschaft. Sie dienen der Erhaltung und Entwicklung landschaftstypischer und artenreicher Lebensgemeinschaften. Die Jagdausübung ist in allen Schutzgebietskategorien zulässig, sachlich geboten und ökologisch notwendig, übergeordnete Schutzziele können jagdliche Einschränkungen oder Verpflichtungen bedingen. Regelungen zur Ausübung der Jagd in Schutzgebieten müssen aber notwendig, angemessen und nachvollziehbar sein und sich am jeweiligen Schutzzweck, der Art, Größe und Struktur des jeweiligen Schutzgebietes orientieren. Ein Jagdverbot darf nur im Rahmen der Schutzziele in besonders begründeten Ausnahmefällen erfolgen. Schließlich ist eine regelmäßige Überprüfung des Schutzzweckes und eine Kontrolle der Regelungen notwendig. (Quelle: DJV-Handbuch »Jagd«).; ▸ Wildschutzgebiete, ▸ Landschaftsschutzgebiete.
Jagd, **Jagdzeug und Wild in der Bibel**: Die Jagd war für Israel eine Notwendigkeit, weil man sich der Bedrohung durch Bär, Löwe, Wolf und »Wildstier« sowie auch der durch Füchse und Schakale angerichteten Schäden erwehren musste. Jäger aus Leidenschaft erscheinen meist auf der Gegenseite des Gottesvolkes (▸ Nimrod und Esau im Ggs. zum Hirten). Wenn Simson den Löwen erlegte, so tat er dies aus Selbstverteidigung, der junge David erlegte Löwen und Bären, um seine Herde zu schützen. Aus der Erzählung von Jakob und Esau wird geschlossen, dass die von der Jagd lebenden Stämme weniger Ansehen genossen als Viehzüchter und Bauern. 5 Mo 14,5 (Altes Testament, Mose) erwähnt als Jagdtiere weiter Hirsch, Gazelle, Damhirsch, Steinbock, Gemse und zwei Antilopenarten; sie sind zum Genuss freigegeben, doch muss ihr Blut auf die Erde gegossen und bedeckt werden, denn das Blut ist die Seele (5 Mo 12,22–24). Verboten sind Kamel, Hase, Klippdachs und Wildschwein; erlaubt sind ferner alle reinen Vögel sowie »alles, was Flossen und Schuppen hat«. Eine ganze Anzahl von Vögeln, namentlich die Raubvögel, waren für die Israeliten unrein. Reine Vögel waren u.a. Tauben (die einzigen Vögel, die geopfert werden durften), Wachteln und wohl auch einzelne Singvögel, etwa Sperlinge. Landtiere werden generell eingeteilt in das (zahme) Vieh und die (wilden) Tiere. Ferner wird unterschieden zwischen den (meist reinen) wiederkäuenden Paarzehern mit »durchgespaltenen« Klauen und den (unreinen) Nicht-Paarzehern mit gespaltenen Klauen: »Alle Vierfüßler, die auf Pfoten gehen, sollt ihr für unrein halten«. Die Einteilung in die Gruppe der Wiederkäuer erfolgte nach Augenschein. Tiere wie der Hase, die ständig das Maul bewegen, galten als Wiederkäuer. Zum täglichen Unterhalt des Hofes gehörten während der Herrschaft König Salomons u.a. Hirsche, Gazellen und Rehe. Zur Jagd hob man Fallgruben aus, in die das Wild stürzte. Der Jäger stellte Netze, Fallen und Schlingen. Falle und Strick gehören auch zum Gerät des Vogelstellers oder Voglers. Zum Vogelfang dienten insbesondere zweiteilige Klappnetze, die zuschlugen, wenn der Vogel den Köder berührte. Die Jagdnetze dienten vielfach zum Fang größeren Wildes, wobei man die Tiere entweder über die flach ausgelegten oder in die getarnt aufgestellten Netze trieb, die man dann zuzog. In der Grube gefangene Raubtiere machte man mit Netzen wehrlos. Die Darstellung von Treibjagden, bei denen das Wild, etwa Gazellen, in die aufgestellten Netze gejagt wurden, kennen wir aus Ägypten und Assyrien. Außer dem Fischnetz wurden auch Jagdnetze als Bild für Gericht, Unglück und Nachstellungen der Feinde verwendet. Der Hirte benutzte v.a. die Schleuder, während man im Übrigen Bogen, Speer, Wurfholz und gelegentlich auch das Schwert verwendete. Die Jagd mit dem Bogen vom Wagen aus stand im Orient v.a. dem König zu, kam aber in der Landschaft Palästinas kaum infrage. Von der persischen Zeit an jagte man auch vom Pferde. Die Nachbarvölker Israels fingen auch Bären und Löwen ein und richteten sie ab.
Jagdjahr, das: Das J. beginnt nach dem BJG (§ 11 Abs. 4) am 1. April und endet am 31. März. Beginn und Ende der Pachtzeit sollen mit Beginn und Ende des J. zusammenfallen. Früher umfasste das J. in manchen Gegenden den Zeitraum vom 1. Oktober bis zum 30. September oder war (wie z.B. in der DDR) mit dem Kalenderjahr identisch.
Österreich: Für das J. gelten unterschiedliche Regelungen. In Kärnten, Niederösterreich, Salzburg und Wien ist das J. das Kalenderjahr; im Burgenland der Zeitraum vom 1. Februar bis zum 31. Januar.
Schweiz: In den Kantonen mit ▸ Patentjagd dauert das J. vom 1. September bis zum 31. August. In den Revierkantonen unterschiedliche Regelungen, wobei das J. auch sehr spät, z.B. zum 1. August, beginnen kann.
Jagdjunker, der: Frühere Bez. für einen ausgebildeten und bereits wehrhaft gemachten (▸ wehrhaft machen) jungen Jäger adeligen Standes, der an Fürstenhöfen höhere Jagddienste versah, dem Range nach gleich nach dem Forstmeister kam, aber noch kein eigenes Revier innehatte. Wurde ein höheres Jagdamt frei, so rückte der J. nach; ▸ Jagdpage, ▸ Jägermeister.
Jagdkanzel, die (Hochsitz): ▸ Jagdeinrichtungen 2.
Jagdkarte, die: svw. ▸ Jagdschein. In Österreich und in der Schweiz offizielle Bez. für Jagdschein; ▸ Jagdpass, ▸ Jagdpatent.
Jagdklassiker, die: J. werden die bedeutendsten Standardwerke der Altmeister der Jägerei genannt, die auch heute noch hohe jagdliche Autorität besitzen. Die Verfasser werden ebenfalls als J. bezeichnet. Besonders hervorzuheben sind die im 18. und im 19. Jh. entstandenen Werke von ▸ Fleming, ▸ Döbel, ▸ Bechstein, ▸ Jester, ▸ Hartig, ▸ Raesfeld und ▸ Diezel; ▸ Jagdliteratur.
Jagdkleidung, die: Die zur Jagdausübung getragene Kleidung der Jäger hat in erster Linie praktisch und zweckmäßig zu sein und darf den Jäger keinesfalls behindern. Sie soll ihn vor den verschiedenen Witterungsverhältnissen (Sonne, Regen, Kälte usw.) schützen und ihn auch der Umgebung anpassen. Aus diesen Gründen ist die J. meist von grüner, graugrüner, olivgrüner, grauer oder graubrauner Farbe. Die alten Jägerfarben sind Grün, Weiß und Schwarz. Bei offiziellen Anlässen trägt man grünen Anzug, weißes Hemd, schwarzen Bin-

der und schwarze Schuhe. Eine einheitliche und vorgeschriebene J. gibt es nicht. Es ist jedem selbst und seinem individuellen Geschmack überlassen, wie er sich kleidet. Die einschlägigen Fachgeschäfte halten für die Ausstattung der Jäger ein vielfältiges und auf alle Witterungsverhältnisse abgestimmtes Angebot an Bekleidung, Schuhwerk und sonstiger praktischer Ausrüstung bereit. In früherer Zeit waren an den Fürstenhöfen die angestellten Jäger meist verpflichtet, eine eigene ▸ Jagduniform zu tragen. Deren Aussehen wurde meist von den Jagdherren bestimmt, deren Anliegen es war, ihre Jägerei mit möglichst prächtigen Uniformen auszustatten. Die Hierarchie der Jägerschaft wurde durch entsprechende Ausstattung und Rangabzeichen kenntlich gemacht. Die J. ist ein Teil der ▸ Jagdausrüstung; ▸ Parforceuniform.

Jagdkommissionen, die: Von den Schweizer Kantonalbehörden bestellte Sachverständigenausschüsse, bestehend aus Jägern und aus Vertretern von der Jagd nahestehenden Organisationen. Sie besitzen keinerlei Entscheidungskompetenz, haben aber beratende Funktion und wirken bei der jagdlichen Gesetzgebung mit.

Jagdkondition, die (Jagdform): ▸ Kondition 3).

Jagdkonferenz: ▸ Internationale Jagdkonferenz.

Jagdkönig, der: Mancherorts wird derjenige Teilnehmer einer ▸ Gesellschaftsjagd, der die (wertmäßig) höchste Strecke erzielt hat, zum J. ernannt. Ein sehr umstrittener Brauch.

Jagdkorporation, die (Jagdverbindung): ▸ Wernigeroder Jagdkorporationen Senioren-Convent, ▸ Kongress akademischer Jagdcorporationen.

Jagdkrüge, die: Steinzeugkrüge aus dunkelbrauner Masse, die vom Ende des 16. bis zum Ende des 17. Jh. in Creußen bei Bayreuth hergestellt wurden und Reliefdarstellungen von Jagden zeigen, die mit Emailfarben überzogen sind. Im Übrigen allg. Bez. für alle Krüge, die jagdliche Motive zeigen.

Jagdkultur, die: Die J. ist ein Teil der allg. Kultur, also der Gesamtheit der geistigen und künstlerischen Werte unserer Gesellschaft. Zur J. im Besonderen gehören die Beziehungen zwischen jagenden Menschen unter sich, aber auch das Verhältnis der Jäger zur Jagd und zum Wild und dessen künstlerische Darstellung. Das überlieferte ▸ Brauchtum mit der Jagdtechnik, der Jägersprache, der ▸ Jagdmusik und dem Jagdhornblasen gehört ebenso dazu wie die ▸ Jagdliteratur und die ▸ Jagdgedichte, die ▸ Jagdkunst und die ▸ Jagdmuseen. In dieser Kultur gründet auch die sog. ▸ Waidgerechtigkeit (▸ Wildtiergerechtigkeit). Sie ist nicht die Anwendung von Bräuchen, die dem Nichtjäger oft schwer verständlich sind, sondern wurzelt in der Ethik und kann schlicht als Anstand gegenüber dem Tier und seiner Umwelt bezeichnet werden.

Jagdkunde, die: Die Lehre und Wissenschaft von der Jagd; ▸ Jagdwissenschaft.

Jagdkundeinstitute, die: ▸ Jagdwissenschaft.

Jagdkunst, die: Speziell auf die Jagd bezogene bildende Kunst; ▸ Jagdmuseen, ▸ Jagdschlösser, ▸ Jagdschmuck. Gemälde, die eine Jagd oder jagdbare Tiere – sowohl lebend gruppiert als auch erlegt und in Massen zur Strecke gelegt – wiedergeben, werden Jagdstücke genannt. Das älteste nachweisbare Jagdstück ist das »Rebhuhnstillleben« von ***Jacopo de Barbari*** (1445 bis 1514). Der in Venedig geborene Künstler schuf das Bild in Torgeau (Sachsen). Es wird in der Bayerischen Staatsgemäldesammlung in München verwahrt. Blickt man auf die Uranfänge der Jagddarstellung zurück, so stellt man fest, dass sie so alt ist wie die Kunst überhaupt. Das zeigen schon die ältesten künstlerischen Versuche der Menschen, ihre Jagderlebnisse in Felszeichnungen festzuhalten (▸ Felskunst der Jäger). In den Höhlen Südfrankreichs und Nordspaniens sind naturgetreue Tierzeichnungen überliefert worden, die neben der Einzeldarstellung verschiedener Tiere auch Zeichnungen enthalten, welche die Ausübung der Jagd zeigen (▸ Höhlenmalereien); ▸ arktische Kunst, ▸ Röntgenstil.

1. Die Kunst der klassischen Kulturen des Altertums:

Die Ägypter: Im Pyramidenzeitalter bevölkerten noch zahlreiche wilde Tiere das Niltal und die es einschließenden Wüsten. Jagd, Fischfang und Viehzucht hatten damals noch erhebliche Bedeutung. Im alten Reich jagte man mit Hunden oder mit der Wurfschlinge. Eigenartigerweise sind in den ältesten Mastabas von Sakkara (Saqqara) die Jäger nie mit Bogen dargestellt. Diese gefürchtete Waffe war damals offenbar allein dem König vorbehalten. Auch in Ägypten scheinen gewisse Jagdarten im Lauf der Zeit ihren ursprünglichen Sinn verloren zu haben und, wie die Parforcejagd in der europäischen Gesellschaft, nur noch als angenehmer Zeitvertreib von der Oberschicht betrieben worden zu sein. Den Darstellungen des Jagdvergnügens räumte man in der Mastaba einen Ehrenplatz ein, der Herr war stolz auf sein Jagdgeschick. Vielleicht ließ er solche Szenen auch aufgrund ihres magischen Sinngehalts verewigen. Dies galt für die Jagd mit dem Wurfholz, für den Fischfang mit der Harpune und die Nilpferdjagd. In der Mastaba des Herrn Ti ist eine Jagdpartie abgebildet: Die Jäger stehen vor einem Papyrusdickicht in einem Boot und haben den Nilpferden ihre Harpunenspitzen in den Rücken gestoßen. In der Linken halten sie die Fangleinen, an denen die Spitzen vor dem Wurf befestigt wurden (Relief der Mastaba des Ti., 5. Dynastie, um 2350 v. Chr.). Etwas später als die Mastaba des Ti in der 5. Dynastie ließ sich der Wesir Ptahhotep seine Grabanlage in Sakkara errichten. Ein Hauptmotiv ist dem Vogelfang mit einem Schlagnetz gewidmet. In derselben Kultkammer (Ostwand) befindet sich die Wiedergabe einer Wüstenlandschaft mit Jagdszenen (Löwe greift Rind an). Ebenfalls in Sakkara befindet sich die Mastaba des Mereruka (6. Dynastie, um 2300 v. Chr.), eine der größten Grabanlagen. Gleich im ersten Raum hinter dem Eingang zeigen sowohl Süd- als auch Nordwand eine großflächige Darstellung des Grabherrn auf der Jagd im Papyrusdickicht, die zu den traditionellsten Szenen im Bildprogramm der Privatgräber zählt. Als Nebenszene ist das vielleicht eindrucksvollste Bild einer Nilpferdjagd aus dem Alten Reich wiedergegeben. Zwei Boote mit ihren Besatzungen haben drei der gewaltigen Wassertiere eingekreist, die mit ihren mächtigen Hauern im weit geöffneten Rachen den Jägern drohen. Der erfolgreiche Ausgang des Jagdabenteuers wird ebenfalls im Bild gezeigt: Die Harpunen haben die Nilpferde bereits getroffen, die Beute kann mit den Zugseilen eingeholt werden. Vor dem vermauerten Durchgang zur Sargkammer des Tutanchamun (18. Dynastie,

Drei Walzenkrüge, süddeutsch, 18. Jh. München, Deutsches Jagd- und Fischereimuseum

◄◄◄ Trinkhorn, Metallverzierung versilbert, deutsch, 1908

um 1325 v. Chr.) stand eine einzigartige Truhe, die mit Jagd- und Kriegszenen in Miniaturmalerei ausgestattet ist. Auf dem in zwei längliche Bildfelder unterteilten Deckel ist die Löwenjagd des Herrschers im Streitwagen und die Jagd auf verschiedene Wüstentiere (Steinböcke, Gazellen, Hyänen, Wildesel und Strauße) dargestellt. Auf der Außenwand des Tempels von Medinet Habu (Theben) ließ Ramses III. (regierte von 1184 v. Chr. bis 1153 v. Chr.) seine Jagderlebnisse einmeißeln. Z.B. »Der König auf der Wildstierjagd«. Ein besonders schönes Jagdmotiv stammt aus einem Grab in Theben (1600 bis 1400 v. Chr.): Ein Fresko (heute im British Museum London) zeigt Jäger, die ihre gefangenen bzw. erlegten Hasen vorführen.

Die Griechen (Kreter und Mykener): Das Archäologische Museum in Florenz besitzt den Ausschnitt eines Kraters, von Klitias als Maler und von Ergotinos als Töpfer signiert. Es zeigt in der oberen Bildhälfte die Jagd auf den Kalydonischen Eber aus dem Pelleus-Mythos (570 bis 560 v. Chr.). Auf griechischen Vasen aus dem 8. Jh. v. Chr. finden sich auch stilisierte Darstellungen von der Jagd, später (5. bis 4. Jh. v. Chr.) auch auf Amphoren und Reliefs auf Marmorsarkophagen. Die griechische Malerei ist uns mehr oder weniger nur aus Kopien römischer Zeit bekannt. Ein von Gnosis signiertes Kieselmosaik mit der Darstellung einer Hirschjagd vermittelt einen Eindruck von der Malerei der Alexanderzeit (um 300 v. Chr. Pella, Makedonien). Bei den mykenischen Edelleuten war die Jagd ein beliebter Zeitvertreib. Im 4. Schachtgrab von Mykene (16. Jh. v. Chr.) fand man einen Bronzedolch, der Jäger beim Angriff auf drei Löwen zeigt. Die Figuren sind in Gold und Silber eingelegt (Nationalmuseum Athen; eine Nachbildung befindet sich im Oberhessischen Museum Gießen). Ein bemerkenswertes Fresko stammt aus Tiryns. Es zeigt einen Streitwagen, wie er gerade zur Jagd ausfährt. Besetzt ist er mit zwei Frauen. Ein kyprisch-mykenisches Relief stellt eine Jagdszene mit einem zweispännigen Wagen dar. Es gehört zu einem Elfenbeinkästchen (13. Jh. v. Chr.), das in Enkomi auf Zypern gefunden wurde. Eine hinreißende Szene zeigt eine kretische Plastik, eine goldenen Tasse, gefunden in einem Tholos-Grab zu Vaphio in Lakonien (1500 v. Chr., Nationalmuseum Athen). Es zeigt, wie ein Stier einen Jäger und eine Jägerin angreift und einen der beiden in die Luft schleudert.

Die Etrusker: Die Etruskerstadt Tarquinia (Tarquinii), etwa 100 km nördlich von Rom, liegt auf einem Hügel. Ihre Blütezeit hatten die Etrusker, deren Herkunft heute noch umstritten ist, im 7. bis 4. Jh. v. Chr. In Tarquinia findet sich eine Fülle von Überresten, an denen man die Entwicklung der etruskischen Kultur verfolgen kann, v.a. in den Grabmalereien. Sie zeigen neben Musikanten und Tänzern, Faust- und Ringkämpfern etc. auch Bilder über Jagd und Fischfang, z.B. das Grab der Jagd und des Fischfangs (Tomba della caccia e de la pesca): Bunte Vögel fliegen durch die Luft Delphine tauchen in die Wellen, ein Boot mit Fischern gleitet über das Wasser, und von einem Uferfelsen aus zielt ein Jäger mit der Schleuder auf Vögel. Die interessantesten Gräber stammen fast alle aus der zweiten Hälfte des 6. Jh. v. Chr. Das Grab des Jägers (Tomba del cacciatore) konnte nicht genau datiert werden (spätes 6. Jh. v. Chr. oder frühes 5. Jh. v. Chr.). Der Dekor des Grabes stellt einen Jagdpavillon dar: Durchsichtige, von einem Holzgerüst herab-

Elfenbeinminiatur eines adeligen Jägers mit Windspiel, 18. Jh., Privatbesitz. München, Deutsches Jagd- und Fischereimuseum

hängende Vorhänge, die wahrscheinlich den Pavillon nach außen abschließen sollen, bedecken die Wände. Jagdbeute (Rehkitze, Flugwild) und Jägerhüte hängen an den Querstangen des Gerüstes. An den Wänden läuft oberhalb des Vorhangs ein schmales Band mit einem Fries, auf dem Stiere, Löwen, Hirsche, Hunde, Reiter und Jäger zu sehen sind. Das museo preistorico in Rom besitzt einen Silberbecher (um 700 v. Chr.), auf dem die Jagd mit Pfeil und Bogen zu Pferde dargestellt ist.

Die Römer: Ein in Nordafrika gefundenes Mosaik zeigt Treiber zu Fuß und zu Pferde, die, mit Wurfspeeren bewaffnet, Tiere in ein Netz treiben. Diese Tiere wurden dann in Kisten nach Rom und anderen Städten des Weltreiches versandt. Man brauchte die Tiere v.a. für die römischen Arenen zur Unterhaltung. Löwen, Tiger und Leoparden wurden auf Gladiatoren losgelassen. Aneinandergefesselte Stiere und Bären zerfleischten sich gegenseitig. Mitunter wurden mehrere Tausend Tiere an einem einzigen Tag getötet. Von den Römern kennen wir auch Fresken aus Pompeji (1. Jh. n. Chr.), die Jäger und Wild zeigen. Auch ein Sarkophag aus dem 3. Jh. n. Chr., der die ▸ Kalydonische Eberjagd zeigt, und Gebrauchsgegenstände wie z.B. eine Kristallschale aus dem 4. Jh. n. Chr. mit Jagdszene sind erhalten. Römische Jagdszenen auf Mosaikfußböden sind nicht selten. Besonders schöne Mosaik-Jagdbilder finden sich auf Sizilien in den Resten der Villa Romana del Casale (3. bis 4. Jh. n. Chr.) unterhalb der Stadt Piazza Armerina. Sie dürfte vermutlich die Villa des Kaisers Maximian gewesen sein, der als treuer Freund des Diokletian 286 zu dessen Mitregenten erhoben wurde und den Westen des Reiches bis zur Abdankung 305 regierte. Diese sizilianische Villa nutzte er zur Jagd, Erholung und Abgeschiedenheit. Es handelt sich hier zweifelsfrei um die bedeutendsten Fußbodenmosaiken, welche je aus der römischen Zeit gefunden wurden. Einige Bilder zeigen Jagdszenen und ein Jagdopfer an einem Diana-Altar. Mehrere Bilder finden sich in der sog. »Wandelhalle der Großen Jagd« und zeigen die Jagd und Verschiffung von exotischen Tieren im Beisein des Kaisers mit zwei Leibgarden. Auch auf deutschem Boden finden sich römische Mosaike, die Wildtiere oder Jagdszenen zeigen, z.B. die Mosaiken aus der römischen Perystilvilla in Bad Kreuznach. Dargestellt sind auf einem Fußbodenmosaik u.a. eine »Tierhatz« und ein »Gladiator im Kampf mit einem Bären« (3. Jh. n. Chr.). In der römischen Villa Westerhofen (Lkrs. Eichstätt) zeigt ein großes Mosaik Jagdhunde, die einen Hirsch anfallen (Prähistorische Staatssammlung München).

Die Assyrer: Die Assyrischen Könige schätzten die Jagd, und es gehörte zu ihren königlichen Pflichten, die räuberischen Berglöwen zu vernichten, die sich ihre Beute unter Menschen und Vieh holten. Zu den hervorragendsten Meisterwerken der Reliefkunst gehören zweifelsohne die im British Museum in London aufbewahrten Reliefs aus der neuassyrischen Periode. Sie zeigen u.a. eine Darstellung König Assurbanipals (669 bis 628) auf der Wildesel-(Onager-)Jagd. Das Alabasterrelief stammt aus dem Palast in Ninive. Ergänzende Schrifttafeln geben zudem Auskunft über die Jagderfolge Assurbanipals: »10 Elefanten tötete ich mit dem Bogen, 257 gewaltige Wildstiere erlegte ich von meinem Kriegswagen aus, 370 mächtige Löwen tötete ich wie Käfigvögel mit dem Speer«. Ein weiteres Relief aus Ninive zeigt ebenfalls die Jagd auf den Wildesel (Pferdeesel) mit Jagdhunden. Ebenfalls ein Relief aus Ninive (7. Jh. v. Chr.) zeigt einen Jäger mit Speer, der einen Jagdhund führt. Man züchtet in Assyrien hervorragende Jagdhunde, und zwar Windhunde und eine doggenähnliche Rasse. Die assyrischen Könige bevorzugten Letztere. Sie beschäftigten ein Heer von Piqueuren, die die Meuten betreuten und bei der Jagd das Wild trieben. Der Wildesel (Onager) wurde seines Fleisches und seines Fells wegen gejagt. Eindrucksvoll auch die Szene »Wildeselfang«, in der zwei Jäger versuchen, einen mit Wurfschlingen gefangenen Wildesel zu bändigen. Auf Alabasterreliefs zeigt König Assurnasirpal II., wie er seinen Bogen spannt, um einen verwundeten Löwen zu treffen, den bewaffnete Treiber ihm zutreiben und wie er einen Löwen tötet.

Die westeuropäische Jagdkunst: Die ältesten figürlichen Kunstwerke Deutschlands wurden in drei baden-württembergischen Höhlen entdeckt: in der Geißenklösterlehöhle bei Blaubeuren-Weiler im Achtal, in der Vogelherdhöhle bei Heidenheim und in der Höhle Hohlenstein-Stadel bei Asselfingen. Die beiden Letztgenannten liegen im Lonetal. Diese Funde sind mindestens 30000 Jahre alt und das Werk des Aurignac-Menschen (Aurignacien = die Kulturstufe der Altsteinzeit). Bei den Kunstwerken aus den süddeutschen Höhlen handelt es sich ausnahmslos um aus Mammutelfenbein geschnitzte Tier- und Menschenfiguren. Die Funde aus der Geißenklösterlehöhle stellen das Mammut (zwei Funde), den Wisent, den Höhlenbär in Angriffshaltung und einen Menschen mit hoch erhobenen Armen und gespreizten Beinen dar. Die meisten Kunstwerke aus dem Aurignacien in Deutschland wurden in der Vogelherdhöhle gefunden. Dort entdeckte man die Plastik von drei Mammuten, einem Fellnashorn, einem Wisent, einem Wildpferd und fünf Raubkatzen sowie eine plumpe Menschenfigur mit knopfartigem Kopf. Das rätselhafteste Kunstwerk wurde in der Höhle Hohlenstein-Stadel entdeckt: ein fast 30 cm hohes Wesen mit dem Kopf einer Höhlenlöwin, dem Körper eines Menschen und tierischen Füßen.

2. Tier- und Jagdmalerei in Mittelalter und Neuzeit:

Jagdliches Getier schlingt sich auch häufig durch das Rankenwerk mittelalterlicher Handschriften. Die Anfangseite »incipit liber« aus dem Sacramentarium gelasianum ist ein gutes Beispiel für die merowingische Buchmalerei mit ihrer charakteristischen Tierornamentik. Die einzelnen Lettern sind aus Fischen und Vögeln zusammengesetzt. Am Ende des Mittelalters wurde der Jäger selbst nur als hl. Eustachius oder als hl. Hubertus (▸ Schutzpatrone) dargestellt. Erst später finden sich Bildnisse, auf denen Fürstlichkeiten in ihren prunkvollen Jagdkostümen zu bestaunen sind. Zug um Zug mehren sich die Darstellungen großer Treibjagden mit all ihrem Hilfspersonal wie Treibern, Bläsern und Jägern. Im 16. und im 17. Jh. widmeten sich v.a. die Holländer und die Flamen der Jagdmalerei, vertreten etwa durch Rembrandt, Bruegel und Snyders; aber auch zahlreiche andere Künstler, von denen in diesem Zusammenhang nur die bedeutendsten genannt werden können, schufen hervorragende Werke.

Niederlande: ***Jan van Eyck*** (1390 bis 1441) hinterließ uns eine Silberstiftzeichnung von hervorragender Qualität: »Der Mann mit dem Falken«. – ***Pieter Bruegel*** (Brueghel) ***d.Ä.*** (1528/30 bis 1569), der Begründer der niederländischen Bauernmalerei, malte u.a. »Februar – Heimkehr von der Jagd« (Wien, Kunsthistorisches Museum), eines von zwölf Monatsbildern. – ***Hendrik van Balen*** (1575 bis 1632) schuf »Diana nach der Jagd ruhend« (Residenzgalerie Salzburg). – ***Roelant J. Savery*** (1576 bis 1639), flämischer Landschafts- und Tiermaler sowie Hofmaler Kaiser Rudolfs II., wurde durch sein Bild »Eberjagd« (Budapest, Museum der Bildenden Künste) bekannt. – Von ***Peter Paul Rubens*** (1577 bis 1640), dem Hauptmeister des flämischen Barock, seien »Die Nilpferdjagd« (München, Bayerische Staatsgemäldesammlungen), die »Wildschweinjagd« (Dresden, Staatliche Gemäldegalerie) und »Diana und Satyrn« (Landesmuseum Darmstadt) hervorgehoben. Rubens hat dem Thema Jagd viele Gemälde und Zeichenstudien gewidmet. – ***Frans Snyders*** (1579 bis 1657), ein Schüler von Pieter Bruegel d. J., gilt als Hauptvertreter der barocken flämischen Stillleben- und Tiermalerei; zusammen mit Peter Paul Rubens und Jan Wildens schuf er z.B. die »Hirschjagd der Diana« (vernichtet, ehemals Berlin, Nationalgalerie), ein »Jagdstillleben« (Budapest, Museum der Bildenden Künste) und eine »Wildschweinjagd« (Zürich, Galerie Neupert). Snyders war ausschließlich Jagdmaler (Wildbret- und Geflügelstillleben, auch Tierstücke und Jagden). – ***Paul de Vos*** (1596 bis 1678), ein Mitarbeiter von Peter Paul Rubens, malte Jagden und Tierstücke in der Art von Frans Snyders, nur etwas glatter, u.a. eine »Hirschjagd« (München, Bayerische Staatsgemäldesammlungen). – ***Rembrandt Harmensz van Rijn*** (1606 bis 1669), der große Holländer, hat die Jagd stilllebenhaft gestaltet, u.a. in dem »Selbstbildnis als Rohrdommeljäger« (Dresden, Staatliche Gemäldegalerie). – ***Jan Fyt*** (1611 bis 1661), flämischer Stilllebenmaler des Barock und Schüler von Frans Snyders, spezialisierte sich auf die Darstellung erlegten Wildes und hinterließ u.a. das Ölbild »Wanderfalken stoßen auf einen Reiher« (München, Bayerische Staatsgemäldesammlungen). – ***Philips Wouwerman*** (1619 bis 1668) gestaltete Genre-, Schlachten-, Jagd- und v.a. Reiterszenen, darunter auch »Aufbruch zur Falkenjagd« (Berlin, Stiftung Preußischer Kulturbesitz, Gemäldegalerie), »Halt am Brunnen« (Köln, Wallraf-Ri-

◂◂ Jan Baptist Weenix (1621–1660): »Hase und Fasan«, Öl auf Leinwand. München, Deutsches Jagd- und Fischereimuseum

chartz-Museum), »Jagdgesellschaft am Fluss« (Berlin, Staatliche Museen). Von seinem Bruder ***Pieter Wouwerman*** (1623 bis 1682) stammt das Bild »Jäger zu Pferde« (Budapest, Museum der Bildenden Künste). – ***Jan van der Straet***, gen. Stradanus oder della Strada (1523 bis 1605), lieferte eine große Anzahl von Gemälden und Kupferstichen, auch viele Jagdteppich-Entwürfe, darunter jene für die Folge der Jagdteppiche im Schloss Poggia a Caino des Herzogs von Florenz. Von ihm besitzt das Deutsche Jagd- und Fischereimuseum in München eine »Bärenjagd mit Schwert und Jagdspießen« und die Nationalbibliothek in Paris »Rotwildfang mit dem Lasso«. – ***Jan Baptist Weenix d. Ä.*** (1621 bis 1660) malte hauptsächlich Stillleben (»Hase und Fasan« im Deutschen Jagd- und Fischereimuseum, München). Von seinem Sohn ***Jan Weenix d. J.*** (1640 bis 1719), der anfangs ganz im Stile seines Vaters malte und sich später ausschließlich Jagdstillleben zuwandte, ist u.a. »Jäger mit Hunden und erlegtem Wild« (Kulmbach, Bayerische Staatsgemäldesammlungen) erhalten. – Der Delfter Stilllebenmaler ***Willem van Aelst*** (1625 bis 1683) malte Wildbret, Fische, Früchte und Blumen. – Einer der besten zeitgenössischen Jagd- und Tiermaler von internationaler Bedeutung war ***Rien Poortvliet*** (1932 bis 1995). Er lebte viele Jahre in Soest/Westfalen. In unverwechselbarer Weise hat er Wildtiere, Landschaften und Jagdszenen eingefangen und dargestellt. Noch zu seinen Lebzeiten wurde ihm im alten Rathaus von Middelharnis (Ort auf einer Insel südlich von Rotterdam) das »Poortvliet-Museum« eingerichtet. Tausende seiner Bilder erschienen im Laufe von mehr als drei Jahrzehnten in der Jagdzeitschrift »Wild und Hund«. Er schuf zahlreiche Bildbände, und im Paul Parey Zeitschriftenverlag erschien sein jährlicher »Großer Tierkalender«.

Frankreich: ***Alexandre-François Desportes*** (1661 bis 1743), der Hofmaler Ludwigs XIV., schuf Tierbilder und Stillleben, ferner hervorragende Bildnisse und Landschaften. Eines seiner bedeutendsten Werke, »Der Maler als Jäger«, ist im Besitz des Pariser Louvre. Von ***François Boucher*** (1703 bis 1770), einem der bedeutendsten Vertreter des französischen Rokoko und Erstem Hofmaler, ist uns eine »Diana nach der Jagd« (Paris, Musée Cognacq-Jay) überliefert. – ***Gustave Courbets*** (1819 bis 1877) Bedeutung liegt v.a. in seinen Landschaften mit Tierstaffage. »Die Rehjagd« und »Der Hirschkampf« befinden sich im Louvre in Paris; bekannt sind auch seine Jagdbilder »Jagdfrühstück« (Köln, Wallraf-Richartz-Museum) und »Halali einer Hirschhatz im Winter« (Besançon, Musée des Beaux-Arts).

England: ***George Stubbs*** (1724 bis 1806), der englische Porträtist und Tierdarsteller, malte eine »Parforcejagd« (Chester, Collection Gerald Grosvenor). – Von seinem Landsmann ***Philip Reinagle*** (1749 bis 1833) stammt das Aquarell »Parforcejagd auf den Fuchs« (London, Victoria and Albert Museum) – ***James Pollard*** (1717 bis 1860) stellte eine Parforcejagd-Gesellschaft dar: »Hemritt bei Mondschein« – ***Sir Edwin Henry Landseer*** (1802 bis 1873) widmete sich vorzugsweise der Tier- und Landschaftsmalerei. Sein Werk »Der Wilderer« befindet sich in der Hamburger Kunsthalle.

Italien: Von dem Florentiner ***Paolo Uccello*** (1397 bis 1475) besitzt das Oxforder Ashmolean Museum eine »Jagd im Walde«. – Das Bild »Die Vision des heiligen Eustachius« von ***Antonio Pisano***, genannt Pisanello (1395 bis 1455), hängt in der National Gallery London, eine Kopie im Deutschen Jagd- und Fischereimuseum München. – Von ***Francesco del Cossa*** (1435/36 bis 1477/78), einem der wichtigsten ferraresischen Meister der Renaissance, zeugt das Bild »Herzog Borso auf der Jagd« (Ferrara, Sammlung Schifanoia). – Der Maler ***Annibale Carracci*** (1560 bis 1609) ist ein Vorläufer der heroischen Landschaftsmalerei und heroisiert auch das Geschehen und seine Akteure. Seine »Jagd mit Hörnerklang, hetzender Meute, Einbringung der Beute und Rast am bukolischen Quell« spielt sich in einer seiner typischen Laubbaumlandschaften mit Gebirgshintergrund ab. – Dezent in Form und Farbe ist die »Jagdrast der Diana« des in Bologna geborenen und gestorbenen ***Francesco Albani*** (1578 bis 1660). Sein Werk im Herzog-Anton-Ulrich-Museum zu Braunschweig ist immer noch ein Anziehungspunkt für Jagdkunstliebhaber. – Der bedeutendste venezianische Genremaler des 18. Jh., ***Pietro Longhi*** (1702 bis 1785), schuf eine »Kaninchenjagd« (Venedig, Galleria Querini-Stampalia).

Deutschland und Österreich: ***Albrecht Dürer*** (1471 bis 1528), der uns als Tiermaler (Hase, Eichhörnchen, Hirschkäfer, Nashorn) bekannt ist, schuf auch den Kupferstich »Der heilige Eustachius« (München, Staatliche Graphische Sammlung). Sehr bekannt und oft kopiert ist sein meisterhaftes Aquarell »Der Feldhase« (1502). – ***Hans Burgkmair d. Ä.*** (1473 bis 1531) fertigte zahlreiche Holzschnitte für Kaiser ▸ Maximilians I. Bücher »Tewrdannckh« (Theuerdank) und »Weißkunig«; ebenso sein Schüler ***Leonhard Beck*** (1480 bis 1542). – Von ***Lucas Cranach d. Ä.*** (1472 bis 1553) sind etwa zehn Jagdgemälde, zwanzig Tierzeichnungen und einige Holzschnitte erhalten, u.a. ein Holzschnitt »Fürst auf Wildschwein-

Berliner Manufaktur: Porzellan-Deckelvase, um 1840: Die große Vase mit umlaufendem Bild von der Hirschjagd ist in ihrer malerischen Gestaltung noch ganz dem Rokoko verpflichtet. München, Deutsches Jagd- und Fischereimuseum

jagd« und ein Bild »Kaiser Karl V. auf der Jagd« (Madrid, Museo del Prado). Von seinem Sohn, ***Lucas Cranach d. J.*** (1515 bis 1586), sind die Gemälde »Hoffest und Eingestelltes Jagen« (Wien, Kunsthistorisches Museum) und »Hirschjagd bei Torgau« (ehemals Schloss Moritzburg bei Dresden) bekannt. – Eine Reihe von Jagdgemälden und Zeichnungen von ***Wolfgang ▸ Birkner*** (1582 bis 1651) befinden sich auf der Veste Coburg und in der Landesbibliothek in Gotha. – ***Jost Amman*** (Ammon) (1539 bis 1591) illustrierte mit seinen Holzschnitten das Leben des Wildes und alle damals gebräuchlichen Jagdarten in dem 1582 erschienenen Buch »New Jagd und Weydwerck Buch«. – Der Maler und Kupferstecher ***Joachim von Sandrart*** (1606 bis 1688) arbeitete im Auftrag Papst Urbans VIII. und Maximilians I. von Bayern. Von seinen Jagdgemälden sind hervorzuheben: »Heimkehrende Jäger mit Niederwildbeute« (München, Schloss Schleißheim) und »Jäger mit Wildbret« (Nürnberg, Germanisches Nationalmuseum). – ***Karl Borromeus Andreas Ruthart*** (1630 bis 1702) schuf die Gemälde »Bärenjagd« (Antwerpen, Musée Royal des Beaux-Arts) und »Hirschjagd« (Budapest, Museum der Bildenden Künste). – ***Georg Paul Ermels*** (gestorben 1711), aus Nürnberg stammender Jagdmaler, war v.a. am Hofe des Herzogs Ernst von Sachsen-Hildburghausen tätig und fertigte für diesen auch 40 Farbskizzen, die in der vom 11.7.1692 bis zum 27.8.1706 geführten Jagdchronik des Herzogs erhalten sind; daneben fertigte er weitere 93 Jagdgemälde, die für das Jagd- und Lustschloss Seidlingstadt bestimmt waren. Etwa 40 Werke davon befinden sich heute im Museum »Otto Ludwig« in Eisfeld bei Hildburghausen. – Um die Wende vom 17. zum 18. Jh. traten unter den deutschen Jagdmalern v.a. ***Johann Elias ▸ Ridinger*** (1698 bis 1767) und ***Johann Heinrich Tischbein d. Ä.*** (1722 bis 1789) hervor. Von Tischbein, Hofmaler in Kassel bei Landgraf Wilhelm VIII. von Hessen, kennen wir einige bedeutende Jagdbilder, u.a. »Reiherbeize« und »Hirschhatz in der Karlsaue bei Kassel« (beide Schloss Fasanerie bei Fulda).

Was Ridinger für Deutschland bedeutete, waren ***Johann Georg von Hamilton*** (1672 bis 1737) und ***Philipp Ferdinand Hamilton*** (1664 bis 1750) in der gleichen Epoche für Österreich. Hamilton kam Ende des 17. Jh. nach Wien und trat in die Dienste des Fürsten Schwarzenberg, für den er allein 68 große Bilder malte, darunter »Fürst Adam Franz Schwarzenberg auf der Hasenhetze«. – ***Johann Konrad Seekatz*** (1719 bis 1768) malte hauptsächlich Gesellschafts- und Militärszenen, aber auch Landschaften und Bauernleben, daneben viele Jagdbilder, z.B. »Landgraf Ludwig VIII. von Hessen-Darmstadt auf nächtlicher Fasanenjagd« (Schloss Wolfsgarten bei Darmstadt). – Im Jagdschloss Kranichstein bei Darmstadt befindet sich das Ölgemälde »Parforcejagd an der Dianaburg bei Darmstadt« vom Hofmaler des Landgrafen von Hessen-Darmstadt, ***Georg Adam Eger*** (1727 bis 1808).

Die große Zeit deutscher Jagdmalerei brach jedoch erst mit Beginn des 19. Jh. an, wobei sich die Jagdmalerei in Bayern besonders hervortat; ihre wichtigsten Vertreter sind: ***Wilhelm von ▸ Kobell*** (1766 bis 1853), der die Holländer studierte, malte neben Schlachtenbildern und Landschaften auch Tierstücke (von denen viele in der Neuen Pinakothek in München und in Schloss Schleißheim hängen), u.a. auch »Das Halali« (Coburg, Kupferstichkabinett) und eine »Jagdgesellschaft am Fluss« (Winterthur, Sammlung Oskar Reinhart). – Die Darstellungen von ***Christian ▸ Kehrer*** (1770 bis 1869) zeigen v.a. das Rotwild, insbesondere die Hirsche. Einige seiner Bilder hängen im Odenwaldmuseum in Michelstadt. – ***Peter von Hess*** (1792 bis 1871), der bereits im Kindesalter Tierstücke radierte, wurde Schlachtenmaler; erwähnenswert ist eine »Jagd im Moor« (Leipzig, Museum der bildenden Künste). – ***Heinrich Bürkel*** (1802 bis 1869) aus Pirmasens trat zunächst als Maler von Gebirgsszenen und Landschaften, später von Dorf- und Wirtshausszenen sowie von Jagdstücken in Erscheinung. Von ihm stammen »Heimkehr von der Bärenjagd« (Besitzer unbekannt) und »Die Lappjagd« (München, Galerie Weber). – ***Max Haider*** (1807 bis 1873), ein Berufsjäger in Diensten von König Maximilian I. in München, malte humoristische Bilder wie die »▸ Wilde Jagd« und illustrierte Bücher, z.B. »Herrn Petermanns Jagdbuch« und »Immerwährender Jagdkalender«. – ***Carl Spitzweg*** (1808 bis 1885), ein ausgebildeter Apotheker, gestaltete neben anekdotischen Szenen und stimmungsvollen Landschaften auch Jagdbilder, u.a. »Jäger schaut einem Mädchen nach« (Schweizer Privatbesitz) und »Sonntagsjäger« (Stuttgart, Staatsgalerie). – ***Friedrich ▸ Gauermann*** (1807 bis 1862) hatte einen hervorragenden Ruf in Österreich und besonders bei Hofe. Er bildete sich bei seinem Vater Jakob Gauermann (1772 bis 1843) aus, einem in Öffingen bei Stuttgart geborenen Maler, Zeichner und Kupferstecher, und schuf sich anfangs einen Namen als Kopierer niederländischer Landschafts- und Tiermaler. Von ihm stammen u.a. »Heimkehr von der Bärenjagd«, »Verwundeter Hirsch, von einem Geier angefallen …«, »Wölfe, die einen Hirsch anfallen«, »Parforcejagd im Eichwald«, »Jäger, die einen Hirsch ausweiden« und »Kampf zwischen Bären und Hunden«. Für seine großen Jagdbilder erhielt er bis zu 2400 Gulden oder 500 Dukaten in Gold. Besonders geschätzt wurde Gauermann von Erzherzog Johann (1782 bis 1859), in dessen Auftrag er das Bild »Nach der Gems-Jagd« malte. Das Bild wurde im Winter 1843/1844 fertig und ist eine äußerst naturgetreue Nachbildung der Situation nach beendeter Jagd. Es zeigt im Vordergrund die müden Jäger und Treiber, die sich an einer Quelle erfrischen. Die erlegten Gams, teilweise noch mit geschränkten Läufen, sind auf dem Almboden abgelegt, während im Hintergrund eine weitere Gruppe naht, die das Wild auf dem Rücken trägt. Unter der dargestellten Jagdgesellschaft, der gerade von einer Sennerin Milch in einer Schüssel gereicht wird, befinden sich neben Erzherzog Johann noch Baron Mandell, Peter Graf Morzin, der Oberstshofmeister des Erzherzogs, und Ferdinand Joseph Frhr. von Thinnfeld. – ***Carl Friedrich Ockert*** (1825 bis 1899) erhielt seine Ausbildung an der Dresdner Akademie und lebte ab 1853 in München. Seine künstlerische Laufbahn begann er mit teilweise miniaturartigen Landschaftszeichnungen und sorgfältigen Naturstudien. Sein Spezialgebiet waren die jagdbaren Tiere Deutschlands und der Alpenländer in ihrer landschaftlichen Umgebung, die er in Öl- und Rauchbildern darstellte. 1867 erschien bei Hanfstaengl in München sein Sammelwerk »Ein Jagd-Album für alle Freunde des edlen Waidwerks. Gemalt von Karl Okkert«. – ***Josef Anton Straßgschwandtner*** (1826 bis 1881), ein österreichischer Maler, der sich v.a. dem militärischen Genre-, dem Reiter- und dem Jagdbild verschrieb. In seinem Gesamtwerk dominieren das Kavalleristenbild und das Pferdebild. Um 1860 erschien das von ihm gezeichnete und lithografierte »Jagd-Album«, das detailgetreue Einblicke in die Jagd der Donaumonarchie um die Mitte des 19. Jh. gewährt. – ***Ludwig Knaus*** (1829 bis 1910) schilderte in seinen Bildern meist das Volksleben. Von seinen Jagdbildern ist das »Jagdfrühstück zu dritt« (Besitzer unbekannt) hervorzuheben. – ***Otto ▸ Grashey*** (1833 bis 1912), Jagdschriftsteller und Jagdmaler, illustrierte in der Jagdzeitschrift »Deutscher Jäger«, dessen Redakteur er war. – ***Franz von Defregger*** (1835 bis 1921), ein Tiroler Maler, malte v.a. Bauern- und Geschichtsbilder, aber auch Jagdszenen, z.B. »Heimkehr des verwundeten

Jägers«. – ***Karl Knabl*** (1850 bis 1904), ein Münchner Maler, war zunächst Bildhauer und bildete sich bei Th. von Piloty zum Genremaler aus. In seinem Kufsteiner Atelier entstanden zahlreiche Landschafts- und Genrebilder. Knabl zählte zum weiteren Defregger-Kreis. Von ihm stammen u.a.: »Der Wildschütz« (1892) und »Die Wilderer« (1890). – ***Wilhelm Leibl*** (1844 bis 1900), ein in Köln geborener Maler, der sein gesamtes Berufsleben in Südbayern verbrachte, wurde durch seine Landschafts-, Bauern- und Jägerbilder – z.B. »Die Wildschützen« (Berlin, Staatliche Museen Preußischer Kulturbesitz, Nationalgalerie) – zu einem der bedeutendsten Vertreter des deutschen Realismus im 19. Jh. – Aus der Düsseldorfer Schule kommen die Brüder ▸ Deiker: ***Johannes Deiker*** (1822 bis 1895) widmete sich fast ausschließlich der Darstellung von Tieren (Hirsche, Rehe, Wildschweine u.a.) und Jagdszenen wie »Eine Rotte Schwarzwild« (Besitzer unbekannt). Sein Bruder ***Carl Friedrich Deiker*** (1836 bis 1892) malte mit Vorliebe Hochwild und schilderte Hirschkämpfe, Sauhatzen usw. Eines seiner Bilder, »Eine Sauhatz«, befindet sich im Kölner Wallraf-Richartz-Museum. Daneben zeichnete er häufig für illustrierte Blätter und Jagdbücher, z.B. für die Brüder Müller »Tiere der Heimat«, »Der Hund und seine Jagd«, »Weidmanns Heil – Album für Jäger und Jagdliebhaber« und »Waidmanns Freud – im Wald und auf der Haid«, Letzteres mit 24 Aquarellen, erschienen 1877. Von ***Christian ▸ Kröner*** (1838 bis 1911), dessen bevorzugtes Motiv das Rotwild war, sind uns zahlreiche Bilder überliefert. – Keiner eigentlichen Schule gehörte ***Louis Ferdinand von Rayski*** (1806 bis 1890) an. Er ging bei seinen Arbeiten eigene Wege und bezog die Jagd in seinen Schaffensbereich mit ein. Von ihm stammt das Bild »Wildschweine« (Dresden, Staatliche Kunstsammlungen). – ***Hugo Mühlig*** (1854 bis 1929) verstand es meisterhaft, die Stimmungen von Gesellschaftsjagden einzufangen. – ***Heinz Geilfus*** (1890 bis 1956), ein Jagdkarikaturist, zählte zum engsten Mitarbeiterkreis der Jagdzeitschrift »Wild und Hund«. Von ihm stammen die Illustrationen für »Die verbogene Flinte«, »Jägerpaprika«, »Jägerfibel«, »Mein Skizzenbuch« und »Aufs Blatt getroffen«, Letzteres eine Sammelmappe aus 16 humoristischen Blättern über Jäger und die Jagd; alle diese Werke erschienen im Verlag Paul Parey. – ***Thomas Baumgartner*** (1892 bis 1962), einer der großen Münchner Maler und Jäger, gestorben in Kreuth bei Tegernsee, schuf v.a. Bilder von Jägern, Wildschützen, Holzknechten, Bauern und Sennerinnen. – ***Prof. Albert Holz*** (1884 bis 1954) malte bevorzugt das Schwarz- und das Rotwild. – ***Friedrich Reimann*** (4.9.1896 Mariaschein/Böhmen bis 21.7.1992 Zeulenroda/Thüringen), Tier- und Jagdmaler, Ehrenbürger der Stadt Zeulenroda, studierte von 1915 bis 1917 in Berlin und von 1920 bis 1922 an der Staatlichen Akademie für Kunstgewerbe in Dresden. Er malte angelehnt an die Münchner Schule. Besonders zu erwähnen sind seine »Luchsbilder«, »Großtrappen in der Balz« und »Elchwild«. Er schuf ca. 400 Illustrationen für »Grzimeks Tierleben«. Für »Grzimeks Tierleben« arbeiteten auch ***Helmut Diller*** (1911 bis 1984), der v.a. naturwissenschaftliche Werke illustrierte, und ***Wilhelm Eigener*** (1904 bis 1982). – ***Prof. Gerhard Löbenberg*** (1891 bis 1967) malte v.a. Hirsche und Rehwild. Viele seiner Gemälde und Zeichnungen erschienen als Reproduktionen bereits ab den 20er-Jahren des 20. Jh. in der Jagdzeitschrift »Wild und Hund«, später teilweise als farbige Kunstbeilagen. Auch das Buch »Das Rotwild« von ▸ Raesfeld wurde von ihm illustriert. – ***Michael Matthias Kiefer*** (1902 bis 1980), ein gelernter Präparator, schuf zahlreiche Zeichnungen. Mehrere seiner hervorragenden Zeichnungen besitzt das Bayerische Staatsministerium für Landwirtschaft und Forsten. – ***Dr. Willy Ludwig*** (1927 bis 1985), ein Naturfreund, Jäger und Fischer, schuf bemerkenswerte Arbeiten. – ***Klaus Maier*** (1929 bis 1992) war Jäger, Landschafts-, Tier- und Jagdmaler. Sein Lieblingsthema waren die zum Teil in leuchtenden Farben gemalten Ölbilder mit Motiven aus der Tierwelt. – ***Fritz Laube*** (26.4.1914 Berlin bis 26.10.1993 Bad Harzburg), einer der bedeutendsten Tier- und Landschaftsmaler des 20. Jh., wurde bereits als Schüler vom damaligen Direktor des Berliner Zoologischen Gartens, Lutz Heck, gefördert. Er studierte an der Hochschule für angewandte Kunst in Berlin (1928 bis 1935). Laube, der über 40 Jahre in Vienenburg lebte, hinterließ eine Vielzahl von Gemälden und illustrierte u.a. auch die Neuauflagen der Standardwerke »Das deutsche Waidwerk«, »Das Rotwild« und »Das jagdliche Brauchtum«. Seine Tier- und Landschaftsstudien zeigen große Detailgenauigkeit, z.B. »Birkhahnbalz im Moor«, »Gamsbrunft«. Viele Bilder enthält sein 1992 erschienenes Buch, zugleich sein Lebenswerk, »Pirschgang mit Pinsel und Palette«. Die Wandgemälde im Jägerlehrhof Springe stammen von ihm. – Nur wenige Tage vor Laube starb ***Horst Juhl*** (17.3.1924 Stralsund bis 6.10.1993 Rostock), ein hervorragender Aquarellist und Karikaturist. Juhl war von Beruf erst Landwirt und Gutsverwalter, später Offizier (Oberst; ausgeschieden 1983) und widmete sich dann ganz der Tier- und der Jagdmalerei. Er gehörte zu dem Künstlerkreis, der seine Bilder bei der Internationalen Jagdausstellung »Wildtier und Umwelt« 1986 in Nürnberg ausstellen durfte.– Ein großer Tier- und Jagdmaler war auch ***Oswald Römer*** (1938 bis 1998), der seine ersten Anregungen vom Tier- und Jagdmaler ***Renz ▸ Waller*** erhielt und bei dessen Bildern das Detail besticht. Im Jahre 1995 gab er den prachtvollen, großformatigen Bildband »Meine Bilder« heraus, mit ganzseitigen Farbreproduktionen von Ölbildern im Wechsel mit Schwarzweiß-Illustrationen, die eine Motivauswahl von heimischen Wildtieren, Jagdhunden, Stillleben und Jägern zeigen. – ***Woldemar von Collins*** (1910 bis 1999), ein in Ollila (Finnland) geborener Baltendeutscher, war ein hervorragender Jagd- und Tiermaler. Collins, dessen Wahlheimat Rastede war, studierte an der Akademie der Künste in Riga Bildhauerei, dann an der Hochschule für Bildende Künste in Prag bei Professor (Vorname fehlt) Kafka und wurde später von D. von Prokofieff in der Jagdmalerei unterrichtet. Collins war DJV-Kulturpreisträger und schuf zahlreiche Ölmalereien und Buchillustrationen. – ***Hannes Liederley*** (21.12.1912 Leipzig bis 2.5.1999 Miltenberg), ein ebenfalls international be-

Rubinierter Kelch und drei rubinierte Becher, Nordböhmen, 19. Jh.; München, Deutsches Jagd- und Fischereimuseum

kannter Tier- und Jagdmaler, malte u.a. für verschiedene Jagdzeitschriften, illustrierte Bücher, schuf zahlreiche Kalenderbilder, auch Bronzeplastiken und gab das Buch »Malen und Jagen« heraus. Seine Lieblingsmotive waren Gams, gefolgt von Elch, Rotwild und Wolf.

Weitere in diesem Lexikon erwähnte Jagd- und Tiermaler sind (Auswahl): Josef Franz Adolph; Albrecht, Benno und Franz Adam; Franz Amling; Hermann Baisch; Ferdinand Barth; Johann Heinrich Baumann; Johann Wilhelm Baumeister; Ludwig Beckmann; Nikolaes Berchem; Benno Berneis; Hermine Biedermann-Arendts; Arnold Böcklin; Ernst Bosch; Johann Christian Brand; Alfred Graf von Brühl; Zdenek Burian; Lovis Corinth; Max Corregio; Pál Csergezán; Josef Dahlem; Heinrich Anton Dähling; Paul Wilhelm Dahm; Caspar Della; Hugo Ludwig Denk; August Wilhelm Dieffenbacher; Otto Dill; Carl von Dombrowski; Adolf Eberle; Johann Ender; Alexander von Fersen; Reinhold Feussner; Otto Fikentscher; August Fink; Vincenc Fischer; Adolf Theodor Franck, Frans Floris; Hermann Freese; Fritz Freund; Richard Friese; Ernst Fröhlich; Joseph Fux; Georg August Gaul; Wilhelm Gause; Otto Gebler; Karl Joseph Geiger; Josef Ginovsky; Wilhelm Gräbhein, Eduard Grützner; Sebastian Habenschaden; Karl Hagemeister; Charles Hallo; Guido Hammer; Max Hänger; Emanuel Hegenbarth; Friedrich Heimerdinger; Eduard Heinel; Rudolf Henneberg; Johann Friedrich Hennings; Christoph Anton Hirsch; Eugen Heß; Paul Hey; Jakob Hoff; Ludwig Hohlwein; Josef Holzer; Theodor Hörmann; Carl Rudolf Huber; Abraham Janssens; Carl Kappstein; Paul Keck; (Karl); Hugo Kauffmann; Ferdinand Keller; Johann Adam Klein; Hyppolyt von Klenze; Heinrich Kley; Georg Koch; Joseph Anton Koch; Johann Kotschenreiter; Franz Krammer; Fredrich Wilhelm Kuhnert; Leopold Kupelwieser; Melchior Küsell; Fritz Lang; Daniel Lindtmayer; Friedrich Lissmann; Ludwig von Löfftz; Willy Lorenz; Hieronymus Löschenkohl; Guido von Maffei; Erich Mailick; Franz Marc; Hans von Marées; Adalbert Meckel; Wilhelm Melchior; Kurt Meyer-Eberhardt; Paul Friedrich Meyerheim; Moritz Gustav Müller; Walther Niedl; Adolf Oberländer; Karl Ewald Olszewski; Eugen Osswald; Franz von Pausinger; Xavier Poret, Comte de; Wenzel Ignaz Prasch; Victor Pucinski; August Querfurt; Johann Mathias Ranftl; Wilhelm Carl Räuber; Eberhard Rechlin; Otto Recknagel; Carl Reichert; Auguste Renoir; August Richter; Eduard Ritter; Georg Philipp Rugendas; Eduard Schaller; Matthias Scheits; Eduar Schleich d. Ä.; Anton Schrödl; Moritz von Schwind; Karl Schuch; Anton Sailer; Wilhelm Simmler; Max Slevogt; Friedrich Specht; Nikolaus Michael Spengler; Heinrich Sperling (▸ Sperlingshund, ▸ Hundeverbände); Adolf Stademann; Alfred Steinacker; Johann Georg Stockmar; Viktor Stoetzner-Lund; Franz Werner Tamm; Arthur Thiele; Franz Thiele; Leopold Till; Kurt Karl Tilsner; Ludwig Voltz; Ludwig Vordermayer; Maximilian Wachsmuth; Ferdinand Georg Waldmüller; Johann Georg Waxschlunger; Alfred von Wierusz-Kowalski; August Gottfried Wilda; Joseph Wopfner; Heinrich von Zügel.

3. Sonstige Jagdkunst:

Wandteppiche: Bereits zu Beginn des 16. Jh. traten prachtvolle Wandteppiche (Gobelins) in Konkurrenz zur weitverbreiteten Wandmalerei. Diese Bildteppiche, zur Verherrlichung des Waidwerks erdacht und bestellt, stammen überwiegend aus flämischen und französischen, aber auch aus englischen und deutschen Manufakturen. Gerade die Gobelinkunst lebt überwiegend vom Jagdbild und hält an dieser Tradition besonders fest. ***Bernart van Orley*** (um 1488 bis 1542), ein niederländischer Maler, schuf ab 1525 hauptsächlich Entwürfe für Bildteppiche, oft ganze Folgen im Auftrage des habsburgischen Hauses, die in den berühmten Brüsseler Gobelin-Werkstätten entstanden. Er hielt u.a. die verschiedenen Jagden Kaiser Maximilians I. historisch fest, darunter auch »Die Sauhatz« (Paris, Louvre). – Der französische Maler und Radierer ***Jean-Baptiste Oudry*** (1686 bis 1755), der überwiegend Tier- und Jagdbilder malte, lieferte Entwürfe für die Gobelinmanufaktur in Beauvais. Der neunte Bildteppich aus der Folge der Jagden Ludwigs XV., »Sammeln der Meute«, befindet sich im Palazzo Pitti in Florenz.– In München entstand in den Jahren 1604 bis 1615 eine Serie von Monatsteppichen nach ***Peter Candid*** (um 1548 bis 1628), bei der die Jagd gebührend berücksichtigt wurde.– Auch die Architekten wurden vor neue Aufgaben gestellt, denn jeder große Herrscher, der dem Waidwerk zugetan war, schuf für sich und seine Gäste die für die Jägerei nötigen Baulichkeiten mit Wandmalereien. Auf Schloss Runkelstein in Südtirol und in der Burg der Päpste in Avignon sind uns aus dem 14. Jh. Wandgemälde erhalten, die höfische Jagden darstellen. Von historischem Wert ist das Fresko aus dem Schloss Lichtenberg im Vinschgau in Südtirol (um 1400), das eine »Höfische Jagdpartie« darstellt (Innsbruck, Tiroler Landesmuseum). Die Baufreudigkeit im Barock und im Rokoko bescherte uns eine Vielzahl von Jagdschlössern und -schlösschen. Beispielhaft ist das Jagdschlösschen Amalienburg im Nymphenburger Park in München. Das im Jahre 1739 nach Plänen von ***François Cuvilliés d.Ä.*** vollendete Rokokoschlösschen zeigt bereits über der Türverdachung die Götter Diana und Amor. An den Wänden des mit gelber Seide bespannten Schlafgemachs spielen Putten mit silbernen Waffen und Jagdgeräten. Im Kuppelsaal, geschaffen von den Meistern ***Christian Wilhelm Ernst Dietrich*** (1712 bis 1774) und ***Johann Baptist Zimmermann*** (1680 bis 1758), deuten die Sinnbilder der Jagd auf die Bestimmung der Amalienburg als Jagdschlösschen. Das Fasanenzimmer ist ausgefüllt von Jagdstillleben in silbernem Schnitzwerk. Die Wandflächen des Jagdzimmers zeigen Jagddarstellungen von ***Peter Jakob Horemans*** (1700 bis 1776) u.a.

Porzellan: Die große Entdeckung Anfang des 18. Jh. war das Porzellan. Kaum ein Thema hat so sehr Eingang in die Porzellanmalerei und -plastik gefunden wie die Jagd. Deutsche Künstler wie ***Johann Joachim Kändler*** (1706 bis 1775) und ***Johann Friedrich Eberlein*** (1696 bis 1749), beide Modelleure der Porzellanmanufaktur Meißen, aber auch andere Künstler formten in Meißen, in Nymphenburg oder in Frankenthal auf fürstlichen Wunsch Jagdgruppen und Tafelgeschirre mit jagdlichen Motiven oder stellten jagdbare Tiere dar (so u.a. Kändlers »Zwei Rebhühner«, Schloss Lustheim bei München, Meißener Porzellansammlung). Wieder hergestellt wird heute die berühmte »Große Nymphenburger Jagd« mit weiß oder rot und grün befrackten Jägern, die um das Jahr 1760 entstanden ist. Wie kaum ein anderes Kunstwerk vermittelt sie uns einen bildhaften Eindruck von der Mannigfaltigkeit kurfürstlicher Jägerei. Diese anmutigen Figuren und Gruppen wurden von dem italienisch-deutschen Porzellanbildner ***Franz Anton Bustelli*** (um 1723 bis 1763), dem Modellmeister der Nymphenburger Manufaktur, geschaffen. Von besonderer Schönheit ist auch die von ***Karl Gottlieb Lück*** (um 1730/40 bis 1775) modellierte Figur »Ein ▸ Jäger aus Kurpfalz« (Manufaktur Frankenthal, jetzt München, Schloss Nymphenburg). Von ihm stammt auch die »Gelbe Jagd«: Vier Jäger zu Pferde sowie einzelne Hunde verteilen sich um die Mittelgruppe »La Curée«, die das Ende der Parforcejagd darstellt. Der vornehmste Jagdteilnehmer erhält als Trophäe den ▸ Ehrenlauf. Der Bildhauer und Modellmeister ***Johann Wilhelm Lanz*** (wahrscheinlich von 1755 bis 1761 in der Porzellanmanufaktur Frankenthal tätig, die Kurfürst Carl Theodor von der Pfalz mit der alten bayerischen Manufaktur vereinigte) schuf die Tafeldekoration mit Jägern zu Fuß und zu Pferde sowie jagdbaren Tieren. ***Josef Kirchmair*** (1806 Rockerfing/Niederbayern bis 1846 München) studierte an der Münchner Kunstakademie und war als Porzellanmaler an der Nymphenburger Manufaktur tätig, wo er außer vielen Vasen einen Teil des Prachtservices für den Kronprinzen und späteren König Ludwig I. von Bayern und ein Service für den Grafen Schönborn dekorierte; er nahm auch an der Ausführung der Glasfenster für den Kölner und den Regensburger Dom sowie für die Maria-Hilf-Kirche in München-Au und einige heimatliche Kirchen teil; als Genremaler war Kirchmair ebenfalls tätig. Seine gut beobachteten, humoristisch aufgefassten Jagdszenen besitzen der Kunstverein Leipzig (»Jäger an einem Fuchsbau«, »Jäger einen Fuchs ausweidend«) und die Berliner Akademie-Ausstellung (»Der erlegte Hirsch«). Für Graf von ▸ Arco-Zinneberg schmückte er dessen Jagdschloss Zinneberg aus (Jagdszenen an der Decke, Entwürfe zu aus Hirschgeweihen gefertigten Möbeln).

Kunsthandwerk: Jagdszenen und Wilddarstellungen zieren oft die hervorragendsten Werke, die von Kunsthandwerkern je geschaffen wurden. Zu den interessantesten jagdbezogenen Kunstwerken des Mittelalters gehören zweifelsohne die zwei untersten Tafeln (Reliefs) aus griechischem Marmor, die sich mit mehreren anderen auf der rechten Fassadenseite des Portals der Kirche S. Zeno in Verona befinden. Unter diese sonst christlichen Bilder dieser Marmorwände beiderseits des Portals hat sich Heidnisches gemischt: »Dietrich von Bern (Ostgotenkönig Theoderich) als wilder Jäger auf rasendem Ross, das Hifthorn blasend« und die »Höllenfahrt des Dietrich von Bern«, so bezeichnet, weil sich nach der Legende in dem von Dietrich von Bern gejagten Hirsch der Teufel verbirgt, der Dietrich in die Hölle lockt. Die beiden Reliefs werden der Werkstatt des »Maestro Nicolao« zugeschrieben und dürften zwischen 1135 und 1138 entstanden sein. Hier soll noch erwähnt werden, dass etwas später, um 1237, eine Wildschweinjagd im Palast des Abtes von San Zeno enstanden ist. Sie bildet den unteren Rahmen des großen Huldigungszuges für Friedrich II. Karl ▸ Berrens erwähnt in seiner Geschichte der Jagdkunst drei weitere Motive an sakralen Bauwerken, so im Bogenfeld über dem Türsturz eines Portals der Kirche Saint-Ursin in Bourges aus dem 11. Jh. Man sieht oben die Darstellung einer Tierfabel mit Fuchs und Gans und darunter eine lang gezogene Jagd auf Schwarz- und Rotwild mit Hunden, Treibern und berittenen Jägern des französischen Bildhauers und Architekten Meister Girauldus. Der Fries des Portalsvorbaus der Abtei Andlau im Unterelsass bietet in Steinrelieftechnik eine Jagdszene zu Pferde mit Hund und Hornbläser aus dem 12. Jh. Versteckt im Blattwerk eines Säulenkapitells des Klosters Daurade ist eine Bärenjagd mit angeleintem Packer aus dem 12. Jh. dargestellt (Augustinermuseum zu Toulouse), und in der Magdalenenbasilika zu Vézelay, ebenfalls aus dem 12. Jh., ist eine Eustachiusbekehrung zu bewundern. In Mitterolang (Südtirol) in der Kirche Sankt Ägidius findet sich am barocken Hochaltar ein spätgotisches Holzrelief (um 1520). Es zeigt den heiligen Ägidius, der eine zu ihm geflüchtete Hirschkuh beschützt, die von zwei Jagdhunden und einem Jäger mit angelegter Armbrust verfolgt wird. In Diensten Augusts des Starken (1670 bis 1733), der durch seine Prunksucht berüchtigt war, stand der Goldschmied und Emailleur ***Johann Melchior Dinglinger*** (1664 Biberach bis 1731 Dresden). Er war ein Meister in der Herstellung prunkvoller Tafelaufsätze. Eine seiner schönsten Arbeiten ist eine Chalzedonschale, die sich »Das Bad der Diana« nennt (Dresden, Grünes Gewölbe). – Die tüchtigen Augsburger Goldschmiedemeister ***Matheus Wallbaum*** (tätig 1582 bis 1630), ***Joachim Frieß*** und ***Jakob Miller d.Ä.*** (1548 bis 1618) schufen auf Bestellung Trinkspiele in Form eines hohlen Hirsches mit aufgesessener Diana, abnehmbarem Hirschhaupt – um trinken zu können – und federkraftgetriebenem fahrbarem Sockel. Das aufgezogene Uhrwerk ließ die nackte Reiterin vor den fröhlichen Zechgenossen Revue passieren, und es durfte derjenige ex trinken, vor dem sie stehenblieb. Besondere Aufmerksamkeit verdienen die ▸ Jagdwaffen, die z.T. prunkvolle und meisterhafte Gravuren erhielten. Aus Böhmen kommen die schönsten Jagdpokale, häufig rubiniert oder mit einem Bernsteinüberfang, die fast alle im 19. Jh. angefertigt wurden. Die namhaftesten Bildhauer des 16. bis 18. Jh. schufen prunkvoll verzierte ▸ Jagdschlitten; einige Prachtstücke befinden sich in München im Deutschen Jagd- und Fischereimuseum und im Bayerischen Nationalmuseum. Hirschhorn- und Elfenbeinschnitzereien, Gläser, Jagdbestecke, Hundehalsbänder, Pferdegeschirre, Jagdtaschen und andere Gegenstände der Kleinkunst (▸ Jagdutensilien) zeigen, wie sehr die Jagd die dekorative Phantasie der Künstler beschäftigte und welchen Stellenwert sie im Leben der fürstlichen Auftraggeber einnahm, wobei die Kleinkunst natürlich noch in der Gegenwart eine große Rolle spielt.

Erwähnt werden müssen auch die filigranen Steinschneidearbeiten (Gemmen). Ein Meister der Gegenwart war der Passauer Kunstpädagoge ***Martin Seitz*** (1895 bis 1988), der sich ab 1925 mit dieser Technik vertraut gemacht hatte und über 1300 Gemmen schuf, viele mit jagdlichem Bezug, z.B. die Gemme »Diana auf Hirsch«.

Jagdhunde in der bildenden Kunst: Kaum ein Tier ist so stark mit dem Menschen verbunden wie der Hund; darin vergleichbar ist allenfalls das Pferd. Es ist daher kein Zufall, dass der Hund sowohl in der Literatur als auch in der bildenden Kunst immer wieder vorkommt. Die Vielfalt der Rassen und auch die vielen verschiedenen Formen der Jagd werden in unzähligen Darstellungen von Jagdszenen wiedergegeben. Als Jagdbegleiter wurde dem Hund in der Kunst wohl die größte Aufmerksamkeit zuteil. Die ersten Darstellungen von Hunden finden wir bereits in der frühesten bildlichen Darstellung, nämlich in der ▸ Felskunst der Jäger. Im Museum von Göteborg befindet sich eine Felsmalerei von Hultane, bei der ein mit Pfeil und Bogen bewaffneter Jäger bei der Wildschweinjagd von einer Meute windhundartiger Jagdhunde begleitet wird. Eine Felsmalerei von Tassili n'Ajjer, in der Gegend von Sefar, zeigt Jäger in der Begleitung des Hundes der Jungsteinzeit, des ▸ Torfhundes. Auch Höhlenzeichnungen stellen den Hund im Steinzeitalter als Begleiter des Menschen dar. Auch im alten Ägypten finden wir in den Grabkammern viele Abbildungen, Skulpturen, aber auch Mumien von Hunden. Die ▸ Jagdgöttin Diana wird in der bildenden Kunst häufig und fast ausnahmslos mit Hund oder Hundemeute (▸ Götterhunde) dargestellt. Im Mittelalter begegnet man dem Hund als Motiv erstmals auch in christlichen Themen. Einige Bilder zeigen z.B. beim Abendmahl Judas mit einem Hund zu seinen Füßen. In dieser Zeitepoche wurden zum ersten Mal Kunstwerke gefertigt, die allein die Darstellungen von Tieren bezwecken, so z.B. in ▸ Bestiarien und Abhandlungen über die Jagd. ***Gaston ▸ Phoebus*** beschreibt in seinem reich bebilderten höfischen Jagdbuch »Le Livre de la Chasse ...« auch die Hundeabrichtung und bringt eine Reihe von Bildern, die im 15. Jh. entstanden sind, z.B. »Errichtung eines Hundezwingers«, »Aufnahme der Spur«, »Hundepflege«, »Übergabe des Kopfes an die Hunde«

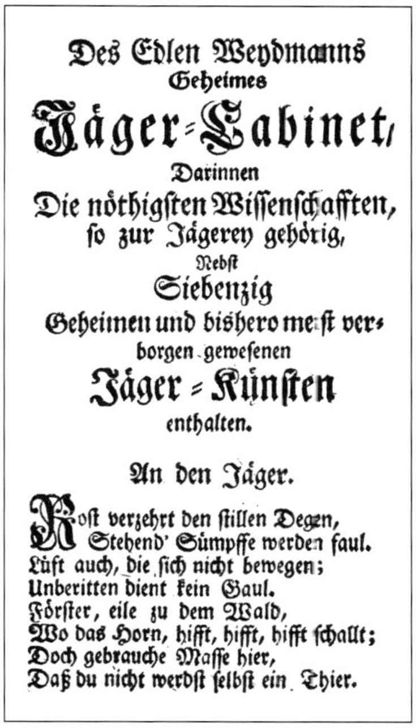
Des Edlen Weydmanns
Geheimes
Jäger-Cabinet,
Darinnen
Die nöthigsten Wissenschafften,
so zur Jägerey gehörig,
Nebst
Siebenzig
Geheimen und bishero meist ver-
borgen gewesenen
Jäger-Künsten
enthalten.

An den Jäger.

Rost verzehrt den stillen Degen,
Stehend' Sümpffe werden faul.
Lüfft auch, die sich nicht bewegen;
Unberitten dient kein Gaul.
Förster, eile zu dem Wald,
Wo das Horn, hifft, hifft, hifft schallt;
Doch gebrauche Masse hier,
Daß du nicht werdst selbst ein Thier.

Seite aus »Des Edlen Weydmanns Geheimes Jäger-Cabinet ...« vom pfälzischen Landjägermeister Georg Christoph Becher (1701)

und »Erdhunde bei der Arbeit«. Ein Reihe von Hundezeichnungen hat uns auch J.E. Ridinger hinterlassen. Alleine acht Blätter aus der Serie »Neues Thier Reis Büchl Erster Theil, allerlei Art Hunde vorstellend (1723)«. In ihrer 800-jährigen Geschichte haben die Mitglieder des Hauses Wittelsbach Hunde aus etwa 40 verschiedenen Rassen gehabt. So sollen am kurbayerischen Hof im Jahre 1726 rund 2000 Jagdhunde gehalten worden sein. Die Mitglieder des bayerischen Herrscherhauses haben sich mit ihren Hunden der verschiedensten Rassen bei den unterschiedlichsten Anlässen v.a. auf der Jagd, von berühmten und weniger berühmten Künstlern malen lassen. Prinzessin Hella und Eugen Prinz von Bayern gaben anlässlich des 90. Geburtstages von Herzog Albrecht von Bayern im Jahre 1995 den Bildband »Die Wittelsbacher und ihre Hunde« heraus. Bei den reinen Jagdbildern des Buches sind u.a. Pointer-Jagdhunde, Windhunde, (Greyhounds), Wachtelhunde und der ▸ Mastiff dargestellt.

Jagdkünste, die (Jägerkünste): Magische Künste, die sich auf die Jagd oder auf das Wild beziehen und mit denen man früher durch geheimnisvolle Mittel eine übernatürliche Wirkung erzielen wollte, z.B. einem Jäger Jagdglück bringen oder es bei einem anderen verhindern; ▸ Freikugel, ▸ kalter Brand, ▸ heißer Brand, ▸ Sonnenzug, ▸ Waidmann setzen, ▸ Jägeraberglaube.

Jagdkunstsprache, die: Alter Ausdruck für Waidmannssprache; ▸ Jägersprache.

Jagdkynologie, die: Die Lehre vom Jagdhundewesen; ▸ Kynologie.

Jagdlakei, der: Ein ausgebildeter Jäger, der an einem Hofe Lakaiendienste versah und später Nachfolger des ▸ Büchsenspanners wurde.

Jagdlanze, die: ▸ Blanke Waffen.

Jagdlappen aus dem Jahre 1732, Vorderseite (linke Abb.) und Rückseite

Jagdlappen, die (Lappen): ▸ Jagdzeug.

Jagdleiter, der: Nach der ▸ Unfallverhütungsvorschrift Jagd der Landwirtschaftlichen Berufsgenossenschaft ist bei allen ▸ Gesellschaftsjagden ein J. zu bestimmen. Der J., i.d.R. der ▸ Jagdausübungsberechtigte oder eine von ihm beauftragte Vertrauensperson, leitet die Gesellschaftsjagd und ist für den gefahrlosen Ablauf der Jagd verantwortlich. Seinen Anweisungen haben die Jagdteilnehmer Folge zu leisten; ▸ Jagdherr.

In der DDR war der J. ein von der Bezirksbehörde der Volkspolizei eingesetztes Mitglied der ▸ Jagdgesellschaft, das für die Organisation und die Durchführung der in den Jagdgebieten zu lösenden politischen und jagdwirtschaftlichen Aufgaben verantwortlich war. Die J. und ihre Stellvertreter mussten die Befähigung für die Ausübung ihrer Funktion durch eine alle zwei Jahre zu wiederholende mündliche Prüfung nachweisen; ▸ Jagdgebietsverantwortlicher, ▸ Jagdwesen in der DDR. Österreich: Der J. ist in Jagdgemeinschaften der gewählte Vertreter mit (gesetzlicher bzw. satzungsmäßiger) Entscheidungsbefugnis hinsichtlich Jagdbetrieb und Revierverwaltung.

Jagdleute, die: ▸ Jagdbauern.

Jagdlexikon, das: ▸ Jagdliteratur.

jagdliche Einrichtungen, die: ▸ Jagdeinrichtungen.

jagdliche Raumordnung, die: Aufgabe der j. R. ist die Festlegung der Bewirtschaftungsgebiete, v.a. für die großen Schalenwildarten, auf der Grundlage einer objektiven Definition ihrer Lebensräume und unter Berücksichtigung von Landschaft, Landeskultur, Lebensgrundlagen und Gesichtspunkten des ▸ Artenschutzes. Im Unterschied zu fast allen anderen Tier- und Pflanzenarten sind für die großen Schalenwildarten Verbreitungsgrenzen im Sinne einer vorbeugenden Konfliktminimierung vorgesehen.

Die Raumordnungskonzepte der Länder berücksichtigen i.d.R. die ▸ Wildwiederkäuer mit Ausnahme des bundesweit vertretenen Rehwildes. Als wesentliche Kriterien für die Definition von Lebensräumen sind die Güte des Lebensraumes, die Belastung für die Land- und Forstwirtschaft, die Gefährdung des Straßenverkehrs, die Vertretbarkeit des Vorkommens mehrerer großer Schalenwildarten, die Ansiedlung und Neubegründung von Vorkommen und auch die jagdlichen Gegebenheiten zu berücksichtigen. Dazu zählen die Aktualisierung der Konzeption in mehrjährigen Abständen, die Einbindung der ▸ Hegegemeinschaften in die j. R. und die Festlegung der Verbreitungsgebiete für die großen Schalenwildarten.

jagdliches Brauchtum, das: ▸ Brauchtum.

jagdliches Schießen des Deutschen ▸ Jagdschutz-Verbandes: Das jagdliche S. wird auf den Schießständen durchgeführt und dient der Übung und der Handhabung der Waffen, die der Jäger bei der ▸ Jagdausübung mit sich führt. Im Vordergrund steht daher der Umgang mit Waffen, d.h. deren Handhabung und Führung im Hinblick auf die Erfordernisse der öffentlichen Sicherheit. Das jagdliche S. umfasst das Ausbildungs-, das Übungs-, das Leistungs- und das Vergleichsschießen.

1. Das Ausbildungsschießen vermittelt dem Jagdscheinanwärter die nötigen Grundbegriffe des jagdlichen S. einschließlich der sicheren Handhabung der Waffen und der Munition. Es bereitet ihn auf die Bedingungen der ▸ Jägerprüfung im Prüfungsfach j. S. vor.

2. Das Übungsschießen hilft dem Jäger – besonders vor Beginn der Hauptjagdzeit –, seine erworbenen Kenntnisse und Fähigkeiten (hinsichtlich seiner Schießfertigkeit und des Umgangs mit Waffen) zu vertiefen und auszubauen. Die Durchführung von Übungsschießen liegt in der Zuständigkeit und Verantwortung der Hegeringe und Jägerschaften.

3. Das Leistungsschießen hat den Zweck, die erworbenen Fähigkeiten im jagdlichen S. zu beweisen, und dient letztlich dem Erwerb der ▸ DJV-Schießnadeln.

4. Das Vergleichsschießen ist ein auf nationaler und internationaler Ebene ausgetragener Wettbewerb im jagdlichen S. Beim V. werden der Leistungsstand verglichen, die besten Schützen ermittelt und die jagdkameradschaftlichen Bindungen gefestigt.

Das jagdliche S. ist durch die Schießvorschrift des Deutschen Jagdschutz-Verbandes e.V. (DJV) in der ab 1.1.1999 geltenden Fassung geregelt. Beim Büchsenschuss sind nur Jagdwaffen handelsüblicher Bauart zugelassen, deren Gewicht einschließlich Zielvorrichtung 5 kg nicht überschreitet. Die Hülsenlänge der Patronen muss mindestens 35 mm betragen, Vollmantelgeschosse dürfen nicht verwendet werden. Die Schussentfernung beträgt 100 m; abgegeben werden jeweils fünf Schuss auf DJV-Wildscheiben mit folgenden Anschlagarten: Rehbockscheibe/Anschlag stehend angestrichen, Überläufer- und laufende Überläuferscheibe/stehend freihändig, Fuchsscheibe/liegend freihändig. Beim Flintenschießen sind alle Flinten zugelassen, einschließlich der halbautomatischen Modelle, Kaliber .12 und kleiner. Geschossen wird immer mit der gleichen Flinte bzw. mit dem gleichen Laufpaar, wobei die Schrotladung 36 g, die Schrotstärke 2,5 mm und die Länge der Schrotpatronen (nach Schussabgabe) 70 mm nicht übersteigen darf. In insgesamt zwei Serien ist auf 30 Tauben zu schießen: 15 Tauben Skeet und 15 Tauben Trap. Der Abstand des Schützen von der Wurfmaschine beträgt 11 m. Büchsen- und Flintenschießen werden nur zusammen gewertet, wobei bei Punktgleichheit das bessere Ergebnis im Büchsenschießen zählt. Beim Kurzwaffenschießen sind alle Selbstladewaffen und Revolver zugelassen, wenn sie bestimmte Voraussetzungen erfüllen, z.B. Mindestkaliber .22 lang für Büchse, ein Höchstgewicht von 1,4 kg und keine Mündungsbremse usw. haben. Alle Bedingungen werden auf eine Entfernung von 25 m geschossen. Unterschieden wird zwischen Zeitschießen (eine Serie mit fünf Schüssen), Fertigkeitsschießen (zwei Serien mit je fünf Schüssen) und Schnellfeuerschießen (eine Serie mit fünf Schüssen). Beim jagdlichen S. werden bei Erfüllung der Bedingungen der Schießvorschrift die DJV-Schießleistungsnadeln vergeben; ▸ Trapschießen.

Österreich: Alle zwei Jahre findet das Österreichische Jägerschaftsschießen mit Mannschaften aus allen Landesjagdverbänden statt. Geschossen wird mit der Kugel auf 100 m je 10 Schuss auf Fuchs (liegend frei), Rehbock (stehend frei) und Gams (am Bergstock angestrichen) sowie mit Schrot 50 Wurftauben (10 m im Jagdanschlag).

Schweiz: Preis vom Schweizerjäger; eine alle zwei Jahre stattfindende Schießmeisterschaft, an der alle im Laufe eines Jahres bei Schießwettbewerben qualifizierten Schützen teilnehmen können.

jagdliches Schrifttum, das: ▸ Jagdzeitschriften, ▸ Jagdgedichte.

Jagdlied, das: ▸ Jägerlieder.

Jagdliteratur, die: Jagdbezogene gedruckte und handgeschriebene Schriften jeglicher Art.

1. Schrifttum in der Antike: Jagdliche Schilderungen finden sich bereits in den Werken römischer und griechicher Schriftsteller. Stellvertretend für die Römer seien hier die Schriften von ***Tacitus***, ▸ ***Grattius Faliscus, Oppian, Nemesian*** und ***Plinius*** genannt. Von Letzterem ist überliefert, dass zu den Kampfspielen auch Elche aus den Waldgebirgen der Barbaren nach Rom geholt wurden. ***Julius Caesar*** berichtet zwar in seinem Buch »De bello Gallico« (»Über den Gallischen Krieg«) Einzelheiten über die Jagdmethoden auf Elchwild, doch gehören diese Schilderungen, die auch von Plinius übernommen wurden, in das Reich der Fabel. Von den griechischen Schriftstellern ist ▸ ***Xenophon*** zu nennen. In seinem Werk »Kynegetikos« gibt er zahlreiche praktische Winke für das Verhalten des Jägers, das Verfahren bei der Jagd, speziell auf Hasen, sowie für Züchtung und Dressur der Jagdhunde.

2. Die Anfänge im Mittelalter: In Frankreich wird gegen Ende des 13. Jh. in dem Lehrgedicht »La chace dou cerf«, auch »La chasse du cerf« genannt, die ▸ Parforcejagd auf Rotwild in 522 Versen geschildert. Im 14. Jh. erschien das vermutlich gegen 1370 verfasste »Le livre de chasse du Roy Modus …« von ***Henri de Ferrières***, einem normannischen Edelmann, das im Jahre 1486 in Chambéry als erstes Jagdbuch mit 56 Miniaturen gedruckt wurde (»Jagdbuch von König Modus und Königin Ratio«). Es gliedert sich in zwei Hauptabschnitte: die Jagd mit Hunden (»les deduis que l'en a de chiens«) und die Jagd mit Vögeln, die Falkenbeize (»de fauconnerie et du deduit des oiseaux«). Das »Livre du Roy Modus« ist das älteste Jagdlehrbuch in französischer Sprache, das dem späteren und viel berühmter gewordenen und reich bebilderten Jagdbuch des ***Gaston*** ▸ ***Phoebus*** (Phébus), »Le Livre de la Chasse …« (1387 bis 1389), weitgehend als Vorlage gedient hat; dieses erschien Ende des 15. Jh. unter dem genannten Titel. Der Herzog ***Jean von Berry*** (1340 bis 1416) ließ in Chantilly das Stundenbuch »Les très riches heures« anfertigen. Es preist passend zu den Tageszeiten die Freuden der Jagd in Wort und Bild. 1394 veröffentlichte ***Hardouin de Fontaine-Guérin*** den 1948 Verse umfassenden »Trésor de Vénerie«, der im ersten Teil die Hornsignale und im Weiteren die Parforcejagd schildert. In England schrieb der ***Duke of York*** im Jahre 1413 die erste umfassende Dokumentation über europäische Jagdhunde, »The Master of Game«. Das Buch stützt sich in weiten Teilen auf das Jagdbuch des Gaston Phoebus. Der Duke of York empfiehlt in seinem Buch v.a. die Hasenjagd und lehnt das Fangen des Wildes in Fallen, Netzen oder Gruben ab. 1492 wurde die Falkenhandschrift »l'art de Fauconnerie« von ***Guillaume Tardiff*** gedruckt, und 1519 erschien ein Werk über Jagd und Beize von ***Acquaviva*** unter dem Titel »Belisarii Aquavivi Aragonei Neritinorum ducis de Venatione et de Aucupio«. Von ***Eberhardus Tappius*** erschien 1542 in Straßburg: »Waidwerck vnd Federspiel. Von der Häbichen vnnd Falcken natur/art/vnnd eygenthumb/wie mann sie berichten/gewehnen/ätzen/vnnd von allen jren kranckheyten soll erledigen/ Allen Häbich/vnnd Falcken tregern vast nötig vnnd zu wisssen nützlich«. Im Jahre 1590 folgte das »New Jägerbuch. Darinn gründtlich beschriben vnd zufinden/Vom Jäger/der Jagten anfang/des Jägers Horn vnnd Stimm/… Auch von Laid/Jag/Hetz vnd allerley Hunden/ihrer art vnd herkommen … Erst frisch von newem auß dem Frantzösischen in gut Weydmänisch Teutsch/allen Jägern vnd Weydmannen zu gutem verteutscht vnd Vertirt« von ***Jacoben von Fouilloux***, einem Adligen aus Frankreich (letzte deutsche Ausgabe 1726), und 1598 in Aix das Buch über die Beizjagd »Falconaria …« von ***Charles d'Arcussia de Capre*** (Carolo d'Arcusia de Capre), Herrn zu Esparron de Pallieres, et du Reuest, von dem jeweils eine Auflage 1590 in Straßburg und 1607 in Frankfurt am Main in deutscher Sprache erschien: »Falconaria, Das Ist/Eigentlicher Bericht vnd Anleytung wie man mit Falcken vnd andern Weydtvögeln beitzen soll: …«

Die ältesten schriftlichen Spuren deutschen Waidwerks sind vermutlich die Hexameter von ***Angilbert*** (um 740 bis 18.2.814), der als Dichter und Gelehrter am Hofe Karls des Großen lebte. Er schildert u.a. die Große Sauhatz Karls des Großen bei Aachen. Er beschreibt in einem Eposfragment auch Liutgard, die Ehefrau Karls des Großen, »wie sie in strahlender Schönheit und prächtigem Schmuck, die weißen Schläfen mit einer Purpurbinde umwunden, auf stolzem Rosse an jener Hofjagd in Aachener Forst teilnimmt«. Zu den frühesten schriftlichen Werken zählt ohne Zweifel auch »Tristan und Isolde« von ▸ ***Gottfried von Straßburg***, in dem dieser v.a. das waidmännische Zerwirken des Wildes schildert, und im Epos »Parzival« von ▸ ***Wolfram von Eschen-***

Abbildung
Der Jagtbaren Thiere
mit derselben angefügten
Fährten und Spuhren,
Wandel, Gänge, Absprünge, Wendungen, Wider-
gängen, Flucht, und anderer Zeichen mehr
mit vielem Fleiß/ Zeit und Mühe nach der Natur gezeichnet/
samt
Einer Erklärung darüber.

Verfertiget und heraus gegeben
von
Johann Elias Ridinger/
Mahlern in Augspurg. Anno 1740.

Titelbild »Abbildung der Jagtbaren Thiere« von Johann Elias Ridinger

Meister des Girart: »Jagd auf Hirsche«. Seite mit Miniatur aus »Livre du Roy Modus« (1455). Brüssel, Bibliothéque Royale Albert I.

bach (um 1170 bis um 1220) aus dem frühen 13. Jh. (etwa um 1210). Der noch ins 13. Jh. gehörende Traktat »De arte Bersandi«, der einem deutschen Ritter namens ***Guicennans*** zugeschrieben wird, behandelt die Pirschjagd. Über Jagdhunde, insbesondere über die Bracken erfahren wir einiges in der höfischen Dichtung des hohen Mittelalters. In ▸ ***Heinrich von Veldekes*** »Eneide« (1183) wird die Bracke als Schweißhund eingesetzt. Auch ▸ ***Eilhart von Oberge*** erwähnt um 1180 in seinem Werk »Tristrant und Isalde« einen Jagdhund. In dem um 1305 geschriebenen Buch »Opus ruralium commodorum libri XII« von ***Petrus de Crescentiis*** (ca. 1233 bis ca. 1320) wird einiges über den Vogelfang und die Beizjagd berichtet. Von seinen 15 Büchern befassen sich 4 überhaupt mit der Jagd, und zwar neben dem erwähnten Vogelfang und der Beizjagd mit der Otter- und Biberjagd, mit der Jagd allg. und den Hunden und der Wolfsjagd. Als erstes deutsches Jagdgedicht (allegorisches Liebesgedicht) ist »Diu jagdt« (Die Jagd) von ***Hadamar von Laber*** (1317 bis 1354) anzusehen, das in der 2. Hälfte des 14. Jh. entstand und 1880 von Stejskal herausgegeben wurde. Überliefert ist uns auch ein um 1260 entstandenes Werk über die Falknerei von Kaiser ▸ ***Friedrich II.*** (1194 bis 1250), »Reliquia librorum Friderici II. Imperatoris de arte venandi cum avibus, cum Manfredi regis additionibus, ex membranis vetustis nunc primum edita« (Über die Kunst mit Vögeln zu jagen), ein sechsbändiges Werk, 1596 erstmals erschienen, dessen deutsche Übersetzung 1756 Eberhard Pacius vorlegte. Nach ▸ ***Lindner*** wurden zwischen 1480 und 1850 im deutschsprachigen Raum ca. 1200 spezielle Jagdbücher publiziert, von denen nur wenige genannt werden können. Im Jahre 1480 erschien in Augsburg das älteste gedruckte Jagdbuch Europas, das sog. »Beizbüchlein«, dessen Verfasser jedoch unbekannt ist und das als älteste deutsche Habichtslehre um 1300 entstanden sein dürfte. Auf Kaiser ▸ ***Maximilian I.*** (1459 bis 1519) geht ein 1508 geschriebenes Jagdbuch »Haimlich Gejaidt Puech« (eigenhändige Aufzeichnungen) zurück, welches 1858 durch Th.G. von Karajan herausgegeben wurde. Maximilians I. Versepos »Tewrdannckh« (Theuerdank) aus den Jahren 1512 bis 1515 befasst sich anschaulich mit dem Gamsstechen, und in seiner Biografie »Weißkunig« (1506 bis 1516) wird mit eindrucksvollen Holzschnitten u.a. des Kaisers Jagd auf Hirsche, Wildschweine, Gemsen und Bären dargestellt.

3. Die Schriften der frühen Neuzeit: In Straßburg erscheint 1530 und 1531 (in Augsburg fast zeitgleich: 1530 und 1531/32) ohne Verfasserangabe »Weydtwergk. Vögel zufahen mit Raubvögeln, Netzen, Stricken, Leime, Geschosz, Fisch zufahen mitt Netzen, Reüsen, Anglen, Kasten, Asz. etc. Wildt fahen mit Netzen, Stricken, Gruben, Fallen, Schiessen, etc.«. 1538 hielt der württembergische Hofjagdsekretär ***Johann Helias Meichßner*** erstmals den deutschen jagdlichen Wortschatz mit 170 Wörtern fest. Seine Aufzeichnungen erschienen unter dem Titel »Etliche zierliche vnd artliche wörter / deren man sich vff vnd zu denn weidwerck gebrucht / einem schreyber by Fürsten vnd herrn dienende hoflich vnd nutzlich zu wissen« als Beigabe zu seinem »Handbüchlein gruntlichs berichts / recht vnd wolschreybens / der Ortographie vnd Gramatic«. Das Buch war für seine Schreiberkollegen in den fürstlichen Kanzleien gedacht, damit diese den jagdlichen Schriftverkehr einheitlich und sachgerecht abfassen konnten. Diese Wortsammlung wurde kurze Zeit später von einem Österreicher unbekannten Namens überarbeitet und ergänzt und enthielt insgesamt 325 Stichworte. Im Jahre 1560 erscheint das hauptsächlich auf jagd- und forstrechtliche Regelungen abgestellte Werk von ***Noë*** ▸ ***Meurer*** (um 1525 bis 1583) – in das er die 325 Stichworte umfassende Sammlung des Österreichers mit aufnahm – mit dem Titel »Von forstlicher Oberherrligkeit und Gerechtigkeit …«; eine erweiterte Auflage erschien 1576 unter dem Titel »Jag- und Forstrecht, Das ist: …« In Frankfurt a. Main erschien anonym das »Neuw Jag vnnd Weydwerck Buch, Das ist Ein gründtliche beschreibung Vom Anfang der Jagten …« (1582) und 1645 von ***Johannes*** ▸ ***Coler(us)*** (1566 bis 1639) die »Oeconomia ruralis et domestica, Das Ist: Ein Sehr nutzliches Allgemeines Hausz-Buch und kurtze Beschreibung vom Haußhalten … Auch Wild- und Vögelfang/ Weidwerck/Fischereyen …« Erwähnenswert ist auch die von dem Mansfelder Hofprediger ***Cyriacus Spangenberg*** (1528 bis 1604) im Jahre 1560 veröffentlichte Schrift »Der Jagteuffel. Bestendiger, und wolgegründter bericht, wie fern die Jagten rechtmessig und zugelassen …« Von diesem Werk kam 1977 in der DDR ein fotomechanischer Nachdruck heraus. ***Engelhart Wildmann*** schreibt 1601: »Wildtbahn/Oder Rechtschaffene Jägerkunst … Mit angehengter Verzeichnis/Was vor vnnd nach Christi Geburt für rechte Jäger vnnd

Jägerinnen auff diese Wildtbahn sich geübet haben«. ***Vitus Bremer*** verfasste die »Fürstliche Jäger Burg«, die von der gesamten Jagd und den üblichen Gebräuchen, Sprach- und Redekunst etc. handelt (1657). Eines der bedeutendsten deutschsprachigen Jagdbücher dürfte jedoch das von ***Martin Strasser von Kollnitz*** 1626 vollendete »Buch von allerlei Jägerei und Waidmannschaften« sein. Es kam allerdings nicht zum Druck und wurde erst in unserer Zeit wiederentdeckt. Ebenfalls ungedruckt blieb die überaus aufschlussreiche kleine Studie des ***Hans Peter von Firdenheim*** aus dem Jahre 1622. 1626 erschien von ***Johann Conrad ▸ Aitinger*** (1577 bis 1637) ein Buch vom Vogelstellen unter dem Titel »Kurtzer Vnd Einfeltiger bericht Von Dem Vogelstellen Wie Raubvögel Habichtte Velthüner Wachteln Crammet vnd Andere Groß vnd Kleine vögel Mit geteckten Vnd vngeteckten Netzen, in offenem Velte, geholtzen vnd Wassern, mit leimruten, hütten, kloben, Schneißen fallen Vnd Schleiffen gefangen Werdenn«. Die 3. Auflage erschien 1681 unter dem Titel »Vollständiges Jagd- und Weydbüchlein/Von dem Vogelstellen/In dreyen Theilen verhandelt«. ***Wolf Helmhard von Hohberg*** (1612 bis 1688) folgte 1682 mit »Georgica curiosa oder Bericht von dem adligen Land- und Feldleben«; im gleichen Jahr erschien der erste Band (von insgesamt drei Bänden) von ***Johann ▸ Täntzers*** (1633 bis 1690) »Der Dianen Hohe und Niedere Jagt-Geheimnüß, darinnen die gantze Jagt-Wissenschaft ausführlich zu befinden«. 1702 kam ***F. Ph. Florinus*** mit »Oeconomus prudens et legalis…« und 1710 der häufig aufgelegte ***Hermann Friedrich von ▸ Göchhausen*** (1663 bis 1733) mit seinen »Notabilia Venatoris«. ***Johann Friedrich Zeissig*** (1608 bis ?) schrieb: »Artemidia oder Gedanken von der Jägerey, hohen und niedrigen Jagd, wie auch Holz-Tractamenten« (1722). Spezielle Werke über die Jagd, die heute noch ihren Wert besitzen, erschienen erst im 18. Jh. Große Jagdautoritäten sind ***Hanns Friedrich von ▸ Fleming***: »Der vollkommene teutsche Jäger« (1719/1724) und ***Heinrich Wilhelm ▸ Döbel*** (1699 bis 1759): »Eröffnete Jäger-Practica oder vollständige Anweisung zur hohen und niederen Jagdwissenschaft« (1746). Ohne Verfasserangabe erschien 1730 in Nordhausen »Kurtzer doch gründlicher Begriff der edlen Jägerey«. Das Buch behandelt in vier Abteilungen Waldung und Gehölz, jagdbare Tiere, Wald-, Feld- und Wassergeflügel, Jagdrequisiten, Jägersprache, Hundeabrichtung etc. Von ***Johann Wilhelm von Pärson*** stammt »Der Edle Hirsch-gerechte Jäger, das Ist: Ein kurtzer Begriff, Wie ein Hirsch-gerechter Jäger eine Wild-Bahn aufrichten…« (1734). Der »Aufrichtiger Lehrprinz…« von ***Carl von ▸ Heppe*** (1686 bis 1759) erschien 1751. Über den Vogelfang unterrichtet ***Ferdinand A. Frhr. von ▸ Pernau*** (1660 bis 1731): »Gründliche Anweisung alle Arten Vögel zu fangen, einzustellen, abzurichten, zahm zu machen, ihre Eigenschaften zu erkennen, Pastarden zu ziehen…« (1754); ***Johann Jacob ▸ Büchting*** (1729 bis 1799) veröffentlichte 1756 seinen »Kurzgefasster Entwurf der Jägerey, oder gründliche Anweisung zu denen Wissenschaften, die einem Jagd- und Forstgerechten Jäger zu wissen nöthig sind. Nebst einer Vorrede Johann Joachim Langen's«. ***Johann Andreas ▸ Naumann*** schrieb eines der bedeutendsten aber auch eines der seltensten Bücher über den Vogelfang: »Der Vogelsteller oder die Kunst allerley Arten von Vögeln sowohl ohne als auch auf dem Vogelheerd bequem und in Menge zu fangen…« (1789).

4. Ausgewähltes Schrifttum des 19. Jh.: Während die Werke der älteren Jagdautoren noch von Aberglaube und Geheimniskrämerei durchdrungen sind, veröffentlichen die Autoren seit dem ausgehenden 18. Jh. mehr wissenschaftlich fundierte Werke, so bereits ***Johann Matthäus ▸ Bechstein*** mit seinem »Vollständigen Handbuch der Jagdwissenschaft« (5 Bde., 1801 bis 1809, 1820 bis 1822), »Die Forst- und Jagdwissenschaften nach allen ihren Teilen«, später fortgesetzt von ***Christian Peter ▸ Laurop*** (1772 bis 1858) und ***Stephan ▸ Behlen*** (1784 bis 1847). Danach folgten: ***Friedrich Ernst ▸ Jester*** (1743 bis 1822): »Über die kleine Jagd, zum Gebrauche angehender Jagdliebhaber« (8 Bde., 1793 bis 1806; 5. Aufl. von ***Oskar von ▸ Riesenthal***, 1884); ***Georg Ludwig ▸ Hartig*** (1764 bis 1837): »Lehrbuch für Jäger und die es werden wollen« (1809); ***Dietrich aus dem ▸ Winckell*** (1762 bis 1839): »Handbuch für Jäger, Jagdberechtigte und Jagdliebhaber« (3 Bde., 1804 bis 1806); ***Johann Melchior ▸ Jeitter*** (1757 bis 1842): »Jagdkatechismus« (1816) und »Entwurf einer systematischen Belehrung in der theoretischen und praktischen Forst- und Jagdkunde« (1830); ***Anton Schönberger***: »Der vollkommene praktische Jäger, oder: Anweisung die Wildbahn auf eine sichere und leichte Art, ohne Nachtheil der Feldfluren und Forsten, zu vervollkommnen und gehörig zu benutzen. Nach den neuesten Ansichten zum Gebrauch für Wildbahnspächter, Revierjäger, Büchsenspanner… bearbeitet« (1826); ***Stephan ▸ Behlen***: »Lehrbuch der Jagdwissenschaft« (1835), »Real- und Verballexikon der Forst- und Jagdkunde« (7 Bde., 1840 ff.); ***G. Landau***: »Beiträge zur Geschichte der Jagd und der Falknerei in Deutschland. Die Geschichte der Jagd und der Falknerei in beiden Hessen« (1849). Diese Studie stellt einen Markstein in der Geschichte der deutschen jagdhistorischen Forschung dar. Sie ist inhaltlich auch heute noch nicht überholt und bleibt ein zuverlässiges Quellenwerk; ***August ▸ Gödde***: »Die Jagd und ihr Betrieb in Deutschland« (1874). Erwähnenswert sind auch: ***Friedrich Wilhelm Leopold ▸ Pfeil***: »Vollständige Anweisung zur Jagdverwaltung und Jagdbenutzung« (1848); ***Carl Emil ▸ Diezel*** (1779 bis 1860): »Erfahrungen aus dem Gebiete der Nieder-Jagd« (1849); ***Charles ▸ Boner*** (1815 bis 1870): »Tiere des Waldes« (aus dem Engl., 1862); ***Richard von Meyerinck***: »Naturgeschichte des in Deutschland vorkommenden Wildes mit Angabe der Schiesszeiten, Jagdarten, Waidmännische Ausdrücke und Fährten…« (1876); ***Julius Theodor ▸ Grunert***: »Jagdlehre« (2 Bde., 1879/1880); ***Oskar von Riesenthal***: »Das Waidwerk, Handbuch der Naturgeschichte, Jagd und Hege aller in Mitteleuropa jagdbaren Thiere« (1880); ***von Nolde***: »Jagd und Hege des europäischen Wildes« (1883); ***Karl Ponetz***: »Jagdkunde für alle Freunde und Liebhaber der Jagd…« (1884); ***R. Corneli***: »Die Jagd und ihre Wandlungen« (1884); ***Oskar Horn***: »Jagdsport« (1882); ***Raoul von ▸ Dombrowski*** (1833 bis 1896): »Das Reh. Ein monographischer Beitrag zur Jagdzoologie« (1876) und »Lehr- und Handbuch für Berufsjäger« (1884); ***Ernst von ▸ Dombrowski*** (1862 bis 1917): »Die Wildschäden« (1896) und »Die Birsch auf Rot-, Dam-, Reh-, Schwarz- und Gemswild« (1903); ***Otto ▸ Grashey*** (1833 bis 1912): »Praktisches Handbuch für Jäger« (1894 bis 96); ***Heinrich Volkmann***: »Das Weidwerk in Österreich mit besonderer Berücksichtigung des Hochgebirges« (1892); ***E. Kropff*** »Waidgerechte Jagd. Ein Vademekum für jeden Jäger« (1899). Das bedeutendste Werk über Tiergärten ist das von ***August Wilhelm Graf von Mellin*** (1746 bis 1836): »Versuch einer Anweisung zur Anlegung, Verbesserung und Nutzung der Wildbahnen, so wohl im Freyen als in Thiergärten« (1779).

5. Ausgewähltes Schrifttum nach Themenbereichen: Wildarten (16. Jh. bis Mitte 20. Jh.): Unter dem Pseudonym ***Hasenkopff, L.*** erschien 1593 »Hasen Jacht: Auff welcher mancherley Hasen gefangen werden, Allen Hasierern und Leimstenglern zu sonderlichem Nutz in deutsche Hasenreimen gehawen, und mit einem Jegerischen Hasengeschrey gezieret Durch Leporinum Hasenkopff Hassum Haslebiensem«. Von ***Johann Georgius Agricola*** erscheint 1617 »Ausführliche Beschreibung dess gantzen Lebendigen Hirschens, seiner Natur und Eygenschafften: Dann ferner Welcher gestalt dess zu gewisser Zeit gefangenen Hirschens fürnembste Glieder in der Artzney zu gebrauchen…«. ***J. G. Bujak***: »Naturgeschichte des Elchwildes oder Elens mit Rücksicht auf die neueren Beobachtungen in den Forsten Ostpreußens« (1837); ***Louis Ziegler***: »Beobachtungen über die Brunst und den Embryo der Rehe. Ein Beitrag zur Lehre von der Zeugung für Physiologen und naturforschende Jäger« (1843); ***W. Schleifers***: »Der Auerhahn und dessen Jagd« (1852); ***Th. Ludwig Wilhelm Bischoff***: »Entwicklungsgeschichte des Rehes« (1854); ***R.A. von Benberg***: »Die Waldschnepfe und ihre Jagd« (1857); ***C. E. Frhr. von Thüngen***: »Das Rebhuhn, dessen Naturgeschichte, Jagd und Hege…« (1876) und »Praktische Jagdkunde im Rucksack für Jäger und Jagdfreunde herausgegeben« (1879, 6 Hefte), H. 1 u. 2: »Das Rehwild und dessen Jagd«. H. 3: »Das Schwarzwild und dessen Jagd«. H. 4: »Die Wildente und deren Jagd«. H. 5: »Die Waldschnepfe und deren Jagd«. H. 6: »Das Auerwild und dessen Jagd«; ***A. Girtanner***: »Der Alpensteinbock (Capra Ibex L.) mit besonderer Berücksichtigung der letzten Steinwildkolonie in den grauen Alpen« (1878); ***Lederstrumpf*** (=

Joseph Karl Friedrich Graf von Frankenberg u. Ludwigsdorf): »Der Fuchs. Seine Jagd und sein Fang nach den Erfahrungen des Verfassers« (1880); ***R. Corneli***: »Der Fischotter, dessen Naturgeschichte, Jagd und Fang nebst einer Abhandlung über den Otterhunde und dessen Gebrauch« (1885); ***L. Rohl***: »Das Birkwild, dessen Hege und Jagd im Gebirge« (1885); ***F. C.*** ▸ ***Keller***: »Die Gemse. Ein monografischer Beitrag zur Jagdzoologie« (1887); ***Franz Krichler***: »Das Schwarzwild« (1887); ***Paul Wittmann***: »Der Edelfasan (Phasianus colchicus). Seine Naturgeschichte, Aufzucht und Hege, Jagd und Benützung« (1891); ***Ferdinand Frhr. von*** ▸ ***Raesfeld*** (1855 bis 1929): »Das Rotwild …« (1899) und »Das Rehwild …« (1906); ***Rudolf Klotz***: »Der Dachs. Seine Naturgeschichte und Jagd und die dazu geeigneten Hunde« (1903); ***Edward von Czynk***: »Das Auerwild, seine Jagd, Hege und Pflege« (1897); ***E. v.*** ▸ ***Dombrowski***: »Das Rotwild, seine Jagd und Hege« (1905), »Die Geweihbildung des Rothirsches« (1889) und »Der Feldhase, seine Hege und Jagd« (1898); ***Wilhelm Kiessling***: »Der Rothirsch und seine Jagd«; ***Karl Snethlage***: »Das Schwarzwild …« (1934); ***Viktor Schmidt***: »Das Muffelwild« (1935); ***Hans Fuschlberger***: »Das Gamsbuch. Naturgeschichte, Hege und Jagd des Gams und etwas von seiner Umwelt« (1939); ***Joachim Beninde***: »Zur Naturgeschichte des Rothirsches« (1937), ***Karl Lotze*** »Das Ansprechen des Hirsches …« (1937); ***A. Bachofen von Echt***: »Der Bär« (1939); ***Hans Bruns***: »Der Jagdfasan« (1941); ***Max Linke***: »Das Wildkaninchen« (1943).

Jagdhunde (Ende 18. Jh. bis Mitte des 20. Jh.): Bereits um 1359 schreibt ***Gace de la Bigne***, Hofkaplan dreier Valois-Könige, einen Jagdroman »Roman des deux amours«, in dem er sämtliche Meuten Frankreichs aufführt. Der Dichter meint, dass einer, der einmal das Geläute der Hunde gehört habe, sich schwerlich ein anderes Paradies wünschen könne, und der Ton des Hifthornes überträfe bei Weitem jede Musik der Engel. Wesentlich jüngeren Datums ist die deutsche Fachliteratur. 1791 erschien z.B. in Braunschweig das Buch von ***C. Schneider***: »Gründlich-zweckmässige Anleitung zur Erziehung eines jungen Hühnerhundes, mit der Anweisung, solchen par force zu dressiren, nebst einem Anhange vom Lerchen- und Becassinen-Fange, auch einer Beschreibung der dazu gehörigen Netze und deren Strickerey, den Jagdfreunden gewidmet«. Es folgen: ***L. Hofmann***: »Der vollkommene Jaeger mit dem Vorsteh-Hunde und sichere Schütze« (1808); ***Friedrich Ludwig Walther***: »Der Hund, seine Racen, verschiedene Zuchten und Varietäten, Geschichte seiner Verbreitung und Schicksale etc.« (1817); ***Gottfried Renner***: »Anweisung für Jäger und Jagdliebhaber zur Kenntnis, Erziehung, Wartung und Abrichtung der Jagdhunde« (1822); ***Carl Kegel***: »Neue Methode zur Abrichtung der rohen Correcktion der verdorbenen Hühner- oder Vorstehhunde, nebst Anleitung zur Heilung ihrer bedeutenden Krankheiten« (1829); ***Hans Caspar*** ▸ ***Rordorf*** (1773 bis 1843): »Der Schweizer-Jäger. Oder vollständige Anleitung, wann, wo und wie der Jäger die in der Schweiz sich befindenden jagdbaren vierfüssigen Thiere und Vögel auffinden, sie jagen und fangen kann. Nebst einem hinlänglichen Unterricht in Flug und Lauf zu schiessen und Kenntnis derjenigen Hunde, welche bei der Jagd gebraucht werden können, nebst kleinem Anhange zur Erkenntniss und Heilung einiger Hauptkrankheiten der Hunde« (1835); ***J. C. C. Daude***: »Der Hühnerhund. Seine Erziehung, Bearbeitung, Gebrauch und Behandlung. Nebst einem Anhang: Hans von Hackelberg« (1839) und »Der Schweisshund. Seine Erziehung, Bearbeitung, Behandlung und Anwendung. Anhang: Legende vom heiligen Hubertus« (1839); ***Fritz Kautze*** benennt in seinem »Der Waidmann wie er sein soll«, ein Buch mit sieben Abteilungen, die siebte mit »Der Hund« (1840). Im Jahre 1844 erscheint »Die Niederjagd in allen ihren Verzweigungen zu Holz, Feld und Wasser. Nebst vollständiger Anleitung zur Behandlung und Dressur der Hunde, einem Wörterbuch der Jagdsprache … Ein Handbuch für Jäger und Jagdfreunde«. Das Buch wurde von einem Jäger-Verein bearbeitet und von ***J. K. v. Train*** redigiert. 1846 erschien von ***Louis Ziegler***: »Die Federwild-Jagd mit dem Vorstehehunde, die Naturgeschichte des Federwildes, die Züchtung und Dressur des Vorstehhundes nach englisch-deutschen Grundsätzen und die Krankheiten der Hunde, nebst Skizzen aus dem Jäger- und Hundeleben«. ***L. Allich*** schrieb: »Anweisung zur gründlichen Dressur und Behandlung der Jagdhunde, des Pudels und Trüffelhundes. Mit Anhang von Ursachen, Kennzeichen und Heilung der Krankheiten« (1847); ***Alexander Nikolaus Schulz***: »Der Fasanengarten. Praktische Anleitung zur Zucht, Pflege und Jagd der Fasanen, nebst einem Anhange über die allgemeinen Hauptpunkte bei der Dressur des Hühner- oder Vorstehhundes« (1872); ***O. Gracklauer***: »Bibliographie für Hundefreunde und Jäger. Verzeichnis sämtlicher Schriften über Hundezucht, Dressur, Krankheit etc., welche von 1840 bis 1879 im deutschen Buchhandel erschienen sind, nebst einigen älteren guten Werken und Angabe der besten Kunstblätter diese Faches« (1879); ▸ ***Hegewald*** (1838 bis 1903): »Den Hühnerhund (Dachs- und Schweisshund) schnell und sicher auf Schweiss einzuarbeiten und scharf an Raubzeug zu machen …« (1881), »Der Gebrauchshund zur Jagd« (1881) und »Eignet sich der englische Hühnerhund als Gebrauchshund für die deutsche Jägerpraxis?« (1882); ***A. Frhr. von Hirschfeld***: »Die Hühnerhundprüfungssuchen (Preissuchen – Field trials) im Dienste des Weidwerks und der Zucht. Was wir haben – was wir wollen – und was wir brauchen« (1883); ***C. G. L. Quensell***: »Anleitung zur Züchtung, Erziehung und Arbeit des Gebrauchshundes zur Jagd. Aus eigner Erfahrung unter Benutzung der neuesten Werke von Oswald, Hegewald und anderen dargestellt« (1883); ***R. Corneli***: »Der Dachshund, seine Geschichte, Zucht, Abrichtung und Verwendung nebst einer Abhandlung über Kunstbaue« (1885); ***Ferdinand Baron von Nolde***: »Die verschiedenen jetzt im Gebrauch stehenden Jagdhunde, die Preissuchen, Hundeausstellungen, Hundeasyle und die Jagdschutz-Vereine« (1886). ***Hanns von Kadich***: »Der stichelhaarige deutsche Vorstehhund. Ein monographischer Beitrag zur Gesamt-Kynologie« (1888); ***Carl Rehfuß***, gen. ▸ ***Oberländer*** (1857 bis 1927): »Die Dressur und Führung des Gebrauchshundes« (1895); ***Emil Ilgner***: »Der Dachshund, seine Geschichte, Zucht und Verwendung zur Jagd über und unter der Erde«. (1896); ***F. B. Laska***: »Die Bracken des Ostens in Geschichte, Beschreibung und Verwendung im Weidwerk der Hatz-, Parforce- und Schießjagd Rußlands« (1907); ***Camillo Morgan***: »Der kurzhaarige deutsche Vorstehhund« (1911); ***Rudolf*** ▸ ***Frieß***: »Der Deutsche Wachtelhund. Seine Geschichte, Neuzüchtung und Zucht, seine jagdliche Verwendung, Abrichtung und Führung« (1921); Anton Baumann »Die Alpenländisch-Erzgebirgler Dachsbracke, ihre Zucht, Erziehung und Einführung zum Gebrauchshund des Bergjägers, verfasst als Hilfsbuch für den Klub Dachsbracke« (1934); ***Wilhelm Friedenauer***: »Der brauchbare Jagdhund. Richtlinie für Erziehung, Abrichtung und Führung des vielseitigen Jagdhundes« (1935) und ***Otto Hofmann***: »Der Feld- und Waldgebrauchshund« (1953).

Waidmannssprache (Auswahl): Wörterbücher der Jägerei schrieben ***Christian Wilhelm von*** ▸ ***Heppe*** (1716 bis 1791): »Einheimisch und ausländischer wohlredender Jäger oder nach alphabetischer Ordnung gegründeter Rapport derer Holz-, Forst- und Jagd-Kunstwörter nach verschiedener teutscher Mundart und Landesgewohnheit« (1763); ***Georg Ludwig*** ▸ ***Hartig***: »Anleitung zur Forst- und Weidmanns-Sprache oder Erklärung der älteren und neueren Kunstwörter beym Forst- und Jagdwesen. Ein Handbuch für Förster und Jagdliebhaber« (1809); ***Stephan*** ▸ ***Behlen***: »Die Jagdkunst- oder Weidmannssprache« (1828); ***Johann Gottfried Lentner***: »Taschenbüchlein der Jagdsprache. Für Jäger und Jagdfreunde, um sowohl alle bei der Jagd gebräuchlichen Kunstwörter zu verstehen, als auch etd. In alphabet. Ordnung« (1833); ***Karl von Train***: »Vollständiges Wörterbuch der gesammten Jagdwissenschaft, worin nicht nur die üblichen Kunstausdrücke erläutert, sondern auch alle Wildgattungen und sonst bei der hohen und niederen Jagd vorkommenden Gegenstände und Kenntnisse beschrieben und abgehandelt werden.« (1838); ***J. O. H. Günther***: »Vollständiges Taschen-Wörterbuch der Jägersprache für Jäger und Jagdfreunde« (1840); ***Bernhard Lichtner***: »Die Jäger-Sprache, oder Sammlung aller in der edlen Weidkunst üblichen Redensarten. Nach den besten Hilfsquellen zum zweiten Male überarbeitet« (1840); ***Leopold Müller***: »Die Jagdsprache nebst den nöthigsten Erklärungen der weidmännischen Kunstausdrücke« (1840); ***Liebermann von Sonnenburg*** »Die Waidmannssprache. Ein Vademecum für Jäger und Jagdliebhaber« (1869); ***Joseph*** ▸ ***Kehrein*** (1808 bis 1876) und ***Franz Kehrein***: »Wörterbuch der Weidmannssprache für Jagd- und Sprachfreunde, aus den Quellen bearbeitet« (1871); ***Ernst von ▸ Dombrowski***: »Deutsche Waidmannssprache …« (1892); ***L. Ernst Fritsche***: »Die Weidmannssprache unter Berücksichtigung der Naturgeschichte der gesamten Wildarten etc.« (1903); ***Theodor Imme***: »Die deutsche Waidmannssprache nach ihrer Eigenart und ihren Wechselbeziehungen zum Gemeindeutsch sprachwissenschaftlich beleuchtet« (1906); ***Eugen Teuwsen***: »Einführung in die Waidmannssprache. Gemeinsprachlich waidmännisches Wörterbuch für Jäger und alle, die es werden wollen« (1927); ***Hans Marpmann***: »Tabelle der Waidmannssprache in Beziehung auf unser Wild« (1939); ***L. Ludwig***: »Wörterbuch der Weidmannssprache. Ein Nachschlagewerk für jagdliche Ausdrücke« (1960); ***Karl Zeiss***: »Deutsche Waidmannssprache« (ohne Jahr); ***Hans-Dieter Willkomm***: »Die Weidmannssprache« (1990). Das Buch beinhaltet Begriffe, Wendungen und Bedeutungswandel des weidmännischen Sprachgutes.

Jagd- und Forstlexika: Jagdlexika wurden herausgegeben von ***Johann August ▸ Großkopff*** (1699 bis 1768): »Neues und wohl eingerichtetes Forst- Jagd- und Weidewercks-Lexicon …« (1759); mit dem Autorenkürzel »Von F. C. V. G.« erschien 1764 in Prag: »Wald-, Forst- und Jägerey-Lexicon, darinnen nicht nur allein alle Jägerey-Termini oder Weyd-Sprüche, sondern auch was zur Jagd- und Forst-Weesen … zu finden ist«. ***Georg Ludwig ▸ Hartig***: »Lexikon für Jäger und Jagdfreunde, oder waidmännisches Conversations-Lexikon« (1836); ***C. L. Hellrung***: »Conversationslexikon für Jäger und Jagdfreunde« (1839), ***Stephan ▸ Behlen***: »Real- und Verbal-Lexicon der Forst- und Jagdkunde mit ihren Hülfswissenschaften« (7 Bde., 1840 bis 1846) sowie von ***Raoul von ▸ Dombrowski, Guttenberg*** und ***Henschel***: »Allgemeine Encyklopädie der gesamten Forst- und Jagdwissenschaften« (8 Bde., 1886 bis 1894); ***Oskar von Riesenthal*** (1830 bis 1898): »Jagd-Lexikon. Handbuch für Jäger und Jagdfreunde mit besonderer Berücksichtigung der Naturgeschichte und Hege des Wildes« (1882); ***Hermann ▸ Fürst*** (1837 bis 1917): »Forst- und Jagdlexikon« (1888); ***Alfred Fritschi***: »Kleines Jagdlexikon. Kurzgefasstes Nachschlagewerk für den Jäger unter Berücksichtigung der wichtigsten Bestimmungen des Reichsjagdgesetzes vom 3. Juli 1934 …« (1937); ***Karl ▸ Lemke*** (1926 bis 1994) gab das »Lexikon Weidwerk« (1981) heraus und der BLV-Verlag das »Jagdlexikon« (1984).

Jagdgeschichte: Mit der Geschichte der Jagd befassten sich: ***Friedrich Ulrich ▸ Stisser*** (1689 bis 1739): »Forst- und Jagdhistorie der Teutschen« (1737), verbessert von ***Heinrich Francke*** (1754); ***Karl Gottlob Anton***: »Geschichte der teutschen Landwirthschaft von den ältesten Zeiten bis zum Ende des 15. Jh.«, drei Teile (1799, 1800, 1802); ***Christian Ludwig ▸ Stieglitz*** (1803 bis 1854): »Geschichtliche Darstellung der Eigenthumsverhältnisse an Wald und Jagd in Deutschland …« (1832); ***Christian Peter Laurop***: »Das Forst- und Jagdwesen und die Forst- und Jagdliteratur Deutschlands in geschichtlichen, allgemeinen Umrissen dargestellt« (1843); ***Friedrich Wilhelm Leopold ▸ Pfeil***: »Die Forstgeschichte Preußens bis zum Jahre 1806« (1839); ***August Bernhardt***: »Geschichte des Waldeigentums, der Waldwirtschaft und Forstwissenschaft«, 3 Bde. (1872 bis 1875); ***Karl ▸ Roth***: »Geschichte des Forst- und Jagdwesens in Deutschland« (1879); ***Max Miller***: »Das Jagdwesen der alten Griechen und Römer für Freunde des klassischen Alterthums und den gebildeten Waidmann nach den Mittheilungen der alten Schriftsteller dargestellt« (1883); ***Adam ▸ Schwappach***: »Handbuch der Forst- und Jagdgeschichte Deutschlands«, 2 Bde. (1886 und 1888), und »Forstpolitik, Jagd- und Fischereipolitik« (1894).

6. Weitere wichtige und interessante Jagdliteratur des 18. und 19. Jh.: ***Ludwig Karl Eduard Heinrich Friedrich von ▸ Wildungen*** (1754 bis 1822): »Neujahrsgeschenk für Forst- und Jagdliebhaber« (1794 bis 1799), »Taschenbuch für Forst- und Jagdkunde« (1800 bis 1812) und »Weidmanns Feierabende« (1815 bis 1821); ***Christian Ludwig ▸ Brehm*** (1787 bis 1864): »Der Vogelfang« (1846); ***J. G. Th. ▸ Grässe*** (1814 bis 1855): »Jägerbrevier, Jagdaltertümer, Weidsprüche und Jägerschreie, Jagdkalender« (2. Aufl. 1869), »Jägerhörnlein, Jägerlügen, Jägerlieder, Tierzauber« (1860) und »Hubertusbrüder.

Zwei illustrierte Seiten aus der Handschrift Friedrich II. »De arte venandi cum avibus«, um 1250. Vatikan, Biblioteca Apostolica

Geschichten von guten und bösen Jägern, die Sagen von der wilden Jagd, Jagdalterthümer, Jagdceremoniell« (1875); ***C. H. Edmund Frhr. von* ▸ *Berg*** (1800 bis 1874): »Pürschgang im Dickicht der Jagd- und Forstgeschichte« (1869); ***Franz von* ▸ *Kobell*** (1803 bis 1882): »Wildanger, Skizzen aus dem Gebiet der Jagd und ihrer Geschichte« (1859); ***Frhr. C. E. von Thüngen***: »Der Hase, dessen Naturgeschichte, Jagd und Hege« (1878), »Der Jagdhund« (1872), »Das Rebhuhn« (1876); ***Friedrich von Tschudi***: »Das Thierleben der Alpenwelt« (1853); ***Karl von Train***: »Des gerechten und vollkommenen Waidmanns neue Praktica zu Holz, Feld und Wasser etc.« (1838); ***Julius Theodor Grunert*** (1809 bis 1889): »Jagdlehre, Unterricht im Jagdwesen für angehende Jäger« (2 Teile, 1879 und 1880).

7. Die Jagdfachliteratur im 20. Jh.: Die Jagdliteratur hat seit Beginn des 20. Jh. – auch was die wissenschaftliche Spezifizierung betrifft – einen enormen Zuwachs erfahren. Die Aufzählung aller Jagdbücher, einschließlich der Jagdlehrbücher und der größeren jagdwissenschaftlichen Abhandlungen, ist in dieser Form nicht möglich. An neuerer Literatur kann nur auf das vielfältige Angebot des Buchhandels hingewiesen werden. Grundlegend für die Jagdliteratur des 20. Jh. sei genannt: ***Ferdinand Frhr. von* ▸ *Raesfeld***: »Das deutsche Weidwerk. Ein Lehr- und Handbuch der Jagd« (1914), »Die Hege in der freien Wildbahn. Ein Lehr- und Handbuch für Jäger und Jagdbesitzer« (1920); ***F. Bergmiller***: »Erfahrungen auf dem Gebiete der hohen Jagd. Naturgeschichte, Jagd und Hege der zur Jagd gehörenden Wildarten, nebst einem Kapitel über Falkenbeize, Kynologie, Schießtechnik und Optik, und Jägersprache« (1912); ▸ ***Hegendorf Ludwig von Merey***: »Der Gebrauchshund« (1910), »Die Hebung der Niederjagd« (1908); ***Oberländer***: »Der Lehrprinz. Ein Führer für angehende Jäger ...« (1900); ***Georg Rörig***: »Wild, Jagd und Bodenkultur« (1912); ***Wilhelm Bieger*** (1886 bis 1947): »Beiträge zur Wild- und Jagdkunde« (1931), »Die formelgerechte Bewertung unserer Jagdtrophäen« (1933) und »Handbuch der Deutschen Jagd« (1941); ***Kurt* ▸ *Lindner*** (1906 bis 1987): »Die Jagd der Vorzeit« (1937), »Die Jagd im frühen Mittelalter« (1940) u. v. a.; ***Walter* ▸ *Frevert***: »Das jagdliche Brauchtum« (1936), »Wörterbuch der Jägerei« (1954); ***Erhard* ▸ *Ueckermann*** (1924 bis 1996): »Das Damwild« (1956), »Wildstandsbewirtschaftung und Wildschadensverhütung beim Rotwild« (1957); ***Herzog Ludwig Wilhelm in Bayern*** (1884 bis 1968): »Die Jagd im Gebirg« (1934); ***Gerd von Lettow-Vorbeck***: »Das Jagdrevier wie es sein sollte ...« (ca. 1954), derselbe als Herausgeber: »Das Waidwerk in Deutschland. Stand und Aussichten. Erinnerungswerk an die Deutsche Jagdausstellung 1963 in München« (1963); ***Claus König***: »Europäische Vögel« (3 Bde., 1966); ***Egon Wagenknecht***: »Altersbestimmung des erlegten Wildes« (1976); ***Georg Antonoff***: »Wie behandle ich meine Jagdbeute« (2. Aufl. 1976), »Die Sprache des Waidmanns« (2. Aufl. 1977); ***Hans Schulze***: »Jäger, Jagd und Wild« (2 Bde., 1967); ***Renz* ▸ *Waller*** (1895 bis 1979): »Der wilde Falk ist mein Gesell« (3. Aufl. 1973); ***Theodor Mebs***: »Greifvögel Europas und die Grundzüge der Falknerei« (1972); ***Heinz* ▸ *Brüll*** (1907 bis 1992): »Die Beizjagd« (1968); ***Fritz* ▸ *Nüßlein*** (1899 bis 1984): »Jagdkunde« (1962); ***Richard Blase***: »Die Jägerprüfung« (1936); ***Herbert* ▸ *Krebs*** (1901 bis 1980): »Vor und nach der Jägerprüfung« (1939); Arbeitskreis Wildbiologie und Jagdwissenschaft an der Justus-Liebig-Universität Gießen: »Wildbiologische Informationen für den Jäger« (10 Bde. 1978ff.); ***Anthony B. Bubenik***: »Ernährung, Verhalten und Umwelt des Schalenwildes« (1984); ***A. u. J. von Bayern***: »Über Rehe in einem steirischen Gebirgsrevier« (1976); ***A. von Bayern***: »Weichselboden« (1991).

8. Jagdbelletristik: Der Reiseschriftsteller Friedrich Gerstäcker (1816 bis 1872) ist mit seinem »Streif- und Jagdzüge durch die vereinigten Staaten Nord-Amerikas ...« (1844) auf jagdlichem Gebiet der erste Vertreter der schöngeistigen Literatur (Jagdbelletristik). Von ihm stammt auch das jagdliche Erlebnisbuch »Eine Gemsjagd in Tyrol« (1857). Von den bekanntesten Schriftstellern der Jagdbelletristik sind zu nennen: ***Ludwig* ▸ *Ganghofer*** (1855 bis 1920), der mit C.W. Allers »Das Deutsche Jägerbuch« (1897) herausgab und dessen Bücher großen Anklang und große Verbreitung fanden; ***Ernst Graf von Sylva-Tarouca*** schrieb: »Kein Heger, kein Jäger« (1899); von ***Hermann* ▸ *Löns*** (1866 bis 1914) stammt u.a. das klassische Werk »Mein grünes Buch« mit Tier- und Jagdgeschichten sowie Naturschilderungen; ***Friedrich Frhr. von* ▸ *Gagern*** (1882 bis 1947) schrieb u.a. »Im Büchsenlicht« (1907), »Birschen und Böcke« (1925) und »Der Jäger und sein Schatten« (1940); ***Arthur* ▸ *Schubart*** (1876 bis 1937): »Auf Elchjagd in Norwegen« (1912), »Hubertusbilder« (1918); ***Arthur* ▸ *Achleitner***: »Der wilde Jaager« (1911) und »Jagdbrevier. Lustige Weidwerksgeschichten aus dem Hochgebirge« (1896); Achleitner, Schubart, Hohlwein, Hanns Jagenteufel u.a. schrieben gemeinsam »Grüne Brüche. Geschichten und Gestalten aus Berg und Wald. Der grünen Farbe gewidmet aus dem Mitarbeiterkreis des ›Deutschen Jägers‹« (1919); ***Anton von* ▸ *Perfall*** (1853 bis 1912): »Jagdplaudereien« (1912); ***R. H. Bartsch***: »Der Falke vom Mons Regius. Geschichte einer Jagd- und Liebesleidenschaft« (1930); ***Georg Escherich*** »Der alte Jäger. Erinnerungen aus meinem Leben« (1934); ***Albert von Scanzoni***: »Jagd und Jäger« (1936); ***Wolfgang Frhr. von Beck*** (1905 bis 1990) schrieb neben seinem »Pirschgang ohne Pulver« die Publikationen »Königreich Revier« (1956), »Beute von heute« (1979) sowie »Pardon ich bin ein Jäger« (1972). Von ***Svend Fleuron*** (1874 bis 1966), einem Dänen, wurden u.a. übersetzt: »Jägerfahrt in der Wildmark« (1952) und »Ein Winter im Jägerhof« (1953); ***Ludwig Benedikt Frhr. von* ▸ *Cramer-Klett*** (1906 bis 1985): »Spiel der Lichter und Schatten. Von eines Jägers Wünschen und Wegen« (1960) und »Des Jägers Glück kennt kein Verweilen«. ***Hermann Huttel***: »Des Jägers schönste Pirsch. Lob des heimatlichen Waidwerks« (1963); ***Walter* ▸ *Frevert*** (1897 bis 1962): »Das Jägerleben ist voll Lust und alle Tage neu. Jagdliche und andere Erinnerungen« (1960); ***Arno W. Hofmann***: »Wanderjäger aus Herzenslust. Vom Jagen in Spessartwäldern, östlichen Weiten und alaskanischer Wildnis«. Zu den hervorragenden Jagdbelletristen zählen auch ***Ludwig* ▸ *Thoma*** (1867 bis 1921) und ***Fritz* ▸ *Bley*** (1853 bis 1931). Ein lesenswertes und hochinteressantes Buch gab ***Fritz Hess*** heraus: »Auf heimlichen Fährten. Eine Auslese jagdlicher Erzählungen« (1965). Das Buch enthält Beiträge von J. Burckhart, Ludwig Benedikt Frhr. von Cramer-Klett, Fritz von Dewitz-Cölpin, Walter Frevert, Klaus Graf Finkenstein, Friedrich von Gagern, Erich Harter, Lothar Graf Hoensbroech, Hermann Kirchhoff, Gerd von Lettow-Vorbeck, Anton von Perfall, Hans Philipowicz, W. F. Simnau, Theodor Thürmer, Paul Vetterli und Eugen Wyler. ***Lothar Graf Hoensbroech*** schrieb: »Wanderjahre eines Jägers« (1935); ***Fritz von Dewitz-Cölpin***: »Überm Wald im stillen Schein. Ein Leben dem Waidwerk« (1950); ***Hans Philipowicz***: »In den Hochkarpathen – Aus dem Tagebuch eines Pürschjägers« (1955); ***Erich Harter***: »Vor Tau und Tag. Von Käuzen, Keilern und heimlichen Hirschen« (1958). Der Schweizer ***Eugen Wyler*** (1888 bis 1973) schrieb u.a. »Grüne Kinderstube. Ein Beitrag zur moralischen Jägerbildung« (2. Auflg. 1954), »Bergjagd-Bergfreiheit. Von der hohen Jagd und der Freiheit des Menschen« (1961). Sein Landsmann ***Paul Vetterli***: »Ich rede mit Tieren. Ein Jäger erzählt« (1936), »Jäger erzählen. Erlebnisse aus heimatlichen und fremden Jagdgründen« (1939), »Wald und Wild« (1928) und »Wild und Weidwerk. Ein Buch für Jäger und Freunde der Natur« (1947). Von dem Österreicher ***Heribert Horneck*** (1926 bis 1987), einst Chefredakteur der Jagdzeitschrift »Der Anblick« stammen u.a. »Das große Hirschbuch« und »Im grünen Herzen Europas. Vom Jagen in Österreich« (1969) und »Der rote Punkt. Halblustiges über Jagd und Jäger« (1978). Erwähnung finden soll auch noch ***Iwan Sergejewitsch* ▸ *Turgenjew*** mit seiner Buchveröffentlichung »Zapiski ochotnika« (1852), auf deutsch: »Aufzeichnungen eines Jägers«, aus dem Russischen übersetzt von Friedrich Schwarz (1952); ▸ Jagdgedichte, ▸ Jagdzeitschriften; siehe auch das Literaturverzeichnis (Anhang).

Jagdmalerei, die: ▸ Jagdkunst.

jagdmäßig: svw. ▸ jagdgerecht.

Jagdmesser, das: svw. Waidmesser; ▸ Blanke Waffen.

Jagdmotive auf Postkarten: Generalpostmeister Heinrich von Stephan (1831 bis 1897), geadelt 1885, hatte 1865 die Idee zur Produktion von Postkarten. Tatsächlich eingeführt wurde die Postkarte dann im Deutsch-Französischen Krieg 1870/71 als sog. »Feldpostkarte«. Bald nach dem Krieg begannen einzelne Verlage mit der Produktion von Bildpostkarten. Gegen Ende des 19. Jh. setzte

Ausstellungsraum des Deutschen Jagd- und Fischereimuseums in München

sich die Postkarte schnell durch und wurde zu einem beliebten Massenartikel. Die Internationale Jagdausstellung in Wien im Jahre 1910 fiel genau in die Zeit der größten Popularität der Bildpostkarte. Mit Hunderten von Jugendstilkarten wurde die Jagdausstellung bis ins Detail rekonstruiert. Bekannte Künstler der damaligen Zeit beteiligten sich daran, das Waidwerk in allen seinen Bereichen darzustellen. Sie erschienen im Weiner-Verlag zu Wien. Von den Künstlern sind u.a. zu nennen: Maria Bena, F. Krenn, Liane Fischer, Elli Hoffmann, H. ▸ Kalmsteiner, L.▸ Hesshaimer und Alois Hans ▸ Schram. Das Deutsche Jagd- und Fischereimuseum in München besitzt eine auf der Welt einzigartige Sammlung von Postkarten und Vignetten, privaten Spendenmarken zusammen mit einer kompletten Sammlung der in den USA beliebten Wasserwildjagd-Gebührenmarken, den »Duck-Stamps«. Die 120 Alben umfassende Sammlung wurde dem Museum von dem Sammler Joachim Hosang (Hosang-Sammlung) im Jahre 2001 überlassen; ▸ Wildtiere auf Briefmarken.

Jagdmuff, der: Handwärmer mit (meist darunterliegender) Patronentasche.

Jagdmunition, die: ▸ Munition, ▸ Büchsenpatrone, ▸ Flintenlaufgeschoss, ▸ Schrotpatrone, ▸ Randfeuerpatrone, ▸ Kurzwaffenmunition.

Jagdmunitionhersteller, die: ▸ Baschieri & Pellagri SpA, ▸ Brenneke, ▸ Dynamit Nobel AG,▸ Federal, ▸ Fiocchi, Giulio, SpA, ▸ Hirtenberger, ▸ Rottweil, ▸ Sellier & Bellot.

Jagdmuseen, die: Öffentliche Sammlungen mit Lehr- und Anschauungsmaterial zum Thema ▸ Jagd und ▸ Jagdgeschichte usw. Die interessantesten Museen sind:

- Deutsches Jagd- und Fischereimuseum in München: Das Museum wurde am 3.11.1966 in der ehemaligen Augustinerkirche eröffnet. Die Sammlung war früher in Schloss Nymphenburg untergebracht und konnte dort erstmals im Jahre 1938 besichtigt werden. Den Grundstock des Deutschen Jagdmuseums bildet die weltberühmte Geweihsammlung des Grafen Maximilian J. B. ▸ Arco-Zinneberg (1811 bis 1885). Daneben zählt der ▸ Jagdschmuck der letzten deutschen Kaiserin Auguste Victoria zu den meistbewunderten Schätzen. Im Museum sind neben ca. 500 heimischen Tieren in Dioramen berühmte Waffen und Trophäen, eine Fischereiabteilung, Kunstwerke aus allen Epochen, Wildererwaffen sowie eine Lehrschau untergebracht. Es werden ständig wechselnde Sonderschauen gezeigt. Seit Juni 1995 besteht im Schloss Tambach bei Coburg eine Zweigstelle des Deutschen Jagd- und Fischereimuseums. Angegliedert ist der Wildpark Tambach (eingerichtet 1970).
- Ostpreußisches Jagdmuseum in Lüneburg (nunmehr Ostpreußisches Landesmuseum): Hervorzuheben sind folgende Sammlungen: Elchwild mit Elchdiorama, Rotwild mit Schwerpunkt Rominten, Bär, Wolf, Luchs, Reh- und Schwarzwild; die ostpreußische Vogelwelt und die Vogelwarte Rossitten, Falknerei, Fischerei; die »Grüne Farbe« mit Ehrung verdienstvoller Persönlichkeiten, die Yorkschen Jäger, das Reitende Feldjägerkorps. Daneben besitzt das Museum umfangreiche jagdliche Lehrsammlungen und eine Jagdzeugkammer mit Waffen vom Steinbeil bis zur modernsten Büchse. Die Bibliothek enthält u.a. umfangreiche Jagdliteratur. Ende des Jahres 1983 wurde dieses Museum in den größeren Rahmen eines Ostpreußischen Landesmuseums übergeführt.
- Jagdmuseum Wulff: Das nach seinem Stifter, dem Berliner Kaufmann Günter Wulff benannte Museum befindet sich in Oerrel, Landkreis Gifhorn in der Lüneburger Heide und östlich von Münster. Es umfasst eine umfangreiche Trophäensammlung von Wildtieren aus aller Welt. Daneben werden Gemälde prominenter Jagdmaler gezeigt. Die Abteilung »Jagd früher und heute«, eine ständige Ausstellung des Kreisheimatmuseums, vermittelt anhand ausgewählter Beispiele wie Pfeilspitzen und historische Feu-

◂◂ Emblem des Deutschen Jagd- und Fischereimuseums in München

Außenansicht des Deutschen Jagd- und Fischereimuseums im Zentrum Münchens

erwaffen Einblicke in die Entwicklung der Jagd und die heutige Aufgabe von Jagd und Jägern. Zum Museum gehört auch ein Waldlehrpfad und ein Freigehege.

- Jagdschloss Kranichstein bei Darmstadt: In dem vielseitigen historischen Jagdmuseum (Renaissancebau) ist eine große Gemälde-, Trophäen-, Waffen- und Kunstsammlung untergebracht. Daneben besteht eine 7 km lange »Museumsstraße Jagdkundlich-historischer Lehrpfad Kranichstein«; ▸ Jagdhöfe.
- Jagd- und Naturkundemuseum Burg Brüggen: Das Museum liegt im Naturpark Schwalm-Nette in Nordrhein-Westfalen und wurde 1979 eröffnet. In dem Wasserschloss aus dem 13. Jh. sind u.a. ca. 2000 Tierexponate ausgestellt. Darüber hinaus enthält es wertvolle und unersetzliche historische Demonstrationsobjekte.
- Jägerlehrhof Jagdhof Springe in Springe: In dem kulturhistorisch wertvollen Jagdschloss ist eine Jagdschau der Landesforstverwaltung Niedersachsen untergebracht, die den Jägern zur Erweiterung ihrer jagdlichen Kenntnisse dient.
- Jagdmuseum auf Burg Falkenstein: Das Jagdmuseum beim Markt Falkenstein im Landkreis Cham (Oberpfalz), eröffnet am 6.11.1982, ist klein, aber gehaltvoll. Grundstock der Sammlung ist der Nachlass des Hamburger Notars Hans Werner Schacht. Die Sammlung zeigt wertvolle Jagdtrophäen und meisterhafte Tierpräparate und vermittelt sowohl jagdhistorische als auch naturkundliche Zusammenhänge. Neben der wertvollen Trophäensammlung wird die Jagdgeschichte mit Entwicklung der Jagdwaffen sowie jagdliches Brauchtum über Epochen vermittelt. Als Reverenz an den Namen der Burg ist die Falknerei ein Schwerpunkt des Museums.
- Jagdschloss Letzlingen in der Colbitz-Letzlinger Heide in Sachsen-Anhalt, einem bevorzugten Jagdgebiet der ▸ Hohenzollern. Friedrich August Stüler baute die Hirschburg 1843 im Auftrag des preußischen Königs Friedrich Wilhelm IV. zum Jagdschloss im neogotischen Stil um. Von 1843 bis 1912 fanden hier im Spätherbst die ausgedehnten »Letzlinger Hofjagden« statt, an denen Persönlichkeiten wie Otto von Bismarck, der österreichische Thronfolger Erzherzog Franz Ferdinand, Zar Alexander II. von Russland und Paul von Hindenburg teilnahmen. Um 1870 kam auch der inoffizielle Name »Kaiserjagd« auf. Das Schloss ist heute im Besitz der »Stiftung Schlösser, Burgen und Gärten des Landes Sachsen-Anhalt« und besitzt seit 2001 im 1. Obergeschoss die ständige Ausstellung »Jagdgeschichte der Letzlinger Heide. Königlich-preußische Hofjagd«.
- Schorfheide-Museum im ehem. Jagdschloss von Groß Schönebeck (Brandenburg) mit den Trophäen des DDR-Wirtschaftsmanagers Günther Mittag samt internationalen Medaillen, Jagdfotos und Dokumentationen der Forstverwaltung sowie bäuerlichen Gerätschaften der dortigen norddeutschen Landschaft.
- Schloss Augustusburg südöstlich von Chemnitz: Es wurde in den Jahren 1568 bis 1572 von Kurfürst August als Jagd- und Lustschloss errichtet, seit 1969 gehört das Museum für Jagdtier- und Vogelkunde im Hasenhaus dazu. Im Jahre 1992 wurde ein Adler- und Falkenhof eingerichtet, in dem Flugvorführungen mit Greifvögeln stattfinden. Das Schloss verfügt darüber hinaus über eine der bedeutendsten europäischen Zweiradsammlungen (Zweitakt-Motorradmuseum im Küchenflügel) und über ein Kutschenmuseum im Stallgebäude.
- Jagdhof Schloss Fuschl (Österreich): Der am Fuschlsee (Salzburger Land) gelegene Jagdhof, der zum 1450 erbauten Jagdschloss Fuschl gehört, enthält eine der bedeutendsten Jagdsammlungen Österreichs. Sie gibt nicht nur einen Überblick über die Entwicklungsgeschichte der ▸ Jagdwaffen, sondern umfasst auch eine Grandelsammlung aus der Zeit Kaiser Franz Josephs sowie die größte Pfeifensammlung der Welt. Daneben werden einmalige Exponate mit Jagdmotiven aus Glas, Silber, Steingut und Horn gezeigt.
- Jagd- und Afrikamuseum in Marchegg. Das Museum liegt östlich von Wien und wurde 1959 eingerichtet.
- Oberösterreichisches Jagd- und Fischereimuseum Schloss Hohenbrunn: Das Jagdmuseum (seit 1967) ist im Schloss Hohenbrunn in St. Florian bei Linz untergebracht, das von dem Barockmeister Jakob ▸ Prandtauer zwischen 1722 und 1732 erbaut wurde. An den historischen und kunsthistorischen Exponaten wie Waffen, Wandteppichen, Bildern, Silber, Fayencen, Porzellan und Glas aus vier Jh. lässt sich die Entwicklung der Jagd, besonders in Oberösterreich, ablesen. Das heimische Haar- und Federwild wird in Großdioramen gezeigt. Das Museum, eines der bedeutendsten J. des deutschsprachigen Raumes, besitzt die größte europäische Jagdporzellansammlung. Besonders hervorzuheben ist ein 17-teiliges Porzellanservice »Nymphenburg« mit einem Jagddekor nach ▸ J. E. Ridinger. Schloss Hohenbrunn ist auch Sitz des Oberösterreichischen Landesjagdverbandes und dessen jagdliches Bildungs- und Informationszentrum.
- Schweizer Museum für Wild und Jagd. Das einzige Schweizer J. befindet sich seit 1968 im Wasserschloss Landshut, eine ehemalige Landvogtei in Utzenstorf bei Bern. In den Schauräumen sind etwa 700 Jagdutensilien aus dem 15. bis 19. Jh. ausgestellt. Ständige Ausstellungen sind: »Wild und Mensch in der Kulturlandschaft«, »Spuren der Jagd in der Schweiz«, »Die Jagdhistorische Sammlung Dr. René La Roche«, »Das Jagdhorn« (Sammlung Dr. Werner K. Flachs), »Lockvögel« (Sammlung Heinrich und Heidi Brandenberger) und »Falknerei – ein Greif auf meiner Hand«. Zudem finden alljährlich wechselnde Sonderschauen statt; ▸ Jagdbibliotheken.
- Büchsenmacher- und Jagdmuseum im Schloss Ferlach mit der Trophäensammlung des verstorbenen Milliardärs Helmut Horten.

<u>Weitere J. in Deutschland</u>: Umfangreiche Trophäensammlungen, Wildtierpräparate, Jagdwaffen, Porzellangegenstände usw. finden sich in Schloss Erbach im Odenwald (Trophäensammlung der Grafen von Erbach) und im sächsischen königlichen Jagdschloss Moritzburg in Sachsen befindet sich eine der bedeutendsten Trophäensammlungen der Welt mit u.a. den weltstärksten Rotwildtrophäen. Ferner sind zu nennen: das Jagdschloss Berlin-Grunewald, das Feudalmuseum Wernigerode (Ostharz), die Burg Leuchtenburg in Thüringen, deren Museum Themen zur örtlichen

Jagdgeschichte aufweist, speziell zur benachbarten historischen ▸ Jagdanlage Rieseneck, das Hopfen-, Obst- und Jagdmuseum in Tettnang-Waldhub, das Jagdmuseum in Spangenberg (Schloss Spangenberg), das Forst- und Jagdmuseum Sababurg, das Jagdmuseum in Ellwangen-Pfahlheim und das Borner »Forst- und Jagdmuseum Ferdinand von Raesfeld« in Born, im Norden von Mecklenburg-Vorpommern.

Weitere J. in Österreich: Das Museum in Straßburg (Kärnten), das Museum »Kaiser Franz Josef und die Jagd« im einstigen kaiserlichen Jagdschloss (seit 1850) in Neuberg an der Mürz (Steiermark). Das Jagdmuseum Schloss Eggenberg (Graz) wurde 1952 als erstes österreichisches Jagdmuseum und als viertes der Welt eröffnet, 1997 von der Stiftung Joanneum Graz geschlossen und wird im Jahre 2004 im Jagdschloss Stainz (Weststeiermark) neu erstellt; ▸ Wilderermuseum.

Jagdmusik, die: Eine spezielle Tonkunst, die seit jeher mit der Jagd untrennbar verbunden ist. Ihre Uranfänge mit einfachen Instrumenten wie Pfeifen, Knochenflöten und Tierhörnern gehen bis in die Altsteinzeit zurück. Für größere Entfernungen bediente sich der eiszeitliche Jäger sog. Phalangenflöten aus Rentierknochen. Aus Röhrenknochen entstanden flötenartige Instrumente mit Grifflöchern (Grifflochflöten), mit denen bereits sechs verschiedene Töne hervorgebracht werden konnten. Später wurden für weittragende Signaltöne die Hörner von Wildtieren verwendet, die auch als Vorbild für unsere heutigen Jagdhörner dienten. Für Jagdopferfeste, z.B. im Artemis- bzw. Dianakult, wurden bereits Instrumente verwendet, die für die praktische Jagd zu schwer waren; u.a. hatten die Griechen die Salpinx und den oboenartigen Aulos, die Römer das Cornu und die ▸ Kelten die Luren. Im Mittelalter benutzte der Adel den Oliphant, die angestellten Jäger hingegen gewöhnliche Wildrind- oder Büffelhörner (▸ Jagdhorn). Der älteste heute bekannte Bericht über Jagdrufe findet sich in dem Buch »Kynegetikos« des griechischen Geschichtsschreibers ▸ ***Xenophon***. Die ersten Berichte über Jagdrufe und ▸ Jagdsignale können den französischen Jagdlehrbüchern des Mittelalters entnommen werden. Im Mitte des 13. Jh. entstandenen Jagdbuch »La chace dou cerf« wird auf den regen Gebrauch der Signale hingewiesen. Im »Le livre de la chasse du Roy Modus« (um 1330 verfasst) werden fünf Signale in unterschiedlich langen und kurzen Tonfolgen erwähnt. Im ersten Teil des »Trésor de Vénerie« hat ***Hardouin de Fontaine-Guérin*** um 1394 bereits verschiedene Signale aufgezeichnet. Das wichtigste Lehrbuch »La vénerie« (1561) von ***J. du Fouilloux*** kennt in der Pariser Ausgabe von 1573 bereits vierzehn Signale. Die Signalhörner wurden im Laufe des 17. Jh. in Mensur und Form verbessert, sodass melodisch reichere, auch mehrstimmige Stücke möglich wurden. Am Hofe Ludwigs XIV. verwendete der aus Italien stammende Hofkomponist ***Jean-Baptiste Lully*** (1632 bis 1687) die großen Parforcehörner und die kleinen Hörner, später das Waldhorn. 1637 setzte der italienische Komponist ***Michel Angelo Rossi*** in der Oper »Erminia sul Giordano« einen Hörnerchor ein. Für die Verbreitung der mehrstimmigen J. nach französischem Vorbild sorgte der böhmische ***Graf Franz Anton von*** ▸ ***Sporck*** (1662 bis 1738), der Gründer des böhmischen St.-Hubertus-Ordens (▸ Jagdorden), aus dessen Repertoire auch das alte Jagdlied »Auf, auf zum fröhlichen Jagen« (vom Leibdichter ***Gottfried Benjamin Hanke***) stammt. Das von ihm aus Frankreich mitgebrachte Waldhorn wurde in Nürnberg perfekt nachgebaut. Zur gleichen Zeit wurde das Parforcehorn durch Verlängerung des Rohrs modulationsfähiger gemacht. Es war in B, A, Es, F oder D gestimmt, wobei bei einer Rohrlänge von 4,5 m bis zu 16 Naturtöne geblasen werden konnten. »Der vollkommene teutsche Jäger« von ***H. F. von*** ▸ ***Fleming*** (1719) enthält die ersten Aufzeichnungen von deutschen Jagdsignalen für das große Horn. Das Erlernen des Jagdhornblasens haben ***J. W. von Pärson*** (»Der Edle Hirsch-gerechte Jäger«, 1734) und ***H. W.*** ▸ ***Döbel*** (»Eröffnete Jäger-Practica«, 1746) in ihren Lehrbüchern festgehalten. Der mehrstimmige Gebrauch und die Weiterentwicklung der Hörner führte letztlich zur Kunstmusik. Dem Typ der weltlichen Huldigungskantate entspricht z.B. das »Glückwünschende Jagd-Ballett« zum Geburtstag Johann Friedrichs von Brandenburg-Ansbach (1673, komponiert wahrscheinlich von ***Johann Wolfgang Franck***). Hier einzureihen sind auch ***Johann Sebastian Bachs*** Jagdkantate »Was mir behagt, ist nur die muntre Jagd« (um 1713) und ***Johann David Heinichens*** Kantate »Diana su' Elba« (1719). In ***Carl Maria von Webers*** Werk »Der Freischütz« (1821) erreichte die Jagddarstellung in der Oper einen Höhepunkt. Bemerkenswerte Jagdszenen enthalten auch ***Johann Adam Hillers*** Singspiel »Die Jagd« (1770) sowie ***Albert Lortzings*** »Der Wildschütz« (1842) und »Undine« (1845). In der Instrumentalmusik des 18. Jh. dokumentierte sich zunehmend die Beliebtheit der Jagdthematik. Beispielhaft können ***Antonio Vivaldis*** »Caccia in Autunno« (op. 8, Nr. 3, 1725) und ***Leopold Mozarts*** »Sinfonia di caccia« (1756) angeführt werden. Von Leopold Mozart, dem Vater von Wolfgang Amadeus Mozart, stammen im Übrigen einige weitere Kompositionen mit jagdlichem Inhalt, z.B. sein Konzert für zwei Hörner, dessen letzter Satz »La Caccia« eine besonders bravouröse Komposition dieses Genres darstellt. Ein kleines Jagdstück schließlich verfasste er für den Herbstmonat, und zwar als kurzes Klavierstück mit dem Titel »Die Jagd«. Daneben zählen ***Joseph*** ▸ ***Haydns*** Symphonien Nr. 31 »Auf dem Anstand« (Symphonie mit dem Hornsignal) und Nr. 73 »La chasse« sowie ***Wolfgang Amadeus Mozarts*** Jagdquartett B-Dur, KV 458, aus dem Jahre 1784 zu den herausragenden Werken. Berühmt war zur Zeit Ludwig van Beethovens die von ***Étienne Nicolas Méhul*** als »Chasse« betitelte Ouvertüre zu seiner Opéra-comique »Le jeune Henri« (1797). Erwähnenswert sind im 19. Jh. symphonische Dichtungen wie ***César Francks*** »Le chasseur maudit« (1883); ***Bedřich Smetanas*** »Waldjagd« in »Die Moldau« (1874) und ***Antonín Dvořáks*** »Das goldene Spinnrad« (1896), ***Anton Bruckners*** »Scherzo« der 4. Symphonie und ***Gustav Mahlers*** Erste Symphonie, erster Satz (»Wie ein Naturlaut«). Bei der Jagdstücken für Klavier werden bei ***Felix Mendelssohn Bartholdys*** »Lieder ohne Worte« (op. 19) die jagdbezogenen Teile zu kleinen stilisierten Charakterstücken, bei ***Franz Liszts*** Konzertetüde »Wilde Jagd« zum Virtuosenstück. Die Jagd hat auch Eingang in die Tanz- und die Marschmusik gefunden, z.B. bei ***A. Wranitzky***: »Jägermärsche«; bei ***Johann Strauß***: »Auf der Jagd«, »Jägerpolka«, »Kaiserjäger-Marsch« und »Galopp unter Freikugeln«. Zur J. gehören aber auch die verschiedenen ▸ Hubertusmessen, die aus Signalen und anderen Stücken für Jagdhörner bestehen; ▸ Jägerlieder, ▸ Jagdhorn, ▸ Jagdhornblasen, ▸ Stief.

Jagdneid, der (Schussneid): Einem anderen den Jagderfolg (meist die Trophäe) nicht gönnen.

Jagdnetze, die: Sammelbezeichnung für alle Netze oder ▸ Garne, die bei den verschiedenen Jagden gebraucht wurden; ▸ Jagdzeug 2.

Jagdnutzung, die: Die Haupteinnahme der ▸ Jagdgenossenschaft ist der Pachtzins, der nach Abzug der Lasten den Reinertrag der J. darstellt. Die J. ist nach dem BJG (§ 10) wie folgt geregelt:

»(1) Die Jagdgenossenschaft nutzt die Jagd i.d.R. durch Verpachtung. Sie kann die Verpachtung auf den Kreis der ▸ Jagdgenossen beschränken.

(2) Die Jagdgenossenschaft kann die Jagd für eigene Rechnung durch angestellte Jäger ausüben lassen. Mit Zustimmung der zuständigen Behörde kann sie die Jagd ruhen lassen.

(3) Die Jagdgenossenschaft beschließt über die Verwendung des Reinertrages der J. Beschließt die Jagdgenossenschaft, den Ertrag nicht an die Jagdgenossen nach dem Verhältnis des Flächeninhaltes ihrer beteiligten Grundstücke zu verteilen, so kann jeder Jagdgenosse, der dem Beschluss nicht zugestimmt hat, die Auszahlung seines Anteils verlangen. Der Anspruch erlischt, wenn er nicht binnen einem Monat nach der Bekanntmachung der Beschlussfassung schriftlich oder mündlich zu Protokoll des ▸ Jagdvorstandes geltend gemacht wird.«

Auch der Inhaber eines Eigenjagdbezirkes kann sein Jagdausübungsrecht nutzen, indem er die Jagd selbst ausübt, die Jagd durch angestellte Jäger für sich ausüben lässt oder das Jagdausübungsrecht verpachtet. Zur J. gehört auch der wirtschaftliche Nutzen, z.B. der Erlös aus der Verwertung des Wildbrets, der Decken, der Bälge, der Schwarten, der Trophäen etc.

Jagdnutzungsanweisung (JNA), die: Eine Verwaltungsvorschrift der deutschen Landesforstverwaltungen, welche die Verwaltung, die Nutzung und den Betrieb der Jagd in den

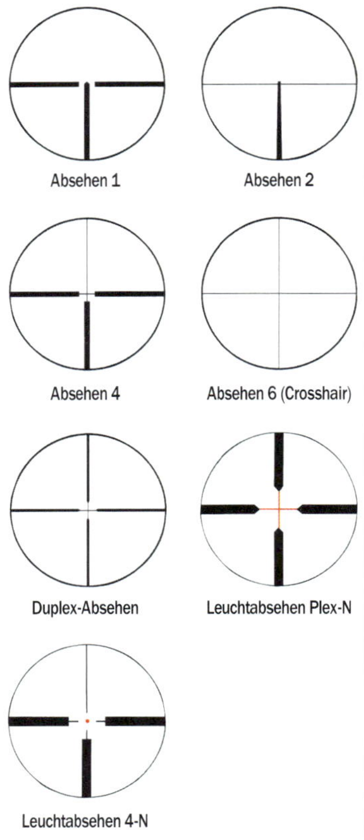

Verschiedene Zielfernrohr-Absehen

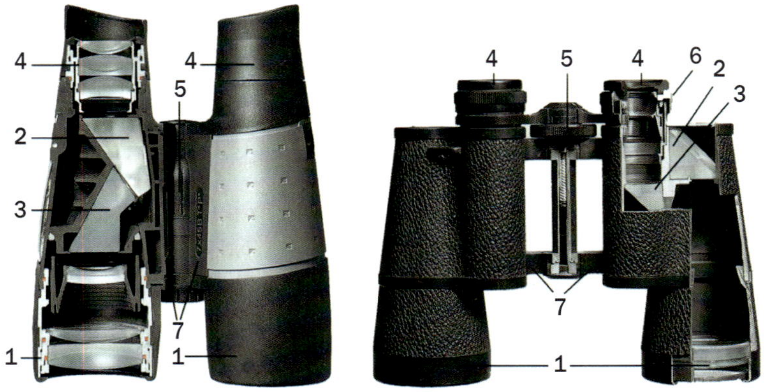

▸▸ Zwei Jagdgläser im Teilschnitt: Modernes schlankes Fernglas mit Dachkant-Prismen (links) und Fernglas in klassischer Form mit Porro-Prismen. Die Einzelteile: 1 Objektive, 2 u. 3 Prismen, 4 Okulare, 5 Mitteltrieb, 6 Verstellring rechtes Okular, 7 Verbindungsbrücke

Staatsjagden regelt, sofern diese durch Selbstverwaltung (Verwaltungsjagdreviere, ▸ Regiejagden) genutzt werden.

Jagdökologie, die: Ein Spezialgebiet der ▸ Ökologie. Sie beschäftigt sich mit den Auswirkungen der Jagd auf Wildpopulationen und ▸ Ökosysteme. Zentrales Thema der J. ist die Erhaltung jagdbarer Arten und ihrer Lebensräume.

Jagdoptik, die: Hierunter fallen die optischen Hilfsmittel, die zur ▸ Jagdausübung verwendet werden: 1. Jagdglas, 2. Spektiv und 3. Zielfernrohr. Die Qualität eines Jagdglases, eines Zielfernrohrs oder eines Spektivs ist im Wesentlichen abhängig vom Vergrößerungswert und vom Objektivdurchmesser. Beide Werte sind auf dem Fernglas angegeben (z.B. 10 x 40). Die erste Zahl gibt die Vergrößerung, die zweite Zahl den Objektivdurchmesser in Millimeter an. Je stärker die Vergrößerung, desto kleiner das Seh- oder Gesichtsfeld (Gelände, welches beim Blick durch das Fernglas erfasst wird) und desto stärker wirken sich jede Körperbewegung, Puls und Atmung aus, sodass bei zehn- oder zwölffacher Vergrößerung die Grenze für den freihändigen Gebrauch des Jagdglases liegt. Je größer der Objektivdurchmesser, desto deutlicher sind die Bilder bei schwachem Licht (Mondlicht, Dämmerung) zu erkennen. Aus der Vergrößerung und dem Objektivdurchmesser lassen sich die geometrische Lichtstärke und die Dämmerungszahl errechnen. Die geometrische Lichtstärke wird wie folgt errechnet: Der Objektivdurchmesser geteilt durch den Vergrößerungswert (z.B.: 40:10=4) ergibt den Durchmesser der Austrittspupille; dieser im Quadrat ergibt die (geometrische) Lichtstärke (z.B.: 4 x 4=16). Sie dient als rechnerisch-theoretischer Wert für die Helligkeit des Bildes. Da die Vergrößerung nicht berücksichtigt ist, charakterisiert der Wert aber nicht ausreichend die wirkliche Leistung, da man z.B. bei verschiedenen Gläsern mit gleicher Lichtstärke mit dem Glas mit der stärkeren Vergrößerung mehr sieht (eine stärkere Vergrößerung ergibt eine bessere Auflösung). Die Dämmerungsleistung (Dämmerungszahl) wird errechnet, indem man den Vergrößerungswert mit dem Objektivdurchmesser multipliziert und daraus die Wurzel zieht (z.B.: $10 x 40 = 400$, $\sqrt{400} = 20$). Je höher die Dämmerungszahl, desto genauer sind Einzelheiten bei schwachem Licht zu erkennen. I.d.R. sind Ferngläser von sieben- bis zehnfacher Vergrößerung ideal. Vergrößerung, Lichtstärke und Gesichtsfeld sollten im richtigen Verhältnis zueinander stehen. Es ist deshalb darauf zu achten, dass der Objektivdurchmesser bei sieben- bis achtfacher Vergrößerung mindestens 50 mm und bei zehnfacher Vergrößerung mindestens 60 mm beträgt. – Die sog. B-Gläser sind besonders für Brillenträger, jedoch auch für normale Augen geeignet. Ferner ist noch zu beachten, dass bei älteren Menschen die Sehkraft in der Dämmerung nachlässt, also die Dämmerungsleistung eines Glases nicht mehr voll ausgenützt, aber durch eine stärkere Vergrößerung ausgeglichen werden kann. Für ältere Jäger ist deshalb ein Jagdglas mit stärkerer Vergrößerung zu empfehlen. Die Vergütung der Optik hilft eine Lichtreflexion zu vermeiden, die einen Helligkeitsverlust und eine Verminderung des Bildkontrasts bewirken würde. Auf die polierten Glasflächen wird daher eine hauchdünne

▸▸ Spektive und Fernrohre: 1 Bushnell Sportview Prismenfernrohr 20-60x60, 2 a und b Swarovski Ausziehfernrohr CT 75 und CT 85, 3 Wechselokulare für CT 75 und CT 85, 4 Perma Fernrohr 32x80 GA, 5 Kowa Prismenfernrohr 20-60x60 TS 611

Mineralschicht (Blaubelag) aufgebracht, wodurch die Linsen ein blaues bis purpurfarbenes Aussehen erhalten. Durch diese Mineralschicht wird die Lichtdurchlässigkeit der Optik um ca. ein Drittel gesteigert und eine bessere Bildschärfe erreicht.

1. Jagdglas, das (Fernglas, Feldstecher): Als Ferngläser werden meist Prismengläser verwendet. Bei diesen werden die durch das Objektiv (das dem Objekt zugewandte Linsenteil) eintretenden Lichtstrahlen im Glasinneren durch ein Prisma geleitet und gelangen dann durch das Okular (die dem Auge zugewandte Linse) ins Auge. Prismengläser gibt es in der klassischen Porroprismenform und in der schlanken Dachkantprismenform. Das erste Fernglas entwickelte 1608 Johann Lippersheym zu Middelburg in den Niederlanden.

2. Spektiv, das: Ein zusammenschiebbares Fernrohr (Ausziehfernrohr) von starker, bis 60-facher, manchmal auch variabler Vergrößerung. Es gibt galileische S. und Prismen-S. Wegen der starken Vergrößerung muss das S. bei Gebrauch angestrichen, aufgelegt oder auf ein Stativ montiert werden. Es wird meist im Gebirge verwendet. Wegen der zu geringen Lichtstärke wird es nur bei Tageslicht verwendet. Neuere Modelle mit einer 30- bis 40-fachen Vergrößerung und einem großen Objektivdurchmesser haben eine gute Dämmerungsleistung und sind auch bei schlechtem Licht brauchbar.

3. Zielfernrohr, das: Ein optisches Hilfsmittel, das Ziel und Absehen (Zielvorrichtung) in eine Linie bringt, wogegen beim Zielen über Kimme, Korn und Ziel drei verschieden weit entfernte Punkte auf eine gleiche Ebene gebracht werden müssen. Die Verwendung eines Z. ist durchaus waidmännisch und verhindert in hohem Maße Fehlschüsse oder das Krankschießen des Wildes. Zielfernrohre werden in unveränderlicher (konstanter) und veränderlicher (variabler) Vergrößerung angeboten. Bei variablen Z. kann die Vergrößerung von eineinhalb- bis zehnfach eingestellt werden. Die gebräuchlichsten Z. haben eine vier- bis siebenfache Vergrößerung. Zu beachten ist jedoch, dass Vergrößerung und Sehfeld voneinander abhängig sind, d.h. je größer die Vergrößerung, desto kleiner wird das Sehfeld. Das variable Z. gibt dem Jäger die Möglichkeit, das Ziel mit einer kleineren Vergrößerung zu suchen; die Ansprache bzw. der Schuss erfolgt dann mit einer höheren Vergrößerung. Die optischen Grundelemente bestehen aus dem Objektiv (Linsensystem), das dem Ziel zugewandt ist, aus der Strichplatte mit Zielmarke (Absehen), aus dem Umkehrsystem und dem Okular. Für das Anvisieren eines Zieles sind Objektiv und Absehen maßgebend. Die Form des Absehens ist in vielen Fällen eine Frage der persönlichen Ansicht des Jägers. Die Ausführung des Absehens (acht Arten) ist im Wesentlichen einheitlich. Es besteht i.d.R. aus Querbalkenkombinationen. Die unterbrochene Linie zwischen zwei Querbalken entspricht auf 100 m einem Breitenmaß von 70 cm. An modernen Z. kann das Absehen mit einer Höhen- und Seitenverstellung reguliert werden. Das ist v.a. dann notwendig, wenn ein Gewehr auf eine bestimmte Entfernung eingeschossen werden soll. Zugleich dient das Absehen zum Schätzen der Entfernung zum Wild. So entspricht das Breitenmaß von 70 cm (bei 100 m) etwa dem Maß eines breitstehenden Rehs. Die Absehen werden entweder auf eine Glasplatte eingeätzt oder bestehen aus sehr feinen Drähten. Das Z. wird mit einer Z.-Montage auf dem Gewehr befestigt und ist jederzeit abnehmbar. Es gibt die Einhakmontage (Suhler Einhakmontage, Kettner-Kontra-Einhakmontage), die Schwenkmontage und Brücken-Schwenkmontage, die Deutsche Aufschubmontage, die Spannmontage, die Blaser Sattelmontage und die Kipp- oder Aufkippmontage.

Jagdoptik-Pflege, die: Optische Geräte sind pfleglich und schonend zu behandeln. Fingerabdrücke auf Linsen sind mit einem feinen Leinen- oder Lederlappen zu entfernen (vorher anhauchen), weil das Fett der Finger die Oberfläche angreift. Etwas reiner Alkohol kann dazu verwendet werden. Sandkörner und Staubpartikel sollten nicht abgewischt, sondern (um Kratzer zu vermeiden) weggeblasen oder mit einem weichen Pinsel entfernt werden. Beschlag auf den Linsen, der durch plötzlichen Temperaturwechsel entsteht, verschwindet von selbst wieder, wenn die Optik sich der Temperatur angepasst hat. Regen, Tau oder Spritzwasser ist jedoch abzuwischen und die Jagdoptik nur trocken in einen geschlossenen Behälter zu legen. Die Gummierung der Ferngläser und der Spektive sollte vor fett- und ölhaltigen Stoffen geschützt werden. Falls erforderlich, ist die Gummierung mit Silikon-Öl zu reinigen. Gummierung, Belederung und Abdichtung von optischen Geräten leiden, wenn sie im Auto Sonneneinstrahlung und extremer Hitze ausgesetzt sind. In den Tropen sind optische Geräte möglichst trocken (auch der Sonne ausgesetzt) und luftig aufzubewahren, jedoch nicht in Lederbehältern. Pfleglich behandelt, bedarf die Jagdoptik keiner Wartung. Bei Verlust und Diebstahl ist es wichtig, die Herstellernummer zu wissen. Sie ist deshalb zu notieren.

Jagdorden, die: Besondere Ritterorden, die von regierenden Fürsten, hohen Standes-

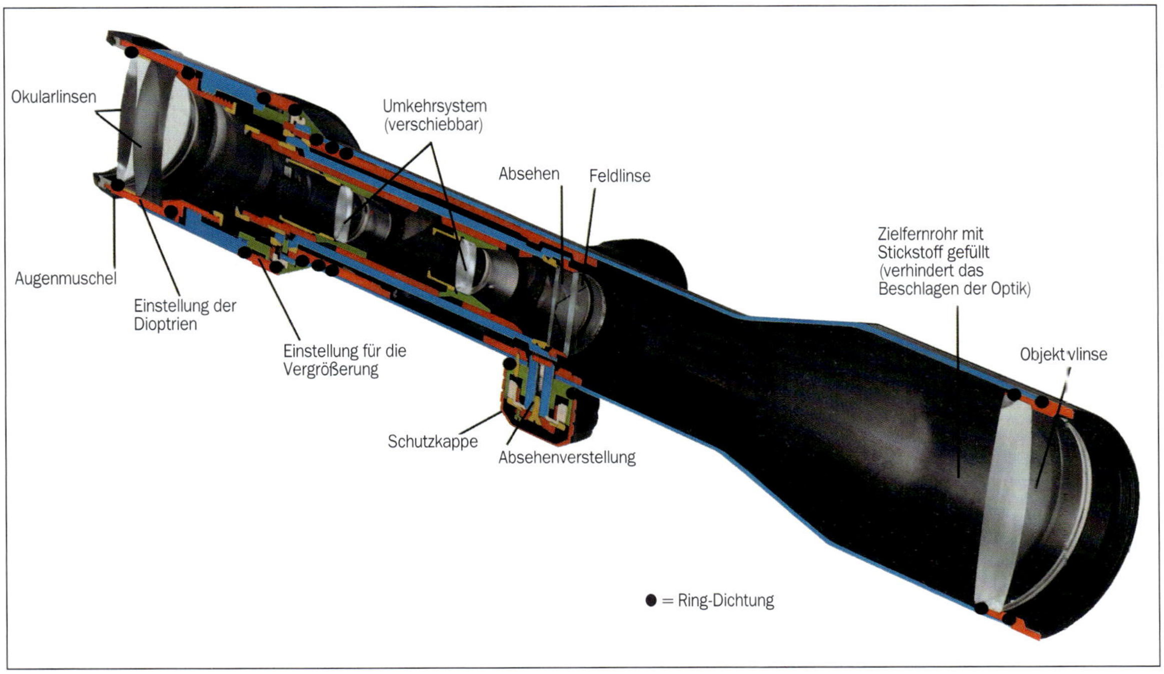

Zielfernrohr im Längsschnitt

Entfernungsschätzung durch das Zielfernrohr mithilfe des Absehens

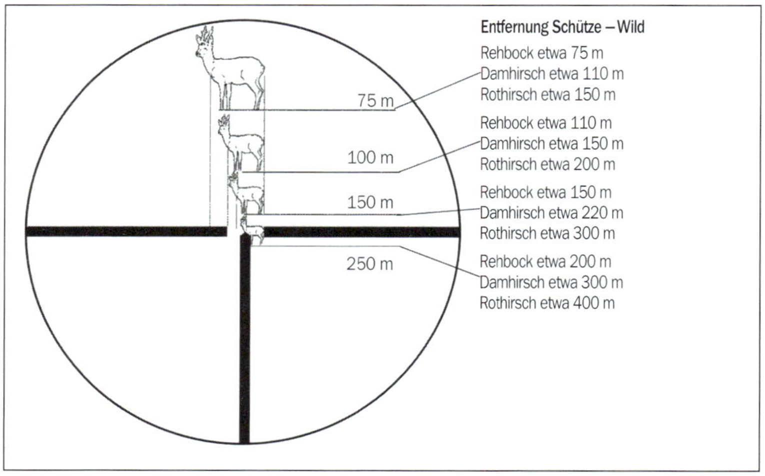

herren, berühmten Jägern oder Vereinen zur ehrenvollen Auszeichnung fürstlicher Jagdgenossen und berühmter Jäger oder auch zum feierlichen Gedenken an große Jagden gestiftet werden. J. gibt und gab es in verschiedenen Ländern Europas. Auch jagenden Frauen war die Mitgliedschaft in J. gestattet, was die Ordensregeln des »Ordens vom getreuen Hirschfänger« (gegründet 1713) beweisen (alle anderen Ritterorden waren Frauen verschlossen). Alle jagdlichen Orden waren nicht öffentlich. Die Mitgliedschaft in J. war (und ist) ein Ausdruck gleicher Gesinnung (z.B. waidgerechte Jagdausübung, Verfeinerung der Jagdgebräuche) und dient heute auch der Erhaltung des Kulturgutes Jagd und der jagdlichen Tradition.

Der älteste J. stammt aus Frankreich. Er wurde 1416 vom Herzog von Bar gestiftet, nach dessen Tod verschiedentlich umgestaltet und bestand bis 1824. Ein St.-Hubertus-Orden wurde im Jahre 1444 von Herzog Gerhard V. von Jülich und Berg gestiftet und 1476 mit Statuten versehen. Dieser Orden war ursprünglich ein militärischer Hausorden, der staatspolitischen Zielen diente und mit Jagd nichts zu tun hatte. Nach dem Erlöschen des herzoglichen Hauses ging dieser Orden auf das Haus Pfalz-Neuburg über. Von Kurfürst Johann Wilhelm (Jan Wellem) von der Pfalz, der in Düsseldorf residierte, wurde er 1708 erneuert, ebenso von seinen Nachfolgern (1718, 1744 und 1760). Er ging dann an Kurfürst Maximilian von Bayern über, der ihn nach seiner Erhebung zum ersten bayerischen König (König Maximilian I. Joseph) 1808 zum »Bayerischen Jagdorden St. Hubertus« und zum »höchsten Orden des Königreiches« erklärte. Seine Devise war »In traw vast …« (»In Treue fest …«), und er bestand bis zum Ende des Ersten Weltkrieges. Das Ordenszeichen war ein weiß emailliertes Malteserkreuz mit goldenen Kugeln auf den Spitzen und dazwischen goldenen Strahlen.

Im 17. und im 18. Jh., im Zeitalter des Absolutismus, stifteten weltliche und auch kirchliche Würdenträger eine Fülle von J. Ein sehr bekannter J. war der »Ritterliche St.-Hubertus-Orden« in Böhmen. Der spätere Kaiser Karl VI. erhielt 1695 von Zar Peter d. Gr. sechs weiße Hirsche zum Geschenk und setzte diese in seinem Gatter in Böhmen aus. Einer dieser Hirsche – die für den Krönungsfestzug in Prag bestimmt waren – wurde von Anton Franz ▸ Graf Sporck gewildert. Obwohl darauf schwere Strafe stand, ließ Karl (▸ Habsburger), mit Rücksicht auf die Krönung, Gnade vor Recht ergehen. Zum Andenken an diesen Gnadenakt stiftete der Graf am 8. November 1695 den böhmischen »St.-Hubertus-Orden«, den Kaiser Karl VI. am 3.11.1723 entgegennahm. Ordensritter waren auch die Könige von Böhmen und von Polen (Kurfürsten von Sachsen) mit ihrer Gefolgschaft. Ordensdevise: »Deum diligite animalia diligentes« – »Ehret Gott, indem ihr seine Tiere ehret«. Der Orden war ein Zusammenschluss von Personen, denen die »höfische Jagd« mit ihrem entarteten Abschlachten der Tiere zuwider geworden war. In der Gründungsurkunde findet sich daher die Formulierung »Ritterlicher St.-Hubertus-Orden – Verfeinerung der Jagdgebräuche«. Bis 1806

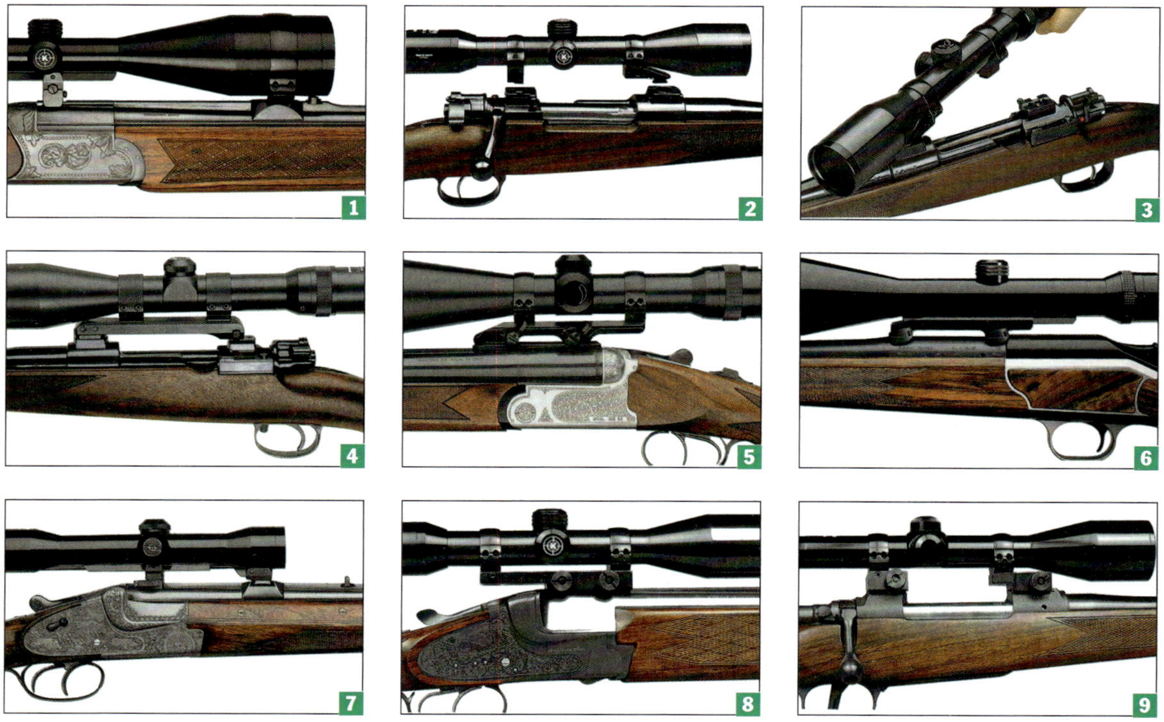

Montagearten für Zielfernrohre: 1 zweiteilige EAW-Schwenkmontage für Kipplaufwaffen, 2 EAW-Schwenkmontage für Repetierbüchsen, 3 ausgeschwenkte EAW-Schwenkmontage für Repetierbüchsen, 4 Frankonia Brücken-Schwenkmontage, 5 Spannmontage Frankonia, 6 Blaser Sattelmontage, 7 Suhler Einhakmontage, 8 einteilige EAW-Aufschubmontage für Bockbüchsflinten, 9 zweiteilige EAW-Kippmontage

Der Hubertus-orden

erstreckte sich das Wirken des Ordens über das Gebiet des Heiligen Römischen Reiches Deutscher Nation, danach nur noch über die Länder der Krone Habsburgs. Vor dem Zweiten Weltkrieg wurde der Orden verboten, und am 10.5.1950 erfolgte seine Restitution in Österreich mit Zustimmung der Österreichischen Bundesregierung. Der Wirkungsbereich dehnte sich auf andere europäische und außereuropäische Länder aus. Heute hat der »Internationale St.-Hubertus-Orden« seinen Sitz in Wien und nationale Kapitel u.a. in der Schweiz, in den Niederlanden, in Belgien, Deutschland, Kanada und den USA sowie in Mexiko. Die Ziele des Ordens sind v.a. die waidgerechte Jagdausübung, die Erhaltung der Jagd als Kulturgut und die Pflege der jagdlichen Tradition. Der Fürstlich Nassau-Dillenburgische J. »Ordre du noble divertissement«, 1712 von Fürst Wilhelm von Nassau gestiftet, geht auf eine frühere Stiftung des Fürsten von Dillenburg (1697) zurück. Orden: Grünes Malteserkreuz mit weißem Medaillon in der Mitte (mit springendem Hirschen). Der »Orden des goldenen Hirsches in Schlesien«, gestiftet am 23.8.1672 vom letzten schlesischen Patriarchen, Herzog Georg Wilhelm von Brieg (Orden: Weißer Hirsch auf goldenem Eichenblatt). Dieser Orden erlosch mit dem Stifter. Der »Orden vom getreuen Hirschfänger« wurde im Jahre 1713 von einem Verein mecklenburgischen Adels gestiftet. Devise: »Honny soit qui mal y pense« – »Ein Schelm, wer Arges dabei denkt« (identisch mit der des englischen Hosenbandordens). 1702 wurde von Herzog Friedrich Carl von Württemberg in seiner Eigenschaft als des Hl. Römischen Reichs Erzjägermeister der »Herzoglich Württembergische Hubertusorden« gestiftet (Orden: Rotes Malteserkreuz mit goldenen Rändern und grünem Medaillon in der Mitte und silberner, achtstrahliger Bruststern). Ordensdevise: »Virtutis Amicitiaeque foedus« – »Bund der Tugend und der Freundschaft«. 1807 wandelte der erste württembergische König (Friedrich I.) den J. in den Hausorden des Königreiches, den »Orden vom Goldenen Adler«, um. Er bestand bis zu dessen Auflösung 1918. Der »Auerhahn-Orden«, 1720 von Graf Dohna gestiftet, bestand bis 1939. Der Dianen-Orden war ein im Mittelalter für ausgezeichnete Leistungen bei Hirschjagden und ▸ Reiherbeizen verliehener Orden. Der Dianen-Orden war eine goldene oder eine silberne Medaille mit der Figur der Diana (▸ Jagdgöttin) auf der einen und einem Hirsch auf der anderen Seite. Das Motiv war das Ordenszeichen für die Mitglieder des Dianenbundes, der, von der Ritterschaft in Westfalen gegründet, mit dem Verfall des Ritterwesens sich auflöste. Dianenpriester (Verbrüderungen eheloser Jäger) gab es zuerst in der Normandie, im 18. Jh. auch in Schwaben und in Neapel. Der Dianen-Orden »Orden der Diana, der Jägerin« (»Ordine di Diana Cacciatrice«), gegründet am 21.2.1779 von Anton Graf Attems, Franz Anton Graf Lanthieri und Alphons Graf Porcia in Görz. Dieser (adlige) Orden hatte, obwohl freimaurerisch orientiert, die Unterstützung von jagdinteressierten, talentierten jungen Leuten, deren jagdliche Ausbildung und die Unterstützung armer und brotloser sowie verunglückter Jäger zum Ziel. An die Spitze wurde Karl Johann Graf Dietrichstein (ab 1784 Fürst Dietrichstein-Proskau-Leslie) gewählt, und am 14.6.1786 wurde die Wiener Sozietät gegründet. Am 8. September 1784 stimmten König Ferdinand IV. und seine Gemahlin Maria Carolina zu, Großmeister der Gesellschaft zu werden. Ab dem 27.1.1788 gab es eine eigene Sozietät für Krain in Laibach. Am 25.11.1801 gebot Kaiser Franz II. die Auflösung der Gesellschaft, da er »keine Art von Verbrüderungen oder Gesellschaften, welche geheime und ausschließende Zusammenkünfte halten, sich und ihren Chefs nach gewissen Eidesformeln, Verheissungen machen, mit Fremden in Verbindung treten, und dergleichen ...« in seinen Staaten dulden wollte. Tatsächlich wird in den Quellen manchmal das Wort »Orden« verwendet, wenn auch der offizielle Titel »Sozietät« lautete. Jedenfalls handelte es sich um eine Gesellschaft, die allein schon durch das Adelsattest als Voraussetzung der Mitgliedschaft, durch die eigene Uniform und spezielle Embleme sich als exklusive ordensähnliche Vereinigung darstellte. Das Abzeichen (Geschmuck) war ein kleines goldenes Jagdhorn mit einem Durchmesser von etwa 20 mm; es war mit einem graugrünen gestreiften Band an einem Knopf der Weste zu tragen. Der preußische »Sehr Edle Orden vom Weißen Hirschen Sancti Huberti« wurde am 3.11.1859 von Prinz Friedrich Karl von Preußen gestiftet. Ordenszeichen ist ein springender weißer Hirsch unter einer Krone, die unter einem Eichenbruch hängt. Das Band, an dem das Geschmuck hängt, trägt die Aufschrift »VIVE LE ROI ET SES CHASSEURS« – »Es lebe der König und seine Jäger«. 1889 übernahm Kaiser Wilhelm II. das Protektorat über den Orden. Er soll ihn noch bis 1930 verliehen haben. 1955 wurde der Orden durch Prinz Louis Ferdinand von Preußen erneuert und ergänzt. Im Jahre 1955 wurde der Orden »Der Silberne Bruch« – übernationaler Orden zum Schutz von Wald, Wild und Flur und zur Förderung von waidgerechtem Jagen – gegründet. Die Landesgruppe Deutschland des Ordens hat die ▸ Stiftung Wald, Wild und Flur in Europa errichtet. In der Schweiz besteht seit 1979 der »Grüne Bruch«, eine verbandsunabhängige Vereinigung von Jägern und Jagdfreunden.

Jagdordnung, die: J. wurde früher ein Gesetz genannt, das die Pflege und die Ausübung der Jagd zum Inhalt hatte. In Ausübung der ▸ Jagdhoheit erließen die Landesherren die J. gewöhnlich zusammen mit den Forstordnungen. Sie wurden für fast jede Provinz erlassen und enthielten administrative Bestimmungen über die Verwaltung der landesherrlichen Jag-

Von GOttes Gnaden Wir Ernst August, Hertzog zu Sachsen, Jülich, Cleve und Berg, auch Engern und Westphalen, Landgraf in Thüringen, Marggraf zu Meißen, gefürsteter Graf zu Henneberg, Graf zu der Marck und Ravensberg, Herr zum Ravenstein,

Der Römisch-Käyserl. Majestät würcklicher commandirender General über die sämtliche Käyserl. Cavallerie, und Obrister über ein Regiment Cuirassiers, und ein Regiment Infanterie.

Fügen allen Unter-Obrigkeiten, wie auch jedermänniglich, hiermit zu wissen, wasgestalten Wir der Nothdurfft zu seyn befunden, derer herumlauffenden Hunde halber, welche allerhand Unfug in denen Fürstlichen Gehegen und sonsten verursachen, nicht nur in dem An. 1733. emanirten Jagd-Edict §. 12. und 13. behörige Verordnung ergehen zu lassen, sondern auch dieselbe jetzo nochmahlen zu wiederhohlen und respective dahin zu extendiren, Daß keiner derer Unterthanen und Inwohner seine Hunde in denen Städten oder Dörffern, weniger aber auf dem Felde und im Holtze frey herum lauffen lassen, die Hauß-Hunde an Ketten gehalten, die Metzger-Hunde, wenn solche nicht würcklich das Vieh treiben, am Stricke geführet, die Schäfer-Hunde aber mit Knütteln einer Ellen lang versehen werden sollen; Und damit die Hunde desto leichter erkannt werden mögen, so soll denen erstern der Schwantz, denen Schaaf-Hunden die Ohren und denen Metzgers-Hunden sowohl Schwantz, als Ohren abgeschnitten werden. Gleich wie nun jedermänniglich sich hiernach und nach dem bereits An. 1733. publicirten Jagd-Edict behörig zu halten wissen wird, Also haben auch alle Unter-Obrigkeiten dahin zu sehen, daß beydes genau beobachtet werde, bey Straffe 20. Rthlr. so derjenige Beamte, Gerichts-Herr oder Stadt-Rath, der hierunter nachläßig erfunden werden sollte, zu erlegen, und sich hiernechst an den Ubertreter zu halten hat. Urkundlich ist dieses Patent von Uns eigenhändig unterschrieben und mit Unserm Fürstlichen Canzley-Insiegel bedruckt und gewöhnlich publiciret worden. Datum in Unserer Residenz Weimar, den 6. Aug. 1736.

Ernst August, H. z. S.

L.S.

Verordnung Ernst Augusts von Sachsen-Weimar zum Schutz des Wildes. Nürnberg, Germanisches Nationalmuseum

den, Gebote und Verbote zum Schutz des gesamten Wildbestandes und des ▸ Jagdrechts sowie Bestimmungen über die ▸ Jagdgerechtigkeiten. Die Pfalz-Zweibrückensche Forstordnung von 1785 befahl z.B., »dass die Unterthanen keine spitzen Pallisaden an ihren Zäunen haben sollten bei 10 fl. Strafe und überdies Bezahlung des gespießten Wildes«. Kaiser Josephs II. Jagdordnung von 1786 bestimmte: »Der Jagdinhaber müsse allen ▸ Wildschaden vergüten.« Der ▸ Wildschadensersatz war sonst nur im bayerischen und im preußischen Landesrecht erwähnt. Die J. früherer Zeit sind in etwa mit den heutigen Jagdgesetzen vergleichbar.

Jagdorganisationen, die: Freiwillige Zusammenschlüsse der Jägerschaft und der ihr nahestehenden Personen mit z.T. unterschiedlicher Zielsetzung, sowohl auf nationaler als auch auf internationaler Ebene (▸ Jagdschutz-Verband, ▸ Jagdwissenschaft, ▸ Jagdaufseher, ▸ Hundeverbände, ▸ Wernigeroder Jagdkorporation, ▸ CIC, ▸ FACE, ▸ A.I.N.C., ▸ AGJSO, ▸ Falkenorden). In Österreich ist die Dachorganisation der Landesjagdverbände die »Zentralstelle österreichischer Landesjagdverbände«. Als weitere Jagdorganisation besteht der »Bund österreichischer Jagdvereinigungen«. In der Schweiz ist der »Schweizerische Patentjäger- und Wildschutzverband« (SPW) die größte jagdliche Organisation. Weitere Schweizer J.: ▸ ASJV, ▸ CHJV, ▸ DIANA, ▸ FACTI; ▸ Jagdbehörden.

Jagdpacht, die: Der J.-Vertrag ist ein schuldrechtlicher gegenseitiger Vertrag im Sinne des BGB (§581). Auf ihn finden daher grundsätzlich die Vorschriften über die Miete (§§535 ff.) Anwendung. Die J. gewährt dem Pächter den Gebrauch und die Nutzung des ▸ Jagdrechts; ihr unmittelbarer Gegenstand ist das ▸ Jagdausübungsrecht. In einigen Ländern (Bayern, Hessen, Rheinland-Pfalz, Saarland und Schleswig-Holstein) wird eine Mindestpachtzeit von neun (Niederwildjagden) bzw. zwölf Jahren (Hochwildjagden) vorgeschrieben. Der ▸ Jagdbezirk (in Bayern Jagdrevier) kann in Teilen, sog. Jagdbögen, verpachtet werden, wenn er den gesetzlichen Anforderungen hinsichtlich der Mindestgröße eines Jagdbezirks genügt. Bei einem gemeinschaftlichen Jagdbezirk ist die Jagdgenossenschaft, bei einem Eigenjagdbezirk der Grundstückseigentümer Verpächter. Pächter eines Jagdbezirks ist immer nur eine natürliche Person. Die einschlägigen Vorschriften des BJG lauten:

– §11 (Jagdpacht): »(1) Die Ausübung des Jagdrechts in seiner Gesamtheit kann an Dritte verpachtet werden. Ein Teil des Jagdausübungsrechts kann nicht Gegenstand eines J.-Vertrages sein; jedoch kann sich der Verpächter einen Teil der ▸ Jagdnutzung, der sich auf bestimmtes Wild bezieht, vorbehalten. Die Erteilung von ▸ Jagderlaubnisscheinen regeln, unbeschadet des Absatzes 6 Satz 2, die Länder. – (2) Die Verpachtung eines Teils eines Jagdbezirkes ist nur zulässig, wenn sowohl der verpachtete als auch der verbleibende Teil bei Eigenjagdbezirken die gesetzliche Mindestgröße, bei gemeinschaftlichen Jagdbezirken die Mindestgröße von 250 ha haben. Die Länder können die Verpachtung eines Teiles von geringerer Größe an den Jagdausübungsberechtigten eines angrenzenden Jagdbezirkes zulassen, soweit dies einer besseren ▸ Reviergestaltung dient. – (3) Die Gesamtfläche, auf der einem Jagdpächter die Ausübung des Jagdrechts zusteht, darf nicht mehr als 1000 ha umfassen; hierauf sind Flächen anzurechnen, für die dem Pächter aufgrund einer entgeltlichen ▸ Jagderlaubnis die ▸ Jagdausübung zusteht. Der Inhaber eines oder mehrerer Eigenjagdbezirke mit einer Gesamtfläche von mehr als 1000 ha darf nur zupachten, wenn er Flächen mindestens gleicher Größenordnung verpachtet; der Inhaber eines oder mehrerer Eigenjagdbezirke mit einer Gesamtfläche von weniger als 1000 ha darf nur zupachten, wenn die Gesamtfläche, auf der ihm das Jagdausübungsrecht zusteht, 1000 ha nicht übersteigt. Für Mitpächter, Unterpächter oder Inhaber einer entgeltlichen Jagderlaubnis gilt Satz 1 und 2 entsprechend mit der Maßgabe, dass auf die Gesamtfläche nur die Fläche angerechnet wird, die auf den einzelnen Mitpächter, Unterpächter oder auf den Inhaber einer entgeltlichen Jagderlaubnis, ausgenommen die Erlaubnis zu Einzelabschüssen, nach dem Jagdpachtvertrag oder der Jagderlaubnis anteilig entfällt. Für bestimmte Gebiete, insbesondere im Hochgebirge, können die Länder eine höhere Grenze als 1000 ha festsetzen. – (4) Der J.-Vertrag ist schriftlich abzuschließen. Die Pachtdauer soll mindestens neun Jahre betragen. Die Länder können die Mindestpachtzeit höher festsetzen. Ein laufender J.-Vertrag kann auch auf kürzere Zeit verlängert werden. Beginn und Ende der Pachtzeit soll mit Beginn und Ende des Jagdjahres (1. April bis 31. März) zusammenfallen. – (5) Pächter darf nur sein, wer einen Jahresjagdschein besitzt und schon vorher einen solchen während dreier Jahre in Deutschland besessen hat. Für besondere Einzelfälle können Ausnahmen zugelassen werden. Auf den in Satz 1 genannten Zeitraum sind die Zeiten anzurechnen, während derer jemand vor dem Tag des Wirksamwerdens des Beitritts eine Jagderlaubnis in der Deutschen Demokratischen Republik besessen hat. – (6) Ein J.-Vertrag, der bei seinem Abschluss den Vorschriften des Absatzes 1 Satz 2 Halbsatz 1, des Absatzes 2, des Absatzes 3, des Absatzes 4 Satz 1 oder des Absatzes 5 nicht entspricht, ist nichtig. Das gleiche gilt für eine entgeltliche Jagderlaubnis, die bei ihrer Erteilung den Vorschriften des Absatzes 3 nicht entspricht. – (7) Die Fläche, auf der einem Jagdausübungsberechtigten oder Inhaber einer entgeltlichen Jagderlaubnis nach Absatz 3 die Ausübung des Jagdrechts zusteht, ist von der zuständigen Behörde in den ▸ Jagdschein einzutragen; das Nähere regeln die Länder.«

– §12 (Anzeige von Jagdpachtverträgen): »(1) Der J.-Vertrag ist der zuständigen Behörde anzuzeigen. Die Behörde kann den Vertrag binnen drei Wochen nach Eingang der Anzeige beanstanden, wenn die Vorschriften über die Pachtdauer nicht beachtet sind oder wenn zu erwarten ist, dass durch eine vertragsmäßige Jagdausübung die Vorschriften des §1 Absatz 2 verletzt werden. – (2) In dem Beanstandungsbescheid sind die Vertragsteile aufzufordern, den Vertrag bis zu einem bestimmten Zeitpunkt, der mindestens drei Wochen nach Zustellung des Bescheides liegen soll, aufzuheben oder in bestimmter Weise zu ändern. – (3) Kommen die Vertragsteile der Aufforderung nicht nach, so gilt der Vertrag mit Ablauf der Frist als aufgehoben, sofern nicht einer der Vertragsteile binnen der Frist einen Antrag auf Entscheidung durch das Amtsgericht stellt. Das Gericht kann entweder den Vertrag aufheben oder feststellen, dass er nicht zu beanstanden ist. Die Bestimmungen für die gerichtliche Entscheidung über die Beanstandung eines Landpachtvertrages gelten sinngemäß; jedoch entscheidet das Gericht ohne Zuziehung ehrenamtlicher Richter. – (4) Vor Ablauf von drei Wochen nach Anzeige des Vertrages durch einen Beteiligten darf der Pächter die Jagd nicht ausüben, sofern nicht die Behörde die Jagdausübung zu einem früheren Zeitpunkt gestattet. Wird der Vertrag binnen der in Absatz 1 Satz 2 bezeichneten Frist beanstandet, so darf der Pächter die Jagd erst ausüben, wenn die Beanstandungen behoben sind oder wenn durch rechtskräftige gerichtliche Entscheidung festgestellt ist, dass der Vertrag nicht zu beanstanden ist. Die Bestimmungen für die gerichtliche Entscheidung über die Beanstandung eines Landpachtvertrages gelten sinngemäß; jedoch entscheidet das Gericht ohne Zuziehung ehrenamtlicher Richter.«

– §13 (Erlöschen des Jagdpachtvertrages): »Der J.-Vertrag erlischt, wenn dem Pächter der Jagdschein unanfechtbar entzogen worden ist. Er erlischt auch dann, wenn die Gültigkeitsdauer des Jagdscheines abgelaufen ist und entweder die zuständige Behörde die Erteilung eines neuen Jagdscheines unanfechtbar abgelehnt hat oder der Pächter die Voraussetzungen für die Erteilung eines neuen Jagdscheines nicht fristgemäß erfüllt. Der Pächter hat dem Verpächter den aus der Beendigung des Pachtvertrages entstehenden Schaden zu ersetzen, wenn ihn ein Verschulden trifft.«

– §13a (Rechtsstellung der Mitpächter): »Sind mehrere Pächter an einem J.-Vertrag beteiligt (Mitpächter), so bleibt der Vertrag, wenn er im Verhältnis zu einem Mitpächter gekündigt wird oder erlischt, mit den übrigen bestehen; dies gilt nicht, soweit der J.-Vertrag infolge des Ausscheidens eines Pächters den Vorschriften des §11 Absatz 3 nicht mehr entspricht und dieser Mangel bis zum Beginn des nächsten Jagdjahres nicht behoben wird. Ist einem der Beteiligten die Aufrechterhaltung des Vertrages infolge des Ausscheidens eines Pächters nicht zuzumuten, so kann er den Vertrag mit sofortiger Wirkung kündigen. Die Kündigung muss unverzüglich nach Erlangung der Kenntnis von dem Kündigungsgrund erfolgen.«

§14 (Wechsel des Grundeigentümers): »(1) Wird ein Eigenjagdbezirk ganz oder teilweise veräußert, so finden die Vorschriften der §§571 bis 579 des Bürgerlichen Gesetzbuchs entsprechende Anwendung. Das gleiche gilt im Falle der Zwangsversteigerung von der Vorschrift des §57 des Zwangsversteigerungsgesetzes; das Kündigungsrecht des Erstehers ist jedoch ausgeschlossen, wenn nur ein Teil eines Jagdbezirkes versteigert ist und dieser Teil nicht allein schon die Erfordernisse eines Eigenjagdbezirkes erfüllt. – (2) Wird ein zu einem gemeinschaftlichen Jagdbezirk gehöriges Grundstück veräußert, so hat dies auf den Pachtvertrag keinen Einfluss; der Erwerber wird vom Zeitpunkt des Erwerbes an auch dann für die Dauer des Pachtvertrages Mitglied der Jagdgenossenschaft, wenn das veräußerte Grundstück an sich mit anderen Grundstücken des Erwerbers zusammen einen Eigenjagdbezirk bilden könnte. Das gleiche gilt für den Fall der Zwangsversteigerung eines Grundstücks.«

In Österreich beträgt die J.-Zeit je nach Bundesland sechs bis zwölf Jahre, in der Schweiz i.d.R. sechs bis zehn Jahre.

Jagdpächter, der: Der Pächter eines ▸ Jagdbezirkes; ▸ Jagdpacht, ▸ Mitpächter.

Jagdpachtfähigkeit, die: ▸ Jagdpacht.

Jagdpachtschilling, der: Alte und heute noch übliche Bez. für die Einnahmen der ▸ Jagdgenossenschaft und der staatlichen Forstverwaltung aus der Jagdverpachtung.

Jagdpachtvertrag, der: ▸ Jagdpacht.

Jagdpage, der: Ein ausgebildeter adeliger Jäger, der früher meist an fürstlichen Höfen Pagendienste versah, bis er von der Herrschaft wehrhaft gemacht (▸ wehrhaft machen) und zum ▸ Jagdjunker ernannt wurde.

Jagdpass, der: **1**) Ein Vorläufer des heutigen Begehungsscheines (▸ Jagderlaubnisschein); er kam zuerst in den ▸ freien Pürschen auf. In der Pürschordnung von 1722 für die Gebiete an der oberen Donau war angeordnet, dass, wer jagen wolle, von seiner Obrigkeit einen Freipürschpass lösen müsse, der für ein Jahr gültig war. **2**) In den Revierkantonen der Schweiz ein Dokument (Jagdberechtigung), das den Inhaber dazu berechtigt, in einem oder mehreren Revieren auf Einladung des Pächters zu jagen; ▸ Jagdpatent.

Jagdpassion, die: **1**) Auch Jagdtrieb: der Drang zum Greifen und Fangen des Wildes, der dem ▸ Hund angeboren ist. **2**) svw. Jagdleidenschaft. Ein passionierter Jäger wird auch ▸ Nimrod genannt.

Jagdpatent, das: In den Schweizer Kantonen mit Lizenzjagd (▸ Jagdsysteme, ▸ Schweizer Jagdrecht) eine Jagdberechtigung, die entweder auf dem gesamten Kantonsgebiet oder in Teilen davon (▸ Jagdbanngebiete) zur Jagdausübung berechtigt. Anzahl, Geschlecht und Alter des zum Abschuss freigegebenen Wildes werden dabei vorgeschrieben.

Jagdpatron, der: ▸ Schutzpatrone.

Jagdpersonal, das (Jagdbedienstete): Bez. für alle Personen, die als angestellte Jäger die Jagd ausüben oder zu Hilfsdiensten jeglicher Art im Jagdbetrieb herangezogen werden. Während heute als eigentliches J. nur noch ▸ Berufsjäger, ▸ Jagdaufseher und ▸ Treiber anzusehen sind, gab es in früherer Zeit, v.a. im Mittelalter – neben den Bauern, die zu Frondiensten (▸ Jagdfron) herangezogen wurden – eine Vielzahl von Titeln für das z.T. festangestellte J., dessen Aufgaben aber streng abgegrenzt waren. In einigen Ländern, z.B. in Österreich, waren spezielle Jagddienste erblich. In hohem Ansehen stand das J. an den Höfen (Oberhofjägermeister, Hofjäger, Oberjäger), das sich auch aufgrund der höheren Besoldung vom übrigen J. unterschied. Beispielhaft seien einige Titel (die manchmal in den einzelnen Ländern wechselten) angeführt: Auffenknechte (Uhuknechte), Bärenjäger, Bärenmeister, Beizjäger, Besuchsjäger, Besuchsknechte, Biberjäger, Blutjäger, Büchsenspanner, Büchsenwärter, Eichhornjäger, Entenfänger, Falkenjungen, Falknerknechte, Fallenfänger, Fasangärtner, Fasanenmeister, Fasanenwärter, Federschützen, Finkenjäger, Fuchsknechte, Gamsjäger, Gebirgsmeister, Gehegebereiter, Gehörnjungen, Geschirrmeister, Hasenschleicher, Hofjäger, Hofjägermeister, Hühnerjäger, Hundejungen, Jägerknechte, Jägermeister, Landjägermeister, Leibjäger, Meisterjäger, Murmeltiermeister, Netzträger, Otterjäger, Plachenknechte, Pürschmeister, Rehjäger, Reiherwärter, Ringknechte, Rüdenknechte, Rüdenmeister, Schlossjäger, Spurjäger, Spürknechte, Tuch- bzw. Tüchlknechte, Trüffeljäger (1701 am Dresdner Hof), Vogler, Waldbereiter, Wildmeister, Windhetzer, Wolfsjäger, Zeugknechte, Zeugjäger, Zeugmeister u.a.; ▸ Jagdequipage.

Jagdpferd, das: **1**) Schussfestes Pferd, das früher zum Anpirschen benutzt wurde; auch Pirschpferd oder ▸ Schießpferd genannt. **2**) Ein zur ▸ Parforcejagd verwendetes Pferd, sog. ▸ Parforcepferd. **3**) Ein bei der ▸ Beizjagd verwendetes Pferd. **4**) Ein zum ▸ Pirschenfahren verwendetes Zugpferd.

Jagdplaute, die: Auch Plaute. Im 18. und im 19. Jh. bei der ▸ Parforcejagd zum ▸ Abhächsen verwendete kurze ▸ Blanke Waffe (▸ Griffwaffen) mit leicht gekrümmter Rückenklinge und Hirschfänger-Gefäß.

Jagdpoesie, die: ▸ Jagdgedichte.

Jagdpolitik, die: Maßnahmen aller Art zur Förderung, zum Schutz und zur Ordnung des ▸ Jagdwesens, die sowohl von den ▸ Jagdorganisationen als auch von den ▸ Jagdbehörden durchgeführt werden. Gezielte und wirksame J. wird v.a. durch die ▸ Landesjagdgesetze und durch eine umfassende Öffentlichkeitsarbeit erreicht und durchgesetzt; ▸ Förderkreis Jagdpolitik.

Jagdposten, der: Ein altes, mit dem Horn geblasenes ▸ Jagdsignal, das früher sowohl der Jägerei als auch den Hunden gegeben wurde.

Jagdpraxis, die: Die angelernte und die aus der ständigen Übung heraus gewachsene Fähigkeit (Erfahrung) einer waidgerechten ▸ Jagdausübung, verbunden mit den nötigen Kenntnissen hinsichtlich ▸ Reviergestaltung und ▸ Wildhege.

Jagdpresse, die: ▸ Jagdzeitschriften.

Jagdranzen, der: Frühere Bez. für die aus Dachsschwarten gefertigten großen ▸ Jagdtaschen; ▸ Hasensarg.

Jagdrecht, das: **1**) Die Entwicklung des J.: Von alters her galt für jedermann das Recht des freien Tierfanges; es herrschte Jagdfreiheit.

Gejagt wurde meist in Horden und später im Sippenverband. Mit der Herausbildung von Privateigentum begann jedoch auch die Einschränkung des J.. Die Landesherren nahmen die ausgedehnten Forste in ihren Besitz und erklärten sie zu ▸ Bannforsten. Dieses J. wurde von den Landesherren aber bald auch über fremdes Grundeigentum insbesondere jener ausgedehnt, die sich in ihren Schutz begeben hatten. Andererseits verliehen sie an Klöster und Lehensmänner auch Grundeigentum unter Vorbehalt des J. für sich selbst, was letztlich zu einer Trennung von Grundeigentum und J. führte. Auch Forste, die fremdes Eigentum waren, wurden zu Bannforsten erklärt; das J., insbesondere auf ▸ Hochwild, war den Königen vorbehalten. Diesen ersten Schritt vollzog bereits Karl d. Gr. (742 bis 814 n. Chr.) in seinen Landgüterordnungen (▸ Wildhege). Mit dem Übergang zum Absolutismus im 16. Jh. war dem »gemeinen Mann« teils mit, teils ohne seine Zustimmung das J. bereits entzogen. Die Jagd wurde Eigentum des Landesherrn und zum Hoheitsrecht (▸ Jagdhoheit) erklärt. Nur der landansässige Adel, die Klöster und die Reichsstädte konnten das J. auf ihren Besitzungen oder das von den Landesherren ihnen verliehene J. behaupten. Ebenso erhielt sich in Schwaben die ▸ freie Pirsch bis zum Anfang des 19. Jh. Dieses Hoheitsrecht oder Jagdregal bestimmte bis zum Jahre 1789 (Frankreich) bzw. 1848 (Deutschland) das J. Im 17. und im 18. Jh. hatte die Jagd an den Fürstenhofen zwar ihre größte Blüte, aber auch ihre größten Ausartungen (z.B. Prunkjagen). Zudem wurden die Bauern zu Frondiensten (Jagdtreiberdienste, Wildbretfuhren, Jagdzeugfuhren usw.; ▸ Jagdfron) gezwungen. Ferner mussten sie Wolfsjagddienstgelder, Hecken-, Wald- und Wildhufenhafer entrichten. Einzelne Höfe hatten die Verpflichtung, die Hunde des Jagdberechtigten zu füttern, wenn sie nicht gebraucht wurden, oder auch die ▸ Jägerei bei sich einzuquartieren. Diese besonders den Besitzern ländlicher Grundstücke auferlegten Lasten mussten noch mehr Erbitterung hervorrufen, da der in großer Menge gehegte ▸ Wildstand außerdem großen Schaden an den Feldfrüchten verursachte. Diesen Missstand beendete die Französische Revolution. Die französische Nationalversammlung hob am 4.8.1789 jegliches J. auf fremdem Grund und Boden sowie die Jagddienste auf. Am 26.3.1798 wurde ein entsprechendes Gesetz erlassen. Diesem Beispiel folgten die Gesetzgebungen mehrerer deutscher Einzelstaaten. Am 31.10.1848 wurde in Preußen unter Aufhebung aller privatrechtlichen Beziehungen zu älteren oder neueren Eigentumserwerbungen das J. auf fremdem Grund und Boden ohne jede Entschädigung aufgehoben und eine Trennung des J. von Grund und Boden für nicht statthaft erklärt (in Österreich mit kaiserlichem Patent vom 7.3.1849). Da nunmehr jedem Eigentümer eines Grundstücks auch das J. zustand, wirkte sich dieses Recht verheerend auf den Wildbestand aus. Innerhalb kurzer Zeit war zumindest in den gemeindenahen Gebieten der Schalenwildbestand stark dezimiert. Die einzelnen Bundesstaaten erließen daher eigene Gesetze (Jagdpolizeigesetze) und stellten in ihnen bestimmte Anforderungen. So war nunmehr die Ausübung der Jagd (das Jagdausübungsrecht) von bestimmten Reviermindestgrößen abhängig. Durch die Festlegung von Mindestgrößen wollte man zumindest wieder die Besitzer von kleineren Landparzellen von der Jagd ausschließen, ohne ihnen dabei das J. zu entziehen. In Preußen betrug die Mindestgröße 75 ha, in Bayern 81 ha (im Hochgebirge 136 ha), in Württemberg 15,7 ha, in Sachsen 166 ha, in Baden 72 ha, in Österreich 200 Joch (= 115 ha). Auch auf Seen und Fischteichen von einiger Größe (in Bayern 17 ha; in Preußen auf Seen und »zur Fischerei eingerichteten Teichen«) stand dem Besitzer die selbstständige Jagdausübung zu. Nach der Reichsgründung im Jahre 1871 erfolgten die ersten die Jagd betreffenden gemeinsamen Bestimmungen. Das Strafgesetzbuch vom 15.5.1871 enthielt Bestimmungen über die ▸ Wilderei und über den Widerstand gegen Forst- und Jagdbeamte; das Bürgerliche Gesetzbuch vom 1.1.1900 regelt den ▸ Wildschadensersatz. Bis in die zwanziger Jahre des 20. Jh. waren die einzelnen Jagdgesetze reine Jagdpolizeigesetze, die vom Standpunkt des Jägers kaum ethische oder wirtschaftliche Regeln kannten. Die Grundsätze einer ▸ Wildhege sowie eines ▸ Tierschutzes und ▸ Naturschutzes waren erstmals im Sächsischen Jagdgesetz von 1924 und im Preußischen Jagdgesetz vom 18.1.1934 verankert. Das Reichsjagdgesetz vom 3.7.1934 hat diese Entwicklung aller bisherigen Erfahrungen und Rechtsregeln zu einer Ordnung zusammengefasst. Es stellte die Wildhege, die zweckmäßige Gestaltung der ▸ Jagdbezirke,

Jag vnnd Forstrecht/
Das ist:
Vnderricht Chur: vnd Fürstlicher Lande/ auch Graff vnd Herrschafften/ vnd anderen Obrigkeiten/ Gebiet/ von verhawung vnd widerhawung der Wälde vnd Gehöltz/ Auch den Wildbanen/ Fischereyen/ vnd was solchem anhangt/ wie die nach Keyserlichen vnd Fürstlichen gemeynen Rechten/ gebrauch vnd gelegenheit/ in guter Ordnung zu halten/ vnd in besser Form anzurichten.
Weiter seind hierzu kommen etliche gute Consilia, wie sie in etlichen an dem Hochlöblichen Keyserlichen Cammergericht Rechthängigen Sachen/ diser Materien referirt/ vnd mit Vrtheyl sind entscheyden worden.
Sampt etlichen guten Collectanien/ dergleichen hievor nie gedruckt seind.
Erstlichen außgangen durch den Ehrnvesten vnd Hochgelahrten Noe Meurer/ der Rechten Doctor, vnnd Churfürstlichen Pfaltzgrävischen Raht/ jetzundt von jhm auffs newe widerumb/ dem gemeynen Nutz zu gutem/ mit fleiß corrigirt/ vnd mit dreyen Theylen gemehrt vnd gebessert.
Jetzo von newem obersehen/ vnd mit allerhand zusätzen vermehret.
Gedruckt zu Marpurg/ durch Paulum Egenolff.
ANNO MDCII.

Seite aus »Jag und Forstrecht…« von 1602, das zurückgeht auf eine ältere Schrift Noë Meurers

die Bedingungen der ▸ Jagdpacht, die behördliche Abschussfestsetzung, die ▸ Jägerprüfung und den waidgerechten ▸ Jagdbetrieb in den Vordergrund. Erstmals wurde auch der Begriff der ▸ Waidgerechtigkeit festgelegt. Das Gesetz trat am 1.4.1935 im ganzen Reichsgebiet in Kraft; zugleich wurden 17 verschiedene Landesgesetze aufgehoben. Dieses erstmalig einheitliche deutsche J. wurde auch im Ausland als vorbildlich anerkannt. Nach dem Zusammenbruch des Deutschen Reiches wurde das Reichsjagdgesetz von der Besatzungsmacht in den Ländern der amerikanischen Zone durch das US-Militärreg.-Gesetz Nr. 13 vom 15.11.1948 aufgehoben. Es blieb nur in der britischen Zone und in Berlin weiterhin gültig. Ab dem 1.2.1949 trat in den Ländern Bayern, Bremen, Hessen und Baden-Württemberg der am 30.1.1933 herrschende Rechtszustand ein, d.h., die damals überalterten und unzulänglichen Gesetze lebten wieder auf. Die Schaffung eines bundeseinheitlichen J. stieß in den Jahren 1947 und 1948 auf politische und verfassungsmäßige Schwierigkeiten. Es wurden daher zunächst ▸ Landesjagdgesetze geschaffen, die im Wesentlichen die Grundzüge des Reichsjagdgesetzes wiederholten und sich dessen Fassung teilweise anschlossen. Auf Betreiben der Ende 1949 im Deutschen ▸ Jagdschutz-Verband zusammengeschlossenen Landesjagdverbände konnte am 24.11. 1949 dem Bundestag der Antrag zugehen, die Bundesregierung möge den Entwurf eines Rahmengesetzes für die Jagd vorlegen. Am 2.12.1952 wurde das BJG im Bundesgesetzblatt verkündet und trat am 1.4.1953 in Kraft. Es ist im Wesentlichen auf den gleichen Rechtsgrundsätzen aufgebaut wie das Reichsjagdgesetz und die in den Jahren 1949/1950 ergangenen Landesjagdgesetze. Vor der Föderalismusreform des Jahres 2006 war das Jagdrecht auf bundesdeutscher Ebene als Rahmengesetz ausgestaltet (Art. 75 Nr. 3 Grundgesetz alter Fassung). Heute gehört das Jagdrecht zwar grundsätzlich zur konkurrierenden Gesetzgebungskompetenz des Bundes, die Länder können jedoch gemäß Art. 72 Abs. 3 Nr. 1 GG von den Bundesvorgaben (mit Ausnahme des Rechts der Jagdscheine) abweichen (sog. Abweichungsgesetzgebungskompetenz). Das BJG ist durch Gesetze vom 16.3.1961, vom 24.5.1968, vom 25.6.1969 und vom 20.5.1970 in einigen Paragrafen abgeändert und ergänzt worden. Mit dem Zweiten Gesetz zur Änderung des BJG vom 29.9.1976 erhielt das BJG wiederum eine neue Fassung. Weitere Änderungen des BJG erfolgten durch die Gesetze vom 26.11.1986, vom 28.6.1990 sowie durch den Vertrag zwischen der BRD und der DDR über die Herstellung der Einheit Deutschlands – ▸ Einigungsvertrag – vom 31.8.1990. Das Jagdgesetz der DDR, das »Gesetz zur Regelung des Jagdwesens« vom 25.11.1953 i. d. F. des Anpassungsgesetzes vom 11.6.1968, ist damit außer Kraft getreten. Die im Einigungsvertrag festgelegten Übergangsregelungen (»Jagdbezirke und Hegegemeinschaften«, »Beteiligung Dritter an der Ausübung der Jagd«) traten, solange landesrechtliche Vorschriften in den neuen Bundesländern nicht festgelegt waren, spätestens am 31.3.1992 außer Kraft. Zuletzt wurde das BJG geändert durch Gesetz vom 09.12.2010. **2)** Inhalt, Inhaber und Ausübung des J.: J. in objektivem Sinne ist der Inbegriff aller Rechtsnormen, die sich auf die ▸ Jagd beziehen. J. in subjektivem Sinne ist das zivil- und strafrechtlich geschützte, jedoch im Interesse der Landeskultur beschränkte, ausschließliche Nutzungsrecht des Grundeigentümers auf seinen Grundstücken bezüglich der Jagd. Nach dem BJG (§1 Abs. 1) ist das J. die ausschließliche Befugnis, auf einem bestimmten Gebiet ▸ wild lebende Tiere, die dem J. unterliegen (Wild), zu hegen, auf sie die Jagd auszuüben und sie sich anzueignen. Mit dem J. ist die Pflicht zur Hege verbunden. Gemäß §3 Absatz 1 des BJG steht das J. dem Eigentümer auf seinem Grund und Boden zu. Es ist untrennbar mit dem Eigentum am Grund und Boden verbunden. Als selbstständiges dingliches Recht kann es nicht begründet werden. §3 Absatz 2 bestimmt, dass auf Flächen, an denen kein Eigentum begründet ist, das J. den Ländern zusteht. Nach §3 Absatz 3 darf in den Jagdbezirken das J. nur nach Maßgabe der §§4 ff. (Größe und Beschaffenheit!) ausgeübt werden; ▸ Jagdsysteme, ▸ österreichisches Jagdwesen, ▸ Schweizer Jagdrecht.

Jagdrechtstag, der: ▸ Deutscher Jagdrechtstag e.V.

Jagdregal, das: ▸ Inforestation, Jagdhoheit, ▸ Wildbann, ▸ Jagdsteine.

Jagdregister, die: ▸ Jagdtagebücher.

Jagdreisen, die (Jagdtourismus): J. sind hauptsächlich Trophäenjagden im Ausland mit stetig steigender Tendenz, die einerseits dem Jäger Jagdvergnügen bereiten und ihm starke ▸ Trophäen bescheren, andererseits dem betreffenden Land (v.a. den osteuropäischen Ländern) harte und willkommene Devisen bringen. Viele Reiseveranstalter bieten im Rahmen ihres Tourismusprogrammes J. ins Ausland an; es sind eigene Jagdtouristikunternehmen entstanden, die sich auf internationale J. spezialisiert haben. In westeuropäischen Ländern, z.B. in Österreich, werden J. auch im Zusammenhang mit Erholungsurlaub für die ganze Familie angeboten (Jagdpensionen). Aufgrund günstiger Biotope wachsen v.a. in den osteuropäischen Ländern stattliche Trophäenträger heran. Die bevorzugten Wildarten in den einzelnen Ländern sind: Rehwild in Polen, Bulgarien, Ungarn, Tschechien, in der Slowakei und der GUS, in Schottland, Österreich und Dänemark; Rotwild, Schwarzwild und Muffelwild in Polen, Ungarn, Österreich, Tschechien und der Slowakei; Elchwild in Skandinavien und in Kanada; Steinwild in Spanien; Gamswild in der Slowakei und in Österreich; Raufußhühner in Österreich und in Schottland; Wildschafe, Bären und Wölfe in Kanada. – Neben diesen allg. J. kommen die sog. Jagd-Safaris auf Großwild, hauptsächlich in Afrika (z.B. in Äthiopien, Namibia, Tansania, Sambia, Sudan, Zimbabwe) immer mehr in Mode. Beliebte Wildarten sind u.a. Büffel, kleiner Kudu, Löwe und Wasserbock. Durch die große Anzahl zahlender Jagdgäste bei z.T. hohen Gebühren für Führung und Abschuss können diese Länder einen Großteil ihrer Wildschutzmaßnahmen finanzieren. So finanzieren z.B. kanadische Jäger durch Lizenz- und Abschussgebühren weitestgehend das ▸ wildlife management. Zugleich wird in diesen Ländern der Fremdenverkehr verbessert. Zusätzliche Devisen bringt die Ausfuhr von ▸ Wildbret (z.B. aus Polen), speziell die Ausfuhr von Niederwild (Hasen, Fasane, Wachteln, Rebhühner). Bei Auslands-J. sind die jeweiligen Bestimmungen des Heimatlandes und auch des Gastlandes hinsichtlich der ▸ Einfuhr und ▸ Ausfuhr von Waffen und Munition, die z.T. unterschiedlich sind, zu beachten; ▸ Jagen im Ausland; ▸ Europäischer Feuerwaffenpass, ▸ Einfuhr von Jagdtrophäen.

Jagdremise, die: ▸ Remise.

Jagdreviere, die: svw. ▸ Jagdbezirke. Statt der im BJG benutzten Bez. Jagdbezirke verwendet das Bayerische Jagdgesetz den in Bayern gewachsenen und üblichen Ausdruck J. In Österreich ist ebenfalls der Ausdruck J. (Eigenjagdreviere, Pachtjagdreviere) üblich; ▸ Reviere von Rechts wegen.

Jagdrevierpflege, die: Die Pflege des Jagdreviers durch Verbesserung der Wildäsung mittels Anlage von Wildwiesen, Wildäckern (▸ Wildäsungsflächen), ▸ Remisen usw. und die Errichtung von ▸ Jagdeinrichtungen und deren Instandhaltung sowie die richtige, ausreichende Winterfütterung (▸ Wildfütterung) usw.

Jagdrobot, der: In Österreich und in den slawischen Ländern Bez. für ▸ Jagdfron.

Jagdrufe, die: ▸ Jagdgeschrei.

Jagdruhe, die: Von den jagdbezirksfreien Flächen und den befriedeten Bezirken sagt das BJG (§6), dass auf ihnen die Jagd ruht. Die J. tastet zwar das ▸ Jagdrecht nicht an, wohl aber das ▸ Jagdausübungsrecht. Eine beschränkte Ausübung der Jagd kann gestattet werden (▸ Jagdbezirke).

Jagdsäbel, der: ▸ Blanke Waffen

Jagdsäule, die: ▸ Hegesäule.

Jagdschaden, der: Ein Schaden, der bei der Ausübung der ▸ Jagd an einem fremden Grundstück angerichtet wurde. I.d.R. sind Bewuchsschäden, Fruchtschäden und Substanzschäden zu ersetzen. J. ist auch ein Schaden, der beim Transport von Holz zum Bau eines Hochsitzes über eine Wiese entsteht. Nicht jeder J. muss ersetzt werden. Vielmehr besteht eine Ersatzpflicht nur für den Schaden, der aus missbräuchlicher, d.h. gegen §33 Absatz 1 des BJG verstoßender Jagdausübung entsteht.

– §33 des BJG (Schadenersatzpflicht) bestimmt:

»(1) Wer die Jagd ausübt, hat dabei die berechtigten Interessen der Grundstückseigentümer oder Nutzungsberechtigten zu beachten, insbesondere besäte Felder und nicht abgemähte Wiesen tunlichst zu schonen. Die Ausübung der ▸ Treibjagd auf Feldern, die mit reifender Halm- oder Samenfrucht oder mit Tabak bestanden sind, ist verboten; die Suchjagd ist nur insoweit zulässig, als sie ohne Schaden für die reifenden Früchte durchgeführt werden kann.

(2) Der Jagdausübungsberechtigte haftet dem Grundstückseigentümer oder Nutzungs-

Jagdsäbel, von links nach rechts: Deutsch, Solingen, um 1630, mit Griff aus Eisen und eingepunzten Ornamenten, beiderseits geätzter Klinge (die Ätzungen zeigen zum Teil noch starke Vergoldung). – Deutsch, Mitte 17. Jh., Griffschalen aus Hirschhorn, Griffbügel, Parierstange und Stichblatt graviert mit alter Vergoldung, Klinge mit Sägerücken und Meistermarken. – Deutsch, 1659, hirschhornbelegter Griff, geätzte Klinge mit Jagdszenen und Inschrift

berechtigten für jeden aus missbräuchlicher Jagdausübung entstehenden Schaden; er haftet auch für den J., der durch einen von ihm bestellten ▸ Jagdaufseher oder durch einen ▸ Jagdgast angerichtet wird.«

– Nach §34 des BJG (Geltendmachung des Schadens) ist der Anspruch auf Ersatz von J. binnen einer Woche, nachdem der Berechtigte davon Kenntnis erhalten hat oder bei Beobachtung gehöriger Sorgfalt erhalten hätte, bei der für das Grundstück zuständigen Behörde anzumelden; ▸ Wildschaden.

Jagdschaft, der (Jagdspeer): Eine Art Wurfspeer, der bis zur Mitte des 16. Jh. in Gebrauch war; ▸ Jagdwaffen.

Jagdschaft, die: Die Gesamtheit der ▸ Jagd und des zum Jagen Gehörigen.

Jagdscharwerk, das: Die jagdlichen Frondienste (Fronarbeit) der Untertanen; ▸ Jagdfron.

Jagdscheibe, die: **1**) Durch einen Nagel gehaltene Figur (meist Vogel). **2**) Heute gebräuchliche Scheibe beim jagdlichen Ausbildungsschießen, Übungsschießen, Leistungsschießen und Vergleichsschießen (z.B. ▸ Wildscheibe, Ringscheibe oder auch laufende Scheibe).

Jagdscheid, der: Ein alter Ausdruck für Rechtsspruch in Jagdsachen.

Jagdschein, der: Ein öffentlich-rechtlicher Zulassungsschein für die ▸ Jagdausübung (ein polizeiliches Personal- und Ausweispapier) mit der Bescheinigung der zuständigen Behörde, dass jagdpolizeiliche Bedenken gegen den Inhaber als Jäger und Waidmann nicht vorliegen. Der J. gilt auch außerhalb des Bundeslandes, das ihn erteilt hat. Nach den Ländergesetzen wird der Jahres-J. meist für die Dauer von ein bis drei Jagdjahren erteilt. Zu jagdlichen Hilfsdiensten (z.B. Träger, Treiber u.Ä.) bedarf es keines J. Insgesamt gibt es vier Arten von J.: Den Erwachsenen-J., den Ausländer-J., den Falkner-J. und den Jugend-J. Die entsprechenden Vorschriften des BJG (§15 »Allgemeines«, §16 »Jugendjagdschein«, §17 »Versagung des J.«, §18 »Einziehung des J.«, §18 a »Mitteilungspflichten« und §41 »Anordnung der Entziehung des J.«) lauten:

– §15 (»Allgemeines«): »(1) Wer die Jagd ausübt, muss einen auf seinen Namen lautenden J. mit sich führen und diesen auf Verlangen den Polizeibeamten sowie den Jagdschutzberechtigten (§25) vorzeigen. Zum Sammeln von ▸ Abwurfstangen bedarf es nur der schriftlichen Erlaubnis des ▸ Jagdausübungsberechtigten. Wer die Jagd mit Greifen oder Falken (▸ Beizjagd) ausüben will, muss einen auf seinen Namen lautenden Falkner-J. mit sich führen.

(2) Der J. wird von der für den Wohnsitz des Bewerbers zuständigen Behörde als Jahres-J. für höchstens drei Jagdjahre (§11 Abs. 4) oder als Tagesjagdschein für 14 aufeinanderfolgende Tage nach einheitlichen, vom Bundesminister für Ernährung, Landwirtschaft und Forsten (Bundesminister) bestimmten Mustern erteilt.

(3) Der J. gilt im gesamten Bundesgebiet.

(4) Für Tages-J. für Ausländer dürfen nur die

Gebühren für Inländer erhoben werden, wenn das Heimatland des Ausländers die Gegenseitigkeit gewährleistet.

(5) Die erste Erteilung eines J. ist davon abhängig, dass der Bewerber im Geltungsbereich dieses Gesetzes eine ▸ Jägerprüfung bestanden hat, die aus einem schriftlichen und einem mündlich-praktischen Teil und einer Schießprüfung bestehen soll; er muss in der Jägerprüfung ausreichende Kenntnisse der Tierarten, der ▸ Wildbiologie, der ▸ Wildhege, des ▸ Jagdbetriebes, der ▸ Wildschaden(s)verhütung, des Land- und Waldbaues, des Waffenrechts, der Waffentechnik, der Führung von ▸ Jagdwaffen (einschließlich ▸ Faustfeuerwaffen), der Führung von ▸ Jagdhunden, in der Behandlung des erlegten Wildes unter besonderer Berücksichtigung der hygienisch erforderlichen Maßnahmen, in der Beurteilung der gesundheitlich unbedenklichen Beschaffenheit des ▸ Wildbrets, insbesondere auch hinsichtlich seiner Verwendung als Lebensmittel, und im Jagd-, Tierschutz- sowie Naturschutz- und Landschaftspflegerecht nachweisen; mangelhafte Leistungen in der Schießprüfung sind durch Leistungen in anderen Prüfungsteilen nicht ausgleichbar. Die Länder können die Zulassung zur Jägerprüfung insbesondere vom Nachweis einer theoretischen und praktischen Ausbildung abhängig machen. Für Bewerber, die vor dem 1.4.1953 einen Jahres-J. besessen haben, entfällt die Jägerprüfung. Eine vor dem Tag des Wirksamwerdens des Beitritts in der Deutschen Demokratischen Republik abgelegte Jagdprüfung für Jäger, die mit der Jagdwaffe die Jagd ausüben wollen, steht der Jägerprüfung im Sinne des Satzes 1 gleich.

(6) Bei der Erteilung von Ausländer-J. können Ausnahmen von Absatz 5 Satz 1 und 2 gemacht werden.

(7) Die erste Erteilung eines Falkner-J. ist davon abhängig, dass der Bewerber im Geltungsbereich dieses Gesetzes zusätzlich zur Jägerprüfung eine ▸ Falknerprüfung bestanden hat; er muss darin ausreichende Kenntnisse des Haltens, der Pflege und des ▸ Abtragens von ▸ Beizvögeln, des Greifvogelschutzes sowie der Beizjagd nachweisen. Für Bewerber, die vor dem 1.4.1977 mindestens fünf Falkner-J. besessen haben, entfällt die Jägerprüfung; gleiches gilt für Bewerber, die vor diesem Zeitpunkt mindestens fünf Jahres-J. besessen und während deren Geltungsdauer die Beizjagd ausgeübt haben. Das Nähere hinsichtlich der Erteilung des Falkner-J. regeln die Länder.

Eine vor dem Tag des Wirksamwerdens des Beitritts in der Deutschen Demokratischen Republik abgelegte Jagdprüfung für Falkner steht der Falknerprüfung im Sinne des Satzes 1 gleich.«

– §16 (»Jugend-J.«): »(1) Personen, die das sechzehnte Lebensjahr vollendet haben, aber noch nicht achtzehn Jahre alt sind, darf nur ein Jugend-J. erteilt werden.

(2) Der Jugend-J. berechtigt nur zur Ausübung der Jagd in Begleitung des Erziehungsberechtigten oder einer von dem Erziehungsberechtigten schriftlich beauftragten Aufsichtsperson; die Begleitperson muss jagdlich erfahren sein.

(3) Der Jugend-J. berechtigt nicht zur Teilnahme an ▸ Gesellschaftsjagden.

(4) Im Übrigen gilt §15 entsprechend.«

– §17 (»Versagung des J.«): »(1) Der J. ist zu versagen

1. Personen, die noch nicht sechzehn Jahre alt sind;

2. Personen, bei denen Tatsachen die Annahme rechtfertigen, dass sie die erforderliche Zuverlässigkeit oder körperliche Eignung nicht besitzen;

3. Personen, denen der J. entzogen ist, während der Dauer der Entziehung oder einer Sperre (§§18, 41 Abs. 2);

4. Personen, die keine ausreichende ▸ Jagdhaftpflichtversicherung (500 000 Euro für Personenschäden und 500 000 Euro für Sachschäden) nachweisen; die Versicherung kann nur bei einem Versicherungsunternehmen mit Sitz in der Europäischen Wirtschaftsgemeinschaft oder mit Niederlassung im Geltungsbereich des Versicherungsaufsichtsgesetzes genommen werden; die Länder können den Abschluss einer Gemeinschaftsversicherung ohne Beteiligungszwang zulassen.

Fehlen die Zuverlässigkeit oder die persönliche Eignung im Sinne der §§5 und 6 des Waffengesetzes, darf nur ein Jagdschein nach §15 Abs. 7 erteilt werden.

(2) Der J. kann versagt werden

1. Personen, die noch nicht achtzehn Jahre alt sind;

2. Personen, die nicht Deutsche im Sinne des Artikels 116 des Grundgesetzes sind;

3. Personen, die nicht mindestens drei Jahre ihren Wohnsitz oder ihren gewöhnlichen Aufenthalt ununterbrochen im Geltungsbereich dieses Gesetzes haben;

4. Personen, die gegen die Grundsätze des §1 Absatz 3 schwer oder wiederholt verstoßen haben.

(3) Die erforderliche Zuverlässigkeit besitzen Personen nicht, wenn Tatsachen die Annahme rechtfertigen, dass sie

1. Waffen oder Munition missbräuchlich oder leichtfertig verwenden werden;

2. mit Waffen oder Munition nicht vorsichtig und sachgemäß umgehen und diese Gegenstände nicht sorgfältig verwahren werden;

3. Waffen oder Munition an Personen überlassen werden, die zur Ausübung der tatsächlichen Gewalt über diese Gegenstände nicht berechtigt sind.

(4) Die erforderliche Zuverlässigkeit besitzen i.d.R. Personen nicht, die

1. a) wegen eines Verbrechens,

b) wegen eines vorsätzlichen Vergehens, das eine der Annahmen im Sinne des Absatzes 3 Nr. 1 bis 3 rechtfertigt,

c) wegen einer fahrlässigen Straftat im Zusammenhang mit dem Umgang mit Waffen, Munition oder Sprengstoff,

d) wegen einer Straftat gegen jagdrechtliche, tierschutzrechtliche oder naturschutzrechtliche Vorschriften, das Waffengesetz, das Gesetz über die Kontrolle von Kriegswaffen oder das Sprengstoffgesetz zu einer Freiheitsstrafe, Jugendstrafe, Geldstrafe von mindestens 60 Tagessätzen oder mindestens zweimal zu einer geringeren Geldstrafe rechtskräftig verurteilt worden sind wenn seit dem Eintritt der Rechtskraft der letzten Verurteilung fünf Jahre nicht verstrichen sind; in die Frist wird die Zeit eingerechnet, die seit der Vollziehbarkeit des Widerrufs oder der Rücknahme eines Jagdscheines oder eines Waffenbesitzverbotes nach §41 des Waffengesetzes wegen der Tat, die der letzten Verurteilung zugrunde liegt, verstrichen ist; in die Frist nicht eingerechnet wird die Zeit, in welcher der Beteiligte auf behördliche oder richterliche Anordnung in einer Anstalt verwahrt worden ist;

2. wiederholt oder gröblich gegen eine in Nummer 1, Buchstabe d, genannte Vorschrift verstoßen haben;

3. geschäftsunfähig oder in der Geschäftsfähigkeit beschränkt sind;

4. trunksüchtig, rauschmittelsüchtig, geisteskrank oder geistesschwach sind.

(5) Ist ein Verfahren nach Absatz 4 Nr. 1 noch nicht abgeschlossen, so kann die zuständige Behörde die Entscheidung über den Antrag auf Erteilung des J. bis zum rechtskräftigen Abschluss des Verfahrens aussetzen.

Die Zeit der Aussetzung des Verfahrens ist in die Frist nach Absatz 4 Nr. 1 erster Halbsatz einzurechnen.

(6) Sind Tatsachen bekannt, die Bedenken gegen die Zuverlässigkeit nach Absatz 4 Nr. 4 oder die körperliche Eignung nach Absatz 1 Nr. 2 begründen, so kann die zuständige Behörde dem Beteiligten die Vorlage eines amts- oder fachärztlichen Zeugnisses über die geistige und körperliche Eignung aufgeben.«

– §18 (»Einziehung des J.«): »Wenn Tatsachen, welche die Versagung des J. begründen, erst nach Erteilung des J. eintreten oder der Behörde, die den J. erteilt hat, bekannt werden, so ist die Behörde in den Fällen des §17 Absatz 1 und in den Fällen, in denen nur ein Jugend-J. hätte erteilt werden dürfen (§16), sowie im Falle der Entziehung gemäß §41 verpflichtet, in den Fällen des §17 Absatz 2 berechtigt, den J. für ungültig zu erklären und einzuziehen. Ein Anspruch auf Rückerstattung der J.-Gebühren besteht nicht. Die Behörde kann eine Sperrfrist für die Wiedererteilung des J. festsetzen.«

– §18 a (»Mitteilungspflichten«) »Die erstmalige Erteilung einer Erlaubnis nach den §§15 und 16, das Ergebnis von Überprüfungen nach §17 sowie Maßnahmen nach den §§18, 40, 41 und 41 a sind der für den Vollzug des Waffengesetzes nach dessen §48 Abs. 1 und 2 zuständigen Behörde mitzuteilen.«

– §41 (»Anordnung der Entziehung des J.«): »Wird jemand wegen einer rechtswidrigen Tat

1. nach §38 dieses Gesetzes,

2. nach den §§113, 114, 223 bis 227, 231, 239, 240 des Strafgesetzbuches sofern derjenige, gegen den sich die Tat richtete, sich in Ausübung des Forst-, Feld-, Jagd- oder Fischereischutzes befand, oder

3. nach den §§292 bis 294 des Strafgesetz-

buches verurteilt oder nur deshalb nicht verurteilt, weil seine Schuldunfähigkeit erwiesen oder nicht auszuschließen ist, so ordnet das Gericht die Entziehung des J. an, wenn sich aus der Tat ergibt, dass die Gefahr besteht, er werde bei weiterem Besitz des J. erhebliche rechtswidrige Taten der bezeichneten Art begehen.

(2) Ordnet das Gericht die Entziehung des J. an, so bestimmt es zugleich, dass für die Dauer von einem Jahr bis zu fünf Jahren kein neuer J. erteilt werden darf (Sperre). Die Sperre kann für immer angeordnet werden, wenn zu erwarten ist, dass die gesetzliche Höchstfrist zur Abwehr der von dem Täter drohenden Gefahr nicht ausreicht. Hat der Täter keinen J., so wird nur die Sperre angeordnet. Die Sperre beginnt mit der Rechtskraft des Urteils.

(3) Ergibt sich nach der Anordnung Grund zur Annahme, dass die Gefahr, der Täter werde erhebliche rechtswidrige Taten der in Absatz 1 bezeichneten Art begehen, nicht mehr besteht, so kann das Gericht die Sperre vorzeitig aufheben.«

Im Jagdjahr 2009/10 verfügten in Deutschland 350 538 Personen über einen J. (in der Schweiz 30 000, in Österreich rd. 115 000). Wer in der Schweiz jagen will, braucht eine kantonale Jagdberechtigung. Diese wird Bewerbern erteilt, die in einer vom Kanton festgelegten Prüfung nachweisen, dass sie über die erforderlichen Kenntnisse verfügen. Die Kantone können Personen, die sich auf die Jägerprüfung vorbereiten, und Jagdgästen eine auf einzelne Tage beschränkte Jagdberechtigung erteilen.

Jagdscheingebühren, die: Gebühren, welche die unteren ▸ Jagdbehörden für die Ausstellung bzw. für die jährliche Verlängerung des ▸ Jagdscheines erheben. Forstbeamten und Forstangestellten, bestätigten ▸ Jagdaufsehern und Personen in Ausbildung für diese Berufe können die J. erlassen oder ermäßigt werden; dies wird von den Bundesländern unterschiedlich gehandhabt; z.T. werden diese Gebühren für die ▸ Jagdförderung verwendet (z.B. in Bremen, Hamburg, Niedersachsen und im Saarland).

Schweiz: In den Kantonen mit Revierjagdsystem fließen die Erlöse aus ▸ Jagdkarten (Pächterkarten oder Gastkarten) in die Kassen der Kantone. Die Gebühren für Tagesgäste sind recht hoch; ▸ Jagdabgabe, ▸ Jagdsteuer.

Jagdschirm, der: ▸ Jagdeinrichtungen 2.

Jagdschlitten, die: In den vergangenen Jahrhunderten häufig benutzte Schlitten für die Jagd. Sie dienten dem Adel, aber auch dem einfachen ▸ Jagdpersonal bei Ausfahrten zur Jagd und für den Transport des erlegten Wildes. Die von Pferden gezogenen J. präsentierten sich je nach Verwendungszweck als kunstvolle Prunkschlitten für die Herrschaften – v.a. wenn prominente Gäste oder die Damen des Hofes an den Jagden teilnahmen – oder als einfache Schlittengefährte für das Jagdpersonal und für die ▸ Bringung des Wildes. Letztere waren jedoch gleichfalls mit Schnitzereien versehen. Schöne Prunkschlitten aus dem 18. und dem 19. Jh. besitzt das Deutsche Jagd- und Fischereimuseum in München.

▸▸ Emblem des Jagdschlosses Kranichstein

Jagdschlösser, die: J. dienten früher dem hohen Adel während großer Jagden hauptsächlich als vorübergehende Unterkunft und waren Schauplatz glänzender Jagdfeste. Soweit sie heute noch bestehen, wurden sie einer anderen Nutzung zugeführt (z.B. als Lehr- und Bildungsanstalten, als Pflegeheime, Museen, Hotels usw.). Einige der interessantesten J.:

Deutschland: Hubertusburg (Hubertsburg) in der Nähe von Leipzig, unmittelbar beim Dorf Wermsdorf; erbaut wurde es von 1721 bis 1724 vom Prinzen Friedrich August, dem späteren König August III. von Polen; im Siebenjährigen Krieg wurde es als Vergeltung für die Zerstörung Charlottenburgs von den Preußen verwüstet. Die wiedererbaute Hubertusburg diente später als Getreidemagazin, als Steingutfabrik und am Ende des 19. Jh. als Nervenheilanstalt.

- Jagdschloss Fuschl am Fuschlsee (Salzburger Land), erbaut um 1450. Urkundlich erwähnt sind die Prunkjagd des Erzbischofs von Salzburg, Johann Jakob Freiherr Khuen Belasi, im Jahre 1578, das Jagdfest des Erzbischofs von Salzburg, Wolf Dietrich von Raitenau, im Jahre 1593 und die Hofjagd des Paris Graf Lodron, ebenfalls Erzbischof von Salzburg, vom 16. bis zum 19.6.1624. Im Jagdhof, der zum heutigen Hotel Schloss Fuschl gehört, ist eine der bedeutendsten Jagdsammlungen Österreichs untergebracht; ▸ Jagdmuseen.
- Jagdschloss Rominten in der Rominter Heide (ehemals preußisches Hofjagdrevier). Es war das Jagdschloss Kaiser Wilhelms II. und wurde 1891, die zugehörige Hubertuskapelle 1893 erbaut.
- Jagdschloss Hubertusstock, im ehemaligen preußischen Bezirk Potsdam, wurde im Auftrag des Preußenkönigs Friedrich Wilhelm IV. um 1849 in der wildreichen Schorfheide im Stil eines bayerischen Landhauses errichtet. Es diente der DDR-Staatsführung als Residenz für Gäste.
- Jagdschloss Augustusburg in Sachsen (bei Chemnitz), vom Kurfürsten August I. von 1568 bis 1572 auf dem 480 m hohen Schellenberg (Erzgebirge) erbaut; ▸ Jagdmuseen.
- Jagdschloss Moritzburg (auch Dianenburg) in Sachsen (bei Dresden). Der Bau wurde von Kurfürst Moritz 1542 begonnen und 1589 unter Christian I. beendet. Heute Museum; ▸ Jagdmuseen.
- Jagdschloss Granitz: Südlich des Ostseebades Binz auf der Insel Rügen (Mecklenburg-Vorpommern) gelegenes Jagdschloss, das sich Fürst Wilhelm Malte I. im Jahre 1836 von Johann Gotthard Steinmeyer auf dem 107 m hohen Tempelberg errichten ließ. Die Vierflügelanlage wird von einem 38 m hohen Aussichtsturm überragt, den Karl Friedrich Schinkel 1844 über dem quadratischen Innenhof errichtet hat. Das Jagdschloss enthält ein Jagdmuseum. Neben Jagdzeug, Präparaten heimischen Wildes und Exponaten zum Thema »Die Jagd auf Rügen« beinhaltet das Museum auch Gemälde des Tier- und Landschaftsmalers Max Hünten sowie ein Kabinett mit Stichen zur Jagd von ▸ Johann Elias Ridinger.
- Von weiteren J., die Schauplatz von größeren Jagdgesellschaften waren, sind er-

▸▸ Jagdschlitten, deutsch, um 1750: Hundekopf als Kufenfigur, Schlittenkasten in Form eines springenden Hirsches. Rocaille-schmuck in Silber auf grünem Grund. München, Deutsches Jagd- und Fischereimuseum, Leihgabe des Bayerischen Nationalmuseums

Nach einem Ölgemälde von C. Adam Kunz: Jagdschloss Neuhausen. Das inzwischen abgebrochene Jagdschloss stand am heutigen Rotkreuzplatz in München. München, Deutsches Jagd- und Fischereimuseum

wähnenswert: Grunewald bei Berlin (erbaut 1542); Karinhall in der Schorfheide, Groß Schönebeck (heute Schorfheide-Museum; ▸ Jagdmuseen); Weikersheim bei Bad Mergentheim; Benrath (Düsseldorf); Braunfels bei Wetzlar; Platte im Taunus; Schwetzingen; Nienover bei Holzminden (bis 1962 staatliches Forstamt); Lopshorn (Detmold) im Teutoburger Wald; Falkenlust bei Brühl (Nordrhein-Westfalen); Jägerhof (Düsseldorf); Niederwald bei Rüdesheim; Favorite (Ludwigsburg); Solitude bei Stuttgart; Kranichstein bei Darmstadt (▸ Jagdhöfe); Thiergarten bei Bayreuth; Grünau bei Neuburg a.d. Donau; Clemenswerth südwestlich von Oldenburg (erbaut 1736 bis 1750), das berühmte Jagdschloss des Kurfürsten Clemens August von Köln; Göhrde (1652) im ehemaligen Hofjagdrevier der Göhrde; Sababurg im Reinhardswald; Friedrichstein; Fasanerie bei Fulda (1740 bis 1756); Königswusterhausen südlich von Berlin; Grillenburg, Wilhelmstal; in Böhmen das Jagdschloss Frauenburg (Glanzzeit unter Fürst Adam von Schwarzenberg).

Da in Bayern alle ▸ Wittelsbacher Herrscher außer König Ludwig II. die Jagd – wenn auch mit unterschiedlicher Leidenschaft – ausübten, entstanden v.a. in und um München viele mehr oder weniger große J., z.B. Grünwald, Blutenburg, Laufzorn, Starnberg, Berg (am Starnberger See), Schleißheim, Lustheim (bei Schleißheim), Amalienburg und Fürstenried. Nicht mehr erhalten sind Neuhausen, Hirschgarten sowie das Gelbe, das Blaue, das Rote und das Grüne Haus im Forstenrieder Park (Hirschjagdpark).

Österreich: Halbthurn bei Wien, das Jagdschloss Kaiser Karls VI.; Eggenberg in Graz (bis März 1998 Jagdmuseum); Augarten in Wien; Hermesvilla im ▸ Lainzer Tiergarten; Martinsbühel bei Zierl, erbaut um 1500 von Kaiser ▸ Maximilian I.; Kühtai, erbaut um 1450 (heute Hotel); Tratzberg in Tirol; Schlosshof im Marchfeld; Niederweiden; Eckartsau und ▸ Laxenburg. Kaiser Maximilian I. erbaute neben Martinsbühel noch J. in Tottenmann und in Oppenburg. Landesfürstliche J. waren die Höfe in Thal, in Radmer und in der Karlau. Aber auch das sog. Hugenottenschlössel auf der Ries bei Kainbach wurde 1580 von Erzherzog Karl eigens für Jagdzwecke erbaut; ▸ Jagdhöfe.

Jagdschloss Herzogsfreude, das: Das J. H. wurde in den Jahren 1751 bis 1760 von dem Hofbaumeister Franz Heinrich Roth im Kottenforst errichtet. Die Schlosskapelle diente als Sitz des von Kurfürst Clemens August (1700 bis 1761) im Jahre 1751 gegründeten »Jagdordens von der Gütigkeit« (Ordre de la Clémence). Die Kapelle ist heute Pfarrkirche des Ortes Röttgen, das Schloss steht seit 1810 nicht mehr.

Jagdschluss, der: **1**) Das Ende einer Jagd. **2**) Das Ende der ▸ Jagdzeit auf ein bestimmtes Wild.

Jagdschmuck, der (Waidschmuck): Sammelbezeichnung für alle Jagdtrophäen, die als Wandschmuck, Raumschmuck, Hutschmuck und Körperschmuck verwendet werden.

– Wandschmuck: Geweihe, Gehörne, Krucken, Schnecken, Hörner, Keilerwaffen sowie Fächer bzw. Stoß und Kopf mit Stingel (Hals) von Auerhahn, Birkhahn und Rackelhahn auf einem schönen Holzbrettchen – oder auch Auer-, Birk- und Rackelhahn und anderes Federwild und kleines Haarraubwild ganz präpariert – werden als dekorativer Wandschmuck verwendet.

– Raumschmuck: Geweihe, Gehörne, Schaufeln, gelegentlich auch Krucken werden zu Stehlampen und Tischlampen, zu Kronleuchtern, Gewehrhaltern oder Garderoben verarbeitet.

– Hutschmuck: Hirschbart, Saubart, Gamsbart, Dachsbart und Hasenbart werden, fachgerecht gebunden, gern als Hutschmuck getragen. Auch Schnepfenbart, Erpelfedern, Fasanenfedern, Schnepfenfedern, Rebhuhnfedern oder Eichelhäherfedern sowie Gamsradln und Kokarden aus Rehhaaren sind ein beliebter Hutschmuck.

– Körperschmuck: Schon seit der letzten Eiszeit, als der Mensch sich vom Sammler zum Jäger entwickelte, wurden kleinere Trophäen (Tierzähne usw.) als Schmuck an Hals oder Handgelenk getragen. Heute werden die Hirschgrandeln und auch Stuckgrandeln, Fuchsfänge, Waidkörner (rundgeschliffene Quarzsteinchen aus dem Magen der Waldhühner), Mankeizähne, Mardergebisse, Kümmerer usw. meist in Silber, aber auch in Gold gefasst als Halsschmuck, Armband, Ring, Ansteck- oder Krawattennadel, Manschettenknöpfe, Hutagraffe und Charivari-Anhänger getragen. Zum jagdlichen ▸ Brauchtum gehört es, nur das zu tragen oder als Trophäe an die Wand zu hängen, was man selbst erlegt hat; ein Jäger schmückt sich nicht mit »fremden Federn«.

Jagdschrei, der: Anstelle eines ▸ Jagdsignals gebrauchter, weit hörbarer Ruf, meist ein gezogenes »Hup« oder »Hop«; ▸ Jagdgeschrei.

Jagdschulen, die: ▸ Landesjagdschulen.

Jagdschultheiße, die: J. wurden im 18. Jh. in Kur-Mainz angestellte Personen genannt, welche die Bauern bei großen Jagden (▸ Eingestellte Jagen) aufboten, sie herausbringen und aufpassen mussten, dass sich keiner drückte (▸ Jagdfron).

Jagdschutz, der: J. umfasst nach näherer Bestimmung durch die Länder den Schutz des Wildes, insbesondere vor ▸ Wilderern, Futternot, Wildseuchen und Wildkrankheiten, vor ▸ wildernden Hunden und Katzen, sowie die

Jagdschmuck der letzten deutschen Kaiserin Auguste Viktoria, Berlin, um 1900: Geschenk Kaiser Wilhelms II. an seine Gemahlin, entworfen und gearbeitet von G. Fröhlich, kgl. Hofgoldschmiedemeister, Berlin. Der Schmuck besteht aus zwei Halsbändern, die auch zusammen getragen werden können, besetzt mit ausgesuchten Hirschgrandeln, Rubinen, Smaragden und Brillanten; dazu die passende Brosche. München, Deutsches Jagd- und Fischereimuseum

Sorge für die Einhaltung der zum Schutz des Wildes und der Jagd erlassenen Vorschriften (BJG §23). In den Jagdgesetzen der Länder werden auch genannt: »Schutz bestandsbedrohter Wildarten und Schutz vor ▸ Raubwild sowie anderen jagdschädlichen Tierarten«. Die ▸ Jagdschutzberechtigten sind verpflichtet, den J. auszuüben.

– Schutz des Wildes vor Wilderern: Der Eigenjagdbesitzer oder der Jagdpächter ist befugt, Personen, die in seinem ▸ Jagdbezirk unberechtigt jagen oder jagdrechtlichen Vorschriften zuwiderhandeln oder außerhalb der für den öffentlichen Gebrauch bestimmten Wege zur Jagdausübung ausgerüstet angetroffen werden, anzuhalten, ihre Personalien festzustellen, von ihnen erlegtes Wild, Schuss- und sonstige Waffen, Fanggeräte, Hunde, Frettchen usw. abzunehmen. Er kann – wie jedermann – den auf frischer Tat angetroffenen Gesetzesbrecher festnehmen, wenn seine Personalien nicht festzustellen sind oder wenn Fluchtgefahr besteht. Er ist nicht befugt, Gewalt anzuwenden, da er kein ▸ Hilfsbeamter der Staatsanwaltschaft ist; wird er jedoch von dem Täter angegriffen, so hat er das Recht zur ▸ Notwehr. Flieht der Täter, muss immer der Grundsatz der Verhältnismäßigkeit bedacht werden (▸ Wilderei).
– Schutz des Wildes vor Futternot: Der Jagdpächter oder der Eigenjagdbesitzer ist verpflichtet, das Wild in ▸ Notzeiten ausreichend mit Futter zu versorgen. Unterlässt er dies trotz wiederholter Aufforderung durch die zuständige Behörde, kann diese das Wild auf Kosten des Jagdpächters oder des Eigenjagdbesitzers mit Futter versorgen lassen. Das BJG enthält nunmehr in §28 Abs. 5 eine Vorschrift über die ▸ Wildfütterung. Die Bewirtschaftung der Wildwiesen und der Wildäcker als ganzjährige Maßnahme zur Gewährleistung ausreichender natürlicher Äsungsverhältnisse in einem Jagdrevier ist keine Wildfütterung in der Notzeit.
– Schutz des Wildes vor Wildseuchen: Tritt eine Wildseuche auf, so hat der ▸ Jagdausübungsberechtigte dies unverzüglich der zuständigen Behörde anzuzeigen; sie erlässt im Einvernehmen mit dem beamteten Tierarzt die zur Bekämpfung der Seuche erforderlichen Anweisungen (BJG §24). Die Bekämpfung von Wildseuchen ist im ▸ Tierseuchengesetz mitgeregelt. Der J. beinhaltet auch den Schutz des Wildes vor ▸ Wildkrankheiten.
– Schutz vor ▸ wildernden Hunden und Katzen.

Jagdschutzberechtigte, die: Zur Ausübung des ▸ Jagdschutzes verpflichtete Personen: Hierzu zählen der ▸ Jagdausübungsberechtigte (i.d.R. der Revierinhaber), der bestätigte ▸ Jagdaufseher und je nach Landesrecht der Forstbeamte in seinem Dienstbezirk; bei ▸ Straftaten und bei ▸ Ordnungswidrigkeiten (z.B. ▸ Wilderei) auch der Polizeibeamte.

Jagdschützen, die: Alter Ausdruck für die zum ▸ Jagdschutz angestellten Personen.

Jagdschutzorgane, die: Österreichische Bez. für ▸ Berufsjäger und ▸ Jagdaufseher.

Jagdschutzschild, das: Der ▸ Jagdausübungsberechtigte und der ▸ Jagdschutzberechtigte haben das Recht, ihren Kraftwagen mit dem Schild ▸ »Jagdschutz« zu kennzeichnen. Die Inhaber von ▸ Jagderlaubnisscheinen erhalten das Schild nur, wenn ihnen Jagdschutzaufgaben schriftlich übertragen worden sind. Mit diesem Schild kann der berechtigte Personenkreis kenntlich machen, dass er mit Jagdschutzaufgaben betraut ist und in Erfüllung seiner Aufgaben Feldwege und Waldwege benutzen muss.

Jagdschutz-Verband, der: Die Spitzenorganisation der deutschen Jägerschaft (Vereinigung der 16 Jagdverbände der Bundesländer) ist der Deutsche J. e.V. (DJV); Geschäftsstelle: Johannes-Henry-Str. 26, 53113 Bonn. Er wurde 1875 in Dresden als »Allgemeiner Deutscher Jagdschutz-Verein« (ADJV) gegründet. Im Jahre 1934, in der Zeit des Nationalsozialismus endete die Tätigkeit des Vereins. Am 20.12.1945 wird der »Allgemeine Jagdschutzverein Hamburg« gegründet. Im Jahre 1949 wird der »Deutsche Jagdschutz-Verband« als Vereinigung aller westdeutschen Landesjagdverbände in Bad Dürkheim gegründet. Der DJV tritt somit die Nachfolge des ADJV an und verlegt seine Geschäftsstelle von Hamburg nach Bonn. Im Jahr 2010 waren bundesweit etwa 250 000 Jäger im DJV organisiert. Im Jahr 2009 ist der Bayerische Jagdverband (BJV) mit seinen etwa 44 500 Mitgliedern aus dem DJV ausgetreten. Der DJV ist zuständig für Angelegenheiten von allg., grundsätzlicher Bedeutung auf Bundesebene und auf internationaler Ebene in folgenden Bereichen: Pflege und Förderung aller Zweige des ▸ Jagdwesens; Förderung des ▸ Naturschutzes, des ▸ Tierschutzes und der ▸ Landschaftspflege; Schutz der ▸ wild lebenden Tiere und Sicherung ihrer Lebensgrundlagen; Einflussnahme auf die Jagdgesetzgebung und die Jagdzeiten-Verordnung des Bundes sowie die sonstige einschlägige Gesetzgebung, welche in die Kompetenz des Bundes fällt; Vertretung der Jäger und Wahrung der Belange in Gesellschaft und Staat; Abstimmung der Tätigkeit der Landesjagdverbände; Wahrnehmung von Jagdrechtsangelegenheiten, Auskunftserteilung über jagdrechtliche Grundsatzfälle und Sammlung von Entscheidungen in Jagdsachen; Vertretung des jagdlichen Bereichs in Fragen des jagdlichen Waffen- und Munitionswesens; Gestaltung des jagdlichen Schießwesens (einschließlich der Durchführung der Bundesmeisterschaft im ▸ jagdlichen Schießen); Öffentlichkeitsarbeit mit überregionaler Zielsetzung; zentrale Angelegenheiten des Berufsjägerwesens; Jagdgebrauchshundewesen; Jagdausübung und ▸ Hege des Wildes, Wildkunde, ▸ Wildschaden(s)verhütung, Wildverluste, jagdliche Forschung; Pflege des jagdlichen Schrifttums; Pflege des jagdlichen ▸ Brauchtums (Durchführung des Bundeswettbewerbs im ▸ Jagdhornblasen); Förderung von jagdkulturellen Einrichtungen (▸ Jagdmuseen); Verleihung von ▸ Verbandsabzeichen wie Ehrenhirschfänger und Wildhegeabzeichen; Verbindung zu zentralen Organisationen im In- und Ausland; Pflege von ▸ Jagdkunst und ▸ Jagdgeschichte; jährliche Herausgabe des DJV-Handbuches. Der DJV ist ein nach §29 BNatSchG staatlich anerkannter Naturschutzverband. Seine bisherigen Präsidenten waren: Krohn (1949 bis 1951), Frhr. von Boeselager (1951 bis 1954), Cosack (1954 bis 1960), Dr. Tellmann (1960 bis 1963), Egon Anheuser (1963 bis 1982), Dr. Gerhard Frank (1982 bis 1995) und Constantin Frhr. von Heeremann (1995 bis 2003).

Die ***Landesjagdverbände*** sind der freiwillige Zusammenschluss von Jägern eines Bundeslandes (für Niedersachsen und Bremen Landesjägerschaft, im Saarland Vereinigung der Jäger des Saarlandes). Der Landesjagdverband ist zuständig für die Angelegenheiten seines Bundeslandes; z.B. Beratung und Betreuung der Kreisgruppen und der Vereine, Zusammenarbeit mit der Landesjagdbehörde, Beratung der Landesjagdbehörde bei der Jagdgesetzgebung, Verbindung zu der Naturschutzbehörde, zu den Landwirtschaftskammern und anderen befreundeten Verbänden des Bundeslandes. Der Bayerische Jagdverband (BJV) vertritt jedoch seit seinem Austritt aus dem DJV seine Interessen auf Bundes- und europäischer Ebene selbst. Ein Landesjagdverband ist i.d.R. in Kreisgruppen (oder Stadtgruppen, Jägergruppen, Jagdvereine, Jägerschaften) unterteilt; sie sind der Zusammenschluss der organisierten Jäger eines Kreises. Die Aufgabe der Kreisgruppe ist die Zusammenarbeit mit der zuständigen unteren ▸ Jagdbehörde, mit dem ▸ Naturschutz und dem ▸ Tierschutz des Kreises (u.a. bei jagdlichen Prozessen), die Fühlungnahme mit den Amtsgerichten, die Abhaltung von Brauchbarkeitsprüfungen in Verbindung mit den örtlichen Gebrauchshundvereinen. Die Kreisgruppe (in Berlin, Bremen und Hamburg nicht vorhanden) setzt sich wiederum aus ▸ Hegeringen (örtlich oder sachlich gebildeten Interessengemeinschaften) zusammen. Die Hegeringe (Hegegemeinschaften) sind die kleinste Einheit des DJV, und ihre Aufgaben sind i.d.R. rein jagdlicher Art (z.B. gemeinsame Hegemaßnahmen, ▸ Wildzählungen, Vereinbarungen über ▸ Wildfolge usw.). Die Jagdschutz-Verbände der Europäischen Union sind zusammengeschlossen in der Fédération des Associations de Chasseurs de l'UE (▸ FACE).

Jagdschwert, das: Ein in früherer Zeit bei der ▸ Jagdausübung gebrauchtes Schwert, breit am Griff und dann spitz zulaufend; ▸ Blanke Waffen.

Jagdsegen, der (Stangenselbstschuss): Bez. für einen Selbstschuss für ▸ Greifvögel und ▸ Rabenvögel (heute verboten).

Jagdschwerter, von links nach rechts: Sauschwert, 18. Jh., mit facettiertem Knauf, Holzgriff und abwärts geneigter Parierstange; die runde Klinge mit beweglicher Auflaufscheibe geht in eine vierkantige Stoßklinge über. – Sauschwert, deutsch, 16. Jh., mit eisernem Knauf, lederbezogener Hilze, gerader Parierstange und kantiger, an der Spitze lanzettförmiger Klinge mit Meistermarken; aus Schloss Dittersbach. - Jagdschwert, deutsch, 16. Jh. mit hirschhornbelegtem Griff sowie S-förmig geschwungener Parierstange mit muschelförmigem Stichblatt und den Spuren alter Vergoldung sowie zweischneidiger Klinge mit Meistermarke. – Jagdschwert, deutsch, 16. Jh. mit hirschhornbelegtem Griff, geschwungener Parierstange, muschelförmigem Stichblatt und geätzter Klinge. München, Deutsches Jagd- und Fischereimuseum

Jagdsignale, die: Feststehende, auf dem ▸ Jagdhorn (Fürst Pleßsches Jagdhorn in B) geblasene Signale zur Eröffnung der Jagd, zur Verständigung der Schützen und Treiber untereinander, am Ende der Jagd und zu Ehren des erlegten Wildes. Bei Wettbewerben von Bläsergruppen (▸ Jagdhornblasen), Feierlichkeiten usw. werden diese J. ebenfalls geblasen. Die offiziellen deutschen J.:

- ***Allgemeine Signale***, die bei Beginn einer Gesellschaftsjagd und an deren Ende, wenn Schützen und Treiber zum ▸ Streckelegen versammelt sind, geblasen werden: Das hohe Wecken; Begrüßung; Aufbruch zur Jagd; Wild ablegen; Das Ganze; Jagd vorbei; Halali; Wagenruf; Zum Essen; Blattschlagen. Während einer ▸ Gesellschaftsjagd werden verschiedene Signale zur Leitung der Jagd (Jagdleitsignale) und zur Verständigung der Schützen und Treiber untereinander (Verständigungssignale) geblasen: Langsam treiben (anblasen); Richtung; Halt; Ecke vor; Rechter Flügel; Linker Flügel; Zusammenziehen der Flügel; Zentrum; Aufmunterung im Treiben; 1. Treiberwehr; 2. Treiberwehr; 3. Treiberwehr; 4. Treiberwehr; Sammeln der Treiber; Sammeln der Schützen; Laut treiben; Stumm (leise) treiben; Aufhören zu schießen, Hahn in Ruh (Abblasen des Treibens); Hegeruf – Antwort; Notruf (Jägernotruf); Treiber in den Kessel; Hunderuf.
- ***Totsignale***, d.h. Signale, die zu Ehren des erlegten Wildes am Ende einer Gesellschaftsjagd vor der gelegten Strecke geblasen werden, sind: Elch tot; Hirsch tot; Damhirsch tot; Muffel tot; Gams tot; Reh tot; Sau tot; Bär tot; Seehund tot; Wisent tot; Auerhahn tot; Fuchs tot; Dachs tot; Raubwild tot; Hasen tot; Kaninchen tot; Flugwild tot. Beim Begräbnis eines Jägers werden die Signale »Jagd vorbei« und »Halali« (gebietsweise auch in umgekehrter Reihenfolge) geblasen. Dies geschieht entweder, wenn der Sarg in die Erde gesenkt wird, oder am Ende einer Würdigung durch einen Waidgenossen, wenn dieser den letzten ▸ Bruch niederlegt.
- ***Brackenjagdsignale*** haben die Brackenjäger: Aufbruch zur Jagd; Es ist angestellt; Hunde los; Hunde aufkoppeln; Wild tot; Sammeln.
- ***Historische J.*** (Jagdfanfaren), wie sie früher bei einer ▸ Parforcejagd geblasen wurden, sind z.B.: Anjagd; Gute Jagd; Hourvari; Stoppfanfare; La vue; Jägerruf; Wasserfanfare; Halali; Fürstenruf (Gruß); Curée. Die ältesten überlieferten J. stammen aus dem Jahre 1582. Die Schrift »Die Jagdsignale«, eine vollständige Sammlung aller offiziellen J., weiterer gebräuchlicher Signale und der Brackenjagdsignale, wurde revidiert, zusammengestellt und herausgegeben vom Deutschen ▸ Jagdschutz-Verband (Verlag Paul Parey, Hamburg); ▸ Stief.

Jagdspaniel, der: Der Cockerspaniel und der Englische Springerspaniel; ▸ Stöberhunde.

Jagdspeer, der: ▸ Jagdschaft.

Jagdspiele, die: ▸ Kampfspiele.

Jagdspieß, der: Eine ▸ Blanke Waffe, früher zur Jagd auf verschiedenes Wild benutzt.

Jagdsprüche, die: ▸ Waidsprüche.

Jagdstatistik, die: Eine Erhebung numerischer Daten, welche die gesamte ▸ Jagdwirtschaft betreffen und die nach logischer Ordnung (Aufbereitung) ausgewertet wird. Ihre Aussagekraft (Analyse und Deutung) ist für die Jagdwirtschaft, die Jagdentwicklung und die Jagdpolitik unentbehrlich. In größerem Umfang wird die J. auf Länderebene erstellt, wobei Teilgebiete – mit hohem Aussagewert – letztlich für das gesamte Bundesgebiet zusammengestellt werden. Für die Allgemeinheit, insbesondere für die Jägerschaft interessante Statistiken werden z.B. im »DJV-Handbuch« veröffentlicht; insbesondere sind folgende Erhebungen zu nennen: Jahresjagdscheininhaber, ▸ Jagdscheingebühren, ▸ Jägerprüfungen (Anzahl der Teilnehmer, gegliedert nach Berufsgruppen), Tollwutfälle, Wildbestandszahlen, Wildbretverbrauch, Jahresstrecke (▸ Jagdstrecke), Wert der Jahresstrecke usw. Spezielle J. werden auch von den Forstverwaltungen für innerdienstliche Zwecke geführt, z.B. die statistische Nachweisung anhand der Streckenmeldungen.

Jagdsteig, der: ▸ Pirschsteg.

Jagdsteine, die: Seit der Karolingerzeit bildete sich zunächst der königliche ▸ Wildbann heraus, der dann aber größtenteils an den hohen Adel und die hohe Geistlichkeit verliehen wurde. Die Niederjagd verblieb bis zum 13. Jh. den grundherrlichen Lehensleuten, dazu die Jagd auf Bären, Wölfe und Wildschweine. Gegen Ende des Mittelalters wurde das Jagdrecht zum Jagdregal (▸ Jagdhoheit) des Landesherrn, das dieser vielfach an Adelige verlieh. Der Wildbann wurde als das Kriterium für Anspruch und Stellung eines »Herrn« angesehen. Forsthoheit und Jagdregal deckten sich regelmäßig, aber nicht immer, denn auch Jagdrechte gebietsfremder Herren sowie das Übergreifen des Jagdrechts von einem Gebiet in das Nachbargebiet kamen vor. In den fränkischen Kleinstaaten trifft man zudem gelegentlich auf gemeinsame Jagden mehrerer Herrschaften, die »Koppel-« oder »Kuppeljagden«. Die J., auch »Wildbannsäulen«, waren durch Jagdhorn oder die Aufschrift »JAGD« kenntlich. Außerdem trugen sie die Zeichen oder Namen der Jagdherren, aber grundsätzlich nicht den Wappenschild, weil das Anbringen des Wappens auf die Gebietshoheit hingedeutet hätte (▸ Wild und Jagd im Wappen). Ein Jagdrecht konnte auch auf Niederwild (Hasen, Federwild) beschränkt sein. An den Grenzen solcher Jagdrechte, auch »Hasengehäg« genannt, wurden »Hasensteine« oder »Hasensäulen« aus Holz aufgestellt. Inhaber solcher Niederjagdrechte waren Adelige, gelegentlich auch gebietsfremde Fürsten, aber auch Gemeinden. Um die Niederjagdgrenzen kam es – wie um die Hochjagd – gelegentlich zum Streit. Eine vom pfalzwittelsbachischen Amt Floß im Jahre 1595 errichtete Hasensäule aus Granit wurde z.B. innerhalb von drei Jahren von den benachbarten Jagdinhabern der Herrschaft Neustadt-Störnstein (Oberpfalz) fünfzehnmal abgeschlagen und lediglich der Säulenstumpf im Boden belassen. An der Grenze des Jagdrechts endete auch die Jagdfron der als Treiber Dienstverpflichteten. Mit den alten Jagdprivilegien gingen 1848 auch die Jagdgrenzen unter (siehe hierzu Franz X. Simmerding: »Grenzzeichen, Grenzsteinsetzer und Grenzfrevler«, München). ▸ Bärenstein, ▸ Hirschstein, ▸ Wolfsstein.

Jagdsteuer, die: Eine den Gemeinden zufließende Steuer, für die eine örtliche Steuerordnung erlassen und von den Aufsichtsbehörden genehmigt werden muss. Die J. ist vom Inhaber eines Jagdreviers zu entrichten. Die J. bemisst sich gemäß Jagdsteuermusterordnung vom 7.2.1937 (RMinBl. von 1937, 249) beim Eigentümer nach dem Jahresjagdwert (durchschnittlich 12%), beim Pächter nach der Pachtsumme. Verschiedene Kommunen bzw. Bundesländer haben die J. jedoch bereits abgeschafft, z.B. Bayern, Berlin, Bremen, Hamburg und Thüringen. In Baden-Württemberg beträgt die J. 15%.
Österreich: Die J. entspricht im Wesentlichen der ▸ Jagdabgabe und wird – mit Ausnahme von Wien – von den ▸ Jagdausübungsberechtigten erhoben. Der Bemessungssatz richtet sich i.d.R. nach dem ▸ Jagdpachtschilling oder nach dem Jagdwert. Mit Ausnahme von Salzburg (Festwert) ist die Höhe der J. unterschiedlich geregelt.

Jagd, stille, die: ▸ stille Jagd.

Jagdstock, der: **1**) Früher trugen die diensttuenden Jäger (einschließlich des Jagdleiters) bei ▸ Eingestellten Jagen ca. 1,80 m lange, dünne, frisch abgeschnittene Stöcke mit einer kleinen Gabel an einem Ende, die, wenn die jagdbaren Hirsche schon verschlagen (verfegt) hatten, geschält, sonst ungeschält waren. **2**) Handstock, an dem eine ausklappbare Sitzvorrichtung angebracht ist. **3**) ▸ Bergstock.

Jagdstrecke, die: **1**) Die ▸ Strecke des Wildes nach einer ▸ Gesellschaftsjagd (Tagesstrecke). **2**) Die gesamte ▸ Jagdbeute eines Jägers oder eines ▸ Jagdbezirkes innerhalb eines ▸ Jagdjahres. Für Wild, das aufgrund eines ▸ Abschussplanes erlegt wurde, gibt die Jahres-J. einen Überblick über die Abschussplanerfüllung. Letztlich fließen die Zahlen der J. in eine ▸ Jagdstatistik ein, die jährlich für jedes Bundesland erstellt wird und die zusammengefasst eine Statistik der J. im Bundesgebiet ergeben. Eine Streckenübersicht der einzelnen Bundesländer wird jährlich vom Deutschen ▸ Jagdschutz-Verband im »DJV-Handbuch« veröffentlicht. Während die J.-Zahlen für abschussplanpflichtiges Wild Effektivzahlen sind, sollte man den Zahlen für Niederwild und für Raubwild (meist geschätzte Zahlen) kritisch gegenüberstehen. Anders verhält es sich mit den J. der Forstverwaltungen. Dort muss das gesamte jagdbare und erlegte Wild auf einer ▸ Abschussmeldung erfasst und die Art der Verwertung angegeben werden. Neben dem rein statistischen Wert der J., die im Vergleich zu den J. vergangener Jahre gewisse Rückschlüsse zulässt (z.B. Rückgang oder Anstieg der J., eventuell bedingt durch Veränderung des ▸ Biotops oder durch ▸ Wildkrankheiten usw.), hat sie auch ei-

nen hohen Aussagewert hinsichtlich des Werts des Wildbrets (Jagdjahr 2001: Wildbretaufkommen [Schalenwild] 37932000 kg); ▸ Jagdwirtschaft. Nach dem DJV-Handbuch 2004 betrug z.B. die J. (Jahresstrecke) im Bundesgebiet im Jagdjahr 2002/2003: Rotwild 60407, Damwild 52240, Sikawild 822, Schwarzwild 512050, Rehwild 1117511, Gamswild 4522, Muffelwild 6392, Feldhase 470459, Wildkaninchen 156361, Fasanen 350663, Rebhühner 10700, Waldschnepfen 10848, Wildgänse 30937, Wildenten 526003, Wildtauben 854324, Füchse 608466, Dachse 47120, Edelmarder 3533, Steinmarder 51092, Iltisse und Wiesel 24654, Waschbären 19647, Marderhunde 16087. Die gesamte Jahresjagdstrecke stellte dabei einen geschätzten Wert von über 190 Mio. Euro dar.
Jahresstrecke in Österreich zum Vergleich (Jagdjahr 2001/2002): Rotwild 44324, Damwild 454, Rehwild 267312, Gamswild 25131, Muffelwild 1896, Schwarzwild 28926, Murmeltier 6454, Fuchs 62545, Dachs 8509, Hasen 184629, Kaninchen 2299, Fasan 180360, Rebhuhn 8661, Wildtauben 21.601, Wildenten 83.170, Auerwild 387, Birkwild 1855. Schweiz: Rotwild 7000, Rehwild 43000, Gamswild 17000.

Jagdstreupatrone, die: ▸ Ballistik.

Jagdstücke, die: ▸ Jagdkunst.

Jagdsysteme, die: Das in einem Staat rechtlich festgelegte System der ▸ Jagdausübung. In der Bundesrepublik Deutschland (BJG §3) und in Österreich wird am Reviersystem festgehalten, d.h. an dem Grundsatz, dass das ▸ Jagdrecht nur in Jagdbezirken (Revieren) ausgeübt werden darf. Dieses System ist auch in den meisten osteuropäischen Staaten vorherrschend, jedoch mit dem Unterschied, dass das Jagdrecht nicht an Grund und Boden (Grundeigentum) gebunden ist. Das Lizenzsystem (z.B. in den USA, in Kanada und weitgehend in Skandinavien) erlaubt die Jagd an einem beliebigen Ort aufgrund allg. Erlaubnis. Das Patentsystem, im weiteren Sinne gleichzusetzen mit dem Lizenzsystem, ist ebenfalls nicht an Grundeigentum gebunden, grenzt aber die Jagdausübung ein, d.h. beschränkt sie auf bestimmte Gebiete, so z.B. in 16 Schweizer Kantonen. In den übrigen Kantonen der Schweiz gibt es das Reviersystem (Revierjagd); ▸ Patentjagd, ▸ Schweizer Jagdrecht. In Italien und z.T. in Frankreich steht dem Grundeigentümer die Jagd auch auf kleinsten Grundflächen zu (Parzellenjagd). In der Bundesrepublik Deutschland bestehen für die Insel Helgoland und für die Jagd auf Wasservögel auf dem Untersee und auf dem Rhein bei Konstanz Sonderregelungen (BJG §44). Die Jagd auf Helgoland ist frei und nicht an Grund und Boden gebunden. Auf dem Untersee und auf dem Rhein sind zur gemeinschaftlichen Wasserjagd grundsätzlich die erwachsenen männlichen Einwohner der an den Ufern des Jagdgebietes gelegenen Orte berechtigt.

Jagdtag, der: ▸ Fangtag.

Jagdtagebücher, die (Jagdregister, Jagdchroniken, ▸ Schussbücher): Tagebücher mit persönlichen Aufzeichnungen über Jagderlebnisse, -reisen und -strecken. Besonders wertvoll gearbeitet und mit Illustrationen versehen sind die J. der früher Herrschenden. Sie sind z.T. auch jagdhistorisch von hohem Wert. Sie vermitteln u.a. Einblicke in die damalige Jagdpraxis, in die Jagddauer, in den Jagdaufwand und in die Jagdstrecke. J. wurden teilweise von hervorragenden Künstlern gestaltet. Christian ▸ Kröner z.B., ein bedeutender Landschafts- und Tiermaler, schuf ein Jagdtagebuch mit Illustrationen, Fährten, Jagdkalender und Tabellen zum Eintrag erlegten Wildes. Kröners J. kamen 1892 erstmals auf den Markt.

Jagdtasche, die (Waidtasche, Karnier, Holster, schweizerisch [lokal auch süddeutsch] Aaser bzw. Aser, auch Weidaser): Eine Tasche, die der Jäger bei der Jagd mit sich trägt, um darin erlegtes geringes Wild, Patronen (früher Pulver und Blei) und etwas Verpflegung zu transportieren. Sie wird i.d.R. auf der linken Seite getragen (in Schwaben früher auf der rechten Seite). J. gibt es in verschiedenen Formen; sie sind meist aus Kalbsleder. In früheren Zeiten waren sie je nach Gegend verschieden. Die zweckmäßigsten J., die sich bis heute erhalten haben, waren die aus braunem Kalbsleder. J. aus Seehundfellen und Dachsschwarten (Jagdranzen) waren bei Regenwetter ungünstig, da sie nicht schnell genug abtrockneten. J. mit Netz waren seltener und kamen bereits im 18. Jh. aus der Mode; ▸ Falknertasche.

Jagdteilnahmeschein, der: Eine Jagdberechtigung (Erlaubnisschein), welche die DDR-Jäger früher zur Teilnahme an ▸ Kollektivjagden berechtigte. Den J. erhielten sie bei Nachweis persönlicher, fachlicher und politischer Eignung (i. allg. durch die Jagdeignungsprüfung) auf Antrag über den Rat des Kreises bzw. in Ostberlin über den Magistrat. Der J. berechtigte während der Kollektivjagd auch zum Führen einer Jagdwaffe, die nach der Jagd wieder eingezogen wurde; ▸ Jagdteilnehmer.

Jagdteilnehmer, die: Frühere Bez. für die Jäger aus der ehemaligen DDR. Sie waren J. in den ▸ Jagdgemeinschaften der ▸ Gesellschaft für Sport und Technik und erhielten zur Ausübung der Jagd (▸ Kollektivjagden) von den Räten der Kreise (bei Zustimmung durch den Leiter des zuständigen Volkspolizeikreisamtes) einen ▸ Jagdteilnahmeschein.

Jagdterrier, der: ▸ Erdhunde 5.

Jagdtierkunde, die: ▸ Wildbiologie.

Jagdtourismus, der: ▸ Jagdreisen, ▸ wildlife management, ▸ Jagen im Ausland.

Jagdtraktat, der, das: svw. jagdliche (wissenschaftliche) Abhandlungen bzw. Schriften.

Jagdtrieb, der: **1**) Die ▸ Jagdpassion des Hundes. **2**) Für die Jagd verwendete Brackenmeute (alter Ausdruck). **3**) Der Trieb der ▸ Beutegreifer (Raubtiere) zum Beuteerwerb.

Jagdtrophäen, die: ▸ Trophäen.

Jagdtücher, die: ▸ Jagdzeug 2.

Jagd und Hund: Größte europäische Jagdmesse, die jährlich in Dortmund stattfindet. Die »J. u. H.« ist eine internationale Ausstellung für Jagd und Angelfischerei; ▸ Jagdausstellungen.

Jagd und Landwirtschaft: Die Einengung der Fruchtfolgen, die Konzentration auf wenige marktfähige Kulturen sowie die Verwendung von Dünge- und Pflanzenschutzmittel wirken sich auf die Lebensbedingungen zahlreicher

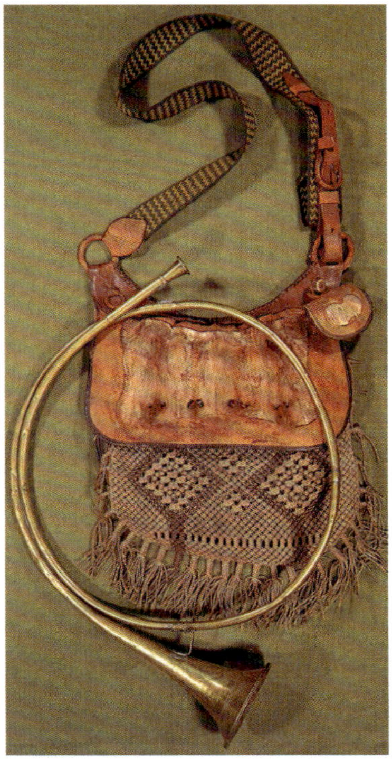

Jagdtasche, deutsch, Ende 17. Jh.: Ledertasche mit graviertem Eisenbügel; Seidenstickerei vorne, Rückseite bestickt. – Oben Jagdgürtel, deutsch, 18. Jh.: Samtbezogen, breite Messingschließe mit getriebenem Silber belegt; darunter Pulverflasche, deutsch, Anfang 18. Jh. mit Hornkörper; rechts unten Jagdsäbel mit Scheide, deutsch, 17. Jh., mit Elfenbein-Griff, gerader Parierstange, Messing-Beschlägen und Sägerückenklinge

◂◂ Jagdtasche aus Leder mit Netz, deutsch, 19. Jh., Deckel mit eingearbeiteten Rehläufen, und Parforcehorn, 18. Jh., angefertigt von der Firma Saurle, München

Tier- und Pflanzenarten, insbesonderes des Niederwildes, ebenso negativ aus wie der Einsatz von schnellfahrenden Großmaschinen. Sie führen aufgrund rascher Bearbeitung und Ernte zu einer schlagartigen Verschlechterung des Lebensraumes. Durch Entwässerung und Nutzungsintensivierung wurden in der Vergangenheit viele natürliche Lebensräume, wie beispielsweise Feuchtwiesen, zerstört. Zunehmend werden die landwirtschaftlichen Produktionsverfahren im Hinblick auf ihre Umweltverträglichkeit an wissenschaftlichen Erkenntnissen ausgerichtet. Die notwendige Reduzierung landwirtschaftlicher Produktionsflächen sowie Extensivierungsmaßnahmen sollten als Chance, frei werdende Flächen an wild lebende Tiere und Pflanzen zurückzugeben, stärker genutzt werden. Der ▸ Vertragsnaturschutz bietet hierzu gute Möglichkeiten und muss verstärkt durch die Öffentliche Hand gefördert werden. (Quelle: DJV-Handbuch »Jagd«).

Jagd und Tierschutz: Jagdausübung und ▸ Tierschutz sind keine Gegensätze. Jäger töten Tiere aus ▸ vernünftigem Grund. Bei der Jagdausübung sind die allgemein anerkannten Grundsätze deutscher ▸ Waidgerechtigkeit einzuhalten. Damit wird auch der Tierschutzgedanke verwirklicht.

Die Ausbildung und Prüfung des Jagdhundes ist notwendig, um für Feld-, Wald- und Wasserjagd brauchbare Hunde zur Verfügung zu haben. Die Prüfung ist auch für die Zuchtauswahl erforderlich, da das Leistungsvermögen der Hunde auch erblich bedingt ist. Die Arbeit des Jagdgebrauchshundes auf der Duftspur der lebenden Ente ist nicht nur für die praktische Wasserwildjagd erforderlich, sondern weist auch auf das Vorhandensein wichtiger Wesenmerkmale hin, die im weiteren praktischen Einsatz unabdingbar sind. Da u.a. der Fuchs intensiv bejagt werden muss, ist die Baujagd erforderlich. Hierfür werden Bauhunde benötigt, denen man nicht unvorbereitet solche Aufgaben zumuten darf. Deshalb ist die Ausbildung in einer Schliefanlage notwendig. Geräte nach dem Teletaktprinzip (▸ Teletact) sind für die Hundeausbildung in Einzelfällen zur Korrektur unverzichtbar. Sie eröffnen die Möglichkeit, dosiert auf den Hund über eine Distanz einzuwirken. Der elektrische Reiz im Moment des Fehlverhaltens hat einen nachhaltigen Lerneffekt, der auch gerade dem Schutz des Hundes (u.a. Straßenverkehrsgefahren) dient. Der Anwender des Gerätes muss sachkundig sein. Bei bestimmten Jagdhunderassen ist das ▸ Kupieren der Rute unerlässlich, um das mit großen Schmerzen verbundene Wundschlagen der Rute auszuschließen. Das Kupieren der Rute ist deshalb tierschutzrechtlich geboten und auch künftig zuzulassen.

V.a. Aspekte des Tierschutzes fordern das Festhalten an der seit Jahrzehnten geltenden Regelung, dass der Schrotschuss auf Schalenwild verboten ist. Auch auf nahe Entfernung lässt der Schrotschuss auf Schalenwild nicht immer eine tödliche Wirkung erwarten. Zudem ist ein Ausschuss nicht sichergestellt, sodass die ▸ Nachsuche erschwert wird oder unmöglich ist, was mit unnötigen Schmerzen und Leiden für das angeschossene Stück verbunden ist (▸ Leiden der Tiere).

Die Nachsuche krankgeschossenen oder schwer kranken Wildes, auch wenn es in einen fremden Jagdbezirk wechselt, ist eine Verpflichtung in Erfüllung des Tierschutzes, um dem Wild vermeidbare Schmerzen oder Leiden zu ersparen. Dies ist ein allg. anerkannter Grundsatz deutscher Waidgerechtigkeit. Daher ist beim vorsätzlichen Unterlassen einer erforderlichen Nachsuche der Jagdschein zu versagen bzw. zu entziehen (Quelle: DJV-Handbuch »Jagd«); ▸ Staatsziel Tierschutz.

Jagdunfall, der: Bei Unfällen von Eigenjagdbesitzern, Pächtern, Treibern, bestellten Helfern, ▸ Jagdaufsehern usw. tritt die Landwirtschaftliche Berufsgenossenschaft ein. Jagdgäste schützt nur eine freiwillig abgeschlossene Unfallversicherung. Bei der Jungjäger-Ausbildung ist für die Teilnehmer an Übungsschießen usw. eine Unfall- und Haftpflichtversicherung (einzeln oder für die ganze Gruppe) abzuschließen.

Jagduniform, die: In einzelnen Ländern den Jägern – u.a. denen im Staatsdienst – vorgeschriebene, einheitliche Dienstkleidung; ▸ Jagdkleidung.

Jagdutensilien, die: Kleine Gegenstände, die zur Jagd mitgeführt werden oder die jagdlichen Bezug haben, z.B. ▸ Charivari; ▸ Jagdkunst.

Jagdverband, der: ▸ Jagdschutz-Verband, ▸ Landesjagdverbände.

Jagdverbände, ökologische: ▸ ökologische Jagdverbände.

Jagdverbindung, die: ▸ Wernigeroder Jagdkorporationen Senioren-Convent, ▸ Kongress akademischer Jagdcorporationen.

Jagdverbote, die: ▸ Jagdbeschränkungen.

Jagdverbrechen, das: ▸ Jagdfrevel.

Jagdvergehen, das: ▸ Jagdfrevel.

Jagdverpachtung, die: ▸ Jagdpacht.

Jagdvorstand, der: Vertreter der ▸ Jagdgenossenschaft.

Jagdwaffen, die: In frühester Zeit bestanden die J. aus den einfachsten Hilfsmitteln, z.B.

Schatulle und Jagdutensilien wie Pulverflasche, Hornlöffel, Hornschale, Hornbecher und Charivari; 19. Jh., aus dem Besitz des Grafen Arco

aus der schweren *Keule*, die nur im Nahkampf eingesetzt werden konnte und im Laufe der Zeit durch die *Jagdaxt* und später durch das kurze *Jagdschwert* ersetzt wurde. Der *Wurfspeer* (Wurflanze) trat bald an die Stelle des Steinwurfs. Das Schwert konnte jedoch nur aus nächster Distanz eingesetzt werden und war als J. ziemlich umständlich. Dennoch lassen zahlreiche mittelalterliche Darstellungen erkennen, dass die Reiter bei der Jagd auf Schwarzwild Schwerter mit breiten Klingen und sehr langen Parierstangen benutzten. Für die Jagd auf Hochwild waren Schwerter mit schmalen steifen Klingen wesentlich besser geeignet. Hohlkehlen machten die Klinge leichter und elastischer. Neben den üblichen Schwertern fand zwischen dem 5. und 10. Jh. der *Sax*, ein einschneidiges Schwert mit einer messerartigen Klinge, eine weite Verbreitung. Seine Form hat sich mit einigen Veränderungen in den Waidmessern erhalten, die im 16. Jh. auftreten. Bereits die Verwendung von *Pfeil und Bogen* verbesserte erheblich die Jagderfolge, die sich mit der Entwicklung der ▸ *Armbrust*, welche die Treffsicherheit und die Durchschlagkraft wesentlich erhöhte, nochmals bedeutend hoben. Von der aus dem Bogen hervorgegangenen Armbrust wurde in Europa erstmalig im 10. Jh. berichtet. Im 13. Jh. gelang mit der Entwicklung des Hornschichtbogens, der den Holzbogen ablöste, eine wesentliche Steigerung der Schussleistung. Seit dem 16. Jh. rüstete man die kostbaren Jagdarmbrüste mit einem dreiachsigen Stecherschloss aus. Vergleichbar mit dem Prinzip der Feuerwaffen, löste der Stecher nach einem leichten Fingerdruck den Bolzenschuss. Zur Ausrüstung des Schützen gehörte außerdem ein Köcher zur Aufbewahrung von etwa 12 Armbrustbolzen. Sie hatten entsprechend ihrem Verwendungszweck verschiedene Eisenspitzen in stumpfer oder geschliffener Form. Ganz spitze Eisen konnten tief in den Tierkörper eindringen, die stumpfen Prellbolzen wurden zur Jagd auf kleinere Tiere benutzt, v.a. wenn man sie betäuben wollte. Die Armbrust war eine ideale J., denn sie schoss nahezu geräuschlos und vertrieb dadurch nicht das Wild in der Nähe des Schützen. Außerdem konnte ein Jäger mit der gespannten Armbrust das Wild sehr lange verfolgen, ohne dass die Bogenspannung und damit die Schussweite (ca. 200 Schritt) nachließ. Diese Eigenschaften machten sie den Feuerwaffen für lange Zeit überlegen. Gegen Ende des 15. Jh. kamen die Stahlbogen auf und verdrängten den klassischen Hornbogen. Man vermutete anfangs, dass der Stahlbogen bei größerer Kälte springen würde; im »Geheimen Jagdbuch« Kaiser ▸ Maximilians I. wird deshalb auch angewiesen: »Als Erstes sollst Du stets bei Dir haben etliche Truhen, darin Dein Jagdschwert, Rock, Geschütz, Hornarmbrust und Stahlbogen. Nämlich im Winter die Hornarmbrust wegen des Frostes; aber sonst Stahlbogen im Sommer. So es nicht friert, im Winter auch den stählernen Bogen.« Neben der Armbrust waren aber auch der Speer (sowohl als Wurfwaffe als auch zum Nahkampf) und das Jagdschwert weiterhin in Gebrauch. So bediente sich noch Kaiser Maximilian I. weitgehend des ▸ *Jagdschaftes* als Jagdwaffe. Die Mischform als Kriegs- und Jagdwaffe repräsentiert der *Knebelspieß* aus der 1. Hälfte des 16. Jh. In verschiedenen zeitgenössischen Berichten über den Schmalkaldischen Krieg wird er als eine typische Reiterwaffe erwähnt. Die lanzettförmige Klinge mit hohem Mittelgrat und den zwei flachen Eisenknebeln an der achtkantigen Tülle ermöglichte ebenfalls den Einsatz zur Jagd. Am Ende des 16. Jh. setzten sich, vorwiegend für die Jagd auf Vögel und Kleintierwelt, besonders leichte Armbrüste, die italienischen *Balester* und deutschen ▸ *Schnepper*, durch, mit denen man Kugeln verschießen konnte. Kugelschnepper hielten sich bis in das 19. Jh. und erfreuten sich v.a. in England und Belgien großer Beliebtheit. Zur Zeit der ritterlichen Jagden waren ▸ Jagdhunde von größerer Bedeutung als Schusswaffen. Eine revolutionäre Wende begann mit der Erfindung des *Schießpulvers*. Obwohl um 1450 das ▸ *Luntenschloss* mit Hahn und Schlagfeder als Kriegsfeuerwaffe aufkam, fand diese Waffe in verkleinerter Form und mit gebogenem Schaft bei der Jagd erst 1498 Verwendung. Ein großer Fortschritt war das 1517 in Nürnberg erfundene *Radschlossgewehr*, das nunmehr einen gezogenen Lauf besaß und auch schlechthin als ältestes brauchbares Jagdgewehr angesehen werden darf. Das ▸ Radschloss hielt sich bis zum Ende des 17. Jh. Auch die Armbrust hielt sich als Fernwaffe bis ins 17. Jh. hinein und behauptete ihren Platz neben den Feuerwaffen. Zu dieser Zeit kam das französische *Feuerschloss* (▸ *Steinschloss*) oder *Feuersteinschloss* (*Batterieschloss*) auf. Bei diesem bewirkte das Anschlagen des Feuersteines, des sog. Flints (daher der Name Flinte), an die Batterie – einen kleinen Stahlblock – ein Funkensprühen, durch welches das in der darunterliegenden

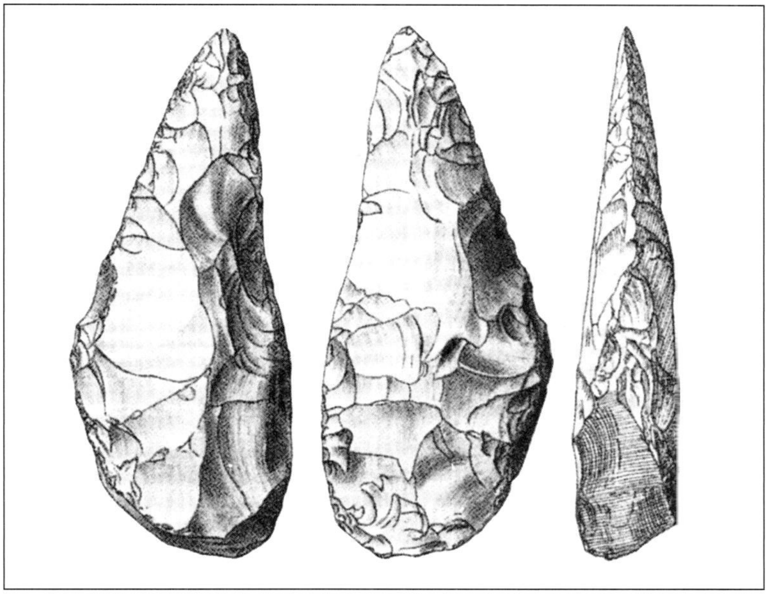

Jagdwaffen: Faustkeile aus der Lindenthaler Hyänen-Höhle

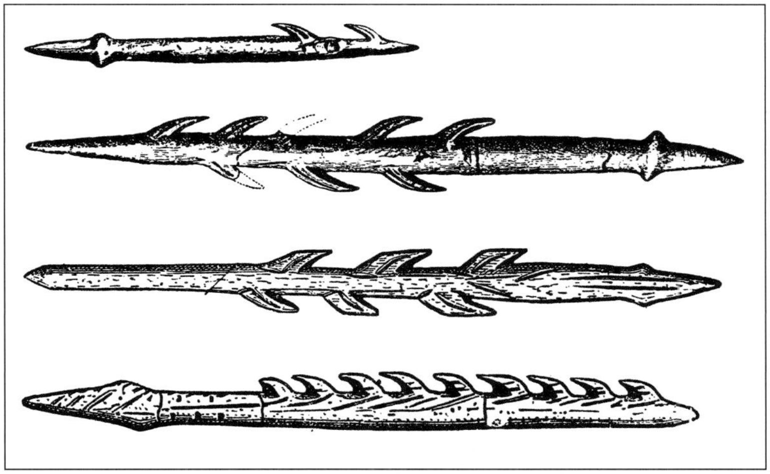

Jagdwaffen: Harpunen mit Widerhaken aus Rentiergeweih

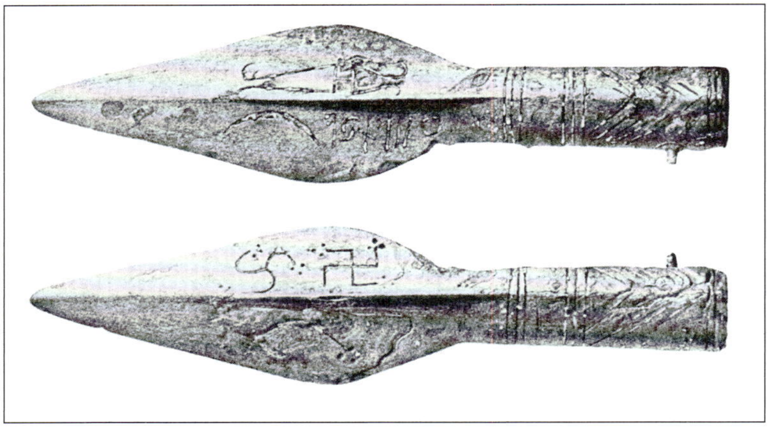

Speerspitze mit Verzierungen und Runeninschrift aus eingelegten Silberfäden, gefunden bei Müncheberg in der Mark Brandenburg

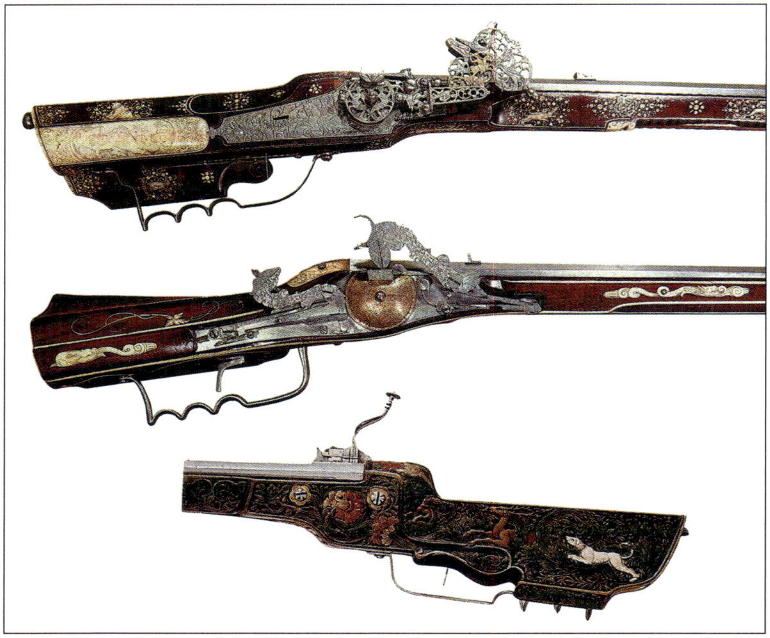

Radschlossbüchsen, von oben nach unten: Um 1640: kantiger, gezogener Lauf, Schloss im Eisenschnitt; Edelholzschaft mit deutschem Kolben, intarsiert mit graviertem Bein. – Wien, 1568: kantiger, gezogener Lauf, Schloss mit gravierten Doppelhähnen, feuervergoldete Raddecke, Mahagonischaft mit früher deutscher Kolbenform und Beineinlagen. – Prag, 1665: kantiger, gezogener Lauf, eisengeschnittenes Schloss, ganzer deutscher, reich geschnitzter und bemalter Schaft, glatter Griffbügel, Stecher. München, Deutsches Jagd- und Fischereimuseum

Pfanne befindliche Pulver entzündet wurde. Auch dieses Gewehr hatte noch den großen Nachteil, dass der Zündvorgang wetterabhängig war und das Pulver bei feuchter Luft oder bei Regen kaum trocken gehalten werden konnte. Häufige Versager waren daher an der Tagesordnung. Eine enorme Verbesserung der Jagdfeuergewehre trat daher mit der Erfindung des *Perkussionsgewehres* (▸ *Perkussionsschloss*) zu Beginn des 19. Jh. ein. Dieses hatte keine Pulverpfanne und keinen Feuerstein mehr, sondern entzündete die Pulverladung durch die Explosion von Knallquecksilber, das in Form eines Zündhütchens verwendet wurde. Alle vorgenannten Gewehre waren sog. ▸ Vorderlader, d.h., sie wurden von der Mündung her mithilfe eines Ladestocks geladen und waren am hinteren Ende durch die »Patentschwanzschraube« dicht verschlossen. Sie wurden nur sehr langsam durch die ▸ Hinterlader verdrängt. Konstruktionsversuche von Hinterladern gab es in Europa schon seit dem 15. Jh. Bereits um 1540 fertigte ein Büchsenmacher ein Radschloss-Faustrohr mit aufklappbarer Laufkammer mit Einsteckpatrone. Das erste für die Jagd allg. einsetzbare Hinterladergewehr war das 1829 erfundene *Zündnadelgewehr*. Bei dem 1834 bekannt gewordenen *Lefaucheux-Gewehr*, benannt nach dem französischen Büchsenmacher ▸ Lefaucheux, handelt es sich um das erste brauchbare Kipplaufgewehr, das nach einem aus Schweden stammenden Muster gebaut wurde. Der bei den Patronen dieser Gewehre herausragende Zündstift, der beim Niederschlag des Hahnes die Entzündung des im Innern der Patrone befindlichen Zündsatzes hervorrief, wurde bald als unbequem und gefährlich empfunden; außerdem behinderte er einen festen Verschluss zwischen Lauf und Schaft. Diese Übelstände beseitigte das *Zentralfeuersystem*, nach seinem Erfinder, einem Londoner Büchsenmacher, auch *Lancastersystem* genannt. Bei diesem wird die Zündung durch das Auftreffen eines Schlagbolzens auf das in der Mit-

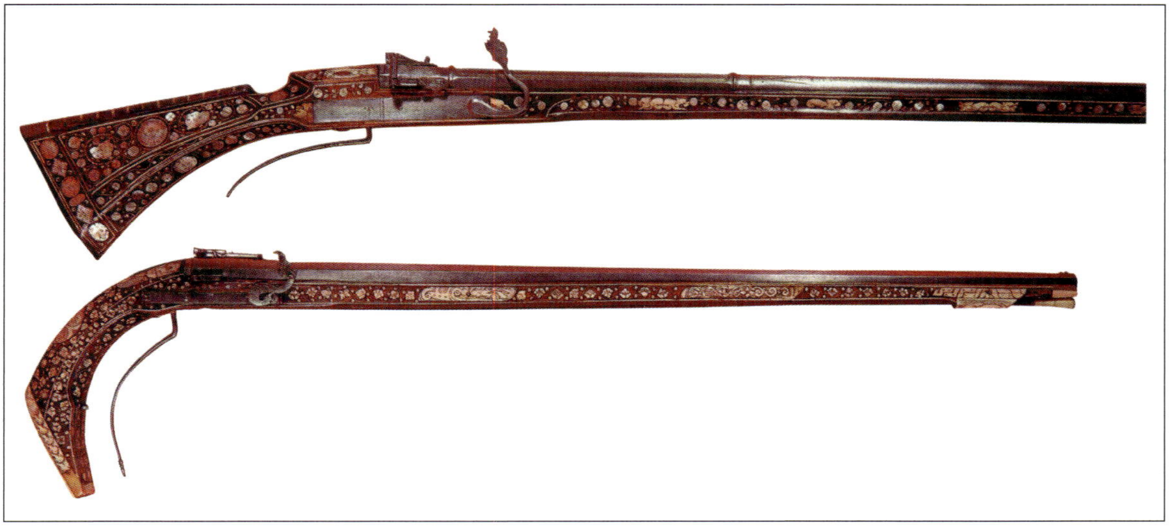

Oben: Luntenschlossmuskete, deutsch, um 1600, mit teilweise profiliert geschnittenem Lauf; Schaft mit deutschem Musketenkolben und gravierten Bein- und Perlmutteinlagen sowie Medaillon mit Besitzermonogramm. – Unten: Luntenschlossmuskete, deutsch, um 1600; kantiger Lauf mit Röhrenvisier, glattes Schloss, gravierter Hahn. Schaft mit abwärts geneigtem Kolben und gravierter Beineinlage. München, Deutsches Jagd- und Fischereimuseum

te des Patronenbodens befindliche Zündhütchen bewirkt. Sämtliche Lancastermodelle hatten bereits eine Vorrichtung zum Ausziehen der Patronenhülse beim Öffnen des Verschlusses. Sehr beliebte J. waren auch das *Dreysesche Zündnadelgewehr*, eine Weiterentwicklung des preußischen Militärgewehres (konstruiert von Nikolaus ▸ Dreyse), und das *Teschnersche Patentzündnadelgewehr*. Der Sohn von Nikolaus Dreyse, Franz von Dreyse (1822 bis 1894), wurde als Erfinder von *Repetiergewehren*, Jagdgewehren und Revolvern bekannt. Das Bestreben, ohne neuerliche Ladung mehrere Schüsse abgeben zu können, hat letztlich zur Entwicklung weiterer verschiedener Repetiergewehre – sowohl für Kugel- als auch für Schrotschuss – geführt, die heute in mannigfacher Ausführung auf dem Markt sind. Neben den Feuerwaffen besaß der *Hirschfänger* einen besonderen Stellenwert. Typologisch ist er aus dem Jagdschwert hervorgegangen, wie Übergangsformen beweisen. Im 18. Jh. wurde er zierlicher und erhielt eine kürzere Klinge, besonders das vielfach aus Messing gegossene und vergoldete Gefäß unterlag entsprechend dem Zeitgeschmack deutlichen Veränderungen in der Gestaltung. Dieser Formenwandel wurde wesentlich durch die Verwendung des Hirschfängers für die Parforcejagd beeinflusst. Das Stichblatt und die Parierstangen waren nur noch wenig ausgebildet und die Faustschutzbügel fehlten oft ganz. Eine ähnliche Rolle wie den Hirschfängern kam den ▸ *Jagdplauten* als Standeszeichen der Jäger zu. Trotzdem unterscheidet sich der »Jagdsäbel« im Aussehen und in der Verwendung vom Hirschfänger, denn mit dieser Waffe wurden dem bei einer Parforcejagd gestellten Hirsch die Sehnen durchgeschnitten, bevor dieser durch den Jagdherrn erlegt wurde.

Untergruppen der J. sind 1. ▸ Blanke Waffen; 2. Feuerwaffen: Kurzwaffen (Pistole und Revolver; ▸ Faustfeuerwaffen) und Langwaffen (Handfeuerwaffen), d.h. Waffen mit über 60 cm Länge (▸ Jagdgewehr).

Jagdwaffenaufbewahrung, -pflege und -reinigung: Um die Waffen funktionstüchtig zu erhalten und eine hohe Lebensdauer zu gewährleisten, ist es notwendig, die Waffen richtig zu lagern, fachgerecht zu pflegen und zu reinigen. Schusswaffen sind grundsätzlich unter Verschluss und entladen aufzubewahren. Die Aufbewahrung von Waffen und Munition ist in §36 WaffG im Hinblick auf die sichere Lagerung ausführlich geregelt. In technischer Hinsicht muss der Raum, in dem sie aufbewahrt werden, trocken sein und eine gleichmäßige Temperatur haben. Die Waffen sind ohne Mündungsschoner aufzubewahren (die Gerbsäure des Leders greift die Brünierung an), die Waffen mit stark geölten Läufen mit der Laufmündung nach unten. Zur *Reinigung* werden benötigt: ein Putzstock (für Büchsenläufe mit drehbarem Griff, damit das Putzpolster sich dem Drall anpassen kann); ein Wollwischer; eine Borstenbürste (keine Stahlbürste); ein Spiralnuten-Werghalter; dazu Werg; spezielles Waffenöl und Schaftöl; ein chemisches Spezialmittel, um den Lauf von Metallrückständen zu befreien. Die Waffe ist nach jedem Führen (auch wenn nicht mit ihr geschossen wurde) zu reinigen. Ihr Lauf ist vom Patronenlager aus mit einer Borstenbürste, einem speziellen Waffenöl und einem Wollwischer zu säubern. Bürste und Wischpolster dürfen nicht über die Laufmündung hinausgeschoben werden (um die Mündung nicht auszuweiten). Metallrückstände im Lauf (vom Geschossmantel) sind mit einem speziellen chemischen Mittel zu entfernen. Befindet sich ein Einstecklauf in einem Lauf, müssen jener und der Lauf, in dem er eingeführt ist, gereinigt werden. Der Gewehrschaft ist mit einem speziellen Schaftöl zu pflegen, um ihn gegen Feuchtigkeit zu imprägnieren. Die äußeren Metallteile (Verschlusskasten, Garnitur, Lauf) sind durch leichtes Einölen mit Waffenöl zu pflegen. Vor Gebrauch muss der Lauf gründlich entölt werden. Geschieht das nicht, kann sich der Gasdruck im Lauf gefährlich erhöhen, sodass die Treffpunktlage unkontrollierbar wird; ▸ Ölschuss.

Moderne Jagdwaffe: Drilling

Jagdwaffenhersteller, die: ▸ Adamy, ▸ Anschütz, ▸ Antonio Zoli, ▸ Beretta, ▸ Blaser Jagdwaffen GmbH, ▸ Browning, ▸ Dumoulin, Henri, et Fils S. A., ▸ Famars die Abbiatico & Salvinelli Srl, ▸ Ferlach, ▸ FN Herstal, ▸ Franchi Luigi, ▸ Heym, ▸ Holland & Holland, ▸ Kriegeskorte Handels GmbH – Krico, ▸ Krieghoff GmbH, ▸ Luger, ▸ Mannlicher, ▸ Mauser, ▸ Merkel, ▸ Pedersoli, Peter ▸ Hofer ▸ Sabatti, ▸ Sauer & Sohn, ▸ Savage, ▸ Suhler Jagd- und Sportwaffen GmbH (SJS), ▸ Steyr, ▸ Streitmeier, ▸ Walther, ▸ Ziegenhahn & Sohn oHG.

Jagdwagen, der: ▸ Pirschwagen.

Jagdwesen, das: Bez. für die Gesamtheit aller jagdlichen Dinge; zu ihnen zählen: das ▸ Jagdrecht, die ▸ Jagdwissenschaft, das jagdliche ▸ Brauchtum und die ▸ Jagdausübung.

Jagdwesen in der DDR: Die Leitung des gesamten J. erfolgte durch den Staat. Die Hauptabteilung »Forstwirtschaft« im Ministerium für Land-, Forst- und Nahrungsgüterwirtschaft (MLFN) war oberste Jagdbehörde, die Räte der Bezirke und die Räte der Kreise waren Bezirks- bzw. Kreisbehörden. Jagdbewirtschaftungsorgane waren die Staatlichen Forstwirtschaftsbetriebe (StFB), die für die jeweils in ihren Bereichen liegenden Jagdgebiete zuständig waren. Zu ihren Aufgaben gehörten u.a.: Aufstellung des Jagdwirtschaftsplanes, alle Maßnahmen zur Wildschadenverhütung und Bereitstellung von Mitteln für die Wildschadenersatzleistungen, Transport des erlegten Wildes von der Wildannahmestelle (bei schweren Stücken vom Erlegungsort) zum Staatlichen Forstwirtschaftsbetrieb; Lagerung des Wildbrets, Erfassung des Wildabschusses und Führung der Streckennachweise, Beschaffung und Vertrieb von Jagd- und Übungsmunition einschließlich Aufbewahrung und Durchsicht der Jagdwaffen (ggf. Reparaturaufträge für Jagdwaffen).

In der DDR war die Jagdwirtschaft mit eigenen Produktionsbedingungen in das System der volkswirtschaftlichen Planung und Abrechnung einbezogen. Wild war Volkseigentum, das unabhängig vom Eigentum am Boden gehegt und genutzt wurde. Zur Jagdausübung waren Personen befugt, die Mitglieder einer Jagdgesellschaft waren und eine Jagderlaubnis besaßen. Das Territorium einer Jagdgesellschaft bestand aus drei bis fünf Jagdgebieten (Jagdrevieren), die jeweils 4000 ha groß waren. Pacht oder Abschussgebühren waren nicht zu zahlen. Die Mitglieder einer Jagdgesellschaft hatten jedoch entsprechend ihrem monatlichen Bruttoeinkommen einen Beitrag zwischen 10 Mark und 150 Mark zu entrichten. Die gesamte Jagdwirtschaftsfläche der DDR betrug 8,7 Mio. ha; davon waren rund 6 Mio. ha Feldfläche und 2,98 Mio. ha Waldfläche. Nach den Rechtsvorschriften der DDR waren 48 Tierarten (darunter auch Wacholderdrossel und Rotdrossel) zu jagdbarem Wild erklärt. Etwa 41 000 Jäger waren in etwa 900 Jagdgesellschaften zusammengeschlossen. Für Wild und jagdwirtschaftliche Rohstoffe bestand Ablieferungspflicht der Jagdgesellschaften an die Staatlichen Forstwirtschaftsbetriebe. Folgende Mengen (Anzahl) Wild mussten an die staatlichen Forstwirtschaftsbetriebe abgeliefert werden:

Rot-, Dam-, Muffel- und Rehwild	80% des Gewichts im aufgebrochenen Zustand
Schwarzwild	70% des Gewichts im aufgebrochenen Zustand
Hasen, Kaninchen u. Fasane	70% der erlegten Stückzahl
Wildgänse und Enten	60% der erlegten Stückzahl

Nicht abgeliefert werden mussten Frischlinge mit weniger als 10 kg Gewicht (aufgebrochen), Waldschnepfen, Bekassinen, Ringeltauben, Krammetsvögel, Blesshühner, die Jagdtrophäen (Geweihe, Gehörne, Grandeln und Waffen) sowie der Aufbruch (Geräusch).

Eine Besonderheit waren die Sonderjagdgebiete für die Privilegierten, d.h. für die DDR-Führung (Partei- und Wirtschaftsgrößen), die ab 1954 eingerichtet wurden. Anfangs ohne gesetzliche Grundlage, wurden diese Sonderjagdgebiete mit der 2. Durchführungsverordnung vom 21.5.1954 zum Jagdgesetz der DDR legalisiert, aber bereits mit der 6. Durchführungsverordnung vom 23.12.1957 pro forma abgeschafft; in der Praxis bestanden sie jedoch weiter. 1962 erfolgten eine Neueinrichtung und der Ausbau des Systems der Staatsjagdgebiete (StJG), die zudem gesetzlich sanktioniert wurden. 1968 bestanden bereits 13 StJG. Zur Leitung und zur Kontrolle dieser StJG wurde im Jahre 1968 in der Hauptabteilung Forstwirtschaft im Ministerium für Land-, Forst- und Nahrungsgüterwirtschaft die »Inspektion Staatsjagd« (ISJ) gebildet, die 1971 aus der Hauptabteilung Forstwirtschaft ausgegliedert und dem Minister für Land-, Forst- und Nahrungsgüterwirtschaft unmittelbar unterstellt wurde. Die »Inspektion Staatsjagd« war auch zuständig für die jährliche ▸ Diplomatenjagd. Das gesamte jagdliche Geschehen in den StJG war geheim. Um den Jagderfolg der Jagdgäste in diesen Staatsjagdgebieten zu garantieren, wurden Wildäsungsflächen angelegt, Kirrungen wurden (auch in den Sommermonaten) beschickt und eine großzügige Winterfütterung betrieben. Waldbauliche Grundsätze wurden in diesen Jagdgebieten außer Acht gelassen, jagdwirtschaftliche Ziele hatten absoluten Vorrang. Hier galt: Wild vor Wald. 1968 wurden bereits einige Staatsjagdreviere in Staatliche Jagdwirtschaften (StJW) umgewandelt. Diese bildeten selbstständige Betriebseinheiten und waren daher im Ggs. zu den Staatsjagdgebieten von den Staatlichen Forstwirtschaftsbetrieben abgespalten. 1975 wurden außerdem die Wildforschungsgebiete der »Inspektion Staatsjagd« unterstellt, und 1984 erfolgte der Ausbau der Wildforschungsgebiete zu Staatsjagdgebieten. Das ermöglichte die Freigabe staatlicher Investitionen und finanzieller Mittel in benötigtem Umfang für diese Jagdgebiete der Privilegierten.

Erstes Jagdgesetz der DDR war das »Gesetz zur Regelung des Jagdwesens« vom 25.11. 1953, welches durch das Jagdgesetz von 1984 (in Kraft getreten am 15.6.1984) abgelöst wurde. Nach der Wende kam es zur Bildung von Landesjagdverbänden. Als Erster konstituierte sich am 3.3.1990 der Landesjagdverband Thüringen. Am 16.6.1990 gründete sich in Eberswalde der Jagdverband der DDR. Auf der letzten Beratung des Jagdverbandes der DDR am 12.1.1991 wurden die Anerkennung der DDR-Jagderlaubnisse als Jagdscheine der Bundesrepublik und die Anerkennung der Mitgliedsdauer im organisierten Jagdwesen der DDR als Mitgliedsdauer im DJV begrüßt. Die Empfehlung, dem DJV als einheitlicher Dachorganisation aller deutscher Jäger bis zum 31.3.1991 beizutreten, wurde von den Vertretern aller Landesjagdverbände des Beitrittsgebietes unterstrichen. Am 23.3. 1991 löste sich sodann der Jagdverband der DDR auf; ▸ Jagdkommandos, ▸ Jagdgebietsverantwortlicher, ▸ Jagdgemeinschaften, ▸ Gesellschaft für Sport und Technik.

Jagdwesen in der Schweiz: ▸ Schweizer Jagdrecht.

Jagdwesen in Österreich: ▸ österreichisches Jagdwesen.

Jagdwilderei, die: ▸ Wilderei.

Jagdwirtschaft, die: J. ist neben der Land- und Forstwirtschaft ein Teil der Volkswirtschaft, wenngleich auch ihre Bedeutung gegenüber den vergangenen Jahrhunderten stark zurückgegangen ist. Im eigentlichen Sinne ist sie ein Sammelbegriff, der sowohl die Kosten als auch den Nutzen der Jagd umspannt. Darüber hinaus bietet die bundesdeutsche J. derzeit etwa 1000 ▸ Berufsjägern einen Arbeitsplatz. Die Jagdkosten sind heutzutage bei Weitem höher als die Jagdeinnahmen. Für Jagdpächter stellt die Jagd daher nur noch einen ideellen Wert, keineswegs jedoch eine Einnahmequelle dar. Den Ausgaben für den Jagdbetrieb (▸ Wildhege, ▸ Jagdeinrichtungen, ▸ Jagdschutz, ▸ Wildschaden(s)ersatz, ▸ Jagdausrüstung) sowie den hohen Jagdpachtkosten und der ▸ Jagdsteuer stehen, ins Verhältnis gesetzt, nur geringe Einnahmen aus der Wildbretverwertung und ggf. aus Abschussentgelten gegenüber. Nutznießer im materiellen Sinne hingegen sind Eigenjagdbesitzer (soweit sie die Jagd verpachten) und die ▸ Jagdgenossenschaften. Ihnen fließt der z.T. sehr hohe ▸ Jagdpachtschilling zu, dem als Ausgabe i. Allg. nur Kosten für ▸ Wildschaden, der nicht der Ersatzpflicht unterliegt, sowie z.T. eine ▸ Jagdsteuer gegenüberstehen. Von der J. profitieren letztlich auch verschiedene Zweige der Industrie, die z.B. Jagdtrophäen zu ▸ Jagdschmuck oder Gebrauchsgegenständen, Decken, Schwarten und Bälge zu Leder- bzw. Pelzwaren verarbeiten oder die sich auf die Herstellung von ▸ Jagdwaffen einschließlich des jagdlichen Zubehörs spezialisiert haben. Nicht unbedeutend sind die Einnahmen des Staates, die ihm an ▸ Jagdscheingebühren und an eingehobener ▸ Jagdabgabe zufließen, auch wenn diese Einnahmen z.T. wieder für die ▸ Jagdförderung verwendet werden. Für die Kommunen ist – sofern noch nicht abgeschafft – die Jagdsteuer eine weitere Einnahmequelle.

Hinsichtlich Kosten und Nutzen der Jagd wurden vom Deutschen ▸ Jagdschutz-Verband (DJV-Handbuch, 2003) folgende Zahlen veröffentlicht: Die deutschen Jäger wenden danach jährlich etwa 750 Mio. Euro für Jagd- und Wildschutzmaßnahmen auf. Diese teilen sich wie folgt auf: Für etwa 28273 Mio. ha gemeinschaftlicher Jagdbezirke und Eigenjagdbezirke wurden an Jagdpachtgeldern (geschätzt) 368 Mio. Euro eingenommen; der Ertrag aus der Jagdsteuer für diese Pachten betrug (geschätzt) 66 Mio. Euro. An Jagdscheingebühren einschließlich Jagdabgabe wurden 2002 (geschätzt) ca. 18 Mio. Euro, an Beiträgen zur ▸ Jagdhaftpflichtversicherung 15 Mio. Euro eingenommen. Die Aufwendungen für Jagdschutz, Jagdeinrichtungen, Wildhege, Jagdausrüstung, Jägeraus- und -fortbildung, Hundehaltung und Wildschadenersatz betrugen geschätzt etwa 188 Mio. Euro. Allein auf die Hege und die Lebensraumverbesserung entfielen 95 Mio. Euro. Den 750 Mio. Euro an Jagd- und Wildschutzmaßnahmen steht ein geschätzter Wildbreterlös (einschließlich Decken, Bälge und Schwarten) von 189 Mio. Euro als Einnahme gegenüber.

Jagdwissenschaft, die: Sammelbezeichnung für alle Wissenszweige, die sich mit der Jagd befassen oder mit ihr in Berührung stehen. Sie ist eine methodische Erforschung aller die Jagd betreffenden Dinge. Sie umfasst die Wildkunde, die Wildkrankheiten, die Hege und Behandlung der Wildbestände, den Jagdbetrieb einschließlich Jagdgerät und Jagdhund, Wildschaden, die Jagdgesetzgebung, die Jagdgeschichte und die Jagdpolitik. Die Wildbiologie ist ein Teilbereich der J. Der Begriff J. wird erstmals von Hanns Friedrich von ▸ Fleming geprägt. Mit der J. befassen sich v.a. die Jagdkundeinstitute. Das erste Jagdkundeinstitut der Welt wurde im Jahre 1911 von Julius Neumann, Inhaber des Jagd- und Forstverlages Neumann in Neudamm, gegründet. 1912 erfolgte die Übersiedelung nach Berlin-Zehlendorf. Zur Zeit arbeiten in Deutschland folgende Jagdkundeinstitute: das Institut für Wildbiologie und Jagdkunde der Universität Göttingen; das Institut für Wildtierforschung an der Tierärztlichen Hochschule Hannover; der Lehrbereich für Wildbiologie und Wildtiermanagement an der Forstwissenschaftlichen Fakultät der Universität München; die Forschungsstelle für Jagdkunde und ▸ Wildschadensverhütung des Landes Nordrhein-Westfalen in Bonn; die Gesellschaft für Wildtier- und Jagdforschung e.V. (GWJF) in Burghausen/Halle-Wittenberg; das Forstzoologische Institut der Universität Freiburg/Br. – Arbeitsbereich Wildökologie und Jagdwirtschaft. Die Institute sind zusammengeschlossen in der Arbeitsgemeinschaft wildbiologischer und jagdkundlicher Forschungsstätten. Weitere Forschungseinrichtungen sind: Wildforschungsstelle des Landes Baden-Württemberg; das Institut für Waldbau und Forstschutz, TU Dresden (Dozentur Wildökologie und Jagdwirtschaft); der Arbeitskreis Wildbiologie an der Justus-Liebig-Universität Gießen; die Forschungsstelle für Jagdkultur der Universität Bamberg; die Forschungsstelle Wildbiologie der Universität Kiel; die Wildbiologische Gesellschaft München e.V.; das Institut für Physiologie, Physiologische Chemie und Ernährungsphysiologie im Fachbereich Tiermedizin der Universität München; das Institut für vergleichende Tropenmedizin und Parasitologie der Universität München. Die J. vorwiegend im deutschen Raum wird gefördert durch den Stifterverband für J. e.V. in Köln. Eine lose Vereinigung von Jagdwissenschaftlern aller Arbeitsgebiete und von anderen an jagdlicher Forschung interessierten Personen ist der ▸ Internationale Ring der Jagdwissenschaftler.

Jagdzehnten, die: Bis zur Mitte des 19. Jh. bestehende Naturalabgaben von Feldfrüchten, welche die Bauern an die Jagdherren oder an die Jagdämter zu entrichten hatten. Sie dienten dem Unterhalt des Jagdpersonals, der zur ▸ Jagdequipage gehörenden Pferde und zur ▸ Wildfütterung; ▸ Jagdfron, ▸ Atzungsrecht.

Jagdzeiten und Schonzeiten: Nach den im BJG (§1 Abs. 2) bestimmten Grundsätzen der Hege werden durch Rechtsverordnung des

Bundes für das Wild Jagdzeiten festgelegt. Dies ist mit der Verordnung über die Jagdzeiten vom 2. April 1977 (BGBl. I S. 531), geändert durch Verordnung vom 22. März 2000 (BGBl. I S. 243) und Verordnung vom 25. April 2002 (BGBl. I S. 1487) geschehen. Außerhalb dieser Jagdzeiten sind die ▸ jagdbaren Tiere mit der ▸ Jagd zu verschonen (Schonzeiten). Sie gelten nur für lebende Tiere. Der ▸ Jagdausübungsberechtigte darf sich daher während der Schonzeit verendetes Wild, ▸ Fallwild und ▸ Abwurfstangen aneignen.

Gemäß §22 BJG können die Länder die Jagdzeiten abkürzen oder aufheben; sie können die Schonzeiten für bestimmte Gebiete oder für einzelne ▸ Jagdbezirke aus besonderen Gründen aufheben, insbesondere aus Gründen der Wildseuchenbekämpfung und der ▸ Landeskultur, zur Beseitigung kranken oder kümmernden Wildes, zur Vermeidung von übermäßigen ▸ Wildschäden, zu wissenschaftlichen, Lehr- und Forschungszwecken, bei Störung des biologischen Gleichgewichts oder der ▸ Wildhege. Für den Lebendfang von Wild können die Länder in Einzelfällen Ausnahmen von der gesetzlichen Festlegung zulassen, dass Wild außerhalb der Jagdzeiten mit der Jagd zu verschonen ist.

– Wild ohne Jagdzeiten (BJG §22 Abs. 2): »Wild, für das eine Jagdzeit nicht festgelegt ist, ist während des ganzen Jahres mit der Jagd zu verschonen. Die Länder können bei Störung des biologischen Gleichgewichts oder bei schwerer Schädigung der Landeskultur Jagdzeiten festsetzen oder in Einzelfällen zu wissenschaftlichen Lehr- und Forschungszwecken Ausnahmen zulassen.« Keine J. haben: Wisent, Elchwild, Steinwild, Schneehase, Murmeltier, Wildkatze, Luchs, Fischotter, Wachtel, Haselwild, Alpenschneehuhn, Hohltaube, Turteltaube, Brandente, Eiderente, Eisente, Kolbenente, Löffelente, Moorente, Schellente und Schnatterente, Säger, Haubentaucher, Großtrappe, Graureiher, Greifvögel, Kolkrabe.

– Wild ohne Schonzeit (BJG §22 Abs. 3): »Aus Gründen der Landeskultur können Schonzeiten für Wild gänzlich versagt werden (Wild ohne Schonzeit).« Die Ausrottung von Wildarten ist jedoch auch weiterhin verboten. Keine Schonzeit haben Wildkaninchen und Fuchs. In einzelnen Bundesländern kommen noch andere ins Jagdrecht aufgenommene Tierarten wie Waschbär, Marderhund, Nutria usw. dazu.

Im einzelnen gilt noch Folgendes:

– In den Setz- und Brutzeiten dürfen bis zum Selbstständigwerden der Jungtiere die für die Aufzucht notwendigen Elterntiere, auch die von Wild ohne Schonzeit, nicht bejagt werden. Die Länder können für Schwarzwild, Wildkaninchen, Fuchs, Ringeltaube und Türkentaube, Silbermöwe und Lachmöwe sowie für nach Landesrecht dem Jagdrecht unterliegende Tierarten (aus den oben in Abs. 2 Satz 2 und Abs. 3 genannten Gründen) Ausnahmen zulassen. So dürfen in Setzzeiten bejagt werden: Kaninchen in den Ländern Bayern und Schleswig-Holstein, Füch-

Verordnung über die Jagdzeiten

Vom 2. April 1977 (BGBl. I S. 531), geändert durch Verordnung vom 22. März 2000 (BGBl. I S. 243) und Verordnung vom 25. April 2002 (BGBl. I S. 1487)

Aufgrund des § 22 Abs. 1 Satz 1 des Bundesjagdgesetzes in der Fassung der Bekanntmachung vom 29.09.1976 (BGBl. I S. 2849) wird mit Zustimmung des Bundesrates verordnet:

§1

(1) Die Jagd darf ausgeübt werden auf:

1. Rotwild		
Kälber	vom 1. August	bis 28. Februar
Schmalspießer	vom 1. Juni	bis 28. Februar
Schmaltiere	vom 1. Juni	bis 31. Januar
Hirsche und Alttiere	vom 1. August	bis 31. Januar
2. Dam- und Sikawild		
Kälber	vom 1. September	bis 28. Februar
Schmalspießer	vom 1. Juli	bis 28. Februar
Schmaltiere	vom 1. Juli	bis 31. Januar
Hirsche und Alttiere	vom 1. September	bis 31. Januar
3. Rehwild		
Kitze	vom 1. September	bis 28. Februar
Schmalrehe	vom 16. Mai	bis 31. Januar
Ricken	vom 1. September	bis 31. Januar
Böcke	vom 1. Mai *	bis 15. Oktober
4. Gamswild	vom 1. August	bis 15. Dezember
5. Muffelwild	vom 1. August	bis 31. Januar
6. Schwarzwild	vom 16. Juni	bis 31. Januar
7. Feldhasen	vom 1. Oktober	bis 15. Januar
8. Stein- u. Baummarder	vom 16. Oktober	bis 28. Februar
9. Iltisse	vom 1. August	bis 28. Februar
10. Hermeline	vom 1. August	bis 28. Februar
11. Mauswiesel	vom 1. August	bis 28. Februar
12. Dachse	vom 1. August	bis 31. Oktober
13. Rebhühner	vom 1. September	bis 15. Dezember
14. Fasanen	vom 1. Oktober	bis 15. Januar
15. Wildtruthähne	vom 15. März vom 1. Oktober	bis 15. Mai und bis 15. Januar
16. Wildtruthennen	vom 1. Oktober	bis 15. Januar
17. Ringel- und Türkentauben**	vom 1. November	bis 20. Februar
18. Höckerschwäne**	vom 1. November	bis 20. Februar
19. Graugänse	vom 1. August vom 1. November	bis 31. August und bis 15. Januar
20. Bläss-, Saat-, Ringel- und Kanadagänse	vom 1. November	bis 15. Januar
21. Stockenten	vom 1. September	bis 15. Januar
22. Pfeif-, Krick-, Spieß-, Berg-, Reiher-, Tafel-, Samt- und Trauerenten **	vom 1. Oktober	bis 15. Januar
23. Waldschnepfen	vom 16. Oktober	bis 15. Januar
24. Blässhühner **	vom 11. September	bis 20. Februar
25. Lach-, Sturm-, Silber-, Mantel- und Heringsmöwen **	vom 1. Oktober	bis 10. Februar

(2) Vorbehaltlich der Bestimmungen des §22 Abs. 4 des Bundesjagdgesetzes darf die Jagd das ganze Jahr ausgeübt werden beim Schwarzwild auf Frischlinge und Überläufer, auf Wildkaninchen und Füchse.

(3) Die in Absatz 1 festgesetzten Jagdzeiten umfassen nur solche Zeiträume einschließlich Tageszeiten, in denen nach den örtlichen äußeren Umständen für einen Jäger die Gefahr der Verwechslung von Tierarten nicht besteht. **

* geändert durch VO vom 22. 03. 2000 (BGBl. I S. 243)
** geändert durch VO vom 25. 04. 2002 (BGBl. I S. 1487)

se in den Ländern Niedersachsen, Hessen, Saarland und in Teilen anderer Länder. Elterntiere des Wildes dürfen jedoch nur erlegt werden, wenn deren Jungtiere vorher ausgehoben oder getötet werden.
- Das Ausnehmen der Gelege von ▸ Federwild ist verboten. Das ▸ Sammeln der Eier von Ringeltauben und Türkentauben sowie von Silbermöwen und Lachmöwen ist gestattet und unterliegt keiner zeitlichen Beschränkung. Grundlage ist Artikel 9 Abs. 1 und 2 der Richtlinie 79/409 EWG. Die Länder können aber das Sammeln aus besonderen Gründen einschränken. In Hessen ist in Natur- und Wildschutzgebieten das Sammeln solcher Eier verboten.
- Die jeweils nach Landesrecht zuständige Behörde kann im Einzelfall das ▸ Aushorsten von ▸ Nestlingen und ▸ Ästlingen der Habichte für Beizzwecke genehmigen.
- Krankgeschossenes und schwerkrankes Wild ist auch außerhalb der Jagdzeiten zu erlegen.
- Die Beringung von Vögeln zu wissenschaftlichen Zwecken ist keine Jagdausübung; ▸ Vogelberingung.

Jagdzeitschriften, die: Die z.Z. erhältlichen deutschsprachigen J. sind:
Bundesrepublik Deutschland: »Deutsche Jagd-Zeitung« (Singhofen, monatlich); »Die Pirsch – Der Deutsche Jäger« (Hannover, vierzehntäglich); »JÄGER«, vormals »Deutsche Jägerzeitung« (Hamburg, monatlich); »Niedersächsischer Jäger« (Hannover, vierzehntäglich); »Rheinisch-Westfälischer Jäger« (Münster, monatlich); »Wild und Hund« (Singhofen, vierzehntäglich); »Zeitschrift für Jagdwissenschaft« (Berlin, vierteljährlich); »Der Jagdgebrauchshund« (München, monatlich); »unsere Jagd« (Hannover, monatlich; siehe 4.); »Jagen Weltweit« (Singhofen, zweimonatlich); »Zeitschrift für Jagdwissenschaft – European Journal of Wildlife Research« (Berlin, vierteljährlich); »Deutsches Waffen-Journal« (Schwäbisch Hall, monatlich).
Österreich: »Der Anblick« (Graz, monatlich); »St. Hubertus« (Leopoldsdorf, monatlich); »Weidwerk« (Wien, monatlich), »Der Kärntner Jäger« (Klagenfurt, sechsmal jährlich; gerade Monate), »Der Kärntner Jagdaufseher« (Klagenfurt, viermal jährlich), »Der OÖ Jäger« (St. Florian, viermal jährlich), »Jagd in Tirol« (Innsbruck, monatlich), »Vorarlberger Jagd & Fischerei« (Götzis, sechsmal jährlich).
Schweiz: »Jagd & Natur – Das Schweizer Jagdmagazin« (Bülach, monatlich); »Schweizer Jäger« (Einsiedeln, zwölfmal im Jahr); »Wild und Umwelt« (Pressestelle der Schweizerischen Jagdverbände).
DDR: Die Jagdzeitschrift in der DDR war die heute noch erscheinende Zeitschrift »unsere Jagd« (Berlin, monatlich; heute: Hannover, monatlich). Sie war in den 1950er-Jahren kurze Zeit ein Sonderteil der Zeitschrift »Forst und Jagd« und wurde später offizielles Informationsblatt der obersten Jagdbehörde der DDR.
Zu den J. zählen auch die Verbandszeitschriften (Mitteilungsblätter) der Landesjagdverbände.
Luxemburg: »Fëscher a Jeeër« (= Fischer und Jäger; sechsmal jährlich in deutscher Sprache).
Von den früheren J. sind anzuführen (Auswahl):
Deutschland: »Sylvan. Ein Handbuch für Forstmänner, Jäger und Jagdfreunde« (1813 bis 1828), früher: »Taschenbuch für Forst- und Jagdfreunde« (1800/ 1802 bis 1812) und »Neujahrsgeschenk für Jagd- und Forstliebhaber auf das Jahr …« (1794 bis 1799); »Der aufmerksame Forstmann oder: Das Neueste und Bemerkenswertheste aus dem Forst- und Jagdfache« (1824 bis 1831); »Der deutsche Jäger« (München, 1879 bis 1973); »Deutsche Jägerzeitung« (Neudamm, 1881 bis 1933 und 1949 bis 1973); »Neue Deutsche Jagdzeitung« (Berlin, seit 1888); »Der Waidmann« (verschiedene Verlagsorte, 1869 bis 1915); »Neue Jagdzeitung« (Dortmund, seit 1887); »Bayerische Forst- und Jagdzeitung. Nachrichtenblatt des Vereins mittlerer Forstbeamten Bayerns« (1925 bis 1933), hervorgegangen aus der »Bayerischen Forst- und Jagdzeitung. Organ des Bayerischen Förstervereins« (1894 bis 1924); »Illustrirte Jagdzeitung. Organ für Jagd, Fischerei, Naturkunde« (1873 bis 1896), dann verbunden mit »Wild und Hund«; »Deutsche Jagdzeitung« (1872 bis 1880); »Deutsche Forst- und Jagdblätter. Zeitschrift für die Gesamtinteressen des deutschen Waldes« (1907 bis 1914), hervorgegangen aus der »Wochenschrift für Deutsche Förster« (1892 bis 1907); »Deutsche Forst- und Jagdzeitung« (1886 bis 1893), früher: »Zeitschrift der deutschen Forstbeamten« (1872 bis 1885); »Westfälischer Jägerbote« (Hamm, 1947 bis 1979), 1980 bis 1986 zusammengelegt mit der »Pirsch«; »Der Deutsche Jäger« seit 1949, hervorgegangen aus: »Der Deutsche Jäger – Deutsches Waidwerk« (1943 bis 1945); »Deutsche Jäger-Zeitung« (1883 bis 1933), fortgesetzt mit: »Deutsche Jagd« (1933 bis 1943), fortgesetzt mit: »Deutsche Jagd – Wild und Hund«; »Der Jäger. Zeit-

»Der Deutsche Jäger« – Jagdzeitschrift aus dem Jahre 1924

▸▸ Jagdzeitschrift »Wild und Hund« – Ausgabe des Jahres 2002

schrift für Jagdwesen …« (1947 bis 1949), dann aufgegangen in »Das Waidwerk«.
Österreich: »Hugo's Jagd-Zeitung. Halbmonatsschrift für Forst- Jagd- und Fischereiwesen« (1880 bis 1916), hervorgegangen aus der »Jagdzeitung« (1858 bis 1879), Herausgeber: Albert Hugo; »Forstmann und Berufsjäger« (1907 bis 1915); »Waidmannsheil«, die Klagenfurter Jagdzeitung (1882 bis 1937); »Oesterreichische Forst-Zeitung. Illustrirte Zeitung für Forstwirthschaft und Holzhandel. Jagd und Fischerei« (1883 bis 1894), fortgesetzt mit dem Titel: »Österreichische Forst- und Jagdzeitung. Illustriertes Wochenblatt für Forstwirtschaft und Holzhandel, Holzindustrie, Jagd und Fischerei« (1895 bis 1919), fortgesetzt mit »Wiener Allgemeine Forst- und Jagd-Zeitung« (1920 bis 1939), 1939 bis 1944 zusammengelegt mit »Der Deutsche Forstwirt«; »Sankt Hubertus. (Allgemeine) österreichische (österreichisch-ungarische) Jagdzeitung« (1912 bis 1938); »Österreichs Weidwerk« (1928 ff.; 1939 bis 1945 nicht erschienen); »Deutsches Waidwerk« (1938 bis 1942), früher: »Sankt Hubertus«, 1938 vereinigt mit der Jagdzeitschrift »Österreichs Jagdschutz«. Die in Wien gedruckte Zeitschrift »Deutsches Waidwerk« wird mit der in München gedruckten Jagdzeitschrift »Der Deutsche Jäger« vereinigt.
Schweiz: »Diana. Organ des Schweizerischen Jäger- und Wildschutz-Vereins« (seit 1883).

Jagdzeug, das: Das zum Jagen und Fangen notwendige Gerät, im engeren Sinne die früher zur Herrichtung von ▸ Eingestellten Jagen notwendigen Tücher, Netze, Lappen, Leinen (▸ Arche), Stellstangen (▸ Forkel), ▸ Haspeln usw. Man unterscheidet:

1. Blendzeuge, die das Wild zurückscheuchten; hierzu gehörten:

Federlappen: Sie bestanden aus zwei bis drei (Schwung-)Federn – einer bzw. zwei weißen und einer dunklen Feder –, die zusammen in jeweils ca. 30 cm Abstand in eine Leine eingeknüpft wurden. Durch ihr Aussehen und ihr Schwanken im Wind schreckten sie das Wild ab. Sie wurden bei der Jagd über Stäbchen gezogen und bei Hasentreiben ca. 25 cm über dem Boden angebracht.

Tuchlappen: Sie bestanden aus etwa 0,5 qm großen (etwa 0,5 m breiten und 1 m langen) Lappen aus heller Leinwand, die in jeweils etwa 0,75 bis 1 m Abstand an einer ca. 90 Schritt langen Leine oben festgenäht und auf denen der Namenszug des Jagdherrn, gelegentlich auch sein Wappen oder das Jahr der Anfertigung, angebracht wurden. Tuchlappen fanden bei der ▸ Lappjagd Verwendung. Man richtete diese Lappen möglichst frei (damit sie schon von Weitem vom Wild eräugt wurden) auf den Linien, über welche das Wild nicht fortfliehen sollte, indem man die Leine um Bäume schlang oder sie an Stellstangen hängte, die mit jeweils 15 Schritt Abstand in die Erde geschlagen wurden. Für Rotwild wurden sie 1,5 m hoch, für Rehwild 1 m hoch, für Hasen und Füchse 0,5 m hoch angebracht. Sicherer erreichte man beim Hochwild den beabsichtigten Zweck durch Dublieren (▸ doppeln 2)), also Aufhängen zweier Lappenlinien übereinander, sodass die untere etwa 0,75 m vom Boden entfernt war. Wurde das Wild stark beunruhigt, so respektierte es diese Lappen nicht mehr. Auch nachts konnte man es nur schwer in dieser Lappstatt halten, weil im Dunkeln die Blendwirkung der Lappen nicht mehr gegeben war. An den Lappenlinien musste daher eine enge Kette von Wachtfeuern unterhalten werden (das Jagen wurde verfeuert), um das Wild in der Lappstatt halten zu können.

Flintern (veraltet: Flindern oder Fliedern): Sie bestanden aus dünnen Brettchen, die anstelle von Lappen an Lappenleinen befestigt wurden. Hierzu dienten meist gespaltene, dünne Schindelbrettchen, die ca. 15 cm breit und 30 cm lang waren und im Abstand von jeweils ca. 30 cm an der Leine befestigt wurden.

2. Die Sperrzeuge: Sie wurden benutzt, um das Wild in einem Distrikt so festzuhalten, dass es selbst mit Gewalt nicht entweichen konnte. Zu ihnen zählten:

Tücher (dunkles Zeug), und zwar die hohen Tücher für Rotwild und Damwild (etwa 3 m hoch), die *Mitteltücher* oder das *dänische Zeug* (etwa 2,30 m hoch) und die *halben Tücher* für Rehe und Sauen, die etwa 2 m hoch stellten. Sie wurden aus starker Leinwand gefertigt, die oben und unten um eine Saumleine genäht war. Damit sich das Tuch schieben und prall stellen ließ, wurden an diesen Saumleinen entweder eiserne Ringe festgenäht (*Ringtücher*) oder es wurde daran ein Gemäsch aus starken Bindfäden angebracht (*Gemäschtücher*). Durch die Ringe oder durch das Gemäsch wurde oben und unten jeweils eine starke Leine, die Oberleine und die Unterleine (▸ Arche), gezogen, die etwa 30 m länger sein musste als das Tuch. Um die Tücher aneinander zu befestigen, wurden in den Enden (Wechseln) der Tücher Bindlöcher und Knebel angebracht; fehlten Letztere, so verband man die Tücher in der Weise, dass durch die Bindlöcher eine Leine (Wechselleine) oder eine fingerstarke Gerte (Wechselrute) gezogen wurde. Zum Richten eines Tuches gehörten elf starke Stellstangen, die oben eine kleine Gabel (früher auch Forkel genannt) oder eine tiefe Kerbe hatten und so lang sein mussten, dass sie, etwa 30 cm in die Erde gestoßen, die Höhe des Tuches hatten. Eine besondere Art von Tüchern waren die Rolltücher, die dazu dienten, das Wild aus der Stellung heraus auf den Lauf zu lassen. Das Rolltuch stellte 150 Schritt, bestand aber aus fünf Abteilungen, die an den Enden (Wechseln) mit Bindlöchern und Knebeln versehen waren. An jedem Wechsel standen zwei Mann, die auf Kommando den Wechsel auf- oder zuknebelten und mit dem Tuch wie mit einem Vorhang so nach rechts und nach links liefen, dass die Tuchwand geöffnet oder geschlossen war. Denselben Zweck konnte man auch mit einem gewöhnlichen Tuch erreichen, wenn man dieses als Schnapptuch stellte. Die Stellstangen (Schnappstangen) mussten besonders stark und gut in der Erde befestigt sowie oben mit Rollen versehen sein, über welche die an der Oberleine befestigten Windleinen liefen. Besonders starke Stellstangen, die v.a. dort standen, wo die Tücher einen Winkel bildeten und sich anlehnten, wurden Krummruten genannt. Mit Anziehen oder Nachlassen der Windleinen konnte das mit der Unterleine an der Erde festgeheftete Tuch nach Bedarf schnell gehoben und auch wieder bis auf den Boden herabgesenkt werden.

Netze (lichtes oder helles Zeug): Dies waren entweder Prellnetze, deren Maschen spiegelig waren, d.h. aufrecht stehende Rechtecke bildeten, oder Fangnetze, bei denen die Maschen verschobene Vierecke bildeten. Man verband diese aus starken Bindfäden gestrickten, auf einer Ober- und einer Unterleine verschiebbaren Netze an den Enden (Wechseln) mittels einer durch die Maschen gesteckten Wechselrute und stellte sie in derselben Weise wie die Tücher. Gewöhnlich gebrauchte man sie zum Dublieren der Kammern, in denen das Wild auf einen kleinen

Das Bild aus dem »JachtBuch« (1639) von Wolfgang Birkner (1582–1651) zeigt ein Jagen auf Rehe. Eingestellt wurde mit Halbtüchern (1,60 m bis 2,00 m), die oben und unten mit Maschen versehen waren, oder mit noch niedrigeren Rehnetzen. Die Rehe wurden mit Treibern und Hunden auf den Lauf gebracht und nach dem Verfangen in den Netzen mit Keulen erschlagen.

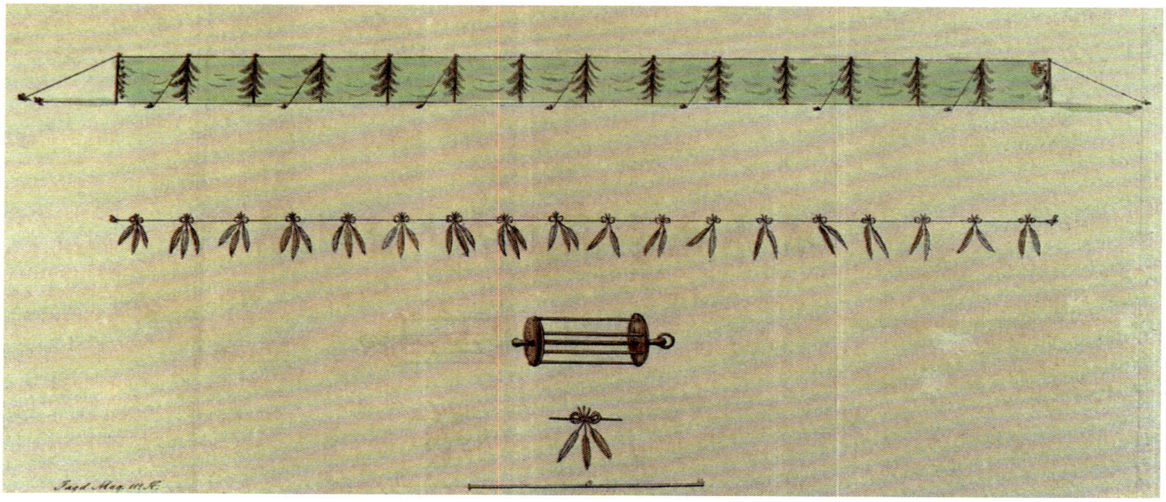

Jagdzeug, von oben nach unten: Quertuch, gestellt mit 15 Forkeln – Federlappen, links jeweils drei Federn – Haspel – einzelner eingebundener Federlappen. Kolorierte Darstellung aus dem »Magazin für das Jagd- und Forstwesen«, 1804, 11. Heft von Prof. Leonhardi

Raum zusammengebracht wurde und wo die Stellung daher besonders gesichert werden musste. Beim Dublieren auf Rotwild wurden die Netze nach außen, beim Dublieren auf Sauen dagegen nach dem Innern des Jagens, dicht an die Tücher, gestellt, damit die Hirsche sich nicht mit den Geweihen in den Maschen der Netze verwickeln und die Sauen nicht mit ihren Gewehren die Tücher aufschlitzen konnten. Zum Fangen des Wildes waren nur die Fangnetze verwendbar; sie wurden dann aber nicht prall, sondern busig, d.h. so lose gerichtet, dass sie nur zwei Drittel der Höhe und der Länge stellten; auch mussten die Stellstangen (Fangstangen), auf denen sie mit der Oberleine an kleinen Zapfen hingen, das Herabgleiten ermöglichen, sobald Wild in das Netz fiel, damit die Oberleine hinter dem Wild herabrutschen und sich dieses in dem Busen des Netzes verwickeln konnte. Kleinere Fangnetze ▸ Garne.

Zur Aufbewahrung des J. dienten die Jagdzeughäuser, zum Transport die Zeugwagen. Eine Wagenladung hieß »ein Fuder Zeug«, wobei entweder vier hohe Tücher oder fünf Mitteltücher ein Fuder bildeten. Die Halbtücher wurden meist dort verwendet, wo die Örtlichkeit ein Anfahren mit den Zeugwagen nicht gestattete und die Tücher deshalb getragen werden mussten. Zum Personal gehörten Zeugjäger, Zeugmeister und Zeugknechte. In Österreich besorgte eine eigene Abteilung der Jägerei, die »Plachenpartey«, mit dem Geschirrmeister an der Spitze die Aufstellung, die Handhabung und die Aufbewahrung der Netze und der Tücher. Über die Verwendung des J. ▸ Eingestellte Jagen.

Jagdzeughaus, das (Zeughaus): Ein spezielles Gebäude, in dem das ▸ Jagdzeug aufbewahrt wurde. Es sollte trocken sein, einen gepflasterten Boden, ein oberes Stockwerk, einige Räume und ein Wagenhaus haben.

Jagdzeugjäger, der (Zeugjäger): Frühere Bez. für Jagdoffizianten niederer Klasse, die unter der Leitung des ▸ Jagdzeugmeisters das ▸ Jagdzeug in Ordnung hielten, es bei den Jagden aufstellten oder aufrichteten und dafür sorgten, dass es nicht beschädigt und nach Beendigung der Jagd wieder ins Zeughaus gebracht wurde.

Jagdzeugknechte, die (Zeugknechte): Knechte, die i.d.R. dem Jagdzeugmeister unterstellt waren. In verschiedenen Ländern nahmen sie jedoch die Aufgaben eines ▸ Jagdzeugjägers wahr.

Jagdzeugmeister, der (Zeugmeister): Frühere Bez. für einen Jäger, der die Aufsicht über ▸ Jagdzeug aller Art hatte und bei Einrichtung der Jagden die ▸ Jagdzeugjäger und das Stellen des Jagdzeuges überwachte.

Jagdzins, der: Früher eine Abgabe für überlassene Jagdnutzung, die meist an den Lehensherrn entrichtet werden musste.

Jagdzoologie, die: ▸ Wildbiologie.

Jagdzwille, die: Eine Dressurzwille (Gummischleuder), die bei der Abführung (Abrichtung) des Hundes Verwendung findet.

Jagen, das: **1**) Von Schneisen getrennte Waldabteilung in der Ebene; in Bayern »Bogen«, in Österreich »Boden«. **2**) Örtliche Bez. (Preußen) statt ▸ Trieb. **3**) Bez. für eine Jagd mithilfe von ▸ Jagdzeug, z.B. Zeug-J., Lapp-J., ▸ Eingestellte Jagen.

jagen: **1**) svw. die Jagd ausüben. **2**) Das J. der Hunde, die mit der Nase einer ▸ Spur bzw. einer ▸ Fährte folgen.

Jagende Hunde, die: Hunde (▸ Laufhunde), die mithilfe ihrer Nase gesundes Wild lautgebend verfolgen. »J. H.« ist ein fester Begriff, der aus der jagdlichen Tradition kommt. Zu den J. H. zählen ▸ Bracken, Parforcehunde verschiedener Art (▸ Hirschhunde, ▸ Fuchshunde) und ▸ Otterhunde.

Jagen im Ausland: Ein Positionspapier des Deutschen Jagdschutz-Verbandes e.V. (DJV) und des Internationalen Jagdrates zur Erhaltung des Wildes (CIC), Deutsche Delegation hält zum J. i. A. fest:

(1) Die nachhaltige Nutzung von Naturgütern ist heutzutage ein weltweit anerkanntes Konzept zum Schutz und zum Management von natürlichen Ressourcen und zur Erhaltung der biologischen Vielfalt. Dieses Konzept, seit über 200 Jahren in der deutschen Forstwirtschaft angewandt, wurde auf der Weltumweltkonferenz in Rio 1992 als Grundprinzip des menschlichen Umgangs mit den natürlichen Ressourcen der Erde festgeschrieben. Es besagt, dass die Nutzung von Komponenten der Biodiversität nicht dazu führen dürfe, dass diese langfristig abnimmt. Der Dachverband des internationalen Umwelt- und Naturschutzes, die Internationale Union für die Erhaltung der Natur und der natürlichen Hilfsquellen (IUCN), unterstreicht dies. Auf dem 2. Weltnaturschutz-Kongress der IUCN im Oktober 2000 in Amman wurde beschlossen, dass die nachhaltige Nutzung von natürlichen Ressourcen eine wesentliche Triebfeder zu deren Bewahrung darstellt. Sie kann menschlichen Bedürfnissen dauerhaft entgegenkommen und gleichzeitig die biologische Vielfalt erhalten helfen. Konsequenterweise ist nachhaltig ausgeübte Jagd naturgemäß eine Form der legitimen Nutzung natürlicher Ressourcen – und das nicht nur in Mitteleuropa. Sie wird international häufig als »konsumtive« Nutzung von Wildtierbeständen bezeichnet und der »nichtkonsumtiven« Nutzung (z.B. Fototourismus) gegenüber gestellt. Dabei ist allerdings zu berücksichtigen, dass jeder Tourismus Naturraum und natürliche Ressourcen verbraucht, die über den Massentourismus sogar schwer geschädigt werden können. Jagd ist demgegenüber eine Form des »sanften« Naturtourismus, da i.d.R. kaum Anforderungen an Infrastruktur gestellt und relativ hohe Einnahmen mit wenigen Besuchern erzielt werden. Die Entnahme von wild lebenden Tieren schädigt die jeweilige Population nicht. Wenn die Einnahmen sodann zu einem großen Prozentsatz der örtlichen Bevölkerung direkt zukommen, ist diese Form der Nutzung best plazierte Entwicklungshilfe. »Keine Art darf aussterben«, forderte IUCN in Amman. Die Jagd trägt nachweislich zum Erhalt von Tierarten, auch von gefährdeten, bei. Generelle Jagdverbote haben nirgendwo den Rückgang von Wildbeständen aufgehalten, sondern im Gegenteil aus den verschiedensten Gründen den Arten-

schwund beschleunigt. Diese Aussage wird von der IUCN bestätigt.
(2) In Artikel 3 der Konvention über die biologische Vielfalt ist festgehalten, dass es ein souveränes Recht der Nationen ist, ihre eigenen Ressourcen im Einklang mit ihrer Umweltpolitik zu nutzen. Zahlreiche Staaten, darunter viele Entwicklungsländer, nutzen ihre Wildbestände auch durch kontrollierte Jagd. Zunehmend fließen namhafte Erträge daraus mittlerweile der Bevölkerung vor Ort direkt zu bzw. werden in den Schutz des Wildes reinvestiert. Die vorwiegend emotional oder ideologisch begründeten Angriffe der Tierschutzbewegung der Industrieländer auf solche Nutzungsformen wird in den Entwicklungsländern zu Recht als Eingriff in die nationale Souveränität und als Form von »Neokolonialismus« angesehen. Es ist ethisch bedenklich, wenn Nichtregierungsorganisationen in den reichen Ländern solche Anti-Nutzungskampagnen einsetzen, um auf Kosten armer Staaten und deren ländlicher Bevölkerung selbst Einnahmen zu erzielen. Gerade indigene Völker, die ihr wirtschaftliches und kulturelles Überleben mit der Jagd verbinden, haben unter solchen Anti-Jagd-Kampagnen gelitten und können in ihrer Existenz gefährdet werden (Beispiel Inuits). Die Jagd ist eine legitime Form der Landnutzung durch den Landeigentümer – ein Jagdverbot würde seine Nutzungsoptionen einschränken. Dies wäre faktisch nicht nur eine Form der Enteignung, gleichzeitig würde sein Interesse zur Erhaltung der natürlichen Ressource Wild auf dem eigenen Land verloren gehen. Denn für die ländliche Bevölkerung besonders in den Entwicklungsländern stellt die nachhaltige Wildnutzung (Fleisch und Einnahmen) einen konkreten Anreiz zur Erhaltung des Wildes auf ihrem Land dar und dient auch als Kompensation von Schäden an Leben, Eigentum und Ernte, die ansonsten häufig nicht entschädigt werden. Den Wildschutzbehörden ermöglichen Einnahmen aus der Jagd die Finanzierung aufwendiger Schutzmaßnahmen (z.B. Wildereibekämpfung), für die angesichts sozialer und sonstiger Prioritäten in Entwicklungsländern wenig Mittel bereitstehen.
(3) In vielen Ländern der Erde – insbesondere in den Entwicklungsländern – hat sich in den letzten Jahren ein organisierter Jagdtourismus entwickelt. Er ist von volkswirtschaftlicher Bedeutung und hat steigende Tendenz. Für das Gastland und dessen Bevölkerung hat dieser Jagdtourismus vielfältige Vorteile:
- Erhaltung von natürlichen Lebensräumen;
- Ersatz potenziell zerstörerischer Landnutzungen durch ein Wildtiermanagement als umweltschonende Landnutzungsform;
- Deviseneinnahmen und Beschäftigung, insbesondere in strukturschwachen Gebieten;
- Erzielung von Einkommen zugunsten der ländlichen Bevölkerung und ggf. Verbesserung ihrer Proteinversorgung;
- Wirtschaftlich sinnvolle Nutzung von Habitaten, die sich nur beschränkt für die Landwirtschaft eignen;
- Biotoperhaltung durch alternative Nutzungsform anstelle extensiver Landwirtschaft;
- Bewusstseinsbildung bei der lokalen Bevölkerung über den Wert von ihrer Meinung nach schädlichen Wildtieren und ihrer Lebensräume;
- Kaum feststellbare negative Umweltauswirkungen im Vergleich mit anderen Formen des Tourismus;
- Verbesserung der Wildereibekämpfung durch alle, die an den Einnahmen des Jagdtourismus interessiert sind.

(4) Jagd ist dann nachhaltig, wenn langfristig gewährleistet ist, dass durch die Entnahme von Individuen die Struktur der Population, deren Rolle im Ökosystem und deren langfristige Überlebenschance sowie andere Populationen und betroffene Ökosysteme nicht erheblich beeinträchtigt werden. Eine Jagdausübung auf Arten, die in ihrem Bestand gefährdet werden, ist nicht nachhaltig und abzulehnen. Die Verluste an biologischer Vielfalt sind auf ein Minimum zu reduzieren. Jagdliches Management muss anpassungsfähig sein, um erforderliche Korrekturen der Entnahme (durch Abschussplanung und -vergabe) zeitnah vornehmen und Risiken und Unwägbarkeiten berücksichtigen zu können. In Übereinstimmung mit Beschlüssen zum Abkommen über den internationalen Handel mit gefährdeten Arten frei lebender Tiere und Pflanzen (CITES) ist festzuhalten, dass die selektive Jagd durchaus einen Beitrag auch zum Überleben bedrohter Tierarten leisten kann, wenn z.B. die Einnahmen einen Anreiz zum Erhalt der bedrohten Art im Gastland leisten. Solche Jagden sind nur in Übereinstimmung mit den einschlägigen CITES-Richtlinien und den Aus- und Einfuhrbestimmungen der jeweiligen Genehmigungsbehörden zulässig. Wie jede andere menschliche Tätigkeit kann sich Jagd am besten entfalten, wenn ein geeigneter gesellschaftlicher Ordnungsrahmen Transparenz und Rechtssicherheit fördert. Positive Anreize müssen ebenso wie auch Sanktionen wirksam sein und auf Nachhaltigkeit hinwirken.
(5) Allen Gastjägern kommt eine besondere Verantwortung zu. Von daher appellieren DJV und CIC an alle im Ausland jagenden deutschen Jäger sowie an Personen und Institutionen, die für die Vermittlung und Organisation sowie den eigentlichen Ablauf der Jagd vor Ort mit verantwortlich sind (z.B. Jagdagenturen, Jagdveranstalter, Jagdführer etc.), sich dieser Verantwortung gerecht zu erweisen. Im einzelnen sind folgende Punkte beachtenswert:
1. Der Jäger muss sich über die im Gastland und international geltenden Jagd- und Schutzbestimmungen ausreichend informieren und diese in der Jagdpraxis beachten. Steht die zu buchende Jagd nicht im Einklang mit nationalen und internationalen Gesetzen, Zoll- und Artenschutzbestimmungen, muss von einer Buchung abgesehen werden; ggf. sind rechtliche Schritte gegen den entsprechenden Jagdvermittler bzw. Jagdveranstalter einzuleiten.
2. Der Jagdgast sollte sich im Vorfeld seines Auslandsaufenthaltes auch mit den Verhältnissen vor Ort, dem Naturraum und der Ökologie der im Gastland zu bejagenden Wildarten vertraut machen.
3. Auf die im Gastland herrschenden religiösen und kulturellen Sitten ist Rücksicht zu nehmen. Die nationalen und regionalen Gebräuche und Regelungen bei der Jagdausübung sind zu respektieren. Zurückhaltendes Auftreten ist geboten.
4. Das Verhalten des Gastes sollte sich an den allgemein anerkannten Grundsätzen der Waidgerechtigkeit und der jagdlichen Ethik orientieren, auch wenn das Gastland dies nicht verlangt. Die Grundregeln des Natur-, Tier- und Artenschutzes sind im praktischen Jagdalltag zu berücksichtigen.
5. Als waidgerecht gilt nur das Nachstellen von Wild in natürlichen Lebensräumen, wo es sich selbst ernährt und alle Möglichkeiten und das Bestreben zur Flucht hat – bei kleinen Gattern oder bei zahmen, betäubten und habituierten Tieren ist dies nicht gegeben. Das Tier ist ohne künstliche Lichtquellen und nicht von Motorfahrzeugen aus zu erlegen. Die Jagd auf weibliches Wild mit abhängigen Jungen ist unethisch. Angeschossenes Wild ist in jedem Falle nachzusuchen.
6. Der Jagdgast hat die Pflicht, ungesetzliche und unethische Jagdpraktiken vor Ort abzumahnen und ggf. rechtliche Schritte einzuleiten und zu unterstützen.
7. Die Bedürfnisse der örtlichen Bevölkerung sind bei der Jagd zu berücksichtigen. Anfallendes Wildbret ist sinnvoll zu nutzen.
8. Zur Jagd sind nur geeignete Waffen und Kaliber zu verwenden. Der Jäger ist verpflichtet, seine Waffe vor der Jagd auf Funktionstüchtigkeit und Treffsicherheit (Probeschuss vor Ort) zu überprüfen;
▸ Europäischer Feuerwaffenpass, Einfuhr von Jagdtrophäen, ▸ Jagdreisen.

Jagensrundungen, die (Hinterjagen): ▸ Eingestellte Jagen.

Jäger, der: **1**) Eine Person, die einen ▸ Jagdschein besitzt und die Jagd ▸ waidgerecht und rechtmäßig ausübt. Unterschieden wird nach Berufs-J. und Privat-J.; ▸ Feldjäger. Die DJV-Delegiertenversammlung hat am 9.10.1998 in Wernigerode eine »Standortbestimmung der Jagd« verabschiedet und dabei die Aufgaben des J. von heute wie folgt definiert. Der J. hat danach insbesondere folgende Aufgaben:
- Erhaltung eines den landschaftlichen und landeskulturellen Verhältnissen angepassten artenreichen und gesunden Wildbestandes (▸ Wildhege), Pflege und Sicherung seiner Lebensgrundlagen (Biotophege) sowie Berücksichtigung der Belange des Tierschutzes;
- ▸ Wildschäden in einer ordnungsgemäß betriebenen Land-, Forst- und Fischereiwirtschaft möglichst zu vermeiden
- nachhaltige Nutzung und Regulierung von Wildbeständen einschließlich Prädatoren, wenn diese andere Tierarten in ihrem Bestand bedrohen oder deren nachhaltige Nutzung beinträchtigen;
- Sorge zu tragen, dass die zum Schutz des Wildes und der Jagd erlassenen Vorschrif-

ten eingehalten werden. **2**) Die Zeitschrift »Jäger«; ▸ Jagdzeitschriften.

Jägeraberglaube, der: Der Glaube der Jäger an die Wirkung übernatürlicher Kräfte, an gute und schlechte Vorzeichen, an glück- oder unheilverheißende Begegnungen und an Unheil abwehrende Gegenstände. Die Jäger waren von jeher abergläubisch. In früherer Zeit galt die Begegnung mit einem Wolf oder mit einem Raben für den zur Jagd ausrückenden Jäger als gutes Vorzeichen (Wolf und Rabe, die beiden Tiere Wodans). Hase und Rebhuhn oder andere harmlose Tiere, die dem zu Holze rückenden Jäger begegneten, galten als schlechtes Vorzeichen, ebenso die Begegnung mit einer alten Frau oder die über den Weg springende schwarze Katze. Schießt der Jäger gar ein weißes Stück Wild, so soll es ihm innerhalb eines Jahres den Tod bringen, in manchen Gegenden »nur« sieben Jahre lang kein Jagdglück mehr. Erzherzog Franz Ferdinand von Österreich erlegte z.B. am 27.8. 1913 einen weißen Gamsbock; am 28.6. 1914 wurde in Sarajewo das tödliche Attentat auf ihn und seine Ehefrau verübt. Das Herzkreuzl (verknöcherte Sehne des Herzmuskels) des Steinbockes sollte unverwundbar machen, der Schweiß und die Bezoare waren gut gegen viele Krankheiten. Die pulverisierten Steinbockhörner wurden – als Aphrodisiakum – mit Gold aufgewogen oder sollten gegen Vergiftungen helfen. Den Schalen des Elchs sagte man nach, dass sie eine Geburt erleichterten und gegen die Fallsucht halfen. Der Jäger nahm stets eine ungerade Zahl von Patronen, am besten sieben oder das Mehrfache davon, mit auf die Jagd, da nur eine ungerade Zahl Jagdglück bringen konnte. Auch dem Jäger selbst sagte man okkultes Wissen um geheime Rezepte, Tränklein und Zauberformeln oder gar die Fähigkeit nach, dass er sich mit dem Teufel verbünden könne (▸ Freikugel, ▸ Jagdkünste, ▸ Waidmann setzen, ▸ kalter Brand, ▸ heißer Brand, ▸ Wilder Jäger).

Jägerausbildung, die: ▸ Jägerprüfung, ▸ Revierjäger, -jägerinnen und ▸ Berufsjäger.

Jäger aus Kurpfalz, der: Das Lied vom J.a.K., geschrieben Anfang des 18. Jh., soll auf den kurpfälzischen Erbförster Friedrich Wilhelm Utsch (1732 bis 1795) gemünzt gewesen sein, der im Forsthaus Entenpfuhl (Soonwald) seinen Dienst verrichtete. Ein Denkmal, das dort 1913 im Beisein Kaiser Wilhelms II. enthüllt wurde, zeigt den J.a.K. mit fliegendem Zopf und das Utschsche Wappen. Eine andere Deutung sieht im J.a.K. den Pfalzgrafen Johann Casimir (1543 bis 1592). Der berühmte Jäger und Schütze, dem schon als Kurverweser für seinen Neffen die großen Bannwaldungen der Pfalz vertraut waren und der als leutseliger Herr die Herzen seiner Untertanen gewann, hat möglicherweise noch mehr Anrecht auf den Ruhm, das Urbild des Liedes zu sein:

»Ein Jäger aus Kurpfalz / der reitet durch den grünen Wald / Er reitet hin und her / so wie es ihm gefallt. / Juja, juja! Gar lustig ist die Jägerei / allhier auf grüner Heid / allhier auf grüner Heid!

Bursch, sattle mir mein Pferd / und leg darauf den Mantelsack / So reit ich hin und her / als Jäger aus Kurpfalz / Juja, juja …

Dann reit ich nicht mehr heim / bis dass der Kuckuck Kuckuck schreit / Er schreit die ganze Nacht / allhier auf grüner Heid. / Juja, juja …

Jägerbräuche, die: ▸ Brauchtum.

Jägerbursche, der: In der alten Berufsjägerei Bez. für einen Lehrling im letzten Lehrjahr; ▸ Lehrzeit, ▸ Jägerschlag, ▸ Berufsjäger.

Jägerbutterschmalz, das: Das J. war in früherer Zeit in Tirol eine Ablöse der Almbesitzer, die verpflichtet waren, die Jäger auf den Alpen (Almen) mit Nahrung zu versorgen und zu unterhalten sowie zu beherbergen. Durch die Aufhebung der Steuer des Hundefutters durch Kaiser Josef II. verschwand diese Abgabe; ▸ Hundelege, ▸ Jagdabgabe, ▸ Jagdfron, ▸ Nachtselde.

Jägerclub, der: Andere Bez. für ▸ Kreisgruppen bzw. Jägerschaften der ▸ Landesjagdverbände; z.B. teilweise in Hessen, in Berlin sind die J. assoziierte Vereinigungen. In Österreich sind J. private Jagdvereinigungen.

Jägerehrengerichte, die: Im Reichsjagdgesetz vom 3.7.1934 wurde die Standesauffassung und Ehrenstellung des Jägers geregelt:

- §57 (»Jägerehrengerichte«): »Die Deutsche Jägerschaft verlangt von ihren Mitgliedern, dass sie die deutsche Jägerehre wahren. Sie geht gegen Mitglieder, die gegen die Jägerehre handeln, ehrengerichtlich vor. Zu diesem Zwecke werden am Sitz der Gaujägermeister die J. errichtet.«
- §58 (»Spruchinhalt und Strafen«): »(1) Der Spruch des Ehrengerichts lautet auf Verurteilung oder auf Freisprechung.
- (2) Im Falle einer Verurteilung kann auf eine Geldbuße bis zu einhundertfünfzig Reichsmark oder bis zur Höhe der einjährigen Jagdpacht erkannt werden, bei Zuwiderhandlungen der im §62 Absatz 1 bezeichneten Art auch auf Entziehung des Jagdscheins für bestimmte Zeit oder dauernd.
- (3) Die Geldbußen fließen einem gemeinnützigen Verein zu, der die Hinterbliebenen der im Kampfe mit Wilddieben gefallenen Jagd- und Forstbeamten unterstützt.
- (4) Mit der Freisprechung kann die Feststellung verbunden werden, dass die Jägerehre unverletzt ist.«
- §59 (»Bestätigung und Vollstreckung«): »(1) Der Spruch des Ehrengerichts bedarf der Bestätigung.
- (2) Die Bestätigung erfolgt, wenn auf dauernde Entziehung des Jagdscheins erkannt ist, durch den Reichsjägermeister, sonst durch den Gaujägermeister des Gaus, in welchem das Jägerehrengericht seinen Sitz hat. Durch die Bestätigung wird der Spruch vollstreckbar.
- (3) Der zur Bestätigung Berufene kann den Spruch des Ehrengerichts aufheben und die Entscheidung durch ein anderes Ehrengericht anordnen. Im letzteren Falle ist der Spruch ohne Bestätigung endgültig und vollstreckbar.«

▸ Disziplinarordnung des DJV.

Jägerei, die: **1**) Sammelbegriff für die gesamte gerechte Jägerwelt (z.B. deutsche Jägerei, hessische Jägerei usw.); dazu zählen Jagdherr oder Jagdleiter, Ober-, Revier-, Hilfsjäger und Lehrlinge. **2**) Bez. für das gesamte ▸ Jagdpersonal eines Dienstherrn. **3**) Zur Zeit der ▸ Eingestellten Jagen und der ▸ Parforcejagden die Gesamtheit der Jäger und Jagdgenossen, die eine Jagd ausrichteten und an ihr teilnahmen.

Jägerfarben, die: Die alten Jägerfarben sind Grün, Weiß, Schwarz (grüner Anzug, weißes Hemd, schwarzer Binder, schwarze Schuhe).

Jägergehänge, das: ▸ Wehrgehänge.

Jägergeld, das: **1**) ▸ Nachtselde. **2**) In Tirol war das J. eine Ablöse der Verpflichtung der Untertanen, das Wildbret vom Schussplatz zur Jägerwohnung zu tragen oder nach Salzburg zu liefern sowie die Salzsteine, das »Gleck«, in das Gebirge zu tragen; ▸ Jagdfron.

Jägergriff, der: Alte Bez. für das ▸ Wildbret, das nach Ablösen der beiden Wände (Rippenseiten) an den Keulen des Schalenwildes übrigbleibt. Es wird so genannt, weil es auf jeder Seite eine Handvoll (Griff) ausmacht. Der Ausdruck war hauptsächlich in Österreich üblich. Der J. gehörte zum ▸ Jägerrecht.

Jägergruß, der: Der Gruß des ▸ Jägers. Grüßt ein Jäger mit »Waidmannsheil!«, lautet die Antwort ebenfalls »Waidmannsheil!«. Bedankt sich ein Jäger, z.B. nach Überreichung des Schützenbruches, so sagt er »Waidmannsdank!«. Wünscht ein Jäger dem anderen bei einem bevorstehenden Pirschgang oder Ansitz einen Jagderfolg, so sagt er »Waidmannsheil!«. Die Antwort hierauf lautet »Waidmannsdank!«. Bereits Anfang des 18. Jh. schreibt J. A. Großkopff in seinem »Neues und wohl eingerichtetes Forst- Jagd- und Weidewercks-Lexicon …« über den uralten weidemännischen Gruß »Weidemanns Heyl«, der unter den alten Jägern üblich war, und über den Gruß »Glück auf«, der von den Jägern im Gebirge gebraucht wurde. Einige Zeit war »Glück auf« gebräuchlicher als »Waidmannsheil«. Heute gilt dagegen allg. »Waidmannsheil!« als Grußformel. Als Gruß und Wunsch wird in den Alpenländern vielfach »Ich wünsche guten Anblick« anstelle von »Waidmannsheil« gesagt. Der Begriff W. (Weidmannsheil) ist seit 1746 belegt.

Jägerhaber, der: Eine früher im Salzburger Land erhobene Abgabe, die diejenigen Jäger erhielten, die das Raubwild dezimierten. Ursprünglich waren hierfür Landjäger bestellt, die zur Haltung von Bärenhunden verpflichtet wurden. Später ging dies auf die fürstlichen Jäger über. Der J. wurde in der Folge den Oberjägern zur Haltung eines Reitpferdes überlassen. Eine ähnliche Abgabe war im Pustertal (damals österreichisch, heute Südtirol) das ▸ Forstfutter.

Jägerhaus, das: Ein Gebäude, in dem die Jagdbediensteten, die ▸ Besuchsknechte und die Rüdenknechte wohnten und in dem das ▸ Jagdzeug, die Pferde und die Hunde untergebracht waren. Dem J. waren häufig auch Tiergehege angegliedert.

Jägerhof, der: ▸ Jagdhöfe.

Jägerhofmethode, die: ▸ Hannoversche Jägerhofmethode.

◂◂ Emblem des Jägerlehrhofs Jagdschloss Springe

◂◂◂ Emblem des Jägerhofs Brüggen

Jägerjunge, der ▸ Lehrzeit.

Jägerkulturen: Eine Geschichte der menschlichen Kultur nimmt am besten die frühen J. zum Ausgangspunkt, deren Kunst (▸ Jagdkunst) in den Felsmalereien (▸ Höhlenmalereien, ▸ Felskunst der Jäger) Südwestfrankreichs und Nordspaniens um 12 000 v. Chr. ihren Höhepunkt erreichte. Schon in dieser frühen Zeit machte die geistige Entwicklung des Menschen große Fortschritte, und vieles von dem, was heute die Basis des kulturellen Lebens bildet, verdanken wir seinen schöpferischen Leistungen. Als Jäger ersann der Mensch die Urformen der Religion, während die Erfindung der Sprache und der Gebrauch von Geräten noch viel weiter zurückgehen, in die Zeit vor etwa 500 000 Jahren, als unsere Urahnen noch keine Jäger, sondern nur Nahrung-Sammler waren. In Asien und in Afrika gab es erwiesenermaßen ältere J. als in Europa. So wurden z.B. in der Oldoway-Schlucht in Tansania Überreste von Hominiden zutage gefördert, die wahrscheinlich schon vor einer Mio. Jahren Faustkeile benutzt haben, und die bei Peking gefundenen menschlichen Fossilien sind 400 000 Jahre alt. Tatsache ist jedoch, dass die künstlerischen Kräfte der Jägervölker zuerst in Europa ihren Ausdruck fanden, z.B. in den bandförmigen Linien, die menschliche Finger vor etwa 30 000 Jahren in die Tonwand einer Höhle in Altamira gezogen haben. Zwischen 9000 und 8000 v. Chr., nach der letzten Eiszeit in Europa, änderten sich mit dem Klimawandel die Lebensbedingungen der Menschen vollständig. Die stetig steigende Wärme ließ die kahlen, überfrorenen Flächen verschwinden, auf denen die Wildherden existiert hatten; nunmehr breiteten sich große Waldgebiete aus. Die Jäger waren wieder zum Nahrungsammeln genötigt und gingen langsam zum Ackerbau und zur Viehzucht über. Um 2000 v. Chr. waren diese im Mittleren Osten schon üblichen Methoden auch in Europa überall eingeführt.
Um 6000 v. Chr. entwickelte sich im westlichen Mittelmeergebiet ein neuer Stil der ▸ Felskunst durch die Berührung der nomadischen Jäger mit den Hochkulturen des Mittleren Ostens. Zu den Tierbildern kamen nun menschliche Figuren hinzu. Dieser sog. »Zweite Jägerstil« verbreitete sich über ganz Afrika und gelangte über Südostasien bis nach Australien. Nach dem Aufstieg und der Ausbreitung der Mittelmeerkulturen konnten sich primitive Kulturen nur noch in den arktischen Gebieten halten, die heute von den Lappen bevölkert sind. In den nördlichen Gebieten Asiens blieb die Lebensweise der Jäger unverändert, wenn auch berittene Nomaden, die durch die Zähmung von Wildpferden beweglicher geworden waren, die Jägerkultur seit etwa 200 v. Chr. noch höher entwickeln konnten. Sie kamen ständig mit den Hochkulturen des Mittleren Ostens, Europas und Chinas in Berührung. Durch China, das einen sehr bedeutenden Anteil an der Verbreitung der Einflüsse auf primitive Kulturen hatte, wurden die künstlerischen Motive, welche die Nomaden geschaffen hatten, nach Indonesien gebracht. J. erreichten den amerikanischen Kontinent wahrscheinlich schon um 20 000 v. Chr. über die Beringstraße. Kennzeichnend für die frühen J. ist z.B. der Tierstil der Felsbilder wie überhaupt die Neigung zur Felsmalerei. Das Problem des frühen Menschen, des Jägers, war das Auffinden und Erlegen der Jagdtiere und die Sorge um einen gesicherten Bestand von solchen Jagdtieren.

Jägerkünste, die: ▸ Jagdkünste.

Jägerlatein, das: Frühere Bez. für die Waidmannssprache (▸ Jägersprache) schlechthin. Die heutige Bedeutung, die das Wort erst im 19. Jh. erhielt, bezieht sich auf erdichtete und abenteuerliche Jagdgeschichten, die hauptsächlich für den Laien möglichst glaubwürdig dargestellt werden. Diese übertriebenen Schilderungen, die es schon seit Jahrtausenden gibt, sind Ausdruck jagdlichen Humors, aber keineswegs unehrenhaft; sie sind mit dem Seemannsgarn der Matrosen vergleichbar. Typische Beispiele sind die Erfindungen des »gehörnten Hasen« (▸ Hirschhase) und des »Wolpertingers«, der im Alpenraum sein Unwesen treibt.

Jägerlehen, die: Ähnlich wie Forstlehen kleine Güter, die den Jägern als Entgelt für ihre Dienstleistungen verliehen wurden.

Jägerlehrbrief, der: ▸ Lehrbrief.

Jägerlehrhof, der: Der J. hat heute die Aufgabe, Jäger, Revierinhaber, ▸ Jagdaufseher und ▸ Berufsjäger in Lehrgängen, Seminaren, Tagungen usw. aus- und fortzubilden. Als jagdliche Ausbildungsstätte knüpft z.B. der J. Jagdschloss Springe an die Tradition des Hannoverschen Jagdhofes an. Hinsichtlich der Aufgabenstellung ist ein J. heute weitgehend identisch mit den ▸ Landesjagdschulen und den ▸ Jagdhöfen.

Jägerlieder, die: Hierzu zählen auch die Wildschützenlieder und die Wildererlieder. Sie werden nicht nur von Jägern gesungen, sondern sind vielmehr Volkslieder, die tief im Volk verwurzelt sind und zur deutschen Folklore und Musikgeschichte gehören. Bereits im 15. und im 16. Jh. erschienen J. in deutschen Liederbüchern: Glogauer Liederbuch, um 1480; A. von Aich, um 1520; Chr. Egenolf, 1535; G. Forster, 1540; H. Ott, 1544; C. Othmayr, 1549. Die Verfasser der Texte und die Komponisten der Melodien alter J. sind häufig unbekannt. Zahlreiche J. und auch die jagdliche Vokalmusik sind jedoch aus den ▸ Waidsprüchen hervorgegangen. Die J. unterlagen aber im Laufe der Zeit einer inhaltlichen Wandlung. Erst wurden die Jagdszenen zu einer Liebesszene umgestaltet, wobei das gejagte Wild die Geliebte versinnbildlichte. Gegen Ende des 16. Jh. wurde dann der Jäger selbst der Gejagte. Bereits Ende des 18. Jh. wurden die J. systematisch gesammelt; z.B. von J. G. Herder und von J. W. von Goethe. Diese Sammlung wurde von den Romantikern L. K. E. H. F. ▸ von Wildungen (»Lieder für Forstmänner und Jä-

Noten und Text des Volksliedes »Im Wald und auf der Heide«

Im Wald und auf der Heide

Text: Wilhelm Bornemann · Melodie: F. W. Gehricke

1. Im Wald und auf der Heide,
da such ich meine Freude,
ich bin ein Jägersmann.
Den Wald und Forst zu hegen,
das Wildbret zu erlegen,
mein' Lust hab' ich daran.

2. Trag ich in meiner Tasche
ein Trünklein in der Flasche,
ein Stückchen schwarzes Brot,
brennt lustig meine Pfeife,
wenn ich den Wald durchstreife,
da hat es keine Not.

3. Und streif ich durch die Wälder
und zieh ich durch die Felder
allein den ganzen Tag,
da schwinden mir die Stunden
gleich flüchtigen Sekunden,
tracht ich dem Wilde nach.

4. Wenn sich die Sonne neiget,
der feuchte Nebel steiget,
mein Tagwerk ist getan,
dann zieh ich von der Heide
zur häuslich stillen Freude,
ein froher Jägersmann.

ger«, 1788, vertont von J. Chr. Müller), F. Graf Pocci und F. Ritter von ▸ Kobell (»Alte und neue Jägerlieder«, 1843) sowie von H. Chr. Burckhardt (»Jagd- und Waldlieder«, 1866) fortgesetzt. Verstärkt mit der Jagd befassen sich – im Ggs. zu den J. im Sololied des 19. Jh. – die Chorlieder, z.B. C. M. von Webers »Lützows wilde Jagd«, F. Schuberts op. 139 und R. Schumanns op. 137, beide für Männerchor und vier Hörner. Weitere bekannte J. sind: »Ein ▸ Jäger aus Kurpfalz, der reitet durch den grünen Wald ...« (Volkslied aus der Mitte des 18. Jh.), als Kehrreim: »Gar lustig ist die Jägerei allhier auf grüner Heid'«, »Was gleicht wohl auf Erden dem Jägervergnügen?« (Friedrich Kind/C.M.v. Weber, Anfang des Jägerchors aus der Oper »Der Freischütz«), »Frisch auf zum fröhlichen Jagen« (Lied v. F. de la Motte Fouqué), »Das ist Lützows wilde verwegene Jagd!« (Lied v. Theodor Körner/C. M. v. Weber), »Ich schieß' den Hirsch im wilden Forst, im tiefen Wald das Reh« (aus: Jägers Liebeslied von Franz v. Schober, vertont von Franz Schubert), »Es blies ein Jäger wohl in sein Horn ...« (Anfang eines deutschen Volksliedes, zuerst gedruckt in der Romantikersammlung »Des Knaben Wunderhorn« (1806 bis 1808)). Fortsetzung: »... und alles, was er blies, das war verlorn«, »Im Wald und auf der Heide, da such' ich meine Freude. Ich bin ein Jägersmann!« (Anfang des Jägerliedes von W. Bornemann, 1816), »Es gingen drei Jäger wohl auf die Birsch ...« (aus Ludwig Uhlands Ballade »Der weiße Hirsch« (1811), noch als volksliedhaftes Lied bekannt, auch zitiert, wenn z.B. drei Freunde sich für eine gemeinsame Unternehmung verabschieden). Einen besonderen Rang nehmen die Lieder von ▸ H. Löns ein, die zwar Volkslieder sind, aber häufig jagdlichen Inhalt haben. Sie werden heute noch – auch von Nichtjägern und von der Jugend – gern gesungen; ▸ Jagdmusik, ▸ Jagdsignale, ▸ Jagdhornblasen, ▸ Jagdgeschrei.

Jägerling, der: Verächtliche Bez. für einen Jäger, der das ▸ Waidwerk nicht versteht.

Jägermasche, die: Die Schlinge, mit der die Dressurleine so am Hundehalsband festgemacht wird, dass man sie durch einen Ruck am kurzen Ende wieder lösen kann.

jägermäßig: svw. ▸ jagdgerecht.

Jägermeister, der: **1**) Früherer Titel für einen adeligen Bediensteten an größeren Höfen und für den Kommandeur der ▸ Jägerei, der dem Range nach als Hof-J. nach dem Ober-J. und dem Oberst-J. kam und höher stand als der Oberforstmeister; ▸ Hofjäger. **2**) Heutige Bez. für den jagdlichen Berater (Kreis-J., Bezirks-J., Landes-J.) in Deutschland und in Österreich.

jagern: svw. ▸ jagen; der Ausdruck ist hauptsächlich in Süddeutschland gebräuchlich; z.B. Gamsjagern.

Jägernotruf, der: ▸ Jagdsignale.

Jägernotsignal, das: ▸ Notsignal, ▸ Jagdsignale.

Jägernotweg, der: Wer zu seinem ▸ Jagdbezirk nicht auf einem zum öffentlichen Gebrauch bestimmten Weg gelangen kann oder für wen dieser Weg einen unzumutbaren Umweg bedeuten würde, ist zum Benutzen eines Privatweges in ▸ Jagdausrüstung berechtigt, auch wenn dieser durch ein anderes ▸ Jagdrevier führt. Für die Benutzung dieses Weges (J.) ist die Zustimmung des Grundstückseigentümers und des ▸ Jagdausübungsberechtigten erforderlich. Notfalls wird auf Antrag eines Beteiligten der J. von der zuständigen ▸ Jagdbehörde festgelegt. Der Grundstückseigentümer kann eine Entschädigung verlangen. Bei der Benutzung des J. dürfen die Schusswaffen (in Bayern die Langwaffen) nur ungeladen und je nach Landesrecht in einem Überzug oder mit verbundenem Schloss oder zerlegt transportiert und die Hunde nur angeleint mitgeführt werden.

In Kärnten (Österreich) dürfen Beizvögel nur gesichert mitgeführt werden.

Jägerprüfung, die: Die erste Erteilung eines ▸ Jagdscheines ist davon abhängig, dass der Bewerber eine J. (Sachkundeprüfung) bestanden hat. Für Bewerber, die vor dem 1.4.1953 einen Jahresjagdschein besessen haben, entfällt die J. Sie besteht aus einem schriftlichen und einem mündlich-praktischen Teil sowie aus einer Schießübung. Der Bewerber muss in der J. ausreichende Kenntnisse der Tierarten, der ▸ Wildbiologie, der ▸ Wildhege, des Jagdbetriebes, der ▸ Wildschaden(s)verhütung, des Land- und Waldbaues, des ▸ Waffenrechts, der Waffentechnik, der Führung von Jagdwaffen (einschließlich Faustfeuerwaffen), der Führung von Jagdhunden, in der Behandlung des erlegten Wildes unter besonderer Berücksichtigung der hygienisch erforderlichen Maßnahmen, in der Beurteilung der gesundheitlich unbedenklichen Beschaffenheit des ▸ Wildbrets, insbesondere auch hinsichtlich seiner Verwendung als Lebensmittel, und im Jagd-, Tierschutz- sowie Naturschutz- und Landschaftspflegerecht nachweisen; mangelhafte Leistungen in der Schießprüfung sind durch Leistungen in anderen Prüfungsteilen nicht ausgleichbar (BJG §15 Abs. 5). Die Durchführung der J. obliegt den Ländern. Diese können die Zulassung insbesondere vom Nachweis einer theoretischen und praktischen Ausbildung (Lehre) abhängig machen. Für Personen, die im Rahmen der forstlichen oder Berufsjäger-Ausbildung eine entsprechende Prüfung in Jagdkunde abgelegt haben, gilt diese Prüfung als J. In Österreich ist die Ausbildung und die Zulassung zur J. ähnlich geregelt.

In der Schweiz gibt es eine besonders schwierige J. in allen Kantonen. Sie gliedert sich in eine Schießprüfung und in einen mündlich-schriftlichen Teil. Die Prüfung kann nach Ableistung einer Hegezeit abgelegt werden, die bis zu drei Jahre dauern kann (bei mehr als 200 Pflichtstunden in Theorie und Praxis).

In der DDR wurde zur J. (Jagdprüfung) zugelassen, wer das 18. Lebensjahr vollendet hatte, Vorbildliches in Beruf und Gesellschaft geleistet hatte, eine praktische Tätigkeit als Mitglied oder Jagdhelfer der Jagdgesellschaft von mindestens einem Jahr nachweisen konnte und körperlich und geistig für die Jagd geeignet war. Die mündliche und praktische J. umfasste die Prüfungsgebiete Staatsbürgerkunde, Rechtskunde, Jagdwaffenkunde, Wildkunde, Jagdhundewesen und das Prüfungsschießen. Der Rat des Kreises konnte eine Wiederholung der J. verlangen, wenn nach Ablegen der J. länger als zwei Jahre die Jagd nicht ausgeübt wurde. Als erstes deutsches Land führte im Jahre 1922 Bremen eine J. ein. ▸ Falknerprüfung, ▸ Jagdschein, ▸ Revierjäger, Revierjägerinnen und ▸ Berufsjäger.

Jägerrecht, das: **1**) Ein Recht (Naturalentlohnung), das dem Schützen eines erlegten Wildes zusteht. Man unterschied früher das kleine und das große J., das je nach Zeitepoche und Gegend unterschiedlich gehandhabt wurde. *Kleines* oder *halbes J.* (auch heutiges Recht): Dem Erleger stehen sämtliche ▸ Trophäen zu, wie Gehörn, Geweih, Grandeln, Hirschbart, Gamsbart, Krucke und Gewaff sowie das beim Abschlagen des Kopfschmucks freigelegte Gehirn und der Lecker. Ferner zählen hierzu die essbaren Teile des Geräuschs (Herz, Lunge, Leber, Milz, Nieren und Zwerchfell) und der ▸ Feist, der mit den Fingern gelöst werden kann, wenn der Erleger das Stück selbst aufbricht; tut er dies nicht, stehen Geräusch und Feist dem Aufbrechenden zu. *Großes, volles* oder *ganzes J.* (heute nicht mehr übliches Recht): Eine früher übliche Naturalentlohnung der ▸ Berufsjäger, die bereits in Urkunden des 13. Jh. erwähnt wird. Mit geringen Abweichungen in manchen Gegenden bestand es aus dem Kopf, dem Hals bis einschließlich zur dritten Rippe (sog. Vorschlag oder Fürschlag), aus dem Mehrbraten, auch Mörbraten oder Mürbebraten genannt (Wildbret unter dem Rückgrat), aus der Decke, dem Feist, der mit den Fingern gelöst werden konnte, und dem Geräusch (Herz, Lunge, Leber, Milz, Nieren und Zwerchfell). Beim Schwarzwild gehörten außerdem noch die Wammen dazu, jedoch nicht der Kopf. In Österreich zählte noch der ▸ Jägergriff (ein Streifen Wildbret, der nach dem Auslösen der beiden Rippenstücke an den Keulen verbleibt) zum J. Zusätzlich zum J. erhielten die Jäger jährlich einige Stück Wild als Deputat (▸ Deputatwild). In Tirol bespielsweise erhielten die Hilfsjäger jährlich zwei Gamsböcke, die sog. Deputatgams oder ▸ Hosengams. Im 17. Jh. wurde es üblich, zusätzlich zum J. auch die Besoldung des Jägers durch ▸ Schussgelder zu erhöhen. Heute besteht in Österreich das Große J. aus Haupt mit Lecker (ohne Hauptschmuck), Träger und Vorschlag bis zur dritten Feder sowie aus dem Mehrbraten und dem Geräusch. Beim Schwarzwild zählen dazu die Wammen, beim Raubwild Balg oder Schwarte. Dieses Große J. steht jedoch nur dem Berufsjäger aufgrund einer eigenen Regelung im Dienstvertrag zu. Österreich unterscheidet auch das sog. J. des Herrn (Gastschützen). Es bezieht sich auf die Trophäen; ▸ Accidenzen. **2**) Besondere Abgaben, die früher bestimmte Höfe für die Hunde-, Pferde- und Beizvogelhaltung zu leisten hatten, z.B. der ▸ Taubenzehnt, ▸ Atzungsrecht, ▸ Habichtslehen, oder überhaupt den Jägern überlassen wurden, z.B. ▸ Forstfutter, ▸ Jägerhaber. **3**) J. bedeuteten auch die Pfunde, die einem Jäger bei Verstößen gegen waidmännische Sitten mit dem Blatt gegeben wurden (▸ Blattschlagen). **4**) ▸ Bärenjägerrecht.

Jägerruf, der (Hegeruf): ▸ Jagdsignale.

Jägerschaft, die: **1**) svw. ▸ Jägerei. **2**) ▸ Landesjagdverbände. **3**) In Österreich (Ausnahme: Vorarlberg) und im Saarland Körperschaften des öffentlichen Rechts mit bestimmten, von den ▸ Jagdbehörden übertragenen Aufgaben.

Jägerschlag, der: Aus der alten Berufsjägerausbildung übernommener Brauch analog zum Ritterschlag, der gelegentlich beim ▸ Wehrhaftmachen erfolgte. Nach Abschluss der dreijährigen Lehrzeit (der drei Behänge) wurde früher der ▸ Jägerbursche vom Lehrprinzen (Lehrherrn) zum Jäger geschlagen, indem er mit der flachen Klinge des Hirschfängers einen leichten Schlag auf die linke Schulter erhielt. Heutzutage wird der Jungjäger nach bestandener ▸ Jägerprüfung bei der Aufnahme in die Gemeinschaft der Jäger mit dem Hirschfänger oder mit dem Waidblatt zum Jäger geschlagen (örtlicher Brauch). Dabei wird ihm ein vom Deutschen ▸ Jagdschutz-Verband als Schmuckblatt herausgegebener Jägerbrief überreicht; ▸ Blattschlagen.

Jägerschreie, die: ▸ Jagdgeschrei.

Jägerschulen, die: Meist private Einrichtungen, die in Ausbildungslehrgängen und Kursen (z.T. auch in sog. Urlaubskursen) jagdlich interessierte Personen auf die ▸ Jägerprüfung vorbereiten. J. beherbergen z.T. eigene kleine Jagdkundemuseen (Lehrmittelsammlungen), z.T. verfügen sie auch über eigene Schießanlagen und ▸ Lehrreviere. Zu beachten ist jedoch, dass in einigen Bundesländern der Ausbildungsweg zur Jägerprüfung vorgeschrieben und die Ausbildung dem jeweiligen Landesjagdverband übertragen ist. Bei der Zulassung zur Jägerprüfung ist in diesen Ländern der Nachweis über die Teilnahme an einem vom Landesjagdverband durchgeführten Ausbildungslehrgang zu erbringen.

In der Schweiz arbeiten die meisten J. regional. Private J. in der Schweiz sind: »Jägerschule Hubertus«, Niedergösgen; »Jagdschule Diana«, Oberbuchsiten; »Jagdschule Hasler«, Rothenfluh; »Jagdschule Bea Fuchs«, Zürich; »Jägerschule Max Schweizer«, Zürich; ▸ Landesjagdschulen, ▸ Jägerlehrhof.

Jägersprache, die (Waidmannssprache): Die Zunftsprache der deutschsprachigen Jäger und ein wesentlicher Bestandteil des jagdlichen ▸ Brauchtums. Sie ist in Jahrhunderten gewachsen und bereits in Urkunden des 7. und des 8. Jh. nachweisbar. Ab dem 12. Jh. begann sich die J. als Zunftsprache der Berufsjäger herauszubilden. Sie erreichte ihren Höhepunkt im 17. und im 18. Jh. Im Vergleich zu anderen Zunftsprachen ist sie die ausgebildetste, reichhaltigste, sich ständig weiterentwickelnde Sprache. Sie ist gekennzeichnet durch eine lebendige, klare und farbige Ausdrucksweise, die etwa 6000 verschiedene Wörter umfasst, von denen ca. 3500 wohl als allg. Grundbestand betrachtet werden können. Bereits Jacob Grimm, der Altmeister der deutschen Sprachwissenschaft, nennt die J. poetisch und episch, weil sie wie das Epos eine Fülle von bildlichen Wörtern enthält, mit denen sie alle einfachen Begriffe auf das mannigfaltigste ausdrücken kann. ▸ Heinrich Wilhelm Döbel nannte in seiner »Eröffneten Jäger-Practica« (1746) die nichtgerechten Jäger, welche die J. nicht beherrschten, verächtlich »Federschützen« oder »Bönhasen«. Wenn die J. auch weiterhin gepflegt und gesprochen wird und auch erhaltenswürdig ist, ist sie jedoch keineswegs Vorbedingung für die ▸ Jägerprüfung und für den jagdlichen Alltag, jedoch kennzeichnend für einen ▸ gerechten Jäger. Viele Begriffe und Ausdrücke sind mundartlich und auf eine bestimmte Gegend beschränkt. Besonders mannigfaltig ist die J. in den Alpenländern. In diesem Lexikon wird sie in besonderem Maße berücksichtigt. Der Begriff Waidmannssprache (Weidmannssprache) wurde erstmals in dem im Jahre 1871 erschienenen »Wörterbuch der Weidmannssprache für Jagd- und Sprachfreunde« von Josef und Franz Kehrein erwähnt. Bis dahin war »Weidsprache« der übliche Begriff.

Jägersprüche, die: ▸ Waidsprüche.

Jägerstand, der: **1**) Im eigentlichen Sinne der Berufsstand der Jäger. **2**) Bez. für den Hochstand (Hochsitz, Kanzel); ▸ Jagdeinrichtungen 2.

Jägerstück, das: Bez. für den hintersten Teil des Wedelziemers, der nach dem Auslösen der beiden Keulen am eigentlichen ▸ Ziemer verbleibt.

Jägertum, das: Bez. für den ▸ Jägerstand 1).

Jägerverband, der: ▸ Landesjagdverbände.

Jägervogel, der: ▸ Spechte 1.

Jägerzeug, das: Sammelbezeichnung für das ▸ Jagdhorn mit Hornfessel und den Hirschfänger mit der Koppel; ▸ Kreuzzeug.

Jägerzinken, der: Unauffälliges Zeichen, das zur gegenseitigen Verständigung von Jägern im Revier angebracht wird, wie z.B. ▸ Bruchzeichen und ▸ Tauben 2).

Jahresjagdschein, der: ▸ Jagdschein.

Jahresrille, die: ▸ Jahresringe.

Jahresringe, die: Bei Gamskrucken, Steinbockhörnern und Muffelwidderschnecken (Jahresrillen) ausgeprägte Ringe, die den Zuwachs eines Jahres kennzeichnen. Die J. sind nach unten offen; ▸ Schmuckringe, ▸ Schmuckwülste.

Jahresschießnadel, die: Frühere Auszeichnung des Deutschen Jagdschutz-Verbandes für Schießleistung; ▸ DJV-Schießnadeln, ▸ jagdliches Schießen, ▸ Verbandsabzeichen.

Jahresvogel, der: Bez. für eine Vogelart, die das ganze Jahr über in ihrem Brutgebiet bleibt.

Jahrling, der: Süddeutsche Bez. für ▸ Jährling.

Jährling, der: Das einjährige Gams- und Steinwild, der einjährige Rehbock, Muffelwidder, Elch, Auerhahn und Jagdhund. Einjährig ist ein Stück Wild vom 1. April des auf die Geburt folgenden Jahres bis zum 31. März des darauffolgenden Jahres. Bei anderen Wildarten ▸ Schmalreh, ▸ Schmalspießer, ▸ Schmaltier und ▸ Überläufer.

Jährlingsgehörn, das: Auch Jährlingsgeweih. Das Gehörn (das zweite), das der fast einjährige Rehbock, nachdem er im Februar des auf die Geburt folgenden Jahres sein Erstlingsgehörn abgeworfen hat, unmittelbar darauf schiebt. Das J. besteht aus Spießen (meist lauscherhoch) mit ▸ Rosen, häufig auch mit Gabeln; manchmal ist es auch schon ein bescheidenes Sechsergehörn.

Jaidtag, der: Alte Bez. für Jagdtag.

Jämthund, der: ▸ Elchhunde.

Jank, Angelo (30.10.1868 München bis 9.10.1940 München): Passionierter Jäger, Maler, Plakatentwerfer und Illustrator. Seit 1907 Professor an der Akademie der bildenden Künste und seit 1922 Leiter der Tiermalschule in München. J. trat besonders mit Reiterbildnissen und Jagdbildern im impressionistischen Stil hervor und schuf auch das Freskogemälde für den Gerichtssaal des Münchener Justizpalastes. Von ihm stammen neben zahlreichen Schießscheiben u.a. die Ölgemälde »Hinter der Meute« (1902), »Halali« (1905) und »Hinter den Hunden«

Janguli, das (Jangoli): Eine Art Halsband aus mittelstarker Kordel, das der ▸ Beizhabicht oder der ▸ Beizsperber während der Jagd trägt. Es umschließt locker den Hals des Vogels, und das eine Ende hängt über Brust und Bauch so weit herunter, dass der Falkner es mit der behandschuhten Faust fassen und halten kann. Vor dem Abwerfen wird das Ende zwischen die Finger der Faust (auf welcher der Beizvogel steht) genommen und beim Abwerfen leicht angezogen. Es verhindert, dass der Vogel beim Werfen nach hinten wegkippt.

Janssens, Abraham, genannt van Nuyssen (1575 bis 1632): Flämischer Maler. J. schuf eine großfigurige »Diana umringt von ihren Nymphen« (München, Alte Pinakothek). Porträthaft genau die Rebhühner und Krammets-

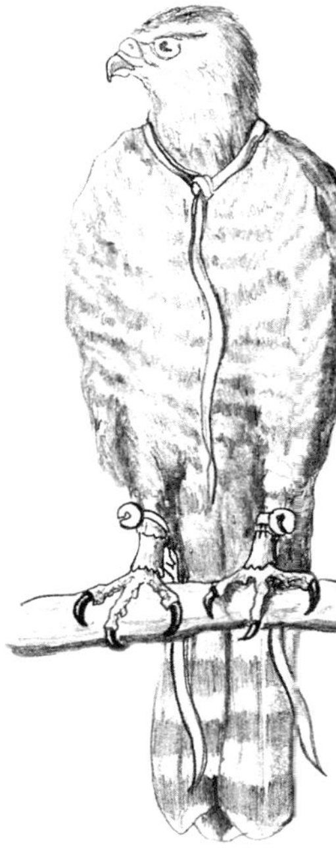

Sperber mit Janguli (nach Renz Waller)

Friedrich Ernst Jester (1743–1822)

vögel, Bekassine, Hase, Graureiher und Wildschwein.

Japanischer Buntfasan, der: ▸ Fasane 4.

Japanischer Fuchs, der: ▸ Marderhund.

jauchzen: svw. ▸ juchzen.

Jeanson, Marcel: ▸ Jagdbibliotheken.

Jeitter, Johann Melchior (21.9.1757 Kleinheppach in Württemberg bis 10.5.1842 Beutelsbach bei Stuttgart): J. studierte von 1775 bis 1783 Forstwissenschaft auf der Karlsschule in Stuttgart. Nach verschiedenen Stellungen im praktischen Forstdienst wurde ihm eine Lehrstelle am Forstinstitut in Stuttgart und nach dessen Aufhebung eine Lehrstelle an der Akademie Hohenheim übertragen. Er schrieb u.a. »Jagdkatechismus« (1816), »Entwurf einer systematischen Belehrung in der theoretischen und praktischen Forst- und Jagdkunde« (1830).

Jellingestil, der: ▸ Greiftierstil.

Jennerwein, Georg: ▸ Wilderer.

JEP: Abk. für Jagdeignungsprüfung (Brauchbarkeitsprüfung); ▸ Hundeprüfungen.

Jerkin, der: Der Gerfalkenterzel (männlicher Gerfalk); ▸ Falken 9.

Jerpe, das ▸ Raufußhühner 4.

Jester, Friedrich Ernst (9.10.1743 Königsberg bis 14.4.1822 Königsberg): J. studierte Rechtswissenschaft und bereiste ab 1765 Deutschland, die Schweiz und Frankreich. Im Thüringer Wald und im Harz machte er sich auch mit dem Berg-, Hütten- und Forstwesen bekannt. Der Jagd war er schon als Jugendlicher zugeneigt. 1767 wurde er Sekretär bei der preußischen Gesandtschaft am Wiener Hofe und erlernte drei Jahre lang nebenher bei einem in der Nähe angestellten Oberförster das Forstwesen und die Jägerei; 1772 kehrte er als weit gereister und welterfahrener Mann in seine Vaterstadt zurück. 1780 wurde er Forstdepartementsrat bei der Kriegs- und Domänenkammer, 1788 Oberforstrat und 1805 Oberforstmeister. 1820 trat er in den Ruhestand. Ihm war auch die Schonung des damals bereits dem Untergang geweihten Elchwildes in Ostpreußen zu verdanken. Von seinen Schriften sind die acht Teile in drei Bänden »Über die kleine Jagd, zum Gebrauche angehender Jagdliebhaber« (1793 bis 1806) erwähnenswert.

JGHV: Abk. für ▸ Jagdgebrauchshundverband.

JNA: Abk. für ▸ Jagdnutzungsanweisung.

Jochgeier, der: ▸ Geier 4.

Jochrabe, der: ▸ Rabenvögel 1.

JSM: Abk. für »Verband der Hersteller von Jagd-, Sportwaffen und Munition«.

juch Hirsch!: Ein Jägerschrei; ▸ Jagdgeschrei.

Juchten, das (Juften, Juchtenleder): Festes und geschmeidiges, zur Erhöhung der Wasserdichtigkeit mit Birkenteeröl (Birkenrindenteer) imprägniertes, daher stark riechendes Rinds- oder Rossleder. J. wurde früher v.a. zu Jagdstiefeln und Bucheinbänden verarbeitet.

juchzen (jauchzen): **1**) Im Hochgebirge das Ausstoßen eines jodelnden Schreies (Juchzer) nach glücklichem Schuss (Jagdruf). **2**) Das Wechseln von Zurufen zwischen den Jägern, um sich gegenseitig über den Stand zu benachrichtigen.

Juckpest, die: ▸ Aujeszkysche Krankheit.

Juften, das: ▸ Juchten.

Jugendjagdschein, der: ▸ Jagdschein.

Jugendklasse, die: Die erste, d.h. unterste Altersklasse (Jahrgang) in einem ▸ Wildstand, in die beim Abschuss am stärksten (etwa zu 50%) eingegriffen wird.

Jugendkleid, das: Das Federkleid aller Jungvögel (juveniler Vögel), die aufgrund ihres Federkleides von den Altvögeln zu unterscheiden sind. Es handelt sich um das Federkleid nach dem Dunenkleid; ▸ Alterskleid.

Jugendknötchen, das: Das Strohsche Zeichen; ▸ Hasen 1. (Altersbestimmung, Altersmerkmale).

Jugendprüfung (JP), die: Die Verbands-Jugendprüfung; ▸ Hundeprüfungen.

Juhl, Horst ▸ Jagdkunst.

Jule, die: Ein in die Erde getriebener Pfahl, auf dem Beizvögel im Freien aufblocken. Sie werden mittels des ▸ Falknerknotens mit der vollen Länge der Langfessel am Ring der J. festgelegt. Zu unterscheiden sind:

1. Blockjule (Block, Falkenblock): Ruheplatz des Jagdfalken. Ein ca. 18 bis 25 cm hoher, runder Block von 15 bis 20 cm Durchmesser, der oben eine Korkplatte und unten einen spitzen Pfahl, eine Bodenplatte und einen Ring hat. Der spitze Pfahl wird in die Erde getrieben und die B. somit festgestellt.

2. Habichtsbogen (Habichtssprenkel, Sprenkel): Ein gebogener Holz- oder Metallstab, auf dem die Beizvögel (Habicht und Sperber) im Freien festgelegt werden, um ihnen Gelegenheit zu geben, ihr Gefieder zu lüften, sich zu baden und zu sonnen. Der H. hat eine Höhe von 25 bis 30 cm, der Standteil ist mit festem Stoff oder Leder umwickelt. Ein etwa 90 cm langer Draht dient als Sehne. An beiden Enden befinden sich 20 bis 30 cm lange Metallspitzen, die in die Erde getrieben werden, um den Sprenkel zu befestigen. Dieser soll stets auf weichem Rasen stehen, damit die Beizvögel, wenn sie schwingenschlagend abspringen, sich nicht ihre Schwingen am Boden verletzen.

3. Habichtskrücke: Ca. 50 bis 55 cm hohe und oben 22 bis 25 cm breite, krückenförmige J. mit Bodenplatte und Ring zum Festlegen des Habichts.

4. Reizpfahl: Der in die Erde getriebene Pfahl mit einem Querbalken (krückenförmiger Pfahl), auf dem sich bei der ▸ Hüttenjagd (Aufjagd) der Uhu oder die Uhuattrappe befindet, wird auch als J. bezeichnet.

Jungbär, der: ▸ Braunbär.

Jungdurchforstung, die: ▸ Bestand(e)spflege.

Junge, die: Waidmännisch nur als Bez. für die Jungen allen Niederwildes mit Ausnahme des

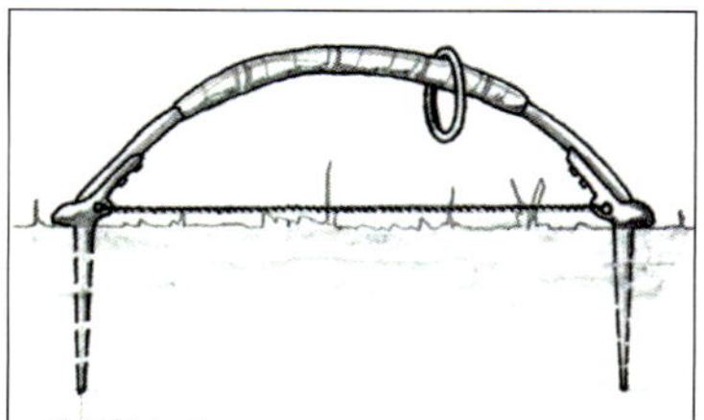

Habichtsbogen

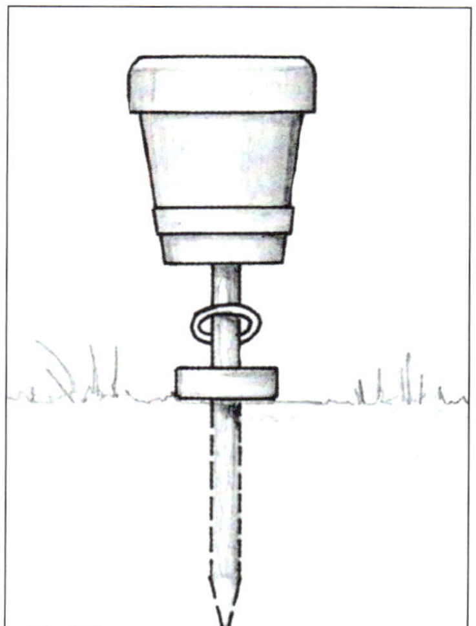

Blockjule

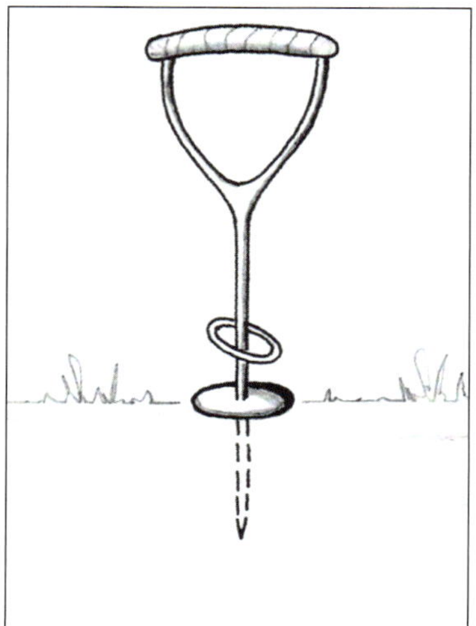

Habichtskrücke

Rehwildes, allen Federwildes und des Raubzeugs.

Junge bringen: Ausdruck für gebären bei allen Marderarten, bei Bär (auch bären), Luchs, Wildkatze und Biber.

junge Hirsche: Bez. für Gabler, Spießer und Sechser, bis sie ▸ jagdbar sind.

Jungenten, die: Die Jungtiere der ▸ Wildenten.

junge Wölfe, die: **1**) Früher üblicher Ausdruck für junge ▸ Hunde. **2**) Nachwuchs der Wölfe bis zur Vollendung des ersten Lebensjahres.

Jungfer, die: In manchen Gebieten verwendeter Begriff für ein Treiben, in dem kein Wild zum Anblick kam.

Jungfernbraten, der: ▸ Mehrbraten.

Jungfraumachen, das: Lokale Bez. für das Übereinanderkreuzen der Hinterläufe beim ▸ Zerwirken von ▸ Rotwild, um mit dem Waidblatt den ▸ Ziemer von den Keulen abschlagen zu können.

Junggänse, die: Die Jungtiere der ▸ Wildgänse.

Junghund, der: Junger ▸ Hund bis zum Alter von einem Lebensjahr.

Jungjäger: der: Ein Jäger, der die ▸ Jägerprüfung abgelegt hat, wird vom Zeitpunkt des Bestehens der Prüfung bis zum vierten Jahresjagdschein als J. bezeichnet; danach ist er jagdpachtfähig. Das Lebensalter spielt keine Rolle.

Jungmaiß, der: ▸ Dickung.

Jungtiersterblichkeit, die: Besonders in freier Wildbahn sterben Jungtiere relativ oft nach der Geburt. Die Gründe sind vielfältig und können sein: Unterkühlung, Sauerstoffmangel, Hunger, allg. Schwäche, Verletzungen, Infektion, Missbildungen, Prädation (▸ Beutegreifer). Eine genaue Übersicht über die Bedeutung der J. gibt es für Freilandverhältnisse aufgrund der methodischen Probleme nicht. Es gilt jedoch als sicher, dass bei sehr hoher ▸ Wilddichte, bei ungünstigen Witterungsbedingungen während der Setz- bzw. Wurf- und Aufzuchtzeit sowie für bestimmte Tierarten bei hoher Prädatorendichte ein größerer Teil der Neugeborenen nicht überlebt.

Jungwild, das: Wild im ersten Lebensjahr. ▸ Schalenwild wird bis zum 31. März des auf das Setzen folgenden Jahres so bezeichnet.

Jungwuchs, der: Die künstliche (▸ Kultur) oder erfolgte ▸ Naturverjüngung (▸ Anflug, ▸ Aufschlag, ▸ Stockausschlag oder ▸ Wurzelbrut) bis zum Abschluss der Nachbesserungen (Nachpflanzen, Bepflanzen der Kulturfehlstellen). Die nächste Entwicklungsstufe wird ▸ Dickung genannt. Der J. bietet dem Wild Äsung, Deckung, Brut- und Setzmöglichkeiten.

Jungwuchspflege, die: ▸ Bestand(e)spflege.

Jura-Bracke, die (Jura-Laufhund): ▸ Schweizer Laufhunde 1.

Jura-Laufhund, der (Jura-Bracke): ▸ Schweizer Laufhunde 1.

Jura-Niederlaufhund, der: ▸ Schweizer Laufhunde 2.

juvenil (lat. jugendlich): Ornithologischer Ausdruck für einen Jungvogel im ▸ Jugendkleid.

In den ersten Lebenstagen können auch Frischlinge bei sehr kühlem oder nassem Wetter einer erhöhten Jungtiersterblichkeit zum Opfer fallen.

K

Kächli, das: Alter bayerischer Ausdruck für Krähe; ▸ Rabenvögel.
Kadich, Hanns von: ▸ Jagdliteratur.
Kändler, Johann Joachim: ▸ Jagdkunst.
Käferentchen, das: ▸ Lappentaucher 4.
Käferente, die: ▸ Lappentaucher 4.
kahler Adler, der: ▸ Adler 3.
kahl gehen: »Der ▸ Geweihte geht kahl«, d.h., der Rothirsch hat sein ▸ Geweih abgeworfen.
Kahlhirsch, der (Mönch, Plattkopf): ▸ Rotwild (Hauptschmuck); immer ohne Geweih lebender Hirsch.
Kahlkopf, der: Hirsch, der kein Geweih schiebt; ▸ Rotwild (Hauptschmuck); ▸ Kahlhirsch.
Kahlkopfgeier, der: ▸ Geier 3.
Kahlschlag, der: ▸ Abtrieb.
Kahlwild, das: Sammelname für alles weibliche Wild und für Kälber beiderlei Geschlechts von Elchwild, Rotwild, Damwild und Sikawild (geweihloses, also kahlköpfiges Wild).

Kahlwildrudel, sichernd

Kahlwildrudel, das: Rotwildrudel oder Damwildrudel, bestehend aus weiblichem Wild, Kälbern beiderlei Geschlechts und geringen Hirschen bis zum dritten ▸ Kopf. K. werden i.d.R. von einem Leittier mit ▸ Kalb angeführt; ▸ Hirschrudel.
Kaike, die: ▸ Rabenvögel 7.
Kaiseradler, der: ▸ Adler 6.
KAJC: Abk. für ▸ Kongress akademischer Jagdcorporationen.

Kalb, das: Jungtier im ersten Lebensjahr (von der Geburt bis zum 31. März des auf die Geburt folgenden Jahres) bei Elchwild, Rotwild, Damwild, Sikawild und Wisent. Das weibliche Jungtier des Rehwildes wurde früher als K. (Reh-K.) bezeichnet; heute heißt es ▸ Kitz oder Rehkitz. Je nach Wildart wird z.B. von einem Hirsch-K. (männlich), Wild-K. oder Tier-K. (weiblich) gesprochen; beim Wisent vom Stier-K. bzw. Kuh-K.
Kälberfang, der (Stichfang, Kälberstich): ▸ abfangen 1).
Kälberflechte, die: ▸ Glatzflechte.
Kälberflecke, die: Weißliche Flecke auf der rötlichen Decke z.B. des ▸ Kalbes bei ▸ Rotwild, ▸ Sikawild und ▸ Damwild, die beim Rotwild bis zum Herbst langsam vom nachwachsenden ▸ Haar verdeckt werden. Beim Sikawild und beim Damwild bleibt diese Fleckung bei den erwachsenen Stücken (mit Ausnahme des weißen und des fast schwarzen Damwildes) auch im Sommerkleid erhalten; ▸ Kitzflecke.
Kälberfütterung, die (Kälberstall): ▸ Jagdeinrichtungen 3.
Kälberstall, der: ▸ Jagdeinrichtungen 3.
Kälberstich, der: svw. Kälberfang; ▸ abfangen 1).
Kälberstuck, das: ▸ Kälbertier.
Kälbertier, das (Kälberstück, Kälberstuck): Weibliches Stück ▸ Rotwild und ▸ Damwild (Muttertier), das ein ▸ Kalb führt (v.a. alpenländische Bez.).
Kalbluchs, der: Frühere Bez. für einen ausgewachsenen ▸ Luchs im Winterbalg.
Kaliber, das: Der Durchmesser des Laufinneren (Feld-K.) bei Büchsenläufen, angegeben in Millimetern auf dem Hülsenboden der Patrone (Erstwert), z.B. 5,6 mm, 6,5 mm, 7 mm, 8 mm, 9,3 mm, zusammen mit der Hülsenlänge (Zweitwert), z.B. 6,5 x 57. Bei englischen und bei amerikanischen Patronen (Maßsystem Zoll) wird häufig das Feld-K. und daneben das Zug-K. angegeben, z.B. .22 = 5,6 mm. Bei Schrotläufen und bei Schrotpatronen wird das K. nicht in Millimetern, sondern nach der Zahl

der Kugeln, die aus einem englischen Pfund Weichblei gefertigt werden können, angegeben. ▸ Büchsenpatrone, ▸ Schrotpatrone, ▸ Kurzwaffenmunition, ▸ Randfeuerpatrone.

Kalinken, die (Kolinsky, Sibirischer Nerz, eigentlich Kolonki): Russischer Name für die Felle des Sibirischen Nerzes (*Mustela sibirica*), auch Sibirisches Feuerwiesel genannt.

kälken (kalken): Kot absetzen, insbesondere bei Schnepfen, bei Reihern und bei ▸ Greifvögeln; bei letzteren besser: schmeißen; ▸ Schmelzen.

Kalkeschen, die: ▸ Esche.

Kallisto: Die Sage der K. ist eine spätere Version der Mythen aus klassischer Zeit, die mit der Göttin Artemis (▸ Jagdgöttin) zusammenhängen. K. war eine Gefährtin der Artemis. Zeus verliebte sich in sie und schenkte ihr einen Sohn, Arkas. Artemis (nach anderen Darstellungen Hera) war erzürnt über K. Verhalten und verwandelte sie in eine Bärin. Als Arkas erwachsen war, traf er bei einer Jagd auf eine Bärin. Er wollte sie töten. Um zu verhindern, dass Arkas seine Mutter tötete, verwandelte Zeus die Bärin und den Jäger in Sterne. K. wurde der Große Bär, Arkas der Arktophylax, der Wächter des Großen Bären (Bärenhüter); ▸ Sternbilder.

Kalmsteiner, Hans (1886 bis ca. 1914): Österreichischer Maler und Grafiker. K. fertigte u.a. für die Internationale Jagdausstellung in Wien 1910 ▸ Jagdmotive auf Postkarten.

Kaltblüter, die: ▸ wechselwarm.

kalte Balz, die: Das Balzen des Auerhahns und des Birkhahns, dem kein Treten (Begatten) der Hennen folgt, also besonders die Abendbalz, die Herbst- oder Afterbalz.

kalte Fährte, die: Eine ▸ Fährte von Wild, die nicht mehr warm ist, also mindestens zwei bis drei Stunden gestanden hat; ▸ übernächtig, ▸ alt 1).

kalte Goas, die: Gebirglerischer Ausdruck für eine ▸ gelte Gamsgeiß.

kalter Brand, der: Alter Aberglauben der Jäger (▸ Jagdkünste, ▸ Jagdaberglaube). Ein Gewehr, das nicht gut traf, lud man mit Pulver, fing eine junge Natter und steckte sie für einige Stunden ins Rohr, um sie dann an eine Eiche zu schießen. Von da an sollte das Gewehr besser treffen. Man bezeichnete dies als den »kalten B. im Rohr«; ▸ heißer Brand.

kalter Flügel, der: ▸ Flügel 2).

kalte Waffen, die: ▸ Blanke Waffen. Ggs.: heiße Waffen (▸ Handfeuerwaffen).

kaltsinnig: Ein ▸ Schweißhund (früher auch der ▸ Leithund) ist k., wenn er lustlos und ohne Eifer bei der Arbeit ist und eine angefallene ▸ Fährte bald wieder verlässt.

Kalydonische Eberjagd, die: (griechische Mythologie). Die K. E. erwähnt Homer in der Ilias (IX. Gesang). Als König Oineus von Kalydon einst bei seinen jährlichen Opferungen vergaß, auch das Heiligtum der Göttin der Jagd zu ehren, bestrafte ihn ▸ Artemis. Sie schickte einen riesigen Eber nach Kalydon. Dieses Ungeheuer verwüstete die Ernten und griff Herden und Menschen an. Um die Plage zu beseitigen, schickte Oineus' Sohn ▸ Meleagros Herolde in alle griechischen Städte und forderte alle Mutigen auf, mit ihm den Eber zu jagen. Unter den Jägern befand sich auch ▸ Atalante, die jungfräuliche Jägerin. Sie traf auch mit ihrem Pfeil den Eber zuerst. In den letzten Zügen liegend hatte das Untier bereits mehrere junge Menschen getötet. Amphiaraos nahm ihm mit einem wohlgezielten Pfeil das Augenlicht, Meleagros gab ihm den Gnadenstoß.

Kamerad, der: Alte waidmännische Anrede der Jäger untereinander; ▸ Waidgenosse, ▸ Waidgesell.

Kamm, der: 1) Die langen Borsten auf dem Bug (Vorderrücken) des Schwarzwildes, die sich bei Erregung aufstellen; ▸ Feder. 2) Der vordere Wildbretteil des Rückens (Nacken und vorderer ▸ Ziemer) beim ▸ Schwarzwild, auch Kramm genannt. 3) Die sägenartigen Ausschnitte an den Bügeln des Schwanenhalses; ▸ Fallen 13.

kämmen: **1**) Scherzhafte Bez. für einen Schrotschuss, der Haarwild (besonders Hase, Kaninchen und Fuchs) nur oberflächlich streift, sodass dabei die Wolle oder die Haare fliegen, das Stück aber nicht ernstlich verletzt wird (»das Stück ist gekämmt«). **2**) Ein ▸ Beizvogel kämmt den Balg oder das ▸ Federspiel, wenn er darüber hinwegstreicht und dabei die daran befestigte ▸ Atzung abreißt oder sie abzureißen versucht. **3**) Ein Beizvogel kämmt Wild, wenn er darüber hinwegstreicht, ihm Haare bzw. Federn ausreißt, ohne es zu greifen und zu halten (binden).

Kammer, die: **1**) Der ▸ Kessel; erweiterter Raum eines Kaninchen-, Murmeltier-, Dachs- oder Fuchsbaues. **2**) Raum, in welchem Wild den Winter über gefangengehalten wird; ▸ Fasanenkammer, ▸ Hühnerkammer 1). **3**) Die Brusthöhle bei allem ▸ Schalenwild. Sie umschließt das Herz mit den großen Blutgefäßen und die Lunge. **4**) Bei ▸ Eingestellten Jagen ein mit sehr festen und hohen Tüchern umschlossener Raum, in dem das Wild in den letzten Tagen vor der Jagd gehalten und von wo aus es auf den Lauf getrieben wurde. In den K. fand früher auch das sog. ▸ Separieren statt. **5**) Wild-K. ▸ Wildbretkammer. **6**) Wild-K.; Revierteil, in dem viel Wild steht; ▸ Hasenkammer. **7**) Pulver-K. bei Vorderladern; der engere untere Teil der Rohrseele, der zur Aufnahme der Ladung dient. **8**) Magazin bei Repetierbüchsen.

Kammerhunde, die (Leibhatz): Frühere Bez. für die Leibhunde des Jagdherrn.

Kammerjagd, die: Die frühere Jagd bei Hofe.

Kammerjäger, der: Frühere Bez. für einen Hofleibjäger.

Kammerjägerei, die: Die früher ausgeübte Jägerei der Fürsten.

Kammerschuss, der (Blattschuss): Schuss durch die Kammer; ▸ Schusszeichen, ▸ Wirkungsweise von Büchsenpatronen.

Kammerverschluss, der: ▸ Verschlussarten.

Kammlerche, die: ▸ Lerchen 1.

Kamp, der: ▸ Pflanzgarten.

Kampenwall, der: ▸ Knick.

kämpfen: In der allg. Bedeutung bei sämtlichem Wild (▸ abschlagen, ▸ abkämpfen, ▸ abstreiten) svw. das Streiten des männlichen Wildes infolge des Begattungstriebes. ▸ Keiler k. auch ohne brunftige Erregung; ▸ streiten 1).

Kämpff, Johann (1726 bis 1787): Arzt. K. wurde bekannt durch die Empfehlung der »Visceralklystiere«. Er schrieb: ›Practischer Unterricht wie dem Wasser-Abscheu, oder der tollen Hunds-Wuth, vorzubeugen und Einhalt zu thun sey« (1766).

Kampfflug, der (Imponierflug): Nicht besonders schneller Flug des ▸ Falken mit weit ausholenden, wiegenden Schwingenschlägen. Diesen Flug wendet der Falke einem Beutevogel gegenüber an, dessen Stärke und Gefährlichkeit ihm bewusst ist, um ihn zu beeindrucken. Es kommt dabei häufig vor, dass der Falke nicht angreift (▸ Angriffsflug).

Kampfhahn, der: Der männliche Kampfläufer; ▸ Schnepfenvögel 18.

Kampfhunde, die: ▸ Gefährliche Hunde.

Kampfjagen, das (Lustjagen): Eine früher an Höfen übliche Belustigung, bei der man eingefangene wilde Tiere (Bären, Büffel, Sauen, Löwen usw.) auf einem umfriedeten Platz miteinander kämpfen ließ.

Kampfläufer, der: ▸ Schnepfenvögel 18.

Kampfruf, der: Zornige ▸ Lautäußerung des Brunfthirsches.

Kampfspiele, die (Jagdspiele): Bei vielen Säugetieren, v.a. bei Raubtieren, spielerisch ausgetragene Kämpfe der Jungtiere, die jedoch keinerlei Verletzungen zur Folge haben. Bei Mardern z.B. lockere Bisse in die Kehlregion des unterlegenen und mit weit geöffnetem Fang auf dem Rücken liegenden Spielgefährten (Maulsperre, die offensichtlich eine soziale Beißhemmung darstellt); ▸ Kommentkampf.

Kampfspross, der (Kampfende, Kampfsprosse): **1**) Die ▸ Augsprosse des Hirschgeweihs. **2**) Der ▸ Vorderspross eines Rehbockgehörns; ▸ Rehwild.

Kanadagans, die: ▸ Wildgänse 6.

Kaninchen, das: ▸ Wildkaninchen.

Kaninchendrüse, die: Beim Kaninchen auf beiden Seiten der Schwanzwurzel sitzende Drüse, die beim ▸ Abbalgen unbedingt entfernt werden muss; ▸ Analdrüsen.

Kaninchenfloh, der: ▸ Flöhe, ▸ Myxomatose.

Kaninchenhaube, die: ▸ Garne 3.

Kaninchenjagd, die: ▸ Wildkaninchen (Jagd).

Kaninchenklage, die: ein Lockinstrument; ▸ Lockjagd.

Kaninchenmarder, der: ▸ Iltisse 2.

Kaninchennetz, das: ▸ Garne 3.

Kaninchenpest, die: ▸ Myxomatose.

Kaninchen-Teckel, der: ▸ Erdhunde (Teckel).

Kaninchen tot!: Ein ▸ Jagdsignal.

Kaninchenwiesel, das: ▸ Iltisse 2.

kanten: ▸ verkanten.

Kanzel, die: ▸ Jagdeinrichtungen 2.

Kapherr, Egon Georg Freiherr von (1877 bis 1935): Jagdschriftsteller, veröffentlichte zahlreiche Tier-, Jagd- und Reisegeschichten. Er schrieb u.a. »In Russischer Wildnis. Erinnerungen eines Jägers«, »Die Abenteuer des Fürsten Dshaparidse, des größten Bärenjägers Sibiriens. Erzählt von seinem letzten überlebenden Gefährten« (1929), »Wo es

Peter Paul Rubens (1577-1640): »Löwenjagd«, Werkstattwiederholung, um 1615. München, Deutsches Jagd- und Fischereimuseum

trommelt und röhrt. Wege und Wanderungen eines alten Jägers« (1941), »Sibiriens Recht und Rache. Ein Buch von Urwald und Kerker, von Jägern und Verbrechern« (1928).

kapital: Jede außerordentliche, starke Trophäe oder jedes außergewöhnlich starke Stück ▸ Schalenwild (Ausnahme Schwarzwild) ist k.; z.B. k. Hirsch, k. Schaufler, k. Bock. Beim Schwarzwild ist die Bez. grob üblich; ▸ grobe Sau.

Kapitalschaufler, der: svw. ▸ Hauptschaufler.

Käpler, Melchior Christian (18.2.1712 Ufhoven bei Langensalza/Thüringen bis 2.2.1793 Ostheim/Rhön): K. gehört zu den Vertretern der ▸ holzgerechten Jäger. Als Hochfürstlich. Sachsen-Weimar-Eisenachischer Wildmeister (ab 1775) gehörte er der Hofjägerei an. K. war ab 1759 Oberförster. Die Stellung eines Oberförsters und Wildmeisters war damals im Weimarischen die höchste Stufe, die ein bürgerlicher Forstbediensteter erreichen konnte. Er schrieb u.a. »Das Allernothwendigste bey denen nothwendigen Jäger-Geschäften, nebst einigen Betrachtungen und Liedern etc.« (1775).

Kappe, die: **1**) svw. ▸ Kolbenkappe. **2**) Auch Haube, Falkenkappe; ▸ Falkenhaube. **3**) Schutzhülle für die Laufmündung samt Korn oder für das Zielfernrohr.

Kapplerche, die: ▸ Lerchen 1.

Kapuzinermöwe, die: ▸ Möwen 2.

Kapuzinerschaft, der: Bez. für einen Gewehrschaft, dessen Kolbenkappe und Abzugsbügel aus Holz oder Horn (unscheinbar) sind; ▸ Kleidung.

Kappstein, Carl (Friedrich) (6.3.1869 Berlin bis März 1933 Berlin): K. war Dekorationsmaler und studierte dann in Berlin an der Akademie der bildenden Künste. Nach Studienreisen nach Italien und Sizilien arbeitete er im Wildpark bei Potsdam und unterrichtete ab 1905 Lithografie und Drucktechniken an der Hochschule der bildenden Künste in Charlottenburg. Er schuf zahlreiche Lithografien, Tier- und Landschaftsbilder. Die Motive dazu fand er auf seinen Studienreisen in die Puszta, an die Nord- und Ostsee und ins Hochgebirge.

Karabiner, der: Ein leichtes Militärgewehr mit relativ kurzem Lauf; gelegentlich, aber fälschlich, werden auch kurze und leichte Jagdbüchsen als K. bezeichnet.

karelischer Bärenhund, der: ▸ Elchhunde.

▸▸ Der Karelische Bärenhund gehört zu den Elchhunden.

Kariffer, der: ▸ Säger 1.

Karkasse, die: Alte schweizerische Bez. für das Gerippe von Tieren, insbesondere von Geflügel. Das Wort K. ist französischen Ursprungs.

Karnelle, die: ▸ Wildenten 2.

Karnickel, das: Süddeutscher und österreichischer Ausdruck für ▸ Wildkaninchen.

Karnickelbock, der: Eine v.a. in den neuen deutschen Bundesländern übliche Bez. für ein erwachsenes männliches Kaninchen.

Karnickel tot!: Ein ▸ Jagdsignal.

Karnier, der (ital.: carniere; franz.: carnier, carnassière): Alter bayerischer Ausdruck für Waidtasche, ▸ Jagdtasche.

Kärntner Bracke, die: Früherer Name der Österreichischen Brandlbracke; ▸ Bracken.

Karnull, die: ▸ Wildenten 2.

Károlyi, Lajos, Graf von (1872 bis 1956): Ungarischer Jagdwissenschaftler und Gründungsmitglied des ▸ CIC.

Karpfenrücken, der: Ein Hunderücken mit stark aufgewölbten Lenden; bei deutschen ▸ Jagdhunderassen ein Fehler.

Karpfenschläger, der: ▸ Adler 3.

Karrenbüchse, die (Schießkarren, Schießwagen): Ein früher auf einem besonderen Karren befestigtes, meist mehrläufiges (bis 14 Läufe), großkalibriges Gewehr, das zum Schießen auf Wildenten, Wildgänse, Trappen und Kraniche verwendet wurde.

Kartätschpatrone, die: Eine Vorderladerpatrone, bestehend aus einer Papierhülse, Pulver und Schrot (▸ Ladung). Pulver und Schrot waren durch einen Pfropfen getrennt. Zum Laden wurde ein die Patrone verschließender Wergpfropfen herausgezogen, das Pulver in den Lauf geschüttet und die Papierpatrone mit den Schroten – mit dem offenen Ende voraus – mit dem ▸ Ladestock aufgesetzt, wobei sich der leere Teil zusammenstauchte.

Kartl, das (Kaschtl): Alter gebirglerischer Ausdruck für ▸ Rudel (ein K. Gams = ein Rudel Gemsen).

Kartusche, die (franz.: cartouchière): svw. Patronentasche.

Karunkeln, die: Bez. für die ▸ Rosen des Auerhahns.

Kaschtl, das: ▸ Kartl.

Kastanie, die: ▸ Rosskastanie, ▸ Edelkastanie.

Kastanien, die: ▸ Haarbürsten.

Kastanientaucher, der: ▸ Lappentaucher 2.

Kasten, der: **1**) Der Rumpf des ▸ Rotwildes. **2**) Verschluss-K. bei Kipplaufwaffen; auch ▸ Basküle. **3**) Transport-K. für lebendes Wild (Sau-K., Hirsch-K., Hasen-K.). **4**) Der Durchschlag beim Fuchsgraben und beim Dachsgraben; ▸ Fuchs und ▸ Dachs (Jagdarten).

Kastenfalle, die: Eine Lebendfangfalle; ▸ Fallen 1.

Kastenhirsche, die: K. wurden die in Parks gut gefütterten Hirsche genannt, die, als die Ära der großen ▸ Parforcejagden in freier Wildbahn vorbei war, in großen Kästen an einen geeigneten Ort verbracht wurden. Dort freigelassen, wurden sie wie bei einer Parforcejagd gejagt.

Kastenschloss, das: Ein Gewehrschloss nach Anson & Deeley; ▸ Schlosssystem.

Kastensulze, die (Lehmsulze): ▸ Salzlecke.

Kastner, Eduard Fedor, Pseudonym: Friedrich von der Adler (6.1.1859 Neudorf/Adler i. Böhmen bis 19.4.1935 Wien): Pädagoge und

Schriftsteller. K, schrieb Gedichte (u.a. »Bergfahrten«, 1910), den Roman »Du« (1915) und Erzählungen, u.a. »Aus eines Kärntners Jägerleben« (1924).

Kastorenbeutel, die: ▸ Biber.

Kastorenhut, der: Zylinderartiger, breitkrempiger, langhaariger Hut (wohl aus Biberfell); Volkstracht in Böhmen (Mitte des 19. Jh.).

Kastorensäcke, die (Geilsäcke, Kastorenbeutel): ▸ Biber.

Kastorier, der: ▸ Spartaner.

Kater, der (Kuder, Kutter, Kuter): Bez. für die männliche ▸ Wildkatze.

Kätschschnepfe, die: ▸ Schnepfenvögel 2.

Katzbuckelstellung, die: Eine Drohgeste (Abwehrgeste, ▸ Drohgebärde); bei vielen Raubtieren (▸ Carnivora) und bei allen ▸ Mardern üblich; dient der imponierenden Konturvergrößerung und damit der Einschüchterung bzw. Abschreckung.

Katz, die (Katze): **1**) Das weibliche ▸ Murmeltier. **2**) Die weibliche ▸ Wildkatze (Kätzin).

Katze, fliegende, die: ▸ Eulen 10.

Katzen, die (*Felidae*): Familie aus der ▸ Ordnung der Raubtiere (▸ *Carnivora*). K. sind mit scharfen ▸ Eckzähnen versehene Raubsäugetiere, deren Zunge mit nach hinten gerichteten, hornigen Stacheln ausgerüstet ist. Sie haben ein ausgezeichnetes Seh-, Tast- und Hörvermögen. Die Fußsohlen sind mit Ausnahme der Ballen behaart, der Gang erfolgt auf den weichen Zehenballen; sog. ▸ Zehengänger. Die Krallen sind in Ruhestellung eingezogen (Ausnahme: Gepard). Außerhalb der Paarungszeit sind K. Einzelgänger. Sie gliedern sich in Klein-K. und Groß-K. Bei uns gibt es zwei Arten: den ▸ Luchs (*Lynx lynx*, L.) und die ▸ Wildkatze (*Felis silvestris*).

katzen: ▸ kauzen.

Katzenaar, der (Katzenadler): Der Mäusebussard; ▸ Bussarde 1. Der Name Katzenadler oder K. kommt von seinem an ein lang gezogenes Miauen erinnernden Ruf.

Katzeneule, die: ▸ Eulen 5.

Katz(en)luchs, der: Frühere Bez. für einen jungen Luchs.

Katzenpfote, die: Bez. für die kurze, runde, geschlossene Pfote eines Hundes, z.B. des Borderterriers; ▸ Hasenpfote.

Kätzin, die (Katz, Kietze): Die weibliche ▸ Wildkatze.

Katzinger, der: Steiermärkische Bez. für einen geringen Hirsch.

Kätzlin, das (Rehkätzlin): Das ▸ Rehkitz; seltener Ausdruck.

Kauffmann, Hugo (7.8.1844 Hamburg bis 30.12.1915 Prien a. Chiemsee): Genremaler und Sohn des bekannten Landschaftsmalers Hermann K. (1808 bis 1889). K. war ein leidenschaftlicher Jäger, er wirkte ab 1871 in München und Prien, malte v.a. Volksszenen und hervorragende Jagdbilder, z.B. »Jäger mit Fuchs und Mädel«, »›Hierher apporte‹. Gesellschaft nach der Jagd mit Hund und der Beute«.

Käuler, der (Keuler, veraltet): svw. ▸ Keiler.

Kautze, Fritz: ▸ Jagdliteratur.

Kauz, der: ▸ Eulen 5.

Käuzchen, das: ▸ Eulen 8.

Käuze, die: ▸ Eulen.

kauzen: **1**) Blasen des Birkhahns; ▸ Raufußhühner 2. **2**) Schrecken des ▸ Rehwildes (mundartlicher Ausdruck aus dem Riesengebirge). **3**) Süddeutscher Ausdruck für das Bellen des Hundes.

Kauzeule, die: ▸ Eulen 10.

Kauz, gelber, der: ▸ Eulen 3.

Keck, Paul (1904 Überlingen bis 1973 Goßholz/Lindenberg): Maler; von ihm stammt u.a. das Ölgemälde: »Fachsimpeleien«. Bei dem Thema geht es wohl um die Bewertung der Trophäe eines alten Berghirsches.

keckern (knurren): Erregte, zornige Lautäußerung von Fuchs, Dachs, Hermelin, Marder, Nerz, Mink und Iltis.

Keckhahn, schwarzer, der: ▸ Ibisvögel 2.

Keesgams, die: ▸ Gletschergams.

Kegel, der: Körperhaltung von Hase, Kaninchen, Murmeltier und Wiesel, um umherzuäugen und besser vernehmen zu können. Das Tier stellt sich auf die Hinterläufe, der Vorderkörper wird hochgehoben, die Vorderläufe berühren nicht mehr den Boden. Man sagt: »Sie kegeln« oder »Sie machen einen K.«; ▸ Männchen.

Kegel, Carl: ▸ Jagdliteratur.

kegeln: svw. einen ▸ Kegel machen.

Kegelrobbe, die: ▸ Seehunde 2.

Kegelspitz-(KS-)Geschoss, das: ▸ Büchsengeschosse.

Kehlbart, der (Kehlfedern): **1**) Verlängerte, haarartige Federn an der Kehle (Kehlfedern) des Trapphahns, des Truthahns, des Auerhahns und des Rackelhahns sowie des Bartgeiers. **2**) Kehlsack (Glocke) beim Elch.

Kehlbeutel, der: ▸ Bart 5).

Kehlbraten, der: svw. ▸ Halsbraten.

Kehle, die: **1**) Bei Säugetieren und bei Vögeln der Körperteil vom Kinn bis zur Mitte des Halses. **2**) Auch ▸ Einkehle.

Kehlfedern, die: ▸ Kehlbart.

Kehlfleck, der: Der gelbe K. des Edel- oder Baummarders und der weiße K. des Steinmarders; ▸ Drosselfleck.

Kehlmarder, der (Kul): Der Pelz von der Marderkehle (süddeutsch, 16. Jh.).

Kehlsack, der: Der aufblasbare Sack am Hals des Trapphahnes, der während der Balz aufgeblasen wird.

Kehr, der: Alter bayerischer Ausdruck für Eichelhäher und Tannenhäher; ▸ Rabenvögel 9 und 10.

Kehrein, Josef (20.10.1808 Heidesheim in Hessen bis 26.3.1876 Montabaur): Lehrer und Schriftsteller, studierte in Gießen Philologie, wurde 1835 Hilfslehrer am Gymnasium in Darmstadt, 1839 Gymnasiallehrer in Mainz, 1845 Prorektor und 1846 Professor am Gymnasium in Hadamar, 1855 Direktor des Schullehrerseminars in Montabaur. Veröffentlichung: »Wörterbuch der Weidmannssprache« (1871).

Kehrein, Franz: ▸ Jagdliteratur.

Kehrer: Malerfamilie: **1**) Christian (1771 bis 1869), erlernte neben der Malerei (bei Christoph Fesel in Würzburg) auch das Elfenbeinschnitzen und stellte 1830 die ersten Jagdbroschen her (Darstellung heimischen Wildes mit Blatt- und Rankenwerk). Jagdhistorisch und wildbiologisch interessant ist ein Bild, das einen »gescheckten« Rehbock und daneben einen »schwarzen« Rehbock zeigt. Es befindet sich im Odenwaldmuseum in Michelstadt; ▸ Jagdkunst. **2**) Karl (1755 bis 1833), Bruder von 1), war u.a. anhaltischer Hofmaler zu Ballenstedt; von ihm stammen z.B. zwei Bilder »Diana im Bade«. **3**) Eduard (1812 bis 1863), ältester Sohn von 1), ein berühmter Pferdemaler. **4**) Feodor (1819 bis 1846), jüngster Sohn von 1), wurde bekannt durch seine Ziergläser und Jagdpokale. Ein Jagdpokal mit schönen Jagdszenen befindet sich im Jagdmuseum Schloss Erbach im Odenwald.

Keif, der (Ball, Bail, Beil, Boll): ▸ Ball.

Keikhahn, schwarzer, der: ▸ Ibisvögel 2.

Keiler, der (veraltet: Keuler, Käuler): Das ausgewachsene männliche ▸ Schwarzwild vom dritten Lebensjahr an; ▸ Bacher.

Keilerhase, der: ▸ Auswachsen der Zähne.

Keilerwaffen, die (Gewaff): Die ▸ Eckzähne im Ober- und im Unterkiefer des Keilers; ▸ Schwarzwild.

Keilhaken, der: ▸ Schnepfenvögel 7.

Keimruhe, die: ▸ Vortragezeit.

Keiser, Georg (1647 Eger bis 1740 Wien): Büchsenmacher. K., der mindestens 64 Jahre für den Wiener Hof arbeitete, war ein Hauptvertreter der Wiener Schule der Feuerwaffenhersteller. Er war der Doyen der Wiener Meister und einer der bedeutendsten Vertreter der Büchsenmacherkunst.

Kelch, der (Kelch-, Becherkrone): Krone eines vielendigen ▸ Geweihs in Form eines Bechers oder K.; ▸ Rotwild (Hauptschmuck).

Keleti, Károly (1833 bis 1892): Ungarischer Jagdwissenschaftler.

Kelle, die: Der Schwanz des ▸ Bibers.

Keller, Ferdinand (5.8.1842 Karlsruhe bis 8.7.1922 Baden-Baden): Maler und Illustrator. K. studierte in Karlsruhe an der Kunstschule und lebte nach Studienreisen durch die Schweiz und Frankreich von 1867 bis 1869 in Rom. 1870 kam er als Lehrer für Porträt- und Historienmalerei an die Kunstschule in Karlsruhe und wurde 1873 Professor und später Direktor der Kunstschule. Von ihm stammen u.a. »Fuchsstillleben«, »Hubertshirsch« und die Tuschzeichnung »Auf der Jagd«.

Keller, Franz Carl, (10.10.1847 Winsau bei Dornbirn/Vorarlberg bis 18.5.1907 Lavamünd/Kärnten): österreichischer Schriftsteller und Ornithologe. K. war u.a. Volksschullehrer und ab 1882 Redakteur der Zeitung »Waidmannsheil«. K. betrieb Vogelstudien und unternahm Jagdreisen in verschiedene europäische Länder. Neben Erzählungen veröffentlichte er wichtige ornithologische Arbeiten wie »Ornis Carinthiae. Die Vögel Kärntens« (1890); ▸ Jagdliteratur.

Keller, Seraphin (12.12.1823 Niedereichsel bei Rheinfelden bis 15.10.1882 Hirtenberg/Niederösterreich): Fabrikant. K. begann mittels selbst konstruierter Maschinen Geschosszünder und Zünderteile herzustellen, wurde 1862 Armeelieferant und erweiterte seine Produktion zu Beginn der 70er-Jahre um Jagd- und Militärpatronen.

Kellerhuhn, das: ▸ Schnepfenvögel 18.

Kelten, die: Indoeuropäischer Volksstamm; vorgeschichtlich in Südwestdeutschland und in den Rheingegenden sesshaft, von den Germanen über den Rhein gedrängt; Züge nach England, Spanien (im 6. Jh. v. Chr.), Italien (387 v. Chr. vor Rom) und auf den Balkan (im 3. Jh. v. Chr.). In der Religion der K. spielte das Tier eine große Rolle. Auf vielen Gegenständen des täglichen Lebens und auf vielen kultischen Gegenständen finden sich Tiere wie Widder, Eber, Greifvögel oder Hirsche, aber auch Mischwesen (▸ Cerunnos). Die K. schrieben Tieren göttliche Eigenschaften zu, teilweise dienten sie ihnen überhaupt als Gottheiten. Besondere Bedeutung kommt dabei den Hirschbestattungen zu, die eine enge Beziehung zwischen Jagd und Religion erkennen lassen. Die Opferung eines Hirsches galt den K. als eine Garantie für ewiges Leben, denn der Hirsch war nach ihrer Ansicht jenes Tier, welches die Toten vor der Vergänglichkeit bewahrt und zudem den Eintritt ins Paradies gewährleistet; ▸ Hetzjagd, ▸ Segusier, ▸ Veltragus.

Keltenbracke, die: ▸ Segusier.

Kennel, der: Alte Bez. für einen Hundezwinger für die Jagdmeute.

Kennzeichnungspflicht von Waffen: ▸ Beschusspflicht.

Kennzeichnung von erlegtem Schalenwild: ▸ Wildursprungszeichen.

Kennzeichnung von Jungwild: ▸ Wildmarken.

Kennzeichnung von Vögeln: ▸ Vogelberingung.

Kephalos: Held der griechischen Mythologie. K. war ein Jäger, der von der Göttin Eos geliebt und entführt wurde. Nach einer anderen Version war er Gatte der Prokris, deren Treue er auf die Probe stellte. Als ihn die ihrerseits eifersüchtige Prokris auf der Jagd belauschte, tötete er sie versehentlich. Nach einer weiteren Version wurde Prokris von der Göttin Artemis (▸ Jagdgöttin) beschützt. Diese machte der Prokris zwei Geschenke: einen Pfeil, der niemals sein Ziel verfehlte, und den Hund Lailaps, der alles fing, was er jagte. Damit ihr Gatte die Morgenröte vergaß, gab Prokris ihm die beiden magischen Geschenke. Die Beziehung zwischen Prokris und K. schien gut. Eines Tages folgte Prokris ihrem Gatten heimlich auf die Jagd in den Wald. Von Eifersucht besessen, sah Eos die Möglichkeit gekommen, sich an ihrer Rivalin zu rächen. Sie bewegte die Blätter des Dickichts, in dem sich Prokris versteckt hielt. K. glaubte ein Tier vor sich und schoss seinen Pfeil ab. Da die Waffe niemals ihr Ziel verfehlte, wurde Prokris getötet.

Keratokonjunktivitis, infektiöse: ▸ Gamsblindheit.

Kern, der: **1**) Der Körper von ▸ Haarraubwild nach Entfernung von Balg oder Schwarte (z.B. Fuchskern, Dachskern). **2**) Alles Fleisch, das als ▸ Luder verwendet wird. **3**) Veraltete Bez. für getrocknetes Fleisch von nicht jagdbaren Tieren, auch Fallfleisch genannt, das als Hundefutter Verwendung findet.

Kernell (Kernelle): ▸ Wildenten 3.

Kernhütte, die: Früher ein Raum, in dem Fleisch zu Hundefutter getrocknet wurde; ▸ Kern 3).

Kernschuss, der: ▸ Fleckschuss.

Kernzupfen, das: Frühere Bez. für eine Art von Feierlichkeit nach der Jagd, wenn den Hunden das gedörrte Fallfleisch (▸ Kern 3)) in Stücken vorgeworfen wurde.

Kerstenverschluss, der: ▸ Verschlussarten.

Kerze, die: Waidmännischer Ausdruck für die aufrecht stehende, glatte ▸ Rute mancher Hunde.

Keryntische Hirschkuh, die: ▸ Herakles.

Kessel, der: **1**) Das Bett einer ▸ Rotte Sauen (eine einzelne Sau liegt im Lager) bzw. der Platz, an dem die Bache gefrischt hat (Frischplatz, Frischkessel). **2**) Auch Kammer; Raum im Kaninchen-, Murmeltier-, Fuchs- und Dachsbau; der eigentliche Wohnraum. **3**) Kreisförmiger Raum, der bei einem ▸ Kesseltreiben umschlossen wird; ▸ Gesellschaftsjagd 8. **4**) Ort, an dem eine Kette Rebhühner gehudert hat. **5**) Die von ▸ Feldhühnern im Schnee ausgescharrte Lagerstätte.

Kesseljagd, die: **1**) Kreisförmiges Eingestelltes Jagen; ▸ Eingestellte Jagen 6. **2**) K. auf Hasen, auch Hasentreibjagd, Kreisjagd oder ▸ Kesseltreiben. K. wurden ab dem 18. Jh. üblich; ▸ Gesellschaftsjagd 8.

Kesseljagen, das: ▸ Eingestellte Jagen 6.

kesseln: **1**) Von k. spricht man, wenn Sauen sich einen ▸ Kessel brechen (bauen) und dabei Gras und Getreidehalme herausbrechen. Führt auf Getreideflächen zu ▸ Wildschaden. **2**) Ein ▸ Kesseltreiben abhalten. **3**) Bei Rebhühnern svw. ▸ hudern. **4**) Bez. für die Situation, wenn bei der ▸ Hüttenjagd ▸ Greifvögel rüttelnd über dem Uhu stehen und diesen in ganz engem Kreis umschwärmen. **5**) Der ▸ Wind kesselt (Kesselwind).

Kesseltreiben, das (Kesseljagd, Kreisjagd): Ein Hasentreiben auf dem Feld, bei dem die ▸ Schützen und die ▸ Treiber einen kreisförmigen Raum umschließen und auf den Mittelpunkt zugehen; ▸ Gesellschaftsjagd 8.

Kesselwind, der: ▸ Wind.

Kette, die (Volk, veraltet auch: Kitt, Kitte, Kütt, Kütte): Eine Familie jagdbarer ▸ Hühnervögel, i.d.R. Rebhühner oder Wachteln; ▸ Gesperre, ▸ Geheck.

Kettenfütterung, die: Eine Fütterungseinrichtung für Rehwild und Rotwild nach Dr. A. B. Bubenik (Prag). Die verschiedenen Futtermittel werden nicht an einem Platz, sondern an mehreren kettenartig aneinandergereihten Fütterungsstellen angeboten. Stehen in einem Revier mehrere K., dürfen sie sich nicht berühren oder überschneiden. Zu einer K. gehören: ein Laubheuschober in einer Raufe oder einer sonstigen Vorrichtung, an Bäume gebundene Hafergarben, ein ▸ Verbissgarten, damit das Wild Weichholzzweige abäsen kann, eine ▸ Salzlecke, Futterkästen mit Kraftfutter und mit Waldfrüchten, eine Fütterungsvorrichtung für ▸ Silage, ein Wildacker (▸ Wildäsungsflächen 1.) mit winterharten Saftfutterpflanzen und regenerationsfähigen Weichhölzern und in der Nähe eine Schöpfstelle (Wasserstelle). Durch die K. soll das Wild in Bewegung gehalten werden. Dieser Ansicht wird jedoch in Fachkreisen widersprochen, weil für das Wild im Winter jede überflüssige Bewegung zusätzlichen Energieverbrauch bedeutet.

Kettenposten, die: Eine Ladung ▸ Posten, die auf einem feinen Draht aufgereiht sind. Sie wurden früher gelegentlich verwendet und sollten einen konzentrierten Fernschuss ergeben.

Kettner, Eduard: Spezialgeschäft für Waffen, Munition und Jagdausrüstung, gegründet im Jahre 1884 in Köln (heute K. GmbH & Co. KG). K. zählt zu den ältesten Versandhäusern in Europa. In Deutschland betreibt die Firma 18, im Ausland 20 Geschäfte. K. stellt eigene Artikel im Bereich Waffe und Optik unter der Marke ▸ Luger her.

keuchen: Lautäußerung des Gamsbockes und des Rehbockes beim ▸ Treiben der Geiß in der ▸ Brunftzeit.

Keule, die (beim ▸ Schalenwild auch Schlegel, veraltet: Schlögel, Schlägel): Bez. für den Hinterschenkel allen ▸ Haarwildes (beim Schwarzwild auch Hamer).

keulenlahm: Ein Stück Wild, das infolge einer Verletzung oder eines Schusses in der ▸ Keule lahmt.

Keulenschuss, der: Ein Schuss auf die ▸ Keule (Schlegel); ▸ Schusszeichen.

Keuler, der (Käuler): Seltener Ausdruck für ▸ Keiler.

Keulhaken, der: ▸ Schnepfenvögel 7.

kickern: svw. ▸ keckern.

Kiebitz, der: ▸ Regenpfeifer 1.

Kieder, der: ▸ Eulen 5.

Kiefer, die (*Pinus*): Eine über die nördliche Halbkugel in den temperierten und subtropischen Gebieten verbreitete, etwa 100 Arten umfassende Gattung von meist immergrünen Koniferen aus der Familie der Kieferngewächse (*Pinaceae*). Die K. wurden vom Menschen in Kulturen verbreitet und nehmen etwa ein Viertel der Waldfläche in der BRD ein. Schälschäden durch Rotwild, solange die Rinde noch dünn und glatt ist. Geringe Verbissschäden durch Rotwild und durch Muffelwild.

1. Waldkiefer (*Pinus silvestris*, L.): Auch Föhre. Sie ist die bedeutendste einheimische K.-Art, wächst in den ersten Jahrzehnten sehr rasch und kann eine Wuchshöhe bis über 35 m und ein natürliches Alter bis etwa 600 Jahre erreichen. Die W. ist eine sehr anspruchslose und standorttolerante ▸ Lichtbaumart, meist in Reinbeständen, daneben gegen Frost und Hitze unempfindlich. Sie gliedert sich in zahlreiche Standortrassen, z.B. Höhen-K., Alpen-K., Tiefland-K., Moor-K., Wald-K. Sie wird von vielen Schadinsekten

▸▸▸ Jeweils fünf Nadeln sitzen bei der Weymouthskiefer zusammen.

(z.B. verschiedene Arten von ▸ Borkenkäfern sowie Raupen des K.-Prozessionsspinners, des K.-Spinners und des K.-Spanners) und pilzlichen Schädlingen bedroht (z.B. K.-Schütte, K.-Blasenrost). Das harzreiche, leichte, weiche Holz ist sehr dauerhaft und findet u.a. als Bau-, Gruben- und Möbelholz sowie zur Papierherstellung Verwendung. Es ist auch geeignet für Messer- und Schälfurniere.
2. Weymouthskiefer (*Pinus strobus*, L.): Auch Strobe. Die ursprüngliche Heimat der W. ist Nordamerika; in Europa als ▸ Gastbaumart seit 1705. Sie ist eine Halbschatt(en)baumart, sehr sturmfest (kräftige Pfahlwurzel und weitstreichende Seitenwurzeln) und auch gegen Schneedruck widerstandsfähiger als die Waldkiefer. Da sie aber gerne vom Strobenblasenrost befallen wird, wird sie als Forstgehölz i.d.R. nur einzeln oder kleinbestandsweise auf verarmten Böden angepflanzt. Die W. erreicht in Europa Höhen bis zu 50 m und kann bis 500 Jahre alt werden. Das Holz dient v.a. für Möbel, Türen, Modellbauten und für Leichtkonstruktionen aller Art.
3. Zirbelkiefer (*Pinus cembra*, L.): Auch Zirbe, Arve. Die Z. ist eine Lichtbaumart und wächst hauptsächlich in der subalpinen Vegetationsstufe bis in Höhen von 2800 m, vorwiegend an Nord- und Nordwesthängen. Sturmfester und markantester Baum an der alpinen Waldgrenze. Bildet selten größere Reinbestände; oft vergesellschaftet mit Lärche und Berg-K. Die Z. ist langsam wachsend und von gedrungenem Wuchs, kann bis 22 m hoch und bis zu 1000 Jahre alt werden. Die essbaren Samen (Zirbelnüsse) werden gerne von Vögeln, insbesondere vom Tannenhäher, und vom Eichhörnchen gefressen, die damit zur Verbreitung beitragen (Hähersaat). Das dauerhafte, wohlriechende, leichte, weiche und harzreiche Holz ist sehr geschätzt und dient für Möbelfurniere, Möbelholz, Holzdecken, Vertäfelungen etc., daneben für Schnitz- und Drechslerarbeiten.
Kiefer, Michael Matthias (1902 bis 1980): ▸ Jagdkunst.
Kieferneule, die: ▸ Schmetterlinge 5.
Kiefernspanner, der: ▸ Schmetterlinge 4.

Kieferschuss, der (Äserschuss): ▸ Schusszeichen.
Kiel, der (Federkiel): ▸ Vogelfeder.
Kieler Entschließung, die: Eine Vereinbarung vom 25.8.1961 zwischen dem Deutschen Tierschutzbund, dem Deutschen ▸ Jagdschutz-Verband und dem Jagdgebrauchshundverband; sie lautet: »Die Tötung des ▸ Raubzeuges ist zunächst Aufgabe des ▸ Jagdausübungsberechtigten mit der Schusswaffe. Sofern jedoch der ▸ Jagdgebrauchshund das Raubzeug bereits gegriffen hat und ein Schuss nicht mehr möglich ist, verstößt die Tötung durch den Jagdhund nicht gegen das geltende ▸ Tierschutzgesetz und ist damit eine waidgerechte Jagdausübung.«
Kieloch, der: ▸ Schnepfenvögel 7.
Kieselwind, der: ▸ Wind.
Kiessling, Wilhelm: ▸ Jagdliteratur.
Kietze, die: Die weibliche ▸ Wildkatze.
Kiewitt, der: ▸ Regenpfeifer 1.
Kimme, die: **1**) Der rechtwinklige Einschnitt an den Stellstangen (Forkeln); ▸ Larve 1). **2**) (Kerbe:) Teil der ▸ Visiereinrichtung K. und Korn, in Österreich auch Grinsel genannt.
Kinigl, der (Kiniglhas): Österreichische Bez. für ▸ Wildkaninchen.
Kippfalle, die: die Wippbrettfalle; ▸ Fallen 2.
Kippjule, die: Bez. für eine Jule (▸ Jule 4.) mit beweglichem Sitzholz.
Kipplaufgewehr, das: ▸ Jagdgewehr.
Kipplaufverschluss, der: ▸ Verschlussarten.
Kipplaufwaffen, die: ▸ Jagdgewehr.
Kippmontage, die: Montageart für Zielfernrohre; ▸ Jagdoptik.
Kippohr, das: Hundeohr, dessen Spitze nach vorne überhängt und die Gehöröffnung bedeckt (z.B. beim Foxterrier).
Kircheneule, die: ▸ Eulen 10.
Kirchfalke, der: ▸ Falken 2.
Kirchgang, der: Das bedächtige, sichere Einziehen des Hirsches vom Feld zu Holze (▸ Einstand) in der Morgendämmerung. Er zieht langsam und macht dabei häufig den ▸ Widergang; dieser und der K. sind auch ▸ Hirschgerechte Zeichen.
Kirchmair, Josef: ▸ Jagdkunst.
Kirchner-Moldenhauer, Dorothea (1879 Dreidach/Posen bis 1968 München): Bildhauerin. K.-M. war Schülerin von H. von Hajek in Dachau und von Zügel in München. Als Tierbildhauerin schuf sie Modelle für die Porzellanmanufaktur Rosenthal.
kirgisische Haube, die: ▸ Falkenhaube.
Kirn, der: svw. ▸ Kern.
Kirrbrocken, der: Der Lockbrocken oder ▸ Köder.
Kirre, die: ▸ Wildenten 13.
kirren: **1**) Auch ankirren; Anlocken von ▸ Friedwild durch ausgelegtes Futter (▸ Kirrung) an einer bestimmten Stelle. **2**) Anlocken von ▸ Raubwild durch ausgelegte ▸ Köder. **3**) Alte Bez. für die Lautäußerung der Turteltaube; ▸ Wildtauben 4.
Kirrjagd, die: Jagdausübung am Kirrplatz oder Kirrsteig; ▸ Kirrung.
Kirrmittel, die: ▸ Kirrung.
Kirrplatz, der: Bez. für den Ort, an den das Wild mit ▸ Kirrung gelockt wird.

◂◂ Tiefbeastete Waldkiefer (im Bild rechts)

Kirrung, die: Kleinere Futtermenge (Kirrmittel), die außerhalb von festen Fütterungsanlagen gelegentlich ausgebracht wird, um Wild anzulocken (Abschusshilfe). Soweit nach Landesrecht erlaubt, finden für die einzelnen Wildarten v.a. folgende Kirrmittel Verwendung: Schwarzwild: Mais, Getreide, Rüben; Rot- und Damwild: Äpfel, Rüben, Rübenblätter, Trester, Silage; Rehwild: Äpfel, Rüben, Rübenblätter, Grünfuttersilage, Trester; Wildenten: Getreide, Eicheln, Kartoffeln; Fasane: Getreide, Rosinen; Ringeltauben: Getreide; Fuchs: Aufbruch von Wild, Zerwirkabfälle; Marder: Dörrobst, Rosinen, Trockenbeeren, Eier; Waschbär: Aufbruch von Wild, Zerwirkabfälle, Dörrobst, Rosinen, Eier. Verboten ist i.d.R. das Ausbringen von Erzeugnissen, die tierisches Protein enthalten, und das Kirren mit Lebensmittelresten. Zu beachten ist in jedem Fall, dass Lebensmittelreste nur nach Erhitzung verfüttert werden dürfen. Das ▸ Anludern mit Schlachtabfällen ist nach dem ▸ Tierkörperbeseitigungsgesetz verboten. Ob die K. auch als Fütterung (dann gilt dort ein Abschussverbot) anzusehen ist, ist teilweise heftig umstritten; daher sind die Regelungen in den jeweiligen Landesjagdgesetzen zu beachten. Schwarzwild hingegen darf nach den meisten Landesjagdgesetzen an der K. erlegt werden; ▸ Ablenk(ungs)futter, ▸ Körnung, ▸ Luderplatz.

Kirrsteig, der: Von einem ▸ Wechsel bis zu einem bestimmten Futterplatz in langen, dünnen Streifen ausgelegte ▸ Kirrung. Mit diesem Leitfutter wurden früher besonders Schwarzwild und Fasane an eine Futterstelle gelockt.

Kirsche, die: ▸ Vogelkirsche.

Kirschvögel, die: Bez. für die Drosselarten zu der Zeit, in der sie auf die reifen Süßkirschen fallen. Auch Kreuzschnäbel und Kernbeißer zählen zu den K.

Kitt(e), die: Örtlicher alter Ausdruck für ▸ Kette.

Kittiwake, die: ▸ Möwen 6.

Kitz, das: Junges Rehwild, Gamswild und Steinwild, seltener Damwild, von der Geburt bis zum 31. März des auf die Geburt folgenden Jahres. Nach Geschlecht unterscheidet man Bock-K. bzw. K.-Bock und Geiß-K. (Ricken-K.); ▸ Kalb.

Kitzbock, der (Bockkitz): Süddeutsch-österreichische Bez. für das männliche Rehkitz im Herbst bzw. im Winter, wenn es das Erstlingsgehörn (Erstlingsgeweih) schiebt; ▸ Kitz.

Kitzflecke, die: Weiße Flecken auf der Decke des ▸ Kitzes (beim Rehwild) von Geburt an bis zum Alter von ca. sechs Wochen; dann werden sie durch das nachfolgende Sommerhaar langsam verdeckt; ▸ Kälberflecke.

Kitzgams, die: Junge Gemse vom Setzen bis zum 31. März des auf die Geburt folgenden Jahres (besser Gamskitz).

Kitzgeiß: **1**) Alpenländische Bez. für das Muttertier bei Gamswild, Steinwild oder Rehwild, das ein ▸ Kitz bzw. Kitze führt. **2**) Mancherorts auch ein für das weibliche Kitz gebrauchter Ausdruck (besser: Geißkitz).

Kivi, Aleksis (10.10.1834 Nurmijärvi bis 31.12.1872 Tuusula), eigentlich A. Stenvall: finnischer Dichter, leitete die moderne Literatur in finnischer Sprache ein und war ihr erster Dramatiker und bedeutendster Romancier. Seine Lyrik ist von starker und ursprünglicher Ausdruckskraft. Er schrieb u.a. den Roman »Die sieben Brüder«, darin das Kapitel »Bärenjagd im Jukola-Wald« (1870). Dieser Roman gilt als der Anfang und gleichzeitig als einer der Höhepunkte der modernen finnischen Prosaliteratur.

KK-Waffen, die: ▸ Kleinkaliberwaffen.

Klaas, die: ▸ Rabenvögel 7.

klaftern: **1**) Bei stärkerem ▸ Federwild svw. ▸ Flügelspannweite, bei ausgebreiteten Flügeln von Schwingenspitze zu Schwingenspitze gemessen: »Der Vogel klaftert soundso viele Zentimeter.« **2**) Selten gebrauchter Ausdruck für das Fliegen eines großen Vogels, z.B.: »Der Graureiher klaftert südwärts.«

Klageblatter, der: Ein Lockinstrument; ▸ Lockjagd.

Klageeule, die: ▸ Eulen 10.

Klagemutter, die: Altes Wort für Steinkauz; ▸ Eulen 8.

klagen: **1**) Eine ▸ Lautäußerung des ▸ Haarwildes (meist Reh und Hase) und des Hundes aus Angst oder aus Schmerz. Wild klagt selten, meist nur bei starken Schmerzen oder aus Angst, wenn es von Hunden oder von Raubwild gepackt oder in die Enge getrieben wird. Der Klagelaut des Wildes wird vom Jäger bei der ▸ Lockjagd nachgeahmt. **2**) Seltene Bez. für das Lahmen auf einem Lauf, z.B.: »Das Stück klagt auf einem Lauf.«

Klagevogel, der (Klageweibchen): Alter Ausdruck für den Steinkauz; ▸ Eulen 8.

Klänge, die: Alter örtlicher Ausdruck für die seichten Stellen im Wasser, an denen bei der Biberjagd und bei der Otterjagd die Schützen angestellt wurden, um die von Hunden auf-

Wenige Tage alte Rehkitze mit charakteristischen Kitzflecken, die sich nach etwa sechs Wochen verlieren.

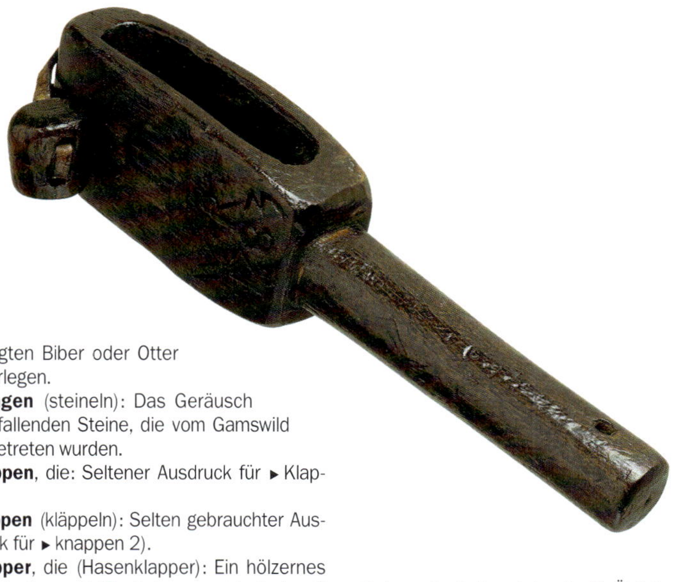

◂◂ Klapper aus Holz. München, Deutsches Jagd- und Fischereimuseum

gejagten Biber oder Otter zu erlegen.

klängen (steineln): Das Geräusch der fallenden Steine, die vom Gamswild losgetreten wurden.

Klappen, die: Seltener Ausdruck für ▸ Klapper.

klappen (kläppeln): Selten gebrauchter Ausdruck für ▸ knappen 2).

Klapper, die (Hasenklapper): Ein hölzernes Lärminstrument (Brettchen aus Hartholz mit Griff und beweglichem Hämmerchen oder Kugeln), mit dem Treiber bei Waldjagden klappern (▸ Klapperjagd) und so Wild, insbesondere Hasen oder Schnepfen, aufscheuchen.

Klapperjagd, die (Klopfjagd): Eine Jagd, meist auf Hasen, Schnepfen und Füchse, bei der die Treiber mit ▸ Klappern treiben. K. sind meist kleine Jagden (▸ Treibjagd) mit wenigen Treibern und Schützen; hauptsächlich Such-(Buschier-)Jagden; ▸ Gesellschaftsjagd.

klappern: **1)** Lärmen mit der ▸ Klapper. **2)** svw. ▸ wetzen 2).

Klappfalle, die (Kastenfalle): ▸ Fallen 1.

Klappvisier, das: Umklappbares Visier; ▸ Visiereinrichtung.

Klashahn, der (Klashanik): ▸ Wildenten 13.

Klasse, die: **1)** Eine Rangstufe im zoologischen System, wobei die K. aus mehreren Ordnungen besteht, z.B. die sechs Ordnungen bei der K. der Wirbeltiere: Säugetiere, Vögel, Fische, Reptilien, Amphibien, Rundmäuler; ▸ Art. **2)** ▸ Stärkeklassen und ▸ Altersklassenaufbau.

Klassische Schweinepest (KSP), die: ▸ Schweinepest.

klatschen: **1)** Der Auerhahn klatscht, wenn er bei der ▸ Balz mit den Flügeln schlagend um die Hennen herumläuft. **2)** Der Uhu und die Waldohreule schlagen die Flügel zusammen zum Zeichen, dass sie bald abstreichen wollen. **3)** Der Seehund klatscht auf das Wasser, wenn er warnt. **4)** Der Tauber klatscht beim ▸ Balzflug mit den Flügeln. **5)** Damwild klatscht mit dem Wedel auf die Keulen, es ▸ applaudiert; ▸ klemmen.

Klaub, die: Österreichische, wenig gebräuchliche Bez. für die Nahrung von Hühnervögeln.

klauben: Österreichisches, wenig gebräuchliches Wort für das Aufnehmen von Nahrung bei den Hühnervögeln.

Klauen, die: **1)** Die Nägel des ▸ Haarraubwildes und des Hundes. **2)** Die Nägel der ▸ Greifvögel (bei diesen werden manchmal auch die Zehen als K. bezeichnet). **3)** Übliche, aber nicht waidmännische Bez. für die Schalen des ▸ Schalenwildes. **4)** Die Nägel an den Fingern (Falken) und an den Zehen (Habicht, Adler, Sperber) der ▸ Beizvögel. Man unterscheidet: Außen-K., Mittel-K., Atz-K., Fang-K. Gelegentlich werden auch die Finger und Zehen selbst als K. bezeichnet; ▸ Waffen 3), ▸ Krallen.

Klauendrüse, die: Drüse zwischen den Schalen der Hinterläufe; ▸ Duftdrüsen.

Klauenfett, das: Ein Fett, das sich durch mehrtägiges Kochen der Schalengelenke von ▸ Wiederkäuern mit weichem Wasser auf der Wasseroberfläche bildet. Es wird nie ranzig, verhindert das Rosten und wurde deshalb früher zum Schmieren von Eisenteilen und Gewehrschlössern verwendet.

Klauenseuche, die: ▸ Maul- und Klauenseuche.

Klausrabe, der: **1)** Die Alpenkrähe; ▸ Rabenvögel 5. **2)** Der ▸ Waldrapp.

kleben: Ein Hund oder ein ▸ Beizvogel, der sich nicht von seinem Hundeführer bzw. ▸ Falkner entfernen will, klebt.

Klebgarn, das (Taggarn, Hochgarn): Bez. für ein senkrecht aufgehängtes leichtes Netz, in dem sich die Vögel beim Hineinfliegen verwickeln. Es wurde v.a. zum Lerchenfang verwendet; ▸ Garne 4.

Klee, der: Sammelbezeichnung für kleeartige Futterpflanzen (*Trifolium ssp.*, *Medicago ssp.*). Sie gehören zur Familie der ▸ Leguminosen und zur Unterfamilie der Schmetterlingsblütler (*Cruciferaceae*). Sie sind in Mitteleuropa die wichtigsten Pflanzen für den Feldfutterbau. **Weiß-K.** (*T. repens*), langjährig, für Gründüngung, Zwischenfruchtbau und Dauergrünlandflächen; **Rot-K.** (*T. pratense*), ein- und mehrjährig, für Reinsaat sowie im Gemisch mit Gräsern; **Inkarnat-K.** (*T. incarnatum*), langjährig, für Gründüngung, Winterzwischenfruchtbau; **Gelb-K.** (Hopfen-K., *M. lupulina*), für Zwischenfruchtbau und Untersaat zur Gründüngung; **Alexandriner-K.** (*T. alexandrinum*), nicht winterhart, für Reinsaat oder im Gemisch mit Gräsern; **Perser-K.** (*T. resopinatum*), Eignung wie Alexandriner-K.; **Esparsette** (*Onobrychis ssp.*), ein- und mehrjährig, für K.-Gras-Mischungen; **Horn-K.** (*Lotus corniculatus*), für mehrjährige K.-Gras-Mischungen; **Bastard-K.** (Schweden-K.; *T. hybridum*), Anbau im Gemisch. Zum K. gehört auch die ▸ Luzerne. Die K.-Arten, v.a. Rot-K. und Esparsette, sind hervorragende ▸ Wildäsungspflanzen (Sommeräsung) und sehr gut geeignet für ▸ Wildäcker und Wildwiesen.

Klee-Gras-Mischungen, die: Futterpflanzen, die in unterschiedlicher Zusammensetzung aus Futtergräsern und ▸ Leguminosen bestehen. Gegenüber der Reinsaat mit ▸ Klee bringen K. höhere Massenerträge. Der Mischungsanteil der einzelnen Futterpflanzen ist von Boden, Klima, Nutzungsdauer und Nutzungsweise abhängig. K. sind gut geeignet für die Gewinnung von Heu und für die Silierung.

Kleemann-Zuchtausleseprüfung, die: ▸ Hundeprüfungen.

Kleid, das: **1)** Bez. für das Gefieder (▸ Federkleid) aller ▸ Vögel. **2)** Sommer-K. und Winter-K., auch für das Fell der Säugetiere, dessen Färbung sich je nach Jahreszeit deutlich verändert (z.B. bei Schneehase und bei Hermelin).

Kleidung, die: Alte Bez. für die Beschläge (Platten, Bügel, Seitenblech, Daumenstück, Hülse) der Kugelbüchse oder Flinte. Ist die Waffe mit Messing beschlagen, ist sie gelb gekleidet; ist sie mit Eisen, Stahl oder Silber beschlagen, ist sie weiß gekleidet; ▸ Kapuzinerschaft.

Klein, Johann Adam (24.11.1792 Nürnberg bis 21.5.1875 München): Genre- und Tiermaler, Radierer. K. absolvierte seine Lehrzeit bei dem Nürnberger Kupferstecher Ambrosius Gabler und kam 1811 nach Wien. Von 1819 bis 1821 lebte er in Italien und kehrte dann nach Nürnberg zurück. Im Jahre 1837 zog K. nach München. Von ihm stammt u.a. »Der Hühnerhund am Röhrenbrunnen« (1818).

Kleinbären, die: Eine eigene ▸ Familie (*Procyonidae*) aus der ▸ Ordnung der Raubtiere (▸ *Carnivora*). K. sind teils den Mardern, teils den Bären ähnliche, nachtaktive ▸ Beutegreifer (Raubtiere). Sie sind ▸ Sohlengänger und überwiegend Baumbewohner sowie Alles- und Pflanzenfresser. Von den K. kommt in Europa nur der ▸ Waschbär vor.

Kleinblättrige Linde, die: ▸ Linden 1.

Kleine Holztaube, die: ▸ Wildtauben 3.

Kleine Jagd, die: **1)** (Kleines Waidwerk): Seltener Ausdruck für ▸ Niederjagd. **2)** Alte Bez. für die Jagd auf Singvögel am Vogelherd; ▸ Vogelfang 7.

Kleiner Buntspecht, der: ▸ Spechte 4.

Kleiner Fuchsbandwurm, der: ▸ Fuchsbandwurm.

Kleiner Hahn, der: Der Birkhahn (▸ Raufußhühner 2.). Der Große Hahn ist der Auerhahn (▸ Raufußhühner 1.).

Kleiner Leberegel, der: ▸ Leberegel.

Kleiner Münsterländer: ▸ Vorstehhunde 6.

Kleine Rohrdommel, die: ▸ Reiher 8.

Unbekannter Künstler: »Wie man Hasen im Netz fangen kann« Darstellung einer Klingeljagd, 14. Jh., aus Gaston Phoebus, Comte de Foix, Vicomte de Béarn: »Le Livre de la Chasse«, Blatt 119

Kleiner Regenpfeifer, der: ▸ Regenpfeifer 4.
Kleiner Silberreiher, der: ▸ Reiher 4.
kleiner Stoß, der: **1**) Auch Nesterl, ▸ Unterstoß; Unterschwanzfedern des Auerhahns. **2**) Untere Schwanzfedern des Birkhahns.
Kleiner Stößer, der: ▸ Sperber.
kleines Gescheide, das: Bez. für die Gedärme allen jagdbaren Wildes; ▸ Gescheide.
kleines Jägerrecht, das: ▸ Jägerrecht.
Kleines Sumpfhuhn, das: ▸ Sumpfhühner 3.
Kleine Sumpfschnepfe, die: ▸ Schnepfenvögel 4.
Kleines Waidwerk, das (Kleine Jagd): Seltener Ausdruck für ▸ Niederjagd.
Kleines Wiesel, das (Kleinwiesel, Hauswiesel): Bez. für das Mauswiesel; ▸ Wiesel 2.
kleine Vögel, die: Bez. für alle kleinen Vögel, die nicht ▸ Halbvögel oder ▸ Ganzvögel sind.
Kleingefieder, das: Die Befiederung des Vogelkörpers und des Kopfes einschließlich der Deckfedern von Flügel und Stoß; ▸ Federkleid, ▸ Großgefieder.
Kleingehölze, die: Bez. für ▸ Feldgehölze (Flurgehölze) und ▸ Baumgruppen; ▸ Hecke, ▸ Gebüsch.
Kleinkaliberwaffen, die (KK): Ursprünglich eine Bez. für die kleineren Kaliber, bei Büchsen für die Jagd unter 7 mm und bei Schrotgewehren unter Kal. 20. K. finden hauptsächlich als Sportwaffen Verwendung. Jäger verwenden sie zum Übungsschießen und als ▸ Schonzeitwaffe. Waffen mit den Kalibern .22 long rifle (.22 lfB), .22 Winchester Magnum Rimfire (WMR), beides ▸ Randfeuerpatronen, und .22 Hornet (▸ Zentralfeuerpatrone) erbringen heute eine sehr gute Schussleistung und sind bestens für den Schuss auf Raubwild geeignet.
Kleinsäuger, die: Sammelbezeichnung für die kleineren Säugetierarten, v.a. für Nagetiere und Insektenfresser.
Kleinspecht, der: ▸ Spechte 4.
Kleinwiesel, das (Kleines Wiesel): Bez. für das Mauswiesel; ▸ Wiesel 2.
Klemm, Christian Gottlob (1736 bis 1802 oder nach 1810): K. stammte aus Schwarzenberg im sächsischen Erzgebirge und ging nach dem Studium erst nach Frankfurt a. M. und dann nach Wien, wo er 1759 Korrektor bei Trattner wurde. Dort gründete er auch das erste Wiener Wochenblatt »Die Welt«. Ein großer Teil seiner literarischen Tätigkeit war dem Theater gewidmet. Von ihm stammt u.a. »Die Jagd, eine komische Oper in zween Aufzügen« (1766).
Klemmen, das: Ein für das ▸ Damwild charakteristisches ▸ Schusszeichen bei einem guten Schuss. Das Damwild klemmt dabei den auffallend langen ▸ Wedel, der in der Flucht sonst meist aufrecht getragen wird; ▸ applaudieren, ▸ klatschen 5).
Klenze, Hippolyt von, Dr. (1849 bis 1892): Jagdmaler und Enkel des berühmten Architekten Leo von K. K. absolvierte die Landwirtschaftsschule in Weihenstephan und promovierte in Göttingen zum Doktor der Chemie. Die Motive zu seinen Jagddarstellungen und Tierbildern fand K. überwiegend im Hochgebirge. Von ihm stammen u.a. »Gemsen und Bartgeier«, »Edelmarder und Schneehühner«, »Wilderers Ende«. Von seinen Radierungen sind u.a. zu nennen: »Hühnerjagd«, »Auerhahnbalz« und »Kämpfende Gemsböcke«.
klepfen: svw. ▸ knappen 2).
Kleppel, der: Alte Bez. für Knüppel.
kleppeln: svw. ▸ knappen 2).
Kleppen, die: Örtliche Bez. (Oberpfalz) für die Stange, an deren oberem ästigen Ende die Leimruten (▸ Vogelfang) befestigt wurden.
Kley, Heinrich (15.4.1863 Karlsruhe bis 8.2.1945 München): Maler und Zeichner. K. studierte an der Kunstakademie in Karlsruhe und München und war zunächst als Genre- und Landschaftsmaler sowie als Historienmaler tätig. Er illustrierte Bücher und arbeitete von 1908 bis 1944 am »Simplicissimus« mit. In 140 Federzeichnungen hat er vermenschlichte Tierdarstellungen in seinem Skizzenbuch »Leut' und Viecher« (1913) festgehalten Von ihm stamm u.a. auch das Ölgemälde »Jagdstillleben«.
Klimaschutz-Einstand, der: ▸ Einstand 1).
klimmen, **kliemen**: svw. das In-die-Höhe-Ziehen oder Kreisen des ▸ Beizvogels.
Klingeljagd, die: Eine verrufene Jagdart, die nach § 19 BJG verboten ist. Früher wurde das Wild, das sich im hohen Getreide verbarg, durch eine mit Lärmvorrichtung (Klingeln, Glocken, Büchsen) versehene Leine, die man über die Halme schleifte, aufgeschreckt. Die Jäger erwarteten das flüchtende Wild beim Austritt aus dem Feld; ▸ Klopfjagd.
klippen: Seltener Ausdruck für ▸ knappen 2).
Klippholz, das (Klipprohr): Eine Vorrichtung am Vogelherd, an welche die Ruhrvögel (Lockvögel) angebunden wurden; ▸ Vogelfang.
Klipstein, Philipp Engel von (2.6.1777 im Oberen Königstädter Forsthaus bei Darmstadt bis 3.11.1866 Darmstadt): Forst- und Jagdschriftsteller, Sohn des Großherzoglich-Hessischen Oberförsters Andreas Jakob K. Nach verschiedenen Verwendungen wurde K. 1816 »Wirklicher Großherzoglich Hessischer Forstmeister« des Oberforstes Lich. Am 12. Februar 1816 erfolgte seine Berufung in das höchste Amt als »Direktor der Großherzoglich Hessischen Oberforstdirektion« nach Darmstadt, 1835 wurde K. mit seiner Familie geadelt. K., der u.a. mit dem Jagdkundler C. E. ▸ Diezel befreundet war, schrieb u.a. »Die Jagd im Großherzogtum Hessen« (1860).
Klimaxgesellschaft, die: ▸ Sukzession.
KLMV: Abk. für Kleiner Münsterländer; ▸ Vorstehhunde.
Kloake, die: Der letzte Abschnitt des Enddarms, in den die Ausführgänge der Ausscheidungs- und der Geschlechtsorgane einmünden. Eine K. haben Lurche, Kriechtiere, K.-Tiere und Vögel.
Kloben, der: **1**) Die Rollen, die früher zur Aufnahme der Leinen (beim ▸ Eingestellten Jagen) dienten. **2**) ▸ Vogelfang 8.
klopfen: **1**) svw. ▸ knappen 2). **2**) Warnendes Schlagen des Muffelwildes mit den Vorderläufen auf den Boden. **3**) Warnendes Schlagen der Wildkaninchen mit den Hinterläufen. **4**) Bei der ▸ Klopfjagd.
Klopfjagd, die: ▸ Treibjagd (Drückjagd) im Wald, bei der die Treiber mit Stöcken gegen die Bäume klopfen. Diese Jagdart wird (sofern man es mit Dickungen zu tun hat) bei Fasanen und bei Füchsen – früher auch bei Schnepfen – angewandt; ▸ Gesellschaftsjagd I.
Kloss, Eduard Gottlob Erich (9.3.1889 Eichhorst/Kreis Niederbarmin bis 15.10.1964 Berlin-Schöneberg). Kinderbuchautor. K. schrieb Tiergeschichten und Försterbücher, die überwiegend im Schneider-Verlag München verlegt wurden. Die Illustrationen zu fast allen Büchern fertigte Moritz ▸ Pathe. K. schrieb u.a. »Zwei Rehkinder und ihre Mutter/ Die Räuberburg in den Fuchsbergen« (um

1930), »Schmuggler, Jäger, dunkle Wälder« (o. J.), »Tierkinder im Wald« (o. J.), »Karpatenbären. Tierschicksale aus den rumänischen Südkarpaten« (1947), »Jagdabenteuer am Waldsee« (um 1950), »Horst und das Raubwild« (1953), »Die Wölfe kommen! Eine Tiergeschichte aus der Karpatenwildnis« (o. J.), »Im tiefen Forst. Vom Wildschwein, Hirsch und frechen Fuchs« (o. J.), »Bären in der Wildnis« (um 1955), »Förster Timm und seine Füchse« (1968), »Im tiefen Forst – Die Abenteuer des Wildschweins Wuz« (1973).

Klostergans, die: ▸ Wildgänse 7.

Klostermeyer, Matthias (Bayerischer Hiasl): ▸ Wilderer.

Klotz, Rudolf: ▸ Jagdliteratur.

Klötze, die: Das Kurzwildbret (äußere Geschlechtsteile) des ▸ Keilers.

Klubalk, der: ▸ Alken 1.

Klubb, der: ▸ Klupp.

Klubirk, der: ▸ Austernfischer.

Kludderhahn, der: ▸ Schnepfenvögel 18.

Klupp, der (Kluppe, Klubb): Alte Bez. für ein Bündel Vögel, und zwar zwei ▸ Ganz- oder Großvögel oder vier ▸ Halbvögel, die i.d.R. durch in die Nasenlöcher gesteckte Schwungfedern zusammengehalten wurden; ▸ Spieß 5).

Klutter, die: **1**) Auch Klütten, Bez. für eine Lockpfeife aus Blech, Messing, Silber oder Birkenrinde für ▸ Krammetsvögel, Eichelhäher (Eichelhäherlocke) oder auch andere Vögel. **2**) Auch ▸ Vichtel.

Knackweide, die: ▸ Weiden.

Knäkente, die: ▸ Wildenten 3.

Knall, der: Geschossknall und Mündungsknall; ▸ Ballistik.

knappen: **1**) Aufeinanderschlagen des Ober- und des Unterschnabels (knackender Laut) bei den ▸ Eulen, besonders beim Uhu. **2**) Auch kläppeln, kleppeln, klippen, klepfen, glepfen, klappen, glöckeln, klopfen, schnalzen, schnackein, zählen: erster Teil der Balzarie des Auerhahns; ▸ Raufußhühner 1.

Knappeule, die: ▸ Eulen 2. und 5.

Knarre, die: Scherzhafte Bez. für ein schlecht schießendes oder ungepflegtes Schrotgewehr.

knarren: In Österreich Bez. für den Ruf des Wachtelkönigs; ▸ Rallen 4.

Knarreule, die: ▸ Eulen 5.

Knaulgras, das: ▸ Wildäsungspflanzen.

Knaus, Ludwig (1829 bis 1910): ▸ Jagdkunst.

knautschen (quetschen): ▸ Knautscher.

Knautscher, der: Ein Hund, der beim ▸ Apportieren das Stück Wild, v.a. Flugwild, zu hart anfasst, es drückt (quetscht) und dadurch beschädigt. K. können die Prüfungen der Hundeverbände nicht bestehen.

Knebel, der: **1**) Parierstange am Jagdspieß (z.B. an der Saufeder); ▸ Blanke Waffen. **2**) Eiserner Bolzen an manchen Hundeleinen oder Hundeketten, der durch den Ring am Halsband geschoben wird. **3**) 15 bis 20 cm langes und 3 cm starkes Holz, mit dem die Jagdtücher (▸ Jagdzeug) auf den Wechseln miteinander verbunden wurden. **4**) 25 bis 30 cm langer und 2 cm starker Holzstab, mit dem man ▸ Hatzhunde, die sich verbissen haben, ausknebelt oder abbricht; ▸ abbrechen 1). **5**) Ca. 40 cm langes Holz, das man früher lebend gefangenen Wölfen und Sauen hinter die ▸ Fänge bzw. die ▸ Gewehre schob und am Kiefer festschnürte, um sie dann gefahrlos transportieren zu können.

knebeln (schränken): Bez. für das kreuzweise Zusammenbinden der Vorderläufe oder für das Verfahren, diese kreuzweise hinter die freigelegte große Sehne der Hinterläufe (▸ Hächse) zu stecken, um geringeres ▸ Schalenwild besser transportieren zu können; ▸ flachseln.

Knecht, alter, der: Auch Wiesenschnarrer ▸ Rallen 4.

Knechtsand, der: Großer K. und Eversand, ein 32 500 ha großes Wattgebiet (Naturschutzgebiet, Europareservat) zwischen Elbemündung und Wesermündung im Krs. Cuxhaven. Der K. ist ein bedeutendes Brutgebiet für Seevogelarten und wichtigstes Mausergebiet der nordeuropäischen Brandgänse; ▸ Mauserzug.

Kneifer, der (gezapfter Kneifer): ▸ Säger 1.

Kneissl, Mathias: ▸ Wilderer.

Kneten, das: ▸ Grimmen 2).

Knick, der: Auch Wallhecke, Kampenwall; eine Sonderform der ▸ Hecke (Buschhecke). Findet sich hauptsächlich in Schleswig-Holstein und in Niedersachsen. Der K. diente ursprünglich der Einzäunung der Koppeln. Die Wälle (aus Erde und Steinen) der K. werden von mehr oder minder deutlich erhaltenen Gräben auf beiden Seiten begleitet. Die Höhe eines K. beträgt ohne Gräben ca. 2,50 m, mit Gräben ca. 4 m. Der Name K. geht darauf zurück, dass die Sträucher und Bäume von Zeit zu Zeit gekappt (= geknickt) wurden, um sie auf einer bestimmten Höhe zu halten.

knicken: **1**) svw. wenden; Himmelszeichen; ▸ Hirschgerechte Zeichen. **2**) svw. mit dem Nicker (▸ Blanke Waffen) das Stück Wild abknicken; ▸ abfangen 1).

Knicker, der (Jagdmesser, Waidmesser, Jagdnicker, Genicker, Gnicker, Nicker): ▸ Blanke Waffen.

Knieper, der (Sprossler, Zweiköpfer): Bez. für einen Damhirsch vom zweiten Kopf (im dritten Lebensjahr); ▸ Damwild (Geweihentwicklung).

Knochenbrüche, die: K. (Frakturen) des Hundes entstehen meist durch Verkehrs- oder Jagdunfälle. Zu unterscheiden sind dabei einfache Brüche und offene Brüche (die Haut ist vom Knochen durchstoßen). Der Hund ist bei einem K. so ruhig wie möglich zu halten. Es empfiehlt sich, schnellstmöglich einen Tierarzt aufzusuchen. K. bei ▸ Beizvögeln sind immer problematisch. Brüche der Zehen und des Mittelfußes können mit Gipsverbänden ruhiggestellt werden. Ober- und Unterschenkelbrüche können nur operativ vereinigt und fixiert werden. Brüche von Schwingenknochen können mit dem ▸ Falkensack oder mit dem Brehl (▸ aufbrehlen) fixiert werden. I.d R. heilen sie jedoch nicht so gut aus, dass der Vogel wieder voll flugfähig und für die ▸ Beizjagd brauchbar ist.

Knochenschuss, der: ▸ Schusszeichen.

Knochenweiche, die: ▸ Rachitis.

Knödelbogen, der: ▸ Schüsseltreiben.

Knopf, der: **1**) Runder Knochen am Schultergelenk des ▸ Haarwildes. **2**) Einzelteile der Losung; ▸ Knöpfe 1). **3**) Kümmerliche Gehörn- und Geweihbildung beim Rehbock bzw. beim Hirsch; ▸ Rehwild und ▸ Rotwild (Hauptschmuck).

Knopfbock, der (Knopfer, Knöpfler): Ein Rehbock mit kümmerlicher Gehörnbildung; ▸ Rehwild (Hauptschmuck), ▸ Knopfspießer.

Knöpfe, die: **1**) Alte und seltene Bez. für die einzelnen Teile der ▸ Losung bei den Hirscharten, bei Hasen und bei Kaninchen. **2**) Kümmerliche Gehörn- bzw. Geweihbildung; ▸ Knopfbock, ▸ Knopfspießer.

Knopfer, der: Kurzbezeichnung für ▸ Knopfbock oder ▸ Knopfspießer.

Knopfhirsch, der: ▸ Knopfspießer.

Knöpfler, der: ▸ Knopfbock, ▸ Knopfspießer.

Knopfspießer, der: Ein Rehbock, ein Rothirsch oder ein Damhirsch, der statt der ersten Spieße nur kümmerliche knopfartige Gebilde (Knöpfe) geschoben hat; ▸ Knopfbock.

Knopfspießer (Damhirsch)

Knören, das: Auch Trenzen. Lautäußerung des Rothirsches; ▸ Rotwild (Sinne und Lautäußerung).
Knoten, die: Bez. für ring- oder wulstförmige Erhebungen an den Hörnern des ▸ Muffelwildes und des ▸ Steinwildes sowie an den Schläuchen des ▸ Gamswildes.
Knotenleine, die: Eine Leine, in die mehrere starke Knoten geknüpft sind und die bei der Dressur weicher Hühnerhunde anstelle eines Dressurhalsbandes (▸ Halsung) verwendet wird (selten).
Knotenseuche, die: Frühere Bez. für die ▸ Brucellose.
Knüppel, der (Bengel): Bez. für ein Stück Holz, das man in einigen Gegenden Schäferhunden oder anderen Hunden, die ins Feld mitgenommen wurden, so am Halsband befestigte, dass es ihnen um die Vorderläufe schlenkerte und sie dadurch am Jagen gehindert wurden.
Knüppelfalle, die (Prügelfalle): Eine Totschlagfalle; ▸ Fallen 10.
knurren: ▸ keckem.
Knurreule, die: ▸ Eulen 5.
Knurrhahn, der: ▸ Raufußhühner 2.
Knutt, der: ▸ Schnepfenvögel 15.

Porträt »Franz von Kobell in jagdlicher Kleidung«

Kobel, der: **1**) Eichhörnchen-K.; das Nest des ▸ Eichhörnchens. **2**) Marder-K.; ▸ Marder. **3**) Eine einfache, aus Stangen und Rinde errichtete Schutzvorrichtung (Hütte, Verschlag), die früher den Jägern, den Köhlern und den Waldarbeitern in entlegenen Waldteilen als Schlafstelle diente.
Kobell: **1**) Ferdinand (7.6.1740 Mannheim bis 1.2.1799 München): Hofmaler, Radierer, Kupferstecher, Akademieprofessor und Galeriedirektor; Vater von 5). Ferdinand K. war ein Wegbereiter des Realismus. **2**) Franz (Innocenz Josef) (23.11.1749 Mannheim bis 14.1. 1822 München): Hofmaler (ab 1785), Zeichner und Radierer, Bruder von 1). Er malte Ideallandschaften und hinterließ über 20000 landschaftliche und architektonische Radierungen und Federzeichnungen. **3**) Franz Ritter von, Dr. nat. (19.7.1803 München bis 11.11. 1882 München): Sohn des bayerischen Staatsrats Franz von K. (1779 bis 1850) und Enkel von 1). Mineraloge, Dichter und Jagdschriftsteller. Studierte in Landshut und wurde 1823 Adjunkt beim Konservatorium der mineralogischen Staatssammlungen. Ritter Franz von K. ist als einer der bedeutendsten Vertreter der eigentlichen mineralogischen und kristallografischen Zweige der Anorganologie anzusehen. Als Dichter und namentlich als Volksdichter zeichnete er sich, abgesehen von der Gewandtheit, die er in der Behandlung zweier ganz verschiedener Dialekte besaß, durch Phantasie, Innigkeit, Zartheit und einen ergötzlichen Humor aus. Er schrieb z.B. »Jagd- und Weinlieder in hochdeutscher, oberbayerischer und pfälzischer Mundart«, darüber hinaus veröffentlichte er »Wildanger, Skizzen aus dem Gebiet der Jagd und ihrer Geschichte« (1859). Diese Jagdskizzen entstammten langjähriger eigener Jagdtätigkeit und enthielten Naturbeobachtungen, Geschichten, Lieder und Waidsprüche. Ritter Franz von K. nahm an zahlreichen königlichen Jagden (Hofjagden) teil, z.B. im Leibgehege Berchtesgaden und in Wildbad Kreuth. Seine Tochter Luise wurde ebenfalls eine erfolgreiche Schriftstellerin. **4**) Jan K. (1779 Delfshagen bis 23.9.1814 Amsterdam). Der Holländische Verwandte der deutschen Familie. K. war Tier- und Landschaftsmaler. **5**) Wilhelm (Alexander Wolfgang) von (6.4.1766 Mannheim – 15.7.1853 München): Maler und Radierer. Sohn und Schüler von 1) und Onkel von 3). Er zeichnete sich v.a. in Tierstücken und als Radierer aus. Von ihm stammen u.a. »Aufbruch zur Jagd«, Drei Jäger zu Pferde«, »Zwei Jäger auf einer Anhöhe bei der Rast« und »Das Halali« (letzteres im Kupferstichkabinett der Veste Coburg); ▸ Jagdkunst.
Kobellerche, die: ▸ Lerchen 1.
Koch, (Karl) Georg (27.2.1857 Berlin bis 3.11.1927 Berlin): Maler. K. studierte bei seinem Vater und an der Berliner Akademie und machte sich als Sport-, Jagd- und Schlachtenmaler einen Namen. Insbesondere seine Jagd- und Sportbilder zeichnen sich durch große Lebendigkeit und Naturtreue aus. Er war auch Illustrator und fertigte zahlreiche Holzschnitte für Zeitschriften an. Ab 1896 war K. Mitglied der Königlichen Akademie der bildenden Künste in Berlin und ab 1914 Leiter der Klasse für Tiermalerei der Hochschule der bildenden Künste in Charlottenburg. Von ihm stammen u.a. »Waldpartie mit Rehen«, »Parforcejagd der Reitschule in Hannover«, »Von den Hunden gestellt« und »Kaiser Wilhelm I. auf der Jagd bei Königswusterhausen«.
Koch, Joseph Anton (1768 Obergiblen bis 1839 Rom): Tiroler Landschaftsmaler, Meister der von ihm bestimmten heroischen Landschaftsmalerei. Von ihm stammt u.a. »Diana und Aktäon« in großartiger Landschaft.
Kocher, Hugo (17.8.1904 Tübingen bis 1972 München): Schriftsteller (Kinderbuchautor) und Illustrator. Aufgrund eigener Erfahrungen schrieb K. hauptsächlich Tierbiografien mit dem pädagogischen Ziel, dem jungen Leser die Tierwelt als »Mitgeschöpfe« nahezubringen. K. schrieb u.a. »Der König der Berge. Die Geschichte eines Steinadlers« (1938), »Im Forsthaus Eichengrund« (1953), »Der letzte Steinbock vom Mont Dolent« (1959), »Wale – Wölfe – Wanderfalken« (1962) und »Der Elefantenwilderer. Jagdabenteuer im Kongo« (1964).
Kochwildbret, das: Das ▸ Wildbret des ▸ Haarwildes, das sich zum Kochen eignet (Hals, Kopf, Rippenstücke und Dünnung), mit Ausnahme von Ziemer, Keulen und Blättern, die als ▸ Bratenwildbret bezeichnet werden.
Köder, der (Kirrbrocken, Lockbrocken): Die Lockspeise für ▸ Raubwild und ▸ Raubzeug; ▸ Luderplatz, ▸ kirren, ▸ Kirrung.
ködern (anködern): Das Anlocken von ▸ Raubwild und ▸ Raubzeug mit einem ▸ Köder.
Koenig, Otto, Professor (23.10.1914 Wien bis 5.12.1992 Klosterneuburg/Niederösterreich): Zoologe, Verhaltensforscher, Schriftsteller und Schüler von Konrad ▸ Lorenz. K. studierte Psychologie, Anthropologie, Urgeschichte, Volks- und Völkerkunde an der Universität Wien. 1945 gründete er mit seiner Frau Lilli die Biologische Station ▸ Wilhelminenberg, die von der Österreichischen Akademie der Wissenschaften als Institut für Vergleichende Verhaltensforschung übernommen wurde. K. leistete Entscheidendes für den Natur- und Wildtierschutz, wurde populär durch seine naturkundliche Sendereihe im Fernsehen, schrieb zahlreiche Sachbücher und wissenschaftliche Arbeiten. Von ihm stammt u.a. »Das Paradies vor unserer Tür. Ein Forscher sieht Tiere und Menschen.« (1971).
Kohl, der: Eine Gattung der Kreuzblütler mit vielen wild wachsenden Arten. K. wird als Futterpflanze (Futter-K.) und kultiviert als Gemüse angebaut. In der Landwirtschaft dient der Futter-K. im Zwischenfruchtanbau als Futter- und/oder Gründüngungspflanze. Für den Anbau auf Wildäckern (Reinkultur oder auch im Gemenge) werden v.a. verwendet: Markstammkohl (frosthart bis –12 °C; Anbau im Gemenge), Westfälischer Furchenkohl (frosthart bis –20 °C; Anbau in Reinsaat) und Blattstammkohl (frosthart bis –10 °C; Anbau in Reinsaat). Die K.-Arten sind nicht nur wertvolle Wildäsungspflanzen, sondern in Niederwildrevieren auch hervorragende Deckungspflanzen.
Kohlamsel, die: ▸ Drosseln 6.
Kohlenbrenner, der: Scherzhafte Bez. für den Brand- oder Kohlfuchs; ▸ Fuchs (Aussehen).
Kohleule, die: ▸ Eulen 3.
Kohlfuchs, der (Brandfuchs): ▸ Fuchs (Aussehen).
Kohlgams, die: Bez. für eine sehr dunkel gefärbte Gams (selten).
Kohlgans, die: ▸ Wildgänse 2.
Kohlrabe, der: ▸ Rabenvögel 1.
Kohltaube, die: ▸ Wildtauben 1.
Koje, die: svw. ▸ Vogelkoje.
Kokzidiose, die: ▸ Coccidien.
kolben: svw. Heranwachsen der ▸ Geweihe (z.B.: »Die Hirsche k.«).
Kolben: **1**) Der Gewehrkolben; ▸ Schäftung. **2**) Die K.; ein ▸ Geweih oder ein Gehörn, das sich noch im Wachstum befindet; ▸ Kolbenbock, ▸ Kolbenhirsch. **3**) Ein wie eine Pyra-

Kommentkämpfe, im Bild zwischen zwei Rothirschen, gehen meist ohne ernsthafte Verletzungen aus.

mide zugeschnittener Fichtenbusch, auf dem Vögel auf dem Leim gefangen wurden; ▸ Vogelfang.

Kolbenblech, das: Der metallene Beschlag der unteren Kolbenkante beim Gewehr.

Kolbenbock, der (Bastbock): Ein Rehbock, dessen Gehörn (▸ Geweih) sich noch im Wachstum befindet, mit ▸ Bast überzogen und noch nicht vereckt ist; ▸ Geweih.

Kolbenente, die: ▸ Wildenten 17.

Kolbengeweih, das: ▸ Kolben 2).

Kolbenhals, der: Der schmalste Teil des Gewehrkolbens (wird beim Anschlag mit der Hand umfasst); ▸ Schäftung.

Kolbenhirsch, der (Basthirsch): Ein Hirsch, der ein ▸ Geweih trägt, das sich noch im Wachstum befindet, mit ▸ Bast überzogen und noch nicht vereckt ist.

Kolbenkappe, die: ▸ Kolbenschuh.

Kolbennase, die: ▸ Schaftnase.

Kolbenschuh, der (Schaftkappe): Eine Gummikappe oder eine Lederkappe, die über den Gewehrkolben gestülpt wird, um den Rückstoß zu mildern oder den Kolben zu verlängern; ▸ Schäftung.

Kolbenzeit, die: Zeit, in der sich das ▸ Geweih oder das Gehörn im Wachstum befindet.

Kölderer, Jörg (2. Hälfte 15. Jh. bis 1540): ▸ Maximilian I.

Kolinsky: ▸ Kalinken.

Kolkrabe, der: ▸ Rabenvögel 1.

Kollektivjagden, die: Unter K. verstand man in der früheren DDR die gemeinschaftlichen Ansitz-, Pirsch- und Treibjagden.

Koller, der: Gurt aus weichem Leder, der Lockvögeln an einem Vogelherd (▸ Vogelfang 7.) angelegt wurde.

Koller, Rudolf (21.5.1828 Zürich bis 5.1.1905 Zürich): K. war der bedeutendste Schweizer Tiermaler des 19. Jh.

Kollerhahn, der: ▸ Schnepfenvögel 18.

kollern: **1**) Auch kullern, rodeln, rudeln, grudeln, kudern, gurgeln, murren, knurren, trommeln, grodln; eine Lautäußerung des balzenden Birkhahns (zweiter Teil der Balzarie); ▸ Raufußhühner 2. **2**) Rucksen der Hohltaube und der Turteltaube; ▸ Wildtauben 3. und 4. **3**) Lautäußerung des Wildtruthahns; ▸ Wildtruthuhn. **4**) Versuchsweise ausgestoßene Balzlaute vor Beginn der eigentlichen Balz beim Auerhahn; ▸ Raufußhühner 1.

Kollnitz, Martin Strasser von: ▸ Jagdliteratur.

Kolonie, die: Die Vergesellschaftung von Tieren der gleichen ▸ Art, aber auch die Gesamtheit der auf einem Ort dicht nebeneinander angesiedelten Arten, z.B. Brut-K. von Möwen zusammen mit anderen Meeresvögeln. K. bilden u.a. das Wildkaninchen, das Murmeltier (▸ Baukolonien) und viele Vogelarten wie Saatkrähe, Dohlen, Reiher, Möwen usw. (Brut- und Schlaf-K.).

Kolonki: ▸ Kalinken.

Kombinationswaffe, die: Zwei oder mehr Waffen vereinigt zu einer Handwaffe, z.B. Sauspieß mit Pistole oder Jagddegen mit ▸ Terzerol; ▸ Blanke Waffen.

Kombinierte Verfahren: ▸ Verjüngungsverfahren.

kombinierte Waffen: ▸ Jagdgewehr.

Komfortverhalten, das: Bei vielen Tieren eine Verhaltensweise, die der ▸ Körperpflege und der Bequemlichkeit dient, auch Zeichen des Wohlbehagens (z.B. baden, putzen, ruhen).

kommen: Der Jäger kommt auf das Wild zu Schuss. Das Wild kommt dem Jäger zu Schuss. Der Hirsch kommt auf den Ruf; er steht zu. Der Fuchs kommt auf das Reizen; er steht zu.

Kommensalismus, der: Zusammenleben verschiedener Arten, wobei eine Art von der gleichen Nahrung lebt wie eine andere, ohne dass diese deswegen Schaden erleidet. Das ist z.B. der Fall, wenn Bussarde oder Geier die Nahrungsreste von ▸ Beutegreifern verzehren. Im weiteren Sinne versteht man darunter auch eine interspezifische Beziehung, bei der nur einer der beiden Partner Nutzen hat, während der andere vollkommen unbehelligt bleibt. Beispiele: Schneehühner folgen den Rentierherden, um so besser an die durch die Huftiere freigescharrte Nahrung zu gelangen. Epiphytische Moose oder Flechten besiedeln Bäume, ohne diesen zu schaden, können selbst aber dadurch der Konkurrenz der Gräser und der Kräuter ausweichen.

Kommentkampf, der: Ein aus der Verhaltensforschung übernommener Begriff für das angeborene und zugleich nach festen Regeln ablaufende, immer gegen Artgenossen gerichtete Kampfverhalten. Kennzeichnend für den K. ist, dass eine Verletzung des Gegners (Kampfpartners) fast immer vermieden wird. Das Geweih der Hirsche bietet allein schon durch seine Verzweigungen eine gewisse Sicherheit vor dem ▸ Forkeln, also tödlichen Stichverletzungen für den Gegner. Hirsche mit unverzweigten, gerade verlaufenden Stangen werden vom Jäger darum als »Schadhirsche« bezeichnet und zur Sicherung der anderen erlegt. Übrigens kämpfen Hirsche v.a. außerhalb der Brunftzeit überaus fair. Nach dem Geweihabwurf raufen sie hochaufgerichtet durch Schläge mit den Vorderläufen. Dies tun sie auch, wenn ihr neues Geweih noch im Bast ist. Treffen aber zur Zeit des Geweihabwurfs zwei Hirsche, etwa an der Fütterung, zusammen, von denen nur einer seine Stangen verloren hat, kämpft auch der andere, der sein Geweih noch trägt, mittels Vorderlaufschlägen, obwohl er dem Gegner jetzt bei Einsatz seines noch intakten Geweihs überlegen wäre. Es ist immer wieder erstaunlich, zu beobachten, wie ein Hirsch, der am Vortag noch den Geweihkampf vollführt hat, unmittelbar nach Stangenabwurf des Kontrahenten zum Schlagen mit den Vorderläufen, also der dem stangenlosen Gegner jetzt nur noch möglichen Kampfweise übergeht. Biologisch sind solche Verhaltensweisen durchaus verständlich und sinnvoll; ▸ Beschädigungskampf.

Komm-mit-Eule, die (Totenvogel): ▸ Eulen 8.

Kompaniefalken, die (»ein Flug«): Bez. für mehrere Beizfalken, die abgetragen sind, zusammen (ein Stück Wild) zu jagen; zwei solcher Falken nennt man auch Zwiefalken. In der freien Natur jagen v.a. Lannerfalken paarweise (in Kompanie). Einen besonderen Reiz hat die ▸ Beizjagd mit Merlin und Baumfalke, wenn diese in Kompanie jagen.

Kompanieschuss, der: Wenn mindestens zwei Schützen gleichzeitig auf ein Stück Wild, z.B. auf einen Hasen, schießen, spricht man von einem K. und auch von einem Kompaniehasen; entsprechend spricht man auch von Kompaniefuchs usw.

Kompressionsgeschosse, die: ▸ Kugel 2).

Kondition, die: Bez. für den derzeitigen Ernährungs- bzw. Körperzustand, d.h. Leistungszustand, von Lebewesen (vgl. ▸ Konstitution); in wildbiologischer Hinsicht insbesondere für die K. **1**) des Jagdhundes, **2**) des Frettchens, **3**) des ▸ Beizvogels. Als Jagd-K., Jagdform oder Flugform bezeichnet man die Bereitschaft des Beizvogels, Beute zu machen. Ein Beizvogel in Jagdform ist hungrig und somit beutelustig, gleichzeitig aber kräftig genug, um erfolgreich zu jagen. Als »hohe Jagdform« oder »dicke Jagdform« bezeichnet man die volle, muskulöse Körperform des Beizvogels; der Ggs. ist die »niedere Jagdform«, je nach dem Grad der Verfassung auch »tiefe Jagdform« oder »scharfe Jagdform« genannt. Ein Beizvogel wird nur auf »tiefe Jagdform« oder auf »scharfe Jagdform« gebracht, wenn er, noch nicht fest, zum ersten Mal freigelassen wird oder wenn er auf bestimmtes Wild eingestellt werden soll, das er in anderer Form nicht jagen würde. Die gebräuchlichste Jagdform ist die »mittlere Jagdform«. Es ist von Vogel zu Vogel sehr unterschiedlich, in welcher Form er am besten jagt. In Ruheform ist ein Beizvogel, wenn er satt und nicht jagdlustig ist. In Mauser-K. oder Mauserform befindet sich der Beizvogel während der ▸ Mauser, wenn er bestens genährt ist und Fett angesetzt hat. Um einen Beizvogel von der Mauser-K. wieder in Jagd-K. zu bringen, sind mindestens zwei Wochen erforderlich. **4**) des Wildes. Der K.s-Zyklus ist u.a. abhängig vom physiologischen Jahreszyklus und von der Vegetationsperiode. Die K. beeinflussen auch klimatische Faktoren.

Kongress akademischer Jagdcorporationen (KAJC): Zusammenschluss akademischer Jagdcorporationen, gegründet am 12. Juni 1999 im Deutschen Jagd- und Fischereimuseum in München. Dem KAJC gehören z.Z. an: Jagd-Corps Artemis zu München (gestiftet 29.02.1984; pflichtschlagend), Akademische Jägerschaft Silvania zu Wien (gestiftet 12.06. 1978), Akademische Jagdcorporation Brandenburgia zu Eberswalde (gestiftet 03.10. 1992), Jagd-Corps Rheno-Guestphalia zu Essen (gestiftet 27.05.1997; pflichtschlagend). Assoziiert im KAJC ist die Feriale Jagdcorporation Freischütz (gestiftet 08.07.2000); ▸ Wernigeroder Jagdkorporationen Senioren Konvent.

König der Berge: ▸ König des Waldes.

König des Waldes, der: In der schöngeistigen Literatur gerne verwendeter Begriff für den Rothirsch. Der Steinbock wird als »König der Berge« bezeichnet.

König, **gelber**, der: ▸ Eulen 3.

König, Klaus: ▸ Jagdliteratur.

Könighas, der (Königl): Alter bayerischer Ausdruck für ▸ Wildkaninchen.

Königsadler, der: **1**) Auch Kaiseradler; ▸ Adler 6. **2**) Seltene Bez. für den Steinadler; ▸ Adler 1.

Königsbeize, die: Der Hohe Flug; ▸ Beizjagd.

Königsmilan, der: ▸ Milane 1.

Königsschuss, der: Früher war es beim Scheibenschießen üblich, dass ein guter Schütze für seinen Landesherrn oder für eine andere hochgestellte Persönlichkeit einen Schuss, den sog. K., abfeuerte.

Königsweih, der: Auch die Königsweihe; ▸ Milane 1.

Konstitution, die: Allg. die ererbte und/oder erworbene physiologische Leistungsfähigkeit von Lebewesen. In Bezug auf den Jagdhund auf anatomischen, physiologischen und psychischen Gegebenheiten beruhende Körperverfassung, die maßgebend für die Widerstandskraft gegenüber Umwelteinflüssen ist; ▸ Kondition.

Kontakttiere, die: In der Verhaltensforschung Tiere gleicher ▸ Art, die engen körperlichen Kontakt mit Artgenossen suchen (z.B. Murmeltiere); ▸ Individualabstand (Distanztiere).

Kontrafaden, der: ▸ Abzugsfaden.

Kontrafährte, die (Widergang): Widerfährte; ▸ Gegenfährte.

Kontrajagen, das: ▸ Eingestellte Jagen 5.

Kontralauf, der: ▸ Eingestellte Jagen 5.

Kontratreiben, das: Ein ▸ Treiben, das in entgegengesetzter Richtung zum vorhergehenden Treiben durchgeführt wird, wobei die Schützen auf ihren Ständen bleiben.

Kontrollschießen, das (Anschießen, Probeschießen): Überprüfung der Zieleinrichtung oder der Treffpunktlage der Jagdwaffe. Im Ggs. zum Einschießen (nur auf dem Schießstand) ist das K. dem Jäger in seinem Revier erlaubt.

Kontrollsuche, die (Kontrollarbeit): Eine mit dem Jagdhund durchgeführte ▸ Nachsuche (v.a. Riemenarbeit) mit dem Ziel, sich bei einem vermuteten Fehlschuss zu vergewissern, dass das Stück nicht getroffen wurde. Eine notwendige und waidmännische Handlung.

Konturfedern, die: ▸ Vogelfeder.

Konus, der: ▸ Ballistik.

konventioneller Landbau, der: Im Ggs. zum ▸ ökologischen Landbau wird als k. L. die durch den Einsatz wissenschaftlich-technischen Fortschritts geprägte Landwirtschaft bezeichnet, die während der vergangenen Jahrzehnte durch arbeitswirtschaftliche, produktionstechnische und organisatorische Veränderungen der allg. volkswirtschaftlichen Entwicklung einer rationellen Nahrungsmittelproduktion Rechnung zu tragen versucht. Eine Weiterentwicklung des konventionellen L. ist der ▸ integrierte Landbau.

Konzentratselektierer, die: Ein von Prof. Dr. R. R. Hofmann eingeführter und inzwischen international verwendeter Begriff für ▸ Wiederkäuer (z.B. ▸ Rehwild), die überwiegend leichtverdauliche, nährstoffreiche, aber rohfaserarme Nahrung auswählen und gezielt suchen (nicht weiden); ▸ Ernährungstypen.

Kopf, der: **1**) Mundartlich auch Grind. K. bei allem zur ▸ Niederjagd zählenden ▸ Haarwild außer Rehwild (bei diesem: Haupt) sowie der K. allen ▸ Federwildes und des ▸ Braunbären. **2**) Altersbezeichnung bei den männlichen Tieren der Hirscharten (außer Rehwild), von der französischen Parforcejägerei übernommen. Ein Hirsch vom zweiten K. trägt sein zweites Geweih und ist im dritten Lebensjahr. Von der Parforcejägerei ist auch der Ausdruck »vom zweiten oder dritten K. jagdbar« (im achten oder neunten Lebensjahr) übernommen. Die Bez. Dreiköpfer, Vierköpfer, Fünfköpfer und Sechsköpfer für Damhirsche im vierten, fünften, sechsten und siebten Lebensjahr sind in Süddeutschland und im Rheinland üblich. **3**) Hunde auf den K. hetzen heißt, sie von vorne an Sauen hetzen (entgegenhetzen). Das soll nur bei einer ▸ Rotte schwacher Sauen oder bei einer Bache mit Frischlingen geschehen, weil diese vor ▸ Hatzhunden erschrocken auseinanderfahren, starke Sauen sich jedoch wehren und dabei die Hunde gefährden. **4**) Der K. einer Meute (K.-Hund); ▸ Leithund 2).

Kopfente, die: ▸ Kopffasan.

Kopffang, der: Sofort tödlicher Fang mit der ▸ Falle über Kopf, Hals oder Brust (Totfang).

Kopffasan, der: Ein Fasan oder anderes Flugwild, das spitz auf den ▸ Schützen zufliegt. Im gleichen Sinne auch Kopfente, Kopfhuhn usw. Ein Schuss auf einen K. erfordert große Geschicklichkeit und wird in Jägerkreisen hoch bewertet.

Kopf führen: Bei einem ▸ Rudel Wild svw. vorausziehen. Man sagt daher: »Das alte Tier führt den Kopf.«

Kopfgams, die: ▸ Leitgams.

Kopfgriff, der: Der ▸ Beizvogel bindet geschlagenes Wild i.d.R. mit dem K., d.h. er schlägt seine Fänge in den Kopf des Beutetieres.

Kopfhirsch, der (Leithirsch, Kopfstück): Bez. für den ein Hirschrudel anführenden (meist geringen) Hirsch. Rudelbildung von ▸ Rotwild; ▸ Kopftier.

Kopfhuhn, das: ▸ Kopffasan.

Kopfhund, der: **1**) Der ranghöchste Hund einer Meute; ▸ Leithund 2). **2**) Sehr eigenwilliger, aber meist sehr wesensfester, kluger Hund, der sich ungern unterordnet.

Kopfschmuck, der: Die Stirnwaffen des geweihtragenden ▸ Schalenwildes (▸ Geweih) – hierzu zählen: Elchwild (Schaufeln, selten Stangen), Rotwild (Geweih), Damwild (Schaufeln), Sikawild (Geweih), Rehwild (Geweih; in der Jägersprache üblicherweise Gehörn) – sowie die Stirnwaffen des horntragenden

Schalenwildes (▸ Horn 2)). Bei diesem trägt auch das weibliche Wild einen K., nur das weibliche Muffelwild ist meist hornlos. Zum horntragenden Schalenwild zählen: Steinwild (Hörner), Muffelwild (Schnecken), Gamswild (Krucken). Im weiteren Sinne wird auch der Federschopf (Haube) verschiedener Federwildarten (z.B. Reiher, Haubentaucher) als K. bezeichnet.

Kopfschuss, der: Schuss in den Kopf; ▸ Schusszeichen.

Kopfstück, das: svw. ▸ Kopfhirsch oder ▸ Kopftier.

Kopftier, das (Leittier, Kopfstück): I.d.R. ein altes ▸ Tier, das ein ▸ Rudel oder einen ▸ Trupp führt und v.a. über die Sicherheit wacht; ▸ Kopfhirsch.

Kopfwaffe, die: svw. ▸ Kopfschmuck.

Kopov: ▸ Bracken 7.

Koppel, die: **1**) Ein Gurt zum Tragen eines Hirschfängers; ▸ Hirschfängerkoppel. **2**) Lederne Gabelleine mit ▸ Halsungen für zwei Jagdhunde. **3**) Zwei an einer Gabelleine geführte Hunde (eine K. Hunde); ein ▸ Strick Jagdhunde. **4**) ▸ Koppeljagd.

koppelbändig (koppelführig, koppelgängig, koppelfest): Bez. für Hunde (i.d.R. ▸ Bracken), die sich gut an einer ▸ Koppel führen lassen; ▸ leinenführig, ▸ strickbändig.

koppelfest (koppelführig, koppelgängig): ▸ koppelbändig.

Koppelgenosse, der: **1**) Bez. für einen Hund, der mit einem zweiten an der ▸ Koppel liegt. **2**) Teilhaber an einer ▸ Koppeljagd.

Koppeljagd, die (Mitjagd): Frühere Bez. für ein Revier, das von einer Gesellschaft (einer Koppel) gepachtet war.

koppeln: ankoppeln, die Hunde an die ▸ Koppel legen; aufkoppeln, auskoppeln, abkoppeln oder loskoppeln: die Hunde von der Koppel lassen.

Koppelwirtschaft, die: Ein landwirtschaftliches Betriebssystem, v.a. in den Randgebieten der Ostsee (Holstein, Mecklenburg) sowie in den Mittelgebirgen, das nach einer bestimmten Anzahl von Jahren Getreide- und Hackfruchtbau mehrere Jahre hintereinander Futterbau vorsieht.

Koprophagie, die (Kotfressen): Eine bei vielen Säugetieren beobachtete Verhaltensstörung, bei der Kot aufgenommen und verzehrt wird. K. kann aber auch zur Beseitigung von Verdauungsstörungen erfolgen (z.B. beim Rehkitz). Von dieser K. zu unterscheiden ist die Aufnahme der ausgeschiedenen Blinddarmlosung durch den Hasen (▸ Coecotrophie).

Koralle, die: ▸ Korallenhalsband.

Korallenhalsband, das: Eine mit stumpfen Stacheln besetzte ▸ Halsung (Stachelhalsung), die bei der Hundeabrichtung Verwendung findet.

Korb, der: Bez. beim ▸ Zerwirken für den Hirschziemer mit den Federn (Rippen); ▸ Ziemer.

Korbweide, die: ▸ Weiden.

Korkenziehergehörn, **-geweih**, das: Ein abnormes Rehgehörn; ▸ Rehwild (Hauptschmuck).

Kormorane, die (Scharben): Eigene Familie (*Phalacrocoracidae*) aus der ▸ Ordnung der ▸ Ruderfüßler (*Pelecaniformes*). Es sind überwiegend schwärzlich gefärbte, langschnäbelige Wasservögel, die größer sind als jede Ente. Die Schnabelspitze ist hakig nach unten gebogen, zwischen den vier Zehen befinden sich Schwimmhäute (▸ Ruderfuß). Beim Schwimmen liegen K. tief im Wasser, der Hals ist steil aufgerichtet, der Kopf und der Schnabel werden leicht aufwärts gehalten. In Europa gibt es drei Arten von Brutvögeln. K. sind geschützt.

1. Kormoran, der (*Phalacrocorax carbo*, L.): Auch Kormoranscharbe, Baumscharbe, Eisscharbe, Scharbe, schwarzer Wasserrabe, Seerabe, Mo(o)fex, Bisamvogel, Vielfraß, schwarzer Pelikan, Skalver. Länge: um 92 cm, Gewicht: um 2500 g. Früher jagdbar, aber ganzjährig geschont.

<u>Aussehen</u>: Beide ▸ Geschlechter fast ganz schwarz mit grünlichem Metallschimmer. Kehle und Wange weiß. Auf dem Kopf im ▸ Brutkleid ein grünblauer Federschopf. Im ▸ Ruhekleid ohne Schmuckfedern, Kehle und Wangen hellbraun. Im ▸ Jugendkleid überwiegend braun mit heller Unterseite. Die Spitze des Oberschnabels ist zu einem Haken gebogen.

<u>Vorkommen und Lebensweise</u>: Osteuropa, in den Küstengebieten und auf den Inseln Nordwesteuropas, in Ostfriesland und in Pommern, am Schwarzen Meer und am Kaspischen Meer, in Kleinasien und Asien, Westgrönland und Nordostkanada, Australien und Neuseeland. Er lebt bevorzugt an großen Seen, an Flüssen und Flussmündungen sowie an den Brackwasserseen und an den Meeresküsten. Er ist in Europa ▸ Teilzieher und überwintert hauptsächlich in Westeuropa und im Mittelmeerraum. Der K. ist ein äußerst gewandter Schwimmer und Taucher (Unterwasserjäger), der nur mit den Füßen rudert und mit dem langen Schwanz steuert. Beim Schwimmen liegt er tief im Wasser. Er trocknet sich nach jeder Jagd in der für ihn typischen aufrechten Haltung mit halb ausgebreiteten Flügeln. Im Fliegen und im Gehen ist er jedoch weniger gewandt.

◂◂◂ Der Kormoran ist die größte der in Europa brütenden Scharben.

Die Krähenscharbe ist an den Felsküsten Europas beheimatet.

<u>Fortpflanzung</u>: Mit drei Jahren geschlechtsreif. Saisonehe. Er brütet koloniewėise an der Küste auf Felsvorsprüngen, im Binnenland fast ausschließlich auf hohen Bäumen und nur gelegentlich am Boden zwischen Schilf und Rohrdickicht. Das Gelege besteht aus drei oder vier hellblauen Eiern mit weißem Kalküberzug, die 66 x 41 mm groß und ca. 57 g schwer sind. Die Eier werden von beiden Partnern 23 bis 26 Tage bebrütet. Die Jungen bleiben etwa sieben Wochen im Nest. Eine Jahresbrut (Ende April bis Juni).

<u>Nahrung</u>: Sie besteht hauptsächlich aus Fischen, nur zum geringen Teil aus Krebsen, und wird schwimmend und tauchend erbeutet. Der tägliche Bedarf an Fischen beträgt etwa 700 bis 800 g.

2. Krähenscharbe, die (*Phalacrocorax aristotelis*, L.): Kleiner Kormoran, Wasserkrähe, kurzschwänzige Scharbe, grüne Scharbe, Haubenscharbe, Schlucker, Skaw. Länge: 76 cm, Gewicht: um 1700 g.

<u>Aussehen</u>: Beide Geschlechter schwarz mit grünlichem Metallschimmer. Im Brutkleid mit kurzem Schopf. Schnabel länger als der Kopf und gestreckt, Schnabelwinkel gelblich. Der Jungvogel ähnelt dem Altvogel; Gefieder aber bräunlicher.

<u>Vorkommen</u>: An allen felsigen Küsten Europas und Marokkos. Meist ▸ Jahresvogel.

Fortpflanzung: Die K. lebt in Einehe und ist mit drei Jahren geschlechtsreif. Das ▸ Nest wird kolonieweise auf felsigen Küsten mit steilen Klippen zwischen Felsbrocken und in Nischen errichtet. Das Gelege enthält zwei bis fünf, meist aber drei hellblaue, mit weißem Überzug versehene Eier, die 63 x 38 mm groß und 51 g schwer sind. Die Eier werden hauptsächlich vom Weibchen 30 bis 31 Tage bebrütet. Die ▸ Nestlingszeit der Jungen beträgt etwa 50 Tage; sie werden anschließend noch etwa drei bis vier Wochen geführt. Eine Jahresbrut (Februar bis Juni).

Nahrung: Sie besteht fast ausschließlich aus Meeresfischen.

3. Zwergscharbe, die (*Phalacrocorax pygmalus*, L.): Kleine Scharbe, Zwergkormoran. Die etwa taubengroße Z. lebt hauptsächlich in Südosteuropa und in Vorderasien. Kopf und Hals sind braun, sonst Färbung wie die Krähenscharbe. Die Z. kommt vereinzelt auf dem Durchzug auch in Deutschland vor.

Die Zwergscharbe brütet vor allem in Südosteuropa und Vorderasien.

Kormoranscharbe, die: ▸ Kormorane 1.

Korn, das: **1**) Früher auch Mücke (Fliege); Teil der Visiereinrichtung (Kimme und Korn); ▸ Visiereinrichtungen. **2**) svw. Schrotkorn; ▸ Schrotpatrone.

Kornelkirsche, die: ▸ Hartriegel 1.

körnen (kirren): ▸ Friedwild (Rebhühner, Tauben, Fasane, Schwarzwild) mit Getreide, Eicheln, Erbsen oder Kartoffeln anlocken.

Körnerfrüchte, die: Umfassende Bez. für landwirtschaftliche Nutzpflanzen, die des Körnerertrages wegen angebaut werden (Getreide und Hülsenfrüchte).

Körnerleguminosen, die: Hülsenfrüchte aus den Familien der Hülsenfrüchtler und der Schmetterlingsblütler (*Fabaceae*, *Leguminosae*). Hierzu zählen die Arten Ackerbohne, Erbse, Lupine und Wicke. K. sind eine Produktionsform des Feldfutterbaus und dienen der Körnergewinnung (eiweißreiches ▸ Kraftfutter), der Futternutzung (Grün-, Saft- oder Raufutter aus der gesamten Pflanze), als Haupt- oder Zwischenfrucht und der ▸ Gründüngung als Zwischenfrucht.

Kornlerche, die: ▸ Lerchen 2.

Körnung, die: **1**) Schrot-K.; Bez. für Schrotgröße; ▸ Schrotpatrone. **2**) Ältere Bez. für ▸ Kirrung bzw. für ▸ Ablenk(ungs)futter. Der Ausdruck kommt daher, dass meist Maiskörner verwendet werden.

Kornschnepfe, die: ▸ Schnepfenvögel 7.

Kornvogel, der: ▸ Weihen 2.

Kornweihe, die: ▸ Weihen 2.

Körperpflege, die: Bei den meisten Säugetierarten dient das Belecken der Haarpflege bzw. der K. Zugleich wird durch das Belecken bei Jungtieren die Verdauungstätigkeit angeregt, d.h. die Abgabe von ▸ Losung und Harn herbeigeführt. Belecken ist aber auch Ausdruck der engen Mutter-Jungtier-Beziehung (▸ Mutter-Kind-Beziehung). Beim Hirsch ist z.B. das Belecken der Spiegelregion des Tieres auch eine Geruchskontrolle zur Prüfung der Paarungsbereitschaft. Das Abschlucken von Haaren kann zur Bildung von Bezoaren (▸ Magenkugeln) führen. Besonders ausgeprägt ist die Fellpflege bei allen Wasser- und Höhlenbewohnern, häufig verbunden mit gegenseitigem Putzen, das der Förderung des Sozialkontaktes dient; ▸ Komfortverhalten. Eine besondere Form der K. ist auch das ▸ Suhlen des Rotwildes und des Schwarzwildes.

Korporal, der: Bez. für das männliche Rebhuhn; ▸ Feldhühner 1.

Körung, die: Auch Ankörung. Eine Rassehundeauswahl zu Zuchtzwecken. Der Hund wird sorgfältig auf Zuchttauglichkeit nach dem jeweiligen Rassestandard geprüft. Das Ergebnis entscheidet über die Zulassung zur Zucht; ▸ Hunde-Zuchtzeichen.

Kotfressen, das: ▸ Koprophagie.

Kotgeier, der: ▸ Geier 2.

Kotlerche, die: ▸ Lerchen 1.

Kotschenreiter, Johann Hugo Georg Gottlieb (6.1.1854 Hof bis 22.4.1908 München): Maler. K. studierte zunächst Architektur an der Kunstgewerbeschule in Nürnberg, wandte sich dann der Malerei zu und besuchte 1872 bis 1880 als Schüler Alexander Wagners und Karl von Pilotys die Münchner Kunstakademie. K. schuf v.a. Genredarstellungen aus dem oberbayerischen Volksleben, u.a. das Bild »Wilderer«.

Kotzebue, August (Friedrich) von (3.5.1761 Weimar, ermordet 23.3.1819 Mannheim): Schriftsteller. K. studierte Jura und ging später nach St. Petersburg, wo er hohe Ämter bekleidete. 1785 wurde er in den russischen Dienstadel erhoben. Als Gründer und Leiter des Liebhabertheaters in Reval schrieb er das Rührstück »Menschenhass und Reue« (1789), das seinem Ruf als populärster Dramatiker seiner Zeit legte. 1798 wurde er als Theaterdichter an das Burgtheater in Wien berufen. Später wieder in Russland, wurde er Direktor des Deutschen Hofschauspiels in St. Petersburg. Nach Napoleons Sieg im Jahre 1806 zog sich K. nach Estland zurück und gab die Zeitschriften »Die Biene« und »Die Grille« heraus. Von ihm stammt u.a. »Der Rehbock oder schuldlosen Schuldbewussten« (1815), ein Lustspiel in drei Aufzügen.

Kowalski-Wierusz, Alfred von: ▸ Wierusz-Kowalski.

Krack, der (die Kracke): Mundartliche Bez. für Krähe; ▸ Rabenvögel.

Kräckel, der: Seltene Bez. für den Bürzel (Schwanz) des ▸ Schwarzwildes.

Kraemer, Carl (22.12.1873 Hilchenbach/Westfalen bis 12.5.1951 Hilchenbach/Westfalen): Tierschützer. K. übernahm im Jahre 1899 den bereits 1885 gegründeten Tierschutz-Verein Hilchenbach von dem Natur- und Tierforscher Richard Becker, der ihn bis dahin in seinem Denken und Handeln gefördert hatte. 1912 wurde er von dem Berliner Ehepaar Hans und Meta Beringer als hauptamtlicher Mitarbeiter des Berliner Tierschutz-Vereins nach Berlin berufen. Im Ersten Weltkrieg widmete sich K. dem Schutz der verwundeten Pferde und errichtete Pferdelazarette. In der Nachkriegszeit betrieb K. in Berlin eine Druckerei, in der er in Millionenauflagen Tierschutzwerbeschriften herstellte. Große Verdienste erwarb er sich bei der Ausarbeitung des Schlachtgesetzes und der Regelung der Betäubung aller Schlachttiere vor der Blutentziehung. Die Krönung erfuhr sein Wirken aber am 24.11.1933, als das erste deutsche Tierschutzgesetz erlassen wurde. Dafür hatte er sich so leidenschaftlich eingesetzt, dass ihn der zuständige Referent im Reichsinnenministerium den »Vater des Tierschutzes« nannte. K. wurde auch durch den Druck »Der Deutsche Tierschutzkalender« für die Schulen bekannt.

Kraftfutter, das: ▸ Futtermittel.

Kragdrossel, die: ▸ Drosseln 2.

Kräge, die: Mundartliche Bez. für die Rabenkrähe; ▸ Rabenvögel 2.

Kragen, der: **1**) Auerwild, Birkwild und Haselwild macht einen langen K., wenn es misstrauisch mit gestrecktem Hals äugt. **2**) Balzkragen; die gesträubten Halsfedern des Auerhahns während der ▸ Balz. **3**) svw. ▸ Mähne 1) und 2).

krägezen (veraltet): **1**) Das mit einem gurgelnden Laut wiederholte Räuspern des Auerhahns. **2**) Lautäußerung der Krähen und der Elstern (süddeutsches Wort).

Krähe, die: Die Rabenkrähe, die Nebelkrähe und die Saatkrähe; ▸ Rabenvögel 2., 3. und 4.

Krähenbieter, der (Krahebieter, Krajenbieter, Krähenbeißer): Frühere Bez. für einen Krähenfänger auf der Kurischen Nehrung, der die mit großen Netzen gefangenen oder ausgehorsteten Krähen (vorwiegend Nebelkrähen) durch einen Biss in den Hinterkopf tötete. Diese Art des Krähenfangs nannte man Krahebieten. Nach Professor Thienemann, Begründer und Leiter der ehemaligen Vogelwarte Rossitten, ein »blitzschnelles« Sterben der Vögel.

Krähendohle, die: ▸ Rabenvögel 5.

Krähenfalle, der: ▸ Fallen 5.

Krähenfang, der: ▸ Fallen 5.

Krähenfüße, die: Die bei einem Standtreiben im Wald vom Stand eines Schützen in das ▸ Treiben freigeschnittenen schmalen Sicht- und Schussschneisen.
Krähenhorst, der: Das Nest der Krähen; ▸ Rabenvögel 2., 3. und 4.
Krähenhütte, die: ▸ Hüttenjagd.
Krähenlocke, die: ▸ Lockjagd.
Krähenrabe, der: ▸ Rabenvögel 2.
Krähenscharbe, die: ▸ Kormorane 2.
Krähenvögel, die: ▸ Rabenvögel.
Krainische Eule, die: ▸ Eulen 4.
Krakel, die: **1**) Krückenförmige (T-Form) Sitzgelegenheit für ▸ Beizvögel, hauptsächlich für die relativ schweren ▸ Beizadler. In der Mitte der K. befindet sich eine Schlaufe, an der die ▸ Atzung befestigt wird. Verwendung finden K., die sowohl am Gürtel als auch am Pferdesattel in einer besonderen Haltevorrichtung getragen oder in die Erde gesteckt werden. **2**) Auch Krakelbaum; ▸ Fallbaum.
Krakelbaum, der: ▸ Krakel 2).
Krallen, die: Die Nägel (▸ Horn 1)) von Braunbär, Luchs, Marderarten, Wildkatze, Greifvögeln; ▸ Klauen 1) und 3), ▸ Waffen 3).
Kramer, Hans (gest. 1982): K. war Leiter des Oberforstamtes Elchwald und letzter Elchjägermeister. In seinem Buch »Land-Leute-Jagd. Der Elchwald als Quell und Hort ostpreußischer Jagd« berichtet er über Flora und Fauna, die Forstwirtschaft und die jagdlichen Verhältnisse in dem über 100 000 ha großen deutschen Naturschutzgebiet beiderseits des Kurischen Haffes.
Krametser, der: ▸ Drosseln 1.
Kramm, der: ▸ Kamm 2).
Krammer, Franz (1798 Wien bis 1835 Wien): Maler; von ihm stammen u.a. die Gemälde »Jägerromantik« und »Altdeutsche Gemsjäger auf einer Alpenhöhe« (1829).
Krammetsvogel, der (Kramtsvogel, Krametsvogel): **1**) Die Wacholderdrossel; ▸ Drosseln 1. **2**) Bez. für alle Drosselarten, die in ▸ Dohnen gefangen wurden.
Krampe, Fritz (1913 bis 1966): Zeichner, Maler und Fotograf. K. lebte viele Jahre in Berlin und unternahm ab 1951 Reisen nach Namibia und Indien. Bekannt wurde K. durch Bilder mit exotischen Tieren (v.a. Elefanten, Gorillas, Löwen, Büffeln) und Buchillustrationen, z.B. »Die große Tränke. Eine Auswahl der schönsten Tiererzählungen« (1948), »Walfontänen. Im Banne des Pottwals« (1949) und »Dschungelspur-Erlebnisse mit Elefanten« (1948). Er illustrierte auch Schulbücher mit Tiermotiven. Am 28.7.1966 wurde K. in Indien von einem Elefanten getötet.
Krampfanfälle: Bei in Gefangenschaft gehaltenen ▸ Greifvögeln. K. (epilepsieähnliche Anfälle) treten gelegentlich, besonders aber bei Sperbern, auf. Der Vogel überschlägt sich flügelschlagend, fällt zu Boden und bleibt mit zitternden Füßen auf dem Rücken liegen. Die K. wiederholen sich in immer kürzeren Abständen und führen letztlich zum Tod des Vogels. Es handelt sich hierbei um einen Vitamin-B-Mangel. Durch Verabreichung von Vitamin-B-Präparaten wird häufig eine Heilung erzielt, nicht jedoch bei chronischen Fällen.

Der Kranich gehört nicht zum jagdbaren Wild. Im Mittelalter wurde er aber mit dem Beizvogel bejagt.

krampfen: Der ▸ Beizadler krampft, wenn er mit festem Griff auf der Faust steht.
Kramtsvogel, großer, der: ▸ Drosseln 3.
Krandln, die (veraltet): **1**) svw. ▸ Grandeln. **2**) Bezeichung für die bis zu 15 cm langen, sehr schmalen Federn, die der ausgewachsene ▸ Reiher auf dem Hinterkopf trägt (bis zu fünf oder sechs Stück).
Kranewit, der (Kranewitter): In Süddeutschland gebräuchliches Wort (von K. = Wacholderstrauch) für Krammetsvogel, die Wacholderdrossel; ▸ Drosseln 1.
Kranich, der (*Grus grus*, L.): Familie der Kraniche (*Gruidae*), aus der Ordnung der Kranichvögel (*Gruiformes*). Er ist ein Bodenvogel und wird etwa 115 cm lang und ca. 5 bis 6 kg schwer. Seine ▸ Flügelspannweite beträgt um 180 cm. Er ist nicht jagdbar, vom Aussterben bedroht und wurde in der Bundesrepublik Deutschland in die ▸ Rote Liste aufgenommen; ▸ Zugvogel. Im Mittelalter zählte er zur ▸ Hohen Jagd und wurde mit den ▸ Edelfalken gebeizt.
Aussehen: Geschlechter gleich gefärbt, Weibchen etwas kleiner. Storch- und reiherähnlich, jedoch größer als der Storch. Langbeinig und langhalsig mit sichelförmig verlängerten, federbuschartigen, über den kurzen Schwanz herabhängenden Federn. Der Schnabel ist kaum länger als der Kopf, das Gefieder überwiegend grau gefärbt. Altvögel sind gut erkennbar an den weißen Kopf- und Halsseiten, die sich von dem sonst schwarzen Gesicht und von der schwarzen Kehle deutlich abzeichnen. Die Scheitelplatte ist rot, beim Jungvogel bräunlich; diesem fehlt auch die schwarzweiße Halszeichnung.
Vorkommen und Lebensweise: In Ost- und Nordeuropa ▸ Brutvogel sowie in Mittel- und Ostasien. In Mitteleuropa übersommert bzw. brütet er in wenigen Paaren nur im östlichen Teil Norddeutschlands sowie in den Gebieten um Schwerin, Potsdam, Neubrandenburg, Frankfurt/Oder und Cottbus sowie in Polen. Sein Lebensraum sind große Sumpfgebiete, Nieder- und Hochmoore sowie Verlandungsgebiete von Seen und Teichen. Er ist sehr scheu und wachsam und lebt nur außerhalb der Brutzeit gesellig. Er fliegt langsam, aber kräftig und baumt nicht auf. Auf dem Zug fliegt er meist in keilförmiger Formation, Hals und ▸ Ständer werden dabei gestreckt (beim Reiher nur die Ständer). Seine Überwinterungsgebiete, in die er im September/Oktober zieht, liegen in Afrika, hauptsächlich im Gebiet des Weißen Nils. Er kehrt im März/April verpaart in sein Brutgebiet zurück und lebt in Einehe.
Fortpflanzung: Der K. wird mit fünf bis sechs Jahren geschlechtsreif. Während der ▸ Balz läuft der Vogel mit gespreizten Flügeln und führt Sprünge und Verbeugungen aus. Das ▸ Nest wird in Sumpfgebieten oder in feuchten Wiesen an schwer zugänglichen Stellen, meist von knietiefem Wasser umgeben – bevorzugt in Erlenbrüchen –, errichtet. Das Gelege besteht zumeist aus zwei, seltener aus drei olivgrünen, mit braunen und mattgrauen

Flecken versehenen Eiern, die 97 x 61 mm groß und ca. 200 g schwer sind. Sie werden von den Eltern im Wechsel ca. 28 bis 30 Tage bebrütet. Die Jungen sind Nestflüchter und mit neun bis zehn Wochen flugfähig. Eine Jahresbrut im April/Mai.
Nahrung: Sie ist sowohl tierisch als auch pflanzlich und besteht hauptsächlich aus Insekten und deren Larven, aus Würmern, Eidechsen, Mäusen, grünen Pflanzenteilen und Samen, Erbsen, Beeren und Getreide.

Kranichfänger, der (Kranichstößer): Ein zur Kranichbeize abgetragener ▸ Beizfalke.

krank: Ein Stück Wild ist k., wenn es angeschossen (krankgeschossen) wurde. Kranken lassen bedeutet angeschweißtes Wild im ▸ Wundbett liegenlassen und mit der ▸ Nachsuche etwas warten. Eine k. ▸ Fährte ist die Fährte eines angeschossenen Stückes. Ungesundes Wild hingegen, das an einer Krankheit leidet, ▸ kümmert; ▸ leidendes Wild.

Krankfährte, die: Auch kranke Fährte; ▸ Schweißfährte 1).

Krankheiten des Hundes: ▸ Hundekrankheiten bzw. unter der jeweiligen Krankheitsbezeichnung.

Krankheiten des Wildes: ▸ Wildkrankheiten bzw. unter der jeweiligen Krankheitsbezeichnung.

Krankwittrung, die: Die Wittrung (Geruch), die krankes (verletztes) Wild absondert; ▸ Wundwittrung.

Krannabetvogel, der (Kranvogel): ▸ Krammetsvogel.

Kranz, der: **1**) Auch das Kränzen; ▸ Hirschgerechte Zeichen. **2**) Die äußere Schalenkante der Rotwildschalen.

Kränzen, das (Kranz): ▸ Hirschgerechte Zeichen.

Kranzgeweih, das: Ein Hirschgeweih, dessen stark geschwungene Stangen sich zu den Kronen hin fast berühren.

Kränzlein, das: ▸ Hirschgerechte Zeichen.

Kranzrose, die (Bandrose): Kranzförmig aufgewölbte (meist stark geperlte) ▸ Rose des Rehbockgehörns; ▸ Dachrose.

Krap, die: ▸ Rabenvögel 2.

Krätscher, der: **1**) Auch Kritscherl, Kritsch; ▸ Hamster. **2**) Auch Nusskrätscher; der Eichelhäher und der Tannenhäher; ▸ Rabenvögel 9. und 10.

Kratzbeere, die: ▸ Rubus 4.

Krätzer, der: ▸ Kugelzieher.

Krätze, Rote, die: ▸ Demodikose.

Krause, die: Seltener und veralteter Ausdruck für die ▸ Rosen an einem ▸ Geweih oder einem Gehörn.

Kraut, das (Zündkraut): Alte Bez. für Schießpulver. Kraut und ▸ Lot: ▸ Pulver und ▸ Blei.

Kräuter, die: Sammelbegriff für alle auf Wiesen und Weiden (Grünland) vorkommenden Pflanzenarten; ▸ Acker(un)kräuter.

Krautlöwe, der: Scherzhafte Bez. für den Feldhasen; ▸ Hasen 1.

Krautvöglein, das: Alter Ausdruck für Haubenlerche; ▸ Lerchen 1.

Krebs, Herbert (19.6.1901 im Harz bis 13.11.1980 Rechtmehring): Nach Schule und Lehrzeit war K. Revierförster im Harz und im Solling. 1939 verfasste er ein Büchlein zur Vorbereitung auf die (damals neu eingeführte) Jägerprüfung, woraus sein bekanntes Lehrbuch »Vor und nach der Jägerprüfung« entstand. Ab 1955 war er für zwölf Jahre Schriftleiter des »Deutschen Jägers«.

krebsieren: Scherzhafter Ausdruck für ▸ frettieren.

Krebsotter, der: ▸ Nerz.

Krebsschere, die: Eine O-förmige Einkerbung an der Schaufel des Damhirschgeweihs (nicht erwünscht); ▸ Damwild.

Krechente, die: ▸ Wildenten 2.

Kreis, der: Ein Trieb (Treiben) bei einer Kreisjagd oder Kesseljagd; ▸ Kesseltreiben, ▸ Gesellschaftsjagd 8.

kreischen (laut klagen): ▸ Frischlinge, ▸ Überläufer und ▸ Bachen k., wenn sie vom Hund gepackt werden oder Verwundungen erleiden (z.B. Knochenschüsse).

Kreiselwind, der: svw. Kesselwind; ▸ Wind.

kreisen: **1**) Federwild, besonders ▸ Greifvögel, aber auch Reiher und Störche k., wenn sie mit ausgebreiteten Schwingen ohne erkennbaren Flügelschlag (im Gleitflug) in der Luft Kreise ziehen. **2**) Eine Kreisjagd (▸ Kesseltreiben) abhalten; ▸ Gesellschaftsjagd 8. **3**) svw. einkreisen bei Neuschnee; ▸ einkreisen 1), ▸ Neue. **4**) Einkreisen von Hühnern durch den Hühnerhund; ▸ einkreisen 2).

Kreiser, der: Eine Person, die einkreist; svw. ▸ Einkreiser.

Kreisgruppen des DJV: Untergliederung der Landesjagdverbände; ▸ Jagdschutz- Verband.

Kreisjagd, die: svw. Kesseljagd, ▸ Kesseltreiben; eine v.a. in Süddeutschland und in Österreich übliche Bez.; ▸ Gesellschaftsjagd 8.

Kreisjagdamt, das: ▸ Jagdbehörden.

Kreisjagdbeirat, der: ▸ Jagdbehörden.

Kreisjagdberater, der (KJB): ▸ Jagdbehörden.

Kreisjagdmeister, der (KJM): ▸ Jagdberater.

Kreisjägermeister, der (KJM): ▸ Jagdberater.

Kreisweg, der: Wenn die: ▸ Einkreiser bei Neuschnee (▸ Neue) abspüren, d.h. ein Dickicht usw. vollständig umgehen, nennt man das auch den Kreisweg gehen.

krellen (federn): Einen ▸ Krellschuss anbringen.

Krellschuss, der (Federschuss): Ein Schuss, bei dem die Kugel nur einen Dornfortsatz der Wirbelsäule getroffen hat, oder ein Streifschuss am Kopf mit betäubender Wirkung; ▸ Schusszeichen.

Kreszhennlein, das: Salzburgischer Ausdruck für Alpenschneehuhn; ▸ Raufußhühner 5.

Kreszler, der: ▸ Rallen 4.

Kretzen, der: svw. Krätzer; ▸ Kugelzieher.

Kretschmann, Karl Friedrich (4.12.1738 Zittau bis 15.(16.)1.1809 Zittau): K., der in Wittenberg studierte, war Jurist und Verfasser von Lustspielen. Er schrieb u.a. »Die Jägerin. Ein Gedicht.« (1772).

Kretschmer, Gustav (Lebensdaten unbekannt): Er schrieb u.a. »Der Jäger und die Stiefmutter. Zwei Erzählungen« (1835).

Kreuz, das: **1**) Der untere Teil des Hinterrückens beim ▸ Haarwild und bei Hunden. **2**) Einfaches Holzkreuz, das Schäferhunden anstelle des ▸ Bengels angehängt wird. **3**) Die Parierstange bei ▸ Blanken Waffen. **4**) Das ▸ Herzbein.

Kreuzbock, der: Ein Rehbock, der ein Kreuzgehörn (Kreuzgeweih) trägt, d.h. beim Sechsergehörn zweigen die Vordersprossen und die Hintersprossen auf gleicher Höhe ab und bilden so mit der Stange – von der Seite betrachtet – ein Kreuz.

Kreuzdorn, der (*Rhamnus*): Eine etwa 150 Arten umfassende Gattung aus der Pflanzenfamilie der Kreuzdorngewächse (*Rhamnaceae*) mit den beiden häufigsten Arten:

1. Echter Kreuzdorn (*Rhamnus catharticus*, L.): Auch Purgierdorn, Hagedorn. Über ganz Europa verbreitet, wächst der sehr lichtbedürftige, sperrige, zwischen 1 und 4 m (8 m) hoch werdende Strauch an Waldrändern, an Feldrainen, in Laubwäldern und Gebüschen, auf Magerweiden, in lichten Wäldern und in ▸ Hecken. Er blüht von Mai bis Juni. Die etwa erbsengroßen, kugeligen Früchte (Steinbeeren) sind anfangs grün, später schwarz. Sie werden in der Naturheilkunde zur Herstellung von Sirup verwendet.

▸▸▸ Blätter und Früchte des Faulbaums oder Pulverholzes

2. Faulbaum (*Rhamnus frangula*, L. = *Frangula alnus*, Miller). Auch Pulverholz, Schießbeerholz. Der raschwüchsige, dornlose, aufrechte, 1 bis 3 m (7 m) hohe, locker verzweigte Strauch oder Baum mit besenförmiger Krone wächst in lichten Laubmischwäldern, Erlenwäldern und Weidengebüschen, an Gewässern und in Mooren auf frischen bis feuchten, lehmigen Böden. Er bildet meist kerzengeraden ▸ Stockausschlag und ▸ Wurzelbrut. Blütezeit ist von Mai bis August. Die kugeligen, kaum erbsengroßen und ungenießbaren Steinfrüchte reifen ab Juli, sind anfangs grün, später schwarzviolett. Aus dem Holz des F. wurde früher eine feinpulvrige Holzkohle hergestellt, die den Schwarzpulvergemischen beigemengt wurde.

Kreuzente, die: ▸ Säger 3.

Kreuzfahrte, die (Kreuztritt): ▸ Hirschgerechte Zeichen.

Kreuzflügel, der (Kreuzweg): ▸ Stellflügel.

Kreuzfuchs, der: Seltene Farbvarietät des Fuchses (dunkler Streifen über Rücken und Schultern); ▸ Fuchs (Aussehen).

Kreuzgang, der: ▸ Passgang.

Kreuzgehänge, das: svw. ▸ Kreuzzeug.

Kreuzgehörn, das: ▸ Kreuzbock.

Kreuzknoten, der: Eine besondere Art, Leinen miteinander zu schleifen.

Kreuzlähme, die: **1**) Vom Hund (Dackellähme): ▸ Hundelähme. **2**) Vom ▸ Rotwild (innere ▸ Parasiten): Hier wird die K. auch als Schleuderkrankheit oder als endemische Parese bezeichnet. Diese Erkrankung wird vermutlich durch ca. 7 cm lange Rundwürmer (*Elaphostrongylus cervi*) hervorgerufen, die im Zentralnervensystem parasitieren. Diese Rundwürmer sind beim Rotwild sehr häufig. Ihre krankheitsverursachende Wirkung ist noch unklar. Die geschlechtsreifen Würmer sitzen im Zentralnervensystem oder in der Muskulatur. Die Weibchen legen dort sehr kleine Eier, die durch die Blutbahn in die Lunge eingeschwemmt, von dort aufgehustet, abgeschluckt und mit der ▸ Losung ausgeschieden werden. Sie dringen in Schnecken ein (Zwischenwirt), reifen zu ansteckungsfähigen Larven heran und werden in der Schnecke mit der Äsung aufgenommen. Im Darm werden die Larven frei, bohren sich durch die Darmwand und wandern zum Zentralnervensystem oder in Muskelpartien. Dort beginnen die Weibchen nach der Befruchtung mit der Eiablage. Die K. des Rotwildes (seltener bei Elch und Ren) verläuft chronisch über mehrere Jahre und beginnt mit Zuckungen. Es kommt zu Schwächen der Hinterhand, das befallene Stück beginnt zu schwanken, steht auf gespreizten Läufen und knickt in den Hinterläufen ein. Zuletzt kommt es zu einer völligen Lähmung der Hinterhand durch Zerstörung des hinteren Teiles des Rückenmarks, während bei den Vorderläufen die Funktionstüchtigkeit erhalten bleibt. An K. kann Rotwild beiderlei Geschlechts und jeden Alters erkranken. Bekämpfung durch Abschuss aller kranken Stücke.

Kreuzschraube, die: Eine lange Schraube, die bei Vorderladern von oben durch das nasenförmige Ende der Schwanzschraube (sog. Kreuzteil) des Laufes, durch den Schaft am Pistolengriff und durch das Abzugsblech geschraubt wird. Sie verbindet Lauf, Schaft und Abzugsblech miteinander. Bei Hinterladern verbindet sie die Systemteile mit dem Schaft.

Kreuzschuss, der: svw. ▸ Krellschuss; ▸ Schusszeichen.

Kreuztritt, der (Kreuzfährte): Ein Fährtenzeichen des Rothirsches; ▸ Hirschgerechte Zeichen.

Kreuzwechsel, der: Die Stelle, an der das Wild kreuzweise gewechselt ist, d.h., an der sich zwei oder mehrere Wechsel schneiden.

Kreuzweg, der (Kreuzflügel): ▸ Stellflügel.

Kreuzzeug, das (Kreuzgehänge): Über die Schultern getragene Gehänge von ▸ Hornfessel und ▸ Hirschfängerkoppel, wenn sie so getragen wurden, dass sich ihre Bandeliere kreuzten.

Krichler, Franz: ▸ Jagdliteratur.

Kricke, die: ▸ Wildenten 2.

Krickel, das: **1**) Auch Krucke, Krückel, Krücken; der aus Horn bestehende Kopfschmuck (hohle und schwarze Stirnwaffen) der Gemsen (Krickelwild); alpenländischer Ausdruck. Daneben auch mundartliche Bez. für das Gehörn des Rehbocks (Reh-K.). **2**) Auch Krückel; seltener Ausdruck für den ▸ Bürzel (Schwanz) des ▸ Schwarzwildes.

Krickelmesser, das: Ein Jagdmesser, dessen Griff aus dem Schlauch einer Gamskrucke oder aus einer Rehbockstange (▸ Krickel 1)) besteht.

Krickelster, große, die: ▸ Würger 3.

Krickelwild, das: ▸ Gamswild.

Krickente, die: ▸ Wildenten 2.

Krickente, große, die: ▸ Wildenten 3.

Krico: Abk. für Kriegeskorte; ▸ Kriegeskorte Handels GmbH – Krico.

Krieben, die: Alte und seltene Bez. für die Wände (Rippen) des ▸ Rotwildes.

kriechen: Einkriechen des Erdhundes in den Fuchsbau und den Dachsbau (besser jedoch: einschliefen), selten aber auch von Fuchs und Dachs selbst, wenn sie sich in den Bau begeben.

Kriechente, die: ▸ Wildenten 2.

Kriechtiere, die (Reptilien): Wechselwarme, wärmeliebende, meistens versteckt lebende Wirbeltiere, die in fast allen Höhenlagen vorkommen. Von den Lurchen (▸ Amphibien) unterscheiden sie sich durch stark verhornte und deutlich ausgebildete Körperschuppen und Körperschilde sowie durch relativ trockene Haut. Zu den K. gehören die Echsen (Eidechsen, z.B. Bergeidechse und Zauneidechse), die Blindschleichen, die Schlangen (z.B. Glattnatter, Würfelnatter und Ringelnatter, Kreuzotter), die Europäische Sumpfschildkröte und in den Tropen die Krokodile. Bei den K. sind die Gliedmaßen voll ausgebildet oder – wie bei den Schlangen – völlig rückgebildet. Die K. vermehren sich durch Legen von Eiern oder sie bringen vollentwickelte Jungen zur Welt (lebendgebärend; z.B. Kreuzotter und Bergeidechse; bei Letzterer ist auch Eiablage mit sofortigem Schlüpfen möglich). In den Wintermonaten sind alle K. inaktiv, d.h., sie verharren in einer Winterstarre.

Kriegeskorte Handels GmbH (Krico): Im Jahre 1875 von Robert Kriegeskorte gegründete Firma mit dem Namen »Fa. Junghans & Kriegeskorte« zum Handel mit Sprengstoff und Sprechmaschinen (Walzengrammophonen). Ab 1928 nannte sich das Unternehmen »Kriegeskorte & Co. GmbH«. Gleichzeitig erfolgte der Neuaufbau des Unternehmens zum Großhandelsunternehmen für Jäger- und Schützenbedarf. Nach dem Zweiten Weltkrieg erfolgte der Wiederaufbau der Firma durch Emma K. und Sohn Rolf mit der Herstellung von Spielkreiseln und Fleischwölfen. 1950 erhielt die Firma die Erlaubnis zur Herstellung von Luftgewehren mit gezogenen Läufen (Modell LG 1), 1951 zur Herstellung von 1000 Kleinkaliber-Büchsen mit glattem Lauf für den Export. 1952 wurde die Kleinkaliberfertigung durch das umfangreiche Wissen und die Erfahrungen aus der Lauffertigung des Herrn Edmund Jäger in Suhl in die Produktionspalette aufgenommen. Im Jahre 1954 setzte die Jagdbüchsenproduktion ein, die Repetierbüchse im Kaliber .22 Hornet wurde ausgestellt und später auf .222 Remington erweitert. Das Modell 400 als Büchse oder Stutzen verschaffte der Marke Krico weltweiten Erfolg. 1980 wurde der Betrieb aufgespalten: Die K. & Co. GmbH blieb Holding, neu wurde die KRICO GmbH als Produktionsgesellschaft gegründet. 1986 erfolgte die Übernahme der K. & Co. GmbH und der KRICO GmbH durch Arndt K., 1987 die Gründung der Arndt K. GmbH mit Sitz in Fürth/Bayern. 1995 wurde dann die KRICO Jagd- und Sportwaffen GmbH als neuer Produktionsbetrieb mit Sitz in Irsching gegründet, 1997 begann die Fertigung der neuen Baureihe 902 bei C.D. Europe in Sarezzo bei Gardone (▸ Gardone Val Trompia).

Krieghoff GmbH: Jagd- und Sportwaffenhersteller. Die Anfänge des traditionsreichen, 1886 durch Ludwig K. gegründeten Unternehmens liegen im thüringischen ▸ Suhl. Als Folge des Zweiten Weltkriegs siedelte sich die Familie K. mit wichtigen Mitarbeitern in Ulm an, wo die Waffenproduktion 1950 wieder aufgenommen werden konnte. Heute werden Kipplaufwaffen für die Jagd, v.a. technisch anspruchsvolle Drillinge, hergestellt. Im Sportwaffenbereich ist die Sportflinte K-80 weltweit die Waffe erfolgreicher Schützen. K. ist ein führender Hersteller von Jagd- und Sport-

◂◂ Der sog. Kreuzfuchs ist eine seltene Farbvariante des Rotfuchses.

▸▸ Johann Elias Ridinger (1698–1767): »Prächtiger Kronenhirsch, aus dem Wald in freies Gelände tretend; im Mittelgrund ein Holzgatter mit anschließendem Wald«, 1737. Pinselzeichnung, leicht mit Feder übergangen

waffen, die in Sicherheit, Zuverlässigkeit und Präzision optimal auf die Anforderungen der Praxis ausgelegt sind. Eigene technische Lösungen und herausragende handwerkliche Qualität sind die charakteristischen Merkmale von K.-Waffen. Mit dem Namen K. sind Waffen wie der Drilling Neptun, der seit fast 100 Jahren gebaut wird, ebenso wie moderne Waffen mit Kombi-Handspannung, z.B. der Drilling Optima oder die Doppelbüchse Classic, verbunden.

Kriehuber, Josef: (14.12.1800 Wien bis 30.5.1876 Wien): Österreichischer Lithograf und Jagdmaler. Von ihm stammen u.a. »Kaiser Franz Joseph II. als Jäger« (1858) und »Jagd am Ofensee« (1865).

Kriekente, die: Niederdeutscher Ausdruck für die Krickente (niederländisch: Kriek, Wasserlauf); ▸ Wildenten 2.

krimmen: ▸ krummen.

Krimvogel, der: ▸ Milane 1.

Kritsch, der (das Kritscherl): Wienerischer Ausdruck für den ▸ Hamster.

kröchen: Ein eigentümlicher Kehllaut des Auerhahns, wenn er misstrauisch ist oder erschrickt, auch bei Kämpfen mit anderen Hähnen; ▸ Raufußhühner 1.

Krohn, der: Mecklenburgischer Ausdruck für den ▸ Kranich.

krollen: Örtlicher Ausdruck für ▸ kollern 1) und ▸ knappen 2).

Krönchen, das: Bez. für den noch stumpfen ▸ Sporn des jungen Fasanhahns; ▸ Fasane.

Krone, die: **1**) Der obere Teil einer Geweihstange (▸ Geweih) beim Rothirsch, wenn er mehr als zwei Enden aufweist, auch wenn das dritte Ende nur angedeutet ist. Die verschiedenen K.-Formen werden als Becher-K., Hand-K., Doppel-K., Kelch-K. oder Schaufel-K. bezeichnet; ▸ Rotwild/Hauptschmuck. **2**) Das gesamte Gehörn eines Rehbockes wird auch als K. oder als Reh-K. bezeichnet. Hauptsächlich in Österreich üblich. **3**) Veraltete Bez. anstelle von ▸ Rose bei Geweihen und Gehörnen. **4**) Bei Hirschgrandeln die meist mehr oder weniger intensiv braun gefärbte Kuppe. **5**) Die Federn auf dem Kopf verschiedener Vögel, z.B. Kranich, Kiebitz, Reiher, Haubentaucher.

Kronenenden, die: Die Enden einer ▸ Krone beim Hirschgeweih.

Kronengabler, der: ▸ Hochgabler.

Kronengewehr, das: Ein vorzügliches Hahngewehr mit Selbstspannersystem, konstruiert von Büchsenmacher Gustav Fückert.

Kronengeweih, das: Ein Hirschgeweih mit ▸ Krone.

Kronenhirsch, der: Ein Hirsch mit einem Kronengeweih; ▸ Krone 1).

Kronenschnepfe, die (Kronschnepfe): ▸ Schnepfenvögel 7.

Kron(en)spießer, der: Junger Rothirsch (Schmalspießer), dessen Spieße sich an der Spitze gabeln oder dreiteilen.

Kronentaucher, der: ▸ Lappentaucher 1. und 4.

Kronenzehner, der: ▸ Zehnender.

Kronenzwölfer, der: ▸ Zwölfender.

Kröner, Christian (3.2.1838 Rinteln bis 16.10.1911 Düsseldorf): Landschafts-, Jagd- und Tiermaler von hervorragender Bedeutung. K. – selbst Jäger – hat das Leben und Treiben des jagdbaren Wildes in der Ruhe wie in dramatischen Momenten beobachtet und mit scharfer Charakteristik geschildert, z. B.: »Hirsche nach dem Kampf« (1870), »Wildsauen im Winter«, »Hirsche nach der Brunftzeit« (1876), »Herbstlandschaft mit Hochwild am Morgen« (1877), »Durch die Lappen« (1879), »Durch die Schützen« (1884), »Im schlechten Wind« (1891), »Schlagender Hirsch«, »Der Ruhestörer«, »Bei der Wildfütterung im Winter« (1892), »Auf der Damhirschbirsch beim Fürsten von Putbus auf der Insel Rügen« (1893) und »Siesta auf der Robbenbank« (1894).

Krönlein, die: Alte und seltene süddeutsche Bez. für ▸ Grandeln.

Kronschnepfe, die (Kronenschnepfe): ▸ Schnepfenvögel 7.

Kronspießer, der: ▸ Kron(en)spießer.

Kropf, der: **1**) Der Vormagen (erweiterte Speiseröhre) bei Vögeln, in dem die Nahrung aufgeweicht und vorverdaut wird. **2**) Bez. für den geblähten Hals des Auerhahns. **3**) Kolbenhals eines Gewehrs. Ein gekröpfter Schaft ist ein gekrümmter Schaft, der bei Rechtsanschlag das Zielen mit dem linken Auge ermöglicht; ▸ Schäftung. **4**) Dem ▸ Beizvogel gibt der Falkner einen guten K., wenn er ihn aufatzt, oder einen halben K., wenn er ihn halb aufatzt (füttert); ▸ Atzung.

kröpfen: **1**) Die Nahrungsaufnahme bei den ▸ Greifvögeln und den ▸ Beizvögeln. Einen Beizvogel k. heißt ihn füttern. **2**) Auch worgen, wörgen, würgen, grölen; ein Laut, den der Auerhahn nach dem Einfall auf seinem Schlafbaum hören lässt, wenn er vertraut ist; ▸ Raufußhühner 1.

Kropff, E.: ▸ Jagdliteratur.

Kropfmilch, die: Auch Taubenmilch. Käsiges, gelblich weißes Sekret zweier Schleimhauttaschen im dehnbaren Kropf brütender Tauben beiderlei Geschlechts. Das Sekret (ohne Stärke und Zucker) hat einen Milcheiweißgehalt von 50 bis 58% und besteht aus zerfallenen Schleimhautzellen. Die Jungtauben stecken in den ersten 10 Tagen ihren weichen Schnabel in den Rachen der Altvögel und erhalten die K. eingewürgt; ▸ Wildtauben.

Krösler, der: ▸ Schnepfenvögel 18.

Kröten, die: ▸ Amphibien.

Krucke, die: ▸ Krickel 1).

Krücke, die: **1**) svw. ▸ Jule 3. und 4. **2**) Selten statt ▸ Krickel 1).

Krückel, die: ▸ Krickel.

Krucken, die (Krücken): Die aus Horn bestehenden, hohlen und schwarzen Stirnwaffen des Gamswildes; ▸ Gamswild (Hauptschmuck), ▸ Krickel.

Kruckente, die: ▸ Wildenten 2.

Krüger: **1**) Franz (1797 bis 1857), bekannter Pferdemaler (Pferde-Krüger). Von ihm stammen auch neun Jagdgemälde, darunter »Ausritt zur Jagd«, »Herbstsuche« und »Rebhuhnjagd im Biedermeier«. **2**) Erich (1897 bis 1978), Großneffe von 1), Blumen-Krüger genannt, zeichnete neben Blumen auch das einheimische Wild.

Krumme, die: ▸ Sichel.

krummen (krimmen): Seltener Ausdruck für das Krümmen der ▸ Fänge des Greifvogels zum Fang.

Krummer, der: Scherzhafte, v.a. norddeutsche Bez. für den Feldhasen; ▸ Hasen 1.

krummes Pulver: Von einem Schützen, der

schlecht schießt, sagt man scherzhaft: »Er hat krummes Pulver.«

Krummrute, die: Bez. für die beiden besonders starken, oben durchbohrten Stellstangen (Forkeln), die von drei Windleinen gehalten wurden und in den Winkeln des Laufes (bei ▸ Eingestellten Jagen) gegenüber den Schirmen standen. Zu einem vollen ▸ Jagdzeug gehörten mindestens neun Stück.

Krumpe, die: ▸ Sichel.

Kruppe, die: Der Rücken des Hundes vom Ende der Lendenwirbel bis zum Ansatz der Rute. Je nach Stellung von Kreuzbein und Beckenknochen kann sie gerade, abfallend oder abgeschlagen sein.

Kryptorchismus (Verborgenhodigkeit): Eine erblich bedingte Anlage des ▸ Hundes, die auch von weiblichen Tieren im rezessiven Erbgang vererbt wird. K. kommt mehr oder weniger bei allen Hunderassen vor. Die Hoden des Hundes entwickeln sich in der Bauchhöhle. Der Abstieg durch den Leistenkanal in den Hodensack vollzieht sich beim Hund i.d.R. kurz nach der Geburt, sodass beim etwa acht Wochen alten Welpen die beiden Hoden im Hodensack zu fühlen sein sollten. Bleibt nun der Abstieg eines oder beider Hoden durch den Leistenkanal in den Hodensack aus oder zieht der Hoden sich wieder zurück, nachdem er bereits im Hodensack war, handelt es sich um K. Je nachdem ob ein oder beide Hoden nicht im Hodensack liegen, spricht man von einseitigem K. oder von beidseitigem K. Der einseitige K. wird auch als Monorchie (Einhodigkeit) bezeichnet; dieser Ausdruck ist nicht richtig, da stets beide Hoden vorhanden sind, jedoch einer nicht sichtbar ist. Man unterscheidet inguinalen K. (Hoden im Leistenkanal) und abdominalen K. (Hoden in der Bauchhöhle). Hunde mit einseitigem K. sind noch zeugungsfähig, solche mit beidseitigem K. unfruchtbar. Sämtliche Kryptorchiden werden von der Zucht ausgeschlossen und auch zu Ausstellungen nicht zugelassen. Ihr Gebrauchswert ist jedoch i.d.R. nicht geringer als bei normalen Rüden; ▸ Zwitter.

KSP: Abk. für »Klassische Schweinepest« ▸ Schweinepest.

K-Strategen, die (Persistenten): Tiere oder Pflanzen, die an einen stabilen Lebensraum mit konstanten, sich wenig oder kaum wandelnden Umweltbedingungen angepasst sind und diesen deshalb dauerhaft besiedeln. Sie stehen in großer inter- und intraspezifischer Konkurrenz. Zur Arterhaltung brauchen sie eine lange Generationsfolge, haben unproduktive Jugendstadien und eine geschlechtliche Fortpflanzung mit niedriger Nachkommensrate sowie bei Tieren eine intensive ▸ Brutpflege. Sie erreichen i.d.R. die Kapazitätsgrenze des Lebensraumes und stehen mit ihm in einem Gleichgewicht. Da die K. beträchtliche Mengen Energie in Form von Biomasse speichern können, sind sie widerstandsfähiger gegen Störungen von außen oder gegen Mangel. Bei starken Rückgängen der ▸ Population reagieren z.B. Wirbeltiere mit höherer Nachkommensrate und früherer Geschlechtsreife. Eine zu hohe Dichte wird über Konkurrenz, Territorialbildung und Abwanderung geregelt. Zu den K. gehören die Großsäuger ▸ Braunbär, ▸ Rotwild und auch die Bäume.

Ktesias (ca. 440 v. Chr. bis ca. 380 v. Chr.): Griechischer Geschichtsschreiber aus Knidos in Karien. K. geriet um 415 v. Chr. in persische Kriegsgefangenschaft und lebte 17 Jahre, von den Königen wegen seiner ärztlichen Kunst hoch geehrt, in Persien. Er war u.a. Leibarzt des Ataxerxes Mnemon. Seine reichen Kenntnisse, die er sich vom Orient durch den Verkehr mit dem persischen Hof und durch das Studium einheimischer Geschichtsbücher erwarb, legte er nach seiner Rückkehr in die Heimat in seiner »Persica«, ein Werk von 23 Büchern, nieder. K. erwähnt dort auch die Falkenjagd (▸ Beizjagd) bei den Indern.

Küchenhase, der: Bez. für die wenigen für die eigene Küche bestimmten Hasen, die vor Abhaltung der ▸ Treibjagd auf einer Einzeljagd geschossen werden. K. werden auf dem Ansitz morgens und abends an Waldrandgebieten, wo die Hasen zu Holz und zu Felde rücken, oder auch bei der Suche mit dem Hund erlegt. Wiederholte Suche auf gleichem Gelände ist zu vermeiden, da die Hasen sonst abwandern.

Küchenjäger, der: **1**) Verächtliche Bez. für einen Jäger, der nur des ▸ Wildbrets wegen jagt. **2**) Frühere Bez. für einen bei Hofe angestellten Jäger (Berufsjäger), der die Hofküche mit Wild zu beliefern hatte.

Küchenmeister, der: Frühere Bez. für einen Habicht bei der ▸ Beizjagd, der nur für die Küche jagte; im Unterschied zum Falken, welcher der Sportjagd diente.

Kuckuck, der (*Cuculus canorus*, L.): Eigene Familie (*Cuculidae*), die mit 130 Arten auf der ganzen Welt vertreten ist, wobei rund 50 Arten keine Nester bauen und auch nicht selber brüten (Brutparasiten). Der bei uns heimische K. erreicht eine Länge von 33 cm und ein Gewicht um 100 g. Er ist ganzjährig geschützt; ▸ Zugvogel.

<u>Aussehen</u>: Die Oberseite, Kopf, Hals und Kehle sind schiefergrau, Brust und Bauch weiß mit grauer Querbänderung. Bei den Weibchen können statt der grauen Partien auch rotbraune vorkommen. Der ausgewachsene K. sieht dem ▸ Sperber sehr ähnlich. Im Ggs. zu diesem hat er spitze Fittiche und einen langen, stufigen, weißgefleckten ▸ Stoß. Sein Flug ist falkenähnlich mit dauernden Flügelschlägen. Im ▸ Jugendkleid ist die gesamte Unterseite gesperbert.

<u>Vorkommen</u>: Mit Ausnahme des äußersten Nordostens und der Inseln des Nordatlantiks in ganz Europa sowie in Asien und Afrika beheimatet. Die europäischen Vögel überwintern ausnahmslos in Afrika. Der K. lebt in Wäldern aller Art, ist aber auch in Wiesen, in Sümpfen und auf Bergmatten anzutreffen.

<u>Fortpflanzung</u>: Der K. ist bereits mit einem Jahr geschlechtsreif, lebt aber nie paarweise. Da er kein ▸ Nest baut, legt er die Eier in die Nester von Wirtsvögeln (z.B. Rotkehlchen, Bachstelze, Schafstelze, Neuntöter, Zaunkönig, Baumpieper, Wiesenpieper, Gartengrasmücke, Dorngrasmücke und Sperbergrasmücke, Teichrohrsänger, Schilfrohrsänger und Sumpfrohrsänger; sog. K.-Wirte). Das Weibchen legt je ein Ei in das Nest der Wirtsvögel. In einer Legeperiode werden etwa zwölf bis 20 Eier gelegt, die denen der Wirtsvögel sehr ähneln. Die Legezeit beträgt etwa 36 bis 46 Tage. Gewisse Wirtsvögel werden bevorzugt, und jedes K.-Weibchen ist bestrebt, seine Eier möglichst bei der gleichen Vogelart unterzubringen. Diese ist fast immer die Art, in deren Nest es selbst aufwuchs. Die Eier sind 22,5 x 16,5 mm groß und ca. 3 g schwer. Der Legeabstand beträgt zwei bis drei Tage, die Brutdauer zwölf bis 13 Tage. Etwa zehn Stunden nach dem Ausschlüpfen wirft der junge K. Eier oder Junge des Wirtsvogels aus dem

Das Kuckucksweibchen legt je ein Ei in die Nester anderer Vögel. Die Jungvögel werden von den Wirtsvögeln erbrütet und aufgezogen.

Nest. Die ▸ Nestlingszeit beträgt 22 bis 23 Tage, weitere 20 Tage wird er noch gefüttert. Nahrung: Besonders behaarte Raupen, deren Haare in der Magenschleimhaut steckenbleiben und dort einen regelrechten Pelz bilden. Die Reste werden wie Gewölle von Zeit zu Zeit ausgewürgt. Daneben werden noch Spinnen, Würmer sowie Insekten und deren Larven aufgenommen.

Kuckuckstaube, die: ▸ Wildtauben 1.

Kuder, der: **1**) Männlicher ▸ Luchs. **2**) Männliche ▸ Wildkatze, auch Kater, Kutter, Kuter.

kudern: ▸ kollern 1).

Kufen, die: Österreichischer Ausdruck für ▸ Grandeln 1).

Kugel, die: **1**) Bez. für den kugelförmigen Knochenteil der Keule, der sich in der Pfanne bewegt; ▸ Schalenwild (Knochengerüst). **2**) Ursprünglich Blei-Rundkugeln, später längliche Bleigeschosse (Langblei, Langgeschoss), die aus Vorderladern verschossen wurden und werden. Man unterscheidet:

– *Pflaster-K.* (älteste K.-Form): eine Blei-Rundkugel, die mit einem getalgten ▸ Kugelpflaster umhüllt wird.

– *Kegelförmige* oder *Spitz-K.* (gestauchte Geschosse): Ein Blei-Langgeschoss, das am hinteren zylinderförmigen Teil zwei bis drei Riefen hat, um die ein getalgter Wollfaden gewickelt wird. Das Geschoss lässt sich leicht laden und wird dann im Lauf mit einigen Schlägen des Ladestocks breitgequetscht (Ladung mit Spielraum).

– *Expansions-K.* (Minié-Geschoss): Ein Blei-Langgeschoss mit einer Höhlung im hinteren, dem Pulver zugekehrten Teil, das sich leicht laden lässt. Bei der Zündung trifft der erste Schock der Pulvergase die Geschosshöhlung und drückt die Bleiwandung auseinander; das Geschoss dehnt sich aus und presst sich in die Züge. Expansionsgeschosse sind nur in Verbindung mit einer Perkussionszündung verwendbar.

– *Kompressionsgeschosse*: Ein Blei-Langgeschoss, das am hinteren zylinderförmigen Teil ein bis zwei tief eingeschnittene Ringkerben hat. Das Geschoss lässt sich leicht laden; bei der Zündung staucht der erste Schock der Pulvergase das Bleigeschoss, es wird kürzer, dicker und presst sich in die Züge; verwendbar nur in Verbindung mit einer Perkussionszündung.

– *Explosions-K.*: Blei-Langgeschoss, das mit Sprengstoff gefüllt war und das nach kurzzeitiger Verwendung als unwaidmännisch abgelehnt wurde.

3) Bez. für die heute zur Jagd verwendeten Mantelgeschosse; ▸ Büchsengeschosse.

Kugelfang, der: Bez. für einen hinter der Schießscheibe errichteten Erdwall oder eine Mauer, welche die Kugeln, wenn sie die Scheibe aus Pappe oder Holz durchschlagen haben, auffängt und so das weitere Hintergelände absichert.

Kugelform, die (Kugelmodel): Metallform zum Gießen von Bleikugeln für Vorderladerwaffen.

Kugelfutter, das: svw. ▸ Kugelpflaster.

kugelgerade: svw. ▸ kugelgleich.

Kugelgewehr, das (Büchse): ▸ Jagdgewehr.

kugelgleich (kugelgerade): Bez. für einen Vorderlader-Gewehrlauf, der genau zylindrisch gebohrt ist.

Kugelhals, der: svw. ▸ Kugelschwanz.

Kugelkasten, der: Verschließbarer Raum im Kolben von ▸ Vorderladern. In ihm werden einige Kugeln, Pflaster und Pulverpatronen aufbewahrt. Auch den ▸ Kugelzieher bewahrte man früher im K. auf.

Kugellauf, der (Büchsenlauf): Gezogener Lauf; ▸ Lauf 4) 1.

Kugelmodel, das: svw. ▸ Kugelform.

Kugelpatrone, die: svw. ▸ Büchsenpatrone.

Kugelpflaster, das (Kugelfutter, Schusspflaster): Runde, quadratische, dreieckige oder kreuzförmige Kugelhülle aus Papier, Stoff, Wildleder oder Leinwand von zwei- bis dreifachem Kugeldurchmesser, mit der die Vorderladerkugel (Pflasterkugel) umhüllt wird. Das getalgte K. soll der Kugel in den Zügen Führung geben, da die Rundkugel nicht dem ▸ Kaliber des Laufes entspricht; zusätzlich dient es zur Pulverladung hin als Abdichtung.

Kugelriss, der: ▸ Schusszeichen.

Kugelschlag, der: ▸ Schusszeichen.

Kugelschnepper, der: ▸ Schnepper.

Kugelschuss, der: svw: Büchsenschuss; ▸ Ballistik.

Kugelschwanz, der (Kugelhals): Bez. für den beim Guss der ▸ Kugel durch das Gießloch entstehenden kleinen Zapfen, der vor Gebrauch der Kugel abgeschnitten oder abgezwickt werden muss.

Kugelzieher, der (Krätzer): Ein am Putz- oder Ladestock des ▸ Vorderladers anschraubbares, spiralförmiges stählernes Instrument zum Herausziehen der ▸ Kugel; es wird in diese gebohrt, wenn man falsch geladen hat oder den Schuss wieder herausnehmen will.

Kuh, die: **1**) Elchkuh, Elchtier, weibliches ▸ Elchwild (Bez. in Norwegen und in Schweden). **2**) (Hirschkuh) Schweizerische Bez. für weibliches ▸ Rotwild. **3**) Ein leinener Sack, eine Art ▸ Schild, in den der Jäger kroch, wenn er mit Treibzeug (▸ Garne 7.) Hühner fangen wollte. Eine früher häufig angewandte Jagdart.

Kuhhächsigkeit, die (Kuhhässigkeit): ▸ Kuhhessigkeit.

Kuhhessigkeit, die: Eine besondere X-förmige Stellung der Hinterbeine des Hundes. Die Zehen stehen dabei weiter als die Sprunggelenke. Diese Beinstellung ist meist angeboren, kann jedoch auch eine Folge von ▸ Rachitis sein. Sie mindert den Formwert (▸ Hundeprüfungen) des Hundes.

▸▸ Kuhhessigkeit beim Hund

Kuhle, die: ▸ Brunftkuhle.

Kühlzellenhasen, die: Bez. für die in der DDR wenige Tage vor Abhaltung einer Diplomatenjagd bei einer »Testjagd« mit örtlichen Jägern erlegten Hasen. Die etwa 300 bis 400 Hasen legte man in die Kühlzellen, und nach Ende der Diplomatenjagd wurden sie dort zusätzlich zur Strecke gelegt, um den Anschein einer äußerst erfolgreichen Treibjagd zu erwecken. Die Gesamtteilnehmerzahl an der Diplomatenjagd betrug etwa 450 bis 500 Personen, davon allein 350 Jagdhelfer.

Kuhnert, Wilhelm Fredrich (28.9.1865 Oppeln bis 11.2.1926 Flims, Kanton Graubünden/Schweiz): Hervorragender Tiermaler und Radierer, der seine künstlerische Ausbildung v.a. bei dem Tier-, Landschafts- und Porträtmaler Paul Meyerheim (1842 bis 1915) erhielt. K., der auch jahrelang in Berlin wohnte, unternahm Reisen nach Afrika und nach Indien und schuf zahlreiche Bilder von Großwild (Löwen, Tiger, Elefanten, Nashörner, Büffel, Zebras). Von seinen Radierungen erschienen Mappenwerke. Für das dreibändige Werk »Das Tierleben der Erde« von W. Haacke (1901) fertigte er zahlreiche Bilder.

Kujel, der: Seltener und wohl auch veralteter Ausdruck für ein schwaches Stück ▸ Schwarzwild.

Küken, die: Die Jungen allen ▸ Federwildes.

Kükenruhr, **Rote**, die: Coccidiose; ▸ Coccidien.

Kükenruhr, **Weiße**, die: Die ▸ Salmonellose.

Kukuruz, der: Österreichische Bez. für ▸ Mais.

Kul, der: ▸ Kehlmarder.

Külle, das (Küllen): Lokaler Ausdruck für ▸ Wildkaninchen.

kullern: ▸ kollern 1).

Kultur, die: Durch Saat oder Pflanzung künstlich begründeter Jungbestand im Ggs. zur ▸ Verjüngung. Das Betreten der K. ist verboten, für die Jagdausübung jedoch gestattet. ▸ Wildschäden in K. werden ersetzt, wenn die Pflanzen zu den im Revier vorkommenden ▸ Hauptbaumarten gehören.

Kultur der Jäger, die: ▸ Brauchtum.

Kulturflüchter: Pflanzen- und Tierarten, die sich den durch Maßnahmen des Menschen veränderten Bedingungen ihres Lebensraumes nicht anzupassen vermögen und aus ihren natürlichen Verbreitungsgebieten verdrängt werden, z.B. Großtrappe, Waldhühner, Biber, Kranich; Ggs. ▸ Kulturfolger.

Kulturfolger: Pflanzen- und Tierarten, die durch die landschaftsverändernden Maßnahmen des Menschen geeignete Lebensbedingungen erhalten und deshalb im Gefolge des Menschen auftreten, z.B. Amsel, Damwild, Rehwild, Sperling, Weißstorch, Hausmaus, Amsel, Stubenfliege, Gartenrotschwanz, Brennessel, Ackerunkräuter; Ggs. ▸ Kulturflüchter.

Kulturgatter, das (Kulturzaun): Drahtgeflechtumzäunung, mit der eine ▸ Kultur (Jungpflanzen) vor ▸ Verbiss geschützt wird. Um eingedrungenes Wild austreiben zu können, sollte das K. an den Zaunecken mit Toren versehen werden. Soweit Schwarzwild vorhanden ist, sollten zusätzlich eingebaute Pendeltore dem Wild das jederzeitige Ein- und Auswechseln ermöglichen. Schwarzwild bricht bei der Nahrungssuche den Boden um und vertilgt dabei Schadinsekten, Mäuse etc. Letztere können in Laubholzkulturen durch Fraß erhebliche Schäden anrichten.

Kulturlandschaft, die: Die freie Landschaft, die vom Menschen beeinflusst und geformt wird. Die mitteleuropäische Landschaft verkörpert die typische K.

Kulturzaun, der: ▸ Kulturgatter.

Kulturzeit, die: ▸ Pflanzzeit.

Kulwamme, die: Ein alter Ausdruck (16. Jh.) für den Pelz des ▸ Marders.

Kummer, der (veraltet): Das ▸ Kümmern des Wildes.

Kümmerer, der: Ein männliches Stück ▸ Schalenwild, das infolge Krankheit, Äsungsmangel, Verletzung oder Schussverletzung einen verkümmerten ▸ Kopfschmuck trägt.

kümmern: Alles Wild kümmert, wenn es sich in schlechter körperlicher Verfassung befindet (kränkelt); ▸ Kümmerer, ▸ verkümmern, ▸ krank, ▸ leidendes Wild.

Kunckel, das: Alter bayerischer Ausdruck für ▸ Wildkaninchen.

Kündigung des Jagd-Pachtvertrages, die: ▸ Jagdpacht.

Kunele, das: ▸ Wildkaninchen.

Künelle, das: Elsässischer Ausdruck für ▸ Wildkaninchen.

Küngel, das: Schwäbisch-elsässischer Ausdruck für ▸ Wildkaninchen.

Küngelin, das: Alter Ausdruck für ▸ Wildkaninchen.

Kunickel, das: Alter bayerischer Ausdruck für ▸ Wildkaninchen.

Künighas, der: Alter süddeutscher Ausdruck für ▸ Wildkaninchen.

Künigl, das (Küniglhas): Österreichischer Ausdruck für ▸ Wildkaninchen.

Kunstbau, der: Künstlich geschaffener Bau für eine bessere Bejagung von ▸ Raubwild oder als Übungsanlage für die Abrichtung der ▸ Erdhunde zur ▸ Bauarbeit, insbesondere für die Fuchsbejagung; Anlage eines K. ▸ Fuchs.

Kunstfährte, die: Künstlich angelegte ▸ Schweißfährte 2).

Kunsthorst, der: Der K. wird für Vögel angelegt, die auf fremde ▸ Horste angewiesen sind und zudem nicht genügend Horstgelegenheiten finden. K. sind i. Allg. flache Körbe. Eulen, Falken, Wespenbussarde, Stockenten und Ringeltauben nehmen sie gerne an.

In der Falknerei werden K. zur Aufzucht von Nestlingen bzw. für die Greifvogelzucht verwendet.

Kunstneue, die: ▸ Neue.

Kupelwieser, Leopold (17.10.1796 Piesting/Niederösterreich bis 1862 Wien): Historienmaler. K. malte anfangs meist religiöse Bilder. Von ihm stammt u.a. das Altarbild »Die Bekehrung des hl. Eustachius« (1836), heute im Forstamt und Landwirtschaftsbetrieb der Stadt Wien.

Am Kunstbau: Teckel kurz vor dem Einschliefen

Kupferfasan, ringloser, der: ▸ Fasane 1.

Kupferhohlspitz-Geschoss, das: ▸ Büchsengeschosse.

Kupferstecher, der: ▸ Borkenkäfer 3.

Kupieren, das: Das Kürzen der Rute, das bei einigen ▸ Jagdhunderassen (v.a. bei Vorstehhunden, Stöberhunden, Jagdterriern und Foxterriern) üblich und zweckmäßig ist. Das K. der Rute ohne Betäubung darf nach dem ▸ Tierschutzgesetz nur bei unter acht Tage alten Welpen vorgenommen werden. Danach ist die Rute nur unter Betäubung vom Tierarzt zu kürzen. (Wie weit und bei welcher Rasse die Rute gekürzt wird, siehe bei den einzelnen Hunderassen). In der Tierschutz-Hundeverordnung (in Kraft seit 1.9.2001) ist für Hunde, denen Körperteile (Ohren, Rute) zum Erreichen bestimmter Rassenmerkmale ganz oder teilweise amputiert wurden, ab 1.5.2002 ein Ausstellungsverbot festgelegt worden. Unter dieses Ausstellungsverbot fallen nicht die Jagdhunde, bei denen die Rute wegen der Verletzungsgefahr beim späteren jagdlichen Einsatz kupiert wurde; ▸ Jagd und Tierschutz.

Kuppel, die: svw. ▸ Koppel 1) bis 3).

kuppelbändig: ▸ koppelbändig.

Kuppel-Hunde, die: ▸ Koppel 3).

Kuppeljagd, die: svw. ▸ Koppeljagd.

kuppeln: svw. ▸ koppeln.

Kuppenente, die: ▸ Wildenten 10.

Kuppenlerche, die: ▸ Lerchen 1.

Kur, die: ▸ Hasenkur.

kuren: svw. achtgeben, auf der Lauer liegen.

Kurre, die: Nur selten gebrauchter lokaler Ausdruck für die Birkhenne; ▸ Raufußhühner 2.

kurz: **1**) Man schießt zu k., wenn man bei flüchtigem Wild nicht genügend vorhält oder darunter schießt, es unterschießt. **2**) Ein Hund arbeitet oder sucht k., wenn er unter der Flinte, nicht weit von seinem Herrn entfernt, arbeitet. **3**) Ein Stück Wild wird k., wenn es nach dem Schuss langsamer wird. **4**) Ein Hund wird k. gehalten oder k. geführt, wenn man ihn bei der ▸ Suche wenig Feld nehmen, d.h. in der Nähe arbeiten lässt.

Kurzeit, die: Die Zeit, in welcher der Hase zu Felde oder zu Holze rückt (Morgendämmerung und Abenddämmerung); ▸ Hasenkur.

kürzen: Bez. für das ▸ Kupieren der Rute.

kürzer werden: Angeschossenes Wild wird kürzer, d.h. es wird bei der Flucht langsamer.

Kurzfessel, die: **1**) Gelegentlich gebrauchter, aber falscher Ausdruck für ▸ Geschüh. **2**) Ca. 10 cm langer, 1 bis 1,5 cm breiter Lederriemen mit einem Schlitz an jedem Ende. Die K. wird beim ▸ Beizhabicht und beim Beizsperber, beide Geschühriemen verbindend, zwischen diesen und der ▸ Langfessel angebracht, um den Beizvögeln auf dem hohen ▸ Reck größere Bewegungsfreiheit zu geben, da diese nicht so ruhig stehen wie die Falken, sich aber auch nicht durch ▸ Balieren Bewegung verschaffen, sondern oft hin- und herspringen. Zwischen Geschühriemen und K. und zwischen K. und Langfessel wird jeweils eine ▸ Drahle geknotet. Anstelle der Drahle zwischen Geschühriemen und K. wurde früher in jedes Ende des Geschühriemens ein Metallring geknotet; beide Ringe wurden zusammengefasst und die K. durchgeschlungen.

Kurzhaar, das: ▸ Hundehaar.

Kurzhaar, Deutsch-Kurzhaar: ▸ Vorstehhunde.

kurzhaariger Dachshund: Der Kurzhaar-Teckel; ▸ Erdhunde.

Kurzhaar-Teckel, der: ▸ Erdhunde 1.

Kurzjager, der: Bez. für einen ▸ Jagdhund, besonders für einen ▸ Stöberhund, der eine ▸ Spur im Ggs. zum ▸ Weitjager nur kurz verfolgt, dann abbricht und weiterstöbert oder zum ▸ Hundeführer zurückkehrt.

Kurzschnabelgans, die: ▸ Wildgänse 4.

Kurzschuss, der: Eine falsche Bez. für einen Tiefschuss.

Kurzwaffe, die: Eine Waffe mit einer Gesamtlänge unter 60 cm, im Ggs. zur ▸ Langwaffe; ▸ Faustfeuerwaffen, ▸ Kurzwaffenmunition.

Kurzwaffenmunition, die (Pistolen- und Revolvermunition): Die Erfindung des Schwarzpulvers und ein schon hoher Stand der Metallverarbeitung waren die Voraussetzungen für die Entwicklung von Feuerwaffen und ihre Anwendung auf breiter Grundlage. Um auch den Reiter mit einer Feuerwaffe ausrüsten zu können, die einen einhändigen Gebrauch ermöglichte, befestigte man Miniaturgeschütze auf einem kurzen Stiel. Da diese »Geschütze« recht umständlich mit einer Lunte gezündet wurden, dienten sie jedoch nur als Beiwaffe. Erst durch die Verlegung der Zündung in die Waffe, die Erfindung des Radschlosses im Jahre 1517 durch Johann Kiefuß in Nürnberg, konnte der Wert solcher Waffen gesteigert werden. Durch Drehen des Rades wurden dem Feuerstein – Schwefelkies – Funken entlockt, die das Pulver auf der Pfanne und dadurch die Ladung entzündeten. Das Schießfertigmachen war immer noch sehr umständlich und ein Treffer nur auf kürzeste Entfernung möglich. Der Reiter hatte Anweisung, erst dann zu schießen, wenn der Gegner so nahe war, dass ihn die Flamme des Pulvers erreichte.

Von der Konstruktion her unterschieden sich Langwaffen und Faustfeuerwaffen kaum. Auch die Art der Ladung und des Zündmechanismus waren nahezu identisch. Das galt, bis im Jahre 1805 von Forsyth die Perkussionszündung erfunden wurde. Mit der Kenntnis des auf Schlagwirkung reagierenden Stoffes war es auch möglich, eine Einheit aus Hülse, Zündmittel, Pulver und Geschoss – die Patrone – zu schaffen. Damit begann die Zeit der Entwicklung von Faustfeuerwaffen und deren Munition. Die Pistolen mit drehbarer Walze wurden verbessert und erhielten den Namen »Revolver«. Aus den einschüssigen Pistolen wurden durch besondere Mechanismen mehrschüssige Waffen – »automatische« Selbstladepistolen.

Kurzwaffenmunition: Gebräuchliche Revolver- (oben) und Pistolenkaliber

Die Wirkung der Geschosse befriedigte jedoch nicht immer: Der Wunsch nach höherer Geschwindigkeit und besserer Aufhaltekraft rief zahllose Erfinder auf den Plan. Jeder glaubte noch wirkungsvollere Patronen zu haben. Ein Blick in die Liste der Patronensorten zeigt die Vielzahl der Versuche in dieser Richtung. Man schaute sich auch gegenseitig über die Schulter und verwendete die gleiche Patrone mit anderem Namen in anderen Waffen. Das Sammelsurium war undurchdringbar. Die 9-mm-Parabellum-Patrone (jetzt 9-mm-Luger genannt) hat z.B. 17 und die Patrone 7,65 mm 24 verschiedene Bez. bzw. Varianten. Letztlich blieb jedoch nur eine übersehbare Anzahl von Gebrauchspatronen übrig, die man schlechthin in zwei Gruppen einteilt, welche von der Waffe her als Revolverpatronen und als Pistolenpatronen bezeichnet werden.

1. Revolverpatronen: Sie haben zylindrische Randhülsen, die für die Aufnahme eines Ambosszündhütchens eingerichtet sind. Die Treibladung besteht aus schwach porösem Pulver. Die gefetteten oder lackierten Bleigeschosse haben ogivale oder zylindrische (Wad-Cutter-Geschoss) Form.

2. Pistolenpatronen: Sie haben eine randlose, flaschenförmige Hülse mit eingefräster Auszieherrille. Als Treibladung dient ein schwach

Patrone		**Geschossgewicht (g)**	**Max. Gasdruck (bar)**	**Lauflänge mm**	**Zündung**
Pistolenpatronen	6,35 mm	3,2	1300	60	Amboss 4031
	7,65 mm	4,7	1800	100	Amboss 4031
	7,65 mm Para	6,0	2600	125	Amboss 4031
	9 mm kurz	6,1	1400	112	Amboss 4031
	9 x 18 Ultra (9 mm Police)	6,1	2000	91	Amboss 4031
	9-mm-Luger	8,0	2600	125	Amboss 4031
	.45 Automatik	14,95	1400	126	Amboss 5337
Revolverpatronen	.32 S & W Rundkopf	5,7	1200	151	Amboss 4031
	.32 S & W lang Rundkopf	6,3	1200	151	Amboss 4031
	.32 S & W lang Wad Cutter	6,5	1200	151	Amboss 4047
	.357 Magnum Vollmantel	10,2	3200	210	Amboss 4047
	.38 S & W Rundkopf	9,4	1200	126	Amboss 4031
	.38 Spec. Wad Cutter	9,6	1000	151	Amboss 4047
	.38 Spec. Rundkopf	10,2	1600	151	Amboss 4031
	.38 Spec. Vollmantel	10,2	1600	151	Amboss 4031
	.38 Spec. Fangschuss	7,5	1600	151	Amboss 4047

poröses NC-Pulver. Die ogivalen Mantelgeschosse eignen sich durch ihre Formgebung und Formstabilität besonders gut für eine reibungslose Zuführung vom Magazin in das Patronenlager.
Plastik-Trainingsmunition gibt es in den Pistolenpatronenkalibern 7,65 mm und 9-mm-Luger und auch als Revolverpatrone .38 Special. Die aus dem Plastikpatronenkörper, dem Metallbodenstück mit eingesetztem Zündhütchen und der Pulverladung bestehenden Patronen haben die äußeren Abmessungen der scharfen Patronen. Zwischen Hülsenmund und Geschossboden ist die Wandstärke der Hülse so ausgebildet, dass beim Schuss der Geschossteil vom Hülsenmund abreißt. Wegen der besonderen Beanspruchung der *Hülsen* für Revolver- und Pistolenpatronen wird hierfür als Ausgangsmaterial Messing – MS 72 – verwendet. Aus Messingblech werden Ronden gestanzt und daraus Näpfchen gezogen. Nach einem zwei Stunden dauernden Glühvorgang bei ca. 700 °C werden die Hülsen in einem Arbeitsgang kalt gezogen. Je nach Hülsenart folgen verschiedene Arbeitsgänge, wie Vor- und Nachpressen der Zündglocke, Bodenpressen in Verbindung mit der Kennzeichnung, Randpressen, Einziehen, Randfräsen, Zündlochbohren, Entspannen, Beizen und Waschen. Zur Herstellung von *Bleigeschossen* wird auf der Bleikernpresse vom zugeführten Bleidraht ein entsprechendes Stück abgeschert und in einer Matrize zur endgültigen Form gepresst. Ein Scheuervorgang dient zur Reinigung. Besondere Spezialgeschosse erhalten außerdem als Fettträger eine Rillung und werden zusätzlich kalibriert. Für *Mantelgeschosse* werden je nach Art aus Stahl, Messing oder Tombakblech Näpfchen gestanzt, zur Geschossform gezogen und auf die vorgeschriebene Länge abgeschnitten. Auf besonderen Maschinen werden in die Geschossmäntel Bleikerne eingepresst und der Mantel gebördelt. Auf einer Fertigpresse erhält das Geschoss seine endgültige Form. Dabei liegen zwischen jedem Arbeitsgang Maß- und Gewichtskontrollen. Der Zusammenbau von Hülse, Pulver und Geschoss wird je nach Produktionsstückzahlen auf Spezial-Lademaschinen oder auf Handladeeinrichtungen durchgeführt. Die bereits vorher mit dem Zündhütchen versehenen Hülsen werden mit Pulver gefüllt. Der Kontrolle der richtigen Dosierung, die volumetrisch oder nach Gewicht vorgenommen wird, schließen sich das Aufsetzen und Einpressen der Geschosse und das Hülsenmundandrücken an. Ladefähigkeitskontrollen und Sichtkontrollen werden durchgeführt. Nach Fertigstellung der ersten Patronen erfolgen die vorgeschriebenen Beschüsse, um die ballistische Leistung zu überprüfen.
Pistolen- und Revolverpatronen müssen oft längere Zeit in der geölten Waffe verbleiben. Das macht es notwendig, das Pulver vor eindringendem Öl zu schützen. Die für das Eindringen von Öl in den Pulverraum anfälligen Stellen – Zündhütchensitz und Geschosssitz – werden durch einen Speziallack abgedichtet. Das Zündhütchen erhält eine Ringfugenlackierung. Das Geschoss wird entweder durch eine Hülseninnenlackierung abgedichtet oder aber nach Fertigstellung der Patrone mit einem Lackring am Hülsenrand versehen. Bei PT-Patronen wird der Plastikpatronenkörper mit der Pulverfüllung versehen und anschließend das bereits mit dem Zündhütchen versehene Metallbodenstück in jenen hineingepresst.
Aus dem Selbstzweck der Faustfeuerwaffen – der Verteidigung – haben sich durch das Üben mit solchen Waffen auch verschiedene Arten von Schießsportdisziplinen entwickelt. Bei *Patronen für die Verteidigung* kann man zwischen dem militärischen oder polizeilichen und dem zivilen Bereich unterscheiden. Für die ersteren Bereiche finden nur solche Patronen Verwendung, die in Verbindung mit besonderen Waffen ein bestimmtes Leistungsminimum erbringen. Das trifft für Patronen ab Kaliber 7,65 mm zu. Für den zivilen Gebrauch hat noch das Kaliber 6,35 mm eine begrenzte Bedeutung. Waffen für dieses Kaliber sind recht klein (Handtaschenformat) und haben dadurch recht kurze Läufe. Ein genaues Zielen ist kaum möglich, und auch die Leistung der Patrone ist gering. Man kann hier nur von einer – wenn auch oft notwendigen und nützlichen – moralischen Wirkung sprechen. Die Anforderungen des Schießsports verlangen besondere, auf Höchstleistung entwickelte Waffen und gut schießende Munition. Man bevorzugt dabei Revolverpatronen der Kaliber .32 S&W lang und .38 Special, die, mit einem Wad-Cutter-Geschoss versehen, sich besonders gut für das Scheibenschießen eignen – nicht zuletzt weil das Geschoss ein exakt zu bewertendes, rundes Schussloch stanzt.
Zu *Übungszwecken* auf kurze Entfernungen und in geschlossenen Räumen bieten sich die PT-Patronen an. Der massive Geschossteil, der beim Schuss von der Hülse abreißt, erreicht wegen seines geringen Gewichtes am Anfang eine sehr hohe Geschwindigkeit. Die Präzision ist auf kurze Entfernungen, d.h. je nach Patrone zwischen 6 und 8 m, hervorragend. Durch den Luftwiderstand verliert das leichte Geschoss rasch an Geschwindigkeit, sodass der Gefahrenbereich äußerst gering ist und z.B. bei den PT-Patronen für Pistolen ca. 90 m beträgt. Daraus ergeben sich auch erhebliche Möglichkeiten zur Vereinfachung der Schießstandanlagen; ▸ Gefährdungsbereich beim Schuss, ▸ Fangschuss.
Kalibermaße: Bei Pistolen erfolgt die Kaliberbezeichnung meist nach dem metrischen System (z.B. 7,65 mm), bei Revolvern fast immer nach 1/100 oder 1/1000 Zoll. Häufig sind diese Kaliberangaben nur annähernde Werte. Die gebräuchlichsten Kaliberbezeichnungen dieser Waffen und Patronen nach Zoll entsprechen den Kalibern in Millimetern wie folgt:

Kaliber	mm
.22	5,6
.25	6,35–6,6
.30	7,62–7,65
.32	7,65–8,1
.35	9
.38	9–9,6
.44	10,6–11,2
.45	11,5
.50	12,5–12,9

Fluggeschwindigkeit (m/s)				Auftreffenergie (J)			
V_0	V_{10}	V_{25}	V_{50}	E_0	E_{10}	E_{25}	E_{50}
225	220	215	205	81	78	74	67
305	300	295	285	219	212	204	190
360	355	345	330	392	383	353	324
275	270	265	255	235	226	216	196
330	320	310	290	332	313	290	260
350	345	335	325	491	481	451	422
270	265	260	255	549	520	500	481
230	225	220	215	151	147	137	128
240	235	230	225	181	174	167	157
225	215	205	190	167	157	137	118
445	435	420	395	1010	965	900	796
225	220	215	210	235	226	216	206
225	220	210	195	245	235	216	186
265	260	250	240	363	343	314	294
340	335	325	310	590	570	540	490
320	305	290	260	385	344	311	250

Gesamtschussweite: Bei Pistolen- und bei Revolverpatronen werden die größten Schussweiten bei einem Abgangswinkel von 30 bis 35 ° erreicht. Bei der Beurteilung der Gesamtschussweite kann man die gebräuchlichsten Patronen in zwei Gruppen einteilen.
1. *Schwächere Patronen* (Gesamtschussweite 900 bis 1200 m); Kaliber .22 kurz – .22 lfB – 6,35 mm – 7,65 mm – 9 mm kurz – 32 S&W – .32 S&W lang – .38 S&W
2. *Stärkere Patronen* (Gesamtschussweite 1500 bis 2000 m): Kaliber 7,65 Parabellum – 9 mm Parabellum – 9 x 18 Ultra – .357 Magnum – .38 Special – .45 ACP

Kurzwildbret, das: Bez. für Hodensack und Hoden des ▸ Schalenwildes und der Jagdhunde. Gelegentlich wird der Ausdruck auch für das ganze männliche Geschlechtsteil angewandt; ▸ Geschröte.

Küsell, Melchior (1626 Augsburg bis 1683 Augsburg): Maler. Von ihm stammt eine Folge von sechs Jagdszenen: »Die Praterjagden anlässlich der Hochzeit Kaiser Leopolds I. mit der Infantin Margarita Teresa von Spanien« (1666). Die einzelnen Bilder: »Leopold I. und Margarita Teresa schießen Hirsche«, »Abfangen der Eber mit Spießen und Jagdmessern«, »Fuchs- und Hasenprellen«, »Hetzjagd auf Damhirsche und Gemsen«, »Jagd auf Bären und Wölfe«, »Hetzjagd auf Dachse mit Hunden«.

kuseln: Ausdruck für das Wirbeln des Windes; ▸ Wind.

küseln: svw. ▸ kesseln.

küselnder Wind: ▸ Wind.

Küselwind, der: ▸ Wind.

Kusen, die: Örtlicher Ausdruck für ▸ Grandeln 1).

Kusseln, die (Kusselbestand): Bez. für buschförmiges Nadelholz (z.B. Kieferkusseln).

Küstengewässer, das: Für die Jagd auf ▸ Entenvögel und ▸ Wasservögel in den Küstengewässern, im Wattenmeer und am Meeresstrand können die Länder (z.B. Niedersachsen) Jagdlizenzen vergeben (Ausnahme vom Reviersystem der Bundesrepublik Deutschland).

Küstenseeschwalbe, die (Küstenmeerschwalbe): ▸ Seeschwalben 3.

Kuter, der (Kutter): svw. Kuder; alte Bez. für die männliche ▸ Wildkatze; lokal (in Württemberg) war K. auch die allg. Bez. für Wildkatze ohne Rücksicht auf das Geschlecht.

Kuto, der: Ein historisches Waidblatt; ▸ Couteau de chasse.

Kütt, das und die (Kütte): Seltenes süddeutsches Wort für ▸ Kette.

Kuttengeier, der: ▸ Geier 3.

Kynologe, der: svw. Hundekundler.

Kynologie, die (griech. kyon, Hund): Die Lehre vom Hund, von dessen Zucht, Dressur und Krankheiten. In der Praxis wird der Ausdruck für das organisierte Rassehundewesen verwendet.

kynologische Organisationen: Verbände und Vereine des Hundewesens auf nationaler und internationaler Ebene; ▸ Hundeverbände und ▸ FCI.

L

Là-bas! (franz.: Dorthin): Alter Zuruf an den Hühnerhund, wenn er bei der Dressur das Apportierte sitzend ▸ ausgeben sollte.
Labmagen, der: ▸ Wiederkäuermagen.
Laborierung, die: Waffentechnische Bez. für die Zusammensetzung der einzelnen Elemente (Pulvermenge, Pulverart, Geschossform, Geschossgewicht und Geschossmaterial) einer bestimmten Patrone. Die Stärke der Pulverladung muss aus Gründen der Schusswirkung und der Sicherheit auf das Gewicht und auf die Konstruktion des Geschosses abgestimmt sein. Daneben muss das Volumen der Hülse in einem angemessenen Verhältnis zu den Einzelelementen stehen. Die Firma RWS stellt z.B. Patronen des Kalibers 7 x 64 mit sechs verschiedenen Geschossen im Gewicht zwischen 7,5 und 11,5 g her. Bei den verschiedenen L. darf aber der gesetzlich vorgeschriebene Höchstgasdruck nicht überschritten werden. Die Herstellerfirmen geben auf den Verpackungen neben Geschossart, Geschosslänge und Geschossgewicht auch die L.-Nummer an. Bedingt durch geringe Reaktionsunterschiede bei verschiedenen Pulverformen und durch die bei der Munitionsherstellung gegebene Toleranzgrenze können bei der gleichen L. zwischen verschiedenen Fertigungsserien leichte Abweichungen der Treffpunktlage auftreten. Die Herstellerfirmen stempeln daher auf die Munitionspackungen zusätzlich ein Fertigungszeichen auf, z. B. 44 – TV, 68 – RX. Dadurch besteht die Möglichkeit, sich größere Vorräte anzulegen, damit die Treffpunktlage nicht ständig durch Probeschüsse kontrolliert werden muss.
Labrador Retriever, der: ▸ Apportierhunde 2.
Lachgans, die: ▸ Rallen 1.
Lachmöwe, die: ▸ Möwen 2.
Lachweih, der: ▸ Falken 2.
Lademaß, das: ▸ Pulvermaß.
Laden, das: Bei ▸ Hinterladern das Einschieben der Patrone ins Patronenlager; bei ▸ Vorderladern das Laden mit Pulver und Blei von der Laufmündung aus; ▸ führen 2).
Laderaum, der: ▸ Patronenlager.
Ladestock, der: Ein Eisenstock oder Holzstock, mit dem beim ▸ Vorderlader die ▸ Ladung aufgesetzt wird.
Ladung, die: Bez. für die in einer Patrone befindliche Pulvermenge im Verhältnis zum Geschossgewicht. Ist eine im Verhältnis zum Geschossgewicht große Pulvermenge geladen, wird von einer starken L. gesprochen, ist eine geringe Pulvermenge geladen, von einer schwachen L. Früher bezeichnete man auch den Pfropf aus Werg, Gras oder Papier, der auf die eigentliche L. gesetzt wurde, als L. L. nannte man aber auch das Pulver und das Blei zusammen, das man zu einem Schuss mit dem ▸ Vorderlader benötigte. Bei Vorderladergewehren mit gezogenem Lauf hatte die Kugel mit Pflaster einen etwas größeren Durchmesser als das Laufinnere und konnte daher nur mit einer gewissen Kraftaufwendung in den Lauf geschoben werden. Dies bezeichnete man als Drang-L. Ggs. ist die L. mit Spielraum, bei der das Geschoss mühelos geladen wird und erst im Lauf durch Stauchung auf einer festen Unterlage oder durch den Druck der Pulvergase in die Züge gepresst wird.
Lage, die: Das Verhältnis des Gewehrschaftes zur Körperform des ▸ Schützen. Hat das Gewehr eine gute L. oder liegt es dem Schützen gut, so entspricht es seiner Körperform. Die L. ist abhängig von der Länge und der Senkung des Schaftes sowie von der Stärke des Backens (▸ Schäftung).
Lager, das: **1**) Die Stelle, an der ein Hase, ein Kaninchen, ein Fasan oder eine Kette Rebhühner, ein Bär (▸ Lug), ein Wolf, ein Luchs oder anderes Wild gelegen hat; sie lagern

Einzelne Sau im Lager. Es wird vor allem tagsüber bezogen.

sich. **2**) Eine einzelne Sau liegt im L. (Schlafstelle). Andere Wildarten ▸ Bett, ▸ Kessel, ▸ Sasse. **3**) Das L. für Patronen; ▸ Patronenlager. **4**) Die Stelle, die vorbereitet wurde, um ein Fangeisen (▸ Fallen) zu lagern.

Lagerhund, der: Ein ▸ Vorstehhund, der Wild in dessen Lager aufspürt.

Lagerjunge, das: ▸ Mutter-Kind-Beziehung.

lagern: **1**) Niedertun des Wildes (es lagert sich), im Sinne von ▸ Lager 1) und 2). **2**) Hinstellen (L. oder Einlagern) des Fangeisens; ▸ Lager 4).

Lagerschaden, der: Ein durch Sauen verursachter ▸ Wildschaden in Getreidefeldern; ▸ Kessel 1), ▸ Hexenring.

Lagerschnepfe, die: Bez. für eine Waldschnepfe, die bei uns auch überwintert.

Lagomorpha, die: ▸ Hasen.

lahmen: Das Hinken bzw. Humpeln von laufkrankem ▸ Schalenwild.

lähmen: Dem ▸ Federwild das Schwunggelenk durchfangen oder das vordere Gelenk an den Flügeln abbrechen. Haarwild wurde gelähmt, indem man ihm die ▸ Hächse (Beugungssehne an den Hinterläufen) durchschärfte. Früher wurden fast alle frei laufenden Vögel in zoologischen Gärten gelähmt.

Lähmungen bei Beizvögeln: L. der ▸ Hände oder ▸ Füße und der Flügel der ▸ Beizvögel können verschiedene Ursachen haben. So kann – wie bei ▸ Krampfanfällen – ein Vitamin-B-Mangel die Ursache sein. In diesen Fällen ist Vitamin B zu verabreichen. Auch eine Gehirnerschütterung oder eine Gehirnblutung, z.B. wenn der Vogel gegen eine Glasscheibe geflogen ist, können die Ursache sein. Es ist abzuwarten, ob sich der Vogel wieder erholt.

Lähmungen bei Hunden: ▸ Hundelähme.

Lahnen, das: Eine Lautäußerung von jungen ▸ Greifvögeln und ▸ Beizvögeln, wenn sie nach Atzung (Nahrung) betteln; ▸ Lahner.

Lahner, der: Ein ständig bettelnder (schreiender) ▸ Beizvogel. Bei manchen ▸ Nestlingen und ▸ Ästlingen wird das ▸ Lahnen so zur Gewohnheit, dass sie auch noch im Alter bei Hunger oder sonstigem Unbehagen lahnen. Die L. sind in der internationalen Falknerei äußerst verpönt.

Laika, die: Ein Jagdhund, der außer in den Ländern der GUS und anderen osteuropäischen Ländern v.a. auch in den östlichen Bundesländern von Bedeutung ist. Im Jahre 1947 wurden auf dem Allunions-Kynologen-Kongress folgende Rassen anerkannt: Russisch-Europäische L., Westsibirische Jagd-L., Ostsibirische Jagd-L. und Karelo-Finnische Jagd-L. Mit Ausnahme der Karelo-Finnischen L. wurden diese Rassen 1980 auch von der ▸ FCI anerkannt. Jagdlich wird nur die Russisch-Europäische L. eingesetzt.

Äußere Merkmale: Die L. ist ein mittelgroßer, quadratisch gebauter Jagdhund. Die Gliedmaßen sind kräftig und muskulös. Der Kopf ist keilförmig mit deutlichem Übergang von der Stirn zum Fang. Die Ohren (Behänge) sind breit angesetzt, dreieckig und hochgestellt. Die Augen sind nicht groß, schrägstehend, braun oder dunkelbraun. Die Brust ist breit und tief und im Querschnitt eiförmig. Die lang behaarte Rute wird entweder geringelt über dem Rücken oder seitlich über die Keulen geschlagen getragen. Größe (Stockmaß): Rüde: 52 bis 58 cm, Hündin: 50 bis 56 cm; Gewicht: Rüde: 19 bis 23 kg, Hündin: 17 bis 21 kg. Das Haar ist dicht und hart, grau mit schwarz, auch silbergrau, einfach schwarz, weiß oder graubraun.

Verwendung und hervorstechende Eigenschaften: Die L. ist raubwildscharf, nervenfest, zuverlässig auf der ▸ Schweißfährte; wird auch zur Wasserarbeit und zum Apportieren eingesetzt. Guter Totverbeller.

Lailaps ▸ Kephalos.

Lainzer Tiergarten, der: Im Jahre 1772 unter Maria Theresia angelegter »Saugarten«, der als »Kaiserlicher Tiergarten bei Wien« oder kurz »beim Auhof« bekannt geworden ist und erst nach dem Ersten Weltkrieg die Bez. L. T. erhielt. Das Gelände südwestlich von Wien war bereits seit 1609 ▸ Hofjagdrevier der ▸ Habsburger. Bekannt wurde der L. T. u.a. durch die Einbürgerung des Muffelwildes ab 1840 (2. Stamm) sowie durch die Lainzer ▸ Jagdmusik (seit 1690; ▸ Schantl), früher Kaiserliche Jagdmusik genannt. Gemäß einer Eintragung in der Pfarrchronik von Mariabrunn wurde schon ab dem Jahr 1692 im L. T. alljährlich eine feierliche Eustachius-Messe (▸ Schutzpatrone) gelesen. Ursprünglich von Planken umzäunt, ist der L. T. seit 1787 nach einer Bauzeit von fünf Jahren (Beginn 1782) von einer Mauer umschlossen und besteht heute noch als Wildpark mit Rotwild-, Damwild-, Muffelwild-, Schwarzwild- und Rehwildbeständen fort. Die 24 km lange Mauer wurde seinerzeit von dem Maurergesellen Philipp Schlucker errichtet, der das absolut günstigste Angebot abgab. Dafür wurde ihm der finanzielle Ruin prophezeit; Schlucker ging aber nicht bankrott. Geblieben ist hingegen die Redewendung »armer Schlucker«.

Laithund, der (Laitihunt, Leitihunt): Mittelalterliche Bez. für den ▸ Leithund.

Lakonier, der: ▸ Spartaner.

Laminettedamast, der: ▸ Damast.

Lamm, das: Das männliche oder weibliche Muffelwild von der Geburt bis zum 31. März des auf die Geburt folgenden Jahres (Widder-L., Schaf-L.); ▸ Kalb, ▸ Kitz.

Lammer, der (Lämmer, Lammerbraten, Lämmerbraten): ▸ Mehrbraten.

Lämmergeier, der (Bartgeier, Jochgeier): ▸ Geier 4.

Lämmern, das: Das Setzen (Gebären) beim ▸ Muffelwild.

Lampe, der: Meister L. ist ein Fabelname des Feldhasen; ▸ Hase 1.

Lamprete, das: Das ▸ Wildkaninchen (in der älteren Literatur verwendete Bez.; z.B. bei ▸ Dietrich aus dem Winckell).

Lancaster, Charles: Bekannter Londoner Büchsenmacher, der das nach ihm benannte Gewehrsystem konstruierte. 1852 baute er das erste Gewehr mit Zentralzündung, die sehr bald die Stiftzündung und die Randzündung verdrängte.

Lancé: Der Augenblick, in dem die losgekoppelte Hundemeute (▸ Meute) auf die ▸ Fährte oder die ▸ Spur des Wildes gebracht wird und zu hetzen beginnt; heute nicht mehr übliche Bez.

Lancieren, das: Bez. für das Ausarbeiten der ▸ Gesundfährte eines bestimmten Hirsches (meist eines Feisthirsches) mit dem ▸ Leithund oder dem ▸ Schweißhund. Der ▸ Hundeführer (früher der ▸ Besuchsknecht) hängt dabei dem Hund am langen Riemen nach. Der dadurch beunruhigte Hirsch verlässt den ▸ Einstand auf gewohntem ▸ Wechsel, an dem sich ein oder mehrere Jäger angestellt haben. Das L. ist die Krone der Schweißhundeführung, wird jedoch in Deutschland nur noch selten beherrscht. In anderen Ländern wird es noch bei der Elchjagd mit dem ▸ Elchhund ausgeübt. Bei der ▸ Parforcejagd wurde der Hirsch dorthin lanciert, wo zur festgesetzten Zeit der Jagdherr mit der Jagdgesellschaft wartete. Er wurde aus dem Wald gesprengt, und die Jagdgesellschaft hetzte zu Pferde hinterdrein.

Lancierhund, der: Ein zum ▸ Lancieren verwendeter ▸ Elchhund oder ▸ Schweißhund, bei der früheren ▸ Parforcejagd auch der ▸ Leithund oder der beste ▸ Meutehund.

Landadler, der: ▸ Adler 1.

Landau, G.: ▸ Jagdliteratur.

Landbär, der: Bez. für den gemeinen Bären (▸ Braunbär) im Unterschied zu anderen Bärenarten.

Landbau, der: Nutzung des Bodens als Ackerland oder als ▸ Grünland zur Erzeugung von Pflanzen, die direkt oder verarbeitet der menschlichen Ernährung oder als Futterpflanzen der tierischen Ernährung dienen (▸ Wildäsungsflächen, ▸ Wildäsungspflanzen). Der weniger arbeitsaufwendige konventionelle L. (Standardmethode) erbringt infolge des Einsatzes von Pflanzenschutz- und Düngemitteln (Mineraldünger) wesentlich höhere Erträge als der alternative L.; ▸ Landwirtschaft.

Landbömsch, der: Zum Lebendfang von ▸ Greifvögeln dienendes viereckiges Netz mit Bleikugeln an den Ecken und auf vier Pfählen. Das Netz schlug über dem Vogel zusammen; ▸ Wasserbömsch, ▸ Garne 9.

Ländergrenzen, die: Die Grenzen der Bundesländer. Nach dem BJG (§7 Abs. 2) unterbrechen sie den eigentlichen Zusammenhang von Grundflächen, die einen Eigenjagdbezirk bilden, nicht. Für jeden Teil eines über mehrere Länder sich erstreckenden Eigenjagdbezirkes gelten die Vorschriften des Landes, in dem er liegt; ▸ Jagdbezirke.

Landesjagdberater, die: ▸ Jagdbehörden.

Landesjagdgesetze, die: Vor der Föderalismusreform des Jahres 2006 war das BJG nach Art. 75 Nr. 3 des Grundgesetzes (GG) ein Rahmengesetz; die Länder konnten diesen Rahmen ausfüllen. Mittlerweile gehört das Jagdrecht zur konkurrierenden Gesetzgebungskompetenz des Bundes; die Länder haben allerdings ein Abweichungsrecht (Art. 72 Abs. 3 Nr. 1 GG). Aufgrund der Übergangsregelung in Art. 125b Abs. 1 GG gilt die alte Konstruktion zwar fort, solange entweder Bund oder Länder nicht ihre Jagdgesetze ändern. Gerade die Länder tun dies jedoch in zunehmendem Maße.

In Österreich ist die Jagd Landessache, weshalb jedes Bundesland sein eigenes Jagdgesetz hat. Diese Gesetze sind sehr spezifisch und weichen in ihrem Inhalt oft voneinander ab.

Auch die Schweiz hat ein Rahmengesetz. Die Bestimmungen dieses Bundesgesetzes können durch die Jagdgesetze der Kantone verschärft werden.
Für den ▸ Jäger ist es wichtig, neben dem BJG auch das Jagdgesetz des Landes zu kennen, in dem er jagt.

Landesjagdschulen, die: Einrichtungen der Landesjagdverbände (meist mit einem ▸ Lehrrevier) zur Aus- und Weiterbildung der Jäger. Sie bieten daneben i.d.R. auch Lehrgänge für Forstreferendare der Landesforstverwaltungen und für ▸ Jagdaufseher sowie Schulungen für Mitglieder der Naturschutzverbände etc. an. L. bestehen in Baden-Württemberg (Landesjagdschule Dornsberg), in Bayern (Landesjagdschule Zentrale Feldkirchen und Bereich Amerdingen mit Schießanlage), in Hessen (Jagdschloss Kranichstein), in Niedersachsen (Jägerlehrhof Jagdschloss Springe), in Nordrhein-Westfalen (Jägerhof Brüggen), in Rheinland-Pfalz (Lehrrevier Vorholz) und in Schleswig-Holstein (Hegelehrrevier Ostküste in Grönwohld).

Landesjagdverbände, die: Freiwillige Zusammenschlüsse von Jägern jeweils eines Bundeslandes, die in den alten Bundesländern vorwiegend in den Jahren 1950 bis 1952 gegründet wurden und deren gemeinsame Spitzenorganisation der Deutsche Jagdschutz-Verband e.V. ist (Zuständigkeiten der L.: ▸ Jagdschutz – Verband). Die L. (z.T. auch Landesjägerschaften genannt) geben in eigener Verantwortung Mitteilungsblätter für ihre Mitglieder heraus. Die deutschen L. (in Klammern die Mitteilungsblätter) sind:
- Landesjagdverband Baden-Württemberg e.V. (»Der Jäger in Baden-Württemberg«)
- Landesjagdverband Bayern e.V. (»BJV-Mitteilungen – Jagd in Bayern«)
- Landesjagdverband Brandenburg e.V.
- Landesjagdverband Berlin e.V.
- Landesjägerschaft Bremen e.V.
- Landesjagd- und Naturschutzverband – Freie und Hansestadt Hamburg e.V. (»Mitteilungen LJV Freie und Hansestadt Hamburg: Jäger und Fischer«)
- Landesjagdverband Hessen e.V. (»Hessenjäger«)
- Landesjagdverband Mecklenburg-Vorpommern e.V.

Die Wappen der Landesjagdverbände in der Bundesrepublik Deutschland

– Landesjägerschaft Niedersachsen e.V. (»Niedersächsischer Jäger«)
– Landesjagdverband Nordrhein-Westfalen e.V. (»Rheinisch-Westfälischer Jäger«)
– Landesjagdverband Rheinland-Pfalz e.V. (»Jagd + Jäger in Rheinland-Pfalz«)
– Vereinigung der Jäger des Saarlandes (»Der Saarjäger«)
– Landesjagdverband Sachsen e.V.; Landesjagdverband Sachsen-Anhalt e. V
– Landesjagdverband Schleswig-Holstein e.V. (»Mitteilungen für Schleswig-Holsteinische Jäger«)
– Landesjagdverband Thüringen e.V.

Österreich: L. sind Tiroler Jägerverband (»Jagd in Tirol«) – Kärntner Jägerschaft (»Kärntner Jäger«) – Niederösterreichischer Landesjagdverband (»Österreichs Waidwerk«) – Oberösterreichischer Landesjagdverband (»Der oberösterreichische Jäger«) – Salzburger Jägerschaft – Steirische Landesjägerschaft (»Der Anblick«) – Vorarlberger Jägerschaft – Wiener Landesjagdverband – Burgenländischer Landesjagdverband. Die L. Österreichs sind zusammengeschlossen in der Zentralstelle Österreichischer L. mit Sitz in Wien. Die Österreichischen L. (ausgenommen die Vorarlberger Jägerschaft) haben den Status von Körperschaften des öffentlichen Rechts. In Vorarlberg ist die Interessenvertretung der Jägerschaft ein Verein, der von der Landesregierung anerkannt werden muss.

Schweiz: L. sind Allgemeiner Schweizerischer Jagdschutzverein – Schweizerischer Patentjäger- und Wildschutzverband SPW – DIANA Société Suisse de Chasseurs – Federazione Cantonale Cacciatori Ticinesi (FACTI).

Südtirol: Landesjagdverband Südtirol.

Landesjägermeister, der (LJM): Ein Jäger, der in einzelnen Bundesländern die ▸ Jagdbehörden als ehrenamtlicher und sachkundiger Mitarbeiter unterstützt (Kreisjagdmeister, Bezirksjagdmeister, Jägermeister oder Jagdmeister).

Landesjägerschaft, die: ▸ Landesjagdverbände.

Landeskultur, die: Bez. für alle Maßnahmen, die der besseren Nutzung des Bodens und seiner Verteilung (▸ Kulturlandschaft) sowie der Neulandgewinnung dienen. V. a. finden hier land-, forst- und fischereiwirtschaftliche Belange (Funktion und Erzeugung) Berücksichtigung. In §1 Absatz 2 des BJG wurde der Hegebegriff (▸ Hegeziel) durch das Wort »landeskulturell« erweitert. Damit werden alle ökonomischen und ökologischen Aspekte erfasst, die bei der Anpassung des Wildbestandes an die land- und forstwirtschaftlich genutzte und betreute Landschaft zu berücksichtigen sind.

Landhalali: ▸ Parforcejagd.

Landhase, der: ▸ Hasen 1.

Landhirsch, der: Eine veraltete Bez. für den Hirsch der Ebene, im Ggs. zum ▸ Berghirsch.

Landjägermeister, der: An herrschaftlichen Höfen führten die ältesten Oberforstmeister früher den Titel L., als die sie den Rang nach dem ▸ Oberjägermeister bekleideten und nach dessen Ausscheiden dessen Funktion übernahmen.

Landois, Hermann, Prof. Dr. (19.4.1835 Münster bis 29.1.1905 Münster): Priester, Zoologe und Mundartdichter. L., der im Jahre 1859 zum Priester geweiht wurde, arbeitete als Lehrer, bevor er 1863 in Greifswald mit einer zoologischen Arbeit promovierte. In Münster habilitierte er sich für Zoologie und wurde 1873 zum a. o., 1876 zum o. Professor ernannt. 1871 gründete er den Westfälischen Verein für Vogelschutz, Geflügel- und Singvögelschutz, 1872 die Zoologische Sektion für Westfalen und Lippe und 1874 den Westfälischen Zoologischen Garten. 1876 wurde er wegen seiner Entfremdung von der Kirche seiner Funktionen als Priester enthoben. Er veröffentlichte u.a. »Westfalens Tierleben in Wort und Bild« (3. Bde. 1883 bis 1892) und »Das Studium der Zoologie« (1905).

Landotter, der: ▸ Fischotter.

Landraubtiere, die (*Fissipedia*): Auch ▸ Beutegreifer. Größte Unterordnung der Raubtiere (▸ *Carnivora*). Sie umfasst alle landlebenden Raubtiere. Ggs.: Wasserraubtiere (z.B. ▸ Robben); ▸ Haarraubwild.

Landrick, der: ▸ Rick 1).

Landsberger Gemenge, das: Eine besondere Mischung von Pflanzenarten für den Zwischenfruchtanbau im Winter, auch geeignet für ▸ Wildäcker. Das L. G. setzt sich aus 21 kg/ha Winterwicken, 9 kg/ha Inkarnatklee und 30 kg/ha Welschem Weidelgras zusammen. Die Aussaat erfolgt i.d.R. ab Ende August auf mittleren bis besseren Böden.

Landschaft, die: Als Einheit abgrenzbarer Teilraum der Erdoberfläche mit spezifischen Elementen, Strukturen, Entwicklungsabläufen und Stabilitätseigenschaften; ▸ Kulturlandschaft, ▸ Naturlandschaft.

Landschaftsbestandteile, geschützte, die: Nach §29 BNatSchG rechtsverbindlich festgesetzte Teile von Natur und Landschaft, deren besonderer Schutz 1. zur Erhaltung, Entwicklung oder Wiederherstellung der Leistungs- und Funktionsfähigkeit des Naturhaushalts, 2. zur Belebung, Gliederung oder Pflege des Orts- und Landschaftsbildes, 3. zur Abwehr schädlicher Einwirkungen oder 4. wegen ihrer Bedeutung als Lebensstätten bestimmter wild lebender Tier- und Pflanzenarten erforderlich ist. Der Schutz kann sich in bestimmten Gebieten auf den gesamten Bestand an Alleen, einseitigen Baumreihen, Bäumen, Hecken oder anderen L. erstrecken (§29 Abs. 1 BNatSchG). Die Beseitigung des geschützten Landschaftsbestandteils sowie alle Handlungen, die zu einer Zerstörung, Beschädigung oder Veränderung des geschützten Landschaftsbestandteils führen können, sind nach Maßgabe näherer Bestimmungen verboten. Ausnahmen von diesem Verbot sind nur dann zulässig, wenn sie aus zwingenden Gründen der Verkehrssicherheit durchgeführt werden und keine anderen Maßnahmen zur Erhöhung der Verkehrssicherheit erfolgreich durchgeführt werden konnten.

Landschaftsgestaltung, die: Im weiteren Sinne die Umgestaltung (Umformung) der Landschaft durch menschliche Eingriffe; im engeren Sinne die gärtnerische Gestaltung der ▸ Kulturlandschaft (Landschaftsgärtnerei).

Landschaftshaushalt, der: Das Wirkungsgefüge aller natürlichen Landschaftsfaktoren (Grundgestein, Boden, Wasser, Klima, Tier- und Pflanzenwelt) und der vom Menschen ausgehenden Einflüsse; ▸ Kulturlandschaft, ▸ Naturlandschaft.

Landschaftspflege, die: Die Ziele der L. (und des ▸ Naturschutzes) sind: Natur und Landschaft im besiedelten und im unbesiedelten Bereich so zu schützen, zu pflegen und zu entwickeln, dass erstens die Leistungsfähigkeit des Naturhaushaltes, zweitens die Nutzungsfähigkeit der Naturgüter, drittens die Pflanzen- und Tierwelt sowie viertens die Vielfalt, Eigenart und Schönheit von Natur und Landschaft als Lebensgrundlage des Menschen und als Voraussetzung für seine Erholung in Natur und Landschaft nachhaltig gesichert sind. Dieses Ziel wird durch ▸ landschaftspflegerische Maßnahmen erreicht.

landschaftspflegerische Maßnahmen, die: L. M. dienen der Verwirklichung der Ziele des ▸ Naturschutzes und der ▸ Landschaftspflege. Durch sie sollen v.a. Landschaftsschäden, die durch Eingriffe in die Natur entstehen, verhindert oder ausgeglichen werden. Unter Eingriffen in Natur und Landschaft im Sinne des BNatSchG sind Veränderungen der Gestalt oder der Nutzung von Grundflächen zu verstehen, welche die Leistungsfähigkeit des Naturhaushalts oder das Landschaftsbild erheblich oder nachhaltig beeinträchtigen können. Landschaftsschäden entstehen hauptsächlich beim Abbau von Bodenschätzen. Durch Rekultivierung oder durch naturnahe Gestaltung sind diese Schäden zu mindern oder zu beseitigen. Dagegen ist die ordnungsgemäße land-, forst- und fischereiwirtschaftliche Bodennutzung nicht als Eingriff in Natur und Landschaft anzusehen. Bei einem Eingriff in Natur und Landschaft, der aufgrund eines nach öffentlichem Recht vorgesehenen Fachplanes vorgenommen werden soll, hat der Planungsträger die zum Ausgleich dieses Eingriffes erforderlichen Maßnahmen des Naturschutzes und der Landschaftspflege im einzelnen im Fachplan oder in einem landschaftspflegerischen Begleitplan in Text und Karte darzustellen; der Begleitplan ist Bestandteil des Fachplanes. In besiedelten Bereichen sind Teile von Natur und Landschaft, auch begrünte Flächen und deren Bestände, in besonderem Maße zu schützen, zu pflegen und zu entwickeln. In diesen Bereichen können Eigentümer und Nutzungsberechtigte, die ein Grundstück nicht ordnungsgemäß instand halten, zur Pflege des Grundstücks verpflichtet werden, sofern die Belange des Naturschutzes und der Landschaftspflege erheblich und nachhaltig beeinträchtigt werden und die Pflege des Grundstücks angemessen und zumutbar ist. Weitere l. M. sind v.a.: ▸ wild wachsende Pflanzen und ▸ wild lebende Tiere als Teil des Naturhaushaltes zu schützen und zu pflegen; Gewässerschutz, v.a. Erhaltung der Selbstreinigungskraft des Wassers (▸ biologische Reinigung) durch biologische Wasserbaumaßnahmen; Verminderung von ▸ Luftverschmutzungen und Lärmeinwirkungen; Sicherung der Vegetation im Rahmen einer ordnungsgemäßen Nutzung, was insbesondere für Wald, für sonstige geschlossene Pflanzendecken und für die Ufervegetation gilt. Unbebaute Flächen, deren Pflanzendecke beseitigt worden ist, sind wieder standortgerecht zu begrünen. Für Naherholung, Ferienerholung und sonstige Freizeitgestaltung sind in ausreichendem Maße nach ihrer natürlichen Beschaffenheit und Lage geeignete Flächen zu erschließen, zweckentsprechend zu gestalten und zu erhalten.

Landschaftspläne, die: Die örtlichen Erfordernisse und Maßnahmen des ▸ Naturschutzes und der ▸ Landschaftspflege sind auf der Grundlage des ▸ Landschaftsprogramms oder der Landschaftsrahmenpläne in L. flächendeckend darzustellen. Die L. sind fortzuschreiben, wenn wesentliche Veränderungen der ▸ Landschaft vorgesehen oder zu erwarten sind. Die Ziele der Raumordnung sind zu beachten; die Grundsätze und sonstigen Erfordernisse der Raumordnung sind zu berücksichtigen (§10 Abs. 1 BNatSchG). Die Länder regeln die Verbindlichkeit der L., insbesondere für die Bauleitplanung. Sie können bestimmen, dass Darstellungen des Landschaftsplans als Darstellungen oder Festsetzungen in die Bauleitpläne aufgenommen werden. Grundsätzlich sind Landschaftspläne aufzustellen, sobald und soweit dies erforderlich ist, insbesondere weil wesentliche Veränderungen von Natur und Landschaft im Planungsraum eingetreten, vorgesehen oder zu erwarten sind (§ 11 Abs. 2 BNatSchG). Werden in den Ländern Berlin, Bremen und Hamburg die örtlichen Erfordernisse und Maßnahmen des Naturschutzes und der Landschaftspflege im Landschaftsprogramm oder in Landschaftsrahmenplänen dargestellt, so ersetzen diese Pläne die L. (§ 11 Abs. 3 BNatSchG).

Landschaftsplanung, die: ▸ Landschaftspläne.

Landschaftsprogramm, das: Die überörtlichen Erfordernisse und Maßnahmen zur Verwirklichung der Ziele des ▸ Naturschutzes und der ▸ Landschaftspflege werden nach dem BNatSchG unter Beachtung der Grundsätze und der Ziele der Raumordnung und der Landesplanung für den Bereich eines Landes in L. oder für Teile eines Landes in Landschaftsrahmenplänen dargestellt.

Landschaftsschäden, die: ▸ landschaftspflegerische Maßnahmen.

Landschaftsschutzgebiete, die: Nach §26 Abs. 1 BNatSchG rechtsverbindlich festgesetzte Gebiete, in denen ein besonderer Schutz von Natur und Landschaft 1. zur Erhaltung, Entwicklung oder Wiederherstellung der Leistungs- und Funktionsfähigkeit des Naturhaushalts oder der Regenerationsfähigkeit

◂◂ Schild Landschaftsschutzgebiet mit Zusatzbeschilderung

und nachhaltigen Nutzungsfähigkeit der Naturgüter, einschließlich des Schutzes von Lebensstätten und Lebensräumen bestimmter wild lebender Tier- und Pflanzenarten, 2. wegen der Vielfalt, Eigenart und Schönheit oder der besonderen kulturhistorischen Bedeutung der ▸ Landschaft oder 3. wegen ihrer besonderen Bedeutung für die Erholung erforderlich ist. In einem Landschaftsschutzgebiet sind unter besonderer Beachtung des §5 Abs. 1 und nach Maßgabe näherer Bestimmungen alle Handlungen verboten, die den Charakter des Gebiets verändern oder dem besonderen Schutzzweck zuwiderlaufen (§26 Abs. 2 BNatSchG). Solche Handlungen können z.B. sein: Abholzung, Aufforstung, Industrialisierung, Überbauung. Im Ggs. zu den ▸ Naturschutzgebieten handelt es sich hierbei i.d.R. um großflächige Gebiete mit weniger starken Einschränkungen für andere Nutzungen. Die natürliche Erholungseignung solcher Gebiete ist besonders hoch. Insofern besteht das Bestreben, im Rahmen des Umweltschutzes verstärkt weitere L. auszuweisen.; ▸ Jagd in Schutzgebieten.

Landschaftsüberwachungsdienst, der: ▸ Naturschutzwacht.

Landschaftswacht, die: ▸ Naturschutzwacht.

Landschaftswart, der: ▸ Naturschutzwart.

Landschaftszerstörung, die: Eingriffe in die ▸ Landschaft, die deren bestehenden Charakter verändern und dadurch das natürliche Gleichgewicht stören. Hierzu zählen z.B. Zersiedelung, großflächige Drainage, Abbau von Rohstoffen (Braunkohle etc.) und dichte Verkehrsnetze.

Landseer, Sir Edwin Henry (1802 bis 1873): ▸ Jagdkunst.

Landvogel, der: Sammelbezeichnung für vorzugsweise auf trockenem Lande lebende Vogelarten (im Ggs. zu Sumpf- und Wasservögeln). Zu den Landvögeln zählen alle ▸ Hühnervögel, ▸ Wildtauben, ▸ Drosseln, ▸ Greifvögel und ▸ Rabenvögel.

Landwirt(in), der, die: Berufsbezeichnung in der ▸ Landwirtschaft nach Ablegung einer Abschlussprüfung nach i.d.R. dreijähriger Ausbildungsdauer. Das berufliche Arbeitsgebiet umfasst u.a. die pflanzliche und die tierische Erzeugung mit der dazugehörigen Landtechnik. Landwirte mit Abschlussprüfung werden außerhalb des elterlichen Betriebes auch als Mitarbeiter in größeren landwirtschaftlichen Betrieben und im Dienstleistungsbereich Landwirtschaft benötigt.

Landwirtschaft, die: Die Nutzung des Bodens zur Erzeugung pflanzlicher und tierischer Nahrungsmittel und Rohstoffe. Die L. war in den letzten 45 Jahren einem tiefgreifenden Wandel ausgesetzt: 1955 wirtschafteten im früheren Bundesgebiet noch rd. 1,5 Mio. ▸ landwirtschaftliche Betriebe, 2001 waren es rd. 381 600 (ab 2 ha landwirtschaftlich genutzter Fläche). Der Strukturwandel setzt sich fort. Die L. (einschließlich Forst- und Ernährungswirtschaft) erfüllt in unserer Gesellschaft vielfältige Funktionen. Neben der gesicherten Versorgung mit qualitativ hochwertigen Nahrungsmitteln zu angemessenen Preisen sind das ihre Beiträge zur Erhaltung und zur Pflege der natürlichen Lebensgrundlagen sowie einer vielfältigen Landschaft als Siedlungs-, Wirtschafts- und Erholungsraum. Eine zunehmende Bedeutung kommt der Erschließung regenerativer Energie- und Rohstoffquellen zu. In den neuen Bundesländern unterstützt die Bundesregierung auch weiterhin die fortschreitende Entwicklung zu effizienten ▸ landwirtschaftlichen Betriebsformen. Über 80% der Flächen in den neuen Ländern sind langfristig verpachtet. Aufgrund des Entschädigungs- und Ausgleichsgesetzes (EALG) können nunmehr ehemals volkseigene, im Wesentlichen aus den Enteignungen 1945 bis 1949 stammende land- und forstwirtschaftliche Flächen zu einem Preis erworben werden, der dem dreifachen Einheitswert von 1935 entspricht. Daneben ist die Neuausrichtung der einzelbetrieblichen Investitionsförderung wichtiger Bestandteil der zukünftigen Gestaltung der Agrarstrukturpolitik mit dem Ziel, die landwirtschaftlichen Betriebe darin zu unterstützen, ihre Wettbewerbsfähigkeit zu verbessern. Für Investitionen im ländlichen Raum werden den neuen Ländern und Berlin (Ost) sowie den Fördergebieten im früheren Bundesgebiet u.a. Mittel aus den Strukturfonds der Europäischen Union zur Verfügung gestellt. In Deutschland waren im Jahr 2001 nach vorläufigen Angaben des Statistischen Bundesamtes rund 1,32 Mio. Arbeitskräfte haupt- oder nebenberuflich in der L. tätig.

landwirtschaftliche Betriebe, die: Betriebe mit ▸ landwirtschaftlich genutzter Fläche (LF). Die l. B. gliedern sich nach dem Erwerbscharakter in:

1. Haupterwerbsbetriebe: Betriebe, in denen die betriebliche Arbeitszeit des Betriebsinhabers mindestens 0,5 AK (1 AK-Einheit = statistische Bez. für eine vollbeschäftigte Arbeitskraft, Mindestalter 16 Jahre, Höchstalter 65 Jahre) und das außerbetriebliche Erwerbseinkommen des Betriebsinhabers weniger als

50% des Erwerbseinkommens insgesamt betragen. Solche Betriebe werden unterschieden in

Vollerwerbsbetriebe: Betriebe, in denen der Anteil des außerbetrieblichen Erwerbseinkommens des Betriebsinhaberehepaares am Erwerbseinkommen insgesamt weniger als 10% beträgt.

Zuerwerbsbetriebe: Betriebe, in denen der Anteil des außerbetrieblichen Erwerbseinkommens des Betriebsinhaberehepaares mindestens 10%, aber weniger als 50% des Erwerbseinkommens insgesamt beträgt.

2. Nebenerwerbsbetriebe: Betriebe, in denen die betriebliche Arbeitszeit des Betriebsinhabers weniger als 0,5 AK oder der Anteil des außerbetrieblichen Erwerbseinkommens des Betriebsinhaberehepaares am Erwerbseinkommen insgesamt mindestens 50% beträgt. Etwa 43% der l. B. sind Nebenerwerbsbetriebe.

Im Jahr 2001 gab es in Deutschland rund 410 000 l. B. ab 2 ha landwirtschaftlich genutzter Fläche. Davon befanden sich 28 400 Betriebe in den neuen Ländern und 381 600 im früheren Bundesgebiet. Die Betriebe ab 2 ha LF bewirtschafteten in Deutschland rund 17.0 Mio. ha LF. Hiervon entfielen 11.4 Mio. ha LF auf das frühere Bundesgebiet und 5.6 Mio. ha LF auf die neuen Länder.

landwirtschaftliche Betriebsformen, die: Die Zuordnung zu den einzelnen l. B. erfolgt anhand der Struktur der Summe der Standarddeckungsbeiträge (StDB) eines ▸ landwirtschaftlichen Betriebes. Der StDB je Flächeneinheit oder Tiereinheit entspricht der geldlichen Bruttoleistung abzüglich der entsprechenden variablen Spezialkosten. Den einzelnen l. B. (z.B. Marktfruchtbetriebe) werden alle Betriebe zugeordnet, bei denen die StDB für die Betriebszweige der betreffenden Betriebsform (z.B. Anbau von Marktfrüchten) einen Anteil von mindestens 50% am gesamten StDB des Betriebes haben. Bei den Gemischtbetrieben erreicht kein Betriebszweig 50% des StDB des Betriebes. Die l. B. werden wie folgt abgegrenzt:

1. Marktfruchtbetriebe: Getreide, Zuckerrüben, Kartoffeln usw. >75%

2. Futterbaubetriebe: Milchkühe, Mastrinder, Schafe, Pferde usw. >50%; Veredlungsbetriebe: Mastschweine, Zuchtsauen, Legehennen usw. >50%; Dauerkulturbetriebe: Obst, Wein, Hopfen >50%;

3. landwirtschaftliche Gemischtbetriebe: Marktfrucht, Futterbau, Veredlung und Dauerkulturen <50%.

landwirtschaftliche Kulturarten, die: Die l. K. sind die Grasnutzung (Wiesen und Weiden), der Hackbau (Kartoffeln, Rüben, Hackfrüchte), der Ackerbau (Getreide) und der Gartenbau (Obst, Gemüse, Wein, Tabak). Die angebauten Kulturen sind abhängig von den jeweils herrschenden Standortbedingungen wie Boden und Klima.

Landwirtschaftliche Wildhaltung, die: ▸ Wildhaltung, landwirtschaftliche.

Landwirtschaftlich genutzte Fläche (LF), die: Sie setzt sich zusammen aus Ackerfläche, Dauergrünland, Obstfläche, Hopfenfläche, Baumschulfläche und Flurholzfläche, weinbaulich genutzter Fläche sowie der Obst- und Gemüsefläche in Haus- und Nutzgarten.

Landwirtschaftsklausel, die: Feststellung nach §14 Abs. 2 BNatSchG, wonach eine ordnungsgemäße land-, forst- und fischereiwirtschaftliche Bodennutzung nicht als Eingriff in Natur und Landschaft anzusehen ist. Sie entspricht somit den Zielen des Naturschutzes. Eingriffe im Sinne des Naturschutzgesetzes sind Veränderungen der Gestalt oder der Nutzung von Grundflächen, welche die Leistungsfähigkeit des Naturhaushalts oder das Landschaftsbild erheblich oder nachhaltig beeinträchtigen können.

Lang, Fritz (15.3.1877 Stuttgart bis 26.10. 1961 Stuttgart), Maler und Illustrator. L. schuf vorwiegend Ölbilder sowie Druck- und Buchgrafik mit Landschafts-, Tier- und Pflanzendarstellungen. Bekannt wurde L. v.a. als Jugendbuchilllustrator.

Lang, Otto (5.9.1855 Oberammergau bis 1929 München): Bildhauer. L. Sohn eines Bildschnitzers war seit 1883 als freischaffender Bildhauer in München tätig. Zu seinen Hauptwerken gehört »Germane mit erlegtem Eber« (1881). L. schuf auch das Grabdenkmal für Alfred Krupp in Essen (1891).

Langblei, das: ▸ Kugel 2).

Lange Jagd, die: Alte Bez. für die Jagd (▸ Hetzjagd) mit ▸ langen Hunden oder mit ▸ Windhunden, die das Wild hetzen und fangen.

Langen, Johann Georg von (22.3.1699 auf Gut Oberstedt bei Hildburghausen/Thüringen bis 25.5.1776 auf Schloss Jägersborg, Nähe Klampenborg bei Kopenhagen): L. war Herzoglich Braunschweigerischer Hof- und Oberjägermeister sowie Königlich Dänisch-Norwegischer Generalforstmeister. L. gehörte neben ▸ Minnigerode und von ▸ Berlepsch zu den sog. »fortschrittlichen Jägern«. Zu seinen Mitarbeitern gehörten u.a. der Oberforstmeister von Lengefeld (1715 bis 1775), der Schwiegervater Friedrich Schillers und der Gräfl. Stolberg-Wernigerodische Oberforst- und Jägermeister Hans Dietrich von Zanthier (1717 bis 1778), der 1763 in Göttingen eine forstliche Meisterschule gründete; ▸ Jagdliteratur.

lange Nase, die: svw. gutes Riechvermögen, das der Hund besitzt, wenn er die Fähigkeit hat, Wild schon aus größerer Entfernung zu riechen.

lange Penn, die: Bez. für die längste Schwungpenne (Schwungfeder) des Beizvogelflügels; ▸ Pennen, ▸ Greifvögel.

langer Hals, der: ▸ Federwild (besonders Auerwild) macht einen langen H. oder einen langen Kragen, wenn es plötzlich misstrauisch wird und den Hals streckt, um besser Umschau halten zu können.

langer Hund, der: Bez. für einen Hund, der nicht mit der Nase der Fährte folgt, sondern mit hochgehaltenem Kopf das Wild größtenteils oder ganz auf Sicht jagt und aufgrund seines Körperbaus fähig ist, dem Wild zu folgen und es zu fangen.

langer Kragen, der: ▸ langer Hals.

langes Gesicht, das: ▸ Langgesicht.

Langfessel, die: Ein starker, ca. 1 bis 2 m langer und 10 bis 15 mm breiter Riemen aus Leder (in letzter Zeit auch aus geflochtenem Nylon) mit einem starken Knoten an einem Ende, der nicht durch den Drahlring gleiten kann, und mit einem 2 bis 3 cm langen, genau in der Mitte sitzenden Längsschlitz, mit dem der ▸ Beizvogel festgelegt wird. Die L. wird durch die ▸ Drahle am ▸ Geschüh (Falken) oder durch die Drahle an der ▸ Kurzfessel (Habicht, Sperber) gezogen, und mit ihrer Hilfe wird der Beizvogel festgelegt. Stellt man den Beizvogel auf den hohen ▸ Reck, wird die L. nur bis zur Hälfte (Mittelschlitz) durch die Drahle gezogen und an der Reckstange festgeschlungen. Stellt man den Beizvogel auf eine ▸ Jule oder auf einen Habichtsbogen, zieht man die L. bis zum L.-Knoten durch und schlauft das andere Ende der L. am Metallring der Jule oder des Habichtsbogens fest. Bei der Aufjagd (Jagd mit dem Uhu) dient die L. auch zum Festlegen des Uhus.

Langfeuerwaffe, die: ▸ Langwaffe.

Langgeschoss, das: ▸ Kugel 2).

Langgesicht, das: Scherzname für die Waldschnepfe, auch als »Vogel mit dem langen Gesicht« bezeichnet; ▸ Schnepfenvögel 1.

Langhaar, das: ▸ Hundehaar.

Langhaar, **Deutsch-Langhaar** ▸ Vorstehhunde 3.

Langhaar-Teckel, der: ▸ Erdhunde 2.

Langhals, der: ▸ Wildenten 7.

Langjager, der: ▸ Weitjager.

langschäftig: Seltener Ausdruck für ▸ Hunde und ▸ Wild mit einem langen, gestreckten Körperbau.

Langschnabel, der: Scherzname für die Waldschnepfe; ▸ Schnepfenvögel 1.

Langschwanz, der: ▸ Wildenten 12.

Langwaffe, die: Eine ▸ Schusswaffe (Handfeuerwaffe), deren Lauf und Verschluss in geschlossener Stellung insgesamt länger als 30 cm sind, und deren kürzeste bestimmungsgemäß verwendbare Gesamtlänge 60 cm überschreitet. Alle anderen Schusswaffen sind ▸ Kurzwaffen; ▸ Jagdgewehr.

Lanken: Ein ▸ Beizfalke geht durch die L., d.h. er springt rückwärts.

Lanner, der: Weiblicher Lannerfalke (▸ Falken 7.), der zur ▸ Beizjagd verwendet wird.

Lanneret, der: Männlicher Lannerfalke (▸ Falken 7.), der zur ▸ Beizjagd verwendet wird; ▸ Terzel.

Lannerfalke, der: Ein Falke aus Südeuropa und Afrika, der zur ▸ Beizjagd verwendet wird; ▸ Falken 7.

Lanz, Johann Wilhelm: ▸ Jagdkunst.

Lanze, die (Jagdlanze oder Hirschlanze): ▸ Blanke Waffen.

Lanzettegel, der: Kleiner Leberegel; ▸ Leberegel 2.

Lapard, der: **1**) Bez. für einen Greifvogelwildfang im ▸ Jugendkleid, der im Frühjahr des auf das Schlüpfen folgenden Jahres, also vor der ersten ▸ Mauser, gefangen wurde. Ein Falke im Jugendkleid wird auch als Sorfalke bezeichnet; ▸ Wildfang, ▸ Hagard. **2**) Bez. auch für einen jungen ▸ Hagard, der noch Teile seines Jugendgefieders trägt.

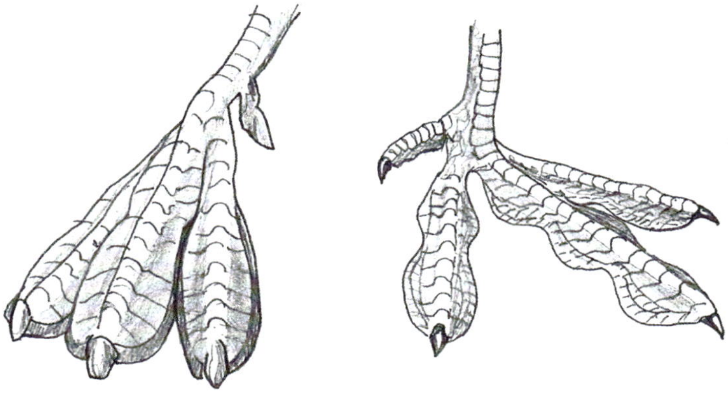

Lappenfuß

Lapin, das (franz.): svw. ▸ Wildkaninchen.
Lappen, die: **1**) Die ▸ Lefzen, seltener der ▸ Behang 1) des Hundes. **2**) Bindehaut zwischen den Zehen des Wassergeflügels, wenn sie geteilt ist (z.B. bei Wasserhühnern und bei Tauchern); ▸ Lappenfuß. **3**) (Blendzeug) an einer Leine (▸ Arche) befestigte, rechteckige Tücher, Papierfetzen, Federn (Feder-L.) oder Flintern, die zum Einlappen eines Treibens dienen. Der Anblick dieser L. soll das Wild davon abhalten, aus der ▸ Lappstatt auszuwechseln; vielmehr soll es einen bestimmten, freigelassenen ▸ Wechsel oder ▸ Pass annehmen, an dem ein oder mehrere ▸ Schützen angestellt sind. Vom Wild, das durch die L. entfloh, sagt man: »Es ist durch die L. gegangen«; ▸ Eingestellte Jagen, ▸ Jagdzeug 1. Heute dienen L. u.a. der ▸ Wildschaden(s)verhütung.
Lappenflügel, der: Bei der ▸ Lappjagd ein abgelappter Flügel; im Ggs. zum freigelassenen Flügel.
Lappenfuß, der: Der Fuß von Wasserhühnern oder von Tauchern, die Lappen (geteilte Bindehaut) an den Zehen haben.
Lappenfuß, grauer, der: ▸ Wassertreter 2.
Lappenleine, die: Die Leine, an der die ▸ Lappen angeschleift werden.
Lappenstäbe, die (Lappstäbe, -reiser): Stellstäbe für die Schnur (▸ Arche), an der die Lappen befestigt werden; selten gebräuchlich.
Lappentaucher, die (*Podicipedidae*): Die L. gehören zur ▸ Ordnung der ausschließlich auf dem Wasser lebenden Schwimmvögel der Binnengewässer mit Spaltschwimmfüßen (▸ Lappenfuß). Die Vorderzehen sind mit großen, an der Wurzel verbundenen Schwimmhäuten versehen. Schwanz sehr kurz, z.T. kaum sichtbar. Schnabel spitz, dünn und hart ohne Lamellen; Nasenlöcher verschließbar. Da die Füße sehr weit hinten am Körper angebracht sind, werden sie auch »Steißfüße« genannt. Beide ▸ Geschlechter sind gleich gefärbt. Die L. können ausgezeichnet tauchen und sich sehr schnell unter Wasser fortbewegen. Beim Schwimmen liegen sie tief im Wasser; zum Auffliegen nehmen sie einen Anlauf auf dem Wasser. Sie fliegen nur schlecht. Das ▸ Nest wird meist schwimmend aus verrottenden Pflanzenteilen errichtet; die Nestmulde ist stets feucht. Die Neststoffe färben die Eier nach kurzer Zeit bräunlich. Das Gelege besteht meist aus vier oder fünf Eiern; beim Verlassen des Nestes wird das Gelege mit Nistmaterial bedeckt. Mit Ausnahme des Zwergtauchers (er brütet zweimal, seltener dreimal) meist eine Jahresbrut. Die Jungen sind ▸ Nestflüchter und sitzen in den ersten Tagen im Gefieder des Altvogels. Von allen L. ist nur der Haubentaucher jagdbar. Er ist aber ganzjährig mit der Jagd zu verschonen.
1. Haubentaucher, der (*Podiceps cristatus*, L.): Auch großer L., großer, Haubensteißfuß, großer gehörnter, gekappter Taucher, Kronentaucher, Lork, Seedrache, Seeteufel, Blitzvogel, Zerch, Greben, Greve, Deuchel, Deucher, Dückel. Länge: 58 cm, Gewicht: um 1000 g.
Aussehen: Weibchen etwas kleiner als das Männchen. Im ▸ Brutkleid (Prachtkleid) auf dem Kopf ein schwarzer, zweiteiliger Federbusch (Haube), dessen Federn aufgerichtet wie zwei Hörner aussehen. Hinter den Ohren, auf den Wangen und unter der Kehle ein aufrichtbarer, rostfarbener, schwarzbraun gesäumter Federkragen, der den Hals wie ein Rad umschließt (Halskrause). Stirn braungrau, um die Augen weiß. Vorderhals weiß, Hinterhals schwarzbraun, Oberseite fast schwarz, Unterseite glänzend weiß. Schnabel rötlich, Ruder grau, Augen braun. Im ▸ Ruhekleid ist die Haube nur angedeutet, die Halskrause fehlt fast ganz, die Oberseite ist graubraun. Das ▸ Jugendkleid ähnelt dem Ruhekleid, nur ist die Oberseite grau mit braunen Flecken; Wangen und Hals sind gestreift.
Vorkommen: Der H. ist überall in Europa vertreten. Sein Lebensraum sind Seen und Teiche mit ausreichender Vegetation Außerhalb der Brutzeit ist er auch an den Meeresküsten, auf Flüssen und auf Stauseen anzutreffen. In Europa ist er ▸ Teilzieher, der in Mitteleuropa und im Mittelmeerraum überwintert.
Fortpflanzung: Geschlechtsreife mit ein bis zwei Jahren. Das meist schwimmende Nest ragt nur zu einem Drittel aus dem Wasser und wird in starken Schilfgürteln von großen stehenden Gewässern in Ufernähe errichtet. Das Gelege besteht meist aus vier (zwei bis sechs) weißen oder bläulich weißen Eiern. Die Eier werden von beiden Partnern 25 bis 28 Tage lang bebrütet. Sie sind 55 x 37 mm groß und ca. 38 g schwer. Die Jungen werden in den ersten Lebenstagen von den Altvögeln unter den Flügeldecken getragen und etwa zweieinhalb Monate von den Eltern geführt. Ein bis zwei Jahresbruten (Ende April bis Juni). In Südeuropa legen H. ihre Nester kolonieweise an.
Nahrung: Sie wird meist tauchend erbeutet und besteht aus Fischen, Wasserinsekten, Kaulquappen, Fröschen und Krebstieren.
2. Zwergtaucher, der (*Podiceps ruficollis*, Pall.): Auch Duckantl, Kleiner Steißfuß, kleiner L., Zwergsteißfuß, schwärzlicher Taucher, kleiner Taucher, Haarentchen, Käferentchen. Der kleinste aller L. erreicht eine Länge von 27 cm und ein Gewicht um 200 g.
Aussehen: Im Brutkleid (Prachtkleid) Vorderkopf, Kehle, Kropf und Oberseite braunschwarz glänzend, Scheitel und Nacken schwarz mit grünem Glanz, Kopfseiten und Oberhals rotbraun. Unterseite weißlich,

Haubentaucher mit Jungvögeln

Lappentaucher, nach Otto Grashey, »Praktisches Handbuch für Jäger«, 1894, 3. Auflage 1916: 1 Ohrentaucher, 2 Zwergtaucher (links: Sommerkleid, rechts: Winterkleid), 3 Rothalstaucher, 4 Haubentaucher (Winterkleid), 5 Schwarzhalstaucher, 6 Haubentaucher (Sommerkleid), 7 Haubentaucher (Jungvogel)

Schnabel kurz und stark, schwarz mit weißlicher Spitze, Schnabelwinkel gelblich; Ruder braungrün, Augen braunrot. Im Ruhekleid sind Oberkopf und Oberseite dunkelgraubraun, Kehle und Hals hellbraun, Unterseite weißlich. Das Jugendkleid ähnelt dem Ruhekleid, an den Kopfseiten zeigt sich jedoch ein schwarzer Streifen auf weißem Grund.

Vorkommen: Mittel-, Süd- und Südosteuropa, Britische Inseln, Südskandinavien. Sein Lebensraum sind dichtbewachsene Seen, Teiche, Tümpel und langsam fließende Gewässer mit üppiger Ufervegetation. Lebt außerhalb der Brutzeit auch im Küstengebiet. Bei uns ▸ Standvogel und ▸ Strichvogel, im Norden ▸ Zugvogel, der im südlichen Mitteleuropa oder im Mittelmeerraum überwintert.

Fortpflanzung: Bereits mit einem Jahr geschlechtsreif. Das nur tellergroße Nest wird meist schwimmend – oder zwischen Schilf und Binsen versteckt – aus verrottenden Blättern und Pflanzenstängeln errichtet. Das Gelege besteht aus vier bis sechs bläulich weißen und schwach gefleckten Eiern. Diese sind 38 x 26 mm groß, ca. 13 bis 14 g schwer und werden von beiden Partnern in 20 bis 21 Tagen ausgebrütet. Die Jungen sitzen dem Altvogel im Gefieder und können schon nach wenigen Tagen schwimmen und tauchen. Sie werden ca. drei Wochen von den Eltern geführt. Zwei Jahresbruten, selten drei (Ende Mai bis Juni/Juli).

Nahrung: Ähnlich wie beim Haubentaucher.

3. Rothalstaucher, der (*Podiceps griseigena*, Bodd.): Auch rotschnäbeliger L., rothalsiger Steißfuß, graukehliger Haubentaucher, kurzschopfiger Taucher, Ruch. Länge: 43 cm, Gewicht: zwischen 600 und 900 g.

Aussehen: Im Brutkleid angedeutete Haube, schwarzer Oberkopf, Kopfseiten und Kehle aschgrau, Hals braunrot, Rücken braunschwarz glänzend. Unterseite überwiegend gelblich weiß und grau gefleckt. Im Ruhekleid sind die Kopfseiten braungrau. Hals und Kopf licht-graubraun. Das Jugendkleid ähnelt dem Ruhekleid. Der Schnabel ist zur Brutzeit an der Spitze schwarz, an der Wurzel gelb, sonst rotgelb; die Ruder sind olivgrün-grau, die Augen rotbraun.

Vorkommen: Mittel-, Ost- und Südeuropa, Frankreich, Skandinavien, Finnland. Er liebt vegetationsreiche Seen, Teiche und Tümpel, kommt aber außerhalb der Brutzeit an der Küste und auf Binnengewässern aller Art vor. In Europa Teilzieher, der hauptsächlich im Mittelmeerraum, am Schwarzen Meer und vereinzelt in Westeuropa überwintert.

Fortpflanzung: Wahrscheinlich mit einem Jahr geschlechtsreif. Das Nest wird, ähnlich wie das Haubentauchernest, meist schwimmend zwischen den Wasserpflanzen stehender Gewässer errichtet. Als Nistmaterial werden verrottende Pflanzenstängel und Blätter verwendet; die flache Nestmulde ist stets feucht. Das Gelege des R. besteht aus vier oder fünf, selten aus sieben weißlichen Eiern. Die Eier sind 51 x 34 mm groß, ca. 30,5 g schwer und werden von beiden Partnern 22 bis 25 Tage bebrütet. Die Jungvögel werden etwa acht Wochen geführt. Eine Jahresbrut, manchmal zwei Bruten (Mai).
Nahrung: Ähnlich wie beim Haubentaucher.

4. Schwarzhalstaucher, der (*Podiceps nigricollis*, Brehm): Auch gehörnter Lappentaucher, gehörnter Steißfuß, Käferentchen, -ente, schwarzbrauner Steißfuß, kleiner Kronentaucher, großes Goldohr. Länge: 30 cm, Gewicht: um 300 g.
Aussehen: Im Brutkleid Kopf, Hals und Oberseite schwarzbraun. Auf den Seiten des Oberkopfes, hinter dem Auge, je ein goldgelbes Ohrbüschel. Kropf und Bauchseiten dunkelrostrot, die übrige Unterseite weißlich. Im Ruhekleid Oberseite, Kopf und Hinterhals dunkelgraubraun, Vorderhals weißlich; das dunkle Kopfgefieder reicht an den Schläfen bis unter die Augen. Schnabel schwarz und aufgeworfen, an der Wurzel und an der Spitze rot; Augen karminrot, Ruder grau, Knie grünlich.
Vorkommen: Mittel-, Süd- und Osteuropa, Britische Inseln. In Europa Teilzieher, überwintert in West- und in Südeuropa. Er bevorzugt Seen und Teiche mit üppiger Ufervegetation, findet sich aber außerhalb der Brutzeit auf allen größeren Seen ein.
Fortpflanzung: Wahrscheinlich mit einem Jahr geschlechtsreif. Die S. nisten meist kolonieweise zusammen mit Uferschnepfe, Teichhühnern und anderen Sumpf- und Wasservögeln, aber auch mit Möwen- und Seeschwalbenarten. Das Nest wird, gut versteckt, von beiden Partnern oft schwimmend im flachen Wasser zwischen Schilf und Binsen errichtet. Das Gelege besteht aus drei oder vier (sechs) bläulich weißen Eiern. Die Eier sind 43 x 30 mm groß, ca. 21 g schwer und werden von beiden Partnern 20 bis 21 Tage bebrütet. Eine Jahresbrut (Mai bis Anfang Juni).
Nahrung: Ähnlich wie beim Haubentaucher.

5. Ohrentaucher, der (*Podiceps auritus*, L.): Auch geöhrter L., schwarzhalsiger L., geöhrter Steißfuß, großohrige Tauchente, Goldohr. Länge: 29 cm, Gewicht: um 300 g.
Aussehen: Im Brutkleid goldfarbene Ohrbüschel, Kopf und Genick schwarz, grün schimmernd, Hals schwarz, die Oberseite schwarzbraun, die Unterseite weiß. Weibchen etwas kleiner und um die Ohrgegend matter gefärbt. Im Ruhekleid Wangen und Kehle weiß, Vorderhals braungrau. Im Jugendkleid dem Ruhekleid ähnlich. Schnabel dunkelgrau, an der Wurzel rötlich, an der Spitze etwas aufwärts gebogen; Augen hellbraun.
Vorkommen: Nordeuropa, Nordschottland, Island. Lebensraum sind Seen und Teiche mit dichter Ufervegetation; Teilzieher.
Fortpflanzung: Das Nest wird versteckt zwischen der Grundwuchsvegetation errichtet. Das Gelege enthält vier bis sechs weißliche Eier. Sie sind 44 x 31 mm groß, zwischen 19 und 25 g schwer und werden von beiden Partnern 22 bis 24 Tage bebrütet. Die Jungen können sofort schwimmen. Eine Jahresbrut (Ende Mai bis Juni).
Nahrung: Ähnlich wie beim Haubentaucher.

Lappjagd, die (Lappjagen): Eine ▸ Treibjagd bzw. eine ▸ Drückjagd, bei der Revierteile nicht mit ▸ Treibern und ▸ Schützen umstellt werden, sondern mit Lappen (sog. Blendzeug, ▸ Jagdzeug 1.) eingelappt sind. Nach §19 Abs. 1 Nr. 3 BJG ist es verboten, die L. innerhalb einer Zone von 300 Metern von der Bezirksgrenze auszuüben. Früher wurden anstelle der Lappen auch große Tücher verwendet; ▸ Eingestellte Jagen.

Lappjagen, das: ▸ Lappjagd.

Lappreiser, die: ▸ Lappstäbe.

Lappstatt, die: Bez. für einen für die ▸ Lappjagd vorgesehenen und abgelappten (eingelappten) Teil des Reviers; ▸ Lappen 3).

Lappzeug, das: ▸ Lappen 3).

Lapuz(e), das: ▸ Wildkaninchen.

Lärchen, die (*Larix*): Eine 10 Arten umfassende Gattung der Nadelhölzer aus der Familie der Kieferngewächse (*Pinaceae*). Sämtliche L. sind ▸ Lichtbaumarten und sommergrün. Die weichen dünnen Nadeln, die sich im Herbst goldgelb verfärben, sind büschelweise an Kurztrieben oder spiralig an Langtrieben angeordnet. Die Zapfen, die schon im ersten Jahr reifen, können noch jahrelang am Baum verbleiben. Das Holz der L. ist sehr fest, dauerhaft, zäh, harzreich, aromatisch und gut zu bearbeiten. Es wird v.a. für Erd-, Schiffs- und Wasserarbeiten verwendet (anstelle der Eiche), für die Möbelherstellung und Tischlerei, für Fenster, Türen, Böden und Decken, aber auch als Bau- und Grubenholz. Junge L. werden gerne vom Rehwild verbissen bzw. vom Rehbock verfegt. I.d.R. ist Zaunschutz erforderlich. Bei uns kommen zwei L.-Arten vor.

◂◂ Junge Europäische Lärche

1. Europäische Lärche (*Larix decidua*): Ursprünglich nur in den Gebirgslagen verbreitet, wird sie fast überall angebaut und ist nunmehr ein häufiger, in der Jugend raschwüchsiger Waldbaum. Wuchshöhe je nach Standort 20 bis 40 (50) m, Alter bis 600 Jahre und mehr. Ihr Anteil an der Waldfläche (▸ Waldeigentum, ▸ Waldschäden [Tab.]) Deutschlands (ohne neue Bundesländer) beträgt jedoch nur rd. 1% (Österreich 26%). Sie kommt in den Gebirgslagen bis 2500 m vor. Die E. L. wächst sowohl als lockerer Reinbestand als auch vergesellschaftet mit Fichte, Tanne, Buche, Bergkiefer und Zirbelkiefer. In den Städten sehr empfindlich gegen Luftverunreinigungen, gegen Hitze und Kälte relativ unempfindlich.

2. Japanische Lärche (*Larix kaempferi*): Die aus Japan stammende J. L. wurde Ende des 19. Jh. nach Europa gebracht und für Aufforstungen v.a. in Küstennähe verwendet. Sie wird heute vielerorts, besonders in Schleswig-Holstein, einzeln und bestandsweise forstlich angepflanzt. Die J. L. verträgt hohe Niederschlagsmengen, ist sehr lichtbedürftig, frosthart, jedoch mäßig dürreempfindlich. Das Holz ist nicht so wertvoll wie das der Europäischen Lärche.

Laren, die: ▸ Götterhunde.

Larve, die: **1)** Auch Kimme, Lorve; Bez. für die Einschnitte (Kerben) auf den ▸ Forkeln oder Stellstangen, in denen die obere Leine (▸ Arche) des ▸ Jagdzeugs zu liegen kommt. **2)** Die gelbe, bis über die Augen gehende Abzeichnung an der Schnauze bei schwarzen oder bei dunkelbraunen Jagdhunden (selten).

Larvenbänder, die: Veraltete Bez. für die Zügel (dunklen Streifen) am Haupt des ▸ Gamswildes; ▸ Maske.

Lasinsky, Gustav (27.10.1811 Koblenz bis 20.4.1870 Mainz): Maler. Neben Historien- und Genrebildern verarbeitete er sowohl biblische als auch geschichtliche Stoffe und widmete sich darüber hinaus auch der Landschafts- und Tierdarstellung sowie der Porträtmalerei.

Laska, F. B.: ▸ Jagdliteratur.

Lass!: Zuspruch an den ▸ Apportierhund, wenn er den gebrachten Gegenstand aus dem Fang lassen, ▸ ausgeben soll

Lass sehen!: Bei der ▸ Nachsuche Aufforderung an den Hund, dem Hundeführer Schweiß zu zeigen.

Latein, das: ▸ Jägerlatein.

Lateiner, der: Spottname für einen unerfahrenen und schlechten Jäger.

Lateralkampf, der: Als L. bezeichnet man die ernsten oder spielerischen Auseinandersetzungen des Schwarzwildes (Keiler), bei denen sie häufig Kopfseite gegen Kopfseite oder Kopfseite gegen Körperseite kämpfen. Die Seiten des Vorderkörpers sind beim Keiler durch einen ▸ Schild 6) aus besonders starker derber und dichtbehaarter Schwarte gegen Verletzungen beim seitlichen Kampf geschützt.

Laterne, die: Örtliche Bez. für ▸ Hühnersack.

Lätschbock, der: ▸ Latschenbock

Latschen, die: **1)** Die Füße der Schwimmvögel, deren Zehen durch Schwimmhäute verbunden sind (Ausnahme: Schwäne; ▸ Ruder). **2**) Die Bergkiefern; ▸ Kiefern.

Latschenbock, der (Lätschbock, Zundergams): Ein Gamsbock, der im Sommer seinen ▸ Einstand in den Latschen (Krummholzzone) hat und meist ein alter Einzelgänger (Einsiedler) ist; in Österreich auch Lätschenbock genannt; ▸ Laubbock.

Laubbock, der (Lauberbock, Stoßbock): Bez. für einen starken Gamsbock, der im Sommer seinen ▸ Einstand in tieferen Lagen im Wald (mit Laubbäumen) hat und meist ein alter Einzelgänger ist; ▸ Latschenbock.

Laube, Heinrich (18.9.1806 Sprottau in Schlesien bis 1.8.1884 Wien): Schriftsteller, Dramaturg, Dichter und Direktor des Wiener Burgtheaters. Er veröffentlichte u.a. »Jagdbrevier« (1841, 2. Aufl. 1858), worin ihm die Sitten der Tiere Gelegenheit zu allerlei scherzhaften, satirischen und ernsten Reflexionen gaben.

Laube, Fritz (1914 bis 1993): ▸ Jagdkunst.

Lauberbock, der: ▸ Laubbock.

Laubhahn, der: Der Birkhahn; ▸ Raufußhühner 2.

Laubheu, das: Futtermittel für die Winterfütterung des Schalenwildes. L. wird im Sommer von Bäumen und Sträuchern (z.B. Hainbuche, Himbeere, Linde, Robinie) gewonnen und luftig aufbewahrt.

Laubhuhn, das: Das Birkhuhn; ▸ Raufußhühner 2.

Lauerhütte, die: Seltene Bez. für ▸ Luderhütte.

Lauern, das (Abwarten): Bez. für die Art des ▸ Windhundes (meist sind es alte, routinierte Hunde) zu jagen, wenn er dem flüchtenden Hasen nicht blindlings folgt, sondern ihm, ohne auf dessen Haken zu achten, den Weg abschneidet.

Lauerpirsch, die: ▸ Stehpirsch.

Lauf, der: **1**) Das Bein des ▸ Jagdhundes und des ▸ Haarwildes mit Ausnahme von Bär, Dachs und Marder (bei ihnen heißt es Branke). Beim Fuchs sind L. und Branke gebräuchlich; ▸ Ständer, ▸ Latschen, ▸ Ruder, ▸ Fänge, ▸ Schwimmer. **2**) Der Oberschenkel des Auerhahns, des Trappen und des Trutwildes. **3**) Beim ▸ Eingestellten Jagen der mit Tüchern abgestellte freie Platz vor den Schirmen. **4**) Der L. beim ▸ Jagdgewehr. Unterschieden werden:

1. Büchsenlauf: Der B. ist aus bestem Stahl gefertigt. Er ist im Ggs. zum Schrotlauf gezogen, d.h. im Innern des L. sind Züge (ca. 0,1 mm) spiralförmig eingehämmert oder eingeschnitten. Die stehen gebliebenen Teile sind die Felder. Die spiralförmige Windung der Felder und der Züge wird als Drall bezeichnet. Deutsche und österreichische Waffen haben i.d.R. einen Rechtsdrall; ▸ Ballistik. Heute gibt es neben Militärwaffen und Sportwaffen vereinzelt auch Jagdwaffen mit Polygonprofil. Das Innere des Laufes hat bei diesen Waffen keine Felder und Züge, sondern ein vierfaches oder sechsfaches Polygonprofil (vier oder sechs stark abgerundete Ecken). Die Art dieser L.-Konstruktion ist über 100 Jahre alt, wurde jedoch in den letzten Jahren enorm verbessert. Das Geschoss passt sich diesem Profil besser an, der Gasdruck wird besser ausgenutzt und die Anfangsgeschwindigkeit (V_0) erhöht. Polygon-Läufe werden im Hämmerverfahren hergestellt. Je nach Gewehrtyp (Kugelwaffe oder kombinierte Waffe) haben B. gewöhnlich eine Länge (einschließlich Patronenlager) von 51 bis 65 cm. Lange Läufe ergeben meist präzisere Schüsse.

2. Flintenlauf (Schrotlauf): Flintenläufe werden durch Ausbohren massiver Stahlstangen hergestellt. Jagdflintenläufe sind innen glatt poliert und manchmal hartverchromt. Die Läufe haben eine Länge von 60 bis 65 cm bei kombinierten Waffen und von 65 bis 72 cm, selten bis 76 cm, bei Flinten. Die Laufmündung verengt (*Chokebohrung* oder *Würgebohrung*) oder erweitert sich (*Skeetbohrung*). Die Verengung oder Erweiterung beginnt ca. 5 bis 8 cm vor der Laufmündung. Die Skeetbohrung ist nur bei Skeetflinten üblich (jagdlich nicht brauchbar). Bei Jagdflinten ist die Kombination von *Voll*-Choke und *Halb*-Choke üblich. Bei *Voll*-Choke-Bohrung verengt sich der Laufdurchmesser um ca. 0,8 mm oder mehr, bei *Dreiviertel*-Choke um ca. 0,65 mm, bei *Halb*-Choke um ca. 0,45 mm, bei *Viertel*-Choke um ca. 0,25 mm. An manchen Waffen sind, zusätzlich zur normalen Choke-Bezeichnung unter dem Vorderschaft, am L. Sternchen angebracht. Dabei bedeuten *= Voll-Choke, **=Dreiviertel-Choke, *** = Halb-Choke, **** = Viertel-Choke, ***** = Zylinderbohrung. Es gibt ferner verschiedene Arten der Choke-Bohrung, den *Normal*-Choke, den *Parabol*-Choke, den *Glocken*-Choke und den *Spitzbogen*-Choke. Polychoke-Aufsätze sind Aufsatzröhren (Mündungsaufsätze) für einläufige Flinten. Man kann mit einer Handbewegung (Drehung) den Choke verändern. Ist der Lauf an der Mündung weder erweitert (Skeet-Bohrung) noch verengt (Choke-Bohrung), sondern vollkommen zylindrisch, so spricht man von einer *Zylinder-Bohrung*. Durch die Choke-Bohrung wird die Schrotgarbe beim Verlassen des Laufes eng zusammengehalten. Ferner wird das Zwischenmittel (Filzpfropfen oder Plastikpfropfen), das die Schrote von der Pulverladung trennt, zurückgehalten, sodass die Pulvergase die Schrotgarbe nicht auseinandertreiben können und dadurch eine bessere Deckung erreicht wird. Der Choke kann nachträglich verändert (ausgebohrt) werden. Wirkungsweise (Breitenstreuung) von F.-Bohrungen ▸ Ballistik.

3. Damastlauf: Früher wurden dünne Eisenstäbe um einen Dorn gewickelt und miteinander verschweißt. Bei auf diese Weise gefertigten Flintenläufen ist die Wicklung deutlich zu erkennen. Aus diesen alten D. kann nur Schwarzpulvermunition verschossen werden (▸ Damast).

4. Einstecklauf: Nach dem WaffG sind E. Läufe ohne eigenen Verschluss, die in die Läufe von Waffen größeren Kalibers eingesteckt werden können. Der E. ist ein kleinkalibriger Lauf einschließlich Patronenlager und wird in einen Schrot- oder in einen Büchsenlauf eingesteckt. E. gab es bereits im 17. Jh. Der Büchsenmacher Sigmund Klett in Salzburg-Ebenau konstruierte 1653 ein ▸ doppelkalibriges Gewehr, indem er einen kleinkalibrigen glatten Lauf zum Einsatz in einen größeren gezogenen

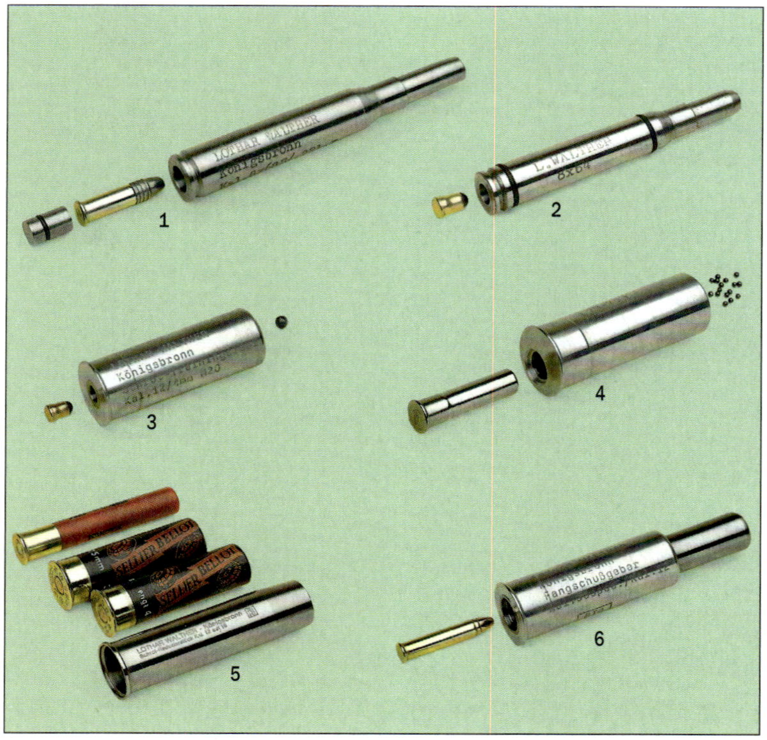

Laufarten: 1 Gewehr-Einstecklauf Kal. .22 lfB, 2 Einsteckpatrone, 3 Schrot-Trainingslauf, 4 Schrot-Reduzierlauf, 5 Schrot-Reduzierstück, 6 Fangschussgeber

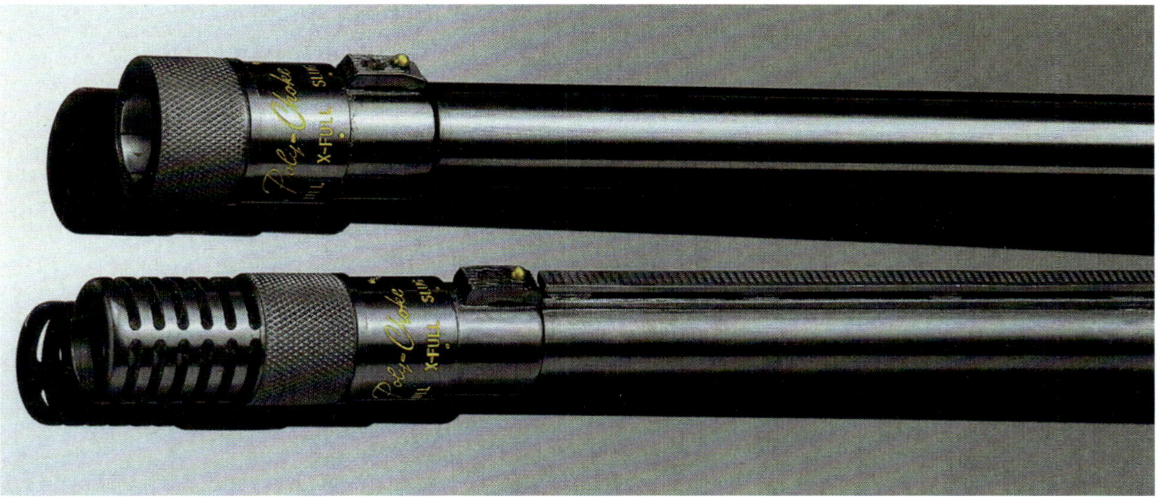

Polychoke-Aufsätze

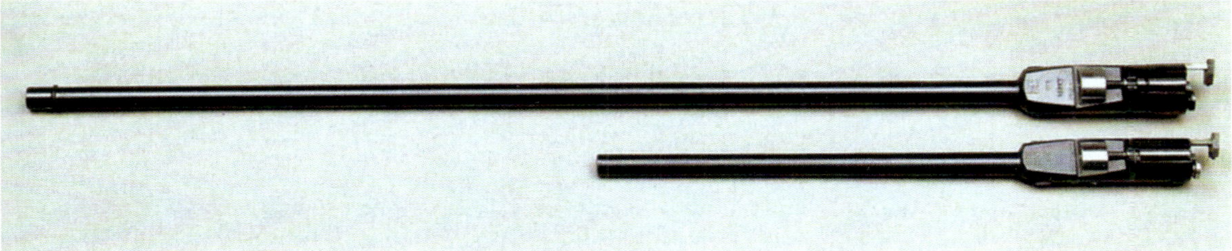

Einsteckläufe

Lauf fertigte. Andere Büchsenmacher kopierten diese Klettsche Erfindung (▸ Karrenbüchse). Kleinkalibrige Waffen werden zum Übungsschießen und zur Bejagung von ▸ Raubwild und ▸ Raubzeug verwendet. Mit dem E. kann z.B. eine Flinte in eine kombinierte Waffe verwandelt werden. Wird beim Drilling der E. in den rechten Schrotlauf eingesteckt, kann er mit Stecher geschossen werden. Der E. muss entweder über Kimme und Korn oder auf das Absehen im Zielfernrohr eingeschossen werden. Bei Flinten wird i. Allg. ein Klappvisier aufgesetzt. Nach Gebrauch wird der E. herausgenommen. Er muss wie der Lauf, in den er eingesteckt war, gereinigt werden. Die gebräuchlichsten Kaliber für Einsteckläufe sind .22 lfB und .22 Winchester-Magnum. Sie haben eine Länge von 22 bis 44 cm. Bei Revolvern und bei Pistolen ermöglichen Einsteckläufe das Übungsschießen mit kostengünstiger Munition aus großkalibrigen Waffen.

5. Einsteckpatrone (Reduzierpatrone): Passende Patrone für eine Kugelwaffe, aus der Munition kleineren Kalibers verschossen werden kann.

6. Reduzierhülse (Adapter): Hülse, aus der billigere Munition mit kleinerer Hülse und schwächerer Leistung, jedoch mit etwa gleichem Geschossdurchmesser wie die Originalpatrone verschossen werden kann.

7. Schrot-Trainingslauf: Einsteckpatrone für Flintenläufe der Kaliber 12, 16 und 20, aus der eine kleinkalibrige Kugel abgefeuert werden kann.

8. Schrot-Reduzierlauf: Einsteckpatrone für Flintenläufe der Kaliber 12, 16 und 20, aus der eine kleinkalibrige Patrone mit Schrot (Kaliber 6 mm Doppelschrot, .22 lang Schrot, 9 mm Doppelschrot) verschossen werden kann. Mit Schrot-Trainingslauf und S.-R. können stehende und bewegliche Ziele in 5 bis 10 m Entfernung beschossen werden; beide Läufe dienen lediglich dem Übungsschießen.

9. Schrot-Reduzierstück: Mit dem S.-R., das einfach in das Patronenlager eingeschoben wird, hat man die Möglichkeit, die Waffe auf ein entsprechend kleines Kaliber zu reduzieren. Waffen der Kaliber 12 und 16 können auf das Kaliber 20 und Waffen der Kaliber 12, 16 und 20 auf das Kaliber .410 reduziert werden.

10. Fangschussgeber: Der Schalenwild-F. ist ein gezogener Einstecklauf für Flintenläufe der Kaliber 12 und 16 in Form einer Schrotpatrone von 90 mm Länge, versehen mit kurzem Laufansatz; mit seiner Hilfe kann die für den Fangschuss zugelassene Revolverpatrone .38 Special verschossen werden. Der Schalenwild-F. ermöglicht einen präzisen Fangschuss bis ca. 6 m Entfernung. Der Raubwild-F. ist ein gezogener Einstecklauf in Form einer Patrone, der aus Revolvern der Kaliber .38 Spezial und .357 Magnum das Verschießen des Kalibers .22 lfB ermöglicht. Er wird i.d.R. zum Fangschuss auf Raubwild, das sich in Fallen gefangen hat, oder beim Bodeneinschlag bei der Baujagd verwendet. Raubwild-F. im Kaliber .22 lfB oder 6,35 mm gibt es auch für Flintenläufe. Die kleineren Kaliber werden benutzt, um die Bälge zu schonen. F. können bereits geladen mitgeführt und bei Bedarf wie

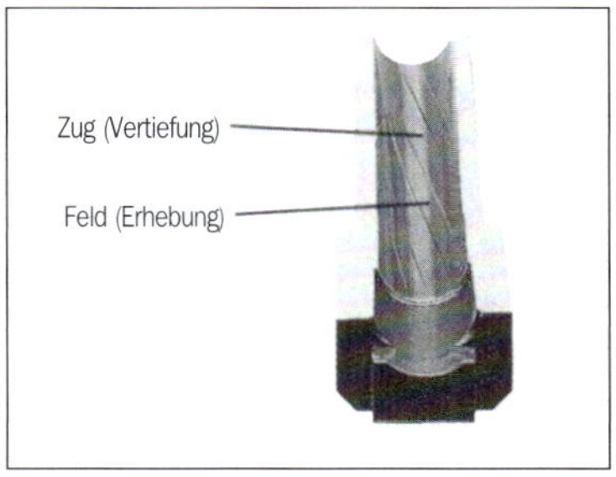

Gezogener Büchsenlauf

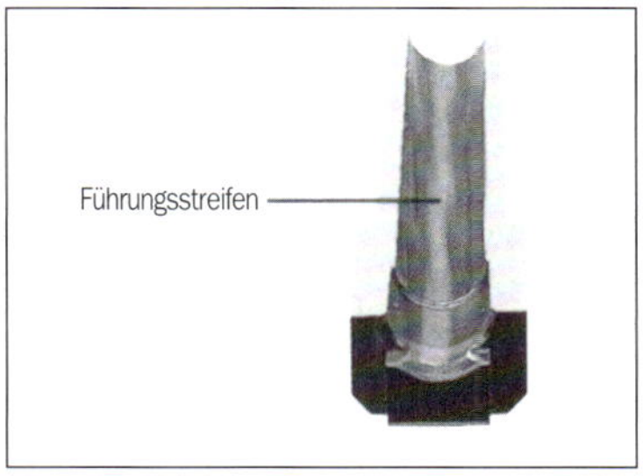

Büchsen-Polygonlauf

Glatter Flinten- oder Schrotlauf

eine Patrone in den L. eingeschoben und abgeschossen werden.

Laufaufbauchung, die: ▸ Laufsprengung.

Laufbohrung, die (Laufseele): Die innere Höhlung des Gewehrlaufes. Bei Büchsen der Drall, bei Flinten die Schrotlaufbohrung; ▸ Lauf 4).

Laufbürsten, die; Duftdrüsenorgane (Metatarsalorgane) der ▸ Hirsche (Cervidae) unter dem Sprunggelenk der Hinterläufe; beim Rotwild z.B. 5 x 3 cm, beim Rehwild 3 x 4 cm groß. Das Sekret der L. dient der Fährtenmarkierung; ▸ Duftdrüsen, ▸ Zwischenklauensäckchen.

Laufdohnen, die: ▸ Dohnen.

Läufe, die: ▸ Lauf 1).

Laufel, die: Alte Bez. für die Hühnerspur im Gras.

laufen; Laufen, das: **1**) Fortbewegen bei Hund, Hase, Kaninchen, Biber sowie bei allem ▸ Federwild und beim Niederen ▸ Haarraubwild (▸ Beutegreifer); ▸ ziehen. **2**) Die Gamsböcke l. heißt, die Gamsbrunft beginnt; lokale (Oberkrainer) Bez.. **3**) Seltene und veraltete Bez. für das Begatten bei Hunden und bei Dachsen. **4**) Veraltet im Sinne von anlocken lassen, z.B. läuft der Rehbock aufs Blatt, wenn er mit dem nachgeahmten Ruf der Geiß angelockt wird. **5**) Bei der Hündin svw. läufig; ▸ hitzig.

Läufer, der (Läufervogel): Bez. für den mit Sillen (▸ Sill) bekleideten Lockvogel auf dem Vogelherd; ▸ Vogelfang 7.

Läuferfalke, der: ▸ Bussarde 3.

Läufervogel, der: ▸ Läufer.

Läuferzeug, das: Eine Vorrichtung, durch die man die Lockvögel (▸ Läufer) auf dem Vogelherd zum Flattern brachte; ▸ Vogelfang 7.

Laufhakenverschluss, der: ▸ Verschlussarten.

Laufhunde, die: Eine sehr alte Hundeform, die bereits von den ▸ Kelten gezüchtet wurde (▸ Segusier) und die als die ursprünglichste europäische ▸ Jagdhunderasse gilt, aus der sich im Laufe der Jahrhunderte alle hängeohrigen Jagdhunderassen entwickelten. L. sind Hunde mit sehr feiner Nase, die das Wild – im Ggs. zu den ▸ Windhunden – mithilfe der Nase verfolgen, bis sie es fangen oder stellen können. Sie jagen langsamer als Windhunde (sie hetzen nicht), sind auch ausdauernder und geben auf frischer Spur Laut, das sog. ▸ Geläute. Zu den L., die früher im Gebirge auch ▸ Wildbodenhunde genannt wurden, zählen die ▸ Schweizer L., die ▸ Bracken, die ▸ Schweißhunde, die ▸ Meutehunde sowie der ▸ Hubertushund.

läufig: ▸ hitzig.

Läufigkeit, die: ▸ Hitze der Hündin.

Laufjagen, das: Seltener Ausdruck für die Jagd auf Sauen mit dem ▸ Saufinder.

Laufjunge, das: ▸ Mutter-Kind-Beziehung.

Laufkugel, die: Bez. für eine früher für glatte Läufe bestimmte Rundkugel, die in ihrem Durchmesser dem ▸ Kaliber des Laufes nicht genau entsprach (im Ggs. zur ▸ Passkugel).

lauflahm: Aufgrund eines Schusses oder einer Verletzung am ▸ Lauf lahm und am Ziehen behindert; bei allem Wild, das Läufe hat; ▸ Lauf 1).

Lauflänge, die: ▸ Lauf 4).

Laufleine, die (Laufsieme): Bez. für die bei Fangnetzen für ▸ Federwild (▸ Garne) durch die Endmaschen gezogene Leine.

Laufleiter, der oder die (Leiter): ▸ Geleiter.

Laufplatz, der: svw. ▸ Lauf 3).

Laufschiene, die: Eine Schiene entlang des ▸ Laufes oder zwischen den Läufen. Sie dient bei einläufigen Gewehren zur Aufnahme der ▸ Visiereinrichtung, bei mehrläufigen Gewehren auch als Verbindung zwischen den Läufen. Manche Flinten haben eine ventilierte (unterbrochene) L. Die Oberfläche der L. ist i.d.R. angeraut (guillochiert oder mattiert), um Lichtspiegelungen zu vermeiden.

Laufschießen, das (Laufschuss): Alte Bez. für das Schießen oder den Schuss auf laufendes (vierläufiges) Wild; im Ggs. zum ▸ Flugschießen.

Laufschlingen, die: Auf den ▸ Wechseln des Wildes wurde früher eine kreisrunde Öffnung etwa einen Fuß tief ausgehoben. In diese Öffnung kam ein hölzerner Kranz mit spitzen Nägeln und mehreren starken Schlingen. Damit das Wild in diese Schlingen hineintrat, wurde die Falle kunstvoll verblendet. Die Schlingen, die den Lauf des Wildes umfassten, waren an einem schweren Holzblock befestigt, den das Wild mit sich schleppen musste. So an der Flucht gehindert, wurde das Wild am nächsten Morgen eine leichte Beute der Hunde. Mit diesen L. wurden fast ausschließlich Hirsche und Wildschweine gefangen; sie sind schon lange verboten.

Laufschuss, der: **1**) Schuss in den Lauf (Bein) eines Stück Wildes; ▸ Schusszeichen. **2**) ▸ Laufschießen.

Laufschütze, der: Ein Schütze, der speziell im ▸ Laufschießen große Übung hat; ▸ Flugschütze.

Laufseele, die: ▸ Laufbohrung.

Laufsieme, die: ▸ Laufleine.

Laufsprengung, die: Eine L. eines Gewehres kann vorkommen, wenn die Laufwandung zu dünn für die Pulverladung oder beschädigt ist, die Munition unpassend und die Pulverladung zu stark ist oder wenn sich Fremdkörper im ▸ Lauf befinden. Sofern diese Ursachen nicht zu einer L. führen, kann es zumindest zu einer Laufaufbauchung (außen sichtbare Auftreibung des Laufes) kommen.

Lauftuch, das ▸ Rolltuch.

Laufzeit, die: Zeitraum, in dem die Hündin läufig ist; ▸ Hitze. Veraltete Bez. auch für die Begattungszeit der ▸ Dachse.

launisch: Ein ▸ Hund ist l., wenn er die Jagdlust verloren hat (z.B. nach vergeblichem Suchen). Der Auerhahn ist l., wenn er während der Balzzeit an einigen Tagen frühmorgens nicht balzt oder beim Balzen öfter absetzt. Das ▸ Hochwild ist l., wenn es – z.B. bei Wetterumschwung – besonders unruhig ist.

Laurop, Christian Peter (1.4.1772 Schleswig bis 13.5.1858 Karlsruhe): L. war 1800 Hilfskraft im Forstbüro der Rentkammer in Kopenhagen und nahm 1802 einen Ruf an die Forstakademie in Dreißigacker an. 1805 trat er in die Dienste des Fürsten von Leiningen und wurde 1807 als Oberforstrat Mitglied der Badischen Obersten Forstbehörde. Von 1809 bis 1820 unterhielt er eine Privatforstschule in Karlsruhe und übernahm von 1832 bis 1847 Vorträge an der neugegründeten Forstschule des Polytechnikums in Karlsruhe. Von seinen zahlreichen Schriften sind zu nennen: »Handbuch der Forst- und Jagdliteratur …« (1830, 1844), die forstliche Zeitschrift »Annalen der Forst- und Jagdwissenschaft« (1811 bis 1822) und »Systematische Sammlung der Forst- und Jagdgesetze der deutschen Bundesstaaten …« (1827, 1828,1831).

lauschen (lausen): ▸ hasenlauschen.

Lauscher, die (veraltet oder provinziell auch: Loser, Losser, Luser, Luchser): Die Ohren bei allem ▸ Schalenwild mit Ausnahme des ▸ Schwarzwildes (dieses hat Teller oder Schüsseln); ▸ Gehöre, ▸ Löffel.

Lauschgarn, das (Lauschnetz, Lucknetz): Ein früher verwendetes großmaschiges Netz zum Fangen von Hasen; ▸ Garne 8.

Läuse, die (*Anoplura*): Äußere Parasiten; flügellose Insekten mit flachem Körper, drei kräftigen Beinpaaren mit beweglichen Krallen zum Sichfesthalten, einem länglich-schmalen Kopf (schmaler als der Rumpf) sowie mit stechend-saugenden Mundwerkzeugen, die sich vom Blut des ▸ Wirtstieres ernähren. Sie kommen bei Rotwild, Damwild, Rehwild, Gamswild und Schwarzwild, bei Dachs, Fuchs, Hase und Hund vor. Die Übertragung erfolgt durch direkte Berührung. Die gesamte Entwicklung vom Ei bis zur ausgewachsenen Laus vollzieht sich innerhalb von zwei bis drei Wochen auf der Haut eines Wirtstieres. Die Weibchen kleben ihre Eier einzeln an die Haare; nach wenigen Tagen schlüpfen die Larven, die zur Geschlechtsreife heranwachsen. Ohne Wirtstier können L. nur wenige Tage überleben. Bei gesunden Stücken kommt es nur zu geringem Befall, bei älteren und bei kranken Stücken kann es zum Massenbefall kommen, wodurch das Allgemeinbefinden des Stückes beeinträchtigt wird und es zu Veränderungen der Haut und zu Haarausfall kommen kann.

Bekämpfung: Vorbeugende Maßnahmen beim Wild durch gute Ernährung und Gabe von Salzlecksteinen. Bei in Gattern lebendem Wild und bei Haustieren können L. mit Insektiziden bekämpft werden. Vom erlegten Wirtstier wandern die L. kaum ab. Das Wildbret ist genusstauglich.

lausen (lauschen): ▸ hasenlauschen.

Lausfliege, die (*Hippoboscidae*): Ein äußerer Parasit; ein 3 bis 6 mm langes, dunkelbraun gefärbtes Insekt mit kräftigen Beinen, Krallen zum Sichfesthalten, stechenden Mundwerkzeugen und Flügeln. Die L. fliegt von Juli bis September. Das Weibchen verliert nach der Begattung auf dem ▸ Wirtstier die Flügel. Die L. gebiert lebende Larven, die sich im Haar des Wirtstieres oder auf dem Boden verpuppen und im Sommer ausschlüpfen. L. ernähren sich von Blut. Die Hirsch-L. kommt bei allen Cerviden, bei Schwarzwild, Fuchs, Dachs und Vögeln vor und setzt sich auch ins Haar des Menschen. Die Gams-L. kommt beim Gamswild, die Schaf-L. beim Muffelwild vor. Die L. ist ein bedeutungsloser Parasit, ob-

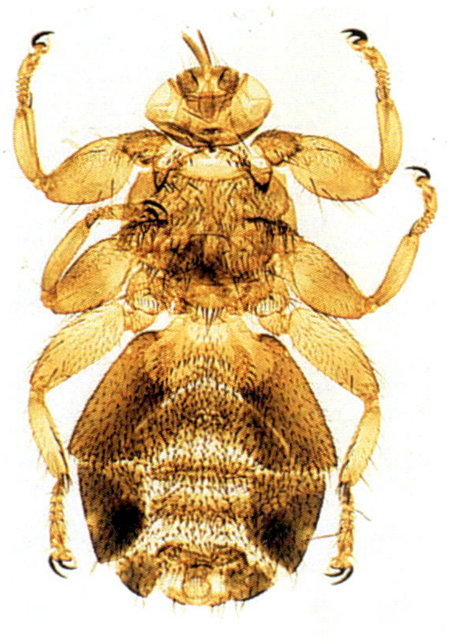

◂◂◂ Lausfliege

wohl sie auch Seuchen übertragen kann. Bei Massenbefall kommt es zur Beunruhigung des befallenen Stückes und zur Schwächung durch den Blutentzug. Eine Bekämpfung ist nicht notwendig. Das ▸ Wildbret ist genusstauglich.

Laut, der: **1**) Das Gebell der ▸ Jagdhunde; die Hunde geben L. oder werden l.; ▸ waidlaut, ▸ Standlaut, ▸ Hetzlaut, ▸ fährtenlaut, ▸ spurlaut, ▸ baulaut, ▸ Sichtlaut, ▸ Geläute. **2**) Im Wald ist es l., wenn viel trockenes Laub liegt und daher geräuschloses Pirschen unmöglich ist; ebenso spricht man von l., wenn die Frostdecke auf dem Schnee jeden einzelnen Schritt hören lässt. **3**) Das Schreien der ▸ Treiber (l. treiben).

Lautäußerung, die: Viele Tiere benutzen bestimmte L. (Signale) zur v.a. innerartlichen Verständigung. Diese L. können sein: Stimmfühlungslaute (Kontaktlaute, Suchlaute und Locklaute); sie dienen dem sozialen Zusammenhang, etwa bei der Mutter-Kind-Beziehung; z.B. das Fiepen von Rehgeiß und Kitz oder das ▸ Mahnen des weiblichen Damwildes und Rotwildes; Balzlaute und Brunftlaute, welche die Anlockung des Sexualpartners oder den Besitzanspruch bezwecken (z.B. Balzstrophe des Auerhahns, Röhren [Schreien] des Rothirsches); Drohlaute (▸ Drohverhalten) zur Abschreckung bzw. Einschüchterung von Feinden; Warnlaute und Angstschreie, z.B. das Pfeifen von Gamswild und Muffelwild und des Murmeltieres, das Blasen der Sauen (Warnlaut oder Drohlaut), das Schrecken des Rehwildes, das Keckern des Raubwildes (Warnlaut oder Drohlaut), das Rätschen des Eichelhähers. Bei manchen Tieren, z.B. bei Fledermäusen, stehen die L. im Dienste der Orientierung.

laute Jagd, die: Frühere, synonyme Bez. für ▸ Hetzjagd, aber auch Bez. für alle Jagdarten, die mit Lärm etc. verbunden sind, wie die ▸ Brackenjagd, die Saujagd mit Findern und die ▸ Klopfjagd und die ▸ Klapperjagd.

Läuten, das: svw. ▸ Geläut.

Läuterung, die: ▸ Bestand(e)spflege.

Laut geben (Hals geben): svw. Bellen des Hundes; ▸ Laut 1).

Lautjager, der: Ein ▸ Jagdhund, der einer ▸ Fährte oder einer ▸ Spur laut jagend (lauthals bellend) folgt.

Lavendelweide, die: ▸ Weiden.

Laverack Setter, der (Englischer Setter): ▸ Vorstehhunde 10.

la vue!: ▸ à la vue.

Laxenburg, die: Ein kaiserliches Lustschloss in Niederösterreich. Das alte Schloss wurde 1377, das neue Schloss 1600 erbaut. Im Türkenkrieg von 1683 wurde es vollkommen zerstört. Leopold I. (▸ Habsburger) begann mit dem Wiederaufbau, setzte den Tiergarten instand und errichtete einen wasserdurchflossenen Reiherstadel (zur Pflege der Reiher) und ein Falken- und Rüdenhaus. Karl VI. vollendete von 1719 bis 1730 den Bau. L. war eine Hochburg der ▸ Reiherbeize. Kaiser Karl VI. übersiedelte jedes Jahr nach den Osterfeiertagen mit seinem gesamten Hofstaat nach L. 1793 wurde das Falkenmeisteramt in L. aufgehoben; das war auch das vorläufige Ende der ▸ Beizjagd in Österreich.

Lebendfangfalle, die: Eine Falle, die Wild lebend fängt; ▸ Fallen 1.

Lebendige Wehr, die: ▸ Wehr 1).

Lebensgemeinschaft, die: ▸ Biozönose.

Lebensmittelrecht, das: Das L. regelt die Herstellung und die Verarbeitung von Lebensmitteln sowie den Verkehr mit ihnen. Eine Unterscheidung zwischen Nahrungsmitteln und Genussmitteln wird nicht getroffen. Nach dem Lebensmittel- und Bedarfsgegenständegesetz zählen zu den Lebensmitteln alle Stoffe, die dazu bestimmt sind, in unverändertem, zubereitetem oder verarbeitetem Zustand vom Menschen verzehrt zu werden. Es ist verboten, Lebensmittel derart herzustellen oder zu behandeln, dass ihr Verzehr die Gesundheit schädigt, und Stoffe, deren Verzehr geeignet ist, die Gesundheit zu schädigen, als Lebensmittel in den Verkehr zu bringen. Auch das Inverkehrbringen von zum Verzehr ungeeigneten Lebensmitteln, die in ihrer Beschaffenheit von der Verkehrsauffassung abweichen, d.h. im Wert erheblich gemindert sind, ist untersagt. Als Inverkehrbringen wird das Anbieten, das Vorrätighalten zum Verkauf oder zu sonstiger Abgabe, das Feilbieten und jedes Abgeben an andere verstanden. ▸ Wildbret, das für den menschlichen Verzehr bestimmt ist, unterliegt den Bestimmungen des Lebensmittel- und Bedarfsgegenständegesetzes sowie des Fleischhygienegesetzes und der hierzu erlassenen Fleischhygieneverordnung; ▸ Wildbrethygiene, ▸ Fleischuntersuchung.

Lebensraum, der: In der ▸ Ökologie Bez. für den Standort einer Lebensgemeinschaft mit vielen Tier- und Pflanzenarten; er entspricht dem ökologischen Fachbegriff ▸ Biotop.

Lebensraumgutachten, die: ▸ Forstliche Vegetationsgutachten.

Lebensstätte, die: Der Standort für eine ein-

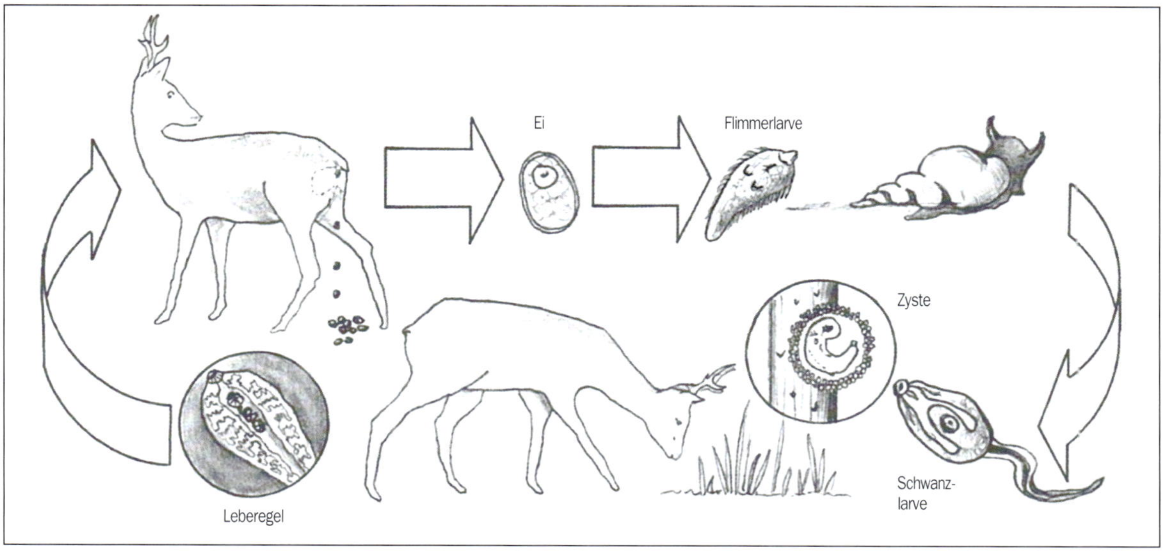

Entwicklungskreislauf des Großen Leberegels

Großer Leberegel (oben) und Kleiner Leberegel

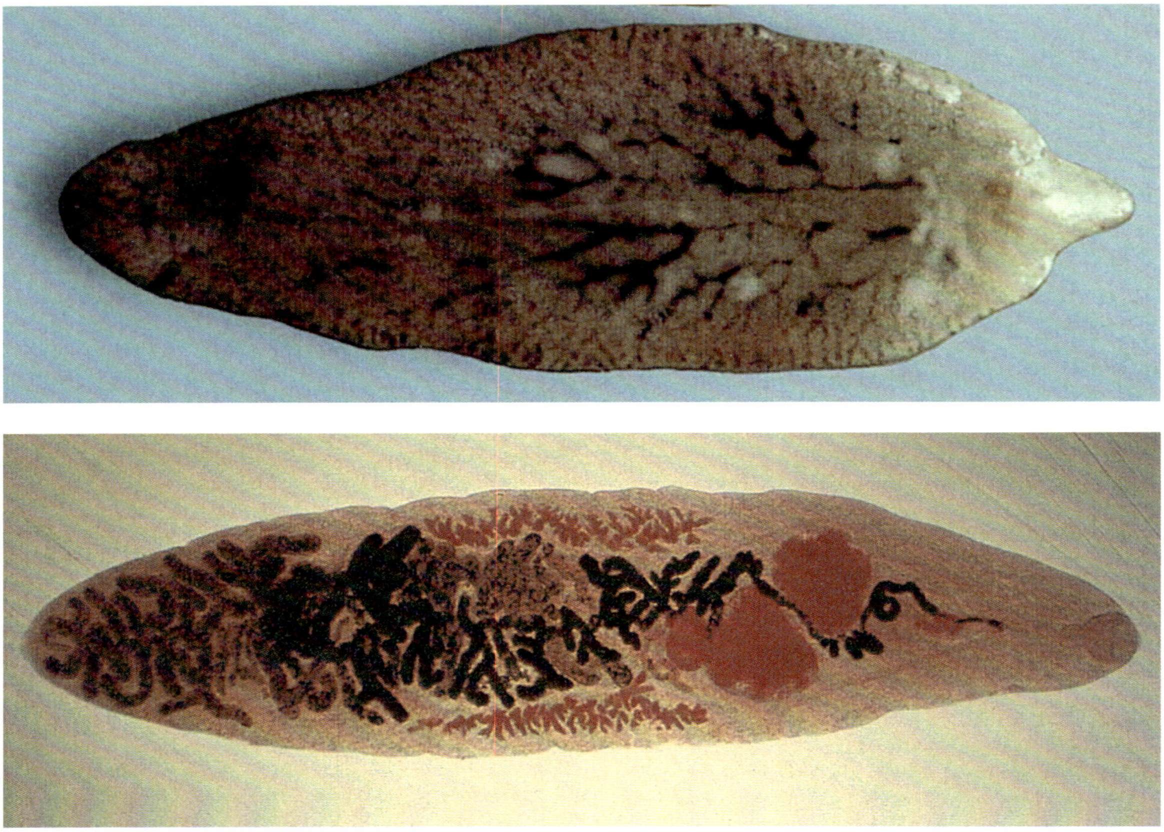

zelne Tier- oder Pflanzenart; die Bez. deckt sich mit dem ökologischen Fachbegriff ▸ Habitat.

Leberegel, der:

1. Großer L. (*Fasciola hepatica*): Ein innerer Parasit, der zu den ▸ Saugwürmern gehört. Seine Entwicklung ist an einen Zwischenwirt, die Zwergschlammschnecke (*Galba truncatula*), auch Leberegelschnecke genannt, gebunden. Bei günstigen Bedingungen (Feuchtigkeit und Wärme) kann er massenhaft auftreten. Der Große L. kann beim Schalenwild, beim Feldhasen und beim Wildkaninchen, aber auch bei wiederkäuenden Haustieren und – allerdings selten – beim Menschen vorkommen (z.B. wenn er Gras kaut, das mit Zysten behaftet ist). Er schmarotzt in den Gallengängen der Leber des ▸ Wirtstieres und verursacht dort schwere Schäden. Ein L. kann pro Tag bis zu 20000 Eier ablegen. Diese gehen mit der Gallenflüssigkeit in den Darm und gelangen dann mit der ▸ Losung nach außen. Dort entwickeln sich in zwölf bis 20 Tagen bei über −10 °C aus den Eiern Flimmerlarven (*Miracidium*), die in die Zwergschlammschnecken eindringen und sich in den nächsten 6 bis 15 Wochen ungeschlechtlich über verschiedene Zwischenstadien (Sporozysten, Redien, Zerkarien) vermehren. Dabei entstehen zahlreiche Schwanzlarven (Zerkarien), die aus der Schnecke auswandern. Sie schwärmen dann im Wasser, setzen sich an Gräsern fest und schließen sich zu einer Zyste ein. Auch am Heu sind sie noch mehrere Wochen ansteckungsfähig. Beim ▸ Äsen und ▸ Schöpfen werden diese winzigen, sandkorngroßen Zystenkapseln, die junge Egel enthalten, vom Wild aufgenommen. Die Egel werden im Dünndarm des Wirtstieres frei, bohren sich durch die Darmwand und wandern über die Bauchhöhle in die Leber ein, wo sie sich in den großen Gallengängen festsetzen, sich vom Blut des Wirtstieres ernähren, zu einer Länge von 2 bis 5 cm und einer Breite von 0,8 bis 1,2 cm heranwachsen und nach vier bis sechs Wochen geschlechtsreif sind und Eier legen. L. können bis zu elf Jahre alt werden. Geringer Befall zeitigt keine Veränderung des Tieres. Bei starkem Befall kommt es durch Blutarmut zu Mattigkeit, zu Leberentzündung und zum ▸ Kümmern. Das Stück ▸ verfärbt später, und es entwickeln sich unerwünschte Gehörn- bzw. Geweihformen (Knopfbock, Korkenziehergehörn). L.-Befall lässt sich durch die Untersuchung der Losung nach Eiern nachweisen. Beim erlegten Stück wird die Leber nach L. oder Bohrgängen untersucht.

Bekämpfung: Abschuss von kranken und kümmernden Stücken. Unterbrechung des Entwicklungskreislaufes durch Trockenlegung nasser Wiesen oder Vernichtung des Zwischenwirts (Zwergschlammschnecke) durch Ausstreuen von Chemikalien. Ferner ist eine Bekämpfung durch Beimischung von Medikamenten ins Futter möglich. Das ▸ Wildbret ist genusstauglich. Die befallene Leber ist genussuntauglich und muss unschädlich beseitigt werden.

2. Kleiner L. oder **Lanzettegel** (*Dicrocoelium dendriticum*): Ein innerer Parasit; er gehört ebenfalls zu den Saugwürmern und kommt seltener vor als der Große L. Zu seiner Entwicklung benötigt er zwei Zwischenwirte, und zwar die Gehäuseschnecken (Heideschnirkelschnecke, Turmschnecke) und die Ameisen. Er schmarotzt bei Schalenwild, Feldhase, Wildkaninchen und auch bei wiederkäuenden Haustieren in den feinen Gallengängen. Er kommt v.a. auf warmen, trockenen, kalkhaltigen Böden (Weiden) vor. Die Eier, die bereits fertige Flimmerlarven enthalten, werden mit der Losung des Wirtstieres ausgeschieden und nachts von den Gehäuseschnecken aufgenommen. In diesen vermehren sie sich ungeschlechtlich, und es entstehen Schwanzlarven. Diese Larven werden von den Schnecken, in Schleimballen gehüllt, ausgestoßen und von Ameisen aufgenommen. In ihnen werden sie ansteckungsfähig. Durch einen durch die Larven hervorgerufenen Beißkrampf beißen sich die Ameisen an Pflanzen fest und werden von pflanzenfressenden Tieren mit der Äsung aufgenommen. Im Darm werden die Larven frei und wandern direkt über den Hauptgallengang in die feineren Gallengänge. Dort wachsen sie in ca. zehn Wochen zu geschlechtsreifen Egeln heran. Der Kleine L. ist dann ca. 8 bis 10 mm lang und 1,5 bis 2 mm breit und beginnt seine Eier abzulegen. Der

Befall mit Kleinen L. ist i.d.R. erscheinungslos. Er lässt sich durch Untersuchung der Losung auf Eier feststellen. Beim erlegten Stück Wild ist L.-Befall durch sorgfältige Untersuchung der Leber festzustellen. Bekämpfung: Erhöhung der Widerstandskraft des Wildes durch gute Fütterung im Winter. Eine direkte Bekämpfung ist praktisch kaum möglich. Das Wildbret ist – nach Beseitigung der Leber – genusstauglich.

Leberentzündung, **ansteckende**, die: ▸ Hepatitis.

Leberschuss, der: ▸ Schusszeichen.

Leberschweiß, der: ▸ Schweiß, ▸ Schusszeichen.

Lecke, die: ▸ Salzlecke.

Lecken, das: ▸ Hirschgerechte Zeichen.

Lecker, der (Weidlöffel, Graser, seltener: Schmecker): Die Zunge des ▸ Schalenwildes mit Ausnahme des ▸ Schwarzwildes (bei diesem ebenso wie bei den anderen Wildarten: Zunge).

Lecklein, das: ▸ Hirschgerechte Zeichen.

Lecksteine, die: Aus Salz und verschiedenen anderen Zutaten hergestellte Steine, mit denen die ▸ Salzlecken beschickt werden.

Lederende, das: Ein fehlerhaft behaarter ▸ Behang des Jagdhundes, dem die Fransen fehlen (haarloser Rand).

Lederfinger, der (Fingerling): ▸ Beizvögeln, die zum Leiten oder ▸ Führen neigen, zieht man einen L. über die ▸ Fangklaue, damit sie die Beute schlecht tragen und nicht führen können.

Ledergehörn, das (Ledergeweih, Pergamentgeweih, Pergamentgehörn): Ein Gehörn oder ▸ Geweih, bei dem der Bast nicht oder nur teilweise abgefegt wurde und lederartig fest an den Stangen angetrocknet ist. Eine seltene Abnormität; ▸ Rehwild (Hauptschmuck).

Ledergeweih, das: ▸ Ledergehörn.

Lederstrumpf (= Joseph Karl Friedrich Graf von Frankenberg u. Ludwigsdorf): ▸ Jagdliteratur.

Leege, Otto Karl Georg (21.2.1862 Uelsen bis 17.12.1951 Norden): Lehrer und Naturforscher. L. führte auf der Insel Juist naturwissenschaftliche Forschungen durch, die er auf die anderen ost- und nordfriesischen Inseln sowie die niederländischen und dänischen Küstenregionen ausdehnte. Er beschäftigte sich mit Geologie, Pflanzen- und Tierkunde, Naturschutz sowie Heimat- und Volkskunde. Er veröffentlichte, zunächst vorwiegend in den Schriften des »Naturwissenschaftlichen Vereins Bremen«, zahlreiche pflanzenkundliche und zoologische Abhandlungen, u.a. »Vögel der ostfriesischen Inseln« (1905). L. gehörte zu den besten ornithologischen Kennern der deutschen Nordseeküste und engagierte sich in der Vogelschutzbewegung.

Leen, das oder die: ▸ Lehn.

leer: **1**) Alles Wild und der ▸ Hund ist l., wenn es bzw. er hungrig ist. **2**) Alles weibliche ▸ Haarwild ist l., wenn es gesetzt, gefrischt oder gewölft hat. **3**) Das Revier ist l., wenn es leergeschossen wurde. **4**) Wenn ein ▸ Eingestelltes Jagen abgejagt worden war, sagte man, das Jagen oder die Kammer ist l. gemacht.

Leer, das (seltener: Lehr): Ein Strickholz oder Strickbrett, worüber die Jagdnetze (▸ Jagdzeug, ▸ Garne) gestrickt wurden.

leeren (sich leeren): svw. sich ▸ lösen; hauptsächlich beim ▸ Hund gebräuchlich.

Lefaucheux, Casimir (1802 bis 1852): Berühmter französischer Büchsenmacher, Erfinder des nach ihm benannten Hinterlader-Gewehrsystems mit ▸ Stiftzündung. Die Erfindung mit ihren mannigfachen Abänderungen und Verbesserungen fällt in die Zeit von 1828 bis 1836. Der Kipplaufverschluss des L.-Gewehres wurde Vorbild für alle Flinten- und Bockbüchs-▸ Verschlussarten und hat sich im Ggs. zur L.-Patrone bis heute erhalten.

Lefaucheux-Patrone, die: Eine Patrone mit seitlich herausragendem Zündstift; ▸ Stiftzündung.

Lefze, die (Lappen): Die Lippe des ▸ Haarraubwildes und des ▸ Hundes.

Legbüchse, die (Selbstschuss, seltener: Selbstgeschoss): Ein einläufiges, ungeschäftetes Gewehr mit Selbstschussvorrichtung. Eine verbotene, jedoch früher gelegentlich von ▸ Wilderern verwendete Schussvorrichtung.

legen: **1**) Federwild legt seine Eier. **2**) Zuruf an den ▸ Jagdhund: leg dich!, franz.: ▸ couche!, engl.: ▸ down! **3**) Der ▸ Leithund oder der ▸ Schweißhund legt sich ins ▸ Hängeseil oder in den Riemen, wenn er fest anzieht. **4**) Die Fangeisen (▸ Fallen) werden ausgelegt.

Leger, das: Veraltete Bez. für ▸ Lager.

Leguminosen, die (Hülsenfrüchtige; *Leguminosae, Fabales*): Mit ca. 700 Gattungen und 17 000 Arten weltweit verbreitete Pflanzenordnung; bei uns vertreten mit der Familie der Hülsenfrüchtler oder Schmetterlingsblütler (*Fabaceae, Leguminosae*). Viele Gattungen umfassen wichtige Futterpflanzen, z.B. Saubohne, ▸ Klee, ▸ Luzerne, Esparsette, Hornklee) oder Pflanzen für die menschliche Ernährung (Erbse, Bohne, Linse). Die Samen befinden sich in Schoten (Hülsen). L. haben einen hohen Nährwert durch 20 bis 25% Eiweiß und 59% Stärke; die frostempfindliche Sojabohne enthält außerdem viel Fett. Die Hülsenfrüchte werden deshalb in der EWG-Verordnung Nr. 1765/92 vom 30.6.1992 unter dem Begriff »Eiweißpflanzen« zusammengefasst. Da L. mit Knöllchenbakterien Luftstickstoff binden und zu Eiweiß für das Wachstum aufbauen, benötigen sie nur wenige Stickstoffgaben zum Start. L., v.a. ▸ Lupine und ▸ Wicke, eignen sich besonders für eine stickstoffreiche ▸ Gründüngung; daneben sind sie – da bodenaufschließend und tiefwurzelnd – als Bodenverbesserer geeignet und sorgen zusätzlich für eine ständige Bodenbeschattung. L. sind besonders wertvolle ▸ Wildäsungspflanzen (auf Wildäckern und Wegebanketten).

Lehmsulze, die: ▸ Salzlecke.

Lehn, die (Leen, Lehne): Veralteter Ausdruck für Bache, weibliches ▸ Schwarzwild.

Lehr, das: ▸ Leer.

Lehrabschied, der: ▸ Lehrbrief.

Lehrbrief, der (Lehrabschied): Bez. für das Dokument, das dem ▸ Jägerburschen früher nach meist dreijähriger ▸ Lehrzeit (▸ Behänge) beim ▸ Wehrhaftmachen vom ▸ Lehrprinzen übergeben wurde. Der Jägerbursche war somit voll ausgebildeter Jäger und hatte das Recht, einen Hirschfänger zu tragen. Als reisender Jäger suchte er sich dann eine ihm zusagende Stelle; ▸ freisprechen.

Lehrherr, der: ▸ Lehrprinz.

Lehrprinz, der (Lehrherr): Entstanden aus Lehrprinzipal. Seit dem späten Mittelalter Bez. für den Lehrherrn des angehenden Jägers. Diese früher durchaus berechtigte Bez. (die Lehrmeister der Jagd waren von hohem Adel) übertrug sich auf jeden Jägermeister, der einen angehenden Jäger ausbildete. Heute wird jeder erfahrene ältere Jäger, der einen zukünftigen Jäger ausbildet, als L. bezeichnet.

Lehrreviere, die: Von den ▸ Landesjagdverbänden eingerichtete und bewirtschaftete Reviere, die überwiegend der Aus- und Fortbildung der Jäger dienen. In Deutschland bestehen folgende Lehrreviere: Baden-Württemberg: ▸ Landesjagdschule Dornsberg; Bayern: Amerdingen bei Nördlingen; Berlin: Wannsee (DEVA-Schießstand); Brandenburg: Lehrrevier Groß Kreutz; Hamburg: Revier Hoisbüttel; Hessen: Am Jagdschloss Kranichstein, Darmstadt-Kranichstein; Mecklenburg-Vorpommern: Jägerlehrhof Damm-Malchow; Niedersachsen: Jägerlehrhof Jagdschloss Springe, Springe/Deister; Nordrhein-Westfalen: Jägerhof Brüggen; Rheinland-Pfalz: Vorholz, Forsthaus in Oberwiesen; Saarland: Lehrrevier Warndt; Schleswig-Holstein: Hege-Lehrrevier Grönwohld; ▸ Jägerlehrhof, ▸ Jägerschulen.

Österreich: In Niederösterreich unterhält jeder Verwaltungsbezirk ein Lehrrevier; die Bundesländer Burgenland und Kärnten unterhalten je eines.

Schweiz: L. sind nicht eingerichtet.

Lehrzeit, die: Die Ausbildungsjahre zum ▸ Berufsjäger, früher als ▸ Behänge bezeichnet. Die Ausbildungszeit war je nach Zeitepoche unterschiedlich. Sie dauerte früher mancherorts fünf Jahre, dann wiederum nur drei Jahre. Nach Ende der Ausbildung wurde der zukünftige Jäger traditionsgemäß wehrhaft gemacht (▸ wehrhaft machen) und erhielt als Nachweis seiner Ausbildung den ▸ Lehrbrief. Der Lehrherr wurde ▸ Lehrprinz genannt.

Leib, der: Wild ist gut bei Leibe oder schlecht bei Leibe, je nachdem ob es feist (fett) oder abgekommen (abgemagert) ist.

Leibgehege, das: ▸ Hofjagdreviere.

Leibhatz, die: Früher die Leibhunde (▸ Hatzhunde) des Jagdherrn, welche dieser zunächst mit sich führte, wenn Sauen gehetzt werden sollten. Für die L. wurden nur die besten schweren und leichten Hatzhunde zusammengestellt. Sie bestand zuerst aus acht schweren und vier leichten, später aus vier schweren und zwei leichten Hunden. Die L. war damit imstande, auch die stärkste Sau festzumachen.

Leibjäger, der (Leibschütze): Früher ein Jäger, der seinen Jagdherrn oder hochgestellte Persönlichkeiten bei der Jagd begleitete und auch als ▸ Büchsenspanner Dienst tat. Etwa ab der Mitte des 19. Jh. hatte er auch in vol-

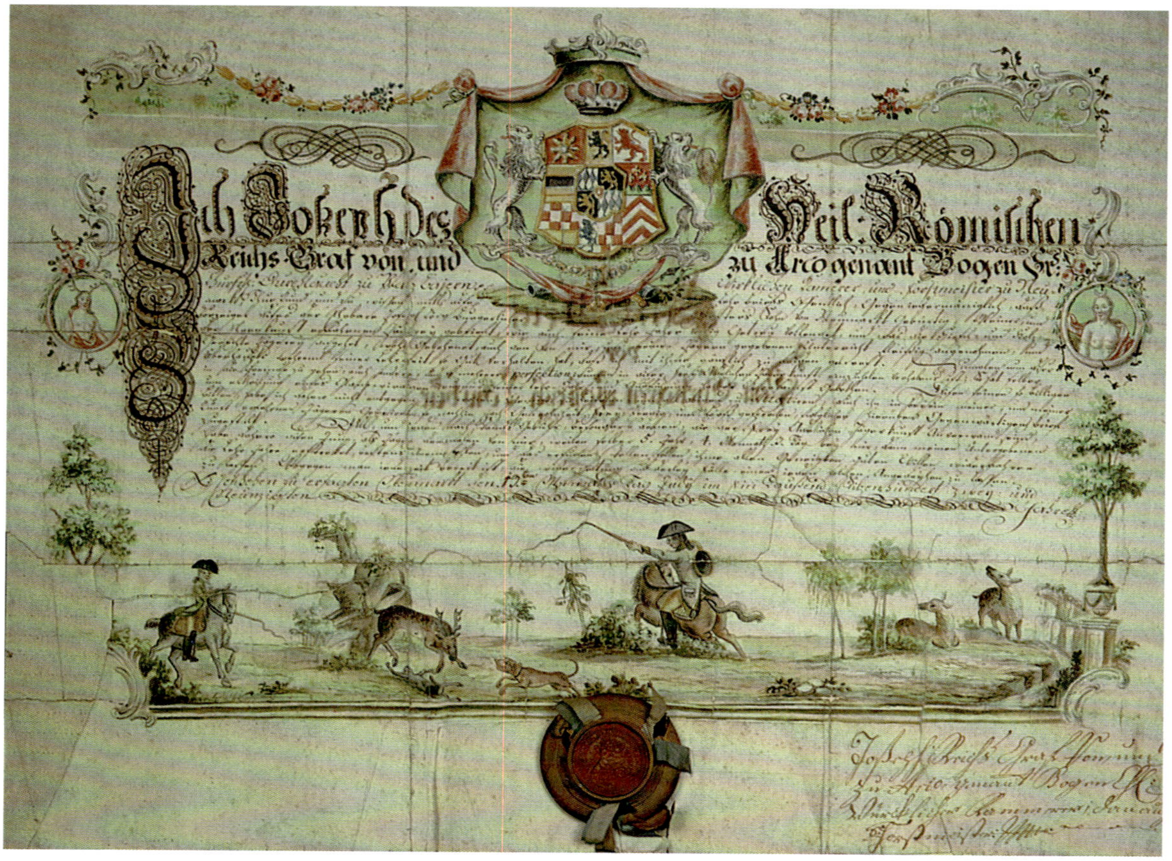

Lehrbrief, ausgestellt für den Jungjäger Joseph Löw am 13. Juli 1792 von Joseph Reichsgraf von und zu Arco. Die auf Papier ausgestellte Urkunde, mit ornamentalem und figürlichem Schmuckwerk, ist aquarelliert und mit anhängendem Siegel versehen. München, Deutsches Jagd- und Fischereimuseum

lem Leibjägerornat als Bedienung bei der Tafel Dienst zu leisten; ▸ Jagdpersonal, ▸ Hofjagdreviere.

Leibl, Wilhelm (1844 bis 1900): ▸ Jagdkunst.

Leibschirm, der (Hauptschirm): Früher eine Bez. für den Jagdschirm, der bei ▸ Eingestellten Jagen dem Jagdherrn vorbehalten war.

Leichdorn, der (Dicke Hände): Eine Ballengeschwulst, die häufig bei ▸ Beizvögeln vorkommt; bei Falken und Adlern häufiger, bei Habichten und Sperbern seltener. Über die Ursachen dieser Erkrankung bestehen die unterschiedlichsten Meinungen. Sie beginnt mit einer – zunächst schmerzlosen – Schwellung des Handballens, die rasch zunimmt. Nach einiger Zeit zeigt sich an der Ballenunterseite ein schwärzlicher Fleck, der von den alten Falknern L. genannt wird. Das Fliegen und die Atzungsaufnahme sind – solange das Fieber nicht zu hoch ist – nicht beeinträchtigt. Die Schwellung wird immer größer und heiß, und der Vogel kann nicht mehr ohne Schmerzen auf den Händen stehen; er liegt meist auf dem Bauch. Die Geschwulst bricht schließlich auf und entleert eiterähnliche, bröckelige, zwiebelschalenartig geschichtete Massen. Zu einer Selbstausheilung kommt es meist nicht; der Beizvogel stirbt, wenn die Geschwulst nicht behandelt wird. Es empfiehlt sich, die Ballengeschwulst von einem Tierarzt öffnen, die bröckelige Masse ausräumen und weiter behandeln zu lassen.

Leicheneule, die (Leichenhühnchen, Leichenvogel): ▸ Eulen 8.

leicht: **1**) Ein ▸ Hund ist l., wenn er schlank ist. Bei manchen Hunderassen (z.B. Hannoverscher Schweißhund) spricht man von einem l. und einem schweren Schlag; ▸ Hundeschlag. **2**) Der Hund macht sich l., wenn er sich löst (selten). **3**) Ein l. Falke eignet sich von Natur aus zum ▸ Anwarten; die Bez. l. hat nichts mit dem Gewicht des ▸ Beizfalken zu tun.

Leiden der Tiere: L., ein unbestimmter Rechtsbegriff des §1 Tierschutzgesetz. Danach darf »niemand einem Tier ohne ▸ vernünftigen Grund Schmerzen, L. oder Schäden zufügen«. Dieses ist unmittelbar geltendes Recht und wegen fehlender Legaldefinition als Auslegungsgrundsatz wirksam. Durch abweichende Rechtsprechung bestehen erhebliche Unsicherheiten, wie der Begriff L. zu bewerten ist. L. wird gern emotional und anthropomorph diskutiert. Die beiden in engem Zusammenhang stehenden Begriffe Schmerz und L. sind nicht abschließend festgelegt. Die Deutsche Forschungsgemeinschaft hat sich wie folgt geäußert: »Schmerz ist eine subjektive Empfindung, deren Intensität und Qualität nicht nur vom auslösenden Reiz, sondern von vielen subjektiven Faktoren abhängt und daher schwierig zu messen ist. Der Mensch kann den Schmerz verbal beschreiben, bei Fischen ist es z.B. fraglich, ob sie ein ähnliches Schmerzempfinden haben wie Säugetiere. Auch L. ist eine subjektive Empfindung des Menschen, die er nach Bewußtwerdung sprachlich beschreibt.« Der Begriff L. und seine Ursachen sei kaum wissenschaftlich zu definieren, zumal er alle psychischen Störungen und unangenehmen körperlichen Empfindungen einschließt. Ob alle Tiere L. empfinden können, ist umstritten. Leidensfähigkeit setzt eine bestimmte Entwicklung voraus. Bei diesen Schwierigkeiten der kausalen Erforschung bietet sich als qualitativ und quantitativ messbarer Beurteilungsmaßstab für faktische physiologische Belastungen der Tiere die Untersuchung von Stressfaktoren an; ▸ Jagd und Tierschutz.

leidendes Wild: Wild, das durch Seuchen, Parasitenbefall, andere schwere Krankheit und krankhafte Missbildungen sowie durch Schussverletzung offensichtlich leidet, muss i.d.R. aus waidmännischen und aus tierschutzrechtlichen Gründen erlegt werden (▸ Notabschuss). Das gilt v.a. für krankgeschossenes Wild (▸ Nachsuche). Hinsichtlich der Anrechnung des Schalenwildes auf den ▸ Abschussplan sind die jeweiligen Landesjagdgesetze zu beachten. L. W. darf auch an Fütterungen erlegt werden; ▸ Tierschutz.

Leier, die: **1**) Auch Schere, Spiel; der große Stoß des Birkhahns; ▸ Sichel. **2**) Gelegentliche und scherzhafte Bez. für den Bürzel (Schwanz) des ▸ Schwarzwildes. **3**) Leyer wurde früher beim ▸ Vogelfang eine mit Leimruten besteckte und auf Pfählen bewegliche Walze genannt.

Leim, der: ▸ Vogelleim.

Leimrute, die: ▸ Vogelfang 1.

Leine, die: Sammelbezeichnung für alle Seile, Stricke und Riemen, die zu jagdlichen Zwecken verwendet werden und wurden; z.B. für Stricke, an denen das ▸ Jagdzeug hängt, wobei man Oberleinen, Unterleinen, Windleinen usw. (▸ Arche) unterschied, sowie für Stricke zum Zuziehen von Fangnetzen (sog. Zugleinen) und Hundeleinen.

leinenführig (riemenführig, führig): Ein ▸ Hund, wenn er sich ruhig, d.h. willig, an der Leine oder am Riemen führen lässt, ohne vorzuprellen oder zurückzubleiben. L. muss jeder ▸ Jagdgebrauchshund sein; ▸ strickbändig, ▸ koppelbändig. Leinenführigkeit gehört zu den Gehorsamsübungen der Jagdhunde.

Leinenzwang für Hunde: Je nach Landesrecht unterschiedlich geregelt, dürfen – meist in der Zeit vom 1. April bis zum 15. Juli (Brut- und Setzzeit) – Hunde im Wald und in der freien Landschaft nur an der Leine geführt werden. Daneben kann ein L. (ganzjährig) auch für bestimmte Schongebiete (z.B. Wildeinstände; ▸ Einstand) angeordnet werden. Für den L. in ▸ gefährdeten Bezirken gelten – ebenfalls je nach Landesrecht – besondere Vorschriften. Sofern Hunde zur befugten Jagdausübung verwendet werden, gilt der L. nicht.

Leiningen, Emich Karl Fürst von (1763 bis 1814): Leidenschaftlicher Jäger und bedeutsamer Jagdschriftsteller seiner Zeit.

Leisa, der: ▸ Löser 2).

Leishmaniose, die: Granulomatöse (körnige) Haut- und Organerkrankung, die durch verschiedene Leishmania-Arten (intrazellulär parasitierende Protozoen der Klasse *Mastigophora*) hervorgerufen wird. Wilde Caniden, Hunde und Katzen stellen das Virusreservoir dar. Die Übertragung erfolgt v.a. durch kleine Stechfliegen (Phlebotomus-Stechfliege), die von Süden bis zum 45. Breitengrad und regional auch um Paris, den Genfer See und in der Normandie als Überträger der L. auch auf den Menschen beobachtet werden. Auch eine Schmierinfektion durch Hautverletzungen ist möglich (Vorsicht bei erkrankten Hunden; ▸ Zoonose). Beim Menschen treten verschiedene Formen der L. auf. Die Krankheit wird dann je nach Erreger u.a. als »Aleppobeule« oder »Orientbeule« (*Leishmania tropica*), die im Mittelmeergebiet oder in Nordafrika auftritt, oder als »Kala-Azar« oder »Dum-Dum-Fieber« (*Leishmania donovani*) bezeichnet, als die sie in Asien oder in Europa auftritt. Die Inkubationszeit beträgt Wochen bis Monate, je nach Leishmania-Art. Beim Menschen ist bei Verdacht auf L. frühestmöglich ein Arzt aufzusuchen. Beim Hund kann L. unbemerkt jahrelang bestehen (Ansteckungsgefahr), oder die Infektion äußert sich nach Monaten in schubweise auftretenden, unspezifischen Symptomen. Die Symptome können sein: Appetitlosigkeit, Mattigkeit, Fieber, Abmagerung, Übelkeit, Muskelschwäche, Magen- und Darmstörungen, Bauchwassersucht, Vergrößerung der Lymphknoten, Milzschwellung, bei bestimmten Leishmania-Arten auch Hautgeschwüre, Verdickungen am Auge, Haarausfall auf dem Nasenrücken, an den Ohrspitzen und um die Augen (Brillenbildung), Schleimhautgeschwüre und Hautverdickungen (Hyperkeratose) sowie Urämie (Blut im Harn, meist tödlicher Ausgang). Frühzeitige Diagnose und Behandlung mit Antibiotika sind sehr wichtig, besonders weil die Erkrankung mit ▸ Leptospirose, ▸ Parvovirose und atypischer ▸ Staupe verwechselt werden kann. Die Krankheit ist häufig tödlich. Mit einer rechtzeitigen Behandlung wird meist eine vorübergehende Besserung erreicht, sehr selten eine völlige Heilung.

Leiste, die (Markierleiste): Bez. für eine leichte Erhebung (leistenartige Verdickung) an einer Geweih- oder Gehörnstange, also die Andeutung eines nicht mehr oder noch nicht ausgebildeten ▸ Endes beim Kopfschmuck aller Hirscharten.

Leistungszeichen, die: ▸ Hunde-Leistungszeichen.

Leistungsziffern (LZ), die: ▸ Hundeprüfungen.

Leistungszucht, die: Eine Zucht von Jagdhunden nach Gebrauchseigenschaften. Die ▸ Abstammung eines Hundes aus einer L. wird im Abstammungsnachweis angegeben.

Leitbruch, der: ▸ Bruchzeichen.

leiten (beim Beizvogel): ▸ führen 4).

Leiter, der oder die: svw. ▸ Geleiter.

Leiter, die (Ansitzleiter): ▸ Jagdeinrichtungen 2.

Leitergeweih, das: Das ▸ Geweih eines Rothirsches, dessen Stangen keine Krone haben, sondern nur eine Gabel, sodass sich die Enden, beginnend vom ▸ Augspross bis zum letzten Ende, wie eine Leiter fortsetzen. Während beim Wapitihirsch das L. typisch ist, ist ein Rothirsch mit einem L. ein ▸ Abschusshirsch.

Leitflügel, der: Ein Treiberflügel, der sich am Gelände orientiert und nach dem sich die Streife (▸ Gesellschaftsjagd 5., 6.) ausrichtet.

Leitgams, die (Leitgeiß, Kopfgams): Weibliches ▸ Gamswild, das ein Rudel anführt.

Leitgeiß, die: ▸ Leitgams.

Leithund, der: **1)** Veraltet auch Laithund, Laitihunt, Spurhund, Brasch, Prasch oder Preiz. Der berühmte L., gezüchtet aus Hirschmeutehunden (▸ Bracken), war früher eine ▸ Jagdhunderasse mit hervorragend feiner Nase, mittelgroß, schwer, und hatte einen großen, langen und starken Kopf mit herunterhängenden ▸ Lefzen, breiten, langen ▸ Behängen und einer breiten, feuchten Nase. Die Vorderläufe waren etwas kürzer als die Hinterläufe und etwas nach außen gedreht. Der ganze Körper musste kräftig und gedrungen und die Brust breit und gewölbt sein. Die ▸ Rute war nicht zu lang und dicht behaart. Sein kurzes, dichtes und glänzendes Fell war von brauner, schwarzbrauner, schwarzer, rotbrauner oder auch grauer Färbung mit gelben Abzeichen. Rauhaarige Hunde kamen seltener vor. Die L. hatten alte feststehende Namen. Die Rüden: Hirschmann, Waldmann, Gesell, Gesellmann, Söllmann, Sellmann; die Hündinnen: Hela, Heele, Haile, Heila, Sellma. Der L. wurde im Mittelalter (Laitihunt) und bis ins 19. Jh. zum ▸ Bestätigen des Rotwildes und auch der Sauen, seltener von Damwild, Elch, Wolf und Bär, verwendet. Er wurde nur auf ▸ Gesundfährten gearbeitet (für ▸ Schweißfährten wurden andere Hunde eingesetzt) und vom ▸ Besuchsjäger (Besuchsknecht), der ein ▸ hirschgerechter Jäger sein musste, am ▸ Hängeseil (Leitseil) auf der rechten Seite geführt, ohne gelöst zu werden; er hatte stets mit tiefer Nase zu arbeiten. Die Ausbildungszeit des L. dauerte drei Jahre; nach der dritten Behängezeit (mit vier Jahren) war er voll ausgebildet. Er wurde niemals geschlagen, sondern höchstens durch Ziehen am Hängeseil gezüchtigt. Sorgsame Pflege, besonders während der ▸ Behängezeit (Juli und August), war eine Selbstverständlichkeit. Zur Übung zog der Besuchsjäger mit dem Hund bereits nach dem Verfärben des Rotwildes aus. Zu dieser Zeit wurde der L. täglich einmal, sonst zweimal gefüttert. Seiner Nahrung durften keine Gewürze beigegeben werden, um seinen Geruchssinn nicht zu verderben; dagegen wurde er oft mit faulem Käse und mit Krebsen gefüttert. Um dem L. die Freude an der Arbeit zu erhalten, wurde er etwa alle 14 Tage genossen gemacht (▸ genossen machen 3)). Ein guter L. musste die Fährten des Wildes, auf das er eingearbeitet war, anfallen und zeichnen (niemals ▸ Laut geben) und sie so lange nachziehen, bis er abgetragen wurde. Der L. wurde von gerechten Fährten abgetragen, von falschen abgezogen. Bei der ▸ Parforcejagd musste er mit seinem Führer am Hängeseil dem Hirsch, für den der Jagdherr sich entschieden hatte, unaufdringlich und stundenlang durch dick und dünn auf der Fährte bleiben. Bei dieser ▸ Vorsuche trug der Besuchsknecht einen Pack Eichenbrüche in der linken Hand, mit denen er die Fährte verbrach, um sie später wiederfinden zu können, und mit denen er auch von Zeit zu Zeit den Hund abliebelte (streichelte). Der L. durfte sich durch ▸ Widergänge nicht irreführen lassen, durfte die Fährten nicht verwechseln und musste den Hirsch vorsichtig dorthin ▸ lancieren, wo der Jagdherr mit der Jagdgesellschaft zur festgesetzten Zeit wartete. Der Hirsch wurde dann aus dem Wald gesprengt und von der Jagdgesellschaft zu Pferde gejagt. War die Parforcejagd beendet und der Hirsch zur Strecke gekommen, wurde nach dem Jagdherrn dem Leithund das Haupt des erlegten Hirsches, das vorher mit drei Schlägen mit dem Waidblatt abgeschlagen worden war, vorgetragen (▸ Geweihvortragen). Der L. wurde mit ▸ Waidsprüchen angesprochen und erhielt daraufhin Teile des Hauptes und des Gehirns zum ▸ Genuss. Anschließend wurden die ▸ Meutehunde genossen gemacht (▸ Curée). Die L.-Arbeit galt, wie heute die Schweißhundearbeit, als Hohe Schule des Waidwerks. Ein gut eingearbeiteter L. war, wie heute der ▸ Schweißhund, der Stolz jedes hirschgerechten Jägers. Mit dem Ende der Parforcejägerei und mit der Vervollkommnung der Feuerwaffen wurde der L. nicht mehr benötigt. Dagegen brauchte man einen Hund nach dem Schuss, einen sog. Schweißhund. Die letzten L. wurden daher zur Schweißarbeit verwendet. Die heutigen ▸ Schweißhunde stammen alle von den letzten L. des hannoverschen Königshauses ab. Der französische L. (Limier) war ein Hund beliebiger Rasse, häufig der fährtensicherste Hund einer Hundemeute, der als L. Verwendung fand, und ist deshalb mit dem deutschen Rasse-L. (alte Hunderasse) nicht verwandt. **2**) Auch Kopfhund; ein Hund, der an der Spitze der Meute jagt und diese führt. Seine Aufgabe ist es auch, die Spur bzw. die Fährte des zu jagenden Wildes zu halten. **3**) Als weißer L. wird scherzhaft eine ▸ Neue (Neuschnee) bezeichnet, da sie dem Jäger – wie ein L. – alle Fährten und ▸ Spuren zeigt und es ihm ermöglicht, ohne Hund manches Wild sicher auszumachen. **4**) Eiserner L. oder stiller L. ist die scherzhafte Bez. für den Wildwechsel (▸ Wechsel 1)), weil dessen genaue Betrachtung dem ▸ fährtengerechten Jäger gute Auskunft über den Stand des Wildes gibt.

Leitseil, das: ▸ Hängeseil.

Leittier, das: Ein weibliches Stück Rotwild, Damwild oder Sikawild, das ein ▸ Rudel der betreffenden Wildart anführt; ▸ Rangordnung.

Lemke, Karl, Dr. (2.10.1926 Tilsit/Ostpreußen bis 7.2.1994 Neustrelitz): L. begann zunächst eine Lehre als Gärtner und ab 1946 nach dem Kriegsdienst seine forstliche Ausbildung an der Forstfachschule Stolberg im Harz, die er 1948 abschloss. Ab Oktober 1948 setzte L. sein Studium an der Forstwirtschaftlichen Fakultät der Humboldt-Universität zu Berlin fort. Das Hochschulstudium endete 1952 mit dem Abschluss als »Diplom-Forstwirt« in Eberswalde. Mit seiner Dissertation mit dem Titel »Untersuchungen über das Wurzelwachstum der Roteiche auf diluvialen Standortsformen« wurde er 1955 Doktor der Forstwissenschaften. 1957 wurde L. Leiter des Staatlichen Forstwirtschaftsbetriebes Neustrelitz. Im Rahmen der Agrarwissenschaftlichen Gesellschaft der DDR war L. bis 1980 Leiter der Bezirksfachkommission Forstwirtschaft des Bezirkes Neubrandenburg. Neben der Leitungstätigkeit in dem ab 1972 durch Zusammenlegung vergrößerten Forstwirtschaftsbetrieb begann er 1971 eine Vortragsreihe mit dem Titel »Jagd und Jägerlatein einst und jetzt« als Übergang zu einer literarischen Tätigkeit (14 Sachbücher). Im gleichen Jahr erschien sein Buch »Jagdliches Brauchtum«. Es folgten u.a. »Für die Jagdpraxis« (1977), »Verhüten von Wildschäden« (1977), »Auf der Lockjagd« (1980), »Äsungsverbesserungen für Schalenwild« (1981), »Hüttenjagd« (1983), »Jagd, Schlösser, Büchsen und Trophäen« (1983), »Der Teckel« (1984) und zuletzt »Das Jägerjahr« (1992). L. war auch Herausgeber des »Lexikon Weidwerk« (1981).

Lemmer, der: ▸ Mehrbraten.

Lendenbraten, der: ▸ Mehrbraten.

Lentner, Johann Gottfried: ▸ Jagdliteratur.

Leppelsnute, die: Siebenbürgisch-sächsischer Ausdruck für Löffelente; ▸ Wildenten 5.

Leporarien, die: Besondere Gehege, die die Römer für Hasen und Kaninchen zur Fleischgewinnung einrichteten.

Leporiden, die: Frühere Bez. für angebliche Kreuzungen (Mischlinge) zwischen Wildkaninchen und Feldhasen, die aber aus biologischen Gründen nicht möglich sind. Die als L. bezeichneten Tiere waren nach näherer Untersuchung immer reine Kaninchen.

Leptospirose, die (Stuttgarter Hundeseuche, Weilsche Krankheit, infektiöse Gelbsucht): Eine ▸ Infektionskrankheit, die durch Schraubenbakterien, die sog. Leptospiren, hervorgerufen wird. Die Erreger finden sich im Harn und im Speichel erkrankter Tiere und gedeihen gut in feuchtem Milieu wie stehenden Gewässern usw. An L. (einer gefürchteten Hundeseuche) können außer ▸ Hunden auch Ratten, Mäuse, Füchse, Schweine und der Mensch erkranken. Das Tier infiziert sich meist durch Beschnuppern oder Belecken von bakterienverseuchten Gegenständen, durch direkten Kontakt mit erkrankten Tieren oder durch Fressen von Ratten, der Mensch i.d.R. durch verunreinigtes Wasser. Hat der Hund sich infiziert, sind die ersten Symptome Mattigkeit, Fressunlust, hohes Fieber, Erbrechen oder Durchfall. Nach wenigen Tagen tritt eine Gelbfärbung der Schleimhäute des Auges und des Fanges auf. Es kommt zu einer Gelbsucht und zu einer Leberschädigung oder bei der urämischen Form zu einer Nierenentzündung, Nierenschädigung sowie Harnvergiftung. Die Erkrankung des Menschen beginnt mit hohem Fieber, heftigen Wadenschmerzen und führt dann zur ansteckenden Gelbsucht und zu einer Nierenentzündung. Da es sich um eine gefährliche Krankheit handelt, ist bei den ersten Symptomen sofort ein Arzt aufzusuchen. Bei Hunden sind die Heilungschancen sehr gering. Der einzige wirksame Schutz ist eine zweimalige Schutzimpfung (▸ Impfung) des Junghundes und eine regelmäßige Wiederholungsimpfung. Die L. ist erstmals im Jahre 1898 bei einer Hundeausstellung in Stuttgart seuchenhaft aufgetreten (daher der Name Stuttgarter Hundeseuche).

Lerchen, die (*Alaudidae*): Sie zählen zur altweltlichen Familie der meist braunsandfarbenen ▸ Singvögel des offenen Geländes. Die oft verlängerte Hinterkralle wird als L.-Sporn bezeichnet. Die Geschlechter sind gleich gefärbt. L. bauen ihre schlichten Nester stets gut getarnt am Boden (zwei Bruten im Jahr) und singen häufig im Flug. Noch Mitte des 19. Jh. wurde in Deutschland ihre Jagdbarkeit teilweise anerkannt. Sie durften u.a. in Pommern, Ost- und Westpreußen, Posen, Sachsen, Westfalen, Nassau, Kurhessen, Hamburg und in Bayern, wo sie nach der Verordnung von 1863 als Bestandteil der Feldjagd galten, erlegt werden. In Württemberg, Baden, Coburg, Altenburg, Schwarzburg, Waldeck und Lippe genossen sie damals durch entsprechende Vogelschutzgesetze vollständigen Schutz; in den übrigen Staaten zählten sie bereits zu den geschützten Singvögeln. Die nachstehend beschriebenen drei Arten (Haubenlerche, Feldlerche und Heidelerche) sind in Mitteleuropa ▸ Brutvögel. Daneben leben in Europa noch sechs weitere L.-Arten: Die Kalanderlerche (*Melanocorypha calandra*), die Weißflügellerche (*Melanocorypha leucoptera*), die Mohrenlerche (*Melanocorypha yeltoniensis*) sowie die beiden kleinsten L., die Kurzzehenlerche (*Calandrella brachydactyla*) und die Stummellerche (*Calandrella rufescens*). Die Ohrenlerche (*Eremophila alpestris*) kann auf dem Zuge auch in der BRD beobachtet werden.

1. Haubenlerche, die (*Galerida cristata*, L.): Auch Kapplerche, Schopflerche, Kammlerche, Kotlerche, Wegelerche, Zopflerche, Kobellerche, Kuppenlerche und Hauslerche. Länge: etwa 17 cm, Gewicht: um 45 g; ▸ Jahresvogel.

Aussehen: Die H. ist oberseits auf graubraunem Grund unregelmäßig dunkel punktiert und gestrichelt. Die Unterseite ist grauweißlich, in der Kropfgegend sind dunkle Flecke. Den Kopf ziert eine spitze Federhaube (Holle), die den Hinterkopf bedeutend überragt. Im Übrigen ähnelt die H. sehr der Heidelerche, der Jungvogel sehr dem Altvogel, der jedoch auf der Oberseite zusätzlich schmutzig weiß gefleckt ist. Die Flügeldecken und die Schwungfedern sind hell gesäumt.

Vorkommen: Die H. bewohnt das ganze europäische Festland und große Teile Asiens. Darüber hinaus ist sie von Kleinasien bis Nordwestindien, auf der Arabischen Halbinsel und in großen Teilen Afrikas beheimatet. Sie bewohnt offenes, mehr oder weniger baumloses Gelände und lebt meist in der Nähe bewohnter Orte. Das höhere Gebirge meidet sie. In einigen Gebieten ist sie bereits sehr selten geworden. Sie singt am liebsten auf der Erde, von einer kleinen Erhöhung aus oder auf einem Busch sitzend.

Fortpflanzung: Das Gelege besteht aus drei bis fünf Eiern, die auf weißlichem Grund gelblich braun und aschgrau grob gefleckt sind. Die Eier sind 23 x 17 mm groß und ca. 3,2 g schwer. Sie werden vom Weibchen 13 Tage bebrütet. Die Jungen verlassen nach neun bis zehn Tagen das Nest und sind nach etwa vier Wochen selbstständig. Meist zwei Bruten im Jahr (Ende April bis Juni).

▸▸▸ Die Haubenlerche ist über weite Teile der Erde verbreitet. Sie bevorzugt offenes Gelände.

Die anpassungsfähige Feldlerche bewohnt vor allem Feld- und sumpfige Wiesenlandschaften.

◂◂◂ Die Heidelerche ist in ihrem Bestand stark gefährdet.

Nahrung: Überwiegend Unkrautsamen, zarte Pflanzenteile sowie kleine Insekten.

2. Feldlerche, die (*Alauda arvensis*, L.): Auch Brachlerche, Kobellerche, Kornlerche, Ackerlerche, Saatlerche oder Himmelslerche. Länge: etwa 18 cm, Gewicht: um 39 g.
Aussehen: Die Oberseite ist erdbraun mit schwärzlichen Flecken und Strichen. Zügel, Augenstreifen und Kinn sind fahlweiß, Kehle, Kopf und Oberbrust rostbraun und dunkel gestrichelt. Die übrige Unterseite ist weißlich. Die Schwingen sind dunkelbraun mit hellen Säumen und die Außenfahnen der äußersten Schwanzfedern weiß. Die Jungvögel ähneln den Altvögeln, wirken jedoch oberseits gescheckter.
Vorkommen: Die F. bewohnt fast ganz Europa mit Ausnahme des südlichen Griechenlands und wird in Nordafrika ebenso angetroffen wie in Südrussland. Sie ist ein ▸ Teilzieher, der meist im Mittelmeerraum und gelegentlich auch in Deutschland überwintert, und bevorzugt das bebaute Feld sowie Sumpfgebiete mit ausgedehnten Wiesen. Sie ist ungemein beweglich und geht im Gebirge oft über die Baumgrenze hinaus. Die F. singt anhaltend und angenehm, hin und wieder auch im Sitzen. Die Männchen steigen zum Singen häufig im Rüttelflug hoch in die Luft und sind dann nur noch als Punkt zu erkennen. Das Fleisch der F. gilt in Italien als Delikatesse.
Fortpflanzung: Bereits Anfang März führen die Männchen lang anhaltende Singflüge aus und grenzen ihre Reviere ab. Bei der Bodenbalz umtanzt das Männchen das Weibchen mit hängenden Flügeln. Das Gelege enthält drei bis fünf sehr unterschiedlich gefärbte Eier, die häufig auf gelblicher, rötlicher, weißer oder grauer Grundfarbe dicht braun gefleckt sind. Das Weibchen bebrütet die 24 x 17 mm großen Eier, die 3,4 g schwer sind, etwa elf bis 14 Tage. Die Jungen verlassen nach neun bis zehn Tagen das Nest. Normalerweise zwei Jahresbruten, manchmal auch drei (April bis Juli).
Nahrung: Ähnlich wie bei der Haubenlerche.

3. Heidelerche, die (*Lullula arborea*, L.): Auch Baumlerche, Holzlerche, Dullerche, Lullerche, Waldlerche oder Heidenachtigall. Länge: ca. 15 cm. Sie ist nach der ▸ Roten Liste stark gefährdet.
Aussehen: Die Geschlechter sind überwiegend graubraun mit dunklen Flecken; die Unterseite ist rahmweiß mit schwarzen Längsstrichen, an der Kehle dunkel punktiert. Zügel und Schläfenstrich auffallend weißlich, die Schwingen braunschwarz, die mittleren beiden Schwanzfedern braun, die übrigen schwarz.
Vorkommen: Die H. kommt in ganz Europa, Nordafrika und Kleinasien vor und bewohnt öde Heide- und Waldgegenden sowie trockene, baumarme Hänge und steiniges Gelände. Sie ist ein Teilzieher und überwintert vorzugsweise im Mittelmeerraum. Typisch ist der flötende, durch abfallende Strophen gekennzeichnete Gesang.
Fortpflanzung: Das Gelege besteht aus drei bis fünf Eiern, die auf weißlichem Grund fein und dicht olivbraun oder rotbraun gefleckt sind. Sie sind 22 x 16 mm groß und 2,7 g schwer. Die Eier werden vom Weibchen 13 bis 15 Tage bebrütet; in dieser Zeit füttert das Männchen das Weibchen. Die Jungen verlassen nach neun bis zehn Tagen das Nest. Zwei Jahresbruten, manchmal auch drei (Ende März bis Juli).
Nahrung: Ähnlich wie bei der Haubenlerche.

Lerchenfalke, der: ▸ Falken 3.

Lerchengarn, das: ▸ Garne 2.

Lerchengeier, der: ▸ Weihen 2.

Lerchenhabicht, der: ▸ Falken 2. und 3.

Lerchenhaube, die: Ein früher benutztes, kleines haubenförmiges ▸ Garn an einer Stange, mit dem man die Lerchen fing.

Lerchennetz, das: ▸ Garne 2.

Lerchensperber, der: ▸ Falken 2.

Lerchenspiegel, der: Ein länglich rundes Gerät auf einer Walze mit mehreren großen und kleinen Spiegeln, mit dem früher die Lerchen gefangen wurden. Diese wurden dabei durch das Glitzern und Blitzen der Spiegel in der Sonne angelockt und fingen sich in den rundum aufgestellten ▸ Garnen.

Lerchensporn, der: ▸ Lerchen.

Lerchenstößer, der: ▸ Falken 3.

Lerchenstrandläufer, der: ▸ Schnepfenvögel 14.

Lerchenstreicher, der: Früher eine Bez. für einen Mann, der beim Lerchenfang das Deckgarn (Streichgarn) trug; ▸ Garne 2.

Lerchenstrich, der: Der Fang der Lerchen zur Nachtzeit mithilfe von Klebnetzen oder Decknetzen; ▸ Garne.

Lermente, die: ▸ Wildenten 6.

Lernort Natur: Der Deutsche ▸ Jagdschutz-Verband (DJV) informiert mit dem L. N. als Initiative der deutschen Jäger die Jugend über wild-, wald- und jagdrelevante Themen. Ziel ist, die Jugend mit der Natur und den Wildtieren vertraut zu machen. Hierfür können Lehrer und Ausbilder Unterrichts- und Demonstrationsmaterialien für den Unterricht bestellen.

Leseholz, das (Raffholz): Bez. für Brennholz, das i.d.R. im Wald vom Boden aufgelesen (zusammengerafft) wird. L. ist geringwertiges Holz, das auf natürliche Weise, z.B. als Dürräste, vom Stamm abgebrochen ist. Zum L. zählt an manchen Orten auch das Holz, das nach einem Hieb als Abfallholz (Schlagabraum) liegenbleibt. Es wird häufig den Sammlern unentgeltlich oder gegen geringfügiges Entgelt (Lösung eines L.-Scheines, Lesezettels) überlassen.

Letalfaktor, der: Erbfaktor, der bei der Hundezucht zu schweren Missbildungen (Wolfsrachen, Taubheit) führt. Ein L. ist häufig an andere in der Zucht erwünschte Merkmale gebunden. So tritt z.B. die Taubheit mit der Farbe Weiß oder mit der Dalmatinerscheckung auf. L. sind rezessiv, können unterdrückt, aber nie ganz ausgeschaltet werden.

Lettow-Vorbeck, Gerd von: ▸ Jagdliteratur.

Letzenbrett, das: Ein Brett mit Schlingen, das zum ▸ Vogelfang diente (Letz, Letzen svw. die Schlinge, Schleife zum Festhalten).

letzter Bissen, der: ▸ Bruchzeichen.

letzter Trieb, der: Scherzhafte Bez. für ▸ Schüsseltreiben.

Leuchte, die: Seltener Ausdruck für das Licht (Auge) des ▸ Schalenwildes.

Leuchtkorn, das (Leuchtvisier): ▸ Nachtkorn.

Leuchtpunktvisier, das: Batteriebetriebenes Zielgerät (mit oder ohne Vergrößerung) für den Schnellschuss. Es wird anstatt des Zielfernrohres (▸ Jagdoptik) auf der Waffe montiert und findet immer öfter bei Drückjagden Verwendung. Beim Durchsehen erblickt man einen roten Punkt, den man auf das Ziel richtet. L. gibt es in Form eines kleinen Würfels oder eines kleinen Zielfernrohres (Aimpoint).

Leyer, die: ▸ Leier 3).

Licht, das: **1**) Das Auge des ▸ Schalenwildes; ▸ Seher, ▸ Auge. **2**) Seltener, veralteter Ausdruck für die Gurgel (Luftröhre) des zum ▸ Hochwild zählenden ▸ Haarwildes, besonders des ▸ Rotwildes; speziell für jenen starken weißen Teil (Ader), an dem Herz und Lunge hängen. **3**) ▸ Büchsenlicht.

Lichtbaumarten, die (Lichtholzarten): Baumarten, die zum Überleben ein relativ großes Mindestlicht benötigen. Der Kampf um das Licht trägt zur Arterhaltung bei und bewirkt eine natürliche Auslese. Typische L. sind z.B. Birke, Eiche, Erle, Esche, Kiefer, Lärche und Pappel; ▸ Schatt(en)baumarten.

lichte Hölzer, die: Frühere Bez. für die Laubhölzer.

lichtes Zeug, das (helles Zeug, Lichtzeug): ▸ Jagdzeug 2.

Lichtmarder, der: ▸ Marder 1.

Lichtstärke, die: ▸ Jagdoptik.

Lichtwuchsdurchforstung, die: ▸ Bestand(e)spflege.

Lichtzeug, das (lichtes Zeug, helles Zeug): ▸ Jagdzeug 2.

lidern: Bez. in der Büchsenmacherei. Die Hülsenwandung presst sich beim Abfeuern des Schusses unter dem Gasdruck elastisch an die Patronenlagerwand (sie lidert, dichtet ab) und verhindert damit das Entweichen der Pulvergase nach rückwärts.

liebeln: ▸ abliebeln.

Liederley, Hannes: ▸ Jagdkunst.

Lieferlöhne, die: Entschädigungen, die Jagd- und Forstverwaltungen (auch Revierinhaber) ihren Bediensteten für die Anlieferung des erlegten Wildes (jedoch nur für Schalenwild) und des verwertbaren Fallwildes vom Erlegungsort zur Abnahmestelle gewähren; ▸ Schussgeld.

liefern: svw. die ▸ Bringung des Wildes; ▸ Lieferlöhne.

liegen: svw. ruhen beim ▸ Niederwild. Schwarzwild liegt in einem bestimmten Revierteil, wenn es sich dort befindet. Schalenwild liegt (süddeutsche Bez.), wenn es ruht; sonst: sitzen. Enten und sonstige Wasservögel l. auf dem Wasser, Rebhühner und Hasen l. im Feld, Schnepfen l. im Wald. Das Stück liegt, wenn es im Schuss oder in Sichtweite verendet.
Wild liegt auf der Strecke (z.B. der erlegte Hirsch). Fuchs, Dachs und Otter l. im Bau. Der Erdhund liegt dem Fuchs oder dem Dachs im Bau vor. Das Gewehr liegt dem Schützen gut oder nicht gut (▸ Lage). Auch ▸ niedertun.

Lieger, das (Liger, Gelieger, Geliger, Geläger, Dachslieger, Dachslager): Das ▸ Lager (Bett) des ▸ Dachses.

Li(e)tze, die: Norddeutsch-ostpreußischer Ausdruck für das Blässhuhn; ▸ Rallen 1.

Liger, das: ▸ Lieger.

Liger, Louis (1658 bis 1717): französischer Agronom aus Auxerre. L. ist Verfasser eines mehrfach aufgelegten Werkes der Hausväterliteratur aus Frankreich: Die 1804 erschienene und völlig neu bearbeitete Auflage mit dem Titel »La nouvelle maison rustique, ou économie rurale, pratique et générale de tous les biens de campagne. Nouvelle édition … par J. F. Bastien« gilt als das bekannteste haus- und landwirtschaftliche Kompendium des 19. Jh. Es enthält ausführliche Kapitel über Pferdehaltung und Pferdekrankheiten, Bienen und Imkerei, Pflanzen und Bäume, Gartenanlagen und Gewächshäuser, Weinbereitung, alle Arten der Jagd, Fischfang sowie einem Kochbuch und einem Wörterbuch der Jägerei.

Liguster, der (*Ligustrum*): Auch Rainweide. Eine etwa 50 Arten umfassende Gattung aus der Pflanzenfamilie der Ölbaumgewächse (*Oleaceae*) mit einer in Mitteleuropa vorkommenden Art, dem **Gemeinen Liguster** (*Ligustrum vulgare*, L.). Er wächst an ▸ Waldrändern, an sonnigen Hängen in lichten Waldungen, in ▸ Gebüschen und in ▸ Hecken und verträgt sowohl trockene als auch feuchte Standorte. Der Gemeine L. ist ein dichtbuschiger, langsamwüchsiger, bis 5 m hoher Strauch und leicht vermehrbar durch Stecklinge und Ableger. Die Blütezeit ist von Ende Mai bis Juli. Die erbsengroßen, giftigen Steinbeeren reifen im August und im September und verbleiben bis in den Winter hinein am Strauch. Sie werden v.a. von den Drosseln gefressen. Wegen seines reich verzweigten Wurzelwerkes ist der Gemeine L. auch zur Bodenbefestigung an Rainen, Böschungen, Hängen und als Erstbesiedler auf mäßig trockenen Kalkböden sehr gut geeignet und relativ unempfindlich gegen Winddruck. Da er im unteren Teil dicht und belaubt bleibt und auch den Schnitt gut verträgt, ist er hervorragend für Hecken (auch für Zierhecken) geeignet. Gutes Deckungsgehölz für Niederwild; ▸ Hagen

Limose, die: ▸ Schnepfenvögel 5.

Lincoln-Index (Petersen-Lincoln-Index): Gängigste Methode zur Wilddichteermittlung in Versuchsrevieren. Das Verfahren setzt voraus, dass mehr als ein Drittel des Bestandes sichtmarkiert ist. Das Wild muss dazu in Kastenfallen und Fangtürmen gefangen werden. Der L. unterstellt, dass die Beobachtungswahrscheinlichkeit der markierten und der nicht markierten Tiere in etwa gleich ist. Aufgrund dieser Annahme lässt diese Methode Rückschlüsse auf den Gesamtbestand einer Wildart in einem bestimmten Revier zu. Bei Ansitzaktionen, Zähltreiben, Scheinwerfertaxationen und durch Auswertung von Wildbeobachtungskarten wird das Verhältnis beobachteter markierter Tiere zur Gesamtzahl beobachteter Tiere festgestellt.

Lindeiner-Wildau, Hanns-Gero von, genannt von Wildau (11.03.1912 Görlitz bis 05.01. 1984 Bonn): Forstmeister i. R., Diplomat, Politiker und Jagdschriftsteller. L.-W., Sohn eines Reichstagsabgeordneten, studierte nach der Reifeprüfung 1932 (Reform-Realgymnasium) Rechts- und Staatswissenschaften an der Universität Heidelberg. Danach leistete er Arbeitsdienst und Wehrdienst und absolvierte anschließend ein praktisches Lehrjahr und das Studium der Forstwissenschaften an der Forstlichen Hochschule Eberswalde. 1937 war L.-W. im Organisationsstab der Jagdausstellung Berlin, 1939 Diplomforstwirt und Forstreferendar. 1939/45 nahm er am Krieg teil (zuletzt Hauptmann). Ab 1945 im Forstverwaltungsdienst, legte L.-W. 1946 die Große Forstliche Staatsprüfung (Forstassessor) ab und war ab 1951 Forstmeister. Ab 8.9.1959 war er bis 1961 Bundestagsabgeordneter und später bis 1971 Botschafter Deutschlands in Kamerun und Äquatorial Guinea. In Kamerun ebnete L.-W. die Wege für die westafrikanische Wildhüterschule in Garua, zum Nutzen der Erhaltung der dortigen Fauna. 1954 war W.-L. Protokollchef der Internationalen Ausstellung für Jagd und Sportfischerei. Als Mitglied des Deutschen Bundestages von 1959 bis 1961 war er an den Beratungen zur Ersten Novelle des BJG beteiligt. W.-L. war auch Leiter der deutschen Delegation des ▸ CIC. In seinem Buch »Bunte Beute. Von Wild, Jagd und Jägern in unserer Zeit« (1981) berichtet er aus 60 Jahren Leben mit der Jagd. Er schreibt von den Jagden auf heimisches Wild in allen Teilen Deutschlands, Österreichs, Ungarns und Polens ebenso wie von spannenden Jagden in Westafrika auf Kaffernbüffel, Riesen-Elen-Antilopen und Flusspferde.

Linden, die (*Tiliaceae*): Eine Familie der Malvenartigen mit 41 Gattungen und ca. 400 Arten (Bäume, Sträucher, auch Kräuter, vorwiegend in den subtropischen und den tropischen Gebieten). Bei uns vertreten mit zwei Arten (Winter-L. und Sommer-L.) der Gattung *Tilia*.
L. haben fünfzählige zwittrige Blüten, die in lang gestielten Blütenständen angeordnet sind. Die Frucht ist eine ein- bis dreisamige Nuss. L. haben hohes Stockausschlagvermögen. Baum des ▸ Mittelwaldes. Das Holz der L. ist weiß-gelblich, leicht und weich, besonders geeignet für Schnitzereien und Schreinerarbeiten, Spielzeug und Musikinstrumente. Lindenblütentee gegen Erkältungskrankheiten. Wertvolle Bienenweide. Gefährdungen durch Wildverbiss und Luftverschmutzung. Die Blätter der L. ergeben gutes ▸ Laubheu.

1. Winterlinde, die (*Tilia cordata*): Auch Steinlinde, Kleinblättrige Linde. Fast überall in Europa, auf kräftigen, tiefgründigen Böden. Mischbaumart in sommerwarmen Laubmischwäldern (z.B. in Eichen-Hainbuchen-Wäldern, Ahorn-Hangwäldern). Die Blätter sind in den Aderwinkeln mit rotbraunen Härchen besetzt. Die dünnschaligen Früchte sind leicht zerdrückbar. Wuchshöhe 20 bis 35 m, Alter bis 1000 Jahre.

2. Sommerlinde, die (*Tilia platyphyllos*): Auch Großblättrige Linde. Wichtiger Waldbaum in Europa auf sickerfrischen, nährstoff- und basenreichen Böden (Buchen-Linden-Bergwälder). Im Ggs. zur Winterlinde bis in Höhen von 1700 m. Häufiger Park- und Alleebaum. Blätter unterseits mit weißlichen Achselbärtchen, Blattstiel behaart. Nüsschen (Früchte) nicht zerdrückbar, Durchmesser etwa 6 bis 8 mm. Blüht ein bis zwei Wochen vor der Winterlinde. Wuchshöhe bis 40 m, Alter bis 1000 Jahre.

Die Linde – im Bild ihre Blüten – liefert Holz für Schnitzereien, Spielzeug und Musikinstrumente.

Lindner, Kurt, Prof. Dr. Dr. h.c. (27.11.1906 Sondershausen bis 17.11.1987 Bamberg). Nach Abitur und Studium der Nationalökonomie widmete sich L. nebenberuflich v.a. der ▸ Jagdgeschichte und der Jagdforschung, insbesondere der ▸ Falknerei. 1964 verlieh ihm die Universität Göttingen den Titel eines Dr. forest. h.c., 1980 wurde er als Honorarprofessor berufen. L. war Ehrenmitglied des Deutschen ▸ Falkenordens, Mitglied im CIC und erhielt 1970 den DJV-Literaturpreis. 1971 gründete er die Gesellschaft der Freunde der Herzog-August-Bibliothek Wolfenbüttel und baute die ca. 13.000 Bände umfassende Bibliotheca Tiliana auf, die umfangreichste Spezialsammlung jagdlicher Literatur (in vielen Sprachen) in Privatbesitz. Die Sammlung wurde inzwischen aufgelöst (▸ Jagdbibliotheken). L. gründete 1980 auch die ▸ Forschungsstelle für Jagdkultur in Bamberg. Er schrieb etwa 20 Bücher und zahlreiche Aufsätze zu jagdgeschichtlichen und jagdpolitischen Themen, u.a. »Die Jagd der Vorzeit« (1937) und »Die Jagd im frühen Mittelalter« (1940). L. war auch Herausgeber der wissenschaftlichen Reihe »Monumenta venatoria« (Faksimile-Drucke seltener Jagdbücher des 15. bis 18. Jh.) und gehörte zum Herausgeber-Gremium der »Zeitschrift für Jagdwissenschaft«.

Lindtmayer, Daniel (getauft 24.4.1552 Schaffhausen bis 1606/07 in der Schweiz): Schweizer Maler und Zeichner. L. gilt als einer der bedeutendsten Schweizer Zeichner der Spätrenaissance und als Zentralfigur der für die schweizer Kunst charakteristischen Gattung der Scheibenrisse (u.a. Gerichtsszene: »Vorführung eines Wilddiebs« um 1580).

Linienzucht, die: Eine Hundezuchtart, bei der zur Verstärkung bestimmter Eigenschaften immer wieder auf verwandte Tiere mütterlicher oder väterlicher Linie (Familienzweige) zurückgegriffen wird.

Linke, Max: ▸ Jagdliteratur.

Linsentrockengewicht (LTG), das: Wissenschaftliche Methode zur Altersermittlung verschiedener erlegter Tierarten (z.B. Füchse, Hasen) durch Bestimmung des Trockengewichtes der Augenlinsen. Hierzu müssen die Augenlinsen dem erlegten Stück so rasch wie möglich entnommen, ca. drei Wochen in 10%iger Formalinlösung eingelegt und anschließend sieben Tage im Brutschrank bei 80 °C getrocknet werden. Das LTG wird in mg angegeben. Je älter ein Stück ist, desto höher ist das LTG. Das LTG ist nicht immer ein zuverlässiger bzw. exakter Nachweis des tatsächlichen Alters.

Linze, der: Seltene Bez. für ▸ Luchs.

Lippengrind, der (Maulgrind, Winterräude): Durch Viren hervorgerufene epitheliotrope ▸ Zoonose, die in der kalten Jahreszeit beim Gams- und Steinwild vorkommt mit dem gleichen Erreger wie beim Schaf und bei der Ziege. Die Viren überleben in der Außenwelt außerordentlich lang. Die Veränderungen entstehen auf Haut und Schleimhaut von Maul, Gaumen, Zunge, Speiseröhre, Schalen und Euter. Typisch sind Rötungen, Geschwüre und feucht erscheinende Beläge, an Lippen und Schalen auch Krusten. Der Verlauf kann mild sein. Bei schwerem Verlauf wird aber die Äsungsaufnahme mitunter derart gestört, dass die Tiere eingehen. Für Menschen ansteckend! Der L. ist nicht zu verwechseln mit der ▸ Papillomatose, die wesentlich seltener ist und ähnliche Veränderungen verursachen kann.

Lisen, die: ▸ Flaume.

Lissmann, Friedrich (1880 bis 1915): Maler und Porträtist der Vogelwelt der Nord- und Ostsee sowie der Unterelbe und Islands; illustrierte »Ein Taschenbuch über die Groß-, Mittel-, Klein- und Hauskatzen der Erde« von Prof. Dr. H. Petsch.

Listeriose, die: Eine durch das Bakterium *Listeria monocytogenes* hervorgerufene Infektionskrankheit, die zwar selten auftritt, aber für Säugetiere, Vögel und auch für den Menschen gefährlich ist. Bei Rehwild können z.B. eitrige Herzbeutelentzündung und eitrige Lungen-Brustfellentzündung auftreten, daneben Milzschwellung und Leberentzündung, auch Gehirnhautentzündung. Das Wildbret ist genussuntauglich.

Litze, die: ▸ Li(e)tze.

Lizenzjagd, die (Lizenzsystem): ▸ Jagdsysteme, ▸ Patentjagd.

Llewellin Setter, der (Englischer Setter): ▸ Vorstehhunde 10.

Löbenberg, Gerhard (1891 bis 1967): ▸ Jagdkunst.

Loch, das: **1**) Die Behausung von ▸ Iltis und ▸ Wiesel. **2**) Auch Lug; das ▸ Lager des ▸ Braunbären (selten gebräuchlich).

Locheisen, das: Das Pfahleisen; ▸ Fallen 15.

Lochente, die (Lochgans): ▸ Wildenten 8.

Lochgucker, der (seltener: Stopfer): Früher Bez. für einen ▸ Jagdhund, insbesondere für den ▸ Leithund, der die ▸ Fährten hauptsächlich mit den Augen suchte und die Nase tief in der Fährte hatte.

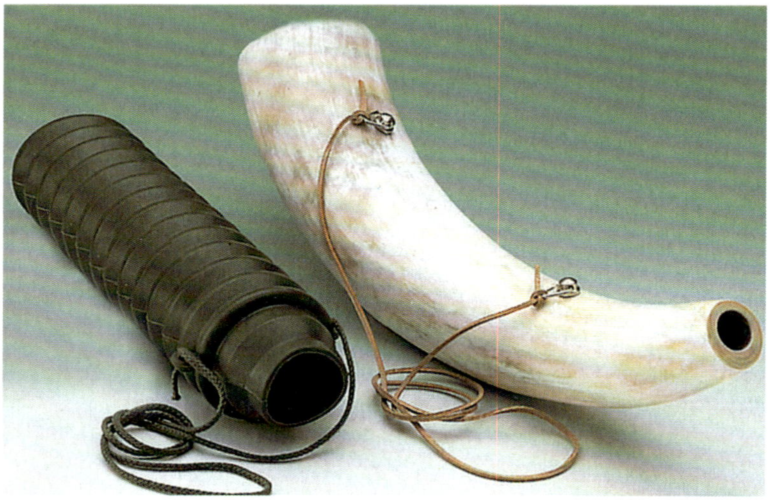

Lockinstrumente: Wegu-Hirschruf und Hirschruf aus Naturhorn

Buttolo-Gummiballblatter, Buttolo-Mundblatter und Hubertus-Fiepblatter aus Weichsel- oder Haselholz

Scotch-Entenlocker aus Gummi, Hubertus-Krähen- und Entenlocker sowie Hubertus-Kuckuck- und Ringeltaubenlocker aus lackiertem Holz

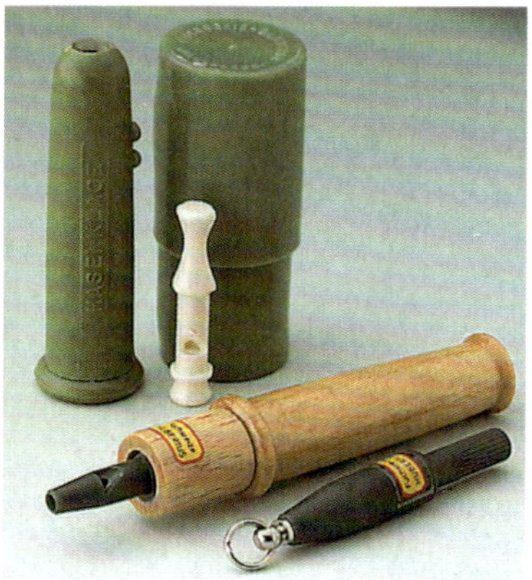

Faulhaber-Fuchsreiz-Garnitur, Hubertus-Hasenklage (lackiertes Holz) mit Mauspfeifchen und Hubertus-Mauspfeifchen

Lochhündlein, das: Im 16. und im 17. Jh. zur ▸ Bauarbeit verwendete Hundeart.

Lochpflanzung, die: ▸ Pflanzverfahren.

Lochtaube, die: ▸ Wildtauben 3.

lock, locke: Ein ▸ Beizvogel ist l., wenn er vertraut, willig und handgerecht ist und aus jeder beliebigen Entfernung – auf Ruf oder Pfiff – auf die ▸ Faust oder durch Schwingen des ▸ Federspiels auf dieses ▸ beireitet. L. machen heißt, einen Beizvogel vertraut und willig machen, ihn zähmen; ▸ abspinnen.

Lockbissen, der (Lockatzung): Ein kleines Stück ▸ Atzung, das vom Falkner dem ▸ Beizvogel angeboten wird, um ihn ▸ lock zu machen, wenn er an ihn herantritt.

Locke, die: **1**) Lebende oder nachgebaute künstliche Lockente oder Locktaube (lebende L., tote L.) für die ▸ Lockjagd. **2**) Instrument (Lockpfeife), mit dem man die Lautäußerungen des Federwildes nachahmt, um Artgenossen anzulocken; ▸ Lockjagd.

locken: **1**) Der Ruf des Federwildes, mit dem es die Artgenossen oder seine Jungen lockt. Die Auerhenne und die Birkhenne lockt den Hahn, Rebhühner l. sich gegenseitig, Tauben l., wenn sie rufen. **2**) Anlocken von Federwild mit der ▸ Locke 2). **3**) Den ▸ Beizvogel an die ▸ Faust gewöhnen; ihn ▸ lock (locke) machen bzw. den Beizvogel durch Atzung, Ruf, Pfiff oder durch Schwingen des ▸ Federspiels ▸ beireiten lassen.

Lockente, die ▸ Lockjagd.

Locker, der: **1**) Mit dem L. oder der Locke, auch Wildlocker, wird Federwild gelockt oder angelockt. Wildenten mit dem Enten-L., Rebhühner mit der Rebhuhn-L., Waldschnepfen mit der Schnepfen-L., den Ringeltauber mit der Tauben-L. , den Haselhahn mit der Hahnen-L. oder dem Pfeifchen, bzw. Pfeiferl (Balzpfeife). **2**) ▸ Lockinstrumente.

locker: **1**) Rebhühner oder Hasen liegen l., wenn sie beim Herannahen des Jägers oder des Hundes früh aufstehen, d.h. nicht gut aushalten. **2**) Eine l. Schulter hat der Jagdhund, wenn seine Schulterblätter nicht genügend straff angesetzt sind.

lockerer Hals: ▸ Hals 2).

Lockfleisch, das: Die auf das Federspiel oder auf den Balg gebundene ▸ Atzung für den ▸ Beizvogel.

Lockinstrumente, die (Wildlocker, Locker): Instrumente, mit deren Hilfe der Jäger die verschiedenen Laute des Wildes nachahmt; z.B. Brunftlaute und Balzlaute, Lockrufe oder Hilferufe eines Artgenossen sowie Laute oder Klagelaute eines Beutetieres. L. werden aus unterschiedlichen Materialien hergestellt. Die gebräuchlichsten L. und deren Anwendung ▸ Lockjagd.

Lockjagd, die (Rufjagd, Reizjagd): Die Jagd auf den Ruf, eine Form der ▸ Einzeljagd, bei welcher der Jäger durch Nachahmung von Tierlauten das Wild anlockt. Der richtige Einsatz der ▸ Lockinstrumente erfordert genaue Kenntnisse der ▸ Lautäußerungen des Wildes und von dessen Verhaltensweisen, daneben auch sehr viel Zeit, Übung und Geschick. Auf folgende Wildarten wird die L. ausgeübt:
Rothirsch: Bei der Jagd auf den ▸ Brunfthirsch ahmt der Jäger die Lautäußerung eines Rivalen oder das Mahnen eines Tieres nach (▸ Rotwild/Jagdarten). Mithilfe des Hirschrufes werden die nachgeahmten Brunftlaute des Hirsches verstärkt, wenn der Jäger den Hirsch eifersüchtig machen, heranlocken oder ihn angehen will. Folgende Hirschrufarten werden verwendet: das Gehäuse der Tritonschnecke (Tritonmuschel), bei der die Gehäusewindungen herausgebrochen sind und die Wandung von innen her sehr dünn geschabt wurde; das Ochsenhorn, dessen Wandungen dünn geschabt wurden; der aus Pappe oder aus Kunststoff hergestellte Hirschruf (z.B. der Faulhaber-Hirschruf); der sog. Eifelruf, der aus zwei ineinandergeschobenen Röhren aus dünnen Sperrholzplatten besteht und innen eine Membrane zur Tonverstärkung enthält; der Herakleum-Hirschruf des Grafen Hoensbroich. Er ist sehr leicht und wird aus dem getrockneten, hohlen Stängel des Riesenbärenklaus geschnitten, wenn dieser die Samendolden voll ausgebildet hat, aber noch grün ist.
Rehbock: Bei der L. auf den Rehbock zur ▸ Blattzeit ahmt der Jäger das Fiepen einer suchenden (brunftigen) Ricke oder deren Angstgeschrei nach (▸ Rehwild/Jagdarten). Die hierzu verwendeten Lockinstrumente sind der Blatter (Blatte, Rehruf, Rehblatter, Geschreiblatter). Ursprünglich bediente sich der Jäger bei der Jagd auf den Rehbock in der Blattzeit eines Blattes – besonders eines Buchenblattes, aber auch anderer Blätter –, sowie der dünnen, abgezogenen Rinde von Wildkirschbäumen oder Birken. Auch breite Grasschmielen oder ein Roggenhalm können zum Blatten verwendet werden. Diese natürlichen Instrumente zum Blatten müssen stets frisch sein, da sie ausgetrocknet ihren Zweck nicht mehr erfüllen. In früheren Zeiten waren deshalb häufig plattgewalzte Bleikugeln in Form eines Blattes in Gebrauch. Im Handel gibt es verschiedene Blatter aus Holz, Metall, Horn, Kunststoff und Gummi. Die bekanntesten sind der Hubertus-Blatter, bestehend aus Weichselholz oder aus Horn mit einer Schrau-

be zur Tonregulierung. Der Buttolo-Blatter, ein Gummiball, der mit der Hand bedient wird, und die Faulhaber-Blattgarnitur, bestehend aus je einem Instrument für Kitzfiep, Schmalrehfiep, Sprengfiep (▸ Sprenglaut) und Geschrei (Klage). Blatter, die das Angstgeschrei der Geiß nachahmen, werden als Geschreiblatter, Angstgeschreiblatter oder Schreckblatter bezeichnet.
Raubwild (▸ Beutegreifer): Bei der L. auf Raubwild werden die unterschiedlichsten Lockinstrumente verwendet und auch die Lautäußerungen verschiedener Tierarten nachgeahmt: Mit der Hasenklage oder Kaninchenklage (Hasenquäke, Quäke) wird der Klagelaut eines Hasen oder eines Kaninchens nachgeahmt und dem Fuchs oder auch anderem Raubwild wie Marder, Hermelin usw. eine leichte Beute vorgetäuscht; mit dem Mauspfeifchen wird das Pfeifen (Zwitschern) der Mäuse, das sog. Mäuseln, imitiert und damit v.a. der Fuchs gereizt (Reizjagd), d.h. angelockt. Der Mäusepfiff kann auch zwischen den Zähnen erzeugt werden. Die Mauspfeife ist jedoch nicht so weit hörbar wie z.B. die Hasenquäke. Mauspfeife und Quäke werden im Handel auch als kombiniertes Lockinstrument angeboten. Mit dem Vogelangstruf wird das Angstgeschrei eines Vogels vorgetäuscht. Es findet bei der Reizjagd auf Raubwild jedoch nur selten Anwendung. Der Vogelangstruf und das Mauspfeifchen können nur auf kurze Entfernung eingesetzt werden und einen anschnürenden Fuchs, eine nahe schleichende Katze sowie anderes nicht zu weit entfernt herumschleichendes Raubwild zum Näherkommen veranlassen. Hasenklage und Kaninchenklage sind auf weitere Distanz einzusetzen. In Kaninchenrevieren steht das Raubwild besser auf die Kaninchenklage als auf die Hasenklage zu. Auf Mauspfeife, Vogelangstruf, Hasenklage und Kaninchenklage steht das Raubwild zu jeder Jahreszeit zu, am besten jedoch im Winter.
Wildenten und Wildgänse: Bei der Jagd auf ▸ Wildenten und auf ▸ Wildgänse werden mithilfe der Entenlocke (Entenruf) und des Gänserufes die Lautäußerungen von Artgenossen nachgeahmt. Zu beachten ist dabei, dass Wildenten und Wildgänse sehr scharf äugen. Das wird vom lockenden Jäger häufig unterschätzt. Entenlocke und Entenruf können z.T. mit der Hand oder mit dem Fuß betätigt werden. Mit künstlichen Lockenten (Plastik-Lockenten) werden Enten dazu animiert, auf die Wasserflächen einzufallen, an denen der Jäger hinter einem Schirm getarnt ansitzt.
Krähen, Elstern und Eichelhäher: Bei der L. auf Krähen, Elstern und Eichelhäher (▸ Rabenvögel 2., 8. und 9.) werden Krähenlocken, Elsternlocken und Eichelhäherlocken verwendet. Diese Jagdart verlangt eine sehr genaue Kenntnis der Laute dieser Vögel, weil diese sich sehr schwer täuschen lassen. Größeren Erfolg bringt das Abspielen eines Tonbandes mit den Lauten dieser Vögel. Häufiger werden aber künstliche Lockkrähen eingesetzt.
Tauben: Zu den schwierigsten Arten der L. zählt die Jagd auf den Tauber mit der Taubenlocke. Hierbei wird durch das Nachahmen der Balzlaute eines Taubers (des Rucksens) ein anderer angelockt. Dabei ist darauf zu achten, dass die Intervalle der Strophe richtig sind. An Taubentränken werden mit Vorliebe Plastik-Locktauben aufgestellt.
Hühnervögel: Mit der Rebhuhnlocke (Hühnerlocke, Hühnergeschrei, Rebhühnerruf, Hühnerruf) wird die Lautäußerung des Hahnes nachgeahmt und damit ein ganzes Volk zusammengerufen. Bei der L. auf Haselwild wird mit der Haselhahnlocke (Wusperl, Schelle) das Bisten der Henne nachgeahmt und der Hahn damit angelockt. Mit der Haselhuhnlocke (Pfeifchen, Balzpfeife) wird das Spissen des Hahnes nachgeahmt, um den Platzhahn anzulocken. Haselwild genießt in der Bundesrepublik Deutschland ganzjährige Schonzeit.
Schnepfe: Die Schnepfenlocke wird zur Balzzeit der Schnepfe eingesetzt. In der Bundesrepublik Deutschland hat die Schnepfe im Frühjahr keine Jagdzeit.
Birkhahn: Fallen die Hähne nicht unmittelbar in der Nähe des Schirmes ein, kann der Hahn durch Nachahmen der Balzlaute mit der Birkhahnlocke angereizt (Reizjagd) werden. Ein geeignetes Lockinstrument ist der Universal-Faulhaber-Wildlocker, mit dem das Rodeln des Birkhahnes gut nachgeahmt werden kann. Birkwild hat in der Bundesrepublik Deutschland derzeit keine Jagdzeit.
Eulen und Habichte: Die Eulenlocken und die Habichtslocken (sog. Raubvogellocken) werden bei der Jagd nicht mehr eingesetzt, weil diese Vögel keine Jagdzeit haben. Dem Jäger macht es jedoch Freude, sie nur der Beobachtung wegen anzulocken.
Jagd mit Uhu(-Attrappe): Zur L. zählt auch die Aufjagd, also die Jagd mit dem Uhu oder der Uhu-Attrappe (▸ Hüttenjagd).

Lockenten (Stockentenpaar) aus Kunststoff

Lockmittel, die: Alle zur Jagd, insbesondere für die ▸ Lockjagd, verwendeten Hilfsmittel. Unterschieden wird nach akustischen (▸ Lockinstrumente), optischen (z.B. ▸ Lockvögel) und geruchlichen L. wie Köder und Duftstoffe (z.B. ▸ Fuchswittrung), z.B. für die ▸ Fangjagd oder für die Ansitzjagd am Luderplatz; ▸ Kirrung, ▸ Körnung.
Lockschnur, die (Fangschnur): Eine dünne, aber starke, bis zu 40 m lange Schnur, die beim Bereiten (▸ Abtragen) eines noch nicht ganz festen (zahmen) ▸ Beizvogels an einem Geschühriemen befestigt wird und mit der Beireitübungen über größere Entfernungen möglich sind. Sie darf nicht in der Nähe von Bäumen verwendet werden.
Locktaube, die: ▸ Lockjagd.
Lockvögel, die: Künstliche oder lebende Vögel, die bei der ▸ Lockjagd dazu verwendet werden, Artgenossen oder auch andere Vögel anzulocken. Die wichtigsten sind: der Uhu (Auf) oder auch eine Uhu-Attrappe sowie der Waldkauz und die Waldohreule, die zur ▸ Hüttenjagd verwendet werden; der Balban, ein ausgestopfter Birkhahnbalg der früher für die Birkhahnjagd verwendet wurde; Lockenten und Lockgänse, überwiegend aus Kunststoff, die an den Äsungs- und Schlafplätzen die Artgenossen anlocken sollen; künstliche, bewegliche Locktauben werden bevorzugt an den Schöpfstellen der Tauben aufgestellt, um diese anzulocken. Lebende Tauben dienen im Habichtskorb (▸ Fallen 3.) zum Fang des Habichts; ▸ Vogelkojen, ▸ Drachenjagd.

Locktauben im Getreide

Lödermann, Martin (»Moar Martl«) (28.11.1913 Partenkirchen bis 14.2.1995 Partenkirchen): Landwirt, Maler und Krippenschnitzer. Von L. stammt die hervorragend ausgestattete »Waldkrippe«, in die er sämtliche heimischen Tiere eingebracht hat, z. B. Hirsche, Rehböcke und Geißen, Gemsen, Steinböcke, Murmeltier, Auerhahn, Füchse und Feldhasen.

Lodjoschnepfe, die: ▸ Schnepfenvögel 5.

Löffel, die: Die Ohren bei Hase, Schneehase und Wildkaninchen; seltener in der Zusammensetzung »Weidlöffel« für die Zunge des Rotwildes.

Löffelente, die: ▸ Wildenten 5.

Löffelgans, die: **1**) Der Löffler; ▸ Ibisvögel 1. **2**) Die Löffelente; ▸ Wildenten 5.

Löffelmann, der: Scherzhaft für ▸ Hase.

löffeln: Beim ▸ Hasen svw. die Löffel (Ohren) spitzen.

Löffelreiher, der: ▸ Ibisvögel 1.

Löffelwild, das: Frühere Bez. für Hase und Kaninchen.

Löffler, der: **1**) Geringer Damhirsch vom zweiten/dritten Kopf (im dritten/vierten Lebensjahr), dessen Geweih löffelförmige Ansätze zur Schaufelbildung zeigt; ▸ Knieper, ▸ Damwild. **2**) ▸ Ibisvögel 1.

Löfftz, Ludwig von (21.6.1845 Darmstadt bis 3.12.1910): Historien- und Genremaler. L., ab 1870 in München, war ab 1874 Lehrer an der Münchener Akademie und von 1893 bis 1896 deren Direktor. Von ihm stammt u.a. »Heimkehr von der Jagd«.

lohfarben: (englisch: tan). Gelbbraune bis rotbraune Färbung beim Hund.

Lohwald, der: Das aus (ahd./mhd.) loh = Gehölz, Wald, lichter Wald, Hain, abgeleitete Wort hat im Laufe der Geschichte einen Bedeutungswandel erlebt. Heute versteht man darunter einen artenreichen, reinen Laubwald mit einer relativ dichten Krautschicht, einer lockeren Strauchschicht und einer Baumschicht aus Bäumen erster und zweiter Ordnung. Ein bedeutender L. ist der Allacher Forst im Norden Münchens.

Lommer, der: ▸ Mehrbraten.

Longhi, Pietro: ▸ Jagdkunst.

▸▸ Hermann Löns (1866–1914)

Löns, Hermann (29.8.1866 Kulm an der Weichsel – gefallen 26.9.1914 Reims): Erzähler und Lyriker, Jäger und Naturfreund, der in vielen volksliedartigen Gedichten die Schönheit der Lüneburger Heide besang. Seine Tier- und Jagdgeschichten, z.B. »Mümmelmann«, »Der Wehrwolf« oder »Grün ist die Heide«, sind sehr beliebt.

Hermann-Löns-Kreis e.V.: Gegründet 1961, bekannt geworden als Gesellschaft der Hermann-Löns-Freunde in Deutschland, Österreich und der Schweiz. Andere Vereine mit gleicher Zielrichtung, Vereinigungen von Naturfreunden, Jägerschaften und Hegeringe, schlossen sich im Laufe der Jahre an. Die Vereinigung wurde zum Verband der Hermann-Löns-Kreise e.V. erhoben.

Hermann-Löns-Jagdmedaille: ▸ Förderkreis Jagdpolitik.

Löppelgans, die: ▸ Wildenten 5.

Lorbeere, die: Eine einzelne Kotbeere von allen Hirscharten, besonders aber die des Rothirsches.

Lorbeerweide, die: ▸ Weiden.

Lorenz, Konrad (7.11.1903 Altenberg a. d. Donau bis 27.2.1989): Namhafter österreichischer Tierpsychologe, Mitbegründer der vergleichenden Verhaltensforschung. L. lehrte vor dem Zweiten Weltkrieg an der Wiener Urania. 1947 kehrte er aus russischer Gefangenschaft zurück. Ab 1948 hielt er Vorlesungen über vergleichende Verhaltensforschung an der 1945 von Otto ▸ Koenig gegründeten Biologischen Station Wilhelminenberg bei Wien. L. baute einige Jahre später im Auftrag der Max-Planck-Gesellschaft ein eigenes Institut (Forschungsstation für Verhaltensphysiologie in Seewiesen am Starnberger See) auf und war von 1961 bis 1973 dessen Direktor. Seewiesen wurde unter seiner Leitung zum führenden Zentrum der gesamten Ethologie. L. erhielt 1973 den Nobelpreis für Medizin. Von ihm stammen über 200 wissenschaftliche Originalarbeiten und Buchveröffentlichungen, z.B. »Er redete mit dem Vieh« und »Das sogenannte Böse« (1963).

Lorenz, Willy (1901 Berlin bis 1981 Köln): Jagdmaler, dessen Lieblingswild das Schwarzwild war. L. lebte einige Zeit in Afrika und Nordamerika. Von ihm stammen u.a. »Fliehende Wildsauen im Unterholz«, »Fasane im Herbst«, »Rotwild auf einer Waldlichtung«, »Der Störenfried«, »Schwarzbärin mit Jungen am Bergsee in den Rockies« und »Rebhühner im Schnee«.

Lork, der: ▸ Lappentaucher 1.

Lorve, die: svw. Kimme; ▸ Larve 1).

los: **1**) Das Wild ist l., wenn es rege ist; man macht es l., wenn man es zum Flüchten bringt. **2**) Die Hunde sind l., d.h., die ▸ Hatzhunde und die ▸ Laufhunde sind losgekoppelt; der Zuruf lautet: »l.! l.! Hunde l.!« **3**) svw. aus!; ein Befehl an den Hühnerhund, das Apportierte auszugeben; ▸ ausgeben 3).

losbräuen: Durchschneiden und Entfernen der Fäden beim aufgebräuten Vogel; ▸ aufbräuen.

losbrechen: Plötzliches Fortflüchten des aufgescheuchten Wildes, speziell des Schalenwildes; ▸ brechen 2).

Löschenkohl, Hieronymus (1753 Elberfeld bis 1807 Wien): Maler. Von ihm stammt u.a. die Radierung »Die Jagd, welche in Gegenwart Sr: Maj: Ferdinand IV. im Prater bey dem Lusthaus am 16ten Jäner 1791 gegeben wurde«.

losen: ▸ lösen 1).

lösen: **1**) Sich l., svw. das Sichentleeren des ▸ Hundes und des ▸ Haarwildes sowie des zur ▸ Hohen Jagd zählenden ▸ Federwildes; Kot absetzen, veraltet auch leeren, losen. **2**) Das ▸ Abhalsen oder ▸ Loskoppeln der Hunde (schnallen). **3**) Das Abnehmen der Leinen, wenn die hohen Tücher nach einem ▸ Eingestellten Jagen abgeworfen werden sollten. **4**) Beim ▸ Zerwirken neben Ablösen und Auslösen Bez. für das Abtrennen, Abhacken, Abschneiden oder Absägen der einzelnen Teile.

Loser, der: Wenig gebrauchte, örtliche Bez. für ▸ Lauscher.

Löser, der: **1**) Der Blättermagen des wiederkäuenden Wildes (▸ Wiederkäuermagen). **2**) Auch Leisa, Hautniggl, Häutling, Waidling. Ein zugespitztes Ende eines Hirschgeweihs (ca. 15 bis 22 cm lang), häufig mit Ornamenten verziert, das u.a. zum ▸ Aus-der-Decke-Schlagen des Wildes und zum Öffnen von Knoten in den Stricken verwendet wurde.

Lösermagen, der: svw. Blättermagen; ▸ Wiederkäuermagen.

loskoppeln: die Hunde von der ▸ Koppel lösen.

losmachen: In einem Treiben Wild hochmachen; ▸ los 1).

losschlagen: Wenn eine von Hunden gestellte und gedeckte Sau sich wieder frei macht, schlägt sie sich los.

Lossen, die: Wenig gebrauchte, örtliche Bez. für ▸ Lauscher.

Losung, die (veraltet: Gelos, Gelöse, Lösung): Die Exkremente (Kot) allen Wildes mit Ausnahme der Greifvögel, der Reiher und der Kormorane (▸ Geschmeiß), der Beizvögel (▸ Schmelz) und der Hühnervögel (▸ Gestüber), wobei bei Auerhahn, Trappen und Truthahn die Bez. L. üblich ist. In Österreich wird für die Exkremente allen Federwildes sowie der Schwäne und der Kraniche das Wort L. gebraucht. Für Rebhuhn- und Wachtelexkremente ist auch die Bez. Gestüber üblich. Da die L. bei jeder Wildart verschieden geformt und unterschiedlich groß ist und bei manchen Tieren sogar einen typischen Geruch hat, lässt sie Rückschlüsse auf die Wildart und auf deren Gesundheitszustand (etwa Befall von ▸ Parasiten) zu. Bei mikroskopischer Untersuchung frischer oder nur wenige Stunden alter L. sind auch manche ▸ Wildkrankheiten und der Parasitenbefall festzustellen. Bei großen Wildarten sind auch Rückschlüsse auf das Geschlecht möglich; so zählt z.B. die L. des Rothirsches (▸ Rotwild) zu den ▸ Hirschgerechten Zeichen. Bei Haarraubwild (z.B. Fuchs) dient die L. auch der Markierung (▸ Markier[ungs]verhalten). Näheres siehe unter der jeweiligen Wildart.

Lösung, die: ▸ Losung.

Lot, das (Loth): Veraltete Bez. für die ▸ Ladung eines Gewehres; z.B. eine Büchse schießt starkes L. oder grobes L., d.h. eine großkalibrige Kugel, oder sie verträgt ein gutes L., d.h. viel ▸ Pulver.

Lotze, Karl (1892 bis 1972): ▸ Jagdliteratur.

Lövogel, der: ▸ Säbelschnäbler.

Lüben, Adolf (2.9.1837 St. Petersburg bis 15.12.1905 München): Maler. Seine Bilder und Holzschnitte zeigen Genreszenen v.a. aus Bayern und Südtirol und werden häufig in Zeitungen und Zeitschriften reproduziert. Von ihm stammt u.a. »Die ertappten Wilddiebe«.

Luchs, der (*Lynx lnyx*, L.): Der L. zählt zoologisch zur ▸ Ordnung der Raubtiere (▸ *Carnivora*) und zur Familie der ▸ Katzen (*Felidae*). Größte europäische Katzenart. In der Göttersage der alten Germanen spielte er ungefähr dieselbe Rolle wie die Katze; wahrscheinlich ist er es auch – und nicht die Katze –, der den Wagen der Freya zieht. Im Mittelalter wurden gezähmte L. sogar zur Jagd verwendet. Der L. gehört zu den ▸ jagdbaren Tieren, hat aber keine Jagdzeit.

Vorkommen: Der L. war früher auf dem ganzen europäischen Festland heimisch, wurde aber schon im 19. Jh. weitgehend ausgerottet. Die letzten L. wurden im Pfälzer Wald 1710, im Erzgebirge 1743, im Harz 1818, im Odenwald 1833, in der Schwäbischen Alb 1846 erlegt. Im Böhmerwald und in den Alpen wurden die letzten L. 1894 erlegt. In Bayern wurde der letzte L. im Jahre 1838 im Rottenschwanger Revier von dem Jäger Agerer aus Hindelang (Allgäu) erlegt, aber noch 1850 zwei L. auf der Zipfelalpe gespürt. Dieser letzte Luchs wurde ausgestopft und in der Zoologischen Staatssammlung in München aufgestellt. In Niederösterreich wurde der letzte L. 1841 auf der Sternleiten bei Lilienfeld erlegt, in der Schweiz 1873. Heute kommt diese Großkatze in Deutschland – v.a. gefördert durch Wiederansiedlungsprojekte – wieder als seltener Gast im Bayerischen Wald (Nationalpark) an der Grenze zu Tschechien sowie im Harz (hier wurde 2002 bei Altenau, Kreis Goslar, eine Luchsin mit zwei Jungen beobachtet) vor. Einzeltiere werden auch im Pfälzer Wald, in den Vogesen, im Elbsandsteingebirge, in Kärnten und in der Steiermark gesichtet. Ungesichert sind bislang Beobachtungen aus dem Schwarzwald. Auch in der Schweiz und im angrenzenden Frankreich sowie in Slowenien finden sich wieder Populationen. In Teilen Skandinaviens und in Osteuropa ist der L. ebenso Standwild wie seine südliche Variante, der Pardelluchs (*Lynx lynx pardellus*), in Spanien und in Griechenland.

Aussehen: Der L. besitzt mächtige Branken, vorne mit fünf, hinten mit vier Zehen. Die Gehöre sind ziemlich lang und zugespitzt und enden in einem pinselförmigen Büschel (Ohrpinsel) von fast 4 cm langen, schwarzen, dichtgestellten und aufgerichteten Haaren. Die Rute (Stummelrute) ist nur knapp so lang wie der Kopf, dicht behaart und hat eine breite, schwarze Spitze. Der Balg ist oberseits rötlich grau mit zahlreichen dunkleren, kleinen, oft verwischten Flecken. Die Unterseite, die Innenseite der Läufe, der Vorderhals, die Lippen und die Augenkreise sind weiß. Das Gesicht ist rötlich, die Iris grüngelb. Im Sommer ist der Balg kurzhaarig und mehr rötlich, im Winter langhaarig und mehr grauweiß gefärbt. Der Kopf wirkt im Winter durch den mähnenartigen Backenbart besonders breit. Früher nahm man an, dass es in Mitteleuropa drei L.-Arten gebe, den Kalbluchs, den Hirschluchs und den Katzluchs. Diese vermeintlichen Arten sind jedoch nur auf Altersunterschiede und Farbvarianten zurückzuführen. Die Luchsin ist i. Allg. rötlicher gefärbt, die Fleckung hingegen ist undeutlicher.

Sinne und Lautäußerung: Der L. besitzt ein äußerst scharfes Seh-, Riech- und Hörvermögen. Selten, häufiger jedoch während der Ranzzeit, gibt er ein durchdringendes, katzenartiges Heulen von sich. Bei gefangenen, zahmen L. ist bei Wohlbehagen ein anhaltendes Spinnen und Schnurren zu hören, das katzenartig klingt, nur etwas gröber und derber.

Lebensraum und Lebensweise: Sein Lebensraum sind große, urwüchsige Waldgebiete, die, je nachdem wie viel Wild dort vorkommt, ca. 30 bis 200 qkm umfassen. Der L. ist sehr scheu, lebt ungesellig und führt ein verborgenes Leben. Überwiegend jagt er in der Dämmerung oder nachts; dabei nimmt er alles, was für ihn erreichbar ist: Insekten, Mäuse, kleine Vögel, Hühnervögel, Hasen, Dachse, Murmeltiere und Biber sowie die Jungtiere von Rehwild, Rotwild und Schwarzwild. Ältere Stücke von den größeren Säugetieren nimmt er jedoch nur, wenn sie alt und schwach sind. In

Luchs: Aussehen

Körpermaße	Kuder	Luchsin
KRL	88–114 cm	86–103 cm
SH	54–68 cm	54–68 cm
SL	15–21 cm	15–21 cm
OL	8–9 cm	8–9 cm
Gewicht	18,6–36,5 kg	17–24 kg

(**Angaben weitgehend nach Hell 1978**)

Waidmännische Ausdrücke beim Luchs

Hirschluchs	ausgewachsener L. im Sommerbalg
Kalbluchs	ausgewachsener L. im Winterbalg
Kätzin (Luchsin)	weiblicher L.
Katzluchs	junger L.
Kuder	männlicher L.
Läufe	Beine
Ohrpinsel	Haarbüschel auf den Ohren
Branken (Pranten, Pranken)	Füße
Stummelrute	kurzer Schwanz
Waffen	Krallen

Andere waidmännische Ausdrücke decken sich – soweit anwendbar – mit denen der ▸ Wildkatze.

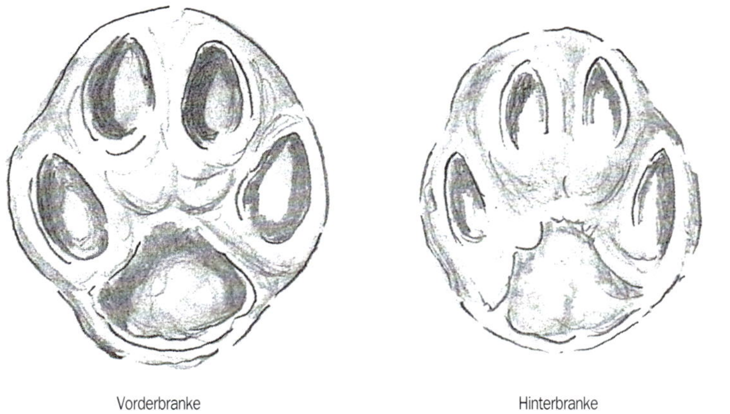

Luchstrittsiegel

▸▸ Luchs im Winterbalg

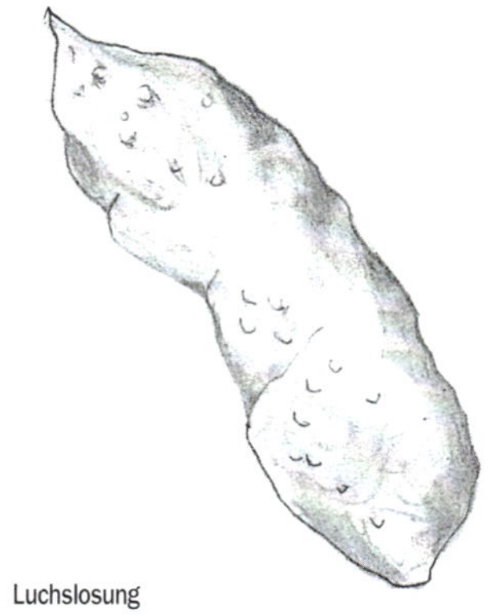
Luchslosung

Luchsfährte

▸▸ Luchs im Sommerbalg

Notzeiten (Winter) nimmt er auch Aas. Er legt sich auf Bäumen oder auf Ästen auf die Lauer (Lauerjäger), springt auf das Wild, bringt es dadurch zu Fall und tötet es durch einen Biss in den Hals. Geringeres Wild tötet er durch Genickbiss. Kann er das Wild nicht zu Fall bringen, hetzt er es nur wenige Fluchten weit und gibt dann auf, da er kein ausdauernder Läufer ist (Pirsch- und Lauerjäger). Mit Vorliebe reißt er Rehe, im Winter auch an Fütterungen. Im Frühjahr nimmt er Jungwild wie z.B. Kitze, Frischlinge, sogar Rotwildkälber, oder Hasen, Murmeltiere und Waldhühner. Oft schneidet er seine Beute nur an und überlässt den Rest anderen Tieren wie z.B. dem Fuchs. Reste eines L.-Risses sind aus diesem Grunde selten zu finden, auch pflegt der L. leichtere Beute oft kilometerweit zu verschleppen. Der tägliche Nahrungsbedarf beträgt je nach Körpergewicht und Jahreszeit 0,5 bis 1,5 (maximal 3,2 bis 3,5) kg.

Fortpflanzung: Die Luchsin ist mit ca. 21, der Kuder mit ca. 32 Monaten geschlechtsreif. Das ▸ Geschlechterverhältnis ist in freier Wildbahn etwa 1:1. Die Ranz (Januar-März) ist überwiegend im März. Die Luchsin bringt nach ca. zehn Wochen (Mai/Juni) in schwer zugänglichem Gelände, in einer Höhle, unter einer Baumwurzel oder unter einem Felsen, zwei oder drei Junge, die acht bis 15 Tage blind sind. Sie werden drei bis vier Monate gesäugt. Schon nach kurzer Zeit (nach ca. fünf Wochen) trägt die Luchsin ihnen Mäuse, Maulwürfe und andere kleine Tiere zu. Die Jungen bleiben ein Jahr von der Mutter abhängig und sind erst dann in der Lage, ihre Nahrung selbst zu erjagen. Sie sind mit 20 Monaten voll entwickelt. Der L. kann in Gefangenschaft 25 Jahre alt werden, im Freiland etwa 15 Jahre alt.

Losung: Die Losung des L. ist jener der Wildkatze sehr ähnlich, jedoch größer. Sie ist wurstförmig, etwa 7 bis 10 cm lang, 1,5 bis 2 cm dick, gelegentlich auch etwas weich oder flüssig und enthält Reste der Beutetiere (z.B. Federn, Haare, Knochenteile). Der L. setzt seine Losung in einer gescharrten Vertiefung ab und deckt sie sorgfältig mit Erde oder mit Schnee zu. An den Rändern seines Jagdgebietes setzt er sie jedoch erhöht auf Baumstümpfen ab; sie dient dann zur Gebietsabgrenzung; ▸ Markier(ungs)verhalten.

Fährte: Die L.-Fährte ist der Spur der Wildkatze sehr ähnlich, jedoch wesentlich größer. Ein einzelner Vorderfußabdruck eines ausgewachsenen Tieres ist etwa 7 bis 7,5 cm lang und 5,5 bis 6 cm breit. Die Hinterfußspur ist etwa 6 bis 6,5 cm lang und 5 bis 5,5 cm breit. Der L. bewegt sich im Schritt, im Troll, im Galopp oder durch Sprünge vorwärts. Beim Schritt setzt er die Hinterbranken fast genau in die Abdrücke der Vorderbranken. Bei schnellem Schritt stehen die Tritte fast in einer Linie; je langsamer der Schritt, desto mehr zeigt die Fährte einen ▸ Schrank. Die Schrittlänge beträgt etwa 80 bis 100 cm, beim Troll 120 bis 140 cm, beim Galopp 140 bis 160 cm. Der L. kann bis zu 6 m weit springen.

Zahnformel:

$$\frac{3}{3}\ \frac{1}{1}\ \frac{2}{2}\ \frac{1}{1} = 28 \text{ Zähne}$$

(▸ Zahnalterslehre).

Im Vergleich zur Wildkatze fehlt dem L. ein weiterer Backenzahn im Oberkiefer. Der letzte untere Backenzahn ist dreispitzig.

Jagd in früherer Zeit: Die Jagd auf den L. gehörte zu den schwierigsten Jagden überhaupt. Es war ihm – da er keine ▸ Wechsel einhält, hauptsächlich nachtaktiv ist und es meisterhaft versteht, sich vor der angehenden Treiberwehr zu drücken bzw. durch die ▸ Treiber unbemerkt hindurchzuschleichen – nur schwer beizukommen. Erschwerend kam hinzu, dass er weit umherwechselt und auch keine ▸ Luderplätze annimmt. Selbst aus den Federlappen machte er sich wenig. Die erfolgversprechendste Jagdart war die mit einer scharfen ▸ Bracke, die den L. hart bedrängte und ihn auf einen Baum zwang. In diesem Falle musste der Jäger erst den Hund wieder anleinen, bevor er schoss, weil erfahrungsgemäß ein nicht tödlich getroffener L. häufig den Hund anfällt und diesen dabei nicht unerheblich verletzen, wenn nicht sogar töten kann. Daneben führte auch das ▸ Einkreisen bei einer ▸ Neuen mit einer sehr dichten Treiberwehr und mit aufgestellten Tuchlappen hie

Anton Straßgschwandtner (1826–1881): »Luchsjagd«, um 1860, Lithografie

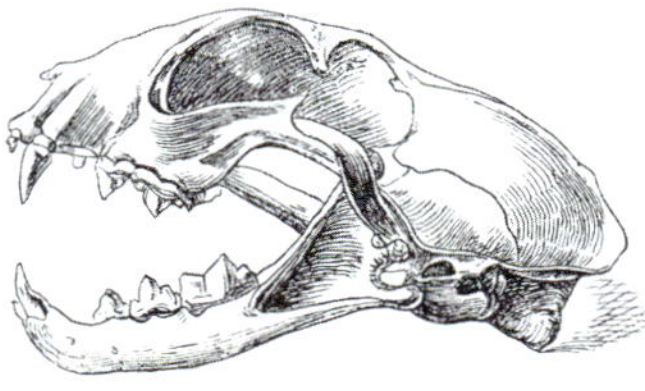

Luchsschädel

und da zum Erfolg. Der Balg des L. gehört zu den schönsten und teuersten Pelzwerken, obwohl die Haare spröde sind und nach längerem Gebrauch springen. L.-Fleisch galt früher als schmackhaftes Wildbret.

Luchsin, die (Kätzin): Weiblicher ▸ Luchs.

Lück, Karl Gottlieb: ▸ Jagdkunst.

Lückennetz, das: ▸ Lauschgarn.

Lucknetz, das: ▸ Lauschgarn.

Luder, das: **1**) Jedes tote Tier, das zum Anlocken von ▸ Raubwild und ▸ Raubzeug verwendet wird; ▸ Luderplatz. **2**) Das ▸ Federspiel zum Anlocken des ▸ Beizvogels (alter Ausdruck). **3**) Eine Lunte (▸ Luntenschloss), die zum Abfeuern der Büchse verwendet wurde.

Luderhütte, die (Wachhütte, Lauerhütte): Ein meist etwas in die Erde gebauter Unterstand (Erdhütte), von dem aus das ausgelegte ▸ Luder überblickt und das angelockte ▸ Raubwild und ▸ Raubzeug gut beschossen werden kann; ▸ Luderplatz.

Luderkrähe, die: ▸ Rabenvögel 3.

ludern: **1**) Den ▸ Beizvogel l. heißt, ihn mit dem ▸ Federspiel anlocken. **2**) Von ▸ Raubwild und ▸ Raubzeug: es mit Luder (Aas) anlocken bzw. an den ▸ Luderplatz gewöhnen. **3**) Die Sauen mit Aas anlocken; die Sauen l., wenn sie Luder (Aas) annehmen (seltener Ausdruck).

Luderplatz, der: Eine möglichst ungestörte Stelle, meist auf freiem Feld (nie am Waldrand), die ab Herbst mit erlegtem Flugwild (z.B. mit Krähen, Elstern, Eichelhähern, soweit der Abschuss erlaubt ist) und Fleischabfällen (▸ Aufbruch, ▸ Luder usw.) beschickt wird und gerne von ▸ Raubwild, ▸ Raubzeug und auch von Sauen aufgesucht wird. Ein L. ist so anzulegen, dass er von einem Hochsitz (Kanzel) oder von einer ▸ Luderhütte aus gut übersehen und das Wild und Raubzeug gut beschossen werden kann. Im Winter, wenn der ▸ Balg reif ist, sitzt man dann am L. an. Den meisten Erfolg verspricht der ▸ Ansitz in mondhellen Nächten. Ein L. eignet sich auch vorzüglich zur ▸ Fallenjagd (Lebendfang, Totfang). Mit Raubwildkernen sollte der L. wegen möglicher Trichinen-Übertragung (z.B. Schwarzwild) nicht beschickt werden. Das Auslegen von Haustierkadavern ist nach den Vorschriften über die Tierkörperbeseitigung verboten; ▸ Kirrung, ▸ Ablenk(ungs)fütterung.

Luderschacht, der: Eine Holzröhre oder eine Betonröhre, etwa 80 bis 100 cm lang und 20 bis 25 cm breit, die auf dem ▸ Luderplatz in den Boden eingegraben wird. Die ausgehobene Erde wird rund um die Röhre verteilt. Die Fleischabfälle werden in den Schacht gegeben, in dem sie durch ihren Geruch ▸ Raubwild und ▸ Raubzeug (▸ Beutegreifer) anlocken. Um die Röhre herum werden Kirrbrocken verteilt. Der L. hat den Vorteil, dass er auch bei starkem Frost noch Wittrung abgibt.

Ludwig, L.: ▸ Jagdliteratur.

Ludwig, Willy, Dr.: ▸ Jagdkunst.

Lueg, das oder der: ▸ Lug.

lüften: **1**) Aufschärfen der Bauchdecke und der Bauchwand beim ▸ Schalenwild. Diese werden (ohne das ▸ Gescheide zu verletzen) an zwei Stellen geöffnet; danach wird ein Stock hindurchgeschoben, damit die sich bildenden Gase entweichen können. Das Aufblähen und die einsetzende Fäulnis werden dadurch hinausgeschoben. Das L. sollte jedoch auf Ausnahmefälle beschränkt bleiben; Schalenwild sollte, wenn möglich, sofort aufgebrochen werden. **2**) Dem Beizvogel die ▸ Falkenhaube für kurze Zeit abnehmen. **3**) Den Hirschfänger lockern oder ein Stück aus der Scheide ziehen, was früher z.B. alle anwesenden Jäger tun mussten, wenn jemandem wegen eines Verstoßes gegen die waidmännischen Regeln die Pfunde (▸ Blattschlagen) erteilt wurden. **4**) Jagdtücher (▸ Jagdzeug) l. heißt, sie auf die ▸ Forkeln heben. **5**) Der Beizvogel lüftet sein Gefieder, wenn er es in Sonne und Luft sträubt.

Luftfährte, die: Sie entsteht durch ein salbenartiges Sekret, das sich z.B. bei Wildschweinen an der Hinterseite der Vorderläufe oder beim Rotwild auf dem Schwanzwirbel (Wedelorgan) befindet. Der an die Luft abgegebene flüchtige und arttypische Duftstoff hält die ▸ Rotte oder das ▸ Rudel zusammen und lässt z.B. die Tiere einer Rotte im Gänsemarsch folgen; ▸ Luftspur, ▸ Schwimmspur.

Luftjagd, die (Flugjagd): Veraltete Bez. für ▸ Beizjagd.

Luftritter, der: Scherzhafte Bez. für einen ▸ Greifvogel.

Luftröhrenwurm, der: Der Rotwurm; ▸ Rotwurmbefall.

Luftschütze, der: Alte Bez. für ▸ Flugschütze.

Luftspur, die (Luftwittrung): Aus Duftstoffen hinterlassene Spur, die v.a. krankgeschossenes, abstreichendes Federwild hinterlässt. Sie kann wie die ▸ Bodenspur vom suchenden Hunde, z.B. bei der ▸ Nachsuche, wahrgenommen werden; ▸ Luftfährte, ▸ Schwimmspur.

Luftverschmutzung, die (Luftverunreinigung): Allg. Bez. für sämtliche festen, flüssigen oder gasförmigen Substanzen, die in der sogenannten reinen Luft nicht oder nur in äußerst geringen Mengen enthalten sind. Nach der WHO-Definition liegt eine L. vor, wenn sich ein luftverunreinigender Stoff oder mehrere luftverunreinigende Stoffe in solchen Mengen und so lange in der Außenluft befinden, dass sie für Menschen und Tiere, Pflanzen und/oder Materialien schädlich sind, zur Schädigung beitragen oder das Wohlbefinden oder die Besitzausübung unangemessen stören können. Derartige Stoffe können durch natürliche Vorgänge (biologische Abbauprozesse, Brände, Aerosole von Ozeanen und Seen, Vulkanausbrüche, Staubstürme) oder durch menschliche Tätigkeit (insbesondere durch Verbrennungsprozesse aller Art) in die Luft gelangen. Bei bestimmten Wetterlagen (Windstille, Inversion) kann die rasche Verteilung der Schadstoffe vermindert werden, sodass im Bereich von Großstädten oder von Industrieanlagen gesundheitsschädliche Konzentrationen auftreten können. L. beeinträchtigen nicht nur das Wachstum und die Erträge der land- und forstwirtschaftlichen Kulturen, sondern können über die Nahrungskette den Menschen erreichen und akute und chronische Erkrankungen hervorrufen.

Luftwittrung, die: ▸ Luftspur.

Lug, das (Lueg, Loch): Das ▸ Lager des ▸ Braunbären.

Luger, Georg (1849 bis 1923): deutscher Waffenkonstrukteur. Nach ihm wird in den USA und England die Patrone 9 x 19 mm (9 mm Para) als 9 mm L bezeichnet. Die Patrone 9x19 mm ist NATO-Standard-Patrone für Pistolen und Maschinenpistolen. L. arbeitete um 1900 zusammen mit Hugo Borchhardt als Konstrukteur bei »Deutsche Waffen- und Munitionsfabriken (DWM)« in Berlin, wo L. auch die nach ihm benannte L.-Pistole entwickelte. Hierzu veränderte er die 7,63 mm Mauser, indem er die Mauser-Hülse um 3 mm kürzte und ein anderes Geschoss einsetzte. Die Waffe wurde damals unter dem Namen »Parabellum-Pistole, System L./›Borchhardt‹« bekannt und im Jahre 1904 nach kleineren Veränderungen bei der kaiserlichen Marine unter der Bezeichnung »Selbstladepistole 04« eingeführt. 1908 führte das kaiserliche Heer die Pistole mit verkürztem Lauf samt Munition als »Pistole 08« (P08) ein; ▸ Parabellum.

Luier, der: Alter Ausdruck für ▸ Federspiel.

Lulle, das: Scherzhafte Bez. für das ▸ Wildkaninchen (nach ▸ D. aus dem Winckell).

Lullerche, die: ▸ Lerchen 3.

Lumme, **rothalsige**, die: ▸ Seetaucher 1.

Lummer, der: Seltene Bez. für ▸ Mehrbraten.

Lüneburger Modell, das: Von der Lüneburger Jägerschaft erarbeitete Schwarzwildbewirtschaftungsrichtlinien. Nach den Zielvorstellungen dieses Modells soll der Abschuss im Rahmen der Wildhege v.a. bei den Frischlingen bis zu 75% des Gesamtabschusses, bei Überläufern ca. 15%, bei Bachen und bei jagdbaren Keilern je 5% betragen. Wenn möglich, sollen vorrangig die jeweils schwächsten Stücke erlegt werden. Geschont werden die mittelalten Keiler nur so lange, bis sie (aufgebrochen) über 100 kg wiegen.

Lungenentzündung bei Wildtieren: ▸ Lungen-Erkrankungen.

Lungen-Erkrankungen, die: Der beim Schalenwild häufig vorhandene Befall mit Kleinen ▸ *Lungenwürmern* stellt sich in Form von gelbgrauen, unregelmäßig begrenzten Herden (Lungenwurmbrutknoten) in den Lungenteilen nahe der Wirbelsäule dar. Bei Feldhasen sind Lungenwurmbrutknoten nur stecknadelkopfgroß und weißlich grau. Lungenwurmbefall beim Schwarzwild bewirkt ein fleckiges Aussehen der Lunge, ähnlich wie der Befall mit Großen Lungenwürmern bei Wildwiederkäuern. Die Großen Lungenwürmer sind nach Öffnen der Luftröhre mit bloßem Auge als haardünne weiße Felder sichtbar. Mitunter fallen in der Lunge des Schalenwildes schwartige bis faustgroße Knoten auf. Hier handelt es sich um Schimmelpilzknoten, die durch die Aufnahme von verschimmeltem Futter entstehen. Bösartige Geschwülste der Lunge können ähnlich aussehen. Häufiger bestehen auch Anzeichen einer *Lungenentzündung* (z.B. fleischige Veränderung der Spitzenlappen) oder *Lungenfellentzündung* (Verklebung der Lunge mit der Brustwand). Die Ursache solcher Lungenentzündungen können Viren, Bakterien oder Pilze sein. Lungenentzündungen mit Komplikationen können aber auch von einem Lungenwurm-Massenbefall ausgehen. Die Wildtiere können an den Folgen einer Lungenentzündung verenden. Manchmal treten Lungenentzündungen gehäuft auf, insbesondere bei Gams- und Steinwild. Vermutlich wirken sich Lungenprobleme in Gebieten mit einer überhöhten Wilddichte schwerwiegender aus. Es ist anzunehmen, dass Lungenentzündungen auch bei der ▸ Jungtiersterblichkeit wesentlich beteiligt sind. Dunkelrote Herde, oft kombiniert mit gelbem, nekrotischen Herden, kann man bei Feldhasen bei folgenden Erkrankungen finden: ▸ *Brucellose*, ▸ *Pasteurellose*, ▸ *Tularämie*, ▸ *Pseudotuberkulose*, ▸ *Staphylokokkose*, ▸ *Toxoplasmose*.

Lungenschuss, der: ▸ Schusszeichen.

Lungenschweiß, der: ▸ Schusszeichen, ▸ Schweiß.

Lungenwürmer, die: Diese ▸ Innenparasiten zählen zu den Rundwürmern und gehören zur Familie der Metastrongyliden.

1. Große L.: Die L. der Art *Dictyocaulus* erreichen eine Länge von 5 bis 8 cm und eine Dicke von 1 mm. Sie kommen beim wiederkäuenden Schalenwild vor, besonders beim Rehwild. Das Weibchen legt in der Lunge des befallenen Stückes Eier ab, aus denen die Larven schlüpfen. Diese werden aufgehustet, dann abgeschluckt und gelangen mit der Losung ins Freie. Am Erdboden entwickeln sie sich – bei genügend Feuchtigkeit und

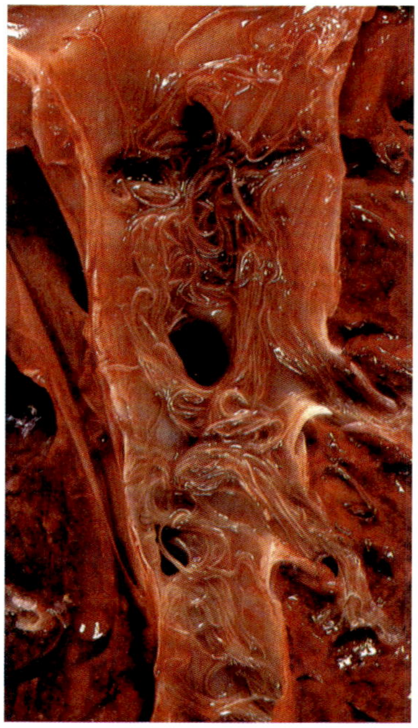

▸▸▸ Lungenwürmer beim Schwarzwild

Wärme – in sechs bis zehn Tagen nach zweimaliger Häutung zu ansteckungsfähigen, jedoch nicht winterfesten Larven, die sich an Gräsern festsetzen und mit der Äsung aufgenommen werden. Sie gelangen in den Darm, durchbohren die Darmwand des ▸ Wirtstieres, wandern von dort durch die Lymphgefäße in Richtung Herz und werden mit dem Blutstrom in die Lunge geschwemmt. Dort setzen sie sich in den oberen Luftwegen fest und wachsen in 23 bis 25 Tagen zu geschlechtsreifen Würmern heran. Nach der Befruchtung beginnt das Wurmweibchen Eier zu legen, und der beschriebene Kreislauf beginnt von neuem. Von den Würmern zerstörtes Lungengewebe ist nicht regenerierbar. Die Beatmungsfläche der Lunge wird kleiner, und auch die Leistungsfähigkeit des Tieres nimmt ab. Von L. befallene Stücke kümmern und verfärben später. Sie fallen durch Atembeschwerden, Hüsteln und auch durch breiige Losung (verschmierter Spiegel) auf. Todesfälle kommen selten und nur bei Massenbefall vor. Der Befall ist bei lebendem Wild durch Untersuchung der Losung auf Larven und beim erlegten Stück durch Würmer in den oberen Luftwegen nachzuweisen.

Bekämpfung: Kräftigung des Wildes durch gute Fütterung. Abschuss aller kümmernden, hüstelnden und kranken Stücke, weil diese durch Ausscheiden der Larven für eine Verbreitung der L. sorgen. Medikamente können dem Wild mit der Fütterung und mit Lecksteinen (▸ Salzlecke) gereicht werden. Das ▸ Wildbret ist nach Entfernung der Lunge, die unschädlich zu beseitigen ist, i.d.R. genusstauglich.

2. Kleine L. (Lungenhaarwürmer): Sie sind haardünn und erreichen eine Länge von 7 bis 15 mm. Sie kommen bei wiederkäuendem Schalenwild, bei Feldhasen und bei Wildkaninchen vor. In der Lunge des befallenen Stückes legt das Weibchen die Eier ab, aus denen schon in der Lunge die Larven schlüpfen. Diese werden aufgehustet, abgeschluckt und gelangen so in den Darm und mit der Losung ins Freie. Dort dringen sie in den Fuß von Gehäuseschnecken oder von Nacktschnecken ein und entwickeln sich in ihnen in zwei bis drei Wochen zu ansteckungsfähigen Larven. In den Schnecken können sie sogar überwintern. Mit der Äsung nimmt das Wild die von Larven befallene Schnecke auf. Im Darm werden die Larven frei, durchbohren die Darmwand und wandern durch die Lymphgefäße in Richtung Herz. Von dort werden sie mit dem Blutstrom in die Lunge geschwemmt und setzen sich in den Bronchien fest. In vier bis sechs Wochen wachsen sie zu geschlechtsreifen Würmern heran. Nach der Befruchtung beginnt das Weibchen Eier zu legen. An Stellen, an denen eierlegende Weibchen sitzen, entstehen chronische Lungenentzündungsherde, die sog. Brutknoten. Der Entwicklungskreislauf der beim Schwarzwild vorkommenden K. L. ist derselbe, als Zwischenwirt benötigen sie jedoch den Regenwurm. Geringer Befall zeigt kaum Anzeichen; bei starkem Befall fällt das Stück durch Hüsteln und Kümmern auf. Todesfälle kommen nur selten bei Massenbefall vor. Der Befall durch Kleine L. ist bei lebendem Wild durch Untersuchung der Losung auf Larven nachzuweisen, bei erlegten Stücken durch sog. Brutknoten in der Lunge.

Bekämpfung: Kräftigung des Wildes durch gute Fütterung. Konsequenter Abschuss aller kümmernden und hüstelnden Stücke, weil diese durch Ausscheiden von Larven für eine Verbreitung der L. sorgen. Unterbrechung des Entwicklungskreislaufes durch Schutz und Hege schneckenvertilgender Tiere (z.B. Igel, Vögel). Das Wildbret der durch L. erkrankten Stücke ist nach Entfernung der Lunge genusstauglich.

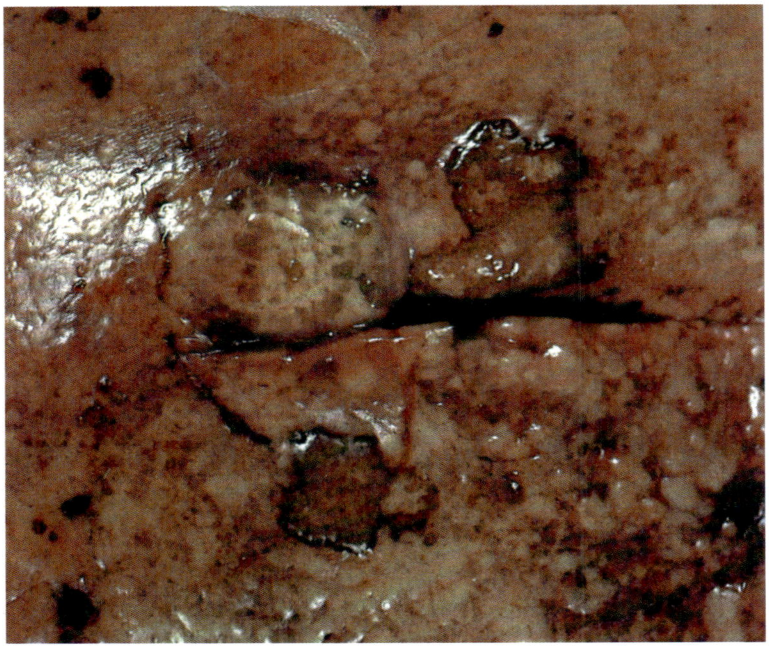

◂◂ Brutknoten der Kleinen Lungenwürmer

Lunte, die: Der Schwanz des Fuchses und der Marder; ▸ Standarte, ▸ Rute.

Luntenschloss, das: Das L. ist die früheste mechanische Zündvorrichtung eines Gewehres und entstand in der Mitte des 15. Jh. Das L. hielt sich etwa 200 Jahre. Beim L. wurde die brennende Lunte – ein mit Salpeter getränkter und mit Bleizucker gebeizter, langsam glimmender Hanfstrick – in einen Hahn eingeklemmt und mittels Feder- und Abzugsvorrichtung dem Zündloch zugeführt. Nachfolger des Luntenschlosses war das ▸ Radschloss; ▸ Jagdwaffen.

Lun(t)ze, die: Veralteter und seltener Ausdruck für Geräusch; ▸ Gescheide

Lupinen, die (*Lupinus ssp.*): Die ursprünglich aus dem Mittelmeerraum stammenden L. (Schmetterlingsblütler) gehören zu den einjährigen ▸ Körnerleguminosen. Der Anbau bei uns erfolgt hauptsächlich als Sommerzwischenfruchtbau zur ▸ Gründüngung oder zur Kultivierung von Ödländereien (Pionierpflanze). L. gedeihen auf warmen, nicht zu schweren Böden. Landwirtschaftliche Bedeutung haben die drei Arten:

- Gelbe L. (*L. luteus*),
- Schmalblättrige L. (*L. angustifolius*), blau, weiß, rot oder rosa blühend und
- Weiße L. (*L. albus*).

Bei allen drei Arten kommen bitterstoffhaltige und bitterstoffarme Zuchtformen vor (sog. *Süß-L.*). Die Ersteren sind besonders für die Gründüngung geeignet, die Letzteren sind ein wertvolles, eiweißreiches Vieh- und Wildfutter und besonders für den Anbau in Wildäckern geeignet; ▸ Wildäsungspflanzen, ▸ Wildäsungsflächen.

Lur, der: Auch die Lure; besser die Luren (da immer nur paarweise). Ein gegossenes Bronzehorn aus der germanischen Frühzeit (1100 bis 600 v. Chr.); ▸ Jagdmusik.

Lurche, die: ▸ Amphibien.

Lusch, die (Lutsche): svw. ▸ Hüncin 1).

Luser, die: ▸ Lauscher.

Lustjagd, die: **1**) Ein früher in Süddeutschland und in Österreich übliches Recht des Landesherrn, in allen Revieren seiner Untertanen nach Belieben jagen zu dürfen. **2**) Auch Lustjagen; ▸ Kampfjagen.

luzen: Nach Hasen l.; ▸ hasenlauschen.

Luzerne, die (*Medicago*): Schneckenklee. Die L. ist eine der wichtigsten, ertragreichsten und nährstoffreichsten (kleeartigen) Futterpflanzen (▸ Leguminosen) und gibt lange Jahre gute Erträge (Ewiger Klee). Sie ist tiefwurzelnd (Pfahlwurzel, die bis in 2 m Tiefe gehen kann), wärmeliebend und ausdauernd und eignet sich besonders zum Anbau auf tiefgründigen Kalk- und Mergelböden. Es werden drei Unterarten unterschieden:

- Saat-L. (Blaue L., *M. sativa*),
- Bastard-L. (Buntblühende L., *M. sativa ssp. media*) und
- Sichel-L. (Gelbe L., *M. sativa ssp. falcata*).

Die L. wird in Reinsaat für ein- bis zweijährige Nutzung angebaut, aber auch im Gemenge mit ▸ Klee-Gras-Mischungen. Sie bietet gute

Sommeräsung (▸ Wildäsungspflanzen), dient aber auch der Heugewinnung und für die Herstellung von Silage.

Luzerner Bracke, die (Luzerner Laufhund): ▸ Schweizer Laufhunde 1.

Luzerner Niederlaufhund, der: ▸ Schweizer Laufhunde 2.

Lyme-Borreliose, die: Die L.-B. ist eine Krankheit, deren Ursache und Form erst in den letzten Jahren von der Frühsommer-Meningoenzephalitis (FSME) abgegrenzt werden konnte. Diese erst seit 1982 bekannte Borrelien-Infektion und nicht die FSME stellt die Hauptgefährdung durch Zeckenbisse dar, weil bis zu 40% der Zecken mit *Borrelia*-Bakterien infiziert sind, aber lediglich 1 bis 2% mit FSME-Viren. Der Nachweis des Erregers, der durch Zeckenbiss übertragen wird, gelang 1982 dem aus der Schweiz gebürtigen US-Amerikaner Willi Burgsdorfer, dem zu Ehren die *Borrelia*-Bakterie, eine Spirochäte, *Borrelia burgsdorferi* benannt wurde. Besonders in Flussniederungen und in feuchten Landstrichen muss mit einer hohen Durchseuchung der Zecken mit diesen Bakterien gerechnet werden. Labortests liefern nur selten einen eindeutigen Beweis, dass eine L.-Erkrankung vorliegt; ein Standardverfahren, das mit hundertprozentiger Sicherheit L. nachweist, gibt es nicht. Eine Infektion bedeutet nicht, dass man erkranken muss und dass irgendwelche Symptome auftreten. Andererseits kann eine Infektion bei einem gewissen Prozentsatz der Betroffenen zu Gesundheitsschäden führen. Warum der eine Infizierte erkrankt und der andere nicht, ist noch völlig unklar. Die Gefahr, infiziert zu werden, ist für Waldarbeiter etwa zehnmal so hoch wie für andere Personen. Rund 14% der Waldarbeiter sind bereits mit *Borrelia*-Bakterien infiziert (Stand 1989), ohne dass die Krankheit zum Ausbruch kommen muss. Die möglichen Erkrankungserscheinungen nach einer Infektion mit *Borrelia burgsdorferi* werden vom Berufsgenossenschaftlichen arbeitsmedizinischen Zentrum in Garching bei München wie folgt beschrieben: Zunächst kann sich typischerweise nach einigen Tagen bis Wochen im Bereich des Zeckenbisses eine Hautrötung ausbilden, die langsam größer wird und in ihrem Zentrum verblasst, sodass unter Umständen nur ein schwacher roter Ring auf der Haut zu sehen ist. Gelegentlich ist hiermit auch ein Fieber verbunden. Tritt dieses Symptom auf, so sollte auf jeden Fall ein Arzt aufgesucht werden, da eine noch rechtzeitige Behandlung mit Antibiotika (Penicilline, Tetracycline) die Infektion zuverlässig beseitigen kann. Unbehandelt kann diesem Erscheinungsbild, aber auch ohne die betroffene Hautveränderung, nach einigen Wochen und Monaten eine Spätkomplikation folgen, auch wieder unterschiedlichster Form und Ausprägung. So sind Nervenentzündungen möglich, die insbesondere zu nachts auftretenden heftigen Schmerzattacken führen können, gelegentlich auch mit z.B. Ischiasbeschwerden verwechselt werden. Entzündungen des Nervensystems können sich auch auf das Rückenmark bis hin zum Gehirn und den Hirnhäuten ausdehnen und machen dann die unterschiedlichsten Erscheinungsbilder je nach betroffenen Gebieten. Oft kommt es auch mit oder ohne vorausgegangener Hautsymptomatik zu Gelenkentzündungen, wobei die unterschiedlichsten Gelenke befallen und verschiedene andere Krankheitsbilder, wie z. B. ein Rheuma, vorgetäuscht werden können. In Deutschland zählt die L. zu den häufigsten neurologischen Infektionskrankheiten, man schätzt ca. 800000 chronisch Kranke. Über 10% der Deutschen weisen Antikörper im Blut auf. Europaweit kommt bei 5000 bis 20000 Menschen jährlich die L. zum Ausbruch.

Beim Hund, der auch an L. erkranken kann, treten dieselben Krankheitsbilder auf wie bei der ▸ Zeckenbiss-Encephalitis. Es gibt auch einen inaktivierten L.-B.-Impfstoff für Hunde, mit dem vorbeugend geimpft werden kann.

Lyssa (aus dem Griechischen): svw. ▸ Tollwut.

M

Mäander, die: Die Stirnnaht am abgekochten Schädel der Hirscharten.

Machandel, der: ▸ Wacholder.

machen: **1**) Ein Jagen m. (veraltet), d.h. ein Jagen ▸ einrichten oder ▸ einstellen. **2**) Der Hirsch macht oder zeigt einen guten Fuß, d.h., er macht oder zeigt eine gute ▸ Fährte (Fuß war in der alten Waidmannssprache ein gerechtes Wort für Fährte). **3**) Der Hirsch hat wenig oder viel gemacht, d.h., er hat wenig oder ein vielendiges ▸ Geweih aufgesetzt. **4**) Ein ▸ Treiben m. heißt ein Treiben einrichten.

Madden, der (Martin): Mecklenburgischer Volksausdruck für ▸ Hase.

madeln: Schlesischer Ausdruck für das Sichrühren des Wildes im Bestand (▸ F. von Gagern).

Mader, der (Maderer): Alter bayerischer Ausdruck für ▸ Marder.

madriert: Bei den Vogelarten svw. mehrmals gemausert, d.h. das Gefieder gewechselt. Die Bez. ist hauptsächlich für die ▸ Falken üblich; ▸ Mauser.

Maffei, Guido von (1838 München bis 1912 München): Jagdmaler; bevorzugte Motive M. waren Sauen, Dachse und Füchse. Von ihm stammen u. a. »Dachshunde stellen einen Dachs«, »Weidwund verbellt«, »Sichere Beute« und »Rotwild«.

Magazin, das: **1**) Vorrichtung in Repetiergewehren, die zur Aufnahme von Patronen dient (▸ Schlosssystem). **2**) Bei Kipplaufbüchsen im Schaft eingelassener Behälter für zwei oder drei Reservepatronen; sog. Schaftmagazin.

Magazindl, das: Alter Ausdruck französischen Ursprungs für einen noch gestreiften Frischling,; wird heute noch im Wiener Raum, im Bereich der früheren kaiserlichen Hofjagdgebiete, gebraucht.

Magazinfütterung, die (Futterautomat): Futterkästen und Futtertröge, bei denen das Futter automatisch aus einem Vorratsbehälter in den Trog nachrutscht.

Magd, faule, die: ▸ Rallen 4.

Magen, der: Eine muskelkräftige Erweiterung des Verdauungskanals bei allem ▸ Haarwild und ▸ Federwild, die am Ende der Speiseröhre sitzt. Im Magen wird die Nahrung durch den M.-Saft aufbereitet. Der dadurch entstehende Speisebrei wird zur weiteren Verarbeitung in den Dünndarm weitergeleitet. Das wiederkäuende Wild besitzt einen sog. ▸ Wiederkäuermagen, der Pansen, Weidsack oder Wanst genannt wird; ▸ Muskelmagen.

Magen-Darm-Parasiten, die: ▸ Magen- und Darmwürmer.

Magen-Darm-Trakt-Erkrankungen, die: Ein stark geblähter Pansen (▸ Wiederkäuermagen) mit schaumigem Inhalt ist auf die Aufnahme sehr eiweißreicher Grünäsung zurückzuführen (wie z.B. bei der Erkrankung nach Rapsaufnahme durch Rehwild; ▸ Raps-Krankheit beim Reh). Ist der Pansen hart und prall mit Getreidekörnern oder Getreideschrot gefüllt, so ist das Tier durch die übermäßige Aufnahme energiereichen Futters an einer *Pansenazidose* (Übersäuerung) erkrankt. Weisen der Labmagen- und der Darmtrakt eine gerötete, geschwollene Schleimhaut und flüssigen, übel riechenden, teilweise blutigen Inhalt auf, liegt eine *Entzündung* vor, deren Ursachen Parasiten, Bakterien, Viren, aber auch Vergiftungen oder ernährungsbedingte Verdauungsstörungen sein können. Eine Verdickung der Darmwand ist ein Zeichen einer *chronischen Darmentzündung*, als deren Verursacher wieder Parasiten, Bakterien und Viren infrage kommen. Sind bei *Feldhasen* zusätzlich weiße Herdchen in der Darmwand sichtbar, ist das Tier mit ziemlicher Sicherheit an *Kokzidiose* (einzellige Darmparasiten; ▸ Coccidien) erkrankt.

Magenkiesel, die: svw. ▸ Magensteine.

Magenkugeln, die (Bezoare): Raue oder glatte Haarfaserbälle von wenigen Zentimetern Durchmesser, die man manchmal in ▸ Wiederkäuermägen (Pansen), besonders in Gamsmägen (Gamskugeln, Gamsbezoare) findet. Sie bilden sich aus Tierhaaren, die bei der Haarpflege (▸ Körperpflege) abgeschluckt werden, und/oder aus Pflanzenfasern (auch Harz), die mit der Äsung aufgenommen werden. Sie sollen geschmack- und geruchlos sein und viele Phosphate enthalten.

Magensteine, die (Mahlsteine, Magenkiesel, Magenzähne, Auerhahnsteine, Weidkörner): Kleine, weißliche, geschliffene Steinchen, die sich im Magen (▸ Muskelmagen) fast aller pflanzenfressenden Vögel befinden, vornehmlich beim Auerwild (Jagdtrophäe) und bei den ▸ Wildenten. Sie dienen zur Zerkleinerung harter ▸ Äsung. Wildenten und andere Wasservögel nehmen dabei häufig auch Reste von Bleikugeln (Schrotkugeln) auf, die eine Bleivergiftung bewirken können; ▸ Nicht-Blei-Schrote.

Magen- und Darmwürmer: ▸ Innenparasiten. Im Magen und im Darm des Wildes schmarotzen über 20 verschiedene Wurmarten. Es sind meist wirtspezifische Rundwürmer (Nematoden) von verschiedener Größe. Die wichtigsten M.- und D. sind nach dem Ort ihres Auftretens:

Magen: Im *Labmagen* des wiederkäuenden Schalenwildes (▸ Wiederkäuermagen) schmarotzen bis zu 3 cm lange, gedrehte Magenwürmer und einige Arten von 3 bis 6 mm langen Haarmagenwürmern. Im *Magen von Feldhase* und *Wildkaninchen* schmarotzt der Magenwurm *Graphidium strigosum*.

Dünndarm: Besonders bei *Rehen* schmarotzen im Dünndarm Hakenwürmer, die sich an der Darmschleimhaut festsaugen, sowie ▸ Haarwürmer. Bei *Schwarzwild*, *Fasan*, *Rebhuhn*, *Auerwild* und *Hund* kommen ▸ Spulwürmer vor.

Blinddarm: Hier schmarotzen Peitschenwürmer.

Dickdarm: Hier schmarotzen ebenfalls Peitschenwürmer, aber auch Palisadenwürmer, besonders bei Rotwild, Rehwild und Gamswild. Die verschiedenen Arten der M.- und D. können bei Rotwild, Rehwild, Gamswild und Schwarzwild, bei Feldhase, Wildkaninchen und auch beim Haarraubwild vorkommen. – Die Weibchen legen (je nach Wurmart) im Magen oder im Darm ihre Eier ab, die mit der ▸ Losung ausgeschieden werden. Nach wenigen Tagen schlüpfen aus den Eiern Larven; diese werden in fünf bis acht Tagen, nach zweimaliger Häutung, im dritten Larvenstadium ansteckungsfähig. Magen- und Darmwurmlarven sind sehr widerstandsfähig und können im Freien ein Jahr und länger am Leben bleiben, wenn es nicht kälter als – 6 °C wird. Sie klettern an Gräsern empor und werden vom Wild mit der Äsung aufgenommen. Die Larven dringen je nach Wurmart in die Schleimhaut des Labmagens, des Dünndarms, des Blinddarms oder des Dickdarms ein und kehren nach wenigen Tagen wieder an die Oberfläche zurück. Nach Erlangung der Geschlechtsreife und Befruchtung beginnen nun die Weibchen mit der Ablage ihrer Eier (bis zu 200 000 pro Weibchen). Durch das Einbohren in die Magen- oder die Darmschleimhaut zerstören manche Arten die für die Verdauung wichtigen Drüsenteile, was zur Entzündung der Schleimhaut, zu einer schlechten Futterverwertung und zu verminderter Widerstandskraft gegenüber ▸ Infektionskrankheiten führt. Geringer Befall bleibt erscheinungslos, Massenbefall bewirkt ▸ Kümmern, Durchfall (verschmierter Spiegel), spätes ▸ Verfärben und schlechte Trophäenbildung. Massenbefall ist beim Rehwild eine häufige Todesursache.

M.- und D. sind durch Untersuchung der Losung auf Wurmeier nachzuweisen. Beim erlegten Stück findet man Würmer in Magen und Darm.

Bekämpfung: Anlage von mehreren kleinen Futterplätzen. Gründliche Reinigung der Futterplätze mit ungelöschtem Kalk, Kalkmilch oder Thomasmehl. Abschuss sichtbar kranker Tiere. Die Gabe von Medikamenten, vermischt mit Futtermitteln, hat sich bewährt. Bei Beizvögeln können Wurmkuren (unter Anleitung des Tierarztes) den Befall verhindern bzw. beseitigen. Das Wildbret befallener Stücke ist i.d.R. genusstauglich.

Magenzähne, die: ▸ Magensteine.

Magnum: Bez. für eine (ursprünglich) besonders leistungsstarke Patrone (▸ Magnumpatrone). Das Wort M. wird dabei in Abgrenzung zur Standardladung der Patronen der Kaliberbezeichnung (▸ Kaliber) beigefügt; z.B. 8 x 60 S Magnum. Bei Schrotpatronen bringt die Bez. M. einen höheren Gasdruck der Ladung zum Ausdruck.

Magnumpatrone, die: ▸ Büchsenpatrone, ▸ Randfeuerpatrone, ▸ Kurzwaffenmunition.

Magyar Vizsla, der: ▸ Vorstehhunde.

Mahlsteine, die: ▸ Magensteine.

Mahlzähne, die: svw. Backenzähne (Molaren); ▸ Zahnalterslehre.

Mähne, die: **1**) Auch Kragen, Brunftkragen, Brunftmähne; die langen Haare am ▸ Träger des Rothirsches. Aus ihnen wird der Hirschbart gebunden. **2**) Auch Kragen; die langen Halshaare des Muffelwidders und des Sikahirsches.

Mahnen, das: **1**) Die stark nasalen Laute des weiblichen ▸ Rotwildes, die wie »Ähng« klingen. Es sind Locklaute, mit denen v.a. das Kalb gelockt wird; sie werden jedoch auch ausgestoßen, wenn das brunftige Stück sucht oder zu heftig getrieben wird. Auch Lautäußerung des Sikatieres und des Damtieres (▸ gluchsen). Durch M. rufen Tier und Kalb, aber auch Hirsche untereinander, sich zusammen (Stimmfühlungslaute; ▸ Lautäußerung). **2**) Die Nachahmung des M. durch den Jäger, um einen ziehenden Hirsch zum Stehen zu bringen; ▸ Rotwild (Jagdarten). **3**) Der Jäger mahnt ein Stück Wild, wenn er es durch Pfeifen oder durch Brechen von Zweigen zum ▸ Verhoffen bringen will, um die Kugel gut antragen zu können.

Mähnenschaf, das: ▸ Muffelwild.

Maier, Klaus (1929 bis 1992): ▸ Jagdkunst.

Mailick: **1**) Alfred (1863 bis 1946): Dresdener Jagdmaler. Von ihm stammen u. a. »Auf den großen Hahn«, »Der Rehbock«, »In der Blattzeit«, »Durchs Blatt aufs Blatt«. **2**) Erik (1907 bis 1990): Moritzburger Landschafts-, Tier- und Jagdmaler, Sohn von 1). Er gehörte zu den erfolgreichsten Jagdmalern der ehem. DDR und arbeitete lange Zeit für die Zeitschrift »Unsere Jagd«. Einige seiner Gemälde befinden sich im Jagdschloss Moritzburg.

Mais, der (*Zea mays*, L.): Auch Kukuruz. Der M., eine seit mindestens 3000 Jahren bekannte Kulturpflanze, gehört botanisch zu den Gräsern. Er stammt aus Südamerika bzw. aus Mittelamerika und wurde von Kolumbus nach Europa gebracht. Der M. ist die einzige Getreideart, die in Amerika entstanden ist. Nach dem Weizen und zusammen mit dem Reis steht er an vorderer Stelle unter den Getreidearten. Die Gattung *Zea* hat zwar nur eine Art, aber eine enorme Formenvielfalt. Die in Deutschland angebauten selbstverträglichen Sorten haben 8 bis 16 Blätter, wobei die früh reifenden Sorten weniger Blätter haben als die spät reifenden Sorten. M. bevorzugt mittlere bis schwere Böden, ist wärmeliebend und frostempfindlich. Die Aussaat erfolgt von April bis Mai, die Ernte von September bis Oktober. Der M. kann eine Wuchshöhe bis 4 m erreichen. Die Hybridformen (Hybrid-M.), die ausschließlich zum Anbau gelangen, bringen höchste Erträge. Der M. dient vorwiegend der Verfütterung, entweder als halbreif geerntete M.-Pflanzen (Silage) oder als M.-Körner. Als Nahrungsmittel werden M.-Mehl und M.-Grieß verwendet.

▸▸ Mais wird seit mindestens 3000 Jahren vom Menschen kultiviert.

Für das Wild ist der M. eine sehr gute Grün- und Körneräsung, v.a. für Fasane und für Schwarzwild. Geschroteter M. wird als Winterfutter für alles Schalenwild sowie für Enten, Fasane und Rebhühner verwendet. Die M.-Pflanzen bieten sehr gute Deckung.

Maiß, der: Auch Jungmaiß; bayerisch/österreichisch für ▸ Dickung.

Majewicz, George (1897 Polkwitz bis 1973 Münchberg bei Berlin): Von Maler M. stammt u.a. »Zwölfender-Hirsch im Laubwald«.

Makosch, der: ▸ Rallen 5.

Makrosmaten, die (Makrosmatiker, Nasentiere): Wirbeltiere, v.a. Säugetiere, mit stark ausgeprägtem Geruchssinn, häufig aber weniger stark entwickeltem Sehvermögen. Zu den M. zählen u.a. die ▸ Nagetiere (*Rodentia*), die Raubtiere (▸ *Carnivora*) und viele Huftiere (*Ungulata*), wozu auch das ▸ Schalenwild zählt; ▸ Mikrosmaten.

Mal, das: Altes Wort für Kennzeichen. **1**) Die Zeichen des Hirsches; ▸ Hirschgerechte Zeichen. **2**) Kennzeichen, aus welchen man früher auf die Verwendbarkeit eines ▸ Beizvogels schloss. **3**) Schaftflecken am ▸ Federkleid eines ▸ Beizvogels.

Malbaum, der: **1**) Ein nahe der ▸ Suhle stehender Baum, an dem sich Sauen und Rotwild ihre Schwarte bzw. ihre Decke reiben, wodurch die Rinde abgewetzt und der Baum erdig-lehmig verschmiert wird; sog. Malzeichen. **2**) Im alten Sprachgebrauch Bez. für einen Baum (langlebige Holzart wie z.B. Eiche), der als Grenzbaum (Reviergrenze) bestimmt war und mit besonderen Zeichen (Kreuzen, Kerben usw.) kenntlich gemacht war.

Malepartus, die (franz.: malpertuis): Erdfeste (Bau) des ▸ Fuchses in der Fabel.

Malerfeder, die: Bei Schnepfen auch Schnepfengrandel, Schnepfenfeder. Bez. für die kleine, vor der ersten Schwungfeder am Flügel sitzende Feder bei Bekassine, Schnepfe, Wildente, Wildgans, Wildtaube, Fasan, Trappe, Auerwild und Birkwild. Sie gilt als ▸ Trophäe.

Maltesergeier, der: ▸ Geier 2.

Maltitz, Gotthilf August Frhr. von (1794 bis 1837): Dichter und Schriftsteller. Er schrieb u.a. »Humoristische Raupen oder Späßchen für Forstmänner und Jäger. Zur Erholung aus Schreibstuben und Registraturen« (1822) und die Jagdsatire »Briefwechsel aus dem Narrenhause oder Ansichten eines armen für verrückt erklärten Unterförsterleins über Forst- und Jagdwesen …« (1824).

Malzeichen, das: ▸ Malbaum 1).
Malzum, das: svw. ▸ Balzlosung.
Mammologie, die: svw. Säugetierkunde. Als Teilgebiet der ▸ Zoologie befasst sich die M. mit der Erforschung der ▸ Säugetiere.
Management, das: Das M. umfasst alle gezielten Maßnahmen (insbesondere Problemlösungen) des Menschen gegenüber den Wildtieren (Wildtier-M.) und deren Lebensräumen (Biotop-M.). M. setzt fundierte Kenntnisse über die betroffene Wildart und deren Lebensräume, über die Wechselwirkungen mit anderen Arten und über rechtliche Grundlagen voraus; ▸ wildlife management, ▸ Wildhege, ▸ Wildökologie.
Mandl machen: svw. ▸ Männchen machen.
Manessische Handschrift, die: Auch Große Heidelberger Liederhandschrift (Codex Manesse). Bez. für die größte der drei Sammelhandschriften mittelhochdeutscher Minnelyrik, von J. J. Bodmer nach dem Züricher Ratsherrn und Liedersammler Rüdiger Manesse (gestorben 1304) und dessen Sohn Johannes (gestorben 1297) benannt. Sie enthält Lieder von 140 Dichtern und ist mit 137 ganzseitigen und farbigen Bildern geschmückt. Die M. H. ist zwischen 1300 und 1340 in Zürich entstanden, kam um 1490 nach Heidelberg, vor 1657 nach Paris und wird seit 1888 in der Heidelberger Universitätsbibliothek aufbewahrt. Sie enthält u.a. »König Konradin auf der Falkenjagd« sowie ein Bild über die Hasenjagd (»Her Geltar«) und das humoristische Jagdbild »Her heinrich hetzbolt von wissense«: Ein mit einer Saufeder bewaffneter Jäger flieht vor einem Keiler auf einen Baum, während zwei weitere und beherzte Jäger mithilfe von drei Hunden den angreifenden Keiler zur Strecke bringen.
Mangelkatz, die: Salzburgischer Ausdruck für das ▸ Murmeltier.
Mangut, der: ▸ Marderhund.
Mankei, das: ▸ Murmeltier.
Mankeipassen, das: Gebirglerischer Ausdruck für den Ansitz am Murmeltierbau; ▸ Murmeltier.
Mankeipfiff, der: Der Warnlaut des ▸ Murmeltieres.
Mankel, das: ▸ Murmeltier.
Männchen, das: **1**) M. machen Hase, Kaninchen, Murmeltier, Marder und Wiesel, wenn sie sich auf die Keulen setzen und die Vorderläufe heben, um zu sichern oder sich zu putzen; ▸ Kegel. **2**) Bei allen Federwildarten werden die männlichen Tiere, wenn sie nicht Hahn, Erpel, Ganter, Terzel, Sprinz, Lanneret und Sakeret genannt werden, als M. bezeichnet.
Mannigfalt, der (Mannichfalt): Alter Ausdruck für den Blättermagen (Psalter) des wiederkäuenden ▸ Schalenwildes; ▸ Wiederkäuermagen.
Mannlicher, Ferdinand Ritter von (30.1.1848 Mainz bis 20.1.1904 Wien): M. konstruierte um 1870 ein Magazingewehr, das im österreichisch-ungarischen Heer eingeführt wurde. Großen Erfolg hatte M. mit dem M.-Schönauer-Stutzen.
Mannlicher-Schönauer-System, das: ▸ Schlosssystem.

Althabicht mantelt über geschlagenem Kaninchen.

Mannschärfe, die: ▸ scharf 1).
Mann, voller, der: Selten verwendeter Begriff für den Schrank; ▸ Hirschgerechte Zeichen.
Mantel, der: **1**) Das Rücken- und Flügeldeckgefieder aller Vögel; ▸ Deckfedern. **2**) Bei mehrfarbigen Hunden Bez. für die Hauptfarbe der Rumpfpartie. **3**) Geschossmantel; ▸ Büchsengeschosse, ▸ Randfeuerpatrone, ▸ Kurzwaffenmunition.
Mantelgeschoss, das: Ein ▸ Büchsengeschoss, bestehend aus einem Bleikern und einem Mantel (Umhüllung) aus Stahl, Tombak usw.; ▸ Randfeuerpatrone, ▸ Kurzwaffenmunition.
Mantelkrähe, die: ▸ Rabenvögel 3.
Mantelmöwe, die: ▸ Möwen 1.
manteln: Das Schützen der vom Greifvogel geschlagenen Beute mit den Schwingen. Der ▸ Beizvogel deckt die Beute mit ausgebreiteten Schwingen und gespreiztem ▸ Stoß gegen den ▸ Falkner ab. Ein mantelnder Beizvogel wendet dem Habichtler oder dem Falkner den Rücken zu, um ihm die Sicht auf die Beute zu nehmen.
Mantelweiß, das: Bez. für das Dachsweiß, das vor den Keulen liegt und als sog. Dachsfett oder Dachsschmalz verwendet wurde; ▸ Dachs.
Manti, das: ▸ Murmeltier.
Maral, der (Altaimaral, Kaukasusmaral): Eine im Kaukasus und im Iran vorkommende Hirschart. Der M. ist die nordosteuropäische Variante des Rothirsches.

Marc, Franz (8.2.1880 München bis 4.3.1916 vor Verdun): Maler, Grafiker und Mitbegründer der Künstlergemeinschaft »Blauer Reiter«. M. malte kubistische Landschafts- und Tierbilder, sein häufigstes Motiv ist das Rehwild. Sein Bild »Rote Rehe« aus dem Jahre 1912 z.B. besitzt die Bayerische Staatsgemäldesammlung. Weitere Bilder sind »Rehe in der Dämmerung« (1909), »Rehe im Schnee« (1911), »Blauschwarzer Fuchs« (1912), »Wildschweine« (1913) und »Füchse« (1913). M., einer der größten bayerischen Maler des 20. Jh., fiel im Ersten Weltkrieg vor Verdun. Das Franz-M.-Museum befindet sich in Kochel (Oberbayern).
Marcassin, das (Markasin, mundartlich Markassindl): Aus dem Französischen kommender und nicht mehr gebräuchlicher Ausdruck für einen ▸ Frischling vom Frischen (Geburt) bis zu einem Alter von etwa drei Monaten.
Marder, die: Familie der M. (*Mustelidae*) aus der ▸ Ordnung der Raubtiere (▸ *Carnivora*). Sie werden eingeteilt in echte M. (Baummarder, Steinmarder, ▸ Fischotter, ▸ Dachs) und Stinkmarder (▸ Iltis, Frettchen, Iltisfrettchen, ▸ Nerz, Mink, Hermelin, Mauswiesel). Die beiden nachstehend beschriebenen M.-Arten (Baummarder und Steinmarder) sind gekennzeichnet durch einen lang gestreckten Körper, einen vorne sich verschmälernden Kopf mit breiter Hirnschale und einen zugespitzten Fang. Die ▸ Gehöre sind kurz und fast dreieckig, die kurzen Läufe haben vorne und hin-

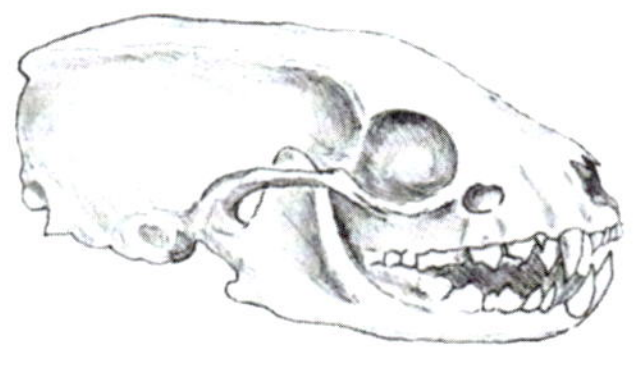

Marderschädel

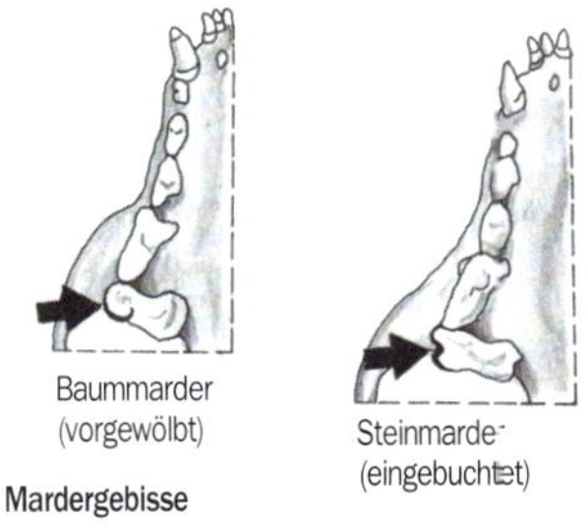

Mardergebisse

Der Baummarder meidet den Menschen und bevorzugt einsame, zusammenhängende Waldgebiete als Lebensraum.

ten jeweils fünf Zehen. Kreuzungen zwischen beiden Arten sind nicht bekannt. Der Pelz der M. ist sehr begehrt und wertvoll. Beide Arten sind jagdbar. Zahnformel:

$\frac{3\ 1\ 4\ 1}{3\ 1\ 4\ 2}$ = 38 Zähne

(▸ Zahnalterslehre).

Der letzte obere Backenzahn (M 1) ist das sicherste Unterscheidungsmerkmal von Baummarder und Steinmarder. Er hat beim Baummarder eine Ausbuchtung, beim Steinmarder eine Einbuchtung. Baummarder und Steinmarder können in Freiheit bis 12 Jahre, in Gefangenschaft bis 16 Jahre alt werden.

1. Baummarder, der (*Martes martes*, L.): Auch Edelmarder, Buchmarder, Holzmarder, Goldmarder, Tannenmarder, Lichtmarder, Birkenmarder, Waldmarder, Gelbkehlchen, Goldkehlchen, Goldhals.

Vorkommen: Der B. ist mehr oder weniger stark über ganz Europa verbreitet.

Aussehen: Der B. ist ein wenig länger, jedoch etwas leichter als der Steinmarder. Der ▸ Balg des B. hat am Rücken mittelbraunes bis dunkelbraunes Deckhaar mit gelblicher Unterwolle. Bauch und Innenseite der ▸ Branken sind heller braun, die Rute ist dunkelbraun. Ein schmaler, dunkelbrauner Streifen zieht sich unterhalb der Ohren hin. Die Kehle und der Unterhals sind blassgelb bis tiefgelb gefärbt (Kehlfleck); deshalb auch der Name Gelbkehlchen oder Goldkehlchen. Der nach unten abgerundete Kehlfleck ist wohl das markanteste Unterscheidungsmerkmal im Vergleich mit dem Steinmarder. Die Behaarung des B. ist dicht, weich und glänzend; sie besteht aus ziemlich langen, steifen Grannenhaaren und kurzem, feinem Wollhaar. Auf der Oberlippe stehen vier Reihen von Schnurren. Im Winter ist die allg. Färbung dunkler als im Sommer. Die Fähe ist etwas blasser gefärbt; bei Jungmardern sind Kehle und Unterhals heller. Die ▸ Seher sind braun und mehr in Fangnähe als beim Steinmarder.

Sinne und Lautäußerung: Die Marder haben ungemein scharf entwickelte Sinne. Der Locklaut zur ▸ Ranzzeit ist dem Fieplaut des Rehs sehr ähnlich. Bei Erregung keckert der B., und gelegentlich klingen seine Laute wie Katzengeschrei.

Lebensraum und Lebensweise: Als echtes Baumtier bewohnt er größere zusammenhängende Waldgebiete. Je einsamer und dichter sie sind, desto häufiger kommt er vor. Er klettert so meisterhaft, dass ihn hierin kein anderes Raubwild übertrifft. Sein Lager hat er in hohlen Bäumen, Eichhörnchenkobeln, Schwarzspechthöhlen, Rabennestern, Krähennestern, Ringeltaubennestern und Greifvogelhorsten. Hier ruht er gewöhnlich wäh-

Baummarder: Aussehen		
Körpermaße	Rüde	Fähe
KRL	38–50 cm	41–44 cm
SH	15 cm	15 cm
RL	20–26 cm	17,5–23 cm
Gewicht	1,0–1,9 kg	0,86–1,4 kg

Waidmännische Ausdrücke bei den Mardern (Baummarder)	
aufbaumen (aufholzen)	auf einen Baum klettern
Aufstieg	die Stelle, an der der M. hinaufklettert
abbaumen	von einem Baum herunterspringen
Abstieg (Absprung)	die Stelle, an der der M. herunterklettert
Fahne	s. u.: Rute
fortbaumen (fortholzen)	sich von Baum zu Baum fortbewegen
Rute oder Fahne	Schwanz
Die übrigen waidmännischen Ausdrücke sind dieselben wie beim ▸ Fuchs.	

◂◂ Der Kulturfolger Steinmarder lebt gern in der Nähe menschlicher Siedlungen und ist auch schon in die Städte vorgedrungen.

rend des Tages. Er jagt zwar auch am hellen Tage, geht aber am liebsten vor Sonnenuntergang auf Raub aus. In seinem großen Jagdrevier, in dem er mehrere Unterschlupfe hat, jagt er, von Baum zu Baum holzend, in den Wipfeln der Bäume. Bestimmte Teile seines Reviers bejagt er in regelmäßigen Abständen von einigen Tagen und benutzt dabei stets die gleichen Pässe. Mit Ausnahme der Ranzzeit leben ▸ Rüde und ▸ Fähe getrennt. Der B. ist ein typischer Einzelgänger, sehr menschenscheu und meidet daher – im Ggs. zum Steinmarder – bewohnte Gebiete.

Fraß und Fraßspuren: Der B. nimmt, was er zwingen kann: Hasen, Kaninchen, Eichhörnchen, sämtliches Flugwild, alle Vögel und besonders gerne deren Gelege, Mäuse und Ratten. Daneben nimmt er auch Obst (Pflaumen, Kirschen) und Beeren (z.B. Heidelbeeren, Himbeeren) sowie Fallwild. Dringt er in einen Geflügelstall ein, richtet er dort – wie der Steinmarder – oft ein »Blutbad« an (▸ Beutefang-Auslöser, ▸ Blutrausch). Der B. tötet seine Beute durch einen Biss in den Nacken (▸ Nackenbiss), kleinere Beute durch einen Biss direkt in den Kopf. Da er das Gehirn besonders schätzt, fehlt bei einem ▸ Riss des B. dem Beutetier häufig der Kopf, den er wie mit einem glatten Schnitt abtrennt und an einem ruhigen Ort verzehrt. Plündert er ein Gelege, so trägt er im Fang meist ein Ei nach dem anderen an einen ruhigen Ort, um die Eier dort auszulecken. B. beißen i.d.R. quer in das Ei längliche, fast rechteckige Löcher. Gelegentlich vergraben oder verstecken sie die Eier auch, um sie erst später zu verzehren.

Fortpflanzung: Die Ranzzeit der B. ist im Juli/August. In dieser Zeit jagt sich das Paar laut kreischend und fauchend in den Bäumen. Die Tragzeit dauert (einschließlich ▸ Vortragezeit) etwa neun Monate. Im März oder Anfang April bringt die Fähe i.d.R. drei oder vier Junge. Die Marderjungen sind hellgrau behaart, bei der Geburt etwa 30 g schwer und ca. fünf Wochen blind. Sie werden mindestens sechs (bis acht) Wochen gesäugt. Mit etwa acht Wochen verlassen sie das erste Mal ihr Versteck. Die Fähe zieht ihr ▸ Geheck in einem mit Moos oder Heu ausgepolsterten Versteck groß. Wird sie gestört oder fühlt sie sich nicht mehr sicher, trägt sie – ähnlich wie die Fuchsfähe – ihre Jungen, jedes am Nacken tragend (▸ Nackengriff, ▸ Tragstarre), in einen anderen Unterschlupf. Die Rüden beteiligen sich nicht an der Aufzucht. Das Geheck bleibt bis in den Winter hinein zusammen. Die Jungmarder sind erst mit zwei Jahren fortpflanzungsfähig.

Losung: B.-Losung ist wurstförmig, dunkelgraubraun bis schwarz, etwa 6 bis 10 cm lang und etwa 1 cm bis 1,5 cm dick und riecht nach Moschus. Dieser Geruch wird von den ▸ Duftdrüsen am ▸ Weidloch abgesondert. Durch Drücken des Hinterteils auf den Boden, an Steine oder an Bäume setzt der B. seine Duftmarken entlang seines Passes an bestimmten Stellen ab (▸ Markier[ungs]verhalten). B.-Losung enthält fast immer Haare, Federn oder auch Knochenteile, im Herbst auch Beerenreste, Schlehenkerne, Kirschkerne und Pflaumenkerne. Der B. setzt sie mit Vorliebe auf seinen Pirschsteigen (Pass) und auch auf Erhöhungen (z.B. auf Steinen, Baumstümpfen, liegenden Baumstämmen usw.) ab.

Spur: Die Brantenunterseite des B. ist lang und dicht behaart (die des Steinmarders jedoch kaum; kein sicheres Unterscheidungsmerkmal), sodass die Ballen stets verwischt abgedrückt werden. Im Schnee ist die Spur sehr undeutlich. Am besten kann sie anhand der Spurstellung angesprochen werden. Marder bewegen sich meist hüpfend vorwärts. Da der Marder mit den Hinterbranten genau in die Trittsiegel der Vorderbranten springt, entsteht der sog. Paartritt. Die beiden Tritte stehen meist etwas schräg nebeneinander. In einer Reihe von Paartritten kommt gelegentlich auch ein Dreitritt vor. Dabei hat der Marder eine Hinterbrante so neben das Trittsiegel der Vorderbrante gesetzt, dass drei Trittsiegel entstehen. Der Abstand von Paartritt zu Paartritt beträgt zwischen 50 und 90 cm. Schreitender und schleichender Marder (selten) hinterlassen ein sehr verschiedenartiges Spurenbild. Ein hoch flüchtiger Marder setzt die Hinterbranten vor die voreinandergestellten Vorderbranten (Spurstellung wie der Hase, sog. Hasentritt). Das einzelne Trittsiegel der B.-Vorderbrante ist auf einigermaßen festem Boden etwa 3,5 cm lang und etwa 3,2 cm breit, das Trittsiegel der B.-Hinterbrante etwa 4 cm lang und 3 cm breit. Die Brantenabdrücke des Steinmarders hingegen sind auf jeder Seite etwa 4 bis 5 mm größer. Der B. ▸ nagelt im Ggs. zum Steinmarder nicht.

Jagdarten: Die üblichen Jagdarten sind der Fang mit ▸ Fallen, das Ausneuen oder Auspochen sowie die ▸ Lockjagd mit der Hasenquäke und der Mauspfeife.

Fang mit Fallen: Der Schlagbaum, die Kastenfalle oder die Totschlagfalle wird an einem geschützten Ort im Wald am B.-Pass angelegt. Als Köder bedient sich der Jäger einer Taube bzw. eines Eichelhähers oder er nimmt hierzu das ▸ Gescheide von Hasen und Kaninchen.

Ausneuen und Auspochen: Große Geschicklichkeit, aber auch viel Erfahrung erfordert das Ausgehen einer B.-Spur im Neuschnee, um den B. in seinem Tagesversteck aufzuspüren. Voraussetzung für das Ausneuen ist, dass der letzte Schneefall erst einige Stunden zurückliegt. Man folgt dabei der B.-Spur im Schnee; ist der B. aufgebaumt und von Baum zu Baum fortgeholzt, muss aufmerksam auf vom Astwerk heruntergefallenen Schnee und eventuell auf kleine Flechten- und Rindenstückchen auf der Schneedecke geachtet werden. Bevor der B. aufbaumt, nässt er zudem oft in den Schnee. Führt die Spur ins Dickicht, wird sie sich wohl in den meisten Fällen verlieren und ist nicht mehr zu halten. Ein sicheres Zeichen, dass man sich in der Nähe des Tagesversteckes befindet, ist die frisch abgesetzte Losung oder eine frische Nässstelle. Steckt der B. in einem Greifvogelhorst, in einem Eichhörnchenkobel oder in einem Krähennest, kann er von unten hinauf mit Schrot beschossen werden. I.d.R. fällt der getroffene B. aus dem Horst oder dem Nest und erspart dem Jäger die u.U. mühevolle Kletterei. Wesentlich schwieriger ist es, den B. zu erlegen, wenn er sich in einem

Steinmarder: Aussehen

Körpermaße	Rüde	Fähe
KRL	41–55 cm	38–53 cm
SH	12 cm	12 cm
RL	20–28 cm	20–26 cm
Gewicht	1,2–2,2 kg	1,1–1,7 kg

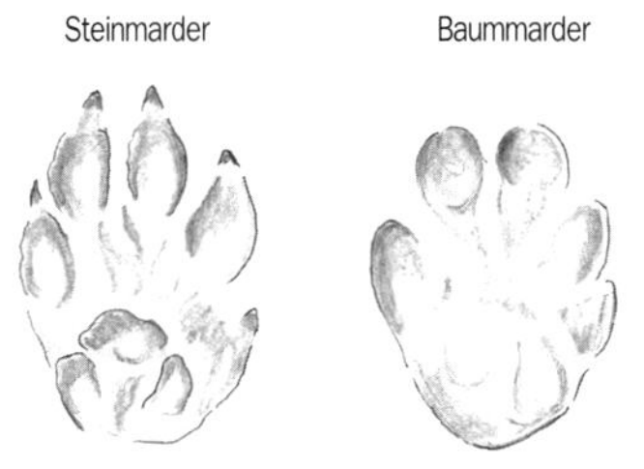

Brantenabdruck

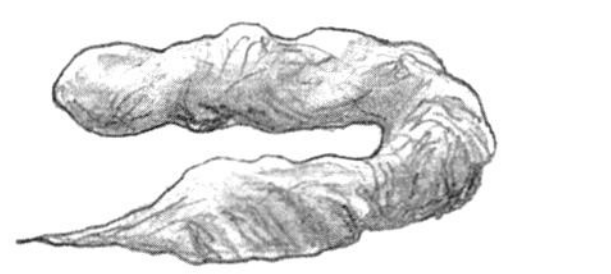

Marderlosung

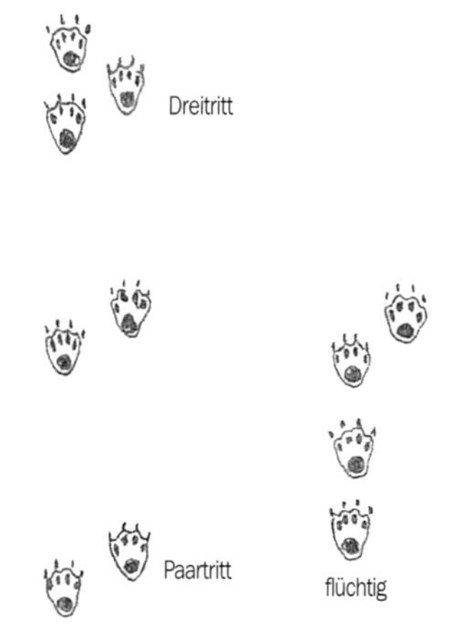

Marderspur (Steinmarder)

hohlen Baum versteckt hat. Man pocht hierbei leicht an den Baum und wartet, bis der beunruhigte B. springt. Je leiser man hierbei zu Werke geht, desto größer ist die Chance, dass er den Baum verlässt. Es wird behauptet, dass ein aufgebaumter B. mit einem ▸ Gespenst (einem zurückgelassenen Tuch, einer Jacke oder Ähnlichem) am Weiterholzen gehindert werden kann. Sicher ist, dass ein B., wenn er auf einem frei stehenden Baum fest ist und man unten ein sog. Gespenst aufhängt, sich nicht abzubaumen wagt und ein unbewaffneter Jäger sich entfernen und eine geeignete Waffe besorgen kann.

2. Steinmarder, der (*Martes foina*, Erxleben): Auch Hausmarder, Dachmarder, Pelzmärtel, Weißkehlchen.

Vorkommen: Der S., ein Kulturfolger, kommt in fast ganz Europa vor und fehlt lediglich auf den Inseln Elba, Korsika und Sizilien sowie auf den Britischen Inseln. In Skandinavien ist er sehr selten anzutreffen.

Aussehen: Im Vergleich zum Baummarder sind seine Läufe kürzer; trotz des kürzeren Gesichtes hat er einen längeren Kopf; er hat einen kürzeren Pelz, und seine ▸ Seher befinden sich mehr in Gehörnähe als beim Baummarder. Die Nase ist fast immer graurötlich bis fleischfarben. Der ▸ Balg ist mittelbraun bis dunkelbraun mit weißer Unterwolle. Der S. hat einen großen, unten meist gegabelten weißen Kehlfleck (Weißkehlchen), der bis auf die Vorderläufe reichen kann. Es sind auch Stücke mit rötlich gelbem Fleck bekannt. Das Deckhaar ist nicht so dicht wie das des Baummarders, sodass die Unterwolle leicht durchschimmert. Die Gehörränder sind mit kurzen, weißlichen Haaren besetzt. Die Seher sind tiefschwarz.

Sinne und Lautäußerung: Der S. hat scharf entwickelte Sinne; besonders ausgeprägt sind der Gesichtssinn und der Geruchssinn. Der Locklaut zur ▸ Ranzzeit ist dem Fieplaut des Rehs sehr ähnlich.

Lebensraum und Lebensweise: Der S. lebt gern in der Nähe von menschlichen Siedlungen, und nicht selten sind Dörfer und Städte geradezu sein Lieblingsaufenthalt. Einsam stehende Scheunen, Ställe, Gartenhäuser, altes Gemäuer, Steinhaufen und größere Holzstöße in der Nähe von Dörfern werden von ihm regelmäßig bewohnt. Lebensweise und Sitten des S. stimmen vielfach mit denen des Baummarders überein. Er jagt i.d.R. nur zur Nachtzeit und richtet in Hühnerställen und in Taubenschlägen oft erheblichen Schaden an (▸ Beutefang-Auslöser). Er hält auf Streifzügen immer seinen bestimmten Pass (Weg) ein, benutzt beim Auf- und beim Absprung immer denselben Ast oder Mauervorsprung (Spuren) und hat in seinem Jagdrevier mehrere Unterschlupfe. Im Wald ist sein Versteck fast immer der hohle Baum. Der S. der Alpenregion steigt während der Sommermonate bis in Höhen von über 2000 m hinauf, zieht sich aber im Winter in die tieferen Gegenden zurück.

Fraß und Fraßspuren: Seine Nahrung ist dieselbe wie die des Baummarders. Da er mehr in menschlicher Nähe lebt, ist der Anteil an Hühnern, Tauben und Eiern jedoch ungleich höher. Auf seinen Streifzügen nimmt er, was er zwingen kann. Auch an Obst und Beeren findet er Gefallen. Seine Hauptbeutetiere sind jedoch Ratten und Mäuse. Die Fraßspuren sind dieselben wie die des Baummarders.

Fortpflanzung: wie beim Baummarder.

Losung: Die ▸ Losung ist wie die des Baummarders. Statt des Moschusgeruchs haftet ihr jedoch ein unangenehmer Geruch an.

Spur: Die Spur des S. ist wie die des Baummarders; manchmal sind jedoch die Ballen deutlicher abgedrückt, da die Brantenunterseite kaum behaart ist. Der S. ▸ nagelt, der Baummarder dagegen nicht.

Jagdarten: Fang mit ▸ Fallen, Austrommeln, ▸ Ansitz am Pass, Herrichten einer ▸ Marderburg. Sämtliche Jagdarten sind für beide Marderarten geeignet. Bei der Wahl der Jagdart kommt es weniger auf den Marder an, sondern auf den Ort, an dem er erlegt werden soll.

Fang mit Kasten-, Totschlag-, Prügelfalle oder dem Marderabzugseisen: Kennt man den Pass des S. oder seinen Unterschlupf, werden die Fallen dort aufgestellt. Der beste Köder für ihn ist das Ei. Es ist für ihn ein Leckerbissen und bietet einigermaßen Gewähr, dass keine Katze in die Falle geht. Im Ggs. zum Baummarderfang werden die Totschlagfallen nicht in Mannshöhe, sondern zu ebener Erde errichtet.

Ausneuen und Austrommeln: Hat man u.a. durch Ausneuen festgestellt, dass der S. sich in seinem Unterschlupf (Scheune, Heuboden o.Ä.) befindet, kann man ihn durch scharfe Hunde zum Springen bringen oder auch austrommeln. Bei Letzterem ist darauf zu achten, dass die Schützen freies Schussfeld haben und in guter Deckung stehen, um vom S. nicht eräugt zu werden, dass sämtliche Fluchtwege von den Schützen eingesehen werden können und dass die Personen, welche ihn austrommeln, so lautlos wie möglich Aufstellung nehmen und dann plötzlich mit Blechtöpfen, Trommeln oder Klappern einen Höllenlärm veranstalten. Der so erschreckte S. ergreift i. Allg. kopflos die Flucht. Steckt er hingegen nur in einem Reisig-, Holz- oder Steinhaufen, wird dieser so lange umgeschichtet, bis der S. springt.

Ansitz: Da auch der S. sehr genau seinen Pass einhält und sich gerne in der Nähe von Siedlungen aufhält, ist auch der Ansitz in mondhellen Nächten am Pass lohnend.

Marderbunker, der: ▸ Fangbunker, speziell für den Fang von ▸ Mardern.

Marderburg, die: An bekannten Marderpässen aus Steinen, Holzstapeln u.a. errichteter, mit Reisig oder Strohballen oberseits gut abgedeckter Unterschlupf für den Steinmarder (▸ Marder 2.). Die Unterseite wird meist mit Stroh ausgelegt und mit etwas Getreide für die Mäuse versehen. Der Steinmarder wählt solche M. gerne als Tagesunterschlupf. Im Winter kann ein vorhandener Marder leicht vom Hund (Teckel oder Terrier) gesprengt oder vom Jäger ausgeklopft werden; ▸ Mäuseburg.

Mardereiche, die: Bez. für eine alte Eiche, die im Kronenbereich viele größere Astlöcher und andere Höhlungen aufweist. Eichen dieser Art benutzt der Baummarder (▸ Marder 1.) gern als ▸ Schlafbaum.

Marderhund, der (*Nyctereutes procyonoides*): Auch Enok, Mangut, Ussurischer Waschbär, Japanischer Fuchs oder Seefuchs. Der M. ist ein Raubtier (▸ *Carnivora*), zählt zur Familie der hundeartigen Raubtiere (▸ *Canidae*) und zur Unterfamilie der echten Hunde (Schleichkatzhund). Er wird etwa sechs bis acht Jahre alt. Seine Heimat ist Ostasien (China, Korea, Japan). In den östlichen Ländern wird er wegen seines wertvollen Balges (Seefuchs) gezüchtet. Er breitet sich zunehmend über Polen, Ungarn, die Slowakei und Tschechien nach Westen aus. In Deutschland ist er noch sehr selten und auch unerwünscht, verbreitet

Marderhund: Aussehen	
Körpermaße	Männchen
KRL	60–80 cm
SH	20–30 cm
RL	15–18 cm
Gewicht	5–9 kg

◂◂ Das Verbreitungsgebiet des Marderhundes dehnt sich von Osteuropa ausgehend immer weiter nach Westen aus.

sich aber in Mecklenburg-Vorpommern bereits explosionsartig (Jagdstrecke 1984/85 = 0 Stück, 1998/99 = 1604 Stück, 2001/02 = 6877 Stück). Im Frankfurter Zoo züchtete man bereits im Jahre 1898 M.
Aussehen: Er ist dem ▸ Waschbären ähnlich, wird häufig mit diesem verwechselt, hat einen hundeartigen Kopf und kurze Läufe. Der ▸ Balg ist dunkelbraun bis dunkelgraubraun mit dichter Unterwolle. Über die Schulter und zu den Vorderläufen zieht sich ein dunkles Band. Die Rute hat im Ggs. zu jener des Waschbären keine Bänderung. Das dunkle Gesicht ist oben und unten hell umrandet.
Sinne: Die Sinne des dämmerungs- und ▸ nachtaktiven Tieres sind ganz auf die Dunkelheit eingestellt, jedoch nicht so fein ausgeprägt wie beim Fuchs.
Stimme: An Lautäußerungen hört man vom M. außer einer Art leisen Miauens ein Knurren, auf das oft ein lang gezogenes Winseln folgt. M. können nicht bellen.
Lebensraum und Lebensweise: Der M. ist ein Waldbewohner und schätzt die Nähe von Gewässern. Er wohnt in Höhlen, in denen er den Tag verschläft; nachts wird er rege und geht auf Nahrungssuche. Er lebt in größeren Familien (kleinen Rudeln). Als einziger Vertreter aus der Familie der hundeartigen Raubtiere hält er bei Frost Winterruhe, jedoch keinen echten Winterschlaf (▸ Überwinterung).
Ernährung: Der M. ist ein anpassungsfähiger ▸ Allesfresser; zu seiner Nahrung zählen Obst, Beeren, Mäuse, Vögel, Eier (Gelege von Bodenbrütern), Hasen, Wasservögel, anderes Jung- und Niederwild, auch Frösche und Fische. In Niederwildrevieren und in der Fischerei (er taucht vorzüglich) kann er großen Schaden anrichten.
Fortpflanzung: Im Februar oder März beginnt die ▸ Ranzzeit. Die Tragzeit beträgt 60 bis 64 Tage. Die fünf bis acht (gelegentlich auch neun bis zwölf oder mehr) Jungen kommen fast schwarz und blind zur Welt. Sie bleiben etwa zehn Tage blind. Sobald die Jungen festen Fraß zu sich nehmen, trägt der ▸ Rüde dem ▸ Geheck Beute zu. Die Jungen wachsen schnell heran und sind nach sechs Monaten bereits ausgewachsen und mit etwa zehn Monaten (bei der nächsten Ranz) fortpflanzungsfähig. Das Geheck bleibt bis zum Ende des Winters zusammen.
Spur: Die Spur des M. ist der eines entsprechend großen Hundes sehr ähnlich. Er spreizt die Zehen sehr stark, die Zehenballen mit Krallen (Nägeln) sind abgedrückt. Die Spuren liegen nie in einer Reihe, da er schränkt. Die Vorderfußspur ist etwa 4 bis 5 cm lang und 5 bis 6 cm breit, die Hinterfußspur ist etwas geringer.
Jagd: Soweit er in den einzelnen Bundesländern dem Jagdrecht unterstellt wurde (▸ jagdbare Tiere), ist er ganzjährig jagdbar, ausgenommen notwendige Elterntiere (§22 Abs. 4 BJG; ▸ Jagdzeiten). Da er keine natürlichen Feinde hat, ist er intensiv zu bejagen. Bejagt wird er mit grobem Schrot und mit der ▸ Falle. Da er v.a. nachts aktiv ist, ist der Fallenfang (Abzugseisen, Knüppelfalle und Kastenfalle) die Erfolg versprechendste Jagdart. Auch der ▸ Ansitz an der Tränke kann lohnend sein. Zahnformel:

$$\frac{3}{3}\,\frac{1}{1}\,\frac{4}{4}\,\frac{2}{3} = 42 \text{ Zähne}$$

(▸ Zahnalterslehre).

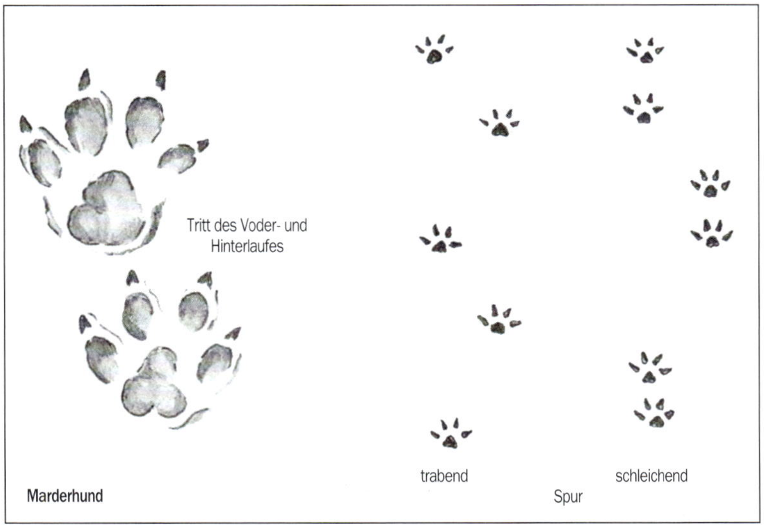

Marderhund

Marderjagd, die: ▸ Marder.
Marderschlagbaum, der (Schlagbaum): Eine Totschlagfalle; ▸ Fallen 11.
Marées, George(s) de(s): ▸ Desmarées.
Marées, Hans von (24.12.1837 Elberfeld bis 5.6.1887 Rom): Maler. M. verlebte seine Jugend in Koblenz, ging 1853 nach Berlin und nahm von 1856 bis 1864 seinen Wohnsitz in München, ging dann nach Italien und kehrte 1870 nach Deutschland zurück (Berlin und Dresden). 1873 ging M. wieder nach Italien (Florenz, später Rom). In Neapel schuf er die Fresken in der Deutschen Zoologischen Station. In den Jahren 1863 und 1870 malte er zweimal das »Bad der Diana« in Öl auf Leinwand.
Maresch, Johann Anton (1719 bis 1794): M. gilt als Erfinder der russischen ▸ Jagdmusik. Er stammte aus Böhmen. Eine Lebensbeschreibung des M. enthält die Schrift »Entstehung, Fortgang und jetzige Beschaffenheit der russischen Jagdmusik. St. Petersburg« (1796) von J. Ch. Hinrichs.
Markasin, das (Markassindl): ▸ Marcassin.
markieren: **1**) Der Hund markiert, wenn er durch gespannte Körperhaltung anzeigt, dass er Wittrung von Wild bekommen hat. **2**) ▸ Markier(ungs)verhalten. **3**) Der Uhu auf der Jule (bei der ▸ Hüttenjagd) markiert oder zeichnet jeden anstreichenden Vogel durch auffällige Bewegungen.
Markieren von Wild, das: Kennzeichnen von Wild mit ▸ Wildmarken; z.B. Kälber und Kitze

▸▸ Der Mastiff kam vermutlich mit den Römern nach England.

mit Ohrmarken, Vögel mit Ringen oder mit Flügelmarken (▸ Vogelberingung), Anbringen von Sendern beim Flugwild (an den Stoßfedern) und bei Wildtieren (z.B. an einem Halsband) für wissenschaftliche Zwecke. Damit können u.a. Wanderbewegungen, Standorttreue (Territorialverhalten), Tagesaktivitäten und Altersbestimmungen in freier Wildbahn erforscht werden.

Markierleiste, die: ▸ Leiste.

Markier(ungs)verhalten, das: Ein artspezifisches Verhalten bestimmter Wildarten zur Kennzeichnung und Abgrenzung ihres Reviers (Territorium, Einstandsgebiet), z.B. beim Rehbock (▸ Rehwild) durch Absetzen von Duftstoffen, beim ▸ Fuchs durch Absetzen der Losung (v.a. an erhöhten Stellen wie Baumstümpfen, größeren Steinen usw.) sowie durch Absetzen von Duftstoffen aus der ▸ Viole an Baueinfahrten. Auch das marderartige ▸ Haarraubwild setzt Duftmarken aus der ▸ Analdrüse (▸ Duftdrüsen) ab. Bei einigen Wildarten dient das Markieren auch zur Kennzeichnung von Artgenossen, insbesondere der Jungtiere und der Geschlechtspartner; z.B. das ▸ Harnspritzen der ▸ Hunde. Neben dem Absetzen von Duftstoffen kommen auch optische Markierungen vor, z.B. das ▸ Plätzen und das ▸ Schlagen des Rehbockes.

Märkischer Strauß, der: Lokale Bez. (Brandenburg) für den Großtrappenhahn (▸ Trappen 1.) in der Phase der Hochbalz.

Markolf, der: ▸ Rabenvögel 8. und 9.

Markstammkohl, der: ▸ Wildäsungspflanzen, ▸ Kohl.

Markward, der (Markwart): ▸ Rabenvögel 9.

Markward (Markwart), schwarzer, der: ▸ Rabenvögel 10.

Marlin: Die 1870 in North Haven, Connecticut/USA, gegründete Firma zählt zu den berühmtesten Herstellern klassischer »Westernwaffen«. Bereits 1871 hatte M. großen Erfolg mit seinem Unterhebelrepetierer im Kaliber .45 bis 70 Government, da vorher diese Patrone nur aus Einzelladern verschossen werden konnte. Heute ist M. v.a. durch die Lever-action-Büchsen, die von vielen Jägern in aller Welt geführt werden, bekannt.

Marmota, das: Schweizerischer Ausdruck für ▸ Murmeltier.

Marmotte, das: Im französischen Sprachraum Bezeichnung für das ▸ Murmeltier.

Marpmann, Hans: ▸ Jagdliteratur.

Martin, St.: ▸ Schutzpatrone.

Martinsvogel, der: ▸ Weihen 2.

Märzente, die: ▸ Wildenten 1.

Märzgans, die: ▸ Wildgänse 1.

Märzhase, der: Bez. für einen im März gesetzten Junghasen; ▸ Hasen.

Masche, die: **1**) Die Masche beim Stricken von ▸ Garnen und ▸ Netzen. **2**) Seltener Ausdruck für Schlinge bzw. Dohne (▸ Dohnen).

Mäschen, das: **1**) Alter bayerischer Ausdruck für das Fangen in ▸ Schlingen. **2**) Beim ▸ Vogelfang: das Versehen des Bogens mit Mäschern (Schlingen).

Maschente, die: Nach J.G. Lentner, »Taschenbüchlein der Jägersprache« (1833), die gemeine wilde Ente.

Mäschestisser, der: Siebenbürgisch-sächsischer Ausdruck für ▸ Sperber.

Maschinenpflanzung, die: ▸ Pflanzverfahren.

Maserholz, das: Ein v.a. von Laubbäumen stammendes Holz, das durch Verkrümmung der Jahresringe in Stamm- und Wurzelholz entsteht. Der Anschnitt liefert schönes, interessantes und auch wertvolles M., das hauptsächlich für Schäfte (▸ Schäftung) Verwendung findet.

Maske, die: Bez. für einen anders als der übrige Körper gefärbten (meist dunkleren) Gesichtsteil (v.a. bei manchen Hunderassen), der sich deutlich abhebt. Eine typische Gesichts-M. haben auch das ▸ Gamswild (▸ Zügel), der ▸ Waschbär, der ▸ Marderhund, der ▸ Dachs und der ▸ Iltis. Beim Rehbock (▸ Rehwild) ist die auftretende M. (graue M.) ein typisches Altersmerkmal.

Masse, die: Ein ▸ Geweih oder ein Gehörn hat M., wenn es starke Stangen hat.

Massensiedlungseffekt, der: Eine Regulation der ▸ Population bei beginnender Überbevölkerung. Bei vielen Tierarten tritt eine verminderte Fruchtbarkeit ein. Die Regulation kann dabei direkt – durch Auffressen der eigenen Brut (z.B. bei Insekten) – oder indirekt durch Stresssituationen wegen Überbevölkerung auftreten (bei Säugetieren; z.B. Feldmaus); ▸ Populationsdichte.

Massenwechsel, der (Fluktuation): Die natürliche Ab- und Zunahme der Populationsdichte (▸ Population) einer Art, die entweder jahreszeitlich oder im Abstand von mehreren Jahren erfolgt. M. kommt hauptsächlich bei Schädlingen und bei ▸ Parasiten vor und wird durch eine unterschiedliche Zahl von inneren und äußeren Bedingungen verursacht, z.B. durch Nahrungsmangel, Konkurrenz oder Klima.

Maßholder, der: ▸ Ahorne 2.

Mast, der: Baltischer Ausdruck (in den russischen Ostseeprovinzen) für ▸ Treiben.

Mast, die (Eckerich): In allg. Bedeutung die Früchte der Buchen, der Eichen und der Kastanien. Zur M. zählen aber auch die Früchte der Wildobstbäume. In der Waidmannssprache ist diese M. die Bez. für den Fraß des ▸ Schwarzwildes und des ▸ Dachses sowie für die ▸ Äsung der Hirscharten und gleichbedeutend mit Ober-M. oder Boden-M. Als Brut-M., Unter-M. oder Erd-M. ist hingegen der Fraß des Schwarzwildes und des Dachses zu verstehen, der sich in der Erde befindet und den sie aus der Erde brechen oder stechen. Hierzu zählen insbesondere Wurzeln, Insektenlarven, Käfer, Würmer, Mäusenester usw.; ▸ Mastjahr.

Mastbaum, der: Ein masttragender Baum (Obstbaum, Eiche, Buche, Kastanie usw.); ▸ Mast.

Mastiff, der: Englischer Jagdhund, dessen Vorfahren die alten, schon in den Hochkulturen des Vorderen Orients bekannten ▸ Molosser waren. Der M. dürfte wohl auf römischen Schiffen nach England gekommen sein. Es existieren verschiedene Arten, z.B. der Mastino Napolitano, der Pyrenäen-M. oder M. d'Aragon, der M. d'Español, der Mastin de Estremadura, der Mastin de la Mancha, der Mastin de León und der Fila Brasileiro. Ein M.-Rüde erreicht eine Schulterhöhe von bis zu 80 cm, ist aber nicht so schwer gebaut wie seine Verwandten, die Bull-M. Die spanischen M. sind große Herrenschutzhunde in Nordspanien und Portugal. Die spanischen M.-Arten sind sehr kraftvoll und schützen heute noch Rinder- und Schafherden in den spanischen Bergen. Ihre Schulterhöhe liegt bei 75 cm.

Mastin de, der: ▸ Mastiff

Mastino Napolitano, der: ▸ Mastiff, ▸ Molosser.

Mastjahr, das: Periodisch in Eichenwäldern und in Buchenwäldern eintretende Samenjahre. Ein M. bringt Vollmast und ist bei Eichen etwa jedes dritte und bei Buchen etwa jedes fünfte Jahr. In Jahren, in denen Eichen und Buchen weniger Samen tragen, gibt es Halbmast. Bei der Sprengmast tragen nur einzelne Bäume (Randbäume, Überhälter) ▸ Mast.

Mastzeit, die: Die Zeit, in welcher die ▸ Mast fällt.

Matchabzug, der: Abzugsmechanismus bei ▸ Matchbüchsen. Durch das einstellbare Abzugsgewicht (auch: einstellbarer Vorweg) kann dieser Abzug auch als feinstehender Flinten-(Direkt-)Abzug (▸ Abzugsvorrichtung) verwendet werden, der dem Stecherabzug deutlich überlegen ist. Der M. ist heute bei Sportwaffen die Regel.

Matchbüchsen, die: Wettkampfwaffen (Sportwaffen) mit Einzelladersystem, z.B. in den Kalibern .308 Winchester und .338 Lapua Magnum.

Matjasch, der: svw. Mathias, siebenbürgisch-sächsischer Ausdruck für Tannenhäher; ▸ Rabenvögel 10.

matt: Ein Schuss, der trotz genügender ▸ Ladung nicht genügend Durchschlagskraft besitzt, ist m.; kommt bei den heutigen ▸ Büchsenpatronen selten vor.

Mattkrilis, der: ▸ Schnepfenvögel 13.

Maudelfedern, die: ▸ Bart 6).

Mauerfalke, der: ▸ Falken 2.

Maulgrind, der: ▸ Lippengrind.

Maulsperre, die: ▸ Kampfspiele.

Maul- und Klauenseuche, die (MKS, Aphthenseuche): Eine ▸ Infektionskrankheit, die durch Viren hervorgerufen wird und i.d.R. bei Haustieren, in freier Wildbahn aber verhältnismäßig selten vorkommt. Das MKS-Virus ist hitzelabil und kältestabil. Im Kot überlebt es bei tiefen Temperaturen bis zu sechs Monate, in Gefrierfleisch und in Pökelfleisch bleibt es monatelang infektiös. An MKS kann alles ▸ Schalenwild, in seltenen Fällen auch Hund, Katze und der Mensch (▸ Zoonose) erkranken. Die Infektion erfolgt vorwiegend durch Berührung mit der verseuchten Äsung von erkranktem Weidevieh oder durch Zwischenträger wie z.B. Wildkaninchen, Hamster, Krähen, Stare, Möwen usw. Die ▸ Inkubationszeit beträgt zwei bis zwölf Tage. Bei den infizierten Tieren bilden sich Blasen und Geschwüre um die ▸ Schalen, am ▸ Äser bzw. am ▸ Wurf, in der Mundhöhle, am Zahnfleisch, an den Lippen und am Zungenrand bzw. am Leckerrand, wodurch es zu erhöhter Speichelbildung und erhöhtem -fluss kommt. Das Allgemeinbefinden ist gestört, die Körpertemperatur steigt an (Fieber). An den Schalen verursachen die Blasen und Geschwüre Lahmheit, die Fortbewegung bereitet große Schmerzen. In seltenen Fällen (besonders bei Schweinen) lockert sich das Schalenhorn oder wird sogar abgestoßen; sogenanntes Ausschuhen (Loslösen des Klauenhorns vom Klauenbein). Nach etwa zwei Tagen Krankheit breitet sich das Virus über die Blutbahn auf den gesamten Organismus aus, und es kommt zu weiterer Blasen- und Geschwürbildung am Kronensaum und im Zwischenschalenspalt. Die Blasen, die mit heller Flüssigkeit gefüllt sind und das Virus enthalten, brechen nach wenigen Tagen auf und hinterlassen rote, schmerzhafte, hautlose Stellen, die langsam abheilen. Beim Wild verläuft die MKS meist gutartig und führt selten zu Todesfällen.

Bekämpfung: Abschuss und unschädliche Beseitigung allen kranken Wildes. Das ▸ Wildbret ist genussuntauglich. Die Krankheit gehört zu den anzeigepflichtigen Tierseuchen (▸ Anzeigepflicht).

Mausaar, der (Mäuseaar): ▸ Bussarde 1.

Mäuse, die: Artenreiche Familie (*Muridae*) mit den Unterfamilien Echte M. oder Langschwanz-M. (*Murinae*) und Wühl-M. oder Kurzschwanz-M. (*Microtinae*). Alle M. haben zahlreiche Fressfeinde, v.a. ▸ Haarraubwild, ▸ Eulen und ▸ Greifvögel. Die M. sind die Hauptzwischenwirte vieler Bandwurmarten (Echinokokken), z.B. des ▸ Fuchsbandwurmes.

I. *Echte M.*: Kleinsäuger mit körperlangem, dünnem Schwanz, langen Ohren und großen Augen. Sie ernähren sich v.a. von Beeren, Sämereien und Knospen und verursachen kaum oder nur geringe Nageschäden an Forstkulturen. Die wichtigsten Arten sind:

1. Waldmaus (*Sylvaemus sylvaticus*): Lebt in Wäldern aller Art sowie im dichten Gebüsch, springt und klettert gut. Sie ist dämmerungs- und nachtaktiv und wichtigstes Beutetier von Fuchs und Eule. Die W. überwintert häufig in Gebäuden.

2. Gelbhalsmaus (*Apodemus flavicollis*): Die G. lebt in Wäldern und im Kulturland. Auffallend durch ihr gelbes Halsband oder durch einen ausgedehnten gelben Kehlfleck; unterseits weiß, oberseits bräunlich. Sie klettert sehr gut.

3. Brandmaus (*Apodemus agravius*): Seltene und geschützte Maus. Sie lebt in lichten Wäldern, auf Äckern und auf Wiesen und ist tag- und nachtaktiv. Gut an dem deutlichen schwarzen ▸ Aalstrich über dem Rücken erkennbar.

4. Zwergmaus (*Micromys minutus*): Die Z. lebt an Waldrändern und in Getreidefeldern und ist wie die Brandmaus geschützt. Sie errichtet Kugelnester an Grashalmen im Gestrüpp oder im Gebüsch und überwintert meist im Boden.

II. *Wühl-M.*: Kleinsäuger mit kurzem Schwanz (höchstens 60% der Kopf-Rumpf-Länge). Kopf und Körper sind gedrungen, die Augen klein, die Ohren kurz. Bei massenhaftem Auftreten können die W. große Schäden in Forstkulturen anrichten. Sie benagen im Winter bei Nahrungsmangel Wurzeln und Rinde junger Laubbäume, v.a. an Hainbuche, Rotbuche, Lärche, Douglasie, Eiche und an allen anderen Edellaubbäumen. Die Schäden treten v.a. in vergrasten Laubholzkulturen auf Freiflächen auf. Bei Massenvermehrung können im Spätherbst handelsübliche Schlagfallen aufgestellt werden, die mit Apfelstücken oder Karottenstücken beködert werden. In Forstkulturen können Schäden mit Rodentiziden (Nagetiergiften) verhindert oder gemindert werden. Zur Förderung der natürlichen Feinde sollten z.B. für Eulen Brutkästen in Altbeständen und für Greifvögel Sitzstangen in Kulturen und auf der Feldflur aufgestellt werden.

5. Schermaus (*Arvicola terrestris*): Auch Wasserratte. Neben der eingebürgerten ▸ Bisamratte die größte Wühlmausart. Unterschieden werden zwei Formen: die in Gärten, auf Wiesen und auf Äckern lebende Form, die oberflächennahe, aufgeworfene Gänge anlegt, und die in Gewässernähe lebende Form (Wasserratte), die ihren Bau in den Uferbänken anlegt.

6. Rötelmaus (*Clethrionomys glareolus*): Auch Waldwühlmaus. Sie ist oberseits rotbraun, die Flanken sind grau, der Schwanz ist zweifarbig. Die R. lebt in Hecken und in Gebüschen, in Laubwäldern und in Parkanlagen. Die dämmerungsaktive R. baut Kugelnester in dichter Vegetation knapp über dem Boden.

7. Feldmaus (*Microtus arvalis*): Die F. mit graubraunem bis sandbraunem Fell lebt v.a. auf Feldern und auf Wiesen und neigt bei günstigen Verhältnissen alle drei bis vier Jahre zu Massenvermehrungen. Sie unterliegt dann allerdings einem Dichtestress (Erschöpfung der Fruchtbarkeit), sodass es zu einem rapiden Zusammenbruch der Bestände kommt.

8. Erdmaus (*Microtus agrestis*): Ähnlich wie die Feldmaus, doch insgesamt dunkler gefärbt mit längeren, locker stehenden Haaren. Bewohnt fast alle Lebensräume und ist tag- und nachtaktiv.

Mäuseburg, die: Sie dient der Ansitzjagd auf den Fuchs und ersetzt in ihrer Bedeutung den Luderplatz. Die M. besteht aus einer Aufschichtung aus großen Steinen, deren Hohlräume mit Heu und Stroh gefüllt und mit Getreide und Druschabfall durchstreut werden. Auf diese Aufschichtung, die über 1 m unter die Erde reicht, wird in der Mitte eine ca. 1,20 m lange Röhre mit ca. 30 cm Durchmesser gesetzt, die als Futterluderschacht dient. Die ganze Aufschichtung, die bis an den oberen Rand der Röhre reicht, wird wasserdicht abgedeckt und oben mit Naturmaterial (Pferdemist etc.) versehen; ▸ Marderburg.

Mäusebussard, der: ▸ Bussarde 1.

Mäusefalke, der: ▸ Falken 2.

mäuseln: **1**) Nachahmen der Mäusestimmen (Mäusereizen) mit dem Mauspfeifchen oder mit den Lippen, um ▸ Raubwild (insbesondere den Fuchs) und ▸ Raubzeug anzulocken; ▸ Lockjagd. **2**) Alter Ausdruck für das Stutzen der Lauscher (Ohren) beim gefangenen Rehkitz und der Behänge (Ohren) bei schweren und schlecht behangenen Hunden; heute nicht mehr üblich.

mausen: **1**) ▸ Raubwild (v.a. der Fuchs) maust, wenn es Mäuse fängt. **2**) Veralteter Ausdruck für: das Wild beschleichen. Der Jäger maust das Wild; er vermaust es, wenn er es dabei vergrämt.

Mauser (Waffen- und Munitionskonstrukteure): Die Brüder Wilhelm (2.5.1834 bis 13.1.1882) und Paul M. (27.6.1838 bis 28.5.1914) arbeiteten in ihrem Geburts- und Heimatort Oberndorf am Neckar in der Gewehrfabrik an der Verbesserung der Hinterladersysteme. 1863/1864 konstruierten sie neue Zündnadelgewehre (M.-Gewehre). Nach dem Deutsch-Französischen Krieg 1870/1871 wurde das Gewehr aufgrund der gewonnenen Erfahrungen weiterentwickelt (Gewehr Modell 71). Es hatte ein gegenüber dem Chassepot (einem französischen Gewehr, benannt nach seinem Erfinder) verbessertes Schloss; zugleich wurden die bis dahin verwendeten Papierpatronen durch Metallpatronen mit Weichbleigeschossen ersetzt. Das Gewehr wurde die Reichswaffe (Mehrladewaffe) des deutschen Heeres. Die Weiterentwick-

▸▸ lung dieses Modells führte zum bekannten Modell 98, einem Militärgewehr mit Selbstspannerschloss (Repetiergewehr), welches in einer Stückzahl von mehr als 50 Mio. gefertigt wurde. Daneben konstruierten die Brüder eine Pistole und einen Revolver. Als sehr einfache Jagdbüchse bot die Firma ihren militärischen Kunden z.B. zwischen 1903 und 1930 ein Armeemodell C an; es war zugleich das billigste M.-Gewehr. 1979 wurde die Firma an die Diehl-Gruppe in Nürnberg verkauft.

Mauser, der: **1)** Der Mausererpel (Rauerpel); ein ▸ Erpel, der sich in der M. befindet und in dieser Zeit fast flugunfähig ist. **2)** Der Mäusebussard ▸ Bussarde 1.

Mauser, die (Mauserung, Raue, Ruhr): Der Federwechsel der ▸ Vögel. Alle Vögel mausern einmal im Jahr – meist zu bestimmten Zeiten – das ▸ Großgefieder (Schwingfedern und Schwanzfedern) sowie das ▸ Kleingefieder. Verschiedene Arten wechseln ihr Kleingefieder zweimal im Jahr (▸ Teilmauser). Bei vielen der heimischen Vogelarten erfolgt die Haupt-M. nach der Brutzeit. Das oft sehr komplizierte M.-Verfahren läuft bei einzelnen Arten recht unterschiedlich ab. Einige Vögel, z.B. Hühnervögel, Enten, Rallen und Taucher, mausern sehr schnell, d.h., sie verlieren sehr viele Großfedern gleichzeitig. Obwohl sie dadurch nicht mehr voll flugfähig sind, sind sie kaum gefährdet und auch bei der Nahrungssuche nicht behindert. Mit der M. ist häufig auch eine Farbänderung des Federkleides verbunden. Erpel tauschen z.B. ihr z.T. sehr farbenfrohes Prachtkleid (▸ Brutkleid), das sie im Winter und im Frühsommer tragen, im Hochsommer gegen ein Schlichtkleid ein, das dem Gefieder des Weibchens ähnlich ist. Andere Vögel, die flugfähig bleiben müssen, um ihren Feinden zu entgehen oder um ihre Nahrung erbeuten zu können (z.B. die ▸ Greifvögel), mausern langsam. Sie verlieren nur wenige Federn. Erst wenn diese wieder durch neue ersetzt sind, fallen weitere aus. Für die Falknerei spielt die M. eine besondere Rolle, da die ▸ Beizvögel während dieser Zeit für die Beizjagd nicht brauchbar sind. Um kräftige Federn bilden zu können, muss der Beizvogel während der M. so viel beste ▸ Atzung wie möglich aufnehmen. Zu Beginn der M. wird er völlig frei ins M.-Haus (▸ Falkenkammer) gestellt, um ihn dort bei bester Atzung in Ruhe mausern zu lassen. Die M. dauert etwa ein halbes Jahr und beginnt bei den Habichten und bei den Falken Mitte bis Ende März bzw. Anfang April, bei den Jungvögeln (▸ Nestling, ▸ Ästling) jedoch i.d.R. gegen Ende ihres ersten Lebensjahres (Mai/Juni). Zu Beginn des Herbstes gefangene Wildfänge im ▸ Jugendkleid beginnen manchmal schon im April, meist aber erst im Mai/Juni zu mausern. Je später sie gefangen wurden, desto später beginnen sie im darauffolgenden Jahr zu mausern. Besonders spät beginnt der Federwechsel bei ▸ Hagarden, die zum ersten Mal in Gefangenschaft mausern. In den darauffolgenden Jahren beginnen sie aber jedes Jahr früher damit; ▸ Mauserfalke, ▸ Mauserwildfang, ▸ Mauserzug.

Mäusereizen, das: svw. ▸ mäuseln 1).

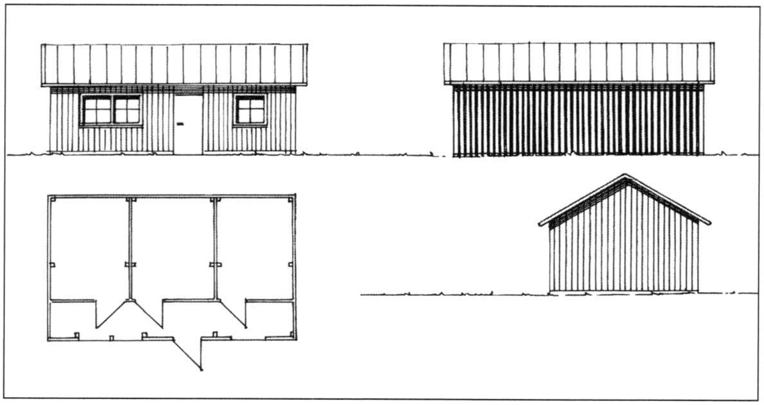

Mauserhaus, von oben links nach unten rechts: Vorderansicht, Rückansicht, Grundriss und Seitenansicht

Mausererpel, der: ▸ Mauser 1).

Mauserfalke, der (Mauserhabicht): In der Falknersprache Bez. für einen ▸ Falken (bzw. für einen ▸ Habicht), der in Gefangenschaft sein Altersgefieder bekommen hat. Hat der ▸ Beizvogel zum zweiten Mal in Gefangenschaft gemausert, so ist er ein Vogel von der zweiten Mauser, nach der nächsten ▸ Mauser ein Vogel von der dritten Mauser usw.; ▸ Mauserwildfang, ▸ Flug 4).

Mauserhaus, das: Ein Gebäude mit mehreren Abteilen, in denen ▸ Beizvögel untergebracht sind. Es soll luftig und sonnig sein und muss sehr sauber gehalten werden; ▸ Falkenkammer.

Mäuseritter, der: ▸ Bussarde 1.

Mauserkammer, die: Alte Bez. für ▸ Falkenkammer (Falkenabteil).

Mauserkondition, die: ▸ Kondition 3).

mausern: Das Wechseln der Federn bei allen ▸ Vögeln; ▸ Mauser.

Mauser-System, das: ▸ Schlosssystem.

Mauserwildfang, der: Ein Greifvogelwildfang im ▸ Jugendkleid, der in der Hand des Falkners zum ersten Mal mausert; ▸ Wildfang, ▸ Mauserfalke.

Mauserzeit, die (Rauzeit, Ru[h]rzeit, Ruh[e]zeit, Federzeit): Zeit, in der Federwild die Federn wechselt; ▸ Mauser.

Mauserzug, der: Zug bestimmter Vogelarten (v.a. der ▸ Entenvögel) in für sie störungsfreie, deckungbietende und nahrungsreiche Gebiete, in denen sie sich während der ▸ Mauser aufhalten. Bei Wildenten führen den M. v.a. die Erpel durch. Sie verlieren bei der Mauser ihre gesamten Schwungfedern und sind deshalb flugunfähig. Bedeutende Mauserplätze sind z.B. der ▸ Knechtsand, das Ismaninger Teichgebiet bei München, der Krakower Obersee bei Schwerin und das Peitzer Teichgebiet bei Cottbus.

Mauspfeife, die: ▸ Lockjagd.

Mauswiesel, das: ▸ Wiesel 2.

maxeln: ▸ Maxen.

Maxen, die: Lokaler Ausdruck für Schlingen, die ein Wilddieb (Maxler = Schlingensteller) legt; er maxelt.

Maximilian I. (22.3.1459 bis 12.1.1519): Römisch-deutscher König und Kaiser (1493/1508 bis 1519), »der letzte Ritter«, »des Deutschen Reiches Erzjägermeister« und der große Waidmann seiner Zeit. M. legte Wert auf waidgerechtes Jagen und verbot die Feuerwaffen: Nur Balläster, Armbrust, Jagdspeer, Jagdschwert und Saufeder (▸ Blanke Waffen) schienen ihm gerecht, um damit das edle Wild zu jagen. Unter seiner Mitwirkung wurden in das im Jahr 1512 erschienene »Wienerwald-Banntaidingsbüchel« auch strenge Bestimmungen zur Schonung der Singvögel aufgenommen. Für das Fangen einer Meise z.B. war eine höhere Geldstrafe vorgesehen als für den Abschuss eines Hirsches. Zu M. Zeit erlebte auch die ▸ Beizjagd eine außergewöhnliche Blütezeit. In seinem Auftrag (z.T. unter seiner Mitwirkung) entstanden die drei Bücher (»Teuerdank« [»Theuerdank«, »Tewrdannck«], »Haimlich Gejaidt Puech«, »Weißkunig«), die u.a. seine jagdlichen Gedanken, Erlebnisse und Erfahrungen beinhalten. Der »Weißkunig«, eine Autobiografie des M. in Prosa, entstand zwischen 1506 und 1516; die erste gedruckte Ausgabe erschien erst 1775. Von den Illustrationen – 251 Holzschnitte – stammen 118 von dem Augsburger Künstler Hans Burgkmair (1473 bis 1531). Der Text wurde zum größten Teil vom kaiserlichen Geheimschreiber Marx Treitzsauerwein verfasst. M. setzte als Erster fortan gültige Maßstäbe jagdlicher Ethik. Obwohl er äußerst populär war und wegen seiner jagdlichen Leistungen, seiner Ausdauer und seiner Treffsicherheit außergewöhnliche Anerkennung fand (er empfand die Jagd auch als Charakterschulung), gelang es ihm nicht, für die Jäger seiner Zeit zum Vorbild zu werden. Sein Lehrmeister war Diepold Ritter von Stein zu Neißenberg, der 1474 den jungen M. im Jagen unterrichtete. Die von Kaiser M. eingeführte Art der Jagdausübung blieb nur auf seine Person beschränkt, während man weiterhin am liebsten der Hetzjagd nachging. M. war ein besonderer Liebhaber der Murmeltiere; er hielt einen eigenen Murmentlmeister und ließ sich »Murmenteln«, in Fässer eingeschlagen, bis in die Niederlande nachsenden. M. gründete eine der bedeutendsten Büchersammlungen Europas, die heutige Österreichische Nationalbibliothek in Wien, und ließ dort alles an Literatur zusammentragen, was über Jagd und Tierwelt zu seiner Zeit bekannt war. Seine beiden Frauen Maria von Burgund und Bianca

◂◂ Farbtafel aus dem Tiroler Jagdbuch (um 1500) von Kaiser Maximilian I.: Sie zeigt eine Hirschjagd auf der Langen Wiese bei Innsbruck. Brüssel, Bibliothéque Royale Albert I.

Maria Sforza waren ebenfalls leidenschaftliche Jägerinnen und kamen beide bei Jagdunfällen ums Leben (1482 und 1510). Künstlerischer Helfer des M. war der Architekt, Bildhauer und Zeichner Jörg Kölderer (2. Hälfte 15. Jh. Weiler Hof bei Inzing/Tirol bis 1540 Innsbruck), der dem Kaiser ab 1497 diente. Kölderer hat z.B. das Gamsstechen hervorragend dargestellt. Weitere Künstler im Dienste des M. waren ▸ Solis, ▸ Schäuffelein, Hans Springinklee (wirkte von 1512 bis 1522 in Nürnberg) sowie Bernart von Orley und Leonhard Beck (▸ Jagdkunst); ▸ Jagdethik, ▸ Habsburger, ▸ Hasenhaus.

Maxler, der: ▸ Maxen.

Mayr, Beda, eigentlich Felix M. (15.1.1742 Daiting bei Friedberg nahe Augsburg bis 28.4.1794 Donauwörth): Benediktiner, Theologe und Dramatiker. Nach dem Gymnasium im Kloster Scheyern studierte M. Philosophie am Lyzeum in München und Mathematik in Freiburg/Breisgau. 1762 setzt er seine Studien im Kloster Benediktbeuern fort (Priesterweihe 1766). Er war Professor der Theologie und Philosophie in Donauwörth. M schrieb u.a. Gelegenheitsgedichte und Dramen. Aus seiner Feder stammt u.a. das Werk »Die Jagd der sieben Schwaben auf einen Haasen. Singspiel« (1786).

Mazerieren, das: Neben dem Abkochen ein weiteres Verfahren, um Keilerwaffen auszulösen. Beim M. werden Oberkiefer und Unterkiefer für etwa vier Wochen in eine mit Wasser gefüllte und luftdicht abgeschlossene Plastiktüte eingelegt. Dabei kommt es zu einer Auflösung bzw. Zerstörung von Weichgeweben (Fäulnisprozess), zur Reindarstellung von Hartstrukturen (z.B. Knochen) und damit zur Lockerung der Keilerwaffen (Haderer und Hauer). Das M. ist auch zum Präparieren von Tierschädeln, insbesondere von kleineren Säugetieren und Vögeln, geeignet.

Mebeln, die: ▸ Möwen 2.

Mebs, Theodor: ▸ Jagdliteratur.

mechanischer Pflanzenschutz: ▸ Pflanzenschutz.

mechanische Sinne, die: Die Fähigkeiten, mechanische Reize wie Druck und Tastreize als Sinnesempfindungen (bei Tier und Mensch) wahrzunehmen; ▸ Tastsinnorgane.

Meckel, Adalbert (1891 bis 1940): Maler und Buchillustrator; schuf viele Bilder mit jagdlichen Szenen, in denen Jäger und Hund in voller Aktion den Mittelpunkt bilden. Von ihm stammt das Buch »Meine Waidmannsjahre« und das Mappenwerk »Mein Skizzenbuch«.

meckern: **1**) Bez. für das meckernde Geräusch der Bekassine im Sturzflug, verursacht durch das Vibrieren der Stoßfedern; ▸ Schnepfenvögel 7. **2**) Auch bähen; lockende Lautäußerung der Schafe und der Lämmer des ▸ Muffelwildes (dem Blöken des Hausschafes ähnlich). **3**) Lockende Lautäußerung des ▸ Gamswildes.

meckerzen: Steiermärkischer und kärntnerischer Ausdruck für ▸ blädern; ▸ Gamswild.

Medum, das: Die früheren ausgedehnten Hochwälder (▸ Hochwald) im Eigentum der Landesherren waren ▸ Wildbanne und dienten auch der Schweinemast. In ihnen wurden Schlagflächen zeitweise landwirtschaftlich genutzt. Die Bauern mussten hierfür den sechsten Sack der Ernte, das sog. M., abliefern.

Meeradler, **weißschwänziger**, der: ▸ Adler 2.

Meer(es)enten, die: Sammelbezeichnung für ▸ Wildenten, meist Brutvögel nördlicher Gebiete, die bei uns an Meeresküsten oder auf küstennahen Gewässern überwintern. Hierzu zählen u.a. Eiderente, Eisente, Samtente und Trauerente.

Meergänse, die (Buntgänse; Gattung *Branta*): Dazu zählen: Kanadagans, Nonnengans, Ringelgans und Schneegans; ▸ Wildgänse.

Meerhuhn, **grünfüßiges**, das: ▸ Rallen 2.

Meerlerche, die: ▸ Schnepfenvögel 16.

Meerlerche, **kleinste**, die: ▸ Schnepfenvögel 17.

Meerotter, der (Sumpfotter): ▸ Nerz.

Meerrache, der (Mittelsäger): ▸ Säger 2.

Meerschwalbe, **gemeine**, die: ▸ Seeschwalben 2.

Meerschwalben, die: ▸ Seeschwalben.

Meerstrandläufer, **gemeiner trillernder**, der: ▸ Schnepfenvögel 14.

Meerwasserläufer, der: ▸ Schnepfenvögel 10.

Meerwasserläufer, **kleiner trillernder**, der: ▸ Schnepfenvögel 14.

Mega-Herbivore, die: Bez. für Riesenformen unter den Pflanzenfressern (▸ Herbivore), vorwiegend Säugetiere. Schüle (1992) ordnet die Megafauna der Gewichtsklasse 1000 bis 10 000 kg zu (z.B. Elefant), im Unterschied zur Makrofauna mit 500 bis 1000 kg (z.B. Elch), zu den mittelgroßen Wirbeltieren mit 50 bis 500 kg (z.B. Rothirsch) und zu den Kleintieren unter 50 kg Körpergewicht (z.B. Reh).

Mehlrabe, der: ▸ Rabenvögel 3.

Mehlvogel, der: ▸ Weihen 2.

Mehrbraten, der (Mohrbraten, Mörbraten, Mürbebraten, Jungfernbraten, Lendenbraten, veraltet: Lummer, Lammer, Lämmer, Lommer): Bez. für das ▸ Wildbret über den Nieren am Rückgrat des ▸ Schalenwildes (besonders des Rotwildes), das besonders mürbe und schmackhaft ist. Der M. zählte zum Großen ▸ Jägerrecht.

Mehrlader, der: Ein Repetiergewehr; ▸ Schlosssystem.

mehrläufige Waffe, die: Eine Jagdwaffe mit mindestens zwei Läufen; ▸ Jagdgewehr.

Mehrstangigkeit, die: Eine Abnormität bei einem ▸ Geweih oder bei einem Gehörn, wenn neben den beiden Geweihstangen eine oder mehrere zusätzliche Stangen mit eigenen ▸ Rosen vorhanden sind. Haben die weiteren Stangen keine Rosen, handelt es sich um eine ▸ Stangenteilung.

Meierjagd, die: Die Jagd, die früher einen Gutsherrn dazu berechtigte, jährlich zweimal auf den Äckern seiner Meier (Pächter) zu jagen.

Meister Braun (Meister Petz): Scherzhafte Bez. für den ▸ Braunbären.

Meisterjäger, der: Frühere Bez. für einen hervorragenden Jäger. Die M. leisteten hervorragende Leithundarbeit und waren die ersten Vorsuchjäger (▸ Vorsuche) und ▸ Besuchsjäger.

Melanen, der: Alte Bez. für den Roten Milan; ▸ Milane 1.

Melanismus, der (griech.): Eine durch Pigmenteinlagerungen entstehende Dunkelfärbung des Haarkleides bzw. des Federkleides bei einigen Tierarten (auch der menschlichen Haut). M. wird hauptsächlich beim Rehwild

Schwarzer Rehbock (Melanismus)

und beim Damwild sowie beim Wildkaninchen beobachtet. Das Melanin, das die Dunkelfärbung bewirkt, wird in der Epidermis oder in einer darunterliegenden Zellschicht gebildet und abgelagert; ▸ Albinismus.

Melchior, Wilhelm (1817 bis 1860): Maler; von ihm stammt u.a. »Jagdhunde mit Beute«.

Melden, das: **1**) Balzlaut des Auerhahns; er meldet, wenn er anfängt zu knappen oder nach dem abendlichen ▸ Aufbaumen Laute von sich gibt. Er meldet gut oder schlecht, d.h. lebhaft oder unlustig; er meldet früh oder spät. Der Jäger meldet als Henne, wenn er deren Lautäußerung nachahmt, um einen unlustigen Hahn zu reizen; ▸ Raufußhühner 1. **2**) Haselwild und Birkwild geben Laute von sich; sie m. Der Fasan meldet beim abendlichen ▸ Aufbaumen. **3**) Lautäußerung aller männlichen Stücke bei Elchwild, Rotwild und Damwild während der ▸ Brunft. Der Hirsch meldet, wenn er schreit; er meldet gut oder schlecht. **4**) Der ▸ Beizvogel meldet, wenn er Wild bemerkt und es durch scharfes Hinsehen oder durch sonstiges Verhalten (Erklingenlassen des ▸ Bells) dem ▸ Falkner anzeigt, bevor es von diesem gesehen wird. Der Beizvogel meldet auch andere Greifvögel. Er hält den Kopf schräg und erfasst das Objekt mit einem Auge (monokulares Sehen). **5**) Früher auch ein für das ▸ Schrecken des Rehwildes gebräuchliches Wort. **6**) Der Jagdhund meldet, wenn er ein Stück Wild verbellt, d.h. ▸ Standlaut gibt.

Meleagros (latinisiert Meleager): In der griechischen Mythologie Sohn des Königs Oineus von Kalydon. M. nahm an der ▸ Kalydonischen Eberjagd teil und gab dem Tier den Gnadenstoß. Das Fell und die Hauer des Ebers wurden rechtmäßig dem M. überlassen. Dieser bestand jedoch darauf, die Trophäen ▸ Atalante zu übergeben, in die er verliebt war und die den Eber als Erste mit ihrem Pfeil getroffen hatte. Dadurch fühlten sich jedoch die an der Jagd beteiligten Jäger beleidigt, darunter auch die beiden Onkel des M. Als ein Streit ausbrach, tötete M. seine beiden Onkel. Aufgrund dieser dramatischen Ereignisse entfremdete sich seine Mutter Althaia von ihm. Sie tötete ihn, indem sie den Holzscheit verbrannte, an dem das Leben ihres Sohnes gemessen wurde.

Melker, der: ▸ Eulen 5.

Mellin, August Wilhelm Graf von (1746 bis 1836): ▸ Jagdliteratur.

Mendelsche Regeln, die (Vererbungsgesetze, Vererbungsregeln): Vom Augustinermönch Gregor Mendel (1822 bis 1884) durch Untersuchungen an Erbsen erkannte Gesetzmäßigkeiten der Vererbung von Eigenschaften (Uniformitätsgesetz, Spaltungsgesetz, freie Kombinierbarkeit der Gene).

Menk, der ▸ Nerz.

Mérey, Ludwig von Kapos Mére (1871 bis 1938): Jagdschriftsteller, der seine Werke unter dem Pseudonym ▸ Hegendorf veröffentlichte; ▸ Jagdliteratur.

Merkel: Hersteller hochwertiger Jagdwaffen, wie Doppelflinten, Drillinge und M. Bockgewehre. Im Jahre 1898 erfolgte in ▸ Suhl durch die Brüder Oskar M., Karl Paul M. und Gerhard M. die Gründung der Firma »Gebrüder Merkel Suhl«. Bereits 1925 erhält sie das erste Patent auf Bockwaffen und Verschlussstück für industrielle Fertigung. 1948 erfolgt Enteignung durch sowjetische Militäradministration und Übergang in Staatseigentum. 1987 wird das 150000. Bockgewehr seit 1945 fertiggestellt. Im Jahre 1990 erfolgt die Umwandlung in eine Kapitalgesellschaft und 1994 die Neugründung unter den Namen ▸ Suhler Jagd- und Sportwaffen GmbH

Merle, die: ▸ Drosseln 6.

Merlin, der (Zwergfalke): ▸ Falken 4.

Mesken, die: Bez. für die vier kleinen, harten ▸ Pennen am Daumen (dem kleinen äußeren Flügelknochen) des ▸ Beizvogels. Sie haben beim Falken eine besondere Bedeutung. Wenn er beim Herabstoßen aus großer Höhe die Schwungpennen an den Körper anlegt, spannt er die M. aus, um mit ihrer Hilfe die Richtung seines ▸ Stoßes zu korrigieren.

Messen und Ausstellungen: ▸ Jagdausstellungen.

Messer, das: Das Jagdmesser usw.; ▸ Blanke Waffen.

Messerschnäbler, der: ▸ Säbelschnäbler.

Methanbakterien, die: Verschiedene Arten von anaeroben Mikroorganismen, die CO_2 und H_2 als einzige Kohlenstoff- und Energiequelle, entsprechend auch organische Säuren und Alkohole, zu Methan (CH_4) abbauen können. M. kommen in Kläranlagen (Faulbehältern), in Faulschlamm (Sumpfgas) und als wesentlicher Bestandteil im Pansen der Wiederkäuer (▸ Wiederkäuermagen) vor.

Mettenleiter, Johann Michael (22.4.1765 Großkuchen bei Neresheim/Württemberg bis 19.3.1853 Passau): Kupferstecher und Lithograf. M., der von seinem Bruder Johann Jakob in Rom ausgebildet wurde, siedelte 1782 nach München über und wurde 1790 zum kurfürstlichen Jagd- und Hofkupferstecher ernannt. M. errichtete 1808 für die kartografische Uraufnahme Bayerns die Steindruckerei des Katasterbüros und gründete im folgenden Jahr die Staatsrat-Steindruckerei. Er schuf u.a. die Kupferstiche zu Lorenz von Westenrieders »Geschichte von Baiern« (1786) sowie zu dessen »Historischen Almanach« (1787) und schmückte ein Kabinett des Hirschgartens in Schloss Nymphenburg mit mythologischen Jagdszenen aus.

Metze, die: Veraltete Bez. für Hündin.

Meurer, Noë (1525/28 Memmingen bis 1583 Heidelberg): M. war Jurist und »Churfürstlicher Pfaltz Rath« sowie »der Rechten Doctor«. Er befasste sich als erster deutscher forstlicher Schriftsteller nur mit dem Forstwesen unter Ausschluss der Landwirtschaft, insbesondere dem Forst- und Jagdrecht sowie der Waldwirtschaft. Viele seiner Werke waren die ersten einschlägigen Veröffentlichungen in Deutschland, z. B. »Von Forstlicher Oberherrligkeit und Gerechtigkeit« (1560); ▸ Jagdliteratur.

Meute, die: Im Französischen ursprünglich eine Bez. für den gesamten Jagdzug (mittellat.: movita = Bewegung); später wurde sie auf die bei der ▸ Parforcejagd verwendeten Hunde begrenzt. Eine M. ist die Gesamtheit der bei einer Parforcejagd auf Hirsch oder auf Sauen verwendeten Hunde. Zu einer Hunde-M. gehören 30 bis 100 Hunde, von denen jedoch nicht alle gleichzeitig jagen, sondern ein Teil in Reserve gehalten (auf ▸ Relais gestellt) wird; ▸ Hatz 2. Die Hunde-M. jagt ein Stück Wild an; der Kopfhund (▸ Leithund 2) oder mehrere Hunde folgen der Fährte des Wildes; die restliche M. jagt, ohne Wittrung vom Wild zu haben, dem Führer bzw. den Führern laut bellend (Geläute) hinterher. Bei einer Parforcejagd auf Sauen (bei kalter Witterung) genügt meist die am Anfang der Jagd angelegte M., um die Sau Halali zu machen (zu stellen).

◂◂ Der Beagle zählt zu den Meutehunden.

Bei einer Parforcejagd auf den Hirsch (Sommer/Herbst) ist häufig eine zweite M. (die Relais-M.) nötig, um den Hirsch bis zum Halali zu bringen. In anderen Ländern (z.B. in England) wird auch der Fuchs mit einer Hunde-M. gejagt. Bei diesen Fuchsjagden zu Pferde folgen die Reiter der M., die dem Fuchs nachjagt. Flüchtet der Fuchs in einen Bau, wird er von einem Terrier wieder herausgetrieben, und die Hetze geht weiter. In angelsächsischen Ländern wird der Fuchs nicht geschossen, sondern man überlässt es den Hunden, ihn zu fassen. In Deutschland sind Parforcejagden hinter lebendem Wild verboten; deshalb wird das Wild durch eine künstliche ▸ Schweißfährte ersetzt.

Meutehirsch, der: Bez. für den ▸ Anjagdhirsch.

Meutehunde, die: ▸ Hunde, die besonders geeignet sind, in einer ▸ Meute zu jagen. Für Hundemeuten bevorzugte Rassen sind Beagle und Foxhound.

1. Beagle (Laufhund, Meutehund):
Herkunft: Uralte Jagdhunderasse, die es schon zur Zeit des englischen Königs Heinrich VIII. gab; gezüchtet aus den kleinen Exemplaren der Foxhounds.
Äußere Merkmale: Kleiner bis mittelgroßer Hund. Widerristhöhe 35 bis maximal 41 cm. Kurzes, dichtes, hartes Haar; die rauhaarige Variante ist selten. Die Färbung ist dreifarbig (rot bis gelb oder lohfarben mit dunklen Platten oder dunklem Sattel und weißen Abzeichen) oder zweifarbig (weiß mit gelber Zeichnung). Die ▸ Rute ist mittellang und wird fast senkrecht getragen. Die Augenfarbe ist braun bis dunkelbraun.
Verwendung und hervorstechende Eigenschaften: In England und in Frankreich beliebter Hund für die Hasenjagd, auch ein typischer Meutehund. Er ist lebhaft, anhänglich, freundlich und wesensfest.

2. Foxhound (Laufhund, Meutehund):
Herkunft: Entstanden aus Kreuzungen von französischen ▸ Hatzhunden mit Abkömmlingen des weißen St.-Hubert de Talbot.
Äußere Merkmale: Mittelgroßer Hund. Widerristhöhe 55 bis 60 cm. Kurzes, dichtes, hartes Haar. Die Färbung ist dreifarbig (rot bis gelb oder lohfarben mit dunklen Platten oder dunklem Sattel und weißen Abzeichen) oder zweifarbig (weiß mit gelber bis oranger Zeichnung). Die Rute ist mittellang, hoch angesetzt und wird fast senkrecht getragen. Die Augen sind braun.
Verwendung und hervorstechende Eigenschaften: Er wurde in England als Meutehund zur Fuchsjagd (Fuchshetze zu Pferde) verwendet und ist ein kräftiger, energischer, verträglicher und anhänglicher Hund.

Meutejagd, die: ▸ Meute.

Meyer-Eberhardt, Kurt (1895 Leipzig bis 1977 München): Maler, Illustrator, Radierer und Dichter. M.-E. ging in Erfurt zur Schule und erhielt seine künstlerische Ausbildung an der Weimarer Kunstakademie. Er lebte ab 1915 freischaffend in München, ging 1919 nach Weimar zurück und kam kurze Zeit später wieder nach München. Von ihm stammt u.a. »Brösl, der unkundige Jäger«. M. schildert hierin in Karikatur und Vers die Abenteuer eines Jungjägers.

Meyerheim, Paul Friedrich (13.7.1842 Berlin bis 14.9.1915 Berlin): Porträt-, Tier- und Genremaler, Illustrator, Holzschneider und Lithograf. M., Sohn und Schüler des Malers Eduard M., übernahm 1883 als Professor die Leitung der Tiermalklasse an der Hochschule für die bildenden Künste in Berlin und lehrte ab 1887 an der Berliner Akademie der Künste. Da er auch gerne Löwen darstellte, erhielt er den Beinamen »Löwen-Meyer«. Für Goethes Buch »Reinecke Fuchs« fertigte M. die Zeichnungen.

Meyerinck, Heinrich Eugen von (6.12.1786 Magdeburg bis 18.9.1848 Stettin): M. studierte an der Universität Halle Natur- und Forstwirtschaft. 1818 wurde er als Königlich-Preußischer Oberförster in Grüneberg an der Elbe angestellt, 1823 in gleicher Eigenschaft auf die Oberförsterei Lödderitz bei Aken an der Elbe und 1845 nach Stettin versetzt. Von seinen Schriften sind zu erwähnen: Aufsätze in forstlichen und naturwissenschaftlichen Zeitschriften, z.B. »Beitrag zur Naturgeschichte der Rehe« (in: Hartig's Forst- und Jagdarchiv, 1820, Jg. 5), »Beschreibung einer Biberkolonie« (Schriften der Naturforschenden Gesellschaft zu Berlin, 1827).

Meyerinck, Richard von: ▸ Jagdliteratur.

miauen: **1**) Laut, den der balzende Birkhahn gelegentlich hören lässt, wenn er misstrauisch geworden ist. **2**) ▸ Lautäußerung der ▸ Wildkatze. **3**) Der katzenähnliche Ruf des Mäusebussards.

Michaelistag, der: Benannt nach dem Erzengel Michael, dem Schutzpatron der Soldaten und der Deutschen. Der M. (Fest am 29.9.) war früher Auftakt zur Jagd auf verschiedene Wildarten, z.B. zur ▸ Fangjagd auf Biber und auf Otter.

Micke, die: ▸ Mücke.

Micken, die: Örtliche Bez. für die kleinen, mit Gabeln versehenen Stellstäbe, auf die man Tuch- und Federlappen hängt; ▸ Lappen.

Migration, die: In der ▸ Zoologie die Bez. für eine dauerhafte Abwanderung (Emigration) oder eine dauerhafte Einwanderung (Immigration) einzelner bis vieler Individuen aus einer ▸ Population in eine andere gleicher ▸ Art. Je nach Biotopverhältnissen, welche die eingewanderten Tierarten vorfinden, kann es durch Isolation zu einer neuen Unterart und

Foxhoundmeuten wurden v. a. in England zur Fuchsjagd eingesetzt.

▸▸▸ **Der Rote Milan wird auch Gabelweih genannt, zählt aber nicht zu den Weihen.**

später zu einer neuen Art kommen. Zuwanderungen ohne Ansiedlung, z.B. während des ▸ Vogelzuges, werden als Permigration (Durchzug, Durchwanderung) bezeichnet. Werden Räume besiedelt, in denen diese Art noch nicht vertreten war (z.B. bei Türkentaube, Marderhund, Waschbär), gibt es als Sonderfall der M. eine Invasion; ▸ Tierwanderungen.

Mikrosmaten, die: Bez. für Tiere (z.B. Primaten), die einen nur gering entwickelten Geruchssinn haben; ▸ Makrosmaten.

Milane, die (*Milvinae*): Unterfamilie aus der Familie der Greife (*Accipitridae*), die zur ▸ Ordnung der ▸ Greifvögel (*Falconiformes*) gehören. Sie sind in der Gestalt den ▸ Weihen sehr ähnlich und von großem, starkem Körperbau. Der Kopf ist klein und schwach, die Augen sind graugelblich, der Schnabel ist verhältnismäßig schwach, aber mit langem, stark gebogenem Haken und geringer Zahnausbuchtung. Die Kopf- und Nackenfedern sind adlerartig starr und lanzettförmig zugespitzt. Die Schwingen und der ▸ Stoß sind lang; der Stoß ist außerdem gegabelt, was sonst bei keinem unserer Greifvögel vorkommt. Die ▸ Fänge sind kurz, die Waffen (Krallen) schwach und wenig gekrümmt. M. sind z.T. Nahrungsschmarotzer, welche anderen Greifvögeln die Beute abjagen, und z.T Aasfresser. Sie sind jagdbar, aber ganzjährig geschont. Sie sind nach der ▸ Roten Liste gebietsweise stark gefährdet. Beide Arten sind ▸ Zugvögel (waidmännische Ausdrücke ▸ Greifvögel).

1. Roter Milan, der (*Milvus milvus*, L.): Auch Gabel-, Königsweih, -milan, Gabelschwanz, Schwalbenschwanz, Welchfalke, -milan, Krimvogel, Twillsteert, Hühnergeier. Länge: 58 bis 65 cm; Gewicht: Männchen 850 bis 1000 g, Weibchen 1000 bis 1300 g; ▸ Flügelspannweite: 150 bis 170 cm.

Aussehen: Die vorherrschende Farbe des Roten M. ist lebhaftes Rostrot, oberseits mit helleren Federsäumen, unterseits mit dunkelbraunen bis schwarzen Schaftstrichen. Der Kopf ist rötlich weiß mit dunkler Strichelung, beim Jungvogel überwiegend rotbraun. Der fuchsrote ▸ Stoß ist relativ lang und tief gegabelt (Gabelweih). Im ▸ Flugbild ist der Rote M. außer an dem tief gegabelten Stoß auch an dem jeweils an der Unterseite der Schwingen vorhandenen großen, weißen Fleck zu erkennen. ▸ Wachshaut, ▸ Ständer und ▸ Fänge sind gelb, die Augen grünlich gelb, beim Jungvogel bräunlich grau. Männchen nur geringfügig kleiner, beide Geschlechter gleich gefärbt.

Vorkommen und Lebensweise: Der Rote M. ist in Süd-, Mittel- und Osteuropa ▸ Brutvogel, gelegentlich ▸ Standvogel. Er liebt die offene Landschaft mit Waldungen (v.a. Laubwäldern), Flusstäler und Seen und ist im Ggs. zum Schwarzen M. nicht an das Wasser gebunden. Im Flug wirkt er bedächtig und segelt scheinbar schwerelos, meist langsam und hoch über den Flussauen und Wäldern seines Reviers.

Fortpflanzung: Der ▸ Horst steht stets in den Kronen alter und hoher Laubbäume, seltener auf Nadelbäumen. Der Rote M. baut entweder einen eigenen Horst oder benutzt alte Bussardhorste als Unterlage. Der Horst ist an den heraushängenden Lumpen und Papierfetzen erkennbar, die der Rote M. neben Grasbüscheln und trockenem Dung zur Auspolsterung der Horstmulde verwendet. Der Horst hat einen Durchmesser von 80 bis 100 cm. Das Gelege ist Ende April vollständig und besteht aus zwei bis vier trübweißen, mit einigen rotbraunen Flecken und Kritzeln versehenen Eiern, die 56 x 46 mm groß und ca. 54 g schwer sind. Verschiedentlich sind sie kaum von Mäusebussardeiern zu unterscheiden.

Die Brutdauer beträgt 29 bis 32 Tage; das Männchen beteiligt sich nicht am Brutgeschäft, versorgt jedoch in dieser Zeit das Weibchen mit Nahrung. Nestlingszeit: 47 bis 52 Tage. Eine Brut im Jahr.

Nahrung: Sie besteht aus Kleinsäugern und Kleinvögeln, aus Eidechsen und Schlangen,

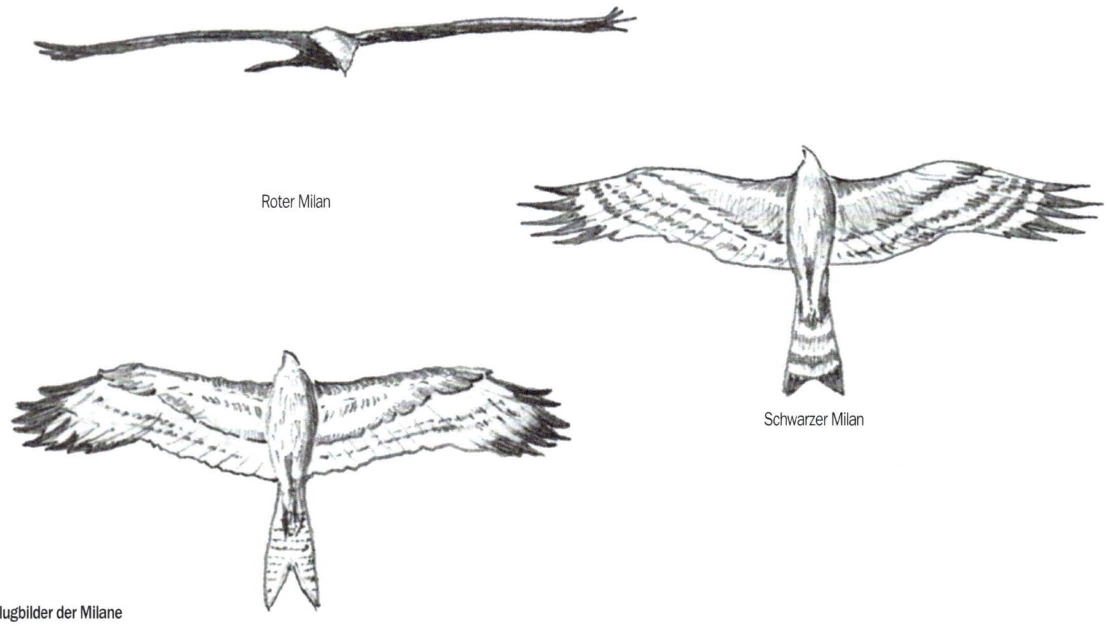

Flugbilder der Milane

◂◂◂ Der Schwarze Milan ist im deutschsprachigen Raum wesentlich seltener als sein Vetter.

Fröschen, Insekten, Weichtieren und Fischen, gelegentlich auch aus Junghasen und Aas.

2. Schwarzer Milan, der (*Milvus migrans*, Bodd.): Schwarzbrauner Milan, Brauner Milan, schwarzer Falke, brauner Gabelweih, kleiner Schwalbenschwanz, kleiner Waldgeier, Schmarotzermilan. Kleiner und schlanker als der Rote Milan, etwa mäusebussardgroß. Länge: 55 bis 58 cm, Gewicht: 800 bis 1000 g, Flügelspannweite: 140 bis 150 cm. Männchen und Weibchen sind gleich groß.

Aussehen: Die vorherrschende Färbung der Altvögel ist schwarzbraun; Kopf, Nacken und Kehle sind etwas heller, grauweiß mit dunklen Schaftstrichen; die Unterseite ist rostbraun. Der dunkelbraune Stoß ist lang und gebändert, aber im Ggs. zum Roten Milan nur schwach gegabelt. Dadurch kann er im Flug sowohl vom Roten Milan als auch vom rundstößigen Mäusebussard, mit dem er häufig verwechselt wird, unterschieden werden. Wachshaut, Ständer und Fänge sind gelb, die Augen grünlich grau. Beide Geschlechter sind gleich groß und gleich gefärbt. Die Jungvögel sehen den Altvögeln sehr ähnlich, der Kopf ist jedoch erdfarben und die Tropfenflecken auf dem dunklen Gefieder sind wesentlich heller.

Vorkommen und Lebensweise: Der Schwarze M. ist in Süd-, Mittel- und Osteuropa Brutvogel, fehlt jedoch auf den Britischen Inseln, in Dänemark und in Skandinavien, in Belgien, in den Niederlanden und in Nordwestfrankreich. Auch in Deutschland kommt er als Brutvogel nur noch gelegentlich vor. Er ist ein gesellig lebender Greifvogel, der stark an Gewässer gebunden ist (Fischnahrung). Besonders bevorzugt er deshalb Auwälder sowie Wälder und Baumgruppen an Binnengewässern bis ins Mittelgebirge. Der Flug ähnelt dem des Roten Milans. Über dem Wasser fliegt er gleitend und schwebend, gelegentlich kreisend; sein Flug kann als ausgesprochen schön bezeichnet werden. Im Sitzen dagegen wirkt er plump und am Boden kann er sich nur hüpfend fortbewegen.

Fortpflanzung: Mit Vorliebe horstet der Schwarze M. auf alten, hohen Bäumen möglichst in Wassernähe und nicht selten inmitten von Graureiherkolonien. Gelegentlich horsten mehrere Brutpaare in unmittelbarer Nachbarschaft. Der Schwarze M. baut seinen Horst entweder selbst oder benutzt bereits vorhandene Horste, meist die der Graureiher, der Störche oder der anderen Greifvögel, als Unterlage. Der Horst ähnelt in Größe und Aussehen dem des Roten Milans. Das Gelege ist Ende April/Anfang Mai vollständig und besteht aus zwei oder drei, seltener aus vier weißlichen, nur wenig rötlich braun gefleckten und mit Kritzeln versehenen Eiern. Sie sind 56 x 46 mm groß und ca. 55 g schwer. Die Brutdauer beträgt 30 bis 32 Tage, das Männchen beteiligt sich am Brutgeschäft. Die Jungen bleiben 42 bis 45 Tage im Horst. Eine Jahresbrut.

Nahrung: Sie besteht hauptsächlich aus kranken und toten Fischen, aber auch aus Fischresten, die von den Horsten der Graureiher herunterfallen. Die Fische werden im Flug mit den Fängen von der Wasseroberfläche aufgenommen. Daneben zählen auch Frösche, Kleinnager, Eidechsen, Ringelnattern und Insekten, die der Schwarze M. selber schlägt, sowie Aas aller Art zu seiner Beute.

Milben, die: Äußere ▸ Parasiten (▸ Räude); u.a.:

1. Herbstgrasmilbe, die (*Trombicula autumnalis*): Auch Rote Erdmilbe, Grasmilbe oder Erntemilbe. Sie lebt auf Wiesen und Weiden, in der Heidelandschaft, auf abgeernteten Getreidefeldern, unter Gebüsch und Gestrüpp. Die ca. 0,25 bis 0,40 mm langen, behaarten Larven leben frei in der Erde, klettern an Büschen und Gräsern hoch und befallen anstreichende Wirtstiere. Auf dem ▸ Wirtstier, das sie nur kurz befallen, ernähren sie sich von Gewebesaft. Sie befallen Rotwild, Rehwild, Muffelwild und Gamswild, Rebhühner (bei jungen Rebhühnern kann ein Massenbefall zu Todesfällen führen), Hase, Wildkaninchen – hier können sie die ▸ Tularämie (Nagerpest) übertragen –, aber auch Hund und Mensch. H. setzen sich bevorzugt an Körperstellen fest, an denen die Haut dünn ist, wie z.B. am Kopf (Augen, Lippen, Ohren) oder zwischen den Zehen. An den befallenen Stellen kommt es zu starkem Juckreiz und zu entzündlichen Hautveränderungen mit einem roten Punkt in der Mitte, was beim Wirtstier zu Beunruhigung führt. Die sich entwickelnden Bläschen verschorfen später.

Bekämpfung: Für Mensch und Hund ist es empfehlenswert, den Arzt bzw. den Tierarzt aufzusuchen.

2. Rote Vogelmilbe, die (*Dermanyssus gallinae*): Sie hat einen birnenförmigen, 0,5 bis 0,7 mm langen Körper, welcher nüchtern grauweiß und flach, vollgesogen dunkelrot und gewölbt ist. Tagsüber leben die R. V. in den Ritzen und Fugen des Stalles oder des Nestes und suchen ihre Wirtstiere nur nachts zum Blutsaugen auf. Sie kommen in den Ställen des Hausgeflügels, in ▸ Fasanerien und in Rebhuhnzuchten vor. Befallene Stücke fallen durch Abmagerung, Blutarmut und Federausfall auf. Massenbefall ist bei Küken infolge der Blutarmut oft eine Ursache von plötzlichen Todesfällen. R.-V.-Larven sind auch Überträger des Geflügelcholera-Erregers. Der Befall durch die R. V. ist am sichersten durch den Nachweis von Milben im Schlund festzustellen.

Bekämpfung: Bepinseln der Aufbaumstangen mit flüssigem Jacutin und Einpudern des Geflügels mit Jacutin-Puder.

Milchdrüsen, die: Weibliche Säugetiere haben an der Bauchseite Hautdrüsen entwickelt, in denen sie Milch zur Aufzucht ihrer Jungen erzeugen (Milchsekretion, Laktation). Die Funktion der M. wird durch Hormone gesteuert. Bei den höheren Säugern münden mehrere M. in Zitzen bzw. in Brustwarzen. Bei einigen Säugern befinden sich die M. hinten am Bauch (z.B. bei ▸ Wiederkäuern); Säuger mit vielen Jungen (z.B. Nager, Insektenfresser, Raubtiere) haben auf dem Bauch zwei Reihen von Zitzen.

Milchgebiss, das: Bei den meisten Säugern wachsen zweimal die Zähne. Das M. ist das erste Gebiss; ihm folgt nach dem Herausfallen der Milchzähne das Dauergebiss. Die Milchzähne werden von der Wurzel her abgebaut; ▸ Zahnalterslehre.

Milchreife, die: Auch Teigreife. Das ▸ Reifestadium der Getreidekörner vor Beginn des Hartwerdens, solange sie sich über dem Fingernagel brechen lassen.

Milchsauger, der: ▸ Eulen 5.

Milchtritt, der: Bei vielen Säugetierarten ein Verhalten, bei dem die Jungtiere mit dem Kopf oder mit den Vorderläufen (Pfoten) massierend gegen das Gesäuge der Mutter drücken, um den Milchfluss anzuregen.

Miller, Max: ▸ Jagdliteratur.

Millner, Karl (1825 Mindelheim bis 1895 München): Maler. Von ihm stammt u. a. »Jäger im Hochgebirge«.

Millimeterring, der: Bez. für die Zuwachsringe an der Krucke des ▸ Gamswildes ab dem fünften Lebensjahr; ▸ Zentimeterring.

Milzbrand, der (Anthrax): Eine für Mensch und Tier sehr gefährliche ▸ Infektionskrankheit. M. wird durch den Anthraxbazillus (*Bazillus anthracis*) hervorgerufen und kommt, wenn auch selten, bei allem Wild vor, v.a. bei Wiederkäuern (Rotwild und Damwild). Für den Menschen besteht große Ansteckungsgefahr. Die Krankheit tritt v.a. in heißen Sommern auf. Die natürliche Ansteckung erfolgt durch Aufnahme des Erregers mit der ▸ Äsung. Die ▸ Inkubationszeit beträgt 1 bis 14 Tage. Die Infektion geht vom Darm aus und nimmt meist einen sehr schnellen Verlauf, sodass häufig plötzliche Todesfälle auftreten. Die erkrankten Stücke haben überhöhte Körpertemperatur (bis 42 °C), ihr Allgemeinbefinden ist gestört, sie sind matt, benommen, verweigern das Futter, und ihre Atmung ist beschleunigt. Aus Nase, Maul und ▸ Weidloch tritt eine blutige Flüssigkeit aus, die Schleimhäute sind blaurot verfärbt. Das Tier wird von Koliken und von Krämpfen geschüttelt. Beim aufgebrochenen Stück ist die Milz stark geschwollen, der

Schweiß ist braunschwarz. Leber und Nieren sind blutreich und mürbe.

Bekämpfung: Alle kranken oder auch nur krank erscheinenden Stücke sind so bald wie möglich zu erlegen und unschädlich zu beseitigen. Das ▸ Wildbret ist genussuntauglich. Der Mensch kann sich durch direkten Kontakt mit einem erkrankten Tier oder mit Fallwild infizieren (Inkubationszeit: einige Stunden bis mehrere Tage). Meist kommt es dann zum Haut-M., der bei rechtzeitiger Behandlung mit Antibiotika gut zu heilen ist. Durch den Genuss von rohem Fleisch oder der Milch eines erkrankten Tieres kann es zu Darm-M. kommen, der mit Erbrechen, Fieber und Bauchschmerzen beginnt. Durch Einatmen von M.-Sporen kann es zum Lungen-M. kommen, der jedoch sehr selten ist. Er beginnt mit grippeähnlichen Symptomen. Die beiden letztgenannten Formen verlaufen meist innerhalb von zwei bis drei Tagen tödlich, da es für eine Behandlung bereits zu spät ist, wenn Symptome auftreten und die Diagnose gestellt wird. Bei allen drei Formen kann es zu Hautblutungen, Blutvergiftung, Milzvergrößerung und Kreislaufschock kommen. M. gehört zu den anzeigepflichtigen Tierseuchen (▸ Anzeigepflicht); ▸ Zoonose.

Milzschuss, der: ▸ Schusszeichen.

Mimikry, die: Eine besondere Form der ▸ Schutzanpassung, v.a. bei wehrlosen Tieren. Durch Nachahmung von auffälliger Färbungen (Warntrachten), die eine täuschende Ähnlichkeit mit wehrhaften oder widerlich schmeckenden Tieren haben, soll die Schutzanpassung Tiere vor Verfolgung schützen und abschreckend wirken. Zur Schutzanpassung gehört auch das bestimmte Verhalten der Tiere, z.B. die regungslose Pfahlstellung der Rohrdommel, in der sie im Schilf von den Schilfrohren kaum zu unterscheiden ist.

Mindestgröße von Jagdbezirken, die: ▸ Jagdbezirke.

Mindestpachtzeit der Jagdbezirke, die: ▸ Jagdpacht.

Minié-Geschoss, das (Expansionskugel): ▸ Kugel 2).

Mink, der: ▸ Nerz.

Minnigerode, August Friedrich Freiherr von (16.12.1687 Sondershausen bis 17.11.1747 Darmstadt): M. war Landgräflich Hess.-Darmstädtischer Oberjägermeister, Premierminister des Landgrafen Ludwig VIII. von Hessen-Darmstadt und ab 1746 Kaiserlicher Reichshofrat. Er war ein hervorragender Forstmann, wählte die tüchtigsten landgräflichen Hofjäger aus, bildete sie persönlich aus und bereitete sie so auf die Übernahme der ihnen in erster Linie vorbehaltenen Oberförsterstellen vor – z.B. Ernst Friedrich Hartig, den Großvater von G. L. Hartig. Für sein erfolgreiches Wirken wurde M. 1731 die landesherrliche Anerkennung zuteil, »dass er das Forst- und Jagdwesen in den gesamten fürstlichen Landen in einen vollkommenen Zustand gesetzt habe«.

Miquelete: ▸ Schnapphahnschloss.

Mirle (Zwergfalke): ▸ Falken 4.

Misbellerl, das (Missbelleri): Das ▸ Murmeltier.

Mischbaumarten, die: In den Bestand eingemischte Baumarten, die nach Häufigkeit und Verteilung einen gewichtigen Einfluss auf die Bestandsökologie ausüben. Sie müssen in ihrem Wuchsverhalten und umtriebsmäßig (▸ Umtriebszeit) möglichst zusammenpassen bzw. sich ergänzen.

Mischbestand, der: Ein Waldbestand aus zwei oder mehreren Baumarten, wenn die beigemischten Bäume mehr als 10% der Fläche einnehmen; ▸ Mischwuchsregulierung.

Mischgelege, das: Ein ▸ Gelege, dessen Eier von zwei verschiedenen Vogelarten stammen. M. finden sich meist bei Koloniebrütern, v.a. bei Bodenbrütern, insbesondere bei ▸ Wildenten. Bei Letzteren z.B. legen die Enten verschiedener Arten gelegentlich die Eier in einem Nest zusammen, wobei das M. i.d.R. von der ursprünglichen Nestinhaberin bebrütet wird. Zu M. kommt es meist, wenn ein Mangel an geeigneten Nistplätzen auftritt. M. kommen verstärkt vor, wenn die Nester offen, d.h. nicht versteckt, angelegt wurden.

Mischwuchsregulierung, die: Bei der M. wird im ▸ Mischbestand das Ziel verfolgt, die einzeln vorkommenden Baumarten ihrem Anteil entsprechend zu fördern. Das geschieht mit Durchforstungs- und Pflegemaßnahmen. Dabei wird die unterschiedliche Wuchsdynamik der einzelnen Baumarten berücksichtigt.

Missbildungen, die: M. sind eine Abweichung in der Ausbildung des Normaltyps. Sie sind entweder genetisch bedingt oder auf umweltbedingte Faktoren zurückzuführen. M. gibt es sowohl im Skelett – z.B. fehlende, überzählige oder unvollständige Gliedmaßen – als auch im Wachstumszentrum der Organe oder des ganzen Organismus.

Missfährte, die: svw. falsche ▸ Fährte.

misstrauisch: M. ist der Auerhahn, wenn er nicht eifrig balzt, sondern öfters verschweigt; ▸ Raufußhühner 1.

Misteldrossel, die: ▸ Drosseln 3.

Misteldrossel, kleine, die: ▸ Drosseln 2.

Mistelziemer, der: ▸ Drosseln 3.

Mistgeier, der: ▸ Geier 2.

mitfahren: ▸ mitschwingen.

Mitjagd, die: svw. ▸ Koppeljagd.

Mitnehmen, das (das Gräslein): ▸ Hirschgerechte Zeichen.

mitnehmen: Flüchtig werdendes ▸ Kahlwild nimmt den Hirsch mit, wenn dieser ebenfalls abspringt. Die abstreichende Auerhenne nimmt den Auerhahn mit usw.

Mitpächter, die: Mehrere Pächter, die gemeinsam einen Jagdbezirk gepachtet haben, sind M. und bilden untereinander eine Gesellschaft des bürgerlichen Rechts. Sie haben die gleichen Rechte und Pflichten, haften in gleichem Umfang und können die Jagd nur einvernehmlich ausüben. Die Abschussverteilung, die Durchführung von ▸ Gesellschaftsjagden, der Bau jagdlicher Einrichtungen, die Anstellung eines ▸ Jagdaufsehers und die Erteilung von ▸ Jagderlaubnisscheinen bedürfen daher der Zustimmung sämtlicher M.

mitschwingen (mitziehen, mitfahren, nachziehen, nachfahren): Mit angeschlagenem Gewehr dem sich bewegenden Ziel folgen, um im richtigen Moment zu schießen.

mitstehen: Ein Hund, der sich einem bereits vorstehenden Hund nähert, Wittrung vom selben Wild bekommt und ebenfalls vorsteht, steht mit; ▸ sekundieren, ▸ Blender, ▸ Blinker.

Mitteilungsblätter der Landesjagdverbände: ▸ Landesjagdverbände.

Mittelbär, der: ▸ Braunbär.

Mittelende, das (Mittelsprosse): Mittleres Ende eines Rothirsch- oder eines Damhirschgeweihs. Die Mittelsprosse liegt je nach Geweihausformung zwischen Augsprosse bzw. Eissprosse (sofern diese vorhanden ist) und der Krone (Schaufel) oder der Wolfssprosse, wenn das ▸ Geweih eine solche aufweist.

Mittelente, die: ▸ Wildenten 6.

Mittelfalke, der: ▸ Falken 9.

Mittelhirsch, der: Bez. für einen nicht mehr ▸ geringen, aber noch nicht ▸ starken Hirsch.

Mittelhorn, das: ▸ Jagdhorn.

Mitteljagd, die: In manchen Ländern (z.B. im Kurfürstentum Sachsen) wurde die Jagd früher in drei Gruppen eingeteilt: in Hohe Jagd, Mittlere Jagd und Niedere Jagd. Zur Mitteljagd zählten zeitweise: Rehwild, Schwarzwild, Wolf, Luchs, Großer Brachvogel, Birkwild und Haselwild sowie die Wildgänse; ▸ Hohe Jagd, ▸ Niederjagd.

Mittelneue, die: ▸ Neue.

Mittelrabe, der: ▸ Rabenvögel 2.

Mittelrasse, die: Frühere Bez. für Bastard; eine Kreuzung von Hunden zweier ▸ Rassen.

Mittelsäger, der: ▸ Säger 2.

Mittelschaft, der (Band): ▸ Haar.

Mittelschnepfe, die (Doppelschnepfe): ▸ Schnepfenvögel 3.

Mittelspecht, der: ▸ Spechte 3.

Mittelsprosse, die: **1**) ▸ Mittelende. **2**) Auch Hauptspross, Oberspross und Stangenspross; das mittlere Ende beim Rehbock-Sechsergehörn; ▸ Vorderspross, ▸ Rückspross.

Mitteltuch, das (Mittelzeug): ▸ Jagdzeug 2.

Mittelwald, der: ▸ Betriebsarten.

Mittelzeichen, das: Das Blenden oder das Ereilen; ▸ Hirschgerechte Zeichen.

Mittelzeug, das (Mitteltuch): ▸ Jagdzeug.

Mittelziemer, der: Der ▸ Ziemer des Rotwildes zwischen Vorderziemer und Wedelziemer (von den Rippen bis zum Becken).

Mittlerer Buntspecht, der: ▸ Spechte 3.

mitziehen: ▸ mitschwingen.

MKS: Abk. für ▸ Maul- und Klauenseuche.

Model, das: Ein Instrument zum Stricken des ▸ Jagdzeuges.

Moderhinke, die: Eine ▸ Infektionskrankheit, die durch Bakterien (*Sphaerophorus necrophorus* und *Bacterium fusiformis nodosus*) hervorgerufen wird. Die Bakterien sind auf trockenem Boden ca. sieben Tage, auf feuchtem Boden ca. 30 Tage, in erkrankten ▸ Schalen etwa dreieinhalb Jahre lebensfähig. Auf feuchtem Gelände kann die M. zu massenhaften Erkrankungen führen. Sie ist eigentlich eine seuchenhaft auftretende Krankheit des Hausschafes, kommt jedoch in letzter Zeit auch beim ▸ Muffelwild vor. Zu Todesfällen führt sie selten. Die Infektion erfolgt durch verseuchten Boden bei zu feuchtem Standort

oder durch Zukauf bzw. durch ▸ Aussetzen von bereits erkrankten Tieren. I.d.R. beginnt die Erkrankung mit einer harmlos erscheinenden Entzündung der Haut im Zwischenschalenspalt; es kommt dann zur Auflösung des Schalenhornes sowie zur Ablösung des Wandhornes und des Schalenhornes von der Lederhaut. Unter dem losen ▸ Horn befindet sich ein grauweißer, schmieriger Belag. Der Eiterungsprozess kann sich über die Schalen hinaus auf die Sehnen, die Gelenke und die Knochen ausdehnen. Es kommt schließlich zu Schalenverformungen, zum Sohlendurchbruch und zur völligen Ablösung des Schalenhornes von der Unterlage (Ausschuhen). Bei lang andauernder Krankheit sind an den Schalen nur noch Eiterbakterien; die Erreger der M. sind dann nicht mehr zu finden. Infolge der starken Schmerzen kommt es zu starker Lahmheit, zu gestörter Nahrungsaufnahme und zu starkem Wildbretverlust. Die erkrankten Stücke lassen sich oft auf die Vorderfußwurzelgelenke nieder und knien oder liegen ganz fest.
Bekämpfung: Abschuss aller kranken (bewegungsgestörten) Tiere. Bei Muffelwild auf feuchten (ungeeigneten) Standorten können zur Vorbeugung an Fütterungen Torfmatratzen angelegt werden, die Desinfektionsmittel und Mittel gegen M. (Löschkalk mit Kupfersulfat oder Chlorkalk) enthalten. Werden neue Tiere ausgesetzt, sind sie vorher mindestens vier Wochen in Quarantäne zu halten. Das ▸ Wildbret ist – wenn das befallene Stück nicht zu stark abgekommen ist – nach Entfernung der erkrankten Teile für den Menschen genusstauglich. Entstehung und Krankheitsverlauf der M. bedürfen jedoch noch einer eingehenden wissenschaftlichen Klärung.
Moffethier, das: Alte Bez. (18. Jh.) für Mufflon (▸ Muffelwild) (Ph. A. Nemnich, »Buch der Natur«, 1793).
Mohr, Erna (11.7.1894 Hamburg bis 10.9. 1968 Hamburg): Zoologin. M. war nach dem Besuch des Lehrerinnenseminars von 1914 bis 1934 Lehrerin an Hamburger Grund- und Sonderschulen. Ab 1913 am Naturhistorischen Museum ehrenamtlich bei Prof. Ehrenbaum tätig, erforschte sie zunächst in der fischereibiologischen Abteilung Alter und Wachstum fischereiwirtschaftlich bedeutender Fische wie Meeresforelle und Zander. 1917 gelang ihr z.B. die Alterbestimmung an Ctenoidschuppen. Nach dem Wechsel (1923) in die Abteilung für niedere Wirbeltiere assistierte M. bei der Durchführung taxonomischer Arbeiten über Fische, bevor sie sich dem Studium der Zootiere zuwandte. Ihre in zahlreichen europäischen Zoologischen Gärten durchgeführten Untersuchungen an Säugetieren dienten u.a. der Erhaltung aussterbender Tierarten. M. setzte sich als Zuchtbuchführerin der Internationalen Gesellschaft zur Erhaltung des ▸ Wisents für die Bewahrung der noch lebenden eurasiatischen Wisente ein. Ab 1946 war sie hauptamtliche Kustodin am Naturhistorischen Museum in Hamburg. Sie schrieb u.a. »Der Wisent« (1952).

Der Mastino Napoletano geht auf die von den Römern als Packerhunde gezüchteten Molosser zurück.

Möhrbraten, der: ▸ Mehrbraten.
Mohrd, der: Mecklenburgischer Volksausdruck für ▸ Marder.
Mohrenente, die: ▸ Wildenten 16.
Mohrenhuhn, das: ▸ Rallen 1.
Mohrenkopf, der: ▸ Möwen 2.
Molaren, die: ▸ Zahnalterslehre.
Mollenhaube, die: ▸ Falkenhaube.
Molosser, der: Von den Römern übernommene Bez. für Packerhunde (▸ Saupacker, ▸ Hatzhunde), ursprünglich von den M. (hellenistischer Volksstamm) gezüchtete Jagdhunde, die noch zur Zeit Karls d. Gr. gebraucht wurden; sie gelten als Vorfahren zahlreicher europäischer Jagdhunderassen. Der Mastino Napolitano z.B. stammt von den M. ab. Er hat einen ruhigen und freundlichen Charakter. Der M. hat eine langsame, bärentatzige Gangweise. Seine blaugrauen Haare sind kurz, die Haut bildet im Kopfbereich große Faltenwülste. Die Ohren sind häufig kupiert, der Schwanz ist um ein Drittel kupiert; ▸ Mastiff.
Monatsringe, die (Schmuckwülste): Bez. für die Wülste zwischen den Jahresringen an der Muffelwidderschnecke; ▸ Muffelwild.
Mönch, der: **1**) Hirsch, der kein Geweih schiebt; ▸ Rotwild (Hauptschmuck). **2**) Die Ringelgans; ▸ Wildgänse 7.
Mönchsgeier, der: ▸ Geier 3.
Mönchshirsch, der: Hirsch, der kein Geweih schiebt; ▸ Rotwild (Hauptschmuck).
Monde, die: Alte, runde Jagdhörner (noch 1818 beim letzten im Harz erlegten Luchs geblasen); ▸ Jagdhorn.
Mond, halber, der (Flügelhorn): ▸ Jagdhorn.
Monet, Claude Oscar(14.11.1840 Paris bis 6.12.1926 Giverny): Französischer Maler und wichtiger Vertreter des Impressionismus. Von ihm stammt u.a. »Jagdtrophäen« (1862); das Bild befindet sich im Louvre.
Mongolischer Ringfasan, der: ▸ Fasan 3.
Moniteur, der (lat.-franz.: Ratgeber): Beim Hundewesen früher übliche Bez. für einen abgeführten Hund, der aufgrund seiner hervorragenden Suche, seines Vorstehens und seines Apportierens als Vorbild für einen noch abzuführenden Hund galt.
Monokultur, die: In der ▸ Landwirtschaft und in der Forstwirtschaft der Anbau einer einzigen Pflanzenart (Reinbestand) auf einer (großen) Fläche. V.a. unsere ▸ Wirtschaftswälder wurden bislang häufig als Fichten-M. oder als Kiefern-M. angelegt. M. mindern jedoch auf die Dauer die Bodenqualität, fördern die Pflanzenkrankheiten und die Schädlinge, v.a. die Forstschädlinge, und werden empfindlicher für Windwurf und für Schneebruch. Zugleich kennzeichnet sie eine einseitige, artenarme Tierwelt, und häufig ist das biologische Gleichgewicht gestört. Von den M. muss man die natürlichen Reinbestände unterscheiden, so z.B. die natürlichen Fichtenwälder in den Gebirgshochlagen. Heute ist hinreichend bekannt, dass z.B. Nadelholz-M. den Boden verschlechtern (versauern; ▸ Bodenversauerung) und Einbußen im ▸ Zuwachs bewirken. Bereits die zweite Nadelholzgeneration bringt nur noch ca. 50% Holzzuwachs.
Monorchie, die (Einhodigkeit): Unpassender Ausdruck für einseitigen ▸ Kryptorchismus (Verborgenhodigkeit).
monströs: svw. widersinnig, missgestaltet; Bez. für ein stark von der normalen Entwicklung abweichendes Gehörn oder ▸ Geweih.
Montagearten für Zielfernrohre, die: ▸ Jagdoptik.
Montanella, das: ▸ Murmeltier.
Moor, das (Moos, Ried, Bruch, Fenn, Fehn, Luch): Ein sumpfiges Gelände – meistens ohne Bäume – mit Torfboden. Diese mineralarmen Humusschichten waren wenigstens zum Zeitpunkt ihrer Entstehung von Wasser durchfeuchtet und werden wegen des herrschenden Sauerstoffmangels nicht zersetzt. Unterschieden wird nach Flach- oder Nieder-M. und Hoch-M. Bei Nieder-M. reicht die Torfbildung bis zum Niveau des Grundwassers, d.h., sie werden vom Grundwasser gespeist und verlaufen demzufolge parallel zum Grundwasserspiegel. Bei Hoch-M. ist die Torfbildung über dem Grundwasserspiegel; sie sind von Niederschlägen abhängig. Das das Hoch-M. aufbauende Torfmoos wächst in großen Polstern nach oben, sodass eine uhrglasförmige

Moorwaldlandschaft

Wölbung entsteht und das M. vom Grundwasser unabhängig ist. Bei Flach-M. herrschen Seggen und Schilf vor, bei Hoch-M. Zwergsträucher. Später wachsen auf Letzteren Heidekraut und Bäume, v.a. Erle, Birke und Kiefer. M. sind geeignete ▸ Biotope für Birkwild, Brachvogel, Kranich und Sumpfohreule.

Moorbirke, die: ▸ Birken 2.
Moorbirkhahn, der: Der Rackelhahn; ▸ Raufußhühner 3.
Moorbock, der: ▸ Rehwild (Hauptschmuck).
Moorelster, die: ▸ Austernfischer.
Moorente, die: ▸ Wildenten 11.
Mooreule, die: ▸ Eulen 3.
Moorfex, der (Morfex): ▸ Kormoran 1.
Moorfuchs, der (Kohlfuchs oder Brandfuchs): ▸ Fuchs (Aussehen).
Moorgans, die: ▸ Wildgänse 3. und 7.
Moorgoas, die: Süddeutscher Ausdruck für Bekassine; ▸ Schnepfenvögel 2.
Moorhahn, der: ▸ Mooshahn.
Moorhase, der: ▸ Hasen 1.
Moorhuhn, das: Das Birkhuhn und das Moorschneehuhn; ▸ Raufußhühner 2. und 6.
Moorhuhn, **Kleines**, das: ▸ Rallen 6.
Moorochse, der: ▸ Reiher 7.
Moorritter, der: Der Birkhahn; ▸ Raufußhühner 2.
Moorschneehuhn, das: ▸ Raufußhühner 6.
Moorschnepfe, **große**, die: ▸ Schnepfenvögel 3.
Moorschnepfe, **kleine**, die (Moorsumpfschnepfe): ▸ Schnepfenvögel 4.
Moosbeere, die: ▸ Heidelbeere 3.
Moosente, die: ▸ Wildenten 1.
Moosgrille, die: ▸ Schnepfenvögel 7.
Mooshahn, der (Moorhahn): In mooriger Ebene lebender Birkhahn; ▸ Raufußhühner 2.
Mooshase, der: ▸ Hasen 1.
Mooskuh, die: ▸ Reiher 7.
Moosschnepfe, **große**, die: ▸ Schnepfenvögel 3.
Moosschnepfe, **kleine**, die (Moossumpfschnepfe): ▸ Schnepfenvögel 4.
Moosweih, der: ▸ Weihen 1.
Morasthuhn, **Weißes**, das: ▸ Raufußhühner 6.
Mörbraten, der: ▸ Mehrbraten.
Morchen, die: Selten gebrauchter Ausdruck für die ▸ Kolben der Hirsche.
Morchente, die: ▸ Säger 3.
Mörder, der (Mörderbock, Mörderhirsch, Schadbock, Schadhirsch): Älterer Rehbock oder Hirsch, dessen Gehörn bzw. ▸ Geweih nicht mehrere Enden, sondern nur lange Spieße hat und deshalb beim Kampf einem Gegner mit mehrendigem Gehörn oder Geweih i.d.R. überlegen ist.
Mördergeweih, das: Ein Spießergeweih; ▸ Mörder.
Mordfalle, die (Prügelfalle): Eine Totschlagfalle; ▸ Fallen 12.
Morfex, der (Moorfex): ▸ Kormoran 1.
Morgan, Camillo: ▸ Jagdliteratur.
Morgenandacht, die: ▸ Gebet.
Morgenansitz, der: ▸ Ansitz oder Anstand am Morgen.
Morgenanstand, der: ▸ Ansitz oder Anstand am Morgen.
Morgenbalz, die: Die ▸ Balz des Auerhahns oder des Birkhahns am Morgen; ▸ Raufußhühner 1. und 2.
Morgenbirsch, die: ▸ Morgenpirsch.
Morgengebet, das: ▸ Gebet.
Morgenpirsch, die (Morgenbirsch, Morgenpürsch): ▸ Pirsch am Morgen.
Morgenruf, der: Ein Sammelruf gesellig lebender Vögel (z.B. der Rebhühner) am Morgen; Ggs.: ▸ Abendruf.
Morgenstrich, der: Das Streichen (Fliegen) der Schnepfen, Enten und Gänse am Morgen; Ggs.: ▸ Abendstrich.
Morinelle, **Mornell**: ▸ Regenpfeifer 6.
Mornell(en)steinwälzer, der: ▸ Schnepfenvögel 8.
Mornellkiebitz, der: ▸ Regenpfeifer 6.
Mornellregenpfeifer, der: ▸ Regenpfeifer 6.
Moschusochse, der (*Ovibos moschatus*): Der M. war während der Eiszeit in Mitteleuropa ein häufiges Wild. Heute kommt er nur noch in den arktischen Tundren von Nordkanada und Ostgrönland vor. Eine Wiedereinbürgerung erfolgte auf Spitzbergen und in kleinen Gebieten in Norwegen, Schweden und Russland. Der M., ein ▸ Paarhufer, steht den Schafen und den Rindern nahe. Seine Augen sind gut der Dunkelheit angepasst. Er kann bis zu 30 Jahre alt werden.

Aussehen: Die Weibchen sind stets kleiner und leichter als die Männchen (Stier, Bulle). Kennzeichnend für die M. sind die dicken, ausladenden Hörner, die bei ausgewachsenen Stieren einen breiten, bis 20 cm starken und fast ganz ineinander übergehenden Stirnschild bilden, von dem aus sie sich nach unten, dann nach vorn schwingen. Das Hornende ist spitz. Die Länge eines Hornes beträgt etwa 60 cm. Bei den Brunftkämpfen krachen die Stiere so heftig mit den Schädeln aufeinander, dass es kilometerweit zu hören ist. Ein weiteres markantes Kennzeichen ist die Behaarung. Der schwere, dunkelbraune Haarpelz des M. besteht insbesondere im Winter aus dichter, weicher Wolle, überlagert von dicken Schutzhaaren, die bis zum Boden herabreichen. Die Wolle wird im Frühjahr abgestoßen; zu dieser Zeit wirken die Tiere äußerst zottelig, wie überhaupt die massige, kräftige Gestalt des M. an einen Büffel erinnert. Eine Fettdrüse (Schmierdrüse) unter den Augen verhindert, dass die langen Haare die Sehtüchtigkeit beeinträchtigen. Sie bewirkt ein Einfetten des äußeren Augenbereichs, der damit weitgehend frei bleibt. Die Drüse sondert auch die für den Brunftbetrieb wichtigen Duftstoffe ab.

Lebensweise und Fortpflanzung: Der M. ist ziemlich standorttreu und zieht in kleinen Herden umher, die im Winter jedoch einen Verband von über 100 Tieren bilden können. Die einzelnen Herden werden i.d.R. von einem erfahrenen Leittier angeführt und von einigen Stieren begleitet. Alte Stiere sind meist Einzelgänger. M. können Temperaturen von –70 °C aushalten. Sie sind jedoch feuchtigkeitsempfindlich. Bei anhaltender Feuchtigkeit gehen viele Tiere an Lungenentzündung ein. Bei Gefahr – so auch gegenüber Jägern – bilden die Tiere eine Wand von gesenkten Hörnern und bilden dabei einen Kreis, in dessen Mitte die Kälber Schutz finden. Die Formation dreht sich gewöhnlich so, dass die starken Stiere immer dem Punkt der höchsten Gefahr zugewandt sind. Eine solche Formation wird auch bei starken Schneestürmen gebildet. Die Brunftzeit dauert von Mitte Juli bis Anfang Oktober. Nach einer Tragzeit von acht bis neun Monaten wird das gegen trockene Kälte unempfindliche Kalb (selten zwei Kälber) im April oder im Mai gesetzt. Die Kälber können innerhalb von drei Tagen der ziehenden Herde folgen. Sie werden über ein Jahr gesäugt. Die Weibchen werden nur alle zwei bis drei Jahre trächtig.

Moschusochse: Aussehen	
Körpermaße	
KRL	195–225 cm
SH	115–150 cm
SL	6–19 cm
Gewicht	190–400 kg

Moschustier: Aussehen	
Körpermaße	
KRL	75–105 cm
SH	50–70 cm
SL	4–6 cm
Gewicht	7–16 kg

Nahrung: Sie besteht aus Gräsern, holzigen Pflanzen und Flechten, seltener auch aus Moosen.

Moschusratte, die: ▸ Bisamratte.

Moschustier, das (*Moschus moschiferus*): Das M. ist ein geweihloser Hochgebirgshirsch der Bergwälder Zentralasiens. Das Weibchen ist kleiner und leichter als das Männchen. Die männlichen Hirsche tragen im Oberkiefer hauerartige ▸ Eckzähne, die zur Brunftzeit im Spätherbst als Waffe bei Rivalenkämpfen eingesetzt werden. Die Hinterläufe sind länger als die Vorderläufe. Aus ihren Moschusdrüsen (▸ Duftdrüsen), die am Hinterleib vor den Geschlechtsorganen liegen, sondern M. ein Sekret ab und markieren damit ihre Reviere. Die Tragzeit beträgt fünf bis sechs Monate; gesetzt werden ein bis zwei Junge. Als Gras- und Laubfresser ernährt sich das M. v.a. von Blättern, Gräsern, Moos und Flechten.

Moser, Wilhelm Gottfried von (27.11.1729 Tübingen bis 31.1.1793 Ulm): Die Familie des M. wurde 1573 geadelt. Sein Vater Johann Jakob (1701 bis 1785) war ein bekannter Staatsrechtler, Professor in Tübingen und Frankfurt/Oder. Wilhelm Gottfried M. gehört zu den Kameralisten, welche die Forstwissenschaft als solche begründet haben. Er gründete 1788 die forstliche Zeitschrift »Forstarchiv zur Erweiterung der Forst- und Jagdwissenschaft und der Forst- und Jagdliteratur«. In dieser drittältesten deutschen Forstzeitschrift, von der M. bis zu seinem Tode 14 Bände (1788 bis 1793) herausgab, wurden vorwiegend Forst- und Jagdgesetze gesammelt.

Mosochs, der: Alter süddeutscher Ausdruck für die Rohrweihe; ▸ Weihen 1.

Motthühnchen (Motthühnlein, geflecktes), das: ▸ Schnepfenvögel 13.

Mouflon, das: ▸ Muffelwild.

Möwen, die (*Laridae*): Familie aus der ▸ Ordnung der ▸ Watvögel (▸ Sumpfvögel) und möwenartigen Vögel (*Charadriiformes*). M. sind langflügelige Schwimmvögel, bei denen die langen Flügel meistens den runden Schwanz überragen. Die ▸ Geschlechter sind gleich gefärbt. Ihre vorherrschende Farbe ist Weiß, der Rücken und die Schwingen sind je nach Art grau, blau oder schwarz. Der Schnabel ist schwach hakenförmig gebogen. Die drei Vorderzehen sind durch Schwimmhäute verbunden. M. kommen in zahlreichen Arten und in großer Zahl an den Meeresküsten vor und brüten in mehr oder weniger großen ▸ Kolonien. An Binnengewässern sind sie mit Ausnahme der Silbermöwe oder der Lachmöwe seltener anzutreffen. Das Gelege besteht meist aus drei Eiern. Die Jungen sind ▸ Nestflüchter, sehr gefräßig und ernähren sich fast

Lachmöwe im Brutkleid

ausschließlich animalisch, z.T. räuberisch, und von Aas. Lachmöwen und Silbermöwen werden in den Städten häufig zur Plage, v.a. durch die starke Verschmutzung der Häuser und der Straßenlampen durch Kot. M. sind ausgezeichnete Flieger, die zum Segeln den Wind gut ausnutzen und mit wenigen Flügelschlägen eine große Geschwindigkeit erreichen. Der Segelflug der M. diente als Vorbild für die Segelflugtechnik. Die M. sind jagdbar, und soweit die Jagd auf sie ausgeübt wird, soll wegen des dichten Gefieders 3-mm-Schrot (bei ▸ Weicheisenschrot 3,5 mm) verwendet werden. Die Eier der Silbermöwe und der Lachmöwe dürfen zur Regulierung des Bestandes ohne zeitliche Beschränkung gesammelt und vom ▸ Jagdausübungsberechtigten verwertet werden. M.-Fleisch ist zäh, schmeckt tranig und ist ungenießbar. Die Nahrung der M. (Allesfresser) besteht vorwiegend aus kleinen Fischen und Fischabfällen, aus Würmern, Krebsen und Mollusken, aus Abfällen, Insekten und Weichtieren aller Art. Die meisten Arten rauben auch kleinere Seevögel und deren Gelege. In Mitteleuropa sind nur noch die sieben nachstehenden Arten ▸ Brutvögel.

1. Mantelmöwe, die (*Larus marinus*, L.): Auch Schwarzmantel, große Heringsmöwe, Riesenmöwe, gefleckte große Falkenmöwe. Länge: um 74 cm; Gewicht: etwa 1700 g.

Aussehen: Die Altvögel sind weiß mit grauschwarzem Rücken und schwarzen, weiß gesäumten Flügeln. Der sehr starke Schnabel ist gelb mit rotem Fleck am Unterschnabel. Beine und Füße sind fleischfarben, die Augen je nach Alter braun bis lebhaft gelb. Die Jungvögel sind oberseits sandfarben und schwärzlich gefleckt, unterseits grauweiß mit spärlicher Fleckung an Hals und Kropf. Der Schnabel ist grauschwarz.

Vorkommen: Die M. ist in Nord- und Nordwesteuropa, in Frankreich und in Belgien beheimatet und lebt auf den Inseln, an der Küste oder in Küstennähe. Sie liebt felsiges Gelände mit niedriger, spärlicher Vegetation und ist ein häufiger Begleiter von Schiffen.

Fortpflanzung: Das Nest wird auf steinigen oder kiesigen Küsten oder im Gras der Flussmündungen einzeln oder kolonienweise errichtet. Das Gelege besteht aus drei (zwei bis vier) steingrauen, gelegentlich olivbräunlichen Eiern, die mit dunkelbraunen Flecken und Strichen durchsetzt sind. Sie sind ca. 77 x 54 mm groß und etwa 116 g schwer. Die Eier werden von beiden Partnern 26 bis 28 Tage bebrütet. Die Jungen sind nach ungefähr sieben Wochen selbstständig. Eine Jahresbrut (Mai/Juni).

2. Lachmöwe, die (*Larus ridibundus*, L.): Auch Mohrenkopf, Hutmöwe, Kapuzinermöwe, Speckmöwe, Mebeln. Länge: ca. 40 cm; Gewicht: um 250 g.

Aussehen: Das ▸ Brutkleid (Sommerkleid) ist weiß mit graublauem Rücken und schwarzbraunem Kopf. Heller Augenring. Im ▸ Ruhekleid (Winterkleid) ähnlich, Kopf jedoch weiß mit dunklem Fleck in der Ohrgegend und vor dem Auge. Schnabel und Ständer rot, Augen braun. Im ▸ Jugendkleid oberseits heller mit dunkelbraunen Flecken, Scheitel und Ohrgegend braungrau, auf dem Hals ein braunes Band; unterseits schmutzig weiß, Schwanz mit dunkler Endbinde. Schnabel und Ständer graubraun.

Vorkommen: Die L. ist in Mittel- und Osteuropa, auf Island, auf den Britischen Inseln, im südlichen Skandinavien und in der Camargue beheimatet und liebt offene Landschaften mit Seen und Sümpfen, kommt aber auch an der Küste vor. Außer-

Heringsmöwe

Die Silbermöwe lebt vorwiegend an der Küste, kommt aber auch an größeren Binnengewässern vor.

halb der Brutzeit ist sie an fast allen Binnengewässern – auch in den Städten – anzutreffen. Bei der Feldbestellung fliegt sie gerne hinter dem Pflug, um sofort die Würmer aufzunehmen. Sie ist in Europa ▸ Teilzieher und überwintert in Mittel- und Westeuropa sowie im Mittelmeerraum.

Fortpflanzung: Erst mit zwei bis drei Jahren geschlechtsreif. Die L. brütet in mehr oder weniger großen Kolonien und baut ihr Nest auf kleinen Inseln in Schilfbeständen bzw. in kurzgrasigen Wiesen. Das Gelege besteht aus zwei oder drei sehr variabel von braun bis olivgrün gefärbten, dunkelbraun gefleckten Eiern, die 52 x 37 mm groß und ca. 38 g schwer sind. Die Eier werden von beiden Partnern 22 bis 24 Tage bebrütet. Die Jungen laufen im Alter von zwei bis drei Tagen bereits innerhalb der Brutkolonie umher. Sie sind nach etwa sechs Wochen voll flugfähig. Eine Jahresbrut (Ende April/Mai bis Juni).

3. Heringsmöwe, die (*Larus fuscus*, L.): Auch Bürgermeister, Ratsherr, große Haffmöwe, gelbfüßige Möwe. Länge: ca. 52 cm; Gewicht: um 1000 g.

Aussehen: Die vorherrschende Farbe ist Weiß; der Rücken ist schwarzgrau, die Flügel sind schwarz, der Schnabel ist leuchtend gelb mit rotem Fleck auf der Spitze. Die Augen sind schwefelgelb, die Augenlider rötlich, die Ständer gelb. Im Ruhekleid sind Kopf und Nacken gestrichelt. Im Jugendkleid ist die H. unterseits ebenfalls weißlich mit einigen Flecken, ansonsten der Mantelmöwe sehr ähnlich; der Schnabel ist noch schwarzgrau.

Vorkommen: An den Küsten Westeuropas, in Skandinavien, auf Island und auf den Britischen Inseln. Sie bewohnt dort alle Küstenarten, kommt auch an größeren Binnengewässern vor, bleibt aber zum Überwintern an der Küste.

Fortpflanzung: Als Brutstätten werden sowohl steile als auch flache Meeresküsten, kleine Inseln mit niedriger Vegetation oder Moorgebiete gewählt. Das Gelege besteht aus drei (zwei bis vier) sehr variabel grünlich, bräunlich oder grau gefärbten Eiern, die mit dunklen Flecken versehen sind. Die Eier sind 67 x 42 mm groß, zwischen 80 und 100 g schwer und werden von beiden Partnern ca. 25 Tage bebrütet. Eine Jahresbrut (Mai bis Juni).

4. Silbermöwe, die (*Larus argentatus*, Pontopp.): Große Sturmmöwe, große Silbermöwe, Blaumantel. Länge: ca. 56 cm; Gewicht: um 1100 g.

Aussehen: Die S. ist etwa bussardgroß. Im Brutkleid ist die vorherrschende Farbe Weiß; der Rücken ist aschblau. Die Handschwingen sind schwarz mit weißen Spitzen. Der starke Schnabel ist gelb und an der Spitze flach gebogen; der Unterschnabel hat einen roten Fleck an der Spitze. Die Ständer sind fleischfarben oder gelb. Im Winterkleid (Ruhekleid) sind Kopf und Hals leicht graubraun gefleckt, und vor dem Auge steht ein schwarzer Fleck. Der Jungvogel ähnelt der Mantelmöwe. Der Rücken ist mehr graubraun mit hellrostfarbenen Flecken. Auf dem weißen Schwanz sind schwarzbraune, unregelmäßige Flecken; der Unterschnabel ist noch bräunlich gefärbt.

Vorkommen: Die S. kommt an allen Küsten Europas und im nördlichen und zentralen Asien vor. Ihr Lebensraum sind die Meeresküsten und die Inseln in Küstennähe, aber auch große Binnenseen und Ströme. Zum Überwintern verbleibt sie meist an den Küsten und ist nur selten an Binnengewässern anzutreffen.

Fortpflanzung: Die S. ist erst mit vier bis fünf Jahren geschlechtsreif. Das meist sehr umfangreiche, aber kunstlose Nest wird auf mit Gras bewachsenen Sandküsten, auf Felsklippen oder an größeren Binnengewässern errichtet. Das Gelege besteht aus zwei, seltener aus drei sehr unterschiedlich olivgrün, bräunlich oder steingrau gefärbten Eiern, die schwarzbraune Flecken oder Strichel aufweisen. Die S. nistet kolonienweise. Die Eier werden von beiden Partnern 26 bis 28 Tage bebrütet. Sie sind ca. 71 x 49 mm groß und ca. 92 g schwer. Eine Jahresbrut (Mai bis Juni).

5. Sturmmöwe, die (*Larus canus*, L.): Auch Wintermöwe, Sturmvogel. Länge: ca. 41 cm; Gewicht: um 350 g.

Aussehen: Im Brutkleid ist der Rücken bläulich grau, die Handschwingen sind schwarz mit weißen Spitzen. Die gesamte übrige Färbung ist weiß. Der Schnabel ist stark, etwas hakenförmig gebogen und graugrün gefärbt, an der Spitze gelb; Rachen leuchtend gelb. Die Beine sind gelbgrün, die Augen dunkelbraun. Im Ruhekleid auf dem Rücken, hauptsächlich aber auf Kopf und Nacken graue Flecken. Im Jugendkleid oberseits braun und schwärzlich gefleckt, Kopf grauweiß, Scheitel und Nacken dunkel gestrichelt. Der Schwanz ist grauweiß mit dunkler Endbinde. Unterseits grauweiß, Schnabel bläulich, Ständer bräunlich.

Vorkommen: Nord- und Ostseeküste, lokal im Binnenland Mitteleuropas und Nordosteuropas, auf Island und auf den Britischen Inseln sowie in Skandinavien. Sie lebt an den Meeresküsten, auf den der Küste nahe liegenden Inseln und an Binnengewässern. In Europa Teilzieher; sie überwintert an den Küsten und im Binnenland.

Fortpflanzung: Die S. ist mit zwei bis drei Jahren geschlechtsreif. Sie nistet in mehr oder weniger großen Kolonien. Das Nest wird meist im niedrigen Gras der Sanddünen oder unter dem Heidekraut der Moore errichtet. Das Gelege besteht aus drei (zwei bis vier) bräunlichen oder olivbräunlichen, dunkel gefleckten oder dunkel gestrichelten Eiern, die von beiden Partnern 21 bis 24 Tage bebrütet werden. Die Eier sind 59 x 42 mm groß und 56 g schwer. Die Jungen sind mit etwa fünf Wochen selbstständig. Eine Jahresbrut (Mai bis Juni).

6. Dreizehenmöwe, die (*Rissa tridactyla*, L.): Auch Wintermöwe, Eismöwe, Fischermöwe, Haffmöwe, schwedische Möwe, isländische Möwe, Kittiwake. Länge: um 41 cm; Gewicht: um 420 g.

Aussehen: Im Brutkleid weiß, Rücken graublau gefärbt. Die Spitzen der vordersten Handschwingen sind schwarz. Im Ruhekleid Hinterhals grau, dunkler Fleck vor dem Auge und ein größerer, grauer Fleck in der Ohrgegend. Im Jugendkleid Rücken dunkler mit Flecken, dunkler Ohrfleck, im Nacken ein schwarzer Streifen, Schnabel und Ständer dunkel. Im Alter Ständer fast schwarz, Schnabel gelb.

Vorkommen: Westküste Frankreichs, Nord- und Nordwesteuropa, Grönland, Eismeerinseln und Nordostasien. In Europa Teilzieher, der auf dem Atlantik, im Mittelmeergebiet und vereinzelt auch im Binnenland überwintert. Der Lebensraum der D. sind Felsinseln und felsige Meeresküsten. Außerhalb der Brutzeit lebt sie auf dem Meer, an den Küsten und gelegentlich an Binnengewässern.

Fortpflanzung: Erst mit mehreren Jahren geschlechtsreif. Sie nistet kolonienweise, hauptsächlich auf den Bändern hoher, steiler Felswände. Das Nest unterscheidet sich von anderen M.-Nestern nur durch die verhältnismäßig tiefe Mulde. Das Gelege besteht aus zwei (ein bis drei) bräunlichen bis bläulich grauen und dunkel gefleckten Eiern, die von beiden Partnern 21 bis 26 Tage bebrütet werden. Sie sind 55 x 40 mm groß und ca. 45 g schwer. Die Jungen kehren in der ersten Zeit immer wieder ins Nest zurück. Sie sind mit fünf bis sechs Wochen voll flugfähig. Eine Jahresbrut (Ende Mai bis Juni).

7. Zwergmöwe, die (*Larus minutus*, Pall.): Auch kleine Möwe, Zwergschwalbenmöwe. Länge: um 28 cm.

Aussehen: Im Brutkleid ist der ganze Kopf schwarz, der Rücken bläulich grau, die Unterseite weiß mit rötlichem Anflug, der Schwanz weiß; die Schwingen sind grau mit weißen, schwärzlich geränderten Spitzen. Der Schnabel ist dunkelbraun bis schwarz. Im Ruhekleid trägt die Z. vor dem Auge und auf dem Ohr einen dunklen Fleck. Im Jugendkleid ist der Rücken braun mit hellen Säumen.

Vorkommen: Brutvogel in Norddeutschland, Südskandinavien, Osteuropa, Sibirien und lokal am Kaspischen Meer. In Europa Teilzieher, der in Südeuropa und in Nordafrika überwintert.

Fortpflanzung: Z. leben in Saisonehe und werden mit drei Jahren geschlechtsreif. Sie brüten in Kolonien am Boden. Das Gelege besteht aus zwei oder drei Eiern, die 23 bis 28 Tage bebrütet werden. Die Jungen werden 21 bis 24 Tage geführt.

Möwenente, die: ▸ Säger 3.

Möwentaucher, der: ▸ Säger 3.

Moyat, Jakob: ▸ Jagdbibliotheken.

Muchet, der: ▸ Sprinz.

Mucken, das: Bez. für das Zucken des Schützen im Augenblick der Schussabgabe, wodurch der Schuss verrissen (vermuckt) wird.

Mücke, die (Mucke, Micke, veraltet: Fliege): Örtliche Bez. für das Korn der ▸ Visiereinrichtung (Kimme und Korn).

Mückenheim, Wilhelm: ▸ Wilderer 4.

Mückente, die: ▸ Wildenten 5.

Mucker, der: Örtliche scherzhafte Bez. für den ▸ Hasen.

Mueller-Darß, Franz (29.4.1890 Lindau/Kreis Northeim bis 18.6.1976 Lenggries): Zunächst nur unter dem Namen Mueller und in Fachkreisen »Hunde-Müller« genannt, machte sich Forstmann M.-D. als Revierverwalter auf dem Darß einen Namen. Er studierte in Eberswalde und München Forstwirtschaft, war 1916 bis 1918 Kommandeur der Kriegshundeschule und 1925 bis 1945 Revierverwalter auf dem Darß. Innerhalb der SS stieg er bis zum Standartenführer (Oberst) im persönlichen Stab Himmlers auf. Im Zuge der Integration des Hundeversuchswesens in die SS erhielt er 1944 den Rang eines Brigadeführers (Generalmajor). Um eine Verwechslung gleichnamiger Führungspersonen zu vermeiden, erhielt er 1944 per Dekret den Doppelnamen Mueller-Darß. In seine Amtszeit fällt auch die Einrichtung der Biologischen Forschungsanstalt in Born unter Leitung des Zoologen Heinz Brüll. M.-D. setzte sich im Naturschutz und für das Hundewesen ein. Er schrieb neben zahlreichen Publikationen in der Zeitschrift Wild und Hund u.a. »Die Verwendung des Jagdhundes nach dem Schuss« (1938, Zeitschrift für Hundeforschung) und zusammen mit K. Most »Abrichten und Führen des Jagdhundes« (1935).

Muffelwidderrudel

Müemelein, das: Alter süddeutscher Ausdruck für ▸ Wiesel.

Muffel, der (das): ▸ Muffelwild.

Muffel, die: ▸ Windfang.

Muffelbart, der: Ein Hutschmuck, gebunden aus dem Halshaar des Muffelwidders; ▸ Muffelwild.

Muffelfleck, der (Wildfleck): Bez. für den hellen Fleck über dem ▸ Windfang des Rehbockes. Er galt lange Zeit irrtümlich als Altersmerkmal; ▸ Rehwild.

Muffeln, das: Bez. für das Bewegen der Kiefer und der Lefzen der ▸ Wiederkäuer (z.B. beim Wiederkäuen), wobei ein seltsamer Laut entsteht.

Muffelschaf, das (Wildschaf): Allg. Bez. für weibliches ▸ Muffelwild nach Vollendung des ersten Lebensjahres.

Muffelwild, das (*Ovis ammon musimon*, Schreber): Veraltet: Schafwild. Zoologisch gehört das M. zur Familie der ▸ Horntiere (Boviden) und zur Unterfamilie der schafartigen Hornträger; es ist die kleinste Wildschafart. Der Kopfschmuck (Schnecke) wird nicht gewechselt. Weibliches M. (Schaf) trägt manchmal Stümpfe, die jedoch auch bei älteren Stücken selten länger als 10 bis 15 cm (in Ausnahmefällen bis 30 cm) werden. M. kreuzt sich mit den Hausschafen. Es kann bis 16 Jahre alt, in Gefangenschaft bis 20 Jahre alt werden.

Vorkommen: Die eigentliche Heimat des M. sind die Berge auf Sardinien und auf Korsika. Vor der Eiszeit dürfte es auch in Mitteleuropa heimisch gewesen sein. Bereits im 18. Jh. wurde es von Prinz Eugen nach Mitteleuropa gebracht (1730 in Belvedere bei Wien). Erwähnt wurde es jedoch schon früher und war unter der Bez. Weißarsch (Geßner 1550) bekannt. In Deutschland erfolgte die erste Einbürgerung durch den Grafen von Seydlitz, der es im Jahre 1902 im Eulengebirge (Kreis Reichenbach) aussetzte. Etwas später wurde M. aus Sardinien vom »Vater des M.«, Oskar L. ▸ Tesdorpf, in der Göhrde (1903) und im Harz (1906) ausgesetzt. Weitere Einbürgerungsversuche folgten und führten zur Vermehrung. Bedingt durch den Ersten und den Zweiten Weltkrieg gingen die Bestände jeweils rapide zurück. Während nach dem Ersten Weltkrieg neue Einbürgerungsversuche unternommen wurden, erholten sich nach dem Zweiten Weltkrieg die Restbestände gut und wuchsen wieder an. Heute gibt es M. in der Lüneburger Heide, im Raum Minden, im Solling, im Harz, im Eggegebirge und im Rothaargebirge, am Vogelsberg, im Weserbergland, im Sauerland, in der Eifel, im Pfälzer Wald, im Hessischen Bergland, im Westerwald, im Taunus, im Odenwald, in der Fränkischen Alb und als Gatterwild z.B. im Ebersberger Forst (Bayern). Starke Bestände sind auch in Ungarn, in Tschechien und in der Slowakei sowie in Österreich vorhanden. Die Wilddichte soll je nach Standort zwei bis vier Stück je 100 ha betragen. Anderes Wild ist entsprechend zu berücksichtigen. Mit ▸ Rotwild und mit ▸ Schwarzwild verträgt sich M. gut; ▸ Rehwild meidet die Äsungsflächen des M.

Aussehen: Das Haarkleid wird zweimal im Jahr verfärbt (April bis Juni und Herbst). Die Sommerdecke des Widders ist rotbraun; Äser, Bauch, Spiegel, Sattelfleck und die Innenseite des Wedels, der Läufe sowie die gesamte untere Hälfte der Läufe sind hell bis fast weiß. Schaf und Lamm sind schlichter gelblich

Muffelwild: Aussehen

Körpermaße	Widder	Schaf
KRL	bis 120 cm	bis 115 cm
SH	70–88 cm	65–75 cm
SL	6–10 cm	6–10 cm
Gewicht	35–50 (55) kg	27–40 kg

Muffelwildlosung

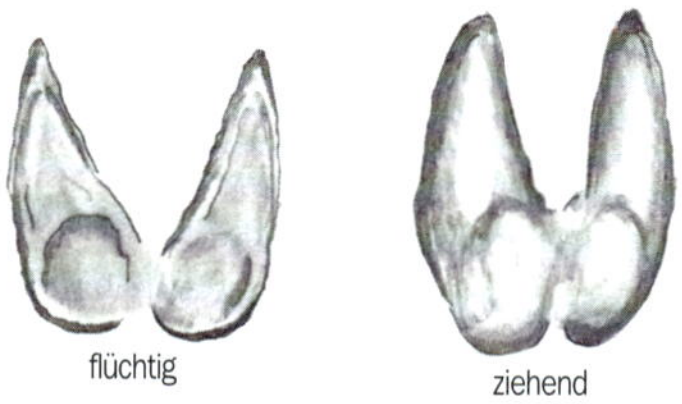

Trittsiegel des Muffelwildes

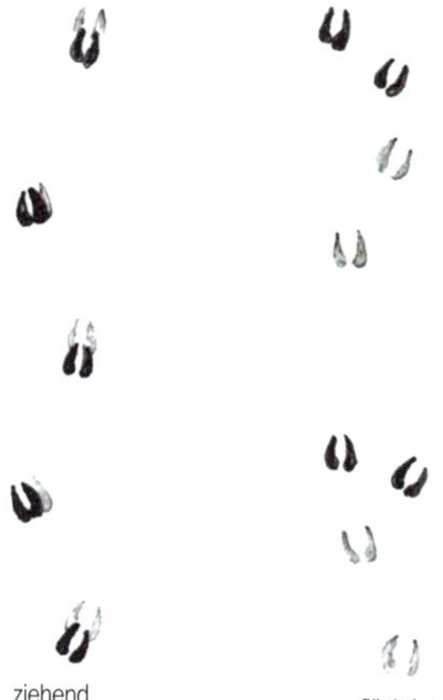

Fährtenbilder des Muffelwildes

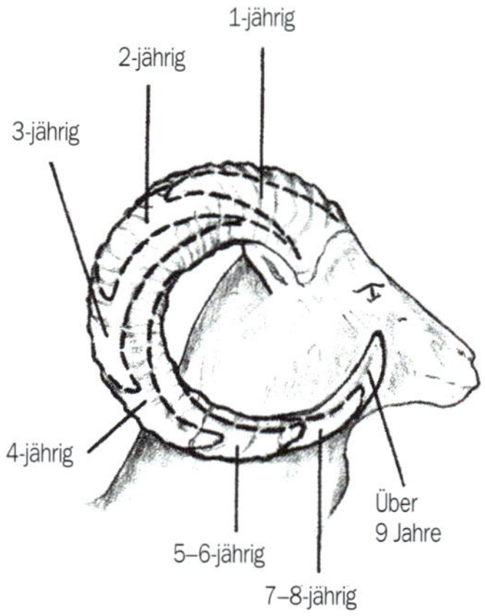

Muffelwidder (Hauptschmuck)

braun mit den erwähnten hellen Abzeichen, jedoch nicht so hervorstechend und ohne Sattelfleck. Die Rückenhaare und die Haare an Vorschlag und Träger werden nur im Frühjahr gewechselt. Die Winterdecke des Widders ist braun bis schwarzbraun mit denselben Abzeichen wie bei der Sommerdecke, jene des weiblichen Wildes ist graubraun mit hellen Merkmalen. M. hat hohles ▸ Haar wie Rotwild und Rehwild (kein wolliges Haar wie Schafe); im Herbst wird die Unterwolle weicher und dichter. Auffällig ist auch die helle, am Äser beginnende Gesichtsmaske, die mit zunehmendem Alter größer wird und das Ansprechen erleichtert. Die Körperform des Widders ist gedrungen, Schafe und Lämmer sind etwas schlanker gebaut; ▸ Inguinalorgane.

Sinne und Lautäußerung: M. äugt, windet und vernimmt sehr gut und ist besonders neugierig. Die Lautäußerung der Schafe und der Lämmer, dem Blöken des Hausschafes sehr ähnlich, nennt man Bähen (vom Widder selten zu hören). Der Warnlaut der Schafe und der Widder ist ein durchdringendes Pfeifen, meist verbunden mit einem Aufstampfen mit dem Vorderlauf. Sie springen hierauf ab, verhoffen i.d.R. noch einmal kurz und flüchten dann. Der Lockton der Lämmer und der Schafe ist ein Meckern. Der brunftende Widder flehmt, d.h., er hebt das Haupt und öffnet den Äser; dabei gibt er einen Brummton von sich; ▸ Flehmen.

Lebensraum und Lebensweise: Lebensraum ist überwiegend der Wald. Das M. sucht bevorzugt Deckung in Laubholz- und in Nadelholzdickungen und schätzt als Augentier Lichtungen innerhalb des Waldes oder lichte Bestände ohne dichtes Unterholz. Wasserläufe oder Straßen überquert es ungern, kann aber Hindernisse von 2 bis 3 m Höhe überwinden. Der günstigste Lebensraum sind die Mittelgebirge, aber auch in Flachlandrevieren mit sandig-steinigem Boden hat sich M. gut eingewöhnt. Sagt ihm der Standort, insbesondere der Wald, zu und fühlt es sich wohl, ist es sehr standorttreu. Sandig-steiniger Boden ist nötig, um die Schalen abzunutzen. Bei weichem Boden kann es vorkommen, dass die Schalen unförmig auswachsen (▸ Auswachsen der Schalen) und das Stück so stark behindern, dass es dadurch eingeht. Sehr ungünstig sind daher feuchte Reviere, insbesondere Sumpf und Moor. M. ist ein Tagwild und lebt gesellig; beide Geschlechter und Jungwild leben in Rudeln zusammen. Ältere Widder leben in Trupps (wenige Stücke) oder werden zu Einzelgängern. In Freiheit ist M. heimlicher als Rotwild. Die erste Äsungsperiode des M. beginnt kurz vor Sonnenaufgang, wenn es auf Wiesen austritt. Während des Vormittags zieht es äsend durch den Wald oder tritt einige Male auf Lichtungen aus. Spätnachmittags bis nach Sonnenuntergang ist die Hauptäsungszeit. Dann steht das M. ebenfalls auf Wiesen, selten auf Feldern. Bis Mitternacht werden noch wenige, kurze Äsungsperioden eingelegt. Von Mitternacht bis kurz vor Sonnenaufgang herrscht Äsungsruhe. M. hat kaum natürliche Feinde. Der Steinadler greift gelegentlich ein Lamm. Auch Wildkatze, Fuchs und Luchs sowie Schwarzwild reißen manchmal ein schwaches, krankes Stück oder ein Lamm. Gesunde Stücke hingegen können sie nicht überwältigen. Bei einem Angriff bilden die Widder des Rudels eine geschlossene Reihe, bis sich das Rudel in Sicherheit gebracht hat. Der beim Rudel stehende Altwidder lenkt die Aufmerksamkeit des Feindes auf sich und weiß sich mit seinen Stirnwaffen und den scharfkantigen Schalen der Vorderläufe energisch und wirksam zu wehren. Der größte Feind des M. ist ein ▸ wildernder Hund, besonders der Deutsche Schäferhund und Bastarde desselben.

Äsung: M. ist genügsam, schätzt aber v.a. Flächen mit intensiver Sonneneinstrahlung, Frei-

▸▸ Muffelschaf mit Lamm

Waidmännische Ausdrücke beim Muffelwild	
bähen	Lautäußerung (dem Blöken des Hausschafes ähnlich)
Einwachser	männliches Stück mit abnormem Schneckenwuchs in Richtung Träger oder Äser
flehmen	Der brunftende Widder hebt das Haupt und öffnet den Äser, dabei gibt er einen brummenden Ton von sich
Geltschaf	weibliches, nicht führendes oder unfruchtbares Stück
Kragen (Vlies)	Haare am Träger des Muffelwidders
lämmern (setzen)	gebären
meckern	Lautäußerung der Lämmer und Schafe
muffeln	Bewegung der Lefzen und Kiefer, wobei ein seltsamer Laut entsteht
Sattelfleck (Schneefleck, Schabracke)	heller bis fast weißer Fleck an den Seiten des Rückens (beim Widder), der sich im Alter von etwa zweieinhalb Jahren bildet
Schaf (Wildschaf)	weibliches Stück
Schaflamm	weibliches Jungtier bis zum 31. März des auf die Geburt folgenden Jahres
Schläuche	einzelne Hörner
Schmalschaf	weibliches Stück vom 1. April des auf die Geburt folgenden Jahres bis zum Setzen des ersten Lammes
Schnecke	der ganze Hauptschmuck des Muffelwidders
Schneefleck	s.o.: Sattelfleck
Stümpfe	gelegentlich vorkommende kleine Hörner beim weiblichen M.
Vlies	s.o.: Kragen
Weißarsch	alter Ausdruck für M.
Widder	männliches Stück (Widder sind ein-, zwei-, dreijährig, dann gut, stark, kapital)
Widderlamm	männliches Junges bis zum 31. März des auf die Geburt folgenden Jahres
Wildschaf	s.o.: Schaf
Die übrigen waidmännischen Ausdrücke sind – soweit anwendbar – dieselben wie beim ▸ Rotwild.	

flächen, lichte Bestände mit Graswuchs, Blaubeeren und Heide. Die Äsung besteht hauptsächlich aus Kräutern und Gräsern, daneben aus Laubholz- und Nadelholztrieben, aus Waldfrüchten, Ginster, Wildobst, Brennnesseln, Sträuchern und auch Getreide. Die Oberlippe des M. ist gespalten, sodass es auch niedrig gewachsene Gräser und Kräuter aufnehmen kann (Gras- und Raufutterfresser; ▸ Ernährungstypen). Sein Wasserbedarf ist sehr hoch. Reinblütiges M. tritt sehr selten auf die Felder aus und richtet deshalb auch kaum Flurschaden an. Auch schält es nur in großen ▸ Notzeiten, während nicht reinblütiges M. (gekreuzt mit Hausschafen) gern schält und häufig auf Feldern hohen Schaden anrichtet. ▸ Schälschäden des M. sind leicht mit denen des Rotwildes zu verwechseln. Die Zahnspuren des M. sind aber fast immer schräg zur Längsrichtung des Stammes gestellt; die des Rotwildes verlaufen in Längsrichtung des Stammes. Das M. hat auch die Angewohnheit, noch am Baum hängende Rinde abzuäsen.

Fortpflanzung: M. wird mit ca. 1½ Jahren geschlechtsreif. Die ▸ Brunft des M. ist abhängig von Klima und Witterung. Unser heimisches M. brunftet meist ab Mitte Oktober und den ganzen November; z.T. noch im Dezember. Starke Widder nehmen ihre Stellung beim Schafrudel ein und dulden nur geringe, noch nicht geschlechtsreife Widder neben sich. Zwischen gleich starken Widdern kommt es ähnlich wie beim Rothirsch zum Kampf (▸ Kommentkampf, ▸ Rammen). Die Gegner prallen bei gesenkten Häuptern mit den Schnecken (Schädeln) aufeinander. Gelegentlich splittern dabei die Frontalkanten der Schnecken ab, was bei alten Widderschnecken häufig zu beobachten ist. Auch Gehirnerschütterung sowie eine Verletzung der Knochenhaut sind möglich, obwohl das Schädeldach stark ausgebildet ist. Der Aufprall der Schnecken ist oft weit zu hören. Der Beschlag des brunftigen Schafes findet abseits vom Rudel statt (seltener im Rudel). Die Widder verlieren während der Brunft an Gewicht. Nach einer Tragzeit von etwa 22 Wochen setzt das Schaf Ende April bis Mitte Mai ein (seltener zwei) etwa 2 bis 3 kg schweres Lamm, das bereits einige Stunden nach der Geburt dem Mutterschaf eine kurze Strecke folgen kann. Es wird vier bis fünf Monate lang gesäugt. Ende des dritten Lebensjahres ist die körperliche Entwicklung des M. abgeschlossen. Ein ▸ Geschlechterverhältnis von 1:1 gilt als ideal. Als Zuwachs rechnet man i. Allg. im Flachland ca. 70%, im Bergland ca. 60% der am 1. April eines Jahres vorhandenen Schafe und Schmalschafe (ohne Lämmer).

Losung: Sie ist hausschafähnlich und kugelförmig mit etwa 1 cm Durchmesser und wird zusammengeklebt in Form von Trauben oder Klumpen abgesetzt, wobei die Kotbeeren häufig verformt werden. Im Frühjahr ist die Losung breiig und grün.

Fährte: Das Trittsiegel des M. ist lang gestreckt, der Ballenabdruck tritt kaum in Erscheinung. Die beiden Schalenabdrücke werden durch einen Schnee- oder Erdsaum getrennt, da M. immer, auch beim Troll und beim Ziehen, die Schalen spreizt. Charakteristisch ist auch, dass das Geäfter nie mit abgedrückt wird, auch nicht bei der Flucht und beim Sprung. Das Trittsiegel eines ausgewachsenen Widders ist etwa 5,5 cm breit und 6,0 bis 7,5 cm lang; das eines Schafes ist etwas geringer. Beim Ziehen schränkt M., gelegentlich kommt auch das Zurückbleiben vor. M. zieht und trollt. Bei der Flucht kommen sowohl Sprünge bis zu 8 m als auch Galopp vor. Die Fährten des M. werden von Hunden gern angenommen; diese scheinen von der M.-Wittrung geradezu fasziniert zu sein.

Hege: In ▸ Notzeiten kommt M. lange Zeit mit magerer Nahrung (Gras, Heidekraut, Kräuter) aus, solange die Flächen schneefrei sind oder schneefrei gehalten werden. Kann das Wild aufgrund hoher Schneelage nicht mehr an natürliche Äsung, muss es (meist in der Zeit von November bis März) gefüttert werden. An der Winterfütterung sollte dem M. trockenes Kraft- und Saftfutter im Verhältnis 1:4 und dazu Heu, Grummet und Laubheu in bester Qualität gereicht werden. Die Futterzusammensetzung ist in etwa dieselbe wie bei Rotwild. Ferner muss die Wasseraufnahme gesichert sein (z.B. Gewässer eisfrei halten), weil M. einen hohen Wasserbedarf hat. Es nimmt gerne ▸ Salzlecken (mit Wurmbekämpfungsmittel) an. Es wird empfohlen, für das M. auch in den Waldungen ausreichende Wildäcker (mit Luzerne, Klee, Gras- und Krautbeständen) anzulegen.

Hege mit der Büchse: Als Hegeziel gilt die sog. Kastenform der Schnecken. Der Ernte-Widder ist je nach Biotop ab dem sechsten bzw. siebten Lebensjahr jagdbar, d.h. reif. Bei einem normalen M.-Bestand erfolgt die Reduzierung hauptsächlich in der ▸ Jugendklasse (Lämmerabschuss; er kann bis zu 40% des Gesamtbestandes betragen) sowie bei den Jährlingen und bei den Schmalschafen. Widderlämmer werden ab Oktober geschossen, wenn man die gute oder schlechte Veranlagung am Schneckenwachstum bereits erkennen kann. Vorrangig ist aber, alles kranke und kümmernde Wild zu erlegen, auch Widder mit anormaler Schneckenbildung (▸ Einwachser und ▸ Scheurer), stark hinkende Stücke, die an einem ▸ Auswachsen der Schalen leiden, sowie die unerwünschten Heidschnuckenformen. Es sollte stets darauf geachtet werden, dass der Bestand reinblütig ist, da

▸▸ Der Muntjak ist ein Altwelthirsch. Nach Einbürgerung kommt die Art lokal in England und Frankreich vor.

reinblütiges M. genügsam, hart und sehr widerstandsfähig ist. Es vermehrt sich außerdem stark und verursacht kaum Flurschäden oder Schälschäden. Als Zeichen für die Reinblütigkeit gilt der weiße Sattelfleck (Schabracke oder Schneefleck). Sein Fehlen ist jedoch kein Abschussgrund.
Hauptschmuck: Dieser sind auf Stirnzapfen sitzende, echte Hörner, die nicht abgeworfen werden. Gleich nach dem Setzen bildet sich im Bindegewebe der Haut ein Knochenzapfen, der später mit dem Stirnbein zusammenwächst. Durch Verhornung der obersten Zellen der Hautpartie über dem Trägerzapfen entsteht die Hornmasse zur Bildung der Schnecken. Schon drei bis vier Monate nach dem Setzen beginnt das Widderlamm mit dem Schieben der Hörner. Die Schnecken wachsen von der Basis her. Sie haben zunächst zwei Kanten; später werden sie im Querschnitt dreieckig, dann fast rund. Das Schneckenhorn wächst in Schüben. Während der guten Jahreszeit ist das Wachstum der Schnecke am stärksten; es verringert sich während der Wintermonate und kommt fast zum Stillstand; dies ist in Form einer leichten Einschnürung erkennbar. Auf diese Weise entsteht der sog. Jahresring. Zwischen den Jahresringen bilden sich vom zweiten bis zum zwölften Lebensjahr deutlich erkennbare Wülste (Schmuckwülste, etwa zwölf pro Jahr). Das Wachstum der Schnecken ist in den ersten vier Lebensjahren am größten. Bereits im Alter von neun Monaten haben die Widderlämmer Schläuche mit einer Länge von bis zu 16 cm. Im zweiten Jahr, beim Jährling, erfolgt der größte Schub von etwa 20 bis 22 cm. Der Zuwachs beträgt dann beim zweijährigen Widder ca. 18 cm, beim dreijährigen Widder ca. 12 cm, beim vierjährigen Widder ca. 8 cm, beim fünfjährigen Widder 3 cm und in den folgenden Jahren nur noch 1 bis 2 cm pro Jahr. Der ab dem sechsten Lebensjahr erfolgende geringe Zuwachs wird jedoch durch das Abstoßen der Schneckenspitzen nahezu ausgeglichen. Der Basisumfang der Schläuche nimmt bis zum fünften Lebensjahr zu, bleibt etwa bis zum siebten Lebensjahr konstant und verringert sich dann geringfügig. Eine Schneckenlänge von 80 cm und ein Basisumfang von 35 cm zählen zu den höchsten erreichbaren Werten. Die Bewertung der Trophäe erfolgt nach der CIC-Formel; ▸ Trophäenbewertung.
Ansprechen und Altersmerkmale: Das Alter eines lebenden Widders ist am Verhalten, an der Figur, an der Gesichtsmaske (▸ Maske) und an der Schnecke erkennbar. Das Alter der Schafe ist nur in etwa an der Verhaltensweise, an der Figur und an der Gesichtsmaske abzuschätzen und in jung, reif oder alt einzuordnen. Das Verhalten junger Stücke ist unbekümmert, verspielt und sorglos; ältere Stücke sind vorsichtiger, sichern lange und bleiben am Dickungsrand. Die Figur jüngerer Stücke ist etwa quadratisch, der Rücken ist gerade, das Haupt wird hoch getragen. Je älter das Stück ist, desto tiefer trägt es das Haupt; alte Stücke tragen das Haupt fast waagrecht. Je älter das Stück ist, desto mehr wölbt sich der Widerrist hoch und der Rücken biegt sich nach unten durch; auch die Bauchlinie wölbt sich (Hängebauch). Die Gesichtsmaske, d.h. die hellen Partien im Gesicht des M., galten als Hilfe bei der Altersschätzung. Je älter das Stück sei, desto deutlicher sei die Maske und desto heller das Gesicht, war die allg. Ansicht. Das hat sich inzwischen als unbrauchbares Alterskriterium erwiesen. Die genaue Altersbestimmung am erlegten Muffelwidder ist anhand der Jahresringe der Schnecke möglich, am erlegten Schaf bis zum Alter von dreieinhalb Jahren anhand der Zahnentwicklung und des Zahnwechsels, danach in etwa am Zahnabschliff, an der Gesichtsmaske und an der Figur.
Jagdarten: Die üblichen Jagdarten sind ▸ Pirsch (Pirschen, ▸ Pirschenfahren) und das Riegeln. Aufgrund des unsteten Verhaltens des M., das zudem keine festen ▸ Wechsel hat, ist der ▸ Ansitz seltener und verspricht wenig Erfolg. Das sehr scheue M. sichert auch nach oben und erkennt daher auch einen still auf dem Hochsitz verharrenden Jäger. Häufig wird daher das Pirschstehen infrage kommen, wobei – sofern die Möglichkeit gegeben ist – das Pirschenfahren mit dem Jagdwagen oder die Pirsch zu Pferde bequemer und erfolgreicher ist. Das M. hält Jagdwagen und Pferd gut aus, solange nicht von ihnen aus geschossen wird. Da nicht im Feuer liegende Stücke noch sehr weit flüchten können, sollten nur Geschosse mit guter Schockwirkung verwendet werden. Neben dem Kopfschmuck ist die Decke (Vlies) des Widders mit dem weiß gefärbten Sattelfleck eine begehrte Trophäe.
Zahnbildung und Zahnwechsel: Bald nach dem Setzen erscheinen beim Lamm die ersten drei Milchschneidezähne (I 1, I 2, I 3) und je ein schneidezahnähnlicher Milcheckzahn (C 1). In den ersten Lebenswochen folgen dann je drei Milchbackenzähne im Ober- und im Unterkiefer (P 1, P 2, P 3). Mit ca. vier Monaten wird der vierte Backenzahn (M I), mit ca. zwölf Monaten der fünfte Backenzahn (M II) geschoben. Mit ca. 18 Monaten wird der erste Milchschneidezahn (I 1) durch einen Dauerschneidezahn (I I) ersetzt. Mit ca. 26 Monaten werden der zweite Milchschneidezahn (I 2) und die ersten drei Milchbackenzähne (P 1, P 2, P 3) allmählich durch Dauerzähne ersetzt, und es erscheint der letzte Backenzahn (M III). Die letzten drei Backenzähne (M I, M II, M III) erscheinen gleich als Dauerzähne. Mit ca. 33 bis 34 Monaten wird der dritte Milchschneidezahn (I 3) und mit ca. 43 Monaten der Eckzahn (C 1) durch Dauerzähne (I III und C I) ersetzt. Zahnbildung und Zahnwechsel sind mit 42 bis 43 Monaten (ca. dreieinhalb Jahren) abgeschlossen, das Dauergebiss ist vollständig. Von da an beginnt das Gebiss, sich abzunutzen und ist mit ca. 15 Jahren verbraucht. Zahnformel:

$$\frac{0}{3}\ \frac{0}{1}\ \frac{3}{3}\ \frac{3}{3} = 32 \text{ Zähne}$$

(▸ Zahnalterslehre).
Besonderheiten: Beim Aufbrechen ist zu berücksichtigen, dass M. eine ▸ Gallenblase hat. Soll die ▸ Trophäe mit Haupt und Träger präpariert werden, dürfen die Mähnenhaare nicht zerschnitten werden, weshalb man den Drosselschnitt unterlässt und vorzugsweise den gesamten Brustraum aufschärft. Drossel und Schlund können dann von innen her gelöst werden.
Wildbret: Das ▸ Wildbret gilt als wohlschmeckend. Als besonderer Leckerbissen wird in der ursprünglichen Heimat des M. das gereinigte, strickartig zusammengedrehte und gebratene Gedärm, das sog. Corda, angesehen. Die Bezoare (▸ Magenkugeln), die sich gelegentlich im Magen finden, galten früher als unfehlbar wirkendes schweißtreibendes Mittel.

Mufflon, das: ▸ Muffelwild.

Mühlig, Hugo (1854 bis 1929): ▸ Jagdkunst.

Mullane, der: ▸ Milane 1.

Müller, Adam: (30.6.1779 Berlin bis 17.1.1829 Wien): M., ein Diplomat, schrieb nach ▸ Bürgers Ballade »Der wilde Jäger«. In fünf Blättern gezeichnet von F. Führig; mit kritischen Aufsätzen von Adam M. (1827).

Müller, Leopold: ▸ Jagdliteratur.

Müller, Moritz Gustav (8.4.1841 München bis 31.3.1899 München): Maler und Enkel des

»Feuer-Müller«. Von ihm stammen u.a. »Röhrender Hirsch mit zwei Hirschkühen auf einer Lichtung im Hochgebirge« und »Gamsrudel«. Von seinem Sohn M.M. d.J. (28.10.1868 bis 17.12.1934), ebenfalls Wild- und Jagdmaler, stammen u.a. »Drei Rehe und ein Fasan in einer Moorlandschaft« sowie »Aufruhr im Feld«.

Müller-Using, Detlev, Prof. Dr. (Pseudonym: Dietrich van Thaelern) (14.5.1907 Berlin bis 22.3.1975 Göttingen): Jagdwissenschaftler und Jagdschriftsteller. Nach dem Abitur studierte M.-U. Biologie und Anthropologie. 1930 promovierte er mit einer tierpsychologischen Arbeit und habilitierte 1940 mit einer Arbeit über Grundzüge moderner Jagdwirtschaft. Nach der Gründung des Instituts für Jagdkunde der Universität Göttingen in Hann. Münden, 1936, arbeitete er dort als wissenschaftlicher Angestellter. Zuletzt war M.-U.- Dozent für Jagdkunde an der Universität Göttingen. Von M.-U. stammen zahlreiche Veröffentlichungen, u.a. »Jägerkunde-ABC. Ein Buch von deutschen Tieren« (1941), »Grundlagen moderner Jagdwirtschaft« (1949), »Großtier und Kulturlandschaft im mitteleuropäischen Raum« (1960), »Schöpfer im Geschöpfe. Gedichte eines Jägers« (1963), »Das Murmeltier« (1972). Daneben war M.-U. von 1954 bis kurz vor seinem Tod Bearbeiter von »Diezels Niederjagd« (15. mit 21. Auflage). Er war auch Mitarbeiter der Jagdzeitschrift »Wild und Hund«.

Mümmelmann, der (Mümmeler): Scherzhafte Bez. für den Hasen. Der Begriff M. wurde von Hermann ▸ Löns geprägt

Mümmeln, das: Bez. für das Aufnehmen der Nahrung bei ▸ Hasen und bei ▸ Wildkaninchen mit der typischen Kaubewegung des Unterkiefers.

Mundblech, das: Bez. für den oberen Metallteil der Scheide von ▸ Blanken Waffen. Der untere Metallteil heißt Ortblech oder ▸ Ortband; ▸ Beschlag 3).

Mundloch, das: Alter Ausdruck für die Mündung (vordere Öffnung) des ▸ Laufes einer Feuerwaffe.

Mundstückfessel, die: Ein kleiner Lederriemen oder eine kleine Metallkette am ▸ Jagdhorn, mit der das Mundstück beweglich mit dem Jagdhorn verbunden ist.

Mündung, die: Die vordere Öffnung des ▸ Laufes einer Feuerwaffe; ▸ Mundloch.

Mündungsaufsatz, der (Polychoke-Aufsatz): ▸ Lauf 4) 2.

Mündungsballistik, die: ▸ Ballistik.

Mündungsfeuer, das: Bei Feuerwaffen aus der Laufmündung herausschlagende brennende Pulvergase; ▸ Ballistik (Büchsenschuss bzw. Flintenschuss).

Mündungsgeschwindigkeit, die (V_0): beim Büchsenschuss bzw. beim Flintenschuss; ▸ Ballistik.

Mündungsknall, der: beim Büchsenschuss bzw. beim Flintenschuss; ▸ Ballistik.

Mündungsschoner, der: Auch Mündungsschützer. Schutzhülle aus Leder oder aus Kunststoff für die Laufmündung, die das Eindringen von Wasser, Erde, Schnee und anderen Fremdkörpern verhindern soll.

Muntjak: Aussehen	
Körpermaße	
KRL	80–90 cm
SH	45–50 cm
SL	12 cm
Gewicht	12–14 kg

Mungg, der (Munk): Schweizer Ausdruck für ▸ Murmeltier.

Munition, die: M. im Sinne des WaffG (Anlage 1 »Begriffsbestimmungen«) ist u.a. zum Verschießen bestimmte Patronen-M. (Hülsen mit Treibladungen, die ein Geschoss enthalten, und Geschosse mit Eigenantrieb) sowie Kartuschen-M. (Hülsen mit Treibladungen, die ein Geschoss nicht enthalten) und hülsenlose M. (Treibladungen mit oder ohne Geschoss, wobei die Treibladung eine den Innenabmessungen einer ▸ Schusswaffe oder eines Gegenstandes angepasste Form hat). Auch die pyrotechnische M. gehört zur M. Bei alten Waffen, die nicht mit Nitrozellulosepulver (rauchschwachem bzw. rauchlosem Pulver) beschossen wurden und daher kein N unter dem ▸ Beschusszeichen tragen, müssen Patronen mit Schwarzpulver verwendet werden. Nitrozellulosepulver entwickelt einen höheren Gasdruck als Schwarzpulver, sodass – besonders bei Damastläufen (▸ Damast) – die Gefahr einer ▸ Laufsprengung besteht. Für die heutige M. wird das rauchschwache Nitrozellulosepulver in verschiedenen Formen (Blättchenform, Körnchenform, Röhrchenform und Stäbchenform) verwendet; ▸ Patrone, ▸ Pulver, ▸ Büchsenpatrone, ▸ Schrotpatrone, ▸ Randfeuerpatrone, ▸ Zentralfeuerpatrone, ▸ Kurzwaffenmunition.

Munitionserwerbsschein, der: ▸ Waffenrecht.

Munk, der (Mungg): Schweizer Ausdruck für ▸ Murmeltier.

Münsterländer, die (Kleiner M. und Großer M.): ▸ Vorstehhunde 6. und 7.

Muntjak, der (*Muntiacus muntjak*): Der M. ist ein Vertreter altweltlicher Hirsche und in Süd- und Südostasien, hauptsächlich aber in Südchina beheimatet. In Europa ist er in Frankreich (kleine Population) und in England (größere Populationen in Südostengland) eingebürgert. Die Weibchen sind stets kleiner und leichter als die Hirsche. Der M. erinnert an ein Reh, ist allerdings hinten überbaut und zeigt daher in der Bewegung einen gerundeten Rücken.
Die Böcke tragen ein einfaches, nur ca. 6 bis 7 cm langes ▸ Geweih auf sehr großen, langen, behaarten Rosenstöcken. Das Geweih bildet selten eine Augsprosse, wird im Mai abgeworfen und im Oktober/November neu gebildet. Im Oberkiefer verlängerte ▸ Eckzähne (ca. 2 cm, beim Weibchen nur 0,5 cm). Die Färbung der Decke ist kastanienbraun, Brust, Kehle und Wedelunterseite sind weißlich; Letztere ist beim Flüchten deutlich zu erkennen. Das Winterhaar ist dunkler als das Sommerhaar. Der M. lebt sehr heimlich und stets in guter Deckung; er sichert häufig. Er bildet keine Rudel. Die Reviere werden heftig verteidigt und mit dem Sekret der stark ausgebildeten ▸ Voraugendrüsen markiert. M. im Gehege sind während der Brunftzeit sehr aggressiv, auch gegenüber den Pflegern. Die Brunftzeit fällt in den Januar/Februar. Die Tragzeit beträgt sieben Monate; gesetzt werden ein oder zwei Kitze mit gelben Kitzflecken, die etwa drei Monate gesäugt werden. Ähnlich wie beim Rehwild besteht die Nahrung aus Kräutern, Gräsern, Knospen und Blättern. Eine ähnliche Art ist das Chinesische ▸ Wasserreh.

Murb, der (Gräslein): ▸ Hirschgerechte Zeichen.

Mürbebraten, der: ▸ Mehrbraten.

Murben, das (Wimpelschlagen): ▸ Hirschgerechte Zeichen.

Murkchen, das: ▸ Wildkaninchen.

Murke, die: Norddeutsch-ostpreußischer Ausdruck für Schnepfe; ▸ Schnepfenvögel.

murken: ▸ murksen.

Murkerich, der: Bez. für das Schnepfenmännchen; ▸ Schnepfenvögel.

murksen (murken, quarren, quorren, quoxen): Tiefe Lautäußerung der balzenden Waldschnepfe; ▸ Schnepfenvögel.

Murmel, das (Murmeli, Murmelin): ▸ Murmeltier.

Murmeltier in der Baueinfahrt

Murmeltier: Aussehen		
Körpermaße	Bär	Katze
KRL	43–60 cm	43–60 cm
RL	12–20 cm	10–18 cm
Gewicht	3,5–6 kg	3,2–5,2 kg

Waidmännische Ausdrücke beim Murmeltier	
Affen (Aff)	Junge (Junges)
Bär	männliches M.
Bärzeit	Begattungszeit
Gehöre	Ohren
Katz	weibliches M.
Mütterin (Muttei)	führende Katz
pfeifen	Warnlaut
M.-Grandeln	orange- bis braunrote obere Schneidezähne
Schwartl (Schwertel)	Balg (Fell)
Die übrigen waidmännischen Ausdrücke sind – soweit anwendbar – dieselben wie beim ▸ Hasen.	

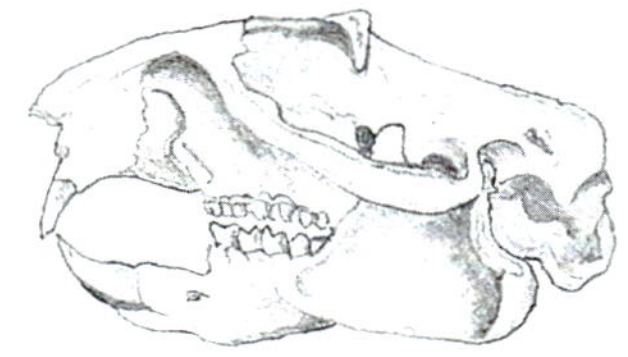
Murmeltierschädel

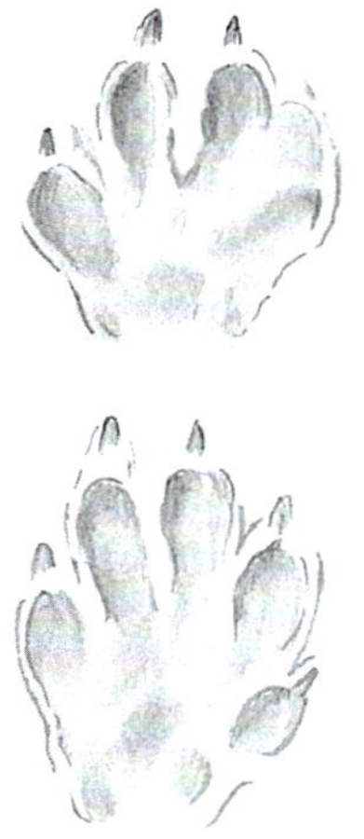
Murmeltier (Vorder- und Hinterpfote)

Murmeltier, das (*Marmota marmota*): Auch Murmandl, Murmel, Murmele (Allgäu), Murmentel, Murmentl, Murmentle, Mangelkatz, Mankei (Oberbayern), Mankel, Manti, Mungg, Munk, Murmeli (Schweiz), Murmelin, Montanella, Misbellerl, Marmota, Marbetle, Ommer, in Vorarlberg »Bormenta«, im französischen Sprachraum »Marmotte«, der römische Naturforscher Plinius nannte es *Mus alpinus* (Alpenmaus): Europäisches Alpenmurmeltier, das zoologisch zur ▸ Ordnung der ▸ Nagetiere (*Rodentia*), zur ▸ Familie der Hörnchen (*Sciuridae*) und zur Unterfamilie der Murmeltiere (*Marmotinae*) zählt. In Deutschland ist das M. zwar jagdbar, aber ganzjährig geschont. In der Schweiz und in Österreich, die wesentlich größere Bestände haben, wird die Jagd hingegen ausgeübt. Die natürlichen Feinde des M. sind Steinadler und Habicht sowie Kolkrabe, Uhu und Fuchs, die hauptsächlich den Jungen nachstellen. Lange, harte Winter mit hohen Schneelagen halten strenge Auslese und zehnten den Bestand. M. erreichen ein Durchschnittsalter von neun bis zwölf bzw. ein Höchstalter von bis zu 18 Jahren im Gehege.

Vorkommen: Das M. kommt im gesamten Alpenraum vor, wobei in Deutschland die Schwerpunkte im westlichen Allgäu, im Berchtesgadener Land, im Chiemgaugebiet sowie in den Forstamtsbereichen Garmisch und Reichenhall liegen. Daneben gibt es M.-Kolonien in den Karpaten und in den Pyrenäen.

Aussehen: Im Herbst, wenn die M. Fett angesetzt haben, sind sie schwerer als im Frühjahr. Das Schwartl ist überwiegend erdig-gelbbraun gefärbt, die Unterseite ist etwas heller. Die Kopfpartie hat eine dunkelschiefergraue Färbung, die sich mit zunehmendem Alter über den ganzen Rücken hinzieht. Die ▸ Rute ist behaart und im letzten Drittel schwarz. Die Seher, die Schnurrhaare, die Zehen und die Nägel sind schwarz, die kleinen Ohren hell. Der Bär erscheint geringfügig dunkler als die etwas kleinere Katz, die Jungtiere erscheinen etwas grauer als die ausgewachsenen Tiere.

Lebensraum und Lebensweise: M. leben in ca. 800 m (Almen) bis 3000 m (Fels) Höhe an offenen sonnigen Hängen (Südhängen) in ▸ Kolonien, sind überwiegend tagsüber aktiv und sonnen sich gerne, aber nur kurz. Sie bewohnen einen ca. 2,50 m unter der Erde gelegenen, selbst gegrabenen Sommerbau in den höheren Lagen und verbringen ihren Winterschlaf in einem Winterbau, den sie in tieferen Lagen anlegen. Die Winterbaue liegen tiefer unter der Erde und werden verzweigt mit mehreren Kammern (einer großen Nestkammer und mehreren kleineren Kammern) gegraben. Die große Nestkammer und einige Einzelschlafkammern werden im Herbst mit Heu (im Spätsommer abgenagtes Gras, das die M. in der Sonne liegen lassen, bis es getrocknet ist) ausgepolstert. Zu Beginn des Winterschlafs (Anfang Oktober) verschließen die M. die Zugangsröhren mit Heu, Erde und Steinen. Dieser Bauverschluss, der sog. Zapfen, bewirkt eine relativ konstante Kesseltemperatur. In der großen Schlafkammer liegen fünf bis zehn Murmel dicht aneinandergedrängt; der Herzschlag wird herabgesetzt (alle 15 bis 20 Sekunden ein Schlag), die Körpertemperatur sinkt auf etwa 6 bis 7 °C. Fällt die Temperatur im Kessel jedoch unter 5 °C, wachen die Tiere gemeinsam auf und bringen ihre Körpertemperatur wieder auf etwa 35 °C. Damit erhöhen sie zugleich die Kesseltemperatur. Erreicht diese 12 °C, fallen die M. wieder in den Schlaf. In diesen etwa alle zwei Wochen eintretenden Schlafpausen geben die Murmel gelegentlich geringe Mengen Harn ab, aber keinen Kot. Ihren Darm haben sie noch vor Beginn des Winterschlafes gründlich entleert. Der Winterschlaf dauert ca. ein halbes Jahr (Oktober bis April). Das Erwachen dauert ca. ein bis zwei Stunden. Während des Winterschlafs verlieren die Tiere ca. ein Drittel ihres Körpergewichts. Der Gang des M. ist sehr eigentümlich, ein breitspuriges Watscheln, wobei der Bauch fast auf der Erde schleift. Wenn das M. einen Kegel macht, sitzt es kerzengerade auf dem Hinterteil, steif wie ein Stock, den Schwanz senkrecht vom Körper abgebogen, die Vorderläufe schlaff herabhängend, jedoch aufmerksam äugend.

Sinne und Lautäußerung: M. sind sehr wachsam. Sie äugen sehr gut, vernehmen gut, winden aber nicht besonders gut. Beim Äugen stellen sie sich auf die Hinterläufe; sie machen Männchen. Erblicken sie einen Feind, stoßen sie einen schrillen Pfiff (Warnlaut) aus, der von den Stimmbändern erzeugt wird, und sofort sucht die ganze Kolonie in den Bauen Schutz. Erst nach einiger Zeit und nach längerem Sichern verlassen die M. diese wieder. Bei Angst und bei Bedrängnis wird mit dem Sekret der ▸ Analdrüsen ein anhaltender widerlicher Geruch verbreitet. Während der Bärzeit lassen die Katzen einen an das Miauen der Hauskatze erinnernden Laut hören.

Fortpflanzung: M. leben in ihrer Kolonie polygam. Ihre ▸ Bärzeit ist je nach Witterung Ende April/Anfang Mai. Die Reviere werden vom territorialen Paar heftig verteidigt. Der Bär markiert täglich die Reviergrenzen mit dem Sekret seiner ▸ Duftdrüsen (Wangendrüsen). Die Paarungsbereitschaft der Weibchen dauert nur etwa einen Tag. Die Katz wird meist von allen Bären der Kolonie nacheinander begattet. Nach etwa 34 Tagen (fünf Wochen)

Tragzeit bringt die Katz zwei bis vier Affen (Junge). Sie werden in einem abseits der Kolonie angelegten Mutterbau nackt, blind und zahnlos geboren. Sie sind bei der Geburt etwa 30 g schwer und öffnen mit ca. 22 Tagen die Augen. Sie werden ca. sechs Wochen gesäugt, verlassen in diesem Alter den Bau, bleiben jedoch bis zum nächsten Jahr im Familienverband. Die Katz bringt deshalb nicht jedes Jahr Junge. Die weiblichen Tiere sind nach zwei Jahren, die männlichen Tiere nach ca. drei bis vier Jahren fortpflanzungsfähig.

Äsung: Die Nahrung der M. besteht überwiegend aus Gräsern aller Art sowie aus Kräutern und Wurzeln, die sie angeblich nur in frischem Zustand aufnehmen.

Jagdarten: Während das M. früher auch mit der Falle gefangen oder zu Beginn des Winters mühselig im Bau ausgegraben wurde, ist heute fast nur noch der ▸ Ansitz am Bau üblich. Dabei wird mit der Kugel meist auf den Kopf gezielt. Nicht tödlich getroffene Stücke verschwinden sofort im Bau und sind dann verloren. Die Trophäe sind die langen, braunroten oberen Schneidezähne, die sog. M.-Grandeln. Auch der Balg und das Fett werden sehr geschätzt. Dem Mankeischmalz oder Mankeiöl (zerlassenes Mankeischmalz gerinnt nicht mehr) wird besondere Heilkraft zugeschrieben. Früher wurde das M. v.a. wegen seines Feistes bejagt, aus dem noch heute heilkräftige Salbe gegen Keuchhusten, Koliken und Rheuma hergestellt wird. Das ▸ Wildbret gilt in einigen Gegenden als wohlschmeckend. Frischem Wildbret haftet jedoch ein starker, erdiger Wildgeschmack an. Frisch gefangene M. wurden daher, nachdem sie wie ein Hausschwein gebrüht und geschabt worden waren, einige Tage in den Rauch gehängt und erst dann gekocht oder gebraten. Zahnformel:

$$\frac{1}{1}\ \frac{0}{0}\ \frac{2}{1}\ \frac{3}{3} = 22 \text{ Zähne}$$

(▸ Zahnalterslehre).

Murmeltier-Grandeln, die: Die langen, braunroten oberen Schneidezähne des ▸ Murmeltieres, die als ▸ Trophäe gelten und gerne an das Charivari gehängt werden.

Murmentel, das: Auch Murmentl(e), Plural: Murmenten. Das ▸ Murmeltier.

murren (keckern, knurren): Knurrende Lautäußerung des zornigen Dachses, Fuchses, Marders, Fischotters, Luchses und der Wildkatze.

mürren (zermüren): svw. ▸ aufstoßen.

Murrente, die: ▸ Wildenten 5.

Muschel, die: **1**) Das Gehäuse der Tritonschnecke (Hirschruf); ein Lockinstrument; ▸ Lockjagd. **2**) Aufwärts oder abwärts gebogenes ▸ Stichblatt im M.-Form, besonders bei Hirschfängern.

Muschelschaft, der: ▸ Schäftung.

Muschet, der (Musket): ▸ Sprinz.

Muskelmagen, der: Ein Teil des Vogelmagens, der sich an den Drüsenmagen anschließt und der Nahrungszerkleinerung dient. Die Innenseite ist durch ein erhärtetes Sekret gegen Verletzungen geschützt. Die Stärke der Magenwand hängt von der Art der Nahrungsaufnahme ab. So haben Körnerfresser z.B. eine stärkere Magenwand als Früchtefresser. Bei Ersteren befinden sich kleine Steine (▸ Magensteine) zur Nahrungszerkleinerung im Magen, die zusätzlich zur Nahrung aufgenommen werden.

Muskeltrichinose, die: ▸ Trichinose.

Musket, der: ▸ Sprinz.

Mustelidae, die: Familie der ▸ Marder aus der Ordnung der Raubtiere (▸ *Carnivora*). Sie unterteilen sich in die echten Marder oder Dachse (*Melinae*) mit den Arten Baummarder und Steinmarder, Fischotter und Dachs und in die Stinkmarder oder Wieselartigen (*Mustelinae*) mit den Arten Iltis, Nerz, Mink, Hermelin und Mauswiesel.

Mute, die: Seltene und veraltete Bez. für ein ▸ Rudel Hirsche.

Muttei, die: Bez. für das weibliche ▸ Murmeltier.

Mutter, die: ▸ Hülse 3.

Mutterbau, der (Heckbau): Ein meist großer Bau von ▸ Fuchs, ▸ Dachs und ▸ Murmeltier, in dem die Jungen (das Geheck) aufgezogen werden; ▸ Notbau.

Mütterin, die: Tiroler Bez. für das weibliche ▸ Murmeltier.

Mutter-Kind-Beziehung: Angeborene Verhaltensweisen, die sowohl beim Muttertier als auch beim Jungtier vorhanden sind. Die Bindung des Muttertieres an das Jungtier ist v.a. durch den Brutpflegetrieb (▸ Brutpflege) geprägt. In der M.-K.-B. kennt man insbesondere bei den Horn- und Geweihträgern z.B. zwei gegensätzliche Typen: die »Ablieger« (z.B. Rehkitze, Hirschkälber) und die »Nachfolger«. Bei Letzteren (z.B. Gams- und Steinbockkitze) bleibt das Jungtier gerade während der ersten Tage und Wochen aufs Engste mit der Mutter zusammen, folgt ihr auf Schritt und Tritt und ruht mit ihr zusammen, oft eng an sie geschmiegt. Bei den »Abliegern« tut sich das Kitz allein an einem versteckten Platz nieder und bleibt dort, während sich die Mutter oft beachtlich weit von ihm entfernt und erst zur nächsten Säugezeit wieder in der Nähe auftaucht. Die Mutter kommt dann i.d.R. nicht bis an das Versteck, sondern ruft aus einiger Entfernung das Kitz zu sich, welches sich nach dem Säugen und Belecken (▸ Körperpflege) wieder selbstständig in sein Versteck begibt. Ablieger und Nachfolger wurden früher als »Lagerjunge« und »Laufjunge« bezeichnet, bei Vögeln spricht man von »Nesthocker« und »Nestflüchter«. Beide Typen, die Ablieger und die Nachfolger, werden von der Mutter nach der Geburt trocken geleckt. Später werden nur noch die Ablieger von ihren Müttern während des Säugens oder danach trocken geleckt. Dieses Verhalten dürfte in engem Zusammenhang mit dem Abliegen stehen. Neben dem möglichst »Unsichtbarmachen« ist die völlige Geruchlosigkeit für das Jungtier zum Überleben notwendig. Es besitzt zwar schon alle Duftdrüsen; sie geben aber noch keine Geruchsstoffe ab. Da Urin und Kot sich verräterisch auswirken können, regt das Muttertier zudem durch Zungenmassage die Urin- und Kotabgabe an einer vom Abliegeplatz entfernten Stelle an und entfernt daneben alle Teilchen, die später Geruch verbreiten könnten, vom Fell des Jungtieres. Da das Muttertier zwischen den Klauen Duftdrüsen besitzt, die der Fährte einen besonderen Geruch verleihen und dem Zusammenfinden von Artgenossen dienen, können Beutegreifer mit gutem Geruchssinn der Fährte folgen. Deshalb kommt das Muttertier nicht bis zum Abliegeplatz, sondern ruft das geruchlose Jungtier zu sich (▸ Stimmfühlungslaut der Mutter); ▸ Trostsäugen.

Mutterkuchen, der: ▸ Nachgeburt.

Mutterwild, das: svw. ▸ Kahlwild; Sammelbezeichnung für weibliches Wild und Kälber des Elchwildes, des Rotwildes, des Damwildes, des Sikawildes und des Rehwildes.

MWS-Spezial-Bisam-Köderfalle, die: ▸ Fallen 14.

Myrle, der: Weiblicher Merlin (Zwergfalke); ▸ Falken 4.

Myxomatose, die: ▸ Infektionskrankheit des Kaninchens, die durch Viren hervorgerufen wird. Letztere sind sehr resistent gegen Desinfektionsmittel (außer Formalin). In Kaninchenröhren bleiben sie einige Monate infektionstüchtig, werden jedoch von der Sonne in kurzer Zeit getötet. In Australien und in Neuseeland hat man versucht, Kaninchen durch künstliche Infektion mit M. zu bekämpfen. Auch in Frankreich wurde 1952 ein künstlicher Seuchenherd geschaffen. Von dort breitete sich die Seuche über ganz Europa aus und forderte hohe Verluste. Die M. kommt bei Wildkaninchen, bei Hauskaninchen und ganz selten bei Feldhasen vor. Die Infektion erfolgt bei direktem Kontakt, durch den Kaninchenfloh und durch Insektenstiche. Die ▸ Inkubationszeit beträgt zwei bis fünf Tage. Die Viren breiten sich im ganzen Körper aus; es kommt zu einer Bindehautentzündung, die die Augenlider aufquellen und verkleben lässt. Es bilden sich dann gallertige Ödeme in der Unterhaut, und zwar an den Löffeln, um das Weidloch und an den Geschlechtsorganen. Der Kopf schwillt deutlich an (Löwenkopf), ebenso die Hodensackhaut. Das Tier entkräftet, magert ab und hat hohes Fieber. Meist kommt es zu einer Lungenentzündung, die nach 8- bis 14-tägiger Krankheit zum Tod führt. Früher raffte die Seuche 90% des Besatzes dahin. In den letzten Jahren sinkt die Sterblichkeitsrate, da die Kaninchen Abwehrstoffe zu entwickeln scheinen.

Bekämpfung: Eine Heilbehandlung erkrankter Stücke ist unbekannt. Bricht die Seuche aus, ist der Kaninchenbesatz schärfstens zu bejagen, um ihn noch nutzen zu können und um die Ausbreitung der Seuche zu verhindern. Bei Hauskaninchen sind mückensichere Drahtgitter zu empfehlen. Eine Schutzimpfung hat sich als wirksame Vorbeugung erwiesen. Das ▸ Wildbret erkrankter Tiere ist genussuntauglich. Die M. ist nicht anzeigepflichtig.

N

NABU: Abk. für Naturschutzbund Deutschland; ▸ Vogelschutz.

nacharbeiten: svw. ▸ nachhängen.

Nachbalz, die: Der Schluss der ▸ Balzzeit, bei der nur noch wenige, meist jüngere Hähne balzen; Ggs.: Vorbalz und Hauptbalz. In verschiedener Jagdliteratur wird damit auch eine für die Jahreszeit verspätete Balz des Auerhahnes (sog. Überbalz) bezeichnet.

Nachbesserung, die: Eine Maßnahme der Jungwuchspflege (▸ Bestand[e]spflege), bei der Fehlstellen in ▸ Kulturen, die z.B. durch Trockenheit, Mäuseschäden, Wildverbiss und Insektenfraß entstanden sind, ergänzt werden. In Laubwaldkulturen erfolgt eine N. meist durch schnell wachsende Baumarten wie ▸ Douglasie und Japanische ▸ Lärche.

nachbinden: Das kreuzweise Einbinden der Leinen beim Stellen der hohen Tücher (▸ Jagdzeug) bei einem Hauptjagen (▸ Eingestellte Jagen).

nachbrechen: Vom ▸ Schwarzwild: nach Wurzeln brechen; die Sauen brechen Wurzeln nach, d.h. sie wühlen nach Wurzeln; ▸ brechen 1).

nachbrennen ▸ Nachbrenner.

Nachbrenner, der: Ein Schuss, der erst merklich nach der Schlossauslösung bricht. Man muss daher bei einem Versager im Anschlag noch mindestens zehn Sekunden abwarten, bevor man absetzt und den Verschluss öffnet, da es sich um einen N. handeln kann. Dieser entsteht dadurch, dass die Pulverladung nach der Zündung mit Verzögerung nachbrennt. (»Der Schuss brannte nach.«)

Nachbrunft, die (veraltet: Afterbrunft): Beim ▸ Schalenwild: eine verspätete ▸ Brunft. Sie ist darauf zurückzuführen, dass einige noch nicht beschlagene Muttertiere nochmals brunftig werden (nachbrunften). Bei dieser N. treten zum Beschlag hauptsächlich ältere Hirsche mit zurückgesetztem ▸ Geweih sowie Mittelhirsche (geringe Hirsche) in Erscheinung, weil die starken Hirsche, die sog. Platzhirsche, i.d.R. bereits erschöpft und abgebrunftet sind. Beim Rehwild werden etwa 3% der Geißen erst in der N. (Nebenbrunft) beschlagen. Bei diesen Geißen entfällt die Eiruhe. Die Befruchtungsfähigkeit der Böcke dauert bis Ende Dezember.

Nachbrut, die (Ersatzbrut, veraltet: Afterbrut): Bei Vögeln, die nur einmal im Jahr brüten, eine neue Brut oder ein neues Gelege (Nachgelege) nach Verlust der ersten Brut; ▸ Zweitbrut.

nachdrücken: svw. ▸ wiederkäuen.

nachfahren: **1**) mitschwingen, dem fliegenden oder laufenden Wild mit dem Gewehr zielend folgen. **2**) Einem ▸ Erdhund, der in einem Bau fest vorliegt, zur Unterstützung einen anderen Erdhund nachschicken; ihn n. lassen. **3**) Hunde fahren nach, wenn sie einem Stück Wild, z.B. einem Hasen, mit oder ohne Befehl ihres Herrn folgen. **4**) Wenn sich der ▸ Schweißhund oder der ▸ Leithund gut in den Riemen legt und die ▸ Fährte arbeitet, sagt man: »Er fährt auf der Fährte nach.« **5**) Ein hohes Tuch (▸ Jagdzeug) n. hieß früher, es anziehen, weil es zu locker stand und sich beim Wechseln als zu kurz erwiesen hätte. **6**) Ein Stück Wild fährt nach, wenn es einem anderen Stück auf derselben Fährte folgt (selten gebräuchlich); ▸ nachziehen 1).

Nachfährte, die: **1**) Die ▸ Fährte des Hinterlaufes beim ▸ Schalenwild. **2**) Bei ▸ Widergängen: der zurückgerichtete Teil der Fährte.

nachfallen: Beim ▸ Flugwild; sind bereits mehrere Stücke an einer Stelle eingefallen und folgt kurz darauf gleiches Flugwild und fällt an derselben Stelle ein, so sagt man: »Es fällt nach.«

Nachfolger: ▸ Mutter-Kind-Beziehung.

Nachfolge, die (Folge): ▸ Wildfolge.

nachgeben: **1**) Einem Jagdhund mehr Riemen geben, damit er mehr Spielraum hat. **2**) Ein Hund gibt nach, wenn er ein Stück Wild hetzt und wegen Müdigkeit nicht mehr zielstrebig hinterherjagt; ▸ nachlassen 2).

Nachgeburt, die (Mutterkuchen): Ein hauptsächlich aus der Eihülle bestehendes Organ bei Säugetieren, das dem Blutaustausch und dem Stoffwechsel zwischen Mutter und heranwachsendem Jungtier über die Nabelschnur dient. Die N. wird bei der Geburt ausgestoßen und von vielen Muttertieren aufgefressen (Gefahr der Wittrung durch Raubtiere). Ausnahme ist z.B. das Muffelwild, bei dem das Muttertier zusammen mit dem frisch gesetzten Kalb bereits kurze Zeit nach dem Setzen die Geburtsstelle verlässt.

Nachgelege, das: ▸ Nachbrut.

nachgreifen: Den ▸ Schweißriemen des zu hitzig werdenden Hundes kürzer fassen.

Nachhaltigkeit, die: Ursprünglich ein Grundsatz der Forstwirtschaft, den Wald so zu bewirtschaften, dass auch die Nachfahren den gleichen, möglichst aber einen noch höheren Nutzen unter Erhaltung oder Steigerung der Bodenkraft haben können. Zunächst wurde die N. nur auf den Holzvorrat angewandt: Es darf nicht mehr Holz genutzt (gefällt) werden als aufgrund des ▸ Zuwachses nachwächst. Der Begriff der N. wurde erstmals 1713 vom Oberberghauptmann Hans Carl von Carlowitz (1645 bis 1714) in seinem Werk »Sylvicultura oeconomica, oder Haußwirthliche Nachricht und Naturmäßige Anweisung zur Wilden Baum-Zucht ...« geprägt. Der Begriff N. gilt seit einigen Jahren als Leitbild für eine zukunftsfähige Entwicklung (*sustainable development*) der Menschheit, wobei »sustainable development« im Deutschen zumeist mit »nachhaltige Entwicklung« übersetzt wird. N. im Sinne der Agenda 21, in der die Unterzeichnerstaaten aufgefordert wurden, eine nationale N.-Strategie zu entwickeln, beinhaltet als einen wichtigen Kernaspekt einen nachhaltigen, d.h. zukunftsfähigen Umgang mit den Ressourcen, wobei allerdings der Begriff der Ressourcen ebenfalls eine enorme Ausweitung erfahren hat: Er umfasst nicht nur die Bodenschätze und nachwachsenden Rohstoffe, sondern schließt die vielfältig vernetzten lokalen, regionalen und globalen ▸ Ökosysteme und letztendlich die gesamte Erde mit ihrer Atmosphäre ein. Die Jagd als eine der ältesten Nutzungsformen der Menschheit nutzt einen Teil der natürlichen Ressourcen. Durch Hege und Bejagung frei lebender Wildtiere beeinflusst sie direkt die genetische Vielfalt einzelner Wildarten, die Wildartenzusammensetzung, Wildtierpopulationen und deren Lebensräume. Indirekt üben jagdliche Eingriffe auch Einflüsse auf andere Tier- und Pflanzenarten, Ökosysteme und deren biologische Vielfalt aus. In der Grundsatzerklärung der IUCN (▸ Naturschutzverbände) von Amman (2000) wird anerkannt, dass die Nutzung frei lebender Wildtiere durch eine nachhaltig ausgeübte Jagd eine Form des Schutzes von Natur und biologischer Vielfalt sein kann. Aus dem Recht, über Entnahme und Hege von Wildtieren direkt in Ökosysteme einzugreifen, erwächst der Jagd auch eine hohe Verantwortung. Eine sachliche Beurteilung der N. jagdlicher Eingriffe ist dabei nur möglich, wenn das jeweilige N.-Niveau vorher klar definiert wird. Als zweckmäßig hat sich erwiesen, eine solche Beurteilung gesondert nach Tierarten (bei Bedarf Populationen), Lebensräumen sowie der jeweiligen Art des Eingriffs großräumig durchzuführen. In rein quantitativer Hinsicht ist jagdliche Nutzung als nachhaltig zu betrachten, wenn der Abgang als Summe aus jagdlicher Entnahme und Fallwild langfristig in etwa dem laufenden Zuwachs entspricht, d.h. die Größe einer Wildtierpopulation – von kurzfristigen, z.B. klimatisch bedingten Schwankungen abgesehen – im Zeitverlauf nicht abnimmt. Neben der rein ökonomischen N. der Abschöpfung der in diesem Sinne jagdlich nachhaltig nutzbaren Wildmenge müssen aber auch qualitative Aspekte berücksichtigt werden. So greift die Jagd durch die Selektivität des Abschusses auch in das ▸ Geschlechterverhältnis und den Altersaufbau (▸ Altersklassenaufbau) und damit in die Sozialstruktur von Populationen ein und beeinflusst so Tierverhalten und zukünftige Reproduktionsrate. Ebenso wirkt sich die Art der Entnahme, z.B. über zeitliche und räumliche Bejagungsstrategie und -technik und damit Bejagungsintensität und Jagddruck, auf Verhalten, Ungestörtheit und Vertrautheit der Wildtiere aus. Hinzu kommen außerdem Hegemaßnahmen wie die Winterfütterung, die zur Ersetzung verloren gegangener Überwinterungslebensräume notwendig ist, aber auch zur Entstehung überhöhter (Schalenwild-) Wilddichten führen kann; ▸ wildlife management.

nachhängen (nacharbeiten): Beim ▸ Schweißhund oder beim ▸ Leithund: am langen Riemen die gesunde oder die kranke ▸ Fährte halten; ihr folgen. Man hängt auf einer Fährte nach; ▸ Schweißarbeit, ▸ Nachsuche.

nachhetzen: Einem flüchtigen Wild die Hunde n.; Ggs.: entgegenhetzen oder auf den Kopf hetzen, d.h. dem Wild die Hunde entgegenschicken; ▸ Kopf 3).

Nachhiebsrest, der: Bez. für den bei der ▸ Verjüngung übrig gebliebenen Altholzrest.

Nachjagen, das: Alte Bez. für das nach einem Hauptjagen (▸ Eingestellte Jagen) angestellte Jagen.

nachkellern: Bei der Bauarbeit die Röhre eines Fuchsbaues oder eines Dachsbaues über und neben dem Erdhund erweitern, der beim Graben nicht mehr weiterkommt (alte Bez.).

Nachkultur, die: Die Ergänzung einer an sich fertigen ▸ Kultur, bei der nachträglich ▸ Mischbaumarten eingebracht werden.

nachlassen: **1**) Einen Hund ▸ abhalsen und einem kranken Stück Wild folgen lassen; man lässt den Hund nach. **2**) Der Hund lässt nach, wenn er aufhört zu hetzen; ▸ nachgeben 2).

nachprellen (nachrollen): Beim Hund: aufstehendem Wild ohne Befehl nachspringen. Das N. ist eine Untugend der meisten jungen und der nicht gut abgeführten ▸ Vorstehhunde, besonders bei der ▸ Suche und beim ▸ Buschieren.

Nachrecht, das: Ein Geldanteil, der früher dem Jäger von eingegangenen Strafgeldern zugesprochen wurde; ▸ Accidenzen.

nachrichten (nachstellen): **1**) Das Verbessern, d.h. In-Ordnung-Bringen des in der Eile aufgestellten hohen Zeugs; ▸ Jagdzeug. **2**) Früher wurde auch das Aufstellen von Tüchern hinter der Treiberwehr (um kein Wild durchzulassen) N. genannt.

nachrollen ▸ nachprellen.

nachschießen: **1**) Auf ein vom Schützen fortflüchtendes Stück Wild schießen; z.B. auf einen aus der ▸ Sasse fahrenden Hasen oder auf einen aufstehenden Fasan. **2**) Auf ein mit dem ersten Schuss angeschweißtes Stück Wild einen zweiten Schuss anbringen.

nachsetzen: Vom Hund: einem aus dem ▸ Wundbett hochgehenden Stück Wild nachhetzen.

nachspüren: Selten gebrauchte Bez. für ▸ nachfahren 4).

nachstehen: Beim Auerhahn: während des Balzens von einem Ast auf den anderen springen (selten gebraucht).

nachstellen: **1**) ▸ nachrichten. **2**) Dem Wild nachstellen. Im Sinne von §1 Absatz 4 BJG erstreckt sich die ▸ Jagdausübung u.a. auch auf das N. von Wild. Dies umfasst alle Handlungen, die einen Fang oder eine Tötung unmittelbar vorbereiten sollen; ein Erfolg ist hierbei unerheblich, allerdings muss der Wille vorliegen, Beute zu machen.

Nachsuche, die: Die waidgerechte Tätigkeit des Jägers, krankgeschossenes Wild aller Art mit einem guten, auf ▸ Schweißfährten geübten Hund (▸ brauchbare Jagdhunde) zu verfolgen und zu erlegen. Auch bei vermeintlichen Fehlschüssen muss der Anschuss des ▸ Haarwildes genauestens auf Schnitthaare, Schweiß und Knochensplitter untersucht werden. Bei der N. von krankgeschossenem oder schwer krankem Wild, das in einen fremden Jagdbezirk wechselt, ist zu beachten, dass die N. nur dann vorgenommen werden darf, wenn mit dem ▸ Jagdausübungsberechtigten dieses Jagdbezirkes eine schriftliche Vereinbarung über die ▸ Wildfolge abgeschlossen ist. Das jeweilige Landesjagdgesetz ist zu beachten.

N. auf Schalenwild: Bei ▸ Schalenwild sollte man, nach aktuellen Erkenntnissen auch bei Lauf- und Kieferschüssen, so lange mit der N. warten, bis angenommen werden kann, dass das angeschweißte Wild krank geworden ist und im ▸ Wundbett liegt. Bei der N. mit dem Hund soll die Fährte ▸ kalt sein. Der Hund wird bei der N. an die Anschussstelle geführt und beginnt die ▸ Schweißarbeit mit dem Zuspruch »Such verwundt!«. Den Hund, der die Wundfährte anfällt, lässt man am völlig abgedockten Schweißriemen mit zwei Dritteln Länge arbeiten. Bei jedem in der Fährte gefundenen Schweiß oder anderen Pirschzeichen ist es zweckmäßig, dort einen ▸ Bruch (▸ Bruchzeichen) oder eine andere Markierung anzubringen, um bei etwaiger späterer Fehlsuche an dieser Stelle erneut mit der N. beginnen zu können. Erreicht der Hund das Wundbett und ist das kranke Wild aus dem Wundbett fortgebrochen, so wird dieses verbrochen und der Hund geschnallt, d.h., die ▸ Halsung wird abgenommen. Der Hund soll nun das Wild zu Stande hetzen (es stellen), sodass der Hundeführer einen ▸ Fangschuss anbringen kann. Ein großer, scharfer Hund soll geringes Wild (z.B. Rehwild) an der Drossel niederziehen (Drosselgriff) und es abwürgen. Starkes und größeres Wild wird jedoch meist vom Hund nur verbellt und so der Jäger herbeigerufen. Dieser gibt dem Wild dann den ▸ Fangschuss. Vor dem ▸ Aufbrechen wird der Hund in Sichtweite abgelegt. Wird Schalenwild vom Hund auf der N. verendet aufgefunden, zeigt er es bei entsprechender Ausbildung entweder durch ▸ Totverbellen oder durch ▸ Totverweisen an. Ein Teil des Schützenbruches wird dem erfolgreichen Hund in die Halsung gesteckt.

N. auf Niederwild: Hier muss die N. bald nach dem Schuss aufgenommen werden, weil die Spur bzw. das Geläuf nur eine kurze Stehzeit hat. Bei Treibjagden im Feld (▸ Gesellschaftsjagd II) ist es zweckmäßig, hinter den Schützenlinien einige Jäger mit guten Hunden folgen zu lassen. Die N. nach kranken Schnepfen und nach einer Wasserjagd ist hingegen am folgenden Tag sehr erfolgreich. Die geeignetsten Hunde sind bringsichere Gebrauchshunde, die auf das Verlorensuchen spezialisiert sind. Das Bereithalten, das Mitführen oder das Verwenden brauchbarer Hunde, auch für die N., ist in den ▸ Landesjagdgesetzen vorgeschrieben. In der Schweiz ist die N. in den Jagdgesetzen der Kantone geregelt; ▸ Freiverlorensuche; ▸ Jagd und Tierschutz.

nachsuchen: Der kranken ▸ Fährte des angeschossenen Wildes mit oder ohne Hund folgen; ▸ Nachsuche.

nachtaktive Tiere, die (Nachttiere): Tiere, die tagsüber überwiegend schlafen und nachts ihre Lebens- und Verhaltensgewohnheiten entwickeln. Kennzeichnend für n.T. sind die entweder sehr lichtstarken (leistungsfähigen) Augen, z.B. bei Luchs und bei Wildkatze, oder sehr kleine Augen. Im letzteren Fall wird die Orientierung durch einen ausgeprägten Geruchssinn und durch Ultraschall ermöglicht. Zu den n.T. zählen u.a. fast alle Eulen, die Wildkatze, der Waschbär, der Nerz, der Luchs und der Dachs; ▸ dämmerungsaktive Tiere.

Nachtanstand, der: Der Anstand bzw. ▸ Ansitz, der bei Nacht ausgeübt wird.

Nachtblindheit des Hundes: ▸ Retina-Atrophie.

Nachteule, die: Eine ▸ Eule, die nur oder überwiegend bei Nacht jagt und aktiv ist (▸ nachtaktive Tiere), z.B. alle Ohreulen und Käuze; im Ggs. zu den ▸ Tageulen.

Nachtfährte, die: ▸ nächtige Fährte.

Nachtgarn, das: Ein Decknetz, das früher v.a. bei nächtlichem Fang verwendet wurde (meist zum Lerchenfang und zum Wachtelfang); im Ggs. zum Taggarn oder Klebgarn; ▸ Garne.

Nachtglas, das: Allg. Bez. für ein Jagdglas mit sehr hoher Dämmerungsleistung (mit mindestens siebenfacher Vergrößerung und 50 mm Objektivdurchmesser); ▸ Jagdoptik, ▸ Nachtsichtgeräte.

Nachtgreifvögel, die (Nachtgreife): Früher auch Nachtraubvögel genannt. Dazu gehören alle Eulenarten im Ggs. zu den ▸ Taggreifvögeln (Taggreife, Tagraubvögel). Die Bez. N. (und auch Taggreifvögel) findet sich nur im jagdlichen Sprachgebrauch und ist keine zoologische Einteilung.

Nachtigallgärnchen, das: Ein früher übliches ▸ Garn – mit Schnürkraft – zum Fangen von Nachtigallen.

nächtige Fährte, **nächtige Spur**, die (nächtige Gänge, Nachtfährte, Nachtspur): Bez. für eine ▸ Fährte (oder eine ▸ Spur), die in früher Nacht getreten wird und daher am Morgen keine oder nur noch geringe ▸ Wittrung hat. Wurde sie bereits am Tag zuvor getreten, so nennt man sie übernächtig. Sie erleichtert feinnasigen Hunden am frühen Morgen beim Brackieren und beim Stöbern (Nachtspur) das Auffinden von Wild.

nächtige Gänge, die: ▸ nächtige Fährte.

Nachtjagd, die: ▸ Nachtzeit.

Nachtkorn, das (Glühkorn, Leuchtkorn, Leuchtvisier): Eine ▸ Visiereinrichtung (Ringvisier und Mittelvisier mit entsprechendem Korn), die mit einer Leuchtmasse versehen ist, im Dunkeln leuchtet und daher ein Schießen vor Anbruch bzw. kurz nach Abbruch des ▸ Büchsenlichts ermöglichen soll. Mit einem Leuchtvisier lässt sich in der Dämmerung oder bei Mondlicht das Ziel rascher erfassen und ein sicherer Schuss abgeben. Beim Gebrauch dieser Visiereinrichtung ist §19 Abs. 1 Nr. 4 BJG (▸ Nachtzeit) zu beachten.

Nachtrabe, der: ▸ Reiher 4.

Nachtrapp, der: ▸ Eulen 5.

Nachtraubvögel, die: ▸ Nachtgreifvögel.

Nachtreiher, der: ▸ Reiher 4.

Nachtselde, die: Eine besondere Form der ▸ Jagdfron. Diese hatte sich aus dem von Karl d. Gr. (768 bis 814) eingeführten Recht auf Gastung, dem »ius albergariae«, entwickelt, nach dem der Kaiser, sein Gefolge und auch jeder, der dieses Recht durch einen Ausweis des Königs beanspruchen konnte (wie kaiserliche Boten und Grafen), auf ihren Dienstreisen samt Pferden beherbergt und beköstigt werden mussten. Nach der Ausbildung der Landeshoheit verlangte der königliche Hof das Gastungsrecht von den geistlichen Fürsten, von den Reichsklöstern und von den Reichsstädten, die Landesherren hingegen dasselbe Privileg von ihren Untertanen, besonders von den Klöstern. Diese waren verpflichtet, sie als Jagdherren mit Jägern, Knechten, Hunden und Pferden zu beherbergen und zu beköstigen. Das Jagdsaalbuch von Herzog Ludwig im Bart von Bayern-Ingolstadt (1418 bis 1433) enthält eine Urkunde, die, 1385 von Herzog Stefan III. ausgefertigt, die N.-Verpflichtung für 21 Klöster Oberbayerns anführt. An anderen Orten hatte sich relativ früh die Ablösung der N. durch das Jägergeld herausgebildet, eine Steuer, die wohl als Fortsetzung der älteren Herbergssteuer anzusehen ist; sie befreite die schwerbedrückten Klöster und deren Untertanen von der Pflicht der N.

Nachtsichtgeräte, die: N. sind hervorragend geeignet zum nächtlichen Beobachten von Wild (z.B. für Wildzählungen) und für den ▸ Jagdschutz. N. sind zu unterscheiden von ▸ Nachtzielgeräten. Letztere dürfen nach §19 Abs. 1 Nr. 5 a) BJG (▸ Jagdbeschränkungen)

Wie alle Eulen zählt der Waldkauz zu den nachtaktiven Tieren.

◂◂ Passives Nachtsichtgerät: Es nutzt noch vorhandenes Restlicht aus und verstärkt dieses.

nicht zur Jagdausübung verwendet werden. Man unterscheidet aktive N., die mittels einer integrierten Lichtquelle für das menschliche Auge nicht sichtbares Infrarotlicht aussenden, und passive N. Letztere sind Restlichtverstärker bzw. Restlichtaufheller, die das Mond- und Sternenlicht und sonstige Lichtabstrahlung ausnützen und verstärken; ▸ Nachtzielgeräte, ▸ Jagdoptik.

Nachtspur, die: ▸ nächtige Fährte.

Nachttiere, die: ▸ nachtaktive Tiere, ▸ Nachtwild.

Nachtwild, das: Bez. für Wild (insbesondere Schalenwild), das aufgrund des hohen Besucher- und ▸ Jagddruckes überwiegend dämmerungs- und nachtaktiv geworden ist. Zur Erfüllung der Abschusspläne wurde daher – je nach Landesjagdrecht unterschiedlich geregelt – das Nachtjagdverbot aufgehoben; ▸ Beunruhigung von Wild, ▸ dämmerungsaktive Tiere, ▸ nachtaktive Tiere.

Nachtzeit, die: Im Sinne des BJG (§ 19 Abs. 1 Nr. 4; ▸ Jagdbeschränkungen) ist die N. die Zeit von eineinhalb Stunden nach Sonnenuntergang bis eineinhalb Stunden vor Sonnenaufgang (in Österreich jeweils eine Stunde nach und vor Sonnenaufgang). Es ist verboten, ▸ Schalenwild (ausgenommen ▸ Schwarzwild) sowie ▸ Federwild zur N. zu erlegen. Das Verbot umfasst nicht die Jagd auf Möwen, Waldschnepfen, Auerwild, Birkwild und Rackelwild. Die Länder können diese Vorschrift erweitern oder aus besonderen Gründen einschränken. So kann z.B. in verschiedenen Bundesländern, sofern es die Landeskultur erfordert, auf Antrag eine Ausnahme vom Nachtjagdverbot auf Rotwild erteilt werden.

Nachtzielgeräte, die: Die N. dienen grundsätzlich militärischen und polizeilichen Zwecken. Sie sind daher nach dem WaffG und dem Kriegswaffenkontrollgesetz für den privaten Einsatz grundsätzlich ▸ verbotene Waffen. Gleichzeitig sind die N. jagdrechtlich grundsätzlich unzulässig (§19 Abs. 1 Nr. 5 Buchst. a). Das Verbot erstreckt sich auf Nachtzielgeräte, die einen Bildwandler oder eine elektronische Verstärkung besitzen und für Schusswaffen bestimmt sind.

nachwachsende Rohstoffe, die: Organische Stoffe aus land- und forstwirtschaftlichen Nutzpflanzen, die nicht für Nahrungszwecke erzeugt werden und sehr unterschiedlich energetisch und industriell verwertet werden können. Nach ihren Gerüst- und Inhaltsstoffen können sie grob in die Stoffgruppen Kohlenhydrate (Zellulose, Stärke, Zucker), Lignin, Öle und Fette, Eiweiß und sekundäre Stoffe eingeteilt werden. Je nach ihrem Verwendungszweck spricht man von Industriepflanzen, wenn die Substanzen zur Nutzung als Chemiegrundstoff oder als Faser aus dem Pflanzengewebe separiert werden, oder von Energiepflanzen, wenn die Pflanzen bzw. Pflanzenteile ganzheitlich zur Energiegewinnung verbrannt oder vergoren werden.

nachwechseln: svw. ▸ nachziehen 1).

Nachweispflicht, die: ▸ Artenschutzrecht, ▸ Bundeswildschutzverordnung, ▸ Präparieren von Wild.

nachziehen: **1**) Beim Schalenwild: nachwechseln; einem anderen Stück auf derselben Fährte oder auf demselben ▸ Wechsel folgen; ▸ nachfahren 6). **2**) Beim Hund: Der H. zieht auf der ▸ Fährte, auf der ▸ Spur oder auf dem ▸ Geläuf nach, wenn er dem Wild vorsichtig suchend folgt; ▸ anziehen. **3**) svw. ▸ nachfahren 1).

Nackenbiss, der: **1**) Bei vielen Säugetieren (z.B. bei Mardern) und Vögeln (z.B. beim Sperlingskauz) beißt während der Paarung (Kopulation) das Männchen in den Hals bzw. in den Nacken des Weibchens. **2**) Spielerisches Verhalten von meist jungen Säugetieren (z.B. Mardern), bei dem der Spielpartner mit einem N. gepackt und umhergeschleppt wird. **3**) Tötungsbiss bei vielen katzenartigen ▸ Beutegreifern (Raubtieren). **4**) Genickbiss der Bisstöter; ▸ Greifvögel. **5**) svw. ▸ Nackengriff.

Nackengriff, der: Bei vielen Raubtieren (z.B. bei Fuchs, Waschbär, Marder etc.) werden bei Gefahr die Jungtiere von der Mutter im sog. N. (Packen am Nackenfell) in ein anderes Versteck getragen. Die Jungtiere verfallen während des Transports in eine Tragschlaffheit (▸ Tragstarre).

Nackenwind, der (Rückenwind): Wind, der dem Jäger in den Nacken weht; ein für die Jagd äußerst ungünstiger Wind; ▸ Wind 1 b).

Nacktschnabel, der: ▸ Rabenvögel 4.

Nadel, die: **1**) Frühere Bez. für den Stecher (▸ Stecherabzug) an Büchsen. Die N. war ein stiftförmiger Abzug am Stechschloss eines Kugelgewehres. **2**) Ein selten gebräuchlicher und wohl auch veralteter Ausdruck für die Rückenhaare der Gemse; Bez. mehr in Österreich üblich. **3**) Die äußeren Haare bzw. die Deckhaare des ▸ Schalenwildes; ▸ Haar.

Nadelente, die: ▸ Wildenten 7.

nadeln: Vom Auerwild und vom Birkwild: die Baumnadeln (Fichtennadeln, Tannennadeln und Kiefernnadeln) abäsen, wobei ein leises Knistern entsteht.

Nadlerformel: Die Formel zur Bewertung der Rotwildtrophäe, benannt nach dem ehemaligen Direktor und Wildbiologen des Zoologischen Gartens in Budapest, Herbert Nadler (1883 bis 1951), der sie im Jahre 1925 erstmals vorstellte. Hierbei werden die Maße von Länge und Umfang der Stangen, Gewicht, Auslage, Endenzahl, Schönheit und etwaige Fehler zugrunde gelegt. Nadler hat die von Graf Meran (Steiermark) vorgeschlagenen Bewertungsformeln, die bereits 1894 bei der Steiermärkischen Jagdausstellung in Graz angewandt wurden, jedoch nur Längen- und Umfangmessungen enthielten, weiter ausgebaut. Die N. wurde international in ganz Europa angewandt und war bis 1936 auch allein üblich. 1937 wurde vom Internationalen Jagdrat (▸ CIC) in Prag die sog. Prager Rotwildformel ausgearbeitet, nach der bereits im gleichen Jahr in Berlin vermessen wurde. Diese neue Formel wurde 1952 in Madrid und 1954 in Düsseldorf geringfügig abgeändert. Im Jahre 1955 beschloss der CIC, neben der Internationalen Rothirschformel auch die N. wieder zuzulassen. Heute gelten die Formeln des Internationalen Jagdrates zur Erhaltung des Wildes für die Trophäenbewertung des europäischen Wildes.

Nadler, Herbert: ▸ Nadlerformel.

Nagel: **1**) Der aus ▸ Horn bestehende Zehen-N. bei allen Wildarten, für die nicht die Ausdrücke ▸ Schalen, ▸ Klauen, ▸ Waffen oder ▸ Krallen üblich sind; z.B. beim Murmeltier, bei Auerwild und bei Birkwild. **2**) Der gebogene Hornfortsatz am Schnabel bei Enten, Gänsen, Schwänen und Sägern. **3**) Die Balz-Nägel, d.h. die ▸ Balzstifte des Auerhahns; ▸ Raufußhühner 1. **4**) Der Mittelpunkt der Jagdscheibe; ▸ Wildscheibe.

nageln: Das sichtbare Abdrücken der Zehennägel im weichen Boden (in der Spur), z.B. bei Fuchs, Dachs und Hund. Katze und Luchs n. hingegen nicht.

Nager, die: **1**) ▸ Nagetiere. **2**) Die vier großen Schneidezähne bei ▸ Nagetieren und Hasenartigen; ▸ Nagezähne.

Nagerpest, die: ▸ Tularämie.

Nagerseuche, die: ▸ Pseudotuberkulose.

Nagertuberkulose, die: ▸ Pseudotuberkulose.

Nagetiere, die (*Rodentia*): Überordnung der ▸ Säugetiere mit typischen ▸ Nagezähnen in Ober- und Unterkiefer, die keine normale Wurzel haben und stets nachwachsen; Halbsohlengänger und Sohlengänger mit vorn vier und hinten fünf Zehen. Meist ▸ Pflanzenfresser, manchmal ▸ Allesfresser. Zu den N. zählen u.a. Bilche, Bisam, Wanderratte, Nutria, Biber, Eichhörnchen und Murmeltier.

Nagezähne, die: Je ein Paar tief im Oberkiefer und im Unterkiefer stehende, meißelförmige Schneidezähne der ▸ Nagetiere und Hasenartigen (▸ Hasen). Kennzeichnend für die Schneidezähne ist das Fehlen von Wurzeln, die – sofern doch vorhanden – nur klein und offen sind. Der Schmelzüberzug ist bei den Hasenartigen beidseitig, bei den Nagetieren einseitig vorhanden, und zwar auf der Vorderseite. Die N. wachsen ständig nach und müssen durch Nagen abgenutzt bzw. dem Wachstum angeglichen werden. Die N. von Biber, Murmeltier und auch Feldhase dienen als Trophäe und werden meist zu Schmuckstücken verarbeitet; ▸ Auswachsen der Zähne.

Nahrungsgefüge, das: ▸ Nahrungskette.

Nahrungsgeneralisten, die: ▸ Allesfresser.

Nahrungskette, die (Nahrungsgefüge): Bez. für eine Reihe von einseitigen Abhängigkeiten verschiedener Organismen aufgrund ihrer Ernährung; eine allg. Erscheinung in einer ▸ Biozönose (Lebensgemeinschaft), die Konsumenten (Tiere) enthält; z.B. Pflanze – Pflanzenfresser – Räuber oder ▸ Parasit. Die grünen Pflanzen als Produzenten bilden das erste Glied der N., die im Meer besonders ausgeprägt und lang ist (z.B. die einzelligen Algen), während auf dem Lande die höheren Pflanzen vorherrschen. Das folgende Glied bilden die Tiere als Verzehrer (Konsumenten). An erster Stelle stehen hier die reinen ▸ Pflanzenfresser (Primärkonsumenten), denen die reinen Fleischfresser (Sekundärkonsumenten) folgen, wobei zwischen beiden Arten die ▸ Allesfresser als weitere, überall in der N. einstufbare Konsumenten stehen. Den Übergang bilden z.B. die Insekten, die in der Auswahl ihrer Nahrung innerhalb gewisser Grenzen noch variieren können. Am Ende der N. stehen die abbauenden Organismen wie Pilze, Bakterien und viele bodenbewohnende Tiere, die sich von toten organischen Stoffen ernähren, die meist von den vorherigen Gliedern der N. überlassen oder ausgeschieden werden. Die abbauenden Organismen produzieren letztlich im sog. Nahrungskreislauf die anorganischen Stoffe, welche die Pflanze zum Leben benötigt.

Nahrungsmangel, der: Wildtiere können, insbesondere bei hoher ▸ Wilddichte und im Spätwinter mit hoher Schneelage und verzögerter Vegetationsentwicklung, verhungern. N. kann auch bei Einzeltieren, zum Teil in Kombination mit Parasitosen oder Lungenentzündungen (▸ Lungen-Erkrankungen), als Todesursache eine Rolle spielen.

Nahsinne, die: Sammelbezeichnung für den Geschmackssinn, den ▸ Temperatursinn und den Tastsinn (▸ Tastsinnorgane), bei denen der Reiz unmittelbar auf das Sinnesorgan einwirkt.

Naht, die: **1**) Die Verbindungslinie der Stirnbeine, die beim wiederkäuenden ▸ Schalenwild, besonders bei den ▸ Hirschen, mit zur Altersschätzung dient; junges Wild: kaum verzahnte N., altes Wild: eng verzahnte N. **2**) Die Verbindungslinie zwischen den Schambeinen (Eisbeinen) beim ▸ Schalenwild, in die man beim Öffnen des Schlosses das Waidmesser (▸ Blanke Waffen) einsetzt oder die Knochensäge ansetzt. Bei Jungwild ist sie leicht zu öffnen, bei älterem Wild (außer Rehwild) selten ohne Säge möglich.

Napf, der: Das einfache, äußerliche Stichblatt am Hirschfänger (▸ Blanke Waffen), welches das Herausfallen des Genickfängers aus der Scheide verhindert. Um den Genickfänger herauszuziehen, muss man erst den Hirschfänger lüften.

Näpfchen, das: Die kleine Vertiefung in den einzelnen Beeren der Hirschlosung; die Gegenseite wird Zäpfchen genannt; ▸ Rotwild (Losung).

Narkosegewehr, das: Nach dem WaffG ein Gegenstand zur Distanzinjektion und somit eine ▸ Schusswaffe. Für die Schießerlaubnis in befriedeten Gehegeflächen oder für Ausnahmegenehmigungen zur Immobilisierung (Injektion von Chemikalien und Pharmaka zur Lähmung der Muskulatur, also zum Zwecke der Bewegungsunfähigkeit eines Tieres) nach den Bestimmungen des ▸ Tierschutzgesetzes muss jedoch der Sachkundenachweis (Sachkunde im Umgang mit Büchsen zur tierschutzgerechten Tötung von Wildtieren) erbracht werden; ▸ Wildtierimmobilisation.

Näschen, das: ▸ Hirschgerechte Zeichen.

Näschlein, das: ▸ Hirschgerechte Zeichen.

Naschwild, das: **1**) Bez. für das ▸ Rehwild. **2**) Bez. für ▸ Wechselwild, das nur zur ▸ Äsung in einem anderen Revier auftaucht.

Nase, die: **1**) Bez. für den Geruchssinn des Hundes, das wichtigste Organ. Man sagt: »Der Hund hat eine gute oder eine schlechte oder gar keine N.«; »er sucht mit hoher N. oder mit tiefer N.«; »er hat Hühner in der N.«, wenn er sie wittert; »er fällt mit der N. auf eine ▸ Fährte«, wenn er sie plötzlich wittert und eifrig auf ihr nachsucht. Waidgerecht ist die Bez. N. auch für das Geruchsorgan sämtlichen Raubwildes sowie bei Feldhase, Schneehase, Kaninchen und Murmeltier; ▸ Windfang, ▸ Wurf. **2**) ▸ Schaftnase.

Nasenbremsen, die: ▸ Rachendasseln.

Nasendasselfliege, die: ▸ Rachendasseln.

Nasenkuppe, die: Die obere Fläche der Hundenase.

Nasenring, der: Das Ende der Dachshaube (▸ Garne 3.), die in einen 9 bis 12 cm weiten eisernen Ring ausläuft. Der ▸ Dachs soll mit dem Kopf in diesen Ring hineinfahren, aber nicht weiter hindurchfahren können.

Nasenschwamm, der: Auch Schwamm. Der weiche, nackte Teil der Hundenase.

Nasentiere, die: ▸ Makrosmaten.

Näslein, das: ▸ Hirschgerechte Zeichen.

Nässen, das: Das Harnen von ▸ Haarwild und Hund. Anhand der Körperstellung, die das Wild beim N. einnimmt, kann auch das Geschlecht angesprochen werden (▸ Ansprechen). So nässt z.B. weibliches ▸ Schalenwild im Ggs. zum männlichen zwischen die breitgestellten Hinterläufe, was auch an der ▸ Fährte erkennbar ist. Das N. des Hirsches (▸ Rotwild/Losung) ist ein ▸ Hirschgerechtes Zeichen. Bei manchen Arten des ▸ Haarraubwildes dient das N. auch zur Markierung (▸ Markier[ungs]verhalten); ▸ Harnspritzen.

Nassfutter, das: ▸ Futtermittel.

Nationalparks, die: Rechtsverbindlich festgesetzte, einheitlich zu schützende Gebiete, die 1. großräumig und von besonderer Eigenart sind; 2. im überwiegenden Teil ihres Gebietes die Voraussetzungen eines ▸ Naturschutzgebietes erfüllen; 3. sich in einem überwiegenden Teil ihres Gebietes in einem vom Menschen nicht oder wenig beeinflussten Zustand befinden oder geeignet sind, sich in einen Zustand zu entwickeln oder in einen Zustand entwickelt zu werden, der einen möglichst ungestörten Ablauf der Naturvorgänge in ihrer natürlichen Dynamik gewährleistet. N. haben zum Ziel, im überwiegenden Teil ihres Gebiets den möglichst ungestörten Ablauf der Naturvorgänge in ihrer natürlichen Dynamik zu gewährleisten. Soweit es der Schutzzweck erlaubt, sollen N. auch der wissenschaftlichen Umweltbeobachtung, der naturkundlichen Bildung und dem Naturerlebnis der Bevölkerung dienen. Z.Z. bestehen in Deutschland die N. Bayerischer Wald, Berchtesgaden, Hamburgisches Wattenmeer, Hochharz, Jasmund, Kellerwald, Müritz, Niedersächsisches Wattenmeer, Oder, Sächsische Schweiz, Schleswig-Holsteinisches Wattenmeer, Thüringer Hainich und Vorpommersche Boddenlandschaft.

In Österreich gibt es die N. Hohe Tauern und Nockberge, in der Schweiz den Schweizer Nationalpark in Graubünden, welcher der älteste Europas ist.

Natternadler, der: ▸ Adler 7.

Natternhals, der: ▸ Spechte 8.

Nattier, Jean Marc (1685 bis 1766): Französischer Rokoko-Maler. König Ludwig XV. ließ für sein Schlafzimmer in Choisy durch N. seine Tochter Adelaide im mythologischen Kostüm der Diana porträtieren, unter einem drohenden Felsen vor arkadischer Landschaft.

Natura 2000: ▸ Richtlinie zur Erhaltung der natürlichen Lebensräume sowie der wild lebenden Tiere und Pflanzen.

Naturdenkmäler, die: Rechtsverbindlich festgesetzte Einzelschöpfungen der Natur oder entsprechende Flächen bis 5 ha, deren besonderer Schutz 1. aus wissenschaftlichen, naturgeschichtlichen oder landeskundlichen Gründen oder 2. wegen ihrer Seltenheit, Eigenart oder Schönheit erforderlich ist. Die Beseitigung des Naturdenkmals sowie alle Handlungen, die zu einer Zerstörung, Beschädigung oder Veränderung des Naturdenkmals führen können, sind nach Maßgabe näherer Bestimmungen verboten (§28 BNatSchG). N. können u.a. sein: charakteristische Aufschlüsse, Wanderblöcke, Gletscherspuren, Quellen, Wasserläufe, Wasserfälle, alte und seltene Bäume sowie besondere Pflanzenvorkommen. Zuständig für die Ausweisung von N. sind die Kreisbehörden.

Naturfährte, die: Im Ggs. zur künstlichen ▸ Schweißfährte die natürliche ▸ Fährte, v.a. die Schweißfährte, des Wildes.

Naturgüter, die: Die für die Nutzung durch den Menschen geeigneten Bestandteile von Natur und Landschaft. Zu den N. (Naturschätzen, Naturreichtümern, natürlichen Hilfsquellen) gehört auch die Pflanzenwelt. Tiere und Pflanzen tragen zudem zu einer besseren Nutzung und Ausnutzung anderer N. – etwa des Bodens und des Wassers – bei. Fischerei und Jagd bieten Beispiele für die unmittelbare Nutzung von frei lebenden Tieren. Der Nutzen wild wachsender Pflanzen reicht vom Sammeln von Pilzen und Wildfrüchten über die Verwendung als Arzneimittel bis zur Gewinnung von Bioenergie.

Naturhaushalt einer Landschaft, der: Wirkungsgefüge aller natürlichen (biotischen und abiotischen) Faktoren einer ▸ Landschaft; ▸ Landschaftshaushalt.

Naturlandschaft, die: Eine im Ggs. zur ▸ Kulturlandschaft vom Menschen fast unberührte Landschaft, die sich selbst prägt und erhält.

Naturlandstiftung Saar, die: ▸ Sozialbrache.

Naturlehrpfad, der: Zu Lehr- und Anschauungszwecken und mit Hinweis- und Bildtafeln sowie mit kurzen Erläuterungen eingerichtete Wegführung in naturkundlich oder landschaftlich interessanten Gebieten. Je nach örtlicher Gegebenheit kann der N. ein Wildlehrpfad, ein Pflanzenlehrpfad, ein geologischer Lehrpfad oder ein Vogelschutzlehrpfad sein.

natürliche Auslese, die: ▸ Auslese.

Naturparks, die: N. sind einheitlich zu entwickelnde und zu pflegende Gebiete, die 1. großräumig sind; 2. überwiegend ▸ Landschaftsschutzgebiete oder ▸ Naturschutzgebiete sind; 3. sich wegen ihrer landschaftlichen Voraussetzungen für die Erholung besonders eignen und in denen ein nachhaltiger Tourismus angestrebt wird; 4. nach den Erfordernissen der Raumordnung für die Erholung vorgesehen sind; 5. der Erhaltung, Entwicklung oder Wiederherstellung einer durch vielfältige Nutzung geprägten Landschaft und ihrer Arten- und Biotopvielfalt dienen und in denen zu diesem Zweck eine dauerhaft umweltgerechte Landnutzung angestrebt wird; 6. besonders dazu geeignet sind, eine nachhaltige Regionalentwicklung zu fördern (§27 Abs. 1 BNatSchG). Nach §27 Abs. 2 sollen N. entsprechend ihren in Absatz 1 beschriebenen Zwecken unter Beachtung der Ziele und Grundsätze des ▸ Naturschutzes und der ▸ Landschaftspflege geplant, gegliedert, erschlossen und weiterentwickelt werden. Rechtsträger der einzelnen N. ist entweder ein Zweckverband als Körperschaft des öffentlichen Rechts, ein eingetragener Verein oder eine staatliche Stelle. Bund, Länder, innerhalb eines N. gelegene Kreise und Gemeinden sowie die privaten Naturparkträger kommen i.d.R. für die Kosten auf. Der älteste Naturpark ist die Lüneburger Heide; ▸ Jagd in Schutzgebieten.

Naturreservat, das: svw. ▸ Naturschutzgebiet. Eine v.a. im englischen und im französischen Sprachraum übliche Bez.

Naturschutz, der: Maßnahmen und Bestrebungen zum Schutz des Lebens und der Lebensräume aller Pflanzen und ▸ Tiere vor dem Zugriff des Menschen und zu seinem Wohle. Nach §1 des Gesetzes über N. und Landschaftspflege (Bundesnaturschutzgesetz – BNatSchG) vom vom 29.7.2009 (BGBl I S. 2542) sind Natur und ▸ Landschaft aufgrund ihres eigenen Wertes und als Grundlage für Leben und Gesundheit des Menschen auch in Verantwortung für die künftigen Generationen im besiedelten und unbesiedelten Bereich nach Maßgabe der nachfolgenden Absätze so zu schützen, dass 1. die biologische Vielfalt, 2. die Leistungs- und Funktionsfähigkeit des Naturhaushalts einschließlich der Regenerationsfähigkeit und nachhaltigen Nutzungsfähigkeit der Naturgüter sowie 3. die Vielfalt, Eigenart und Schönheit sowie der Erholungswert von Natur und Landschaft auf Dauer gesichert sind; der Schutz umfasst auch die Pflege, die Entwicklung und, soweit erforderlich, die Wiederherstellung von Natur und Landschaft. Die Jagd ist eine Form der nachhaltigen Nutzung des Naturgutes Wild, dessen Nutzungsfähigkeit durch ▸ Biotophege und Maßnahmen des ▸ Jagdschutzes dauerhaft zu sichern ist. Damit entspricht die Jagd den Zielen des N. im Sinne des §1 BNatSchG. Das am 1.3.2010 in Kraft getretene BNatSchG führt in §1 Abs. 3 Nr. 5 an: „Zur dauerhaften Sicherung der Leistungs- und Funktionsfähigkeit des Naturhaushalts sind insbesondere wild lebende Tiere und Pflanzen, ihre Lebensgemeinschaften sowie ihre Biotope und Lebensstätten auch im Hinblick auf ihre jeweiligen Funktionen im Naturhaushalt zu erhalten.“ In §1 Abs. 6 heißt es: „Freiräume im besiedelten und siedlungsnahen Bereich einschließlich ihrer Bestandteile, wie Parkanlagen, großflächige Grünanlagen und Grünzüge, Wälder und Waldränder, Bäume und Gehölzstrukturen, Fluss- und Bachläufe mit ihren Uferzonen und Auenbereichen, stehende Gewässer, Naturerfahrungsräume sowie gartenbau- und landwirtschaftlich genutzte Flächen, sind zu erhalten und dort, wo sie nicht in ausreichendem Maße vorhanden sind, neu zu schaffen.“ §37 Abs. 2 beinhaltet die sogenannte Unberührtheitsklausel: „Die Vorschriften des Pflanzenschutzrechts, des Tierschutzrechts, des Seuchenrechts sowie des Forst-, Jagd- und Fischereirechts bleiben von den Vorschriften dieses Kapitels und den aufgrund dieses Kapitels erlassenen Rechtsvorschriften unberührt. Soweit in jagd- oder fischereirechtlichen Vorschriften keine besonderen Bestimmungen zum Schutz und zur Pflege der betreffenden Arten bestehen oder erlassen werden, sind vorbehaltlich der Rechte der Jagdausübungs- oder Fischereiberechtigten die Vorschriften dieses Kapitels und die aufgrund dieses Kapitels erlassenen Rechtsvorschriften anzuwenden (d.h., dass das jagdrechtliche ▸ Aneignungsrecht unverändert bestehen bleibt). Für den Jäger von besonderem Interesse sind noch die „Allgemeinen Vorschriften für den Arten-, Lebensstätten- und Biotopschutz“ (§38), der „Allgemeine Schutz wild lebender Tiere und Pflanzen“ (§39) und die „Vorschriften für besonders geschützte und bestimmte andere Tier- und Pflanzenarten“ (§44). Nach §45 Abs. 4 (Ausnahmen) ist es z. B. abweichend von den Besitz- und Vermarktungsverboten vorbehaltlich jagd- und fischereirechtlicher Vorschriften zulässig, tot aufgefundene Tiere und Pflanzen aus der Natur zu entnehmen und an die von der für Naturschutz und Landschaftspflege zuständigen Behörde bestimmte Stelle abzugeben oder, soweit sie nicht zu den streng geschützten Arten gehören, für Zwecke der Forschung oder Lehre oder zur Präparation für diese Zwecke zu verwenden. Nach Abs. 5 ist es z.B. zulässig, dass abweichend von den Verboten des §42 Abs. 1 Nr. 1 sowie von den Besitzverboten vorbehaltlich jagdrechtlicher Vorschriften verletzte, hilflose oder kranke Tiere aufgenommen werden, um sie gesund zu pflegen. Die Tiere sind unverzüglich in die Freiheit zu entlassen, sobald sie sich dort selbstständig erhalten können.

Naturschutzakademien, die: Bildungseinrichtungen für ▸ Naturschutz und ▸ Landschaftspflege, die für jedermann fachspezifische und wissenschaftliche Seminare und Veranstaltungen durchführen. N. sind entweder den Fachministerien der Länder, einer Landesanstalt oder einem Nationalpark nachgeordnet, z.T. auch eigenständige (private) Einrichtungen. Zur Zeit bestehen folgende N.: Bayer. Akademie für Naturschutz und Landschaftspflege, Laufen/Salzach; Akademie für Natur- und Umweltschutz (beim Ministerium für Umwelt Baden-Württemberg), Stuttgart; Naturschutzzentrum Hessen, Wetzlar; Naturschutzzentrum Nordrhein-Westfalen, Recklinghausen; Norddeutsche Naturschutzakademie Hof Möhr, Schneverdingen; Naturschutzlehrstätte Nationalpark Sächsische Schweiz, Königsstein; Landeslehrstätte für Naturschutz Brandenburg, Brandenburg; Thüringer Landesanstalt für Umweltschutz, Jena.

Naturschutzbeauftragte, die: Ehrenamtlich tätige Sachverständige (mit Aufwandsentschädigung), die von den ▸ Naturschutzbehörden als Berater berufen werden. An ihre Stelle treten z.T. hauptamtliche und ausgebildete Fachkräfte, die von Naturschutzbeiräten – das sind ehrenamtliche Beratergremien, welche in einigen deutschen Bundesländern die Naturschutzbehörden fachlich beraten – unterstützt werden.

Naturschutzbehörden, die: Die aus der Naturschutzgesetzgebung herzuleitenden Maßnahmen obliegen den N. der Länder. Sie gliedern sich in oberste Naturschutzbehörde, höhere Naturschutzbehörde und untere Naturschutzbehörde.

- *Oberste Naturschutzbehörde* ist in den einzelnen Bundesländern das jeweils zuständige Fachressort.
- *Höhere Naturschutzbehörde* ist der Regierungspräsident (Bezirksregierung), in Schles-

Schutzgebiete in Deutschland nach Bundesländern

Quellen: Bundesamt für Naturschutz (BfN) nach Angaben der Länder und Verband Deutscher Naturparks e.V.

Naturparks (Bundesland) (Stand 2011)	Fläche [ha]	Jahr der VO bzw. Gründung d. Trägervereins
Aukrug (SH)	38.400	1970
Holsteinische Schweiz (SH)	75.900	1986
Hüttener Berge (SH)	21.900	1970
Lauenburgische Seen (SH)	47.400	1960
Schlei (SH)	49.790	2008
Westensee (SH)	25.000	1969
Am Stettiner Haff (MV)	57.242	2005
Feldberger Seenlandschaft (MV)	36.000	1997
Insel Usedom (MV)	72.000	2000
Mecklenb. Schweiz u. Kummerower See (MV)	67.350	1997
Mecklenburgisches Elbetal (MV)	42.600	1998
Nossentiner/Schwinzer Heide (MV)	36.500	1994
Sternberger Seenland (MV)	53.990	2005
Bourtanger Moor – Bargerveen (NI)	11.256	2006
Elbhöhen-Wendland (NI)	115.994	1968
Elm-Lappwald (NI)	47.000	1977
Harz (NI)	79.000	1960
Lüneburger Heide (NI)	107.769	1921
Münden (NI)	44.956	1959
Solling-Vogler (NI)	52.750	1963
Steinhuder Meer (NI)	31.000	1974
Südheide (NI)	50.000	1964
Weserbergland (NI)	111.626	1975
Wildeshauser Geest (NI)	155.400	1967
Dümmer (NI/NW)	47.210	1972
Terra.vita (NI/NW)	140.600	1962
Drömling (ST)	27.809	1990
Fläming (ST)	82.426	2005
Harz (ST)	166.054	2003
Saale-Unstrut-Triasland (ST)	103.743	1991
Unteres Saaletal (ST)	40.782	2005
Dübener Heide (ST/SN)	75.994	1992
Dahme-Heideseen (BB)	59.117	1998
Hoher Fläming (BB)	82.718	1998
Märkische Schweiz (BB)	20.487	1990
Niederlausitzer Heidelandschaft (BB)	48.922	1996
Niederlausitzer Landrücken (BB)	58.643	1997
Nuthe-Nieplitz (BB)	62.284	1999
Schlaubetal (BB)	22.744	1995
Stechlin-Ruppiner Land (BB)	68.043	2001
Uckermärkische Seen (BB)	89.642	1997
Westhavelland (BB)	129.360	1998
Barnim (BB/BE)	73.268	1998
Arnsberger Wald (NW)	48.200	1961
Bergisches Land (NW)	211.500	1973
Ebbegebirge (NW)	77.700	1964
Eggegebirge und südlicher Teutoburger Wald (NW)	271.100	1965
Hohe Mark – Westmünsterland (NW)	104.000	1963
Homert (NW)	55.000	1965
Rheinland (NW)	104.500	1959
Rothaargebirge (NW)	135.500	1965
Schwalm-Nette (NW)	43.500	1965
Siebengebirge (NW)	11.200	1958
Hohes Venn (Nordeifel) (NW/RP)	197.900	1960
Habichtswald (HE)	47.446	1969
Hessische Rhön (HE)	72.318	1962
Hessischer Spessart (HE)	73.587	1963
Hochtaunus (HE)	132.165	1962
Hoher Vogelsberg (HE)	88.329	1957
Kellerwald-Edersee (HE)	40.631	2001
Lahn-Dill-Bergland (HE)	87.405	2007
Meißner-Kaufunger-Wald (HE)	42.216	1962
Rhein-Taunus (HE)	80.439	1968
Diemelsee (HE/NW)	33.400	1965
Bergstraße-Odenwald (HE/BY)	223.845	1960
Eichsfeld-Hainich-Werratal[1] (TH)	86.000	1990
Kyffhäuser (TH)	30.500	1990
Südharz (TH)	26.700	2010
Thüringer Schiefergebirge/Obere Saale (TH)	82.800	1990
Thüringer Wald (TH)	208.200	1990
Erzgebirge/Vogtland (SN)	149.500	1991
Zittauer Berge (SN)	13.337	2008
Nassau (RP)	53.000	1963
Pfälzerwald (RP)	179.300	1958
Rhein-Westerwald (RP)	44.700	1962
Soonwald-Nahe (RP)	73.600	2005
Südeifel (RP)	42.610	1958
Vulkaneifel (RP)	106.824	2005
Saar-Hunsrück (SL/RP)	195.563	1982/1980
Neckartal-Odenwald (BW)	129.200	1980

Naturparks (Bundesland) (Stand 2011)	Fläche [ha]	Jahr der VO bzw. Gründung d. Trägervereins
Obere Donau (BW)	135.019	1980
Schönbuch (BW)	15.564	1974
Schwäbisch-Fränkischer Wald (BW)	90.400	1979
Schwarzwald Mitte/Nord (BW)	374.000	2001
Stromberg-Heuchelberg (BW)	32.891	1980
Südschwarzwald (BW)	370.000	1999
Altmühltal (BY)	296.617	1969
Augsburg-Westliche Wälder (BY)	122.488	1974
Bayerische Rhön (BY)	123.608	1967
Bayerischer Spessart (BY)	170.238	1963
Bayerischer Wald (BY)	278.272	1967
Fichtelgebirge (BY)	101.089	1971
Frankenhöhe (BY)	110.404	1974
Frankenwald (BY)	102.246	1973
Fränkische Schweiz-Veldensteiner Forst (BY)	233.544	1968
Haßberge (BY)	81.706	1974
Hirschwald (BY)	27.759	2006
Nagelfluhkett (BY)	24.657	2008
Nördlicher Oberpfälzer Wald (BY)	128.692	1975
Oberer Bayerischer Wald (BY)	173.271	1965
Oberpfälzer Wald (BY)	82.273	1985
Steigerwald BY)	126.923	1972
Steinwald (BY)	22.992	1970

[1] nicht verordnet

Nationalparks (Bundesland) (Stand 2011)	Fläche [ha]	Gründungsjahr
Schleswig-Holsteinisches Wattenmeer (SH) (dav. ca. 2,3 % Landfl.)	441.500	1985
Hamburgisches Wattenmeer (HH) (ca. 2,9 % Landfläche)	13.750	1990
Jasmund (MV) (ca. 78 % Landfl.)	3.003	1990
Müritz-Nationalpark (MV)	32.200	1990
Vorpommersche Boddenlandschaft (MV) (ca. 16 % Landfl.)	80. 500	1990
Harz (NI/ST)	24.732	1990/1994
Niedersächsisches Wattenmeer (NI) (ca. 7 % Landfl.)	345.000	1986
Unteres Odertal (BB)	10.323	1995
Eifel (NW)	10.880	2004
Kellerwald-Edersee (HE)	5.724	2004
Hainich (TH)	7.513	1997
Sächsische Schweiz (SN)	9.350	1990
Bayerischer Wald (BY)	24.217	1970
Berchtesgaden (BY)	20.804	1978

Gesamtfläche mit Nord- und Ostseeflächen: 1.029.496 ha
Gesamtfläche ohne Nord- und Ostseeflächen: 194.362 ha
(ca. 0,54 % des Bundesgebietes)

Biosphärenreservate (Bundesland) (mit UNESCO-Anerkennung) (Stand 2011)	Fläche [ha]	Jahr der Anerkennung durch UNESCO
Schleswig-Holsteinisches Wattenmeer (SH)	443.100	1990
Schaalsee (MV)	30.900	2000
Südost-Rügen (MV)	22.900	1991
Niedersächsisches Wattenmeer (NI)	240.000	1992
Hamburgisches Wattenmeer (HH)	11.700	1992
Schorfheide-Chorin (BB)	129.160	1990
Spreewald (BB)	47.509	1991
Flusslandschaft Elbe (BB, MV, NI, SH, ST)	275.893	1997
Karstlandschaft Südharz (ST)	30.034	steht noch aus
Pfälzerwald-Nordvogesen (RP)	177.842	1992
Bliesgau (SL)	36.152	2009
Rhön (BY, HE, TH)	185.262	1991
Vessertal-Thüringer Wald (TH)	17.081	1979
Oberlausitzer Heide- und Teichlandschaft (SN)	30.102	1996
Schwäbische Alb (BW)	85.269	2009
Bayerischer Wald (BY)	13.300	1981
Berchtesgadener Land (BY)	84.000	1990

Nationalparks, Biosphärenreservate und Naturparks in Deutschland

Stand: 31.12.2001

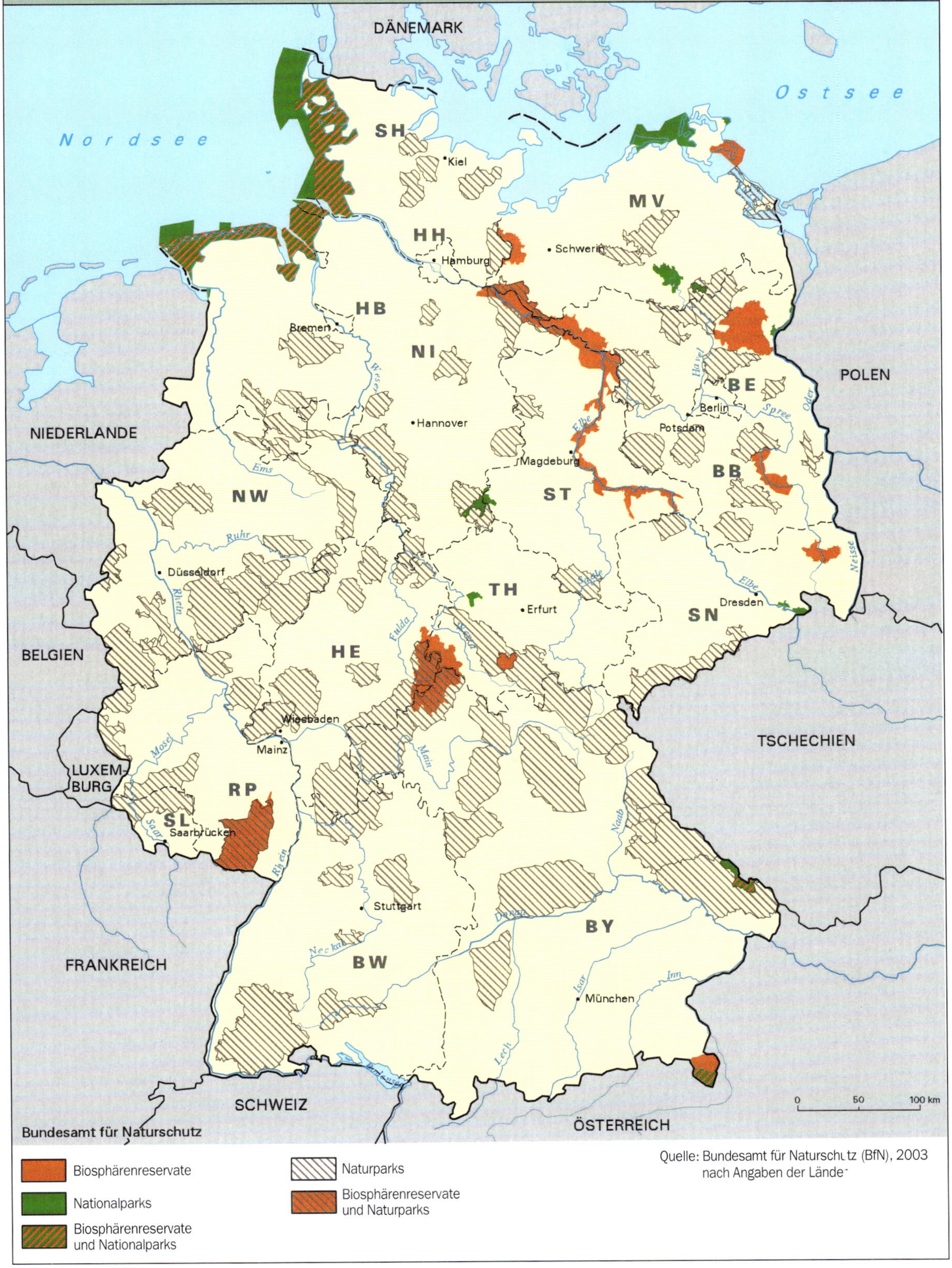

wig-Holstein das Landesamt für Naturschutz und Landschaftspflege. In einzelnen Bundesländern werden die Bez. Landschaftsbehörde, Landschaftspflege- oder Landespflegebehörde gebraucht.

- *Untere Naturschutzbehörde* ist die untere Verwaltungsbehörde (Landratsamt bzw. Kreisamt) bzw. der Oberbürgermeister (Stadtrat) der kreisfreien Städte.

Die N. werden durch Naturschutzstellen als Beiräte und durch Landesbeauftragte, Bezirksbeauftragte oder Kreisbeauftragte für ▸ Naturschutz und ▸ Landschaftspflege beraten. In den einzelnen Ländern wurden Landesämter für Naturschutz und Landschaftspflege (bzw. Umweltschutz) eingerichtet. Dem Bundesministerium für Ernährung, Landwirtschaft und Forsten obliegt die Bearbeitung allg. Naturschutzangelegenheiten sowie die Vorbereitung der Gesetzgebung. Der Vollzug des Gesetzes hingegen ist Aufgabe der Bundesforschungsanstalt für Naturschutz und Landschaftsökologie. Die zum Außendienst verpflichteten Bediensteten der Forstverwaltungen (einschließlich Berufsjäger) haben nach Maßgabe der gesetzlichen Vorschriften und ihrer Dienstanweisungen beim Umwelt-, Natur- und Tierschutz mitzuwirken.

Naturschutzbeiräte, die: ▸ Naturschutzbeauftragte.

Naturschutzdienst, der: ▸ Naturschutzwacht.

Naturschutzfonds, der: Eine Stiftung des öffentlichen Rechts. Die Aufgaben des Fonds umfassen im Wesentlichen die Förderung von Schutz- und Pflegemaßnahmen, die Förderung der Pacht und des Erwerbs von ökologisch wertvollen Grundstücken durch Kommunen und Naturschutzorganisationen sowie die Pacht und den Erwerb ökologisch wertvoller Grundstücke. Die Stiftung soll sich vorrangig bestehender Einrichtungen, Stellen oder Behörden bedienen. Sie erfüllt ihre Aufgaben vorrangig aus dem Ertrag ihres Vermögens, aus Zuwendungen Dritter sowie aus Erträgen von Ausspielungen, Ausstellungen, Veranstaltungen und Sammlungen (z.B. in Bayern und in Baden-Württemberg).

Naturschutzgebiete, die: N. sind durch Rechtsverordnung (der Bundesländer) festgesetzte Gebiete, in denen ein besonderer Schutz von Natur und ▸ Landschaft in ihrer Ganzheit oder in einzelnen Teilen 1. zur Erhaltung, Entwicklung oder Wiederherstellung von Lebensstätten, Biotopen oder Lebensgemeinschaften bestimmter wild lebender Tier- und Pflanzenarten, 2. aus wissenschaftlichen, naturgeschichtlichen oder landeskundlichen Gründen oder 3. wegen ihrer Seltenheit, besonderen Eigenart oder hervorragenden Schönheit erforderlich ist (§23 Abs. 1 BNatSchG). Alle Handlungen, die zu einer Zerstörung, Beschädigung oder Veränderung des N. oder seiner Bestandteile oder zu einer nachhaltigen Störung führen können, sind nach Maßgabe näherer Bestimmungen verboten. Sofern es der Schutzzweck erlaubt, können N. der Allgemeinheit zugänglich gemacht werden (§23 Abs. 2 BNatSchG).

Naturschutzgesetz, das: ▸ Naturschutz.

Naturschutzrecht, das: ▸ Naturschutz.

Naturschutzring, Deutscher, der: ▸ Naturschutzverbände.

Naturschutzverbände, die:

1. Arbeitsgemeinschaft deutscher Beauftragter für Naturschutz und Landschaftspflege e.V. (ABN): Ein Zusammenschluss der auf dem Gebiet des Naturschutzes und der Landschaftspflege tätigen Fachkräfte in amtlicher Tätigkeit (in Behörden, Dienststellen und Wissenschaft) sowie von Trägern privater Initiativen in Behördenbeiräten, im Verbandswesen und in der Publizistik. Die Arbeitsgemeinschaft wurde 1947 von Hans Klose gegründet.

2. Verband zur Förderung des Naturschutzes und der Landschaftspflege (VNL): Der Verband will Naturschutz und Landschaftspflege in Deutschland und über die Grenzen hinaus fördern. Er will auf einen Ausgleich zwischen der Leistungsfähigkeit des Naturhaushalts, den wirtschaftlichen Erfordernissen und den Bedürfnissen der Erholung suchenden Bevölkerung hinwirken. Mitgliedsverbände sind u.a.: Arbeitsgemeinschaft Deutscher Waldbesitzerverbände, Deutscher Bauernverband, Zentralverband Gartenbau, Verband Deutscher Sportfischer, Verein Naturpark.

3. Deutscher Naturschutzring (DNR) e.V.: Bundesverband für Umweltschutz. Er wurde 1950 in München von zahlreichen Verbänden gegründet und ist bemüht, durch Informationsbriefe zum Schutz von Natur und Landschaft der Heimat beizutragen. Er ist die nationale Verbindungsstelle zum Europarat.

4. Deutsche Umwelt-Aktion (DUA) e.V.: Sie befasst sich mit dem Öffentlichkeitsdienst für Umweltschutz und hat ihren Sitz in Krefeld.

5. Internationale Union für die Erhaltung der Natur und der natürlichen Hilfsquellen (IUCN = International Union for the Conservation of Nature): Eine 1948 gegründete überregionale Naturschutzorganisation, der Regierungen und einschlägige Organisationen aus z.Z. 78 Staaten angehören. Bisher sind ihr 112 staatliche Organisationen und über 700 nicht staatliche Naturschutzorganisationen beigetreten, unter ihnen z.B. der WWF, der Naturschutzbund oder BirdLife, daneben die FACE, der schwedische und der finnische Jagdverband, der Deutsche Jagdschutz-Verband und der CIC. Die IUCN hat die nachhaltig betriebene Jagd zum integrierten Bestandteil des Naturschutzes erklärt. Die positive Rolle der Jagd zur Erhaltung der Artenvielfalt und der Lebensräume wurde damit auf höchster Naturschutzebene anerkannt. Die IUCN ist aber strikt gegen einen Selektionsabschuss zur Artverbesserung. Seit Dezember 1999 hat sie offiziellen Beobachterstatus in der Generalversammlung der Vereinten Nationen. Die IUCN hat ihren Sitz in der Schweiz.

6. Bund für Umwelt und Naturschutz Deutschland e.V. (BUND): Sitz in Bonn.

7. Verein zum Schutz der Bergwelt e.V. (vormals Verein zum Schutze der Alpenpflanzen und Tiere e.V.): Besteht seit 1900.

8. Deutscher ▸ Jagdschutz-Verband.

9. Bundesverband für fachgerechten Natur- und Artenschutz e.V. (BNA): Eine Naturschutzorganisation, die sich sowohl für die Bewahrung und Wiederherstellung bedrohter oder zerstörter Lebensräume als auch für die Erhaltung von bedrohten wild lebenden Tier- und Pflanzenarten durch Zucht einsetzt. Der Organisation gehören derzeit (Stand 2002) 230 Vereinigungen mit insgesamt 130000 Mitgliedern an.

Naturschutzwacht, die: Die N. besteht aus Hilfskräften der Unteren ▸ Naturschutzbehörden. Ihre Aufgaben, Befugnisse und Bez. sind in den einzelnen deutschen Ländern unterschiedlich geregelt. Folgende Aufgaben können ihnen im Wesentlichen übertragen werden: Feststellung, Verhütung und Unterbindung von Zuwiderhandlungen gegen Rechtsvorschriften, die den Schutz der Natur, die Pflege der Landschaft und die Erholung in der freien Natur regeln und deren Übertretung mit Strafe oder Geldbuße bedroht ist. Außerdem können sie bei der Verfolgung solcher Zuwiderhandlungen mitwirken. Teilweise (so in Bayern, in Schleswig-Holstein und in beschränktem Maße im Saarland) können ihnen auch hoheitliche Befugnisse zur Erfüllung ihrer Aufgaben übertragen werden. Dazu gehören insbesondere: Anhalten einer Person zur Feststellung ihrer Personalien; die angehaltene Person zu einer Polizeidienststelle bringen, wenn die Feststellung der Personalien an Ort und Stelle nicht vorgenommen werden kann usw.; Erteilung von Platzverweisen; Sicherstellung von unbefugt entnommenem Gut und Gegenständen usw. In den meisten Bundesländern müssen die Angehörigen der N. bei der Ausübung ihres Dienstes ein besonderes Dienstabzeichen tragen und einen Dienstausweis mit sich führen, der auf Verlangen vorzuzeigen ist. Ausgestaltung und Umfang des Dienstverhältnisses der Hilfskräfte sowie Vorschriften über den Dienstausweis und die Dienstabzeichen werden durch Rechtsverordnungen geregelt. Unterschiedlich bezeichnet wird auch die Organisation der Hilfskräfte; Bayern und Berlin: N.; Baden-Württemberg und Saarland: Naturschutzdienst; Bremen: Naturschutzwart; Schleswig-Holstein: Landschaftswart; Niedersachsen und Nordrhein-Westfalen: Landschaftswacht; Hessen: Landschaftsüberwachungsdienst.

Naturschutzwart, der: ▸ Naturschutzwacht.

Naturwald, der: Wald mit möglichst natürlicher, standortgemäßer Baumartenzusammensetzung, der im Ggs. zum ▸ Wirtschaftswald nicht bewirtschaftet wird und sich selbst überlassen bleibt; ▸ Naturwaldreservate.

Naturwaldreservate, die (Naturwaldzellen): In Baden-Württemberg Bannwälder, in Rheinland-Pfalz und im Saarland Naturwaldzellen genannt. N. sind ausgewählte naturnahe Vegetationsgesellschaften (Waldbestände), die v.a. der Erforschung der Ökosysteme oder zu Anschauungs- und Studienzwecken dienen. Die Erhaltung der mindestens 5 ha großen N. ist Aufgabe der Landespflege.

Naumann: **1)** Johann Friedrich, Professor (14.2.1780 Ziebigk bei Köthen bis 15.8.1857 Ziebigk): Künstler und Ornithologe von europäischem Ruf. Sein Hauptwerk mit eigenhändigen Kupferstichen: »Naturgeschichte der Vögel in Deutschland« (1820 bis 1844, 12 Bde, Nachtrag Bd. 13 von Dr. H. J. Blasius, Dr. Ed. Baldamur und Dr. Fr. Sturm, 1860). Das Gesamtwerk umfasst 337 Tafeln (in Kupfer koloriert), mit Nachtrag die Tafeln 338 bis 391. Er schrieb ferner »Taxidermie oder die Lehre Thiere aller Klassen am einfachsten und zweckmäßigsten für Kabinette auszustopfen und aufzubewahren« (1815). N. richtete 1835 im Schloss Köthen eine Vogelsammlung ein. Die aus 113 Vitrinen bestehende Vogelsammlung existiert heute noch. Das N.-Museum ist das einzige ornithologiegeschichtliche Museum Europas; ▸ Jagdbibliotheken. **2**) Johann Andreas (13.4.1747 bis 15.5.1826): Landwirt und Ornithologe, Vater von 1). Er schrieb u.a.: »J. A. Naumann's ausführliche Beschreibung aller Wald-, Feld- und Wasservögel, welche sich in den Anhaltischen Fürstenthümern und einigen umliegenden Gegenden aufhalten und durchziehen« (1797 bis 1803, 4 Bde.), »Der Vogelsteller…« (1789), »Philosophische Bauer« (1791); ▸ Jagdliteratur. **3**) Christian Nikolaus (6.12.1720 Bautzen bis 15.2.1797 Görlitz): Schriftsteller. Er schrieb u.a. »Von der Majestät des Schöpfers in den Werken der Natur« (1750) und »Nimrod, ein Heldengedichte in vier und zwanzig Büchern« (1752).

Naumannsfalke, der: ▸ Falken 5.

Nebelgeier, der: ▸ Bussarde 2.

Nebelkrähe, die: ▸ Rabenvögel 3.

Nebelkrapp, der: ▸ Rabenvögel 3.

Nebenbalz, die: Die ▸ Balz von Auerhahn und Birkhahn auf nur gelegentlich angenommenen Balzplätzen.

Nebenbaumart, die: Im Waldbau Bez. für eine ▸ Mischbaumart, die in einem ▸ Bestand nur einen geringen Mischungsanteil hat und für das Bestandsgefüge ohne jegliche Bedeutung ist; z.B. einzelne ▸ Lärchen in einem Eichen-Buchen-Bestand. Durch den Verzicht auf den Anbau von N. wie z.B. Mehlbeere, Elsbeere, Speierling, Zitterpappel (▸ Pappel 3.), ▸ Ulme, ▸ Linde, ▸ Eiche, ▸ Erle und ▸ Robinie haben die Vielfalt, die Eigenart und die Schönheit der Wälder, der Natur und der Landschaft Einbußen erlitten. Hinzu kommt, dass mit dem Rückgang der N. und ihrer Früchte das Nahrungsangebot für das Wild geschmälert wird; ▸ Hauptbaumart.

Nebenbestand, der: Die Unterschicht und die Mittelschicht eines ▸ Bestandes.

Nebenende, das: ▸ Nebenspross.

Nebengang, der: Seltene Bez. für ▸ Widergang.

Nebenröhre, die: Eine nur gelegentlich befahrene Röhre eines Baues, im Ggs. zur ▸ Hauptröhre.

Nebenspross, der (Nebensprosse, Nebenende): Ein von einem Ende eines Hirschgeweihes abzweigender zusätzlicher, jedoch anomaler Spross, z.B. an einem Augspross oder an einem Mittelspross; ▸ Geweih.

Nebenwechsel, der: Ein nur wenig benutzter ▸ Wechsel.

Nebenwirt, der: ▸ Wirtstier.

Nebenzeichen, die: ▸ Beizeichen.

Negrische Körperchen, die: Nach dem italienischen Arzt A. Negri (gestorben 1912) bezeichnete Einschlusskörperchen im Gehirn bei tollwutkranken Menschen und Tieren (▸ Tollwut); sie sind durch mikroskopische Untersuchung nachweisbar.

nehmen: **1**) Einen Hund an die Leine n. **2**) Beim Zielen Vollkorn, Feinkorn oder gestrichen Korn n. oder das Wild aufs Korn n.; es anvisieren. **3**) Beim Hund: Er nimmt viel oder wenig ▸ Feld, je nachdem ob er weit hinaus oder nur kurz sucht. **4**) Beim ▸ Treiben: Man nimmt ein Treiben, d.h. man jagt es ab; z.B.: »Es wurden zwei Waldtreiben und ein Feldtreiben genommen.«

Nekrobazillose, die: Eine durch den Eitererreger *Fusobacterium necrophorum* (einer der Erreger der ▸ Moderhinke) verursachte Klauenerkrankung der Schafe. Sie kann entstehen, wenn das Horn durch irgendwelche Verletzungen vorgeschädigt ist. K. kommt gelegentlich bei in Gattern gehaltenem Schalenwild vor und hat die Tendenz, auch innere Organe zu befallen.

Nekrophagen, die: ▸ Aasfresser.

Nelke, die: ▸ Viole.

Nemesian: ▸ Jagdliteratur.

Nenngeld, das: Anmeldegebühr für einen Jagdhund zur ▸ Hundeprüfung.

Nerl, Wilhelm: ▸ Jagdliteratur.

Nerz, der (*Mustela lutreola*): Auch Europäischer Nerz, Steinhund, Krebsotter, Sumpfotter, Nörz, Wasserwiesel, Wassermarder, Ottermarder, Ottermenk, Meerotter, Menk, Störz. Landraubtier, das zur Familie der ▸ Marder (*Mustelidae*) und zur Unterfamilie der wieselartigen Marder (Stinkmarder) zählt. Der N. unterliegt seit dem 1.4.1977 nicht mehr dem Jagdrecht, sondern dem Naturschutzrecht.

Vorkommen: Der N. war früher fast auf der gesamten nördlichen Erdhalbkugel verbreitet. In unserer Heimat ist er ausgestorben und kommt vereinzelt nur noch in Osteuropa (z.B. in Rumänien) vor. Seine Hauptverbreitungsgebiete lagen im Gebiet um Lübeck, in den Sumpfniederungen der Aller, im Raum Göttingen sowie in Ostpreußen und in Vorpommern. Bei den in den letzten Jahren erlegten N. handelt es sich um den Mink (*M. l. vison*), seinen amerikanischen Vertreter (Amerikanischer Nerz), dem er zum Verwechseln ähnlich sieht, der aus Farmen stammt und in den neuen Bundesländern regelmäßig vorkommt. Die Paarung zwischen den beiden Arten ergibt jedoch keine fruchtbaren Nachkommen. Der ▸ Balg des Minks gilt als wertvoller, weil er wollhaariger und weicher ist.

Aussehen: Er ist mit dem Iltis (▸ Iltisse 1.) sehr nahe verwandt und unterscheidet sich von diesem hauptsächlich durch den etwas platteren Kopf, die kürzeren Beine, die etwas längere ▸ Rute und durch die dichten, glänzenden und kurzen Haare seines Balges. Vom Mink unterscheidet er sich nur durch die kürzere Rute. Der Körper des N. ist gestreckt, schlank und kurzbeinig; Kopf-Rumpf-Länge beim ▸ Rüden etwa 45 cm, bei der ▸ Fähe etwa 35 cm. Die Rute ist etwa 14 cm lang. Im

Der Europäische Nerz: Auf kleine, isolierte Restvorkommen beschränkt, ist er in Europa heute seltener als sein amerikanischer Vetter, der Mink.

Ggs. zum Iltis hat der N. zwischen den Zehen der Hinterbranten gut entwickelte Schwimmhäute. Der Balg ist glänzend und von brauner Färbung, die Haare sind kurz, dicht und glatt anliegend. Die ▸ Gehöre sind dunkel bis fast schwarz. Die Oberlippe hat vorne einen weißen Fleck, die Unterlippe ist der Länge nach weiß. Das Haarkleid wird zweimal jährlich (im Frühjahr und im Herbst) gewechselt. Zahnformel:

$$\frac{3}{3}\,\frac{1}{1}\,\frac{3}{3}\,\frac{1}{2} = 34 \text{ Zähne}$$

(▸ Zahnalterslehre).

Lebensraum und Lebensweise: Der nachtaktive N. lebt einzeln und liebt wie der Iltis die Stille und Einsamkeit. Gegenüber Artgenossen verhält er sich aggressiv. Männchen und Weibchen treffen sich nur zur Paarungszeit. Bevorzugt werden die brüchigen und schilfreichen Umgebungen von Seen und Flüssen. Seinen Unterschlupf sucht der N. meist auf einer dammartigen Erhöhung und versteckt sich dort im Wurzelwerk von Erlenbäumen usw.

Sinne: Sie sind wie beim Iltis stark ausgeprägt.

Fortpflanzung: Die ▸ Ranzzeit ist Ende Februar bis Ende März. Vermutlich haben einige Fähen eine ein- bis dreiwöchige Eiruhe (▸ Vortragezeit); nur so lässt sich die unterschiedliche Tragzeit von etwa 35 bis 70 Tagen erklären. Die vier oder fünf Jungen werden blind geboren und öffnen nach 32 bis 35 Tagen die Seher.

Nahrung: Sie besteht hauptsächlich aus Fischen, Krebsen, Fröschen, Lurchen, Bisamratten, Insekten, Mäusen und Bodenbrütern.
Losung: Wie die des Iltis; sie hat jedoch einen knoblauchartigen Geruch.
Spur: Wie beim Iltis. Die an den Hinterbranten vorhandenen Schwimmhäute, die beim Iltis fehlen, kommen in der Spur jedoch nicht zum Abdruck.
Frühere Jagdarten: Der N. wurde wie die Marder ausgeneut oder beim ▸ Stöbern sowie auf ▸ Treibjagden erlegt. Daneben fing man ihn auch in der Kastenfalle, die in Ufernähe oder an Bachstegen aufgestellt wurde, oder in beköderten Tellereisen (▸ Fallen).

Nest, das: Die von den Vögeln selbst gebaute oder benutzte Brutstätte für die Aufzucht der Jungen (▸ Brutpflege). Als Nistmaterial werden je nach Vogelart die unterschiedlichsten Stoffe verwendet (Gräser, Blätter, Moose, Zweige usw.). Hinsichtlich des Standortes werden unterschieden *Boden-N.* (z.B. bei vielen ▸ Hühnervögeln und Entenarten); *Schwimm-N.* (z.B. bei ▸ Lappentauchern); *Baum-N.* (z.B. bei zahlreichen ▸ Rabenvögeln und ▸ Greifvögeln wie Fischadler, Seeadler, Wespenbussard und Mäusebussard, Baumfalke und Turmfalke; auch bei Ringeltaube und Türkentaube); *Baumhöhlen-N.* (z.B. bei verschiedenen Kauzarten wie Steinkauz, Raufußkauz, Waldkauz, Sperlingskauz; ferner bei Hohltaube, Gänsesäger und Schellente usw.); ▸ Höhlenbrüter; *Pfahlbau-N.* an senkrecht stehenden Rohrhalmen (z.B. bei Rohrsängern); *Kugel-N.*, die nur ein Einschlupfloch frei lassen und ebenfalls an Halmen hängen (z.B. bei Zaunkönig und Schwanzmeise). Bei Bodenbrütern besteht das N. meist nur aus einer flachen Mulde, bei einigen Arten auch ohne besondere Auspolsterung, z.B. bei ▸ Möwen, Regenpfeifern, Hühnervögeln usw. Andere Arten wie ▸ Eulen und ▸ Falken bauen keine eigenen N., sondern benutzen überwiegend alte, verlassene N. In der Zoologie werden im weiteren Sinne auch die Aufzuchtstätten der ▸ Säugetiere, soweit sie nestartig errichtet werden, als N. bezeichnet. Sie befinden sich meist in selbst gegrabenen oder in natürlichen Höhlen, wie die Erdbaue von ▸ Fuchs, ▸ Dachs, ▸ Wildkaninchen, ▸ Hamster und die Höhle des ▸ Braunbären; ▸ Horst, ▸ Schopf.

Nestei, das: Ein Ei, das man im Nest liegen lässt, nachdem man alle anderen Eier weggenommen hat. Das N. soll den Brutvogel dazu veranlassen, in dasselbe Nest weiterzulegen. Würde man alle Eier wegnehmen, so würde die Henne nicht mehr in das Nest legen, sondern sich ein neues Nest bauen. Bei der Fasanenzucht ist es daher notwendig, der Henne ein Ei (N.) zu lassen, um zur Zucht möglichst viele Eier zu erhalten.

Nesteisen, das: Ein Fangeisen, das nestartig verblendet wird und ein Ei als Köder enthält.

Nest(e)l, das: ▸ Unterstoß.

Nestflüchter, die: Jungvögel, die sofort nach dem Schlüpfen oder wenige Stunden danach das ▸ Nest verlassen (z.B. Hühner) und laufen bzw. schwimmen können. Sie halten sich jedoch bis zum Flüggewerden in Nestnähe auf. Sie sind bereits in der Lage, unter Anleitung und Führung der Eltern Nahrung aufzunehmen. Typische N. sind: ▸ Hühnervögel, ▸ Wildenten, ▸ Schnepfenvögel, ▸ Regenpfeifer; Ggs.: ▸ Nesthocker.

Nestgezwitscher, das: Feine zwitschernde und pfeifende Töne, die junge ▸ Iltisse bis zur fünften Lebenswoche von sich geben.

Nesthocker, die: Jungvögel, die meist nackt und blind schlüpfen und einige Wochen (bis zum Flüggewerden) im ▸ Nest bleiben und von den Alten gefüttert werden. Typische N. sind: ▸ Greifvögel, ▸ Singvögel, ▸ Wildtauben; Ggs.: ▸ Nestflüchter.

Nestling, der: **1)** Ein Jungvogel im ▸ Nest, sog. ▸ Nesthocker. **2)** In der Falknerei Bez. für einen jungen ▸ Greifvogel, der (früher) aus dem ▸ Horst genommen (▸ aushorsten) und für die ▸ Beizjagd von Menschenhand aufgezogen wurde. Bez. auch für einen gezüchteten, von seinen Eltern (Ammen) aufgezogenen Beizvogel; ▸ Wildfang, ▸ Ästling. Im Ggs. zu Wildfängen haben N. jedoch bei Weitem nicht deren Mut und Geschicklichkeit und bringen auch keine Jagderfahrung mit, was bereits Kaiser Friedrich II. erkannte.

Nestlingszeit, die: Der Zeitraum, in dem sich ▸ Nesthocker im Nest aufhalten und von den Altvögeln gefüttert werden.

Nestwolf, der: Ein junger ▸ Wolf, solange er gesäugt wird, bzw. der den Ort, an dem er gewölft wurde, noch nicht verlassen hat.

Netz, das: **1)** Sammelbezeichnung für alle gestrickten ▸ Garne, die zum Fangen des Wildes benötigt bzw. benutzt werden. **2)** Die dünne Haut, die beim ▸ Schalenwild das ▸ Gescheide umgibt.

Netzhautschwund, der: ▸ Retina-Atrophie.

Netzjagd, die: Die Jagd mit Netzen (Schlagnetze, Zugnetze usw.); ▸ Garne. Nach dem BJG (§19 Abs. 1 Nr. 5 Buchst. b) sind bei der Jagd auf Federwild Netze aller Art verboten. Die N. erfreute sich früher größter Beliebtheit und war weit verbreitet; ▸ Eingestellte Jagen.

Netzmagen, der (Haube): ▸ Wiederkäuermagen.

Neue, die: Scherzhaft »weißer Leithund« genannt; der frisch gefallene Schnee (Neuschnee). Die beste N. zum Abfährten ist die, welche gegen vier Uhr morgens fällt, bevor das Wild in seine ▸ Einstände zurückzieht. Sie gibt dem kundigen Jäger den sichersten Aufschluss über Zahl und Stand des Wildes. Nach S. Behlen (»Real- und Verbal-Lexikon der Forst- und Jagdkunde mit ihren Hülfswissenschaften«, 1843) teilt der Jäger eine N. nach ihrem Alter und ihrer Erscheinungsform in Haupt-N., Mittel-N. und Halb-N. ein: *Haupt-N.* war der Schnee, der auf kahlem Boden oder altem Schnee zwei bis drei Stunden vor Mitternacht bis eine Stunde vor Tagesanbruch fiel. Von *Mittel-N.* sprach man, wenn es auf gut mit Schnee bedeckten Boden von Mitternacht bis eine Stunde vor Tagesanbruch leicht regnete, ohne dass der Schnee schmolz oder sich eine Eiskruste bildete, sondern sich vielmehr glättete, sodass sich die Fährten des zu Holze ziehenden Wildes frisch zeigten. Von *Halb-N.* sprach man, wenn der Schnee nur so spärlich auf den blanken Boden fiel, dass stellenweise nichts davon liegen blieb, überall aber die großen Wildarten durchtraten und ihre Fährten sich im Boden abdrückten. Neben dieser Einteilung einer N. schuf sich der Jäger selbst eine sog. *Sommer-N.* oder *Kunst-N.* Zu diesem Zweck wurden große Dornenbündel und Nadelholzäste mit Steinen beschwert, an eine Waage gehängt und mit zwei Pferden entlang der Hauptwege um und durch den Wald gezogen, der dem Wild als Tageseinstand diente. Das geschah geraume Zeit vor Tagesanbruch und wurde bei lockerem Boden einmal, bei schwerem Boden öfter durchgeführt, bis der Boden glatt und reingefegt war. Bei Tagesanbruch konnten die Wege deutlich abgefährtet werden. Eine solche Kunst-N. wurde gebietsweise auch *Schlepp-N.* genannt.

Neuntöter, der: ▸ Würger 1.

Neuwelthirsche, die: Unterfamilie der ▸ Hirsche.

Newcastle-Krankheit, die: ▸ Geflügelpest.

Nibelungenlied, das: Anonym überliefertes, um 1200 im Donauraum entstandenes, in vierzeiligen Langzeilenstrophen verfasstes mittelhochdeutsches Heldenepos. Es besteht aus zwei Hauptteilen (Siegfrieds Tod; Der Untergang der Burgunder). Nach anderen Quellen soll das N. höchstwahrscheinlich von Meister Konrad, dem Notar des Passauer Bischofs Wolfger, in den Jahren 1216 bis 1224 nach vorhandenen Vorlagen, den nordgermanischen Edda-Gedichten, geschrieben oder anhand bereits existierender Teilstücke neu redigiert und aufgezeichnet worden sein. Für die Jagd ist dieses Epos insofern bedeutsam, als insgesamt 67 der 89 Strophen den Jagderlebnissen des Helden gewidmet sind. Eine Jagdgesellschaft setzt mit großem Tross über den Rhein. Man trennt sich, und Siegfried begibt sich mit seinen Jägern allein auf die Jagd. Zuerst erlegt er ein Halbschwein, »... danach er gar eilig einen grimmen Löwen ...« mit einem Pfeil tötet. Es folgen ein Wisent, ein Elch, drei Auerochsen und ein Selch (Riesenhirsch). Als Siegfried auch noch einen starken Keiler mit dem Schwert erlegt, bitten ihn seine Jäger: »... Wollt es uns verzeihn. / Doch lasst uns von dem Wilde einen Teil geschonet sein. / Ihr macht uns leer heute den Berg und den Wald. / Da begann zu lächeln der kühne Recke alsbald.«

Nicht-Blei-Schrote, die: Das Bundesministerium für Ernährung, Landwirtschaft und Forsten hat in Zusammenarbeit mit dem Deutschen Jagdschutz-Verband folgende Empfehlung für die Verwendung von N. bei der Jagd auf Wasserwild herausgegeben: Wasservögel können, insbesondere in Flachwasserzonen, beim Gründeln zusammen mit anderen für die Verdauung notwendigen Festkörpern (▸ Magensteine, ▸ Weidkörner) auch Reste von Bleischroten aufnehmen. Dieser Sachverhalt ist auch in der Bundesrepublik Deutschland nachgewiesen. Nach wissenschaftlichen Erkenntnissen sind hierdurch, je nach aufgenommener Bleimenge, Erkrankungen und auch ein Verenden durch Bleivergiftung möglich. In Erfüllung der mit der Jagd übernommenen ethischen Verpflichtung zum Natur-, Arten- und Tierschutz sowie der Erhaltung der Umwelt soll bei der Jagd auf Wasserwild ein Eintrag von Blei in Gewässern vermieden werden. Es wird daher dringend empfohlen, zur Jagd auf Wasserwild an Gewässern ausschließlich N. zu verwenden. Die Verwendung von N. erfordert jedoch die exakte Beachtung zusätzlicher Sicherheitsmaßnahmen, um Gefährdungen bei der Jagdausübung zu vermeiden; dies gilt v.a. für die Eignung der Waffe und das von Bleischrot unterschiedliche Ablenkverhalten von N. sowie deren geringere wirksame ▸ Schussentfernung; ▸ Weicheisenschrot.

nicht führend: Mutterwild (Bache, Tier, Geiß), das kein Junges hat, ist n. f.

Nichtholzboden: ▸ Holzbodenfläche.

Nichtwiederkäuer: ▸ Schalenwild.

Nichtwirtschaftswald: ▸ Holzbodenfläche.

nicken: svw. abnicken oder ▸ abfangen.

Nicker, der (Knicker): ▸ Blanke Waffen.

Nickermesser, das: ▸ Blanke Waffen .

Nickfänger, der (Nicker): ▸ Blanke Waffen.

nieder!: Ein Befehl an den Hund, sich niederzulegen; gleichbedeutend mit ▸ down!.

Niedere Jagd, die: ▸ Niederjagd 1).

niedere Reck, der (die): ▸ Reck 2.

Niederer Flug: ▸ Flug 3).

niederfallen: Seltene Bez. für ▸ einfallen 1).

Niederjagd, die: svw. Niederwildjagd: **1**) Früher auch ▸ Reisgejaid oder Reisjagd genannt; die Jagd auf Wild, das zur Niederen Jagd gehört. Hierzu zählen: Rehwild, Hase, Kaninchen, Fuchs, Dachs, Murmeltier, sämtliches kleinere Haarraubwild, Robben und alles Flugwild mit Ausnahme des Auerwildes sowie des Seeadlers und des Steinadlers. Üblich ist die Einteilung der Jagd in eine ▸ Hohe Jagd und eine N. Früher kannte man in verschiedenen deutschen Ländern noch die sog. Mittlere Jagd (▸ Mitteljagd), wobei die Zuordnung der einzelnen Wildarten zur Hohen, Mittleren und Niederen Jagd z.T. unterschiedlich geregelt war. **2**) Bez. für ein Jagdgebiet, in dem nur Niederwild vorkommt.

Niederlaufhunde, die: Kleine, niederläufige (kurzbeinige) Laufhunde; dazu zählen: die Schweizer N. (▸ Schweizer Laufhunde), die Dachsbracken (▸ Bracken) und der Basset (▸ Englische Laufhunde).

niederschlagen: Vom ▸ Beizfalken: auf einen Beutevogel herabstoßen und ihn mit seinen Händen zu Boden schlagen, bevor er ihn bindet.

niedertun, sich: Vom wiederkäuenden Schalenwild: sich hinlegen; Schwarzwild hingegen schiebt sich ein oder liegt im ▸ Lager bzw. im ▸ Kessel; ▸ liegen.

Niederwald, der: ▸ Betriebsarten.

Niederwild, das: Bez. für alles Wild der ▸ Niederjagd, im Ggs. zum ▸ Hochwild (§2 BJG). In Österreich ist der Begriff N. in den Jagdgesetzen nicht enthalten. In der Schweiz wird er in den kantonalen Jagdgesetzen unterschiedlich abgegrenzt.

Niederwildhege, die: Hegemaßnahmen, die dem Niederwild (▸ Niederjagd 1)), v.a. dem

◂◂ Nisthilfe für Enten

Hasen, dem Rebhuhn, dem Fasan und den Wildenten (insbesondere den Stockenten), dienen. Die N. geht über die allg. Hege hinaus und befasst sich daher neben dem ▸ Biotopschutz auch mit der ▸ Biotophege und der Biotopsicherung.

Niederwildjagd, die: ▸ Niederjagd.

Niederwildrevier, das: Ein Revier (▸ Jagdbezirk), in dem – im Ggs. zum ▸ Hochwildrevier – nur Niederwild vorkommt. Nach den ▸ Landesjagdgesetzen macht i. Allg. das Vorkommen des zum ▸ Schalenwild zählenden Hochwildes, das während der Jagdzeit nicht ständig im Revier steht (Wechselwild), oder die Zugehörigkeit eines Jagdbezirkes zu einem Rotwildgebiet ein N. noch nicht zu einem Hochwildrevier.

niederziehen: Beim Jagdhund: ein Stück ▸ Schalenwild (z.B. ein Reh) an der Drossel packen (Drosselgriff), niederreißen und abwürgen; gelegentlich bei einer ▸ Nachsuche üblich; ▸ stellen 2).

Niedl, Walther, Dipl.-Ing. (1910 bis 1999): Maler, Grafiker, Forstmann und Jagdschriftsteller. N. war u.a. Mitgründer des Ordens »Der silberne Bruch«; ▸ Jagdorden.

niedrig: **1**) Beim Hirsch: das ▸ Geweih abgeworfen haben und n. gehen (kahl gehen; »er erniedrigt sich«); ▸ hoch gehen. **2**) Beim Hund: mit n. Nase suchen, d.h. mit tief gehaltener Nase suchen. **3**) Ein Hund ist n. gestellt, wenn er kurze Läufe hat; z.B. die ▸ Niederlaufhunde.

Niemann: ▸ Jagdliteratur.

Nierenschuss, der: ▸ Schuss auf die Nieren (Weidwundschuss); ▸ Schusszeichen.

Nierenstall, der: Die Nierengegend beim ▸ Schalenwild.

Nierensteine, die: ▸ Steinbildung.

Nimmersatt, der: ▸ Ibisvögel 2.

Nimrod: Im Alten Testament (mosaische Urkunde, 1. Mose 10, 8 ff.) ein Sohn des Kusch und Enkel des Noah, eines Nachkommen von Ham, und Gründer von Babylon und des Babylonischen Reichs; »ein großer Jäger vor dem Herrn«. Nach Joseph identisch mit dem Erbauer des Babylonischen Turmes, dessen Ruine (Birs-Nimrud) auf dem westlichen Ufer des Euphrat liegt. N. war auch der sumerisch-akkadische Vegetationsgott, dann auch der Gott der Jagd und des Krieges. Das Sternbild des wilden Jägers und Riesen (bei den Griechen ▸ Orion) war ursprünglich nach N. benannt. Mit N. wird heute allg. ein passionierter und schneidiger Jäger bezeichnet.

Nische, die: ▸ ökologische Nische.

Nissen, Claus (1901 bis 1975): Bibliothekar. Von ihm stammen »Vogelbücher. Ein Überblick der ornithologischen Illustration nebst Bibliografie« (1936), »Schöne Fischbücher. Kurze Geschichte der ichthyologischen Illustration. Bibliografie fischkundlicher Abbildungswerke« (1951), »Die illustrierten Vogelbücher. Ihre Geschichte und Bibliografie« (1953) und »Die zoologische Buchillustration. Ihre Bibliografie und Geschichte (1969 bis 1978, 2 Bde.).

nisten: svw. ▸ Nest bauen oder auch brüten, von allem ▸ Federwild, für das der Ausdruck ▸ Nest gebräuchlich ist; ▸ horsten.

Nistgeräte, die: ▸ Nisthilfen.

Nisthilfen, die: (Nistgelegenheiten, Nistgeräte): Künstliche, vom Menschen den Vögeln (▸ Vogelschutz) dargebotene Hilfen zur Unterstützung des Brutgeschäftes. Dazu gehören insbesondere: geschlossene Nistkästen mit Einflugloch für Höhlenbrüter, wobei Kastengröße und Schlupflochgröße den Bedürfnissen der einzelnen Vogelart angepasst sein müssen; z.B. für Meisen, Gartenrotschwanz, Raufußkauz und Hohltaube. N. für Nischenbrüter oder Halbhöhlenbrüter (z.B. für Hausrotschwanz, Mittelsäger und Gänsesäger, Waldkauz und Steinkauz, Wanderfalke und Turmfalke usw.). Nistunterlagen bzw. Horstunterlagen für Störche und für verschiedene ▸ Greifvögel. Im Rahmen der ▸ Niederwildhege sind N. für ▸ Wildenten, speziell für die Stockente, von großer Bedeutung. Je nach Bauart werden unterschieden: die ca. 40 x 40 x 40 cm großen und aus Holz gefertigten Entenbrutkästen, die an einem Pfahl befestigt oder auf einen Holzrost gestellt werden; die mit Drahtmanschetten gegen Ratten geschützten Entenbrutkörbe aus Weidengeflecht. Sie haben eine längliche Form und eignen sich sowohl zum Anhängen an Bäumen als auch zum Befestigen an Pfählen. Als aufwendigere Bauart werden auch sog. Entenbruthütten verwendet. Es sind kleine, aus Holz gefertigte Hütten, die auf ein verankertes Floß oder auf einen Rost gestellt werden.

Nitrobeschuss, der: Der ▸ Beschuss mit rauchschwachem ▸ Pulver.

Nitropulver, das: ▸ Pulver.

Nitrozellulosepulver, das: ▸ Pulver.

NJN: Abk. für die ▸ Arbeitsgemeinschaft Naturnahe Jagd Deutschland.

Noë, Heinrich August (16.7.1835 München bis 26.8.1896 Bozen): Schriftsteller. N. studierte ab 1853 in München und Erlangen Naturwissenschaften und vergleichende Sprachwissenschaft, war 1857 bis 1863 an der Hof- und Staatsbibliothek in München Assistent, anschließend Bibliothekar am British Museum in London und widmete sich später der Schriftstellerei. 1875 wurde er Leiter der »Alpenzeitung« in Wien, 1893 der »Laibacher Zeitung«. 1884 nahm er seinen Wohnsitz in Görz. N. hat sich besonders durch seine Naturschilderungen aus den deutschen und österreichischen Alpen beliebt gemacht. Er schrieb u.a. »Bayerisches Seenbuch« (1865)

und schildert darin in dem Kapitel »Die Wildschützen« den unbarmherzigen Kampf zwischen Wilderern und Jägern. Zu seinen bedeutendsten Werken zählt das »Deutsche Alpenbuch« (4 Bde., 1875 bis 1878).

Nolde, Ferdinand Baron von: ▸ Jagdliteratur.

Nolling, der: Lokal gebräuchliche Bez. für den Iltis; ▸ Iltisse 1.

Nomadismus, der: ▸ Vagabundismus.

Nonne, die: ▸ Schmetterlinge 1.

Nonne, weiße, die: ▸ Säger 3.

Nonnengans, die: ▸ Wildgänse 8.

Nordgans, die: ▸ Wildgänse 2.

Nordische Hunde: Hierzu gehören die Russisch-Europäische Laika, die Westsibirische Jagdlaika, die Ostsibirische Jagdlaika und die Karelo-Finnische Jagdlaika. In Deutschland ist lediglich die Russisch-Europäische ▸ Laika von Bedeutung. Sie wurde im Zuge der deutschen Wiedervereinigung 1990 vom Jagdgebrauchshundverband übernommen. Betreut werden die Hunde durch den Zuchtverband Laika-Club e.V.

Nordseetaucher, der: ▸ Seetaucher 2.

Nörk, der: ▸ Säger 2.

Norwegischer Elchhund, der: ▸ Elchhunde.

Nörz, der: ▸ Nerz.

Nosler-Tombakgeschoss, das: ▸ Büchsengeschosse.

Notabschuss, der: Ein im Rahmen der ▸ Waidgerechtigkeit zwingend notwendiger Abschuss von krankem und verletztem Wild ohne Rücksicht auf etwaige Schonzeiten, um das Wild von seinen Qualen zu erlösen (▸ leidendes Wild); ▸ Ernteabschuss, Hegeabschuss, Reduktionsabschuss, Totalabschuss, Wahlabschuss, Fehlabschuss.

Notbau, der (Fluchtbau): Ein kleiner, nur notdürftig gegrabener Fuchsbau, der nur vorübergehend aufgesucht wird; ▸ Fuchs.

Notröhre, die (Fluchtröhre): Ein Notausgang aus einem Fuchs-, Dachs- oder Fischotterbau; früher auch übliche Bez. für ▸ Notbau.

Notruf, der (Jägernotruf): ▸ Jagdsignale.

Notsignal, das: Ein Signal, mit dem ein in Not geratener Jäger, der auf Einzeljagd ist, auf sich aufmerksam macht. Hierzu werden mit dem Gewehr Schüsse in der Reihenfolge Einzelschuss – Doppelschuss – Einzelschuss abgegeben (Jäger-N.), die in Abständen wiederholt werden können. Ein N. ist auch der Jägernotruf (▸ Jagdsignale), der bei ▸ Gesellschaftsjagden mit dem Horn geblasen wird. In den Bergen ist das alpine N. üblich, das aus sechs gleichartigen akustischen oder optischen Elementen besteht, die innerhalb einer Minute in gleichmäßigen Abständen gegeben und nach einer Minute Pause wiederholt werden.

Notstand, der: Wer in einer gegenwärtigen, nicht anders abwendbaren Gefahr für Leben, Leib, Freiheit, Ehre, Eigentum oder ein anderes Rechtsgut eine Tat begeht, um die Gefahr von sich oder einem anderen abzuwenden, handelt nicht rechtswidrig, wenn bei Abwägung der widerstreitenden Interessen, namentlich der betroffenen Rechtsgüter und des Grades der ihnen drohenden Gefahren, das geschützte Interesse das beeinträchtigte wesentlich überwiegt. Das gilt jedoch nur, soweit die Tat ein angemessenes Mittel ist, um die Gefahr abzuwenden (§34 StGB). Ein vermeintlicher N. liegt vor, wenn irrigerweise Umstände angenommen werden, die ggf. die Merkmale des §34 StGB erfüllen würden. Ein rechtfertigender N. liegt dann vor, wenn eine höhere Rechtspflicht nur durch Verletzung geringerer Rechtsgüter erfüllt werden kann (z.B. der ▸ Fangschuss auf Schalenwild mit Schrot, wenn ein ▸ Abfangen nicht möglich und auch keine Waffe mit erlaubter Munition vorhanden ist). In diesem Falle haben die Belange des Tierschutzes Vorrang, auch dann, wenn dabei ein fremdes ▸ Jagdausübungsrecht verletzt wird.

Notweg, der: ▸ Jägernotweg.

Notwehr, die: N. und das Festnahmerecht sind ein sog. Jedermannsrecht. N. ist diejenige Verteidigung, die erforderlich ist, um einen gegenwärtigen rechtswidrigen Angriff von sich oder einem anderen (Nothilfe) abzuwenden. Insofern dürfen der ▸ Jagdausübungsberechtigte, der ▸ Jagdaufseher und der ▸ Jagdgast (alle Jäger) bei gegebener N. die Waffe gegen einen Angreifer (z.B. einen Wilderer) richten. Nur wenn für eine Androhung oder für einen Warnschuss keine Zeit mehr zur Verfügung steht, darf geschossen werden. Im Übrigen gilt folgende Reihenfolge: Androhung des Waffengebrauchs, Warnschuss, Beinschuss und als letztes Mittel der Körperschuss. Sind weitere Jäger in der Nähe, ist – falls noch Zeit zur Verfügung steht – ein ▸ Notsignal (Jägernotsignal) zu schießen.

Notzeit, die: Beim Wild: Unbestimmter Rechtsbegriff im Jagdrecht. N. kann für sämtliche Wildarten gelten, nicht nur für das Schalenwild. Als N. kann daher der – in der Regel in der vegetationsarmen Zeit gelegene – Zeitraum bestimmt werden, in welchem das Wild zu wenig von den Revierverhältnissen her gegebene Äsung findet, sodass die im durchschnittlichen Gesundheitszustand befindlichen Tiere einer Population zum Überleben auf künstliche Futterquellen angewiesen sind. Die Revierinhaber können nach Landesrecht verpflichtet werden, in der Notzeit für angemessene ▸ Wildfütterung zu sorgen und die erforderlichen Fütterungsanlagen (▸ Jagdeinrichtungen) zu unterhalten. Kommt der Revierinhaber dieser Verpflichtung trotz Aufforderung durch die ▸ Jagdbehörde nicht nach, so kann die Jagdbehörde auf seine Rechnung die Fütterung vornehmen und ausreichende Fütterungsanlagen aufstellen lassen.

Nach §19 Abs. 1 Nr. 10 BJG ist es verboten, in Notzeiten ▸ Schalenwild in einem Umkreis von 200 m (in Niedersachsen und Saarland nach Landesrecht nur 100 m) von Fütterungsanlagen zu erlegen. In einigen deutschen Bundesländern ist die N. gesetzlich festgelegt (1.11. bis 30.4.).

Nuss, die: ▸ Schnalle.

Nusshäher, der: Der Eichelhäher und örtlich auch der Tannenhäher; ▸ Rabenvögel 9. und 10.

Nüßlein, Fritz Prof. Dr. (1.6.1899 Regensburg bis 30.1.1984 Hann. Münden): Oberlandforstmeister. N. entstammte einer alten Forstmannsfamilie und studierte nach dem Besuch des Gymnasiums in Regensburg an der Münchner Universität Forstwissenschaft. Von 1927 bis 1932 war er in der Ministerialforstabteilung in München tätig. Nach einer Verwendung am Forstamt Hohenaschau kam N. 1936 in das Reichsjagdamt nach Berlin und war dort Referent für Aufbau und Verwaltung der Staatsjagdreviere unter Oberstjägermeister Ulrich ▸ Scherping. Im Jahre 1946 erhielt er einen Lehrauftrag für Jagdkunde an der Forstlichen Fakultät in Hann. Münden, 1950 wurde er Honorarprofessor, 1953 außerordentlicher Professor und mit der Leitung des Instituts für Jagdkunde beauftragt. 1954 wurde er Mitbegründer des ▸ Internationalen Rings der Jagdwissenschaftler. Im Jahre 1962 erschien sein Buch »Jagdkunde«, ein Lehrbuch zur Einführung in das Waidwerk. N. war auch Begründer der »Zeitschrift für Jagdwissenschaft« und von 1954 bis 1969 deren Herausgeber; ▸ Jagdliteratur.

Nutria, die: ▸ Biberratte.

Nutzfunktion des Waldes, die: ▸ Waldfunktionen.

Nutzung des erlegten Wildes, die: Neben dem ▸ Wildbret nutzt der Jäger die Decken, Bälge und Schwarten, die je nach Wildart ohne Haare zu Wildleder gegerbt werden oder mit Haaren als Vorleger oder Wandbehang dienen. Die Bälge von Fuchs und Marder werden z.B. zu Pelzwerk verarbeitet. Alle ▸ Trophäen des erlegten Wildes sind zudem begehrte Erinnerungsstücke des Jägers. Hierzu zählen auch die Ganzpräparate von kleineren Wildarten (z.B. Murmeltier, Fuchs, Marder) sowie von jagdbarem Federwild; ▸ Jagdbeute.

Nutzwild, das: Das aus menschlicher Sicht genießbare und nützliche Wild, das ▸ Wildbret liefert; im Ggs. zum ▸ Raubwild, das durch seine Bälge allerdings auch nutzbringend verwertet werden kann.

O

Oberarche, die: ▸ Arche.

Oberballen, der (seltener: Oberrücken): ▸ Afterklauen.

Oberbeißer, der (Überbeißer): ▸ Hundegebiss.

obere und oberste Jagdbehörde, die: ▸ Jagdbehörden.

Oberfalkenmeister, der: Bez. für einen adeligen Jagdbeamten bei Hof, dem alle zur Falknerei gehörenden Personen untergeordnet waren.

Obergräser, die: Hochwüchsige, halmreiche Gräser (Süßgräser) mit wenig Bodenblatt, die v.a. auf Dauerwiesen vorkommen. O. bilden die Hauptmasse des Heus. Zu den O. gehören u.a. Glatthafer, Rohrglanzgras, Wiesenlieschgras und Wiesenschwingel; ▸ Untergräser, ▸ Wildäsungspflanzen.

Oberhand, die: Beim Beizfalken der Teil der Falkenhand zwischen Fingerwurzel und dem Diehn (Oberschenkel); an der O. werden ▸ Geschüh und ▸ Bell befestigt.

Oberhebel, der: ▸ Top-Lever.

Oberhofjägermeister, der: ▸ Reichsjägermeister.

Oberholz, das: ▸ Betriebsarten.

Oberjagd, die: Veraltete Bez. für: **1**) Die ▸ Hohe Jagd im Ggs. zur ▸ Niederjagd. **2**) Die Verwendung des Dachshundes außerhalb des Baues, z.B. zum ▸ Brackieren. Die Arbeit im Bau nannte man Unterjagd.

Oberjäger, der: Ein ▸ Berufsjäger, dem Hilfskräfte unterstehen. Im 19. Jh. war der O. bei den deutschen Jägerbataillonen der Führer einer Sektion; der Rang war gleichbedeutend mit einem Unteroffizier bei den Infanterieregimentern, der eine Korporalschaft führte. Im preußischen reitenden Feldjägerkorps führten die drei ältesten Feldjägerleutnants den Titel O. Im Beamtenverhältnis fand man diesen Titel häufig bei Privatforstverwaltungen und Jagdverwaltungen, die nicht groß genug waren, um ihren oberen Beamten höhere Titel wie z.B. Oberförster, Jägermeister usw. zu verleihen. Bis etwa Mitte des 19. Jh. musste der O. die ▸ Leithunde arbeiten und v.a. bei ▸ Eingestellten Jagen und anderen Jagden mitwirken.

Oberjägermeister, der: Früher die Bez. für den obersten Jagdbeamten. Die Stelle des O. gehörte zu den hohen Hofämtern; zugleich war damit das Prädikat Exzellenz verbunden.

Oberklaue, die: ▸ Afterklauen.

Oberkopf, der: **1**) Kürschnerausdruck für einen besonders guten Raubwildbalg. **2**) Die obere Schädelhälfte des Hundes.

Oberländer: Schriftstellername für den Jagdschriftsteller Carl Rehfuß (1857 bis 1927). Zusammen mit ▸ Hegewald und anderen Kynologen war er Initiator des 1891 gegründeten »Vereins für Prüfung von Gebrauchshunden zur Jagd«, der Vorgängerorganisation des Jagdgebrauchshundverbandes (▸ Hundeverbände). Mit Hegewald war er auch maßgeblich an der Grundlagenzucht des Deutsch-Drahthaar und der Neuzüchtung des Pudelpointers beteiligt. Er schrieb u.a.: »Der Lehrprinz« (1900) und »Die Dressur und Führung des Gebrauchshundes« (1894).

Oberländer, Adolf (1.10.1845 Regensburg bis 29.5.1923 München): O. wurde bekannt durch seine humorvollen Zeichnungen, insbesondere durch seine vermenschlichenden Tierzeichnungen in den »Fliegenden Blättern« und im »Münchner Bilderbogen«; »Oberländer-Album« (1879 bis 1898).

Oberleine, die: ▸ Arche.

Obermast, die: ▸ Mast.

Oberösterreichisches Jagdmuseum Schloss Hohenbrunn: ▸ Jagdmuseen.

Oberrauch, Heinrich, Dipl.-Ing. (1880 bis 1948): Oberforstrat. O. wurde als Sohn eines Forstmeisters in Cortina d'Ampezzo geboren. Nach dem Gymnasium in Brixen besuchte O. ab 1899 die forstliche Fakultät der Hochschule für Bodenkultur in Wien und begann die forstliche Laufbahn als Forstpraktikant bei der Wildbachverbauung in Innsbruck. Nach weiteren Verwendungen, u.a. in Cles Malè, kam O. nach Cortina d'Ampezzo zurück Während des Ersten Weltkrieges war er im Forstbezirk Kufstein und Rattenberg tätig, kehrte 1918 erneut nach Cortina zurück, verwaltete 1920 die Forstinspektion Bruneck und Taufers, später die von Brixen. Während des italienischen Faschismus wurde er des Dienstes enthoben und vorzeitig pensioniert. Nach Erwerb der österreichischen Staatsbürgerschaft übernahm O. die Bezirksforstinspektion Schwaz und wurde im Jahre 1932 als Leiter der neu errichteten Forsteinrichtungsabteilung der Landesforstinspektion nach Innsbruck berufen. O. schrieb »Tirols Wald und Waidwerk« (1952), einen Beitrag zur Forst- und Jagdgeschichte.

Oberrücken, der: ▸ Afterklauen.

Oberschaft, der (Spitze): Der obere Teil des ▸ Haares beim ▸ Schalenwild.

Oberspross, der: ▸ Mittelsprosse 2).

oberste Jagdbehörde, die: ▸ Jagdbehörden.

Oberstoß, der: Das obere Schwanzdeckengefieder bei allem ▸ Federwild, das einen ▸ Stoß hat.

Oberst-Reichsjägermeister, der (Obrist-Reichsjägermeister): ▸ Reichsjägermeister.

Oberwind, der: svw. Überwind; ▸ Wind.

Oberwurf, der: Der Oberkiefer beim ▸ Schwarzwild; ▸ Wurf 1).

Objektiv, das: Dem Objekt zugewandte Linse bei optischen Geräten; ▸ Jagdoptik.

Ochsenhorn, das: Ein Lockinstrument bei der Hirschjagd; ▸ Lockjagd.

Ochsennase, die: ▸ Triel.

Ockert, Carl Friedrich: ▸ Jagdkunst.

Odin: ▸ Wodan.

Odinshühnchen, das: ▸ Wassertreter 1.

Ödland, das: Weitgefasster Begriff aus der Ökonomie. Man versteht darunter jede Fläche, die wirtschaftlich nicht genutzt wird, somit brachliegende Äcker, Wiesen und Weiden, Schilfzonen, Heiden, Flussauen und Moore. Im engeren Sinne sind Ö. sog. Ruderalfluren. Hierunter fallen alle Flächen, die durch menschlichen Einfluss entstanden und zumindest vorübergehend sich selbst überlassen sind. Solche Standorte sind äußerst vielfältig. Sie finden sich auf Lagerplätzen, in Industriegebieten, an Verkehrsflächen, auf Güterbahnhöfen, auf nicht verbauten Restflächen in Siedlungen und in Gärten, v.a. entlang von Mauern, Zäunen und Gräben. Auch Abfallplätze, ehemalige Sandgruben, Tongruben und Kiesgruben sowie Baulandflächen können geeignete Standorte sein. Diese Flächen entstehen ständig neu und erhalten sich auf Dauer nur durch wiederkehrende Veränderung des Standorts. Auf Ö. entwickelt sich innerhalb kurzer Zeit eine von den Bodenverhältnissen und dem Zufall des Samenflugs abhängige Pflanzendecke aus Arten, die auf eine Erstbesiedlung brachliegender Böden spezialisiert sind (Pionierpflanzen). Sie beherbergen oft eine außerordentliche Vielfalt an Pflanzenarten, Insekten, Vögeln (v.a. Bodenbrüter wie Feldlerchen, Rebhühner und Wachteln), Reptilien und Kleinsäugern. Sofern Wildgräser (Flughafer, Quecken) oder Wildkräuter (Ackerdisteln, Ampfer) in hoher Dichte vorkommen, kann durch Ansaat das Ö. verbessert werden (Ödlandverbesserung). Dabei sollten Pflanzenarten verwendet werden, die besonders für die Wildäsung und/oder als Bienenweide geeignet sind, z.B. ▸ Klee-Gras-Mischungen; ▸ Brachflächen.

Ödlandfläche, die: ▸ Ödland, ▸ Brachland, ▸ Wildäsungsfläche 3.

Oehsen, Fritz von (16.9.1904 Osnabrück bis 7.2.1971 Hannover/Isernhagen): Verlagsleiter und Fachbuchautor. O. gründete am 5.12.1945 den Landbuch Verlag Hannover als Verlag der Landwirtschaftskammer Hannover (LWK), wo er als Leiter der Pressestelle tätig war. Von 1954 bis 1971 war O. Leiter des Verlages. Er schrieb u.a. »Jäger-Einmaleins« (1978) und »Das Reh« (1970).

offen: **1**) Die Jagd auf ein bestimmtes Wild ist o., d.h., sie ist gesetzlich erlaubt. Ggs.: die Jagd ist geschlossen, d.h., sie ist verboten. **2**) Das Wetter oder der Boden ist o., wenn es weder schneit noch friert.

offene Pfoten: Fehlerhafte, zu weit gespreizte Pfoten beim Hund.

offenes Auge: Das untere Augenlid hängt herab und lässt den Augapfel bloß. Bei vielen Hunden fehlerhaft, aber z.B. typisch für Bernhardiner, Spaniel, Basset und Bloodhound; ▸ geschlossenes Auge.

Offizierjagdgesellschaft, die: Nach einem Erlass des Oberbefehlshabers des Heeres vom 3.10.1938 durfte ein Offizierkorps eine Jagdgesellschaft im Sinne des ▸ Reichsjagdgesetzes bilden und Jagden pachten. Zur Bildung einer Jagdgesellschaft war Voraussetzung, dass seitens des zuständigen Gaujägermeisters das Bedürfnis für das Bestehen der Jagdgesellschaft anerkannt wurde. Bei diesen O. konnte der Kreisjägermeister Ausnahmen von der Beschränkung der Zahl der Teilnehmer entsprechend der Größe des Jagdbezirks zulassen. Die Zahl der Mitglieder war somit von der Größe des Jagdbezirks unabhängig. Die O. musste sich jedoch in diesen Fällen der Festsetzung eines Abschussplanes, auch für Niederwild, durch den Kreisjägermeister unterwerfen. Abgehende und zugehende Mitglieder der O. waren dem Kreisjägermeister anzuzeigen. Im Übrigen war der Wechsel der Mitglieder jederzeit möglich und wurde durch die Satzungen geregelt. Im Erlass hieß es weiter: »Im Übrigen vermögen O. für die Heranziehung eines Nachwuchses an weidgerechten Jägern in den Offizierkorps sehr Nützliches zu leisten und sind auch deshalb erwünscht.«

Ohr, das: In der Waidmannssprache wird beim ▸ Haarwild das Wort O. durch ▸ Lauscher (Luser), ▸ Löffel, ▸ Teller (Schüsseln), ▸ Gehöre bzw. ▸ Behang (beim Hund) ersetzt; bei allem ▸ Federwild spricht man von O.; ▸ Federohren.

Ohrband, das: ▸ Ortband.

Ohrenkrebs, der: ▸ Ohrenzwang.

Ohr(en)pinsel, der: Die längeren Haare an den Tellern (Ohren) des ▸ Schwarzwildes sowie die Haarbüschel an den Gehören des ▸ Luchses.

Ohrentaucher, der: ▸ Lappentaucher 5.

Ohrentzündung, die: beim Hund; ▸ Ohr(en)zwang.

Ohr(en)zwang, der (*Otitis externa*): Eine Entzündung der Ohrmuschel oder/und des Gehörganges. Der O. kommt v.a. bei Hunden mit dicht behaarten Hängeohren vor. Der Hund kratzt häufig am Ohr, hält den Kopf schief oder schüttelt den Kopf. Bei O. sollte so bald wie möglich der Tierarzt aufgesucht werden, da eine Behandlung, wenn die Ohrentzündung erst einmal chronisch geworden ist, sehr langwierig ist und die Heilungschancen sinken.

Ohreulen, die: Sammelbezeichnung für Uhu, Waldohreule, Sumpfohreule und Zwergohreule. Kennzeichnend für die O. sind die ▸ Federohren; ▸ Eulen 1. bis 4.

Ohrkauz, der: ▸ Eulen 2.

Ohrkrätze, die: ▸ Ohrräudemilben.

Ohrmarke, die: ▸ Wildmarken, ▸ Markieren von Wild.

Ohrpinsel, die: ▸ Ohr(en)pinsel.

Ohrräudemilben, die (*Otodectes cynotis*): O. nisten im äußersten Gehörgang von Katze und Hund. Sie bohren sich in die Haut und ernähren sich von Plasma und Lymphe. Die Anzeichen für O.-Befall sind ähnlich wie beim ▸ Ohrenzwang: Kopfschütteln, Kratzen, ferner krümeliges Ohrenschmalz vermischt mit Schuppen. Eine Behandlung durch den Tierarzt ist notwendig. Das Ohrenschmalz ist gründlich zu entfernen; die Milben müssen mit einem geeigneten Insektizid abgetötet werden.

Ohrwurm, der: svw. ▸ Ohr(en)zwang.

ÖJGV: Abk. für Österreichischer Jagdgebrauchshunde-Verband; ▸ Hundeverbände 1.

Ökologie, die (griech. oikos, Haus): Die Wissenschaft (Umweltlehre), die sich mit den Wechselbeziehungen zwischen den Organismen und der unbelebten (abiotische Faktoren) bzw. der belebten Umwelt (biotische Faktoren) befasst; ▸ ökologische Faktoren. Der Begriff Ö. wurde 1866 von E. Haeckel geprägt. Die Ö. ist aus der ▸ Biologie hervorgegangen und untersucht die Entfaltung genannter Beziehungen, die Krisen ihrer Entwicklung und die Mechanismen der Wiederherstellung von Gleichgewichten. Die Ö. bildet die Grundlage für Aussagen über die Belastbarkeit von ▸ Ökosystemen und kann die Folgen einseitiger Eingriffe in den Naturhaushalt aufzeigen. Sie findet daher in der Land-, Forst- und Wasserwirtschaft sowie in der ▸ Landschaftspflege praktische Anwendung. Sie gliedert sich in die Teilgebiete Autökologie, Demökologie und Synökologie. Die Autökologie hat als Grundeinheit den Einzelorganismus oder die Art und untersucht die Umwelteinflüsse auf die Individuen einer Art. Die Demökologie (Populationsökologie) untersucht die Umwelteinflüsse auf ganze Populationen einer bestimmten Tier- und Pflanzenwelt. Die Synökologie erforscht die Wechselbeziehungen zwischen Lebensgemeinschaften und Umwelt.

ökologische Faktoren, die (Umweltfaktoren, Standortfaktoren): Alle erfassbaren Einwirkungen der Umwelt, die auf ein Lebewesen oder auf eine ganze Population Einfluss nehmen können. Sie werden in abiotische (leblose) und in biotische Faktoren eingeteilt. Zu den Ersteren zählen Temperatur, Wasser, Licht, chemische und mechanische Faktoren, zu den Letzteren die durch andere Lebewesen ausgelösten Einwirkungen, z.B. Einflüsse von Mensch und Tier auf die Landschaft oder auf andere Lebewesen, die sich z.T. als Konkurrenz, als Symbiose oder auch als ▸ Parasitismus äußern. Zwischen den einzelnen Faktoren gibt es enge Wechselbeziehungen.

ökologische Forstwirtschaft, die: Waldbewirtschaftung mit dem Ziel, die Bodenkraft zu erhalten und die ▸ Nachhaltigkeit zu fördern. Ihre Grundforderung ist die Vermehrung stabiler, variationsreicher, standortgerechter Mischwälder.

Ökologische Jagdverbände: Jagdliche Organisationen in verschiedenen Bundesländern (z.B. in Bayern, Hessen, Rheinland-Pfalz und im Saarland). Die Mitglieder dieser Organisationen setzen sich für eine starke Reduzierung der Schalenwildbestände und für einen Bejagungsverzicht für – in ihrem Bestand bedrohte – Niederwildarten ein.

ökologische Nische, die: Der Begriff ö. N. beinhaltet alle ausschlaggebenden Umweltfaktoren (▸ ökologische Faktoren), die einer bestimmten Tier- oder Pflanzenart entsprechend ihren Lebensansprüchen das Überleben in ihrem Lebensraum ermöglichen. Meist sind ö. N. durch einen Minimumfaktor (z.B. zu geringes Nahrungsangebot, zu starke Kälte) begrenzt.

ökologischer Landbau, der: In Abgrenzung zum ▸ konventionellen Landbau gibt es verschiedene alternative Landbaumethoden. Man versteht darunter i. Allg. die verbindlichen Richtlinien, nach denen bestimmte Gruppen von Landwirten und Gärtnern ohne oder mit geringem Einsatz von mineralischen Düngemitteln und chemischen Pflanzenbehandlungsmitteln wirtschaften. Von den verschiedenen alternativen Landbaumethoden sind in Deutschland besonders die biologisch-dynamische Wirtschaftsweise, der organisch-biologische Landbau, der ökologische L. und der naturnahe Anbau bekannt geworden. Sechs Anbauverbände und die Stiftung Ö. L. schlossen sich 1988 zur Arbeitsgemeinschaft Ö. L. (AGÖL) zusammen.

ökologisches Gleichgewicht, das: Die langfristige Ausgeglichenheit der Arten in einem ökologischen System (Wechselwirkung zwischen den Gliedern einer Lebensgemeinschaft). Lebensgemeinschaften mit einem großen Artenreichtum haben ein stabiles, wenig störanfälliges ö. G., v.a. wenn sie nicht vom Menschen beeinflusst werden. Die Artenzusammensetzung verändert sich hier nur wenig, da ein Populationsanstieg durch Selbstregulierung abgefangen wird.

Ökosystem, das: Eine Grundeinheit in der Natur, die aus einer Lebensgemeinschaft (▸ Biozönose) und deren Lebensraum (▸ Biotop) besteht. Das Ö. ist gekennzeichnet durch eine besondere (gleichbleibende) Zusammensetzung und die Wechselwirkungen zwischen Organismen und Umweltfaktoren. Hauptfunktion des Ö. ist die Sicherung des Stoffkreislaufes und der Energie. Ö. sind z.B.: Kartoffelfeld, Fichtenwald, Wiese, Teich, ▸ Moor.

Ökoton, der: Die Übergangszone zwischen benachbarten ▸ Pflanzengesellschaften; z.B. der ▸ Waldrand zwischen Wald und Wiesen. Der Ö., der Grenzbereich zwischen zwei ▸ Ökosystemen, bietet ein vielfältigeres Angebot an Grunddaseinsrequisiten (Nahrung, Deckung, Kleinklima) als die angrenzenden Ökosysteme; deshalb herrschen dort höhere Artdiversität und größerer Individuenreichtum. Je stärker Flächen zergliedert sind und je höher der Grad der Nachbarschaft ist, desto größer ist der sog. Rand(linien)effekt, auch edge-effect oder Grenzlinienwirkung genannt. Rehwild z.B. bevorzugt Lebensräume mit äsungsreichen Wiesen und deckungsreichen Waldrändern; Rebhühner bevorzugen offenes Gelände mit etwa 30% Gehölz- und Buschgruppen.

Ökotop, der: Die kleinste ökologische Einheit einer Landschaft (Standortraum).

Ökotyp(us), der: Eine Pflanzenart oder eine Tierart (Rasse), die sich an die Bedingungen eines bestimmten ▸ Biotops (Lebensraum) angepasst hat und sich von gleichen Arten sowohl äußerlich als auch in ihren physiologischen Eigenschaften unterscheiden kann; z.B. ▸ Feldrehe.

Ökowertflächen, die: In Österreich Bez. für mindestens 5 m breite Ackerrandstreifen, die entlang von Windschutzgürteln, Gräben, ▸ Hecken, ▸ Waldrändern sowie unbefestigten Feldwegen als Saumbiotope mit Selbstbegrünung angelegt werden. Auf den Ö. darf keine Düngung und kein Einsatz von chemischen Schädlingsbekämpfungsmitteln erfolgen; ▸ Flächenstilllegung.

Öldrüse, die: ▸ Bürzeldrüse, ▸ Staud.

Ölfrüchte, die: Zur Ölgewinnung geeignete Früchte. Bei uns von Bedeutung sind ▸ Rübsen, ▸ Ölrettich, ▸ Sojabohne, Sonnenblume, Senf und der ▸ Raps (Sommerraps und Winterraps), deren Anbau insbesondere für die Fasanenhege geeignet ist und die teilweise (Sonnenblume, Raps) als ▸ nachwachsende Rohstoffe verwertet werden können.

Oliphant, der (Olifant): Ein ▸ Jagdhorn aus dem 11./12. Jh.

Olper Bracke, die: ▸ Bracken.

Ölrettich, der (*Raphanus sativus oleiferus*): Eine auf leichten und mittleren Böden angebaute Pflanze aus der Familie der Kreuzblütler. Bei uns für Stoppelsaaten im Zwischenfruchtbau und auf Wildäckern (▸ Wildäsungspflanzen) in Reinsaat oder im Gemenge verwendet. Eignet sich auch gut zum Verfüttern.

Ölsack, der: Beim ▸ Biber ein Drüsensack, der hinter den Kastorensäcken liegt.

Ölschuss, der: Der erste Schuss, der aus einem nicht entölten bzw. nicht entfetteten Lauf abgefeuert wird. Das Geschoss durcheilt den eingeölten Büchsenlauf mit verminderter Reibung, was eine ungünstige Einwirkung auf die Treffgenauigkeit im Ziel zur Folge hat. Die Treffpunktlageabweichung ist verschieden, je nachdem, um was für einen Waffentyp es sich handelt (Doppelbüchse, Drilling, Einzellauf usw.). Auch die Richtung der Abweichung ist unterschiedlich. Beim Schuss aus einem leicht eingeölten Schrotlauf werden Treffgenauigkeit und Streuung praktisch nicht beeinflusst. Es ist auf jeden Fall wichtig, vor dem ersten Schuss den eingeölten Lauf (auch den Schrotlauf) zu entölen; ▸ Jagdwaffenaufbewahrung.

Olszewski, Karl Ewald (1884 Czernowitz/Rumänien bis 1965 München): Maler und Grafiker. O. studierte an der Münchner Akademie bei L. v. Herterich und H. v. Habermann. Als einziger deutscher Maler wurde er in den 30er-Jahren des 20. Jh. zum Mitglied der Königlichen Gesellschaft für Kunst, »Fellow of the Royal Society of Arts«, in London gewählt. Er bevorzugte für seine Darstellungen Tiermotive, hauptsächlich Vögel.

Omegatier, das: ▸ Rangordnung.

Ommer, der: Bez. für das ▸ Murmeltier.

Omnivoren, die: svw. ▸ Allesfresser.

Omösbär, der: Ameisenbär. Alte tiroler und südtiroler Bez. für ▸ Braunbär.

Oppian: ▸ Jagdliteratur.

Opportunismus, der: In der ▸ Ökologie Bez. für die Tatsache, dass einige Tier- und Pflanzenarten (Opportunisten; ▸ r-Strategen) bei einer Verschlechterung der Umweltbedingungen aus einem ▸ Areal völlig verschwinden, bei einer späteren Verbesserung der Bedingungen dieses aber schnell wieder besiedeln können; z.B. Unkräuter.

Opportunisten, die ▸ r-Strategen.

optische Hilfsmittel zur Jagdausübung: ▸ Jagdoptik.

orale Immunisierung, die: ▸ Schluckimpfung.

Orden, die: ▸ Jagdorden, ▸ Falkenorden.

Orden Deutscher Falkoniere (ODF): Gegründet im November 1959 als Neuer Deutscher ▸ Falkenorden. Aus dieser Organisation ging 1962 dann der Orden Deutscher Falkoniere – Bund der Falkner und Greifvogelfreunde hervor.

Ordnung, die: Eine Rangstufe im zoologischen System, wobei eine O. aus mehreren Familien gebildet wird. Wo diese Stufe nicht ausreicht, wird noch eine Unter-O. eingefügt; z.B. O. Paarhufer (*Artiodactyla*), Unter-O. Wiederkäuer (*Artiodactyla ruminantia*) und Unter-O. Nichtwiederkäuer (*Artiodactyla nonruminantia*); ▸ Art, ▸ Familie, ▸ Klasse.

Ordnungswidrigkeiten, die: Vorsätzliche Zuwiderhandlungen gegen die sachlichen Verbote der Jagd, wie sie in §19 BJG oder ergänzend in den einzelnen Landesjagdgesetzen aufgeführt sind (▸ Jagdbeschränkungen), stellen eine Ordnungswidrigkeit (§39 BJG) dar. Sie werden entweder mit einer Geldbuße, in besonders schweren Fällen mit einem Jagdverbot oder – z.B. bei wiederholten Zuwiderhandlungen – mit der Einziehung (Versagung) des ▸ Jagdscheines geahndet. Zuständig für die Feststellung einer Ordnungswidrigkeit und den Erlass eines Bußgeldbescheides ist die untere ▸ Jagdbehörde. Die Bundesländer haben meist weitere jagdrechtliche Ordnungswidrigkeitentatbestände erlassen.

orgeln (melden, röhren): Das Schreien des Rothirsches in der Brunft; ▸ Rotwild (Sinne und Lautäußerungen).

Orion, der: Griechische Sagengestalt; ein schöner, wilder Jäger, der von der Göttin Eos geliebt, von Artemis (▸ Jagdgöttin) getötet und von Zeus mitsamt seinen Jagdhunden unter die Sterne versetzt wurde. Das Sternbild des O. steht neben dem Sternbild des Großen Hundes mit dem ▸ Hubertusstern. Über den Tod des O. wird in verschiedener Weise berichtet. Man behauptet allg., dass er bei der Jagd die Göttin Artemis (▸ Jagdgöttin) herausgefordert habe und dass die Göttin, empört über seine Anmaßung, ihn getötet habe; ▸ Nimrod.

Orleans, Philippe Herzog von (1867 bis 1902): O. trug die größte Sammlung von konserviertem Wild zusammen, die heute im Naturalistischen Museum von Paris steht und die als ein wichtiger wissenschaftlicher Beitrag angesehen wird.

Orley, Bernart van: ▸ Jagdkunst.

Ornithologie, die (griech. ornis, Vogel): Die Vogelkunde, ein Spezialgebiet der ▸ Zoologie.

Ornithose, die (Psittakose): Eine von einem großen Virus hervorgerufene ▸ Infektionskrankheit. Sie tritt v.a. bei papageienartigen Vögeln auf und wird deshalb auch als Papageienkrankheit bezeichnet. Jedoch auch andere Vögel, besonders Tauben, ferner Kälber, Mäuse, Katzen und auch der Mensch können sich mit dem O.-Virus infizieren. Der Mensch infiziert sich meist durch eingeatmeten Gefiederstaub. Aus diesem Grund sollte man die Vögel vor dem Rupfen gründlich anfeuchten, um eine Infektion zu vermeiden. Beim Menschen verläuft die Krankheit wie ein grippaler Infekt, häufig auch mit einer kleinherdförmigen Lungenentzündung. Erkrankte Vögel sitzen mit gesträubtem Gefieder teilnahmslos herum, haben Fieber, verklebte Nasenlöcher und Durchfall. Bei einer Sektion der Tiere zeigt die Leber kleine Nekrosen (Stellen von abgestorbenem Gewebe), die Milz ist vergrößert, und manchmal findet man noch eine Bauchfellentzündung.

Bekämpfung: Als Heilmittel hat sich ein Antibiotikum bewährt. Bei frei lebenden Tieren ist eine Heilbehandlung nicht möglich. Das Wildbret erkrankter Tiere ist genussuntauglich. Bei O. besteht ▸ Anzeigepflicht; ▸ Zoonose.

Ort, der: Die Spitze einer ▸ Griffwaffe.

Ortband, das (Ortblech): Der untere Metallbeschlag an der Scheide von ▸ Blanken Waffen; ▸ Mundblech, ▸ Beschlag.

Ortblech, das: ▸ Ortband.

Ortega y Gasset, José (9.5.1883 Madrid bis 18.10.1955 Madrid): O. y G. studierte in Marburg, wurde 1911 Professor in Madrid und lebte von 1936 bis 1949 in Portugal im Exil. Er war einer der bedeutendsten spanischen Denker, gleichzeitig ein unbestrittener Meister des spanischen Essays und ein Philosoph der Jagd. Obwohl er nie Jäger war und auch nicht auf die Jagd ging, formulierte er die Ideologie des heutigen ▸ Waidwerks.

Örtliche Verbote (Jagdrecht), die: ▸ Jagdbeschränkungen.

Ortolan, der (Gartenammer, Feldammer oder Fettammer): Der O. zählte früher zu den ▸ Halbvögeln und wurde als Delikatesse sehr geschätzt. O. wurden in Massen in O.-Herden (Vogelherden) gefangen; ▸ Vogelfang 7.

Osswald, Eugen (1879 Stuttgart bis 1960 München): Maler und Schüler von Prof. Angelo ▸ Jank; von ihm stammt u.a. »Kurzhaariger Vorstehhund« und »Elch mit Kuh im Ibenhorster Forst«. Daneben schuf O. eine Fülle von Zeichnungen und Illustrationen in den Jagdzeitschriften.

Österreichische Brandl-Bracke, die: ▸ Bracken.

Österreichischer Jagdgebrauchshunde-Verband (ÖJGV): ▸ Hundeverbände 1.

Österreichischer Kynologen-Verband (ÖKV): ▸ Hundeverbände 2.

Österreichischer Schweißhundeverein ▸ Schweißhundeverband, Internationaler.

Österreichisches Hundezuchtbuch (ÖHZB): ▸ Hundezuchtbuch.

Österreichisches Jagdwesen, das: Anders als in der Bundesrepublik Deutschland ist die Regelung des österreichischen J. ausschließlich Angelegenheit der Bundesländer. Insgesamt stützt sich das österreichische J. somit auf neun Landesjagdgesetze und neun dazugehörige Jagdverordnungen (Durchführungsverordnungen). Als ▸ Jagdbehörden I. Instanz gelten die Bezirksverwaltungsbehörden, als Jagdbehörden II. Instanz die Ämter der Landesregierungen. Im Wesentlichen unterscheiden sich die Jagdgesetze der einzelnen österreichischen Bundesländer nicht, sondern tragen nur im Detail der Eigenart der einzelnen Bundesländer Rechnung. In Österreich wurde von 1938 bis 1945 das Reichsjagdgesetz vom 3.7.1934 angewandt. Viele jagdrechtliche Regelungen der jetzt gültigen Jagdgesetze gehen inhaltlich auf das Reichsjagdgesetz zurück. Österreich hat wie Deutschland das Reviersystem (▸ Jagdsysteme).

▸ Jagdrecht und Jagdausübungsrecht: Das ▸ Jagdrecht ist in Österreich untrennbar mit Grund und Boden verbunden. Von diesem Grundsatz gibt es keine Ausnahmen. Das Jagdrecht enthält nicht zwingend das Recht zur ▸ Jagdausübung. Das ▸ Jagdausübungsrecht hat der Eigentümer von Grund und Boden nur dann, wenn er die sog. Eigenjagdberechtigung besitzt. Diese wird ihm i.d.R. dann zugesprochen, wenn er einen zusammenhängenden Grundbesitz von mehr als 115 ha Grundfläche aufweisen kann. Grundstücke, die nicht zu Eigenjagden gehören, werden den sog. Genossenschaftsjagdgebieten zugerechnet. Jede Gemeinde Österreichs bildet aus allen nicht zu Eigenjagden gehörigen Grundflächen das jeweilige Genossenschaftsjagdgebiet. Dieses muss zwingend verpachtet werden. In allen diesen Fällen sind daher die Pächter die ▸ Jagdausübungsberechtigten. Der Jagdausübungsberechtigte ist der Träger aller Berechtigungen und Verpflichtungen bezüglich der Jagd im jeweiligen Eigenjagdgebiet oder Genossenschaftsjagdgebiet. Mehrere Personen können sich zu einer Gesellschaft zusammenschließen, die den Zweck hat, ein Jagdgebiet zu pachten.

Jagdkarte, Jägerprüfung, Jägerausbildung: Wer die Jagdkarte erwerben will (es gibt neun verschiedene Landesjagdkarten), muss in dem jeweiligen Bundesland die Jungjägerprüfung ablegen und kann mit dem Prüfungszeugnis seine jagdliche Eignung nachweisen. Mit dem Erwerb einer österreichischen Landesjagdkarte ist die Jagd auch in anderen Bundesländern möglich (mit sog. Jagdgastkarten). Nach Ablauf mehrerer Jahre ist auch die Lösung weiterer Jahresjagdkarten in anderen Bundesländern möglich und zulässig. Ausländer können in Österreich unter Vorlage eines gültigen Jagddokuments (▸ Jagdschein) ihres Heimatstaates (maßgeblich ist Staatsbürgerschaft, nicht Wohnsitz) gleichfalls eine Jahresjagdkarte in einem der neun Bundesländer lösen. Mit der Lösung einer Jagdkarte ist auch die verpflichtende Mitgliedschaft in einem ▸ Landesjagdverband verbunden. Auf diese Weise ist jeder österreichische Jäger über die Mitgliedschaft in einem Landesjagdverband jagdhaftpflichtversichert und jagdunfallversichert. Die Versicherungen werden in Form von Kollektivversicherungen gemeinsam mit der Mitgliedschaft in einem Landesjagdverband abgeschlossen. Nach etwa fünf Jahren wird ein Jungjäger, falls er es möchte, zur Jagdaufseherprüfung zugelassen. Nach erfolgreicher Jagdaufseherprüfung besteht die Möglichkeit, Jagdaufsichtsorgan zu werden. Diese Personen werden von den Bezirkshauptmannschaften für ein bestimmtes Jagdgebiet bestätigt und beeidigt. Sie sind sog. Verwaltungspolizeiorgane und haben die Einhaltung der jagdrechtlichen Vorschriften zu überwachen. Sie agieren dann als verlängerter Arm der Behörde. Ein Jagdgebiet kann nicht von jedem Jäger gepachtet werden. Erst nach Ablauf einiger Jahre erwirbt ein Jäger die Pächtereignung und ist dann in der Lage, ein Jagdgebiet alleine zu pachten.

Abschussverteilung: *Schuss- und Schonzeiten*: Jede Landesregierung legt für ihr Bundesland Schuss- und Schonzeiten für die einzelnen Wildarten fest. Wildtiere sind nur jene Tierarten, die in den Landesjagdgesetzen und in den Schuss- und Schonzeitenverordnungen genannt werden. Manche Tierarten sind daher in einem Bundesland als Wild, in einem anderen Bundesland nicht als Wildart anzusehen; z.B. Biberratte, Elch, Goldschakal.

Abschussplanung: Einige Wildarten unterliegen der Abschussplanung. Nur nach behördlicher Bewilligung oder Verfügung ist es zulässig, einen Abschuss vorzunehmen. Im Rahmen der Abschussplanung sind die verfügten bzw. die bewilligten Abschüsse auch tatsächlich durchzuführen. Abschussplanpflichtig sind die Schalenwildarten (ausgenommen Schwarzwild) und die Raufußhühner (Auerwild, Birkwild). In manchen Bundesländern ist auch das Murmeltier abschussplanpflichtig.

Abschussliste: Für jedes Jagdgebiet ist vom Jagdausübungsberechtigten oder von seinem Jagdaufsichtsorgan eine Abschussliste (wie ein jagdliches »Kassabuch«) unverzüglich zu führen. Einmal jährlich ist diese Abschussliste der Behörde zur Überprüfung der durchgeführten Abschüsse vorzulegen. Dies erfolgt auch auf der jährlichen Hegeschau (Trophäenschau).

Sonderverfügungen: Die Bezirksverwaltungsbehörden können in bestimmten Fällen gewisse Abschusskontrollmaßnahmen durch Bescheid oder durch Verordnung vorschreiben (Vorlage des frisch erlegten Wildstückes, Abschuss innerhalb bestimmter Fristen usw.).

Fütterung: In ▸ Notzeiten sowie in Zeiten des Vegetationsbeginns ist die Fütterung des Schalenwildes vom Jagdausübungsberechtigten zwingend durchzuführen.

Jagdhunde: Der Jagdausübungsberechtigte hat für die Bereitschaft eines einsatzfähigen Jagdhundes Sorge zu tragen.

▸ Wildschäden: Die Jagdausübungsberechtigten haften für von Wild an land- und forstwirtschaftlichen Kulturen angerichtete Schäden (etwa Verbissschäden, Schälschäden oder Fegeschäden; Schäden in Getreidefeldern; Schäden in Weingärten).

Der Ortolan wurde früher in großen Mengen gefangen.

◂◂ Unbekannter Künstler: »Wie man den Otter jagen und erlegen soll«, 14. Jh., aus Gaston Phoebus, Comte de Foix, Vicomte de Béarn: »Le Livre de la Chasse«, Blatt 101

Gatter: Alle Landesjagdgesetze kennen den Begriff des Gatters. Große eingezäunte Grundflächen dienen entweder dem uneingeschränkten Jagdbetrieb (Jagdgatter) oder der Tierzucht bzw. Tierschau (Schau- und Zuchtgatter). Sog. Fleischproduktionsgatter gehören nicht zum Jagdbetrieb und werden von Nichtjägern (Landwirten etc.) auf Kleinstflächen betrieben. Auf solchen Flächen wird Wild lediglich zur Fleischproduktion gezüchtet.
▸ Jagdliche Interessenvertretungen: Alle österreichischen Jäger sind jeweils in Landesjagdverbänden zusammengefasst. Die Landesjagdverbände sind Körperschaften öffentlichen Rechts (ausgenommen der Verband von Vorarlberg). Den Landesjagdverbänden steht jeweils ein Landesjägermeister, den einzelnen Bezirken jeweils ein Bezirksjägermeister vor. Die Landesjagdverbände haben eine Landesgeschäftsstelle und verschiedene Bezirksgeschäftsstellen.
Vereinigt sind alle neun Landesjagdverbände in der Zentralstelle österreichischer Landesjagdverbände. Dieser Verein der neun Jagdverbände wurde dazu eingerichtet, die Vertretung der österreichischen Jagdorganisation nach außen (zu Bundesministerien, zum Ausland, in der ▸ FACE, im ▸ CIC) zu gewährleisten.
Kosten der Jagdausübung: Für die Ausübung der Jagd ist jeweils ein Mitgliedsbeitrag an die jeweilige Landesjagdorganisation sowie ein Beitrag an das jeweilige Bundesland als Jagdkartenabgabe zu entrichten. Die Kosten bewegten sich bislang – je nach Bundesland – etwa zwischen 50 und 150 Euro. Jeder Landesjagdverband hat eine Satzung, in welcher die Jagdverbandsinterna geregelt sind. In fast allen Landesjagdverbänden sind sog. Ehrengerichte eingerichtet. Dieses Instrumentarium ermöglicht es, jagdliche Vergehen auch außerhalb der Behördenstrukturen zu verfolgen und Ermahnungen bis hin zu Ausschlüssen aus den Jagdverbänden zu verfügen.
Forschungsförderung: Die österreichischen Landesjagdverbände fördern die Forschung (▸ Forschungsinstitut für Wildtierkunde und Ökologie der veterinärmedizinischen Universität Wien, Institut für Wildbiologie und Jagdwirtschaft der Universität für Bodenkultur Wien) mit bislang jährlich etwa 250 000 Euro. Insgesamt sieben Jagdfachzeitschriften (▸ Jagdzeitungen) werden herausgegeben.
Jagdclubs: Jäger schließen sich häufig privat zu Jagdvereinigungen (▸ Jagdclubs) zusammen. Diese sind nicht in den Strukturen der österreichischen Landesjagdverbände verankert. Sie sind im Bund österreichischer Jagdvereinigungen, einer Dachorganisation der Jagdclubs, zusammengefasst.
Jagdliche Vereinigungen: Vereinigungen wie der Internationale St.-Hubertus-Orden (▸ Jagdorden), der Silberne Bruch und der ▸ Verein Grünes Kreuz sind in Österreich aktiv. 1993 wurde der Verein ▸ Euroducks (Euroducks Österreich) gegründet.

Österreichisches Leistungsbuch für Jagdhunde, das: ▸ Hundeverbände.

Ostersetzer, Carl (1865 Brody/Galizien bis 1914 Wien): Maler. Von ihm stammt u.a. »Jäger und Dirndel im Gespräch, am Ufer bei Zell am See«.

Ostpreußisches Jagd- und Landesmuseum, das: ▸ Jagdmuseen.

Ostseetaucher, der: ▸ Seetaucher 2.

Otter, der: ▸ Fischotter.

Ottereisen, das (Otterstange): Ein dem Schwanenhals ähnliches Tellereisen, das für den Otterfang benutzt wurde.

Otterfähe, die: Seltene Bez. für den weiblichen ▸ Fischotter.

Ottergabel, die: Die O. wurde früher neben der Schusswaffe bei der Otterjagd mitgeführt. Sie ist eine dreizinkige Gabel, d.h. ein Dreizack mit Stahlzinken und einem langen Stiel aus Eschenholz; mit der O. wurde der Fischotter, wenn er vom ▸ Otterhund aufgestöbert worden war, unter Wasser auf den Boden gespießt.

Ottergarn, das (Fischottergarn): Ein früher zum Fangen des Otters im Wasser verwendetes, sackförmig gestricktes ▸ Garn.

Otterhund, der: Als O. wurden alle Hunde bezeichnet, die scharf und wasserfreudig waren. I.d.R. handelte es sich dabei um mittelgroße, rauhaarige Hunde. Früher wurden hierzu gerne ▸ Hatzhunde sowie Mischungen aus Meutehunden und Terrierformen für die Jagd auf ▸ Fischotter verwendet. Heute noch eine englische Hunderasse (Otterhound) mit ca. 60 bis 65 cm Schulterhöhe, rauer Behaarung, dünnen und sehr langen Behängen und ziemlich breitem Kopf.

Otterin, die: Das Weibchen des Fischotters und des Sumpfotters (Nerz).

Otterjäger, der: Ein besonders in der Otterjagd erfahrener Jäger, der eigens für die Otterjagd angestellt war; ▸ Jagdpersonal.

Ottermarder, der: ▸ Nerz.

Ottermenk, der: ▸ Nerz.

Ottermeute, die: Bez. für mehrere Hunde, mit denen die Jagd auf den ▸ Fischotter ausgeübt wurde. Kronprinz Rudolf von Österreich z.B., der in seinen letzten Lebensjahren die Otterjagd bevorzugte, hielt sich eine größere Anzahl von ▸ Otterhunden.

Otternstecher, der (Otterstecher): Bez. für den ▸ Otterjäger.

Otternwindel, der: ▸ Spechte 3.

Otterrute, die: Seltene Bez. für die ▸ Rute des Teckels (▸ Erdhunde), wenn diese lang herabhängt.

Otterstange, die: ▸ Ottereisen.

Ottersteig, der: Ausgetretener Gang des Fischotters von einem Gewässer zum anderen.

Ottervogel, der: ▸ Würger 1.

Otto, Christoph (1725 bis 1798): Professor für Ökonomie in Ulm. Er schrieb das dreibändige Werk »Onomatologia Forestalis-Piscatorio-Venatoria oder vollständiges Forst-, Fisch- und Jagd-Lexicon …, in welchem alle bey dem Forst-, Fisch- und Jagdwesen vorkommende Kunstwörter erkläret, … ferner die Natur und Eigenschaften der wilden Thiere, der Vögel und des Federwildprets, alle Arten ihres Fanges und der Jagden, die mit ihnen angestellt werden …« (1772 bis 1773), das von Johann F. ▸ Stahl um einen vierten Band 1780 ergänzt wurde.

Otto, Jacob (1633 bis 1703): O. gehörte zum Rat der Stadt Ulm und war »Comes Palatinus« ebendort. Für die Leopoldinische Societät machte er sich als Historiker einen Namen. Seine Abhandlung »Freyer Pürsch-Beschreibung, in sich begreiffende Zehen Marck- und Freyungs-Stein. Augsburg« (1680) beschäftigt sich neben den praktischen Beschreibungen der Pirsch v.a. mit den gesetzlichen Grundlagen der ▸ freien Pirsch.

Oudry, Jean-Baptiste (1686 bis 1766): ▸ Jagdkunst.

P

Paar, das: Zusammenleben von einem Männchen und einem Weibchen bei dem in Einehe lebenden Federwild.

Paarbildung, die: ▸ Paarungsverhalten.

paaren: Das Begatten (Fortpflanzen) bei allem ▸ Federwild mit Ausnahme der ▸ Waldhühner und der Trappen, bei denen die Bez. ▸ treten üblich ist. Wenn sich die Rebhühner im Februar zusammenfinden, so sagt man: »Die Hühner fallen zu Paaren«, d.h., sie p. sich; ▸ balzen, ▸ reihen.

Paarflinten, die: ▸ Schwesterflinten.

Paarhufer, die (*Artiodactyla*): Bez. für u.a. das ▸ Schalenwild in der systematischen Zoologie (Ordnung der P. mit heute 200 weltweit verbreiteten Arten). P. sind meist Pflanzenfresser, bei denen (mit Ausnahme des Flusspferdes) die dritte und die vierte Zehe verstärkt sind. Die zweite und die fünfte Zehe bilden die ▸ Afterklauen. P. sind ▸ Spitzengänger und gliedern sich in ▸ Wiederkäuer und in Nichtwiederkäuer.

Paarhühner, die: Beim Rebhuhn: nach Auflösung der ▸ Ketten im Frühjahr zur Zeit der ▸ Balz liegen jeweils ein Hahn und eine Henne, die sog. P., zusammen (Pärchen). Sie sind die Elterntiere einer künftigen Kette.

Paarsprung, der: ▸ Paartritt.

Paartritt, der: Bei den Paarsprüngen entstehende Spurart beim Iltis, bei den Wieseln und bei den Mardern, bei der die Abdrücke der ▸ Branken der Vorder- und der Hinterläufe paarweise nebeneinanderliegen (siehe unter der jeweiligen Wildart); ▸ Dreitritt.

Paarungslauf, der: Sexuell motiviertes Verhalten des Brunfthirsches (Platzhirsches), bei dem die Tiere seines Brunftrudels auf ihre Paarungsbereitschaft geprüft werden. Der Hirsch treibt dabei das Tier. Weicht es nicht aus, kommt es zum ▸ Beschlag; ▸ Flehmen.

Paarungsverhalten, das (Brunftverhalten, Balzverhalten, Fortpflanzungsverhalten). Zur Sicherung der Fortpflanzung geht bei vielen Tierarten dem Begattungsakt oder der Besamung ein charakteristisches und arttypisches P. voran (▸ Brunft, ▸ Balz). Dabei müssen i.d.R. verschiedene notwendige Bedingungen erfüllt werden, damit die Fortpflanzung gesichert ist:

1. Orientierung (Zusammenführung) der Geschlechtspartner durch Signalreize mit Fernwirkung.
2. Artisolierung (Verhinderung von Kreuzungen mit Artfremden).
3. Beschwichtigung des aggressiven oder fluchtbereiten Partners (Abbau der Kontaktscheu) und Verdrängung des Rivalen durch ▸ Demutsgebärden, ▸ Werbeverhalten und Kampfverhalten.
4. Stimmungsübertragung der sexuellen Aktivität der Partner und zeitliche Feinabstimmung für die Begattung durch Instinktketten.

Auslöser des P. können u.a. sein:

- Duftsignale: Absonderung von geschlechtsspezifischen Duftstoffen bei vielen Säugetieren; die Duftstoffe werden in speziellen Drüsen (▸ Duftdrüsen, ▸ Analdrüsen) gebildet;
- ▸ Lautäußerungen: Locken der weiblichen Tiere in das Revier des Männchens (z.B. Gesang der Vögel, auch Trommeln der Spechte, Röhren der Hirsche etc.)
- optische Strukturen: z.B. buntes Federkleid (▸ Prachtkleid, ▸ Brutkleid) der Vögel.

Die Funktion dieser angeborenen Verhaltensweisen ist das Anlocken des Geschlechtspartners (Werbeverhalten), der darauf mit angeborenem Erkennen reagiert und sich nähert, wenn er sexuell disponiert ist.

Paarzeher, die: ▸ Paarhufer; die Bez. ist hauptsächlich für das ▸ Schwarzwild (nicht wiederkäuende P.) üblich.

Paarzeit, die: Die ▸ Begattungszeit bei allem ▸ Federwild, für das die Bez. ▸ Balzzeit nicht üblich ist; ▸ Reihzeit.

Pacht, die: ▸ Jagdpacht.

Pachtdauer, die: ▸ Jagdpacht.

Pächter, der: ▸ Jagdpacht, ▸ Mitpächter.

Pächterhöchstzahl, die: Die P., die je nach Reviergröße ein ausgewogenes Verhältnis schaffen soll, ist in den einzelnen Landesjagdgesetzen unterschiedlich geregelt. Sie begrenzt die Zahl der Pächter und bestimmt, an wie viele Pächter (▸ Jagdausübungsberechtigte) ein ▸ Jagdbezirk entsprechend seiner Größe verpachtet werden darf. Sie schließt die Inhaber entgeltlicher Jagderlaubnisse ein, die wie Mitpächter behandelt werden. Die P. gilt auch für verpachtete Eigenjagdbezirke, sofern sie einer Personenmehrheit oder einer juristischen Person gehören. Sie gilt nicht, wenn in Eigenjagdbezirken die Jagd durch angestellte Jäger genutzt wird. Bei verpachteten Eigenjagdbezirken ist die Zahl der Jagdausübungsberechtigten der unteren Jagdbehörde anzuzeigen; ▸ Jagdpacht.

Pachthöchstfläche, die: ▸ Jagdpacht.

Pachtjagdreviere, die: ▸ Jagdreviere.

Pachtpreis, der (Pachtzins): Der P. wird im Jagdpachtvertrag (▸ Jagdpacht) festgelegt und entweder als Gesamtsumme oder als Hektarpreis ausgewiesen. Bei gemeinschaftlichen ▸ Jagdbezirken erhalten die ▸ Jagdgenossen den P. anteilig. Für ▸ befriedete Bezirke ist keine Pacht zu zahlen.

Pachtvertrag, der: ▸ Jagdpacht.

Pachtzeit, die: ▸ Jagdpacht.

Pachtzins, der: ▸ Pachtpreis.

packen: Vom ▸ Hatzhund (Saupacker): sich in ein Stück ▸ Schwarzwild verbeißen.

Packer, der: ▸ Saupacker.

paissen: Veralteter Ausdruck für ▸ beizen.

Paläster, der: svw. ▸ Posten.

Palisadenwürmer, die: ▸ Magen- und Darmwürmer.

Palmhirsch, der: Selten gebräuchliche Bez. für einen ▸ kapitalen Rothirsch mit einer Schaufelkrone. Früher war diese Bez. lokal (jedoch ebenfalls selten) auch für den Damhirsch (▸ Damwild) gebräuchlich.
Palmweide, die: ▸ Weiden.
Palz (Paltz): Veraltete Schreibweise für die ▸ Balz; palzen = balzen.
Pannen, die: ▸ Pennen.
Pansen, der: Weidsack, Wanst; ▸ Wiederkäuermagen.
Pansenazidose, die: ▸ Magen-Darm-Trakt-Erkrankungen.
Pansenegel, der (*Paramphistomum cervi*): Ein schmarotzender, etwa 13 mm langer und ca. 2,5 mm dicker Saugwurm, der beim ▸ Schalenwild (mit Ausnahme des Schwarzwildes), v.a. beim Rehwild, vorkommt. Der P. entwickelt sich über Zwischenwirte (Blasenschnecken und Tellerschnecken). Bei starkem Befall treten Darmentzündungen verbunden mit (blutigen) Durchfällen sowie Abmagerung auf. P.-Eier lassen sich durch parasitologische Untersuchung der Losung nachweisen. Eine Bekämpfung in der freien Natur ist nicht möglich. Das Wildbret ist jedoch genusstauglich; ▸ Leberegel, ▸ Parasiten.
Pansenschuss, der: ▸ Schusszeichen (Weidwundschuss).
Panthera, die: Ein in früherer Zeit verwendetes Netz zum Massenfang kleiner Vögel in der Zugzeit; ▸ Vogelfang.
Panzer, der: **1**) Verkrustung der Schwarte des ▸ Keilers, die sich auf dessen ▸ Schild 6) durch eintrocknendes Harz (häufig durchsetzt mit Erd- und Lehmteilen) entwickelt und einige Zentimeter dick werden kann. Solche Keiler werden Harnisch- oder P.-Schweine genannt. Dieser P. entsteht durch Wälzen in Erde und Schlamm (▸ Suhle) und/oder durch Reiben an den ▸ Malbäumen. **2**) Auch Hundepanzer; ▸ Jacke 3).
Panzerhunde, die (gejackte Hunde): ▸ Jacke 3).
Panzersau, die: ▸ Panzer 1).
Panzerschwein, das: ▸ Panzer 1).
Papageienkrankheit, die: ▸ Ornithose.
Papchen, das (Papke): Scherzhafte (ostpreußische) Bez. für das Blässhuhn; ▸ Rallen 1.
Papchenjagd, die: Die Wasserjagd auf das Blässhuhn (Li[e]tze, Papchen). Die Jagd auf das Blässhuhn (▸ Rallen 1.) von Kähnen aus wird in Ostpreußen P. und am Bodensee Belchenjagd genannt. Da die Blässhühner gerne schwimmend ausweichen (Wildenten stehen auf), werden sie mit Kähnen, die jeweils mit einem Schützen besetzt sind, langsam in Seebuchten gedrückt. So in die Enge getrieben, versuchen sich die Papchen über die Kähne hinweg (selten über Land) in Sicherheit zu bringen. Früher wurden bei diesen Wasserjagden von den in den Kähnen sitzenden Schützen an einem Tag mehr als 1000 Blässhühner erlegt.
Papillomatose, die: Die ▸ Infektionskrankheit P. wird durch Papillomaviren hervorgerufen. Die Infektion erfolgt über kleine Wunden, Insektenstiche (Zecken, Wanzen, Mücken) über die Äsung (auch Salzlecken) oder durch direkten Kontakt. Sie tritt meist bei Gams- und Steinwild (auch bei Rot-, Dam- und Rehwild, Hase und Wildkaninchen) und nur im Spätherbst bzw. während der Wintermonate auf. Im Frühjahr erlischt die Krankheit wieder, sobald es frische ▸ Äsung gibt. Das erkrankte Stück Wild hat infolge dieser Krankheit warzenähnliche Wucherungen am ▸ Äser, am ▸ Windfang, am ▸ Lecker und manchmal auch an der ▸ Decke, an den Läufen und zwischen den Schalen (Infektion nach Verletzungen durch verharschten Schnee, Eis, scharfkantiges Geröll). Die blumenkohlähnlich aussehenden Wucherungen sind meist mit ▸ Schweiß verkrustet und behindern das Stück beim Äsen und bei der Fortbewegung. Eine Bekämpfung ist nicht nötig, weil die Krankheit im Frühjahr erlischt. Das ▸ Wildbret ist nach Entfernung der Wucherungen genusstauglich; ▸ Lippengrind.
Papke, die: svw. ▸ Papchen.
Pappchen, die: svw. ▸ Papchen.
Pappeln, die: Sommergrüne Gattung der Laubbäume aus der Familie der Weidengewächse (*Salicaceae*). In Mitteleuropa kommen von Natur aus nur die Schwarz-P., die Silber-P. und die Zitter-P. vor. Die meisten in Wald und Flur angebauten P. sind durch Kreuzungen und Auslese entstandene Zuchtformen. Sie sind die raschwüchsigsten einheimischen Bäume. Alle P. haben ein helles, leichtes, weiches, aber wenig dauerhaftes Holz. Es eignet sich zur Erzeugung von Zellstoff und Papier, auch für die Herstellung von Spanplatten, Kisten, Spanhölzern, Zündhölzern etc. Im Winter geschnittene P. dienen als ▸ Prossholz.
1. Schwarzpappel (*Populus nigra*): Ein bis 35 m hoher Baum (▸ Lichtbaumart), der bevorzugt in Auwäldern auf nassen, nährstoff- und basenreichen Böden wächst und bis 300 Jahre alt werden kann. Die meisten heute bei uns angebauten Schwarzp. sind Kulturarten, entstanden aus Kreuzungen mit der Amerikanischen Schwarzpappel (*Populus deltoides*). Sie werden als *Canadensis*-Hybriden (Kanada-P.) bezeichnet.

Die Pyramidenpappel ist eine Form der Schwarzpappel und wegen ihrer Emissionsresistenz als Alleebaum verbreitet.

2. Silberpappel (*Populus alba*): Auch Weiß-Pappel. Wächst an den gleichen Standorten wie die Schwarzpappel und ist von der Ebene bis in die subalpine Stufe verbreitet. Sie bildet reichlich ▸ Wurzelbrut und kann bis 400 Jahre alt werden.
3. Zitterpappel (*Populus tremula*): Auch Aspe, Espe. Baum mit einer Wuchshöhe bis 30 m (max. 40 m), Alter bis max. 100 Jahre. Die Blätter geraten beim leisesten Wind in Bewegung (Name!); Lichtbaumart. Der im Juni reifende Samen fliegt weit an.
Die Z. kommt fast überall in Europa von der Ebene bis ins Gebirge (2000 m ü. NN) vor. Sie wächst auf humusreichen Böden in lichten Wäldern, an Waldrändern und an Wegrändern. Die Z. ist frosthart, in der Jugend raschwüchsig und besonders als Vorwaldart für Kahlflächen geeignet; sie wird auch als ▸ Mischbaumart zur Fichte sowie als ▸ Zeitmischung in Laubhölzern waldbaulich verwendet. Typische ▸ Pionierbaumart mit intensiver Wurzelbrut. Im Jagdbetrieb (Hege) gut als Prossholz in Rotwildgebieten geeignet. Das leichte und leicht spaltbare Holz wird für Streichhölzer, Spanplatten, Zellstoff und Papier verwendet.

◂◂ Die anspruchslose Zitterpappel eignet sich zur Vorwaldbegründung auf Kahlflächen.

Pararauschbrand, der: Eine ▸ Infektionskrankheit, die durch das Bakterium *Clostridium septicum* hervorgerufen wird. Sie wurde unter den Wildtieren hauptsächlich beim Muffelwild festgestellt. Die Infektion erfolgt über verletzte Haut, über die Schleimhäute des Mund- und Rachenraumes und des Darmkanals. Bei Infektion durch eine Wunde schwillt diese ödemartig an, und beim Betasten ist ein typisches knisterndes Geräusch zu hören. Es folgt hohes Fieber, und das Tier stirbt meist innerhalb weniger Tage. Bei der Sektion weisen die betroffenen Muskelpartien eine schmutziggraue bis graurote Färbung auf. Ist der Verdauungskanal betroffen, sind die Schleimhäute geschwollen und entzündet. Die Lymphknoten sind fast immer geschwollen. Eine sichere Diagnose ist nur durch bakteriologische Untersuchung möglich. Das

Wildbret von an P. erkrankten Tieren ist genussuntauglich und unschädlich zu entsorgen; ▸ Rauschbrand.

Parabellum, die, das: Ein Warenzeichen (Kunstwort). Der Name P. leitete sich ab aus der Kurzform des lateinischen Feldherrenspruchs »qui desiderat pacem praeparat bellum« (wer Frieden wünscht, bereitet der Krieg vor) bzw. »Si vis pacem, para bellum« (wenn du den Frieden willst, bereite den Krieg vor). P.-Pistole = Selbstladepistole.

parasitäre Krankheiten, die: ▸ Wildkrankheiten.

Parasiten, die (griech.: parasitos = Mitspeisender, Mitesser): Tierische (oder pflanzliche) Lebewesen, die ihre Nahrung anderen Lebewesen entnehmen, indem sie sich dauernd oder zeitweilig auf oder in einem anderen Organismus (▸ Wirtstier) aufhalten, ohne diesen sogleich wesentlich zu schädigen oder zu töten (sog. Schmarotzer). Man unterscheidet: a) Gelegenheits-P. (fakultative P.), z.B. verschiedene Fliegenmaden, die meist von sich zersetzender Substanz leben, aber z.B. auch vom Darm oder von Wunden aus in lebendes Gewebe eindringen können; b) obligate P., die so an das Wirtstier angepasst sind, dass sie ohne dieses nicht lebensfähig sind. Daneben wird noch nach Ekto-P., die auf der Körperoberfläche des Wirts, und nach Endo-P., die im Innern des Wirts leben, unterschieden. Andere P. wiederum benötigen zur vollständigen Entwicklung mehrere Wirte (Zwischenwirte). Der Befall mit P. kann für den Wirt bedeutungslos sein, er kann aber auch zur dauernden Schädigung lebenswichtiger Organe und schließlich zum Tod des Wirts führen. Die Erhaltung der ▸ Art wird, da meist hohe Verluste auftreten, durch eine ungemein hohe Eizahl ausgeglichen (z.B. beim Spulwurm). Daneben wird die Arterhaltung auch durch vegetativ sich vermehrende Larvenstadien (z.B. beim Hundebandwurm) oder durch Zwittrigkeit (z.B. bei Bandwürmern) gesichert; ▸ Wildkrankheiten.

Parasitismus, der (Schmarotzertum): Eine besondere Form der Ernährungsbeziehung zwischen zwei Lebewesen (Tiere oder Pflanzen), wobei der Schmarotzer (▸ Parasiten) auf oder in dem Wirt lebt und sich auf dessen Kosten ernährt; ▸ Wirtstier, ▸ Symbiose.

Paratyphose, die (Paratyphus): ▸ Salmonellose.

Pardelvogel, der: ▸ Regenpfeifer 2.

parforce (franz.: durch Kraft): Einen Hund p. dressieren heißt, ihn mit harten Mitteln abrichten; einen Hirsch p. jagen heißt, ihn mit den ▸ Hatzhunden so lange jagen, bis sie ihn gestellt haben und er abgefangen werden kann; ▸ Parforcejagd.

Parforcedressur, die: Die Abrichtung eines Jagdhundes mit Zwangsmitteln wie Korallenhalsband und Peitsche, im Ggs. zur spielenden Dressur. Wegen ihrer Härte ist die P. heute nicht mehr üblich und wird auch abgelehnt.

Parforce-Equipage, die: ▸ Jagdequipage.

Parforcehorn, das: Ein großes ▸ Jagdhorn mit nur zwei Windungen, das die ▸ Piqueure (diensttuenden Jäger) über den Schultern trugen und mit dem sie die Parforcesignale bliesen.

▸▸ Parforcehunde (kolorierter Stich aus dem 19. Jh.)

Parforcehund, der: Ein bei der ▸ Parforcejagd verwendeter und in der ▸ Meute jagender, wenig schnell, dafür um so ausdauernder laufender Hetz- und Packhund. O. von ▸ Riesenthal beschreibt in seinem »Jagd-Lexikon« (1882) den P. wie folgt: »Er ist etwa 50 bis 55 cm hoch, mit peinlich langem, hinten breitem Kopf, sehr starkem Gebiss in den zwei gleich langen Kiefern und langem, feinem, tief angesetztem Behang. Brust breit und vorstehend; Leib kurz, in den Flanken eingezogen, mit nach hinten etwas ansteigendem Rücken; Läufe mittelhoch; Rute mäßig lang, etwas aufwärts gekrümmt; kurzes, hartes Haar, meist weiß mit gelben oder braunen Flecken oder auch schwarz mit gebräunten Extremitäten und gelben Flecken über den Augen.«

Parforcejagd, die (französische Jagd): In Frankreich »Chasse à courre« genannt. Die Jagd zu Pferde hinter der laut jagenden Hundemeute (▸ Meute) auf ein einzelnes Stück Wild. In erster Linie wurde auf der P. ein Hirsch oder ein Stück Schwarzwild – seltener ein Stück Damwild oder ein Fuchs – gejagt. Erst spät, Mitte des 19. Jh., übte man die P. auch auf Hasen aus. Bekannt ist hier v.a. die P. des Grafen Scherr-Thoss in Lippspringe im Jahre 1852, die unter dem Protektorat des Herzogs von Nassau stattfand. Diese P. auf Hasen waren jedoch selten und kamen schnell wieder aus der Mode. Die letzte P. im alten Stil wurde in Deutschland 1811 vom Großherzog von Weimar und im Kaiserreich Österreich 1857 auf den Gütern des Grafen Trauttmansdorff bei Pardubitz abgehalten. Am preußischen Hof wurde die P. auf Sauen noch Ende des 19. Jh. ausgeübt. Anstelle der P. auf Hirsche und auf Sauen bürgerten sich zu Beginn des 19. Jh. mehr und mehr die in England beliebten P. auf Füchse (Fuchsjagden) ein, die daher stark unter englischem Einfluss standen. Gejagt wurde mit der Hundemeute auf einen festgemachten oder auf einen eigens hierfür im Käfig mitgeführten und im Gelände freigelassenen Fuchs. Am Ende der Jagd wurde die ▸ Lunte des Fuchses, manchmal auch dessen Kopf, vom Master (Jagdleitenden) einem besonderen Gast oder dem Reiter, der den gestellten Fuchs als Erster erreicht hatte, als Trophäe überreicht. In Anlehnung an die ▸ Parforceuniform gehört zur Fuchsjagd eine besondere Jagdkleidung, die aus einem roten Rock, einer weißen Krawatte, einer weißen Reithose sowie aus Stiefeln mit brauner Jagdstulpe und aus einer schwarzen Jagdkappe besteht.

Die P., bei der par force, d.h. mit Gewalt, gejagt wird, stammt ursprünglich aus dem Orient, war bereits den Galliern bekannt und wurde auch in germanischer Zeit und im Mittelalter ausgeübt. In Frankreich wurde sie von den Königen, besonders von Ludwig XIV., sehr geschätzt und war im 18. Jh. am weitesten verbreitet. Bei uns bürgerte sie sich von Frankreich aus an den Höfen ein. Die Gedanken der Aufklärung verhinderten jedoch, dass sie in Deutschland zur vollen Blüte kam. Die P., bei der nur ein einziges Stück Wild zur Strecke kam, stand in keinem Verhältnis zum hohen Aufwand und zum dabei angerichteten Flurschaden, der besonders bei der Jagd auf den ▸ Feisthirsch zur Erntezeit entstand. Für diese aufwendige Jagdart benötigte man einschließlich der Relais-Meute (▸ Relais) zwischen 50 und 100 ▸ Parforcehunde, welche die sog. Meute bildeten. Zu einer Parforceequipage oder ▸ Jagdequipage gehörten außerdem 60 bis 70 Pferde mit einem ganzen Tross von Jagdbediensteten, von denen drei oder vier ▸ Piqueure (Pikeure) nicht nur ▸ hirschgerechte Jäger, sondern auch tüchtige Reiter und gute Hornisten sein mussten. Ein Oberpiqueur (Erzpiqueur, Oberjäger) hatte die Aufsicht über das untere Jagdpersonal und war verantwortlich für die Ermittlung des Wildes und für die Aufstellung der Relais bei der Jagd. Eine P. auf den Hirsch lief im Wesentlichen wie folgt ab: Vor Beginn der eigentlichen Jagd wurde die ▸ Fährte des Hirsches, der gejagt werden sollte, bestätigt, verbrochen und sein ▸ Einstand umstellt. Einige ▸ Lancierhunde wurden daraufhin auf der verbrochenen Fährte angelegt und drückten den Hirsch so lange, bis er sich vom übrigen Wild, mit dem er zusammenstand, getrennt hatte. Erst dann wurde die herbeigeführte Meute von den Piqueuren auf die verbrochene Stelle gebracht und die Anjagdfanfare geblasen. Die Jäger folgten den mit tiefer Nase und laut jagenden Hunden und stellten, wenn nötig, Relais auf. Wurde der Hirsch gesehen, wurde jedesmal ▸ à la vue geblasen. Kam während des Jagens ein Teil der Meute auf eine falsche Fährte (was man ▸ Changieren nannte), so musste die Meute gestoppt werden, bis die falsch jagenden Hunde zurückgebracht worden waren. Das entsprechende französische Hornsignal hierzu hieß »Change là«. Wenn der stundenlang gehetzte Hirsch ermüdet war, stellte er sich entweder im Wasser (Wasserhalali) oder zu Land (Landhalali). Die Jäger sammelten sich und bliesen den Fürstenruf, bis der oberste Jagdherr herankam. Dem gestellten und ermüdeten Hirsch wurden dann mit dem Hirschfänger die ▸ Hächsen der Hinterläufe durchgeschlagen, damit er die Hunde nicht ▸ forkeln und der Jagdherr oder der Ehrengast ihn mit einem Stich mit dem Hirschfänger hinter dem linken Blatt abfangen konnte. Beim Wasserhalali wurde der Hirsch durch einen Kugelschuss auf den Kopf erlegt. Während des Abfangens zog die Jägerschaft den rechten Handschuh aus, rief Halali und lüftete den Hirschfänger. Hierzu wurde die betreffende Fanfare geblasen. Der abgefangene Hirsch wurde sofort zerwirkt; es wurde ▸ Curée gemacht. Der ▸ Ehrenlauf wurde dem Jagdherrn oder dem höchsten Ehrengast überreicht, die übrigen Läufe wurden den Jagdgästen gegeben, denen eine besondere Ehre erwiesen werden sollte. Die Läufe wurden am Griff des Hirschfängers getragen. Die ▸ Decke des erlegten Hirsches wurde unter einen Pferdesattel gelegt und das Haupt mit dem ▸ Geweih von dem auf dem Pferd sitzenden Piqueur gehalten. Dieser ritt auch an der Spitze der heimwärts ziehenden Jagdgesellschaft, die unter den schmetternden Hornfanfaren »Gute Jagd« folgte. Bei einer Fehljagd wurde möglichst still und ohne Aufsehen der Rückweg angetreten. Bei der P. auf Sauen, die auch in der Nähe der Hauptstädte abgehalten wurde, wurden vorher Keiler eingefangen, im ▸ Saugarten gehalten und vor Beginn der Jagd aus diesem herausgelassen. Auf der verbrochenen Fährte wurde dann die Meute angelegt. Um zu verhindern, dass viele Hunde vom Keiler geschlagen wurden, sägte man diesem die ▸ Gewehre ab. Stellte sich der Keiler vor den Hund, wurde er von dem zuerst herankommenden Jäger durch Aufheben der Hinterläufe ausgehoben, bis der Jagdherr herankam und den Keiler mit dem Hirschfänger abfing.

In Deutschland ist die ▸ Hetzjagd hinter lebendem Wild verboten (BJG § 19 Abs. 1 Nr. 13) und findet nur noch als Reitsport auf der künstlichen ▸ Schweißfährte statt.

Parforcejagdpferd, das: ▸ Parforcepferd.

Parforcejagd-Signale, die: ▸ Parforcesignale.

Parforcemeute, die: Die zur ▸ Parforcejagd gehörenden Hunde; ▸ Meute, ▸ Parforcehund.

Parforcepeitsche, die: Eine Peitsche, die von den die ▸ Meute führenden Piqueuren benutzt wurde. Sie bestand aus einem etwa 0,5 m langen Stiel und der 3 bis 4 m langen, rundgeflochtenen ledernen Peitsche, an deren Ende ein seidener sog. Schlag oder Schmitz angebracht war, um den Knall zu verstärken.

Parforcepferd, das: Auch Parforcejagdpferd, Campagnepferd. Das bei der früheren ▸ Parforcejagd verwendete Pferd. Es musste keiner besonderen Rasse bzw. Zucht angehören, sondern nur ausdauernd und schnell sein. Es durfte nicht wasserscheu sein, musste jedoch geschickt im Springen und im Durchlaufen eines Grabens sein.

Parforcesignale, die: Auch Parforcejagd-Signale. Hornsignale, die bei der ▸ Parforcejagden geblasen wurden; ▸ Jagdsignale.

Parforceuniform, die (Parforcetracht): Da die ▸ Parforcejagd ein Privileg der Herrschenden und meist eine groß angelegte höfische Jagd war, legten die Fürsten auch besonderen Wert auf Äußerlichkeiten. Deshalb statteten sie das Jagdpersonal nach ihrem Geschmack und in ihren Lieblingsfarben mit prächtiger Kleidung aus, um der Jagd einen glanzvollen Rahmen zu verleihen. An einigen Fürstenhöfen wurden zu diesem Zweck spezielle P. eingeführt, und auch das Jagdpersonal wurde je nach Rang und Funktion einheitlich gekleidet. Beispielhaft sollen hier einige P. kurz beschrieben werden: Bei der Hessisch-Darmstädtischen Parforcejagd bestand die Jagduniform, die jeder Mitreitende tragen musste, aus einem scharlachroten Kollett mit grünen Samtaufschlägen und Samtkragen, beide mit goldenen Tressen besetzt; dazu gehörten lederne Beinkleider, steife Stiefel, ein Tressenhut mit kurzem weißem Federbusch und grüner Kokarde sowie ein Hirschfänger an goldener Koppel. Die sächsische Hofgesellschaft jagte dem Hirschen in gelber und blauer Uniform – die Damen im Männeranzug – auf den Heiden um Großenhain nach. Die ▸ Wittelsbacher trugen die Farben Hellblau und Weiß mit Silberstickerei, in den kurkölnischen Revieren auch zur ▸ Reiherbeize. An einigen Höfen bestand die P. bei den ▸ Piqueuren aus einem grünen,

Parforcemeute nach historischem Vorbild

◂◂ Unbekannter flämischer Meister: »Hirschhatz«, 18. Jh. München, Deutsches Jagd- und Fischereimuseum

▸▸ »Reiherbeize auf Passage«, Kupferstich, vermutlich von Johann Elias Ridinger

eng anliegenden Kollett mit gelbem oder rotem Kragen und Aufschlägen, aus ledernen Beinkleidern, Stulpenstiefeln und einer schwarzen oder grünen runden Mütze mit Schirm. Die Parforcejäger oder Parforcereiter, gewöhnlich die Herren genannt, trugen einen scharlachroten Frack und waren im Übrigen wie die Piqueure gekleidet. Die rote Farbe ist keineswegs nur zufällige Geschmackssache, sondern wurde deshalb gewählt, weil sie am weitesten erkennbar ist und sich die Reiter als zusammengehörig besser zusammenfinden können. V.a. im Holz sticht die rote Farbe sehr hervor. Selbstverständlich war auch diese Standarduniform gewissen modischen Änderungen und Ergänzungen unterworfen. Die Parforcejäger trugen hierzu einen Hirschfänger; die ▸ Parforcepeitsche hingegen war nur für die Piqueure notwendig.

Parierstange, die: Der Querbalken an Hieb- und Stichwaffen (z.B. an Hirschfänger und an Saufeder), der den Griff (▸ Gefäß) vom Blatt (Klinge) trennt; ▸ Blanke Waffen.

Pärkätel, der: ▸ Lappentaucher 2.

Parkmeister, der: Bez. für den Leiter eines ▸ Wildgeheges bzw. eines Wildparks.

Pärson, Johann Wilhelm von: ▸ Jagdliteratur.

Parson (Jack) Russell Terrier, der: ▸ Erdhunde.

Parteien, die: Bez. für die Jägerabteilungen am kaiserlichen Hof zu Wien: z.B. Rüderpartei (die mit der Zucht und der Pflege der Jagdhunde beauftragten Jäger), Reiherpartei (die Jäger, die sich mit der ▸ Reiherbeize befassten) oder Plachenpartei (die für die ▸ Plachen zuständigen Jäger).

Parunkeneule, die: ▸ Eulen 3.

Parvovirose: Bei Hunden: ▸ Infektionskrankheit, volkstümlich auch Katzenseuche genannt. Die Verursacher dieser Krankheit sind Parvoviren. Diese hat man bei Rindern, Pferden, Schweinen, Ratten, Mäusen, Gänsen, Katzen (Verursacher der Panleukopenie der Katze, der sog. Katzenseuche) und bei Hunden festgestellt. Diese Viren sind miteinander verwandt; sie sind jedoch artspezifisch. Eine Parvovireninfektion ist für den Hund lebensgefährlich. Bereits der Kontakt mit virushaltigem Kot genügt zur Infektion. Die Inkubationszeit beträgt drei bis sieben Tage. Die P. des Hundes tritt in zwei Formen auf. Die Myokarditisform (Herzmuskelentzündung) der P. befällt besonders Welpen von der zweiten bis zur zwölften Lebenswoche. War die Hündin geimpft, haben die Welpen etwa bis zur achten Woche noch die von der Mutter mitbekommenen Antikörper und sind daher in den ersten sechs Lebenswochen durch die Myokarditisform (nicht aber durch die Enteritisform) weniger gefährdet als Welpen einer ungeimpften Hündin. Meist erkranken ganze Würfe. Die Hunde haben eine Temperatur von 40 bis 41 °C rektal, winseln und zeigen nach kurzer Zeit blaue Schleimhäute. Der Herzschlag wird schnell, es kommt zum Lungenödem, und der Hund ist nach wenigen Stunden tot. Die Enteritisform (Darmentzündung) tritt bei Hunden ab der siebten Woche und bei älteren Hunden auf. Diese P.-Infektion spielt sich im Magen-

Darm-Trakt und im blutbildenden System ab. Es kommt dabei zur Veränderung des Blutbildes. Typisches Symptom ist nachlassende Lebhaftigkeit; der Hund verkriecht sich, hat über 39 °C Temperatur, und es kommt plötzlich zu fast unstillbarem Erbrechen. Erst wird Mageninhalt erbrochen, dann gallertartige Masse und Darminhalt. Zusätzlich kommt es häufig noch zu Durchfällen, die erst aus dünnflüssigem Darminhalt, dann aus Schleim und zuletzt nur noch aus Wasser und Blut bestehen. Auffallend daran ist der üble, stechende, etwas süßliche Geruch. Es kommt zu einer rapiden Austrocknung des Körpers (Exsikkose), zu Schockzuständen, zu einem rapiden Absinken der Zahl weißer Blutkörperchen, und der Tod tritt – wenn keine Behandlung erfolgt – nach zwölf bis 70 Stunden ein. Ein echter Schutz vor beiden Formen dieser Infektionskrankheit ist eine vorbeugende Schutzimpfung.

Parzellenjagdsystem, das: ▸ Jagdsysteme.

Pass, der: Ein Pfad, auf dem das zum ▸ Niederwild gehörende ▸ Haarwild (außer Rehwild) regelmäßig entlangzieht; z.B. Fuchs-P., Dachs-P., Hasen-P., Marder-P. usw. Pässe sind bei manchen Jagdarten wie z.B. ▸ Ansitz, ▸ Drückjagd und ▸ Brackenjagd von Bedeutung, weil der kundige Jäger sich dort ansitzt oder anstellt und das Wild am P. erwartet. Zwangspässe (natürliche oder künstliche) sind für die ▸ Fallenjagd äußerst günstige Fangplätze; ▸ Wechsel, ▸ Riegel.

Passage, die: Die Beize auf P. ist die edelste Art, einen Reiher zu beizen. Als P. bezeichnet der Falkner den Weg, den horstende oder brütende Reiher vom Horst bis zu den manchmal weit entfernt liegenden Atzungsplätzen und Fischgründen in mehr oder weniger großer Flughöhe zurücklegen. Früher wurden nur die schweren Reiher gebeizt, also jene Reiher, die mit vollem Kropf zurück zum Reiherstand (Horst) strichen. Bei dieser Art der Beize kam es jedoch häufig vor, dass der vom ▸ Falken angegriffene schwere Reiher seinen Kropfinhalt ausspie, um ohne Ballast möglichst schnell entfliehen zu können. Gelegentlich ließ sich ein Falke von diesem ausgespienen Kropfinhalt, auf den er sich in seiner Gier stürzte, ablenken. Die früheren Falkner bezeichneten einen solchen Falken als unedel.

Passagefalke, der (Passagier, Zugfalke): Ein Falkenwildfang im ▸ Jugendkleid. Seinen Namen hat er erhalten, weil er meist im Herbst auf dem Durchzug (der Passage) gefangen wurde; ▸ Sorfalke.

Passagier, der: ▸ Passagefalke.

Passe, die: Veraltete und seltene Bez. für den ▸ Ansitz oder den Anstand auf Hasen und auf ▸ Raubwild; z.B. Fuchspassen.

passen: svw. abpassen, aufpassen; an einem ▸ Pass ansitzen und auf ▸ Raubwild und

▸ Raubzeug p.; z.B. Fuchspassen; auch: auf Wilderer p.

Passgang, der: Gangart einiger Wildarten und der Hunde, bei der Vorderlauf und Hinterlauf derselben Körperseite gleichsinnig bewegt werden. Bei entgegengesetztem Bewegungsablauf spricht man von einem Kreuzgang.

Passkugel, die: Eine Büchsenkugel (Rundkugel), die genau dem Kaliber des Gewehres entspricht, aus dem sie verschossen werden soll; im Ggs. zur ▸ Laufkugel.

Passstange, die: ▸ Abwurfstange.

Pasteurellose, die (hämorrhagische Septikämie): Eine ▸ Infektionskrankheit, die durch ein stäbchenförmiges Bakterium (*Pasteurella multocida*) hervorgerufen wird. Dieses ist in allen Organen und im Blut zu finden. Die P. tritt v.a. im Winter und im Frühjahr auf, wenn die Tiere durch äußere Einflüsse (Kälte, Äsungsmangel, Nässe) und Parasitenbefall geschwächt sind. Bessern sich die Lebensbedingungen wieder (Trockenheit, ausreichende Äsung), kommt die Seuche zum Stillstand, da die Bakterien bei Trockenheit und Sonnenlicht schnell absterben. Im 19. Jh. zählte die P. zu den verheerenden Seuchen der Haustiere und des Wildes. Das ist jetzt nicht mehr der Fall, obwohl die Seuche noch manchmal aufflackert. Bei Feldhasen, Wildkaninchen und Hauskaninchen wird die P. als Hasenseuche, bei Hausgeflügel aller Art (außer Tauben) sowie bei Rebhühnern, Fasanen und Wildenten als Geflügelcholera bezeichnet. Die Erkrankung führt durch Blutvergiftung (hämorrhagische Septikämie) nach kurzer oder längerer Krankheit zum Tod des Tieres. Die Infektion erfolgt durch direkte Berührung oder durch Aufnahme der Bakterien mit der Äsung. Sie gelangen über die Verdauungswege oder die Atmungswege in den Körper. Beim akuten Verlauf der Krankheit findet man bei der Sektion eine leicht vergrößerte Milz und feinste Blutungen an den inneren Organen. Bei subakutem Verlauf hingegen zeigen sich bei der Sektion eine Brustfell-, Lungen- und Herzbeutelentzündung sowie eine Verklebung dieser Teile, eine vergrößerte, schwarzrot-breiige Milz, eine trübe Leber, meist auch eine wässrig-schleimige Magen-Darm-Entzündung. Kranke Stücke fallen durch Schwäche, langsame Bewegungen, Abmagerung, Durchfall und besonders durch einen blutigen, eitrigen Ausfluss aus der Nase auf. Der sichere Nachweis einer P.-Erkrankung ist aber nur durch bakteriologische Untersuchung möglich.
Bekämpfung: Reduzierung eines überhöhten Hasenbesatzes. Abschuss aller erkrankten Tiere. Unschädliche Beseitigung der erlegten Tiere und des ▸ Fallwildes. Das Wildbret ist genussuntauglich.

Patcheres, der: Siebenbürgisch-sächsischer Ausdruck für den Nusshäher (Eichelhäher); ▸ Rabenvögel 9.

Patelle, die: Das Trittholz beim Sprenkel (▸ Dohnen).

Patenforst, der: Bez. für ein Forstrevier in der Nähe des Heimatortes einer Horte oder eines Horstes der Deutschen Waldjugend der ▸ Schutzgemeinschaft Deutscher Wald, für das sich deren Mitglieder in besonderem Maße verantwortlich fühlen. Durch Beobachtungen, Pflanzungen und Pflegemaßnahmen über einen längeren Zeitraum wird hier die Möglichkeit zum Verständnis für die Zusammenhänge der Natur geschaffen. An erster Stelle steht dabei das Kennenlernen von Flora und Fauna.

Patentjagd, die (Lizenzjagd, Lizenzsystem): Im Ggs. zum Reviersystem (▸ Jagdsysteme) ist bei der P. das Jagdrecht nicht an Grund und Boden gebunden, wie es z.B. das BJG in §3 vorschreibt. Die P. kann durch den Erwerb einer Lizenz überall oder auf bestimmten, meist vom Staat als Inhaber des ▸ Jagdrechts zugewiesenen Gebieten nach Maßgabe ausgeübt werden. Sie ist in den meisten Staaten der Welt die übliche Form. Leider hat sie in weiten Teilen der Welt viele Wildtiere an den Rand der Ausrottung gebracht (z.B. in den südeuropäischen Staaten). Bewährt hat sie sich nur dort, wo sie mit erheblichen Personal- und Mittelaufwendungen verwaltet wird, wie z.B. in 16 Kantonen der Schweiz, in den USA und in Kanada.
Besonderheiten der P. in der Schweiz: Von den 26 Kantonen und Halbkantonen haben sich vor alters 16 Kantone für die P. entschieden: Uri, Schwyz, Obwalden und Nidwalden, Glarus, Zug, Freiburg, Appenzell, Außerrhoden und Innerrhoden, Graubünden (hier verfügt das Volk seit über 475 Jahren über das Jagdrecht, festgeschrieben in den Ilanzer Artikeln von 1526), Tessin, Waadt, Wallis, Neuenburg und Jura; das sind im Wesentlichen die Alpenkantone und die französischsprachige Schweiz. Bei diesem Jagdsystem ist jedermann, der die entsprechende Jägerprüfung bestanden, einen tadellosen Leumund und die Patentgebühr entrichtet hat, auf dem ganzen Kantonsgebiet jagdberechtigt. Allerdings ist zum einen das jagdbare Gebiet durch eidgenössische und kantonale ▸ Jagdbanngebiete eingeschränkt, zum anderen wird genau umschrieben, was jeder Jäger erlegen darf: nach Art, Alter und Geschlecht, evtl. noch in welcher Reihenfolge. Zudem ist die Jagdzeit auf wenige Wochen im Herbst beschränkt. Das erlegte Wild dürfen die Jäger selbst verwerten. Die P. wird in der Schweiz von rd. 22 000 Jägern (der etwa 32 000 Jäger insgesamt) auf ca. drei Vierteln des schweizerischen Hoheitsgebietes ausgeübt. Die Jagdaufsicht wird zumeist durch eine Anzahl hauptamtlicher Wildhüter (Berufsjäger) ausgeübt, die vom entsprechenden Kanton angestellt und bezahlt werden. Vielfach werden sie durch freiwillige Jagdaufseher, d.h. durch Jäger mit besonderen jagdpolizeilichen Funktionen, unterstützt. Die Hege wird durch die in allen Kantonen straff organisierte Jägerschaft in Zusammenarbeit mit der Jagdaufsicht organisiert, finanziert und bewältigt. Die Mittel hierfür werden von der Jägerschaft in Form eines Wildschadenszuschlages zur Patentgebühr aufgebracht. Die Bestandsermittlung des Wildes erfolgt durch die hauptamtlichen Wildhüter in Zusammenarbeit mit der Jägerschaft. Sie bildet die Grundlage der Abschusspläne für das Schalenwild. Die Organe der Patentjäger sind: »Schweizer Jäger«, »Diana« und »Il cacciatore ticinese«.
Das BJG lässt in §44 (»Sonderregelungen«) eine gewisse Lizenzjagd zu. Die zuständigen Landesregierungen sind ermächtigt, durch Rechtsverordnung im Benehmen mit dem Bundesminister die Ausübung des Jagdrechts auf der Insel Helgoland und die Jagd auf Wasservögel auf dem Untersee und dem Rhein bei Konstanz abweichend von den Vorschriften des BJG zu regeln.

Patentschnäpper, der: Bei Kipplaufwaffen eine Vorderschaftbefestigung mit federnder Klappe, die fast ausschließlich an deutschen und an österreichischen Jagdgewehren Verwendung findet.

Pathe, Moritz (1893 Berlin bis 1956 Essen): Tiermaler, Buchillustrator und Schriftsteller. Er schrieb und illustrierte u.a. folgende Bücher: »Die Suche nach dem Fabeltier. Abenteuerliche Afrikafahrten eines Jägers und Tiermalers« (1940), »Mit Büchse und Palette im westafrikanischen Urwald« (1944), »Auf Tierfang in Afrika« (1951), »Strongly der Panther. Ein Tierroman aus Westafrika« (1952). Daneben illustrierte er »Flug ins Schimpansenland. Reise durch ein Stück Afrika von heute« (1952) von Dr. Bernhard Grzimek und viele Bücher, insbesondere Jugendbücher (Försterhausreihe) von Erich ▸ Kloss.

Patrone, die: Eine aus verschiedenen Elementen (Hülse, Pulver, Zündhütchen, Geschoss oder Schrote mit Zwischenmittel) gefertigte schussfertige Einheit. Generell wird unterschieden zwischen ▸ Randfeuerpatronen und ▸ Zentralfeuerpatronen. ▸ Munition, ▸ Büchsenpatronen, ▸ Schrotpatronen und ▸ Kurzwaffenmunition.

Patronenauswerfer, der (Ejektor), Patronenauszieher ▸ Ausziehmechanismus.

Patronenetui, das: Eine kleine, aus geschmeidigem Leder, Filz oder Stoff bestehende Tasche mit Schlaufe, die zum Tragen am Gürtel, am Handgelenk oder an der Waffe bestimmt ist. P. gibt es für Schrotpatronen, für Büchsenpatronen oder als kombinierte Etuis (z.B. für drei Kugelpatronen, zwei Schrotpatronen und fünf kleinkalibrige Patronen). Für Patronen .22 lfB oder .22 Magnum gibt es Armbandetuis, die wie eine Armbanduhr am Handgelenk getragen werden.

Patronenetui für vier Kugelpatronen und eine Schrotpatrone

Verschiedene Patronenetuis, rechts oben ein Schaftpatronenetui

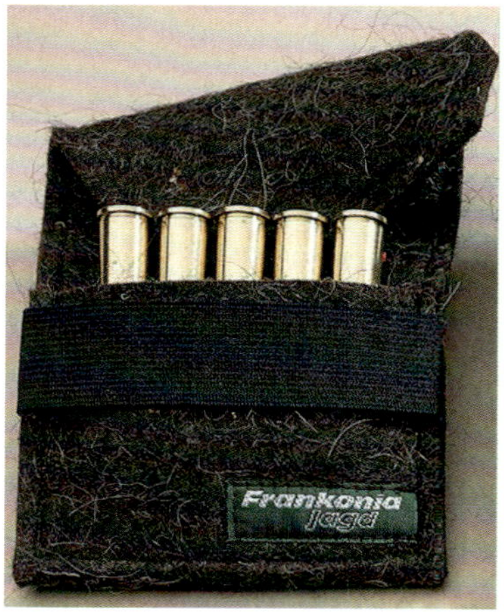

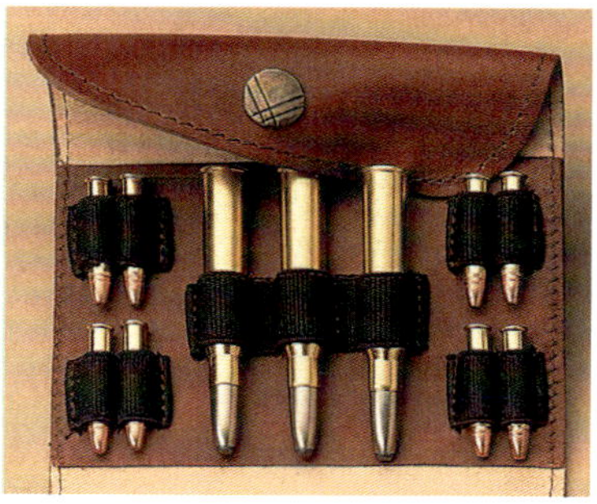

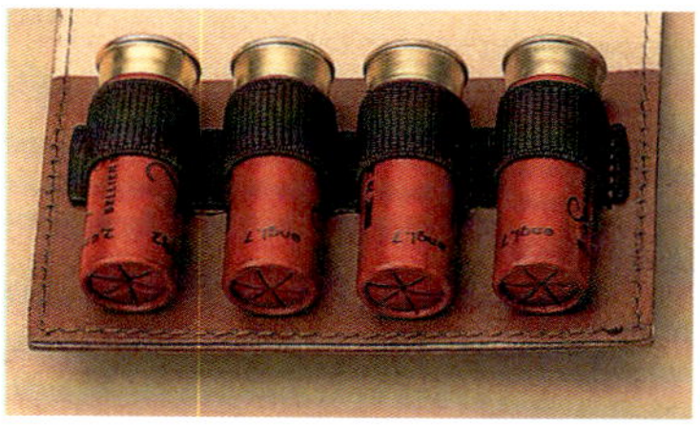

Patronengürtel, der: Ein um die Hüfte gebundener Gürtel aus geschmeidigem Leder, der auf einer ▸ Treibjagd gute Dienste leistet. Er enthält 20 oder 25 Patronen, die entweder in geschlossenen oder in offenen Patronenschlaufen stecken.

Patronenhülse, die: ▸ Büchsenpatrone und ▸ Schrotpatrone, ▸ Randfeuerpatrone, ▸ Zentralfeuerpatrone und ▸ Kurzwaffenmunition.

Patronenlager, das (Laderaum): Der hintere Teil der Laufbohrung, der bei allen Feuerwaffen (Ausnahme: Revolver) die Aufgabe hat, die ▸ Patronen aufzunehmen und sie fest zu umschließen. Seine Abmessungen dürfen die in den Messtafeln zur WaffV zum WaffG aufgeführten Mindestmaße nicht unterschreiten. Im Bereich des P. und kurz davor ist der Gasdruck am höchsten.

Patronenzieher, der: ▸ Ausziehmechanismus.

Pausinger, Franz von (1839 Salzburg bis 1915 Salzburg): Jagd- und Tiermaler; fertigte hervorragende Kohlezeichnungen, z.B. »Erlegter Hirsch mit zwei Jägern«, »Hirschrudel im Hochgebirge« (1889), »27 Gams« (1871) und das Gemälde »Heimkehr von der Jagd« (»Der erste Hirsch«, nach 1867).

Pech, das: **1**) Die breiigen Exkremente des Auerwildes; ▸ Raufußhühner 1, ▸ Balzpech. **2**) svw. Baumharz; ▸ Pechbock.

Pechbock, der: Ein Gamsbock (alter Einzelgänger), der meist in den Latschen steht (Latschenbock) und dessen ▸ Krucke daher viel Pech (Harz von den Latschen) angelegt hat; ▸ Gamswild.

Pechkrucke, die: ▸ Krucke mit starkem Pechbelag; ▸ Pechbock.

Pecker, der: Mundartliche Bez. für den Schnabel des Federwildes, insbesondere beim Auerwild; ▸ Brocker.

Pedersoli Davide: In ▸ Gardone Val Trompia (Italien) ansässiger Hersteller von Vorderladern und Zubehör.

Pedigree, der: Der Abstammungsnachweis eines reinrassigen Hundes; ▸ Abstammung.

Peinter, der: Die Peintingerbracke; ▸ Bracken.

Peintingerbracke, die: ▸ Bracken.

Peitschenwürmer, die: ▸ Magen- und Darmwürmer.

peizen: svw. ▸ puitzen.

Pelikan, schwarzer, der: ▸ Kormorane 1.

Pelz, der: Das Wort ist in der ▸ Waidmannssprache nicht gebräuchlich; waidgerecht ist je nach Wildart die Bez. ▸ Balg, ▸ Decke, ▸ Haut oder ▸ Schwarte.

Pelzmärtel, der: ▸ Marder 2.

Pelztierjagd, die: Eine besondere Form der Wildtiernutzung, bei der die Gewinnung des Balges (des Fells) wild lebender Tiere zu Modezwecken im Vordergrund steht. Die P. wird von Natur- und Tierschutz abgelehnt; ▸ Artenschutz, ▸ Bundeswildschutzverordnung.

Pendelstange, die: ▸ Rehwild (Hauptschmuck).

Penelope, die: ▸ Wildenten 4.

Penisknochen, der: Die lang gestreckte innere Verknöcherung im Penis vieler Säugetiere (Nagetiere, Raubtiere, Hundeartige, Robben). Der P. von Wolf, Dachs, Waschbär und Fuchs wird selten, der vom Bären jedoch fast immer als Jagdtrophäe genommen. Die Methode der Präparation ist sehr einfach: Die Rute des männlichen Stückes wird ca. 15 Minuten lang gekocht und von Fleisch- und Knorpelresten befreit. Größe und Form des Knochens dienen auch zur ▸ Altersbestimmung. In Frankreich wird der P. von Fuchs, Dachs und Marder im Portemonnaie oder an der Krawatte getragen. Beim alten Fuchsrüden ist er bis 6,6 cm und beim alten Dachsrüden bis 8 cm lang.

Pennen, die (Pannen; lat.: penna = Feder, Flügel): P. werden von den Falknern die zwölf Großfedern des ▸ Stoßes (Staart-P.) und die zehn großen Schwungfedern der Flügel (Schwung-P.) der ▸ Beizvögel genannt, wobei die erste äußere Schwungpenne als Säule oder als Schmalfeder, die zweite und die dritte bei den Falken als Lange Penn bzw. als Vorlange Penn bezeichnet werden; die weiteren Schwungfedern heißen vierte, fünfte usw. bis zehnte Schwungpenne. Das ▸ Federkleid der Beizvögel hat in der ▸ Falknersprache spezielle Bez.; ▸ Greifvögel, ▸ Vogelflügel, ▸ Mesken.

percez!: Früher bei der ▸ Parforcejagd ein Zuruf an die Hunde, wenn diese an ein Dickicht kamen und es durchdringen sollten.

perdu apporte! (franz.: such verloren!): Früher ein Zuruf an den Hühnerhund, wenn er ein zu Holz oder zu Feld geschossenes Huhn suchen sollte.

Perfall, Anton, Frhr. von (11.12.1853 Landsberg a. Lech bis 3.11.1912 Schliersee): P. wurde bekannt durch seine Novellen und sozialpolitischen Romane sowie Dramen. Daneben war P. auch Jagdschriftsteller. Er schrieb u.a. »Ein Waidmannsjahr« (1896), »Aus meinem Jägerleben« (1906) und »Jagdplauderei« (1912).

Pergamentgeweih, das (Pergamentgehörn): ▸ Ledergehörn, ▸ Rehwild (Hauptschmuck).

Perkmeister, der: ▸ Pirgmeister.

Perkussionsgewehr, das: Gewehr mit ▸ Perkussionsschloss.

Perkussionsschloss, das: Im Jahre 1807 wurde das erste P. konstruiert. Es ist eine Zündvorrichtung, die ohne Flintstein und Pulverpfanne funktioniert. Der Hahn schlägt auf ein durchbohrtes Zündstöckel (▸ Piston), auf

Schrotpatronengürtel, der obere mit zusätzlicher Tasche für Kugelpatronen

dem das Zündhütchen sitzt. Durch diese Bohrung geht der Explosionsstrahl (Zündstrahl) in die Pulverladung, die von vorn in den Lauf eingeführt wird (▸ Vorderlader). Im Ggs. zum ▸ Steinschloss ist das P. weitaus zuverlässiger und unempfindlicher gegen Wind und Wetter. Die Waffen mit P. waren nicht billig. So blieb das neue System zunächst auf ▸ Jagdwaffen beschränkt. Perkussionsgewehre für die Jagd wurden in Deutschland noch lange nach der Erfindung brauchbarer Hinterlader hergestellt. In Österreich, Frankreich und Belgien reichte diese Tradition bis in die ersten Jahrzehnte des 20. Jh.

Perlen, die: **1**) Die oft kleinen, kornförmigen, häufig blank polierten Erhebungen an den Gehörnstangen und den Geweihstangen. Bei Damgeweihen und bei Elchgeweihen sind sie selten vorhanden. Man sagt: »Ein Geweih ist gut geperlt oder beperlt« oder »Die Perlung des Gehörns ist gering« bzw. »Es ist schlecht beperlt«. Bei Rehbockgehörnen können die P. so stark ausgebildet sein, dass sie wie ▸ Enden wirken. **2**) Selten gebräuchliche Bez. für Auerhahnsteine; ▸ Magensteine.

Perleule, die: ▸ Eulen 10.

Perlstar, der: ▸ Star.

Perlung, die: ▸ Perlen 1).

Permigration, die: ▸ Migration.

Pernau, Ferdinand Adam Frhr. von (1660 bis 1731): Er schrieb: »Gründliche Anweisung alle Arten von Vögeln zu fangen, einzustellen, abzurichten, zahm zu machen, ihre Eigenschaften zu erkennen, Pastarden zu erziehen …« (1754). Die Anmerkungen über »Hervieur von Canarien Vögeln« stammen von Joseph Mitelli. Das Werk ist eine berühmte Schrift über den Vogelfang und die Vogelzucht des 18. Jh., die als die umfassendste ihrer Art gilt; ▸ Jagdliteratur.

Perkussionsgewehre: oben: um 1840, Regensburg, mit Beschlägen in ornamentalem Eisenschnitt auf Goldgrund unten: um 1860, München, mit ornamentalen Beschlägen und Schaftverschneidung

Perpelitza, die: ▸ Feldhühner 2.

Perserklee, der: ▸ Klee, ▸ Wildäsungspflanzen.

Persistenten, die: ▸ K-Strategen.

Personenfeststellungsrecht, das: Das Recht des ▸ Jagdschutzberechtigten, in seinem Jagdbezirk bei unbekannten Personen die genauen Personalien (Name, Wohnort, Staatsangehörigkeit, Beruf etc.) zu verlangen. Anstelle eines Ausweises ist dafür i.d.R. auch der Führerschein ausreichend.

Perücke, die: ▸ Rehwild (Hauptschmuck), ▸ Rotwild (Hauptschmuck).

Perückenbock, der: ▸ Rehwild (Hauptschmuck).

Perückeneule, die: ▸ Eulen 10.

Perückengehörn, das: ▸ Rehwild (Hauptschmuck).

Perückengeweih, das: ▸ Rotwild (Hauptschmuck).

Perückenhirsch, der: ▸ Rotwild (Hauptschmuck).

Peschek (Pescheck), Christian August (29.12.1760 Eibau bei Zittau/Sachsen bis 29.9.1833 Dresden): Arzt und Schriftsteller, nahm 1795 bis 1798 als Feldarzt an den sächsischen Feldzügen im Rhein-Main-Gebiet teil und war 1802 bis 1825 Stadtphysikus in Eibau. Von ihm stammt »Das Jägermädchen« (1782).

Pestizide, die: Sammelbezeichnung für alle chemischen Schädlingsbekämpfungsmittel (Pflanzenschutzmittel) zur Vernichtung pflanzlicher und tierischer Schädlinge; ▸ Pflanzenschutz.

Petrunculus, der: Bez. für die ▸ Steinbracke der Burgunder.

Petschaft, das (Siegel): Die Abwurffläche (Bruchstelle) an der ▸ Abwurfstange.

Petz, der: Meister Petz; Scherzname für den ▸ Braunbären.

Petze, die (Betze, Bätze): Bez. für den weiblichen ▸ Fuchs; ▸ Fähe.

Pfaffenhütchen, das (*Euonymus europaea*, L.): Auch Gemeiner Spindelstrauch oder -baum, Pfaffenkäppchen. Der 2 bis 6 m hohe Strauch oder kleine Baum wächst auf nährstoffreichen und gut durchfeuchteten Böden (z.B. in Auwäldern und an Bachufern) sowie in Gebüschen, an Felsen und auf Weiden. Forstwirtschaftlich ohne Bedeutung, jedoch wegen seines schönen roten (giftigen) Früchtebehangs und der sich im Herbst scharlachrot bis violett verfärbenden Blätter als dekoratives Ziergehölz oft an Waldrändern, aber auch zur Dünen- und Böschungsbefestigung angebaut. Gut geeignet als Deckungsgehölz zur Anlage von ▸ Remisen. Das Holz wurde früher zu Spindeln verarbeitet. Die aus dem P. gewonnene Holzkohle dient als Zeichenkohle. Das P. besitzt ein außerordentliches Ausschlagvermögen und wird gerne vom Rehwild verbissen. Da an den Knospen die Eier der Schwarzen Bohnenlaus überwintern, wird das P. von den Landwirten ungern in der Nähe von Feldern gesehen.

Pfaffenjagd, die: ▸ stille Jagd.

Pfahleisen, das: ▸ Fallen 15.

Pfahllecke, die: ▸ Salzlecke.

Pfahl machen: Beim ▸ Wiesel: beim Sichern ein ▸ Männchen (Pfahl) machen.

Pfahlstellung, die: bei der Rohrdommel; wenn sie bei Gefahr den Schnabel senkrecht nach oben richtet, nimmt sie die P. ein; ▸ Schutzanpassung.

Pfahlsulze, die: ▸ Salzlecke.

Pfalz, die: Veraltete und seltene Schreibweise für die ▸ Balz.

Pfanndeckel, der: ▸ Pfanne 3).

◂◂◂ Rehbockgehörn mit außergewöhnlich reicher Perlung aus Traunstein/Oberbayern. München, Deutsches Jagd- und Fischereimuseum

Früchte des Pfaffenhütchens (Spindelstrauch)

Pfanne, die: **1**) Eine Mulde im Sand, in der ▸ Waldhühner gehudert haben; auch Badel genannt. **2**) Die halbkugelförmige Höhlung im Beckenknochen des ▸ Schalenwildes, in der sich die Kugel des Schenkelknochens (Hinterläufe) dreht. Beim ▸ Zerwirken löst man die Keule aus der P. **3**) Bei alten Steinschlossgewehren der äußere Teil des Schlosses, auf den das Zündpulver geschüttet wurde. Die P. wurde durch den Pfanndeckel verschlossen. **4**) Beim ▸ Schnepper das Lederstück inmitten der Sehne, das die Kugel als Geschoss aufnimmt.

Pfann(en)steine, die: Die aus den Rückständen der Salzsiederei gewonnenen Salzlecksteine für ▸ Salzlecken.

Pfeife, die: **1**) Das Pfeifchen (Lock-P.) für die ▸ Lockjagd auf Haselwild. **2**) Das Röhrchen am Schwanenhals (▸ Fallen), durch das der Abzugsfaden läuft. **3**) Das Metallröhrchen am Lauf des ▸ Vorderladers, das zur Aufnahme des Ladestockes dient. **4**) Der Kanal bei den ▸ Vogelkojen. **5**) Die P. zur Hundeführung (Abrichtungsmittel).

pfeifen: **1**) Der Warnlaut des Gamswildes, des Steinwildes und des Muffelwildes sowie des Murmeltieres und des Otters. Er entsteht durch starkes Ausstoßen der Luft, beim Murmeltier durch schnell hintereinanderfolgende helle Schreie. **2**) Seltener gebräuchlich für das ▸ Spissen des Haselhahnes. **3**) ▸ Lautäußerung des ▸ Sikawildes (schrecken) und bes. des Sikahirsches in der Brunft.

Pfeifente, die: ▸ Wildenten 4.

Pfeiferl, das: Das Pfeifchen zum ▸ Spissen (Haselhuhn-P.); ▸ Lockjagd.

Pfeil, Friedrich Wilhelm Leopold (28.3.1783 Rammelsburg am Harz bis 4.9.1859 Warmbrunn): Forstmann, trat 1801 in die praktische Jägerlehre ein, wurde 1804 Förster zu Kleinnitz in Niederschlesien, 1816 Forstmeister des Fürsten von Karolath und 1821 Oberforstrat und Professor der Forstwissenschaft in Berlin. 1830 wurde auf sein Betreiben die Forstlehranstalt in Neustadt-Eberswalde gegründet, an deren Spitze er stand. In der Oberförsterei Thale am Harz (nahe dem Hexentanzplatz) wurde ihm ein Denkmal errichtet. Veröffentlichungen u.a.: »Kurze Anweisung zur Jagdwissenschaft für Gutsbesitzer und Forstliebhaber ...« (1831) und »Anleitung zur Ausführung des Jagdpolizeigesetzes für Preußen vom 11. März 1850. Eine Hülfsschrift für Jagdbesitzer, Jagdpächter und die mit der Ausführung beauftragten Behörden«. Für die von ihm 1822 begründeten »Kritischen Blätter für Forst- und Jagdwissenschaft« verfasste P. fast alle Artikel selbst (1822 bis 1859, 42 Bde.).

Pfeilschwanz, der: ▸ Wildenten 7.

Pferd & Jagd: Jährlich in Hannover stattfindende Messe (Verkaufsausstellung) für Pferdesport, Jagd, Angeln und Natur; ▸ Jagdausstellungen.

Pfiff, der: ▸ pfeifen 1).

Pflanzenfresser, die (▸ Herbivoren, Phytophagen): Sammelbezeichnung für alle Tiere, die sich von Pflanzen bzw. von bestimmten Pflanzenteilen ernähren; im Ggs. zu den reinen Fleischfressern und den ▸ Allesfressern. Besonders geformt ist das Gebiss der P. mit einer großen Lücke (Diastema) zwischen Schneidezähnen und Backenzähnen, wobei die Letzteren zum Zermahlen der Nahrung dienen. Das Fleischfressergebiss hingegen hat meist große ▸ Eckzähne, die zum Festhalten der Beute dienen, sowie Zähne, die als Brechschere wirken. P. werden in die Gruppe der ▸ Wiederkäuer und in die der Nichtwiederkäuer eingeteilt.

Pflanzengeografie, die: ▸ Biogeografie.

Pflanzengesellschaften, die (Pflanzengemeinschaften): Regelmäßig wiederkehrende Vergesellschaftungen von Pflanzen (z.B. Wälder, Weiden, Wiesen, Moore u.a.), die Standorte mit gleichen oder ähnlichen ökologischen Ansprüchen besiedeln und deren Artzusammensetzung weitgehend konstant ist. Mit der Untersuchung der P. beschäftigt sich die Pflanzensoziologie.

Pflanzenkunde, die (Botanik): Wissenschaft von den Pflanzen; ein Teilgebiet der ▸ Biologie.

Pflanzenschutz, der: **1**) Der Schutz der Pflanzen vor Schadorganismen und nicht parasitären Beeinträchtigungen sowie der Pflanzenerzeugnisse vor Schadorganismen (Vorratsschutz) einschließlich der Verwendung und des Schutzes von Tieren, Pflanzen und Mikroorganismen, durch die Schadorganismen bekämpft werden können.

1. Biologischer und **biotechnischer P.**: Hierbei bedient man sich der natürlichen Feinde der Schadorganismen, um Lebensgemeinschaften (▸ Biozönose) möglichst zu schonen. Hierzu gehören v.a. ein ausgewogener Vogelschutz und die Massenzucht von räuberisch oder parasitär lebenden Insekten (z.B. im Gartenbau: Schlupfwespen gegen die weiße Fliege und Spinnmilbenräuber gegen die rote Spinne). Beim biotechnischen Verfahren werden Lockstoffe, Abschreckstoffe und Hemmstoffe verwendet, welche die Entwicklung der Schadinsekten verhindern oder unterdrücken. Mit Ausnahme des Vogelschutzes wird biologischer und biotechnischer P. nur in geringem Umfang praktiziert. Da er selten und erst nach längerer Zeit die gewünschte Wirkung erzielt, kann er den chemischen P. nicht vollwertig ersetzen.

2. Chemischer P.: Der chemische P. begann in den 1950er Jahren. Dieses kostengünstige Verfahren nimmt heute eine zentrale Stellung im P. ein. Chemische P.-Mittel wirken schnell, nachhaltig und können mit geringem Arbeitsaufwand eingesetzt werden. Eine erfolgreiche und schonende Anwendung setzt voraus, dass die Wirkungsweisen der unterschiedlichen Mittel bekannt sind. Daneben hängt der Erfolg vom Einsatz des richtigen Gerätes und von der Anwendungstechnik ab. Die unter den Sammelbegriff Biozide fallenden chemischen P.-Mittel bergen aber Risiken und Gefahren für den Anwender und für den Verbraucher; daneben können sie zur Schädigung der Kulturpflanzen, zu Belastungen der Umwelt und der Agrarökosysteme sowie zur Bienengefährdung führen. Nach dem P.-Gesetz dürfen P.-Mittel daher nur nach guter fachlicher Praxis und nur so angewandt werden, dass keine Schäden zu befürchten sind. Auf Freiflächen dürfen sie grundsätzlich nur angewandt werden, wenn diese landwirtschaftlich oder gärtnerisch genutzt werden, hingegen nicht in oder an Gewässern. Bei der Zulassung eines P.-Mittels durch die ▸ Biologische Bundesanstalt für Land- und Forstwirtschaft ist neben dem Einvernehmen mit dem Bundesgesundheitsamt auch das Einvernehmen mit dem Umweltbundesamt für die Bereiche Wasser, Luft und Abfall notwendig. Die chemischen P.-Mittel lassen sich je nach Wirkungsbereich wie folgt unterscheiden: Akarizide (gegen Milben), Fungizide (gegen Pilzkrankheiten), Herbizide (gegen Unkräuter), Nematizide (gegen Nematoden, z.T. auch zur Bodenentseuchung), Molluskizide (gegen Schnecken) und Rodentizide (gegen Nagetiere).

3. Integrierter P.: Bei diesem Verfahren werden alle wirtschaftlich, ökologisch und toxikologisch (Toxikologie: die Lehre von den Giften und von den Vergiftungen) vertretbaren Methoden angewandt, um Schadorganismen unter der wirtschaftlichen Schadensschwelle zu halten, wobei die bewusste Ausnutzung natürlicher Begrenzungsfaktoren im Vordergrund steht. Ziel des i.P. ist es daher, die chemischen Maßnahmen zu reduzieren und die nicht chemischen Abwehrmöglichkeiten – z.B. Kulturmaßnahmen, Sortenwahl, Resistenzzüchtung – unter Berücksichtigung der biologischen Maßnahmen voll auszuschöpfen.

4. Mechanischer P.: Hierbei erfolgt die Bekämpfung der Schadorganismen vorwiegend über die Bodenbearbeitung, z.B. durch Vernichtung von Unkräutern mit der Egge und durch Vernichtung von Engerlingen mit rotierenden Bodenbearbeitungsgeräten (Fräsen). Zum m.P. zählen auch der Fallenfang von schädlichen Nagetieren und die Abwehr von Schadvögeln durch die Anwendung von akustischen und optischen Hilfsmitteln. Mechanischer P. wird immer dann anzuwenden sein, wenn chemische Mittel nicht eingesetzt werden dürfen, z.B. in Wasserschutzzonen; ▸ Waldschutz.

2) Im Rahmen des ▸ Naturschutzes und des ▸ Artenschutzes der Schutz ganzer Pflanzengesellschaften und bestimmter wild wachsender Pflanzen vor ihrer Ausrottung.

Pflanzenschutzmittel, die: ▸ Pflanzenschutz 1.

Pflanzensoziologie, die: ▸ Pflanzengesellschaften.

Pflanzgarten, der: Forstpflanzgarten. Ein forsteigener Betrieb zur Waldpflanzenerziehung (Nachzucht von Forstpflanzen). Der P. ist i. Allg. eine vor ▸ Wildverbiss geschützte größere Fläche. Kleinere Gärten werden allg. als Kamp bezeichnet. Unterschieden wird dabei zwischen Saat-Kamp (Saatschule), wenn der Kamp nur Saatbeete und Sämlinge (ein- bis dreijährige Pflanzen) enthält, und Pflanz-Kamp, wenn der Kamp auch Beete mit verschulten Pflanzen (mehrmals versetzten Pflanzen) enthält. Als Wander-Kamp oder als Fliegender Kamp (Fliegendes Saatbeet) werden Flächen bezeichnet, die nur vorübergehend (ein- oder zweimal) benutzt werden und mit den Kulturflächen wandern; ▸ Wildlinge.

Pflanzkamp, der: ▸ Pflanzgarten.

Pflanzung, die: Die P. ist die übliche Methode der künstlichen Bestandsbegründung (▸ Verjüngung) und zur Ergänzung von Naturverjüngungen. Die Forstpflanzen werden heute fast ausschließlich von spezialisierten Baumschulen bezogen; nur zum geringen Teil stammen sie aus einem betriebseigenen ▸ Pflanzgarten oder werden als ▸ Wildlinge (v.a. Buche) gezogen. Gepflanzte Bestände haben einen Altersvorsprung vor der Saat, da ein- bis vierjährige Pflänzchen verwendet werden. Die Vorteile der P. gegenüber der Saat liegen darin, dass eine standortgerechte Baumartenwahl und eine optimale Baumartenmischung getroffen werden kann, dass die verwendeten Pflanzen nur hochwertige Erbanlagen tragen und dass der für die einzelnen Baumarten unterschiedliche ▸ Pflanzverband festgelegt werden kann.

Pflanzverband, der: Der Abstand der Reihen und der Abstand in der Reihe bei der ▸ Pflanzung von Forstpflanzen auf einer Kulturfläche. Beim P. besitzt jede Pflanze einen genau bestimmten Standraum (Platzbedarf). Der Pflanzenbedarf errechnet sich aus der Gesamtfläche in qm geteilt durch den Standraum je Pflanze in qm. Beispiel: Aufforstungsfläche mit Fichte 1,0 ha; P. für Fichte 2 m x 1 m; Bedarf: 10 000 qm : 2 qm = 5 000 Pflanzen. Der benötigte Standraum einer Forstpflanze hängt u.a. von Baumart, Alter, Standort, Regionalklima, Ausgangsgestein, Bodenbewuchs und Mischungsform ab. Hinsichtlich der Form des P. werden unterschieden: a) Quadratverband, b) Dreiecksverband, c) Reihenverband oder Rechtecksverband.

Während früher der Quadratverband vorherrschend war, wird heute dem Reihenverband (z.B. 1 m x 0,6 m, d.h. 1 m von Reihe zu Reihe und 0,6 m innerhalb der Reihe) der Vorzug gegeben. Der Reihenverband erleichtert die Astreinigung innerhalb der Reihe und trägt damit zur Kostenersparnis bei. Die heute angestrebten Weitverbände verringern den ▸ Verbiss an Kulturpflanzen, weil dem Wild mehr Äsungsfläche zur Verfügung steht; außerdem sind Weitverbände weniger schneedruckgefährdet.

P. einiger Baumarten: Buche, Eiche, Kiefer: 2,0 m x 0,6 m bis 0,8 m; Lärche: 3 m x 2 m; Aspe: 5 m x 5 m.

Pflanzverfahren, das: Bei der ▸ Pflanzung sind verschiedene Methoden – häufig regional eingebürgert – üblich; z.T. sind sie auch vom Standort (Bodenbeschaffenheit) abhängig. Forstpflanzen werden mit Ausnahme der Ballenpflanzen wurzelnackt verpflanzt.

1. Winkelpflanzung: Diese heute häufigste Methode wird mit der ovalen Wiedehopfhaue und mit einer leichten Pflanzenlade durchgeführt. Voraussetzung für die Winkelpflanzung sind bindige, nicht zu steinige Böden und Pflanzengrößen von 25 bis 80 cm.

2. Schrägpflanzung: Sie eignet sich bei sehr lockeren Böden und bei Kleinpflanzen. Zur Arbeit werden hierzu eine Hacke und eine Pflanzenlade benötigt.

3. Lochpflanzung: Dieses Verfahren wird bei sehr steinigen Böden oder auf Flächen mit starkem Graswurzelfilz angewandt. Bei dieser Methode muss den Pflanzen ein besonderes Pflanzbeet geschaffen werden.

4. Stockachselpflanzung: Sie ist eine besondere Form der Lochpflanzung. Die Pflanzen werden an den Nord- und Nordwestseiten von Stöcken gesetzt.

5. Ballenpflanzung: Dieses Verfahren ist unabhängig von der ▸ Pflanzzeit. Die Ballenpflanzen (▸ Wildlinge) werden mit Erdballen, Erd- und Torftöpfen in den gewachsenen Boden oder in aufgeschüttete Hügel gesetzt. Die B. vermeidet den Pflanzschock und wird besonders zum Schließen von Lücken (Nachbesserung) angewandt.

6. Maschinenpflanzung: Sie beschränkt sich auf die Aufforstung von Großkahlflächen und hat die früher übliche Klemmpflanzung abgelöst, bei der mit dem Klemmspaten enge Pflanzlöcher in den Boden gestoßen werden.

Pflanzzeit, die (Kulturzeit): Da Forstpflanzen – wie andere Pflanzen auch – während der Vegetationszeit empfindlich sind gegen jeden Eingriff, erfolgt die ▸ Pflanzung im Vorfrühling (März/April) und im Spätherbst (Oktober/November). Zwar lassen sich Ballenpflanzungen bei einiger Sorgfalt das ganze Jahr über ausführen, doch bilden sie im Forstbetrieb die Ausnahme. Die übliche P. ist das Frühjahr, bei der auch die noch vorhandene Winterfeuchtigkeit ausgenutzt wird. Fichte, Tanne und andere immergrüne Nadelbaumarten, die im Frühjahr nicht mehr gepflanzt werden konnten, werden im Spätsommer (August bis September) gepflanzt. Mit gutem Anwuchserfolg werden dann im Herbst noch die Lärche sowie alle Laubbaumarten gepflanzt, weil sie um diese Jahreszeit noch mit den Wurzeln wachsen und das frühe Austreiben im Frühjahr oft die Pflanzung nicht mehr zulässt.

Pflaster, das: ▸ Kugelpflaster.

Pflasterkugel, die: ▸ Kugel 2).

Pflege der Jagdoptik, die: ▸ Jagdoptik-Pflege.

Pflege des Hundes, die: ▸ Hundepflege.

Pflichttrophäenschau, die: ▸ Trophäenschau.

pfneischen: svw. ▸ genossen machen.

pfnurren: Alte Bez. für das Brummen und Schnurren des Jagdhundes.

Pfosch, die: Seltener und inzwischen veralteter Ausdruck für ▸ Vorschutt 1); ▸ Kirrung.

Pfoschherd, der (Poschherd): Ein Vogelherd (▸ Vogelfang) ohne Strauch, der auf dem bloßen Rasen angelegt wurde; ▸ Plattherd.

Pfosten, die: ▸ Posten 1).

Pfoten, die: Bez. für die Füße des ▸ Haarwildes und des Hundes; Ausnahme: ▸ Schalenwild (▸ Schalen) und ▸ Raubwild (▸ Branken).

Pfreim, der: ▸ Reif.

Pfretzschner, Norbert (1.9.1850 Kufstein bis 27.12.1927 Lana/Südtirol): Bildhauer, Schriftsteller. Nach Studien in München, Leipzig, Freiburg/Breisgau und Innsbruck war P. als Forst- und Jägermeister auf einem Gut in Oberschlesien tätig. Er studierte dann in München, Berlin und Wien Bildhauerei und war als Bildhauer in Berlin und Lana tätig. P. schuf u.a. das Bismarck-Denkmal auf der Rudelsburg/Saale und schrieb den Roman »Peter Reißer, der Wildmeister von Hinterriss« (1923).

Pfrieme, der: Veralteter Ausdruck für das männliche Glied (Feuchtglied, Rute) des Hundes.

Pfriemer, der: Ausdruck weststeirischer Jäger für den Schnabel des Auerhahnes (▸ Raufußhühner 1); ▸ Brocker, ▸ Peckel.

Pfropfen, der: Das Zwischenmittel (meist ein gefetteter Filz-, Pappe-, Kork- oder Plastikpfropfen), das bei der ▸ Schrotpatrone das Pulver von den Hartschroten trennt.

Pfuhlschnepfe, die (Riedschnepfe): ▸ Schnepfenvögel 6.

Pfui!: Ein Hörzeichen zur Einschüchterung des Hundes, das scharf ausgesprochen wird. Man sagt z.B.: »P., halt!« oder »P. Has!«, wenn der Hund unerlaubt einen gesunden Hasen hetzen will.

pfuitzen: svw. ▸ puitzen.

Pfunde geben, das: ▸ Blattschlagen.

Pfundtaube, die: ▸ Wildtauben 1.

Pharaonshenne, die: ▸ Geier 2.

Philipowicz, Hans: ▸ Jagdliteratur.

Phoebus (Gaston Phöbus): Der französische Graf (Comte) von Foix, Vicomte de Béarn (1331 bis 1391), wurde so wegen seiner Schönheit (insbesondere wegen seiner prachtvollen blonden Mähne) genannt. Seine Liebe zur Jagd drückte er in »Le Livre de la Chasse« aus, das allg. aber als »Gaston Phöbus« bekannt wurde. Dieses Buch enthält zwar den größten Teil des früher erschienenen kleinen Bändchens »Le Roy Modus ...«, kann aber als ein eigenes und zugleich als das erste vollständig der Jagd gewidmete Werk angesehen werden. Es ist ein höfisches Jagdbuch und gliedert sich in vier sogenannte Bücher (Kapitel). Die damalige Jagd in Europa wird hierin sehr klar beschrieben. P. macht den Leser mit zahmen und mit wilden Tieren vertraut, beschreibt die Abrichtung der Hunde, erläutert die Ausbildung der Jäger und den Ablauf der Hetzjagd. Daneben beschreibt er auch die Jagdwaffen und die Fangapparate, mit denen das Wild erlegt wurde. Nach Auffassung von verschiedenen Experten existieren vom Buch der Jagd 37, nach Meinung anderer 44 Manuskripte, wobei die meisten im 15. Jh. entstanden sind. Unübertroffen in der buchkünstlerischen Wertschätzung sind die hervorragenden illuminierten Handschriften und die 87 halbseitigen Miniaturen, die in ihrer malerischen Ausgestaltung mehrere Künstler (Hintergrundmaler und Buchmaler) beschäftigten. Sie dürften aufgrund ihrer Ausdrucksweise dem Meister von Bedford, dem berühmtesten Buchmaler des 15. Jh., zuzuordnen sein. 1346 unterstützte P. König Philipp VI. im Kampf gegen die Engländer und nahm 1356 an einem Feldzug gegen die Letten teil. 1358 befreite er die königliche Familie aus den Händen der aufständischen Pariser.

Phytophagen, die: ▸ Pflanzenfresser.

piepen: Die Lautäußerung der jungen ▸ Waldhühner, der ▸ Trappen und des ▸ Fasans.

Piepente, die: ▸ Wildenten 4.

Pigmentierung, die: ▸ Albinismus, ▸ Melanismus.

Pikeur, der: ▸ Piqueur.

Pikör, der: ▸ Piqueur.

Pilger, der: ▸ Pilgrimsfalke.

Pilgrimsfalke, der (Pilger): Der Wanderfalke als ▸ Beizvogel; ▸ Falken 1.

Pilze, die (*Fungi*): Eine Abteilung des Pflanzenreiches mit heute über 55000 bekannten Arten. P. sind chlorophyllfreie (blattgrünfreie) Lagerpflanzen, deren Vegetationskörper meist feinfädig, unverzweigt oder verzweigt ist. Der einzelne Zellfaden (Pilzfaden), der das Substrat durchzieht, heißt Hyphe und die Gesamtheit der Fäden Myzel. Das ausdauernde unterirdische Myzel bildet den Fruchtkörper (umgangssprachlich ebenfalls Pilz genannt) aus. P. ernähren sich nicht von anorganischen Verbindungen (autotroph), sondern heterotroph oder saprophytisch (Saprophyten). Sie sind Fäulnisbewohner, Schmarotzer oder Symbionten. Die meisten P. sind Landbewohner; nur wenige leben im Süßwasser (Algen-P.). Die Pilzzellen sind gewöhnlich von einer Membrane umgeben, die im Ggs. zur Zellulosemembrane höherer Pflanzen (Samenpflanzen) aus Chitin besteht. Nur bei wenigen Arten (z.B. bei den Schleim-P.) kommt Zellulose vor. Als Reservestoffe werden von den P. Glykogen und Fett gespeichert. Die Vermehrung erfolgt ungeschlechtlich durch Sporen (Endosporen, Konidien). Bei der geschlechtlichen Fortpflanzung verschmelzen Geschlechtszellen (Gameten) oder Gameten enthaltende Behälter (Gametangien). Feuchtigkeit und Wärme beschleunigen die Entwicklung der P. Sie gliedern sich in Algen-P. (Niedere P.; *Phycomycetes*) und in höhere P. (*Eumycetes*). Letztere unterteilen sich in drei große Klassen: Schlauch-P. (*Ascomycetes*), Ständer-P. (*Basidiomycetes*) und Schleim-P. (*Myxomycetes*). Von einigen Wissenschaftlern werden allerdings die Schleim-P. nicht mehr zu den P., sondern zu den Pilztierchen (*Mycetozoa*) gezählt, weil sie keine Sporen, sondern erst Schwärmsporen (nackte, durch Geißeln bewegliche Zellen) bilden, die später Schwärmzellen werden. Die Sporen entstehen erst durch Plasmateilung in Verbindung mit den Zellkernen. Zu den Echten P. gehören etwa 99% aller Pilzarten; viele von ihnen leben mit dem Wurzelsystem verschiedener Waldbäume in ▸ Symbiose. Die Bildung einer solchen Lebensgemeinschaft ist für diese Pilzarten, z.B. für alle Röhrlinge und für sämtliche Schleierlinge, lebensnotwendig, und die Samen unserer heimischen Orchideen wiederum können ohne die P. nicht keimen. Die Fruchtkörper zahlreicher P. sind essbar (▸ Pilzesammeln), manche aber wegen ihres Geschmackes ungenießbar und einige giftig (▸ Giftpilze). P. kommt sowohl als Speise-P., als nützlichen Bodenmikroorganismen sowie auch als Krankheitserregern, besonders bei Pflanzen, große Bedeutung zu. Große wirtschaftliche Schäden entstehen durch Rost-P. und durch Brand-P., die jährlich einen erheblichen Teil der Weltgetreideernte vernichten. Für den Forstbetrieb wichtig sind v.a. Stamm-P. (Holzfäule) oder Kernfäule verursachende P., wie z.B. der Hallimasch. Besonders gefährdet sind die Nadelbäume. Die Wissenschaft, die sich mit der Erforschung der P. befasst, ist die Mykologie.

Pilzesammeln, das (süddeutsch/österreichisch: Schwammerlsuchen): Das P. nur für den eigenen Gebrauch, d.h. in kleinen Mengen, bedarf keiner Genehmigung. Schon das Sammeln für den Verkauf auf dem Markt, an Hotels und an Gaststätten ist nicht genehmigungsfrei. In ▸ Naturschutzgebieten ist das P. wie jegliche Entnahme von Tieren und Pflanzen nicht zulässig und wird als Ordnungswidrigkeit mit Bußgeld belegt. Auch vermeintliche Gewohnheitsrechte ändern daran nichts. Das Bundesgesundheitsamt in Berlin gab zum P. folgende Hinweise: »Von einem zu reichlichen, insbesondere regelmäßigen Verzehr von Wildpilzen wird unbedingt abgeraten. In selbst gesammelten oder gekauften Wildpilzen können erheblich größere Mengen der Schadstoffe Cadmium und Quecksilber enthalten sein als in allen anderen pflanzlichen Lebensmitteln (bis zu 15 mg/kg Cadmium und bis zu 9 mg/kg Quecksilber). Ein Übermaß dieser Schwermetalle im menschlichen Körper kann zur Beeinträchtigung der Nieren-, Leber- und Nervenfunktion führen. Gegen einen nur gelegentlichen Genuss von Wildpilzen bestehen dagegen keine gesundheitlichen Einwände, wenn die folgenden Empfehlungen vom Verbraucher beachtet werden: Bei einem regelmäßigen Wildpilzeverzehr sollten pro erwachsene Person und Woche nicht mehr als 200 bis 250 g Wildpilze (wöchentlich ein bis zwei Pilzmahlzeiten) verzehrt werden. Gegen einen gelegentlichen Verzehr auch größerer Mengen ist nichts einzuwenden. Kinder sollten entsprechend dem Körpergewicht weniger essen. Bei der Zubereitung der genannten Pilze sollten die Lamellen bzw. die Röhrenschicht sowie nach Möglichkeit die Huthaut entfernt werden, da in diesen Geweben die höchsten Schwermetallkonzentrationen gefunden werden. Eine Reihe von Esspilzen sieht ungenießbaren oder gar giftigen Pilzen zum Verwechseln ähnlich. Man sollte in jedem Fall nur solche Pilze verzehren, die einwandfrei identifiziert wurden, und dies auch nur im frischen Zustand. Treten nach dem Verzehr selbst gesammelter Pilze Vergiftungssymptome auf, sollte umgehend Kontakt mit einem Arzt oder einem der Giftinformationszentren aufgenommen werden.« Seit der Reaktorkatastrophe von Tschernobyl 1986 sind v.a. in Süddeutschland Pilze (auch Beeren und Wildbret) mit dem sich nur langsam abbauenden radioaktiven Cäsium 137 belastet, wobei örtlich auch noch 1996 der für den Verkauf zugelassene Grenzwert von 600 ▸ Becquerel pro Kilogramm überschritten wurde. Weitere Vorsichtsregeln siehe ▸ Fuchsbandwurm.

Beim Sammeln dürfen Pilze nicht herausgerissen, sondern müssen sorgfältig herausgedreht oder abgeschnitten werden. Die dabei entstehenden Bodenwunden sind wieder mit Humus, Laub oder Bodenstreu zuzudecken, da sonst das Myzel an dieser Stelle austrocknet und Schaden nehmen kann. ▸ Giftpilze oder vermeintliche Giftpilze sowie ungenießbare Pilze soll man nicht zerstören, sondern unbeschädigt stehen lassen.

In den österreichischen Bundesländern Kärnten, Tirol und Vorarlberg sowie weitgehend in der Schweiz ist das P. hinsichtlich Menge und Sammelzeit gesetzlich geregelt.

Pilzkrankheiten, die: Krankheiten, die durch pflanzliche Parasiten (Pilze) hervorgerufen werden. Hierzu zählt die ▸ Glatzflechte (Trichophytie), die durch einen Hautpilz hervorgerufen wird. Die Strahlenpilzerkrankung (▸ Aktinomykose), von der man früher annahm, dass sie von einem Pilz hervorgerufen wird, wird durch Bakterien verursacht.

Pinker, der: Der männliche Kreuzschnabel, der als Lockvogel beim ▸ Vogelfang verwendet wurde.

Pinsel, der: **1)** Das Haarbüschel an der ▸ Brunftrute des männlichen ▸ Schalenwildes, das auch dem ▸ Ansprechen des Wildes dient. **2)** Die Haarbüschel an den ▸ Gehören des ▸ Luchses und des ▸ Eichhörnchens sowie an den ▸ Tellern des ▸ Schwarzwildes.

Pionierbaumarten, die: Anspruchslose Baumarten (▸ Lichtbaumarten), die als Erstbesiedler v.a. nach Brand, Kahlschlag und Windwurf aufgrund ihrer Eigenschaften (Produktion großer Mengen leichter, hauptsächlich durch den Wind transportierter Samen, Raschwüchsigkeit in der Jugend, Unempfindlichkeit gegen Spätfröste, geringe Nährstoffansprüche u.a.) Freiflächen als ▸ Vorwald besiedeln. Zu den P. gehören z.B. ▸ Birken, ▸ Erlen, Zitterpappeln (▸ Pappeln 3), ▸ Ebereschen, verschiedene Arten von ▸ Weiden und auch die ▸ Kiefer. Die P. bilden sog. Anfangswälder und eignen sich besonders zur Ödlandverbesserung (▸ Ödland) und zum Anbau an Straßenrändern und an Müllkippen.

Piparhunt, der (Biberhund): Name des ▸ Erdhundes der Germanen (ein niedriger Spürhund).

Pippel, Otto (10.2.1878 Lodz/Polen bis 17.5.1960 Planegg bei München): Impressionistischer Tier-, Jagd- und Landschaftsmaler. P., seit 1909 in Planegg bei München ansässig, schuf einige Jagdbilder, u.a. »Herbstsonne oder die Jagd im roten Rock«.

Piqueur, der (franz.; auch Pikeur, Pikör): Der diensttuende Parforcejäger (reitender Jäger). P. wurde aber auch der Jäger genannt, der bei der ▸ Parforcejagd die Hunde führte.

Pirgmeister, der (Pirkmeister): Frühere Bez. für ein Jagdorgan in Tirol. Dem P. oblag der Schutz und die Pflege der Hirsche und Gemsen im Gebirge, die Bestückung der Sulzen und der Fütterungen. Außerdem hatte er bei den Jagden die Funktion eines Jagdleiters. Ihm beigegeben war ein Jäger und ein Jägerbub. Den P. gab es nur am Hof zu Innsbruck, solange dort der Landesfürst residierte. Mit der Verlegung der Residenz verschwand auch der P.

Pirkmäuler, die: P. werden im »Haimlich Gejaidt Puech« Kaiser ▸ Maximilians I. die Hirschhunde und die Gamshunde genannt.

Piroplasmose, die: ▸ Babesiose.

Pirsch, die (Pirsche, Pürsch, Pürsche, Birsch, Birsche, Bürsch, Bürsche; franz.: bercer; ital.:

◂◂◂ F. Xaverei Aerrmann: »Jäger in kurfürstlich-bayerischer Piqeurtracht«, 1796. München, Deutsches Jagd- und Fischereimuseum

berciare): Ursprünglich das Schießen mit Pfeil und Bogen; heute wird darunter das vorsichtige und möglichst lautlose Fortbewegen des Jägers im Revier (▸ Einzeljagd) verstanden, der, ohne zu stören, in die Nähe des Wildes kommen möchte; ▸ pirschen.

Pirschbüchse, die: Früher allg. eine relativ kurze Kugelbüchse, heute gewöhnlich eine Büchsflinte; ▸ Jagdgewehr.

pirschen: Das möglichst vorsichtige und lautlose Sichanschleichen an das Wild. Beim Anpirschen bleibt der zurückbleibende Fuß am besten so lange voll auf dem Boden stehen, bis der vordere Fuß ebenfalls fest steht, wobei man nicht mit der Sohle rollen darf (▸ Pirschsteig). Von Zeit zu Zeit, besonders bei einer langen Pirsch, sollte der Jäger in guter Deckung stehen bleiben, ggf. auch einen Hochsitz aufsuchen. Diese Verbindung von P. und zeitweiligem Anstand wird auch als Pirschenstehen und als Pirschensuchen bezeichnet. Die Windrichtung muss beim P. unbedingt beachtet werden; daher ist immer gegen den ▸ Wind zu pirschen. Die Pirsch stellt an den Jäger hohe Anforderungen. Neben Gewandtheit und Reaktionsfähigkeit erfordert sie gute Revierkenntnis, Kenntnisse über die Wildeinstände, die Äsungsplätze, die Wechsel, die Schöpfstellen, die Brunftplätze, die Balzplätze etc. Wer diese Pirsch unkundig ausübt, *verpirscht* das Wild (vertritt oder vergrämt es), wer Wild *erpirscht*, hat es auf der Pirsch zur Strecke gebracht. Besondere Formen der Pirsch sind das ▸ Pirsch(en)fahren und der Pirschritt (▸ Schießpferd); ▸ Pirsch.

Pirsch(en)fahren, das: Eine Jagdart, überwiegend eine ▸ Einzeljagd, bei der das Wild (hauptsächlich Rehwild, aber auch Rotwild und Damwild) mit dem ▸ Pirschwagen bejagt wird. ▸ Schalenwild darf niemals vom Pirschwagen aus beschossen werden, weil das Wild dadurch vergrämt und zukünftiges P. unmöglich wird. Beim P. steigt man während des Fahrens ab und geht neben dem Wagen gedeckt mit, bis man eine geeignete Deckung gefunden hat. Geschossen werden darf erst, wenn der Wagen außer Sichtweite ist und das Wild sich wieder völlig beruhigt hat. Bei der Jagd auf Gänse und auf Trappen bedient man sich am besten eines Ackerwagens, auf dem der Jäger als Bauer getarnt sitzt und schießt.

Pirschenstehen, das: ▸ pirschen.

Pirschensuchen, das: ▸ pirschen.

Pirschführer, der: ▸ Jagdführer.

Pirsch, freie, die: ▸ freie Pirsch, ▸ Freipirsch.

Pirschgang, der: Begehen des Revieres zum Ausüben der ▸ Pirsch.

Pirschhäuschen, das (Brunfthäuschen): Ein kleines, mehr oder weniger bequem eingerichtetes Gebäude (Jagdhütte), in dem früher die Jäger, die ein großes Revier zu betreuen hatten, übernachteten. Häufig war an das P. eine kleine Pferdestallung angebaut. P. sind vergleichbar mit den heutigen kleinen Jagdhütten; ▸ Jagdeinrichtungen.

Pirschhörnchen, das: Ein kleines, etwa zwölf Schuss Pulver fassendes Hörnchen, das man früher bequem in der Brusttasche getragen hat; ▸ Pulverflasche.

Pirschhund, der: Bez. für den ▸ Schweißhund.

Pirschpfad, der: ▸ Pirschsteg.

Pirschpferd, das: Ein ▸ Schießpferd, das beim Pirschen zur Tarnung und zur Ablenkung verwendet wurde.

Pirschpulver, das: Früher das feinste und kräftigste Schießpulver; ▸ Pulver.

Pirschriemen, der (Hetzriemen): Ein Lederriemen, an dem der ▸ Schweißhund gearbeitet (geführt) wird; ▸ Schweißriemen.

Pirschritt, der: Eine ▸ Pirsch zu Pferde; ▸ Schießpferd.

Pirschschirm, der: Ein früher in der Nähe von ▸ Brunftplätzen aus Reisern errichteter Schirm zum Beobachten des ▸ Rotwildes. Gelegentlich wurde der Hirsch auch aus diesem Schirm heraus erlegt.

Pirschsteg, der (Pirschweg, Pirschsteig, Pirschpfad, Jagdsteig): Ein Schleichweg, der von Reisern, hohem Gras und Laub frei gemacht wird, um sich auf ihm lautlos an das Wild oder an die Ansitzeinrichtungen anschleichen zu können. Der P. verläuft abseits von öffentlichen Wegen und ist für Laien oft nicht kenntlich.

Pirschsteig, der: ▸ Pirschsteg.

Pirschstollen, der (Brunftstollen): P. wurden die früher unterirdisch zu den ▸ Pirschhäuschen führenden Gänge genannt. Sie wurden angelegt, um das bereits in der Nähe des Pirschhäuschens zusammenstehende Wild nicht zu beunruhigen.

Pirschwagen, der (Jagdwagen): Ein von Pferden gezogener, leichter, meist eisenbereifter Wagen zum ▸ Pirsch(en)fahren. Er ist auf beiden Seiten offen und gestattet ein ungehindertes und ungefährdetes Auf- und Abspringen. Der P. sollte auf dem Fleck umdrehen können und muss einen möglichst hohen Sitz für den Wagenführer haben, damit dieser eine weite Umschau hat. Zwischen dem Sitz des Wagenführers und dem des Jägers soll genügend Platz für eventuell mitgeführte Hunde sowie für das erlegte Wild sein.

Pirschweg, der: ▸ Pirschsteg.

Pirschzeichen, die: **1**) Alle Zeichen, die gesundes Wild hinterlässt und die dem kundigen Jäger Aufschluss über die Wildart geben (z.B. Losung, Federn, Haare, Wolle, Fährten, Spuren, Geläufe, Lagerstellen und Markierungsstellen, Beutereste, Verbissschäden, Fegeschäden, Schälschäden u.a.). **2**) ▸ Schusszeichen.

pischen: svw. ▸ puitzen.

Pispäne, die: ▸ Wildenten 4.

pisten: ▸ bisten.

Pistole, die: ▸ Faustfeuerwaffen.

Pistolengriff, der: ▸ Schäftung.

Pistolengriffkäppchen, das: Ovales Käppchen, das den Abschluss des Pistolengriffs (▸ Schäftung) bildet. Es wird häufig mit schönen Ornamenten, Tiermotiven, Monogramm etc. versehen.

Anton Straßgschwandtner (1826 bis 1881): »Pürschenfahren auf Edelwild«, um 1860, Lithografie

Verschiedene Pistolengriffkäppchen

Pistolenmunition, die: ▸ Kurzwaffenmunition.

Pistolenpatronen, die: ▸ Kurzwaffenmunition.

Pistolenschaft, der: ▸ Schäftung.

Piston, der: Bez. für den Zündkanal über dem hinteren Ende des Laufes bei Perkussionsgewehren (▸ Perkussionsschloss), auf den das Zündhütchen aufgesetzt wird. Wird das Zündhütchen mit dem Hahn gezündet, leitet der P. den Feuerstrahl in den Lauf, wo er das Schwarzpulver (Treibladung) zündet.

Pitsch, der: ▸ Schäftung.

Plachen, die (Plahen, Planen): Frühere Bez. für die Jagdtücher (▸ Jagdzeug) aus starker Leinwand. Am kaiserlichen Hof in Wien hieß die Jägerei, die das Jagdzeug zu besorgen hatte, P.-Partei. Sie bestand aus einem Geschirrmeister, einem Oberplachenknecht und zehn P.-Knechten.

Plachenpartei, die (Plachenpartey): ▸ Plachen, ▸ Parteien.

plädern: ▸ blädern.

Plan, der (Brunftplan): ▸ Brunftplatz.

Planhirsch, der: ▸ Platzhirsch.

Plärre, die: ▸ Rallen 1.

Plass, der: Beim ▸ Gamswild der lichte Fleck am Grind (Kopf).

Plässe, die (Blässe): ▸ Plätze.

Plattbaum, der: Frühere Bez. für einen bis in den Gipfel entasteten Baum, der in der Nähe eines Waldes stand und an dem die Leimruten zum ▸ Vogelfang hingen.

Plattherd, der: Der P. war früher ein besonderer Vogelherd (▸ Vogelfang 7) ohne Busch und Strauch (platter Herd), auf den Schlagnetze (Schlaggarn) gestellt wurden; ▸ Pfoschherd.

Plattkopf, der (Mönch, Kahlhirsch, Platthirsch): ▸ Rotwild (Hauptschmuck).

Plattwürmer, die: ▸ Bandwürmer.

Platz, der: ▸ Plätzstelle.

Platzbock, der: Ein Rehbock, der in einem bestimmten Revierteil seinen ▸ Einstand hat und meist feste ▸ Wechsel einhält.

Plätze, die: **1**) ▸ Hamer. **2**) Die ▸ Plätzstelle.

Plätzen, der: ▸ Hamer.

plätzen: Beim ▸ Schalenwild: mit den Vorderläufen die Bodendecke oder den Schnee wegschlagen, um ▸ Äsung zu suchen oder ein ▸ Lager herzurichten; beim männlichen Wild auch zur Markierung (▸ Markierverhalten) bzw. als Imponiergehabe (▸ Imponierverhalten).

Platzhahn, der (Standhahn): Ein starker Auerhahn, Birkhahn oder Trapphahn, der seinen ▸ Balzplatz einhält, gegen andere Hähne verteidigt, jüngere Hähne nicht duldet und die Hennen i. Allg. tritt (ranghöchster Hahn); ▸ Raufer.

Platzhirsch, der: Der den Brunftplatz beherrschende Hirsch; meist der stärkste Hirsch, der das Kahlwildrudel führt, Nebenbuhler abkämpft und schwächere Hirsche (▸ Beihirsche) forttreibt. Der P. beschlägt die brunftigen Tiere.

Platzhocker, die: Jungvögel, die auf dem blanken Boden bzw. auf dem Felsboden schlüpfen, weil die Altvögel keine Nester bauen (z.B. bei Lummen, Alken, Schleiereulen, Uhu), und einige Zeit an ihrem Brutplatz verharren; ▸ Nesthocker.

Plätzstelle, die: Die Stelle, an der ▸ Schalenwild (v.a. Hirsch und Rehbock) geplätzt hat; ▸ plätzen.

Plaute, die: ▸ Jagdplaute.

Plenterung, die: ▸ Plenterwald.

Plenterwald, der: Ein stufig aufgebauter Waldbestand (Hochwald), d.h. ein Wald, bei dem auf kleinster Fläche junge und alte Bäume einer oder mehrerer Baumarten nebeneinanderstehen. Die Nutzung im P. erfolgt nicht flächig, sondern einzelstammweise (Plenterung), wobei stets die stärksten Bäume entnommen werden. Die Weißtanne ist die Idealbaumart für den P.; die sog. ▸ Lichtbaumarten hingegen werden verdrängt. Der P. ist hinsichtlich seines Aufbaues bestens geeignet für Wildeinstände (Deckung), aber auch sehr durch Wildverbiss gefährdet. In den alten Bundesländern werden ca. 100 000 ha Wald als P. bewirtschaftet.

Pleß (polnisch: Pszczyna): Polnische Stadt (bis 1921 deutsch) in Oberschlesien, ehemalige Residenzstadt der Fürsten von P. Die Plesser Jagdreviere (um 1900 rd. 400 000 ha groß) betrieben eine mustergültige Jagdwirtschaft und waren einzigartig in Europa. Das Jagdschloss Promnitz (Promnice) mit dem 600 ha großen Plesser Wildgatter (gegr. 1865) in der Jankowicer Heide war berühmt durch seine Wisent-, Rotwild-, Damwild, Sikawild- und Wapitiwildbestände. Herzog Hans Heinrich XI., Reichsgraf zu Hochberg-Fürstenstein, der den letzten drei deutschen Kaisern als ▸ Oberstjägermeister diente, begründete in seinem Wildgatter mit Zuchttieren aus dem Hofjagdrevier des Zaren von Russland wieder eine Wisentherde, nachdem das ▸ Wisent in Deutschland nach 1775 ausgerottet gewesen war. Der Bestand umfasste 1917 bereits 75 Tiere. Während der polnischen Aufstände 1919 bis 1921 wurden die Wisente bis auf drei Tiere vernichtet. Von diesem Restbestand stammen heute alle frei lebenden reinrassigen Wisente ab, nachdem auch die zaristischen Wisentbestände im Urwald von Bialowieża restlos vernichtet worden waren. – Fürst Pleßsches Jagdhorn ▸ Jagdhorn 8.

Pleß, Hans Heinrich, Fürst von, seit 1905 Herzog (10.9.1833 bis 14.8.1907 auf Schloss Albrechtsburg bei Dresden): Herzog von P. war von 1867 bis 1878 Mitglied des Reichstags

▸▸ Der Platzhirsch verteidigt sein Brunftrudel gegen jeden Rivalen.

und machte sich in den Kriegen 1866 und 1870/71 um die Krankenpflege verdient. Er ist der Schöpfer des Fürst Pleßschen Jagdhorns; ▸ Jagdhorn 8.

Pleßhorn, das (Pleßsches Jagdhorn): ▸ Jagdhorn 6.

Plinius: ▸ Jagdliteratur.

plittern: Eine ▸ Lautäußerung der Haselhenne; ▸ Raufußhühner 4.

Plohm, der: ▸ Blohm.

Plötze, die: ▸ Blanke Waffen 2.

Plusbaum, der: ▸ Auslesebäume.

Pocken des Federwildes, die: ▸ Geflügelpocken.

Pockerl, das: ▸ Wildtruthahn.

Pointer, der: ▸ Vorstehhunde.

Polarfalke, der: ▸ Falken 9.

Polarhund, der: Auch Eskimohund, Grönlandhund. Eine vorwiegend in Kanada gezüchtete und vermutlich aus Sibirien stammende, ausdauernde, große, hochläufige Hunderasse (Schulterhöhe 51 bis 64 cm). Der kräftige P. hat einen keilförmigen Kopf, Stehohren und eine über dem Rücken gerollte Rute. Das Fell ist dicht, in vielen Farben. Der P. kann täglich bis zu 160 km Wegstrecke zurücklegen und wird auch als Jagdhund verwendet.

Polarseetaucher, der (Polarlumme): ▸ Seetaucher 2.

Polizeijagd, die: Jagdjargon für die Verminderung des Wildstandes auf Veranlassung der zuständigen Behörde, wenn der ▸ Jagdausübungsberechtigte der Anordnung der Behörde nicht nachkommt, unabhängig von den Schonzeiten innerhalb einer bestimmten Frist in bestimmtem Umfang den Wildbestand zu verringern, wenn dies mit Rücksicht auf das allg. Wohl, insbesondere auf die Interessen der Land-, Forst- und Fischereiwirtschaft sowie auf die Belange des ▸ Naturschutzes und der ▸ Landschaftspflege, notwendig ist.

Pollard, James (1797 bis 1860): ▸ Jagdkunst.

Polurer, der: ▸ Triel.

Polychoke, der: ▸ Lauf 4) 2.

polygam: In Vielehe lebend.

Polygonlauf, der: ▸ Lauf 4) 1.

Polyphagen, die: Auch Omnivoren. Bez. für Tiere, die ▸ Allesfresser sind.

Pommeraner, der: ▸ Würger 2.

Ponetz, Karl: ▸ Jagdliteratur.

Poortvliet, Rien: ▸ Jagdkunst.

Population, die: Die Gesamtheit der in einem mehr oder weniger begrenzten und zusammenhängenden Gebiet (z.B. in einem Teich, auf einer Wiese usw.) vorkommenden Individuen einer Tierart oder einer Pflanzenart. Als Kriterium wird nicht selten gefordert, dass die Angehörigen einer P. sich untereinander uneingeschränkt fortpflanzen, dass zwischen ihnen regelmäßig Kreuzungen auftreten und sie daher einen gemeinsamen Genpool haben (die Anzahl der Genotypen einer ▸ Art, wobei unter Genotyp wiederum die Gesamtheit der Erbanlagen eines Organismus zu verstehen ist, die in den Chromosomen lokalisiert sind). Eine Art besteht aus vielen P.

Populationsdichte, die (Individuendichte, Siedlungsdichte): Die Zahl der Individuen einer ▸ Art in einem bestimmten Lebensraum (▸ Biotop). Die P. schwankt ständig im Wechselspiel von Vermehrungskraft und Sterblichkeit der Population (Populationsdynamik) und bewegt sich innerhalb bestimmter Grenzen um einen Mittelwert. Beispielsweise folgt einer stärkeren Vermehrung eines Beutetieres eine stärkere Vermehrung des Räubers. Bei Störung des Gleichgewichts zwischen Sterblichkeit und Vermehrungskraft kommt es zu Massenvermehrungen (z.B. von Schadinsekten und von Mäusen). Die Regelmäßigkeit von Populationsschwankungen kann auch dann gestört werden, wenn z.B. der Mensch durch Eingriffe in die ▸ Biozönose eine Art begünstigt oder wenn Klimafaktoren stark vom langjährigen Mittelwert abweichen; ▸ Massensiedlungseffekt.

Populationsdynamik, die: ▸ Populationsdichte.

Populationsökologie, die: ▸ Ökologie.

Poret, Xavier Comte de (1894 bis 1975): Französischer Zeichner und Maler (Impressionist). Zusammen mit dem Maler Joseph Reichlen (1846 bis 1913) illustrierte er ein großformatiges Bergjagdbuch »Im Land der Gemse« (»Au pays du chamois«). Von ihm stammen u.a. die Bilder »Bergurhahns Morgenbalz«, »Schneehühner« und »Bergjägers Abendruh am Almhüttenfeuer«. Für das Buch von Dr. René La Roche (1912 bis 1978) »Sie lachten ihre Jäger aus. Heitere Erlebnisse auf den Fährten kluger Tiere« fertigte er die Illustrationen.

Posch, das (Pfosch): Eine weniger gebräuchliche Bez. für das Futter oder den Fraß; ▸ Poschplatz.

Poschen, der: Beim Rehbock: ortsübliche Bez. für den ▸ Pinsel 1).

Poschherd, der: ▸ Pfoschherd.

Poschplatz, der: Auch Anposchplatz. Ein Futterplatz, an dem das Federwild durch Körnerfutter angelockt (angeposcht) wird. Gebräuchlicher ist die Bez. Schüttung bzw. ▸ Kirrung; ▸ Jagdeinrichtungen 3 c).

Posseneule, die: ▸ Eulen 4.

Posten, der: **1)** Auch die Roller (Röller, Pfosten, Paläster); das sind die groben (übergroßen) Schrote von 6 bis 10 mm. Die früheren deutschen Größenbezeichnungen waren I (10 mm), II (9 mm), III (8 mm), IV (7 mm), V (6,5 mm) und VI (6 mm). Heute ist die Größenbezeichnung in Millimeter üblich. Nach dem BJG (▸ Jagdbeschränkungen) ist es u.a. verboten, mit P. – auch als ▸ Fangschuss – auf ▸ Schalenwild und auf ▸ Seehunde zu schießen. Früher wurden mit P. Rehwild (Reh-P.) und Schwarzwild (Sau-P.) erlegt. In Amerika sind die P. als Buckshot bekannt. **2)** Der Stand der ▸ Schützen bei ▸ Gesellschaftsjagden. **3)** Frühere Bez. für alle Signale, die mit dem Jagdhorn gegeben wurden; ▸ Jagdsignale.

Pott, der: Norddeutscher Ausdruck für ▸ Sasse.

Power-Lokt-Geschoss, das: Ein ▸ Büchsengeschoss, dessen Hohlspitze zusammen mit den Längseinschnitten im Mantel an der Geschossspitze eine kontrollierte Zerlegung des Geschosses gewährleistet.

Power-Point-Geschoss, das: Ein verbessertes Teilmantelgeschoss (Spezialkonstruktion); es bewirkt eine raschere Deformierung (begünstigt durch sechs Einschnitte im Mantel an der Spitze) bis zum doppelten Kaliberdurchmesser.

PP: Abk. für Pudelpointer; ▸ Vorstehhunde.

PRA: Abk. für progressive ▸ Retina-Atrophie.

prächtig: Bez. für ein starkes, perliges und ideal geformtes Geweih.

Prachtkleid, das: Das ▸ Brutkleid erwachsener (adulter) Vögel, v.a. der Männchen; ▸ Ruhekleid.

Prachttaucher, der: ▸ Seetaucher 2.

Prädatoren, die (Praedatoren): ▸ Räuber, ▸ Beutegreifer.

Prägung, die: Lernvorgang, der nur in einem bestimmten Zeitraum (P.-Phase) stattfindet und nicht nachholbar ist. Das durch P. Erlernte wird (z.B. vom Hund) nie wieder vergessen.

prall: Ein Tuch oder ein Netz (▸ Jagdzeug) ist p., wenn es straff angezogen ist; im Ggs. zu ▸ busig.

Stockerpel (im Bild rechts) im Prachtkleid

Prammhenne, die: Alte Bez. für Auerhenne; ▸ Raufußhühner 1.

Prämolaren, die: ▸ Zahnalterslehre.

Prandtauer (Prandauer), Jakob (getauft 16.7.1660 Stand bei Landeck/Tirol bis 16.9.1726 St. Pölten): österreichischer Baumeister. P. war zu seiner Zeit führender Klosterbaumeister in Österreich und entwickelte einen eigenen Stil des österreichischen Barocks. Sein Hauptwerk ist der Neubau des Benediktinerstifts Melk. Von ihm stammen auch die Pläne für das Jagdschloss Hohenbrunn bei St. Florian (1722 bis 1732); ▸ Jagdmuseen.

Pranke, die: ▸ Branken.

Prante, die: ▸ Branken.

Präparieren von Wild, das: Das Zubereiten bzw. das Herrichten von erlegtem Wild mit wissenschaftlichen Verfahren. Das P. ▸ jagdbarer Tiere mit ▸ Jagdzeiten ist grundsätzlich erlaubt, sofern nicht tierseuchenrechtliche bzw. andere veterinärhygienische Vorschriften entgegenstehen. Bei der Ein- und Ausfuhr von Wildtieren sind daneben die zollrechtlichen und die artenschutzrechtlichen Bestimmungen zu beachten. Nach der ▸ Bundeswildschutzverordnung z.B. muss, wer gewerbsmäßig tote Tiere präpariert oder lebende oder tote Tiere dieser Arten gewerbsmäßig erwirbt oder in den Verkehr bringt, ein Aufnahme- und Auslieferungsbuch mit täglichen Eintragungen führen. Das Buch ist auf Verlangen zur behördlichen Prüfung vorzulegen. Hinsichtlich dieser Tiere und der Teile von Tieren besteht eine Kennzeichnungspflicht, soweit diese sachdienlich und die Anbringung dem Präparator wirtschaftlich zumutbar ist. Die Anlage 5 der BWildSchV führt auf unter

- *Haarwild*: Murmeltier, Schneehase, Seehund, Steinwild und unter
- *Federwild*: Alpenschneehuhn, Auerwild, Birkwild, Brandente, Dreizehenmöwe, Eiderente, Eisente, Gänsesäger, Graureiher, Haselwild, Haubentaucher, Hohltaube, Kolbenente, Kolkrabe, Kurzschnabelgans, Löffelente, Mittelsäger, Rackelwild, Ringelgans, Schellente, Schnatterente, Schwarzkopfmöwe, Turteltaube, Wachtel, Weißwangengans, Zwergmöwe, Zwergsäger.

Nicht aufgeführt werden die Greife und die Falken sowie die Felsentauben, die Knäkente und die Moorente, da diese Arten bereits nach der BArtSchV besonders geschützt sind.

Schweiz: Hier dürfen nach der Jagdverordnung vom 29.2.1988 Tiere geschützter Arten nur präpariert werden, wenn sie tot aufgefunden oder aufgrund einer kantonalen Bewilligung erlegt oder gefangen worden sind. Wer Tiere geschützter Arten präparieren will, muss sich in seinem Kanton registrieren lassen. Wer ein Tier der in Artikel 5 der Jagdverordnung aufgeführten und geschützten Arten präparieren will, muss dies der Jagdverwaltung des Kantons melden, aus dem das Tier stammt. Die Meldung muss innerhalb von 14 Tagen nach Eintreffen des Tieres im Präparationsbetrieb erfolgen. Der gewerbsmäßige Handel mit Präparaten geschützter Tiere und die Werbung dafür sind verboten. Für den Handel mit alten, restaurierten Präparaten können die Kantone Ausnahmen vorsehen.

Bei der Vorbereitung von Wild für Präparationszwecke sind einige Grundregeln zu beachten: Federwild wird nicht ausgehakelt. In den Schnabel und in die Kloake werden Moospfropfen, Watte oder Teile eines Papiertaschentuches eingesteckt, um ein Austreten des Magensaftes und des Darminhaltes zu vermeiden. Ebenso werden der Einschuss und der Ausschuss behandelt. Beim Haarwild sind ebenfalls die Ohren (Löffel, Teller, Gehöre usw.) und Äser, Fang, Gebrech, das Weidloch sowie der Einschuss und der Ausschuss mit Papier etc. zu verstopfen. Daneben sind Schweißreste sorgfältig zu entfernen. Werden Decken, Schwarten oder Bälge zum Gerben abgegeben, werden sie mit Salz (evtl. auch mit Alaun) gut eingerieben. Fleischreste und Fettreste sind vorher gründlich zu entfernen.

Präriefalk, der: ▸ Falken.

Prasch, der: ▸ P. war ein sehr bedeutender Tier- und Leithund.

Prasch (Brasch), Wenzel Ignaz (geb. in Prag bis 1761 Schwabach): Maler. P. war der bedeutendste Tier- und Jagdmaler im Nürnberger Raum, aber auch in Frankfurt und Bamberg. Er schuf u.a. eine Serie von drei zusammengehörigen Jagdstillleben, bestehend aus einem großen Mittelbild mit zwei kleineren Begleitbildern. Das Mittelbild zeigt einen erlegten Hirschen, der im Kampf mit Jagdhunden bezwungen wird.

prasseln: Beim Auerhahn: das beim Überstellen durch Abbrechen von dürren Ästchen verursachte laute Geräusch. Man sagt: »Der Hahn prasselt«, oder »Der Hahn stellt sich prasselnd um«.

Praxe, die: ▸ Blanke Waffen 2.

Preiselbeere, die: ▸ Heidelbeere 2.

Preiz, der: ▸ Leithund.

Prell, der: Österreichische Bez. für Brehl; ▸ aufbrehlen.

Prelle, die: Das Netz zum ▸ Fuchsprellen; ▸ Prellnetz.

prellen: **1**) Rasche und heftige Art, sich fortzubewegen, meist in Verbindungen: nachprellen, vorprellen, zurückprellen; z.B.: »Der Fuchs prellte beim Anblick des Schützen zurück.« Der Ausdruck ist bei allem Wild und bei den Hunden gebräuchlich. **2**) svw. ▸ verprellen. **3**) ▸ Fuchsprellen.

Prellgarn, das: ▸ Prellnetz.

Prellnetz, das (Prellgarn): **1**) Das Netz zum ▸ Fuchsprellen, auch Prelle genannt. **2**) Ein prall gespanntes Netz, das früher bei Treibjagden verwendet wurde, um das anlaufende Wild zurückzuwerfen. Bei Saujagden wurden diese Netze vor den Lauftüchern auf die Erde gelegt und plötzlich hochgezogen, wenn die Sauen auf die Tücher zu liefen.

Prellplatz, der: ▸ Fuchsprellen.

Prellschrote, die: Schrote beim Schrotschuss, die durch das Aufprallen auf Wasser, auf Eis oder auf den steinigen Untergrund von ihrer ursprünglichen Flugbahn abweichen; ▸ abgellen.

Prellschuss, der: **1**) svw. Krellschuss; ▸ Schusszeichen. **2**) Ein Schuss, bei dem die Schrote abprallen (▸ abgellen); ▸ Prellschrote.

Prem, Josef (1923 bis 2000): Österreichischer Natur- und Wildtiermaler.

Prenez garde! (franz.: Pass auf!): Veralteter Zuruf an den ▸ Hühnerhund während der Dressur, wenn er beim Haltmachen oder beim Vorliegen Miene machte, aufzustehen.

preschen: Vom ▸ Schwarzwild untereinander: svw. ▸ abkämpfen oder ▸ abschlagen 9).

Prestel, Johann Erdmann Gottlieb (1804 Frankfurt/Main bis 1885 Mainz): Maler. Von ihm stammen mehrere Gamsjagdmotive, u.a. »Gamsjagd« (um 1855).

Primärwald, der: Ein ohne menschliche Beeinflussung entstandener Wald.

Prinz-Solms-Zuchtprüfung: Bez. für die Verbands-Herbstzuchtprüfung (HZP) für Deutsch-Kurzhaar; ▸ Hundeprüfungen.

prioritäre Arten: ▸ Art.

Privatjagd, der: svw. Eigenjagd (umgangssprachlich); ▸ Jagdbezirke.

Probejagen, das: Frühere Bez. für ein Lappjagen oder ein ▸ Eingestelltes Jagen, das ein Jungjäger innerhalb seiner zunftmäßigen Ausbildung zufriedenstellend einrichten musste, bevor er ▸ wehrhaft gemacht wurde.

Probeschießen, das: ▸ Kontrollschießen.

Probesuchen, das (Probesammeln): Um die Anzahl der zur Massenvermehrung neigenden Forstschädlinge in ihrem Vorkommen überwachen zu können, werden neben anderen Kontrollmaßnahmen auch die Puppen des Kiefernspanners und der Forleule sowie die Raupen des Kiefernspinners ermittelt. Hierzu wird im Spätherbst der Boden bzw. die Bodenstreu unter einer Anzahl planmäßig im ganzen ▸ Bestand verteilter Stämme abgesucht. Wird die festgelegte kritische Zahl erreicht oder überschritten, ist ohne Bekämpfungsmaßnahmen mit einer Kalamität zu rechnen.

Progressivpulver, das: ▸ Pulver.

PRONATUR: Eine Initiative des Landesjagdverbandes Schleswig-Holstein, deren Ziel die Wiederherstellung und der Schutz möglichst natürlicher Lebensräume ist. Es werden Flächen von Grundeigentümern gekauft oder angepachtet, möglichst natürlich gestaltet und betreut. In den letzten 25 Jahren schuf P. über 15000 Feuchtgebiete, Feldholzinseln und Wildwiesen mit einer Gesamtfläche von über 5000 ha.

prossen: Beim Auerwild: Knospen äsen; ▸ abprossen 2).

Prossbaum, der: Ein Baum, auf dem das Auerwild Knospen abprosst; ▸ abprossen 2).

Prossholz, das: Das abgesägte, abgeschlagene Weichholz, das für die Winterfütterung verwendet wird, wozu besonders die Zweige von Pappeln und das beim Obstbaumbeschnitt angefallene Reisig geeignet sind. Auch Bez. der betreffenden Baum- und Straucharten selbst. Die Knospen und die saftige Rinde des P. dienen v.a. den ▸ Cerviden und den Hasen als ▸ Äsung, die es mit Vorliebe ▸ abprossen 1); ▸ Verbissgarten.

Prossholzflächen, die: ▸ Wildäsungsflächen 1., ▸ Verbissgarten.

Protz, der: ▸ Vorwuchs.

Prudel, der: Beim ▸ Schwarzwild: die ▸ Suhle.

Prüfung der Flintenläufe, die: ▸ Ballistik.

Prüfungen für Jagdhunde: ▸ Hundeprüfungen.

Pudel(hunde) nannte man früher alle Wasserhunde ohne bestimmte Rassezugehörigkeit (kolorierter Stich aus dem 19. Jh.)

Prüfzeichen, das: ▸ Beschusszeichen.
Prügel, der: **1**) Der Schlagbaum der Prügel- oder Knüppelfalle; ▸ Fallen 10. **2**) Der Bengel oder der ▸ Knüppel.
Prügelfalle, die (Knüppelfalle): Ein Gerät zum Fangen (Töten) von ▸ Raubwild und ▸ Raubzeug; ▸ Fallen 10.
prügeln: svw. ▸ bengeln.
Prunkhalsung, die: ▸ Halsung.
Prunkjagen, das (Festinjagen): Ein mit großem Prunk veranstaltetes ▸ Eingestelltes Jagen 2.
Psalter, der (veraltet: Salter): svw. Blättermagen oder Buchmagen (dritter Magen) des wiederkäuenden Wildes; ▸ Wiederkäuermagen.
Pseudo(toll)wut, die: svw. ▸ Aujeszkysche Krankheit.
Pseudotuberkulose, die (Yersiniose, Nagerseuche bzw. Rodentiose): ▸ Infektionskrankheit, die durch Stäbchenbakterien (*Yersinia pseudotuberculosis*) hervorgerufen wird. Bei Hasen kommt sie häufiger vor und kann, wenn ungünstige Lebensbedingungen (Parasitenbefall, Nässe, schlechte ▸ Äsung) dazukommen, zu massenhaften Todesfällen führen. Die Seuche kommt zum Stillstand, wenn die Lebensbedingungen wieder besser werden. Sie kommt bei den Nagetieren (Hasen, Wildkaninchen, Mäuse, Ratten), bei Vögeln und bei Haussäugetieren, seltener auch beim Rehwild vor. Für den Menschen besteht Ansteckungsgefahr. Die Infektion erfolgt durch direkte Berührung oder durch Aufnahme bakteriell verunreinigter Äsung. Die Erreger gelangen über die Atemwege oder die Verdauungswege in den Körper. Die ▸ Inkubationszeit beträgt nur wenige Tage. Bei akutem Verlauf der Krankheit entstehen eine Blutvergiftung und eine akute Lungen-, Magen- und Darmentzündung, die nach wenigen Tagen zum Tod führen. Bei chronischem Verlauf kommt es zur Bildung von gelben, bis erbsengroßen, eitrigen Herden in Leber, Lunge, Milz, Nieren, Lymphknoten und Darmwand. Das Stück wird immer schwächer, magert ab und verendet nach wenigen Wochen. Befallene Tiere leiden erkennbar an Mattigkeit und Schwäche. Am erlegten Stück fallen die kleinen, gelben Herde an den inneren Organen auf. Der sichere Nachweis der Krankheit ist aber nur durch eine bakteriologische Untersuchung möglich.
Bekämpfung: Vorbeugende Maßnahmen durch Äsungsverbesserung, Abschuss aller krankheitsverdächtigen Tiere, gezielte Suche mit dem Hund und Verbesserung der Lebensbedingungen sowie Wurmkuren und Fütterung. Bei ▸ Beizvögeln haben sich Breitbandantibiotika bewährt. Erlegtes krankes Wild und ▸ Fallwild sind unschädlich zu beseitigen (verbrennen!). Das ▸ Wildbret ist genussuntauglich.
Pseudowut, die: ▸ Aujeszkysche Krankheit.
psipsen: svw. ▸ puitzen.
Psittakose, die: ▸ Ornithose.
PTB: Abk. für »Physikalisch-Technische Bundesanstalt«. Waffen, Munition und Einstecklàufe mit dieser Aufschrift weisen darauf hin, dass sie von der PTB zugelassen worden sind; ▸ BAM, ▸ BWB, ▸ BMI.
Pucinski, Victor (1882 bis 1952): P. war ein hervorragender Federwildmaler.
Pudelhund, der (Pudel): Vom niederdeutschen Mundartwort Pudel (Pudel, Pfudel: Pfütze) abgeleitete frühere Bez. für einen Wasserhund ohne bestimmte ▸ Rasse.
pudeln: Scherzhafte Bez. für vorbeischießen, schlecht schießen.
Pudelpointer (PP), der: ▸ Vorstehhunde 8.
Puderdaunen, die: Ständig nachwachsende Federn, die nicht vermausert und durch andere Federn verdeckt werden. Die beim Reiher nur 0,3 mm dicken und bis 28 mm langen P. (pro cm^2 ca. 120 und mehr) zerfallen in kleinste Teile und bilden dabei einen farblosen bis weißen, talkumartigen Puder, der sich fettig anfühlt, Wasser abweisend ist und Fett, Öl und Schleim aufsaugt. Beim Reiher dient er zur Gefiederpflege und wird mit dem Schnabel oder durch Kopfreiben verteilt und später mit der Putzkralle der Mittelzehe ausgekämmt.
Pufferpatrone, die: Eine leere Patronenhülse aus Plastik oder aus Metall mit einem weichen Körper (Puffer) anstelle des Zündhütchens, die zum Abschlagen des Schlagbolzens (Entspannen) bei Selbstspanner-Gewehren mit automatischer Sicherung und bei Ejektorgewehren dient. P. sind in den Flintenkalibern 12, 16 und 20 sowie in den gebräuchlichsten Kugelkalibern erhältlich.
puitzen (pfuitzen, psipsen, pischen): Eine Lautäußerung der Waldschnepfe (▸ Schnepfenvögel 1) während der Balz. ▸ quorren.
Pullwan, der (Bulwan): ▸ Balban.
Pulver, das: Bez. für alle zum Schießen verwendeten Treibmittel. Früher wurde als Treibmittel für Geschosse ausschließlich Schwarz-P. verwendet, das aus 74% Salpeter, 10% Schwefel und 16% Holzkohle besteht. Diese Materialien werden fein gepulvert, gemengt und, nachdem sie angefeuchtet wurden, zwischen Walzen oder Pressen verdichtet, anschließend gekörnt, poliert und getrocknet. Zu Jagdzwecken fand nur fein gekörntes, kräftiges P. Verwendung, von dessen Güte man sich durch die sog. P.-Probe überzeugte. Das P. musste zunächst dunkelgrau und mattglänzend sein und durfte, zwischen den Fingern gerieben, keinen Ruß hinterlassen. Auf einem Stückchen Papier angezündet, musste es zudem blitzschnell und gleichzeitig aufflammen, ohne das Papier anzusengen. Als Faustregel galt, dass eine P.-Ladung ein Sechstel der Schwere der Bleiladung ausmachen sollte. Für Kugelschüsse wurde vielfach das grobkörnige, sehr wirksame Nassbrand-P. verwendet. Die Nachteile des Schwarz-P. – wie starke Rauchentwicklung, schnelle Verschmutzung durch starke Rückstandsbildung, geringe Geschossgeschwindigkeit, die eine weniger gestreckte Flugbahn bewirkte, sowie eine geringere Durchschlagskraft und die Unbrauchbarkeit für Mantelgeschosse – haben zur fast ausschließlichen Verwendung des Nitrozellulose-P. geführt. Dieses ist ein rauchschwaches und bedeutend leistungsstärkeres P. Die hochexplosive reine Nitrozellulose wird dazu gelatiniert und in einen knet- und verformbaren Zustand gebracht. Das P. wird zu Körnchen, Stäbchen oder Blättchen verarbeitet. Der Ablauf des Verbrennungsvorganges kann dabei durch Größe, Form, Oberflächenausdehnung und Oberflächenbehandlung beeinflusst und gesteuert werden. Das P. brennt bei jedem einzelnen Partikel schichtweise von außen nach innen ab. Eine größere Oberfläche bewirkt daher einen schnelleren Verbrennungsablauf und eine schnellere Gasentwicklung, wobei der Gasdruck gesteigert wird. Beim Nitro-P. unterscheidet man daher ein offensives P. (schnell abbrennend, mit hoher Porosität und großer Oberfläche) und ein progressives P. (langsam abbrennend, mit geringerer Porosität und kleinerer Oberfläche). Das Erstere wird als Flinten-P., das zweite als Büchsen-P. verwendet. Mit Nitro-P. geladene Patronen dürfen aber nicht aus Läufen verschossen werden, die nicht auch den N-Stempel (rauchloser ▸ Beschuss für Schrotläufe) tragen, weil der Gasdruck u.U. zu hoch sein könnte und dadurch die Gefahr einer ▸ Laufsprengung besteht (z.B. bei Damastläufen). Auch die Verwendung von Offensiv-P. (Flinten-P.) für den Büchsenschuss würde zur Sprengung des Laufes führen, weil das Schrotpatronen-P. einen viel zu hohen

Pulverflasche, deutsch, 1. Hälfte 18. Jh., aus getriebenem und vergoldetem Silber. München, Deutsches Jagd- und Fischereimuseum

▸▸ Pulverhorn, deutsch, 17. Jh., mit reichen getriebenen Silberbeschlägen und -verzierungen sowie breitem Schmuckring an der Bodenplatte. München, Deutsches Jagd- und Fischereimuseum (Leihgabe)

Pulverflasche, Persien, um 1800: Der konzentrische Edelholzkörper ist ausgeschmückt mit gravierten, geometrisch angeordneten Beineinlagen und von einer runden, gleichgearbeiteten Beinplatte bedeckt.

▸▸▸ Pulverflasche, deutsch, 18. Jh.: Körper aus Steinbockgehörn, Messingmontierung mit Radschlüssel. München, Deutsches Jagd- und Fischereimuseum

Gasdruck entwickelt. Wird dagegen Büchsenpatronen-P. (Progressiv-P.) in Schrotpatronen geladen, erhalten die Schrote nicht die für einen wirkungsvollen Schuss notwendige Mündungsgeschwindigkeit, weil der Gasdruck im Lauf viel zu wenig ansteigt. Im Übrigen besagt die reine Gewichtsangabe der P.-Ladung nichts über deren Leistung, weil diese zusätzlich vom Grad der Offensivität des P. abhängig ist.

Pulverflasche, die: Ein Ochsenhorn (Pulverhorn), ein elfenbeinernes oder ein metallenes Gefäß in Flaschenform, das zur Aufbewahrung des ▸ Pulvers diente. Am oberen Metallverschluss befand sich ein Federmechanismus, der das Horn von selbst verschloss, wenn die Pulverladung entnommen worden war. Zugleich befand sich daran ein Gradmaß, das man auf die notwendige Pulvermenge für einen Schuss einstellen konnte. Früher wurden die Vorderlader mithilfe der P. geladen. Der Jäger trug sie umgehängt.

Pulverhorn, das: ▸ Pulverflasche.

Pulverkammer, die: svw. ▸ Pulversack.

Pulvermaß, das (Lademaß): Ein Instrument (Schöpfmaß) zum Abmessen der für einen Schuss erforderlichen Pulvermenge. P. gab es in verschiedenen Ausführungen, entweder verschiebbar mit Maßeinteilung oder mit festem Fassungsvermögen. Früher hatte auch der Ladestock an Büchsen eine Aushöhlung, welche die für eine ▸ Ladung notwendige Pulvermenge aufnehmen konnte.

Pulverprobe, die: ▸ Pulver.

Pulversack, der (Pulverkammer): Bez. für den hintersten Teil des Vorderladerlaufes, der zur Aufnahme der Pulverladung bestimmt ist.

Pulverschleim, der: Die nach einem Schuss im Lauf zurückbleibenden Rückstände.

Pulwan, der (Pullwan): ▸ Balban.

Pump-Action-Flinte, die: ▸ Jagdgewehr.

pumpen: Seltene Bez. für das Schöpfen (Trinken) der ▸ Wildtauben.

Pumpgun, das: ▸ Jagdgewehr.

punkten: (vom Beizvogel) durch plötzliches ▸ Aufsteilen (z.B. beim Falken) – meist nach einem Fehlstoß – anzeigen, wo das von ihm verfolgte Wild Deckung angenommen hat.

Punkter, der: Ein Abrufer, der beim ▸ Kesseltreiben vom Sammelplatz aus die rechts oder links ablaufenden ▸ Schützen und ▸ Treiber abruft. Wird z.B. ein Kessel mit einem Abstand von 50 Schritt ausgelaufen, so steht der P. 50 Schritt vom Sammelplatz entfernt und ruft Treiber Nr. 2 ab, wenn Treiber Nr. 1 an ihm vorbeigeht.

punktierter Wasserläufer, der: ▸ Schnepfenvögel 13.

Puppy, das (veraltet): Frühere Bez. für die jungen Hunde (Welpen) vom Wurftag bis zum Alter von etwa zehn Wochen.

Purdeynase, die: Teil des Purdeyverschlusses; ▸ Verschlussarten.

Purdeyverschluss, der: ▸ Verschlussarten.

Purpurreiher, der: ▸ Reiher 2.

Pürsch, die: ▸ Pirsch.

Pürschhund, der: Alte Bez. für ▸ Schweißhund.

Pürzel, der (Bürzel): **1)** Der Schwanz des Bären, des Schwarzwildes und des Dachses sowie der Schnepfe, der Wildente und der Wildgans; beim Schwarzwild auch Schnörkel oder Federlein genannt. **2)** ▸ Hirschgerechte Zeichen.

Puter, der: Das männliche Trutwild; ▸ Wildtruthuhn.

Pylsteert, die: ▸ Wildenten 7.

Pyrenäenmastiff, der: ▸ Mastiff.

Q

Quackel, die: ▸ Feldhühner 2.
Quadratverband, der: ▸ Pflanzverband.
Quäke, die (Hasenquäke): Ein pfeifenartiges Lockinstrument; ▸ Lockjagd.
quäken: Beim Hasen: svw. ▸ klagen (Lautäußerung).
Quakente, die: ▸ Wildenten 14.
Quakreiher, der: ▸ Reiher 5.
quarren: **1**) svw. ▸ quorren. **2**) Der knarrende Ruf verschiedener Vogelarten, z.B. des männlichen Schneehuhns, von Elster und Krähe.
Quarthase, der: Ein ein bis zwei Monate alter ▸ Hase, der etwa ein Viertel der adulten Größe erreicht hat.
Quaste, die: (Quastel): Bez. für das behaarte Pürzelende des männlichen ▸ Schwarzwildes bzw. für die schwarze Rutenspitze (3 bis 4 cm) des Hermelins.
Quensell, C. G. L.: ▸ Jagdliteratur.
Querbänderung, die: Die quer verlaufenden, bandartigen Streifen auf dem Federkleid vieler Vogelarten, aber auch bei der ▸ Wildkatze und beim ▸ Waschbären.
Querbinden, die: Bei der Rebhenne: die von den Schaftstrichen der Flügeldeckenfedern ausgehenden schmalen Binden. Sie sind das wesentlichste Unterscheidungsmerkmal zwischen Rebhenne und Rebhahn, dem diese Q. auf den Flügeldeckenfedern fehlen; ▸ Feldhühner 1.
Querfall, das: Das Zwerchfell beim ▸ Rotwild.
Querflinte, die (Zwilling): Eine Doppelflinte mit nebeneinanderliegenden Läufen; ▸ Jagdgewehr.
Querflügel, der: ▸ Stellflügel.
Querfurt, August (1696 Wolfenbüttel bis 1761 Wien): Maler. Q., seit 1732 in Wien nachweisbar, malte vorwiegend für den Adel und für den Wiener Hof. Mehrere seiner Werke befanden sich in Schloss ▸ Laxenburg. Von Q. stammen u.a. die Bilder »Hirschjagd« und »Falkenjagd«. Ersteres stellt eine Parforcejagd dar, das zweite drei berittene Falkner auf Reiherbeize; der mit abgebildete Falkenjunge ist ein junger Schwarzer mit Turban. Neben Jagdszenen malte Q. auch Schlachtenbilder. Er war Ehrenmitglied der Wiener Akademie.
Queri, Georg (30.4.1879 Frieding bei Andechs/Oberbayern bis 21.11.1919 München): Journalist, Erzähler, Schriftsteller und Volkskundler. Von Q. erschienen Beiträge im »Simplicissimus«, in den »Lustigen Blättern« und in der »Vossischen Zeitung«. Während des Ersten Weltkriegs war er Kriegsberichterstatter. Er schrieb u.a. das »Wildererlied«, welches aus seinem Buch »Die weltlichen Gesänge des Egidius Pfanzelter von Polykarpszell« (1909) stammt.
Querreiter, der: Bez. für ▸ Niederwild, das sich vor dem Schützen in schussgerechter Entfernung quer fortbewegt.
Querriegelverschluss, der: Eine ▸ Verschlussart (Greenerverschluss oder Kerstenverschluss) mit Querriegel.
Querschläger, der: **1**) Umgangsprachliche, je-

Querreiter: Quer zum Schützen flüchtendes oder streichendes Niederwild (im Bild Rebhühner)

doch falsche Bez. für einen Abpraller; ▸ abgellen. **2**) Unregelmäßiger Einschlag des Geschosses, auf der Scheibe meist als unrundes Schussloch erkennbar. Q. entstehen hauptsächlich, wenn der Gewehrlauf ausgeschossen ist, bei schlechter Stabilisierung des Laufes, bei Bleigeschossen auch bei mangelnder Reinigung des Laufes.

Querschnittsbelastung, die: ▸ Büchsengeschosse, ▸ Ballistik.

Quersuche, die: Das Hin- und Hersuchen des Vorstehhundes vor dem Schützen. Man sagt: »Der Hund hat flotte Q.«, wenn er die Feldstücke gut quer absucht; ▸ Suche.

Quertuch, das: Ein hohes Tuch beim ▸ Eingestellten Jagen, das die Kammer vom Lauf trennte; ▸ Rolltuch, ▸ Schnapptuch.

Querungshilfen, die: ▸ Grünbrücken.

Querwaffen, die: Bez. für mehrläufige Langwaffen, bei denen die Läufe nebeneinanderliegen; im Ggs. zu Bockwaffen mit übereinanderliegenden Läufen; ▸ Jagdgewehr.

Quesenbandwurm, der: ▸ Bandwürmer.

quetschen (knautschen): ▸ Knautscher.

Quetscher, der: ▸ Knautscher.

Quetschfalle, die: Eine Totschlagfalle; ▸ Fallen 11.

quieken: Die ▸ Lautäußerung der ▸ Frischlinge.

quietschen: **1**) svw. ▸ puitzen; selten gebräuchlich. **2**) Hohe Lautäußerung der ▸ Frischlinge.

Quitschbeere, die: ▸ Eberesche.

quittieren (zeichnen): Die Reflexbewegung des Wildes, wenn es vom Geschoss getroffen wird. Das Stück hat gut quittiert oder gut gezeichnet; ▸ Schusszeichen.

quorren (quarren, murksen, seltener: quoxen): Die tief klingende Lautäußerung (»quorr – quorr«) der balzenden Schnepfe; ▸ Schnepfenvögel 1.

quoxen: ▸ quorren.

Deutsch-Kurzhaar bei der Quersuche

R

Rabbet, das: ▸ Wildkaninchen.

Rabbit Haemorrhagic Disease (RHD): Auch Chinaseuche. Erstmals 1984 in China beschriebene Bluterkrankung von Haus- und Wildkaninchen, die sich nach Westen ausbreitete. Sie ist eine durch das *Calici*-Virus, das mit dem Virus des ▸ European Brown Hare Syndrome (EBHS) nahe verwandt ist, hervorgerufene ▸ Infektionskrankheit. Die Übertragung des Virus findet wahrscheinlich mit dem Futter bzw. der Äsung statt. Die Inkubationszeit beträgt etwa zwei bis drei Tage. Es erkrankt der größte Teil der Tiere (mit hoher Todesrate), mit Ausnahme der Jungkaninchen bis etwa zur achten Lebenswoche. Diese weisen anschließend Antikörper gegen RHD auf. Die infizierten Alttiere zeigen erst Stunden vor dem Tod Krankheitssymptome. Die ersten Symptome sind Benommenheit und Atemnot, kurz vor dem Eingehen klagen manche Tiere. Stark gerötete Schleimhaut und schaumigblutiges Sekret aus den Nasenlöchern sind Hinweise auf RHD. Gegen die Seuche gibt es einen wirksamen Impfstoff.

Rabe, der: Allg. Bez. für Kolkrabe; ▸ Rabenvögel 1.

Rabe, großer, der: ▸ Rabenvögel 1.

rabenartige Vögel, die: ▸ Rabenvögel.

Rabenente, die: ▸ Wildenten 16.

Rabenhütte, die (Krähenhütte, Uhuhütte): ▸ Hüttenjagd.

Rabenkrähe, die: ▸ Rabenvögel 2.

Rabenvögel: Zur Familie der R. (*Corvidae*), die der Überfamilie der ▸ Singvögel (Oscines) aus der ▸ Ordnung der Sperlingsvögel (*Passeriformes*) zuzuordnen ist, gehören Kolkrabe, Krähen, Häher, Elstern und Dohlen. Es sind mittelgroße, kräftig gebaute Vögel mit außergewöhnlich scharfen Sinnen und überraschender Klugheit. Die Geschlechter sind gleich gefärbt. Der Schnabel ist mittellang, mehr oder weniger gerade und auffallend kräftig und spitz. Die Nasenlöcher sind rund und werden durch Bartborsten verhüllt. Die Flügel sind meist lang und spitz, der mittellange Schwanz ist gerade oder abgerundet, die Füße sind sehr kräftig. Sie leben sehr gesellig, viele Arten oft mehrjährig in Einehe oder lebenslang (Kolkrabe). Die meisten Arten brüten in ▸ Kolonien. Die umfangreichen oder kleineren Reisignester werden immer weich ausgepolstert und auf Bäumen, an Felswänden oder in Höhlen errichtet. Eine Jahresbrut. Sie sind ▸ Allesfresser, ziehen aber animalische Nahrung vor, die überwiegend am Boden gesucht wird. Zur Beute der R. zählen auch Eier und Jungvögel sowie Jungwild (Kolkrabe), unabhängig vom Angebot sonstiger verfügbarer Nahrung (Ausnahme: Saat- und Alpenkrähe, Alpendohle). Dem Jagdrecht (BJG) unterliegt nur der Kolkrabe, der jedoch ganzjährig geschont ist; in Bayern sind zusätzlich die ▸ Kulturfolger Eichelhäher, Elster und Rabenkrähe jagdbar. Alle anderen Arten stehen unter Naturschutz. Seit 1.7.1987 sind auch Rabenkrähe, Elster und Eichelhäher durch die Bundesartenschutzverordnung besonders geschützt. Ein notwendiger Abschuss dieser Vögel im Rahmen der ▸ Niederwildhege und des Vogelschutzes bei hoher Besatzdichte bedarf der Genehmigung (z.T. unterschiedliche Voraussetzungen und Regelungen, daher das jeweilige Landesrecht beachten). Soweit eine Bejagung erlaubt ist, erfolgt sie am Nest, Schlafplatz, am ▸ Luderplatz, bei der ▸ Hüttenjagd oder als ▸ Lockjagd durch Nachahmung von Vogelangstrufen. Zu den natürlichen Feinden der R. zählen v.a. Habicht,

Der Kolkrabe, der größte Vertreter der Rabenvögel, ist seit jeher mythenbehaftet.

Kulturfolger Rabenkrähe

▸▸ Das Verbreitungsgebiet der Nebelkrähe schließt östlich der Elbe an das der Rabenkrähe an.

Wanderfalke und Uhu, auf den Schlafbäumen gelegentlich der Baummarder (Gelege und Jungvögel).

Dem Kolkraben kam seit jeher eine starke Symbolik zu. Während er in sehr früher Zeit als Sinnbild der Weisheit galt, kehrte sich seine Bedeutung im Mittelalter ins Negative. In der Zeit der Inquisition wurden Kolkraben in Hexendarstellungen auf den Schultern vermeintlicher Hexen sitzend dargestellt. Bez. wie »Unglücksvogel«, »Todesvogel« und »Galgenvogel« bezeugen das düstere Ansehen, das der Kolkrabe in jener Zeit genoss, und das vermutlich einer der wesentlichen Gründe für die z.T. hoheitlich angeordneten Verfolgungskampagnen durch den Menschen war, die bereits im 17./18. Jh. einsetzten und bis zum Beginn des 20 Jh. andauerten. Die Krähe (Raben-, Saat- und Nebelkrähe) nimmt im Volksglauben ebenfalls einen weiten Raum ein. Ihr Schreien sagt schlechtes Wetter oder den Tod eines Menschen voraus. Überhaupt ist sie der Kunst des Weissagens mächtig. Bei den Römern achteten die Auguren sehr genau auf den Flug der Krähen, sie mussten links vorbeifliegen, um günstig zu wirken, Raben hingegen rechts. Als sich eine Krähe auf dem Kapitol niederließ, glaubte man, die Ermordung Domitians voraussagen zu können. Krähenköpfe verwendete man für den Liebeszauber, ihre Herzen, um Eintracht zwischen Eheleuten zu stiften. Heute noch ist man vielerorts der Meinung, dass aufgehängte tote Krähen Fliegen vertreiben, wiewohl dies angesichts der Anziehungskraft verwesenden Fleisches auf Fliegen kaum vorstellbar ist. Die Krähe wehrt nach der Volksmeinung darüber hinaus Pferdekrankheiten ab und dient, über dem Acker aufgehängt, als Vogelscheuche. In der Volksmedizin spielte der Krähenkot eine Rolle. Ihm wurden Heilkräfte nachgesagt. In einem alten Rezept aus dem 17. Jh. heißt es: »Der Krähen-Kot soll seiner Nitrosität halber gut in der Rohr, auch allerhand Bauch-Schmertzen zu stillen gut seyn, innerlich im Quentlein in rothen Wein genommen«.

Nestlinge der Rabenkrähe betteln um Futter.

1. Kolkrabe, der *(Corvus corax*, L.): Auch Joch-, Kohl-, Edel-, Stein-, Aasrabe, Galgenvogel, großer Rabe, Rapp, edler Rank, im germanischen Mythos Wotansvogel genannt. Größter R., etwa bussardgroß. Länge: 64 cm, Gewicht: um 1200 g, ▸ Flügelspannweite: 120 cm, ▸ Standvogel.

Aussehen: Einschließlich Schnabel tiefschwarz gefärbt. Gefieder im Licht blauschwarz-metallisch glänzend. Auffallend kräftiger, ca. 7 bis 8,5 cm langer, an der Spitze abwärts gebogener Schnabel. Starke Ständer und Zehen. Keilförmiger Schwanz und zottige Kehlfedern. Augen schwarzbraun. Die Jungvögel ähneln den Altvögeln. Gefieder jedoch mattschwarz gefärbt mit bräunlichem Anflug.

Vorkommen und Lebensweise: Der zeitweilig von Ausrottung bedrohte K. ist bei uns noch in den Alpen, im Alpenvorland, in Schleswig-Holstein und Niedersachsen heimisch. Er war u.a. in ganz Europa verbreitet, ist aber in vielen Gebieten Mitteleuropas ausgerottet worden. Er bewohnt offenes, von Wäldern und Feldgehölzen unterbrochenes Gelände, v.a. im höheren Gebirge und an felsigen Meeresküsten. Als ausgesprochener ▸ Jahresvogel ist er überaus standorttreu und streicht nur wenig in kleineren Trupps umher. K. sind äußerst kluge Vögel, jedoch sehr scheu und misstrauisch. Im Flug ist der stattliche Vogel, abgesehen von seiner Größe, an dem keilförmig zugespitzten Stoß und an dem mächtigen Schnabel gut zu erkennen. Er fliegt ausgezeichnet, immer mit vorgestrecktem Kopf, dabei häufig wie ein ▸ Greifvogel gleitend und segelnd. Während der ▸ Balz führt er anmutige, beinahe akrobatische Flugspiele durch. Am Boden schreitet er bedächtig mit festen, sicheren Schritten, in der Eile dagegen galoppiert er mit gelüfteten Flügeln. Der K. wird sehr alt und galt in der germanischen Mythologie als »der Geheimnisse erforschende Vogel Odins (Wotans)« und wurde deshalb auch Wotansvogel genannt. Wotan diente ein Pärchen, Hugin und Munin genannt. Munins ehemaliger Brutplatz war die Weltesche Yggdrasil. Ein K.-Paar hält in treuer Ehe sein ganzes Leben hindurch zusammen. Zum Teil imitieren K. die Stimmen von Tieren ihrer unmittelbaren Umgebung. Zahme K. sind sehr gelehrig und imstande, einige Wörter und sogar kurze Sätze verständlich nachzusprechen.

Fortpflanzung: K. werden mit zwei Jahren geschlechtsreif und beginnen vereinzelt schon Ende Februar mit dem Brutgeschäft. Der ▸ Horst (ca. 40 bis 60 cm Durchmesser) wird auf hohen, alten Bäumen oder im Gebirge an Felswänden und in Höhlen gebaut und oftmals mehrere Jahre benutzt. Das Gelege besteht aus drei bis sechs rauen, bläulich grünen Eiern, die olivgrün und schwarzbraun, zuweilen aschgrau gefleckt, 50 x 33 mm groß und ca. 33 g schwer sind. Die Brutzeit (Ende Februar bis April) beträgt 20 bis 21 Tage, die Jungen verlassen nach etwa 40 Tagen den Horst, bleiben aber mit den Altvögeln noch mehrere Monate zusammen. Es brütet nur das Weibchen, während das Männchen es in dieser Zeit mit Nahrung aus dem Kehlsack versorgt.

Nahrung: K. nehmen Insekten, Würmer, Schnecken, Mäuse und Tiere (z.B. Junghasen), die sie überwältigen können, daneben auch Vögel und deren Gelege, Früchte und Körner sowie Aas. Unverdauliche Nahrungsreste werden als ▸ Gewölle ausgewürgt.

2. Rabenkrähe, die *(Corvus corone corone*, L.): Mittel-, Feld-, Krähenrabe, Schwarz-, Haus-, Aaskrähe, Krap, Ramm. Sie ist wesentlich kleiner als der Kolkrabe. Länge: 47 cm, Gewicht: um 500 g.

Aussehen: Einschließlich Schnabel und ▸ Ständer einfarbig schwarz gefärbt, oberseits Gefieder mit schwachem Erzglanz. Der Schnabel ist kräftig, aber weniger gekrümmt als beim Kolkraben. Die Schnabelwurzel ist immer befiedert. Der Schwanz ist gerade abgeschnitten und nicht keilförmig. Die Augen sind schwarzbraun. Die Jungvögel ähneln den Altvögeln, haben jedoch ein matteres Gefieder und blaugraue Augen.
Vorkommen und Lebensweise: Die R. bewohnt mit Ausnahme Irlands fast ganz Westeuropa (östliche Grenze ist die Elbe), liebt ▸ Kulturlandschaften, Moorgebiete, baumbestandene Wiesen, kleinere Waldungen und Feldgehölze und dringt oftmals bis in die Ortschaften und Parkanlagen vor. Im Winter ist sie in Scharen auf den Abfallhalden am Rande der Städte anzutreffen. Im Gebirge brütet sie stellenweise noch in einer Höhe von 2000 m. Sie lebt sehr gesellig mit ihresgleichen, v.a. im Herbst und Winter, horstet aber stets abgesondert. Auch ist sie ungemein vorsichtig, sehr begabt, listig und mutig und ▸ hasst auf den Greifvogel, wo immer sie ihn antrifft. Ihr Gang ist sehr bedächtig, ihr Flug kräftig, geradlinig mit langsamen, gleichmäßigen Flügelschlägen. Sie segelt und gleitet im Ggs. zum Kolkraben, dem sie in der ganzen Lebensweise sehr ähnelt, nur selten. Zum Schlafen sucht sie bei Einbruch der Nacht gemeinsam mit Artgenossen hohe Bäume auf (Schlafkolonie). In Gefangenschaft lernt sie wie der Kolkrabe Wörter täuschend ähnlich nachzusprechen.
Fortpflanzung: Die Balz fällt in den März/April. R. sind zwar mit zwei Jahren geschlechtsreif, brüten aber i.d.R. erst im dritten Jahr. Verpaarte R. leben fast immer in Einehe. Sie bleiben meist im gleichen Brutrevier, das gegen Artgenossen verteidigt wird, und bauen ihre Horste – soweit sie nicht den alten Horst ausbessern – auf hohen Bäumen und im Gebirge an Felswänden. Sie sind ausgesprochene Einzelbrüter. Das Gelege, das im April/Mai nur vom Weibchen ausgebrütet wird, enthält vier bis sechs blaugrüne, dunkelbraun oder olivfarben gefleckte Eier. Diese sind 44 x 30 mm groß und ca. 19 g schwer. Die Brutdauer beträgt 18 bis 20 Tage, die ▸ Nestlingszeit 31 bis 34 Tage. Jung- und Altvögel bleiben anschließend noch einige Wochen zusammen.
Nahrung: Sie besteht aus Vögeln, Eiern, Mäusen und sonstigen Kleinnagern, aus Insekten, Schnecken, Würmern, Körnern, Beeren, Obst und nicht zuletzt aus Aas. Mit Vorliebe plündern die R. Nester und sind daher in Niederwildrevieren, aber auch allg. für die gesamte Vogelwelt ein arger Feind, der im Rahmen der Hegemaßnahmen, soweit gestattet, kurzgehalten werden muss.

3. Nebelkrähe, die *(Corvus corone cornix*, E.): Auch Nebel-, Mehlrabe, graue Krähe, Schild-, Mantel-, Luderkrähe, Nebel(k)rapp, Graumantel. Die gleiche Größe wie die Rabenkrähe. Länge: 47 cm, Gewicht: um 500 g. ▸ Zugvogel, der in Westdeutschland nur als Wintergast anzutreffen ist. Sie ist wie die Rabenkrähe jagdschädlich, jedoch ganzjährig geschützt.
Aussehen: Kopf, Vorderhals, Schwingen und Schwanz sind schwarz, der übrige Körper (Hinterhals, Rücken, Brust und Bauch) grau. Die Jungen ähneln den Altvögeln.
Vorkommen und Lebensweise: Östlich der Elbe wird die Rabenkrähe durch die N. ersetzt. Im Grenzgebiet vermischen sich jedoch beide Arten. Zur Winterzeit dringt die N. weit nach Westeuropa, ungefähr bis Mittelfrankreich, vor. Lebensweise wie Rabenkrähe; ▸ Krähenbieter.
Fortpflanzung und Nahrung wie Rabenkrähe.

◂◂ Die Saatkrähe ist ein Teilzieher und tritt in manchen Teilen Westeuropas im Winter in großen Schwärmen auf.

4. Saatkrähe, die *(Corvus frugilegus*, E.): Auch Feld-, Hafer-, Acker-, Gesellschaftskrähe, Saatrabe, Nackt-, Grindschnabel. Sie ist schlanker als die Raben- und Nebelkrähe. Länge: 46 cm, Gewicht: um 240 g. Nicht jagdschädlich. Stand- oder ▸ Strichvogel.
Aussehen: Das Gefieder ist schwarz mit rotem und grünem Metallschimmer. Der Schnabel ist schmäler und spitzer als bei der anderen Krähenarten, der Schnabelgrund bei mehrjährigen Vögeln kahl und weißlich grindig (Grindschnabel). Struppige Schenkelbefiederung (Hosen). Beim Jungvogel ist das Gefieder etwas matter gefärbt und der Schnabelgrund noch voll befiedert. Erst durch das ständige Stochern im Boden verlieren die S. mit zunehmendem Alter die Federn und Borsten und erhalten den nackten, weißgrindigen Schnabelgrund. Junge S. sind daher leicht mit Rabenkrähen zu verwechseln.
Vorkommen und Lebensweise: Die S. ist bis auf wenige Gebiete in ganz Mitteleuropa und großen Teilen Asiens ▸ Brutvogel und überwintert als ▸ Teilzieher in West- und Südeuropa. Der Rückflug osteuropäischer S. in ihre Heimatgebiete erfolgt jeweils in großen Flügen. Sie liebt offenes Gelände mit Baumgruppen, Wiesen, Weiden, Äcker und Parkanlagen, fehlt jedoch auf felsigem Boden und in den Gebirgslagen. Die S. ist ein sehr geselliger Vogel, der überwiegend kolonieweise auf Baumgruppen mit freier Umschau anzutreffen ist. Ihr Flug ist geradlinig, die Flügelschläge sind schneller als bei der Rabenkrähe.
Fortpflanzung: S. leben i.d.R. in Einehe und sind mit zwei Jahren geschlechtsreif. Sie brüten immer in Kolonien, die bereits durch den

Die Dohle brütet überwiegend in Kolonien.

Die Elster lebt in offenen Landschaften, als ausgeprägter Kulturfolger aber auch inmitten von Großstädten.

immerwährenden Lärm auffallen und daher nicht zu überhören sind. Die Horste stehen dabei auf engstem Raum zusammen. Das Gelege enthält im April vier bis fünf hellblau-grünliche, dunkelbraun gefleckte Eier. Die Eier sehen den Rabenkräheneiern sehr ähnlich, sind 41 x 21 mm groß und ca. 16 g schwer. Die Brutdauer beträgt 17 bis 19 Tage, die Nestlingszeit ca. 32 Tage.

Nahrung: Die S. ist wie alle Krähen Allesfresser, ernährt sich aber hauptsächlich von Insekten, Käfern, Larven, Würmern, die sie mit dem Schnabel aus dem Boden stochert. Daneben werden aber auch Mäuse, gelegentlich Aas, Getreidekörner und keimende Saat aufgenommen. Der Schaden, den sie auf frisch eingesäten Feldern anrichtet, wird durch die Aufnahme schädlicher Insekten meist wieder ausgeglichen.

5. Alpenkrähe, die *(Pyrrhocorax pyrrhocorax*, L.): Auch Krähendohle, Steinkrähe, Gebirgs-, Feuer-, Klausrabe, Eremit, Turmwiedehopf. Länge: 40 cm. Standvogel.

Aussehen: Das Gefieder ist schwarz glänzend mit blaugrünem bis blauschwarzem Schimmer. Der Schnabel ist rot, länger als der Kopf (4,5 bis 5 cm) und leicht nach unten gebogen. Die Flügel sind länger als der Schwanz, die Ständer rot, die Augen braun. Jungvögel ähneln den Altvögeln, Gefiederfärbung jedoch stumpf schwarz, Schnabel und Ständer gelbrot.

Vorkommen und Lebensweise: In den Westalpen, in der Zentralschweiz (Graubünden und Wallis), an den Küsten Irlands und im westlichen England. Die A. besticht durch ihren ungemein gewandten Flug. Beim Segeln werden die Handschwingen weit gespreizt und aufgebogen. Sie lebt sehr gesellig und dicht unterhalb der Schneegrenze.

Fortpflanzung: Der Horst wird in Felsspalten, Ruinen und Höhlen aus Wurzeln und Reisern errichtet. Sie nistet häufig kolonieweise. Das Gelege enthält im April/Mai drei bis fünf rahmfarbene, mit braunen Punkten und braunen Längsflecken versehene Eier, die 39 x 28 mm groß und ca. 13 g schwer sind. Die Brutdauer beträgt 19 bis 21 Tage, die Nestlingszeit ca. 38 bis 40 Tage. Eine Jahresbrut.

Nahrung: Hauptsächlich Insekten, die sie meisterhaft aus allerlei Schlupfwinkeln hervorzuholen weiß, daneben Sämereien.

6. Alpendohle, die *(Pyrrhocorax graculus*, L.): Auch Berg-, Amsel-, Stein-, Schneedohle, Alpenamsel. Kleiner als die Alpenkrähe. Länge: 38 cm. Standvogel.

Aussehen: Das Gefieder ist glänzend schwarz, der Schnabel gelb, nur leicht gebogen und kürzer als der Kopf (2,7 bis 2,9 cm). Die Ständer sind hellrot, die Augen braun. Die Jungvögel sind mattschwarz, Schnabel und Ständer fleischfarben.

Vorkommen und Lebensweise: Die A. kommt überall in den Alpen oberhalb der Waldgrenze vor und ist noch auf hohen Berggipfeln anzutreffen. Im Winter kommt sie bis ins Tal und sucht in der Nähe der Häuser Futter. Der gesellig lebende Vogel ist verhältnismäßig zutraulich und nähert sich, v.a. in der Umgebung von Berghotels und Hütten, den Wanderern, futterhaschend bis auf wenige Schritte. Sie ist ein gewandter Flieger und segelt oft mit gespreiztem Schwanz.

Fortpflanzung: A. nisten meist kolonieweise und legen ihre Nester in unzugänglichen Steilwänden, gelegentlich auch in Türmen und Ruinen an. Das Gelege enthält im Mai/Juni vier bis fünf Eier, die auf weißlichem Grund viele grobe, graue bis bräunliche Flecken und Punkte aufweisen. Die Eier sind 37 x 26 mm groß. Die Brutdauer beträgt 18 bis 21 Tage, die Nestlingszeit etwa 31 Tage.

Nahrung: Insekten, Spinnen, Schnecken, Würmer, Beeren, Sämereien, Knospen und Obst. Von Berghütten und Hotels holen sie auch jede Art von Küchenabfällen, daneben lassen sie sich von Wanderern füttern.

7. Dohle, die *(Corvus monedula*, L.): Auch Alkar, Dacha(l), Dähel, Elke, Gacke, Kaike, Klass, Turmkrähe, Kleeas, Talk. Kleinster R. Länge: 33 cm, etwa taubengroß, Gewicht: um 230 g. Stand- und Strichvogel.

Aussehen: Rücken, Schwingen und Schwanz sind glänzend schwarz, Hinterkopf und Wangen aschgrau, die Unterseite schwarzgrau, an beiden Halsseiten befindet sich ein grauer Fleck. Augen hellgrau, Schnabel und Ständer schwarz. Der kurze Schnabel ist oben etwas gebogen. Die Jungvögel ähneln den Eltern.

Vorkommen und Lebensweise: Sie ist in ganz Europa verbreitet und bevorzugt als Felsenbrüter Schluchten mit steilen Wänden, liebt aber auch parkartige Wälder und lebt gerne in der Nähe menschlicher Siedlungen, sofern ihr hohe Türme, Ruinen und sonstiges hohes Gelände entsprechenden Unterschlupf bieten. Sie verträgt sich gut mit dem Turmfalken, nistet sogar neben ihm, meidet und fürchtet aber alle anderen größeren Greifvögel. Häufig wird sie in Gesellschaft von Saatkrähen und Staren angetroffen, in deren Schwärmen sie sich sichtlich wohl fühlt. Sie ist ein munterer und kluger Vogel, dabei ein gewandter und schneller Flieger, fliegt mit raschen Flügelschlägen und ist wesentlich schneller als die Krähen. In der Gefangenschaft lernt sie Wörter bald nachzusprechen. Vogel »Jakob«.

Fortpflanzung: Das Nest befindet sich meist in Felsennischen und in Mauerlöchern von Türmen, Ruinen, Kirchtürmen und sonstigen hohen Gebäuden sowie in Baumhöhlen. Die D. nistet überwiegend kolonieweise. Das Gelege enthält im April/Mai drei bis sechs Eier, die auf blassblau-grünlichem Grund graubraun gefleckt sind. Die Eier werden nur vom Weibchen bebrütet, das in dieser Zeit vom Männchen gefüttert wird. Sie sind 34 x 25 mm groß und ca. 12 g schwer. Die Brutdauer beträgt 17 bis 18 Tage.

Nahrung: Sie besteht überwiegend aus Insekten, Würmern, Schnecken, Mäusen, Getreide, Obst, Abfällen und Aas, gelegentlich aus Jungvögeln und Eiern.

8. Elster, die *(Pica pica*, L.): Auch Azel, Ägerst, Hätz, Heister, Hetzer, Schalaster, Alster, Aglaster, Hoster, Gräckelster, Gartenkrähe, Gatschen, Markolf. Länge: 46 cm, wovon 24 cm auf den Schwanz entfallen. Gewicht: um 210 g.

▸▸ Eichelhäher: Der Vogel hortet überschüssige Nahrung in Bodenverstecken und hat dadurch schon so manchen Eichenwald »gepflanzt«.

Arger Nesträuber. Standvogel. Bereits J. C. ▸ Aitinger beschreibt 1626 ihren Fang und ihre Verwendung (z.B. zu Arznei).
Aussehen: Bauch, Schultern und Flanken weiß, das übrige Gefieder glänzend schwarz mit blauem, auf Hals, Rücken und Flügeln mit grünem und auf dem Stoß mit graugrünem und purpurnem Schimmer. Der Stoß ist sehr lang und keilförmig abgestuft. Schnabel und Ständer sind schwarz, die Augen dunkelbraun. Die Jungvögel ähneln den Eltern, haben jedoch ein verhältnismäßig glanzloses Gefieder.
Vorkommen und Lebensweise: Die E. ist in ganz Europa bis Lappland hinauf verbreitet und bewohnt auch große Teile Asiens. Sie bevorzugt die offene Kulturlandschaft mit Bäumen und Feldgehölzen sowie den Auwald und lebt sehr gerne in der Nähe der Menschen (Parkanlagen, Obstgärten). Im Gebirge ist sie noch in einer Höhe von 1900 m anzutreffen, meidet jedoch größere, zusammenhängende Waldungen. E. sind überaus kluge und listige, aber auch sehr gesellig lebende Vögel, die sehr bald den ihnen nachstellenden Jäger vom Spaziergänger zu unterscheiden wissen. Ihre größten natürlichen Feinde sind der Habicht und der Wanderfalke. Ihr Flug ist unregelmäßig und schwerfällig und führt nur über kurze Strecken. Die E. ist jedoch in der Lage, mit dem sehr langen Stoß äußerst gewandte und schnelle Seitenbewegungen durchzuführen. Am Boden bewegt sie sich träge nach Krähenart, hebt aber dabei den langen wippenden Stoß schräg in die Höhe. Ihre Gewohnheit, glänzende Gegenstände aufzunehmen und im Horst zu verstecken, führte zu der Bez. »diebische E.«. Im Winter finden sich die E. zu größeren Schlafgemeinschaften zusammen, die sich im Frühjahr zu Beginn des Brutgeschäftes wieder auflösen. Sie ist sehr standorttreu.
Fortpflanzung: Das Nest wird meist in den äußersten Wipfeln hoher Bäume oder versteckt in niedrigen Heckenbüschen errichtet. Bei Störung, manchmal aber auch zur Ablenkung, werden mehrere Nester zugleich errichtet. I.d.R. erfolgt alljährlich ein neuer Nestbau. Das Nest wird aus Reisern und Lehm errichtet und haubenförmig überdacht. Das Einschlupfloch befindet sich seitlich. Das Gelege enthält im April fünf bis sieben grünlich blaue oder grünlich graue Eier, die dicht graubraun gefleckt sind. Sie sind 34 x 24 mm groß und ca. 8 bis 10 g schwer. Die Brutdauer beträgt 15 bis 18 Tage, die Nestlingszeit 22 bis 24 Tage.
Nahrung: Mit Vorliebe verzehren sie Eier und Jungvögel, daneben zählen Insekten, Schnecken, Würmer, Larven und Mäuse zu ihrer Nahrung.
9. Eichelhäher, der *(Garrulus glandarius*, L.): Nuss-, Wald-, Holzhäher, Markwart. Länge: ca. 34 cm; Gewicht: um 150 g. Stand- und Strichvogel.
Aussehen: Die Hauptfärbung ist rötlich braun, der ▸ Bürzel schneeweiß, der Stoß schwarz, je ein weißer Flügelfleck, Flügeldecken leuchtend blau, mit schwarzer und weißer Querbänderung. Die Scheitelfedern (Holle) sind schwarz-weiß gestreift und können bei Erregung zu einer Haube aufgerichtet werden. Kehle weiß, Bartstreif, vom Unterschnabel abwärts laufend, kräftig und schwarz. Augen hellblau, Schnabel schwarz.
Vorkommen und Lebensweise: Der E. ist einer unserer bekanntesten Vögel, der mit Ausnahme des äußersten Nordens in ganz Europa vorkommt und im Gebirge wie in der Ebene die Misch- und Laubwälder, aber auch die Feldgehölze und Parklandschaften bewohnt. Er ist ein äußerst aufmerksamer Vogel, dem kaum etwas entgeht und der sich mit größtem Geschick im Gezweige bewegt. Auch am Boden ist er außerordentlich gewandt und hüpft mit großen, federnden Schritten dahin. Dagegen gehört er wohl zu den schlechtesten Fliegern; er fliegt sehr schwerfällig und in Wellen und überfliegt größere freie Flächen – meist aus Furcht vor Greifvögeln – nur ungern und nach sichtlicher Überwindung. Sein Warnlaut verkündet sowohl der Tierwelt die Anwesenheit des Menschen oder des pirschenden Jägers als auch dem Jäger die Annäherung von Fuchs und Sau usw. Gelegentlich ahmt er das »Hiäh« des Bussards täuschend ähnlich nach, kann aber auch andere Lautäußerungen von Tieren bestens imitieren.
Fortpflanzung: Das Nest wird meist im unterholzreichen Wald in unterschiedlicher Höhe (2 bis 5 m) und in Stammnähe errichtet. Es enthält im April/Mai fünf bis sechs, seltener sieben graugelbe, mit dichten graubraunen Flecken versehene Eier, die von beiden Partnern abwechselnd bebrütet werden. Die Eier sind 32 x 23 mm groß und ca. 8 g schwer. Die Brutdauer beträgt 16 bis 17 Tage, die Nestlingszeit 19 bis 20 Tage.
Nahrung: Der E. ist ein arger Nesträuber (Jungvögel und Eier) und schadet den Kleinvögeln sehr. Daneben zählen Insekten, Würmer, Beeren, Eicheln, Bucheckern und Haselnüsse zu seiner Nahrung. Überzählige Nahrung wie Eicheln und Bucheckern versteckt er häufig unter Moos oder im Boden. Dadurch, dass er einen Teil seiner Verstecke wieder vergisst, trägt er zur Verbreitung dieser Baumarten bei (Hähersaat).
Im überwiegend aus Hähersaaten stammenden Eichenwald (300 bis 400 ha) des Domstiftes Brandenburg bei Pritzerbe wurde dem »Oberforstmeister« Eichelhäher ein Findling gesetzt: »EICHELHÄHER-STEIN le planteur«.
10. Tannenhäher, der *(Nucifraga caryocatactes*, L.): Auch (Berg-)Gratscher, Heger, Herold, Holzheister, schwarzer Holzschreier, Nusshäher, -knacker, -picker, schwarzer Markwart, Spechtrabe, Nuss- und Bergjäck. Länge: ca. 32 cm, Gewicht: um 200 g. Standvogel.
Aussehen: Gefieder dunkelbraun mit weißen Tropfenflecken, Flügel schwarz und breit mit bläulichem Glanz, die Unterschwanzdecken weiß, Stoß schwarz und abgerundet mit weißem Endsaum. Der schwarze Schnabel ist lang (4,5 cm) und stark, die Ständer sind schwarz und die Augen braun gefärbt.
Vorkommen und Lebensweise: Der T. bewohnt die Nadelwälder der Gebirge sowohl im Norden als auch im Süden Europas, zieht aber im Winter auch in die tiefer gelegenen Laubwaldregionen. Außerhalb der Brutzeit, v.a. im Spätherbst und Winter, lebt er in kleinen Gesellschaften, vermehrt um die sibirische Art, die in manchen Wintern invasionsartig bei uns auftritt. Er ist ein scheuer und versteckt lebender Vogel, der im Flug dem Eichelhäher ähnelt. Gut sichtbar ist im Flug der breite weiße Endsaum des Stoßes.

Der Tannenhäher bevorzugt Nadelwälder der Hochlagen, im Winter sucht er aber auch tiefer gelegene Laubwaldgebiete auf.

Fortpflanzung: Das Nest wird gut versteckt nur auf Nadelbäumen und meist in Stammnähe aus dürren Fichtenreisern errichtet. Der früheste Legebeginn dürfte in den ersten Märzwochen liegen, doch ist der April in den meisten Fällen Lege- und Brutmonat. Das Gelege enthält drei bis vier hell-blaugrüne Eier, die mit gleichmäßigen oliv- und graubraunen Flecken bedeckt sind. Die Eier sind 34 x 25 mm groß und ca. 11 g schwer. Die Brutdauer beträgt 16 bis 18 Tage, die Nestlingszeit 21 bis 25 Tage.
Nahrung: Sie besteht hauptsächlich aus Zirbel-, Haselnüssen, Bucheckern, Eicheln, Nadelholzsamen, Beeren und Obst, aber auch aus allerlei Gewürm und Insekten sowie, wenn auch in wesentlich geringerem Umfang als beim Eichelhäher, aus Jungvögeln und Eiern. Die Nüsse, Eicheln und Bucheckern werden unter die Füße geklemmt und mit dem Schnabel aufgemeißelt.
Rabies, die (lat.): Die ▸ Tollwut.
Rachen, der: Waidmännische Bez. für die Mundhöhle bei den ▸ Hunden und beim ▸ Haarraubwild.
Rachenbremse, die (Rachenbreme): ▸ Rachendasseln.
Rachendasseln, die: ▸ Innenparasiten, die Larven der Rachenbremse bzw. Rachendasselfliege *(Cephenomyia stimulator)*. Die Rachenbremse ist eine ca. 1,2 bis 1,5 cm lange, plumpe, stark behaarte Fliege, die zur Gruppe der Ostriden zählt. Sie schwärmen von Juni bis August und schleudern lebend geborene 1 mm große Larven in den Windfang sämtlicher Cerviden, besonders aber in den des

Larve der Rachendasselfliege, etwa 1,3-fach vergrößert

▸▸ Entwicklungszyklus der Rachenbremse

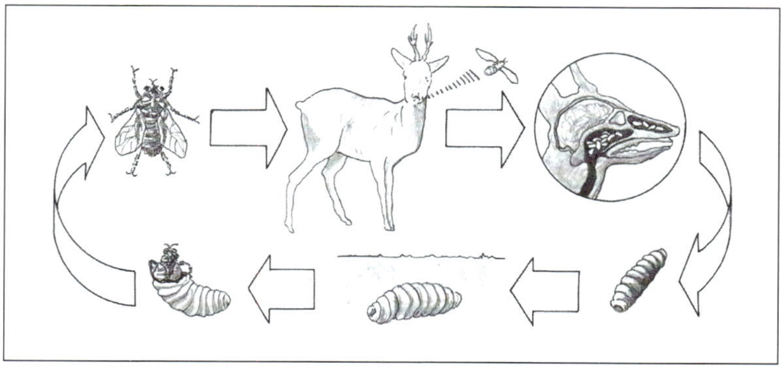

Rehwildes. Die Larven wandern die Nasenhöhlen aufwärts und setzen sich in den oberen Teilen der Nasenhöhle (Nasennebenhöhlen) und auch im Rachenraum fest. Die weißen Larven verfärben sich über gelb zu hellbraun. Den Winter über wachsen sie nur gering, im Frühjahr beschleunigt sich ihr Wachstum jedoch. Nach zehn Monaten haben sie eine Länge von 2,5 bis 4 cm erreicht und sind ausgewachsen. Die nunmehr dunkelbraunen und ziemlich unbeweglichen Larven werden ausgehustet oder -geniest. Am Boden verpuppen sie sich, und nach vier bis sechs Wochen, etwa von Mai bis Juli, schlüpfen aus der Puppe die geschlechtsreifen Rachenbremsen. Der Befall ist am Wild erst im Frühjahr bzw. Frühsommer zu erkennen. Die befallenen Stücke fallen durch Husten, Niesen, Schnarchlaute und Kopfschütteln auf. Durch Atem- und Schluckbeschwerden und die dadurch gestörte Nahrungsaufnahme ▸ kümmern sie, ▸ verfärben später und haben deutlich weniger ▸ Wildbret als gesunde Stücke. Werden junge oder schon geschwächte Stücke massenhaft befallen, kommt es manchmal zu Todesfällen durch Ersticken, seltener auch durch Erschöpfung.

Bekämpfung: Abschuss von erkrankten Stücken und unschädliche Beseitigung (▸ Tierkörperbeseitigung) der Larven (verbrennen). Ferner sind puppen-, larven- und insektenfressende Tiere wie Dachs, Igel und Vögel (z.B. Bachstelze, Rotschwanz) zu fördern. Medikamentöse Bekämpfung ist möglich, jedoch bei Wild äußerst schwierig. Das Wildbret ist nach Entfernung der ▸ Parasiten genusstauglich.

Rachitis, die (Englische Krankheit, Knochenweiche): Eine Krankheit des Skeletts, die v.a. bei Junghunden, aber auch bei ausgehorsteten ▸ Beizvögeln (▸ Nestling 2)) vorkommt und eine Folge schlechter Ernährung ist. Durch ein gestörtes Gleichgewicht der Mineralstoffe und Vitamin-D_3-Mangel kommt es zu einer ungenügenden Kalkeinlagerung der Knochen. Die Knochen sind weich, verformen sich, die Gelenke sind geschwollen und schmerzen beim Stehen und Laufen. Durch gute Ernährung mit genügend Mineralstoffen und Vitaminen (auch Vitamin-D-Präparat) ist R. zu vermeiden.

rackeln: svw. balzen beim Rackelhahn; ▸ Raufußhühner 3.

Rackelwild, das: Auch Rackelhuhn. Der Rackelhahn und die Rackelhenne. R. ist eine Kreuzung von Auer- und Birkwild; ▸ Raufußhühner 3.

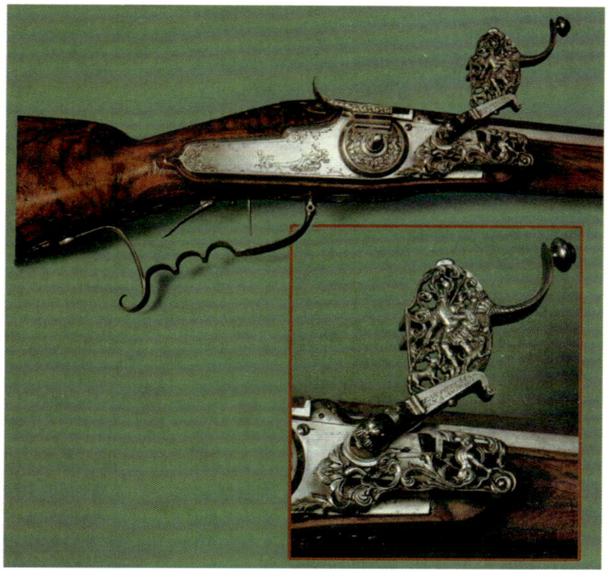

Radschlossbüchse, Ansbach, 1719, mit eisengeschnittenem und graviertem Hahnenspannschloss, durchbrochen eisengeschnittenem Hahn und Federplatte sowie signiertem Hebelarm. München, Deutsches Jagd- und Fischereimuseum

Ra(c)ken, die *(Coraciidae):* Zur Ordnung der ▸ Rackenvögel zählende Vögel mit kräftigem Körper auf verhältnismäßig schwachen Füßen; gute Flieger, die Insekten im Flug jagen. Zu ihnen gehört auch die Blauracke.

Rackenvögel, die *(Coraciiformes):* ▸ Ordnung der Vögel von sehr verschiedenem Habitus. Als gemeinsame Merkmale haben sie drei längs verwachsene Vorderzehen an den auffallend kleinen Füßen, zehn bis elf Handschwingen und zwölf Schwanzfedern. Zu den R. zählen: die ▸ Racken im engeren Sinne, die Hopfe (z.B. Wiedehopf), Eisvögel, Bienenfresser und Nashornvögel. Sie sind vorwiegend ▸ Höhlenbrüter und sehr bunt gefiedert.

Radiotelemetrie, die: ▸ Telemetrie.

Rad schlagen: **1**) Fächern der Schwanzfedern, Sträuben des Gefieders und Abspreizen der Flügel bei Trut- und Trapphahn, Auer- und Birkhahn. **2**) Auch das Rollieren und Überschlagen von Fuchs, Hase und Kaninchen, wenn sie – flüchtend – von einem Schuss tödlich getroffen worden sind. **3**) Der Birkhahn (auch Auer- und Trapphahn) schlägt ein Rad, wenn er die Henne schleifend – mit fächerförmig hochgestelltem Stoß – auf dem Boden umkreist; ▸ Raufußhühner 1. und 2. **4**) Der Reiher schlägt ein Rad, wenn er bei der Balz sich in der Luft überschlägt, um dem Angriff der ▸ Falken (▸ Reiherbeize, ▸ Beizjagd) zu entgehen. **5**) Das Aufplustern des Gefieders des Uhus (z.B. auf der Jule bei der ▸ Hüttenjagd), wenn er sich bedroht fühlt.

Radschloss, das: Das Anfang des 16. Jh. entwickelte R. weist einen ziemlich komplizierten Mechanismus auf und ist Nachfolger des ▸ Luntenschlosses.

Beim R. wird der Zündfunke in der Pfannenmulde durch Reibung zwischen Schwefelkies und Stahl erzeugt. Die Reibung entsteht durch ein gezahntes Rädchen, das mit einer Schlagfeder verbunden ist. Wird der Abzug gedrückt, macht das Reibrad eine Umdrehung und reißt Funken vom Schwefelkies, die das Pulver auf der Pulverpfanne entzünden. Zu diesem Zweck muss das Schloss vor jedem Schuss mit einem Vierkantschlüssel aufgezogen werden; ▸ Jagdwaffen.

Raesfeld, Ferdinand Freiherr von (29.9. 1855 Dorsten zu Westfalen bis 6.5.1929

Marquartstein/Oberbayern): Jagdschriftsteller, studierte Forstwissenschaften und wurde von 1882 bis 1884 zu taxatorischen Arbeiten nach Russland geschickt. Danach war er kurze Zeit Oberförster in Meisenheim. Am 1.1.1891 übernahm er das Jagdrevier auf dem ▸ Darß bei Stralsund (Forstamt Born) und blieb dort bis zu seiner Pensionierung im Jahre 1913. R. zog im Jahre 1926 mit 71 Jahren nach Marquartstein und wohnte dort bis zu seinem Tod im Haus in der Festenfeldstraße 28. Im Herbst 2001 wurde an diesem Haus eine Gedenktafel enthüllt. Seine Hauptwerke sind: »Das Rotwild« (1899), »Das Rehwild« (1906), »Das deutsche Weidwerk…« (1914) und »Die Hege in der freien Wildbahn« (1920), ferner schrieb er zahlreiche Romane und viele Artikel in Jagdzeitschriften, insbesondere in »Wild und Hund«. R. ist der Begründer der »Hege mit der Büchse«. Als einer der ersten Heger forderte er 1919 den »Schutz des Raubwildes«. Als R. starb, wurde er zunächst in Prien am Chiemsee bestattet. Am 4.5.1930 erfolgte seine Überführung und Bestattung im Staatsforstrevier Darß. Sein Grab befindet sich in der Abteilung 120 an der Kreuzung Müllerweg/k-Gestell. Das nach ihm benannte Forst- und Jagdmuseum »Ferdinand von Raesfeld« in Born auf dem Darß befindet sich auf dem Gelände der ehem. Oberförsterei Darß in Born; ▸ Hegeabschuss.

Raffel, die: Eine im Oberkiefer des Hirsches gelegene Schwiele, mit der er das Gras rafft.

rahmen: Ein Strick ▸ Windhunde (3) rahmt einen Hasen, wenn einer ihm direkt folgt und die beiden anderen in gleicher Höhe mit dem Hasen sind (rechts und links neben ihm), um ihn dadurch am Ausweichen zu hindern.

Raigerfalk, der: Alter Ausdruck für einen ▸ Beizfalken, der zur ▸ Beizjagd auf Reiher verwendet wurde.

Raine, die: Gras-, kraut- oder strauchbewachsene Landstreifen zwischen bebauten Feldern, teilweise entlang von Wirtschaftswegen, oft bilden sie auch die Grundstücksgrenzen; ▸ Biotophege.

Raisgejaid, das: ▸ Reisgejaid.

raisgerecht (reisgerecht, feldgerecht): Alter Ausdruck für einen Jäger (Reisjäger), der in der Niederwildjagd bewandert ist; ▸ Reisgejaid.

Raken, die: ▸ Ra(c)ken.

Raketeneffekt, der: ▸ Ballistik.

Ralle, **kleine**, die: ▸ Rallen 6.

Ralle, **schwarze**, die: ▸ Rallen 3.

Rallen, die: Familie der R. *(Rallidae)* aus der ▸ Ordnung der Kranichvögel mit der Gattung ▸ Sumpfhühner *(Porzana)* und der echten R. Zu den echten R. gehören das Bläss-, das Teichhuhn, die Wasserralle und der Wachtelkönig, zu den Sumpfhühnern das Tüpfelsumpfhuhn, das Kleine Sumpfhuhn und das Zwergsumpfhuhn.

Kennzeichen: Sehr scheue und versteckt lebende hühnerartige Vögel mit seitlich zusammengedrücktem Körper, abgerundeten Flügeln, kurzem ▸ Stoß und langzehigen Füßen.

Brütendes Blässhuhn auf dem Nest

Die ▸ Geschlechter sind mit Ausnahme des Kleinen Sumpfhuhns gleich gefärbt. Die R. sind mit Ausnahme des Wachtelkönigs an Wasser und Sumpf gebunden. Die in Nestnähe stehenden Halme werden häufig zu einer Haube über dem ▸ Nest zusammengezogen. Die Eier in den meist sehr umfangreichen Gelegen werden von beiden Geschlechtern bebrütet. Meist ein bis zwei Bruten im Jahr. Die Jungen sind ▸ Nestflüchter. Im Winter bleiben sie im Brutgebiet oder fliegen meist nachts und in niedriger Höhe südwärts. Früher jagdbar, sind sie nunmehr mit Ausnahme des Blässhuhnes ganzjährig geschützt. Das Blässhuhn unterliegt weiterhin dem ▸ Jagdrecht.

1. Blässhuhn, das *(Fulica atra*, L.): Auch Blesshuhn, -ralle, Blässente, Blasse, Blässe, Blässgen, Blässhenne, Blässralle, Belche, Böllhuhn, Lachgans, Lietze, gemeines oder schwarzes, großes rußfarbenes Wasserhuhn, Horbel, (schwarze) Hurbel, Mohrenhuhn, Weißblässe, Seeteufel, Pfaffe, Plärre. Es hat, mit Ausnahme der Aufzuchtzeit der Jungen, keine ▸ Schonzeit. Länge: ca. 38 cm, Gewicht: 500 bis 900 g. Das ▸ Wildbret ist genießbar, jedoch etwas tranig, wenn die Haut vor der Zubereitung nicht abgezogen wird. Die Eier sind wohlschmeckend.

Aussehen: Das plump wirkende B. ist einfarbig schwarzgrau gefärbt, der Schnabel und das Stirnbild (die Blesse) sind leuchtend weiß. Die Augen sind rot, die ▸ Ständer graubraun. Die Jungvögel sind schwarzbraun gefärbt, die Wangen sind weißlich, die Stirn rot, Kehle und Brust weiß. Die Blesse erscheint nach der Herbstmauser.

Vorkommen und Lebensweise: Das scheue B. ist fast überall in Europa verbreitet und bewohnt ziemlich häufig die Binnengewässer mit Ufervegetation sowie Sumpflandschaften mit offenen Wasserflächen. Außerhalb der Brutzeit, v.a. im Winter, lebt es sehr gesellig und ist meist in größeren Scharen, oft zusammen mit ▸ Wildenten, anzutreffen. Von Weitem ist es bereits am kopfnickenden, äußerst wendigen Schwimmen zu erkennen. Wenn es taucht, geschieht dies mit einem kleinen Sprung Kopf voraus, zudem erscheint es fast wieder an derselben Stelle. Beim Aufstehen aus dem Wasser schlägt es heftig mit den Flügeln und patscht dabei einige Meter auf dem Wasser dahin. Es fliegt schwerfällig und nur ungern über das Land und lebt fast ausschließlich auf dem Wasser. In Stockentenrevieren ist es unerwünscht, weil es zur Brutzeit zänkisch und unverträglich und außerdem Wohnraumkonkurrent der Wildente ist. Das B. ist z.T. ▸ Zugvogel, der in Südeuropa und Afrika überwintert, z.T. ▸ Stand- und ▸ Strichvogel, der bei uns auf den eisfreien Gewässern, vermehrt um nördliche Wintergäste, überwintert. Häufigster Schwimmvogel Mitteleuropas.

Fortpflanzung: Bereits Anfang bis Mitte März werden unter heftigem Gezänk die Brutreviere abgegrenzt, wobei die Streitereien z.T. noch während des Brütens fortgesetzt werden. Das Nest wird im lichten Schilf, gelegentlich am Boden im Ufergebüsch, seltener frei schwimmend errichtet. Das Gelege enthält im März/April sechs bis neun graugelbe Eier, die dicht mit feinen rötlich braunen und schwarzen Punkten versehen sind. Die Eier sind 52 x 36 mm groß und ca. 38 g schwer. Die Brutdauer beträgt 21 bis 23 Tage. Die Jungen gehen sofort nach dem Abtrocknen ins Wasser und werden noch etwa sechs Wochen geführt. B. haben teilweise zwei Bruten im Jahr. Die zweite Brut erfolgt im Juni/Juli.

Grünfüßiges Teichhuhn

Nahrung: Sie wird tauchend aus dem Wasser aufgenommen und besteht aus Wasserpflanzen, Insekten, Fischlaich, Schnecken, kleinen Muscheln, Würmern, Kaulquappen, kleinen Fischen sowie aus Getreide und Sämereien.

2. Grünfüßiges Teichhuhn, das *(Gallinula chloropus*, L.): Auch Teichralle, Grünfüßiges Rohr-, gemeines Teich-, rotes Bläss-, rotblässiges Wasser-, großes rotstirniges Wasserhuhn, Wasserhenne, Rotblässchen. Länge: ca. 33 cm, Gewicht: um 250 g.

Aussehen: Oberseits überwiegend dunkel- bis schwarzbraun, unterseits dunkelgrau, die Flügel sind dunkelbraun, die Stirnplatte und der Schnabel rot, die Schnabelspitze ist gelb. An der Seite weißer Flankenstreif, der Schwanz ist kurz und unterseits weiß mit schwarzem Mittelstreif. Die Ständer sind grün (Name!). Der Jungvogel ist überwiegend dunkelbraun gefärbt, Kinn und Kehle sind grauweiß, Stirnplatte und Schnabel grünlich braun, die Ständer graugrün.

Vorkommen und Lebensweise: Es ist in fast ganz Europa beheimatet und bewohnt vegetationsreiche Binnengewässer, Wassergräben, Teiche und kleine Seen sowie Sümpfe. Tagsüber hält sich der äußerst scheue Vogel oft versteckt oder schwimmt nahe an der deckungbietenden Ufervegetation, ist aber auf offenen Wasserflächen dennoch häufiger anzutreffen als Wasserrallen und Sumpfhühner. Im Gestrüpp klettert das G. T. mit den langen Zehen sehr gewandt und läuft geschickt über Schwimmblattpflanzen. Im Wasser schwimmt es ähnlich dem Blässhuhn unter ständigem Kopfnicken und wippt zudem mit dem aufgerichteten Schwanz. Es taucht gerne und schwimmt unter Wasser weiter. Der Flug hingegen ist schwerfällig und niedrig, Ständer hängen hierbei anfangs herunter, werden dann aber nach hinten gestreckt. Beim Aufstehen aus dem Wasser schlägt es kräftig mit den Flügeln und trippelt dabei einige Meter laut platschend über das Wasser. Das G. T. der nördlichen Länder ist Zugvogel, der in Süd- und Mitteleuropa überwintert, bei uns hingegen Stand- und Strichvogel.

Fortpflanzung: Das Nest wird im dichten Uferbewuchs, auf Riedgrasstöcken über dem Wasser oder im niedrigen Gezweig errichtet, gelegentlich werden auch verlassene Amselnester benützt. Das Gelege besteht aus sechs bis zehn, seltener aus elf, gelblich braunen, mit feinen, gleichmäßig braunen und schwarzen Punkten versehenen Eiern. Die Eier sind 43 x 31 mm groß, ca. 23 g schwer. Die Brutdauer beträgt 19 bis 22 Tage, die Jungen werden nur ca. 12 bis 15 Tage von den Altvögeln geführt und sind mit fünf bis sechs Wochen ausgewachsen. Zwei Jahresbruten (Ende April bis Juni), manchmal auch drei Bruten (Juli).

Nahrung: Wasserinsekten, Würmer, Frosch- und Fischlaich, Muscheln, Amphibien, grüne Pflanzenteile, Sämereien und Beeren.

3. Wasserralle, die *(Rallus aquaticus*, L.): Auch schwarzer Wassertreter, schwarzer Kasper, gemeine, schwarze R., Samthühnchen. Länge: 28 cm, Gewicht 115 g. Aussehen: Oberseits dunkelbraun mit schwarzen Längsflecken, Kopfseiten, Kehle, Hals und Brust sind schiefergrau, der Bauch grauweiß. Die Flanken sind auffallend schwarz-weiß quergestreift, die Unterschwanzdecken weiß. Der lange, schlank wirkende Schnabel ist gelbrot, die Ständer rötlich braun. Die Jungvögel ähneln den Eltern, haben jedoch bräunliche Kopfseiten und sind an Hals und Brust rötlich braun gefleckt.

Vorkommen und Lebensweise: Sie bewohnt fast ganz Europa und fehlt nur im hohen Norden. Ihr Lebensraum sind Sumpfgebiete und Moore sowie Binnengewässer mit üppiger Ufervegetation, kleine, überwucherte Bäche, Wassergräben und Altwässer. Sie hält sich tagsüber meist ruhig im Uferschilf verborgen und wird erst bei Einbruch der Dämmerung munter, wobei sie v.a. an Frühjahrsabenden ihren Standort durch vielgestaltige Lautäußerungen verrät. Die W. bewegt sich geschickt im Röhricht, schwimmt und taucht ausgezeichnet und watet gerne im seichten Wasser. Charakteristisch ist bei ihr das Aufwärtsschnellen des kurzen Schwanzes. Beim Abflug lässt sie die Ständer baumeln, fliegt aber sehr schlecht und nur über kurze Strecken, die sie immer im niedrigen Flug zurücklegt. W. sind ▸ Teilzieher und überwintern in Westeuropa und im Mittelmeerraum.

Fortpflanzung: Das Nest wird gut versteckt im dichten Pflanzenwuchs (Schilf, Röhricht) an schwer zugänglichen Stellen, meist über dem flachen Wasser oder im niedrigen Ufergestrüpp angelegt. Das Nest enthält sechs bis elf glänzende, rahmfarbene und nur spärlich rotbraun oder aschgrau gefleckte Eier, die ca. 19 bis 20 Tage bebrütet werden. Die Eier sind ca. 36 x 26 mm groß und 14 g schwer. W. haben ein bis zwei Bruten im Jahr (Ende April/Anfang Mai bis Ende August). Die Jungen haben schwarze Dunen (▸ Vogelfeder) und sind nach ca. 45 Tagen erwachsen und selbstständig. ▸ Nestflüchter.

Nahrung: Sie besteht überwiegend aus Insekten und deren Larven, aus Kleinkrebsen, Würmern, kleinen Fröschen, Molchen und Fischen, aber auch aus Sämereien und kleinen, grünen Pflanzenteilen.

4. Wachtelkönig, der *(Crex crex*, L.): Auch Wiesenralle, Grasläufer, -rätscher, -scharrer, Kreszler Wiesenschnarcher, -schnarre, -knarrer, Schnarrwachtel, Schnärz, Schnarrendart, faule Magd, alter Knecht. Länge: ca. 25 cm, ▸ Flügelspannweite: 43 bis 45 cm.

Aussehen: Oberseits braun mit dunklen Längsflecken und auffallend rostbraunen Flügeln. Hals und Brust sind hellgraubraun, die Kehle weißlich, über den Augen beiderseits ein grüner Fleck. Die Flanken sind braun und hell gewellt. Der Schnabel ist gelblich, die Ständer sind hellgrau.

Vorkommen und Lebensweise: Der W. ist in Mitteleuropa und auf den Britischen Inseln lokal verbreitet und bewohnt im Ggs. zu den übrigen R. trockene Wiesen und wird deshalb auch Wiesenralle genannt. Er lebt sehr heimlich, läuft wieselflink, liegt sehr fest, und es ist sehr schwer, ihn aufzustoßen. Seine Anwesenheit ist meist nur an seiner Stimme festzustellen. Er fliegt mit hängenden Ständern. Zugvogel, der bei uns erst im April erscheint und im September zum Überwintern in die Mittelmeerländer zieht.

Fortpflanzung: Das Nest wird im Gras, Klee und hohen Pflanzenwuchs der Wiesen errichtet. Das Gelege besteht aus acht bis elf – selten mehr – gelblich weißen, mit vielen mehr oder weniger großen rotbraunen und aschgrauen Flecken versehenen Eiern. Sie sind 40 x 27 mm groß und ca. 14 g schwer. Eine Jahresbrut (Juni bis Anfang Juli); die Brutdauer beträgt 15 bis 18 Tage.

Nahrung: Insekten, Würmer, Käfer, Schnecken und Sämereien.

5. Tüpfelsumpfhuhn, das *(Porzana porzana*, L.): Auch Tüpfelralle, punktiertes Rohr-, kleines Wasser-, gesprenkeltes Sumpfhuhn, Makosch. Länge: 23 cm, Gewicht: um 100 g.

Aussehen: Oberseits braun mit olivem Anflug und schwärzlichen Flecken sowie mit weißlichen Flecken und Strichen, unterseits grauweiß, Kehle und Brust mehr oder weniger schiefergrau; Ständer und Füße sind grünlich, der Schnabel ist kurz und gelblich grün, an der Wurzel orangegelb. Die Jungvögel ähneln den Eltern, sind jedoch stärker gefleckt.

Vorkommen und Lebensweise: Es ist in Europa mit Ausnahme der nördlichen Britischen Inseln und des hohen Nordens beheimatet. Sein Lebensraum sind langsam fließende Flüsse mit dichten und ausgedehnten Verlandungszonen sowie Seen, Teiche und Sumpfgebiete. Das meist versteckt lebende T. meidet offene Wasserstellen und zuckt mit dem kurzen Schwanz, wenn es argwöhnisch ist. Es überwintert überwiegend im Mittelmeerraum.

Fortpflanzung: Das Nest wird an sumpfigen Stellen in dichter Vegetation oder auf Seggenbülten aus trockenen Gras- oder Schilfhalmen errichtet. Das Gelege besteht aus 8 bis 14 olivgelblichen, mittel- bis dunkelbraun gefleckten Eiern, die 18 bis 21 Tage bebrütet werden. Die Eier sind 34 x 24 mm groß und ca. 10 g schwer. Die Jungen sind mit etwa sechs Wochen erwachsen und selbstständig. I.d.R. erfolgen zwei Jahresbruten (Anfang Mai bis Ende Juli).

Nahrung: Würmer, Schnecken, Insekten, Grünteile von Sumpf- und Wasserpflanzen, Sämereien.

6. Kleines Sumpfhuhn, das *(Porzana parva*, L.): Auch kleine R., kleines Rohr-, kleines Moorhuhn, kleine Wasserralle, Sumpfschnerz, kleiner Heckenschnarrer. Länge: 19 cm, Gewicht: um 50 g.

Aussehen: Die Geschlechter sind unterschiedlich gefärbt. Männchen: oberseits braun mit schwärzlichen und nur vereinzelt hellen Flecken. Oberkopf und Nacken sind einfarbig braun, unterseits blaugrau, Bauch grauweiß, Flanken hell, dunkel quergewellt; Ständer und Schnabel grünlich, an der Wurzel rötlich wie das Tüpfelsumpfhuhn. Weibchen: oberseits wie das Männchen, unterseits dagegen schmutzig rahmfarben, gewellte Flanken und weißliche Kehle. Die Jungen ähneln dem Weibchen.

Vorkommen und Lebensweise: In Mitteleuropa sporadisch, in Osteuropa überall verbreitet. In

Gängige Randfeuerpatronen

Italien nur in der Poebene vorkommend. Die europäischen Sumpfhühner überwintern im Mittelmeergebiet. Lebt wie das Tüpfelsumpfhuhn in dichten Schilf- und Binsenbeständen der Binnengewässer sowie an Teichen und Seen mit dichter Ufervegetation.

Fortpflanzung: Das Nest steht überwiegend im hohen Schilf verborgen, meist bis zu 80 cm über der Wasseroberfläche, gelegentlich auch im hohen Ufergras. Das Gelege enthält sechs bis acht braungelbliche, mit vielen verwaschenen, rötlich braunen Flecken bedeckte Eier, die 20 bis 21 Tage bebrütet werden. Die Eier sind 31 x 22 mm groß und ca. 8 g schwer. Ein bis zwei Bruten im Jahr (Ende Mai bis Juli).

Nahrung: Wie Tüpfelsumpfhuhn.

7. Zwergsumpfhuhn, das *(Porzana pusilla*, L.): Auch Zwergralle, -rohrhuhn, kleinstes Wasserhühnchen, Baillonsches Rohrhuhn. Länge: 17 cm, Gewicht: um 45 g.

Aussehen: Ähnlich wie das männliche Kleine Sumpfhuhn. Das Weibchen hat eine weiße Kehle, die Brust ist häufig rostbräunlich, die übrige Unterseite gelb. Beide Geschlechter haben einen einfarbig grünen Schnabel.

Vorkommen und Lebensweise: In Mitteleuropa und Südskandinavien lokal vorhanden. Es bewohnt Sümpfe mit schlammigem Boden, ist sehr wendig und schnell und huscht mit Vorliebe über die schwimmende Pflanzendecke der stehenden Gewässer.

Fortpflanzung: Das Nest steht gut verborgen an überwucherten Grabenrändern oder im dichten Uferpflanzenwuchs. Das Gelege enthält sechs bis acht braungelbliche, mit vielen verwaschenen rötlich braunen Flecken bedeckte Eier, die 29 x 21 mm groß und ca. 6,7 g schwer sind. Brutdauer ca. 20 Tage; wahrscheinlich zwei Jahresbruten (Mai bis Juli).

Nahrung: wie Tüpfelsumpfhuhn.

Rallenreiher, der: ▸ Reiher 6.

Ramm, der: ▸ Rabenvögel 2.

rammeln: Begatten bei ▸ Hasen und ▸ Wildkaninchen.

Rammelplätze, die: Meist im März, zum Höhepunkt der Fortpflanzungsperiode, sammeln sich die Hasen in größerer Zahl auf bevorzugten (übersichtlichen) Plätzen. Die Rammler (männlichen Hasen) finden diese Plätze durch Verfolgen hitziger Spuren der Häsinnen.

Rammelwolle, die: Herumliegende Wolle, die man während der ▸ Rammelzeit findet und die die ▸ Rammler bei den Kämpfen um die Häsin und auch mit dieser verlieren.

Rammelzeit, die: Die Begattungszeit bei ▸ Hasen und ▸ Wildkaninchen.

Rammen, das: Vom Steinwild, aber auch von anderen Hornträgern, z.B. Muffelwild): Eine typische Kampfweise (▸ Kommentkampf), bei der sich die Rivalen auf den Hinterläufen aufrichten und beim Niederfallen nach vorn auf die Vorderläufe die Gehörne – die eine verstärkte und verbreitete Hornbasis aufweisen – laut krachend aufeinanderprallen lassen. Das R. kann mehrmals wiederholt werden, geht aber meist in ein frontales Schieben über.

Rammler, der: Der männliche ▸ Hase und das männliche ▸ Wildkaninchen.

Ramsar-Konvention, die: ▸ Feuchtgebiete.

Ramsnase, die (Ramsung): **1**) Bez. für die eigentümliche Bildung des ▸ Windfanges beim ▸ Elchwild. **2**) Der gewölbte Nasenrücken beim Jagdhund.

Ramsung, die: ▸ Ramsnase.

Randeffekt, der: ▸ Ökoton.

Randfeuerpatrone, die: R. haben den Namen nach der Art ihrer Zündung. Der Zündsatz ist unmittelbar in den Hohlraum des Hülsenrandes eingepresst und macht so ein zentrisch im Hülsenboden der Patrone sitzendes Zündhütchen entbehrlich. Diese Art der Zündung hat sich besonders bei Patronen mit kleinerem Kaliber bewährt – daher auch der Begriff KK, Kleinkaliberpatrone.

Die Hülse einer modernen R. hat als Ausgangsmaterial meist Messing und entsteht aus einem Plättchen, das aus Messing gestanzt wurde. Hieraus wird ein Näpfchen geformt und durch verschiedene Züge bis zur Kapsel gefertigt. Nach dem Vernickeln wird diese Kapsel gestaucht, sodass die endgültige Form entsteht.

Der Sinoxid-Zündsatz hat bei R. eine ausschlaggebende Funktion, da ▸ Kleinkaliberwaffen mit einer – im Vergleich zu anderen Jagdwaffen – sehr viel höheren Anzahl von

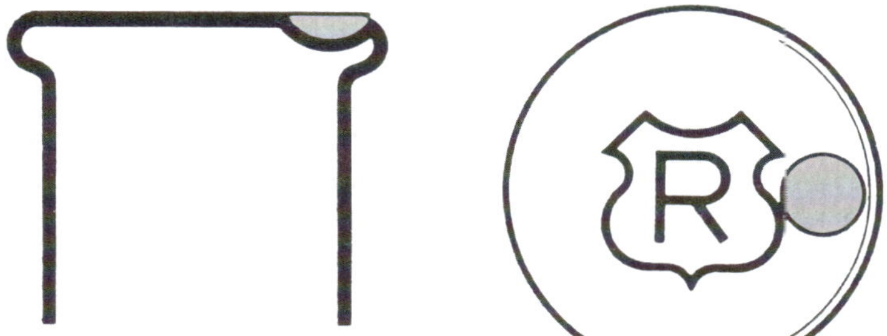

Einschlag des Schlagbolzens bei der Randfeuerpatrone

Ballistische Daten RWS-Randfeuerpatronen

Patrone	Geschoss- Art	Geschoss- Gewicht (g)	max. Gasdruck (bar)	Lauflänge (mm)	Fluggeschwindigkeit (m/s) V_0	V_{50}	V_{100}	Energie (J) E_0	E_{50}	E_{100}
.22 lfb	Bleigeschoss	2,6	1800	650	330	300	270	137	116	88
.22 lfB Rifle Match	Flachkopfgeschoss	2,5	1800	650	315	285	255	127	103	83
.22 lfB R 50	Bleigeschoss	2,6	1800	650	325	295	265	137	108	88
.22 lfB Pistol Match	Bleigeschoss	2,6	1800	150	270	250	–	95	82	–
.22 lfB HV	Bleigeschoss verkupfert	2,6	1800	650	400	335	295	206	147	108
.22 lfB Subsonic	Hohlsp.-G.	2,6	1800	650	305	275	250	120	100	80
.22 kurz	Bleigeschoss	1,8	1400	110	230	210	190	48	40	32
.22 kurz R 25	Bleigeschoss	1,8	1400	110	170	150	–	26	18	–
Z.22 lang	Bleigeschoss	1,8	1000	650	220	190	–	44	32	–
.22 Magnum	TMoH, VM	2,6	1800	560	615	510	430	491	334	245

Schüssen strapaziert werden. Im Ggs. zu den früher verwendeten Chlorat-Knallquecksilbersätzen schonen die Sinoxid-Zündsätze die Waffen in starkem Maße und ermöglichen die Abgabe von einigen hunderttausend Schuss bei entsprechender Pflege des Laufes.
Die Geschosse werden aus einem gezogenen Bleidraht von etwa 5 mm Durchmesser gefertigt und haben bei der Patrone .22 lfB ein Gewicht von 2,55 g. Diese Bleigeschosse haben eine oder mehrere Heckrillen, die durch einen Fettüberzug ein Verbleien der Waffe verhindern. Neben Bleigeschossen werden auch Mantelgeschosse, wie z.B. .22 Magnum gefertigt, die aber nur aus für diese Patronenart eingerichteten Waffen verschossen werden dürfen. R. unterliegen einer aufwendigen Präzisionsprüfung und haben heute einen Grad der Vollkommenheit erreicht, der noch vor einigen Jahren fast unvorstellbar war.
Spezialpatronen für das Wettkampfschießen haben i. Allg. eine Anfangsgeschwindigkeit (V_0) zwischen 315 und 330 m/sec. Erfahrungsgemäß wird bei dieser V_0 das Optimum an Präzision für R. des Kalibers .22 lfB erreicht.
Schonzeitpatrone: Die für den jagdlichen Gebrauch hervorragend geeignete .22 lfB High Velocity ist verkupfert und hat eine V_0 von etwa 400 m/sec. Die etwas größere Geschwindigkeit gibt der Patrone die erhöhte Geschossenergie, ohne sich nachteilig auf die Präzision auszuwirken. R. des Kalibers .22 kurz finden fast ausschließlich in Faustfeuerwaffen für sportliches Schießen Verwendung, wie z.B. in Schnellfeuerpistolen. Das RWS-Spezialsortiment im Kaliber .22 ist so differenziert wie die unterschiedlichen Anforderungen beim sportlichen und jagdlichen Schießen. Erfinder der R. ist der Pariser Büchsenmacher Louis Nicolas Auguste ▸ Flobert (1848).

Rand(linien)effekt, der: ▸ Ökoton.

Randpatrone, die: ▸ Büchsenpatrone mit Randhülse.

Randschrote, die: ▸ Schrotpatrone.

Randverschluss, der: ▸ Schrotpatrone.

Ranftl, Johann Mathias (20.1.1804 Wien bis 1.11.1854 Wien): Maler. R. wurde v.a. durch seine (Jagd-)Hundebilder bekannt. Sie trugen ihm den Namen »Hunde-Raffael« ein. Von ihm stammt auch das Gemälde »Jäger und Mädchen« (1847).

Rangordnung, die: In der Tierwelt eine besondere Hierarchie innerhalb von Gruppen der gleichen ▸ Art, bei der die Über- und Unterordnung auf einem individuellen Kennen der Gruppenmitglieder beruht (soziogene R.). Durch R.-Kämpfe, z.B. während der Brunft (echte Kämpfe oder ritualisierte ▸ Kommentkämpfe, manchmal nur ▸ Drohgebärden), an der Futterstelle bzw. an der Tränke oder an der Schlafstelle, setzt sich meist das stärkere, größere und erfahrenste Tier durch und stellt sich damit an die Spitze der Gruppe. Neben dieser Vorrechtstellung, die von den unterlegenen Tieren respektiert wird, kann sich die R. auch auf bestimmte Pflichten konzentrieren, z.B. Wächterfunktion oder Anführerrolle (▸ Leittier). In einem Kahlwildrudel z.B. ist das Leittier immer ein führendes Alttier. Verliert es sein Kalb, gibt es die Führungsrolle ab. Das ranghöchste Tier wird als Alphatier, das rangniedrigste als Omegatier bezeichnet. Gruppenmitglieder, die in der Ranghöhe anderen Tieren überlegen sind, bezeichnet man als dominant. Die Alphastellung eines Tieres wirkt sich hauptsächlich im Paarungsvorrecht (z.B. beim Auerwild und bei den Wölfen) aus. Bei gesellig lebenden Tieren dient die R. der sozialen Bindung innerhalb der Gruppe, wobei auftretende Streitigkeiten zwischen Gruppenmitgliedern meist eine Änderung der R. oder die Eingliederung der Jungtiere zum Ziel haben; ▸ Dominanzbeziehung, ▸ Hackordnung, ▸ Sozialordnung.

Rank, edler, der: ▸ Rabenvögel 1.

Ranz, die: svw. ▸ Ranzzeit.

Ranzbrille, die: Dünn behaarte Stellen in Brillenform auf der Schulterpartie des ▸ Fuchses während des Haarwechsels im Februar. Sie haben mit dem ▸ Ranzen nichts zu tun.

ranzen: svw. Begatten beim ▸ Haarraubwild mit Ausnahme von Bär (bären) und Luchs (begehren); ▸ rollen.

Ranzeule, die: ▸ Eulen 2. und 10.

Ranzschrei, der: Einem menschlichen Schmerzschrei ähnliche ▸ Lautäußerung des Dachses in der ▸ Ranzzeit.

Ranzzeit, die: Die Zeit (Paarungszeit), in der das ▸ Haarraubwild (ausgenommen Bär und Luchs) ranzt, d.h. sich begattet; ▸ Rollzeit, ▸ Rauschzeit, ▸ Rammelzeit.

Rapp, der: ▸ Rabenvögel 1.

Raps, der *(Brassica napus*, L., *var. napus)*: Eine zu den ▸ Ölfrüchten gehörende Familie der Kreuzblütler mit den zwei Sorten **Winter-R. und Sommer-R.** Der Anbau des R. (v.a. Winter-R.) erfolgt hauptsächlich zur Ölgewinnung (wichtigste Ölpflanze Mitteleuropas). Große Bedeutung hat R. auch für den Zwischenfruchtanbau (▸ Gründüngung und/oder Futterpflanze). R. wird in Reinbau oder im Gemenge angebaut. Er ist einer der wichtigsten ▸ Wildäsungspflanzen; Pressrückstände werden in der Viehfütterung eingesetzt. Der R. ist den ▸ Rübsen sehr ähnlich.

Raps-Krankheit beim Reh: In Deutschland und Österreich treten seit dem Winter 1986/87 gelegentlich gehäuft Rehverluste in ackerbaulich genutzten Revieren auf. Das erkrankte Wild zeigt im Endstadium auffällige ▸ Verhaltensstörungen (mangelnde Scheu gegenüber dem Menschen). Die insbesondere im Spätwinter auftretenden Erkrankungsfälle sind nach Untersuchungen Folge einer übermäßigen 00-Raps-Aufnahme durch die Rehe. Ein Inhaltsstoff der Rapspflanze (▸ Raps) führt zu Blutarmut. Die Tiere können aber auch an den Folgen einer Fehlgärung eingehen.

Treffpunktlage in cm										
über Visier und Korn bei	bei Visier und Korn, wenn Visierlinie 2 cm über der Seelenachse beginnt				Einschussentfernung über Zielfernrohr	durch das Zielfernrohr, wenn Visierlinie 5 cm über der Seelenachse beginnt			
	25 m	50 m	75 m	100 m		25 m	50 m	75 m	100 m
⊕ 50 m	+ 2,0	⊕	−8,5	−24	⊕ 50 m	+ 0,5	⊕	−7,0	−21
⊕ 50 m	+ 2,5	⊕	−10	−28	⊕ 50 m	+1,0	⊕	−8,5	−25
–	–	–	–	–	–	–	–	–	–
–	–	–	–	–	–	–	–	–	–
⊕ 50 m	+1,5	⊕	−6,5	−20	⊕ 50 m	0	⊕	−5,0	−17
⊕ 50 m	+2,5	⊕	−11	−30	⊕ 50 m	+1,0	⊕	−9,0	−27
⊕ 50 m	+5,5	⊕	−19	−54	⊕ 50 m	+4,0	⊕	−18	−51
–	–	–	–	–	–	–	–	–	–
–	–	–	–	–	–	–	–	–	–
⊕ 100 m	+1,5	+4,5	+4,0	⊕	⊕ 100 m	−0,5	+3,0	+3,0	⊕

Rasanz, die: Bez. für das Gestrecktsein der Flugbahn des Geschosses über der Visierlinie; ▸ Ballistik.

rasch: ▸ Jagdhunde, die schnell, geschickt und wendig sind, sind r.

Raschen (lies: Räs-chen), das: ▸ Wildenten 5.

rasch wüchsige Baumarten: ▸ schnell wachsende Baumarten.

Rasenfalle, die: Ein Typ der Totschlagfalle; ▸ Fallen 12.

raspeln: Der Auerhahn raspelt, wenn er in einer Balzpause spielend nadelt, d.h. Nadeln und Knospen abäst.

Rasse, die: Eine systematische Kategorie unterhalb der ▸ Art, die sich durch gemeinsame Anlagen von anderen Gruppen derselben Art unterscheidet. Man unterscheidet die geografischen R., die infolge weiträumiger Trennung entstehen, von den ökologischen R., die sich aufgrund verschiedener Lebensbedingungen innerhalb eines geografischen Gebietes (z.B. Tiefland, Gebirge) bilden. Da sich Angehörige verschiedener R. ein und derselben Art unbegrenzt untereinander fortpflanzen können, führt dies zur R.-Mischung. Deshalb müssen z.B. die ▸ Hunde-R. (▸ Jagdhunderassen) zur Erhaltung ihrer erwünschten Merkmale (▸ Rassekennzeichen) in sexueller Isolation gehalten werden. Hinzu kommen laufende Kontrollen (Zuchtwahl).

Rassekennzeichen, die (Rassestandard): Bei Hunden von den für die jeweilige Rasse zuständigen ▸ Zuchtvereinen aufgestellte oder international anerkannte verbindliche Rassebeschreibungen, die sich auf das Erscheinungsbild und z.T. auf die Leistungseigenschaften einer bestimmten ▸ Hunderasse beziehen. R. gibt es u.a. auch für Hauskaninchen und -tauben.

Rassel, die: Ein hohles Brettchen mit Metallkugeln daran, das bei ▸ Treibjagden von den ▸ Treibern anstelle der ▸ Klapper verwendet wird, um das Wild ▸ rege zu machen.

Rastbäume, die: Bäume, auf denen sich v.a. die Vögel auf dem Zug (▸ Vogelzug), aber auch alles andere ▸ Federwild zur Rast oder zur Nachtruhe (▸ Schlafbaum) niederlassen: ▸ Fallbaum.

ratschen: Lautäußerung des Eichelhähers; ▸ Rabenvögel 9.

Rätschente, die: ▸ Wildenten 1.

Ratsherr, der: ▸ Möwen 3.

Ratten, die: Eine Gattung *(Rattus)* der ▸ Nagetiere *(Rodentia)* aus der Familie der ▸ Mäuse *(Muridae)*. Bei uns heimisch sind die Hausratte *(Rattus rattus)* und die Wanderratte. R. sind ▸ Allesfresser und Überträger vieler ansteckender Krankheiten, z.B. ▸ Tollwut, ▸ Aujeszkysche Krankheit, ▸ Leptospirose, Pest.

Rattenjagd, die: Bez. für den schlechten Stil des ▸ Falken, wenn er noch nicht voll flugfähigem Wild einfach nachfliegt, anstatt es mit rasanten und gewandten Stößen zu schlagen.

Ratz, der (Ilk, Stinkmarder): ▸ Iltisse 1.

ratzen: Veralteter Ausdruck für ▸ reizen, speziell die Nachahmung des Hasenlautes; ▸ Lockjagd.

Rau, Emil (29.11.1858 Dresden bis 1937 München): Maler. R. malte viele Pferde- und Jagdbilder, u.a. »In der Jägerstube«.

Raub, der: Beute des ▸ Raubwildes; es raubt, wenn es die Beute fängt; ▸ Beutegreifer.

rauben: Fangen und Töten von Wild durch ▸ Raubwild (▸ Beutegreifer); ▸ reißen, ▸ schlagen.

Räuber, die: **1)** Prädatoren; räuberisch lebende, fleischfressende (zoophage) Tiere, die andere, meist gleich große oder kleinere Tiere töten (sog. ▸ Beutegreifer) und sie oder Teile von ihnen verzehren bzw. für die Aufzucht der Jungen benötigen. **2)** ▸ Wasserreiser.

Räuber-Beute-Verhältnis, das (Räuber-Beute-Beziehung): Die Beziehung zwischen ▸ Räuber (▸ Beutegreifer) und Beutetier innerhalb eines bestimmten ▸ Biotops, die, wenn es sich bei dem Räuber um einen Nahrungsspezialisten handelt, innerhalb des Biotops zu einer ausgeglichenen ▸ Populationsdichte bei Räuber und Beutetier führen kann; ▸ Nahrungskette.

Räuber, Wilhelm Carl (11.7.1849 Marienwerder/Ostpreußen bis 25.1.1926 München): Maler. R. wurde 1872 Schüler von W. v. Diez in München. Er liebte geschichtliche Darstellungen, insbesondere aus der Zeit des Dreißigjährigen Kriegs, malte Jägerszenen und war ein glänzender Porträtist (z.B. Porträt des Prinzregenten Luitpold von Bayern). Von ihm stammt u.a. »Die Erscheinung des weißen Hirsches«.

Raubgeflügel, das: Frühere Bez. für ▸ Tag- und ▸ Nachtgreifvögel, Raben und ▸ Würger.

Raubmöwen, die *(Stercorariidae)*: Greifvogelartige Seevögel, die zur Unterordnung der Möwenartigen gehören. R. haben ein überwiegend dunkles Gefieder, unterschiedlich verlängerte mittlere Schwanzfedern und schmale gewinkelte Flügel sowie scharfe Krallen. Sie sind Brutvögel der nordischen Länder und nur selten an deutschen Küsten anzutreffen. R. entreißen häufig anderen Seevögeln, v.a. ▸ Möwen und ▸ Seeschwalben, die Beute. Es gibt folgende vier Arten: **Schmarotzer-R.** *(Stercorarius parasiticus)*, **Große R.**, auch Skua *(Stercorarius skua)*, **Falken-R.** *(Stercorarius longicaudus)* und **Spatel-R.** *(Stercorarius pomarinus)*.

Raubschütze, der: Früher übliche Bez. für einen ▸ Wilderer mit Schusswaffe.

Raubtiere, die: ▸ *Carnivora*, ▸ Beutegreifer, ▸ Räuber.

Raubvogel, der: Frühere Bez. für ▸ Greifvogel und ▸ Eule; ▸ Beutegreifer.

Raubvogeleisen, das: Frühere Bez. für das Pfahleisen, eine heute verbotene Falle; ▸ Fallen 15.

Raubwild, das: Jagdbares Wild, das anderes Wild, sog. ▸ Nutzwild, raubt (fängt und tötet), um zu leben. Es sind dies die frei lebenden

Raubtiere (▸ *Carnivora*), sog. ▸ Beutegreifer, wozu sinngemäß auch jene Arten zählen, die nicht mehr oder nur in einigen Bundesländern dem ▸ Jagdrecht unterliegen (z.B. Braunbär, Wolf, Marderhund, Waschbär), und im weiteren Sinne die ▸ Greifvögel und der Kolkrabe; ▸ Raubzeug.

Raubwildbalg, der: Der Balg (Haarkleid) des ▸ Haarraubwildes.

raubwildscharf: ▸ scharf 1).

Raubwürger, der: ▸ Würger 3.

Raubzeug, das: Sammelbegriff für alle frei lebenden Tiere, die meist nicht dem ▸ Jagdrecht unterliegen und die u.U. Wild (▸ Nutzwild) töten bzw. dessen Bestand beeinträchtigen. Hierzu zählen Marderhund, Wanderratte und Waschbär, nicht mehr aber (Ausnahme Bayern) Elster, Rabenkrähe, Eichelhäher. Daneben fallen auch herrenlose wildernde Hunde und Katzen unter den Begriff R. Der Begriff R. wurde 1976 aus dem BJG als verketzernder und auch unnötiger Ausdruck gestrichen; ▸ Raubwild.

raubzeugscharf: ▸ scharf 1), ▸ Kieler Entschließung.

Rauch, der: **1**) Der ▸ Fasanenrauch. **2**) Der R. beim Schuss; man sagt z.B.: »Das Stück (Wild) verendete im R. (im Dampf).«

Rauche, die: ▸ Raue.

Rauchen im Wald: Üblicherweise darf in der Zeit vom 1. März bis 31. Oktober im Wald nicht geraucht werden. Weitere Einschränkungen bzw. Ausnahmen (z.B. für Forst- und Jagdpersonal) regeln die Naturschutzgesetze bzw. die Wald- und Forstgesetze der Länder.

räuchern: ▸ ausräuchern.

rauchloses Pulver, das: Unrichtige Bez. für ▸ rauchschwaches ▸ Pulver.

Rauchschäden, die: Allg. Bez. für ▸ Luftverschmutzungen durch Emissionen (Rauchgase), die an Organismen, v.a. an Nadelbäumen, aber auch an Sachgütern Schäden verursachen.

rauchschwaches Pulver, das: Das Nitrozellulosepulver; ▸ Pulver, das bei der Explosion nur wenig Rauch entwickelt. Findet heute in sämtlichen ▸ Patronen Verwendung.

Rauchwerk, das (seltener: Rauwerk): Bez. – besonders der Kürschner – für den ▸ Balg des ▸ Haarraubwildes.

Räude, die: Eine Erkrankung durch ▸ Außenparasiten. Sie wird durch verschiedene R.-Milben hervorgerufen. Für das Wild sind die Sarcoptes-Milben von Bedeutung, für den Hund auch die Demodexmilbe (▸ Demodikose) und die ▸ Ohrräudemilben.

Die Sarcoptes-Milbe ist ein 0,25 mm (Weibchen) bzw. 0,5 mm (Männchen) großes Spinnentier (Arachnoiden) mit vier Beinpaaren. Sie befällt hauptsächlich Gams-, Schwarzwild und Fuchs, aber auch Reh-, Rotwild, Dachs, Marder, Waschbär, Iltis, Frettchen, Hund, Ziegen und andere Säugetiere. Sie ist auch auf den Menschen übertragbar. Die Sarcoptes-R. führt beim Fuchs häufig zum Tod und ist beim Gamswild eine verheerende Wildkrankheit. Das Leben in Rudeln, die Gewohnheit, sich niederzutun, wo sich bereits ein anderes Stück niedergetan hatte, und das oft weite Herumziehen der Böcke während der Brunftzeit fördern die rasche Ausbreitung dieser gefährlichen Krankheit. Die Ansteckung erfolgt durch direkte Berührung (besonders während der ▸ Brunft) oder durch Einlegen in ein ▸ Lager, in dem vorher ein räudebefallenes Stück gelegen hat. Die Milbe gräbt Gänge in der Oberhaut, ernährt sich von Gewebeflüssigkeit und zerstört die Hautzellen; das abgesonderte Sekret ruft Juckreiz und Entzündungen hervor. Es kommt zu Haarausfall, die Haut wird grauborkig verschorft. Die Eiablage erfolgt in den Gängen, die Larven schlüpfen aus und entwickeln sich über zwei Nymphenstadien zu geschlechtsreifen Milben. Diese verlassen die Gänge und paaren sich auf der Oberhaut (Decke). Die R. beginnt an Haupt, Lauschern, Vorderläufen und Unterbrust; in schweren Fällen breitet sie sich über weitere Bereiche der Decke aus. Die Milben bleiben ohne ▸ Wirtstier ca. 14 Tage lebensfähig. Befallene Stücke sondern sich vom ▸ Rudel ab, fallen durch Kratzen und Scheuern auf, ihr Haarkleid wird struppig, und das ▸ Haar fällt stellenweise aus. Durch das beeinträchtigte Allgemeinbefinden und die gestörte Nahrungsaufnahme verliert das Stück an Wildbret und geht schließlich an Erschöpfung ein.

<u>Bekämpfung</u>: Kranke Stücke sind zu erlegen und der Bestand zu verdünnen. Beunruhigung ist zu vermeiden, um das Abwandern kranker Stücke zu verhindern. ▸ Fallwild und erlegte kranke Stücke sind unschädlich zu beseitigen (verbrennen). Die Äsungsverhältnisse sind zu verbessern und spezielle Salzlecksteine mit Spurenelementen, Mineralsalzen und einem R.-Mittel auszulegen. Beim Menschen und bei Haustieren ist die R. durch medikamentöse Behandlung heilbar. Das ▸ Wildbret befallener Stücke ist genussuntauglich und unschädlich zu beseitigen. Bei Sarcoptes-R. des Gamswildes besteht Anzeigepflicht.

rau: **1**) Ein ▸ Geweih oder Gehörn ist r., wenn es noch mit ▸ Bast überzogen ist. **2**) ▸ Schalenwild im Frühjahr ist r., wenn es noch nicht ganz ▸ verfärbt hat. **3**) Früher der Schuss mit gehacktem Blei (r. Schuss). **4**) Die Behaarung des Hundes (R.-Haar); ▸ Hundehaar.

raubärtig: Ein Jagdhund mit stark behaartem ▸ Fang (z.B. Griffon).

Raue, die (veraltet: Rauche): Der Federwechsel der Vögel, besonders der Wasservögel; ▸ Mauser.

rauen (mausern): Wechseln der Federn beim ▸ Federwild; ▸ Mauser.

Rauerpel, der (Mausererpel): ▸ Mauser 1).

Raufe, die (Futterraufe): ▸ Jagdeinrichtungen 3.

Raufer, die: Bez. für die alten, ranghöchsten Hahnen (▸ Platzhahn) von Birk- und Auerwild. Sie sind unbedingt zu schonen, da sich die Hennen nur von ihnen treten (begatten) lassen; ▸ Raufußhühner 1. und 2.

Raufußadler, der: ▸ Adler 4.

Raufußbussard, der: ▸ Bussarde 2.

Raufußhühner, die *(Tetraoninae)*: Unterfamilie aus der Familie der fasanenartigen Hühnervögel *(Phasianinae)* aus der ▸ Ordnung der ▸ Hühnervögel *(Galliformes)*. Die R.

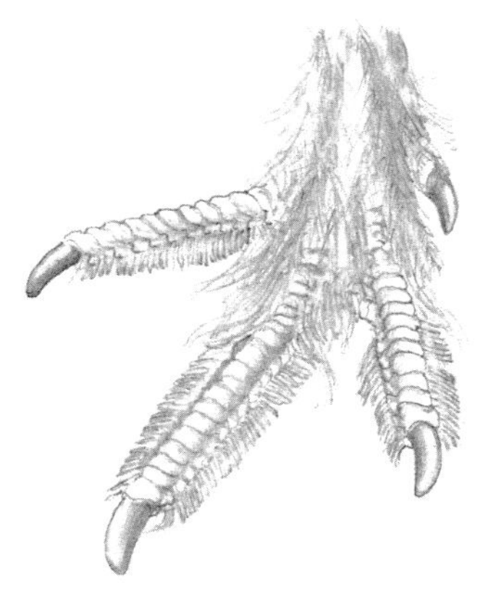

Balzstifte am Fuß des Auerhahns

werden in Wald- (Auer-, Birk- und Haselhuhn) und in Schneehühner (Alpenschnee-, Moorschneehuhn) eingeteilt. Sie sind alle ▸ Standvögel. Als Bastarde aus Kreuzungen zwischen Auer- und Birkwild kommt das Rackelwild vor. Die mehr oder minder plumpen Bodenvögel (Bodenbrüter) haben einen kleinen Kopf, einen kurzen oder mittellangen Hals, kräftige Laufbeine zum Scharren und z.T. einen äußerst schönen und ausgeprägten ▸ Stoß (Auer- und Birkhahn). Der Lauf und die Zehen sind befiedert (raufüßig). Ausnahme: Beim Haselwild sind die untersten Teile der ▸ Ständer und die Zehen unbefiedert. Hahn und Henne sind bei allen Arten unterschiedlich gefärbt. Durch das Fehlen geeigneter ▸ Biotope ist der Bestand an R. stark zurückgegangen, sie sind äußerst gefährdet; ▸ Kulturflüchter. Sie sind ▸ jagdbar, z. Z. jedoch ganzjährig mit der Jagd zu verschonen. Für Auer- und Birkwild sind, soweit die Jagd auf sie ausgeübt werden darf, ▸ Abschusspläne (Bejagungspläne) zu erstellen. Nur das Auerwild gehört zum ▸ Hochwild. In der Waidmannssprache finden sich deshalb viele Ausdrücke, die sowohl für das zum ▸ Hochwild zählende ▸ Haarwild als auch für das Auerwild Anwendung finden (z.B. Losung, Fährte, Läufe usw.).

1. Auerwild, das *(Tetrao urogallus*, L.): Auch Auer-, Urgeflügel. Bez. für das männliche Stück: Auer-, Ur-, Alp-, Hauer-, Brumm-, Gurgel-, Grügelhahn, Großer Hahn (Mehrzahl: Hahnen); Bez. für das weibliche Stück: Auer-, Urhenne, Alphuhn, Grügel. Hahn Länge: ca. 82 bis 110 cm, Gewicht: 3,5 bis 6 kg, ▸ Flügelspannweite: 112 bis 140 cm; Henne Länge: ca. 49 bis 65 cm, Gewicht: 1,5 bis 3 kg, Flügelspannweite: ca. 92 bis 105 cm. Größte europäische Hühnerart.

<u>Aussehen</u>: Den etwa gänsegroßen Hahn kennzeichnen 4 bis 5 cm lange, leuchtend rote Augenlidwülste (▸ Rosen), die während der Balzzeit anschwellen, und ein fast schwarzer Rücken. Kopf und Hals sind dunkelblau, die Kehle ziert ein etwa 5 cm langer schwarzer Bart aus straffen Federn (Kehlbart). Die Schultern und Flügel sind dunkelbraun, auf dem Flügelbug (Schwingenbug) ist jeweils ein

Auerwildfährte

Auerwildlosung

weißer Fleck, der sog. Spiegel, zu erkennen. Der Kopf ist glänzend stahlgrün, die Brustfedern fast schwarz mit leicht weißen Flecken an den Spitzen. Der Stoß ist abgerundet, die oberen Stoßdecken sind schwarz mit weißen Endsäumen. Bei den meisten Hahnen bildet sich anstelle des hellen Randstreifens ab dem vierten Lebensjahr unterhalb der Nasenlöcher eine Rille. Eine ausgeprägte Schnabelrinne ist ein sicheres Zeichen für einen alten Hahn, jedoch ist sie bei alten Hähnen nicht immer vorhanden. Die etwa um ein Drittel kleinere Henne ist auf Kopf und Hals und auf der gesamten Oberseite rostgelblich bis rostbraun mit dunkelbraunen Querbändern, das Brustschild ist rostrot. Die Jungvögel ähneln den Eltern. Im Winterkleid sind die Seiten der Zehen mit kleinen Hornfedern behaftet. Sie erleichtern die Bewegung auf dem Schneefeld und fallen in der Frühjahrsmauser (Ende Mai), kurz nach der Balz, wieder ab. Die Küken mausern im Oktober.

Vorkommen: Als Kulturflüchter liebt das A. ruhige, große Waldgebiete mit Altholzbeständen (Misch- und Nadelwälder), die eine beerenreiche Vegetation (▸ Beerensträucher) und Wasserstellen aufweisen. Das A. ist ein ausgesprochenes ▸ Standwild und kommt noch im gesamten Alpengebiet, im Bayerischen Wald, im Spessart, Schwarzwald, Mittelhessen und im Sauerland vor. Im Harz wurde es seit 1978 erfolgreich wieder angesiedelt. Häufiger ist es in den Pyrenäen, in Österreich (Alpen), in der Schweiz, Polen, Russland, in den nordischen Ländern und in Schottland anzutreffen. Der Rückgang großer zusammenhängender Waldgebiete, die Anlage von ausgesprochenen Monokulturen, Massentourismus usw. haben in unseren Breiten den für das A. notwendigen Biotop weitgehend eingeschränkt und es sehr in seinem Bestand bedroht. Hinzu kommt die Gefährdung durch natürliche Feinde wie Dachs, Iltis, Marder, Fuchs, Wiesel und auch Schwarzwild, die es auf das Gelege abgesehen haben.

Balz: Die Balzzeit fällt, je nach Höhenlage und Witterung, in den (März) April/Mai. Bereits vor Beginn der Balzzeit werden durch Kämpfe die Balzplätze festgelegt und verteidigt (▸ Schnabelfechten). Die Balzplätze liegen mit Vorliebe auf Waldblößen, Schlagrändern oder in sonnigen Bestandslücken und werden mehrere Jahre beibehalten. Fast ausnahmslos beginnt der Hahn vor Tagesanbruch – etwa eineinhalb Stunden vor Sonnenaufgang und nach der Gefiederpflege – mit der Hochbalz auf einem Baum (Baumbalz) und reitet noch vor dem Hellwerden zur Bodenbalz ab. Das Balzlied, die »Balzarie«, besteht aus vier Teilen: dem Knappen, Triller, Hauptschlag und dem Schleifen oder Wetzen. Das nicht allzu laute Balzlied beginnt mit einem langsamen und hölzernen »Telac, telac, telac« (Knappen) und steigert sich, immer schneller wiederholend, zu einem Triller, um dann plötzlich mit dem Hauptschlag, der sich wie das Entkorken einer Flasche anhört, zu enden. Als letzter Teil des Liedes schließt sich das Schleifen oder Wetzen an (klingt wie das Wetzen einer Sense), während dessen der Hahn drei bis vier Sekunden fast taub, jedoch nicht blind ist. Kopf und Stingel (Hals) werden dabei hochgereckt bzw. -gestreckt, der Stoß fächerartig ausgebreitet und die Schwingen gesenkt. Beim Hellwerden fallen auch die Hennen auf dem Balzplatz ein und locken durch Gocken den Hahn, der, wenn der Balzbaum ins Sonnenlicht kommt, am Boden weiterbalzt. Gelegentlich wird statt des Schleifens ein sog. Flattersprung ausgeführt. Die Hennen werden vom Platzhahn – meist ein alter ▸ Raufer – bei der Sonnenbalz (Bodenbalz) getreten. Sie wurden früher in Unkenntnis geschossen, weil man davon ausging, dass sie den Balzbetrieb stören. Das Auerhuhn lebt polygam; auf einen Hahn kommen vier bis sechs Hennen.

Stimme: Außerhalb der Balzzeit ist der Hahn ziemlich stumm. Das Balzlied selbst wird nicht laut vorgetragen, und wie die britischen Forscher R. Moss und I. Lockie nachweisen konnten, bewegt sich der größte Teil des Balzliedes auf so niedrigen Frequenzen, dass das menschliche Ohr davon nichts vernehmen kann. Die Hennen gackern fasanenartig »Kok, kok«, gelegentlich ist ein entenartiges »Quack, quack« zu hören.

Gelege und Brut: Das Auerhuhn ist erst mit zwei Jahren fortpflanzungsfähig. Das ▸ Nest ist eine flache, ausgescharrte Bodenmulde, die mit einigen dürren Halmen, trockenen Blättern und Kiefernnadeln ausgepolstert wird. Es wird meist am Waldhang und gerne am Fuß eines Nadelbaumes oder unter Beerensträuchern und Wacholderbüschen errichtet. Das Gelege besteht aus fünf bis zwölf

Balzender Auerhahn

Die Auerhenne ist wesentlich unauffälliger gefärbt als der Hahn.

gelblich grauen bis -braunen, mit vielen rotbraunen Flecken versehenen Eiern, die 58 x 42 mm groß und ca. 53 g schwer sind. Die sehr fest sitzende Henne brütet die Eier, die in den Brutpausen zugedeckt werden, in 26 bis 28 Tagen aus. Die Jungen sind ▸ Nestflüchter und nach zwei bis drei Wochen bereits so weit entwickelt, dass sie am Abend mit der Henne aufbaumen können. Ende Juli/Anfang August sind sie flugfähig, werden aber noch bis in den Spätherbst geführt. Die Junghennen verstreichen dann in einem Umkreis von 3 bis 30 km, die Hähne dagegen sind ausgesprochen geburtsorttreu. Eine Jahresbrut (Mitte April bis Juni); ▸ Nachbrut.

Nahrung: Sie besteht aus Beeren, Sämereien, Knospen, Trieben, Fichten-, Tannen- und Kiefernnadeln, Flechten, Gräsern, Würmern, Schnecken, Puppen, Raupen, Insekten und Ameisen. Zur Aufzucht der Jungen werden überwiegend Insekten, Ameisenpuppen und Würmer aufgenommen. Eine Vermehrung der Ameisenkolonien im Brutbiotop trägt daher u.a. viel zur Erhaltung des A. bei. Zum Zermahlen der Äsung im Magen werden vom A. kleine Steinchen, sog. Weidkörner oder ▸ Magensteine, aufgenommen, die im Magen rundgerieben werden und als ▸ Trophäe gelten.

Losung: Sie ist je nach Jahreszeit unterschiedlich geformt, gefärbt und zusammengesetzt (Winter-, Frühjahrs-, Brut-, Sommer-, Blinddarmlosung). Sie besteht aus einer ca. 5 bis 6 cm langen, etwa 1,2 cm dicken Walze, die bei der Henne etwas kürzer ist. Im Winter besteht sie fast ausschließlich aus Nadelresten. Die Brutlosung der Henne ist fast hühnereigroß, hart und hat knollige Form. Neben der Normallosung wird das ganze Jahr über noch eine dünn-zähflüssige und hellolive Blinddarmlosung meist in den Morgenstunden ausgeschieden (Balzlosung, Balzpech; hat jedoch mit der Balz nichts zu tun).

Jagd: Das A. ist z.Z. in allen Bundesländern ganzjährig geschont, in der Schweiz seit 1971 geschützt. Die Jagd wird nur auf den balzenden Hahn in den frühen Morgenstunden des Frühjahres ausgeübt. Der Jäger (Verhörer) bestätigt zu diesem Zweck die Balz-, Stand- und Schlafbäume des Auerhahns, er »verhört«, »verlost« den Hahn. Die Jagd selbst erfordert sehr viel Geduld und ein möglichst lautloses ▸ Pirschen. Der balzende Hahn, der sehr gut vernimmt und sehr gut äugt, wird während des Schleifens, einer nur wenige Sekunden dauernden Phase, in der er fast taub ist, angesprungen. Der Sprung, zwei oder drei rasche Schritte, muss immer so ausgeführt werden, dass ein sicherer und sichtschutzbietender Standpunkt erreicht werden kann. Nur während des Schleifens ist es möglich, das Gewehr zu entsichern, anzulegen und zu schießen. Erlaubt ist der Schuss mit grobem Schrot (4 mm) oder mit der Kugel. Am günstigsten ist es, wenn die Kugel von unten und hinten zwischen die Ständer oder seitlich auf Brust und Hals angetragen wird. Der Schrotschuss ist jedoch, wenn er auf normale Entfernung abgegeben werden kann, dem Kugelschuss (meist Vollmantelgeschoss) vorzuziehen. Der Erleger erhält den ▸ Bruch (Erlegerbruch; ▸ Bruchzeichen). Als solcher wird i.d.R. ein Tannen- oder Fichtenzweig genommen. Als Trophäe gelten der ganze Hahn als Präparat oder nur der Stingel (Kopf und Hals) und der Stoß (Fächer). Daneben zählen die Magensteine (der Auerhahn wird dazu aufgebrochen), die Grandln, der Hahnenbart sowie der Unterstoß zu den Trophäen.

Altersbestimmung: Diese soll nach der Länge der Schnabelrinne, der Stärke des Hornschnabels oder der Schnabelfärbung, wie Untersuchungen ergeben haben, unzuverlässig sein, da auch ältere Hahnen ohne Schnabelrinne vorkommen sollen und auch hinsichtlich der anderen Kriterien sehr viele Widersprüche nachgewiesen werden konnten. Bisher galt ein Hahn als ein- bis zweijährig, wenn der Schnabel blaugrau, der Oberschnabel glatt und die Schnabelspitze weniger gekrümmt und spitz war. Der dreijährige Hahn sollte am gelbgrünen Schnabel, an den zwei Längsrillen auf dem Oberschnabel, die jedes Jahr länger und tiefer werden, sowie an der stark gekrümmten und abgestumpften Schnabelspitze erkannt werden. Genauer hingegen ist aufgrund des Mauserzustandes der Handschwingen das Alter zu bestimmen. Sind beim Hahn noch die vordersten beiden Schwungfedern des Jugendkleides vorhanden, so ist er einjährig. Sie sind zudem bei einem Jungvogel schmäler und spitz auslaufend. Auch die Form und Farbe der äußersten Federn zu beiden Seiten des Fächers (Schaufeln) dienen der Altersbestimmung. Der junge Hahn soll bräunliche, ca. 6 cm breite, am Ende halbkreisförmig ausgezogene Schaufeln tragen. Im zweiten Lebensjahr sind die Schaufeln fast schwarz und breiter, beim dreijährigen Hahn sind die Enden der beiden inneren Schaufeln abgeflacht, sie wirken daher wie abgeschnitten. Vierjährige und ältere Hahnen haben über 7 cm breite, eckig auslaufende Schaufeln. Mit größter Sicherheit hingegen lässt sich das Alter am erlegten Stück nach Schädelmerkmalen (Voraugenplatte, Stirnnasenbein-, Zwischenkiefernaht, Unterkiefernähte, kleinste Stirn- und Tränenbeinbreite) bestimmen.

2. Birkwild, das *(Lyrurus tetrix*, L.): Bez. für den Hahn: Spiel-, kleiner Auer-, Heide-, Laub-, Moor-, Moos-, Berg-, Brenn-, Schildhahn, kleiner Hahn, Heideritter. Weibliches Stück: Birkhenne. Hahn etwa haushuhngroß, Hennen kleiner. Länge: Hahn 53 bis 64 cm, Henne 40 bis 50 cm; Gewicht: Hahn bis 2000 g, Henne bis 1300 g.

Waidmännische Ausdrücke: Bis auf nachstehende Ausnahmen dieselben wie beim Auerwild. Der kollernde Balzlaut heißt kullern, kollern, grudeln, rodeln, kudern oder rudern; der zischende Balzlaut blasen, fauchen, zuschen, rauschen oder schleifen. Die jungen Hähne werden Schneider, Hochgebirgs-, Schnaithähne genannt. Der Stoß des Spielhahns heißt Spiel, Leier oder Schere, die einzelnen krummen Federn aus dem Stoß heißen Sichel oder Krumme. Der balzende Hahn wird vom Jäger durch Reizen angelockt (der Hahn wird angereizt); die Beine heißen Ständer, die Spur Geläuf, die Exkremente Gestüber.

▸▸ Birkhahn bei der Balz

Aussehen: Hahn im Prachtgefieder: oberseits schwarzblau metallisch glänzend, Schwingen schwarzbraun mit weißem Spiegel, die mittleren Flügeldeckfedern rostbraun, Brust und Hals schwarzblau, vereinzelt mit einigen weißen Flecken. Bauch und Unterschwanzdecken sind weiß. Die Schwanzfedern (Stoßfedern), das sog. Spiel, sind leierförmig nach außen gebogen. Das Spiel besteht aus einem großen und einem kleinen Stoß. Zum großen Stoß zählen die bis zu vier äußeren schwarzen und krummen Federn oder Sicheln, zum kleinen Stoß, dessen Mittelfedern den gefächerten Stoß in der Mitte überragen, die weißen Gefiederfedern. Die Augen sind braun, über den Augen gewölbte scharlachrote Rosen, die besonders zur Balzzeit stark ausgeprägt sind. Der Schnabel ist schwarz, ein schwarzer Federrand reicht bis an die Nasenlöcher. Im Winter wie beim Auerhahn Balzstifte an den Füßen. Henne: Überwiegend braun gefärbt (der Auerhenne ähnlich) mit schwarzbraunen Querbinden und Flecken, auf den Schwingen ein kleiner, weißer Spiegel, der Stoß (Schwanz) ist leicht eingekerbt. Sie ist i. Allg. rundlicher und dunkler als die Auerhenne. Die Jungvögel ähneln dem Weibchen.
Vorkommen: In Deutschland (Bayern, Niedersachsen und Schleswig-Holstein; erfolgreich wiederangesiedelt in Baden-Württemberg), in den österreichischen Alpen von Vorarlberg bis Niederösterreich, im Mühl- und Waldviertel, in der Schweiz, auf den Britischen Inseln, sonst nur noch lokal in Mitteleuropa, dagegen noch zahlreicher in Nordosteuropa anzutreffen. Der Lebensraum des B. sind Heiden, Moore mit niedrigem Gestrüpp sowie lichte Birken- und Mischwälder mit Birke, Aspe und Weide. Im Gebirge bewohnt es überwiegend die obere Waldgrenze, tiefer ist es nur anzutreffen, wenn sich aufgelockerte Waldbestände mit größeren Lichtungen ergänzen. Es lebt sehr gesellig und findet sich v.a. im Winter zu größeren Flügen (sog. Wintergesellschaften, oft Hahnen- und Hennenverbände) zusammen. Das B. ist zwar nicht so scheu wie das Auerwild, verschwindet aber fast immer aus Revieren, in denen der Mensch regulierend oder zerstörend (Entwässerung, Straßenbau usw.) in seinen Lebensraum eingreift (Kulturflüchter). Zudem verträgt es sich nicht mit Fasanen. Auch das B. ist bereits in seinem Bestand sehr gefährdet. Neben dem Rückgang aufgrund von Umwelteinflüssen kommt hierzu die Gefährdung durch natürliche Feinde wie Dachs, Iltis, Marder, Fuchs, Wiesel, Habicht und auch Schwarzwild, die es auf das Gelege abgesehen haben.
Balz: Sie beginnt Mitte März und dauert im Gebirge mitunter bis in den Juni hinein. Als Balzplätze werden im Gebirge freie Plätze ohne Baumwuchs, gelegentlich auch Schneefelder gewählt. In der Ebene und im Hügelland werden kleinere Moor-, Wiesen- und Heideflächen bevorzugt. Die Hähne fallen in der Morgendämmerung zu mehreren auf dem Balzplatz (▸ Arenabalz) ein, wobei sie mit gefächertem Spiel, hängenden Flügeln und gesträubten Halsfedern auf der Erde herumstolzieren und hohe Luftsprünge vollführen. Gleich starke Hähne liefern sich solch erbitterte Standortkämpfe, dass die Federn stieben (Flattersprünge und Schwingenschlagen). Zu ernsthaften Verletzungen kommt es jedoch nie. Der zweiteilige Balzgesang des Hahnes besteht aus dem Kollern und aus dem Zischen. Das Zischen ist der eigentliche Kampfruf des Hahnes. Das Unterbrechen des Balzgesanges bei Sonnenaufgang wird Morgengebet, Morgenandacht genannt. Bei fortgeschrittener Tageszeit stellt sich der Hahn gerne auf Baumwipfeln und Almzäunen usw. ein, um von höherer Warte aus zu kollern (Sonnenbalz). Im Ggs. zum Auerhahn ist der Birkhahn während der Balz in keiner Phase taub. Die kurz nach den Hähnen einfallenden Hennen lassen sich von den ranghöchsten Hähnen treten. Außerhalb der Hauptbalz findet im Herbst häufig eine schwache Balz, die kalte Balz, statt.
Stimme: Die des balzenden Hahnes ist während des Kollerns ein hohl tönendes »Turr, turr, turr« oder »Burr, burr, burr«, während des Zischens ein »Tschuischsch«, außerhalb der Brutzeit ein »Kuk«. Die Hennen gocken ähnlich der Auerhenne »Gock, gock«, jedoch heller und schneller.
Gelege und Brut: Das B. ist mit zwei Jahren fortpflanzungsfähig. Die Henne scharrt sich an geschützter Stelle (Heidegestrüpp, Wacholder- und Beerensträucher), im Gebirge auch über der Waldgrenze, eine flache Mulde, die mit dürren Blättern, Halmen und Moos ausgepolstert wird. Das Gelege besteht aus sechs bis zehn ockergelben, mit vielen rotbraunen Flecken und Punkten versehenen Eiern, die 50 x 36 mm groß und ca. 33 bis 36 g schwer sind. Die Eier werden nur vom Weibchen bebrütet, das sehr fest auf den Eiern sitzt. Die Brutdauer beträgt 25 bis 27 Tage. Die Jungen sind Nestflüchter und gehen mit der Henne sofort auf Nahrungssuche. Mit 14 Tagen sind sie bereits flugfähig, mit vier Wochen selbstständig, bleiben aber bis zum Herbst mit der Henne im Familienverband. Im September/Oktober mausern die jungen Hähne und tragen dann ihr Prachtgefieder mit dem leierförmig ausgebildeten Spiel und den weißen Unterstoßfedern (sie sind ausgeschildert). Im Herbst vereinigen sich die Birkhühner zu Flügen, und erst im März sondern sich die Hähne ab. Eine Jahresbrut (Mai/Juni).

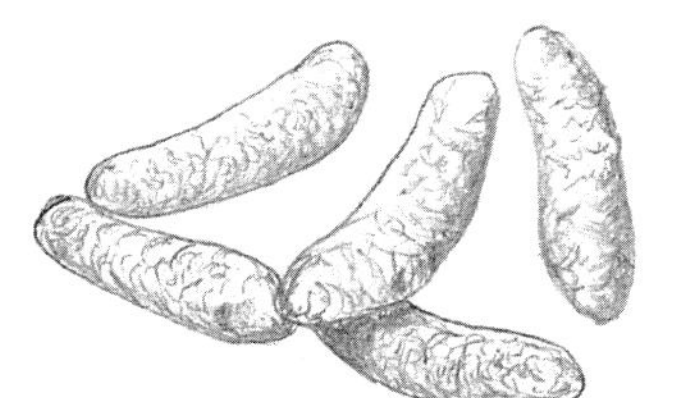

Birkwildgestüber

Nahrung: Sie richtet sich nach dem Biotop und besteht überwiegend aus Beeren, Blatt- und Blütenknospen sowie Sämereien, im Winter hauptsächlich aus Wacholderbeeren, einjährigen Knospen und Koniferennadeln, auch aus Hafer und anderen Körnerfrüchten. Zur Jungenaufzucht werden Insekten, Würmer und kleine Schnecken aufgenommen.
Gestüber: Das Gestüber ist der Losung des Auerwildes ähnlich, aber kleiner und kompakter. Es ist nur 1,5 bis 2 cm lang und 6 bis 7 mm breit. Im Winter ist es im frischen Zustand hellgelb und wird nach und nach braungrau.
Jagd: Das B. ist z.Z. in allen Bundesländern ganzjährig geschont. In der Schweiz wird der Hahn bejagt, die Hennen hingegen sind geschützt. Im Ggs. zur Auerhahnjagd, bei der der Hahn während des Schleifens (einer Phase, bei der der Hahn fast taub ist) angesprungen wird, kann der störungsempfindliche Birkhahn, der während des Balzens sehr gut vernimmt und äugt, nur vom Ansitzschirm (▸ Jagdeinrichtungen 2.) aus bejagt werden. Der Schirm muss daher weit vor Tagesbeginn aufgesucht und der unmittelbaren Umgebung angepasst werden; im Gebirge wird er daher

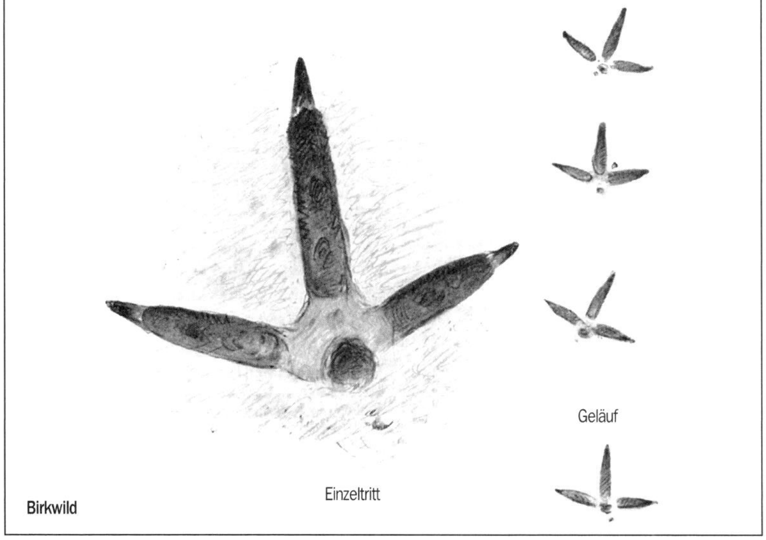

Birkwild

Haselhahn

aus Nadelholzzweigen und in der Ebene u.a. aus Schilf errichtet. Um die Hähne nicht misstrauisch zu machen, sind die Schirme an den bekannten Balzplätzen bereits vor der Balzzeit, am besten im Herbst, zu errichten. Fallen die Hähne nicht unmittelbar in der Nähe des Schirmes ein, kann der Hahn durch das Nachahmen der Balzlaute angereizt werden. Als waidgerecht gilt der Schuss mit grobem Schrot oder der kleinkalibrige Kugelschuss. Als Trophäe gelten der ganze Hahn als Präparat oder das Spiel mit dem weißen Unterstoß, das als Wandschmuck oder als Hutschmuck Verwendung findet, sowie die Weidkörner.

Altersbestimmung: Für den Birkhahn gibt es keine exakten Anhaltspunkte, sodass die Heranziehung äußerer Merkmale wie Punktierung des Spiels, Ausformung (Krümmung) und Anzahl der Sichelfedern mit Recht anzuzweifeln ist. Mit Sicherheit kann jedoch ein Hahn als noch nicht zwei Jahre alt bezeichnet werden, wenn er noch die erste Handschwinge trägt, da diese erst während der ▸ Mauser im Herbst des auf die Geburt folgenden Jahres erneuert wird. Die erste Handschwinge ist spitz auslaufend, während die Ersatzfeder an der Spitze leicht abgerundet ist.

Alpenschneehuhn im Winterkleid

3. Rackelwild, das *(Lyrurus tetrix x Tetrao urogallus)*: Als R. werden die Bastarde von Auer- und Birkwild bezeichnet, die gelegentlich dort auftreten, wo beides vorkommt. Meist eine Kreuzung zwischen Birkhahn und Auerhenne, möglich ist auch eine Kreuzung zwischen Auerhahn und Birkhenne. Die Hähne werden auch als Schnarchhahn oder Zwitterhahn bezeichnet. Mit dem bedauerlichen Rückgang von Auer- und Birkwild ist das R. jedoch äußerst selten geworden. In Gestalt und Farbe hält es etwa die Mitte zwischen Auer- und Birkwild. Die Federn des Stoßes sind alle gerade und nicht wie beim Birkhahn nach außen gebogen. Über die Rackelhenne ist nur wenig bekannt, ebenso über die Fortpflanzungsfähigkeit des R. In der einschlägigen lückenhaften Literatur werden unterschiedliche Auffassungen vertreten. Einerseits wird angegeben, dass R. fortpflanzungsfähig ist (jedoch nicht mehr die erste Tochtergeneration aus dem Kreuzungsprodukt), andererseits soll R. nur mit Auer- und Birkwild fortpflanzungsfähig sein. In einigen neueren Schriften werden sowohl der Rackelhahn als auch die Rackelhenne als unfruchtbar bezeichnet, wenngleich der Hahn ähnlich wie der Auerhahn balzt. Sein Balzgesang ist eine Mischung der Töne der Elternteile.

4. Haselwild, das *(Tetrastes bonasia*, L.): Auch Berghühnli. Das Haselhuhn ist das kleinste bei uns vorkommende Waldhuhn, etwa rebhuhngroß. Länge: Hahn ca. 36 cm, Henne ca. 34 cm. Die waidmännischen Ausdrücke sind dieselben wie beim Auerwild, zusätzlich wird der Lockruf des Hahnes Spissen, der der Henne Bisten genannt, das geräuschvolle Fliegen Burren. Der Hahn wird auch als Schwarzkehlchen bezeichnet.

Aussehen: Oberseits ist die Färbung rostbraun bis grau mit weißen, schwarzen und braunen Flecken, unterseits ist sie etwas heller. Stoß grau, kurz und abgerundet mit fast schwarzer Endbinde. Hahn mit schwarzer, weiß begrenzter Kehle, auf dem Kopf eine Holle (Haube). Henne mit weißlicher Kehle, sonst dem Hahn sehr ähnlich, doch matter gefärbt und ohne Holle auf dem Kopf. Bei den Jungvögeln ist die Kehle weiß, die Unterseite zeigt dunkle Querstreifen. Beim Haselhuhn sind die untersten Teile der Ständer und die Zehen unbefiedert.

Vorkommen und Lebensweise: Das ziemlich selten gewordene H. lebt in den Alpen, lokal in einigen Mittelgebirgen Mitteleuropas, in Skandinavien und in Osteuropa. In Deutschland kommt es im Bayerischen Wald, Harz, Schwarzwald, Taunus, in der Eifel und im Siegerland vor. Wie auch bei den übrigen Waldhühnern haben die Biotopveränderungen (intensive Forstwirtschaft, Monokulturen) einen stetigen Rückgang des H. bewirkt. In Österreich kommt es noch häufiger vor. Das hauptsächlich auf dem Boden lebende H. bewohnt dichte Laub- und Mischwälder mit viel Unterwuchs und Beerensträuchern. Es lebt sehr gesellig und gut versteckt im Gebüsch, läuft sehr behende und fliegt ausgezeichnet und schnell. Es hudert gerne im Sand (Huderstellen oder Pfannen), meist an Wegrändern. Das H. ist ein Kulturflüchter und lebt monogam.

Balz: Das H. führt ein ausgesprochenes Eheleben. Bereits im September/Oktober finden sich die Paare während der Vorbalz zusammen. Die eigentliche Balz findet im März/April statt. Das H. hält keine regelmäßig besuchten Balzplätze ein und ist daher auch wegen des geringen Vorkommens kaum noch bei der Balz zu beobachten. Der Hahn balzt meist von mittlerer Baumhöhe aus und lässt als Balzlaut (Spissen) ein leises, scharfes, fast meisenartiges »Tsi, tsi, tsi« hören. Am Boden bewegt er sich mit gesträubtem Kopf- und Nackengefieder und vertreibt eindringende fremde Hähne energisch (ausgeprägtes Territorialverhalten).

Stimme: Balzlaut des Hahnes ▸ Balz. Der Lockruf der Henne, das Bisten, ist ein noch feineres Pfeifen, klingt jedoch tiefer und kürzer. Er ist sehr selten, hauptsächlich im Herbst, zu hören.

Gelege und Brut: Das Nest wird gut versteckt mit Sichtschutz von oben unter Gestrüpp, Brombeergerank, Heide-, Farnkraut und anderem dichtem Pflanzenwuchs errichtet. Es ist eine gescharrte, flache Mulde, die mit einigen trockenen Blättern und Federn des Brutvogels ausgelegt wird. Das Gelege besteht aus acht bis elf rötlich gelben, mit wenigen braunen Flecken versehenen Eiern, die 41 x 29 mm groß und ca. 20 g schwer sind. Die Brutdauer beträgt 21 bis 25 Tage. Es brütet nur die Henne, die Jungen werden jedoch von beiden Eltern geführt. Sie sind bereits nach zwei bis drei Wochen flügge und baumen auf. Das Gesperre bleibt noch bis zum September/Oktober zusammen, dann lösen sich die Ketten in einzelne Paare auf. Eine Jahresbrut (April/Mai bis Juni).

Nahrung: Sie besteht im Frühjahr überwiegend aus Blütenkätzchen von Hasel, Erle, Birke, Weide und Pappel, im Sommer aus Insekten, Würmern, Schnecken, Ameisenpuppen, Sämereien, feinen Blättchen, Knospen und Gräsern, im Winter hauptsächlich aus Beeren, Bucheckern und Knospen. Zur Verdauung werden ▸ Magensteine (Weidkörner) aufgenommen.

Gestüber: Es ist 1,5 bis 2 cm lang und 6 bis 7 mm breit. Im Winter ist es sehr kompakt und gut an den Resten von Hasel-, Birken-, Erlenkätzchen zu erkennen.

Jagd: Sie wurde früher im Herbst als ▸ Lockjagd mit dem ▸ Wusperl (Schelle) ausgeübt. Dieses wurde vom Jäger selbst aus einem Entenknochen oder anderen kleinen Knochen hergestellt. Damit konnte das Spissen eines Rivalen nachgeahmt und der Platzhahn so zum Zustehen veranlasst werden. Bei der Lockjagd am Morgen und vormittags folgte der Hahn dem Reizruf oft so hitzig, dass ein guter Schuss auf den anstreichenden Hahn nur schwer möglich war. Der Erfolg stellte sich eher nachmittags ein, wenn der Hahn nicht gestrichen, sondern meist gelaufen kam. Die Lockjagd verlangt außer der Beherrschung

Waidmännische Ausdrücke bei den Raufußhühnern	
abbaumen (abdonnern, abreiten, abstoßen, abstreichen)	vom Baum wegfliegen
abfallen (absteigen)	vom Baum auf die Erde fliegen
anspringen	sich auf den balzenden Hahn während des Schleifens rasch zubewegen
Äsung	Nahrung
Aufbruch	alle Innereien
Augen	Augen
äugen	sehen
ausfallen	Schlüpfen der Küken
Balz	Begattungszeit (zu unterscheiden sind: Vor-, Haupt-, Nach-, Früh-, Sonnen- und Abend-balz)
Balzarie (Gesetzl)	Reviergesang des Hahnes; die Balzarie besteht aus vier Teilen: dem Knappen, dem Triller, dem Hauptschlag und dem Schleifen oder Wetzen.
Balzgräten (Balzfedern, -stifte, Zehenfedern, -stifte)	kleine, beiderseits der Zehen angeordnete, verhornte Federn. Sie verbreiten die Lauffläche und ermöglichen dem A., sich besser im Schnee zu bewegen. Sie fallen mit der Frühjahrsmauser aus und wachsen erst im August wieder nach. Mit der Balz haben sie nichts zu tun.
Balzkragen	die gesträubten Halsfedern des Auerhahns beim Balzen
Balzlosung (Balzpech, Falzlosung, Falzpech)	zähflüssige, dunkle Blinddarmlosung beider Geschlechter, die neben der normalen Losung das ganze Jahr über abgesetzt wird
Balzrosen (Rosen)	rote Haut oberhalb der Augen, die während der Balzzeit anschwillt
Bart (Feder-, Kehlbart)	verlängerte Kehlfedern
brocken	äsen an Beerensträuchern
Brocker	Schnabel
bröseln	koten
einfallen	anfliegen und sich auf der Erde niederlassen
einschwingen	auf den Baum setzen
Fächer	der gesamte Stoß
Fährte	Fußabdrücke des Auerhahns
Flammen	s. o.: Balzrosen
fußen	auf einem Baum sitzen
Füße	die Füße des A.
Geilen	Hoden des Auerhahns
Geläuf	Fußabdrücke der Auerhenne
Gelege	Eier
Gesetzl (Gsetzl)	s. o.: Balzarie
Gesperre	die Jungen einschließlich der Henne
gocken	das Locken der Henne (öfter hintereinander: warnen)
Grandln	kleine Federn vor der ersten Handschwinge am Schwingenbug
großer Stoß (Oberstoß)	die langen Schwanzfedern
Hahn (Mehrzahl: Hahnen)	männliches A.
Hahnenbart	Bürzeldrüsenfedern
Hauptschlag	Lautäußerung, ein Teil der Balzarie (s. o.)
Henne	weibliches A.
hudern	Staubbad nehmen
Huderplatz (Pfanne)	Platz, an dem das Staubbad genommen wird
kleiner Stoß (Unterstoß)	die unteren Schwanzfedern
knappen (schnalzen, schnakeln)	Lautäußerung, ein Teil der Balzarie (s. o.)
kröchen	Warn- oder Schrecklaut
Läufe	Beine
Losung	Kot (nur beim Auerhahn), bei den übrigen R. Gestüber (in Österreich bei allen R.: Losung)
Mauser (Raue)	Federwechsel

Waidmännische Ausdrücke bei den Raufußhühnern	
melden	Balzlaut
Morgengebet	das Verstummen des Hahns bei Tagesanbruch
nadeln	abäsen von Fichten-, Kiefern- und Tannennadeln
Nägel	Zehennägel
Nesterl	s.o.: kleiner Stoß
Pfanne	s.o.: Huderplatz
prossen	Laubholz abäsen
Raue	s.o.: Mauser
Rosen	s.o.: Balzrosen
Ruder	der ganze Stoß
Schaufel	einzelne Stoßfeder des Auerhahns (Oberstoßfedern)
Schild	stahlblaufarbener Brustfleck des Auerhahns und brauner Brustfleck der Auerhenne
schleifen (wetzen)	letzter Teil der Balzarie (s.o.) des Auerhahns
schnalzen (schnakeln)	s.o.: knappen
Schneider	junger Hahn
Schwingen	Flügel
Sonnenbalz	Balz nach Tagesanbruch (Bodenbalz)
Spiegel	weißer Fleck auf der Schwingenbeuge (auch beim Birkhahn)
Stingel	Hals
Stoß	Schwanz
Triller	zweiter Teil der Balzarie (s.o.)
überstellen (umstellen)	von einem Ast zum anderen treten oder fliegen (wechseln)
verbeißen	svw. äsen, Nahrung aufnehmen
verhören (verlosen, verlusen)	Stand-, Schlaf- und Balzbäume des A. bestätigen (ausmachen)
vernehmen	hören
verschweigen	das Balzlied abbrechen
verstreichen	das Revier verlassen
vertreten	den Hahn bei der Balz vertreiben, vergrämen (stören)
Weidkörner	Magensteine, das sind kleine, zum Zermahlen fester Nahrung im Magen aufgenommene Steine
wetzen	s.o.: schleifen
worgen (wörgen)	zwei- bis sechssilbige krächzende Laute
Zehenfedern (Zehenstifte)	s.o.: Balzstifte
Zunge	Zunge

des Wusperls eine gute Deckung und große Ruhe. Das ▸Wildbret des H. gilt als Delikatesse.

Altersbestimmung: Beim Haselhuhn haben die Erkennungsmerkmale an den Handschwingen, wie sie beim Birkwild beschrieben wurden, Gültigkeit. Beim Hahn sollen außerdem junge oder alte Hähne an der Farbe des dunklen Bandes der Stoßfedern zu erkennen sein. Je dunkler das Band, desto älter der Hahn.

5. Alpenschneehuhn, das *(Lagopus mutus*, Montin): Etwas größer als das Rebhuhn; Länge: um 35 cm, Gewicht: um 450 g. Waidmännische Ausdrücke wie beim Birk- bzw. Auerwild. Der Balzruf des Hahnes wird, v.a. in Österreich, knarren oder ratschen genannt.

Aussehen: ▸Ständer und Zehen sind bei beiden Geschlechtern bis zu den Krallen dicht befiedert. Die Gefiederfärbung ist jahreszeitlich unterschiedlich. Im Sommerkleid sind Hahn und Henne buntscheckig gesprenkelt, der Hahn mehr grau- bis schwarzbraun, die Henne mehr gelbbraun. Der Schnabel ist schwarz. Im Winter sind beide Geschlechter weiß, der Stoß ist jedoch schwarz, der Hahn, der sonst dem Moorschneehahn sehr ähnelt, mit einem schwarzen Streif (Zügel) durchs Auge. Beide haben über dem Auge schmale rote Rosen. Handschwingen, Bauch und Ständer sind bei Hahn und Henne im Sommer und Winter weiß. Die Mauser ist von April bis Mai. Bei den Jungvögeln sind die Handschwingen noch nicht weiß ausgefärbt.

Vorkommen und Lebensweise: Das A. lebt bei uns in der Alpenregion über der Baumgrenze (2000 bis 3400 m), besonders in der Nähe von Schneeresten, ferner in den Pyrenäen, in Island, Nordschottland, im nördlichen Skandinavien und in Grönland. Wie alle R. ist es in seinem Bestand stark zurückgegangen und auf den Geröllhalden und mit Krummholz bewachsenen Hängen der alpinen Stufe nur noch vereinzelt anzutreffen. Es lebt sehr gesellig, fliegt mit schnurrendem Geräusch geradeaus und bewegt sich am Boden mit schnellen Trippelschritten. Im Vergleich zu den anderen R. ist es wenig scheu. Im Winter zieht es in größeren Verbänden bis zur Baumgrenze herab. Überwintert meist in kleinen Trupps von vier bis zehn Tieren. Übernachtet in selbst gegrabenen Schneehöhlen, lässt sich bei Schneefall auch einschneien.

Balz: Der Hahn balzt bereits im März und verteidigt sein Revier fest gegen die Artgenossen. Die Geschlechtsreife tritt im zweiten Jahr ein. Zur Brutzeit leben die Vögel paarweise.

Stimme: Der Hahn lässt zur Balzzeit einen kurzen knarrenden Ton »Arr« oder »Err« hören, gelegentlich ein leises »Rrä«.

Gelege und Brut: Das Nest, eine flache Mulde, wird an sonnigen Hängen unter Felsen, Wacholdergestrüpp oder Geröll gescharrt und mit einigen trockenen Blättern ausgelegt. Das Gelege besteht aus sechs bis elf ockergelben, mit vielen schwarzbraunen Flecken versehenen Eiern, die 43 x 31 mm groß und ca. 22 g schwer sind. Die Eier werden von der Henne 21 bis 24 Tage bebrütet; sie sitzt sehr fest auf den Eiern. Die Jungen sind Nestflüchter und werden bis in den Herbst geführt. Eine Jahresbrut (Mai bis Juni).

Nahrung: Sie besteht aus Insekten, Knospen und Flechten, Sämereien und Blattspitzen, im Winter überwiegend aus Kiefern- und Fichtennadeln.

6. Moorschneehuhn, das (*Lagopus lagopus*, L.): Eine Unterart des M. ist das Schottische M. (*Lagopus scoticus*, Latham), auch Schottisches Heidehuhn, in England Red grouse oder Grouse genannt. Größe: Hahn ca. 40 cm.

Aussehen: Die Geschlechter sind, wie beim Alpenschneehuhn, im Winter rein weiß gefärbt. Im Sommer trägt der Hahn, insbesondere zur Paarzeit, ein lebhaft gefärbtes Federkleid, wobei Rostrot mit mannigfachen Zeichnungen in anderen Farben vorherrscht. Das Federkleid der Hennen ist viel matter. Die Ständer sind bis zu den Zehen herab befiedert. Das Schottische M. hat stets weiße Flügel und wird im Winter bis auf den schwarzen Stoß weiß.

Vorkommen: Das M. ist ähnlich verbreitet wie das Alpenschneehuhn, fehlt aber in den Gebirgen Mittel- und Südeuropas sowie auf Grönland. Wenige Exemplare kommen noch in der Schnee-Eifel vor. In Ostpreußen ist es inzwischen ausgestorben, konnte sich aber in den nördlichen Ländern halten. Das Schottische M. wurde in Deutschland auf dem Hohen Venn ohne besonderen Erfolg ausgesetzt. In Schottland hingegen spielt es jagdlich noch eine Rolle.

Fortpflanzung: Das Nest wird an geschützten Stellen unter dichten Büschen (Wacholder, Heidekraut), bevorzugt in Moor-, Sumpfgebieten und in Heidelandschaften errichtet. Es ist eine einfache gescharrte Mulde, die mit dürren Grashalmen, Wurzeln und Flechten spärlich ausgepolstert wird. Die sechs bis zehn Eier sind ockergelb mit schwarzbraunen Flecken, ca. 41 x 30 mm groß (beim Schottischen M. geringfügig kleiner) und ca. 22 g schwer. Die Brutdauer beträgt 21 bis 24 Tage. Die Jungen sind Nestflüchter. Eine Jahresbrut (Mai/Juni).

Nahrung: Birken- und Weidenknospen im Winter; Blätter, Beeren, Körner und Insekten im Sommer.

raufüßig: Alle Vögel, deren Läufe und Ständer (Beine) bis unten befiedert (behost) sind, z.B. Raufußhühner, Eulen, Steinadler, Raufußbussard.

Raufußkauz, der: ▸ Eulen 7.

Raufutter, das: Stark zellulosehaltiges Futter wie Heu jeder Art (Laubheu, Grummet); ▸ Futtermittel.

Raufutterfresser, die: Bez. für Wildarten (z.B. Rot- und Damwild, Hasen), die ▸ Raufutter äsen.

Rauhaar, das: ▸ Hundehaar.

rauhaarig: Ein Hund, der raues, hartes Haar hat, z.B. Rauhaar-Teckel; ▸ Hundehaar.

Rauhaar-Teckel, der: ▸ Erdhunde 3.

räumliches Sehen: ▸ Gesichtssinn.

Raummeter, der: Abk. rm; auch Kubikmeter, Ster. Der Rauminhalt eines würfelförmigen Körpers, dessen Kanten 1 m lang sind, ohne Rücksicht auf Hohlräume, im Unterschied zum ▸ Festmeter. Der R. ist ein forstlich übliches Maß (Verkaufseinheit) für geschichtetes Holz: 1 cbm Holz einschließlich der holzleeren Zwischenräume; 1 rm ▸ Scheitholz enthält etwa 0,7 Festmeter.

Räumnadel, die: Ein ca. 4 cm langer, spitzer Draht am Pulverhornstöpsel, der bei Vorderladern zum Reinigen des Zündkanals dient.

Raumordnung, jagdliche: ▸ jagdliche Raumordnung.

Raumordnung der Schalenwildarten, die: ▸ wildökologische Raumplanung.

Räumung, die: Bez. für das Nutzen der restlichen Altbäume in einem verjüngten ▸ Bestand oder nur in einem Bestandsteil. Die R. erfolgt meist mit mehreren Hiebseingriffen; ▸ Räumungshieb.

Räumungshieb, der (Räumungsschlag, Endhieb, Abräumungshieb, Abräumungsschlag, Abtriebsschlag): In der Forstwirtschaft Bez. für den letzten Hieb (Verjüngungshieb) bei der Schirmschlagmethode, der das restliche ▸ Altholz beseitigt und damit den ▸ Jungwuchs frei stellt; ▸ Verjüngungsverfahren, Räumung.

Räumungsschlag, der: ▸ Räumungshieb.

raunen: Hin-und-her-Laufen des Hasen; ▸ reinen.

Rauschbeere, die: ▸ Heidelbeere 4.

Rauschbrand, der: Eine ▸ Infektionskrankheit der ▸ Wiederkäuer, besonders der Rinder und Schafe, die durch den Rauschbrandbazillus (*Clostridium feseri*) hervorgerufen wird. Er kommt, wenn auch selten, bei allem ▸ Schalenwild vor. Die Erkrankung wird durch Erdteilchen, die mit R.-Bazillus-Sporen behaftet sind, im Futter oder Wasser übertragen. Die Inkubationszeit beträgt ein bis drei Tage. Der R. beginnt mit gestörtem Allgemeinbefinden, nach einigen Stunden stellt sich meist hohes Fieber ein, es kommt zur Blasenbildung (knisternde Anschwellung) unter der ▸ Decke, zum Lahmgehen und später zu Atembeschwerden und zu Kolikanfällen. Die erkrankten Stücke verenden nach kurzer Krankheit, meist schon nach wenigen Stunden. Bei verendeten Tieren ist das Bindegewebe unter der Decke sulzig infiltriert und mit Gasblasen durchsetzt; das Betasten dieser Blasen ruft ein knisterndes, rauschendes Geräusch hervor, wodurch sich diese Krankheit sicher diagnostizieren lässt.

Bekämpfung: Alle kranken oder auch nur krank erscheinenden Stücke sind so bald wie möglich zu erlegen und unschädlich zu beseitigen. Das ▸ Wildbret ist genussuntauglich und unschädlich zu beseitigen. Bei R. besteht ▸ Anzeigepflicht.

rauschen: **1**) Begatten beim ▸ Schwarzwild. **2**) Blasen des Birkhahns; ▸ blasen 1). **3**) Beim Auerhahn: das Straffen der Schwingen nach unten und Fächern des Stoßes zum Rad. Auch das Entlangstreichen mit dem Lauf (Fuß) an der Innenseite der gestrafften Schwinge sowie das Streichen durch Blätter und Zweige, bei dem ein rauschendes oder schleifendes Geräusch entsteht, wird r. genannt. Im Schnee bleiben davon oft charakteristische Spuren zurück – in nordischen Ländern sagt man, der Hahn »ziehe den Schlitten«; ▸ Harfen.

Moorschneehuhn im Federkleidwechsel

Rauschflugkrankheit, die: ▸ Rauschbrand.

Rauschhaube, die: ▸ Falkenhaube.

Rauschknospe, die: Weibliches Geschlechtsteil des ▸ Schwarzwildes.

Rauschzeit, die: Die Begattungszeit des ▸ Schwarzwildes; ▸ Ranzzeit, ▸ Brunft.

räuspern: ▸ worgen.

raustreten: Wild mit Absicht zum Abspringen bringen; ▸ abtreten 1).

Rayski, Ferdinand von (23.10.1806 Pregau/Sachsen bis 23.10.1890 Dresden): R. war in erster Linie als Bildnismaler tätig und schuf um die Mitte der 1830er-Jahre auch Historienbilder, später Landschafts-, Jagd- und Tierbilder; ▸ Jagdkunst.

Rauwerk, das: ▸ Rauchwerk.

Rauwipfel, die: Auch Stachelbäume. Baumspitzen, meist von Fichte, die als Fegeschutz (Einzelschutz) für junge Forstpflanzen dienen und um die zu schützende Pflanze in den Boden gesteckt werden; ▸ Wildschaden(s)verhütung.

Rauzeit, die: ▸ Mauserzeit.

RDJ: Abk. für ▸ Reichsbund Deutsche Jägerschaft.

Rebel, Karl Dr. Dr. h.c. (15.11.1863 Augsburg bis 4.7.1939 Memmingen): R. war von 1915 bis 1930 Referent für Waldbau und Forsteinrichtung an der Bayerischen Ministerialforstabteilung. Bekannt wurde er durch seine frühen Einsichten zur Problematik der Wildstände und die Auswirkungen auf den Wald sowie zur Vereinbarkeit von Forstwirtschaft und Naturschutz. Von seinen rund 50 Schriften sind hervorzuheben: »Gegen die Streunutzung, besonders im bayerischen Staatswald« (1920), »Waldbauliches aus Bayern«, 2 Bd. (1922). R. gilt als Vordenker der naturgemäßen Waldwirtschaft.

Rebhuhn, das: ▸ Feldhühner 1.

Rebhühnerruf, der (Rebhuhnlocke): ▸ Lockjagd.

Reboussin, Roger (1881 bis 1965): Französischer Jagdmaler und Schriftsteller. Von ihm stammen u.a. die Aquarelle »Wölfe« und »Auerhahn«.

Rechlin, Eberhard, Prof. Dr. (1928 bis 1990): Maler, malte bevorzugt Jagdhunde, aber auch Wildtiere; von ihm stammt u.a. das Gemälde »Vorstehhund«.

Recht, das: ▸ Jägerrecht.

Rechtecksregel, die: ▸ Rotwild (Hauptschmuck).

Rechtecksverband, der: ▸ Pflanzverband.

recht geben: Alter Ausdruck für Loben des Hundes bei der Arbeit.

recht haben: Der Hund hat recht, wenn er eine ▸ Fährte hält, ohne von ihr abzufallen.

recht lassen: Dem Hund r. l., d.h. ihn nicht unnötig von einer ▸ Fährte, ▸ Spur oder einem ▸ Geläuf abtragen oder abrufen.

Recht nach der Fährte!: Früher ein Zuruf an den ▸ Leithund, wenn er nach dem Zeichnen auf der ▸ Fährte fortsuchen sollte.

Reck, der (die): Eine waagerechte Stange, auf die ▸ Beizvögel gestellt (abgestellt) werden.

1. Hoher R., der (die): Er besteht aus einer waagerecht in etwa 1,20 m bis 1,40 m Höhe angebrachten Stange von 4 bis 5 cm Durchmesser, die mit weichem, aber nicht glattem Leder gepolstert ist. Die R.-Stange für ▸ Falken ist flach, für ▸ Habichte und ▸ Sperber rund. Für Habichte und Sperber kann die R.-Stange auch eine berindete, glatte, gerade Stange (Esche) sein. Die Breite des R. ist z.T. ganz unterschiedlich und hängt davon ab, wie viele Vögel man daraufstellen will. Stehen mehrere Falken auf dem R., müssen sie einen Abstand von mindestens 60 cm haben, bei Habichten ist der Abstand entsprechend größer. In einem Raum soll kein zweiter R. aufgestellt werden, da die Vögel sonst von einem zum anderen fliegen wollen und dadurch unruhig werden. Unter dem h. R. wird ein Tuch aus festem Stoff, das sog. R.-Tuch, befestigt, dessen untere Ecken nach den Seiten hin straff verspannt sein müssen und das mindestens 60 cm herabreichen muss. Das R.-Tuch ermöglicht dem Beizvogel nach dem Abspringen, sich auf der gleichen Seite wieder auf den R. zu schwingen, und verhindert das Herumschwingen um den R. und somit das Verwickeln. Ein h. R. steht in der Mauserkammer (Falkenkammer) halb quer zur Lichtquelle und im Garten an einem überdachten Platz.

2. Niederer R., der (die): 20 bis 30 cm über dem Boden, wird heute – außer bei der ▸ Flugdrahtanlage – kaum verwendet.

3. Rundreck, der (die): Vom ehemaligen Ordensmeister des Deutschen ▸ Falkenordens Renz ▸ Waller 1967 entwickelter kreisförmiger R., bestehend aus einer kreisförmigen R.-Stange von unterschiedlicher Breite, dem R.-Teller, in dessen Mitte der Beizvogel festgelegt wird, und dem R.-Mantel (ein rundherum gespanntes R.-Tuch). Der R. hat gegenüber dem hohen R. erhebliche Vorzüge und erleichtert die praktische Falknerei. Auch der Beizvogel kann sich relativ frei bewegen und fühlt sich deshalb wohler und auch sicherer.

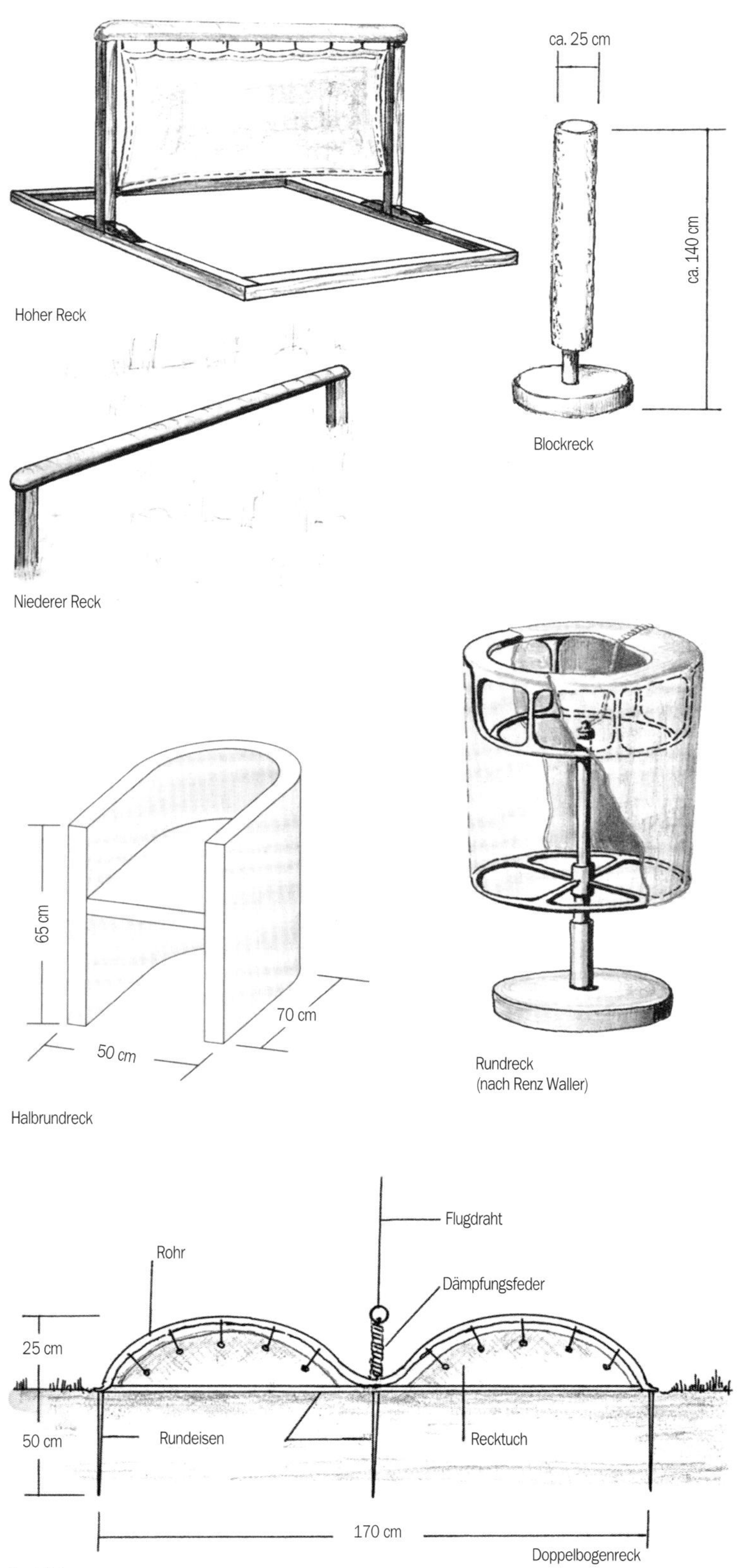

Reck-Arten

4. Halbrundreck, der (die): Eignet sich besonders für Spitz- oder Rechteckshäuschen mit Flugdrahtanlage. Er ist dem Rundreck ähnlich konstruiert, lediglich U- oder halbkreisförmig oder auch nur ein Kreissegment. Je unruhiger der Vogel, desto flacher sollte der Bogen sein.
5. Blockreck, der (die): Bei diesem R. reicht der Blockteil bis fast zum Reckfuß.
6. Bogenreck, der (die): Wird bei Flugdrahtanlagen immer häufiger anstatt des niederen R. verwendet. Der B. bzw. der Doppel-B., soll das Stangenreiten verhindern und hat den Vorteil, dass die Langfessel immer zu Boden rutscht, wenn der Beizvogel abspringt, wodurch eine Gefiederbeschädigung, besonders gebrochene Stoßpennen, verhindert werden sollen. Der B. hat sich besonders für Habicht und Sperber bewährt.

Reckling, August (16.11.1843 Wendisch-Priborn bis 30.12.1922 Dobbertin): R. war Stabshornist, später Musikdirektor, im Großherzoglich Mecklenburgischen Jäger-Bataillon Nr. 14 in Schwerin. Dieses Bataillon war die traditionelle Ausbildungseinheit der mecklenburg-schwerinischen Forstleute. R. war 34 Jahre Mitglied im »Verein Mecklenburgischer Forstwirte«. Er widmete dem Verein den von ihm komponierten Jägermarsch »Waidmannsheil« (»Ich schieß den Hirsch im wilden Forst, im tiefen Wald das Reh«) nach dem Text eines alten Siebenbürgischen Jägerliedes von F. von Schober. Berühmt wurden seine zahlreichen Märsche. Sein »Revue-Marsch« erschien 1886. Die beiden Märsche »Waidmannsheil« und »Revue-Marsch« stehen unter den Nummern AM II 258 und 265 in den Marschbüchern der Bundeswehr. Zum 75. Bestehen seiner militärischen Einheit widmete R. 1896 dem 14. Jäger-Bataillon den »Jägermarsch: Lied des 14. Jägers«, der zum inoffiziellen Parademarsch des 14. Jäger-Bataillons wurde.

Reckmantel, der: ▸ Recktuch.

Recknagel, Otto (1845 Eisfeld bis 1926 München): Jagdmaler (v.a. Schalenwildbilder) und Hofmaler des Herzogs von Coburg-Gotha. Von ihm stammen u.a. »Gestreckter Zwölfender«, »Rot- und Schwarzwild im Schneewald«, »Gamsriegeljagd«.

Reckstange, die: ▸ Reck 1.

Recktuch, das: Ein straff gespanntes Tuch unterhalb der Stange des hohen ▸ Recks, des Halbrundrecks und des Rundrecks (Reckmantel).

Red Data Book: Erstmals 1966 von der IUCN (▸ Naturschutzverbände) herausgegebene Rote Bücher mit der Auflistung der weltweit gefährdeten Tier- und Pflanzenarten. Aus den R. D. B. gingen die ▸ Roten Listen hervor.

Reduktionsabschuss, der: Reduzieren, d.h. Verringern eines überhöhten Wildbestandes, um ihn auf die angestrebte, den jeweiligen Revierverhältnissen angepasste ▸ Wilddichte zu bringen, v.a. um überhöhte ▸ Wildschäden zu verhindern. Um eine tatsächliche Reduktion zu erzielen, muss der Abschuss höher als der jährliche Zuwachs sein; ▸ Ernte-, ▸ Hege-, ▸ Not-, ▸ Total-, ▸ Fehl-, ▸ Wahlabschuss.

Reduzierhülse, die ▸ Lauf 4) 6.

Reduzierpatrone, die ▸ Lauf 4) 5.

Regenpfeifer (nach Otto Grashey, »Praktisches Handbuch für Jäger«, 1894, 3. Auflage 1916), von oben links nach unten rechts: Kiebitz (Männchen), Goldregenpfeifer (Männchen im Sommerkleid), Goldregenpfeifer (Jungvogel), Flussregenpfeifer (Jungvogel)

Refugium, das: Zufluchtsort eines Lebewesens, an dem es relativ geschützt ist, auch Rückzugsgebiet (Erhaltungsgebiet) für bestimmte Tier- und Pflanzenarten oder Lebensgemeinschaften, z.B. Eiszeitrefugien.

Rege, die: Früher die Stange auf dem Vogelherd (▸ Vogelfang), auf die man den Lockvogel (Regevogel) stellte.

rege: Wild ist r., wenn es unruhig ist. Wild r. machen bedeutet, es beunruhigen, es anregen, aufjagen, aufscheuchen; auch roglich machen; ▸ aufmüden.

Regenbrachvogel, der: ▸ Schnepfenvögel 7.

Regengülp, der: ▸ Schnepfenvögel 7.

Regenpfeifer, die *(Charadriidae)*: Familie aus der ▸ Ordnung der ▸ Watvögel (▸ Sumpfvögel) und möwenartigen Vögel *(Charadriiformes)*. Es sind kleine, kräftig gebaute, z.T. auffällig gezeichnete Watvögel. Die ▸ Geschlechter sind fast gleich gefärbt. Der Kopf der R. ist hochstirnig und vollkommen befiedert (z.B. Kiebitz, Fluss-, Goldregenpfeifer). Die Flügel sind lang, schmal und spitz, der Schnabel gerade und an der Spitze hart, die ▸ Ständer mittellang und stämmig. R. laufen absatzweise schnell und sind sehr gewandte Flieger. Die ▸ Nester werden am Boden gebaut; das Gelege besteht meist aus drei bis vier Eiern. Ein bis zwei Bruten im Jahr. Die Jungen sind ▸ Nestflüchter. Die R. sind in Europa ▸ Teilzieher. Früher jagdbar, aber ganzjährig geschont, unterliegen sie jetzt nicht mehr dem Jagdrecht und sind wegen ihrer Bestandsgefährdung durch das Naturschutzgesetz ganzjährig geschützt.

1. Kiebitz, der *(Vanellus vanellus*, L.): Auch gehäubter K., Kiewitt, Kühzbütz, Feld-, Wiesenpfau, Ziehfittich, Schnepfenkünder. Länge: 30 cm, Gewicht: um 200 g.
Aussehen: Vorder- und Oberkopf mit dem spitzen Federschopf sowie der Oberrücken grünlich schwarz. Flügeldecken purpurschwarz, Schwingen schwarz. Unterrücken und Bürzel grünlich braun. Stirn, Kehle, Hals und Vorderbrust schwarz, Augenkreis, Halsreifen und die übrige Unterseite rein weiß. Unterschwanzdecken lebhaft rostrot, Schnabel schwarz, Ständer fleischfarben, Augen braun. Die Jungvögel ähneln den Eltern, sind aber matter gefärbt.
Vorkommen: Fast in ganz Europa beheimatet. Sein Lebensraum sind Sumpfwiesen, Flachmoore, Marschland, Ried, aber auch trockene Äcker. Teilzieher, der in Mittel-, West- und Südeuropa sowie in Nordafrika überwintert. Seine Stimme gab ihm seinen Namen
Fortpflanzung: Das Männchen führt im Frühjahr mit wuchtelndem Flug Gaukelflüge durch und zeigt ein sehr auffälliges Balzgehabe. Das gut getarnte Gelege auf Äckern und Wiesen besteht aus vier kurzkreiselförmigen olivbraunen, schwarzbraun gefleckten Eiern, die 47 x 34 mm groß und ca. 25 g schwer sind. Die Eier werden von beiden Partnern 24 bis 30 Tage bebrütet. Die Jungen sind mit etwa 35 Tagen flugfähig. Eine Jahresbrut (Ende März bis April).
Nahrung: Sie besteht aus Insekten und Larven, Würmern, kleinen Schnecken, Mollusken und Unkrautsamen.

2. Goldregenpfeifer, der *(Pluvialis apricaria*, L.): Auch goldgrüner, gemeiner R., Goldkiebitz, Heidepfeifer, Brachhennel, Braak-, Pardel-, Acker-, Tütvogel, Feldläufer, Tüte, Goldtute. Länge: 28 cm, Gewicht: um 200 g.
Aussehen: Im Sommerkleid (▸ Brutkleid) ist der Scheitel dunkelbraun, Stirn und Überaugenstreif weiß. Oberseits fast schwarz mit

Regenpfeifer (nach Otto Grashey, »Praktisches Handbuch für Jäger«, 1894, 3. Auflage 1916), von oben links nach unten rechts: Kiebitz (Jungvogel), Sand- oder Halsbandregenpfeifer (Männchen im Sommerkleid), dahinter Jungvogel, Kiebitz-Regenpfeifer (Jungvogel), Flussregenpfeifer (Männchen)

goldgelber Fleckung, Kopfseiten und Unterseite schwarz mit breiter weißer Einfassung. Unterschwanzdecken weiß mit schwarzen Flecken, Schnabel schwarz, Ständer schwarzgrau, Augen braun. Im Ruhe- und Jugendkleid ohne Schwarz.

Vorkommen: Island, Britische Inseln, Skandinavien, Nordosteuropa. Nur vereinzelt brüten noch einige Paare in den nordwestdeutschen und norddeutschen Mooren. Der G. überwintert in Westeuropa und im Mittelmeerraum. Zur Zugzeit ist er häufiger im Bereich der Küsten und im Binnenland anzutreffen. Sein Lebensraum sind Moore mit niedriger Vegetation und arktische Heiden.

Fortpflanzung: Wahrscheinlich schon mit einem Jahr geschlechtsreif. Zur Balzzeit führt das Männchen über dem Brutrevier mit langsamem Flügelschlag und trillerndem Gesang seine Balzflüge vor. Das Gelege besteht aus vier, seltener aus drei gelbgrünlichen bis sandfarbenen, schwarzbraun gefleckten Eiern. Sie sind 52 x 36 mm groß und ca. 34 g schwer und werden von beiden Partnern 27 Tage bebrütet. Eine Jahresbrut (April/Mai).

Nahrung: Sie besteht überwiegend aus Insekten und Larven, Würmern, Spinnen, daneben auch aus grünen Pflanzenteilen, Beeren und Samen.

3. Sand- oder Halsbandregenpfeifer, der *(Charadrius hiaticula*, L.): Auch buntschnäbliger R., Strandpfeifer, großer Strandpfeifer, Seelerche, Seemornell. Länge: 19 cm, Gewicht: um 60 g.

Aussehen: Ähnlich wie Flussregenpfeifer. Vorderstirn, Augen- und Ohrgegend schwarz, über der schwarzen Vorderstirn eine schmale weiße Binde, darüber der halbe Scheitel wieder schwarz. Oberseite glänzend gelblich braun, Schwanz an der Wurzel graubraun, am Ende dunkler mit weißem Saum, unterseits weiß, mit breitem schwarzem Kropfband. Der Schnabel an der Wurzel gelblich, die Spitze schwarz, Ständer gelb, Augenring orange. Ruhekleid ähnlich dem Brutkleid. Die Jungvögel ähneln den Eltern, die weiße Binde auf der Vorderstirn fehlt jedoch, das Kropfband zeigt noch nicht die schwarze Farbe und wirkt mehr gelblich grau.

Vorkommen: Überwiegend an den Meeresküsten der Britischen Inseln, Skandinaviens, Nordosteuropas, Spitzbergens, Grönlands und Islands, aber auch an der Nord- und Ostseeküste, gelegentlich an Binnenseen. Typischer Strandvogel, der Sand- und Kiesstrände an der Küste liebt und nur Binnengewässer und Brackwasserseen mit entsprechendem Strand aufsucht. ▸ Teilzieher, der in West- und Südeuropa überwintert.

Fortpflanzung: Das Gelege enthält meist vier (drei bis fünf) kreiselförmige, graugelbe oder sandfarbene, dunkelbraun gefleckte Eier, die 36 x 26 mm groß und 10 g schwer sind. Die Eier werden von beiden Partnern 24 bis 27 Tage bebrütet. Ein bis zwei Jahresbruten (Mai bis Juni/Juli).

Nahrung: Wie Flussregenpfeifer.

4. Flussregenpfeifer, der *(Charadrius dubius*, Scop.): Auch kleiner, baltischer, schwarzbindiger R., kleiner Strandpfeifer, Sandläufer, Sandhähnchen, Seelerche, Flussschwalbe, Steenbieker. Länge: um 16 cm, Gewicht: um 43 g; der F. ist etwas kleiner als der ähnliche Sandregenpfeifer.

Aussehen: Im Brutkleid Vorderstirn weiß mit darüberliegender breiter schwarzer Binde. Breiter schwarzer Augenstreif. Hinterkopf und Oberseite sandfarben, Schwingen graubraun, Schwanz dunkelbraungrau, die beiden Randfedern weiß mit einem schwarzen Fleck auf der Innenfahne. Kehle und ein Halsring weiß mit darunterliegendem schwarzem Kropfband, Unterseite weiß. Auge braun, ums Auge ein nackter, hellgelber Ring, Schnabel schwarz, Ständer fleischfarben. Ruhekleid etwas matter gefärbt. Die Jungvögel ähneln den Eltern, der schwarze Stirn- und Augenstreif fehlt jedoch, das Kropfband ist nur angedeutet. Im Flug erscheinen die Flügel einfarbig.

Vorkommen: Mit Ausnahme großer Teile Skandinaviens, Islands und der Britischen Inseln in ganz Europa beheimatet. Außerdem Brutvogel in Asien und Nordafrika. Er überwintert hauptsächlich in Afrika und bewohnt in seiner Brutheimat die Sand- und Kiesufer der Binnengewässer.

Fortpflanzung: Das Gelege besteht aus vier sandfarbenen, manchmal grau bis grünlich schimmernden Eiern, die dunkelbraun gefleckt, 30 x 22 mm groß und etwa 7 g schwer sind. Die Eier werden von beiden Partnern 23 bis 26 Tage bebrütet. Die Jungen sind mit ca. 22 Tagen flugfähig. Zwei Jahresbruten (Ende April bis Juni/Juli).

Nahrung: Kleine Krebstiere, Schnecken, Insekten und deren Larven, sowie alle Arten von Spinnen.

5. Seeregenpfeifer, der *(Charadrius alexandrinus*, L.): Auch weißstirniger R., alexandrinischer R. Länge: um 16 cm, Gewicht: ca. 40 g; so groß wie der Flussregenpfeifer.

Aussehen: Das Männchen sieht dem Sand- und Flussregenpfeifer sehr ähnlich. Im ▸ Brutkleid eine schwarze Binde über der Stirn, über dem Auge ein weißer Streifen. Das schwarze Brustband – wie beim Sand- und Flussregenpfeifer – ist bei ihm jedoch durch eine durchgehende weiße Unterseite unterbrochen.

▸▸▸ Goldregenpfeifer (kolorierter Stich, 19. Jh.)

Johann Elias Ridinger (1698–1767): »Wie die Rehe mit Hunden gehetzt werden«, Kupferstich

Schnabel dunkel. Dem Jungvogel und dem Weibchen fehlen die schwarzen Zeichnungen, sie sind mehr braun gefärbt. Im Ruhekleid ist der Flussregenpfeifer insgesamt dunkler gefärbt.
Vorkommen: Außer im Norden Europas an allen europäischen Küstengebieten und am Neusiedler See (Österreich) verbreitet. Er hält sich meist am Sand- und Kiesstrand der Küsten sowie an Salzsteppen, -seen und Strömen mit sandigen Strandzonen auf. In Europa Teilzieher, der hauptsächlich im Mittelmeergebiet überwintert.
Fortpflanzung: Das Gelege besteht meist aus drei sandfarbenen, unregelmäßig dunkel gefleckten oder gestrichelten Eiern. Sie sind 33 x 24 mm groß, ca. 9 g schwer und werden von beiden Partnern im Wechsel 24 bis 27 Tage bebrütet. Der S. brütet einmal jährlich (Mai bis Juni).
Nahrung: Wie Flussregenpfeifer.
6. Mornellregenpfeifer, der *(Eudromias morinellus*, L.): Mor(i)nell(e), Mornellkiebitz, dummer R., lappländischer, tatarischer, sibirischer R., Dütchen. Länge: um 21 cm, Gewicht: ca. 120 g.
Aussehen: Im Brutkleid oberseits graubraun mit rostgelben Federrändern. Stirn gelblich braun, dunkel gestrichelt, Oberkopf dunkelbraun. Über dem Auge ein weißer Streif, Kinn und Kehle weiß. Brust hellbräunlich grau, durch ein weißes Band gegen die gelblich braune Hinterbrust abgegrenzt. Bauch schwärzlich, Schnabel stumpfschwarz, Ständer bräunlich gelb, Augen braun. Ruhe- und Jugendkleid kontrastreich und ohne Schwarz am Bauch, dem Jugendkleid fehlt zudem die weiße Brustbinde.
Vorkommen: Skandinavien, Schottland, Ostalpen, Apennin, Sudeten, Karpaten, Ural, Asien, Alaska. Sein Lebensraum sind die Tundra und tundraähnliche Landschaften sowie das Gebirge oberhalb der Baumgrenze. Außerhalb der Brutzeit ist er auch an Ufern der Gewässer in Salzsteppen und in Halbwüsten anzutreffen. Die europäischen Vögel überwintern im östlichen Mittelmeerraum, am Roten Meer und in den Gebieten um den Persischen Golf.
Fortpflanzung: Mit einem Jahr geschlechtsreif. Das Gelege besteht meist aus drei (zwei bis vier) olivbraunen, grob schwarzbraun gefleckten Eiern, die 41 x 29 mm groß sind. Sie werden nur vom Weibchen etwa 26 Tage bebrütet. Das Männchen kümmert sich weder um das Gelege noch um die Aufzucht der Jungen. Eine Jahresbrut (Ende Mai bis Juni/Juli).
Nahrung: Wie Flussregenpfeifer.

Regenschnepfe, die: ▸ Schnepfenvögel 9.

Regenwulp, der: ▸ Schnepfenvögel 7.

Regevogel, der: ▸ Rege.

Regiejagd, die (administrierte Jagd): Eine Eigenjagd des Staates oder der Kommunen, die durch eigenes Forstpersonal (Forstbeamte und Berufsjäger) selbst verwaltet wird (Verwaltungsjagd). Die Jagd kann aber auch durch Verpachtung genutzt werden; ▸ Jagdsysteme.

Regierungsjagdberater, der: ▸ Jagdbehörden.

Reh, das: ▸ Rehwild.

Rehblatte, die (Rehblatter, der): Ein Lockinstrument; ▸ Lockjagd.

Rehbock, der: Männliches ▸ Rehwild. Wilder R. ist eine alte und seltene Bez. für den Damhirsch (▸ Damwild).

Rehfuß, Karl: genannt ▸ Oberländer.

Rehgarn, das (Rehnetz): ▸ Garne.

Rehgehörn, das: In der Waidmannssprache zwar verwendeter, aber biologisch falscher Ausdruck für den Hauptschmuck (Rehgeweih) des Rehbockes; ▸ Rehwild.

Rehgeweih, das: ▸ Rehgehörn.

Rehhag, der (Rehhagen, Rehhecke): ▸ Hagen und ▸ Hagenjagd.

Rehhetze, die: Hetzjagd auf ▸ Rehwild mit Hunden. Eine heute nach dem BJG verbotene Jagdart.

Rehkalb, das: Frühere Bez. für ▸ Rehkitz.

Rehkitz, das: ▸ Rehwild vom Setzen bis zum 31. März des auf die Geburt folgenden Jahres. Je nach Geschlecht wird zwischen Geißkitz bzw. Bockkitz (Kitzbock) unterschieden.

Rehkrone, die: Bez. für den Hauptschmuck (Geweih) des Rehbocks; ▸ Rehwild.

Rehnetz, das (Rehgarn): ▸ Garne.

Rehposten, die: ▸ Posten.

rehrein: ▸ rein 4).

rehren: (veraltet) svw. röhren; ▸ Rotwild (Sinne und Lautäußerung).

Rehruf, der (Rehpfeifchen): ▸ Lockjagd.

Rehschrote, die: ▸ Posten.

reht: Bei Gottfried von Straßburg (»Tristan und Isolde«) ist r. (das Recht), was zu den Keulen gehört: Braten, Fleischstücke.

Reh tot!: Ein Jagdsignal; ▸ Jagdsignale.

Rehwild, das *(Capreolus capreolus)*: R. ist der kleinste einheimische Vertreter der Familie der ▸ Hirsche *(Cervidae)* und zählt zoologisch wie der Elch und das Ren zu den sog. Trughirschen. Es ist ein paarhufiger ▸ Wiederkäuer, dessen Gehörn (▸ Geweih) jährlich abgeworfen und neu gebildet wird. R. kann bis zu 16 (in Ausnahmefällen bis 20) Jahre alt werden (in freier Wildbahn kaum älter als fünf, höchstens sieben Jahre) und wird jagdlich dem ▸ Niederwild zugeordnet. Es ist die in unserer Kulturlandschaft am weitesten verbreitete und anpassungsfähigste Schalenwildart. Das R. hat sich im Miozän entwickelt, ist aber im Diluvium aus weiten Teilen Mitteleuropas verschwunden. Vor etwa 150 000 Jahren setzte im Riß-Würm-Interglazial eine Wiederbesiedlung ein.

Vorkommen: Mit Ausnahme Irlands, Korsikas und Sardiniens kommt R. in ganz West-, Mittel- und Südeuropa vor. In Nordeuropa kommt es bis zum 65. Grad nördlicher Breite vor. Die Ostgrenze verläuft vom Ladogasee bis zum Schwarzen Meer. Es besiedelt aber auch Teile Asiens. Das Reh Asiens, das sog. sibirische Reh, ist dem europäischen Reh an Größe, Gewicht und Trophäenstärke deutlich überlegen.

Aussehen: Das R. ist im Vergleich zum Rotwild gedrungen gebaut, das Haupt ist kurz und dreieckig, der Träger schlank und länger als das Haupt. Der Körper ist keilförmig, die Rückenlinie stark gewölbt, sodass der Widerrist niedriger ist als die Kruppe. Die Läufe sind hoch und schlank, die Hinterläufe stark, im Sprunggelenk eingeknickt. Die Lichter sind groß und lebhaft, die Iris schwarzbraun mit quergestellter Pupille, am oberen Lid lang gewimpert, die Tränengruben sind sehr klein, eigentlich nur schwach angedeutet. Die Lauscher sind mittellang, oval und stehen weit auseinander. Der Wedel ist nur ein kurzer Stummel. Er verschwindet im Haar und ist nur dann sichtbar, wenn das Stück sich löst und dabei den Wedel anhebt. Beim Bock ist der Spiegel nierenförmig, bei der Geiß herzförmig geformt. Das R. verfärbt zweimal im Jahr, und zwar im Frühjahr (etwa April/Mai) und im Herbst (Ende September/Anfang Oktober). Junge und gesunde Stücke verfärben früher, alte und kümmernde später, sehr alte und kranke Stücke zuletzt. I. Allg. beginnt die Färbezeit beim jungen Bock vor dem Fegen, beim alten Bock nach dem Fegen. Geißen (Ricken) verfärben im Frühjahr meist erst nach dem Setzen. Das gegenüber dem Winterhaar kürzere Sommerhaar des R. ist überwiegend brandrot bis gelbrot. Die Unterseite des Körpers und die Innenseite der Läufe sind immer heller gefärbt und wirken gelblich. Auf der Stirn und auf dem Windfang mischt sich Schwarzbraun, an den Seiten des Hauptes und rückwärts über den Augen Rotgelb ein. Der helle Fleck über dem Windfang wird als Muffelfleck bezeichnet. Er ist beim zweijährigen Bock meist deutlich ausgeprägt und löst sich beim dreijährigen Bock langsam auf. Kinn, Unterkiefer und ein kleiner Fleck an jeder Seite der Oberlippe sind weiß. Die Lauscher sind auf der Außenseite braungrau, auf der Innenseite gelblich weiß bis hellgrau, der Spiegel ist ebenfalls gelblich weiß, im Winter weiß und größer. Im Winter ist das R. überwiegend braungrau gefärbt, der Rücken aber immer etwas dunkler. Das Winterhaar bildet aus wolligem Unterhaar und längeren Grannen eine dichte, isolierende Decke. Bei manchen Rehen befindet sich an der Unterseite des Halses oder in Höhe der Drossel ein heller Fleck, der sog. Hals- oder ▸ Drosselfleck. Er ist erbbedingt und hat sonst keine Bedeutung. Die Kitze haben weiße, kleine und rundliche Flecken (▸ Kitzflecke), die auf rötlichem Grund in Reihen hervortreten und sich bis August verlieren. Das nachwachsende brandrote Sommerhaar verdeckt langsam das Jugendkleid. Sie verfärben Anfang Oktober und werden dann graubraun. Wenn R. im Frühjahr verfärbt, fällt das Winterhaar büschelweise aus, das Wild sieht dann sehr struppig aus. Anfang März brechen die dunklen Haarspitzen des Winterhaares ab, und die Decke wird grau. Man spricht zwar von der dritten Färbung, doch handelt es sich hierbei um keinen Haarwechsel. Als Farbabweichung kommt schwarzes R. im Raum Hannover und in der Lüneburger Heide sowie in Sachsen-Anhalt (z.B. in den Kreisen Haldensieben, Gardelegen, Salzwedel und Stendal), in Mecklenburg-Vorpommern (z.B. in den Kreisen Ludwigslust und Gadebusch), in Brandenburg (Kreis Perleberg) vor. Als Farbvarianten tritt auch weißes R. (Albinos) und gescheckte R., wenn auch selten, auf. R. hat an verschiedenen Körperstellen Hautdrüsen (▸ Duftdrüsen). Der Rehbock hat eine Duftdrüse unter der Stirnlocke zwischen den Rosenstöcken, mit deren Sekret er durch Reiben der Stirn an Sträuchern und Zweigen seinen ▸ Einstand markiert. Diese Drüse bildet sich nach der Blattzeit zurück. Beide Geschlechter haben Duftdrüsen zwischen den Schalen der Hinterläufe, die sog. Klauendrüsen. Durch diese Drüsen entsteht hauptsächlich die unsichtbare, sog. süße Fährte, der z.B. wildernde Hunde folgen. Das R. hat zudem noch Duftdrüsen unter den Haarbürsten, welche sich unter dem Sprunggelenk der Hinterläufe befinden. Ihr Duftstoff wird unwillkürlich an höher gewachsenen Pflanzen abgesetzt; ▸ Laufbürsten.

Ricke in der Sommerdecke mit Kitz

Sinne und Lautäußerung: R. windet (riecht) sehr gut und vernimmt gut, äugt aber nur mäßig, v.a. wenn der Gegenstand sich nicht bewegt. Der Geschmackssinn ist aufgrund der vielen Geschmackswarzen auf dem Lecker (Zunge) ausgezeichnet. Bei Gefahr oder Beunruhigung stoßen beide Geschlechter einen heiseren Laut aus, sie schrecken. Springt gestörtes R. nach kurzem Schrecken ab, schmält (schimpft) es oft noch in sicherer Deckung weiter. Bei unerkannter Gefahr beruhigt sich der Bock schneller wieder als die Geiß. Öfter wiederholtes Schrecken eines Bockes, der damit seinen Einstand markiert, bezeichnet man ebenfalls als Schmälen. Die führende Geiß »fiept«, wenn sie das Kitz lockt, auch das Kitz fiept, jedoch feiner, wenn es die Mutter sucht. Das normale Fiepen ist ein leiser verhaltener Laut (»Fifi«), in gleichmäßiger Folge ausgestoßen, der nur etwa 100 m weit hörbar ist. Das brunftige Schmalreh und die brunftige Geiß stoßen ihn aus, wenn sie nach dem Bock verlangen. Werden Schmalreh oder Geiß vom Bock getrieben, lassen sie in ihrer Erregung gedehnte Laute (Sprenglaut) hören (»Pi-äh, fiuh«), der Bock hingegen keucht, wenn er die Geiß treibt. Wird R. in arge Bedrängnis gebracht, gibt es in höchster Erregung ein gellendes »Pi-ji-äbh« von sich. Dieser Laut ist mehrere hundert Meter weit hörbar und wird als Klagelaut bezeichnet. Wird er aus einem bestimmten Grunde, z.B. schmerzhafte Knochenschüsse oder andere Notsituationen, ausgestoßen, reagiert das übrige nahe stehende Wild äußerst erregt und beunruhigt.

Lebensraum und Lebensweise: Als Lebensraum bevorzugt R. Mischwaldbestände mit reicher Strauchflora, abwechselnd mit Lichtungen, Feldern und Wiesen. In Gegenden ohne Wald leben die sog. ▸ Feldrehe, deren Lebensraum und Einstand das offene Feld ist. Sie haben sich den gegebenen Umständen angepasst und stehen Tag und Nacht auf den Feldern, dabei nutzen sie geschickt jede kleine Deckung aus. Sie nehmen Bewegungen i. Allg. noch eher wahr als Rehe, deren Lebensraum die Wälder sind. Feldrehböcke haben durch die reichliche, kalkhaltige Äsung i.d.R. überdurchschnittlich starke Gehörne und neigen zur Frühreife.

Die Bewegungen des R. sind behend und anmutig. Es kann weite bogenförmige Sätze ausführen, leicht über breite Gräben, hohe Hecken und Sträucher setzen. Es rinnt (schwimmt) sehr gut, klettert jedoch leidlich. Als sog. ▸ Schlüpfer zieht es flüchtend Widergänge und drückt sich in die nächste Deckung. Den Tag verbringt es meist im Wald, auf Lichtungen und Kahlschlägen, und, wenn die Feldfrüchte genügend Deckung bieten, auch auf dem Feld. Zur Äsung tritt es am Vormittag und in der Abenddämmerung sowie in den frühen Morgenstunden aus. Als Erstes treten die jungen Stücke aus, dann die älteren, die wesentlich vorsichtiger sind und auch öfter sichern. Das Reh, besonders der ältere Bock, ist ein Einzelgänger. Die führende Geiß lebt mit ihren Kitzen, mit Ausnahme der Blatt- und Setzzeit, ca. 14 Monate zusammen, Bock und Geiß in der Blattzeit. Im Winter bildet R. sog. Sprünge. Ein Sprung besteht i.d.R. aus einer Geiß, ihren Kitzen der letzten zwei Jahre und einem Bock, das sind etwa fünf bis acht Stück.

◂◂ Rehbock in der Winterdecke vor dem Verfegen des Gehörns

Nur Feldrehe bilden größere Sprünge (bis über 100 Stück). Der Sprung lockert sich im März und wird Anfang April wieder aufgelöst. Die einjährigen Böcke bilden kleine Gruppen (zwei bis vier Stück) oder schließen sich unreifen zweijährigen Böcken an, die noch keinen Einstand für sich beanspruchen konnten. Schmalrehe tun sich mit ihresgleichen oder übergangenen Geißen zusammen. Meist suchen sie jedoch Anschluss an ältere Böcke, die einen festen Einstand haben. Zwischen einem älteren Bock und einem Schmalreh kommt es häufig zu einer bis zur Brunft dauernden Freundschaft. Gegen Anfang April, wenn sich die Sprünge auflösen, suchen sich die Böcke ihren Einstand. Die alten Böcke beanspruchen für sich die ungestörtesten Plätze, die jüngeren müssen weichen und sich mit weniger guten Plätzen begnügen. Hat ein Bock seinen Einstand gewählt, so wird er gegenüber Rivalen verteidigt. Lediglich weibliches Wild, einjährige Böcke und Kitze werden geduldet. Geraten zwei etwa gleich starke Böcke bei der Einstandswahl aneinander, so kommt es zum Einstandskampf. Beide Böcke geben zuerst durch drohende Körperhaltung (▸ Drohverhalten), mit zum Schein ausgeführten Angriffen, durch Schlagen der Vorderläufe (Plätzen) und durch Schlagen mit dem Gehörn an Sträuchern kund, dass sie sich für stärker halten und nicht weichen wollen. Kommt es zum Kampf, so wird dieser mit dem Geweih ausgefochten, wobei jeder versucht, den anderen zu treffen. Hat ein Bock seinen Einstand gewählt (April), wird dies durch Schmälen (öfter wiederholtes Schrecken) angezeigt. Diesen markiert er dann mehrmals täglich mit einem Duftstoff aus einer Duftdrüse, v.a. mit dem Sekret des Stirnorgans.

Äsung: Sie ist jahreszeitlich verschieden. Im Sommer besteht sie aus leicht verdaulichen, energiereichen Kräutern, Gräsern, Blüten, Samen, Heidekraut, heranwachsendem Getreide, ▸ Klee, Serradella, Luzerne und ▸ Raps. Auch junge Triebe, Knospen, Blätter von Bäumen und Sträuchern werden gerne genommen, was bei zu hohem R.-Bestand oft zu erheblichen Verbissschäden an Forstpflanzen führen kann. Im Sommer und Herbst kommen noch Pilze, Beeren, Wildobst, Kastanien, Bucheckern und Eicheln hinzu. Im Winter äst es an aperen Stellen oder nimmt Himbeer- und Brombeerblätter auf. Flechten, Knospen, Triebe und Rinde von Weichhölzern verschmäht es ebenfalls nicht. Ferner schlägt es überwinterndes Getreide, Kastanien und Eicheln aus dem Schnee, wenn die Schneedecke nicht zu hoch liegt. Der Nahrungsbedarf eines ausgewachsenen Stückes beträgt täglich zwischen 4 und 5 kg. R. ist sehr wählerisch und äst nur einzelne Blätter und Triebe, sodass der Eindruck entsteht, als nasche es nur (ein sog. Selektionsäser; ▸ Konzentratselektierer, ▸ Ernährungstypen). Die Äsungsphasen sind über den ganzen Tag verteilt, im Winter etwa sechs bis sieben, im Sommer bis zu zwölf, dazwischen erfolgen die Phasen des Wiederkauens. Der Wasserbedarf wird weitgehend durch die Aufnahme von Grünäsung (morgens mit Tau bedeckt) gedeckt. Hat es Gelegenheit zum Schöpfen, so saugt es minutenlang vom Wasser.

Fortpflanzung: Die Geschlechtsreife tritt mit sieben bis acht Monaten ein. Die Blattzeit (Brunftzeit) ist Mitte Juli bis Mitte August. Der Brunftbetrieb wird durch einen speziellen Duftstoff, den das weibliche R. absondert, ausgelöst. Weibliches R. ist etwa drei bis vier Tage brunftig. Der Rehbock brunftet stets nur mit einem Stück, ist dies nicht mehr brunftig, wendet er sich einem anderen zu. Die Brunftigkeit weiblicher Stücke (i.d.R. erst die Schmalrehe, dann die führenden Geißen) wird durch eine Geruchskontrolle festgestellt. Während der Brunftzeit zieht der Bock rastlos umher, fegt, plätzt und ist mit dem Windfang tief auf der Suche nach der Wittrung eines brunftigen Stückes. Hat er eines gefunden und duldet dieses den Beschlag noch nicht, treibt er es keuchend (▸ Hexenring). Wird es sehr von ihm bedrängt, gibt es einen Fieplaut von sich, das sog. Sprengfiepen. Treffen auf ein brunftiges Stück mehrere Böcke, so beschlägt es der stärkste. Je mehr Böcke im Revier und je heißer die Tage sind, desto reger ist der Brunftbetrieb. Die Tragzeit beträgt neuneinhalb Monate (40 Wochen oder ca. 290 Tage), davon entfallen auf die ▸ Vortragezeit (bis Dezember) viereinhalb Monate. In sehr seltenen Fällen erfolgt im November/Dezember eine zweite Rehbrunft. Es handelt sich hierbei um Rehe, die im Sommer nicht befruchtet wurden und bei dieser ▸ Nachbrunft vom Bock erneut beschlagen und befruchtet werden. Bei diesen Rehen entfällt die Eiruhe, sie haben eine regelmäßige Tragzeit von ca. fünfeinhalb Monaten. Im Mai/Juni werden i.d.R. eins bis zwei, seltener drei Kitze gesetzt und sofort trocken geleckt. Die ▸ Nachgeburt wird aufgefressen. Das Setzen erfolgt, wie bei allen ▸ Cerviden, fast ausnahmslos im Liegen. Die Kitze sind bei der Geburt stets behaart und sehend. In den ersten Wochen legt die Geiß ihre Kitze an getrennten Plätzen ab. Sie drücken sich bei drohender Gefahr und verhalten sich regungslos. Da die Kitze noch ohne Wittrung sind, werden sie von ▸ Beutegreifern selten gefunden (▸ Mutter-Kind-Beziehung). In diesen Wochen können sie auch durch ▸ Wildmarken gezeichnet werden. Die Kitze werden ungefähr ein halbes Jahr gesäugt (mehrmals täglich), wobei sie die Geiß gewöhnlich im Stehen saugen lässt. Rehmilch enthält 6,7 % Fett, 8,8 % Eiweiß und 3,9 % Zucker und somit etwa doppelt so viel Fett und Eiweiß, wie in der Kuhmilch enthalten sind. Ab der dritten Lebenswoche nehmen die Kitze auch Grünäsung zu sich. Sie bleiben bis zum erneuten Setzen bei der Mutter und werden von dieser kurz vorher abgeschlagen (vertrieben). Die abgeschlagenen Schmalrehe und Jährlinge irren anfangs umher, später tun sich zwei oder mehrere Jährlinge zusammen. Schmalrehe versuchen meist bei älteren Böcken, die einen festen Einstand haben, Anschluss zu finden.

Zuwachs und Verluste: Viele der jungen und in den Wiesen abgelegten Kitze fallen den Mähmaschinen zum Opfer. Die beste Methode, die

Rehwild: Aussehen		
Körpermaße	Bock	Ricke (Geiß)
Gewicht (lebend, je nach Biotop)	15–32 kg	14–28 kg
aufgebrochen	10–25 kg	9–20 kg
KRL	95–135 cm	92–130 cm
SH	60–75 cm	62–73 cm

Ein Sprung Feldrehe im Winter

Kitze zu retten, ist das Aufstellen von Wildscheuchen vor dem Mähen: Am Nachmittag vor dem Mahdtag stellt man Stangen mit übergestülpten Säcken in die Wiesen. Da die aufgehängten Säcke die Geiß beunruhigen, holt sie ihre Kitze und legt sie an einer anderen Stelle ab. Die Wildscheuchen dürfen aber keinesfalls mehrere Tage stehen bleiben, weil das Wild sich an diesen Anblick sehr schnell gewöhnt und sie so ihren Zweck verlieren. Auch die sog. ▸ Wildretter helfen den Verlust der Kitze durch Ausmähen zu verhindern. Der jährliche Zuwachs beträgt i. Allg. 80 bis 120% des am 1. April vorhandenen weiblichen R., einschließlich der jährigen weiblichen Kitze, die am 1. April zu Schmalrehen werden. Durch die jährlichen hohen Verluste rechnet man einen Zuwachs von nur 80%, im Flachland mit einem höheren als im Bergland. Bei R. gilt ein Geschlechterverhältnis von 1:1 als Idealzustand.

Losung: Die Kotbeeren des R. sind im Sommer infolge der wasserreichen Grünäsung sehr häufig zu einem Klumpen verklebt. Im Winter, bei trockener Äsung, sind die Kotbeeren dagegen fast immer voneinander getrennt und walzen- bis fast kugelförmig. Die Länge einer einzelnen Kotbeere (Lorbeere) beträgt ca. 12 bis 14 mm, der Durchmesser ca. 7 bis 10 mm. Die Färbung ist dunkelbraun bis schwarz. Die Kotbeeren des Bockes sind etwas gedrungener und dicker als die der Geiß und zeigen manchmal eine Andeutung von Näpfchen und Zäpfchen. R.-Losung findet man i.d.R. in der Nähe des Bettes, auf Äsungsplätzen, manchmal auch bei einer Fährte oder auf Wildwechseln, da sich das R. auch während des Ziehens löst und nässt. Bei Schnee ist an den Nässstellen zu erkennen, ob ein Bock oder eine Ricke genässt hat, da weibliche Stücke zwischen die breitgestellten Hinterläufe nässen.

Fährte: Die Geschlechter sind an der Fährte nicht zu unterscheiden. Beim Ziehen setzt R. den Tritt des Hinterlaufes genau in das ▸ Trittsiegel des Vorderlaufes, wobei die Schalenspitzen dabei geringfügig nach außen gerichtet werden. Die Schalen des Vorderlaufes sind etwas gespreizt, die des Hinterlaufes geschlossen. Die Fährten unterscheiden sich nur durch den ▸ Schrank voneinander. Dieser ist beim Bock größer (ca. 15 bis 16 cm) als bei der Geiß (ca. 11 bis 12 cm). Die Schrittlänge beträgt beim Ziehen ca. 30 bis 60 cm. Das Trittsiegel ist ca. 4,5 cm lang und ca. 3 cm breit. Auch bei leichtem Troll setzt R. die Schalen des Hinterlaufes in den Tritt des Vorderlaufes, je höher die Geschwindigkeit, desto weiter wird aber der Hinterlauf vor das Trittsiegel des Vorderlaufes gesetzt. Die Schalen sind dabei stärker gespreizt, v.a. die der Vorderläufe, die Schrittweite erreicht ca. 1 bis 1,40 m, der Schrank verringert sich (die Trittsiegel bilden fast eine Linie), auch die Schalenspitzen sind nicht mehr nach außen gerichtet. Flüchtiges R. macht ca. 2 m weite, hochflüchtiges bis zu 4 m weite Sprünge. Bei hohen Fluchten stoßen die Hinterläufe den Wildkörper vom Boden ab, die Vorderläufe fangen ihn auf. Die Trittsiegel der Vorderläufe stehen hintereinander hinter den schräg nebeneinanderstehenden Trittsiegeln der Hinterläufe. Bei der Flucht werden auch die Schalen stark gespreizt, und das Geäfter wird mit abgedrückt.

Hauptschmuck (Geweihentwicklung, -wechsel): Im August, d.h. im dritten Lebensmonat, beginnen bei den Bockkitzen bereits die Rosenstöcke zu wachsen. Im November/Dezember, mit sieben bis acht Monaten, schiebt das Bockkitz sein Erstlingsgeweih, das schon mehrere Zentimeter hoch sein kann, jedoch noch keine Rosen hat. Im Dezember/Januar wird es verfegt und kurz darauf, meist im Februar, im Alter von acht bis neun Monaten wieder abgeworfen. Ein schlecht veranlagtes Kitz wirft sein Erstlingsgeweih später ab, ein gut veranlagtes hingegen schiebt im März/April, im Alter von zehn bis elf Monaten, bereits sein

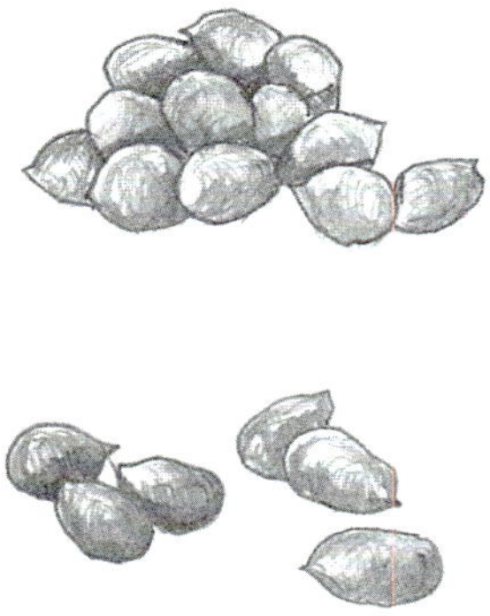
Rehwildlosung

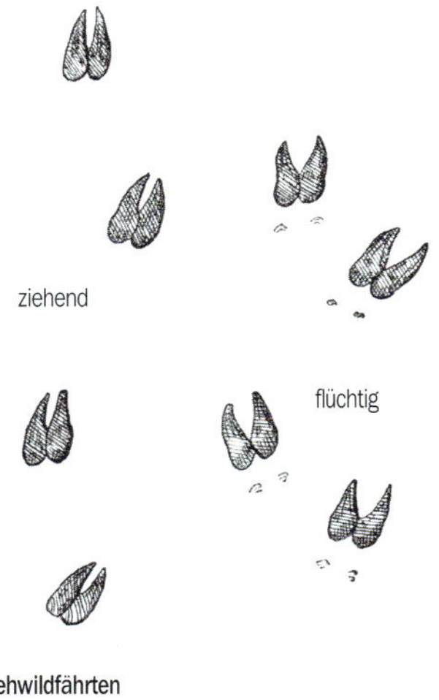

Rehwildfährten

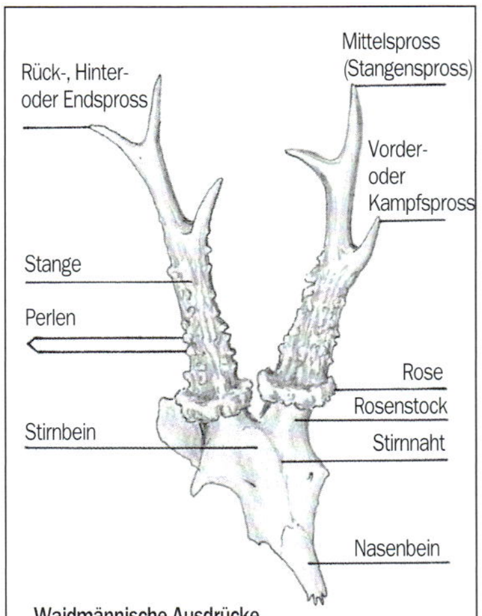

Waidmännische Ausdrücke beim Gehörn

Jährlingsgeweih. Dieses hat Rosen und kann bei guter Entwicklung bereits eine Gabel aufweisen. Es wird im Juni/Juli verfegt und im November/Dezember abgeworfen. Die folgenden Geweihe werden bis Frühjahrsbeginn (April/Mai) ausgebildet. Das Geweihwachstum fällt also in den Winter (November bis März), in die äsungsarme Zeit, und kann daher von Jahr zu Jahr erheblich schwanken. Das Geweihvolumen, besonders die Stangenlänge und die Vereckung eines gesunden und normal veranlagten Rehbockes, weist zwischen dem zweiten und vierten Lebensjahr das größte Wachstum auf. Bis zum sechsten Lebensjahr nehmen die Rosenstöcke an Stärke zu. Die optimale Stangenlänge, die Vereckung und das optimale Geweihvolumen werden i.d.R. erst im fünften oder sechsten Lebensjahr erreicht. Schiebt der Rehbock ab dem ersten Lebensjahr kein normal entwickeltes Geweih, sondern nur bis 5 cm lange Spießchen oder gar nur knopfartige Gebilde, wird er Knopfspießer, Knopfer oder Knopfbock genannt. Die Gründe hierfür können unterschiedlichster Art sein, meist beruhen sie auf schlechten Lebensbedingungen wie einem überhöhten Wildstand, Äsungsmangel usw.
Geweihformen: Die Formgestaltung des Geweihs (Gehörns) ist in erster Linie von der Vererbung und von den Umwelteinflüssen abhängig. Typische Geweihformen erwachsener Rehböcke erleichtern das Ansprechen und Wiedererkennen eines Bockes auch über mehrere Jahre hinweg, da sie sich von Jahr zu Jahr weniger verändern als Stangenlänge, -stärke, Vereckung usw. Es gibt a) parallel gestellte Stangen; b) Stangen, die in V-Form, mit geringer oder weiterer Auslage, zueinander stehen; c) U-förmige Stangen; d) Geweihe, die eine Ei-Form aufweisen; e) Geweihe in Lyra-Form; f) Geweihe, die im unteren Teil parallel gestellt sind, wobei der obere Teil einen Korb bildet; g) ein marschierendes Geweih, bei dem die Stangen etwas versetzt sind; h) ein Kreuzgeweih, bei dem an einer Stange das hintere und das vordere Ende an derselben Stelle abzweigen und eine Kreuzform bilden. Die Bewertung der Trophäe erfolgt nach der CIC-Formel; ▸ Trophäenbewertung.
Geweihabnormitäten: Abnormitäten und abnorme Geweihe entstehen meist durch Verletzung oder Krankheit, einige davon (z.B. Ein- oder Mehrstangigkeit, Schaufelbildung) können sich unabhängig davon durch mehrere Generationen vererben. Ein *Plattkopf (Mönch)* ist äußerst selten und besitzt keine Rosenstöcke. Dies kann vom Fehlen des Geschlechtshormons (erblich) herrühren oder durch eine Verletzung (Kastration) des Kitzes verursacht sein. Ein Plattkopf wird niemals ein Geweih tragen und ist deshalb vorrangig zu erlegen. Das *Einstangen-Geweih*, d.h. das Fehlen der zweiten Stange, kann von einem Bruch über dem Rosenstock nach dem Fegen kommen. Ist der Keimsaum nicht verletzt, wird der Bock im nächsten Jahr wieder ein normales Geweih schieben. Brach die Stange nach dem Fegen im Rosenstock und ist der Keimsaum verletzt, wird auch das nächste Geweih einstangig sein. Da das Knochengewebe des Stirnbeins an verschiedenen Stellen ein Geweih schieben kann, können durch Verletzung des Stirnbeins drei *(Dreistangen-Geweih)* oder mehr Stangen *(Mehrstangen-Geweih)* vorkommen. Das im nächsten Jahr geschobene Geweih ist ebenfalls abnorm. Das *Geweih mit Pendelstange* entsteht durch einen Bruch im Rosenstock. War das Geweih beim Bruch noch nicht vereckt, verdicken sich die Enden keulenartig; war es fast vereckt, so wachsen die Enden weiter nach oben. War das Geweih bereits vollständig vereckt, verheilt der Bruch nur sehr langsam. Bei einem Bruch im Rosenstock ist auch das nächste Geweih wieder abnorm. Eine sehr seltene Abnormität ist das sog. *Tulpengeweih (Tulpenkopf)*. Die Stangen oder Stangenenden verbreitern sich und bilden becherförmige, tulpenkelchähnliche Gebilde. Diese Abnormität ist vermutlich erblich. Das *Perückengeweih* (krankhafte Wucherung des Geweihs) entsteht durch Ausfall des Sexualhormons Testosteron als Folge von

Perückengehörn ohne Bast. Deutsches Jagd- und Fischereimuseum, München

Verkümmerung, Verletzung oder Verlust der ▸ Brunftkugeln. Entscheidend für eine Perückenbildung ist jedoch der Zeitpunkt des Ausfalls der Hodentätigkeit:

- Bei jungen Bockkitzen, die noch keine Rosenstöcke haben, führt eine Kastration wahrscheinlich zur dauernden Geweihlosigkeit *(Plattkopf)*. Ist der Rosenstock jedoch schon entwickelt, aber noch kein Geweih vorhanden, kommt es zu kleinen, knollenförmigen Perücken, die nie mehr abgeworfen werden.
- Wird ein älterer Bock mit Bastgeweih kastriert, entwickelt sich dieses zur Perücke und wird ebenfalls nicht mehr abgeworfen.
- Erfolgt die Kastration nach dem Fegen des Geweihs bzw. zu dem Zeitpunkt, zu dem die Verknöcherung bereits eingetreten ist, wird es einige Wochen später abgeworfen und neu als Perückengeweih geschoben. Auch dieses wird dann nicht mehr abgeworfen.

Einseitige Kastration hat keinen Einfluss auf die Geweihbildung. Ein *vielendiges Geweih* entsteht durch die Verletzung des Geweihs im Bast zu Beginn der Geweihbildung. Es bilden sich mehrere abnorme Enden, das nächste geschobene Geweih ist wieder normal. Beim *Knickbruch einer Geweihstange*, die an der Bruchstelle bereits verknöchert, jedoch noch im Bast war, wird die Stange vom Bast bis zur Verheilung gehalten. Die weiterwachsenden Enden streben nach oben. Das nächste Geweih wächst wieder normal. War die Geweihstange noch nicht verknöchert, als sie knickte und brach, wachsen an der Bruchstelle abnorme Enden, die alle nach oben streben. Das nächste Geweih, das der Bock schiebt, ist wieder normal. Ein *Blasengeweih* ist ein normales Geweih mit einem beulenartigen Geweihauswuchs, der innen hohl ist und eingetrockneten Schweiß enthält. Eine derartige Geweihblase entsteht durch einen Bluterguss, eine Quetschung oder eine Prellung des Geweihs im Bast. Das nächste Geweih ist wieder normal. Ein *Moorbock* ist ein Rehbock, der ein dunkles, glanzloses Geweih mit hohem Volumen,

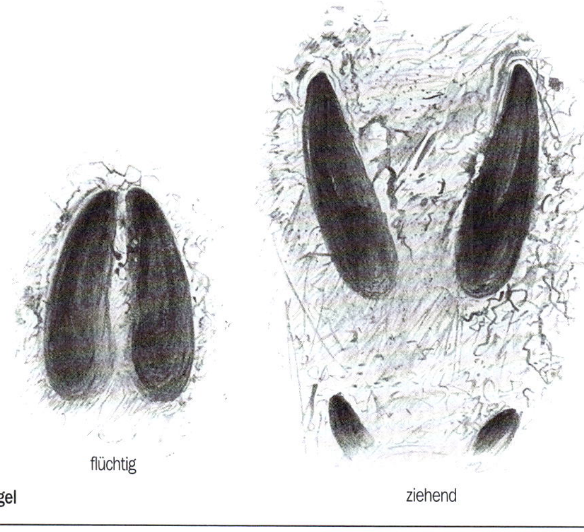

Rehwildtrittsiegel

Die wichtigsten waidmännischen Ausdrücke beim Rehwild	
Altgeiß (Altreh)	weibliches R. nach dem ersten Setzen
abspringen	davonlaufen, flüchtig werden
blatten	nachahmen des Fieptons der brunftigen Geiß
Bastbock (Kolbenbock)	Bock während des Geweihwachstums
Blattzeit	Begattungszeit
Blume	s.u.: Wedel
Bock (Rehbock)	männliches R.
Bockkitz	männliches Kitz
Feuchtblatt	Geschlechtsteil des weiblichen R.
fiepen	Lautäußerung
führend	weibliches Wild, wenn es ein Kitz hat
Gabler (Gabelbock)	Bock mit zwei Enden an jeder Geweihstange
Gehörn (Gewichtl)	Kopfschmuck des Bockes (Gehörn ist ein gebräuchlicher, aber unzutreffender Ausdruck, biologisch richtig ist die Bezeichnung Geweih)
Gais	österreichische Schreibweise für Geiß (s.u.)
Geiß	süddeutscher Ausdruck für ein weibliches Reh
Geißkitz	süddeutscher Ausdruck für ein weibliches Kitz
Geltgeiß	unfruchtbare Geiß oder Ricke (Rehe sind bis ins hohe Alter fortpflanzungsfähig, eine nicht führende Geiß ist deshalb in den seltensten Fällen gelt, d. h. unfruchtbar)
Grind	süddeutscher Ausdruck für Gesicht
Jährling	einjähriger Rehbock
Kitz (Rehkitz)	R. vom Setzen bis zum 31. März des auf das Setzen folgenden Jahres
Kitzbock	süddt. und österr. Bez. für Bockkitz (s.o.): männliches Kitz
Kitzgeiß	weibliches Reh, das ein Kitz führt
Kolbenbock	s.o.: Bastbock
Mörder	Bezeichnung für einen älteren Bock mit langen, dolchartigen Spießen (nicht jeder Spießer ist ein Mörder, ein Mörder aber fast immer ein Spießer)
Muffel (Windfang)	Nase
Muffelfleck	heller Fleck über dem Windfang
Pinsel	Geschlechtsteil des männlichen R.
plätzen	kleine Bodenmulde scharren
Ricke	weibliches R.
Rickenkitz	weibliches Kitz
schmälen	Lautäußerung
Schmalreh	weibliches R. vom 1. April des auf das Setzen folgenden Jahres bis zum 31. März des auf das Setzen folgenden zweiten Jahres
schrecken	Lautäußerung
Schürze (Wasserzeichen)	helle Haare am weiblichen Geschlechtsteil
Sechser	Bock mit drei Enden an jeder Geweihstange
Spiegel	heller Fleck um das Weidloch
Spießer	Bock mit einfachen Spießen als Kopfschmuck
Sprung	Rehfamilie
übersetzen	Überspringen eines Hindernisses
Wasserzeichen	s.o.: Schürze
Wedel (Blume)	ca. 2 cm langer, im Haar versteckter Wedel (Schwanz)
Windfang	s.o.: Muffel
Die übrigen waidmännischen Ausdrücke sind – soweit anwendbar – dieselben wie beim ▸ Rotwild.	

jedoch auffallend geringem Gewicht trägt. Ein solches Geweih ist von poröser Substanz, und die Enden sind häufig z.T. abgebröckelt. Ein *Korkenzieher-* und *Widdergeweih* ist ein Geweih, das während des Wachstums weich und biegsam ist, sich durch das eigene Gewicht verformt und später verkalkt. Die Ursachen sind häufig Parasitenbefall oder Stoffwechselstörungen. Das nächste Geweih ist meist wieder normal. Als *Gummigeweih* bezeichnet man ein weiches, biegsames Geweih, das sich durch das Eigengewicht verformt und nicht verkalkt. Der Bast löst sich nur innerhalb einer bestimmten Zeit vom Geweih. Hindert ein schlechter Gesundheitszustand oder ähnliches den Bock am Verfegen, bleibt der Bast teilweise am Geweih haften, und es entsteht das sog. *Pergament-* oder *Ledergeweih.* Das nächste Geweih ist wahrscheinlich wieder normal, ein Abschuss ist nur notwendig, wenn der Bock in schlechtem Allgemeinzustand ist. Ein *Frost-* oder *Hungergeweih* weist nur noch Geweihstümpfe auf, die oberhalb der Rosenstöcke enden. Der obere Stangenteil ist durch starken Kalkmangel zurückgeblieben und dann abgestorben und abgebrochen, die Stumpfenden sind glatt und stumpf. Das nächste Geweih ist wieder normal. Beim *Pechgeweih* ist der Bast abnorm verdickt, die Enden fehlen. Die Verdickung des Bastes entsteht durch Entzündung (meist durch Frosteinwirkung). Das nächste Geweih ist wahrscheinlich wieder normal.

Altersklasseneinteilung: Männliches R. wird im ersten Lebensjahr als Bockkitz oder Kitzbock bezeichnet. Im zweiten und dritten Lebensjahr spricht man von jungen Böcken, im vierten und fünften Lebensjahr von mittelalten. Rehböcke von sechs Jahren und älter sind alte Böcke. Weibliches R. wird im ersten Lebensjahr als Kitz, im zweiten Lebensjahr (vom 1. April des auf das Setzen folgenden Jahres bis zum Setzen des ersten Kitzes) als Schmalreh oder -geiß und nach dem ersten Setzen als Altgeiß oder -reh bezeichnet. Allg. gelten für das weibliche R. – mit Ausnahme der Kitze – die Bez. Geiß oder Ricke.

Ansprechen: Ansprechen des lebenden Bockes nach Körperbau, Zeitpunkt des Verfärbens und Fegens und nach dem Verhalten. Das Geweih kann nur bedingt für die Altersbestimmung herangezogen werden.

einjährig: Körperbau: Träger dünn und lang, wird hoch getragen, Haupt schmal, Gesicht schlicht braun, der Bock wirkt hochläufig. Verfärben: verfärbt im Frühjahr als Erster, ist also als Erster rot. Hauptschmuck: das Geweih wird sehr spät geschoben und meist erst im Juni gefegt. Verhalten: unvorsichtig, unruhig und verspielt, steht noch bei der Geiß (Mutter) und bei den Geschwistern.

zwei- bis dreijährig: Körperbau: Träger bereits stärker, wird nicht mehr so hoch getragen, Vorderläufe stehen noch eng, Gesicht auffallend bunt (weißer Muffelfleck meist zweijährig, sich auflösend meist dreijährig). Der Bock ist im dritten Jahr ausgewachsen. Verfärben: im Vergleich zum Jährling sichtbar später. Hauptschmuck: das früh geschobene Geweih ist im April/Mai blank. Verhalten: steht bereits allein, ist jedoch noch relativ unvorsichtig.

vier- und fünfjährig: Körperbau: Träger stark und wird fast waagrecht getragen, Körper wirkt gedrungen, die Vorderläufe stehen breit; er hat einen Vorschlag. Verfärben: verfärbt spät und ist Anfang Juni noch grau. Hauptschmuck: Geweih bereits Ende Oktober abgeworfen, schiebt daher früh und ist Anfang April bereits blank. Verhalten: misstrauisch und vorsichtig, duldet keine jüngeren Böcke neben sich und vertreibt sie. Er tritt erst spät aus seinem Tageseinstand aus.

Ansprechen der lebenden Geiß (Ricke): Das Alter kann bei der Geiß nur nach der Stärke und der Figur annähernd geschätzt werden. Während das *Schmalreh* noch die jugendliche Körperform, den dünnen steil getragenen Träger und einen kindlichen Gesichtsausdruck hat, erkennt man *sehr alte Stücke* an der eckigen Figur mit den eingefallenen Flanken (Nierenstich). Die Lauscher wirken bei alten Stücken überlang, die Bauchlinie ist durchgebogen. Zum Winterhaar wechseln sie später als junge und mittelalte Stücke und sind im Oktober oft noch rot. Auch sichern sie vor dem Äsen sehr lange. Die *Kitze* beiderlei Geschlechts unterscheiden sich erst im Winterhaar durch die erkennbare Schürze des weiblichen Stückes. Von Schmalreh oder Geiß können sie aufgrund der geringen Körpergröße und des vertrauten Verhaltens gut unterschieden werden.

Abnormitäten beim Rehbock (aus: Otto Grashey, »Praktisches Handbuch für Jäger«, 1894, 3. Auflage 1916): 1 Abwurfringe, 2 Gehörn einer Rehgeiß, 3 Eichelbock, 4 Korkenziehergehörn, 5 Blasengehörn, 6 Stangenverwachsung, 7 Perückengehörn, 8 Pendel- und Keulenstange nach Rosenstockbruch, 9 Gehörnverkümmerung infolge Verletzung des rechten Hinterlaufes, 10 Sechsergehörn mit Doppelrosen- und Stangenbildung, 11 Umwachsung der nicht abgeworfenen Stange (Doppelkopf), 12 Rosenstock- und Stangenverwachsung, 13 Abnormität der rechten Gehörnstange infolge einer Verletzung in der Bastzeit

Jagdarten: Die am häufigsten ausgeübten Jagdarten sind der ▸ Ansitz oder die ▸ Pirsch und während der Blattzeit die *Blattjagd.* Diese, d.h. die Lockjagd auf den Rehbock zur Blattzeit (Brunftzeit), hat ihren Namen von dem Buchenblatt, mit dem die Lautäußerung der Geiß (Ricke) oder der Fiepton des Kitzes täuschend ähnlich nachgeahmt werden kann. Bei der Blattjagd vom Ansitz aus hat der Jäger darauf zu achten, dass er sich unmittelbar nach dem Beziehen seines Platzes eine geraume Zeit still verhält. Begonnen wird mit einigen leisen Blattstößen. Nach einer Pause von etwa zehn Minuten wird das Blatten, nunmehr etwas lauter, wiederholt. Bei ständigem Blatten besteht die Gefahr, dass der Bock misstrauisch wird und vergrämt abspringt. Springen auf das Blatten jedoch nur Geißen, ist dies ein Zeichen, dass der Jäger zu hoch und zu fein blattet, d.h. im Kitzton blattet. Erfahrene Jäger hören dann auf zu blatten, weil die Geißen häufig zu schmälen beginnen und die Umgebung beunruhigen. Die günstigste Zeit für die Blattjagd ist das Ende der Brunftzeit, etwa Anfang August. In dieser Zeit kann auch ein guter aufs Blatt springender Bock geschossen werden, weil er bei gutem Wildbestand mit Sicherheit bereits einige Geißen beschlagen hat. Grundsätzlich soll der Bock erst erlegt werden, wenn er rot ist, d.h., wenn er ganz verfärbt hat, der gute Bock aber erst nach der Blattzeit. Beim männlichen Wild sind

Rehwild: Altersschätzung am erlegten Wild					
Alter	Schmelzschlingen der Prämolaren (Dentinbänder)		Kunden der Molaren (Form des Kauranddentins)		
	P II	P III	M I	M II	M III
zweijährig	weit offen (sehr dünn)	weit offen (sehr dünn)	verengt (schmalrhombisch)	offen (schmalrhombisch)	weit offen (strichförmig)
dreijährig	weit offen (sehr dünn)	weit offen (sehr dünn)	verengt (mittelrhombisch)	offen (schmalrhombisch)	weit offen (strichförmig)
drei- bis vierjährig	verengt (schmal)	verengt (schmal)	stark verengt (breitrhombisch bis oval)	verengt (mittelrhombisch)	offen (schmalrhombisch)
vier- bis fünfjährig	stark verengt (breit)	stark verengt (breit)	strichförmig (oval bis breitflächig)	stark verengt (breitrhombisch bis oval)	verengt (schmalrhombisch)
fünf- bis siebenjährig	sehr stark verengt (sehr breit)	sehr stark verengt (sehr breit)	noch Spuren (breitflächig)	strichförmig (oval bis breitflächig)	stark verengt (breitrhombisch)
sieben- bis neunjährig	Spuren vorhanden (breitflächig)	Spuren vorhanden (breitflächig)	verschwunden (breitflächig glatt)	Spuren vorhanden (breitflächig)	strichförmig (oval bis breitflächig)
neun- bis zwölfjährig	verschwunden (breitflächig glatt)	verschwunden (breitflächig glatt)	fast bis auf die Wurzeln abgeschliffen	verschwunden (verschwunden)	Spuren vorhanden (breitflächig)
zwölf- bis fünfzehnjährig	P II und P III bis auf die Wurzeln abgeschliffen		MI und M II bis auf die Wurzeln abgeschliffen		verschwunden (breitflächig glatt)

bevorzugt alle kranken, schwachen und kümmernden Stücke zu erlegen, dann alle, die einen geringen, abnormen und nicht dem Hegeziel entsprechenden Hauptschmuck tragen. Vom weiblichen R. sind bevorzugt die kranken, schwachen, überalten und die Ricken, die spät setzen, mit ihren Kitzen zu erlegen. Die Kitze – und hier vorrangig die schwachen – sind immer als Erstes zu schießen. Gut entwickelte Schmalrehe sind zu schonen. Bei Zwillingen (Kitze) ist ein schwächeres Kitz zugunsten des stärkeren, dem dann die Muttermilch allein zugute kommt, rechtzeitig zu erlegen. Zur Verbesserung des R.-Bestandes sollten je nach Revierverhältnissen die Hälfte bis zwei Drittel an Kitzen und Jährlingen beiderlei Geschlechts entnommen werden.

Hege: Hierzu gehört v.a. die Verbesserung der Äsungsverhältnisse durch Anlage von ▸ Salzlecken, Wildäckern, Wildwiesen (▸ Wildäsungsflächen) und ▸ Remisen, Einbringung von Wildobst und Weichhölzern, Belassen von mastspendenden Buchen und Eichen in Anpflanzungen (▸ Beerensträucher, ▸ fruchttragende Bäume). Wichtig sind auch die Verbesserung der Deckungsverhältnisse und eine richtige und ausreichende Winterfütterung. Diese ist für das R. unbedingt notwendig, und zwar von November bis März, da die Entwicklung der Embryos und dadurch die spätere Weiterentwicklung des Kitzes davon abhängt, wie das Reh durch den Winter kommt. Auch die Geweihentwicklung der Böcke findet in dieser Zeit statt. Wichtig ist, dass das R. ausreichende, richtige Winterfütterung erhält, da ein guter Allgemeinzustand auch die Widerstandsfähigkeit gegenüber ▸ Parasiten und ▸ Wildkrankheiten erhöht. Nicht zuletzt werden durch Winterfütterung auch die Verbissschäden vermindert; ▸ Wildäsungspflanzen, ▸ Wildfütterung, ▸ Verbissgarten. Eine ▸ Wilddichte von zwei bis acht Stück je 100 ha gilt als normal, wobei je nach Standort gegebenenfalls differenziert werden muss. Als Anhaltspunkt kann gelten: Eine Wilddichte von ein bis zwei Stück auf 100 ha bei sehr ungünstigen Boden- und Lebensraumverhältnissen, drei bis sechs Stück auf 100 ha bei mittleren Biotopverhältnissen mit viel Nadelwald und wenig Strauchflora. Bei sehr guten Revierverhältnissen mit unterwuchs- und äsungsreichen Mischwaldbeständen im Wechsel mit landwirtschaftlicher Nutzfläche, kann der Wildbestand sieben bis acht Stück auf 100 ha betragen; ▸ forstliche Vegetationsgutachten, ▸ Abschussplan.

Wildbestandsermittlung: Im März, wenn man häufig Sprünge an Waldrändern und Lichtungen in der Mittagssonne beobachten kann, ist die günstigste Zeit, um den R.-Bestand und den Zuwachs zu ermitteln. Damit man möglichst genaue Zahlen erhält, sollte in den Nachbarrevieren an den gleichen Tagen und zur gleichen Tageszeit gezählt werden. Dabei ist zu beachten, dass bei Schneefall, Kälte, Regen und stärkerem Wind das R. die Deckung kaum verlässt, während es an warmen, sonnigen Frühlingstagen gern austritt. Auch nach Dauerregen und dunklen Neumondnächten sind die Beobachtungsmöglichkeiten gut, nach Vollmondnächten jedoch sehr schlecht, da das Wild dann nachts zur Äsung austritt. In Feldrevieren ist es nicht schwierig, den Wildbestand annähernd genau zu ermitteln. In sehr deckungsreichen Revieren können jedoch bestenfalls nur bis zu 75% des Bestandes durch die Zählung erfasst werden.

Zahnbildung und Zahnwechsel: Das Dauergebiss des R. besteht im Regelfall aus 32 Zähnen, bei Vorhandensein der Haken im Oberkiefer (etwa bei 1% des Wildes) aus 34 Zähnen. Das Dauergebiss ist mit dem fünfzehnten Lebensmonat fertig.

Zahnformel:

$$\frac{0}{3}\ \frac{(1)}{(1)}\ \frac{3}{3}\ \frac{3}{3} = 32\ (34)\ \text{Zähne}$$

(▸ Zahnalterslehre).

Das nur wenige Tage alte Kitz hat nur 20 (22) Milchzähne. Es sind dies die Schneide- und Eckzähne im Unterkiefer sowie alle Prämolaren im Unter- und Oberkiefer. Der dritte untere Backenzahn des Milchgebisses (P 3) ist dreiteilig. Erst im dritten Monat erscheinen die ersten Molaren (M I), die bereits Dauerzähne sind und in wenigen Wochen voll auswachsen. Im fünften bis sechsten Monat (Oktober/November) beginnt der Wechsel der Milchzähne, und die zweiten Molaren (M II) erscheinen. Zwischen dem siebten bis achten Monat (etwa Dezember/Januar) erreichen die zweiten Schneidezähne die endgültige Höhe über dem Unterkiefer. Die dritten Dauerschneidezähne (I III) erscheinen im neunten bis elften Monat (Februar bis April), und im zehnten bis zwölften Monat (März bis Mai) folgen die dritten Molaren (M III). Zwischen dem zwölften bis dreizehnten Monat (Mai/Juni) wachsen die Dauerprämolaren (P I–P III) unter den Milchprämolaren hervor; der P III ist als Dauerzahn nur noch zweiteilig. Nach dem Hochwachsen der Dauerprämolaren zwischen dem dreizehnten bis fünfzehnten Lebensmonat ist das Dauergebiss fertig.

Altersschätzung am erlegten Wild: Bis zum Alter eines Jahres kann nach der Zahnentwicklung das Alter des R. genau bestimmt werden. Ab dem zweiten Lebensjahr ist bei den Zähnen nur noch eine Altersschätzung nach den Abnutzungsgraden der Backenzähne möglich. Dabei ist nicht nur vom zweiteiligen Backenzahn (M I), sondern von allen Backenzähnen des abgekochten, aber nicht gebleichten Unterkiefers bzw. Unterkieferastes auszugehen. Der Mittelwert aller Zähne lässt auf das ungefähre Alter schließen. Nach E. Wagenknecht kann als Anhaltspunkt für die Altersschätzung der jeweilige Abnutzungsgrad der Backenzähne mit normaler brauner Dentinfarbe gelten. Neben dem Zahnabschliff können die Verwachsungen der Knochennähte, besonders die des Schädels, bedingt zur Altersbestimmung herangezogen werden. Die hierfür erarbeiteten Bestimmungsschlüssel beziehen sich auf den Verwachsungsgrad der Zwischenbeinfuge und der Falte sowie auf die Verwachsung der Stirnbeinnähte. Unbrauchbar ist eine Altersschätzung aufgrund von Stangenlänge, Rosenstockhöhe, Rosenumfang sowie nach Geweihmasse und -volumen.

Rehwildfütterung, die: ▸ Jagdeinrichtungen 3.

Rehwildpatronen, die: ▸ Büchsenpatronen, die eine E_{100} von mindestens 1000 Joule erreichen müssen. Hierzu zählen Patronen mit folgendem Kaliber: 5,6 x 50, 5,6 x 52 R., 5,6 x 57, 5,6 x 61 Superexpress, .222 Rem. usw. (▸ Büchsengeschosse). Diese Patronen sind jedoch nach dem BJG (§ 19) auf sonstiges Schalenwild (Mindestkaliber 6,5 mm) nicht zugelassen; ▸ Gamspatronen, ▸ Hochwildpatronen.

Rehziege, die: Alte, lokale Bez. für Rehgeiß (weibliches ▸ Rehwild).

Reichert, Carl (1836 Wien bis 1918 Graz): Maler. Von R., der auch als »Hunde-Meissonier« bezeichnet wurde, stammt u.a. »Jagdhunde mit Beute« (1892).

Reichlen, Joseph: ▸ Poret.

Reichsbund »Deutsche Jägerschaft«: Eine aufgrund des ▸ Reichsjagdgesetzes gegründete Körperschaft des öffentlichen Rechts, die der Aufsicht des ▸ Reichsjägermeisters unterstand. Der RDJ war eine Pflichtorganisation, der alle Inhaber von Jahresjagdscheinen angehören mussten. Neben dem Reichsbund »Deutsche Jägerschaft« waren Vereinigungen mit gleicher oder ähnlicher Zielsetzung unzulässig. Die Mitglieder waren berechtigt, Uniform zu tragen.

Reichsfalknermeister, der: ▸ Reichsjägerhof.

Reichsforstmeister, der: ▸ Reichsjägermeister.

Reichsjagdgesetz (RJG), das: Das RJG vom 3. Juli 1934 löste erstmals in der deutschen Jagdgeschichte die bestehenden Jagdgesetze der Länder ab und beseitigte die bis dahin bestehende Zersplitterung auf dem Gebiet des Jagdrechts. Es hatte aber auch, indem es den Grundgedanken der Preußischen Jagdordnung vom 15.7.1907 sowie des Preußischen Jagdgesetzes vom 18.1.1934 für das ganze damalige Reichsgebiet Geltung verschaffte, einen grundsätzlichen Wandel der Anschauungen über Wesen und Bedeutung der Jagd gebracht. Es galt ab 1.4.1939 auch in Österreich und im Wesentlichen – teilweise in abgewandelter Form – auch für die besetzten und annektierten Gebiete. Besondere Hauptmerkmale des RJG waren z.B. die strenge Trennung zwischen ▸ Jagdrecht und Jagdausübungsrecht, die Aufnahme der ▸ Waidgerechtigkeit und der Hegepflicht, die Bildung von ▸ Jagdgenossenschaften als Inhaberinnen des ▸ Jagdausübungsrechts, die Pflicht zur Aufstellung von Abschussplänen für Schalenwild mit Ausnahme des Schwarzwildes (in einzelnen Ländern durch Ausführungsbestimmungen ergänzt um Auer- und Birkwild, Trapphahn, Haselwild und Murmeltier), die Gründung des ▸ Reichsbundes »Deutsche Jägerschaft« als einzige Standesorganisation, der eigenständige Aufbau einer staatlichen Jagdverwaltung sowie die Einteilung des Reichsgebietes in Jagdgaue und Jagdkreise. Die Jagdgaue sollten sich dabei möglichst mit den Grenzen der Länder oder größeren Verwaltungsbezirken decken. Die Jagdgaue zerfielen in Jagdkreise, die sich i. Allg. mit dem Gebiet der unteren Verwaltungsbehörde deckten. Die Jagdkreise wiederum wurden in Hegeringe aufgeteilt. An der Spitze des Jagdkreises stand der Kreisjägermeister in seiner Doppelfunktion als untere Jagdbehörde und als Leiter der Kreisgruppe des Reichsbundes »Deutsche Jägerschaft«. Er wurde vom Gaujägermeister ernannt. Jagdbehörden der Jagdgaue waren die Gaujägermeister, sie wurden vom Reichsjägermeister ernannt. Bei Ländern mit mehreren Jagdgauen konnte ein Landesjägermeister bestellt werden. Oberste Jagdbehörde für das gesamte deutsche Jagdwesen war der Reichsjägermeister. Das RJG hatte hohes internationales Ansehen. Zutreffend heißt es z.B. in dem Vorwort zu einem Kommentar zum RJG: »Damit hat der im RJG verankerte Leitsatz deutscher Waidgerechtigkeit europäische Geltung erlangt.« So wie sich das RJG an das damals vorbildliche Preußische Jagdgesetz anlehnte, beruhte nach 1945 die bundesdeutsche und österreichische Jagdgesetzgebung stark auf den Grundsätzen des RJG. Das RJG wurde in seinen Grundzügen (Verordnung vom 1.9.1945) in Berlin-West bis zur Wiedervereinigung von den Alliierten Streitkräften angewandt.

Reichsjägerhof: Der im Dritten Reich geschaffene R. Hermann Göring (Preußischer Ministerpräsident, Reichsmarschall, Reichsforstmeister, Reichsjägermeister, Reichsfalknermeister) befindet sich in Braunschweig-Riddagshausen. Er diente dem Jagdgau Braunschweig als Verwaltungsgebäude und sollte zugleich die Überlieferungen der alten Jägerhöfe (▸ Jagdhöfe) erhalten. Er war daher mit einem Schießstand ausgestattet und mit einem ▸ Falkenhof verbunden. Ihm angeschlossen waren ein ▸ Wildpark und eine ▸ Fasanerie.

Reichsjägermeister, der: Mit Einführung des ▸ Reichsjagdgesetzes wurde als oberste Reichsbehörde ein Reichsforstamt gebildet, an dessen Spitze ein Reichsforstmeister stand. Der Reichsforstmeister führte in Jagdsachen die Amtsbezeichnung R. Der Titel eines R. ist historisch; bereits zur Zeit des Heiligen Römischen Reiches Deutscher Nation bestanden Erz-Ehrenämter der R., i.d.R. als Erbamt. Sie waren Titel für die jeweils höchsten Jagdbeamten innerhalb eines Territorialstaates, teilweise auch mit den unterschiedlichsten Benennungen (Erz-Oberjägermeister, Obrist- oder Oberst-R. bzw. Erz-Reichs-Obrist-J.). Mit der Aufhebung der feudalen Jagdrechte in Deutschland im Jahre 1848 fand die landesherrschaftliche Jagdausübung ausschließlich in den Hofjagdrevieren der Krongüter statt. Für die Organisation und Durchführung der Staatsjagd war jeweils ein Oberhofjägermeister verantwortlich. Das Ehrenamt eines R. wurde auch nach Gründung des Deutschen Kaiserreichs 1871 nicht wiedereingeführt; ▸ Reichsjägerhof.

Reif, der: **1**) Auch Reim oder Pfeim; Bez. für die oberen, weißen Spitzen der Rückenhaare des ▸ Gamswildes. Der daraus gebundene Gamsbart ist gut gereimelt, wenn er einen guten R. hat. **2**) ▸ Hirschgerechte Zeichen. **3**) Bogenförmiges Klappnetz zum Fangen von Habichten und Falken.

reif: **1**) R. ist ein geweih- oder gehörntragendes Wild auf dem Höhepunkt der körperlichen Entwicklung; ▸ Ernteabschuss. **2**) ▸ Wildbret ist r., wenn es durch längeres Hängen mürbe geworden ist. **3**) R. ist ein Gehörn oder ▸ Geweih, wenn es vollständig ▸ verfegt ist.

Reifchen, das: ▸ Hirschgerechte Zeichen.

Reife, die: Seltene Bez. für die Züge in einem Büchsenlauf; ▸ Lauf 4).

Reifel, das: **1**) ▸ Hirschgerechte Zeichen. **2**) Frühere Bez. für Büchse, weil der Büchsenlauf Reife (Züge) hat. Das englische Wort für Büchse ist »rifle«.

Reifestadium, das: Mit Erreichung der vollen Körnergröße beginnt beim Getreide die Reife. Man unterscheidet die ▸ **Milchreife**, die **Gelbreife**, bei der der Körnerinhalt plastisch bis fest ist, die **Vollreife**, bei der das Korn hart ist, und die **Totreife**, bei der das Korn aufgrund seiner Härte nicht mehr gebrochen werden kann.

Reiflein, das: ▸ Hirschgerechte Zeichen.

Reifweide, die: ▸ Weiden.

Reigel, der: ▸ Reiher 1.

reihen: Wenn zu Beginn der Reihzeit (Begattungszeit) mehrere ▸ Erpel einer Ente folgen, nennt man dies r. Das eigentliche Begatten heißt züchten, aber auch das Wort r. wird hierfür verwendet. Der Ausdruck ist auch bei Wildgänsen üblich.

Reihendurchforstung, die: ▸ Bestand(e)spflege.

Reihenverband, der: ▸ Pflanzverband.

Reiher, die: Familie *(Ardeidae)* aus der ▸ Ordnung der ▸ Schreitvögel *(Ciconiiformes)*. Storchenähnliche ▸ Sumpfvögel mit mittellangem, starkem und spitzem Schnabel, langem Hals, langen ▸ Ständern mit gut entwickelter Hinterzehe. Die R. teilen sich in zwei Gruppen, in die dünn- oder langhalsigen oder Echten R. (Grau- oder Fisch-, Purpur-, Silber-, Seiden-, Nacht- und Rallenreiher) und in die dickhalsigen R. (Große Rohr- und Zwerg- oder kleine Rohrdommel). R. und Rohrdommeln fliegen mit S-förmig eingezogenem Hals, die anderen langbeinigen Sumpfvögel (Kranich, Storch, Wildgans) stets mit ausgestrecktem Hals. Die R. suchen sich ihre Nahrung meist im Wasser watend, nehmen nur animalische Kost auf, leben paarweise und brüten mit Ausnahme der Dommeln meist in Kolonien. Die Jungen sind Nesthocker. Mit Ausnahme der Zwergdommel

Der Graureiher hat seit seiner Vollschonung wieder deutlich zugenommen.

sind die Geschlechter gleich gefärbt. Als einziger R. hat der Grau- oder Fischreiher eine Jagdzeit; alle anderen sind ganzjährig geschützt.

1. Grau- oder **Fischreiher**, der *(Ardea cinerea,* L.): Auch Reigel. Der storchengroße G. erreicht eine Länge von 90 bis 95 cm, ein Gewicht um 1800 g und eine ▸ Flügelspannweite von ca. 160 cm.

Aussehen: Oberseits hell-blaugrau mit längeren hellgrauen Schmuckfedern auf dem Rücken. Unterseite, Kehle und Wangen weißlich, auf der Vorderseite des weißen, langen Halses zwei dunkle Längsfleckenreihen. Beiderseits der Augen ein schwarzer Strich bis zum ca. 10 cm langen und schwarzen Schopf, Stirn und Scheitel weiß. Der lange dolchartige Schnabel ist gelblich, die langen stelzenartigen Ständer sind graubraun. Im ▸ Jugendkleid weniger kontrastreich. Zu Beginn der Brutzeit sind Schnabel und Ständer leuchtender gefärbt. Wenn der G. seinen Horst verteidigt, stellt sich sein Schopf auf.

Vorkommen und Lebensweise: Nach Verfolgung einst stark zurückgegangen, ist der G. wieder recht häufig und kommt fast in ganz Europa (in Südwesteuropa seltener) vor. Er ist an fischreichen, seichten Gewässern mit Baumgruppen, an Teichen, Altwässern, Flüssen, moorigen Seen und Sümpfen mit ausgedehnten Röhrichtflächen anzutreffen. Bei der Nahrungssuche watet er sehr behutsam durch das seichte Wasser bzw. stelzt langsam über Äcker und feuchte Wiesen oder steht fast unbeweglich, jedoch scharf beobachtend, mit eingezogenem Hals am bzw. im Wasser, um dann blitzschnell auf die Beute herabzustoßen (Anstandsjäger). Er fliegt ruhig, jedoch etwas schwerfällig mit langsamem Flügelschlag. Das ▸ Flugbild ist gekennzeichnet durch den S-förmig nach hinten zurückgelegten Hals und die nach hinten gestreckten Ständer. Bei Gefahr werden Kopf und Hals pfahlähnlich steil aufgerichtet. Wenn der G. sich zur Wehr setzen muss, kann er heftige, oft gegen Gesicht und Augen geführte Schnabelhiebe führen und wird v.a. unvorsichtigen Hunden gefährlich. Die Sinne des G. sind hervorragend entwickelt, er ist äußerst vorsichtig und scheu; es ist deshalb sehr schwierig, sich an ihn heranzupirschen. Gelegentlich baumt er tagsüber auf, nachts dagegen fast immer. Die einmal von ihm gewählten Schlafbäume werden regelmäßig aufgesucht. Er verbringt viel Zeit mit Putzen und Pudern (▸ Puderdaunen). Bei uns ▸ Stand-, ▸ Strich- oder ▸ Zugvogel, der im Mittelmeerraum sowie in Südwesteuropa, z.T. auch in Afrika überwintert. Bei uns überwinternde G. fallen bei starker Kälte und Vereisung der Gewässer häufig dem Nahrungsmangel zum Opfer.

Fortpflanzung: G. leben in Jahresehe. Sie horsten meist kolonieweise hoch auf Laubbäumen in der Nähe der Gewässer, seltener im Schilf. Der relativ flache ▸ Horst wird von beiden Geschlechtern aus wenigen Ästen und Reisern gebaut (80 bis 110 cm Durchmesser). Unter den Horstbäumen bildet sich durch das dauernd herunterrieselnde flüssige, weißgraue ▸ Geschmeiß eine manchmal bis zu 2 m Durchmesser große, wie gekalkt aussehende Fläche, auf der der Pflanzenwuchs vorübergehend abgestorben ist. Das Gelege enthält drei bis sechs blaugrüne, glanzlose Eier, die von beiden Geschlechtern 25 bis 27 Tage bebrütet werden. Sie sind 60 x 42 mm groß und ca. 60 g schwer. Die Jungen werden gefüttert, indem die Altvögel das Futter aus dem Kehlsack laut vorwürgen. Sie fliegen mit etwa 30 Tagen aus, sind aber erst nach acht bis neun Wochen voll flugfähig und selbstständig und verlassen dann die ▸ Kolonie. Eine Jahresbrut (Ende März bis Mai).

Nahrung: Der Tagesbedarf an Nahrung beträgt ca. 300 g. Sie besteht hauptsächlich aus Fischen sowie aus Fröschen, Eidechsen, Schlangen, Mäusen, Maulwürfen, Insekten, Würmern, Muscheln, Käfern und Krebstieren.

2. Purpurreiher, der *(Ardea purpurea,* L.): Auch Bergreiher, etwas kleiner als der Graureiher. Länge: ca. 90 bis 92 cm, Gewicht: um 1000 g, Flügelspannweite: ca. 140 cm.

Aussehen: Oberseits dunkelblaugrau mit einem Purpurschimmer (Name!) und rötlich braunen Schmuckfedern auf dem Rücken. Unterseite rotbraun, Hals heller mit dunkler Längsstreifung. Der Schopf ist schwarz, der Schnabel lang und schlank. Der Jungvogel ist oberseits bräunlich.

Vorkommen und Lebensweise: Hauptsächlich im Mittelmeergebiet beheimatet, ist der P. lokal in Mittel- und Südosteuropa (vereinzelt in den Niederlanden) anzutreffen. In Europa ist er jedoch nur ▸ Sommervogel, der fast ausschließlich in Afrika südlich der Sahara überwintert. Sein Lebensraum sind Sumpfgebiete mit ausgedehnten Röhrichtbeständen und Weidengestrüpp. Er ist ein ausgesprochener Schilf- und Rohrvogel, der im Flug seinen Hals noch tiefer eingezogen trägt als der größere Fischreiher und dessen nach hinten ausgestreckte Füße größer erscheinen.

Fortpflanzung: Häufig Koloniebrüter. Sein Horst steht niedrig über dem Wasser im dichten Röhricht, gelegentlich auf Büschen und ganz selten auf Bäumen. Das Gelege besteht aus vier bis fünf einfarbig stark blaugrünen Eiern, die 55 x 40 mm groß und ca. 51 g schwer sind und von beiden Geschlechtern 26 bis 30 Tage bebrütet werden. Die Jungvögel sind nach sieben bis acht Wochen flugfähig und selbstständig. Eine Jahresbrut (April/Mai).

Nahrung: Wie Graureiher. Der Tagesbedarf an Nahrung beträgt ca. 200 bis 250 g.

3. Silberreiher, der *(Casmerodius albus,* L.): Auch Edelreiher. Länge: um 90 cm, Gewicht: um 1500 g, Flügelspannweite: ca. 160 cm.

▸▸ Große Rohrdommel – Bewohner ausgedehnter Schilf- und Röhrichtgebiete

Aussehen: Die Geschlechter sind rein weiß, der Federschopf fehlt. Im ▸ Brutkleid mit weitstrahligen, langen und hängenden Schmuckfedern auf dem Rücken und grünlich gelber nackter Wangenhaut. Zur Brutzeit ist der Schnabel fast schwarz, an der Wurzel gelblich. Ständer und Füße schwärzlich. Im ▸ Ruhekleid fehlen die Schmuckfedern, der Schnabel ist gelb. Die Jungvögel ähneln den Eltern im Ruhekleid.
Vorkommen: Als ▸ Teilzieher nur in Südosteuropa vorkommend, überwintert er meist im Mittelmeerraum und in Afrika. Sein Lebensraum sind Flussmündungsgebiete und größere Seen mit ausgedehnten Schilfwäldern.
Fortpflanzung: Koloniebrüter, der im dritten Jahr geschlechtsreif wird. Horst niedrig über dem Wasser auf umgebrochenem Schilf. Das Gelege enthält meist vier hellblaue Eier, die von beiden Geschlechtern etwa 25 Tage bebrütet werden. Die Jungen sind nach sechs bis sieben Wochen voll flugfähig und selbstständig. Eine Jahresbrut (Mai bis Juni).
Nahrung: Wie Graureiher.

4. Seidenreiher, der *(Egretta garzetta*, L.): Auch kleiner Silberreiher. Länge: um 56 cm, Gewicht: um 400 g, Flügelspannweite: ca. 100 cm.
Aussehen: Rein weiß. Im ▸ Brutkleid mit langen, seidigen Schmuckfedern auf dem Rücken. Auf dem Kopf zwei hängende Schopffedern, Kropfgefieder lang und verschlissen, Schnabel und Ständer schwarz, Füße gelblich. Schopf- und Schmuckfedern fehlen im ▸ Ruhekleid. Die Jungvögel ähneln den Eltern im Ruhekleid, zeigen jedoch kein verlängertes Kropfgefieder.
Vorkommen: Vereinzelt in Süd- und Südosteuropa und in Frankreich vorkommend. Typischer Sommervogel, der in Afrika überwintert. Sein Lebensraum sind Sümpfe mit Büschen und Baumgruppen.
Fortpflanzung: Koloniebrüter. Der Horst steht auf hohen Bäumen, in Büschen, gelegentlich im sumpfigen Gelände. Er horstet häufig mit anderen R.-Arten, gelegentlich auch mit Greifvögeln und Saatkrähen. Das Gelege besteht aus drei bis sechs hellblaugrünlichen Eiern, die 46 x 34 mm groß und ca. 28 g schwer sind. Sie werden von beiden Geschlechtern ca. 21 bis 23 Tage bebrütet. Die ▸ Nestlingszeit beträgt ca. 30 Tage. Eine Jahresbrut (Ende April bis Mai).
Nahrung: Kleine Fische, Frösche, Molche, Eidechsen, Würmer und Wasserinsekten.

5. Nachtreiher, der *(Nycticorax nycticorax*, L.): Auch Focke. Länge: um 62 cm, Gewicht: um 500 g, Flügelspannweite: ca. 100 cm.
Aussehen: Oberseits grünlich schwarz, unterseits weiß, Schwingen und Schwanz grau, am Hinterkopf zwei lange, weiße Schmuckfedern. Die Augen sind rubinrot, beim Jungvogel hellbraun. Der Jungvogel ist oberseits graubraun mit weißen Flecken, unterseits grauweiß und dunkel längsgefleckt.
Vorkommen und Lebensweise: Früher ein häufiger Brutvogel in Deutschland. Jetzt nur noch sporadisch in Mitteleuropa, etwas häufiger in Süd- und Osteuropa. N. sind in Europa nur Sommervögel, die zum Überwintern nach Afrika ziehen. Sie leben in ausgesprochenen Sumpfgebieten mit Büschen und Baumgruppen, in Sumpfwäldern sowie in röhrichtreichen, aber baumlosen Sümpfen. Wie bereits sein Name sagt, ist der N. ein Nachtvogel. Sein Flug ist dem des Fischreihers ähnlich, doch ist er wesentlich kleiner und daher gut von diesem zu unterscheiden.
Fortpflanzung: Meist Koloniebrüter, der gerne zusammen mit anderen R.-Arten, Löfflern oder Sichlern gesellig horstet. Der Horst des mit zwei Jahren geschlechtsreifen N. wird auf Bäumen, hohen Büschen und nur gelegentlich im Schilf errichtet. Das Gelege enthält drei bis fünf blaugrüne Eier, die von beiden Geschlechtern abwechselnd 21 bis 22 Tage bebrütet werden. Die Eier sind 49 x 35 mm groß und ca. 36 g schwer. Die Nestlingszeit beträgt etwa drei bis vier Wochen, mit ca. sieben bis acht Wochen sind die Jungen selbstständig. Eine Jahresbrut (Mai bis Juni).
Nahrung: Sie besteht u.a. aus Krebstieren, Fröschen, Fischen, Insekten und Mäusen.

6. Rallenreiher, der *(Ardeola ralloides*, Scopoli): Auch Schopf-, Mähnenreiher. Der ca. 50 cm lange R. ist oberseits gelblich braun, Kopf, Hals und Schulterdecken sind gelblich weiß, unterseits weiß, Schopf rostgelb, Schnabel gelbgrün mit schwarzer Spitze. Früher war der R. gelegentlich in Deutschland, in Österreich und der Schweiz anzutreffen, heute ist er nur noch in Südspanien, in der Camargue, im südöstlichen Europa und in Oberitalien beheimatet. Er lebt sehr scheu und versteckt, hält sich aber auch gerne in der Nähe größerer Tierherden auf. Er horstet auf Bäumen und Büschen in Ufernähe, häufig bei Seiden- und Nachtreiherkolonien. Das Gelege besteht aus vier bis sechs blaugrünlichen Eiern, die 38 x 29 mm groß und 16 g schwer sind. Brutdauer 22 bis 24 Tage, Nestlingszeit ca. 32 Tage. Eine Jahresbrut (Mitte Mai bis Ende Juni). Die Nahrung des R. besteht hauptsächlich aus kleinen Fischen, Fröschen und Insekten.

7. Große Rohrdommel, die *(Botaurus stellaris*, L.): Auch Moor- und Wasserochse, Erdbull, Faul, große Mooskuh, Hortikel, Ibrum, Iprump, Rohrbrüller, -dump, Rinds-, dickhalsiger Rohrdommelreiher, Ruortrommel. Länge: um 76 cm, Gewicht: um 1000 g, Flügelspannweite: ca. 110 cm.
Aussehen: Das Gefieder ist überwiegend gelbbraun gefleckt und gebändert, die Kehle weißlich, die Kopfplatte fast schwarz. Die Ständer sind lang und grün, der Schwanz kurz, der Schnabel etwa kopflang und schmal, die Augen gelb. Die Jungvögel ähneln den Eltern.
Vorkommen und Lebensweise: Die G. R. ist fast überall in Europa beheimatet, überwintert aber als Teilzieher meist in Westeuropa und im Mittelmeerraum. Ihr Lebensraum sind ausgedehnte Schilf- und Röhrichtbestände an Seen und Sümpfen. Außerhalb der Brutzeit ist sie gelegentlich auch an Tümpeln, Wassergräben und kleinen Teichen anzutreffen. Die G. R. ist ein ausgesprochener Dämmerungsvogel, jagt nur nachts und führt tagsüber ein recht verborgenes Dasein. Im Frühjahr schläft sie

Der Purpurreiher kommt vor allem im Mittelmeerraum vor.

mangels deckungsbietender Schilf- und Rohrhalme häufig auf Bäumen oder im Gebüsch. Sie bewegt sich langsam und bedächtig, und im Laufen wird der Kopf eingezogen. Ihr Flug ist niedrig und geräuschlos. Bei drohender Gefahr werden Kopf, Hals und Schnabel senkrecht aufgestellt, die sog. Pfahlstellung, die bereits die Jungen im Alter von zehn Tagen einnehmen; ▸ Schutzanpassungen. Der Balzruf des Männchens erinnert an das Gebrüll eines Ochsen, weswegen die G. R. auch »Moorochse« genannt wird. Bei nachts fliegenden Vögeln ist gelegentlich ein rabenartiges »Krau« zu hören.
Fortpflanzung: Das Männchen verpaart sich zur Balzzeit gelegentlich mit mehreren Weibchen (Polygamie). Das Nest ist ein loser, flacher Bau, der aus Binsen, Rohr- und Schilfteilen der näheren Umgebung errichtet wird. Es steht immer auf dem Boden, häufig schwimmend auf umgeknickten Rohrstängeln. Das Gelege enthält fünf bis sechs olivbraune, glanzlose Eier, die nur vom Weibchen bebrütet werden. Sie sind 52 x 39 mm groß und ca. 40 g schwer. Die Brutdauer beträgt 25 bis 26 Tage. Die Jungen der G.R. verlassen nach etwa 15 Tagen das Nest und erforschen die engere Umgebung, kehren aber am Abend ins Nest zurück. Erst im Alter von vier bis fünf Wochen löst sich der Familienverband endgültig auf, nach insgesamt acht Wochen sind die Jungen voll flugfähig. Die meisten Männchen kümmern sich nicht um die Aufzucht. Die G.R. führt jährlich eine Brut durch (Mitte April bis Mitte Mai).

Der Nachtreiher war früher auch in Deutschland ein häufiger Brutvogel, heute kommt er in Mitteleuropa nur noch sporadisch vor.

Nahrung: Nur animalisch: Fische, Molche, Frösche, Würmer, Krebstiere, Eidechsen, Wasserinsekten, Schlangen, Egel und Mäuse.

8. Zwergdommel, die *(Ixobrychus minutus*, L.): Auch Kleine Rohrdommel, Zwergreiher. Länge: ca. 36 cm, Gewicht: um 140 g, Flügelspannweite: ca. 50 cm.

Aussehen: Männchen oberseits schwarz mit leichtem grünlichen Schimmer, ebenso Scheitel, Flügelenden und der kurze Schwanz. Kopfseiten, Hals und Unterseite hellockerfarben, auf der Halsunterseite zwei weißliche Längsstreifen. Die Ständer sind grün, der Schnabel ist gelblich. Das etwas kleinere Weibchen ist oberseits streifig dunkelbraun, die Unterseite braungelb längs gestreift. Der Jungvogel ähnelt dem Weibchen.

Vorkommen und Lebensweise: Die Z. ist u.a. in ganz Europa verbreitet, jedoch nur Sommervogel und überwintert in Afrika. Ihr Lebensraum sind die Binnengewässer aller Art, soweit sie entsprechende Rohr- und Schilfbestände aufweisen. Sie lebt wie die Große Rohrdommel gerne versteckt und ist ein Dämmerungsvogel. Im Röhricht bewegt sie sich sehr geschickt, und bei drohender Gefahr streckt sie Kopf, Hals und Schnabel zur Pfahlstellung hoch. Wenn sie sich zur Wehr setzen muss, stößt sie mit dem Schnabel nach den Augen. Im Ggs. zur träge wirkenden Großen Rohrdommel fliegt sie mit schnellen Flügelschlägen und mit reiherartig S-förmig eingezogenem Hals, aber ebenfalls sehr niedrig. Im Flug ist sie an den hellen, großen Flügelflecken zu erkennen.

Fortpflanzung: Das Nest ist ein einfacher, loser Bau aus Schilf- und Wasserpflanzen der Umgebung, der nahe am Wasser, häufig im Röhricht bis 0,5 m über dem Wasser und nur selten im Gebüsch errichtet wird. Die Z. ist i. Allg. ein Einzelbrüter, doch gelegentlich befinden sich mehrere Nester auf engstem Raum. Die fünf bis sechs reinweißen, glanzlosen Eier werden von beiden Geschlechtern 16 bis 19 Tage bebrütet. Die Eier sind 35 x 26 mm groß und ca. 14 g schwer. Die Nestlingszeit beträgt 25 bis 27 Tage. Bereits mit fünf bis sechs Tagen flüchten die Jungen bei Gefahr aus dem Nest und verstecken sich, kehren aber bald wieder zurück. Eine Jahresbrut (Ende Mai/Anfang Juli).

Nahrung: Kleine Fische, Frösche, Molche, Kaulquappen, Würmer, Insekten, Schnecken und Muscheln. Der Balzruf des Männchens ist ein froschähnliches, monotones und tiefes Quaken.

Reiherbeize, die: Eine besondere Form der ▸ Beizjagd, bei der mit Falken (auch Habichten; ▸ Reiherhabicht) auf Reiher (und Kraniche) gebeizt wurde. Es war dies die Beize im »Hohen Fluge«, die sogenannte »Königsbeize«. Berühmt für große, prunkvolle R. war ▸ Laxenburg in Österreich. Hier wurde die R. unter Kaiser Karl VI. (1685 bis 1740) zur Schaubeize und erreichte während seiner Herrschaft ihren absoluten Höhepunkt. Man ließ die Reiher erst fischen (sog. schwere Reiher) und aufbaumen, bevor man die Falken von den Hauben befreite (»aufdeckte«). Dies gab den Falken eine gewisse Überlegenheit, denn der Reiher musste erst seinen Kropf auswürgen (▸ reihern), bevor er steigen und seinem Feind zu entkommen versuchen konnte. Es war damals gute Sitte, die Beute, d.h. den Reiher, zu retten und freizulassen. Daher musste der Falkner schnell zur Stelle sein, um den Falken aufzunehmen und ihn möglichst bald mit einer beliebten Atzung aus der Falknertasche zu belohnen. Sobald Falke und Reiher zu Boden fielen, wurden sie unter dem Klang der Jagdhörner voneinander getrennt. Der Oberfalkenmeister hatte zudem die Aufgabe einem Reiher die feinen, zierlichen Schmuckfedern vom Hals auszureißen und sie dem Kaiser auszuhändigen, der sie unter dem Beifall der Zuschauer an die Kaiserin weiterreichte. Für verwundete Reiher wurde in Laxenburg sogar ein wasserdurchflossenes Reiherhaus (Reiherstadel) errichtet, in dem sie gepflegt wurden. Das oft kilometerweise Nachsetzen der Jagdgesellschaft im gestrecktem Galopp, um das Geschehen besser verfolgen zu können, war durchaus nicht ungefährlich. Kaiser Maximilian I. verlor bei der R. seine beiden Ehefrauen. Sowohl Maria von Burgund als auch Bianca Sforza verunglückten während einer R. bei einem Sturz vom Pferd tödlich. ▸ Trappenbeize.

Reiherente, die: ▸ Wildenten 10.

Meister des Girart: Beize auf Reiher mit Falken. Miniatur aus »Livre du Roy Modus« (1455). Brüssel, Bibliothéque Royale Albert I.

Unbekannter Künstler: »Falkenjagd auf Reiher«, Bild aus einem handgeschriebenen Buch von 1716. München, Deutsches Jagd- und Fischereimuseum

Reiherfalke, der: Der Isländer Falke (Gerfalke); ▸ Falken 9.

Reiherhabicht, der: Bez. für einen früher zur ▸ Beizjagd verwendeten und auf ▸ Reiher eingestellten ▸ Habicht. Gut abgetragene R. waren sehr geschätzt und teuer. Sie waren in der Lage, an einem Tag bis zu drei Reiher zu beizen.

Reiherkolonie, die (Reiherstand, veraltet: Geständ, Gestände): Gemeinschaftliche Anlage von ▸ Horsten mehrerer Reiherpaare auf einer Baumgruppe oder im Sumpf; ▸ Kolonie.

Reiherkragen, der: In der Falknerei Bez. für eine früher benutzte Schutzhülle aus Leder für den Hals des Übungsreihers, damit er vom einzujagenden Jungfalken nicht verletzt wurde.

reihern: Bei der ▸ Reiherbeize auf »schwere« ▸ Reiher versucht der Reiher den ▸ Falken zu entkommen und spuckt dabei – um schneller und beweglicher zu sein – seine Nahrung (Fische, Frösche usw.) aus, er reihert.

Reiherpfähle, die: In Norddeutschland, namentlich in der Lüneburger Heide, steinerne Säulen von 4 bis 5 m Höhe, auf der Rückseite mit dem Namenszug des Fürsten, zu dessen Zeit sie gesetzt wurden, auf der Vorderseite mit einer Inschrift, die besagt, dass an der Stelle, wo die Säule steht, ein Reiher durch eine fürstliche Person auf der ▸ Beizjagd erlegt oder gefangen wurde. Die letzten Säulen dieser Art stammen aus der zweiten Hälfte des 17. Jh.

Reiherpfeife, die (Holunderpfeife, Holderpfeife): Eine Pfeife aus zwei kleinen, ausgehöhlten und mit Draht verbundenen Holunderstäben, die auf die Schnabelspitzen des Übungsreihers gesteckt wurden, damit dieser den einzujagenden Jungfalken nicht mit dem Schnabel verletzen konnte.

Reiherschaden, der: ▸ Wildschaden(s)verhütung.

Reiherstand, der: ▸ Reiherkolonie.

Reihertauchente, die: ▸ Wildenten 10.

Reiherwind, der: Bez. für einen im Mittelalter zur ▸ Beizjagd verwendeten ▸ Windhund, der die Aufgabe hatte, den von den ▸ Falken zu Boden gebrachten ▸ Reiher so lange halten zu helfen, bis der berittene ▸ Falkner herankam.

Reihzeit, die: Die Begattungszeit der Enten und Gänse; ▸ Balzzeit, Ranzzeit.

Reim, der: svw. ▸ Reif.

Reimann, Friedrich (1896 bis 1991): ▸ Jagdkunst.

rein: **1**) Eine ▸ Fährte, die klar und deutlich im günstigen (z.B. weichen) Boden steht, ist r. **2**) Eine Hirschfährte, wenn der Schluss (▸ Hirschgerechte Zeichen) im weichen Boden klar sichtbar ist, ist r. **3**) Ein ▸ Saufinder, wenn er nur auf der Fährte der Sauen jagt, ist r. **4**) ▸ Bracken, die rehrein sind, d.h. keine Rehe jagen, bezeichnet man als r. **5**) ▸ hasenrein. **6**) Ein sog. r. Jagen oder geschiedenes Jagen ▸ Separieren.

Reinagle, Philip: ▸ Jagdkunst.

Reinanbau, der: Auch Reinkultur. In der Landwirtschaft der Anbau einer einzigen Nutzpflanzenart auf einer bestimmten Anbaufläche. In der Forstwirtschaft als Reinbestand bezeichnet.

rein belegt: Bez. für eine Hündin, die von einem Rüden gleicher ▸ Rasse gedeckt wurde; ▸ Hundezucht.

Reinecke Fuchs, der: Auch Reineke Fuchs, Reineke Rotvoss, Reineke Voss. Hauptgestalt satirischer ▸ Tierdichtungen, die auf die alte Fabel vom Kampf zwischen Wolf und Fuchs (Isegrim und Reinart) zurückgehen. Lateinische Tierdichtung »Ysengrimus von Nivardus« (1151/52), literarische Bearbeitungen sind der altfranzösische »Roman de Renart« (zwischen 1175 und 1250), der mittelhochdeutsche Versroman »Reinhart Fuchs« (von Heinrich der Glichesaere); in der niederländischen Literatur als »Reinaert« vom 13. bis 15. Jh. mehrfach bearbeitet bzw. erweitert; die populärste Fassung ist »Reynke de Vos« (gedruckt 1498). Die niederdeutsche Ballade über »Reynke des Vos« wurde von Johann Christoph Gottsched 1752 in Prosa übertragen. Ihr liegt auch Goethes Epos »Reinecke Fuchs« (1794) zugrunde, zu der der in München lebende Hofmaler Wilhelm Kaulbach (1805 bis 1874) eine kongeniale Bebilderung mit zahlreichen Stahlstichen schuf. Bereits 1711 wurde der Bibliothekar Friedrich August von Hackmann (vor 1678 bis nach 1734) durch seine neue Edition des niederdeutschen »Reineke de Vos« bekannt. Ein Reineke-Fuchs-Museum steht in Hessen (Linden-Leihgestern, »Villa zum Fuchsbau«).

reinen: Das Hin-und-her-Laufen des ▸ Fuchses (alter Ausdruck); ▸ raunen.

reine Riemenarbeit, die: ▸ Riemenarbeit.

reines Jagen, das (reinlich Jagen, geschiedenes Jagen): ▸ Separieren.

Reinhardswald, der: Ein vorwiegend aus Eichen bestehendes Waldgebiet (Buntsandstein-Höhenzug) in Hessen zwischen Kassel und Karlshofen mit wechselvoller jagd- und forsthistorischer Vergangenheit. Der R. gehört zu den größten geschlossenen Waldgebieten Hessens. Er wird von den Tälern der Fulda, der Weser, der Diemel und der Esse begrenzt. Seine Nord-Süd-Ausdehnung beträgt rd. 30 km, die Breite schwankt zwischen 7 und 15 km. Die Angaben über die Waldflächen des R. schwanken je nach der Abgrenzung zwischen 20000 und 25000 ha. Die territoriale Entwicklung des R., bei der fränkischen Landnahme Reichsforst geworden, ergab sich aus Schenkungen Kaiser Heinrichs II. (1002 bis 1024) an Kirchen und Klöster. Der heutige R. bestand am Ende der Rodungsperiode (13. Jh.) aus zwei getrennten Teilen. Zwischen dem »Forst Siburg« im Norden und dem wesentlich größeren südlichen Teil lag etwa zwischen Gottsbüren und Gieselwerder ein breiter besiedelter Streifen. Während des Mittelalters wurden im R. bis zu 10000 Schweine gemästet (Schweinemast). Die Eichen lieferten z.B. in Vollmastjahren (▸ Mast) bis zu 5 t/ha, Buchenbestände bis zu 1 t/ha hochwertiges Schweinefutter. Das Mastgeld (Gebühr) betrug das Hundertfache vom Holzerlös im gleichen Zeitraum. Der R. ist heute ein

Ein Einsatzbereich der Reizangel: Die Scheu des Welpen vor dem Wasser wird abgebaut.

▸ Wildschutzgebiet (99 km² großes Gatter) und wildbiologisches Forschungsprojekt. Im R. liegt auch die sagenumwobene Sababurg, das »Dornröschenschloss«.

Reinhold, Franz (19.12.1816 Wien bis 19.5.1893 Wien): Österreichischer Maler. R. malte bevorzugt Wald- und Gebirgslandschaften, schuf aber auch Szenen aus dem Volksleben, Altwiener Stadtansichten, Tier- und Jagdstücke.

Reinigen des Gewehres, das: ▸ Jagdwaffenaufbewahrung, Pflege und Reinigung.

Reinigung, die: ▸ Bestand(e)spflege.

reinrassig: Ein Hund, der während einer bestimmten Anzahl von Generationen von Eltern abstammt, die zur selben ▸ Rasse gehören; ▸ Hundezucht.

Reinsaat, die: Im Unterschied zum Gemenge (Gemengesaat) die Aussaat nur einer Pflanzenart.

reisern: **1**) Der Jagdhund reisert, wenn er, besonders bei der ▸ Schweißarbeit, die Wittrung nicht vom Boden (Fährte oder Spur), sondern von Reisern, Gräsern und Zweigen nimmt, die das Wild gestreift hat (▸ Duftmarken). **2**) Dürre Reiser oder Halme vor die Baueinfahrt stecken, um festzustellen, ob der ▸ Bau befahren ist; den Bau verreisern oder einreisern.

Reisgejaid, das (Raisgejaid, Reisjagd, Reißjagd): Früher v.a. in Bayern und Österreich (dort aufgekommen) übliche Bez. für ▸ Niederjagd, speziell für die ▸ Feldjagd, abgeleitet von der älteren Bedeutung des Wortes reisen, was svw. ins Feld (in den Krieg) gehen bedeutete. Richtiger scheint sich jedoch der Begriff vom Sammelbegriff Reis (Unterholz bzw. Gebüsch) abzuleiten, das dem Niederwild als Deckung dient. Die Vergabe des R. enthielt i.d.R. auch das Recht, den ▸ Vogelfang mittels Netzen, Leim und Schlingen auszuüben. In der R.-Ordnung Kaiser Rudolfs II. vom 20.7.1581 heißt es: »Zum ▸ Wildbann gehört nur das ▸ Hochwild (Hirsch, Tier, Kalb und das wilde Schwein), alles andere sei R.« Nach der bayerischen ▸ Jagdordnung von 1616 war es Prälaten, Stiften, Edelleuten und Bürgern aus alten Geschlechtern gestattet, auf ihrem eigenen Grund und Boden bestimmtes Wild (▸ Niederwild) zu schießen, zu fangen oder zu hetzen; ▸ Hohe Jagd, ▸ Mitteljagd.

Reisig, das: Alles Holz mit weniger als 7 cm Durchmesser; ▸ Derbholz.

Reisjagd, die: ▸ Reisgejaid.

Reisjäger, der: Frühere Bez. für Niederwildjäger (▸ Reisgejaid). Sie durften gegendweise das Revier nur mit Flinten und nicht mit Büchsen betreten, auch war ihnen das Tragen der Hornfessel und des Hirschfängers untersagt.

reißen: Das Werfen, Fangen und Töten von Wild durch Wolf, Luchs, Fuchs, Braunbär (bei diesem besser die Bez. ▸ schlagen) und anderem ▸ Haarraubwild, aber auch durch einen wildernden Hund. Die Beute bzw. deren Reste werden ▸ Riss genannt; ▸ rauben.

Reißjagd, die ▸ Reisgejaid.

Reißwild, das: Frühere und selten gebrauchte Bez. für ▸ Raubwild.

Reißzähne, die: **1**) Die jeweils zwei sehr spitzen und kräftigen Backenzähne im Ober- und Unterkiefer des ▸ Haarraubwildes und des Hundes (▸ Hundegebiss). **2**) Früher auch svw. ▸ Fangzähne.

Reitbahnen, die: ▸ Hexenring.

reiten: svw. fliegen; allg. bei Auer- und Birkwild.

Reitjagd, die: Eine Jagd, bei der berittene Jäger mit einer Hundemeute (▸ Meute, ▸ Meutehunde) Wild hetzen (▸ Parforcejagd). Da die ▸ Hetzjagd auf Wild nach §19 Abs. 1 Nr. 13 des BJG verboten ist, wird die R. nur noch als Reitsport ausgeübt, bei der die Hundemeute einer künstlich gelegten Duftspur folgt. R. finden meist im Oktober – der hohen Zeit der Jagdreiterei – statt.

Reitmasche, die: Bez. für eine fehlerhaft geknüpfte und daher lose Masche eines Netzes oder ▸ Garns.

Reitschule, die: ▸ Hexenring.

Reizangel, die (Dressurangel, Übungsangel): Eine meist zwei bis vier Meter lange Stange, an deren Ende eine etwa gleich lange Schnur befestigt wird. Daran wird ein Hasenbalg, ein Federwisch oder ein Deckenfetzen o. Ä. befestigt. Durch das Bewegen der R. wird der Welpe oder der heranwachsende Hund zum Nachhetzen und Zugreifen angeregt (Bewegungstraining). In der Abrichtung der Jagdhunde (▸ Hundeabrichtung) fördert es zudem den Gehorsam.

Reize, die: Ein Lockinstrument zum Reizen; ▸ Lockjagd.

reizen (veraltet: rätzen): svw. Wild locken; ▸ Lockinstrumente, ▸ Lockjagd.

Reizjagd, die: Die ▸ Lockjagd auf Fuchs, Auer- und Birkhahn.

Reizjule, die (Reizkrücke, Reizpfahl): ▸ Jule 4.

Reizpfahl, der: ▸ Jule 4.

Reizschwelle, die: Aus der Verhaltensforschung stammende Bez. für den Punkt, an dem der Reiz eine Reaktion auslöst, wobei die R. (hohe oder niedrige) der jeweiligen Situation angepasst gesehen werden muss und bei Tieren sehr unterschiedlich ist. Bei Hunden spielt der Rassecharakter auch eine Rolle. Ein Hund mit niedriger R. reagiert z.B. bei Annäherung von Fremden mit Angriffslust, auch wenn diese harmlos ist.

Reizvogel, der: Bez. für den bei der ▸ Hüttenjagd verwendeten Uhu.

Rekultivierung, die: Wiederherstellung eines durch menschliche Eingriffe gestörten Gebietes, bei dem die gewachsene Bodenstruktur, Waldflächen und Erholungsflächen weitgehend zerstört wurden. Diese verunstalteten Landschaftsteile werden heute i.d.R. in Acker- oder Grünland zurückverwandelt, aufgeforstet oder zu Badeseen oder Fischteichen umgewandelt. Diese Ausgleichsmaßnahmen, z.B. in ehemaligen Kiesgruben, nennt man R.; ▸ Renaturierung.

Relais, das (franz.: Fürlagen): **1**) Bez. für Hunde und Pferde, die bei einer ▸ Parforcejagd an Punkten bereitgestellt wurden, die die Jagd voraussichtlich berührte (Reserve). Wurde das angejagte Stück Wild mit frischen Hunden und Pferden weiterverfolgt, nannte man dies mit R. jagen. **2**) Bez. für den Platz, an dem Hunde und Pferde auf R. gestellt wurden und an dem der Hunde- und Pferdewechsel erfolgte.

Relais-Meute, die: ▸ Meute.

relancieren (franz.): Die Hundemeute relancierte, wenn sie bei der ▸ Parforcejagd auf den Hirsch dessen verlorene ▸ Fährte wiederfand und so lange hielt, bis der Hirsch wieder in Sicht war.

Remington Arms Company Inc.: Im Jahre 1816 als älteste amerikanische Jagdwaffenfabrik von Eliphalet Remington in Bridgeport, Connecticut, gegründet. Neben Jagdwaffen stellt die Firma auch verschiedene Patronen her.

Remise, die: Auch Wild- oder Jagdremise. Natürliches oder künstlich angelegtes kleines, dichtes Gehölz oder Buschwerk im Feld, das ▸ Niederwild Deckung, Unterschlupf und auch Äsung bieten soll. Geeignet für R. sind schnell wachsende, anspruchslose Gewächse und beeren- bzw. fruchttragende Sträucher und Bäume wie Aspe, Birke, Ginster, Graupappel, Holunder, Hainbuche, Robinie, Schwarzkiefer, Weide, Weißerle, Akazie, Vogelbeere, Johannisbeere, Sand- und Weißdorn, Fasanen-Spiräe, Liguster, Traubenkirsche, verschiedene Wildobstsorten, Salweide, Hartriegel, Wildrose, Besenginster, Süßlupine. Die R. wird zunehmend durch das ökologisch wertvollere ▸ Feldgehölz abgelöst, wobei der Übergang von R. zum Feldgehölz fließend ist. R. sind in Mitteleuropa seit dem 18. Jh. bekannt. Spezielle Gehölz- oder Fasanen-R. wurden zuerst im waldarmen England des 19. Jh. üblich, wo die Fasanenhege bereits ein sehr hohes Niveau erreicht hatte; ▸ Biotopverbundsystem, ▸ Verbissgarten, ▸ Beerensträucher, ▸ fruchttragende Bäume.

remmeln: Seltener und veralteter Ausdruck für ▸ rammeln.

Remp, die: Salzburgischer und selten gebrauchter Ausdruck für Stück (weibliches ▸ Rotwild).

Renaturierung, die: Im Ggs. zur ▸ Rekultivierung von Abbauflächen versteht man unter R. die gezielte Gestaltung von Sand- oder Kiesgruben zu ökologisch wertvollen Lebensräumen für die wild wachsende Pflanzenwelt und wild lebenden Tiere.

Rendezvous, das: Bez. für den Platz, an dem sich ▸ Schützen und ▸ Treiber vor Beginn der Jagd versammeln (Sammelplatz). Die Bez. R. geht auf die frühere ▸ Parforcejagd zurück.

Renhirsche, die *(Rangiferinae)*: Eine Unterfamilie der ▸ Hirsche mit einer Art, dem ▸ Rentier.

rennen: Sowohl hitzig sein bei der Fuchsfähe als auch das Umherlaufen der Füchse in der ▸ Ranzzeit. Die Bätze rennt (Ranzzeit der Füchse).

Rentierherde: Beide Geschlechter tragen ein Geweih.

Renoir, Auguste (25.2.1841 Limoges bis 3.12.1919 Cagnes-sur-Mer): Französischer Maler und Grafiker. R. begann seine künstlerische Laufbahn als Porzellanmaler. Er malte u.a. »Fasan im Schnee« (1879) und »Mädchen mit einem Falken« (1880).

Rensch, Bernhard, Prof. Dr. (21.1.1900 Thale/Thüringen bis 4.4.1990 Münster): R. studierte in Halle, war von 1925 bis 1936 Assistent und Abteilungsleiter am zoologischen Museum der Universität Berlin, von 1937 bis 1955 Direktor des Westfälischen Landesmuseums für Naturkunde, 1944 bis 1945 Inhaber des Lehrstuhls für Zoologie an der Universität Prag und 1947 bis 1968 an der Universität Münster. R. prägte den Begriff »Rassenkreis« und war einer der Wegbereiter der »Synthetischen Evolutionstheorie«. Er befasste sich mit Abstammungslehre, Tiergeografie und -psychologie, Nerven- und Sinnesphysiologie sowie mit Naturphilosophie. Er schrieb u.a. »Homo sapiens. Vom Tier zum Halbgott« (1959) und »Gedächtnis. Begriffsbildung und Planhandlungen bei Tieren« (1973).

Rentier, das *(Rangifer tarandus)*: Auch Ren. Während der Eiszeiten auch in Mitteleuropa weitverbreitete Art aus der Familie der ▸ Hirsche, bei der beide Geschlechter ein ▸ Geweih tragen.

Das R. war ehemals die wichtigste Jagdbeute des Menschen (R.-Jägerzeit). Heute bewohnt es in ca. 20 Unterarten die Tundren und nördl. Waldgebiete (Taiga) Europas, Asiens und Amerikas. Das nordeuropäische R. ist die einzige Hirschart, die als Haustier gehalten wird. Beim Laufen sind knackende Geräusche zu hören, die durch Überdehnung der Gelenkkapsel der Zehengelenke entstehen. Der Wechsel des Haarkleides erfolgt einmal jährlich im Sommer. Die Geweihbildung beginnt vom zweiten Lebensjahr an. Das Geweih bildet eine Aug-, Eis- und Rücksprosse und verbreitert sich i.d.R. an der Augsprosse schaufelartig. Das Geweih der Hirsche ist stets stärker ausgebildet als das der Tiere. Letztere werfen das Geweih kurz nach dem Setzen der Kälber ab, die alten Hirsche im November, jüngere im Februar/März. Weibliche R. und Junghirsche werden stets von einem erfahrenen weiblichen Tier (Leittier) angeführt. Die Brunft dauert von August bis November. Die Tragzeit beträgt 32 Wochen, die Jungen werden meist im Mai/Juni gesetzt und ca. sechs Monate gesäugt. R. führen wegen des kurzen Zeitraums der Vegetationszeit in ihrem Lebensraum ausgedehnte Wanderungen zur Nahrungsaufnahme (Flechten, Gräser, Knospen von Sträuchern, auch Beeren) durch; ▸ Trophäenbewertung; ▸ Schalenwild.

Rentier: Aussehen	
Körpermaße	
KRL	165–220 cm
SH	100–130 cm
SL	bis 14 cm
Gewicht	75–140 kg

Repellents, die: Mit einem meist synthetischen Wirkstoff (Abschreckungs- und Vergrämungsstoff) ausgestattete Pflanzenschutzmittel (Lösungen, Salben, Sprays) im chemischen und biologischen Pflanzenschutz gegen tierische Schädlinge. Im erweiterten Sinne auch akustische (z.B. Lärmerzeuger) oder optische Mittel (z.B. Blinker in Obstgärten).

Repetierbüchse, die: ▸ Jagdgewehr, Schlosssystem.

Repetierer, der: Umgangssprachlich für Repetierbüchse; ▸ Jagdgewehr, ▸ Schlosssystem.

Repetierflinte, die: Halbautomatische Flinte; ▸ Jagdgewehr.

Repetiergewehr, das: ▸ Jagdgewehr.

Repetierwaffe, die: Nach dem WaffG ist die R. eine ▸ Schusswaffe, bei der nach Abgabe eines Schusses über einen von Hand zu betätigenden Mechanismus Munition aus einem Magazin in das ▸ Patronenlager nachgeladen wird.

Rephuhn, das (Repphuhn): Alte Schreibweise für Rebhuhn; ▸ Feldhühner 1.

Reptilien, die: ▸ Kriechtiere.

Ressourcen, die (frz.: ressource = Vorratslager, Quelle): Die für einen Organismus lebenswichtigen Faktoren und Stoffe, wie z.B. Fortpflanzungs- oder Nistplatz und Nahrung. Die genetischen R. sind das gesamte genetische Potenzial aller Tier- und Pflanzenarten.

Retina-Atrophie, die: Der Schwund der Netzhaut (»Nachtblindheit«) beim Hund ist eine Erbkrankheit, die zuerst beim Irish Setter beobachtet, aber auch bei anderen Hunderassen (z.B. Pudel, Teckel) auftritt. Die Netzhaut verödet langsam. Anfangs öffnet sich die Pupille unnatürlich weit, die Sehkraft des Hundes ist bei schlechtem Licht beeinträchtigt. Es ist ein fortschreitender Prozess, die Sehfähigkeit nimmt immer mehr ab und der Hund erblindet schließlich ganz. Die Krankheit entwickelt sich bereits im Alter von drei bis fünf Monaten. Hunde mit generalisierter progressiver R.-A. (PRA) sind von den Zuchtverbänden zur Zucht nicht zugelassen.

Retouren, die: Bei der ▸ Parforcejagd Bez. für die Gänge, die der Hirsch zurückmacht (▸ Widergänge), um die Hunde zu täuschen.

Retriever, der: Golden und Labrador Retriever ▸ Apportierhunde.

Retter, der (Ritter, Schirmer, Beschützer): Kräftiger, ausgebildeter, scharfer ▸ Windhund aus einem Strick (drei Hunde), der früher die anderen vom Hasen wegbiss, damit sie ihn nicht rissen, und ihn selbst apportierte. Naturgemäß übernahm der stärkste und schärfste Hund diese Rolle; ▸ Windhetze.

Rettungshügel, die: Künstliche Hügel (Anschüttungen), die v.a. in Auwäldern, die häufig im Frühjahr und Herbst großflächig vom Hochwasser überschwemmt werden, als Zufluchtsorte für das Wild angelegt werden. Die Lage ist so zu wählen, dass sie nicht der starken Strömung und damit einem Unterwaschen ausgesetzt sind. Die R. werden zweckmäßig bepflanzt und bestockt und bieten dem Wild nicht nur gute Deckung, sondern im Winter zusätzlich noch ▸ Äsung.

Reuse, die: Früher verwendetes fischreusenähnliches Netz zum Fang verschiedenen ▸ Federwildes.

Reversjagd, die: Seltener alter Ausdruck für ▸ Gnadenjagd.

revidieren: Bez. für die tägliche Kontrolle von fängisch gestellten Fallen sowie für die Kontrolle von verreiserten (▸ reisern 2)) Bauen.

Revier, das: **1**) svw. ▸ Jagd-R.; ▸ Jagdbezirke. **2**) Das Territorium (Gebiet) einer bestimmten Wildart, in dem es seinen ▸ Einstand und Lebensraum, entweder einzeln oder gesellig lebend, hat. Es wird entsprechend markiert und verteidigt. Die Inbesitznahme eines R. schließt i.d.R. die Anwesenheit artgleicher, v.a. gleichgeschlechtlicher Artgenossen aus. Das einmal in Besitz genommene R. wird nur bei dauernder Störung (z.B. durch den Menschen), durch Änderung der Verhältnisse des bestehenden ▸ Biotops oder bei extremem Nahrungsmangel verlassen; ▸ Territorialverhalten, ▸ Markier(ungs)verhalten. **3**) Forst-R.: Teilbereich eines Forstamtes; wird zur Durchführung der forstwirtschaftlichen Planungen und Maßnahmen von einem Beamten des gehobenen Dienstes verwaltet (Forstbetriebsbeamter; Forstdienststelle).

Reviereinrichtungen, die: Sammelbezeichnung für alle künstlichen Einrichtungen und Anlagen, die dem Jagdbetrieb einschließlich der Wildhege und dem Vogelschutz dienen. Insbesondere zählen hierzu: Ansitz-, Fang-, Fütterungseinrichtungen, Jagdhütten, Pirschsteige, Wildzäune, Salzlecken, Tränken, künstlich angelegte Suhlen, Kunstbaue und künstliche Nistgelegenheiten für das Federwild usw.; ▸ Jagdeinrichtungen.

revieren: Systematisches Absuchen oder Durchstöbern eines Geländes nach Wild durch den Jagdhund, v.a. bei der ▸ Suche.

Reviere von Rechts wegen: Jagdreviere in Südtirol, die im Wesentlichen aus den Gemeindeflächen bestehen und vom Landesjagdverband Südtirol verwaltet werden. Dieser ist auch Besitzer der Jagdreviere. Ausgeübt wird die Jagd von ortsansässigen Jägern. Das System ähnelt der ▸ Vereinsjagd. Reviergröße zwischen 5000 und 20000 ha; Anzahl der aktiven Jäger (insgesamt 5300) zwischen 30 und 100, je nach Reviergröße. Außer den R. v. R. w. gibt es in Südtirol neben kleinen ▸ Wildschutzgebieten nur noch 52 flächenmäßig unbedeutende Eigenjagden; ▸ Jagdbezirke.

Reviergang, der: Ein Beobachtungs- und Kontrollgang durchs Revier ohne die Absicht, etwas zu erlegen; Ggs.: Pirschgang.

Reviergestaltung, die (Revierverbesserung): Sammelbezeichnung für Maßnahmen aller Art, die dazu beitragen, die natürlichen Lebensbedingungen aller Tiere, v.a. des Wildes, im ▸ Jagdbezirk zu verbessern. Im Wesentlichen zählen hierzu: ▸ Äsungsverbesserung durch Anlage von ▸ Wildäsungsflächen aller Art, Herrichten von ▸ Salzlecken, Bereitstellung von ▸ Prossholz, Waldfeldbau und Ödlandverbesserung (▸ Ödland, ▸ Sozialbrache). Wirksame und wünschenswerte Maßnahmen sind darüber hinaus die Rekultivierung aufgelassener Kies- und Sandgruben, die sich besonders zur Anlage von Vogel- und Wildschutzgebieten eignen. An geeigneten Stellen kann die Anlage und Pflege von Feuchtbiotopen (▸ Biotoppflege) die Gesamtstruktur eines Reviers stark verbessern und zu einer Mehrung der Artenvielfalt führen. Zur R. trägt nunmehr auch die ▸ Flurbereinigung bei, z.B. durch Herausnahme kleiner Flächen aus der land- oder forstwirtschaftlichen Nutzung und Sicherung als Lebensraum spezieller Pflanzen- und Tierarten oder durch Erhaltung des Feldrainsystems und der Heckenlandschaft (▸ Biotopschutz). Zur R. trägt auch die Wildhege (Vermeidung eines zu hohen Wildbestandes und damit Reduzierung von ▸ Wildschäden) bei.

Revierhilfsjäger, der: Alte Bez. für einen Berufsjäger nach absolvierter Lehrzeit.

Revierhygiene, die: Bez. für alle Maßnahmen, die dazu beitragen, Parasiteninfektionen (▸ Parasiten) beim Wild zu verhindern bzw. einzudämmen. Hierzu zählt in erster Linie die Pflege und Sauberkeit von Fütterungseinrichtungen (Entfernung bzw. Desinfizierung von Losung, Beseitigung von verschimmeltem und verdorbenem Futter, Trogreinigung etc.), Beimischung geeigneter Medikamente in das Futter bei Parasitenbefall (z.B. Entwurmungsmittel) sowie die Beachtung des Grundsatzes: Kein Futter auf dem Boden ausbringen.

Revierinhaber, der: Gleichbedeutend mit ▸ Jagdausübungsberechtigter.

Revierjagdmeister, **Revierjagdmeisterin**: ▸ Revierjäger, Revierjägerinnen.

Revierjäger, **Revierjägerinnen**: Personen, die nach abgeschlossener Berufsausbildung große Jagdreviere als Angestellte (▸ Berufsjäger) der Eigenjagdbesitzer oder Jagdpächter betreuen. Zum geringen Teil sind sie auch als Angestellte in den Staatsforsten tätig oder werden bei den Jagdverbänden und an den Jagdschulen (z.B. Jägerlehrhof Jagdschloss Springe) als Lehrer und Berater angestellt. Die Ausbildung und Prüfung richtet sich nach der »Verordnung über die Berufsausbildung zum Revierjäger/zur Revierjägerin (R.-Ausbildungsverordnung RevjAusbV)«, die vom Bundesministerium für Ernährung, Landwirtschaft und Forsten im Einvernehmen mit dem Bundesminister für Bildung und Wissenschaft erlassen wurde. Nach der Verordnung wird dieser Ausbildungsberuf staatlich anerkannt. Die Ausbildung dauert drei Jahre. Auszubildende, denen der Besuch eines nach landesrechtlichen Vorschriften eingeführten schulischen Berufsgrundbildungsjahres nach einer Rechtsverordnung gemäß §29 Absatz 1 des Berufsbildungsgesetzes als erstes Jahr der Berufsausbildung anzurechnen ist, beginnen die betriebliche Ausbildung im zweiten Ausbildungsjahr. Die Ausbildung dauert zwei Jahre, wenn der Auszubildende eine Abschlussprüfung in einem anderen Ausbildungsberuf bestanden hat. Die Berufsausbildung gliedert sich in folgende Bereiche: Berufsprofilgebende Fertigkeiten, Kenntnisse und Fähigkeiten: 1. Jagd- und Reviermanagement, betriebliche Abläufe und Organisation, 2. Wildbewirtschaftung, Wildverwertung, 3. Tier- und Artenschutz, Hege, 4. Jagdreviergestaltung, 5. Naturschutz, ökologische Zusammenhänge und Nachhaltigkeit, Monitoring, 6. Waffenkunde, Jagdwaffen und -geräte, 7. Halten und Führen von Jagdhilfstieren, 8. Rechtsgrundlagen des Jagdwesens, Wild- und Jagdschutz, 9. Öffentlichkeitsarbeit, Wild- und Naturpädagogik; Integrative Fertigkeiten, Kenntnisse und Fähigkeiten: 1. Berufsbildung, Arbeits- und Tarifrecht, 2. Aufbau und Organisation des Ausbildungsbetriebes, 3. Sicherheit und Gesundheitsschutz bei der Arbeit, 4. Umweltschutz, 5. Boden-, Wetter- und Klimakunde. Nach dem BJG sollen hauptberuflich angestellte Jagdaufseher Berufsjäger oder fachlich ausgebildet sein. In den meisten Fällen sind die Berufsjäger in ihrem Wirkungsbereich gleichzeitig Hilfsbeamte der Staatsanwaltschaft und haben bei Jagdschutzaufgaben polizeiliche Befugnisse (§ 25 Absatz 2 BJG). Im Zuge der Neuordnung der landwirtschaftlichen Berufe wurde am 28.12.1982 die »Verordnung über die Anforderung in der Meisterprüfung für den Beruf Revierjäger/Revierjägerin« erlassen. Ziel der mit der Verordnung geregelten Meisterprüfung soll sein, festzustellen, ob der künftige Revierjagdmeister (bzw. die Revierjagdmeisterin) in der Lage ist, einen Jagdbetrieb selbstständig zu führen, die dort vorkommenden Arbeiten meisterhaft durchzuführen und Auszubildende ordnungsgemäß auszubilden. Die recht umfangreiche Prüfung umfasst einen praktischen, einen fachtheoretischen, einen wirtschaftlichen und rechtlichen sowie einen berufs- und arbeitspädagogischen Teil. Prüfungsteilnehmer, die die Meisterprüfung in einem anderen Beruf bestanden haben, können auf Antrag durch den Prüfungsausschuss in einzelnen Fächern freigestellt werden. Die Meisterprüfung, die nicht bestanden ist, kann zweimal wiederholt werden. Gleichzeitig mit dieser Verordnung wurde auch die »Verordnung über Eignung der Ausbildungsstätte für die Ausbildung zum Beruf Revierjäger/Revierjägerin« herausgegeben. Sowohl vom Wildbestand als auch von der Reviereinrichtung her soll eine sehr vielseitige Ausbildung möglich sein. Im Flachland werden daher 500 ha, im Hochgebirge mindestens 1000 ha Jagdfläche gefordert. Im Frühjahr 1980 wurde der Berufsverband Deutscher Berufsjäger gegründet, der als eingetragener Verein ein berufsständisches Mitspracherecht hat. In der Schweiz werden R. (Berufsjäger) ▸ Wildhüter oder Jagdaufseher genannt.

Revierkarte, die (Jagdrevierkarte): Eine Karte meist im Maßstab 1:2000 bis 1:5000, in Staatsjagdrevieren 1:25 000 bis 1:50 000, in der der Verlauf der Reviergrenzen eingezeichnet ist. Sie dient v.a. der Übersicht über bestehende und geplante ▸ Reviereinrichtungen, über Wildeinstandsgebiete sowie der Orientierung revierunkundiger Jäger. Darüber hinaus ist sie eine wertvolle Hilfe bei der Organisation von Jagdveranstaltungen und bei der Planung von Hegemaßnahmen. R. müssen stets auf dem neuesten Stand gehalten werden.

revierkundig: Ein Jäger, der sich in seinem Revier bei Tag und Nacht gut zurechtfindet, ist r.

Revierleiter, der: **1**) Bez. für einen Forstbeamten (Förster), der ein Revier (Forstdienstbezirk) verwaltet. **2**) Bez. für den Leiter einer ▸ Regiejagd, die von einer ▸ Jagdgenossenschaft durch Verpachtung genutzt wird. In Südtirol auch für den Jagdleiter in den ▸ Revieren von Rechts wegen.

Reviersystem, das: ▸ Jagdsysteme.

Revierverbesserung, die: ▸ Reviergestaltung.

Revierverhalten, das: ▸ Territorialverhalten.

Revolver, der: ▸ Faustfeuerwaffen.

Revolvermunition, die: ▸ Kurzwaffenmunition.

Revolverpatronen, die: ▸ Kurzwaffenmunition.

rezent: Tier- oder Pflanzenarten, die im Ggs. zu den ausgestorbenen (fossilen) Arten heute noch vorkommen.

Rheinischer Verband der Eigenjagdbesitzer und Jagdgenossenschaften e. V. (RVEJ): 1996 gegründete Interessenvertretung der Eigenjagdbesitzer und Jagdgenossenschaften im Rheinland zur Bewahrung des mit Grund und Boden verbundenen Jagdrechts in Politik und Gesellschaft. Dem Landesverband gehören z. Z. ca. 250 Mitglieder mit einer bejagbaren Fläche von etwa 300 000 ha an.

Johann Elias Ridinger (15.2.1698 bis 10.4.1767), in Kupfer gestochen von seinem Sohn Martin Elias Ridinger (gestorben 1780)

richten: **1**) ▸ Jagdzeug aller Art und Fangvorrichtungen für die Jagd vorbereiten. **2**) Tücher, Netze oder ein Ballen Lappen r. (reichen) für eine bestimmte Entfernung (Meter oder Schritte); z.B. die Netze r. 100 Schritt; ▸ Jagdzeug. **3**) Zu Holze r., einen Hirsch oder seine frische Fährte mit dem früheren ▸ Leithund zu Holze bestätigen, d.h., es wurde festgestellt, dass der Hirsch vom Feld ins Holz gewechselt war. **4**) Die Preisrichter r., d.h. beurteilen die Hunde auf einer Prüfung nach ihren Leistungen.

Richter, August (3.6.1801 Dresden bis 19.11.1873 Pirna/Elbe): Maler, Zeichner. Nach Studienreisen nach München, Wien und Rom kehrte er, beeinflusst durch die Nazarener, 1830 nach Dresden zurück, wo er von 1835 bis 1845 an der Akademie der bildenden Künste lehrte. Er schuf neben biblischen Historienbildern Porträts und Genreszenen aus der Tierwelt und dem Alltagsleben.

Richtlinie zur Erhaltung der natürlichen Lebensräume sowie der wild lebenden Tiere und Pflanzen: Eine EG-Richtlinie aus dem Jahre 1992, die v.a. die Schaffung eines zusammenhängenden europäischen ökologischen Netzes zum Ziel hat. Dieses Netz mit der Bez. »Natura 2000« soll den Fortbestand bzw. die Wiederherstellung von Lebensraumtypen, wie z.B. stehenden Gewässern, Fließgewässern und Mooren gewährleisten; ▸ Feuchtgebiete.

Richt's aus!: Alter Zuruf an den ▸ Leithund, wenn er einer gefundenen ▸ Fährte weiter nachhängen sollte.

Richtstall, der (Richtstatt, Richtweg): ▸ Stellflügel.

Rick, der: **1**) Auch Landrick, Wildgasse, Ruck; eine veraltete Bez. für einen lebenden Zaun; ▸ Hecke. **2**) Auch Rück; seltene und auch veraltete Bez. für die ▸ Afterklauen an den Hinterläufen des Hirsches.

Ricke, die: Norddeutsche Bez. für ein ausgewachsenes weibliches Reh, in Süddeutschland Geiß genannt; ▸ Altreh, ▸ Schmalreh, ▸ Hille.

Rickengehörn, das: Geweih, das eine Ricke (▸ Zwitter) trägt.

Rickenkitz, das: Das weibliche Rehkitz.

Ridinger, Johann Elias (16.2.1698 Ulm bis 10.4.1767 Augsburg): Maler und Radierer. Hatte Christoph Rasch in Ulm und Johann Falk in Augsburg zu Lehrern und bildete sich dann in Regensburg weiter aus, wo ihn seine Neigung für die Jagd vorzugsweise zum Studium des Wildes führte. Später gründete er in Augsburg eine Kunsthandlung und wurde dort Direktor der Kunstakademie. Seine ca. 400 radierten Blätter stellen die Tiere in charakteristischen Lebensmomenten und landschaftlichen Umgebungen dar. Die Darstellung der menschlichen Gestalt und zahmer Tiere, z.B. der Pferde, gelang ihm weniger. Alte Abdrucke der Blätter sind selten. Eine neue Ausgabe als »Galerie Ridingerscher Tier- und Jagdstücke« wurde 1817 in Augsburg begonnen. Sehr zahlreich sind seine Zeichnungen.

Rieck, Walter, Prof. Dr. (1905 bis 1990): Zoologe und Jagdwissenschaftler. R. studierte von

▸▸ Rotfuchs am Riss (Feldhase)

1927 bis 1932 Biologie an den Universitäten Berlin und Innsbruck, war nach seiner Promotion Assistent am damals privaten Jagdkunde-Institut in Berlin-Zehlendorf und baute 1937 das Nachfolgeinstitut in Berlin-Wannsee auf. Die »Zeitschrift für Jagdwissenschaft« wurde von ihm damals in Berlin ins Leben gerufen. R. kam 1950 an die Georg-August-Universität (heute Göttingen, damals Hann.-Münden), wurde 1962 zum außerplanmäßigen Professor ernannt und war von 1968 bis 1972 Leiter des Instituts für Wildforschung und Jagdkunde der Universität Göttingen.

Riedenhorn, das (Riedhorn): ▸ Jagdhorn.

Riedhahn, der: Der Auerhahn, der seinen Aufenthalt im Ried (Moor) hat.

Riedhirsch, der: Ein Hirsch, der seinen Einstand im Ried (Moor), Röhricht und Schilf hat.

Riedhuhn, das: **1**) Die Wasserralle. **2**) Das Auerhuhn.

Riedhorn, das (Riedenhorn): ▸ Jagdhorn.

Riedschnepfe, die: ▸ Schnepfenvögel 2., 3. und 6.

Riefen, die (Rillen, Furchen): Längsfurchen bzw. Längsrillen am fertig gefegten ▸ Geweih. In ihnen liegen während des Geweihwachstums die Blutgefäße (Arterien); ▸ Bast.

Riegel, der: **1**) ▸ Pass oder ▸ Wechsel des Wildes im Hochgebirge. **2**) svw. ▸ Riegler.

Riegeljagd, die (Riegler): Eine ▸ Drückjagd im Gebirge auf Hochwild (Schalenwild) mit wenigen ▸ Treibern, bei der das Wild den an den Riegeln (Haupt- oder Zwangswechsel) angestellten ▸ Schützen zugedrückt wird; ▸ Bewegungsjagd, ▸ Gamsriegeln.

riegeln: Bez. für ▸ Drücken bei einer ▸ Riegeljagd.

Riegler, der (Riegel): Ein ▸ Trieb (Bogen) bei der ▸ Riegeljagd, auch Kurzbezeichnung für Riegeljagd.

Riemen: der: Die Leine; ▸ Hundeleine und ▸ Hatzstrick. Der lange R. ist der ▸ Schweißriemen.

Riemenarbeit, die: Die Arbeit des am langen ▸ Schweißriemen angeleinten Hundes auf der ▸ Fährte, ▸ Spur, natürlichen oder künstlichen ▸ Schweißfährte. Die R. ist erforderlich bei der ▸ Vorsuche, beim ▸ Lancieren und bei der ▸ Nachsuche auf krankes Wild. Der an der Schweißhalsung (▸ Halsung 2)) befestigte Riemen wird zwischen den Vorderläufen geführt; dadurch erfolgt der Zug auf den Nacken und nicht auf die Luftröhre. Wird der Hund vom ▸ Anschuss bis zum verendeten Stück auf der Schweißfährte nur am Riemen gearbeitet, spricht man von reiner R.

Riemenbügel, der: Zwei kleine Bügel am Gewehr, an denen der Tragriemen (▸ Gewehrriemen) befestigt wird.

riemenführig: ▸ leinenführig.

Riemenverweiser, der: ▸ totverweisen.

Riesenalk, der: ▸ Alken.

Riesenbärenklau, der *(Heracleum mantegazzianum)*: Der R. wurde im 19. Jh. aus dem Kaukasus und von der Krim als Zierpflanze eingeschleppt und diente als Hilfspflanze zum Verdammen des Unkrauts und als Frostschutz in Forstkulturen. Die bis zu 5 m hohe Pflanze hat Dolden mit einem Durchmesser bis zu einem halben Meter und bis zu 10 cm starke hohle Hauptstängel. Sie hat eine lästige Ausbreitungstendenz (eine Pflanze produziert bis zu 6000 Samen), verbunden mit einer großen Konkurrenzkraft, und hat fototoxische Wirkung (Blasen auf der Haut) bei Menschen. Mit den Abschnitten des Heracleumrohres wird der Hirschruf (▸ Rotwild/▸ Jagdarten) nachgeahmt.

Riesenhirsch, der (Schelch): Früher eine in Mitteleuropa, insbesondere in Deutschland, weitverbreitete Hirschart.

Riesenmöwe, die: ▸ Möwen 1.

Riesenthal, Julius Adolf Oskar von (18.9. 1830 Breslau bis 22.1.1898 Berlin-Charlottenburg): Forstmann und Ornithologe. R. studierte an der Forstlehranstalt in Eberswalde, trat anschließend in den Privatforstdienst und 1865 in den Staatsforstdienst ein. 1879 wurde er in das Preußische Ministerium für Landwirtschaft, Domänen und Forsten versetzt. Er veröffentlichte u.a.: »Die Raubvögel Deutschlands und des angrenzenden Mitteleuropas« (1876 bis 1878), »Das Waidwerk« (1880) und »R.'s Jagd-Lexikon« (1882).

rihren: Alte Schreibweise für röhren; ▸ Rotwild (Sinne und Lautäußerung).

Rillen, die: ▸ Riefen.

Rillenpatrone, die: Seltene Bez. für eine randlose ▸ Büchsenpatrone; sie ist mit einer Rille (Auszieherrille) versehen.

Rillung, die: Die Schmuckwülste an der Muffelwildschnecke; ▸ Muffelwild.

Rincken-Tücher, die: ▸ Ringtücher.

Rindsreiher, der: ▸ Reiher 7.

Ring, der: **1**) Bez. für die Wachshaut am Schnabel eines ▸ Beizvogels. **2**) svw. ▸ Ringel.

Ringamsel, die: ▸ Drosseln 5.

Ringdrossel, die: ▸ Drosseln 5.

Ringel, der oder das (Ring): Seltene Bez. für den Bürzel (Schwanz) des ▸ Schwarzwildes.

Ringelfalke, der: ▸ Weihen 2.

Ringelgans, die: ▸ Wildgänse 7.

ringeln: Das Entrinden glattrindiger Baumwipfel durch das ▸ Eichhörnchen.

Ringelrobbe, die: ▸ Seehunde 3.

Ringelschwanz, der: ▸ Weihen 2.

Ringelschwanzadler, der: ▸ Adler 1.

Ringeltaube, die: ▸ Wildtauben 1.

Ringfasan, der: ▸ Fasane 2. und 3.

Ringflechte, die: ▸ Glatzflechte.

ringholen: Kreisendes Fliegen des Beizvogels; ▸ schweimen.

Ringtücher, die (veraltet: Rincken-Tücher): Jagdtücher, die oben und unten metallene Ringe hatten, durch die die Leinen (▸ Arche) geführt wurden; Gemäschtücher; ▸ Jagdzeug.

Rinne, die: ▸ Rönne 2) und ▸ Garne 9.

Rinnen, die: svw. ▸ Riefen.

rinnen: Schwimmen beim ▸ Haarwild.

Rinnspur, die: Eine Duftspur über dem Wasser, die durchrinnendes (durchschwimmendes) Wild hinterließ; ▸ Luftspur, ▸ Schwimmspur.

riren (veraltet): svw: ▸ röhren; ▸ Rotwild (Sinne und Lautäußerung).

Riruessen, die: Siebenbürgisch-sächsischer Ausdruck für die Große Rohrdommel; ▸ Reiher 7.

Rispenklee, der: ▸ Wildäsungspflanzen.

Riss, der: Bez. für ein vom ▸ Haarraubwild (▸ Beutegreifer) getötetes Wild oder Tier oder auch nur für dessen Reste. Bei gerissenem Federwild sind die Federn zu Büscheln zusammengeklebt und die Federkiele zerbissen. R. ist auch an die Bez. für die Stelle, an der dies geschieht; ▸ Rupfung.

Risshaar, das: Österreichische Bez. für Schlaghaar; ▸ Schusszeichen.

Rittelgeier, der (Rüttelgeier): ▸ Falken 2.

Ritter, der: ▸ Retter.

Ritter, Eduard (1809 Wien bis 1853 Wien): Maler. Von ihm stammt u.a. das Gemälde »Jägerlatein« (1847).

ritterlich: Beiwort des ▸ Schwarzwildes, im gleichen Sinne wie edel beim Hirsch. Man sagt: »Die Sauen sind ein ritterliches Wild.«

Ritualisierung, die: Die Erscheinung, dass bei Tieren ein bestimmtes Verhaltenselement durch Bedeutungswechsel zu einem neuen, selbstständigen, unverwechselbaren Informations- und Verständigungsmittel unter Artgenossen wird, bezeichnet man als R. Hierzu gehören u.a. die Lockrufe von balzenden

◂◂ Fiederblätter und Blüten der Robinie

Vögeln, z.B. Tauben, oder von Insekten, z.B. Heuschrecken und Grillen, die meistens mehrmals und oft rhythmisch ausgeführt werden, die wiederholten Drohlaute, wie Knurren, oder Ausdrucksbewegungen wie Schwanzwedeln bei Hunden sowie die ritualisierten Futterlockbewegungen der Haushähne. Eine Ausdrucksbewegung wird dabei besonders deutlich, wenn sie mit einem auffällig gefärbten oder geformten Organ durchgeführt wird, z.B. Flügelspiegel von Enten, die bei Balzbewegungen besonders zur Geltung kommen. Daneben kann Umorientierung einer gerichteten Bewegung zu völligem Bedeutungswandel führen. Viele ▸ Demutsgebärden sind so z.B. aus umorientierten Drohgesten abzuleiten, z.B. beim Wolf (Darbieten des Halses = Wegwenden des Gebisses).

RJG: Abk. für ▸ Reichsjagdgesetz.

Robben, die: ▸ Seehunde.

robben: Fortbewegung des ▸ Seehundes an Land.

Robinie, die *(Robinia pseudoacacia):* Auch Falsche Akazie, Scheinakazie: Eine sommergrüne, raschwüchsige Laubbaumart, die aus dem östlichen Teil Nordamerikas stammt; ▸ Lichtbaumart. Wertvolle Nahrungsquelle für die Bienen. Blätter, Früchte, Samen und Rinde sind giftig. Wuchshöhe bis 30 m, Alter bis 200 Jahre.
In Europa Zier- und Parkbaum auf lockeren, kräftigen, warmen Böden (bodenverbessernd), gedeiht aber auch auf mageren Böden; gegen Frühfröste empfindlich. Hervorragend geeignet als Rohbodenpionier zur Böschungs-, Halden- und Dünenaufforstung, für Alleen, ▸ Hecken und ▸ Remisen. Bildet reichlich Wurzelbrut und ▸ Stockausschläge. Rinde und Blätter dienen als Nahrung für ▸ Schalenwild, Erstere auch für Hasen. Das Holz ist schwer, elastisch, schwindet wenig und wird hauptsächlich für Werkzeugstiele, Sportgeräte, Pfähle, Parkett sowie als Gruben- und Schwellenholz verwendet. Wegen der schönen Borke und Äste dient es auch zur Herstellung von Trophäenschildern.

Robot, die: ▸ Jagdrobot.

Roccolo, die (Rogulen): Ein Vogelherd; ▸ Vogelfang 7.

rodeln: ▸ kollern 1).

Rodentia, die: ▸ Nagetiere.

Rodentiose, die: ▸ Pseudotuberkulose.

Rodum, die: Mecklenburgischer Ausdruck für die Große Rohrdommel; ▸ Reiher 7.

rogel: svw. ▸ rege beim Wild, namentlich ▸ Rotwild, doch selten gebräuchlich.

Roggen, der *(Secale cereale):* Eine anspruchslose und kältewiderstandsfähige Getreideart. Winter- und Sommer-R. werden zur Gewinnung von Brotgetreide und auch als Futterpflanze angebaut. Auf Wildäckern finden der Johannis-R. und der mehrjährige Waldstauden-R. Verwendung, die alleine oder in Mischsaat angebaut werden. Sie eignen sich auch zum Anbau auf Kahlschlägen und zum ▸ Waldfeldbau. Der R. ist eine hervorragende Äsungspflanze, die v.a. vom Schalenwild und Hasen gerne angenommen wird (Winter- und Frühjahrsäsung). R. ist auf Neuland eine Pionierpflanze und bringt auch auf ungünstigen Standorten relativ gute Erträge.

roglich machen: svw. ▸ rege machen.

Rogulen, die: Ein Vogelherd; ▸ Vogelfang 7.

Rohholz, das: Unbearbeitetes Holz, wie es aus dem ▸ Wald als Rund- oder Schichtholz gewonnen wird.

Rohl, L.: ▸ Jagdliteratur.

Rohr, das: Alte Bez. für den ▸ Lauf des Gewehres, seltener das Gewehr selbst.

Rohrdommel, die: ▸ Reiher 7. und 8.

Rohrdommelreiher, dickhalsiger, der: ▸ Reiher 7.

Rohrdump, die (Rohrbrüller): ▸ Reiher 7.

Röhre, die: Ein- und Ausgang des ▸ Baues sowie der unterirdische Gang des Dachs-, Fuchs- oder Kaninchenbaus.

röhren: **1**) Auch orgeln, melden, schreien: Eine Lautäußerung des Rothirsches in der Brunftzeit; ▸ Rotwild (Sinne und Lautäußerung). **2**) Alter süddeutscher Ausdruck für die Lautäußerung des Rehbocks (nach Franz von ▸ Kobells »Wildanger«, 1859).

Rohreule, die: ▸ Eulen 3.

Rohrfaden, der (Ruhrfaden, Ruhr): Ein dünner Bindfaden, der früher beim Entenfang (auch beim ▸ Vogelfang) einer lebenden Ente, der der Hütte (Schirm) am nächsten ausgesetzten Lockente (Ruhrvogel), angelegt wurde, um sie damit ▸ anrühren zu können, falls sie sich zu wenig bewegte.

Rohrfalke, der (Rohrgeier): ▸ Weihen 1.

Rohrhuhn, das: ▸ Rallen.

Rohrpump, die: ▸ Reiher 7.

Rohrschnepfe, die: ▸ Schnepfenvögel 4.

Rohrvogel, der: ▸ Weihen 1.

Rohrweihe, die: ▸ Weihen 1.

Roitsche Haargreiffalle, die: Eine Bisamfalle; ▸ Fallen 14.

Rolland, Auguste (1797 Remelly/Lothringen bis 1859): Maler. Von ihm stammen u.a. die Jagdszene »Hundemeute bei der Saujagd im Gebirge« und »Enten«.

Rollauge, das: Bez. für ▸ Entropium.

Rolle, die: ▸ Bell.

rollen: **1**) svw.▸ Ranzen beim Fuchs und Dachs. **2**) Seltene Bez. auch für ▸ rauschen 1).

Roller, der: **1**) Ein schlechter Kugelschuss aus einem ▸ Vorderlader, der von einer schlecht aufgesetzten Kugel herrührt. **2**) Auch Roller, svw. ▸ Posten.

rollieren: ▸ Rad schlagen 2).

Rolltuch, das (Lauftuch, Rollzeug): Ein Quertuch, das sich beim ▸ Eingestellten Jagen zwischen Lauf und Kammer befand und das beliebig geschlossen und geöffnet werden konnte; ▸ Schnapptuch.

Rollzeit, die (Ranzzeit): Die Begattungszeit bei ▸ Fuchs und ▸ Dachs.

Rollzeug, das: ▸ Rolltuch.

Rominter Heide, die (polnisch: Romincka Puszcza): Ostpreußische Landschaft im Nord-

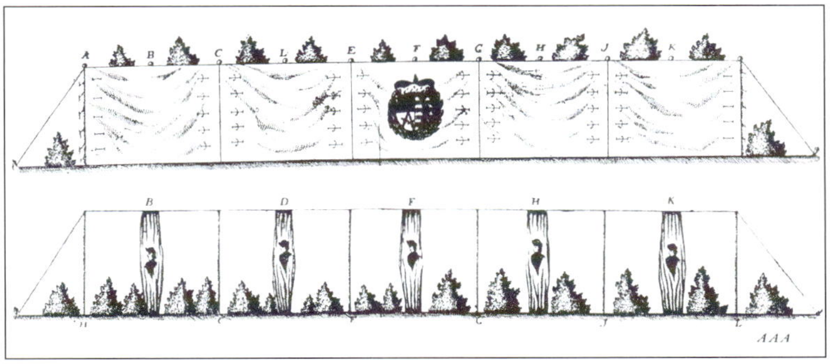

Rolltücher zwischen den Kammern des Hauptjagens, oben geschlossen, unten geöffnet. Kupferstich aus Hans Friedrich von Flemming: »Der vollkommene teutsche Jäger«, Leipzig 1719–1724

osten des Preußischen Höhenrückens nordöstlich von Goldap; größerer Teil (Krasniej Les = Roter Wald) in der russischen Obast Kaliningrad (Königsberger Gebiet), kleinerer Teil, etwa ein Drittel, in der polnischen Woiwodschaft Bialystock. Die R. H. ist heute 37000 ha groß und wird von dem Fluss Rominte durchflossen. Noch in der 1. Hälfte des 20. Jh. war die R. H. ca. 25000 ha groß. Hier jagten früher die Ritter des Deutschen Ordens, Herzog Albrecht, die Brandenburger Kurfürsten und die ersten preußischen Könige den Rominter Hirschen. Kaiser Wilhelm II. ernannte die R. H. 1890 zum Hofjagdrevier (Leibrevier) und ließ das gesamte Gebiet eingattern. Die angrenzenden Gemeindejagden mit etwa 10000 ha wurden als sog. Schutzjagden angepachtet. Kaiser Wilhelm II. erlegte in der R. H. 321 Rothirsche. Viele heute noch vorhandene Gedenksteine (▸ Jagdsteine, ▸ Hirschstein) erinnern daran. Für seine Jagdaufenthalte ließ er das »Jagdhaus Rominten« erbauen, das im nordischen Blockhausstil errichtet wurde. Zusammen mit der Hubertuskapelle, einem von Professor Friese geschaffenen Hirschmonument, den später erbauten Förstereien, Schulgebäuden und anderen Häusern wurde dieser Ort ein beliebtes Ausflugsziel in Ostpreußen. Während des Dritten Reichs wurde die R. H. das persönliche Jagdrevier von Hermann ▸ Göring, der hier 1936 unweit vom Jagdhaus Rominten ein eigenes Jagdhaus, den »Reichsjägerhof«, errichten ließ. Die R. H. wurde zum Staatsjagdrevier und Walter Frevert (1897 bis 1962) als Oberforstmeister zum Leiter des Reviers bestellt. Hermann Göring erlegte in diesem Revier 1942 den »Matador«, den damals stärksten Hirsch der Welt. Der Reichsjägerhof wurde 1944 von der Sowjetarmee in Brand gesteckt.

Römer, Oswald: ▸ Jagdkunst.

Rönne, die: **1**) ▸ Garne 9. **2**) Der kleine Graben am Vogelherd (▸ Vogelfang 7.), in dem die Garne lagen.

Rönngarn, das: ▸ Garne 9.

Röntgenstil, der: In der großen Fülle künstlerischer Schöpfungen der Jägerzeit (▸ Jägerkulturen) lassen sich bestimmte durchgehende Stileigenarten entdecken, und ihre Entwicklung lässt sich gut verfolgen. Mit R. bezeichnet man einen jägerischen Kunststil, bei dem die inneren Organe von Tieren wiedergegeben werden. Oft wird diese Wiedergabe reduziert auf die sog. Lebenslinie, die vom Maul bis in die Gegend des Herzens oder des Magens reicht. Die frühesten Spuren des Röntgenstils finden sich nicht auf Felsbildern, sondern auf Knochenfragmenten des Jung-Magdalénien in Südfrankreich (etwa zwischen 13000 und 6000 v. Chr.). Vergleichbare Felsbilder im R. finden sich in der sog. ▸ »arktischen Kunst« Norwegens (6000 bis 2000 v. Chr.) auf Felsgravierungen, z.B. »Paarende Elche«, etwa um 5000 bis 2000 v. Chr.; dargestellt sind die Rückenwirbel, die Aorta, das Herz und andere Organe.

Rordorf, Hans Caspar (17.8.1773 Zürich bis 23.4.1843 Zürich): Jagdschriftsteller, begründete 1835 und 1836 mit der Herausgabe der Zeitschrift »Schweizer Jäger« das Jagdfachschrifttum in der Schweiz. Das von ihm 1836 herausgegebene Werk »Der Schweizer-Jäger, eine vollständige Anweisung zur erfolgreichsten Jagd auf die in der Schweiz vorkommenden Säugethiere und Vögel« ist das erste umfassende Jagdlehrbuch der deutschsprachigen Schweiz.

Rörig, Georg: ▸ Jagdliteratur.

Rose, die: **1**) Wulstiger Perlenring am unteren Ende der Geweih- und Gehörnstangen; ▸ Geweih, ▸ Dachrose, ▸ Kranzrose, ▸ Schnurrose, ▸ Tellerrose. **2**) Warziger, manchmal auffallend rot gefärbter und fast nackter Hautwulst über den Augen der ▸ Hühnervögel, besonders bei den Hähnen der ▸ Raufußhühner. **3**) Der rote Fleck (Hautlappen) um das Auge des ▸ Fasans.

Rösel von Rosenhof, Franz (2.8.1626 Wien bis 6.11.1700 Nürnberg): österreichischer Tier- und Landschaftsmaler. Er schuf u.a. die Gemälde »Hase mit Huhn« und »Waldlandschaft mit Hirsch«.

Rosendamast, der: ▸ Damast.

Rosenstock, der: Der Schädelknochenfortsatz, auf dem die Geweih- und Gehörnstange mit der ▸ Rose sitzt; ▸ Geweih.

Roßmäßler, Emil Adolf (3.3.1806 Leipzig bis 8.4.1867 Leipzig): R., Sohn eines Kupferstechers, studierte Naturwissenschaften. Von 1830 bis 1850 war R. Lehrer der Zoologie und Botanik an der Forstakademie in Tharandt und ließ sich 1850 als Schriftsteller und Privatgelehrter in Leipzig nieder. Zusammen mit A. E. Brehm schrieb er: »Die Thiere des Waldes« (2 Bde., 1864 und 1867). Sein Büchlein »Das Süßwasser-Aquarium« (1857) machte ihn zum Begründer der Aquarienliebhaberei in Deutschland.

Rostweih, der: ▸ Weihen 1.

Rotationsbrache, die: ▸ Brachflächen.

Rotblässchen, das (rotblässiges Wasserhuhn): ▸ Rallen 2.

Rosskastanie, Gemeine, die *(Aesculus hippocastanum):* Bis 30 m hoher, meist drehwüchsiger Baum (v.a. Park- und Zierbaum) mit dichter und meist gleichmäßig gestalteter Krone und großen, langen Blättern (leuchtend gelbes Herbstlaub). Die R. wurde in Mittel- und Westeuropa eingebürgert. Sie ist eine Halbschatt(en)baumart und im Winter gut an den rotbraunen, klebrigen Winterknospen erkenntlich. Blütezeit ist im Mai, die Blüten sind weiß, teilweise gelb oder rot gefleckt. Die stachelige, etwa 6 cm große Fruchtkapsel enthält ein bis drei große, glänzend dunkelbraune Samen (Kastanien). Forstwirtschaftlich spielt die R. keine Rolle, wird aber als ▸ fruchttragender Baum an Waldwegen und Waldrändern häufig für die Wildäsung angebaut. Die Früchte der R. werden vom Rot- und Damwild sowie vom Schwarzwild aufgenommen. Als Hybrid kommt die **Rotblühende Rosskastanie** *(Aesculus x carnea)* vor, die sich v.a. durch kleinere Blätter und die roten Blüten unterscheidet.

Rotbuche, die: ▸ Buche.

Rotdrossel, die: ▸ Drosseln 4.

Röte, die: ▸ Schweiß (selten gebraucht).

Rote Arbeit, die: **1**) Die ▸ Schweißarbeit. **2**) Das ▸ Aufbrechen.

rote Erdmilbe, die: Die Herbstgrasmilbe; ▸ Milben.

Roteiche, die: ▸ Eichen 3.

Rote Krätze, die: ▸ Demodikose.

Rote Kükenruhr, die: ▸ Coccidien.

Rötelfalke, der: ▸ Falken 5.

Rötelhuhn, das: ▸ Falken 2.

Rote Listen, die: Die nach dem Vorbild der ▸ Red Data Books der Internationalen Union zum Schutze der Natur und der natürlichen Hilfsquellen (International Union for Conservation of Nature and Natural Resources, IUCN) erstellten Übersichten (Hilfsmittel des Naturschutzes) der gefährdeten Tier- und Pflanzenarten mit der Kennzeichnung ihres Gefährdungsgrades. Die R. L. der gefährdeten Tiere wird dabei in zwei Teile gegliedert. Teil A enthält alle hierzulande sich fortpflanzenden Arten, die in den letzten 100 Jahren ausgestorben, vom Aussterben bedroht, stark gefährdet oder gefährdet sind. Teil B enthält regelmäßige Gäste, Durchzügler, Tiere, die bei uns überwintern oder einen Teil ihres Lebens bei uns im Lande verbringen. Die R. L. enthalten vielerlei Informationen für die praktische Naturschutzarbeit. Sie werden in vielen Fällen der Rechtsfindung und Rechtsprechung herangezogen, ohne selbst Rechtsverbindlichkeit zu haben (Artenschutz-, Jagdzeiten-, Import- und Exportverordnung sowie verschiedene internationale Naturschutzübereinkommen), und dienen auch bei der Unterschutzstellung bestimmter Gebiete als Lebensraum bedrohter Arten als Entscheidungshilfe; somit sind sie ein wesentlicher Bestandteil des Artenschutzprogramms (▸ Artenschutz).

Rötelmaus, die: ▸ Mäuse 6.

Rötelweih, der: ▸ Falken 2.

röten: svw. färben, Austreten von Schweiß aus der geschwollenen Schnalle der hitzigen Hündin; ▸ Hitze.

Roter Bock, der: Der Rehbock im Sommerhaar.

Roterle, die: ▸ Erlen 1.

Roter Luftröhrenwurm, der: ▸ Rotwurmbefall.

Roter Milan, der: ▸ Milane 1.

Rote Ruhr, die (Rote Kükenruhr): ▸ Coccidien.

Rote Vogelmilbe, die: ▸ Milben.

Rote Waldameise, die: ▸ Ameise.

Rotfährte, die: Die ▸ Schweißfährte allen ▸ Schalenwildes.

Rotfalke, der: **1**) Auch Sorfalke. Falkenwildfang im Jugendkleid; ▸ Rothabicht. **2**) Seltene Bez. für einen nicht edlen ▸ Falken, z.B. Turm-, Rötel-, Rotfußfalke.

Rotfäule, die: ▸ Wurzelschwamm.

Rotfichte, die: ▸ Fichte.

Rotfuchs, der: ▸ Fuchs.

Rotfußfalke, der: ▸ Falken 6.

rotfüßiger Falke, der: ▸ Falken 6.

Roth, Ferdinand (15.12.1812 Schopfheim in Baden bis 27.1.1882 Karlsruhe): R. war langjähriger Vorsitzender des badischen Forstvereins und wiederholt Präsident bei den Versammlungen süddeutscher bzw. deutscher Forstwirte. Er lieferte wertvolle Beiträge für die »Monatsschrift für das Forst- und Jagdwesen«, meist knapp gehaltene, aus eigener Erfahrung geschöpfte Artikel über rein praktische Dinge.

Roth, Karl: ▸ Jagdliteratur.
Rothabicht, der: Ein Habichtwildfang im Jugendkleid, das noch stark rötlich braun längs gestreift ist.
Rothals, der: ▸ Wildenten 4.
Rothals, kleiner, der: ▸ Wildenten 11.
Rothalstaucher, der: ▸ Lappentaucher 3.
Rothirsch, der: Bez. für das männliche ▸ Rotwild, aber auch als Sammelbegriff für beide Geschlechter. Biologen verwenden meist den Artbegriff R., Jäger und Forstleute vorwiegend den jagdlichen und traditionellen Begriff Rotwild; ▸ Edelhirsch.
Rothuhn, das: **1**) ▸ Feldhühner 4. **2**) Seltene Bez. für das Haselhuhn; ▸ Raufußhühner 4.
Rotjagd, die: Alte niedersächsische Bez. (16. Jh.) für das Recht der Jagd auf Schweine, Hasen und Füchse.
Rotkalb, das: ▸ Rotwildkalb.
Rotklee, der: ▸ Wildäsungspflanzen.
Rotkopf(ente), die: ▸ Wildenten 9. und 17.
Rotkopfwürger, der: ▸ Würger 2.
Rotlauf, der: Die durch das Bakterium *Erysipelothrix rhusiopathiae* hervorgerufene Erkrankung ist eine ▸ Infektionskrankheit, die besonders bei Hausschweinen auftritt. Sie verläuft septikämisch oder in Form der sog. Bachsteinblattern. Die R.-Bakterien sind ziemlich widerstandsfähig, Fäulnisprozesse überstehen sie oft monatelang, Desinfektionsmittel töten sie jedoch rasch ab. Bei den Wildtieren kommt R. selten vor, er ist bei Schwarz- und Rehwild und bei Hasen beobachtet worden. In ▸ Fasanerien können R.-Infektionen zu enormen Verlusten führen. Das Wildbret ist genussuntauglich. Auch der Mensch kann sich mit R.-Bakterien infizieren, wenn eine Wunde mit erregerhaltigem Material in Berührung gekommen ist. Oft kommen zur Rötung und Infektion der Wunde noch eine Schwellung der Achsellymphknoten und Gelenkentzündung hinzu.
Rotmilan, der: ▸ Milane 1.
Rotnackenschahin, der: ▸ Falken.
Rotrock, der: Scherzhafte Bez. für den ▸ Fuchs.
Rotrückenwürger, der: ▸ Würger 1.
Rotschenkel, der: ▸ Schnepfenvögel 10.
Rotschimmel, der: Ein Jagdhund, dessen rötliche Färbung von viel Hell durchsetzt ist.
Rotschwingel, der: ▸ Wildäsungspflanzen.
Rotspecht, der: ▸ Spechte 5.
Rotspießer, der (Schmalspießer): Ein Rothirsch vom ersten Kopf (im zweiten Lebensjahr), der sein erstes ▸ Geweih – Spieße ohne Rosen – trägt; ▸ Damspießer.
Rottanne, die: ▸ Fichte.
Rotte, die: **1**) Eine größere Anzahl Schwarzwild, nicht aber eine einzelne Bache mit ihren Frischlingen; ▸ Sprung, ▸ Trupp, ▸ Rudel. **2**) Ein Trupp ▸ Wölfe (besser Rudel).
rotten (sich r.): svw. sich sammeln, eine ▸ Rotte bilden von Sauen und Wölfen.
Rottgans, die: ▸ Wildgänse 7.
Rotthuhn, das: Seltene Bez. für Haselhuhn; ▸ Raufußhühner 4.
Rottier, das: Das weibliche ▸ Rotwild.
Rottmanner, Simon, Dr. (2.2.1740 Rottmann bei Erding bis 6.9.1813 Gut Ast bei Landshut): R. studierte Rechtswissenschaften an der Universität Ingolstadt und war seit 1768 Hofratsadvokat in München. R. gilt als Begründer der modernen Forstwissenschaft in Bayern. Er veröffentlichte u.a. »Nothwendige Kenntnisse und Erläuterungen des Forst- und Jagdwesens in Bayern.« (1780).
Rotvoss, der: Scherzhafte Bez. für den ▸ Fuchs.
Rottweil: In Rottweil am Neckar ansässige Pulverfabrik deren Gründung auf das 15. Jh. zurückgeht. R. wurde durch die Erfindung des rauchlosen Nitrozellulosepulvers durch Max Wilhelm von ▸ Duttenhofer im Jahre 1884 bekannt sowie durch die später gefertigten Schrotpatronen »R. schwarz« und »R. rot«. Bis Ende des Zweiten Weltkriegs war R. der größte deutsche Hersteller von Jagd- und Sportpulvern. 1963 erfolgte die Stilllegung des Werkes R. Die Schrotpatronen wurden anschließend in Karlsruhe-Durlach bis zum Jahre 1971 und seither im Werk Stadeln der ▸ Dynamit Nobel AG hergestellt.
Rottweiler Patronen, die: ▸ Rottweil
Rottweiler Pulver, das: ▸ Rottweil
Rottweil-Waffen: Die R.-W. werden von der ▸ Dynamit Nobel AG GmbH unter den Markenzeichen Rottweil, RWS und Geco produziert und vertrieben.
Rotwild, das *(Cervus elaphus*, L.): In der Zoologie auch ▸ Rothirsch: R. ist sog. Edelwild. Es kann je nach Umweltbedingungen 16 bis 20 Jahre alt werden. Das R. zählt zoologisch zur Unterfamilie der Echten Hirsche (Echthirsche; *Cervinae)*, zur Familie der ▸ Hirsche *(Cervidae)* und zur Ordnung der ▸ Paarhufer *(Artiodactyla)*. Es sind paarhufige ▸ Wiederkäuer (keine Schneidezähne im Oberkiefer), deren ▸ Geweih aus Knochensubstanz jährlich abgeworfen und neu gebildet wird. Die ersten Großformen der Hirsche, deren markante Vertreter der Breitstirnhirsch *(Alces latifrons)* und der Riesenhirsch *(Megaceros)* waren, die aber nicht als direkte Vorfahren des Rothirsches anzusehen sind, entwickelten sich gegen Ende des Tertiärs. An der Wende des Tertiär zum Quartär (vom Pliozän zum Diluvium), vor ca. einer Million Jahren, entwickelten sich die Vorfahren des heutigen Rothirsches, wobei als ihr Entwicklungsgebiet Zentralasien anzusehen ist. Es entwickelten sich dort zwei Gruppen: eine westliche, die nach und nach eine Krone herausbildete (Rothirsch), und eine östliche, die ein fächerförmig gegabeltes Stangenende entwickelte (Wapiti). Die unmittelbaren Vorfahren unseres Rothirsches entwickelten sich im Diluvium sehr rasch weiter. Von der dritten Zwischeneiszeit (Altsteinzeit) an erschien bereits ein Rothirsch, dessen Geweihtypen denen des heutigen Rothirsches völlig gleichen.

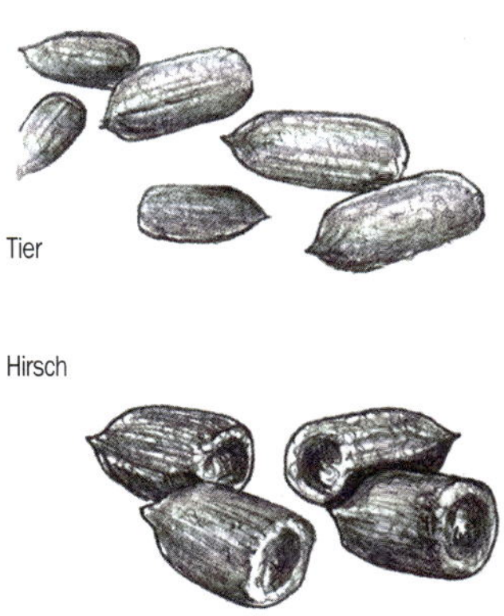

Rotwildlosung

Prachtliebende Fürsten versuchten immer wieder, Hirsche vor Wagen zu spannen. Der römische Kaiser Aurelian (214 bis 275 ermordet bei Byzanz) soll der Erste gewesen sein, der sich nach dem Sieg der Römer über die Kaiserin Palmyra (Kaiserin von 271 bis 273) im Triumphzug von einem Vierergespann zahmer Hirsche ziehen ließ. Doch die Hirsche mussten sterben. Sie wurden auf dem Kapitol dem Gott Jupiter geopfert. Von sechs kastrierten – und somit verträglichen – Hirschen gezogen, fuhr Fürst Pückler in Berlin Unter den Linden entlang. Auch Landgraf Ludwig VIII. von Hessen-Darmstadt hatte einen Sechserzug starker Hirsche, mit denen er gelegentlich von seinem Jagdschloss Kranichstein nach Darmstadt fuhr.
<u>Vorkommen</u>: Das R., unser größter heimischer Wildwiederkäuer, kommt in Europa im Wesentlichen überall dort vor, wo große Waldungen die Landschaft prägen. Das Verbreitungsgebiet erstreckt sich von Schottland und Norwegen bis ans Schwarze Meer. Es lebt sowohl in den Auen- und Mittelgebirgswäldern als auch in den Wäldern des Hochgebirges. Die größten ▸ R.-Gebiete in der Bundesrepublik liegen in der Lüneburger Heide, im Weserbergland, im Harz, in der Eifel, im Hunsrück, im Taunus, im hessischen Bergland, im Schwarzwald, im Pfälzer und Bayerischen Wald, Fichtelgebirge, Spessart und in den Alpen. Geringe R.-Bestände hat Schleswig-Holstein; R. kommt außerdem in Mecklenburg, Brandenburg, Sachsen, Thüringen, Pommern, Schlesien, West- und Ostpreußen vor, aber auch in Polen und dem angrenzenden Russland, in

Rotwild: Aussehen		
Körpermaße	Hirsch	Tier
KRL	180–245 cm	160–200 cm
SH	110–140 cm	95–110 cm
SL	12–15 cm	10–13 cm
Gewicht (lebend)	170–280 kg	95–160 kg

Das Röhren des brunftenden Rothirsches ist mitunter kilometerweit zu hören.

Slowenien, Ungarn, Rumänien, Bulgarien; in sämtlichen Alpenländern, in Spanien, Schottland, Frankreich (in geringer Zahl), Belgien, Dänemark, Norwegen und Schweden ist es heimisch. In Italien wird es in den Abruzzen wiedereingebürgert.

Aussehen: Das R. ist kräftig, aber ausgeglichen gestaltet (Läufertyp). Seine Haltung ist edel und stolz (Edelwild); der Rothirsch führt mit Recht die Bez. »König der Wälder«. Es hat einen gestreckten, in den Flanken eingezogenen Körper mit breiter Brust und stark vortretenden Schultern, einen geraden und flachen Rücken und einen langen, schlanken, nach vorne leicht durchgedrückten Träger. Der Kopf ist lang, am Hinterhaupt hoch und breit und zum Äser hin spitz auslaufend. Die Lichter mit längsovaler Pupille sind mittelgroß und sehr lebhaft, die Läufe mittelhoch, schlank und sehnig, die Schlegel sehr kräftig, der Wedel kegelförmig. Das Gewicht ist innerhalb des Verbreitungsgebietes verschieden. Es ist im Nordosten Deutschlands höher, im Südwesten Deutschlands geringer und im Flachland allg. höher als im Gebirge. Das Gewicht eines aufgebrochenen Hirsches beträgt daher je nach Standort 120 bis 200 kg. Alttiere wiegen 70 bis 90 kg, Schmaltiere 45 bis 50 kg, Hirsch- und Wildkälber im August um 20 kg, im Dezember 35 bis 50 kg. Die Körperentwicklung ist beim Tier etwa bis zum fünften Lebensjahr, beim Hirsch etwa bis zum siebten Lebensjahr abgeschlossen. R. wechselt zweimal im Jahr, und zwar von Mitte April bis in den Juni hinein und im September/Oktober, das Haar, es verfärbt. Junge Stücke verfärben früher als ältere, gesunde früher als kümmernde. Die Zeit des Haarwechsels wird auch Färbezeit genannt. Der Frühjahrshaarwechsel dauert verhältnismäßig lange, der Herbsthaarwechsel hingegen vollzieht sich schnell und unauffällig. Beim Frühjahrshaarwechsel fällt das Haar in großen Büscheln oder flächenweise aus. Der Haarausfall beginnt am Träger und Vorderkörper. Das Haar wird in Leit-, Grannen- und Wollhaare unterteilt. Die Leithaare lösen bei Berührung beim Tier entsprechende Empfindungen aus. Sie sind zugleich am längsten und stehen meist einzeln. Die Grannenhaare bilden zusammen mit den Leithaaren das Deckhaar und sind von der Menge her die Haupthaare. Sie sind kurz und stehen sehr dicht. Das Wollhaar (Unterhaar) spielt beim R. nur eine untergeordnete Rolle. Das Sommerhaar des R. ist rot bis rotbraun, der Kopf ist mehr grau, der Rumpf unten fahlrot bis gelblich weiß. Die Läufe sind an der Vorder- und Außenseite grau, an der Innenseite hellgrau. Der Spiegel ist fahlrot bis gelblich grau, der kurze Wedel rot. Die Kälber haben im Sommer noch die sog. ▸ Kälberflecken, das sind weiße Flecken auf rötlichem Grund. Das Winterhaar ist dunkelbraun bis grau und deutlich länger und dichter als das Sommerhaar. Dieses bildet sich ab August. Die Mähnenhaare können bis 15 cm lang werden. Beim Hirsch erscheint die Stirn braungrau, die Rumpfhaare sind oberseits grau, unterseits fast schwarz. Mit Ausnahme des Hirsches vom ersten Kopf hat er an der Unterseite des Trägers lange Haare, die sog. Brunftmähne (▸ Trophäen). Bei den Tieren ist der Rumpf oberseits grau, unterseits hellgrau bis fast weiß. Das Kahlwild zeigt gelegentlich im Sommer und Winter einen dunklen, fast schwarzen Nackenstreifen, der sich auf dem Rückgrat fortsetzt (sog. ▸ Aalstrich). In der Färbung zeigt das R. vielfach Abweichungen; Albinos kommen selten vor, noch seltener ▸ Blesshirsche.

Sinne und Lautäußerung: R. äugt außerordentlich gut, windet und vernimmt sehr gut und sichert häufig. Das große Auge mit der großen Pupille lässt das R. auch bei Dunkelheit gut äugen. Die großen beweglichen Lauscher dienen sowohl der Aufnahme von Geräuschen als auch der Prüfung der Windrichtung (Tastsinn). Die besonders auf der Oberlippe und am Kinn sitzenden einzelnen Haare sind als ▸ Tasthaare (Vibrissen) ausgebildet. Die ▸ Lautäußerungen des R. sind vielseitig und je nach Geschlecht und Anlass unterschiedlich. Bei Störungen stößt das Tier, seltener der Hirsch, einen heiseren, bellenden Warnlaut aus, es schreckt. Bei unerkannter Gefahr schreckt es nur kurz. Das Mahnen der Tiere sind leise nasale Laute, die wie »Ääng« klingen. Sie werden meist vom Alttier ausgestoßen, wenn es das Kalb lockt oder warnt oder wenn es brunftig ist und einen Hirsch sucht, aber auch, wenn es von diesem zu stark getrieben wird. Die häufigste Lautäußerung bei der Brunft ist das Knören der Hirsche. Dies sind tiefe, lang gezogene, mitunter gedämpfte Laute. Sie klingen eintönig wie »Ahööööh« oder »Öhhuhhaahh« und hören sich oft wie ein Brummeln an. Diese Lautäußerungen werden daher auch als Brummen und, wenn der Hirsch dabei trollt, als Trenzen bezeichnet. Der Hirsch röhrt (orgelt oder schreit), wenn er auf der Suche nach einem brunftigen Stück ist oder bei einem Brunftrudel steht. Das Orgeln klingt etwas verhalten (nicht aus vollem Halse), sehnsüchtig und suchend. Das Röhren der jüngeren Hirsche klingt klarer und wie »Aauuhööh«, das der älteren eintönig und fast schwermütig und wie »Oo-aah-aah«. Aus vollem Halse, selbstbewusst und zufrieden klingt das Röhren, wenn der Hirsch bei einem Brunftrudel steht. Es ist lang gezogen, schwillt allmählich an und sinkt wieder ab und klingt wie »Öö-uhhaah-uhhaa«. Wird der bei einem Brunftrudel stehende Hirsch durch einen zu dreisten Beihirsch gereizt oder

Waidmännische Ausdrücke beim Rotwild

Aalstrich	dunkler Strich entlang des Rückgrats
abschlagen	den Nebenbuhler verjagen
Abwurf	abgeworfene Geweihstange
Afterklauen	s.u.: Geäfter
Alttier	weibliches Stück R. nach dem ersten Setzen
annehmen	an einer Futterstelle angebotenes Futter aufnehmen; einen Menschen oder Hund annehmen, ihn angreifen
äsen	Nahrung aufnehmen, fressen
Äser	Maul
Äsung	Nahrung
Aufbruch	alle inneren Organe (in Bayern: nur Herz, Lunge, Leber, Milz und Nieren)
aufmüden	Schalenwild aus dem Wundbett aufjagen
aufnehmen	Aufnehmen von Nahrung
aufwerfen	schnelles Hochheben des Hauptes
äugen	schauen, sehen
Bast	Nährhaut, die das Geweih während des Wachstums umgibt
Beihirsch	jüngerer, schwächerer Hirsch in der Nähe des Brunftrudels (vom Platzhirsch geduldet)
Beschlag	Begattungsakt
beschlagen	begatten
Blatt (Bug)	Schulterblatt; zwischen Schulterblättern und einer in der Verlängerung des Vorderlaufes gedachten Linie liegende Körperregion, die im Wesentlichen Herz, Lunge und große Blutgefäße enthält
Brunft (Brunftzeit)	Begattungszeit
brunften (brunftig)	zur Begattung bereit
Brunftband (Brunftfleck)	dunkler Fleck um die Brunftrute herum während der Brunftzeit (eine Verunreinigung aus Samenflüssigkeit, Erde usw., verstärkt sich während der Brunft immer mehr)
Brunftgeruch	typischer Geschlechtsgeruch während der Brunftzeit
Brunfthirsch	ein in der Brunft stehender, meist stärkerer Hirsch
Brunftkragen	s.u.: Brunftmähne
Brunftkugeln (Kurzwildbret)	Hoden
Brunftmähne (Mähne, Kragen, Brunftkragen)	lange Haare am Träger (Unterseite) des Hirsches
Brunftplatz	freier Platz (Kahlfläche, Wiese usw.), auf dem sich der Brunftbetrieb abspielt
Brunftrute	Glied des Hirsches
Brunftschrei	kräftige Lautäußerung des brunftigen Hirsches
Brunftwild	das brunftende Wild i. Allg.
Decke	Haut mit Haaren, Fell
Drossel	Luftröhre
Drosselknopf	Kehlkopf
Dünnung	Flanke, Bauchseite
eingehen	an einer Krankheit oder an Altersschwäche sterben
Einstand	bevorzugter Aufenthaltsort des Wildes im Revier
Enden (Sprossen)	Geweihenden
Fährte	Spur, Schalenabdrücke
Fallwild	durch Krankheit oder natürliche Umstände zu Tode gekommenes Wild
Federn	Rippen (auch die Dornfortsätze der Rückenwirbel)
fegen	den Bast von Geweih an Ästen und Sträuchern abreiben
Feist	Fett unmittelbar unter der Decke
feist	gut genährt
Feisthirsch	gut genährter Hirsch vom August bis zur Brunft
Feistzeit	Zeit, in der die Hirsche Feist (Fett) angesetzt haben (August bis zur Brunft)
Feuchtblatt	äußeres weibliches Geschlechtsteil
flüchtig	schnelle Fortbewegungsart (Galopp)
forkeln	das Zufügen von Verletzungen mit dem Geweih (wird der Hirsch verletzt oder getötet, wird er geforkelt)
Geäfter (Oberrücken, Afterklauen)	rückwärts am Lauf oberhalb der Schalen angesetztes kleines Schalenpaar (zweite und fünfte Zehe)
Gelttier	Alttier, das wegen des hohen Alters nicht mehr aufnimmt
Geräusch	Herz, Lunge, Leber, Milz und Nieren (in Bayern auch Aufbruch genannt)

ist er verärgert, weil das Tier, das er treibt, sich nicht beschlagen lassen will, stößt er den sog. Sprengruf aus. Das sind drei bis vier heisere Laute, die wie »Ööö« klingen. Dem Sprengruf folgt meist ein kraftvoller lang gezogener, grollender Kampfschrei. Bei Schmerzen, z.B. bei schmerzhaften Knochenschüssen, kann R. klagen, was jedoch sehr selten und hauptsächlich bei Kälbern vorkommt.

Lebensraum und Lebensweise: R. bevorzugt als Lebensraum große Waldflächen mit hohem Laubholzanteil und zusammenhängenden Dickungen, die ihm als ▸ Einstände dienen. Dort hält es sich i.d.R. tagsüber auf, äst mehrmals im Einstand oder in unmittelbarer Nähe. Für die Äsungsaufnahme benötigt R. etwa acht Stunden täglich (auf fünf bis sechs Aktivitätsphasen verteilt), wobei eine fast ebenso lange Zeit für das ▸ Wiederkäuen benötigt wird. Erst gegen Abend zieht es zur Äsung auf Wiesen, Felder, Kulturen, Lichtungen und Kahlschläge (es zieht zu Felde). Frühmorgens zieht es wieder in die vertrauten Tageseinstände zurück (es zieht zu Holze). Innerhalb des Lebensraumes wechselt es häufig den Standort. Dieser Standortwechsel wird durch Äsungsverhältnisse, Jahreszeit, Windrichtung und durch Beunruhigungen (▸ Beunruhigung von Wild) hervorgerufen. R. ist sehr scheu und störungsempfindlich. In Revieren mit viel Verkehr und Störungen wird es zum ▸ Nachttier (▸ Jagddruck). Besonders heimlich und zurückgezogen lebt der alte Feisthirsch, der ein Einzelgänger ist. R. suhlt sich gern in Schlamm und Sand zum allg. Wohlbefinden und zum Schutz vor Insekten und Parasiten. Besonders während der Brunft sucht der Hirsch die Suhle auf, um sich abzukühlen. Die Bewegungen dieses Edelwildes sind anmutig. Große Sprünge und das Überfallen von Hindernissen werden kraftvoll ausgeführt, große Flüsse und Seen werden mühelos durchronnen. R. lebt überwiegend nach Geschlechtern getrennt, gesellig in Rudeln (Kahlwild-, Feisthirsch- und Brunftrudel), die manchmal kilometerweit voneinander getrennt stehen. Die Rudelbildung und -zusammensetzung ist abhängig von der Jahreszeit und von der Landschaftsstruktur und dient der erhöhten Sicherheit des Wildes. Kahlwildrudel bestehen aus Alttieren, Schmaltieren, Kälbern beiderlei Geschlechts und häufig aus geringen Hirschen bis zum dritten Kopf. Sie werden fast immer von einem Leittier (Kopftier) mit Kalb angeführt. Verliert das Leittier sein Kalb, übernimmt meist ein anderes Alttier mit Kalb die Führung. Hirschrudel (Feisthirschrudel) bestehen i.d.R. aus Hirschen vom dritten bis achten Kopf, gelegentlich auch schon vom zweiten Kopf an. Sie werden häufig vom jüngsten Hirsch angeführt, bei Gefahr jedoch vom ältesten. Hirschrudel sind meist kleiner als Kahlwildrudel. Stehen nur einige Hirsche zusammen, spricht man von einem Trupp. Alte Hirsche werden zu Einsiedlern und meiden die Rudel. Auch die beschlagenen Tiere verlassen i.d.R. ca. sechs Wochen vor dem Setzen das Rudel und bleiben noch einige Zeit mit ihren gesetzten Kälbern allein. Zwei führende

gering	klein, jung, schwach
Gesäuge (Spinne)	Euter
Gescheide, großes und kleines	Eingeweide des Wildes: Magen und sonstige Gedärme
Grandeln (Haken, Hirsch- oder Struckgrandeln)	Eckzähne im Oberkiefer
Grind (Haupt)	Kopf
Hächse (Hesse)	Sehne oberhalb des Knies an der Vorderseite des Vorderlaufes und oberhalb des Sprunggelenks an der Hinterseite des Hinterlaufes
Haken	s.o.: Grandeln
Haupt	s.o.: Grind
Hirschbart	Hutschmuck, gebunden aus Haaren der Brunftmähne des Hirsches
Hirschgrandeln	s.o.: Grandeln
Hirschkalb	männliches R.-Kalb
hochbeschlagen	weibliches R. kurz vor dem Setzen
hochwerden	sich erheben, aufstehen
Inselt	s.u.: Unschlitt
Kahlwild	weibliches R. und Kälber beiderlei Geschlechts
Kalb	R. vom Setzen bis zum 31. März des auf das Setzen folgenden Jahres
Kälbertier (süddeutsch: Kälberstuck)	weibliches R. mit Kalb
Kammer	Brusthöhle
Kastanien	Haarbürsten unter dem Sprunggelenk der Hinterläufe
Keule (Schlegel)	Oberschenkel
Klagen	Schmerzgeschrei
Knören	leiser, kurzer Ruf des Brunfthirsches
Kolbenhirsch	Hirsch, dessen Geweih noch nicht vereckt und noch von Bast (der Nährhaut) umgeben ist
Kragen	s.o.: Brunftmähne
kümmern	kränkeln, nicht gesund sein
Kurzwildbret	s.o.: Brunftkugeln
Lager	Bett
Lauf	Bein
Lauscher	Ohren
Lecker	Zunge
Leittier	das ein R.-Rudel anführende weibliche Stück
Lichter	Augen
lösen (sich lösen)	koten, Kot absetzen
Losung	Kot
Mähne	s.o.: Brunftmähne
mahnen	kurzer näselnder Laut (Lockruf) des weiblichen R.
melden	Brunftlaut des Hirsches
Mönch (Plattkopf)	Hirsch, der kein Geweih schiebt
nässen	Harn absetzen
niedertun	sich hinsetzen
Oberrücken	s.o.: Geäfter
orgeln (schreien)	Rufen des Hirsches während der Brunftzeit
Pansen	s.u.: Weidsack
Passstangen	zusammengehörende Abwurfstangen eines Hirsches
Petschaft (Siegel)	Bruchstelle der Abwurfstange
Pinsel	Haarbüschel an der Brunftrute
Plattkopf	s.o.: Mönch
Platzhirsch	der das Brunftrudel beherrschende stärkste Hirsch eines Brunftplatzes
Querfall	Zwerchfell
rinnen	schwimmen
röhren	s.o.: orgeln
Rosenstock	Stirnbeinfortsatz, auf dem die Geweihstange aufsitzt
Rotspießer (Schmalspießer)	Hirsch von ersten Kopf (im zweiten Lebensjahr)
Rudel	mehrere Stück R.
Schalen	Klauen der dritten und vierten Zehe
schälen	Abschälen von Rinde
schlagen	Bäume und Sträucher mit dem Geweih bearbeiten
Schlaghaar	Haar vom Ausschuss
Schlegel	s.o.: Keule

Schloss	Verbindung der beiden Beckenknochen
Schlund	Speiseröhre
Schmalspießer	s. o.: Rotspießer
Schmaltier (süddeutsch: Schmalstuck)	weibliches Stück Rotwild im zweiten Lebensjahr, das noch nicht gesetzt hat
Schneider	geringer Hirsch
Schnitthaar	abgeschossene Haare vom Einschuss
schonen	Schalenwild schont den verletzten Lauf
Schrank	Abweichung der Tritte in der Fährte von der Körpermittellinie
schrecken	kurze, tiefe, hallende Warnlaute
schreien	s. o.: orgeln
Schweiß	Blut
Sensel	Schalenrand
setzen	gebären
sichern	aufmerksames Beobachten der Umgebung
Siegel	s. o.: Petschaft
sitzen	liegen
Spiegel	helle Haare um das Weidloch
Spießer	Hirsch, dessen Geweih nur zwei Spieße hat
Spinne	s. o.: Gesäuge
sprengen	Treiben (Verfolgen) des Tieres oder eines Beihirsches durch den Platzhirsch
Sprengruf	Lautäußerung des Hirsches beim Vertreiben eines Nebenbuhlers oder beim Treiben eines brunftigen Tieres
Sprossen	s. o.: Enden
Standwild	Wild, dessen Lebensraum im Revier ist
Stich (Vorschlag)	Brustspitze, vorgeschobener Brustkasten
Stück (Tier)	weibliches R.
Stuckgrandeln	s. o.: Grandeln
Suhle	Schlammbad
Tracht	Gebärmutter
Träger	Hals
trenzen	Knören im Troll
Trittsiegel	einzelner Schalenabdruck
trollen	traben
Trupp	kleines Rudel (wenige Stücke)
überfallen	Überspringen eines Hindernisses
Übergehendtier	Schmaltier, das bei der Brunft nicht aufgenommen hat
Unschlitt (Inselt)	das Fett an den inneren Organen des Schalenwildes
verbeißen	Knospen und Triebe abbeißen
vereckt	Das fertige, verfegte Geweih ist gut oder schlecht vereckt, d. h. ausgebildet.
verenden	durch einen Schuss zu Tode kommen
verfärben	Haarwechsel
vergrämen	vertreiben
verhoffen	kurz stehen bleiben
verkämpfen	sich beim Kampf mit dem Geweih ineinander verfangen
vernehmen	hören
vertraut	unbekümmert
Vorschlag	s. o.: Stich
Wände	gesamte Rippenteile (Brustseite) beim Zerwirken (s. u.)
wechseln (ziehen)	gehen
Wechselwild	Wild, das nicht ständig im Revier steht
Wedel	Schwanz
Weidloch	After
Weidsack (Pansen)	Magen
Wildbret (Wildpret)	Wildfleisch
Wildkalb	weibliches R.-Kalb
winden	riechen
Windfang	Nase
Wundbett	Lager eines krankgeschossenen Wildes
zeichnen	Reaktion des Wildes nach dem Schuss
zerwirken	zerteilen des Wildbrets
ziehen	s. o.: wechseln
Ziemer	Rücken

Stücke tun sich gern zu einem Trupp zusammen und bilden später, wenn das Kalb Schritt halten kann, zusammen mit den abgeschlagenen Schmaltieren und Rotspießern wieder ein Rudel. Tritt das Kahlwildrudel zur Äsung aus, erscheint zuerst das Alttier, dann das Kalb, dann das Schmaltier, dann wieder ein Alttier, ein Kalb usw. Kranke und schwächliche Stücke, manchmal auch verwaiste Kälber, werden vom Rudel ausgestoßen.

Äsung: Das R. als Wiederkäuer ist ein Intermediärtyp oder Zwischentyp (▸ Ernährungstypen, d. h. ein Mischäser). Ein ausgewachsenes Stück R. benötigt ca. 10 bis 12 kg Grünäsung pro Tag. Während der Feistzeit (Juli/August) können die starken Hirsche noch mehr Grünäsung aufnehmen. Die Äsung ist sehr reichhaltig und zellulosereich und besteht hauptsächlich aus Gräsern, Kräutern, Knospen, Blättern und jungen Trieben, den Früchten des Waldes (Eicheln, Bucheckern, Kastanien, Vogelbeeren, Mehlbeeren usw.) sowie aus Obst und Pilzen. Von den Feldfrüchten werden halbreifer Hafer, Mais und Hackfrüchte bevorzugt. Mangelnder Feuchtigkeitsgehalt, besonders bei der Raufutteraufnahme, wird durch Schöpfen (Trinken) oder durch Aufnahme von Saftfutter ausgeglichen. In ▸ Notzeiten und in Zeiten hohen Nährstoffbedarfs, z. B. während der Geweihentwicklung, richtet das R. oft erhebliche ▸ Schälschäden (Sommer- und Winterschälung) an. Wird es durch Störung daran gehindert, zu Felde zu ziehen oder in der Nähe der Einstände zu äsen, verursacht es aus Hunger z. T. erhebliche Schäl- und Verbissschäden in den Einständen.

Fortpflanzung: Die Brunft geht von den Tieren aus, die aber nur wenige Tage brunftig sind (führende Stücke zuerst, Schmaltiere zuletzt). Durch eine Absonderung aus dem Feuchtblatt und durch besondere Ausdünstung haben die Tiere einen eigenartigen Geschlechtsgeruch angenommen, der den Brunfttrieb bei den Hirschen auslöst und sie zum Kahlwildrudel lockt (▸ Flehmen, ▸ Paarungslauf). Die Brunft beginnt meist Mitte September und geht bis Mitte Oktober. Klimatische Verhältnisse, Höhenlage usw. beeinflussen die Brunft und lassen in manchen Gebieten den Brunftbetrieb eher bzw. später beginnen und enden. Bei warmer Witterung kommt die Brunft langsam in Gang und zögert sich hin, warme Tage und Nächte lassen den Brunftbetrieb meist völlig ruhen. Bei kalter Witterung kommt sie schneller in Gang, der Brunftbetrieb ist rege, und die Brunft erreicht auch früher ihren Höhepunkt. Am regsten ist der Brunftbetrieb in den frühen Morgenstunden, den späten Nachmittags- und frühen Abendstunden. Jüngere und starke Hirsche treten früher in die Brunft, ältere später. Mit Beginn der Brunft wird der Hirsch zunehmend rastlos, dreist und wild, verliert die ihm angeborene Heimlichkeit und durchstreift – auch tagsüber – erregt und unruhig, immer auf der Suche nach dem Tier, die Wälder. Häufig werden dabei die vorjährigen Brunftplätze (Kahlflächen, Bergkuppen, Waldblößen und Wiesen), die meist inmitten von

Kahlwild im Sommer: Das Kalb trägt noch Flecken.

Dickungen oder Stangenhölzern liegen, aufgesucht. Dies sind i.d.R. zugleich die Einstände des Kahlwildes. Sie werden durch ▸ Harnspritzen und Bodenwälzen auch geruchlich markiert. Häufig folgt dieser Handlung das ▸ Bodenforkeln (▸ Imponierverhalten). Die alten, meist auch die stärksten Hirsche schreien wenig. Während der Brunft treiben die starken Hirsche (Platzhirsche) das Kahlwild zu einem Rudel zusammen (▸ Herden) und melden damit Besitzansprüche an. Geringe Hirsche werden abgeschlagen. Eine Ausnahme hiervon ist der Beihirsch, der, wenn auch in respektabler Entfernung, beim Rudel steht und geduldet wird und gelegentlich auch zum Beschlag kommt. Bei gleich starken Hirschen, aber auch, wenn ein stärkerer Hirsch auftaucht, werden heftige und geräuschvolle, stark ritualisierte Kämpfe auf dem Brunftplatz ausgetragen (▸ Aggression, ▸ Breitseits-Imponierschreiten, ▸ Kommentkampf). Im Kampf mit dem Nebenbuhler können Verletzungen auftreten. So kommt es immer wieder vor, dass ein Hirsch den anderen forkelt, d.h. ihm mit dem Geweih (meist mit dem Stangenende oder mit dem Augspross) Stichverletzungen beibringt, die tödlich verlaufen können. Nicht weniger selten kommt es vor, dass sich zwei Hirsche verkämpfen. Sie verfangen sich dabei mit den Stangen derart ineinander, dass sie sich nicht wieder trennen können und verenden. Im Verlauf der Brunft beschlägt der Hirsch die Tiere. Die Begattung dauert nur wenige Sekunden. Während der Brunft können die Hirsche bis zu 20% ihres Körpergewichtes verlieren. Die Tragzeit beträgt 34 Wochen (ca. neun Monate). Rotwild hat, im Ggs. zum Rehwild, keine Eiruhe. Das Kalb, i.d.R. eines, selten zwei, wird Ende Mai/Anfang Juni gesetzt. Geburtsgewicht 6 bis 8 (10) kg. Nach etwa acht Tagen nimmt es die erste Grünäsung auf. In den ersten vier bis sechs Lebenswochen wird es vom führenden Stück abgelegt und es drückt sich, wenn Gefahr droht. Das Alttier säugt das Kalb bis in den Februar hinein, was besonders beim Kahlwildabschuss zu beachten ist. Der Zuwachs ist regional verschieden. Er liegt in etwa bei zwei Drittel (65 bis 80%) des setzfähigen weiblichen Wildes. Es ist ein Geschlechterverhältnis von 1:1 anzustreben. Um dies zu erreichen, ist eine Absprache – am besten im Zuge der Gesamtplanung eines ▸ Rotwildringes (▸ Hegering) – mit den Nachbarrevieren notwendig.

Losung: Die Losung des R. ist eichelförmig, manchmal fast rund. Frisch abgesetzte Losung ist grünschwarz bis tiefschwarz und von einer dünnen, glänzenden Schleimschicht überzogen, die sehr schnell trocknet. Ältere Losung ist braunschwarz. Je nach Typ, Äsung und Jahreszeit weisen Form und Farbe der Losung geringe Unterschiede auf. Die Kotbeeren des Hirsches sind ca. 2 bis 2,5 cm lang und haben einen Durchmesser von 1 bis 1,5 cm. An einem Ende befindet sich ein Näpfchen (Delle), am anderen ein Zäpfchen (Spitze), die lose ineinandergreifen. Tierlosung ist gestreckter, hat einen geringeren Durchmesser und ist an beiden Enden gleichmäßig abgerundet. Sommerlosung ist weich und oft zusammengeballt. Die Losung des Feisthirsches ist breiig, die des Brunfthirsches ist kantig, trocken und auffallend geringer, da er während der Brunft wenig Nahrung aufnimmt. Im Schnee findet man manchmal Stellen, wo R. genässt hat. Ob ein Hirsch oder ein Tier genässt hat, lässt sich sicher an den Trittsiegeln erkennen, weil ein Tier zwischen die breit gestellten Hinterläufe nässt, ein Hirsch jedoch zwischen die Schritte. Die Losung und das Nässen des Hirsches zählen zu den ▸ Hirschgerechten Zeichen.

Fährte und Gangarten: Das Trittsiegel (von Hirsch und Tier) des Vorderlaufes ist etwas stärker und breiter (um ca. 1 cm) als das des Hinterlaufes, auch die äußere Schale des Vorderlaufes ist etwas länger als die innere. Der Schalenrand wird als Schalenwand oder Sensel bezeichnet. Das Trittsiegel eines Hirsches ist ca. 8 bis 9 cm lang und 6 bis 7,5 cm breit, das eines Tieres 6 bis 6,5 cm lang und 4 bis 5 cm breit. Die Größe des Trittsiegels ist auch abhängig von der Wildbretstärke und vom Alter. Die Schale nimmt im Laufe des Lebens an Umfang zu. Bei einem deutlichen Trittsiegel des Hirsches sind – besonders in der Feistzeit – auch die Ballen abgedrückt. Sie machen ca. ein Drittel der Länge des Trittsiegels aus. Bei weiblichem R. drücken sich die Ballen nur beim hochbeschlagenen Stück ab. Die Stümpfe (Schalenspitzen) sind beim Hirsch stärker abgerundet (rundbogenförmig), beim Tier spitzer (spitzbogenförmig). Mit zunehmendem Alter werden sie beim Hirsch immer abgerundeter; er wechselt sie ab. Verschiedene Merkmale des Fährtenabdrucks wie Burgstall, Näslein, Fädlein usw. zählen zu den ▸ Hirschgerechten Zeichen. Es werden drei Gangarten unterschieden: Das Ziehen (Schritt), das Trollen (Trab) und die Flucht (Galopp). Beim Ziehen wird der Hinterlauf fast deckungsgleich in das Trittsiegel des Vorderlaufes gesetzt. Beim Troll ist der Abstand der Trittsiegel voneinander größer als beim Ziehen, auch sind diese vorwärts geschoben und unklar abgedrückt. Bei rascherem Troll setzt das Wild den Hinterlauf vor das Trittsiegel des Vorder-

▸▸ Brunftbetrieb am Abend. Der Platzhirsch ruht während der Brunft nur selten.

◂◂ Feisthirschrudel

laufes. Je schneller die Gangart, desto weiter befindet sich das Trittsiegel des Hinterlaufes vor dem des Vorderlaufes. Ist Wild hochflüchtig, so zeigt das Trittsiegel deutlich gespreizte Schalen und das Geäfter wird mit abgedrückt. Da bei der Flucht alle vier Schalen fast gleichzeitig den Boden berühren, liegen die Trittsiegel der Hinterläufe vor denen der Vorderläufe. Der Abstand der einzelnen Tritte voneinander ist die Schrittlänge. Sie nimmt mit der Stärke des Stückes zu. Die Schrittlänge eines jagdbaren Hirsches beträgt ca. 55 bis 65 cm, die eines Alttiers ca. 40 bis 50 cm (Hirschgerechte Zeichen). Der Schrank oder das Schränken bezeichnet i. Allg. die Abweichung der Tritte in einer Fährte von der Körpermittellinie. Die Trittsiegel von jungem R. bilden bei ruhiger Gangart fast eine Linie, es schränkt kaum. Je stärker ein Stück ist, desto mehr schränkt es. Der Hirsch schränkt im Ziehen und im Troll stärker als das Tier. Je rascher R. sich fortbewegt, desto mehr verringert sich die Weite des Schranks. Der Hirsch schränkt am stärksten während der Feistzeit (ca. 14 cm), am wenigsten nach der Brunft. Das Tier schränkt am stärksten im Frühjahr (ca. 6 cm), wenn es hochbeschlagen geht.

Hauptschmuck: Das ▸ Geweih des Hirsches nimmt mit fortschreitendem Alter, etwa bis zum zwölften Jahr, an Stärke zu, anschließend wird es zurückgesetzt, d.h., es wird schwächer. Meist ist die Zunahme der Geweihstärke mit einer Vermehrung der Endenzahl im Kronenbereich verbunden. Von unten an gezählt wird nach Aug-, Eis-, Mittel-, Wolfs- und Endspross unterschieden. Dem voll entwickelten Geweih fehlt sehr häufig der Eisspross. Der Wolfsspross (auch Dolchspross genannt) gehört bei Geweihbildungen zu den Ausnahmen und wird allg. der Krone zugerechnet. Bestehen die Stangenenden aus nur zwei Enden, so werden sie Gabelenden, bei drei und mehr Kronenenden genannt, Letztere bilden zusammen die Krone. Hinsichtlich ihrer Form gibt es einfache Kronen (drei Enden), Gabel- (vier Enden), Hand- (vier, fünf oder mehr Enden), Kelch- oder Becher-, Schaufel- und Doppelkronen. Grundsätzlich werden die Enden der endenreichsten Stange gezählt und dann verdoppelt. Fehlen an einer Seite Enden, so spricht man von einem »ungeraden ...-ender«, z.B.: linke Stange vier Enden, rechte Stange vier Enden: Der Hirsch ist als Achtender anzusprechen; linke Stange sieben Enden, rechte Stange sechs Enden: Der Hirsch ist als »ungerader Vierzehnender« zu klassifizieren. Ein Hirsch, der kein Geweih schiebt, wird als Büffel, Büffelhirsch, Mönch, Mönchshirsch, Plattkopf, Kahlhirsch oder Kahlkopf bezeichnet.

Geweihentwicklung: Bereits frühzeitig – etwa ab dem achten Monat des ersten Lebensjahres – bilden sich beim Hirschkalb die Rosenstöcke (Stirnzapfen). Die Entwicklung nimmt ungefähr sieben bis acht Wochen in Anspruch. Die Rosenstöcke sind die Grundlage, auf der sich das Geweih entwickelt. Nach ca. fünf Monaten ist das Geweih voll ausgebildet, nach weiteren zwei bis drei Wochen verfegt. Der Hirsch vom ersten Kopf – im zweiten Lebensjahr stehend – schiebt ab April/Mai sein erstes Geweih. Dieses Erstlingsgeweih ohne ▸ Rosen wirft der junge Hirsch etwa im April des folgenden Jahres ab und beginnt sofort mit dem Aufbau der neuen Stangen. Im Einzelnen unterscheiden wir folgende Geweihstufen, die aber in dieser Reihenfolge keineswegs einen chronologischen oder altersbedingten Geweihaufbau aufzeigen sollen, da ja bekanntlich Hirsche einerseits einige Stufen bei der Geweihentwicklung überspringen, andererseits aber auch mehrere Jahre bei einer Geweihstufe stehen bleiben können:

Spießerstufe: Spießerähnliche Stangen ohne Rosen (Erstlingsgeweih), die je nach Standorts- und Äsungsverhältnis eine Länge von ca. 30 bis 40 cm erreichen können. Soweit in dieser Stufe nur Knöpfe geschoben werden (Knopfspießer), setzt der Hirsch vom zweiten Kopf – in Ausnahmefällen auch noch vom dritten Kopf – als schlecht veranlagter Hirsch meist nochmals, jedoch i.d.R. längere Spieße auf.

Gablerstufe: Bereits oberhalb der Rosen vereckt der Gabler die erste, tief angesetzte Sprosse, die Augsprosse. Einige wenige Hirsche bilden statt der Augsprosse am letzten Drittel der Stange eine Gabel.

Sechserstufe: Zusätzlich zur Augsprosse wird nunmehr die ziemlich steil nach oben gerichtete Mittelsprosse gebildet. Die Sechserstufe ist in vielen Gegenden das typische Geweih für den jungen Hirsch vom vierten Kopf.

Achterstufe: Hier lassen sich zwei Formen unterscheiden, der a) Spitzenachter mit einem

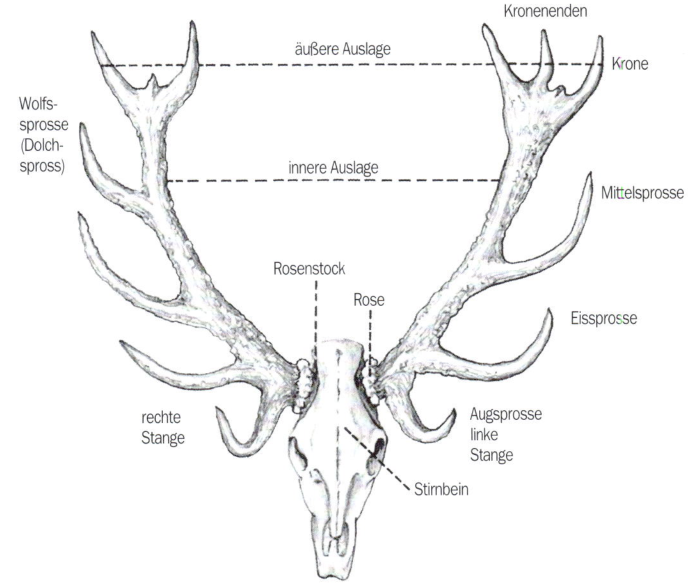

Rotwildhauptschmuck und waidmännische Begriffe

Aug-, Eis- und Mittelspross und der b) Gabelachter mit einem Aug- und Mittelspross und einer Gabel als Stangenabschluss. Der Eisspross fehlt.

Zehnerstufe: Das fünfte Geweih lässt sich ebenfalls in zwei Formen unterteilen: In den a) Gabelzehner (bzw. Eissprossenzehner) mit einem Aug-, Eis- und Mittelspross und einer Gabel als Stangenabschluss und den b) Kronenzehner, dem der Eisspross fehlt, der aber dafür eine einfache Krone (drei Enden) bildet. Meist herrscht in dieser Stufe der »ungerade Zehner« vor, d.h., an einer Stange ist die Eissprosse vorhanden, an der anderen Stange fehlt sie gänzlich.

Zwölferstufe: In dieser Stufe kann die Krone mit drei oder vier Enden gebildet werden. Bei drei Enden in der Krone trägt der Hirsch, von unten gezählt, an jeder Stange den Aug-, Eis- und Mittelspross. Bei vier Enden in der Krone fehlt der Eisspross.

Vierzehnerstufe: Der Hirsch mit sieben Enden an einer Stange ist ein Vierzehnender. Auch in dieser Stufe hängt die Kronenbildung (mit vier oder fünf Enden) vom Vorhandensein der Eissprosse ab. Sechzehnender und Hirsche mit mehr Enden unterscheiden sich nur noch hinsichtlich der vermehrten Endenzahl im Kronenbereich, während der Aug-, Eis- und Mittelspross gewöhnlich einfach bleiben. Starke Hirsche mit 20 und mehr Enden sind keine Seltenheit; erwähnenswert ist – um eine Vorstellung zu erhalten, was hinsichtlich der Endenzahl möglich ist – z.B. die Erlegung eines 66-Enders durch König Friedrich I. von Preußen 1696 bei Frankfurt a. d. Oder. Solange der Hirsch sich im Jugendstadium befindet, erfährt die Geweihbildung eine jährliche Verbesserung. Dagegen tritt beim alten Hirsch eine allmähliche Verschlechterung, das Zurücksetzen, ein. Die Stangen und Enden (Sprossen) werden schwächer und kürzer, einzelne Enden bleiben ganz aus. Es fehlt dem Hirsch sichtlich an Masse. Je älter der Hirsch wird, desto früher wirft er ab, er ist aber auch desto früher mit dem neuen Geweih fertig. Alte Hirsche, die Anfang März bereits abgeworfen haben, zeigen Ende Juli das vereckte und verfegte Geweih. Für die Abwurfperiode kann daher als Zeitraum Ende Februar bis Anfang Mai, für die Fegezeit Anfang Juli bis Ende September angegeben werden.

Geweihabnormitäten: Abnormitäten wie beim ▸ Rehwild gibt es beim R. sehr selten, nur der *Kahlhirsch* und der *Perückenhirsch* kommen gelegentlich vor. Beim Perückenhirsch wird infolge Verkümmerung, Verletzung oder krankhafter Zerstörung der Brunftkugeln (Kurzwildbret) das Geweih nicht mehr abgeworfen, sondern beginnt krankhaft zu wuchern, es entsteht das sog. Perückengeweih. Der Kahlhirsch, auch Plattkopf oder Mönch genannt, ist ein geweihloser Hirsch, der sein Geweih abgeworfen hat oder aufgrund einer Hormonstörung nur kurze Rosenstöcke trägt. Die Bewertung des Hauptschmuckes (Trophäe) erfolgt nach der CIC-Formel; ▸ Trophäenbewertung.

Ansprechen der Hirsche: Eine große Hilfe bei der Beurteilung der Hirsche, besonders der jüngeren, ist die sog. Dreiecks- oder Rechtecksregel. Sie bedeutet: Ein Hirsch, bei dem eine Geweihstange eine lange Aug-, eventuell eine lange Eis-, eine kürzere Mittelsprosse und eine kurze Gabel- oder Kronenenden oder einen Spieß aufweist und bei dem die Ausformung der Geweihstange mit einem Dreieck umrissen werden kann (Dreiecksregel), ist kein Zukunftshirsch. Hat ein Hirsch hingegen eine Geweihstange mit einer langen Aug-, eventuell einer langen Eis- und einer genauso langen Mittelsprosse sowie relativ lange Gabel- oder Kronenenden, deren Ausformung mit einem Rechteck umrissen werden kann (Rechtecksregel), ist er ein vielversprechender Zukunftshirsch. Beim Ansprechen der Hirsche werden hinsichtlich der Körpermerkmale drei Altersgruppen unterschieden:

Junge Hirsche vom ersten bis vierten Kopf: Schlanker, schmaler Körper auf hohen Läufen, schmaler, spitzer Kopf, aufrecht gehaltener bzw. hochgereckter Träger mit geringer Mähne; kein Widerrist. Das Gewicht ist gleichmäßig auf alle vier Läufe verteilt. Die Rückenlinie ist noch gerade, der Spiegel spitz. Nach dem vollendeten ersten Lebensjahr, das ist ab dem 1. April des auf das Setzen folgenden Jahres, ist die Unterscheidung der Geschlechter (Hirsch – Tier) verhältnismäßig einfach. Der Hirsch vom ersten Kopf steht im zweiten Lebensjahr, er schiebt im April/Mai sein erstes Geweih und verfegt im September. Es sind meist Spieße. Einige zeigen jedoch bereits die Gabel oder, was sehr selten vorkommt, eine kleine Krone (Stange mit drei Enden). Das Erstlingsgeweih kann niedriger oder höher als die Lauscher sein, breit- oder enggestellt, in einigen Fällen haben die Stangen unterschiedliche Längen. Ideal ist das breitgestellte, mit stumpfen Enden ausgestattete, über die Lauscher reichende Geweih mit gleich hohen Stangen. Die stumpfen brandigen Enden (▸ Abbrandler), speziell beim Gabler, weisen erfahrungsgemäß auf einen zukünftig starken Hirsch hin. Hirsche mit dieser Geweihbildung sind zu schonen. Der Hirsch vom ersten Kopf zeichnet sich durch einen extrem schlanken und hochgereckten Träger ohne Mähne aus. Er ist relativ hochläufig, und der Körper hat noch rehähnliche Formen. Der Kopf ist schmal und spitz, die Lichter sind groß, der Blick erscheint kindlich und neugierig. Er steht oft im Kahlwildrudel. Der Hirsch vom zweiten Kopf sollte mindestens die Gablerstufe zeigen. Er kann aber bereits Sechs-, Acht- oder Zehnender sein. Eine höhere Endenzahl ist sehr selten. Spießer vom zweiten Kopf sind unerwünscht und sollten ebenso wie der Gabler mit Augsprosse dem Abschuss verfallen. Im Unterschied zum einjährigen Gabler, der die Gabel oberhalb der Stangenmitte, oft auch am Stangenende ansetzt (Hochgabler), ist die tief angesetzte Augsprosse ein typisches Merkmal für das Geweih vom zweiten Kopf. Ein weiteres Kriterium sind die nunmehr vorhandenen Rosen. Der Hirsch vom zweiten Kopf hat Anfang September verfegt, während der Hirsch vom ersten Kopf in dieser Zeit noch im Bast steht; auch dies erleichtert bei Aufgang der Jagd dem Jä-

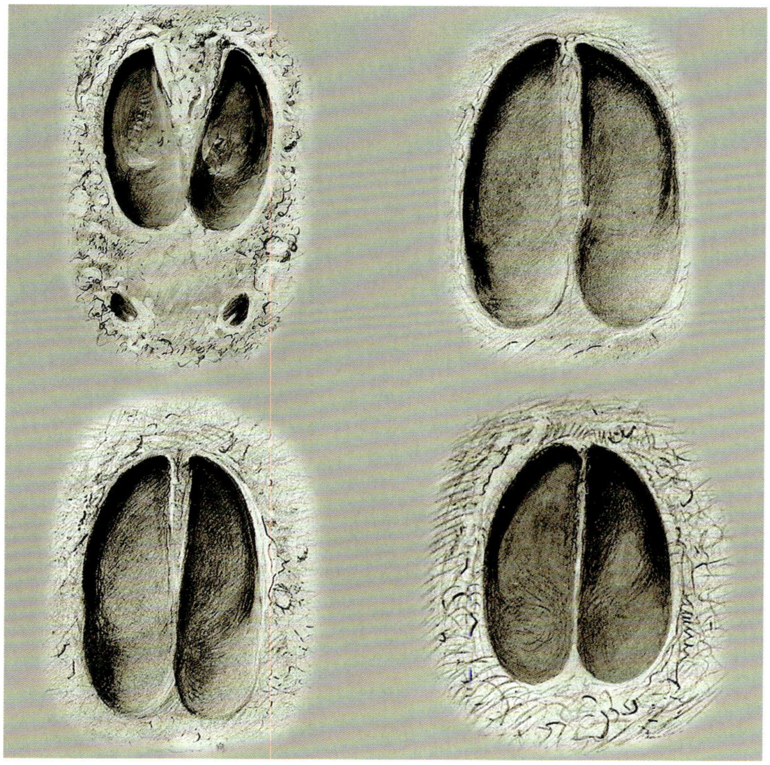

Trittsiegel des Rotwilds, von oben links nach unten rechts: Rothirsch auf der Flucht, ziehender Hirsch, ziehendes Tier, ziehendes Kalb

ger das Ansprechen. Der Gesichtsausdruck beim Hirsch vom zweiten Kopf ist noch jugendlich, er ist aber bereits stärker im Wildbret, der Träger wirkt ebenfalls stärker, die Brunftmähne nimmt deutlich zu. Soweit er noch Spieße trägt, zeigen diese nach hinten und sind leicht gebogen. Der Hirsch vom dritten und vierten Kopf ist massiger, sein jugendliches, spitzes Haupt wird nun stumpfer und der Träger stärker. Bei Hirschen vom dritten und vierten Kopf deuten gleichmäßig lange stumpfe Enden, die oben Masse und vielleicht schon eine Krone angedeutet haben, auf eine gute Geweihbildung hin. Hat der Hirsch hingegen kurze, spitze, blank polierte Enden, die Masse unten, d.h. einen starken Augspross und einen hoch angesetzten geringen Mittelspross, deutet dies auf keine gute zukünftige Geweihbildung hin; er ist deshalb bevorzugt zu erlegen.

Mittelalte Hirsche vom fünften bis achten Kopf: Sie haben bereits einen massigen und viereckig wirkenden Rumpf. Der Träger mit starker Mähne wird nicht mehr so aufrecht getragen, der Kopf erscheint kurz. Zwischen Träger und Rumpf beginnt sich bereits ein Widerrist abzuzeichnen. Der Schwerpunkt des Körpers verlagert sich merklich nach vorne. Die Winkel an den Keulen werden stumpfer. Das Geweih ist Ende Juli bereits verfegt.

Alte Hirsche vom neunten Kopf und älter: Solche Hirsche erscheinen kurzläufig. Der Rumpf ist massig mit eindeutiger Schwerpunktverlagerung nach vorne. Der Kopf wirkt kurz und breit. Der Träger wird sichtlich waagrecht getragen. Die Mähne ist stark ausgeprägt, der Widerrist ist klar erkennbar. Die Konturen sind grob, der Rücken gesenkt, der Winkel an den Keulen sehr stumpf. Er hat einen deutlichen Vorschlag und steht meist allein; er ist ein Einzelgänger.

Rufjäger beim Einsatz des Hirschrufes (im Bild ein Ochsenhorn)

Ansprechen der Kälber, Schmaltiere und Alttiere: Die Mitte Mai bis Mitte Juni gesetzten Kälber zeigen meist bis zum Haarwechsel im Herbst die sog. Kälberflecken. Nur in Ausnahmefällen sind diese an älteren Stücken noch sichtbar. Schwierig ist es, das Hirsch- vom Wildkalb zu unterscheiden. Die häufig dunklere Färbung des Hirschkalbes kann nur bedingt zur Unterscheidung herangezogen werden und ist i.d.R. nur möglich, wenn Hirsch- und Wildkalb zusammenstehen. Leichter und sicherer zu unterscheiden sind sie im Dezem-

Rotwild: Altersschätzung am erlegten Wild

Alter	Schmelzschlingen der Prämolaren (Dentinbänder)		Kunden der Molaren (Form des Kauranddentins)		
	P II	P III	M I	M II	M III
zwei Jahre	weit offen (noch nicht sichtbar)	weit offen (sehr dünn)	weit offen (strichförmig)	weit offen (strichförmig)	weit offen (noch nicht sichtbar)
drei Jahre	weit offen (sehr dünn)	offen (dünn)	offen (schmalrhombisch)	weit offen (strichförmig)	weit offen (strichförmig)
vier bis fünf Jahre	offen (dünn)	verengt (schmal)	verengt (mittelrhombisch)	offen (schmalrhombisch)	weit offen (strichförmig)
sechs bis sieben Jahre	verengt (schmal)	stark verengt (breit)	verengt (mittelrhombisch)	verengt (mittelrhombisch)	offen (schmalrhombisch)
acht bis neun Jahre	stark verengt (breit)	sehr stark verengt (sehr breit)	stark verengt (breitrhombisch bis oval)	verengt (mittelrhombisch)	offen (schmalrhombisch)
zehn Jahre	sehr stark verengt (breit)	Spuren vorhanden (breitflächig)	strichförmig (oval und breitflächig)	stark verengt (breitrhombisch bis oval)	verengt (mittelrhombisch)
elf bis zwölf Jahre	verschwunden (breitflächig)	Spuren vorhanden (breitflächig)	Spuren vorhanden (breitflächig)	strichförmig (oval und breitflächig)	stark verengt (breitrhombisch bis oval)
13 bis 14 Jahre	verschwunden (breitflächig glatt)	verschwunden (breitflächig glatt)	verschwunden (breitflächig glatt)	Spuren vorhanden (breitflächig)	strichförmig (oval und breitflächig)
15 bis 18 Jahre	verschwunden (breitflächig glatt)	verschwunden (breitflächig glatt)	verschwunden (breitflächig glatt)	verschwunden (breitflächig glatt)	Spuren vorhanden (breitflächig)

ber und Januar, wenn das Hirschkalb die Rosenstöcke gebildet hat. Wenn im Spätherbst ein starkes Kalb und ein schwaches Schmaltier zusammenstehen und gleich groß scheinen, dienen beim Kalb der relativ kurze Hals und das kitzartige, kurze und kindlich-neugierige Gesicht als Unterscheidungsmerkmal. Das Schmaltier hat im Ggs. zum Alttier noch einen jugendlichen Gesichtsausdruck und ist auch geringer, die Bauchlinie verläuft fast gerade. Am unentwickelten Gesäuge ist zu erkennen, dass es kein Kalb führt bzw. noch keines geführt hat. Das Alttier hat eine leicht gewölbte Bauchlinie; je älter es ist, desto mehr wölbt sie sich. Die Körperform ist gestreckt und viereckig, der Träger dünn und lang, die Flanken eingefallen.

Jagdarten: Man unterscheidet ▸ Pirsch, ▸ Ansitz, ▸ Drück- oder ▸ Riegeljagd (▸ Gesellschaftsjagd) sowie die *Lockjagd* auf den Brunfthirsch mit dem Hirschruf. Bei Letzterer ahmt der Jäger die Brunftlaute des Hirsches nach und benutzt den *Hirschruf* (▸ Lockjagd) als Verstärker. Er muss die Brunftlaute möglichst naturgetreu wiedergeben, da durch die Verstärkung mit dem Hirschruf der Hirsch einen etwaigen Missklang vernehmen, misstrauisch werden und nicht weiter zustehen würde. Für den Jäger ist ferner wichtig, die Vorgänge auf dem Brunftplatz und die Eigenarten des Brunfthirsches zu kennen und zu wissen, welchen Einfluss Witterungsverhältnisse und Tageszeiten auf den Brunftbetrieb haben (siehe unter Fortpflanzung). Der Jäger sollte an den Lautäußerungen die jeweilige Gemütsverfassung des Hirsches (z.B. Eifersucht, Kampflust usw.) erkennen und sich jeweils darauf einstellen. So kann er z.B. einem Platzhirsch einen Nebenbuhler (durch Vortäuschen des Röhrens eines suchenden Hirsches) oder einem suchenden Hirsch ein brunftiges Stück (durch Mahnen) vortäuschen, um ihn zum Zustehen zu veranlassen. Deshalb spielt auch die Nachahmung des Mahnens bei der Jagd auf den Brunfthirsch eine wichtige Rolle und ist in verschiedenen Situationen von Nutzen. Im Übrigen richten sich Jagd und Hege nach den jeweiligen Rotwildrichtlinien des jeweiligen R.-Gebietes. Außerhalb von R.-Gebieten können – je nach Landesrecht – die kronenlosen Hirsche sowie das Kahlwild innerhalb der Jagdzeiten erlegt werden.

Hege: Zur Vermeidung von ▸ Wildschäden (Verbiss- und Schälschaden) sind störungsfreie Wildäcker und -wiesen (▸ Wildäsungsflächen) nahe den Einständen anzulegen und in Verjüngungen ▸ Wildäsungspflanzen einzubringen; ▸ Wildfütterung und ▸ Verbissgarten.

Hege mit der Büchse: Abschuss aller schwachen Stücke, besonders aber alles kümmernden (kranken) Wildes. Auslese durch Abschuss der schlecht veranlagten Hirsche oder der schlecht vererbenden Stücke (Stück mit schwachem Kalb). Beim Abschuss von Tier und Kalb muss in jedem Fall das Kalb zuerst geschossen werden. Hohe Abschussquote bei Jungwild; es sollten alle Stücke, die keine oder nur wenig gute Anlagen zeigen, erlegt

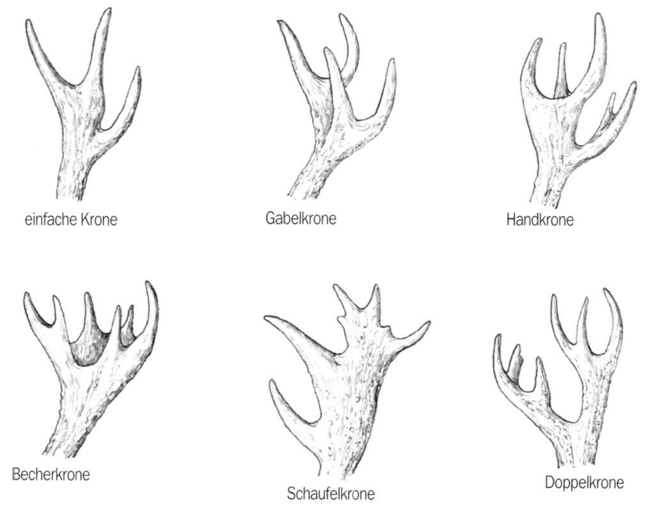

Kronenformen beim Rotwild

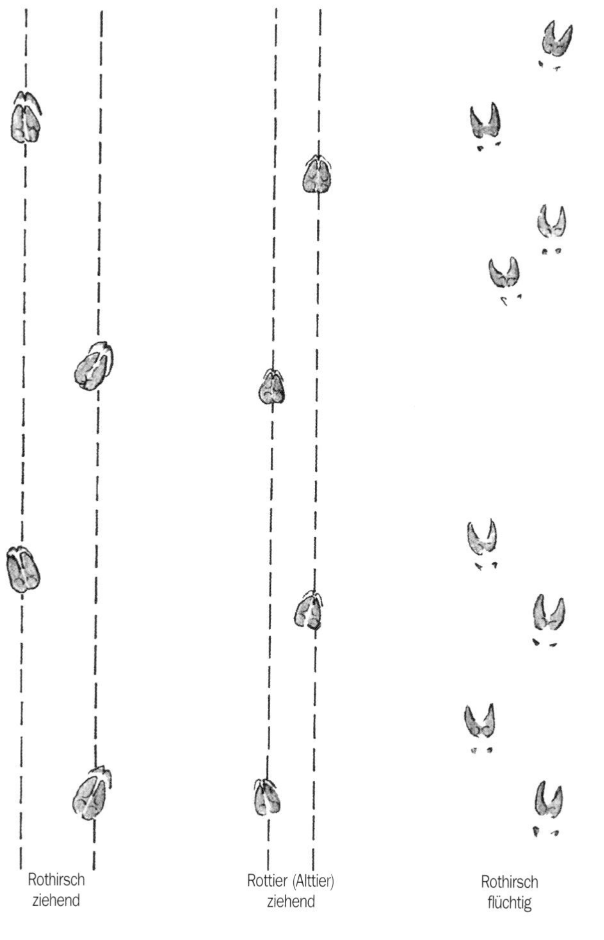

Rotwildfährten

werden. Bei R. ist eine Wilddichte von ein bis vier Stück je 100 ha tragbar. Für R.-Randgebiete ist eine Wilddichte von 0,75 Stück je 100 ha angemessen. Die R.-Dichte muss den örtlichen Gegebenheiten angepasst werden. Dabei ist auch noch anderes im Revier vorhandenes Schalenwild zu berücksichtigen. Je besser das Biotop ist, d.h., je mehr Äsung vorhanden ist und je besser sie ist, desto höher kann die Wilddichte sein.

Zahnbildung und Zahnwechsel: Das Dauergebiss des R. besteht aus 34 Zähnen, 14 im Oberkiefer und 20 im Unterkiefer. Es ist mit dem 25. Lebensmonat vollständig. Zahnformel:

$$\frac{0}{3}\ \frac{1}{1}\ \frac{3}{3}\ \frac{3}{3} = 34 \text{ Zähne}$$

(▸ Zahnalterslehre).

Der Eckzahn im Unterkiefer hat sich in Aussehen und Farbe im Zuge der Entwicklungsphase des R. den Schneidezähnen angepasst. Die Molaren erscheinen gleich als Dauerzähne. Der dritte Prämolar ist als Milchzahn dreiteilig, als Dauerzahn zweiteilig (wie bei Reh- und Damwild). Kurz nach dem Setzen hat das R.-Kalb bereits im Unterkiefer alle Schneidezähne und den Eckzahn (vierter Schneidezahn). Die Prämolaren (die ersten drei Backenzähne) im Ober- und Unterkiefer sowie der Eckzahn (Milchhaken) im Oberkiefer sind bereits durch das Zahnfleisch gebrochen und wachsen in den ersten Lebenswochen zur vollen Höhe aus. Das Milchgebiss ist zu Beginn des zweiten Lebensmonats vollständig ausgebildet. Der erste Dauerzahn (M I) erscheint im vierten Lebensmonat, der zweite Dauerzahn (M II) im elften bis zwölften Lebensmonat. Zwischen dem 14. und 19. Lebensmonat werden die Schneidezähne und die Eckzähne gewechselt. Gleichzeitig mit dem Wechsel der inneren Schneidezähne wird der Eckzahn (Grandel) im Oberkiefer gewechselt (Juli/August des zweiten Lebensjahres). Der dritte Molar (M III) erscheint im 21. Lebensmonat, kann aber schon ab dem 18. Lebensmonat vorhanden sein. Als Letztes werden die Prämolaren gewechselt. Der Wechsel erfolgt zwischen dem 24. und 25. Lebensmonat.

Altersschätzung am erlegten Wild: Bis zur Vollendung des zweiten Lebensjahres kann nach der Zahnentwicklung das Alter des R. genau bestimmt werden. Ab dem zweiten Lebensjahr ist an den Zähnen nur noch eine Altersschätzung nach den Abnutzungsgraden der Backenzähne möglich. Das Alter eines zweijährigen Stückes kann zwar noch bis zum 31. Lebensmonat an der hellen Färbung der kurz vorher gewechselten Prämolaren und an den erschienenen dritten Molaren erkannt werden, bei alten Stücken sind Rückschlüsse auf das Alter an den Prämolaren sowie an den Kunden der Molaren möglich. Nach E. Wagenknecht (»Altersbestimmung des erlegten Wildes«, Melsungen 1976) kann als Anhalt für die Altersschätzung der jeweilige Abnutzungsgrad der Backenzähne gelten. Im Alter von 20 Jahren und älter ist die Zahnreihe bereits unregelmäßig. Zum Teil fehlen einige Zähne, z.T. ragen sie infolge fehlenden Gegenbisses hoch heraus. Neben der für die Praxis ausreichenden und bewährten Methode für die Altersschätzung nach dem Abnutzungsgrad der Backenzähne liefert die Altersbestimmung nach der Ablagerung von Zahnzement in den Molaren gute Ergebnisse (Längsschnitt durch den M I des Unterkiefers). Die Altersbestimmung kann jedoch nur im Labor durchgeführt werden. Auf der Unterseite des Zahnes zwischen den Wurzeln wird der Zahnzement bereits ein Jahr nach Erscheinen des Zahnes abgelagert. Die Ablagerung erfolgt in unterschiedlich gefärbten Schichten, wobei zu den gezählten Jahresschichten ein Jahr hinzugerechnet wird; ▸ Zahnschliff. Bedingt feststellen kann man das R.-Alter auch nach dem Durchmesser und der Höhe der Rosenstöcke. Allg. Bestimmungsformeln können jedoch nicht festgelegt werden, sie sind je nach Biotop unterschiedlich.

Rotwildbewirtschaftungsgebiete, die: ▸ Rotwildgebiete.

Rotwildfütterung, die: ▸ Jagdeinrichtungen 3.

Rotwildgebiete, die (Rotwildbezirke, Rotwildbewirtschaftungsgebiete): Zur Vermeidung von untragbaren ▸ Wildschäden und wegen der besonderen Anforderungen an die Naturverhältnisse haben die Länder für das ▸ Rotwild spezielle R. ausgewiesen. Innerhalb der R. sollen Hege und Abschuss sowohl entsprechend den Revierverhältnissen als auch den land- und forstwirtschaftlichen Verhältnissen einheitlich geplant und durchgeführt werden. Hege und Abschuss werden in den Landesverordnungen und Rotwildrichtlinien geregelt. Die mit der Durchführung beauftragten Unteren Jagdbehörden werden dabei durch ehrenamtliche Rotwildsachverständige unterstützt. Die übrigen nicht für Rotwild ausgewiesenen Gebiete sind rotwildfrei zu halten. Im Grunde sind R. rein verwaltungstechnische, aber nicht ökologische Abgrenzungen von Rotwildvorkommen.

Rotwildkalb, das (Rotkalb): Junges weibliches ▸ Rotwild vom Setzen bis zum 31. März des auf die Geburt folgenden Jahres.

Rotwildring, der: Ein ▸ Hegering in einem ▸ Rotwildgebiet.

Rotwurmbefall, der (Syngamose): Innere ▸ Parasiten; der Rotwurm oder Gabelwurm (Syngamus trachea) schmarotzt in den Luftröhren (Roter Luftröhrenwurm) der vier bis acht Wochen alten Fasanenküken und kommt besonders in ▸ Fasanerien vor. Er befällt auch Krähen, Finken, Hühner- und seltener Beizvögel. Die Würmer sind blutrot und zählen zu den Rundwürmern. Der weibliche Wurm ist ca. 2 cm, der männliche ca. 0,6 cm lang. Männlicher und weiblicher Wurm leben dauernd in geschlechtlicher Verbindung miteinander. Die vom weiblichen Wurm ausgeschiedenen Eier werden von den Vögeln aufgehustet, abgeschluckt und mit dem Gestüber (Kot) ausgeschieden. Nach 6 bis 14 Tagen entwickelt sich eine Larve im Ei. Sowohl diese als auch die geschlüpfte Larve sind ansteckungsfähig. Von einem Küken aufgenommen, durchbohren sie die Darmwand, wandern Richtung Herz und werden vom Blutstrom in die Lunge eingeschwemmt. Hier entwickeln sie sich zu Würmern und setzen sich schließlich (Männchen und Weibchen) in der Luftröhre fest. Der Rotwurm benötigt keinen Zwischenwirt. Regenwürmer nehmen die Larven auf, werden von den Küken verzehrt und spielen so bei der Infektion eine wichtige Rolle. Die befallenen Küken fallen durch Herumstehen mit zurückgezogenem Kopf, geschlossenen Augen und offenem Schnabel auf. Sie niesen, husten und haben struppiges Gefieder. Bei starkem Befall kommt es zu Todesfällen durch Ersticken.

Bekämpfung: Medikamentöse Behandlung ist möglich und bringt Erfolg.

r-Strategen, die (Opportunisten): Tiere oder Pflanzen, die aufgrund ihrer hohen Nachkommenszahl und ihrer raschen Generationsfolge in der Lage sind, Lebensräume mit kurzfristig änderbaren Umweltbedingungen rasch zu besiedeln. Sie nutzen oft ein ökologisches Vakuum und sind zu plötzlichen Massenvermehrungen befähigt. Sie sind einem geringen Wettbewerb mit anderen Organismen ausgesetzt und haben eine endogene Wachstumsrate. r-S. sind kleine Lebewesen mit einer Lebensdauer von unter einem Jahr und haben nur einmal Nachkommen. Umweltveränderungen sind sie relativ schlecht angepasst; es können auch Massensterben auftreten. Damit wenigstens einige Individuen überleben, brauchen sie zur Arterhaltung eine hohe Nachkommenszahl. Häufig ist auch eine parthogenische Vermehrung möglich. Zu den r-S. gehören z.B. Blattläuse und einjährige Unkräuter; ▸ K-Strategen.

RUAG-Ammotec GmbH: ▸ Dynamit Nobel AG.

Rubandamast, der: svw. Banddamast; ▸ Damast.

Rübe, die: Der Fleischkern in der Lunte (Schwanz) des Fuchses und anderen ▸ Raubwildes, der nach dem ▸ Abbalgen am ▸ Kern verbleibt.

Rubens, Peter Paul (1577 bis 1640): ▸ Jagdkunst.

Rübsen, die (*Brassica rapa*, L., *var. silvestris*): Wie der ▸ Raps eine für den Zwischenfruchtanbau geeignete ▸ Ölfrucht (Sommer- und Winterart) aus der Familie der Kreuzblütler.

Blätter und Früchte der Gemeinen Brombeere

Blüte und Früchte der Kratzbeere

Gegenüber dem Raps sind R. weniger anspruchsvoll. Sie dienen der Ölgewinnung, häufiger aber als Grünfutter und Gründüngungspflanze. Der Anbau erfolgt wie beim Raps in Reinsaat oder im Gemenge.

Rubus: Eine Gattung aus der Pflanzenfamilie der Rosengewächse (*Rosaceae*) mit über 700 Arten in 11 Untergattungen. Es sind kletternde Kräuter oder Sträucher (▸ Beerensträucher) mit meist weißen, rosa- oder purpurfarbenen Blüten. Die Früchte sind rote, schwarze oder gelbe Beeren und werden für die menschliche Ernährung von zahlreichen Wild- und Kulturpflanzen eingesammelt. Sie sind hervorragend für Vogelschutzgehölze und ▸ Hecken geeignet, dienen aber auch vielen Wildarten als Nahrung und Deckung. Vor einem Verzehr roher Früchte durch den Menschen ist aber wegen der Gefahr der Aufnahme der Eier des ▸ Fuchsbandwurmes abzuraten. Die wichtigsten sind:

1. Gemeine Brombeere (*Rubus fruticosus*, L.): Sie wächst in Wäldern, Heiden, Gebüschen, Kahlschlägen, an Feld-, Wald- und Wegrändern und kann undurchdringliche Hecken bilden. Kommt im Gebirge bis in Höhen von etwa 2000 m vor. Die G. B. ist ein vielgestaltiger, stacheliger, buschiger, bis 2 m hoher Strauch mit bogenartigen, oft mehrere Meter langen, niederliegenden oder kriechenden Langtrieben. Sie blüht von Juni bis August. Die Früchte reifen von August bis Oktober, sind anfangs rot, später schwarz und glänzend.

2. Gemeine Himbeere (*Rubus idaeus*, L.): Kommt v.a. in trockenen Niederwäldern, in Hochstaudenfluren, an Waldrändern, in Gebüschen, auf Kahlschlägen und an Zäunen vor. Sie wird 0,50 bis 1,80 m hoch und hat einen sehr ausdauernden Wurzelstock. Die Beeren reifen im Juli/August und werden, wie die Brombeere, in der Naturheilkunde sowie für Säfte, Sirup und Marmelade etc. verwendet.

3. Steinbeere (*Rubus saxatilis*, L.): Die S. kommt in Deutschland nur zerstreut vor und wächst meist gruppenweise in feuchten Wäldern, besonders Mischwäldern, in Gebüschen und Dickungen. Sie wird 10 bis 30 (50) cm hoch und blüht von Mai bis Juni. Die Sammelfrüchte sind hell- oder scharlachrot.

4. Kratzbeere (*Rubus caesius*, L.): In ganz Deutschland verbreitet wächst sie v.a. in Wäldern, Waldrändern, Gebüschen, Hecken, auf Lichtungen, Kahlschlägen und Äckern. Sie ist ein niederliegender oder kletternder, bis 1 m hoher Strauch und blüht im Mai/Juni. Die schwarzblauen, bereiften Früchte werden gerne von Krähen gefressen.

Ruch, der: **1**) Der Rothalstaucher; ▸ Lappentaucher 3. **2**) Die Saatkrähe; ▸ Rabenvögel 4.

Ruchbirke, die: ▸ Birken 2.

Ruck, der: **1**) ▸ Rick 1). **2**) Das Zuziehen des Netzes am Vogelherd (▸ Vogelfang 7.) und auch die »mit einem R.« erbeutete Menge an Vögeln.

Rück, der: ▸ Rick 2).

Rückbeißer, der: ▸ Hundegebiss.

Ruckbraten, der: Ein Braten vom Rücken des Wildes.

Rücke, die: Veraltete Schreibweise für ▸ Ricke.

Rücken, das (Holzrücken, Bringung): Der Transport (Zwischentransport) des Stammes bzw. Baumes vom Fällort bis zur nächsten für Lkw befahrbaren Waldstraße (Verladeplatz).

Rücken, der: Früher waidgerechter Ausdruck für den oberen R.-Teil (▸ Ziemer) bis zu den Blättern des ▸ Rot- und ▸ Schwarzwildes.

rücken: **1**) Waidmännischer Ausdruck für das Wandern der ▸ Feldhühner im Revier. **2**) Das ▸ Überstellen vom Auerhahn. **3**) Das Fortbewegen (Hoppeln) des Hasen, am Morgen rückt er zu Holze, am Abend rückt er zu Felde. **4**) Das Netz am Vogelherd (▸ Vogelfang 7.) zuziehen. **5**) Das Wild rückt oder zuckt, wenn es vom Schuss getroffen wird; ▸ Schusszeichen.

Rückendeckung, die: Der Hintergrund, vor dem sich der Jäger postiert, wenn er vom Wild nicht bemerkt werden will.

Rückenwind, der: ▸ Wind 1).

Ruckert, der: Der Tauber, die männliche ▸ Wildtaube.

Rückfährte, die (Herfährte): ▸ Fährte, die vom Feld in den Wald (zurück in den ▸ Einstand) führt; ▸ Hinfährte.

Rückleine, die: Zugleine am Vogelherd (▸ Vogelfang 7.); Leine, mit der früher die Schlaggarne zusammengezogen wurden; ▸ Ruck 2).

rückliegend: Bez. für Hahngewehr-Schlosse, bei denen die Schlagfeder hinter dem Hammer liegt; ▸ vorliegend.

Rucksack, der: Auch Schnerfer. Ein aus festem, meist grünem oder braunem Leinen oder aus Leder gefertigter Sack, der oben mit einer Schnur zusammengezogen wird und der an starken Lederriemen auf dem Rücken getragen wird. In ihm werden Munition, Brotzeit, Ersatzkleidung und auch das erlegte Wild transportiert. Um das Austreten von Schweiß zu verhindern, ist er häufig mit Gummistoff oder Kunststoff gefüttert.

Rückschlaghinderer, der: ▸ Schäftung.

Rückschütze, der: Ein auf dem ▸ Rückwechsel anstehender ▸ Schütze; d.h. auf dem Wechsel, den das Wild gerne annimmt, wenn es bei einer ▸ Drückjagd rückwärts durch die Treiber bricht. Am Rückwechsel befinden sich auch bevorzugte Stände.

rucksen (rücksen): Rufen des Ringel- und Hohltaubers; ▸ Wildtauben 1 u. 3.

Rückspross, der (Rücksprosse, Endspross, Endsprosse, Hinterende, Hinterspross): Das nach hinten gerichtete Ende beim Rehbockgehörn (▸ Geweih); ▸ Vorderspross, Mittelspross 2).

Ruckstaube, die: Alter Ausdruck für Ringeltaube; ▸ Wildtauben 1.

Rückstecher, der (französischer Stecher): ▸ Stecherabzug 2.

Rückstoß, der: Beim Büchsenschuss und Flintenschuss; ▸ Ballistik.

Rückstoßlader, der: Eine halbautomatische Waffe; ▸ Jagdgewehr.

Rückstrang, der: Seltener und alter Ausdruck für ▸ Ziemer.

Rückstrich, der ▸ Rückzug.

Rückwechsel, der: Wild geht bei der ▸ Drückjagd auf dem R. durch die Treiberwehr zurück; ▸ Rückschütze.

Rückzug, der (Rückstrich): Die Rückkehr der ▸ Zugvögel im Frühjahr vom Winterquartier in die Brutgebiete.

Rüde, der (Rüd, veraltet: Ried): **1**) Männlicher ▸ Hund, Fuchs und Wolf, aber auch männlicher Marder, Iltis, Frettchen, Nerz und Wiesel. **2**) Bez. für Hatzrüde und Saurüde; ▸ Saupacker.

Rüdehorn, das: ▸ Jagdhorn.

Rüdejunge, der: Früher der junge Gehilfe des ▸ Rüdemeisters.

Rudel, das: Eine größere Zahl (Gemeinschaft, Verband) von ▸ Elch-, ▸ Rot-, ▸ Dam-, ▸ Sika-, ▸ Muffel-, ▸ Gams- und ▸ Steinwild, ▸ Wölfen und ▸ Seehunden; ▸ Sprung, ▸ Rotte, ▸ Trupp.

rudeln: **1**) Sammeln der Tiere, die ein ▸ Rudel bilden. **2**) ▸ kollern 1).

Rüdemann, der (Rüdenmann): In früheren Zeiten der Führer von Saurüden (▸ Saupacker), denen er zu Fuß folgte, ausgerüstet mit einem starken Jagdmesser oder einer Saufeder, womit er die von den Saurüden gedeckte Sau abfing. Außerdem führte er einen ▸ Knebel mit sich, mit dem er den Hunden den Fang öffnete, wenn sie sich an den Sauen verbissen hatten. Heute ist R. eine Bez. für einen erfahrenen ▸ Hundeführer und Abrichter von Jagdhunden.

Rüdemeister, der: Früher übliche Bez. für den Betreuer und Führer einer ▸ Hatz. Kann heute vom DJV als besonderer Ehrentitel verliehen werden.

Rüdemeisterei, die: Der Ort, an dem die ▸ Hatzhunde unter Aufsicht des ▸ Rüdemeisters im Zwinger gehalten wurden; ▸ Rüdemann.

Rüdenhorn, das: ▸ Jagdhorn.

Rüdenhorn, Halbes, das: ▸ Jagdhorn.

Rüdenknecht, der: ▸ Hundeknecht.

Ruder, die: **1**) Waidmännische Bez. für die Füße des ▸ Schwans, seltener auch für die Füße der ▸ Wildenten, ▸ Wildgänse und ▸ Säger; ▸ Latschen. **2**) Der ▸ Stoß des Auerhahns (selten). **3**) Die Flossen des ▸ Seehundes (Vorder- und Hinterruder).

Ruderalpflanzen, die: Meist unscheinbar blühende Pflanzen, die sich auf Ruderalböden (Schuttböden; mehr oder weniger aus Gesteinsmassen, Mauerwerk aus Hausabtrag,

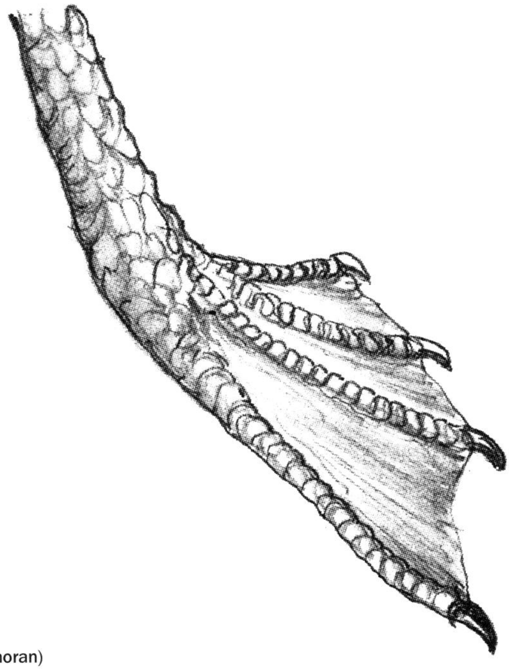

Ruderfuß (Kormoran)

auch aus Abfall und Müll) ansiedeln. R. sind ▸ Kulturfolger wie viele Arten von Kreuz-, Korb- und Lippenblütlern, Nachtschattengewächsen sowie von Knöterich- und Gänsefußgewächsen; ▸ Brachland, ▸ Ödland.

Ruderfedern, die: Die ▸ Schwungfedern des ▸ Wassergeflügels.

Ruderfuß, der: Fuß, bei dem die vier Zehen durch Schwimmhäute verbunden sind; ▸ Ruderfüßer.

Ruderfüßer, die (Pelecaniformes): Ordnung ausgesprochener Wasservögel, bei denen alle vier Zehen durch Schwimmhäute verbunden sind. Sie ernähren sich hauptsächlich von Fischen. Außer den ▸ Kormoranen (Phalacrocoracidae) zählen noch Tropikvögel, Fregattvögel, Tölpel, Pelikane und Schlangenhalsvögel zu den R. Sie nisten kolonieweise, die Jungen sind ▸ Nesthocker.

rudern: **1**) Schwimmen des ▸ Wassergeflügels. **2**) Schwerfälliges Fliegen größerer Vögel. **3**) Alter Ausdruck für das ▸ Kollern des Birkhahns.

Ruderschwanz, der: Der seitlich abgeplattete Schwanz der ▸ Biberratte (Nutria).

Rudolf, Erzherzog von Österreich (21.8.1858 Laxenburg/Niederösterreich bis 30.1.1889 Mayerling): R. war Kronprinz von Österreich-Ungarn und einziger Sohn von Kaiser Franz Joseph I. Ab 1881 war R. vermählt mit Stephanie, der Tochter des belgischen Königs Leopold II. Er trat auch als Publizist, Reise- und Jagdschriftsteller hervor. Er war ein engagierter Jäger und Naturforscher, der 1881 sein Reisebuch »Einige Jagdreisen in Ungarn« und 1887 unter dem Titel »Jagden und Beobachtungen« eine Sammlung seiner jagdlichen und ornithologischen Abhandlungen veröffentlichte. Einen lebhaften Kontrast zu der wissenschaftlichen und schriftstellerischen Betätigung des Kronprinzen bildete die zweifellos übertriebene Leidenschaft für die Jagd. Dies geht auch aus einem langen Jagdbrief hervor, den er am 4.8.1880 an den Grafen Rudolf Chotek (1832 bis 1894) richtete, dessen Einladung zur Jagd er annahm. R. erschoss seine Geliebte, Baronesse Mary von Vetsera, und sich im Jagdschloss Mayerling im Wienerwald.

Ruev, der: Siebenbürgisch-sächsischer Ausdruck für die Rabenkrähe; ▸ Rabenvögel 2.

Ruf, der: **1**) Lockruf des zum ▸ Niederwild zählenden ▸ Federwildes. **2**) Instrument zur Nachahmung des Lockrufes (z.B. Hirsch-, Enten-, Wachtelruf); ▸ Lockinstrumente, ▸ Lockjagd. **3**) ▸ Jagdsignal, z.B. Wagen-, Hunde-, Hegeruf und in übertragenem Sinne für das ▸ Jagdhorn selbst. **4**) Veraltete Bez. für den Locklaut des Rotwildkalbes (▸ Rotwild).

rufen: **1**) Locken des ▸ Federwildes. **2**) Locken mit einem Lockinstrument; ▸ Lockjagd. **3**) R. des Uhus. **4**) Locken des ▸ Beizvogels auf die ▸ Faust oder das ▸ Federspiel durch R. oder Pfeifen.

Rufjagd, die: Die Jagd auf den Ruf; ▸ Lockjagd.

Rugendas, Georg Philipp (1666 bis 1742): R., Akademiedirektor in Augsburg, schuf neben Schlachtszenen auch Jagd- und Reitszenen. Das Kupferstichkabinett in Berlin besitzt von ihm fünf Blätter von Hatzjagden.

Ruhe, die: **1**) Die ▸ Schonzeit. **2**) R. (Ruherast) des Gewehrschlosses, d.h., der Hahn ist entspannt (»Hahn in Ruh'«). **3**) svw. ▸ Bett; »das Wild liegt in der R.« (selten).

Ruhekleid, das (Schlichtkleid): Das meist schlichte ▸ Federkleid ▸ adulter Vögel außerhalb der Brutzeit; ▸ Brutkleid.

Ruhen der Jagd: §6 BJG lautet: »Auf Grundflächen, die zu keinem ▸ Jagdbezirk gehören, und in ▸ befriedeten Bezirken ruht die Jagd. Eine beschränkte Ausübung der Jagd kann gestattet werden. Tiergärten fallen nicht unter die Vorschrift dieses Gesetzes.« Die Jagdruhe stellt daher ein Verbot der Jagdausübung dar, lässt aber das ▸ Jagdrecht des Grundstückseigentümers unberührt. Die Jagdruhe kann nur in besonders begründeten Sonderfällen gewährt werden. Der Zustand, dass eine Grundfläche zu keinem Jagdbezirk gehört (z.B. eine Enklave), kann durch Ausgliederung (§5 BJG) beseitigt werden; dgl. können solche Flächen einem erst zu bildenden Jagdbezirk (Zusammenlegung) zugeschlagen werden. Eine beschränkte Ausübung der Jagd (behördliche Gestattung) kommt insbesondere als Jagd auf ▸ Raubwild oder ▸ Schadwild (z.B. ▸ Wildkaninchen) oder als ▸ Wildfolge in Betracht.

Ruherast, die: ▸ Ruhe 2).

Ruherpel, der: svw. ▸ Rauerpel.

Ruh(e)zeit, die: ▸ Mauserzeit.

Ruhr, die: ▸ Mauser.

Ruhrfaden, der (die Ruhr): ▸ Rohrfaden.

Ruhrvogel, der: svw. ▸ Lockvogel.

Ruh(r)zeit, die: ▸ Mauserzeit.

rulieren (veraltet): svw. rollieren ▸ Rad schlagen 2).

rülpsen: svw. ▸ worgen.

Rumen, der: Der Pansen des ▸ Wiederkäuermagens.

Rundel, das: Triller auf dem ▸ Jagdhorn.

runder Lauf, der (Jagensrundung): ▸ Rundung.

Rundieren, das: Das Einfangen eines ▸ Beizvogels, der nicht ▸ beireiten will, oder eines verwilderten Beizvogels, indem man ihn eine an einer langen Schnur (▸ Fangschnur) befestigte Beute schlagen lässt. Während er kröpft, umgeht man ihn in weiten Kreisen und wickelt so die Schnur um seine Hände bzw. Füße. Dem gleichen Zweck dient auch die ▸ Fangschlaufe.

Rundkopfgeschoss, das: ▸ Büchsengeschosse.

Rundkugel, die: Ein vollkommen rundes Geschoss, das aus ▸ Vorderladern verschossen wird; ▸ Kugel 2).

Rundreck, der (die): Ein kreisförmiger Reck; ▸ Reck 3.

Rundung, die (Jagensrundung, runder Lauf): Im Forst eingeschlossener, kreisrunder Weg, der für ▸ Eingestellte Jagen hergestellt wurde, oder eine halbe R., ein halbkreisförmiger Weg, der ebenfalls für Eingestellte Jagen eingerichtet wurde.

Rundwürmer, die: ▸ Magen- und Darmwürmer, ▸ Kreuzlahme 2).

Ruortrommel, die: ▸ Reiher 7.

Rupf an Männchen! Alter Zuspruch des Falkners, wenn der ▸ Beizvogel, den er abträgt, auf der Faust kröpfen soll.

rupfen: **1**) Ausrupfen der Haare des Gams-, Sau- und Hirschbartes; möglichst bald nach dem Erlegen, auf jeden Fall vor dem ▸ Aufbrechen. **2**) Greifvögel r. der geschlagenen Beute die Federn aus; ▸ Rupfung. **3**) Auch beim schlecht erzogenen Hund gebräuchlich, wenn er geschossenes Wild, statt zu ▸ apportieren rupft; ▸ Rupfer 2).

Rupfung einer Drossel durch einen Sperber

Rupfer, der: **1**) Der Baum- oder Lerchenfalke; ▸ Falken 3. **2**) Ein schlecht erzogener Hund, der das geschossene Wild rupft, anstatt es zu ▸ apportieren. Rupfende Hunde können die Prüfungen der Hundeverbände nicht bestehen.

Rupfung, die: Reste von Federwild oder herumliegende Federn an einer Stelle, an der ein Greifvogel seine Beute gerupft bzw. gekröpft hat. Bei einer R. sind die Federkiele ganz; ▸ Riss.

ruren (Wimpelschlagen): ▸ Hirschgerechte Zeichen.

Rurerpel, der (veraltet): svw. Rauerpel; ▸ Mauser 1).

Rurzeit, die (veraltet): svw. Rauzeit; ▸ Mauserzeit.

Rüsselkäfer, die (*Curculionidae*): Eine überaus artenreiche (ca. 50 000) und weltweit verbreitete Familie der Käfer. Etwa 1200 Arten kommen davon in Mitteleuropa vor. Der Kopf ist vorne rüsselartig verlängert und besitzt am Ende kurze, kauende Mundwerkzeuge. Hinsichtlich der unterschiedlichen Verlängerung des Kopfes unterscheidet man sog. Kurz- und Langrüssler. Zu den Ersteren zählen der Große schwarze Rüsselkäfer und der Graue Kiefernnadelrüssler, deren Larven im Boden leben. Diese durchbeißen die feinen Seitenwurzeln und benagen die Hauptwurzeln ein- bis dreijähriger Pflanzen. Zu den Langrüsslern zählen der Kiefernkulturrüssler, der Weißtannenrüssler, der Erlenrüssler, der Buchenspringrüssler u.a. Der Körper der mittelgroßen bis kleinen Käfer (0,3 bis 7 cm) ist hart chitinisiert, die Fühler bei den meisten Arten gewinkelt. R. sind meist langsam und träge und fliegen nur gelegentlich. Manchen Arten fehlt sogar jegliches Flugvermögen. Bei Gefahr stellen sich viele Arten tot. R. versenken ihre Eier i. Allg. in Pflanzengewebe, wozu sie mit dem Rüssel Löcher bohren; andere Arten legen die Eier in die Erde oder in kunstvoll gerollte Blattwinkel (z.B. der Birkenstecher) ab. Käfer und Larven sind Pflanzenfresser und als solche meistens ausgeprägte Futterspezialisten. Die weißen, madenförmigen, augen- und beinlosen, bauchwärts gekrümmten Larven fressen im Innern von Pflanzen (z.B. Stängel, Knospen, Früchte, Holz), die Larven anderer Arten sind Blattminierer oder Gallenerzeuger, andere wiederum leben an Wurzeln in der Erde. Die Jungkäfer schlüpfen im Herbst und überwintern. Nach einem Reifefraß im Frühjahr findet die Begattung statt. Generation meist einjährig.
Verschiedene Arten der R. gehören zu den bedeutendsten Forstschädlingen. Die wichtigsten Arten sind: Schwarzer Rüsselkäfer (*Otiorrhynchus niger*); Gemeiner Graurüssler (*Brachyderus incanus*); Großer brauner Rüsselkäfer (*Hylobius abietis*), der gefährlichste R. in unseren Wäldern, er kann sehr schädlich werden. Er befrisst junge Forstpflanzen, insbesondere Fichte, Kiefer, seltener auch Laubholz und zwar im Bereich des Wurzelhalses (Rindenfraß). Bei Massenvermehrung kann der Schaden zum Absterben der Jungpflanzen führen; Kiefernkulturrüssler (*Pissodes notatus*); Harzrüssler (*Pissodes harcyniae*); Tannenrüssler (*Pissodes piceae*); Erlenrüssler (*Cryptorrhynchus lapathi*).

Rüstung, die: Sammelbezeichnung für alles, was zum ▸ Vogelfang auf dem Herd nötig war.

Rute, die: **1**) Schwanz des Hundes und des ▸ Haarraubwildes, außer Bär und Dachs (bei diesen Bürzel) sowie Fuchs (bei diesem Lunte oder Standarte); früher auch übliche Bez. beim Wolf. Bei Jagdhunden mit starker, herabhängender Behaarung wird die R. als ▸ Fahne 1) bezeichnet. **2**) Männliches Glied des ▸ Schalenwildes (Brunftrute), des Hundes (Fruchtglied) und des Haarraubwildes.

Ruthart, Karl Borromeus Andreas (1630 Danzig bis um 1703 Aquilla): Maler. R. war der Sohn eines Fürther Schneidermeisters und wird in einer Danziger Urkunde von 1652 als in Rom wohnhaft erwähnt. Für die Jahre 1663 und 1664 ist er in der Antwerpener Gilde nachweisbar. Später erscheint er in Regensburg, Wien, Graz, Venedig und Rom, wo er 1672 als Mönch Andreas in das Zölestinerkloster S. Eusebio eintrat. R. wechselte aber bald in das Kloster S. Maria di Collemaggio in den Abruzzen über. Er schuf u.a. von landschaftlicher Wildnis und heftiger Bewegung geprägte Tierbilder. ▸ Jagdkunst.

Rutsch, der: Örtliche Bez. für den ▸ Erpel.

rutschen: Sehr langsame Fortbewegungsart des ▸ Hasen. Bei der Nahrungsaufnahme rutscht er von Zeit zu Zeit ein Stück weiter, indem er die Vorderläufe so vorsetzt, dass der Körper lang gestreckt wird und er dann die Hinterläufe nachzieht.

Rüttelfalke, der (Rüttelgeier): ▸ Falken 2.

Rüttelflug, der: Besonderes Flugverhalten bei einigen Greifvögeln und Eisvögeln, auch beim Raubwürger. Es wird mit aufgerichtetem Körper und größerem Anstellwinkel der Flügel durchgeführt. Dadurch wirkt der Aufschlag stark bremsend; Vor- und Rücktrieb gleichen sich aus, der Auftrieb hält der Schwerkraft die Waage; ▸ rütteln.

rütteln: Durch raschen Schwingenschlag in der Luft auf der Stelle stehen (▸ Rüttelflug); besonders der Turmfalke und der Raubwürger r. Der Turmfalke wird daher auch Rüttelfalk(e) genannt; ▸ Falken 2 und ▸ Würger 3.

Rüttelweih, der: ▸ Falken 2.

RVEJ: Abk. für ▸ Rheinischer Verband der Eigenjagdbesitzer und Jagdgenossenschaften e.V.

RWS: Abk. für »Rheinisch Westfälische Sprengstoff-Actien-Gesellschaft«; ▸ Dynamit Nobel AG.

Rypen, das: ▸ Raufußhühner 5.

S

Saatbeet, fliegendes, das: ▸ Pflanzgarten.
Saatgans, die: ▸ Wildgänse 3.
Saat-Kamp, der: ▸ Pflanzgarten.
Saatkrähe, die: ▸ Rabenvögel 4.
Saatlerche, die: ▸ Lerchen 2.
Saatrabe, der: ▸ Rabenvögel 4.
Saatvogel, der: ▸ Regenpfeifer 2.
Sabatti: Jagd- und Sportwaffenfabrik in ▸ Gardone Val Trompia (Italien). Stellt u.a. die Mercury-Waffen für ▸ Frankonia Jagd her.
sabbern: ▸ Schalenwild verliert bei einem Äserschuss (▸ Schusszeichen) dünne Schleimfäden und Speichel; es sabbert.
Säbelrute, die: Bez. für die ▸ Rute eines Hundes, die zur Spitze hin gekrümmt ist.
Säbelschnäbler, der *(Recurvirostra avosetta)*: Familie der Stelzenläufer *(Recurvirostridae)* aus der Unterordnung der wat- und schnepfenähnlichen Vögel. Volkstümlich auch Verkehrt-, Krumm-, Überschnabel, schwimmfüßiger Säbler, blaufüßiger Messersäbler, Hochbein, Schusternagel, Lövogel genannt. Länge: 42 cm, Gewicht: um 350 g.
Aussehen: Die ▸ Geschlechter sind gleich gefärbt. Die überwiegende Farbe ist weiß, nur Oberkopf, Nacken, Schultern, Flügelspitzen und Flügelstreif sind schwarz. Die Flügel überdecken den Schwanz. Der lange schwarze Schnabel ist flach, säbelförmig nach oben gebogen und spitz auslaufend. Die ▸ Ständer des sehr hochbeinigen Vogels sind bleigrau, die Augen braun. Die Jungen ähneln den Eltern.
Vorkommen: Der S. ist an der Nord- und Ostseeküste, am Neusiedler See (Österreich), in Südostengland, im westlichen Frankreich und in Südskandinavien beheimatet. Er ist in Europa ▸ Teilzieher und überwintert im Mittelmeerraum. Sein Lebensraum sind die Meeresküsten und die Ufer von Brackwasser- und Salzseen. Er ist äußerst scheu.
Fortpflanzung: Das ▸ Nest wird zwischen Grasbüscheln oder kleinen Büschen errichtet. Es ist eine einfache Mulde, die mit wenigen trockenen Stängeln und Halmen ausgelegt wird. Das Gelege besteht aus zwei bis fünf, i.d.R. aus vier lehmfarbenen, schwarz punktierten Eiern, die von beiden Partnern bebrütet werden. Die Eier sind 51 x 35 mm groß und ca. 30 bis 32 g schwer. Die Brutdauer beträgt 23 bis 25 Tage. Die Jungen sind ▸ Nestflüchter und mit etwa 40 Tagen selbstständig. Eine Jahresbrut (Ende April bis Juni).
Nahrung: Sie besteht aus Insekten, kleinen Krebsen und Mollusken und wird überwiegend aus dem Schlamm durch »Seitwärtssäbeln« und schnatternd wie die Ente aufgenommen.

◂◂ Säbelschnäbler (kolorierter Stich, 19. Jh.)

Sachkunde, die: Der Nachweis der S. umfasst umfangreiche Kenntnisse über die Handhabung der Schusswaffe und den Umgang mit Munition, die Reichweite und Wirkungsweise der Geschosse und die wichtigsten Vorschriften über den Umgang mit Waffen und Munition sowie über ▸ Notwehr und ▸ Notstand. Die S. hat insbesondere nachgewiesen, wer die ▸ Jägerprüfung bestanden hat, wer hinreichende Waffenkenntnisse im Wege anderweitiger (etwa polizeilicher, militärischer oder staatlich anerkannter) Ausbildung oder als Sportschütze erworben hat. Liegen diese Voraussetzungen nicht vor, muss sich der Antragsteller einer S.-Prüfung unterziehen. Nach §7 WaffG hat den Nachweis der S. erbracht, wer eine Prüfung vor der dafür bestimmten Stelle bestanden hat oder seine S. durch eine Tätigkeit oder Ausbildung nachweist. Der Bundesminister des Innern wird ermächtigt, hierzu eine entsprechende Rechtsverordnung zu erlassen.
Sachliche Verbote (Jagdrecht), die: ▸ Jagdbeschränkungen.
Sachs, Hans (1494 bis 1576): Meistersinger, Schuhmacher und Poet aus Nürnberg. Von ihm stammen zahlreiche Meisterlieder und Spruchgedichte, Erzählungen und Schauspiele. In Versen – datiert vom 9.5.1530 – schildert S., wie die Jagdgöttin Diana Actäon, des Königs Sohn, in einen Hirsch verwandelt. Zugleich hat S. die Jagd darin zeitkritisch unter die Lupe genommen. Richard Wagner hat in seiner Oper »Die Meistersinger von Nürnberg« seiner Zunft ein bleibendes Denkmal gesetzt.
Sachsenspiegel, der (Spiegel der Sachsen): Das bedeutendste und älteste der deutschen Rechtsbücher. Es wurde um 1225 von Eiko (Eike) von Repgow in lateinischer Sprache verfasst und von ihm auf Bitte des Grafen Hoyer von Falkenstein ins Deutsche (niedersächsische Mundart) übersetzt. Er enthielt die im Landrecht als Gewohnheitsrecht gültigen Regeln des Staats-, Privat-, Straf-, Prozess- und Gerichtsverfassungswesens, im Lehnsrecht solche des Lehnswesens. Im S. waren

z.T. bereits ausführlich die ▸ Wildfolge (Jagdfolge) geregelt sowie die Strafen für Forst- und ▸ Jagdfrevel festgelegt. Er ist auch die Grundlage des Mitte des 13. Jh. entstandenen Deutschenspiegels und dadurch indirekt Quelle des ▸ Schwabenspiegels.

Sachte!: Gelegentlicher Zuruf an Hühnerhund (Vorstehhund) anstelle von »Hüt dich!«, wenn er anfängt hitzig zu werden.

Sack, der: **1**) Ein Schütze, der bei einem Kesseltreiben oder einer Streife (▸ Gesellschaftsjagd 5., 6., 8.) allein oder mit einigen Treibern etwas zurückbleibt, sodass die Front nach hinten sackförmig ausgebildet erscheint, macht einen S. Das Sackmachen ist verpönt und verstößt gegen die Jagdregeln. **2**) ▸ Sackgarn.

Sackgarn, das (Sack, Sacknetz, Haube): Ein sackförmiges Netz zum Lebendfang von Wild, das in oder über die Röhre eines Baues gesteckt wird; ▸ Garne 3.

Sacknetz, das: ▸ Sackgarn.

Sackröhre, die (Endröhre): Eine Röhre in einem Fuchs- oder Dachsbau, die blind, also in einem Sack, endet.

Safari Club International (SCI): Der SCI ist der Welt größter Zusammenschluss von Jägern mit im Jahre 2003 über 50 000 Mitgliedern. Weltweit gibt es rund 210 regionale Arbeitsgruppen, sogenannte Chapter. Der SCI will die Interessen der Auslands- und insbesondere der Großwildjäger bündeln. Neben der Pflege der Jagd hat sich der Club den Schutz der vom Aussterben bedrohten Tiere und die Bewahrung der Artenvielfalt zur Aufgabe gesetzt. Die Mitgliedsbeiträge, Spenden und Schenkungen werden für Stiftungen, Studienprojekte, Bildungs- und Schulungszentren für naturinteressierte junge Leute, Artenschutzprogramme etc. aufgewendet. Fahrzeuge für afrikanische Wildhüter und winterliche Wildfütterungen in Alaska sind z.B. Teil der Förderung. Der SCI wurde 1971 in Las Vegas von C. J. McElroy gegründet und hat seinen Hauptsitz in Tucson/Arizona; ▸ Jagen im Ausland.

Safaripark, der: ▸ Tiergehege.

Saftfutter, das: ▸ Futtermittel.

Saftschäle, die (Sommerschäle, Sommerschälung): ▸ Schälschäden an Bäumen, die zur Sommerzeit (Saftzeit) entstehen.

Säger, die *(Merginae)*: Wasservögel aus der Ordnung der gänse- und entenartigen Vögel *(Anseriformes)*. Die äußere Lamellenreihe an Ober- und Unterschnabel ist durch spitze Hornzähne ersetzt, die zum Festhalten der Beute (Fische) dienen. Der Schnabel ist schmal und lang gestreckt, an der Schnabelspitze sitzt ein scharfkantiger, rückwärts gekrümmter Nagel. Durch ihren flachen Kopf und das harte Gefieder stehen sie zwar den Tauchern nahe, sind in Körperbau und Ruderbildung aber den Enten näher. Im Ggs. zu diesen bewegen sie aber beide ▸ Ruder gleichzeitig. Die S. sind alle echte Unterwasserjäger, die fast ausschließlich auf Fischnahrung angewiesen sind. Ihre Beute erjagen sie meist in 2 bis 4 m Tiefe. Die Nahrungssuche erfolgt i.d.R. gesellig in einer Schar von Artgenossen, wobei sie sich die Fische systematisch zutreiben. Die Jungen sind Nestflüchter. Charakteristisch für die S. ist das ▸ Flugbild: Schnabel, Kopf, Hals und Körper werden absolut waagerecht gehalten. Die S. leben in Einehe, sind jagdbar, aber ganzjährig geschont.

1. Gänsesäger, der *(Mergus merganser*, L.): Auch großer Säger, Biber-, Ganstaucher, Kariffer, (gezapfter) Kneifer, Tauch-, rotköpfige Tauchergans, Biber-, Stechente, Ganner, Sebetz. Der G. ist die größte der drei Sägerarten; größer als die Stockente, aber schlanker. Länge: ca. 70 cm, Gewicht: 1300 bis 1900 g, ▸ Flügelspannweite: ca. 100 cm.

Aussehen: Das Männchen ist weiß mit schwarzem Rücken; Handschwingen schwarzgrau. Am Oberkopf ein Federbusch. Kopf und Oberhals sind tiefschwarz mit grünlichem Metallschimmer; Schnabel und Ruder rot. Beim Weibchen sind Kopf, Oberhals und Federbusch rostbraun, die Kehle weiß und die Unterseite grauweiß.

Vorkommen und Lebensweise: Die G. leben auf Flüssen, Seen und Teichen. Ihre Brutgebiete liegen überwiegend in Nordeuropa und an der deutschen Ostseeküste, aber auch vereinzelt in Bayern. Sie sind in erster Linie ▸ Stand- und ▸ Strichvögel, erhalten im Winter starken Zuzug aus nördlicher gelegenen Brut-

Säger, nach Otto Grashey, »Praktisches Handbuch für Jäger«, 1894, 3. Auflage 1916: 1 Zwergsäger (Männchen), 2 Zwergsäger (Weibchen), 3 Mittelsäger (Männchen), 4 Mittelsäger (Weibchen), 5 Gänsesäger (Weibchen), 6 Gänsesäger (Männchen)

räumen und leben dann häufiger auf offenen Gewässern im Binnenland und an der Küste.
Fortpflanzung: Als Nistplatz werden natürliche Höhlen in alten Bäumen, Schwarzspechthöhlen, Mauerlöcher und Felsspalten, manchmal auch weitab von Gewässern, gewählt. In Baumhöhlen werden die Eier ohne Nistmaterial abgelegt. Das Gelege besteht aus acht bis zwölf rahmfarbenen, glanzlosen Eiern. Die Größe beträgt 66 x 46 mm, das Gewicht ca. 83 bis 84 g. Die Jahresbrut erfolgt Mitte April bis Mai, die Brutdauer beträgt durchschnittlich 33 Tage. Die Jungen springen kurz nach dem Schlüpfen aus der Höhle oder werden einzeln vom Weibchen hinuntergetragen und dann zum nächsten Wasser geführt. Sie können bereits nach einer Woche tauchen und sind mit acht Wochen flügge. Es brütet nur das Weibchen.
Nahrung: Überwiegend Fische, daneben auch Käfer, Krebse, Würmer usw.

2. Mittelsäger, der *(Mergus serrator*, L.): Auch rotbrüstiger Säger, langschnäbeliger Säger, Sägeschnäbler, Nörk, Seerachen, mittlerer Sägetaucher, Taucherkiebitz, Seekatze. Der etwa stockentengroße M. mit einer Länge von 54 cm und einer Flügelspannweite von ca. 70 cm.
Aussehen: Der Erpel im ▸ Prachtkleid ist auf dem Kopf und einem Teil des Oberhalses tiefschwarz mit grünem Metallschimmer. Auf dem Kopf ein strähniger Federbusch, den Oberhals umschließt ein breiter weißer Ring (Halsband); Unterhals und Kopf sind roströtlich. Die weißen Armschwingen werden von schwarzen Außenrändern umschlossen. Das Weibchen ist ähnlich gefärbt, jedoch ist der Federbusch kleiner und die Gesamtfärbung bräunlicher.
Vorkommen: Die Brutgebiete liegen in Nordeuropa und an der Ostseeküste.
Fortpflanzung: Die Bodenbrüter legen die Nistplätze in Wassernähe, meist zwischen starkem Pflanzenwuchs versteckt, an. Das Gelege enthält im Durchschnitt sieben bis zwölf hellgelblich olive, glattschalige Eier. Größe: ca. 65,5 x 45 mm, Gewicht: ca. 75 g. Die Brutdauer beträgt 28 bis 32 Tage. Eine Jahresbrut (Ende Mai bis Juni); Nachgelege.
Nahrung: Wie Gänsesäger.

3. Zwergsäger, der *(Mergus albellus*, L.): Auch weißer Säger, ungarische Tauch-, Kreuz-, Schäck-, Möwen-, Morchente, Elster-, Möwen-, Nonnentaucher, Wieselentchen, Nonneli, weiße Nonne, Eiskinig. Etwa entengroß und ca. 40 cm lang.
Aussehen: Der Erpel ist fast rein weiß mit einigen schwarzen Streifen im Federkleid. Das Weibchen ist auf der Oberseite etwas grauer gefärbt, hat einen rötlich braunen Oberkopf und weiße Wangen. Der Federbusch ist nur angedeutet und kräftiger braun.
Vorkommen: Der Z. ist bei uns nur Wintergast und hat seine Brutgebiete in den nordischen Ländern. In seiner Lebens- und Nistweise ist er v.a. mit dem Gänsesäger vergleichbar.
Fortpflanzung: Er nistet mit Vorliebe in Baumhöhlen. Das Gelege enthält durchschnittlich fünf bis neun gelblich weiße Eier, die nur 47 x 31 mm groß sind und nur vom Weibchen bebrütet werden. Die Brutdauer beträgt 28 bis 31 Tage. Im Mai/Juni eine Jahresbrut.

Sailer, Anton (1903 München bis 1987 München): Maler und Schriftsteller. S. erhielt seine Ausbildung in München an der Kunstgewerbeschule und an der Akademie. In Paris setzte er das Studium der Malerei fort. Mehrere Jahre war er Präsident der Ausstellungsleitung im Haus der Kunst. Von ihm stammt u.a. der Roman »Leibl. Ein Maler- und Jägerleben. Nach Tatsachen frei erzählt« (1959) und »Leibl. Maler, Jäger, Herkules« (1975).

Saint Gilles: ▸ Schutzpatrone.

Saisonehe, die: Eine zeitlich begrenzte, nur auf eine Fortpflanzungsperiode (Brutperiode) beschränkte Partnerbildung bei Tieren. Zum Teil lösen sich die Paare noch vor dem Selbständigwerden der Jungen (z.B. bei vielen Wildentenarten) auf. S. führen v.a. ▸ Wasservögel, aber auch viele ▸ Singvögel und ▸ Greifvögel (z.B. Mäusebussard, Baumfalke). Bei einer S. verpaaren sich die Tiere jährlich neu.

Saker, der: Weiblicher Sakerfalke (▸ Falken 10.), der als ▸ Beizvogel geflogen wird.

Sakeret, der (Sakret): Männlicher Sakerfalke (▸ Falken 10.), der als ▸ Beizvogel geflogen wird; ▸ Terzel.

Sakerfalke, der: Falkenort aus dem südlichen Osteuropa und Asien, die als ▸ Beizvogel verwendet wird; ▸ Falken 10.

Sakret, der: ▸ Sakeret.

Salamander, die: ▸ Amphibien.

Salmonellose, die (Paratyphose): Eine ▸ Infektionskrankheit. Salmonellen umfassen mehrere hundert verschiedene Bakterienarten, die typhusähnliche Erkrankungen hervorrufen. Diese Bakterien verursachen Erbrechen, Darmentzündung und Durchfall bei verschiedenen Tieren, Vögeln und beim Menschen. Sie bilden Giftstoffe unterschiedlicher Art, die bei Tieren zu einer Blutvergiftung mit tödlichem Verlauf führen können. Die Weiße Kükenruhr ist eine Salmonellenerkrankung, verursacht durch Bakterien der Art *Salmonella gallinarum*, die bei Küken von Hühnervögeln, insbesondere aber in Fasanerien häufig hohe Verluste verursacht. Beim Menschen kann eine Salmonellenerkrankung zu ernsten Vergiftungen führen (Fleischvergiftung, Paratyphus). Das ▸ Wildbret ist genussuntauglich.

Salten, Felix, eigentlich Siegmund Salzmann (6.9.1869 Budapest bis 8.10.1945 Zürich): Österreichischer Schriftsteller und Journalist. S. schrieb Tiergeschichten, sein berühmtestes Werk: »Bambi. Die Geschichte eines österreichischen Rehbocks von der Geburt bis zum Tod« (1923). Die Geschichte wurde von Walt Disney 1942 mit einem Weißwedelhirschkalb als Bambi verfilmt, da es in Amerika kein Rehwild gibt.

Salweide, die: ▸ Weiden.

Sälzle, Karl, Dr. (22.6.1905 Vilshofen bis 6.5.1990 München): Zoologe, ehemaliger Direktor des Deutschen Jagdmuseums in München und Schriftsteller. S. war nach dem Studium der Zoologie bei der Zoologischen Staatssammlung in München tätig, wechselte aber bald in die Dienste des damals im Aufbau befindlichen Deutschen Jagdmuseums über (▸ Jagdmuseen), dessen Leiter er im Jahre 1945 wurde. Am 1.1.1976 gab S., der insgesamt über 44 Jahre für das Museum tätig war, sein Amt an Horst Popp ab. S. schrieb u.a. das vom Deutschen Jagdschutzverband preisgekrönte und reich illustrierte Werk »Tier und Mensch – Gottheit und Dämon. Das Tier in der Geistesgeschichte der Menschheit« (1965), ferner »Schätze des Deutschen Jagdmuseums München. Ein Bildwerk für Freunde der Jagd, der Natur und der Kunst« (um 1955), »Deutsches Jagdmuseum München. Eröffnungskatalog« (1966), »Die Jagd« (1982). Für das Sammelbilder-Album (Zigarettenbilder-Zentrale Kosmos) »Bunte Vögel aus aller Welt« (2 Bde., 1953) stellte er die Bilder (300) zusammen und schrieb den Text. Zusammen mit Hans Schedelmann schrieb er das Buch »Jagdbrevier« (1959).

Salzlecke, die (Lecke, Sulze): Die S. dient der Versorgung des Wildes mit Salz und wird in verschiedenen Formen und Zusammensetzungen dem Wild dargeboten. Salz regt den Appetit an, verbessert die Verdauung, regelt den osmotischen Druck zwischen den Körperzellen, erhöht die Widerstandskraft gegenüber Krankheiten und verbessert das allg. Wohlbefinden. Mit dem Salz werden auch noch andere Mineralstoffe und Spurenelemente aufgenommen. Der Salzbedarf ist besonders zur Zeit der Geweihentwicklung, des Haarwechsels, der Frühjahrsgrünäsung und zur Setzzeit hoch. In den Wintermonaten, in denen das Wild wenig Möglichkeit zum ▸ Schöpfen hat, sollten die Sulzen nicht beschickt werden, weil Salz Durst erzeugt. Die

Salzlecke oder Sulze

Rotwild an der Salzlecke, aus R. Corneli: »Die Jagd und ihre Wandlungen« (1884)

Anlage von S. ist für jedes Schalenwild-Revier von großer Bedeutung. Dem Wild wird deshalb in der Nähe der Einstände, an Hauptwechseln, an Wildäckern und -wiesen Salz in verschiedener Form dargeboten. Es sollten immer zwei S. in einer Entfernung von 20 bis 30 m voneinander angebracht werden, damit auch schwächeres Wild an das Salz herankommt. Für S. gibt es Natursalzsteine, fertige Lehm-Salz-Mischungen oder Minerallecksteine, die aus Kochsalz, Kalk-, Chlorkalzium, Natriumphosphat, Vitaminen und Spurenelementen bestehen. S. werden von allem Schalenwild, Hasen, Kaninchen und auch von Tauben angenommen.

1. Stangensulze (Stangenlecke, Pfahl-, Stammsulze): Ein Baum von ca. 10 bis 15 cm Stärke wird in ca. 2 m Höhe waagerecht abgesägt und gut entrindet. Oben auf der Schnittfläche wird mit Holzleisten oder Draht der S.-Stein (Natursalzstein) befestigt. Durch die Niederschläge geht das Salz in Lösung und durchtränkt die Stange bzw. läuft an dieser hinunter und wird dann vom Wild von der Stange abgedeckt. S. haben sich besonders bei Reh- und Damwild bewährt.

2. Stocksulze: Die Lecksteine werden in einen noch gut erhaltenen, entrindeten Baumstumpf gelegt, der vorher mit der Axt ausgehöhlt und mit einer kleinen Abflussrinne versehen wurde. S. haben den Nachteil, dass Wild direkt an das Salz kann und eventuell zuviel davon aufnimmt. Auch durch die Gewohnheit von Marder und Fuchs, ihre Losung etwas erhöht abzusetzen, besteht die Gefahr, dass die Sulze verschmutzt wird und das Wild sie dann nicht mehr annimmt. Mit den S. soll Wild erst an Salz gewöhnt werden, später sollte aber auf eine andere Form der Darreichung übergegangen werden. Die S. ist v.a. für Hasen geeignet.

3. Barrensulze: Die Lecksteine werden direkt in einen Futtertrog (Barren) gelegt, der auf ca. 50 cm hohen Stangen befestigt ist.

4. Lehmsulze: Die fertig gekaufte oder selbst zubereitete Lehm-Salz-Mischung wird in viereckigen Holzkästen auf ca. 50 cm hohen Stangen dem Wild dargeboten. Die Holzkästen müssen durchlöchert werden, damit das Regenwasser abfließen kann. Die Lehm-Salz-Mischung ist auch leicht selbst herzustellen, indem man sandfreien Lehm und Kochsalz mit Wasser vermengt oder besser einen Teil kohlensauren Futterkalk, einen Teil Mineralstoffmischung, zwei Teile Kochsalz und fünf Teile sandfreien Lehm mit Wasser vermengt.

5. Taubensulze: Spezielle Salzlecken für ▸ Wildtauben (besonders für Ringeltauben) werden an von Tauben bevorzugten Orten, an Tränken oder zusammen mit einer Tränke angelegt. Es wird eine ca. 5 m lange Rinne in den Boden gehackt und grobes Salz hineingestreut. Eine andere Möglichkeit ist, Kochsalz in Lehm einzukneten. Früher setzte man dem Kochsalz noch Fenchel, Anis u.a. hinzu, wodurch die Sulze besser angenommen werden sollte. Günstig ist, die T. in Schussentfernung von einem Ansitzschirm anzulegen.

Samenplantage, die: In der Forstwirtschaft eine Anpflanzung ausgewählter Klone oder Sämlinge, die so angelegt ist, dass eine von außerhalb der Anpflanzung kommende Fremdbestäubung vermieden oder zumindest begrenzt wird; sie ist eine Bewirtschaftung mit dem Ziel frühzeitiger, häufiger, reicher und leicht durchführbarer Ernten; ▸ Pflanzgarten.

Sammeln der Hundeführer!: ▸ Jagdsignale.

Sammeln der Jäger!: ▸ Jagdsignale.

Sammeln der Treiber!: ▸ Jagdsignale.

Sammeln von Eiern: Nach §22 Absatz 4 BJG ist das Ausnehmen der Gelege (Nester mit Eiern) von ▸ Federwild verboten. Die Länder können zulassen, dass Gelege in Einzelfällen zu wissenschaftlichen, Lehr- und Forschungszwecken oder für Zwecke der Aufzucht ausgenommen werden. Das Sammeln der Eier von Ringel- und Türkentauben sowie von Silber- und Lachmöwen ist gestattet; die Länder können das Sammeln aus besonderen Gründen einschränken. Das S. v. E. von Ringel- und Türkentauben sowie von Silber- und Lachmöwe dient hauptsächlich der Bestandsregulierung und der Vogelabwehr. Es ist daher auch schon die Beschädigung und die Zerstörung erlaubt. In Bayern ist es jedoch grundsätzlich verboten, die Nester und Gelege des Federwildes zu beschädigen, wegzunehmen oder zu zerstören (Ausnahme: S. v. E. von Ringel- und Türkentaube sowie von Silber- und Lachmöwe). Das Recht auf Aneignung der Eier steht dem ▸ Jagdausübungsberechtigten (▸ Jagdausübungsrecht) zu. Zum Sammeln der Möweneier ist jedermann befugt, der die schriftliche Erlaubnis des Jagdausübungsberechtigten besitzt. Eine schriftliche Erlaubnis ist beim Sammeln mitzuführen.

Sammeln von Pflanzen, das: Das S. v. P. oder Pflanzenteilen ist im BNatSchG (§39) sowie in den Naturschutzgesetzen der Länder und in der BArtSchV geregelt. ▸ Pilzesammeln.

Samtente, die: ▸ Wildenten 15.

Samthühnchen, das (Samthühnlein): ▸ Rallen 3.

Samttauchente, die (Samttrauerente): ▸ Wildenten 15.

Sandbandregenpfeifer, der: ▸ Regenpfeifer 3.

Sandbirke, die: ▸ Birken 1.

Sanddorn, der *(Hippophae)*: Eine Gattung der Ölweidengewächse *(Elaeagnaceae)* mit einer

▸▸▸ Sanddorn (im Oktober)

Art in Europa, dem **Gemeinen Sanddorn** *(Hippophae rhamnoides*, L.). Der S. ist ein sommergrüner, sperriger und dicht verzweigter zweihäusiger Baum oder Strauch mit dornigen Kurztrieben. Er wächst in lichten Kiefernwäldern, auf rohen Sand- und Kiesböden, an Flussufern in Schotterfluren der Hochgebirge, an Meeresküsten auf festgelegten Dünen (infolge reicher Wurzelbrut sandbindend). Wegen der Fruchtbildung soll er nur in Gruppen mit verschiedengeschlechtlichen Exemplaren gepflanzt werden. Die Vermehrung erfolgt durch Wurzelstecklinge und Samen. Die orangeroten, im reifen Zustand fast weißen, länglich-runden Beeren befinden sich den Winter über an den Sträuchern. In S.-Gebüschen, die sich sehr gut als Deckungsgehölze eignen, finden zahlreiche Tierarten Schutz. Fuchs und Kaninchen legen z.B. unter den Sträuchern Erdbauten an, andere Arten finden dort auch ihren ▸ Einstand. Von den Beeren ernähren sich u.a. ▸ Fasane, ▸ Rabenvögel, insbesondere die Dohlen, Drosseln und Stare. In Fuchs- und Wildschweinlosungen fand man u.a. S.-Samen.

Sandhähnchen, das: ▸ Regenpfeifer 4.

Sandhase, der: ▸ Hasen 1.

Sandläufer, der: ▸ Regenpfeifer 4.

Sandläufer, **blauer**, **brauner**, **bunter**, **gefleckter**, **grauer**, **schwarzer**, der: ▸ Schnepfenvögel.

Sandpfeifer, der: ▸ Schnepfenvögel 14.

Sandregenpfeifer, der: ▸ Regenpfeifer 3.

Sangherd, der: Ein Vogelherd (▸ Vogelfang 7.), auf dem früher die Lockvögel (Sangvögel) durch ihren Gesang die Artgenossen anlockten.

Sankt Ägidius, **Eustachius**, **Hubertus**: ▸ Schutzpatrone.

Sankt Martin: **1**) ▸ Weihen 2. **2**) ▸ Schutzpatrone.

Sarcoptes-Milben, die: Verursacher der Sarcoptes-Räude; ▸ Räude.

Sarcoptes-Räude, die: ▸ Räude.

Sarkosporidien: Auch Sarcocystis. Eine Gruppe von Parasiten, welche mit Neospora eng verwandt sind und sowohl im Hundedarm als auch im Gewebe von diversen Nutztieren, wie Rind, Schaf, Ziege und Schwein, sowie bei mehreren Wildtieren (Reh, Muffel, Wildschwein) auftreten können. Sie können regelmäßig im Hundekot nachgewiesen werden. Dabei gibt es sehr viele S.-Arten, die sich jeweils auf eine einzelne Tierart spezialisiert haben. So wird man z.B. *Sarcocystis cruzi* nur im Darm des Hundes und in der Muskulatur von Kühen, nicht aber bei anderen Tierarten finden. Einzelne dieser Arten können auch bei ihren Zwischenwirten Krankheiten hervorrufen, wenn sie sich in deren Muskulatur vermehren und es dabei zu Entzündungen kommt. Es handelt sich dabei aber nur in seltenen Fällen um S., die von Hunden übertragen werden. Die vom Hund stammenden S. verursachen nur sehr kleine Gewebestadien von ca. 0,5 bis maximal 1 mm Länge bei den Nutztieren. Bei einem hohen Gehalt des Fleisches an S. kann es beim Menschen nach dessen Verzehr zu Durchfällen und zu Erbrechen kommen. Die Symptome halten nur wenige Tage an.

Saubeller oder Saufinder (kolorierter Stich, 19. Jh.)

Sasse, die: Das Lager (Ruheplatz) der ▸ Hasen; norddeutsch auch Pott genannt. Die S. ist eine ausgescharrte Mulde, die Deckung bietet, und findet sich sowohl im freien Gelände als auch unter Büschen und im Wald.

Sassjagen, das: Frühere, örtliche Bez. für eine Jagd, bei der nur ▸ Alttiere und ▸ Schmaltiere geschossen werden durften.

Sattel, der: **1**) Auch Sattelfleck, Schabracke, Schneefleck; ein großer heller Fleck auf den Flanken des Muffelwidders (▸ Muffelwild); ▸ Schecke. **2**) Kleinere Form des ▸ Mantels 2). **3**) ▸ Sattelfang.

Sattelfang, der (Sattel): Frühere, ziemlich problematische Fangmethode für Habichte und Wanderfalken. Dabei wurde einer lebenden, angepflockten Taube ein mit Schlingen (Haarschleifen) versehenes Stück Leder auf dem Rücken befestigt, in denen sich der stoßende ▸ Greifvogel fangen sollte, man nannte dies »Fang auf dem Sattel«.

Sattelfleck, der: ▸ Sattel 1).

Sattelkrähe, die: ▸ Rabenvögel 3.

Sattelmontage, die: Montageart für Zielfernrohre; ▸ Jagdoptik.

Satz, der: **1**) Bez. für gleichzeitig gesetzte Junghasen, Jungkaninchen oder Affen beim Murmeltier. Ein Hase bringt drei bis vier Sätze, ein Kaninchen vier bis sechs Sätze pro Jahr. Man spricht auch vom ersten, zweiten usw. S. **2**) Ein Teil der Balzarie des Auerhahns; ▸ Gesetzel. **3**) Das Absetzen eines Tones beim Blasen der ▸ Jagdsignale.

Satzhase, der (Setzhase): Bez. für die Häsin.

Satzreiser, die: ▸ Steckling.

Satzröhre, die: ▸ Setzröhre.

Satzzeit, die: ▸ Setzzeit.

Sau, die: Waidgerechter Ausdruck für das Wildschwein. Plural: Sauen (eine ▸ Rotte Sauen); ▸ Schwarzwild.

Saubart, der: Eine Jagdtrophäe, die aus den langen Borsten der vorderen Rückenpartie des männlichen ▸ Schwarzwildes im Winter besteht. Überläufer haben die längsten, ältere und alte Keiler die stärksten Borsten. Jede einzelne Borste ist an der Spitze mehrmals gespalten und wird als Feder bezeichnet. Der S. wird gerupft und gebunden und dient als Hutschmuck.

Saubeller, der: ▸ Saufinder.

Saubruch, der: ▸ Gebräch 1).

Saubuchten, die: ▸ Schwarzwild (Hege).

Saudegen, der: Eine früher bei der Hetzjagd auf Sauen getragene, degenartige ▸ Blanke Waffe, die zum Abfangen der von Hunden bedeckten Sau verwendet wurde.

Saudukaten, der: ▸ Jagdgulden.

Saueisen, das: ▸ Blanke Waffen.

Sauergräser, die: ▸ Obergräser, ▸ Untergräser.

Sauerländer Bracke, die (Deutsche Bracke): ▸ Bracken.

Sauerländer Halbmond, der: ▸ Jagdhorn.

Sauer & Sohn: Ältester deutscher Jagd- und Sportwaffenhersteller mit Sitz in Eckernförde. Das Unternehmen J. P. Sauer & Sohn wurde 1751 in Suhl gegründet und stellt u.a. Repetierbüchsen, Drillinge, Flinten sowie Spezialausführungen her. Im Jahre 1880 gelang der Firma die industriemäßige Herstellung von ▸ Jagdwaffen mit auswechselbaren Teilen.

Saufang, der: ▸ Jagdeinrichtungen 4.

Saufeder, die: ▸ Blanke Waffen.

Saufinder, der (Saubeller, Finder): Bei der Saujagd verwendeter feinnasiger erfahrener Hund, ungeachtet der ▸ Rasse oder der Mischung. Er muss die Sauen leicht finden und

Der Saubart wird vom Rücken des Keilers gewonnen.

dann anhaltend verbellen, sodass die übrigen Hunde beigeschnallt (losgeleint) werden können oder der Jäger herankommen kann. Ein S. darf nur Sauen jagen, anderes Wild nicht beachten und nur Laut geben, wenn er die Sau eräugt. Er muss von mittlerer Größe sein, da ▸ Schwarzwild sich großen Hunden nicht stellt und kleine Hunde, besonders bei Schnee, nicht schnell genug dem Wild folgen können. Der Hund muss sich auch mit seinen Artgenossen vertragen, da er stets mit mehreren Hunden (Hatz) jagt; ▸ Saupacker, ▸ Saumeute.

Saugarn, das (Saunetz, Sauseile): ▸ Garne.

Saugarten, der: Bez. für ein eingefriedetes Waldgebiet, in dem ▸ Schwarzwild für Jagdzwecke gehalten wird.

Saugatter, das: Bez. für die Umzäunung eines ▸ Saugartens und für den Saugarten selbst.

Säugen, das: Versorgen des Jungwildes und der Junghunde mit Muttermilch.

Säugetiere, die (Säuger; *Mammalia*): Warmblütige, weltweit verbreitete Wirbeltiere, bei denen sich mit Ausnahme einiger ▸ Fledermäuse und Winterschläfer die Körpertemperatur annähernd auf gleicher Höhe hält. Sie gehören zur höchstentwickelten ▸ Klasse der Wirbeltiere. Besondere Kennzeichen der S. sind: das Haarkleid (Ausnahme: Wale, Robben, Delphine, bei denen es sich im erwachsenen Zustand stark zurückgebildet hat); die vier Gliedmaßen bei den meisten S.; mit Ausnahme der Kloakentiere lebendgebärend; Atmung durch Lungen; häufig ein einmaliger Zahnwechsel (Milchgebiss – Dauergebiss); hochentwickeltes Gehirn und Sinnesorgane. S. sind sehr anpassungsfähig und haben sich fast alle Lebensräume erobert; viele Gruppen sind inzwischen jedoch ausgestorben. Heute gibt es weltweit noch 19 ▸ Ordnungen mit über 4500 ▸ Arten: hierzu gehören u.a. ▸ Paarhufer *(Artiodactyla)*, ▸ Nagetiere *(Rodentia)*, Raubtiere (▸ Carnivora), Robben *(Pinnipedia)*, die Hasenartigen *(Lagomorpha;* ▸ Hasen), die Hundeartigen (▸ Canidae) und die Katzenartigen *(Felidae)*.

Saugloch, das (Schmalzdrüse, Schmalzröhre, Fettloch, Stinkloch): Drüse beim ▸ Dachs, die sich in einer quer zwischen dem ▸ Weidloch und dem Pürzel liegenden Hauttasche befindet; ▸ Duftdrüsen.

Saugrube, die: Eine Grube zum Lebendfang von Sauen. Die früher angelegte S. war eine etwa 2 m tiefe Grube mit steilen Wänden, die mit Reisig überdeckt wurde. Die Grubenumgebung und die Reisigschicht bedeckte man zum Anlocken der Sauen mit ▸ Kirrung.

Saugwelpe, der: Junger Hund, der noch gesäugt wird.

Saugwürmer, die *(Trematoden)*: Zu den ▸ Parasiten von Wirbeltieren gehörende Plattwürmer, die sich indirekt über einen oder mehrere Zwischenwirte (Schnekken, Muscheln) entwickeln. Sie sind überwiegend Zwitter, stets flach abgeplattet und besitzen Saugnäpfe oder Haken zur Befestigung am Wirt. Gehäuftes Auftreten von S. kommt bei ▸ Schalenwild, ▸ Haarraubwild, ▸ Hasen und ▸ Wildkaninchen sowie beim ▸ Federwild vor. Die verschiedenen Arten von S. finden sich hauptsächlich im Darm, einige in den natürlichen Höhlen des Schädels (z.B. *Troglotrema acutum* bei Fuchs, Iltis, Nerz und Frettchen) sowie in den Gallengängen der Leber (z.B. bei Nerz, Fuchs und Hund). Bekannte S. sind die ▸ Leberegel.

Sauhatz, die (Streichhatz, Streifhatz, veraltet: Schweinshatz): Eine ▸ Hatz auf ▸ Schwarzwild in freiem Gelände. Die S. mit den ▸ Hatzhunden (Hatzrüden) stand in früherer Zeit hoch im Kurs und wurde mit besonderem Prunk durchgeführt. Voraussetzung hierfür waren kleinere, mit Sauen besetzte Dickungen, die von Wiesen und Blößen umgeben waren, da die Hunde nur auf freien Plätzen auf stärkeres Wild gehetzt werden durften. Gewöhnlich bestanden die Hatzen aus jeweils sechs bis neun oder mehreren leichteren und schweren Hatzhunden. Die schweren Hatzhunde (Englische Doggen) löste man zuerst, die leichteren (Dänische Doggen, Ulmer Doggen) etwas später (▸ Saupacker). Die leichteren Hatzhunde hatten die Sauen einzuholen und so lange aufzuhalten, bis die schwereren Hatzhunde heran waren. Zu jeweils ein bis drei Rüden gehörte ein ▸ Hatzmann, der die Hunde am Strick führte. Jede Hatz stand unter dem Befehl eines Kommandeurs, die gesamten Hatzen befehligte ein berittener Direktor, dem ein ebenfalls berittener Gehilfe zur Seite stand, um die Befehle schnell an Ort und Stelle zu bringen. Waren Sauen in einem Waldstück bestätigt, stellten sich die Hatzen vor Beginn der Hatz gedeckt hinter Hatzschirmen – mit Sichtverbindung untereinander – auf. Die Sauen wurden nunmehr mithilfe des ▸ Saufinders den Schirmen zugetrieben. Sobald diese in Sichtweite kamen, rief der Kommandeur leise: »Vor!« Die Hatzmänner lösten daraufhin die Hunde, die auf das Kommando »Hetz!« den Sauen folgten. Je nach Stärke der Sau ließ man zwei bis sechs Rüden laufen, auf eine ▸ Rotte Sauen, je nach Kopfzahl, zwei bis drei Hatzen, wobei bei einer Rotte schwacher Sauen oder einer Bache mit Frischlingen auf den Kopf gehetzt wurde, d.h. den Sauen die Hunde entgegengehetzt und dadurch auseinandergesprengt wurden. Bei groben Sauen wurden die Hunde an das Wild gehetzt. Die Hatzhunde hatten die Sauen im freien Gelände zu hetzen, festzumachen und zu decken, bis die Jäger heran waren und grobe Sauen mit der Saufeder, schwächere Sauen mit dem Hirschfänger abfingen. Auch grobe Sauen wurden mit dem Hirschfänger abgefangen, nachdem sie von einem ▸ Rüdemann ausgehoben (▸ ausheben 1)) wurden.

Sauhundsarbeit, die: Alte Bez. für das Gewöhnen des ▸ Leithundes an Sauen. Dies geschah früher im Herbst, wenn die Hirschjagden vorbei waren und die Saujagden bevorstanden.

Saujagd, die: ▸ Schwarzwild (Jagd).

Sau-Jagen, das: Ein ▸ Eingestelltes Jagen auf Sauen.

Säule, die: Auch Schmalfeder. Bez. für die äußerste der zehn Schwungpennen (Schwungfedern) des ▸ Beizvogels. Sie hat eine besondere Form und eine große Bedeutung für die Flugtechnik des Beizvogels. Der Beizvogel kann deshalb erst dann aus der Mauser genommen und wieder in Jagdform (▸ Kondition 3)) gebracht werden, wenn die S. wieder fertig ausgebildet ist.

Saumeute, die: Eine Hundemeute speziell für die Jagd auf ▸ Schwarzwild. Die heute zur Saujagd verwendeten mittelgroßen Hunde sind leichter und wendiger als die alten schweren ▸ Hatzhunde. Sie werden wie diese als Finder, Packer und Hatzhunde bezeichnet. Die bei Treib- und Drückjagden auf Sauen (▸ Schwarzwild [Jagdarten]) eingesetzten feinnasigen ▸ Saufinder sind häufig ▸ Bracken, ▸ Stöberhunde oder Mischlinge, die die Sauen leicht finden und wissen, worauf es ankommt. Die Hatzhunde und ▸ Saupacker müssen hingegen Jagdpassion haben und scharf und mutig sein, weswegen meist Terrier verwendet werden. Kleinere Hunde und große ▸ Vorstehhun-

▸▸ Peter Paul Rubens (1577–1640): »Saujagd«; Werkstattwiederholung, um 1615, Öl auf Leinwand. München, Deutsches Jagd- und Fischereimuseum

de sind für S. ungeeignet, da sie nicht wendig und flink genug sind und daher leicht von diesem wehrhaften Wild geschlagen werden; ▸ Sauhatz.

Saumleine, die: **1**) Eine Leine, die oben und unten in den Saum der Jagdtücher (▸ Jagdzeug) genäht wurde, um ein Zerreißen zu verhindern. **2**) Durch die oberste Maschenreihe gezogene Leine bei ▸ Garnen und Netzen.

Saumschlag, der (Saumhieb, Saumschlagbetrieb): Eine ▸ Verjüngung in der Randstellung, am Saum, meist Nord- bis Ostsaum. Eine Reihe von Bäumen wird am Bestandsrand des Erntebestandes zur saumartigen Auflockerung in einem unterschiedlich breiten Streifen entnommen. Der S. ermöglicht die natürliche Verjüngung oder Pflanzung; ▸ Kahlschlag, ▸ Femelschlag, ▸ Schirmschlag.

Saunetz, das (Saugarn, Sauseile): ▸ Garne.

Saupacker, der (Packer, Saurüde): Früher der speziell zur ▸ Sauhatz verwendete schwere ▸ Hatzhund, meist aus der Züchtung der Doggen oder ▸ Molosser. Um die Jahrhundertwende (19./20. Jh.) wurden daher die Ulmer und Dänische Dogge unter dem Namen Deutsche Dogge zusammengefasst, v.a., weil die Unterschiede der beiden Rassen unwesentlich waren und die Veredelung der Rassen hauptsächlich in Deutschland stattfand. Diese ursprünglichen S. erreichten oft fast die Schulterhöhe von 1 m und waren entweder geflammt (gestriemt) mit goldbrauner, gelber, schieferbrauner Grundfarbe und schwarzen oder dunklen, unregelmäßigen Querstreifen, oder sie waren gefleckt (Tigerdoggen), mit weißer oder silbergrauer Grundfarbe und unregelmäßigen, zerrissenen und verteilten Flecken, bzw. einfarbig gelb, schiefer- und aschgrau, bisweilen mit schwärzlichem Anflug an Fang, Augen und Rückenstrang. Der Kopf dieser S. war mäßig lang, mit stark ausgebildeten Backenmuskeln und einer ausgeprägten Falte am Mundwinkel. Die Ohren waren mittelgroß, hoch angesetzt, spitz zulaufend und aufgerichtet. Der Hals war lang, kräftig und leicht gebogen, die Brust breit, der Rücken lang, die Rute mäßig lang, breit und stark an der Wurzel, die aber an der Spitze schlank und leicht spitz auslief; sie reichte kaum über die Sprunggelenke herab. Außer den Doggen verwendete man auch Hunde anderer Art als S., die aber zwangsläufig stark und kräftig genug sein mussten, um die Sauen festzuhalten (zu decken). Wurden die Sauen durch die ▸ Saufinder aufgespürt und gestellt, wurden die S. zugehetzt, die das Schwein an den Tellern festhalten und an den Fleck binden mussten. Die so gestellte Sau konnte dann mit der Saufeder abgefangen oder ausgehoben (▸ ausheben 1)) werden. Zum Schutz gegen die Schläge der Sauen trugen die S. früher sog. Panzer oder Jacken (▸ Jacke 3)). Die heute bei Treib- und Drückjagden auf ▸ Schwarzwild verwendeten scharfen und mutigen Hunde (meist Terrier) werden auch als »Packer« bezeichnet; ▸ Saumeute.

Saupark, der: Ein Gehege bzw. ▸ Wildpark, in dem ▸ Schwarzwild gehalten wird; ▸ Saugarten, ▸ Saugatter.

saurer Regen, der: Bez. für die nasse und trockene Deposition von Luftverunreinigungen (▸ Luftverschmutzung). Durch chemische Verbindungen von Schwefeloxiden (v.a. aus Emissionen von Industrieanlagen und Kraftwerken) und Stickoxiden (v.a. Kfz-Abgase) mit Sauerstoff und Regenwasser entsteht Schwefelsäure und Salpetersäure, die als saure Niederschläge ausregnen. Dies bedingt eine ▸ Bodenversauerung (auch Gewässerversauerung) und führt zu einer Zerstörung des biologischen Gleichgewichts. Der s. R. ist Hauptverursacher der neuartigen ▸ Waldschäden. Wichtigste Gegenmaßnahme: Verwendung von Katalysatoren bei Kfz, Entschwefelung von Kraftwerksemissionen.

Saurüde, der: ▸ Saupacker.

Sauschläge, die: Bez. für die sichtbaren Verwundungen des Hundes und des Menschen, die ihnen eine Sau mit dem Gewaff zugefügt hat.

Sauschütt(e), die: Süddeutsche Bez. für Schwarzwildfütterung, u. a. in einem ▸ Wildgehege; ▸ Kirrung, ▸ Jagdeinrichtungen 3.

Sauschwert, das (Jagdschwert): ▸ Blanke Waffen.

Sauseile, die (Saunetz, Saugarn): ▸ Garne 2.

Sauspiegel, der (Saunetz): Ein spiegelig gestricktes Netz für den Fang von Sauen: ▸ Garne 2.

Sauspieß, der (Jagdspieß): ▸ Blanke Waffen.

Sau tot!: ▸ Jagdsignale.

Savage Arms, Inc.: Im Jahre 1894 in Westfield US-Staat Massachusetts gegründete Waffenfabrik, die u.a. Repetierbüchsen und Bockbüchsflinten herstellt.

Savery, Roelandt J.: ▸ Jagdkunst.

Sax, der: ▸ Jagdwaffen.

Scanzoni, Albert von: ▸ Jagdliteratur.

Schabe, die: Seltener Ausdruck für ▸ Räude.

Schabracke, die: ▸ Sattel 1).

Schachinger, Gabriel (31.3.1850 München bis 9.5.1913 Eglfing bei München): Maler. S., Sohn eines Vergolders, erhielt seine künstlerische Ausbildung u.a. bei Karl von Piloty an der Kunstakademie in München. Er hielt sich in den Jahren 1876 bis 1878 als bayerischer Staatsstipendiat in Italien auf und lebte danach in München. S. schuf u.a. Deckengemälde für das Kurhaus in Wiesbaden, war u.a. auch Genre- und Blumenmaler und schuf die Schützenscheibe »Tellknabe mit Apfel auf dem Kopf« (1894), die sich im Deutschen Jagd- und Fischereimuseum befindet.

Schachtel, die: ▸ alte Schachtel.

Schachtelbrut, die: Bei Tauben ineinandergeschachtelte Bruten, d.h., der Tauber betreut noch die Jungen der letzten Brut, während die Taube schon das nächste Gelege bebrütet.

Schäck, die (Schäcken, Scheck): Seltene und veraltete Bez. für ein scheckiges Wildschwein, ein Bastard von Wildschwein und Hausschwein.

Schäckente, die: **1**) ▸ Wildenten 3. **2**) ▸ Säger 3.

Schacker, der: **1**) ▸ Drosseln 1. **2**) ▸ Schäcker.

Schäcker, der (Schacker, Schecker): Lokaler spöttischer Ausdruck für einen schlechten Jagdhund.

schackern: Rufen der Wacholderdrossel (▸ Drosseln 1.) und durchdringende ▸ Lautäußerung der Elster (auch schäckern).

Schadbär, der: ▸ Braunbär.

Verschiedene Saupieße aus dem 16. bis 18. Jh. München, Deutsches Jagd- und Fischereimuseum

Schadbock, der: Ein älterer Rehbock mit langen Spießen. Beim Kampf ist er anderen Böcken mit mehrendigen Geweihen überlegen; ▸ Mörder, ▸ Schadhirsch, ▸ Schadwild.

Schadenersatzpflicht, die: ▸ Jagdschaden bzw. ▸ Wildschaden.

Schadhirsch, der: Ein älterer Hirsch, der ein abnormes ▸ Geweih aus Spießen und Augsprossen oder nur zwei Spieße hat und dadurch im Kampf anderen Hirschen mit mehrendigen Geweihen überlegen ist; ▸ Mörder, ▸ Schadbock, ▸ Schadwild.

Schädlinge, die: Zusammenfassende Bez. für Tiere und Pflanzen (besonders ▸ Pilze), die Nutztiere, Nutzpflanzen und für den Menschen nützliche Produkte aller Art verzehren oder verändern (Pflanzen-S., Gesundheits-S., Vorrats-S. u.a.), und zwar direkt, z.B. durch Fraß, als ▸ Parasiten usw. oder indirekt, z.B. als Krankheitsüberträger, als Zwischenwirte u.a. Pflanzenschädlinge sind z.B. ▸ Viren, Pilze, höhere Pflanzen (▸ Unkräuter), tierische S. Einzeller, Würmer, Schnecken, Milben, Insekten, Vögel, Säugetiere u.a. Soweit S. im Wald vorkommen, werden sie allg. als Forst-S. bezeichnet; ▸ Pflanzenschutz, ▸ Waldschutz.

Schädlingsbekämpfung, die: ▸ Pflanzenschutz, ▸ Waldschutz.

Schadwild, das: Nicht mehr zeitgemäße Bez. für alles Wild, das »zu Schaden geht«, v.a. für ▸ Schwarz- und ▸ Rotwild, das auf land- und forstwirtschaftlich genutzten Flächen ▸ Wildschäden anrichtet. Im weiteren Sinne auch überholte Bez. für ▸ Schadbock und ▸ Schadhirsch; ▸ Raubwild, ▸ Nutzwild.

Schaf, das (Wildschaf): Weibliches ▸ Muffelwild nach Vollendung des ersten Lebensjahres.

Schäffler, der: Alte und seltene Bez. für den Damhirsch.

Schafgeier, der: ▸ Geier 4.

Schaflamm, das: Weibliches Lamm (Jungtier des ▸ Muffelwildes) bis zum 31. März des auf die Geburt folgenden Jahres.

Schaft, der: **1**) Holzschaft bei Saufeder, Bäreneisen und anderen Jagdspießen; ▸ Blanke Waffen. **2**) Der oberhalb der Spule gelegene Kiel der ▸ Vogelfeder. **3**) Der untere Teil des ▸ Haares über der Haarwurzel, der aus ▸ Decke, ▸ Balg, ▸ Schwarte ragt. **4**) Hölzerne Griffteile des Jagdgewehres; ▸ Schäftung. **5**) Seltene Bez. für die ▸ Schnalle der Hündin.

Schaftbacke, die: ▸ Backe, ▸ Schäftung.

Schäften, das: **1**) Ein Gewehr mit einem Schaft (z.B. nach Maß s.) und ▸ Garnitur versehen; ▸ Schäftung. **2**) ▸ schiften. **3**) ▸ spießen. **4**) Ein Jagdhund, der einen schlanken Leib hat, ist gut geschäftet.

Schaftformen, die: ▸ Schäftung.

Schaftkappe, die: ▸ Schäftung.

Schaftmagazin, das: ▸ Magazin 2).

Schaftnase, die (Kolbennase): Beim Gewehr das vordere Ende des Schaftrückens, das über den Kolbenhals aufragt; ▸ Schäftung.

Schäftung, die: Die hölzernen Teile eines Gewehres. Die Schäfte werden meist aus Nussbaum-, Buchenholz oder anderen Harthölzern gefertigt. Bei hochwertigen Waffen ist der Schaft häufig aus Nussbaum-Wurzelmaserholz (▸ Maserholz) gefertigt. Für das richtige Treffen muss der Schaft dem Schützen, besonders bei Flinten für den hingeworfenen Schuss, gut passen. Bei Kipplaufwaffen besteht der Schaft aus Vorder- und Hinterschaft (Kolben und Kolbenhals). Repetierbüchsen haben einen durchgehenden Schaft (Halbschaft Teilschaft), der bei den Stutzen bis zur Laufmündung reicht (Ganzschaft, Vollschaft). Der hintere Schaftteil muss den Körpermaßen des Schützen angepasst sein, dabei sind Schaftlänge, Senkung, Schränkung und Pitsch von Bedeutung.

Schaftlänge: Sie wird vom vorderen Abzug bis zur Schaftkappe gemessen. Die normale S. beträgt ca. 35 cm. Passt die S. nicht, kann sie gekürzt oder mit einer Schaftkappe aus Gummi (Weichgummi; mit Hartgummiunterlage auch ventiliert) verlängert werden. Diese Gummischaftkappen (Kolbenschuh) mindern außerdem auch den Rückstoß (Rückschlaghinderer) und ermöglichen ein lautloses Abstellen des Gewehres. Sie verhindern auch das Wegrutschen des Gewehres, bleiben jedoch – je nach Ausführung – beim Anschlag häufig an der Kleidung hängen.

Senkung: Hierunter versteht man den senkrechten Abstand der Schaftnase oder -kappe von der gedachten Verlängerung der Laufschiene nach hinten.

Schränkung: Sie gibt die seitliche Abwinkelung des Schaftes von der gedachten rückwärtigen Verlängerung der Laufschiene an.

Pitch (ein englischer Fachausdruck): Der Begriff bezeichnet die Schräge der Kolbenkappe, die für den Winkel zwischen der Schaftkappe und der Visierlinie maßgebend und damit für den Anschlag von Bedeutung ist.

An manchen Schäften befindet sich eine Backe. Sie soll dem Schützen das Zielen durch Anbacken beim Büchsenschuss erleichtern. Die eingeschnittene Rauung an Vorderschaft und Pistolengriff wird als Fischhaut bezeichnet und soll den Händen des Schützen guten Halt geben. Man unterscheidet folgende Schaftformen: Englischer Schaft; Schaft mit Pistolengriff; Schaft mit Pistolengriff und deutscher Backe; Schaft mit Pistolengriff, deutscher Backe und Schweinsrücken (Buckel); Monte-Carlo-Schaft mit Pistolengriff; Monte-Carlo-Schaft mit Pistolengriff und Monte-Carlo-Backe; Monte-Carlo-Schaft mit Pistolengriff und Bayerischer Backe; Schaft mit Pistolengriff, Schweinsrücken und Monte-Carlo-Backe; Muschel- und Krüppelschaft ermöglichen das Zielen mit dem linken Auge bei Rechtsanschlag.

Schafwild, das: Alte Bez. für ▸ Muffelwild.

Schalaster, die: ▸ Rabenvögel 8.

Schäle, die: ▸ Schälschäden.

Schälen, das: Das Abschälen (Abbeißen, Abnagen) von Baumrinde durch Elch-, Rot-, Dam-, Sika- und Muffelwild sowie Hasen, Wildkaninchen und Biber. Auch Pferde, Rinder und Ziegen können schälen; ▸ Schälschäden.

Schalen, die: Die Hufe des ▸ Schalenwildes.

Schalenauswachsen, das: ▸ Auswachsen der Schalen.

Schalenwand, die: ▸ Sensel.

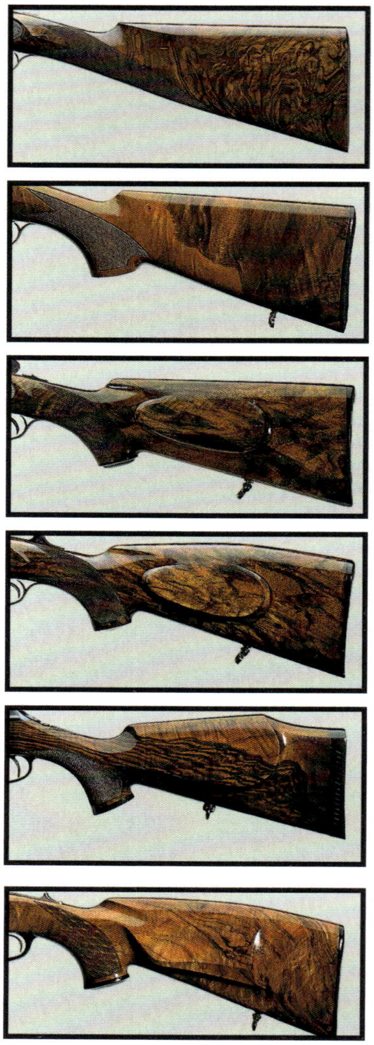

Schaftformen, von oben nach unten: Englischer Schaft; Schaft mit Pistolengriff, ohne Backe; Schaft mit Pistolengriff, mit Backe; Schaft mit Pistolengriff, Backe und Schweinsrücken; Schaft mit Pistolengriff, Monte-Carlo-Effekt und Monte-Carlo-Backe; Schaft mit Pistolengriff, Schweinsrücken und bayerischer Backe

Schalenwild, das: Alles Wild, das auf ▸ Schalen zieht. Gemäß §2 Absatz 3 des BJG gehören zum S.: Wisente, Elch-, Rot-, Dam-, Sika-, Reh-, Gams-, Stein-, Muffel- und Schwarzwild. Eine Gruppe von Tieren bewegt sich nur auf zwei Zehen vorwärts, die sog. ▸ Spitzengänger. Diese beiden Zehen sind mit Horn (den Schalen) überzogen. Da sie paarweise angeordnet sind, werden die Tiere auch als Paarhufer *(Artiodactyla)* bezeichnet. Rechts und links der Schalen befindet sich eine nach hinten gerichtete Zehe (zweite und fünfte Zehe). Diese beiden Zehen werden als ▸ Afterklauen oder Geäfter (veraltet: Oberrücken) bezeichnet. Die Ordnung der Paarhufer wird zoologisch unterteilt in die Unterordnung der ▸ Wiederkäuer und der Nichtwiederkäuer *(Nonruminantia)*. Zu den Nichtwiederkäuern gehört bei uns nur das Schwarzwild. Mit Ausnahme des Rehwildes zählt S. zum ▸ Hochwild. S. wird soziobiologisch bejagt: Der stärkste jagdliche Eingriff erfolgt beim Jungwild; das mittelalte, ausreifende Hauptwild ist zu schonen; das reife Altwild wird vor dem Greisenalter erlegt.

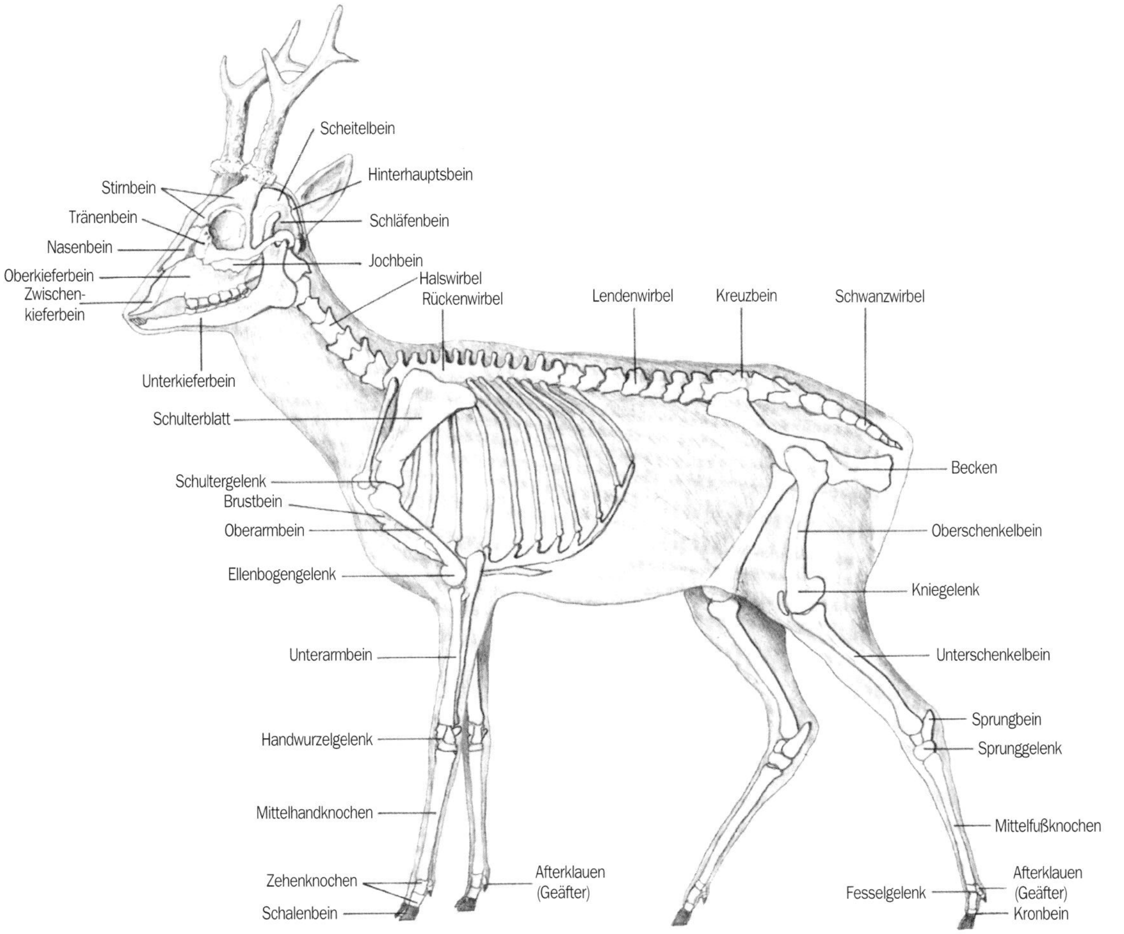

Knochengerüst eines Rehbockes (Schalenwild)

Schalldämpfer, die: S. sind Vorrichtungen, die der Dämpfung des Mündungsknalls dienen und für Schusswaffen bestimmt sind. Sie stehen waffenrechtlich den Schusswaffen gleich. Für den Erwerb ist daher eine Waffenbesitzkarte erforderlich.

Schallen, das: Seltene süddeutsche Bez. für das Schrecken (▸ schrecken 1)) der Rehgeiß; ▸ Schelten, ▸ Schmälen.

Schaller, Eduard (1802 Wien bis 1848 Wien): Maler. Von ihm stammt u.a. »Die Wilde Jagd« (1837; Deutsches Jagd- und Fischereimuseum München).

Schallfuchs, der: ▸ Schallhase.

Schallhase, der: Ein beim Brackieren (▸ Brackenjagd) nicht verfolgter Hase, der aber durch den Laut des brackierenden Hundes aufsteht und flüchtet. Im gleichen Sinne auch Schallfuchs.

Schallhorn, das: Der rückwärtige bauchige Teil (Schallbecher) des ▸ Jagdhorns.

Schalmen, das: ▸ Schelten.

Schälschäden, die: Schäden (▸ Wildschäden), die durch ▸ Schälen an Bäumen entstehen. In Zeiten der Not und des hohen Nährstoffbedarfs, z.B. während der Geweihentwicklung, richtet das Wild (Elch-, Rot-, Dam-, Sika- und Muffelwild) oft erhebliche S. an. Hauptverursacher ist das Rotwild. Wird das Wild durch Störung daran gehindert, zu Felde zu ziehen oder in der Nähe der ▸ Einstände zu äsen, verursacht es aus Hunger (z.B. bei hoher Wilddichte ohne ausreichende Äsungsmöglichkeiten) oder auch aus Stress S. in den Einständen. Es wird hierbei nach Sommer- und Winterschälung (Sommerschäle, Winterschäle) unterschieden. Großer Schaden entsteht bei der Sommerschälung (Saftschäle), bei der die Rinde in ganzen Streifen abgezogen wird. Bei den geringen Entrindungswiderständen während der Vegetationszeit kann das zu großen rindenfreien Stellen am Stammantel führen. Bei der Winterschälung (Benagen der Bäume) sind die Zahnspuren am Stamm deutlich zu erkennen, doch bleiben die Wunden kleiner, weil sich die Rinde schwerer vom Stamm löst. Muffelwild hat eine besondere Art zu schälen. Es löst ein Stück Rinde vom Baum und äst sie ab, während sie noch z.T. am Baum hängt. Bei der Winterschälung sind die Zahnspuren meist schräg zur Längsrichtung des Stammes gestellt. Die des Rotwildes verlaufen hingegen in Längsrichtung. Die sog. Wurzelschäle tritt v.a. bei Buche und Fichte auf und entsteht durch Benagen der Wurzelanläufe. Die eigentliche Holzbeschädigung tritt in der Folgezeit ein durch Stammdeformationen infolge Überwallungen, die in den meisten Fällen mit weiteren Sekundärschäden wie Pilz- und Insektenbefall verbunden sind. Bedroht sind v.a. Baumarten mit dünner Außenrinde, besonders Rotfichte und Rotbuche und borkenbildende Baumarten mit dünner Außenrinde in jüngeren Stadien. Bei Fichten besteht (bis zu einem Alter von ca. 60 Jahren) die Gefahr der Mehrfachschälung. Schälwunden an der Fichte haben meist eine Rotfäule (Wundfäule) zur Folge. Um S. möglichst gering zu halten, empfiehlt es sich, störungsfreie Wildäcker und -wiesen (▸ Wildäsungsflächen) nahe den Einständen anzulegen. In Verjüngungen sind ▸ Wildäsungspflanzen einzubringen (z.B. Kastanien, Vogelbeeren und verschiedene Weichhölzer) und mastspendende Buchen und Eichen an geeigneten Stellen zu belassen.

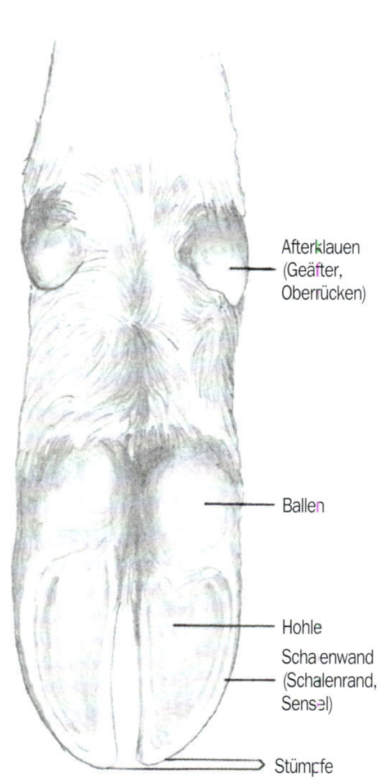

Rotwildlauf

Schalenwild

Art	Unterfamilie	Familie	Unterordnung
Rotwild *(Cervus elaphus)* Damwild *(Dama dama)* Sikawild *(Cervus nippon)* Axishirsch *(Axis axis)*	Echte Hirsche *(Cervinae)*	Geweihträger Hirsche *(Cervidae)*	Wiederkäuer *(Artiodactyla ruminantia)*
Elchwild *(Alces alces)* Rehwild *(Capreolus capreolus)*	Trughirsche *(Odocoileinae)*		
Rentier *(Rangifer tarandus)*	Renhirsche *(Rangiferinae)*		
Wisent *(Bison bonasus)* Steinwild *(Capra ibex)* Gamswild *(Rupicapra rupicapra)*	Ziegenartige Hornträger	Hornträger *(Bovidae)*	
Muffelwild *(Ovis ammon musimon)*	Schafartige Hornträger		
Schwarzwild *(Sus scrofa)*	Wildschweine	Altweltschweine *(Suidae)*	Nichtwiederkäuer *(Artiodactyla nonruminantia)*

Daneben trägt auch die Anlage von ▸ Verbissgehölzen zur Verminderung der S. bei. Ferner ist es oft notwendig, im Winter ausreichend zu füttern und die ▸ Wilddichte in biologisch tragbarem Rahmen zu halten. Eine weitere Schutzmaßnahme ist die Senkung des Bejagungsdruckes durch Einschränkung der Nachtjagd, durch vermehrte ▸ Bewegungsjagden anstelle von Daueransitzen und durch die Einrichtung jagdlicher Ruhezonen an ausgewählten Äsungsplätzen.

Durch Wildkaninchen entstehen S. hauptsächlich an Laubholzkulturen und an Kiefern; ▸ Wildschadensersatz, ▸ Wildschaden(s)verhütung.

Schalten, das: ▸ Schelten.

Schalttragezeit, die: ▸ Vortragezeit.

Schälwild, das: Bez. für alles Wild, das schält; ▸ Schälschäden.

Schamanismus und Jagd: Die älteste fassbare Religion der Menschheit ist der Schamanismus. Sie entstand in der Zeit, als die Jagd für den Menschen von zentraler Bedeutung war. Manche Höhlenbilder stellen Menschen dar, die in Tierhäute eingehüllt sind oder auf dem Kopf Geweihe oder Tierkappen tragen. Dabei handelt es sich wahrscheinlich um die Darstellung von Schamanen. In der Hohlenstein-Stadel-Höhle bei Asselfingen wurde eine 32 000 Jahre alte Mammutelfenbeinfigur, halb Löwe, halb Mensch (»Löwenmensch«) gefunden. Der S. ist ein heute in Zentralasien und in Sibirien verbreitetes religiöses Phänomen. Der Schamane ist hier religiöser Mittler zwischen Mensch und Jenseits. Grundlage seiner Tätigkeit ist eine Ekstasetechnik, die seinen Geist befähigen soll, den Körper nach Wunsch zu verlassen und in Trance weite Reisen (Unterwelt, Himmel, Meerestiefe) zu unternehmen. Ein Schamane ist nicht gleichzusetzen mit dem Medizinmann oder Zauberpriester, den es bei allen primitiven Gruppen bis auf den heutigen Tag gibt. In Bezug auf S. u. J. ist der besondere Menschentyp gemeint, der sich bei einigen Jägervölkern und in Sibirien, bei den Eskimos, in Spuren auch in Australien und in Afrika bis heute erhalten hat und der die Aufgaben und Fähigkeiten, die sich in der modernen Welt aufgespalten haben, in sich vereinigt: Er ist Priester, Arzt und Künstler zugleich. Eine große Zahl der frühesten Felsbilder in Südfrankreich und in Nordspanien (▸ Höhlenmalereien, ▸ Felskunst der Jäger) sind »schamanistisch«, d.h., sie wurden von Schamanen angefertigt und sind aus den Gedankengängen des Schamanen heraus entstanden. Im Unterschied zum Medizinmann handelt der Schamane immer in einem Trancezustand, in den er sich selbst versetzt. Seine Geisterbeschwörungen und seine Heilungsversuche werden von ihm aus nie bei klarem Bewusstsein vorgenommen. Um Jagdglück zu sichern, begibt sich der Schamane oder vielmehr seine Seele, während sein Körper wie tot daliegt, in eine andere Welt, in welcher er entweder »Geistertiere« jagt oder mit der »Tierherrin«, einem Geisterwesen, dem alle jagdbaren Tiere unterstehen, verhandelt. Diese Reise in die Unterwelt wurde von dem Schamanen in Zeichnungen oder Dichtungen und in Tanzdarstellungen beschrieben oder vorgeführt. Dr. Andreas Lommel schreibt in »Vorgeschichte und Naturvölker« (1967): »Das Geheimnis des erfolgreichen Jagdzaubers besteht in einer mimischen Handlung. Die erfolgreiche Jagd wird geistig vorweggenommen und so überzeugend dargestellt, dass den ausziehenden Jägern der Gedanke, dass ihre Jagd erfolglos sein könnte, überhaupt nicht mehr kommt und sie in wahrhaft ›nachtwandlerischer Sicherheit‹ ihre Beute finden und erlegen …« Schamanismus scheint fast überall da vorzukommen, wo sich ein frühes Jägertum bis beinahe in unsere Tage erhalten hat: also in Sibirien, Nordamerika, Südamerika, in verschiedenen Gebieten Afrikas und auch im Nordwestteil Australiens. Bei vielen noch gegenwärtig lebenden Jägervölkern erscheint die Seele, v.a. die von den Tieren, an bestimmte Körperteile, Knochen oder Fell gebunden. Durch Aufbewahrung solcher Teile bindet man die Seelen der betreffenden Tiere an sich. Man kann sich die Seelen geneigt machen und sie veranlassen, dass sie ›verkörpert‹ zurückkommen und als lebendige Tiere sich jagen lassen. Frühe archäologische Zeugnisse dieser Vorstellung finden sich in der zeremoniellen Bestattung von Bärenschädeln in der Westschweiz, im sog. Alpinen Paläolithikum. Der Höhlenbär muss einmal das wichtigste Jagdtier des Menschen gewesen sein. Noch heute finden sich Spuren eines Bärenzeremoniells in Sibirien und Nordjapan. Archäologisch sind Spuren eines solchen Zeremoniells in Europa vielfach nachweisbar. Schon auf den Felsbildern der Eiszeit, etwa in Lascaux, finden sich Darstellungen, die man als schamanistisch interpretieren darf.«

Schantl, Josef Hermann (8.2.1842 Graz bis 22.3.1902 Viehdorf/Niederösterreich): Musiker und Komponist. S. stammt aus einer weit verzweigten Hornistenfamilie und wurde 1869 Hornist in der Kapelle von Johann Strauß, 1870 bis 1895 war er Solohornist an der Hofoper in Wien und der Wiener Philharmoniker, ab 1878 Exspektant und 1891 bis 1895 wirkliches Mitglied der Wiener Hofmusikkapelle. 1870 gründete er das nach ihm benannte S.-Quartett und bemühte sich um die Wiederbelebung der kaiserlichen Jagdmusik in Wien-Lainz, die unter seiner Leitung 1881 erstmals öffentlich auftrat. S. war auch als Hornlehrer am Oberstjägermeisteramt tätig, gründete verschiedene Jagdhorngruppen auf adligen Jagdgütern und wurde 1880 artistischer Leiter des ersten Wiener Waldhornklubs. S. komponierte zahlreiche Stücke für Jagd- und Waldhorn.

Schapsente, die: ▸ Wildenten 2.

Schar, die: **1**) Beim Flugwild, hauptsächlich bei ▸ Wildenten und ▸ Wildgänsen, die Vereinigung von mehreren Flügen (▸ Flug). **2**) Auch Schier, alpenländischer Ausdruck für den ▸ Stoß (Spiel oder Leier) des Birkhahns; ▸ Sichel. **3**) svw. ▸ Scharwild.

Scharbe, die: ▸ Kormorane 1.

Scharbe, grüne, die: ▸ Kormorane 2.

Scharbe, kleine, die: ▸ Kormorane 3.

Scharbe, kurzschwänzige, die: ▸ Kormorane 2.

scharf: **1**) S. ist der Jagdhund, wenn er auf Befehl Wild angreift. Wildscharf ist ein Hund, der bei der ▸ Nachsuche angeschweißtes kleineres Wild (Hasen, Rehwild) abtut oder abwürgt, stärkeres Wild stellt und anhaltend verbellt. Ein Hund ist raubwild- und raubzeugscharf, wenn er kleineres ▸ Raubwild und ▸ Raubzeug (i.d.R. wildernde Katzen) angreift und nach Möglichkeit abwürgt (▸ Kieler Entschließung), größeres stellt und verbellt. Mannscharf ist ein Hund, der auf Befehl einen Menschen angreift; auf Befehl muss er wieder loslassen. Abgelegt bei einem Gegenstand hat er diesen zu verteidigen. Ein Hund, der ohne Befehl angreift, ist bissig. Ein gewisses Maß an Schärfe, besonders an Wildschärfe, muss ein Jagdhund aufweisen, um für den praktischen Jagdbetrieb brauchbar zu sein. **2**) S. ist der Schalenrand eines Hirsches, wenn er noch nicht abgewechselt (abgenutzt) ist, was bei jüngeren Hirschen der Fall ist. **3**) Als s. bezeichnet man auch ein gut schießendes Gewehr.

Schärfe, die: ▸ scharf 1).

scharfe Grenze, die: Früher übliche Bez. für **1**) die Grenze eines Revieres, an der der Reviernachbar das Wild nicht schonte, sondern scharf bejagte, d.h. ▸ Aasjägerei betrieb. Solche Jäger werden heute als Grenzschinder bezeichnet. **2**) Eine an das Ausland anschließende Jagdgrenze (örtliche Bez.).

schärfen: **1**) svw. schneiden mit dem Jagdmesser; abschärfen, aufschärfen. **2**) svw. Wetzen, Aufeinanderschlagen des ▸ Gewaffs beim ▸ Schwarzwild; das Schwarzwild schärft sein Gewaff.

Scharfrand, der: Bei ▸ Büchsengeschossen für die Jagd ein scharf abgesetzter Rand am Geschossmantel (z.B. bei Brennecke TIG und Brennecke TUG oder Starkmantelgeschossen), der im Wildkörper einen glatten (gestanzten) Einschuss und damit am ▸ Anschuss ▸ Schnitthaare und ▸ Schweiß hinterlassen soll. Durch den S. wird eine evtl. notwendige ▸ Nachsuche wesentlich erleichtert.

Scharfschütze, der: Ein besonders zuverlässiger, sicherer Schütze (Kugelschütze), früher auch Bez. für einen Jäger, der das revierüberschreitende Wild an der Grenze erlegte; ▸ scharfe Grenze 1).

Scharl, das: ▸ Scharwild.

Scharling, der: Einzelnes Stück aus dem ▸ Scharwild (österreichische Bez.).

Schars, der: ▸ Rallen 4.

Scharwerksdienst, der (Jagdscharwerk): Die mannigfache Art der ▸ Jagdfron.

Scharwild, das (Geraffel, Faselzeug, Scharl): Ein Gamsrudel, bestehend aus Geißen, Kitzen und jungen, noch nicht geschlechtsreifen Böcken.

Schatt(en)baumarten, die (Schatt[en]holzarten): Baumarten, die zum Gedeihen in der Jugend nur 1/10 bis 1/100 des Außenlichts benötigen und sich daher im Schatten der älteren Bäume, unter dem Schirm des Altholzbestandes, verjüngen können. Es handelt sich hierbei um langsam wachsende Baumarten wie Buche, Eibe, Linde und Tanne. Zwischen den ▸ Lichtbaumarten und S. stehen die Halbschatt(en)baumarten, die nur mittlere Lichtansprüche stellen. Hierzu gehören Ahorn, Esche, Fichte, Ulme und Weymouthkiefer.

Schaufel, die: **1**) Einzelne Stoßfeder, aber auch der Stoß (Fächer) des Auerhahns. **2**) Oberer, verbreiterter Teil des ▸ Geweihs mit Enden des männlichen ▸ Dam- und ▸ Elchwildes. Seltene Kronenform (▸ Schaufelkrone) des Rothirschgeweihs; ▸ Rotwild. **3**) Veraltete und seltene Bez. für die vorderen breiten Zähne (Schneidezähne) des Hirsches. **4**) Süddeutsch auch Schäuferl, das Schulterblatt des ▸ Haarwildes, insbesondere des Rehwildes.

Schaufelenden, die (Schaufelsprossen): Die Sprossen am Schaufelrand beim Damhirsch- und Elchgeweih.

Schaufelfedern, die: **1**) Die großen und breiten Stoßfedern des Auerhahns; ▸ Raufußhühner 1. **2**) Die langen Flaumfedern der ▸ Adler und ▸ Geier, die an der Spitze eine geschlossene Fahnenkante haben.

Schaufelhirsch, der: **1**) Der Damhirsch; ▸ Damwild. **2**) Ein Rothirsch mit einer Schaufelkrone; ▸ Rotwild.

Schaufelkrone, die: Das Ende eines ▸ Geweihs (Krone) in Form einer Schaufel beim Rothirsch; ▸ Rotwild.

Schaufelsprossen, die: ▸ Schaufelenden.

Schäuferl, das: ▸ Schaufel 4).

Schäuffelein, Hans Leonhard (1480 bis 1539): S. gehörte neben Kölderer, Burgkmair, Beck, und Dürer, dessen Schüler er auch war, zu dem Künstlerkreis, der für die Bücher Kaiser ▸ Maximilians I. Zeichnungen und Holzschnitt lieferte.

Schaufler, der: **1**) Ein Damhirsch mit ausgebildetem, schaufelförmigem Geweih (etwa ab dem vierten Kopf). Ein junger Damhirsch mit noch nicht voll ausgebildeter Schaufel wird Halb-S., dann angehender S. und mit voll ausgebildetem Schaufelgeweih Haupt-S. oder Kapital-S. genannt; ▸ Damwild. **2**) Ein Elch mit einem Schaufelgeweih im Unterschied zum Stangenelch; ▸ Elchwild.

Schauflerhaken, der: ▸ Sporn 1).

Schaugehege, das: ▸ Tiergehege.

Scheck, der: **1**) Farbbezeichnung beim Jagdhund (Braunscheck, Schwarzscheck, Rotscheck); farbige Flecken oder Platten wechseln klar abgegrenzt mit weißen Haarspitzen ab; ▸ Schimmel 1). **2**) ▸ Schäck.

Schecke, der: Farbabweichung (Scheckung) bei Wildtieren (auch beim Federwild), insbesondere beim Rehwild. Der S. hat in unterschiedlicher Größe und Ausformung einzelne weiße Farbeinschlüsse auf seiner Decke. Die Farbabweichung entsteht durch Pigmentausfall; ▸ Blesshirsche.

Schecker, der: ▸ Schäcker.

Scheflin, das (Scheftlin). Früher ein Wurfspeer oder Jagdspieß, den man mit dem daran befindlichen Riemen wieder zurückziehen konnte; ▸ Blanke Waffen.

Scheibchen, das: ▸ Hirschgerechte Zeichen.

Scheibe, die: **1**) Die Naserplatte des ▸ Schwarzwildes; ▸ Wurf 1). **2**) Seltener Ausdruck für ▸ Spiegel 1). **3**) Die Zielscheibe und die ▸ Wildscheibe beim Schießen. **4**) ▸ Hirschgerechte Zeichen.

Scheibel, das: ▸ Hirschgerechte Zeichen.

Scheide, die: **1**) Die das männliche Glied (Rute) des ▸ Haarwildes und der Jagdhunde umgebende Umhüllung (Haut). **2**) Die Öffnung des weiblichen Geschlechtsteiles bei allem ▸ Haarwild.

scheiden: ▸ separieren.

Scheinakazie, die: ▸ Robinie.

Scheinäsen, das: Beim ▸ Rehwild: ein misstrauisches, wiederholtes Aufwerfen während des Äsens. Eine Verhaltensweise, die es anwendet, wenn ihm etwas verdächtig erscheint, es den Grund der Beunruhigung jedoch nicht feststellen kann. Das S. wird so lange praktiziert, bis es wieder vertraut wird, den Grund der Beunruhigung erkennt oder schreckend abspringt; ▸ Übersprungshandlung.

Scheinmauser, die: Ein scheinbarer Gefiederwechsel der Vögel, der aber nur durch Abschuppen der äußeren Federränder vorgetäuscht wird (z.B. Star).

Scheinträchtigkeit der Hündin: S. tritt manchmal bei Hündinnen nach der Läufigkeit (Hitze) auf, gleichgültig ob das Tier gedeckt wurde oder nicht, ob es früher schon geworfen hat oder noch jungfräulich ist. Sie kann bis zu 60 Tage dauern, wobei das Tier dieselben Symptome wie bei einer echten Trächtigkeit zeigt. S. ist nicht gefährlich, aber unangenehm. Bei leichten Fällen kann sparsames Füttern und Tränken Erleichterung bringen, in schweren Fällen leidet die Hündin sehr und es sollte ein Tierarzt aufgesucht werden. Dieser kann die Hündin mit Hormonpräparaten oder -injektionen behandeln.

Scheinwerferzählung, die (Scheinwerfertaxation): Wildbestandsermittlung (▸ Wildzählung) mit einem auf einem Pkw montierten, beweglichen Scheinwerfer, bei der auf einem genau festgelegten Streckenabschnitt die Felder abgeleuchtet und die Wildtiere im Lichtkegel gezählt werden. Die S. hat sich besonders zur Ermittlung der Besatzdichte beim Feldhasen bewährt; ▸ Bestandsermittlung.

Scheinzwitter, der: ▸ Zwitter.

Scheitel, der: Ein dreieckiger, kahler Fleck über dem Schnabel des Auerhahns (▸ Raufußhühner 1.), der mit dem Alter immer kleiner wird (alter Jägerausdruck).

Scheits, Matthias (1625 oder 1630 Hamburg bis um 1700 Hamburg): Maler, Radierer. Nach Ausbildung in Hamburg wurde S. später Schüler von Philips Wouwerman (▸ Jagdkunst) in Haarlem. Er malte Porträts, Genreszenen, Landschaftsbilder und biblische Bilder (Kupferstichvorlagen für die Sternsche Bibel).

Schelch, der: **1**) ▸ Riesenhirsch. **2**) Der Elch; ▸ Elchwild.

Scheldrak, der: ▸ Wildenten 8.

Schelladler, der: ▸ Adler 5.

Schelladler, klingender, der: ▸ Adler 4.

Schelle, die: **1**) Die Haselhahnlocke; ▸ Lockjagd. **2**) Seltener Ausdruck für ▸ Bell. **3**) Kleines Glöckchen, das das Frettchen (▸ Iltisse 2.) beim Frettieren an einem Halsband trägt.

Schellen, das: Klapperndes Geräusch, das beim ▸ Elchwild und Ren beim Trollen (Trab) durch Aneinanderschlagen der Schalen oder des Geäfters (▸ Schalenwild) und durch das Knacken der Gelenke entsteht.

Schellen, die: Die eigentlichen Augenlider der ▸ Beizvögel.

Schell(tauch)ente, die: ▸ Wildenten 14.

Scheloumoff, Athanas (1892 Kamenetz-Podolsk/Ukraine bis 1983 Starnberg): Pferde- und Schlachtenmaler. Von ihm stammt u.a. »Drei Männer im Pferdeschlitten von Wölfen verfolgt«, »Wolfsrudel in verschneiter Winterlandschaft« und »Fuchsjagd zu Pferde mit Hundemeute«.

Schelten, das (Schalmen, Schalten): Beim weiblichen ▸ Reh- und ▸ Rotwild: das Ausstoßen eines Schrecklautes; ▸ Schmälen, ▸ Schrecken.

Schenk, Karl Friedrich, Dr. (7.9.1781 Hilchenbach bis 9.2.1849 Weiden bei Siegen): S. veröffentlichte u.a. »Handbuch des Jagdrechts und der Jagdpolizei« (1832).

Scherben, der: Von J. E. ▸ Ridinger gebrauchte Bez. für Kammer 4).

Schere, die: ▸ Sichel.

Scheren, das: Das Hinundherziehen der ▸ Störche in der Luft.

Scherenfalle, die: ▸ Fallen 9.

Scherengebiss, das: Das Normalgebiss der Jagdhunde; ▸ Hundegebiss.

Scherengeier, der: ▸ Bussarde 2.

Scherentreiben, das: ▸ Gesellschaftsjagd 1.

Scherian, der: ▸ Kranich.

Schermaus, die: ▸ Mäuse 5.

Scherping, Ulrich (1889 bis 1958): ▸ Oberstjägermeister und Geschäftsführer des Deutschen ▸ Jagdschutz-Verbandes (DJV). S. stammte aus Pommern und wuchs als Sohn eines Gutsbesitzers in engster Beziehung zu Land- und Forstwirtschaft auf. Er wählte ursprünglich den Soldatenberuf (Offizier im Ersten Weltkrieg), übernahm 1919 als Forst- und Jagdverwalter die Leitung eines Waldgutes in Schlesien und die Schriftleitung einer Jagdzeitschrift. 1927 wurde er Geschäftsführer des Reichsjagdbundes. Im Mai 1933 wurde S. in das preußische Landwirtschaftsministerium berufen und mit der Ausarbeitung des Jagdgesetzes für Preußen beauftragt, anschließend hatte er die Federführung in der Ausarbeitung des ▸ Reichsjagdgesetzes. Von 1935 bis 1945 war er – mit kurzzeitiger Suspendierung – Chef des Reichsjagdamtes und als Oberstjägermeister zugleich ranghöchster deutscher Jagdbeamter. Bei der SS hatte er den Rang eines Brigadeführers (= Generalmajor). S. schrieb mehrere Bücher über das Jagdrecht und »Waidwerk zwischen den Zeiten« (1950). Der DJV, dessen Hauptgeschäftsführer er am 1.7.1953 wurde, gab 1960 die Schrift »Ulrich Scherping und ein halbes Jahrhundert deutsche Jagdgeschichte« heraus; ▸ Caminneci.

Scherschnabel, der: ▸ Alken 1.

Scherzen, das: **1**) Bei Rot- und Damhirsch: spielerisches Kämpfen der geringen Hirsche in der ▸ Feistzeit und zu Beginn der Brunft; ▸ Kampfspiele. **2**) ▸ Hirschgerechte Zeichen. **3**) Auch frangen: Spielerisches Herumtollen der Jungtiere des ▸ Schalenwildes, auch von Bär, Luchs und Wolf.

Scherzstellen, die: Stellen, an denen ein Hirsch mit den Vorderläufen oder dem Geweih aus Übermut den Boden aufgerissen hat.

Scheubel, das: ▸ Hirschgerechte Zeichen.

Scheuchen, das: svw: ▸ blasen 1).

Scheuneneule, die: ▸ Eulen 8.

Scheurer, der: Bez. für einen Muffelwidder (▸ Muffelwild), dessen Schnecken erkennbar zum Einwachsen (▸ Einwachser) neigen und dessen Schneckenenden bereits am Träger scheuern.

Schichten, das: Waidmännische Bez. für das Abstoßen der Milchzähne durch das Nachdrücken der Dauerzähne; ▸ Zahnalterslehre.

Schichtholz, das: In 1 bis 2 m lange Stücke geschnittenes und in Raummeter aufgesetztes Faser- oder Brennholz.

schieben: **1**) Nachwachsen des ▸ Geweihs oder ▸ Gehörns (der Hirsch oder der Bock schiebt); gut s. heißt, ein starkes Geweih oder Gehörn entwickeln. **2**) ▸ Schwarzwild, das sich im Kessel lagert, schiebt sich ein. **3**) Der Rothirsch schiebt, wenn er das Zeichen der Scheibe (des Scheibchens) macht; ▸ Hirschgerechte Zeichen.

Schiebesicherung, die: Art der Handhabung der ▸ Sicherung.

Schiebezeit, die: die Wachstumszeit des Geweihs.; ▸ schieben 1).

Schienendrilling, der: ▸ Jagdgewehr.

schiepen: Seltene Bez. für ▸ puitzen.

Schier, die: ▸ Schar 2).

Schießbrille, die: Eine Spezialbrille, die ein besseres Erfassen des Zieles ermöglicht. Die sog. Irisblende kann einem normalen Brillengestell aufgesetzt werden. Sie kann durch Verschieben einer Auflageplatte in der Höhe und auch seitlich verstellt werden und ermöglicht sowohl dem Rechts- als auch dem Linksschützen eine griffgünstige Veränderung der gewünschten Lochgröße. Als Zubehör sind Abdeckscheiben für das nicht zielende Auge erhältlich.

Schießen, das: Wer außerhalb einer ▸ Schießstätte s. will, benötigt hierfür eine Erlaubnis der zuständigen Behörde. Ein Jäger darf Jagdwaffen zur befugten Jagdausübung einschließlich des Ein- und Anschießens (▸ Kontrollschuss) im Revier, zur Ausbildung von Jagdhunden im Revier, zum Jagdschutz oder zum Forstschutz ohne Erlaubnis führen und mit ihnen s.; er darf auch im Zusammenhang mit diesen Tätigkeiten die Jagdwaffen nicht ▸ schussbereit ohne Erlaubnis führen (§13 Abs. 6 WaffG; ▸ Waffenrecht). Auf Schießstätten gilt für Personen in der Ausbildung zum Jäger gemäß §27 Abs.

▸▸ Anton Straßgschwandtner (1826–1881): »Beschleichen der Wildenten mit dem Schießpferde«, um 1860, Lithografie

5 WaffG: Personen in der Ausbildung zum Jäger dürfen in der Ausbildung ohne Erlaubnis mit Jagdwaffen s., wenn sie das 14. Lebensjahr vollendet haben, und wenn der Sorgeberechtigte und der Ausbildungsleiter ihr Einverständnis in einer von beiden unterzeichneten Berechtigungsbescheinigung erklärt haben. Die Person hat in der Ausbildung die Berechtigungsbescheinigung mit sich zu führen.
schießen: **1**) Beim Greifvogel: pfeilschnell mit angelegten Schwingen nach einer Beute stoßen. **2**) S. mit dem Gewehr; den Schuss abfeuern, die Kugel fliegen lassen; ▸ Schießen. **3**) Man lässt dem ▸ Leit- oder ▸ Schweißhund das Hängeseil oder den Riemen s., wenn man diese nachlässt und dem Hund so freien Spielraum gibt. **4**) Früher ließ man auch das ▸ Schießpferd s., wenn es schneller vorwärtsgehen sollte und dazu die Zügel gelockert wurden.
Schießer, der: Verächtliche Bez. für einen Jäger, dem es bei der Jagd nur auf das Schießen ankommt; ▸ Aasjägerei, ▸ Küchenjäger 1).
Schießgeld, das: ▸ Schussgeld.
Schießgewehr, das: ▸ Jagdgewehr.
Schießhund, der: Alte Bez. für den schussfesten ▸ Vorstehhund (Hühnerhund); ▸ Schießpferd.
Schießhütte, die (Erdhütte): ▸ Hüttenjagd.
Schießkarren, der: ▸ Karrenbüchse.
Schießleistungsnadel des DJV: ▸ DJV-Schießnadeln.
Schießnadel »Büchse«: ▸ DJV-Schießnadeln.
Schießnadel »Flinte«: ▸ DJV-Schießnadeln.
Schießpferd, das (Jagdpferd, Pirschpferd): Ein schussfestes Pferd, das zum Anpirschen benutzt wurde. Auf einen gewissen Schenkeldruck hin streckte sich das Pferd, sodass es ganz fest stand. Man konnte von dessen Rücken aus schießen oder neben ihm gehen, wobei es an einem längeren Beizügel geführt wurde, und über den Rücken hinweg schießen bzw. zwischen den Beinen hindurch.
Schießpulver, das: ▸ Pulver.
Schießstätten, die (Schießanlagen, Schießstände): Nach dem WaffG (§27) sind S. ortsfeste und ortsveränderliche Anlagen, die ausschließlich oder neben anderen Zwecken dem Schießsport oder sonstigen Schießübungen mit ▸ Schusswaffen, der Erprobung von Schusswaffen oder dem ▸ Schießen mit Schusswaffen zur Belustigung dienen.
Schießstock, der: ▸ Stockflinte.
Schießwagen, der: ▸ Karrenbüchse.
schiften (schifften, veraltet schäften): Mithilfe einer dreikantig geschliffenen, stählernden Schiftnadel, die an beiden Enden zugespitzt ist, eine abgebrochene Penne (Schwung- oder Steuerfeder des ▸ Beizvogels) oder eine gleichartige Mauserpenne wieder auf den stehengebliebenen Federstumpf aufsetzen. Der ▸ Falkner schneidet mit einer scharfen Schere die abgebrochene Penne an der Bruchstelle vorsichtig ab, bestreicht eine Schiftnadel mit Leim und setzt mit deren Hilfe die Feder auf den stehengebliebenen Federstumpf wieder auf. Die Schiftnadel wird dabei zur Hälfte in die abgebrochene Feder oder in die Ersatzpenne und zur anderen Hälfte in den

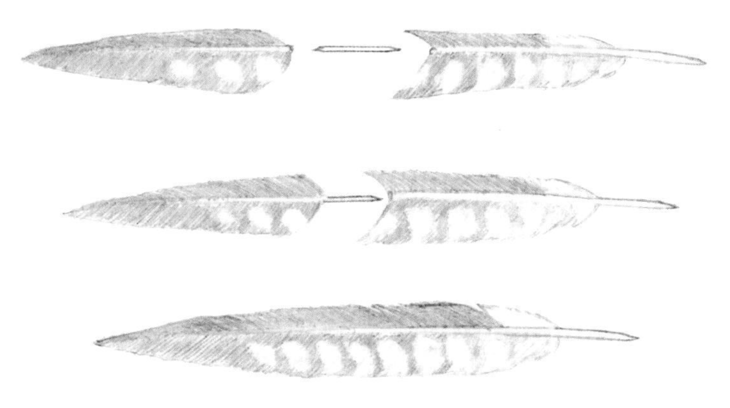

Schiften der Schwungfeder des Lannerfalken

stehengebliebenen Federstumpf geschoben. Ist eine Penne kurz abgebrochen und nur noch der hohle untere Teil des Federkiels vorhanden, in dem keine Schiftnadel mehr hält, leimt man eine Ersatzpenne, entsprechend zugeschnitten und zugespitzt, in den stehengebliebenen Federkielrest ein. Um das Herausfallen zu verhindern, zieht man mit einer sehr feinen Nähnadel einen Faden durch und verknotet ihn. Zum S. können auch gleich große Ersatzpennen von einer anderen Greifvogelart verwendet werden. Durch das S. soll der Beizvogel wieder voll flugfähig werden.
Schiftnadel, die: Kleine, dreikantig geschliffene, an beiden Enden zugespitzte Stahlnadel; ▸ schiften.
Schild, der oder das: **1**) Auffallend gefärbter Fleck auf der Brust der ▸ Hühnervögel, besonders bei ▸ Waldhühnern (metallisch grün schillernder Brustfleck des Auerhahns und brauner Brustfleck der Auerhenne), aber auch bei ▸ Feldhühnern (brauner Brustfleck der Rebhühner), und glänzender Brustfleck bei den Fasanen. **2**) Bunte Federn auf dem Entenflügel, auch ▸ Spiegel genannt. **3**) Reinweißer Fleck an der Achsel bei Auer- und Birkhahn, besser ▸ Spiegel. **4**) Seltene Bez. für den Flügel des Fasans. **5**) Tragbarer naturalistisch bemalter Leinwandschirm in Form eines Pferdes oder einer Kuh, der früher zum Anpirschen von scheuem Wild, besonders ▸ Trappen und ▸ Wildgänse, verwendet wurde und den der Jäger vor sich hertrug. **6**) Der S. bei Keilern dient dem Schutz vor Verwundungen bei Rivalenkämpfen (▸ Lateralkampf) und entwickelt sich vor der Rauschzeit (Paarungszeit) des Schutzwildes; der Keiler ist dann ▸ geschildet. An den Seiten der Blätter (Schulterpartien) bildet sich dabei durch Wucherungen des Bindegewebes eine mehrere Zentimeter starke, derbe und dichtbehaarte Platte, die von der Schultergegend bis zu den letzten Rippen reicht. Sie kann keine Falten mehr schlagen und schiebt sich beim ziehenden Keiler deutlich hin und her. Oft wird diese Platte noch dadurch verstärkt, dass sich die Keiler an Bäumen reiben. Durch das eintrocknende Baumharz (häufig mit Erd- und Lehmteilen durchsetzt) entsteht noch ein zusätzlicher Schutz, der sog. ▸ Panzer (Panzerschwein). **7**) Der Panzer bzw. die ▸ Jacke 3) der ▸ Hatzhunde. **8**) Alte Bez. bei ▸ Greifvögeln für die

Jan van der Straet, genannt Stradanus (1523–1605): »Hirschjagd mit Kuhattrappe«, Kupferstich

größeren Hornplatten auf der Vorderseite der ▸ Fänge.

Schild, Matthias (1701 bis 1755): Maler. Der Düsseldorfer S. war der wichtigste »Wildprett-Mahler« des Kurfürsten Clemens August (1700 bis 1761). Als Chronist des Kurfürsten malte er bewegte Jagdszenen, Strecken und Stillleben. Auf einer Versteigerungsliste von 1764 sind 34 seiner Jagdbilder aufgezählt, darunter Schnepfen- und Wasserwildmotive.

Schildamsel, die (Schilddrossel): ▸ Drosseln 5.

Schildente, die: ▸ Wildenten 5.

schildern: **1**) Wachsen der Federn, die den Brustschild der ▸ Hühnervögel bilden. Die Hühner haben geschildert, d.h., sie haben nunmehr einen Brustfleck; ▸ Schild 1). **2**) Mithilfe eines Schildes (▸ Schild 5)) Wild anpirschen. **3**) Ein Vogelfuß ist geschildert oder beschildet, wenn die Haut sich schildartig abzeichnet; ▸ Schild 8).

Schildhahn, der: Der Birkhahn; das Schildhuhn ist das Birkhuhn; ▸ Raufußhühner 2.

Schildkrähe, die: ▸ Rabenvögel 3.

Schildreiher, der: ▸ Reiher 4.

Schilfweihe, die: ▸ Weihen 1.

Schiller, Friedrich, von (10.11.1759 Marbach bis 19.5.1805 Weimar): Dichter. S., 1802 geadelt, schrieb u.a. »Der Verbrecher aus Infamie« (1786), eine Erzählung, in der ein Jäger eine wichtige Rolle spielt und beinahe zur Jagdbeute eines Wilderers wird.

Schillings, Karl (Carl) Georg (12.12.1865 Düren/Rheinland bis 29.1.1921 Berlin) Forschungsreisender und Zoologe. S. unternahm mehrere Expeditionen (1896/97, 1899/1900, 1902 und 1903/04) nach Ostäquatorialafrika, von denen er mit exzellenten fotografischen Aufnahmen von Tieren in der Wildnis zurückkehrte. Insbesondere seine Nachtaufnahmen mit Blitzlicht erregten über Fachkreise hinaus großes Aufsehen und Anerkennung. S. veröffentlichte u.a. »Mit Blitzlicht und Büchse« (1905) und profilierte sich auch als Vorkämpfer der Naturschutzbewegung.

Schimmel, der: **1**) Farbbezeichnung beim Jagdhund (Braunschimmel, Schwarzschimmel, Rotschimmel). Beim S. sind die hellen Haarpartien zwischen den farbigen Flecken oder Platten nicht rein weiß, sondern auch mit farbigem Haar durchsetzt; ▸ Scheck. **2**) ▸ Wildenten 12.

Schimmelpilzerkrankung, die (Pilzerkrankung): Eine durch verschiedene Schimmelpilzarten hervorgerufene Erkrankung des Luftsackes (bei Vögeln) sowie der Lunge oder des Magens und Darms bei ▸ Vögeln und ▸ Säugetieren. Besonders bei der Winterfütterung besteht die Gefahr, dass ▸ Schalenwild verschimmeltes Futter aufnimmt. Durch das Gift des Schimmelpilzes kann es zu einer starken Magen- und Darmentzündung kommen, wodurch das Tier in kurzer Zeit verendet. Auch durch die Luft und durch die ▸ Äsung können Wildtiere Schimmelpilzsporen aufnehmen. Sie können in den Darm oder die Lunge gelangen und dort chronische Veränderungen (z.B. Knötchen, Geschwülste) hervorrufen. Besonders beim Jungwild kommt es dann gelegentlich zu Todesfällen. Die Bekämpfung einer S. ist nicht möglich, ihr kann lediglich vorgebeugt werden. Es darf daher keinesfalls verschimmeltes Futter verfüttert werden. Federwild ist für S. besonders anfällig und häufig davon befallen. Auch bei ▸ Hühnervögeln, die unter schlechten Bedingungen in Gefangenschaft gehalten werden, und ▸ Beizvögeln treten diese Krankheiten häufiger auf. Schimmelpilze finden sich auf feuchtem Holz, Stroh und auf faulen Fleischresten usw. Atmet ein bereits geschwächter Vogel Schimmelpilzsporen ein, kann es zu einer Erkrankung der Luftsackwandungen (graugrüner Schimmelrasen) und der Lunge (gelbliche Knötchen) kommen. Der erkrankte Vogel, insbesondere der Beizvogel, fällt durch schweres Atmen bei geöffnetem Schnabel auf. Durch gute Haltungsbedingungen sind S. zu vermeiden. Beim erkrankten Beizvogel ist eine Behandlung zwar möglich, doch ist es bei den ersten Krankheitsanzeichen für eine erfolgreiche Behandlung meist schon zu spät; Vorbeugung (guter Gesundheitszustand des Vogels, trockene ▸ Falkenkammer) ist deshalb sehr wichtig; ▸ Aspergillose.

Schimpfen, das: Lokale Bez. für das ▸ Schrecken. Hauptsächlich beim Rehwild gebräuchlich.

schinden: Ein Jagdrevier unwaidmännisch bejagen, es ausschinden; ▸ Schinder.

Schinder, der: Ein Jäger, der in seinem Revier nicht hegt, sondern nur schießt, es ausschindet (ausbeutet) und nur am unmittelbaren Wildbretertrag interessiert ist.

Schindergelenk, das: Wird beim Zerwirken (von ▸ Schalenwild) der untere Teil des Vorderlaufes vom oberen Teil nicht kunstgerecht ca. drei Finger breit unterhalb des Knies, sondern im Kniegelenk abgetrennt, ist dies unfachmännisch und unsauber. Eine derartige Trennung wird als S. bezeichnet.

Schipisten, die (Skipisten): Der Druck der Öffentlichkeit gegen die Schaffung weiterer neuer S. nimmt zu. Es wird nicht nur auf die Schäden im Wald verwiesen, sondern es werden in den letzten Jahren zunehmend auch die ökologischen Schäden im Bereich der S. oberhalb der ▸ Waldgrenze angeprangert. Hier wird v.a. darauf hingewiesen, dass eine gesicherte Wiederbegrünung von als S. präparierten Flächen in der baumfreien Zone bis zu 100 Jahre dauern kann. Ein gravierendes, über die S. hinausgehendes Problem ist das Tiefschneefahren im Wald. Die sich häufenden Schäden an Forstkulturen sind bekannt. Kaum bekannt ist, dass das Befahren des Hochwaldes mit Alpinschiern außerhalb von S. oft zu einer massiven Beunruhigung des Wildes führt, was sogenannte Sekundärschäden des Tiefschneefahrens, nämlich zusätzliche ▸ Wildschäden im Wald nach sich zieht. Wichtig wäre auch, dass Schifahrer das besonders während der Notzeit im Winter schutzbedürftige Wild nicht aus den Einständen verjagen. Das alpine Schifahren außerhalb von Pisten sollte daher überhaupt aus dem Wald verbannt werden. Allerdings reichen aufgestellte Verbotstafeln in vielen Fällen nicht aus, um z.B. Schifahrer von Jungkulturen abzuhalten. Die an sich wirksamste Maßnahme, die Abzäunung, ist mit großen Kosten verbunden und daher kaum zu realisieren; ▸ Betreten des Waldes, ▸ Beunruhigung von Wild, ▸ Radfahren im Wald, ▸ Reiten im Wald.

Schirken, das: Lautäußerung der Habichtsnestlinge.

Schirm, der: ▸ Jagdeinrichtungen 2.

Schirmer, der: ▸ Retter.

Schirm halten: Alter und seltener Ausdruck: die ▸ Bache hält den Schirm, wenn sie die Begattung durch den ▸ Keiler duldet.

Schirmrose, die: ▸ Dachrose.

Schirmschlag, der (Schirmhieb): Im Waldbau ein ▸ Verjüngungsverfahren im Altbestand, das sich über 10 bis 20 Jahre erstreckt, wobei das Kronendach des Waldes, der Schirm, Zug um Zug aufgelockert wird. Die Kronen der verbleibenden Bäume bilden den Schutzschirm, unter dem sich der ▸ Jungwuchs entwickelt. Nach Sicherung des Jungwuchses wird der Schirmbestand sukzessiv entfernt; ▸ Kahlschlag, ▸ Femelschlag, ▸ Saumschlag.

Schlachtabfälle, die: Abfälle von geschlachteten Haustieren. Sie dürfen nur mit Genehmigung an ▸ Luderplätzen ausgelegt werden, da sie zur Verbreitung von ▸ Infektionskrankheiten (z.B. ▸ Schweinepest, europäische) beitragen können. Sie unterliegen den Bestimmungen des Tierkörperbeseitigungsgesetzes; ▸ Tierkörperbeseitigung.

Schlachter, der: **1**) ▸ Braunbär. **2**) Der Gerfalke; ▸ Falken 9.

Schlafbaum, der: **1**) Baum, auf dem manches Federwild regelmäßig die Nacht verbringt. So haben außerhalb der Brutzeit beispielsweise Greifvögel, Ringeltauben, Reiher, Fasane, Haselwild und Auerwild ihre festen S. Der Auerhahn, der auf dem S. am Morgen balzt, kann am Abend zuvor verhört und am darauffolgenden Morgen bejagt werden. Krähen (Raben- und Saatkrähen) versammeln sich zu Scharen auf ausgewählten Bäumen und bilden eine Schlafkolonie (▸ Kolonie). **2**) Tagesunterschlupf des Baummarders, in dem er den Tag verschläft.

Schläfer, die: ▸ Bilche.

Schläfereule, die: ▸ Eulen 10.

Schlafmäuse, die: ▸ Bilche.

Schlag, der: **1**) Ruf der Wachtel (Wachtel-S.); ▸ Feldhühner 2, auch der Finken (Finken-S.). **2**) Teil der Balzarie des Auerhahns (Haupt-S.); ▸ Raufußhühner 1. **3**) In der Tierzucht eine Unterform der Rasse, die sich durch typische Merkmale von der Rassenorm unterscheidet. Bei Hunden ein Typ (Varietät) einer Hunderasse (z.B. schwerer S., leichter S.); ▸ Hundeschlag. **4**) ▸ Sauschläge. **5**) Frühere Bez. für ▸ Fährte oder ▸ Spur. **6**) ▸ Tauschlag. **7**) Der Kugel-S.; ▸ Schusszeichen. **8**) S. des Hirsches oder Rehbocks mit dem ▸ Geweih oder Gehörn an Bäumen und Sträuchern. Das Schlagen des Rothirsches ist ein ▸ Hirschgerechtes Zeichen. **9**) Auch Schlagfläche; veraltet auch Hau. In der Forstwirtschaft Bez. für die Fläche, auf der sich die Holzernte (Hieb) vollzieht, aber auch für das Fällen von Bäumen allg., wo aber im Ggs. zu Rodungen die Baumstümpfe belassen werden. Im weiteren Sinne wird auch eine Jungwuchsfläche (▸ Jungwuchs) so lange als S. bezeichnet, bis sie zur ▸ Dickung wird. **10)** In der Landwirtschaft ein Feldstück der Wirtschaftsfläche eines landwirtschaftlichen Betriebs.

Schlagbär, der: ▸ Braunbär.

Schlagbaum, der (Marderschlagbaum): ▸ Fallen 11.

Schlagbäume, die: ▸ Wegeschranken.

Schlagbolzen, der: Ein Funktionsteil mancher Gewehrschlösser, mit dessen Hilfe (mittel- oder unmittelbar) der Schuss ausgelöst wird; ▸ Schlosssystem.

Schlageisen, das (Tellereisen): ▸ Fallen 15.

Schlägel, der: **1)** Hammer zum Einschlagen der Heftel und Pfähle beim Stellen des ▸ Jagdzeuges. **2)** Auch Schlegel; ▸ Keule.

Schlägelschuss, der: Alte österreichische Bez. für einen Keulenschuss; ▸ Schusszeichen.

schlagen: **1)** Rot-, Dam-, Sikahirsch und Rehbock bearbeiten Bäume und Sträucher mit dem fertig verfegten ▸ Geweih oder Gehörn (▸ Markier[ungs]verhalten). Das S. des Rothirsches ist ein ▸ Hirschgerechtes Zeichen; auch im Sinne von ▸ fegen gebrauchtes Wort. **2)** ▸ Schlag 1). **3)** Beute greifen und töten bei ▸ Greifvögeln und ▸ Braunbär; ▸ niederschlagen. **4)** Dachs und Fuchs wehren den Hund ab bzw. verletzen ihn. **5)** Der ▸ Keiler schlägt mit dem ▸ Gewaff durch eine Aufwärtsbewegung des Hauptes nach Mensch und Hund, versucht sie abzuwehren. **6)** ▸ Schwarzwild schlägt sich durch die Netze, wenn es diese niederreißt. **7)** Alles ▸ Schalenwild, ausgenommen ▸ Schwarzwild, wird ▸ aus der Decke geschlagen (die Haut abgezogen). **8)** Der Hase schlägt einen Haken (läuft einen Bogen). **9)** Das Gewehr schlägt, wenn es einen starken, unangenehmen Rückstoß hat. **10)** Wild jeder Art schlägt sich ins ▸ Jagdzeug, wenn es Fangnetze anflieht und sich darin verwickelt. **11)** ▸ Salzlecken werden geschlagen, vollgeschlagen (nicht gefüllt). **12)** Mit den Vorderläufen Nahrung aus dem Boden oder aus dem Schnee s., von allem Wild.

Schlagfalle, die: svw. Totschlagfalle; ▸ Fallen 2.

Schlagfeder, die: Eine Feder im Schloss des Gewehres, die dem Schlagstück die nötige Schlagkraft gibt; ▸ Schlosssystem.

Schlagfläche, die: ▸ Schlag 9).

Schlagflora, die: Auf Kahlschlagsflächen, aber auch auf Flächen, die nach ▸ Windwurf und Schneebruch aufgelichtet wurden, entwickelt sich rasch eine üppige Flora aus meist eiweißreichen Pflanzen, überwiegend Lichtpflanzen. v.a. ▸ Gräser, Sauergräser (Riedgräser), ▸ Kräuter, Zwergsträucher und ▸ Sträucher, auch ▸ Pionierbaumarten, stellen sich bald ein. Eine S. kann nützlich sein für den Aufschluss des Bodens, Umwandlung ungünstiger Rohhumusauflagen in bessere Humusformen und Schutz empfindlicher Baumarten gegen Frost, austrocknende Winde und Hitze. Eine S. kann aber auch schaden, z.B. durch Konkurrenz um Licht, Wasser und Nährstoffe, durch starke Durchwurzelung des Bodens und Unterdrückung. Dadurch wird eine ▸ Verjüngung verhindert oder erschwert. Die Schlagpflanzen haben sich zum Teil im Boden unter Bestandsschluss als Samen jahrzehntelang keimfähig gehalten und kommen bei erhöhtem Lichteinfall zur Entwicklung, zum Teil entstehen sie auch durch leichten, flugfähigen, vom Wind herbeigeführten Samen. Die S. bietet dem Wild gute Äsung, die stärkereichen Wurzeln des Waldweideröschens werden gerne vom Schwarzwild aufgenommen. Ist die ▸ Wilddichte bei Schalenwild zu hoch, wird S. stark verbissen, und die waldverjüngungsfeindlichen Gräser (Seegrassegge, Waldreitgras, Drahtschmile) gewinnen die Oberhand, die als Äsung jedoch fast wertlos sind. Mit dem allmählichen Schluss des ▸ Bestandes verschwindet die S. wieder.

Schlaggarn, das (Schlagnetz, Schlagwand): ▸ Garne 6, ▸ Vogelfang.

Schlaghaar, das: ▸ Schusszeichen.

Schlagheftel, das und der (Schwanzheftel): Frühere Bez. für die Hauptpfähle auf einem Vogelherd (▸ Vogelfang 7.), an dem die Garne angebunden wurden.

Schlagleine, die (Seitenleine): Die Zugleine bei Schlaggarnen; ▸ Garne 6.

Schlagnetz, das (Schlaggarn): ▸ Garne 6.

Schlagschäden, die: Durch ▸ Schlagen entstandene Schäden, auch durch ▸ Fegen entstandene ▸ Fegeschäden.

Schlagstab, der: Bez. für die Rahmenstäbe eines Schlagnetzes; ▸ Garne 6.

Schlagstelle, die: Die Stelle an einem Baum oder Strauch, der von einem Brunfthirsch mit dem ▸ Geweih bearbeitet (beschädigt oder zerfetzt) wurde.

Schlagstück, das: Teil im Schloss des Gewehres; ▸ Schlosssystem.

Schlagstücksicherung, die: ▸ Sicherung.

Schlagtaube, die: ▸ Wildtauben 1.

Schlagwachtel, die: Die männliche Wachtel; ▸ Feldhühner 2.

Schlagwand, die (Schlaggarn): ▸ Garne 6.

Schlangen, die *(Serpentes, Ophidia)*: S. sind eine Unterordnung der Schuppenkriechtiere mit rd. 2500 Arten 15 cm bis 10 m langer Tiere. Sie haben einen lang gestreckten Körper mit fast immer vollständig rückgebildeten Gliedmaßen; lediglich die Riesenschlangen haben im Inneren noch verkümmerte Hinterbeinreste. S. haben keinen Schultergürtel, kein Brustbein, aber zahlreiche (180 bis über 400) Wirbel und bis über 400 bewegliche, frei endende Rippenpaare. Die trockene, mit hornigen Schuppen und Schilden bedeckte Haut wird bei der Häutung als Ganzes abgestreift. Die lange, gespaltene Zunge ist am Grunde in eine Scheide zurückziehbar. Mit dem Züngeln nehmen die S. Riechstoffe auf. Die S. haben zurückgebildete äußere Ohren und kein Trommelfell. Die Augenlider sind unbeweglich verwachsen, die Nickhaut fehlt, und das Sehvermögen ist gering. Die Knochen des Oberkiefers und die Unterkieferhälften sind nur locker miteinander verbunden, was die S. dazu befähigt, relativ große Beutetiere ganz zu verschlingen. Ihre Nahrung besteht aus tierischer Nahrung, hauptsächlich aus Wirbeltieren. Die meisten inneren Organe der S. sind extrem lang gestreckt, so z.B. Herz, Magen, Nieren, Leber u. dgl. Der linke Lungenflügel ist zurückgebildet und sehr viel kleiner als der rechte. Von dem paarigen Begattungsorgan wird bei der Kopulation nur eines in die Geschlechtsöffnung des Weibchens eingeführt. Fast alle S. legen Eier, nur wenige sind lebendgebärend. Die Gift-S. töten ihre Beute mit Gift, das in einer Drüse im Oberkiefer gebildet wird und von der ein Kanal zu den hohlen oder gefurchten Giftzähnen führt. Bei geschlossenem Maul sind sie nach hinten umgeklappt, wird es geöffnet, richten sie sich auf. S. ohne Giftzähne erwürgen ihre Beute. Die wichtigsten auch in unseren Wäldern vorkommenden Arten sind: Äskulapnatter, Glattnatter, Kreuzotter. Die Blindschleiche zählt zur Familie der Echsen.

Schlangenadler, der: ▸ Adler 7.

Schlangenfresser, der: ▸ Bussarde 1.

Schlappe, die: Svw. ▸ Vorwurf 2).

Schlauch, der: Auf einem Stirnzapfen des Schädels sitzendes, hohles ▸ Horn (Hohlhorn, Hohlschlauch) des ▸ Gams-, ▸ Muffel- und ▸ Steinwildes sowie beim ▸ Wisent.

schlecht: Bez. für schwach, gering, unbedeutend, unschön, kränkelnd, kümmernd; z.B. ein s. jagdbarer Hirsch; Hirsch mit Achtenden-Geweih. Der Hund hat eine s. Nase, d.h., sein Riechvermögen ist nicht gut. S. bei Leibe, d.h. abgemagert; schlechter ▸ Wind.

Schlechtfalke, der: Alter Falknerausdruck aus den Niederlanden für den Wanderfalken, da dieser schlicht und einfach und von geringerem Wert war als der Ger- und Sakerfalke; ▸ Falken 1.

Schlecker, der: Provinzialausdruck für ▸ Naschwild.

Schlegel, der (Keule, Schlögel): Der Oberschenkel des Hinterlaufes bei allem ▸ Schalenwild.

Schlegeln, das: Seltener Schnellen, letztes Schlagen mit den Läufen des tödlich getroffenen ▸ Haarwildes.

Schlegelschuss, der (Keulenschuss): Ein Schuss auf die Keule; ▸ Schusszeichen.

Schlehe, die *(Prunus spinosa, L.)*: Auch Schlehdorn, Schwarzdorn. Sperriger, stark verzweigter, ausgebreiteter, sommergrüner ▸ Beerenstrauch oder bis 6 m hoher mehrstämmiger Baum, dessen kleine Äste in einem spitzen Dorn enden. Krüppelformen durch Viehverbiss. Er wächst v.a. in lichten Laubwäldern, an Feld-, Wald- und Wegrändern sowie in ▸ Hecken, Gebüschen und ▸ Feldgehölzen. Blütezeit März bis Mai, meist vor Laubaustrieb. Die schwarzblauen, bereiften Früchte reifen im September/Oktober. Die S. ist ein gutes Vogelschutzgehölz, das v.a. den Kleinvögeln ideale Nistgelegenheit bietet.

Schleich, Eduard d. Ä. (12.10.1812 Harbach bei Landshut bis 8.1.1874 München): Landschaftsmaler und Jagdgrafiker. S. studierte an der Kunstakademie in München und setzte sich mit der niederländischen Landschaftsmalerei des 17. Jh. und der Malerei Peter Paul Rubens auseinander. S. war auch Vorsitzender des Münchner Kunstvereins. Er malte v.a. Landschaftsbilder mit Motiven aus Ober-

Blüten der Schlehe (Schwarzdorn)

bayern und fertigte herrliche jagdgrafische Darstellungen.

Schleichen, das: Gebräuchlich nur bei ▸ Fuchs, ▸ Dachs- und ▸ Luchs für lautloses, langsames Vorwärtsbewegen.

Schleichwand, die: Frühere Bez. für Bretterwände oder Hecken an den Brunftplätzen, hinter denen man sich an das Wild anschlich.

Schleichweg, der: svw. ▸ Pirschsteg.

Schleier, der: Der Federkranz um die Augen bei den ▸ Eulen, ▸ Weihen und dem ▸ Schlangenadler (Adler 7.).

Schleiereule, die: ▸ Eulen 10.

Schleierkauz, der: ▸ Eulen 10.

Schleife, die: **1**) Die Krümmung der Luftröhre des ausgewachsenen Auerhahnes (die ca. ein Viertel länger ist als der Hals) vor ihrem Eintritt in die Brusthöhle. **2**) Alle Schlingen an Leinen (Seilen und Stricken) jeder Art; ▸ Schlinge 1).

schleifen: **1**) Auch wetzen: Abschließender Teil der Balzarie des Auerhahnes; ▸ Raufußhühner 1. **2**) Seltene Bez. für das Fauchen und Blasen des Birkhahnes; ▸ Raufußhühner 2. **3**) ▸ Schleppe 1) und 3). **4**) Mundartliche Bez. für ▸ schliefen.

Schleifers W.: ▸ Jagdliteratur.

Schleifwege, die: Auch Ziehwege. Festgelegte und besonders hergerichtete Wege, auf denen das Holz aus dem ▸ Bestand (▸ Schlag) gezogen (geschleift) wird. Sie dienen auch der ▸ Bringung des Wildes.

schleimmen: ▸ Gewölle auswerfen.

Schleimsel, das: ▸ Gewölle.

Schleppe, die: **1**) Auch Geschleppe, Geschleif; Kaninchen, Hase, Fuchs, deren Balg oder Eingeweide, aber auch Federwild werden an einer Leine am Boden nachgezogen und damit eine Duftspur gelegt. Die S. wird bei der Abrichtung des Junghundes, zu dessen Übung sowie bei ▸ Hundeprüfungen gelegt. Der Hund hat die künstlich gelegte Wundspur auszuarbeiten und das am Ende der S. niedergelegte »Wild« zu apportieren. Beim Legen der S. ist zu beachten, dass manches Wild, z.B. Wasserwild (insbesondere Enten), eine sehr intensive Duftspur hinterlässt, Flugwild wie z.B. Tauben jedoch eine leichtere, die an die Nase des Hundes höhere Anforderungen stellt. Auf diese Weise kann dem Junghund die erste Arbeit erleichtert und später hinsichtlich der Intensität der Duftspur und der Länge der S. gesteigert werden. Eine S. speziell mit sehr stark riechendem Material, wie z.B. Hasengescheide oder anbrüchigem Wild, wird für ▸ Raubwild gelegt, um es zu einer ▸ Falle, in die Nähe eines Hochsitzes oder an einen ▸ Luderplatz zu locken. S. werden auch bei der ▸ Reitjagd gelegt; ▸ Schleppjagd. **2**) Bez. für die Gänge der ▸ Wildenten und anderen Sumpf- und Wasserwildes im Schilf, Rohr, hohen Gras usw. **3**) Ein an einer langen Leine über den Boden gezogenes (geschlepptes) totes Beutetier, bespicktes ▸ Federspiel oder ein Hasen- oder Kaninchenbalg (eine S. machen), um den auf dem Baum sitzenden ▸ Beizvogel (i.d.R. Habicht) herunterzuholen und festzunehmen (▸ festnehmen). Der Beizvogel reagiert am besten, wenn die S. langsam und ruckartig unter dem Baum gezogen wird, auf dem er steht.

schleppen: ▸ Schleppe 1) und 3).

Schleppjagd, die: **1**) Eine Konditionsübung, bei der die ▸ Parforcehunde außerhalb der Jagdzeit firm gehalten wurden. Sie wurden dazu auf einer durch eine ▸ Schleppe hergestellten ▸ Fährte angelegt und hatten dieser zu der Stelle zu folgen, an der die Schleppe aufgehoben wurde. Für die ▸ Meute, die auf der ▸ Parforcejagd einen Hirsch zu jagen hatte, bestand die Schleppe aus den Läufen eines kurz vorher erlegten Hirsches. In Deutschland sind S. (Reitjagden) auf lebendes Wild seit 1934 verboten. **2**) Eine anstelle der Parforcejagd ausgeübte Jagd, bei der die Hundemeute nicht lebendem Wild, sondern einer künstlich gelegten Fährte (frisches geschlepptes Gescheide usw.) folgt. Die Meute jagt auf der Fährte, nicht auf Sicht. Diese S. kam auf, als die Zeit der Parforcejagden – aus Kostengründen usw. – zu Ende ging. Sie entwickelte sich aus der oben genannten Konditionsübung für die Parforcemeute; ▸ Schnitzeljagd. **3**) Als S. wird auch die Jagd auf ▸ Raubwild verstanden, das mittels einer Schleppe, die man über den Boden zieht, in die Nähe eines Hochsitzes, einer Falle oder an einen ▸ Luderplatz gelockt wird.

Schleppneue, die: ▸ Neue.

▸▸ Unbekannter Künstler: »Wie man alle Arten von Schlingen und Netzen herstellt«, 14. Jh., aus Gaston Phoebus, Comte de Foix, Vicomte de Béarn: »Le Livre de la Chasse«, Blatt 53

Schleuderkrankheit, die: Die ▸ Kreuzlähme des Rotwildes.
Schlichtkleid, das: ▸ Ruhekleid.
schliefen: Das Einkriechen des Hundes in den Fuchs- oder Dachsbau und des Frettchens in den Kaninchenbau.
Schliefendachs, der: ▸ Schliefenfuchs.
Schliefenfuchs, der: Gezähmter Fuchs (auch Dachs; Schliefendachs), der zur Übung der ▸ Erdhunde im ▸ Kunstbau verwendet wurde.
Schlief(en)platz, der: Ein Übungsplatz (Schliefanlage) für ▸ Erdhunde mit einem (oder auch mehreren) ▸ Kunstbauen.
Schliefer, der: Ein ▸ Erdhund, der für die Bauarbeit ausgebildet ist und gut arbeitet.
Schlieferle, das: Bez. für einen im 16. und 17. Jh. zur ▸ Baujagd verwendeten Hund (besondere Hundeart).
schließen: **1**) Der Rothirsch geht beim ruhigen Ziehen geschlossen, d.h., seine Schalen bleiben zusammen. **2**) Die Jagd auf eine Wildart ist geschlossen, wenn ihre Ausübung gesetzlich verboten ist (sog. Schonzeit); ▸ Jagd- und ▸ Schonzeiten.
Schlinge, die: **1**) Bez. für S. aus Draht, Bindfaden, Zwirn oder Rosshaar, die dem Fang von ▸ Federwild dienten. Zu den S. gehören auch die ▸ Dohnen. Nach §19 Absatz 1 Nr. 8 des BJG ist es verboten, S. jeder Art, in denen sich Wild fangen kann, herzustellen, feilzubieten, zu erwerben oder aufzustellen. Bei in S. gefangenem Wild sind der Kopf und der Hals geschwollen, und die Furche, die die S. hinterlässt, ist deutlich sichtbar. Fehlen Haupt und Hals – was aus diesen Gründen meist der Fall ist –, sind das Wildbret und die Organe außerdem auffallend stark bluthaltig, da das Wild nicht ausschweißen konnte. Schlecht schweißt jedoch auch Wild mit Rücken- und Kopfschüssen aus. Wurden dem Wild nachträglich noch Schussverletzungen beigebracht, sind die Schusskanalränder nicht blutdurchtränkt, was z.B. bei einem waidgerecht erlegten Stück der Fall wäre. **2**) Auch Hühner-S. ▸ Galgen.
Schlingensteller, der (-leger): Ein Wilderer, der das Wild in ▸ Schlingen fängt; ▸ Wilderei.
schlingern: Wiederholtes Mausern zu früh nachgewachsener ▸ Pennen des ▸ Beizvogels.
Schlitten, der: Oberer, beweglicher Bauteil der Pistole; ▸ Faustfeuerwaffen.
Schlittenfahren, das: Umgangssprachliche Bez. für das Afterrutschen beim Hund. Das S. ist meist dann zu beobachten, wenn der Hund an entzündeten bzw. stark gefüllten ▸ Analdrüsen leidet. S. kann aber auch auf Durchfall, Kotreste am ▸ Weidloch, Band- oder Spulwurmbefall zurückzuführen sein.
Schlittenziehen, das: Der Auerhahn (▸ Raufußhühner 1.) zieht mit seinen hängenden Schwingen rechts und links von seiner ▸ Fährte eine Furche durch den Schnee (lokale Bez. in den östlichsten Ostseegebieten).
Schlögel, der: ▸ Schlegel.
Schloss, das: **1**) Die knorpelige (Beckennaht) Verbindung der beiden Beckenknochen beim ▸ Schalenwild, die beim ▸ Aufbrechen durchtrennt bzw. geöffnet wird; ▸ Eisbein. **2**) Eine Schließe an der ▸ Hirschfängerkoppel. **3**) Teil des Gewehres; ▸ Schlosssystem. **4**) Der Sicherungs- und Abzugsmechanismus an Fangeisen; ▸ Fallen.
Schlosssystem, das: Teil des ▸ Jagdgewehres und des gesamten Verschlusssystems, der aus dem Sicherungs-, Spann- und Zündmechanismus besteht. Die dazu erforderlichen Einrichtungen (Abzug, Stange, Abzugs-,

Blitz-System

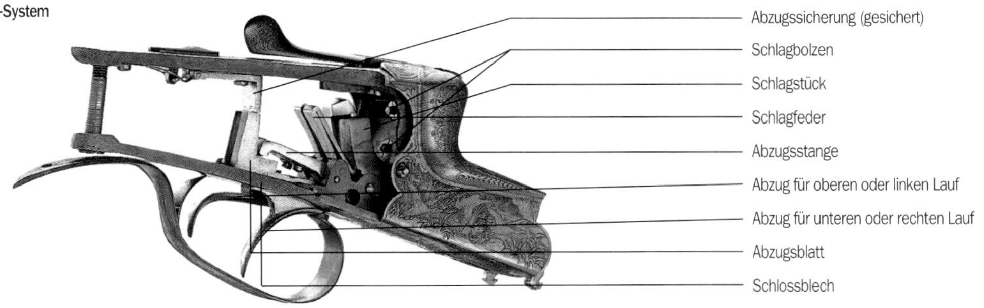

Anson & Deeley-System (Kastenschloss)

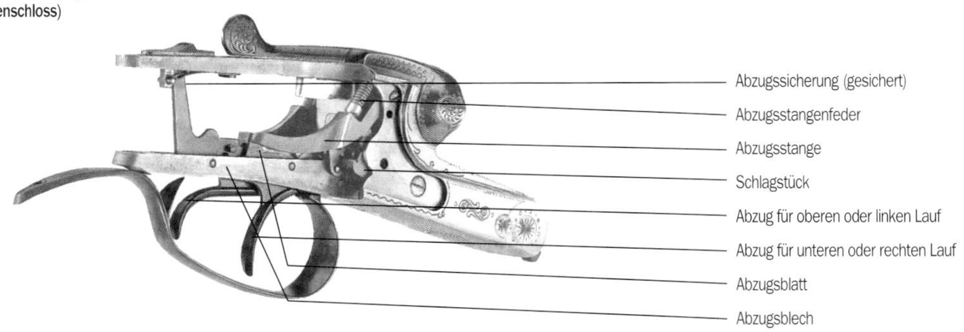

Seitenschloss-System

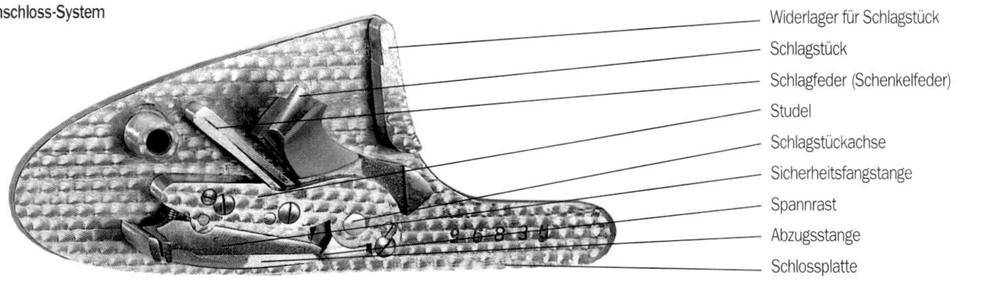

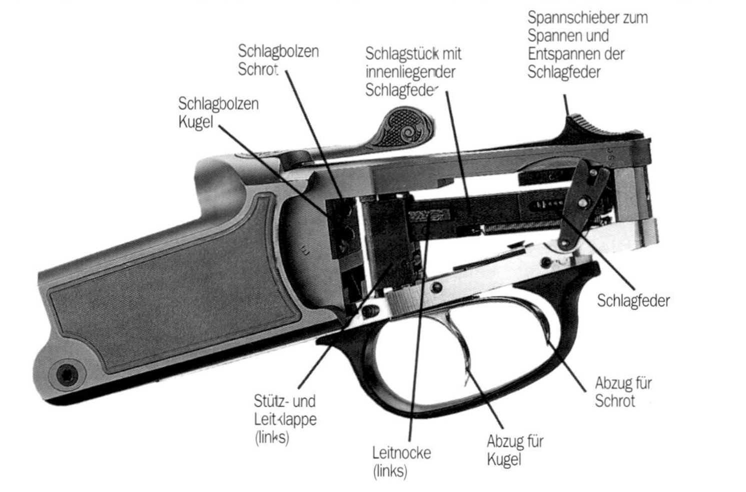

SLK (Stütz- und Leitklappen)-System

Stangen-, Schlagfeder, Schlagstück bzw. -bolzen) sind je nach System unterschiedlich im Verschlusskasten (auch Verschlussgehäuse, Systemkasten, Basküle genannt) angeordnet. **1. S. bei Kipplaufwaffen**: *Anson & Deeley-System*: Es ist das meistverwendete System für Doppelflinten (Selbstspanner), wird aber auch bei besonders ausgestatteten kombinierten Waffen verwendet. Bei diesem System sind die Schlossteile vorne in Aussparungen des Verschlusskastens (sog. Basküle) montiert (Kastenschloss) und ermöglichen dadurch eine kurze Bauart und einen weicheren Abzug. Schlagstück und Schlagbolzen sind aus einem Stück.

Blitz-System (Blitz-Schloss): Dieses ist das meistverwendete System bei kombinierten Waffen (Selbstspanner), findet aber auch bei einläufigen Jagdgewehren Verwendung. Alle Schlossteile sind auf dem Abzugsblech (Unterboden) montiert und können nach Abschrauben des Abzugsblechs aus dem Verschlussgehäuse herausgenommen werden.

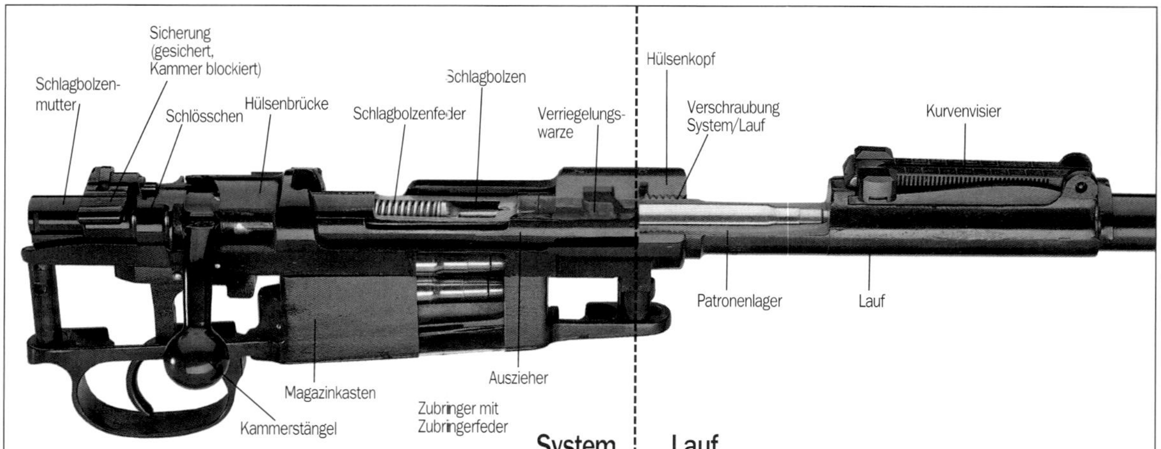

98er System im Schnitt

R 93-System im Schnitt
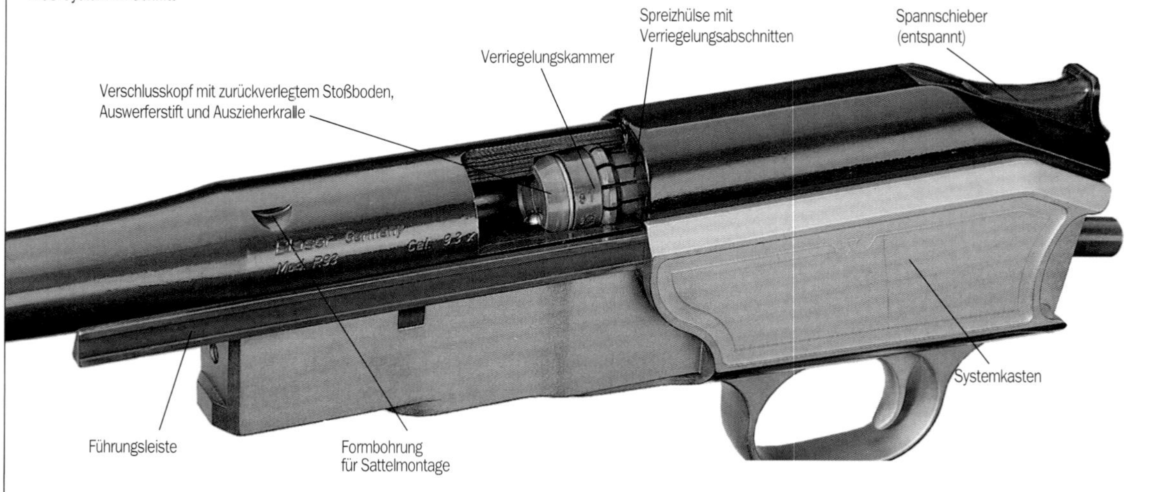

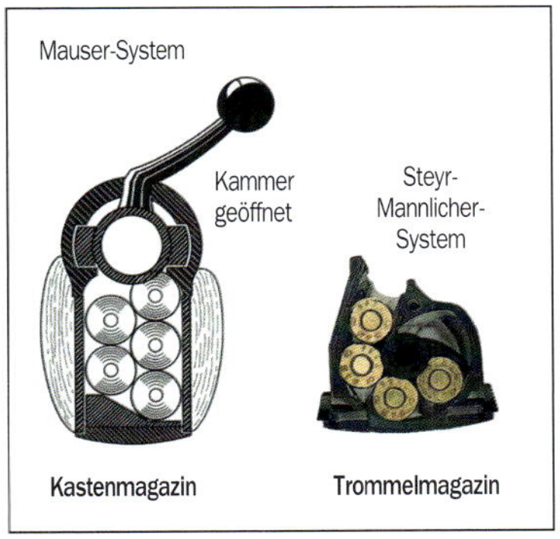

Gespannt wird das Schloss durch Spannhebel, die durch den ganzen Verschlusskasten gehen und in Aussparungen des Vorderschaftes einhaken.
Stütz- und Leitklappen-System (SKL-System): Hierbei handelt es sich um ein Einschloss-System. Die Waffe hat ein Schlagstück mit Leitnocke und innenliegender Schlagfeder, seitlich ist die Stütz- und Leitklappe montiert. Beim Betätigen des jeweiligen Abzuges wird automatisch auf den richtigen Lauf umgeschaltet.
Seitenschloss-System: Die Schlossteile sind bei diesem System auf die Seitenbleche montiert und mit diesen herausnehmbar. S.-S. gibt es von verschiedenen Firmen. Sie finden bei Selbstspannerkonstruktionen Verwendung. Bei hahnlosen Gewehren wird das Schloss durch Abkippen der Läufe gespannt. Bei Kipplaufwaffen mit außenliegenden Hähnen, d.h. bei Gewehren, bei denen die Hähne von Hand gespannt werden, finden einfache Seitenschlösser Verwendung. Man unterscheidet vorliegende, halbvorliegende und rückliegende Seitenschlösser (die Bez. richtet sich nach der Lage der Schlagfeder). Tritt nach Abfeuern des Schusses der Hahn selbsttätig wieder in die Ruhestellung (Ruhrast), wird von einem Schloss mit Rücksprung gesprochen.
2. S. bei Repetierbüchsen (Gewehre mit feststehendem Lauf): Die meisten Repetierbüchsen haben einen Kammerverschluss (Zylinder-, Kolbenverschluss) mit verschiedenen Verriegelungsarten (zwei bis neun Kammerwarzen). Die gebräuchlichsten Systeme sind das Mauser-Modell 98 und das Mannlicher-Schönauer-System. Heute gibt es eine Vielzahl von Weiterentwicklungen dieser beiden Grundsysteme.
System Mauser Modell 98: Die Mauser 98 hat einen drehbaren Kammerverschluss (Zylinder-, Kolbenverschluss). Der Lauf ist in die Kammerhülse eingeschraubt. Das Schloss wird mit zwei vorderen Warzen und noch hinten mit einer zusätzlichen Warze verriegelt, weshalb der Mauserverschluss auch als besonders zuverlässig gilt. Ist der Verschluss geschlossen, liegt der Kammerstängel hinter der geschlossenen Hülsenbrücke. Zum Öffnen wird die Kammer etwa um 90° nach links gedreht und zurückgezogen. Bei neueren Modellen wird beim Öffnen das Schloss gleichzeitig teilweise gespannt, bei älteren Modellen erst beim Schließen. Die Kammer kann durch Drücken eines links hinten an der Kammerhülse angebrachten federnden Hebels entfernt werden. Die Sicherung (Flügelsicherung) befindet sich am hinteren Ende des Zylinders. Im Magazin liegen je nach Kaliber drei bis fünf Patronen seitlich versetzt übereinander (Zickzackform). Beim Laden werden sie auf den Zubringer gelegt und nach unten ins Magazin gedrückt. Entladen wird das Magazin durch wiederholtes Repetieren (Öffnen und Schließen der Kammer), dabei ist jedoch darauf zu achten, dass die Flügelsicherung hochgestellt wird, um ein ungewolltes Auslösen des Schusses zu vermeiden. Unter den militärischen oder jagdlichen Repetiergewehren sind Gewehre des M.-M. 98 am meisten verbreitet, da diese Verschlusskonstruktion in ihrer Zuverlässigkeit und Einfachheit unübertroffen ist. Heute sind eine Vielzahl von Weiterentwicklungen dieses Grundsystems auf dem Markt.
Mannlicher-Schönauer- bzw. *Steyr-Mannlicher-System*: Dieses S. ist eine Weiterentwicklung des Mannlicher-Gewehres, einer alten österreichischen Militärwaffe. Der Kammerverschluss (Zylinder-, Kolbenverschluss) ist durch eine Drehbewegung zu betätigen. Das M.-S.-S. hat eine oben offene Hülsenbrücke, um beim Öffnen den Kammerstängel durchführen zu können. Bei geschlossener Kammer liegt dieser vor der Hülsenbrücke (modernere Konstruktionen weichen von der Norm ab). Der Verschluss wird durch zwei Warzen hinter dem Verschlusskopf verriegelt. Das Magazin besteht aus einer Trommel. Die Patronen, je nach Kaliber drei bis fünf Stück, werden nacheinander in die Trommel gedrückt und ordnen sich um die Trommelachse kreisförmig an. Um die Waffe zu entladen, wird die seitlich angebrachte Magazinsperre heruntergedrückt, dadurch werden die Patronen freigegeben. Das Schloss wird beim Öffnen des Verschlusses gespannt.
3. Blockverschluss: Dieses Verschlusssystem findet in verschiedenen Varianten bei einläufigen Büchsen (selten bei Flinten) Verwendung, die dann als Blockbüchsen bezeichnet werden: Durch Betätigung eines Hebels über dem Abzugsbügel oder des Abzugsbügels selbst wird das Schloss gespannt und der Verschluss betätigt. Der Verschlussblock, der auch die Schlossteile enthält, bewegt sich im Verschlussgehäuse. Je nach Konstruktion wird von einem Fallblock-, Drehblock- oder Vertikalblock-Verschluss gesprochen.
Fallblock-Verschluss (Henry-Martini-Verschluss): Bei diesem Verschluss dreht sich ein langer Block um eine rückwärts liegende Achse nach unten. Der Verschluss wird durch den als Verschlusshebel dienenden Abzugsbügel betätigt.
Drehblock-Verschluss: Hier liegt die Achse, um die sich der Verschlussblock dreht, vorne unter dem Lauf.
Vertikalblock-Verschluss: Bei dieser Variante des Blockverschlusses wird der Block, der mit dem Verschlusshebel direkt verbunden ist, in senkrechter Richtung, gleichlaufend mit der Stoßfläche des Laufes, bewegt. V.-V. finden meist bei Scheibenbüchsen, weniger bei Jagdwaffen Verwendung. Waffen mit V.-V. haben den Vorteil, dass sie bei gleicher Lauflänge eine kürzere Gesamtlänge haben als Gewehre mit Kammerverschluss, da dieser Verschluss relativ gedrungen konstruiert ist. Eine bekannte Jagdwaffe mit V.-V. ist die ▸ Heerenbüchse.

Schlosstritt, der: ▸ Hirschgerechte Zeichen.

Schlucker, der: ▸ Kormorane 2.

Schluckimpfung, die (orale Immunisierung): Zur Bekämpfung bzw. Eindämmung der ▸ Tollwut angewandtes Verfahren, bei dem Kapseln mit dem Impfstoff als Köder an Füchse verfüttert werden. Aufgrund der hohen Bestandsdichte beim Fuchs hat die S. nur teilweise bzw. vorübergehenden Erfolg.

Schlumpschuss, der: Bez. für einen hastig abgegebenen schlechten Schuss oder gar Fehlschuss, aber auch für einen Zufallstreffer. Der Schütze wird Schlumpschütze genannt; ▸ Schnappschuss.

Schlund, der (seltener: Weisling Weidling): Die Speiseröhre beim ▸ Haarwild. Der S. des wiederkäuenden ▸ Schalenwildes wird beim ▸ Aufbrechen verknotet, damit der Panseninhalt nicht ausfließen kann.

Schlüpfer(typ), der: Bez. für das Rehwild (auch Sikawild), das hinsichtlich seiner Bewegungsart und dem Körperbau – im Ggs. zu reinen Waldtieren oder Steppentieren – ▸ Waldränder mit dichtem Unterholz und Buschwerk bevorzugt, durch die es sich wie ein Spitzkeil hindurchschiebt.

Schlupfzeit, die: Zeit, in der die Jungvögel aus den Eiern schlüpfen; ▸ Setzzeit.

Schluss, der: Ein Wild macht den S., wenn es den Tritt des Hinterlaufes genau in den Abdruck des Vorderlaufes setzt. Der S. (auch Beschluss) ist auch ein Fährtenzeichen des Rothirsches; ▸ Hirschgerechtes Zeichen.

Schlüsselreiz, der (Kennreiz, Signalreiz): Ein arttypischer Informationsreiz, der bei Tieren aufgrund eines Lautmerkmals bzw. Form-, Farb- und Duftmerkmals ein ganz besonderes instinktives Verhalten auslöst (▸ Auslösemechanismus).

Schlusstritt, der: Seltene Bez. für Schlosstritt; ▸ Hirschgerechte Zeichen.

schmal: Beim ▸ Schalenwild svw. schlecht, gering, jung.

Schmalbock, der: Männliches ▸ Rehwild im zweiten Lebensjahr bis zum darauffolgenden 31. März.

Schmale, die: ▸ Schmalreh.

Schmälen, das: Warn- und Wutlaute des Rehwildes und auch öfter wiederholte ▸ Lautäußerung des Bockes, der seinen ▸ Einstand markiert (▸ Rehwild [Sinne und Lautäußerung]); ▸ Schelten, ▸ Schrecken.

Schmalfeder, die: ▸ Säule, ▸ Pernen.

Schmalgais, die: Österreichische Bez. für ▸ Schmalreh.

Schmalgeiß, die: ▸ Schmalreh.

Schmalreh, das (Schmalricke, Schmalgeiß, Schmale): Weibliches Rehwild vom 1. April des auf das ▸ Setzen folgenden Jahres bis zum ersten Setzen (im zweiten Lebensjahr); ▸ Altreh, ▸ Geltgeiß.

Schmalricke, die: ▸ Schmalreh.

Charakteristischer Lebensraum des Schlüpfertyps sind unterholzreiche Waldränder.

Schmalschaf, das: Weibliches ▸ Muffelwild vom 1. April des auf die Geburt folgenden Jahres bis zum ersten Lammen (im zweiten Lebensjahr).

Schmalschuss, der: Ein Schuss auf Wild, wenn dieses ▸ spitz steht.

Schmalspießer, der: Männliches ▸ Elch-, ▸ Rot-, ▸ Dam- oder ▸ Sikawild vom ersten Kopf (im zweiten Lebensjahr) mit dem Erstlingsgeweih.

Schmalstuck, das: Süddeutscher Ausdruck für ▸ Schmaltier.

Schmaltier, das: Weibliches ▸ Elchwild, ▸ Rotwild, ▸ Damwild und ▸ Sikawild vom 1. April des auf das ▸ Setzen folgenden Jahres bis zum ersten Setzen (im zweiten Lebensjahr); ▸ übergehen 3).

Schmalwild, das: ▸ Elchwild, ▸ Rotwild, ▸ Damwild, ▸ Sikawild und ▸ Rehwild beiderlei Geschlechts vom 1. April des auf das ▸ Setzen folgenden Jahres bis zum darauffolgenden 31. März bzw. bis zum ersten Setzen (im zweiten Lebensjahr).

Schmalz, das: **1**) Auch Weißes, Dachsweiß, das Fett beim ▸ Dachs; ▸ Feist, ▸ Hirschtalg. **2**) Mankeischmalz, das Fett beim ▸ Murmeltier.

Schmalzdrüse, die: ▸ Saugloch.

Schmalzmann, der: ▸ Dachs.

Schmalzröhre, die: ▸ Saugloch.

Schmarotzer, die: ▸ Parasiten.

Schmarotzermilan, der: ▸ Milane 2.

Schmase, die: Mundartliche Bez. für ▸ Masche.

Schmatzen, das: Eine ▸ Lautäußerung (Kontaktsignal) der vertraut brechenden Sauen, ähnlich dem Grunzen.

Schmecker, der: **1**) Lokale Bez. für ▸ Äser. **2**) Selten auch für ▸ Lecker des ▸ Schalenwildes gebrauchte Bez.

Schmeiß, der: svw. ▸ Geschmeiß.

schmeißen: Koten bei den ▸ Greifvögeln und ▸ Reihern; ▸ Geschmeiß.

Schmeißfliegen, die *(Calliphoridae):* Auch Aasfliegen, Fleischfliegen. Familie der Fliegen mit einigen Hundert Arten in Europa. Die bis 14 mm großen, plump wirkenden, blauglänzenden Fliegen legen ihre Eier an Nahrungsmitteln (Fleisch-, Milchprodukte), Exkrementen und in die Körperöffnungen toter Tiere ab. Sie können pathogene Keime und somit Krankheiten (z.B. ▸ Brucellose, ▸ Tuberkulose) übertragen. Erlegtes Wild ist vor S. zu schützen. Es sollte so schnell wie möglich in einen geschlossenen Raum (▸ Wildbretkammer) gebracht oder zumindest mit einem Gazenetz (Fliegennetz) vor den S. geschützt werden; ▸ Wildbrethygiene.

Schmelz, der: Bez. für den Kot der ▸ Beizvögel, gelegentlich auch der Greifvögel. Der S. eines gesunden Beizvogels besteht aus der mehr oder weniger flüssigen, kalkweißen Harnsäure und dem festen, fast schwarzen Kotteil. Ist der Kotteil ausgelaufen und grün oder befinden sich gar kleine, halbverdaute Atzungsteile im S., ist der Vogel nicht bei bester Gesundheit; ▸ Geschmeiß.

schmelzen: Koten der ▸ Beizvögel; ▸ Schmelz. Bei Adler, Habicht und Sperber kann auch von ▸ schmeißen gesprochen werden, da diese den Schmelz in weitem Bogen von sich schleudern.

Schmelzfleck, der: Ein für die ▸ Falken typischer und runder Kotfleck, den sie bei ihrer ▸ Rupfung hinterlassen.

Schmelzschlingen, die: ▸ Zahnalterslehre.

Schmelzstriche, die: Die für Habichte und Sperber typischen Kotstreifen, die sie bei ihrer ▸ Rupfung hinterlassen.

Schmerbaum, der: ▸ Speierling.

Schmerl, der: **1**) Der Baumfalke; ▸ Falken 3. **2**) Weiblicher Merlin (Schmerlin); ▸ Falken 4.

Schmerle, der und die: ▸ Falken 4.

Schmerlein, **Schmerlin**, der: ▸ Falken 4.

Schmerzen der Tiere: ▸ Leiden der Tiere.

Schmetterlinge, die *(Lepidoptera):* Auch Schuppenflügler, Falter. Eine mit ca. 150 000 Arten weltweit verbreitete Ordnung etwa 0,3 bis 30 cm spannender ▸ Insekten, davon rund 4000 Arten in Europa. S. bilden die drittgrößte Insektenordnung und werden in Groß-S. und Klein-S. eingeteilt. Die Ersteren besitzen Klammerfüße, die Letzteren Kranzfüße. Weiter werden unterschieden: echte Tagfalter *(Rhopalocera)*, unechte Tagfalter *(Grypocera)* und Nachtfalter *(Heterocera)*. Die echten Tagfalter haben kolbenförmige Fühler (z.B. Schwalbenschwanz, Zitronenfalter), die unechten Tagfalter sind die Dickköpfe. Die Tagfalter klappen in Ruhe die Flügel senkrecht nach oben. Die Nachtfalter, von denen es unzählige Arten gibt, haben faden- oder kammförmige Fühler und legen die Flügel dachartig zusammen. Zu den Nachtfaltern zählen auch die Spinner, Schwärmer, Eulen und Spanner. Alle S. haben dachziegelartig überlappende, feine Schuppen auf beiden Flügelpaaren und einen aus Maxillen gebildeten, in Ruhestellung nach unten eingerollten Saugrüssel. Am Kopf ein Paar großer halbkugeliger Augen (Facettenaugen), deren Formenwahrnehmung auf nur einige Meter beschränkt ist, während das Farbunterscheidungsvermögen gut entwickelt ist. Zwischen den Augen befindet sich ein Paar unterschiedlich geformter, meist fadenförmiger Fühler als Träger des hoch entwickelten Geruchssinnes sowie des Tast- und Erschütterungssinnes. Die Flügel sind in der Form sehr verschieden. Die Vorderflügel und Hinterflügel sind meist durch Bindevorrichtungen gekoppelt, wobei die Hinterflügel kleiner sind. Bei den Weibchen verschiedener Arten sind die Flügel sogar zurückgebildet, z.B. Frostspanner. Die artcharakteristischen Zeichnungs- und Farbmuster kommen durch spezifische Anordnung farbiger Flügelschuppen zustande. Hinsichtlich der Farbmuster unterscheidet man Tarnzeichnungen und Warnzeichnungen. Die Metamorphose ist vollkommen. Aus dem Ei schlüpft eine Raupe, die sich nach mehrmaliger Häutung verpuppt. Die meisten mit Saugrüssel versehenen S. saugen nur flüssige Nahrung auf (Nektar), einige Arten fressen als Imago überhaupt nichts mehr. Die Überwinterung ist in unterschiedlichen Entwicklungsphasen (Ei, Larve oder Falterstadium) möglich. Einige wenige Arten sind arge Forstschädlinge. Hierzu gehören insbesondere:

1. Nonne *(Lymantria monacha):* Flügelspannweite bis 6 cm. Sie ist eine der gefährlichsten S.-Arten in Nadelwäldern. Neigt in sommerwarmen, niederschlagsarmen Gebieten zu Massenvermehrung. Die jungen behaarten Raupen fressen bei der Fichte zuerst die Nadeln der frischen Maitriebe, teilweise tritt Kahlfraß ein. Die Männchen schwärmen nachts, angelockt vom Duftstoff der Weibchen.

2. Frostspanner *(Operophtera brumata)*: Flügelspannweite bis 2, 5 cm, Weibchen halb so groß und flugunfähig. Der F. schwärmt in der kalten Jahreszeit, v.a. in Laubmischwäldern und Obstbaumkulturen. Bei starkem Besatz kommt es zu Kahlfraß.

3. Schwammspinner *(Lymantria dispar):* Flügelspannweite bis 7 cm, Männchen nur halb so groß. Schwärmt im Juli bis August in Eichenwäldern und Parkanlagen. Jungraupen lassen sich auch an Spinnfäden vom Wind bis zu mehrere Hundert Meter weit verfrachten. In manchen Jahren Massenvermehrung, die zwei bis drei Jahre dauern kann, mit Schadfraß an den Maitrieben und Johannistrieben, v.a. in Eichenbeständen. Eichenkulturen sterben häufig nach einmaligem Kahlfraß ab.

4. Kiefernspanner *(Bupalus piniarius):* Flügelspannweite bis 4 cm, bedeutendster Kiefernschädling. Schwärmt von April bis Juli. Neigt zu weiträumigen Massenvermehrungen. Bevorzugt Kieferreinbestände schlechterer und mittlerer Ertragsklasse im Alter von 25 bis 70 Jahren.

5. Kieferneule *(Panolis flammea):* Auch Forleule. Flügelspannweite bis 3,5 cm. Schwärmt im März bis Juni in Kiefernwäldern, auch in auf sandigen Böden wachsenden Mischwäldern. Kahlfraß der Bäume meist im Juni oder Juli.

6. Grüner Eichenwickler *(Tortrix viridana):* Flügelspannweite bis 2,3 cm, nachtaktiver Falter, schwärmt v.a. in Eichenwäldern. Äußerst schädlich, frisst v.a. die Frühjahrstriebe der Eichen und verursacht häufig Kahlfraß.

Schmetterlingshecke, die: Eine ▸ Hecke, die durch ihre Blüten und Blätter viele Arten von ▸ Schmetterlingen und ihre Raupen ernährt. Hierzu eignen sich besonders Brombeere *(Rubus fruticosus)*, Färberginster *(Genista tinctoria)*, Faulbaum *(Rhamnus frangula)*, Grauweide *(Salix cinerea)*, Haselnuss *(Corylus avellana)*, Roter Hartriegel *(Cornus sanguinea)*, Roter Holunder *(Sambucus racemosa)*, Schlehe *(Prunus spinosa)*, Weißdorn *(Crataegus monogyna)* ▸ Vogelschutzhecke.

Schmidt, Klamer Eberhard Karl (1746 Halberstadt bis 1824 Halberstadt): Dichter und Domänenrat. Von ihm stammt: »Die Jägerinn« (1772).

Schmidt, Philipp Dr. med. vet. h. c., lic. theol. (1893 bis 1979): Bibliothekar der Universität Basel, Redakteur des »Schweizer Naturschutzes« und Mitglied der Naturforschenden Gesellschaft seit. 1956. S. schrieb u.a. »Das Jahr des Rehes. Ein Buch für Tier- und Wildfreunde« (1965), »Der Hirsch in unseren Bergen. Ein Buch vom Gebirgshirsch der Schweiz für Freunde der Berge und ihres Wildes« (1971), »Das Reh – sein Verhalten. Versuch einer Psychologie der ältesten Hirschart Europas in Wort und Bild« (1974), »Das Wild in der Schweiz. Eine Geschichte der jagdbaren Tiere unseres Landes« (1976).

Schmidt, Viktor: ▸ Jagdliteratur.

Schmosse, die: Mundartliche Bez. für ▸ Masche.

schmötzeln, **schmotzen**: Alter bayerischer Ausdruck für das Nachahmen des Hasenrufes (Hasenklage), um ▸ Raubwild anzulocken; ▸ Lockjagd.

Schmuckringe, die: Ringförmige Strukturen an der Gamskrucke, die oben und unten geschlossen sind, im Ggs. zu den unten offenen ▸ Jahresringen.

Schmuckwülste, die: Die ringförmigen Wülste an der Muffelwidderschnecke (auch Monatsringe) und des Steinbockhorns, die oben und unten geschlossen sind, im Ggs. zu den unten offenen ▸ Jahresringen.

Schmunte, die: ▸ Wildenten 4.

schmutzen: Altes und selten gebrauchtes Wort für anreizen; ▸ reizen.

Schmutzgeier, der: ▸ Geier 2.

Schnabel, der: ▸ Storchenschnabel.

Schnabelfechten, das: Revierkämpfe (Revierbehauptung) speziell der Auerhahnen. Beim S. versuchen die Rivalen einander mit Schnabelhieben am Kopf zu treffen. Meist bleibt es dabei bei Scheinangriffen. Eine weitere Form des Revierkampfes ist das Schwingenprügeln, wobei die Rivalen sich gegenseitig am Kopf zu packen versuchen und mit blitzschnellen Schwingschlägen gegen den Vorderkörper des Gegners reagieren; ▸ Aggression.

schnackeln: ▸ schnalzen.

Schnaithahn, der: Alpenländische Bez. für den Birkhahn; ▸ Raufußhühner 2.

Schnaken, die (Erdschnaken, Schnauzenmücken, Bachmücken, Pferdemücken; *Tipulidae):* Eine mit rd. 12000 Arten weltweit verbreitete Familie mittelgroßer bis großer Mücken mit auffallend langen Beinen und schmalen Flügeln (bis 10 cm spannend), schnauzenförmigem Kopf und langen dünnen Fühlern. Ihre Larven entwickeln sich im oder am Wasser (Sumpf-S.). S. können nicht stechen oder Blut saugen; im Volksmund werden aber z.T. auch Stechmücken als S. bezeichnet. Die grauen oder graubraunen Larven leben überwiegend im Boden, können aber durch Wurzelfraß und Benagen der Rinde in Pflanzgärten und ▸ Weidenhegern schädlich werden.

Schnalle, die (Tasche, Nuss): Äußeres weibliches Geschlechtsteil beim ▸ Haarraubwild und beim Jagdhund.

schnallen: **1)** svw. losbinden, ▸ lösen, dem Hund die ▸ Halsung abnehmen (abhalsen) bzw. ihn vom Riemen lösen. **2)** ▸ tuschen.

schnalzen (schnappen, schnackeln): Bayerischer Ausdruck, das Knappen des Auerhahns (erster Teil der Balzarie); ▸ Raufußhühner 1.

Schnappe, die: Das ▸ Schnapptuch.

schnappen: ▸ schnalzen.

Schnapper, der: Das ▸ Schnapptuch.

Schnäpper, der: ▸ Schnepper.

Schnapphahnschloss, das: Gewehrschlosssystem, Vorläufer des ▸ Steinschlosses. Um den Zündfunken zu erzeugen, wurde früher Pyrit, später Feuerstein verwendet. Beim spanischen S. (auch Miquelete genannt), befindet sich der Mechanismus an der Außenseite der Schlossplatte. Beim niederländischen S. ist der Mechanismus in einer Aushöhlung des Schaftes untergebracht und wird durch die Schlossplatte geschützt.

Schnappleine, die: Die Leine des ▸ Schnapptuches.

Schnappschuss, der: Ein schnell hingeworfener Schuss auf flüchtiges Wild; ▸ Schlumpschuss.

Schnappstangen, die: Beim ▸ Eingestellten Jagen Stellstangen, an denen Rollen angebracht waren, mit deren Hilfe man das ▸ Schnapptuch heben und senken konnte.

Schnapptuch, das (Schnappe, Schnapper): Beim ▸ Eingestellten Jagen ein Quertuch, das zwischen den ▸ Schnappstangen gehoben und gesenkt werden konnte und mit dem das Wild nach Geschlecht und Alter in der Kammer getrennt wurde; ▸ Rolltuch, ▸ separieren.

Schnarchhahn, der: Alte Bez. für Rackelhahn; ▸ Raufußhühner 3.

Schnarchkauz, der: ▸ Eulen 10.

Schnarker, der: ▸ Rallen 4.

Schnarp, der: ▸ Rallen 4.

Schnarre, **Schnärre**, die: ▸ Drosseln 3.

Schnarren, das: Der Ruf des Wachtelkönigs; ▸ Rallen 4.

Schnarrendart, der: ▸ Rallen 4.

Schnarrente, die: ▸ Wildenten 6

Schnärrente, die: ▸ Wildenten 3

Schnarrer, der: **1)** ▸ Drosseln 3. **2)** ▸ Rallen 4.

Schnarrichen, das (der Schnarrvogel, Schnarrziemer): ▸ Drosseln 3.

Schnarrwachtel, die: ▸ Rallen 4

Schnarz, **Schnärz**, der: ▸ Rallen 4.

Schnatterente, die: ▸ Wildenten 6.
Schnaufen, das: Ein seltener und veralteter Ausdruck für das Brummen des ▸ Dachses und das Blasen des ▸ Schwarzwildes.
Schnauzenmücken, die: ▸ Schnaken.
Schnecke, die: **1**) Der Hauptschmuck des Widders; ▸ Muffelwild. **2**) Das Gehäuse der Tritonschnecke, das als Hirschruf verwendet wird; ▸ Lockjagd.
Schnecken, die *(Gastropoda)*: Die S. bilden eine weltweit verbreitete Klasse der Weichtiere *(Mollusca)* und sind seit dem Kambrium bekannt. Sie leben mit etwa 95 000 zwischen 1 mm und 60 cm großen und formenreichen Arten in Meeren, Süßgewässern und auf dem Land. Manche bilden ein Kalkgehäuse aus (Gehäuseschnecken), andere nicht (Nacktschnecken). Nach der Beschaffenheit der Atmungsorgane werden Kiemen- und Lungenschnecken unterschieden. Die Hauptteile des S.-Körpers sind der Kopf mit den zwei oder vier Fühlern, auf oder an denen die Augen sitzen, der Fuß als der eigentliche Körper, in dem sich auch wichtige Organe, Nerven u.a. befinden, und der Eingeweidesack mit der oft großen Mantelfalte, deren Rand die gehäusebildenden Kalkdrüsen enthält. Der Eingeweidesack ist spiralig aufgerollt. S. sind Zwitter (alle Lungen-S. und Hinterkiemer) mit komplizierten Geschlechtsorganen. Von den landbewohnenden Arten werden viele an Kulturpflanzen schädlich, andere in Süßgewässern lebende S. sind Zwischenwirte für viele Eingeweidewürmer (besonders ▸ Bandwürmer, ▸ Lungenwürmer und ▸ Leberegel) der Wirbeltiere.
Schneckerln, die: ▸ Erpellocken.
Schneeaar, der: ▸ Bussarde 2.
Schneebirkhahn, der: ▸ Raufußhühner 3.
Schneebruch, der: ▸ Schneedruck.
Schneedachel, der (Schneedohle, Alpendohle): ▸ Rabenvögel 6.
Schneedrossel, die: ▸ Drosseln 5.
Schneedruck, der: S. verursacht v.a. bei jungen Bäumen ein Niederlegen oder zumindest eine Schrägstellung infolge starker Belastung durch nassen Schnee. Wird durch die Schneebelastung ein Brechen des Stammes oder ein Abbrechen von Kronenteilen bewirkt, spricht man von Schneebruch.
Schneefleck, der: ▸ Sattel 1).
Schneegarn, das: ▸ Garne 5.
Schneegeier, der: ▸ Bussarde 2.
Schneehahn, der: Das männliche Schneehuhn; ▸ Raufußhühner 5. und 6.
Schneehase, der: ▸ Hasen 2.
Schneehaube, die: ▸ Garne 5.
Schneehemd, das: Ein zur Jagd verwendeter weißer Tarnüberwurf zur ▸ Pirsch und zum ▸ Ansitz im Winter bei Schneelage.
Schneehenne, die: Weibliches Schneehuhn; ▸ Raufußhühner 5. und 6.
Schneehuhn, das: ▸ Raufußhühner 5. und 6.
Schneekater, der: ▸ Drosseln 3.
Schneid, die (Hahnenschneid): Ausdruck aus Kärnten für den Stoß des Birkhahns (▸ Schnaithahn); ▸ Raufußhühner 2.
Schneidel, das: ▸ Schneise 1.
schneiden: **1**) Der ▸ Biber schneidet die Stämme ab, wenn er sie durchnagt. **2**) Der Hase schneidet die Halme ab, wenn er sie abbeißt. **3**) ▸ anschneiden.
Schneider, der: **1**) Ein Jäger, der auf einer ▸ Gesellschaftsjagd kein oder noch kein Stück Wild geschossen hat. Er ist noch S., oder er ist S. geblieben, wenn er erfolglos von der Jagd heimkehrt. **2**) Ein geringer (junger) Hirsch. **3**) Ein geringer (junger) Auer- oder Birkhahn; ▸ Raufußhühner 1. und 2.
Schneider, C.: ▸ Jagdliteratur.
Schneidewind, der (Halbwind): ▸ Wind 1).
Schneidezähne, die: ▸ Zahnalterslehre.
Schneisbügel, der: Eine große Bügeldohne zum ▸ Vogelfang auf Dohnenschneisen; ▸ Dohnen.
Schneise, die: **1**) Der Dohnenstieg; ▸ Dohnen. **2**) Für jagdliche Zwecke angelegter schmaler Waldweg oder ein der Walderschließung und Waldeinteilung dienender Weg; ▸ Stellflügel, ▸ Gestell.
Schneisvögel, die: Alte Bez. für alle Vögel, die auf der Vogelschneise gefangen wurden; ▸ Dohnen.
Schnellbaum, der: Früher gebräuchliche Bezeichnung für **1**) ein von Wilderern niedergebogenes Bäumchen mit ▸ Schlinge, das hochschnellte, sobald sich Wild darin gefangen hatte. **2**) Auch Schlagbaum; ▸ Fallen 11.
Schnelldohnen, die (Laufdohnen): ▸ Dohnen.
Schnelleine, die: Eine Zugleine, mit der über dem Vogelherd die Netze zusammengezogen wurden; ▸ Vogelfang 7.
schnellen: **1**) svw. ▸ schlegeln. **2**) Beim Jagdhund: Scharf am Hängeseil oder Riemen ziehen; ▸ Schneller 1).
Schneller, der: **1**) Ein scharfer Ruck mit dem ▸ Hängeseil oder mit dem ▸ Riemen, um den Jagdhund am Vorschnellen zu hindern oder um ihn zu strafen. **2**) Abzug am Gewehrschloss (alter Ausdruck); ▸ Abzugsvorrichtung.
schnell wachsende Baumarten, die (raschwüchsige Baumarten): Bez. für Baumarten mit einer sehr kurzen ▸ Umtriebszeit. Hierzu zählen u.a.: Pappeln, Birken, Erlen, Eberesche, Robinie, Schwarzkiefer und Weiden; ▸ Pionierbaumarten.
Schnepfe, türkische, die: ▸ Ibisvögel 2.
Schnepfen, die: ▸ Schnepfenvögel.
Schnepfenbart, der: Ein Federbüschel auf der Bürzeldrüse (Fettdrüse) der Waldschnepfe (▸ Schnepfenvögel 1.). Mehrere zusammengefasste S. werden gerne als Hutschmuck getragen (Jagdtrophäe).
Schnepfendreck, der: Feingehacktes und mit Butter geröstetes Eingeweide der Waldschnepfe. S. gilt als ausgesprochene Delikatesse. (Ein altes Rezept: Man hacke die Eingeweide der Schnepfe sehr klein und brate sie mit etwas Zwiebel und in viel Butter ganz kurz. Dann mit weißem Pfeffer abschmecken, auf Weißbrotscheiben streichen und im Rohr kurz überbacken.) Dem S. können auch Teile von Leber und Herz beigemengt werden.
Schnepfendukaten, der (Schnepfentaler): ▸ Ehrenschnepfe.
Schnepfeneule, die: ▸ Eulen 3.
Schnepfenfeder, die (Schnepfengrandl) ▸ Malerfeder.
Schnepfenjagd, die: ▸ Schnepfenvögel.
Schnepfenkünder, der: ▸ Regenpfeifer 1.
Schnepfenlocke, die: ▸ Lockjagd.
Schnepfensonntage, die: Die fünf Kirchensonntage vor Ostern (Reminiscere, Oculi, Laetare, Judica und Palmarum); ▸ Schnepfenvögel 1.
Schnepfenstern, der: Der helle Abendstern (die Venus). Die Schnepfen streichen am Abend – besonders bei Westwind, Regen oder bedecktem Himmel – erst, wenn Amsel, Rotkehlchen usw. verstummt sind und die Venus am Himmel leuchtet bzw. leuchten würde.
Schnepfenstoß, der: Ein in früherer Zeit verwendetes Fangnetz für Schnepfen, als die Flinten noch nicht entwickelt bzw. der Flintenschuss – der damaligen Entwicklung entsprechend – nicht Erfolg versprechend war.
Schnepfenstrandläufer, der: ▸ Schnepfenvögel 16.
Schnepfenstrich, der: Suchflug des Schnepfenhahnes am Abend nach dem Weibchen während des Frühjahrszuges (Balzzeit); ▸ Schnepfenvögel 1.
Schnepfentaler, der: ▸ Ehrenschnepfe.
Schnepfenvögel, die *(Scolopacidae)*: Familie aus der Ordnung der ▸ Watvögel und möwenartigen Vögel *(Charadriiformes)*, zu der auch die Brachvögel, Wasser-, Strandläufer und Uferschnepfen gehören. Der Schnabel ist meist länger als der Kopf, biegsam, mit teils weicher und stumpfer, teils harter und zugespitzter Spitze; der Stoß (Schwanz) ist kurz, die Beine (Renn- oder Stelzbeine) sind meist lang. Die ▸ Geschlechter sind gleich gefärbt (Ausnahme Kampfläufer). S. sind ▸ Zugvögel, die je nach Art in Westeuropa, im Mittelmeerraum und/ oder im tropischen Afrika überwintern. Die Nester sind i.d.R. einfache Bodenmulden (beim Waldwasserläufer alte Nester der ▸ Drosseln und anderer Vögel), die an geschützter Stelle gut getarnt errichtet werden. Das Gelege besteht meist aus vier Eiern. Die Waldschnepfe brütet zweimal im Jahr, alle anderen S. nur einmal. Mit Ausnahme der Waldschnepfe unterliegen die S. nicht mehr dem ▸ Jagdrecht

1. Waldschnepfe, die (*Scolopax rusticola* L.): Auch Schnibbe, Berg-, Busch-, Dorn-, Holz-, Steinschnepfe, Eulen-, Spitzkopf, Blaufuß, Schneppe. Die etwa rebhuhngroße W. – »der Vogel mit dem langen Gesicht« – erreicht eine Länge von ca. 34 cm, eine ▸ Flügelspannweite von ca. 55 cm und ein Gewicht von ca. 280 bis 320 g. Die W. ist z.T. ▸ Zugvogel (▸ Teilzieher), der sich bei der Rückkehr aus den südlichen Ländern nach der Witterung und vor allem dem Wind richtet, sodass der alte Vers über die Schnepfensonntage nicht immer stimmt: »Invokavit – nimm den Hund mit / Reminiscere – putzt die Gewehre / Okuli – da kommen sie / Lätare – das ist das Wahre / Judika – sind sie auch noch da / Palmarum – lirum, larum / Osterzeit – wenig Beut' / Quasimodogeniti – Hahn in Ruh', nun brüten sie.«
<u>Aussehen</u>: Das rostrot, braun, grau und gelb gesprenkelte (gebänderte) Gefieder ist dem Herbstlaub angepasst. Das markanteste Kennzeichen der W ist der gelbgraue Vorderkopf mit den schwarzen Querbändern; ihr Hin-

◂◂ Wurmende Waldschnepfe

terkopf ist rostbraun, vom Schnabel bis zum Auge zieht sich ein rotbrauner Streifen. Die Oberseite ist braunschwarz gefleckt, z.T. auch gebändert, und teilweise rotbraun bis gelblich schattiert; die Schwingen sind mattschwarz und zeigen dreieckige rötliche Flecken an ihrem Rand. Die fast schwarzen Augen sind groß und glänzend und liegen auffallend weit oben und hinten am Kopf. Der gerade Stecher (Schnabel) ist ca. 8 cm lang, biegsam und tastfähig. Farblich sind beide Geschlechter nicht zu unterscheiden, dies ist nur über eine Untersuchung der inneren Organe möglich.

Vorkommen und Lebensweise: Die W. kommt in fast ganz Europa vor und fehlt nur auf der Iberischen Halbinsel und in den nördlichen Teilen Skandinaviens. Sie ist überwiegend ▸ Zugvogel und verbringt den Winter im Mittelmeerraum. Sie bewohnt die lichten Wälder bis zur Baumgrenze und wählt den Brutplatz fast ausschließlich im Wald. Dabei zieht sie Laub- und Mischwälder reinen Nadelwäldern vor. Oft ist sie im Auwald anzutreffen, in dessen sumpfigen Böden sie ausgiebig ▸ wurmen (▸ stechen) kann. Sie lebt sehr heimlich, liegt hervorragend getarnt an geschützter Stelle auf dem Waldboden und baumt nicht auf. Als Dämmerungsvogel wurmt und sticht sie vorwiegend am Morgen und Abend. Wird sie erschreckt oder ▸ aufgestoßen, fliegt sie stumm, aber mit hörbar klatschendem Flügelschlag auf, wobei der Stecher im Flug fast senkrecht nach unten gehalten wird. Sie fliegt nur kurze Strecken und lässt sich in geeignetem Gelände schnell wieder in Deckung fallen. Bei einer im sehr zeitigen Frühjahr ▸ streichenden W. handelt es sich sicher um eine ▸ Lagerschnepfe, denn die Zugschnepfen sind so früh noch nicht wieder aus den Winterquartieren zurück. Sie treffen kurz nach der weißen Bachstelze ein.

Stimme: Während des Schnepfenstrichs im Frühjahr lässt das Weibchen den Locklaut, ein hohes »Psit« oder »Pswit«, das sog. Puitzen, hören, dem im Wechsel der Suchlaut des Männchens, ein »Kworr-kworr«, Quorren oder Murksen genannt, folgt. Im Herbst, zur Strichzeit, sind die Schnepfen dagegen fast ausnahmslos stumm und werden daher meist übersehen.

Fortpflanzung: Zur Zeit des Frühjahrszuges beginnt der Suchflug (▸ Balzflug) der Schnepfen, der als Schnepfenstrich bezeichnet wird. Am Abend – aber auch im Morgengrauen –, wenn es warm und still und der Himmel bewölkt ist oder wenn gar schwacher warmer Regen fällt, dann streicht die Schnepfe niedrig und schaukelnd über sumpfige Flächen und entlang von Altholzbeständen. Die Bodenbalz wird mit hängenden Flügeln und aufgerichtetem, weit gefächertem Schwanz durchgeführt. Das Nest enthält i.d.R. vier kurzovale, hellbraune bis rahmgelbe, dunkelgefleckte Eier. Größe der Eier ca. 44 x 34 mm, Gewicht um 20 g. Die Brutdauer beträgt 20 bis 22 Tage. In der Zeit von Ende März bis Ende Juni erfolgen zwei Jahresbruten. Das Männchen kümmert sich nicht um das Gelege und die Aufzucht der Jungen.

Nahrung: Sie besteht hauptsächlich aus Würmern, die sie mit ihrem langen Schnabel (Stecher), den sie bis zur Wurzel in den weichen Boden steckt, herausholt. Das Auffinden der Würmer wird ihr dabei durch den biegsamen Oberschnabel, der mit einem Tastorgan ausgestattet ist, erleichtert. Neben Würmern besteht die Nahrung aus allerlei kleinen Weichtieren wie Insekten, Larven und Schnecken, daneben aber auch aus Beeren, Sämereien und Keimen.

Jagd: Sie wurde früher im Frühjahr (Jagdzeit jetzt nur noch im Herbst) während des Abendstrichs ausgeübt. Zu beachten ist, dass die Schnepfe erst streicht, wenn Amsel, Singdrossel und Rotkehlchen usw. bereits verstummt sind. Da dies erst zur fortgeschrittenen Dämmerungsstunde der Fall ist, verbleiben dem Jäger selten mehr als 30 bis 40 Minuten. Ebenso verhält es sich mit dem Morgenstrich, weil hier die Schnepfe bereits streicht, wenn es zum Schießen noch zu finster ist und sie bei gutem Ziellicht schon häufig wieder gut getarnt am Boden liegt. Die Weibchen sind zu schonen. Bei mehreren anstreichenden Schnepfen sollte daher nur die hinterste Schnepfe beschossen werden, weil es sich bei der vorderen immer um ein Weibchen handelt. Bei einzeln streichenden Schnepfen ist das Männchen vom erfahrenen Jäger am Quorren zu erkennen. Im Herbst wird die Jagd durch ▸ Buschieren ausgeübt. Lagerschnepfen sind bei den Treibjagden im November/Dezember eine willkommene Bereicherung der Jagdstrecken. Die zur Strecke gelegten Schnepfen wurden früher in Dornschnepfen oder Blaufüße (kleine Schnepfen) und in Eulenköpfe (große Schnepfen) eingeteilt. Die Zuordnung bzw. Abgrenzung nach der Größe ist jedoch so schwierig und meist auch strittig, dass heutzutage keine Unterscheidungen mehr vorgenommen werden. Als Trophäen gelten die beiden etwa 3 cm langen und harten Malerfedern vom Schwingenbug und der Schnepfenbart (Federbüschel am Bürzel). Als eine ausgesprochene Delikatesse – wenn auch nicht für jedermann – gilt der ▸ Schnepfendreck.

2. Bekassine, die *(Gallinago gallinago*, L.): Auch Himmelsziege, Haberbock, Sumpf-, Heer-, He(e)rd-, Kätsch- und Riedschnepfe. Sie ist wesentlich kleiner als die Waldschnepfe (etwa amselgroß) und erreicht eine Länge von ca.

In strengen Wintern zieht die Bekassine nach Westeuropa oder in den Mittelmeerraum.

Doppel- oder Mittelschnepfe (nach Otto Grashey, »Praktisches Handbuch für Jäger«, 1894, 3. Auflage 1916)

24 cm, ein Gewicht um 105 g und eine Flügelspannweite von etwa 44 cm. Sie ist überwiegend Zugvogel.

Aussehen: In der Färbung ähnelt sie sehr der Waldschnepfe. Ihre Schwingen sind spitzer und die hellen Kopfstreifen längs gebändert, bei der Waldschnepfe dagegen quer gebändert. Beidseitig ein rahmfarbener Überaugenstreif, die sandfarbene Brust ist dunkel gefleckt. Der ▸ Stoß besteht aus 14 Federn und ist orangefarben. Der Jungvogel ist ähnlich gefärbt.

Vorkommen und Lebensweise: In Europa überall vorkommend, seltener aber im Mittelmeergebiet. Sie bevorzugt sumpfige Gebiete und Hochmoore des Binnenlandes mit nicht zu hoher Vegetation. In milden Wintern überwintert sie auch bei uns, ansonsten zieht sie ins westliche Mitteleuropa und in die mediterranen Länder. Kennzeichnend für die B. ist der ratschende Ton beim Auffliegen und ihr Zickzackflug auf den ersten 30 Metern. Den Frühjahrsstrich beginnt sie bereits in den ersten Märztagen. Beim Balzflug im Frühjahr ist das Meckern der B. in der Abenddämmerung deutlich zu vernehmen. Es dauert höchstens zwei Sekunden, klingt wie »Wäwäwä« und entsteht durch die Vibration der weitgespreizten Stoßfedern beim steilen Abwärtsflug. Sie wird deshalb auch scherzhaft als Himmelsziege bezeichnet.

Zwergschnepfe (nach Otto Grashey, »Praktisches Handbuch für Jäger«, 1894, 3. Auflage 1916)

Stimme: Sie ist ein monotones »Tücke-tücke-tücke« und nur zur Balzzeit zu hören.

Fortpflanzung: Das Nest ist sehr einfach und wird im Sumpf auf erhöhten Stellen gebaut und mit einigen trockenen Halmen ausgelegt. Das Gelege besteht meist aus vier birnenförmigen und olivfarbenen, dunkelbraun gefleckten Eiern. Die Größe der Eier beträgt 39 x 28 mm, das Gewicht ca. 18 g, sie werden durchschnittlich 20 Tage bebrütet. Es erfolgt nur eine Jahresbrut (Mai/Juni).

Nahrung: Sie lebt von allerlei Gewürm und Insekten, verschmäht aber auch einzelne Beeren und Sämereien nicht.

Jagd: Die Jagd erfolgte früher im Herbst mit dem kurz suchenden Vorstehhund (Suchjagd). B. halten Jäger und Hund lange aus; sie liegen sehr fest.

3. Doppel- oder Mittelschnepfe, die *(Gallinago media):* Landläufig auch Doppelbekassine, Pfuhl-, große Moor-, Sumpf-, Ried-, Wasser-, Moosschnepfe genannt. Sie ist kleiner als die Waldschnepfe, erreicht eine Länge von ca. 27 cm und eine Flügelspannweite von etwa 50 cm. Das Gewicht bewegt sich um 200 g. Sie ist geschützt.

Aussehen: Sie ist der Bekassine sehr ähnlich, hat aber 16 Stoßfedern (Bekassine 14), die fast weiß sind. Auf dem Scheitel und über den Augen befindet sich ein hell-rostgelber Streifen; Hals und Brust sind ebenfalls rostgelblich, jedoch schwarzbraun gefleckt.

Vorkommen und Lebensweise: Sie bewohnt Nordosteuropa und Nordwestskandinavien und ist bei uns nur vereinzelt auf dem Zuge anzutreffen. Sie liebt nasse Wiesen, Sümpfe und Moore. Meist fliegt sie stumm auf; ihr fast gerader Flug wirkt im Ggs. zur Bekassine langsam und schwerfällig. Der Schnabel wird im Flug waagrecht gehalten.

Fortpflanzung: Zur Balzzeit im Mai treffen sich mehrere Männchen am Abend auf bestimmten Balzplätzen und veranstalten am Boden mit klappendem Schnabelschlag wahre Chorgesänge, wobei sie aufgeregt umherrennen und ihre Flügel schwenken. Ihre Brutgebiete hat sie in den nordischen Ländern. Das Gelege besteht meist aus vier Eiern, die ca. 19 bis 20 Tage bebrütet werden.

Nahrung: Sie besteht wie bei den anderen S. aus Weichtieren, Würmern, Insekten und Larven.

4. Zwergschnepfe, die *(Lymnocryptes minimus):* Haar-, kleine Sumpf-, Moossumpf-, Moos-, Moor-, Wasser-, Rohr-, Fledermaus-, Stummschnepfe, stumme Bekassine, Bockerle. Sie ist die kleinste Schnepfenart und nur starengroß. Bei einer Länge von ca. 18 cm und einer Flügelspannweite von etwa 35 cm kann sie ein Gewicht um 65 g erreichen.

Aussehen: Die der Bekassine sehr ähnliche Z. hat jedoch im Vergleich zu dieser einen verhältnismäßig kurzen Schnabel, der nie über 5 cm lang ist. Auf dem Scheitel befindet sich kein gelblicher Mittelstreif, der fast schwarze Stoß ist keilförmig ausgeprägt und ohne jegliches Weiß. Auf dem Rücken ein breiter, schwarzgrüner Streif; von der Oberschnabelwurzel bis zum Stoß zwei rahmfarbene Längsstreifen.

Vorkommen und Lebensweise: Sie ist in den nordischen Ländern ▸ Brutvogel und bevorzugt Sumpfgelände und Moore mit deckungbietender Vegetation. Als Zugvogel ist sie im Winter in Afrika. Sie fliegt stumm auf, der Flug verläuft dabei fast geradlinig (bei der Bekassine im Zickzack) und führt nicht selten sofort zur nächsten Deckung. Am Boden läuft sie gewandt und schnell umher.

Fortpflanzung: Die Z. wird mit einem Jahr geschlechtsreif. Zur Balzzeit vollführt das Männchen Balzflüge und lässt dabei ein rhythmisches Trommeln hören. Das Nest enthält Ende April/Anfang Mai vier Eier, die denen der Bekassine sehr ähneln, aber kleiner sind. Die Eier sind 39 x 27 mm groß und werden 21 Tage bebrütet.

Nahrung: Wie Bekassine.

5. Uferschnepfe, die *(Limosa limosa*, L.): Auch Greta, Lodjoschnepfe, Limose. Sie ist größer als die Waldschnepfe, erreicht eine Länge von ca. 40 cm und ein Gewicht um 250 g.

Aussehen: Die hochbeinige U. besitzt einen langen, gerade oder ganz schwach aufwärts gebogenen Schnabel. Der Stoß ist an der Wurzel weiß, sonst schwarz. Die Flügel tragen eine breite, weiße Binde. Oberrücken und Schulter rostbraun mit dunklen Flecken, Unterseite rostfarben mit meist dunklen Querflecken. Die Augen sind braun, die Ständer grauschwarz.

Vorkommen und Lebensweise: In Mittel- und Westeuropa, hauptsächlich im Küstengebiet beheimatet. Die Winterquartiere liegen im Mittelmeergebiet. Zur Zug- und zur Paarungszeit ist sie aber auch an Binnengewässern anzutreffen. Sie bevorzugt zur Brutzeit Moore, Wiesen- und Sumpfwiesengelände.

Fortpflanzung: Zur Frühlingszeit umwirbt das Männchen das Weibchen mit imponierenden Schauflügen. Hoch in der Luft dreht sich das Männchen im schnellen Flug um die eigene Achse, führt ruckartige, die Flugrichtung etwas ändernde Bewegungen aus, um zum Abschluss zu einem Sturzflug anzusetzen, der

◂◂ Uferschnepfe im Sommerkleid (nach Otto Grashey, »Praktisches Handbuch für Jäger«, 1894, 3. Auflage 1916)

nur wenige Meter über dem Boden endet. Das Nest wird in sumpfigen Wiesen oder an buschreichen Ufern von Seen und Teichen errichtet. Beide Geschlechter brüten. Das Nest enthält vier olivbraune Eier, die mit grauen und dunkelbraunen Flecken versehen sind. Die Eier sind etwa 54 x 37 mm groß und ca. 40 g schwer. Die Jahresbrut erfolgt im April/Mai, die Brutdauer beträgt 24 Tage.

Nahrung: Mit ihrem Stecher sucht sie systematisch die Schlammböden nach Würmern, Krebsen, Schnecken, dem Laich von Amphibien und nach verschiedenen Wasserkäfern ab.

6. Pfuhlschnepfe, die *(Limosa lapponica)*: Auch Riedschnepfe. Etwas kleiner als die Uferschnepfe, ca. 36 cm lang und um 235 g schwer.

Aussehen: Ähnlich gefärbt wie die Uferschnepfe, mit rostroter Unterseite und weißlichem, graubraun gebändertem Stoß.

Vorkommen: Nordosteuropa und in Nordskandinavien. Die europäischen Vögel ziehen im Winter ins Mittelmeergebiet oder ins tropische Afrika, einige überwintern an den Südküsten der Nordsee. Die P. bewohnt die Tundralandschaften und Sumpfgebiete des Nordens und ist nur außerhalb der Brutzeit an den Binnengewässern bzw. an den Meeresküsten anzutreffen.

Fortpflanzung: Wie Uferschnepfe.

Nahrung: Wie Uferschnepfe.

7. Großer Brachvogel, der *(Numenius arquata*, L.): Auch Keil-, Keulhaken, Kieloch, Kron(en)schnepfe, Vogel Tüt, Moosgrille, Bracher, Feldmäher, Gewitter(regen)vogel, Giloch, Gruel, Jütvogel, krummschnäblige Schnepfe, Regenwulp, -gülp. Der geschützte G. B. ist der größte europäische Watvogel aus der Familie der S. Bei einer Länge von 60 cm erreicht er etwa 125 cm Flügelspannweite und ein Gewicht um 800 g.

Aussehen: Sein Kopf ist rotgelb mit schwarzbraunen Flecken und ohne Mittelstreifen, Rücken schwarzbraun gefleckt, die Unterseite grauweiß mit dunklen Flecken und Binden. Der Stoß ist weißlich und graubraun gebändert. Der Schnabel ist ca. 15 cm lang, sichelförmig nach unten gerichtet und wird bei der Nahrungssuche tief in den Boden gesteckt.

Vorkommen und Lebensweise: Mit Ausnahme des Mittelmeergebietes und Islands ist er in ganz Europa beheimatet. Der als Frühlingskünder schon zeitig aus dem Süden (Afrika) erscheinende Zugvogel – oft schon im Februar anzutreffen – ist ein scheuer und vorsichtiger Vogel, der feuchte Wiesen und Sümpfe bevorzugt und sich sehr gerne an Flussmündungen aufhält. Im Herbst, zur Zugzeit, ist er in Norddeutschland in größerer Zahl anzutreffen, i. Allg. lebt er jedoch paar- oder familienweise. Der in Linien- oder Keilformation ziehende G. B. ist im Fluge an dem eingezogenen Hals und an den nach hinten gestreckten Ständern zu erkennen.

Fortpflanzung: Bei der Bodenbalz im Frühjahr umwirbt das Männchen das Weibchen mit trippelnden Bewegungen, Stoßspreizen, Flügellüften und nickenden Kopfbewegungen. Der G. B. brütet überwiegend in nordischen Ländern. Das Gelege enthält vier olivbräunliche Eier, die mit dunkelbraunen und dunkelgrauen Flecken versehen sind und von beiden Geschlechtern bebrütet werden. Die Eier sind ca. 54 x 37 mm groß und haben ein Gewicht von ca. 40 g. Jahresbrut im April/Mai, Brutdauer 25 bis 26 Tage.

Nahrung: Würmer, Schnecken, Frösche, Molche und Krebstiere sowie Insekten und deren Larven, daneben auch Beeren und Sämereien.

8. Steinwälzer, der *(Arenaria interpres*, L.): Auch Steindreher, Halsbandsteindreher, Mornell(en)steinwälzer, steindreher der Strandläufer, Seemornell, rotgefiederte Schnepfe. Länge: 23 cm, Gewicht: um 107 g.

Aussehen: Brutkleid (Sommerkleid): oberseits (Oberrücken, Schultern und Flügeldecken) rostrot mit schwarzen Flecken; unterseits weiß mit schwarzem Kropfband; das Gesicht ist schwarz-weiß gezeichnet, an beiden Seiten des Hinterkopfes ein schwarzer Fleck. Im Ruhekleid (Winterkleid) oberseits dunkel-graubraun, Kehle weißlich, Kropfband graubraun. Ständer rotgelb, Schnabel schwarz, Augen braun. Im Jugendkleid ähnlich gefärbt, oberseits jedoch dunkler.

Vorkommen und Lebensweise: Er ist im nördlichen Europa, Nordasien, Nordamerika und Grönland heimisch und kommt außerhalb der Brutzeit an fast allen Meeresküsten vor. Sein Lebensraum sind alle Küstengebiete mit spärlicher Vegetation sowie Tundralandschaften, Flussmündungen und kleine Inseln mit niedrigem Pflanzenwuchs. Seine Eigentümlichkeit, sich die Nahrung unter umgewälzten Steinen hervorzusuchen, gab ihm den Namen. Er läuft und fliegt äußerst gewandt.

Fortpflanzung: Anfang Mai fliegen die Männchen zur Balzzeit mit torkelnden Flügen über ihr Revier und jagen die Weibchen. Das Nest wird immer in Meeresnähe auf kleinen Inselchen, an Flussmündungen oder an der Küste zwischen Steinen, Strandgut oder unter Felsblöcken errichtet. Das Gelege besteht aus drei bis vier olivbräunlichen, mit braunen Flecken und aschgrauen Unterflecken versehenen Eiern, die 40 x 29 mm groß und ca. 17,5 g schwer sind. Die Brutdauer beträgt 23 bis 27 Tage, es brüten beide Partner. Eine Jahresbrut (Mitte Mai bis Juni).

Großer Brachvogel (nach Otto Grashey, »Praktisches Handbuch für Jäger«, 1894, 3. Auflage 1916)

Pfuhlschnepfe (nach Otto Grashey, »Praktisches Handbuch für Jäger«, 1894, 3. Auflage 1916)

▸▸ Steinwälzer im Sommerkleid (nach Otto Grashey, »Praktisches Handbuch für Jäger«, 1894, 3. Auflage 1916)

Nahrung: Besteht überwiegend aus Schnecken, Muscheln, Würmern und Insekten, gelegentlich wird pflanzliche Kost, z.B. Samen und feine Spitzen von Tundrapflanzen, aufgenommen.

9. Grünschenkel, der *(Tringa nebularia,* Gunn.): Auch heller Wasser-, hellfarbiger Wasserläufer, Strandwasserläufer, Ufer-, Pfuhl-, Regen-, Pfeifschnepfe. Länge: ca. 30 cm, Gewicht: um 180 g.

Aussehen: Vorderrücken und Schultern braunrot mit aschgrauem Anflug. Hinterrücken und ▸ Bürzel weiß, auf den grauen Schwanzfedern dunkle Querflecken, die Flügel dunkelgraubraun ohne weißen Streif. Unterseite vom Kropf an weiß, Schnabel schwärzlich, von der Mitte an leicht aufwärts gebogen. Ständer grün, Augen schwarz. Im Ruhekleid insgesamt etwas heller. Die Jungen ähneln den Eltern. Im Flug fallen der weiße Bürzel und untere Rücken auf.

Vorkommen und Lebensweise: Seine Heimat sind die nordischen Länder und große Teile Asiens. Während des Zuges ist er gelegentlich bei uns zu Gast. Sein Lebensraum sind die freien, schlammigen Ufer der Seen, baumlose Sümpfe und Moore, auch in höheren Lagen. Am Boden bewegt er sich schnell und gewandt und nickt beim Laufen ständig mit dem Kopf. Sein Flug ist taubenähnlich. Bei Störungen im Brutrevier nehmen Altvögel eine Verteidigungsstellung ein.

Fortpflanzung: Zur Balzzeit führt das Männchen imponierende Schauflüge mit schnellen Wendungen und Sturzflügen über dem Brutrevier vor. Das Gelege besteht aus vier gelblich braunen, mit dunklen Flecken versehenen Eiern, die von beiden Partnern – überwiegend jedoch vom Männchen – bebrütet werden. Die Eier sind 51 x 35 mm groß und ca. 30,5g schwer. Die Brutdauer beträgt 24 bis 25 Tage. Die Jungvögel sind nach etwa fünf Wochen selbstständig. Eine Brut jährlich (Mai/Juni).

Nahrung: Sie besteht hauptsächlich aus Insekten und deren Larven, Krebstieren, Mollusken, Würmern, aber auch aus Fisch- und Froschlaich.

10. Rotschenkel, der *(Tringa totanus,* L.): Auch Meer-, rotfüßiger oder rotschenkeliger Wasserläufer, Gambettwasserläufer, rotfüßige Schnepfe, rotbeinige Strand- und Tütenschnepfe, Tüter. Länge: ca. 28 cm, Gewicht: um 130 g.

Aussehen: Oberseits hellbraun mit dunklen Längs- und Querflecken. Stirn und Nacken schwarzbraun und gelblich gefleckt, über dem Auge ein heller Streifen. Kopfseiten, Kehle, Hals und Kropf schmutzig weiß mit vielen dunkelbraunen Längsflecken. Oberschwanzdecken und Schwanz weiß mit braunen Bändern. Ständer gelbrot, Schnabel dunkel, an der Wurzelhälfte rot. Im Ruhe- und Jugendkleid oberseits heller; die Weibchen sind insgesamt etwas matter gefärbt.

Vorkommen: In Mittel- und Osteuropa, in Skandinavien, an der Küste Frankreichs, auf der Iberischen Halbinsel und in Oberitalien beheimatet. Der R. war früher in Mitteldeutschland ziemlich häufig anzutreffen, ist aber bereits sehr selten geworden. In Deutschland nur noch in geringen Beständen in den Nordseemarschen und vereinzelt am Bodensee Brutvogel. Sein Lebensraum sind Moore und nasse Wiesen an den Küsten oder an großen Binnengewässern. Zur Zugzeit hält er sich häufig an Gewässern mit schlammigen Uferbereichen auf.

Fortpflanzung: Zur Balzzeit führt das Männchen über dem Brutrevier Imponier- und Schwirrflüge durch und bewegt sich am Boden mit Kopfnicken und Flügelzucken. Höhere, um das Nest stehende Halme werden zu einer Haube (Tüte) zusammengezogen. Das gut getarnte Gelege enthält i.d.R. vier (drei bis fünf) kreiselförmige, lehmgelbe Eier, die mit dunkelbraunen Oberflecken und aschgrauen Unterflecken versehen sind. Sie sind 44 x 31 mm groß und ca. 22 g schwer. Die Eltern brüten im gegenseitigen Wechsel. Die Brutdauer beträgt 23 bis 24 Tage. Eine Brut wird jährlich durchgeführt (Mitte April bis Juni).

▸▸ Temminck-Strandläufer im Sommerkleid (links) und Winterkleid (nach Otto Grashey, »Praktisches Handbuch für Jäger«, 1894, 3. Auflage 1916)

Waldwasserläufer (nach Otto Grashey, »Praktisches Handbuch für Jäger«, 1894, 3. Auflage 1916)

Nahrung: Krebstiere, Würmer, Insekten und deren Larven, Spinnen, Fisch- und Froschlaich.

11. Dunkler Wasserläufer, der *(Tringa erythropus*, L.): Auch schwimmender Wasserläufer, dunkelbraune, gewölkte, graue, gefleckte, große rotfüßige Schnepfe, gefleckte Strand-, schwimmende Ufer-, rotbeinige Pfuhlschnepfe. Länge: ca. 30 cm, Gewicht: um 140 g.

Aussehen: Im Brutkleid Kopf dunkelbraungrau, Nacken sowie Oberrücken, Schultern und Flügeldecken schwarzbraun mit vielen kleinen weißen Flecken; die Unterseite schwarzgrau mit feinen Wellenzeichnungen. Die Ständer sind dunkelrot, die Augen braun mit weißem Augenring, der dunkle Schnabel ist an der Wurzel des Unterkiefers und am Rande des Oberkiefers rot, an der Spitze ein klein wenig abwärts gebogen. Hinterrücken und Bürzel sind weiß. Das Ruhekleid ist überwiegend dunkel-schiefergrau und insgesamt wesentlich heller als das Brutkleid, am Kropf befinden sich dunkle Flecken, die Ständer sind orangerot. Das Jugendkleid ähnelt dem Ruhekleid der Altvögel, zeigt aber mehr Braun, auch sind die Ständer heller. Im Fluge sind das Weiß von Unterrücken und Bürzel und der eng weißgebänderte Stoß deutlich zu sehen. Daneben fallen im Fluge die langen Ständer auf, die den Stoß weit überragen.

Vorkommen: Seine Brutheimat ist der hohe Norden (Nordskandinavien), Nordosteuropa und Sibirien. Als Zugvogel berührt er Mitteleuropa und überwintert im Mittelmeerraum und am Schwarzen Meer. Sein Lebensraum sind Sümpfe in Waldgebieten, lichte Sumpfwälder, Moore und Heideland. Auf dem Zug ist er auf Rieselfeldern und an Gewässern mit Schlammbänken anzutreffen.

Fortpflanzung: Das Männchen vollführt Balzflüge mit Rufreihen. Das Gelege besteht meist aus vier olivgrünen Eiern, die dunkel gefleckt sind. Sie werden vom Männchen ca. drei Wochen lang bebrütet. Die Jungen sind mit ca. fünf Wochen selbstständig. Eine Jahresbrut.

Nahrung: Sie besteht aus Wasserinsekten und deren Larven, Würmern, Schnecken sowie aus Laich und Larven von Amphibien.

12. Bruchwasserläufer, der *(Tringa glareola*, L.): Auch kleiner punktierter Strand-, Waldstrand-, gefleckter Sandläufer. Länge: ca. 20 cm, Gewicht: um 65 g.

Aussehen: Oberseits schwarzbraun mit großen, dreieckigen weißen Flecken. Bürzel und Oberschwanzdecken weiß, Stoß mit etwa sechs bis zehn dunklen Querbinden. Unterseite weiß, an Kehle und Hals graubräunlich überhaucht, mit dunklen Längsflecken. Über dem Auge weißer Streif, ▸ Zügel fast schwarz. Ständer grünlich gelb, Augen schwarz, Augenrand weiß, Schnabel bräunlich grün. Im Jugendkleid etwas dunkler, mit z.T. grünlichem und rötlichem Anflug.

Vorkommen: In Norddeutschland (Holstein, Niedersachsen), Skandinavien, Nordosteuropa und nördlichem Asien Brutvogel. Er liebt freie Moore und Sumpfstellen mit Wollgras und Torfmoor. Außerhalb der Brutzeit ist er auch an Binnengewässern anzutreffen.

Fortpflanzung: Das Nest wird an geschützter Stelle in feuchten Wiesen oder im Moor errichtet. Das Gelege enthält vier kreiselförmige, schwach glänzende, olivgrünliche bis olivbräunliche Eier, die rotbraun gefleckt sind. Die Eier sind 38 x 27 mm groß und ca. 13 g schwer und werden von beiden Partnern bebrütet. Die Brutdauer beträgt 21 bis 24 Tage, die Jungen sind nach ca. 35 Tagen selbstständig. Eine Jahresbrut (Mai bis Juni).

Nahrung: Sie besteht überwiegend aus Insekten und deren Larven, Weichtieren, Würmern und Spinnen.

13. Waldwasserläufer, der *(Tringa ochropus*, L.): Auch punktierter Wasser-, Bachwasser-, getüpfelter Wasser-, punktierter Strand-, grünfüßiger Strand-, großer schwarzer Sandläufer, Schwalbenschnepfe, Wasserbekassine, (geflecktes) Motthühnchen, Mattkrilis, Grünfüßl, Weißsteiß. Länge: um 23 cm, etwas größer als der ähnliche Bruchwasserläufer.

Aussehen: Im Aussehen ähnelt er dem Bruchwasserläufer. Oben dunkelschwarzbraun mit heller Tüpfelung. Zügel schwarzbraun getüpfelt, über dem Auge ein trübweißer Streifen. Kopfseiten weiß mit graubraunen Flecken. Bürzel leuchtend weiß, Stoß weiß mit drei bis vier schwarzen Endbinden. Unterseits leuchtend weiß, die Flügelunterseiten braungrau. Beim Jungvogel zeigen die sonst reinweißen Oberschwanzdecken dunkle Säume.

Vorkommen: Brutvogel in Skandinavien, Osteuropa und in großen Teilen Asiens. Vor nicht allzu langer Zeit Brutvogel in Unterfranken, vereinzelt noch im ehemaligen Ostpreußen und Pommern. Sein Lebensraum sind feuchte Wälder mit Mooren und Sümpfen sowie schlammige Ufer von Flüssen, Bächen, Seen und Teichen. Bei uns ist er gelegentlich als Wintergast anzutreffen. Der W. fliegt sehr schnell mit stoßweisen Flügelschlägen und bewegt sich am Boden trippelnd mit Kopfnicken und ruckartigen Auf-und-ab-Bewegungen des Stoßes. Er ist sehr scheu und lebt ungesellig.

Fortpflanzung: Häufig werden verlassene Nester von Amseln, Mistel- oder Singdrosseln, Krähen, Tauben und Eichelhähern als Unterlage benutzt. In die alte Unterlage wird eine Mulde gekratzt, deren Auskleidung einzig und allein hineingefallene Blätter und Nadeln bilden. Das Gelege besteht aus vier kreiselförmigen, schwach glänzenden, graugrünlichen bis rötlich gelben oder hell sandfarbenen, mit feinen

Flussuferläufer (nach Otto Grashey, »Praktisches Handbuch für Jäger«, 1894, 3. Auflage 1916)

Schnepfenvögel (nach Otto Grashey, »Praktisches Handbuch für Jäger«, 1894, 3. Auflage 1916): 1 Bruchwasserläufer (Sommerkleid), 2 Dunkler Wasserläufer (Sommerkleid), 3 Rotschenkel (Winterkleid), 4 Grünschenkel (Winterkleid), 5 Rotschenkel (Sommerkleid), 6 Kampfläufer (Männchen im Sommerkleid)

rotbraunen und aschgrauen Flecken versehenen Eiern, die 39 x 28 mm groß und ca. 16 g schwer sind. Die Eier werden von beiden Partnern bebrütet, die Brutdauer beträgt 20 bis 22 Tage. Die Jungen springen bereits im Alter von zwei Tagen aus dem Nest. Eine Jahresbrut (Ende April bis Juni).
Nahrung: Sie besteht aus Insekten und deren Larven, aus Mollusken und Spinnen. Z. T. wird sie schnepfenartig aus dem schlammigen Boden gebohrt.

14. Flussuferläufer, der *(Tringa hypoleucos*, L.): Auch gemeiner trillernder Meer- oder Lerchenstrand-, gemeiner grauer, blauer, bunter Sand-, kleiner trillernder Meerwasserläufer, Sand-, Teichstrandpfeifer. Etwa lerchengroß, Länge: um 19 cm, Gewicht: 45 bis 50 g.
Aussehen: Ruhe- und Jugendkleid ähneln dem Brutkleid. Oberseits braungrau mit grünlichem Anflug, auf Oberrücken und Schultern schwarze Pfeilflecke, über dem Auge ein heller Streifen, Zügel schwarzgrau. Unterseite rein weiß, Kehle mit bräunlich verwaschenen Flecken. Ständer gelbbraun, Augen braun.
Vorkommen: In fast ganz Europa und großen Teilen Asiens beheimatet. Früher häufiger Brutvogel in Deutschland. Er liebt sandige oder geröllbedeckte Ufer von Binnengewässern.
Fortpflanzung: Bei der Bodenbalz trippeln die Vögel mit nach unten hängendem und gefächertem Stoß umher. Das Gelege besteht aus vier kreiselförmigen, gelbbraunen, mit dunklen Flecken versehenen Eiern, die 36 x 26 mm groß und ca. 11 bis 12 g schwer sind. Die Brutdauer beträgt 21 bis 22 Tage, es brüten beide Partner. Die Jungen sind nach ca. 27 bis 29 Tagen selbstständig. Eine Jahresbrut (Mai-Juni).
Nahrung Hauptsächlich Insekten und deren Larven, daneben Krebstiere, Mollusken und Spinnen.

15. Knutt oder **Isländischer Strandläufer**, der *(Calidris canutus*, L.): Auch rostroter, rostbrauner, großer rotbrüstiger, aschgrauer Strandläufer, graue Schnepfe. Länge: um 24 cm. Die Geschlechter sind gleich gefärbt. Oberseits rotbraun mit schwarzen Flecken, Bürzel und Oberschwanzdecken weiß mit dunklen Querflecken. Kopf, Hals und oberer Teil der Brust rostrot, Kehle und Bauch weiß. Schnabel und Ständer schwarz, Augen braun. Im Ruhekleid unterseits weißlich mit grauen Flecken. Der K. brütet auf Spitzbergen, Grönland und Nordwestsibirien. Er berührt Europa nur auf dem Zuge. Fortpflanzung und Nahrung ähnlich dem Alpenstrandläufer.

16. Alpenstrandläufer, der *(Calidris alpina*, L.): Auch brauner Sand-, Schnepfenstrand-, lappländischer, veränderlicher Strandläufer, Halbschnepflein, Dunlin, Brünette, Gropper, veränderlicher Brachvogel, Schwarzbrust, Meerlerche. Länge: 18 cm, Gewicht: um 40 g.
Aussehen: Brutkleid (Sommerkleid): oberseits rostbraun, schwarzbraun gefleckt. Schultern und hintere Schwingen schwarz, Flügeldecken dunkelbraun, unterseits weißlich mit dunklen Längsstrichen an Hals und Kropf; Vorderbrust

Waidmännische Ausdrücke bei den Schnepfen	
Blaufuß	s.u.: Dornschnepfe
Bürzel	Schwanz
Dornschnepfe (Blaufuß)	kleine Waldschnepfe
einfallen	sich auf dem Boden niederlassen
Eulenkopf	große Waldschnepfe
Geläuf	Spur
Grandl	s.u.: Malerfeder
Lagerschnepfe	überwinternde Waldschnepfe
liegen	auf dem Boden sitzen
Malerfeder (Grandl)	harte, kleine, sehr spitze Feder am Schwingenbug
meckern	von den Bekassinen mit den Stoßfedern verursachtes Geräusch
Morgenstrich	Morgenflug der Schnepfe
Murkerich	Schnepfenmännchen
murksen (quorren)	Balzlaut des Hahnes (Waldschnepfe)
puitzen	Lautäußerung der Waldschnepfe
quorren	s.o.: murksen
Schnepfenbart	Federbüschelchen auf der Bürzeldrüse
Schnepfenstrich (Strich, Schnepfenzug)	Balzflug (Suchflug) der Schnepfen
Ständer	Beine
stechen (wurmen)	Suche nach Würmern im Boden (mit dem langen Schnabel)
Stecher	Schnabel
streichen	fliegen
Strich	s.o.: Schnepfenstrich
vernehmen	hören
wurmen	s.o.: stechen

und Bauch schwarz. Heller Überaugenstreif; Schnabel länger als der Kopf und leicht nach unten gebogen. Im Ruhekleid oberseits graubraun mit feiner Strichelung an Hals und Kropf; unterseits weißlich. Jugendkleid ähnlich dem Brutkleid, jedoch ohne schwarzen Brustfleck; unterseits überwiegend lehmfarben mit dunklen Längsflecken.

Alpenstrandläufer (nach Otto Grashey, »Praktisches Handbuch für Jäger«, 1894, 3. Auflage 1916): Oben Jungvogel, dahinter Altvogel im Sommerkleid, unten im Winterkleid

Vorkommen: Von allen europäischen Strandläufern kommt er am häufigsten vor und ist an der Ostseeküste, in Nordwesteuropa, Skandinavien, Spitzbergen und Grönland Brutvogel. Sein Lebensraum sind Moore und sumpfige Wiesen, Salzsümpfe und Brackwasserseen an der Küste. Zur Zugzeit kommt er auch an Seen mit Schlammbänken vor.

Fortpflanzung: Das Nest wird in sumpfigen Wiesen, auf Mooren oder an Flussmündungen, meist unter überhängenden Grasbüscheln errichtet. Das Gelege besteht aus drei bis fünf, meist jedoch aus vier olivbräunlichen, dunkelbraun gefleckten Eiern, die von beiden Eltern ca. 21 Tage bebrütet werden. Die Eier sind 35 x 25 mm groß und ca. 11 g schwer. Die Jungen sind nach ca. vierzig Tagen selbstständig. Eine Jahresbrut (Mai bis Juni).

Nahrung: Krebstiere, Mollusken, Insekten und Pflanzenteile.

◂◂ Knutt oder Isländischer Strandläufer: Vorn im Winter-, dahinter im Sommerkleid (nach Otto Grashey, »Praktisches Handbuch für Jäger«, 1894, 3. Auflage 1916)

17. Temminck-Strandläufer, der (*Calidris temminckii*, Leisl.): Auch kleinster Zwergstrandläufer, kleinste Meerlerche, graues Sand- oder Strandläuferchen. Länge: ca. 14 cm, Gewicht: um 30 g.

Aussehen: Im Brutkleid ist der Oberkopf rostbraun mit schwarzbraunen Längsflecken. Die Halsseiten sind hellgrau mit dunklen Flecken, Schulter und Oberrücken grau mit weißen Säumen und die Schwanzseiten weißlich; über dem Auge ist ein weißer Streif, die Kehle ist weiß, die Unterseite trüb weiß mit matten Flecken. Im Ruhekleid dunkel-braungrau, unterseits weiß gefärbt. Schnabel und Ständer sind grünlich schwarz, die Augen braun.

Vorkommen: Brutvogel in Nordosteuropa, im nördlichen Skandinavien und in Nordsibirien. Auf dem Zug ist er in ganz Mitteleuropa verbreitet.

Fortpflanzung: Das Nest wird zwischen großen Steinen oder versteckt zwischen niedrigen Pflanzen meist am Ufer der Seen und Flüsse errichtet. Das Gelege enthält vier, seltener fünf grünlich graue Eier, die kleine, dunkle Flecken, manchmal nur gestrichelt, aufweisen. Die Eier sind 28 x 20 mm groß und ca. 6 g schwer. Die Brutdauer beträgt 13 bis 14 Tage. Eine Jahresbrut (Juni bis Juli).

Nahrung: Insekten, Würmer und Mollusken.

18. Kampfläufer, der *(Philomachus pugnax*, L.): Auch Kampfhahn, Krösler, Streitvogel, Streitknelle, Streitsandläufer, Streit-, Brausekohlschnepfe, Keller-, Heide-, Burr-, Brausehuhn, Haus-, Seeteufel, Koller-, Kludderhahn. Länge: Männchen um 29 cm, Weibchen um 23 cm, Gewicht: Männchen um 200 g, Weibchen um 130 g.

Aussehen: Das Männchen ist im Brutkleid oberseits schwärzlich und hellbraun gefleckt mit auffallender Halskrause, die die Seiten und den Vorderteil des Halses bis auf die Oberbrust bedeckt. Die Halskrause zeigt die unterschiedlichsten Kombinationen von Schwarz, Weiß, Braun, Rostfarben und Gelb, sodass sich kaum zwei Männchen völlig gleichen. Die Federn der Halskrause, die nach der Begattungszeit ausfallen, werden bei den Kämpfen aufgerichtet. Die Unterseite ist überwiegend weiß. Im Ruhekleid ähnelt das Männchen dem wesentlich kleineren Weibchen. Diesem fehlt die Halskrause. Es ist oberseits sandfarben und schwarzbraun gefleckt. Die Oberbrust und die Seiten der Unterbrust sind braungrau bis rostfarben mit schwarzen Flecken. Die Jungvögel ähneln dem Männchen im Winterkleid.

Vorkommen und Lebensweise: Der K. ist an den Küstengebieten der Nord- und Ostsee, an der französischen Atlantikküste, in Skandinavien, Osteuropa und in Sibirien beheimatet. Sein Lebensraum sind Tundralandschaften, feuchte Niederungen sowie Salzsümpfe und Brackwasserseen mit sumpfigen Uferzonen. Zur Zugzeit ist er an allen Gewässern mit Schlammbänken anzutreffen.

Fortpflanzung: Die Männchen, die getrennt von den Weibchen im April zurückkehren, versammeln sich auf bestimmten Kampfplätzen, auf denen sie am Abend einfallen und paarweise ihre Kämpfe (Name!) austragen. Die Weibchen, die sich zur Balzzeit immer in der Nähe der Kampfplätze aufhalten, werden von einem der Platzhähne getreten. Das Gelege besteht aus vier olivgrünen bis olivgrauen, dunkelbraun gefleckten Eiern, die 45 x 31 mm groß und ca. 20 g schwer sind. Die Brutdauer beträgt 21 Tage, es brütet nur das Weibchen. Die Jungen sind nach ca. vierzig Tagen selbstständig. K. leben polygam. Eine Jahresbrut (Mai/Juni).

Nahrung: Sie besteht v. a. aus Würmern, kleinen Krebstieren, Mollusken und Insekten.

Kugelschnepper, deutsch, um 1630. München, Deutsches Jagd- und Fischereimuseum

Schnepfenzug, der: Der Zug der Schnepfen im Herbst in ihre Winterquartiere (Herbstzug) und im Frühjahr in ihre Brutgebiete (Frühjahrszug).

Schneppe,die: ▸ Schnepfenvögel 1.

Schnepper, der (Schnäpper, Balester, Balläster): Eine leichte Armbrustart, bei der anstatt eines Bolzens eine Kugel verschossen werden konnte. Der S. war die deutsche Variante des gegen Ende des 16. Jh. in Italien aufgekommenen *Balester* und wurde hauptsächlich zum Erlegen von ▸ Federwild und Kleintieren verwendet. Die italienischen Balester waren zwischen dem Bogen und der Nuss weit nach unten gezogen und konnten so mit der linken Hand besser umfasst werden. Im Ggs. dazu hatten die deutschen S. eine eiserne, gerade Säule, auf der zur besseren Handhabung ein Kolben aufgesetzt wurde. Die Kugel wurde in einem eingeflochtenen Kugelsack oder Netz in der Mitte der Sehne eingelegt. Man spannte die S. mit einem auf der Säule fest montierten Spannhebel, der von einem Hebelverschluss mit Feder gehalten wurde; ▸ Jagdwaffen.

Schnerf, der (Schnerker, Schnerz) ▸ Rallen 4.

Schnerfer, der: ▸ Rucksack.

Schnerre, die (Schnerrer) ▸ Drosseln 3.

Schnibbe, die: ▸ Schnepfenvögel 1.

Schnippen, das: **1**) Die Auf-und-ab-Bewegungen des Auerhahnfächers beim ▸ Knappen. **2**) Das ruckartige Auf-und-ab-Wippen des Stoßes, besonders bei den ▸ Rallen, den ▸ Feldhühnern und beim kleinen ▸ Federwild.

Schnitt, der: Alter seltener Ausdruck für den ▸ Fraß des ▸ Schwarzwildes.

Schnitthaar, das (Abschusshaar): Das an der Einschussstelle vom Geschoss abgetrennte (abgeschnittene) ▸ Haar des Wildes; ▸ Schusszeichen, ▸ Schnitthaarbuch.

Schnitthaarbuch, das: Kleine Deckenstücke mit dem ▸ Haar des Wildes von verschiedenen Körperteilen. Mit dem S. kann das aufgefundene ▸ Schnitthaar verglichen und damit der getroffene Körperteil des Wildes in etwa ermittelt werden. Für die Anlage eines S. sind etwa 20 Proben notwendig bzw. ausreichend. Sie werden in das S. eingeklebt und entsprechend beschriftet. Die Bücher werden für die verschiedenen Wildarten getrennt nach Geschlechtern und Jungwild angelegt. Bei den Hirscharten ist eines mit Sommerhaar und eines mit Winterhaar notwendig.

Schnittholz, das: In 1 bis 2 m lange Stücke geschnittenes und in ▸ Raummeter aufgesetztes Faser- oder Brennholz.

Schnitzeljagd, die: Eine aus der früheren ▸ Parforcejagd entwickelte Form des Reitsports (Jagdreiten), bei der Fuchs und Hunde durch Reiter ersetzt werden. Der den Fuchs darstellende Reiter reitet mit einer auf den Rücken gebundenen Fuchslunte und verstreut dabei Papierschnitzel. Die nachfolgenden Reiter versuchen, ihn einzuholen und ihm dabei die Lunte zu entreißen; ▸ Schleppjagd 2).

Schnitzgeier, der: In alten Jagdvereinbarungen Tirols als »schädlich« aufgeführter Greifvogel; vermutlich verstand man den Milan darunter.

schnodeln: Zum Beispiel beim ▸ Habicht, wenn er durch die verstopfte Nase Atem einzieht oder ausstößt.

Schnörkel, das: Der ▸ Bürzel (Schwanz) des ▸ Schwarzwildes.

schnüren (früher: schnuren): Fortbewegungsart (Trab) des ▸ Fuchses, ▸ Wolfs, ▸ Luchses und der ▸ Wildkatze, bei der die Tritte in gleichem Abstand genau hintereinandergesetzt werden. Die Abdrücke stehen dabei in einer Linie. Je schneller das Tier trabt, um so genauer schnürt es. Bei langsamerer Fortbewegung, besonders beim Schleichen, stehen die Tritte nicht mehr in einer Linie, sondern schräg zueinander und auch näher zusammen; ▸ Schrank.

Schnürgel, das: Der ▸ Bürzel (Schwanz) des Schwarzwildes.

schnurren: **1**) Das spürende Hin-und-her-Laufen des Jagdhundes. **2**) Auch spinnen; Wohlbehagen ausdrückende leise Lautäußerung des ▸ Luchses und der ▸ Wildkatze.

Schnurrer, der: ▸ Wildtauben 4.

Schnurrgans, die: ▸ Seetaucher 3.

Schnurrose, die: Schmale, schnurförmige Rose an einem ▸ Geweih; ▸ Dachrose, ▸ Kranzrose, ▸ Tellerrose.

Schock, der: ▸ Schopf 1).

Schocke, die: Veraltete Bez. für die Wülste am Gehörn des Steinbockes; ▸ Steinwild.

Schocktod, der: Beim Büchsen- und Flintenschuss; ▸ Ballistik.

Schockwirkung von Büchsengeschossen: ▸ Wirkungsweise von Büchsengeschossen, ▸ Ballistik.

Schof, das oder der (Schoof): Eine Enten- oder Gänsefamilie; ▸ Kette.

Scholaster, der: ▸ Rabenvögel 8.

schollern: Der ▸ Dachs schüttelt sich die Erde und den Sand aus der ▸ Schwarte, bevor er den Bau verlässt; er schollert oder poltert.

Scholver, der: ▸ Kormorane 1.

Schomburgk, Hans Hermann (28.10.1880 Hamburg bis 27.7.1967 Berlin): Afrikaforscher und Schriftsteller. S., Sohn eines Architekten, wurde von seinen Eltern im Jahre 1898 auf eine Farm nach Südafrika geschickt. Er trat dort in die englische Natal Mounted Police ein und nahm am Burenkrieg und am Griqua-Aufstand teil. Anschließend wurde er Polizeioffizier in Nordwest-Rhodesien, Großwildjäger und Forschungsreisender. Im Jahre 1906 unternahm S. seine erste selbstständige Expedition und war später im Rang eines Majors Chef des Geografischen Stabes der Republik Liberia. 1909 brachte er den ersten ostafrikanischen Elefanten, 1912 das erste Zwergflusspferd nach Europa. S. wurde Militärattaché an der Liberianischen Botschaft in

London und unternahm 1913 im Auftrag Carl Hagenbecks eine Filmforschungsexpedition durch Liberia. Er schrieb populäre Reiseberichte, u.a. »Wild und Wilde im Herzen Afrikas. Zwölf Jahre Jagd- und Forschungsreisen« (1910), »Die letzten Paradiese« (1932), »Tiere in Afrika« (1935). Er drehte u.a. die Afrikafilme »Das letzte Paradies« und »Die Wildnis stirbt«.

Schomerling, der: ▸ Drosseln 1.

Schon dich!: Zuruf an den hitzig gewordenen Hund.

Schönberger, Anton: ▸ Jagdliteratur.

Schönburg-Glauchau, Joachim, Graf von (4.2.1929 Glauchau/Sachsen bis 29.9.1998 Aicha vorm Wald/Bayern): Graf S. war u.a. von 1972 bis 1977 Geschäftsführer im Deutschen Jagdschutz-Verband, von 1978 bis 1990 stellvertretender Chefredakteur der Jagdzeitschrift »Die Pirsch« und langjähriger Vorsitzender der »Schutzgemeinschaft Deutsches Wild e. V.«. Von Graf S. stammen zahlreiche Beiträge zur Jagdpolitik, Auslandsjagd, Rechts- und Waffenkunde.

Schöndinglein, das: ▸ Schöntierlein.

schone!: Zuruf an den Hund, wenn er gefundenes Wild (z.B. Jungwild) nicht fassen soll oder wenn er am erlegten Wild zu zausen oder rupfen beginnt.

schonen: **1**) Das Wild hegen und pflegen, nicht bejagen; ▸ Schonzeit. **2**) Einen ▸ Lauf infolge einer Verletzung nicht aufsetzen, ihn schonen (beim ▸ Haarwild und Hund gebrauchter Ausdruck).

Schönian, Alfred (1856 Franfurt/Oder bis nach 1936 München): Maler und Illustrator. Von S., der überwiegend Geflügel malte, stammt u.a. »Balzende Birkhähne«.

Schontage, die: In der Schweiz in den Kantonen mit ▸ Patentjagd diejenigen Tage, an denen die Jagd ruht, d.h. die Jagdausübung verboten ist. Je nach Kanton unterschiedliche Festlegungen.

Schöntierlein, das (Schöndinglein): Das ▸ Wiesel. Diese Bez. wurde früher von abergläubischen Menschen verwendet (Zigeuneraberglaube). Man glaubte, wenn man das Tier beim Namen nennt, wird man von ihm verfolgt, angeblasen und dadurch krank, weswegen man »Schöndinglein, behüt dich Gott!« sagen musste; ▸ Jägeraberglaube.

Schonung, die: Ein junger, eingegatterter (eingezäunter) Wald, häufig auch durch Tafeln gekennzeichnet, der nicht betreten werden darf. Die Eingatterung soll vor Wildverbiss (▸ Wildschaden[s]verhütung) schützen; ▸ Dickung.

Schonwälder, die: Eine in Baden-Württemberg nach dem Landeswaldgesetz ausgewiesene Schutzwaldkategorie (▸ Schutzwald). In den S. sollen bestimmte, wertvolle ▸ Pflanzengesellschaften oder ein bestimmter Bestandsaufbau erhalten oder erneuert werden. Gezielte forstliche Maßnahmen sind in den S. erlaubt oder vorgeschrieben.

Schonzeit, die (veraltet: Hegezeit): Der Zeitraum, in dem ▸ jagdbare Tiere nicht bejagt werden dürfen. Ausnahme: kranke, kümmernde und daher abschussnotwendige Tiere; ▸ Jagd- und Schonzeiten.

Schonzeitbüchse, die: ▸ Schonzeitwaffe.

Schonzeitgewehr, das: ▸ Schonzeitwaffe.

Schonzeitwaffe, die (Schonzeitgewehr): Eine leichte und führige Waffe (Büchse, Flinte oder kombinierte Waffe) für kleineres Haar- und Federwild. Das Geschoss einer S. sollte jedoch auf größere Entfernung eine gestreckte Flugbahn und eine entsprechend hohe Auftreffenergie aufweisen. S. sind für die kleineren Kaliber entwickelt worden.

Schoof, das: ▸ Schof.

Schopf, der: **1**) Auch Schock; der ▸ Kessel im Murmeltierbau. **2**) Die langen Haare am Träger (Hals) des Hirsches (lokale Bez.); ▸ Bart 4). **3**) Verlängerte Federn am Kopf verschiedener Vogelarten.

Schopf, Franz Josef (1787 bis 1859): Österreichischer Jurist, Agrar-, Forst- und Jagdschriftsteller. Er schrieb u.a. »Anleitung zum Dienstesunterrichte in Jagdsachen. Für Jäger, Heger und Forstbeamte« (1840), »Die Jagdverfassung, das Jagdrecht und die Jagdpolizei. Aus den erschienenen Gesetzen dargestellt für Behörden, Beamte und Jäger in den Provinzen, Niederösterreich, Oberösterreich mit Salzburg, Steiermark, Illirien, Tirol, Böhmen, Mähren, Schlesien u. Galizien« (1858).

schöpfen: **1**) Trinken bei Wild und Hund (beim Auerhahn: sich tränken, beim ▸ Schalenwild und Hund auch: sich frischen, bei ▸ Wildtauben gelegentlich auch: pumpen). **2**) Trinken des ▸ Beizvogels aus der ▸ Badebrente.

Schopflerche, die: ▸ Lerchen 1.

Schöpfreiher, der: ▸ Reiher 6.

Schöpfstelle, die: Eine Wasserstelle, an der das ▸ Schalenwild und der ▸ Beizvogel (▸ Badebrente) schöpfen (trinken); ▸ Tränke.

Schorfheide, die: Großes Waldgebiet in der Mark Brandenburg nördlich von Berlin zwischen Oder und Havel. Das Hauptgebiet der zwischen 56 bis 113 m über NN liegenden S. gehört zu den Kreisen Bernau und Eberswalde. 17 Seen (darunter Grimnitzsee, Werbellinsee, Großer und Kleiner Pinnowsee, Großer und Kleiner Döllnsee), viele Moore und Bruchwälder bestimmen über weite Strecken das Landschaftsbild. Einst »Große Heide Werbellin« (magna merica werbellin) genannt, entstand der Name S. erst im 18. Jh., als die Bauern der Uckermark ihre Schafe (Schoofe = Schafe) zur Eichelmast (▸ Mast, ▸ Waldweide) in die damals königlichen Wälder trieben. Die einstmals 60 000 Hektar große und eingegatterte S. umfasst heute nur noch ca. 21 000 Hektar. Vorherrschend ist die Kiefer, daneben lockern Eiche, Birke, Buche und Weide die Bestände auf. Die S. war bis Ende des Zweiten Weltkrieges eine der artenreichsten und wildreichsten Gebiete Deutschlands. Neben ▸ Rot-, ▸ Reh-, ▸ Dam- und ▸ Schwarzwild, ▸ Luchs, ▸ Biber und ▸ Fischotter kamen auch ▸ Elche, ▸ Wisente und ▸ Wildpferde sowie Fischadler (▸ Adler 3.) und Seeadler, ▸ Kranich, Schwarzstorch (▸ Störche 2.) und eine Vielzahl von Tag- und Nachtgreifen und Wasserwild vor. Seit 1945 sind Elche und Wisente und seit 1947 auch die Wildpferde ausgerottet. Die S. war wegen ihres Wildreichtums auch über 700 Jahre hinweg fürstliches Jagdrevier. Mitte des 16. Jh. wurden große Teile der S. mit einem sog. »Großen Wildzaun« umgeben. Rund 80 km lang war damals der 2 m hohe Wildzaun, mit dem das Jagdrevier eingezäunt wurde. Im Dritten Reich ließ ▸ Reichsjägermeister Göring diesen Zaun erneuern. Rund 40 000 ha wurden damals eingegattert. Heute umgibt das frühere Staatsjagdrevier ein 3 m hoher Wildzaun (Drahtzaun). Zahlreiche ▸ Jagdschlösser wurden im Laufe der Jh. errichtet. Das bekannteste ist das Jagdschloss Hubertusstock am Werbellinsee, das im Jahre 1849 im oberbayerischen Landhausstil errichtet wurde und der SED-Führung als Gästehaus diente, sowie das Jagdschloss in Groß Schönbeck. Eindrucksvolle Gedenksteine erinnern heute noch an die privilegierten Jagdgesellschaften. An Görings Jagdschloss Karinhall erinnern nur noch die Überreste des Eingangstores. Durch die extrem überhöhten Wildbestände der Vergangenheit weist der Waldbestand der S. große ▸ Wildschäden auf. Die S. wurde noch durch Beschluss der ehemaligen DDR-Regierung am 12. September 1990 neben anderen Gebieten als »Biosphärenreservat Schorfheide-Chorin« unter Schutz gestellt und als solches auch später von der UNESCO anerkannt.

Schorlemer-Zuchtprüfung, die: Bez. für die Herbstzucht-Gedächtnisprüfung für Deutsch-Langhaar (langhaarige deutsche Vorstehhunde); ▸ Hundeprüfungen.

Schottischer Setter, der (Gordon Setter): ▸ Vorstehhunde 11.

Schrägpflanzung, die: ▸ Pflanzverfahren.

Schram, Alois Hans, Prof. (1864 Wien bis 1919 Wien): S. ist Österreichs bedeutender Vertreter der Spätphase des Neobarocks. Er studierte u.a. bei Makart an der Akademie der bildenden Künste in Wien und hielt sich einige Zeit in Rom auf. Studienreisen führten ihn auch in die Niederlande, Frankreich, Griechenland, Türkei, Palästina bis nach Ägypten, nach Deutschland, Belgien, England und Spanien. Ab der Mitte der 90er-Jahre des 19. Jh. war er in Wien als Porträtist und Dekorationsmaler tätig. S. war auch Postkartenmaler, so z.B. für die Internationale Jagdausstellung in Wien 1910; ▸ Jagdmotive auf Postkarten.

Schrank, der (das Schränken): Im allgemeinen Sinne die Abweichung der Tritte in der ▸ Fährte oder ▸ Spur der einzelnen Wildarten von der Körpermittellinie. Die Abweichung ist um so größer, je stärker das Wild ist. Der S. des Rothirsches ist ein ▸ Hirschgerechtes Zeichen.

schränken: **1**) Veraltet schrenken; verschränken der Läufe des erlegten Wildes zum besseren Transport; ▸ knebeln. **2**) Kreuzen der Oberleinen beim Stellen der Tücher (▸ Jagdzeug). Die Oberleinen wurden bei einem Wechsel gekreuzt, damit sie sich gegenseitig hielten (festigten). **3**) Auch ▸ engen. **4**) Wild schränkt, wenn es den ▸ Schrank macht.

Schränkung, die: ▸ Schäftung.

schrauben: Sich kreisend in die Luft schwingen (hochschrauben), bei ▸ Greifvögeln, ▸ Reihern und ▸ Störchen.

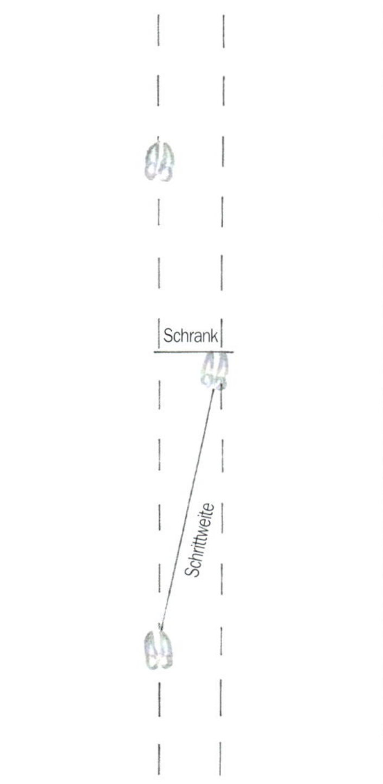

Schrank und Schrittweite (Rotwildfährte)

Schreckblatter, der: Ein Lockinstrument; ▸ Lockjagd.
Schrecke, die: ▸ Rallen 4.
Schrecken, das: **1**) Ausstoßen von Schrecklauten des ▸ Rot-, ▸ Dam-, ▸ Sika- und v.a. des ▸ Rehwildes sowie des Auerhahns und Fasans; ▸ Schelten, Schmälen. **2**) Anrufen oder Anpfeifen von langsam ziehendem ▸ Haarwild, um es kurz (wegen besserer Schussabgabe) zum Stehen zu bringen. **3**) Wild durch Anrufen verscheuchen.
Schreck-Herd, der: Ein Vogelherd (▸ Vogelfang), bei dem Vögel mithilfe von ▸ Greifvögeln in die aufgestellten Netze geschreckt wurden.
Schrecklaute, die: **1**) Alle ▸ Lautäußerungen, die Wild ausstößt, wenn es erschrickt; ▸ Schrecken 1). **2**) Laute von Vögeln, die dem kundigen Jäger das Anwechseln von Wild anzeigen, z.B. von Eichelhäher, Elster, Schwarzdrossel und Zaunkönig.
Schreckmann, der: ▸ Wolfsjagen.
Schrecktuch, das: svw. Tuchlappen; ▸ Jagdzeug 1.
Schreiadler, der: ▸ Adler 4.
Schreiadler, großer, der: ▸ Adler 5.
schreien: **1**) Lautäußerung von Elch, Rot- und Damhirsch während der ▸ Brunftzeit, auch orgeln und röhren genannt. **2**) Das Ausstoßen des Jagdschreies vom Jäger; ▸ Jagdgeschrei. **3**) Lautäußerung verschiedener ▸ Greifvögel.
Schreier, der: ▸ Adler 4.
Schreiheister, der: ▸ Specht 1.
schreiten: Langsames Ziehen eines Rothirsches; besonders für das majestätische Ziehen eines starken Rothirsches gebräuchlich; ▸ trollen, ▸ flüchten, ▸ ziehen.
Schreitvögel, die (*Ciconiiformes*, Stelzvögel): Vogelordnung, deren Vertreter in ca. 105 Arten an den Binnengewässern aller Erdteile vorkommen. Es sind große bis mittelgroße Sumpfvögel mit einem langen, spitzen, scharfrandigen Schnabel, langem Hals, großen wuchtigen Flügeln und langen Beinen mit gut entwickelter Hinterzehe. Sie leben hauptsächlich in Niederungen und Sümpfen, schreiten langsam und bedächtig und ernähren sich von Fischen, Fröschen, Schlangen, Krebsen, Weichtieren, kleinen Säugern und Jungvögeln. Ihre Nester werden häufig kolonieweise auf Bäumen oder im Schilf errichtet und sind sehr umfangreich. Die Jungen sind ▸ Nesthocker und werden von den Altvögeln durch Auswürgen von Speisebrei ernährt. Zu den S. gehören ▸ Reiher, ▸ Störche und ▸ Ibisvögel. Zum jagdbaren Federwild zählt nur noch der Graureiher. Alle übrigen Arten sind durch das Naturschutzgesetz geschützte ▸ Zugvögel.
schrenken: ▸ schränken.
Schrick, der: ▸ Rallen 4.
Schritt, der (Schrittweise): **1**) Der Abstand der einzelnen Tritte voneinander von der Spitze des Trittsiegels bis zur Spitze des nächsten gemessen. Der S. des Rothirsches ist ein ▸ Hirschgerechtes Zeichen. **2**) ▸ Waldschritt.
Schrittweite, die: ▸ Schritt 1).
Schrödl, Anton (1823 Schwechat bis 1906 Wien): Tier- und Landschaftsmaler; von ihm stammt u.a. die Kreidelithografie »Ein Wilddieb in der Nähe des Königssees«.
Schrot, das und der: Kleine Bleikügelchen, die aus Flintenläufen verschossen werden; ▸ Schrotpatrone.
Schrotbeutel, der: Ein lederner, länglicher Beutel mit Messing- oder Hornmundstück, in dem die Schrote für die ▸ Vorderlader aufbewahrt wurden. Außer dieser einfachen Form gab es die S. auch zum Umhängen mit Messapparat.
Schröte, das: ▸ Geschröte.
Schrotflinte, die: Volkstümliche Bez. für Flinte, ein ▸ Jagdgewehr für den Schrotschuss.
Schrotgewehr, das: Ein ▸ Jagdgewehr für den Schrotschuss.
Schrotherstellung, die: ▸ Schrotpatrone.
Schrotkaliber, das: ▸ Schrotpatrone.
Schrotkörner, die: ▸ Schrotpatrone.
Schrotlauf, der (Flintenlauf): ▸ Lauf 4) 2.
Schrotlaufbohrung, die: ▸ Lauf 4) 2.
Schrotpatrone, die: S. wurden bisher zumeist mit Hülsen aus Papprohren ausgestattet, die heute oft noch feuchtigkeitsbeständig gelackt sind. Auch vollkommen quellfeste Hülsen aus Vollplastik werden heute verwendet. Aus Gründen des Umweltschutzes gibt es auf dem deutschen Markt sämtliche Jagd-S. aber auch in Pappeausführung. Der Aufbau der Schrotpatrone wird an zwei Beispielen mit gelackter Papphülse verdeutlicht (s. Abb. rechts). Wichtige Begriffe im Zusammenhang mit S. sind:
Rohr: Bei der Papphülse besteht es aus mehreren Lagen eines hochwertigen Kraftpapiers, durch Verleimung hergestellt, auf Maß kalibriert und satiniert sowie zum Schutz gegen Feuchtigkeit lackiert. Das R. der Plastikhülse besteht aus Polyethylen. Dazu wird ein dickwandiges R. gefertigt, das in einer speziellen Anlage kontinuierlich biaxial gestreckt wird. Dadurch wird eine fünffache Festigkeit des Ausgangs-R. erreicht. Das jeweilige R. wird mittels Bodenpfropfen – und bei einigen Sorten noch mit einer Pappeinlage – mit der Bodenkappe zum Patronenboden verpresst.
Bodenkappe: Sie wird aus Stahlblech hergestellt, vermessingt oder glanzverzinkt und für Patronen besonders hoher Qualität auch gegen Verfärbung und Korrosion oberflächenbehandelt. Die eingeprägten Zahlen geben das Kaliber der Patrone an.
Pappeinlage: Wie das Hülsenrohr wird die Pappeinlage aus mehreren Lagen Kraftpapier hergestellt und eng an das Hülsenrohr anliegend in den Hülsenboden eingepresst. Durch genau festgelegte Höhe bestimmt sie die Größe des Pulverraumes, bietet dem Filzpfropfen zwischen Pulver und Schrot eine feste Auflage und verstärkt den Verbrennungsraum für das Pulver in der Hülse. Sie vermeidet Press- und Hohlladungen des Pulvers und damit ungleichmäßige Gasdrücke.
Bodenpfropfen: Bei Papphülsen besteht er aus einem besonderen Pappkarton, ist in seiner Masse genau bestimmt und durch starke Pressung der spiralgewickelten Kartonstrei-

Zwischenmittel bei Schrotpatronen

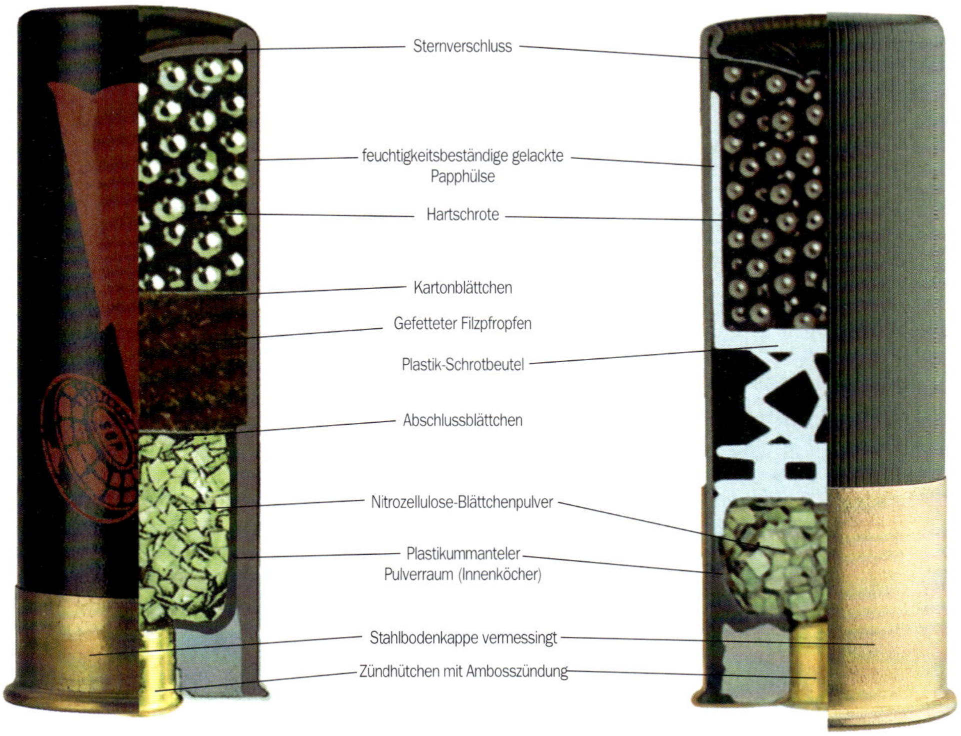

Schrotpatronen im Schnitt

fen gefertigt. Er stabilisiert den Hülsenboden, hält die Zündung und dichtet beim Schuss die Hülse nach hinten ab. Bei Plastikhülsen ersetzt der Bodenpropfen durch seine besondere Formgebung die Pappeinlage und besteht aus einer Kombination von Kunststoff und Pappe. Dadurch wird einerseits ein fester Sitz der Zündung und andererseits durch die hohe Elastizität des Plastikmaterials eine gute Abdichtung erreicht.

Zündung: Die Zündung der S. sitzt als Zentralfeuer-Z. genau in der Mitte des Hülsenbodens. Sie zählt zu den Amboss-Z., weil der Z.-Mantel das Zündhütchen mit dem sehr schlagempfindlichen Zündsatz und den Amboss enthält. Die dreiteilige Z. ist unter der Bez. »Z. Nr. VI« bekannt. Sie gilt als verdeckte Z., da der Z.-Mantel aus ▸ Tombak den notwendigerweise dünnen Boden des Zündhütchens gegen Schlagbolzen-Durchschläge stützend verdeckt. Heute kommt ausschließlich die moderne Medium-Z. zum Einsatz. Sie stellt eine Weiterentwicklung der Z. Nr. VI dar; Gehäuse, Amboss und Zündhütchen bilden dabei eine kompakte Einheit. International eingeführt kann die Medium-Z. als Standard-Z. bezeichnet werden. Bei der einfachen Z. Nr. 1 ist der Amboss ins Gehäuse eingearbeitet, und nur das Zündhütchen ist eingesetzt. Die Z. kann nur wirken, wenn ein einwandfreier Schlagbolzen mit genügender Energie ausreichend tief genau in die Mitte der Z. schlägt. Durch den Schlagbolzeneinschlag wird der Zündsatz gegen den Amboss gedrückt, wobei er im Bruchteil einer tausendstel Sekunde verpufft, d.h. seine Energie als kräftigen Flammstrahl durch den Zündkanal in den Pulverraum der Patrone schießt.

Rauchschwaches Pulver: Rauchschwaches Pulver für S. ist aus Nitrozellulose und ein offensiv abbrennendes Pulver. Bei seiner Entzündung setzt sich die sehr kleine Pulverladung fast rauch- und rückstandslos in ein großes Gasvolumen um, das der Patrone die Schussenergie verleiht. Von der Art und Menge des Pulvers hängen der Gasdruck, die Geschwindigkeit und teilweise die Streuung der Schrotgarbe, der Rückstoß sowie die Funktion der Patrone in Selbstladeflinten wesentlich ab.

Zwischenmittel: Es ist herkömmlich ein Fettfilzpfropfen, in Plastikpatronen meist ein Plastikbecherpfropfen, und schließt in der Patrone den Pulverraum gegen die Schrotladung hin ab. Ein Zwischenmittel ist erforderlich, um den Stoß der Verbrennungsgase als Schub auf die Schrotladung weiterzugeben und dabei gleichzeitig als wirksame Abdichtung gegenüber dem Entweichen von Pulvergasen zu dienen. Ein derartiges Entweichen von Pulvergasen während des Durchganges von Zwischenmittel und Schrotladung durch Hülse und Lauf würde wegen der damit verbundenen Gasdruckverluste die Geschwindigkeit, damit die Auftreffenergie der Schrote und entsprechend ihre sicher tötende Wirkung stark herabsetzen und gleichzeitig durch die unmittelbare große Hitzeeinwirkung auf die Schrotladung durch Verschweißen von Schrotkörnern zu Klumpenbildung führen. Hierdurch würde nicht nur ein Trefferbild mangelhafter Deckung entstehen, sondern durch die Zusammenklumpung auch Projektile von größerer Kraft und Reichweite entstehen, die das Hintergelände in erheblichem Umfang gefährden könnten. Das Pfropfenmaterial muss daher so elastisch und plastisch sein, dass es sich bei der Zusammenpressung durch den Druck der Verbrennungsgase gleichzeitig radial ausdehnt und dadurch sowohl in der Hülse als auch beim Durchgang durch den Übergangskonus und beim Durcheilen des Laufes eine sichere Gasabdichtung hinter der Schrotladung ergibt. Hierzu eignen sich vorzüglich solche Pfropfen, die aus gefettetem Filz hergestellt sind und meist mit aufgeklebten, geteerten Kartonscheiben abgedeckt werden. Neben ausgezeichneter Gasabdichtung bewirken sie auch gleichzeitig die zuverlässige Reinigung der Laufwandung von den Überresten und Ablagerungen des vorangegangenen Schusses. Beim Plastikbecherpfropfen umschließt ein dünner Mantel aus Plastik die gesamte Schrotladung; dadurch wird ein Abrieb der Schrote im Lauf verhindert. Der rückwärtige Teil dichtet beim Schuss manschettenartig ab; ein Entweichen von Pulvergasen ist dadurch mit Sicherheit ausgeschlossen. Über eine Rastanordnung schiebt sich der Becher-

Schrotpatronen-Bodenkappen mit eingeprägten Kaliberbezeichnungen

Größenrelation verschiedener Schrotstärken

pfropfen bei der Schussentwicklung zusammen, wodurch der erste harte Stoß der Pulvergase gemildert wird. Optimale Deckung bei minimalem Rückstoß sind das Ergebnis.

Verschluss: Bei S. mit *Bördelverschluss* wird die über dem Pfropfen eingefüllte Schrotladung durch ein Schlussscheibchen abgedeckt. Bei den heute üblichen S. mit *Faltverschluss* ist kein Schlussscheibchen notwendig. Vielmehr wird dabei der Hülsenmund über den Schroten sternförmig zusammengefaltet, wodurch die verschlossene Patrone natürlich kürzer wird als bei einfachem Bördelverschluss. Um F.-Patronen mit der gleichen Pulver- und Schrotmenge wie Bördelverschlusspatronen laden zu können, wird der Innenaufbau der Patrone entsprechend geändert.

Flintenkaliber: Die gebräuchlichsten Flintenkaliber sind 12, 16 und 20. Die Kaliberbezeichnung der Flintenläufe stammt aus England und ist international gültig. Das Kaliber nennt die Anzahl der aus reinem Blei gefertigten Rundkugeln gleichen Durchmessers, die zusammen ein englisches Pfund (453,6 p) wiegen. Das Kaliber 20 entspricht also dem Durchmesser einer Kugel aus Weichblei, von der 20 Stück ein englisches Pfund wiegen. Das Kaliber 16 hat deshalb einen größeren und das Kaliber 12 einen noch größeren Durchmesser, da bei steigendem Durchmesser entsprechend weniger Kugeln aus der jeweils gleichen Menge Weichblei hergestellt werden können. Eine Ausnahme bei diesen internationalen Kaliberangaben für S. bildet das Kaliber 36, dessen normale Bez. .410 lautet und einem Kaliberdurchmesser von 0,410" entspricht. Die Kaliberangaben der S. sind in den Bodenkappen eingeprägt (s. Abb. oben).

Schrotstärke mm	Nr.	mittlere Auftreffgeschwindigkeit V_{35} in m/s	Wildarten
2½	7	190–195	Rebhuhn, Schnepfe, Kaninchen
3	5	210–215	Fasan, Ente Hase
3½	3	225–230	Fuchs, Hase, Gans
4	1	235–240	Winterfuchs, Dachs

Hülsenlänge: Sie wird bei der Kaliberbez. mit angegeben, also z.B. Kaliber 16/65 oder 16/70. Dabei beträgt die gesamte Hülsenlänge – also nicht etwa die Länge der fertig geladenen, verschlossenen Patrone bis 65, 67,5 oder 70 mm. Verschlossene Patronen sind bei Bördelverschluss um ca. 6 mm und bei Faltverschluss sogar um ca. 11 mm kürzer als im Nennmaß für die Hülsenlänge angegeben. Aus diesem Grunde passen Patronen mit 70 mm langen Hülsen vor dem Schuss auch ohne weiteres in Flinten mit Patronenlagern für nur 65 mm lange Hülsen. Wenn sich beim Schuss die Hülse aufbördelt bzw. auffaltet, verhindert der Übergangskonus eines 65 mm langen Patronenlagers die vollständige Öffnung einer 70 mm langen Hülse; während bei richtiger Patronenlänge die Schrotladung und das Zwischenmittel ungehemmt weitergleitend aus der Hülse in den Lauf getrieben werden, entsteht im Übergangskonus eines nur 65 mm langen Patronenlagers eine Stauwirkung der Schrotladung, was einen Gasdruckanstieg verursachen kann. Um für beide Lagerlängen eine einheitliche Patrone zu haben, werden Hülsen mit einer Länge von 67,5 mm gefertigt. Plastikbecherpfropfen gestatten dabei die gleiche Ladung wie bei Patronen mit einer Hülsenlänge von 70 mm. Durch die Innenanfassung (Verjüngung) der Hülse verringert sich die Hülsenwanddicke zum Hülsenmund hin so weit, dass keine zu einer Gasdrucksteigerung führende Verengung in einem 65 mm langen Patronenlager auftritt. In einem 70 mm langen Patronenlager ergibt eine Patrone mit einer Hülsenlänge von 67,5 mm normale ballistische Werte.

Gasdruck: Im dafür passenden Patronenlager ist der Gasdruck von Patronen mit 70 mm und mit 65 mm langen Hülsen gleich groß, weshalb auch Patronen mit 70 mm langen Hülsen und entsprechend größerer Schrotkörnerzahl keine schwereren Waffen durch Verstärkung der Laufwandung oder des Verschlusses notwendig machen. Der mittlere Gasdruck beträgt bei Rottweil-Patronen im Kaliber 12 ca. 500 bar, im Kaliber 16 ca. 550 bar und im Kaliber 20 ca. 600 bar. In Deutschland sind den S.-Herstellern hinsichtlich des mittleren Gasdruckes (Durchschnittsergebnisses einer 10er Schussreihe) und hinsichtlich des höchstzulässigen Gasdruckes (mögliches Ergebnis des Einzelschusses) durch das Beschussgesetz bestimmte Grenzen auferlegt worden.

Randschrote: Beim Durchgang durch den Lauf und seine Mündungsverengung, die Würgebohrung, werden die Schrote stark gegeneinander und die äußeren, die Randschrote, an die Laufwand gepresst, wobei sie durch Druck oder Abschliff mehr oder weniger deformiert werden. Je größer die Pulverladung und damit die Pulvergasmenge, aber auch der Gasdruck wird, der auf die Schrotladung einwirkt, um so schneller wird sie durch den Lauf getrieben und um so stärker wird die Deformation der Schrotkörner, worunter die Gleichmäßigkeit und Geschwindigkeit ihres Fluges und somit die Deckung, die Trefferzahl und die Auftreffenergie der Schrotgarbe ganz erheblich leidet. Der Gasdruck kann daher nicht beliebig gesteigert werden, es sind schon aus diesem Grund die vorstehend benannten Grenzen gesetzt, die sich als allgemein günstig erwiesen haben.

Bei der Schrotgarbe wird nicht die Anfangsgeschwindigkeit unmittelbar vor der Laufmündung (V_0), sondern die $V_{12,5}$, also die Geschwindigkeit in einer Entfernung von 12,5 m vor der Laufmündung, gemessen. Die Fluggeschwindigkeit der Schrotkörner richtet sich in erster Linie nach der Schrotkorngröße (deutsche Normschrotgrößen, s. Abb. 4). Bei gleicher Anfangsgeschwindigkeit ergeben sich bei der $V_{12,5}$-Messung schon erhebliche Unterschiede, da Schrote mit kleinem Durchmesser durch das geringere Eigengewicht bei dem auf sie einwirkenden Luftwiderstand schneller an Geschwindigkeit verlieren. Dies verdeutlicht die Übersicht über die jagdlich gebräuchlichen Schrotstärken, ihre deutsche Nummernbezeichnung, ihre mittlere Auftreffgeschwindigkeit in 35 m Schussentfernung (V_{35}) und ihre Eignung zur Bejagung bestimmter Wildarten:

Die Schrotkörner werden in einem Schrotturm von 43 m Höhe gegossen. Das geschmolzene Blei tropft dabei von der Höhe des Turmes durch ein siebartiges Gefäß in einen Wasserbehälter im Fuß des Turmes. Während des Falles durch den Turm bildet sich unter dem Einfluss einer die Oberflächenspannung erhö-

henden chemischen Beimischung die Kugelform der Schrote. In mechanischen Sortiervorrichtungen werden unrunde und der gewünschten Kornstärke nicht genau entsprechende Schrote automatisch aussortiert. Für die besonders hochwertigen Rottweil-S. wird zudem nur GECO-X-Hartschrot verwendet. Dies ist ein Hartschrot, das einer besonderen Oberflächenbehandlung unterzogen wird, sodass nicht nur die Deformation der Schrote, sondern auch die Verbleiung der Läufe weitgehend ausgeschlossen ist. Im Ggs. zu den deutschen Markenpatronen werden ausländische S. mit anderen – innerhalb eines einzigen Patronentyps auch oft noch unterschiedlichen – Schrotladungsgewichten laboriert, worauf bei ihrer Verwendung natürlich besonders zu achten ist. Mit voneinander abweichenden Korngrößen ändert sich auch die Körnerzahl, und ungenügend genau sortierte Schrote verschlechtern die Schussleistung, weil dadurch die Schrotgarbe im Flug verlängert wird. Die Gesamtschussweite der Schrote, also die Entfernung, in der durch sie das Hintergelände gefährdet werden kann, lässt sich ungefähr mithilfe folgender Faustregel bestimmen:
(Schrotstärke minus $\frac{1}{2}$) x 100 = Gefahrenzone in Metern.
Beispiel Schrotstärke 3 $\frac{1}{2}$ mm: (3 $\frac{1}{2}$ - $\frac{1}{2}$) x 100 = 300 m. Eine Ausnahme bilden 2-mm-Schrote, deren Gefahrenzone 200 m beträgt. Zusammengeklumpte Schrote bilden dagegen Projektile höherer Gewichte, als sie die einzelnen Schrotkörner aufweisen, und können daher auch je nach Gewicht des Schrotklumpens das Hintergelände in z.T. wesentlich größeren Entfernungsbereichen gefährden. Die waidmännische Schrotschussentfernung beträgt dagegen, je nach Kaliber und Schrotkorngröße, nur 35 bis höchstens 40 m. Darüber hinaus wird zumeist die Streuung zu groß, sodass keine ausreichende Deckung mehr vorhanden ist, auch nimmt die Durchschlagskraft und somit die sicher tötende Wirkung der Schrote mit zunehmender Schussentfernung sehr schnell ab, und zwar, wie schon gesagt, um so schneller, je kleiner der Durchmesser der Schrotkörner ist. Neben der Korngröße und der Anzahl der das Ziel treffenden Schrote ist das Erreichen ausreichender Auftreffgeschwindigkeiten eine Notwendigkeit, um die erwünschte, schnell tötende Schockwirkung zu erzielen; ▸ Flintenlaufgeschoss, ▸ Subsonic-Patronen.

Schrot-Reduzierlauf, der: ▸ Lauf 4) 8.

Schrot-Reduzierstück, das: ▸ Lauf 4) 9.

Schrotschuss, der: ▸ Ballistik, ▸ Schrotpatrone.

Schrotspritze, die: Scherzhafte, leicht abwertende Bez. für ein, meist älteres, Schrotgewehr.

Schrotstärke, die: Der Durchmesser der Schrotkörner ▸ Schrotpatrone.

Schrot-Trainingslauf, der: ▸ Lauf 4) 7.

Schub, der: ▸ Hirschgerechte Zeichen.

Schubart, Arthur (4.2.1876 bis 1.9.1937): Justizrat in München. S. lebte in München und Miesbach. Er war Jagd- und Fischerei-Schriftsteller und schrieb u.a.: »Auf Elchjagd in Norwegen« (1912), die Jagdgedichte »Hubertusbilder« (1918) und »Hüttengeschichten« (1921).

Schübene, der: Schweizer Bez. (Kanton Glarus) für den Winterbau des ▸ Murmeltieres.

Schuch, Karl, auch Carl und Charles S. (30.9.1846 Wien bis 14.9.1903 Wien): Maler. Nach Malunterricht bei dem Künstler Ludwig Halauska in Wien unternahm S. mit dem Maler Albert Lang eine Studienreise nach Italien und richtete sich danach ein Atelier in München ein. Hier begann seine Freundschaft mit den Malern Wilhelm ▸ Trübner und Wilhelm ▸ Leibl. Von 1872 bis 1873 arbeite S. wieder in Italien, 1873 lernte er auch den Maler Karl ▸ Hagemeister kennen, mit dem zusammen er am Hintersee bei Salzburg Landschaftsbilder malte und 1874 zu Studien nach Brüssel ging. Die Jahre 1876 bis 1882 verbrachte S. weitgehend in Venedig, noch 1882 ging er (bis 1894) nach Paris und kehrte dann nach Wien zurück. Seine letzten Jahre verbrachte er in einer Heilanstalt. S. hat in seinem Leben nur ein einziges Bild verkauft und nie ausgestellt. Von ihm stammt das »Stillleben mit Wildente«, heute in der Kunsthalle Hamburg.

Schuckle, das: Alter Ausdruck für Steinkitz; ▸ Steinwild.

Schuh, der: **1**) Das ▸ Geschüh des ▸ Beizvogels. **2**) ▸ Hirschgerechte Zeichen. **3**) Der ▸ Kolbenschuh am Gewehr.

Schuhu, der: ▸ Eulen 1.

Schulterhöhe, die: ▸ Widerristhöhe.

Schulterriemen, der: ▸ Bringung des Wildes.

Schulz, Alexander Nikolaus: ▸ Jagdliteratur.

Schulze, Hans: ▸ Jagdliteratur.

Schumacher von Marienfrid, Siegmund (26.1.1872 Innsbruck bis 31.5.1944 Natters/Tirol): österreichischer Mediziner und Schriftsteller. S. studierte in Innsbruck, München und Wien, promovierte 1898 und habilitierte 1904 in Wien für Anatomie. 1912 kam S. als ao. Prof. der Histologie und Embryologie an die Tierärztliche Hochschule in Wien und 1913 an die Universität Innsbruck. Er schrieb u.a. »Erinnerungen. Beobachtungen und Gedanken eines Tiroler Jägers« (1925) und »Jagd und Biologie. Ein Grundriss der Wildkunde« (1939).

Schupp, der: ▸ Waschbär.

Schurf, der (Schürfel): Alpenländischer Ausdruck für einen zwei- bis dreijährigen Gamsbock.

Schürfel, der: ▸ Schurf.

Schurz, der: **1**) Die helle Färbung auf den Keulen des ▸ Schalenwildes; ▸ Spiegel 1). **2**) Seltene Bez. für ▸ Schürze.

Schürze, die (veraltet: Schurz): Wasserzeichen; das helle Haarbüschel am äußeren Geschlechtsteil (▸ Feuchtblatt) des weiblichen Rehwildes, das sich im Winterhaar deutlich vom Spiegel abhebt und dadurch das sichere ▸ Ansprechen des Rehwildes erleichtert. Die S. ist auch schon bei weiblichen Kitzen vorhanden.

Schussapparate, die: S. im Sinne des WaffG (▸ Waffenrecht) sind tragbare Geräte, die für gewerbliche oder technische Zwecke bestimmt sind und bei denen zum Antrieb Munition verwendet wird.

Schussarten, die: ▸ Schusszeichen.

Schuss auf Wild: Die Schussweite ist die waidmännische Schussentfernung, d.h. die Entfernung des Jägers vom Wild, die einen sicheren Schuss gestattet. Sie ist abhängig von der Art der Waffe (Flinte, Büchse), von der Visiereinrichtung (Kimme und Korn oder Zielfernrohr), von der Munitionsart (z.B. Hochrasanzpatrone) und von den jeweils herrschenden Lichtverhältnissen (Dämmerung, Nebel usw.).
1. Schuss mit der Büchse (Kugelschuss): Vor Abgabe des Schusses präge man sich die Stelle ein, wo das Wild steht, um später den ▸ Anschuss schnell zu finden. Auch ist darauf zu achten, dass das Geschoss freie Flugbahn hat, d.h., dass keine Ästchen oder Grashalme den Flug des Geschosses ablenken können. Als waidgerechter Schuss auf gesundes Wild gilt der Blattschuss (Schuss durch den Brustraum vor dem Zwerchfell). Das Stück soll breit stehen und das Haupt erhoben haben. Muss ein Schuss auf schräg oder spitz stehendes Wild abgegeben werden, ist er so anzutragen, dass das Geschoss den Brustraum vor dem Zwerchfell durchschlägt. Auf gesundes Wild, das sich niedergetan hat, zu schießen ist unwaidmännisch. Auf krankes Wild ist jeder Schuss, den man antragen kann, erlaubt. Eine Entfernung von 100 bis 150 m ist waidgerecht; im Hochgebirge muss z.T. auch noch auf größere Entfernung geschossen werden. Beim Schuss auf ziehendes Wild ist ca. 20 bis 30 cm, bei trollendem und flüchtigem Wild entsprechend weiter vorzuhalten. Während des Schusses achte man genau auf die Reaktion des Wildes, auf das Zeichnen, und dann

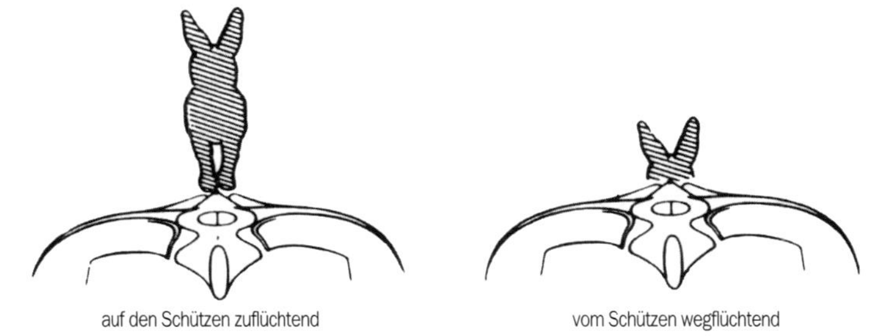

Schuss auf den Hasen

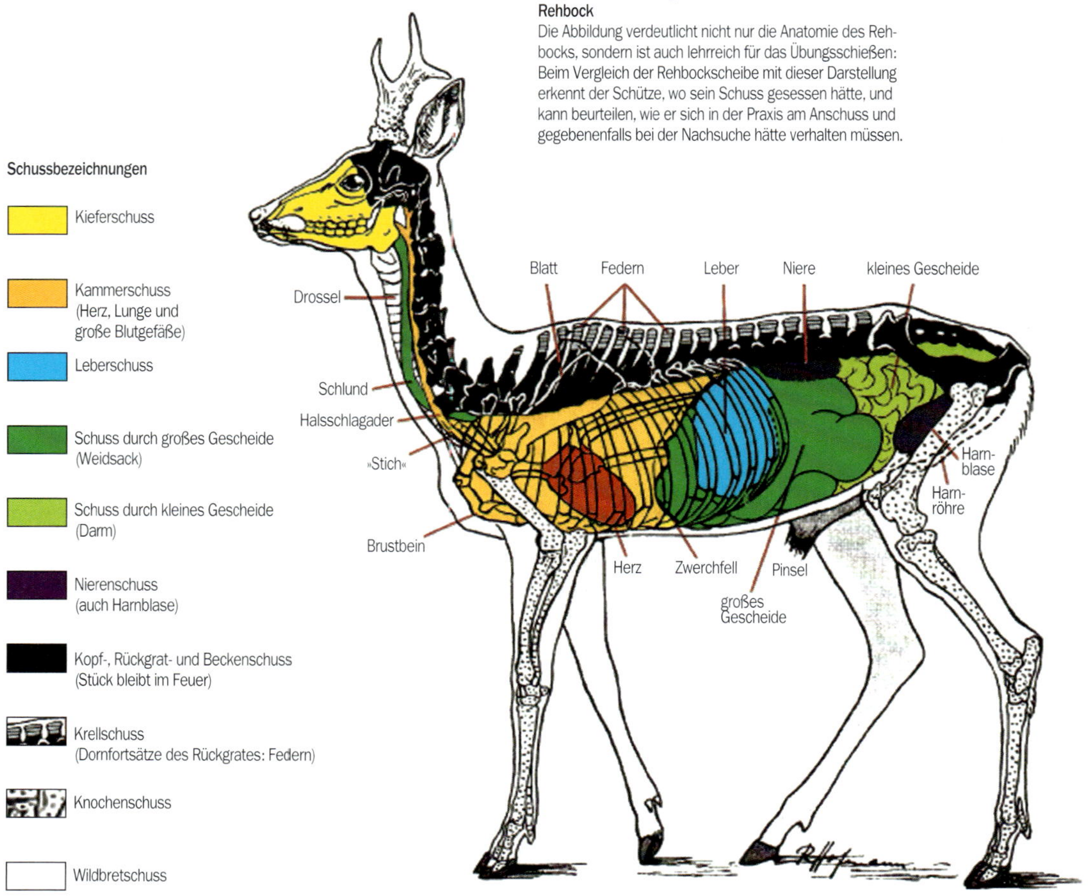

Körperbau, innere Organe und Sitz des Schusses beim Rehbock
Die Abbildung verdeutlicht nicht nur die Anatomie des Rehbocks, sondern ist auch lehrreich für das Übungsschießen: Beim Vergleich der Rehbockscheibe mit dieser Darstellung erkennt der Schütze, wo sein Schuss gesessen hätte, und kann beurteilen, wie er sich in der Praxis am Anschuss und gegebenenfalls bei der Nachsuche hätte verhalten müssen.

auf das weitere Verhalten sowie auf die Art der Flucht usw. (▸ Schusszeichen).
2. Schuss mit der Flinte (Schrotschuss): Mit der Flinte wird meist auf bewegliche Ziele (z.B. Flugwild) geschossen. Das quer oder schräg flüchtende Wild ist anzuvisieren, dann wird mitgeschwungen und vor der Schussabgabe etwas vorgehalten (je nach Entfernung eine halbe bis eineinhalb Wildlängen). Bei einem auf den Schützen zuflüchtenden Hasen ist darunter, bei einem wegflüchtenden auf die ▸ Löffel zu halten. Bei anstreichendem und auffliegendem Flugwild hält man darüber, bei wegstreichendem und einfallendem Flugwild darunter. Bei Flugwild werden ca. zwei bis drei Längen vorgehalten. Die waidmännische Schrotschussentfernung beträgt 35 bis höchstens 40 m; ▸ Schussentfernung, ▸ Schrotpatrone, ▸ Nicht-Blei-Schrote.
Für die Gesamtschussweite, d.h. die Flugweite von Büchsengeschossen und Schroten ▸ Gefährdungsbereich.

schussbändig: Selten gebrauchtes Wort für ▸ schussfest.

schussbar: Im weiteren Sinne svw. ▸ jagdbar 3); im engeren Sinne ist Wild s., wenn es nach dem Jagdgesetz jagdbar ist, gerade Jagdzeit hat, ggf. auf dem ▸ Abschussplan steht und auch vom Jagdherrn nach näherer Weisung freigegeben ist.

schussbereit (schussfertig): Ein Jäger ist s., wenn er das Gewehr so hält, dass er jederzeit einen Schuss abgeben kann. Nach dem WaffG (▸ Waffenrecht) ist eine Waffe s., wenn sie geladen ist, d.h., wenn sich eine Patrone im Patronenlager, Magazin oder in der Trommel befindet, auch wenn die Waffe ungespannt oder gesichert ist; ▸ zugriffsbereit, ▸ Transportieren von Waffen.

Schussbuch, das: Ein von einem Jäger geführtes Buch, in das alle Abschüsse eingetragen werden. Als S. wird i.d.R. ein spezielles Buch mit vorgedruckten Seiten verwendet, in dem u.a. Datum, Uhrzeit, Erlegungsort, Wildart usw. eingetragen werden. Zur Zeit der Gültigkeit des ▸ Reichsjagdgesetzes war jeder deutsche Jäger zur Führung eines S. verpflichtet; ▸ Jagdtagebücher.

Schüssel, die: **1)** Auch Teller, das Ohr des ▸ Schwarzwildes. **2)** Auch Lauscher (Luser), das Ohr des ▸ Elch-, ▸ Rot- und ▸ Damwildes. **3)** Das Lager des ▸ Trappen.

Schüsseltreiben, das (Schüsseltrieb, letzter Trieb, süddeutsch: Knödelbogen): Ein jagdlicher Brauch, bei dem sich die Jäger und Jagdhelfer nach einer ▸ Gesellschaftsjagd zum gemeinsamen Umtrunk oder Essen zusammenfinden. Wurde ein ▸ Jagdkönig ernannt, bedankt sich dieser hierbei beim Jagdherrn und den Treibern und wird durch ein dreifaches »Horrido« von der anwesenden Jägerschaft geehrt. Mancherorts tagt dabei noch ein Jagdgericht (▸ Blattschlagen), das kleinere Verstöße bei der Jagd ahndet. Humorvolle Jagdgeschichten und ▸ Jägerlieder beschließen den Jagdtag. Beim S. ist jedoch zu beachten, dass die Waffen nicht im Auto verbleiben dürfen.

Schüsseltrieb, der: Österreichische Bez. für ▸ Schüsseltreiben.

schussempfindlich: S. ist ein Hund, der nach dem Schuss Angst zeigt oder sich hinter dem Hundeführer verkriecht. S. Hunde können sich bei guter Abrichtung an den Knall gewöhnen; ▸ schussscheu.

Schussentfernung, die: Für den Büchsenschuss (Kugelschuss) können präzise Angaben über eine waidgerechte S. nicht gemacht werden. Sie hängt zudem von der Qualität der Jagdwaffe, von der Höhenlage, den Lichtverhältnissen, von der Art der verwendeten Patrone und nicht unwesentlich von der Ruhe, Sicherheit und Erfahrung des Schützen sowie vom Verhalten des Wildes (breit stehend, ziehend etc.) ab. Als Anhaltswerte werden in der Literatur angegeben: Rehwild bis 150 m, Gamswild bis 200 m, Rotwild bis 300 m. Beim Schrotschuss hingegen können 35 m S. als waidgerecht angesehen werden. Keinesfalls sollte aber die S. 40 m überschreiten. Zu kurze Entfernung ist jedoch beim Schrotschuss zu vermeiden, weil dann die Schrotgarbe noch gebündelt ist und der Schrotschuss nahezu wie ein Büchsenschuss wirkt (Zerstörung des Wildbrets); ▸ Schuss auf Wild.

Schussentwicklungszeit, die: ▸ Ballistik.

schussfertig: ▸ schussbereit.

schussfest (schussrein, seltener: schussbändig): Ein Hund oder ein Pferd, der bzw. das sich beim Schuss ruhig verhält und keine Angst zeigt. Schussfestigkeit ist eine erwünschte Wesensart.

Schussfieber, das (Bock-, Hirsch-, Jagdfieber): Ein Jäger, der vor oder nach dem Schuss aufgeregt ist, hat S.

schussfrisch: Die Bez. s. ist im Wildbrethandel (▸ Wildbret) ein Merkmal, das lediglich auf den Zeitpunkt der Erlegung hindeutet. Grundsätzlich lässt sich Wild, luftig bei Temperaturen um 0 °C aufgehängt, recht lange frisch halten. Um zart zu werden, muss es acht bis zehn Tage ▸ abhängen.

Schussgeld, das: **1**) Seit dem 17. Jh. übliche Entlohnung der Jäger. Für jedes vom Jäger oder der Herrschaft und deren Jagdgäste im Revier gestreckte Stück Wild erhielt der Jäger, in dessen Revier es gestreckt wurde, einen bestimmten Geldbetrag; ▸ Abschussprämien. **2**) Heute ein bestimmter, festgesetzter Geldbetrag, den Berufsjäger und Forstbeamte für im Rahmen ihrer Berufsausübung geschossenes Wild erhalten. Die Höhe des S. wird z.B. in den einzelnen ▸ Jagdnutzungsanweisungen der staatlichen Forstverwaltungen der Länder geregelt und richtet sich meist nach Wildart, Geschlecht sowie Güte- und Stärkeklasse und wird auch meist für Raubwild und Raubzeug bezahlt. Das S. ist eine Entschädigung für den Munitionsverbrauch.

schussgerecht: **1**) Auch schussmäßig. S. ist ein Stück Wild, wenn die Distanz und die Stellung des Wildes einen sicheren Schuss ermöglichen (▸ Schuss auf Wild). **2**) Ein geübter Jäger, der mit Schusswaffen gut umzugehen weiß, ist s.

schusshitzig: Ein Hund, der nach dem Schuss ohne Befehl vorprellt, um an das beschossene Wild zu gelangen, ist s. Schusshitzigkeit ist meist auf einen Fehler in der Abrichtung zurückzuführen.

Schussleistung, die: Bez. für die Qualität einer Waffe hinsichtlich ihrer Treffgenauigkeit und Tötungswirkung. Die S. eines Kugellaufes wird festgestellt, indem man von einem Anschusstisch aus auf dieselbe Entfernung und den gleichen Haltepunkt mehrere Schüsse abgibt. Je geringer der Durchmesser des Streukreises ist, d.h., je näher die Treffer zusammenliegen, desto besser ist die S. des Laufes. Die S. eines Schrotlaufes wird festgestellt, indem auf eine in 35 m Entfernung aufgestellte Zielscheibe von 75 cm Durchmesser geschossen wird; ▸ Ballistik (Schrotschuss).

Schusslicht, das: ▸ Büchsenlicht.

Schusslinie, die: **1**) Beim Gewehr eine gedachte Linie zwischen der Laufmündung und dem Ziel. **2**) Bei Waldjagden die Richtung, in die die ▸ Schützen ohne Gefahr für die übrigen Jagdteilnehmer schießen können. Der Schusswinkel wird auf eine Scheibe aufgezeichnet (Schussrichtungsanzeiger) und deutlich sichtbar (z.B. vor dem Stand der Schützen) angebracht. Die Schützen werden vor Beginn der Jagd vom Jagdleiter belehrt, dass außerhalb des Schusswinkels der Gefährdungsbereich beginnt.

schussmäßig: ▸ schussgerecht 1).

Schussnähe, die: ▸ Schussentfernung.

Schussneid, der: ▸ Jagdneid.

schussrecht: svw. ▸ schussgerecht.

schussrein: ▸ schussfest.

Schussrichtungsanzeiger, der: ▸ Schusslinie 2).

schussruhig: Ein Jagdhund, der nicht nur ▸ schussfest ist, sondern vor, beim und nach dem Schuss ruhig verharrt, auf den Befehl des Hundeführers wartet und nicht unruhig wird, ist s. Schussruhe ist eine erwünschte Eigenschaft und muss dem Jagdhund von Anfang an beigebracht werden, indem der Führer jede Aufregung in Zusammenhang mit dem Schuss vermeidet.

schussscheu: Ein Hund, der große Angst vor dem Schuss hat und eventuell sogar wegläuft, oder ein Pferd, das nach dem Schuss nur mit Mühe zu halten ist, ist s. Schussscheue Hunde sind jagdlich nicht brauchbar und weder zu den Prüfungen der ▸ Hundeverbände noch zur Zucht zugelassen. Schussscheue ist eine gesteigerte Form der Schussempfindlichkeit; ▸ schussempfindlich.

Schusswaffen, die: S. im Sinne von §1 WaffG (▸ Waffenrecht) sind Gegenstände, die zum Angriff oder zur Verteidigung, zur Signalgebung, zur Jagd, zur Distanzinjektion (▸ Narkosegewehr), zur Markierung, zum Sport oder zum Spiel bestimmt sind, und bei denen Geschosse durch einen Lauf getrieben werden. Den S. gleichgestellt sind tragbare Gegenstände, die zum Abschießen von Munition für oben genannte Zwecke bestimmt sind.

Schusswaffengebrauch, der: ▸ Notwehr.

Schussweite, die: ▸ Schuss auf Wild, ▸ Schussentfernung.

Schusswirkung, die: ▸ Ballistik.

Schusszeichen, die: Alle optischen und akustischen Merkmale, die während des Schusses oder kurz danach anzeigen, ob und wo das Stück Wild getroffen wurde; das Verhalten des Wildes beim Auftreffen der Kugel und unmittelbar danach. Es zeichnet oder es zeichnet nicht, d.h., es gibt zu erkennen, dass es getroffen oder nicht getroffen wurde; ▸ Ballistik. Als *Pirsch-* oder *Pürschzeichen* wird alles das bezeichnet, was auf dem ▸ Anschuss zu finden ist und woraus man vermuten kann, ob und wo das Stück Wild getroffen wurde. Zu den P. zählen: ▸ Eingriffe bzw. Ausrisse, ▸ Schnitthaar, ▸ Schlaghaar, ▸ Schweiß, Knochensplitter, Decken- und Wildbretteilchen. Wenn die Kugel am Wildkörper vorbeiging oder diesen durchschlug, ist in der Nähe des Anschusses auch der *Kugelriss* zu finden. Als K. wird die Spur bezeichnet, die das Geschoss im Erdreich, an Bäumen, Steinen usw. hinterließ. Zu den P. zählte früher auch der *Kugelschlag*. Darunter versteht man das Geräusch, das beim Auftreffen des Geschosses auf den Wildkörper, aber auch beim Aufschlag auf einen Baum oder Stein entsteht. Er klingt, je nachdem welchen Körperteil oder Gegenstand die Kugel trifft, verschieden. Bei einem Blattschuss klingt er klatschend, bei Weidwundschüssen dumpf, bei Knochenschüssen hell. Der K. war früher bei den relativ langsam fliegenden Geschossen deutlich hörbar; bei den heutigen Hochrasanz-Geschossen ist er i. Allg. bei kurzer Distanz nicht mehr zu hören, weil er mit dem Büchsenknall fast zusammenfällt, es sei denn, die Kugel prallt gegen ein Hindernis (Holz, Stein). Beide Merkmale, S. und Pirschzeichen, sind wichtig, um bei einem beschossenen und nicht sofort zur Strecke gekommenen Stück Wild auf den Sitz der Kugel schließen zu können. Sie sind deshalb in den folgenden Erläuterungen der Schussarten zusammen beschrieben.

1. S. bei ▸ Schalenwild: Die verschiedenen Arten von Schalenwild zeichnen unterschiedlich stark. Das zarte ▸ Rehwild zeichnet meist deutlich, während das stärkere ▸ Rotwild weniger, das harte ▸ Muffelwild kaum und das sehr harte ▸ Schwarzwild selten zeichnet. *Eingriffe* bzw. *Ausrisse* werden die Abdrücke und Bodenverletzungen genannt, die die Schalen des plötzlich flüchtenden Wildes verursachen. Sie entstehen meist dann, wenn getroffenes Wild infolge des Schrecks zusammenzuckt und flüchtig abgeht, und sind daher immer stärker im Boden ausgeprägt, als wenn Wild nur durch Beunruhigung flüchtet. Besonders stark sind die E. bei Nierenschüssen. Bei einem *Fehlschuss* zeichnet das Wild nicht, es bleibt oft noch einen Augenblick stehen, wird dann flüchtig und verhofft bei der Flucht ab und zu. Häufig schreckt es danach; dies tut es jedoch manchmal auch, wenn es angeschweißt wurde.

Wird durch einen Schuss der Wildkörper nicht voll getroffen (*Streifschuss*), geht das Wild flüchtig ab. Am Anschuss ist meist Schnitthaar, manchmal auch noch Schlaghaar zu finden. *Schnitthaar* ist das am Einschuss abgeschossene ▸ Haar des Wildes. Die Anzahl der Schnitthaare ist dabei vom verwendeten Büchsenkaliber, der Geschossform, vom Sitz des Geschosses und von der Stellung des Wildes abhängig. Viele Schnitthaare lassen i.d.R. auf einen Streifschuss schließen; ▸ Scharfrand. Das am Ausschuss vom Büchsengeschoss beim Verlassen des Wildkörpers mitgerissene Haar wird *Schlaghaar* oder *Risshaar* genannt. Aufgrund der Länge, Färbung und Beschaffenheit des Haares kann in etwa auf den Sitz der Kugel geschlossen werden. Hierzu dient das ▸ Schnitthaarbuch.

Bei einem *Blattschuss* bzw. *Kammerschuss* werden Herz und bzw. oder Lunge getroffen. Das Stück macht eine hohe oder tiefe ▸ Flucht geradeaus oder schlägt Haken. Ist die Lunge

Tiefblattschuss (Herzschuss) oder Streifschuss am Brustkern

Krellschuss durch die Dornfortsätze

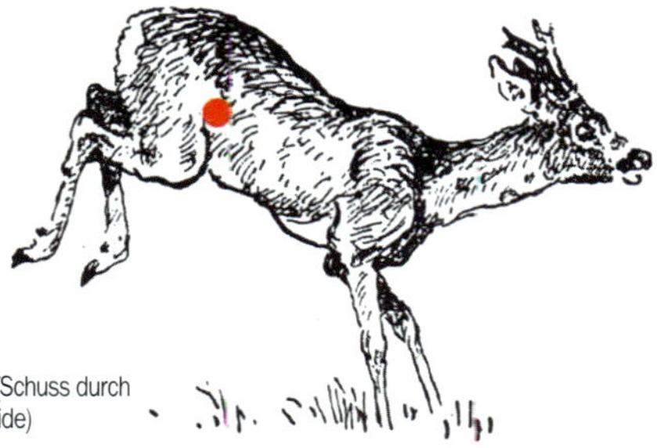

Weidwundschuss (Schuss durch das kleine Gescheide)

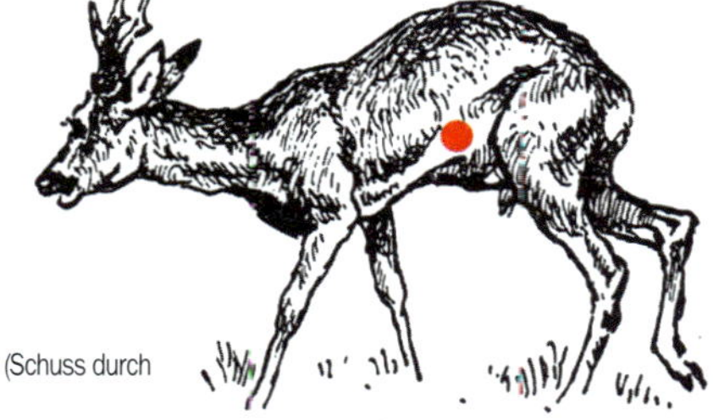

Weidwundschuss (Schuss durch den Weidsack)

Schusszeichen beim Rehbock

im hinteren Teil getroffen, schlägt das Wild manchmal vor der Flucht mit den Hinterläufen aus. Nach einigen Metern Flucht bricht es zusammen (gelegentlich schlegelt es noch) und verendet dann. Sitzt die Kugel hoch am Blatt, spricht man von einem *Hochblattschuss*, bei diesem wird die Lunge durchschossen. Ist das Herz getroffen *(Herzschuss)*, findet man am Anschuss und auf der Fährte dunkelroten Schweiß, bei einem *Lungenschuss* hellrotblasigen Schweiß und manchmal auch noch Lungenfetzen. Bei L. hustet das Wild häufig auch Lungenschweiß aus. Durchschlägt die Kugel den Brustraum hinter dem Blatt, ohne Knochen (Rippen) zu treffen und ohne zu deformieren, spricht man von einem *Hohlschuss*. Diese Bez. ist irreführend, da in der Brusthöhle (Kammer) Unterdruckverhältnisse herrschen und die Organe deshalb die Kammer ganz ausfüllen. Aus diesem Grunde wird fast immer ein Lungenflügel getroffen, und das Stück verendet nach kurzer Flucht an inneren Blutungen.

Bei einem *Krellschuss* oder *Federschuss* wird der Dornfortsatz eines Rückenwirbels getroffen. Schweiß findet sich meist gar nicht oder nur spärlich (einzelne Tropfen) am Anschuss. Das Wild bricht schlagartig im Feuer zusammen und schlegelt meist noch mit den Läufen. Durch den erlittenen Schock ist es vorübergehend betäubt, erholt sich jedoch rasch wieder, kommt schnell auf die Läufe und bei einer ▸ Nachsuche nur selten zur Strecke. Ein derartiger Schuss heilt meist aus. Besteht der Verdacht auf einen K., ist sofort eine zweite Kugel anzutragen. Auch ein Streifschuss am Kopf mit betäubender Wirkung wird als K. bezeichnet.

Ist bei einem *Trägerschuss* ein Halswirbel getroffen worden, bricht das Stück im Feuer zusammen. Wird nur die Schlagader getroffen, geht das Wild flüchtig ab, tut sich aber, geschwächt durch den Blutverlust, bald nieder und verendet. Wird die ▸ Drossel 1) getroffen, tritt das Stück mit hocherhobenem Haupt laut prustend und röchelnd umher, oder es geht eine kurze Strecke flüchtend ab, um sich rasch niederzutun. Der Schweiß am Anschuss und auf der Fährte ist hellrot. Ist nur Wildbret getroffen, flüchtet das Stück und kommt bei der Nachsuche selten zur Strecke. Der Schweiß am Anschuss ist mittelrot und wird auf der Fährte weniger. Ein Trägerschuss, bei dem nur Wildbret verletzt wurde, heilt meist aus.

Hat das Wild einen *Laufschuss* oder *Keulenschuss*, knickt es zunächst nach der getroffenen Seite zusammen und wird flüchtig. Beim L. schlenkert häufig der getroffene Lauf hin und her. Beim L. und K. und auch bei einem Äserschuss ist, im Ggs. zu allen anderen Schüssen, sofort mit einem guten und scharfen Hund nachzusuchen. Wild mit einem L. oder K. ist anfangs noch unsicher auf den Läufen, lernt jedoch schnell, sich auf drei Läufen fortzubewegen, und zieht dann oft weit. Neben der Nachsuche hat man noch die Möglichkeit, den Einstand des kranken Stückes (wenn bekannt) mit Schützen zu umstellen, und kann dann mit wenigen Treibern versuchen, das Stück zum Verlassen des Einstandes zu be-

wegen. Schlägt dies fehl, kann der Schütze sich nur an den gewohnten Äsungsflächen des Stückes ansetzen. Bei L. oder K. finden sich am Anschuss meist Knochensplitter und Schweiß neben der Fährte, der sich in der Fluchtfährte verringert oder plötzlich aufhört. Bei einem *Wildbretschuss*, wie etwa bei einem glatten Durchschuss der Keulen oder des Brustansatzes, ohne dass Knochen getroffen werden, zuckt das Stück etwas zusammen und geht flüchtig ab. Am Anschuss findet sich mittelroter Wildbretschweiß, der auf der Fährte weniger wird. Bei einem W. wurden keine lebenswichtigen Organe getroffen. Das Wild kommt daher auch nur schwer zur Strecke. Ein guter Hund für die Nachsuche ist hier besonders wichtig.
Mit einem *Kopfschuss*, bei dem das Gehirn verletzt wird, bricht das Wild meist im Feuer zusammen und verendet. Wird hingegen nur der Äser getroffen (*Äserschuss*), ist, wie bei einem *Lauf- und Keulenschuss*, sofort mit einem scharfen und hochläufigen Hund nachzusuchen, da das Stück sonst elend verhungert. Ohne guten Hund kommt ein Stück mit Äserschuss nur selten zur Strecke. Ist nicht sofort ein guter Hund zur Hand, ist wie bei Lauf- und Keulenschuss zu handeln. Am Anschuss sind bei einem *Äserschuss* (beim Schwarzwild: Gebrechschuss) meist Knochen- oder Zahnsplitter und fadiger Schleim zu finden. Wird bei einem Stück das *Rückgrat* durchschossen, kann es nicht mehr auf die Hinterläufe kommen und versucht meist mithilfe der Vorderläufe wegzurutschen. Das Stück ist sofort durch einen *Blatt- oder Trägerschuss (Fangschuss)* zu erlösen.
Bei einem *Leber-* und *Milzschuss* (Tiefblattschuss) zuckt das Wild zunächst zusammen, schlägt auch manchmal mit den Hinterläufen aus, krümmt den Rücken und geht dann etwas unsicher mit vorgestrecktem, tiefem Haupt ab. Leberschweiß ist braunrot, fühlt sich griesig-fettig an und riecht und schmeckt nach Leber. Bei einem *Weidwundschuss* (Weichschuss) zeichnet das Wild i.d.R. durch Zusammenzucken und Auskeilen der Hinterläufe und geht dann mit gekrümmtem Rücken ab oder bleibt stehen und äugt nach hinten. Beim Schuss durch den ▸ Pansen findet man dunkelroten Schweiß und unverdaute Nahrungsreste, beim Schuss durch das kleine ▸ Gescheide trüben Schweiß mit verdauter, faulig riechender Nahrung vermischt. Je mehr die Nahrung verdaut ist, desto weiter hinten sitzt der Schuss. Konnte kein zweiter (tödlicher) Schuss angebracht werden, ist abzuwarten; das Wild tut sich bald nieder und verendet. Man muss bei diesem Schuss bei Rehwild ca. zwei Stunden, beim übrigen Schalenwild ca. vier Stunden warten, das Wild also richtig krank werden lassen, bevor man mit der Nachsuche beginnt. Wird zu früh nachgesucht und das weidwunde Stück aus dem Wundbett rege gemacht, zieht es oft noch weit.
2. S. bei Haarwild (außer Schalenwild): Bei kleinerem Haarwild ist es schwieriger, aufgrund von Schusszeichen auf den Sitz der Schrote – oder auch auf den der Kugel – zu

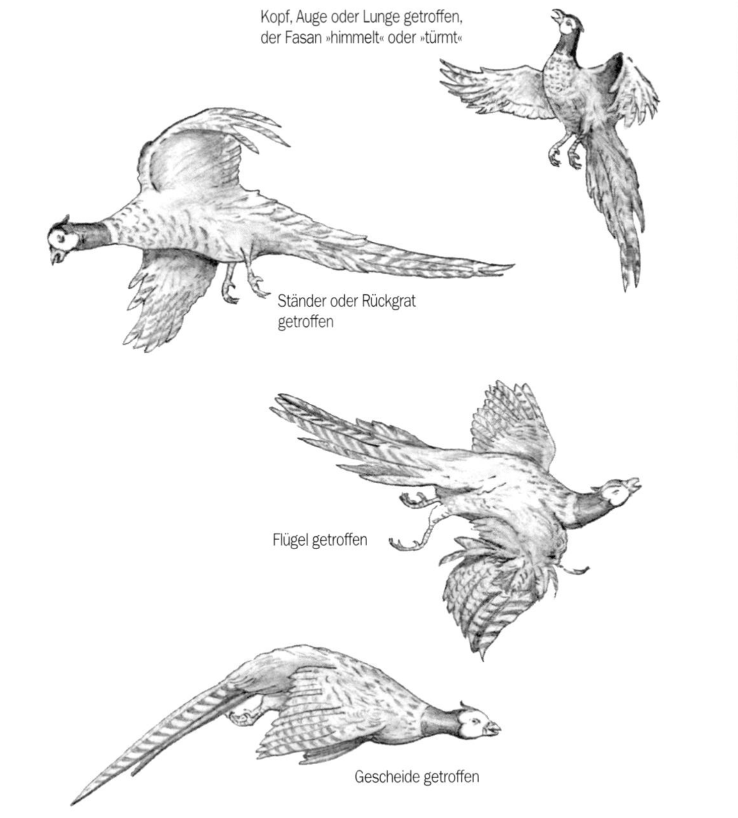

Schusszeichen bei Federwild

schließen. Auf dem Anschuss sind nicht immer Pirschzeichen (z.B. ▸ Wolle, ▸ Schweiß) zu finden. Für den Fuchs ist typisch, dass er bei einem *Fehlschuss* schnell flüchtet und dazu mit der Lunte »winkt«. Bei *Weidwund-* oder *Knochenschüssen* hat er die Eigenart, nach der verletzten Seite zu beißen. Haarwild mit Knochenschüssen ▸ klagt häufig. Rolliert das getroffene Stück und bleibt liegen, hat es i.d.R. einen *Kopfschuss*. Flüchtet das getroffene Wild nach dem Schuss zunächst noch schnell und wird dann langsamer, hat es entweder einen *Weidwundschuss*, oder *Herz* und *Lunge* wurden von einzelnen Schroten getroffen. Auch bei *Keulenschüssen* verlangsamt sich die Flucht. Bei derartigen Schüssen kommt das Wild ohne guten Hund nur schwer zur Strecke.
3. S. bei Federwild: Fällt das getroffene Stück Federwild sofort zu Boden, hat es einen *Kopf-* oder *Halsschuss*. Auffallend verlangsamter Flug und dann plötzliches Abstürzen lässt auf einen *Brustschuss* schließen. Lässt es einen oder beide Ständer hängen und gleitet nieder, ist es ▸ *geständert* oder hat einen *Schuss ins Kreuz*. ▸ Himmelt oder türmt das Wild und fällt dann zu Boden, wurde entweder der Kopf gestreift oder *Auge* oder *Lunge* getroffen. Stürzt das Wild nach dem Schuss jäh ab und überschlägt sich dabei, lässt dies auf eine schwere *Flügelverletzung* schließen. Gleitet es allmählich mit einem hängenden Flügel zu Boden und versucht sich durch Laufen in Sicherheit zu bringen, hat es eine leichte Schwingenverletzung, es ist *geflügelt*. Werden die Ständer angezogen, verlangsamt sich der Flug, und das Wild fällt plötzlich herunter, was darauf schließen lässt, dass das *Gescheide* getroffen wurde.

Schusszeiten, die: svw. ▸ Jagdzeiten.

Schusternagel, der: ▸ Säbelschnäbler.

Schütte, die:
1) Sauschütte, Schütt- oder Schuttplatz. Ein Futterplatz für ▸ Schwarzwild 3; ▸ Jagdeinrichtungen 3). **2**) svw. ▸ Geschütte. **3**) Auch Schüttung. Für den Futterplatz für ▸ Hühnervögel gebrauchter Ausdruck; ▸ Jagdeinrichtungen 3.

schütten: **1**) Eine ▸ Schütte oder Schüttung mit Futter versorgen. **2**) Seltener Ausdruck für ▸ wölfen.

Schuttplatz, der (Schüttplatz): ▸ Schütte 1).

Schüttung, die: ▸ Schütte 3).

Schutzanpassungen, die: Färbung, Körperform, Körperhaltung oder Verhaltensweisen von Tieren betreffende Anpassungen, die die Tiere vor ihren natürlichen Feinden schützen. Es sind häufig bestimmte Handlungen (z.B. das Drücken des Hasen in der ▸ Sasse, die Pfahlstellung der Rohrdommel) bzw. dauernd vorhandene Eigenschaften (z.B. Weißfärbung des Schneehasen und des Schneehuhnes im Winter). Zu den S. gehört auch die ▸ Mimikry.

▸▸ Logo der Schutzgemeinschaft Deutscher Wald (SDW)

Schutzanzug für Hunde, der: ▸ Hunde-Schutzanzug.

Schütze, der: Im weiteren Sinn Bez. für jeden, der schießt, sei es auf dem Schießstand oder auf der Jagd. Bei einer ▸ Gesellschaftsjagd ist für den Jäger die Bez. S. üblich.

Schützenanteil, der: Im System des Jagdwesens der DDR ein bestimmter Anteil des von der ▸ Jagdgesellschaft abgelieferten Wildbrets, auf dessen unentgeltliche Überlassung bzw. Bezahlung die Jagdgesellschaft gegenüber dem Staatsforstbetrieb einen Rechtsanspruch hatte. Wurde der Abschuss- und Ablieferungsplan durch die Jagdgesellschaft erfüllt, bestand der Anspruch in Form von Wildbret, bei seiner Nichterfüllung nur in Geldform. Der Anspruch auf S. bestand bei Rot-, Dam-, Muffel- und Rehwild in 20% und bei Schwarzwild in 30% der Masse im aufgebrochenen Zustand, bei Hasen, Wildkaninchen und Fasanen in 30% der erlegten Anzahl Stücke und bei Wildgänsen, Wildenten und Rebhühnern in 40% der erlegten Anzahl Stücken. Soweit der Jahresabschussplan bei Schwarzwild und Wildkaninchen übererfüllt wurde, wurde der S. der über den Plan hinaus erlegten Wildart um 10% über die Festlegung hinaus erhöht. Der zusätzliche S. wurde ausschließlich in Geld vergütet. Die Jagdgesellschaft hatte das Recht, den gesamten und auch Teile des ihr in Form von Wildbret zustehenden S. in Geldform zu verlangen. Der S. wurde innerhalb der Jagdgesellschaft nach dem Leistungsprinzip verteilt. Auf Beschluss der Mitgliederversammlung konnte festgelegt werden, dass ein bestimmter Teil des S. für die Jagdgesellschaft für bestimmte Zwecke verbucht wurde. Bei Wild, dass bei der Nachsuche mit einem Jagdhund zur Strecke kam, erhielt der Hundeführer 50% des S.; ▸ Jagdwesen in der DDR.

Schützenbruch, der: ▸ Bruchzeichen.

Schützeneule, die: ▸ Eulen 8.

Schützenjagen, das (Kesseljagen): ▸ Eingestellte Jagen 6.

Schützenlinie, die: ▸ Schützenwehr.

Schützenregeln, die: ▸ Unfallverhütungsvorschrift Jagd.

Schützenscheiben, die: S. sind meist prachtvoll bemalte Scheiben, die nicht nur bei jagdlichen Anlässen, sondern auch bei allerlei Festivitäten wie Volksfesten, Hochzeiten, Einweihungsfeiern usw. von Schützenvereinen ausgeschossen werden. Der Brauch, S. auszuschießen, ist uralt. Manche Scheiben, v.a. die aus dem 17. und 18. Jh., kommen kunstvollen Gemälden gleich. Eine umfangreiche Sammlung von S. befindet sich auf der Burg Tittmoning im Rupertiwinkel, unweit der österreichischen Grenze, und im Deutschen Jagd- und Fischereimuseum.

Schützenwehr, die (Schützenlinie): Eine Reihe aufgestellter Schützen (Jäger) bei einer ▸ Gesellschaftsjagd (Ggs.: Treiberwehr); ▸ Wehr.

Schutzfunktion des Waldes, die: ▸ Waldfunktionen.

Schutzgebiete, Jagd in: ▸ Jagd in Schutzgebieten.

Schutzgemeinschaft Deutscher Wald (SDW): Eine gemeinnützige, unabhängige, nichtstaatliche, auf überwiegend ehrenamtliche Tätigkeit gestützte Organisation, bestehend aus einem Bundesverband, 10 Landesverbänden und ca. 300 Kreis- und Ortsgruppen. Im Deutschen Naturschutzring (DNR), der Dachorganisation aller Naturschutzverbände, vertritt die SDW die Interessen des ▸ Waldes in seiner Bedeutung für eine gesunde Landschaft, für Natur- und Umweltschutz, für Freizeit und Erholung und als wichtige Rohstoffquelle. Sie ist Mitglied der ▸ Internationalen Naturschutzunion (IUCN) und der Europa Nostra. Die SDW wurde 1947 gegründet, um in der Nachkriegszeit dem Raubbau am deutschen Wald entgegenzuwirken und die bereits zerstörten Wälder wieder aufzubauen, was in Zusammenarbeit mit den Forstverwaltungen der Länder gelang. Auch heute noch ist ihre Aufgabe der Schutz des Waldes und der Landschaft durch umfassende Öffentlichkeitsarbeit (Zeitschriften, Pressedienst, Ausstellungen, Akademie- und Arbeitstagungen, Schulungskurse, Jugendwaldheimaufenthalte für Schüler, Anlage und Pflege von Schulwaldungen) und durch enge Zusammenarbeit mit den Forst- und Naturschutzbehörden sowie den Naturschutzorganisationen, insbesondere durch Mitwirkung an Raumordnungs- und Planfeststellungsverfahren und bei der Bundes- und Landesgesetzgebung. Die SDW ist ein gemeinnütziger und nach §63 des BNatSchG anerkannter Verband.

Schutzgemeinschaft Deutsches Wild e. V. (SDWild): Ein 1949 gegründeter Verein mit Geschäftsstelle in Bonn, der der Erhaltung, der Hege und Pflege der gesamten frei lebenden Tierwelt sowie dem ökologischen Umweltschutz dient. Die SDWild ist Mitglied des Beirates des Deutschen ▸ Jagdschutz-Verbandes und wendet sich durch Aufklärungsar-

▸▸ Schützenscheibe mit der Aufschrift: »Die Schießstadt gibt der Freuden viel, doch führt die Eintracht nur zum Ziel.« 1826, Öl auf Holz. München, Deutsches Jagd- und Fischereimuseum

beit an alle Bevölkerungskreise. Ansprechpartner sind alle Personen, Behörden, Verbände, Vereine und Organisationen mit gleicher oder ähnlicher Zielsetzung; ▸ Wildtier des Jahres.

Schutzgewehrschein, der: Frühere Bez. für einen in Bayern von den Distriktspolizeibehörden gemäß Artikel 15 des Jagdgesetzes von 1850 ausgestellten Schein. Er war auf die für den Forst- und Jagdschutz bestellten Personen und deren Aufsichtsbezirk beschränkt, berechtigte aber nicht zur Jagdausübung. Die zum ▸ Forstschutz verpflichteten Personen hatten jedoch das Recht, beim Begang der Waldungen mit dem zum persönlichen Schutz bestimmten Gewehr auch fremdes Jagdgebiet zu betreten. Die zum ▸ Jagdschutz verpflichteten Personen durften aufgrund des S. auch ohne ▸ Jagdschein ein Gewehr führen und zum Schutz der Jagd in ihren Aufsichtsbezirken Raubtiere aller Art (auch Hunde und Katzen) erlegen. In den anderen deutschen Staaten – speziell in Sachsen und Preußen – wurden diesem Personenkreis unentgeltliche Jagdscheine ausgestellt, die jedoch nur für den entsprechenden Schutzbezirk galten.

Schutzimpfung, die: ▸ Impfung.

Schutzpatrone, die:

1. S. der Jagd: Zwei Heilige beanspruchen heute das Patronat über Jäger, Jagd und Jagdhunde. Der älteste S. ist *Eustachius*: Er soll ein römischer Feldherr namens Placidus z.Z. Trajans gewesen sein. Der Sage nach war er ein leidenschaftlicher Jäger, dem eines Tages ein Hirsch erschien, der zwischen seinem Geweih ein umstrahltes Kreuz zeigte. Tief betroffen entsagte Placidus dem Jagdvergnügen, bekehrte sich zum Christentum, nahm den Namen Eustachius an und starb unter Kaiser Hadrian als Märtyrer. Im 5. Jh. wurde er heiliggesprochen und S. der Jagd, Jäger und Jagdhunde; er übernahm im lateinischen Machtbereich die Funktion der heidnischen Diana (▸ Jagdgöttin). Nach einer anderen, ebenfalls unverbürgten Erzählung um 270 v. Chr. aus Ceylon soll dem König Devanampiya und seinen Gefolgsleuten bei der Jagd ein leuchtender Hirsch erschienen sein und die Jäger zum Buddhismus bekehrt haben. Diese Legende wurde in veränderter Form erst viel später auf Eustachius übertragen. In Österreich ist Eustachius S. der Jäger. Der Feiertag des Märtyrers und Nothelfers wurde früher am 2. bzw. am 3. November gefeiert und im 16. Jh. auf den 20. September, in die Zeit der Hirschbrunft, verlegt. Damals war es aber nicht üblich, die Hirsche in der Brunft zu bejagen, denn die Parforcejagd fand im Frühjahr und im Frühsommer statt.

Hubertus: Über H. existieren verschiedene Legenden. Einer Version zufolge soll er 658 geboren worden und der Sohn Bertrands, Herzog der Guienne, gewesen sein. Er lebte erst am Hofe des fränkischen Königs Theoderich III., später bei Pippin von Herstal. Nach dem Tod seiner Gattin lebte er zurückgezogen und wurde von Papst Sergius I. im Jahre 700 zum Bischof von Tongern (Lüttich) ernannt. Er starb am 29. oder 30.5.727 zu Tervueren bei Lüttich und ist seit 3.11.828 in der Abtei Andagium (später St. Hubert des Ardennes) in den Ardennen begraben, nachdem sein Leichnam über ein Jh. in der von ihm erbauten Lambertikirche ruhte. Diese Abtei brannte im Jahr 1568 während des Hugenottenaufstandes ab. Die einzige erhaltene Quelle über das Leben des hl. Hubertus ist die Handschrift »VITA SANCTI HUGBERTI«, die 17 Jahre nach seinem Tode ein Klosterbruder anfertigte. Sie enthält zwar die Lebensgeschichte des hl. Hubertus, es wird aber mit keinem Wort erwähnt, dass H. ein Jäger gewesen sei. Die Handschrift wird heute in Valenciennes aufbewahrt. Dem Inhalt zufolge kam Hubertus schon als 10jähriger Knabe in die Obhut des Bischofs Lambert. Hubertus musste daher auch nicht zum christlichen Glauben bekehrt werden. Nach Dr. J. Dieberger (Wien) war Hubertus ein einfühlsamer Missionar, der zu seinen Lebzeiten die noch heidnischen Einwohner der Ardennen bekehrte. Insbesondere versuchte er den bei den dort lebenden Jägern noch gebräuchlichen Dianen-Kult durch christliche Bräuche zu ersetzen. War es früher üblich, die erste Jagdbeute jährlich der Göttin Diana zu opfern, ließ der hl. Mann nun den Erstling dem hl. Petrus weihen. Kein Wunder, dass die bekehrten Jäger nach dem Tod des hl. Hubertus nunmehr diesem ihre erste Jagdbeute opferten und ihn als S. der Jagd verehrten. Und die geschäftstüchtigen Mönche des Klosters Saint Hubert heilten später mithilfe der Stola und dem glühend gemachten Schlüssel ihres berühmten Klosterbruders tollwütige Hunde und Menschen, Besessene und Wahnsinnige, wodurch H. im Bereich der Ardennen noch berühmter wurde (▸ Hubertusschlüssel). Von einer Hirschlegende war vorerst einige Jh. lang nichts bekannt. Hubertus wurde damals mit Bischofsgewand und – als Erbauer von Kirchen und als Klostergründer – meist mit einer kleinen Kirche in der Hand dargestellt. Erst in der 2. Hälfte des 15. Jh. tauchten Darstellungen auf, die Hubertus mit dem Hirsch zeigen. Es konnte aber eindeutig nachgewiesen werden, das Gerhard II., Herzog von Jülich und Berg, die Hirschlegende von Eustachius auf Hubertus übertrug. Das Herzogtum Jülich-Berg lag am Rande der Ardennen, und Herzog Gerhard war ein leidenschaftlicher Jäger. Am 3. November 1444 gelang ihm mit 800 Reitern ein unerwarteter Sieg gegen Arnold von Egmond, Herzog von Geldern, der mit einer großen Übermacht in das Herzogtum Jülich eingefallen war. Herzog Gerhard gründete am folgenden Tag den ersten St.-Hubertus-Orden, einen militärischen Hausorden, der staatspolitischen Zielen diente und mit Jagd nichts zu tun hatte. Dieser Orden kam später an das Herzogtum Bayern. Er war bis zuletzt (1919) der älteste und höchste bayerische Orden. Herzog Gerhard ließ auch ab 1444 die neu erfundene Hubertuslegende verbreiten, was vorerst in den französischsprachigen Ländern gelang. Da die französische Kultur und das französische Hofzeremoniell speziell im Barock in Mitteleuropa vorherrschend waren, wurde der hl. Eustachius nach und nach vom hl. Hubertus verdrängt. Seit dem 17. Jh. wird am 3. November von den christlichen Jägern der nördlichen Länder das Namensfest des St. Hubertus (Hubertusmesse, -jagd) begangen.

In Frankreich wird auch *St. Martin* eine Hirschvision zugeschrieben, man verehrte ihn bis zum 10. Jh., im Rhonetal wird der aus Griechenland stammende *St. Ägidius* als S. der Jäger verehrt und ein weiterer »Jagdheiliger« in Frankreich war der hl. *Germanus von Auxerre*. In den osteuropäischen Ländern gilt der hl. *Iwan* (auf Deutsch Johann) als Beschützer von Jagd und Jägern.

Antonio Pisano, genannt Pisanello (1395–1455): »Die Vision des heiligen Eustachius«, Tempera auf Pappelholz. Original in The National Gallery London, Kopie im Deutschen Jagd- und Fischereimuseum in München

Darstellung aus R. Corneli: »Die Jagd und ihre Wandlungen« (1884)

2. S. der Falkner: Als S. der Falkner gilt *Bavo(n)*, flämisch Baaf, ursprünglich Allonynus, auch Allowin genannt. Er ist in Deutschland wenig bekannt und wird hauptsächlich in Holland verehrt, wo er auch S. von Gent und Haarlem ist. Mit den niederländischen Falknern kam auch seine Verehrung als Schützer der ▸ Beizjagd nach Deutschland. Bavo(n) stammte aus einem vornehmen Brabanter Adelsgeschlecht, führte ein ausschweifendes Jugendleben, wurde vom hl. Amandus bekehrt und lebte später als frommer Büßer im Malmeduner Wald bei Gent. Er starb dort um 653. Sein Tag ist der 1. Oktober. Der Sage nach soll er des Diebstahls an einem weißen Falken angeklagt und deshalb zum Tode durch den Strang verurteilt worden sein. Als er schon unter dem Galgen stand, flog plötzlich der vermisste weiße Falke herbei und bezeugte so seine Unschuld. Bavo(n) wird in den östlichen Ländern vom hl. *Triffon* abgelöst.

3. S. der Parforcejäger: Als S. der Parforcejäger gilt der hl. *Venantius*. Über ihn sind keine Überlieferungen erhalten. Möglicherweise handelt es sich um den lateinischen Dichter und jagdfreudigen Bischof Venantius Fortunatus, der um 600 n. Chr. in Poitiers starb.

Schutzverhalten, das: Feindvermeidung von Tieren durch Flucht, Tarnung (▸ Schutzanpassungen) oder defensive ▸ Aggression.

Schutz von Forstkulturen: ▸ Wildschaden(s)verhütung.

Schutzvorrichtungen, die: S. zur Verhinderung von ▸ Wildschäden; ▸ Wildschaden(s)-verhütung.

Schutzwald, der: Ein abgegrenzter Wald, der eine besondere Schutzfunktion ausübt. Ein Wald kann nach dem ▸ Bundeswaldgesetz zu S. erklärt werden, wenn es zur Abwehr oder Verhütung von Gefahren und erheblichen Belästigungen für die Allgemeinheit notwendig ist, bestimmte forstliche Maßnahmen durchzuführen oder zu unterlassen. Die Erklärung zum S. kommt insbesondere in Betracht zum Schutz gegen schädliche Umwelteinwirkungen im Sinne des Bundes-Immissionsschutzgesetzes, gegen Erosion durch Wasser und Wind, Austrocknung, schädliches Abfließen von Niederschlagswasser und Lawinen. Einer Erklärung zu S. bedarf es nicht, wenn die S.-Eigenschaft unmittelbar aufgrund landesrechtlicher Vorschriften besteht; ▸ Bannwald.

Schwabenspiegel, der: Eines der deutschen Rechtsbücher des Mittelalters von einem unbekannten geistlichen Verfasser, entstanden um 1275. Er enthält süddeutsches Recht, besonders das von Augsburg. Seine Hauptquelle ist der ▸ Sachsenspiegel, der jedoch nicht unmittelbar benutzt wurde, sondern nur in einer Umarbeitung, dem »Spiegel aller deutschen Leute«. Dieser sog. Deutschenspiegel wurde erst 1857 in der Innsbrucker Universitätsbibliothek aufgefunden und dürfte zwischen 1235 und 1268 entstanden sein. Er folgte in der Hauptsache dem Sachsenspiegel. Der S. enthält wie der Sachsenspiegel u.a. detaillierte Bestimmungen über die ▸ Wildfolge (Jagdfolge) und Strafen bei ▸ Jagdfrevel.

schwach: svw. gering, beim Ansprechen des Wildes ein waidmännischer Ausdruck für klein; ▸ stark.

Schwaden, der: Alte Bez. für den Wedel (Schwanz) des Hirsches.

Schwalbenente, die: ▸ Wildenten 7.

Schwalbenmöwe, die: ▸ Seeschwalben 2.

Schwalbenmöwe, **schwarze**, die: ▸ Seeschwalben 1.

Schwalbenschnepfe, die: ▸ Schnepfenvögel 13.

Schwalbenschwanz, der: ▸ Milane 1.

Schwalbenschwanz, kleiner, der: ▸ Milane 2.

Schwamm, der: ▸ Nasenschwamm.

Schwammspinner, der: ▸ Schmetterlinge 3.

Schwan, Christian Friedrich (12.12.1733 Prenzlau/Uckermark bis 29.6.1815 Heidelberg). Buchhändler, Publizist und Verleger. S. leitete seit 1875 die Mannheimer Buchhandlung seines Schwiegervaters, die er zur bedeutendsten im südwestdeutschen Raum ausbaute. Er veröffentlichte auch einige Werke Friedrich von Schillers. S. eigenes schriftstellerisches Schaffen umfasst v.a. Übersetzungen französischer Bühnenwerke. Von ihm stammt: »Die Jagdlust Heinrich des IV., ein Lustspiel« (1769).

Schwäne, die *(Cygninae)*: Wasservögel der Familie der Entenvögel *(Anatidae)* aus der ▸ Ordnung der gänse- und entenartigen Vögel *(Anseriformes)*, mit relativ langem Hals, weichhäutigem, an der Spitze mit Hornlamellen ausgestattetem Schnabel und mit breiten Schwimmhäuten zwischen den drei Vorderzehen. Sie können hervorragend fliegen und leben selten als Einzelgänger. Die S. sind ▸ Zugvögel und mit Ausnahme des Höckerschwanes (▸ Stand- oder ▸ Strichvogel) ganzjährig geschützt. Sie leben fast ausschließlich paarweise und sind mit etwa drei Jahren geschlechtsreif. Ihre Nahrung besteht überwiegend aus Wasserpflanzen, Wasserkäfern und Kleintieren. Gerne aufgenommen werden auch grünes und reifes Getreide. Die grünliche und weiche ▸ Losung ist walzenförmig und gekrümmt. Die Balzzeit fällt in den Februar. Das Gelege – im April/Mai – enthält fünf bis acht Eier. Die Jungvögel sind ▸ Nestflüchter. Ihr Federkleid bleibt die ersten drei Jahre grau. Ausgewachsen – nach der vierten ▸ Mauser – tragen die S. ein dichtes, reinweißes Gefieder. Im Flug ist der S. nicht nur an seinem weißen Gefieder erkennbar, sondern v.a. an dem langen, gestreckten Hals und an seinen schwarzen, nach hinten an den Körper gedrückten Ru-

dern. S. können ein Alter von 30 und mehr Jahren erreichen. Die Jagd auf den S. (Höckerschwan) sollte nur mit der Büchse (Kugel) erfolgen, weil der S. sehr hart ist. Der Flintenschuss mit 3 1/2-mm-Schrot wirkt nur auf kürzeste Entfernung tödlich. Die bei uns vorkommenden drei Arten gehörten früher der ▸ Hohen Jagd an, daher haben die S. in der Waidmannssprache Füße und einen Stand. Der Schwan äst, balzt und wird aufgebrochen. Die übrigen waidmännischen Ausdrücke sind die gleichen wie bei den ▸ Wildenten.

1. Höckerschwan, der *(Cygnus olor*, Gmel): Auch stummer S. Länge: 150 bis 155 cm, Gewicht: ca. 10 bis 20 kg, ▸ Flügelspannweite: 230 bis 260 cm. Er unterliegt als einzige S.-Art dem ▸ Jagdrecht.

Aussehen: An der Schnabelwurzel sitzender schwarzer Höcker (Name!). Der Schnabel selbst ist rot, das Auge etwa haselnussbraun, die ▸ Ruder fast schwarz, das Gesamtgefieder rein weiß. Die grauen Jungvögel haben am Kopf ein schwarzes Dreieck, das sich vom Auge bis zum Schnabel zieht.

Vorkommen und Lebensweise: Der früher nur im Norden (ehem. Ostpreußen) vorkommende H. ist in den letzten Jahrzehnten bis in den Süden (Alpenraum) vorgedrungen. Wo er ständig geködert bzw. gefüttert wird – das ist v.a. in den Parkanlagen und an den Seen und Teichen der Erholungsgebiete –, ist der H. bereits Standvogel und fast zahm, während er in seiner ursprünglichen Heimat noch ausgesprochen scheu lebt. Aggressiv und angriffslustig wird er jedoch, wenn man sich seinem Gelege oder gar seinen Jungen nähert. Die Brutreviere werden auch mit großer Zähigkeit gegen Artgenossen verteidigt. Die Drohstellung mit den hochgezogenen Schwingen, dem bogenartig nach oben gerichteten Hals mit dem scheinbar am Halsende abgeknickten Kopf sowie das erregte heisere Zischen ist ein bekanntes Erscheinungsbild des H. Sein Fluggeräusch ist laut und klingt metallisch.

Fortpflanzung: Das sehr große ▸ Nest bis 2 m Durchmesser –, meist in Ufernähe und vornehmlich im Schilf oder Rohr, wird aus Reisern, Schilf und Wurzeln errichtet. Das Gelege enthält fünf bis acht etwa 115 x 74 mm große Eier. Das Gewicht des Eies ist ca. 320 g. Die Farbe der Eier ist kurz nach dem Legen grünlich grau und nimmt während der Brutzeit eine glänzende bräunlich gelbe Färbung an. Die Brutdauer beträgt 35 bis 38 Tage. Eine Jahresbrut (Mitte April bis Mai). Nachgelege! Einziger S., der auch in Deutschland brütet.

Nahrung: Der H. ist in erster Linie ▸ Pflanzenfresser. Er gewinnt seine Nahrung gründelnd im flachen Wasser. Außer Wasserpflanzen besteht die Nahrung aus Wasserkäfern, Kleintieren, Getreide und auch aus Brotwürfeln.

2. Singschwan, der *(Cygnus cygnus)*: Die Größe des S. entspricht fast der des Höckerschwanes. Länge: etwa 150 bis 152 cm, Gewicht: 7 bis 12 kg, Flügelspannweite 225 bis 245 cm. Im Gesamteindruck wirkt der S. im Vergleich zum Höckerschwan jedoch schwächer. Kein Fluggeräusch!

Aussehen: Wesentliches Merkmal zur Unterscheidung vom Höckerschwan ist der höckerlose Schnabel, der an der vorderen Hälfte schwarz und gegen die Schnabelwurzel zu gelb bis fleischfarben ist. Im Ggs. zum Höckerschwan (S-förmige Halshaltung) wird beim Schwimmen der Hals aufrecht getragen. Der ▸ Stoß ist abgerundet und wird waagrecht zur Wasserfläche getragen. Die Ruder sind dunkel, fast schwarz.

Vorkommen und Lebensweise: Die eigentliche Heimat des S. ist der hohe Norden (Island, Lappland, Sibirien). Bei uns ist er nur als Wintergast anzutreffen. Obwohl er keine Drohstellung wie der Höckerschwan einnimmt, gilt er als sehr rauflustig. Er fliegt mit langsamen, kräftigen Flügelschlägen.

Singschwäne

◂◂ Höckerschwan in Drohstellung

◂◂ Der Zwergschwan ähnelt dem Singschwan, ist jedoch deutlich kleiner.

Fortpflanzung: Der S. baut sein Nest mit Vorliebe im flachen Wasser oder auf kleinen Inseln, seltener am Ufer der Gewässer. Das Gelege enthält fünf bis sieben gelblich weiße Eier, die etwa 35 Tage von beiden Geschlechtern bebrütet werden. Die Jungvögel bleiben bis zum Winterende mit den Altvögeln zusammen. Nahrung: Wie Höckerschwan.

3. Zwergschwan, der *(Cygnus columbianus)*: Sehr ähnlich, jedoch von unterschiedlicher Länge, sind sich Z. und Singschwan. Der etwa gansgroße Z. erreicht eine Länge von ca. 115 bis 122 cm und eine Flügelspannweite von 190 bis 200 cm, das Gewicht beträgt um die 6 kg, selten darüber. Gegenüber dem Singschwan sind etwa drei Viertel des Schnabels schwarz, und nur das hintere Viertel weist eine gelblich fleischfarbene Tönung auf. Der Hals wird wie beim Singschwan kerzengerade getragen. Er hat keine Fluggeräusche und kennt keine Drohstellung. Gegenüber den Artgenossen ist der Z. sehr verträglich und keineswegs rauflustig. Seine Heimat sind Nordosteuropa und das arktische Asien, als Wintergast kommt er jedoch bis auf den Balkan und nach Italien. Seine Stimme ist volltönend und tiefer als die des Singschwans.

Schwanenhals, der: Der Berliner S. und der Deutsche S., zwei Fangeisen; ▸ Fallen 13.

Schwanenschrot, das: Umgangssprachliche Bez. der Fischer, insbesondere der Angler, für die größte Form des Schrotbleis. Der Name wird darauf zurückgeführt, dass früher zur Jagd auf Schwäne Schrotkugeln ähnlicher Größe verwendet wurden.

Schwangerschaftsunterbrechung (bei der Hündin): Wurde eine Hündin versehentlich von einem Rüden gedeckt, kann der Tierarzt eine Trächtigkeit durch Verabreichung von Hormoninjektionen verhindern oder eine bereits bestehende Trächtigkeit unterbrechen, wenn ihm die Hündin früh genug gebracht wird.

Schwan, stummer, der: ▸ Schwäne 1.

Schwanz, der: **1**) Waidmännischer Ausdruck für den Schwanz des ▸ Bibers. **2**) ▸ Schwanzhunde. **3**) ▸ Kugelschwanz.

Schwanzdecken, die (Schwanzdeckfedern) ▸ Deckfedern.

Schwanzente, die: ▸ Wildenten 13.

Schwanzheftel, der und das: ▸ Schlagheftel.

Schwanzhunde, die (Schwanz): Die am Schluss nachjagenden Meutehunde bei einer ▸ Hatz (Ggs.: Kopfhunde).

Schwanzlurche, die: ▸ Amphibien.

Schwanzschraube, die: Die den Gewehrlauf hinten abschließende starke S. bei ▸ Vorderladern.

Schwappach, Adam Friedrich (2.11. 1851 Bamberg bis 9.2.1932 Eberswalde): Forstmann, studierte in Aschaffenburg und München, wurde 1876 Assistent am chemischen Laboratorium und Dozent für Nationalökonomie in Aschaffenburg, 1878 Assistent am Königlichen Forstbureau in Würzburg, 1881 Professor in Gießen, 1886 Dirigent der forstlichen Abteilung des Versuchswesens an der Forstakademie in Eberswalde. Veröffentlichungen u.a. »Grundriss der Forst- und Jagdgeschichte Deutschlands« (1883; 2. Aufl. 1892), »Handbuch der Forst- und Jagdgeschichte Deutschlands« (2 Bde., 1886, 1888), »Forstpolitik, Jagd- und Fischereipolitik« (1894).

Schwaren, der: ▸ Flug.

Schwarm, der: Eine Schar kleiner Vogelarten wie z.B. ▸ Drosseln, ▸ Stare ▸ Lerchen und andere ▸ Singvögel.

schwärmen: **1**) Ein ▸ Leit- oder ▸ Schweißhund schwärmt, wenn er, anstatt mit der Nase am Boden, die ▸ Fährte mit hoher Nase im Wind arbeitet oder eine verlorene Fährte, weit ausholend, wieder zu finden versucht. **2**) Auch ein ▸ Hühnerhund schwärmt, wenn er weitab vom Jäger im Felde planlos umhersucht.

Schwärmer, der: Der schwärmende ▸ Leit-, ▸ Schweiß- oder ▸ Hühnerhund; ▸ schwärmen.

Schwärmer, die *(Sphingidae)*: Eine Familie meist sehr großer ▸ Schmetterlinge (Falter) mit weltweit (v.a. in den Tropen) rd. 1000 Arten, davon ca. 30 Arten in Europa. S. haben einen langen Saugrüssel und einen kräftigen, kegelförmig zugespitzten Hinterleib. Die Vorderflügel sind schmal, kräftig und in der Ruhe dachförmig über dem kegelförmig zugespitzten Hinterleib zusammengelegt. Die Hinterflügel sind auffallend kleiner. S. sind kräftige, pfeilschnelle und schwirrende Flieger und meist dämmerungs- und nachtaktiv. Als ausdauernde Flieger können sie mit einer Geschwindigkeit von bis zu 54 km/h große Strecken zurücklegen. Sie saugen schwebend (Rüttelflug) an den Blüten und haben deshalb einen extrem langen Rüssel. Die oft sehr bunten Raupen sind walzenförmig, glatt und 16-beinig und haben meist ein spitzes, gekrümmtes Horn auf dem vorletzten Hinterleibsring. Die Verpuppung erfolgt überwiegend in einer Erdhöhle. Die wichtigsten, auch in Wäldern lebenden Arten sind: Kiefernschwärmer *(Hyloicus pinastri)*, Ligusterschwärmer *(Sphinx ligustri)*, Abendpfauenauge *(Smerinthus ocellata)*, Lindenschwärmer *(Mimas tiliae)*, Mittlerer Weinschwärmer *(Deilephila elpenor)*, Kleiner Weinschwärmer *(Deilephila porcellus)*.

Schwarte, die: Das Fell (die Haut) des ▸ Dachses und des ▸ Schwarzwildes. Sommer-S., Winter-S.; ▸ abschwarten.

Schwartl, das (Schwertel): Das Fell des ▸ Murmeltieres.

Schwarzamsel, die: ▸ Drosseln 6.

Schwarzbacken, der: ▸ Falken 1.

Schwarzbirke, die: ▸ Birken 2.

Schwarzbrust, der: ▸ Schnepfenvögel 16.

Schwarzdorn, der: ▸ Schlehe.

Schwarzdrossel, die: ▸ Drosseln 6.

schwarzer Elchhund, der: ▸ Elchhunde.

Schwarzer Holunder, der: ▸ Holunder 2.

Schwarzerle, die: ▸ Erlen 1.

Schwarzer Milan, der: ▸ Milane 2.

schwarzes Wasserhuhn, das: ▸ Rallen 1.

schwarzes Wildpret, das (Schwarz-Wildpret): Frühere Bez. für ▸ Schwarzwild, ▸ Gamswild, ▸ Steinwild und regional auch für den ▸ Braunbären und den ▸ Dachs.

Schwarzgeher, der: In Österreich und Bayern Bez. für einen Wildschütz; ▸ Wilderer.

Schwarzhalstaucher, der: ▸ Lappentaucher 4.

Schwarzhase, der: ▸ Hasenklein.

Schwarzkehlchen, das: ▸ Raufußhühner 4.

Schwarzkittel, der: Scherzhafte Bez. für ▸ Schwarzwild.

Schwarzkopf, der: ▸ Wildenten 10.

Schwarzkopfkrankheit, die: Innere ▸ Parasiten, eine Krankheit der ▸ Raufußhühner, seltener der Fasane, die durch Einzeller *(Histomonas meleagridis)* verursacht wird. Im Blinddarm schmarotzende Würmer gelten als Überträger. Die Krankheit führt bei Raufußhühnern und auch bei Puten zu großen Verlusten. Der Blinddarm des befallenen Geflügels ist verdickt und mit einer gelblich blutigen Masse gefüllt; die Leber zeigt runde gelbe Herde. Bekämpfung: Eine medikamentöse Behandlung ist möglich, bei frei lebendem Wildgeflügel jedoch nicht durchführbar.

Schwarzkrähe, die: ▸ Rabenvögel 2.

Schwarzmantel, der: ▸ Möwen 1.

Schwarzmeerfasan, der: ▸ Fasane 1.

Schwarzpappel, die: ▸ Pappeln 1.

Schwarzpulver, das: ▸ Pulver.

Schwarzschimmel, der: Ein Jagdhund, dessen schwarze Grundfärbung von viel Hell durchsetzt ist.

Schwarzschnepfe, die: ▸ Ibisvögel 2.

Schwarzspecht, der: ▸ Spechte 6.

Schwarzstorch, der: ▸ Störche 2.

Schwarzwild, das *(Sus scrofa, L.)*: Zoologische Bez. für Wildschwein. In der Jägersprache Grobwild (selten), Wildsau, Sau, scherzhaft auch Schwarzkittel genannt. Das S. ist ein nichtwiederkäuender Paarhufer und zugleich der einzige Nichtwiederkäuer unter dem Schalenwild. Es zählt zur Familie der Altweltlichen Schweine *(Suidae)* und zur Gattung Wildschweine (*Sus*). In Europa nur mit einer Art *Sus scrofa*, aber mit zahlreichen Unterarten vertreten. Von den Unterarten (nach Grzimek 32) sind in Europa von Bedeutung: *Sus scrofa scrofa* im Westen, *Sus scrofa meridionalis* im Südosten und *Sus scrofa attila* im Osten. Vermischungen der Unterarten sind sehr häufig. Auch Vermischungen mit unserem Hausschwein (*Sus scrofa domesticus*), dessen Stammform das Wildschwein ist, waren früher häufig und kommen auch heute noch vor.

Das. S. ist ein sehr wehrhaftes Wild. Schon ein Frischling zeigt einer unausweichbaren Gefahr gegenüber Mut und Verteidiungsbereitschaft, viel mehr noch der starke Keiler, v.a. aber die führende Bache, die durch den Notschrei eines ihrer Frischlinge zu einem für den Menschen und für die Jagdhunde lebensgefährlichen Gegner werden kann.

Vorkommen: Noch im 19. Jh. war das Vorkommen des S. in Deutschland (z.B. Saupark Springe) und Österreich auf Gatterreviere und Wildparks beschränkt. Obwohl früher fast über ganz Europa mehr oder weniger stark verbreitet, war es in vielen Gegenden fast ausgerottet. Während und nach dem Zweiten Weltkrieg hat sich das S. aber durch ungenügende Bejagung stark vermehrt und hat in den letzten Jahrzehnten (etwa seit 1980) eine beträchtliche, teilweise eine explosionsartige Bestandsvermehrung erfahren (zum Vergleich: 1981 wurden bundesweit 150 000 Stück erlegt, im Jagdjahr 2001/2002 531 887 Stück). Es kommt in Deutschland überall dort vor, wo es klimatisch günstige Bedingungen sowie Feld-Wald-Landschaften vorfindet und geduldet wird. Die größten Vorkommen sind z.B. in Niedersachsen (Harz, Solling), Rheinland-Pfalz, Hessen, in Teilen Bayerns sowie in Neubrandenburg und Schwerin. Darüber hinaus kommt das S. in Polen sowie in Ost- und Südosteuropa vor. In Großbritannien und in Skandinavien war es ausgerottet, wurde aber in verschiedenen Gegenden wieder eingebürgert.

Aussehen: Das starke, kräftige und wehrhafte S. ist hausschweinähnlich. Der dünne Bürzel hängt – im Ggs. zum Hausschwein – glatt herab, bei alten Sauen auch im Sommer mit einer Quaste aus fast schwarzen Haaren. Frischlinge, die im Frühjahr gefrischt wurden, wiegen im Herbst zwischen 20 und 30 kg. Gegenüber dem Hausschwein ist der Körper des S. kürzer und gedrungener, die Läufe aber stärker. Der Kopf ist lang und spitz, der Hals kurz und stark. Die kleinen Lichter liegen tief im Schädel. Die Teller stehen aufgerichtet, sind verhältnismäßig klein und dreieckig und wie der Bürzel und die Läufe dunkel behaart. Das S. hat eine Schwarte mit Borsten. Der Haarwechsel findet im Frühjahr statt. Die Färbung ist sehr verschieden. Sie ist im Sommer bräunlich bis silbriggrau, die Borsten sind kurz und glatt. Im Winter ist sie dunkelgrau bis fast schwarz (Name!), auf der Unterseite ist der Körper etwas heller, die Borsten sind länger und haben eine dichte Unterwolle. Nur im Winter hat der Keiler den Saubart (lange Borsten auf der vorderen Rückenpartie). Die Frischlinge haben eine rötlich braune Grundfarbe mit hellen, gelblichen bis fast weißen Streifen, die sich ziemlich gerade von vorne nach hinten ziehen. Etwa im Alter von drei Monaten verlaufen sich diese typischen Streifen. Durch Einkreuzung von Hausschweinen kommen immer wieder gescheckte Stücke vor, einzelne davon sind fast ganz weiß. Auf den Schulterpartien (▸ Schild) älterer Keiler befindet sich meist eine harzig-lehmige Kruste, der sog. ▸ Panzer. Diese Keiler werden als Panzerschweine bezeichnet.

Sinne und Lautäußerung: Sauen vernehmen sehr gut, äugen jedoch schlecht, Bewegungen werden aber wahrgenommen. Hervorragend ausgebildet sind das Wittrungsvermögen und der Geschmackssinn. Sie haben ein hohes Lernvermögen, ein sehr gutes Gedächtnis und ein ausgeprägtes Zeitempfinden. Lautäußerungen sind sehr häufig. Wenn eine Rotte Sauen rege ist oder im Gebräch steht, sind die verschiedensten Lautäußerungen zu hören. Brechende Sauen grunzen und schmatzen. Bachen grunzen, um ihre Frischlinge bei sich zu halten. Frischlinge quieken oder klagen, wenn sie gestoßen werden oder ein stärkerer Artgenosse ihnen einen Stoß mit dem Gebrech versetzt. Bei Gefahr, Erregung und Unsicherheit warnen sie durch das Blasen. Bei erkannter Gefahr werden sie nach einem deutlichen »Wuff« flüchtig. Sauen, die in Not geraten, von Hunden gepackt werden oder schmerzhafte Knochenschüsse haben, klagen (ähnlich wie das Hausschwein), dies kommt jedoch nur selten vor. Wird ein weidwunder Keiler von Hunden gestellt oder stehen sich zur Rauschzeit zwei Rivalen gegenüber ist das Wetzen der Waffen zu hören. Der Keiler schlägt dabei aus Wut das Gewaff aufeinander.

Kopfstarke Rotten sind ein Merkmal intakter Sozialstruktur beim Schwarzwild.

Lebensraum und Lebensweise: Das meist unstet lebende S. schätzt feuchte und sumpfige Gegenden. Vorzugsweise lebt es in größeren Laubwäldern mit Bucheckern- und Eichelmast. Es fühlt sich dort heimisch, wo es wenig gestört wird, reichlich brechen kann und ausreichend Fraß findet. Es braucht aber auch genügend Wasser zum Schöpfen und kleine schlammige Tümpel zum ▸ Suhlen. Nach dem Suhlen scheuert es sich an in der Nähe stehenden Bäumen, den sog. Malbäumen. Hierzu werden fast immer die gleichen Bäume aufgesucht, bei denen die Rinde im Laufe der Zeit völlig abgerieben wird. S. lebt gesellig in Rotten. Bachen schließen sich i. Allg. mit meist gleich alten Frischlingen zu einer Rotte zusammen. Die Rottenstärke, maximal 30 bis 40 Tiere, ist abhängig von der Populationsdichte bzw. dem Zuwachs sowie von der Ernährungslage und von der Jahreszeit. Die Frischlinge bleiben bis zur nächsten Rauschzeit (Begattungszeit) in diesem Familienverband. Die Überläufer bilden eigene selbstständige Rotten. In ihren Reihen finden sich aber auch zwei- bis dreijährige Keiler und ▸ gelte Bachen. Die alten Keiler hingegen leben als sog. Einsiedler meist allein und schließen sich nur zur Rauschzeit der Rotte an. Tagsüber stecken die Rotten mit Vorliebe still und faul im Dickicht, Röhricht oder Farn, dem sog. ▸ Einstand (Rotten stecken im Kessel, die einzelne Sau im Lager). Die Rotte schiebt sich in den Kessel immer so ein, dass die Tiere nach Hausschweinart mit den Köpfen zur Mitte hin gerichtet sind. Die einzelne Sau sucht für ihren Ruheplatz (Lager) meist umgebrochene Wurzelballen, tiefbeastete Bäume oder dichte Kraut- oder Grasbestände. Als hauptsächlich dämmerungs- und nachtaktives Tier kann es nachts Wanderungen von 20 km und mehr unternehmen. Beim Einwechseln in die Tageseinstände am frühen Morgen sucht es gern Wasserstellen und Suhlen auf. Ist das Wetter feucht und regnerisch oder genießt das S. Hege, ist es auch tagsüber rege. Sind die Feldfrüchte hoch genug, um ihm Deckung zu bieten, bleibt es oft auch tagsüber auf den Feldern. Der Lauf des S. ist ziemlich schnell, alle Bewegungen wirken aber plump und ungeschickt. Durch seinen kräftigen Körperbau und den keilförmigen Kopf kann es auch behende durch starkes Dickicht bre-

Schwarzwild: Aussehen

Körpermaße	Keiler	Bache
KRL	140–180 cm	130–170 cm
SH	75–110 cm	60–105 cm
SL	15–30 cm	14–30 cm
Gewicht (aufgebrochen) Lebendgewicht in Ausnahmefällen bis über 300 kg möglich (z.B. in den Karpaten)	60–160 kg	45–130 kg

chen. Es rinnt (schwimmt) ausgezeichnet und ist in der Lage, größere Gewässer von mehreren Kilometern Breite zu durchrinnen. S. ist, v.a., wenn es angegriffen wird, außerordentlich mutig. Führende Bachen verteidigen ihre Frischlinge energisch durch Beißen und nehmen auch den Menschen an. Hunden gegenüber zeigen sie sich meist gereizt. Sie sind i. Allg. sehr vorsichtig und aufmerksam und können sich bei Gefahr lautlos entfernen. Je älter und erfahrener ein Stück ist, desto vorsichtiger ist es. Es verlässt meist nur bei Dunkelheit die Deckung und meidet sogar in mondhellen Nächten freie, mondbeschienene Flächen. S. wird im Freiland 12 bis 13 (in Westeuropa selten über 8) Jahre alt, kann aber in Gefangenschaft bis 30 Jahre alt werden.

Ernährung und Fraß: Das S. ist ein Allesfresser. Im Wald und auf den Wiesen bricht es nach Erdmast. Die bevorzugte Nahrung ist die ▸ Mast der Buchen und Eichen sowie Mais, Roggen, Hafer und Kartoffeln. Zum Fraß zählen u.a. aber auch Raupen, Puppen, Engerlinge, Larven, Wurzeln des Adlerfarns, Mäuse, Gelege, Würmer, Reste von Wild (Luder), Rüben, Pilze, Kleearten (hauptsächlich Weißklee). Besonders führende Bachen zeigen eine Vorliebe für Kitze, junge Hasen und Jungkaninchen. Das S. selbst zählt zu den Beutetieren von Wolf und Luchs, schwache und v.a. kümmernde Frischlinge werden von Uhu, Fuchs und Bär erbeutet. Mit dem Gebrech (Rüssel) brechen die Sauen nach Untermast (Nahrung, die sich im Erdboden befindet, wie Larven, Puppen, Mäusenester u.a.). Für die Forstwirtschaft ist das S. überwiegend nützlich, da es bei der Suche nach Fraß nicht nur Forstschädlinge vertilgt, sondern auch Sauerstoff in den Boden bringt.

Fortpflanzung: Das S. wird i.d.R. im zweiten Lebensjahr geschlechtsreif, kann aber abhängig von den Umweltbedingungen (z.B. gute Nahrungssituation) schon im Alter von sieben bis zehn Monaten fortpflanzungsfähig sein (etwa 30 bis 50 %). Beschlagene Jungbachen (sie kommen ab einem Gewicht von etwa 30 kg in die Rausche) werden Frischlingsbachen genannt. Allerdings können sich in diesem Alter die Frischlingskeiler und Überläuferkeiler nicht gegen die älteren Keiler durchsetzen und nehmen daher i.d.R. an der Fortpflanzung nicht teil. Die Rauschzeit beginnt gewöhnlich Anfang November und geht bis Ende Januar, in Ausnahmefällen bis Ende Februar. Wie die Vermehrungspotenz ist auch Beginn und Dauer der Rauschzeit in hohem Maße vom Ernährungszustand (Mastangebot) und vom Klima abhängig. S. kann aber zu allen Jahreszeiten rauschen. Bei der Bache wird der Beginn der Rauschzeit durch den Geschlechtszyklus bestimmt. Die Leitbache versetzt durch Sexuallockstoffe in Drüsensekreten und Urin die anderen Bachen ihrer Rotte in Paarungsstimmung (Synchronisation der Rauschzeit). Der Keiler hingegen ist während des ganzen Jahres deckungsbereit. Mit den Duftstoffen werden die Keiler, die sonst als Einzelgänger leben, angelockt. Sie bleiben während der Rauschzeit bei der Rotte. Wäh-

Die wichtigsten waidmännischen Ausdrücke beim Schwarzwild	
abschwarten	Abziehen der Haut
angehendes Schwein oder angehender Keiler	männliches S., drei bis vier Jahre alt
Bache	weibliches S. ab dem 1. April des auf die Geburt folgenden zweiten Jahres
Basse	alter, starker Keiler; s.u.: Hauptschwein
blasen	schnauben
Blatt	Schulter, s.u.: Schild
Borste (Borsten)	Haar, Haare
brechen	Nahrungssuche
Bürzel (Pürzel, Federlein)	Schwanz
einkesseln	im Kessel niedertun
einschieben	im Lager niedertun
Federlein	s.o.: Bürzel
Federn	Borsten der vorderen Rückenpartie des Keilers im Winter, die zum Saubart gebunden werden
Feuchtglied (mit Pinsel)	männliches Geschlechtsteil
Fraß	Nahrung
frischen	gebären
Frischling	junges S. beiderlei Geschlechts von der Geburt bis zum 31. März des auf die Geburt folgenden Jahres
Frischlingsbache	weiblicher Frischling, der zum Ende des ersten Lebensjahres bereits beschlagen (begattet) wurde
Gebräch (Gebrech, Gebreche)	bei der Nahrungssuche durchwühlter Boden
Gebrech (Ober- und Untergebrech)	Vorderkopf, Maul
geringer Keiler	zwei- bis dreijähriger Keiler (analog geringe Bache)
Gewaff (Waffen)	je zwei Eckzähne im Ober- und Unterkiefer des Keilers (s.u. Gewehre und Haderer)
Gewehre (Hauer, Wetzer)	Eckzähne im Unterkiefer des Keilers (In Süddeutschland werden auch Ober- und Unterkiefereckzähne [Waffen] als Hauer bezeichnet.)
grobes Schwein (grobe Sau)	S. ab dem dritten Lebensjahr (Der Begriff grober Keiler steht jedoch für einen alten starken Keiler, und mit grobe Bache ist eine Bache ab dem vierten Lebensjahr gemeint.)
gutes Schwein	s.u.: hauendes Schwein
Haderer	Eckzähne im Oberkiefer des Keilers
Haken	je zwei Eckzähne im Ober- und Unterkiefer der Bache
Hamer	Keule (seltener: Schulterblatt)
hauendes Schwein (gutes Schwein)	fünf- bis sechsjähriges männliches S.
Hauer	s.o.: Gewehre
Hauptschwein	männliches S. ab dem siebten Lebensjahr; s.o.: Basse
Hosenflicker	junger, angriffslustiger, zwei- bis dreijähriger Keiler (scherzhafte Bezeichnung)
Kamm	oberer Teil des Halses
Keiler	männliches S.
Kessel	Lager einer Rotte
klagen	quieken
Klötze	s.u.: Kurzwildbret
Kopf (nicht Haupt)	Kopf
körnen	Kirren, Anlocken der Sauen
Kurzwildbret (Klötze)	äußere Geschlechtsteile des Keilers
Lager	Ruhestätte eines einzelnen Stückes
Magen (nicht Pansen)	Magen
Malbaum	nahe der Suhle stehender Baum, an dem sich die Sauen ihre Schwarte reiben
Ohrpinsel (Pinsel)	lange Borsten an den Tellern (Ohren)
Panzer	s.u.: Schild
Panzerschwein	S. mit dicker Kruste (Schild) aus Schlamm und Harz auf den Blättern
Pinsel	Haare am Geschlechtsteil des Keilers (s.o.: Ohrpinsel)
Pürzel	s.o.: Bürzel
Quaste	Quaste am Schwanz
rauschen	begatten

Rauschknospe	weibliches Geschlechtsteil
Rauschzeit	Begattungszeit
Rotte	mehrere Stück S. (Gruppe)
Saubart	Hutschmuck aus den gebundenen Borsten (im Winter) der vorderen Rückenpartie des Keilers
Scheibe (Wurf)	Maulspitze, Nase
Schild (Panzer, Blatt)	dicke Kruste aus Schlamm und Harz auf den Blättern
Schüsseln	s.u.: Teller
Schwarte	Haut mit Haaren
Schwarzkittel	scherzhafte Bezeichnung für S.
Teller (Schüsseln)	Ohren
Überläufer (Überlaufkeiler und -bache, überlaufender Keiler, überlaufende Bache)	S. vom 1. April des auf die Geburt folgenden ersten Jahres bis zum 31. März des auf die Geburt folgenden zweiten Jahres
Waffen	s.o.: Gewaff
Weißes	Fett
wetzen	Aufeinanderschlagen der Waffen eines wütenden Keilers
Wetzer	seltener Ausdruck für Hauer (Gewehre s.o.)
Wurf	s.o.: Scheibe
Zunge (nicht Lecker)	Zunge

Die übrigen waidmännischen Ausdrücke sind – soweit anwendbar – dieselben wie beim ▸ Rotwild.

rend der Rauschzeit kommt es unter den Keilern zu heftigen Positionskämpfen, bei denen starke Keiler die jüngeren durch ihr ▸ Drohverhalten verjagen. Gleich starke und gleich alte Keiler liefern sich aber heftige und langdauernde Kämpfe (▸ Lateralkampf). Die beschlagene Bache hat eine Tragzeit von etwa 17 Wochen (ca. 120 Tage); Faustregel: 3-3-3 (= drei Monate, drei Wochen, drei Tage). Die normale Frischzeit ist im März/April bis Mitte Mai, es kommt aber auch vor, dass Bachen zu anderen Jahreszeiten frischen (Nachrausche). Gründe hierfür können Verlust der Frischlinge, erfolgloser Beschlag oder optimale Ernährungsbedingungen sein. Bei schlechter Sozialstruktur kann es aber auch zu einer zeitlich unkoordinierten Rausche kommen. Kurz vor dem Frischen setzt sich die Bache von der Rotte ab und sucht sich einen geeigneten, geschützten Platz (Frischplatz) mit guter Deckung, an dem sie einen Frischkessel (Bett) errichtet. Die Baustoffe werden aus der näheren Umgebung herbeigeschafft und können je nach Jahreszeit aus frischen grünen oder trockenen Materialien bestehen. Ist keine natürliche Bodenmulde vorhanden, wird durch Wühlbewegungen eine Mulde geschaffen. Das eingetragene Material wird durch Drehbewegungen und mit dem Wurf zur Seite geschoben, sodass die Mulde gleichmäßig ausgepolstert wird. Es entsteht so eine Höhlung, der Frischkessel, in dem die Bache frischt. Die Frischlinge werden sehend und behaart (nur Borsten) gefrischt. Das Geburtsgewicht beträgt zwischen 740 und 1100 g. Die Saugzeit der Frischlinge beträgt zweieinhalb bis dreieinhalb Monate. Die Bindung zwischen der Bache und ihren Frischlingen dauert i.d.R. eineinhalb Jahre. Die Anzahl der Frischlinge ist vom Alter der Bache, deren Ernährungszustand und vom Klima abhängig. Junge Bachen frischen etwa drei bis fünf Stück, alte sieben bis acht Stück, manchmal auch mehr. Die selten vorkommenden Frischlingsbachen haben im Durchschnitt vier Frischlinge. Bachen haben zehn Zitzen, wobei nur acht Milch führen. Deshalb ist die Höchstzahl der Frischlinge i.d.R. auf acht begrenzt. Spät frischende Bachen und Frischlingsbachen sind unerwünscht, sie gehen geschwächt in den Winter, kümmern, sind sehr anfällig gegen Krankheiten und können den ganzen Bestand gefährden (▸ Schweinepest). Gute Mastjahre führen bei einem Geschlechterverhältnis von 1:1 zu einer Vermehrung von 150 bis 200% des Frühjahrsbestandes.

Losung: S.-Losung ist i.d.R. dunkel, fast schwarz und besteht aus verschieden geformten Kotbeeren, die zusammengeballt zu Würsten (bis zu 7 cm dick) abgesetzt werden. Sie enthält manchmal noch Getreidekörner. Stücke, die bei guter Mast ▸ Weiß angesetzt haben (feist sind), setzen eine breiige und fladig-breite Losung ab. Die L. dient auch der Reviermarkierung.

Fährte: Das Trittsiegel des S. ist lang gestreckt, die Abdrücke der Schalenhälften sind in Form und Länge verschieden, i.d.R. ist die innere Schalenhälfte bei jungem S. geringer und kürzer, bei älterem (ab dem vierten Lebensjahr) ist der Unterschied nur noch sehr gering. Die flachen Ballen sind oval und machen etwas über die Hälfte des Trittsiegels aus. Das Geäfter, das beim S. schmäler und spitzer ist als beim übrigen ▸ Schalenwild und dicht hinter den Ballen sitzt, wird immer mit abgedrückt; nur bei ganz jungen Stücken kann der Abdruck schwach sein oder sogar ganz fehlen. Das Geäfter wird schon beim Frischling sichelförmig, etwas seitwärts der Schalen, abgedrückt, dadurch erhält das Trittsiegel eine Trapezform. Daran ist ein Trittsiegel, auch wenn es undeutlich ist, von dem des Rotwildes zu unterscheiden, da Letzteres etwa rechteckig ist. S. tritt beim ▸ Ziehen mit dem Hinterlauf in das Trittsiegel des Vorderlaufes, bleibt jedoch i. Allg. etwas zurück, sodass der Schalenabdruck etwas verschoben und das Geäfter doppelt abgedrückt wird. Beim Ziehen und beim ▸ Trollen werden die Schalen etwas auswärts gesetzt. Auch S. schränkt (▸ Schrank), jedoch nicht so stark wie das Rotwild. Die ▸ Schrittweite eines zweijährigen Keilers beträgt bis zu 28 cm, eines drei- bis vierjährigen bis 42 cm, eines älteren, starken Keilers höchstens bis zu 46 cm. Da die Schrittweite eines Hirsches über 60 cm beträgt, ist eine Keilerfährte von der Hirschfährte auch daran zu unterscheiden. Bei hoher Schneelage pflügt das S. wegen der kurzen Läufe eine Rinne in den Schnee und hinterlässt manchmal auch Streifspuren von den Borsten der Bauchseite. Bei der Fluchtfährte sind die Schalenabdrücke stark gespreizt, und die Trittsiegel der Hinterläufe stehen erheblich vor denen der Vorderläufe.

Schwarzwildlosung

Schwarzwildfährte

Bache mit Frischlingen: Unter guten Bedingungen kann der Zuwachs des Schwarzwildes bis 200% des Frühjahrsbestandes betragen.

Hege: Nach §28 Abs. 1 BJG darf S. nur in Gattern, die ein Ausbrechen unmöglich machen, gehegt werden. S. darf nicht ausgesetzt werden (§28 Abs. 2 BJG). Es darf weder ein bisher nicht vorhandener S.-Bestand begründet noch ein vorhandener übermäßig erhöht werden. In Gattern soll ein gesunder Bestand von kräftigen Stücken mit hohem Wildbretgewicht erreicht bzw. erhalten werden. Bei Frost und hoher Schneelage leidet S. große Not, zu dieser Zeit muss besonders gut gefüttert werden. Die Fütterungen sollten ab November bis in das Frühjahr hinein beschickt werden, um das Wild gut durch den Winter zu bringen; ▸ Ablenkungsfütterungen. In geeigneten Dickungen werden Wände aus Pressstrohballen errichtet und befestigt. Diese sog. Saubuchten werden gerne angenommen.

Ansprechen: Das ▸ Ansprechen bzw. die Altersschätzung des lebenden S. ist wegen des fast gleichen Aussehens der Geschlechter und wegen seiner nächtlichen Lebensweise besonders schwierig. Körpermasse und Waffen sind – besonders nach dem zweiten Lebensjahr – nur grobe Hilfsmittel, zumal die Körpermasse und -größe wegen des großen Streubereiches keine dienlichen Anhaltspunkte geben können. In der Dunkelheit kann am ehesten der Pürzel etwas über seinen Träger verraten. Ist er länger als bei den anderen Sauen und hat er eine unübersehbare Quaste, macht sein Träger auch sonst einen massigen Eindruck (Karpfenrücken, stumpfwinkliger Hängebauch), so handelt es sich mit ziemlicher Sicherheit um ein Hauptschwein bzw. um einen Bassen. Bei Überläufern und Frischlingen ist das Geschlecht meist nicht zu bestimmen. Bis zu einem Alter von etwa drei bis vier Monaten haben die Frischlinge die für sie typischen Längsstreifen. Diese sind aber bereits im Alter von fünf bis sechs Monaten völlig verschwunden. Der Frischling kann, abgesehen von der geringen Größe, meist nur noch am kindlichen Gesichtsausdruck und an der fehlenden Pürzelquaste erkannt werden. Der Überläuferkeiler kann von der Überläuferbache bei gutem Licht und in der Sommerschwarte am Pinsel unterschieden werden. Häufig ziehen Überläuferkeiler bereits allein. Sobald die Keiler aber drei bis vier Jahre alt sind, sind sie an den Waffen und am Pinsel von den Bachen zu unterscheiden. I.d.R. haben diese Keiler auch einen höheren Widerrist, eine stärkere Quaste am Pürzel und eine gedrungenere Körperform mit gerader Rückenpartie. Die wulstartige Aufstülpung über dem Gebrech tritt deutlich hervor. Der jagdbare Keiler (fünf Jahre und älter) wirkt massig, der schwere Kopf macht fast ein Drittel der Körperlänge aus. Der Pürzel mit Quaste reicht über das Sprunggelenk. Das Gewaff ist deutlich sichtbar. Der Keiler ist fast ausschließlich Einzelgänger. Die alte Bache hat einen langen

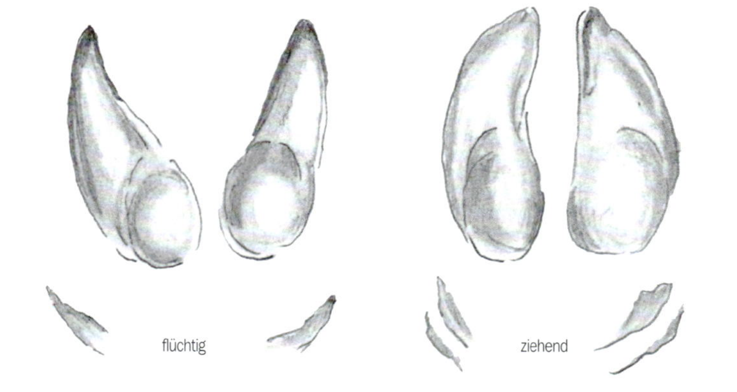

Schwarzwildtrittsiegel

Pürzel ohne Quaste, der Borstenwechsel erfolgt erst spät im Frühsommer. Bei sehr alten Bachen erscheint die Rückenlinie eingesenkt. Allg. ist die Körperform der Bachen nicht so gedrungen, dadurch wirken sie auch hochläufiger, sie haben meist auch einen längeren Wurf, sodass der Körper dadurch größer wirkt. Sie halten sich fast immer in Rotten auf.

Jagd: Die Jagd auf Keiler und Bachen ist nach der Verordnung über die Jagdzeiten vom 16. Juni bis 31. Januar erlaubt. Die Länder haben z.T. abweichende Regelungen. Überläufer und Frischlinge dürfen das ganze Jahr über bejagt werden. Die Bachen dürfen jedoch bis zum Selbstständigwerden der Frischlinge, das sind etwa bis zu vier Monate nach dem Frischen, nicht erlegt werden. S. darf zur ▸ Nachtzeit und außerhalb der ▸ Notzeit auch an ▸ Kirrungen (jedoch nicht in allen Bundesländern erlaubt) bejagt werden. Da S. der Landwirtschaft großen Schaden zufügt, darf der Abschuss zahlenmäßig nicht begrenzt werden; es gibt deshalb auch keinen ▸ Abschussplan. Hegegemeinschaften auf regionaler Ebene (Schwarzwildringe) haben statt dessen Bejagungsrichtlinien auf freiwilliger Basis eingeführt. S. muss aber so kurz gehalten werden, dass Flurschäden möglichst vermieden oder im tragbaren Rahmen gehalten werden. Der stärkste jagdliche Eingriff erfolgt beim Jungwild (Abschuss bis zu 75% der Frischlinge). Bei den Überläufern sollen etwa 15% und bei den Bachen und jagdbaren Keilern je 5% erlegt werden. Gleichwohl gilt hier der Grundsatz, dass die schwächsten Stücke zuerst erlegt werden müssen und die Leitbachen zu schonen sind. Die Leitbache bestimmt den Tagesablauf und das Verhalten der Rotte. Diese soziale Führungsposition innerhalb der Rotte gilt es bei der Jagdausübung zu beachten; ▸ Lüneburger Modell.

Für die Erlegung von S. gelten folgende Grundsätze: Der Keiler gilt vom fünften Lebensjahr ab als jagdbar (hauendes Schwein). Im Februar/März sollen keine ▸ Drückjagden durchgeführt werden. Das S. kann aufgrund der unverwechselbaren Losung, an der Fährte, am Gebräch, an den Suhlen und an den Malbäumen bestätigt werden. Es ist sehr hart und zeichnet auch nach einem guten Schuss kaum oder überhaupt nicht. Angeschossene Sauen ziehen weit und verenden nicht selten in der Fährte.

S. hat eine ▸ Gallenblase, die sofort nach dem ▸ Aufbrechen entfernt werden muss. Im Ggs. zum übrigen Schalenwild kann auf das Verknoten des Schlundes verzichtet werden, da S. kein ▸ Wiederkäuer ist und somit kein Mageninhalt austreten kann. Das Zwerchfell wird zur ▸ Trichinenschau benötigt, der das Wildbret vor der Verwertung oder dem Verkauf unterzogen werden muss. Verantwortlich dafür ist der ▸ Jagdausübungsberechtigte.

Jagdarten: Sie richten sich nach den örtlichen Gegebenheiten. Der ▸ Ansitz (auch in mondhellen Nächten) ist an Stellen, wo Sauen noch bei Büchsenlicht wechseln, an Suhlen oder nahe von mastspendenden Buchen und Eichen erfolgversprechend. Werden die Sauen jedoch sehr intensiv bejagt (▸ Jagddruck), halten sie keine Wechsel ein und sind sehr unstet. In gut besetzten, wenig beunruhigten Revieren ist auch die ▸ Pirsch üblich. Da S. schlecht äugt, kann der Jäger bei gutem Wind sehr nahe heranpirschen, was ihm eine genauere Auslese ermöglicht. Die Treib- und Drückjagd (▸ Bewegungsjagd) verspricht i.d.R. nur Erfolg, wenn nachts Schnee fiel und mit Hunden gejagt wird. Bei einer ▸ Neuen (Neuschnee) wird am Morgen an den Fährten festgestellt, ob die Sauen im Kessel stecken (▸ einkreisen 1)). Die in einem Kessel steckenden Sauen werden eingekreist. Wichtig ist, dass Hunde dabei sind, da eine Treib- und Drückjagd ohne Hunde selten zum Erfolg führt und Sauen von Treibern kaum vor die Schützen zu bringen sind. Vereinzelt wird auch noch mit ▸ Saumeuten gejagt. Üblich ist auch die Riegeljagd (Ansitz-, Drückjagd), die eine gute Auswahlmöglichkeit gestattet. Die Schützen werden dabei auf Fernständen an den Hauptwechseln angestellt, und das Wild wird durch vorsichtiges Beunruhigen den Schützen zugedrückt. Diese Jagd hat bei guter Durchführung den Vorteil, dass das Wild die Schützen vertraut anwechselt, erfordert jedoch große Waldkomplexe. Bei der ▸ Nachsuche auf angeschweißtes S. ist zur eigenen Sicherheit und für den Fangschuss eine großkalibrige ▸ Faustfeuerwaffe mitzuführen. Wird mit dem ▸ Schweißhund nachgesucht, nehmen erfahrene Schweißhundeführer häufig einen mutigen und scharfen Terrier mit, um den wertvollen Schweißhund vor eventuellen Sauschlägen zu schützen. Nur vereinzelt wird noch die Jagd mit der Saufeder (▸ Blanke Waffen) ausgeübt; ▸ auflaufen lassen.

Frühere Jagdarten: Zur Dezimierung der Sauen wurden ▸ Saugruben für eine einzelne Sau und Saufänge (▸ Jagdeinrichtungen 4) für ganze Rotten angelegt, in denen das Wild lebend gefangen wurde. Die ▸ Parforcejagd auf Sauen wurde seltener durchgeführt und verlief wie die auf den Hirsch. Auch die ▸ Eingestellten Jagen unterschieden sich nicht von denen auf Hirsche. Bei der ▸ Sauhatz wurden die Sauen durch ▸ Saufinder aufgesucht und dann von ▸ Hatzhunden (▸ Saupacker) gepackt und gedeckt.

Trophäen: Trophäen sind der ▸ Saubart, die Waffen des Keilers und auch die Haken der Bache. Der Keiler hat nur im Winter den sog. Saubart, die langen Borsten auf der vorderen Rückenpartie. Überläufer haben die längsten Rückenborsten, ältere und alte Keiler die stärksten. Jede einzelne Borste ist an der Spitze mehrmals gespalten und wird als Feder bezeichnet. Der Saubart wird gerupft, gebunden und dient als Hutschmuck. Die Waffen und Haken stecken etwa zu zwei Drittel im Kiefer. Durch Kochen der Kieferäste lassen sie sich herauslösen. Um sie besonders haltbar zu machen, gießt man am besten die Hohlräume mit Stearin aus und befestigt sie dann auf einem Holzschild. Die Haken der Bache, aber auch kleinere Waffen, etwa von Überläuferkeilern, werden gefasst und als Charivari-Anhänger (▸ Charivari) getragen. Gelegentlich wird der ganze Kopf präpariert oder die Schwarte als Trophäe gegerbt.

Zahnbildung und Zahnwechsel:

Zahnformel Dauergebiss:

$$\frac{3}{3}\ \frac{1}{1}\ \frac{4}{4}\ \frac{3}{3} = 44 \text{ Zähne}$$

Zahnformel Milchgebiss:

$$\frac{3}{3}\ \frac{1}{1}\ \frac{3}{3}\ \frac{0}{0} = 28 \text{ Zähne}$$

(▸ Zahnalterslehre).

Im ersten Lebensmonat wachsen die drei Milch-Schneidezähne und die oberen und unteren Milch-Eckzähne. Die Milch-Schneidezähne sind stiftförmig und fast gleichmäßig rund. Im oberen Drittel sind sie bis zu 1/2 cm breit. Bis zum vierten Lebensmonat kommen die zweiten, dritten und vierten Milch-Backenzähne (P 2, P 3, P 4) hinzu. Der vierte Milch-Backenzahn (P 4) ist dreiteilig. Zwischen dem sechsten und dem neunten Lebensmonat kommen noch die ersten und die fünften Backenzähne hinzu (P I, M I), die gleich als Dauerzähne erscheinen. Im Alter von etwa 12 bis 13 Monaten werden die Milch-Eckzähne durch Dauer-Eckzähne und die dritten Milch-Schneidezähne durch Dauer-Schneidezähne ersetzt. Dauer-Schneidezähne sind im oberen Teil meißelförmig und über 1/2 cm breit. Zwischen dem 14. und 16. Lebensmonat werden dann die ersten Milch-Schneidezähne und die zweiten, dritten und vierten Milch-Backenzähne (P 2, P 3, P 4) durch Dauer-Backenzähne ersetzt (P II, P III, P IV). Der vierte Backenzahn (P IV) ist nur noch zweiteilig. Bis zum 20. Lebensmonat werden die zweiten Milch-Schneidezähne (12) durch Dauerzähne ersetzt. Bis zum 24. Lebensmonat kommen noch die sechsten und siebten Backenzähne hinzu (M II und M III), sie erscheinen nur als Dauerzähne. Die sechs Backenzähne bilden eine geschlossene Zahnreihe. Mit etwa 24 Monaten ist das Dauergebiss vollständig. Die vier Eckzähne haben keine Wurzeln, sie stecken zu zwei Dritteln im Kiefer und haben unbegrenztes Wachstum.

Altersbestimmung am erlegten Stück: Das Alter eines erlegten Frischlings oder Überläufers ist am Fortschritt des Zahnwechsels verhältnismäßig genau zu bestimmen. Ist das Stück älter als zwei Jahre (Durchbruch des letzten Backenzahnes), ist das Alter an der Zahnabnutzung nur ungenau zu bestimmen, da Sauen keine Wiederkäuer sind und der Abschliff daher weit langsamer erfolgt. Beim Keiler kann das Alter in Zeitspannen von etwa ein bis zwei Jahren, bei Bachen von zwei bis drei Jahren bestimmt werden. Dazu nimmt man die ausgelösten Gewehre bzw. Haken zu Hilfe. Bei Keilern, die älter als zwei Jahre sind, kann man sich bei der Altersbestimmung mit dem Abmessen der Abschlifffläche der Waffen behelfen. Bei jüngeren Keilern macht etwa 1 cm Abschliff ein Jahr aus, bei älteren etwa 3/4 cm ein Jahr. Die Abschlifffläche und Länge der Waffen sind allein kein sicherer Anhaltspunkt bei der Altersschätzung. Bessere Ergebnisse liefern das Zementzonenverfahren (▸ Zahnschliff) und die von Christoph Stubbe entwickelte sog. Nomogramm-Methode, bei der die

Keiler beim Schlammbad: Auch die Möglichkeiten zum Suhlen bestimmen über die Qualität des Schwarzwildlebensraumes.

Unterkieferbreite des erlegten Tieres zur Höhe des vierten Prämolaren und des zweiten Molaren sowie zur Breite der unteren Eckzahnalveole (Austrittsöffnung des Eckzahns aus dem Unterkiefer) in Beziehung gesetzt wird. Genauer ist die Altersbestimmung auch anhand der Durchmesserveränderungen bei Gewehren bzw. Haken:

Altersbestimmung bei Keilern: Bei den Gewehren ändert sich der Durchmesser bis zum völligen Auswachsen des Schädels. Zur Berechnung nach der sog. Brandt'schen Formel misst man mit der Schublehre den Durchmesser etwa 1 cm oberhalb des unteren Endes (Wurzelende) und den Durchmesser am unteren Ende der Abschliffläche (Schleifecke), jeweils in Millimetern, und dividiert die beiden Werte bis auf zwei Dezimalstellen hinter dem Komma. Bei jungen Keilern ist der Durchmesser am unteren Ende der Abschliffläche wesentlich geringer als am Wurzelende. Mit fortschreitendem Alter verringert sich die Differenz zwischen beiden Werten, und im Alter von acht bis neun Jahren sind beide Werte etwa gleich; Formzahl etwa 1,00. Nach Brandt (1961, 1965) erreicht ein Keiler (geringer Keiler, zwei- bis vierjährig) die Formzahl 1,50 bis 1,21, ein hauendes Schwein (fünf- bis siebenjährig) die Formzahl 1,20 bis 1,05 und ein Hauptschwein (achtjährig und älter) die Formzahl 1,04 bis 1,00. Bei Überläufern bewegt sich die Formzahl um 1,80.

Altersbestimmung bei Bachen: Der größte Durchmesser der Haken liegt bei zwei- bis dreijährigen Bachen im unteren Teil (etwa 1 cm über der Wurzel), bei vier- oder fünfjährigen verschiebt er sich nach oben, liegt bei fünf- bis siebenjährigen Bachen etwa in der Mitte und bei über siebenjährigen im oberen Teil der Haken, nahe der Schleifecke.

Schwarzwildbracke, die: ▸ Bracken 7.

Schweberohr, das: ▸ Ruhrrohr.

Schwebevogel, der: ▸ Ruhrvogel.

Schwedische Lappen, die: Eine schmale Lappenart; ▸ Jagdzeug 1.

Schwefzen, die: Frühere Bez. für die Leinen, mit denen die Vogelgarne (▸ Vogelfang) zum Zusammenschlagen in Schwung gebracht wurden.

Schweimen, das (Schwimmen, Wildringholen): Ein ▸ Beizvogel schweimt, wenn er sich in großer Höhe im Aufwind (häufig ohne Schwingenschlag) treiben lässt und den Falkner und das Federspiel nicht mehr beachtet. Der Beizvogel schweimt besonders bei günstigem Wind, bei schönem Wetter und wenn er vormittags nicht an der Luft gestanden und kein Bad genommen hat; ▸ ringholen, ▸ verschwingen, ▸ verstoßen.

Schwein, das: ▸ Schwarzwild.

Schweinefinnen, die: Eine Vorstufe des beim Menschen schmarotzenden Einsiedlerbandwurms; ▸ Bandwürmer.

Schweinegold, das: Scherzhafte Bezeichnung für die Körnermast (Maiskörner) der Wildschweine.

Schweinepest, die: Es werden zwei Formen von S. unterschieden: die Klassische S. (KSP), auch Europäische S. (ESP) genannt, und die Afrikanische S. (ASP). Beide Formen sind eine fieberhafte ▸ Infektionskrankheit, die durch zwei unterschiedliche, sehr widerstandsfähige Viren hervorgerufen wird. Empfängliche Tierarten sind alle Schweinearten einschließlich des Wildschweins. Der Erreger der KSP gehört der Fam. *Flaviviridae* an, der Erreger der ASP ist ein bei Drucklegung noch nicht klassifizierter DAN-Virus. Eine klinische Unterscheidung von KSP und ASP ist nicht möglich. Das Virus kann in faulen Kadavern ca. 15 Tage, in gefrorenem Fleisch jahrelang, in gepökeltem Fleisch ca. sechs Monate, in Jauche höchstens 24 Stunden ansteckungsfähig bleiben. Die KSP tritt immer wieder im EU-Raum auf. So 1995 in Deutschland, Österreich, Frankreich, Italien; 1997 in den Niederlanden, in Belgien, Deutschland, Spanien, Italien; in Wildschweinpopulationen gewisser Gegenden endemisch verbreitet. Die Übertragung erfolgt durch direkten Kontakt (Handel mit infizierten Tieren), Verfütterung von ungenügend erhitzten Fleischabfällen, Samen und kontaminierte Transportfahrzeuge. Entgegen anderslautenden Mutmaßungen gelangte die Seuche in den Fällen, in denen der Übertragungsweg rekonstruiert werden konnte, von Hausschweinbeständen in die Wildschweinbestände und nicht umgekehrt. Die ASP tritt endemisch in Afrika sowie Sardinien auf. Sporadische Ausbrüche kommen auch in Portugal (1999) und weiter nördlich (Belgien, 1985, Holland, 1986) vor. Die

Verbreitung erfolgt durch Verfütterung von ungenügend erhitzten Fleischabfällen (z.B. bei den Ausbrüchen in Belgien und Holland). In Afrika sind Zecken und Warzenschweine das Virusreservoir.

Verlauf und Symptome: Die S. kann perakut, akut, chronisch schleichend oder inapparent verlaufen. Die Inkubationszeit beträgt vier Tage bis drei Wochen. Der akute Verlauf ist gekennzeichnet durch hohes Fieber und plötzliche, oft gehäufte Todesfälle. Bei Wildschweinen sondern sich erkrankte Stücke von der Rotte ab und fallen durch Mattigkeit, Bewegungsstörungen (schwankender Gang, Zwangsbewegungen) und Schwäche der Hinterhand, Verlust der Scheu vor dem Menschen, Erbrechen, Husten und Durchfall (rötlicher Kot) auf. Sie halten sich meist an Wasserläufen oder -stellen auf und nehmen unnatürlich viel Wasser (wegen des Fiebers) zu sich. Stücke, die kurz vor dem Verenden sind, findet man selten, da sie sich vorher in Dickungen einschieben. Bei akutem Verlauf der Erkrankung kommt es zu einer schweren Blutvergiftung und einer Entzündung von Lunge, Milz, Nieren und Darm mit punktförmigen Blutungen, auch in den Lymphknoten. Nach vier bis acht Tagen verendet das Stück. Bei chronischem Verlauf kommt es zu einer Entzündung des Magen-Darm-Kanals, der Milz, der Nieren, zu punktförmigen Blutungen an sämtlichen inneren Organen und schließlich zu einer Lungenentzündung. Das Stück verendet nach zwei bis drei Wochen. Bei einer Sektion ist alles deutlich zu erkennen, besonders fallen aber die blutig durchzogenen Lymphknoten und die lehmfarbenen Nieren mit den punktförmigen Blutungen auf. Wildschweine, die die Seuche überstanden haben, zeigen meist eine stabile Immunität. Die Empfehlungen des Verbraucherministeriums für die Jagd lauten:

– Keine Speise- oder Schlachtabfälle und keinen Schwarzwildaufbruch an Kirrungen oder Luderplätzen verwenden!

– Auf sichere Abfallbeseitigung, insbesondere an Rast-, Park- und Campingplätzen, in den Revieren achten!

Eine Heilbehandlung erkrankter Stücke ist nicht bekannt. Als risikoreichste Altersgruppe bei der Seuchenverbreitung gelten Jungtiere und hier wieder Frischlinge unter 10 kg Körpergewicht. Jungtiere infizieren sich bereits an sehr kleinen Virusmengen, unterliegen einer starken Virusvermehrung im Organismus und sind damit Urheber einer massiven Erregerstreuung im Revier. Ältere Tiere, die nach Kontakt mit dem Erreger nicht verendeten, wurden lebenslang immun.

Konsequenzen für die Jagdausübung: Die Zahl der potenziellen Virenträger ist v.a. durch das Erlegen von Jungtieren zu reduzieren. Die Gesamtstrecke in betroffenen Revieren sollte daher mindestens zu 70% aus Frischlingen (noch nicht einjährigen Stücken) und zu 15 bis 20% aus Überläufern (einjährigen Stücken) bestehen. In Ausnahmefällen ist in Seuchengebieten auch der waidgerechte Fallenfang von Frischlingen (genehmigungspflichtig!) in Betracht zu ziehen. Für die Entscheidung über die Art der Bejagung gilt: Je eher die Seuche in einer Region getilgt ist, desto weniger Tiere verenden qualvoll daran und desto früher können sich die Bestände erholen. Um ein Versprengen oder die Störung des Sozialgefüges der Rotten zu vermeiden, müssen v.a. Leit- und führende Bachen geschont werden. Innerhalb der ersten sechs Monate nach Seuchenausbruch empfiehlt sich ein Verzicht auf Drück- oder Treibjagden, eine geeignete Jagdmethode sind v.a. Ansitzjagden. Kirrungen können helfen, das Wild am Standort zu halten. Eine revierübergreifende Abstimmung der notwendigen Maßnahmen ist zu empfehlen. Dabei gelten folgende Leitsätze für die Jagd:

– Alle Jagdarten meiden, die zu großen Aktionsräumen und Versprengungen der Sauen führen!

– Frischlinge im Rahmen der Einzeljagd bei jeder sich bietenden Gelegenheit bejagen!

– Soweit möglich, Ablenkungsfütterungen zur Ortsbindung einzelner Schwarzwildfamilien anlegen (genehmigungspflichtig)!

– Auf ▸ Gesellschaftsjagden in gefährdeten Gebieten Schwarzwild zentral aufbrechen und Aufbrüche beseitigen; in Befallsgebieten außerdem Probeentnahme und Desinfektion des Aufbrechplatzes.

– In gefährdeten Bezirken verwendete Ausrüstungsgegenstände, insbesondere Stiefel und Kleidung, erst nach Reinigung und, soweit möglich, Desinfektionen außerhalb des Bezirks wieder nutzen! Eingesetzte Jagdhunde erst nach frühestens einer Woche wieder frei jagen lassen!

– Erlegte Virusträger sind sicher aus dem Verkehr zu ziehen, jede Erregerstreuung im Revier ist zu vermeiden! In »gefährdeten Bezirken« sind alle erlegten Wildschweine einschließlich des Aufbruchs zu sammeln und einer labordiagnostischen Untersuchung zu unterziehen. Virushaltige Tierkörper und der entsprechende Aufbruch müssen vernichtet werden! Aus gleichem Grund muss auch in anderen Risikogebieten der Schwarzwildaufbruch gesammelt und in Tierkörperbeseitigungsanlagen unschädlich beseitigt oder für Tiere unerreichbar vergraben werden. In festgelegten Überwachungsgebieten bestimmt die zuständige Behörde das Verfahren. Grundsätzlich sollten außerdem Personen, die Kontakt zu Hausschweinen haben, in Revieren mit S. nicht zur Jagd gehen.

Das ▸ Wildbret erkrankter Stücke ist genusuntauglich und muss unschädlich beseitigt werden. Bei Verdacht auf S. besteht ▸ Anzeigepflicht für beide Formen der S.

Schweinsdachs, der: ▸ Dachs.

Schweinseisen, das: Altes Wort für Saufeder; ▸ Blanke Waffen.

Schweinsfeder, die: **1**) Auch Saufeder; ▸ Blanke Waffen. **2**) ▸ Feder 1).

Schweinshatz, die: ▸ Sauhatz.

Schweinshatzzeit, die: Frühere Bez. (18. Jh.) für die Zeit im Herbst nach Martini (11. November), wenn die Sauen feist und besonders gut sind. In dieser Zeit wurden sie früher bevorzugt gejagt.

Schweinshecke, die: ▸ Hagen.

Schweinsrücken, der: Ein Gewehrschaft mit gekrümmtem Schaftrücken (für Schützen mit langem Hals); ▸ Schäftung.

Schweinsschwert, das (Jagdschwert): ▸ Blanke Waffen.

Schweinszeug, das (Saugarn): ▸ Garne.

Schweiß, der (seltener: Fasch, Feisch, Faisch, Farbe, Röte): Das Blut bei allem Wild und bei den Jagdhunden, sobald es aus dem Körper tritt. Angeschossenes Wild schweißt i.d.R. Fehlender S. bedeutet aber nicht immer Fehlschuss. Der S. am ▸ Anschuss oder auf der ▸ Fährte lässt in etwa auf den Sitz der Kugel schließen (▸ Schusszeichen): Herz-S. (Blattschuss) ist dunkelrot; Lungen-S. ist hellrot und blasig; Leber- und Milz-S. ist dunkelbrandrot; Leber-S. schmeckt und riecht nach Leber; Nieren-S. ist dunkelrot; S. bei Weidwundschuss ist dunkel, wässrig, mit Äsung vermischt und riecht faulig; Wildbret-S. ist, wenn eine Vene getroffen wurde, dunkelrot, wenn eine Arterie getroffen wurde, hellrot (nicht blasig wie Lungen-S.).

Schweißarbeit, die (rote Arbeit): Die Arbeit des Jagdhundes am ▸ Schweißriemen (▸ Nachsuche) auf der natürlichen oder künstlichen ▸ Schweißfährte des ▸ Schalenwildes. Der auf Schweiß abgeführte, riemenfeste und fährtentreue Hund wird am ▸ Anschuss oder bei der künstlichen Schweißfährte am Anfang mit den Worten »such verwundt!« zur Fährte gelegt und am langen Riemen (▸ Riemenarbeit) auf dieser gearbeitet. Der Hund muss die Fährte bis zum Ende oder bis zum verendeten Stück mit tiefer Nase ausarbeiten. Wird er geschnallt, d.h. vom Riemen gelöst, hat er das Wild zu stellen und anhaltend zu verbellen, geringes Wild auch niederzuziehen; ▸ totverbellen, ▸ totverweisen.

Schweißbett, das: ▸ Wundbett.

Schweißbluh, das: Alter Ausdruck in den Tiroler und Salzburger Bergen für den ▸ Schweiß des Steinbockes.

Schweißbracke, die: Österreichischer Ehrentitel für die Tiroler ▸ Bracken 4.

schweißen: svw. bluten, Austreten von ▸ Schweiß bei allem Wild.

Schweißfährte, die: **1**) Fährte von einem krankgeschossenen (angeschweißten) Stück ▸ Schalenwild, von Bär, Wolf, Luchs, Auerhahn und Trappen (auch Wund-, Rot-, Krankfährte oder kranke ▸ Fährte); ▸ Wundspur, ▸ Schweißspur. **2**) Künstliche S. oder Kunstfährte. Eine zu Übungszwecken und Prüfungen für den Jagdhund angelegte Fährte mit gesammeltem Wildschweiß oder Schlachtviehblut (Rinder- oder Hammelblut). Man verwendet i.d.R. auf 400 m einen Viertelliter Schweiß oder Blut und legt die Fährte mit Nackenwind, um den Hund zu zwingen, mit tiefer Nase zu arbeiten. Für die Übung des Junghundes kann man auch mehr Schweiß verwenden und die Fährte kürzer und dicker an-

▸▸ Der Hannoversche Schweißhund – klassischerweise wird er nur auf der Wundfährte von Rot- und Schwarzwild und mitunter Damwild eingesetzt.

legen. Die künstliche Fährte wird getropft, gespritzt oder mit einem Stückchen Lunge oder einem Schwamm am Ende eines Tupfstockes auf die Erde getupft (▸ Tupfspur). Auch der Zeitraum zwischen dem Fährtenlegen und der Arbeit des Hundes auf der S. ist zu vergrößern. Da in der Praxis das krankgeschossene Stück aber nicht regelmäßig schweißt, muss sich der Hund an der Bodenverwundung, die durch die Schalen entsteht, und am Individualgeruch des kranken Wildes orientieren. Der Individualgeruch steht höchstens 20 bis 24 Stunden, während Schweiß länger ▸ Wittrung für die Hundenase abgibt. Um einen Hund für die Wundfährte mit wenig Schweiß vorzubereiten, wird beim Legen einer künstlichen Wundfährte mit weniger Schweiß (ersatzweise Blut) und mit ▸ Fährtenschuhen gearbeitet. An ihrer Unterseite werden kurz abgeschlagene Wildläufe, die nur noch geringe Wittrung abgeben, eingeklemmt. Sie dienen zum Treten einer Bodenverwundung und zum Legen der Wundfährte. Eine damit gelegte, möglichst praxisnahe Wundfährte mit Haken und Widergängen und mit einer von Übung zu Übung verlängerten Stehzeit (bis zu 18 Stunden) ist ein optimales Nasentraining für den feinnasigen Hund. Auf derartig gelegten, schwierigen Kunstfährten werden v.a. die ▸ Schweißhunde gearbeitet. Der Hund wird, wie bei einer ▸ Nachsuche, am bis 12 m langen Schweißriemen zur Fährte gelegt; ▸ Schweißarbeit.

Schweißfährtenschuh, der: ▸ Fährtenschuh.

Schweißgeläuf, das: Das ▸ Geläuf eines angeschossenen Stück Federwildes mit Ausnahme von Auerhahn und Trappen.

Schweißhalsung, die: ▸ Halsung.

Schweißhunde, die (früher Pürschhunde, in manchen Gegenden auch Fasch- oder Faisch- [Feisch-]Hunde): S. sind Spezialisten, die auf der ▸ Schweißfährte des ▸ Schalenwildes hervorragende Arbeit leisten (▸ Schweißarbeit). Mit dem Ende der ▸ Parforcejagden und der vermehrten Verwendung von Feuerwaffen wurde der ▸ Leithund nicht mehr gebraucht, aber ein Hund nach dem Schuss benötigt. Die letzten schweren Leithunde wurden mit hetzfreudigen leichten Bracken gekreuzt. Besondere Zuchterfolge wurden am Hannoverschen Jägerhof (▸ Jagdhöfe) erzielt, wo der Hannoversche S. entstand. Im süddeutschen Raum sind S. bereits im 15. Jh. urkundlich erwähnt. Diese im Gebirge verwendeten bayerischen Hochgebirgsbracken wurden zur Nachsuche auf krankes Schalenwild verwendet, bis aus ihnen, durch Einkreuzung des Hannoverschen S., der Bayerische Gebirgs-S. hervorging (etwa 1880). Das Alter der S. wird mit »Behang« angegeben. Ein S. steht z.B. im ersten Behang, wenn er sich im zweiten Lebensjahr befindet. Die Stärken des S. sind feinste Nase, ausgeprägter Fährtenwille, Laut und große Hetzpassion, verbunden mit einer bestechenden Ruhe bei der Riemenarbeit. Die S.-Arbeit gilt als die hohe Schule des Waidwerks. Ein gut eingearbeiteter S. ist der Stolz jedes ▸ hirschgerechten Jägers (Prüfungen für S. ▸ Hundeprüfungen); ▸ Hannoversche Jägerhofmethode.

1.) Hannoverscher S. (HSH):
Herkunft: Um 1800 von hannoverschen Jägern aus den letzten Leithunden des hannoverschen Königshauses, der schweren Sollinger Bracke, der leichteren roten Heidbracke und einem leichten Brackenschlag aus dem Harz gezüchtet.
Äußere Merkmale: Ein mittelgroßer Hund mit einer Widerristhöhe von 40 bis 60 cm. Er hat kurzes, dichtes, glattes, glänzendes Haar von hirschroter, graubrauner, gelbbrauner oder braunschwarz gestromter Färbung mit oder ohne dunkle Maske. Die Rute ist lang und wird schräg abwärts getragen. Die Augenfarbe ist braun bis dunkelbraun.
Verwendung und hervorstechende Eigenschaften: Mittelschwerer, ruhiger, jedoch scharfer Hund. Ein Spezialist für Riemenarbeit auf der Wundfährte mit hervorragender Nase, der auch eine alte Wundfährte (bis 48 Stunden) noch ausarbeiten kann. Er soll das angeschweißte Wild stellen und verbellen (nicht niederziehen). I.d.R. wird der HSH auf Rot- und Schwarzwild, gelegentlich auch auf Damwild, jedoch nicht auf Reh- und Gamswild gearbeitet.

Bayerischer Gebirgs-S. (BGSH):
Herkunft: Die letzten bayerischen Hochgebirgsbracken wurden Ende des 19. Jh. mit Hannoverschen S. gekreuzt, um einen leichten S. für das Gebirge zu erhalten.
Äußere Merkmale: Ein mittelgroßer Hund mit einer Widerristhöhe von 45 bis 50 cm. Das Haar ist kurz, dicht und glatt anliegend. Die Haarfärbung ist semmelfarben bis hirschrot, auch gestromt, mit oder ohne dunkle Maske. Die Rute ist mittellang und wird waagrecht oder hängend getragen. Die Augenfarbe ist hell- bis dunkelbraun.
Verwendung und hervorstechende Eigenschaften: Intelligenter, leichter, wild- und mannscharfer Hund. Er wird im Gebirge auf der Schweißfährte von Rot- und Gamswild, gelegentlich auch von Rehwild gearbeitet.

Schweißhundeprüfung, die: ▸ Hundeprüfungen.

Wie der Name ausdrückt, wurde der Bayerische Gebirgsschweißhund ursprünglich für den Einsatz in Gebirgslagen gezüchtet.

Schwerer Schlag des Jura-Laufhundes (St. Hubert, s. S. 626)

Schweißhundeverband, Internationaler (ISHV): Im Jahre 1900 bzw. 1901 wurde in Österreich der Österreichisch-Ungarische Schweißhundverein gegründet (Präsident Landgraf Egon Fürstenberg). Dieser Verein hatte sich die Ziele gesetzt: Förderung der Zucht und Führung, Abhaltung von Prüfungen, Führung eines Zuchtbuches, Teilnahme an Ausstellungen. Die beachtlichen Aktivitäten dieses Vereins in der Österreichisch-Ungarischen Monarchie wurden vom Ersten Weltkrieg unterbrochen. 1924 erfolgte in Graz die Gründung des Österreichischen Schweißhundevereins (Ehrenvorsitz Reichsgraf Wurmbrand-Stuppach). Am 22.10.1929 wurde von Vertretern des Vereins Hirschmann und des Clubs für Bayerische Gebirgsschweißhunde anlässlich einer Hauptprüfung in Grünau beschlossen, einen übernationalen Verband anzustreben. Die Gründung erfolgte am 19.7.1930 in Leipzig anlässlich der ▸ Internationalen Jagdausstellung. Heute besteht der ISHV aus dem Zusammenschluss der nationalen Zuchtvereine für Hannoversche Schweißhunde und Bayerische Gebirgsschweißhunde der Länder Österreich, Schweiz, Frankreich, Deutschland und Ungarn. Die Länder Polen, Tschechien und Slowakei sind korrespondierende Mitglieder im ISHV. Im zweijährigen Turnus findet eine Hauptversammlung verbunden mit einer Hauptprüfung statt; ▸ Hundeverbände.

Schweißprüfung, die: ▸ Hundeprüfung, bei der die Leistungen des Hundes auf der ▸ Schweißfährte geprüft werden.

Schweißriemen, der: Ein Riemen aus gefettetem Leder, meist Rindsleder, von 6 m (Dackel) bis 12 m (große Hunde) Länge mit einer Schnalle an einem Ende, die in den Ring der Halsung eingehakt wird, und einer Schlaufe zum Halten am anderen Ende. Er darf nie an einer Würgehalsung befestigt werden. Der S. dient der Führung des Jagdhundes auf der natürlichen oder künstlichen ▸ Schweißfährte (▸ Riemenarbeit). Er wird »aufgedockt« und »abgedockt« (nicht »gewickelt«). Früher wurde anstatt eines Lederriemens ein Seil, das sog. Leitseil oder ▸ Hängeseil, verwendet.

Schweißschnur, die (Faischschnur, Feischschnur, Folgeschnur): Nach H. F. von ▸ Fleming und E. von ▸ Heppe in früherer Zeit eine Schnur von einer bestimmten Länge (Maßeinheit), die dem betreffenden Jäger das Recht gab, ein angeschossenes Stück Wild ohne Verständigung des Reviernachbarn über die Grenze zu verfolgen, wenn die abgedockte Schnur vom Stand bis zum Anschuss bzw. Schweiß reichte. Befand er sich auf Reisen, durfte er einen Fuchs, Hasen oder eine Ente bis in Schnurlänge vom Weg entfernt, als Zehrpfennig erlegen. Später wurde diese Schnur aus Wolle, Bock- oder Kamelhaaren nur noch als Zierde an der Hornfessel getragen. Am längsten war die S. in Bayern.

Schweißschuh, der: ▸ Fährtenschuh.

Schweißspur, die (Wundspur): Die ▸ Spur allen krankgeschossenen Niederwildes; ▸ Schweißfährte.

Schweißtrommel, die: Ein früher verwendeter, drehbarer, trommelförmiger Drahtkorb, in den ▸ Gescheide gefüllt wurde. Sie diente zum Anlegen einer künstlichen ▸ Schweißfährte.

Schweißzeichen, die: Der ▸ Schweiß, der auf der oder neben der Wundfährte liegt und nach dessen Farbe und Beschaffenheit man auf den Sitz der Kugel schließen kann; ▸ Schusszeichen.

Schweizer Bracke, die (Laufhund): ▸ Schweizer Laufhunde 1.

Schweizerische Kynologische Gesellschaft (SKG): Die SKG ist der Dachverband aller ihr angeschlossenen Rassehundvereinigungen der Schweiz. Sie betreut zusammen mit den Rassehundeklubs alle Bereiche der Kynologie der Schweiz (Zucht, Haltung, Gebrauch, Sport) und führt v.a. ein Zuchtregister, erstellt die Ahnentafeln und regelt das Ausstellungswesen. Das Jagdhundewesen wird innerhalb der SKG von der »Arbeitsgemeinschaft für das Jagdhundewesen (AGJ)« wahrgenommen; ▸ Hundeverbände, ▸ F. C. I.

Schweizer Jagdrecht, das: Das S. J. ist gesetzlich geregelt durch das Bundesgesetz über die Jagd und den Schutz wild lebender Säugetiere und Vögel (JSG) vom 20.6.1986, in Kraft seit 1.4.1988. Es löste das Gesetz aus dem Jahre 1925 ab. Die wesentlichsten Bestimmungen des Rahmengesetzes betreffen den ▸ Artenschutz, es nennt die jagdbaren Tiere und setzt die Schonzeiten fest. Ferner regelt es die Haltung geschützter Tiere, die Schaffung und Erhaltung von Schutzgebieten (▸ Jagdbanngebiete) und die Wildforschung. Dagegen fallen die Wahl des Jagdsystems (Revierjagd oder ▸ Patentjagd), der Erwerb der Jagdberechtigung, Maßnahmen zur Verhütung und die Entschädigung von ▸ Wildschäden sowie die Regelung von Haftpflicht und Versicherung weitgehend in die Kompetenz der Kantone. Zusätzlich können die Bestimmungen des Bundesgesetzes durch die kantonale Gesetzgebung verschärft werden. Insgesamt ist die Jagd dem Bundesamt für Umwelt, Wald und Landschaft unterstellt. Dieses publiziert alljährlich die Eidgenössische Jagdstatistik.

◂◂◂ Traditionell aufgedockter Schweißriemen

In der ganzen Schweiz ist die Jagd nicht an Grund und Boden gebunden, demzufolge ist die Jagd ein sogenanntes staatliches Regal, d.h. ein wirtschaftlich nutzbares Hoheitsrecht der Öffentlichkeit. Von den 26 Kantonen und Halbkantonen haben sich 16 Kantone für die ▸ Patentjagd, die übrigen Kantone (Mittellandkantone: Zürich, Luzern, Solothurn, Basel-Stadt und -Landschaft, Schaffhausen, St. Gallen, Aargau und Thurgau) für die Revierjagd entschieden. Eine Ausnahme macht der Kanton Genf. Hier wurde die Jagd im Jahre 1974 durch Volksentscheid auf dem ganzen Kantonsgebiet abgeschafft. Hegeabschüsse muss daher der Kanton in eigener Regie durchführen. In den Kantonen mit Revierjagd verpachten die Gemeinden (teilweise anlässlich einer Versteigerung) das ▸ Jagdrecht

Schwyzer Bracke

durch Vertrag an Einzelpersonen oder Gesellschaften für ein genau umschriebenes Gebiet auf 6 bis 10 Jahre, wobei die Gesellschaftsgröße genau geregelt ist. Jäger mit Wohnsitz im Kanton und auch die bisherigen Pächter werden bei der Vergabe bevorzugt. Die Jagdaufsicht, damit auch die Kosten für die Wildhege, die Vergütung für Wildschäden sowie die Verhütungsmaßnahmen gehen zu Lasten der Pächter. Dadurch kommen die Gemeinden zu nicht unerheblichen Einnahmen. Den Erlös aus Jagdkarten (Pächter- und Gastkarten) erhalten hingegen die Kantone. Angemessen entschädigt wird Wildschaden, den jagdbare Tiere an Wald, landwirtschaftlichen Kulturen und Nutztieren anrichten. Ausgenommen sind Schäden durch Tiere, wogegen Selbsthilfemaßnahmen ergriffen werden dürfen. Die Jägerausbildung besorgen die Jägervereine, die Jagdprüfung ist Sache der kantonalen Jagdverwaltung. In der Schweiz sind derzeit rd. 32 000 Personen Jäger (= 0,5% der Gesamtbevölkerung). Die jagdlichen Organisationen in der Schweiz werden vom großen Schweizerischen Patentjäger- und Wildschutzverband angeführt, der die deutschsprachigen Patentjäger umfasst, während in der Westschweiz und im Tessin, wo auch die Patentjagd ausgeübt wird, ebenfalls jagdliche Organisationen aktiv sind; ▸ österreichisches Jagdwesen.

Schweizer Jäger: ▸ Jagdzeitschriften.

Schweizer Laufhunde, die: Eine sehr alte Hundegruppe, die entweder in der La-Tene-Zeit aus Südgallien kam oder im 1. Jh. n. Chr. von den römischen Eroberern nach Helvetien gebracht wurde.

1. Schweizer, Berner und Luzerner Laufhund, der: Diese drei Hunde sind als gesonderte Rassen anerkannt, obwohl sie eigentlich Farbvarianten einer Rasse sind.

Äußere Merkmale: Alle drei – Schweizer, Berner und Luzerner Bracke – sind mittelgroße Hunde mit einer Schulterhöhe von mindestens 40 cm. Die Decke ist kurz- oder stockhaarig. Von der Schweizer und Berner Bracke gibt es – wenn sie auch selten vorkommt – eine rauhaarige Variante mit rauem, hartem Deckhaar und dichtem Unterhaar. Die Hunde haben dunkle Augen. Die Rute ist nicht zu lang und wird horizontal oder mit schwacher Biegung nach oben oder unten getragen.

Schwyzer Bracke: Sie hat eine weiße Grundfärbung mit kleinen und größeren roten, rotgelben, orangegelben oder orangen Flächen; gelegentlich hat sie einen roten Mantel oder einzelne rote Flecken.

Berner Bracke: Diese Bracke ist dreifarbig, weiß mit schwarz und braun, rostrot oder gelb. Auf weißem Untergrund hat sie große schwarze Platten und Flecken; das Braun zeigt das Black-and-tan-Muster (schwarz-lohfarbene Musterung).

Luzerner Bracke: Diese Rassevariante hat auf kaum sichtbarem weißem Untergrund blaugraue bis dunkelgraue Sprenkel und dunkle Flächen und/oder rostbraune Flecken oder rostbraune oder gelbe Zeichen am Kopf. Verwendung und hervorstechende Eigenschaften: Hervorragende lautjagende Hunde mit kräftigem, weit hörbarem Spurlaut, mit großer Jagdpassion und enormer Ausdauer. Sie haben eine sehr gute Nase, sind sehr spursicher und sind in jedem Gelände brauchbar. Heute werden sie hauptsächlich zur Schweißarbeit und zur Hasenjagd (▸ Brackenjagd) verwendet.

2. Jura-Laufhund (Jura-Bracke):

Herkunft: Die Schweizer J.-L. sollen die reinblütigsten Nachkommen der keltischen Bracken (▸ Segusier) sein. Sie sind eng mit dem ▸ Hubertushund verwandt. Der schwere Schlag der J.-L., oft auch Hubertushund genannt (Chien d'Ordre St-Hubert des Ardennes), und der leichtere Schlag (Bruno) werden heute noch in der Schweiz gezüchtet.

Äußere Merkmale: Der mittelgroße Hund hat eine Schulterhöhe von 40 bis 46 cm und einen kräftigen Knochenbau. Das Haar ist kurz und dicht anliegend. Die Decke ist einfarbig gelbbraun und rotbraun, auch mit schwarzem Sattel und kastanienbraunen bis gelben Abzeichen im Black-and-tan-Muster. Ein weißer Brustfleck ist erlaubt. Die Rute ist lang und wird ziemlich hoch getragen.

Verwendung und hervorstechende Eigenschaften: Ein Hund mit sehr feiner Nase und großer Jagdpassion. Er ist sehr spursicher und jagd spurlaut. Er hat eine tiefe, kräftige, weit tönende Stimme. Der für ihn typische lang gezogene Spurlaut, dem Heulen ähnlich (deshalb wird er auch Hurleur genannt), ist erst im Alter von drei bis vier Jahren voll ausgeprägt. Der hervorragende Jagdhund hat enorme Ausdauer und eignet sich gut für die Jagd in den Bergen. Er wird zur Schweißarbeit und zur Jagd auf Hasen eingesetzt.

3. Schweizer Niederlaufhunde, die: Im 19. Jh. entstanden durch Einkreuzung von Dackel-,

▸▸ Der Berner Niederlaufhund ist aus der Berner Bracke hervorgegangen.

besonders aber von Bassetblut in die drei vorgenannten Schweizer Laufhundrassen die *niederläufige Schwyzer, Berner* und *Luzerner Bracke* sowie der *Jura-Laufhund* (s. u.). Sie haben kürzere Läufe, sodass der Jäger ihnen leichter folgen kann.
Aussehen: Diese Niederlaufhunde haben eine Schulterhöhe von 30 bis 38 cm. Decke und Färbung sind wie bei den drei hochläufigen Brackenarten. Auch von der niederläufigen Schweizer und Berner Bracke gibt es eine rauhaarige Variante.
Verwendung und hervorstechende Eigenschaften: Wie die großen Laufhunde sind auch sie spurlaute Hunde mit enormer Jagdpassion und Ausdauer. Durch die kürzeren Läufe sind sie besonders für kleinere Jagdreviere geeignet. Heutzutage werden sie zur Schweißarbeit und zur Jagd auf Hasen und Füchse verwendet.
Jura-Niederlaufhund: Er ging Anfang des letzten Jh. aus dem Schweizer Jura-Laufhund durch Einkreuzung von Bassetblut hervor. Er hat dieselbe Färbung und dieselben Eigenschaften wie sein großer Vorfahr, lediglich kürzere Läufe (Niederlaufhund).
Schweizer Niederlaufhund, der: ▸ Schweizer Laufhunde.
Schwenkmontage, die: Montageart für Zielfernrohre; ▸ Jagdoptik.
schwer: **1**) Ein beim Laufen schwerfälliger Hund ist s. **2**) Ein Hund von s. Schlag – im Ggs. zum leichten Schlag; ▸ Hundeschlag. **3**) Selten gebrauchtes Wort für ▸ beschlagen, z.B.: Das Tier ist vom Hirsch s. geblieben. **4**) Ein Falke (s. Falke), der sich von Natur aus nicht zum ▸ Anwarten eignet, ist s.; ▸ Falken. Auch die Schwierigkeit des Abtragens mancher Falkenarten prägte den Begriff s. Vogel.
Schwerbellen, die: ▸ Bell.

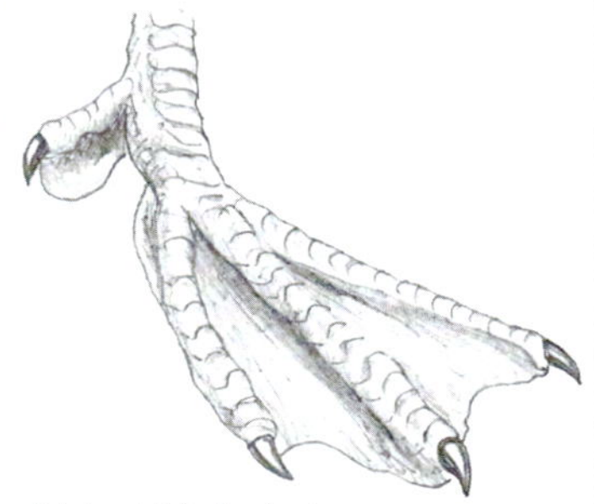
Schwimmfuß der Tauchenten

Schwerdt, C. F. G. R.: ▸ Jagdbibliotheken.
Schwerfederspiel, das: ▸ Federspiel 2).
Schwermetalle, die: S. sind Metalle und Legierungen mit einer Dichte über 4,5/ccm, darunter viele Gebrauchsmetalle wie Blei, Eisen, Chrom, Kupfer, Nickel, Zinn und Zink, die Edelmetalle und die Metalle der seltenen Erden. S.-Salze im Erdboden können Pflanzenschäden hervorrufen. S. in Nahrungskette oder Atemluft reichern sich im Organismus an und können zu Vergiftungen führen. Sie kumulieren sich auf verschiedene Weise in ▸ Ökosystemen und bedrohen durch ihre Giftwirkung auch den Menschen. Das Blei wird z.B. überwiegend durch die Luft verbreitet (Kfz-Verkehr), Quecksilber ist besonders in Binnen-, Küstengewässern und Flachmeeren angereichert. Bei allen S. (besonders auch bei Chrom, Arsen, Nickel) herrscht über tolerierbare Konzentrationen, über Kurz-, Langzeit- und synergetische Wirkungen noch wenig Klarheit; ▸ Weicheisenschrot, ▸ Nicht-Blei-Schrote.
Schwertl, das: ▸ Schwartl.
Schwertstange, die: Die früher mit einem Querriegel versehenen Stangen zum Anbinden der Oberleinen am Strauchherd (▸ Vogelfang).
Schwesterflinten, die: Auch Paarflinten. Frühere Bez. für zwei völlig gleiche Flinten, die auf wildreichen Jagden zum wechselweisen Schießen benutzt wurden. Eine davon wurde jeweils einer Hilfsperson (dem ▸ Flintenspanner) gereicht, der sie wieder lud und spannte.
schwimmen: **1**) In der allg. Bedeutung nur beim Fischotter und gelegentlich beim Fuchs gebrauchte Bez.; ▸ rinnen, ▸ rudern. **2**) ▸ schweimen.
Schwimmenten, die: ▸ Wildenten.
Schwimmer, der: **1**) Der Fuß des Bibers, des ▸ Fischotters und des ▸ Seehundes. **2**) Seltene Bez. für Turmfalke; ▸ Falken 2. **3**) Seltene Bez. für den Roten Milan; ▸ Milane 1. **4**) Frühere Bez. für den Lannerfalken (▸ Falken 7.), da sein aktiver Flug seicht und schwimmend wirkt. Er zieht, bedingt durch den längeren Unterarm, seine Schwingen nicht so stark durch wie die anderen Falken.
Schwimmfuß, der: Der Fuß der Gänse, Enten, Säger, Alken, Möwen, Seeschwalben und Schwäne.
Schwimmhaut, die: Die Häute zwischen den Zehen des ▸ Fischotters und am ▸ Schwimmfuß und ▸ Ruderfuß.
Schwimmspur, die: Die ▸ Witterung, die das Wassergeflügel (v.a. Wildenten) auf der Wasseroberfläche hinterlässt; ▸ Luftspur, ▸ Bodenspur, ▸ Luftfährte.
Schwimmvögel, die: Die Vögel, deren Zehen Schwimmhäute oder Lappen haben (z.B. See-, Lappentaucher, Gänsevögel und Ruderfüßer).
Schwind, Moritz von (21.1.1804 Wien bis 8.2.1871 München): deutsch-österreichischer Maler und Zeichner der Romantik. S. fertigte v.a. poetische Märchenbilder, Gemälde, Fresken (Auf der Wartburg, Wiener Oper). Von ihm stammt u.a. »Kaiser Maximilian auf der Martinswand« um 1840. Das Bild zeigt den Kaiser, der sich bei der Gamsjagd verstiegen hat, in großer Not. Als Professor der Historie lehrte S. 1844 bis 1847 am Städelschen Kunstinstitut in Frankfurt/Main und vollendete 1846 das Ölgemälde »Der Sängerkrieg auf der Wartburg«. Ab 1847 war er Akademieprofessor in München. Viele seiner Werke besitzt die dortige Schack-Galerie.
Schwinge, die: **1**) Der Flügel der ▸ Beizvögel und allen starken Federwildes. **2**) Die Schwungfedern bei allen Vögeln, z.B. Arm-, Handschwinge; ▸ Schwungfedern.
schwingen: **1**) Auch ▸ ballieren. **2**) Ein-, ausschwingen, d.h. an-, wegfliegen.
Schwingenprügeln, das: ▸ Schnabelfechten.
Schwippgalgenschlinge, die: Eine Fangschleife am Ende eines jungen Baumes oder einer Vorrichtung, mit der Wölfe und Bären auf einem Zwangspass gefangen wurden. Fing das Tier sich in der Fangschleife, löste sich die Verankerung und der Baum oder die Vorrichtung schnellte nach oben, die Schlaufe zog sich zu und das Tier fing sich darin.
Schwippstöcke, die: Alte Bez. für die biegsamen Stöcke, die auf dem Vogelherd die

◂◂ Unbekannter Künstler: »Wie man Wölfe und andere Tiere mit der Schwippgalgenschlinge fangen kann«, 14. Jh., aus Gaston Phoebus, Comte de Foix, Vicomte de Béarn: »Le Livre de la Chasse«, Blatt 107

Schlagwände schnell ausheben und zusammenschlagen halfen, wenn die Rückleine angezogen wurde; ▸ Vogelfang 7.

Schwungfedern, die (Schwingen, seltener: Fluchten): Beim Wassergeflügel die Ruderfedern sowie die großen Federn an einem ▸ Vogelflügel. Die ersten zehn S. heißen S. erster Ordnung (Handschwingen), die übrigen S. zweiter Ordnung (Armschwingen). Die meisten Arten besitzen zehn S., wobei häufig die 10. Feder kürzer und funktionslos ist (z.B. ▸ Spechte und viele ▸ Singvögel). Störche und Lappentaucher besitzen 11 S. Bei ▸ Wildenten z.B., die alle S. zeitgleich mausern, wachsen die S. rasch nach, sodass die Flugfähigkeit nach drei bis vier Wochen wieder erreicht ist.

Schwungpennen, die: Die ▸ Schwungfedern beim Beizvogel; ▸ Vogelflügel.

SCI: ▸ Safari Club International.

Scott, Peter »Markham« (1909 bis 1989): Britischer Naturwissenschaftler, Künstler, Forscher und Sohn des Polarforschers Robert F. Scott. Er war Mitbegründer des World Wildlife Fund (▸ World Wide Fund for Nature) und Leiter der großen Anatiden-Forschungsstelle in Slimbridge an der Severn-Mündung.

Scottverschluss, der: Ein englischer Verschluss bei Kipplaufgewehren, ähnlich dem Greenerverschluss; ▸ Verschlussarten.

Scrapie: S. gehört wie ▸ BSE bei Rindern und die Creutzfeld-Jakob-Krankheit des Menschen zu der Gruppe der sogenannten Transmissiblen Spongiformen Enzephalopathien (TSE); wörtlich übersetzt: »Übertragbare schwammförmige Gehirnerkrankung«. Bei Tieren ist S. fast weltweit bei Schafen und Ziegen verbreitet. In Großbritannien ist S. auch bei Muffelwild aufgetreten. S. ist eine anzeigepflichtige Tierseuche, die Krankheit hat einen stets tödlichen Verlauf.

Sebastian: Römischer Märtyrer (2. Hälfte des 3. Jh.). Nach der Legende zunächst durch Pfeilschüsse gemartert, dann mit Keulen erschlagen. S. ist Patron der Schützenbruderschaften und der Büchsenmacher. Sein Festtag ist der 20. Januar.

Sebetz, der: ▸ Säger 1.

Sechser, der (Sechsender): Ein Hirsch oder Rehbock, dessen ▸ Geweih (bzw. Gehörn) an jeder Stange drei Enden aufweist (gerader Sechser oder Sechsender). Besitzt eine Stange weniger Enden, spricht man von einem ungeraden S.

Waidmännische Ausdrücke beim Seehund	
abfellen	dem S. das Fell abziehen
Heuler (Huler)	junger verlassener oder abgelegter S.
hucksen	das Nachahmen der robbenden Bewegungen des S. an Land durch den Jäger
Hund	männlicher S.
Hündin	weiblicher S.

Sechserbock, der: ▸ Sechser.

Sechserhirsch, der: ▸ Sechser.

Sechshunde: Alte Bez. für die ▸ Meutehunde königlich-französischer Jagden. Sie stammt aus der Zeit Karls d. Gr., der einen Hirsch mit (nur) sechs guten Hunden jagte.

Sechzehnender, der: Rothirsch, dessen ▸ Geweih an jeder Stange acht Enden aufweist (gerader S.). Befinden sich an einer Stange weniger als acht Enden, spricht man von einem ungeraden S.

Seeadler, der (weißschwänziger Seeadler): ▸ Adler 2.

Seeamsel, die: ▸ Drosseln 5.

Seedrache, der: ▸ Lappentaucher 1.

Seelster, die: ▸ Austernfischer.

Seefasan, der: ▸ Wildenten 5.

Seeflunder, der: ▸ Seetaucher 3.

Seefuchs, der: Bez. für das Pelzwerk des ▸ Marderhundes im Handel.

Seegans, die: ▸ Wildgänse 2.

Seehunde, die *(Phocinae):* Die zu den Robben *(Pinnipedia)* zählende Unterfamilie aus der Unterordnung der Wasserraubtiere. Die für uns wichtigsten Arten sind: der Gemeine Seehund *(Phoca vitulina*, L.), der als einzige Art dem ▸ Jagdrecht unterliegt, sowie die Kegel- *(Halichoerus grypus*, Fabricius) und die Ringelrobbe *(Pusa hispida)*, die beide geschützt sind. Im Ggs. zu den Ohrenrobben (Pelzrobben, Seelöwen) haben die S. keine äußeren Ohren (Ohrmuschel) mehr und können auch ihre Hinterflossen nicht mehr nach vorne drehen, die deshalb beim Robben nachgezogen werden. Die Vorderruder (Vorderbeine) eignen sich gut zum Abstützen. Der Kopf ist meist rundlich, die ▸ Seher sind groß und dunkel. Bemerkenswert ist, dass die S. wie alle anderen Robbenarten bei Erregung irgendwelcher Art, namentlich aber bei Schmerz, Tränen vergießen. Die Sohlen sind behaart, die bekrallten Zehen mit Schwimmhäuten versehen. Sie bewegen sich an Land rutschend (robbend) vorwärts und wirken dabei schwerfällig und behäbig. Die meiste Zeit ihres Lebens verbringen sie jedoch im Wasser. Sie schwimmen schnell und gewandt und tauchen meisterhaft, wobei sie bis zu sieben Minuten (Gemeiner Seehund) bzw. bis zu 20 Minuten (Ringelrobbe) unter Wasser bleiben können. Sie schlafen im seichten Wasser und kommen von Zeit zu Zeit mit geschlossenen Sehern bis zur Wasseroberfläche, um Luft zu schöpfen; dann sinken sie wieder auf den Grund hinab. Zahnformel:

$$\frac{3}{2}\,\frac{1}{1}\,\frac{4}{4}\,\frac{1}{1} = 34 \text{ Zähne}$$

(▸ Zahnalterslehre)

1. Gemeiner Seehund, der *(Phoca vitulina*, L.): Der G. S. hat Flossen, Ruder (Vorder- und Hinterruder) oder Schwimmer. Das Fell der jungen S. wird als »Haar-Seal« zu Kleidungsstücken und Gebrauchsgegenständen (Steigfelle, früher auch Tornister) verarbeitet.

Vorkommen: Der S. kommt an der Ostseeküste Schwedens, Dänemarks und Deutschlands, an der deutschen Nordseeküste bis zu den Niederlanden sowie an der Nordküste Skandinaviens und Schottlands und an der Küste Islands vor.

Aussehen: Ein ausgewachsener G. S. ist 1,50 bis 2 m lang und wiegt etwa 100 kg. Der Hund ist stets größer als die Hündin. Das Fell ist kurzhaarig und hat oberseits und an den Seiten dunkle Flecken auf hellem, weißgrauem oder gelblich grauem Grund. Der Rücken ist dunkler als die Seiten, die in eine weiße bzw. gelblich weiße Bauchpartie übergehen. Die Schnurrhaare sind weiß.

Sinne und Lautäußerung: Der S. windet über Wasser sehr gut, unter Wasser wird die Nase verschlossen. Er vernimmt auch gut, hat jedoch keine äußeren Ohren (Ohrmuschel), sondern nur eine kleine, unscheinbare Öffnung, die beim Tauchen ebenfalls verschlossen wird. Unter Wasser äugt er gut, über Wasser jedoch schlecht. Seine Lautäußerung ist ein heiseres Bellen oder Grunzen; im Zorn knurrt er wie ein Hund.

Der Gemeine Seehund ist ein häufiger Bewohner der Nord- und Ostseeküsten.

◂◂ Kegelrobben: Ihr Verbreitungsschwerpunkt ist der Nordatlantik.

Lebensraum und Lebensweise: Sein Lebensraum sind die Küstenzonen der Meere, die Sandbänke, das Wattenmeer sowie seichte tiefere Gewässer. Er ist standorttreu und lebt gesellig in ▸ Rudeln, wobei einige Stücke die Wache übernehmen. Industrieabwässer, Ölpest und Wattwanderer bedrohen den Lebensraum. Nahrung: Sie besteht zum größten Teil aus Fischen, die er unzerkaut verschlingt. Ferner nimmt er auch Weichtiere und Krebse. Seine Tagesration beträgt ca. 5 bis 7 kg. Fortpflanzung: Der S. ist mit drei Jahren geschlechtsreif. Die Brunftzeit fällt in den August/Anfang September. Die Hündin trägt elf Monate (einschließlich ▸ Vortragezeit) und wirft an Land ein ca. 40 cm langes Junges (selten zwei), das fünf bis sechs Wochen gesäugt wird. Das Junge ist gleich nach der Geburt schwimmfähig und folgt der Mutter, mit der es ständig in Stimmfühlung ist. Nach der Säugezeit können sich die Jungen nach kurzer Fastenzeit allein ernähren. Heuler sind von der Mutter verlassene, häufig auch abgelegte Jungtiere. Bei Zwillingsgeburten kümmert sich die Mutter nur um ein Jungtier und verlässt das zweite gänzlich. Es gibt heute Heuler-Aufzuchtstationen in Bremerhaven, Wilhelmshaven, Norden-Norddeich und Büsum. Dort werden die Jungen aufgezogen, markiert und mit ca. 45 kg, wenn sie ausreichend auf ein selbstständiges Leben vorbereitet sind, wieder in die freie Wildbahn entlassen. Spur: Die Spur der S. findet man auf Sand- oder Schlammbänken und auf schneebedecktem Eis. Sie ist charakteristisch und mit keiner anderen Spur zu verwechseln. Da der S. sich robbend vorwärts bewegt, hinterlässt der Körper eine breite Schleppspur, zu deren beiden Seiten paarweise (rechte und linke Flosse) die Vorderflossen (Ruder) deutlich abgedrückt sind. Jagd: Die Jagdausübung ist nur in Begleitung eines bestätigten S.-Jagdführers erlaubt. Nach dem BJG (§19) dürfen S. nur mit ▸ Büchsenpatronen beschossen werden, deren Auftreffwucht bei E_{100} (100 m Entfernung) mindestens 1000 Joule beträgt. Die Hetz- und Netzjagd, die Jagd vom Boot aus, der Schrotschuss und der Schuss auf schwimmende Stücke sind verboten. Bei der Jagd auf den S. täuscht der Jäger einen Artgenossen vor, indem er selbst robbend die Bewegungen des S. nachahmt, sog. Hucksen. Die ungemein neugierigen S. nähern sich dabei dem hucksenden Jäger auf Schussentfernung. Der S. darf nur beschossen werden, wenn er »Land unter dem Bauch« hat. Der Schuss auf Kopf oder Hals ist tödlich. Die Trophäe ist das Fell, bei kapitalen (alten) Hunden der Kopf.

2. Kegelrobbe, die *(Halichoerus grypus*, Fabr.): Sie kommt in der Ost-, gelegentlich auch in der Nordsee, hauptsächlich aber im Nordatlantik vor. Sie ist die stärkste Robbe, hat ausgewachsen eine Länge von 2,5 bis 3 m und ein Gewicht von 200 bis 280 kg. Weibliche Tiere sind wesentlich kleiner und z.T. um die Hälfte geringer als männliche. Ein besonderes Merkmal sind der lang gestreckte Kopf und die kegelförmige Schnauze. Das Fell ist vorwiegend grau mit unregelmäßigen ovalen bis rundlichen Flecken. Die Unterseite ist heller gefärbt als der Rücken. Farbvariationen kommen häufig vor. Die Jungtiere tragen in den ersten vier bis fünf Lebenswochen ein wolliges Jugendkleid. Als Lebensraum zieht die K. das offene tiefe Meer den Küstengewässern vor. Der Fraß besteht aus Fischen und Krebstieren. Kleine Fische werden ganz verschlungen, größere mithilfe der Vorderfüße und der Fänge zerrissen und in Stücken gefressen. K. sind mit drei Jahren geschlechtsreif und leben polygam. Ein älteres männliches Tier lebt mit mehreren weiblichen zusammen. Sie paaren sich nur auf den Inseln und auf dem Treibeis. Die Jungtiere werden je nach den klimatischen Verhältnissen in den Lebensräumen von Oktober bis Februar auf vom Wasser nicht erreichbaren Plätzen (Fels oder hohe Sandbänke) geboren. Junge K. nehmen nach der Geburt in ca. zwei Wochen über 20 kg zu und können erst mit vier bis fünf Wochen, nachdem sie ihr Jugendkleid abgelegt haben, schwimmen. Es wird jeweils nur ein Junges geworfen, das aber im Ggs. zu jungen S. erst nach einigen Wochen dem Weibchen ins Meer folgt.

3. Ringelrobbe, die *(Pusa hispida)*: Sie kommt im nordöstlichen Teil der Ostsee vor und ist etwas kleiner als der G. S., hat ausgewachsen eine Länge von etwa 1,10 m bis 1,60 m und ein Gewicht von ca. 35 bis 110 kg. Weibliche Tiere sind kleiner und geringer als männliche. Das kurzhaarige Fell hat helle Kringel mit dunklem Mittelpunkt auf bräunlichem Körper. Junge R. haben in den ersten zwei bis drei Lebenswochen ein wolliges Jugendkleid, da sie oft auf noch vorhandenen Eisschollen geboren werden. Erst nach dem Haarwechsel gehen sie, wie die jungen Kegelrobben, ins Wasser. Bei jüngeren Tieren ist die typische Ringelzeichnung oft noch nicht oder nur undeutlich vorhanden, sie sind daher im Wasser vom G. S. nur schwer zu unterscheiden. Die Nahrung der R. besteht in der Hauptsache aus Krebsen und Weichtieren. Die R. kann bis zu 300 m tief nach Nahrung tauchen. Sie nimmt weniger Fische auf als der G. S. Die R. brunftet im Juni und wirft ihr Junges nach etwa zehnmonatiger Tragezeit im März. Zwillingsgeburten sind häufiger als beim G. S., Drillinge kommen selten vor.

Seehundjagdführer, der: Die Jagd auf ▸ Seehunde (Kegel- und Ringelrobbe stehen unter Naturschutz) ist nur in Begleitung eines bestätigten (bestellten) S. erlaubt.

Seekatz, Johann Konrad (1719 bis 1768): ▸ Jagdkunst.

Seekatze, die: ▸ Säger 2.

Seekrähe, die: ▸ Seeschwalben 2.

Seele, die: Der Innenraum des Gewehrlaufes.

Seelenachse, die: Die gedachte Mittellinie des Gewehrlauf-Innenraumes.

Seelendurchmesser, der: Der Durchmesser des Gewehrlauf-Innenraumes.

Seelenlänge, die: Die Länge der Bohrung des Gewehrlaufes vom Stoßboden bis zur Laufmündung.

Seelerche, die: ▸ Regenpfeifer 3. und 4.

Seemornell, der: 1) ▸ Regenpfeifer 3. 2) ▸ Schnepfenvögel 8.

Seerabe, der: ▸ Kormorane 1.

Seerachen, der: ▸ Säger 1.

Seeschwalbe, schwarzköpfige, die: ▸ Seeschwalben 2.

Seeschwalbe, silbergraue, die: ▸ Seeschwalben 3.

Seeschwalben, die: Familie *(Sternidae)* aus der Ordnung der ▸ Watvögel und möwenartigen Vögel *(Charadriiformes)*. Sie sind den ▸ Möwen sehr ähnlich, jedoch meist kleiner, haben einen flacheren Kopf, einen hakenlosen, langen und spitzen Schnabel und einen spitzen, tief gegabelten Schwanz. Die ▸ Geschlechter sind gleich gefärbt. Mit den eigentlichen Schwalben haben die S. nichts gemein und stehen in der zoologischen Zugehörigkeit weitab von dieser ganz andersgearteten Kleinvogelgruppe. Sie sind im Fluge sehr gewandt, jedoch keine besonders guten Schwimmer, sondern lassen sich mehr auf der Wasseroberfläche treiben. Sie nisten in mehr oder weniger großen ▸ Kolonien auf kiesigem oder sandigem Untergrund, die Eier liegen

Seeschwalben, nach Otto Grashey, »Praktisches Handbuch für Jäger«, 1894, 3. Auflage 1916: 1 Brandseeschwalbe (vorne Sommerkleid, dahinter Winterkleid), 2 Trauerseeschwalbe (Winterkleid), 3 Küstenseeschwalbe (Jungvogel), 4 Zwergseeschwalbe (hinten Jungvogel), 5 Trauerseeschwalbe (Sommerkleid), 6 Küstenseeschwalbe (Sommerkleid), 7 Flussseeschwalben (Sommerkleid, dahinter Jungvogel)

(außer bei der Trauerseeschwalbe) in einer flachen Mulde, die nur gelegentlich spärlich mit Halmen ausgelegt wird. Das Gelege besteht meist aus zwei Eiern, die von beiden Partnern bebrütet werden. Die Jungen sind Nestflüchter. Die S. waren nach dem ▸ Reichsjagdgesetz von 1934 jagdbar, aber ganzjährig mit der Jagd zu verschonen. Die nachstehend beschriebenen fünf Arten sind in Mitteleuropa Brutvögel und überwintern hauptsächlich in Afrika (Zugvögel).

1. Trauerseeschwalbe, die *(Chlidonias niger,* L.): Auch grauflügelige Seeschwalbe, schwarze See-, spaltfüßige Meer-, dunkle Wasserschwalbe, schwarze Schwalbenmöwe, Girr-, Amselmöwe, kleine schwarze Möwe, Brand-, Maivogel. Länge: um 24 cm, Gewicht: um 70 g.
Aussehen: Im ▸ Brutkleid Hauptfärbung schwarzgrau bis schwarz, Unterbauch und Unterschwanzdecken weiß. Schnabel schwarz, lang und sehr gestreckt, in den Mundwinkeln rot, Ruder dunkelbraun. Im ▸ Ruhekleid sind Stirn und Gesicht weiß, vor dem Auge ein weißer Fleck. Die langen Flügel überragen den Schwanz. ▸ Jugendkleid ähnlich dem Ruhekleid.
Vorkommen: Mittel-, Ost- und Südeuropa, Südskandinavien, vereinzelt in der Poebene und auf Sardinien, daneben in Asien und Nordamerika. Ihr Lebensraum sind Sumpflandschaften, Seen und Teiche mit flachen sumpfigen Ufern und sumpfige Flussmündungen.
Fortpflanzung: Wahrscheinlich erst mit zwei Jahren geschlechtsreif. Das ▸ Nest wird schwimmend auf Wasserpflanzen im stehenden Flachwasser von Seen, Teichen, Sümpfen und Mooren errichtet. Das Gelege besteht aus zwei bis drei olivfarbenen oder lehmgelben, braunschwarz gefleckten Eiern, die 17 bis 18 Tage bebrütet werden. Sie sind 35 x 25 mm groß und ca. 11 g schwer. Die Jungen sind mit etwa drei Wochen flugfähig. Eine Jahresbrut (Mitte Mai bis Anfang Juni).
Nahrung: Kleine Fische, Würmer, Insekten, Molche und Frösche.

2. Flussseeschwalbe, die *(Sterna hirundo,* L.): Auch Flussmeerschwalbe, Schwalbenmöwe, Seekrähe, graue, rotfüßige, schwarzköpfige Seeschwalbe, Spierer, Tänner. Länge: um 35 cm, Gewicht: um 150 g.
Aussehen: Im Brutkleid von der Stirn bis in den Nacken ein schwarzer Streifen. Oberseits hellgrau, Handschwingen grauschwarz. Die Brust ist silbergrau, der tief gegabelte Schwanz rein weiß. Schnabel rot mit schwarzer Spitze, Ständer rot. Im Ruhekleid Kopf weiß. Der Jungvogel ähnelt den Altvögeln im Ruhekleid; Scheitel jedoch gestrichelt, oberseits braungefleckt.
Vorkommen: Ost-, West- und Südeuropa, Britische Inseln, Südwestskandinavien, in großen Teilen Asiens, in Westafrika, Nord- und Mittelamerika. Sie lebt an Binnengewässern mit verlandeten Uferzonen, an Küsten, Strandwiesen und an großen Flussmündungen. In Europa Zugvogel, der v.a. in Westafrika überwintert.
Fortpflanzung: I.d.R. erst mit drei Jahren geschlechtsreif. Das Nest, eine flache Mulde, wird vorwiegend auf Kies- oder Sandstränden, auf Dünen oder an stehenden und fließenden Binnengewässern errichtet. Das Gelege enthält drei (zwei bis vier) olivbraune mit vielen großen und dunkelbraunen Flecken versehene Eier, die 23 bis 24 Tage bebrütet werden. Sie sind 41 x 30 mm groß und ca. 20 g schwer. Die Jungen sind mit drei bis vier Wochen flugfähig. Eine Jahresbrut (Mai bis Juni).
Nahrung: Kleine Fische, Wasserinsekten aller Art, Krebstiere, Mollusken und Würmer.

3. Küstenseeschwalbe, die *(Sterna paradisaea,* Pontopp.): Langschwänzige See-, Küstenmeer-, silbergraue Seeschwalbe, Bößgieker. Länge: um 41 cm, Gewicht: um 100 g.
Aussehen: Im Brutkleid der Flussseeschwalbe sehr ähnlich, aber insgesamt etwas grauer. ▸ Ständer und Schnabel karminrot, Letzterer jedoch ohne schwarze Spitze. Nacken und Oberkopf bis unter die Augen schwarz, die Unterseite weiß. Im Ruhe- und Jugendkleid ähnlich Flussseeschwalbe; Hinterkopf schwarz, Vorderseite weiß, Schnabel gelbrot.
Vorkommen: Nordwestliches Mittel-, Nordosteuropa, Küsten der Britischen Inseln, Island, Skandinavien, nördliches Asien und nördliches Nordamerika. Ihr Lebensraum sind flache Meeresküsten mit niedriger und spärlicher Vegetation, flache Inseln in Küstennähe und sumpfige Küstenzonen. Zugvogel, der an den Küsten des südlichen Afrika und in ant-

arktischen Gebieten überwintert. Leitlinienzug längs der Atlantikküste von Europa und Afrika (Sonnenvogel).
Fortpflanzung: I.d.R. erst mit drei Jahren geschlechtsreif. Als Nistplatz werden flache Meeresküsten und Sandbänke gewählt. Das Gelege besteht aus zwei (ein bis drei) sehr unterschiedlich hell-sandfarben bis steingrau oder graubraun gefärbten Eiern mit einigen großen schwarzbraunen Flecken. Sie sind 40 x 29 mm groß und 19 g schwer. Die Eier werden 20 bis 22 Tage bebrütet. Eine Jahresbrut (Ende April bis Mitte Mai).
Nahrung: Wie Fluss-S.
4. Brandseeschwalbe, die *(Sterna sandvicensis*, Lath.): Auch schwarzschnäbelige Seeschwalbe, Haffpicker, Länge: um 41 cm, Gewicht: um 250 g.
Aussehen: Oberkopf bis an den unteren Augenrand schwarz mit ebenfalls schwarzer Federhaube. Oberseite und Schwingen hellgrau. Schnabel schwarz und lang, an der Spitze gelb. Ständer schwarz, die Sohlen gelb. Ruhe- und Jugendkleid ähnlich dem Brutkleid, aber mit weißer Stirn, im Jugendkleid Oberseite graubraun gefleckt.
Vorkommen: Nordwestliches Mitteleuropa und Südskandinavien, an den Küsten der Britischen Inseln, lokal in der Camargue sowie am Schwarzen und Kaspischen Meer und in weiten Teilen Amerikas. Ihr Lebensraum sind flache, sandige Meeresküsten mit spärlicher Vegetation.
Fortpflanzung: Erst mit vier bis fünf Jahren geschlechtsreif. Das Nest wird auf flachen, kiesigen Meeresküsten, felsigen oder sandigen Inseln und am Sandstrand jeweils unter spärlicher Vegetation und in großen Kolonien errichtet. Während der Bodenbalz im Frühjahr umtrippeln die Partner einander mit hängenden Flügeln und gesträubter Haube. Das Gelege besteht aus zwei (ein bis drei) unterschiedlich rahm- oder sandfarben bis bräunlich gefärbten und schwarzbraun gefleckten Eiern, die 52 x 36 mm groß und 36 bis 40 g schwer sind. Die Eier werden 22 bis 23 Tage bebrütet. Die Jungen sind mit etwa fünf Wochen selbstständig und flugfähig. Eine Jahresbrut (Mai bis Juni).
Nahrung: Ähnlich Fluss-S.
5. Zwergseeschwalbe, die *(Sterna albifrons*, Fall.): Zwergmeer-, Pommersche Zwergsee-, kleine Seeschwalbe, kleine Schwalbenmöwe. Länge: ca. 23 cm (mauerseglergroß), Gewicht: um 50 g.
Aussehen: Im Brutkleid oberseits hellgrau, Kopf und Nacken schwarz, Stirn weiß, schwarzer Streif durchs Auge. Übriges Gefieder weiß. Schwanz ein Drittel gegabelt, Schnabel gelb mit schwarzer Spitze, Beine gelb. Im Ruhekleid Vorderkopf weiß, dem Hinterkopf zu dunkelgrau. Das Jugendkleid ähnelt dem Ruhekleid, oberseits jedoch gefleckt.
Vorkommen: Fast an allen europäischen Küsten vorkommend, jedoch nicht so häufig wie die Küsten- und Flussseeschwalbe. Im Binnenland nur lokal anzutreffen. Ferner in Asien, an den Küsten Australiens, Afrikas und im südlichen Nord- und Mittelamerika beheimatet. Bevorzugt flache Küsten mit Sandstrand, Dünengelände sowie vegetationsarmes, flaches Gelände an Salzseen und Brackwassersümpfen.
Fortpflanzung: Meist im zweiten Jahr geschlechtsreif. Das Nest, eine flache Mulde, wird überwiegend auf flachem, vegetationsarmem, sandigem oder kiesigem Strand, oft unmittelbar an der Flutkante, auf Muschelfeldern oder am Ufer der Brackwassersümpfe und Salzseen errichtet. Das Gelege besteht aus zwei bis drei sandfarbenen oder bräunlich gelben, schwärzlich gepunkteten Eiern, die 33 x 24 mm groß und ca. 10 g schwer sind. Die Eier werden 20 bis 22 Tage bebrütet. Die Jungen sind mit etwa drei Wochen flugfähig. Eine Jahresbrut (Mai bis Juni).
Nahrung: Ähnlich Flussseeschwalbe.
Seetaucher, die *(Gaviiformes)*: ▸ Ordnung von besonders gewandt tauchenden Schwimmvögeln der offenen Gewässer. Es sind große, schlank gebaute Vögel mit langem, spitzem Schnabel, mittellangem Hals und kurzem Schwanz. Sie besitzen zwischen den Vorderzehen volle Schwimmhäute; die Füße sind weit hinten am Körper eingelenkt. Beide ▸ Geschlechter sind gleich gefärbt. Die Nester der S. werden meist an bewaldeten und buschreichen Ufern kleiner oder großer tiefer Seen oder auf kleinen Inseln errichtet. Das Gelege besteht i.d.R. aus zwei Eiern, die von beiden Partnern bebrütet werden. Eine Jahresbrut. Im nördlichen Europa sind Stern- und Prachttaucher Brutvögel. Die S. waren nach dem Reichsjagdgesetz von 1934 jagdbares Federwild, jedoch ganzjährig mit der Jagd zu verschonen.

Seetaucher nach Otto Grashey, »Praktisches Handbuch für Jäger«, 1894, 3. Auflage 1916; von links nach rechts: Prachttaucher (Jungvogel), Eistaucher (Sommerkleid), Prachttaucher (Sommerkleid), Eistaucher (Jungvogel)

1. **Sterntaucher**, der *(Gavia stellata*, Pontopp.): Auch Nordsee-, rothalsiger See-, gesprenkelter Seetaucher, rothalsige Lumme, rotkehliger Taucher. Länge: um 60 cm, Gewicht: um 2000 g.
Aussehen: Im ▸ Brutkleid sind Kopf und Hals aschgrau, Hinterhals fast weiß und sehr dunkel längsgestreift. Kehle und Vorderhals rotbraun und scharf begrenzt. Die Oberseite ist schwarzbraun und spärlich weiß gefleckt, der Bauch hell. Im ▸ Ruhekleid ist die Oberseite dunkelgraubraun mit weißlichen Flecken, Kehle, Wangen und Halsseiten weiß. Der Schnabel ist schwarz und ein wenig nach oben gebogen, die Augen sind dunkelbraun, die Latschen fleischfarben. Das ▸ Jugendkleid ähnelt dem Ruhekleid.
Vorkommen: Im Norden der Britischen Inseln, Island, Skandinavien, Nordosteuropa, Spitzbergen, Grönland, nördliches Asien und arktisches Nordamerika. Sein Lebensraum sind Binnengewässer mit reichlicher Ufervegetation. In Europa ▸ Teilzieher, der hauptsächlich an den Küsten und im Mittelmeerraum überwintert.
Fortpflanzung: Erst mit zwei bis drei Jahren geschlechtsreif. Das ▸ Nest wird fast immer in Wassernähe – am Ufer oder auf kleinen Inselchen – errichtet. Es ist eine durch niedergedrücktes Gras gebildete Mulde oder ein etwas größeres Nest aus feuchtem Moos und anderen Pflanzenteilen. Das Gelege besteht aus zwei ovalen, olivbräunlichen und dunkelbraun gefleckten Eiern, die 74 x 46 mm groß und ca. 80 g schwer sind. Sie werden 26 bis 28 Tage bebrütet. Die Jungen verlassen das Nest kurz nach dem Schlüpfen und werden von den Eltern noch etwa zwei Monate geführt. Eine Jahresbrut (Ende Mai bis Juni).
Nahrung: Fische, Frösche, Laich, Wasserinsekten, Würmer, Schnecken und Krebse. Sie wird fast ausschließlich tauchend erbeutet.
2. **Prachttaucher**, der *(Gavia arctica*, L.): Auch Polar-, Polarsee-, Ostseetaucher, Nordseetaucher, Polarlumme, schwarzkehliger Taucher. Länge: 65 cm, Gewicht: um 2000 g.
Aussehen: Im Brutkleid oberseits tiefschwarz mit weißen Flecken, Gesicht und Kehle tiefschwarz, Halsseiten schwarzweiß längsgestreift, Vorderseite weiß glänzend. Im Ruhekleid überwiegend graubraun gefärbt auf der weißen Unterseite einige Längsstreifen. Schnabel schwarz, Augen braun, Latschen fleischfarben.
Vorkommen: Skandinavien, Nordosteuropa, der Norden der Britischen Inseln, Spitzbergen, Grönland, nördliches Asien und arktisches Nordamerika. Sein Lebensraum sind große und tiefe Seen mit Ufervegetation. Außerhalb der Brutzeit ist er auf Gewässern aller Art anzutreffen. In Europa Teilzieher, der z.T. im Mittelmeerraum und am Schwarzen Meer überwintert.
Fortpflanzung: Neststandort und Nestbau ähnlich wie beim Sterntaucher. Das Gelege besteht aus zwei gestreckt ovalen, olivbraunen bis dunkelbraunen und schwarzbraun gefleckten Eiern. Sie sind 85 x 53 mm groß und ca. 122 g schwer. Die Eier werden 28 bis 30 Tage bebrütet. Die Jungen verlassen das Nest kurz nach dem Schlüpfen und werden von den Eltern ca. zwei Monate geführt. Eine Jahresbrut (Mai bis Juni).
Nahrung: Wie beim Sterntaucher.
3. **Eistaucher**, der *(Gavia immer*, L.): Auch isländischer Eis-, Riesentaucher, Seeflunder, Schnurrgans. Wesentlich größer als der Stern- und Prachttaucher. Länge: ca. 87 cm. Im Brutkleid Kopf und Oberhals schwarz mit grünem Schimmer. Oberseite schwarz-weiß kariert, im Nacken ein breiter weißer Streifen, Vorderseite glänzend weiß. Im Ruhekleid oberseits fahlbraun mit hellen Säumen, an den Seiten punktiert, sonst ähnlich dem Prachttaucher. ▸ Brutvögel auf Island, den Eismeerinseln, an der Küste Grönlands und im nördlichen Nordamerika. Fortpflanzung und Nahrung ähnlich wie beim Stern- und Prachttaucher.

Seeteufel, der: **1)** ▸ Lappentaucher 1. **2)** ▸ Rallen 1.

Segetalpflanzen, die: ▸ Unkräuter.

Segusier, der: Die Segusische Bracke *(Canis segusius)* oder Keltenbracke, der ▸ Jagdhund der ▸ Kelten, der Segusier (Donaukelten). Diese Keltenbracke, ein bedächtiger Hund mit Hängeohren und sehr feiner Nase, die es ihm ermöglichte, auch einer kalten ▸ Fährte zu folgen, gilt als Stammvater aller hängeohrigen Jagdhunde Eurasiens; ▸ Arrianus, ▸ Laufhunde.

sehen: Die ▸ Beizvögel s., sie ▸ äugen nicht; ▸ Augen.

Seher, die: Die Augen des ▸ Haarraubwildes, des Hasen, Schneehasen, Kaninchens und Murmeltieres; ▸ Licht.

Sehfeld, das: ▸ Jagdoptik.

Seidenreiher, der: ▸ Reiher 4.

Seil, das: **1)** svw. ▸ Hängeseil. **2)** Veralteter Ausdruck für Netz oder Garn; ▸ Garne.

Seil aus!: Alter Zuruf an den ▸ Leithund, wenn er über das Hängeseil trat.

Seil nehmen: Alter Ausdruck, wenn beim Zeugjagen ein Hirsch über das Zeug (▸ Jagdzeug) fallen wollte und mit seinen Hinterläufen oben im Gemäsch hängenblieb; ▸ Eingestellte Jagen.

Seime, die: Frühere Bez. für die dünnen Leinen an den Garnen zum ▸ Vogelfang. Man unterschied untere, hintere, obere, Zwerch- und Ruhe-S.

Seitengewehre, die: Sammelbezeichnung für den Hirschfänger, Standhauer sowie für das Waidmesser oder Waidblatt und den Nicker; ▸ Blanke Waffen.

Seitenhebelverschluss, der: Frühere Verschlussart bei Jagdgewehren. Der Hebel zum Öffnen des Verschlusses ist seitlich an der Verschlussplatte angebracht.

Seitenleine, die: svw. ▸ Schlagleine.

Seitenschloss, das: ▸ Schlosssystem.

Seitenwände, die: ▸ Hauptwände.

Seitenwechsel, der: Wild, das bei einem ▸ Treiben nicht in Treibrichtung, sondern seitwärts auswechselt, benutzt einen sog. S.

Seitenwind, der (Halbwind) ▸ Wind.

Seitz, Johann (geboren in Prag bis nach 1909): Maler; von ihm stammt u.a. das Jagdstillleben mit erlegtem Eichhörnchen, Wildvögeln und einer Ente.

Seitz, Martin: ▸ Jagdkunst.

sekundieren (beistehen): Ein Vorstehhund, der einen bereits vorstehenden Hund eräugt und daraufhin ebenfalls Vorstehhaltung einnimmt, ohne ▸ Wittrung von dem Wild bekommen zu haben, sekundiert; ▸ mitstehen.

Selbstfang, der: Eine Lebendfangvorrichtung v.a. für ▸ Rot-, ▸ Dam-, ▸ Muffel- oder ▸ Schwarzwild, bei der sich das Wild durch Zuschlagen einer selbsttätigen Falltür in der Umzäunung fängt.

Selbstgeschoss, das: ▸ Legbüchse.

Selbstladebüchse, die: Eine Büchse, bei der das Repetieren durch Rückstoß oder Gasdruck vollautomatisch vor sich geht. Sie gilt als nicht waidgerecht und wird meist zum Sportschießen in kleineren Kalibern verwendet; ▸ Selbstladewaffen.

Selbstladeflinte, die: ▸ Jagdgewehr (einläufige Selbstladeflinte).

Selbstladepistole, die: ▸ Faustfeuerwaffen.

Selbstladewaffen, die (Selbstlader): Im Sinne des WaffG sind dies ▸ Schusswaffen, bei denen nach dem ersten Schuss lediglich durch Betätigen des Abzuges weitere Schüsse aus demselben Lauf abgegeben werden können (Gasdruck-, Rückstoßlader), sog. Halbautomaten; ▸ halbautomatische Waffen.

Selbstschuss, der: ▸ Legbüchse.

Selbstspannersystem, das: ▸ spannen.

Sele, die: ▸ Sil.

Selektion, die: ▸ Auslese.

Selektive Äsung, die: Bez. für die nährstoffreiche, zellulosearme Blatt-, Kraut- und Blütennahrung (auch Früchte und Triebe) des Rehwildes, die naschend (Naschwild) und selektiv (auswählend) aufgenommen wird. Diese Nahrung wird vom Rehwild zwischen dem Gras herausgeholt. Faserreiche Nahrung (z.B. Grasheu) wird wegen der nur wenigen zellulosezersetzenden Bakterien im Rehpansen kaum aufgenommen.

selektiver Verbiss, der: ▸ Verbiss.

Sellier & Bellot: Jagdmunition-Hersteller. Die im Jahre 1825 in Prag von den beiden Franzosen Louis Sellier und Jean Marie Nicola Bellot gegründete Firma ist heute eine der größten Hersteller von Jagd- und Sportmunition. Die Palette umfasst Jagd- und Sport-Kugelpatronen ab 5,6 mm bis zu 9,3 mm sowie Schrotpatronen für Jagd und Sport in den unterschiedlichsten Ausführungen. Bereits 1829 gründeten S & B. ein Zweigwerk in Schönebek/Elbe. 1870 wurde die Produktionspalette erweitert und neben Zündhütchen auch Flobert- und Revolvermunition hergestellt. 1874 nahm das nunmehr »Zündhütchen-, Patronen- und Oesenfabrik AG« genannte Werk die Fertigung von Jagdpatronenhülsen auf. 1947 erfolgte die Betriebsenteignung der bisherigen Aktionäre. 1951 wurde die Firma »VEB Sprengstoffwerk I Schönebeck« gegründet und 1990 in Folge der Deutschen Einheit in »Anhaltinische Chemische Fabriken (ACF) GmbH« umbenannt. 1992 kam es zur Abspaltung von der »ACF GmbH« zur »SK Jagd- und Sportmunition GmbH« als Tochtergesellschaft des finnischen Munitionskonzerns »Lapua«, 1995 wurde Firma SK in den neu gebildeten finnischen Patria-Konzern integriert, 1998 dann in den neu gebildeten norwegisch-finnisch-schwedischen Nammo-Konzern. Die unabhängige Prager Firma ist als bedeutender Hersteller für Patronen aller Art bekannt. Alleinimporteur in Deutschland ist ▸ Frankonia Jagd.

Senf, der: Der S. als Kulturpflanze (Weißer Senf, *Sinapis alba)* ist eine alte Gewürz- und Heilpflanze, die als kurzlebige Futterpflanze im Zwischenfruchtbau (▸ Zwischenfruchtpflanzen) der ▸ Gründüngung dient und im Sommer auch auf dem Wildacker angepflanzt werden kann. Die Wildform *(Sinapis arvensis)* hingegen zählt zu den Ackerunkräutern. S. ist trockenheitsverträglich und anspruchslos. Der ölhaltige Samen dient Fasanen und Rebhühnern, die Pflanze den Hasen sowie dem Reh- und Rotwild als Nahrung.

senken: Der Falke senkt sich, heißt: Der Falke fliegt abwärts (nicht aber: stößt abwärts). In der Falknersprache Bez. für einen Falken, der beim ▸ Anwarten an Höhe verliert.

Senkrücken, der: Bei Jagdhunden ein nach unten durchhängender Rücken, verursacht durch Kalkmangel während der Entwicklungszeit. Bei älteren Hunden als Folge häufiger Zuchtbeanspruchung.

Senkung, die: ▸ Schäftung.

Senne, die: svw. ▸ Arche oder ▸ Leine.

Sensel, das: Die äußere Schalenwand (Schalenrand) der Schalen des Schalenwildes; ▸ Schalenwild, ▸ scharf 2).

separate Kugelspannung, die: Bei Selbstspanner-Drillingen eine besondere Schlosskonstruktion, die bewirkt, dass beim Abkippen der Läufe sich nur die beiden Schrotschlosse, nicht aber das Kugelschloss ▸ spannen. Das Kugelschloss wird erst bei Bedarf mittels eines ▸ Spannschiebers (am Kolbenhals) oder eines seitlich liegenden Hebels gespannt. Dadurch wird ein ungewollter Kugelschuss verhindert und zugleich die Sicherheit im Umgang mit der Waffe erhöht.

Separieren, das (Scheiden): Alte Bez. für das Trennen des Wildes nach Art, Stärke und Geschlecht beim ▸ Eingestellten Jagen mithilfe von ▸ Schnapptüchern. War das S. beendet, nannte man dies ein geschiedenes Jagen oder reines Jagen.

Septikämie, hämorrhagische, die: ▸ Pasteurellose.

Serradella, die: ▸ Wildäsungspflanzen.

Setter, der: English, Irish und Gordon Setter; ▸ Vorstehhunde.

setzen: Gebären beim ▸ Schalenwild (mit Ausnahme des Schwarzwildes, dieses frischt), ▸ Murmeltier, ▸ Seehund, ▸ Hasen und ▸ Wildkaninchen; ▸ werfen.

Setzhase, der: ▸ Satzhase.

Setzröhre, die: Ein abseits des Wohnbaues aus nur einer Röhre (bis 1,5 m lang und 0,4 m tief) angelegter Kaninchenbau, in dem die Jungen gesetzt und aufgezogen werden; ▸ Wildkaninchen.

Setzzeit, die (Satzzeit): Zeit, in der das Jungwild des ▸ Schalenwildes (mit Ausnahme des ▸ Schwarzwildes), des ▸ Murmeltieres, ▸ Seehundes, der ▸ Hasen und des ▸ Wildkaninchens gesetzt (geboren) wird. In früherer Zeit durfte in verschiedenen Ländern zur S. der Wald nicht betreten werden (Waldverbot), heute sind nach §22 Absatz 4 Satz 1 des BJG die zur Aufzucht der Jungtiere notwendigen Elterntiere während der S. und Aufzuchtzeit zu schonen; ▸ Jagdzeiten 3 a), ▸ Brutzeit.

Seuchen, die: ▸ Wildkrankheiten, ▸ Hundekrankheiten.

seuchenhaftes Verwerfen, das: ▸ Brucellose.

SHS: Abk. für Schweizer Hundestammbuch.

Sibirischer Nerz, der: ▸ Kalinken.

Sibirisches Feuerwiesel, das: ▸ Kalinken.

Sichel, die (Sichelfeder, Krumme, Krumpe): Einzelne krumme Feder aus dem Stoß des Birk- oder Rackelhahns (Birkhahntyp). Der Stoß wird Spiel, Leier oder Schere genannt (Trophäe); ▸ Raufußhühner 2. und 3.

Sichelfeder, die: ▸ Sichel.

Sichelritter, der: ▸ Raufußhühner 2.

Sichelrute, die: Bez. für die in ihrer gesamten Länge gekrümmte ▸ Rute eines Hundes.

Sichelschnäbler, der: ▸ Ibisvögel 2.

Sicherheitsbestimmungen, die: Bei ▸ Gesellschaftsjagden; ▸ Unfallverhütungsvorschrift Jagd.

sichern: **1**) Das Gewehr s.; ▸ Sicherung. **2**) Bei allem Wild: die Umgebung aufmerksam überprüfen (äugen und winden), ob Gefahr droht.

Sicherung, die: Die S. soll das unbeabsichtigte Auslösen eines Schusses bei Druck auf den Abzugshahn oder durch Erschütterung des Gewehrs verhindern. Fast alle Gewehre haben eine S. Hahngewehre jedoch, die durch Niederlassen der Hähne entspannt werden, und Kipplaufwaffen mit separater Spannung haben keine S. Die übrigen Kipplaufwaffen haben eine Abzugs-, Stangen- oder eine Schlagstück-S.

1. Abzugssicherung: Die A. stellt den Abzug (▸ Abzugsvorrichtung) fest. Die Abzüge können dann im gesicherten Zustand nicht bewegt werden. Sie ist bei Waffen mit automatischer S., bei denen durch Abkippen der Läufe die Waffe automatisch gesichert wird, üblich und die häufigste Sicherungsart. Bei guter Verarbeitung reicht sie aus. Bei Stoß oder Herabfallen der Waffe kann jedoch die Abzugsstange aus der Schlagstückrast springen und sich ein Schuss lösen.

2. Stangensicherung: Die S. blockiert mittels einer Sicherungswelle die Abzugsstange, sodass diese nicht durch Betätigung des Abzugs aus der Schlagstückrast gehoben werden kann. Die Abzüge können in gesichertem Zustand nicht bewegt werden.

3. Schlagstücksicherung: Die S. blockiert das Schlagstück. Durch Hebelwirkung wird das Schlagstück etwas zurückgedrückt, die Abzüge sind dadurch frei beweglich, auch wenn die Waffe gesichert ist. Die S. ist die zuverlässigste aller Sicherungsarten, da das blockierte Schlagstück auch bei Stoß oder Fall nicht auf den Schlagbolzen aufschlagen kann.

4. Weitere Sicherungsarten: Hierzu zählt die *kombinierte Abzugs- und Stangensicherung*. Als zusätzliche Sicherungsvorrichtung, die sich nur in Waffen mit Seitenschlössern befindet, liegt bei dieser eine *Fangstange* auf der Innenseite des Seitenschlosses neben der Abzugsstange. Springt durch Stoß oder Fall die Abzugsstange aus der Schlagstückrast, so blockiert die Fangstange das Schlagstück. Sie ist eine zusätzliche S.-Vorrichtung zur Abzugssicherung und äußerlich nicht erkennbar.

Bei Doppel-, Bockdoppel- und Bockbüchsflinten ist die Vorrichtung zur Bedienung der S. i.d.R. auf dem Kolbenhals als *Schiebe-S.* ausgebildet. Es ist entsichert, wenn der Schieber in Richtung Lauf, und gesichert, wenn er in Richtung Kolben geschoben wird. Seltener ist eine seitlich über dem Abzugsbügel angebrachte *Druckknopf-S.* Ist das »S« sichtbar, ist die Waffe gesichert, ist der rote Punkt sichtbar, so ist sie entsichert. Wenig in Gebrauch ist die Druckknopf-S. am Abzugsbügel. Beim Drilling ist die seitlich angebrachte Schiebe- oder Druckknopf-S. üblich. Auf dem Kolbenhals be-

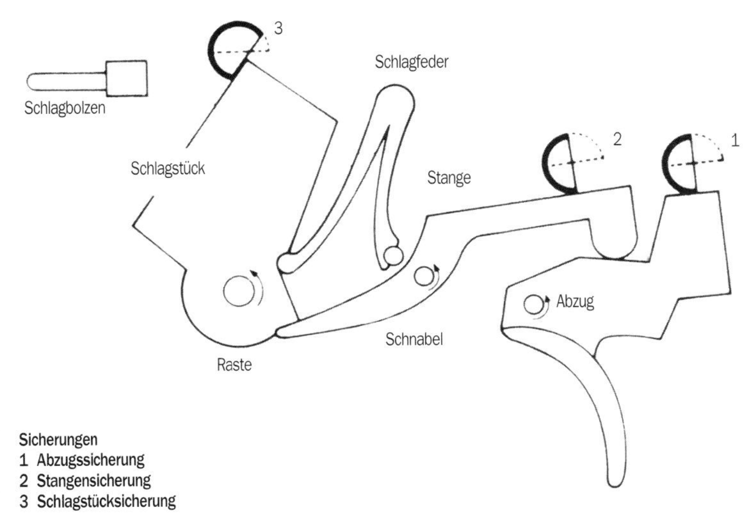

Sicherungen
1 Abzugssicherung
2 Stangensicherung
3 Schlagstücksicherung

findet sich i.d.R. ein *Umstellschieber* oder eine ▸ separate Kugelspannung. Ist beim Umstellschieber das »S« sichtbar, ist auf Schrot, ist das »K« sichtbar, so ist auf Kugel geschaltet. Wird auf Kugel umgeschaltet, so schiebt sich die Visierstange nach vorne und klappt das Visier hoch. Die einfachste und bekannteste S. bei Repetierbüchsen ist die *Flügel-S.* des Mauser-Systems Modell 98. Bei nach rechts gelegtem oder hochgestelltem S.-Flügel legt sich die Rundung des S.-Flügels vor die Schlagbolzenmutter und blockiert damit den gespannten Schlagbolzen. Es ist also eine Schlagstück-S. Bei nach rechts gelegtem S.-Flügel wird der Verschluss blockiert, d.h., die Kammer kann nicht geöffnet werden. Bei hochgestelltem S.-Flügel kann die Kammer geöffnet werden, obwohl die Waffe gesichert ist. Die Hochstellung des Flügels empfiehlt sich v.a. beim Entladen der Waffe. Ist der S.-Flügel nach links gelegt, so ist entsichert. Bei Repetierern neuerer Bauart findet man gelegentlich, manchmal auch zusätzlich zur Flügel-S., eine Schiebe- oder Druckknopf-S. Eine *automatische S.* ist eine S., die die Waffe beim Betätigen des Verschlusshebels – beim Öffnen oder Schließen – selbsttätig sichert.

Sichler, der: ▸ Ibisvögel 2.

Sichthetze, die: Die ▸ Hetze eines Jagdhundes hinter Wild, das er sieht und deshalb ohne Gebrauch seiner Nase verfolgen kann.

Sichthetzer, der: Hund, der nur Wild verfolgt, das er sieht. Er gebraucht dabei seine Nase nicht.

Sichtlaut, der: Der ▸ Laut eines Hundes, wenn er das Wild sieht. Bei einer ▸ Hetze ist der S. ein besonders hoher und heller ▸ Hetzlaut. Ein Hund, der nur sichtlaut jagt (▸ Sichthetzer), ist nur bedingt für die Jagd geeignet.

Sichtschutzeinstand, der: ▸ Einstand 1).

Sichtzeichen, das: Armbewegungen oder andere sichtbare Zeichen, die man dem Hund gibt und auf die er achtet und reagiert; ▸ Hundeabrichtung.

Sicke, die: **1**) Auch Sie, Sieke, Siecke, Dusel; der weibliche Vogel bei Wachteln, Drosseln und sonstigen kleinen Vögeln. Die Männchen heißen Hähnchen. **2**) Im 18. Jh. eine auch für die weiblichen ▸ Wald- und ▸ Feldhühner übliche Bez.

Sickenruf, der: Frühere Bez. für die Wachtelpfeife (Lockinstrument) beim Wachtelfang mit ▸ Garnen.

Sie, die: ▸ Sicke.

Siebenschläfer, der: ▸ Bilche 1.

Siecke, die: ▸ Sicke.

Siedlungsdichte, die: ▸ Populationsdichte.

Siegel, das (Petschaft, österreichisch: Bettschaft): Bez. für die Abbruchfläche an der abgeworfenen Geweihstange; ▸ Abwurf-Stange, ▸ Geweih.

Sieke, die: ▸ Sicke.

Siele, die: svw. ▸ Suhle.

Siemen, die: svw. ▸ Seime.

Signale, die: ▸ Jagdsignale.

Signalschuss, der: Ein Schuss, um ein Signal zu geben, beispielsweise um einem verirrten Jäger den Standort der Schützen anzugeben oder um die Erlegung eines Wildes anzuzeigen. In Schweden wird traditionell die Erlegung eines Elches durch einen Doppelschuss angezeigt; ▸ Notsignal.

Hauptschmuck (Geweih) des Sikahirsches

Signalstifte, die: Bei Kipplaufwaffen Bez. für die Stifte auf dem hinteren Teil des Systemkastens, die erscheinen, wenn das Schloss gespannt ist, und versenkt sind, wenn es entspannt ist. Bei Pistolen (▸ Faustfeuerwaffen) befindet sich ein S. über dem Hahn. Wird eine Patrone durch Zurückziehen und wieder Vorgleitenlassen des Schlittens in den Lauf repetiert, erscheint dieser S.

Sikahirsch, der: Männliches ▸ Sikawild.

Sikawild, das *(Cervus nippon*, Temm.): Es zählt zoologisch zur Familie der ▸ Hirsche *(Cervidae)* und zur Unterfamilie der echten Hirsche *(Cervinae)*. Es gehört in Deutschland zu den jagdbaren Tieren, hat aber aufgrund seines geringen Vorkommens jagdlich fast keine Bedeutung. Der Gesamtbestand beträgt ca. 2000 Stück. Das Höchstalter liegt in freier Wildbahn bei ca. 14 bis 16 Jahren. Die waidmännischen Ausdrücke sind – soweit anwendbar – dieselben wie beim ▸ Rotwild.

<u>Vorkommen</u>: Das S. stammt aus Ostasien (Mandschurei, Japan und Nordchina) und kommt in fast allen europäischen Ländern in kleinen Beständen vor. Die zwei wichtigsten Formen sind die Festlandsform oder der Dybowski-Hirsch *(Cervus nippon dybowski)* und die Inselform *(Cervus nippon nippon)*. Es wurde in Deutschland erst in Gehegen gehalten und entwich dann (etwa 1937) in die freie Wildbahn. In Österreich wurde die erste S.-Kolonie 1907 in Niederösterreich (nördlich der Donau) begründet. Den höchsten S.-Bestand hat Nordrhein-Westfalen. Weitere, jedoch kleinere Bestände haben Schleswig-Holstein, Hessen (bei Schlitz), Bayern (Höchstadt, seit 1956), Baden-Württemberg, das Sauerland (Arnsberger Wald) und das Weserbergland. Einen kleinen Bestand gibt es auch in der Schweiz (Südranden, Kanton Schaffhausen); in Österreich sind mehrere kleine und isolierte Bestände (ca. 500 Tiere) vorhanden.

<u>Aussehen</u>: Der Körper des S. ist gedrungen und steht auf sehr kurzen Läufen. Es ist im ▸ Wildbret geringer als das ▸ Damwild. Die ▸ Decke des S. ist im Sommer auf dunklem Grund auffallend hell gefleckt, beim Hirsch etwas geringer als beim Tier. Im Winter, v.a. beim Hirsch, ist sie dunkel, fast schwarz gefärbt. Der ▸ Spiegel ist groß und weiß. Beim Hirsch verläuft auf dem Rücken ein breiter ▸ Aalstrich; er trägt auch eine Brunftmähne. Im Ggs. zum Damwild hat das S. einen um die Hälfte kürzeren und auch unbeweglicheren ▸ Wedel. Er ist weiß und hat einen dünnen schwarzen Aalstrich. Die Festlandsform *(Cervus nippon dybowski)* ist sehr stark im Wildbret und besonders stark gefleckt. Die Inselform *(Cervus nippon nippon)* hat einen deutlich überbauten hinteren Körperteil, und die ▸ Haarbürsten an den Hinterläufen sind auffallend hell.

<u>Lautäußerung</u>: S. schreckt meist mit einem kurzen pfiffartigen Ton (Warnlaut), der vom Hirsch und vom Tier mit geschlossenem

Sikawild: Aussehen		
Körpermaße	Hirsch	Tier
KRL	130–165 cm	110–145 cm
SH	75–95 cm	65–90 cm
SL	10–18 cm	7–15 cm
Gewicht	bis 65 kg	bis 45 kg

Das Sikawild (im Bild ein Hirsch in der Sommerdecke) hat in Deutschland nur eine geringe jagdliche Bedeutung.

▸ Äser ausgestoßen wird. Der Brunftlaut des Hirsches ist ein schrilles, durchdringendes und längeres Pfeifen, das an den Schrei eines Esels erinnert. Er wird drei- bis viermal ausgestoßen und erst nach Stunden wiederholt. I.d.R. schreien nur die suchenden Hirsche, der ▸ Platzhirsch bleibt stumm. Weibliches Wild mahnt.

Lebensraum und Lebensweise: S. schätzt hügeliges, bewaldetes Gelände, kann sich jedoch an sehr unterschiedliche ▸ Biotope anpassen. Wo es sich wohl fühlt, ist es sehr standorttreu und hat einen relativ kleinen Aktionsradius, der im Winter noch kleiner wird. Es ist sehr neugierig und rudelt sich bei Gefahr. S. ist sehr klimahart, sehr genügsam und verträgt sich gut mit Reh- und Rotwild. Als Einstände bevorzugt es Stangenhölzer in den der Witterung angepassten Lagen. Es bildet Rudel, wobei Jungwild zur Bildung großer Rudel neigt. Bald nach dem Setzen bilden sich Mutterfamilien, die bis zur ▸ Brunft zusammenbleiben. Die einzelnen Familiengruppen (Alt-, Schmaltiere, Kälber) ziehen getrennt zu den gemeinsamen Äsungsflächen (vier- bis fünfmal pro Tag). Die jungen und mittelalten Hirsche bilden getrennte Rudel, die alten Hirsche formieren sich nur zu kleinen Trupps, die abseits vom übrigen Geschehen ihre ▸ Feistzeit verbringen.

Nahrung: S. ernährt sich überwiegend von Gräsern und Kräutern. Als eine sehr genügsame Wildart stellt es an die Äsung nur geringe Ansprüche und ist auch kein Selektionsäser wie das Rehwild, sondern ein Grasfresser-Typ; ▸ Ernährungstypen. Die Winterfütterung ähnelt der des Rotwildes, hat aber einen höheren Anteil an Grasgemischsilage, und die Tagesration pro Tier ist geringer. Nicht übermäßige, aber sachgerechte Fütterung (Silage, Rüben, Heu, kein oder nur sehr wenig Kraftfutter) hilft auch Forstschäden vermeiden, da S. häufig ▸ Schälschäden verursacht.

Fortpflanzung: Ende August/Anfang September, nachdem die alten Hirsche verfegt haben, ziehen diese in ihre vorjährigen Brunfteinstände, die zugleich die Haupteinstände des weiblichen Wildes sind, und markieren ihre Territorien durch ▸ Brunftkuhlen. Erst wird die Bodenvegetation – meist an feuchten grasbewachsenen Stellen – mit dem ▸ Geweih bearbeitet (zu dieser Zeit sieht man häufig Hirsche mit grasbehangenem Geweih), dann geplatzt, dann auf der Plätzstelle gewälzt oder gesuhlt. Die ▸ Brunftkuhle ist der des Damwildes ähnlich, jedoch nicht so tief. Die Brunft ist Mitte bis Ende Oktober und kann sich bis in den November hinein hinziehen. Sie wird von den alten Hirschen eröffnet. Das Treiben ist selten beobachtet worden. Der Hirsch bleibt in seinem Brunfteinstand – praktisch ohne Nahrungsaufnahme –, bis er abgebrunftet hat, dann wird er von einem Mittelalten abgelöst, der vorher zwischen den Territorien hin und her pendelte und darauf wartete, dass ein Territorium frei wird. Der alte Hirsch zieht sich in einen ruhigen, abseits gelegenen Teil zur Regeneration zurück. Ernste Kämpfe der Rivalen sind selten. Die jungen Hirsche vom zweiten und dritten Kopf ziehen von einem Territorium zum anderen, werden von den Platzhirschen geduldet und nehmen an der Brunft nicht oder fast nicht teil. Die Jährlinge sind sexuell indifferent. Je mehr alte Hirsche und je weniger Schmaltiere und junge Hirsche vorhanden sind, desto kürzer ist die Brunft, wodurch auch die Kälber frühzeitig gesetzt werden. Die Kälber (i.d.R. eins, selten zwei) werden nach einer Tragzeit von ca. siebeneinhalb Monaten im Juni/Juli gesetzt. Das Kalb wird drei bis vier Monate gesäugt. Als Zuwachs rechnet man ein Kalb pro Alttier. Kreuzungen zwischen Rotwild und S. kommen vor. Eine weitere Verbreitung ist daher, besonders in Rotwildgebieten, wegen der geringen Trophäenentwicklung nicht zu empfehlen.

Trophäen: Vom dritten Kopf an trägt der Hirsch ein Achtergeweih, das sich, mit Ausnahme von Schleswig-Holstein, selten über die Achterstufe hinaus entwickelt, wenn auch die Geweihstärke weiter zunimmt. Zwischen 11 und 15 Jahren trägt der Hirsch sein stärkstes ▸ Geweih. Der Rosenstockdurchmesser nimmt bis zum zwölften Lebensjahr und auch noch darüber hinaus zu. Das Geweih wird kaum über 50 cm hoch und die Enden nicht länger als 10 bis 15 cm. Die Stangen sind nur gering oder gar nicht geperlt. Die Bewertung der Trophäe erfolgt nach der CIC-Formel; ▸ Trophäenbe-

Sikawild (Hirsch und Tier) in der Winterdecke

wertung. Die ▸ Grandeln des S. sind klein, aber besser gefärbt (gebräunt) als die des Rotwildes.
Fährte: Die S.-Fährte ist der Damwildfährte sehr ähnlich und etwas größer als die Rehwildfährte. Das Trittsiegel eines Sikahirsches ist 7 bis 8 cm lang und 4 bis 5 cm breit, das des weiblichen S. etwa 5 bis 6 cm lang und 3 bis 4 cm breit.
Jagd: Bei der Jagd auf den Sikahirsch ist das Ansprechen schwierig, da dieser bereits ab dem dritten Kopf sein Achtergeweih trägt und eine starke Brunftmähne hat, die leicht ein höheres Alter vortäuschen kann. Entscheidend für die richtige Altersschätzung sind allein Körperbau und Verhalten. Die jungen Hirsche, die am Geweih und an der Körperform deutlich erkennbar sind, stehen beim Rudel. Hirsche, die mit dem weiblichen Wild zur Äsung ziehen, sind meist mittelalt. Sie sind auch während der Brunft besonders aktiv und werden häufig für den Platzhirsch gehalten. Von diesen mittelalten Hirschen sind nur die zu erlegen, die deutlich unter dem Durchschnitt liegen. Der Sikahirsch ist im Alter von etwa sieben Jahren ausgewachsen, ab dem zehnten Lebensjahr ist er ein Erntehirsch. Das Zielalter für Sikahirsche sollte nicht unter acht, besser bei zehn Jahren liegen. Die wirklich alten Hirsche sind Einzelgänger, während der Brunft verlassen sie ihren Brunfteinstand erst, wenn sie abgebrunftet sind, und ziehen sich dann in einen entlegenen Winkel zur Regeneration zurück. Die Jagd auf sie ist entweder in ihren Brunfteinständen während der Hauptbrunft Mitte bis Ende Oktober (der Sikahirsch reagiert jedoch nicht auf den Ruf) oder während der Regenerationsphase an abgelegenen Südhängen im Dezember/Januar am Erfolg versprechendsten.

Sill, der und das (Sill, Sille, Sele, Sile [im Bregenzer Wald], Silla [um Bludenz]): Bez. für das Geschirr, die ▸ Hosenträger, mit dem der Lockvogel auf dem Vogelherd angesillt (angeleint) wurde; ▸ Vogelfang 7.

Silage, die: Ein durch Einsäuern (Milchsäuregärung) in wasser- und luftdichten Behältern (Silos) haltbar gemachtes Futter. Einsiliertes Futter wird als Saftfutter zur Winterfütterung für Rot-, Reh- und Schwarzwild gereicht. Tauben, Rebhühner, Enten, Fasane, Hasen und Kaninchen nehmen die S. ebenfalls an. Zum Silieren eignen sich: Blattstammkohl, Gras, Hafer, Kartoffeln, Klee, Kohl, Luzerne, grüner gehäckselter Mais, Obsttrester, Raps, Rüben-, Sonnenblumenblätter, Sojabohnen, Topinambur, Wickengemenge sowie Eicheln und Kastanien als Beimischung. Bei Rehwildfütterung mit S. ist darauf zu achten, dass sie nicht zu stärkehaltig ist, da Rehwild sonst mit starken Ernährungsstörungen reagiert. Das Saftfutter muss im Silo festgetreten werden, damit keine Luft eingeschlossen wird, weil diese zu Schimmelbildung führen kann. Die Silos sind zweckmäßigerweise nicht zu groß und in der Nähe von Fütterungen anzulegen. Man kann das Saftfutter in Erdsilos, Kunststoffsilos, in mit Plastiksäcken ausgekleideten Holzfässern oder Betonröhren einsilieren. Die S. wird dem Silo frisch entnommen und an den Fütterungen in Trögen gereicht.

Silbermöwe, die: ▸ Möwen 4.

Silberner Bruch: ▸ Jagdorden.

Silberpappel, die: ▸ Pappeln 2.

Silberreiher, der: ▸ Reiher 3.

Silberweide, die: ▸ Weiden.

Sile, **Sill**, **Silla**, **Sille**, die: ▸ Sil.

Silo, das Ein Silagebehälter; ▸ Silage.

Silvertip-Geschoss, das: Ein ▸ Büchsengeschoss mit dünnem Aluminiummantel (Schutzhaube), welcher eine zu frühe Deformierung des Geschosses verhindert. Nach Eindringen in den Wildkörper zerbirst diese Schutzschicht, wobei das Geschoss unter Abgabe seiner Energie aufpilzt.

Simmler: **1**) Friedrich K. J. (1801 bis 1872): Maler; von ihm stammt u.a. »Am Dachsbau«. **2**) Wilhelm (1840 bis 1923): Jagdmaler; von ihm stammen u.a. »Auf dem Gamswechsel« (1877) und »Treibjagd«.

Singdrossel, die: ▸ Drosseln 2.

Singdrossel, große, die: ▸ Drosseln 3.

singen: Alpenländische Bez. für das ▸ Balzen des Auerhahns und das ▸ Spissen des Haselhahns; ▸ Raufußhühner 1. und 4.

Singer, Albert (1869 München bis 1922 am Schliersee): Landschafts-, Tier- und Jagdmaler. Von ihm stammen u.a. »Beim Gamsriegeln« und »Auch einer, der blattet«. Die beiden Abbildungen finden sich in Aberle's Wilderer-Album.

Single Action, die: ▸ Faustfeuerwaffen.

Singschwan, der: ▸ Schwäne 2.

Singvögel, die *(Oscines)*: Mit ca. 4000 Arten in rund 55 Familien die weitaus umfangreichste Unterordnung der Sperlingsvögel, die sich durch mindestens drei Paar Singmuskeln auszeichnen. Sie sind i. Allg. klein, haben einen Schnabel ohne Wachshaut und erreichen je nach Art ein Lebensalter von 10 bis 20 Jahren. Sie leben meist auf Bäumen und in Sträuchern und bauen gewöhnlich kunstvolle Nester. Ihre Nahrung besteht aus Körnern oder Insekten, manche Arten fressen beides.

Sinnesorgane, die: Diejenigen Organe eines Organismus, welche von außen kommende Reize wahrnehmen und an den Körper (übergeordnete Stellen wie z.B. das Gehirn) zur Verarbeitung bzw. Reaktion weiterleiten. Hierzu gehören z.B. der ▸ Gesichtssinn (Augen), Tastsinn (Haut, Haare; ▸ Tastsinnorgane), Hörsinn (Ohren) und der ▸ Temperatursinn (Haut).

Sitz, der: **1**) svw. Hochsitz; ▸ Jagdeinrichtungen 2 a). **2**) Seltene Bez. für das Lager (Sasse) des ▸ Hasen. **3**) »Sitz!«: Befehl an den Hund, sich niederzusetzen.

sitzen: **1**) Alles ▸ Schalenwild sitzt im Bett (Ausnahme ▸ Schwarzwild: es liegt im Lager); ▸ liegen. **2**) Das ▸ Federwild sitzt auf den Eiern, wenn es brütet, es sitzt im ▸ Nest oder im ▸ Horst. **3**) Der ▸ Dachs sitzt im Bau. **4**) Der Schuss sitzt gut. **5**) Ein ▸ Ästling sitzt auf den Fersen, er steht nicht wie die Altvögel.

Skadi, die (Skade = Zerstörung): Eine Gestalt der nordgermanischen Mythologie. S. ist der Name einer Riesin und Berggöttin und Göttin des Skilaufs. Nach S. ist möglicherweise Skandinavien benannt. Sie gilt als Tochter des Riesen Thjazi und ist zweite Gattin des Meeresgottes Njörd. Von ihm empfing sie Kinder Freyr und Freyja. S. wohnte erst in Thrymheim, mit Njörd später in Noatun. In Schweden und Norwegen sind zahlreiche Orte in Anlehnung an ihren Namen benannt. Als unermüdliche Jägerin erinnert S. an die: ▸ Jagdgöttin Diana.

S-Kaliber, das: ▸ Büchsenpatrone.

Skalver, der: ▸ Kormorane 1.

Skalw, die: ▸ Kormorane 2.

Skeetbohrung, die: Eine Schrotlaufbohrung; ▸ Lauf 4) 2.

Skeetschießen, das: Eine Disziplin beim Flinten-Übungsschießen; ▸ jagdliches Schießen.

SKG: Abkürzung für ▸ Schweizerische Kynologische Gesellschaft.

Skipisten, die: ▸ Schipisten.

SKL-System, das: ▸ Schlosssystem.

Skowronnek, Fritz (1858 Forsthaus Schuiken bei Goldap in den Masuren bis 1939 Berlin): S., aufgewachsen in Sybba bei Lyck (Ostma-

◂◂ Flintenschütze beim Skeetschießen, im Hintergrund das Hochhaus

suren), war Mittelschullehrer und Kreisschulinspektor, ab 1888 Journalist in Berlin und dann freier Schriftsteller, daneben leidenschaftlicher Jäger und Angler. Er schrieb u.a.: »Kulturgeschichtliche Monographien – Die Jagd« (1901), »Die Fischwaid, Handbuch der Fischerei, Fischzucht und Angelei« (1904), »Halali. Bunte Bilder aus Waidwerk und Fischwaid«, (1910), »Mit Büchse und Angel« (1915). In der Tagespresse schrieb er in volkstümlicher Form über den Angelsport und setzte sich für die Hebung des Berufsfischerstandes ein. Er vereinigte die Fischer am Haff und an der Küste Pommerns zu einem Bund und gab die Zeitschrift »Der Berufsfischer« heraus. Sein Grab befindet sich auf dem Friedhof von Oranienburg bei Berlin. S. Bruder Richard (1862 bis 1932) war ebenfalls Journalist und Feuilletonredakteur der »Frankfurter Zeitung« (1887 bis 1892). Er schrieb ebenfalls eine Fülle von Büchern, z.B. »Das Bataillon Sporck« (1912) und »Die Sporck'schen Jäger« (Wilderer-Roman aus Masuren).

Slevogt, Max (8.10.1868 Landshut bis 20.9.1932 Neukastel/Pfalz): Maler und Grafiker. S. lebte ab 1901 überwiegend in Berlin, in Godramstein und auf seinem Besitztum Neukastel bei Landau in der Pfalz. S. war ein leidenschaftlicher Jäger. Von ihm stammen u.a.: »Selbstbildnis als Jäger«, »Jäger am Abhang«, »Falken« und »Somali mit Jagdbeute«.

Slovensky Kopov: ▸ Bracken 7.

Slowakische Bracke, die: ▸ Bracken 7.

Sminke, die: ▸ Wildenten 4.

Smoler, Franz Xaver (3.8.1802 Goldegg-Niederösterreich bis 9.3.1865 Prag): S. war von 1822 bis 1826 Lehrer an der böhmischen Forstschule in Prag. Er schrieb: »Historische Blicke auf das Forst- und Jagdwesen usw.« (1847). Von 1849 bis 1865 redigierte er die vom böhmischen Forstverein herausgegebene Vereinsschrift für Forst-, Jagd- und Naturkunde.

Snarker, der: ▸ Drosseln 3.

Snethlage, Karl: ▸ Jagdliteratur.

Snyders, Frans (1579 bis 1657): ▸ Jagdkunst.

Socke, die: Das Krickenten-Weibchen; ▸ Wildenten 2.

Sohle, die: **1)** Die Unterseite der Pfoten bei allen ▸ Sohlengängern und ▸ Zehengängern. **2)** Altes Wort für ▸ Suhle.

Sohlenfleck, der: Der Nehringsche S.; ▸ Wildkatze.

Sohlengänger, die: ▸ Säugetiere, die bei der Fortbewegung die ganze (Fuß-) Sohle auf den Boden aufsetzen, z.B. Bär, Dachs und alle ▸ Nagetiere; ▸ Zehengänger, ▸ Spitzengänger.

Sohllachen, der: Altes Wort für ▸ Suhle.

Sojabohnen, die: ▸ Wildäsungspflanzen.

Solis, Virgil (1514 bis 1562): Von S. stammen ca. 800 Stiche, Radierungen und Holzschnitte. Er war Schüler von Albrecht Dürer und Hans Burgkmair (▸ Maximilian I.). Von seinen Jagdszenen sind noch erhalten: »Hasentreibjagd mit Hunden und Netzen« und »Hirschhatz mit Hunden zu Pferde«, daneben ein Holzschnitt »Reinecke Fuchs«.

Solimena, Francesco (1657 bis 1747): italienischer Maler. Von ihm stammt das hervorragende Werk »Diana im Bade mit den Nymphen«. Das Bild ist ein letztes Zeugnis der bedeutenden Barockmalerei in Neapel.

Solitaire, der (franz.): Auch in Deutschland gelegentlich gebrauchtes Wort für Einzelgänger; ▸ Einsiedler.

Solms: Bez. für eine verbandsinterne Prüfung für Deutsch-Kurzhaar (deutscher kurzhaariger ▸ Vorstehhund); ▸ Hundeprüfungen.

Solofänger, der: Ein ▸ Windhund, der in der Lage ist, einen Hasen allein, d.h. ohne Hilfe anderer Hunde, zu fangen. S. sind sehr wertvolle Hunde.

Sommeräsung, die: Die natürliche Grünäsung (Grünnahrung) des Wildes im Sommer. Falls keine geeignete S. zur Verfügung steht (z.B. in größeren Waldgebieten), werden Sommerwildäcker angelegt. Geeignete Pflanzen sind verschiedene Kleearten, Luzerne etc.

Sommerbalz, die: Auch Afterbalz. Jährlingshähne (Auerwild), die sich nicht an der Frühjahrsbalz beteiligen, beginnen im Juli unmittelbar nach Abschluss der Mauser zu balzen; ▸ Balz.

Sommerbau, der: Das ▸ Murmeltier legt einen S. in höheren Lagen an. Er liegt ca. 2,50 m unter der Erde, der Winterbau liegt tiefer.

Sommerbrunft, die: Die normale Brunft des ▸ Rehwildes; ▸ Nachbrunft.

Sommerdecke, die: Die Färbung der ▸ Decke des ▸ Schalenwildes im Sommer, im Ggs. zur Winterdecke; ▸ Haar.

Sommerdrossel, die: ▸ Drosseln 2.

Sommer(ein)stand, der: Ein bestimmter Wald- oder Gebirgsteil, in dem das Wild im Sommer bevorzugt seinen ▸ Einstand hat; ▸ Wintereinstand.

Sommerfällung, die: Auch Sommerhieb; österreichisch: Sommerschlägerung. Der Einschlag des Nadelholzes im Sommer wird hauptsächlich in schneereichen Hochgebirgslagen, die eine ▸ Winterfällung nicht zulassen, durchgeführt. Mit der Fällung wird unmittelbar nach der Schneeschmelze begonnen, sie dauert bis zum Herbst. Üblicherweise wird Holz, v.a. stärkeres wertvolles Holz, zur Vermeidung von Entwertungen, z.B. durch Pilzbefall, möglichst nicht im Saft gehauen. Bei der S. ist außerdem die Gefahr groß, dass durch unsachgemäßes Fällen v.a. Rückeschäden am verbleibenden ▸ Bestand entstehen. Das ganze Jahr über vorgenommen werden können Läuterungen und ▸ Durchforstungen im ▸ Stangenholz.

Sommerfärbung, die: ▸ Sommerhaar und ▸ Haar.

Sommerfeder, die: ▸ Sommerhaar des ▸ Schwarzwildes.

Sommerfütterung, die: Die S. des ▸ Schalenwildes (Ausnahme: ▸ Ablenk[ungs]fütterung für Schwarzwild) ist grundsätzlich verboten. Ein Verstoß gegen das Fütterungsverbot ist eine ▸ Ordnungswidrigkeit; ▸ Wildfütterung.

Sommergams, die: Das Gamswild im ▸ Sommerhaar.

Sommergans, die: ▸ Wildgänse 1.

Sommerhaar, das (Sommerfärbung): Das ▸ Haar des ▸ Haarwildes im Sommer (siehe unter der jeweiligen Wildart).

Sommerhalbente, die: ▸ Wildenten 2.

Sommerhieb, der: ▸ Sommerfällung.

Sommerkleid, das: Das Federkleid des ▸ Federwildes im Sommer; ▸ Brutkleid.

Sommerlinde, die: ▸ Linden 2.

Sommermauser, der: ▸ Bussarde 3.

Sommerneue, die (Kunstneue): ▸ Neue.

Sommerraps, der: ▸ Raps.

Sommerschälung, die (Sommerschäle): ▸ Schälschäden.

Sommerschlägerung, die: ▸ Sommerfällung.

Sommerstand, der: **1)** ▸ Sommer(ein) stand. **2)** Wildbestand zur Sommerzeit; ▸ Wildstand.

Sommervogel, der: Bez. für eine Vogelart, die nur im Sommerhalbjahr (zur Brutzeit) in einem bestimmten Gebiet vorkommt; ▸ Zugvögel.

Sommerwicken: ▸ Wildäsungspflanzen.

Sonderfunktion des Waldes, die: ▸ Waldfunktionen.

Sonderjagdgebiete, die: ▸ Jagdwesen in der DDR.

Sonderkulturen, die: Anbau von Kulturarten (Baumschulerzeugnisse, Gemüse, Obst, Hopfen, Tabak und Wein), die weitgehend vom Klima und Standort abhängig sind. Sie werden deshalb nur in bestimmten Gebieten schwerpunktmäßig angebaut. Wild- und Jagdschaden in S. ▸ Jagdschaden, ▸ Wildschaden(s)ersatz.

Sonderstandorte, die: Waldstandorte, auf denen die ▸ Bestände nur einen geringen ▸ Zuwachs aufgrund des ▸ Bodens leisten, oder die wegen extremer Geländeausformungen eine betriebswirtschaftlich sinnvolle forstliche Nutzung nicht zulassen, werden im Rahmen der ▸ Forsteinrichtung aus der forstlichen Bewirtschaftung herausgenommen. Aufgrund ihres hohen ökologischen Wertes bieten sie seltenen Pflanzen- und Tiergesellschaften einen Lebensraum.

Sonderstützung für Wildbret, die (Wildbretstützung): Im Jagdwesen der DDR aus dem Staatshaushalt den Staatsforstbetrieben und den ▸ Jagdgesellschaften je kg abgelieferten Wildbrets zur Verfügung gestellter Geldbetrag, der zur Intensivierung der ▸ Jagdwirtschaft diente. Er durfte nur für folgende Zwecke verwendet werden: Verbesserung der Äsungs- und Deckungsflächen, Verhüten von ▸ Wildschäden, Verhinderung von Wildverlusten, Neu- und Wiedereinbürgerung von Schalen- und Niederwild, Bau von Fütterungen, Fütterungsmaßnahmen, Einrichten von Fallen und Fallensystemen, Qualifizierung der Mitglieder der Jagdgesellschaften.

Sonnenadler, der: ▸ Adler 6.

Sonnenbalz, die: Die Balz des Birkhahns nach Sonnenaufgang; selten gebrauchte Bez. für die Bodenbalz des Auerhahns; ▸ Raufußhühner 1. und 2.

Sonnenblume, die *(Helianthus annaas):* Die Urheimat der zur Familie der Korbblütler gehörenden und bis zu 2 m hoch werdenden Pflanze ist Nordamerika und Mexiko. Sie wird bei uns hauptsächlich im Zwischenfruchtbau verwendet. Die S. stellt geringe Ansprüche an Boden und Klima, ist trockenheitsverträglich, jedoch nicht frosthart. Sie ist eine hervorragende Deckungs- und Äsungspflanze für das Wild und daher gut geeignet für den Anbau auf Wildäckern (▸ Wildäsungsflächen). Der stark ölhaltige Samen, der in vielen Ländern ein wichtiger Speiseöllieferant ist, ist eine beliebte Vogelnahrung; ▸ Wildäsungspflanzen.

Sonnenburg, Liebermann von: ▸ Jagdliteratur.

Sonnenzug, der: Eine ▸ Salzlecke, bei deren Bereitung früher viel Hokuspokus (▸ Jagdkünste) getrieben wurde. Man glaubte, man würde dadurch das Wild aus fernen Revieren anlocken.

Sonntag, Maler: **1**) Zacharias (1683 bis 1783), fertigte v.a. Jagdstillleben; einige seiner Bilder befinden sich im Jagdschloss Kranichstein bei Darmstadt. **2**) Johann Tobias (1716 bis 1774), von ihm stammt u.a. »Hubertus in Hofjagduniform vor dem Hirsch kniend«.

Sonntagsjagd, Verbot der: Je nach Landesrecht (meist: Gesetz über den Schutz der Sonn- und Feiertage) ist an Sonn- und Feiertagen oder in der ortsüblichen Zeit des Hauptgottesdienstes die Ausübung einer Treibjagd (▸ Gesellschaftsjagd) verboten. I.d.R. sind die Gemeinden ermächtigt, die ortsübliche Zeit durch Verordnung näher zu regeln.

Sonntagsjäger, der: Spottbezeichnung für einen Jäger mit wenig Erfahrung.

So recht! So schön!: Zuspruch an den Hund, wenn er bei der Dressur etwas richtig gemacht hat.

Sorfalke, der: Auch Rotfalke. Ein Falken-Wildfang, der noch das Jugendgefieder trägt; ▸ Lapard, ▸ Hagard, ▸ Passagefalke.

Sozialbrache, die: Bez. für aufgelassenes Land, das keiner planmäßigen Nutzung mehr unterliegt. S. können Oasen für wild lebende Tiere und Pflanzen darstellen (»ökologische Zellen«), wenn sie sich selbst überlassen bleiben oder aber behutsam in diesem Sinne gestaltet und gepflegt werden. Auch zur Schaffung von Äsung und Deckung für das Wild sind diese Flächen gut geeignet. Häufig ergibt sich die Gelegenheit, die S. in die Waldlandschaft einzubeziehen, sie mit Hartgräsern, Sträuchern und Weichhölzern dem Wild als zusätzliche Nahrungsquelle anzubieten und das Wild, besonders Rotwild, dadurch von Forstpflanzen (Verbissschäden) fernzuhalten. S. bietet darüber hinaus auch der Kleintierwelt neuen Lebensraum, Nahrung (z.B. Insekten, Käfer usw.), Brut- und Nistgelegenheit usw. Naturschutzorganisationen und die Jagdverbände sind zunehmend bemüht, derartiges Ödland aufzukaufen und es wieder in den natürlichen Zustand zurückzuführen (renaturalisieren). Beispiele dafür sind die Wildland GmbH des Landesjagdverbandes Bayern und verschiedene Naturlandstiftungen.

Sozialordnung, die: Die S. der Tiere bezieht sich nicht nur auf ▸ Rangordnung, sondern auch auf andere Strukturierungen der Gruppe wie Fellpflegebeziehungen (▸ Körperpflege), räumlich sichtbare Untergruppenbildungen etc.

Spalten, das: Spreizen der Schalen des Schalenwildes bei der Flucht, beim Ziehen bergab oder auf weichem Boden.

Spangenberg, Cyriacus: ▸ Jagdliteratur.

Spaniel, der: Der Cocker-S., der Englische Springer-S. und der Welsh-Springer-Spaniel. S. sind mittelgroße langhaarige ▸ Stöberhunde 2., 3. und 4.

Spannabzug, der: ▸ Faustfeuerwaffen.

Spannbrett, das: Ein Brett zum Spannen und Trocknen von Raubwildbälgen; ▸ Balgbrett.

Spannen, das: Bei ▸ Jagdgewehren das Unter-Spannung-Setzen der Schlagfeder, um dem Schlagbolzen dadurch die nötige Schlagkraft zu geben. Das S. erfolgt bei Hahngewehren durch Zurückziehen der Hähne, bis sie einrasten. Ältere Waffen und hochwertige Kipplaufwaffen haben manchmal eine separate Spannung. Das Schloss wird dann kurz vor der Schussabgabe durch Betätigen des ▸ Spannhebels oder eines ▸ Spannschiebers gespannt. Kipplaufwaffen mit automatischer Spannung (Selbstspannersystem) werden durch Abkippen der Läufe automatisch gespannt. Bei Selbstladegewehren erfolgt das S. durch Zurückziehen und wieder Vorschnellen des Verschlusses. Repetiergewehre mit Kammer-(Zylinder-)Verschluss werden durch Öffnen der Kammer (neuere Modelle) oder durch Schließen der Kammer (ältere Modelle) gespannt; ▸ Entspannen.

spannen: **1**) Aufziehen der Bälge auf das Spannbrett (▸ Balgbrett). **2**) Fängischstellen von ▸ Fallen.

Spanner, die *(Geometridae):* Eine den Tagfaltern ähnliche Schmetterlingsfamilie mit weltweit rd. 15000 Arten, davon rd. 400 Arten einheimisch. S. sind kleine bis mittelgroße, meist schmächtige, überwiegend dämmerungs- und nachtaktive ▸ Schmetterlinge. In Färbung und Zeichnung sind sie häufig sehr gut an die Umgebung angepasst. Sie haben verhältnismäßig große und zarte, in der Ruhestellung flach ausgebreitete Flügel. Die S.-Raupen sind dünn und unbehaart und meist nur zehnbeinig. Durch das Fehlen der dritten Bauchbeinpaare bewegen sie sich »spannend« fort (buckelndes Hochkrümmen des Körpers beim Heranziehen des Hinterendes an die Brustregion und anschließendes ruckartiges Strecken des Körpers nach vorn). In der Ruhestellung halten einige Raupen sich nur mit den Hinterfüßen fest und strecken den Körper steif in die Luft, sodass sie wie ein blattloses Zweiglein erscheinen. Die wichtigsten Arten sind: Gemeiner Kiefernspanner *(Bupalus piniarius)*, Großer Frostspanner *(Erannis defoliaria)*, Kleiner Frostspanner *(Operophthera brumata)*, Buchenfrostspanner *(Operophtera boreata)*, Eichenspanner *(Ennomos quercinaria)*, Birkenspanner *(Amphidasis betularia)*.

Spannhebel, der: Ein Hebel, durch dessen Betätigung die Schlagfeder eines Gewehrschlosses gespannt wird (▸ Spannen).

Spannheftel, der: ▸ Heftel.

Spannmontage, die: Montageart für Zielfernrohre; ▸ Jagdoptik.

Spannrücken, der: Bei Hirschgeweihen (▸ Geweih) an der Vorderseite gelegentlich vorkommende glattgefegte Kante zwischen den Ansätzen der Enden.

spannruckig: Eine Geweihstange (▸ Geweih), die vorne unten eine Kante (den ▸ Spannrücken) hat, die durch ▸ Fegen heller gefärbt ist, nennt man s.

Spannschieber, der: Die Handhabe (auf dem Kolbenhals) zum ▸ Spannen des Gewehrschlosses bei Handspannern und Sicherheitswaffen mit separater Spannung; ▸ separate Kugelspannung.

Spannweite, die: ▸ Flügelspannweite.

Sparren, der: ▸ Afterklauen.

Spartaner, der: Auch Lakonier oder Kastorier. Der S. war die bekannteste Bracke des alten Griechenlands und wurde später auch von den Römern geführt. Der römische Philosoph Seneca (um 4 v. Chr. Córdoba/Spanien bis 65 n. Chr. Rom) schrieb in seinem »Hippolyt« folgendes: »Die S., kühn ist diese Art und hitzig auf Wild, führet behutsam an festgeschlungenem Knoten. Es nahet der Augenblick, wo der Felsen widerhallet vom Gebell. Bald sollen sie, losgelassen, mit feiner Nase

Spechte, nach Otto Grashey, »Praktisches Handbuch für Jäger«, 1894, 3. Auflage 1916: 1 Grünspecht (Männchen), 2 Schwarzspecht (links Weibchen, rechts Männchen), 3 Weißrückenspecht (Männchen), 4 Kleinspecht (Männchen), 5 Grauspecht (Männchen), 6 Mittelspecht

den Wind erfassen und mit gesenktem Kopf die Fährten aufsuchen, solange das Licht noch zögernd ist und der taubedeckte Boden die Spuren des Wildes eingedrückt festhält«; ▸ Umbrier.

Spätbrunft, die: ▸ Nachbrunft.

späte Fährte, die (Spätfährte): Eine ▸ Fährte, die erst gegen Morgen getreten wird.

Spatelente, die: ▸ Wildenten 5.

Spätgang, der: Beim Wild der Gang gegen Morgen, durch den schon gefallenen Tau; ▸ Tauschlag.

Spatzeneule, die: ▸ Eulen 9.

Spätzler, der: Der ▸ Sperber (Falknersprache).

Specht, Friedrich (geboren 6.5.1839 Lauffen/Neckar): Maler und Zeichner, bildete sich u.a. an der Kunstschule in Stuttgart aus und widmete sich der Darstellung des jagdbaren Wildes, der Jagdhunde etc. in Ölbildern, insbesondere aber in Zeichnungen, die meist als Buchillustrationen durch den Holzschnitt vervielfältigt wurden. Er gab u.a. heraus: »Diana, Blätter für Jagd- und Hundefreunde«, »Wanderungen durch das Tierreich aller Zonen«, »Tierstudien als Zeichenvorlagen und Zimmerschmuck«. S. hat auch einen großen Teil der Illustrationen zu »Brehms Tierleben« (3. Auflage) und zu Martins »Illustrierter Naturgeschichte der Tiere« geliefert.

Spechte, die *(Piciformes):* Innerhalb der ▸ Ordnung S. sind die bei uns beheimateten S. mit einer eigenen ▸ Familie, den Echten S. *(Picidae)*, vertreten, wobei Grün-, Grau-, Mittel-, Klein-, Bunt-, Blut-, Schwarz- und Weißrückenspecht die Unterfamilie der Eigentlichen S. *(Picinae)* bilden, der Wendehals hingegen der Unterfamilie Wendehälse *(Jyginae)* angehört. Die S. sind meist lebhafte, farbenfrohe Vögel des Waldes und echte Baumvögel, die sich überwiegend von Ameisen, Insekten und deren Larven ernähren. Zahlreiche Anpassungen sind sowohl für den Lebensraum wie für die besonderen Lebens- und Ernährungsgewohnheiten entwickelt: kräftiger Meißelschnabel zum Aufspalten von Rinde und Holz; eine sehnige Halsmuskulatur, die wohlgezielte Schnabelhiebe gewährleistet; krallenbewehrte Kletterzehen am kurzen Bein (zwei nach vorn und meist zwei nach hinten gerichtete Zehen); Stützschwanz, dessen steilkielige Federn – an die Rinde angedrückt – den Körper am senkrechten Baumstamm abstemmen; lange, klebrige und mit Widerhäkchen versehene Zunge, die tief in die Wurm- und Larvenröhren eindringen kann. S. sind Höhlenbrüter. Mit Ausnahme des Wendehalses zimmern sie ihre Höhlen in stammfaulen Bäumen selbst. Das Gelege besteht meist aus fünf bis sechs Eiern, die rein weiß sind. Die Eltern brüten und füttern auch die Jungen gemeinsam. Die Jungen fassen bei der Fütterung der Schnabel des Altvogels, der dabei die Nahrung aus dem Kehlsack auswürgt. Zehn Arten dieser Unterfamilien brüten in Mitteleuropa.

1. Grünspecht, der *(Picus viridis*, L.): Auch Immenwolf, Wieherspecht, Schreiheister, Jägervogel. Länge: 32 cm, Gewicht: um 200 g; ▸ Stand- und ▸ Strichvogel.

Aussehen: Beide ▸ Geschlechter des fast taubengroßen Vogels sind oberseits moosgrün und unterseits hell-graugrün gefärbt, der Scheitel ist bis zum Nacken rot, der Bürzel gelb. Männchen und Weibchen sind nur an der unterschiedlichen Färbung der Bartstreifen zu

Der Buntspecht (im Bild ein Männchen) ist in fast ganz Europa beheimatet und unsere häufigste heimische Spechtart.

unterscheiden; der schwarze breite Bartstreifen ist beim Männchen in der Mitte rot, beim Weibchen fehlt das Rot. Die Jungvögel sind oberseits heller und unterseits deutlich gefleckt und gebändert.
Vorkommen: Der G. kommt in ganz Europa vor und bewohnt hauptsächlich lichte Wälder, besonders Laub- und Auwälder sowie Parklandschaften, Feldgehölze und Obstbaumkulturen. Im Gebirge ist er noch in über 1700 m Höhe anzutreffen. Er trommelt i.d.R. viel weniger als die übrigen S.-Arten und befindet sich häufig am Boden (Erdspecht), wo er in großen Sprüngen umherhüpft. Er fliegt in tiefen Bogenlinien.
Fortpflanzung: Die selbstgezimmerte Nisthöhle befindet sich überwiegend in Laubbäumen (Eichen, Buchen, Pappeln, Erlen). Das Flugloch ist kreisrund und hat einen Durchmesser von ca. 6,5 cm. Die Nisthöhle ist mit Mulm und feinen Holzspanen ausgelegt. Das Gelege besteht aus fünf bis sieben (acht) rein weißen Eiern, die 31 x 23 mm groß, ca. 7,9 bis 8,1 g schwer sind und etwa 15 bis 16 Tage bebrütet werden. Die ▸ Nestlingszeit beträgt ca. 27 Tage. Normalerweise eine Brut im Jahr (April/Mai).
Nahrung: Der G. frisst gerne Ameisen, deren Haufen er zerhackt, daneben Käfer und deren Larven, Hummeln und Wespen, gelegentlich auch Beeren und Eicheln, v.a. im Winter.

2. Grauspecht, der *(Picus canus*, Gmel.): Länge: 25 bis 26 cm, Gewicht: um 130 g; Stand- und Strichvogel.
Aussehen: Der G. ähnelt dem etwas größeren Grünspecht und wird häufig mit ihm verwechselt. Beide Geschlechter haben einen grauen Kopf und schmale schwarze Bartstreifen. Das Männchen hat zusätzlich eine leuchtendrot gefärbte Stirn. Die Jungvögel sind ähnlich wie die Altvögel gefärbt, das Federkleid ist aber allg. blasser, unterseits sind sie verschwommen gefleckt.
Vorkommen: Der G. bewohnt Mittel- und Osteuropa sowie das südliche Skandinavien. Bei uns fehlt er gebietsweise nur in Norddeutschland. Ähnlich wie der Grünspecht bevorzugt er Parklandschaften und lichte Laub- und Mischwälder, hauptsächlich im Berg- und Hügelland, und sucht ebenfalls gerne den Erdboden auf. Mitunter sitzt er auch an Stall- und Hausmauern.
Fortpflanzung: Nistplatz und Nisthöhle wie Grünspecht. Das kreisrunde Flugloch hat jedoch nur einen Durchmesser von 6 cm. Das Gelege besteht aus sechs bis sieben rein weiß glänzenden Eiern, die 28 x 20 mm groß und ca. 6,5 g schwer sind. Diese werden etwa 14 bis 16 Tage bebrütet. Die Nestlingszeit beträgt ca. 26 bis 28 Tage. Eine Jahresbrut (Mai/Juni).
Nahrung: Ähnlich wie Grünspecht, überwiegend Ameisen und holzbewohnende Insektenlarven. Im Winter nimmt er gerne ungesalzenes Fett an.

3. Mittelspecht, der *(Dendrocopos medius*, L.): Auch Mittlerer Buntspecht. Länge: ca. 21 cm, Gewicht: etwa 60 g; Stand- und Strichvogel.
Aussehen: Beide Geschlechter sind oberseits schwarz gefärbt und haben schmale, große weiße Schulterflecke. Die Unterseite ist grauweiß mit dunklen längsgefleckten Flanken. Der Unterbauch ist rosa gefärbt. Die Schwingen sind schwarz-weiß quergebändert, die weißen Bänder bestehen aus Tupfenreihen. Der Scheitel ist leuchtend rot, beim Weibchen etwas blasser und nicht so ausgedehnt. Der Jungvogel ähnelt sehr dem Altvogel, ist jedoch verwaschener und matter gefärbt.
Vorkommen: Der M. kommt überwiegend in Mitteleuropa bis etwa zum 55. Breitengrad und im Osten etwa bis zum Ural vor. Er findet sich auch im Nordwesten Spaniens und ist von Südfrankreich bis ins östliche Südeuropa beheimatet. Er bevorzugt hauptsächlich lichte Laub- und Auwälder, Parklandschaften und Obstbaumkulturen mit abgestorbenen Bäumen. Im Hochgebirge ist er nicht anzutreffen, ebenso fehlt er in reinen Nadelwäldern. Er trommelt selten.
Fortpflanzung: Der M. nistet vorwiegend in hohen, kernfaulen Eichen, Pappeln und Kirschbäumen. Das kreisrunde Flugloch hat nur einen Durchmesser von 4 cm. Die Nisthöhle ist leicht mit Mulm und Holzspänen belegt. Das Gelege besteht aus fünf bis sechs rein weiß glänzenden Eiern, die 23 x 18 mm groß und ca. 4,3 g schwer sind. Diese werden elf bis zwölf Tage bebrütet. Die Nestlingszeit beträgt 18 bis 21 Tage. Eine Jahresbrut (April/Mai).
Nahrung: Sie besteht aus kleineren Insekten aller Art und deren Larven, gelegentlich auch aus Obst und Nüssen, im Winter aus Sämereien.

4. Kleinspecht, der *(Dendrocopos minor*, L.): Auch Zwergspecht, Kleiner Buntspecht. Länge: 15 cm, Gewicht: ca. 22 g; Stand- und Strichvogel.
Aussehen: Der etwa sperlingsgroße Vogel ähnelt sehr dem Mittelspecht, hat jedoch keine weißen Schulterflecke. Der Rücken ist dunkel und schwarz-weiß gebändert, auf der Unterseite fehlt jegliches Rot. Der Scheitel ist beim Männchen rot, beim Weibchen schmutzig weiß. Der Jungvogel ähnelt dem Weibchen, der männliche Jungvogel zeigt am Scheitel ein wenig Rot.
Vorkommen: Er ist mit Ausnahme des äußersten Nordens in ganz Europa beheimatet. Als kleinster europäischer Specht bewohnt er lichte Laub- und Mischwaldungen, Auwälder, Parkanlagen und Obstbaumkulturen. Er ist nicht selten in den Friedhöfen und Alleen der Städte anzutreffen und lebt meist recht versteckt im Kronenbereich der Bäume. Beide Partner trommeln häufig und schnell.
Fortpflanzung: Nistet meist sehr hoch in einer selbstgezimmerten Nisthöhle in weichen oder morschen Laubbäumen. Das kreisrunde Flugloch hat einen Durchmesser von ca. 3,2 cm. Das Gelege besteht aus fünf bis sechs glänzend weißen Eiern, die 19 x 14 mm groß und 3 g schwer sind und etwa 14 Tage bebrütet werden. Die Nestlingszeit beträgt 18 Tage. Eine Jahresbrut (April/Mai/Juni).
Nahrung: Ähnlich wie Mittelspecht.

5. Buntspecht, der *(Dendrocopos major*, L.): Auch Rotspecht, Großer B. Länge: 23 cm, Gewicht: um 80 g; Stand- und Strichvogel.
Aussehen: Der knapp amselgroße B. ist wie der Mittelspecht schwarz-weiß gefärbt und hat ein scharf abgesetztes, leuchtend rotes Bauchgefieder (Unterschwanzdecken), die Brust ist weiß. Das Männchen besitzt ein leuchtend ro-

tes Genickband und einen schwarzen Oberkopf, beim Weibchen fehlt das Rot. Die Kopf- und Halsseiten sind weiß. Die Jungvögel ähneln den Eltern, beide Geschlechter sind jedoch auf dem vorderen Teil des Scheitels rot.
Vorkommen: Mit Ausnahme Nordskandinaviens ist der B. in ganz Europa beheimatet. Der bei uns am häufigsten vorkommende Specht bewohnt Wälder jeder Art, mit Vorliebe Kiefernwälder sowie Park- und Gartenanlagen und Feldgehölze. Sein Lebensraum erstreckt sich bis zur Baumgrenze im Gebirge. Der scheue, drosselgroße B. ist nur selten am Boden und fliegt in eigentümlichem Bogenflug. Er klettert immer stammaufwärts, nie kopfabwärts nach unten, und schläft in Kletterstellung an die Baumrinde angehäkelt. Während der Balzzeit trommeln beide Geschlechter intensiv und schnell an dürren Ästen.
Fortpflanzung: Die Nisthöhle befindet sich in unterschiedlicher Höhe in morschen Laub- und Nadelbäumen, häufig aber in Pappeln und Weiden. Das kreisrunde Flugloch hat einen Durchmesser von ca. 4,6 cm. Das Gelege besteht aus fünf bis sechs (acht) glänzend weißen Eiern, die 26 x 19 mm groß und 5,4 g schwer sind. Die Eier werden 12 bis 13 Tage bebrütet. Die Nestlingszeit beträgt ca. 20 bis 22 Tage. Eine Jahresbrut (April/Mai/Juni).
Nahrung: Wie Mittelspecht, nimmt aber besonders Borkenkäfer, die er aus der Rinde herausklopft.
Dem B. doppelgängerhaft ähnlich ist der **Blutspecht** *(Dendrocopos syriacus)*, der jedoch insgesamt im Kopfbereich heller wirkt und von Osteuropa aus auch langsam nach Westeuropa vordringt. Auch Nahrung und Fortpflanzung sind ähnlich wie beim B.

6. Schwarzspecht, der *(Dryocopus martius*,. L.): Auch Baumroller, Waldteufel. Größter europäischer S. Länge: ca. 45 cm, Gewicht: um 300 g; Standvogel.
Aussehen: Beide Geschlechter sind schwarz gefärbt, beim Männchen ist der gesamte Oberkopf rot, das Weibchen besitzt hingegen nur einen roten Nackenfleck. Der Schnabel ist gelblich, auf dem Kopf ist eine Haube angedeutet. Die Jungvögel ähneln den Eltern, sind jedoch mehr bräunlich. Das junge Männchen hat eine schwarzbraune Stirn und einen roten Scheitelfleck.
Vorkommen: Der S. ist in Mittel-, Ost- und Nordeuropa beheimatet und kommt in West- und Südeuropa nur in hohen Gebirgen vor. Mit Vorliebe bewohnt er große, ruhige Nadelwälder, hält sich aber auch in Misch- und reinen Buchenwäldern auf. Der scheueste aller europäischen S. sucht häufig am Boden, klettert gut, fliegt aber schwerfällig. Beide Geschlechter trommeln kräftig.
Fortpflanzung: Die Nisthöhle befindet sich hoch in alten Kiefern, Fichten, Eichen oder Buchen. Das Flugloch ist oval, ca. 10 cm breit und 12 cm hoch. Das Gelege besteht aus drei bis vier (fünf) rein weiß glänzenden Eiern, die 35 x 26 mm groß und ca. 11,5 bis 12,3 g schwer sind. Die Eier werden etwa 12 bis 14 Tage bebrütet. Die Nestlingszeit beträgt ca. 26 Tage. Eine Jahresbrut (April/Mai).
Nahrung: Sie besteht hauptsächlich aus Riesenameisen, Insekten und ihren Larven, die er vom Boden und an Baumstümpfen abliest oder aus Baumstämmen herausmeißelt. v.a. bei der Suche nach den Nestern der Holzameise schlägt er große Löcher in die befallenen Stämme.

7. Weißrückenspecht, der *(Dendrocopos leucotos*, Bechst.): Länge: 26 cm; Stand- und Strichvogel.
Aussehen: Leuchtend weißer Rücken und schwarze Schultern ohne weiße Schulterflecken. Flügel schwarz-weiß gebändert, Bürzel rein weiß. Die weiße Unterseite hat eine deutliche schwarze Längsstreifung, die Unterschwanzdecken sind rot. Beim Männchen ist der Scheitel rot, beim Weibchen schwarz. Der Jungvogel ähnelt den Eltern.
Vorkommen: Der W. kommt hauptsächlich in Nordeuropa und gebietsweise in den Alpen vor. Der bei uns seltene Vogel bewohnt v.a. alte Laub- und Mischwälder im Hügelland und im Gebirge.
Fortpflanzung: Die Nisthöhle befindet sich vorwiegend in kernfaulen und morschen Laubbäumen, hauptsächlich in Buchen, Ulmen und Birken. Das Flugloch ist etwa 6 cm hoch und 5 cm breit. Das Gelege besteht aus drei bis fünf glänzend weißen Eiern, die 28 x 20 mm groß und 6,7 g schwer sind. Brutdauer und Nestlingszeit sind nicht bekannt. Eine Jahresbrut (April/Mai).
Nahrung: Sie besteht überwiegend aus Käfern, Schnecken, Raupen, Bockkäferlarven und Riesenameisen.

8. Wendehals, der *(Jynx torquilla*, L.): Auch Natternhals, Otternwindel. Länge: etwa 16 cm, Gewicht: um 35 g. Seinen Namen trägt er nach der geradezu schlangenartigen Beweglichkeit. Bei vermeintlicher Gefahr dreht er den Kopf hin und her, sträubt die Federn, spreizt Flügel und Schwanz und zischt nach Art einer Viper; ▸ Zugvogel.
Aussehen: Beide Geschlechter sind gleich gefärbt und tragen ein graubraunes eulenartiges Gefieder mit »Rindenzeichnung«. Der Schwanz ist länglich und gerundet. Die Unterseite ist heller bräunlich und dunkelbraun quer gewellt. Der Schnabel ist kurz und spitz, von den vier Zehen sind zwei nach vorn und zwei nach hinten gerichtet.
Vorkommen: Er bewohnt fast ganz Europa mit Ausnahme Ost- und Südspaniens. Sein Lebensraum sind lichte Laub- und Mischwälder, Obstbaumkulturen, Parkanlagen und Alleen. Als Zugvogel überwintert er hauptsächlich in Afrika und kommt erst Mitte April/Anfang Mai in die Brutgebiete zurück. Die Kletterfähigkeit dieses rindenfarbenen Vogels an senkrechten Stämmen ist bei Weitem nicht so ausgeprägt wie bei den echten S. Im Laubwerk bewegt er sich nach Singvogelart fort. Er fliegt flach bogenförmig, nur kleinere Strecken und meist in geringer Höhe von Baum zu Baum.
Fortpflanzung: Der W. nistet in natürlichen Baumhöhlen oder in S.-Höhlen, gelegentlich auch in Nisthöhlen und Mauerlöchern. Er meißelt keine Bruthöhle und baut auch kein Nest. Die Eier werden ohne Unterlage auf den Boden der Höhle gelegt. Das Gelege enthält sieben bis zehn (zwölf) rein weiß glänzende Eier, die 21 x 15 mm groß und ca. 2 g schwer sind. Brutzeit 13 bis 14 Tage. Die Nestlingszeit beträgt 23 bis 26 Tage. Eine Jahresbrut (Mai/Juni), gelegentlich auch zwei.
Nahrung: Sie besteht fast ausschließlich aus Ameisen und deren Puppen, die durch Anleimen mit der langen, klebrigen Zunge aufgenommen werden.

Spechtrabe, der: ▸ Rabenvögel 10.

Speck, der: Das Fett beim ▸ Seehund.

Speckmöwe, die: ▸ Möwen 2.

speien: Der Birkhahn speit; Ausdruck für das ▸ Blasen des Birkhahns (Erzgebirge).

Speierling, der *(Sorbus domestica)*: Auch Sperberbaum, Schmerbirne. Sommergrüner Baum, der zur Familie der Rosengewächse *(Rosaceae)* zählt. Der wärmeliebende S. ist hauptsächlich im Mittelmeergebiet verbreitet, kommt bei uns wild nur noch (sehr selten) in Süddeutschland und Thüringen vor. Die Früchte sind birnenförmig, auch eiförmig, 2 bis 3 cm lang, anfangs grün, reif gelb bis braun. Die gerbstoffreichen Früchte waren ein sehr verbreitetes Heilmittel gegen Durchfall und Ruhr. Kleine Mengen des S.-Saftes, dem Apfelmost zugesetzt, klären den Apfelwein. Das Holz ist schwer, elastisch und feinfaserig, geschätzt bei Tischlern und Drechslern.

Spektiv, das: ▸ Jagdoptik.

Spel, das: ▸ Spiel 2).

Spengler, Nikolaus Michael (1700 bis 1776): Maler; schuf hervorragende Hinterglasmalerei mit jagdlichen Motiven.

Sperber, der *(Accipiter nisus)*: Auch kleiner Habicht, Kleiner Stößer, Sperber-, kleiner Stoßfalke, Finken-, Zwerghabicht, Blaubäckchen, in der Falknersprache Spätzler. ▸ Taggreifvogel der Unterfamilie der Adler und Bussarde *(Accipitrinae)* aus der Familie der Greife *(Accipitridae)*, die zur Ordnung der ▸ Greifvögel *(Falconiformes)* gehört. Länge: 28 bis 38 cm, ▸ Flügelspannweite: 63 bis 80 cm. Der nur taubengroße S. ist die verkleinerte Ausgabe des ▸ Habichts und wird vielerorts auch kleiner Habicht genannt. Wie beim Habicht so ist auch beim S. das Männchen (der Sprinz) wesentlich kleiner (Länge: um 28 cm) als das Weibchen (Länge: um 38 cm). Gewicht: Sprinz etwa 150 g, Weibchen etwa 280 g. Er unterliegt dem Jagdrecht, ist aber ganzjährig geschont.
Aussehen: Der Sprinz ist oberseits blaugrau mit rostbraunen Wangen und kleinem weißem Nackenfleck, unterseits deutlich rostbraun quergebändert (gesperbert). Das Weibchen

Flugbild des Sperbers

Sperber am Horst mit Jungvögeln

ist oberseits graubraun, über dem Auge weißlicher Streif, unterseits weiß mit dunkelbrauner oder grauer enger Querbänderung (gesperbert). Der lange ▸ Stoß hat bei beiden Geschlechtern vier bis sechs dunkle Querbinden. Die Augen, die ▸ Wachshaut und die unbefiederten ▸ Ständer sind gelb. Im ▸ Jugendkleid ist der S. oberseits graubraun, unterseits weiß mit herzförmigen Tupfen an Kehle und Hals sowie Querbänderung an Hosen (Schenkeln) und Bauch. Die ▸ Mauser vollzieht sich beim Sprinz sehr langsam und dauert Monate. Dadurch bleibt der Sprinz während der gesamten Mauserzeit voll beuteflugfähig.

Vorkommen und Lebensweise: Der S. ist fast in ganz Europa verbreitet (Ausnahme: Island und der äußerste Norden und Nordosten Europas), daneben ist er auch in weiten Teilen Asiens und in Nordafrika anzutreffen. Er ist ▸ Stand- oder ▸ Strichvogel und überwintert vorwiegend im Mittelmeerraum, aber auch in Mitteleuropa. Sein bevorzugter Lebensraum sind größere Wälder, in denen er sowohl in der Ebene als auch im Gebirge vorkommt. Im offenen Gelände und kleineren Wäldern ist er dagegen nur beim Jagen anzutreffen. Im Fluge ähnelt er mit seinen breiten, kurzen und abgerundeten Flügeln und dem auffallend langen Stoß dem Habicht. Wenn er fliegt, wechselt er zwischen einigen wenigen, aber kräftigen Flügelschlägen und einem längeren Gleitflug ab. Er ▸ rüttelt nur äußerst selten. ▸ Flugbild und Flugeigenschaften lassen ihn jedoch vom ▸ Kuckuck, der im Fluge ständig Flügelschläge ausführt, ihm aber hinsichtlich Färbung und Größe sehr ähnlich sieht, gut unterscheiden. Am Boden bewegt er sich nur hüpfend fort und wirkt dabei äußerst unbeholfen. Als ausgesprochener Pirschflugjäger (Überraschungsjäger) schlägt er lebende Beute im Sturzflug. Wie auch der Bussard, die Rohrweihe und der Habicht ist der S. ein Grifftöter. Die Beute wird durch Kopf- und Halsgriff getötet.

Fortpflanzung: Der ▸ Horst steht vorwiegend auf mittelalten Fichten und Kiefern, dicht am Stamm. Gelegentlich werden auch die Nester von Tauben, Krähen, Eichelhähern oder Eichhornkobel als Unterlage benutzt. Der etwa 20 bis 40 cm breite Horst wird aus trockenen Nadelholzreisern gebaut und die ca. 6 cm tiefe Mulde mit Fichtennadeln und Rindenstückchen ausgepolstert. Während der Brut mausert das Weibchen so stark, dass der Horst und die Horstumgebung mit Mauserfedern bestreut sind. Das Gelege besteht aus vier bis sechs bläulich weißen Eiern, die mit vielen violettgrauen und dunkelbraunen Flecken bedeckt sind. Die kurzovalen Eier sind 40 x 32 mm groß und etwa 21 g schwer. Die Jahresbrut erfolgt im Mai/Juni, und die Brutdauer beträgt 32 Tage, die ▸ Nestlingszeit 28 bis 32 Tage. Der Sprinz versorgt während der Aufzucht die Jungen mit Atzung, die vom Weibchen zerkleinert und verfüttert wird. Die Geschlechtsreife tritt bei S. meist im zweiten Jahr ein.

Nahrung: Das Weibchen schlägt Vögel bis zur Taubengröße, der kleinere Sprinz hingegen kann nur geringere Vögel bis zur Drosselgröße erbeuten. Seltener zählen Mäuse, Fledermäuse und Insekten zu seiner Beute. Gerupft wird die Beute auf Bodenerhebungen oder Baumstümpfen, wobei häufig die Schnäbel, Füße und Schwingen der erbeuteten Vögel zurückgelassen werden.

Sperberbaum, der: ▸ Speierling.

Sperberfalke, der: ▸ Sperber.

Sperber, kleiner, der: ▸ Falken 4.

Sperber, roter, der: ▸ Falken 2.

Sperber, weißer, der: ▸ Weihen 2.

Sperlingseule, die: ▸ Eulen 9.

Sperlingshabicht, der: ▸ Falken 2.

Sperling, Heinrich: Tiermaler. Entwarf den ▸ Sperlingshund.

Sperlingshund, der: Bez. für das geschützte Emblem (»Dienstleistungsmarke«) des Jagdgebrauchshundverbandes (JGHV; ▸ Hundeverbände 1.). Es handelt sich hierbei um einen Deutsch-Kurzhaar, der vom Tiermaler Heinrich Sperling (1844 bis 1924) gezeichnet wurde und als »Symbol für die Gebrauchshundesache« bestimmt wurde. Der S. kennzeichnet alle offiziellen Schriftstücke und Dienstleistungsschriftstücke des JGHV, z.B. Stempel des JGHV, Ahnentafeln usw.

Sperlingskauz, der: ▸ Eulen 9.

Sperre, die (Sperrfelsen, Gamssperre): Eine Stelle in der Bergwand, an der sich Gemsen einstellen.

Sperrfalle, die: Sammelbegriff für Lebendfangfallen; ▸ Fallen 1.

Sperrfelsen, der: ▸ Sperre.

sperrig: Ein ▸ Geweih, wenn es weit ausgelegt ist, ist s.; ▸ Auslage.

Sperrzeug, das: Bez. für die Prellgarne und Jagdtücher bei ▸ Eingestellten Jagen; ▸ Jagdzeug 2.

Spezialwälder, die: ▸ Vorrangwälder.

Sperzer, der: Alte schweizerische Bez. für einen Laufhundbastard, der angeblich besser und flüchtiger jagen soll als ein Rassehund.

Spezies, die: ▸ Art.

Spickbänder, die: Paarweise angeordnete Bänder, mit denen auf dem ▸ Federspiel ▸ Atzung befestigt wird. Sie waren v.a. früher farbig (meist rot) und nur Zierat.

Spiegel, der: **1**) Auch Scheibe oder Schurz: Heller gefärbte oder weiße Haare um das ▸ Weidloch beim ▸ Reh-, ▸ Dam-, ▸ Rot- und ▸ Muffelwild, seltener bei ▸ Gamswild. **2**) Reinweißer Fleck an der Achsel bei Auer- und Birkhahn. **3**) Bei manchen Vögeln, v.a. bei vielen Entenarten sowie beim Eichelhäher, helle Querbinden auf den Flügeln. Zeigen sich diese S., z.B. bei Jungenten, so sind sie gespiegelt. **4**) Spiegelig gestrickte Fangnetze und ▸ Garne, d.h. Netze, bei denen die Fäden senkrecht und waagrecht zueinander verlaufen (S.-Garn, S.-Netz). **5**) Die viereckigen Maschen spiegelig gestrickter Garne und Netze.

Spiegelente, die: ▸ Wildenten 1. und 2.

Spiegelgarn, das: ▸ Spiegel 4) und ▸ Garne.

Spiegelmaß, das: Das Maß, nach dem früher die Maschen oder Spiegel in den Netzen gemacht wurden; ▸ Spiegel 4) und ▸ Garne.

Spiegelnetz, das: ▸ Spiegel 4) und ▸ Garne.

Spiegelzeug, das: Spiegelig gestricktes, lichtes Zeug; ▸ Jagdzeug 2.

Spiel, das: **1**) ▸ Stoß des Fasans und des Birkhahns, seltener bei der Elster gebräuchlich. Der Birkhahn trägt ein volles S., wenn die Stoßfedern voll ausgewachsen sind; ▸ Sichel. **2**) Seltene Bez. für die Balzarie des Auerhahns; ▸ Gesetzel, ▸ Raufußhühner 1.

Spielgeflügel, das: Örtlicher Ausdruck für Birkwild; ▸ Raufußhühner 2.

Spielhahn, der: Der Birkhahn; das Spielhuhn ist das Birkhuhn; ▸ Raufußhühner 2.

Spierer, der: ▸ Seeschwalben 2.

Spieß, der: **1**) Einzelne Geweih- oder Gehörnstange eines ▸ Spießers. **2**) ▸ Spindel. **3**) Der Schweins- und Sauspieß, die Saufeder; ▸ Blanke Waffen. **4**) Der Bärenspieß, das Bäreneisen; ▸ Blanke Waffen. **5**) Ein Bund von vier Ganz- oder acht Halbvögeln; ▸ Klupp.

Spießbock, der: ▸ Spießer.

spießen (schäften, sprießen): Bei einem ▸ Garn oder Netz eine gerissene Leine ohne Knoten wieder verbinden. Die Enden wurden hierzu gelockert, ineinandergeschoben und entweder umwunden oder benäht.

Spießente, die: ▸ Wildenten 7.

Spießer, der: **1**) Ein ▸ Elch, Rot-, Dam-, Sikahirsch oder Rehbock (Spießhirsch, Spießbock), dessen ▸ Geweih bzw. Gehörn nicht mehrere Enden, sondern nur Spieße hat; meist das Erstlingsgeweih oder -gehörn. **2**) Der Neuntöter; ▸ Würger 1.

Spießhirsch, der: ▸ Elch, Rot-, Dam- oder Sikahirsch, der Spieße trägt; ▸ Spießer 1).

Spießlerche, die: ▸ Lerche 1.

Spillen, die: ▸ Spindel.

Spindel, die (Spillen, Spieße): Alte Bez. für die kleinen Pflöcke, an denen die Wachtelgarne (Steckgarne) befestigt wurden; ▸ Garne 1.

Spinne, die: Bez. für das Gesäuge des weiblichen Wildes bei allen Hirscharten.

spinnen: **1**) ▸ abspinnen. **2**) ▸ schnurren 2).

Spinner, die *(Bombycidae)*: Sammelbezeichnung für verschiedene plumpe, häufig dicht behaarte ▸ Schmetterlinge, deren Fühler als Träger des hochentwickelten Geruchssinnes sowie des Tast- und Erschütterungssinnes oft stark gekämmt sind (besonders bei den Männchen). Die Weibchen sind größer als die Männchen. Beide Geschlechter nehmen keine Nahrung auf und fliegen hauptsächlich bei Nacht und in den Morgenstunden. Die 16-beinigen Raupen spinnen stark (Name!) und tragen meist einzeln oder in Büscheln stehende Borsten. Die forstlich wichtigsten Arten sind: Schwammspinner *(Lymantria dispar)*, der im Jahre 1994 in Deutschland 40000 ha Wald bedrohte (Befallsfläche in Bayern 13000 ha), Eichenprozessionsspinner *(Thaumatopea processionea)*, Kiefernprozessionsspinner *(Thaumatopea pinivora)*, Kiefernspinner *(Dendrolimus pini)* und Nonne *(Lymantria monacha)*.

Spinnfeder, die: Bez. für die Feder, die zum ▸ Abspinnen des ▸ Beizvogels benutzt wird.

Spinnstab, der: 25 bis 35 cm langes Stäbchen mit Quaste an einem Ende, das als Ersatz für die ▸ Spinnfeder zum ▸ Abspinnen des ▸ Beizvogels benutzt wird.

Spinnweb(e), die: Ein Hochgarn (▸ Garne 4.) aus feinem Bindfaden (Zwirn), einfach, doppelt oder dreifach verarbeitet.

Spion, der: Seltene Bez. für ▸ Stöberhund.

Spissen, das: **1**) Lockruf des Haselhahns, hauptsächlich in der Balzzeit, bei der Henne Bisten genannt; ▸ Raufußhühner 4. **2**) Nachahmen des Balzrufes des Haselhahns mit dem Pfeifchen (Balzpfeife) durch den Jäger (▸ Lockjagd). Damit wird dem Platzhahn ein Rivale vorgetäuscht und Ersterer so angelockt.

Spitz, der: ▸ Schnepfenvögel 1.

spitz: **1**) Wild steht s. oder flüchtet s., wenn es dem Jäger die Vorder- oder Rückseite zeigt (Ggs.: breit). **2**) S. ist der ▸ Beizvogel, wenn sein Brustbein s. ist und er sich in tiefer Jagdform befindet; ▸ Kondition 3).

Spitze, die (Oberschaft): Der oberste Teil des ▸ Haares.

Spitzenachter, der: ▸ Achtender.

Spitzengänger, die: ▸ Säugetiere, bei denen nur ein Glied der Zehen den Boden berührt, z.B. Huftiere, wozu auch die Paarhufer (▸ Schalenwild) zählen; ▸ Zehengänger, ▸ Sohlengänger.

Spitzente, die: ▸ Wildenten 7.

Spitzgeier, kleiner, der: ▸ Weihen 2.

Spitzkopf, der: ▸ Schnepfenvögel 1.

Spitzkugel, die: ▸ Kugel 2).

Spitzmäuse, die *(Soricidae)*: Sie gehören neben ▸ Igel und Maulwurf zur artenreichen Ordnung der Insektenfresser und sind die kleinsten Vertreter der ▸ Säugetiere. Kennzeichnend sind die stark verlängerte, zugespitzte und rüsselförmige Schnauze, das kurze, sehr dichte und samtartige Fell und das einfach gebaute Gebiss mit scharfspitzigen Zähnen (je nach Gattung 26 bis 32 Zähne). S. sind oberseits meist einfarbig braun bis schwarz, unterseits hell. An jeder Körperseite befinden sich dunkel behaarte Drüsenstellen, deren Absonderung, überwiegend zur Paarungszeit, stark nach Moschus riecht. Einige Arten erzeugen Ultraschalltöne zur Peilorientierung. Die meist nachtaktiven S. haben einen hochentwickelten Gehör- und Geruchssinn. Die Nahrung der S. besteht überwiegend aus Insekten, aber auch aus Regenwürmern, Webspinnen, Schnecken, Eidechsen, Fröschen, Mäusen, kleinen Vögeln sowie aus kleinen Fischen (Wasser-S.). Sie sind sehr gefräßig, z.T. beträgt ihr Tagesbedarf das eigene Körpergewicht, während der Stillzeit z.T. auch das Eineinhalbfache. Natürliche Feinde der S. sind Waldkauz, Schleiereule, Wiesel und Fuchs, auch Hunde und Katzen, die die S. zwar greifen und töten, sie aber wegen des starken Moschusgeruches nicht fressen. Einige S.-Arten sind geschützt, einige Arten sind bereits stark gefährdet. Ursache hierfür ist der durch Gifteinsatz bedingte Rückgang der Insekten, die die Hauptnahrung der S. bilden.

1. Waldspitzmaus, die *(Sorex araneus*, L.): Länge: etwa 11 bis 12 cm, davon 3,8 bis 5 cm Schwanz. Häufigste S.-Art. Oberseits schwarzbraun, manchmal rostbraun überflogen, Körperseiten gelblich braun, unterseits weißlich grau. Zahnspitzen leuchtend dunkelrot. Die W. hält sich tagsüber in Mäuse- und Maulwurfslöchern verborgen und bewohnt feuchte Waldgebiete, sumpfiges Gelände, aber auch trockenes Gebüsch. Die fünf bis sieben Jungen werden nackt und blind in einem nestartigen Lager geboren. Sie werden drei Wochen gesäugt und sind mit etwa drei bis vier Monaten geschlechtsreif. Die W. hat zwei bis vier Würfe im Jahr. Sie ist durch das Vertilgen von Forstschädlingen äußerst nützlich.

2. Alpenspitzmaus, die *(Sorex alpinus)*: Sie ersetzt die Waldspitzmaus im Gebirge, ähnelt dieser stark, hat aber einen längeren Schwanz. Gesamtlänge etwa 14 cm, davon 7 cm Schwanz. Sie ist tag- und nachtaktiv und bewohnt neben Gebirgswäldern (hauptsächlich Nadelwälder) auch feuchtes Gelände.

3. Zwergspitzmaus, die *(Sorex minutus)*: Kleinste Art und zugleich kleinstes Säugetier Europas. Körperlänge um 6 cm, Schwanz etwa um 4 cm. Sie ähnelt der Waldspitzmaus, bewohnt hauptsächlich feuchtes Gelände und meidet den geschlossenen Wald

4. Gartenspitzmaus, die *(Crocidura suaveolens)*: Körperlänge um 8 cm, Schwanzlänge um 4,5 cm. Sie bewohnt Wald, Gärten und Siedlungen. Zwei bis vier Würfe im Jahr mit ein bis sechs Jungen.

5. Feldspitzmaus, die *(Crocidura leucodon)*: Körperlänge um 8,5 cm, Schwanzlänge um 3,5 cm. Zwei bis drei Würfe im Jahr mit drei bis neun Jungen.

6. Hausspitzmaus, die *(Crocidura russula)*: Körperlänge um 9,5 cm, Schwanzlänge um 4,5 cm. Hält sich an Waldrändern, in Gärten

Waldspitzmaus frisst erbeuteten Regenwurm.

und offenem Gelände auf und ist im Winter auch in Gebäuden anzutreffen. Zwei bis vier Würfe im Jahr mit drei bis neun Jungen.

7. **Wasserspitzmaus**, die *(Neomys fodiens)*: Körperlänge um 9,5 cm, Schwanzlänge um 7,5 cm. Sie bewohnt die Gänge von Mäusen und Maulwürfen, gräbt aber auch selbst welche in den Ufern der Gewässer. Ein Ausgang mündet stets unter Wasser. Pro Jahr zwei bis drei Würfe mit vier bis acht Jungen.

8. **Sumpfspitzmaus**, die *(Neomys anomalus)*: Etwas kleiner als Wasserspitzmaus. Sie ist nicht an die Nähe des Wassers gebunden und ist im Gebirge auch auf feuchten Almwiesen anzutreffen; ▸ Mäuse.

Spitzschwanz, der: Die Spieß-, Tafel- und Eisente; ▸ Wildenten 7., 9. und 13.

Spitzweg, (Franz) Carl (5.2.1808 München bis 23.9.1885 München): Anfänglich Apotheker, bildete sich S. selbst zum Maler aus. Als Zeichner arbeitete er ab 1844 besonders für die »Fliegenden Blätter«. Von ihm stammen einige Jagdbilder, u.a. »Wilder Jägersmann«, »Der Sonntagsjäger«, »Jäger-Schlitten« »Pirschgang«, »Jäger im Walde«, »Die Sennerin und der Jäger«, »Jägers Abschied« und der »Adlerjäger«.

Sponeck, Carl Friedrich Graf von, Dr. (19.7.1762 Ludwigsburg bis 4.10.1827 Heidelberg): S. studierte an der Karlsschule in Stuttgart und war Oberforstmeister in Blaubeuren, Altensteg und Neuenburg. 1805 wurde er apl. Professor und 1811 o. Professor an der Universität Heidelberg mit dem Titel Oberforstrat. Er schrieb u.a. »Beiträge zu dem Forst- und Jagdwesen« (1819), »Anleitung, wie man in freien Wäldern Roth-, Dam- und Rehwild, in Anzahl; auf die sicherste Weise in gewissen Waldgegenden; ohne Schaden für diese; und für den Landmann; in gesundem Zustand; und bei guter Vermehrung erhalten kann.« (1811).

Sporck, Franz Anton Reichsgraf von (9.3.1662 Lissa/Böhmen bis 30.3.1738 Lissa): Der Sohn des kaiserlichen Feldmarschalls Reichsgraf Franz von S. (»Türkengeneral«) studierte an der Universität Prag Philosophie, Theologie und Rechtswissenschaften. Er war Statthalter von Böhmen und ein großer Förderer der Künstler (z.B. Bildhauer Mathias Braun), der Jägerei und Jagdgebräuche. In seinem Barockschloss in Kukus (Kuks, Kreis Trautenau, Ostböhmen) gründete er – neben einem Theater – eine Jagd- und Falknereischule, in welcher der europäische Hochadel seine Jägerei zur Ausbildung schickte. S. beschäftigte sich mit Ornithologie, errichtete ▸ Fasanerien und versuchte Damwild einzubürgern; auch seine Hundezuchten waren sehr bekannt. Von seinen Reisen aus England, Holland, Deutschland, Italien und Frankreich brachte er u.a. das Jagdhorn mit, das er am Hofe Ludwigs XIV. kennengelernt hatte. Es tauchte dann erstmals in der deutschen ▸ Jagdmusik auf. Eine aus seinen Bediensteten gebildete Hauskapelle wurde von dem Haushofmeister T. A. Seemann dirigiert, der u.a. Jagdlieder des S. vertonte. Bruder Ferdinand Leopold von S. war Landesobristjägermeister von Böhmen. Am 3.11.1695 gründete er den böhmischen St.-Hubertus-Orden (▸ Jagdorden), dem auch Kaiser und Könige angehörten. S., dem die höfische Jagd mit dem entarteten Abschlachten der Tiere zuwider geworden war, wollte die Jagdgebräuche verfeinern und verbündete sich so mit Gleichgesinnten. Demgemäß war seinerzeit die Pflicht der Ordensbrüder die Wahrung der Jagdtradition, die Verbreitung des Ordensgedankens und die Ausübung der Jagd nach der Ordensdevise.

Sporn, der: **1**) Auch Dorn oder Haken, Schauflerhaken, das hintere unterste Ende einer Damhirsch-Schaufel, wenn es von dieser durch eine Rille abgesetzt ist. **2**) Auch Dorn, der S. am Ständer des Fasanen-Hahns; ▸ Fasane.

spotten: Nachahmen der Stimme des Birk- oder Haselhahns (▸ Raufußhühner 2. und 4.) durch den Jäger, um ihn anzulocken.

Sprähe, **Sprehe**, die: ▸ Star.

Sprangrute, die (Sprenkel) ▸ Vogelfang 6.

sprengen: **1**) Eine Gruppe ▸ Hühnervögel auseinanderjagen. **2**) Mithilfe des Hundes den ▸ Fuchs aus dem Bau, ▸ Schwarzwild aus dem Kessel und Wild aus dem Bett jagen. Fuchssprengen ▸ Fuchs (Jagdarten). **3**) Treiben des weiblichen Wildes durch Rot-, Damhirsch, Gams-, Rehbock, um es zu begatten, sowie das Vertreiben eines Nebenbuhlers. **4**) Eine ▸ Kette Rebhühner mehrmals aufjagen und beschießen, sodass sie nicht mehr zusammen einfällt. **5**) ▸ Laufsprengung.

Sprengfährte, die: Die Fluchtfährte von gesprengtem Rot- und Gamswild.

Sprengfiep, der: ▸ Sprenglaut.

Sprenglaut, der (Sprengfiep): Gedehntes Fiepen der Rehgeiß, wenn sie vom Bock getrieben und bedrängt wird; ▸ Rehwild (Sinne und Lautäußerung). Der S. wird vom Jäger bei der ▸ Lockjagd nachgeahmt.

Sprengmast, die: ▸ Mastjahr.

Sprengnetze, die: Dünne, mit seitlichen Metallgewichten versehene Netze, die bei der ▸ Baujagd zum Fang von Raubwild (v.a. Fuchs) und Wildkaninchen über die Röhren gelegt werden; ▸ Garne 2.

Sprengruf, der: ▸ Rotwild (Sinne und Lautäußerung).

Sprengwirkung von Büchsengeschossen: ▸ Wirkungsweise von Büchsengeschossen.

Sprenkel, der: **1**) Auch Bogen, bogenförmige ▸ Jule für ▸ Beizvögel. **2**) Auch Übersprung oder Sprangrute, eine früher verwendete dohnenartige (▸ Dohnen) Fangvorrichtung für Vögel; ▸ Vogelfang 6.

Sprenz, der: ▸ Sprinz.

Sprenzchen, das: Frühere Bez. für Merlin (▸ Falken 4) und ▸ Sperber.

Sprieße, die: ▸ Spross.

sprießen: ▸ spießen.

Sprin, die: ▸ Star.

Springdohnen, die (Laufdohnen): ▸ Dohnen.

Springel, der: **1**) Bez. für die kegelförmig in das Netz der Schneehaube (▸ Garne 5.) eingezogenen Stäbe oder Ruten. **2**) ▸ Sprenkel 2).

springen: **1**) Der Fuchs oder das Kaninchen, seltener der Dachs, die von einem Hund bzw. Frettchen aus dem Bau getrieben werden, s. **2**) Der balzende Auer- oder Birkhahn vollführt auf dem Boden Sprünge. **3**) Ein ▸ Beizvogel, der die ▸ Faust, ▸ Jule oder den (die) ▸ Reck aus Eigensinn, Angst oder Unruhe verlässt, abzufliegen versucht, springt. **4**) Der Bock springt, wenn er auf das Blatten hin herankommt; ▸ aufs Blatt springen. **5**) Der Luchs springt das Stück Wild an, dem er aufgelauert hat. **6**) svw. Flüchtigsein bei Fuchs, Luchs, Marder, Wildkatze, Hase und Kaninchen. **7**) ▸ anspringen.

Springer, die: ▸ Sprünge.

Springer-Spaniel, der: Englischer S. und Welsh-S.; ▸ Stöberhunde 3. und 4.

Springinklee, Hans: ▸ Maximilian I.

Sprinz, der (Sprenz, Muschel, Muskel): Der männliche ▸ Sperber; ▸ Terzel.

Spross, der: **1**) Auch die Sprosse, ▸ Enden am ▸ Geweih oder Gehörn. **2**) Bez. für die kleinen Stellstäbe bei Steckgarnen, mit denen die ▸ Garne aufgerichtet wurden.

Sprossler, der: ▸ Knieper.

Sprosspilzinfektion, die *(Cryptococcaceae*-Infektion): Bei der S. beim ▸ Beizvogel treten grauweiße, etwa pfenniggroße, schleimig-käsige Stellen in Schnabelhöhle und Rachenraum auf, deren Mitte grubig vertieft und mit nekrotischem Gewebe ausgefüllt ist. Die Behandlung erfolgt (nach Strehle, 1966) durch Pinselung der befallenen Stellen mit einer Jod-Glyzerin-Lösung (3 Teile Jod, 2 Teile Glyzerin); die Heilungsaussicht ist jedoch gering.

Sprung, der: Mehrere Rehe (mindestens drei Stück) bilden einen S.; ▸ Rudel, ▸ Rotte, ▸ Trupp.

Sprünge, die (Springer): Bez. für die Hinterläufe von ▸ Hasen und ▸ Wildkaninchen.

Sprunggelenk, das: Bez. für das Kniegelenk beim Wild.

Spule, die: Teil der ▸ Vogelfeder.

Spulwürmer, die: Innere ▸ Parasiten, die zu den Rundwürmern zählen. Sie können ca. 10 bis 18 cm lang werden und einen Durchmesser von 2 bis 3 mm erreichen. Sie schmarotzen im Dünndarm bei Schwarzwild, Fasan, Rebhuhn, Auerwild, Beizvögeln und beim Hund, können aber auch beim Menschen vorkommen. (Spulwürmer des Wildes ▸ Magen- und Darmwürmer.)

S. beim Hund: Zwei Arten von S. (*Toxocara canis* und *Toxocara leonina*) treten beim Hund auf. Die Infektion erfolgt durch Aufnahme von Wurmeiern, die Larven enthalten. Sie werden mit verunreinigter Nahrung, durch Belecken oder beim Säugen aufgenommen. Im Dünndarm werden die Wurmlarven frei und wandern mit dem Blutstrom über die Leber in das Herz und die Lunge. Dort entwickeln sie sich, je nach Alter des Hundes, weiter. Bei Hunden unter zwölf Monaten wandern sie von der Lunge über die Luftröhre in den Magen und in den Dünndarm. Dort wachsen sie zu geschlechtsreifen Würmern heran, und die Wurmweibchen legen ihre Eier ab, die dann mit der Losung ins Freie gelangen. S. hemmen bei Junghunden die Entwicklung und können bei Massenbefall sogar zum Tode führen. Bei älteren Hunden (über zwölf Monate) wandern

die Wurmlarven von der Lunge aus über den Blutkreislauf in alle Organe und in die Muskulatur. Sie kapseln sich in der Muskulatur ab und bleiben dort jahrelang ansteckungsfähig. Deutliche Symptome während der Lungenwanderung sind Mattigkeit, Nasenausfluss und Husten. Befinden sich die Würmer bereits im Darm, hat der Hund einen aufgeblähten Bauch, während der Körper abmagert. Das Haar ist struppig und glanzlos.
Bekämpfung: Beim Hund ist mit Vorbeugungs- und Bekämpfungsmaßnahmen bereits beim wenige Wochen alten Welpen zu beginnen, da eine Infektion bereits im Mutterleib erfolgt. Vor der fünften Lebenswoche ist bei den Welpen die erste Wurmkur durchzuführen, die zweite zwei bis drei Wochen später. Die Hündin ist jeweils mitzubehandeln. Eine Wurmkur ist im ersten Lebensjahr alle drei bis vier Monate zu wiederholen. Bei Beizvögeln haben sich Wurmkuren (nach Anleitung des Tierarztes) bewährt. Kinder sollten nicht zu engen Kontakt mit Junghunden und Hündinnen haben, da sie sich infizieren können.

Spur, die: Die Fußabdrücke von allem ▸ Haarwild, das keine Schalen hat, mit Ausnahme von Bär, Luchs und Wolf; ▸ Fährte, ▸ Geläuf 1).

Spurarbeit, die: Das Verfolgen der ▸ Spur durch den Jagdhund.

Spürbahn, die (Fährtenbahn, veraltet: Wildbahn, Wildgang, Wildbeet, Wildgasse, Wildfuhr): Ein schmaler Streifen, auf dem der Boden künstlich wundgehalten wird (häufig gepflügte Stellwege), um das darüberwechselnde Wild spüren bzw. fährten zu können. Wird ein ▸ Schweißhund auf kalter ▸ Gesundfährte eingearbeitet, ist zu seiner Kontrolle eine S. unerlässlich.

spüren: **1**) Einer ▸ Spur nachgehen oder Spuren suchen; z.B.: Man spürt oder ▸ fährtet bei einer ▸ Neuen (Neuschnee) einen bestimmten Revierteil ab; ▸ abspüren. **2**) Wild spürt sich, es hinterlässt eine Spur; ▸ fährten 2).

Spurgang, der: Ein Revierbegang, um nach ▸ Spuren zu suchen, besonders bei einer ▸ Neuen.

Spurhund, der (Spürhund): Alte Bez. für den ▸ Leithund und für den sog. ▸ Spion.

Spurjäger, die: ▸ Spürknechte.

Spürknechte, die (Spurjäger): Frühere Bez. (speziell im Ennstal in Österreich) für haussässige Bauern, die auf die Spür gehen mussten, d.h. das etwa vorhandene Großwild, Bären, Wölfe und Luchse, auszumachen hatten; ▸ Einkreiser.

spurlaut: Ein Jagdhund, der auf der ▸ Spur eines Wildes laut wird, ist s. und jagt s. (Lautjager). Bracken und Stöberhunde müssen s. bzw. ▸ fährtenlaut sein, um zum Brackieren (▸ Brackenjagd) und zum ▸ Stöbern brauchbar zu sein. Der Jäger erkennt am Laut des Hundes, wo er jagt und wohin die Jagd geht. Auf Hundeprüfungen wird der S. nur auf der Hasenspur geprüft; ▸ Laut 1).

spurrein: Die Eigenschaft des Jagdhundes, die Spur, der er folgt, sicher zu halten, ohne sich von einer anderen (auch frischeren) irreführen zu lassen oder überzuwechseln; ▸ changieren.

Spurschnee, der: Schneeverhältnisse, die das ▸ Abspüren ermöglichen, z.B. eine ▸ Neue, aber auch jeder ältere, gleichmäßig hoch liegende Schnee.

spursicher: Die Eigenschaft eines Jagdhundes, eine einmal angefallene Spur sicher zu halten. Ein s. Hund ist auch von Widergängen, Absprüngen usw. nicht irrezuführen, er kreist diese ein und nimmt erneut die Spur auf. Spursicherheit wird durch Förderung des angewölften ▸ Spurwillens (Abrichtung) und durch die Erfahrung des Hundes erreicht.

spurtreu: Die Eigenschaft des Jagdhundes, die Spur, der er folgt, auch unter schwierigen Bedingungen und über weitere Strecken zu folgen und sich von anderen Spuren, auch einer anderen ▸ Schweißspur, nicht verleiten zu lassen.

Spurwille, der: Auch Fährtenwille. Der Wille des Jagdhundes, eine einmal angefallene Spur (oder Fährte) zu halten und erfolgreich auszuarbeiten; ein angewölftes Wesensmerkmal, das besonders bei der ▸ Schweißarbeit von großem Nutzen ist.

SPW: Abk. für Schweizerischer Patentjäger- und Wildschutzverband (gegr. 1915), in dem derzeit rd. 20 000 Patentjäger organisiert sind. Zielsetzung wie ▸ CHJV, ▸ DIANA, ▸ FACTI. Dachverband ist der ▸ ASJV.

SSp: Abk. für Springer-Spaniel; ▸ Stöberhunde.

St. Ägidius, **Eustachius**, **Hubertus**, **Martin**: ▸ Schutzpatrone.

St.-Hubertus-Orden, der: ▸ Jagdorden.

Staart, der (Start): Der Stoß (Schwanz) des ▸ Beizvogels.

Staartpennen, die: Die großen Stoßfedern (Schwanzfedern) des ▸ Beizvogels.

Staatlich beauftragte Jagdberechtigte, der: Die S. b. J. wurden in der ehem. DDR von den Räten der Bezirke und vom Ministerium für Land- und Forstwirtschaft in Abstimmung mit den Organen der Volkspolizei benannt. Sie waren verpflichtet, ihre jagdlichen Absichten bei der Kreisjagdbehörde anzuzeigen sowie den Jagdschutz und die Wildhege auszuüben; ▸ Jagdgebietsverantwortlicher; ▸ Jagdteilnehmer.

Staatliche Jagdwirtschaften (StJW), die: ▸ Jagdwesen in der DDR.

staatlicher Beschuss, der: ▸ Beschuss.

Staatsjagdgebiete, die: ▸ Jagdwesen in der DDR.

Staatsjagdreviere, die: Die Eigenjagdreviere des Staates (Staats- bzw. Landesforstverwaltungen). Sie werden i.d.R. in Regie (Verwaltungsjagd, Verwaltungsjagdreviere) oder durch Verpachtung genutzt. In den S. nehmen die staatlichen Forstbehörden die Verwaltungsbefugnisse der ▸ Jagdbehörden wahr.

Staatsziel Tierschutz, das: Am 17. Mai 2002 stimmte der Deutsche Bundestag und am 21. Juni 2002 der Bundesrat einem Gesetzesentwurf zur Aufnahme der Staatszielbestimmung Tierschutz in das Grundgesetz zu. Diese Grundgesetzänderung wurde am 31.7.2002 im BGBl veröffentlicht und trat am 1.8.2002 in Kraft. Nach Einfügen der Worte »und die Tiere« lautet nun Artikel 20a, der bereits den Schutz der natürlichen Lebensgrundlagen beinhaltete:

Junger Deutsch-Drahthaar bei der Spurarbeit

»Der Staat schützt auch in Verantwortung für die künftigen Generationen die natürlichen Lebensgrundlagen und die Tiere im Rahmen der verfassungsmäßigen Ordnung durch die Gesetzgebung und nach Maßgabe von Gesetz und Recht durch die vollziehende Gewalt und die Rechtsprechung«.

Stabziemer, der: ▸ Drosseln 5.

Stachelbäume, die: ▸ Rauwipfel, ▸ Wildschaden(s)verhütung.

Stachelhalsband, das (Dressurhalsband): ▸ Halsung.

Stachlinpogen, der: Frühere Bez. für eine Armbrust, mit der man sehr weit schießen konnte. Kaiser ▸ Maximilian I. schoss damit Gemsen.

Stademann, Adolf (1823 München bis 1895 München): Landschaftsmaler; ursprünglich Forstmann. S. liebte als Motive v.a. Dorfpartien mit Regen- oder Mondscheinstimmungen, Schnee- und Winterszenen; fertigte u.a. verschiedene Jagdmotive, insbesondere »Jagdgesellschaften«.

Stadtjägermeister, der: ▸ Jagdberater.

Stahl, Johann Friedrich (26.9.1718 Heinsheim/Württemberg bis 28.1.1790 Stuttgart): Forstwissenschaftler. S. studierte Theologie in Tübingen, beschäftigte sich aber nebenbei mit naturhistorischen und kameralistischen Studien. Später wurde S. Herzogl. Württemberg. Hof- und Domänenrat und leitete fast drei Jahrzehnte das württembergische Forstwesen. Seit 1770 und bis zu seinem Tode unterrichtete er daneben an der Carls-Akademie in Stuttgart Forstwissenschaft. Er schrieb u.a. »Der vorsichtige und wohlerfahrne Schütze und Jäger« (1752) und einen vierten Band (1780) zu dem bestehenden dreibändigen Werk von Christoph ▸ Otto (»Onomatologia Forestalis-Piscatorio-Venatoria oder vollständiges Forst-, Fisch- und Jagd-Lexicon«), der sich v.a. mit dem Forstwesen beschäftigt; ferner »Der gewehr-gerecht Jäger« (1762) und »Forst- und Jagdbibliothek oder nützliche Aufsätze, Bemerkungen und Verordnungen... das gesammte wirthschaftliche Forst-, Jagd-, Holz- und Flozwesen betreffend als eine Fortsetzung des Allgemeinen oeconomischen Forst-Magazins«, (1788, 1789).

▸▸▸ Rehbockgehörn mit Stangen- und Rosenstockverwachsung. München, Deutsches Jagd- und Fischereimuseum

Stahlschrote, die: S. werden als umweltfreundliche Alternative zu Bleischroten erprobt und wurden erstmals 1989 anstelle der Bleischrote in den internationalen Wasservogelreservaten im Bodensee verwendet; ▸ Nicht-Blei-Schrote, ▸ Weicheisenschrot, ▸ Hartschrot.

stallen: Seltene Bez. für nässen (Harn lassen) beim ▸ Rotwild.

Stallung, die (Stellung): Frühere Bez. für ein Dickicht, in dem mit kleinem ▸ Jagdzeug (Tüchern) nach Hasen, Füchsen, Wölfen, Rehen oder mit dem Schweinszeug (Saugarn) nach Sauen gestellt wurde (Stelljagen).

Stammbaum, der: Der Nachweis der ▸ Abstammung eines Hundes von rassereinen Eltern und Großeltern (eine Ahnentafel).

Stammbuch, das: ▸ Hundestammbuch.

Stammgans, die: ▸ Wildgänse 1.

Stammreiser, die: ▸ Wasserreiser.

stampern: Süddeutsch-österreichische Bez. für das ▸ Stöbern oder die ▸ Suche auf Niederwild mit wenigen Schützen; Stamperjagd.

Stand, der: **1)** Der Platz, der dem ▸ Schützen bei einer ▸ Treibjagd zugewiesen wird. **2)** Auch Schirm, ein meist mit Laub oder Reisig verblendeter Stand für den Schützen; ▸ Jagdeinrichtungen 2 b). **3)** ▸ Wildstand. **4)** Ort, an dem sich das Wild aufhält (Ein-, Sommer-, Winter-, Brunft-, Balz-S.).

Standard, der: Bei Hunden (Rassestandard); ▸ Rassekennzeichen.

Standarte, die (Lunte, früher: Standar, Stange): Bez. für den Schwanz des Fuchses; ▸ Rute, ▸ Fahne 1) und 3), ▸ Wedel, ▸ Bürzel, ▸ Blume 1). Selten auch für den Schwanz des Wolfes gebraucht.

Standast, der (Standbaum): Ein Ast oder Baum (▸ Schlafbaum), auf dem der Auerhahn am Abend einfällt und am Morgen balzt.

Standbaum, der: ▸ Standast.

Standbruch, der: ▸ Bruchzeichen.

Ständer, die: Bez. für die Beine des ▸ Federwildes, wenn sie nicht als ▸ Latschen, ▸ Ruder, ▸ Fänge, ▸ Fuß oder ▸ Tritt bezeichnet werden.

Standerl, das (Haberl, Steherl, Stiezerl): Alpenländischer Ausdruck für plötzliches und kurzes ▸ Verhoffen des ▸ Gamswildes auf der Flucht; es macht ein S. oder ein Haberl usw.

ständern: Ein Schuss auf die ▸ Ständer des ▸ Federwildes; ▸ Schusszeichen.

Standesbruch, der: ▸ Bruchzeichen.

Standhahn, der: ▸ Platzhahn.

Standhauer, der: Sammelbezeichnung für schwere Hirschfänger und Hiebmesser (Waidpraxe, Waidblatt) zum Abschlagen (Abhauen) von Astwerk vor dem Stand eines Jägers oder zum Freischlagen eines Pirschpfades; ▸ Blanke Waffen.

Standlaut, der: Ein Jagdhund, der vor gestelltem oder verendetem Wild anhaltend Laut gibt (dieses verbellt), gibt S. (ein tiefer Laut); ▸ Laut 1).

Standort, der: Der S. ist in der ▸ Ökologie die umfassende Bez. für den Wuchsort der Pflanze und alle dort auf sie einwirkenden Faktoren; sog. S.-Faktoren (▸ ökologische Faktoren). Ob eine bestimmte Pflanze auf einem bestimmten S. gedeihen kann, hängt demnach von Klima, Wärmehaushalt, Wasserhaushalt, Höhenlage, Geländeform, Licht, Wind-, Eis- und Schneebelastung, Nährstoffversorgung, Bodenqualität und letztlich auch vom vorhandenen Schalenwildbestand ab (▸ Wilddichte); ebenso spielen das Verkommen von ▸ Schädlingen und Konkurrenzpflanzen sowie menschliches Einwirken eine Rolle. In der Forstwirtschaft werden daher zur standortgerechten Baumartenwahl Standortserkundungen durchgeführt und die Ergebnisse in einer S.-Karte erfasst (Standortskartierung).

Standortbruch, der: ▸ Bruchzeichen.

Standortfaktoren, die: ▸ ökologische Faktoren.

Standplatzbruch, der (Standortbruch): ▸ Bruchzeichen.

Standruhe, die: Das ruhige Verhalten des Jagdhundes auf dem Stand, das beim Entenjagen und bei Treibjagden unerlässlich ist.

Standschnepfen, die: Schnepfen, die den Sommer über bei uns bleiben; ▸ Lagerschnepfe.

Standtreiben, das: ▸ Gesellschaftsjagd 1. und 7.

Standvisier, das: Ein Visier, das auf der Laufschiene der Büchse fest angebracht ist, im Ggs. zum Klappvisier.

Standvögel, die: Bez. für alle Vögel, die im Sommer und Winter in einem bestimmten Gebiet bleiben, im Ggs. zu ▸ Strich- und ▸ Zugvögeln; ▸ Vogelzug.

Standwild, das: Wild, das im Ggs. zum ▸ Wechselwild sich ständig im gleichen Revier aufhält oder dieses nur vorübergehend, z.B. während der Brunft, verlässt; ▸ Grenzwild, ▸ Naschwild.

Stange, die: **1)** Einzelne Geweih- oder Gehörn-S. ▸ Geweih. **2)** ▸ Stingel 1). **3)** Parier-S. bei ▸ Blanken Waffen (z.B. Saufeder, Hirschfänger) **4)** Teil des Gewehrschlosses; ▸ Schlosssystem. **5)** Die Stellstange; ▸ Forkel. **6)** Seltener und veralteter Ausdruck für Standarte oder Lunte (Schwanz des ▸ Fuchses).

Stängel, der: svw. ▸ Stingel 1).

stangeln: Lokale Bez. für ▸ ständern.

Stangeneisen, das: Ein früher zum Fang von Wölfen, Luchsen, Füchsen und Fischottern gebrauchtes Eisen.

Stangenelch, der (Stangler): Ein Elch, dessen ▸ Geweih keine Schaufeln bildet, sondern nur aus mehrendigen Geweihstangen besteht.

Stangenenden, die: Im Ggs. zu den ▸ Kronen- oder ▸ Gabelenden die unteren ▸ Enden an einer Geweihstange. Zu den S. gehören die Aug-, Eis-, Mittel- und, soweit vorhanden, die Wolfssprosse, wobei Letztere je nach ihrem Sitz auch der Krone zugeordnet werden kann.

Stangenholz, das: Ein auf die Entwicklungsstufe ▸ Dickung folgender Jungbestand vom Beginn der natürlichen Astreinigung bis zu Stammdurchmessern von durchschnittlich 20 cm in Brusthöhe (1,3 m) gemessen. Die nächste Entwicklungsstufe wird ▸ Baumholz genannt.

Stangenlecke, die: ▸ Salzlecken.

Stangenselbstschuss, der: ▸ Jagdsegen.

Stangensicherung, die: ▸ Sicherung.

Stangenspross, der: ▸ Mittelsprosse 2).

Stangensulze, die: ▸ Salzlecken.

Stangenteilung, die: Eine Abnormität bei einem ▸ Geweih oder Gehörn, meist hervorgerufen durch mechanische Verletzung zu Beginn des Wachstums. Die Stange ist ein- oder mehrfach im unteren Teil (über dem Rosenstock) geteilt; es handelt sich jedoch um keine ▸ Mehrstangigkeit.

Stangenverwachsung, die: Gehörn- bzw. Geweihstangen, die miteinander verwachsen sind.

Stangler, der: ▸ Stangenelch.

Stänker, der (Stänkerratz, Stänkmarder): ▸ Iltisse 1.

Staphylokokken, die: ▸ Staphylokokkose.

Staphylokokkose, die (Staphylococcose): Eine ▸ Infektionskrankheit, die durch Eitererreger (Kugelbakterien, Staphylokokken) hervorgerufen wird. Diese Krankheit tritt nicht seuchenhaft auf und kommt immer wieder bei Hasen, seltener bei Kaninchen, beim Schalenwild und bei Haustieren vor. Auch der Mensch kann sich infizieren, wenn Bakterien in eine Wunde geraten. Die Krankheit tritt selten als selbstständige Erkrankung auf, meist in Zusammenhang mit Verletzungen, Bohrschäden von Würmern usw. Die Erreger werden mit der ▸ Äsung aufgenommen. Die Infektion erfolgt auch durch kleine Wunden oder wird durch den Biss des Hasenflohs übertragen. Die Krankheit verläuft i.d.R. chronisch. Es bilden sich eitrige Entzündungen (der Eiter ist gelbkäsig und zähschmierig) unter dem Balg, besonders an Kopf und Brust, in der Weidlochgegend, in der Muskulatur und an den inneren Organen. Das Tier wird immer schwächer und verendet schließlich durch Entkräftung. Gelegentlich hat die Krankheit einen akuten Verlauf. Hierbei kommt es zu einer Schwellung der Milz, Veränderung der Leber und Abszessbildung an den inneren Organen, sodann zur Blutvergiftung und nach wenigen Tagen zum Tode.

Bekämpfung: Da die Erkrankung nicht seuchenhaft auftritt, ist eine Bekämpfung nicht nötig. Offenbar kranke, entkräftete Stücke sind zu erlegen. ▸ Fallwild und erlegte kranke Stücke sind unschädlich zu beseitigen (verbrennen). Das ▸ Wildbret ist genussuntauglich.

Star, der (*Sturnus vulgaris*, L.): Familie *Sturnidae*. Wie die Amsel darf auch der drosselgroße S., der als Symbol des Frühlings gilt, nur reguliert werden, wenn erhebliche Schäden in Beerenkulturen oder Kirschplantagen auftreten. Hierzu ist eine Sondererlaubnis nach dem Naturschutzrecht erforderlich. Länge: etwa 22 cm, Gewicht: um 80 g; ▸ Zugvogel.

Aussehen: Beide ▸ Geschlechter sind schwarz gefärbt, das Gefieder schimmert grün und purpurn. Oberkopf, Rücken, Flanken und Unterschwanzdecken zeigen hellbraune bis weißliche Tupfen. Nach der Sommermauser ist der ganze Körper hell getupft; er wird in dieser Zeit auch Perlstar genannt. Durch Abnutzen des Gefieders erhält der S. schließlich das glänzende Brustgefieder, Die Jungvögel sind graubraun mit heller Kehle, auf der Brust zeigen sich helle Streifen.

Vorkommen und Lebensweise: Der S. kommt fast in ganz Europa vor, im äußersten Nordosten Europas fehlt er jedoch, bewohnt aber auch große Teile Asiens. In Australien und Nordamerika wurde er eingeführt. Als Höhlenbrüter bevorzugt er Wälder aller Art, Feldgehölze, Obstgärten, Parkanlagen sowie menschliche Siedlungen. Nach der Brutzeit sammelt er sich oft zu großen Schwärmen und übernachtet gerne in Schilfdickungen und Baumgruppen. Etwa um die Septemberwende ziehen die Vögel endgültig ab und überwintern in Westeuropa und im Mittelmeergebiet.

Fortpflanzung: Als ▸ Höhlenbrüter wählt der S. gerne Baumhöhlen und alte Spechtlöcher sowie die aufgehängten Nistkästen (Fluglochweite 4 cm). In Norddeutschland brütet er vereinzelt auch in den Reisigverkleidungen der Deiche. Gelegentlich befindet sich sein ▸ Nest auch in Mauerlöchern und -spalten. Das Gelege besteht aus vier bis acht einfarbig hellblauen und glänzenden Eiern, die ca. 29 x 21 mm groß und um 7 g schwer sind. Die Eier werden von beiden Geschlechtern, überwiegend aber vom Weibchen, ca. 14 Tage bebrütet. Die Jungen bleiben etwa 21 Tage im Nest. Meist eine Jahresbrut (April bis Mai), in manchen Gegenden, z.B. Süddeutschland, gelegentlich auch eine zweite Brut Ende Mai oder im Juni.

Nahrung: Sie besteht vorwiegend aus Insekten aller Art, einschließlich der Larven, aus Spinnen, Würmern, Schnecken sowie aus Steinfrüchten, Beeren (Kirschen, Johannis-, Holunderbeeren) und Weintrauben.

stark: Waidmännischer Ausdruck für groß und schwer, z.B. ein s. Keiler, ein s. Geweih usw. (▸ kapital); Ggs.: ▸ gering, ▸ schwach.

Stärkeklassen, die: Das BJG bestimmt, dass ▸ Schalenwild (mit Ausnahme des ▸ Schwarzwildes) sowie Auer- und Birkwild nur aufgrund und im Rahmen eines bestätigten oder festgesetzten Abschussplanes bejagt werden darf. Um gut veranlagte Stücke vor dem vorzeitigen Abschuss zu bewahren oder in ihrer Entwicklung zurückgebliebene Stücke rechtzeitig zu erlegen, wird für die Abschussplanung das männliche Schalenwild hinsichtlich der Entwicklung des ▸ Hauptschmuckes in S. und Güteklassen eingeteilt.

Star nach der Sommermauser (»Perlstar«)

Beim Rotwild z.B. werden meist drei S. unterschieden:

Klasse I	Alters- oder Reifeklasse (alte, starke [jagdbare] Hirsche)
Klasse II	Mittelklasse (mittelalte, mittelstarke Hirsche)
Klasse III	Jugendklasse (junge, geringe Hirsche)

In verschiedenen Bundesländern ist für Hirschkälber noch eine Klasse IV eingeführt. Innerhalb der S. wird – je nach Landesverordnung – noch nach Güteklassen unterschieden. Dabei bedeutet a) fehlerfrei und b) fehlerhaft; z.B. Hirsch der Klasse III a (= fehlerfrei und stark, entspricht dem Hegeziel und ist zu schonen), III b (= fehlerhaft und gering, bevorzugt erlegen). Die Jagdbehörden der einzelnen Länder legen in den entsprechenden Landesverordnungen bzw. in den Richtlinien für die Abschussregelung die S. und Güteklassen für die einzelnen Wildarten fest. Sie sind derzeit in den einzelnen Bundesländern verschieden und werden zudem von Zeit zu Zeit geändert.

Starkgarn, das: svw. Doppelgarn; ▸ Garne.

Starkmantelgeschoss, das: ▸ Büchsengeschosse.

Start, der: ▸ Staart.

Startdüngung, die: Eine Pflanzlochdüngung mit Thomasmehl auf mittleren bis schlechten Böden, damit die Pflanzen schneller wachsen, d.h. rascher vom Boden wegkommen (Frost, Verbiss durch Wild, Unkräuter).

Stat, das: Veraltete Bez. für das ▸ Lager bzw. ▸ Bett des Wildes.

stäuben: **1)** Auch stauben, sich stäuben (Staubbaden) der ▸ Hühnervögel; besser: hudern. **2)** Auch stüben; das Koten der Hühnervögel; das ▸ Gestüber fallen lassen.

Stauber, der: Alte Bez. für den ▸ Stöberhund.

Staud, die (seltener: Stauch): Die Öl- oder ▸ Bürzeldrüse an der Staartwurzel des ▸ Beizvogels. Der Vogel holt seine Federn durch die S., d.h., er salbt seine Federn aus der Bürzeldrüse mit dem sog. Drüsensekret.

Staupe, die: Eine Hundeseuche (▸ Infektionskrankheit), die als Erstes durch Viren hervorgerufen wird (Primärinfektion). In den durch die Viren geschwächten Körper dringen dann Bakterien ein (Sekundärinfektion). An der S. kann hauptsächlich der Hund, aber auch Fuchs, Wiesel und Marder erkranken. Die Infektion erfolgt durch direkten Kontakt, durch Zwischenträger und auch durch die Luft. Die ▸ Inkubationszeit beträgt ein bis drei Wochen. Die Virusinfektion (Primärinfektion) erfasst den ganzen Körper. Der Hund hat hohes Fieber, das nach ca. 24 Stunden wieder abklingt, es geht ihm dann wieder besser, und er erscheint wieder gesund. Inzwischen dringen in den durch die Primärinfektion geschwächten Körper Bakterien ein, es kommt zur Sekundärinfektion. Der Hund hat erneut Fieber (bis 40 °C). Diese bakterielle Infektion kann die Schleimhäute erfassen (klassische oder Carré-S.), wobei es zu gelbgrünem Augen- und Nasenausfluss kommt. Werden Mandeln, Luftröhre und Bronchien (Lungen-S.) erfasst, kommt es zur Bronchitis, trockenem Husten und gelegentlich auch zu einer Lungenentzündung. Ferner kann die Sekundärinfektion auch noch den Magen-Darm-Kanal erfassen (Ma-

▸▸ Rückstecher oder Französischer Stecher an einem Drilling

▸▸▸ Deutscher Stecher oder Doppelzüngelstecher

gen-Darm-S.) und zu ständigem Erbrechen von bräunlichem Schleim oder zu übel riechendem Durchfall führen. Zusätzlich kann noch ein Hautausschlag (gelbe Pusteln) auf dem Bauch und an der Innenseite der Schenkel auftreten. Dringen die Bakterien in das von Viren geschädigte Nervensystem ein kommt es zu Zuckungen, Krämpfen und Lähmungserscheinungen (Gehirn-S.), was die schwerste S.-Form ist. Bei der Primärinfektion – falls sie erkannt wird – bestehen gute Heilungschancen, bei der Sekundärinfektion sind sie gering, und die Genesungszeit dauert Wochen. Zeigen sich die ersten Anzeichen der Krankheit, ist sofort ein Tierarzt aufzusuchen. Ein Mittel gegen S. gibt es nicht, es können nur die verschiedenen Symptome behandelt werden. Um eine Erkrankung überhaupt zu vermeiden, ist jeder Hund unbedingt regelmäßig gegen S. zu impfen (▸ Impfung).

stechen: **1**) Graben (Wurzeln) des Dachses nach Untermast (▸ Mast). **2**) Die Waldschnepfen-Hähne s., wenn sie beim Streichen in der Balzzeit (Balzflug) mit den Stechern (Schnäbeln) nacheinander stoßen. **3**) Herumstochern der Schnepfe im Boden nach Nahrung; ▸ wurmen. **4**) Hochmachen von Wild durch den Hund (z.B. den Hasen aus der Sasse s.): v.a. beim ▸ Stöbern und beim Brackieren. **5**) Spannen des Stechschlosses (einstechen) beim Gewehr, den Stecher betätigen; ▸ Stecherabzug.

Stechente, die: ▸ Säger 1.

Stecher, der: **1**) Der Schnabel bei allen ▸ Schnepfenvögeln. **2**) Der S. am Gewehr, Vorrichtung zum Spannen des Stechschlosses; ▸ Stecherabzug.

Stecherabzug, der (Stecher): Eine Vorrichtung an Büchsen und kombinierten Waffen, mit der das Schloss so fein eingerastet werden kann, dass der Schuss bereits bei sehr feinem Fingerdruck gegen den Abzugshahn bricht. Durch den Stecher wird der Abzugswiderstand auf ein Minimum reduziert, wodurch das Verreißen während der Schussabgabe vermieden werden soll. Eine Waffe für den Kugelschuss sollte daher entweder einen (leichtstehenden) Flintenabzug oder einen S. haben. Unter dem Abzug befindet sich eine kleine Schraube (Stellschraube), mit der die Einstellung des Stechers nach Gefühl reguliert werden kann. Durch Drehen des Schräubchens nach rechts (Hineindrehen) wird der Stecher feiner eingestellt, durch Drehen nach links (Herausdrehen) wird er härter eingestellt. Der Stecher sollte so eingestellt sein, dass man den Finger leicht an den Abzug legen kann, ohne dass der Schuss sich löst. Es gibt zwei Arten von S.:

1. Doppelzüngelstecher oder **Deutscher Stecher**: Er ist bei Repetierbüchsen üblich. Dabei ist der hintere Abzug der Stecher, der vordere der Abzug, der den Schuss auslöst. Der hintere Abzug wird nach hinten gedrückt (eingestochen), bevor mit dem vorderen Abzug der Schuss abgegeben wird. Soll die eingestochene Waffe entstochen (abgestochen) werden, so wird sie gesichert, dann wird erst der Stecher und dann der Abzugshahn zurückgedrückt und beide werden gleichzeitig vorsichtig losgelassen.

2. Rückstecher oder **Französischer Stecher**: Diese Art von Stecher ist bei kombinierten Waffen üblich. Dabei ist der Abzugshahn für den Kugellauf gleichzeitig Stecher und Abzug. Eingestochen wird, indem man den Abzugshahn mit dem Daumen nach vorne drückt. Durch das Zurückziehen desselben Hahnes wird dann der Schuss ausgelöst. Um die eingestochene Waffe zu entstechen, wird sie erst gesichert und anschließend geöffnet (abgeknickt). Man fasst dann den Abzugshahn mit Daumen und Zeigefinger, drückt ihn kurz vor und vorsichtig wieder zurück.

Stechschloss, das: ▸ Stecherabzug.

Steckdohnen, die: ▸ Dohnen.

stecken: **1**) Statt sich aufhalten: Sauen s. im ▸ Kessel; ▸ Haarraubwild steckt in der Dickung; der Fuchs steckt im Bau. Wild, das sich ins Gebüsch drückt, steckt sich usw. **2**) ▸ Steckgarne s., sie stellen.

Steckgarn, das: Früher zum Fang von Federwild, besonders von Rebhühnern, Wachteln und Lerchen verwendetes Garn; ▸ Garne 1.

Steckholz, das: ▸ Steckling. Steckling, der (Steckreiser, -holz, Satzreiser, Setzling): Ein Zweigstück, das von der Mutterpflanze abgetrennt und zur Bewurzelung in den Boden gepflanzt wird. Die meisten Holzpflanzen besitzen diese Eigenschaft der vegetativen Vermehrung. In der Forstwirtschaft spielen S. jedoch nur bei Pappeln und Weiden – mit Ausnahme der Salweide und der Zitterpappel – eine Rolle. V.a. S. von Weiden finden zunehmend als »lebende Baustoffe« im Landschaftsbau Verwendung. Sie lassen sich einfach gewinnen, haben ein großes Ausschlagvermögen, bewurzeln sich schnell und sind gegen Verschüttung widerstandsfähig. Besonders geeignet hierfür sind die S. von Purpurweide, aber auch von Asch-, Reif-, Bruch-, Korb-, Mandel-, Grau- und Schwarzweide. Ungeeignet hingegen ist die Salweide. Die verwendeten S. können bleistift- bis armstark sein und sollen mindestens 30 cm tief gesteckt werden. Je nach Verwendungszweck werden sie entweder 50 cm lang (Einzel-S.) oder als Buschwerk (ganze Äste mit Verzweigungen) in einer Länge von 75 bis 120 cm abgeschnitten. Die günstigste Pflanzzeit ist der Herbst. Frühjahrspflanzung hingegen ist nur bei sofortiger Pflanzung der gewonnenen S. und für die niederen Tallagen zu empfehlen.

Steckreiser, der: ▸ Steckling.

Steenbicker, der (Steenpicker): ▸ Regenpfeifer 4.

stehen: **1**) Waldhühner und alles Federwild, das zur ▸ Hohen Jagd zählt, s. auf dem Ast, die Reiher s. auf dem Baum; andere Vögel sitzen. **2**) Der ▸ Beizvogel steht auf der Faust, dem Reck, dem Sprenkel oder der Jule; ▸ sitzen 5). **3**) Wild steht in einem bestimmten Revierteil, d.h., es hält sich dort auf; ▸ Stand 4). **4**) Eine ▸ Fährte, ▸ Spur oder auch Schleppspur (▸ Schleppe) steht, solange sie der Hund wahrnehmen und ausarbeiten kann; sie steht nicht mehr, wenn der Hund sie nicht mehr wahrnehmen bzw. ausarbeiten kann. Eine Fährte, Spur usw. steht z.B. drei Stunden, wenn sie so alt ist, oder steht im Boden, solange der Abdruck zu sehen ist. **5**) Weibliches Wild steht dem Keiler, Hirsch oder Bock, wenn es den ▸ Beschlag zulässt. **6**) Der Hund steht vor; ▸ vorstehen.

Steherl, das: ▸ Standerl.

stehlen: Wild stiehlt sich fort oder stiehlt sich durch die Treiberwehr, wenn es ungesehen entkommt.

Stehohren, die: Aufrecht stehende Ohren des Hundes, z.B. bei Terriern; ▸ Erdhund, ▸ Kippohr.

Stehpirsch, die (Lauerpirsch): Fuchs und Wildkatze lauern bei der Nahrungssuche oft der Beute in stehender und fast bewegungsloser Haltung auf (z.B. Mäusen vor dem Erdloch).

Stehzeit, die: Der Zeitraum, den eine Fährte oder Spur steht; ▸ stehen 4).

Steig, der: **1**) Auch Hexensteig; ▸ Billwisssteig. **2**) Ein- und Ausstiegstelle von ▸ Biber und ▸ Fischotter am Wasser. **3**) Wild-S., das sind vom ▸ Schalenwild durch regelmäßigen ▸ Wechsel ausgetretene schmale Wege. **4**) Der Dohnensteig; ▸ Dohnen. **5**) Kurzform von Pirsch-S.; ▸ Pirschsteg.

Steige, die: Ein früher verwendeter Fangapparat für Rebhühner. Er bestand aus einem grün angestrichenen Brett, das auf vier niederen Pfählen ruhte, die mit einem Drahtgitter mit Falltüre umgeben waren.

steigen: **1**) Stein-, Muffel- und Gamswild steigt höher (es klettert nicht). **2**) ▸ Fischotter und ▸ Biber s. in das oder aus dem Wasser; ▸ Steig 2). **3**) Der Beizvogel fliegt kreisend oder schräg aufwärts (▸ aufsteilen). Man lässt ihn s., wenn man ihn zur Beize freilässt, auch wenn er an Wild auf der Erde geworfen wird, also nicht hochfliegen muss. **4**) Der Auerhahn oder Birkhahn steigt zu Baum, wenn er aufbaumt. **5**) Bei allem Federwild svw. aufwärts fliegen.

steil (steilgestellt): Ein ▸ Geweih oder ▸ Gehörn, das wenig gekrümmt ist und nur eine geringe ▸ Auslage hat, d.h. oben eng zusammensteht, ist s.

steilen: ▸ aufsteilen.

Stein, der: Eine besonders starke und verlängerte Perle am ▸ Geweih/▸ Gehörn.

Steinacker, Alfred; Pseudonym für A. Stone. (1838 Ödenburg bis 1914 Wien): Maler. Von ihm stammt u.a. »Wildschweinjagd in den Tropen zu Pferde mit einheimischen Treibern«.
Steinadler, der: ▸ Adler 1.
Steinbildung, die: Feste Gebilde im Magen (▸ Magensteine, ▸ Bezoare), in der Galle (Gallensteine) und in der Niere (Nierensteine) von Tieren. Gallensteine kommen bei Wildtieren relativ selten vor und finden sich in der Gallenblase und in den Gallengängen. Sie bestehen meist aus Cholesterin, Kalk und Gallenfarbstoff, sind verschieden groß, hart und bernsteinähnlich. Nierensteine wurden bisher v.a. beim Rot-, Reh- und Schwarzwild gefunden. Sie bestehen fast ausschließlich aus Kalziumoxalat.
Steinbock, der: Männliches ▸ Steinwild.
Steinbracke, die: Bereits den Burgundern diente die S. (Petrunculus) zur Verfolgung kleineren Wildes. Der Petrunculus (vom griechischen »Petros« = Stein) soll den Namen von seinen harten Fußballen gehabt haben, die ihn zum anhaltenden Jagen im felsigen Gelände befähigten. S. bezeichnete zunächst Hunde, die für die Jagd im Gebirge besonders geeignet waren. Die Gebirgsjagd erforderte kleine, wendige ▸ Bracken im Ggs. zu den schweren ▸ Segusiern. Später leitete man »Stein« von einer bis ins 19. Jh. gebräuchlichen Gewichtseinheit (Handelsgewicht) ab. Ein Stein wog – regional unterschiedlich – zwischen 10 und 11 kg. So wurde S. zur Sammelbezeichnung für alle leichten und zierlichen Bracken.
Steindohle, die: ▸ Rabenvögel 6.
Steindreher, der: ▸ Schnepfenvögel 8.
Steine, die: **1**) Seltene Bez. für die Hoden des ▸ Keilers. **2**) Besonders große ▸ Perlen am ▸ Geweih/▸ Gehörn.
steineln: Flüchtige Gemsen (auch Rotwild) treten in der Felsregion gelegentlich Steine los, die abgehen; sie s.
steinen: Dem Beizfalken kleine, glatte Steinchen (Kiesel) tief in den Schlund stecken, um sofortiges Herauswürgen zu verhindern. Die Kiesel scheuern die Magenschleimhaut und regen die Verdauung an. Am Morgen danach wirft der Falke die Kiesel wie ▸ Gewölle; ▸ Magensteine.
Steineule, die: ▸ Eulen 1.
Steinfalke, der: ▸ Falken 3. und 4.
Steinfrucht, die: Ein abgestorbener Embryo, der in der Tracht (Gebärmutter) des Mutterleibes zu einer harten Masse wurde.
Steingälles, der: ▸ Schnepfenvögel 13.
Steingeier, der: ▸ Weihen 2.
Steingeiß, die: Weibliches ▸ Steinwild.
Steinhase, der: Alte Bez. für den Schneehasen; ▸ Hasen 2.
Steinhirsch(l), das: Gebirglerischer Ausdruck für einen geringen Hirsch bis zu sechs Enden. Bez. auch für einen ▸ Berghirsch, der in den Hochlagen der Gebirge – im Winter auch abseits der Fütterungen – lebt.
Steinhuhn, das: ▸ Feldhühner 3.
Steinhund, der: ▸ Nerz.
Steinkauz, der: ▸ Eulen 8.
Steinkitz, das: Junges vom ▸ Steinwild.

Steinschlossgewehr, Niederlande, um 1640, mit meisterhaft eisengeschnittenem Lauf und vollplastisch geschnittenem Hahn. München, Deutsches Jagd- und Fischereimuseum

Steinkrähe, die: ▸ Rabenvögel 5.
Steinmarder, der: ▸ Marder 2.
Steinpardel, der: ▸ Triel.
Steinrabe, der: ▸ Rabenvögel 1.
Steinrapp, der: ▸ Waldrapp.
Steinschloss, das (Feuersteinschloss, Batterieschloss): Nach dem ▸ Radschloss kam als Weiterentwicklung über das Schnapphahnschloss das S. auf. Englische Büchsenmacher fertigten um 1630 die ersten europäischen S. an. Um 1680 tauchten in Paris die ersten S. auf, bei denen der Pfannendeckel mit der Schlagfläche zur sog. Batterie verbunden war. Beim S. schlägt ein in den Hahn eingeschraubter Feuerstein gegen einen Stahl (Batterie) an; die entstehenden Funken entzünden dabei das auf der Pfanne befindliche Pulver. Zu Beginn des 19. Jh. wurde das S. durch das ▸ Perkussionsschloss abgelöst; ▸ Jagdwaffen.
Steinschmack, der (Steinschmatz): ▸ Falken 2.
Steinschnepfe, die: ▸ Schnepfenvögel 1.
Steinwälzer, der: **1**) ▸ Schnepfenvögel 8. **2**) ▸ Triel.
Steinwild, das *(Capra ibex*, L.): Auch Fahlwild (veraltet: Falwild, Falbwild). Ein Hochgebirgswild, das zoologisch zur Familie der ▸ Hornträger *(Bovidae)* und zur Unterfamilie der Ziegenartigen Hornträger zählt. Beide Geschlechter tragen einen Kopfschmuck, der nicht gewechselt wird. Wie Gams-, Muffel-, Schwarzwild und Wisent besitzt es eine ▸ Gallenblase. Durch den Aberglauben, dass der Steinbock (Alpensteinbock) verschiedene Heilmittel liefere, unterlag er einer starken Bejagung und wurde bis etwa 1850 im europäischen Alpenraum bis auf eine Kolonie im Gran Paradiso (Aostatal/Italien) ausgerottet. Er galt als Reittier der Berggeister und Hexen. Das Herzkreuz, eine verknöcherte Sehne des Herzmuskels, sollte unverwundbar machen. Der ▸ Schweiß sollte bei vielen Leiden helfen, so z.B. gegen Blasensteine. Die Bezoare (Tier- und Pflanzenhaarbälle im Pansen; ▸ Magenkugeln) galten als Heilmittel gegen Ohnmacht, Schwindsucht, Gelbsucht, Pest und andere Krankheiten. Die pulverisierten Hörner wurden – als Aphrodisiakum – mit Gold aufgewogen und sollten gegen Krämpfe, Koliken und Vergiftungen helfen; Herz und Mark galten als ausgezeichnetes Stärkungsmittel. Dies alles trug dazu bei, dass das S. im nördlichen Alpengebiet bereits im 16. Jh. ausgestorben war. Hierüber wird auch im »Weißkunig« (▸ Maximilian I.) berichtet. Bereits im Jahre 1612 verbot man in der Schweiz die Jagd bei 50 Kronen Geldbuße und schon 21 Jahre später bei körperlicher Strafe. Aber auch dort wurde das letzte Stück 1809 im Kanton Wallis erlegt. In Salzburg und Tirol ist es, wie aus alten Urkunden hervorgeht, wahrscheinlich um die Mitte des 16. Jh. eingebürgert worden, hat sich aber dort nur kurze Zeit gehalten. Den Grundstein für neue Bestände (Wiedereinbürgerung) in der Schweiz bildete der 1892 gegründete Wildpark Peter und Paul bei St. Gallen. Die dort gezüchteten reinblütigen Exemplare wurden 1911 am Rappenloch im Kanton St. Gallen ausgesetzt. Die zur Zucht verwendeten Jungtiere stammten aus einer Restpopulation, die am Gran Paradiso im ehemaligen Fürstentum Piemont (Norditalien) lebte. Die Jungtiere wurden durch Wilderer in die Schweiz geschmuggelt. Das S. am Gran Paradiso ließ Viktor Emanuel, König von Italien, unter Schutz stellen und erwarb 1858 auch das alleinige Jagdrecht. Das meiste S. kommt heute noch in Norditalien, im Süden des Aostatales (Gran Paradiso), und wieder – durch mehrfaches Aussetzen – in der Schweiz mit (1999) rund 12 000 Stück (allein der Kanton Graubünden 6000 Stück in acht S.-Kolonien) vor. Es wird jetzt wieder regulär bejagt; die erste Hegebejagung in Graubünden wurde bereits 1977 durchgeführt. Die Jagd erstreckt sich über drei Wochen, von 4. bis 25. Oktober. Erlegt werden jährlich ca. 720 Stück. In Deutschland kommt es vereinzelt in den Berchtesgadener Alpen (auf der Roth), in der Jachenau (Benediktenwand [seit 1967]) sowie in Oberaudorf vor. In Österreich finden sich ebenfalls kleine Bestände im Kapruner Tal, im Bluhmbach-, im Pitztal, im Hochschwab und im Gebiet des Loiblpasses. Der Gesamtbestand allein in der Steiermark beläuft sich auf 670 bis 800 Stück, verteilt auf neun Kolonien. In den Pyrenäen lebt noch der Pyrenäen-Steinbock *(Capra pyrenaica)*.
Aussehen: In seiner Gesamterscheinung ähnelt das S. – v.a. die Geiß – unserer Hausziege, mit der es sich auch paart (Bastarde). Ein ausgewachsener Steinbock übertrifft jedoch an Größe und Stärke die Hausziege erheblich. Böcke erreichen ein Alter von 15 bis 17, Geißen von 16 bis 20 Jahren. Der Körper des S. ist gedrungen, der ▸ Träger mittellang.

Als vermeintlicher Lieferant verschiedener Heilmittel wurde der Steinbock lange Zeit stark bejagt – Mitte des 19. Jahrhunderts war er im Alpenraum fast ausgerottet.

Der Kopf ist kurz, die Stirn gewölbt, die ▸ Lichter sind groß und wirken lebhaft, die ▸ Lauscher sind verhältnismäßig klein (ca. 9 bis 11 cm) und am Ende zugespitzt. Die Läufe sind mittelhoch und sehr stämmig, die Schalen kurz, breit und weit spreizbar. Der schwärzliche ▸ Wedel ist ebenfalls kurz (ca. 13 bis 15 cm), am Ende länger behaart (Haarbüschel) und wird meist aufrecht getragen. Das S. verfärbt im Frühjahr und Herbst. Das Haar ist ziemlich lang, im Sommer kürzer, feiner und glänzender als im Winter und von rötlich gelber bis braungrauer Farbe. Im Winter ist es matter, fahlgelblich (Fahlwild), etwas gekräuselt und hat eine dichte, weiße Unterwolle. Die Bauchseite, der ▸ Spiegel und die Hinterseite der Hinterläufe sind weiß. Über den Rücken des Bockes zieht sich ein hellbrauner Rückenstreif. Ansonsten sind Bock und Geiß in der Färbung kaum zu unterscheiden. Junge Böcke sind i.d.R. heller gefärbt als alte. Die Jungtiere haben nach dem Setzen steingraue Wolle und bekommen im Herbst ihr eigentliches Winterhaar. Zahnformel:

$$\frac{0}{3}\,\frac{0}{1}\,\frac{3}{3}\,\frac{3}{3} = 32 \text{ Zähne}$$

(▸ Zahnalterslehre).

<u>Sinne und Lautäußerung</u>: S. vernimmt und windet gut und äugt sehr gut. Die Lautäußerung beider Geschlechter ist in der Jugend ein ziegenähnliches Meckern. Gelegentlich ist vom Steinbock ein Pfeifen zu hören, jedoch nicht so scharf wie beim Gamsbock, aber dafür gedehnter. Erzürnt schnaubt er geräuschvoll, er bläst dabei durch den ▸ Windfang.

<u>Lebensraum und Lebensweise</u>: Das S. lebt in den oberen Regionen der Gebirge (Gletscherzonen) und steht höher als das Gamswild. Die S.-Biotope liegen i. Allg. in Höhen von 2000 m bis über 3000 m. Bei Vorhandensein geeigneter steiler Felswände kann S. auch unter 2000 m Höhe (z.B. Benediktenwand) stehen. Im Ggs. zum Gamswild, das im Winter in tiefere Lagen (Waldregionen) ausweicht, ist das S. standorttreu und bleibt in den höheren Regionen. Es verlegt dort aber den ▸ Einstand in die steilen Südwände (Wintereinstand), an denen der Schnee abrutscht bzw. verhältnismäßig schnell schmilzt und die daher vereinzelt schneefreie Flächen aufweisen, die dem Wild karge Äsung bieten. Da das S. teils extreme Lebensräume besiedelt, ist es deshalb mehr als andere Wildarten auf ein funktionierendes Sozialsystem angewiesen. Dieses funktioniert aber nur dann, wenn das Geschlechterverhältnis und die Alterszusammensetzung des Bestandes stimmen. Eine ganz entscheidende Rolle spielen dabei die 8- bis 10jährigen Böcke, die in diesem Alter voll ausgewachsen sind, ihr Verhalten geändert haben und innerhalb der Kolonie für eine entsprechende Verteilung des S. in kleinere Gruppen sorgen. Fehlen diese, kommt es zu großen Ansammlungen und zu einer weniger ruhigen Brunft. Das tagaktive S. steigt und springt außerordentlich gewandt, sicher und kühn. Es findet auch in steilen Felswänden noch Halt, in die das Gamswild nicht mehr folgen kann. Das gesellig lebende Wild schließt sich außerhalb der Brunft in Bock- und Geißenrudeln zusammen. Z.T. führen im Herbst die Böcke größere Wanderungen durch, kommen aber zur Brunft wieder zu den Geißenrudeln zurück. Sehr alte Böcke werden gelegentlich zu Einzelgängern. In der Brunftzeit vereinigen sich die Rudel zu gemischten Verbänden.

<u>Äsung</u>: Sie ähnelt sehr der des Gamswildes und besteht aus Fichtennadeln, Laub, Gräsern, Kräutern, Birken, Alpenrosen, Latschen, Knospen, Ginster, Zweigen der Bergweiden und im Winter auch aus trockenen Halmen und Flechten. Den täglichen Wasserbedarf deckt es durch Aufnahme von Schnee bzw. durch Ablecken von Eis, im Sommer auch durch Aufnahme von wasserreichen Pflanzen (z.B. Alpendost).

<u>Fortpflanzung</u>: S. wird mit drei bis fünf Jahren geschlechtsreif. Die Brunft beginnt Ende November, erstreckt sich bis in den Januar und verläuft verhältnismäßig ruhig. Der dominie-

Steinwild: Aussehen

Körpermaße	Bock	Geiß
KRL	110–173 cm	100–144 cm
SH	68–114 cm	64–88 cm
Gewicht (aufgebrochen)	16–84 kg	14,5–42 kg

Waidmännische Ausdrücke beim Steinwild	
Steinbock	männliches Stück
Steingeiß (Steinziege)	weibliches Stück
Steinbockkitz	junges männliches Stück bis zum 31. März des auf das Setzen folgenden Jahres
Steingeißkitz	junges weibliches Stück bis zum 31. März des auf das Setzen folgenden Jahres
Steinkitz	junges Stück unbestimmten Geschlechts bis zum 31. März des auf das Setzen folgenden Jahres
Herzkreuz	der Herzknorpel, die verknöcherte Sehne des Herzmuskels
Gehörn (Horn)	Hauptschmuck
Schmuckwülste (Knoten, Schocke)	Wülste auf dem Horn
Die übrigen waidmännischen Ausdrücke sind – soweit anwendbar – dieselben wie beim ▸ Gamswild.	

rende Bock steht oft tagelang, von den anderen (geringeren) Böcken unbehelligt, bei der brunftigen Geiß und wartet geduldig auf den Zeitpunkt des Beschlages. Der bei der brunftigen Geiß stehende Bock nimmt eine sehr typische Haltung ein. Er senkt das Haupt, streckt es vor, stellt den Wedel hoch und scharrt dabei mit einem Vorderlauf. Sind bei einem Rudel zwei oder drei starke Böcke, was bei sehr hoher Schneelage vorkommen kann, kommt es zu einem gelegentlichen, jedoch mehr spielerischen Kräftemessen, was aber auch außerhalb der Brunft vorkommt. Die Böcke springen hierbei nach Art der Ziegen auf die Hinterläufe, versuchen den Stoß seitwärts zu richten und prallen dann mit den Gehörnen so heftig zusammen, dass das Zusammenschlagen der Hörner weithin hörbar ist (▸ Kommentkampf, ▸ Rammen). Nach 22 bis 24 Wochen Tragzeit wird im Juni von der Geiß ein Kitz (selten zwei) gesetzt. Spätere Geburten sind jedoch möglich. Die Jungen können der Geiß bereits wenige Stunden nach dem Setzen in die Felswände folgen und werden fast ein Jahr lang gesäugt.

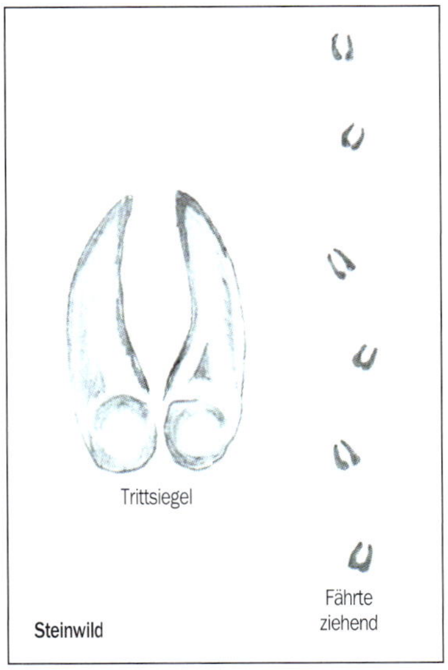

Steinwild

Fährte: Die Schalen des S. sind ähnlich wie die des Gamswildes beschaffen. Die Fährte ist deshalb der des Gamswildes sehr ähnlich, jedoch größer. Das einzelne Trittsiegel ist ca. 7 bis 10 cm lang und etwa 5 bis 6 cm breit. Der ▸ Schrank beträgt bei erwachsenen Stücken etwa 16 bis 20 cm; die Schrittlänge eines ziehenden Stückes ist etwa 30 bis 60 cm. Hauptschmuck: Das Gehörn des S. ist bogenförmig nach hinten und etwas nach außen gebogen und kann beim Bock eine Länge von ca. 1 m bis 1,30 m und ein Gewicht von 10 bis 15 kg erreichen; das Gehörn der Geiß wird kaum über 30 cm lang, das des Bockes hat im Querschnitt eine dreieckige, das der Geiß eine etwas rundere Form. Die Hörner des Bockes haben vorne die typischen Hornwülste (Schmuckwülste, Schocke, Knoten), die sich gegen die Basis und Spitze hin verflachen und weitständiger werden. Das Gehörn eines alten Bockes kann bis zu 24 Hornwülste haben. An der Seite rillenartige Vertiefungen, die sog. ▸ Jahresringe. Der Zuwachs des Gehörns beträgt im ersten Lebensjahr ca. 10 cm, im zweiten Lebensjahr ca. 9 cm und nimmt von Jahr zu Jahr ab. In schneereichen oder nassen Jahren sind die Jahresringe (Jahreszuwachs) enger als in trockenen, schneearmen Jahren, die für das S. günstiger sind. Das S. hat in Deutschland keine Jagdzeit; es ist ganzjährig geschont. Notwendige Reduktionsabschüsse, z. B. in der Jachenau (Benediktenwand) müssen von der obersten Jagdbehörde besonders geregelt werden. Bewertung der Trophäe nach der CIC-Formel; ▸ Trophäenbewertung.

Steinziege, die (Steingeiß): Weibliches ▸ Steinwild.

Steiß, der: Der Schwanz der Bekassine und anderer kurzschwänziger Federwildarten; ▸ Stoß.

Steißfuß, der: ▸ Lappentaucher.

Stellbrocken, der: ▸ Abzugsbissen.

stellen: **1**) Die Falle wird fängisch gestellt. **2**) Ein Stück Wild (i. d. R. angeschossen) wird von einem oder mehreren Hunden gestellt, oder das Wild stellt sich den Hunden. **3**) Der Beizvogel lässt sich nieder. **4**) Tücher, Lappen, ▸ Garne, Netze, Leinen, ▸ Dohnen und Fangeisen werden gestellt oder gerichtet. **5**) Ein Bund Lappen oder ein Netz s. oder ▸ richten eine bestimmte Länge.

Steingeiß: Auch die weiblichen Tiere des Steinwildes tragen einen Kopfschmuck.

Stellflügel, der (Stellweg, Flügel, Gestell, Richtweg, Richtstall, Richtstatt, Geräumte): Ein Flügel oder Weg, der zum bequemeren Stellen von ▸ Jagdzeug ausgehauen wurde. Kreuzt ein S. den anderen, wird von einem Kreuzflügel (Kreuzweg), schneiden sie sich rechtwinkelig, wird von einem Querflügel gesprochen. Bei ▸ Eingestellten Jagen wurden diejenigen Stellwege (Flügel), die gegen den Lauf gerichtet waren, als Abjagens- oder Abjagungsflügel bezeichnet.

Stellgabel, die: ▸ Gabel 4).

Stellholz, das: Ein Teil der Abzugsvorrichtung beim Schlagbaum und anderen ▸ Fallen.

Stelljagen, das: ▸ Eingestellte Jagen.

Stellschraube, die: Eine kleine Schraube am ▸ Stecherabzug, mit der Grob- und Feineinstellung möglich ist.

Stellstab, der (Stellstange) ▸ Forkel.

Stellung, die: **1**) Der Abzugsmechanismus bei ▸ Fallen. **2**) ▸ Stallung.

Stellvorrichtung, die: Mechanismus zur Einstellung des Abzugsmechanismus bei ▸ Fallen.

Stellweg, der: ▸ Stellflügel.

Stellzunge, die: Teil der Abzugsvorrichtung bei ▸ Fallen, besonders beim Schwanenhals.

Stelzvögel, die: ▸ Schreitvögel.

Stemmer, die: Seltene Bez. für die Nagezähne des ▸ Bibers.

Stempeln, das: Ein ▸ Markierungsverhalten hauptsächlich der Marderartigen (z. B. ▸ Dachs), bei dem durch (leicht) gesenktes Becken das Sekret der Prägenitaldrüsen (▸ Duftdrüsen) auf der Bauchseite zum Zwecke der Territoriumsmarkierung einem meist erhöhten Gegenstand (z.B. Baumstumpf, Stein), bei Wildkaninchen unmittelbar auf den Boden, aufgedrückt wird. Durch Urin absetzen (▸ Harnen) wird die Wirkung der Territorialmarkierung zusätzlich verstärkt.

Stengel, der: ▸ Stingel 1).

Stenglin, Ernst Hugo von (1862 bis 1914): Maler, wurde v.a. bekannt durch seine hervorragenden Rot- und Schwarzwildbilder.

Stephanie, Gottlieb der Jüngere, eigentlich G. Stephan (19.2.1741 Breslau bis 28.1.1800 Wien): Schauspieler, Dramatiker und Regisseur, 1763 Werbeoffizier in Wien. S. war u.a. Bearbeiter und Übersetzer zahlreicher italienischer und französischer Stücke. Er schrieb »Die glücklichen Jäger. Ein Singspiel in drey Aufzügen« (1786).

Steppeniltis, der: ▸ Iltisse 4.

Sterbkauz, der: ▸ Eulen 8.

Steringall, der: ▸ Falken 2.

Stern, der: **1**) Die Iris; Regenbogenhaut des Auges. **2**) Seltener Ausdruck für den ▸ Spiegel der Gams.

Sternadler, der: ▸ Adler 1.

Sternbilder, die: Gruppen von Fixsternen, die am Himmel mehr oder weniger ins Auge fallende Figuren bilden und vom Volksmund mit Namen bedacht werden, die größtenteils aus dem Altertum stammen. Einige der Namen kommen aus der seemännischen Begriffswelt. Der ganze Himmel ist heute in 88 S. eingeteilt, z.B. der *Große Bär*, das wohl bekannteste S. des Himmels, der *Kleine Bär*, dessen Schwanzspitze der Polarstern bildet, der *Kleine* und der *Große Hund*, die als Jagdhunde den Himmelsjäger ▸ Orion begleiten, der Jäger *Orion*, der sich in der altgriechischen Sage rühmte, alle Tiere besiegen zu können, der *Hase*, der vom Götterboten Hermes in den Himmel versetzt wurde, und dessen S. südlich vom Orion liegt, der *Bärenhüter* (griechisch: Bootes), der sich in der Nachbarschaft des Kleinen und Großen Bären befindet. Das Wort »Bootes« bedeutet eigentlich »Rinderhirt« oder »Ochsentreiber«; aber gewöhnlich gilt Bootes als ein Jäger, der mit den Jagdhunden, die ein besonderes S. bilden, die beiden Bären am Himmel verfolgt. Der Hauptstern des Bärenhüters heißt *Arktur* (Arcturus = Bärenhüter), was svw. »Jäger« bedeutet. Er behält die Bärin im Auge (▸ Kallisto). Die in der Ekliptik liegenden S. werden als ▸ Tierkreis zusammengefasst.

Sternfalke, der: ▸ Falken 10.

Sternschnuppen, die: Volkstümliche Bez. für gallertartigen Schleim, den man manchmal an Gewässern oder auf feuchten Wiesen im Sommer findet. Es ist bislang nicht geklärt, ob es sich um von Störchen, Reihern und Iltissen erbrochenen Froschlaich oder um eine Schleimalge handelt.

Sterntaucher, der: ▸ Seetaucher 1.

Sternverschluss, der (Faltverschluss): ▸ Schrotpatrone.

Sterzente, die: ▸ Wildenten 1.

Stessel, der: ▸ Sperber.

Steuer, das: Der ▸ Stoß (Schwanz) bei ▸ Schwimmvögeln.

Steuerfedern, die: Die großen Schwanzfedern bei allen Vögeln; ▸ Vogelfeder.

Steyr: Oberösterreichische Bezirksstadt an der Mündung der S. in die Enns. S. ist Sitz der bedeutenden Waffenproduktionsfirma »Steyr Mannlicher AG & Co. KG«. Die Firma stellt heute Jagdrepetierer, Sportwaffen, Handfeuerwaffen für Polizei, Gendarmerie- und Militärbehörden her. Das einst von Werndl hergestellte Hinterladergewehr führte bereits 1867 zu einem Auftrag der Armeeverwaltung, 100000 »Gewehre mit Tabernakelverschluss« zu bauen. Werndls Firma entwickelte 1885 das Repetiergewehr und nach der Jahrhundertwende (19./20. Jh.) wurden die von Ferdinand Ritter von Mannlicher gemeinsam mit Otto Schönauer entwickelten Repetiergewehre, die »Mannlicher-Schönauer Jagdstutzen« ein weltweiter Verkaufserfolg. 1994 übernahm die Firma die Suhler Jagd- und Sportwaffen GmbH in ▸ Suhl. Speziell für den amerikanischen Markt entwickelt, entstand basierend auf dem System SBS96 (Safe Bolt System) eine zweite Jagdwaffenreihe.

Stich, der: **1**) Bei allem ▸ Haarwild die Halsgrube unter dem ▸ Träger. **2**) svw. ▸ Biberstich.

Stichblatt, das: An manchen ▸ Griffwaffen angebrachter Handschutz in Form einer runden oder ovalen Schale oder auch in Herz-, Nieren- oder Muschelform; ▸ Muschel.

Stichelhaar: **1**) Kurzform für Deutsch-S.; ▸ Vorstehhunde. **2**) ▸ Hundehaar. S. heißt seit dem 18. Jh. svw. kurzes, steifes, emporstehendes Haar.

Stichfang, der: Waidgerechter Ausdruck für Kälberfang; ▸ abfangen 1).

Stichl, der (Stichel): Ein spitzes Eisen, das früher zum Bohren der Löcher für die Stellstangen der ▸ Jagdzeuge verwendet wurde.

Stichschuss, der: Ein Schuss auf den ▸ Stich 1).

Stichstellen, die: Bodenstellen, an denen die Schnepfe nach Nahrung gestochert hat.

Stichwaffen, die: ▸ Blanke Waffen.

stieben: **1**) Schnelles Fliegen von ▸ Feldhühnern, z.B. abstieben, aufstieben. **2**) Stäuben ▸ hudern. **3**) ▸ stüben.

Stief, Reinhold (1934 bis 1992): S., Oberstudienrat (Musiklehrer), leitete die Renaissance der ▸ Jagdmusik in Deutschland ein, förderte die jagdgemäßen Naturhörner (Fürst-Pless-Horn, Parforcehorn) und war Initiator der Vereinheitlichung der ▸ Jagdsignale. Er war Komponist und Herausgeber jagdlicher Musik, Verfasser des »Handbuch der Jagdmusik«, Träger des DJV-Kulturpreises (1991) und zuletzt Landesobmann der Jagdhornbläser des LJV Baden-Württemberg.

Stiefel, die: Seltene Bez. für ▸ Forkel.

Stiefelknecht: ▸ Doppelgabelkrone.

Stieg, der: svw. ▸ Steig 2).

Stieglitz, Christian Ludwig, Dr. (1803 bis 1854): S. besuchte die Forstakademie in Tharand und wurde im Sommersemester 1825 als Studierender der Rechts- und Kameralwissenschaft an der Universität Leipzig eingeschrieben. Er war zuerst Forstmann, später habilitierte er sich als Privatdozent der juristischen Fakultät Leipzig. Er hat sich, bei großer Neigung zu den Rechten deutschen Ursprungs und deren Geschichte, vorzugsweise mit den Rechtsbestimmungen über Forst- und Jagdverhältnisse beschäftigt und durch eine vortreffliche »Geschichtliche Darstellung der Eigenthumsverhältnisse an Wald und Jagd in Deutschland, von den ältesten Zeiten bis zur Ausbildung der Landeshoheit. Ein Versuch« (1832) bleibende Verdienste auf forstgeschichtlichem Gebiete erworben.

Stiek-up, der (Steig auf): Norddeutsche Bez. für die Doppelschnepfe ▸ Schnepfenvögel 3.

Stieleiche, die: ▸ Eichen 2.

Stieler, Karl, Dr. (15.12.1842 München bis 12.4.1885 München): Jurist und Schriftsteller. S. war bayerischer Mundartdichter, Mitarbeiter des Wochenblattes »Fliegende Blätter«, schrieb volkstümliche, humorvoll-urwüchsige Dichtungen in oberbayerischer Mundart (beeinflusst von Franz von ▸ Kobell), ferner Reisebeschreibungen und Gedichte in hochdeutscher Sprache. S. war nach Studium der Rechte im Bayerischen Reichsarchiv in München tätig. Er schrieb zahlreiche Aufsätze und Erzählungen über die Jagd, u.a. »Die Wildschützen im Bayerischen Gebirg« , die erstmals in seinem mit Herman Schmid verfassten Gedenkbuch »Aus deutschen Bergen« (1873) erschien. Er beteiligte sich auch an der Herausgabe reich illustrierter Prachtwerke, z.B. »Weidmanns-Erinnerungen« (1874) und 1879 erschienen seine »Hochlands-Lieder«.

Stier, der: Schweizerische Bez. für ▸ Rothirsch.

Stiezerl, das: ▸ Standerl.

Stift, der: **1**) Sich noch im Wachstum befindende ▸ Vogelfeder, die noch ganz oder teilweise in der Hülle steckt. **2**) Der Bolzen der Lefaucheux-Patrone ▸ Stiftzündung.

Stiftel, das: Seltene Bez. für ▸ Forkel.

Stifterverband für Jagdwissenschaften: ▸ Jagdwissenschaft.

Stiftung Deutsche Jägerschaft e. V.: Gegründet 1989 auf Spiekeroog. Ziele und Aufgaben: Förderung des Jagdwesens im Sinne eines angewandten Naturschutzes in Übereinstimmung mit dem BNatSchG und den Naturschutzgesetzen der Länder. Die SDJ arbeitet eng mit dem DJV (▸ Jagdschutz-Verband) zusammen.

Stiftung Europäisches Naturerbe – EURONATUR: Die Zielsetzung der 1987 gegründeten Stiftung ist die Förderung des Schutzes von Großlebensräumen in Europa. Sie gibt vierteljährlich die Zeitschrift »euronatur« heraus.

Stiftung Wald, Wild und Flur in Europa: Gestiftet von der Landesgruppe Deutschland des Ordens »Der Silberne Bruch« (▸ Jagdorden). Die wesentlichen Aufgaben der S. sind u.a. »Den Schutz von Wald, Wild und Flur über staatliche Grenzen hinweg zu planen, zu unterstützen und durchzuführen; Wissenschaft, Bildung und Erziehung in Umweltfragen zu fördern; das Bewusstsein für den Wert der natürlichen Lebensgrundlagen in der Gesellschaft zu stärken.«

Stiftzündung, die: Bez. für die bei der Lefaucheux-Patrone übliche Zündung. Der Hahn stößt dabei einen im Patronenboden eingelassenen, die Läufe überragenden Metallstift in das Zündhütchen; ▸ Lefaucheux.

Stilett, das: ▸ Falknermesser.

stille Brunft, die: Die ▸ Brunft des Rotwildes, bei der wegen ungünstiger Witterung die Hirsche sehr wenig oder gar nicht schreien.

stille Jagd, die: Frühere Bez. für eine Jagd ohne lautjagende Hunde (▸ Lautjager), die sog. »venatio placida«, im Ggs. zur lauten ▸ »Hetzjagd« mit der Hundemeute, die »venatio clamorosa«. Die s. J. war somit die Einzelpirsch und der Ansitz, die man herabsetzend auch als »Pfaffenjagd« bezeichnete. Auch die Fallenjagd wird als s. J. bezeichnet.

stiller Leithund, der (eiserner Leithund): ▸ Leithund 4).

Stimmfühlungslaut, der: Der S. ist ein Kontaktlaute der Tiere, insbesondere junger Vögel, den diese ausstoßen, wenn sie von der Mutter getrennt wurden bzw. den Anschluss verloren haben, aber auch der Ruf anderer Jungtiere nach ihrer Mutter und umgekehrt (▸ Mutter-Kind-Beziehung). Mit dem S. halten insbesondere bei Gänsen und Enten Geschwisterpaare, Ehepartner usw. untereinander Fühlung. Das Heulen der Wölfe und der Seehunde ist ebenfalls ein S.

Stimmknoten, der: Der Drosselknopf des Auerhahns; ▸ Raufußhühner 1.

Stimmungsübertragung, die: Übertragung einer Bereitschaft oder Motivation von einem Individuum auf das andere, die bewirkt, dass die Mitglieder einer Tiergruppe sich gegenseitig anregen, zur selben Zeit dasselbe zu tun. Besonders deutlich wird diese S. beispielsweise bei der Futtersuche, wenn die Tiere etwa zur selben Zeit hungrig werden und daher zu gemeinsamem Verhalten neigen, oder bei einem flüchtenden Rudel oder einem auffliegenden Vogelschwarm, bei dem auch die Tiere flüchten bzw. auffliegen, die den Feind nicht selbst gesehen haben (synchronisierte Flucht); ▸ Warnlaute.

Stingel, das: Mundartliche Bez. für den Bürzel (Schwanz) des ▸ Schwarzwildes.

Stingel, der (Stängel, Stange, Stengel): Der Hals des Auer- und Birkhahns; ▸ Raufußhühner 1. und 2.

Stinkdrüse, die: Auch Abwehrdrüse. Meist eine ▸ Analdrüse bei verschiedenen Tiergruppen, wie z.B. Iltissen, Dachsen; bei ▸ *Mustelidae* paarig, beim Murmeltier z.B. dreiteilig, die dazu dient, bei Schreck- oder Gefahrensituationen (auch bei Gereiztheit) einen übel riechenden Drohduft abzugeben. Bei vielen Arten mit einem überraschend abgegebenen Drohschrei verbunden. Zum Teil dient die S. auch der innerartlichen Verständigung; ▸ Duftdrüsen.

Stinkloch, das: ▸ Saugloch.

Stinkmarder, der: **1**) Auch Stinkratz, Stinkwiesel; ▸ Iltisse 1. **2**) Sammelbezeichnung für Iltis, Nerz, Mink, Hermelin und Mauswiesel aus der Familie der ▸ Marder *(Mustelidae)*.

Stirnnaht, die: ▸ Naht 1).

Stirnwaffe, die: Der ▸ Kopfschmuck der ▸ S.-Träger *(Pecora)*, die überwiegend zu den ▸ Paarhufern gehören; ▸ Hirsche, ▸ Horntiere.

Stirnwaffenträger, die *(Pecora)*: Eine Teilordnung der ▸ Wiederkäuer mit vier Familien, darunter die ▸ Hirsche *(Cervidae)* mit einem ▸ Geweih als Stirnwaffe, das jährlich abgeworfen und neu gebildet wird, und die Hornträger (▸ Horntiere; *Bovidae)* mit einspitzigen Hornscheiden (▸ Horn 2), die nicht oder nur einmal in der Jugend gewechselt werden.

Stirnzapfen, der: Ein Knochenfortsatz, der bei den ▸ Horntieren *(Bovidae)* mit einer Hornscheide, bei den ▸ Hirschen *(Cervidae)* mit Haut überzogen ist.

Stirnzapfen, die: ▸ Horn 2).

Stisser, Friedrich Ulrich (24.7.1689 Quedlinburg bis 25. oder 26.11.1739 Stettin): S. studierte Jurisprudenz und Kameralwissenschaften, hielt 1734/35 Vorlesungen an der Universität Jena »Über das Forst- und Jagdwesen der Teutschen«. Er veröffentlichte u.a. »Entwurf eines Collegii über das Forst- und Jagdwesen« (1735) und »Forst- und Jagd-Historie der Teutschen« (1737, 2. Aufl. 1754). Letztere muss als erste deutsche Forstgeschichte bezeichnet werden; ▸ Jagdliteratur.

StJG: Abk. für Staatsjagdgebiet; ▸ Jagdwesen in der DDR.

StJW: Abk. für Staatliche Jagdwirtschaft; ▸ Jagdwesen in der DDR.

Stöber, der: **1**) Die ▸ Stöberhunde. **2**) Die ▸ Holsteiner Bracke.

Stöberhunde, die (Stauber, Stöber, Spion): Mittelgroße, langhaarige und vielseitige Hunde, die zum ▸ Stöbern in unübersichtlichem Gelände (Dickungen) oder im Wasser (Schilf) und zum ▸ Buschieren verwendet werden. Sie suchen mit hoher, halbhoher und tiefer Nase und sollen Wild aller Art in den Dickungen aufstöbern und dem Jäger zutreiben. ▸ Federwild, das aufbaumt, haben sie zu verbellen. S. müssen ▸ spurlaut sein. Sie leisten auch gute ▸ Schweiß- und Apportierarbeit. S. finden bereits seit dem 17. Jh. in der jagdlichen Literatur Beachtung. Die wichtigsten in Deutschland verwendeten S.-Rassen sind:

1. Deutscher Wachtelhund (DW):
Herkunft: 1897 begannen deutsche Berufsjäger mittelgroße, langhaarige Gebrauchshunde systematisch zu züchten. Die Zuchtgrundlage bildeten S., die sog. Vogelhunde.
Äußere Merkmale: Ein mittelgroßer Hund mit einer Widerristhöhe von 40 bis 50 cm. Er hat langes, mehr oder weniger gewelltes Haar. Die Haarfärbung ist einfarbig braun oder braun mit weißen Abzeichen, auch Blau- oder Braunschimmel. Die Rute wird um ein Drittel oder bis zur Hälfte kupiert. Die Augenfarbe ist hell- bis dunkelbraun.
Verwendung und Eigenschaften: Der DW ist ein guter Gebrauchshund für Wald- und Wasserjagd. Ein Spezialist beim Buschieren und Stöbern (steht nicht vor), der auch sehr gute Schweißarbeit leistet. Er ist ein sehr guter Verlorenbringer, ▸ fährtensicher, spurlaut, leichtführig, wildscharf; bedingt brauchbar für Jagdschutzzwecke. Den DW gibt es heute in zwei Schlägen, dem schweren, braunen Schlag und dem leichteren Braunschimmel.

2. Cocker-Spaniel, der (CSp):
Herkunft: Eine der ältesten englischen Spanielrassen, gezüchtet aus alten englischen S.
Äußere Merkmale: Ein kleiner bis mittelgroßer Hund mit einer Widerristhöhe von 36 bis 42 cm. Er hat langes, glattes, seidiges Haar mit Befederung. Die Färbung ist rot, schwarz oder schwarz-weiß. Die Rute ist etwa bis zur Hälfte oder zu drei Vierteln kupiert und wird waagrecht getragen. Die Augenfarbe ist braun.
Verwendung und Eigenschaften: Ein führiger S. und Buschierhund; er leistet ▸ Wasser- und ▸ Schweißarbeit, ist spurlaut, ein guter Verlorenbringer, ruhig, aber selten ▸ scharf.

3. Englischer Springer-Spaniel, der (SSp):
Herkunft: Alte, aus England stammende Spanielrasse.
Äußere Merkmale: Ein mittelgroßer Hund mit einer Widerristhöhe von 40 bis 50 cm. Er hat langes, dichtes, weiches Haar mit Befederung. Die Färbung ist weißbraun. Die Rute ist etwa zu drei Vierteln kupiert und wird hängend getragen. Die Augenfarbe ist braun bis dunkelbraun.
Verwendung und Eigenschaften: Lebhafter, führiger S. und Buschierhund, der Wasser- und

◂◂ Der Deutsche Wachtelhund ist vielseitig und wird vor allem zum Stöbern im Wald und zur Wasserarbeit eingesetzt.

Verschiedene Farbschläge des Cocker-Spaniels

Schweißarbeit leistet. Er ist ein Verlorenbringer und spurlaut.

4. Welsh-Springer-Spaniel, der:

Herkunft: In Wales (dort auch »starter« genannt) fast ausschließlich für die Jagd gezüchtete und gehaltene Hunderasse, die besonders in Neath Valley häufig vorkommt. Sie ist wahrscheinlich mit dem Epagneul Breton (▸ Vorstehhunde) verwandt.

Äußere Merkmale: Der tiefkastanienrot und weiß gefärbte Hund hat einen symmetrisch gebauten, kräftigen Körper, einen trockenen, leichten Kopf mit relativ kleinen Hängeohren. Die Schulterhöhe beträgt 45 bis 52 cm, das Gewicht ca. 15 bis 20 kg. Die Rute wird meist auf 1/3 gekürzt. Die Behaarung ist dicht, flach, lang und seidig mit guter Befederung.

Verwendung und Eigenschaften: Der muntere, sehr lebendige, freundliche Hund wird fast ausschließlich zur Jagd gezüchtet und verwendet. Er ist ein guter, gehorsamer Stöberer.

Stöberjagd, die: Eine Jagd, bei der sich mehrere ▸ Schützen vor einer Dickung (oder auch Schilf) anstellen, den Hund in der Dickung ▸ stöbern lassen und das von diesem aufgestöberte und rege gemachte Wild erlegen.

Stöbern, das: Planmäßiges, gründliches Suchen des ▸ Jagdhundes, insbesondere des ▸ Stöberhundes, aber auch entsprechend abgerichteter Hunde, z.B. der Deutschen Vorstehhunde, im Wald, in Dickungen oder Schilf. Der Hund arbeitet in unübersichtlichem Gelände, außerhalb der Kontrolle seines Herrn. Er muss das Wild finden, es ▸ spurlaut verfolgen und seinem Herrn zutreiben bzw. es durch die Schützenlinie jagen, soll selbst dem Wild aber über die Schützenlinie hinaus nicht folgen. Überjagt er, d.h., folgt er dem gejagten Stück in den angrenzenden Bestand, muss er sich sofort zurückrufen lassen. Das S. in Röhricht und Schilf ist ein Teil der ▸ Wasserarbeit des Jagdhundes; ▸ Suche, ▸ Buschieren.

stocheln: ▸ stochern.

stochern (stocheln): Der ▸ Vorstehhund stochert, wenn er bei der ▸ Suche unsicher arbeitet.

Stockaar, der: ▸ Bussarde 1.

Stockachselpflanzung, die: ▸ Pflanzverfahren.

Stockadler, der: ▸ Adler 1.

Stockamsel, die: ▸ Drosseln 6.

Stockmar, Johann Georg (gestorben 1758): Maler, schuf u.a. Ansichten aller landgräflich-hessischen Jagdschlösser.

Stockausschlag, der (Stocklode): Bez. für die nach Abhieb des Stammes aus dem Stock wachsenden Adventivsprossen. Die S. haben anfangs ein größeres Längenwachstum als Kernwüchse und meist üppigere, häufig auch in der Formbildung abweichende Blätter. Auf dem S., der nur bei unseren Laubhölzern vorkommt, gründet sich der Niederwaldbetrieb und zum Teil auch der Mittelwaldbetrieb (Mittelwald); ▸ Wurzelbrut.

Stockente, die: ▸ Wildenten 1.

Stocker, der: Lokale Kurzbez. für den Stockenten-Erpel; ▸ Wildenten 1.

Stockeule, die: ▸ Eulen 5.

Stockfalke, der: ▸ Habicht.

Stockflinte, die (Schießstock): Eine Schusswaffe (Gewehrlauf mit Schloss), die wie ein Gehstock aussieht. Eine verbotene Waffe, die gelegentlich von Wilderern benutzt wird; ▸ Wildererwaffen.

Stockhaar, das: ▸ Hundehaar.

Stockhaube, die: Eine ▸ Falkenhaube mit einem Trosch (Federbusch).

Stockmaß, das: ▸ Widerristhöhe.

Stocksulze, die: ▸ Salzlecken.

Stockziemer, die: ▸ Drosseln 5.

Stoetzner-Lund, Viktor (1882 bis 1947): Maler; Spezialist für Wasserwild-Flugbilder (Gänsesäger, Wildschwan, Seeadler u.a.).

Stöger-Ostin, Georg (1874 Gmund am Tegernsee bis 1965 Gmund am Tegernsee): Schriftsteller. Er schrieb u.a. »Georg Jennerwein, der Wildschütz. Eine Erzählung aus den Bergen nach wahren Begebenheiten« (1929). Der Roman schildert die Geschichte vom »stolzen Schützen« Georg Jennerwein vom Schliersee, der am 6.11.1877 auf dem Peißenberg bei Tegernsee durch zwei Schüsse des Jagdgehilfen Pföderl ums Leben kam; ▸ Wilderer.

Stökerjagd, die: Norddeutsche Bez. für das ▸ Stöbern oder die ▸ Suche mit wenigen Schützen oder eine kleine ▸ Treibjagd mit wenigen Treibern und Schützen.

Stop, der: Beim Jagdhund die deutliche Winkelung von Nasenbein und Stirn.

stopfen: ▸ stoppen.

Stopfer, der: **1**) Örtliche Bez. für einen ▸ Vorderlader. **2**) Seltene Bez. für ▸ Lochgucker.

stoppen (stopfen): Die jagende ▸ Meute bei einer ▸ Parforcejagd s. Mussten die Hunde verhalten werden, weil sie auf der falschen ▸ Fährte waren, sich zerstreut hatten oder weil man dem Hirsch vor Aufbruch zur Jagd einen

▸▸ Der Englische Springer-Spaniel eignet sich wie der Cocker Spaniel u. a. sehr gut zum Buschieren.

Vorsprung geben wollte, ritt ein ▸ Piqueur voraus und hielt die Hundemeute unter Peitschenschwingen und dem Blasen der ▸ Stoppfanfare zurück.

Stoppfanfare, die (Stopffanfare): Ein Ruf mit dem Horn (▸ Jagdhorn), mit dem früher das Aufhalten (▸ stoppen) der ▸ Meute angezeigt wurde; ▸ Jagdsignale.

Störche, die *(Ciconia):* Gattung aus der ▸ Ordnung der ▸ Schreitvögel *(Ciconiiformes)* und der Familie der Störche *(Ciconiidae)*. S. sind langbeinige Schreitvögel mit langem, geradem, am Ende scharf zugespitztem Schnabel. Die Kehle wird von einer nackten, dehnbaren Haut umschlossen. In Deutschland kommen zwei Arten vor: der Weißstorch und der Schwarzstorch. Beide Störche sind geschützt. Die S. sind ▸ Zugvögel, die sehr bald im Frühjahr aus ihren afrikanischen Winterquartieren zurückkehren. Sie sind ausgesprochen ortstreue Vögel, die alljährlich ihre alten Nistplätze aufsuchen. Erwähnenswert ist ihre unterschiedliche Flugroute: Die östlich der Weser brütenden S. ziehen über Kleinasien und Ägypten, die westlich der Weser brütenden über Frankreich und Spanien nach Afrika. Im Fluge sind sie – ähnlich den ▸ Kranichen – an dem lang gestreckten, aber leicht abwärts geneigten Hals und an den nach hinten ausgestreckten, weit über den ▸ Stoß hinausragenden Ständern erkenntlich. Beide ▸ Geschlechter brüten abwechselnd.

1. Weißstorch, der *(Ciconia ciconia*, L.). Auch Klapper-, Hausstorch, Adebar. Bei einer Länge von 102 cm, einem Gewicht von 3 bis 4 kg und einer ▸ Flügelspannweite von 200 bis 208 cm ist der allseits bekannte – wenn auch selten gewordene – Vogel etwas größer als der Schwarzstorch.

Aussehen: Weißes Gefieder mit tiefschwarzen Schwingen. Die nackte Haut zwischen Schnabel und Auge ist schwarz, der lange gerade Schnabel und die Ständer sind rot. Das etwas schwächere Weibchen ist gleich gefärbt. Die Jungvögel sind an der dunklen Schnabelfärbung kenntlich.

Vorkommen und Lebensweise: Bewohnt freies Gelände mit Einzelbäumen oder Baumgruppen, Sümpfe und feuchte Wiesen, ist aber auch im Mittelgebirge und im Hügelland anzutreffen. Als ▸ Kulturfolger hält er sich gerne in der Nähe menschlicher Siedlungen auf und horstet, vielerorts gesellig, häufig auf den Dächern von Häusern. Er lebt in Einehe.

Fortpflanzung: Der Horst wird oft auf hohen Dächern und Schornsteinen, aber auch auf niedrigeren Scheunen, wenn ein altes Wagenrad als Unterlage angebracht wird, errichtet. Zuweilen horstet er auch auf Eichen, Pappeln, Erlen und Ulmen. Der Horst ist ein umfangreicher Bau, der bei wiederholter Benutzung und ständiger Ausbesserung einen Durchmesser von ca. 2 m und eine Höhe von über 140 cm erreichen kann. Als Horstmaterial werden mehr oder weniger starke Knüppel verwendet, die mit einer Reiserschicht umgeben und mit Erdklumpen vermischt werden. Das Gelege enthält drei bis fünf, i.d.R. jedoch vier kalkweiße, schwach grünlich gelb schimmernde Eier. Größe der Eier: 71 x 51,5 cm, Gewicht: ca. 115 g. Die Jahresbrut erfolgt Mitte April/Anfang Mai, die Brutdauer beträgt durchschnittlich 32 Tage. Die Jungen bleiben ca. sechzig Tage im Horst.

Nahrung: Sie besteht aus Fröschen, Eidechsen, Schlangen, Mäusen, Maulwürfen, Nacktschnecken, Kleinsäugern, Fischen, Würmern, größeren Insekten, aus Jungvögeln und den Eiern der Bodenbrüter. Unverdauliche Teile werden als ▸ Gewölle ausgewürgt.

2. Schwarzstorch, der *(Ciconia nigra*, L.): Auch Waldstorch. Etwas kleiner als der Weißstorch, etwa 95 cm lang, Gewicht: ca. 3 kg. Flügelspannweite: knapp 200 cm.

Aussehen: Kopf, Hals und Oberseite sind schwarz mit grünem, metallischem Schimmer. Die Unterseite ist weiß, Schnabel und Ständer sind rot. Beim Jungvogel Schnabel und Ständer graugrün. Beide Geschlechter sind gleich gefärbt.

Vorkommen und Lebensweise: Der sehr selten gewordene S. bewohnt große, ruhige Wälder mit nahe gelegenen flachgründigen, fischreichen Gewässern und feuchten Wiesen. Am Boden bewegt sich der äußerst scheue Vogel langsam schreitend und watet gerne in seichten Gewässern.

Fortpflanzung: Der Horst wird auf hohen, alten Waldbäumen (Eichen, Buchen, Kiefern) in Stammnähe errichtet. In Südeuropa dagegen überwiegend an Felsvorsprüngen. Der umfangreiche Bau gleicht dem des Weißstorches, doch erreicht er dessen Größe nicht. Das Gelege enthält drei bis fünf weiße, grün schimmernde Eier, die 65 x 49 mm groß und 86 g schwer sind. Die Jahresbrut erfolgt im Mai, die Brutdauer beträgt 30 Tage. Die Jungen bleiben durchschnittlich 65 Tage im Horst.

Nahrung: Seine Hauptnahrung bilden Fische und Frösche, daneben zählen Wasserinsekten aller Art und kleine Tiere zu seiner Beute. Gelegentlich werden Wasserpflanzen aufgenommen.

Lebensraum des scheuen Schwarzstorches sind ruhige, gewässer- und feuchtwiesenreiche Wälder.

Storchenschnabel, der (Schnabel): Eine hölzerne Gabel, die den glatthaarigen ▸ Hühnerhunden unter den Fang gebunden wurde, um sie so zu zwingen, mit hoher Nase zu suchen.

Störz, der: ▸ Nerz.

Stoß, der: **1**) Bez. für den Schwanz aller größeren Federwildarten; bei der Bekassine und anderen kurzschwänzigen Federwildarten ist auch die Bez. Steiß, bei den Schwimmvögeln Steuer, beim Auerhahn Fächer, beim Birkhahn Leier (Spiel, Schar, Schere), beim Fasanenhahn Spiel, beim Beizvogel Staart (Start) üblich. Die bei den einzelnen Vogelarten sehr unterschiedliche Länge und Form des S. lässt speziell im ▸ Flugbild Rückschlüsse auf die

Der Weißstorch ist ein Kulturfolger: Er horstet oft auf Dächern oder Schornsteinen.

Vogelart zu. (Nach Tiroler Sagen trägt der Teufel den halben Birkhahn-S. auf der rechten Seite des Hutes, während ihn der christliche Jäger links trägt und daher von diesem leicht zu unterscheiden ist.) **2)** svw. Hief, der S. durch das Hifthorn; ▸ Jagdhorn. **3)** Das Stoßgarn; ▸ Garne 9.

Stoßbock, der (Stößbock): ▸ Laubbock.

Stoßboden, der (Stoßfläche, -platte): Bei Kipplaufwaffen die Fläche der ▸ Basküle, auf der die hintere Fläche der Läufe und auch der Patronenboden aufliegt, wenn die Waffe geschlossen ist.

Stoßdeckfedern, die: ▸ Deckfedern.

Stössel, der: Seltene Bez. für den ▸ Sperber.

stoßen: **1)** Herabstoßen des ▸ Greifvogels und des ▸ Beizvogels, v.a. der Falken, aus der Luft auf die Beute, um sie zu ▸ binden oder niederzuschlagen. **2)** ▸ Hassen der Krähen auf ▸ Greifvögel und ▸ Eulen. **3)** Beim ▸ Abfangen des Wildes das Hineinstechen mit dem Waidblatt oder Hirschfänger in den Wildkörper.

Stößer, der: ▸ Habicht.

Stößer, kleiner, der: ▸ Sperber.

Stoßfalke, der: ▸ Falken 3.

Stoßfalke, kleiner, der: ▸ Sperber.

Stoßfedern, die: Schwanzfedern bei den Vögeln, deren Schwanz als ▸ Stoß bezeichnet wird.

Stoßfläche, die: ▸ Stoßboden.

Stoßgarn, das: ▸ Garne 9.

Stoßplatte, die: ▸ Stoßboden.

Stoßtaucher, die: Sammelbezeichnung für Vögel, hauptsächlich Meeresvögel (z.B. ▸ Seeschwalben, ▸ Fischadler), die ihre Nahrung stoßtauchend, d.h. indem sie mehr oder weniger senkrecht ins Wasser stürzen, erbeuten.

Stoßvogel, der: Volkstümliche Bez. für den ▸ Greifvogel; i. Allg. oder speziell für den Hühnerhabicht (▸ Habicht) und den ▸ Sperber.

Stoßwaffen, die: Hieb- und S. im Sinne des WaffG sind alle Waffen, die ihrer Natur nach dazu bestimmt sind, unter unmittelbarer Ausnutzung der Muskelkraft durch Hieb, Stoß oder Stich Verletzungen beizubringen. Den Hieb- und Stoßwaffen stehen Geräte gleich, die ihrer Natur nach dazu bestimmt sind, unter Ausnutzung einer anderen als mechanischen Energie durch körperliche Berührung Verletzungen beizubringen; ▸ Blanke Waffen.

Stövare, die: ▸ Holsteiner Bracke.

Stovere, der: Jagdhund des 13. Jh., der bei der ▸ Beizjagd und zum Fang von Flugwild in Netzen verwendet wurde. Es war ein niedriger, langhaariger Hund, der immer mit hoher Nase suchte.

Stradanus, Giovanni: Jan van der ▸ Straet; ▸ Jagdkunst.

Straftaten, die: Nach §38 BJG wird mit Freiheitsstrafe bis zu fünf Jahren oder mit Geldstrafe bestraft, wer Wild trotz Verbotes erlegt oder den Vorschriften über die Schonzeiten (▸ Jagdzeiten und ▸ Schonzeiten) zuwiderhandelt. Handelt der Täter fahrlässig, so ist die Strafe Freiheitsstrafe bis zu sechs Monaten oder Geldstrafe bis zu einhundertachtzig Tagessätzen. Beispiele für eine S.: ▸ Wilderei (z.B. unbefugte Aneignung von Wild, Fallwild, Abwurfstangen oder Eier von Federwild; ▸ Aneignungsrecht), absichtliches Erlegen eines ▸ Greifvogels (Schonzeitvergehen), Bejagung der Elterntiere (Fuchs o. a. Raubwild) während der Setz- und Brutzeit, es sei denn, die Jungtiere wurden vorher erlegt, Abschuss von gem. §21 Abs. 3 BJG für bestandsbedroht erklärtem Wild, unerlaubter Waffenbesitz, Diebstahl, Sachbeschädigung, aber auch das Töten eines Wirbeltieres ohne vernünftigen Grund.

Strahlenpilzerkrankung, die: ▸ Aktinomykose.

Strandelster, die: ▸ Austernfischer.

Strandläufer, die *(Calidris)*: Kleine, kurzbeinige und trippelnd laufende Watvögel, die sich oft in großen Scharen sammeln; ▸ Schnepfenvögel.

Strandläufer, schwimmender, der: Das Odinshühnchen; ▸ Wassertreter 1.

Strandpfeifer, der: ▸ Regenpfeifer.

Strandschnepfen, die: ▸ Schnepfenvögel.

Strandwasserläufer, der: ▸ Schnepfenvögel 9.

Strassen, Otto Ladislaus zur, Prof. Dr. (9.5.1869 Berlin bis 21.4.1961 Oberstedten/Taunus): Zoologe. S. studierte seit 1887 Naturwissenschaften, insbesondere Biologie in Leipzig. 1898 bis 1899 nahm er an der ersten deutschen Tiefsee-Expedition teil, 1901 wurde er a. o. Prof. der Zoologie. Von 1909 bis 1934 war S. Direktor des Senckenbergmuseums in Frankfurt/Main. Er gab die 4. Auflage von Alfred Edmund ▸ Brehms Tierleben (13 Bde. 1911 bis 1918) heraus.

Strasser von Kollnitz, Martin: ▸ Jagdliteratur.

Straßgschwandtner, Josef Anton: ▸ Jagdkunst.

Strategie, die (gr.: strategia, Feldherrenkunst): Im Verlauf ihrer Evolution haben sich Organismen genetisch festgelegte (daher erbliche) Anpassungen (Lösungen von Anpassungsproblemen) erworben, die es ihnen ermöglichen, aus ihrer ▸ Umwelt die für ein Individuum notwendigen ▸ Ressourcen wie z.B. Nahrung, Fortpflanzungs- bzw. Nistplatz und Geschlechtspartner zu gewinnen.

Stratil, Karl (1894 Olmütz bis 1963 Leipzig): Maler, Grafiker, Illustrator und Bucheinbandkünstler. Schüler von Alois Kolb an der Leipziger Akademie. Bevorzugte neben dem Holzschnitt den Bleischnitt. Fertigte u.a. für das Buch »Lachen im Walde …« von Maximilian ▸ Böttcher 38 Holzschnitte.

Strauch, der: Natürlicher oder künstlich zusammengestellter Busch auf dem Vogelherd (S.-Herd), der mit Beeren beködert und mit Schlagwänden umstellt wurde; ▸ Vogelfang 7.

Sträucher, die (Büsche): Ausdauernde Holzgewächse (mit verholzten Sprossen) ohne Stammbildung – im Ggs. zu den Bäumen –, deren Verzweigung unmittelbar über dem Boden beginnt. Die meisten S. sind sehr lichtbedürftig und meiden den Waldschatten. In Mitteleuropa sind sommergrüne S. mit großen Blättern vorherrschend. Unterschieden wird nach Ruten-S. (z.B. Ginsterarten), immergrünen Dorn-S. (z.B. Berberitze und Schwarzdorn), Nadel-S. (z.B. Wacholder), Zwerg-S. (z.B. Zwergbirke und verschiedene kleine Weiden). Als Zwerg-S. werden dabei S. bezeichnet, deren Wuchshöhe unter 50 cm bleibt. Die sog. Halb-S. verzweigen sich dicht über dem Erdboden, wobei nur die Sprossbasis verholzt ist. Der obere krautige Teil stirbt jährlich ab und wird im Frühjahr durch krautige Triebe ersetzt. S. sind hervorragend für die Anlage von ▸ Hecken und für die Waldrandgestaltung geeignet und bieten dem Wild Äsung und Deckung sowie Brut- und Setzmöglichkeiten; ▸ Beerensträucher.

Strauchgarten, der (Strauchacker): Eine aus Sträuchern bestehende und eingegatterte Verbissfläche (Äsungsfläche), die künstlich angelegt wurde und – zeitlich begrenzt – dem ▸ Schalenwild zum ▸ Verbiss dient. Der S. bie-

▸▸ Anton Straßgschwandtner (1826–1881): Titelblatt seines Buches »Jagd-Album«. Es zeigt im Hintergrund ein Gemäschtuch, im Vordergrund erlegtes Wild, Treiber und einen Jäger mit Jagdhund; um 1860, Lithografie.

tet dem Wild Trieb-, Blatt-, Knospen- und Rindenäsung und soll dadurch übermäßigen Wildschaden verhindern. Der S. kann auch als Prossholzfläche (▸ Wildäsungsflächen 1) bewirtschaftet werden, wobei die Gehölze in jeweils längeren Zeitabständen »auf den Stock gesetzt« werden. Besonders geeignet für die Anlage eines S. sind Weiden, Rot- und Traubeneiche, Robinie, Eberesche, Hainbuche, Besenginster, Hirschholunder, Liguster, Rosskastanie, Wildobstbäume u.a.

Straußgras, das: ▸ Wildäsungspflanzen.

Straet, Jan van der (1523 Brügge bis 2.11.1605 Florenz): Flämischer Tiermaler. S. zog 1550 von Brügge nach Florenz und nannte sich dort Giovanni (Johannes) Stradanus; ▸ Jagdkunst.

Strebstangen, die (Strebestangen): Sind oben und unten mit eisernen Scheren versehene Stangen, die besonders bei Saujagen zwischen die Tücher und ▸ Garne zum Festhalten gestellt wurden. Auf S. gestellt heißt, die ▸ Jagdzeuge so richten, dass sie auf schief gestellten Stangen ruhen.

Strecke, die: **1)** Die Summe des auf einer Jagd erlegten Wildes; ▸ Streckelegen. **2)** ▸ Jagdstrecke 2).

Strecke bringen (zur Strecke bringen): svw. Wild ▸ erlegen.

Streckelegen, das: Das fachgerechte Legen des erlegten Wildes in bestimmter Anordnung. Bereits im »Wald-, Forst- und Jägerey-Lexicon« (Prag 1764) wird das Legen der Strecke nach einem ▸ Eingestellten Jagen wie folgt beschrieben: »Wenn nun ein Wild erleget, wird es vor dem Schirm hingebracht, und zur rechten Hand desselben nach dem Jagen zu, alles in der Ordnung und nach dem Jäger-Gebrauch, und zwar 1. Die Hirsche sowol nach der Stärcke der Gehörn, als auch nach der Vielheit der Enden. 2. Die alten Thiere. 3. Die Schmal-Thiere. 4. Die Reh-Böcke. 5. Die alten Rehe. 6. Die Schmal-Rehe, und dann endlichen 7. Die Raub-Thiere hingeleget. Die Hirsche und alles Wildpret werden mit den Köpfen nach den Schirm, und mit dem Rucken nach dem Jagen zugeleget, und jedes Stück mit Eichenen Brüchen verbrochen«. Das Legen der Strecke richtet sich auch heute noch nach überliefertem Jägerbrauch und wird vor dem Verblasen (Totsignale; ▸ Jagdsignale) durchgeführt. Alles Wild wird dabei grundsätzlich auf die rechte Seite gelegt (Herzseite nach oben). Das ▸ Schalenwild wird mit Inbesitznahmebruch (Wildbruch) versehen, männliche Stücke erhalten zusätzlich den letzten Bissen (▸ Bruchzeichen). Das Haupt der männlichen Stücke wird so gelegt oder gestützt, dass die Trophäe hervorgehoben wird. Ein einzelnes Stück Schalenwild wird dann verblasen und anschließend aufgebrochen, der mitgeführte Hund genossen gemacht. Es ist streng verpönt, über die Strecke oder auch nur über ein erlegtes Stück Wild hinwegzutreten. Das Stück Wild wird ausschließlich mit der Hand zurechtgelegt und keinesfalls mit dem Fuß zurechtgerückt. Schalenwild wird mit dem Haupt nach vorne geschleppt, gefahren oder getragen. Nach den Regeln des jagdlichen Brauchtums wird das S. nach einer Drück- oder Treibjagd wie folgt durchgeführt.

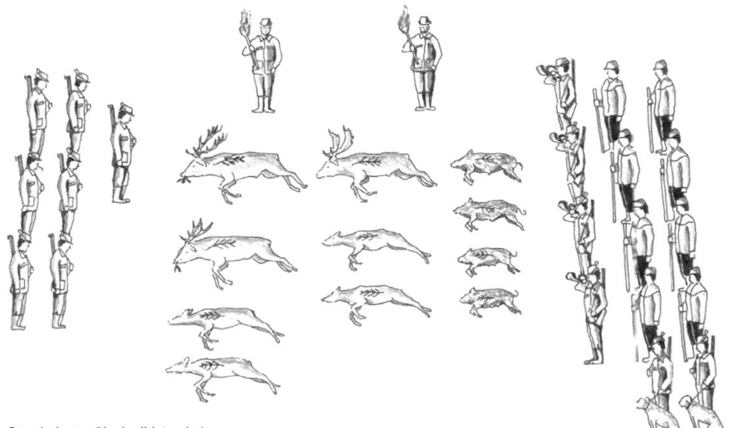

Streckelegen (Hochwildstrecke)

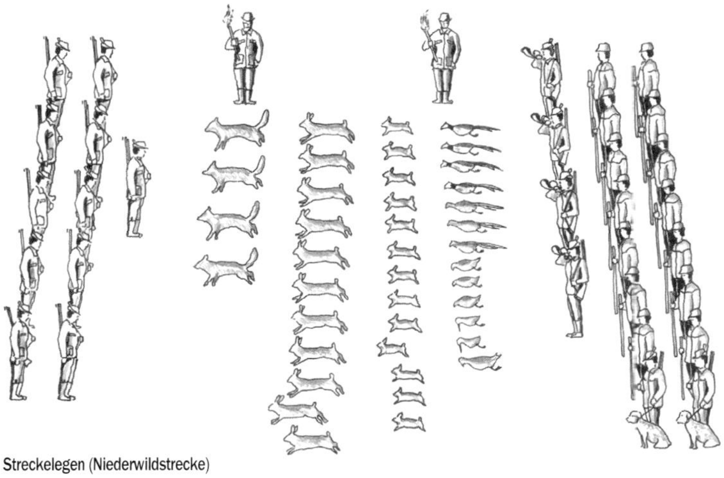

Streckelegen (Niederwildstrecke)

Hochwildstrecke (Schalenwildstrecke): Nach dem Abblasen der Jagd wird das ▸ Jagdsignal »Wild ablegen« geblasen. Alles erlegte Wild wird – aus hygienischen Gründen bereits aufgebrochen – nun zur Strecke gelegt. Jede Wildart liegt in einer eigenen Reihe auf der rechten Seite und zeigt mit dem Haupt (Kopf) zum ▸ Jagdherrn. Alle Stücke tragen den Inbesitznahmebruch, die männlichen zusätzlich den letzten Bissen, wobei das jeweils stärkste Stück einer Wildart an der Spitze (rechter Flügel) liegt. Es folgen dann geringere Stücke und zuletzt das weibliche Wild sowie das Jungwild. Das Wild wird in folgender Reihe zur Strecke gelegt: 1. Reihe: Rotwild, 2. Reihe: Damwild, 3. Reihe: Gamswild, 4. Reihe: Schwarzwild, 5. Reihe: Rehwild. Wurde daneben Raubwild erlegt, folgen die Füchse (mit der Lunte nach oben), anschließend das übrige Raubwild in beliebiger Reihenfolge.

Niederwildstrecke: Das S. erfolgt wie bei Hochwild. Alles Wild liegt ebenfalls auf der rechten Seite, jedes zehnte Stück wird eine halbe Länge vorgezogen. Mehr als hundert Stück kommen nicht in eine Reihe. Es wird wie folgt zur Strecke gelegt: 1. Reihe: Füchse (mit der Lunte nach oben), 2. Reihe: Hasen, 3. Reihe: Kaninchen, es folgen die Fasanen, Hühner und sonstiges Flugwild wie z.B. Schnepfen, Enten; dann Krähen und Elstern mit deutlichem Abstand. Wurden von einer Wildart nur wenige Stücke erlegt, lässt man das nachfolgende Wild in der gleichen Reihe anschließen. ▸ Raubzeug liegt jedoch immer in einer eigenen Reihe.

Gemischte Strecken: Das Wild der Hohen Jagd (▸ Hochwild) wird stets vor das Wild der Niederen Jagd (▸ Niederwild) in der unter 1. und 2. angegebenen Reihenfolge zur Strecke gelegt.

Der Jagdherr (oder ▸ Jagdleiter) steht am rechten Flügel vor der Strecke. Die Jäger (Schützen) stehen in ihrer Jagdausrüstung dicht hinter dem Jagdherrn. Hinter der Strecke (dem Jagdherrn gegenüber) stehen in der ersten Reihe die Jagdhornbläser, in der zweiten und dritten Reihe die Treiber. Links von den Treibern (linker Flügel) stehen die Hundeführer mit ihren Hunden. Werden zum Abschluss der Jagd Fackelträger aufgestellt, so stehen diese links und rechts (seitwärts) der Strecke und zwischen den Treibern der ersten Reihe. Werden Lagerfeuer angelegt, befinden sich diese rechts und links (seitwärts) der Strecke. Ist die Strecke gelegt und hat alles Aufstellung genommen, lässt der Jagdleiter (Jagdherr) das Signal »Das Ganze« blasen und gibt anschließend das Jagdergebnis bekannt. War der Jagdleiter nicht der Jagdherr, so meldet dieser dem Jagdherrn die Strecke. Der Jagdherr dankt anschließend St. Hubertus für den erfolgreichen Jagdtag, den Schützen, Bläsern und Treibern für den Jagderfolg und gibt dann das Zeichen zum Verblasen (Totsignale) der Strecke. Jede auf der Strecke liegende Wildart wird verblasen, und zwar in der Reihenfolge, wie sie auf der Strecke liegt (»Hirsch tot!«, »Damwild tot!« oder »Fuchs tot!«, »Fasan tot!« usw.). Nach dem ersten Totsignal wird dem erfolgreichsten Schützen der Bruch vom Jagdleiter (Jagdherrn) überreicht. Mancherorts ist es üblich, diesen Schützen zum ▸ Jagdkönig zu ernennen. Dann werden den übrigen Schützen, die ein Stück der verblasenen Wildart erlegt haben, die Brüche überreicht. Dabei wird ein Hirschfänger, Waidblatt oder Hut verwendet, der Schützenbruch daraufgelegt und (Bruchstelle in Richtung Erleger) mit »Waidmannsheil!« überreicht. Es folgen die Signale »Jagd vorbei!« und »Halali!«. Während die Strecke verblasen wird, stehen die Schützen mit geschultertem Gewehr und die Treiber in ruhiger Haltung. Bei dem Jagdsignal »Halali!« nehmen die Jäger den Hut ab. Danach wird mit dem Signal »Wagenruf« der oder die Wagen gerufen, um das Wild zu verladen und abzutransportieren. Der Jagdherr grüßt die Teilnehmer mit »Waidmannsheil!«, die Gäste antworten mit »Waidmannsheil!« oder »Waidmannsdank!«. Dann wird »Zum Essen« geblasen, und die Jagdteilnehmer begeben sich zum ▸ Schüsseltreiben (Knödelbogen). Gelegentlich tagt nach dem Essen noch das ▸ Jagdgericht.

Nach H. F. von ▸ Fleming (»Der vollkommene Teutsche Jäger«, 1719) wurde bei ▸ Eingestellten Jagen das auf dem Lauf erlegte Wild rechts vor dem Schirm mit dem Geweih bzw. Haupt in Richtung Schirm zur Strecke gelegt. Das an Gewicht, Geweih und Endenzahl stärkste Rotwild zuerst, dann das übrige Wild. Als nächstes das Schwarzwild, die Rehböcke und zuletzt das Raubwild. Das Wild wurde mit eichenen und buchenen (Letzterer heute kein gerechter Bruch mehr) Brüchen verbrochen.

strecken: **1**) svw. Wild ▸ erlegen. **2**) Das Wild für die Strecke herrichten; ▸ Streckelegen. **3**) Das ▸ Jagdzeug musste früher, bevor es aufgestellt wurde, ausgeschlagen und gestreckt werden.

Streckenbruch, der: Der Inbesitznahmebruch; ▸ Bruchzeichen.

Streckenliste, die: Auch Abschussliste. Zur Überwachung der Einhaltung und Erfüllung des Abschussplanes ist der ▸ Jagdausübungsberechtigte verpflichtet, für erlegtes Wild eine S. zu führen (Formular mit Auflistung aller Wildarten). Die S. ist auf Verlangen der unteren Jagdbehörde vorzulegen, teilweise bestehen hierfür – je nach Landesrecht – auch Eintrage- und Vorlagefristen. Welches Wild aufzunehmen ist, ist ebenfalls je nach Landesrecht unterschiedlich geregelt. So sind z.B. in einigen Bundesländern neben dem abschussplanpflichtigen ▸ Schalenwild einschließlich ▸ Fallwild, auch gefangenes Wild, das durch Wilderei verlorengegangene Wild sowie getötete ▸ wildernde Hunde und Katzen aufzulisten; ▸ Abschussmeldung.

Streckenmeldung, die: svw. ▸ Abschussmeldung.

Streckenwagen, der: ▸ Wildwagen.

streichen: **1**) svw. fliegen von allem ▸ Federwild, besonders das Fliegen der Schnepfe zur Balzzeit, der horizontale Flug des ▸ Falken und der niedrige Flug der ▸ Feldhühner. **2**) S. der Lerchen, d.h. Fangen der Lerchen unter einem Deckgarn (Streichgarn); ▸ Garne 2. **3**) Einen ▸ Saufinder abschnallen und suchen lassen, ihn s. lassen. **4**) Selten gebrauchtes Wort für decken, ▸ belegen.

Streichgarn, das: ▸ Garne 2.

Streichhatz, die: ▸ Sauhatz.

Streife, die (Streifjagd, Streif): ▸ Gesellschaftsjagd 4. bis 6.

streifen: **1**) svw. ▸ abbalgen bei ▸ Hasen, ▸ Wildkaninchen, ▸ Biber und ▸ Haarraubwild; ▸ aus der Decke schlagen, ▸ abschwarten. **2**) Einen Streifschuss anbringen; ▸ Schusszeichen. **3**) Eine Streife (Streifjagd) durchführen; ▸ Gesellschaftsjagd 4. bis 6.

Streifgebiet, das: ▸ Aktionsraum.

Streifhatz, die: ▸ Sauhatz.

Streifjagd, die: ▸ Gesellschaftsjagd 4. bis 6.

Streifschuss, der: ▸ Schusszeichen.

Streiftreiben, das: svw. Streife; ▸ Gesellschaftsjagd 4. bis 6.

Streifwild, das: Seltene Bez. für ▸ Wechselwild.

Streiner, der: Altes Wort für Streuner ▸ streunen.

streitbar: Eine ▸ grobe Sau ist s., d.h. wehrhaft, angriffslustig.

streiten: **1**) Kämpfen der Keiler (männliches ▸ Schwarzwild) miteinander. Sie knien meist voreinander nieder und versuchen, sich Schläge beizubringen. Diese gehen i.d.R. auf Kopf, Schulter und Blätter. Die Wunden dort schweißen (bluten) oft stark, sind aber nicht lebensgefährlich. **2**) Der Keiler wehrt die Hunde ab, er streitet (kämpft) mit ihnen.

Streitknelle, der (Streitschnepfe, Streitstrandläufer, Streitvogel): ▸ Schnepfenvögel 18.

Streitmeier, Herbert: Kärntner Büchsenmacher, stellt seit 1981 hochwertige Jagdwaffen von Weltruf her.

streng geschützte Arten: ▸ Art.

streuen: Eine Flinte streut, wenn die Schrotgarbe sich ausdehnt; sie streut zu stark, wenn die Schrotgarbe zu weit auseinandergeht; ▸ Ballistik.

Streugeschoss, das: Bez. für die ▸ Schrotpatrone im Ggs. zum Einzelgeschoss (▸ Büchsenpatrone).

Streukegel, der: Die Ausbreitung der Schrotgarbe nach dem Schuss; ▸ Ballistik.

streunen (streinen): Ein Hund, sog. Streuner (veraltet: Streiner), streunt, wenn er unbeaufsichtigt im Revier herumläuft; ▸ wildernde Hunde und Katzen.

Streuner, der: ▸ streunen.

Streunutzung, die: ▸ Waldstreunutzung.

Streuobstwiesen, die: Sie verbinden Obstbäume und Grasland und befinden sich hauptsächlich im Umgriff der Dörfer und am Rande kleinerer Städte. Die inzwischen seltenen S. zeichnen sich durch hohen Artenreichtum aus. Sie sind Lebensraum für seltene Tierarten, wie Neuntöter, Steinkauz (Charaktervogel der S.), Wiedehopf, Wendehals, Ortolan und für viele Fledermausarten, daneben haben sie im Frühjahr herausragende Bedeutung als Bienenweide; ▸ Biotopverbundsystem.

Streupatrone, die (Jagdstreupatrone): ▸ Ballistik.

Streuwiesen, die: Die S. gehören zu den ▸ Feuchtgebieten und sind auf Niedermooren und feuchten Mineralböden durch menschliche Nutzung entstanden. Sie werden nur einmal im Jahr (Herbst) gemäht. Diese Nutzungsweise ist ausschlaggebend für die Entwicklung einer artenreichen Flora. Die getrockneten Pflanzen wurden früher als Strohersatz zum Einstreuen in den Ställen verwendet (Waldstreunutzung). S. sind ▸ Standorte für charakteristische Pflanzengesellschaften, die nur durch die bisherige Nutzungsweise erhalten werden können. So sind sie z.B. eine Zufluchtsstätte für Enzian und Orchideen. Besonders die Pfeifengras-S. beherbergen über 30 vom ▸ Aussterben bedrohte Pflanzenarten. Darüber hinaus sind sie auch Lebens- und Nahrungsraum für viele gefährdete Tierarten, wie z.B. Bekassine, Birkwild, Sumpfohreule, Wiesenweihe, Wachtelkönig, Wiesenpieper und Braunkehlchen, und beherbergen 250 bis 300 Tag- und Nachtfalterarten. Werden S. umgewandelt, öfter gemäht oder gar gedüngt, so gibt es für einen wesentlichen Teil der heimischen Pflanzen und Tiere keine Ausweichmöglichkeiten mehr. S. beliefern unsere Gewässer mit sauberem, gefiltertem Wasser und schützen das Grundwasser und somit auch unseren Trinkwasservorrat; ▸ Biotopverbundsystem, ▸ Streuobstwiesen, ▸ Wiesen.

Strich, der: **1**) Der Flug von Federwild von oder zu Nahrungs- und Rastplätzen (z.B. Enten-S.) oder der Flug zur Balzzeit (Schnepfen-S.,▸ Schnepfenvögel 1). **2**) Das Ziehen von ▸ Strichvögeln, besonders während der Balzzeit. **3**) Eine Flinte oder Büchse schießt, hält S., wenn keine seitliche Abweichung der Schrotgarbe bzw. der Kugel festzustellen ist.

Striche, die: Die Zitzen am Gesäuge des ▸ Schalenwildes.

Strichente, die: ▸ Wildenten 7.

Strichvögel, die: Bez. für Vögel, die keine ▸ Zugvögel sind, jedoch im Winter in Landstriche ziehen, wo für sie die Nahrungsverhältnisse oder das Klima günstiger sind, z.B. Graureiher und Mäusebussard; ▸ Standvögel, ▸ Vogelzug.

Strichwild, das: Das zu den ▸ Strichvögeln zählende ▸ Federwild.

Strichzeit, die: Die Zeit des Abfluges und der Ankunft von ▸ Zug- und ▸ Strichvögeln.

Strick, der: Ein S. aus Hanf und Haaren, an dem die Hunde angeleint wurden; ▸ Strick-Hunde, ▸ Strick-Windhunde.
strickbändig (strickgerecht) ▸ Windhunde, die sich gut an der Leine, auch neben dem Pferd, führen lassen; ▸ leinenführig, ▸ koppelbändig.
Strickbrett, das: svw. ▸ Leer.
stricken: Herstellen von ▸ Garnen und Netzen.
Stricker, der: Im Mittelalter Bez. für eine Person, die ▸ Schlingen oder ▸ Fallen stellte.
strickgerecht ▸ strickbändig.
Strickholz, das: svw. ▸ Leer.
Strick-Hunde: Drei an einem Strick angehängte Hunde; ▸ Koppel 2).
Stricknadel, die (Strickstock): Eine hölzerne Nadel, mit der ▸ Garne und Netze gestrickt wurden.
Strick-Windhunde: Drei ▸ Windhunde, die gewöhnt sind, miteinander zu jagen, bezeichnet man als ein Strick Windhunde.
Strohmeyer, Curt (1905 bis 1958): Erzähler und Jagdschriftsteller. Er schrieb u.a. »Meister Bockert. Der Herr der Wasserburgen« (1935), »Mein Finnisches Tagebuch – Unter Suomis Bauern, Jägern und Soldaten« (1942) und »Mein heiteres Jagdbrevier« (1950), »Rund um meine Jagdhütte. Erlebnisse in Wald und Flur« (1934), »Die magische Fährte. Eines Jägers heiter-abenteuerlicher Weg« (1958).
Stroh'sches Zeichen, das: ▸ Hasen 1 (Altersbestimmung, Altersmerkmale).
Strophe, die: ▸ Gesetzel.
Ströpper, der: Alte Bez. für einen ▸ Wilderer (Schlingensteller).
Strube, D. G.: ▸ Cramer.
Stubbs, George: ▸ Jagdkunst.
stüben (stieben, stäuben): Das Ausscheiden von Exkrementen bei ▸ Hühnervögeln; ▸ Gestüber.
Stubendressur, die: Bez. für die Dressur des Jagdhundes im Hause, im Ggs. zur Felddressur. Sie beginnt je nach ▸ Rasse und Reife des Hundes im Alter von fünf bis sechs Monaten. Im Einzelnen zählen dazu: Gehorsam, Sitz!, Platz!, Down!, Halt!, Leinenführigkeit und zuletzt ▸ apportieren. Die S. als ein Teil der Abrichtung ist im Wesentlichen überholt und geht auf die frühere Ansicht zurück, dass der Hund – isoliert von störenden Ablenkungen durch die Umwelt – besser abzurichten sei.
stubenrein: Ein Hund, der im Wohnbereich sich weder löst noch nässt, ist s. Stubenreinheit muss dem Hund bereits im Welpenalter anerzogen werden. Hierzu ist erforderlich, dass der Hund regelmäßig ausgeführt wird.
Stuber, das (Gebreche): Seltene und alte Bez. für das Rebhuhnlager.
Stuck, das: Alpenländische Bez. für ein Stück weibliches ▸ Rotwild. Schmal-S. für ▸ Schmaltier, Kälber-S. für führendes ▸ Alttier, S.-Kalb für weibliches Rotwildkalb.
Stück, das: **1**) Weibliches S. ▸ Rotwild, besser: ▸ Tier. **2**) Allg. Bez. für ein S. ▸ Schalenwild ohne Angabe des Geschlechts, z.B. drei S. Rehwild.
Stuckgrandeln, die: Die Eckzähne im Oberkiefer des weiblichen ▸ Rotwildes, die als Schmuck verarbeitet werden.

Rothirsch nach dem Schlammbad: Die Anlage von Suhlen stellt eine Hegemaßnahme in Rotwildrevieren dar.

Stuckkalb, das (Wildkalb): Das weibliche Rotwildkalb.
stumm: **1**) Ein Jagdhund, der hinter dem Wild keinen Laut gibt, jagt s. **2**) Der Auer- und Birkhahn ist s., wenn er aufhört zu balzen; ▸ Raufußhühner 1. und 2.
Stummelrute, die: **1**) Der Schwanz des ▸ Luchses. **2**) Die kurzkupierte ▸ Rute des Hundes (Stutzrute).
Stummschnepfe, die: ▸ Schnepfenvögel 4.
Stümpfe, die: **1**) Die Schalenspitzen des ▸ Schalenwildes. Je älter ein Stück ist, desto stärker ist die Schalenspitze abgewechselt (abgerundet). Es ist ein altes Fährtenzeichen des Rothirsches; ▸ Hirschgerechte Zeichen. **2**) Die Horn-S. beim weiblichen ▸ Muffelwild.
Stumpfgelege, das: Das zweite Gelege in einem Jahr.
Stumpfkette, die: Alte Bez. für den Rest eines stark beschossenen Hühnervolkes, etwa fünf bis sieben Stück.
Sturmen, das: Letztes großes ▸ Melden der Hirsche zum Ende der Brunftzeit; gebirglerischer Ausdruck.
Stürmen, das: Alte Bez. für das Gebell der Dachshunde im Fuchs-, Dachs- oder Otterbau, durch das das Wild aus dem Bau getrieben wird.
Sturmmöwe, die: ▸ Möwen 5.
Sturmmöwe, große, die: ▸ Möwen 4.
Sturmvogel, der: ▸ Möwen 5.
Sturz, der: ▸ Stutz.
stürzen: **1**) Das Zusammenbrechen des Schalenwildes, nachdem es vom Schuss getroffen wurde; ▸ zeichnen. **2**) Das Senkrechtstellen der Enten auf dem Wasser, um zu ▸ gründeln. **3**) Flugwild stürzt zu Boden, wenn es im Fluge tödlich getroffen wurde.
Stürzstatt, die: Alte Bez. für den Ort, an dem das Wild im Feuer zusammenbrach.
Stuttgarter Hundeseuche, die: ▸ Leptospirose.
Stutz, der: Alte Bez. für den Wedel (Schwanz) des Rotwildes, aber auch für den ▸ Stoß des Rebhuhns und der Greifvögel.
Stutzen, der: Eine Büchse mit verhältnismäßig kurzem Lauf; ▸ Jagdgewehr.
stutzen: **1**) Kurzes ▸ Verhoffen und ▸ Sichern des Wildes, bevor es hochflüchtig wird. **2**) Dem Hund die ▸ Rute kürzen, sie s.; ▸ kupieren.
Stützerl, das: ▸ Standerl.
Stutzrute, die: ▸ Stummelrute 2).
Stütz- und Leitklappensystem, das: ▸ Schlosssystem.
Subsonic-Patronen, die: Lärmreduzierte ▸ Schrotpatronen (derzeit im Kaliber 12), die ihre Schrotladungen im Unterschallbereich versenden, wodurch sich die Geräuschentwicklung beim Schuss auf nahezu die Hälfte verringert. Umgangssprachlich deshalb auch Flüsterpatrone genannt. Aufgrund der geringen Durchschlagskraft eignen sich die S. (auch aus tierschützerischen Gründen) nicht für den jagdlichen Einsatz. Sie sind jedoch hervorragend geeignet für die Ausbildung und Prüfung im Schrotschuss; ▸ Weichschrot.
Suche, die: Eine planmäßige Quersuche mit dem ▸ Vorstehhund nach ▸ Niederwild in offenem Gelände. Sie ist i.d.R. eine Einzeljagd, kann aber auch von zwei, höchstens jedoch von drei Jägern gemeinsam ausgeübt werden (je nach Landesrecht kann die Zahl der teilnehmenden Schützen und/oder Treiber die Voraussetzungen einer ▸ Treibjagd erfüllen). Der mitgeführte Vorstehhund hat unter Ausnutzung des Windes weiträumig, aber in Sichtverbindung mit dem ▸ Hundeführer zu suchen und dem gefundenen Wild vorzustehen. Ablaufendem Wild muss er vorsichtig nachziehen und wieder vorstehen, bis der Jäger herankommt und es heraustritt. Bei aufstehendem Wild und beim Schuss sollte der Hund in Down-Lage gehen. Er darf keinesfalls nachprellen, muss aber das geschossene Stück auf Befehl ▸ apportieren. Der Hund soll gründlich und ausdauernd suchen. Das Tempo ist dabei von der Güte seiner Nase abhängig. Ein erfahrener Hund mit guter Nase ermöglicht eine flottere S. als ein Junghund und ein Hund mit mittelmäßiger

Nase. Die S. wird hauptsächlich auf Fasane, Rebhühner, Hasen und Kaninchen ausgeübt.
Suchjagd, die: ▸ Suche.
Suchmann, der: ▸ Besuchsjäger.
Suchverhalten, das: ▸ Appetenzverhalten.
Such verwundt!/Such verloren!: Befehl an den Jagdhund, auf der ▸ Schweißfährte (such verwundt!) oder beim ▸ Verlorensuchen (such verloren!) nachzusuchen; ▸ Nachsuche.
Sugambrer, der: Eine keltisch-germanische Bracke; ▸ Grattius.
Suhl: Kreisfreie Stadt in Thüringen und Sitz eines ▸ Beschussamtes. Grundlage für die wirtschaftliche Entwicklung war der Eisenerzbergbau, der ein reges Waffengewerbe (Gewehre, Pistolen) entstehen ließ. Etwa 200 Waffenschmiede produzierten allein 1595 schon 27000 Büchsen und 1100 Pistolen. Nach dem Dreißigjährigen Krieg stellte man in den Schmieden zunehmend Jagdwaffen her. Die Jagd- und Sportwaffenherstellung war mit dem Kleinkraftradbau im IFA-Kombinat VEB Fahrzeug- und Jagdwaffenwerk zusammengefasst. S. verfügt über ein Waffenmuseum. Im Jahre 1994 übernahm ▸ Steyr Mannlicher die traditionelle »Suhler Jagd- und Sportwaffen GmbH«.
Suhle, die (früher: Sohle, Sohllachen, Gelach, Siele, Suhlung): Ein schlammiges Wasserloch, in dem sich ▸ Rot- und ▸ Schwarzwild suhlen. Schwarzwild-S. werden auch Prudel genannt. In der Nähe der S. steht der ▸ Malbaum. Während Schwarzwild gerne und häufig suhlt, nehmen Hirsche die S. hauptsächlich zur Feist- und Brunftzeit an. S. dient v.a. der Körperpflege. Wo natürliche S. fehlen, sollen sie im Rahmen der Hege (▸ Wildhege) künstlich angelegt werden. Fehlen auch Malbäume, können als Ersatz Pfähle aufgestellt werden.
suhlen: Bei ▸ Rot- und ▸ Schwarzwild: in der ▸ Suhle wälzen.
Suhler Jagd- und Sportwaffen GmbH (SJS): Die SJS, eine moderne Fertigungsstätte für Jagd- und Sportwaffen, wurde 1997 auf dem Friedberg in ▸ Suhl neu errichtet. Sie entwickelt, produziert und vermarktet Kipp aufjagdgewehre der Premiumklasse, besser bekannt unter dem traditionsreichen Markennamen ▸ Merkel. Die Gesellschaft wurde am 28. August 2003 von der Heckler & Koch Jagd- und Sportwaffen GmbH in Oberndorf/Württemberg aufgekauft. Bisheriger Besitzer war die Beteiligungsgesellschaft für den Wirtschaftsaufbau Thüringens (BWT) mbH.
Suhlung, die: ▸ Suhle.
Suidae: Familie der altweltlichen Schweine (Altweltschweine), vertreten in Europa durch das ▸ Schwarzwild; ▸ Schalenwild.
Sukzession, die: In der ▸ Ökologie die natürliche Entwicklung des ▸ Ökosystems an einem bestimmten Standort bis zu einem Dauerstadium, das Schluss- oder Klimaxgesellschaft genannt wird. Dieses typische Übergehen einer Pflanzen- und bzw. oder Tiergesellschaft in eine andere kann z.B. die Verlandung eines Teiches oder die Folge eines Waldbrandes sein. Menschliche Einflüsse stehen heute einer natürlichen S. meist entgegen.
Sülze, die (Sulz): ▸ Salzlecken.
Sulzherd, der: Ein Vogelherd (▸ Vogelfang 7.) für Tauben an der Sülze (▸ Salzlecke).
Sumpf, der: ▸ Feuchtgebiete.
Sumpfbiber, der: svw. Nutria oder ▸ Biberratte.
Sumpfbussard, der: ▸ Weihen 1.
Sumpfente, die: ▸ Wildenten 9.
Sumpfhase, der: ▸ Hasen 1.
Sumpfhühner, die *(Porzana)*: Gattung unauffälliger, sumpfbewohnender Hühner aus der Familie der Rallen *(Rallidae)*, z.B. Tüpfelsumpfhuhn *(Porzana porzana)* sowie Kleines Sumpfhuhn *(Porzana parva)* und Zwergsumpfhuhn *(Porzana pusilla)* ▸ Rallen.
Sumpfläufer, rostroter, der: ▸ Schnepfenvögel 5.
Sumpfohreule, die: ▸ Eulen 3.
Sumpfotter, der: ▸ Nerz.
Sumpfschnepfe, die: ▸ Schnepfenvögel 2., 3. und 4.
Sumpfschnerz, der: ▸ Rallen 6.
Sumpfspitzmaus, die: ▸ Spitzmäuse 8.
Sumpfvögel, die: Bez. für alle in feuchtem und sumpfigem Gelände lebenden Vögel ohne systematische Wertung. Sie haben i. Allg. lange Beine, einen langen Hals sowie meist einen langen Schnabel. Die meisten schwimmen nicht, sondern durchwaten mit ihren langen Stelzbeinen das seichte Wasser, um von dessen Grund ihre Beute aufzulesen. Fast alle fliegen gut und ausdauernd. Sie sind ▸ Zug- oder ▸ Strichvögel, leben paarweise und nisten auf Bäumen. Zu den S. gehören u.a. die ▸ Schreitvögel, ▸ Schnepfenvögel, ▸ Regenpfeifer, ▸ Wassertreter und ▸ Rallen.
Sumpfweihe, die: ▸ Weihen 1.
Sumpfwild, das: ▸ Sumpfvögel.
Superfekundation, die: Befruchtung von mehreren ▸ Eiern aus dem gleichen Zyklus durch verschiedene Väter. Da bei einer Hündin die Eireife schubweise erfolgt, können die Welpen eines Wurfes verschiedene Väter haben, wenn die Deckakte in kurzem Abstand erfolgten; ▸ Hundezucht.
Superfetation, die: Befruchtung von ▸ Eiern aus zwei aufeinanderfolgenden Zyklen, wodurch zu einer bestehenden Schwangerschaft eine zweite hinzukommt. Eine S. (Doppelbefruchtung) kommt in seltenen Fällen beim Feldhasen (▸ Hasen 1) und ▸ Wildkaninchen vor. Dabei wird eine bereits trächtige Häsin kurze Zeit vor dem ▸ Setzen erneut befruchtet. Möglich ist dies, wenn die Tracht sich nur in einem Tragsack (Horn) befindet und im zweiten befruchtungsfähige Eier sind.
Süßgräser, die: Meist einjährige Gräser, die hinsichtlich ihres Wuchses in ▸ Ober- und ▸ Untergräser eingeteilt werden.
Süßlupine, die: ▸ Lupinen.
Sylva-Tarouca, Ernst Graf von: ▸ Jagdliteratur.
Symbiose, die: Eine Form der Vergesellschaftung artverschiedener Organismen (Symbionten), die für beide Partner von Vorteil ist; ▸ Parasitismus.
Syngamose, die: ▸ Rotwurmbefall.
Synökie, die: Bei dieser Art der Vorteilsnahme besiedelt eine Art die Wohn- oder Nistbauten (z.B. Erdhöhlen von Nagetieren) einer anderen Art (Wohngemeinschaft, Einmietung), ohne dass dieser Schaden entsteht. Kaninchenbauten dienen so z.B. Eiderenten als Nistgelegenheit.
Synökologie, die: ▸ Ökologie.
Systematik, die (griech.: Taxonomie): Ein Teilgebiet der speziellen Zoologie und Botanik, das sich mit den verwandtschaftlichen Beziehungen der Organismen (Abstammungslehre) und ihrer hierarchischen Gliederung beschäftigt. Diese übersichtliche Erfassung der Organismen in einem Ordnungsgefüge (System) beginnt in der ▸ Art als systematische Grundeinheit. Als jeweils nächsthöhere Einheiten folgen Gattung, ▸ Familie, ▸ Ordnung, ▸ Klasse und Abteilung, Letztere in der zoologischen S. Stamm genannt.

T

Tache, die: Mundartliche, seltene Bez. für Hündin.
Tachskriecher, der: ▸ Dachskriecher.
Tacitus: ▸ Jagdliteratur.
Tackling, der: svw. Deckung oder ▸ Ästling.
Tafelente, die: ▸ Wildenten 9.
Tag des Baumes, der: Die Forstorganisation der UNO beschloss Ende November 1951, ihren 68 Mitgliedsstaaten zu empfehlen, einen »Weltfeiertag des Baumes« zu begehen. Diese Anregung wurde auch von der ▸ Schutzgemeinschaft Deutscher Wald aufgenommen. In Gemeinschaft mit anderen Verbänden und Vereinigungen beging sie im April 1952 zum ersten Mal in der Bundesrepublik Deutschland den T. d. B. Als Sinnbild des Lebens und der Walderhaltung werden seitdem alljährlich im Frühjahr in Stadt und Land, von Alt und Jung, Bäume gepflanzt. Der erste Bundespräsident der Bundesrepublik Deutschland, Prof. Dr. Theodor Heuß, ein großer Wald- und Naturfreund, pflanzte am 25. April 1952 im Hofgarten zu Bonn in einer Feierstunde einen Baum. Prof. Heuß nahm in den folgenden Jahren mehrmals an den Feierstunden zum T. d. B. teil. Er bekundete damit als erster Repräsentant des Staates die lebenswichtige Bedeutung des ▸ Waldes. In Österreich entspricht die »Woche des Waldes« dem T. d. B.
Tageseinstand, der: Das Gebiet bzw. der Waldteil (Dickung usw.), in dem sich das Wild tagsüber aufhält und ruht; ▸ Einstand.
Tagesjagdschein, der: ▸ Jagdschein.
Tageule, die: Eine Eule, die vorzugsweise bei Tag jagt und herumstreicht. Zu den T. zählen die Schneeeule, der Sperlings-, der Habichts- und der Steinkauz.
Taggarn, das (Tagnetz): ▸ Garne 4.
Taggreifvögel, die (früher: Tagraubvögel): Sammelbegriff für alle ▸ Greifvögel (früher: Raubvögel), die am Tage jagen: Adler, Geier, Falken, Habicht, Milane, Weihen und Bussarde, nicht aber die Eulenarten (▸ Nachtgreifvögel).
Tagkäuzchen, das: ▸ Eulen 9.
Tagraubvögel, die: Frühere Bez. für die ▸ Taggreifvögel.
Tajo! (span.: Itajo, Hab acht!): Ein Zuruf des Jägers bei der ▸ Parforcejagd, der als Erster den ▸ Anjagdhirsch erblickte; bei ▸ Treibjagden seltener gebräuchlich; ▸ Wahrto!, ▸ Jagdgeschrei.
Talg, der: ▸ Hirschtalg; ▸ Feist, ▸ Weiß.
Talk, der: ▸ Rabenvögel 7.
Talschneehuhn, das: Seltene Bez. für das Moorschneehuhn; ▸ Raufußhühner 6.
TA-Luft, die: In der »Technischen Anleitung zur Reinhaltung der Luft (TA-Luft)« sind Vorschriften enthalten, die die zuständigen Behörden bei der Genehmigung und bei der Überwachung von Anlagen zu beachten haben. Sie ist eine Ausführungsverordnung des Bundesimmissionsschutzgesetzes. Die TA-Luft gibt Definitionen, schreibt die Genehmigungsverfahren vor, setzt die Grenzwerte von Immissionen im Nahbereich von Neuanlagen fest und bestimmt die Messverfahren, Messstellendichte und Messhäufigkeit sowie Schornsteinhöhen und die laufende Überwachung. Die Grenzwerte sollen dem Stand der Technik entsprechen und müssen deshalb regelmäßig fortgeschrieben werden. Zur Zeit ist es jedoch fraglich, ob die Grenzwerte niedrig genug sind, um Mensch, Tier und Pflanze ausreichend zu schützen. Die Umweltminister der EG einigten sich im Juni 1989 auf schärfere Abgasgrenzwerte für Kleinwagen bis 1400 ccm.
Ab 1.10.1989 gelten in der EU z.B. die Abgasgrenzwerte für neu zugelassene Pkw über 2000 ccm (Kohlenmonoxid: 25 g/km; Kohlenwasserstoffe und Stickoxide: 6,5 g/km).

Die Nadeln der Weißtanne sind streng gescheitelt am Zweig angeordnet; Text S. 662.

Talwind, der: Der Abwind; ▸ Wind 1).

Tamm, Franz Werner (1658 Hamburg bis 1724 Wien): Maler. T. arbeitete von 1695 bis 1724 in Wien als Hofmaler des Kaisers Leopold I. Neben Tier- und Jagdbildern widmete T. sich auch der Blumen- und Obstmalerei. Von ihm stammt u.a. »Jagdbeute« (1706).

Tannbock, der (Tannenbock): Alte Bez. für den Damhirsch; ▸ Damwild.

Tannen, die: Immergrüne Nadelbaumgattung aus der Familie der Kieferngewächse *(Pinaceae)*. Bei uns einheimisch ist die **Weißtanne** *(Abies alba)*, eine typische Baumart des Bergmischwaldes (v.a. Alpen, Schwarzwald und Frankenwald). Die W. ist ein schlanker, bis 60 m hoher Baum, der ein Alter von über 300 (bis 500) Jahren erreichen kann. Sie ist eine ▸ Schatt(en)baumart (gut geeignet für den Plenterwaldbetrieb), tief wurzelnd und spätfrostempfindlich. Der Stamm ist zylinderförmig, die Krone breit-kegelförmig. Die Äste stehen mit Ausnahme des Kronenbereiches waagerecht. Die Rinde des Stammes ist in der Jugend hell- bis dunkelgrau und mit Harzbeulen versehen, im Alter silbergrau. Die W. ist sehr empfindlich gegen ▸ Verbiss, v.a. durch Rot-, Reh- und Gamswild. Das weißgelbliche oder rosafarbene und harzfreie Holz mit deutlichen Jahresringen findet ähnliche Verwendung wie das der ▸ Fichte, es wird auch für den Geigenbau verwendet. Neben der W. wird in tieferen Lagen die **Große Küstentanne** *(Abies grandis)* angebaut, deren Heimat die Westküste Nordamerikas ist. Sie erreicht nur eine Höhe von 40 m (in ihrer Heimat bis 90 m) und ein Alter von max. 300 Jahren, ist allerdings in der Jugend raschwüchsig und weniger verbissgefährdet. Das Holz wird v.a. als Bauholz und zur Papierherstellung verwendet.

Tannenaffe, der: ▸ Eichhörnchen.

Tannenfalke, der: ▸ Falken 1.

Tannenhäher, der: ▸ Rabenvögel 10.

Tannenkäuzchen, das: ▸ Eulen 9.

Tannenmarder, der: ▸ Marder 1.

Tänner, der: ▸ Seeschwalben 2.

Tannfuchs, der: Scherzhafte Bez. für das ▸ Eichhörnchen.

Tannhirsch, der: Alte Bez. für den Damhirsch; ▸ Damwild.

Tannwild, das (Thannwild, Tannenwild): Alte Bez. für das ▸ Damwild.

Täntzer, Johann (um 1633 Kursachsen bis 13. oder 14.1.1690 Frederiksberg): Verfasser von »Der Dianen Hohe und Niedere Jagt Geheimnüß darinnen die gantze Jagt-Wissenschaft ausführlich zu befinden« (drei Teile, 1682). In seinem Werk wird zum ersten Mal der Begriff ▸ Rudel in der Literatur erwähnt.

Tapio: Finnischer Waldgott. Er wird häufig mit Moosumhang und Feuerhaube dargestellt. Er, seine Frau Meilikki und sein Sohn Nyyrikki sorgten dafür, dass es immer genug Wild in den Wäldern gab. Seine Tochter Tuulikki war ein Windgeist.

Tappe, die: Veraltete Bez. für ▸ Branke (nach Stephan ▸ Behlen).

Tappius, Eberhardus: ▸ Jagdliteratur.

Tardiff, Giulllaume: ▸ Jagdliteratur.

Tarnfärbung, die: ▸ Schutzanpassungen.

Tarnstellung, die: ▸ Schutzanpassungen.

Tarock, der: ▸ Möwen 6.

Tarsen, die: Die Fußwurzeln bei den ▸ Vögeln.

Täs, der: Bez. für den ▸ Iltis im Kanton Bern.

Tasche, die: svw. Nuss oder ▸ Schnalle.

Taschenhorn, **Clewingsches**, das: ▸ Jagdhorn.

Taschenmaul, das: ▸ Wildenten 5.

Tasthaare, die (Vibrissen): Haare am Körper der ▸ Marder, die in aufgerichteter Stellung als »Tastantennensystem« dienen und damit die Orientierung bei nächtlichen Aktivitäten erleichtern. Die T. befinden sich hauptsächlich am Kopf, aber auch an den Vorderläufen.

Tastsinnorgane, die (Tastorgane, Fühlorgane): Sinnesorgane bei Tieren und auch beim Menschen, die auf mechanische Einwirkungen auf den Körper in Form von Berührungsempfinden wie Kitzel, Zug, Druck, Stoß usw. ansprechen. Diese Sinnesorgane, v.a. Hautsinnesorgane, befinden sich vorzugsweise an herausragenden Körperteilen, die für die Reizaufnahme besonders empfänglich sind; bei Tieren in erster Linie am Kopf, an der Schnauze (als ▸ Tasthaare) sowie an den Gliedmaßen (z.B. Pfoten) und Antennen (Fühler der Insekten usw.). T. können aber auch am ganzen Körper vorkommen, z.B. die ▸ Haare der ▸ Säugetiere und die Federn der Vögel (▸ Vogelfeder), die bewegungsempfindlich sind.

tatsächliche Gewalt, die: Der Begriff t. G. über eine Waffe/Munition spielte im WaffG (▸ Waffenrecht) von 1976 eine zentrale Rolle und war dort in §4 wie folgt definiert: »Die t. G. über eine Waffe/Munition übt derjenige aus, der die Möglichkeit hat, nach eigenem Willen Zugriff zu nehmen, mit ihr umzugehen oder sie zu benutzen.« Der Begriff ist maßgebend für das Erwerben, Besitzen, Überlassen und Führen von Waffen und Munition. Die t. G. über Waffen/Munition übt somit derjenige aus, der sie entgegengenommen, geliehen, gefunden, gestohlen oder sonst an sich genommen hat oder alleinigen Zugriff nehmen kann (erlaubt oder unerlaubt). Den Begriff t. G. verwendet auch das am 16.10.2002 verkündete WaffG in Anlage 1, Abschnitt 2 (Waffenrechtliche Begriffe).

Tatzen, die: Seltene Bez. für Pranten oder ▸ Branken des Bären.

Tauben, die: **1**) Die ▸ Wildtauben. **2**) Die etwa faustgroßen Steine, die von Jägern und Holzknechten zur Bez. der Jägersteige (▸ Pirschsteg) auf größere Felsstücke gelegt werden und dem Eingeweihten als Wegmarkierung dienen: sog. ▸ Jägerzinken. T. sind hauptsächlich im Chiemgau gebräuchlich, geraten aber zunehmend in Vergessenheit. **3**) ▸ Tontauben.

▸▸ Johann Elias Ridinger (1698–1767): »Weißer Tann-Hirsch« (Damhirsch), erlegt von Ludwig VIII., Landgraf zu Hessen-Darmstadt; Kupferstich

Taubenfalke, der: ▸ Falken 1.
Taubenhabicht der: ▸ Habicht.
Taubenjagd, die: ▸ Wildtauben.
Taubenjagdtage, die: Eine Gesellschaftsjagd (Großansitzjagd) auf Ringeltauben, meist organisiert auf Hegeringebene. Bei dieser Form einer Gesellschaftsjagd mit gedecktem Ansitz wird an Spätsommertagen (i.d.R. nach dem 1.9.; vorher meist noch Jungtauben im Nest) in Gegenden, in denen große Taubenflüge auf landwirtschaftlichen Kulturen vorkommen, zur selben Tageszeit durch viele Jäger die Jagd entweder in den Morgenstunden an den Äsungsplätzen oder gegen Abend an den Schlafbäumen ausgeübt. Günstig ist auch in der Feldflur die Jagdausübung zwischen 11 und 15 Uhr (während der Taubenruhezeit).
Taubenlocker, der: ▸ Lockjagd.
Taubenmilch, die (Kropfmilch): ▸ Wildtauben.
Taubenpocken, die: ▸ Geflügelpocken.
Taubenruf, der: ▸ Lockjagd.
Taubenstößer, der: **1**) Der Wanderfalke; ▸ Falken 1. **2**) Der ▸ Habicht.
Taubensulze, die: ▸ Salzlecken.
Taubenvögel, die *(Columbiformes):* Auf der ganzen Welt verbreitete Ordnung bis 80 cm langer Vögel mit relativ kleinem Kopf, großem Kropf und nackter oder fehlender Bürzeldrüse. Die Ordnung T. umfasst drei Familien, die der Flughühner, Dronten (flugunfähige, ausgerottete T.) und Tauben (▸ Wildtauben).
Taubenzecke, die: Im vollgesogenen Zustand bis zu 9 mm große Zecke (Lederzecke). Sie ist von brauner Farbe, derbhäutig und findet sich als Blutsauger v.a. an Tauben und Hausgeflügel. Bei Nahrungsmangel geht sie auch auf den Menschen über, stirbt aber nach Genuss von Menschenblut fast immer innerhalb von neun Tagen ab. Beim Menschen hinterlässt sie häufig schwer heilende Hautentzündungen.
Taubenzehnt, der: Eine Taubenabgabe der Bauern an die Falkner. Der T. wurde 1558 in Hessen eingeführt, um die ▸ Atzung für die Beizvögel sicherzustellen; ▸ Jagdfron, ▸ Jagdzehnten, ▸ Habichtslehen, ▸ Atzungsrecht.
Tauber, der (Täuber): Die männliche Taube; ▸ Wildtauben.
Täubin, die: Lokale Bez. für die weibliche ▸ Wildtaube.
Tauchente, großohrige, die: ▸ Lappentaucher 5.
Tauchente, ungarische, die: ▸ Säger 3.
Tauchenten, die: ▸ Wildenten.
Taucher, die: ▸ Vögel aus der Familie der ▸ Lappentaucher.
Tauch(er)gans (rotköpfige), die: ▸ Säger 1.
Tausch, die: Alte Bez. für Hündin.
tauschlächtige Fährte, die: ▸ Tauschlag.
Tauschlag, der: Die ▸ Fährte oder ▸ Spur im taunassen Gras oder in taunasser Saat. Beim Durchziehen des Wildes wird der Tau abgestreift, sodass die Fährte oder Spur wie ein dunkler Strich im Grase steht. Der T. ist ein ▸ Hirschgerechtes Zeichen, aber auch anderes Wild macht einen T. Das Spüren im Tau wird tauschlägig spüren genannt. Die Fährte selbst nennt man tauschlägige oder tauschlächtige Fährte.
tauschlägige Fährte, die: ▸ Tauschlag.
tauschlägig spüren: ▸ Tauschlag.
Tauschnarre, die: ▸ Rallen 3.
Taxonomie, die: ▸ Systematik.
Techert, der: ▸ Lappentaucher 1.
Technische Kommission für das Jagdhundewesen (TKJ) ▸ Hundeverbände 1.
Teckel, der: **1**) Sammelname für Lang, Kurz- und Rauhaarteckel. Die Bez. entstammt dem niederdeutschen Sprachraum und ist ein Wort des 18. Jh. **2**) (Dachshund) ▸ Erdhunde.
Teckellähme, die: ▸ Hundelähme.
Teerbaum, der: ▸ Hirschgerechte Zeichen.
Teichhuhn, grünfüßiges, das: ▸ Rallen 2.
Teichstrandläufer, der: ▸ Schnepfenvögel 14.
Teichwasserläufer, der: ▸ Schnepfenvögel 14.
Teilmantelgeschoss, das: ▸ Büchsengeschosse; ▸ Randfeuerpatrone.
Teilmauser, die: Im Unterschied zur Hauptmauser, bei der das Klein- und Großgefieder zusammen gewechselt werden, wird bei der T. nur das Klein- oder das Großgefieder mehr oder weniger vollständig gewechselt. Sie erfolgt i. Allg. im Winter als zweite ▸ Mauser. Die erste Mauser im Sommer, die sog. Vollmauser, vollzieht sich kurz nach der Brutzeit. Der T. unterliegen v.a. die ▸ Singvögel.
Teilnehmernadel, die: ▸ DJV-Schießnadeln.
Teilschaft, der: ▸ Schäftung.
Teilzieher, die: Vogelarten, bei denen nur ein Teil nach der Brutzeit wegzieht, die übrigen ▸ Vögel aber im Brutgebiet bleiben.
Telemetrie, die (Radiotelemetrie): Unter diesem Begriff verstehen Zoologen und Wildbiologen die Erkundung der Lebensweise frei lebender Tiere mithilfe der Datenfernerkundung. Bei dieser Methode werden Radiosender, Satellitensender und Messgeräte am Tier – sog. Fahrtenschreiber – eingesetzt, die wertvolle Informationen zum Verhalten der untersuchten Arten liefern. Der große Vorteil der Fernerkundung liegt darin, dass die Tiere ihrem ganz normalen Leben nachgehen, ohne dabei durch die Anwesenheit eines Forschers gestört zu werden. Zudem können bei der Wildtiertelemetrie auch Tierarten untersucht werden, deren Lebensraum den Wissenschaftlern bisher unzugänglich war. Das Gerät besteht aus Sender und Empfänger mit Richtantenne für Ortspeilungen. Diese Sender werden den gefangenen Wildtieren meist als Halsband (z.B. beim Rotwild) umgehängt, den Vögeln an den Stoßfedern. Bei Letzteren dienen sie überwiegend dem Aufsuchen ▸ verstoßener Beizvögel. Mit den teilweise nur ca. 20 g schweren Sendern können das Territorialverhalten und die Aktivitäten des Wildes erforscht werden. Je nach Bauart lassen sich auch Daten über Körpertemperatur, Puls- und Atemfrequenz ermitteln.
Teletact, das (Teletakt): Ein elektronisches Gerät, mit dem dem Hund ferngesteuert schmerzhafte Schläge (Impulse) von sehr kurzer Dauer verabreicht werden. Den Empfänger trägt der Hund an der Halsung. Bei der ▸ Feldarbeit soll der Hund lernen, nur auf Befehl Hühner herauszustoßen und keine Hasen zu hetzen (Gehorsamsübung). Bei einem Verstoß wird i. Allg. mit Trillerpfeife, Stachelhalsband, Gerte und Pfuirufen nachdrücklich auf ihn eingewirkt. Gelegentlich wird dafür, v.a. wenn der Hund vom Führer entfernt arbeitet, als Ersatz und als schärferes Mittel ein T.-Gerät verwendet, das auch auf größere Entfernungen wirksam ist. Seine Anwendung verlangt aber einen erfahrenen und einfühlsamen Abrichter, der die nötige Sachkunde besitzt; ▸ Jagd und Tierschutz.
Teller, die: **1**) Auch Schüsseln: Die Ohren (Gehöre) des Schwarzwildes; ▸ Lauscher. **2**) Eine Auslösevorrichtung des verbotenen Tellereisens; ▸ Fallen 15.
Tellereisen, das (Tritteisen) ▸ Fallen 15.
Tellerrose, die: Tellerförmig wirkende, als waagerechte Scheibe stehende Rose an Reh- und Hirschgeweihen; ▸ Dachrose, ▸ Kranzrose, ▸ Schnurrose.
Temminck-Strandläufer, der: ▸ Schnepfenvögel 17.
Temperatursinn, der: Der T. befähigt alle ▸ Säugetiere, Temperaturänderungen mittels der in der Körperoberfläche bzw. Haut liegenden temperaturempfindlichen Sinneszellen (Thermorezeptoren) wahrzunehmen. Bei ▸ Parasiten, z.B. Zecken, dient der T. zur Auffindung des ▸ Wirtstieres; ▸ Gesichtssinn, ▸ Tastsinnorgane.
Tendl, das: Veraltete Bez. für das ▸ Damwild.
Tengmalmskauz, der (Tengmalmseule): ▸ Eulen 7.
Tenniers, David: ▸ Jagdkunst.
Terminaltrieb, der (Gipfeltrieb, Endtrieb): Der Spitzentrieb (Höhentrieb) der Forstpflanzen. Wird der T. bzw. die Terminalknospe verbissen, führt dies zur Hemmung des Höhenwachstums und zur Bildung von ▸ Zwieseln.
Terrier, die: Eine Hundegruppe, die 24 ▸ Rassen umfasst. Die in Deutschland am häufigsten zur Jagd verwendeten Rassen sind der Foxterrier und der Deutsche Jagdterrier (▸ Erdhunde 2). Vereinzelt werden auch andere Rassen wie z.B. Airedale-T., Border-T. und Welsh-T. zur Jagd verwendet.
Territorialverhalten, das (Revierverhalten): Verhalten eines Tieres innerhalb eines begrenzten Gebietes, das es als seinen eigenen Lebensraum (Territorium) betrachtet. Diese Territorien werden meist durch Duftstoffe (▸ Duftdrüsen) oder durch Absetzen von Losung (▸ Markierverhalten) markiert und gegen Artgenossen, v.a. gleichgeschlechtliche, verteidigt. Dieses typische T. kommt hauptsächlich bei ▸ Säugetieren, aber auch bei Vögeln, speziell ▸ Greifvögeln, vor. Kleinere Vögel, insbesondere ▸ Singvögel, kennzeichnen ihr T. durch ▸ Lautäußerungen, meist von hoher Warte aus; ▸ home range.
Territorium, das: ▸ Territorialverhalten, ▸ Revier.
Terz, der: ▸ Terzel.
Terzel, der (Terz): Der männliche ▸ Greifvogel. Nach Ansicht der alten Beizjäger (▸ Falkner) war jedes dritte Junge im Horst ein Männchen, ein Terzel (lat.: tertius = der Dritte). Bei den meisten Arten ist der T. bis um ein Drittel kleiner (leichter) als das Weibchen; ▸ Sakeret, ▸ Lanneret, ▸ Sprinz.
Terzerol, das: (ital.: terzeruolo = männlicher Habicht): Bez. für eine kleine Pistole; ▸ Kombinationswaffen.

Tesa, die (ital.: Fangnetz): Eine längst nicht mehr übliche Fangvorrichtung für kleine Vögel, die aus Italien stammte, z.B. die Tesa furolana und der Roccolo; ▸ Vogelfang 7.

Tesajäger, der: Österreichische (steirische) Bez. für einen Vogelfänger, der eine ▸ Tesa betrieb; ▸ Vogelfang 7.

Tesching, das: Ein leichtes Gewehr von geringem Kaliber; ▸ Flobert.

Tesdorpf, Oskar Louis (1854 bis 1933): Hamburger Kaufmann. T. bürgerte im Jahre 1902/03 das Muffelwild im Preußischen Forstamt Göhrde aus. Mit den dort gewonnen Erfahrungen begann er 1906 mit der Einbürgerung des Muffelwildes im Harz (Anhaltinisches Forstamt Harzgerode).

Tessin, C. W. Freiherr von: ▸ Jagdbibliotheken.

Tetraonen, die *(Tetraoninae)*: Unterfamilie aus der ▸ Ordnung der ▸ Hühnervögel *(Galliformes)*. Zu T. gehören die ▸ Raufußhühner.

Teuerdank: ▸ Maximilian I.

Teufelchen, das: Scherzhafte Bez. für ein Muffelwidderlamm, das die Schnecken bereits sichtbar entwickelt hat; ▸ Muffelwild.

Teufelshaar, das: ▸ Dunst 2).

teutsche Jagen, das: ▸ Deutsche Jagd.

Teuwsen, Eugen: ▸ Jagdliteratur.

Tewrdannck: ▸ Maximilian I.

Thändl, das: Veraltete Bez. für das ▸ Damwild.

Thannwild, das (Thenwild): Veraltete Bez. für das ▸ Damwild.

Theuerdank: ▸ Maximilian I.

Thiele, Arthur (1841 bis 1919): Jagd- und Landschaftsmaler. Er malte u.a. »Toter Hase«, »Hirsche in herbstlicher Berglandschaft«, »Winterjagd« (Moderne Galerie Dresden), »Gemsen im Hochgebirge« (Kaiser-Friedrich-Museum, Görlitz).

Thiele, Franz (1868 Friedland/Böhmen bis 1945): Historienmaler. Von ihm stammt u.a. das Ölgemälde »Jagdfrühstück in Gödöllö« (um 1897).

Thoma, Ludwig (21.1.1867 Riß bei Lenggries bis 26.8.1921 Rottach bei Tegernsee): T. wurde als fünftes von acht Kindern als Sohn eines Försters geboren. Nach dem Abitur 1886 beginnt T., Forstwissenschaften zu studieren, wechselt aber bald in die Juristerei über (Studium in München und Erlangen) und wird 1890 Rechtspraktikant beim Amtsgericht Traunstein. Im Jahre 1894 kommt T. als Anwalt nach Dachau. 1999 wird er Mitarbeiter des Simplicissimus in München und gibt bald seine Anwaltskanzlei in Dachau auf. Nach Heirat mit der Tänzerin Marietta di Rigardo bezieht T. 1908 sein neues Haus in Rottach bei Tegernsee. Hier empfängt er auch seine Freunde Ignatius Taschner und Ludwig ▸ Ganghofer, mit denen er gemeinsam auf die Jagd geht. Am Ersten Weltkrieg nimmt T. als Kriegsfreiwilliger teil (Sanitätstruppe), wird aber nach Erkrankung an Ruhr nach Hause geschickt. Er schrieb u.a. »Jägerloisl. Eine Tegernseer Geschichte«, »Der Wilderer. Eine Jagdgeschichte« (1912). T. ist neben seinem Freund Ludwig Ganghofer beerdigt.

Thorshühnchen, das: ▸ Wassertreter 2.

Thun, Constantin Theodor Franz, Graf von (15.3.1878 Innsbruck bis 27.3.1962 Donzdorf): Jagdschriftsteller. Er schrieb u.a. »Bergler, Alpler, Klosterleut und Jager« (1949).

Thüngen, C. E. Frhr. von: ▸ Jagdliteratur.

Thüringer Wald, der: Deutsches Mittelgebirge in Thüringen, etwa 120 km langer, bis 35 km breiter Kamm (Rennsteig, Rennstieg) zwischen der Werra (bei Eisenach) und den Schwarzaquellen; höchste Erhebung: Großer Beerberg (982 m). Der T. W. ist dicht bewaldet (v.a. Fichte, Tanne und Buche) und war nach E. Hobusch (»In alten Jagdchroniken geblättert«) von jeher ein beliebtes Jagdrevier. Die territoriale Zersplitterung der Thüringer Kleinstaaten führte dazu, dass jeder der gnädigst regierenden Herren sein eigenes Jagdgebiet unterhielt, zu dem ein repräsentatives ▸ Jagdschloss gehörte. Noch heute existieren ehemalige Jagdschlösser in Hummelshain, Wolfersdorf bei Greiz, Wilhelmsthal bei Eisenach, Reinhardtsbrunn bei Friedrichroda, Belvedere bei Weimar, die Wilhelmsburg bei Schmalkalden, Zillbach, Schwarzburg. Auch die Jagdhäuser auf dem Kissel bei Altenstein und Gabelbach sowie die Jagdhütte auf dem Kickelhahn (Goethehäuschen) zeugen von regem Jagdtreiben. Bereits seit 1620 sind die Pirschanlagen bei Hummelshain bekannt. Die Herzöge von Sachsen-Altenburg ließen diese unterirdischen Pirschgänge einrichten, die noch heute erhalten und als einmalige Beispiele barocker Jagdanlagen zu bewundern sind.

Tiefblattschuss, der: ▸ Schusszeichen.

tiefe Nase: ▸ Tiefsuche.

Tiefsuche, die: Eine ▸ Suche des Jagdhundes mit tiefer Nase, während der er den Kopf also am Boden hält.

Tiens! (franz.: Fass!): Zuruf an den Hühnerhund, wenn er etwas aufnehmen oder greifen sollte (veraltet).

Tier, das: Das weibliche Stück von allen Hirscharten, außer Rehwild (Ricke, Geiß), wenn es älter als ein Jahr ist. Man unterscheidet: Mutter- oder Kälber-, Schmal-, Alt- und Gelttier, Tierkalb usw.

Tierdarstellung, die: Die T. gehört zu den frühesten Kunstäußerungen des Menschen. Sowohl bei den altsteinzeitlichen Menschen (▸ Felskunst der Jäger, Höhlenmalereien) als auch bei den Naturvölkern hat das Tierbild vorwiegend magische Bedeutung. Das Leben in der Steinzeit kreiste um das Tier und dessen Jagd, die das Überleben der Menschen sicherte. Die Art und Weise der Darstellungen von Tieren spiegelt immer das jeweilige Verhältnis von Mensch und Tier wieder. Auch bei den Hochkulturvölkern (Ägypter, Völker des Vorderen Orients) spielen z.T. realistische T. eine wichtige Rolle. Bei ihnen wurden Tiergötter verehrt und Götter oft in menschlicher Gestalt, aber mit Tierköpfen dargestellt. Die hoch entwickelte ägyptische Kunst ist ohne T. undenkbar, denn Katzen, Hunde, Habichte, Krokodile und viele andere Tiere galten als heilig. Dieser hohe Stellenwert der T. im pharaonischen Ägypten kommt in Reliefs, in der Malerei und in der Rundplastik zum Ausdruck. Die Ägypter erlebten Tiere als Teil ihrer natürlichen Umwelt. Sie waren nützlich als Nahrungsquelle und Arbeitshilfe und dienten als Schriftzeichen. Aus dem Orient kamen die Fabelwesen: Einhörner, Greife und Chimären, aus Assyrien und Babylon die Mischformen mit Tierfüßen und Menschenhäuptern. Bei den Griechen, die fast nur den Menschen und in seiner Gestalt auch das Göttliche verkörperten, spielt das Tierbild nicht entfernt die Rolle wie im Alten Orient und in Ägypten. Es gab v.a. die Darstellung von Löwen sowie von Pferden mit Reitern. In hellenistischer Zeit wurden realistisch-genrehafte T. beliebt. Die möglichst genaue Beobachtung des Verhaltens der Tiere und die naturgetreue Wiedergabe ihrer Gestalt und ihres Wesens war oberstes Ziel der Künstler. Die römische Oberschicht holte sich das Landleben in Form von illusionistischer Natur- und Tiermalerei oder Mosaiken in ihre Stadtvillen. In Pompeji haben sich im sog. Haus des Fauns (ca. 50 v. Chr.) prächtige Fußbodenmosaike erhalten. Eines zeigt im oberen Teil, wie eine dicke grau getigerte Hauskatze ein Rebhuhn fängt, darunter frisst ein Entenpaar Wasserpflanzen. In der frühchristlichen Kunst hatten Abbilder von T. sinnbildliche Bedeutung (Lamm, Tauben, Phönix, Pelikan). Es entstand eine reich ausgebildete Tiersymbolik, die ebenso wie die in der Steppenkunst verbreitete und in der germanischen Kunst ausgebildete ▸ Tierornamentik bis weit in das Mittelalter fortwirkte. Von den Fabeltieren der mittelalterlichen Kirchen, die Portale, Kapitelle, Türme, Strebepfeiler, Chorgestühl u.a. bevölkern und oft nicht deutbar sind, mögen viele aus fabulierender Gestaltungslust entstanden sein. Realistische Darstellungen, die das Tier um seiner selbst willen wiedergeben, kamen mit dem neuen Wirklichkeitssinn des 15. Jh. auf. (A. Pisanello, Hausbuchmeister, Dürer u.a.). Die Renaissance (ca. 1430 bis 1600) mit ihrem neuen Lebensgefühl kehrte zu naturalistischen T. um ihrer selbst willen zurück. Im 17. Jh. verselbstständigten niederländische Maler das Tierbild zu einer eigenen Bildgattung (Tierstück). Im 20. Jh. setzte sich der Expressionist Franz Marc (1880 bis 1916) am intensivsten mit der T. auseinander. Er wollte nicht bloß ein bestimmtes Tier abbilden, sondern die Seele der Tiere ergründen und so das allgemein Gültige einer Tierart erfassen; ▸ arktische Kunst, Jagdkunst.

Tierdichtung, die: Meist erzählende Dichtung, in deren Mittelpunkt Tiere, v.a. die Tiere des Waldes, stehen. Die älteste, bei fast allen Völkern bekannte Form der T. ist das Tiermärchen, in dem in fantasievoller Art Tiere auftreten, die menschliche Eigenschaften und Empfindungen haben und auch sprechen können. Im Kinder- und Wiegenlied werden Tiere des Hauses und des Waldes häufig als verständnisvolle Gefährten der kindlichen Seele angesprochen. Eine andere Form der T. ist die Tierfabel, die in allegorischer Weise den Tieren (Löwe, Fuchs, Lamm u.a.) feste menschliche Charakterzüge (Stolz, List, Sanftmut) zulegt oder in lehrhaften (ironischen) Geschichten die menschlichen Schwächen verspottet. In den Tierbüchern

◂◂ Zwei Wisente, altsteinzeitliche Darstellungen aus der Altamira-Höhle

des Mittelalters (▸ Bestiarien) werden die Tiere im christlichen Sinn symbolisch gedeutet. Eine umfangreichere Form der T. ist das Tierepos, das in einer bilder- und ereignisreichen Erzählung Raum für zahlreiche satirische Anspielungen und allegorische Schilderungen gibt und sich v.a. in Deutschland entwickelte. Im Tierepos, zu dem die Volksüberlieferung an Tiersagen im Mittelalter zuerst von Geistlichen verarbeitet wurde, haben die einzelnen Tiere seit etwa 1100 feststehende Eigennamen (Isegrim der Wolf, Nobel der Löwe, Grimbart der Dachs, ▸ Reinecke Fuchs). Eine neue Art der T. begann zu Ende des 19. Jh. mit Erzählungen, die ohne satirische Absicht oder symbolische und allegorische Einkleidung nur die Tierseele in ihrer Eigenart beschreiben wollten, meist in einer menschenähnlichen Gefühlswelt.

Tiere, die: T. sind Lebewesen, welche die Merkmale des Lebens tragen und organischer Nahrung bedürfen. Ihre Größe kann von einigen tausendstel Millimetern (Einzeller) bis über 30 m (Blauwal) betragen. Sowohl die kleinsten als auch die größten T. leben im Wasser. Die Zahl der lebenden Tierarten beträgt (geschätzt) 1,1 Mio., darunter etwa 4250 Säugetierarten und 9000 Vogelarten; bekannt sind über 100000 ausgestorbene Tierarten. Rechtlich waren bis 1989 alle T. Sachen im Sinne von §90 ▸ Bürgerliches Gesetzbuch. Durch den im Jahre 1990 neu aufgenommenen §90 a sind nunmehr T. als »schmerzempfindende Mitgeschöpfe« zu betrachten. Der Mensch ist den T. gegenüber zu Schutz und Fürsorge verpflichtet. Wilde T. sind ▸ herrenlos, solange sie sich in Freiheit befinden; sie unterliegen dem ▸ Aneignungsrecht, das durch landesgesetzliche Bestimmungen über das Jagd- und Fischereirecht beschränkt ist. Haustiere werden, auch wenn sie verwildern, nicht herrenlos. Im Sinne des BNatSchG sind T.: a) ▸ wild lebende T., gefangene oder gezüchtete und nicht herrenlos gewordene sowie tote T. wild lebender Arten, b) Eier, auch im leeren Zustand, Larven, Puppen und sonstige Entwicklungsformen von T. wild lebender Arten, c) ohne Weiteres erkennbare Teile von T. wild lebender Arten und d) ohne Weiteres erkennbar aus T. wild lebender Arten gewonnene Erzeugnisse; ▸ geschützte Tiere, ▸ jagdbare Tiere.

Tiere auf Briefmarken: ▸ Wildtiere auf Briefmarken.

Tiere, jagdbare: ▸ jagdbare Tiere.

Tierepos, das: ▸ Tierdichtung.

Tierethologie, die: ▸ Verhaltensforschung.

Tierfabel, die: ▸ Tierdichtung.

Tierfährte, die: Die ▸ Fährte des weiblichen Stückes bei den Hirscharten.

Tiergarten, der: ▸ Tiergehege.

Tiergehege, die: Eingefriedete Flächen, auf denen Tiere wild lebender Arten ganz oder teilweise im Freien gehalten werden. Als T. gelten auch Anlagen zur Haltung von Vögeln. Die Zweckänderung ist mit der Errichtung oder Erweiterung gleichzusetzen. Die Genehmigung darf unbeschadet anderer Vorschriften nur erteilt werden, wenn 1. die artgemäße und verhaltensgerechte Unterbringung sowie die fachgerechte Betreuung gewährleistet und 2. durch die Anlage weder der Naturhaushalt oder das Landschaftsbild beeinträchtigt noch der Zugang zur freien Landschaft in unangemessener Weise eingeschränkt wird. T. bedürfen der Genehmigung der nach Landesrecht zuständigen Behörde. Die Länder regeln auch das Nähere; sie können insbesondere die Genehmigung von weiter gehenden Voraussetzungen abhängig machen. Ihrer Zweckbestimmung und Größe nach werden T. in zoologische Gärten (Tierparks, Tiergärten), in Tierschauen und Safariparks eingeteilt. *Zoologische Gärten* sind Einrichtungen mit einheimischen und nicht einheimischen Tieren. Ihre Aufgaben sind die Erhaltung bedrohter Arten, wissenschaftliche Forschung, Bildung und Erholung. Meist werden sie durch staatliche, städtische oder private Zuschüsse erhalten. Sie halten Tiere meist in natürlicher und weitläufiger Umgebung. Das Wild in T. gilt nicht als ▸ herrenlos, sondern steht im Eigentum des T.-Besitzers. Es unterliegt daher nicht dem Jagdrecht. Unter *Safariparks* (oder ähnlichen Einrichtungen) versteht man Gehege, in denen Besuchern die Besichtigung der Tiere, v.a. solcher aus fremden Klimazonen, i.d.R. vom Fahrzeug aus ermöglicht wird. Daneben bieten Safariparks häufig ein weitgefächertes Spektrum freizeitparkähnlicher Vergnügungen. *Tierschauen* letztendlich sind ortsgebundene oder bewegliche Einrichtungen, in denen Tiere zumeist in Kleinstgehegen, Käfigen oder sonstigen Behältnissen gehalten und zur Schau gestellt werden (z.B. Menagerien u. Ä.); ▸ Wildgehege.

Tiergeografie, die: Die Lehre von der geografischen (räumlichen) Verbreitung der Tiere und ihre Abgrenzung innerhalb bestimmter Räume; ein Teilbereich der ▸ Biogeografie.

Tiergesellschaften, die: Ansammlungen unterschiedlicher Größe gesellig lebender Tiere, die die gleichen Biotopansprüche stellen, z.B. Nistgesellschaften zahlreicher Seevögel; ▸ Kolonie.

Tiergesundheitsdienst, der: Eine Einrichtung von Instituten oder Körperschaften zur Feststellung und Bekämpfung bestimmter Krankheiten bei einzelnen Tierarten.

Tierhaken, die: Die ▸ Grandeln des Rottieres, im Ggs. zu den Hirschgrandeln.

Tierheilkunde, die (Tiermedizin, Veterinärmedizin, früher: Veterinärkunde, Tierarzneikunde): Ein Zweig der Heilkunde, der sich mit Erforschung, Behandlung und Vorbeugung der Krankheiten von Haustieren, daneben auch der in freier Wildbahn lebenden und der in Tiergärten u. Ä. untergebrachten Tiere befasst. Staatliche Aufgaben der T. sind das Verhüten und Bekämpfen von Tierseuchen (▸ Tierseuchengesetz) sowie der Schutz des Menschen vor übertragbaren Tierkrankheiten (▸ Zoonose). Die wissenschaftliche T. beginnt 1598 mit der Herausgabe der ersten Anatomie des Pferdes durch Carlo Ruini. Der Wiener Johann Gottlieb (1738 bis 1820) gilt als Begründer der wissenschaftlichen T. im deutschsprachigen Raum.

Tierherren, die: Zentraler Begriff der jägerischen Geisteswelt, nach dem es jemanden geben muss, der für den Überfluss der Tiere gleichsam verantwortlich ist. Im südamerikanischen Urwald gibt es »Korupira«, den Schutzgeist des Wildes und des Waldes, bei den Tschuktschen in Sibirien den »großen Weißen«, außerdem die »Waldgeister« der Russen, den »Herrn der Wölfe« und auch die ▸ »Tiroler Fanggen«. Die uralten jägerischen Vorstellungen von einem T. sind überall dort nachgewiesen, wo Menschen von der Jagd lebten, und in Mythen oder Sagen noch lebendig, wenn auch oft verstümmelt und nur dem verständlich, der ihren Hintergrund kennt. Oft ist es ein menschenähnliches Wesen, das die Tiere in der Obhut hat, riesenhaft groß oder zwergenklein, oft auch ein besonders großes Tier, wie bei den Labrador-Inuit der König der Rentiere. Bei den frühen Jägern scheint es nur einen einzigen T. gegeben zu haben, aber bei jüngeren Jäger- und Pflanzerkulturen entwickelte sich eine Vielzahl von Tiergeistern, die jeweils einer Tiergattung zugeordnet wurden. Noch bei dem griechischen Dichter Homer findet sich ein solcher spezialisierter Tiergeist in der Gestalt des Proteus, des Meeresgreises, der sich in beliebige Gestalten verwandeln kann und auf einer Meeresinsel inmitten von Robben lebt (Quelle: Döbler, »Kultur- und Sittengeschichte der Welt«).

Tierkalb, das (Wildkalb): Das weibliche Jungwild bei den Hirscharten außer Rehwild (Kitz) vom Setzen bis zum 31. März des auf die Geburt folgenden Jahres.

Tierkörperbeseitigung, die: Die T. erfolgt i.d.R. in T.-Anlagen, die Gewähr für eine unschädliche Beseitigung bieten, weil dort auch die Erreger übertragbarer Krankheiten sicher abgetötet werden. Nach dem T.-Gesetz darf die Beseitigung auch durch Vergraben erfolgen, wenn die entsprechenden Anstalten nicht vorhanden sind und soweit seuchenverdächtiges Wild nicht zur Vorlage an die untere Jagdbehörde oder zu Untersuchungszwecken benötigt wird. Die Gruben sind jedoch so tief anzulegen, dass die Oberfläche des Wildes mit einer mindestens 50 cm starken Erdschicht bedeckt ist. Das Vergraben darf nicht in unmittelbarer Nähe von öffentlichen Wegen und Plätzen, nicht in befriedeten Bezirken und nicht in Wasserschutzgebieten erfolgen; ▸ Schlachtabfälle.

▸▸ Die Nachsuche kranken Wildes zählt zu den Tierschutzpflichten des Jägers.

Tierkreis, der (griech.: Zodiakus): Eine etwa 20 Grad breite Zone um die Himmelskugel, innerhalb der die Bewegungen von Sonne, Mond und Planeten vor sich gehen. Die scheinbare Sonnenbahn (Ekliptik) bildet die Mittellinie des T.; er enthält zwölf ▸ Sternbilder, darunter den Steinbock, der früher auch »Ziegenfisch« hieß.

Tierkult, der: Die religiöse Verehrung bestimmter Tierarten als Symbol, Erscheinungsform der Gottheit oder als Gottheit selbst. Der T. ist bereits bei Jägerstämmen vorhanden (Bärenkult Nordasiens) und dort oft verknüpft mit den Vorstellungen von einem »Herrn der Tiere«, den man sich in Gestalt einer Tierart (Raubtier, Elefant u.a.) vorstellt.; ▸ Tierherren.

Tierkunde, die: ▸ Biologie.

Tierläuse, die *(Phthiraptera)*: Eine mit etwa 4000 Arten (davon ca. 450 einheimisch) weltweit verbreitete Ordnung der Insekten mit u.a. den Unterordnungen Echte Läuse *(Anoplura)* und ▸ Haarlinge (Federlinge, *Mallophaga)*. T. sind ausschließlich parasitisch an ▸ Säugetieren (einschließlich Mensch) und ▸ Vögeln lebende Tiere mit abgeplattetem, meist stark sklerotisiertem Körper und selten über 6 mm lang. Zum Festhalten im Gefieder bzw. in den Haaren des Wirtes (Außenparasiten) sind an den Beinen Haft- und Klammerapparate ausgebildet. Flügel fehlen, die Augen sind fast vollständig rückgebildet. Die Larven entwickeln sich hemimetabol aus Eiern, die ins Gefieder bzw. in die Haare des Wirtes gelegt werden, und ernähren sich wie die ausgewachsenen Tiere hornfressend an der Körperoberfläche oder vom Blut ihrer Wirte. Die meisten T. haben eine ausgeprägte Wirtsspezifität.

Tiermärchen, das: ▸ Tierdichtung.

Tierökologie, die: ▸ Ökologie.

Tierornamentik, die : Auch Tierstil. Die frühere ornamentale Gestaltung aus ▸ Tierdarstellungen, vorherrschend in der Steppenkunst und in der Kunst der Germanen (Reliefs und Kleinplastiken). Anregungen seitens der spätromanischen Kerbschnittbronzen führten zu Beginn des 5. Jh. im Norden Europas zu Metallarbeiten mit scharf geschnittenen Reliefs. Bald wurden vereinfacht stilisierte Tierfiguren, zerlegt in genormte Teile, flächendeckend dargestellt. Von Süd-Skandinavien verbreitete sich diese T. ab dem 5. Jh. bei fast allen Germanen über Mitteleuropa. Im Norden lebte die T. noch bis ins hohe Mittelalter fort. Auf dem Kontinent erlosch sie bald nach 700 n. Chr.

Tierpark, der: ▸ Zoo.

Tiersagen, die: ▸ Tierdichtung.

Tierschauen, die: ▸ Tiergehege.

Tierschutz, der: Maßnahmen und Einrichtungen zum Schutz der nicht jagdbaren wild lebenden Tiere, v.a. der ▸ Vögel. Nach dem BNatSchG i. d. F. vom 29. Juli 2009 sind u.a. wild lebende Tiere als Teil des Naturhaushalts zu schützen und zu pflegen. Danach ist es verboten, wild lebende Tiere mutwillig zu beunruhigen oder ohne ▸ vernünftigen Grund zu fangen, zu verletzen, zu töten und gebietsfremde Tiere auszusetzen oder in der freien Natur anzusiedeln. Auch durch die BArtSchV erfahren – von Ausnahmen abgesehen – alle wild lebenden einheimischen ▸ Säugetiere und alle wild lebenden europäischen Vogelarten, soweit sie nicht dem ▸ Jagdrecht unterliegen, einen besonderen Schutz. Die vom besonderen Schutz nicht erfassten wild lebenden Tierarten erhalten im Naturschutzrecht einen Mindestschutz. Einen weiteren Schutz gewährt das ▸ Tierschutzgesetz. Es verbietet u.a. die Tierquälerei und enthält besondere Vorschriften für Tierversuche. §22 a BJG befasst sich mit der Verhinderung von vermeidbaren Schmerzen oder Leiden des Wildes (▸ Leiden der Tiere). Absatz 1 lautet: »Um krankgeschossenes Wild vor vermeidbaren Schmerzen oder Leiden zu bewahren, ist dieses unverzüglich zu erlegen; das gleiche gilt für schwer krankes Wild, es sei denn, dass es genügt und möglich ist, es zu fangen und zu versorgen«. Besonders hervorzuheben ist, dass der T. im Jahre 2002 als Staatsziel Aufnahme in Art. 20a des Grundgesetzes (▸ Staatsziel Tierschutz) fand. Tierschutzrechtliche Belange enthalten auch die §§19 (▸ Jagdbeschränkungen), 19 a (▸ Beunruhigung von Wild), 23 (Inhalt des ▸ Jagdschutzes) und 26 (Fernhalten von Wild). Daneben sind T.-Bestimmungen im Fischereigesetz, im Gesetz über das Schlachten von Tieren und in der Bienenschutzverordnung enthalten; ▸ Artenschutz, ▸ Jagd und Tierschutz.

Tierschutzgebiet, das: Ein durch Rechtsverordnung festgelegtes ▸ Naturschutzgebiet für gefährdete Tierarten.

Tierschutzgesetz, das: Das neu gefasste T. vom 18.5.2006 (zuletzt geändert durch Gesetz vom 9.12.2010) dient dem Schutz des Lebens und Wohlbefindens des Tieres. Niemand darf einem Tier ohne vernünftigen Grund Schmerzen, Leiden oder Schäden (▸ Leiden der Tiere) zufügen. Das in 13 Abschnitte unterteilte Gesetz befasst sich im zweiten Abschnitt mit der Tierhaltung. Wer ein Tier hält, betreut oder zu betreuen hat, muss das Tier seiner Art und seinen Bedürfnissen entsprechend angemessen ernähren, pflegen und verhaltensgerecht unterbringen. Der dritte Abschnitt widmet sich dem Töten von Tieren: Ein Wirbeltier darf nur unter Betäubung oder sonst, soweit nach den gegebenen Umständen zumutbar, nur unter Vermeidung von Schmerzen getötet werden. Ist die Tötung eines Wirbeltieres ohne Betäubung im Rahmen waidgerechter Ausübung der Jagd oder aufgrund anderer Rechtsvorschriften zulässig oder erfolgt sie im Rahmen zulässiger Schädlingsbekämpfungsmaßnahmen, so darf die Tötung nur vorgenommen werden, wenn hierbei nicht mehr als unvermeidbare Schmerzen entstehen. Ein Wirbeltier töten darf nur, wer die dazu notwendigen Kenntnisse und Fähigkeiten hat. Der vierte Abschnitt befasst sich mit Eingriffen an Tieren, der fünfte mit Tierversuchen, der sechste mit Eingriffen und Behandlungen zur Aus-, Fort- oder Weiterbildung. Im siebten Abschnitt werden Eingriffe und Behandlungen zur Herstellung, Gewinnung, Aufbewahrung oder Vermehrung von Stoffen, Produkten und Organismen geregelt. Der achte Abschnitt handelt von Zucht, Halten von Tieren, Handel mit Tieren, der neunte mit Verbringungs-, Verkehrs- und Haltungsverbot, der zehnte mit den sonstigen Bestimmungen zum Schutz der Tiere. Der 11., 12. und 13. Abschnitt widmen sich der Durchführung des Gesetzes, den Straf- und Bußgeldvorschriften und Übergangs- und Schlussbestimmungen; ▸ Staatsziel Tierschutz.

In Österreich wird Tierquälerei durch das Bundesgesetz von 1971 geahndet und der Tierschutz allgemein in den Landesgesetzen geregelt; (▸ Hundehaltung). Nach dem Schweizer Strafgesetzbuch (Art. 264) wird Tierquälerei mit Geldbuße oder Gefängnis bestraft.

Tierschutz-Hundeverordnung, die: ▸ Hundehaltung.

Tierschutz-Schlachtverordnung (TierSchlV), die: Eine von der Bundesregierung erlassene Verordnung zum Schutz von Tieren im Zusammenhang mit der Schlachtung oder Tötung. Sie definiert u.a. den Begriff ▸ Gatterwild und gibt in Anlage 3 (Teil II »Besondere Maßgaben«) Anweisungen für den Kugelschuss auf Gatterwild.

Tierseuchengesetz (TierSG), das: Das T. in der Fassung vom 22.06.2004 (BGBl I. S. 1260, 3588), zuletzt durch Artikel 18 des Gesetzes vom 9. Dezember 2010 (BGBl. I S. 1934) geändert, regelt die Bekämpfung von Seuchen, die bei Haustieren, Süßwasserfischen und anderen Tieren auftreten und auf Haustiere oder Süßwasserfische übertragen werden können (Tierseuchen). Es befasst sich im Abschnitt I mit der Bekämpfung von Tierseuchen beim innergemeinschaftlichen Verbringen sowie bei der Einfuhr und Ausfuhr. Abschnitt II beinhaltet die Bekämpfung von Tierseuchen im Inland (Ermittlung der Seuchenausbrüche und Schutzmaßnahmen gegen allg. Seuchengefahr). An den Anfang des Gesetzes sind die Definitionen der in ihm verwendeten Begriffe Haustiere, Vieh, Schlachtvieh, Süßwasserfische, verdächtige, seuchenverdächtige und ansteckungsverdächtige Tiere gestellt. Da bei vielen Seuchen Tiere auf behördliche Anordnung getötet werden müssen, enthält das Gesetz Bestimmungen über die Entschädigung für Tierverluste. Entschädigungen können z.B. nur für Pferde, Rinder, Schweine, Schafe, Ziegen, Geflügel und Bienenvölker beansprucht werden. Dagegen gibt es u.a. keine Entschädigungen für Hunde, Katzen, Wild oder gefangen gehaltene Wildtiere und Haustiere, die nicht Vieh oder Bienen sind. Die Durchführung des T. bleibt im Wesentlichen den Ländern überlassen; ▸ Anzeigepflicht von Tierseuchen.

In Seuchengebieten mit Schweinepest wird Schwarzwild nach Gesellschaftsjagden zentral aufgebrochen.

Tiersoziologie, die: Die Wissenschaft vom Zusammenleben der Tiere, ihrer Gruppenbildung, ihrem Familienzusammenhang und deren Ursachen und Mitteln. Die T. ist ein Zweig der ▸ Verhaltensforschung.

Tierstil, der: ▸ Tierornamentik.

Tierwanderungen, die: Regelmäßige, gelegentliche oder einmalige größere Ortsveränderungen von bestimmten Tierarten, die meist Nahrungswanderungen (z.B. Bison, Ren, Hirsch), Fortpflanzungswanderungen (z.B. Aal, Lachs) oder jahresrhythmische Wanderungen (z.B. Zugvögel) sind. T. können auch ausgelöst werden, wenn sich durch menschliche Eingriffe ▸ Biotope verändern; ▸ Vogelzug, ▸ Migration.

TIG, das: Abk. für Brenneke-Torpedo-Ideal-Geschoss; ▸ Büchsengeschosse.

Tilander, Gunnar: ▸ Jagdbibliotheken.

Till, Leopold (1830 Wien bis 1893 Wien): Maler; von ihm stammt u.a. das Gemälde »Jäger und Mädchen an einer Quelle« (1855).

Tillmesser, das: Alter Ausdruck für das Waidmesser des Gamsjägers. Kaiser Maximilian I. »stach damit die Gams«; ▸ Tullmesser, ▸ Tülle.

Tilsner, Kurt Karl (1909 Niedersablis-Werfen/Harz bis 1989 Strub bei Berchtesgaden): Maler. T. studierte in Berlin Malerei und Grafik und kam bereits 1929 nach München. Als Zeichner war er Mitarbeiter beim »Münchner Stadtanzeiger« sowie der Zeitschriften »Der Bergkamerad«, »Der Bergsteiger« und »Der deutsche Jäger«.

Timphahn, der: Alte Bez. für das Blässhuhn; ▸ Rallen 1.

Tirass, der (franz.: tirasse = Zugnetz; Tyrass): Ein früher verwendetes langes Netz (Decknetz) für den Hühnerfang; ▸ Garne 2.

tirassieren (tyrassieren): **1)** Mit dem Tirass Hühner fangen; ▸ Garne 2. **2)** Nach Georg L. ▸ Hartig (»Lehrbuch für Jäger und die es werden wollen«, 2. Aufl. 1810/11): ein Saugarn von mehreren Jägern im Zirkel um eine gelagerte Sau herumziehen lassen, die obere ▸ Arche und Leine desselben in die Höhe halten und die nachher aufgeschreckte Sau in diesem Garn fangen.

Tire haut!: ▸ Jagdgeschrei 2.
Tiro!: ▸ Jagdgeschrei 2.
Tiroler Bracke, die: ▸ Bracken.
Tiroler Fanggen, die: In der Tiroler Sagenwelt wilde Weiber von grauenhafter Gestalt, die als Herrinnen der Gemsen auftreten; ▸ Tierherren.
Tischbein, Johann Heinrich d. Ä., genannt »Kasseler Tischbein« (14.10.1722 Haina/ Hessen bis 22.8.1789 Kassel): T. erlernte 1736 bis 1741 die Tapetenmalerei, arbeitete in Lich, Laubach und in Hanau bei seinem Bruder Johann Valentin T. 1744 ging er zu Studien nach Paris, 1749 nach Venedig und 1750/51 nach Rom. Nach seiner Rückkehr wurde er 1753 Hofmaler des Landgrafen Wilhelm VII. von Hessen in Kassel. 1762 wurde er Professor der Malerei und Zeichenkunst am Collogium Carolinum und 1776 Direktor der dortigen Kunstakademie. T. malte historische und mythologische Bilder sowie Gesellschaftsstücke, v.a. aber Porträts (besonders Frauenporträts) im Stil des Spätrokoko oder im beginnenden klassizistischen Stil. Er gilt als der bedeutendste Porträtmaler des 18. Jh. in Deutschland; ▸ Jagdkunst.
Tiste, die: Alte Bez. für Hündin.
TKJ: Abk. für Technische Kommission für das Jagdhundewesen; ▸ Hundeverbände 1.
Toch – toch! (Töch – töch!): Zuruf an die Parforcemeute, um sie anzufeuern.
Tocken, die: Eine reine ▸ Rasse unter den schweren Packern (Doggen), in England gezüchtet und wahrscheinlich zurückzuführen auf die dort zur Römerzeit schon berühmten britischen Hunde. Bereits im 16. Jh. wurden T. nach Deutschland für die Saujagd ausgeführt.
Töle, die: In Norddeutschland gebrauchte; scherzhafte Bez. für einen nicht rassereinen Hund.
Tollwurm, der: Beim Hund: eine kleine, weißliche Sehne unter der Zunge des Hundes. In früherer Zeit glaubte man die Hunde vor ▸ Tollwut zu schützen, wenn man ihnen den T. herausschnitt. Dies wurde z.T. durch landesherrliche Verordnung (Polizeiverordnung) befohlen. Es hat sich längst herausgestellt, dass dies ein Aberglaube war.
Tollwut, die: Eine ▸ Infektionskrankheit, die nach dem Zweiten Weltkrieg aus dem Osten kam und zur bedeutendsten Wildseuche geworden ist. Sie stellt besonders für den Menschen eine große Gefahr dar, da diese Krankheit, eine Gehirn- und Rückenmarkentzündung, zum sicheren qualvollen Tod führt. Die T. wird durch Viren hervorgerufen, die sich besonders im Nervensystem und im Speichel, aber auch in der Losung und in der Milch befallener Tiere befinden. Sie sind sehr wärmeempfindlich und werden schon bei 55 bis 60 °C zerstört. An T. können erkranken: Fuchs (Hauptträger, ca. 65 bis 70% aller Wildtollwutfälle), Rehwild, Rotwild und sämtliche anderen Säugetiere (auch Haustiere) und der Mensch. Ca. 80% aller T.-Fälle entfallen auf Wildtiere. Reptilien und Amphibien können den Virus beherbergen und ausscheiden, ohne selbst daran zu erkranken. Die Infektion erfolgt, wenn das Virus in die Blutbahn kommt; dies kann geschehen, wenn virenverseuchter Speichel in eine Wunde (Biss- und Kratzwunde) oder in eine Schleimhautverletzung kommt. Besonders der Fuchs ist als Hauptüberträger zu nennen, da er auf seinen Beutezügen weit umherstreift, Wildtiere beißt und auch in Gehöfte eindringt (Hofhund) und so die Krankheit verbreitet. Die Inkubationszeit ist sehr unterschiedlich. Sie beträgt bei Tieren i.d.R. zwei bis acht Wochen, kann jedoch auch länger dauern; beim Menschen drei Wochen bis neun Monate. In Ausnahmefällen kann sie bis zu einem Jahr und noch länger dauern. Die ersten Anzeichen sind ein Kratzen und Scheuern an der bereits verheilten Wunde (Juckreiz). Das Tier ändert die Verhaltensweise und auch die Stimme. Haustiere werden apathisch, launenhaft und schreckhaft, nehmen keine Nahrung zu sich, verschlingen jedoch unverdauliche Gegenstände. Es kommt zu Schluckbeschwerden, hängendem Unterkiefer und dadurch zu Speichelfluss. Wildtiere verlieren die Scheu vor dem Menschen, dringen in Gehöfte und Dörfer ein und nehmen ebenfalls unverdauliche Dinge zu sich. Rehe ziehen oft umher, geben unnatürliche, heisere Klagelaute von sich und scheuern das Haupt an Bäumen wund (typisches Merkmal). Während der Beißphase sind die Tiere besonders angriffslustig. Rehe greifen Menschen an, der Fuchs fällt Menschen, Hunde und andere Tiere an und beißt sie. Die Haustiere (besonders Hund und Katze) benehmen sich gegenüber ihrem Herrn besonders aggressiv, sie beißen und kratzen. Diese Beißwut kann bis zur Raserei führen. Kommt es nicht zu der sog. Beißphase, spricht man von einer stillen Wut. Danach kommt es zu Lähmungserscheinungen; das Tier kann nicht mehr schlucken, und eine Atemlähmung führt schließlich zum Tod. Eine sichere Diagnose kann durch fluoreszenzmikroskopische Untersuchung des Gehirns (▸ Negrische Körperchen) oder durch einen Tierversuch mit weißen Mäusen gestellt werden. Laut Bundesministerium für Verbraucherschutz, Ernährung und Landwirtschaft verteilten sich die Tollwutfälle im Jahr 2000 zu 92% auf Wild (78% allein auf Füchse, 6% auf Rehe) und nur zu 8% auf Haustiere (immerhin 3% auf Rinder und 2% auf Katzen).
<u>Bekämpfung</u>: Vorsorgliche Schutzimpfung von Hauskatzen und Hunden, besonders von Hunden, die zur Jagdausübung verwendet werden. Eine Schutzimpfung des Junghundes und eine jährliche Wiederholung ist für zur Jagdausübung verwendete Hunde auf jeden Fall zu empfehlen. Bereits nach der T.-Verordnung vom 23.5.1991 erlangten Hunde, die vier Wochen bis zu einem Jahr nach ihrer T.-Impfung mit tollwütigen oder tollwutverdächtigen Tieren Kontakt hatten, eine veterinärpolizeiliche Besserstellung, d.h., sie dürfen nicht mehr getötet, müssen dafür aber unverzüglich nochmals geimpft werden. Alle erkrankten oder tollwutverdächtigen Stücke sind zu erlegen. Der Kopf ist an ein staatliches Veterinär-Untersuchungsamt zur Untersuchung zu senden, der übrige Körper unschädlich zu beseitigen. Bei der Berührung erkrankter oder auch nur anscheinend erkrankter Tiere sind Schutzhandschuhe zu tragen und diese dann zu verbrennen. Ist ein Mensch trotzdem mit einem tollwütigen Stück in Berührung gekommen, hat er unverzüglich einen Arzt aufzusuchen und sich schutzimpfen zu lassen. Das Impfrisiko ist gering. Das Wildbret von tollwütigen oder auch nur tollwutverdächtigen Tieren ist genussuntauglich. Bei T. und ▸ T-Verdacht besteht Anzeigepflicht; ▸ Schluckimpfung.
Tollwutverdacht, der: Alles ▸ Haarwild, das durch unnatürliches Verhalten auffällt, insbesondere durch unnatürliche Vertrautheit, gilt als tollwutverdächtig. Nach der ▸ Tollwutverordnung ist der ▸ Jagdausübungsberechtigte verpflichtet, dafür zu sorgen, dass tollwuterkranktem und tollwutverdächtigem Wild sofort nachgestellt wird (z.B. verstärkte Bejagung des Fuchses, auch orale Immunisierung [▸ Schluckimpfung] durch die zuständige Behörde), es sofort erlegt und unverzüglich unschädlich beseitigt wird. Die betroffenen Gebiete werden zum ▸ gefährdeten Bezirk erklärt; ▸ Tollwut.
Tollwutverordnung, die: Die T. in der Fassung der Bekanntmachung vom 4. Oktober 2010 (BGBl. I S. 1313) beinhaltet auch für den Jäger wichtige Bestimmungen: Nach §1 liegt bei Hunden und Katzen ein wirksamer Impfschutz vor, wenn eine Impfung gegen Tollwut
a) im Falle einer Erstimpfung bei Welpen im Alter von mindestens drei Monaten mindestens 21 Tage nach Abschluss der Grundimmunisierung und längstens um den Zeitraum zurückliegt, den der Impfstoffhersteller für eine Wiederholungsimpfung angibt, oder
b) im Falle von Wiederholungsimpfungen jeweils innerhalb des Zeitraumes durchgeführt worden sind, den der Impfstoffhersteller für die jeweilige Wiederholungsimpfung angibt.
§4 regelt die Anzeige von Tierausstellungen. Hundeausstellungen u.ä. Veranstaltungen sind dem Landratsamt/Veterinäramt mindestens vier Wochen vorher anzuzeigen. §5 befasst sich mit der Kennzeichnung. Hunde dürfen sich nur frei bewegen oder mitgeführt werden, wenn sie ein Halsband mit Namen und Anschrift des Besitzers oder eine Steuermarke tragen (Ausnahmen in umfriedeten Grundstücken, von denen sie nicht entweichen können und für Jagdhunde bei jagdlicher Verwendung). Die Behörde kann die sofortige Tötung anordnen für seuchenverdächtigen Hunde und Hunde, von denen anzunehmen ist, dass sie mit seuchenverdächtigen Tieren in Berührung gekommen sind. Ausnahme: Hunde, die einen Menschen gebissen haben, und Hunde, die nachweislich unter wirksamem Impfschutz standen. Sie sind bis zur Bestätigung oder Beseitigung des Verdachts behördlich zu beobachten (§7). Schutzmaßnahmen für den ▸ gefährdeten Bezirk: Wenn bei einem Tier Tollwut oder ein Verdacht amtlich festgestellt wird, legt die Behörde den gefährdeten Bezirk fest (5000 km^2 oder Radius von mindestens 40 km). In diesem Bezirk dürfen Hunde nur frei laufen, wenn sie unter wirksamem Impfschutz stehen und von einer Person begleitet werden, der sie zuverlässig gehorchen (§8). Jagdausübungsberechtigte haben dafür zu sorgen, dass seuchenverdächtigen wild lebenden Tie-

ren sofort nachgestellt wird und dass diese erlegt und unschädlich beseitigt werden. Ausgenommen ist das Untersuchungsmaterial. Wird dieses nicht der zuständigen Behörde oder einem staatlichen Veterinäruntersuchungsamt abgeliefert, so ist der zuständigen Behörde mitzuteilen, wo es sich befindet. Bei Füchsen und kleineren Tieren ist der ganze Tierkörper, bei größeren Tieren nur der Kopf Untersuchungsmaterial (§11). Bei Tollwut der Füchse ordnet die Behörde verstärkte Bejagung, orale Immunisierung und Untersuchung der Füchse an. Der Jagdausübungsberechtigte ist zur verstärkten Bejagung und Mitwirkung beim Köderauslegen verpflichtet (§12).

Tombak, der: Kupferlegierung (mindestens 80%) mit Zink (evt. auch Zinn) von dunkelgelbrötlicher Farbe, die für ▸ Büchsengeschosse Verwendung findet.

Tontaube, die (Wurftaube): Eine flache, tellerartige Scheibe von 11 cm Durchmesser aus einer Asphaltmischung. Sie hat allg. eine schwarze Farbe und trägt einen weißen oder gelben Ring. Sie wird mit einer Wurfmaschine in die Luft geschleudert und mit der Flinte bei Übungs- und Wettkampfschießen anstelle lebender Tauben beschossen. Die Wurftauben oder Traptauben (engl.: trap = Klappe, aus der die lebenden Tauben aus den am Erdboden aufgestellten Kästen aufgelassen wurden) gelten als getroffen, wenn von ihnen infolge des Schusses ein deutlich sichtbares Stück abspringt.

Topinambur, die: Erdartischocke, Erdbirne, Jerusalemer Artischocke. Eine violette, essbare Knolle einer amerikanischen Sonnenblumenart (*Helianthus tuberosus*), die ihre Knollen nach Art der Kartoffel unter der Erde anlegt. Die Knollen enthalten 16% Inulin (stärkeähnliches Kohlenhydrat), haben einen süßlichen Geschmack und sind bis –30 °C frosthart. Die mehrjährige Pflanze ist ein ausgezeichnetes Winterfutter für das Wild und eignet sich hervorragend für die Anlage von ▸ Remisen und Wildäckern (▸ Wildäsungsflächen 1). Sie wird wie die Kartoffel gerodet und kann so vom Wild leicht aufgenommen oder herausgeschlagen werden. Das Kraut wird bis zu 3 m hoch und bildet schnell eine Krautdickung. Das obere Drittel des Krauts wird im Juni, geschnitten und gebündelt, im Schatten getrocknet. Es ist ein gutes Laubheu für die Winterfütterung und wird gerne vom wählerischen ▸ Rehwild angenommen.

Top-Lever, der (engl.: Oberhebel): Ein Verschlusssystem für ▸ Jagdgewehre, bei denen der Verschluss durch Seitwärtsdrücken eines oben (bei Hahngewehren zwischen den Hähnen) angebrachten Hebels geöffnet wird.

toppen: Anregen einer an einer Schnur befestigten Vogelattrappe (früher eines Lockvogels), um einen sich nähernden Greifvogel anzulocken.

Tordalk, der: ▸ Alken 2.

Torfhund, der (*Canis palustris*): Von dem Schweizer Rütimeyer (1862) eingeführte Bez. für einen kleineren prähistorischen Haushund, wie er in mitteleuropäischen Pfahlbausiedlungen gefunden wurde.

Torpane, die: ▸ Wildenten 15.

Torpedo-Ideal-Geschoss, das: ▸ Büchsengeschosse.

Torpedo-Universal-Geschoss, das: ▸ Büchsengeschosse.

tot: In der Waidmannssprache nur in den speziellen Verbindungen ▸ totverbellen, ▸ totverweisen, ▸ totschlagen, ▸ tottrinken, ▸ Totsuche und in den ▸ Jagdsignalen Hirsch t.!, Damhirsch t.!, Sau t.!, Rehwild t.!, Fuchs t.!, Hasen t.!, Kaninchen t.! und Flugwild t.! Das Wort t. wird in der Waidmannssprache durch die entsprechenden Formen der Wörter ▸ eingehen, ▸ fallen und ▸ verenden ersetzt.

Totalabschuss, der: Der gesamte Abschuss einer bestimmten Wildart, die in einem Gebiet oder ▸ Revier nicht erwünscht ist oder deren Vermehrung verhindert werden soll. Der T. ist sehr problematisch und führt nicht immer zum gewünschten Erfolg. Angewandt wird er z.B. in den sog. rotwildfreien Gebieten, in denen das ▸ Rotwild unerwünscht ist, weil es z.B. keinen geeigneten ▸ Biotop vorfindet (v.a. zur Verhinderung von Wildschäden), und bei den sog. standortfremden Tierarten wie Waschbär und Marderhund, deren Verbreitung verhindert werden soll. Der T. führt jedoch keinesfalls zum ▸ Aussterben dieser Tierart, sondern soll lediglich ein bestimmtes Gebiet von ihr frei halten. T. kann auch beim Ausbrechen einer Seuche (▸ Tierschutzgesetz) notwendig werden, wenn Gefahr besteht, dass davon ein gesamter Wildbestand in einem begrenzten Gebiet betroffen ist; ▸ Ernteabschuss, ▸ Hegeabschuss, ▸ Notabschuss, ▸ Reduktionsabschuss, ▸ Wahlabschuss, ▸ Fehlabschuss.

Totalherbizide, die: Bez. für Herbizide (▸ Pflanzenschutz) mit großer Wirkungsbreite. Sie entfernen alle Pflanzen und werden deshalb häufig auf Landebahnen, Bahngleisen und gepflasterten Wegen und Plätzen eingesetzt. Im Unterschied zu den T. stehen die Kontaktherbizide (Blattherbizide), die bei direktem Kontakt mit den grünen Teilen der Pflanze wirken. Gräser und Getreide werden durch gewisse Kontaktherbizide gar nicht beschädigt, weil die Spritzbrühe an ihren Blättern abläuft. Dieses Phänomen der Selektivität kann im Getreidebau so genutzt werden, dass breitblättrige Unkräuter geradezu »herausgespritzt« werden können, sodass die Getreidepflanzen keinen Schaden nehmen; ▸ Wuchsstoffmittel.

Töten des Wildes, das: Im waidmännischen Sinne noch nicht verendetes Wild so schnell wie möglich von seinen Leiden erlösen (▸ leidendes Wild). Wie man dabei verfährt, ob mit der ▸ Blanken Waffe oder mit der Büchse, hängt von den Umständen ab. Je nachdem, um welche Wildart es sich handelt und wie es geschieht, spricht der Jäger von ▸ abfangen (abnicken), ▸ abschlagen oder ▸ abfedern, wobei letztere Methode wegen Tierquälerei abzulehnen ist. Geschieht das Töten durch den Jagdhund, spricht man von ▸ abtun (durch den Jäger auch im Sinne von ▸ abfedern) und ▸ abwürgen. Greifvögel hingegen ▸ schlagen die Beute, ▸ Haarraubwild reißt die Beute. Der Jäger selbst erlegt das Wild. Tötung von Tieren: ▸ Tierschutzgesetz; ▸ Leiden der Tiere.

Topinambur eignet sich sehr gut zur Anlage von Remisen und Wildäckern.

Toteneule, die: ▸ Eulen 10.

Totengräber, der: Ein Jagdhund, der gefundenes Wild eingräbt, anstatt es zu ▸ apportieren. T. können die Prüfungen der Hundeverbände nicht bestehen.

Totenvogel, der: Die Schleiereule und der Steinkauz; ▸ Eulen 8. und 10.

Totenwacht, die: Eine kurze Besinnung, nachdem ein Hirsch oder Bock oder ein anderes Stück Wild, das zur Hohen Jagd zählt, gestreckt wurde. Die T. stammt nicht aus dem althergebrachten jagdlichen ▸ Brauchtum, sondern ist ein neuer Brauch.

Totfang, der: ▸ Kopffang.

Totholz, das: Bez. für stehende und liegende Bäume oder Teile davon, die abgestorben sind. T. entsteht v.a. in überreifen Naturwäldern (aus Altersgründen abgestorbene Bäume), aber auch durch Krankheit (z.B. Insekten und Pilzbefall), Wind- und Schneebruch und Feuer etc. Sich zersetzendes Holz wird von einer großen Menge von Pilzen, Käfern (für mehr als die Hälfte aller Arten ist Holz die Lebensgrundlage), Holzwespen und Ameisen bewohnt, die letztlich wieder die Nahrung für eine Vielzahl von Vögeln (z.B. Spechte, Meisen, Baumläufer und Kleiber) sind. Die Wurzelteller sturmgeworfener Bäume (v.a. die der Fichte) sind Brutstätten für Rotkehlchen, Zaunkönig und Auerhühner, in Wassernähe auch für Wasseramsel und Gebirgsstelze. In krankem und faulem Holz legen die auf Holzbearbeitung spezialisierten Spechte ihre Brut- und Schlafhöhlen an. Als Nachbenutzer der großen Schwarzspechtnester, die am großen ovalen Flugloch zu erkennen sind, ziehen bedrohte Arten wie Hohltaube, Wald- und Raufußkauz (▸ Eulen) ein. T. trägt somit dazu bei, dass die Artenvielfalt im Wald erhalten bleibt. Durch die natürliche Verrottung des Holzes werden dem Waldboden wieder wertvolle Nährstoffe zugeführt.

Totreife, die: ▸ Reifestadium.

Totholz bietet Brutgelegenheiten für Höhlenbrüter und sichert die Artenvielfalt im Wald.

totschlagen: Wenig übliche Bez. für das Töten des ▸ Haarraubwildes durch einen Schlag über das Nasen- und Stirnbein; ▸ Töten des Wildes.

Totschlagfalle, die: ▸ Fallen 2.

Totsignale, die: ▸ Jagdsignale.

Totsuche, die: Eine ▸ Nachsuche, bei der das beschossene Stück Schalenwild bereits verendet gefunden wird.

tottrinken: Ein Brauch, bei dem der Erleger von männlichem ▸ Schalenwild oder Auerwild in geselligem Kreis oder zusammen mit seinem Jagdführer den Jagderfolg feiert. Das Glas wird dabei – wie beim ▸ Waidmannsheiltrinken – in die linke Hand genommen.

Tötungshemmung, die: Bei Tieren derselben ▸ Art eine vom schwächsten Rivalen durch Signale (▸ Demuts- und Beschwichtigungsgebärden) ausgelöste Hemmung, die den stärkeren Artgenossen durch ein besonderes Instinktverhalten hindert, dem Schwächeren tödliche Verletzungen, z.B. durch seinen ▸ Kopfschmuck (Waffen), beizubringen. Der Unterlegene bietet meist besonders gefährdete Körperteile frei an (z.B. die Kehle bei ▸ Carnivoren) oder entzieht sich durch die Flucht, die durch besondere Verhaltensweise angekündigt wird. Speziell bei Arten mit gefährlichen Waffen (Gebiss, Geweih, Hörner) oder ausgeprägtem Aggressionsverhalten kann solche T. beobachtet werden, die für die Arterhaltung von großer Bedeutung ist. Bei einigen Arten wirkt jedoch die T. nur gegenüber Mitgliedern der eigenen Gruppe, nicht aber gegenüber gruppenfremden Artgenossen (z.B. bei Wanderratten).

totverbellen: Wenn ein gut abgerichteter Jagdhund nach Auffinden eines verendeten Stücks ▸ Schalenwildes (auf der ▸ Nachsuche) dieses aufgrund des Gewichts und der Größe nicht apportieren kann, dann verbellt er es, um seinen Führer herbeizurufen. Er muss so lange an dem Stück bleiben und bellen (Standlaut), bis der Führer heran ist. Der Hund, ein sog. Totverbeller, ruft zum Stück; er verbellt es tot.

Totverbeller, der: ▸ totverbellen.

totverweisen: Wenn ein gut abgerichteter Jagdhund nach Auffindung eines verendeten Stücks ▸ Schalenwildes zum Führer zurückkehrt und ihm durch eine im Laufe der Ablichtung erlernte Verhaltensweise (Hochspringen am Führer, Hinlegen o. a.) zu erkennen gibt, dass er gefunden hat, und ihn anschließend zum Stück führt, dann verweist der Hund tot; er ist ein sog. freier (Tot-)Verweiser. Es gibt auch den lauten Verweiser, der, nachdem er gefunden hat, Laut gibt, alsbald zum Führer zurückkehrt und durch erneutes Lautgeben anzeigt, dass er gefunden hat. Anschließend führt er zum gefundenen Stück. Der sog. Riemenverweiser kehrt zum Führer zurück, fasst das Ende des Schweißriemens und führt den Hundeführer zum Stück. Das T. kann auch mit einem Bringsel gemacht werden. Der Bringselverweiser nimmt das in die Halsung gehängte ▸ Bringsel (kleiner Lederwulst) in den Fang und zeigt damit bei Rückkehr seinem Führer an, dass er gefunden hat. Anschließend führt er zum Stück.

Totverweiser, der: ▸ totverweisen.

Tout beau! (franz.: Ganz schön!): Ein Zuruf an den Hühnerhund (Vorstehhund), wenn er sich flach hinlegen oder haltmachen soll. Heute ist dafür ▸ Down! (engl.: Nieder!) üblicher.

Toxoplasmose, die: Innere ▸ Parasiten; eine bei Hasen, Kaninchen, Auerwild, Rebhühnern, Fasanen, Rindern, Schafen, Schweinen, Hunden, Katzen und dem Menschen vorkommende ▸ Infektionskrankheit, die durch den Befall mit winzigen, einzelligen Sporentierchen (*Toxoplasma gondii*) hervorgerufen wird. Sämtliche warmblütigen Tiere können an T. erkranken, aber nur Katzen können sie weiterverbreiten, da nur im Dünndarm der Katze die geschlechtliche Form der Toxoplasmen lebt. Dort entstehen die Eizysten und gelangen mit dem Katzenkot ins Freie. Werden sie nun von einem warmblütigen Tier oder vom Menschen aufgenommen, vermehren sie sich ungeschlechtlich und führen zur Toxoplasmen-Erkrankung. Für den Menschen ist nur der Kot von infizierten Katzen und ungenügend erhitztes Fleisch von Tieren, das Toxoplasmen-Zysten enthält, ansteckend. Die T. führt bei Hasen zu Teilnahmslosigkeit und Appetitlosigkeit, bei Federwild zu Lähmungserscheinungen und Gleichgewichtsstörungen. Der Tod tritt bei akutem Verlauf nach vier bis neun Tagen ein. Die T. verläuft häufig chronisch, besonders bei größeren Tieren und beim Menschen, oft unerkannt und ist nur durch serologische Untersuchungen und mikroskopische Gewebeuntersuchungen nachzuweisen. Bei Hunden tritt sie häufig zusammen mit der ▸ Staupe auf. Bei erstmaliger Infektion schwangerer Frauen kann es zu Tot-, Miss- oder Frühgeburten kommen.
Bekämpfung: Bei Wildtieren nicht möglich. Innereien und Gescheide von Wildtieren dürfen nicht an Katzen verfüttert werden, da diese für T. empfänglich sind und durch ihren Kot Menschen infizieren können. Bei Verdacht auf T. ist ein Tierarzt bzw. Arzt aufzusuchen.

traben: In Österreich auch trotten. Das Fortbewegen in mittlerer Gangart bei Wölfen, Füchsen, Marderhunden und Dachsen.

Tracht, die: Die Gebärmutter, auch Leibesfrucht (Embryo), des ▸ Haarwildes.

trächtig: Der Hund und alles niedere ▸ Haarwild, wenn sie tragen, sind t. Beim ▸ Hochwild, einschließlich Rehwild, ist der waidmännische Ausdruck beschlagen oder im fortgeschrittenen Stadium hochbeschlagen üblich; ▸ Trächtigkeit, ▸ innehaben.

Trächtigkeit, die: Die Schwangerschaft weiblicher ▸ Säugetiere, und zwar von der Befruchtung bis zur Geburt der Jungtiere. Die Tragdauer (Tragzeit) richtet sich nach der Körpergröße der betreffenden ▸ Art, kann ernährungs- und witterungsbedingte Abweichungen erfahren und hängt letztlich vom Entwicklungsstadium, in dem die Jungtiere geboren werden, ab. Durch die Keimruhe (▸ Vortragezeit) kann die Tragzeit hinausgeschoben werden (verlängerte Tragzeit). Eine verlängerte Tragzeit haben z.B. das Reh, einige Marderarten, das Hermelin und der Dachs.

Trachtpflanzen, die: Auch Waldtracht. Sie besteht aus der Nektar-Pollen-Tracht der Nahrungspflanzen der Bienen (Bienenweide). Hierzu zählen v.a. das Heidekraut, Christrosen, Disteln, Gamander, Weidenröschen, Dost, Robinien und Linden. Besonders wertvolle T. sind Himbeere, Brombeere und Faulbaum. Ferner zählt hierzu auch die Honigtau-Waldtracht, deren Grundlage an Bäumen saugende Insekten (*Cinarinen, Lecanien*) sind, die Honigtau abscheiden.

Traf, die und das: Die Traufe. In der Waidmannssprache svw. zwischen Holz und Feld. Alter bayerischer Ausdruck, kaum mehr üblich.

Tragdauer, die: ▸ Tragzeit.

Trage, die (Cage): ▸ Falkentrage.

Tragebock, der: Der ▸ Apportierbock.

tragen: **1**) svw. ▸ trächtig (befruchtet) sein; beim Hund (auch: dick gehen) und allem niederen ▸ Haarwild. **2**) Beim geweih- oder gehörntragenden Wild: z.B. der Hirsch trägt sein ▸ Geweih, der Rehbock trägt ein starkes Gehörn (▸ Rehgehörn) bzw. Geweih.

Träger, der: Der Hals bei allen Hirscharten (Geweihträgern), inzwischen aber auch beim übrigen ▸ Schalenwild (Ausnahme: Schwarzwild) gebräuchlich; richtiger hier: Hals. In der Küche kann der T. für Ragout oder Rollbraten verwendet werden; ▸ Bratenwildbret, ▸ Kochwildbret.

Trägerschuss, der: ▸ Schusszeichen.

Trag(e)sack, der: svw. ▸ Tracht.

Tragestangen, die: Die langen Stangen, an denen die Lerchen-Nachtgarne befestigt und getragen wurden; ▸ Garne 2.

Tragstarre, die: Eine bei vielen ▸ Carnivoren angeborene Verhaltensweise, bei der die Mutter bei Gefahr oder Störung das Nestjunge am Kopf oder Nacken (▸ Nackengriff) einzeln in ein anderes und sicheres Versteck bringt. Durch regungsloses Verhalten, die sog. T., verhindern die Jungen unbeabsichtigte Abwehrreaktionen und Verletzungen.

Waidmännische Ausdrücke bei den Trappen

Das männliche Wild heißt Trapphahn, das weibliche Trapphenne. Die Jungen mit der Mutter bilden eine Kette oder Gesperre; wenn sie sich zu einer Gesellschaft zusammentun, so schlagen sie sich zusammen. Die feinen, langen Federn am Kopf des Hahnes sind der Bart oder der Federbart. Die Füße werden Läufe, der After Weidloch, die Innereien Aufbruch, die Gedärme Gescheide, Herz, Leber und Lunge Geräusch genannt. Das Lager heißt Lager oder Schüssel, sie laufen auf dem Boden und hinterlassen eine Fährte. Die Begattungszeit ist die Balzzeit, der stärkste Hahn am Balzplatz ist der Platzhahn.

Tragzeit, die (Tragdauer): Der Zeitraum, in dem das Wild trägt; ▸ trächtig, ▸ Trächtigkeit.

Train, Karl von: ▸ Jagdliteratur.

trainen: Dem Beizvogel das ▸ Federspiel zeigen und ihn herbeilocken.

trainieren: Die Hundemeute für die ▸ Parforcejagd vorbereiten und einüben. Den Schluss des T. bildete die Trainjagd, eine probeweise Jagd, bei der auf einer Schleppe alles genau so geübt wurde, wie es später bei der ▸ Parforcejagd verlangt bzw. nötig war.

Trainjagd, die: ▸ trainieren.

Tränengrube, die (Tränenhöhle, Voraugendrüse, Hirschträne): Eine beim ▸ Rotwild und ▸ Axishirsch unterhalb der ▸ Lichter liegende Vertiefung, die innen unbehaart ist und in der der Bezoar, ein Drüsensekret, die sog. Hirschträne (▸ Hirschbezoar 1), ausgeschieden wird, die der innerartlichen Verständigung dient. Sie ist auch beim Damwild vorhanden, jedoch schwächer ausgebildet; ▸ Duftdrüsen.

Tränenhöhle, die: ▸ Tränengrube.

Tränke, die: Eine Wasserstelle, an der sich die Hühner tränken (trinken); ▸ Schöpfstelle.

tränken, sich: Bei den Hühnern: svw. Wasser trinken. Der Ausdruck ist beim ▸ Schalenwild weniger gebräuchlich; hier besser schöpfen, bei Tauben ▸ pumpen.

Tränkherd, der: Ein an einem Tränkplatz für Vögel, hauptsächlich Wildtauben, angelegter Vogelherd (▸ Vogelfang 7.), an dem die angelockten Vögel mit dem Garn überzogen wurden.

Transport des erlegten Wildes: ▸ Bringung des Wildes.

Transportieren von Waffen, das: Nach dem WaffG (▸ Waffenrecht) transportiert jemand eine Waffe, wenn er sie nicht ▸ schussbereit und nicht ▸ zugriffsbereit von einem Ort zu einem anderen Ort verbringt und an beiden Orten keinen Waffenschein benötigt. Schussbereit und zugriffsbereit darf eine Waffe nur auf dem Weg von und zur Jagd oder im Zusammenhang damit geführt werden. In allen anderen Fällen darf sie nur transportiert werden (ungeladen im Futteral). Das Verbringen von Waffen oder Munition in, durch und aus dem Geltungsbereich des deutschen WaffG ist in den §§29 mit 33 WaffG geregelt.

Trapfpirsch, die (Tropfpirsch): Nach L. ▸ Ganghofer die Pirsch nach einem Regen (gebirglerischer Ausdruck).

Trappen, die (die oder der Trappe): Eine eigene Familie *(Otididae)* aus der Ordnung der Kranichvögel *(Gruiformes)*. Sie kommt in 23 einander recht ähnlichen, z.T. sehr großen, kräftigen Arten vor. In Europa sind nur Großtrappe *(Otis tarda)* und Zwergtrappe *(Tetrax tetrax)* ▸ Brutvögel. Den langen starken Füßen fehlt die Hinterzehe gänzlich. Der Schnabel ist erheblich kürzer als der Kopf. Sie fliegen wenig, laufen aber schnell und sind außerordentlich scheu. Die Großtrappe wird daher nicht zu Unrecht »europäischer Strauß« genannt. Sie leben polygam, vereinigen sich im Herbst zu Trupps, die sich im Frühjahr wieder auflösen. Nach dem BJG ist nur die Großtrappe jagdbar, hat jedoch keine Jagdzeit; ▸ Trappenbeize.

1. Großtrappe, die und der *(Otis tarda*, L.): Länge: Hahn um 102 cm, Henne wesentlich kleiner. Gewicht: Hahn 6 bis 16 kg (in Einzelfällen bis 20 kg), Henne 4 bis 6 kg. Größter und schwerster einheimischer Vogel und wohl schwerster flugfähiger Vogel der Erde.

Aussehen: Beim Hahn sind Kopf und Hals einfarbig hellgrau, die Oberseite und die mittleren Stoßfedern braun mit wellenförmigen schwarzen Querbändern. Unterhalb des Schnabelansatzes je ein ca. 15 cm langer, weißer Federbart (erst ab dem dritten Jahr vorhanden), der bei Erregung aufgerichtet werden kann. Schenkel, Bauch und Brust weiß mit grauem Anflug. Die großen Schwingen schwärzlich, die Flügeldecke weißlich. Der kurze Schnabel braun, Läufe grau, die Augen rötlich gelb. Die Henne sieht dem Hahn ähnlich, der Federbart fehlt jedoch. Der Jungvogel ähnelt der Henne. Beim Fliegen wird der Hals ausgestreckt.

Vorkommen und Lebensweise: Kleine Bestände um Neubrandenburg, Potsdam, Frankfurt/Oder, Magdeburg, Cottbus, Leipzig und Halle (ca. 200 Stück), Österreich (Marchfeld, Nordburgenland; Bestand rd. 150 Tiere), Mittelpolen, Ungarn, Iberische Halbinsel, zentralasiatische Steppen, Kleinasien und Nordafrika. In kalten Wintern kommt die G. in Niedersachsen vor. Als reiner Bodenvogel bewohnt sie offenes, mehr oder weniger ebenes Gelände mit niedriger Vegetation, Steppengebiete und ausgedehnte Raps-, Korn- und Maisfelder der Ebene. In Mitteleuropa sind G. meist ▸ Standvögel, verstreichen aber gelegentlich in harten, schneereichen Wintern bis ins Mittelmeergebiet. Sie sind außerordentlich scheu, laufen sehr schnell, streichen aber schwerfällig ab. Beim Hin-und-her-Streichen halten sie stets dieselben Wechsel ein. G. sind polygam und leben in kleinen Trupps, in denen die Weibchen überwiegen.

Stimme: Einen Laut geben sie nicht von sich.

Fortpflanzung: Erst mit vier bis fünf Jahren geschlechtsreif. Im Frühling lösen sich die Trupps auf, und die Hähne schreiten zur Balz (April/Mai). Der Hahn legt dabei den ▸ Stoß auf den Rücken, sodass der weiße Stoß wie ein leuchtender Federball sichtbar wird. Der Kehl-

Die Großtrappe ist wohl der schwerste flugfähige Vogel der Erde.

Das Bild aus dem »JachtBuch« (1639) von Wolfgang Birkner (1582–1651) zeigt das Anfahren der Trappen (Großtrappen) mit einem als Heuwagen getarnten Fuhrwerk. Die Jagd auf die scheuen, flüchtigen Vögel war sehr schwierig, denn der Jäger musste auf Schussnähe an sie herankommen.

sack wird weit aufgeblasen, und die Flügel werden derart verrenkt, dass das Handgelenk fast den Boden streift. Der Federbart ist voll aufgerichtet. Der aufgeplusterte Hahn dreht sich dabei viel herum oder trippelt auf der Stelle. Zu einer echten Paarbildung kommt es jedoch nicht. Das Nest, eine einfache Bodenmulde, wird im Getreide- oder Kleefeld, aber auch inmitten großer Wiesenflächen angelegt. Ein ausgewählter Nistplatz kann von der Henne über Jahre hinweg bezogen werden. Die Mulde wird nur geringfügig mit Halmen ausgelegt. Das Gelege besteht aus zwei, seltener aus drei oliv- oder graugrünen, braun gefleckten Eiern, die 79 x 56 mm groß und ca. 135 g schwer sind. Sie werden von der Henne 25 bis 28 Tage bebrütet. Die Jungen sind ▸ Nestflüchter, werden bis zum Herbst geführt, sind aber schon nach zwei Monaten flugfähig. Der Hahn kümmert sich weder um das Gelege noch um die Aufzucht der Jungen. Im Herbst schließen sich Hähne, Hennen und die Jungen zu Trupps zusammen. Eine Jahresbrut (Ende April bis Mai).

Nahrung: Viele grüne Pflanzenteile (Saat), Sämereien, Insekten, v.a. Heuschrecken, Würmer, Schnecken, Frösche und Mäuse.

Jagd: Die G. ist bei uns ganzjährig geschont. Die Jagd fand früher auf den balzenden Trapphahn statt. Dort, wo sie bejagt werden darf, geschieht dies durch Anpirschen, Anfahren, Ansitz in Erdlöchern oder mit Tarnung als Bauer. Erlaubt sind der Schrotschuss (z.B. 4-mm-Schrot) oder die Kugel (z.B. .22 Magnum, .22 Hornet, .222 Remington).

2. Zwergtrappe, die und der *(Tetrax tetrax*, L.): Länge: ca. 41 cm, Gewicht: um 900 g; Henne kleiner und schwächer.

Aussehen: Hahn im ▸ Brutkleid oberseits sandbraun mit dunkelbraunen Wellen. Handschwingen schwarz, Armschwingen weiß. Kopf und ein Teil des Halses blaugrau, der übrige Teil des Halses über den Kropf hinunter schwarz mit weißer Zeichnung sowie einem weißen und darunter schwarzen Kropfband. Unterseite weiß. Im ▸ Ruhekleid der Henne ähnlich Körperseiten jedoch ungefleckt. Bei der Henne sind Kopf, Hals und Rücken rostgelb, schwarz gefleckt und gebändert. Die Unterseite der Henne ist weiß und bis zum Bauch schwarzbraun gefleckt. Die Augen sind bei beiden Geschlechtern braun. Schnabel beim Alt- und Jungvogel braun mit dunkler Spitze, ▸ Ständer graugelb. Der Jungvogel ähnelt der Henne.

Vorkommen: Mittelmeergebiet, lokal in Frankreich, Südosteuropa und in asiatischen Steppengebieten. Die Z. bewohnt Kultursteppen und trockenes, offenes Gelände. Sie ist ein ▸ Teilzieher, europäische Vögel überwintern hauptsächlich im mediterranen Raum.

Stimme: Der balzende Hahn lässt laute und knarrende »Krerr-krerr«-Rufe hören.

Fortpflanzung: Wahrscheinlich mit zwei Jahren geschlechtsreif. Im Frühjahr balzt der Hahn auf freien oder etwas erhöhten Stellen. Er sträubt dabei das Halsgefieder, fächert den Stoß und lässt die Flügel hängen. Das Nest, eine einfache, mit wenigen Halmen und Gräsern ausgelegte Mulde, wird in Getreide- und Kleefeldern oder im Steppengras errichtet. Das Gelege enthält zwei bis drei, seltener vier olivgrüne, leicht bräunlich gewölkte Eier, die 52 x 39 mm groß und ca. 41 g schwer sind. Sie werden vom Weibchen in ca. drei Wochen ausgebrütet. Die Jungen sind Nestflüchter und werden bis zur Flugfähigkeit (mit fünf Wochen) von der Henne geführt. Eine Jahresbrut (Mai bis Juni).

Nahrung: Mehr tierische Nahrung (Insekten, Schnecken, Würmer, Amphibien) als die Großtrappe; daneben auch grüne Pflanzenteile.

Trappenbeize, die: Eine früher ausgeübte ▸ Beizjagd auf ▸ Trappen. Hierbei wurden zwei Gerfalken gleichzeitig an die Trappen geworfen, die durch Hiebe an Hals und Kopf diese so weit brachten, dass sie nicht mehr aufsteigen konnten. Die T. wird bereits im Jahre 1557 von Gesner beschrieben. Die Trappe zählte überall zur ▸ Hohen Jagd; ▸ Reiherbeize.

Trapper, der: Englisches Wort für »Fallensteller«. Als T. werden die nordamerikanischen Pelztierjäger bezeichnet.

Trappgans, die: ▸ Wildgänse 2.

Trapschießen, das: **1**) Wettbewerb des Wurftaubenschießens, der im Voranschlag, d.h. mit angeschlagener Flinte (mit Schrotladung) ausgeführt wird. Die Schützen schießen von 15 m vor den Wurfmaschinen (engl. Trap) befindlichen Positionen, wobei die ▸ Tontauben in wechselnder Richtung und unterschiedlicher Höhe geworfen werden. Auf jede Taube dürfen bis zu zwei Schüsse abgegeben werden. Geschossen werden 200 Tauben in 25er-Serien. **2**) Eine Disziplin des jagdlichen Flinten-, Übungs- oder Wettkampfschießens; ▸ jagdliches Schießen.

Traptauben, die: ▸ Tontauben.

Traubeneiche, die: ▸ Eichen 1.

Traubenholunder, der: ▸ Holunder.

Traubenkokken, die: ▸ Staphylokokkose.

Trauerbruch, der: ▸ Bruchzeichen.

Trauerente, die: ▸ Wildenten 16.

Trauerseeschwalbe, die: ▸ Seeschwalben 1.

Treffpunktlage, die: Beim Büchsenschuss der Sitz des Geschosses auf den Zielpunkt bezogen. Beim Schrotschuss der Mittelpunkt des Streukreises der Schrote auf den Zielpunkt bezogen; ▸ Ballistik.

Treiben, das (Trieb): Ein Teilstück der ▸ Treibjagd. Eine Treibjagd wird in das erste, zweite, dritte T. usw. eingeteilt; ▸ Gesellschaftsjagd.

treiben: **1**) Das Wild durch Treiber oder Hunde aufscheuchen, damit es die Schützen schießen können; svw. eine ▸ Treibjagd durchführen. **2**) Beim männlichen ▸ Schalenwild:

das weibliche Wild oder die Nebenbuhler in der Brunft verfolgen; ▸ sprengen. **3)** svw. ▸ sprengen 2).

Treiber, die: Hilfspersonen des Jägers, die bei einer ▸ Treibjagd das Wild aufscheuchen und es den Schützen zutreiben. Nach der ▸ Unfallverhütungsvorschrift Jagd (§ 4 Besondere Bestimmungen für ▸ Gesellschaftsjagden) muss sich die Kleidung der T. farblich von der Umgebung abheben. Zweckmäßig sind sog. Signalwesten.

Treiber in den Kessel: Ein ▸ Jagdsignal.

Treiberkette, die: ▸ Treiberwehr.

Treiberwehr, die (Treibwehr, Treiberkette): Eine Gruppe in Linie aufgestellter Treiber. Bei der Streifjagd einer der beiden von den Treibern aufgestellten Flügel, die das seitliche Ausbrechen des Wildes verhindern sollen. Schützenwehr dagegen wird die Reihe der aufgestellten Schützen genannt; ▸ Wehr 1).

Treibjagd, die: Bez. für eine Jagdart, bei der im Ggs. zu Ansitz, Suche oder Pirsch das Wild getrieben wird, indem Schützen, Treiber und Hunde zusammenwirken. Sie wird sowohl im Feld als auch im Wald durchgeführt. Bei den T. im Felde wird nach Kessel-, Vorstehtreiben und Böhmischer Streife, bei denen im Wald nach Standtreiben, Riegel- oder Drückjagden unterschieden. Der Begriff T. kam im 18. Jh. auf und bezeichnete anfangs nur eine ▸ Klopfjagd. Die ältesten Regeln über das Verhalten der Schützen bei T. stammen von Hermann Friedrich ▸ Göchhausen (Ordnung der Schützen bei T.) und wurden am 15.10.1723 für das Herzogtum Weimar erlassen; ▸ Gesellschaftsjagd.

Treibjagdsignale, die: ▸ Jagdsignale.

Treibladungspulver, das: Kurz: Treibladung. Bez. für das Schießpulver für Patronenmunition. Es wird zwischen Schwarzpulver (z.B. in Schrotpatronen für nicht nitrobeschossene Waffen) und Nitropulver (rauchschwaches T. wie Nitroglyzerinpulver und Nitrozellulosepulver) unterschieden.

Treibleine, die: Ein langes, starkes Seil, womit am Abend auf dem Felde die Lerchen auf- und zusammengetrieben wurden, um sie in den Klebnetzen zu fangen; ▸ Garne 4.

Treibmittel, das: Schießpulver für Patronen; ▸ Pulver, ▸ Treibladungspulver.

Treibwehr, die: ▸ Treiberwehr.

Treibzeug, das: Eine Fangvorrichtung (Netz) zum Lebendfang von Rebhühnern; ▸ Garne 7.

Trematoden, die: ▸ Saugwürmer.

Trennung von Wald und Weide: ▸ Waldeigentum.

trensen (mittellat.: trinsare = brummen, trenzen, knörren, brummen): Das kurze, rasch aufeinanderfolgende leise Schreien des Hirsches während der Brunftzeit, wenn er sich seinem Rudel ▸ Kahlwild nähert oder einen Nebenbuhler treibt; ▸ Rotwild (Sinne und Lautäußerung).

trenzen: ▸ trensen.

treten: **1)** Beim Wild: aus dem Holze auf eine Wiese oder ein Feld t.; ▸ austreten. **2)** Beim größeren Federwild: svw. ▸ begatten. **3)** Beim Hirsch und Rehbock: in die ▸ Brunft oder aus der Brunft t. **4)** Beim Auer- und Birkwild: zu Baum oder zu Boden t., wenn sie ▸ aufbaumen oder auf den Boden herunterfliegen; ▸ abtreten, ▸ vertreten.

Treuenadel des DJV: ▸ Verbandsabzeichen.

Trichinen, Trichinose, die: Innere ▸ Parasiten; T. *(Trichinella spiralis)* sind haardünne Rundwürmer (Nematoden). Es werden unterschieden: Darm-T, geschlechtsreife T. (1,5 bis 4 cm lang) im Dünndarm und Muskeltrichinen, T.-Larven (0,8 bis 1 mm lang) in der quer gestreiften Muskulatur.

Vorkommen: Bei den Fleischfressern (Bär, Fuchs, Dachs, allen Marderarten, Wolf, Wildkatze, Luchs und Hund), bei den Allesfressern (Schwarzwild, Hausschwein), bei Nagetieren (Ratten, Mäuse, Sumpfbiber) und beim Menschen. Nehmen pflanzenfressende Tiere oder Vögel T.-Larven auf, entwickeln sie sich nicht weiter, falls doch, sterben sie spätestens in den Muskeln ab. Nimmt ein Tier oder auch der Mensch mit Muskel-T. (T.-Larven) durchsetztes Fleisch auf, lösen sich im Magen durch Einwirkung der Magensäfte die eventuell vorhandenen T.-Kapseln auf und die T.-Larven werden frei. Sie gelangen mit dem Speisebrei in den Darm. Dort bohren sie sich in die Darmschleimhaut ein und reifen innerhalb von zwei bis vier Tagen (fünf bis acht Tagen nach Aufnahme trichinösen Fleisches) zu geschlechtsreifen Darm-T. Nach der Begattung legt das T.-Weibchen schubweise in der Lebenszeit von vier bis sechs Wochen über 1000 lebende Larven ab. Diese gelangen von den Lymphbahnen des Dünndarms in den großen Blutkreislauf und mit diesem in alle Körperteile, besonders aber in die stark durchbluteten Muskelteile im Zwerchfell. Sie setzen sich dort fest, rollen sich ein und verkapseln sich innerhalb von fünf Wochen (sog. Muskeltrichinen). Nach frühestens sechs Monaten können sich die T.-Larven verkalken und eingekapselt jahrelang infektionsfähig bleiben. Wird trichinöses Fleisch von geeigneten Tieren oder dem Menschen verzehrt, beginnt der Entwicklungskreislauf von Neuem. Geringer Befall bleibt bei Tieren erscheinungslos. Bei starkem Befall fällt das Tier durch Durchfall, steifen Gang und auch manchmal durch Schluckbeschwerden auf. Hat sich ein Mensch an trichinösem Fleisch infiziert, kommt es i.d.R. zu Übelkeit, Fieber, Durchfall, Bauchschmerzen und durch die folgende Entzündung sämtlicher Muskeln zu Muskelschmerzen. Es ist unverzüglich ein Arzt aufzusuchen, da die Heilungschancen ab dem fünften Tag rapide sinken. Die Infektion eines Menschen verläuft in einigen Fällen (ca. 20%) tödlich. Wegen der großen Gefahr für den Menschen muss alles für den menschlichen Genuss bestimmte Fleisch von Fleischfressern (Bär, Fuchs, Dachs) und Allesfressern (Schwarzwild, Hausschwein) auf Muskel-T. hin untersucht werden. Diese ▸ Trichinenschau hat vor der Zerlegung zu erfolgen.

Bekämpfung: Bei Wildtieren nicht möglich. Trichinöses Fleisch ist genussuntauglich und darf wegen der Infektionsgefahr auch nicht an andere Tiere verfüttert werden. Es muss unschädlich beseitigt werden; ▸ Tierkörperbeseitigung.

Trichinenschau, die: Das Fleischhygienegesetz (▸ Fleischuntersuchung) beinhaltet u.a. auch die Pflicht zur T.- und Finnenschau. Demzufolge unterliegen Schweine, Wildschweine, Bären, Füchse, Sumpfbiber, Dachse und andere fleischfressende Tiere, die Träger von ▸ Trichinen sein können, einer amtlichen Untersuchung (T.), wenn deren Fleisch zum Genuss für den Menschen verwendet werden soll. Zuständig ist der für den Erlegungsort amtlich bestellte Trichinenschauer oder Tierarzt. Wird das zum Genuss für Menschen bestimmte Tier unzerlegt in einen anderen T.-Bezirk versandt, so kann die Untersuchung auch am Bestimmungsort nachgeholt werden; dies muss jedoch unverzüglich geschehen. Bei der T. werden dem Wild- bzw. Tierkörper Fleischproben (Muskelproben aus den Zwerchfellpfeilern und der Unterarmmuskulatur) entnommen und auf Trichinen untersucht. Aufbruch und Organe sind mitzuliefern. Zuständig für die Ablieferung ist der ▸ Jagdausübungsberechtigte. Wird das Wild an einen be- oder verarbeitenden Betrieb (auch Wildbrethändler oder an einen Jagdscheininhaber) abgegeben, ist dieser für die ordnungsgemäße T. zuständig. Das untersuchte und trichinenfreie Wild (Tier) wird mit einem rechteckigen Stempel von mindestens 2 und 5 cm Seitenlänge, der die Aufschrift »trichinenfrei« und den Namen oder das Zeichen des T.-Bezirks trägt, versehen. Als Stempelfarbe wird eine unschädliche, haltbare blaue Farbe verwendet. Bei Wildschweinen erfolgt der Stempelabdruck in der Schwarte beiderseits des Schaufelknorpels, beiderseits auf dem Nierenfett und an der von der Schwarte befreiten Innenfläche der Hinterschenkel. Ohne T.-Stempel darf das Wild nicht in den Verkehr gebracht werden. Bei Schwarzwild ist zusätzlich eine ▸ Fleischuntersuchung durchzuführen. Auf Verlangen hat der amtlich bestellte Trichinenschauer eine Bescheinigung über die Untersuchung auszustellen.

Wer die T. unterlässt, wird nach dem Fleischhygienegesetz mit Freiheitsstrafe bis zu drei Jahren oder mit Geldstrafe bestraft, in besonders schweren Fällen mit Freiheitsstrafe bis zu fünf Jahren. Bei fahrlässigem Handeln ist mit einer Freiheitsstrafe bis zu einem Jahr oder mit Geldstrafe zu rechnen.

Trichinose, die: ▸ Trichinen.

Trichomoniasis, die: Massenbefall von im Darmkanal schmarotzenden Trichomonaden (Geißeltierchen) beim Federwild (besonders Fasane und Wildenten), der nur bei ungünstigen Umweltbedingungen, unzureichender Fütterung, unhygienischer Haltung im Zusammenhang mit anderen Erkrankungen (bakterielle Infektion, Parasitenbefall) vorkommt. Der Trichomonadenbefall frei lebenden Federwildes ist wie der des wiederkäuenden Schalenwildes (der die Gebärmutter erfasst und zu Fortpflanzungsstörungen führt) praktisch ohne Bedeutung. Von Bedeutung für den Jäger, besonders den Beizjäger, sind die Trichomonaden, die im Rachen- und Kropfschleim von gesunden Tauben schmarotzen. Bei Jungtauben und Greifvögeln (Beizvögeln) ist die T. eine gefährliche Infektion. Im ganzen Rachenraum und auf der Zunge der erkrankten Vögel bilden sich weißliche, schleimige bis gelblich käsige Beläge. Der Vogel leidet unter Atemnot und kann Nahrung nur mit großer Mühe aufnehmen. Er erstickt oder verhungert, wenn er nicht behandelt wird. Bei Beizvögeln ist eine Behandlung durch den Tierarzt notwendig und führt i.d.R. auch zur Heilung.

Trichophytie, die: ▸ Glatzflechte.

Trieb, der: svw. ▸ Treiben (süddeutsch).

Triegelfedern: Beim Auerhahn der ▸ Unterstoß.

Triel, der *(Burhinus oedicnemus*, L.): Familie der T. *(Burhinidae)*, Unterordnung der wat- und schnepfenähnlichen Vögel aus der Ordnung der ▸ Watvögel und möwenartigen Vögel *(Charadriiformes)*. Die gebräuchlichsten Namen: Dickfuß, Steinpardell, Steinwälzer, Heidhenne, Ochsennase, Erdbracher, lerchengrauer Regenpfeifer, Eulenkopf, Brachhuhn, Glut oder Gluth. Länge: um 40 cm, Gewicht: um 400 g. Der T. ist als ▸ Brutvogel in Deutschland ausgestorben.

Aussehen: Die Geschlechter sind gleich gefärbt. Oberseits hell-graubraun mit dunkleren Längsflecken. Oberkopf und Hals mit dunklen Schaftstrichen und Flecken; Kehle, Unterbrust und Bauch weißlich und dicht längs gefleckt. Der Kopf dick und steilstirnig, die Augen groß, beinahe eulenartig und gelb. Im Flügel zwei breite, lichte Binden, die im Flug gut zu sehen sind. Schnabelspitze schwarz, ▸ Ständer grünlich gelb. Das Gefieder verfärbt sich im Herbst oberseits mehr rostbräunlich. Das ▸ Jugendkleid ähnelt dem ▸ Alterskleid.

Vorkommen und Lebensweise: Nordostdeutschland, südliches Ost- und Südeuropa, Westeuropa, Südostengland, Asien, Nordafrika und Kanaren. In Europa ▸ Teilzieher, der in Westeuropa und im Mittelmeerraum überwintert. Sein Lebensraum sind Brachflächen, trockene und offene Hügellandschaften, steppenartige Gegenden und steinige Halbwüsten. Den Tag verschläft er gerne (nachtaktiv), rennt in geduckter Haltung sehr schnell und ruckartig davon. Er fliegt ungern, stets niedrig und meist nur zur Nachtzeit. Im Flug ist er an den lang ausgestreckten Ständern und an den abwärts gekrümmten Flügeln erkennbar.

Fortpflanzung: Wahrscheinlich erst im zweiten Jahr geschlechtsreif. Das ▸ Nest ist eine einfache Mulde auf steinigem und sandigem Grund, häufig auf Dünen und Heideflächen. Gelegentlich wird sie mit Halmen ausgelegt, und nicht selten findet sich Kaninchen- und Hasenlosung zwischen den Eiern. Das Gelege besteht aus zwei steingrauen oder sandfarbenen, schwarzbraun gefleckten und gestrichelten Eiern, die 54 x 38 mm groß und ca. 37 g schwer sind. Die Eier werden von beiden Partnern 25 bis 27 Tage bebrütet. Die Jungen sind ▸ Nestflüchter und mit etwa sechs Wochen selbstständig. Eine Jahresbrut (Mitte April bis Juni/Juli).

Nahrung: Insekten, Käfer, Würmer, Schnecken, kleine Frösche, Eidechsen, Mäuse und gelegentlich junge Kleinvögel.

Triller, der: **1**) Zweiter Teil des Balzsatzes oder der Balzarie des Auerhahnes, und zwar der schnellere Teil des Knappens vor dem Hauptschlag; ▸ Raufußhühner 1. **2**) Der Schlusslaut des Haselhahnrufes.

Triplette, die: Drei Stück Wild derselben Art unmittelbar hintereinander mit drei Schüssen erlegen.

Tritonmuschel, die: Gehäuse der Tritonschnecke, mit dem der Hirschruf nachgeahmt wird; ▸ Lockjagd.

tritscheln (bayerisch für ausplaudern): Beim Gamswild: beim Äsen eigentümliche Laute ausstoßen.

Tritt, der: **1**) ▸ Trittsiegel. **2**) In Verbindungen: z.B. Ab-, Bei-, Kreuz-, Schlosstritt; ▸ Hirschgerechte Zeichen. **3**) Der Fuß bei Fasan, Reb-, Hasel- und Schneehuhn sowie bei der Taube.

Trittbrett, das (Trittholz): Ein kleines Brettchen an verschiedenen ▸ Fallen, auf das das zu fangende Tier treten muss, um die Falle zum Zuschlagen oder Zufallen zu bringen.

Tritteisen, das: Das Tellereisen; ▸ Fallen 15.

Trittholz, das: ▸ Trittbrett.

trittlahm: Bei Vögeln: am ▸ Tritt verletzt sein.

Trittschlinge, die: Eine alte Fangvorrichtung für Tauben, die früher ganz niedrig auf dünnen Ästchen angebracht wurde.

Trittsiegel, das (Tritt): Der einzelne Fußabdruck beim Wild, besonders beim ▸ Schalenwild. Mehrere Tritte oder T. des gleichen Stückes bilden die ▸ Fährte, ▸ Spur bzw. Fährten- und Spurfolge; beim Federwild das ▸ Geläuf.

trocken: **1**) Zustand eines jungen ▸ Beizvogels, wenn seine Federn ausgewachsen sind. **2**) Ein Hund ist t., wenn er kein Fett angesetzt und keine lose Haut am Hals hat.

trollen: Das Traben des ▸ Schalenwildes, z.B.: »Die Hirsche wechselten in scharfem Troll der Dickung zu«, oder: »Der Rehbock trollte spitz von mir ab.« Geht Schalenwild im Schritt, so zieht es; läuft es im Galopp, so ist es flüchtig.

Trommel, die: Ein trommelförmiger Garnsack zum Fangen kleiner Vögel.

trommeln: **1**) Bei Hasen und Kaninchen: mit den Vorderläufen schnell schlagen; entweder das Aufeinandereinschlagen der ▸ Rammler beim Kampf um die Häsin oder deren Abwehr bei der Verteidigung der Jungen. **2**) Beim Birkhahn: eine Lautäußerung; ▸ kollern 1).

Tropffährte, die: Getropfte künstliche ▸ Schweißfährte.

Trophäen, die: Jagd-T. sind jagdliche Erinnerungsstücke von erlegtem Wild, die vom Jäger als Schmuck oder als Dekorations- und Gebrauchsgegenstand (▸ Jagdschmuck) aufbewahrt werden. Das Sammeln von Teilen des erlegten Wildes ist zwar uralt, was Funde aus der Eiszeit beweisen, die Wertschätzung von bestimmten Teilen des Wildkörpers als T. hat aber im Laufe der Zeit stark gewechselt: Ein Hirsch- oder Rehgeweih wurde z.B. vor 200 Jahren nur in den seltensten Fällen aufbewahrt, es galt nicht als T. Bei den früheren Hetzjagden bekam daher der Jagdherr z.B. nicht das Geweih des erlegten Hirsches, sondern den rechten Vorderlauf überreicht. Anomalitäten hingegen sammelten die fürstlichen Jagdherrn schon früh auf ihren Schlössern, doch es gab auch damals schon ausgesprochene T.-Sammler. Kaiser ▸ Maximilian I. ließ sich z.B. 1516 in seiner Innsbrucker Residenz eine »Khürnstube« für seine Jagd-T. einrichten und im hessischen Jagdsitz Sababurg hingen im Jahre 1571 bereits um die 500 Geweihe. Heute zählen neben den Decken, Schwarten und Bälgen des Wildes als T.:

Haarwild: *Rotwild*: das ▸ Geweih; die ▸ Grandeln von Hirsch (Hirschgrandeln) und Tier (Stuckgrandeln) sowie der Hirschbart als Hutzier – *Elch*: Das Geweih und als Hutzier der Kehlbart des Schauflers – *Sikahirsch*: Geweih und Grandeln – *Damhirsch*: das Geweih – *Rehwild*: das Gehörn (Geweih) des Bockes und die selten vorkommenden Grandeln – *Gamswild*: die Krucken von Bock und Geiß sowie der Gamsbart als Hutzier – *Steinwild*: das Gehörn – *Muffelwidder*: die Schnecken – *Schwarzwild*: das Gewaff des Keilers, der

▸▸ Starke Keilerwaffen sind begehrte Jagdtrophäen.

Saubart als Hutzier und der Bürzel, die Haken der Bache, die zu Schmuck verarbeitet werden – *Hase*: der Bart (Hasenbart, d.h. die Tasthaare) und die Blume – *Murmeltier*: die Nagezähne – *Fuchs*: die Fangzähne (Fänge bzw. Haken) und der präparierte Schädel – *Dachs*: die Fangzähne (Fänge bzw. Haken), der Dachsbart, der präparierte Schädel und der etwa 6 cm lange ▸ Penisknochen von alten Rüden –*Waschbär* die Eckzähne und der etwa 9,5 cm lange Penisknochen – *Marder, Wiesel, Iltis, Otter* und *Bisamratte*: die Fangzähne und der präparierte Schädel – *Seehund*: die Barthaare (Schnurhaare).

Daneben gelten auch die ▸ Decke, der ▸ Balg und die ▸ Schwarte, ebenso die Ganzpräparate des (meist kleineren) Haarwildes als T.

Federwild: *Trapp-, Auer-, Birk-* und *Rackelhahn*: der ganz präparierte Hahn oder nur das Kopf-Stingel-(Hals-)Präparat, der Stoß (Fächer, Schaufel), der Bart, die Grandeln (Malerfedern), der Bürzelbart und beim Auerhahn zusätzlich noch das Weidkorn (▸ Magensteine). – *Haselhahn, Stein-* und *Schneehuhn*: das Ganzpräparat und die schönsten Federn als Hutschmuck. – *Fasan*: die Fasangrandeln (Malerfeder am Schwingenbug) als Hutschmuck – *Rebhuhn* und *Wachtel*: die schönsten Federn als Hutschmuck. – *Fischreiher*: die Kopffedern (Reiherfedern) – *Waldschnepfe*: die Schnepfengrandeln (Malerfeder) und der sog. ▸ Schnepfenbart – *Wildenten* (*Erpel*): die Haken (Locken, Schneckerln) oder auch der Vogel als Ganzpräparat – *Wildgans*: die Grandeln (Malerfedern).

Greifvögel: Die Ganzpräparate oder die Fänge (z.B. als Uhrkettenanhänger) sowie ausgesucht schöne Federn (z.B. Adlerflaum) als Hutschmuck.

Trophäenbehandlung, die: Beim ▸ Schalenwild wird der abgeschlagene (abgetrennte) Kopfschmuck, nachdem die Decke vom Schädel bzw. von den Schädelteilen abgeschärft wurde, etwa ein bis zwei Tage lang ins kalte Wasser gelegt, damit der ▸ Schweiß restlos herausgezogen wird. Eine Wässerung hat auch den Vorteil, dass der Schädelknochen sich nach dem Abkochen wesentlich besser reinigen lässt und später rein weiß wird. Zum Abkochen wird der Schädel ins kalte Wasser (ohne Zusatz) gestellt und dieses langsam erwärmt. Es ist darauf zu achten, dass während des Kochens die Stangen, Schläuche usw. nicht untergetaucht sind, weil sonst die Naturfarbe, bei Gamskrucken auch der Pechbelag, erheblich darunter leiden. Zweckmäßig ist daher die Verwendung eines im Fachhandel erhältlichen oder selbst gebauten Ständers mit Klemmbacken, an dessen verstellbarem Arm die Trophäe in die jeweils gewünschte Lage am Kochtopf gebracht werden kann. Das Wasser darf nur zum Sieden, jedoch nicht zum Kochen gebracht werden, damit die Knochennähte nicht platzen. Der auf dem Wasser schwimmende fette Schaum ist ständig abzuschöpfen und frisches Wasser nachzugießen. Nach einer Kochzeit von 30 bis 45 Minuten (je nach Wildart) werden die Knochenteile abgeschreckt, indem man sie für einige Minuten ins kalte Wasser taucht. Anschließend werden die Weichteile mit einem Messer fein säuberlich entfernt und die Kleinstreste mit einer harten Bürste vorsichtig abgeschrubbt. Nach dem Säubern wird der Schädelknochen endgültig beschnitten und nochmals in siedendes Wasser getaucht, um das noch austretende Fett zu entfernen. Der Knochen kann nunmehr an der Sonne getrocknet und gebleicht und die Knochenoberfläche mit einem feinen Sandpapier spiegelglatt geschliffen werden. Zum Schluss können die Knochenteile mit Bleichmitteln (z.B. 30%iges Wasserstoffperoxid), die vorsichtig mit einem Wattebausch aufgetragen werden, damit die Stangen und Schläuche nicht verätzen, aber auch um die Hände zu schützen, nachbehandelt werden. Bei Gamskrucken, Muffelschnecken und Steinbockgehörnen (Trophäen mit Hornschläuchen) werden die Schläuche häufig nach dem ersten Kochen abgezogen, um die Stirnzapfen innen reinigen zu können. Nach dem Bleichen des Schädels werden sie in gleicher Lage wieder aufgesetzt. Soweit beim Kochen und Reinigen die Zapfen etwas dünner geworden sind, umklebt man die Zapfen mit Papier- oder Stoffstreifen und bestreicht diese mit Klebstoff (z.B. Kaltleim), setzt dann die Schläuche fest auf. Wie die Trophäen letztlich aufgehängt werden, auf Brettchen montiert oder ohne schmückendes Beiwerk an die Wand gehängt, ist dem Geschmack des Einzelnen überlassen. Auf der Rückseite des Brettchens – manchmal auch auf die Hirnschale – werden Erlegungsort und -tag, geschätztes Alter und eventuell die Punktzahl geschrieben. Eine besonders vorsichtige Behandlung ist bei Keilerwaffen notwendig. Sie stecken zu drei Vierteln im Kiefer. Beim Abschlagen (Absägen) des Ober- und Unterkiefers ist deshalb der Schnitt unbedingt hinter dem vierten Backenzahn zu führen. Vorsicht ist auch beim Abkochen geboten. Schnelles und siedendes Kochen lässt die Waffen meist zerspringen. (Kein Soda verwenden; auf Zusätze beim Abkochen soll grundsätzlich verzichtet werden.) Die Waffen werden mit Paraffin, Talg oder flüssigem Holz gefüllt und auf einer Unterlage befestigt. Kleintiere und Vögel, die im Ganzen präpariert werden sollen, gehören in die Hand des Präparators, soweit man nicht selbst über die nötigen Fachkenntnisse verfügt. Solche Stücke dürfen nur, wenn sie nicht persönlich und unmittelbar ausgehändigt werden können, gut ausgekühlt und entsprechend gut verpackt versandt werden. Haare und Federn müssen trocken sein, Schusswunden und sonstige Leibesöffnungen werden mit Watte verstopft, den Greifvögeln wird zusätzlich der Kropfinhalt durch den Schnabel ausgedrückt (▸ Präparieren von Wild). Soweit bei größerem Wild nur Kopf-Träger-(Hals-)Präparate gewünscht werden, ist darauf zu achten, dass der Rundschnitt am untersten Ende des Trägers tief genug und entsprechend weit nach hinten gelegt wird, damit vom Präparator sowohl der Brustansatz als auch der vordere Teil des ▸ Widerristes, allein schon des schönen Anblickes wegen, mitmodelliert werden kann. Decken, Schwarten und Bälge werden frisch getrocknet oder gesalzen an den Handel bzw. an die Gerbereien abgegeben. In der kalten Jahreszeit können sie u. U. auch in körperfrischem Zustand an die Gerbereien geliefert werden. Vor dem Versand ist jedoch die Aasseite (Fleischseite) mit trockenen Sägespänen einzustreuen und eine luftige Verpackung notwendig. Die Rot- und Rehwilddecken sind im Sommer, die Dachs- und Sauschwarten im Winter am wertvollsten. Die Fänge von Raubwild müssen vorsichtig mit dem Waidmesser herausgelöst werden. Sie dürfen jedoch nicht herausgekocht werden, es besteht sonst die Gefahr des Zerspringens. Das Gleiche gilt für die Nager (Nagezähne) des Murmeltieres; ▸ Mazerieren.

Trophäenbewertung, die: In früherer Zeit wurde die Beurteilung der ▸ Trophäen in vergleichendem Augenschein vorgenommen. Bei Ausstellungen war es dem Mehrheitsbeschluss der Preisrichter überlassen, über Bewertung und Prämierung der verschiedenen Trophäen zu befinden, wobei sie sich i. Allg. von der Geweih- bzw. Gehörnstärke ihres eigenen Landes leiten lassen mussten. Auf einzelnen ▸ Jagdausstellungen wurden die Länge der Stange, ihr Umfang und auch das Volumen der Trophäe, das durch Wasserverdrängung gemessen wurde, zur Beurteilung herangezogen. Erst 1930, bei der Internationalen Jagdausstellung in Leipzig, ging man dazu über, die Trophäen nach Punktzahlen einzugruppieren, die nach bestimmten Formeln ermittelt wurden. Die dort angewandten Formeln sind inzwischen mehrmals abgeändert worden. Insbesondere wurden sie 1937 zur Großen Internationalen Jagdausstellung in Berlin abgeändert. Die ersten Vorschläge für eine Rothirschgeweihformel stammen vom Grafen Meran (Steiermark), die sich jedoch nur auf Längen- und Umfangmessungen beschränkten. Diese ersten Grundlagen einer Rothirschgeweihbewertung wurden vom Direktor des Zoologischen Gartens in Budapest, Dr. Nadler (▸ Nadler), weiterentwickelt und international in ganz Europa angewandt. Die sog. Prager und die spätere deutsche Rotwildformel (die 1954 wieder abgeändert wurde) gehen auf die Nadlersche Rotwildformel zurück. Von Kobylinski, ein bekannter ostpreußischer Elchjäger, schuf die Formel für Elchschaufeln. Die in Ungarn entwickelten Formeln für Damschaufeln wurden von Oberbaurat Wild verbessert. Der Mecklenburger Forstmeister Dr. Bieger schuf die Rehgeweihformel (Bieger'sche Formel). Aus Ungarn stammten auch die Formeln für Keilerwaffen und Muffelschnecken, die Formel für Gamskrucken aus Österreich und Deutschland (Österreichisch-Deutsche Einheitsformel). Aufgrund der T. werden Spitzentrophäen in Bronze-, Silber- oder Goldmedaillenklassen eingereiht, daneben werden Weltranglisten für die stärksten Trophäen geführt. Die z. Z. geltenden internationalen Bewertungsformeln für das europäische Wild hat der Internationale Jagdrat im Jahre 1976 festgelegt (CIC-Formel).

Trophäenschau, die: Auch Hegeschau. Die T. dient der Überwachung der Abschlussplaner-

Ausstellungswand auf einer Hege- oder Trophäenschau

füllung und der Darstellung der Leistung eines Wildbestandes. Zu diesem Zweck ordnen die Kreisverwaltungsbehörden (untere ▸ Jagdbehörden) oder die Kreisgruppen, Hegeringe, Hegegemeinschaften u.a. jagdliche Organisationen jährlich in der Zeit zwischen 1. November und 1. April die Abhaltung einer oder mehrerer Pflicht-T. an. Sie können hegegemeinschafts- oder kreisweise, aber auch für einzelne Hegeringe oder für ein größeres Gebiet abgehalten werden. Dazu sind alle im Amtsbezirk erbeuteten Trophäen von ▸ Schalenwild (▸ Geweihe, ▸ Gehörne, ▸ Schnecken und ▸ Krücken) vorzulegen. Bei Geweihen und Gehörnen kann außerdem die Vorlage des zugehörigen linken Unterkieferastes verlangt werden. Von der Vorlage einzelner Trophäen kann die veranlassende ▸ Jagdbehörde befreien, wenn dies außergewöhnliche Umstände bereiten würde oder das Wild aus Gatterrevieren stammt. I.d.R. werden die T. von den Landesjagdverbänden (Kreisgruppen usw.) vorbereitet und durchgeführt. Verantwortlich für das Einsenden ist der Revierinhaber. Er hat auch für die Einsendung der von seinen Jagdgästen erbeuteten Trophäen Sorge zu tragen.

Trosch, der: Ein meist bunter Federbusch auf der Haube (Stockhaube) der Beizvögel; ▸ Falkenhaube.

Trösel, die: Die weibliche Krickente; ▸ Wildenten 2.

Trostsäugen, das: Ein von dem Schweizer Theologen und Naturschützer Ph. Schmidt geprägter Begriff für die Verhaltensweise der führenden Rehgeißen, aber auch anderer führender Wiederkäuerweibchen, wenn das Jungtier ein Schreck- oder Angsterlebnis hinter sich hat und es von der Mutter zum Trost und zur Beruhigung gesäugt wird; ▸ Mutter-Kind-Beziehung.

Trottellumme, die: ▸ Alken 1.

trotten: ▸ traben.

Trübner, Wilhelm (3.2.1851 Heidelberg bis 21.12.1917 Karlsruhe): Maler; schuf v.a. Bildnisse und Stillleben. T. war eng befreundet mit den Malern Carl ▸ Schuch und Karl ▸ Hagemeister und zählte als Landschaftsmaler und Porträtist zu den bedeutendsten deutschen Impressionisten. Die Städtische Kunsthalle in Mannheim besitzt von ihm »Stillleben mit Reh, Hasen und Schnepfe« (1873) und »Wildschwein und Hund«.

Trughirsche, die *(Odocoileinae)*: Unterfamilie aus der Familie der ▸ Hirsche; ▸ Schalenwild.

Trupp, der: svw. ▸ Rudel, einige wenige Stücke bei Rot-, Sika-, Dam-, Gams- und Muffelwild; seltener bei Trappen, Trutwild, Wildenten und Wildgänsen gebräuchlich.

Truthuhn, das: ▸ Wildtruthuhn.

Trutwild, das: ▸ Wildtruthuhn.

Tschakl, der (kärntnerisch): Der Eichelhäher; ▸ Rabenvögel 9.

Tschargatz, die (siebenbürgisch-sächsisch): Die Elster; ▸ Rabenvögel 8.

Tschudi, Friedrich von; Pseudonym: C. Weber (1.5.1820 Glarus bis 24.1.1886 St. Gallen): Schweizerischer evangelischer Theologe, Agronom und Schriftsteller. T. studierte Theologie in Basel, Bonn, Berlin und Zürich. Im Jahre 1871 gründete er die St. Galler Sekundarlehramtsschule, die spätere Pädagogische Hochschule. Neben seinem Hauptwerk »Das Thierleben der Alpenwelt …« (1853) schrieb er »Die Vögel und das Ungeziefer« (1858); ▸ Jagdliteratur.

Tschudi, Johann Jakob von: ▸ Jagdliteratur.

Tschuwick, der (siebenbürgisch-sächsisch): Der Steinkauz; ▸ Eulen 8.

Tuberkulose, die: ▸ Infektionskrankheit, die von drei verschiedenen Tuberkelbakterien hervorgerufen wird und hauptsächlich bei Rindern, Geflügel und beim Menschen auftritt, jedoch bei allen Arten des Haar- und Federwildes vorkommen kann. Beim Haarwild wird sie meist durch das *Mycobacterium bovis* (Rindertyp), beim Federwild durch das *M. avium* (Geflügeltyp) hervorgerufen. T. durch das *M. tuberculosis* kommt selten vor. Seit in den letzten Jahren die Rinder-T. zurückgegangen ist, kommen beim Schalenwild in freier Wildbahn nur noch selten T.-Fälle vor, in Wildfarmen und bei Gehegehaltung kann sie jedoch zum Problem werden. Geflügel-T. tritt bei Fasanen (Fasanerien), Rebhühnern, Greifvögeln (Beizvögeln) und anderem Geflügel auf. Die Infektion erfolgt durch Einatmen der Bakterien (primäre Lungen-T.) oder durch Aufnahme der Tuberkelbazillen mit der Äsung (primäre Darm-T.). Am Ort der Einnistung (Lunge, Leber, Nieren, Darm etc.) verursachen die Bakterien herdförmige, geschwürartige Entzündungen mit Verkäsung. Diese Herde werden vom Bindegewebe eingekapselt (abszessartige Knoten), die über die Organoberfläche hervorragen und die sog. »Perlsucht« an Brust- und Bauchfell verursachen oder die Milias-T. der Lunge, bei der die ganze Lunge mit kleinen Knötchen durchsetzt ist. Lymphknoten und Milz sind vergrößert. Sind beim Aufbrechen mehrere Abszesse an den inneren Organen, ist eine Fleischuntersuchung zu veranlassen.

Tübinger Fuchsköder, der: Kleines Täfelchen aus gepresstem Fischmehl und Fett, in dem die Impfkapsel eingeschlossen ist. Er dient der ▸ Schluckimpfung für Füchse gegen ▸ Tollwut.

Tücher, die: ▸ Jagdzeug.

Tuchfalle, die: Früher eine Fangvorrichtung mit Tüchern für Fasane, anstatt der ▸ Garne.

Tuchlappen, die: Lappen, die aus viereckigen Leinentüchern hergestellt werden und bei der Lappjagd Verwendung finden; ▸ Jagdzeug 1.

TUG, das: Abk. für Brenneke-Torpedo-Universal-Geschoss; ▸ Büchsengeschosse.

Tularämie, die (Nagerpest, Hasenpest): ▸ Infektionskrankheit. Die Erreger der T. wurden im Jahre 1911 im Bezirk Tulare in Kalifornien erstmals erkannt. Sie wird durch sehr kleine Bakterien *(Pasteurella tularensis)* hervorgerufen, die durch Kochen und durch Desinfektionsmittel abgetötet werden. T. tritt in Deutschland selten, und wenn, dann nur regional, auf. Sie wird meist durch Zugvögel aus den nordeuropäischen Ländern eingeschleppt. In Norwegen ist sie als Lemmingseuche bekannt. Sie kommt gelegentlich bei Feldhasen und Wildkaninchen vor, aber außer Nagetieren können andere Wildtiere und auch Haustiere daran erkranken. Der Mensch ist für diese Krankheit ebenfalls sehr anfällig. Die Infektion erfolgt durch direkte Berührung, durch Aufnahme bakterienverseuchter Äsung oder durch Insektenstiche (Bremsen, Flöhe, Läuse, Stechfliegen, Zecken). Die T. tritt beim Wild in zwei Verlaufsformen auf: Bei akutem Verlauf kommt es zu einer Milzschwellung und Herzschwäche und durch Blutvergiftung nach wenigen Tagen zum Tod. Bei chronischem Verlauf kommt es zu kleinen, hellgelben Herden in Lunge, Leber und Milz, zur Milzvergrößerung und zur Lymphknotenschwellung. Nach zunehmender Erschöpfung führt die Krankheit zum Tod. Befallene Stücke zeigen Anzeichen von Schwäche und sind leicht zu fangen. Beim Menschen kommt es nach einer Infektion zu Erbrechen, Fieber, Schüttelfrost, Kopf- und Gelenkschmerzen, Lymphknotenschwellung und Geschwürbildung. Bei Verdacht auf T. ist unverzüglich ein Arzt aufzusuchen. Die T. ist nur durch bakteriologische Untersuchung

KEILER

			Punkte
1.	**Messungen:**		
1.1	Länge des linken Gewehrs Länge des rechten Gewehrs	Durchschnitt in cm x 1	______
1.2	Breite des linken Gewehrs Breite des rechten Gewehrs	Durchschnitt in mm x 3	______
1.3	Umfang des linken Haderers in cm x 1		______
	Umfang des rechten Haderers in cm x 1		______
2.	**Zuschläge und Abzüge:**		
2.1	Zuschläge (Schönheitspunkte) insgesamt 0 bis 5 Punkte		
	Zuschläge für Gewehre bis 2 Punkte		______
	Zuschläge für Haderer bis 3 Punkte		______
		Summe:	______
2.2	Abzüge (Fehler) insgesamt 0 bis 10 Punkte		______
		Endsumme:	______

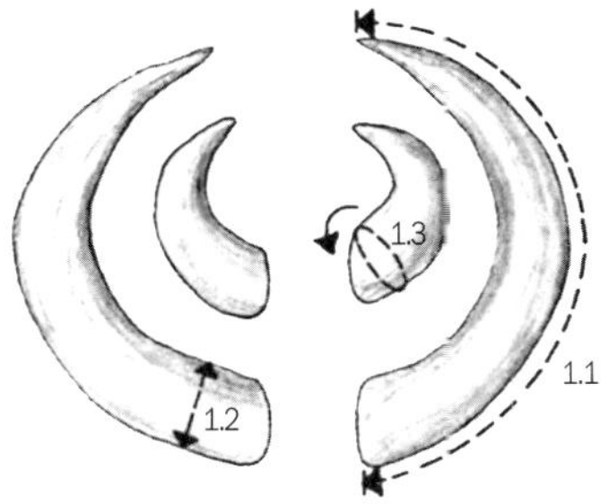

Anweisung für die Messung und Charakterisierung der Zuschläge und Abzüge:

zu 1.1 Länge der Gewehre: Messung auf der äußeren Krümmung in cm, auf 1 mm genau. Wenn ein Gewehr abgebrochen ist, ist nur die tatsächliche Länge zu messen.

zu 1.2 Breite der Gewehre: Messung an der breitesten Stelle mit Zirkel oder Schieblehre in Millimetern. Abnorme Auswüchse sind nicht zu messen.

zu 1.3 Umfang der Haderer: Messung an der stärksten Stelle in Zentimetern auf 1 mm genau, ohne Eindrücken des Messbandes. Abnorme Auswüchse sind nicht zu messen. Unebenheiten sind bei der Messung nicht zu berücksichtigen.

zu 2.1 Zuschläge Gewehre: bis zu 2 Punkte

Charakterisierung:	Punkte einseitig	Punkte beiderseitig
Färbung an der Schleifecke der Gewehre dunkelbraun bis schwarz		
gleichmäßige Wölbung der Ober- und Außenflächen der Gewehre	1	2
ausgedehnte Schleifflächen der Gewehre		
Ausbildung der Spitzen der Gewehre		
kreisförmige Krümmung der Gewehre		
(Insgesamt dürfen nicht über 2 Punkte für die Gewehre vergeben werden.)		

Zuschläge Haderer: bis zu 3 Punkte

Charakterisierung:	Punkte einseitig	Punkte beiderseitig
Hadererkrümmung	1	2
Farbe der Schleiffläche der Haderer	0,5	1
(Insgesamt dürfen nicht über 3 Punkte für die Haderer vergeben werden.)		

zu 2.2 Abzüge: bis zu 10 Punkte

Schleiffläche der Gewehre (siehe unten)	bis 3 Punkte
Ungleichheit der Gewehre in Länge, Breite und Form	bis 3 Punkte
Ungleichheit der Haderer in Länge und Form	bis 3 Punkte
Missverhältnis zwischen Gewehren und Haderern	bis 1 Punkt

Charakterisierung Abzüge

Schleiffläche	Punkte einseitig	Punkte beiderseitig
Schleiffläche bis 4 cm	1,5	3
Schleiffläche 4,1 cm bis 5 cm	0,5	1

DAMHIRSCH

			Punkte
1.	**Messungen:**		
1.1	Länge der linken Stange Länge der rechten Stange	Durchschnitt in cm x 0,5	______
1.2	Länge der linken Augsprosse Länge der rechten Augsprosse	Durchschnitt in cm x 0,25	______
1.3	Länge der linken Schaufel Länge der rechten Schaufel	Durchschnitt in cm x 1	______
1.4	Breite der linken Schaufel Breite der rechten Schaufel	Durchschnitt in cm x 1,5	______
1.5	Umfang der linken Rose Umfang der rechten Rose	Durchschnitt in cm x 1	______
1.6	Umfang der linken Stange zwischen Aug- und Mittelsprosse	in cm x 1	______
	Umfang der rechten Stange zwischen Aug- und Mittelsprosse	in cm x 1	______
1.7	Umfang der linken Stange zwischen Mittelsprosse und Schaufel	in cm x 1	______
	Umfang der rechten Stange zwischen Mittelsprosse und Schaufel	in cm x 1	______
1.8	Gewicht des trockenen Geweihs	in kg x 2	______
2.	**Zuschläge und Abzüge:**		
2.1	Zuschläge (Schönheitspunkte)		
2.1.1	Farbe	0 bis 2 Punkte	______
2.1.2	Enden an den Schaufeln	0 bis 6 Punkte	______
2.1.3	Wucht, Form, Regelmäßigkeit	0 bis 5 Punkte	______
		Summe:	______
2.2	Abzüge (Fehler)		
2.2.1	ungenügende Auslage	0 bis 6 Punkte	______
2.2.2	fehlerhafte Schaufeln	0 bis 10 Punkte	______
2.2.3	unerwünschte Kanten der Schaufeln	0 bis 2 Punkte	______
2.2.4	mangelnde Ebenmäßigkeit	0 bis 6 Punkte	______
		Summe der Abzüge:	______
		Endsumme:	______

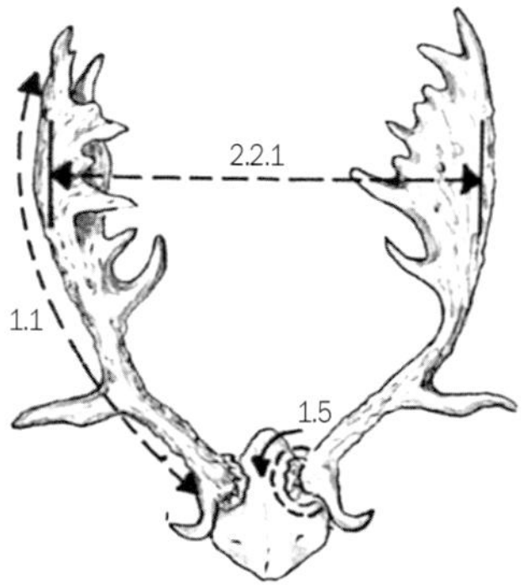

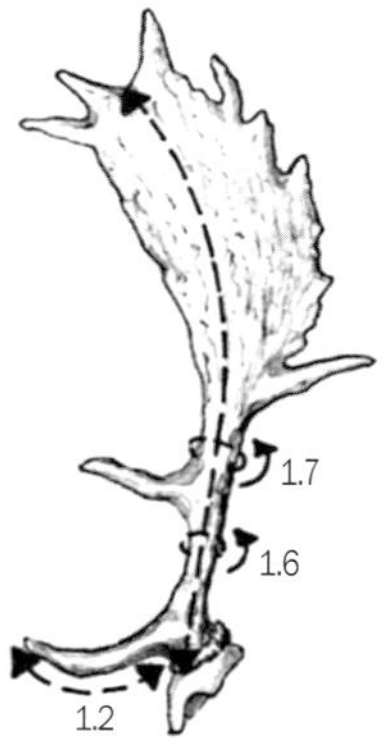

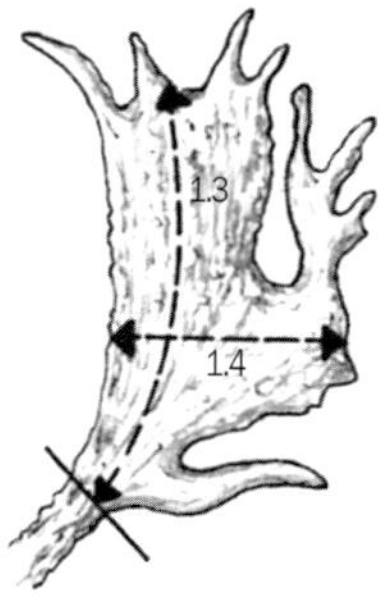

Anweisung für die Messung und Charakterisierung der Zuschläge und Abzüge:

zu 1.1 Länge der Stangen: Messung vom unteren Rosenrand bis zum höchsten Punkt der geschlossenen Schaufel. Schaufelartige Fortsetzungen kommen nur dann für die Messung der Länge in Betracht, wenn deren größte Breite wenigstens das halbe Maß der größten vollen Schaufelbreite aufweist.

zu 1.2 Länge der Augsprossen: vom oberen Rosenrand bis zur Spitze der Sprosse

zu 1.3 Länge der Schaufeln: Messung auf der äußeren Krümmung von der Stelle, an der sich die Stangen zu verbreitern beginnen, bis zum höchsten Punkt der geschlossenen Schaufel

zu 1.4 Breite der Schaufeln: Messung des ganzen Umfanges der Schaufel an ihrer breitesten Stelle ohne Enden und ohne Auswüchse und Berechnung der Hälfte dieses Maßes

zu 1.6 und 1.7 Umfang der Stangen: Messung an der schwächsten Stelle

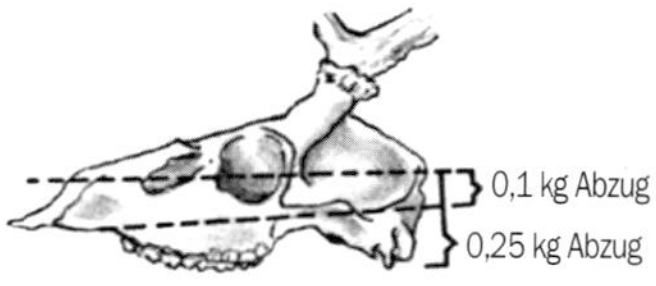

zu 1.8 Geweihgewicht: Die Geweihgewichtsfeststellung, mit kurz gekapptem Schädel und Nasenbein, soll frühestens drei Monate nach der Erlegung erfolgen. Bei Geweihen mit ganzem Schädel ohne Unterkiefer werden 0,25 kg, mit Oberkiefer ohne Zahnreihe 0,1 kg abgezogen.

zu 2.1.1 Farbe:

hellgelb oder künstlich gefärbt	0 Punkte
grau oder mittelbraun	1 Punkt
braun bis schwarz	2 Punkte

zu 2.1.2 Enden an den Schaufeln: Zu berücksichtigen ist nur die Endenbildung an den Schaufeln, sofern sie 2 cm und mehr erreicht. Die Wertung der Enden soll wie folgt vorgenommen werden:

Endenausbildung	Punkte einseitig	Punkte beiderseitig
Schaufelkanten mit wenigen kurzen Enden	0	0
zu einem Drittel Endenbildung	1	2
zu zwei Dritteln Endenbildung	2	4
Enden am gesamten hinteren Schaufelrand einschließlich Dorn	3	6

Fischbauchschaufel

zu 2.1.3 Wucht, Form und Regelmäßigkeit:
Von den 5 zu vergebenden Punkten dürfen 3 auf die Wucht und 2 auf Form und Regelmäßigkeit entfallen.

zu 2.2.1 Abzüge für ungenügende Auslage:

unter 85 % der mittleren Stangenlänge	1 Punkt
unter 80 % der mittleren Stangenlänge	2 Punkte
unter 75 % der mittleren Stangenlänge	3 Punkte
unter 70 % der mittleren Stangenlänge	4 Punkte
unter 65 % der mittleren Stangenlänge	5 Punkte
unter 60 % der mittleren Stangenlänge	6 Punkte

zu 2.2.2 fehlerhafte Schaufeln:

Fehler	Punkte einseitig	Punkte beiderseitig
Fischbauch-, Karo-, Dreiecksschaufel	1 bis 3	2 bis 6
Schlitzschaufel	2 bis 4	4 bis 8
zerrissene Schaufel	3 bis 5	6 bis 10
Schwertschaufel	4 bis 5	8 bis 10

Karo- bzw. Dreiecksschaufel

zu 2.2.3 unerwünschte Kanten der Schaufeln:
Als unerwünschte Kanten gelten z. B. glatte oder morsche Kanten der Schaufeln.

zu 2.2.4 mangelnde Ebenmäßigkeit:
Als mangelnde Ebenmäßigkeit gelten u. a. ungleichmäßige Stellung der Stangen, unregelmäßige Stangenlänge, Unterschiede in der Länge der Aug- und Mittelsprossen.

zerrissene Schaufel

Schwertschaufel

Schlitzschaufel

ROTHIRSCH

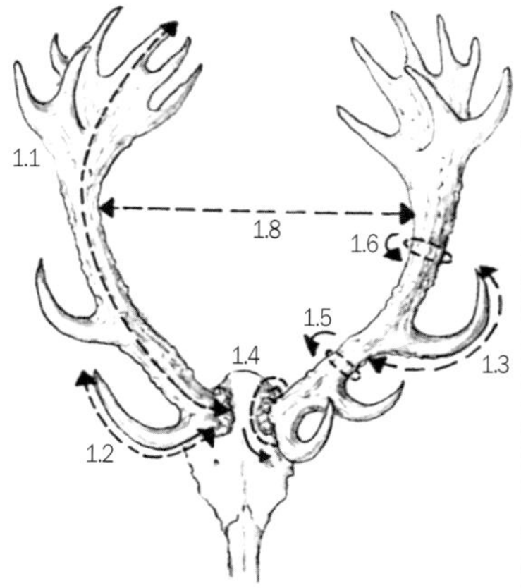

			Punkte
1.	**Messungen:**		
1.1	Länge der linken Stange Länge der rechten Stange	Durchschnitt in cm x 0,5	________
1.2	Länge der linken Augsprosse Länge der rechten Augsprosse	Durchschnitt in cm x 0,25	________
1.3	Länge der linken Mittelsprosse Länge der rechten Mittelsprosse	Durchschnitt in cm x 0,25	________
1.4	Umfang der linken Rose Umfang der rechten Rose	Durchschnitt in cm x 1	________
1.5	Umfang der linken Stange zwischen Aug- und Mittelsprosse	in cm x 1	________
	Umfang der rechten Stange zwischen Aug- und Mittelsprosse	in cm x 1	________
1.6	Umfang der linken Stange zwischen Mittelsprosse und Krone	in cm x 1	________
	Umfang der rechten Stange zwischen Mittelsprosse und Krone	in cm x 1	________
1.7	Gewicht des trockenen Geweihs	in kg x 2	________
1.8	Auslage	von 0 bis 3 Punkte	________
1.9	Zahl der Enden	1 Ende = 1 Punkt	________
2.	**Zuschläge und Abzüge:**		
2.1	Zuschläge (Schönheitspunkte)		
2.1.1	Farbe	0 bis 2 Punkte	________
2.1.2	Perlung	0 bis 2 Punkte	________
2.1.3	Spitzen der Enden	0 bis 2 Punkte	________
2.1.4	Eissprossen	0 bis 2 Punkte	________
2.1.5	Krone	0 bis 10 Punkte	________
		Summe:	________
2.2	Abzüge (Fehler)	0 bis 3 Punkte	________
		Endsumme:	________

Anweisung für die Messung und Charakterisierung der Zuschläge und Abzüge:

zu 1.1 Stangenlänge: Messung entlang des äußeren Bogens vom unteren Rosenrand bis zur Spitze des Kronenendes, das den höchsten Längenmesswert ergibt. Das Bandmaß wird nicht in den Winkel zwischen Rose und Stange eingedrückt.

zu 1.2 Länge der Augsprosse: Messung vom oberen Rosenrand bis zur Spitze der Sprosse

zu 1.3 Länge der Mittelsprosse: Messung vom unteren Ansatzpunkt, der aus der Halbierung des Winkels zwischen Stangen- und Endenachse gebildet wird, bis zur Spitze der Sprosse

zu 1.5. und 1.6 Stangenumfang: Messung an der schwächsten Stelle. Sprossen über der Mittelsprosse werden zur Krone gerechnet.

zu 1.7 Geweihgewicht: Die Geweihgewichtsfeststellung, mit kurz gekapptem Schädel und Nasenbein, soll frühestens drei Monate nach der Erlegung und auf 10 g genau erfolgen. Je nach der Größe des Schädelabschnittes und dem Vorhandensein des Oberkiefers ist das Geweihgewicht im Regelfall um 0,5 bis 0,7 kg herabzusetzen.

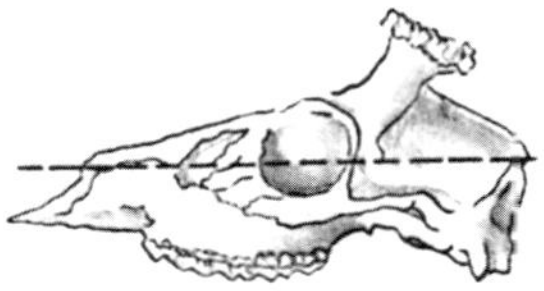

zu 1.8 Auslage:

weniger als 60,01 % der durchschnittlichen Stangenlänge	0 Punkte
60,01 bis 70 % der durchschnittlichen Stangenlänge	1 Punkt
70,01 bis 80 % der durchschnittlichen Stangenlänge	2 Punkte
80,01 % und mehr der durchschnittlichen Stangenlänge	3 Punkte

zu 1.9 Zahl der Enden: Als Enden werden Erhebungen von 2 und mehr cm über der Stangenoberfläche gerechnet.

zu 2.1.1 Farbe:

Hellgrau, gelblich oder künstlich gefärbt	0 Punkte
grau bis mittelbraun	1 Punkt
dunkelbraun bis schwarz	2 Punkte

zu 2.1.4 Eissprossen:

		Punkte	
Beschreibung	Länge	einseitig	beiderseitig
kurz	2 bis 10 cm	0	0,5
mittel	10,1 bis 15 cm	0,5	1,0
lang	15,1 cm und mehr	1,0	2,0

zu 2.1.5 Krone: Zur Krone werden alle über der Mittelsprosse angesetzten Enden (auch der sog. Wolfsspross) gerechnet. Die Kronenenden sind nach den Abstufungen »kurz«, »mittel« und »lang« zu charakterisieren. Dabei sind folgende Längenmaße zugrunde zu legen:

Beschreibung	Länge
kurz	2 bis 10 cm
mittel	10,1 bis 15 cm
lang	15,1 cm und mehr

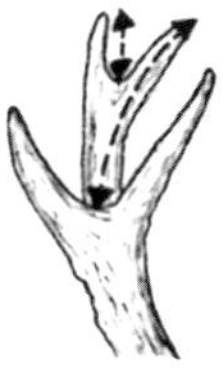

Gegabelte Enden sind dabei einmal in ihrer ganzen Länge zu erfassen.

Die Wertung der Kronenenden soll nach dem nachfolgenden Schema erfolgen:

Endenzahl in beiden Kronen zusammen	Punkte
5 bis 7 kurz	1 bis 2
5 bis 7 mittel	3 bis 4
5 bis 7 lang	4 bis 5
8 bis 9 kurz	4 bis 5
8 bis 9 mittel	5 bis 6
8 bis 9 lang	6 bis 7
10 und mehr kurz	6 bis 7
10 und mehr mittel	7 bis 8
10 und mehr lang	9 bis 10

Bei unterschiedlichen Endenlängen in der Krone ist eine dem Bewertungsschema entsprechende Verrechnung vorzunehmen. Das Bewertungsschema ist auch dann anzuwenden, wenn einseitig keine Kronenbildung vorliegt.

zu 2.2 Abzüge (Fehler): Als Fehler gelten u. a. ungleichmäßige Stellung der Stangen, deutlich ungleiche Stangenlänge, ausgesprochene Asymmetrie des Geweihes und Unregelmäßigkeiten der Aug-, Eis- und Mittelsprosse, sofern diese nicht über die Wertung der Länge der jeweiligen Sprosse bereits erfasst sind.

SIKAHIRSCH

Für die Bewertung des Sikahirsches ist die nach dem System des Boone und Crockett Clubs entwickelte Formel, die während der Generalversammlung in Teheran im Jahre 1974 bestätigt wurde, anzuwenden. Die Formel ist aus dem Teil »Formeln des Internationalen Jagdrates zur Erhaltung des Wildes für die Bewertung der Trophäen asiatischen Wildes« für den Gebrauch an dieser Stelle angeführt.

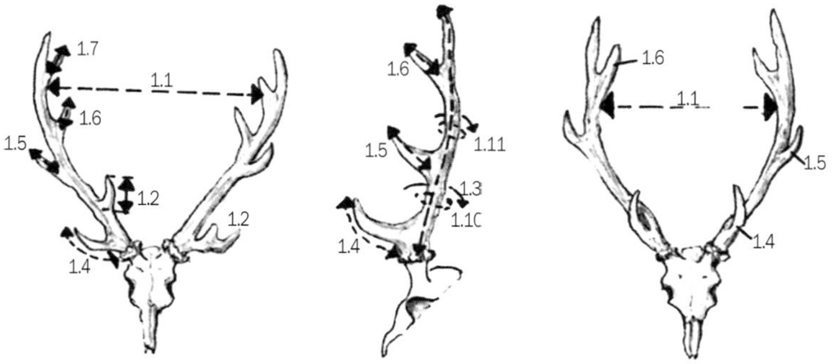

		Spalte 1 übertragener Wert für die Auslage	Spalte 2 linke Stange	Spalte 3 rechte Stange	Spalte 4 Differenz
1.	**Messungen und Abzüge:**				
1.1	Innere Auslage zwischen den Hauptstangen Der übertragene Wert für die Auslage darf der Stangenlänge entsprechen, sie aber nicht überschreiten.				
	Wenn die Auslage die Stangenlänge übertrifft, ist die Differenz in Spalte 4 einzutragen.				
1.2	Gesamtlänge aller anomalen Enden zwischen Augsprosse und drittem Ende				
1.3	Länge der Hauptstange				
1.4	Länge des ersten Endes (Augsprosse)				
1.5	Länge des zweiten Endes				
1.6	Länge des dritten inneren Endes				
1.7	Länge des ersten zusätzlichen Kronenendes (wenn vorhanden)				
1.8	Länge des zweiten zusätzlichen Kronenendes (wenn vorhanden)				
1.9	Länge des dritten zusätzlichen Kronenendes (wenn vorhanden)				
1.10	Stangenumfang an der schwächsten Stelle zwischen Augsprosse und zweitem Ende				
1.11	Stangenumfang an der schwächsten Stelle zwischen zweitem und innerem Ende				
	Summe:				

Summe Spalte 1, 2 und 3: ______

Abzug Spalte 4: ______

Endsumme: ______

Anweisung für die Messung:

zu 1.1 Innere Auslage: gemessen an der weitesten Entfernung zwischen zweitem und drittem Ende der Hauptstange. Fehlt Letzteres, dann an der weitesten inneren Auslage, gemessen auf dem halben Weg zwischen dem zweiten Ende und der Geweihspitze. Die Auslage darf nur bis zur durchschnittlichen Stangenlänge berücksichtigt werden.

zu 1.2 Gesamtlänge aller anomalen Enden zwischen Augsprosse und drittem Ende: Jedes Ende ist exakt zu messen, und zwar so wie das innere Spitzenende (1.6). Die Gesamtlänge wird als Differenz eingetragen.

zu 1.3 Stangenlänge: Messung vom unteren Rosenrand bis zur Spitze, der äußeren Krümmung folgend

zu 1.4 Augsprossenlänge: Messung vom oberen Rosenrand an der Unterseite der Sprosse bis zur Spitze. Bei hoch angesetzter Augsprosse (Abstand zwischen oberem Rosenrand 5 cm und mehr) Messung von dem Punkt, wo sich das Ende von der Hauptstange zu erheben beginnt

zu 1.5 Länge des zweiten (mittleren) Endes: Messung an der Vorderseite der Mittel-(2.) Sprosse an jeder Stange von dem Punkt, wo sich das Ende von der Hauptstange zu erheben beginnt

zu 1.6 Länge des dritten (inneren) Endes: Messung an der Vorderseite des inneren Hauptendes an jeder Stange von dem Punkt, wo sich das Ende von der Hauptstange zu erheben beginnt

zu 1.7 bis 1.9 Länge des ersten, zweiten und dritten zusätzlichen Kronenendes (wenn vorhanden). Exakte Messung wie für innere Hauptenden (1.6)

zu 1.10 Unterer Stangenumfang: gemessen an der schwächsten Stelle zwischen Aug- und Mittelsprosse

zu 1.11 Oberer Stangenumfang: gemessen an der schwächsten Stelle zwischen Mittelsprosse und oberer Gabel, wenn vorhanden

Für die Umrechnung der Punktzahl in Inches Multiplikation mit 0,394. Erfolgte die Messung in Inches, Multiplikation mit 2,54.

REHBOCK

			Punkte
1.	**Messungen:**		
1.1	Länge der linken Stange Länge des rechten Stange	Durchschnitt in cm x 0,5	______
1.2	Gewicht des trockenen Gehörns	in g x 0,1	______
1.3	Gehörnvolumen	in ccm x 0,3	______
1.4	Auslage	0 bis 4 Punkte	______
2.	**Zuschläge und Abzüge:**		
2.1	Zuschläge (Schönheitspunkte)		
2.1.1	Farbe	0 bis 4 Punkte	______
2.1.2	Perlung	0 bis 4 Punkte	______
2.1.3	Rosen	0 bis 4 Punkte	______
2.1.4	Spitzen der Enden	0 bis 2 Punkte	______
2.1.5	Regelmäßigkeit und Güte	0 bis 5 Punkte	______
		Summe:	______
2.2	Abzüge (Fehler)	0 bis 5 Punkte	
		Endsumme:	______

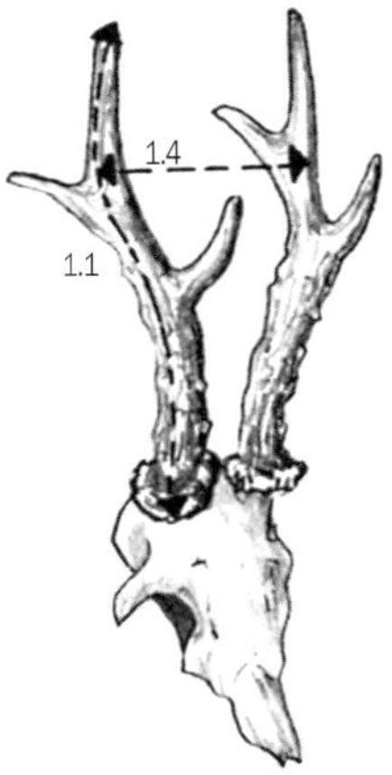

Anweisung für die Messung und Charakterisierung der Zuschläge und Abzüge:

zu 1.1 Stangenlänge: Messung an der Außenspitze der Stange vom unteren Rosenrand, der Krümmung der Stange folgend, bis zur Spitze. Das Bandmaß wird nicht in den Winkel zwischen Rose und Stange gedrückt.

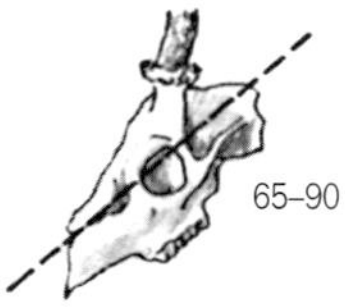

zu 1.2	Die Feststellung des Gehörngewichtes, mit kurz gekapptem Schädel und Nasenbein, soll frühestens drei Monate nach der Erlegung erfolgen. Bei ganzem Schädel ohne Unterkiefer sind im Regelfall je nach der Größe des Schädels zwischen 65 und 90 g abzuziehen.	
zu 1.3	Gehörnvolumen: Ermittlung durch Eintauchen der Stangen, ohne Schädel und Rosenstöcke, in Wasser und Berechnung in ccm	
zu 1.4	Auslage: gemessen wird der weiteste Abstand der Stangen. Als Stange wird in diesem Falle auch der Hauptspross (endenartige Verlängerung der Stange) angesehen.	
	sehr eng (unter 30,01 % der Stangenlänge)	0 Punkte
	eng (30,01 bis 35 %)	1 Punkt
	mittel (35,01 bis 40 %)	2 Punkte
	gut (40,01 bis 45 %)	3 Punkte
	sehr gut (45,01 bis 75 %)	4 Punkte
	abnorm (75,01 und mehr %)	0 Punkte
zu 2.1.1	Farbe:	
	hell oder künstlich gefärbt	0 Punkte
	gelb oder hellbraun	1 Punkt
	mittelbraun	2 Punkte
	dunkelbraun	3 Punkte
	dunkel, fast schwarz	4 Punkte
zu 2.1.2	Perlung:	
	glatt, fast ohne Perlung	0 Punkte
	schwach geperlt	1 Punkt
	mittelmäßig geperlt (kleine, ziemlich zahlreiche Perlen)	2 Punkte
	gut geperlt (kleine Perlen auf allen Stangenteilen)	3 Punkte
	sehr gut geperlt (reiche Perlung auf allen Stangenteilen)	4 Punkte
zu 2.1.3	Rosen:	
	schwach (schmal und niedrig)	0 Punkte
	mittel (schnurförmig, wenig geperlt)	1 Punkt
	gut (kranzförmig und ziemlich hoch)	2 Punkte
	stark (breit und hoch)	3 Punkte
	sehr stark	4 Punkte
zu 2.1.4	Spitzen der Enden:	
	stumpf und wenig ausgeprägt	0 Punkte
	stumpf und mittelmäßig entwickelt	1 Punkt
	spitz und weiß poliert	2 Punkte
zu 2.1.5	Regelmäßigkeit und Güte	0 bis 5 Punkte
	Von den 5 zu vergebenden Punkten dürfen 2 auf die Vereckung und 3 auf die Regelmäßigkeit entfallen.	
	Vereckung:	
	normale Enden	0 Punkte
	gute Enden	1 Punkt
	sehr gute Enden	2 Punkte
zu 2.2	Abzüge (Fehler):	
	Von den 5 Fehlerpunkten dürfen 2 auf die Vereckung und 3 auf »Sonstiges« entfallen.	
	Fehlerabzüge für Vereckung:	
	keine oder ganz kurze Enden	2 Punkte
	einseitige oder mäßige Enden	1 Punkt
	normale Enden	0 Punkte

GAMS

1.	**Messungen:**		Punkte
1.1	Länge des linken Schlauches Länge des rechten Schlauches	Durchschnitt in cm x 1,5	________
1.2	Höhe der Krucke	in cm x 1	________
1.3	Umfang des stärksten Schlauches	in cm x 4	________
1.4	Auslage der Krucke	in cm x 1	________
2.	**Zuschläge und Abzüge:**		
2.1	Zuschläge (Alterspunkte)	0 bis 3 Punkte	________
		Summe:	________
2.2	Abzüge für Pechbelag	0 bis 5 Punkte	________
		Endsumme:	________

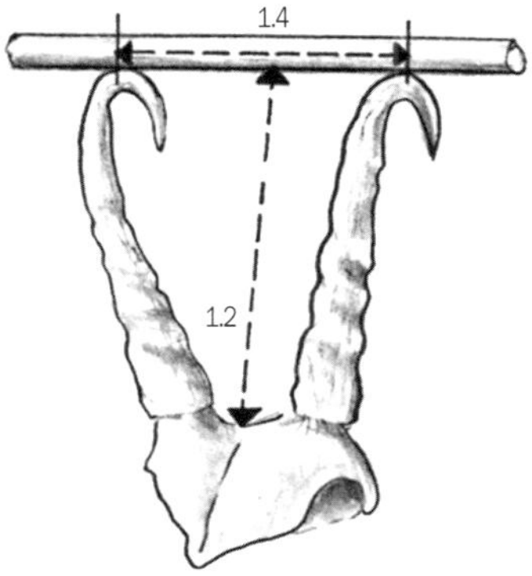

Anweisung für die Messung und Charakterisierung der Zuschläge und Abzüge:

zu 1.1 Länge der Schläuche: Messung vom unteren Rand des Schlauches über die äußere Krümmung bis zur Spitze der Hakelung

zu 1.2 Höhe der Krucke: Messung von der Schädelnaht zwischen den beiden Schläuchen bis zur höchsten Stelle der Schlauchkrümmungen. Der obere Endpunkt wird mithilfe eines Lineals festgestellt, das auf die höchsten Punkte beider Schlauchkrümmungen gelegt wird.

zu 1.3 Umfang des stärksten Schlauches: Messung an der stärksten Stelle einschließlich Pechbelag. Es können entsprechend der Stärke des Pechbelages bis zu höchstens 5 Punkte abgezogen werden (siehe 2.2).

zu 1.4 Auslage: Messung des größten Abstandes der höchsten Punkte der Schlauchkrümmungen, von Mitte zu Mitte der Schläuche. Bei abnorm starker Auslage darf diese nicht höher bewertet werden als die Kruckenhöhe.

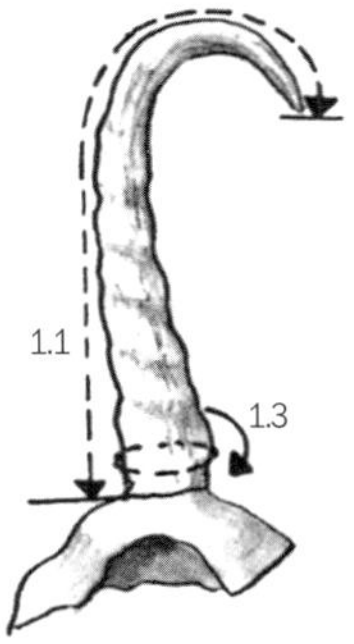

zu 2.1 Zuschläge (Alterspunkte):

sechs bis zehn Jahre	1 Punkt
elf bis zwölf Jahre	2 Punkte
13 Jahre und mehr	3 Punkte

zu 2.2 Abzüge für Pechbelag: Ermittlung des Differenzwertes zwischen der Punktzahl für den Umfang des stärksten Schlauches mit Pechbelag (in cm x 4) und der Punktzahl für den stärksten Schlauchumfang an einer vergleichbaren unbelegten Stelle (in cm x 4), vermindert um die Zahl 1. Der Abzug darf nicht mehr als 5 Punkte betragen.

ALPENSTEINBOCK

1.	**Messungen:**		Punkte
1.1	Länge des linken Horns Länge des rechten Horns	Durchschnitt in cm x 1	________
1.2	Umfang des linken Horns	in cm x 1	________
	Umfang des rechten Horns	in cm x 1	________
1.3	Auslage des Gehörns	in cm x 0,5	________
2.	**Zuschläge** (Schönheitspunkte):		
2.1	Farbe	0 bis 3 Punkte	________
2.2	Wulstbildung	0 bis 3 Punkte	________
2.3	Schwung der Hörner	0 bis 3 Punkte	________
		Endsumme:	________

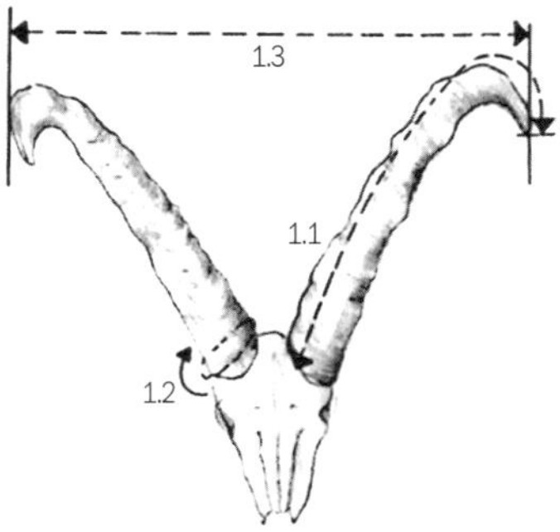

Anweisung für die Messung und Charakterisierung der Zuschläge:

zu 1.1 Länge der Hörner: Messung, der äußeren Krümmung folgend, vom unteren Rand des Hornes bis zu seiner Spitze. Das Messband darf nicht in die Ringelungen (Einschnürungen, Rillung) eingedrückt werden.

zu 1.2 Umfang der Hörner: Messung an der stärksten Stelle zwischen zwei Wülsten

zu 1.3 Auslage des Gehörns: Messung des größten Abstandes der Außenflächen der Hörner. Die Auslage darf nicht über die durchschnittliche Länge der Hörner hinaus angerechnet werden.

zu 2.1	Farbe:	
	schwarz	1 Punkt
	braun	2 Punkte
	grau oder gelb	3 Punkte
zu 2.2	Wulstbildung:	
	schwach	1 Punkt
	mittel	2 Punkte
	stark	3 Punkte
zu 2.3	Schwung der Hörner:	
	Maximum	3 Punkte

MUFFELWIDDER

			Punkte
1.	**Messungen:**		
1.1	Länge des linken Schlauches Länge des rechten Schlauches	Durchschnitt in cm x 1	________
1.2	Umfang des linken Schlauches im ersten Drittel (Basisdrittel) Umfang des rechten Schlauches im ersten Drittel (Basisdrittel)	Durchschnitt in cm x 1	________
1.3	Umfang des linken Schlauches im zweiten Drittel Umfang des rechten Schlauches im zweiten Drittel	Durchschnitt in cm x 1	________
1.4	Umfang des linken Schlauches im dritten Drittel Umfang des rechten Schlauches im dritten Drittel	Durchschnitt in cm x 1	________
1.5	Auslage der Schläuche	in cm x 1	________
2.	**Zuschläge und Abzüge:**		
2.1	Zuschläge (Schönheitspunkte)		
2.1.1	Farbe	0 bis 3 Punkte	________
2.1.2	Rillung	0 bis 3 Punkte	________
2.1.3	Drehung der Schläuche	0 bis 5 Punkte	________
		Summe:	________
2.2	Abzüge (Fehler)	0 bis 5 Punkte	________
		Endsumme:	________

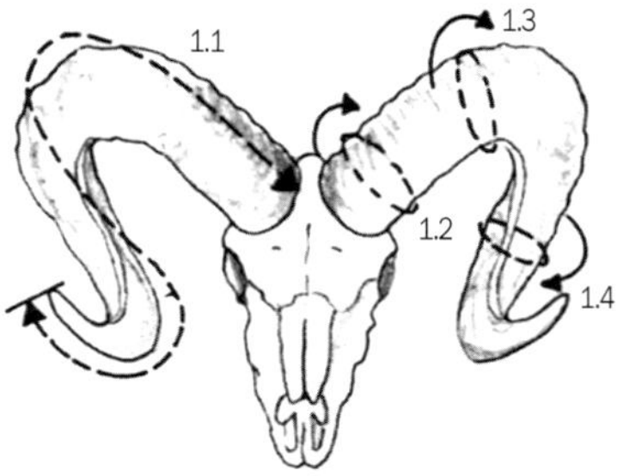

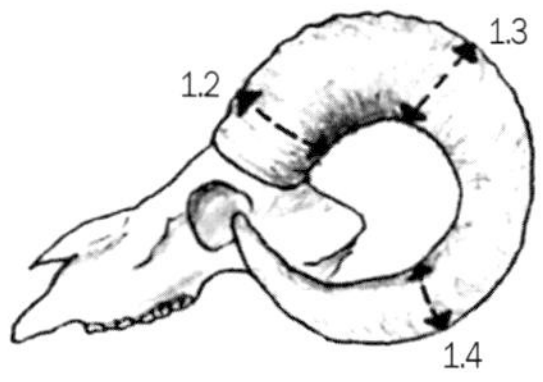

Anweisung für die Messung und Charakterisierung der Zuschläge und Abzüge:

zu 1.1 Länge der Schläuche: Messung vom unteren Rand der Schläuche bis zur Spitze, der äußeren Krümmung folgend

zu 1.2 bis 1.4 Umfang der Schläuche: Messung jeweils an der stärksten Stelle im Bereich des Basisdrittels, im zweiten Drittel und im dritten Drittel der Schläuche

zu 1.5 Auslage: Messung des größten Abstandes der Außenflächen der Schläuche mit der Kluppe, gegebenenfalls bilden die Spitzen der Schläuche die weiteste Entfernung.

zu 2.1.1 Farbe:

hell	1 Punkt
braun	2 Punkte
schwarz	3 Punkte

zu 2.1.2 Rillung:

spärlich	1 Punkt
mittel	2 Punkte
dicht	3 Punkte

zu 2.1.3 Drehung der Schläuche:
Bewertet werden soll die Drehung der Schläuche um ihre Längsachse.

zu 2.2 Abzüge (Fehler):
Fehlerabzüge sollen u. a. für Einwachser, asymmetrische Schnecken, zu engen und zu weiten Kreisbogen gegeben werden.

Einwachser

asymmetrische Schnecke

nachzuweisen und von Pseudotuberkulose sicher zu unterscheiden.
Bekämpfung: Abschuss aller krank erscheinenden Stücke. Absuchen des Geländes nach kranken Stücken und Fallwild und deren unschädliche Beseitigung (▸ Tierkörperbeseitigung). Das ▸ Wildbret ist genussuntauglich. Hat sich ein Mensch infiziert, besteht nach dem Bundesseuchengesetz Meldepflicht, bei Erkrankung des Wildes hingegen besteht keine Anzeigepflicht.

Tüll, das: Die Wand oder der Zaun aus Brettern um einen Jagdpark, Hof, Garten usw.

Tülle, die: Kurze Röhre (Hülse), die die Klinge der Saufeder (▸ Blanke Waffen) mit dem Schaft verbindet und darauf vernietet ist, sowie die Röhre, womit die Spitze des Pfeiles auf dem Schaft befestigt wird.

Tullmesser, das: Eisenspitze am Gamsspieß; ▸ Blanke Waffen, ▸ Tillmesser.

Tulpengehörn, das: ▸ Rehwild (Hauptschmuck).

Tulpenkopf, der: ▸ Rehwild (Hauptschmuck).

Tüpfelsumpfhuhn, das: ▸ Rallen 5.

Tupfer, der: **1**) Bez. für den Abdruck, Abzug bzw. Drücker am Gewehr, aber auch für den Stecher; ▸ Stecherabzug. **2**) Zum Tupfen der künstlichen Schweißfährte verwendeter Stock; ▸ Tupfspur.

Tupfspur, die (Tupffährte): Die bei der ▸ Schweißarbeit mit dem Hund künstlich angelegte Rotfährte. Zu ihrer Herstellung wird ein mit Wildschweiß (als Ersatz auch Rinder- oder Hammelblut) getränkter kleiner Schwamm, ein Lungenstück oder ein Stück Pansen verwendet und an der Spitze eines Stockes befestigt. Mit diesem wird dann – wie beim Gehen mit einem Spazierstock – auf den Boden getupft. Die T. zwingt den Hund, die Nase bei der Arbeit tief zu nehmen und Schweiß zu zeigen; ▸ Schweißfährte.

Turgenjew, Iwan Sergejewitsch (9.11.1818 Gut Spasskoje in Orel bis 3.9.1883 Bougival bei Paris): T., Sohn eines Adeligen, studierte in Moskau, Sankt Petersburg und Berlin (1838 bis 1841). Er zählt zu den bedeutendsten russischen Autoren des 19. Jh. Seine Romane, Erzählungen und Dramen sind von großer stilistischer Meisterschaft. Seine erste Buchveröffentlichung war 1852 der Erzählband »Zapiski ochatnika« (Aufzeichnungen eines Jägers), eine ebenso engagierte wie eindringliche Darstellung des russischen Bauernlebens in der Ich-Form. »Aufzeichnung eines Jägers« machte ihn mit einem Schlag einer breiteren Leserschicht bekannt. Das Buch wurde auf Deutsch von verschiedenen Verlagen herausgegeben.

Türkeltaube, die: Mittelalterliche Bez. für die Turteltaube; ▸ Wildtauben 4.

Türkentaube, die: ▸ Wildtauben 2.

türmen: svw. ▸ himmeln.

Turmeule, die: ▸ Eulen 10.

Turmfalke, der: ▸ Falken 2.

Turmfalke, italienischer, der: ▸ Falken 5.

Turmkrähe, die: ▸ Rabenvögel 7.

Turmwiedehopf, der: ▸ Rabenvögel 5.

Turner, (Joseph Mallord) William (23.4.1775 London bis 19.12.1851 Chelsea): Englischer Jagd- und Landschaftsmaler. Von ihm stammen »Jagd auf schottische Moorhühner mit Vorstehhunden« und »Suche auf Waldschnepfen«.

Turpane, die: ▸ Wildenten 15.

Türst, der: Schweizer Ausdruck für den ▸ Wilden Jäger.

Turteltaube, die: ▸ Wildtauben 4.

tuschen (schnallen): In Österreich häufig gebrauchte Bez. für das Knallen des Schusses.

Tute, die: ▸ Regenpfeifer 2.

Tüter, der: ▸ Schnepfenvögel 10.

Tütschnepfe, die: ▸ Schnepfenvögel 10.

Tütvogel, der: ▸ Regenpfeifer 2.

Twillsteert, der: ▸ Milane 1.

Tyrass, der: ▸ Garne 2.

U

Überbalz, die: Beim Auerhahn: eine Balz, die aus irgendeinem Grunde länger dauert als normal; ▸ Nachbalz.

überbaut: Beim Hund: der höchste Punkt der Hinterhand ist höher als der ▸ Widerrist. Bei der Feststellung des Formwertes ein Fehler.

Überbeißer, der (Übergreifer, Vorbeißer): ▸ Hundegebiss.

Überbejagung, die: ▸ Überjagung.

überblättern: Auch überbledern. Beim Auer-, Birk- und Haselwild: sich geräuschvoll auf einen anderen Baum ▸ überstellen; beim Auerhahn gelegentlich auch überbrechen genannt.

überbledern: ▸ überblättern.

überbrechen: ▸ überblättern.

Überdüngung, die (Eutrophierung): Bez. für die übermäßige Belastung von Gewässern und Böden mit Pflanzennährstoffen. Phosphor- und stickstoffhaltige Haus- und Industrieabwässer sowie solche, die mit Jauche oder Gülle vermischt sind, führen zur Ü. von Gewässern; übermäßiges Ausbringen von Kunst- und Naturdünger (mehr als die Pflanzen aufnehmen können) zur Ü. des Bodens. Bei Ü. der Gewässer kommt es zu einer Vermehrung von kurzlebigem pflanzlichem Plankton, das abgestorben beim Zerfall viel Sauerstoff verbraucht. Ü. des Bodens (z.B. bei Massentierhaltung) führt zu einer starken Belastung des Grundwassers und zu einer Anreicherung der Pflanzen mit Nitraten, die als Nutzpflanzen wiederum die menschliche Gesundheit gefährden.

Übereilen, das (Übereilung): ▸ Hirschgerechte Zeichen.

überfallen: Beim ▸ Schalenwild: ein Hindernis, z.B. einen Graben, Zaun (oder früher das ▸ Jagdzeug) überspringen, seltener überfliehen; beim Rehwild übersetzen genannt.

überfliehen: ▸ überfallen.

Überfruchtung, die: ▸ Superfetation.

Überführung, die: **1**) Bei der ▸ Forsteinrichtung der Wechsel der Betriebsart oder Betriebsform eines Waldbestandes (▸ Bestand) in eine andere; z.B. Ü. von Nieder- und Mittelwald in Hochwald (▸ Betriebsarten). Etwa 10% der Waldfläche der Bundesrepublik Deutschland sind Ü.-Wald. **2**) Im ▸ Waldbau die ▸ Verjüngung des kurzlebigeren Nebenbestandes eines in langer ▸ Umtriebszeit bewirtschafteten Bestandes; z.B. Verjüngung eines Buchennebenbestandes in einem Eichenwertholzbestand.

Überführungsdurchforstung, die: Eine Form der ▸ Durchforstung, mit der die Überführung (▸ Überführung 1) eines Waldbestandes eingeleitet wird.

übergangener Frischling, der (überlaufender Frischling): svw. ▸ Überläufer.

übergangenes Tier, das: ▸ übergehen 3).

Übergangskegel, der: ▸ Ballistik.

Übergangskleid, das: Das Federkleid der jungen Vögel, wenn sie bei ihrer ersten ▸ Mauser das Jugendkleid mit dem Alterskleid vertauschen. Ü. wird aber auch bei Altvögeln das Kleid genannt, das den Übergang vom Herbst- zum Hochzeitskleid bildet; ▸ Brutkleid, ▸ Ruhekleid, ▸ Prachtkleid.

Übergangskonus, der: Bei Kugelwaffen (Büchsen) der kurze, glatte Laufteil zwischen dem Patronenlager und dem gezogenen Laufteil; ▸ Ballistik.

Übergangswald, der: Ein ehemaliger Mittel- oder Niederwald, der in einen Hochwald (▸ Betriebsarten) übergeführt wird; ▸ Überführung 1).

übergehen: **1**) Eine ▸ Fährte oder ▸ Spur ü. Jäger oder Jagdhund – Letzterer meist aus Übereifer –, wenn sie sie nicht bemerken und darüber hinweggehen. **2**) Die Treiber ü. oder überlaufen einen Hasen, wenn sie an ihm vorbeigehen, ohne ihn aufzustoßen. Das Niederwild lässt sich ü., wenn es sich vor den Jägern oder Treibern drückt und nicht oder erst hinter deren Rücken aufsteht. **3**) Ein weibliches Stück ▸ Schalenwild geht über, wenn es kein Kitz oder Kalb führt, weil es unbeschlagen blieb; es wird Übergehendtier oder übergangenes Tier genannt und steht im dritten Lebensjahr, es ist also als Schmalreh bzw. Schmaltier nicht beschlagen worden.

Übergehendtier, das: ▸ übergehen 3).

Übergreifer, der (Überbeißer): ▸ Hundegebiss.

Überhaltbetrieb, der: Bei Wertbaumarten wie Kiefer, Lärche, Eiche ist die Erzeugung von starkem Wertholz über den Ü. möglich. Dabei werden geeignete Bäume aus dem Vorbestand durch allmähliche Freistellung langfristig auf den Ü. vorbereitet. Sie machen dann wenigstens einen Teil des zweiten Produktionszeitraumes mit und nutzen den Lichtungszuwachs aus. Der Ü. erhält hochwertige Bäume (▸ Überhälter) für die Samenproduktion, schafft Wertreserven und hat auch ästhetische Funktionen.

Überhälter, der: Auch Oberständer. Ein einzeln stehender, erwachsener Baum oder eine ▸ Baumgruppe, der (die) nach Abschluss der ▸ Verjüngung, d.h. nach Abtrieb eines Waldbestandes belassen wird und zur Starkholzzucht (bzw. Wertholzzucht; starke, wertvolle Nutzholzstämme) dient. Ü. sollen aber auch die nachwachsenden Jungpflanzen schützen und bleiben oft auch aus landschaftspflegerischen Gründen (Landschaftsbild) stehen. Die entsprechende waldbauliche Betriebsform wird als ▸ Überhaltbetrieb bezeichnet.

Überhege, die: Eine i.d.R. zu ▸ Wildschaden führende Vermehrung des Wildes aller Art, die mit den Erfordernissen der Land- und Forstwirtschaft nicht in Einklang zu bringen ist. Grundsätzlich soll ein artenreicher und gesunder Wildbestand in einem ausgewogenen Verhältnis zu seinen natürlichen Lebensgrundlagen stehen. Führt daher eine Ü. zu einem übermäßigen Wildschaden, so kann nach dem BJG die zuständige Behörde anordnen, dass der ▸ Jagdausübungsberechtigte unabhängig von den Schonzeiten innerhalb einer bestimmten Frist in bestimmtem Umfange den Wildbestand zu verringern hat, wenn dies mit Rücksicht auf das allg. Wohl, insbesondere auf die Interessen der Land-, Forst- und Fischereiwirtschaft und die Belange des ▸ Naturschutzes und der ▸ Landschaftspflege, notwendig ist. Starke Ü. kann zu Nahrungsmangel, schlechter körperlicher Verfassung des Wildes und damit auch zum Auftreten von Wildkrankheiten führen. Bei Ü. wird auch der Lebensraum anderer Wildarten mit gleichen oder ähnlichen Biotopansprüchen eingeengt.

überhetzen: **1**) Hunde, die nicht ▸ bogenrein sind, ü.; gelegentlich für ▸ überjagen gebrauchter Ausdruck. **2**) Wenn ein ▸ Laufhund überanstrengt wird, so wird er überhetzt oder verhetzt.

Überholen, das: ▸ Hirschgerechte Zeichen.

überjagdbar: Die mehr als achtjährigen Rothirsche (altjagdbar, nach Th. ▸ Hartig). Mancherorts wird gelegentlich ein Hirsch von mehr als 16 Enden ü. genannt.

überjagen: **1**) Ein Jagdhund jagt über oder überjagt, wenn er bei der Arbeit, z.B. beim ▸ Stöbern, dem aufgejagten Wild über den zu durchstöbernden Bestand hinaus in den nächsten folgt. Er überjagt auch, wenn er dem Wild über die Reviergrenze folgt; ▸ bogenrein. **2**) ▸ Überjagung.

Überjagung, die (Überbejagung): Zu hoher Abschuss eines Wildbestandes (eines Geschlechts oder einer bestimmten Altersgruppe), der letztlich zur Verminderung des Bestandes führt. Ü. tritt auch ein, wenn im Verhältnis mehr alte Tiere als Jungtiere erlegt werden.

überjährig: **1**) Beim Schweißhund: er ist ü., wenn er länger als ein Jahr gearbeitet wurde. **2**) svw. ▸ überlaufen.

überkippender Wind, der: ▸ Wind.

Überklauen, die: Bez. für die überlang ausgewachsenen Klauen der ▸ Beizvögel. I.d.R. kommen sie nur beim Habicht vor, der mit Ü. zur Beize nicht zu gebrauchen ist, weil die Klauen nicht scharf genug sind und die Funktion des Greifens gestört ist. Ü. werden entfernt, indem man mit einem scharfen Messer hobelspanartige Teilchen von der Seite und vom Innern des Krallenbogens abschabt, bis die normale Klauenlänge wieder erreicht ist.

über Land gehen: Vom Otter: svw. ▸ gehen.

Überlandjagen, das: Im Mittelalter eine ▸ Treibjagd großen Stils, bei der umfangreiche Gebiete von Treibern und spürenden Hunden abgejagt wurden. Das Wild wurde dabei durch berittene Jäger verfolgt, bis es sich entweder der ▸ Meute stellte und von den Jägern mit Spießen und Schwertern abgefangen werden konnte oder sich in gestellten Netzen und Schlingen verfing; ▸ Eingestellte Jagen, ▸ Parforcejagd.

Überlassen von Waffen, das: Im Sinne des ▸ Waffenrechts überlässt einen Gegenstand, wer die ▸ tatsächliche Gewalt über ihn einem anderen einräumt, z.B. verleiht.

überlaufen: Vom Frischling: ins zweite Lebensjahr eintreten; ▸ Überläufer.

Überläufer, der (übergangener oder überlaufender Frischling): Ein Stück ▸ Schwarzwild beiderlei Geschlechts im zweiten Lebensjahr; z.B. überlaufende Bache, überlaufender Keiler, Ü.-Bache, Ü.-Keiler.

übermachte Zwingen, das: Ein altes Fährtenzeichen des Rotwildes; ▸ Hirschgerechte Zeichen.

Übernachtfährte, die: Eine ▸ Fährte, die ▸ übernächtig ist.

übernächtig (kalt): Eine ▸ Fährte, die eine ganze Nacht über gestanden hat. Vom guten ▸ Leithund (früher) und auch vom Schweißhund wird verlangt, dass er eine ü. Fährte noch halten kann: ▸ alt, ▸ frisch, ▸ warm, ▸ kalte Fährte.

Überreiter, der: Frühere Bez. für einen ▸ Jagdaufseher, der einen unter seiner Aufsicht stehenden Forst- und Jagdbezirk überritt.

überrollen: Wenn Fuchs oder Dachs über den vorliegenden ▸ Erdhund hinweg aus dem Bau ins Freie gelangen, ü. sie ihn.

Überrücken, der: svw. Oberrücken; ▸ Afterklauen.

überschießen: **1**) Über ein Stück Wild hinwegschießen (Fehlschuss). **2**) Der Jäger überschießt ein Revier oder den ▸ Abschussplan, wenn er mehr abschießt, als der ▸ Wildstand ohne Schaden verträgt bzw. als vorgesehen und genehmigt war; ▸ Überjagung. **3**) Der Hund überschießt eine ▸ Fährte oder ▸ Spur, wenn er in der Hitze über sie hinwegläuft, ohne sie wahrzunehmen; ▸ übergehen 1), verschießen 2).

Überschlag, der: svw. ▸ Hauptschlag.

überschlagen: **1**) Beim Hund: svw. ▸ verschlagen, d.h. durch zuviel Prügel verdorben sein. **2**) Sich ü. ▸ radschlagen 2) und 4).

Keiler überfällt einen Maschendrahtzaun.

Überschnabel, der: **1**) Bez. für den ▸ Säbelschnäbler. **2**) Bei ▸ Beizvögeln: die Oberschnabelspitze ist unförmig über den Unterschnabel hinweg ausgewachsen. Durch knochenhaltige ▸ Atzung kann ein Ü. vermieden werden.

übersetzen: Rehwild überspringt einen Graben oder Zaun, es setzt über; ▸ überfallen.

Übersprung, der: **1**) svw. ▸ Sprenkel 2). **2**) Frühere Bez. für eine niedrige Stelle in Zäunen und Hecken, über die das Wild zum Lebendfang zu einer verdeckten Fallgrube einspringen sollte; ▸ Einsprung.

Übersprunghandlung, die (Übersprungbewegung): Eine besondere Verhaltensweise bei Tieren, die plötzlich in eine Instinkthandlung (▸ Instinktverhalten) eingeschoben wird und ohne erkennbaren Bezug zur gegebenen Situation steht. Solche Ü. treten v.a. in Konfliktsituationen auf, wobei die gestauten Erregungen auf diese Weise abgeleitet werden sollen. Zur Störung einer Instinkthandlung kann es u.a. kommen, wenn die Triebbefriedigung bei Ausbleiben eines erwarteten Antwortreizes (z.B. bei der ▸ Balz) verhindert wird oder gegenläufige Impulse wie Angriff und Flucht miteinander in Konflikt geraten und deshalb urplötzlich Ausweichhandlungen vorgenommen werden. Typische Ü. sind bei kämpfenden Hähnen das Futterpicken oder das In-den-Boden-Picken sowie das Gefiederputzen (z.B. bei Enten und beim werbenden Feldhasen das Trommeln mit den Vorderläufen).

überstellen, sich (übertreten, umstellen): Beim Auerhahn: auf einen anderen Baum oder Ast fliegen.

übertreten: **1**) svw. ▸ überstellen. **2**) ▸ abnehmen 2).

Übervermehrung, die (Übervölkerung): Ein außergewöhnlich hoher Anstieg der Populationsdichte einer ▸ Art in einem Territorium aufgrund einer Massenvermehrung. Ü. führt zur Störung des ▸ ökologischen Gleichgewichts und kann eine ▸ Tierwanderung zur Folge haben; ▸ Überhege.

überwechseln: Das ▸ Hochwild zieht in ein anderes Revier oder auch von einer Seite des Berges auf die andere.

Überwind, der (Oberwind): ▸ Wind 1.

über Wind jagen: Vom Beizvogel: gegen den Wind (»Wind an«) jagen; Ggs.: unter Wind jagen.

Überwinterung, die: Eine Fähigkeit der Tiere, mit z.T. unterschiedlichen Mitteln die ungünstigen Lebensbedingungen in den Wintermonaten zu überstehen. Einige Arten (z.B. die ▸ Zugvögel) suchen klimatisch günstigere Winterquartiere auf und kehren erst zur Erutzeit in ihre Sommerquartiere zurück. Andere Arten wie ▸ Murmeltier, ▸ Hamster, ▸ Igel, ▸ Buche und ▸ Fledermäuse verfallen in einen Winterschlaf, der nur selten durch kurze Pausen (z.B. Harnlassen) unterbrochen wird. Die Körpertemperatur sinkt bei diesen Tieren tief unter die Normaltemperatur ab (auf etwa 5 °C). Bei dem stark verlangsamten Stoffwechsel wird v.a. das vorher angesammelte Fettpolster verwertet. Im Unterschied zum Winterschlaf halten einige ▸ Säugetiere, z.B. ▸ Dachs, ▸ Braunbär und ▸ Eichhörnchen, nur eine Winterruhe, die oft und manchmal auch für längere Zeit (für die Nahrungssuche) unterbrochen wird. Bei diesen Tieren sinkt die Körpertemperatur nicht ab, und der Stoffwechsel bleibt normal. Bei ▸ wechselwarmen Tieren, den sog. Kaltblütern, zu denen alle Tiere mit Ausnahme der ▸ Vögel und ▸ Säugetiere gehören, ist die Ü.-Form die Winter- oder Kältestarre. Die Körpertemperatur sinkt dabei so weit ab, dass alle Aktivitäten und Reflexe zum Ruhen kommen. Zur Vermeidung eines Kältetodes suchen diese Tiere zum Überwintern frostfreie Schlupfwinkel auf. Soweit Tiere weder einen Winterschlaf noch eine Winterruhe oder -starre haben, legen sie Fettdepots an oder verdichten das Haar- bzw. Federkleid.

Übungsangel, die: ▸ Reizangel.

Übungsreiher, der: Ein in der Falknerei früher verwendeter lebender Reiher, auf den die Falken eingejagt (eingeflogen) wurden. Der Hals und der Rücken des Reihers wurden mit einer Lederkleidung geschützt, damit der Falke ihn nicht verletzen konnte. Andererseits wurden dem Reiher zwei Holunderröhrchen (▸ Holunderpfeife) auf die Schnabelspitzen gesteckt, damit er den Falken nicht verletzen konnte. Auf der Lederumkleidung wurde ein Stück Fleisch befestigt, das der Falke kröpfen durfte, wenn er den Reiher gebunden hatte. Das Stück wurde von Übungsflug zu Übungsflug kleiner und schließlich ganz weggelassen. Erst dann wurde der Falke an frei lebende Reiher geworfen. I.d.R. wurden zwei Falken an einen Reiher geworfen (Kompaniefalken), wobei der junge, erst abgetragene Falke bei den ersten Flügen von einem älteren, erfahrenen Falken begleitet wurde. Die Jagd auf den Reiher mit Falken war früher eine beliebte Jagdart der höfischen Damen.

Uccellandas, die: ▸ Vogelfang 7.

Uccello, Paolo: ▸ Jagdkunst.

Ueckermann, Erhard, Dr. (1924 bis 1996): Jagdwissenschaftler und Publizist. U., der aus einer alten ostpommerischen Försterfamilie stammt, studierte in Hann.-Münden an der Forstlichen Fakultät der Universität Göttingen Forstwirtschaft und promovierte 1951 bei dem Jagdwissenschaftler Professor Fritz Nüßlein zum Doktor der Forstwissenschaft. 1952 übernahm er in Hamburg das Referat »Pflanzenschutztechnik« in der Technischen Zentralstelle der deutschen Forstwirtschaft. Von 1957 bis 1989 war er Leiter der Forschungsstelle für Jagdkunde und Wildschadensverhütung des Landes Nordrhein-Westfalen, daneben Herausgeber und Schriftleiter der »Zeitschrift für Jagdwissenschaft«, Mitglied im Ehrenkomitee der französischen wissenschaftlichen Zeitschrift »Gebier Faune Sauvage«, Obmann der Gruppe Deutschland im ▸ Internationalen Ring der Jagdwissenschaftler (IUGB), Experte des ▸ CIC und ▸ DJV-Schalenwildausschusses. Neben zahlreichen wissenschaftlichen Publikationen veröffentlichte U. 12 Fachbücher mit Themen zur Wildbewirtschaftung, Reviergestaltung, Lebensraumverbesserung, Wildschadensverhütung und kulturellen Bedeutung der Jagd. Er schrieb u.a. »Kulturgut Jagd« (1994). Für seine Monografie »Das Damwild« erhielt er 1969 den Literaturpreis des DJV.

Uferläufer, der: ▸ Schnepfenvögel 14.

Uferschnepfe, die: ▸ Schnepfenvögel 5.

Uhle, die: Bez. für die: ▸ Eule.

Uhu, der: ▸ Eulen 1.

Uhuhütte, die (Krähenhütte): ▸ Hüttenjagd.

Uhu, kleiner, der: ▸ Eulen 2.

Uhuzwinger, der: Eine für die Unterbringung des Uhus (▸ Eulen 1) errichtete Hütte, die aus einem Drahtgeflecht von unterschiedlicher Grundrisskonstruktion und einem festen, relativ steilen Dach besteht. Über dem Boden wird ein Sonnen-, unter dem Dach ein Schattensitz errichtet. Der Innenraum muss so groß sein, dass es dem Uhu möglich ist, mit voll ausgebreiteten Schwingen vom Sonnen- zum Schattensitz und umgekehrt zu fliegen.

Ulenflucht, die: Die Abenddämmerung.

Ülk, der: Der ▸ Iltis.

Ull(er): In der nordischen Mythologie ist U. ein Sohn der Sif und Stiefsohn des Thor. Er ist ein winterlicher Jagd- oder Bogengott, der auf Schnee- oder Schlittschuhen dahinsaust.

Ulmen, die: Sommergrüne Laubbäume (auch Sträucher) aus der Familie der Ulmengewächse *(Ulmaceae)*. U. sind typische Mischbaumarten, die häufig auch als Park- und Alleebaum Verwendung finden. Das U.-Holz wird im Holzhandel als Rüster bezeichnet. Die U. werden in ganz Europa durch das U.-Sterben bedroht. Verursacht wird die Krankheit durch einen Pilz, der die Wasserleitbahnen des Baumes verstopft. Das schwere, harte, aber elastische Holz ist wegen seiner schönen Maserung wertvoll und sehr gesucht (Spaltgeräte, Möbelbau, Drechslerei). In Mitteleuropa sind Berg-, Feld- und Flatter-U. (▸ Edellaubbaumarten) heimisch.

1. Berg-U. *(Ulmus glabra)*: Auch Haselulme. Tiefwurzelnde Halbschatt(en)baumart der Laubmischwälder des Hügel- und Berglandes. Wuchshöhe bis 30 (40) m, Alter bis 400 Jahre.

2. Feld-U. *(Ulmus minor)*: Kommt in den Laubwäldern (v.a. Eichenmischwäldern) des Tief- und Hügellandes vor. Gut geeignet für den Anbau in ▸ Feldgehölzen. Wuchshöhe bis 30 m, Alter 300 bis 400 Jahre.

3. Flatter-U. *(Ulmus laevis)*: Wächst v.a. in den Auwäldern (Hartholzaue) der Tieflagen.

Ulmensplintkäfer, **Großer** und **Kleiner**: ▸ Borkenkäfer 1.

umbrechen: Vom Schwarzwild: ▸ brechen 1).

Umbrier, der: Der U., ein laut jagender Hund, war die bekannteste Bracke des alten Italien. Bei den Römer stand er wegen seines Feuers und seines guten Geruchssinnes in hohem Ansehen; ▸ Spartaner.

Umgang, der: Süddeutscher Ausdruck, wenn das Wild viel hin und her zieht. »Der U. ist heute gut« heißt, man sieht viel Wild.

Umgänger, der: Selten statt ▸ Eingänger.

Umgang mit Waffen oder Munition, der: In §2 des WaffG sind die Grundsätze des U.m.W.o.M. genannt. Die wichtigsten (Absätze 1 bis 3) sind:

(1) Der U. m. W. o. M. ist nur Personen gestattet, die das 18. Lebensjahr vollendet haben.
(2) Der U. m. W. o. M., die in der Anlage 2 (Waffenliste) Abschnitt 2 zu diesem Gesetz genannt sind, bedarf der Erlaubnis
(3) Der U. m. W. o. M., die in der Anlage 2 Abschnitt 1 zu diesem Gesetz genannt sind, ist verboten.

umkreisen: ▸ einkreisen 1).

Umlegvisier, das: Klappvisier; ▸ Visiereinrichtung.

Umschlag, der: Ein altes Fährtenzeichen des Rothirsches; ▸ Hirschgerechte Zeichen.

umschlagen: **1**) Vom Wild: in der Flucht oder im Trollen plötzlich umkehren bzw. die Richtung ändern, v.a. wenn es Gefahr wittert. **2**) Um eine Dickung herumgehen, um Wild darin zu ▸ bestätigen; ▸ einkreisen 1). **3**) Umgehen eines Stück Wildes in weitem Bogen (z.B. wegen des Windes oder der Sicht), um es von einer anderen Seite anzugehen; auch Wild umgeht eine Stelle, um sich Wind (Wittrung) zu holen. **4**) Der ▸ Wind schlägt um oder springt um, wenn er die Richtung ändert.

umspringen: ▸ umschlagen 4).

umstellen: **1**) Einen Waldteil (ein ▸ Treiben) mit Schützen, früher auch einen Distrikt mit ▸ Jagdzeug u. **2**) svw. ▸ überstellen. **3**) Beim Wild: seinen ▸ Einstand, z.B. wegen dauernder Beunruhigung oder wegen Änderung der Witterung, wechseln. **4**) Beim Dachs: in einen abgelegenen Teil des Baues zurückweichen. **5**) Der Beizvogel tritt oder springt von einer Faust auf die andere, er stellt sich um.

Blätter der Bergulme mit den für Ulmenblätter charakteristischen asymmetrischen Blattbasen

Umtriebszeit, die: Rechnerische mittlere Produktionszeit einer Baumart, z.B. Eiche 200 Jahre, Kiefer 130 Jahre und Fichte 100 Jahre.

umtun: Beim Schwarzwild: wenn es an verschiedenen Stellen bricht, öfter den Platz wechselt; ▸ brechen 1).

Umwelt, die: Im biologischen Sinn ist U. die lebenswichtige Umgebung einer Tierart, d.h. die Gesamtheit aller Faktoren (▸ ökologische Faktoren), die das Leben eines Organismus beeinflussen und sich mit ihm in Wechselwirkung befinden.

Umweltbelastung, die: Durch menschliche Eingriffe in die Natur entstehende negative Beeinflussung, Veränderung und z.T. Zerstörung der ▸ Umwelt, v.a. durch Verunreinigungen (Staub, Chemikalien, Strahlen usw.) und Lärm.

Umweltfaktoren, die: ▸ ökologische Faktoren.

Umweltforschung, die: Untersuchung und Erforschung der durch die Eingriffe des Menschen auftretenden Veränderungen der ▸ Umwelt und der komplexen Wechselwirkungen zwischen dieser künstlichen Umwelt und dem natürlichen ▸ Ökosystem. Die Ergebnisse der U. finden ihren Niederschlag im praktischen ▸ Umweltschutz.

Umweltschutz, der: Der U. umfasst alle Maßnahmen einschließlich der Bestrebungen, die auf der Grundlage der ▸ Umweltforschung und des Umweltrechts Umweltbelastungen beseitigen (Erhalten der natürlichen Lebensgrundlagen von Pflanze, Tier und Mensch) sowie das ökologische Gleichgewicht – soweit es gestört ist – wiederherstellen sollen. Zu einem wirksamen U. gehört auch die Aufklärung der Bevölkerung (Förderung des umweltbewussten Verhaltens) und deren Mitwirkung. Eine gezielte Umweltpolitik gibt es erst seit Beginn der 1970er-Jahre mit dem Erlass wichtiger Rechtsvorschriften; z.B. Bundesimmissionsschutzgesetz, Wasserhaushaltsgesetz, Waschmittelgesetz, Bundeswaldgesetz usw.

Umweltverträglichkeitsprüfung (UVP), die: Die U. ist ein unselbstständiger Teil verwaltungsbehördlicher Verfahren, die der Entscheidung über die Zulässigkeit von Vorhaben dienen. Sie umfasst die Ermittlung, Beschreibung und Bewertung der Auswirkungen eines Vorhabens auf Menschen, Tiere und Pflanzen, Boden, Wasser, Luft, Klima und Landschaft, einschließlich der jeweiligen Wechselwirkungen, Kultur- und sonstigen Sachgüter. Einzelheiten enthält das Bundesgesetz über U. vom 21.2. 1990, (BGBl. I S. 205), zuletzt geändert durch durch Art. 3 der Verordnung vom 18. Mai 2011 (BGBl. I S. 892). Die U. ist somit ein Instrument, das sich mit Umwelt als Ökosystem beschäftigt und nicht ausschließlich Einzelkomponenten betrachtet. Hauptziele sind Umweltschäden soweit wie möglich zu vermeiden, Umweltauswirkungen ganzheitlich und frühzeitig zu erfassen, Umweltbelange in mit gleichem Stellenwert wie andere Belange in Entscheidungen einzubringen, Qualitätsverbesserung gegenüber bestehenden Instrumenten der Umweltplanung zu erreichen und Genehmigungsverfahren transparenter zu gestalten.

umwerfen: Alter und seltener Ausdruck für ▸ umschlagen 1) bei allem ▸ Haarwild, das zur ▸ Hohen Jagd zählte.

Unberührtheitsklausel, die: Die im BJG (§44 a) verankerte U. bringt zum Ausdruck, dass durch das BJG die Vorschriften des Lebensmittelrechts, Seuchenrechts, Fleischhygienerechts und auch Tierschutzrechts unberührt bleiben.

Unfälle, die: ▸ Wildunfälle, ▸ Wildverletzungen, ▸ Wildverluste.

Unfallverhütungsvorschrift Jagd, die: Die U. J. (VSG 4.4) vom 1. Januar 2000 mit Durchführungsanweisungen wurde vom Bundesverband der Landwirtschaftlichen Berufsgenossenschaft herausgegeben und kann von diesem bezogen werden. Da jede der 20 Landwirtschaftlichen Berufsgenossenschaften eigene Durchführungsanweisungen erlassen kann, wird empfohlen, die jeweils zuständige Landwirtschaftliche Berufsgenossenschaft anzusprechen. Die insgesamt neun Paragrafen der U. J. sind im Anhang abgedruckt.

Ungarischer Vorstehhund, der (Magyar Vizsla): ▸ Vorstehhunde III.

ungerade: Ein ▸ Geweih oder ▸ Gehörn, dessen Stangen eine ungleiche Endenzahl tragen, ist u.; z.B. ist ein Hirsch, der rechts sechs, links fünf oder weniger Enden aufweist, ein u. Zwölfer, ein Rehbock mit rechts drei, links zwei Enden, ein u. Sechser usw.; ▸ gerade.

unjagdbar: Ein geringer, jedoch gut veranlagter Trophäenträger des Schalenwildes, der noch nicht ▸ jagdbar ist, ist u., besser: ein

Deutsch-Kurzhaar wird unter Wind zur Suche geschickt.

nicht jagdbarer Hirsch; ▸ altjagdbar, ▸ überjagdbar.

Unken, die: ▸ Amphibien.

Unkenfresser, der: ▸ Bussarde 1.

Unkräuter, die (Segetalpflanzen): Nicht fest umrissene Bez. für Pflanzen (Stauden oder ein- bzw. zweijährige ▸ Kräuter), die auf einem Standort wachsen (z.B. Kulturpflanzenbestand), an dem sie für Menschen unerwünscht sind. Daraus ergibt sich, dass eine Pflanze einmal in der freien Natur eine gerngesehene Wildpflanze, zum andern aber in einer Kultur ein Unkraut sein kann, das mit den Kulturpflanzen um Bodenraum, Licht, Wasser und Nährstoffe konkurriert. U. besitzen gegenüber den Kulturpflanzen meist eine kürzere Entwicklungszeit, höhere Widerstandsfähigkeit sowie hohe Regenerations- und Ausbreitungsfähigkeit. Viele U. sind auch Heilpflanzen. Nach der Art ihres Vorkommens teilt man die U. ein in Acker-, Wiesen-, Forst- und Stauden-U.

Unland, das: Ein Gelände, wie z.B. Felsen, Sandflächen oder Schutthalden, das sich in keiner Weise durch Kultivierungsmaßnahmen als landwirtschaftliche oder forstliche Fläche nutzen lässt.

unschädliche Beseitigung von Wild, die: ▸ Tierkörperbeseitigung.

Unschlitt, das: svw. ▸ Inselt.

Unterabteilung, die: ▸ Waldeinteilung.

Unterarche, die: ▸ Arche.

Unterbeißer, der: ▸ Hundegebiss.

Untere Jagdbehörde, die: ▸ Jagdbehörden.

Unterfedern, die: Vom Auerhahn: der kleine Stoß; ▸ Unterstoß.

Untergewehr, das: Veraltete und selten gebrauchte Bez. für **1**) den Hirschfänger; ▸ Blanke Waffen, **2**) die ▸ Haderer.

Untergräser, die: Meist bodenblattreiche und weidefeste Gräser (Süßgräser), deren Entwicklung und Verbreitung durch die Beweidung gefördert wird. U. herrschen auf Dauerweiden vor und sind von niedrigem bis mittelhohem Wuchs. Zu den U. gehören u.a. Deutsches Weidelgras, Wiesenrispe, Goldhafer, Kammgras; ▸ Obergräser.

Unterholz, das: ▸ Betriebsarten.

Unterjagd, die: ▸ Oberjagd.

unterladen: Beim Repetiergewehr: die Patronen so tief in das Magazin hineindrücken, dass beim Schließen des Verschlusshebels keine Patrone in das Patronenlager gelangt.

unterlaufen: Beim balzenden Auerhahn; svw. ▸ anspringen 1).

Unterleine, die: ▸ Arche.

unterliegen: Der ▸ Beizvogel unterliegt oder verliert, wenn er das gegriffene oder gebundene Wild nicht meistert, d.h. nicht halten kann.

Untermast, die: **1**) ▸ Mast. **2**) Beim Dachs: er sticht nach Erdmast; ▸ stechen 1).

Untersaat, die: Im Zwischenfruchtbau der Anbau von Zwischenfrüchten (z.B. Weißklee oder ▸ Klee-Gras-Mischungen) unter einer Decksaat, i.d.R. im Sommerzwischenfruchtbau unter Getreide. U. wird meistens in Gebieten mit kurzen Vegetationsperioden, hohen Niederschlägen und ungünstigen Standortverhältnissen angewandt.

Unterschaft, der: Der unterste Teil des ▸ Haares unmittelbar über der Wurzel.

unterschießen: Zu kurz schießen oder auch unter dem Stück Wild durchschießen (Fehlschuss) im Ggs. zu ▸ überschießen 1).

Unterschlupf, der: **1**) Der Aufenthaltsort von Wiese und Iltis. **2**) Der U. des Murmeltieres unter Steinen oder ähnlichem, wenn es im Freien überrascht wird und nicht mehr den Bau erreichen kann.

unterspringen: svw. ▸ anspringen 1).

Unterstoß, der (Nestel): Beim Auerhahn auch Triege -, Unterfedern; der untere rückseitige Teil des Stoßes beim Auer- und Birkhahn, gewöhnlich rein weiß oder mit schwarzen Flecken, selten ganz schwarz. Er sitzt unter dem ▸ Fächer bzw. der ▸ Leier.

Untersuchung von Wild, die: ▸ Fleischuntersuchung, ▸ Trichinenschau, ▸ Wildbrethygiene.

Unterwerfungsgebärde, die: ▸ Demutsgebärde.

unter Wind: **1**) Mit gutem ▸ Wind bzw. dem Wind entgegen (mit Unterwind) auf Wild pirschen; d.h., der Luftzug streicht vom Wild dem Jäger entgegen. **2**) Beim ▸ Falken: er verstößt sich u. W., wenn er sich mit dem Winde treiben lässt; man sagt auch: »Wind ab«; ▸ Wind.

Unterwind, der: ▸ Wind.

Unterwolle, die: Die beim ▸ Schwarzwild unter den Borsten vorhandene weiche, wärmende Behaarung (Wolle). Auch beim Hasen, Kaninchen, Haarraubwild und Hund gebräuchlich.

Unterwurf, der: Der Unterkiefer des ▸ Schwarzwildes; ▸ Wurf, ▸ Oberwurf.

unvertraut: Vom Wild: svw. sich unsicher fühlen; Ggs.: ▸ vertraut.

unwaidmännisch (unwaidgerecht): Jede Handlung, die den geschriebenen und ungeschriebenen Gesetzen über die Ausübung der Jagd, zum Schutze des Wildes und zur Erhaltung des Waidwerks zuwiderläuft; ▸ Waidgerechtigkeit.

Ur, der: ▸ Auerochs.

Uralkauz, der: ▸ Eulen 6.

Uramentel, das: ▸ Murmeltier (nach Arthur Achleitner).

Urful, das: Veraltete und seltene Bez. für den ▸ Keiler.

Urgeflügel, das: Sammelname für das Auerwild; ▸ Raufußhühner 1.

Urhahn, der: Der Auerhahn; ▸ Raufußhühner 1.

Urhenne, die: Die Auerhenne; ▸ Raufußhühner 1.

Urhühner, die: Das Auerwild; ▸ Raufußhühner 1.

Urian: Scherzhafte Bez. für einen alten, starken ▸ Keiler.

Urochs, der: ▸ Auerochs.

Ursprungszeichen, das: ▸ Wildursprungszeichen.

Urteilsziffer, die: ▸ Hundeprüfungen.

Urtltaub, der: ▸ Wildtauben 4.

Urwald, der: Ein vom Menschen nicht oder nur wenig berührter ▸ Wald im Ggs. zum ▸ Wirtschaftswald. Durch Schaffung von Reservaten (▸ Naturwaldreservate) wird versucht, vorhandene Restbestände zu erhalten, zu schützen bzw. geeignete Wälder durch Selbstüberlassung wieder in einen U. zu verwandeln, z.B. im Nationalpark Bayerischer Wald.

Ussurischer Waschbär, der: ▸ Marderhund.

Utsch, Friedrich Wilhelm: ▸ Jäger aus Kurpfalz.

V

V: Abk. für ▸ Velocitas.

Vagabundismus, der: Auch Nomadismus. Eine besondere Form der ▸ Tierwanderung, bei der die Tiere nirgendwo lange bleiben, sondern fast ständig weit umherziehen, z.B. Wölfe, Rentierherden.

Valentin, Karl, eigentlich Valentin Ludwig Fey (4.6.1882 München bis 9.2.1948 München): Münchner Volkskomiker, der häufig mit seiner Partnerin Lisl Karlstadt die Hilflosigkeit des Menschen in der verzwickten Alltagswelt darstellte. Besonders wirksam ist dabei eine aus Situation und Sprache entwickelte absurde Logik, z.B. die Szene mit Lisl Karlstadt »Jagdsport«.

Varmint-Kaliber, das: Bez. für kleinkalibrige Munition zur Jagd auf kleine Beutegreifer (Raubtiere) und Nager.

VdB: Abk. für Verband deutscher Büchsenmacher und Waffenhändler.

VDF: Abk. für ▸ Verband Deutscher Falkner.

VDH: Abk. für Verband für das Deutsche Hundewesen; ▸ Hundeverbände.

Vegetation, die: Gesamtheit der ▸ Pflanzengesellschaften, die ein Gebiet bzw. die Erdoberfläche mehr oder weniger geschlossen bedecken.

Vegetationsgutachten, das: ▸ forstliche Vegetationsgutachten.

Vegetationsperiode, die (Vegetationszeit): Der Zeitraum eines Jahres, in dem das Wachstum, Blühen und Fruchten der Pflanzen stattfindet. Als Vegetationsruhe wird die Zeitspanne bezeichnet, in der die Pflanzen wegen Trockenheit oder Kälte nicht wachsen.

Vegetationsschichten des Waldes, die (Waldaufbau): Die Gliederung des ▸ Waldes lässt von unten nach oben mehrere Schichten der Waldgemeinschaft erkennen. Diesen Schichten kommen ganz bestimmte Funktionen im Gesamtleben des Waldes zu, die im engsten Zusammenwirken und Zusammenleben mit bestimmten Tierarten stehen. Die unterste Schicht ist die »Moosschicht« (Bodenschicht), die hauptsächlich von Moosen und ▸ Pilzen gebildet wird. Zu dieser Schicht zählen auch niedrige Blütenpflanzen (Samenpflanzen) wie z.B. Haselwurz und Sauerklee. Die Moosschicht dient v.a. den ▸ Kriechtieren (Reptilien) und Weichtieren sowie zahlreichen Insekten und Spinnen als Unterschlupf und Nahrungsquelle. Die folgende »Krautschicht« ist besonders im ▸ Mischbestand stark ausgeprägt. Sie setzt sich bis 1 m Höhe aus Blütenpflanzen, Gräsern und Farnen zusammen. Die Krautschicht bietet v.a. dem Wild Äsung. Die anschließende »Strauchschicht« oder das »Unterholz« reicht etwa bis 3 m Höhe. Zu dieser Schicht gehört auch der Nachwuchs der bestandsbildenden Waldbäume. Sie ist am stärksten an ▸ Waldrändern und auf Waldlichtungen ausgebildet und besitzt das reichhaltigste Tierleben im Wald. Hier lebt auch unser kleinstes Säugetier, die Zwergspitzmaus, aber auch die Haselmaus (▸ Bilche 4) und viele Vogelarten. Die Strauchschicht bietet einer großen Zahl von Tieren Nahrung, Zuflucht und Wohnung. Der schlimmste Feind der Strauchschicht ist das ▸ Wild, das bei zu hoher ▸ Wilddichte argen Schaden anrichten kann (▸ Wildschaden). Ab etwa 3 m Höhe folgt die »Baumschicht« mit dem Kronenbezirk. Die Baumschicht bestimmt mit ihrem mehr oder weniger dichten Laubwerk den Lichteinfall und damit das Gedeihen bzw. die Artzusammensetzung der unteren Schichten. Sie ist Lebensraum für viele Vögel, aber auch für ▸ Eichhörnchen und ▸ Marder. Auch zahlreiche Insekten leben in der Baumschicht, viele von ihnen allerdings als schädliche Blattfresser, z.B. Maikäfer, Buchenspinner, Schwammspinner, Eichenwickler u.a.

Vegetationsstufen, die (Höhenstufen): Vegetationszonen (Wirtschaftszonen), die durch Temperatur und Niederschlag beeinflusst werden bzw. entstehen und in einem Gebirgshang schichtweise und aufsteigend folgen. Als unterste Stufe erscheint die Hügellandstufe, die das Hügelland bzw. die Hanglage der Mittelgebirge bis 500 m (maximal 800 m) beherrscht (zugleich Standort für Kiefernbestän-

Vegetationsschichten des Waldes: Kraut-, Strauch- und Baumschicht

de und Eichenmischwald). Ihr folgt die Bergwaldstufe (bis 1400 bzw. 1600 m), an die sich die alpine Stufe (von der Baumgrenze bis zur klimatischen Schneegrenze; bis etwa 2500 m) anschließt und in der, wiederum von unten nach oben gestaffelt, Krummholz-, Zwergstrauch-, Matten- und Polsterpflanzengürtel die Landschaft prägen. Die oberste Stufe ist die Schneestufe (von 2700 bis 3100 m), in der vereinzelt Moose und Flechten wachsen.

Veh, die (Feh, Vehwammen, Vehwerk, Grauwerk): Der Balg des ▸ Eichhörnchens; ein Kürschnerausdruck.

Velocitas, die (lat): Die Geschwindigkeit des Geschosses an der Laufmündung wird mit V_0 bezeichnet. Die Fluggeschwindigkeit der Schrote wird im Ggs. zur Geschossgeschwindigkeit nicht an der Laufmündung, sondern 5 m nach Verlassen des Laufes gemessen und mit V_5 bezeichnet; ▸ Ballistik.

Veltheim, Hans Frhr. von (1.7.1798 Braunschweig bis 24.7.1868 Harzburg): Forstbeamter. V. studierte nach einer praktischen Ausbildung im Forstwesen an der Forstakademie Dreißigacker und an der Universität Berlin Forstwissenschaften und trat anschließend als Forstauditor in den herzoglich-braunschweigischen Staatsforstdienst ein. Im Jahre 1823 wurde er zum Forst- und Jagdjunker ernannt. Nach einigen Jahren Dienst als Adjunkt des Oberforstbeamten in Helmstedt wurde er 1826 Forstmeister in Stadtoldendorf und 1830 stimmführendes Mitglied der herzoglichen Forstdirektion in Braunschweig. Ab 1833 Kammerrat und Hofjägermeister, wurde V. 1860 Oberjägermeister und übernahm 1862 als Finanzdirektor das Präsidium in den Sektionen Domänen, Forste, Berg- und Hüttenwerk, der Kammer sowie in der Bauabteilung.

Keltischer Windhund; Silbermünze von Cythnus

Veltragus, der (Vertragus, Veltris): Bez. für den von den Donaukelten gezüchteten flüchtigen ▸ Windhund. Die Donaukelten schätzten besonders die Hasenhetze zu Pferde. Zwei Windhunde mussten den Hasen fangen und ihn unverletzt ihrem Herrn überbringen. Vom V., der wegen seiner Hetzfähigkeit und seiner Ausdauer besonders geschätzt wurde, sollen römische Schriftsteller des 2. und 3. Jh. Wundertaten berichtet haben, so z.B., dass die gallischen Hetzer die Hasen im vollen Lauf ergriffen; ▸ Kelten.

veltrarii, die: ▸ Jagdgeschichte 1.

Veltris, der: ▸ Veltragus.

Venantius, St.: ▸ Schutzpatrone der Parforcejäger.

verbailen: Beim Hund: das kranke Stück Wild stellen und verbellen; ▸ Ball.

verbainen: Mit Horn oder Bain (Bein) belegen, schäften. Im Harnaschkammer-Inventar von 1479 ist die Rede von »verpainten« Pulverflaschen, von Bürschbüchsen mit rauem Hirschbain »verbaint« und dgl.; ein veralteter Ausdruck.

verballen: Beim Hund: das Wundwerden der Ballen der Hunde, besonders der ▸ Windhunde, wenn sie früher auf rauem oder gefrorenem Boden hetzen mussten.

Verband Deutscher Falkner (VDF): Gegründet 1990 in Wittenberg-Lutherstadt. Der Verband fasst flächendeckend in fünf Landesverbänden die Falknerinnen und Falkner sowie Greifvogelfreunde der neuen Bundesländer zusammen (Bund für Falknerei und Greifvogelschutz e. V.). Er ist die Nachfolgeorganisation der Falkner der DDR.

Verband Deutscher Naturlandstiftungen e. V. (DNL): Gegründet 1991 in Lich. Dachorganisation der Lebensraum- und Naturlandstiftungen der Bundesrepublik Deutschland mit folgenden wesentlichen Aufgaben: Förderung des Tier-, Natur- und Landschaftsschutzes; Erhaltung, Entwicklung, Sicherung und Vernetzung der Lebensräume von Tieren und Pflanzen; Konzeption, Planung und Ausführung von Biotop- und Artenschutzprojekten und Förderung wissenschaftlicher Forschung in diesem Bereich. Diese Ziele sollen grundsätzlich unter Einbindung aller Interessenvertretungen, der Grundeigentümer, der Land- und Forstwirtschaft sowie der ▸ Naturschutzverbände verwirklicht werden.
Für seine Mitglieder erbringt der V. gesellschaftspolitische Leistungen (z.B. Zusammenarbeit mit Dachverbänden der deutschen und europäischen Naturschutz- und Landschaftspflegeorganisationen; Unterstützung bei der Gründung von Natur- und Lebensraumstiftungen, insbesondere in den neuen Ländern etc.) und naturschutzfachliche Leistungen (z.B. Koordinationen länderübergreifender Naturschutzprojekte, Planung und Durchführung von Fachtagungen, Publikationen etc.). Zu seinen ordentlichen Mitgliedern zählen bisher: Bayern: ▸ Wildland GmbH, Gesellschaft zum Schutze der wild lebenden Tiere in natürlicher Landschaft; Baden-Württemberg: Naturland Baden-Württemberg, Gesellschaft zur Erhaltung der Lebensräume frei lebender Tiere und Pflanzen; Bremen: Naturlandstiftung Bremen e. V., Verein zur Förderung des Biotopverbundes im Stadtstaat; Hamburg: Verein zur Förderung des Naturschutzes e. V.; Hessen: Naturlandstiftung Hessen e. V. (NLS) – Lebensraumentwicklung und Landschaftspflege; Planung und Verwirklichung von ▸ Biotopverbundsystemen, ▸ Landschaftspflege auf kommunaler Ebene durch landwirtschaftliche Pflegegemeinschaften (LPG); Nordrhein-Westfalen: Wildtier- und Biotopschutzstiftung, Stiftung zur Sicherung, Wiederherstellung und Pflege naturnaher und ökologisch vielseitiger Lebensräume zur Erhaltung der Artenvielfalt heimischer Wildtiere; Saarland: Naturlandstiftung Saar e. V., Verein zum Erwerb ökologisch wertvoller Flächen zur Sicherung der Lebensräume bedrohter Tiere und Pflanzen und zur Pflege und Entwicklung der heimischen ▸ Natur- und ▸ Kulturlandschaft; Sachsen: Gesellschaft für Naturschutz und Landschaftsentwicklung; Sachsen-Anhalt: Gesellschaft für Naturlandentwicklung (GNE); Thüringen: Stiftung Lebensraum Thüringen e. V., Verein zum Erhalt und Schutz des Naturhaushaltes, der Nutzungsfähigkeit der Naturgüter und der Vielfalt, Eigenart und Schönheit von Natur und Landschaft.

Verbände, die: **1)** Jagdliche V. ▸ Jagdschutz-Verband. **2)** V. des Hundewesens ▸ Hundeverbände.

Verband für das Deutsche Hundewesen (VDH): ▸ Hundeverbände.

Verbandsabzeichen des Deutschen ▸ Jagdschutz-Verbandes (DJV): Neben der Mitgliedsnadel, die als Anstecknadel und als Hutabzeichen ausgegeben wird, werden bisher folgende Sonderabzeichen (V.) verliehen:

1. Ehrenhirschfänger: Er wird als höchste Auszeichnung für besondere Verdienste auf dem Gebiet des ▸ Jagdschutzes an ▸ Berufsjäger, Forstbeamte und sonstige jagdschutzberechtigte Personen verliehen. Der Auszuzeichnende soll Mitglied des DJV sein, die Verleihung erfolgt durch das Präsidium des DJV.

2. Wildhegeabzeichen: Für besondere Verdienste um die Wildhege wird ein W. des DJV gestiftet. Es kann an Revierinhaber, Berufsjäger und Jagdaufseher verliehen werden, die Verleihung erfolgt durch die Landesjagdverbände auf Vorschlag der Kreisgruppe oder -vereine.

3. Verdienstabzeichen in Bronze, Silber und Gold: Zur Ehrung für solche Mitglieder, die sich um die Erhaltung und Förderung des Jagdwesens besondere Verdienste erworben haben, wurde die Stiftung eines V. beschlossen. An die Verleihungsvoraussetzungen wird im Hinblick auf die ideelle Bedeutung des V. ein strenger Maßstab angelegt. Die Verleihung in Bronze und Silber erfolgt durch die Präsidenten der Landesjagdverbände, die Verleihung in Gold durch den Präsidenten des DJV.

4. Treuenadel: Der Deutsche Jagdschutz-Verband e. V. stiftet Treuenadeln in Stufen für 25-jährige, 40-jährige sowie 50-jährige und darüber hinaus dauernde Mitgliedschaft. Die Nadel wird auf Vorschlag der Kreisgruppen und -vereine durch den zuständigen Landesjagdverband verliehen. Die für das jeweilige V. geforderten Voraussetzungen bzw. Bedingungen können beim DJV e. V., bei den Landesjagdverbänden und bei den Kreisgruppen oder -vereinen erfragt oder dem jährlich erscheinenden DJV-Handbuch entnommen werden; ▸ DJV-Schießnadeln.

Verbands-Gebrauchsprüfung (VGP), die: ▸ Hundeprüfungen.

Verbands-Herbstzuchtprüfung (HZP), die: ▸ Hundeprüfungen.

Verbands-Jugendprüfung (VJP), die: ▸ Hundeprüfungen.

Verbandsprüfungen, die: ▸ Hundeprüfungen.
Verbandsrichter, die: Prüfungsrichter für ▸ Hundeprüfungen, wobei immer drei V. einer Gruppe von drei bis vier Hunden zugeordnet werden. Die V. werden nach den allg. Richtlinien des Jagdgebrauchshundverbandes (▸ Hundeverbände) für Verbandsprüfungen ausgebildet und bestätigt. Voraussetzung ist, dass sie mindestens einen Hund erfolgreich geführt (Verbands-Gebrauchsprüfung) und die Richteranwärterschaft (Lehrzeit) absolviert haben.
Verbands-Schweißprüfung (VSwP), die: ▸ Hundeprüfungen.
verbasten: Veralteter Ausdruck für ▸ fegen oder ▸ schlagen.
verbeißen: **1**) Das Abbeißen oder Abpressen junger Pflanzentriebe, -knospen, -blätter durch wiederkäuendes Schalen-, Auerwild, Hasen, Kaninchen. Auch Weidevieh (Rinder, Pferde, Schafe und Ziegen) v.; ▸ Verbiss, ▸ schälen. **2**) Beim Hund: weniger gebräuchliche Bez. für sich im Kampf verfangen; ▸ verfangen 1). **3**) Angeschossene, namentlich geflügelte Enten sollen sich unter Wasser an Schilfwurzeln usw. festbeißen und dort verenden (nicht bewiesen). **4**) Nach J. G. Lentner, »Taschenbüchlein der Jagdsprache« (1833), im Sinne von: der Auerhahn hört auf zu balzen.
verbellen: Der Jagdhund verbellt ein von ihm gestelltes, krankes oder bereits verendetes Stück Wild. Er v. auch einen Gegenstand, z.B. eine Decke oder Schwarte, als Vorübung zum ▸ Totverbellen; ▸ Standlaut.
Verbeller, der: **1**) Der Totverbeller; ▸ totverbellen, ▸ verbellen. **2**) Der ▸ Auerhahnbeller, ▸ Fasanenbeller u.a.
verbinzen: ▸ binzen.
verbirschen: ▸ verpirschen.
Verbiss, der: Die durch ▸ Verbeißen verursachten Fraßspuren an Sträuchern und Bäumen. Bei starkem Wild-V. entsteht ▸ V.-Schaden. Bei Bevorzugung bestimmter, d.h. besonders beliebter Baumarten, z.B. Tanne, Eiche, Bergahorn, Esche, Vogelbeere etc. spricht man von selektivem V. Starker selektiver V. führt zur Baumartenentmischung des Waldes. Es können dabei wildbedingte Monokulturen (z.B. Fichtenkulturen) entstehen, wenn eine weniger v.-beliebte Baumart sich allein entwickeln kann.
Verbissäsung, die: ▸ zähe Äsung.
Verbissgarten, der: Eine kleine, mit Weichhölzern bestockte Fläche, die durch Einschlag des Weichholzes im Rahmen einer ▸ Kettenfütterung dem Wild Gelegenheit gibt, die Weichholzzweige abzupressen (abzuäsen). Der V. (Verbissholzanlage) hat zugleich den Zweck, das Wild vom ▸ Verbiss der wertvollen Forstkulturen abzulenken (▸ Verbissschaden). Als geeignete Orte bieten sich Wegeböschungen, Kiesgruben, Windschutzstreifen, Ödungen und Waldbestandsränder an. Geeignete Baum- und Straucharten sind: Vogelbeere, Haselnuss, Wildkirsche, Weide, Pappel, Buche, Traubenkirsche, Hundsrose, Pfaffenhütchen. Fichte, Kiefer, Holunder, Robinie, Ahorn, Weißdorn, Schlehe, auch alle Obstarten können je nach Bodenverhältnissen beigepflanzt werden. Sehr zweckmäßig ist es, den Stamm älterer Weichhölzer durch einen Anhieb nach unten zu biegen, sodass die Zweige saftig bleiben und im Frühjahr neue Triebe ausschlagen können. Rehböcke nehmen die elastischen Gerten von Traubenkirsche, Eberesche oder Holunder gerne zum ▸ Fegen und ▸ Schlagen an. Der V. soll im Sommer gezäunt sein und erst im Winter dem Wild zum Verbiss freigegeben werden; ▸ Beerensträucher, ▸ Feldgehölz, ▸ Remise, ▸ Biotopverbundsystem.

Junge Weißtanne mit typischer Kugelform infolge mehrfachen Verbisses

Verbissgehölze, die: ▸ Wildäsungsflächen 1, ▸ Verbissgarten.
Verbissgutachten, das: ▸ forstliche Vegetationsgutachten.
Verbissinventur, die: Eine nach bestimmten statistisch abgesicherten Grundlagen durchgeführte Aufnahme der Verbissschäden (Stichprobenaufnahme). Anhand der V. werden die ▸ forstlichen Vegetationsgutachten erstellt.
Verbissschaden, der: Durch übermäßigen ▸ Verbiss (▸ verbeißen 1) entstandener Wildschaden (Keimlings- oder Baumverbiss), sodass das waldbauliche Ziel (Verjüngungsziel) für den betreffenden Waldbestand nicht mehr erreicht werden kann oder zumindest die ökologische ▸ Nachhaltigkeit des Standorts dadurch beeinträchtigt wird. V. tritt v.a. dann ein, wenn der ▸ Terminaltrieb (Wipfeltrieb) eines Baumes wiederholt verbissen wird; ▸ Wildschaden, ▸ Wildschaden(s)verhütung.
Verbissschutzmittel, die: ▸ Wildverbissschutzmittel, ▸ Wildschaden(s)verhütung.
verblaffen: **1**) ▸ verbleffen 2). **2**) Beim Birkwild: aufhören, sich zusammenzulocken (selten gebraucht).
verblasen: Ein Stück Wild wird mit dem entsprechenden ▸ Jagdsignal (Totsignal) v., wenn man anzeigen will, dass es zur Strecke kam. Nach einer Treibjagd wird die ganze Strecke, und zwar jede einzelne Wildart, v.; ▸ Streckelegen.
verblatten: Wenn ein Rehbock vergrämt wurde, weil der Fiepton der Rehgeiß schlecht nachgeahmt oder zu häufig geblattet wurde, spricht man von v.; ▸ vergrämen.
verbleffen: **1**) Beim Hund: mutlos geworden sein und sich nicht mehr an das Wild herantrauen. **2**) Beim Jäger: er verblefft sich, wenn er einen unwaidmännischen Ausdruck gebraucht oder sonst gegen die Jägerregeln verstößt.
verbleien: Gewehrläufe, v.a. Büchsenläufe, v., wenn sich durch vieles Schießen Blei oder auch andere Metallreste in den Wänden und Zügen festgesetzt haben, was früher bei Bleigeschossen häufig vorkam.
verblenden: **1**) Den Schirm oder Hochsitz (▸ Jagdeinrichtungen 2.) mit Zweigen, Reisern und dgl. verkleiden, d.h. der Umgebung anpassen, und zugleich dem Jäger Sichtschutz bieten oder aber eine Falle der Umgebung anpassen. **2**) Ein Bau oder ein ▸ Wechsel werden verblendet, wenn man einen das Wild störenden Gegenstand, z.B. ein Taschentuch, aufhängt oder niederlegt; ▸ verwittern. **3**) Erlegtes Wild durch Hinzulegen von Gegenständen, die menschliche Wittrung tragen (z.B. eine abgeschossene Patronenhülse) vor ▸ Raubzeug, ▸ Raubwild und Sauen schützen oder mit Zweigen, Farnen usw. abdecken, um ein unbeabsichtigtes Auffinden durch Menschen zu verhindern; ▸ Gespenst 2).
Verbot der Jagdausübung, das: ▸ Jagdausübung.
Verbote, die: ▸ Jagdbeschränkungen.
verbotene Fallen, die: ▸ Fallen
verbotene Gegenstände, die: Nach §2 Abs. 3 WaffG ist der Umgang mit Waffen und Munition, die in der Anlage 2 Abschnitt 1 zum WaffG genannt sind, verboten; ▸ verbotene Waffen.
verbotene Waffen, die: Sofort nach Verkündigung (16.10.2002) des WaffG vom 11.10.2002, in Kraft seit 1.4.2003 (▸ Waffenrecht), trat das Verbot der »Pumpgun« in Kraft. Dieses Verbot bezieht sich aber nicht auf alle Vorderschaftrepetierwaffen, sondern nur auf

Vorderschaftrepetierflinten mit Pistolengriff, aber ohne Anschlagschaft (Hinterschaft). Verboten sind Präzisionsschleudern, Wurfsterne und Butterfly-Messer. Faustmesser dürfen von Inhabern einer jagdrechtlichen Erlaubnis oder den Angehörigen der leder- und pelzverarbeitenden Industrie zur Ausübung ihrer Tätigkeit erworben und benutzt werden, ansonsten sind sie verboten. Spring- und Fallmesser sind verboten. Hiervon ausgenommen sind Springmesser, wenn die Klinge seitlich aus dem Griff herausspringt (also nicht nach vorne) und der aus dem Griff herausragende Teil der Klinge:

- höchstens 8,5 cm lang ist und
- in der Mitte mindestens eine Breite von 20% der Länge aufweist und
- nicht zweiseitig geschliffen ist und
- einen durchgehenden Rücken hat, der sich zur Schneide hin verjüngt.

Wer Waffen besitzt, die bislang nicht einem Verbot des §37 WaffG (alt) unterlagen, jetzt aber verboten sind, hat diese bis vier Monate nach Inkrafttreten des Gesetzes unbrauchbar zu machen, einem Berechtigten zu überlassen oder einen Ausnahmeantrag zu stellen.

verbotene Munitionsarten, die: Nach § 8 der 1. Waffenverordnung sind v. M. (Auszug):
1. Nadelgeschosse, die für Schusswaffen – ausgenommen Schussapparate – bestimmt sind und bei denen der Durchmesser des zylindrischen Teils nicht mehr als 3 mm beträgt und die Geschosslänge das Zehnfache des Durchmessers des zylindrischen Teils übersteigt; bei ummantelten Geschossen gilt als Durchmesser derjenige des Kerns,
2. Revolver- und Pistolenmunition (Tabelle 3 der Maßtafeln) mit a) Hohlspitzgeschossen, b) Teilmantelgeschossen mit Sollbruchstellen sowie Geschosse für solche Munition,
3. Gegenstände, die nach ihrer Beschaffenheit und Handhabung dazu bestimmt sind, durch Würgen die Gesundheit zu beschädigen,
4. Präzisionsschleudern, dafür bestimmte Armstützen und vergleichbare Vorrichtungen sowie sonstige tragbare Schleudern und wesentliche Teile für diese Geräte, sofern bei den Schleudern das halbe Produkt aus Auszugskraft und -länge einen Wert von 23 J übersteigt,
5. für Schusswaffen mit gezogenen Läufen bestimmte Patronenmunition, deren Geschosse a) im Durchmesser kleiner sind als die Felddurchmesser der dazugehörigen Schusswaffe und b) die mit einer Treib- und Führungshülse umgeben sind, die sich nach Verlassen des Laufes vom Geschoss trennt.
Als Hohlspitzgeschosse im obigen Sinne gelten nicht
1. Vollgeschosse, die einen flachen Kopf haben und in der Kopffläche nicht mehr als 2 mm eingewölbt sind,
2. Vollgeschosse, die einen flachen Kopf haben und mit einer Haube abgedeckt und in der Kopffläche nicht mehr als 2 mm eingewölbt sind,
3. Geschosse, die mit einer Haube abgedeckt sind, eine durchgehende achsiale Bohrung von höchstens 2 mm Durchmesser haben und in der Kopffläche nicht mehr als 2 mm eingewölbt sind.

verbotene Waffen: ▸ verbotene Gegenstände.

verbrechen: Ein Standort, ein Anschuss oder eine ▸ Fährte (z.B. Wundfährte) werden verbrochen, wenn sie mit einem ▸ Bruch markiert werden. Gestrecktes ▸ Schalenwild wird verbrochen, indem man den Inbesitznahme- oder Streckenbruch auflegt; ▸ Bruchzeichen.

Verbringen von Wild: Österreichische Bez. für ▸ Bringung des Wildes.

verbrochener Auerhahn, der: Ein Auerhahn, der durch Beunruhigung nicht mehr auf den Balzbaum einfällt oder nicht mehr meldet.

verbrunften: Seltener und veralteter Ausdruck für ▸ abbrunften.

Verdienstabzeichen des DJV, das: ▸ Verbandsabzeichen.

verdorben: svw. ▸ anbrüchig.

verdrossen suchen: Beim Hund: svw. träge (ohne Eifer) suchen, v.a., wenn er krank oder übermüdet ist.

verdrucken: Vom ▸ Beizvogel: die ▸ Atzung verdauen; er verdruckt die Atzung unter ruckartigen Bewegungen vom Kropf in den Magen.

verecken (ausecken, ausrecken, verrecken, lokal: verrenken): Wenn das ▸ Gehörn oder ▸ Geweih völlig ausgewachsen (fertig geschoben) ist, aber noch unter Bast steht, ist es vereckt. Man sagt: »Der Rehbock hat in diesem Jahr besonders zeitig vereckt«, oder: »Der Hirsch hat in diesem Jahr kapital vereckt«, oder: »Der Hirsch hat völlig ausgeeckt.«

veredelt: Frühere Bez. für eine Jagd, wenn sich unter dem gejagten Wild ▸ Hauptschweine befanden.

Verein Grünes Kreuz, der: Ein im Jahre 1905 zur Unterstützung von in Not geratenen Jägern und deren Waisen und Witwen unter dem Ehrenschutz von Erzherzog Franz Salvator von Habsburg-Lothringen gegründeter österreichischer Wohltätigkeitsverein. Ziel war die Einrichtung eines sozialen Fürsorgenetzes in der Land-, Forst- und Jagdwirtschaft. Seine Aufgaben heute: Schutz und Erhaltung von Natur und Umwelt; Unterstützung von hilfsbedürftigen Personen und Familien aus dem Bereich der Jagdwirtschaft; Förderung der Ausbildung von Berufsjägern; Förderung der Wildtierforschung. Der Verein mit Sitz in Wien finanziert sich aus den Beiträgen und Spenden seiner Mitglieder sowie aus den Erträgen des Balles vom Grünen Kreuz in der Wiener Hofburg.

Verein für Jagdteckel (VJT), der: Im September 1989 in Wermelskirchen von Jägern gegründeter eigenständiger und unabhängiger jagdlicher Zuchtverein mit dem Ziel, der Jägerschaft brauchbare Teckel zur Verfügung zu stellen, die waidgerechtes Jagen ermöglichen. Der VJT ist Mitglied im JGHV (▸ Hundeverbände). Zu Prüfungen werden nur Hunde zugelassen, die Ahnentafeln von Zuchtvereinen des JGHV haben und von Jagdscheininhabern auf diesen geführt werden. Zuchthunde dürfen nur in Paarungen eingesetzt werden, bei denen die zu erwartenden Leistungen oder Erbfehlerrisiken der Nachkommen einen bestimmten Grenzwert einhalten. Diese Grenzwerte werden von der Zuchtkommission mithilfe des PC-Hundezucht-Informationssystems »Dogbase« festgelegt und ständig aktualisiert. Zur Bekämpfung von genetischen Defekten, z.B. Teckellähme (▸ Hundelähme) und »generalisierte progressive ▸ Retina-Atrophie« (PRA) hat der VJT eingeführt, dass Welpenkäufer eine Gewährleistungszusage zur Abdeckung des unkalkulierbaren Restrisikos erhalten. Hierzu ist eine Solidarkasse organisiert, aus der Eigentümer erkrankter Teckel eine finanzielle Beihilfe erhalten.

Verein hirschgerechter Jäger e. V.: In Köln ansässiger und im Jahre 1904 gegründeter Verein, fördert die Erhaltung und Pflege eines mit der Landeskultur im Einklang stehenden Rotwildbestandes sowie die ▸ hirschgerechte Ausübung der Jagd. Der Verein vergibt die unter Rotwildjägern begehrte Hegemedaille.

Vereinigung der Wildbiologen und Jagdwissenschaftler Deutschlands (VWJD): Am 19.10.2001 in Hannover gegründeter eingetragener Verein. Die VWJD ist die Nachfolgeorganisation der Gruppe BR Deutschland im ▸ Internationalen Ring der Jagdwissenschaftler (IUGB). Zweck des Vereins ist die Förderung der Wildbiologie und Jagdwissenschaft, im Besonderen auch des wissenschaftlichen Nachwuchses.

Vereinigungen der Jäger: ▸ Jagdschutz-Verband.

Verein Stiftung Deutsche Jägerschaft: ▸ Stiftung Deutsche Jägerschaft.

Verein zur Förderung der freilebenden Tierwelt e. V.: Vom Bayerischen Jagdschutzverband gegründeter Verein. Zweck des Vereins ist es, Maßnahmen, die der frei lebenden Tierwelt nützen, zu entwickeln, zu fördern und in die Praxis umzusetzen. Der Verein ist selbstlos und gemeinnützig für den Tierschutz in der frei lebenden Tierwelt und für alle Belange des Natur- und Umweltschutzes tätig.

verenden: Beim Wild: auf gewaltsame Art sterben, z.B. durch einen Schuss oder in einer Falle. Geht Wild aus natürlichen Ursachen (Krankheit, Futternot usw.) zugrunde, so fällt es (▸ fallen) bzw. geht es ein (▸ eingehen); ▸ Fallwild.

Vererbung, die: Die V.-Lehre oder Genetik (griech.: génesis = Entstehung), auch Erbbiologie, -kunde, ist ein Teilgebiet der ▸ Biologie, und zwar die Wissenschaft von den Gesetzen und materiellen Grundlagen der V.-Vorgänge. Sie stellt die Erblichkeit bestimmter Eigenschaften fest und untersucht die daran beteiligten Zellbestandteile, ihr Verhalten im Erbgang usw. Hierzu bedient man sich verschiedener Forschungsmethoden: Die klassische Genetik befasst sich u.a. mit V.-Gängen von Merkmalen und mit der Untersuchung von Chromosomen. Die Molekulargenetik erforscht u.a. mit biochemischen Methoden die Nukleinsäuren (Bestandteile aller Zellen, auch der Bakterien und Viren) und die Genfunktionen bei Bakterien und Viren. Die angewandte Genetik beschäftigt sich v.a. mit der Züchtung von ertragreichen und wirtschaftlich vorteilhaften Pflanzen und Tieren (Abstammungsprüfungen, erbbiologische Untersuchungen). Das Gen ist die kleinste, unteilbare Funktionseinheit der Vererbung, die Erbanlage. Die Gesamtheit aller Gene eines Organismus wird als Genom bezeichnet, die Summe der genetischen Informationen eines Organismus als

Genotyp. Der Genpool schließlich ist die Anzahl der Genotypen innerhalb einer ▸ Population von Tieren oder Pflanzen.

verfahren: Der Hirsch verfährt einen Ameisenhaufen, indem er ihn mit dem ▸ Geweih auseinanderwirft; ein ▸ Hirschgerechtes Zeichen.

verfangen: **1**) Bei den Hunden: sie haben sich v., wenn sie sich untereinander hartnäckig beißen (▸ verbeißen 2)) und, falls sie nicht wieder loslassen können, abgebrochen werden müssen (▸ abbrechen 1)). **2**) Bei den Hirschen: sich ▸ verkämpfen.

verfärben (färben, abfärben, verhären): Beim ▸ Schalenwild: im Frühjahr und Herbst die ▸ Haare wechseln. Die Zeit, in der der Wechsel stattfindet, ist die Färbezeit; ▸ versetzen 2).

verfedern (selten): svw. ▸ mausern.

verfegen: Vom Hirsch, Rehbock usw.: das ▸ Geweih oder ▸ Gehörn blank fegen, d.h. den Bast scheuern (»der Bock oder der Hirsch hat verfegt«); ▸ fegen.

verfeuern: **1**) Alte Bez. beim ▸ Eingestellten Jagen, wenn nachts Feuer angelegt wurden, die das Wild, hauptsächlich die Sauen, daran hindern sollten, die aufgestellten Tücher zu durchbrechen oder aus einem bestimmten Waldteil auszuwechseln. **2**) Den ▸ Marder v. heißt, ihn mittels Feuer aus einem hohlen Baum jagen.

verfrischen: Beim ▸ Schwarzwild: tote Junge frischen (gebären); ▸ versetzen, ▸ verwerfen, ▸ verwölfen.

Vergesellschaftung, die: Das Zusammenleben verschiedener Individuen einer ▸ Art oder verschiedener Arten auf einem Gebiet (▸ Biozönose), z.B. ▸ Pflanzengesellschaften, das gewisse Gesetzmäßigkeiten zeigt. Bei Tieren reicht die Beziehung vom neutralen Nebeneinanderwohnen bis zum ▸ Räuber-Beute-Verhältnis und zum ▸ Parasitismus. Diese V. können sich jedoch im Laufe der Zeit ändern, z.B. durch Änderung der Standortverhältnisse oder durch Zuwanderung neuer Arten (▸ Sukzession).

vergießen: Beim ▸ Beizvogel: das Niederstürzen mit der Beute aus der Höhe.

vergiften: Früher beim ▸ Raubwild und ▸ Raubzeug (▸ Beutegreifer) übliche Methode (Notbehelf), wenn die ▸ Fallenjagd usw. nicht den gewünschten Erfolg (Minderung des Raubwildbesatzes) brachte. Das V. ist heute nach §19 des BJG verboten und stellt zudem einen Verstoß gegen die ▸ Waidgerechtigkeit dar. Hauptsächlich zur Dezimierung der Füchse wurde vergiftetes ▸ Luder am Luderplatz ausgelegt. Verwendet wurde hierzu Strychnin, das durch Lähmung der Atmung zum Verenden führte. Zur Schonung der Jagdhunde, die gelegentlich die dem Fuchs zugedachten Köder fraßen, wurden häufig kleine vergiftete Vögel ausgelegt, die Jagdhunde unbeachtet ließen. Wildernde Hunde hingegen wurden ebenfalls mit Strychnin vergiftet. Zu diesem Zweck wurden mit Wildgescheide und Schafdärmen usw. Schleppen gelegt, die zu den vergifteten Ködern führten. Für Krähen, bei denen Strychnin sofort tödlich wirkt und das die Artgenossen misstrauisch macht, wurde Phosphor verwendet, da die damit vergifteten Krähen noch abstrichen, ehe sie eingingen; ▸ Gifteier.

Vergiftungen bei Hunden: Diese sind meist auf Schädlingsbekämpfungsmittel (Rattengift usw.) zurückzuführen. Symptome bei Vergiftungen sind: Erbrechen, Schmerzen, Schüttelfrost, Krämpfe, Schleimausscheidungen. Treten diese Symptome auf, die auch Anzeichen für eine ▸ Infektionskrankheit sein können, ist unbedingt ein Tierarzt zurate zu ziehen.

Vergiftungen beim Wild, die: ▸ Wildvergiftungen.

vergrämen: **1**) Das Wild durch wiederholte Beunruhigung stören. Zur Verhinderung übermäßiger Wildschäden kann Wild durch verschiedene Maßnahmen auch absichtlich v. werden; ▸ verkirren, ▸ verblatten, ▸ verreizen, ▸ verpfeifen. **2**) Einen ▸ Beizvogel enttäuschen, ihn scheu machen.

Vergütung der Optik, die: ▸ Jagdoptik.

verhakeln, sich: Beim ▸ Gamswild: sich mit den ▸ Krucken verhängen; ▸ verkämpfen.

verhaken: Beim Stellen des ▸ Jagdzeuges wurden früher die Unterarchen (▸ Arche) der Tücher und Netze mit kleinen Haken (Hefteln) am Boden befestigt (verhakt), damit sie die Sauen mit dem ▸ Gebrech nicht aufheben und dadurch entweichen konnten.

verhalten: **1**) Den ▸ Lockvogel in einen dunklen Raum setzen. **2**) An einem Ort bleiben, warten.

Verhaltensforschung, die (Ethologie): Ein Teilgebiet der ▸ Biologie ist die Wissenschaft vom Verhalten der Tiere (Tierethologie). Sie erforscht in möglichst natürlicher Umgebung alle objektiv beschreibbaren Ursachen für angeborene Verhaltensweisen. Sie hat praktische Bedeutung für den Umgang mit Tieren, wie die Zucht und Pflege von Haustieren. Die V. wird i. Allg. unter vergleichenden Gesichtspunkten betrieben. Jede Tierart verfügt über eine größere Anzahl von Verhaltensformen, die entweder ererbt oder erlernt sind (▸ Erbkoordination). Die spezielle V. befasst sich daher u.a. mit dem territorialen Verhalten (▸ Territorialverhalten), dem Verhalten des Schutzes und der Verteidigung, dem stoffwechselbedingten Verhalten (z.B. Nahrungserwerb und -aufnahme), dem Fortpflanzungsverhalten, dem Spiel- und Neugierverhalten, dem Erkundungs- und Orientierungsverhalten und der ▸ Lautäußerung, Instinktverhalten, Übersprunghandlung.

Verhaltensstörungen, die: Beim Vorliegen von V. (mangelnde Scheu, Aggressivität, Taumeln, Festliegen, Schwierigkeiten beim Aufstehen, Kreisbewegungen) muss an Krankheiten des Gehirns gedacht werden. Hier kommen Tollwut, Bandwurmfinnen im Gehirn und Hirnhautentzündungen, bei Rehen auch die 00-Raps-Krankheit (▸ Rapskrankheit beim Reh) oder forkelungsbedingte (▸ forkeln) Hirnverletzungen, infrage. Allerdings können V. wie mangelnde Scheu auch bei Tieren auftreten, die lediglich an allg. Schwäche leiden! Diese kommt z.B. durch die Kombination von Äsungsmangel und Eingeweideparasitenbefall bzw. Lungenentzündung zustande. Blinde Tiere (▸ Gamsblindheit) zeigen erwartungsgemäß ebenfalls V., obwohl diese manchmal nur durch gründliche Beobachtung zu erkennen sind! Typisch ist es, dass sich blinde und besonders geschwächte Tiere absondern. Unruhe und häufiges Kratzen wird beim Befall mit Parasiten oder mit ▸ Hautpilzen, die auf der Haut schmarotzen, beobachtet (z.B. ▸ Räude).

verhängen: Wenn der Dachs den Bauhund abwehrt, verhängt er sich mit ihm.

verhären (hären): Der Haarwechsel beim ▸ Raubwild und beim Hund; auch beim ▸ Schalenwild gebräuchlich, beim ▸ Schwarzwild versetzen genannt.

Verhärungszeit, die: Die Zeit des Haarwechsels bei ▸ Raubwild, Hund und ▸ Schalenwild; ▸ verhären, ▸ Färbezeit.

verhauben: ▸ aufhauben.

verhauptmaschen: Am Saume eines ▸ Jagdzeuges Maschen anstricken, durch die die ▸ Archen oder Leinen gezogen werden.

verhegen: Österreichischer Ausdruck für das Schonen einer bestimmten Wildart. Im Revier sind die Kitze verhegt, bedeutet z.B., der Jagdherr gestattet deren Erlegung nicht.

verhetzt (überhetzt): Hunde die durch Fehlhetzen verdrossen und vollkommen überanstrengt sind, sind v.; ▸ überhetzen 2).

verhitzen: Von nicht sachgemäß versorgtem Wildbret; svw. ▸ anbrüchig werden.

verhoffen: Beim ▸ Schalenwild: stehen bleiben, um zu ▸ sichern; das Wild verhofft; ▸ aufwerfen, ▸ Anpfiff.

verholzt stehen: Beim Auerhahn: durch Äste (Holz) gedeckt sein.

verhören: Den Standort des Wildes während seiner ▸ Brunft bzw. ▸ Balz durch Abhorchen ▸ bestätigen; beim Auerhahn auch verlosen oder verlusen genannt; ▸ Verloser.

Verhütung von Wildschäden: ▸ Wildschaden(s)verhütung.

Verjüngung, die (Bestandsbegründung): In der Forstwirtschaft Bez. für die Anlage eines neuen Bestandes (Wiederbegründung) durch Naturverjüngung oder Kunstverjüngung. Bei der Naturverjüngung (natürliche Verjüngung) sorgt der Bestand selbst durch Samenausstreuung der in der Nähe stehenden Mutterbäume (▸ Anflug oder ▸ Aufschlag) oder durch vegetative Vermehrung (▸ Stockausschlag, ▸ Wurzelbrut) für den Nachwuchs. Bei der Kunstverjüngung (künstliche Verjüngung) werden auf einer bestimmten Fläche die geeigneten Baumarten durch Saat oder Pflanzung nachgezogen. Beide Verjüngungsarten werden in der Forstwirtschaft angewandt. Altholz wird nach verschiedenen ▸ Verjüngungsverfahren verjüngt. Eine Bestandsbegründung auf bisher unbestockter Fläche (Neuanlage) wird als Aufforstung bezeichnet.

Verjüngungsverfahren, die: Die forstliche Praxis hat eine Vielzahl von Methoden zur Waldverjüngung zur Auswahl. Es handelt sich hierbei um Eingriffe in zu verjüngende Bestände. Je nach Verfahrensweise spricht man von ▸ Kahlschlag, ▸ Femelschlag, ▸ Saumschlag und ▸ Schirmschlag. Zur Ausnutzung der Vorteile der verschiedenen V. und um Mängel zu beseitigen, gibt es noch Mischungen aus den V., die sog. kombinierten V., z.B. Keilschirm-

Verkämpfte Hirsche (aus: Otto Grashey, »Praktisches Handbuch für Jäger«, 1894, 3. Auflage 1916)

schlag, Blendersaumschlag, Saumfemelschlag.

verkämpfen: Hirsche, gelegentlich auch Rehböcke v. sich, wenn sich ihre ▸ Geweihe oder ▸ Gehörne im Kampf so ineinander verfangen haben, dass sie sich nicht mehr voneinander lösen können. V. kommt auch bei Muffelwiddern vor; ▸ verhakeln.

verkanten: Auch kanten. Das Gewehr so verdrehen oder schräg stellen, dass das Visier nicht mehr in der Horizontalen liegt; ▸ Visiereinrichtung.

verkappen: ▸ aufhauben.

Verkarstung, die: Sie entsteht durch chemische Verwitterung, wobei Kalziumkarbonat (Kalkstein) durch das CO_2 (Kohlendioxid) der Luft und das Niederschlags- bzw. Sickerwasser zum wasserlöslichen Kalziumbikarbonat umgewandelt wird. Die Folge dieser Umwandlung sind zerklüftete Felslandschaften, in denen Niederschläge rasch abfließen oder versickern und sich so sehr schlechte Lebensbedingungen für die Vegetation bieten. Man unterscheidet zwischen »bedecktem Karst«, wo eine dünne Oberbodenschicht noch vorhanden ist, sodass eine dürftige Beweidung erfolgen kann, und »nacktem Karst«, ein Gebiet mit frei liegender Gesteinsoberfläche, das wirtschaftlich völlig bedeutungslos ist. Häufig wird Verkarstung durch menschliche Einflüsse verstärkt oder verursacht, da durch Rodung oder Überweidung die Oberbodenschicht erodiert und das Gestein ohne Schutz der Verwitterung ausgesetzt ist.

Verkaufsmessen: ▸ Jagdausstellungen.

Verkauf von Wild während der Schonzeit: In Österreich (§77 Niederösterreichisches Jagdgesetz) darf zwei Wochen nach eingetretener Schonzeit und während der übrigen Dauer dieser Zeit in Schonung befindliches, zum menschlichen Genuss bestimmtes Wild im lebenden Zustand oder tot, in ganzen Stücken oder zerlegt weder versendet noch in Läden, auf Märkten, in Gasthäusern oder auf andere Art zum Verkauf angeboten werden. Dies gilt nicht für Wildbret, das während der Schusszeit oder innerhalb zweier Wochen danach in Kühlanlagen, die unter behördlicher Aufsicht stehen, gebracht wurde. Es kann von dort aus auch nach Ablauf der vorerwähnten Frist in den Verkehr gebracht werden.

Verkehr mit Wild, der: ▸ Wildverkehr, ▸ Artenschutz, ▸ Bundeswildschutzverordnung.

Verkehrsschutzzaun, der: ▸ Wildschutzzaun.

Verkehrsunfälle mit Wild: ▸ Wildunfälle.

Verkehrtfärbung, die: Bei den Säugetierarten, bei denen der Rücken und die Körperunterseite unterschiedlich gefärbt sind, ist überwiegend die Körperunterseite (Behaarung) heller. Bei einigen wenigen Arten ist jedoch die Körperunterseite dunkler gefärbt als der Rücken, es liegt eine V. vor, z.B. bei Dachs, Feldhamster und Iltis.

Verkehrtschnabel, der: Der ▸ Säbelschnabler.

verkirren (verködern): Durch ungeschicktes oder unrichtiges Kirren (▸ kirren 2) das ▸ Raubwild vergrämen, d.h. misstrauisch machen.

verklüften (versetzen, verschanzen): Wenn ▸ Dachs und ▸ Fuchs zwischen sich und dem ▸ Erdhund in der Röhre rasch eine Erdwand aufrichten, damit sie der Hund nicht weiter bedrängen kann, spricht man von v. (»Der Dachs oder Fuchs hat sich verklüftet«). Auch der Hund verklüftet sich, wenn er sich durch die aufgeschüttete Erde nicht mehr befreien kann.

verknüpfen: **1**) svw. zusammenhängen bei Hunden, Wölfen, Füchsen, d.h. bei allen Tierarten, die nach der Begattung ▸ hängen 1). **2**) Beim ▸ Aufbrechen des ▸ Schalenwildes, mit Ausnahme des Schwarzwildes, wird der Schlund verknüpft, damit kein Geäse (Mageninhalt) herausquellen kann.

verködern: svw. ▸ vergrämen beim Ködern; ▸ verkirren.

verkümmern: Ein Stück Wild ist verkümmert oder ▸ kümmert, wenn es infolge einer Krankheit, eines Schusses oder sonstiger organischer Fehler kränkelt bzw. in seiner Entwicklung zurückgeblieben ist.

verladen: Alte Bez. bei ▸ Vorderladern, wenn aus Versehen eine unrichtige Ladung in den Lauf gebracht wurde.

Verlandung, die: Die Verringerung der freien Wasserflächen bei Seen oder Tümpeln durch das Wachstum von Sumpf- und Wasserpflanzen. Die V. erfolgt über einen langen Zeitraum hinweg und vollzieht sich i. Allg. über das Zwischenstadium einer Flachmoorbildung (▸ Moor). Verlandungsbereiche, insbesondere Schilfgürtel, sind Brutgebiete zahlreicher Vögel, z.B. der Wasservögel Rohrdommel, Zwergdommel, Sumpfhuhn, Löffler, Sichler usw., von Singvögeln (z.B. Rohrsänger) und auch von Greifvögeln (z.B. Rohrweihe).

Verlandungsgesellschaften, die: ▸ Pflanzengesellschaften, die bei der Verlandung von Gewässern auftreten und häufig in der Reihenfolge Schwimmblatt-, Röhricht-, Großseggen-, Erlenbruchgesellschaften entstehen.

verlappen: Einen Distrikt, Wechsel oder auch ein ganzes Jagen mit ▸ Lappen 3) umstellen, es einlappen oder v.; ▸ Lappjagd.

verlassen: **1**) Der Hund verlässt eine ▸ Fährte, wenn er von ihr abgeht. **2**) Fuchs, Dachs usw. v. den Bau, die Vögel v. ihr Nest oder ihren Horst, wenn sie dieselben wegen Störung im Stich lassen müssen.

verlegen: **1**) Eine Kette Rebhühner wurde früher verlegt, indem man sie mit dem Treibzeug (▸ Garne 7) umgab. **2**) svw. ▸ vorlegen.

Verlegenheitsgeste, die: Bei verschiedenen Tierarten eine ritualisierte Verhaltensweise, stets in Form einer ▸ Übersprungshandlung.

Verleihen von Schusswaffen: ▸ Waffenrecht.

Verleiten, das: **1**) Verhaltensweise vieler bodenbrütender Vögel, bei der ▸ Beutegreifer (Bodenfeinde) vom Nest weggelockt werden sollen. Beim V. werden i.d.R. Verletzungen vorgetäuscht, z.B. einseitiges Flügelschlagen oder Flügelschlagen mit geöffneten Schwungfedern. Teilweise ist das V. auch mit aggressivem Verhalten verbunden, wobei der Vogel immer knapp außerhalb der Reichweite des Feindes bleibt. **2**) Ein Hund, der sich bei der Arbeit auf Fährte oder Spur von einer kreuzenden Fährte oder Spur oder von wegflüchtendem Wild von der Arbeit abbringen lässt, lässt sich v.; ▸ Verleitfährte.

Verleitfährte, die (Verleitungsfährte): Der gute, d.h. brauchbare Jagdhund darf sich bei der Arbeit, z.B. auf der ▸ Schweißfährte oder beim ▸ Verlorenbringen, nicht durch eine andere (auch frischere) Spur oder Fährte (Verleitfährte), die die auszuarbeitende kreuzt, ablenken lassen und überwechseln (▸ changieren). Zu diesem Zweck werden bei der Abrichtung künstlich V. angelegt (z.B. Rinderblutfährte, Kaninchenschleppe), die zur Überprüfung der Fährtenreinheit (▸ fährtenrein) des Hundes dienen, der nur die Fährte oder Spur arbeiten darf, an die er gelegt wurde.

Verletzungen, die: ▸ Wildverletzungen.

Verlichtung, die: Die V. eines ▸ Bestandes ist ein natürlicher Vorgang, bei dem einzelne oder mehrere Waldbäume absterben, sodass durch die Auflockerung immer mehr Licht,

Wärme und Niederschläge auf den Waldboden gelangen; der Wald verlichtet. Die V. führt auch zur Änderung der Bodenvegetation. Bedingt durch die ▸ Waldschäden, nimmt heute die V. der Wälder stark zu. Im Ggs. zur V. steht die Lichtung. Hierbei handelt es sich um menschliche Eingriffe, z.B. im Zuge von Verjüngungsmaßnahmen; ▸ Verjüngung.

verliegen: **1**) Hunde v., wenn sie zu wenig Bewegung erhalten und ständig im Zimmer oder im Zwinger liegen, sodass Ausdauer und Eifer darunter leiden. **2**) Eine Hündin verliegt, wenn man sie z.Z. der Hitze unbelegt lässt.

verlieren: **1**) Beim ▸ Beizvogel: svw. ▸ unterliegen. **2**) svw. ▸ verklüften, doch in dem Sinne, dass der Hund den Dachs oder Fuchs nicht mehr findet.

verloren antragen: ▸ Verlorensuche.

verloren balzen: Beim Birkhahn: noch ohne feste Balzplätze balzen.

Verlorenbringen, das: Beim Jagdhund: das verlorengesuchte – auf der Wundspur gearbeitete – Wild ▸ apportieren; ▸ Nachsuche.

Verlorenbringer, der: Ein Jagdhund, der zur ▸ Verlorensuche und zum ▸ Verlorenbringen abgerichtet ist.

Verlorenbringerprüfung (Vbr.), die: ▸ Hundeprüfungen.

verlorenes Treiben, das: Ein ▸ Treiben, das man durchführen lässt, obwohl man wenig Aussicht hat, dass Wild darin steht.

verlorene Wehr, die: ▸ Wehr 1).

verloren jagen: Bei Hunden, hauptsächlich ▸ Bracken: nachdem sie von der ▸ Fährte oder ▸ Spur abgekommen sind, sich bemühen, sie wiederzufinden (»sie jagen verloren«).

Verlorensuche, die: Beim Hund: ohne auf eine ▸ Fährte oder ▸ Spur gesetzt zu sein (ohne ▸ Wittrung) auf Befehl (»Such verloren!«) das kranke Wild suchen; dem Hund »das Verloren antragen«; ▸ Nachsuche.

verlosen (verlusen): ▸ verhören.

Verloser, der (Verluser, Hahnverloser, Hahnverluser, Hahnverhörer): Der Jäger, der den Auerhahn verlost; ▸ verhören.

verludern: Angeschossenes Wild, das nicht rechtzeitig oder überhaupt nicht gefunden wurde, verkommt, d.h., es verludert; ▸ anbrüchig, ▸ Luder 1).

verlusen: ▸ verhören.

Verluser, der: ▸ Verloser.

Verluste an Wild, die: ▸ Wildverluste.

Vermarktungsverbot, das: ▸ Bundeswildschutzverordnung.

vermausen: ▸ mausen 2).

Vermehrung, die: ▸ Zuwachs.

vermerken: ▸ vernehmen (selten).

vermucken: ▸ mucken.

vernehmen: ▸ Hören bei allem Wild.

Vernetzung, die: ▸ Biotopverbundsysteme.

verneuern: **1**) svw. eine ▸ Salzlecke auffrischen. **2**) svw. ▸ versichern.

vernünftiger Grund, der: Zentraler Begriff des Tierschutzrechts. Nach §1 des ▸ Tierschutzgesetzes darf niemand einem Tier ohne v. G. Schmerzen, Leiden oder Schäden zufügen. Bei der waidgerechten Jagdausübung ist stets ein v. G. gegeben; ▸ Leiden der Tiere, ▸ Jagd und Tierschutz.

veröden: ▸ ausöden 2).

Verpachtungen der Jagd: ▸ Jagdpacht.

verpassen: Der Jäger verpasst ein Stück Wild, wenn er es gar nicht oder auch zu spät bemerkt und infolgedessen keinen Schuss anbringen kann.

verpfeifen: Den Haselhahn bei der ▸ Lockjagd mit dem Wusperl (Pfeifchen) ▸ vergrämen (»der Hahn wurde verpfiffen«); ▸ verreizen.

verpirschen: Ein Stück Wild durch unvorsichtiges Pirschen ▸ vergrämen.

verpönt: svw. ▸ verprellen.

verprellen: **1**) Das ▸ Vergrämen von ▸ Raubwild durch unsachgemäßes Aufstellen von ▸ Fallen; z.B. das Fangeisen mit den bloßen, unverwitterten Händen anfassen; ▸ verkirren. **2**) Den Falken verprellen. Der Falke prallt auf das falsch geschwungene oder geworfene Federspiel auf, was für ihn schmerzhaft ist und weshalb er das Federspiel dann nicht mehr anjagen wird.

Verräterei, die: Das Durchgehen oder Fortfliegen des ▸ Beizvogels.

verrecken: ▸ verecken.

verreisern: Ein gestrecktes Wild, eine Röhre oder ein ▸ Luder mit Reisig bedecken, um es vor Raubwild zu schützen oder um den Fuchs am Verlassen des Baues zu hindern, aber auch, um das ausgelegte Luder zu verdecken; ▸ verblenden.

verreizen: Durch schlechtes ▸ Reizen oder Locken das Wild, z.B. den Haselhahn oder Birkhahn, misstrauisch machen und ▸ vergrämen (»der Hahn ist verreizt«); ▸ verpfeifen, ▸ verrufen.

verrenken: Lokale Bez. für ▸ verecken.

verrichten (besser: richten, einrichten): Das ▸ Jagdzeug aufstellen und in Ordnung bringen.

verronnene Fährte, die: ▸ eingeronnene Fährte.

verrufen: Durch schlechtes Nachahmen eines Rufes das Wild misstrauisch machen und ▸ vergrämen; ▸ verreizen.

Vers, der: Die Balzarie des Auerhahns; ▸ Gesetzel, ▸ Raufußhühner 1.

versagen: **1**) Das Gewehr versagt, wenn beim Abdrücken der Schuss nicht losgeht; man hat einen Versager. **2**) Auch der Hund versagt, wenn er die ihm übertragenen Arbeiten nicht zufriedenstellend ausführen kann. Der Hund scheidet als »Versager am Nutzwild« aus der Verbands-Gebrauchshundeprüfung (VGP) aus, wenn er Nutzwild (Hase, Kaninchen, Huhn, Fasan) beim erstmaligen Finden nicht bringt; ▸ Blinker.

Versagen des Jagdscheins: ▸ Jagdschein.

Versager, der: ▸ versagen 1) und 2).

Versand von Wild: ▸ Fallwild, ▸ Präparieren von Wild.

verschanzen: svw. ▸ verklüften.

verschießen: **1**) Beim Hund: er verschießt sich, wenn er die ▸ Fährte oder ▸ Spur, die er arbeitet, überschießt (▸ überschießen 3). **2**) Des Jägers: svw. ein Stück Wild anschießen bzw. anschweißen; das Stück zu Luder schießen. **3**) Der Jäger verschießt sich, wenn er sämtliche Patronen auf der Jagd verschossen hat; ▸ ausschießen 4).

verschlagen: **1**) Beim Hund: durch fehlerhafte Behandlung, z.B. Prügeln, scheu und ängstlich werden (»der Hund wird v.«). Ein Hund verschlägt sich, wenn er überhetzt (▸ überhetzen 2) wird und einige Zeit unbrauchbar ist. **2**) Hühner v. sich, wenn sich die ▸ Ketten trennen, Waldhühner, wenn sich die Gesperre trennen. **3**) Der Hirsch hat v., wenn er gefegt hat, d.h. den Bast vom ▸ Geweih abgeschlagen hat (selten; besser: ▸ fegen, ▸ verfegen). **4**) ▸ Haarwild hat sich im Netz oder Zeug v., wenn es dieses anflieht und sich darin verfängt; ▸ anfliehen. **5**) Geschosse (auch Schrote) v. sich, wenn sie gegen ein Hindernis (Baum, Zweig, Schilf usw.) prallen und die vorgesehene Richtung ändern; ▸ abgellen.

verschleimt: Ein Gewehrlauf v., wenn seine Innenwand durch Pulverrückstände verschmutzt ist.

Verschluss, der: ▸ Verschlussarten.

Verschlussarten, die: Verschlüsse haben die Aufgabe, den Lauf oder die Läufe mit Patronenlager nach hinten gasdicht abzuschließen und die Schlossteile aufzunehmen. Bei ▸ Jagdgewehren finden folgende V. Verwendung:

1. Kammer-(Zylinder-)Verschluss: Durch Einschieben der Kammer in den Hülsenkopf und Verriegelung mit dem Kammergriff wird er geschlossen. Verriegelungswarzen greifen dabei in die Nuten in Hülsenkopf und -brücke. Durch Linksdrehung und Zurückziehen der Kammer wird der Verschluss wieder geöffnet. Der K.-(Z.-)V. ist sehr widerstandsfähig.

2. Selbstladeverschluss: Er findet sich bei halbautomatischen Flinten. Durch die Kraft des Rückstoßes beim Schuss wird die abgeschossene Patrone ausgeworfen, die Waffe gespannt und erneut geladen (Rückstoßlader).

3. Blockverschluss: Der B. findet bei einläufigen Büchsen, selten bei Flinten, Verwendung. Er ist sehr widerstandsfähig und für große Kaliber bestens geeignet. Vorteilhaft ist auch, dass Blockbüchsen bei gleicher Lauflänge gegenüber Repetierbüchsen eine geringere Gesamtlänge haben. Durch Wegschwenken eines Hebels über dem Abzugsbügel oder des Abzugsbügels selbst wird der mit einem Gelenksystem verbundene Verschlussblock vertikal im Verschlussgehäuse bewegt.

Die wichtigsten *Kipplaufverschlüsse* bei deutschen Jagdwaffen sind:

4. Laufhakenverschluss: Das Schloss wird mithilfe eines (einfacher L.) oder zweier Haken (doppelter L.), die sich am hinteren Laufende unten befinden, und eines Riegels verriegelt und entriegelt. Der Riegel wird durch die Verschlusswelle und diese durch den Verschlusshebel auf dem Kolbenhals betätigt. Der L. findet meist bei einläufigen Flinten oder Doppelflinten Verwendung.

5. Purdeyverschluss: Zwischen den Läufen ist als Verlängerung der Laufschiene die sog. Purdeynase angebracht, die in die Aussparung im Stoßboden eingreift und dort durch einen Laufhaken am hinteren Laufende unten verriegelt wird. Der Purdeyverschluss findet bei Doppelflinten Verwendung.

6. Greenerverschluss: Die Laufschienenverlängerung mit einer Bohrung greift in die Aus-

Bockdoppelflinte: Kerstenverschluss mit doppelter Laufhakenverriegelung

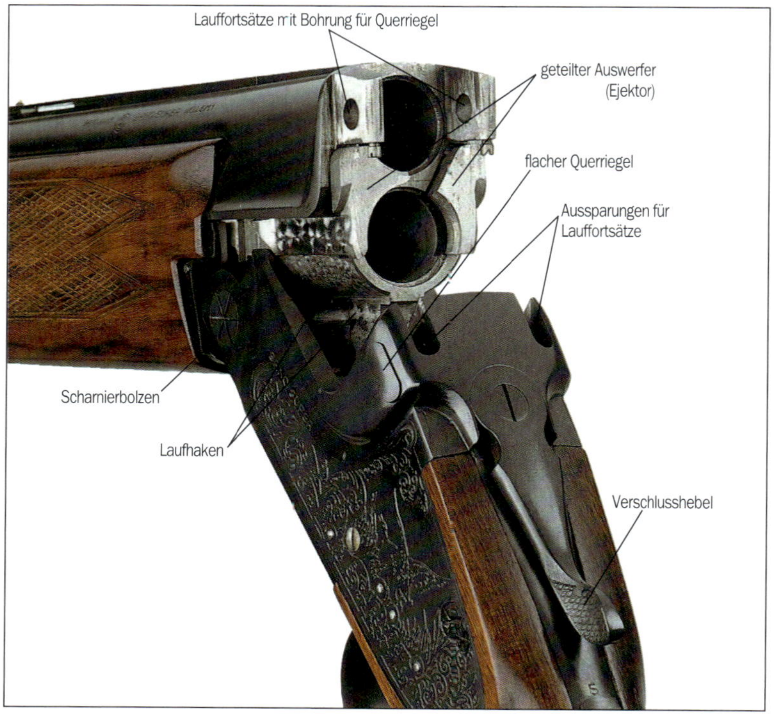

sparung des Systemkastens ein, wo sie mit einem Querriegel, dem Greenerriegel (Bolzen, der in die Durchbohrung tritt), verriegelt wird. Der G. funktioniert durch den Greenerriegel und durch einen Laufhaken am hinteren Laufende unten. Er findet i.d.R. bei Drillingen und Doppelflinten (Querflinten) Verwendung.

7. **Kerstenverschluss** (Doppelgreenerverschluss): Die beiden seitlichen Laufverlängerungen mit je einer Durchbohrung greifen in Aussparungen des Systemkastens ein, wo sie mit einem Querriegel, dem Greenerriegel, verriegelt werden. Der K. funktioniert durch den doppelten Greenerriegel und durch einen Laufhaken am hinteren Laufende unten.

Verschlusshebel, der: Die Handhabe zum Öffnen und Schließen des Gewehrverschlusses. Bei Blockbüchsen und manchen Selbstspannerbüchsen dient der Abzugsbügel oder ein besonderer Hebel darüber als V. Bei Repetierbüchsen mit Zylinderverschluss ist der V. am hinteren Ende der Kammer, ist ein Teil von ihr und wird als Kammergriff bezeichnet. Bei Kipplaufwaffen liegt er entweder oben, bei Hahngewehren zwischen den Hähnen und wird als Oberhebel oder ▸ Top-Lever bezeichnet, oder der V. ist ein Seitenhebel (meist links) und liegt unter dem Vorderschaft oder unter dem Abzugsbügel zum Herausdrehen nach rechts.

Verschlusskasten, der: ▸ Basküle.

Verschlusssysteme, die: ▸ Verschlussarten.

verschränken: **1)** svw. schränken, d.h. den ▸ Schrank machen. **2)** ▸ schränken 1).

Verschulung, die: Die Verpflanzung von Jungpflanzen (Sämlingen, ▸ Stecklingen, ▸ Wildlingen) auf größere Abstände (ähnlich dem Pikieren).

verschweigen: Das Aufhören der Lautäußerungen bei ▸ Balz und ▸ Brunft; nicht mehr melden oder schreien.

verschweißen: Bei krankgeschossenen oder tödlich getroffenen Stücken: aufhören zu schweißen (bluten) oder v. (verbluten).

verschwingen: Wenn ein ▸ Beizvogel, speziell der Falke, so hoch fliegt, dass er unsichtbar wird, so sagt man, er verschwingt sich.

versetzen: **1)** Tote Junge gebären bei allem Wild, das setzt; ▸ verfrischen, ▸ verwerfen, ▸ verwölfen. **2)** ▸ Verklüften von Dachs und Fuchs; der Dachs oder Fuchs versetzt sich. **3)** Der Haarwechsel beim Schwarzwild; ▸ verfärben, verhären.

versichern: Beim ▸ Bestätigen svw. erneuern, verneuern, d.h. sich nochmals überzeugen, ob Wild in einem bestimmten Bestand steht.

versorgen: **1)** Das Wild aufbrechen bzw. auswerfen oder aushakeln und heimbringen; ▸ Wildversorgung. **2)** Eine Fütterung v.; svw. ▸ beschicken.

versprengen: Wild wird versprengt, wenn es durch ständige Beunruhigung seinen ▸ Einstand verlässt.

verspringen: ▸ vertreten.

verstänkern: **1)** Um das Einfahren der Füchse in Naturbaue zu verhindern, werden in die Röhren mit Dieselöl, Petroleum, Rohkresol oder Kornitol getränkte Lappen eingeschoben, der Bau wird verstänkert; ▸ verwittern. **2)** ▸ Gespenst 2).

verstellen: **1)** Bei Schalenwild: svw. versteigen im Gebirge; ▸ einstellen 2). **2)** Beim ▸ Treiben: einen ▸ Wechsel oder ▸ Pass mit einem Schützen besetzen. **3)** Ein Treiben mit Lappen v. (einlappen, verlappen).

verstinken: ▸ verludern.

verstoßen: Ein Beizvogel, der während einer ▸ Beizjagd dem von ihm angegriffenen Wild so weit folgt, dass er verloren geht, oder wenn er sich, z.B. als Anwärter geflogen, aus irgendeinem Grund verschwingt (▸ verschwingen), kann verloren gehen. Häufig kommt es auch vor, dass ein anwartender Beizvogel zu ▸ schweimen beginnt oder ausbricht (▸ ausbrechen 4)) und sich dann verstößt. V.a. Falken verstoßen sich leicht, da sie weiträumiger jagen als die Kurzstreckenjäger ▸ Habicht und ▸ Sperber. Auch die Beize bei hereinbrechender Dämmerung, Nebel oder aufkommendem stärkerem Wind kann zum Verstoßen führen. Gelingt es dem Beizvogel dann, Beute zu schlagen und sich vollzukröpfen, verwildert er sehr schnell.

verstrecken (selten): Anstelle von ▸ verecken.

verstreichen: **1)** Vom Flugwild: das Revier wegen Beunruhigung oder auch aus anderen Gründen verlassen. Man sagt z.B.: »Die Hühner haben sich verstrichen.« **2)** Den Haupttrieb bei jungen Bäumchen mit geeigneten Mitteln bestreichen, um ihn vor ▸ Verbiss zu schützen; ▸ Wildschaden(s)verhütung.

versuchen, sich: Beim Hund: wenn er die richtige ▸ Fährte verloren hat, eine andere aufnimmt (selten gebräuchlich).

Verteidigungsverhalten, das: Bei vielen Tieren bei Gefahr – meist gegenüber einem starken Gegner – gezeigtes arttypisches Verhalten; z.B. Vergrößerung des Habitus, Kontrastwirkung, Drohkreischen, Verströmen von Abwehrstoffen aus den ▸ Analdrüsen etc.; ▸ Katzbuckelstellung, ▸ Drohverhalten, ▸ Demutsgebärden, ▸ Stinkdrüsen, ▸ Schutzverhalten, ▸ Schutzanpassung, defensive ▸ Aggression.

Vertikalblock-Verschluss, der: ▸ Schlosssystem.

Vertragsnaturschutz, der: ▸ Naturschutz auf freiwilliger Basis durch Honorierung von Maßnahmen oder Unterlassungen. Durch freiwillige Mitwirkung der Grundstückseigentümer können bestimmte naturschutzfachliche Maßnahmen und Ziele schneller und nachhaltiger verwirklicht werden. Als erstes Bundesland hat Bayern mit dem Bayer. V.-Programm (in Kraft getreten am 10.4.1995) diesen neuen Weg (bezahlter Naturschutz) beschritten.

Vertragus, der: ▸ Veltragus.

vertraut: Wild, das sich weder scheu noch misstrauisch zeigt, sondern völlig unbekümmert austritt, ist v. (»Das Rehwild zog v. auf die Äsungsfläche.«); Ggs.: ▸ heimlich.

vertreten: **1)** svw. abtreten und verspringen, d.h. einen Auerhahn beim Anspringen während der ▸ Balz durch Unvorsichtigkeit zum Abstreichen (Abreiten) bringen, ihn ▸ vergrämen. **2)** Wild durch unvorsichtiges Annähern (z.B. Trittgeräusche) verscheuchen.

Verursacherprinzip, das: Den Umweltschutzgesetzen (z.B. Abwasserabgabengesetz, Bundesimmissionsschutzgesetz) der Bundesrepublik Deutschland liegen das V. und ▸ Vorsorgeprinzip zugrunde. Nach dem V. muss jeder Verursacher von Schäden auch für die Kosten der Beseitigung aufkommen. Als Verursacher wird nicht nur derjenige eingestuft, der durch Produktion oder Konsum für eine ▸ Umweltbelastung sorgt, sondern auch derjenige, der durch Anwendung eines bestimmten Produktes (z.B. Einwegflaschen) eine spätere Umweltbelastung schafft. Das V. will den Verursacher zur Vorsorge, d.h. zur Vermeidung von Umweltschäden veranlassen. Das V. wurde 1976 in das Umweltprogramm der Bundesregierung aufgenommen.

verwachen: Beim Jäger: den Auerhahn v., d.h. die ganze Nacht in seiner Nähe bleiben, um Störungen aller Art von ihm fernzuhalten.

Verwaltungsjagd, die: ▸ Regiejagd.

Verwandtenfresserei, die: Das Sich-untereinander-Auffressen innerhalb einer Familie, z.B. das Auffressen von kleineren Nestgeschwistern (bei ▸ Eulen und ▸ Greifvögeln beobachtet) oder die Erbeutung von Jungtieren durch die Elterntiere (von Säugern, insbesondere von katzenartigen Tieren, Schweinen, Nagetieren, auch vom Weißstorch bekannt). Als Auslösefaktoren werden v.a. dichteabhängige Stresserscheinungen angenommen, bei Haustieren vermutlich auch Inzuchtfaktoren.

verwaschene Fährte, die: svw. verronnene Fährte; ▸ eingeronnene Fährte.

verweilen: Im Sinne von ▸ verhoffen.

verweisen: **1**) ▸ totverweisen. **2**) Vom Schweißhund: er verweist ▸ Schweiß, d.h., er macht seinen Führer darauf aufmerksam. Auch alle anderen Jagdhunde v., wenn sie ihren Führer auf etwas hinweisen (z.B. auf ▸ Losung, frische ▸ Fährte oder ▸ Spur usw.) oder gar ▸ Wittrung von in der Nähe stehendem Wild haben. Das V. – meist angewölft (angeboren) – geschieht durch Stehenbleiben und erwartungsvolles Anschauen des Führers.

Verweiser, der: ▸ totverweisen.

verwerfen: **1**) Tote Junge gebären bei allen Wildarten, die ▸ werfen, sowie beim Hund; ▸ verfrischen, ▸ versetzen, ▸ verwölfen. **2**) Beim Beizvogel: die ▸ Atzung wieder ausspeien oder überhaupt verweigern. Das V. ist meist auf Krankheit oder verdorbene Atzung zurückzuführen.

verwildern: Bei der Auerhenne: das Gelege verlassen.

Verwilderung, die: Durch Zurückversetzen von Haustieren in natürliche Lebensbedingungen ausgelöster Prozess. Erst über Generationen hinweg nehmen die Domestikationsmerkmale wieder ab, wobei allerdings die ursprüngliche Wildform mit allen arttypischen Merkmalen nicht mehr entsteht. In Europa neigen v.a. die Hauskatzen zur V. Im weiteren Sinn versteht man unter V. auch von Menschen in Zuchtfarmen gehaltene Tiere, die keine Haustiere geworden sind, entweichen und in Freiheit leben, z.B. der Waschbär und der Bisam.

verwinden: ▸ winden (selten).

verwittern: **1**) Die Fangvorrichtungen von menschlicher ▸ Wittrung frei machen, indem man sie mit einem stark riechenden Mittel, welches das zu fangende Wild anlockt, einstreicht oder die Fallen in Mist einbettet. **2**) Grenzen, Wechsel usw. mit einer übel riechenden Substanz beschmieren, um das Wild vom Auswechseln abzuhalten; ▸ verstänkern. **3**) ▸ Gespenst 2).

verwölfen: Tote Junge gebären; bei allen Wildarten, die ▸ wölfen, beispielsweise Wolf, Fuchs und Hund; ▸ verfrischen, ▸ versetzen, ▸ verwerfen.

Verwundt! (»So recht verwundt!, Such verwundt!«): Zuruf an den ▸ Jagdhund, um ihn zur Arbeit auf der Wundfährte (▸ Schweißfährte 1)) anzufeuern.

verzettelt: Die ▸ Losung, die aus festen Einzelteilen besteht, fällt v., wenn das Stück Wild sie im Ziehen absetzt.

Veterinäruntersuchungsämter, die: Staatliche Fachinstitute, zuständig insbesondere für die Seuchenbekämpfung (▸ Wildkrankheiten). Soweit notwendige Untersuchungen von Wild und Federwild durch den beamteten Tierarzt angeordnet werden, sind sie kostenlos; ▸ Fallwild, ▸ Fleischuntersuchung, ▸ Anzeigepflicht von Tierseuchen.

Vetterli, Paul (1884 bis 1961): ▸ Jagdliteratur.

vexieren: Beim Auerhahn: wenn er beim Balzen nach dem Triller die ▸ Balzarie abbricht und plötzlich stumm wird; der Auerhahn vexiert, d.h., er macht keinen ▸ Hauptschlag.

VGP: Abk. für Verbands-Gebrauchsprüfung; ▸ Hundeprüfungen.

Vibrissen, die: ▸ Tasthaare.

Vichtel, die: Alte Bez. für eine Lockpfeife für verschiedene ▸ Vögel wie Eulen, Häher usw.; ▸ Lockinstrumente.

Viehweide, die: ▸ Waldweide, ▸ Weide.

viel Feld nehmen: Beim Hühnerhund (▸ Vorstehhund): wenn er weitab vom Jäger sucht.

Vielfraß, der: ▸ Kormorane 1.

Vielseitigkeitsprüfung, die: ▸ Hundeprüfungen.

Vieräugel, das: ▸ viergeäugelt.

Vierballenzeichen, das: ▸ Hirschgerechte Zeichen.

Vierfüßer, die (Tetrapoden): Zoologische Sammelbezeichnung für alle ▸ Wirbeltiere, mit Ausnahme der Rundmäuler, mit primär vier zum Gehen geeigneten Gliedmaßen, die z.T. umgewandelt oder rückgebildet sein können. Hierzu zählen: ▸ Säugetiere, ▸ Vögel, Lurche und ▸ Kriechtiere. V. sind überwiegend Landbewohner.

viergeäugelt: Ein Hund, der über den Augen rotbraune oder gelbe Flecken (Abzeichen), den sog. Brand, aufweist, ist v. Die Abzeichen sind typisch für die Brandlbracke (▸ Bracken), die deshalb scherzhaft Vieräugel genannt wird.

vierliegende (fürliegende) Hunde: Alte Bez. für Hunde zum Vorstehen (▸ Vorstehhunde), schon 1395 im Zusammenhang mit den Beizvögeln erwähnt.

Vierling, der: Ein ▸ Jagdgewehr mit vier Läufen.

Vierzehnender, der: Ein Hirsch mit jeweils sieben Enden an jeder Geweihstange (gerader V). Ungerader V: Hirsch mit sieben Enden an einer Stange, an der anderen weniger als sieben.

Viktor-Jaeger-Stiftung Köln-Rhens, die: Die Stiftung unterstützt seit dem Jahre 1926 Personen, die sich um den ▸ Jagdschutz und die ▸ Wildhege verdient gemacht haben, insbesondere Berufsjäger, Jagdaufseher, Förster sowie deren Ehefrauen und Witwen. Daneben sind unter bestimmten Voraussetzungen einmalige Sonderzahlungen oder monatliche Renten sowie Weihnachtsspenden möglich, auch ein 14-tägiger Erholungsurlaub im ehemaligen Jagdhaus des Stifters in Rhens am Rhein; nähere Auskünfte erteilt der DJV (Hauptabteilung Berufsjäger).

Viole, die (ital.: viola = Veilchen, Nelke): Eine etwa 1 x 3 cm große Talgdrüse (▸ Duftdrüsen) auf der Oberseite der Fuchslunte, die einen veilchenartigen Duft absondert. Sie befindet sich auf dem 7. Schwanzwirbel, etwa 5 cm von der Luntenwurzel entfernt, und ist eine kleine, kahle Stelle, die von einigen dunklen Haaren umgeben wird. Während der Ranzzeit gibt sie den stark riechenden, typischen Fuchsgeruch (Ranzgeruch) ab. Früher glaubte man, dass der Fuchs, der oft nach dem Schuss nach der ▸ Lunte beißt, zur Herzstärkung an der V. riechen wolle.

Viren, die (Einzahl: Virus): Winzige Organismen, wenige nm bis 2000 nm groß, die in pflanzlichen, tierischen und menschlichen Zellen als ▸ Parasiten vorkommen und die Erreger von Infektionskrankheiten sind. V. sind unter dem gewöhnlichen Lichtmikroskop nicht zu erkennen. Zu den V. zählen z.B. die Erreger von Aujeszkyscher Krankheit, Myxomatose, Papillomatose, Rinder- und Schweinepest, Ornithose, Tollwut sowie der Maul- und Klauenseuche, ferner der Grippe, Masern, Pocken und Poliomyelitis (Kinderlähmung) beim Menschen. V. sind überwiegend stäbchen- oder kugelförmige Gebilde, deren Nukleinsäure (entweder DNA oder RNA) von einer aus mehreren, häufig identischen Untereinheiten aufgebauten Proteinhülle umgeben ist. Sie besitzen keinen eigenen Stoffwechselapparat, sodass sie zum Überleben und zu ihrer Vermehrung auf die Baustoffe, die Enzymsysteme und die Energie ihrer Wirtszelle angewiesen sind. Dadurch wird die Wirtszelle häufig so geschädigt, dass sie zugrunde geht.

Virginiahirsch, der: ▸ Weißwedelhirsch.

Viruserkrankungen, die: Durch Viren hervorgerufene Krankheiten; ▸ Wildkrankheiten, ▸ Hundekrankheiten, ▸ Zoonosen.

Virushepatitis, die: ▸ Hepatitis.

Visier, das: ▸ Visiereinrichtung.

Visiereinrichtung, die (Zieleinrichtung): Eine Vorrichtung am Gewehrlauf, die zum Einrichten des Gewehres auf das Ziel (zum Zielen) dient. Die V. besteht bei Flinten i.d.R. nur aus einem ca. 3 mm großen Korn in der Nähe der Laufmündung. Gezielt wird über die Mittellinie der Laufschiene und über das Korn, das auf das Ziel gerichtet wird. Um einen gezielten Schrotschuss, einen Schuss mit dem Einstecklauf oder mit dem Flintenlaufgeschoss zu ermöglichen, wird ein Klappvisier verwendet, das in der Laufschiene versenkt ist. Bei Büchsen besteht die V. aus dem Visier (Kimme) und dem Korn. Das Visier sitzt auf dem hinteren Teil des Laufes oder der Laufschiene. Das Gewehr wird i.d.R. bei gestrichenem Korn eingeschossen. Bei der Jagd werden jedoch meist Zielfernrohre verwendet. Beim Drilling wird bei der Um-

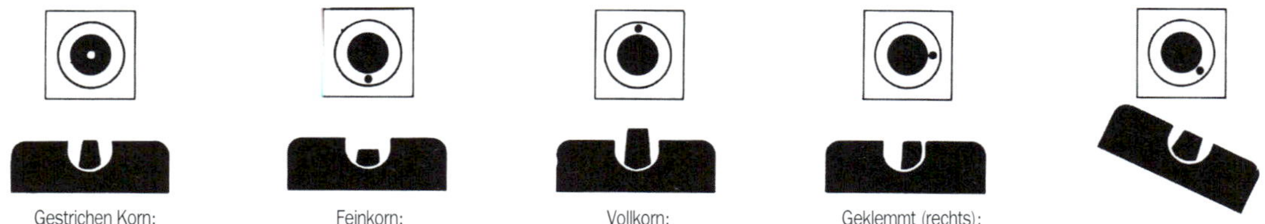

Zielen und Zielfehler über Kimme und Korn (offene Visierung)

schaltung auf Kugel die Visierstange nach vorne geschoben und dadurch eine in der Laufschiene versenkte Kimme aufgeklappt (Klappvisier). Auch beim Drilling wird heute beim Kugelschuss über Zielfernrohr geschossen. Visiere sind entweder sog. offene Visiere (halbrunde, spitzwinkelige oder rechteckig ausgeschnittene Kimme mit einem Perl-, Dach- und Balkenkorn) oder Lochvisiere (Diopter für Scheibenbüchsen oder Ringvisier für Jagdgewehre). Bei ▸ Jagdgewehren wird das Perlkorn (halbrundes Visier) verwendet, bei Pistolen das Rechteck- oder Balkenkorn (halbrundes oder rechteckiges Visier). Beim Zielen sind Auge, Visier, Korn und Haltepunkt im Ziel in eine Gerade zu bringen (Visierlinie). Beim Schuss über Kimme und Korn auf eine Scheibe werden folgende Zielarten unterschieden:
Feinkorn: Das Korn ist in der Mitte des Visiers halb sichtbar; der Schuss sitzt zu tief.
Vollkorn: Das Korn ragt über die Oberkante des Visiers hinaus; der Schuss sitzt zu hoch.
Gestrichen Korn: Das Korn schneidet mit der Oberkante des Visiers ab; der Schuss sitzt in der Mitte.
Links oder rechts geklemmt: Das Korn liegt am linken oder rechten Rand des Visierausschnittes; der Schuss sitzt links bzw. rechts.
Links oder rechts verkantet: Das Gewehr nicht in der Horizontalen halten, sondern nach links oder rechts verdrehen; der Schuss sitzt tief links bzw. tief rechts; ▸ Jagdoptik.

visieren: svw. mit der Büchse zielen; das Ziel anvisieren; ▸ Visiereinrichtung.

Vitaminkot, der: ▸ Coecotrophie.

Vizsla (Magyar Vizsla): ▸ Vorstehhunde 14. und 15.

VJP: Abk. für Verbands-Jugendprüfung; ▸ Hundeprüfungen.

VJT: Abk. für ▸ Verein für Jagdteckel.

Vlies, das (Kragen): Die ▸ Haare am ▸ Träger des Muffelwidders.

VNL: Abk. für Verband zur Förderung des Naturschutzes und der Landschaftspflege; ▸ Naturschutzverbände.

Vögel, die: Eine Klasse der ▸ Wirbeltiere und mit rund 8600 Arten weltweit verbreitet. V. gehören zu den ▸ Warmblütern, die sich durch den Besitz von Federn (▸ Vogelfeder), durch die Umbildung der Vordergliedmaßen zu Flügeln (fast alle sind flugfähig) und durch ein teilweise lufthaltiges Skelett auszeichnen. Sie haben außerdem hornbekleidete Schnäbel; Zähne und eine Harnblase (es wird Harnsäure ausgesondert) fehlen. Die Entwicklung des Jungvogels erfolgt außerhalb des Körpers im Ei, das meistens in einem ▸ Nest bebrütet wird. Es wird nach ▸ Nestflüchtern und ▸ Nesthockern unterschieden.

Vogelangstruf, der: ▸ Lockruf.

Vogelbalg, der: ▸ Balg 1).

Vogelbeere, die: ▸ Eberesche.

Vogelberingung, die: Das Kennzeichnen (Markieren) von ▸ Vögeln zur Erforschung ihrer Wanderungen, Standorttreue und des Lebensalters. Die Markierung erfolgt am Fuß (Fußring) und darf nur von Fachleuten (mit amtlichem Ausweis) durchgeführt werden. Im Unterschied zur privaten Beringung (z.B. bei Brieftauben und Hochbrutflugenten) enthalten die Ringe der Vogelwarten, die aus Metall oder Kunststoff hergestellt sind, stets eine Kurzadresse mit Angabe des Instituts und eine fortlaufende Registriernummer. Zuständig sind die ▸ Vogelwarten; ▸ Vogelberingungsverordnung.

Vogelberingungsverordnung, die: Die V. vom 17.3.1937 wurde in einigen deutschen Ländern neu gefasst und regelt das Beringen wild lebender, nicht jagdbarer ▸ Vögel zu wissenschaftlicher Auswertung. Die ▸ Vogelwarte Radolfzell am Max-Planck-Institut für Verhaltensphysiologie (Beringungszentrale) ist zuständig für die Ausgabe von Vogelringen für den Süden des Bundesgebietes, die Vogelwarte Helgoland und das Institut für Vogelforschung mit Zentralstelle für Seevogelschutz in Wiesbaden für den Norden des Bundesgebietes einschließlich Hessen. Für die neuen Bundesländer ist die Vogelwarte Hiddensee, für die Schweiz Sempach zuständig.

Vogel des Jahres: Die Wahl des V. d. J. wird seit 1971 als gemeinsame Aktion des Naturschutzbundes Deutschland und des Landesbundes für Vogelschutz durchgeführt. Eine Liste der seither zum »Vogel des Jahres« gewählten Vogelarten enthält der Anhang; ▸ Wildtier des Jahres.

Vogeldunst, der: ▸ Dunst 1).

▸▸ Vogelring am Fuß eines Weißstorches

Vogelfang, der (Vogelstellen, Vogelwaid): Das Einfangen von ▸ Vögeln als Speisevögel (z. B. Singvögel, die in Italien noch heute zu Tausenden auf den Markt gebracht werden), zur anderweitigen Verwendung (z. B. Federschmuck) oder als Käfigvögel (Stubenvögel). Der V. mit Leim und Schlingen ist in Deutschland bereits seit 1888 verboten, der Fang von Käfigvögeln hingegen noch in beschränktem Maße, aber nur mit Genehmigung der Naturschutzbehörde gestattet. Der V. war meist der ▸ Niederjagd zugeordnet und vom frühen Mittelalter bis zum Ende des 19. Jh. üblich. Gefangen wurde so ziemlich alles, was die Luft bevölkerte. Kaiserin Maria Theresia (1717 bis 1780) von Österreich ließ sogar die Sperlinge bekämpfen. 1749 erschien eine Verordnung, die Spatzen auszurotten, »da ein einziger Spatz einen ganzen Getreideacker leer machen kann«. Es wurde deshalb angeordnet, dass jeder Besitzer eines Bauernhofes im flachen Land acht, im Mittelgebirge sechs und in den höheren Lagen vier Spatzenköpfe jährlich abzuliefern hatte. Besitzer in Städten und Märkten mussten, soweit sie innerhalb der Ringmauern wohnten, vier, außerhalb acht Sperlingsköpfe liefern. Zu viel gelieferte Köpfe wurden dem nächsten Jahr gutgeschrieben, für jeden zu wenig gelieferten war ein Kreuzer Strafe zu zahlen. Die mit dem V. betrauten Personen waren z. T. von den Landesherren angestellt, z. T. war ihre Berechtigung auch erblich; sie nannten sich Vogler oder Vogelsteller. Die V.-Geräte waren ungemein vielfältig, ihre einzelnen Konstruktionen sehr variantenreich. Bei den einzelnen Anlagen wurden Leimruten, Schlagnetze, Schlingen u. a. verwendet. Die wichtigsten Fangmethoden waren:

1. Leimruten: L. waren dünne, etwa fußlange (25 bis 34 cm) Reiser, mit zähem, klebrigem Leim (▸ Vogelleim) bestrichen, die auf einem Zweige befestigt oder in die Erde gesteckt wurden. Der Köder bestand meist aus Beeren oder Mehlwürmern. Für kleine und vorsichtige Vögel wurden auch Schweinsborsten mit Leim bestrichen.

2. Lockbüsche: So nannte man die noch mit den Blättern versehenen Laubholzäste, die überall mit schief stehenden Leimruten belegt und über einem mit Reisig bedeckten Käfig angebracht wurden, in dem sich der Lockvogel befand.

3. Finkenstich (Vogelstich): F. war der Fang mithilfe eines männlichen Vogels, dem die Flügel auf dem Rücken zusammengebunden wurden. In die an den Flügeln befestigte Federspule wurde ein gabelförmiges Leimrütchen gesteckt; der an einer Schnur laufende Vogel konnte sich so in die Nähe eines Artgenossen begeben, der sich in Wut auf ihn stürzte und am Leim hängen blieb.

4. Dupfen: D. hieß der Fang mit einer langen, dünnen Stange, an die eine Leimrute gebunden wurde, mit der man kleine Vögel, z. B. Goldhähnchen, so lange verfolgte, bis man den einen oder anderen Vogel damit berührte, ihn »betupfte«.

5. Fang mit der Vichtel und dem Kauz: Der F. m. d. V. wurde nur im Wald betrieben: Dabei

Das Bild aus dem »JachtBuch« (1639) von Wolfgang Birkner (1582–1651) zeigt den Vogelfang mit zweiflügeligem Vogelherd, Lockvögeln in Körben und rundum Fallbäumen für die angelockten Vögel; rechts im Bild dargestellt der Vogelfang mit Kloben und die Hüttenjagd mit Uhus.

lockte man die Vögel mit einer aus Holz geschnittenen Vichtel (Vogelpfeife), die den Ruf der Eule nachahmte, an. Ähnlich verlief der F. m. d. K., bei dem man die kleine Eule mit Leimruten umgab und unterhalb versteckte Lockvögel anbrachte.

6. Sprenkel oder **Sprangrute**: Der oder die S. war eine der häufigsten Fangvorrichtungen. Sie bestand aus einer elastischen Haselnuss- oder Weidenrute, die am dickeren Ende durchbohrt war, um die am dünneren Ende angeknüpfte Schlinge aufzunehmen. Letztere wurde mithilfe eines Sprung- oder Stellhölzchens befestigt.

7. V. mit Netzen auf dem sog. Vogelherd: Diese Fangart wurde früher wohl am aufwendigsten betrieben. Der Vogelherd war ein etwas erhöhter Platz, der mit Leimruten oder Schlagnetzen (zum Lebendfang) versehen war. Bekannt sind die sog. Krammetsvogel-, Finken-, Lerchen-, Ortolan-, Star-, Schnepfen- und die Schwalbenherde, die nur für den eigenen Küchenbedarf eingerichtet wurden. Die Vögel wurden mit Futter und Lockvögeln angelockt, sodann wurde von einer nahe liegenden Hütte (▸ Vogelhütte) aus das Netz zugezogen. In Italien werden diese Vogelherde »Uccellanda« genannt. Zwei besondere Arten des Vogelherdes stammen aus Italien und wurden in Österreich und in Süddeutschland betrieben: die »Tesa furolana« und, v. a. in der Steiermark, die »Roccoli« (Ez.: Roccolo). Die kleinen kürbisförmigen Körbchen, die an Stangen gehängt wurden und die Lockvögel beherbergten, nannte man Rogulen, wobei das Wort Rogule auch für die gesamte Anlage stand. Die Fanganlage bestand aus einem Feld, das an drei Seiten mit einem hohen Fangnetz umzäunt war. In diesem Feld stellte man zwei oder drei Stangen auf, an die die Körbchen gehängt wurden. Die für diese Fangmethode benutzten Lockvögel wurden den Winter über im Dunkeln gehalten, damit sie im Frühjahr umso stärker und anhaltender sangen. Ihr Gesang lockte im Frühjahr z. Z. des Vogelzuges ganze Schwärme an, die in die vorbereiteten Felder einfielen und gegen die Netzwand getrieben wurden. Im deutschsprachigen Raum diente der Roccolo in erster Linie dem Wachtelfang, es gab aber auch spezielle Finken- und Drossel-Roccoli. Die Roccoli wurden Anfang des 15. Jh. im Raum Bergamo (Italien) entwickelt, von wo aus sich ihre Verwendung im 15. und dann v. a. im 16. Jh. allmählich in das Mailänder und das Brescianer Gebiet ausgedehnt haben dürfte. Im Verlauf des 17. Jh. wurden die R. über den italienischen Sprachraum hinaus bekannt. Vom Trentino aus gelangten die italienischen Vogelsteller und Netzstricker bis an den Innsbrucker und Wiener Hof sowie in den süddeutschen Raum. Solche Roccoli befanden sich z. B. in Schleißheim bei München, auf dem Kaiserberg, nahe Schloss Haimhausen, in München, nahe dem jetzigen Hofgarten, und bei Tiefenbach. Die Tesa furolana wurde rund oder oval angelegt und hatte eine Länge von 50 bis 70 und eine Breite von 30 bis 50 Schritten. Um diese Rundung legten die Tesajäger, wie diese Vogelfänger genannt wurden, einen etwa drei Spannen tiefen und ebenso breiten Graben an, der außen von einer niederen, verschnittenen Hecke umgeben war. Dieser Graben sollte verhindern, dass die mit Leimruten gefangenen Vögel, die von den Bäumen fielen, aus dem Tesafeld herausliefen. Um speziell die kleinen Vögel zu finden, hielt man zudem das Gras der Tesa kurz. Die z. T. eigens gepflanzten Bäume auf der Tesa wurden so zugeschnitten und ausgeholzt, dass sie gut mit Leimruten besteckt werden konnten. Für den Fang von Finken wurden die Bäume stark ausgelichtet, für den Drosselfang wurden die Äste laubenartig zusammengebunden. Zum Anlocken der Finken und Drosseln wurden ebenfalls Lockvögel benutzt. Eine mittlere Tesa war mit etwa 500 bis 600 Leimruten bestückt. Die günstigste Tageszeit für den Vogelfang auf dem Vogelherd war der frühe Morgen.

8. Kloben: Der K. war auch ein altes V.-Instrument. Er bestand aus einem gespaltenen Holz oder aus zwei haarscharf aneinanderpassenden glatten Hölzern, die aus der Vogelhütte hinausgeschoben wurden und auf denen das Lockfutter lag. Hakte ein Vogel (v. a. der Sperber) auf, zog der Vogler mit einer Schnur den K. zusammen, sodass die Vögel mit den Krallen festgeklemmt wurden; ▸ Garne, ▸ Dohnen, ▸ Vogelkojen.

Vogelfeder, die: Stammesgeschichtlich aus der hornigen Reptilschuppe entwickeltes Horngebilde von kompliziertem Bau und ge-

ringem Gewicht in der Haut der ▸ Vögel. Die Federn sind die Körperbekleidung der Vögel, dienen der Wärmeisolation und sind die Voraussetzung für das Fliegen. Es werden Dunen und Konturfedern unterschieden.
1. Dunen (Daunen, Flaumfedern): Zarte Federn, die das ganze ▸ Federkleid des Jungvogels bilden und beim erwachsenen Vogel als wärmender (isolierender) Schutz kurz und versteckt unter den Konturfedern liegen.
2. Konturfedern: Federn, die die Form (Kontur) des Vogelkörpers bestimmen. Sie werden je nach Lage und Bestimmung in Körper-, Schwung-, Steuer- und Deckfedern eingeteilt. Die Schwanzfedern (Stoß-, Steuerfedern) und die Schwungfedern (Flügelfedern), bestehend aus Hand- und Armschwingen, bilden das Großgefieder (Fluggefieder); die übrigen Federn das Kleingefieder. K. sind wie folgt aufgebaut: Von einer festen Achse (Schaft, Federkiel, Federschaft) gehen seitliche Äste (Federäste) aus, die zweiteilig stehen und sich ihrerseits wieder mit feinen Häkchen (Reißverschlusssystem) fest zur Federfahne zusammenschließen, sodass diese eine geschlossene Fläche bildet. Der schmale Federteil am Schaft wird Außenfahne, der breitere Teil Innenfahne genannt. An der Grenze von Schaft und Spule befindet sich bei einigen Vogelarten eine schwach entwickelte Nebenfeder, der Afterschaft (die Afterfeder). Der unterhalb der Federfahne anschließende drehrunde Abschnitt des Schaftes (Federkiel), der teilweise in dem in die Oberhaut eingesenkten Federbalg steckt und als Federspule (Spule) bezeichnet wird, ist hohl. Die Federn werden je nach Vogelart jährlich ein- oder zweimal gewechselt (▸ Mauser). Die Färbung der Federn geht entweder auf eingelagerte Pigmente (rote und braune Töne) oder auf Lichtbrechung (z.B. Schillerfarben) zurück.

Vogelflinte, die: Eine früher nur zum Schießen kleiner Vögel benutzte kleine, leichte Flinte mit glattem Lauf, die meist nur mit ▸ Dunst 1) geladen wurde. Sie besitzt i.d.R. ein über Schaft und Lauf geschobenes Flugvisier, mit dessen Hilfe das Flugwild rasch anvisiert werden kann.

Vogelflügel, der (Flügel): Bez. für die flächigen Organe der Vögel, die sie zum Flug befähigen. Die V. sind als Umbildungen der Vordergliedmaßen zu betrachten, die unter starker Reduktion der fünf Finger entstanden sind. Die Befiederung des V. setzt sich aus den ▸ Schwung- und den ▸ Deckfedern zusammen und hat in der Falknersprache spezielle Bez.

Vogelgarne, die: Zum Fang von Vögeln benutzte ▸ Garne wie Kleb-, Steck-, Sack- oder Schlaggarne; ▸ Vogelfang.

Vogelgeier, der: ▸ Bussarde 3.

Vogelherd, der (früher: Vogelheerd): ▸ Vogelfang 7.

Vogelhund, der: **1)** Ein Hund jeder ▸ Rasse, der zur ▸ Beizjagd abgerichtet und eingesetzt wird. Verwendet werden i. Allg.. hellfarbige, langhaarige Hunde – weiß mit dunklen Platten. Als ▸ Stöberhund unter dem Habicht wird meist der Spaniel und als ▸ Vorstehhund der kleine

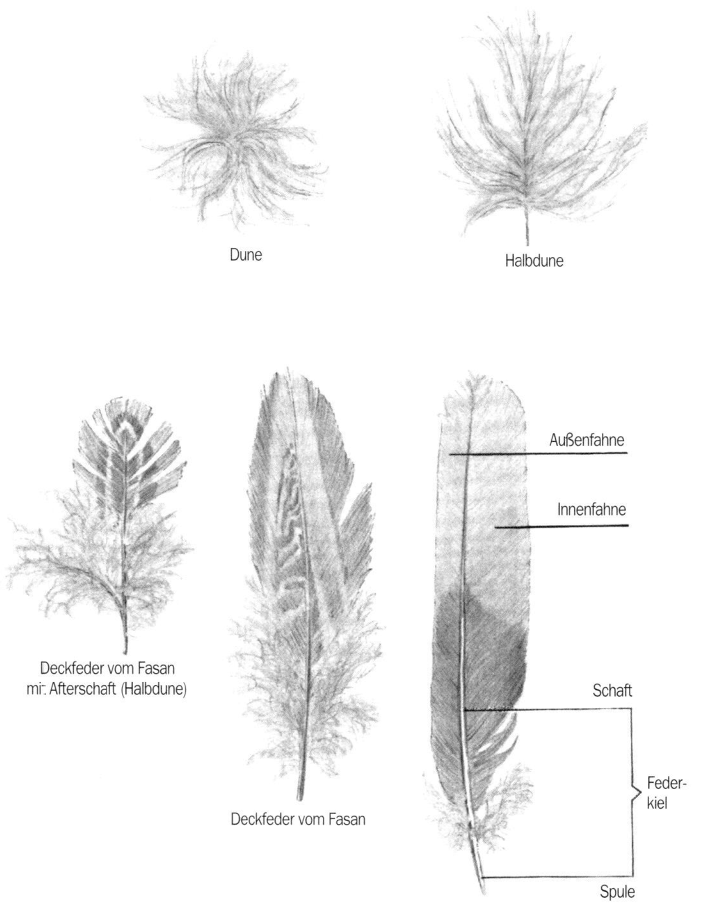

Vogelfedern

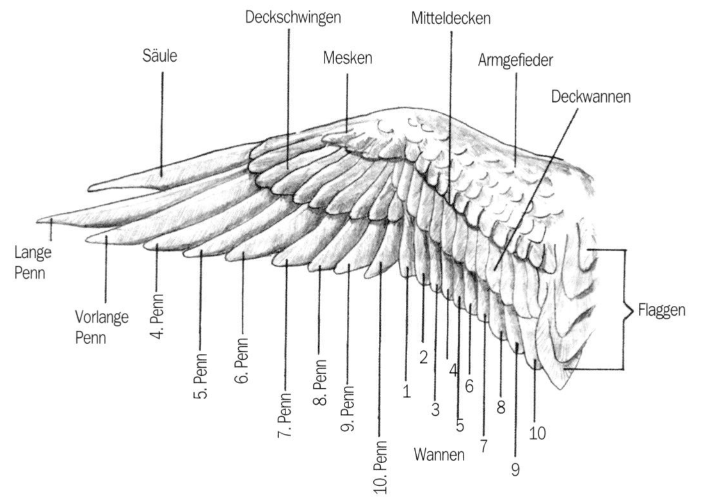

Flügel eines Beizvogels (Falke) mit den Bezeichnungen der einzelnen Federn in der Falknerei (beim Habicht werden die Lange und Vorlange Penn als 2. und 3. Penn bezeichnet)

Münsterländer oder der Setter verwendet (Habichtshund). Ein V. erleichtert dem Beizvogel die Arbeit, da das angejagte und verwirrte Wild auf mehrere Gegner achten muss und daher leichter zur Beute wird. Beim ▸ Anwarten ist die Mitnahme eines V. unerlässlich. Bereits beim ▸ Abtragen muss der Beizvogel unbedingt an den Hund gewöhnt werden. **2**) Auch Rebhuhnhund, die frühere Bez. für einen ▸ Vorstehhund für die Jagd auf Federwild; ▸ Auerhahnbeller, ▸ Fasanenbeller.

Vogelhütte, die: Früher eine meist grüne, unscheinbare Hütte, die sich ca. 8 m neben dem Vogelherd (▸ Vogelfang 7) befand. Sie war mit mehreren kleinen Sehschlitzen bzw. Klappfenstern versehen, die zum Beobachten, aber auch zum Führen der Zugleinen (Ruckleinen) für das Schlagnetz dienten.

Vogelkirsche, die (*Prunus avium*, L.): Auch Wildkirsche, Waldkirsche. Mittelgroßer, sommergrüner, laubwerfender und raschwüchsiger Baum. Er erreicht eine Wuchshöhe von etwa 25 m und ein Alter von bis zu 90 Jahren. Die V. wächst v.a. an lichten Waldstellen, an Waldrändern, in Gebüschen und ▸ Hecken und bildet kräftigen ▸ Stockausschlag. Sie blüht im April/Mai kurz vor Laubausbruch. Blätter verfärben sich im Herbst gelb und rot. Die kugeligen Früchte reifen im Juli. Sie wird oft vom Wild verbissen und vom Rehbock gerne verfegt. Zaunschutz ist daher meist nicht zu umgehen. Auf graswüchsigen Standorten und feldnahen Lagen können auch Mäuseschäden auftreten (Ringelung der Stammanläufe). Die V. ist ein gutes Vogelschutzgehölz (Nahrungs- und Brutstätte).

Vogelkoje, die: Eine Fangvorrichtung zum Lebend- und Massenfang von Vögeln, insbesondere von Wildenten (sog. Entenkoje). Sie wird heute hauptsächlich zu Beringungszwecken eingesetzt. Früher bestanden V. zum Massenfang auf Sylt, Föhr und Amrum (heute noch auf Helgoland). Sie lagen stets hinter einem Seedeich, waren mit hohem, dichtem Gebüsch bewachsen und hatten in der Mitte einen Süßwasserteich von 60000 bis 80000 qm, der von einem hohen Wall umgeben war und von welchem vier gebogene, 20 m lange Kanäle (Pfeifen) nach den vier Himmelsrichtungen verliefen. Die Pfeifen wurden allmählich seichter und waren mit einem Netz überspannt. Gezähmte Wildenten lockten die Wildenten an, die in die Pfeifen hineinschwammen. Dort wurden sie vom Kojenmann weiter und zuletzt in einen Netzsack getrieben. Der Fang dauerte von August bis in den Dezember. 1784 wurden in nur einer Koje 67000 Enten, 1887 dagegen in elf Kojen nur noch 56000 Enten gefangen.

Vogelkunde, die: ▸ Ornithologie.

Vogelleim, der (Fliegenleim): Ein wasserheller, klebriger Stoff, der sich in den Beeren der Mistel findet und in Wasser und Alkohol unlöslich ist, in Äther, ätherischen Ölen und Alkalien dagegen löslich. Man bereitet den V. durch Auspressen der Mistelbeeren und Zusetzen von Wasser zum Saft, wodurch Viscin ausgeschieden wird. Zum Bestreichen der Leimruten diente meist stark eingekochtes Leinöl, eine Mischung von Rüböl mit Kolophonium und Fichtenharz oder eine Mischung von Tischlerleim mit Chlorzink, die sich von den Federn gefangener Vögel leicht abwaschen ließ.

Blüten der Vogelkirsche (auch Wild- oder Waldkirsche)

Vogelmagen, der: ▸ Muskelmagen.

Vogelmilbe, Rote, die: ▸ Milben.

Vogel mit dem langen Gesicht, der: Eine Bez. für die Waldschnepfe; ▸ Schnepfenvögel 1.

Vogelscheuchen, die: Mechanische Abschreckmittel, die optisch oder akustisch vor übermäßigem Vogelfraß (z.B. Stare und Tauben) schützen sollen, z.B. Aluminiumstreifen, Schreckschussanlagen oder mit Altkleidern versehene Strohpuppen.

Vogelschneise, die: Eine mit ▸ Dohnen versehene Schneise für den Fang von ▸ Krammetsvögeln.

Vogelschutz, der: Ein Teil des ▸ Naturschutzes, der alle Maßnahmen und Einrichtungen umfasst, die zum Schutz nicht jagdbarer wild lebender ▸ Vögel notwendig sind. Seine rechtliche Grundlage findet der V. im BNatSchG bzw. in den Naturschutzgesetzen der Länder sowie in der Bundesartenschutzverordnung, in der ▸ Bundeswildschutzverordnung und im BJG einschließlich der Jagdgesetze der Länder sowie in der ▸ EG-Vogelschutzrichtlinie. Nach diesen Gesetzen und Verordnungen sind somit alle einheimischen Vogelarten geschützt, d.h., sie dürfen nicht gefangen oder getötet, ihre Eier und Nester nicht zerstört werden. Der Fang bestimmter ▸ Singvögel zur Haltung als Käfigvögel (Stubenvögel) ist nur in beschränktem Maß und nur mit Genehmigung der Naturschutzbehörde gestattet. Verboten sind auch Schlingen und Leimruten als Fanggeräte. Gesetzlich geregelt werden ferner Haltung, Erwerb und Beförderung von Stubenvögeln sowie die Maßnahmen zur Erhaltung natürlicher Nistgelegenheiten (▸ Hecken, ▸ Feldgehölze usw.), zur Bekämpfung wildernder Katzen usw. Zum V. gehören schließlich die Anlage künstlicher Nistgelegenheiten (Nistkästen usw.), die Winterfütterung von Vögeln, die Anlage und Unterhaltung von V.-Gebieten, ▸ Vogelwarten u.Ä. Der praktische V. dient v.a. der Förderung der Vögel als Helfer bei der Bekämpfung von Schadinsekten. Die Deutsche Sektion des Internationalen Rates für V. (nunmehr: ▸ Birdlife International) veröffentlicht jeweils die ▸ Rote Liste der in der Bundesrepublik Deutschland gefährdeten Vogelarten. Birdlife International ist auch die Vertretung einer internationalen Organisation des ▸ Umweltschutzes in der Bundesrepublik Deutschland und der Dachverband der deutschen Spitzenverbände des wissenschaftlichen und privaten V. Der frühere Internationale Rat für V. (jetzt Birdlife International) wurde 1923 gegründet und ist die älteste internationale Umweltschutzorganisation. Die Deutsche Sektion besteht seit 1924. Bereits 1899 wurde von Lina Hähnle der Bund für Vogelschutz e. V. Stuttgart gegründet. Der Deutsche Bund für Vogelschutz (DBV), ab 1992 Naturschutzbund Deutschland (NABU), ist die größte europäische Naturschutzorganisation ihrer Art. Er gibt die Zeitschrift »Wir und die Vögel« heraus, ist in Landesverbände sowie in Kreis- und Ortsgruppen untergliedert und nimmt sich der Vogelschutzprobleme an. Wissenschaftliche Fragen hingegen klärt die Deutsche Ornithologische Gesellschaft, die auch die Zeitschrift »Journal für Ornithologie« und zusammen mit der Vogelwarte Radolfzell und der Vogelwarte Helgoland die Zeitschrift »Vogelwarte« herausgibt.

In Österreich besteht die Österreichische Vogelwarte (Verband für Vogelkunde und V., gegründet 1953), in der Schweiz der Verband für Vogel- und Umweltschutz; ▸ Vogelschutzwarten, ▸ Artenschutzrecht, ▸ Greifvogelschutz.

Vogelschutzhecke, die: Eine ▸ Hecke, die sich aufgrund ihrer Artenzusammensetzung (insbesondere dornige Wildsträucher) besonders gut als Nist- und Schutzgehölz für ▸ Vö-

▸▸ Vogelzug: Graugänse auf dem Weg ins Winterquartier

gel eignet. V. sind ideale Überwinterungsgebiete, fördern den Artenreichtum, tragen zur biologischen Schädlingsbekämpfung bei und dienen auch dem Niederwild als Zufluchtsstätte. Zu den Sträuchern und Bäumen einer V. zählen u.a. Berberitze *(Berberis vulgaris)*, Hundsrose *(Rosa canina)*, Kreuzdorn *(Rhamnus catharticus)*, Sanddorn *(Hippophae rhamnoides)*, Schlehe *(Prunus spinosa)*, Weißdorn *(Crataegus monogyna)*, Wildapfel *(Malus communis)*, Wildbirne *(Pyrus communis)*, Wildrose *(Rosa spinosissima)*, Vogelbeere *(Sorbus aucuparia)*; ▸ Beerensträucher, ▸ Schmetterlingshecke.

Vogelschutz im Wald, der: Etwa 150 Brutvogelarten leben bei uns allein im ▸ Wald. Vorrangiges Ziel ist es daher, den Wald als Lebensraum (▸ Biotop) für diese Vogelarten zu erhalten. Hierzu sind die Erkenntnisse und Ziele des Arten- und ▸ Biotopschutzes weitgehend in die Praxis umzusetzen. Je mehr ▸ Vegetationsschichten ein Wald bietet, desto mehr Vogelarten können in ihm gleichzeitig leben. Das größte Angebot findet sich in reifen Wäldern der Öffnungs- und Zerfallsphase. Der V. ist somit am ehesten durch naturnahe Gestaltung der Vegetation (Biotopschutz im weitesten Sinne) zu erreichen. Hierzu müssten u.a. folgende Forderungen erfüllt werden:

- Erhaltung von Altholzinseln (▸ Altholz),
- Ausscheidung von ▸ Naturwaldreservaten in wichtigen Waldgesellschaften,
- Totholz- und Spechthöhlenschutz (▸ Totholz),
- Erhöhung der ▸ Umtriebszeit (Erzielung sog. »dicker Bäume«),
- Forstliche Ruhezeiten während der Brutzeit,
- Minimierung des Chemieeinsatzes,
- Förderung naturnaher Strukturen.

Während die Maßnahmen für den ▸ Artenschutz die Techniken wie Wiederansiedlung und Aufstockung, Fütterung und Nahrungsgebietsförderung, Fernhalten von Störern, Feinden und Konkurrenten und Parasitenbekämpfung umfassen, zählen zu den Maßnahmen für den Biotopschutz die Gestaltung und Erhaltung von Ruhe-, Rast-, Balz-, Brut-, Aufzucht-, Nahrungs-, Sand- und Sonnenbadeplätzen etc. (▸ Vogelschutzhecke). Dort wo die Wälder gut aufgebaut sind, aber zu wenig Bruthöhlen vorhanden sind, erfolgt V. durch Kunsthöhlen (Nistkästen).

Der V. ist der älteste Zweig oder, besser gesagt, der Vorreiter des modernen ▸ Naturschutzes. Der Grund hierfür war, dass man erkannte, dass die ▸ Singvögel, v.a. die Meisen, eifrige Insektenvertilger sind. Der V. beschränkte sich hierbei aber auf die Ansiedlung höhlenbrütender Arten und auf die winterliche Vogelfütterung. Heute umfasst der V. neben den o. a. Maßnahmen auch die Verminderung des Zugvogelfangs und die Bekämpfung streunender Katzen und solcher wild lebender Tierarten im Rahmen der geltenden Jagdgesetze, die nicht mehr wie früher durch natürliche Feinde kurzgehalten werden. V. ist heute eine internationale Arbeit geworden, z.B. Programme des ▸ Internationalen Rates für V. mit den nationalen Sektionen.

Vogelschutzwarten, die: V. befassen sich als staatliche Einrichtungen mit allen Fragen des ▸ Vogelschutzes. Zu ihren Aufgaben gehören neben der angewandt-ornithologischen Grundlagenforschung u.a. der Schutz nützlicher und selten gewordener Vogelarten und die Abwehr von Schäden mancher Vogelarten sowie die Schadvogelverminderung. V. bestehen in Ludwigsburg, Garmisch-Partenkirchen, Frankfurt a. M., Hamburg, Steinkrug a. d. Deister, Essen-Bredeney, Kiel, Karlsruhe und in Seebach (Thüringen); ▸ Vogelwarten.

Vogelstellen, das: ▸ Vogelfang, ▸ Aitinger.

Vogelstich, der: ▸ Vogelfang 3.

Vogelstimme, die: Die Laute der ▸ Vögel, die hauptsächlich drei Funktionen haben: Abgrenzung des Reviers (▸ Territorialverhalten), Anlockung des Geschlechtspartners und Verständigung zwischen gleichen Arten. Die Stimme wird mit nur den Vögeln eigenem Kehlkopf (Syrinx) erzeugt.

Vögel vom Hohen Flug: ▸ Flug 3).

Vögel vom Niederen Flug: ▸ Flug 3).

Vögel von der Faust: ▸ Faustvögel.

Vogelwaid, die: ▸ Vogelfang.

Vogelwarten, die: Institute, die sich der Beobachtung und Aufklärung des ▸ Vogelzuges, der Zusammensetzung der Vogelwelt eines Gebietes, ihrem Schutz und der Verbreitung der Kenntnis über sie widmen. Dazu gehört auch die ▸ Vogelberingung. Die V. Rossitten (1901 auf der Kurischen Nehrung gegründet) setzt seit 1946 ihre Tätigkeit unter dem Namen V. Radolfzell (vormals V. Rossitten) als Institut der Max-Planck-Gesellschaft fort, Sitz: Möggingen bei Radolfzell (Bodensee). Die V. Helgoland (gegründet 1910) untersteht seit 1946 dem Niedersächsischen Kultusministerium, Hauptsitz Wilhelmshaven. Beide V. sind amtliche Zentralstellen für die Vogelberingung. Die V. Hiddensee (gegründet 1936) ist angeschlossen an die Biologische Forschungsanstalt Kloster auf Hiddensee (Rügen). In Österreich besteht die V. Neusiedler See (Sitz Biologische Station Neusiedel a. S.), in der Schweiz die V. Sempach; ▸ Vogelschutzwarten.

Vogelwäsche, die: Die frühere Methode, ▸ Beizvögel mit Tabakrauch, Pfeffermehl u.a. zu beräuchern, um die ▸ Parasiten zu vertreiben. Heute werden Parasiten mit hochwirksamen Medikamenten bekämpft.

Vogelweide, die: Das Vogelstellen (Fangen der Vögel) am Vogelherd; ▸ Vogelfang 7.

Vogelzug, der: Ein jahreszeitlich rhythmisches Wandern von ▸ Vögeln, das regelmäßig über größere Entfernungen vom Brutgebiet zum Winterquartier und zurück durchgeführt wird. Der V. ist eine allg. Erscheinung mit noch vielen ungelösten Fragen. Zugvögel, z.B. Weißstorch, Mauersegler, Schwalben, Grasmücken, sind bei uns Sommervögel, die zweimal im Jahr z.T. weite Wanderungen (z.B. Afrika) unternehmen, d.h. nach der Brutzeit im Herbst in ihre Winterquartiere ziehen und im Frühjahr wieder in die Brutgebiete zurückkehren. Zu den Zugvögeln zählen auch unsere Wintergäste, die aus nördlichen Brutgebieten während des Winters zu uns kommen. Teilzieher hingegen, z.B. Star, Hänfling, Rotkehlchen, Ringeltaube, sind Vögel, von denen nur ein Teil einer Art das Brutgebiet verlässt. Die sog. Durchzügler sind bei uns während des V. anzutreffen, brüten aber – wie die Wintergäste – bei uns nicht. Standvögel, z.B. Krähe, Rebhuhn, Sperling, Meise, Amsel, Buchfink, Specht, sind Jahresvögel, die ein eng umgrenztes Gebiet nicht verlassen. Strichvögel sind Vögel, die keine gerichteten Wanderungen unternehmen, sondern nur über kürzere Strecken innerhalb ihres sehr weiten Brutgebietes umherfliegen. Der V. bewegt sich über bestimmte Zugstraßen, die meist Hindernisse (z.B. Alpen, Sahara) umgehen. Alt- und Jungvögel wandern bei den meisten Arten getrennt, häufig auch zu unterschiedlichen Zeiten. Die ersten Zugbewegungen können schon ab Mitte Juli beginnen. Diese führen jedoch noch nicht unmittelbar ins Winterquartier, sondern in die ständig aufgesuchten Mauser- und Rastplätze. Während die Vögel mit dem weitesten Wanderweg (z.B. Kuckuck, Mauersegler, Pirol) bereits ab Anfang August wegziehen, zieht die Masse unserer Zugvögel in der Zeit von Mitte August bis Oktober weg. Die Zuggeschwindigkeit ist verschieden (bei Schwalben z.B. bis 140 km/h). Man unterscheidet den V. der einzeln Ziehenden (z.B. Störche, Kraniche, Stare, Drosseln), ferner den Tag- und Nachtzug (Letzterer bei Drosseln) und den Breit- und Schmalfrontzug. Die Hauptwegzugrichtung der in Mitteleuropa brütenden Vögel ist Südwest, die Höhe der ziehenden Vogelscharen liegt meist unter 1000 m (über Grund), doch kommen auch Fälle von größeren Höhen vor, z.B. bei Störchen und Kranichen. Manche Zugvögel fliegen dicht am Boden entlang (Tagzieher). Die Orientierung beim Flug erfolgt anhand des Magnetfeldes der Erde (z.B. Rotkehlchen und Dorngrasmücke), der Landmarken (z.B. Störche) oder nach dem Stand der Sonne bzw. (nachts) der Sterne (Grasmücken). Die durchschnittlichen Tagesleistungen (z.B. bei Störchen) betragen selten mehr als 100 bis 150 km. Der Heim- oder Frühjahrszug setzt im geringen Umfang schon im März ein. Als Erste erscheinen bei uns Stare, Feldlerchen, Singdrosseln und Kiebitze, die letzten Zugvögel erscheinen noch den ganzen Mai hindurch; ▸ Migration, ▸ Tierwanderungen.

Vogler, der (Vögler): Im älteren Sprachgebrauch ein Jäger (Vogelfänger) für die Vogeljagd; ▸ Vogelfang.

Voliere, die: Ein besonders großer Vogelkäfig, in dem Vögel auch frei fliegen können. V. sind rundum verdrahtet und haben fast immer einen überdachten Teil (Raum). Die Größe der V. hängt von der Vogelart und -zahl ab. Je nach Verwendungszweck werden Zucht- und Flug-V. unterschieden; ▸ Fasanenkammer, ▸ Fasanerie.

Volk, das: ▸ Kette, ▸ Gesperre.

Volkmann, Heinrich: ▸ Jagdliteratur.

voll: Geweih- und Gehörnträger haben v. ausgeeckt, wenn alle Enden des ▸ Geweihs oder ▸ Gehörns ausgebildet sind, sie also kurz vor dem ▸ Fegen stehen (Ende der Bastzeit).

volle Balz, die: svw. ▸ Hauptbalz.

voller Mann, der: Seltene Bez. für den Schrank; ▸ Hirschgerechte Zeichen.

Vollerwerbsbetriebe, die: ▸ landwirtschaftliche Betriebe.

voller Wind, der: ▸ Wind.

volles Korn, das (Vollkorn): ▸ Visiereinrichtung.

vollgeludert: Das ▸ Haarraubwild ist v., wenn es sich am Aas, an seiner Beute oder an ▸ Luder vollgefressen hat.

Vollkorn, das: ▸ Visiereinrichtung.

Vollmantelgeschoss, das: ▸ Büchsengeschosse, ▸ Randfeuerpatrone, ▸ Kurzwaffenmunition.

Vollmast, die: ▸ Mastjahr.

Vollreife, die: ▸ Reifestadium.

Vollschaft, der: ▸ Schäftung.

vollschwänzig: Junge Rebhühner, die alle Stoßfedern (▸ Stoß) ausgebildet haben, sind v.; ▸ Gabelhuhn.

Vollwildflug, der: ▸ Wildflug.

Volpersdorfer Horn, das: ▸ Jagdhorn.

Voltz, Ludwig (28.4.1825 Augsburg bis 27.12.1911 München): Tier- und Jagdmaler. Ludwig V. ist der Bruder des Tiermalers Johann Friedrich V. (31.10.1817 Nördlingen bis 25.6.1886 München), der v.a. Kuhstaffagen in Stall und Landschaft malte. Ludwig erhielt seine Ausbildung an der Münchner Akademie und war auch Mitarbeiter des »Deutschen Jägers«. Er schuf viele Bilder für die Fürsten von Thurn und Taxis sowie von Wallenstein. Das Deutsche Jagd- und Fischereimuseum in München besitzt von ihm das Bild »Flüchtender Rehbock« (1898). Viele seiner Tier- und Jagdbilder sind heute in Amerika.

vom Strick hetzen: Den Hetzhund auf freiem Felde vom Strick lösen und an Wild hetzen.

Vondius, Abraham (1638 bis 1695): Maler. Von ihm stammt u.a. das Ölgemälde »Hirschjagd. Der Hirsch wird von einem Jagdhund verfolgt«.

Voranbau, der: In der Forstwirtschaft Bez. für die Anlage einer ▸ Kultur unter dem Schutz eines alten Bestandes. Der V. hat die ▸ Verjüngung des Bestandes zum Ziel.

Voranschlag, der: Mit dem Gewehr in Anschlag gehen und verweilen, bis das Ziel schussgerecht erscheint; ▸ schussbereit, ▸ zugriffsbereit.

Voraugendrüse, die (Antorbitaldrüse): ▸ Tränengrube, ▸ Hirschbezoar 1).

Vorausverjüngung, die: Langsamwüchsige Baumarten müssen bei der Kulturbegründung einen entsprechenden Höhenvorsprung haben, z.B. Buche und Tanne vor Fichte, Lärche vor Kiefer und Laubschattenbäumen. Dieser Vorsprung wird bei ▸ Schatt(en)baumarten durch eine rechtzeitige sog. V. erreicht; ▸ Verjüngung.

Vorbalz, die: Der Beginn der ▸ Balz.

Vorbeißer, der (Überbeißer): ▸ Hundegebiss.

vorbinden: Beim Stellen des Jagdzeuges die Ober- und Unterarchen (▸ Arche) an die Stellstangen oder an Bäume anbinden.

Vorbrunft, die: Die Tage zu Beginn der ▸ Brunft; ▸ Nachbrunft, ▸ Hauptbrunft.

Vorderbranke, die (Vorderbrante): ▸ Branken.

Vorderende, das: ▸ Vorderspross.

Vordergehäse, das: ▸ Gehäse.

Vorderhamer, der: ▸ Hamer.

Vorderhand, die: Die Schultern des Jagdhundes einschließlich der Vorderläufe.

vorderkantig: Ein ▸ Geweih ist v., wenn es ▸ spannruckig ist.

Vorderlader, der: Bez. für Gewehre verschiedener Zündungsweise und Schlossbauart (▸ Lunten-, ▸ Rad- oder ▸ Steinschloss), bei denen von der Laufmündung her die gesamte Ladung (Pulver, Pfropfen, Kugel bzw. Schrote mit Abdeckung) mithilfe eines Ladestockes geladen wird. 1836 gelang es Johann ▸ Dreyse, einen brauchbaren Hinterlader mit relativ gasdichtem Verschluss zu konstruieren. Die V. wurden dann von den ▸ Hinterladern abgelöst. Das Schießen mit V. ist eine neue Sportart in den USA und in Europa geworden. Das V.-Waffenschießen ist auch in das Programm des Deutschen Schützenbundes aufgenommen worden. Nach den waffenrechtlichen Bestimmungen sind V.-Waffen mit Lunten und Funkenzündung von der Anwendbarkeit des Gesetzes freigestellt. Von der Waffenhandelsgenehmigungs- und von der Waffenbesitzkartenpflicht sind freigestellt: Schusswaffen mit Zündnadelzündung, einläufige Einzelladerwaffen mit Zündhütchenzündung (Perkussionswaffen), deren Modell vor dem 1. Januar 1871 entwickelt wurde. Sie werden heute wieder von Sportschützen geschossen.

Vorderlauf, der: Der Vorderfuß bei allem ▸ Haarwild, für das nicht der Ausdruck ▸ Branke gilt; beim Otter auch Vorderschwimmer genannt.

Vordermayer, Ludwig (1886 München bis 1933 Berlin): Bildhauer. V. , Sohn des Bildhauers Matthias V. (1850 bis 1894), war von 1888 bis 1890 Schüler der Unterrichtsanstalt des Berliner Kunstgewerbemuseums; 1890 bis 1891 Tätigkeit im Atelier von Peter Breuer, anschließend bei Carl Begas (1891 bis 1894). V. war ab 1893 mit eigenen Werken auf der Großen Berliner Kunstausstellung vertreten, insbesondere mit Tierdarstellungen. 1910 schuf er in Bronze das Wahrzeichen der Stadt Gumbinnen, einen bronzenen Elch, der seit 1992 auf einem kleinen Platz an der Königinstraße/Ecke Sodeiker Straße steht. Ein weiterer Elch (Kolossalfigur) von V. wurde im Jahre 1928 bei Hermann Noack in Berlin-Friedenau gegossen und befand sich ab 29.6.1928 auf dem Anger vor dem Grenzlandtheater in Tilsit. Er befindet sich heute in schlechtem Zustand (abgeschlagene Schaufel behelfsmäßig am Kopf befestigt) im Königsberger Zoo. Der Kopf des Elchs ist im Ggs. zum »Elch von Gumbinnen« nach links geneigt. Um 1916 schuf V. die inzwischen gestohlene Plastik »Ruhender Adler« für das Kriegerehrenfeld auf dem Städtischen Friedhof Wilmersdorf (Berlin), vor 1929 »Sterbender Adler« und »Erboster Elch«.

Vorderpranke, die (Vorderprante): ▸ Branken.

Vorderschaft, der: Am Gewehr: der vor dem Abzugsbügel liegende Teil des Schaftes (▸ Schäftung).

Vorderschaufel, die: Die vordere, von der ▸ Hauptschaufel etwas getrennte kleinere Schaufel des Elchgeweihes; ▸ Elchwild.

Vorderschwimmer, die: Die Vorderläufe des Otters; ▸ Vorderlauf.

Vorderspross, der (Vordersprosse, Kampfspross): Der nach vorne zeigende Spross des Rehbockgehörns; ▸ Mittelspross 2). ▸ Rückspross.

Vorderziemer, der (Blattziemer): Der vordere Teil des ▸ Ziemers, so weit die Rippen angesetzt sind, im Ggs. zum hinteren Teil, dem Wedel- oder Blumenziemer.

vorflügeln: Ein Schütze, der an der Flanke eines Treibens vor dem Flügel einer Treiberlinie vorgeht oder steht, flügelt vor bzw. ist vorgeflügelt.

vorgreifen: **1**) Auch vor- oder bogenschlagen: wenn man mit dem ▸ Schweißhund in der vermuteten Fluchtrichtung des kranken Stückes Wild im Bogen vorgeht, nachdem der Hund von der Wundfährte (▸ Schweißfährte 1) abgekommen ist, d.h. sie verloren hat. **2**) In den ▸ Schweißriemen greifen, um ihn zu verkürzen. **3**) Beim ▸ Treiben lässt man einen Flügel v., wenn man ihn schneller vorgehen lässt als den anderen.

vorhalten: Mit dem Gewehr beim Schießen: will man in Bewegung befindliches Wild, das breit oder schräg vorbeikommt, treffen, so muss man je nach Bewegungsgeschwindigkeit des Wildes, der Geschossgeschwindigkeit und der Schussentfernung, auch beim Hoch- oder Tiefschuss im Gebirge, mehr oder weniger weit vor das Wild zielen, um es zu treffen; man muss beim Zielen v., d.h. mit dem Gewehr mitschwingen und vorschwingen; ▸ Schuss auf Wild.

Vorhatz, die: ▸ Vorjagd.

Vorhin! Hin! Hin! (Such vorhin!): Zuruf an den ▸ Schweißhund bei der Arbeit zur Ermunterung.

Vorjagd, die (Vorhatz): Ein altes Recht des Landesherrn in manchen Gegenden, vor dem Bartholomäustag (24. August) die Jagd allein auszuüben. Erst dann durften die eigentlichen Jagdberechtigten (seine Lehnsleute) jagen.

Vorlage, die: Bez. für das, was in einer Patrone vor dem Pulver liegt. Bei der ▸ Büchsenpatrone ist das Geschoss die V, bei der ▸ Schrotpatrone das Zwischenmittel (der Pfropfen) und die Schrote; ▸ Vorschlag.

vorlange Penn, die: Die ▸ Schwungpenne, die nach der längsten Penn (lange Penn) folgt, das ist beim Falken die dritte ▸ Schwungfeder von außen gezählt; ▸ Vogelflügel.

Vorlass, der (veraltet: Vorloss): **1**) svw. ▸ Federspiel. **2**) Bez. für alle lebenden (lebender V.) und toten Tiere, die man dem ▸ Beizvogel vorlässt, um ihn einzujagen oder bei Gefahr des Verstoßens zurückzuholen.

Vorlass geben (Verlass geben): Einen Hund das ▸ Vorstehen vor einem Huhn lehren, indem man dem Huhn einen langen Faden an einen ▸ Ständer anbindet, es festmacht und dann den Hund davorsetzt. Eine früher übliche Methode.

vorlaufen (sich vorwerfen): Bei der ▸ Parforcejagd vorreiten heißt, einem flüchtigen Stück Wild durch einen kürzeren Weg auf seinem ▸ Wechsel oder ▸ Pass zuvorkommen, ihm den Wechsel oder Pass abschneiden.

vorlaut: svw. ▸ waidlaut.

vorlegen: Das ▸ Jagdzeug (Hühner-, Treibzeug) auf den Boden niederlegen und ausbreiten; es fängisch stellen.

Vorlegetreiben, das (Vorstehtreiben): ▸ Gesellschaftsjagd 1. und 7.

vorliegen: **1**) Beim ▸ Erdhund: er liegt dem Dachs oder Fuchs im Bau vor, wenn er verharrt; verbellt er das Wild, liegt er laut vor; tut er das ausdauernd, so sagt man: »Er liegt fest vor.« **2**) Im Sinne von ▸ Vorstehen, wenn die Haltung des ▸ Vorstehhundes einem Liegen gleichkommt.

vorliegend: Bez. für Hahngewehr-Schlosse, bei denen die Schlagfeder vor dem Hammer liegt; ▸ rückliegend.

Vorloss, der: ▸ Vorlass.

Vormagen, der: ▸ Kropf 1).

vornächtige Fährte, die: Gelegentliche Bez. für eine Fährte, die schon 24 Stunden alt ist.

Vornutzung, die: Die Holzgewinnung im Laufe der Bestandsentwicklung mittels ▸ Durchforstung. Das V.-Prozent gibt den Anteil der gesamten Holzmasse an, welcher im Zuge von Durchforstungen entnommen wurde. Der V. folgt die Endnutzung (Gesamtnutzung) der schlagreifen Bestände, bei der endgültig alle Bäume genutzt, d.h. entnommen werden.

Vorpass halten: Seltener Ausdruck: aus guter Deckung heraus auf Schlingensteller passen.

vorprellen: ▸ nachprellen.

Vorprüfung (VP), die: Eine Anlagenprüfung für ▸ Schweißhunde auf mindestens drei Stunden alter Gesundfährte; ▸ Hundeprüfungen.

Vorrang der Land-, Forst- und Fischereiwirtschaft: Das BJG bestimmt in §2 Abs. 1, dass der Abschuss des Wildes so zu regeln ist, dass die berechtigten Ansprüche der Land-, Forst- und Fischereiwirtschaft auf Schutz gegen ▸ Wildschäden voll gewahrt bleiben sowie die Belange von Naturschutz und Landschaftspflege berücksichtigt werden. Damit räumt der Gesetzgeber den Belangen der Land-, Forst- und Fischereiwirtschaft Vorrang ein vor einem überhöhten Wildbestand. In Bayern gilt darüber hinaus der Grundsatz „Wald vor Wild", durch den klargestellt wird, dass das Wild ein Element des Gesamtökosystems Wald ist.

Vorrangfunktion, die: Kartierte und im ▸ Waldfunktionsplan ausgewiesene Wälder mit bestimmten Eigenschaften. Unter denselben Bodenverhältnissen können Wälder vorrangig der Erholung, dem Wasserhaushalt (Wasserversorgung), dem Schutz vor Lawinen oder dem ▸ Biotopschutz dienen. Die sich im Staatsbesitz befindlichen Wälder werden durch ▸ Waldpflege und standortgemäßen ▸ Waldbau so verbreitet, dass sie die jeweilige V. voll erfüllen können; ▸ Waldfunktionen, ▸ Vorrangwälder.

Vorrangwälder, die: Bez. für Wälder (Spezialwälder), die im ▸ Waldfunktionsplan mit entsprechender ▸ Vorrangfunktion (▸ Waldfunktionen) ausgewiesen wurden.

Vorrat, der: Gegenwärtig vorhandenes Holzvolumen eines Bestandes. Er umfasst alles stehende Holz oberhalb der Derbholzgrenze (ab 7 cm Durchmesser).

Vorratspflege, die: ▸ Bestand(e)spflege.

Vorschlag, der: **1**) Beim ▸ Schalenwild der Hals und die Schulterblätter zusammen mit den ersten drei Rippen; bei alten Hirschen besonders stark entwickelt. **2**) Bei der Büchsenladung (▸ Vorderlader): ein Flausch, Werg oder ganz weiches Papier wird auf das Pulver (zwischen Pulver und Blei) gesetzt, um nicht unerhebliche Pulvermengen, die sonst im eingefetteten Lauf hängen bleiben, für den Schuss zu verlieren. **3**) In der ▸ Schrotpatrone der Pfropfen zwischen Pulver und Schroten. **4**) svw. ▸ Einschlag 2).

vorschlagen: **1**) ▸ vorgreifen 1). **2**) ▸ einschlagen 2).

Vorschutt, der (Vorwurf): **1**) Auch Vorschütt oder Pfosch: der Fraß, mit dem man im Winter das ▸ Schwarzwild füttert; ▸ Kirrung. **2**) Das dem ▸ Raubwild ausgelegte ▸ Luder; seltener Bez. für den Köder, an dessen Stelle später der Abzugsbrocken mit dem Eisen gelegt wird.

Vorschütt, die: ▸ Vorschutt 1).

Vorsorgeprinzip, das: In den Umweltgesetzen (z.B. Bundesimmissionsschutzgesetz) der Bundesrepublik Deutschland enthaltenes Grundprinzip, wonach ▸ Umweltbelastungen ohne Berücksichtigung evtl. Schädigungen grundsätzlich zu vermeiden oder auf ein nach dem Stand der Technik erreichbares Mindestmaß zu beschränken sind. Es soll etwa die Luft nicht so stark wie zulässig belastet werden, sondern so wenig wie möglich. Am weitesten fortgeschritten ist die Umweltschutztechnik auf dem Gebiet der Abwasserreinigung; ▸ Verursacherprinzip.

vorstehen: Eine Naturveranlagung des ▸ Vorstehhundes, in bewegungsloser Haltung zu verharren, wenn er Wild gewittert hat, das sich unmittelbar vor ihm in der Deckung befindet.

Vorstehhunde, die: Bez. für Jagdhunde, die bei der ▸ Suche nach Wild (Hühner, Fasane, Hasen) mithilfe ihrer Nase das sich drückende Wild lokalisieren und ihm vorstehen, d.h. ohne einen Laut von sich zu geben in bewegungsloser Haltung verharren und dadurch dem Jäger anzeigen, dass sich vor ihnen Wild befindet. Auf ein

Deutsch-Drahthaar

Deutsch-Langhaar

◂◂ Deutsch-Kurzhaar, Braunschimmel

Kommando hin (z.B. »Such weiter!«) sollen die Hunde vorangehen und das Wild herausstoßen oder auffliegen lassen. Während des Schusses haben sie sich ruhig zu verhalten, zu setzen oder zu legen. Auf ein Kommando hin müssen sie das geschossene Niederwild verloren suchen und apportieren. Die V. sind die größten Jagdhunde, die durch intensive und gezielte Züchtung zum vielseitigen Gebrauchshund (Feld- und Waldarbeit) geworden sind. Die Eigenschaft dieser Jagdhunde war bereits im Altertum bekannt, wurde aber nach Einführung des Gewehres besonders bedeutsam. Neben den deutschen V. finden sich für die Jagdausübung auch verschiedene ausländische Rassen. Sowohl für die deutschen als auch für die englischen V. bestehen eigene Prüfungen; ▸ Hundeprüfungen.

I. *Deutsche Vorstehhunde*: Vielseitige Gebrauchshunde für die Suche im Feld, für Stöberarbeit, Buschieren und für die Arbeit nach dem Schuss. Der deutsche V. muss das Wild in freier Suche, Hetze oder auch auf der Schweißfährte am Riemen finden, es apportieren, stellen oder verweisen. Er muss wesensfest, raubwild- und raubzeugscharf sein:

1. Deutsch-Drahthaar, der (DD):
Herkunft: Aus rau-, kurz- und stichelhaarigen V. im 20. Jh. von deutschen Züchtern gezüchtet. Der DD ist heute der meistgeführte Deutsche Vorstehhund.
Äußere Merkmale: Mittelgroßer bis großer Hund. Widerristhöhe: 56 bis 65 cm, Gewicht: 25 bis 30 kg. Mittellanges, hartes, drahtiges, anliegendes Haar, Bart und buschige Augenbrauen. Färbung: unauffällige und gleichmäßige Braunfärbung, pfeffer-und-salz-farben, Braun- oder Grauschimmel; Rute kupiert, Augenfarbe dunkel.
Verwendung und hervorstechende Eigenschaften: Vielseitiger Gebrauchshund, klug, arbeitsfreudig, scharf.

2. Deutsch-Kurzhaar, der (DK):
Herkunft: Alter deutscher Vorstehhund mit Brackenblut, gekreuzt mit englischen und spanischen Pointern.
Äußere Merkmale: Mittelgroßer bis großer Hund. Widerristhöhe: 58 bis 65 cm, Gewicht: 25 bis 30 kg. Kurzes, dichtes, hartes Haar. Färbung: einfarbig braun oder braun mit wenigen hellen oder gesprenkelten Abzeichen, Braunschimmel mit braunen Platten oder Flecken. Blauschimmel mit schwarzen Platten oder Flecken. Sehr selten dreifarbig; Rute kupiert, Augenfarbe braun.
Verwendung und hervorstechende Eigenschaften: Vielseitiger Gebrauchshund, energisch, raubwild- und raubzeugscharf. Jagdschutzhund.

3. Deutsch-Langhaar, der (DL):
Herkunft: Gezüchtet aus den früheren sog. ▸ Vogelhunden (den mittelalterlichen Habichts- und Wachtelhunden) und französischen Epagneuls.
Äußere Merkmale: Großer Hund: Widerristhöhe: 60 bis 70 cm, Gewicht: 28 bis 32 kg. 3 bis 5 cm langes, leicht gewelltes Haar. Färbung: einfarbig braun, braun mit weißen Abzeichen oder Braunschimmel; Rute gut befedert, nicht kupiert, Augenfarbe dunkelbraun.
Verwendung und hervorstechende Eigenschaften: Guter, vielseitiger Gebrauchshund mit sehr guten Jagdschutzeigenschaften. Intelligent, lebhaft, arbeitsfreudig und scharf.

4. Deutsch-Stichelhaar, der (DSt):
Herkunft: Älteste rauhaarige deutsche V.-Ras-

Korthals-Griffon

◂◂ Deutsch-Stichelhaar

Kleiner Münsterländer Vorstehhund

▸▸ Großer schwarz-weißer Münsterländer

se (Försterhund). Reine rauhaarige Züchtung des deutschen Hühnerhundes.
Äußere Merkmale: Mittelgroßer bis großer Hund. Widerristhöhe: 56 bis 70 cm, Gewicht: 26 bis 32 kg. Borstiges, hartes, straffes Haar (länger und dichter als Kurzhaar). Buschige Augenbrauen und ausgeprägter Bart. Färbung: braun mit weiß, graubraun meliert, auch mit dunkelbraunen Platten; Rute kupiert, Augenfarbe hell- bis dunkelbraun.
Verwendung und hervorstechende Eigenschaften: Vielseitiger Gebrauchshund, raubwild- und raubzeugscharf. Sehr gute Jagdschutzeigenschaften (alter Försterhund, Wilddiebfänger). Arbeitsfreudig, leichtführig und scharf.

5. (Korthals-)Griffon, der (Gr):
Herkunft: Gezüchtet in der zweiten Hälfte des 19. Jh. aus Stammtieren von deutschen, belgischen und französischen rauhaarigen Vorstehhunden. Züchtungen des Holländers E. K. Korthals und des Deutschen Baron von Gingins.
Äußere Merkmale: Mittelgroßer bis großer Hund. Widerristhöhe: 52 bis 60 cm, Gewicht: 22 bis 25 kg. Dichtes, kräftiges Kokosmatten-Haar, kräftige Augenbrauen und Bart. Färbung: einfarbig braun, braun mit weiß, stahlgrau mit braunen Platten; Rute kupiert, Augenfarbe gelbbraun bis braun.
Verwendung und hervorstechende Eigenschaften: Vielseitiger Gebrauchshund mit angenehmem Charakter. Ruhig, arbeitsfreudig und scharf. Sehr gut für Jagdschutzzwecke geeignet.

6. Kleiner Münsterländer Vorstehhund (KLM): Auch Heidewachtel.
Herkunft: Ehemals ein Hund der deutschen Bauernjäger des Münsterlandes und von Edmund Löns für die Reinzucht gezüchtet. Er stammt ursprünglich von den alten langhaarigen Vogelhunden (Habichtshunden) ab und wird auch gerne als Haushund gehalten.
Äußere Merkmale: Mittelgroßer Hund. Widerristhöhe: 45 bis 56 cm, Gewicht: ca. 16 kg. Langes, glatt anliegendes, leicht gewelltes Haar und leichte Befederung. Färbung: braun, weiß mit braunen Platten oder Braunschimmel, gelegentlich lohfarbene Abzeichen über den Augen und am Fang. Die Fahnenrute ist nicht kupiert, Augenfarbe dunkelbraun.
Verwendung und hervorstechende Eigenschaften: Vielseitiger Gebrauchshund, zuverlässiger Verlorenbringer, anpassungsfähig, leichtführig, verständig und anhänglich. Er ist besonders für Niederwildreviere geeignet, da er die Eigenschaften des Stöber- und des Vorstehhundes in sich vereinigt. Mäßig raubwild- und raubzeugscharf und bedingt brauchbar für Jagdschutzzwecke.

7. Großer schwarz-weißer Münsterländer (GrM):
Herkunft: Nach dem Ersten Weltkrieg von deutschen Jägern neu gezüchtet. Basis waren die alten langhaarigen Vogelhunde (Habichtshunde).
Äußere Merkmale: Mittelgroßer bis großer Hund. Widerristhöhe: 58 bis 65 cm, Gewicht: 20 bis 28 kg. Langes, glattes, leicht gewelltes Haar, gute Befederung. Färbung: weiß mit schwarzem Kopf sowie schwarzen Flecken und Platten, Blau- oder Schwarzschimmel. Die Fahnenrute ist nicht kupiert, Augenfarbe dunkel.
Verwendung und hervorstechende Eigenschaften: Vielseitiger Gebrauchshund, zuverlässiger Verlorenbringer, wasserfreudig, spur-

Pudelpointer

▸▸ Kurzhaariger Weimaraner

Gordon Setter

◄◄ Englischer Setter

laut, passioniert, klug, raubwild- und raubzeugscharf, für den Jagdschutz brauchbar.

8. Pudelpointer, der (PP):

Herkunft: Diese Rasse wurde gegen Ende des 19. Jh. von deutschen Jägern aus dem englischen Pointer und dem rauhaarigen Jagdpudel gezüchtet.

Äußere Merkmale: Mittelgroßer bis großer Hund. Widerristhöhe: 54 bis 65 cm, Gewicht: 22 bis 30 kg. Mittellanges, dichtes, drahtiges Haar. Buschige Augenbrauen und kräftiger Bart. Färbung: hell- bis dunkelbraun, schwarz mit weißen Abzeichen; Rute kupiert, Augenfarbe gelb bis gelbbraun.

Verwendung und hervorstechende Eigenschaften: Gebrauchshund für Feld- und Waldjagd. Guter Stöberer. Leistet gute Schweißarbeit. Ruhig, spurlaut und scharf, geeignet als Jagdschutzhund.

9. Weimaraner, der (W):

Herkunft: Diese Rasse wurde Ende des 18. Jh. am Weimarer Fürstenhof (Jägerhof) gezüchtet. Hund mit Brackenblut, hervorgegangen aus dem Deutsch-Kurzhaar.

Äußere Merkmale: Mittelgroßer bis großer Hund. Widerristhöhe: 57 bis 65 cm, Gewicht: 24 bis 30 kg. Er wird kurz-, rau- und langhaarig gezüchtet. Der Kurzhaar-W. hat kurzes, feines und hartes Haar; der Rauhaar-W. dichtes, drahtiges, hartes Haar; der langhaarige Typ hat 3 bis 5 cm langes Haar und eine gutbefederte Rute. Die Haarfärbung ist altsilber-, reh- oder mausgrau. Bei Kurz- und Rauhaar-W. wird die Rute kupiert, die Augenfarbe ist bernsteinfarben bis weißgelb.

Verwendung und hervorstechende Eigenschaften: Vielseitiger Gebrauchshund, guter Verlorenbringer, klug, raubwild- und raubzeugscharf, sehr gute Jagdschutzeigenschaften.

II. ***Englische Vorstehhunde***: Die E. V. wurden von den englischen Züchtern als Spezialisten für die Arbeit auf Flugwild auf dem Feld gezüchtet und verwendet. Deutsche Züchter haben neben ihren Qualitäten bei der Feldarbeit auch eine gewisse Vielseitigkeit als Jagdgebrauchshund erreicht:

10. Englischer Setter, der (ES):

Herkunft: Er soll vom Land-Spaniel und vom spanischen Pointer abstammen. Im 19. Jh. hat sich Edward Laverack (1798 bis 1877) durch die Einkreuzung von Irish und Gordon Settern um die Zucht besonders verdient gemacht (Laverack-Setter). Der Llewellin Setter ist eine Weiterzüchtung des Laverack Setters von R. U. Purcell Llewellin. Die Grundlage der Züchtung waren vier Laverack Setter (drei Hündinnen und ein Rüde, alle Geschwister) und drei halbblütige Gordon Setter (eine Hündin und zwei Rüden, ebenfalls Geschwister).

Äußere Merkmale: Mittelgroßer bis großer Hund. Widerristhöhe: 55 bis 67 cm, Gewicht: 25 bis 30 kg. Langes, seidiges und etwas gewelltes Haar sowie gute Befederung. Färbung: weiß mit schwarzen, lohfarbenen, braunen oder gelben Tupfen, Flecken oder Platten. Rute mittellang mit Fahne, leicht gebogen und nach unten oder gerade getragen; nicht kupiert, Augenfarbe haselnussbraun bis dunkelbraun.

Verwendung und hervorstechende Eigenschaften: Wasserhund, Feldspezialist mit guter Nase, ausdauernd, intelligent und anhänglich. Es mangelt ihm an Schärfe, und auch für den Jagdschutz ist er nur bedingt brauchbar.

Pointer

◄◄ Irish Red (Irischer) Setter

Kurzhaariger Magyar Vizsla (Ungarischer Vorstehhund, Kurzhaar)

11. Gordon Setter, der (GS): Auch Schottischer Setter:
Herkunft: Er stammt von spanischen Pointern und Landspaniels ab. Der jetzige Typ wurde vom Herzog von Richmond und Gordon gezüchtet (1820 bis 1835). Er soll Irish-Setter-, Bloodhound- und Collieblut haben.
Äußere Merkmale: Großer Hund. Widerristhöhe: 58 bis 66 cm, Gewicht: 26 bis 30 kg. Langes, weiches, seidiges, gerades oder leicht gewelltes Haar. Färbung: kohlschwarze Jacke mit lohfarbenen, kastanienbraunen oder mahagoniroten Abzeichen am Fang, über den Augen und an den Läufen (gebrandelt). Rute mittellang, waagerecht getragen und befedert; nicht kupiert, Augenfarbe dunkelbraun.
Verwendung und hervorstechende Eigenschaften: Gebrauchshund für Feld- und Wasserjagd. Er ist robuster und härter als der Irish und English Setter, nicht so flüchtig wie diese, jedoch ausdauernder. Er ist ein sicherer Verlorenbringer, raubwild- und raubzeugscharf.
12. Irischer (Irish) Setter, der (IS):
Herkunft: Er wird in Irland schon seit Jh. für die Jagd gezüchtet. Der rote Setter soll aus Kreuzungen zwischen dem rotweißen Setter (dieser gezüchtet aus irischen und rotweißen Epagneuls) und dem Golden Retriever stammen.
Äußere Merkmale: Großer Hund. Widerristhöhe: 55 bis 67 cm, Gewicht: 25 bis 30 kg. Langes, glattes, seidiges Haar von mahagoniroter bis kastanienbrauner Färbung und gute Befederung. Rute sehr stark befedert und waagerecht getragen. Augenfarbe haselnussbraun bis dunkelbraun.
Verwendung und hervorstechende Eigenschaften: Wasserhund, Feldspezialist mit sehr guter Nase, er ist ausdauernd, temperamentvoll, intelligent und anhänglich. Er ist mäßig raubwild- und raubzeugscharf und für den Jagdschutz nur bedingt brauchbar.
13. Pointer, der (P):
Herkunft: Englische Züchter kreuzten den schweren spanischen P. mit Foxhounds. Zu Beginn des 19. Jh. wurde der P. in Deutschland als Jagdhund eingeführt.
Äußere Merkmale: Großer Hund. Widerristhöhe: 55 bis 70 cm, Gewicht: 26 bis 30 kg. Kurzes, dünnes, glatt anliegendes Haar. Färbung: sehr variabel. Ein- oder mehrfarbiger Hund, weiß oder gelblich mit schwarzen, gelben, braunen oder orangefarbenen Tupfen oder Platten. Rute mittellang, waagerecht getragen und nicht kupiert. Augenfarbe haselnussbraun bis dunkelbraun.
Verwendung und hervorstechende Eigenschaften: Eleganter, formvollendeter, hervorragender V. (reiner Federwildhund) mit feiner Nase (sucht mit hoher Nase), großer Ausdauer und enormer Schnelligkeit. Er ist intelligent und lebhaft mit angenehmem Charakter.
III. ***Ungarische Vorstehhunde***: Die in Deutschland gezüchteten U. V. (Magyar Vizsla) sind vielseitiger als die englischen Feldspezialisten.
14. Magyar Vizsla, Kurzhaar, der (UK):
Herkunft: In Ungarn aus ungarischen Bracken, gelben türkischen Vogelhunden, deutschen V. und Schweißhunden gezüchtet. Er wird in letzter Zeit auch in Deutschland gezüchtet.
Äußere Merkmale: Mittelgroßer bis großer Hund. Widerristhöhe: 54 bis 64 cm. Kurzes, gerades, glänzendes Haar von gelbbrauner Färbung; Rute um ein Drittel kupiert. Augenfarbe gelbbraun bis braun.
Verwendung und hervorstechende Eigenschaften: Vielseitiger, lebhafter, intelligenter Jagdgebrauchshund. Er ist raubwild- und raubzeugscharf und leistet gute Schweißarbeit.
15. Magyar Vizsla, Rauhaar, der (DU):
Herkunft: Gezüchtet aus dem M.-V-Kurzhaar und dem Deutsch-Drahthaar.
Äußere Merkmale: Mittelgroßer bis großer Hund. Widerristhöhe: 56 bis 64 cm. Er hat 3 bis 4 cm langes, raues, dichtes Haar mit weicher Unterwolle. Kopf, Läufe und Behänge sind kürzer behaart. Dichte Augenbrauen und Bart sind erwünscht. Die Färbung ist unauffällig braun, pfeffer-und-salz-farben oder wie Braunschimmel. Rute um ein Drittel kupiert. Augenfarbe gelbbraun bis braun.
IV. ***Französische Vorstehhunde***
16. Bretonischer Vorstehhund (Epagneul Breton), der:
Herkunft: Wie alle Epagneuls stammt auch der B. V. vom Chien couchant des Mittelalters ab, dessen Ursprung auf die Zeit der Kreuzzüge zurückgeht und der von arabischen ▸ Windhunden und von den langhaarigen ▸ Laufhunden der Kreuzfahrer abstammen soll. Der Chien couchant wurde mit Springerspaniels gekreuzt; im letzten Jh. kreuzte man Setter ein, wodurch der B. V. mit seinem heutigen Aussehen entstand.
Äußere Merkmale: Ein mittelgroßer Hund mit einer Widerristhöhe von 48 bis 51 cm und einem Gewicht von ca. 13 bis 15 kg. Er hat mit-

▸▸ Epagneul Breton

Vorwald aus Pioniergehölzen auf ehemaliger Kiesabbaufläche

tellanges, feines, flach anliegendes, leicht gewelltes ▸ Haar, das an der Brust und an der Rückseite der Läufe länger ist. Die Färbung ist weiß mit orangeroter oder kastanienbrauner Zeichnung. Schwarz-weiß gezeichnete Hunde kommen seltener vor. Die Stummelrute, die gerade oder fallend getragen wird, ist oft angewölft, wenn nicht, wird sie auf 10 cm kupiert. Die lebhaften Augen sind dunkelbernsteinfarben.

Verwendung und hervorstechende Eigenschaften: Der B. V. ist ein angenehmer, leichtführiger, aber kräftiger, ausdauernder Hund, der für jedes Gelände geeignet ist und in sich die Eigenschaften des V. und Apportierhundes vereinigt. Obwohl er ein kleiner V. ist, ist er ein vollwertiger Gebrauchshund für die Niederwildjagd. Er hat eine sehr feine Nase, steht ausdauernd vor und ist ein zuverlässiger Verlorenbringer.

Vorstehtreiben, das (Vorlegetreiben): ▸ Gesellschaftsjagd 1. und 7.

Vorsuche, die: Suche des ▸ Schweißhundes (früher des ▸ Leithundes) bei der Riemenarbeit nach Gesundfährten des Rot-, Dam- und Schwarzwildes als Vorbereitung für ein ▸ Eingestelltes Jagen oder um den Verlauf einer unterbrochenen oder verlorenen ▸ Fährte (z.B. an Waldrändern und Wegen) zu finden. Die V. wird auch zum Auffinden des ▸ Anschusses durchgeführt.

Vortier, das: Veraltete Bez. für ▸ Leittier.

Vortragezeit, die (Eiruhe, Keimruhe, Schalttragezeit): Eine z.T. monatelange Unterbrechung der Entwicklung des Embryos, wodurch die Tragzeit verschiedener Wildarten (Reh, Dachs, Marder, Hermelin und Seehund) verlängert wird, damit die Aufzuchtzeit der Jungtiere in die klimatisch günstige Jahreszeit (Frühjahr) fällt.

Vorwald, der: Die Anfangsphase in der Sukzession eines Waldes, die mit raschwüchsigen, anspruchslosen ▸ Pionierbaumarten beginnt (Anfangswald). Der dadurch verbesserte Frost- und Strahlungsschutz lässt zunehmend schattenertragende Baumarten (Zwischenwald) gedeihen. Diese ▸ Verjüngung wächst zum Gefüge des eigentlichen Waldes heran.

Vorwand, die: Alte Bez. für die erste Wand eines Klebgarns zum Lerchenfang; ▸ Garne 4.

Vorweite, die: Vorweit sind Büchsen- und Revolverläufe, deren Laufbohrung an der Mündung eine größere Weite hat als im übrigen Teil. Diese V, die die Schussleistung ungünstig beeinflusst, wird i.d.R. durch falsches Reinigen von der Laufmündung her verursacht. Büchsenläufe sind deshalb nur vom Patronenlager aus mit einem Putzstock zu reinigen. Putzschnüre sollten vermieden werden.

Vorwuchs, der: **1**) Auch Protz, Wolf. Bez. für einen starkastigen Baum, der sich durch seine größere Höhe von den übrigen Bäumen des Bestandes abhebt. Durch sein schnelleres Wachstum und seine große Krone unterdrückt der V. seine wertvollen Nachbarn und liefert meist nur Brennholz. Grobastige V. werden bei Nadelbäumen als Protz, bei Laubbäumen als Wolf bezeichnet. Soweit ein Stutzen und Asten nicht infrage kommt, sind sie rechtzeitig bei der ▸ Bestand(e)spflege zu entfernen. **2**) Aus natürlicher Besamung entstandene junge Holzpflanzen, die in einem haubaren Bestand schon vor Einleitung seiner ▸ Verjüngung vorhanden sind. Meist ▸ Schatt(en)baumarten, die auch die Rolle des Bodenschutzholzes spielen.

Vorwurf, der: ▸ Vorschutt 1) und 2).

Vos, Paul de (1596 bis 1678): ▸ Jagdkunst.

Voss, der (Reineke Voss, Rotvoss): Mundartliche Bez. für den ▸ Fuchs.

Vroele, das (Fraulein, Frauelein): Alte Bez. für ▸ Wiesel.

VSwP: Abk. für Verbands-Schweißhundprüfung; ▸ Hundeprüfungen.

VWJD: Abk. für ▸ Vereinigung der Wildbiologen und Jagdwissenschaftler Deutschlands.

W

▸▸▸ Blätter und Früchte des Gemeinen Wacholders

W: Abk. für Weimaraner, eine Hunderasse; ▸ Vorstehhunde.

Waage, die: Ein falknerischer Ausdruck. Manche gut eingeflogene ▸ Beizfalken wenden nach einem Angriffsflug bei geringem Wind nicht erst »unter Wind«, um dann »über Wind« streichend erneut anzugreifen, sondern wenden sofort auf der Stelle und kommen unter Wind oder mit halbem Wind zurück, um erneut zu stoßen. Diese Art, auf das ▸ Federspiel zu fliegen, nennt man in der ▸ Falknersprache »die Waage«.

Wachgams, die: Eine ältere erfahrene Gamsgeiß, die bei Gefahr als Erste pfeift, somit das Gamsrudel warnt und deshalb als Wächterin gilt; ▸ Gamswild.

Wacholderheide: Ihren Erhalt sichert eine regelmäßige angepasste Beweidung.

Wachhütte, die: ▸ Luderhütte.

Wachler, der: Alpenländischer Ausdruck für den Gamsbart (▸ Gamswild), gelegentlich auch für den Gamsbock mit starkem Bart gebraucht.

Wacholder, der *(Juniperus)*: Eine über die ganze nördliche Halbkugel mit 60 Arten verbreitete Gattung aus der Familie der Zypressengewächse *(Cupressaceae)*. W. sind immergrün und langsam wachsend, die Vermehrung erfolgt durch Samen und Stecklinge. In Deutschland heimisch ist der *Gemeine Wacholder (Juniperus communis*, L.), auch Machandel. Der G. W. ist ein vielgestaltiges, meist schon am Grunde reichverzweigtes oder auch mehrstämmiges Gehölz, selten über 12 m hoch; kann bis 2000 Jahre alt werden. Als ▸ Lichtbaumart wächst er auf Magerrasen, in Heiden, lichten Wäldern (Kiefern- und Flaumeichenwäldern) sowie auf Muschelkalkhängen. Er bildet meist nur sehr lockere Bestände. Charakteristischer Strauch in der Lüneburger Heide. Der G. W. erträgt große Winterkälte und auch Sommerdürre. Die reifen Beerenzapfen werden besonders gerne vom Birkwild, Schneehuhn (▸ Raufußhühner) und den ▸ Drosseln gefressen. Im Gebirge, ab der Waldgrenze, ist der G. W. durch die Unterart *Zwergwacholder (Juniperus communis*, L., *ssp. nana)* vertreten, der selten über 1 m hoch wird.

Wacholderdrossel, die: ▸ Drosseln 1.

Wachshaut, die (Cera, Ceroma): Eine weiche und kahle, meist blau, braun oder gelb gefärbte Haut am Oberschnabel der ▸ Vögel, besonders der ▸ Greifvögel und ▸ Wildtauben, die den Schnabel von der Wurzel weg bis über den Nasenlochbereich bedeckt.

Wachsmuth, Maximilian (1859 Laßrönne/Hannover, gest. in München): Maler. W. war Schüler von Nikolaus Gysis und Seitz. Von ihm stammt u.a. »Gespräch in der Stube«. Das Bild stellt einen jungen Jäger mit Büchse, Rucksack und Hut im Gespräch mit einem jungen Mädchen dar.

Wachtel, die: ▸ Feldhühner 2.

Wachteleier, -fleischerzeugung, die: Wachteleier und Wachtelfleisch gelten als Delikatesse. In der BR Deutschland erfolgt die Haltung von Wachteln zu Legezwecken oder Mast nur in wenigen Betrieben. Zur Zucht dient die japanische Wachtel, die in den 1950er-Jahren nach Deutschland kam. Sie ist ausgesprochen auf Legeleistung gezüchtet und bringt es im Durchschnitt auf 250 Eier pro Jahr, Einzeltiere bis 300 Stück. Die braun gesprenkelten Eier haben einen hohen Dotteranteil und enthalten an Phosphor, Eisen, Vitaminen A, B, und B_2 ein Vielfaches des Hühnereis. Die Brutdauer der Wachteln beträgt 17 Tage (Geburtsgewicht 6 bis 7 g, Geschlechterverhältnis 1:3), mit sechs Wochen sind sie legereif und mit acht bis zehn Wochen ausgewachsen. Der Hahn wiegt dann ca. 120 g, die Henne ca. 150 g. Die Mast dauert sechs Wochen. Die Aufzucht erfolgt auf dem Boden (Kükenring) oder besser in Aufzuchtbatterien, gefüttert wird i.d.R. mit Putenstarterfutter.

Wachtelgarn, das: Ein Spiegelgarn (Fangnetz) zum Fang von Wachteln; ▸ Garne 1.

Wachtelhund, der: Deutscher W. (DW) ▸ Stöberhunde.

Wachtelkönig, der: ▸ Rallen 4.

Wachtelpfeife, die (Wachtelruf, Contraruf): Kleines, früher aus dem Schenkelbein der Gans oder von zarten Röhrenknochen des Hasenlaufes hergestelltes ▸ Lockinstrument, das die Stimme des Wachtelweibchens täuschend ähnlich wiedergibt und dadurch den Hahn anlockt;▸ Feldhühner 2.

Wachtelruf, der: ▸ Wachtelpfeife.

Wachtelschlag, der: Der Ruf des Wachtelhahnes zur Balzzeit; ▸ Feldhühner 2.

Wachtelvater, der: ▸ Fries.

Waffen, die: **1**) Die ▸ Jagdgewehre (Büchsen, Flinten und kombinierte Waffen), Pistolen und Revolver (▸ Faustfeuerwaffen), ▸ Kleinkaliberwaffen sowie ▸ Armbrust und ▸ Schnepper. **2**) Die ▸ Blanken Waffen. **3**) Die Krallen an den Fängen der ▸ Greifvögel, ▸ Eulen, ▸ Luchse und ▸ Wildkatzen. **4**) Die herausragenden ▸ Eckzähne (Gewaff) im Ober- und Unterkiefer des Keilers. Die unteren werden Gewehre, Hauer oder Wetzer, die oberen Haderer genannt; ▸ Schwarzwild.

Waffenbesitzkarte (WBK), die: Die Erlaubnis zum Erwerb und Besitz von Waffen wird nach §10 WaffG (▸Waffenrecht) durch eine WBK oder durch Eintragung in eine bereits vorhandene WBK erteilt. Auch die Erlaubnis zum Erwerb und Besitz von Munition wird durch Eintragung in eine WBK für die darin eingetragenen Schusswaffen erteilt. Die WBK wird von der Waffenbehörde ausgestellt. Voraussetzung für die Erteilung einer WBK sind die Zuverlässigkeit und persönliche Eignung (§5 WaffG), die nötige ▸Sachkunde (§7 WaffG) und ein Bedürfnis (§8 WaffG). Das WaffG kennt drei verschiedene WBK: Die Grüne WBK wird nach §10 in Verbindung mit §13 WaffG dem Jäger erteilt. Es gestattet ihm Langwaffen einschließlich dazu gehöriger Munition ohne Genehmigung (und daher auch in unbegrenzter Anzahl, sofern sie einem jagdlichen Zweck dienen) und zwei Kurzwaffen (Fangschusswaffen) zu erwerben und zu besitzen. Das Bedürfnis für weitere Kurzwaffen kann im Einzelfall nachgewiesen werden. Für Kurzwaffenmunition benötigt der Jäger eine Erwerbsberechtigung, die durch Eintragen (Voreintrag) in die WBK erteilt wird. Erworbene (erlaubnispflichtige) Waffen sind vom Erwerber innerhalb von zwei Wochen zur Eintragung bei der Behörde zu melden. Der Jäger darf seine Waffen zum Zwecke der Jagdausübung außerhalb des befriedeten Besitztums führen und mit ihnen wild lebende Tiere, die dem Jagdrecht unterliegen, schießen. Die WBK muss aber zusammen mit einem gültigen Personalausweis oder Reisepass mitgeführt werden. Jäger können, auch wenn sie keine WBK haben, mit ihrem Jagdschein Langwaffen ausleihen. Die Ausleihe von Kurzwaffen ist nur möglich, wenn der Jäger, dem die Waffe geliehen wird, auch WBK-Inhaber ist, jedoch ist nicht gefordert, dass er in seine WBK auch eine Kurzwaffe eingetragen hat.
Österreich: In Österreich ist die WBK eine waffenrechtliche Bescheinigung, die u. a. den Besitz von genehmigungspflichtigen Waffen regelt und von einer Behörde (Bezirkshauptmannschaft oder Bundespolizeidirektion) aus gestellt wird. Voraussetzung sind Verlässlichkeit, Unbescholtenheit, Rechtfertigung und Bedarf sowie das Ermessen der Behörde. Der Antragsteller muss das 21. Lebensjahr vollendet haben. In die WBK, die mit Lichtbild versehen ist, wird nicht wie in Deutschland jede einzelne Waffe mit ihrer Seriennummer in die WBK eingetragen, sondern nur bei der zuständigen Genehmigungsbehörde in die Datenbank eingetragen; ▸Europäischer Feuerwaffenpass.

Waffen, Blanke, die: ▸ Blanke Waffen.

Waffenerwerbsschein, der: In der Schweiz ist nach dem »Konkordat über den Handel mit Waffen und Munition« vom 27.3.1969 für den Erwerb der darin genannten Waffen ein W. erforderlich. Der W. wird von den Kantonen (Ausnahme Aargau) ausgestellt.

Waffengesetz, das: ▸ Waffenrecht.

Waffen, heiße, die: svw. Feuerwaffen; ▸ Handfeuerwaffen, ▸ Faustfeuerwaffen.

Waffenpass, der: Nach dem österreichischen Waffengesetz vom 1.3.1967 ist zum Erwerb, Besitz und zum Führen von Faustfeuerwaffen ein W. nötig. Der W. ist eine öffentliche Urkunde und wird nur ausgestellt, wenn der Antragsteller das 21. Lebensjahr vollendet hat, die österreichische Staatsbürgerschaft besitzt und Verlässlichkeit gegeben ist. Der W. ist nicht mit der ▸Waffenbesitzkarte oder dem ▸Europäischen Feuerwaffenpass zu verwechseln. Die Ausstellung des W. erfolgt i.d.R. nur an Personen, die einer entsprechenden Bedrohung ausgesetzt sind.

Waffenpflege, die: ▸ Jagdwaffenaufbewahrung, Pflege und Reinigung.

Waffenrecht, das: Das W. regelt den Erwerb und Besitz von ▸ Waffen. Die ersten waffenrechtlichen Bestimmungen wurden nach dem Ersten Weltkrieg in den Jahren 1918 bis 1922 erlassen (z.B. das »Gesetz über die Entwaffnung der Bevölkerung« vom 7.8.1920). Bis zum Ende des Ersten Weltkrieges war der Waffenbesitz frei. Die landesrechtlichen Vorschriften schrieben zwar zum Führen von Schusswaffen einen Waffenschein vor, dieser wurde jedoch bei gutem Leumund anstandslos und jedermann ausgestellt. Am 12.4.1928 wurde für das Reichsgebiet das erste Schusswaffengesetz erlassen, dessen Vorbereitungen allerdings bis 1911 zurückreichen. Aufgrund dieses Gesetzes mussten Erwerb, Führen und Überlassen von Schusswaffen und Munition mit einem Waffen- oder Munitionserwerbsschein erfolgen. Ausnahmen hiervon regelte die Ausführungsverordnung zum Schusswaffengesetz vom 13.7.1928. Sie befreite bestimmte ▸ Langwaffen und Munitionsarten von der Erwerbsscheinverpflichtung. Das Schusswaffengesetz vom 12.4.1928 wurde durch das Reichswaffengesetz vom 18.3. 1938 (Reichsgesetzblatt 1, S. 265) abgelöst, das u.a. auch Vorschriften über Hieb- und Stoßwaffen enthielt und für Jagdscheininhaber erhebliche Erleichterungen brachte. Der Jahresjagdschein – nicht auch der Tagesjagdschein (§15 Abs. 2) – berechtigte nach §12 Nr. 7 des Waffengesetzes (WaffG) seinen Inhaber zum Erwerb von ▸ Faustfeuerwaffen, ohne dass es eines Waffenscheines bedurfte. Der ▸ Jagdschein – auch der Tagesjagdschein – berechtigte ferner nach §21 WaffG den Inhaber zum unbegrenzten Führen von Langwaffen (keine Kriegs-, sondern Schusswaffen, die zur Verwendung bei der Jagd auf jagdbare Tiere bestimmt sind und hierbei üblicherweise verwendet wurden), sowie zum unbegrenzten Führen von Faustfeuerwaffen. Unmittelbar nach Ende des Zweiten Weltkrieges trat das Besatzungsrecht der Alliierten in Kraft. Demzufolge waren alle Waffen abzuliefern, für deren weiteren Besitz die Todesstrafe angedroht wurde. Diese Rechtslage galt durch das Besatzungsstatut fast unverändert in Westberlin bis zur Wiedervereinigung. Das Waffenerwerbs- und Führungsrecht wurde erst wieder durch die aufgrund des Gesetzes Nr. 24 der Alliierten Hohen Kommission vom 30.3.1950 (Amtsblatt, S. 251) von der Bundesregierung erlassene Erste Anordnung über Sportwaffen und Munition vom 12.1.1951 (Bundesanzeiger, Nr. 9, 13.1.1951) geregelt. Nach §18 dieser Anordnung durften Sportwaffen und Munition nur gegen Vorlage eines Waffenscheins erworben werden. Wer außerhalb seines Wohn-, Dienst- oder Geschäftsraumes oder seines befriedeten Besitztums eine Sportwaffe führen wollte, musste einen Waffenschein bei sich tragen. Dieser durfte nur an zuverlässige Personen, die im Besitz eines auf ihren Namen lautenden gültigen Jagdscheines waren, ausgestellt werden, und zwar an Personen unter 18 Jahren nur ausnahmsweise. Der grundsätzlich für drei Jahre und im ganzen Gebiet der Bundesrepublik gültige Waffenschein wurde widerrufen, wenn die Geltungsdauer des Jagdscheines abgelaufen war und ein neuer Jagdschein nicht ausgestellt wurde. Eine Neuregelung des WaffG erfolgte wieder durch das Bundeswaffengesetz vom 21.6.1968. Soweit hierin enthaltene Vorschriften durch Rechtsverordnungen der einzelnen Länder näher geregelt werden konnten, führte dies zunehmend zu einer Rechts- zersplitterung. Erst nachdem das Grundgesetz entsprechend geändert wurde, erhielt die Bundesrepublik mit Ausnahme Westberlins wieder ein einheitliches WaffG. Am 1.1.1973 trat das WaffG vom 19.9.1972 in Kraft. Zur Ergänzung dieses Gesetzes wurden mehrere Verordnungen zum WaffG und zur Erläuterung entsprechende Allgemeine Verwaltungsvorschriften erlassen. Das damals z.T. sehr umstrittene WaffG wurde mehrmals geändert. Mit den Gesetzesänderungen (WaffG vom 8.3. 1976 (BGBl. I S. 432); zuletzt geändert durch Gesetz vom 21.11.

1996 (BGBl. I S. 1779) wurde erstmals eine Definition der Waffen (§1: »Waffenbegriffe«) aufgenommen. Schusswaffen im Sinne dieses Gesetzes sind Geräte, die zum Angriff, zur Verteidigung, zum Sport, Spiel oder zur ▸ Jagd bestimmt sind und bei denen Geschosse durch einen Lauf getrieben werden. Tragbare Geräte, die zum Abschießen von Munition bestimmt sind, stehen den Schusswaffen gleich. Das. WaffG vom 11.10. 2002 (BGBl. I S. 3970, ber. 4592 und 2003, 1957) ebenfalls heftig umstritten, trat am 1.4.2003 mit dem Gesetz zur Neuregelung des Waffenrechts (WaffRNeuRegG) in Kraft. Es wurde zuletzt geändert durch Art. 3 Abs. 5 des Gesetzes vom 17.7.2009 (BGBl. IS. 2062, 2088), in Kraft seit 25.7.2009. Zum 1.4.2008 sind zudem die Bestimmungen des Waffenrechtsänderungsgesetzes in Kraft getreten, die aber für Jäger weitgehend ohne Auswirkungen geblieben sind. Die Neufassung des WaffG regelt den Umgang mit Waffen und Munition unter Berücksichtigung der Belange der öffentlichen Sicherheit und Ordnung (eine Übersicht über wichtige Bestimmungen des WaffG enthält der Anhang). §1 definiert den Begriff Waffen:
Waffen sind
»1. Schusswaffen oder ihnen gleichgestellte Gegenstände und
2. tragbare Gegenstände,
a) die ihrem Wesen nach dazu bestimmt sind, die Angriffs- oder Abwehrfähigkeit von Menschen zu beseitigen oder herabzusetzen, insbesondere Hieb- und Stoßwaffen;
b) die, ohne dazu bestimmt zu sein, insbesondere wegen ihrer Beschaffenheit, Handhabung oder Wirkungsweise geeignet sind, die Angriffs- oder Abwehrfähigkeit von Menschen zu beseitigen oder herabzusetzen, und die in diesem Gesetz genannt sind. «
Für den Jäger, den Jagd- und Forstschutzberechtigten sind folgende Bestimmungen und Grundregeln des WaffG wichtig:
Schusswaffen darf nur erwerben und besitzen, wer volljährig ist. Ausnahmen:
– Jugendjagdscheininhaber auf der Jagd oder auf dem Schießstand in Begleitung eines Berechtigten. Diese Ausnahme bezieht sich ausschließlich auf die Erlangung der tatsächlichen Gewalt im Sinne von besitzen, um die Jagd auszuüben, nicht auf den Erwerb im Sinne von Kauf.
– Jugendliche über 14, die sich mit Reizstoffsprühgeräten schützen wollen.
Wer Schusswaffen oder Munition erwerben oder besitzen will, muss ein Bedürfnis nachweisen (§8 WaffG). Dieses wird bei Erteilung der ersten waffenrechtlichen Erlaubnis sowie ein weiteres Mal drei Jahre nach Erteilung der ersten Erlaubnis überprüft. Erstmals ist auch der Munitionsbesitz von den Erlaubnispflichten des neuen WaffG erfasst.
§13 des neuen WaffG widmet sich dem »Erwerb und Besitz von Schusswaffen und Munition durch Jäger, Führen und Schiessen zu Jagdzwecken«:
»(1) Ein Bedürfnis für den Erwerb und Besitz von Schusswaffen und der dafür bestimmten Munition wird bei Personen anerkannt, die Inhaber eines gültigen Jagdscheines im Sinne von §15 Abs. 1 Satz 1 des Bundesjagdgesetzes sind (Jäger), wenn
1. glaubhaft gemacht wird, dass sie die Schusswaffen und die Munition zur Jagdausübung oder zum Training im jagdlichen Schießen einschließlich jagdlicher Schießwettkämpfe benötigen,
2. die zu erwerbende Schusswaffe und Munition nach dem Bundesjagdgesetz in der zum Zeitpunkt des Erwerbs geltenden Fassung nicht verboten ist (Jagdwaffen und -munition).
(2) Für Jäger gilt §6 Abs. 3 Satz 1 nicht. Bei Jägern, die Inhaber eines Jahresjagdscheines im Sinne von §15 Abs. 2 in Verbindung mit Abs. 1 Satz 1 des Bundesjagdgesetzes sind, erfolgt keine Prüfung der Voraussetzungen des Absatzes 1 Nr. 1 sowie des §4 Abs. 1 Nr. 4 für den Erwerb und Besitz von Langwaffen und zwei Kurzwaffen, sofern die Voraussetzungen des Absatzes 1 Nr. 2 vorliegen.
(3) Inhaber eines gültigen Jahresjagdscheines im Sinne des §15 Abs. 2 in Verbindung mit Abs. 1 Satz 1 des Bundesjagdgesetzes bedürfen zum Erwerb von Langwaffen nach Absatz 1 Nr. 2 keiner Erlaubnis. Die Ausstellung der ▸ Waffenbesitzkarte oder die Eintragung in eine bereits erteilte Waffenbesitzkarte ist binnen zwei Wochen durch den Erwerber zu beantragen.
(4) Für den Erwerb und vorübergehenden Besitz gemäss §12 Abs. 1 Nr. 1 von Langwaffen nach Absatz 1 Nr. 2 steht ein Jagdschein im Sinne von §15 Abs. 1 Satz 1 des Bundesjagdgesetzes einer Waffenbesitzkarte gleich.
(5) Jäger bedürfen für den Erwerb und Besitz von Munition für Langwaffen nach Absatz 1 Nr. 2 keiner Erlaubnis, sofern sie nicht nach dem Bundesjagdgesetz in der jeweiligen Fassung verboten ist.
(6) Ein Jäger darf Jagdwaffen zur befugten Jagdausübung einschließlich des Ein- und Anschießens im Revier, zur Ausbildung von Jagdhunden im Revier, zum Jagdschutz oder zum Forstschutz ohne Erlaubnis führen und mit ihnen schießen; er darf auch im Zusammenhang mit diesen Tätigkeiten die Jagdwaffen nicht schussbereit ohne Erlaubnis führen. Der befugten Jagdausübung gleichgestellt ist der Abschuss von Tieren, die dem Naturschutzrecht unterliegen, wenn die naturschutzrechtliche Ausnahme oder Befreiung die Tötung durch einen Jagdscheininhaber vorsieht.
(7) Inhabern eines Jugendjagdscheines im Sinne von §16 des Bundesjagdgesetzes wird eine Erlaubnis zum Erwerb und Besitz von Schusswaffen und der dafür bestimmten Munition nicht erteilt. Sie dürfen Schusswaffen und die dafür bestimmte Munition nur für die Dauer der Ausübung der Jagd oder des Trainings im jagdlichen Schiessen einschließlich jagdlicher Schießwettkämpfe ohne Erlaubnis erwerben, besitzen, die Schusswaffen führen und damit schießen; sie dürfen auch im Zusammenhang mit diesen Tätigkeiten die Jagdwaffen nicht schussbereit ohne Erlaubnis führen.
(8) Personen in der Ausbildung zum Jäger dürfen nicht schussbereite Jagdwaffen in der Ausbildung ohne Erlaubnis unter Aufsicht eines Ausbilders erwerben, besitzen und führen, wenn sie das 14. Lebensjahr vollendet haben und der Sorgeberechtigte und der Ausbildungsleiter ihr Einverständnis in einer von beiden unterzeichneten Berechtigungsbescheinigung erklärt haben. Die Person hat in der Ausbildung die Berechtigungsbescheinigung mit sich zu führen.
Das WaffG befasst sich auch mit dem Verleihen von Schusswaffen:
Neu ist die Regel, dass Jäger nun auch Kurzwaffen an andere Jäger ausleihen können, sofern diese Inhaber einer ▸ Waffenbesitzkarte sind. Schusswaffen dürfen generell zu einem vom Bedürfnis umfassten Zweck oder im Zusammenhang damit an Inhaber von Waffenbesitzkarten verliehen werden. Jahresjagdscheininhaber bedürfen zur Leihe einer Schusswaffe nur ihres gültigen Jahresjagdscheins (z.B. für die Auslandsjagd, ein- oder mehrtägige Jagden bei Freunden). Jugendjagdscheininhaber dürfen Schusswaffen nur für die Dauer der Ausübung der Jagd oder des Trainings im jagdlichen Schießen einschließlich jagdlicher Schießwettkämpfe leihen, die Schusswaffe führen und damit schießen; sie dürfen auch im Zusammenhang mit diesen Tätigkeiten die Jagdwaffen nicht schussbereit ohne Erlaubnis führen, d. h. z.B. auf dem Weg zur Jagd oder zum Schießstand. Zudem dürfen einem Inhaber einer Waffenbesitzkarte oder einem Inhaber eines gültigen Jahresjagdscheines Schusswaffen und Munition zum Zwecke der vorübergehenden Verwahrung oder Beförderung übergeben werden. Im neuen (verschärften) WaffG vom 17.7.2009, in Kraft seit 25.7.2009, heißt es in §36 Abs. 3: »Wer erlaubnispflichtige Schusswaffen, Munition oder verbotene Waffen besitzt, oder die Erteilung einer Erlaubnis zum Besitz beantragt hat, hat der zuständigen Behörde die zur sicheren Aufbewahrung getroffenen oder vorgesehenen Maßnahmen nachzuweisen. Besitzer von erlaubnispflichtigen Schusswaffen, Munition oder verbotenen Waffen haben außerdem die Behörden zur Überprüfung der Pflichten (Aufbewahrung von Waffen und Munition) aus den Absätzen 1 und 2 Zutritt zu den Räumen zu gestatten, in denen die Waffen und die Munition aufbewahrt werden.«
Neben dem Waffengesetz existieren das Beschussgesetz (BeschG), die Waffenverordnung (WaffV) und Verwaltungsanweisungen der Bundesministerien an die Waffenbehörden. Auf Landesebene gibt es zudem Zuständigkeitsregelungen.
Österreich: Das Waffengesetz 1996 (Bundesgesetz über die Waffenpolizei, in Kraft seit 1.7.1997, BGBl. I Nr. 12/1997, zuletzt geändert mit BGBl. I Nr. 4/2008)) regelt den Umgang mit Waffen (inklusive Klingenwaffen), Schusswaffen und Munition sowie den Erwerb, den Besitz, den Handel und die Instandsetzung bzw. Vernichtung von Waffen; ▸ Verbotene Waffen, ▸ Wiederladen.

Waffenschein, der: ▸ Waffenrecht.

Wagenknecht, Egon: ▸ Jagdliteratur.

Wagenmeister, der: Früher an den meisten Höfen der Kommandant einer ▸ Jagdequipage über Pferde, Knechte und Zeugwagen.

Wahlabschuss, der: Die frühzeitige Herausnahme des kranken, schwachen und unterentwickelten Wildes aus der Wildbahn (Hege oder Auslese mit der Büchse) zur Qualitätsverbesserung. Um dies zu erreichen, ist v.a. in den Jugendklassen der Abschuss aller schwächlichen Stücke sowohl beim männlichen als auch beim weiblichen Jungwild unerlässlich. In den einzelnen Abschussplänen wird nach Güteklassen (▸ Stärkeklassen) unterschieden, die dazu beitragen sollen, den nicht immer leichten Wahlabschuss zu erleichtern; ▸ Hegeabschuss, ▸ Ernteabschuss, ▸ Notabschuss, ▸ Reduktionsabschuss, ▸ Totalabschuss, ▸ Fehlabschuss.

Wahnbett, das: Das leere, verlassene ▸ Lager des Wildes.

Wahr dich! (Wahre dich!): svw. »Hüte dich!«, Zuruf an den vorzeitig unruhig werdenden ▸ Hühnerhund, wenn er Hühner wittert.

wahrnehmen: svw. erblicken, riechen, hören beim Wild, aber auch bei den Hunden; ▸ winden, ▸ vernehmen.

Wahrto!: Zuruf unter den Jägern, um auf anwechselndes Wild aufmerksam zu machen; ▸ Jagdgeschrei 2.

Wahr zu!: ▸ Jagdgeschrei 2.

Waid-: Die Schreibweise Weyd-, Waid-, Wayt- und Weid- hat sich in den letzten Jh. häufig geändert. In der Bundesrepublik Deutschland (alte Bundesländer) wird weitgehend die Schreibweise »Waid-« dann angewandt, wenn anstelle von »Waid-« das Wort »Jagd-« gesetzt werden kann; z.B. Waidmann, -messer, -schmuck, -mannsheil und -mannsdank. Dagegen werden jagdliche Ausdrücke, die sich auf das Weiden (Äsen) oder auf Innereien des Wildes beziehen, mit »ei« geschrieben, z.B. Weiddarm, -körner, -loch.
In Österreich und in der Schweiz sowie in den neuen Ländern der Bundesrepublik Deutschland ist allg. die Schreibweise »Weid-« gebräuchlich. Eine Stellungnahme der Gesellschaft für deutsche Sprache aus dem Jahre 1953 führt dazu aus:
»In der Jägersprache wurde die Stammsilbe 'waid' ursprünglich mit ai geschrieben. Althochdeutsch waidewerg = Waydwerk, waydlich, d.h. jagdgemäß. Daneben findet sich gelegentlich die Schreibung mit ei. – Später entwickelte sich aus dem mittelhochdeutschen langen î ein zweiter ei-Laut, der aber anders gesprochen wurde, nämlich äi. Um die unterschiedliche Aussprache anzudeuten, schrieb man den neuen Doppellaut ei, den alten aber ai. So stehen nebeneinander mittelhochdeutsch wîde = neuhochdeutsch Weide (Futterplatz); mittelhochdeutsch weid = neuhochdeutsch waid. – Hans Sachs schreibt: jeger und waidlewt (Waidleute); Gottfried Keller: Waidsack und Waidmesser; Kluge: mittelhochdeutsch weidemann, neuhochdeutsch Waidmann (Etymologisches Wörterbuch, 1905). Die Schreibung ›Waidmann‹ ist also alt und sprachlich begründet, nicht erst in jüngerer Zeit eingeführt worden. Durch das ›ai‹ betont man den wesentlichen Unterschied zwischen den mit ›weid‹ zusammengesetzten Ausdrücken der Viehzucht und den mit ›ai‹ gebildeten der Jagd. Die Schreibung ›Waid-‹ ist daher dort, wo es sich um jagdliche Dinge handelt, vorzuziehen.« (Aus: Zeiß/Dobschova, Lexikon der Waidmannssprache). Im Duden (1973) wird zur Schreibweise »weid/waid« angeführt: »Obwohl etymologisch nur ›ei‹ gerechtfertigt ist, findet sich fachsprachlich oft die Schreibung mit ›ai‹.« Im BJG sowie in den Jagdgesetzen der Länder findet sich nur die Schreibung mit »ei«.
Im vorliegenden Lexikon wurde aber fachsprachlich nach »ei« und »ai« entsprechend den oben angeführten Sinnzugehörigkeiten unterschieden.

Waidpraxe mit Scheide, deutsch, 1677: Eisenbeschlagene Lederscheide, Griff der Waidpraxe mit Hirschhornschalen belegt, gravierter Angelansatz, Stange in Form eines Hirschkopfes, Rückenklinge mit Hohlschliff, Marke und Datierung auf den eisengetriebenen Beschlägen der Scheide Wappen, unten Motiv Sauhatz. München, Deutsches Jagd- und Fischereimuseum, Leihgabe

◂◂ Waidbesteck heutiger Zeit aus Waidblatt (links) und Nicker

Waidbesteck, das: ▸ Blanke Waffen.

Waidbett, das: svw. ▸ Wundbett.

Waidblatt, das: ▸ Blanke Waffen.

Waidgenosse, der: Bez. und Anrede für andere Jäger (Mitjäger, Jagdfreunde, -gäste); ▸ Waidgesell.

waidgerecht (waidmännisch): Das Verhalten des Jägers, das den Regeln der ▸ Waidgerechtigkeit entspricht. Kurt ▸ Lindner definiert in seiner Schrift »Weidgerecht – Herkunft, Geschichte und Inhalt« w. wie folgt: »W. ist eine durch ethisches Pflichtgebot bestimmte Verhaltensweise des Jägers gegenüber einem als Wild bezeichneten Tier, gegenüber dem jagdverbundenen Mitmenschen und gegenüber der Umwelt.« Der Begriff w. kam zu Beginn des 19. Jh. auf, fand aber erst gegen Ende des vorigen Jahrhunderts verstärkt Eingang in die Jagdliteratur bzw. Jagdsprache; ▸ Wildtiergerechtigkeit.

Waidgerechtigkeit, die: Ein seit Jh. in der deutschen ▸ Jägerei verwurzelter Begriff, der die Sitten, Bräuche und Regeln jagdlichen ▸ Brauchtums beinhaltet. Ein Jäger handelt ▸ waidgerecht, wenn er die geschriebenen und ungeschriebenen Gesetze und Regeln über die Ausübung der Jagd, zum Schutze des Wildes und der Natur und zur Erhaltung und

Fortentwicklung des Wildes beachtet. Er soll sich bei jeder jagdlichen Betätigung vom Gedanken des ▸ Tierschutzes sowie des ▸ Natur- und ▸ Artenschutzes leiten lassen. Die gesetzliche Festlegung der W. erfolgte erstmals im ▸ Reichsjagdgesetz vom 3.7.1934; ▸ Wildtiergerechtigkeit.

Waidgeschrei, das: ▸ Jagdgeschrei.

Waidgesell, der (Waidgeselle): Bez. für ▸ Waidgenosse. Die heutzutage verwendeten Anreden wie Waidfreund, Waidkollege und Waidkamerad gehören nicht zur traditionellen Jägersprache.

Waidjahr, das: ▸ Jagdjahr.

Waidkörner, die: ▸ Weidkörner.

waidlaut: Ein übereifriger Jagdhund, der, ohne Wild oder eine ▸ Fährte/▸ Spur vor sich zu haben, ▸ Laut gibt. W. Hunde sind als ▸ Jagdhunde, v.a. zur ▸ Brackenjagd, unerwünscht.

Waidling, der: ▸ Löser 2).

Waidlöffel, der: ▸ Lecker.

Waidmann, der (Weidmann): Ein Jäger, der nach den allg. anerkannten Grundsätzen deutscher ▸ Waidgerechtigkeit jagt, d.h. das ▸ Waidwerk ausübt.

waidmännisch: ▸ waidgerecht.

Waidmannsdank: ▸ Jägergruß.

Waidmann setzen (W. machen): Nach altem ▸ Jägeraberglauben war es möglich, einen Jäger oder sein Gewehr so zu verzaubern, dass er nichts mehr treffen oder töten konnte. Man nannte dies »einen Waidmann (Weidmann) setzen«; ▸ Jagdkünste.

Waidmannsgruß, der: ▸ Jägergruß.

Waidmannsheil: **1)** ▸ Jägergruß. **2)** Schutzmarke für Schrotpatronen der ▸ Dynamit Nobel AG.

Waidmannsheil haben: Jagderfolg haben, z.B.: »Ich hatte Waidmannsheil.«

Waidmannsheil trinken: Ein Jägerbrauch. Bei Trinksprüchen mit dem Ausruf »Waidmannsheil« wird das Trinkgefäß zum Trinken mit der linken Hand gefasst.

Waidmannssprache, die: Die Zunftsprache der Jäger; ▸ Jägersprache.

Waidmesser, das (Blatt, Waidblatt): ▸ Blanke Waffen.

Waidmesser geben: svw. Pfundegeben; ▸ Blattschlagen.

Waidner, der (veralteter Ausdruck): **1)** für ▸ Waidmann; auch Weidner. **2)** für Jagdmesser; ▸ Blanke Waffen.

Waidpraxe, die: ▸ Blanke Waffen 2.

Waidsack, der: ▸ Jagdtasche.

Waidschmuck, der: ▸ Jagdschmuck.

Waidsprüche, die (Jagdsprüche, Jägersprüche): Bei der Jagd früher übliche Zunftsprüche (Sinnsprüche), die ein gerechter Jäger kennen musste und die Bestandteil des ▸ Brauchtums der alten Jägerei waren. Zum Teil waren sie in Frage und Antwort gehalten und waren der zunftmäßigen Ausbildung gewidmet, z.T. dienten sie der Belehrung und dem gegenseitigen Erkennen ▸ hirschgerechter Jäger wie auch der Unterhaltung. Nach den Brüdern Grimm sind die W. sehr alten Ursprungs, bezogen sich hauptsächlich auf die Hirschjagd und sind in der heute bekannten poetischen Form erst im 16. und 17. Jh. aufgestellt worden. Sie wurden erstmals von ihnen zusammengestellt und in der beachtlichen Zahl von 246 in ▸ Grässes »Jägerbrevier« (1857) veröffentlicht. Die älteste derzeit bekannte Sammlung jagdlicher Spruchdichtung enthält 23 W., die uns in einer Handschrift aus der Mitte des 15. Jh. überliefert wurden und wohl im 14. Jh. entstanden sein dürften.

Einige Beispiele: »Weydemann, lieber Weydemann hübsch und fein, was gehet hoch, wacht vor dem edlen Hirsch, vor den Feldern gegen Holtze ein?« – »Das kann ich dir wohl sagen, der helle Morgenstern, der Schatten, und der Atem sein, gehet vor dem edlen Hirsch, von Feldern gen Holtze rein.« – »Weydemann, lieber Weydemann, sage mir an, wofür muss sich hüten der gute Weydemann?« – »Lieber Weydemann, das kann ich dir wohl sagen an, viel Worte und schwätzen tut dem Weydemann sehr verletzen!« – »Weydemann, lieber Weydemann hübsch und fein, sage mir, wann mag der edle Hirsch am besten gesund seyn?« – »Das kann ich dir wohl sagen für, wann die Jäger sitzen und trinken Bier und Wein, pfleget der Hirsch am allergesündesten seyn.« Kam ein Jäger von der Vorsuche zurück, so wurde er vom Jägerknecht wie folgt gefragt: »Sag mir, Weydemann, sag mir an, wie viel hat der Hirsch heut Widergäng gethan?« – »Sechs oder sieben, sechs oder sieben hat der edle Hirsch heut Widergäng getrieben.«; ▸ Jagdgeschrei.

Waidtasche, die: ▸ Jagdtasche.

Waidwerk, das: Eine alles umfassende Bez. für den Inbegriff der ▸ Jagd und all dessen, was – im edlen Sinne – dazu zählt. Der Begriff W. (Weidwerk) ist erst im 15. Jh. aufgekommen und im 16. und 17. Jh. gebräuchlicher ge-

Waidsprüch/wie nach Waidmännischer art von allerhand Waidwerck gepür lich zu reden Reimens weiß zusamen verfaßt/
Durch J. W.

Von Hunden.

JAg/Hetz/Laidthund/Köter vnd dann/
Schliefferlen/Wachtel steht vor/Mañ/
Acht jeden seins werths/Hundshaut ist
Mancherlay/findst zu aller frist.
Groß trew/Hund/Roß/Weib Jäger laistn soll/
Der sie all tag vast plewet woll.
Trews Weib Hund Roß on schlagen laist/
Willig freundtlich gern allermaist.
Eustachius from̄ Jäger war/
Volgt jhm dann aller Waidleut schar.
Ist recht/halt Gotts gbott/belaidig/
Niemand/ den Armen schirm ewig/
Sanct Hubert von gleicher Gottsforcht
Souillard sein Hund jhm wol gehorcht.
Aller guten Hund Vatter ist
Wol gearbait zu aller frist.
Besuch gut/hat offn Naß/von art.
Helts inn/behart/felt ein die fart.
Hoch/ferr/wol/nit verfelt/verfacht.
Aller Hund anfang art farb btracht.
Dabey gut zaichen Hündtin Welff/
Wann welffen gut ist/mit kunst helff/
Bleg wol/bring auff/an pfneisch/vor wuth/
Raud/Luders zur zeit/ist er bhuth/
Sein wonung gut Brot/Wasser/flesch/
Dem Jäger just/wa nit druff dresch/
Hoch nidr schwartz Rot Wildpreth gib acht/
Wie als zum jagen ghörig macht.
Findst hernacher der leng fleissich
Anzeigt/sag danck dem der lehrnt dich.
)(iiij

▸▸ Waidsprüche aus der deutschen Übersetzung »New Jägerbuch: Jacoben von Fouilloux«, Straßburg 1590

worden. Erstmals wurde er in einer Urkunde von 1746 erwähnt.

waidwerken: svw. jagen, die Jagd waidgerecht ausüben; ursprünglich bedeutete es pirschen gehen, d.h. jagen.

Wald, der: **1**) Ökologische Definition: Der W. ist die größte und natürlichste Lebensgemeinschaft. Er hat eine ganz spezifische Tier- und Pflanzenwelt, die ihr ganzes Leben hindurch in enger Beziehung zueinander stehen. Ihre Zusammensetzung wird durch die Baumarten und deren Alter geprägt. Bäume und damit der W. haben die Fähigkeit, jeden ihnen zuträglichen Standort zu erobern und mit vielen Individuen dicht zu bedecken. Unter entsprechenden Klimabedingungen gilt der W. als dominierende pflanzliche Formation. Der W. bildet ein spezifisches W.-Innenklima, das sich von dem des Freilandes durch seine Strahlungsverhältnisse, die Temperaturen der Luft und des Bodens, der Frosttiefe, der relativen Luftfeuchtigkeit, den Windverhältnissen und durch den Anteil der auf den Boden gelangenden Niederschläge unterscheidet. Er entwickelt sich ganz allmählich in größeren Zeiträumen und erneuert sich ständig aus sich selber (nachwachsender Rohstoff). Der natürliche W., ein reich gegliedertes ▸ Ökosystem, entwickelt sich wie folgt: Baumfreies Gelände wird von den ▸ Pionierbaumarten besiedelt (sog. ▸ Vorwald). Durch den dadurch verbesserten Frost- und Strahlungsschutz gedeihen zunehmend schattenertragende Baumarten (▸ Schatt[en]-baumarten); es bildet sich der Zwischenwald. Diese Baumarten wachsen zum Gefüge des Haupt-W. heran, bis das oberste Kronendach keinen ▸ Jungwuchs mehr aufkommen lässt. Zerstören Feuer, Sturm oder Schädlingskalamitäten diesen Schluss-W., wiederholt sich dieser Vorgang. **2**) Legaldefinition: Im Sinne des ▸ Bundeswaldgesetzes ist ein W. jede mit Forstpflanzen bestockte Grundfläche. Als W. gelten auch kahlgeschlagene oder verlichtete Grundflächen, W.-Wege, W.-Einteilungs- und Sicherungsstreifen, W.-Blößen und Lichtungen, W.-Wiesen, Wildäsungsplätze, Holzlagerungsplätze sowie weitere mit dem W. verbundene und ihm dienende Flächen. In der Flur oder im bebauten Gebiet gelegene kleinere Flächen, die mit Hecken bestockt sind oder als Baumschulen verwendet werden, sind nicht W. im Sinne des Gesetzes. Die Länder können andere Grundflächen dem W. zurechnen und Weihnachtsbaum- und Schmuckreisigkulturen sowie zum Wohnbereich gehörende Parkanlagen vom W.-Begriff ausnehmen.

Waldameisen, die: Nach der BArtSchV (▸ Artenschutz) besonders geschützte und einander sehr ähnliche Arten der Gattung *Formica;* ▸ Ameisen. Die W. sind u.a. Vertilger von Schadinsekten und werden in der Forstwirtschaft in besonders bedrohten Waldgebieten zur biologischen Schädlingsbekämpfung eingesetzt.

Waldarbeit, die: Die Arbeit des Jagdhundes im Wald im Ggs. zur ▸ Feld- und ▸ Wasserarbeit. Zur W. vor dem Schuss gehören:
1. das ▸ Buschieren: Suche mit dem Hund in niedrigen Kulturen, in unübersichtlichem Buschgelände oder im lichten Stangenholz;
2. das ▸ Stöbern: das selbstständige laute Jagen des Stöberhundes in Dickungen;
3. das Brackieren (▸ Brackenjagd). Zur W. nach dem Schuss gehören: das ▸ Verlorenbringen und die ▸ Schweißarbeit.

Waldarbeit, forstliche, die: W. ist eine Facharbeit, die vielseitiges Können und Erfahrung erfordert. Sie umfasst die Ausführung sämtlicher anfallenden Arbeiten im Forstbetrieb. Der/die Forstwirt(in) (Waldarbeiter[in]) führt alle Forstarbeiten vom Holzeinschlag und Holzrücken bis hin zu den Forstschutz-, Kultur- und Wegebauarbeiten nach Einweisung durch den Revierleiter selbstständig durch. Axt und Motorsäge sind für die W. das wichtigste Handwerkszeug. In modernen Forstbetrieben werden zur Minderung der körperlichen Belastungen bei der W. zahlreiche Hilfsgeräte wie Seilwinden, landwirtschaftliche Schlepper mit Zusatzgeräten und Entrindungsmaschinen etc. eingesetzt. Diese Maschinen und Hilfsgeräte haben auch zu einer wesentlichen Leistungssteigerung und zu einer beachtlichen Kostensenkung geführt.

Waldaufbau, der: ▸ Vegetationsschichten des Waldes.

Waldäuffel, das: ▸ Eulen 4.

Waldbau, der: Der W. umfasst alle Tätigkeiten am Wald, die seiner Bewirtschaftung, Pflege und seiner Erneuerung (▸ Verjüngung) dienen. Hierbei werden die biologischen Gesetzmäßigkeiten der im Wald vereinigten Pflanzengesellschaften ausgenutzt, um stabile und biologisch gesunde Wälder zu erhalten. Hinzu kommen Aufgaben wie Gestaltung und Erhaltung des Waldes als schützender, verbessernder und verschönernder Bestandteil der ▸ Landschaft.

Waldbesitz, der: ▸ Waldeigentum.

Waldbesitzer, die: W. im Sinne des BWaldG (§4) sind der Waldeigentümer und der Nutzungsberechtigte, sofern dieser unmittelbarer Besitzer des ▸ Waldes ist. Hierzu zählen demzufolge Nießbraucher und Pächter, nicht jedoch Jagdpächter, weil sie den Wald als solchen weder nutzen noch Eigentum am Waldbesitz haben. Nach dem Waldgesetz für Bayern z.B. ist der Waldeigentümer nur dann W., wenn er »unmittelbarer Besitzer« des Waldes ist. Aus diesem Grund richten sich die Vorschriften des Bayer. Waldgesetzes z.T. nur an die W., z.T. aber auch an die Eigentümer und die Nutzungsberechtigten, die nicht unmittelbare Besitzer sind; ▸ Waldeigentum.

Waldbesitzerverbände, die: Die 14 deutschen W. sind die Berufsvertretung der ▸ Waldbesitzer und der forstwirtschaftlichen Zusammenschlüsse auf Landesebene. In den meisten W. sind Privatwald und Körperschaftswald gemeinsam organisiert. Bundesweit bewirtschaften mehr als 1,3 Mio. Eigentümer ihren Wald. Die W. wirken z.B. beratend und unterstützend mit bei allen Fragen der Besteuerung, der Buchführung, des Boden-, Vereins-, Arbeits- und Versicherungsrechts, der Beteiligung an übergeordneten Planungen und allen Problemen der Forstpolitik. Auf Bundesebene vertritt die im Jahre 1947 gegründete »Arbeitsgemeinschaft Deutscher Waldbesitzerverbände e.V.« (AGDW) mit Sitz in Bonn die forstpolitischen Belange des privaten und körperschaftlichen Waldbesitzes (▸ Waldeigentum). Satzungsgemäßer Zweck der AGDW ist es, »die Forstwirtschaft des Nichtstaatswaldes in ihrer Leistungsfähigkeit zu fördern, sie zu heben und sie zu vertreten«. Sie ist Mitglied in der 1996 gegründeten »Confederation of European Forest Owners« (CEPF), dem »Zentralverband der Europäischen Waldbesitzer« mit Sitz in Brüssel und im Verband der Europäischen Landwirtschaft (CEA). Der CEPF vertritt die Interessen von mehr als 12 Mio. privaten Waldbesitzern aus 19 Ländern. Die zukünftigen osteuropäischen Beitrittskandidaten sind bereits heute als assoziierte Mitglieder im CEPF eingebunden.

Waldbesuche, die: Einer Untersuchung zufolge finden in der Bundesrepublik Deutschland jährlich etwa 1,2 Milliarden W. statt; das sind pro Hektar (▸ Waldfläche) 168 Besucher; ▸ Waldfunktionen, ▸ Betreten des Waldes, ▸ Reiten im Wald, ▸ Radfahren im Wald, ▸ Pilzesammeln, ▸ Schipisten.

Waldbetriebsarten, die: ▸ Betriebsarten.

Waldbrandverhütung, die: Ein vorbeugender Waldbrandschutz ist i. Allg. eine Aufgabe der Forstbehörde (organisatorische Leitung), die Brandbekämpfung (technische Leitung) jedoch Aufgabe der Feuerwehr. Die umfassende Zusammenarbeit von Feuerwehr, Polizei, Gemeinden, Waldbesitzervereinigungen und Forstverwaltung in den vorbeugenden Maßnahmen ist die beste Voraussetzung für ein koordinierendes Eingreifen im Ernstfall. Die gemeinsamen, vorbereitenden Maßnahmen aller Stellen umfassen: Beschaffung von Kartenmaterial, Streifendienst bei Großbrandwetterlage, Feuermeldeweg, Alarmierung der Löschkräfte und der Bevölkerung (Alarmplan), Nachrichtenmittel (Melder, Feldfernsprecher, Funkgeräte), Transportmittel, Treibstoffversorgung, Versorgung der Löschkräfte, Wasserbeförderung über lange Schlauchstrecken (Zufahrten, Wasserentnahmestellen-Einsatzplan!), Waldbegehungen, Abhalten von Planübungen; ferner: Bereitstellung von Waldbrandgeräten wie Beilen, Schaufeln, Spaten, Hand- und Motorsägen, Haumessern, Spitz- und Kreuzhacken, Rechen, Besen, Feuerpatschen, Seilen, Wasserkanistern, Tornisterspritzen, tragbaren Feuerlöschern, Pflügen, Raupenschleppern, Planierraupen, Wasserwagen sowie Ergänzung der persönlichen Ausrüstung durch Mundschwämme, Schutzbrillen, festes Schuhwerk. Ganz hervorragend bewährt haben sich die in der Landwirtschaft verbreiteten Güllefässer (Schwemmfässer, Pumpenwagen) der Bauern. Mit mehreren Tausend Litern Fassungsvermögen besitzen diese mit sehr hoher Kompression bei gleicher Einsatzgeschwindigkeit eine mindestens ebensolche Reichweite wie die Tanklöschfahrzeuge der Feuerwehr. Bei der Eindämmung großer Waldbrände werden auch die Wasserwerfer der Polizei sowie militärische Räumfahrzeuge (z.B. Bergepanzer der Pioniertruppen der Bundeswehr) eingesetzt. Zur W. dienen auch die Überwachungsflüge (z.B.

Luftrettungsstaffel Bayern) und in größeren Waldgebieten die Errichtung von Feuerwachtürmen. Darüber hinaus ist die Zugänglichkeit der Wälder entscheidend. Die Forstverwaltungen legen deshalb auch Waldbrandschutzschneisen an. Diese sollen u.a. Abwehrfronten ermöglichen und die Ausbreitung des Feuers stoppen. Die ideale Breite liegt etwa bei 6 m; hier ist bei den Tanklösch- und anderen Feuerwehrfahrzeugen ein ungehinderter Gegenverkehr möglich. Der Zugang zum Wald darf nie mit Kraftfahrzeugen verstellt werden. Wer einen Waldbrand entdeckt, sollte sofort die Polizei, Feuerwehr oder die nächste Forstdienststelle verständigen.

Walddienstbarkeiten, die: ▸ Waldservitute.

Waldeck: Pseudonym für den Forstmann und Jagdschriftsteller Ludwig ▸ Dimitz.

Waldeigentum, das: Etwa 46% der Gesamtwaldfläche der Bundesrepublik von rd. 10,492 Mio ha (Stand 2001) befinden sich in Privatbesitz (Privatwald; einschließlich rd. 0,6 Mio ha Treuhandwaldflächen), auf den Staatswald entfallen 34%, und 20% sind im Besitz von Körperschaften (Körperschaftswald) des öffentlichen Rechts, davon entfallen 23% auf Gemeinden. Von der Gesamtfläche sind etwa 66% Nadelbaumarten (35% Fichte, Tanne, Douglasie und 31% Kiefer und Lärche) und 34% Laubbaumarten, wobei sich das Verhältnis zugunsten der Laubbaumarten ständig leicht verschiebt.

In Österreich gehört der Wald zu 53% den privaten Kleinwaldbesitzern; dies sind zum größten Teil Landwirte. 32% des österreichischen Waldes sind private Forstbetriebe mit mehr als 200 ha Katasterwaldfläche, 15% sind Österreichische Bundesforste, d.h. Staatswald.

In der Schweiz sind von der gesamten Landesfläche (4,1 Mio ha) 28,7%, d.h. 1,2 Mio ha, mit Wald bedeckt. 74% des Waldes ist im Eigentum von öffentlichen Körperschaften. Eigentümer des öffentlichen Waldes sind: Bürgergemeinden (44%), Politische Gemeinden (40%), Korporationen und Genossenschaften (8%), Staatswald (Bund und Kantone; 7%), Übrige (1%). Nach der Eidgenössischen Betriebszählung 1985 hat sich beim Privatwald der Anteil des Bauernwaldes auf ca. 6% zurückgebildet.

Waldeinteilung, die: In der forstbetrieblichen Planung und Betriebsführung die Zerlegung eines Betriebes, z.T. unter Berücksichtigung des Geländes, in Distrikte (römische Zahlen und Name), Abteilungen (in Preußen »Jagen« genannt; arabische Zahlen und Name), Unterabteilungen (Buchstaben) und Bestände (hochgestellte arabische Zahl) z.B. »II Pechreisser Forst; 3. Forsthütte; b²«. Die Unterabteilung ist eine zusammenhängende Fläche von durchschnittlich 5 ha (maximal 20 ha). Sie ist die forstliche Wirtschaftseinteilung für die Planung, den Vollzug und die Vollzugskontrolle im Forstbetrieb.

Waldelster, die: ▸ Würger 3.

Walderschließung, die: Waldstraßen und -wege erschließen und gliedern den Wald für den Forstbetrieb, binden ihn an das öffentliche Straßennetz an, stehen dem nichtmotorisierten Wanderverkehr zur Verfügung und ermöglichen eine wirksame Waldbrandbekämpfung sowie den Katastrophenschutz. Eine ausreichende W. mit einem angemessenen Netz forstlicher Wirtschaftswege ist Grundvoraussetzung für die meisten forstbetrieblichen Rationalisierungsmaßnahmen, hauptsächlich für den Maschineneinsatz, aber auch für die arbeitsintensive naturnahe Waldwirtschaft. Die forstliche Klassifikation für das Waldwegenetz wird in den einzelnen Bundesländern nicht einheitlich gehandhabt. Folgende Wegekategorien werden unterschieden: a) Hauptabfuhrwege, b) Neben- oder Seitenwege, c) Schleif-, Schutt-, Zieh-, Rücke- und Kieswege, d) Fußwege, Pfade, e) Sonderwege (Radwege, Reitwege). Die unter b) mit e) genannten Wege gehören zur Feinerschließung des Waldes. Die angestrebte optimale Wegedichte hängt u.a. von den angewandten Bringungsmethoden (Holztransport, Rücken) ab und beträgt 30 lfm/ha im Flachland und 15 bis 20 lfm/ha im Gebirge. Für die Bestandsfeinerschließung werden schlepperbefahrbare, unbefestigte Rückegassen angelegt, die i. Allg. einen Abstand von 40 bis 70 m haben.

Walderzeugnisse, die: Neben der Hauptnutzung, dem Holz, alle Erzeugnisse, die zu den Bestandteilen und Früchten des Waldes gerechnet werden, z.B. Streu, ▸ Mast, Laub, ▸ Gräser, Harze, ▸ Kräuter, Beeren, ▸ Pilze, Wurzeln, ▸ Wildgemüse.

Waldeule, gemeine, die: ▸ Eulen 5.

Waldfalke: ▸ Falken 1.

Waldfeldbau, der (Mitfruchtbau): Eine veraltete landwirtschaftliche Zwischennutzung von minderwertigen Waldböden oder Kahlschlagflächen. W. diente der Bodenverbesserung zur Anpflanzung anspruchsvollerer Baumarten und wurde v.a. in wirtschaftlichen Notzeiten betrieben.

Waldfläche, die: ▸ Waldeigentum, ▸ Waldschäden (Tabelle).

Waldfrüchte, die: Sammelbezeichnung für alle zum menschlichen Genuss geeigneten Waldprodukte wie ▸ Pilze, Beeren, Nüsse, Bucheckern, Edelkastanien, Tee- und Heilkräuter. Nicht zu den W. zählen tierische Produkte, wie z.B. Vogeleier; ▸ Aneignungsrecht.

Waldfunktionen, die: Der Wald übt nicht nur auf den Menschen, sondern auch auf die ihn umgebende ▸ Landschaft, auf ▸ Boden, Wasser und Luft sowie auf Tier- und Pflanzenwelt eine bedeutende Wirkung aus. Diese Wirkungen des Waldes, auch W. genannt, stehen zueinander in enger, teilweise untrennbarer Beziehung. Bereits in früheren Jh. hatte die Forstwirtschaft erkannt, dass der Wald neben der Holzerzeugung noch Bedeutsames für Landeskultur und Volksgesundheit leistet, z.B. Bannwald in der Schweiz zum Lawinenschutz. Dafür wurde der Begriff der »Wohlfahrtsfunktionen« geprägt. Bedingt durch das fortschreitende ▸ Waldsterben sind heute alle W. gefährdet; v.a. im Gebirge sind Bodenschutz (Erosion) und Wasserlieferung, aber auch Holznutzung und Erholung infrage gestellt. Unser Wald hat vier Hauptfunktionen, oft gleichzeitig, zu erfüllen: eine Nutz- (Ertrags-), eine Schutz-, eine Erholungs- und eine Sonderfunktion.

1. Nutzfunktionen (Ertragsfunktionen): Der Wald ist bei der heutigen wirtschaftlich-technischen Entwicklung immer unentbehrlicher geworden und prägt wie keine andere Vegetationsform unsere ▸ Landschaft. Holz ist ein Rohstoff, der umweltfreundlich erzeugt wird und ständig nachwächst; im Bundesgebiet nachhaltig (▸ Nachhaltigkeit) in einer Menge von ca. 30 Mio. ▸ Festmeter. Damit deckt unser Wald nur etwa die Hälfte des jährlichen Holzbedarfes. Der Holzerzeugung kommt in unserem rohstoffarmen Land erhöhte Bedeutung zur Deckung des Bedarfs mit diesem umweltfreundlichen Rohstoff zu. Zur Nutzfunktion gehört auch der Ertrag an Beeren, Pilzen, Kräutern etc.

2. Schutzfunktionen: Hierzu zählen die Erhaltung der Naturgüter und des Naturhaushaltes, Bodenfruchtbarkeit, Wasserhaushalt, Luft und Klima, Pflanzen- und Tierwelt und die Abwehr von Gefahren und Beeinträchtigungen, zum Beispiel von Lärm- und Sichtbelästigungen, Hochwasser und ▸ Immissionen. Alle diese Funktionen greifen ineinander. Sie bilden ein sich gegenseitig stützendes Wirkungsgefüge.

Bodenschutz (Erhaltung der ▸ Bodenfruchtbarkeit): Wald verhindert Bodenabtrag durch Wasser und Wind. Das Wasserhalte- und -speicherungsvermögen unterbindet Bodenerosion im Wald und mindert die Abschwemmung fruchtbaren Bodens in den Hanglagen benachbarter Äcker. Die starke Durchwurzelung des Waldbodens verhindert in Hanglagen Steinschlag und Bodenrutschungen. Die Gefahr des Bodenabtrags durch Wasser ist abhängig von der Geländeneigung, von der Bodenart und der Niederschlagshöhe. Alle Wälder in Steilhängen sind daher als Bodenschutzwald anzusehen.

Lawinenschutz: Der Lawinenschutz ist eine besondere Form des Bodenschutzwaldes. Er kann die Entstehung von Lawinen verhindern oder kleine Lawinen bremsen. Die Lawinenhäufigkeit in den Alpen ist auch auf Waldrodungen (Weidelandgewinnung) oder auf Brandflächen zurückzuführen.

Wasserschutz: Der Wald leistet einen entscheidenden Beitrag zur Sicherung eines ungestörten Wasserhaushalts. Er gleicht Wasserabfluss aus, erhöht das erfassbare Grundwasserangebot, verlängert die Schneeschmelze und liefert reines, d.h. biologisch einwandfreies Trinkwasser. Die Bäume an den Ufern der Bäche und Flüsse bewirken durch ihren Schatten eine Kühlung des Wassers, erhöhen dessen Selbstreinigungskraft und verhindern eine übermäßige Algenbildung. Die positive Wirkung des Waldes für den Wasserhaushalt wird bereits durch die vielen Wasserschutz- und Wasserschongebiete im Walde deutlich. Von der jährlichen Niederschlagsmenge von ca. 200 Milliarden m³ (vierfache Wassermenge des Bodensees) fallen etwa 56 Milliarden m³ auf Waldflächen. Auf kahlem Boden läuft das Wasser (Oberflächenwasser) sofort ab, der Waldboden hingegen, beste-

hend aus Streu und Humus, ist locker, wird zudem durch den Schatten der Bäume ständig feucht gehalten und gewährleistet dadurch eine gute Versickerung des Wassers.
Klimaschutz: Der Wald gleicht tägliche und jährliche Temperaturschwankungen aus, bewirkt eine größere Luftruhe, verhindert die Entstehung und das Abfließen von Kaltluft, mindert die Verdunstung, steigert die Taubildung und erhöht die Luftfeuchtigkeit. Da sich das Waldklima durch verringerte Sonneneinstrahlung und höhere Luftfeuchte auszeichnet, sind die Lufttemperaturen im Sommer meistens niedriger als im Freien. Es können daher Temperaturunterschiede von 3 bis 6 °C gegenüber dem Freien und um 4 bis 8 °C gegenüber dem Stadtinneren eintreten.
Immissionsschutz: Der Wald filtert die Luft von Staub, Gasen und radioaktiven Stoffen. In den industriellen Ballungsräumen enthält 1 m^3 Luft etwa 100000 bis 500000 Staubteilchen, in Waldgebieten sind es dagegen nur 500. Die Filterwirkung hängt aber auch von der Beschaffenheit des Waldes, insbesondere von seiner Blattoberfläche ab. So kann 1 ha Fichtenwald etwa 420 kg Schmutzteilchen ausfiltern, ein im Winter kahler Buchenwald nur bis 240 kg je ha. Der Luft in der Bundesrepublik werden jährlich etwa 3,5 Mio. Tonnen Schwefeldioxid, 3,0 Mio. Tonnen Stickoxide, 1,8 Mio. Tonnen organische Verbindungen und 0,8 Mio. Tonnen Staub zugeführt.
Lärmschutz: Der Wald schluckt Lärm. Die Lärmminderung durch Waldbestände ist jedoch sehr unterschiedlich. Eine gute Lärmdämmung haben dichte Jungbestände, besonders wenn sie aus Laubbäumen mit großen Blättern bestehen. Bei Laubbäumen mit kleinen Blättern oder bei Nadelbäumen ist der Lärmschutz weniger wirksam. Bei Laubbäumen geht jedoch nach Laubabfall (Blattfall) die Lärmdämmung um ca. zwei Drittel zurück. Dichte Jungbestände können den Lärm auf 50 m im Durchschnitt um 50% gegenüber dem Freilandlärm mindern. Anders sind die Verhältnisse jedoch in einem Altbestand. Infolge des Temperatur- und Luftfeuchtesprungs wird dort der Schall von der Unterseite der Baumkronen zum Boden hin gebrochen und kann sich nicht wie im Freiland nach allen Seiten ausbreiten. Geräusche, z.B. solche von Kraftfahrzeugen, die auf Waldstraßen fahren, sind deshalb in einem Altbestand viel weiter zu hören als im Freiland.
Sichtschutz: Der Wald verdeckt störende Bauten in der Landschaft (Bodenabbau-, Industrie-, Verkehrs- sowie militärische Anlagen), Aufforstungen verdecken Wunden der Landschaft (z.B. Kiesgruben).
Straßenschutz: Der Wald schützt vor Schneeverwehungen, Steinschlag, Seitenwind; er gestaltet die Straßenumgebung und kann die Straßenführung optisch unterstreichen.
3. Erholungsfunktionen: Der Wald befriedigt bei vermehrter Freizeit die Bedürfnisse der Nah-, Wochenend- und Urlaubserholung. Durch Bereitstellung von Erholungswald leistet die Forstwirtschaft einen weiteren bedeutenden Beitrag zur Erhaltung einer gesunden, lebenswerten Umwelt. Zur Steigerung des Erholungswertes wurden von den Forstverwaltungen Erholungseinrichtungen wie Waldparkplätze, Waldlehrpfade, Trimm-dich-Pfade, Spielplätze, Grillplätze, Rundwanderwege, Schutzhütten u.a. geschaffen, die den unterschiedlichen Freizeitbedürfnissen der Erholungssuchenden Rechnung tragen. Dies alles trägt zur physischen und psychischen Erholung des Menschen bei.
4. Sonderfunktionen: Ziel der Forstwirtschaft ist die nachhaltige Sicherung der Nutz-, Schutz- und Erholungsfunktionen des Waldes. Diese Funktionen sind gleichrangig zu sehen. Daneben erfüllt der Wald aber auch folgende Sonderfunktionen:
Landschaftsschutz: Der Wald gestaltet das Landschaftsbild und prägt den Landschaftscharakter, z.B. Bayerischer Wald, Franken-, Schwarz-, Westerwald, Thüringer Wald u.a.
Naturschutz: Der Wald ist das bestimmende Element von ▸ Nationalparks, ▸ Landschaftsschutzgebieten und ▸ Naturparks; viele einzelne ▸ Naturdenkmale und Naturschutzobjekte stehen im Wald.
Kulturdenkmale: Der Wald bewahrt viele einzigartige prähistorische und historische Kulturzeugnisse, z.B. Hügelgräber, Ringwälle, Reste des Limes, Römerstraßen, Burgruinen.
Objekt für Forschung und Lehre: Waldgebiete und -flächen dienen als Versuchsobjekte biologischen, ökologischen, forstlichen und anderen Forschungs- und Lehrzwecken.
Waldfunktionskartierung, die: Kartenmäßige Darstellung der gegenwärtigen Schutz- und Erholungsfunktionen des ▸ Waldes (▸ Waldfunktionen). Sie wird in einigen Bundesländern als eigenständige Kartierung, in anderen in Verbindung mit dem ▸ Waldfunktionsplan durchgeführt.
Waldfunktionsplan, der: Nach Art. 6 Bayerisches Waldgesetz ist der W. ein Fachplan im Sinne des Art. 15 des Bayer. Landesplanungsgesetzes und gilt als Forstliche Rahmenplanung in Sinne des Bundeswaldgesetzes. Der W. wird gemäß dem Bayerischen Landesplanungsgesetz in Verbindung mit dem Landesentwicklungsprogramm von den Forstdirektionen im Einvernehmen mit den Regierungen für jede Region aufgestellt.
Waldgams, das: Im Ggs. zur Gratgams (Felsregion) in der Waldregion stehendes ▸ Gamswild; ▸ Zundergams.
Waldgeier, der: ▸ Bussarde 1.
Waldgeschrei, das (Waidgeschrei): Ein lauter Ausruf des Jägers anstelle eines Hornsignals; ▸ Jagdgeschrei.
Waldgesellschaften, die: Ohne Einwirkung des Menschen haben sich optimal an Klima und Boden angepasste, je nach Standort unterschiedliche natürliche Waldtypen, die natürlichen W. entwickelt.
Waldgesetz, das: ▸ Bundeswaldgesetz.
Waldgraf, der: Auch Waldvogt. Im Mittelalter Bez. für einen Forstmeister, meist adeligen Standes, der vom König oder anderen Herrschaftsträgern Hoheitsrechte (Ämter) verliehen bekam (Grafenamt) und daneben meist Nutzungsrechte in den größeren Forsten erhielt.
Waldgrenze, die: Die W. ist die Linie, bis zu der geschlossener Wald vorkommt; sie ist klimatisch, edaphisch oder orografisch bedingt. Die alpine W. z.B. ist als Kältegrenze von den zu niedrigen Temperaturen bzw. der Länge der Vegetationszeit, die W. zu den Mooren, Sümpfen und Gewässern als Nassgrenze durch Wasserüberschuss, die zu den Steppen und Wüsten als Wärmegrenze durch zu hohe Temperaturen bzw. Trockenheit und als maritime Windgrenze durch ständige Windeinwirkung bestimmt.
Waldgrundgerechtigkeiten, die: ▸ Waldservitute.
Waldhäher, der: ▸ Rabenvögel 9.
Waldhahn, der: svw. Auerhahn; ▸ Raufußhühner 1.
Waldhase, der: ▸ Hasen 1.
Waldhorn, das: Altes Wort für Flügelhorn; ▸ Jagdhorn.
Waldhühner, die (Tetraonen): Sammelbezeichnung für Auer-, Birk-, Haselwild und das Alpenschneehuhn (▸ Raufußhühner). Auch das ▸ Wildtruthuhn zählt zu den W.

Die Waldgrenze im Hochgebirge ist eine »Kältegrenze«.

Waldhunde, die: Allg. Bez. für zur ▸ Waldarbeit geeignete und geführte Jagdhunde (▸ Bracken, ▸ Erdhunde, ▸ Schweißhunde, ▸ Stöberhunde). Ein besonders vielseitig verwendbarer W. ist der Deutsche Wachtelhund (Stöberhund).

Waldhygiene, die: Präventivmaßnahmen zur Minderung des Schadensrisikos im Wald, z.B. Beseitigung von Brutmaterial für ▸ Pilze oder Schadinsekten bzw. feuergefährlichem ▸ Totholz und Unterwuchs; ▸ Waldschutz.

Waldiltis, der: ▸ Iltis 1.

Waldinsel, die: ▸ Feldgehölz.

Waldinventur, die: Auch Holzvorratsinventur. Eine Bestandsaufnahme des Waldes, bei der die Verteilung der Baumarten, die Altersstruktur, Wachstumsverhältnisse (Bonität, Ertragsklasse), Bestockungsdichte und die Holzvorräte ermittelt werden. Daneben dient die W. auch als Entscheidungshilfe bei forstpolitischen Maßnahmen, bei der Beurteilung von Förderungsmaßnahmen, bei der Erstellung von Holzmarktprognosen und bei Stellungnahmen zu landeskulturell bedeutsamen Entwicklungen. Bayern (Bayerisches Staatsministerium für Ernährung, Landwirtschaft und Forsten) hat 1970/71 als erstes Bundesland eine W. durchgeführt. Der Vollzug und die Auswertung oblag der damaligen Bayerischen Forstlichen Versuchs- und Forschungsanstalt in München. Bei der W. werden die erforderlichen Aufnahmedaten in ausgesuchten Probekreisen ermittelt. Die Probekreise liegen in einem das gesamte Messgebiet überziehenden Gauß-Krüger-Koordinatennetz mit einem Abstand von 1000 m, wobei die Kreisfläche etwa 30 bis 500 m^2 beträgt. Zur Erfassung der ▸ Waldschäden werden in der Bundesrepublik Deutschland seit 1984 auch Schadensinventuren durchgeführt; ▸ Waldschadenserhebung.

Waldjagd, die: **1**) Im Ggs. zur ▸ Feld- und ▸ Wasserjagd jede Jagd im Wald, z.B. Ansitz, Pirsch, Drück- und Waldtreibjagd; ▸ Gesellschaftsjagd I. Mithilfe von Hunden auch ▸ Stöbern, ▸ Buschieren und Brackieren; ▸ Waldarbeit. **2**) Ein überwiegend aus Waldflächen bestehendes Jagdgebiet (Jagdbezirk, -revier).

Waldkater, der: **1**) Die ▸ Wildkatze. **2**) Volkstümliche Bez. für den Rotkopfwürger; ▸ Würger 2.

Waldkatze, die: Die ▸ Wildkatze.

Waldkauz, der: ▸ Eulen 5.

Waldkauz, kleiner, der: ▸ Eulen 9.

Waldkiefer, die: ▸ Kiefern 1.

Waldkirsche, die: ▸ Vogelkirsche.

Waldknoten, der: Frühere Bez. für den Knoten, mit dem auf der Jagd bei den ▸ Jagdzeugen eine gerissene Leine wieder verbunden wurde. Dieser war fest und ließ sich durch die Ringe oder das Gemäsch am Jagdzeug ziehen.

Waldlauf, der: Bez. für einen Flintenlauf (▸ Lauf 4) 2.) mit weiterer Breitenstreuung für die ▸ Waldjagd, da dort meist auf kürzere Entfernung geschossen werden muss (begrenztes Schussfeld).

Waldläuferdrilling, der: ▸ Jagdgewehr 14.

Waldlehrpfad, der: Für Waldbesucher angelegter Wanderpfad. Am Wegrand werden auf Lehrtafeln die verschiedenen Bäume, Tiere und Pflanzen des Waldes, die ▸ Waldfunktionen, ▸ Waldschäden usw. dargestellt; ▸ Waldsportpfad.

Waldlerche, die: ▸ Lerchen 3.

Waldmarder, der: ▸ Marder 1.

Waldmaus, die: ▸ Mäuse 1.

Waldmüller, Ferdinand Georg (15.1.1793 Wien bis 23.8.1865 Wien): Maler. W. war Vorkämpfer des Realismus in der österreichischen Malerei. Er schuf eine Vielzahl von Porträts und Landschaften. Von ihm stammt u.a. das Ölgemälde »Rastende Jagdgesellschaft am Bachufer« (um 1824).

Waldohreule, die: ▸ Eulen 2.

Waldpflege, die: W. dient vorrangig der Schaffung und Erhaltung standortgerechter und naturnaher, stabiler und leistungsfähiger Waldbestände. Wichtigste W.-Maßnahmen sind: Schädlingsbekämpfung (v.a. Borkenkäferbekämpfung); Beseitigung von Schlagabraum; Aufforstungsarbeiten; Bodenvorbereitung für Naturverjüngung (▸ Verjüngung) und für Pflanzflächen; Jungbestandspflege; Düngung; ▸ Wildschaden(s)verhütung; Anlage von Feuerschutzstreifen.

Waldränder, die: Stufig und richtig aufgebaute W. haben eine bedeutende Rolle für die Sicherung der Waldbestände und den Schutz angrenzender landwirtschaftlicher Nutzflächen sowie für den ▸ Naturschutz und den Erlebniswert der ▸ Landschaft. Es werden zwei Formen unterschieden: Waldaußenränder, die die Grenzbereiche zu anderen Nutzungsarten wie Feldern, Wiesen, Siedlungen und Verkehrsanlagen bilden, und Waldinnenränder, die sich v.a. entlang von Waldwegen und -wiesen, Fließgewässern befinden. Eine Sonderform sind dabei laufende Verjüngungssäume zwischen Altholz und Jungwüchsen. W. bieten zahlreichen Wildtieren und Vögeln Deckung und Äsung sowie Brut- und Setzmöglichkeiten. Zusammen mit ▸ Feldgehölzen, ▸ Rainen etc. sind sie wichtige Elemente für ▸ Biotopverbundsysteme; ▸ Ökoton.

Waldrapp, der: Auch Steinrapp. Ein großer, ibisartiger Vogel (Rabenvogel) mit Federschopf auf dem Kopf. Er soll noch im 16. Jh. am Mönchsberg in Salzburg, bei Graz, Passau und in der Schweiz gebrütet haben, wurde 1555 vom Schweizer Naturforscher K. Gesner als Vogel der Alpenländer beschrieben und galt als ausgestorben, bis er später in Nordafrika wieder entdeckt wurde. Der W. erfreute sich bei den Klavierfabrikanten großer Beliebtheit, da die Saiten der Klaviere bevorzugt durch Rabenfederkiele angeschlagen wurden, weil sie dadurch immer gleich stark und hart klangen. Aus dieser Zeit stammt auch der Name »Kielflügel«. Höchstwahrscheinlich haben die begehrten Federkiele des W. auch zu seinem Aussterben um das Ende des 16. Jh. beigetragen, denn die letzten Berichte über ihn fallen genau in jene Jahrzehnte, in denen das Klavichord, das Klavicembalo, das Klavicymbal und das Spinett in Mode kamen. Der W. wird nun Schopfibis (*Geronticus*) genannt und ist nur noch vereinzelt in Arabien und Nordafrika beheimatet.

Waldreh, das: ▸ Rehwild, das seinen Einstand und Lebensraum überwiegend im Wald hat; Ggs.: ▸ Feldreh.

Waldrevier, das: Im Unterschied zum Feldrevier ein Jagdbezirk (Jagdrevier), der (fast) ausschließlich aus Wald (Forstbetriebsflächen) besteht.

Waldschäden, die: Die Ursachen der W. können von Wissenschaft und Forschung nicht völlig geklärt werden. Mit Sicherheit trägt aber die Verunreinigung der Luft (z.B. saurer Regen sowie Niederschlag als Gas oder Staub) als Dauerbelastung wesentlich zur Erkrankung des Waldes bei. Mit ein Hauptschadstoff ist das Schwefeldioxid (SO_2), das beim Verbrennen von Kohle und Mineralöl entsteht. Daneben schädigen auch Stickoxide (NO_X), die zusammen mit den in der Luft vorhandenen Kohlenwasserstoffen unter Einwirkung von

▸▸ Waldschäden an der Fichte: Die Kronen links und in der Mitte sind weitgehend gesund, die rechte Krone ist stark verlichtet.

Zustand der Wälder in den Ländern der BRD 2003
Anteile deutlicher Kronenverlichtungen (Schadstufen 2 – 4) insgesamt und nach Baumarten in % der Flächen
(Quelle: Waldzustandsbericht 2003 des BMVEL)

Land	Gesamt		Fichte		Kiefer		Buche		Eiche		WSE-Netz
	in % der Waldfläche	*Veränd. zu 2002 in %-Punkten*	in % der Fläche der Baumart	*Veränd. zu 2002 in %-Punkten*	in % der Fläche der Baumart	*Veränd. zu 2002 in %-Punkten*	in % der Fläche der Baumart	*Veränd. zu 2002 in %-Punkten*	in % der Fläche der Baumart	*Veränd. zu 2002 in %-Punkten*	Netzdichte in 2003
Baden-Württemberg	**29**	*+5*	o. A.*		o. A.*		o. A.*		o. A.*		16 × 16 km
Bayern	**22**	*+1*	**23**	*−2*	**20**	*+4*	**25**	*+4*	**18**	*+1*	16 × 16 km
Berlin	**24**	*±0*	o. A.*		**22**	*±0*	o. A.*		o. A.*		2 × 2 km
Brandenburg	**11**	*+1*	o. A.*		**10**	*+1*	**17**	*−4*	**31**	*+10*	4 × 4 km
Bremen	**6**	*+1*	o. A.*		o. A.*		o. A.*		o. A.*		200 × 100 m
Hamburg	o. A.		o. A.*		o. A.*		o. A.*		o. A.*		o. A.
Hessen	**22**	*−3*	**16**	*−1*	**24**	*−6*	**27**	*−7*	**28**	*+10*	8 × 8 km
Mecklenburg-Vorpommern	**14**	*+4*	**7**	*−1*	**14**	*+6*	**12**	*−21*	**31**	*+18*	8 × 8 km
Niedersachsen	**11**	*−1*	**15**	*±0*	**4**	*−1*	**21**	*−5*	**31**	*+1*	4 × 4 km
Nordrhein-Westfalen	**24**	*±0*	**20**	*+1*	**20**	*+5*	**25**	*−12*	**40**	*+11*	4 × 4 km
Rheinland-Pfalz	**33**	*+9*	**25**	*+6*	**19**	*+8*	**50**	*−1*	**53**	*+26*	4 × 12 km
Saarland	**13**	*+2*	**8**	*+1*	**15**	*+6*	**25**	*−2*	**8**	*+3*	2 × 4 km
Sachsen	**15**	*−1*	**14**	*−4*	**10**	*−4*	**33**	*+7*	**42**	*+11*	4 × 4 km
Sachsen-Anhalt	**21**	*+3*	**25**	*+3*	**11**	*+4*	**34**	*−8*	**43**	*+4*	4 × 4 km
Schleswig-Holstein	**21**	*−3*	**30**	*−2*	**21**	*+4*	**25**	*−11*	**20**	*−3*	4 × 4 km
Thüringen	**28**	*+3*	**22**	*+4*	**33**	*+4*	**32**	*±0*	**43**	*+6*	4 × 4 km
Deutschland	**23**	*+2*	**27**	*+1*	**13**	*±0*	**30**	*−2*	**39**	*+10*	16 × 16 km

o. A.* = ohne Angabe, Stichprobenumfang lässt baumartenspezifische Aussagen nicht zu.

Sonnenenergie zu Photooxidantien (z.B. Ozon) umgesetzt werden, sowie Schwermetalle wie Blei und Kadmium den ▸ Wald erheblich. Hauptversursacher für die Luftverschmutzung mit Schwefeldioxid bzw. Stickoxid sind: Kraftwerke und Heizwerke, Haushalte und Kleingewerbe, Verkehr. Die Waldschadens- bzw. Waldökosystemforschung hat nachgewiesen, dass die Ursachen für die neuartigen Waldschäden vielschichtig sind und auf eine Vielzahl von biotischen und abiotischen Faktoren zurückgehen, die in der Summe und – je nach Standort – mit unterschiedlichem Gewicht zusammenwirken. Anthropogene Luftverunreinigungen (v.a. SO_2, NO_x, O_3) aus Industrieanlagen, Kraftwerken, Verkehr, Kleinverbrauch, Haushalten und Landwirtschaft spielen dabei eine Schlüsselrolle. Neben den Dauerbelastungen durch Luftschadstoffe beeinflussen auch kurzfristig wirkende Faktoren den aktuellen Kronenzustand (z.B. Witterung, Schaderreger, Fruktifikation). Einfache und für alle Wälder gleichermaßen gültige Erklärungen sind daher nicht möglich. Die ersten Symptome der W. zeigte die Tanne. Inzwischen haben die Schädigungen auch die Fichte, Kiefer, Lärche, Buche, Esche, Birke, Eiche u.a. erfasst. Die Schädigungen sind bei Nadelhölzern an den starken Nadelverlusten, die von innen (ältere Nadeln) nach außen (jüngere Nadeln) fortschreiten, erkennbar. Geschädigte Fichtenbestände haben deutlich gelb und braun gefärbte Kronen und eine Kronenverlichtung. Bei Laubhölzern zeigt sich ebenfalls eine Blattverfärbung, grüne Blätter fallen vorzeitig ab. Mischbestände sind ebenso betroffen wie Reinbestände. Zur Bekämpfung der Waldschäden sind in erster Linie Gegenmaßnahmen an den Quellen der Luftverunreinigungen notwendig: u.a. internationale Abkommen zur Bekämpfung der Luftverschmutzung; Einbau von Abgasentschwefelungsanlagen in Kraft- und Heizwerken; Verwendung von schwefelarmen Heizstoffen wie z.B. Gas, v.a. für Industriefeuerungen; Abgasentgiftung bei den Kraftfahrzeugen durch Einbau von Drei-Wege-Katalysatoren und Verwendung von bleifreiem Benzin usw. Durch zahlreiche Forschungsvorhaben sollen die Gründe für die W. weiter ergründet und wirkungsvolle Gegenmaßnahmen ermittelt werden.

Waldschadenserhebung, die: Die seit 1984 durchgeführte W. erfolgt seit 1994 bundesweit als sog. Vollstichprobe. Aufgrund der hierbei angewendeten Netzdichte von mindestens 4 x 4 km (auch 8 x 8 km-Raster) sind Aussagen auf Bundesebene, auf Länderebene und auch auf Wuchsgebietsebene hinsichtlich Kronenverlichtung und Vergilbung von Nadeln und Blättern an Waldbäumen möglich. Die Vitalität der Waldbäume wurde in den Jahren 1991 bis 1994 sowie 1997 als Vollerhebung im 4 x 4 km-Raster (Vollstichprobe) festgestellt. Die W. 2000 wurde analog zu 1995 und 1996 sowie 1998 und 1999 als Teilstichprobenerhebung im 8 x 8 km-Raster gemäß den bundes- und den EU-einheitlichen Vorgaben durchgeführt. Im Durchschnitt aller Baumarten liegt der Anteil deutlicher Schäden bei 22%. Das Schadniveau hat sich damit seit 1996 stabilisiert. Es liegt zwar deutlich unter dem Höchststand von 1991 (30%), ist aber v.a. bei Laubbäumen immer noch zu hoch. In die Warnstufe (leichte Kronenverlichtungen) fallen 42% der Waldfläche; 36% sind ohne Schäden. Bei der Fichte liegt der Anteil deutlicher Schäden bei 26%. Er hat in den letzten Jahren leicht zugenommen, liegt aber deutlich unter dem Höchstwert von 1985 (33%). Die Kiefer ist mit 14% deutlichen Schäden die am wenigsten beeinträchtigte Hauptbaumart. Dieser Anteil hat sich in den letzten Jahren kaum verändert. Das Schadniveau hat sich gegenüber 1991 (33% deutliche Schäden) mehr als halbiert. Die Buche ist – gemeinsam mit der Eiche – die am stärksten betroffene Baumart. Bei der Buche weisen 32% deutliche Schäden auf. Damit hat sie die hohen Blattverluste des Vorjahres (2000: 40% deutliche Schäden) wieder ausgeglichen. Über die letzten Jahre gesehen, nahmen aber die deutlichen Schäden insgesamt leicht zu. Das Schadniveau ist inzwischen mehr als doppelt so hoch wie zu Beginn der W. (1984: 13%). Bei der Eiche liegt der Anteil deutlicher Schäden bei 33%. Im Ggs. zur Buche ergibt sich über die letzten Jahre gesehen bundesweit jedoch eine erhebliche Entspannung: Der Anteil deutlicher Schäden erreichte 1996/1997 mit 47% einen absoluten Höchststand und ging seither um 14 Prozentpunkte zurück. Damit scheint der zwischen 1984 und 1996/1997 vorherrschende langjährige Trend zunehmender Kronenverlichtung gebrochen. Allerdings liegt das Schadniveau immer noch mehr als dreimal so hoch wie 1984 (9%). Die Ländererhebungen zeigen, dass auch erhebliche regionale Unterschiede bestehen. So hat sich der Kronenzustand beispielsweise in Hessen, Sachsen und Schles-

Entwicklung der Waldschadstufenanteile in Deutschland über alle Baumarten
(bis 1989 ohne neue Bundesländer) (Quelle Waldzustandsbericht 2003 des BMVEL)

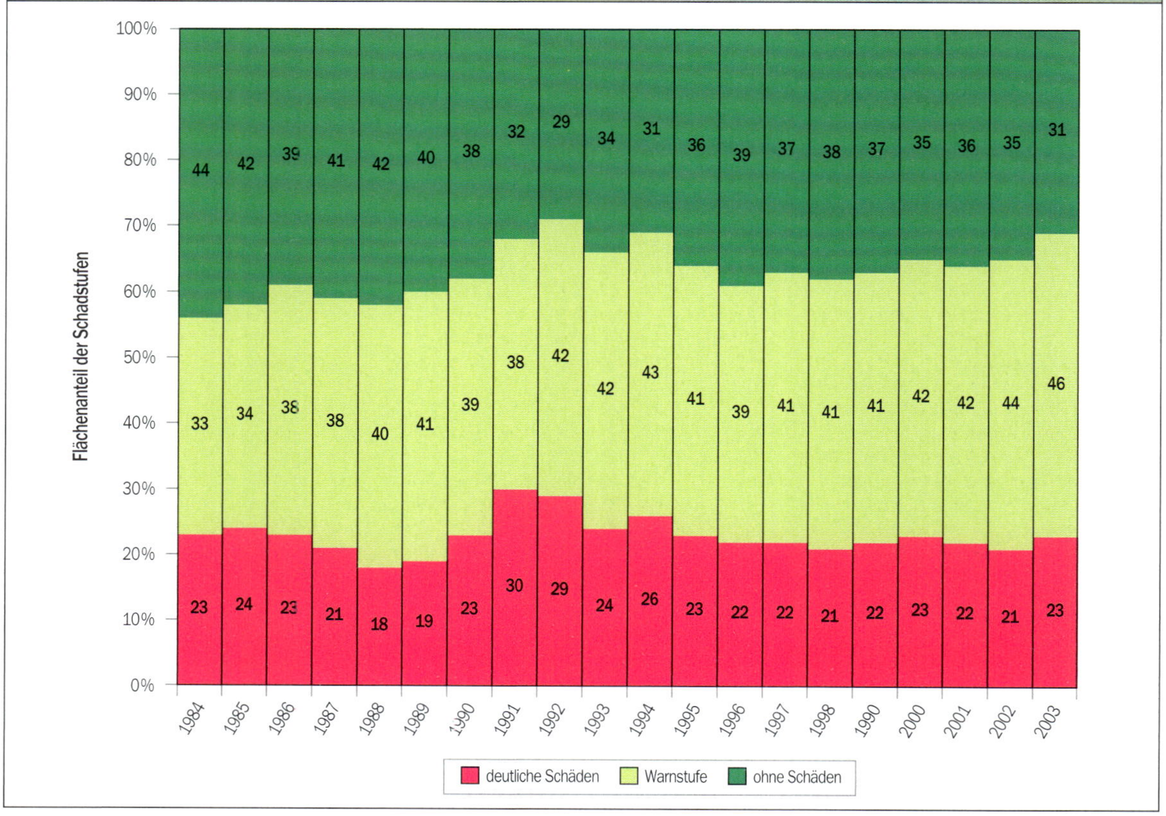

wig-Holstein verbessert, in Bayern, Baden-Württemberg und Rheinland-Pfalz dagegen verschlechtert.

Waldschluss, der: W. wurde früher die Zeit benannt, während der das Sammeln von Leseholz (wie auch jede Tätigkeit im Wald) im Interesse der Jagd untersagt war. Der W. umfasste meist die Monate Mai und Juni als Setzzeit der meisten Arten des ▸ Haarwildes und Brutzeit des Auer- und Birkwildes usw.

Waldschnepfe, die: ▸ Schnepfenvögel 1.

Waldschritt, der: Eine früher übliche waidmännische Distanzschätzung. Der Schritt, der als Maß für die Aufstellung des ▸ Jagdzeugs genommen wurde, betrug in manchen Gegenden 2 1/2, in anderen 3 Fuß, das sind ca. 75 cm.

Waldschutz, der: svw. ▸ Forstschutz. Im engeren Sinne der Schutz des Waldes vor biotischen Schäden (Forstschädlinge) wie Käfern (z.B. ▸ Borkenkäfer, Großer brauner ▸ Rüsselkäfer), Blattläusen, ▸ Mäusen, ▸ Schmetterlingen, ▸ Schalenwild, ▸ Pilzen (z.B. Eichenmehltau, Kiefernschütte), forstschädlichen höheren Pflanzen (z.B. Adlerfarn, Gräser). Hierzu werden – soweit im Einzelfall erforderlich – mit Ausnahme des Zaunschutzes gegen *Wildverbiss* fast ausnahmslos chemische Pflanzenschutzmittel (▸ Pflanzenschutz) eingesetzt. Der Einsatz von insektentötenden Mitteln (Insektizide) im Wald soll nur im Benehmen mit einem Fachmann vorgenommen werden. In der forstlichen Praxis werden Insektizide v.a. eingesetzt gegen *Borkenkäfer* (Buchdrucker, Kupferstecher, Großer Waldgärtner und Gestreifter Nadelholzborkenkäfer). Im Rahmen des biotechnischen W. werden seit einigen Jahren synthetische Lockstoffe (Pheromone) in Kunststoffallen gegen Borkenkäfer (Buchdrucker, Kupferstecher, Nutzholzbohrer) verwendet. Dabei können allerdings Beifänge von Nutzinsekten nicht zur Gänze vermieden werden. Bei Massenvermehrung ist die Methode jedoch nicht ausreichend. Eine chemische Bekämpfung bei sonstigen schädlichen Insekten, Raupen oder Larven von Schmetterlingen, Blattwespen, Wicklern und Motten ist nur notwendig, wenn der Befall bestandsbedrohende Ausmaße annimmt. Gegenüber den herkömmlichen Insektiziden sind die sog. Hemmstoffpräparate, z.B. Dimilin, relativ umweltschonend. Die Hemmstoffpräparate wirken selektiv, d.h. nur auf ein bestimmtes Stadium eines Insekts bzw. des betreffenden Schädlings. Sie haben weder Wasserschutz- noch Bienenschutzauflage. Bei der mechanischen Bekämpfung der Borkenkäfer werden alle nachfolgend aufgeführten Maßnahmen ergriffen, um den Insektizideinsatz zu reduzieren: Entrinden bei Rindenbrütergefahr (vor Ausflug der Jungkäfer); Beseitigen von fängischem Material wie Rinde und Reisig. Damit werden Buchdrucker und Kupferstecher reduziert. Nur auf begrenzten Flächen anwendbar; beim Verbrennen besteht Waldbrandgefahr. Notwendige Maßnahmen: rechtzeitige Holzabfuhr im ausgehenden Winter gegen Befall durch Nutzholzbohrer und rindenbrütende Borkenkäfer, Lagerung des Holzes auf geeigneten Lagerplätzen außerhalb des Waldes (500 m Abstand) oder Wasserlagerung bzw. Einsatz von Berieselungsanlagen; das Entrinden von Stammholz gegen Nutzholzbohrerbefall reicht nicht aus.

Von den rund 20 verschiedenen *Rüsselkäferarten* in unseren Wäldern ist der Große braune Rüsselkäfer die gefährlichste. Zur Bekämpfung sind verschiedene Insektizide von der Biologischen Bundesanstalt zugelassen; sie enthalten als Wirkstoff Cypermethrin. Bei der Ausbringung mit Rückenspritze und Zangendüse ist bei der Einzelpflanzenbehandlung auf Anwenderschutz (Schutzkleidung und Atemschutz) sowie auf Auflagen zur Fischgiftigkeit hinzuweisen. Als Vorbeugung können folgende Maßnahmen getroffen werden: Waldbauliche Verfahren wie Vermeidung größerer Kahlschläge sowie Verjüngungsverfahren unter Schirm können die Schäden durch Rüsselkäfer begrenzen. Zur Bekämpfung wurde früher auch das sog. Fang-/Knüppelverfahren (Auslegen von Fangreisig, Fangrinden) angewendet. Es wird heute nicht mehr empfohlen, da es aufwendig und wenig effektiv ist.

In Forstkulturen, auf Jungwuchsflächen und in Pflanzgärten können *Mäuse* empfindliche Schäden an Jungpflanzen anrichten. V.a. die Erd- und die Rötelmaus, aber auch die Feld- und Waldmaus treten zeitweilig so massenhaft auf, dass die benagten Pflänzchen empfindlich geschädigt werden und häufig sogar absterben. Gegen die Schermaus gibt es bis heute kein 100%ig wirksames Mittel. Von den chemischen Mitteln (Rodentizide) sind derzeit vier Köderpräparate zugelassen. Sie werden entweder breitflächig ausgebracht oder in eigens entwickelten Köderstationen ausgelegt. Die breitflächige Ausbringung hat jedoch den Nachteil, dass hierbei Gefahr für andere Säugetiere und für Vögel besteht und dass die Köder durch Witterungseinflüsse schnell abgebaut werden. Eine Bekämpfung ist generell nur bei starker Gefährdung durchzuführen (▸ Wildvergiftungen). Mechanische Verfahren, z.B. Schlagfallen, wirken allerdings bei Massenvermehrungen von Mäusen nicht ausreichend. Biologische Methoden (Schutz der Greifvögel, von Hermelin und Mauswiesel) können auch nur unter normalen Verhältnissen ein effektives Gegengewicht gegen Mäuse bilden.
Bei *Pilzkrankheiten* kommen im praktischen W. nur vorbeugende Mittel (Kontaktfungizide) zum Einsatz. Sie verhindern die Keimung und das Wachsen der Pilzsporen und hemmen somit die weitere Ausbreitung der Infektion. Für den Wundschutz stehen bisher nur für die Fichte geprüfte und zugelassene Mittel zur Verfügung. In der modernen Landwirtschaft spielt der Einsatz von chemischen Mitteln gegen die Konkurrenzflora (Herbizide) eine wichtige Rolle. Der Einsatz von Herbiziden in Forstkulturen und Jungbeständen ist i.d.R. nicht notwendig. Um den Verjüngungs- oder Kulturerfolg zu sichern, kann es in Einzelfällen angebracht sein, die Kulturpflanzen von ihrer Konkurrenz zu entlasten. Ziel ist nicht eine vollständige Beseitigung der Konkurrenzflora, sondern nur eine zeitweise Entlastung der Kulturpflanzen, z.B. manuelle oder maschinelle Verfahren (Ausgrasen, Sicheln und Freischneiden); ▸ Waldhygiene.

Waldschutzgebiete, die: Bez. für ▸ Naturwaldreservate und Naturwaldzellen. Es handelt sich um Wälder, die weitgehend aus der forstlichen Nutzung entlassen wurden. Sie werden in ▸ Bannwälder (Totalreservate) und ▸ Schonwälder untergliedert und unterliegen nicht den Naturschutzgesetzen, sondern ausnahmslos den internen Verwaltungsbestimmungen der Staatsforstverwaltungen der Länder.

Waldservitute, die: Auch Forstservitute, Forstberechtigungen, Waldgrundgerechtigkeiten, Walddienstbarkeiten. Bürgerlich-rechtliche, dingliche Rechte der Besitzer bestimmter Grundstücke auf wiederkehrende Benutzung fremder Waldgrundstücke. Sie sind meist Grunddienstbarkeiten, in Ausnahmefällen auch beschränkte persönliche Dienstbarkeiten oder Reallasten. Der Waldeigentümer hat gewisse Nutzungen des Berechtigten zu dulden. Wichtige W. sind: Holz-, Mast-, Harz-, Waldstreu-, Waldweide-Berechtigungen. Die jahrhundertealten Rechte entstanden überwiegend im 15. u. 16. Jh., zum Teil wesentlich früher, als Bauern im Auftrag der Landesherren Wald rodeten. Die Nachteile dieser W. haben in neuerer Zeit in den meisten Fällen zur Regelung oder Ablösung geführt. In Bayern blieben noch viele W. bestehen, v.a. im Hochgebirge bilden W. (Forstrechte) auf ▸ Waldweide noch heute eine erhebliche Belastung des Waldes; im Flachland hingegen wurden sie pflichtabgelöst.

Waldspitzmaus, die: ▸ Spitzmäuse 1.

Waldsportpfad, der: Auch Vita-Parcour, Trimm-Pfad, Fitness-Bahn, Schweißtropfen-Bahn. Eine Trainingsanlage in Form eines natürlichen oder künstlich angelegten federnden Waldweges mit einzelnen Stationen, wo sich unterschiedlich konstruierte und verwendbare Trainingsgeräte befinden. W. sind nach skandinavischem Vorbild in der Schweiz entstanden und haben verstärkt auch in der Bundesrepublik Deutschland, v.a. in Naherholungsgebieten Eingang und starken Anklang gefunden; ▸ Waldlehrpfad.

Waldsteppen-Arten, die: Bez. für Pflanzen- und Tierarten mit Ursprung im räumig-lückigen Wald der innerkontinentalen Waldsteppe bzw. der lichten Taiga (z.B. Wendehals, Auerhuhn und Wiedehopf); ▸ Schlüpfer.

Waldsterben, das: Bezeichnung für die neuartigen ▸ Waldschäden.

Waldstorch, der: ▸ Störche 2.

Waldstrandläufer, der: ▸ Schnepfenvögel 12.

Waldstreife, die: Eine Streifjagd im Wald; ▸ Gesellschaftsjagd 4 (Streife).

Waldstreunutzung, die: Früher übliche Nutzung der Waldbodendecke (Laub, Nadeln, Moose, Gräser, Kräuter etc.) sowie der grünen jungen Zweige der Nadelbäume zur Einstreu in die Ställe anstatt des Strohes. Die Entnahme der obersten, noch nicht zersetzten Bodenschicht und die Ausübung der ▸ Waldweide hatten damals in vielen Waldungen zur Verarmung der Waldböden geführt. Bei der W. wurde generell nach Bodenstreu und Aststreu unterschieden. Die Entnahme des Auflagehumus von Waldböden stellt in jedem Fall einen Nährstoffentzug und damit eine Schwächung der Produktionskraft dar.

Waldteufel, der: ▸ Spechte 6.

Waldtracht, die: ▸ Trachtpflanzen.

Waldtreiben, das: ▸ Treiben im Wald.

Waldtreibjagd, die: Eine Treibjagd im Wald; ▸ Gesellschaftsjagd I.

Wald und Wild: W. u. W. gehören zueinander und sollten naturgemäß eine harmonische Lebensgemeinschaft bilden. Überhöhte Schalenwildbestände (besonders Rot-, Reh- und Gamswildbestände) verhindern jedoch vielerorts die ▸ Verjüngung standortgerechter und ökologisch stabiler Wälder, v.a. ▸ Mischbestände. W. u. W. müssen daher in Einklang gebracht werden. Gesetze, Verordnungen und Programme fordern einen den gesellschaftlichen Entwicklungen und dem Standort angemessenen, funktionengerechten ▸ Waldbau sowie die dazu notwendige Bejagung der Schalenwildbestände. Dabei müssen allerdings die Schalenwildbestände so reduziert und den regionalen Waldverhältnissen angepasst werden, dass kein verjüngungsgefährdender ▸ Verbiss stattfindet, d.h., die Verjüngung aller standortgerechten Baumarten muss auch ohne Zaun sichergestellt sein. Besonders gefährdet ist insbesondere wegen seiner Schutzfunktionen (▸ Waldfunktionen) der Bergwald. In den Hochlagen bereitet die natürliche Verjüngung häufig Schwierigkeiten, die ankommenden jungen Bäumchen wachsen nur langsam und sind dazu noch besonders lange (z.B. wegen der Schneedecke) dem Wildverbiss ausgesetzt. Die Durchsetzung einer notwendigen Reduzierung überhöhter Schalenwildbestände zusammen mit einem Fütterungsverbot (Ausnahme: Fütterung in ▸ Notzeiten, wenn die Existenz des Wildes bedroht ist) führt häufig zu einem Interessenkonflikt zwischen Forstbeamtenschaft und Jägerschaft. Inzwischen setzt sich aber weitgehend die Erkenntnis durch, dass das Vorhandensein standortgerechter, reich gemischter Wälder eine wesentliche Voraussetzung für die Erhaltung eines gesunden, artenreichen Wildbestandes ist.

Waldverbot, das: Frühere Bestimmung, nach der zur Setz- und Brunftzeit das Wild nicht beunruhigt und daher der Wald nicht betreten werden durfte.

Waldverderber, die: Frühere Sammelbezeichnung für alle Tiere und Pflanzen, die dem Wald mehr oder weniger schaden. Hierzu zählen v.a. in Massen auftretende Käfer, Raupen und ▸ Mäuse sowie das ▸ Schalenwild bei hohem Wildstand und die ▸ Wildkaninchen. Von den Pflanzen sind hauptsächlich die sog. Forstunkräuter und verschiedene Pilzarten zu nennen. Zu den W. zählte man auch das ▸ Eichhörnchen (Verzehren von Sämereien, Abbeißen von Knospen und Trieben), die Finkenvögel (Verzehren von Samen und Abfressen der Keimlinge) und das auf der ▸ Roten Liste stehende Auerwild (Verbeißen junger Nadelbäume, besonders in Forstgärten).

Waldverwandte, die (veraltet): Angehörige eines Forst- und Jagdamtes.

Waldvogt, der: ▸ Waldgraf.

Waldwasserläufer, der: ▸ Schnepfenvögel 13.

Waldweide, die (Viehweide im Wald, Hutung, Hut): In historischer Zeit (Mittelalter) war der Wald die notwendige Ergänzung für die Acker- und Wiesennahrung. Da die Landwirtschaft damals noch wenig Futtermittel produzierte, war man viele Jh. auf die W. angewiesen; der Wald diente als Nährwald. Die meisten ▸ Forstrechte waren deshalb auch Weiderechte. Im eigentlichen Sinne umfasst die W. nur die Grasweide und die Laubweide mit Rindern, Pferden, Schafen und Ziegen. Im engeren Sinne umfasste sie auch die Schweinemast. Zusammen mit der ▸ Waldstreunutzung und dem fortschreitenden Holzraubbau führte die W. zwangsläufig zu großen Waldverwüstungen, deren Folgen (z.B. Überschwemmungen und Lawinenabgänge) in manchen Gegenden noch nicht überwunden sind. Zu den schädlichsten Weidetieren gehörten Ziegen und Schafe; v.a. die Ziegen verbissen auch bei

▸▸ Renz Waller (1895–1979) mit seinem Sakerfalken, 1960, Fotografie. München, Deutsches Jagd- und Fischereimuseum

ausreichendem Gras- und Kräuterwuchs die Holzpflanzen. Großvieh wurde durch Tritt und Verbiss schädlich und verhinderte zusammen mit übermäßigen Beständen an Rot-, Reh- und Gamswild weitgehend die natürliche ▸ Verjüngung des Waldes. Die durch die W. verursachten Schäden wurden schon früh erkannt, und vielerorts wurde der Eintrieb auf eine bestimmte Anzahl oder Gattung von Vieh oder auf ein bestimmtes Waldgebiet – wenn auch ohne Erfolg – beschränkt. Viele ▸ Weistümer und Forstordnungen verboten daher die W. ganz oder gestatteten sie nur mit großen Einschränkungen (Hüteregelungen). Für Übertretungen waren z.T. hohe Strafen vorgesehen. Erst im Laufe des 18. Jh., als durch den Anbau von ▸ Klee und ▸ Luzerne und die Einführung der Kartoffel allmählich ein Übergang zur Stallfütterung stattfand, verlor die W. an Bedeutung und wurde letztlich entbehrlich. Gehalten hat sie sich nur noch im Bayerischen Wald und im Hochgebirge. In den bayerischen Alpen sind die alten Weiderechte (Vorschriften zur Beschränkung wurden schon im 15. und 16. Jh. erlassen) noch heute ein beachtlicher Bestandteil der Almwirtschaft. Bei 278 von 728 Almen ist z.B. in Oberbayern das Recht verbunden, Vieh in die angrenzenden Wälder zu treiben. Angestrebt wird daher eine »Trennung von Wald und Weide«, d.h. eine Ablösung der alten bäuerlichen Weiderechte durch Geld oder Grundeigentum; Aussperrung des Weideviehs aus dem Wald und ggf. zum Ausgleich Vergrößerung der Lichtweidefläche außerhalb des Waldes. Intensive Bemühungen der Bayer. Staatsforstverwaltung um eine Trennung von Wald und Weide sind bisher ohne großen Erfolg geblieben, weil ein Mangel an Ersatzflächen in den Tälern besteht und die vom Staat angebotenen Ablösesummen den Weiderechtsinhabern zu gering erscheinen.

Waldwiesen, die: Die W. als besonders schützenswerte Lebensräume (▸ Biotop) waren einst Bestandteil der bäuerlichen ▸ Landwirtschaft. Sie waren von großem Artenreichtum gekennzeichnet und dienten neben der Raufuttergewinnung auch als Nahrungsquelle für viele wild lebende Tiere. Die W., von Menschenhand geschaffen, sind heute durch Umbruch, Freizeitnutzung und Aufforstung, aber auch durch natürlichen Gehölzaufwuchs sowie durch Vernässung und Versumpfung bedroht. Die Erhaltung der W., die einen wesentlichen Bestandteil eines abwechslungsreichen Erholungsraumes »Wald« darstellen, ist meist nur dann möglich, wenn mit der bäuerlichen Landwirtschaft ein entsprechendes Nutzungs- und Pflegeprogramm vereinbart wird. Der Schutz der W. muss aber beim ▸ Bodenschutz und der Bodenpflege beginnen als Voraussetzung für eine Belebung der Artenhäufigkeit der Pflanzengesellschaften und Tierwelt der ▸ Wiese.

Waldwühlmaus, die: ▸ Mäuse 6.

Waldzeichen, die: Über Jh. hinweg wurden Bäume zur Kennzeichnung von Eigentums-, Jagd-, Weide- und Wegegrenzen benutzt. Hierzu wurden sie mit Marken oder Zeichen versehen, die in der betreffenden Gegend allg. bekannt waren und nicht von dritten Personen gebraucht werden durften. Hierzu benutzte man hauptsächlich Kreuze, Andreaskreuze, Halbmonde, Hirschgeweihe, Schwerter, Lanzen, Tierköpfe und im Erzgebirge sogar Figuren, wie z.B. einen Reiter zu Pferde, der den sog. Kroatenweg bezeichnete. Die mit W. versehenen Bäume hießen Mark-, Loch- oder Malbäume (Mahlbäume), weil Mark Grenze und Mal Zeichen bedeutet, Loch, weil auch eines oder mehrere eingehauene Löcher als Zeichen dienten. Diese Bäume waren durch die ältesten Gesetze besonders geschützt. Die Strafe für Beschädigung oder Beseitigung der Zeichen konnte der Königsbann, im späten Mittelalter eine Leibstrafe sein. W. waren noch im 19. Jh. üblich. An manchen Orten wurden sie in sog. Zeichenbüchern zusammengestellt, und der Gebrauch der Waldhämmer, -eisen, Malbarten (Mahlbarten) dürfte hier seinen Ursprung haben. In Sachsen übten amtliche Personen als »Zeichenschneider« das Einschneiden der Zeichen in den königlichen Wäldern aus; ▸ Malbaum.

walgen (mittelhochdeutsch: walgen; althochdeutsch uualgon; lat.: volvi): Auch walken. Alpenländischer Ausdruck für das Hinabwälzen, Hinabkollern von erlegtem Wild, namentlich der Gams, über die Berghänge; »die Gams walgt ab«.

Walhabuh, der: Der zur ▸ Beizjagd verwendete Greifvogel der Germanen. Hapuh war ein alter Ausdruck für Habicht.

walken: **1**) svw. walchen, schlagen, durchbläuen, durchkneten (mittelhochdeutsch: walchen, walken; althochdeutsch: walchan). »Do sach ich zwen valchen [Falken] sich in den luften walken.« **2**) ▸ walgen.

Wallbaum, Matheus: ▸ Jagdkunst.

Waller, Renz (3.11.1895 bis 8.10.1979): Sohn des Malers Georg Anton W. Er erwarb sich große Verdienste um die Falknerei, war einer der Gründer des Deutschen ▸ Falkenordens und von 1932 bis 1957 dessen Leiter (Ordensmeister), danach Ehrenordensmeister. W. war Jagdmaler und Autor des Buches »Der wilde Falk ist mein Gesell« (4. Aufl. 1982). Am 6.5.1983 wurde in Mettmann die Renz-Waller-Stiftung eröffnet.

Wallhecke, die: ▸ Knick.

Walliser Terrier, der: ▸ Erdhunde.

Wallo!: Zuruf der Jäger beim Anblick eines Wildschweines (die Schützen auf das Wildschwein aufmerksam machen); ▸ Wahrto, ▸ Jagdgeschrei.

Walther: Den Grundstein zu den heutigen W.-Werken in Heidenheim legte im Herbst 1886 Carl-Wilhelm-Freund-W. in Zella-Mehlis und fertigte Jagd- und Scheibenbüchsen. Im Jahre 1908 kam die erste brauchbare deutsche Selbstladepistole als »Walther Modell 1, Kaliber 6,35 mm« heraus, der dann relativ schnell vier weitere Modelle folgten. Als der Firmengründer 1915 starb, übernahmen die Söhne Fritz August, Georg Carl und Hans Erich das Werk. Im April 1940 wurde die P38 bei der Wehrmacht eingeführt. Nach dem Kriege (1951) begann Fritz W. in Heidenheim, am Ostrand der Schwäbischen Alb, mit dem Neuaufbau der Firma. Nachdem das Herstellungsverbot für Jagd- und Sportwaffen aufgehoben war, konnte man auch diesen Produktionszweig wieder aufnehmen. 1951 begannen sechs Mitarbeiter in Ulm mit der Fertigung. Hier entstand das von Fritz Walther neu konstruierte Luftgewehr Modell LG 51. Mit ihm wurde eine neue Entwicklung im Schießsport eingeleitet. 1952 konnten ab Oktober die ersten PP und PPK in Lizenz bei der französischen Firma Manurhin gefertigt werden. Im Jahre 1993 wurde W. von der 1972 gegründeten UMAREX-Gruppe übernommen, die darüber hinaus auch Lizenzverträge mit FN (Browning), ▸ Beretta, Colt, Smith & Wesson abschloss.

Walther, Friedrich Ludwig: ▸ Jagdliteratur.

Wamben, die: Alter und seltener Ausdruck für ▸ Flaume.

Wambst, der: ▸ Wanst.

Wammen, die: **1**) ▸ Dünnungen. **2**) Die besonders weite Haut (Kehlhaut) am unteren Hundehals.

Wampe, die: Alter und seltener Ausdruck für ▸ Flaume.

Wand, die: **1**) Die Rippenstücke beim zerwirkten (zerlegten) ▸ Schalenwild. **2**) Die äußeren scharfen Seiten (Außenränder) an den ▸ Schalen (Schalenwand) des ▸ Schalenwildes. **3**) Eine aufgestellte Reihe von Tüchern, Netzen oder Garnen (▸ Jagdzeug) zum Wildfang; insbesondere aufgestellte Klebnetze oder Taggarne (▸ Garne). **4**) Beim Gewehrlauf: Innenwand, Außenwand, Wandstärke. **5**) Seltener Ausdruck für das Feld im Büchsenlauf; ▸ Lauf 4) 1.

Wandel, der: **1**) Auch Wandl; alpenländischer Ausdruck für die Rippenstücke des Schalenwildes. **2**) Alter Ausdruck für ▸ Wechsel 1).

Wanderfalke, der: ▸ Falken 1.

Wanderhirsch, der: Ein stetig und weit umherwechselnder, meist älterer Hirsch ohne festen ▸ Einstand.

Wanderhühner, die: Mehrere Rebhuhnketten (▸ Volk), die plötzlich im Revier auftauchen und nach kurzem Aufenthalt wieder weiterwandern.

Wander-Kamp, der: ▸ Pflanzgarten.

wandernde Tierarten: Tierarten, die mehr oder weniger regelmäßige Wanderungen über längere Strecken (z.B. über mehrere Länder oder von Kontinent zu Kontinent) unternehmen. Durch dieses Wanderverhalten sind diese Tierarten stärker als sesshafte Arten gefährdet, weswegen zu ihrem Bestandsschutz und ihrer Erhaltung internationale Vereinbarungen getroffen wurden (z.B. ▸ Bonner Konvention von 1979); ▸ Tierwanderungen, ▸ Vogelzug.

Wanderratte, die *(Rattus norvegicus):* Die W. zählt zoologisch zur Familie der ▸ Nagetiere. Ihre Urheimat ist Persien, sie ist aber inzwischen auch in ganz Deutschland verbreitet und hat unsere Hausratte *(Rattus rattus)* weitgehend verdrängt. Die W. ist 22 bis 27 cm lang und besitzt einen kahlen, runden, 15 bis 22 cm langen Schwanz und wird bis zu 500 g schwer. Das Fell ist dunkelgrau. Sie liebt feuchte Örtlichkeiten, folgt als guter Schwimmer den Flussläufen, Kanalsystemen usw. und lebt vorwiegend in der Nähe des Menschen (Müllkippen, Kellerräume, Schiffsrümpfe). Nach einer Tragzeit von 22 bis 24 Tagen werden jährlich etwa vier- bis siebenmal jeweils 8 bis 20 Junge geboren. Die Jungen öffnen nach 13 bis 17 Tagen die Augen und verlassen nach 22 Tagen den Bau. Die W. ist ein außerordentlich großer Schädling, da sie außer Pflanzen auch die Eier und Jungvögel der Bodenbrüter vertilgt. Sogar Junghasen gehören zu ihrer Beute. Als natürliche Feinde stehen ihr Eulen, Rohrweihe, Iltis und Wiesel gegenüber. In Enten- und Fasanenrevieren mit vielen W. wird man deshalb sogar den Iltis schonen. Unerlässlich ist jedoch die Bekämpfung der W. mit Falle und Flinte durch den Jäger. Mit einfachen Fallen lassen sich die W. selten überlisten. Auch die schnell wirkenden Gifte Strychnin, Phosphor oder Arsen sind nur für kurze Zeit von Nutzen. Frisst eine W. einen so präparierten Köder und verendet dabei, verzichtet der Rest des Rudels auf diese Nahrung. Mehr noch: Wenn das Tier nur ein wenig daran geknabbert und überlebt hat, erinnert es sich beim nächsten Köder an die Wirkung des Giftes und warnt die Artgenossen. Ein von der W. geleertes Ei ist an der typischen Fraßspur zu erkennen, da sie in das Ei seitlich eine große, ovale Öffnung beißt. Die W. überträgt Krankheiten (z.B. ▸ Tollwut, ▸ Leptospirose, ▸ Trichinose) und Parasiten und über den Rattenfloh die Pest.

Wanderung, die: ▸ Migration, ▸ Tierwanderung, ▸ Vogelzug.

Wandlung, die: Das Einziehen (Einwechseln) des Hirsches nach dem Äsen vom Feld ins Holz (Wald); ▸ Kirchgang.

Wandweher, der: ▸ Falken 2.

Wangendrüsen, die: ▸ Duftdrüsen des Murmeltieres.

Wanker, der: Ein durch Unruhe beim Abdrücken verdorbener Schuss.

Wannen, die: Die zehn Unterarmschwingen des ▸ Greifvogels (Beizvogels); ▸ Vogelflügel, ▸ Pennen.

Wanst, der (veraltet: Wens, Wenns, Wambst, Gewämp): Das ältere Wort für den Pansen (Magen) des wiederkäuenden Wildes; ▸ Wiederkäuermagen. Auch der Bauch des Schalenwildes wird als W. bezeichnet.

Wapiti, der *(Cervus elaphus canadensis):* Auch Felsengebirgswapiti. Der W. hat seinen Lebensraum in Nordamerika und Nordasien und ist die größte Unterart des Rothirsches *(Cervus elaphus;* ▸ Rotwild). Kopf-Rumpf-Länge bis 280 cm, Schulterhöhe bis 160 cm, Wedellänge bis 22 cm, Gewicht bis 450 kg. Weibliche Tiere sind deutlich geringer. Sein Lebensraum sind überwiegend die Laub- und Nadelwälder mit Lichtungen in den Felsengebirgen. Männliche und weibliche Tiere mit Kälbern leben in getrennten Rudeln. Nach einer Tragzeit von 34 Wochen wird gegen Ende des Frühjahrs ein (bis zwei) Kalb gesetzt. Die männlichen Tiere tragen ein mächtiges (typisches) Hirschgeweih (Leitergeweih) mit starker Wolfssprosse, das bis zu 40 Enden zählen und ein Gewicht von bis zu 20 kg erreichen kann. Es weist aber i.d.R. nicht die Kronenbildung unseres Rothirsches auf.

Wappen, das: ▸ Wild und Jagd im Wappen.

Warg, der (mittelhochdeutsch: ware, gen. warges): Alte Bez. für den Wolf.

warm: Eine frische ▸ Fährte oder ▸ Spur (auch frisches ▸ Lager oder ▸ Wundbett), die weniger als zwei Stunden alt ist, auf die der Jagdhund die ▸ Wittrung ohne Mühe aufnehmen kann; ▸ kalte Fährte.

Warmblüter, die: Bez. für alle ▸ Säugetiere und ▸ Vögel, sog. gleichwarme Tiere. Bei ihnen bleibt die Körpertemperatur unabhängig von der Umgebung stets fast gleich hoch. Während die Temperatur bei Vögeln etwa bei 40 bis 43 °C liegt, beträgt sie bei den meisten Säugetieren 36 bis 39 °C; ▸ wechselwarm.

Warnbruch, der: ▸ Bruchzeichen.

Warnen, das: Eine ▸ Lautäußerung (Warn- oder Schrecklaut) der Tiere, um Artgenossen auf eine Gefahr aufmerksam zu machen; ▸ Warnlaute.

Warnlaute, die: Ohne Anblick zu haben, verrät sich beunruhigtes Wild dem kundigen Jäger u.a. durch ▸ Lautäußerungen (W.) und zeigt ihm damit den ungefähren Standort an. Rot- und Damwild werden an einem bellenden Schrecken, Gemsen, Muffelwild und Murmeltiere am Pfeifen, Sauen am Blasen, Rehwild am Schmälen (beim Bock ein tiefes »Bö-bö«) usw. erkannt. Hasen und Wildkaninchen klopfen mit den Hinterläufen, Haarraubwild warnt durch keckernde oder bellende W. Typische W. sind auch das »Rätsch« des Eichelhähers, das »Schack-schak« der Elster, das schrille »Tix-tix-tix« der Schwarzdrossel, das trockene Schnabelknacken der Eulen und das »Gock-gock-gock« der Auerhenne.

Wart, der: **1**) Niederdeutscher Ausdruck für den ▸ Erpel. **2**) Der Standort bzw. ▸ Wechsel des Wildes.

Warte, die: **1**) Ein Pfahl, Hügel oder ein sonstiger erhöhter Platz, auf den man einen ▸ Beizvogel stellt und ihm dann Wild zudrückt. **2**) Ein besonders geeigneter Platz, auf den man einen Hilfsfalkner stellt, damit dieser das Jagen der Beizvögel beobachten kann.

Wartebruch, der: ▸ Bruchzeichen.

Warten, die: Frühere Bez. für die rings um ein Jagdgelände als Abwehr aufgestellten Posten; ▸ Abwehrer.

warten: Bei ▸ Greifvögeln: auf einem Baum sitzen.

Warten aufgegeben: ▸ Bruchzeichen.

Warzenbirke, die: ▸ Birken 1.

Warzenkrankheit, die: ▸ Papillomatose.

Waschbär, der *(Procyon lotor):* Auch Schupp. Der W. zählt zur Familie der Kleinbären *(Procyonidae)* und zur ▸ Ordnung der Raubtiere (▸ *Carnivora*). Seinen Namen verdankt er seiner Vorliebe, erlegte Beute vor dem Fraß ins Wasser zu tauchen. In den Bundesländern Bayern, Hessen, Niedersachsen, Nordrhein-Westfalen, Rheinland-Pfalz, Schleswig-Holstein und in allen neuen Bundesländern wurde er für jagdbar erklärt. Als unerwünschtes und artfremdes Landraubtier genießt er keine Schonzeit. Nur während der Aufzucht der Jungen dürfen die Elterntiere nicht erlegt werden; ▸ Jagdzeiten und ▸ Schonzeiten.

<u>Vorkommen</u>: Der W. stammt aus Nordamerika und wurde 1920 zu Zuchtzwecken in Pelztierfarmen eingeführt. 1934 wurden in der Nähe des Edersees (Hessen) mit Genehmigung des damaligen preußischen Landesamtes zwei W.-Pärchen ausgesetzt. Auch wenn die Einbürgerung des W. nur auf kleinem Raum statt-

Waschbären: Nach Auswilderung am hessischen Edersee im Jahre 1934 hat sich die Art über ganz Deutschland verbreitet.

finden sollte, wird sein derzeitiger Bestand in der Bundesrepublik Deutschland auf etwa 10000 bis 100000 Exemplare geschätzt.

Aussehen: Seine Gesamtlänge beträgt ca. 85 cm, davon entfallen ca. 20 bis 25 cm auf die buschige ▸ Rute. Die Schulterhöhe beträgt 30 bis 35 cm, das Gewicht 5 bis 7 kg. Die Färbung des langhaarigen Balges ist überwiegend gelbgrau mit schwarz gemischt, gelegentlich auch braun oder dunkelbraun. Die Rute ist schwarzbraun geringelt. Hervorstechendes Merkmal sind zwei fast schwarze Streifen, von denen sich einer über die Augen zieht und einer von der Nase bis zur Stirn führt, die bei dem breiten Kopf mit der zugespitzten Schnauze wie eine Maske wirken.

Zahnformel:

$$\frac{3}{3}\ \frac{1}{1}\ \frac{4}{4}\ \frac{2}{2} = 40 \text{ Zähne}$$

(▸ Zahnaltersiehre).

Sinne: Die Sinne des W. sind ganz auf sein Leben in der Dämmerung und in der Nacht eingestellt. Er vernimmt gut, windet gut, äugt jedoch nicht besonders.

Lebensraum und Lebensweise: Der W. ist, außer zur ▸ Ranzzeit, ein Einzelgänger und ein ausgesprochenes Waldtier. Bevorzugt werden Laub- und Mischwälder in der Nähe von Wasser. Er legt kleine Erdbaue an, benützt aber meist schon vorhandene Dachs- und Fuchsbaue oder steckt in hohlen Bäumen. Den Tag verbringt er in seinem Bau und geht nachts auf Nahrungssuche. Er hält nur kurze Winterruhe (ab 4 °C; ▸ Überwinterung) und verbringt sie in warmen Erdbauen oder tiefen Felsspalten. Im Frühjahr hingegen zieht er in luftige Unterschlupfe (z.B. hohle Bäume) um. Ob ein Bau von einem W. bewohnt wird, ist an seiner Losung zu erkennen, die er mehrmals – etwa 30 bis 60 m vom Bau entfernt – absetzt. Beim Verlassen des Baues ist er sehr vorsichtig und erscheint zuerst in zwei oder drei Röhren, sichert, verschwindet wieder und verlässt ihn dann erst. Er ist sehr munter und beweglich,

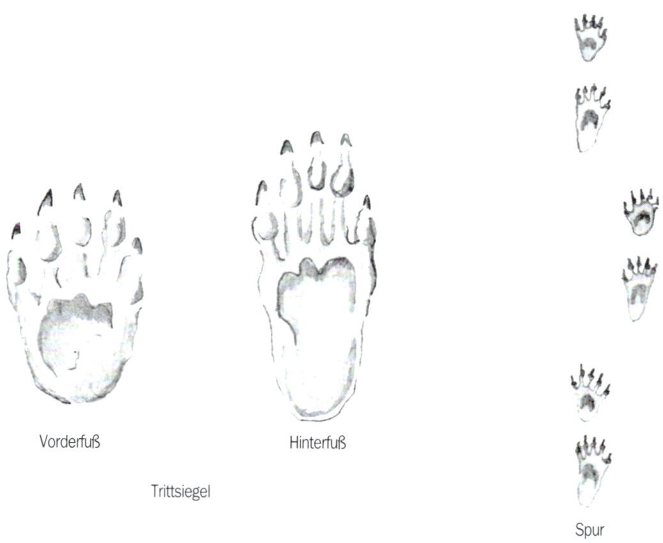

Waschbär

klettert mit großer Geschicklichkeit und ist auch ein ausgezeichneter Schwimmer. Beim Beschleichen seiner Beute ist er listig und gewandt wie der Fuchs.
Nahrung: Der W. ist ein ▸ Allesfresser und nimmt alles, was er zwingen kann. Zu seiner Nahrung zählen: Bisamratten, Mäuse, Ratten, Vögel, Hasen, Jungwild aller Art, Fische, Obst, Beeren und sogar Abfall. Mit Vorliebe nimmt er die Gelege der Bodenbrüter aus und ist als guter Kletterer auch ein arger Nesträuber. Eine besondere Vorliebe hat er für Süßes, so räumt er z.B. auf der Suche danach gerne Papierkörbe aus oder plündert mit der ganzen Familie Obstbäume. Der Anteil pflanzlicher Kost beträgt etwa 50%.
Fortpflanzung: Die Ranzzeit fällt in den Januar bis März. Sie verläuft stürmisch und laut. Das scharfe Keckern des Weibchens ist oft weit zu hören. Die Tragzeit beträgt 63 bis 64 Tage. Die Bärin wirft im April/Mai (bis Oktober) in einem ungepolsterten Nest zwei bis acht (meist vier) Jungbären, die behaart und blind sind. Das Geburtsgewicht beträgt 64 bis 75 g. Nach etwa 13 Tagen öffnen sich ihre Gehöre und mit drei Wochen die Augen. Im Alter von zwei Monaten begleiten sie die Bärin zum ersten Mal auf der Nahrungssuche, mit vier Monaten sind sie entwöhnt, und kurze Zeit später löst sich die Familie auf. W. sind bereits mit einem Jahr geschlechtsreif und können sechs bis acht Jahre alt werden.
Losung: Die Losung ist jahreszeitlich verschieden und weist im Sommer und Herbst viele Obst- und Beerenreste auf.
Spur: Die Spur des W. findet man meistens am Ufer der Gewässer. Als ▸ Sohlengänger hat er lange Zehen mit Nägeln daran. Er spürt wie der Dachs, jedoch kleiner. Der Fußabdruck ist im Verhältnis zu seiner Körpergröße groß. Der Vorderfußabdruck ist beim ausgewachsenen W. etwa 6 bis 7 cm lang und ebenso breit, die Zehen sind gespreizt. Der Hinterfußabdruck ist 8 bis 9 cm lang und 6 bis 7 cm breit; die Zehen erscheinen geschlossener. Der W. schränkt etwas, im Herbst, wenn er feist ist, auffallend stark. I.d.R. tritt er mit den Hinterläufen in die Trittsiegel der Vorderläufe.
Jagd: Der W. ist in freier Wildbahn unerwünscht, da er erheblichen Schaden am ▸ Niederwild anrichtet. Er hat nur den Uhu als natürlichen Feind. Wo er auftaucht, ist er daher intensivst zu bejagen. Als dämmerungs- und nachtaktivem Räuber, den man selten zu Gesicht bekommt, ist ihm schlecht mit Büchse und Flinte beizukommen. Der Ansitz hinter einem Schirm oder auf dem Hochsitz in der Abend- oder Morgendämmerung oder in mondhellen Nächten kann aber gelegentlich zum Erfolg führen. Der Schrotschuss (3,5 oder 4 mm Schrotstärke) ist nur auf 25 bis 30 m auf den breitstehenden W. zu empfehlen, wenn er bereits einige Meter vom Bau entfernt ist. Möglich ist auch der Büchsenschuss (ab Kaliber .22 Magnum aufwärts) an der ▸ Kirrung, an Abfallplätzen oder in Obstbaumnähe, wenn das Obst reif ist, nicht aber am Bau. Einen größeren Erfolg bringt der Fang mit der Kasten-, Scheren- und Knüppelfalle (▸ Fallen) von ausreichender Größe und Beschwerung, die auf seinen Wechseln, in Wassernähe oder am Rande von Abfallplätzen aufgestellt werden. Die Kastenfallen sind am frühen Morgen zu kontrollieren, da sich der W., solange es dunkel ist, relativ ruhig verhält, bei Tageslicht aber freizukommen versucht. Der W. sollte nicht in der Falle, sondern in einem Sack oder speziellen Kasten getötet werden. Als Köder eignen sich süße Sachen, gequollener Mais, Obst, Fisch und frisches ▸ Gescheide von Federwild, Hase oder Kaninchen. Auch die Baujagd mit Dackel und Terrier wird gelegentlich auf ihn ausgeübt. In Amerika wird die Jagd auf ihn mit großer Leidenschaft betrieben; i.d.R. wird er dort zur Nachtzeit mithilfe der Hunde (Coon hounds) und unter Fackelbeleuchtung gejagt. Ein guter erfahrener Hund nimmt die Fährte auf, und die ganze Hundemeute stürzt dem flüchtenden Kleinbären nach, der sehr bald auf einen Baum flüchtet und sich im Astwerk zu verbergen sucht. Der W. wird dann von den Hunden verbellt und vom Jäger erlegt.

Washingtoner Artenschutzübereinkommen, das: ▸ Artenschutzrecht.

Wasserabzugseisen, das: ▸ Fallen 14.

Wasseramsel, die *(Cinclus cinclus*, L.): Auch Wasserschmätzer. Länge: ca. 18 cm, Gewicht: um 60 g.
Aussehen: Die ▸ Geschlechter sind gleich gefärbt. Rücken, Flügel und Schwanz sind schiefergrau, Kopf und Bauch schwarzbraun, Kehle und Brust weiß. Die Jungvögel sind oberseits schiefergrau, unterseits von der Kehle bis zum Bauch grau und weiß gefleckt.
Vorkommen und Lebensweise: Die W. ist fast in ganz Europa beheimatet und lebt an sauberen und klaren Gewässern, überwiegend an Gebirgsbächen. Sie ist der einzige Singvogel, der auch taucht und auf dem Grund der Gewässer nach Nahrung sucht. Sie fliegt mit schnellen Flügelschlägen und meist niedrig über das Wasser. ▸ Standvogel, der bei strengen Wintern häufig in der Nähe von Wasserfällen, Mühlen und Sägewerken anzutreffen ist.
Fortpflanzung: Das kugelige ▸ Nest mit seitlichem Einschlupf wird immer in Wassernähe, am liebsten hinter Wasserfällen, unter Brücken, unter Baumwurzeln und in Nischen und Höhlen der Bachufer angelegt. Zum Teil wird das Nest mehrere Jahre benützt. Das Gelege besteht aus vier bis sechs reinweißen Eiern, die 25 x 19 mm groß und ca. 5 g schwer sind. Es brütet nur das Weibchen. Die Brutdauer beträgt 15 bis 17 Tage, die ▸ Nestlingszeit etwa 20 Tage. I.d.R. zwei Jahresbruten (April bis Juni/Juli).
Nahrung: Überwiegend Larven von Wasserinsekten, kleine Krebse und Weichtiere, die aus dem seichten Wasser oder tauchend vom Gewässergrund aufgenommen werden. Gelegentlich fängt sie auch Kleinstfische.

Wasserarbeit, die: Die Arbeit des Jagdhundes im Wasser, im Ggs. zur ▸ Wald- und ▸ Feldarbeit. Der an das Wasser gewöhnte Jagdhund soll dabei das Stöbern hinter der Ente im Schilf sowie das ▸ Verlorenbringen aus tiefem Schilfwasser erlernen. Ziel der Ausbildung in der W. ist es, dass der Hund Enten schnell ▸ apportiert und sie nicht am Ufer ablegt, sondern ausgibt (▸ ausgeben 3)). Die W. ist ein Teil der Verbands-Herbstzuchtprüfung (HZP) und der Verbands-Gebrauchsprüfung (VGP); ▸ Hundeprüfungen. Sie besteht aus Stöbern im Schilf ohne Ente, Stöbern im Schilf mit Ente und Verlorenbringen aus tiefem Wasser. Die für den Prüfungsteil »W.« ausgesuchte Wasserfläche soll einen dichten und mindestens 3 m breiten Schilfgürtel aufweisen und einschließlich des Schilfgürtels ca. 2500 m^2 groß sein. Die vorherrschende Wassertiefe soll den Hund zum Schwimmen zwingen.

Wasseraufbereitung, die: Die biologische oder chemische Behandlung natürlicher Was-

Das Vorkommen der Wasseramsel ist ein Hinweis auf gute Gewässerqualität.

Golden Retriever bei der Wasserarbeit

ser oder Abwässer für den jeweiligen Verwendungszweck (Trink- und Brauchwasser) z.B. durch Entkalken, Enteisen, Entsalzen, Sterilisieren, Chloren, Filtern.

Wasserbau, der: Alle Baumaßnahmen, die die Nutzung des Wassers durch den Menschen ermöglichen und das Land vor überflüssigem oder schädlichem Wasser schützen (z.B. Be- und Entwässerung, Fließwasserregulierung, Rückhaltebecken).

Wasserbekassine, die: ▸ Schnepfenvögel 13.

Wasserbömsch, der: Eine früher übliche Fangvorrichtung für Greifvögel mit einem Fisch als Köder; ▸ Landbömsch, ▸ Garne 9.

Wassereinzugsgebiet, das: Das gesamte von einem Fließgewässer mit allen seinen Nebenarmen ober- und unterirdisch entwässerte Gebiet. Die Wasserscheiden trennen dabei W.

Wasserelster, die: ▸ Austernfischer.

Wasseresche, die: ▸ Esche.

Wasserfanfare, die: ▸ Parforcejagd.

Wasserfederwild, das: ▸ Wassergeflügel.

Wasserflugwild, das: ▸ Wassergeflügel.

Wasserfreudigkeit, die: Das freudige Hineingehen des Jagdhundes ins Wasser ist meist angewölft. Durch gute Abrichtung und Mitnahme wasserfreudiger Hunde kann sie aber auch einem ▸ wasserscheuen Hund angelernt werden; ▸ Wasserarbeit.

Wassergeflügel, das: Auch Wasserfederwild, Wasserflugwild. Bez. für alles Federwild, das sich überwiegend auf dem Wasser oder im Sumpf oder Schilf aufhält; ▸ Wasservögel.

Wasserhalali, das: ▸ Parforcejagd.

Wasserhaushalt, der: **1**) In der Biologie die physiologisch gesteuerte Aufnahme, Speicherung und Abgabe von Wasser durch lebende Organismen. **2**) In der Bodenkunde das Zusammenwirken des Bodens mit zugeführtem Wasser (Niederschläge, über- und unterirdische Gewässer), insbesondere die Verhältnisse von oberflächlich ablaufendem zu dem im Boden gespeicherten oder in tiefere Schichten versickerten Wasser. **3**) In der Wasserwirtschaft die Wasserbilanz, d.h. die Erfassung des ▸ Wasserkreislaufes von Bewirtschaftungsgebieten.

Wasserhaushaltsgesetz, das: Das W. (WHG) gilt für oberirdische Gewässer, Küstengewässer und das Grundwasser. Es bestimmt, dass Gewässer so zu bewirtschaften sind, dass sie dem Wohl der Allgemeinheit und im Einklang damit auch dem Nutzen Einzelner dienen und dass jede vermeidbare Beeinträchtigung zu unterbleiben hat. Aus dem Gesetz ergibt sich die Verpflichtung, Maßnahmen, die mit Einwirkung auf ein Gewässer verbunden sein können, mit der erforderlichen Sorgfalt zu treffen, um eine Verunreinigung des Wassers (▸ Wasserverschmutzung) oder eine sonstige nachteilige Veränderung seiner Eigenschaften zu vermeiden. In einem förmlichen Verfahren können ▸ Wasserschutzgebiete festgelegt werden.

Wasserhenkel, das (Wasserhenne): Siebenbürgisch-sächsische Bez. für das Grünfüßige Teichhuhn; ▸ Rallen 2.

Wasserhuhn, das: ▸ Rallen 1.

Wasserhühnchen, das: ▸ Rallen 6.

Wasserhund, der: Ein zur ▸ Wasserjagd brauchbarer und wasserfreudiger Jagdhund; ▸ Wasserarbeit.

Wasserjagd, die: Die Jagd auf Wasserwild, vornehmlich ▸ Wildenten und ▸ Wildgänse, mit einem ▸ Wasserhund. Bei der W. sind die Jagdarten ▸ Pirsch, ▸ Ansitz, ▸ Lockjagd und

Vorbereitung zur Wasserjagd mit Boot

◂◂ Anton Straßgschwandtner (1826–1881): »Wildentenjagd«, um 1860, Lithografie

▸ Treibjagd üblich. Sie kann auch von einem Boot aus betrieben werden. Zu beachten ist jedoch, dass das Aufstehen der Schützen im Boot verboten ist, es sei denn, das Boot ist gegen Umschlagen und der Schütze gegen Stürze gesichert; ▸ Unfallverhütungsvorschrift Jagd, ▸ Wattjagd.

Wasserjagen, das: ▸ Eingestellte Jagen 3.

Wasserkaninchen, das: ▸ Bisam.

Wasserkrähe, die: ▸ Kormorane 2.

Wasserkreislauf, der: In der Hydrometeorologie (= Wissenschaft vom Verhalten des Wasserdampfes in der Atmosphäre) der Zyklus des Wassers von Verdunstung über atmosphärische Verfrachtung, Niederschlag (Regen, Schnee, Hagel) bis zum Verweilen auf oder unter der Erdoberfläche. Bildung und Bewegung des Grundwassers bedeuten dabei eine wesentliche Verzögerung des W. Die durchschnittliche Verweilzeit als Wasserdampf in der Atmosphäre beträgt neun bis zehn Tage, die als flüssiges oder gefrorenes Wasser im Erdoberflächenbereich liegt bei über 2800 Jahren, für Gletschereis bei 12 000 bis 15 000 Jahren.

Wasserläufer, die: ▸ Sumpfvögel aus der Familie der ▸ Schnepfenvögel *(Scolopacidae);* hierzu gehören: Bruch-, Waldwasserläufer, Rot-, Grünschenkel und Dunkler W.

Wassermarder, der: Der ▸ Fischotter oder Nerz.

Wassermilan, der: ▸ Milane 2.

Wasserochs, der: ▸ Reiher 7.

Wasserrabe, der: ▸ Kormoran 1.

Wasserralle, die: ▸ Rallen 3.

Wasserralle, kleine, die: ▸ Rallen 6.

Wasserratte, die: ▸ Mäuse 5.

Wasserraubtiere, die: ▸ Seehunde.

Wasserrebhuhn, das: ▸ Schnepfenvögel 1.

Wasserrecht, das: Gesetzliche Grundlagen (teils Bundes- und teils Landesrecht), die sich auf Gewässer und Grundwasser, insbesondere deren Eigentum, Unterhaltung, Schutz und Nutzung, beziehen, z.B. das ▸ Wasserhaushaltsgesetz (für Wasserwirtschaftsrecht) und das Bundeswasserstraßengesetz (für Wasserwegerecht).

Wasserreh, Chinesisches *(Hydropotes inermis):* Einzige Unterfamilie der Wasserhirsche *(Hydropotinae)*, die zur Familie der ▸ Hirsche gehört. Das W. ist rehähnlich und größer als der ▸ Muntjak. Die Kopf-Rumpf-Länge beträgt 75 bis 95 cm, die Schulterhöhe 45 bis 52 cm, das Gewicht 12 bis 15 kg. Die natürliche Heimat des überwiegend nachtaktiven Wildes sind die Tiefländer mit offenem Gelände Nordostchinas und weite Teile Koreas. Es bewohnt dort hohes Ufergras, Schilf und Dickichte von Flussniederungen. In Europa ist es eingebürgertes Gatterwild in England und Frankreich. Es ernährt sich hauptsächlich von Schilf, groben Gräsern und anderen Pflanzen, verschmäht aber Laub. Im Ggs. zu den anderen Cerviden setzt das Tier nach einer Tragzeit von sechs Monaten bis zu vier Junge, meist jedoch zwei bis drei. Die Brunft findet überwiegend im Dezember statt. Beide Geschlechter sind geweihlos, besitzen jedoch hauerähnliche Eckzähne im Oberkiefer, die von den männlichen Tieren bei Rivalenkämpfen als Waffen eingesetzt werden.

Wasserreiser, die (Wasserschosse, Klebäste, Räuber, Stammreiser): Bez. für schwache Zweige, die aus schlafenden Augen (Adventivknospen) am Stamm oder Ast entstehen. Sie bilden sich hauptsächlich, wenn Bäume durch Freistellung (z.B. ▸ Durchforstung) plötzlich Licht bekommen. Der Forstmann verhindert z.B. die Bildung von W. bei Eiche durch eine Unterstufung mit einer schattenertragenden Baumart, die nach einer Durchforstung die schaftreinigende Wirkung übernimmt. Auch Hainbuche, Ahorn, Pappel, Ulme und Esche bilden W., in geringerem Maße auch Buche und Birke. Bei Eiche sind W. besonders wertmindernd. Jüngere W. werden als Klebäste bezeichnet, weil sie zunächst nur lose in der Rinde sitzen.

wasserscheu: Ein Jagdhund, der eine Abneigung gegen das Wasser hat, ist w. Durch sachgerechte Abrichtung und ständige Übung kann dies dem Hund abgewöhnt werden. Häufig tritt Wasserscheue, die selten angewölft ist, bei falscher Behandlung und ungenügender Übung (Schwimmen im tiefen Wasser) auf; ▸ Wasserfreudigkeit.

Wasserschnepfe, die: ▸ Schnepfenvögel 3.

Wasserschosse, die: ▸ Wasserreiser.

Wasserschutzgebiete, die: W. sind im Einzugsbereich einer Trinkwassergewinnung rechtsverbindlich festgelegte Gebiete, in denen alle Maßnahmen und Tätigkeiten, die das Grundwasser (Trinkwasser) verunreinigen können, verboten sind (z.B. übermäßige Düngung). Bedenklich ist auch der Standort einer Tontaubenschießanlage in einem W., weil die bleihaltigen Schrotkörner zu einer unverhältnismäßig hohen Bleikonzentration im Boden führen und das Grundwasser gefährden.

Wasserspitzmaus, die: ▸ Spitzmäuse 7.

Wassertreter, die: Eigene ▸ Familie *(Phalaropodidae)* aus der Unterordnung der Wat- und schnepfenähnlichen Vögel, die zur ▸ Ordnung der ▸ Watvögel und möwenartigen Vögel *(Charadriiformes)* gehören. Es sind kleine strandläuferartige Watvögel mit recht langem Hals, deren Vorderzehen bis zum ersten Gelenk angedeutete Schwimmhäutchen haben. Der Schnabel ist mäßig lang, gerade und dünn. In Europa sind zwei Arten vertreten: das Odins- und das Thorshühnchen. Beide sind nur im nördlichen Europa ▸ Brutvögel. Zur Zugzeit ist das Odinshühnchen auch in Deutschland anzutreffen.

1. Odinshühnchen, das *(Phalaropus lobatus*, L.): Auch Halsband-W, schmalschnäbeliger W., gemeiner, kleiner, spitzschnäbeliger W., grauer, rothalsiger W., grauer Lappenfuß, schwimmender Strandläufer, Odinshenne. Länge: ca. 18 cm, Gewicht: um 40 g.

<u>Aussehen</u>: Die ▸ Geschlechter sind fast gleich gefärbt. Im ▸ Brutkleid sind Oberkopf und die ganze Oberseite schwarzbraun mit rostfarbenen Federsäumen und weißen Flecken. Die Flügel sind graubraun mit einer weißen Querbinde. Kehle rein weiß, am Hals ein rostrotes, hinten offenes Band. Unterseite weißlich. Weibchen etwas größer als das Männchen und lebhafter gefärbt. Im ▸ Ruhekleid ist die Oberseite aschgrau mit dunklen Schaftflecken, die Stirn weiß; durchs Auge zieht sich ein breiter, dunkler Streif. Schnabel dunkel und nadelartig, Augen dunkelbraun, Ständer bläulich. ▸ Jugendkleid ähnlich Ruhekleid, jedoch bräunlicher, auf dem Scheitel ein schwarzbrauner Fleck.

<u>Vorkommen</u>: Im Norden der Britischen Inseln, Island, Färöer, Skandinavien, Osteuropa, Sibirien, Südgrönland, Spitzbergen, Nordamerika. Es bevorzugt arktische Sumpfgebiete, Binnenseen und -teiche mit Verlandungszonen. Auf dem Zuge – so auch in Deutschland – ist es auf Gewässern aller Art anzutreffen. ▸ Sommervogel, der im Südatlantik und im Indischen Ozean überwintert.

<u>Fortpflanzung</u>: Es nistet in mehr oder weniger großen ▸ Kolonien. Das ▸ Nest ist eine flache Mulde und wird mit trockenen Halmen ausgelegt. Das Gelege besteht aus vier olivgrauen, dunkelgefleckten Eiern, die nur vom Weibchen 20 bis 21 Tage bebrütet werden. Die Eier sind 30 x 21 mm groß und 6,3 g schwer. Die Jungen sind ▸ Nestflüchter. Eine Jahresbrut (Mai bis Juli).

Odinshühnchen (Weibchen) im Prachtkleid

Nahrung: Hauptsächlich Insekten und deren im Wasser lebende Larven sowie kleine Krebse.

2. Thorshühnchen, das *(Phalaropus fulicarius*, L.): Auch rostroter W. Im Brutkleid (Sommerkleid) oberseits bis auf die Schwanzdecken schwarz mit breiten, rostfarbenen Säumen. Stirn und Kehle schwarz, Hals, Brust, Bauch und Unterschwanzdecken rostrot. Augen dunkelbraun, dahinter ein weißlicher Streifen. Im Ruhekleid dem Odinshühnchen sehr ähnlich. Oberseits überwiegend graubraun; Stirn, Kopfseiten und Unterkörper weiß; über die Flügel zieht sich eine weiße Binde. Schnabel an der Spitze schwarz, an der Wurzel fleischfarben. Länge: ca. 21 cm. Es brütet auf Spitzbergen, Island, im arktischen Asien und in Nordamerika. Die Brutdauer beträgt etwa 18 bis 19 Tage, die Jungen werden ca. 16 bis 18 Tage geführt.

▸▸ Thorshühnchen (Weibchen) im Prachtkleid

Wasserverschmutzung, die: Die Verunreinigung der Gewässer einschließlich des Grundwassers durch feste, flüssige und/oder gasförmige Stoffe aus dem häuslichen, gewerblichen, industriellen und landwirtschaftlichen Bereich (Abwasser) sowie aus der Luft (z.B. von ▸ saurem Regen), und zwar in einer Form, die die Selbstreinigungskraft des Wassers übersteigt und damit das tierische und pflanzliche Leben beeinträchtigt. Die Folge ist die Störung des ökologischen Gleichgewichts. Der Grad der W. wird durch vier Gewässergüteklassen ausgedrückt; ▸ Wasserhaushaltsgesetz.

Wasservögel, die (Wasserwild, Wassergeflügel): Bez. für alle ▸ Vögel, die ihrem Bau nach (Körper- und Schnabelform, Extremitäten, Schwimmhäute usw.) dem Leben am oder im Wasser angepasst sind. Sie brüten meist in Wassernähe und suchen ihre Nahrung überwiegend schwimmend oder tauchend. Zu den jagdbaren W. zählen: die ▸ Wildenten, der Höckerschwan (▸ Schwäne 1.), die ▸ Wildgänse, das Blässhuhn (▸ Rallen 1.) und die ▸ Möwen. Früher zählten zu den jagdbaren W. noch sämtliche ▸ Kormorane, ▸ Säger, ▸ Rallen und ▸ Taucher; ▸ Wasserwild.

Wasserwiesel, das: ▸ Nerz.

Wasserwild, das: Sammelbezeichnung für alle ▸ Wasservögel sowie für ▸ Fischotter, ▸ Nerz, ▸ Biber und ▸ Seehund. Viele W.-Arten haben ganzjährige Schonzeit.

Wasserwolf, der: Volkstümliche Bez. für den ▸ Fischotter.

Wasserzeichen, das: Das Haarbüschel am Geschlechtsteil des weiblichen ▸ Rehwildes, auch Schürze genannt.

Waten, die: Die kleineren, früher verwendeten Netze zum Biber- und Otterfang.

Watt, das: Flacher Küstenstreifen zwischen dem Festland und den vorgelagerten Inseln, der regelmäßig, täglich zweimal, bei Flut überspült wird und bei Ebbe trockenfällt; insbesondere an der niederländischen, deutschen und dänischen Nordseeküste. Im Watt bildet sich ein System tiefer Abfluss- und Zuflussrinnen, sog. Priele. Das W. hat eine reiche Tierwelt (v.a. Muscheln, Schnecken, Würmer). Durch Entsalzung eingedeichter Watten entstehen die fruchtbaren Marschböden. Zum Schutz des Wattenmeeres vor der deutschen Nordseeküste wurden der ▸ Nationalpark Schleswig-Holsteinisches Wattenmeer und der Nationalpark Niedersächsisches Wattenmeer errichtet; ▸ Wattjagd.

Wattjagd, die (Wattenjagd): Die Jagd v.a. auf ▸ Wildenten, ▸ Wildgänse und ▸ Seehunde auf der flachen Küstenstreifen der Nordsee zwischen den Friesischen Inseln und dem Festland. Das Watt liegt bei Ebbe bloß; durch z.T. tiefe Furchen (Priele) fließt das Wasser ab. Für die W. (Flächen, an denen kein Eigentum begründet ist) gelten besondere Bestimmungen. Das Jagdrecht wird dort vom Staat aufgrund alter bestehender Rechte an örtliche Jagdgesellschaften vergeben. Die Jagd- und Schonzeiten nach der »Bundesverordnung für Jagdzeiten« vom 2.4.1977 sind jedoch verbindlich. Die W. wurde 1994 vorerst eingestellt.

Watvögel, die: Sammelbezeichnung für eine Unterordnung der Ordnung W. und Möwenvögel *(Charadriiformes)*, denen u.a. die Familien Triele, Schnepfenvögel, Regenpfeifer, Säbelschnäbler, Wassertreter und Brachschwalben angehören. Es sind ziemlich hochbeinige und bodenbrütende Vögel (Laufvögel) mit langen Flügeln und einem verhältnismäßig langen Schnabel. Die Jungen sind ▸ Nestflüchter. W. waten in flachen Süß- und Salzgewässern bzw. leben in Sümpfen, Mooren oder in feuchten Landschaften.

Waugerlfedern, die: ▸ Bart 6).

Waxschlunger, Johann Georg (1660 bis 1724): W. kam aus einer Tiroler Malerfamilie (Wachsschlunger) und war Münchner Hofmaler. Er schuf Jagdstücke für die Münchener Residenz (heute Bayerische Staatsgemäldesammlung, Alte Pinakothek). Von ihm stammt u.a. das Ölgemälde »Jagdstillleben« mit erlegtem Wildhasen, Ente und Vögeln vor einem Baum.

Weber, Johann Nikolaus (26.1.1734 Lützelstein/Elsass bis 20.8.1801 im Elsass): Forstmann, Jäger und Fabrikant. W. erlernte bei seinem Vater das Jägerhandwerk und wurde Hofjäger in Zweibrücken. 1799 wurde er Forstmeister, ging 1784 nach Böhmen und nahm eine Stelle als Oberforstmeister und Oberdirektor der Graf Thunschen Herrschaft Klösterle an. Nach seinem Ruhestand im Jahre 1787 widmete er sich hauptsächlich der Porzellanerzeugung, die er in seiner elsässischen Heimat kennengelernt hatte. Er gründete die Thunsche Porzellanfabrik in Klösterle und belieferte ab 1797 Wiener und Brünner Märkte.

Wechsel, der: **1**) Der Pfad, auf dem das Wild (▸ Schalenwild, ▸ Wolf, ▸ Braunbär und ▸ Luchs) regelmäßig innerhalb des Reviers hin und her zieht. Stark betretene Wild-W. werden mit der Zeit ausgetreten. Unterschieden wird hierbei nach Haupt- und Neben-W; ▸ Pass, ▸ Zwangswechsel. **2**) Die Verbindungsstelle von Lappen, Tüchern und Netzen; ▸ Jagdzeug.

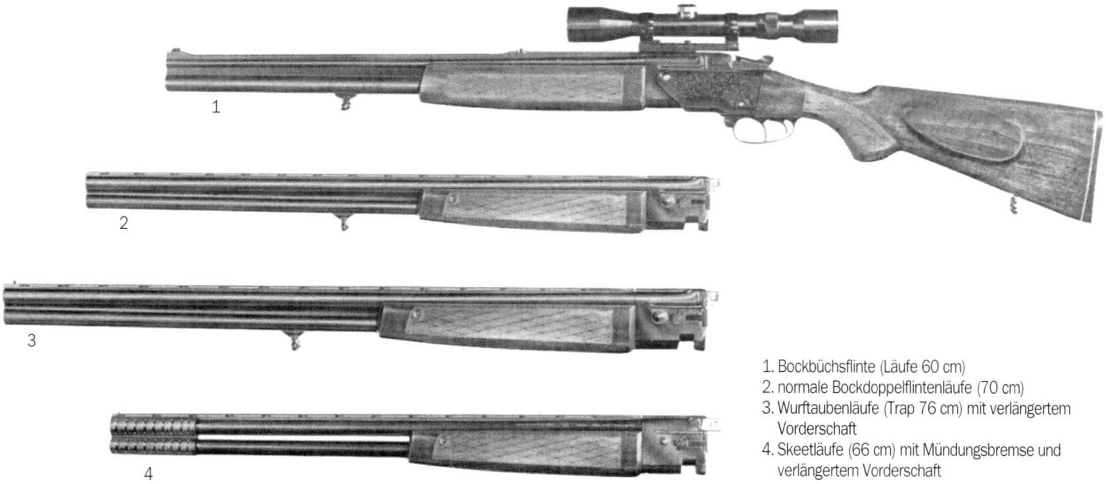

1. Bockbüchsflinte (Läufe 60 cm)
2. normale Bockdoppelflintenläufe (70 cm)
3. Wurftaubenläufe (Trap 76 cm) mit verlängertem Vorderschaft
4. Skeetläufe (66 cm) mit Mündungsbremse und verlängertem Vorderschaft

Wechselläufe

wechselfeuchte Wiesen, die: Die w. W. gehören zu den ▸ Feuchtgebieten und sind feuchte und nasse, an Mulden und Senken reiche ▸ Wiesen in den ▸ Auen von Bächen und Flüssen. Sie sind durch Überschwemmungen und zeitweilig anstehendes Grundwasser entstanden. Wie die ▸ Streuwiesen sind auch die w. W. Lebensraum für viele gefährdete Tierarten wie z.B. Großer Brachvogel, Rotschenkel und Uferschnepfe, für die sie aber bereits Ausweich- und Ersatzbiotope sind.

Wechselkunde, die: Die Kenntnis der ▸ Wechsel (Haupt- und Nebenwechsel) im Revier.

wechselkundig: Ein Jäger, der die ▸ Wechsel in seinem Revier kennt, ist w.

Wechselläufe, die (Einlegeläufe): W. im Sinne des WaffG sind Läufe, die für eine bestimmte Waffe zum Austausch des vorhandenen Laufes vorgefertigt sind und die noch eingepasst werden müssen. Bei Jagdwaffen sind dies meist auswechselbare Läufe für einen Schaft (Hinterschaft) bei Kipplaufwaffen. Am häufigsten findet man W. bei Doppel- oder Bockwaffen. So kann z.B. durch den Austausch der Läufe eine Doppelflinte in eine Büchsflinte verwandelt werden; ▸ Austauschläufe.

wechseln: **1**) Das Hin-und-her-Ziehen des Wildes, v.a. des ▸ Schalenwildes (▸ einwechseln, ▸ auswechseln; ▸ Wechsel 1), ▸ ziehen. **2**) Das Verbinden der Jagdtücher und Jagdnetze (▸ Jagdzeug) untereinander.

Wechselruten, die: Dünne Stäbe, mit denen früher die Jagdtücher und Netze verbunden wurden; ▸ Jagdzeug.

Wechselsysteme, die: W. sind nach dem WaffG ▸ Wechselläufe einschließlich des für sie bestimmten Verschlusses.

Wechseltrommel, die: W. sind Trommeln für ein bestimmtes Revolvermodell, die ohne Nacharbeit gewechselt werden können.

wechselwarm: Mit Ausnahme von ▸ Säugetieren und ▸ Vögeln sind alle Tiere w. Bei w. Tieren (Kaltblüter) entspricht die Körpertemperatur weitgehend der Umgebung; ▸ Warmblüter.

Wechselwild, das: Ein Wild, das im Ggs. zum ▸ Standwild in einem bestimmten Revier nicht heimisch ist, sondern dort nur gelegentlich seinen ▸ Einstand hat oder nur durchzieht.

wecken: Falknerausdruck für das Hochmachen von Wild vor dem ▸ Beizvogel.

Wecker, der: **1**) Kleine Strohwische, die früher hinten an die Lerchen-Nachtgarne (Nachtnetze) gebunden oder von Lerchenstreichern geschleppt wurden. Durch das Geräusch der Strohwische wurden die zu fest sitzenden Lerchen zum Auffliegen gegen die Netze veranlasst; ▸ Garne 2. **2**) Ein Pfeifchen, mit dem früher der Schlag des Wachtelhahnes (Wachtelschlag) nachgeahmt wurde, um ihn in der Gefangenschaft dazu anzuregen, aber auch um den Standort des Hahnes im freien Feld – der auf den Ruf antwortete – festzustellen, um ihn dann in ▸ Garnen fangen zu können; ▸ Lockjagd.

Weddik, der (Werrik): svw. Erpel, niederdeutsche Bez. für die männliche ▸ Wildente.

Wedekind, Georg Wilhelm, Freiherr von (28.7.1796 Straßburg bis 22.1.1856 Darmstadt): W. studierte in Göttingen und Dreißigacker und wurde 1813 Assessor am Oberforstkollegium in Darmstadt. Er schrieb u.a. »Versuch einer Forstverfassung im Geiste der Zeit« (1834), »Umriss der Forstwissenschaft für Staatsbürger und Staatsgelehrte« (1838). Von 1828 bis 1856 (Pensionierung) gab er die »Neuen Jahrbücher der Forstkunde« und 1847 bis 1856 die »Allgemeine Forst- und Jagdzeitung« heraus.

Wedel, der: Der Schwanz des ▸ Schalenwildes mit Ausnahme der Sauen (hier Pürzel oder ▸ Bürzel genannt). Das ▸ Rehwild hat einen sehr kurzen und deshalb nicht sichtbaren W. Am auffälligsten gezeichnet und auch am längsten ist der W. beim ▸ Damwild. Als Signal für Paarungsbereitschaft reckt das weibliche Wild den W. hoch, jedoch auch auf der Flucht stellt das Damwild den W. auf.

Wedelorgan, das: Beim Rotwild: Bei beiden Geschlechtern stark ausgebildetes, bis zu 16 cm langes pigmentiertes Hautgebilde (Hautdrüsenorgan). Das W. umgibt die letzten acht bis neun Schwanzwirbel. Das für Menschen geruchlose W. erzeugt vermutlich eine ▸ Luftfährte, die das Rudel zusammenführt bzw. zusammenhält; ▸ Duftdrüsen.

Wedelziemer, der (Blumenziemer): Der hintere Teil des ▸ Ziemers vom Becken bis zur Wedelwurzel bei allem ▸ Schalenwild.

Weenix, Jan Baptist d. Ä.: ▸ Jagdkunst.

Weenix, Jan d. J. (1640 bis 1719): ▸ Jagdkunst.

wegbrechen: ▸ brechen 2).

Wegelerche, die: ▸ Lerchen 1.

Wegerecht, das: ▸ Jägernotweg.

Wegeschranken, die (Schlagbäume): Zur Vermeidung des unbefugten Befahrens von Waldwegen durch Kraftfahrzeuge werden häufig, v.a. in stadtnahen Wäldern bzw. Erholungswäldern, die Waldwege durch W. gesperrt. Aus Sicherheitsgründen müssen sie rot-weiß gestrichen und mit Reflektoren versehen sein.

wegrücken: Beim Elchtier: Es rückt nach dem Beschlag (Begattung) unter dem Hirsch weg, während beim Rotwild der Hirsch abfällt oder absteigt.

Wegtaube, die: Volkstümliche Bez. für Turteltaube; ▸ Wildtauben 4.

wegziehen: ▸ abziehen 3).

Wehr, die: **1**) Die bei einer Treibjagd in einer Linie aufgestellte Treibermannschaft (Treiber-, Schützen- und gemischte W.). Die an den Seiten der Streife gehenden Treiber nennt man verlorene W. oder Flügel-W. Reichte bei ▸ Eingestellten Jagen das Zeug nicht aus, so wur-

▸▸ Kätzchen der Salweide

den an den verbleibenden Stellen Jagdleute aufgestellt; diese nannte man lebendige W. **2**) Der Hirschfänger als Verteidigungswaffe; ▸ Blanke Waffen.

Wehrgehänge, das: Die ▸ Hirschfängerkoppel.

wehrhaft: Ein Wild, das sich zur Wehr setzt; insbesondere ▸ Braunbär, ▸ Wolf und ▸ Schwarzwild.

wehrhaft machen (früher: wehrhaftig machen): Dem Jägerlehrling (▸ Jägerburschen) mit der Entlassung aus der ▸ Lehrzeit (Jungjäger) den Hirschfänger übergeben. In früherer Zeit war die Erteilung des ▸ Lehrbriefs eine feierliche Handlung, bei der der Lehrling wehrhaft gemacht wurde und den Hirschfänger tragen durfte. In Gegenwart von mindestens sechs Jägern in voller Uniform und ▸ Wehr hielt der ▸ Lehrprinz (Lehrprinzipal) eine Ansprache, die mit der Frage begann: »Willst du wehrhaftig gemacht werden?« Wenn er dies bejahte, erhielt der Jungjäger eine kräftige Ohrfeige mit den Worten: »Die vertrage jetzt von mir und hinfür von niemand mehr, erinnere dich aber des Backenstreiches, so unser liebster Heiland bei seinem unschuldigen Leiden für uns hat erdulden müssen.« Danach überreichte der Lehrprinz dem Jägerburschen den Hirschfänger mit der linken Hand unter dem Zuspruch: »Hier hast du nun deine Wehr, die gebrauche zu Gottes Ehr', zu Lieb und Nutz des Herrn dein, halt dich ehrlich, treu und fein; wehr dich damit deiner Feinde, doch unnütze Händel meide. Gürte deine Lenden wie ein Mann, der sein Horn recht blasen kann. Nunmehr hast du deine Freiheit, es gehe dir wohl allezeit.« Die Feier wurde mit einem entsprechenden Festmahl würdig und gründlich beschlossen; ▸ Jägerschlag.

Wehr, lebendige, die: ▸ Wehr 1).

Wehrtücher, die: Um 1700 zum Hirschjagen benützte Tücher anstelle der ▸ Garne; ▸ Jagdzeug.

Wehr, verlorene: ▸ Wehr 1).

Wehr zu! (Wahr zu! Harro!): Ein Zuruf unter Jägern, wenn ▸ Haarwild anläuft und der Nächststehende es nicht bemerkt; ▸ Jagdgeschrei 2.

Weib, das: Falknerausdruck für den weiblichen Beizvogel, z.B. das Habichts-W.

weich: Ein Hund, der empfindlich ist und eine strenge Behandlung nicht verträgt, ist w.; auch die glatten sanfthaarigen ▸ Hühnerhunde wurden früher so genannt. Das Gegenteil: ein ▸ harter Hund.

Weicheisenschrot, das: Wegen der starken Umweltbelastung der Bleischrote in den ▸ Schrotpatronen werden diese zunehmend durch W. (▸ Nicht-Blei-Schrote) ersetzt. Da das W. (engl.: steel shot; daher bei uns die fälschliche Bez. »Stahlschrot«) leichter als das Bleischrot ist und damit negative zielballistische Wertungen aufweist (kürzere Schussentfernung, schlechtere Deckung), werden diese Nachteile der W. ausgeglichen, indem sie einen um 0,5 mm größeren Korndurchmesser haben; 3,2 mm Eisenschrot entspricht deshalb 2,7 mm Bleischrot. Versuche mit W. an der FH Weihenstephan ergaben, dass W. wesentlich weniger als Blei streut und auf eine Veränderung der Würgebohrung kaum reagiert. Der wirksame Streukreis ist nahezu halbiert.

Weichfalke, der (Weichmilan): ▸ Milane 1.

weichgeschossen: svw. ins ▸ Gescheide geschossen (Weidwundschuss); ▸ Schusszeichen.

Weichhölzer, die: Bez. für Hölzer (Baum- und Straucharten), die leicht durchdringbares Holz haben. Im Sinne der Holznutzung zählen alle Nadelhölzer sowie beim Laubholz Erle, Linde, Pappel und Weide zu den W. Im waldbaulichen Sinne zählen hierzu nur die genannten Laubhölzer (▸ Weichlaubhölzer) und zusätzlich auch die Birke. Zolltechnisch gehören zu den W. alle Nadelhölzer bis zu 0,55 g/m³ Raumgewicht gedarrt. Alle übrigen Hölzer gehören zum Hartholz.

Weichlaubhölzer, die: Sammelbegriff für sich v.a. auf Kahlflächen rasch einstellende ▸ Pionierbaumarten (z.B. Birke, Weide, Aspe und Vogelbeere). Bei gehäuftem Auftreten und Bedrängen der Wirtschaftsbaumarten können sie sehr lästig werden und durch notwendige Schlagreinigung viel Kosten und Arbeit verursachen. Die W. haben einen geringen Holzwert, sind aber mit Ausnahme der Birke bevorzugte Äsungspflanzen für Rot- und Rehwild. Da sie überwiegend frostunempfindlich und raschwüchsig sind, erfüllen sie auch die Aufgabe eines Schutz- und Füllholzes; ▸ Weichhölzer.

Weichschrot, das: Ein aus Weichblei hergestelltes Schrot; ▸ Hartschrot, ▸ Nicht-Blei-Schrote, ▸ Weicheisenschrot.

Weichschuss, der (Weidwundschuss): ▸ Schusszeichen.

Weichtiere, die (Mollusken): Ein Stamm der ▸ Wirbellosen, die mit ca. 125 000 ▸ Arten im Meer, Süßwasser und auf dem Land weltweit verbreitet sind. Sie sind meistens in Kopf, Fuß, Mantel und in einen Eingeweidesack, der die inneren Organe umschließt, gegliedert. Eine vom Rücken ausgehende Hautfalte, der Mantel, umhüllt den Eingeweidesack und lässt eine Atemhöhle offen. Dieser sondert v.a. bei Schnecken und Muscheln eine Kalkschale ab. W. sind sehr formenreich und 1 mm bis 8 m lang. Es zählen dazu u.a.: Schnecken, Muscheln und die Kopffüßer (z.B. Tintenfische); die kleineren Arten der W. dienen hauptsächlich den ▸ Wasservögeln als Nahrung.

Weid-: ▸ Waid-.

Weid: die: Alte Bez. für den Pansen (Magen) des ▸ Schalenwildes; ▸ Wiederkäuermagen.

Weidaser, der: ▸ Jagdtasche.

Weiddarm, der (veraltet: Afterdarm): Der Mastdarm des Wildes und des Hundes.

Weide, die: **1**) Die ▸ Äsung (Äsungsplatz) der Reb-, Schneehühner, Wildenten, Wildgänse und Fasane sowie der Trappen und Wildtruthühner. Früher sagte man auch vom Hirsch: »Er zieht auf die W.« Das Wort W. ist indogermanischen Ursprungs und bedeutet svw. Nahrungserwerb allg. (tierische und pflanzliche Nahrung); »Weiden« war somit die Ausübung des Nahrungserwerbs, d.h. die damit verbundene Tätigkeit des Menschen. Daneben war W. auch die Äsung des Wildes. **2**) Grünland, das durch Beweidung genutzt wird. Je nach Nutzung unterscheidet man zwischen Dauer-W., Wechsel-W. im Rahmen der Feld-Gras-Wirtschaft und Mähweide. Letztere wird innerhalb einer Vegetationsperiode abwechselnd zwischen Schnitt und Beweidung genutzt; ▸ Waldweide.

Weide annehmen: Vom Dachs, Hasen, Schneehasen und Kaninchen: svw. äsen, früher hieß es auch vom Hirsch: »Er nimmt die Weyd an.«

Weiden, das: Die natürliche Nahrungsaufnahme (Äsen); ▸ Weide, ▸ Weide annehmen.

Weiden, die: Mit über 500 Arten in der Nordhemisphäre (davon 30 Arten in Mitteleuropa) verbreitete Gattung der Weidengewächse *(Salicaceae)*. W. sind sommergrüne und neben den ▸ Pappeln die raschwüchsigsten Bäume und Sträucher oder nur wenige Zentimeter hohe Zwergsträucher. Einige Arten, wie die **Sal-** oder **Palm-W.** *(Salix caprea)*, eine typische ▸ Pionierbaumart, häufig auf Brachflächen und Waldlichtungen, und die **Reif-W.** *(Salix daphnoides)* blühen bereits im Vorfrühling und sind deshalb eine wichtige Bienenweide. Die Sal-W. lässt sich allerdings durch Sprossstecklinge – im Ggs. zu den anderen W.-Arten – nur schlecht vermehren und wird zudem von Reh- und Rotwild verbissen. Für die Nutzung (weiches Holz) kommen v.a. die Baumweiden, wie **Silber-** oder **Weiß-W.** *(Salix alba)*, und die **Bruch-** oder **Knack-W.** *(Salix fragilis)* infrage. Das Holz dient v.a. zur Herstellung von Span- und Faserplatten, Zellstoff und Spankörben und für die Korbflechterei z.B. **Korb-W.** *(Salix viminalis)*. Die Kopfweiden (in regelmäßigem Abstand von einigen Jahren etwa auf Mannshöhe geköpfte Baumweiden) bieten als bach- oder flussbegleitende Bäume vielen Tierarten (z.B. Fledermäusen, Siebenschläfer, Steinkauz und Hohltaube) Lebensraum. Zu den Strauch-W., die besonders für Windschutzhecken, Uferverbauungen und für die Hege (Verbissgarten) geeignet sind, zählen v.a. Sal-W., **Lorbeer-W.** *(Salix pentandra)* und **Lavendel-** oder **Grau-W.** *(Salix elaeagnos)*.

Weidenheger, die: Niederwälder, die v.a. mit Korbweiden, aber auch mit Mandelweiden oder Purpurweiden bepflanzte Flächen in meist moorigem Bruchgelände (z.B. Überschwemmungsgelände in Flussniederungen) aufweisen. Die W., die der Gewinnung von Weidenruten, gelegentlich auch von Brennholz dienen, sind ein Stockausschlagsbetrieb (▸ Stockausschlag) und werden im ein- bis zweijährigen ▸ Umtrieb (Flechtweiden) oder drei- bis fünfjährigen Umtrieb (Bandstöcke) bis auf den Stock zurückgeschnitten. Die Neuanlage eines W. erfolgt im Frühjahr durch ▸ Stecklinge (ein- bis zweijährige Ruten von 20 bis 30 cm Länge).

Weidewundschuss, der: ▸ Weidwundschuss.

Weidkörner, die: Die ▸ Magensteine, Magenkiesel der ▸ Waldhühner; v.a. beim Auerwild.

Weidling, der (Weisung): Der Schlund des ▸ Schalenwildes.

Weidlöffel, der: ▸ Lecker.

Weidloch, das: Der After von Wild und Hund. Mit weicher, flüssiger Losung stark verschmutztes Haarkleid im Bereich des W. und der Hinterläufe ist ein charakteristisches Zeichen für Durchfall, der von verschiedensten Ursachen herrühren kann. Eingeweideparasiten (▸ Magen- und Darmwürmer), Bakterien, Viren (hier ist bei Wildtieren noch vieles unbekannt), ernährungsbedingte Verdauungsstörungen und manche Vergiftungen kommen als Ursache infrage; ▸ Analdrüsen, ▸ Schlittenfahren, ▸ Staphylokokkose.

Weidmann, der: ▸ Waidmann. Der Begriff W. ist seit dem Jahre 1070 belegt.

Weidpraxe, die: ▸ Blanke Waffen 2.

Weidsack, der: **1**) Der Pansen des wiederkäuenden Wildes; ▸ Wiederkäuermagen. **2**) Svw. Waidsack; ▸ Jagdtasche.

Weidsprache, die: ▸ Jägersprache.

Weidspross, der: svw. ▸ Augspross.

Weidsuppen, die: Frühere Bez. für das Gepfneisch der Hundemeute nach der Parforcejagd; ▸ Curée.

Die Rohrweihe (im Bild ein Weibchen) ist die häufigste und größte unserer heimischen Weihenarten.

weidwund (veraltet: weidewund): Ein durch das ▸ Gescheide geschossenes (weichgeschossenes) Wild ist w.; ▸ Schusszeichen.

Weidwundschuss, der (Weidewundschuss, Weichschuss): Ein Schuss durch das Gescheide des Wildes; ▸ Schusszeichen.

Weihen, die *(Circinae)*: Unterfamilie aus der Familie der Greife *(Accipitridae)*, die zur ▸ Ordnung der ▸ Greifvögel *(Falconiformes)* gehört. Sie unterscheiden sich von den übrigen Greifvögeln durch ihren langen, schlanken Körper, die langen Schwingen und die auffallend hohen und dünnen ▸ Ständer. Charakteristisch ist der kleine runde Kopf, der einen an Eulen erinnernden schwachen Schleier, d.h. einen das Gesicht umrahmenden Kranz mit feinen Federn trägt, der zum Orten feiner Geräusche dient. Die Augen stehen weniger seitlich, als es bei den übrigen Greifvögeln der Fall ist. Ruhelos wie kaum ein anderer Greif, fliegen sie mit sanftem, schaukelndem, häufig auch kreisendem Flug in geringer Höhe über den Boden. Beim Gleiten werden die Schwingen V-förmig nach oben gebogen. Sie jagen mit Vorliebe in der Dämmerung. Die W. (Rohr-, Korn-, Wiesenweihe) horsten ausnahmslos am Boden, meiden den Wald und sind ▸ Zugvögel. Vereinzelt überwintert die Kornweihe bei uns. Eine vierte W.-Art, die Steppenweihe *(Circus macrourus)*, war früher vereinzelt in Deutschland als ▸ Brutvogel anzutreffen und kommt heute nur noch in Osteuropa und Afrika vor. W. sind ganzjährig geschont.

1. Rohrweihe, die *(Circus aeruginosus*, L.): Auch Rost-, Sumpf-, Schilf-, Moos-, Brandweih, Rohrvogel, Sumpfbussard, Rohr-, Enten-, Brandgeier, Rohr- und Brandfalke, Weißkopf, Grauschwanz, Fischaar, Entenschläger.

Aussehen: Bei einer Länge von 47 bis 56 cm und einer ▸ Flügelspannweite von 120 bis 140 cm ist sie die größte W. Gewicht: Männchen um 500 g, Weibchen um 670 g. Die Färbung der R. ist sehr unterschiedlich und wechselt je nach Alter, Geschlecht und Jahreszeit. Das ältere Männchen (Terzel) besitzt einen gelblich gestreiften Kopf, schwarzbraune Schwingen, rotbraunen Rücken, braune Brust mit rostroten Federn am Rande und einen hellgrauen Stoß. Der Schnabel ist schwarz, Wachshaut, Augen, Ständer und Fänge sind gelb. Das Weibchen ist i. Allg. nicht so lebhaft rot und rotbraun gefärbt. Der Scheitel wirkt schokoladenbraun, Kehle und Flügelbug sind hellgelb, der Stoß ist graubraun. Die Jungvögel sehen dem Weibchen sehr ähnlich, die Kehle ist jedoch noch nicht hellgelb, sondern mehr rotbraun.

Vorkommen und Lebensweise: Die R. ist mit Ausnahme der Britischen Inseln, Südschweden und Südfinnland in ganz Europa Brutvogel und bewohnt ebene, wasserreiche oder zumindest feuchte Gebiete. Im Gebirge ist sie nicht anzutreffen. Die R. hakt niemals auf höheren Bäumen auf, sondern steht meist auf bloßer Erde oder geringen Erhöhungen wie Pfählen oder Steinen. Ihr Beuteflug ist niedrig und gaukelnd. Während der Brutzeit vollführt das Männchen, sichtlich zur Unterhaltung des Weibchens, Balzflüge, indem es hoch aufsteigt und sich schnell wieder, oft auch über-

Kornweihen-Weibchen im Flug

Die Wiesenweihe (im Bild ein Terzel) zählt zu den in Deutschland stark gefährdeten Arten.

schlagend, fallen lässt. Bei der Jagd ist die R. mit ihren langen Fängen in der Lage, fliehende Beutetiere auch noch im dichten Schilf zu ergreifen.

Fortpflanzung: Im April, kurz nach der Rückkehr aus dem Süden, wird aus Rohrstängeln, Binsen und Schilfhalmen ein kunstloser, ca. 40 bis 50 cm hoher ▸ Horst, häufig im Rohrdickicht, angelegt. Das Weibchen legt im Mai vier bis fünf, selten sechs kalkweiße und gefleckte Eier. Diese sind ca. 49 x 38 mm groß und ca. 40 g schwer. Die Brutdauer beträgt 33 bis 36 Tage, die ▸ Nestlingszeit 34 bis 36 Tage. Eine Jahresbrut, bei Verlust Nachgelege. Die Nestlinge sind mit kurzen weißgelben Dunen bedeckt; später zeigen sie einen dunklen Augenstreif.

Nahrung: Die bei der Jagd äußerst gewandte R. (Pirschfluggreifer) schlägt als Beute Ratten, Mäuse, Frösche, Schlangen, aber auch Kaninchen, Junghasen und vom Wassergeflügel hauptsächlich die Blässhühner; bei Letzteren plündert sie häufig die kurz vor dem Schlüpfen stehenden Gelege.

2. Kornweihe, die *(Circus cyaneus*, L.): Im Volksmund gebräuchliche Namen für das Männchen: blauer oder weißer Weih, weißer und blauer Falke, blauer Habicht, weißer Sperber, Blauegel, Mehlvogel, Martinsvogel, kleiner Getreide-, Halbweih, kleiner Spitzgeier, Kornvogel, Hühnerdieb; für das Weibchen: Ringelfalke, Ringelschwanz, Weißfleck, Halbweih, kleiner Weih, kleiner Rohrgeier, Lerchen- und Steingeier.

Aussehen: Die K. ist bei einer Länge von 41 bis 49 cm und einer Flügelspannweite von 105 bis 125 cm kleiner als die Rohrweihe, aber größer als die Wiesenweihe. Gewicht: Männchen um 350 g, Weibchen um 510 g. Der Gesichtsschleier tritt bei der K. stärker hervor. Das ausgefärbte Männchen ist auf der Oberseite überwiegend aschgrau, Stoßdecken und Bürzel sind weiß, die großen Handschwingen (Flügelspitzen) schwarz. Hals und Vorderbrust sind grau, die übrige Unterseite ist weiß. Das Weibchen ist oberseits braun, der Bürzel weiß. Stoß graubraun mit fünf bis sechs dunklen Querbinden. Kopf, Hals und Unterseite sind auf hell rostbräunlichem Grund dunkel längsgefleckt. Die Jungvögel ähneln dem Weibchen, sind aber unterseits stärker gefleckt. Die Altvögel haben gelbe, die Jungvögel braune Augen.

Vorkommen und Lebensweise: Die K. fehlt im Mittelmeerraum, in England, Dänemark, Südschweden, Südfinnland und Südnorwegen und ist im übrigen Europa Brutvogel, der überwiegend in Südwesteuropa und Nordafrika überwintert. Die K. zieht weite, ebene Flächen (Kornfelder, Wiesen, Heide- und Moorlandschaften) mit Wasser den völlig trockenen Gegenden vor. Die K. hakt selten auf Bäumen auf und liebt wie die Rohrweihe die Umschau von einer kleinen Bodenerhebung aus. Ihr Flug ist wiegend und schaukelnd, wobei die Schwingen schräg nach oben ausgebreitet werden. Aufgrund des Verlusts geeigneter Lebensräume ist die K. bei uns bereits sehr selten geworden.

Fortpflanzung: Der Horst befindet sich am Boden und meist in Getreidefeldern oder in Pflanzendickichten. Das Gelege der nur noch in Norddeutschland als Brutvogel vorkommenden K. besteht aus vier bis fünf kalkweißen, ungefleckten Eiern, die aber in Ausnahmefällen feine rötlich braune Flecken aufweisen können. Die Größe der Eier beträgt 45 x 36 mm, das Gewicht ca. 30 g, die Brutdauer 30 bis 32 Tage. Eine Jahresbrut (Mai). Die ▸ Nestlinge sind mit weißlichen Dunen bedeckt. Die Nestlingszeit beträgt 32 bis 34 Tage.

Nahrung: Sie besteht aus Mäusen, Fröschen, Insekten, jungen Rebhühnern und Vogelbruten, gelegentlich aus Junghasen.

3. Wiesenweihe, die *(Circus pygargus*, L.): Auch kleiner Weih, kleiner Kornvogel, blauroter Weih, die kleinste der drei W.-Arten. Länge: ca. 40 bis 45 cm, Gewicht: Männchen um 270 g, Weibchen um 370 g, Flügelspannweite: 100 bis 120 cm.

Aussehen: Im ▸ Jugendkleid sind Männchen und Weibchen kaum zu unterscheiden, dagegen ist später die Färbung sehr verschieden. Beim erwachsenen Männchen sind Kopf, Nacken, Rücken und Oberbrust blaugrün gefärbt; Unterbrust, Bauch und Stoß haben lanzettförmige braunrote Schaftstreifen. Das geschlechtsreife Weibchen hat einen fahlbraunen Kopf mit rostroten Kanten, der Schleier ist rostrot mit dunklen Schaftspitzen, Rücken und Flügeldeckfedern sind braun, die Bürzelfedern weiß mit kleinen, schmalen und dunklen Schaftspitzen. Der Jungvogel ähnelt dem Altvogel, ist aber unterseits einfarbig rostrot gefärbt.

Vorkommen und Lebensraum: Die W. kommt im Norden Europas bis einschließlich England und Dänemark als Brutvogel vor, sehr selten

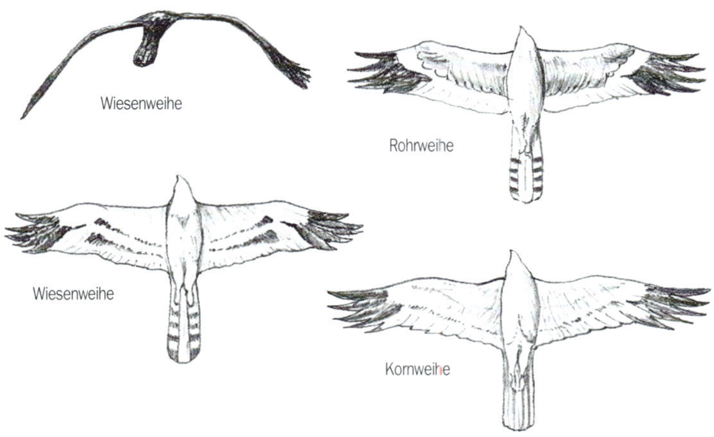

Flugbilder der Weihen

ist sie in Südschweden, etwas häufiger in den mittleren und südlichen Gegenden der europäischen Sowjetunion vertreten. Im Süden Europas kommt sie in Oberitalien, Südfrankreich, Spanien, Marokko, Ungarn und Rumänien vor. In Deutschland ist sie bereits ein sehr seltener Brutvogel und vom Aussterben bedroht. Sie bevorzugt ebene, sumpf- und wiesenreiche Gegenden. Als ausgesprochener Zugvogel überwintert sie in den Steppen und Savannen Südwestasiens und Afrikas. In die europäischen Brutreviere kehrt sie erst Ende April/Anfang Mai zurück und verlässt uns bereits Ende August/Anfang September, z.T. sogar noch früher.

Fortpflanzung: Der Horst wird am Boden, meist in Flussniederungen mit Schilf- und Seggenbeständen, aber auch in Wiesen und an trockenen Stellen in Mooren errichtet. Das Gelege besteht aus drei bis fünf weißen oder bläulich weißen Eiern, die i. Allg. ungefleckt sind und nur in Ausnahmefällen lehmfarbene Flecken aufweisen. Sie sind 42 x 33 mm groß und ca. 25 g schwer. Die Brutdauer beträgt 29 bis 30 Tage, die Nestlingszeit ca. 35 Tage. Die Nestlinge sind mit weißlichen Dunen bedeckt. Eine Jahresbrut (Mai). Es brütet nur das Weibchen, das in dieser Zeit vom Männchen mit Nahrung versorgt wird.

Nahrung: Sie besteht aus Insekten, Mäusen, Fröschen, Eidechsen, Schlangen, Kleinvögeln und Kleinsäugern.

Weih, raubeiniger, der: ▸ Bussarde 2.

Weilsche Krankheit, die: ▸ Leptospirose.

Weimaraner, der: ▸ Vorstehhunde.

Weindrossel, die: ▸ Drosseln 4.

Weinlerche, die: ▸ Lerchen 1.

Weisel, der: Mittelhochdeutsche Bez. für das ▸ Wiesel.

Weisling, der: ▸ Weidling.

Weiß, das (Weißes): Das Fett bei ▸ Schwarzwild und ▸ Dachs, gelegentlich aber auch beim Hirsch gebräuchlich; z.B. »der Hirsch hat zwei Finger stark Weißes daraufstehen«; ▸ Fett, ▸ Feist, ▸ Inselt.

weiß: ▸ weißledrig.

Weißarsch, der: Eine alte Bez. für das ▸ Muffelwild.

Weißbäckchen, das: ▸ Falken 3.

Weißbauch, der: ▸ Adler 3.

Weißbirke, die: ▸ Birken 1.

Weißblässe, die: ▸ Rallen 1.

Weißbrust, der: ▸ Habichte 1.

Weißbuche, die: ▸ Hainbuche.

Weißdorn, der *(Crataegus)*: Auch Hagedorn; ▸ Hagen. Eine Gattung aus der Pflanzenfamilie der Rosengewächse *(Rosaceae)* mit etwa 200 Arten in der nördlichen gemäßigten Zone. Alle W. haben ein sehr elastisches, hartes und schwer spaltbares Holz (Herstellung von Jagd- und Gehstöcken). Die Früchte der W. werden gerne von Vögeln und Feldhühnern (v.a. Fasanen und Rebhühnern) gefressen. Daneben sind sie für den Anbau in ▸ Hecken (Vogelschutzgehölze) bestens geeignet und bieten zugleich Deckung für Wildtiere. Neben dem ***Gekrümmten W.*** *(Crataegus curvisepala)* und dem ***Lindmanns W.*** *(C. lindmanii)*, die sehr selten und in den meisten Bundesländern gefährdet sind, kommen in Deutschland weit verbreitet zwei Arten vor.

◂◂ Blüten des Gemeinen Weißdorns

1. Eingriffeliger Weißdorn *(Crataegus monogyna)*: Der E. W. ist ein dorniger, mittelgroßer bis großer Strauch oder gelegentlich bis 10 m hoher Baum mit formloser, weit ausgebreiteter, tief herabhängender Krone. Kann bis zu 70 cm stark und mehrere Hundert Jahre alt werden. Er wächst v.a. in Laub- und Mischwäldern, in sonnigen Gebüschen und Hecken, an ▸ Waldrändern bevorzugt auf nährstoffreichen, kalkhaltigen Böden. Blütezeit im Mai/Juni (Blüten mit nur einem Griffel). Die blutroten, eilänglichen bis kugeligen Früchte reifen Ende September.

2. Zweigriffeliger Weißdorn *(Crataegus oxyacantha)*: Der trägwüchsige, 2 bis 5 m hohe Strauch mit bis zu 2 cm langen Dornen kommt hauptsächlich in lichten Laub-, Misch- und Kiefernwäldern, in Hecken und Gebüschen vor und bildet ▸ Stockausschläge. Er kann einen Stammumfang von 3 bis 4 m erreichen und bis zu 500 Jahre alt werden. Blütezeit ist im Mai bis Juni. Blüten mit zwei (seltener drei) Griffeln. Der Z. W. verträgt gut den Schnitt und wird in Gärten als Hecke gepflanzt (Gartenvarietäten). Gut geeignet auch für Weg- und Feldbegrenzungen.

Weißdrossel, die: ▸ Drosseln 2.

Weiße Kükenruhr, die: ▸ Salmonellose.

Weißerle, die: ▸ Erlen 2.

weißer Leithund, der: Scherzhafte Bez. für Neuschnee; ▸ Leithund 3), ▸ Neue.

Weißer Senf, der: ▸ Senf.

Weißer Storch, der (Weißstorch): ▸ Störche 1.

Weißes, das: ▸ Weiß.

Weißes Wild, das: ▸ Albinismus, ▸ Jägeraberglaube.

Weißfalk, der: ▸ Weihen 2.

Weißfleck, der: Bez. für das Kornweihenweibchen; ▸ Weihen 2.

weiß gekleidet: ▸ Kleidung.

Weißhuhn, das: ▸ Raufußhühner 5.

Weißkehlchen, das: ▸ Marder 2.

Weißkopf, der: ▸ Weihen 1.

Weißkopfgeier, der: ▸ Geier 1.

Weißkunig: ▸ Maximilian I.

weiß (ledrig): Der wertvolle Winterbalg des ▸ Haarraubwildes ist w.; ▸ grün(ledrig).

Weißling, der: ▸ Weidling.

Weißrückenspecht, der: ▸ Spechte 7.

Weißschwanz, der: ▸ Adler 3.

Weißsteiß, der: ▸ Schnepfenvögel 13.

Weißstorch, der: ▸ Störche 1.

Weißtanne, die: ▸ Tannen.

Weißwangengans, die: ▸ Wildgänse 8.

Weißwedelhirsch, der *(Odocoileus virginianus)*: Auch Virginiahirsch. Der zoologisch zur Unterfamilie der Trughirsche, zur Familie der Hirsche *(Cervidae)* gehörende W. ist über Nord- und Mittelamerika bis ins nördliche Südamerika verbreitet. In Finnland, Tschechien, der Slowakei (Reviere Dobris und Brdy ▸ Colloredo-Mannsfeld) sowie in Neuseeland wurde er angesiedelt. Er hat eine Kopf-Rumpf-Länge von bis zu 200 cm, eine Schulterhöhe bis 110 cm und eine Wedellänge von bis zu 35 cm. Das Gewicht beträgt bis zu 200 kg. Weibliche Tiere sind deutlich geringer. Das Haarkleid ist im Sommer gelbrot bis rötlich braun, im Winter ist die Oberseite graubraun, die Unterseite leicht rötlich. Der Bauch und die Kehle sind weißlich. Der auffallend große Wedel (Schwanz) ist oberseits dunkelbraun, unterseits weiß. Er wird bei der Flucht aufgestellt, wirkt wie eine winkende weiße Fahne und hat gegenüber Artgenossen eine Signalwirkung. Das Geweih mit unterer schwacher Innensprosse und zahlreichen Rücksprossen in regelmäßigen Abständen (höchste Endenzahl 28, größte Stangenweite 79 cm). Der W. lebt einzeln oder in kleinen Trupps. In Nordamerika stellt der W. das Hauptwild für den Jäger dar. Er ist dort – wie bei uns das Reh – zum Kulturfolger geworden. Die Brunftzeit ist meist im November. Nach einer Tragzeit von 28 bis 29 Wochen setzt das Tier im Mai/Juni ein, selten bis vier Junge. Da das W.-Hirschkalb einem jungen Rehkitz sehr ähnlich sieht, diente es Walt Disney als Vorlage für seinen Film ▸ »Bambi«. Die literarische Vorlage stammt von dem österreichischen Schriftsteller Felix ▸ Salten. Die Ernährung besteht aus Gräsern, Kräutern und Beeren.

Weißweide, die: ▸ Weiden.

Weisse, Christian Felix (1726 bis 1804): Er schrieb: »Die Jagd, eine komische Oper in drey Aufzügen« (1770).

Weistümer, die (Weisthümer, Weißtümer): Im Mittelalter urkundlich, insbesondere von Gemeinden oder Schöffenkollegien gegebene Erklärungen über bestehendes Recht, v.a. das Gewohnheitsrecht. Die W., die oft sehr alte Rechtssatzungen und -gebräuche enthielten, gibt es seit dem 13. Jh., sie waren z.T. bis zum Ende des 19. Jh. gültig. Darin waren auch Satzungen, Normen, Rechtsame usw. aufgezeichnet, die das Forst- und Jagdwesen betrafen. Besonders zu nennen sind das W. Kaiser Ludwigs des Bayern über den »Drei-Eichen-Wild-Bann« von 1338, das W. des Lorcher Wildbanns von 1423 und Kaiser Sigismunds Bestätigung des »Büdinger Förster-Gedinges« von 1425. Die Jagdausübung betreffende Regelungen enthielten z.B. auch die W. der Grafschaft Werdenfels (Oberbayern) von 1431, von Fossenhelde an der Lahn von 1444, von Dornstetten (Schwarzwald) von 1456 und von Galgenscheid (Österreich) von 1460; ▸ Schwabenspiegel, ▸ Sachsenspiegel.

weit: Frühere Bez. für ein ▸ Eingestelltes Jagen, wenn das hierfür bestimmte Wild noch nicht auf engerem Raum zusammenstand. (»Das Eingestellte Jagen stand noch im Weiten.«)

Weitjager, der (Langjager): Bez. für einen ▸ Jagdhund, der eine ▸ Spur ausdauernd spurlaut verfolgt und auf diese Weise, ähnlich wie bei der ▸ Brackenjagd, den Hasen wieder zurückbringt. Diese Eigenschaft wird beim Deutschen Wachtelhund besonders geschätzt und gefördert.

Welf, das und der (veraltet): Auch Welff. Das Jungtier des Hundes, Wolfes und Bären; ▸ Welpe.

wellern: svw. ▸ wildeln.

Wello!: Ableitung von ▸ Wallo!

Welpe, der: Das Junge von Hund, Wolf und Fuchs bis zum Alter von zwei bis drei Monaten.

Welpenaufzucht, die: ▸ Hundezucht.

Welpenkauf, der: ▸ Hundekauf.

Welsh Springer-Spaniel, der: ▸ Stöberhunde.

Welsh Terrier, der: ▸ Erdhunde.

Wend, die (Mehrzahl): Oberbayerische mundartliche Bez. für die ▸ Wand.

Wend dich daher, dahin!: Zuruf an den ▸ Leit- oder ▸ Schweißhund, wenn er links oder rechts von der ▸ Fährte abgekommen ist und sie wieder aufnehmen soll. Rechts heißt »daher«, links »dahin«.

Wendehals, der: ▸ Spechte 8.

Wenden, das: ▸ Hirschgerechte Zeichen.

Wender, der: ▸ Dreher.

Wendt, Herbert (16.5.1914 bis 26.6.1979 Baden-Baden): Schriftsteller. W. studierte Germanistik und Naturwissenschaften und legte die Dramaturgenprüfung ab. Er widmete sich der schriftstellerischen Tätigkeit und schrieb u.a. »Marder jagen im Tann. Eine Erzählung vom heimlichsten Räuber unserer Wälder« (1943), illustriert von Moritz ▸ Pathe, »Sebastian und die Hirsche«, »Das Liebesleben in der Tierwelt« (1962), »Die große Fuchsjagd« (o. J.),»Die Hirsche vom wilden Moor« (o. J.). W. war Chefredakteur und Autor zahlreicher Beiträge der Enzyklopädie »Grzimeks Tierleben«. Vielfach aufgelegt wurde das von ihm herausgegebene Buch »Die schönsten Tiergeschichten« (1960).

Wenglein, Josef, Prof. (1845 München bis 1919 Bad Tölz): W. war Ehrenmitglied und Professor an der Kunstakademie in München und gehörte zur »Alten Münchner Landschaftsschule«, insbesondere mit seinen Tölzer Motiven. Von ihm stammen u.a. »Entenjagd«, »Treibjagd« und »Schwarze Rehe im Dachauer Moos«.

Wens, **Wenns**, das: svw. ▸ Wanst.

Werbeverhalten, das: Ein bei Tieren arttypisches Verhalten während der ▸ Brunft, ▸ Balz bzw. ▸ Reihzeit, um den Fortpflanzungspartner anzulocken und dessen Bereitschaft zur Begattung zu erreichen. Verbunden mit dem W. sind auch das ▸ Imponierverhalten, im weiteren Sinne auch ▸ Demutsgebärden und -verhalten des schwächeren Rivalen. I.d.R. geht das W. vom Männchen aus.

werfen: **1**) Den abgehaubten (▸ abhauben) ▸ Beizvogel über Wind, d.h. gegen den Wind, von der ▸ Faust fliegen lassen. Beim Beizfalken streckt man dabei die linke Faust (Trägerfaust) ruhig aus und kippt sie langsam nach vorne. Habichte und Sperber werden auch mit der rechten Hand geworfen, indem man den wurfbereiten Beizvogel mit hochgehaltener Hand, deren innere Handfläche nach oben zeigt, über die rechte Schulter hält und den Beizvogel nach vorne schleudert. Beim Halten des Beizvogels ist darauf zu achten, dass der Daumen und die Finger die Schwingen und die Diehnen (Schenkel) des Beizvogels umschließen. **2**) Beim ▸ Haarraubwild und Hund: svw. Junge bekommen; ▸ wölfen. **3**) Beim Wolf, seltener bei Luchs, Fuchs und wildernden Hunden: das Niederziehen gerissenen Wildes; ▸ reißen, ▸ rauben, ▸ schlagen.

Wernigeroder Jagdkorporationen Senioren-Convent (WJSC): Der Zusammenschluss von Jagdkorporationen (Jagdverbindungen), die an einigen Universitäten und Hochschulen bestehen. Der WJSC verlangt von seinen Korporationen die Förderung ernsten wissenschaftlichen Strebens, die Pflege des Ideenguts des deutschen Waidwerks und die Wahrung studentischen Brauchtums. Vorläufer des WJSC war das Kartell Akademischer Jagdverbindungen, gegründet am 30.1.1922, mit dem jährlichen Kartelltag in Wernigerode. Am 2.7.1927 wurde unter der Schirmherrschaft des Präsidenten des ADJV, Christian-Ernst Fürst zu Stolberg-Wernigerode, das Kartell zu einem Senioren-Convent umgebildet und damit der WJSC konstituiert. 1933 gehörten dem Verband sechs Jagdcorps an: Berlin, Halle, Breslau, Tharandt, Leipzig und Dresden. Am 15.9.1956 wurde der Verband nach fast zwanzigjähriger Zwangsruhe wieder ins Leben gerufen; z.Z. gehören folgende Jagdkorporationen zum WJSC: Akademische Jagdverbindung Hubertia Aachen, Jagdcorps Masovia zu Berlin, Akademische Jagdverbindung Hubertia Ruhr zu Bochum, Jagdverbindung Hubertia Bonn, Halle, Breslau und Leipzig, Studentische Jägerschaft Huberto-Brunonia Braunschweig, Akademische Jagdverbindung Huberto-Holsatia zu Kiel, Akademische Jägerschaft Hubertus Köln, Akademische Jägerschaft Herman Löns zu Münster, Akademische Jagdcorporation Nimrod zu Paderborn, Studentische Jägerschaft Bergisch Land zu Wuppertal, Akademische Jägerschaft St. Eustachius Würzburg sowie die Jagdcorporationen Huberto-Frankonia zu Tharandt, Cervidia zu Tharandt und Saxo-Silesia zu Dresden. Die Mitglieder (z.Z. 800) des WJSC treffen sich jährlich zu Himmelfahrt in Wernigerode; ▸ Kongress akademischer Jagdcorporationen.

Werrik, der: ▸ Weddik.

Wesensfestigkeit, die: Bei Hunden: die nervliche Härte und Widerstandsfähigkeit.

Wespenbussard, der: ▸ Bussarde 3.

Wespenfalke, der: ▸ Bussarde 3.

Wespenfresser, der: ▸ Bussarde 3.

Wessel, das: Niederdeutscher Ausdruck für das ▸ Wiesel.

Westfälische Dachsbracke, die: ▸ Bracken.

Westfälischer Jägerbote, der: ▸ Jagdzeitschriften.

wetterfarbig: Alte Bez. für braun angelaufene Gewehrläufe. Man erreichte die Färbung dadurch, dass man den polierten Lauf mit einem feuchten Lappen umwickelte, die Laufmündung verstopfte und ihn einige Tage in den Keller stellte. Dies bewirkte, dass sich auf der Laufoberseite ein feiner brauner Rost absetzte, der einige Male mit einem in Talg getauchten Lappen bestrichen wurde. Der Lauf wurde dann nach einiger Zeit kastanienbraun, ohne dass der Rost schädlich wirkte.

wetterlaunig: Vom Jagdhund: das Futter verweigern und schlecht arbeiten. Die Hunde zeigen in diesem Zustand eine Vorliebe für harte Riedgräser, was früher als ein Zeichen für Wetteränderung angesehen wurde.

wetterlaunisch: ▸ wetterlaunig.

Wettervogel, der: ▸ Schnepfenvögel 3.

wetzen: **1**) Auch schleifen. Letzter Teil der Balzarie des Auerhahns (klingt wie Sensewetzen); ▸ Raufußhühner 1. **2**) Vom Keiler: das Aufeinanderschlagen der oberen (Haderer) und der unteren Eckzähne (Gewehre) in erregtem Zustand; ▸ Drohverhalten.

Wetzer, die: Die unteren Eckzähne (Hauer oder Gewehre) des Keilers; er wetzt (klappert), wenn er erregt ist; ▸ wetzen 2).

Weyer (auch Weyrer), Franz Wilhelm: W. war Büchsenmacher in Wien, begann dort 1709 seine Lehre, wurde 1715 Geselle und 1717 Meister. Im Hofstaat der Kaiserin Elisabeth war er auch als Büchsenspanner tätig. W., der aus Braunau am Inn stammte, starb 1723 in Gottschwitz in Böhmen.

Weymouthkiefer, die: ▸ Kiefern 2.

Wicht, das (mittel- und althochdeutsch: wiht): Eine Art Eule, mit der Vögel angelockt und gefangen wurden; gemeint ist damit wohl der Steinkauz; ▸ Eulen 8.

Wichteln, das: Das Vogelfangen mithilfe des Wichtls, des Steinkauzes; ▸ Eulen 8.

Wichtl, der: **1**) ▸ Falken 2. **2**) ▸ Eulen 8.

Wichtlpfeife, die: Ein ▸ Lockinstrument zum ▸ Vogelfang, mit dem die Stimme des Wichtls (Steinkauz) nachgeahmt wurde.

Wicken, die: Bei W. *(Vicia ssp.)* werden Sommer-W. (z.B. Zottel-W. oder Rauhaarige W., *Vicia hirsuta)* und Winter-W. (z.B. Saat- oder Futter-W., *Vicia cracca)* unterschieden. Sie zählen zur Familie der Hülsenfrüchtler und somit zu den Körnerleguminosen (▸ Leguminosen) wie auch die Ackerbohne. W. werden hauptsächlich zur Gründüngung und als ▸ Zwischenfrucht angebaut. Alle W. sind aber mit sich selbst unverträglich und sollten daher nur alle drei bis vier Jahre auf demselben Feld angebaut werden. Die Winter-W. sind frosthart und anspruchslos, die Sommer-W. stellen hohe Feuchtigkeitsanforderungen. Die W. können gut auf dem Wildacker (▸ Wildäsungsflächen), v.a. als Mischsaat mit Roggen, Buchweizen und Ackerbohne oder dem kurzlebigen Welschen Weidelgras, angebaut werden und

Schematische Darstellung der Funktionsweise eines Wiederkäuermagens

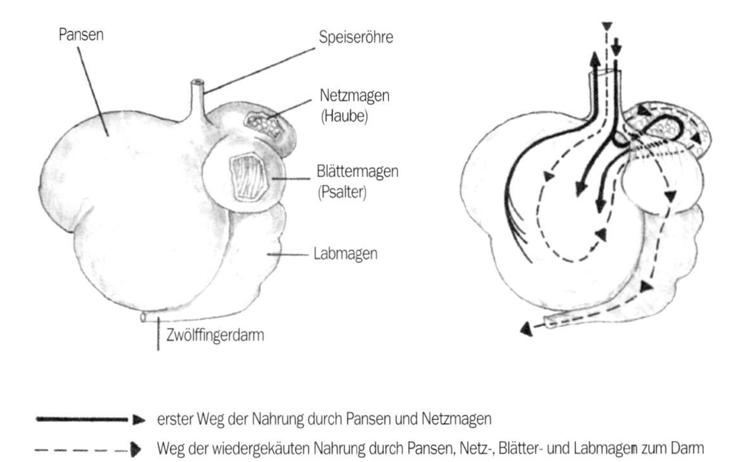

Wiederkäuermagen

eignen sich hervorragend für die Gewinnung von ▸ Silage.

Wickler, die *(Tortricidae):* Eine Familie der Kleinschmetterlinge (Spannweite 1 bis 3 cm), die mit mehr als 5000 Arten, davon über 400 Arten einheimisch, weltweit verbreitet sind. W. sind meist dämmerungs- oder nachtaktiv. Sie haben oft lebhaft gefärbte und unterschiedlich gezeichnete, in Ruhe flach (dachförmig) über den Rücken gelegte, fast länglichviereckige bzw. trapezoide Vorderflügel und große Augen. Die 16-füßigen farblosen Raupen leben meist in eingerollten (Name!) oder zusammengesponnenen Blättern und Nadeln, aber auch im Innern von Pflanzen (Rinde und Mark) sowie in Knospen und Früchten. Viele der kräftig gebauten W. sind auch gefürchtete Obstbaumschädlinge. Einige bekannte Arten sind: Grüner Eichenwickler *(Tortrix viridana)*, Kiefern(knospen)triebwickler *(Rhyacionia buoliana)*, Tannentriebwickler *(Choristoneura murinana)*, Fichtennestwickler *(Epiblema tedella)*, Grauer Lärchenwickler *(Zeiraphera diniana)*.

Widder, der: **1)** Das männliche Muffelwild nach Vollendung des ersten Lebensjahres. **2)** Bez. für einen Rehbock oder Hirsch, dessen Gehörn bzw. ▸ Geweih infolge einer Störung des Kalkstoffwechsels oder durch Krankheit, insbesondere durch Parasitenbefall, wie Widderschnecken gedreht ist (Widdergehörn, Widdergeweih); ▸ Rehwild (Hauptschmuck).

Widdergehörn, das: ▸ Widder 2).

Widdergeweih, das: ▸ Widder 2).

Widderlamm, das: Das männliche Jungwild des ▸ Muffelwildes bis zum 31. März des auf die Geburt folgenden Jahres.

Widderschnecken, die: ▸ Muffelwild.

Widerfährte, die: Die Rückfährte des Wildes, d.h., das Wild zieht auf der gleichen Fährte, auf der es vom Wald zum Feld zog, zurück.

Widergang, der: **1)** Das Zurückwechseln des Wildes auf der eigenen Spur (Fährte), v.a. bei Hasen. Rotwild macht beim W. mit Vorliebe einen Bogen, um an einer entfernten Stelle wieder auf der gleichen Fährte zurückzuwechseln. Auf den W. folgt oft ein ▸ Absprung. Der W. dient der Feindvermeidung. **2)** ▸ Hirschgerechte Zeichen.

Widerlincen, das: Ein ▸ Hirschgerechtes Zeichen.

Widerrist, der (Reit): Bei Schalenwild und Hunden Bez. für den meist etwas aufgewölbten vorderen Rücken- oder Nackenteil (über den Vorderläufen); ▸ Widerristhöhe.

Widerristhöhe, die: Die Schulterhöhe des Hundes und des Wildes. Mit einem Maßstock, vom Boden bis zum höchsten Punkt des ▸ Widerristes gemessen, erhält man das sog. Stockmaß. Messungen mit einem Maßband sind meist ungenau (zu hoch).

widersinnig (abnorm): ▸ Geweihe und ▸ Gehörne, die von der normalen Ausformung stark abweichen und die unterschiedlichsten Gebilde zeigen.

Widersprung, der: **1)** svw. ▸ Absprung 1). **2)** Vom Schweiß- und Leithund: er wird bzw. wurde auf dem W. (▸ Widergang) gearbeitet, d.h., er zeigt durch kurzes Verfolgen der Rückfährte an, dass es sich um eine Hirschfährte handelt.

Widerstrich, der (Widerzug): Das Zurückkehren der ▸ Strich- und ▸ Zugvögel im Frühjahr.

Widerzug, der: ▸ Widerstrich.

Wiederansiedlung von Wild: ▸ Aussetzen von Wild.

wieder ausmachen: Eine verlorene ▸ Fährte wiederfinden.

Wiedereinbürgerung von Wild: ▸ Aussetzen von Wild.

Wiederkäuer, die *(Ruminantia):* Artenreichste Unterordnung der ▸ Paarhufer mit fünf Familien, darunter die Familie ▸ Hirsche *(Cervidae)* und ▸ Horntiere *(Bovidae)*. Hierzu gehört das sog. ▸ Schalenwild (Rot-, Dam-, Sika-, Elch- und Rehwild, Axishirsch, Rentier, Wisent, Gams-, Stein- und Muffelwild) mit Ausnahme des Schwarzwildes, das die Nahrung wiederkäut. Allen W. gemeinsam ist der ▸ Wiederkäuermagen. Sie können in relativ kurzer Zeit große Mengen an Nahrung (Futter) aufnehmen, welches in Ruhestellung und in sicherer Deckung gründlich zermahlen und wiedergekäut wird; Ggs.: Nichtwiederkäuer *(Nonruminantia)*.

Wiederkäuerbandwurm, der *(Moniezia expansa)*: ▸ Bandwürmer.

Wiederkäuermagen, der: Der ▸ Magen der Wiederkäuer, die die Äsung (aufgenommene Pflanzennahrung) nach einiger Zeit (etwa 1/2 bis 1 Stunde nach Nahrungsaufnahme) wieder »aufstoßen« und ein zweites Mal kauen. Die nur geringe Eiweißmengen enthaltende pflanzliche Nahrung muss von den Wiederkäuern in großen Mengen aufgenommen werden und kann dabei nicht genügend zerkaut und verdaut werden. Die oberflächlich gekaute Nahrung gelangt zunächst in den Pansen (Rumen). Er ist der größte der Vormägen und dient als Vorratskammer. In ihm wird die Nahrung durch die rauen Magenwände mechanisch zerkleinert, durch Sekrete erweicht und von Mikroorganismen aufgeschlossen, abund umgebaut. Von dort gelangt sie in den kleinen, rundlichen Pansenanhang, den sog. Netzmagen (Haube). Danach steigt sie durch Hervorwürgen in Form kleiner Futterballen wieder in das Geäse (Mundraum) zurück, wo sie erneut und nunmehr durch mahlende Bewegungen der Zähne gründlich gekaut und eingespeichelt wird. Über die Schlundringe gelangt sie dann in den Blättermagen (Psalter, Faltermagen, Löser). In diesem wird sie fein zerrieben und ausgepresst und geht von da in den eigentlichen Magen, den Labmagen, wo zahlreiche Sekretdrüsen die Verdauung vervollständigen helfen; ▸ Ernährungstypen.

Wiederladen, das: Das W. von Patronen ist erlaubt. Zur Beschaffung von ▸ Pulver bedarf es jedoch einer Erlaubnis, die auf fünf Jahre ausgestellt wird. Um die Erlaubnis zu erhalten, muss aber nach dem Sprengstoffgesetz (SprengG) zur Vermittlung der Fachkunde ein zweitägiger Lehrgang, den die ▸ Deutsche Versuchs- und Prüf-Anstalt für Jagd- und Sportwaffen (DEVA) monatlich durchführt, absolviert werden. Bei der Zulassung zum Lehrgang ist eine Unbedenklichkeitsbescheinigung des zuständigen Gewerbeaufsichtsamtes vorzulegen, daneben muss ein Bedürfnis (bei Jägern bereits gegeben) nachgewiesen werden. W. hat den Zweck, Munition zu fertigen, die aus allen Waffen eine gleich gute Präzision ergibt. Darüber hinaus trägt das W. zur Senkung der Kosten bei, da bei eigener Herstellung der Preis der Patronen gegenüber dem Ladenpreis um bis zu 65% gesenkt werden kann. Für jedes Kaliber wird nach dem WaffG jedoch ein höchstzulässiger Gebrauchsgasdruck festgelegt. Der Wiederlader benötigt deshalb Ladedaten, in denen alle Komponenten aufgeführt sind, die zur Ladung (Herstellung) einer Patrone nötig sind. Hierzu gehören: 1. Kaliber, 2. Geschosstyp und Geschosshersteller, 3. Geschossgewicht in Gramm oder grams, 4. Pulvertyp und Pulverhersteller, 5. Pulvergewicht in Gramm oder grams, 6. Zündhütchentyp und Zündhütchen-

Hermelin (Großes Wiesel) im Winterbalg

▸▸ Mauswiesel

hersteller, 7. Hülsenfabrikat, 8. höchstzulässiger Gebrauchsgasdruck (bar).

Wiegweih, der: ▸ Falken 2.

Wieherspecht, der: ▸ Spechte 1.

Wierusz-Kowalski, Alfred von (1849 Suwalki bis 1915 München): Polnischer Maler; bildete sich u.a. in München in der Malerschule von A. Wagner fort. Von ihm stammen u.a. »Pikeure Ludwigs XIV. im Wald von Fontainebleau«, »Huzulenjäger zur Jagd fahrend«, »Elche im Litauer Moos«, »Freiherr von Lutz auf der Gemsjagd« und »Überfall von Wölfen«, ein Kolossalgemälde. Von ihm am häufigsten behandelte Motive sind von Wölfen verfolgte Schlitten. Die Urne W. wurde nach Warschau überführt.

Wiesbacher, Franz (1849 Ainring bis 1912 Ainring): Heimatdichter. W., von Beruf Lehrer, schrieb das neun Strophen umfassende Wildererlied (Trauerlied) »Mensch, betrachte nur im Stillen ...« für den beim Wildern am 30.1.1888 angeschossenen Matthäus Eschlberger, der zehn Tage später 28jährig an seiner Schussverletzung starb.

Hermelin im Sommerbalg

Wiesel, die: Kleinraubtiere der Gattung *Mustela*. Sie gehören neben Iltis, Nerz und Mink als sog. Wieselartige oder Stinkmarder *(Mustelinae)* zur Familie der ▸ Marder *(Mustelidae)* und zur ▸ Ordnung der Raubtiere (▸ *Carnivora)*. Man unterscheidet zwei Arten: das Große W. oder Hermelin *(Mustela erminea)* und das Kleine W. oder Mauswiesel *(Mustela nivalis)*. Das in verschiedener, meist älterer Literatur als dritte Art erwähnte Zwergwiesel *(Mustela minuta*, Pomel) wird nur noch als Miniaturform des Mauswiesels angesehen. Die W. sind unsere kleinsten Raubtiere und zeichnen sich durch besondere Schlankheit und Lebhaftigkeit aus. Das Hermelin wird fast ausschließlich in Kastenfallen (Wippbrettfallen), Totschlagfallen oder Wieseleisen gefangen und gelegentlich mit einem Schrotschuss erlegt. Auch auf Mäuseln steht es zu. Man kann es damit aus seinem Versteck locken und dann mit feinem Schrot erlegen. Die ▸ Fallenjagd auf das Mauswiesel ist bedeutungslos. Wo es durch Ratten- und Mäusefang nützlich ist (z.B. in Fasanen- und Rebhuhnbiotopen), sollte man es schonen Häufig fängt es sich jedoch in ▸ Fallen, die für das Hermelin bestimmt sind. Die waidmännischen Ausdrücke sind dieselben wie beim Marder.

1. Großes W. oder *Hermelin*, das *(Mustela erminea)*:

Vorkommen: Es ist in ganz Europa, Zentralasien (einschließlich Japan) und in Nordamerika verbreitet. In den Alpen kommt es noch in einer Höhe von 3000 m vor. Bei uns ist es das häufigste Raubtier.

Aussehen: Der Körper des G. W. ist außerordentlich schlank und geschmeidig und wirkt vom Kopf bis zur Rute gleich dick. Die kräftigen Läufe sind kurz und dünn, die Branten klein und zierlich. Die Sohlen sind zwischen den Zehenballen behaart, an den Zehen befinden sich dünne, spitze und scharfe Krallen. Das Haarkleid wird im Frühjahr und Herbst gewechselt. Beim Sommerbalg ist die Oberseite rötlich braun, die Unterseite, die Kehle und die Innenseite der Branten sind schmutzig weiß gefärbt, die buschige Rute hat im Ggs. zum Mauswiesel eine schwarze Quaste, die etwa ein Drittel der Rute ausmacht. Der Winterbalg ist anfangs rein weiß, später gelblich, die schwarze Rutenspitze bleibt erhalten. Die Jungwiesel, die mit weißen kurzen Härchen geboren werden, dann grauweiß schimmern, bekommen mit vier bis fünf Wochen bereits eine stumpfe Braunfärbung, jedoch nicht die rotbraune Färbung wie die Elterntiere, die sie bis zum Umfärben im November behalten. Die Umfärbung vom Sommerbalg zum Winterbalg vollzieht sich, je nach Witterung, Ende November/Anfang Dezember und dauert nur wenige Tage. Ende März wächst dann wieder der Sommerbalg. Diese Umfärbung dauert einige Wochen, sodass man Ende März/Anfang April häufiger als im Herbst ein braun-weiß geschecktes Hermelin sieht.

Zahnformel:

$$\frac{3}{3}\,\frac{1}{1}\,\frac{3}{3}\,\frac{1}{2} = 34 \text{ Zähne}$$

(▸ Zahnalterslehre).

Großes Wiesel: Aussehen		
Körpermaße	Rüde	Fähe
KRL	23–30 cm	22–27 cm
SH	3–5 cm	3–5 cm
RL	9–13 cm	8–10 cm
OL	2–3 cm	1,5–2 cm
Gewicht	150–340 g	110–230 g

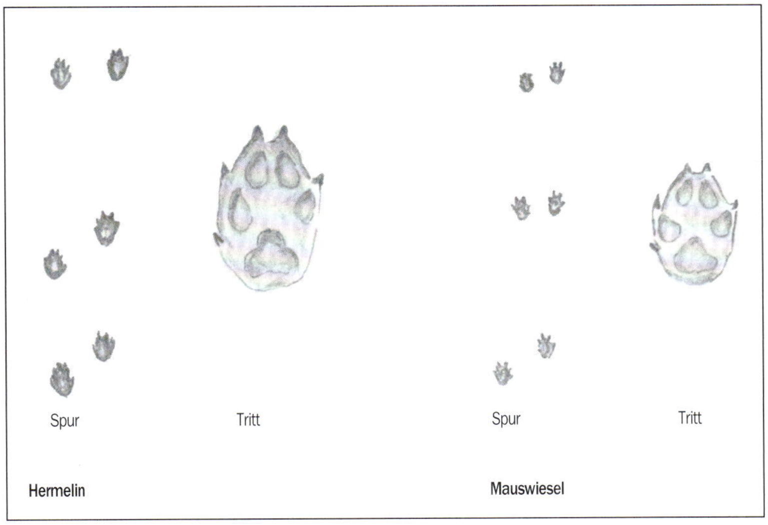

Sinne und ▸ Lautäußerung: Das H. vernimmt ausgezeichnet, es äugt und windet gut. Untereinander verständigt es sich durch ein leises Trillern. Der Angstruf ist ein helles »Kri-kri«.
Lebensraum und Lebensweise: Es bevorzugt parkartige Landschaften mit ▸ Hecken und ▸ Feldgehölzen, ▸ Streuobstwiesen und hält sich sowohl in feuchten als auch in trockenen Gegenden auf. Als Unterschlupf dienen ihm Holz- und Steinhaufen, Mauer-, Erdlöcher, Ritzen, Maulwurf- und Hamsterröhren. Im Herbst und Winter sucht es, wie die Mäuse, häufig unbewohnte Gebäude und Scheunen auf. Es jagt überwiegend tagsüber (etwa 65% der Aktivitäten entfallen auf Tagesstunden). Es bewegt sich ungemein geschmeidig und behende, ist aber auch sehr ungeduldig und neugierig. Die Seher und Ohren sind in ständiger Bewegung, und der kleine Kopf wendet sich blitzschnell nach allen Richtungen. Es läuft, springt und klettert mit größter Gewandtheit und schwimmt sehr gut. Wenn es sichert, macht es einen Pfahl, d.h., es richtet sich auf den Hinterbeinen auf. Das sehr lebhafte Raubtier ist außergewöhnlich mutig und kennt kaum Feinde, auch den Menschen nicht, den es, von ihm in die Enge getrieben, sogar furchtlos angreift.
Nahrung: Das H. jagt und frisst fast alle Arten kleiner Säugetiere und Vögel, die es bezwingen kann, und wagt sich auch an Beute, die es an Körpergröße bedeutend übertrifft (z.B. Jungwild, ausgewachsene kranke Hasen und Kaninchen). Die Hauptnahrung besteht jedoch aus Mäusen (auch Spitzmäusen), Ratten, Hamstern, Fröschen, Schlangen und Eidechsen, daneben nimmt es auch Gelege und Vögel. Die Beute wird durch einen Biss in den Nacken getötet, das Blut größerer Tiere getrunken. Bei den Eiern beißt es Löcher in die Pole. Ist ein Beuteüberschuss vorhanden, legt es in einem Versteck Vorräte an, auf die es jedoch nur in Notfällen zurückgreift, da es frische Beute bevorzugt. Bei der Jagd sucht das H. seinen eng begrenzten Lebensraum genauestens ab. Dort, wo Wildenten brüten, ist es von Nutzen, da es die ▸ Wanderratten kurzhält, die große Feinde von Jungenten sind.
Fortpflanzung: Die Ranzzeit ist meist im Februar, einige ranzen jedoch auch im Juni/Juli. Die Reviere werden heftig verteidigt und markiert. Die Fähen sind etwa mit drei bis vier Monaten, die Rüden mit zehn Monaten geschlechtsreif. Die Tragzeit beträgt entweder acht bis zwölf Monate (einschließlich der ▸ Vortragezeit) oder, wenn das Wiesel Ende des Winters ranzt, acht bis neun Wochen. Die Fähe bringt im März/April vier bis sechs (bis neun) Jungwiesel, die etwa 4 bis 5 cm lang, 2,5 bis 4 g schwer und mit weißen, kurzen Härchen bedeckt sind. Sie öffnen nach 37 bis 45 Tagen die Seher und wachsen nur langsam heran; sie erreichen erst nach drei bis vier Monaten das Gewicht der Alttiere. Die Fähe verbirgt sie in einem mit Heu, Moos, Haaren und Federn ausgepolsterten Unterschlupf (Wurfnest mit Einschlupfloch). Jungwiesel lassen wie Jungiltisse ein sog. ▸ Nestgezwitscher hören. Die Fähe betreut intensiv die Jungen. Bei Gefahr werden sie mit einem ▸ Nackengriff in Sicherheit gebracht. Der Familienverband bleibt bis zum Winteranfang zusammen. Höchstalter im Freiland etwa acht Jahre.
Losung: Sie ist i.d.R. ein etwa 4 bis 6 mm dickes gedrehtes Röllchen von fast schwarzer Färbung, das Haare, Federn und Knochenreste enthält. In seltenen Fällen ist die Losung auch breiig und schwarz. Sie wird häufig an erhöhten Stellen abgesetzt oder öfter an derselben Stelle in der Nähe des Unterschlupfes.
Spur: Das H. bewegt sich wie der Marder meist hüpfend vorwärts (Paartritt), auch bei der Flucht behält es fast immer den Paartritt bei, macht jedoch entsprechend größere Sprünge. Der Abstand von Paartritt zu Paartritt beträgt etwa 30 bis 40 cm, bei der Flucht sogar bis zu 80 cm. Der einzelne Brantenabdruck ist wesentlich kleiner als der des Marders und in den seltensten Fällen deutlich, da die Zehenballen behaart sind. Die Spur ist am besten am Verhältnis der Abdruckgröße zum Abstand von Paartritt zu Paartritt zu erkennen. Auch pflegt das G. W. auf der Suche nach Fraß die Spur kreuz und quer zu ziehen. Ein einzelner Vorderfußabdruck ist etwa 2 cm lang und 1,4 cm breit, ein Hinterfußabdruck etwa 3 cm lang und 1,2 cm breit. Fähen spüren sich etwas geringer, jedoch ist es unmöglich, an der Spur Rüden und Fähen zu unterscheiden. Bei Schnee kann es vorkommen, dass die Spur plötzlich endet und nach einigen Metern wieder weiterführt. Das H. ist hier auf der Jagd nach Nagern in einen unter dem Schnee liegenden Mäusegang geschlüpft

2. Kleines W. oder **Mauswiesel** (*Mustela nivalis*): Auch He(e)rmännchen, Zwergwiesel.
Vorkommen: Es ist in ganz Europa verbreitet und kommt im Gebirge bis zu 3000 m Höhe vor. In Irland und Island fehlt es jedoch.
Aussehen: Kleinstes Raubsäugetier (▸ Beutegreifer) der Erde mit schlankem, lang gestrecktem Körper, kurzen Läufen und kurzer Rute. Der Kopf ist klein und länglich. Es wird in Gefangenschaft bis zu sieben Jahre alt. Im Sommerkleid sind beide Arten (M. und Hermelin) nur an der schwarzen Rutenquaste des Hermelins zu unterscheiden. Der Balg ist im Sommer und Winter auf der Oberseite braun, die Unterseite und die Kehle sind fast weiß. Die Rute ist nicht buschig und ganz braun. Es ist insgesamt kürzer behaart als das Hermelin. Hinter jedem Mundwinkel findet sich ein kleiner, rundlicher und brauner Fleck. Die schiefliegenden Seher sind klein und wirken sehr feurig.
Zahnformel:

$$\frac{3}{3}\,\frac{1}{1}\,\frac{3}{3}\,\frac{1}{2} = 34 \text{ Zähne}$$

(▸ Zahnalterslehre).

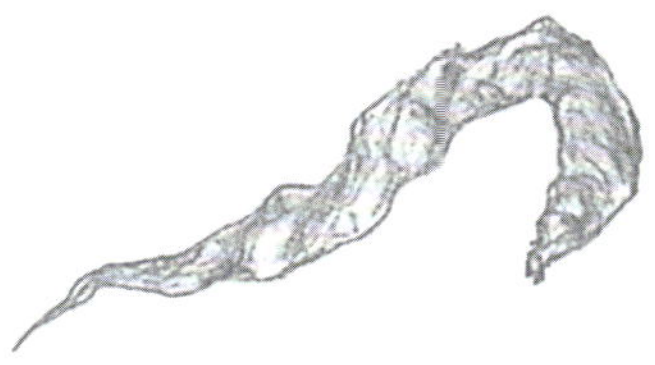
Hermelinlosung

Kleines Wiesel: Aussehen		
Körpermaße	Rüde	Fähe
KRL	16–22 cm	13–16 cm
RL	3,5–6 cm	3–4,5 cm
OL	0,9–1,6 cm	0,8–1,2 cm
Gewicht	(30) 60–115 g	(26) 30–50 g

▸▸ Wappen von Landsberg (ehemaliger Regierungsbezirk Königsberg)

▸▸▸ Wappen von Guttstadt (ehemalige Provinz Ostpreußen)

Sinne und Lautäußerung: Das M. vernimmt ausgezeichnet, es äugt und windet gut. Die Tiere verständigen sich untereinander durch zischende oder singende Laute. Der Angstruf ist ein helles »Kri-kri«.
Lebensraum und Lebensweise: Das M. bevorzugt sandige Gebiete und haust in Baumhöhlen, Stein- und Holzhaufen, alten Gemäuern, unter hohlen Ufern sowie in Maulwurfsgängen, Hamster- und Rattenlöchern. Im Winter ist es in Scheunen, Ställen, Dachböden und Kellern anzutreffen. Es ist tag- und nachtaktiv und äußerst gewandt. Es lebt sehr gesellig, läuft sehr schnell und flink, schwimmt sehr gut, klettert jedoch nur leidlich (Nistkastenräuber). Wie das Große W. ist es außerordentlich mutig und blutgierig. Die Jagd wird suchend und stöbernd ausgeübt.
Nahrung: Das M. lebt hauptsächlich von Mäusen, insbesondere von den für die Landwirtschaft schädlichen Wühlmäusen und Ratten. Es nimmt jedoch auch Gelege, Gesperre, Junghasen und Jungkaninchen sowie Kleinvögel, Kerbtiere aller Art, Frösche, Eidechsen und Schlangen. Wie das Hermelin tötet auch das M. die Beute durch einen Biss in den Nacken. Es ist längst kein so großer Jagdschädling wie das Hermelin und hat jagdlich keine Bedeutung.
Fortpflanzung: M. sollen angeblich vom Frühjahr bis zum Herbst ranzen und werfen. Als Hauptranzzeit gelten jedoch die Monate Februar/März. Die Tragzeit beträgt fünf Wochen. Die Fähe bringt einmal (auch zweimal) im Jahr vier bis sieben, manchmal auch acht Jungwiesel, die weiß, kurz behaart und 24 bis 30 Tage blind sind (Geburtsgewicht ca. 1 g, Länge 5 cm). Die Jungen werden bis zur 11. Woche gesäugt und verlassen mit zwei bis drei Monaten den Familienverband. Die Fähe verbirgt ihr mit Federn und Wolle ausgepolstertes Nest in Wühlmaus- und Maulwurfsgängen.
Losung: Sie gleicht der des Hermelins, ist jedoch geringer (ca. 2 bis 3 mm dick).
Spur: Sie ist der des Hermelins ähnlich, jedoch geringer. Die Abstände von Paarsprung zu Paarsprung wechseln häufig, betragen etwa 10 bis 12 cm, bei Flucht höchstens 20 cm. Die M. bewegen sich bei höherer Schneelage meist unter dem Schnee in Gängen. Der einzelne Abdruck ist etwa 1,4 cm lang und 1 cm breit. Eine erbeutete Maus, die es als Vorrat heimträgt, nimmt es quer in den Fang. Diese Maus kommt im Schnee gelegentlich vor dem Paarsprung quer zum Abdruck.

Wieselwippbrettfalle, die: ▸ Fallen 2.

Wiesen, die: Ursprünglich mit Gräsern, Stauden und Futterpflanzen bestandene und gehölzfreie Flächen (landwirtschaftliche Kulturart), gekennzeichnet durch Dauerbesatz mit überwiegend horstbildenden Obergräsern neben Kräutern und Kleearten, die, gemäht, besonders zu Heu getrocknet werden. Die Erträge schwanken je nach dem verfügbaren Wasser, besonders Grundwasser, erheblich (15 bis 150 dt/ha). Natur-W. leiden oft an zu hohem Grundwasserstand und sind deshalb mit geringwertigen Gräsern (Binsen, Seggen) bestanden. Zu diesen Natur-W. gehören u.a. die Kalksumpf-W., die Pfeifengras- und die Seggen-W. Sie dienen v.a. den Wiesenbrütern, wie Großer Brachvogel, Bekassine, Uferschnepfe, Rotschenkel und Wachtelkönig, als Brutstätten. In Bayern z.B. dient das Wiesenbrüterprogramm, in Baden-Württemberg das Feuchtwiesenschutzprogramm den bedrohten Wiesenbrütern. Als Kunst-W. bezeichnet man die landwirtschaftlichen Nutz-W. (Mähwiesen). Sie sind mit den den Bodenverhältnissen angepassten Zuchtgräsern und Kleearten angesät worden und bringen bei planmäßiger Wasserzufuhr Höchsterträge. Im Ggs. zur ▸ Weide werden sie regelmäßig gemäht. Wechsel-W. werden abwechselnd als Äcker oder W. genutzt. Unter Fett-W. werden W. verstanden mit zweimaliger Mahd pro Jahr und hohem Heuertrag, im Ggs. zu den Mager-W. mit einmaliger Mahd und geringem Heuertrag; ▸ Wildäsungsflächen.

Wieseneule, die: ▸ Eulen 3.

Wiesenknarrer, der: ▸ Rallen 4.

Wiesenkrex, der: ▸ Rallen 4.

Wiesenpfau, der: ▸ Regenpfeifer 1.

Wiesenralle, die: ▸ Rallen 4.

Wiesenrandstreifenprogramm, das: ▸ Ackerrandstreifenprogramm.

Wiesenschnarre, die (Wiesenschnarrer): ▸ Rallen 4.

Wiesenschnärz, der: ▸ Rallen 4.

Wiesenweihe, die: ▸ Weihen 3.

Wild, das: **1**) (veraltet: Gewild, G'wild): Sammelbezeichnung für alle wild lebenden Tiere, die dem ▸ Jagdrecht unterliegen (▸ jagdbare Tiere). Das W. wird unterteilt in ▸ Haarwild (Haarnutz- und Haarraubwild) und in ▸ Federwild. Innerhalb des Haarwildes werden alle ▸ Paarhufer als ▸ Schalenwild zusammengefasst. Da das W. dem Jagdrecht unterliegt, unterliegt es somit auch der Hegepflicht, den sachlichen Verboten, den ▸ Jagdzeiten und ▸ Schonzeiten, der ▸ Wildfolge, dem Schutz gegen Futternot, dem Schutz gegen Wildseuchen und nach dem Strafgesetzbuch auch dem Schutz gegen Wilderei; ▸ Hochwild, ▸ Niederwild, ▸ Edelwild, ▸ Wechselwild, ▸ Standwild. **2**) svw. ▸ Wildbret. **3**) In Nord- und Ostdeutschland jagdliche Bez. für die weiblichen Tiere bei Rot- und Damwild; gleichbedeutend mit Kahlwild.

WILD: Abk. für Wildtiererfassungssystem der Länder Deutschlands. Das in einzelnen Bundesländern sich bereits im Aufbau befindliche W. dient der Erstellung eines Wildtierkatasters, d.h. der Erfassung der Bestände von ausgewählten Wildtieren (u.a. und vorrangig für Dachs, Fuchs, Feldhase, Rebhuhn, Elster, Rabenkrähe) nach Vorkommen, Verbreitung und Entwicklung. Hegeaktivitäten und Bejagungsintensität sollen dabei auf Bundesebene gebündelt und transparent gemacht werden. Auf dieser Informationsbasis soll die Jägerschaft jagdpolitisch agieren und gegenüber Fachbehörden und Öffentlichkeit besser argumentieren können. Das W. wurde im Jahre 2000 vom Deutschen Jagdschutz-Verband ins Leben gerufen.

Wilda, August Gottfried (1862 Wien bis 1911 Wien): Maler; von ihm stammt »Kronprinz Rudolph und Kaiser Franz Joseph I im Jagdwagen« (1887).

Wild ablegen: Ein ▸ Jagdsignal, das nach dem Abblasen des letzten Treibens gegeben wird; ▸ Strecke legen.

Wildacker, der: ▸ Wildäsungsflächen 1.

Wildackereintopf, der: Eine Saatgutmischung; ▸ Wildäsungspflanzen.

Wildapfel, der (*Malus sylvestris*): Holzapfel. Bis 10 m hoher wärmeliebender Baum oder Strauch (▸ Licht- bis ▸ Halbschatt[en]baumart), der vereinzelt in Laubmischwäldern, v.a. Eichenmischwäldern, Auwäldern, an ▸ Waldrändern sowie in ▸ Hecken und ▸ Feldgehölzen vorkommt. Er bevorzugt frische, nährstoffreiche und tiefgründige Böden. Aus ihm gingen durch Züchtung zahlreiche Sorten des Kulturapfels hervor. Blütezeit April bis Mai. Die Äste des W. sind oft mit Dornen besetzt, die Krone meist dicht stark beastet und stark verzweigt. Die kleinen, nur 2 bis 3 cm großen und kugeligen Äpfel sind gelbgrün, oft leicht rötlich überlaufen.

Wildäsungsflächen, die: Für das Wild angelegte Flächen, auf denen durch Anbau von ausgewählten Früchten, Gräsern, Kräutern und Sträuchern dem Wild die fehlende natürliche und artgemäße Äsung ersetzt wird. Darüber hinaus soll auf diese Weise eine biologische ▸ Wildschadensverhütung erzielt werden. Erfahrungsgemäß wird durch das vielseitige Nahrungsangebot der Äsungsflächen auch das Körpergewicht und die Gesundheit des ▸ Schalenwildes angehoben bzw. verbessert. Die Anlage von W. ist daher eine zwingend notwendige Maßnahme, um dem Wild die natürlichen Lebensbedingungen zu erhalten, die u.a. durch eine intensive Nutzung land- und forstwirtschaftlicher Flächen, durch Flurbereinigungsmaßnahmen, z.T. unsachgemäßen und zu starken Einsatz von Pflanzenschutzmitteln sowie erhebliche Störung durch die erholungsuchende Bevölkerung stark eingeschränkt wurden.

Bei der Auswahl der Flächen, die zwischen 0,2 und 0,6 ha groß sein sollen, ist auf sonnige und ruhige Lage sowie auf gute Bodenverhältnisse zu achten. Nach Möglichkeit sind sie gleichmäßig über das ganze Revier zu verteilen, damit das Wild – ohne lange Anmarschwege – die Äsungsflächen mehrmals am Tage erreichen kann. Der Bedarf an Äsungsflächen liegt bei 0,5 bis 1,5% der Revierfläche. Bei vorhandenen nutzbaren Feldanteilen sind die Zahlen entsprechend zu reduzieren. Die Äsungsflächen müssen mit landwirtschaftlichen Maschinen gut erreichbar und bewirtschaftbar sein. Fast immer wird beim Herrichten der Fläche eine Grunddüngung erforderlich sein. Zweckmäßigerweise werden deshalb zur Festsetzung der Grunddüngung die landwirtschaftlichen Beratungsstellen herangezogen, die aufgrund einer Bodenanalyse einen Düngungsvorschlag ausarbeiten. Die W. werden unterschieden nach ständigen Äsungsflächen (Dauergrünäsungs-, Prossholzflächen, Wildäcker), nach vorübergehenden Äsungs- (z.B. Holzlagerplätze) und Ödlandflächen (Ödlandverbesserung).

Ein Wildacker im Wald – Hegemaßnahme zur Äsungsverbesserung

1. Ständige Äsungsflächen:

Dauergrünäsungsflächen: Diese Flächen stehen dem Wild zur ständigen Abäsung zur Verfügung. Sie bedürfen jedoch einer gründlichen Vorbereitung. Im Herbst/Winter sind zweckmäßigerweise das Einebnen (Beseitigung der Stubben), die Grunddüngung und die Bodenbearbeitung vorzunehmen. Im Frühjahr erfolgt die Saatbeetherrichtung und die Aussaat. Für die Aussaat auf D. eignen sich am besten ▸ Klee-Gras-Mischungen mit einem Leguminosenanteil (Mischungsverhältnis 4:1 bis 5:1). Je nach Standort werden vorzugsweise verwendet: 1. Kleearten: Weißklee, Rotklee; 2. Grasarten: Wiesenschwingel, Wiesenlieschgras, Deutsches Weidelgras, Wiesenrispe, Knaulgras. Bis zum ersten Schnitt sollte das Wild nach Möglichkeit von den Flächen durch geeignete Schutzmaßnahmen ferngehalten werden. *Wildwiesen* dienen in erster Linie der Heu- und Grummetgewinnung für die Winterfütterung. Sie müssen deshalb eingegattert sein und dürfen erst nach der Ernte für das Wild geöffnet werden. Zur Einsaat der W. werden v.a. Hafer, Weiß-, Rot-, Alexandrinerklee, Luzerne, Wiesenlieschgras, Esparsette, Deutsches Weidelgras und Wiesenknaulgras verwendet, als Zugabe verschiedene Kräuter wie Zichorie und Kümmel empfohlen.

Wildäcker: Mit landwirtschaftlichen Methoden bearbeitete Flächen, die dem Wild örtlich und zeitlich verstärkt Äsung anbieten. Da sie hauptsächlich für Zeiten gedacht sind, in denen die natürliche Äsung nachlässt, ist ihre Bestellung mit Sommeräsung nur dann gerechtfertigt, wenn sie dazu beitragen, ▸ Wildschäden in der Feldmark zu verringern. Einjährige W. müssen zu jeder Vegetationszeit eine vollständige Bodenbearbeitung erfahren und neu bestellt werden. Mehrjährige W. haben einen perennierenden Bewuchs und bieten mindestens über zwei bis vier Jahre hinweg ausreichend Äsung. Einjährige W. werden daher so bestellt, dass sie durch einen Zwischenfruchtanbau auch Winteräsung liefern. Die W. werden grundsätzlich mit verstellbaren Gattern versehen, um die Feldfrüchte in der Aufwuchsphase zu schützen; sie werden erst dann geöffnet, wenn die Futterpflanzen ihren größten Nährwert haben oder in ▸ Notzeiten. Für mehrjährige W. eignen sich besonders folgende Pflanzen: Topinambur, Esparsette, Luzerne, Serradella, Waldstaudenroggen (Johannisroggen), Rot- und Weißklee, Dauerlupine. Einjährige W.-Pflanzen: gelbe, weiße und blaue Süßlupine, Persischer Klee, Futtererbsen, Hafer, Mais, Buchweizen, Sonnenblumen. Für die Herbst- und Winteräsung sowie für den Zwischenfruchtanbau haben sich bewährt: winterharte Kohlsorten, Futterraps, Winterrübsen, Roggen, Zottelwicke und Lupine. Für W. im Niederwildrevier sind nach Möglichkeit Standorte in der Feldflur zu wählen (ggf. von Landwirten geeignete Flächen anzupachten). Da das Niederwild neben Äsung auch ausreichende Deckung benötigt, sollte neben den winterharten Kohlsorten auf den Anbau von Topinambur, Mais, Winterraps und Rübsen nicht verzichtet werden.

◂◂ Zweig und Blüten des Wildapfels

Wiesenklee ist eine wichtige und eiweißreiche Wildäsungspflanze.

Prossholzflächen (Verbissgehölze): Mit Weichhölzern und auch mit anderen Laubhölzern bestockte Flächen für den Wildverbiss. P. tragen am stärksten zur Verminderung der Wildschäden im Wald bei. Während der Anwuchsphase müssen sie gezäunt bleiben. Für die Bepflanzung eignen sich alle Weidenarten (z.B. Mandel-, Salweide) Aspe, Pappel, Robinie und Vogelbeere. Die Anpflanzung (einjährige, bewurzelte Steckhölzer oder Pflanzen) muss in der Aufwuchsphase von Unkräutern freigehalten werden. Die Pflanzung kann für das Wild geöffnet werden, wenn sie gut angewachsen und ca. 1,50 m hoch ist. Ein Rückschnitt im Februar auf 30 bis 50 cm Höhe erfolgt erst dann, wenn das Wild einjährige Triebe nicht mehr erreichen kann. Danach werden die Gatter für die folgende Vegetationszeit wieder geschlossen.

2. Vorübergehende Äsungsflächen:
Freiflächen im Wald, die sich mit geringem Aufwand als Äsungsflächen herrichten und so lange nutzen lassen, bis entweder die Beschattung der angrenzenden aufwachsenden Bestände zu stark wird (z.B. Schneisen in Kulturen) oder die Flächen der ursprünglich vorgesehenen Nutzung zugeführt werden (z.B. Holzlagerplätze). Für diese Flächen, die hauptsächlich in den Einstands- bzw. Durchzugsgebieten des Wildes angelegt werden sollen, eignen sich besonders Klee-Gras-Gemische, z.B. Rot-, Weiß- und Wundklee sowie Welsches Weidelgras. Zur Verbesserung der Wuchsleistung kann eine geringe Düngung mit Phosphor, Kalium und Kalk gegeben werden, die im zwei- bis dreijährigen Turnus wiederholt werden sollte.

3. Ödlandflächen:
Für die Ödlandverbesserung kommen Böschungsränder und Wegebanketten mit freiliegendem Mineralboden, aufgelassene humusierte Kiesgruben sowie ehemalige Steinbrüche und Leitungsstrassen infrage. Auch hier eignet sich vorzüglich ein Rot-Weißklee-Gemisch zusammen mit perennierender Lupine und Waldstaudenroggen, der dem Wild zusätzlich Deckung bietet. Für die Bepflanzung der Sandgruben und Steinbrüche sollte auf Himbeere, Brombeere und Besenginster zurückgegriffen werden.

Neben den erwähnten Äsungsflächenarten kann jedoch speziell im Walde die Wildäsung im Rahmen von forstlichen Betriebsmaßnahmen zusätzlich verbessert werden, indem bei der Pflege der Forstkulturen die Weichhölzer möglichst erhalten bleiben und in Revieren mit hohem Nadelholzanteil mast- und fruchttragende Einzelbäume gefördert und erhalten werden. Eine im Herbst und Winter durchgeführte mechanische Läuterung (▸ Bestandespflege) in Laubholzbeständen liefert zusätzlich Knospen und Triebspitzen als hochwertige Äsung; ▸ Wildäsungspflanzen.

Wildäsungspflanzen (Futterpflanzen), die: Standortgemäße Pflanzen, die vom pflanzenfressenden (und körnerfressenden) Wild als Äsung angenommen werden. Im engeren Sinne werden jedoch nur die speziell vom Jäger und Forstmann zum Anbau der Äsungsflächen verwendeten ein- oder mehrjährigen Pflanzen verstanden. Bei der Saatgutausbringung ist zu beachten, dass entsprechende Licht-, Klima- und Bodenverhältnisse gegeben sind. Die Bodenqualität lässt sich durch Düngung verbessern. Auf Wildäckern erfolgt sie am besten vor der Neuaussaat im Herbst oder zeitigen Frühjahr, bei Daueranlagen zwangsweise als Kopfdüngung. Beim Anbau von Futterpflanzen ist nach ein- und mehrjährigen Anlagen zu unterscheiden. Während für reine Daueräsungsflächen Gräser, ▸ Klee und Kräuter überwiegen und für Deckungsflächen Dauerlupinen, Topinambur und Waldstaudenroggen angebaut werden, besteht bei den einjährigen Anlagen (Sommeranlagen) das pflanzliche Angebot hauptsächlich aus Sommerölfrüchten, Sonnenblumen, Hülsenfruchtgemenge, Sommerkleegras, Markstammkohl und Saatmais. Mehr und mehr Verbreitung erfahren die bereits auf bestimmte Bodenarten und Standorte abgestellten Saatgutmischungen, wie z.B. das »Wildlandgemenge«. Es besteht aus mehr als 20 verschiedenen wertvollen Kräutern, die der Gesundheit des Wildes, nicht aber der Mast dienen. Es wurde von der Bayerischen Futtersaatbau Vereinigung GmbH in Zusammenarbeit mit der Wildland GmbH entwickelt und wird für mehrjährige Anlagen verwendet. Auch der »Wildackereintopf« ist eine Saatgutmischung, die sich für ganzjährige Äsungsflächen bewährt hat und mit Erfolg erprobt wurde. Er gedeiht auf jedem Boden außer Flugsand und Sumpf. Die Pflanzenarten sind so ausgewählt, dass ein Optimum an Rohfaser, Trockensubstanz, Eiweiß, Stärke, Kalk, Phosphor, Magnesium, Kali, Natrium und Vitaminen geboten wird. Die Aussaatmenge beträgt pro Hektar 50 kg der verschiedensten Futterpflanzen, zuzüglich 25 kg Hafer und 25 kg Sommerweizen. Die wichtigsten Äsungspflanzen können wie folgt eingeteilt werden:

Futterpflanzen und Kräuter: Alle Kleearten (Rot-, Weiß-, Inkarnat-, Alexandriner-, Perser-, Hornschoten-, Sumpfschotenklee, Esparsette, Luzerne), alle Kohlarten (Markstamm-, Westfälischer Furchen-, Blattstammkohl), alle Gräserarten (Wiesenliesch-, Deutsches Weidel-, Knaul-, Straußgras, Wiesenrispe, Rot-, Wiesenschwingel, Glatthafer), Serradella sowie die Kräuter: wilde Petersilie, Zichorie, Schafgarbe, Pimpinelle.

Hackfrüchte: Kartoffeln, Zucker- und Futterrüben, Topinambur.

Körnerfrüchte: Sonnenblumen, Mais, Acker-, Sojabohnen, Feld-, Futtererbsen, Wicken, Raps, Futterölrettich, Süß-, Dauerlupine, Buchweizen, Roggen (Winter-, Sommer-, Grün-, Waldstaudenroggen); Hafer, Hirse, Senf, Rübsen.

Herbst- und Winteräsung: Besonders geeignet sind hierfür Winterroggen Markstamm-, Furchenkohl, Futterraps, Winter-, Futterrübsen, Zottelwicke, Esparsette, Rot-, Weißklee, Luzerne.

Äsungs- und Deckungspflanzen: Waldstaudenroggen, Mais, Ölrettich, Gelbsenf, Topinambur, Süß-, Dauerlupine, Sudangras, Sonnenblume, Rispenhirse, Futterrübsen, Ginster.

Heu- und Grünfutter: Zu dessen Gewinnung sind besonders geeignet Sommerklee, Sommerkleegras, Serradella, Sommerraps, Senf, Markstammkohl, Soja-, Ackerbohnen, Felderbsen, Sommerwicken.

Klee wird vom Wild bevorzugt geäst und sollte bei Grünflächen vorherrschen, nicht zuletzt auch wegen des hohen Eiweiß- und Mineralgehaltes. Wegen der starken Beäsung und der Graskonkurrenz sollte nach drei Jahren die Neueinsaat erfolgen. Jährlich ein bis zwei Schnitte fördern den Kleeanteil. Besondere Bedeutung kommt dem Weißklee zu, da dieser am robustesten und anspruchslosesten ist und den Tritt des Wildes gut verträgt. Bei Annahmeversuchen der Forschungsstelle für Jagdkunde und Wildschadensverhütung in Bonn-Beuel wurden Alexandriner- und Rotklee vom Wild besonders bevorzugt. ▸ Wildäsungsflächen, ▸ Wildfütterung.

Wildbahn, die: **1)** Ein Jagdgebiet bzw. Jagdrevier. Frühere Bez. für ein Rotwildrevier. Ist es nicht eingegattert, spricht man von freier W.

Futterpflanzen	Aussaat (Monat, Zeitraum)	Aussaatmenge (Reinsaat) kg je ha	Aussaatmenge (Mischung) kg je ha	Bodenansprüche und besondere Eigenschaften	ein-jährig	mehr-jährig	Winter-äsung
Kleearten: *(Trifolium)*				Alle Kleearten sind als Äsungspflanzen hervorragend geeignet; Wildackerpflanzen.			
Inkarnatklee *(T. incarnatum)*	April bis August	40		mittlere Böden, einschnittig, schnellwüchsig		x	
Alexandrinerklee *(T. alexandrinum)*	April bis September	50		mittlere Böden; liebt Feuchtigkeit	x		x
Perserklee *(T. resupinatum)*	April bis August	30		mittlere Böden		x	
Esparsette *(Onobrychis viciifolia)*	April bis August	150		flachgründige Böden mit gutem Kalkgehalt, Silopflanze		x	x
Wiesen-Rotklee *(T. pratense)*	April bis September	35		mittlere Böden, auch Lehmböden; guter Mischungspartner		x	x
Weißklee *(T. repens)*	April bis September	–	2 im Gemenge	alle Böden; bis 50 cm hoch; Silopflanze		x	x
Luzerne *(Medicago sativa)*	April bis September	40		trockene Böden; vor allem Jura- oder Muschelkalkverwitterungsböden; sehr eiweißreich, Heu- und Silopflanze, Raufutter		x	x
Gräserarten:							
Rotschwingel *(Festuca rubra)*						x	x
Wiesenrispe *(Poa pratensis)*						x	x
Straußgras *(Agrostis alba)*						x	x
Wiesenschwingel *(Festuca pratensis)*	Frühjahr					x	x
Glatthafer *(Avena elatior)*	und		50 bis 60	Stickstoffdüngung ist notwendig. Die Gräser liefern gute Erträge; Wiesenliesch-, Deutsches Weidel- und Knaulgras sind in der Mischung die Hauptgrasarten, die übrigen eine Beimischung, die sich nach dem jeweiligen Standort richtet.		x	x
Wiesenlieschgras *(Phleum pratense)*	Herbst					x	x
Deutsches Weidelgras *(Lolium perenne)*						x	x
Knaulgras *(Dactylis glomerata)*						x	x
Kohlarten: *(Brassica)*							
Markstammkohl *(Brassica oleracea)*	April bis Juli	4 bis 5		mittlere Böden, niederschlagsreiche Lagen, gute Winteräsung	x		x
Blattstammkohl	April bis Juli			alle Böden, hoher Eiweißgehalt, gute Winteräsung	x		x
Westfälischer Furchenkohl	April bis Juli	4		alle Böden, hoher Eiweißgehalt, gute Winteräsung		x	x
Hackfrüchte: Topinambur *(Helianthus tuberosus)*	März bis April	1500		v. a. sandige, humose Böden; gute Knollenbildung im 2. Jahr; Kraut stirbt bei Frost ab.		x	x
Körnerfrüchte: Waldstaudenroggen *(Secula multicaule)*	April bis Mai oder September	130		alle Böden, verträgt Wildverbiss, im 1. Jahr geringwüchsig; Wuchshöhe bis 1,30 m		x	x
Hafer *(Avena fatua subsp. sativa)*	bis Ende April	130 bis 150	50 im Gemenge (Einsaat als Wildwiese)	geringe Bodenansprüche, gutes Wachstum; für Winteräsung im Gemisch mit Klee und Waldstaudenroggen notwendig	x		

Futterpflanzen	Aussaat (Monat, Zeitraum)	Aussaatmenge (Reinsaat) kg je ha	Aussaatmenge (Mischung) kg je ha	Bodenansprüche und besondere Eigenschaften	ein-jährig	mehr-jährig	Winter-äsung
Buchweizen *(Polygonum fagopyrum)*	ab Mai	100	50	geringe Bodenansprüche	x		
Mais *(Zea mays)*	Ende April/ Anfang Mai	50 bis 70		verträgt keine sauren und staunassen Böden; gute Äsungs- und Deckungspflanze; Windschutzpflanze	x		
Ölrettich *(Raphanus sativus)*	März bis September	35		alle Böden, geringer Wasserbedarf, Äsungs- und Deckungspflanze für Fasane und Rebhühner	x		
Gelbsenf *(Sinapis alba)*	Mitte Mai bis Anfang September	25	15	alle nicht zu trockene Böden; schnellwüchsige Zwischenfruchtpflanze; für Wildäcker geeignet	x		
Lupine *(Süßlupine)*	ab April	200 bis 250		arme, leichte Böden, aber auch auf schweren Böden, sehr kalkempfindlich; hochwertige Hülsenfruchtpflanze	x		
Dauerlupine *(Lupinus perennis)*	April bis Juli	80 bis 100		alle Böden; beliebte Äsungspflanze, hauptsächlich Wildackerpflanze		x	x
Sommerwicken *(Vicia sativa)*	April bis August		40 bis 70 im Gemenge	feuchte Lagen, schwere und kalkhaltige Böden	x		
Sojabohnen *(Glycine soja)*	April	bis 80	20 bis 30 als Beisaat	milde Lehm- und Lössböden, braucht gute Wasserversorung; hochwertige Futterpflanze (auch Silopflanze); sehr gut für Wildäcker geeignet	x		
Ackerbohnen *(Vicia faba)*	ab April	300	100 im Gemenge	bindige schwere Böden, gute Bodenfeuchtigkeit bevorzugt; eiweißreiche Futterpflanze; ideale Wildacker- und Silopflanze	x		
Hirse (Rispenhirse) *(Panicum miliaceum)*	Ende April bis Ende Mai	40		flachgründige Böden, wärmere Lagen als Mais; eignet sich gut für Deckungsflächen; ideale Äsungspflanze für Rebhuhnreviere	x		
Winterraps *(Brassica napus var. napus)*	August bis Anfang September	20		tiefgründige Böden, verträgt keine Staunässe und zu trockene Böden. Die Pflanze überwintert im sog. Rosettenstadium und verträgt Wildverbiss.	x		x
Sommerraps *(Brassica napus var. napus)*	Juli bis August	20		mittlere Böden, benötigt gute Düngung und viel Stickstoff; frosthart bis -6 °C	x		
Sonnenblume *(Helianthus annuus)*	April bis Juli	50		geringe Bodenansprüche, hoher Stickstoffbedarf; gute Deckungspflanze	x		
Winterrübsen *(Brassica rapa)*	bis September	15		Frühjahrspflanze und gleichzeitig Bienenweide	x		x
Sonstige Futterpflanzen:							
Serradella *(Ornithopus sativus)*	ab Mitte April	60	40 im Gemenge	geringe Bodenansprüche, aber kalkfeindlich, hoher Wasserbedarf; Gründüngungspflanze bis 1 m Wuchshöhe	x		x

Der Mensch als Wildbeuter: Hirschjagd mit Bogen, Felszeichnung bei Alpera in Südostspanien

Ggs.: Gatterrevier (▸ Gehege). **2**) Auch Wildbahnen: ▸ Spürbahn.

Wildbann, der: Ein Jagdreservat der Landesherren und des hohen Adels im Mittelalter. Diese Jagdreservate waren mit dem Verbot belegt, dass Unberechtigte darin weder schießen noch Wild fangen durften; sog. Bannwälder; ▸ Bannforst, ▸ Inforestation, ▸ Jagdsteine.

Wildbannsäulen, die: ▸ Jagdsteine.

Wildbeer, der: Veraltete Bez. für das männliche Wildschwein (Wildeber, Keiler); ▸ Schwarzwild.

Wildbeet, das: ▸ Spürbahn.

Wildbestand, der: ▸ Wildstand.

Wildbestandsermittlung, **-erfassung**, die: ▸ Bestandsermittlung, ▸ Wildstand, ▸ Wildzählung.

Wildbeuter, die: Die niedrigste uns bekannte Wirtschaftsstufe der Menschheit, auf der die Männer Jäger und Fänger, die Frauen Sammlerinnen waren. Lebenseinheit war eine Horde in abgegrenztem Lebensraum (nomadisierende Lebensweise).

Wildbiologie, die (Jagdzoologie, Jagdtierkunde, Wildkunde): Eine Fachdisziplin der allg. ▸ Zoologie (Tierkunde) als Teilgebiet der ▸ Biologie. Die W. befasst sich mit den wild lebenden Tieren auf wissenschaftlicher Basis und untersucht unter Auswertung der Forschungsergebnisse speziell die Beziehungen der Tiere zu anderen Lebensgemeinschaften und auch zum Menschen. Institute für W. ▸ Jagdwissenschaft.

Wildbirne, die (*Pyrus pyraster*): Holzbirne. Bis 20 m hoher, ziemlich lichtbedürftiger Baum oder Strauch. Standort und Blütezeit wie ▸ Wildapfel. Die W. kommt nur noch sehr selten vor, wird aber stellenweise häufig zur Wildäsung angepflanzt. Sie ist eine der Stammarten der Gartenbirne. Die kleinen ca. 2 bis 3 cm langen und ebenso dicken Früchte sind krugförmig bis kugelig, bräunlich gelb und schmecken säuerlich herb.

Wildbodenhunde, die (veraltet: Wildbotenhunde): Scharfe und ausdauernde ▸ Laufhunde des Gebirges, die das Wild laut jagen und stellen. Unmittelbare Nachfahren der alten W. sind die Brandlbracke, die Tiroler und die Steirische rauhaarige Hochgebirgsbracke; ▸ Bracken. Heute ist W. ein Sammelbegriff für alle ▸ Lauf- und ▸ Stöberhunde.

Wildbret, das (Wildpret; veraltet: Wildbrät, Wildprat, Wildbraet, Wildprett, Wilpert): **1**) Bez. für das Fleisch des Nutzwildes; ▸ Bratenwildbret, ▸ Kochwildbret.

W. ist eines der wertvollsten Lebensmittel, die uns die Natur zur Verfügung stellt. Sein Fettgehalt ist gering. Es trägt, wie auch andere Fleischsorten, wesentlich zur Mineralstoff- und Vitaminversorgung bei. Bei einer Kühltemperatur von −18 °C (Gefriertruhe) lässt sich W. bis zu einem Jahr, Wildgeflügel bis zu zehn Monate lang bevorraten. Danach verliert es allmählich seinen Nährwert. Roh darf W. nach der Hackfleischverordnung nicht zum Verzehr angeboten werden. Zum Schutz der Verbraucher vor der Übertragung einer Wildkrankheit soll W. nur durchgegart (Kerntemperatur von 80 °C über mindestens 5 bis 10 Minuten) verzehrt werden. Der Verzehr von Innereien sollte jedoch auf ein Minimum beschränkt werden, auf den Verzehr von Nieren sollte man besser verzichten; ▸ Fleischuntersuchung, ▸ schussfrisch. **2**) Alter Ausdruck (vom 16. Jh. an) für das Rot- bzw. Kahlwild (das rote W; alt: das roth Wildpret) und für das Schwarzwild (schwarzes W.). Martin Luther griff bei seiner Bibelübersetzung häufig auf W. im Sinne von lebenden Tieren zurück.

Wildbret

Beispiel für Nährwerte und Zusammensetzung (je 100 g verzehrbarer Anteil):

	kcal	Eiweiß	Fett	Eisen
Reh	94	21,4 g	1,25 g	3,0 mg
Hase	95	21,6 g	3,01 g	2,4 mg
Fasan	105	23,8 g	6,55 g	0,4 mg

Wildbretgewicht, das: Gewicht des aufgebrochenen Wildes; ▸ Wildgewicht.

Wildbrethygiene, die: Die W umfasst alle Maßnahmen, die in erster Linie vom Jäger getroffen werden müssen, damit sich das dem Verbraucher zugeführte ▸ Wildbret in einem einwandfreien, d.h. sauberen und für den menschlichen Genuss tauglichen Zustand befindet. Das BJG macht z.B. die erste Erteilung eines ▸ Jagdscheines davon abhängig, dass der Bewerber eine ▸ Jägerprüfung bestanden hat, bei der u.a. ausreichende Kenntnisse in der Behandlung des erlegten Wildes unter besonderer Berücksichtigung der hygienisch erforderlichen Maßnahmen, in der Beurteilung der gesundheitlich unbedenklichen Beschaffenheit des Wildbrets, insbesondere auch hinsichtlich seiner Verwendung als Lebensmittel, nachzuweisen sind. Durch diese einschlägige Bestimmung des BJG ergibt sich für den Jäger, aber auch für den Wildhandel und für die Wild verarbeitenden Betriebe und Gaststätten die Verpflichtung, zum Schutze des Verbrauchers die Anforderungen der Lebensmittelhygiene, insbesondere des Fleischhygienerechts (▸ Fleischuntersuchung), zu beachten. Bereits beim ▸ Ansprechen, spätestens beim Versorgen des Wildes wird der Jäger mit der Lebensmittelhygiene konfrontiert. Stark abgekommenes Wild signalisiert ihm ebenso wie ein stark vertraut oder auch apathisch wirkendes Wild eine Erkrankung, die durch Parasitenbefall, Viren oder Bakterien hervorgerufen worden sein kann. Ein guter Ernährungszustand dagegen lässt das Wild als tauglich für den menschlichen Genuss erscheinen; die beim ▸ Aufbrechen eventuell vorhandenen geringen Organveränderungen, z.B. Lungenwurmbefall, beeinträchtigen die Genusstauglichkeit des Wildbrets nicht (▸ Genusstauglichkeit von Wild). Das durch den Straßenverkehr getötete Wild wird immer dann als genusstauglich anzusehen sein, wenn es im guten Ernährungszustand und beim Aufbrechen noch als frisch zu bezeichnen ist. Dies gilt auch für krankgeschossenes Wild, das bei der ▸ Nachsuche frisch aufgefunden wurde oder alsbald zur Strecke kam. Bei ▸ weidwund geschossenem oder erst nach längerer Nachsuche zur Strecke gekommenem Wild ist – wie beim überfahrenen Wild, beim Aufbrechen (z.B. zerschossener oder durch andere Weise verletzter Pansen) – Sauberkeit das oberste Gebot. ▸ Fallwild jedoch ist grundsätzlich genussuntauglich und immer unschädlich zu beseitigen. In allen Fällen, in denen Unsicherheit herrscht (z.B. geringes Wildbretgewicht, krankhafte Veränderungen der Organe), muss für die Beurteilung der Genusstauglichkeit ein Tierarzt zu Rate gezogen werden. Dieser ist immer dann heranzuziehen, wenn ▸ *Haarwild* beim Ansprechen ein anomales Verhalten zeigte (Tollwutgefahr!). Zum Selbstschutz sind beim Aufbrechen Gummihandschuhe zu benutzen. Wird solches Wild zudem in einem ▸ gefährdeten Bezirk erlegt, ist eine Untersuchung durch ein staatliches tierärztliches Untersuchungsamt zwingend notwendig (▸ Tollwutverdacht). Darüber hinaus sind auftretende Tollwutfälle und Wildseuchen sofort den zuständigen Behörden anzuzeigen (▸ Anzeigepflicht von Tierseuchen). Beim Aufbrechen des Schalenwildes unmittelbar nach dem Erlegen sollten besonders die Lunge, die Leber, der Brustkorb und die Bauchhöhle untersucht werden. Lunge und Leber werden aufgeschnitten und auf ▸ Lungenwürmer und Eiterherde bzw. auf ▸ Leberegel untersucht. Brustkorb und Bauchhöhle müssen frei von Eiterherden und Geschwülsten sein. *Schwarzwild, Füchse, Sumpfbiber, Dachse* und *andere fleischfressende Tiere*, die Träger von Trichinen sein können, unterliegen der amtlichen ▸ Trichinenschau, wenn das Fleisch zum Genuss für Menschen verwendet werden soll. Beim Aufbrechen sind daher Teile des Zwerchfells am Wildkörper zu belassen. Beim Schwarzwild sind neben den Zwerchfellteilen die Nieren wichtig für die Untersuchung auf ▸ Schweinepest. Generell sind nach dem Aufbrechen bei allem Schalenwild Schmutzteile wie Blätter, Haare und Grashalme zu beseitigen und die Ein- und Ausschussstellen gründlich zu säubern. Die Säuberung der verschmutzten Bauchhöhle darf niemals mit Gras, Laub oder Moos erfolgen. Falls Wasser in Trinkwasserqualität zur Verfügung steht, ist dieses zu verwenden. Das Wild ist zum Auskühlen an einem luftigen Platz aufzuhängen und insbesondere in der warmen Jahreszeit vor Fliegen (Fliegenschutznetz) zu schützen.

Hasen und *Kaninchen* ist nach dem Erlegen die Blase auszudrücken. Zweckmäßig ist es, sie anschließend nicht auszuwerfen, sondern ähnlich wie beim Schalenwild aufzubrechen und die Bauchhöhle sauber zu entleeren. Das *Federwild* wird mit Ausnahme der Schnepfen ausgehakelt und frei hängend transportiert. Den Tauben ist zusätzlich der Kropf zu entleeren. Wird das Wildbret der Verwertung zugeführt, ist es auf sauberen Unterlagen zu befördern und grundsätzlich kühl aufzubewahren (▸ Wildbretkammer). Es darf nur gut durchgekocht bzw. durchgebraten auf den Tisch kommen. Damit ist gewährleistet, dass alle eventuell vorhandenen Viren und Bakterien abgetötet werden. Die Koch- bzw. Brattemperatur muss bei mindestens 80 °C liegen. Im tiefgefrorenen Zustand werden bei ausreichend langer Lagerung die Eier und Larven von Parasiten abgetötet.

Wildbretkammer, die (Wildkammer, Zerwirkkammer): Eine Kammer bzw. ein Raum, in dem das Wild ▸ zerwirkt und aufbewahrt wird. Wichtig ist, dass der Raum kühl ist (wenn nötig, mit Ventilator) sowie Boden und Wände gefliest sind, dass er einen Wasseranschluss hat und an der tiefsten Stelle des Fußbodens ein genügend großer Abfluss vorhanden ist. Notwendig ist auch eine Vorrichtung an der Decke, um das Wild aufhängen zu können, und eine stabile Balkenwaage zum Wiegen. Die hygienischen sowie bau- und einrichtungstechnischen Anforderungen an die Räume gemäß der Fleischhygieneverordnung (▸ Fleischuntersuchung) sind zu beachten. Sie richten sich u.a. auch nach den Tätigkeiten, die dort ausgeführt werden (z.B. Sammeln von Haarwild, Enthäuten, Zerlegen von Haarwild, Abgabe des Haarwildes in der Decke an be- oder verarbeitende Betriebe oder teilweise enthäutet und ggf. zerlegt an einzelne Verbraucher zur Verwendung im eigenen Haushalt).

Wildbretschirn, der: ▸ Wildpretschirn.

Wildbretschuss, der: ▸ Schusszeichen.

Wildbretschweiß, der: ▸ Schweiß.

Wildbretstützung, die: ▸ Sonderstützung von Wildbret.

Wildbretverwertung, die: ▸ Wildbrethygiene, ▸ Fleischuntersuchung.

Wildbruch, der: Der Inbesitznahme- oder Streckenbruch; ▸ Bruchzeichen.

Wilddichte, die: Hierunter wird die Anzahl einer Wildart auf 100 ha Revierfläche verstanden. Die W. wird im März durch Zählung (▸ Wildzählung) ermittelt (Frühjahrsbestand). Die für ein Revier und für eine Wildart angemessene W. ist weitgehend vom Äsungsangebot und vom Vorhandensein einer anderen Wildart abhängig. Durchschnittliche W.-Werte sind: Rotwild zwei bis drei Stück, Damwild drei bis vier Stück, Gamswild sechs bis acht Stück und Rehwild zwei bis acht Stück je 100 ha Revierfläche. Die Verbesserung der natürlichen Äsung und die Einrichtung von Futterstellen können eine höhere, die Umwelt nicht beeinflussende W. zulassen. Die Regulierung der W. ist Aufgabe des Jägers. In früherer Zeit wurde sie durch ▸ Braunbär, ▸ Wolf und ▸ Luchs mitreguliert. Neben der biologisch optimalen W. gibt es noch den Begriff der wirtschaftlich tragbaren W. Letztere spielt v.a. bei Rot- und Schwarzwild eine besondere Rolle und ist ein errechneter Bestandswert, bei dem sich die ▸ Wildschäden in einem wirtschaftlich vertretbaren Rahmen halten, bei deren Überschreitung jedoch erhebliche Schäden in der Land- und Forstwirtschaft angerichtet werden.

Wilddieb, der: ▸ Wilderer.

Wilddiebsgewehre, die: Umgangssprachliche Bez. für ▸ Schusswaffen, die über den für Jagd- und Sportzwecke allg. üblichen Umfang hinaus zusammengeklappt, zusammengeschoben, verkürzt oder schnell zerlegt werden können. Diese Schusswaffen sind nach dem WaffG sog. ▸ verbotene Waffen; ▸ Wildererwaffen, ▸ verbotene Munitionsarten.

wilde Balz, die: ▸ Afterbalz.

Wildeinstandsflächen, die: Sie bilden in der Flur, verbunden mit ▸ Feldgehölzen und ▸ Ödland (▸ Biotopverbundsysteme), die idealen Rückzugsgebiete für das Niederwild. W. sind so anzulegen, dass das Wild entsprechend seinem Äsungsrhythmus gefahrlos zwischen Feldern und Ruhezonen hin- und herwechseln kann. Aus wildbiologischer Sicht ergeben sich folgende allg. zu beachtende Gestaltungsgrundsätze: Ertragsschwache Flächen sind aus der intensiven Bewirtschaftung herauszunehmen, die ▸ Waldränder sind durch Verbesserung des Traufes (Anbau von dorn- und fruchttragenden Sträuchern, Eberesche, Feldahorn, Weidenarten und Wildobst) wildfreundlich zu gestalten. Als Übergangsbereich zwischen dem Deckungsraum Wald und den Äsungsflächen wird dieser Bereich zum Wildeinstandsgebiet. ▸ Hegeflächen, ▸ Hegebüsche, ▸ Einstand.

Wilde Jagd, die: ▸ Wilder Jäger.

wildeln: **1**) Veraltet auch: wellern. Nach ▸ Wildbret riechen; ▸ Hautgout. **2**) Lokal auch für ▸ wildern.

Wildenten, die: Zur Unterfamilie der Enten (*Anatinae*) aus der ▸ Ordnung der gänse- und entenartigen Vögel (*Anseriformes*) gehörende Wasservögel mit 22 Arten in Europa. W. sind ▸ Stand-, ▸ Strich- oder ▸ Zugvögel. Sämtliche Schwimmenten sind bei uns ▸ Brutvögel. Von den Tauchenten sind es nur die Tafel-, Moor-, Reiher- und Schellente. Die geschützte Eiderente wird noch vereinzelt an unseren Meeresküsten als Brutvogel angetroffen. Eis-, Berg-, Samt- und Trauerenten sind als typische Vertreter des Nordens nur Wintergäste an deutschen Meeresküsten (▸ Meer[es]enten).

Reihzeit (Paarzeit): Bereits im Herbst schließen sich bei vielen W.-Arten (z.B. Stockente) Erpel und Ente zu einem Paar zusammen (Verlobungszeit). Die eigentliche Reihzeit beginnt im Februar/März und verläuft sehr lebhaft und geräuschvoll. Die sich stets in der Überzahl befindlichen Erpel reihen sich oft zu mehreren hinter einer Ente. W. leben in Saisonehe. Die Erpel beteiligen sich weder am Brutgeschäft noch an der Aufzucht der Jungen.

Nestbau und Gelege: W. bauen ihre Nester überwiegend auf dem Boden (Bodenbrüter) und möglichst in Wassernähe. Bei der Stockente sind jedoch fast alle Standorte möglich. Ihr Nest befindet sich im Schilf, auf Kopfweiden, in Fichtenbeständen, in Parkanlagen, in Feldern und Wiesen, aber auch in verlassenen Greifvogelhorsten. Die Schellente brütet mit Vorliebe auf Bäumen und in Höhlen (Baum- und Höhlenbrüterin), die Brandente (Brandgans) in Erd- und Sandhöhlen. Die verhältnismäßig einfach gebauten Nester werden mit leichten und feinen Pflanzengräsern und mit Dunenfedern ausgepolstert. Bei Brutpausen und während der Nahrungssuche wird das Gelege mit diesem Nestmaterial abgedeckt. An dieser Art der Tarnung ist erkenntlich, dass es sich um ein Entengelege handelt. Das Ende März/Anfang April vollständige Gelege enthält 7 bis 14 farbige Eier in der Größe unserer Hausenteneier. Gewicht eines Stockenteneies ca. 50 g. Schwimmentengelege weisen im

Durchschnitt eine höhere Eierzahl auf als Tauchentengelege. Die Brutdauer bewegt sich zwischen 21 und 30 Tagen. Die Brutzeit ist bei Schwimmenten etwas geringer als bei Tauchenten. Die längste Brutzeit entfällt auf die Schellente (Tauchente) mit ca. 30 Tagen, die geringste auf die Krick- und Knäkente (Schwimmenten) mit je 21 bis 23 Tagen. W. verteidigen ihr Gelege gegen Nesträuber tapfer und haben eine Jahresbrut. Bei Verlust des Geleges erfolgt ein Nachgelege mit geringerer Eizahl. Bei den Enten – hauptsächlich Tauchenten –, die oft dicht zusammen brüten, kommen nicht selten ▸ Mischgelege vor. Die Jungen tragen nach dem Schlüpfen ein dichtes Dunenkleid und sind ▸ Nestflüchter. Die junge Brut, Geheck genannt, ist von Anfang an auf selbstständige Nahrungsaufnahme angewiesen. Es erfolgt keine Fütterung durch die Ente. Die Jungenten bilden nach ihrer Führung ins Wasser zusammen mit der Ente einen Schof (Schoof). Nach ca. sechs bis acht Wochen sind die Jungenten beflogen (flugfähig). Vereinigen sich mehrere Schofe, spricht man von einem Flug, mehrere Flüge bilden eine Schar (meist mehrere Hundert Enten).

Lautäußerung: Nach ▸ Geschlechtern unterschiedlich: Erpel ein leises »Rep-rep«, Ente ein lautes »Quakquak«.

Mauser: Im Sommer scheinen der Rau- oder Mausererpel und die Ente gleich auszusehen. Nicht selten werden daher die Erpel mit den Enten (einschließlich der Jungenten) verwechselt. Während der Mauser ist der Erpel an dem grüngelben Schnabel und an den gelben Latschen, die Ente am olivgrauen bis graubraunen Schnabel und an den blassroten Latschen zu erkennen. Verschiedene Entenarten wechseln ihr Federkleid zwei- bis dreimal (Sexual- und Saisondimorphismus). Bei unserer bekanntesten Wildentenart, der Stockente (Erpel), verläuft die Mauser in drei Phasen, wobei Phase eins und zwei zeitlich eng zusammenliegen. Die Phase eins (Kleingefiedermauser) erfolgt im Juni, selten im Juli. Der Erpel ist ab diesem Zeitpunkt nur schwer von der Ente zu unterscheiden (Schlichtkleid des Erpels, Brutkleid der Ente). Einige Wochen später beginnt der Erpel mit der Sommer- oder Großgefiedermauser (Phase zwei). In diesem Stadium verliert er seine Stoß- und Schwungfedern und ist nahezu flugunfähig. Die Erpel ziehen sich in dieser Zeit häufig in Schutz bietende Schilf- und Rohrbestände zurück und werden Rau- oder Mausererpel genannt (▸ Mauserzug). Etwa Ende September erfolgt beim Erpel eine weitere Kleingefiedermauser (Phase drei), nach deren Abschluss er sich wieder in seinem ▸ Prachtkleid präsentiert. Einige Wochen später sind am Stoß auch die Draller, die Jagdtrophäe des Jagers, voll nachgewachsen. Für ca. neun Monate, das ist jeweils die Zeit vom Herbst bis in den Sommer des darauffolgenden Jahres, trägt der Erpel sein vollständiges Prachtkleid. Im unmittelbaren Anschluss an die Sommermauser der Erpel mausern die Enten (Ende der Brut- und Führungszeit). Auch sie sind in dieser Zeit nahezu flugunfähig (Ruhekleid). Die Mauser der Jungerpel zum Prachtkleid vollzieht sich dagegen erst im Herbst.

Nahrung: Die W. sind wie unsere Hausenten Allesfresser. Sie sind sehr gefräßig und fressen, solange sie etwas finden. Wasserpflanzen, Blätter und Gräser werden genauso gerne angenommen wie Getreidekörner, Sämereien oder Würmer, Schnecken, Insekten, Käfer, Frosch- und Fischlaich. Naturgemäß beschränkt sich die Nahrungssuche der Tauchenten mehr auf das Wasser, während die Schwimmenten ihre Nahrung sowohl im Wasser als auch auf Wiesen und Feldern – v.a. zur Nachtzeit – aufnehmen. Die Tauchenten holen dagegen die Nahrung noch aus einer Tiefe von mehreren Metern herauf. Gleichwohl werden jedoch von allen Enten gekochte Kartoffeln, ins Wasser gelegtes Altbrot und Salatblätter, die ihnen zur Winterzeit an ruhiger, geschützter Stelle gereicht werden, gerne angenommen.

Hege: Wie alles Wild bedarf auch die W. einer angemessenen Hege. Zu den Hegemaßnahmen gehören: 1. Kurzhaltung der äußerst schädlichen ▸ Wanderratte, die sowohl die Gelege plündert als auch die Jungenten anfällt; 2. Kurzhaltung von Krähen, Elstern, soweit erlaubt, Füchsen, Iltis, Wiesel und Blässhuhn; 3. Einrichtung von ▸ Bruthütten und Brutinseln; 4. Erhaltung eines ausreichenden Schilf- und Rohrbestandes; 5. Fütterung zur Winterzeit und 6. Schonung der Ente während der Jagdzeit.

Jagd: Die Entenjagd wird als Einzel- oder Gesellschaftsjagd durchgeführt, ein ▸ brauchbarer Jagdhund ist immer mitzuführen. Zur waidgerechten Jagdpraxis gehört auch die Kenntnis der Unterscheidungsmerkmale der einzelnen Arten, da nicht alle W. zur Bejagung freigegeben sind. Die Schrotschussentfernung ist nur bis etwa 40 m vertretbar. Zur Vermeidung eines zu hohen ▸ Jagddrucks sollten W. in einem bestimmten Gebiet nicht zu oft beschossen werden, weil sie bei wiederholtem Beschuss i.d.R. das Gebiet verlassen. Soweit möglich sind die zahlenmäßig überwiegenden Erpel zu schießen. Bei gemeinsam streichenden W. fliegen die Enten immer vorne, die Erpel hinten. Daher sind immer die hinten fliegenden Stücke zu beschießen. Die Jagd beschränkt sich im Wesentlichen auf die Stock- und Krickente, im geringeren Maße auf die Knäkente. Diese drei W.-Arten, die zur Gruppe der Schwimmenten gehören, besitzen ein schmackhaftes Wildbret, wobei die Stockente, bedingt durch ihr häufiges Vorkommen, ihr hohes Wildbretgewicht (bis 1200 g) und den Erpeldraller als Jagdtrophäe, den Hauptanteil der jährlichen Jagdstrecken stellt. Das Wildbret aller Tauchenten schmeckt tranig, sie werden deshalb nur geschossen, wenn Ente bzw. Erpel als Präparate benötigt werden. Die interessanteste und häufigste Jagdart auf En-

◂◂ Die unterschiedlichen Erscheinungsbilder von Schwimm- und Tauchenten

ten ist der Entenstrich, der morgens beim Einfall der Enten auf das Wasser oder abends beim Einfall auf die Felder durchgeführt wird. Die Suche und Pirsch erfolgt mit dem ▸ Vorstehhund oder dem ▸ Stöberhund. Hierbei werden Bäche, Altwässer, Gräben und Tümpel abgesucht. Die ▸ Lockjagd – soweit sie nicht verboten ist – wird mit Lockenten ausgeübt und die Enten mit einem Lockinstrument, der Entenlocke, mit der man das Schnattern der Ente nachahmt, angelockt. In größerem Schilfgelände und auf Seen werden unter Benutzung von Booten ▸ Treibjagden auf Enten durchgeführt. Alle W.-Arten sind jagdbar, die Brand-, Eider-, Eis-, Löffel-, Kolber-, Moor-, Schell- und Schnatterente jedoch ganzjährig geschont. Die einschlägigen Landesverordnungen sind zu beachten.

Arten: Die W. können in vier Gruppen eingeteilt werden: in Schwimm- oder Gründelenten *(Anatinae)*, in Tauchenten *(Aythyinae)*, in Meer(es)-Tauchenten *(Somaterinae)* und in ▸ Säger *(Merginae)*. Die Brandente (Brandgans) wird jedoch häufig in eine besondere Gruppe *(Tadorninae)* gestellt. Zu den Schwimmenten gehören Stock-, Krick-, Knäk-, Pfeif-, Löffel-, Schnatter-, Spieß- und Brandente, zu den Tauchenten die Tafel-, Reiher-, Moor-, Berg-, Eis-, Schell-, Samt-, Trauer-, Kolben- und Eiderente. Für eine Einreihung der W. in die Gruppe der Schwimm- oder Tauchenten können folgende wesentliche Unterscheidungsmerkmale herangezogen werden:

Schwimmenten: Sie liegen hoch auf dem Wasser, der Stoß liegt immer deutlich über der Wasseroberfläche; der gesamte Körper erscheint gegenüber den Tauchenten schlanker und länger gestreckt, der Hals ist länger; an den Hinterzehen fehlt der Hautlappen (▸ Schwimmfuß); die Flügel sind länger als bei den Tauchenten, der Flügelschlag ist jedoch langsamer; sie erheben sich ohne Anlauf aus dem Wasser; sie tauchen nur bei äußerster Gefahr; die Nahrungsaufnahme erfolgt auf dem Wasser oder durch Gründeln; als nachtaktive Entenvögel nehmen sie die Nahrung auf Feldern und Wiesen auf; sie bevorzugen flache Gewässer.

Tauchenten: Sie liegen tiefer im Wasser, der Stoß ist zum Teil unter Wasser; der Körper wirkt plumper und ist kürzer als der der Schwimmenten; der Hals ist kürzer; an den Hinterzehen befindet sich ein für Tauchenten typischer, breit herabhängender Hautlappen; beim Auffliegen benötigen sie einen Anlauf und bewegen sich mit schnellem Flügelschlag plätschernd über das Wasser; die Nahrungsaufnahme erfolgt vorwiegend durch Tauchen; sie gründeln selten; sie bevorzugen tiefere und größere Gewässer und sind häufig am Meer anzutreffen. Trauer- und Samtenten können regelmäßig bis in Tiefen von 30 m tauchen.

I. *Schwimmenten* (Gründelenten; *Anatinae*):

1. Stockente, die *(Anas platyrhynchos*, L.): Auch März-, Gras-, Hag-, Busch-, Rätsch-, Spiegel- und Moosente. Länge: 54 bis 58 cm, Gewicht: Erpel um 1200 g, Ente um 1000 g, ▸ Flügelspannweite: 88 bis 92 cm. Sie gilt als die Stammform unserer Hausente. Aufgrund ihres häufigen Vorkommens, ihrer Größe und ihres schmackhaften Wildbrets ist sie, vom jagdlichen Standpunkt aus betrachtet, die interessanteste Entenart.

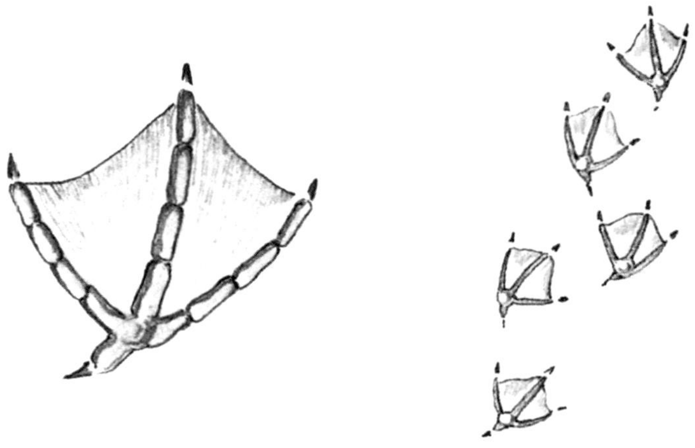
Latschenabdruck und Geläuf der Schwimmenten

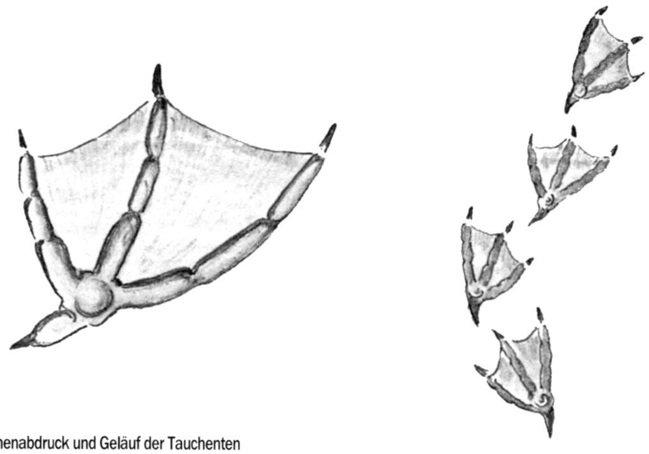
Latschenabdruck und Geläuf der Tauchenten

Aussehen: Beim Erpel sind Kopf und Hals flaschengrün mit goldenem Schimmer, der Kropf kastanienbraun mit weißem Ring. Der Flügelspiegel ist helleuchtend blau und weiß eingefasst. Unterrücken und Bürzel schwarz mit grünem Schimmer, Rücken und Brust dunkelbraun. Schnabel gelbgrün, Latschen orangerot. Beim jungen Erpel ist der Stoß (Draller, Hakeln, Locken) nur leicht nach oben gekrümmt, beim alten Erpel sind die grünschwarzen Stoßfedern (zwei bis vier) spiralförmig aufgerollt (Trophäe!). Die kleinere Ente ist ganzjährig einfarbig braun, der Schnabel gelbbraun. Markant ist jedoch der blaue Spiegel, sodass keine Verwechslung mit einer anderen Entenart möglich ist. Im Ruhekleid ähnelt der Erpel der Ente, ist aber durch seinen schwarzen Scheitel gut von der Ente zu unterscheiden. Der Jungvogel ähnelt der Ente, der Schnabel ist aber rötlich hornfarben, die Latschen gelb bis orangegelb.

Vorkommen: Die S. kommt in ganz Europa – ohne den äußersten Norden und Nordosten –, in großen Teilen Asiens und in Nordamerika vor. Sie stellt keine großen Ansprüche an ihre Umwelt. Als Brutvogel ist sie sowohl am Meer, an Seen, Flüssen, Bächen, Teichen als auch an künstlichen Seen und Teichen in Stadt und Land anzutreffen. In Europa Jahresvogel und Teilzieher, im Winter sucht sie eisfreie Gewässer auf.

Fortpflanzung: Mit einem Jahr geschlechtsreif. Die Verlobungszeit beginnt im Spätherbst nach der Mauser im Brut- bzw. Nachtkleid und dauert bis in den Vorfrühling (Reihzeit). Als Nistplatz werden alle möglichen Standorte gewählt, z.B. im Schilf, auf Kopfweiden, im

Waidmännische Ausdrücke für Wildenten und ▸ Wildgänse	
abstreichen	wegfliegen
äsen	Nahrung aufnehmen
Äsung	Nahrung
aufstehen	sich in die Luft erheben
Augen	Augen
äugen	sehen
beflogen	flügge
Draller (Entenschneckerln, Erpelringel, Hakeln, Locken)	spiralförmige Stoßfedern des Stockerpels
einfallen	sich niederlassen
Ente	weibliche Ente
Entenschneckerln	s.o.: Draller
Entenstrich	morgendliches und abendliches Streichen der Ente von und zu den Äsungsplätzen
Erpel (Entvogel)	männliche Ente
Erpelringel	s.o.: Draller
Flug	mehrere Schofe (s.u.) zusammen
Gans	weibliche Gans
Ganter	männliche Gans
Gefieder	Federkleid
Geheck	Ente mit Jungen
Geläuf	Spur
Gehege	Eier im Nest
gering	klein
Gescheide	Gedärm
Gestüber	Kot
Gössel	junge, noch nicht flugfähige Wildgänse
Grandl	kleine Feder am Flügelbug
gründeln	mit dem Kopf unter Wasser und dem Steiß nach oben nach Nahrung suchen
Hakeln	s.o.: Draller
Latschen	Zehen mit den Schwimmhäuten
liegen	auf dem Wasser schwimmen
Locken	s.o.: Draller
locken	Mutterruf nach den Jungen
Magen	Magen
Mauser (Raue)	Federwechsel
Mausererpel	s.u.: Rauerpel
Nagel	harte Schnabelspitze
Raue	s.o.: Mauser
Rauerpel (Mausererpel)	Erpel in der Mauser
reihen	mehrere Erpel folgen einer Ente
Reihzeit	Paarungszeit, Begattungszeit
rudern	schwimmen
rufen	Lautäußerung
Schar	Vereinigung von mehreren Flügen (s.o.: Flug)
Schof (Schoof)	eine kleine Gesellschaft
Schwingen	Flügel
Spiegel	farbig schillernder Fleck auf den Schwingen
stark	groß
streichen	fliegen
Strich	morgendlicher und abendlicher Zielflug zu den Äsungsstellen
stürzen	in Gründelstellung gehen, s.o.: gründeln
Tritt	Latschenabdruck
vernehmen	hören
weiden	Nahrungsaufnahme auf dem Lande
ziehen	weite Strecken fliegen
züchten	begatten

Sumpfgelände, in Wiesen, Parkanlagen, Fichtendickungen, verlassenen Greifvogelhorsten, in Mauerlöchern, Nistkörben usw. Das Gelege enthält sieben bis elf (14) einfarbige, gelb- bis olivbraune Eier, die 57 x 41 mm groß und ca. 50 g schwer sind. Die Eier werden in den Brutpausen mit Dunen zugedeckt. Die Brutdauer beträgt 24 bis 32 Tage (durchschnittlich 28 Tage). Die Jungen sind mit acht Wochen flugfähig. Eine Jahresbrut (März/April), bei Verlust meist Nachgelege. Die jungen Erpel sind im Oktober ausgefärbt.

Nahrung: Überwiegend pflanzliche Nahrung. Wasser- und Landpflanzen, Samen und Wintertriebe, Bucheckern und Eicheln sowie Getreide; zur Brutzeit und im Sommer auch Schnecken, Würmer, Insekten und deren Larven, Kaulquappen und Krebse. Sie gründeln häufig.

2. Krickente, die *(Anas crecca*, L.): Auch kleine K., Dassel, Grauentchen, Spiegel- oder Sommerhalbente, Karnelle und weitere Namen. Kleinste europäische Ente. Länge: 34 bis 36 cm, Gewicht: Erpel um 330 g, Ente um 290 g. Sie fliegt verhältnismäßig niedrig und gerne in Gesellschaft. Der Flug ist schnell und reißend, am Boden bewegt sie sich äußerst flink. Sie hat ein wohlschmeckendes Wildbret.

Aussehen: Erpel und Ente besitzen einen goldgrünen Spiegel. Der Schnabel ist grauschwarz, die Latschen sind aschgrau. Der Kopf des Erpels ist kastanienbraun, ein bis in den Nacken laufender metallisch grüner Streif umrahmt Augen und Schläfen; sonst überwiegend grau mit einem waagrechten weißen Streif über dem Flügel. Die Ente ist oberseits einschließlich Brust bräunlich gezeichnet, der Bauch weißlich. Der Erpel im Ruhekleid und der Jungvogel ähneln der Ente.

Vorkommen: In den gemäßigten und kalten Zonen Europas, fehlt daher im Mittelmeergebiet. Bevorzugt Flachwasser mit Schlick und Sand jeder Art, Sumpflandschaften, Hochmoore und Teiche in Wäldern sowie Seen mit üppiger Vegetation. In Europa ▸ Teilzieher, überwintert hauptsächlich in West- und Südeuropa.

Fortpflanzung: Bevorzugte Standorte für den Nestbau sind Teiche und Tümpel mit dichtem und hohem Pflanzenwuchs (Schilf, Gras). Das ▸ Nest wird aber auch weitab von Gewässern im dichten Brombeer- und Heidelbeergestrüpp, unter Weiden und am Waldboden inmitten von Farnen errichtet. Das Gelege enthält acht bis zehn (elf) gelblich graue und grün schimmernde Eier, die 45 x 33 mm groß und 27 g schwer sind. Die Eier werden von der Ente 21 bis 23 Tage bebrütet. Die Jungen werden einen Monat lang geführt. Mit 44 Tagen sind sie flugfähig. Eine Jahresbrut (Mai/Juni).

Nahrung: Im Frühling und Sommer vorwiegend Insekten und deren Larven sowie Mollusken, im Herbst und Winter dagegen Wasserpflanzen (Wasserlinsen) und Sämereien. Die Nahrung wird im Schlick aufgenommen oder gründelnd gesammelt.

3. Knäkente, die *(Anas querquedula*, L.): Auch Halb-, Schnärr-, Zirp-, Zirts-, Schäckente, Kernell(e), große Krickente. Länge: 38 cm, Ge-

Wildenten (Schwimmenten) aus Otto Grashey, »Praktisches Handbuch für Jäger«, 1894, 3. Auflage 1916: 1 Krickerpel, 2 Spießerpel, 3 Knäkerpel, 4 Schnatterenten (links Erpel, rechts Ente), 5 Krickente, 6 Knäkente, 7 Stockenten (links Ente, rechts Erpel), 8 Spießente

wicht: Erpel um 365 g, Ente um 345 g. Sie ist nur geringfügig größer als die Krickente, aber bei uns nicht so häufig vertreten wie diese. Im Flug ist sie eine der schnellsten und wendigsten Enten. Sie lebt sehr gesellig.

Aussehen: Kopf und Hals des Erpels sind dunkelbraun, über dem Auge bis zum Nacken zieht sich ein breiter, weißer, sichelförmiger Streif (Überaugenstreif). Über dem aschblauen Schulteruntergrund überhängende schwarzweiße Schulterfedern. Der Flügelspiegel ist in der unteren Hälfte hellgrün, in der oberen weißlich. Sonst überwiegend graubraun mit helleren Seiten. Die Ente ist überwiegend braun mit schwarzbraunem Oberkopf und beigem Überaugenstreif. Beim Erpel ist der Schnabel bleigrau, bei der Ente olivgrau. Die Latschen sind dunkelgrau. Der Jungvogel und der Erpel im Ruhekleid ähneln der Ente. Die den Stockentenjungen sehr ähnlichen Jungvögel sind an den dunklen Streifen an den Kopfseiten zu erkennen.

Vorkommen: Als Brutvogel ist die K. in ganz Mitteleuropa verbreitet, daneben auch im gemäßigten Asien. Sie lebt an seichten, offenen Gewässern mit üppiger Vegetation, in Sumpflandschaften und Überschwemmungsgebieten. Zugvogel, der bereits Anfang Oktober von unseren Gewässern verschwunden ist und in die afrikanischen Winterquartiere zieht. Ab Anfang März trifft sie wieder in den Brutgebieten ein. Jagdlich spielt sie daher keine Rolle.

Fortpflanzung: Als Nistplatz werden meist Standorte mit hohem Schilf- oder Graswuchs gewählt. Nistplätze sind aber auch abseits vom Wasser im Heidekraut, im Gestrüpp und am Waldboden möglich. Das Gelege besteht aus sechs bis elf (dreizehn) rahmgelben Eiern, der grünliche Schimmer der Krickenteneier fehlt. Sie sind 45 x 33 mm groß und zwischen 23 und 29 g schwer. Die Brutdauer beträgt 21 bis 23 Tage. Die Jungen werden 35 bis 42 Tage geführt. Eine Jahresbrut (April/Juni).

Nahrung: Nahrungsaufnahme hauptsächlich mit dem Kopf unter Wasser. Tierische Nahrung wird bevorzugt, im Übrigen weitgehend dieselbe wie bei der Krickente.

4. Pfeifente, die *(Anas penelope*, L.): Auch Bläss-, Rothals- oder Piepente, Pispäne. Länge: 46 cm, Gewicht: Erpel um 800 g, Ente um 700 g. Sie fliegt schnell, hat aber nicht den pfeifenden Flug der Stockente.

Aussehen: Der Erpel im Prachtkleid hat einen rotbraunen Kopf mit auffälliger cremefarbener Stirnblässe. Der kurze Hals ist braun, die Brust rosafarben, das Rücken- und Seitengefieder überwiegend grau, die Unterschwanzdecken schwarz. Der schwarzgrüne Spiegel ist vorne und hinten weiß gesäumt. Im Fluge ist ein weißes und auffälliges Vorderflügelfeld zu erkennen. Die Ente ist überwiegend graubraun mit grünen Flügelspiegeln und weißlichem Bauch. Der Erpel im Ruhekleid ähnelt der Ente, hat aber weiße Flügeldecken. Die Jungen ähneln der Ente, die Flügelspiegel sind jedoch schwärzlich. Der Schnabel der P. ist kurz und schiefergrau, die Latschen sind bleigrau.

Vorkommen: Sie ist ein Brutvogel des Nordens (Europa etwa nördlich des 54. Breitenkreises) und in großen Teilen Asiens. In Mitteleuropa brütet sie nur an wenigen Stellen, in Mecklenburg-Vorpommern und in den Niederlanden. Sie bevorzugt größere Binnengewässer und Bruchlandschaften und hält sich im Winter gerne in Küstennähe auf. Sie ist in Europa überwiegend Teilzieher und überwintert meist in Westeuropa und im Mittelmeerraum.

Fortpflanzung: Nur einige schreiten bereits im ersten Lebensjahr zum Brüten. Das Nest steht gut verborgen meist am Ufer oder in Ufernähe oder auf kleinen Inselchen und nur selten weiter abseits. Das Gelege enthält sieben bis neun (zehn) hellbraune Eier, die 54 x 38 mm groß und etwa 44 g schwer sind. Die Eier werden von der Ente 22 bis 25 Tage bebrütet. Die Jungen werden ca. 42 bis 44 Tage geführt. Eine Jahresbrut (Mitte Mai bis Juni/Juli).

Nahrung: Sie gründelt selten und nimmt überwiegend Insekten, Weichtiere, Wasserpflanzen, Sämereien und Knospen auf.

5. Löffelente, die *(Anas clypeata*, L.): Auch Muck-, Murr-, Schild-, Spatelente, Breitschnabel, Löppelgans, Raschen, Seefasan. Länge: 50 bis 52 cm, Gewicht: Erpel um 650 g, Ente um 570 g. Sie ist etwas kleiner als die Stockente. Keine Jagdzeit.

Aussehen: Kennzeichnend für Erpel und Ente

ist der auffallend lange und breite Schnabel (Löffelschnabel), der beim Schwimmen schräg abwärts gehalten wird. Die Latschen sind bei beiden Geschlechtern orangefarben. Den im Prachtkleid außerordentlich bunten Erpel ziert ein metallgrün glänzender Kopf und Hals. Die Brust ist weiß, der Bauch und die Flanken rostbraun, der Oberrücken schwarzbraun mit grünen Säumen, der Unterrücken schwarzgrün glänzend, die Flügeldecken hellblau. Die Ente ähnelt der Stockente, kann aber von dieser durch den breiten Schnabel und den mattschwarzen, grün schimmernden Spiegel unterschieden werden. Der Jungvogel und der Erpel im Ruhekleid ähneln der Ente, der Erpel hat jedoch ein gelbes, der Jungvogel und die Ente ein braunes Auge. Beim Schwimmen liegen die Löffelenten vorne tief im Wasser, der Hals ist dabei eingezogen.

Vorkommen: Die L. brütet hauptsächlich in West- und Osteuropa, lokal in der Schweiz, in Deutschland ist sie in Schleswig-Holstein, in Niedersachsen, in Nordrhein-Westfalen, in Bayern und Baden-Württemberg (Bodensee) Brutvogel. Daneben brütet sie am Neusiedler See (Österreich), an der spanischen Mittelmeerküste, auf Island und in weiten Gebieten Asiens und in Nordamerika. Sie ist Zugvogel und verlässt uns spätestens Ende November und kehrt ab Mitte März wieder in die Brutgebiete zurück. Die Winterquartiere liegen in den Mittelmeerländern und in Afrika. Sie bevorzugt als Lebensraum offene und flache, vegetationsreiche Süß- und Brackgewässer.

Fortpflanzung: Bevorzugt werden Neststandorte in schwer zugänglichen Teichen und Tümpeln mit urwüchsigem Ufer oder feuchten Wiesen, seltener in Farnen, Heidekraut oder Gestrüpp. Das Gelege enthält acht bis zwölf graugrünliche, manchmal gelbliche Eier, die 52 x 37 mm groß und zwischen 35 bis 43 g schwer sind. Brutdauer 22 bis 25 Tage, die Jungen werden sechs bis sieben Wochen geführt. Eine Jahresbrut (Mai bis Juni).

Nahrung: Die L. gründelt selten. Sie filtert schnatternd das Wasser nach Insekten, Krebsen und Mollusken. Im Winter besteht die Nahrung bevorzugt aus Samen.

6. Schnatterente, die *(Anas strepera*, L.): Auch Schnarr-, Lerm-, Nesselente, Weißspiegel, Mittelente. Nur wenig kleiner als die Stockente. Länge: 50 bis 52 cm (wie Löffelente), Gewicht: Erpel um 800 g, Ente um 700 g. Keine Jagdzeit.

Aussehen: Erpel und Ente besitzen einen weißen Spiegel und orangegelbe Latschen. Der Erpel im Prachtkleid hat Kopf und Hals braungrau, die Kehle aschgrau, den Oberrücken und die Schultern grau, den Stoß samtschwarz (auffälligstes Kennzeichen), den Schnabel bleigrau. Die Ente sieht der Stockente ähnlich, ist überwiegend braun mit hellbraunem Kopf, jedoch kürzerem gelbem Schnabel mit grauen Flecken. Jungvogel und Erpel im Ruhekleid ähneln der Ente.

Vorkommen: Ständiger Brutvogel in den östlichen Ländern Mitteleuropas. In Deutschland in Ostholstein, in der Norddeutschen Tiefebene, im südbayerischen Alpenvorland (Ismaninger Stausee bei München) und am Bodensee Brutvogel, in der Schweiz und in Österreich lokal. Überwiegend Zugvogel, der bis Ostafrika zieht, vereinzelt aber Standvogel. Bevorzugt große, offene und vegetationsreiche Binnengewässer.

Fortpflanzung: Standort des Nestes meist in Ufernähe auf trockenem Boden und gut getarnt im dichten Schilf oder Gebüsch. Das Gelege enthält sieben bis zwölf rahmgelbe Eier, die 52 x 38 mm groß und zwischen 40 und 44 g schwer sind. Das Weibchen brütet 24 bis 26 Tage. Die Jungen werden sechs bis sieben Wochen geführt. Eine Jahresbrut (Mai/Juni).

Nahrung: Sie gründelt und seiht im Wasser, nimmt überwiegend Wasserpflanzen und nur zum geringen Teil Wassertierchen auf.

7. Spießente, die *(Anas acuta*, L.): Auch Langhals, langschwänzige, langhalsige Strich-, Spitzschwanz-, Spitz-, Schwalben- und Fasanenente, Pylsteert. Länge: ca. 55 cm, Gewicht: Erpel um 950 g, Ente um 750 g.

Aussehen: Erpel und Ente mit langem und dünnem Hals; Schnabel bleigrau, Latschen blaugrau. Der Erpel im Prachtkleid hat einen rötlich braunen Kopf und Hinterhals, das Weiß des Vorderhalses setzt sich an den Seiten als senkrechter Streif bis in die Ohrgegend fort. Stoß spießförmig verlängert. Spiegel dunkelgrün, Oberseite graubraun und weiß gewellt. Jugend-, Ruhe- und Entenkleid überwiegend graubraun mit dunkler Fleckung. Ente von der Stockente aufgrund der helleren Färbung und der wesentlich schlankeren Gestalt zu unterscheiden.

Vorkommen: In Europa nördlich des 50. Breitengrades überwiegend Brutvogel, daneben auch in Ostasien und Nordamerika beheimatet. Seltener Brutvogel im süddeutschen Raum, stärker jedoch in Norddeutschland vertreten. In Europa überwiegend Teilzieher, der hauptsächlich im Mittelmeerraum überwintert. Bevorzugt größere Binnenseen mit reichlicher Vegetation, Moore und offene Sumpflandschaften, Heiden und Dünen.

Fortpflanzung: Sie nistet vorzugsweise in der Nähe großflächiger stehender Gewässer und größerer Teiche und Moore. Das Nest wird in einer Bodenmulde, meist offen liegend, in Feld- oder Saatflächen gebaut, vereinzelt auch abgeschirmt durch hohes Gras und durch Büsche. Das Gelege besteht aus sieben bis elf (zwölf) grün- bis rahmgelben, häufig auch olivbraunen Eiern, die 52 x 37 mm groß und 47 g schwer sind. Die Ente brütet 21 bis 23 Tage. Die Jungen werden sieben Wochen geführt. Eine Jahresbrut (April/Mai). Zwischen Stockente und S. gibt es fruchtbare Bastarde.

Nahrung: wie Stockente.

8. Brandente, die *(Tadorna tadorna*, L.): Auch Brand-, Höhlengans, Erd-, Berg-, Fuchs-, höckerschnäbelige Fuchsente, Fuchsgans, Scheldrak, Lochente, -gans. Länge: um 61 cm, Gewicht: um 1000 g. Ganzjährig geschont.

Aussehen: Eine gansähnliche Ente. Im Brutbzw. Prachtkleid haben Ente und Erpel einen schwarzgrünen Kopf und Hals, der Körper ist bis auf ein braunes Bauchband weiß. Die Schwingen sind schwarz, die Flügelspiegel stahlgrün. Der Stoß ist weiß mit schwarzem Saum, die Ständer sind fleischfarben. Beim Erpel lackroter Schnabel mit rotem Höcker, der im Ruhekleid und bei der Ente fehlt. Das Jugendkleid ist überwiegend dunkelbraun, Stirn, Hinterrücken, Kopfseiten und Unterseite sind weiß, Schnabel und Ständer hellgrau, die Handschwingen rostfarben.

Vorkommen: Küsten der Britischen Inseln und des nördlichen Mitteleuropa, Westküste Skandinaviens, am Niederrhein, Schwarzen Meer, in Sardinien, Tunesien, Südspanien, Griechenland, Vorder- und Zentralasien. Sie liebt Salz- und Brackwasserseen sowie Meeresbuchten mit sandigen und schlammigen Ufern. Die B. ist in Europa Teilzieher, der überwiegend an der Atlantikküste Frankreichs, an den Küsten Großbritanniens und im östlichen Mittelmeergebiet überwintert.

Fortpflanzung: Geschlechtsreif mit zwei Jahren; lebenslange Ehe. Das Nest wird in Sand- und Erdhöhlen am Strand oder in Ufernähe sowie in Kaninchen-, seltener in Fuchs- oder Dachsbauen errichtet. Das Gelege besteht meist aus sieben bis zwölf weißlichen Eiern, die 66 x 48 mm groß und 78 g schwer sind. Die Eier werden von der Ente 28 bis 30 Tage bebrütet, der Erpel beteiligt sich jedoch an der Aufzucht der Jungen. Die Jungen sind mit etwa acht Wochen flugfähig. Eine Jahresbrut (Mitte Mai/Juni).

Nahrung: Krebstiere, Schnecken, Insekten und Würmer, Fischbrut, daneben auch Pflanzen, insbesondere Grasspitzen und Tang.

II. *Tauchenten* *(Aythyinae)*:

9. Tafelente, die *(Aythya ferina*, L.): Auch Rot-, Braunkopf, Rotkopfente. Sie ist unsere häufigste Tauchente. Länge: ca. 47 cm, Gewicht: Erpel um 875 g, Ente um 830 g. Das Wildbret ist wohlschmeckend.

Aussehen: Erpel und Ente haben einen aschgrauen Spiegel und blaugraue Latschen. Beim Erpel im Prachtkleid sind Kopf und Hals rostrot, Oberrücken und Brust schwarz, Unterrücken, Schulter und Flügeldecken hellgrau, Stoß schwarz. Die Augen sind gelbrot, der Schnabel schwarz mit hellgrauem Mittelfeld. Die Ente mit braunem Kopf und Hals, Brust und Vorderrücken hellbraun, Augen braun, Schnabel grau mit blauer Binde. Jungvogel und Erpel im Ruhekleid ähneln der Ente. Beiden Geschlechtern fehlen weiße Flügelstreifen.

Vorkommen: Sie brütet auf den Britischen Inseln, in Mitteleuropa, im südlichen Skandinavien und in Osteuropa, sporadisch auch in Nordafrika. In Deutschland liegen die größten Brutvorkommen im süddeutschen Raum und in Schleswig-Holstein. Große Vorkommen aber auch am Neusiedler See (Österreich) und in den neuen Bundesländern. Sie bevorzugt flache, seichte und nahrungsreiche Gewässer mit Schilf- oder Rohrgürtel. Teilzieher, dessen Hauptüberwinterungsgebiete in Mitteleuropa, im Alpenvorland sowie in Frankreich und im Mittelmeerraum liegen.

Fortpflanzung: Der Neststandort ist meist im Wasser (auf kleinen Inseln) oder in unmittelbarer Wassernähe (Ufer). Das gut verborgene Nest wird im dichten Schilf oder unter dichtem

Wildenten aus Otto Grashey, »Praktisches Handbuch für Jäger«, 1894, 3. Auflage 1916: 1 Tafelente, 2 Löffelerpel, 3 Pfeiferpel 4 Moorerpel, 5 Kolbenente, 6 Moorente, 7 Tafelerpel, 8 Kolbenerpel, 9 Pfeifente, 10 Löffelente

Gestrüpp errichtet. Werden Schwimmnester errichtet, erreichen sie einen beachtlichen Umfang und sind vorwiegend von Schilf und Gräsern gebaut. Das Gelege besteht aus sechs bis neun (zwölf) grünlich grauen Eiern, die 61 x 44 mm groß und 66 bis 68 g schwer sind. Das Weibchen brütet 24 bis 27 Tage. Die Jungen werden 50 bis 55 Tage geführt. Eine Jahresbrut (Mai/Juni).
Nahrung: Tierische und pflanzliche Nahrung aller Art.

10. Reiherente, die *(Aythya fuligula*, L.): Auch Reihertauch-, Hauben-, Zopfente, Schwarzkopf, Freseke. Länge: selten über 46 cm, Gewicht: Erpel um 710 g, Ente um 660 g. R. leben sehr gesellig und tauchen rasch und oft.
Aussehen: Beide Geschlechter haben schwefelgelbe Augen. Beim Erpel im Prachtkleid ist der Kopf schwarz mit reiherartigem Federschopf am Hinterkopf (Name!). Oberrücken und Stoß sind schwarz, Bauch und Flanken weiß und von den dunklen Teilen scharf abgesetzt. Bei der Ente ist der Federschopf nur angedeutet, Bauch und Flanken rötlich weiß, Spiegel weiß und wesentlich kleiner als beim Erpel; im Ruhekleid mit schmalem, weißem Schnabelgrund. Erpel im Ruhekleid und Jungvogel ähneln der Ente, beim Erpel jedoch Federschopf deutlicher ausgeprägt, der weiße Fleck am Schnabelgrund fehlt.
Vorkommen: In Europa vorwiegend nördlich des 50. Breitenkreises Brutvogel, lokal auch in Nord- und Süddeutschland, in der Schweiz, in Frankreich und in den Niederlanden. In Europa Teilzieher, der in Mittel-, West- und Südeuropa sowie in Afrika überwintert. Während der Zugzeit und im Winter ist die R. eine der häufigsten Entenarten Mitteleuropas. Sie ist in diesen Zeiten auf allen offenen und langsam fließenden Gewässern anzutreffen. Auf dem Meer hält sie sich dagegen nur gelegentlich auf.
Fortpflanzung: Das Nest wird gut verborgen auf dichtbewachsenen, kleinen See- und Teichinseln oder versteckt unter Gestrüpp in Ufernähe errichtet. Das Gelege enthält fünf bis zwölf grünlich graue Eier, die 60 x 41 mm groß und ca. 56 g schwer sind. Das Weibchen brütet 23 bis 25 Tage. Die Jungen werden etwa sechs Wochen geführt. Sie sind mit sieben bis acht Wochen flugfähig. Eine Jahresbrut (Mai/Juni).
Nahrung: v.a. Mollusken, besonders die Wandermuschel, daneben aber auch pflanzliche Stoffe.

11. Moorente, die *(Aythya nyroca*, Güldenst.): Auch weißäugige Ente, kleiner Rothals, rotköpfige Ente. Der Bestand der M. ist sehr gefährdet, sie hat keine Schusszeit. Sie ist die kleinste der Tauchenten. Länge: etwa 40 cm, Gewicht: Erpel um 565 g, Ente um 520 g.
Aussehen: Erpel und Ente haben einen weißen Spiegel und ähneln sich auch im übrigen Gefieder sehr. Beim Erpel im Prachtkleid sind Kopf, Hals und Brust mahagonibraun, auf der Halsmitte ein schwarzbrauner Ring, Bauch weiß, nach hinten in braunweiß übergehend, auffallend weiße Augen. Die Ente ähnelt dem Erpel, ist aber etwas matter gefärbt. Die Augen sind dunkel; der Vorderhals mehr graurötlich. Jungvogel ähnelt der Ente, Hinterende aber braun. Bei beiden Geschlechtern sind Schnabel und Latschen grau. Im Fluge zeigen sie ein breites weißes Flügelband.
Vorkommen: Brutvogel im Mittelmeergebiet, lokal in West- und Mitteleuropa, hauptsächlich jedoch im Osten und in großen Teilen Asiens. Vereinzelt Brutvogel in Bayern, Baden-Württemberg und Niedersachsen sowie an der Odermündung, Lausitz, am Neusiedler See und an den Laken des Seewinkels (Österreich). Zugvogel, der hauptsächlich in Afrika überwintert. Ihr Lebensraum sind seichte, vegetationsreiche Seen; sie hält sich gerne im dichten Bewuchs verborgen.
Fortpflanzung: Der Nistplatz befindet sich immer in Wassernähe und innerhalb der Ufervegetation. Das Nest wird sowohl am Uferboden als auch auf Pflanzeninseln errichtet. M. bilden z.T. Kolonien. Das Gelege besteht aus sieben bis elf hellgelbbraunen bis rötlich gelbbraunen Eiern, die 52 x 38 mm groß und 43 g schwer sind. Die Ente brütet 24 bis 27 Tage. Die Jungen werden 50 bis 60 Tage geführt. Eine Jahresbrut (Mitte Mai bis Mitte Juni).
Nahrung: Hauptsächlich Wasserpflanzen (z.B. Armleuchteralgen) und Wasserlinsen sowie Wassergetier.

12. Bergente, die *(Aythya marila*, L.): Auch isländische Moorente, Langschwanz. Länge: 48 cm, Gewicht: Erpel um 1125 g, Ente um 1050 g.
Aussehen: Erpel und Ente haben hellgelbe Augen und einen weißen Spiegel. Beim Erpel im Prachtkleid sind Kopf, Hals und Vorderbrust schwarzgrün, Oberrücken fast weiß mit dichten schwarzen, aber feinen Wellenzeichnungen, Unterseite und Flanken weiß und scharf abgegrenzt, das Heck schwarz, Schnabel und Latschen bleifarben. Ente einfarbig dunkelbraun mit breiter weißer Blesse um den grauen Schnabel. Jungvogel ähnelt der Ente, Schnabelansatz jedoch mit hellbeigem Fleck.
Vorkommen: Brutvogel auf Island, im Norden der Britischen Inseln, in Skandinavien, Nordosteuropa, in Asien nördlich des 65. Breitengrades, Nordkanada und Alaska. In Mitteleuropa fehlt sie als Brutvogel gänzlich. In Europa Teilzieher, der an den europäischen Küsten (z.B. Ostseeküste), aber auch im Binnenland Mittel- und Südeuropas überwintert. Sie wird vereinzelt auf dem Bodensee und am Ammersee angetroffen. Ihr Lebensraum sind die sumpfigen und vegetationsreichen Landschaften des Nordens.
Fortpflanzung: Wird wahrscheinlich erst im zweiten Lebensjahr geschlechtsreif. Das Nest wird gut verborgen auf dem Boden in der Ufervegetation errichtet. Das Gelege enthält sieben bis zwölf bräunlich graue Eier, die 63 x 43 mm groß und zwischen 57 und 70 g schwer sind und 26 bis 28 Tage bebrütet werden. Die Jungen werden 35 bis 40 Tage geführt. Sie sind mit 45 Tagen flugfähig. Eine Jahresbrut (Ende Mai/Juni).
Nahrung: Taucht nach Mollusken und Krebsen, ernährt sich im Sommer von Wasserinsekten und deren Larven, von Muscheln, Würmern und Schnecken, aber auch von Pflanzen.

13. Eisente, die *(Clangula hyemalis*, L.): Auch Eistauch-, isländische Spieß-, Eisschell-, Schwanzente, Lang-, Spitzschwanz, Hanik, Kirre, Klashahn(ik). Länge: Erpel 53 cm, Ente 41 cm, Gewicht: Erpel um 770 g, Ente um 670 g. Keine Schusszeit.
Aussehen: Beide Geschlechter zeigen im Laufe eines Jahres mehrere Kleider. Beim Erpel im Prachtkleid sind Kopf, Hals, Schultern und Bauch weiß; um die Augen zimtfarben, Augen hellbraun bis orange. Brust, Rücken und Schwingen dunkel-graubraun, Spiegel kaum sichtbar, rötlich braun, verlängerte Stoßfedern (noch länger als beim Spießerpel in beiden Kleidern), Schnabel an Wurzel und Spitze schwarz mit blassrotem Fleck in der Mitte. Bei der Ente sind Oberkopf braun, Kopf- und Halsseiten sowie Flanken und Bauch weiß, der Stoß zur Mitte hin zugespitzt, aber nicht verlängert, der Schnabel graublau, die Augen braun. Jungvogel ähnelt der Ente aber bräunlicher und ohne Grau im Gesicht.
Vorkommen: Brutvogel des Nordens. Als Wintergast überwintert sie häufig an der Ostsee-, seltener an der Nordseeküste. Im Binnenland erscheint sie äußerst selten. Ihr Lebensraum sind Seen, Tümpel der arktischen Tundra, z.T. hoch im Gebirge, sowie die Fjorde und Küsten der arktischen Meere.
Fortpflanzung: Erst geschlechtsreif im zweiten Lebensjahr. Das Nest wird in Wassernähe, gut versteckt in der Tundravegetation oder im Felsgeröll, aus Halmen und Stängeln errichtet. Das Gelege besteht aus fünf bis acht (neun) mehr oder weniger hell-graugrünen Eiern, die vom Weibchen 24 bis 29 Tage bebrütet werden. Die Jungen werden 35 bis 40 Tage geführt. Eine Jahresbrut (Mai/Juni).
Nahrung: Wasserinsekten, Insektenlarven, Muscheln, Schnecken, Würmer Krebstiere, kleine Fische. Die Nahrung wird überwiegend tauchend (Sprungtauchen) aufgenommen.

14. Schellente, die *(Bucephala clangula*, L.): Schelltauch-, Quak-, Brillente, Dickkopf, schwarz- oder braunköpfiger Ententaucher. Länge: 46 cm, Gewicht: Erpel um 950 g, Ente um 800 g. Keine Schusszeit. Sehr fluggewandt. Im raschen Flug erzeugt sie durch die Schwungfedern einen klingenden (schellenden) Ton (Name!).
Aussehen: Eine gedrungene, hochstirnige Ente mit dickem, buschigem Kopf. Erpel im Prachtkleid mit schwarzgrünem, metallisch glänzendem Kopf, vor dem gelben Auge ein großer, runder weißer Fleck. Rücken und Stoß schwarz, Hals, Bauch und Schulterfedern (mit schwarzen Längsstrichen) weiß. Schnabel blaugrau, Latschen orangegelb. Ente mit braunem Kopf, weißem Halsring, weißem Spiegel, der durch schwarzen Querstrich geteilt ist, übriges Gefieder überwiegend grau. Erpel im Ruhekleid mit braunem Kopf, ähnelt sonst im Ruhekleid wie der Jungvogel der Ente.
Vorkommen: Als Brutvogel besiedelt die S. nur den Osten Mitteleuropas, sonst Brutvogel in Nordosteuropa, Skandinavien, im Donaudelta,

Wildenten (Tauchenten) aus Otto Grashey, »Praktisches Handbuch für Jäger«, 1894, 3. Auflage 1916: Bergenten (links Erpel, oben Mitte Ente), Reiherenten (unten Mitte Ente, rechts Erpel)

in Asien und im nördlichen Nordamerika. In Europa Teilzieher, der an den Küsten und im Binnenland von Mittel- und Südeuropa überwintert. Ihr Lebensraum sind Seen und Flüsse der nordosteuropäisch-asiatischen Wälder. Außerhalb der Brutzeit ist sie auf Gewässern aller Art anzutreffen.

Fortpflanzung: Erst geschlechtsreif im zweiten Lebensjahr. Höhlenbrüterin, besonders in Baumhöhlen und Nistkästen, mitunter auch in Erdhöhlen (Kaninchenbau) und Felsspalten. Als Standort werden waldreiche Fluss- und Seenlandschaften gewählt. Die Nisthöhe beträgt zwischen 2 und 20 m. Sie baut kein Nest, sondern legt die Eier auf die im Nistplatz liegende Mulmschicht ab. Das Gelege besteht aus sechs bis elf blaugrünen, in ausgerupfte Dunen gelegten Eiern, die 58 x 43 mm groß und 55 bis 58 g schwer sind. Die Eier werden von der Ente 29 bis 30 Tage bebrütet. Die Jungen klettern bald nach dem Schlüpfen (ein bis zwei Tage) aus der Höhle und springen in die Tiefe. Sie werden ca. fünfzig Tage geführt und sind mit acht bis neun Wochen flugfähig. Eine Jahresbrut (Ende April bis Mitte Mai); Nachgelege.

Nahrung: Sie taucht nach Insekten, Krebsen, Mollusken und Fischbrut und ernährt sich ab Herbst auch von Wasserpflanzen.

15. Samtente, die *(Melanitta fusca*, L.): Auch Samttauch-, Samttrauerente, Turpane. Länge: etwa 56 cm (Stockentengröße), Gewicht: Erpel um 1730 g, Ente um 1660 g.

Aussehen: Erpel im Prachtkleid samtschwarz mit weißem Keilfleck unter dem Auge; weiße Flügelbinde, Schnabel gelb mit schwarzem Rand um die Nasenlöcher, Latschen gelbrot. Ente und Jungvogel überwiegend dunkelbraun mit je einem fast weißen Fleck in der Nähe der Schnabelwurzel und in der Ohrgegend; weiße Flügelspiegel. Schnabel grau, Latschen schmutzigrot.

Vorkommen: Sie ist in Skandinavien, in Nordosteuropa, Asien und Nordamerika Brutvogel und kommt zur Überwinterung an die Küstengebiete der Nord- und Ostsee. Einige übersommern zwar bei uns, brüten aber nicht.

Fortpflanzung: Im zweiten Lebensjahr geschlechtsreif. Das Nest wird im Schilf- und Röhrichtbestand, in unmittelbarer Ufernähe unter Dornengestrüpp, aber auch einige Kilometer vom Wasser entfernt, z.T. zwischen Felsbrocken, errichtet. Das Gelege besteht aus sieben bis zehn hellbräunlichen Eiern, die 72 x 49 mm groß sind. Die Brutdauer beträgt 27 bis 28 Tage. Die Jungenten werden vier bis fünf Wochen geführt, wobei die Ente wahllos eigene und auch fremde Jungvögel führt. Sie sind mit zwei Monaten flugfähig. Eine Jahresbrut (Mai/Juni).

Nahrung: Taucht nach Mollusken und kleinen Krebsen, daneben zählen Insekten und deren Larven sowie Wasserpflanzen zur Nahrung.

16. Trauerente, die *(Melanitta nigra*, L.): Auch schwarze See-, Rabenente. Länge: 46 cm, Gewicht: Erpel um 1210 g, Ente um 1000 g.

Aussehen: Erpel als Einziger im Prachtkleid ein reinschwarzes Gefieder ohne Spiegel. Am Oberschnabel orangegelber Sattelfleck, Wurzel des Oberschnabels höckerartig aufgetrieben und schwarz. Ente und Jungvogel dunkelbraun mit hellgrau-braunen Wangen. Schnabel grau. Erpel im Ruhekleid ähnelt der Ente.

Vorkommen: Brutvogel auf Island, im Norden der Britischen Inseln, in Nordskandinavien, Asien und Nordamerika. Als Wintergast erscheint sie an der Nord- und Ostseeküste sowie an den Küsten Frankreichs und der Niederlande. Manche übersommern bei uns. Sie lebt hauptsächlich an Flüssen, Süßwasserseen und Hochmooren und ist nur außerhalb der Brutzeit am Salzwasser.

Fortpflanzung: Erst mit zwei bis drei Jahren geschlechtsreif. Das Nest ist immer eine Bodenmulde, gut im Heidekraut oder in Wassernähe unter Büschen versteckt; nicht selten wird es im moorigen Gelände gebaut. Das Gelege besteht aus sechs bis neun bräunlichen bis rahmfarbenen Eiern, die 66 x 45 mm groß und 62 bis 71 g schwer sind. Die Brutdauer beträgt 30 bis 31 Tage. Die Jungen werden sechs bis sieben Wochen geführt. Eine Jahresbrut (Ende Mai bis Anfang Juli).

Nahrung: Taucht nach Mollusken und nimmt gerne Fischlaich und Wasserflöhe.

17. Kolbenente, die *(Netta rufina*, Fall.): Rotkopf-, rotköpfige Hauben-, Bismatente, Gelbschopf. Länge: 56 cm, Gewicht: Erpel um 1070 g, Ente um 1000 g. Ganzjährig geschont.

Aussehen: Erpel im Prachtkleid Kopf und Oberhals fuchsrot, Kopf kolbenartig verdickt; Unterhals und Brust schwarz, Flügelbug weiß, Stoß dunkelbraun, Schnabel lackrot, Augen karminrot, Latschen rot mit schwarzen Gelenken. Bei der Ente sind Oberkopf rotbraun, Wangen und Oberhals aschgrau, bis zum Bauch braungelb, Bauch grau, Schnabel graubraun, Augen braun, Latschen rosa und grau. Erpel im Ruhekleid und Jungvogel ähneln der Ente.

Vorkommen: Europa, besonders im westlichen Mittelmeergebiet, lokal in Mitteleuropa (z.B. Bodensee, Ismaninger Stausee, Ostholstein, auf Fehmarn). Hauptsächlich Zugvogel, der überwiegend in Südfrankreich und Spanien überwintert. Bei uns sind überwinternde K. eine Ausnahme. Sie liebt dichtbewachsene Verlandungszonen von Seen mit größeren freien Wasserflächen und viel Unterwasserpflanzen.

Fortpflanzung: Als Nistplatz werden kleine Erhöhungen in dichtestem Schilfbestand in Wassernähe gewählt. Das Gelege besteht aus sechs bis zwölf gelblich grauen Eiern, die 58 x 42 mm groß und 50 g schwer sind. Die Brutdauer beträgt etwa 26 Tage. Die Jungen werden 45 bis 50 Tage geführt. Eine Jahresbrut (Mitte Mai bis Ende Juni). Bei Gelegen von 16 bis 24 Eiern haben zwei oder drei Weibchen die Eier in ein gemeinsames Nest gelegt.

Nahrung: Armleuchteralgen, Laichkräuter und andere Wasserpflanzen, dazu ein wenig Wassergetier. Die K. taucht häufig.

18. Eiderente, die *(Somateria mollissima,* L.): Auch Eidergans, Eidervogel. Länge: 58 cm, Gewicht: Erpel um 2270 g, Ente um 1900 g. Ganzjährig geschont. Die plump wirkende E. benötigt beim Auffliegen einen langen Anlauf. Im Flug abwechselnd rudernd und gleitend mit tiefgehaltenem Kopf. Die Dunen der E. sind sehr begehrt (Eiderdaunen) und wurden früher, z.T. noch heute den Nestern entnommen.

Aussehen: Einzige Ente mit dunklem Bauchgefieder und hellem (weißem) Rücken. Der Schnabel der E. geht stufenlos in die flache Stirn über. Der Erpel im Prachtkleid zeigt den Oberkopf schwarz (durch eine weiße Spitze geteilt), Hals, Kropf und Rückenschultern weiß, Hinterkopf grün, Schwingen und Bauchseite braunschwarz, Schnabel und Latschen bräunlich gelb, Augen gelb. Im Ruhekleid ist der Erpel schwarz mit etwas Weiß an den Rückenseiten und am Kropf. Ente überwiegend gelbbraun mit dunklen Längs- und halbmondförmigen Querflecken und einer kleinen, weißen Flügelbinde.

Vorkommen: Sie ist an das Meer gebunden. Brutvogel auf Island, in Nordskandinavien, im nördlichsten Osteuropa, arktischen Asien und arktischen Nordamerika, an den Küsten Grönlands und Spitzbergens. Vereinzelt auch in Dänemark, an der Nordseeküste Nordwestdeutschlands und in den Niederlanden. Sie ist ein Teilzieher und überwintert meist im Nord- und Ostseegebiet.

Fortpflanzung: Spätestens mit drei Jahren geschlechtsreif. Das Nest wird immer in der Nähe der Meeresküsten zwischen Tanghaufen, Treibholz, hohem Gras oder zwischen Felsbrocken gebaut. Das Gelege besteht aus vier bis sechs graugrünen, oft auch olivfarbenen Eiern, die 78 x 52 mm groß und ca. 110 g schwer sind. Die Brutdauer beträgt 25 bis 26 Tage. Die Jungen werden zwei Monate geführt. Sie sind mit neun bis zehn Wochen flugfähig. Eine Jahresbrut (Mai/Juni).

Nahrung: Sie taucht und gründelt nach Mollusken, Miesmuscheln, Seesternen und Krabben, seltener nach kleinen Fischen. In geringen Mengen nimmt sie Pflanzen (Tang) auf.

Wilderei, die: Das unberechtigte Erlegen oder Fangen von ▸ Wild. Nach §292 des Strafgesetzbuches macht sich der Jagdwilderei schuldig, wer unter Verletzung fremden ▸ Jagdrechts dem Wilde nachstellt, es fängt, erlegt oder sich aneignet oder wer sich eine Sache, die dem Jagdrecht unterliegt (Fallwild, Abwurfstangen, Eier des Federwildes), zueignet, beschädigt oder zerstört. Danach ist das ▸ Sammeln von Möweneiern oder von ▸ Abwurfstangen ohne schriftliche Erlaubnis des ▸ Jagdausübungsberechtigten W. Diese liegt auch vor, wenn Jungwild mitgenommen oder überfahrenes Wild ohne Erlaubnis angeeignet wird. Da der Jagdpächter jagdausübungsberechtigt ist, stellt sich der Eingriff eines anderen (auch des Verpächters oder eines Dritten mit dessen Zustimmung) in seine Rechte als Jagdwilderei dar. Der Pächter seinerseits wildert, wenn er auf einem ihm nicht verpachteten Teil des ▸ Jagdbezirks jagt oder in ein dem Verpächter etwa verbliebenes teilweises ▸ Jagdausübungsrecht eingreift. Auch die Ausübung der Beizjagd ohne Jagderlaubnis ist Wilderei. W. wird mit Freiheitsstrafe bis zu fünf Jahren oder Geldstrafe, in besonders schweren Fällen mit Freiheitsstrafe von drei Monaten bis zu fünf Jahren bestraft. W. zur Nachtzeit, in der Schonzeit oder mit Schlingen stellt immer einen besonders schweren Fall der W. dar (▸ Jagdschutz, Ziffer 1: »Schutz des Wildes vor Wilderern«).

Wilderer, der (Wilddieb; früher: Raubschütze, Wildschütz, lokal: Schwarzgeher): Eine Person, die der ▸ Wilderei nachgeht. Zu unterscheiden ist dabei nach Gewohnheitswilderern, die die Tat gewerbs- bzw. gewohnheitsmäßig begehen (meist aus reiner Geschäftemacherei), und den Gelegenheitswilderern, die sich die unverhofft bietende Gelegenheit, eines Wildes habhaft zu werden, nicht entgehen lassen wollen. Unterschiedlich sind dabei die eingesetzten Mittel. Während die einen mit der Waffe pirschen oder im Licht des Autoscheinwerfers dem Wild nachstellen und es erlegen, haben sich andere ganz auf das lautlose Schlingen- oder Fallenstellen spezialisiert. Eines haben sie jedoch alle gemeinsam: Sie jagen ungesetzlich und unwaidmännisch und kennen keine ▸ Schonzeit. Ihr verwerfliches Handeln lässt ihnen keine Zeit, krankgeschossenes Wild nachzusuchen, und das in den ▸ Schlingen oder ▸ Fallen gefangene Wild verendet meist unter größten Qualen.

Die frühere W.-Romantik hat ihren Niederschlag in vielen Gedichten und Volksliedern gefunden. Die Wilderei selbst nahm ihren Anfang, als der freie Tierfang durch die Herrschenden eingeschränkt bzw. verboten wurde (▸ Jagdgeschichte), der bis dahin einer der wichtigsten Erwerbszweige der Bauern war. Da die W. bei ihrer Festnahme wenig Gnade zu erwarten hatten, kam es zwischen Jägern und W. zur größten Feindschaft, die bei Auseinandersetzungen nicht selten tödlich endete. Bekannte W.-Gestalten, die das Volk sogar heroisierte, waren:

1. Matthias Klostermeyer, gen. der »Bay(e)rische Hias(s)el«: geboren 1738 in Küssing im bayerischen Landgericht Friedberg als Sohn eines Hirten. Als Anführer einer großen Horde Gleichgesinnter machte er v.a. die Wälder um Augsburg unsicher und hatte wegen der Dezimierung des Wildes auch die Bevölkerung auf seiner Seite. Am 14.1.1771 wurde er zusammen mit neun Kameraden gefangengenommen. Neben Wilderei, Straßenräuberei und Einbrüchen wurden ihm auch Morde zur Last gelegt. Er wurde in Dillingen hingerichtet, sein Kopf abgeschlagen, Arme und Beine wurden mit dem Rad zerschmettert und der Körper gevierteilt.

2. Georg (Girgl) Jennerwein (1848 bis 1877): Der wegen seines feschen Äußeren und seiner munteren Art beim Volk beliebte Holzknecht wurde am 6.11.1877, am Leonhardi-Tag, am Peißenberg beim Brotzeitmachen vom Jagdgehilfen Pföderl überrascht und hinterrücks erschossen. Durch zwei Schüsse aus Jennerweins Büchse versuchte Pföderl bei Jennerwein einen Selbstmord vorzutäuschen. Pföderl wurde zu acht Monaten Gefängnis verurteilt und nach der Haft wieder als Jagdgehilfe eingesetzt. Das Grab dieses Wildschützen befindet sich in Westenhofen am Schliersee.

3. Mathias Kneissl: Der am 21.2.1902 in Augsburg auf dem Schafott hingerichtete W. war durch die Wilderei auf die schiefe Bahn gekommen und ständig auf der Flucht vor Gendarmen. Bei einem Schusswechsel mit der Polizei tötete er zwei Gendarmen. Nur mit einem sehr großen Aufgebot gelang es der Polizei, den Gesuchten aufzuspüren und ihn festzunehmen. Das ständige Entkommen im letzten Moment machte Kneissl bei der Bevölkerung sehr populär.

4. Wilhelm Mückenheim (1.4.1887 Benneckenstein bis 5.10.1922 Forstrevier Wietfeld/Oberharz): Mückenheim war ein bekannter Harzer Wildschütz, der bereits zu Lebzei-

Doppelbildnis des Bay(e)rischen Hies(s)el, 1776, Öl auf Leinwand (Bauernmalerei): In einer kreisrunden Plakette ist zweimal der Bayerische Hiesel porträtiert, einmal mit dem Stutzen in der Hand, das andere Mal mit dem Stutzen über der Schulter; darunter befindet sich sein großer Hund mit schwerem Halsband und den Initialen »MK«. München, Deutsches Jagd- und Fischereimuseum

ten den Beinamen »König der Wilderer« erhielt und einer der herausragendsten Gestalten der Harzer Wildergeschichten war. M. wurde im Distrikt 78 des Wietfelder Revier (bis 1990 direkt an der innerdeutschen Grenze) nach einem Schusswechsel mit Forst- und Polizeibeamten und zwei Kommandojägern erschossen. Bereits im Jahre 1930 wurde an der Stelle, an der M. erschossen wurde, ein Gedenkstein (blauschwarzer Kieselschiefer mit Quarzmaserung) niedergelegt. Dieser Stein, erst 1996 wiederentdeckt, wurde mit einer Metalltafel mit dem Namen des Wilderers versehen. Auf einer Holztafel ist die Geschichte des Wilderers nachzulesen. M. wurde in seinem Geburtsort beerdigt.

Wilderermuseum, das: Das einzige W. Europas befindet sich in St. Pankraz (Oberösterreich). Es zeigt in origineller Weise die Entstehungsgeschichte des Wilderns im Alpenraum und führt die teils grausamen Strafen für überführte Wilderer vor Augen. Die Ausstellung belegt zudem, dass die Wilderei einen großen Einfluss auf die Entwicklung des heutigen Jagdrechts hatte. Das W. zeigt u.a. die legendäre Wildererschlacht bei Molln, die im Jahre 1919 stattfand, bei der ein Gendarm und vier Wilderer ums Leben kamen. Ausführlich gezeigt wird auch die Legende um den bayerischen Wildschützen Jennerwein (▸ Wilderer), ebenso jene des Wilderers Pius Walder aus Osttirol, der 1982 von Jägern erschossen wurde. Originale Fangeisen und ▸ Wildererwaffen runden das Bild ab; ▸ Jagdmuseen.

Wildererwaffen, die: Alle ▸ Waffen, die für die rechtswidrige Jagd auf Wild von ▸ Wilderern verwendet werden. Typische W. (▸ Wilddiebsgewehre) sind meist zerlegbar und häufig mit einem Schalldämpfer und mit einem Nachtzielfernrohr versehen (▸ verbotene Gegenstände). Beliebte W. sind z.B. umgebaute Militärkarabiner sowie alle Arten von ▸ Kleinkaliberwaffen und als Gehstock getarnte Waffen, sog. Schießstöcke oder Stockflinten. Daneben finden auch ▸ Legbüchsen und ▸ Schlingen Verwendung.

Wilder Jäger, der (Wilde Jagd, Wildes Gejaid, Wodans (Wotans) Heer, Wütendes Heer): Nach der germanischen Mythologie ein von ▸ Wodan (Wotan) mit dem achthufigen Pferd Sleipnir angeführtes Heer oder großes Gefolge von Geistern, das mit schrecklichem Tosen durch die Lüfte fährt (▸ Asgardreia). Diese Sage, die bis ins Altertum zurückreicht, beruht auf der Vorstellung, dass die Seelen der Verstorbenen in der bewegten Luft einherziehen. Noch bis zu Anfang dieses Jh. verknüpfte der Volksglaube die Wilde Jagd mit dem nächtlichen Sturmestosen, besonders in waldreichen Gegenden. So jagte in Mecklenburg noch der Wode und in Thüringen Frau Holle. In Niedersachsen und Westfalen war der braunschweigische Oberhofjägermeister Hans Hackelberg (1521 bis 1581), in der Lausitz Dietrich von Bern, in Niederhessen Karl d. Gr., in Schwaben Berchtold, in Schleswig König Abel zum W. J. geworden, der unter Geschrei, Peitschenknall und Hundegebell über Feld und Wald zog, fast immer denselben Weg nahm und fortriss oder tötete, was nicht auswich oder sich zu Boden warf. In Kalundborg in Dänemark (Seeland) reitet Christian II. auf einem weißen Pferd, in seiner Begleitung sind schwarze Hunde. Bei den Langobarden vermengte sich die Gestalt des vom Papst verdammten Ostgotenkönigs Theoderich (Dietrich von Bern) mit der des W. J., der auf schwarzem Rosse erschien, um sein Volk zu warnen. Hierauf deutet ein Bericht des Mönches Gottfried von Köln († 1197) hin; Asgardreida.

wildern: Das unberechtigte Erlegen und Aneignen von ▸ Wild; die ▸ Wilderei ausüben.

wildernde Hunde und Katzen: Der Schutz des Wildes vor w. H. u. K. ist nach §23 BJG eine Aufgabe des ▸ Jagdschutzes. Jagdgäste dürfen w. H. u. K. nur mit schriftlicher Erlaubnis des ▸ Jagdausübungsberechtigten töten.

Wildernde Hunde: Ein Hund wildert, wenn er nach Wild suchend außerhalb der Wege im Revier umherstreift. Der ▸ Jagdausübungsberechtigte darf einen Hund, der wildert oder sich außerhalb der Einwirkung seines Herrn (d.h. außerhalb Hör- und Rufweite) befindet, töten. Vom Tötungsrecht ausgenommen sind Jagd-, Dienst- (z.B. Zoll- und Polizeihunde), Blinden- und Hirtenhunde. Der Abschuss w. H. ist in den ▸ Landesjagdgesetzen allerdings unterschiedlich geregelt. Baden-Württemberg macht z.B. das Töten davon abhängig, dass wildernde oder des Wilderns verdächtige Hunde vorher nicht eingefangen werden konnten. Das Tötungsverbot gilt dort auch für Hunde, die sich in Fallen gefangen haben.

Wildernde Katzen: Sie dürfen vom Jagdausübungsberechtigten getötet werden, wenn sie sich – je nach Landesrecht bis 200 m/300 m/500 m vom nächsten (bewohnten) Haus entfernt aufhalten. Mit Ausnahme von Baden-Württemberg dürfen auch Katzen, die sich in Fallen gefangen haben, getötet werden. Das Tötungsrecht innerhalb der Schutzzonen darf i.d.R. nur ausgeübt werden, wenn die w. K. unmittelbar Wild bedroht und zur Rettung des Wildes der Abschuss unbedingt notwendig ist (Notstand). Innerhalb dieser Schutzzonen dürfen auch erkennbar verwilderte Katzen erlegt werden.

Wildertrag, der: Die Jagdbeute allen bejagbaren ▸ Wildes eines ▸ Jagdjahres.

Wildes Gejaid, das: ▸ Wilder Jäger.

Wildfaktorei, die: ▸ Wildpretschirn.

Wildfang, der: **1**) Ein eingefangener ▸ Greifvogel im Ggs. zum ▸ Nestling oder ▸ Ästling. Im engeren Sinne ist ein W. ein im Herbst eingefangener Jungvogel des gleichen Jahres, der bereits eigene Jagderfahrung besitzt. Bei einem W. muss man sofort nach Erhalt mit dem ▸ Aufschirren und ▸ Abtragen beginnen; ▸ Lapard, ▸ Hagard. **2**) Eine Fangvorrichtung für Wild, z.B. Saufang. **3**) Aus der freien Wildbahn eingefangenes Wild für ein ▸ Tiergehege oder ein ▸ Wildgehege. **4**) Im Mittelalter Bez. für ▸ Jagdbeute.

Wildfarm, die (Wildgehege): Eine Einrichtung, in der das Wild nutztierartig gehalten wird. W. gibt es in Deutschland etwa seit 1930, sie bilden i.d.R. einen landwirtschaftlichen Erwerbs- oder Nebenerwerbszweig, bei dem die Fleischerzeugung oder Pelzerzeugung im Vordergrund steht. In Deutschland wird in W. vorwiegend Dam- und Rotwild gehalten. Die durchschnittliche Größe dieser W. beträgt zwei bis sechs Hektar. In den letzten Jahren wurden auch W. mit einer Größe von 80 bis 100 Hektar angelegt. Die Zahl der W. in Deutschland wird mit ca. 6000 Gehegen mit etwa 115 000 Muttertieren (und schätzungsweise 4000 männlichen Tieren) angegeben. Brechen Tiere aus einer W. aus, kann der Tierhalter auf Maßnahmen zum Wiedereinfangen des Wildes verzichten, muss aber diesen Entschluss den zuständigen Behörden, z.B. der Polizei, sofort mitteilen. Erfolgt keine Mitteilung, haftet der Gehegebetreiber für alle Schäden, die die Tiere außerhalb der W. verursachen. Verzichtet der Gehegebetreiber auf das Wiedereinfangen, gelten die ausgebrochenen Tiere dann als herrenlos und unterliegen den Jagdgesetzen.

In den einzelnen Bundesländern wurden für Wildtierhalter Vereinigungen gegründet, wie z.B. die Vereinigung Nordrhein-Westfälischer Damtierhalter e. V. oder der Bayerische Landesverband für die nutztierartige Haltung von Wildtieren e. V. Am 21.11.1978 wurde außerdem ein Bundesverband Deutscher Damtierhalter e. V. gegründet. Die einzelnen Verbände sind gemeinnützig und arbeiten mit Unterstützung der zuständigen Ministerien, Landwirtschaftskammern und -ämter; ▸ landwirtschaftliche Wildhaltung, ▸ Deutscher-Wildgehege-Verband e. V.

Wildfasanerie, die: ▸ Fasanerie.

Wildfeinde, die: Sammelbezeichnung für ▸ Wilderer, ▸ wildernde Hunde und Katzen sowie für Waschbär, Iltis, Wiesel, Ratten, Krähen (Rabenkrähen), Eichelhäher und Elster.

Wildfeld, das (Wildacker): ▸ Wildäsungsflächen 1.

Wildfleck, der: ▸ Muffelfleck.

Wildflug, der: Da Jungfalken einige Wochen lang täglich mehrere Stunden dauernde Übungen brauchen, um so gewandt zu sein, dass sie für die ▸ Beizjagd brauchbar sind, stellte man sie früher für zwei bis drei Wochen in den sog. W. Heute wird den Jungfalken kaum noch W. gegeben, da sie zu kostbar sind und deshalb nicht mehr den Gefahren des W. ausgesetzt werden können. Die Jungfalken wurden früher in der Lebensperiode, in der sie in freier Wildbahn den Altfalken die Beute im ▸ Bettelflug abbetteln, an geeigneten Plätzen einige Wochen freigelassen, und der Falkner erschien nur zweimal täglich (morgens und abends) zu bestimmter Stunde, um sie gut und reichlich zu ▸ atzen. Gab man den Falken Voll-W., d.h., waren sie Tag und Nacht im Freien, wurden sie nach zwei bis drei Wochen mit großen Schlagnetzen wieder eingefangen. Beim sog. Halb-W. übernachteten die Vögel im Falknerhaus; sie wurden morgens freigelassen und abends, während sie geatzt wurden, wieder festgenommen. Falken mit Halb-W. bleiben ▸ locke und sind leichter abzutragen. Gute ▸ Faustfalken benötigen den W. oder aber täglich mehrere Stunden dauernde Übungen, Anwarterfalken kommen ohne W.

aus. Bestes W.-Gelände sind freie Flächen mit einzeln stehenden Bäumen, auf die sich die Jungfalken einstellen und dem Falkner, um Atzung bettelnd, entgegenfliegen können.

Wildflugbellen, die: ▸ Bell.

Wildfolge, die (Folge, Jagdfolge, Nachfolge): Das Recht, krankgeschossenes oder schwerkrankes Wild in einen fremden ▸ Jagdbezirk (Jagdrevier) zu verfolgen. Das Betreten des fremden Jagdbezirks ist nur zulässig, wenn mit dem ▸ Jagdausübungsberechtigten dieses Jagdbezirks eine schriftliche Vereinbarung über die W. abgeschlossen worden ist. Nach dem BJG können die Länder nähere Bestimmungen erlassen, insbesondere über die Verpflichtung der Jagdausübungsberechtigten benachbarter Jagdbezirke, Vereinbarungen über die W. zu treffen; sie können darüber hinaus die Vorschriften über die W. ergänzen oder erweitern. Im Wesentlichen beinhalten diese Vorschriften: Anzeige, Benachrichtigung, Meldung, Mitteilung (W.-Fall), Aufgeben, Gestatten, Unterbrechen, Mitführen von Waffen (Nachsuche); Aufbrechen, Versorgen, Abliefern, Belassen, Beseitigen, Fortschaffen, Aneignungsrecht, Eigentumsverhältnisse, Herausgabe, Abschussplan, Schonzeit, Vorlegen, Vorzeigen, Zur-Verfügung-Stellen (Wild, Wildbret, Erinnerungsstücke bzw. Trophäen). In früherer Zeit fanden sich über die Jagdfolge in den Rechtsbüchern und ▸ Weistümern recht unterschiedliche Bestimmungen. Nach dem ▸ Sachsenspiegel (um 1215) z.B. durfte der Jäger dem angejagten Stück wohl nachfolgen, aber nicht nachjagen. Im ▸ Schwabenspiegel (um 1275) wurde bei Verfolgung eines verwundeten Stückes unterschieden, ob dieses lebend oder tot vom folgenden Jäger aufgefunden wurde. Im ersten Fall gehörte es dem fremden Jagdberechtigten, im zweiten dem Verfolger. Viele Weistümer ließen die Grenze der Jagd und Jagdfolge mittels Axtwurf bestimmen, wobei der Jagdberechtigte noch so weit außerhalb der Mark jagen durfte, als er mit der Axt werfen konnte. Auch die ▸ Schweißschnur diente als Maßeinheit.

Wildforschung, die: ▸ Jagdwissenschaft.

Wildforschungsgebiete, die: Jagdgebiete, die der Erarbeitung wissenschaftlicher Grundlagen und der Umsetzung wissenschaftlicher Erkenntnisse dienen und entsprechend betreut werden. Jagdliche Nutzung in W. erfolgt daher in enger Zusammenarbeit und Abstimmung mit den Forschern.

Wildfrevel, der: Alte Bez. für ▸ Wilderei.

Wildfuhren, die: **1)** ▸ Spürbahn. **2)** In früheren Jh. die Bez. eines Jagdgebietes.

Wildfutter, das: Vom Menschen dem Wild angebotene Nahrung (Futtermittel); ▸ Äsung.

Wildfutterpflanzen, die: ▸ Wildäsungspflanzen.

Wildfütterung, die: Hierunter ist die Bereitstellung von geeigneten (artgerechten) und ausreichenden ▸ Futtermitteln (Erhaltungsfutter) in ▸ Notzeiten zu verstehen. Im Rahmen der im BJG verankerten Hegepflicht sind die Revierinhaber verpflichtet, in der Notzeit für angemessene W. (Winterfütterung) zu sorgen und die dazu erforderlichen Fütterungsanlagen (▸ Jagdeinrichtungen) zu unterhalten. Das Füttern von Schalenwild im Sommer ist verboten. Ausnahme: ▸ Ablenk(ungs)futter. Neben der Verbesserung der natürlichen Äsungsverhältnisse durch Anlage von Wildäckern und Daueräsungsflächen (▸ Wildäsungsflächen) trägt die Winterfütterung als notwendige Zufütterung in Revieren mit wenig Naturäsung zur Minderung von ▸ Wildschäden bei. Voraussetzung ist, dass sie sachgemäß durchgeführt wird. So sollen für das ▸ Schalenwild – mit Ausnahme im Hochgebirge, wo Großfütterungsanlagen unvermeidbar sind – mehrere kleine Fütterungen angelegt werden, die etwa auf einen Wildstand von acht bis zwölf Stück abgestellt sind und größere Wildansammlungen vermeiden helfen. Nach Möglichkeit sollen die Fütterungen an sonnigen, windgeschützten und ruhigen Lagen, am besten in der Nähe der Einstände oder Wechsel, errichtet werden. Vorzuziehen sind dabei Standorte auf größeren Blößen oder in geräumigen Altholzbeständen. Von einer Errichtung in schäl- und verbissgefährdeten Waldteilen ist jedoch abzusehen. Wichtig ist, dass die Fütterungen fachkundig gebaut werden und eine sachgemäße Lagerung der Futtermittel möglich ist. Für das ▸ Niederwild werden die Futterplätze in Windschutzstreifen, Feldgehölzen und Remisen angelegt. Bei einer gedeckten Futterhütte darf jedoch die Rundsicht des Federwildes nicht behindert sein. Kommt der ▸ Jagdausübungsberechtigte der Pflicht zum Füttern des Wildes in Notzeiten nicht nach, kann die untere ▸ Jagdbehörde die Vornahme der Fütterung durch Dritte (auf Kosten des Jagdausübungsberechtigten) anordnen. Jeweiliges Landesrecht ist zu beachten; ▸ Jagdeinrichtungen 3.

Wildfutterwiese, die: Eine Dauergrünlandfläche (Wildwiese) zur überwiegenden Schnittnutzung; sie dient der Gewinnung von Heu und ▸ Silage für die Winterfütterung des Wildes; ▸ Wildäsungsflächen, ▸ Wildfütterung.

Wildgang, der: ▸ Spürbahn.

Wildgänse, die: Unterfamilie Schwäne und Gänse *(Anserinae)* aus der ▸ Ordnung der gänse- und entenartigen Vögel *(Anseriformes)*. Die waidmännischen Ausdrücke sind dieselben wie bei den ▸ Wildenten. Der männliche Vogel heißt Ganter, der weibliche Gans. Die jungen, noch nicht flugfähigen Gänse werden Gössel genannt. Fast alle der bei uns bekannten W. sind ▸ Zugvögel, deren Brutgebiete überwiegend in den nordischen Ländern liegen. Nur die Graugans und die ursprünglich als Parkgans eingeführte und nunmehr verwilderte Kanadagans sind auch in Deutschland und Österreich ▸ Brutvögel. Die ▸ Paarbildung (Verlobungszeit, Reihzeit) erfolgt wie bei den Wildenten bereits im Winter. W. sind Bodenbrüter. Die Gans brütet allein, der Ganter beteiligt sich jedoch bei der Aufzucht der Jungen. Besonders erwähnenswert ist die strenge Dauerehe der bis zu 40 Jahre alt werdenden W. Fällt ein Partner aus, bleibt der andere fast immer zeitlebens allein. W. sind ausgesprochene Vegetarier. Sie äsen fast ausschließlich Gras, Saat, Seegras, Sämereien und Wurzeln und nehmen nur geringe Mengen an tierischer Nahrung wie Würmer, Insekten und Mollusken auf (z.B. Kanada-, Ringelgans). Im Ggs. zu den Wildenten äsen die Gänse am Tage und liegen nachts auf dem Wasser. Im Fluge tragen sie Kopf und Hals waagrecht. Kleine Trupps fliegen ähnlich den Stockenten in schräg gestaffelter Reihe, in größerer Formation bilden sie stets die Keilform mit ungleicher Seitenlänge. W. werden in Feldgänse (Grau-, Bläss-, Saat-, Kurzschnabel- und Zwerggans) und in Meergänse (Kanada-, Ringel- und Weißwangengans) eingeteilt. Feldgänse haben am Ober- und Unterschnabel Zähne (Lamellen), Meergänse nur am Unterschnabel. Daneben haben Feldgänse (Altvögel) immer gelbe bis fleischfarbene, Meergänse immer schwarze ▸ Latschen. Ganter und Gans tragen das gleiche ▸ Federkleid. Während der

Die Graugans gilt als Ursprungsform unserer Hausgans.

◂◂ Kurzschnabelgans

Wildgänse und Brandente, nach Otto Grashey, »Praktisches Handbuch für Jäger«, 1894, 3. Auflage 1916: 1 Weißwangengans, 2 Saatgans, 3 Blässgans, 4 Ringelgans, 5 Brandente (auch Brandgans, Fuchsgans) aus der Gattung der Wildenten

Sommermauser (Vollmauser; W. mausern nur einmal im Jahr) im Anschluss an die Brutzeit sind sie wie alle Entenvögel für etwa vier bis sechs Wochen flugunfähig, da sie alle Schwungfedern zur gleichen Zeit abwerfen. Die W. der Gattung *Anser* und *Branta* sind nach dem BJG jagdbar.

I. ***Feldgänse*** (Gattung *Anser):*

1. Graugans, die *(Anser anser*, L.): Auch deutsche Gans, Märzgans, Stammgans, Sommergans. Die G. gilt als die Stammutter unserer Hausgans und ist ihr in Gestalt, Gang und Stimme sehr ähnlich, jedoch im Gewicht schwächer. Länge: 75 bis 87 cm, Gewicht: je nach Jahreszeit und Körperzustand 3000 bis 3800 g, ▸ Flügelspannweite: 160 bis 165 cm.
Aussehen: Das Gefieder ist überwiegend braungrau, der Bauch weißlich. Ober- und Unterschwanzdecken sind weiß. Der Schnabel ist gelbrot ohne schwarze Zeichnung, die Augen braun, Augenlider und Latschen fleischfarben. Die Jungvögel ähneln den Eltern.
Vorkommen: An den Küsten Skandinaviens, in Südosteuropa, Mitteleuropa etwa östlich der Elbe, auf Island und im Norden der Britischen Inseln. Sie liebt sumpfige Niederungen und Moore, Sumpfwiesen und größere Schilfbestände. In Europa ist sie ▸ Teilzieher und überwintert hauptsächlich in den westlichen Mittelmeerländern, in einigen Gebieten Deutschlands bereits ▸ Brutvogel.
Fortpflanzung: Die G. ist etwa im dritten Lebensjahr geschlechtsreif. Das ▸ Nest wird in unzugänglichen Sumpfgebieten oder auf kleineren dichtbewachsenen Inseln errichtet. Es ist gewöhnlich ein umfangreicher (bis zu 1 m Durchmesser und 22 cm hoher) lockerer Bau, der, vom Weibchen aus Stängeln, Schilf und Rohr erstellt, innen mit dürren Pflanzenteilen ausgelegt und anschließend mit Dunen ausgepolstert wird. Das Gelege enthält fünf bis acht (zehn) grauweiße und glanzlose Eier, die 85 x 58 mm groß und ca. 176 g schwer sind. Die Eier werden vom Weibchen 28 bis 29 Tage bebrütet, das Männchen hält Wache und beteiligt sich an der Aufzucht der Jungen. Die Jungen sind ▸ Nestflüchter und mit ungefähr viereinhalb Monaten erwachsen. Eine Jahresbrut (Ende März bis Mitte April).
Nahrung: Hauptsächlich Grasspitzen, Sumpfpflanzen, Klee, Sämereien, Unkräuter, jedoch wenig Würmer und Insekten.

2. Blässgans, die *(Anser albifrons*, Scop.): Auch Bless-, Kohl-, wilde Nord-, Trapp-, Winter-, Lach-, See-, Zwerggans, weißstirnige, kurzschnäbelige Gans. Sie ist wesentlich kleiner als die Saatgans, erreicht aber fast die gleiche Flügelspannweite (155 bis 165 cm). Länge: 64 bis 75 cm, Gewicht: um 2600 g.
Aussehen: In der Gesamtfärbung ähnelt sie der größeren Saatgans. Die Geschlechter sind überwiegend graubraun gefärbt, am Bauch mit schwarzer Querfleckung. Ober- und Unterschwanzdecken sind weiß. Die Stirn ist auffallend weiß (Blässe) mit schwarzem Saum, der Schnabel fleischfarben oder gelblich rot, die Latschen ebenfalls gelblich rot. Den Jungvögeln fehlt der weiße Stirnfleck.
Vorkommen: Die bei uns meist nur als Wintergast (Küstengebiete) vorkommende B. ist hauptsächlich im nordöstlichen Europa und im arktischen Asien beheimatet. In Europa ▸ Teilzieher, der fast ausnahmslos in Mittel- und Südosteuropa überwintert (z.B. an den Nordseeküsten, am Niederrhein und am Neusiedler See). Ihr Lebensraum sind die Tundren mit flachen Gewässern und Sümpfen. Außerhalb der Brutzeit hält sie sich gerne auf Wiesen, Feldern und Binnengewässern auf.
Fortpflanzung: Das Nest wird inmitten der Tundravegetation immer am Boden errichtet und mit viel Dunen ausgepolstert. Das Gelege enthält sechs bis neun schmutzigweiße Eier, die vom Weibchen 27 bis 28 Tage bebrütet werden. Die Jungen sind Nestflüchter und werden etwa 40 bis 43 Tage geführt. Eine Jahresbrut (Mai/Juni).
Nahrung: wie Graugans.

3. Saatgans, die *(Anser fabalis*, Lath.): Auch kleine graue Gans, Moor-, Winter-, ringschnäbelige Saatgans. Länge: 65 bis 68 cm, Flügelspannweite bis 170 cm.
Aussehen: Sie ist vom Wuchs stärker als die Blässgans und zeigt im Gesamtbild mehr Braun als die übrigen Gänsearten (Feldgänse). Von der Graugans ist sie leicht durch den ca. 6 cm langen und schwarzen Schnabel, der kurz hinter der Schnabelspitze eine gelbrote Binde aufweist, zu unterscheiden. Flachstirnig! Die Latschen sind orangegelb, die Augenlider schwarz, die Brust weißlich geschuppt. Jungvögel haben hellere Latschen und ähneln sonst sehr den Altvögeln.
Vorkommen: Die Brutgebiete liegen in der Arktis. Sie bewohnt Tundren und lichte Nadelwälder (Nordtaiga). Im Winter ist sie von allen Gänsen bei uns am stärksten vertreten. Sie überwintert im Binnenland auf Wiesen und in der Nähe von Gewässern (z.B. Norddeutsche Tiefebene, in Bayern und am Neusiedler See).
Fortpflanzung: Wahrscheinlich erst im dritten

Jahr geschlechtsreif. Das Nest wird gerne an einem Baumstamm oder versteckt im Gebüsch errichtet. Das Gelege enthält vier bis sechs Eier, die 27 bis 29 Tage bebrütet werden. Die Jungen sind Nestflüchter und werden etwa 40 Tage geführt. Eine Jahresbrut (Mai/Juni).
Nahrung: Rein vegetarisch. Gräser, Beeren, Klee, Saat, Kartoffeln und Queckenwurzeln.
4. Kurzschnabelgans, die *(Anser brachyrhynchus*, Baillon): Eine Unterart (geografische Rasse) der Saatgans *(Anser fabalis)*. Länge: 61 bis 75 cm, Gewicht: etwa 2000 g.
Aussehen: Kopf und Hals sind schwarzbraun, die Oberseite blaugrau mit hellen Federsäumen. Der Schnabel ist kurz, hoch und schwarz, in der Mitte fleischfarben. Die Schnäbel der größeren Saatgansrassen hingegen sind schwarz und gelb, das Augenlid ist schwarzbraun.
Vorkommen: Sie brütet in lockeren Kolonien in Island, Grönland und Spitzbergen, die übrigen Rassen im nördlichen Skandinavien und von Nordosteuropa bis zum Beringmeer. Sie überwintert vorwiegend in den Nordseeländern und hält sich gelegentlich im Binnenland auf. Ihr Lebensraum ist felsiges Gelände von der Küste bis ins Gebirge.
Fortpflanzung: Im dritten Jahr geschlechtsreif. Das Nest wird am Boden zwischen Felsen errichtet und mit viel Dunen ausgepolstert. Das Gelege enthält vier bis sechs (sieben) weißliche Eier, die vom Weibchen 26 bis 28 Tage bebrütet werden. Die Jungen sind Nestflüchter und werden etwa 49 bis 55 Tage geführt. Eine Jahresbrut.
5. Zwerggans, die *(Anser erythropus):* Sie ist kleiner als die Stockente, sieht der Blässgans sehr ähnlich und zeigt ebenfalls eine weiße, aber noch größere Blässe. Um das Auge hat sie einen weißen Ring. Brutvogel in Nordosteuropa, Nordskandinavien und im arktischen Asien. Überwintert meist in Südeuropa.
II. *Meergänse* (Gattung *Branta):*

Die Kanadagans, eine nordamerikanische Meeresgans, wurde ursprünglich als Ziervogel für Parks nach Europa gebracht.

6. Kanadagans, die *(Branta canadensis*, L.): Länge: um 100 cm.
Aussehen: Hals und Kopf schwarz mit weißem Wangenfleck. Rücken braun, die Brust hell bräunlich grau.
Vorkommen: Ursprünglich in Nordamerika Brutvogel, wurde sie 1678 nach Europa als Parkvogel eingeführt. Sie verwilderte und brütet jetzt auf den Britischen Inseln und in Skandinavien, aber auch in Oberbayern. Sie liebt offenes Sumpfgelände im Binnenland, Sumpfwälder mit größeren freien Wasserflächen, findet sich aber zunehmend an allen größeren Gewässern ein. Außerhalb der Brutzeit ist sie häufig auf Feldern anzutreffen. ▸ Standvogel.
Fortpflanzung: Geschlechtsreif im dritten Lebensjahr. Das Nest wird auf kleinen Inseln, inmitten von Seen und Sümpfen, gut geschützt errichtet und mit Gräsern, Laub und Halmen ausgepolstert. Sie brütet oft kolonienweise. Das Gelege besteht aus vier bis sieben (elf) rahmfarbenen Eiern, die 86 x 58 mm groß und ca. 228 g schwer sind. Die Brutdauer beträgt 28 bis 30 Tage. Die Jungen sind Nestflüchter und werden etwa zwei Monate geführt. Eine Jahresbrut (April/Mai bis Anfang Juni).
Nahrung: Sie besteht hauptsächlich aus Gras, Klee, Wasserpflanzen und Getreide, im Sommer in geringen Mengen auch aus Insekten, Mollusken und Würmern.
7. Ringelgans, die *(Branta bernicla*, L.): Moor-, Bart-, Brent-, Rot-, Klostergans, Baumgansente, Mönch. Sie ist die kleinste der Meergänse und ist nicht viel größer als die Stockente.
Aussehen: Kopf und Hals sind schwarz gefärbt, an den Halsseiten ein weißer, ringförmiger Streifen. Das Gefieder ist überwiegend dunkelbraun mit helleren Wellenzeichnungen, der Schwanz ist schwarz, die Schwanzdecken und die Bürzelseiten weiß. Den Jungvögeln fehlt der weiße Halsstreifen. Bei der R. gibt es eine dunkelbäuchige Rasse *(Branta bernicla bernicla)*, die an unseren Küsten Wintergast ist, und eine hellbäuchige Rasse *(Branta bernicla hrota)*.
Vorkommen: Brutvogel an den Küsten Grönlands, auf Spitzbergen sowie im arktischen Amerika und Asien. Bei uns im Winter an den Nordseewatten.
Fortpflanzung: Sie brütet meist in ▸ Kolonien und immer am Boden. Das Nest steht oberhalb der Flutlinie von Flüssen, Seen oder der Küste. Das Gelege besteht aus drei bis fünf Eiern, die Brutdauer beträgt 24 bis 26 Tage. Die Jungen sind Nestflüchter.
Nahrung: Seegras, Algen, Salzpflanzen und kleine Seetiere, daneben auch Moose, Flechten und Gras.
8. Weißwangengans, die *(Branta leucopsis*, Bechst): Auch Nonnen-, Baum-, Nord-, Brand-, Bernikelgans, schottische Gans. Länge: 58 bis 59 cm, Gewicht: um 1200 g.
Aussehen: Dicker, kurzer Hals und Kopf. Voraugenstreif, Scheitel, Hals und Brust sind schwarz; Wangen weiß, Stirn weiß. Oberseite

◂◂ Anton Straßgschwandtner (1826–1881): »Wildgänsejagd«, um 1860, Lithografie

schwarz-weiß gebändert, der Bauch weiß. Schnabel und Latschen schwarz. Beim Jungvogel sind die schwarzen Gefiederpartien dunkel-graubraun.
Vorkommen: Brutvogel an der Ostküste Grönlands und auf Spitzbergen sowie in der Hocharktis und auf Nowaja Semlja. Wintergast in Großbritannien, auf Island und im Nordseegebiet, v.a. aber an der niederländischen Küste. Hält sich außerhalb der Brutzeit gerne im Wattenmeer auf.
Fortpflanzung: Wahrscheinlich im dritten Lebensjahr fortpflanzungsfähig. Koloniebrüter auf steilen Klippen und Felsbändern. Das Gelege besteht aus vier bis fünf (sechs) blassgrünen Eiern. Die Brutdauer beträgt 24 bis 25 Tage. Die Jungen sind Nestflüchter und werden ca. sieben Wochen geführt.
Nahrung: Rein vegetarisch. Gräser, Tundra-, Salzpflanzen, Seegräser, Algen, Moos und Saat.

Wildgarn, das: Ein früher verwendetes Garn zum Fangen des Wildes; etwas leichter als das Hirschgarn; ▸ Garne, ▸ Jagdzeug 2.

Wildgarten, der: Ein kleiner Wildpark; ▸ Wildgehege.

Wildgasse, die: ▸ Spürbahn.

Wildgatter, das: **1**) Ein wilddichter Zaun (Wildzaun aus Drahtgeflecht) zum Schutze der Forstkulturen und der forstlichen Verjüngungsflächen vor ▸ Verbiss-, ▸ Schäl- und ▸ Fegeschäden. Zum Fernhalten von Rotwild soll die Zaunhöhe 1,80 bis 2,50 m, von Rehwild ca. 1,50 m und von Schwarzwild ca. 1,30 m betragen; ▸ Wildschaden(s)verhütung, ▸ Wildschutzzaun. **2**) Ein umzäunter Raum, in dem Wild, sog. Gatterwild, gehalten wird; ▸ Wildgehege.

Wildgefälle, das: Frühere Bez. für die Einkünfte aus dem Verkauf des erlegten Wildes.

Wildgeflügel, das: ▸ Federwild.

Wildgehege, die: Eingefriedete Grundflächen, in oder auf denen vorrangig sonst wild lebende Tiere, die (meist) dem ▸ Jagdrecht unterliegen, dauernd oder vorübergehend gehalten oder zu Jagdzwecken gehegt werden. Dem wachsenden Bedürfnis des Menschen, sich in der Begegnung mit Natur, Wald und Wildtier zu erholen, bemühen sich die W. nachzukommen. Sie leisten einen entscheidenden Beitrag zur Freizeitgestaltung des erholungssuchenden Menschen in naturnaher Umgebung und tragen durch Lenkung und Kanalisation der Erholungssuchenden zu einer wesentlichen und notwendigen Entlastung von Naturräumen hin. Darüber hinaus vermitteln in immer größerer Zahl W. Gedanken des Natur-, Umwelt- und Artenschutzes und sehen in einer praxisnahen Umwelterziehung eine grundlegende Zukunftsaufgabe für ihre Einrichtungen. Allerdings erfordert die Haltung von Wildtieren in Gehegen neben der Beachtung der relevanten Gesetzgebung umfangreiche Erfahrungen und qualifizierte Kenntnisse. Bei Planung, Erstellung, Gestaltung und Unterhaltung von W. sind Sachverständige maßgeblich zu beteiligen. Weitgehend den »Leitlinien für eine tierschutzgerechte Haltung von Wild in Gehegen« folgend (herausgegeben vom Verbraucherschutzministerium in Bonn), werden nach Zweck und Größe unterschieden:
1. Jagdgehege (Jagdgatter, Gatterreviere): J. sind Gehege von der Mindestgröße eines Eigenjagdbezirkes (▸ Jagdbezirke), in denen die Wildbestände jagdwirtschaftlich genutzt werden. Sie können einen wesentlichen Beitrag zur Erhaltung der Wildtiere leisten und bieten zudem die Möglichkeit zur Wildtierforschung. Sie eignen sich außerdem für eine verstärkte Umwelterziehung und Erfahrungspädagogik.
2. Wildparks: W. sind Gehege, die wegen ihrer größeren Ausdehnung die Begegnung mit dem dort gehaltenen Wild unter großräumigen Gegebenheiten ohne Verwendung eines Kraftfahrzeuges ermöglichen.
3. Schaugehege: Einrichtungen, in denen eine jederzeitige Beobachtung der gehaltenen Tiere aufgrund der relativ geringen Größe der Gehege möglich ist. Sie sind meist unter 10 ha groß (Niedersachsen unter 5 ha). Das Wild in S. (regional auch als Sondergehege bezeichnet) unterliegt nicht dem Jagdrecht.
4. Wildfarmen und **Pelztierfarmen**: Einrichtungen, in denen Tiere vornehmlich zu Zwecken der Fleischgewinnung, der Pelzerzeugung (z.B. Nutriafarm) u.Ä. gehalten werden. Soweit in diesen Farmen jagdbare Tiere, z.B. Damwild, gehalten werden, unterliegen sie nicht dem Jagdrecht; ▸ Wildfarm; ▸ Wildhaltung, landwirtschaftliche.
5. Durchfahrparks: D. sind Gehege größerer Ausdehnung, in denen die Begegnung mit Tieren überwiegend durch die Benutzung eines Kraftfahrzeuges erlebt werden kann.
6. Besondere Wildgehege: Hierzu zählen ▸ Auswilderungsgehege für die Arterhaltung, ▸ Eingewöhnungsgatter, Hegegatter und ▸ Wintergatter, aber auch Auffang- und Pflegestationen. Derartige Gehege können auch der Forschung und Zucht sowie der Landschaftspflege dienen.
Die Schau- und Sondergehege, Wildfarmen, Pelztierfarmen sowie die sonstigen W. – mit Ausnahme der Wintergatter – zählen i.d.R. zu den ▸ befriedeten Bezirken, zumindest können sie nach landesrechtlichen Vorschriften zu solchen erklärt werden. In der Schweiz gibt es keine W.; ▸ Tiergehege.

Wildgemüse, das: Sammelbezeichnung für wild wachsende Pflanzen, deren Blätter als Salat (z.B. Brunnenkresse, Huflattich, Löwenzahn, Feldsalat, Scharbockskraut, Brunnenkresse und Wegerich) oder als Gemüse (z.B. Brennessel) Verwendung finden. Die meisten W. sammelt man im Frühjahr und Frühsommer. Die Pflanzen sind dann noch saftig und zart und enthalten relativ viel Eiweiß; ▸ Kräuter.

Wildgewicht, das: Das Gewicht des lebenden oder noch nicht aufgebrochenen Wildes; ▸ Wildbretgewicht.

Wildhagen, die: ▸ Hagen.

Wildhaltung, landwirtschaftliche, die: Die l. W. stellt z.Z. eine sinnvolle Form der extensiven Grünlandnutzung dar. Das Fleisch dieser Wildtiere, das zu den ältesten Nahrungsquellen der Menschheit zählt, zeichnet sich durch einen großen Anteil hochwertigen Eiweißes, durch niedrigen Fettgehalt, milden Geschmack und besondere Zartheit aus und ist damit idealer Bestandteil einer kalorienbewussten Ernährung. Hauptsächlich Mitte der 1970er-Jahre entstanden die ersten landwirtschaftlichen ▸ Wildgehege. Allein in Bayern gab es 1992 ca. 1800 Wildgehege mit rd. 37000 Zuchttieren. Mehr als ein Drittel der Gehege und des Wildbestandes in Deutschland befinden sich damit in Bayern. Dabei herrscht Damwild mit rd. 90 Prozent vor. In letzter Zeit werden aber auch vermehrt Rotwild und vereinzelt auch andere Hirscharten gehalten. Insgesamt werden in Deutschland in den Gehegen jährlich rd. 1600 t Fleisch erzeugt. Die Tiere aus der Gehegehaltung werden im Alter von 12 bis 18 Monaten geschlachtet. Der durchschnittliche Wildfleischverzehr pro Kopf und Jahr liegt in Deutschland bei 0,6 kg.
Da die Errichtung von landwirtschaftlichen Wildgehegen Belange des Naturschutzes, des Jagdrechts, des Waffenrechts, des Fleischhygienerechts und des Tierschutzes tangiert, ist ein umfangreiches Genehmigungsverfahren notwendig; ▸ Halten von Wildtieren, ▸ Wildfarm, ▸ Wachteleier und -fleischerzeugung.

Wildhandel, der: Der W. wird durch die entsprechende Bestimmung des BJG und die von den Ländern zu erlassenden Vorschriften geregelt. Diese Vorschriften beziehen sich insbesondere auf die behördliche Überwachung des gewerbsmäßigen Ankaufs, Verkaufs und Tausches sowie der gewerbsmäßigen Verarbeitung von ▸ Wildbret und auf die behördliche Überwachung der ▸ Wildhandelsbücher. Die Überwachung des W. ist aus Gründen der Hege, zur Bekämpfung von ▸ Wilderei und Wildhehlerei, aus wissenschaftlichen Gründen und zur Verhütung von Gesundheitsschäden durch ▸ Fallwild notwendig.

Wildhandelsbuch, das: Ein dauerhaft gebundenes und mit fortlaufenden Seitenzahlen versehenes Buch, das von allen Inhabern von Betrieben, die gewerbsmäßig ▸ Wildbret zerwirken, verarbeiten, veräußern oder verbrauchen – insbesondere Wildhandlungen, Metzgereien, Gast-, Schank- und Speisewirtschaften, Kantinen, Hotels, Kaufhäuser, Krankenhäuser –, geführt werden muss (soweit es in einzelnen Bundesländern vorgeschrieben ist). Der zur Führung des W. verpflichtete Personenkreis hat hierin u.a. jede Lieferung von Wildbret fortlaufend numeriert und ggf. unter Aufführung des ▸ Wildursprungszeichens einzutragen; ▸ Fleischuntersuchung.

Wildhege, die: Die W. ist als sehr umfassender Begriff zu werten. Bereits in den Landgüterordnungen Kaiser Karls d. Gr. (742 bis 814) steht geschrieben: »Auch unser Wildstand ist gut zu hegen«. Die W. heute beinhaltet alle Maßnahmen, die die Erhaltung eines den landschaftlichen und landeskulturellen Verhältnissen angepassten artenreichen und gesunden Wildbestandes sowie die Pflege und Sicherung seiner Lebensgrundlagen zum Ziel haben; aufgrund anderer Vorschriften bestehende gleichartige Verpflichtungen bleiben unberührt (§1 BJG). Die W. muss so durchge-

◂◂ Wildkaninchen am Bau

führt werden, dass Beeinträchtigungen einer ordnungsgemäßen land-, forst- und fischereiwirtschaftlichen Nutzung, insbesondere ▸ Wildschaden, möglichst vermieden werden. Mit dem ▸ Jagdrecht ist die Pflicht zur Hege verbunden. Nach den Jagdgesetzen ist daher der Schutz und die Pflege der natürlichen Lebensgrundlagen des Wildes den Revierinhabern (▸ Jagdausübungsberechtigten) aufgegeben, die diesen Aufgaben umfassend, aber nur zusammen mit den Grundstückseigentümern nachkommen können. Die jagdgesetzliche Bestimmung bzw. Zielsetzung der Hege, die erstmals im ▸ Reichsjagdgesetz von 1934 verankert wurde, kann durch sachgemäße Auslese mit der Büchse (»Hege mit der Büchse«; ▸ Hegeabschuss, ▸ Wahlabschuss), insbesondere durch Schonen des den örtlichen Gegebenheiten entsprechenden, gesunden und artstarken Wildes und durch die Herausnahme des kranken und schwachen und zur Fortpflanzung nicht geeigneten Wildes, erreicht werden. Ein geringer und dem Lebensraum angepasster Wildbestand und die Herstellung eines angemessenen ▸ Geschlechterverhältnisses je nach Wildart (beim ▸ Schalenwild im Rahmen der Abschussregelung gemäß ▸ Abschussplan) ist dabei anzustreben. Ein ausgewogenes Verhältnis zwischen Beutetieren und ▸ Beutegreifern kann hingegen mit entsprechenden Fangeinrichtungen (»Hege mit der Falle«) erreicht werden. Die W. beinhaltet aber auch alle Maßnahmen, die zur Revier- und ▸ Äsungsverbesserung beitragen (»Hege durch Verbesserung der Lebensbedingungen«). Hierzu gehören u.a. die Anlage von Wildäckern und -wiesen (▸ Wildäsungsflächen, Blühflächen), der Anbau von Weichhölzern, die Errichtung von Futterstellen (▸ Fütterungseinrichtungen und ▸ Salzlecken), die Ödlandverbesserung, die Erhaltung und Pflege von ▸ Feldgehölzen, ▸ Gebüschen, ▸ Hecken, ▸ Biotopverbundsystemen und Feuchtbiotopen sowie das Einrichten von Ruhezonen für das Wild (▸ Wildschutzgebiete). Viele Maßnahmen zur Revier- und Äsungsverbesserung sind zugleich auch Maßnahmen zur Erhaltung und Pflege der ▸ Kulturlandschaft und angewandter Naturschutz. Teilweise dienen sie auch der Verbesserung der ▸ Bodenfruchtbarkeit, insbesondere solche, die als biotopbezogene Hegemaßnahmen in der freien Feldflur Unterschlupfmöglichkeiten und Nahrungsgrundlagen für die frei lebende Tierwelt schaffen und erhalten. Im Lebensraum der frei lebenden Tierwelt bestehen enge Wechselbeziehungen zwischen landwirtschaftlich genutzten Flächen und ▸ Wald. Daher ist eine Koordination der Hegemaßnahmen in den Bereichen Land- und Forstwirtschaft notwendig. Eine nicht weniger wichtige Maßnahme der W. ist das Erkennen und Bekämpfen der Wildseuchen und ▸ Wildkrankheiten. Kernpunkt der Jagd muss daher immer die Hege des Wildes sein. Nur sie gewährleistet auf Dauer den Fortbestand und eine vernünftige jagdliche Nutzung unseres heimischen Wildes. In Frankreich erwirkte ▸ Diana von Poitiers (1499 bis 1566) die ersten Hegevorschriften; ▸ Hegegemeinschaften, ▸ Biotophege.

Wildhegeabzeichen des DJV: ▸ Verbandsabzeichen.

Wildhühner, die: Auer-, Birk- und Haselwild sowie Wildtruthuhn und Schneehuhn (▸ Waldhühner); Reb-, Steinhuhn, Fasan, Wachtel (▸ Feldhühner).

Wildhut, die: Schweizerische Bez. für Wildschutz bzw. ▸ Wildhege.

Wildhüter(innen): Schweizerische Bez. für ▸ Berufsjäger.

Wildjagd, die: Die Drück- und Riegeljagd auf weibliches Rotwild und Kälber.

Wildkalb, das: Das weibliche Kalb (Tierkalb) aller Hirscharten außer Rehwild (Kitz) im ersten Lebensjahr (bis zum 31. März des auf das Setzen [die Geburt] folgenden Jahres); ▸ Hirschkalb, ▸ Kalb.

Wildkammer, die: **1**) ▸ Wildbretkammer. **2**) ▸ Kammer 6).

Wildkaninchen, das *(Oryctolagus cuniculus*, L.): Auch Kaninchen, Karnickel, Künigl, Kinigl, Kunelle, Lapin, Lapuz, scherzhaft: Lamprette, Sandhase. Es zählt zoologisch zur Familie der ▸ Hasen *(Leporidae)* aus der Ordnung der Hasenartigen oder Hasentiere *(Lagomorpha)* und ist deren kleinster europäischer Vertreter. Die waidmännischen Ausdrücke sind dieselben wie beim ▸ Hasen. Höchstalter ca. 10 Jahre, in der freien Wildbahn rd. eineinhalb bzw. zwei Jahre.

Vorkommen: Die Urheimat des W. sind die Mittelmeerländer, insbesondere Spanien und Nordwestafrika. Die Phönizier entdeckten es etwa um 100 v. Chr. in Spanien und nannten das Land »ishephanim«, was so viel wie »Küste der Kaninchen« heißt. Die Römer kannten es unter dem Namen »cuniculus« und hielten es in sog. Leporarien, die Griechen nannten es »dasypus« (»haariger Fuß«). Bereits im 12. Jh. wurde es bei uns in Klöstern und Burggärten in den sog. Küniglеingärten gehalten. Im 18. und 19. Jh. wurde es in die freie Wildbahn ausgesetzt und ist seitdem überall in Deutschland heimisch. Daneben bevölkert es ganz West- und Mitteleuropa und die westlichen Teile Osteuropas. Griechenland und die Balkanländer sind kaninchenfrei. Durch Einbürgerung ist es inzwischen auch in Australien, Neuseeland, auf Feuerland und auf den Kerguelen heimisch. Nachdem in Australien im Jahre 1825 einige Hauskaninchen aus Zuchtgehegen entflohen sind und sich stark vermehrten, wurden im Jahre 1849 versuchsweise aus England stammende W. ausgesetzt. Deren Nachkommenschaft nahm mit einer so rasanten Geschwindigkeit zu, dass sie Jahr um Jahr etwa 100 km tiefer in das Land eindrang und es immer dichter bevölkerte. Nach Schätzungen sollen im Jahre 1890 bereits 20 Mio. Kaninchen in freier Wildbahn gelebt haben. Die Folge war, dass wertvolles Weideland vernichtet und die gerade aufblühende Schafzucht stark geschädigt wurde. Auch in Neuseeland und auf Feuerland wurde es durch seine starke Vermehrung und mangels natürlicher Feinde zu einer Plage; es wurde dort mit dem in Südamerika entdeckten Myxomatose-Virus (▸ Myxomatose) bekämpft. Nach anfängli-

Wildkaninchen: Aussehen

Körpermaße	Rammler	Häsin
KRL	36,5–42 cm	36,0–41 cm
SL	5,8–7,0 cm	5,3–8,0 cm
OL	6,1–7,0 cm	6,5–7,7 cm
SH	16–18 cm	16–18 cm
Gewicht	1,1–1,7 kg	1,5–1,8 kg

Frettchen werden zum Einsatz im Kaninchenbau aus der Transportkiste gehoben.

chen Erfolgen sind die W. inzwischen gegen Myxomatose resistent geworden und überrollten in neuen Vermehrungswellen das Land. Selbst Hunderte Kilometer lange Zäune konnten das weitere Vordringen nicht verhindern.

Aussehen: Das W. ist überwiegend braungrau gefärbt, die Unterseite ist mehr grau, beim Hasen weiß. Das Haarkleid wird im Frühjahr und Herbst gewechselt. Die Pupille ist schwarzblau, die Seher sind von einem schmalen, weißen Ring umgeben. Die einfarbig braungrauen Löffel sind kürzer als der Kopf, beim Hasen hingegen gleich lang mit schwarzer Spitze. Auch die Hinterläufe sind kürzer als beim Hasen, es wirkt dadurch zwar kompakter, aber auch gedrungener als der Hase, kann dafür keine so weiten Sprünge machen. In der Gesamterscheinung sieht es anmutiger aus.

Zahnformel:

$$\frac{2}{1}\ \frac{0}{0}\ \frac{3}{2}\ \frac{3}{3} = 28 \text{ Zähne}$$

(▸ Zahnalterslehre).

Die Gaumenspalte der Kaninchen ist enger als die des Feldhasen.

Sinne und Lautäußerung: An Sinnesschärfe übertrifft es den Hasen. Dem Kaninchen entgeht kaum ein Geräusch oder eine Bewegung, und es sichert auch nach oben. Stark ausgeprägt ist auch der Geruchssinn. Bei Gefahr, großer Angst oder bei Schmerz gibt es einen kreischend-pfeifenden Ton von sich und warnt durch Trommeln mit den Hinterläufen. Gewöhnlich aber ist es stumm, und v.a. Altkaninchen warnen ihre Umgebung mit kräftigem Klopfen der Hinterläufe (Sprünge) auf den Boden, worauf sich alle Kaninchen blitzschnell in den Bauen in Sicherheit bringen oder in Deckung gehen.

Lebensraum und Lebensweise: Ursprünglich Steppenbewohner. Bevorzugt werden Gegenden mit leichten, trockenen und sandigen, jedoch grabfähigen Böden und mit mildem Klima. Über 500 m Meereshöhe wird es nicht mehr angetroffen. Das sehr gesellig in ▸ Kolonien lebende und standorttreue Kaninchen siedelt sich gerne an Waldrändern, Heidelandschaften und in lichten Kiefernbeständen an. Es ist ein ▸ Kulturfolger und nicht selten in Parks, Grünanlagen und Friedhöfen der Städte anzutreffen. In seinen Sippenverbänden herrscht eine strenge ▸ Rangordnung. Im Ggs. zum Hasen gräbt es Wohnbaue und Satzröhren (Satzbau; ▸ Setzröhre). Während die Wohnbaue vornehmlich als Schlaf- und Schutzstätten dienen und einen oder mehrere ausgepolsterte Kessel mit bis zu vier Luftröhren besitzen, werden in den Satzbauen die Jungen gesetzt, die dort die ersten drei Lebenswochen verbringen. Das Kaninchen ist ein ausgesprochenes Dämmerungstier, aber auch nachts und tagsüber rege. Häufig liegt es gestreckt vor dem Wohnbau und sonnt sich. Auf der Flucht ist es im ersten Augenblick wesentlich schneller als der Hase und übertrifft diesen auch an Gewandtheit. Es versteht meisterlich das Hakenschlagen und erfordert daher auf der Jagd einen guten Schützen. Sein Lebensraum gliedert sich in drei Gebiete: die Wohnbauanlagen, den Aktionsraum und den erweiterten Aktionsraum. Äsungsflächen und Satzbaue liegen im erweiterten Aktionsraum.

Äsung: Wie Feldhase (▸ Hasen 1.). Durch das kolonieweise und damit massenhafte Auftreten der Kaninchen werden oft beträchtliche Schäden an land- und forstwirtschaftlichen Flächen (z.B. in Getreidefeldern, Weinbergen, Obstgärten, Forstkulturen usw.) angerichtet. Für Schäden durch W. an Grundstücken, die zu einem gemeinschaftlichen Jagdbezirk gehören oder einem gemeinschaftlichen Jagdbezirk angegliedert wurden, ist Schadenersatz zu leisten. Dies gilt auch für Schäden an Grundstücken, die einem Eigenjagdbezirk angegliedert sind; ▸ Wildschaden(s)ersatz.

Fortpflanzung: Die Rammelzeit dauert von Anfang März bis Juli (August). Die Rammler umwerben dabei die Häsin mit Imponiergehabe, indem sie diese überspringen und blitzschnell mit Harn bespritzen. Die Tragzeit beträgt 28 bis 31 Tage. Vom Frühjahr bis Herbst setzt die Häsin vier- bis sechsmal fünf bis acht (zwei bis 13) unbehaarte, bis 10 Tage blinde Jungkaninchen. Sie ist somit in der Lage, alle fünf bis sechs Wochen zu setzen, wobei auch eine ▸ Superfetation, d.h. Doppelbefruchtung, vorkommen kann. Gesetzt wird in einer von der Häsin gegrabenen, bis zu 3 m langen Setzröhre, die sie mit Gras, Brust- und Bauchwolle auspolstert. Beim Verlassen der Setzröhre scharrt sie diese mit Gras und Laub zu und benässt sie. Die Jungkaninchen werden ca. vier Wochen lang zweimal täglich gesäugt und verlassen dann – bereits selbstständig – die Setzröhre. Nach ca. fünf bis sechs Monaten sind sie selbst fortpflanzungsfähig, sodass zeitig im Frühjahr gesetzte Kaninchen noch im gleichen Jahr selbst setzen können. Eine Kreuzung (Bastardierung) zwischen Kaninchen und Feldhase ist nicht möglich. Das ▸ Geschlechterverhältnis der W. ist i.d.R. 1:1.

Losung: Die Losung sieht aus wie die des Feldhasen, jedoch sind die Kotkugeln kleiner und liegen gehäuft (beim Hasen vereinzelt) an einem Platz. Wie beim Feldhasen wird vom Kaninchen eine sog. Blinddarmlosung ausgeschieden, die sofort wieder aufgenommen und unzerkaut abgeschluckt wird. Diese wahrscheinlich für den Stoffwechsel notwendige vitaminreiche (Vitamin B_1) Blinddarmlosung wird nur in den Vormittagsstunden ausgeschieden; ▸ Coecotrophie.

Spur: Die Spur ist dieselbe wie beim Feldhasen, jedoch kleiner.

Jagd: Das Kaninchen gehört zu den jagdbaren Wildarten und genießt keine ▸ Schonzeit. Nur während der Aufzucht der Jungen bis zu deren Selbstständigwerden (ca. drei Wochen) dürfen die Muttertiere nicht erlegt werden. Die Landesbehörden können jedoch auch hier Ausnahmen zulassen (z.B. bei auftretender Seuche oder zur Eindämmung eines unverhältnismäßig großen ▸ Wildschadens bei massenhaftem und unkontrollierbarem Auftreten der Kaninchen). Die üblichen Jagdarten sind ▸ Ansitz, ▸ Suche, ▸ Treibjagd und Frettieren. Erfolgreich sind Treibjagden, die an sonnigen und windstillen Tagen stattfinden, weil sich die Kaninchen dann außerhalb ihrer Baue befinden. Die Treiben sollten jedoch nur klein sein. Kaninchen lassen sich nicht weit treiben und flüchten bei Gefahr sofort in die Baue. Interessant ist die Baujagd mit dem Frettchen oder Iltis-Frettchen (▸ Iltisse 2. und 3.) im Herbst. Das Frettchen wird mit einem Glöckchen am Hals versehen, damit es von den Kaninchen frühzeitig bemerkt wird, oder es erhält ein Halfter (▸ Frettchenhalfter), damit es diese nicht reißen kann. Man lässt das Tier dann in den Kaninchenbau einkriechen, und da es der natürliche Feind (Erzfeind) der Kaninchen ist, flüchten diese ins Freie, d.h., sie springen. Dort werden sie vom Jäger mit der Flinte oder mit dem Beizhabicht erwartet. Bei der Jagd mit der Flinte muss der mitgeführte Hund ein guter Apportierer sein. Er ▸ apportiert erst, wenn das (die) Frettchen wieder im Transportkasten ist (sind). Auch das Fangen der springenden Kaninchen im Kaninchennetz, der sog. Kaninchenhaube (▸ Garne 3.), die über die Bauöffnung gelegt wird, ist üblich. Dauert die Jagd länger, lösen mehrere mitgeführte Frettchen einander ab. Bei großen Bauanlagen wird auch gleichzeitig mit zwei oder mehr Frettchen gejagt. Die natürlichen Feinde der Kaninchen sind neben dem Frettchen: Habicht, Sperber, Uhu, Waldkauz, Waldohreule, Nebelkrähe, Rabenkrähe, Fuchs, Baum- und Steinmarder, Iltis, Wiesel, wildernde Hunde, Katzen und Elstern für Jungkaninchen. Hege: Es ist weder eine Hege notwendig noch erwünscht. Das ▸ Aussetzen von W. ist nach dem BJG verboten. Im Ggs. zum Hasen ist das W. als Baubewohner wesentlich besser vor natürlichen Feinden geschützt. Starken Eingriff in den W.-Besatz verursachen jedoch extrem schlechtes Wetter und die ▸ Myxomatose, die den Kaninchenbesatz um 99% reduziert, ihn aber nie gänzlich vernichtet.

Wildkasten, der: Ein Transportkasten für Lebendwild.

Wildkatze, die *(Felis silvestris*, Schreb.): Auch Waldkater, Wald-, Baumkatze, Baumreiter. Sie zählt zoologisch zur Familie der ▸ Katzen *(Felidae)* und zur Ordnung der Raubtiere (▸ *Carnivora)*. Sie unterliegt in der Bundesrepublik Deutschland dem Jagdrecht, ist jedoch ganzjährig geschont. Nach dem BNatSchG zählt sie zu den streng geschützten Arten, nach der Fauna-Flora-Habitat-Richtlinie ist sie eine »streng zu schützende Art von gemeinschaftlichem Interesse«. Bei den Germanen war die W. ein Tier der Freyja oder Frigg, der Gattin Odins. Deren Wagen wird von zwei Katzen gezogen. Der Weg zum späteren Hexentier nahm wahrscheinlich von dieser Bedeutung seinen Ausgang, als das Christentum die alten Götter zu verdrängen begann.

Waidmännische Ausdrücke: Die ▸ Eckzähne heißen Fänge, die Krallen (Nägel) Waffen, das Fell Balg, die Füße Branken, der Schwanz Rute, die weibliche W. Kätzin, die männliche W. Kuder, der Ruheplatz Lager; sie schleichen, schnüren und schränken; fangen sie Wild, so reißen sie; klettern sie auf einen Baum, so baumen sie auf. Die Stelle, an der Wild gerissen wird, ist der Riss; eine Kreuzung von W. und Hauskatze wird Blendling genannt. Sie ranzt oder begehrt, wenn sie sich paart, und bringt Junge.

Vorkommen: Die W. kommt heute noch in Italien, Spanien, Südfrankreich, Schottland, Südosteuropa und in Deutschland in geringer Anzahl u.a. in der Eifel (größte deutsche Population), im Taunus, Odenwald, Hunsrück, Harz und Harzvorland, Solling, Reinhardswald, Kaufunger Wald, Söhre, Meißner, Knüll, Ringau, Ludwigsau, Pfälzer Wald, Steiger Wald, Schwarzwälder Hochwald und Umland, Hainleite, Kyffhäuser, Ohmgebirge, Dün, Eichsfeld, Hainich sowie im Spessart und im Bayerischen Wald vor. Während sie früher in Mitteleuropa fast überall zu Hause war, ist sie durch die intensive Bejagung nahezu ausgerottet worden. Seit sie ganzjährig geschont wurde (▸ Reichsjagdgesetz von 1934), nimmt ihr Bestand wieder leicht zu. Aber auch heute noch besteht die Gefahr, dass junge W. für verwilderte Hauskatzen gehalten und erlegt werden.

Aussehen: Die W. ist mit unserer Hauskatze nur entfernt verwandt, auch wenn sie lange Zeit für die Stammart der Hauskatze gegolten hat. Letztere stammt von der in Vorderasien und Afrika beheimateten Falbkatze ab. Sie ist bedeutend größer und kräftiger als die Hauskatze und unterscheidet sich von dieser auch durch die stärkere Behaarung, den größeren Schnurrbart und den wilderen Blick. Der Kopf ist dick und rund, die Gehöre sind klein. Die Kätzin ist geringer und leichter. In der Färbung sind Kuder und Kätzin nicht zu unterscheiden. Die Grundfärbung der W. ist gelbgrau bis grau mit schwacher, angedeuteter oder dunkler, klarer Stromung, manchmal auch unvollständig. Das gesamte Haarkleid ist dicht und lang. Von der Stirn, etwa auf Höhe der Seher, laufen vier bis fünf schwarze Streifen zwischen den Ohren bis zum Ende der Schulterblätter. Die Läufe sind grau und haben verschwommene Querbinden. Die Rute ist grau und buschig und von der Wurzel bis zur Spitze gleich stark, mit drei oder vier deutlichen dunklen Ringen und einem etwa 5 cm langen schwarzen Endstück. Sie wird peitschend bewegt und in einem nach oben offenen Bogen getragen. Die Gehöre haben Haarspitzen. Die W. hat einen fleischfarbenen Nasenschwamm, einen verhältnismäßig breiten Fang und eine grünbraune Iris. Auf der Sohle der Hinterbranken hat sie einen dunklen Fleck von 2 bis 2,5 cm Durchmesser, den sog. Nehringschen Sohlenfleck. Er ist kleiner als bei der Hauskatze, jedoch kein sicheres Merkmal, echte W. von Blendlingen zu unterscheiden.

Zahnformel:

$$\frac{3}{3}\ \frac{1}{1}\ \frac{3}{2}\ \frac{1}{1} = 30 \text{ Zähne}$$

(▸ Zahnalterslehre).

Die Wildkatze gilt in Deutschland als stark gefährdet, Restbestände leben z. B. im Nationalpark Eifel.

Wildkatze: Aussehen

Körpermaße	Kuder	Katze
KRL	53–68 cm	47–65 cm
RL	28–35 cm	25–33 cm
SH	35–40 cm	25–40 cm
Gewicht	3,0–10,0 kg	2,4–5,0 kg

Wildkatze

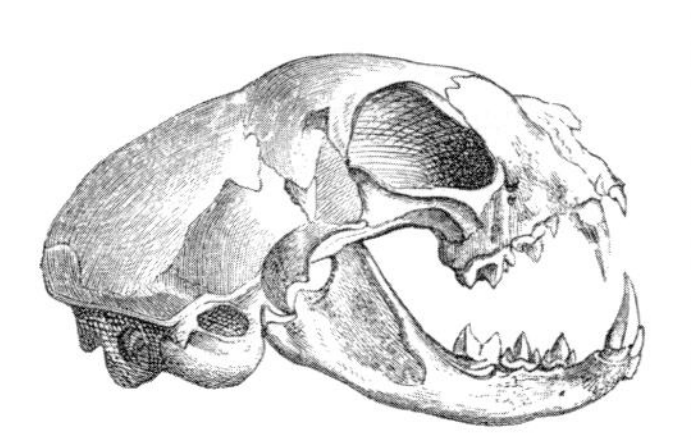

Wildkatzenschädel

Sinne und Lautäußerung: Die Sinne der W. sind ungemein stark ausgeprägt. Sie vernimmt und äugt hervorragend sowohl am Tage als auch in der Nacht, wittert aber dafür nur mäßig. Die Lautäußerung ist ein »Miau« wie bei der Hauskatze, jedoch stärker, bei Ärger ein Fauchen und in der Ranzzeit ein klagendes, heiseres Geschrei. Die langen Schnurrhaare, die Augenbrauen und die ▸ Tasthaare am unteren Vorderlauf sind ihre ▸ Tastsinnorgane.

Lebensraum und Lebensweise: Die W. bevorzugt weiträumige Wälder, hauptsächlich Nadelwälder mit dichtem Unterwuchs sowie zerklüftete Schluchten und Felspartien. Sie hält sich fast ausschließlich am Boden auf. Unterschlupf findet sie in Felsspalten, ▸ Dickungen, großen Baumhöhlen, Stollen, gelegentlich auch in den Erdbauen von ▸ Fuchs und ▸ Dachs. Im Winter ist sie auch in Scheunen und Heustadeln anzutreffen. Sie ist, mit Ausnahme der Ranzzeit, ein Einzelgänger und führt ein einsames und vagabundierendes Leben, beansprucht ein bestimmtes Revier und duldet dort keine Artgenossen. Das Streifgebiet der W. beträgt etwa 1,5 bis 3,5 km² (im Solling z.B. liegt die durchschnittliche Größe der Katzen zwischen 200 und 2000 ha und die der Kuder zwischen 2000 und 5500 ha.) In der Ranz ist der Einzugsbereich deutlich größer. Wo sie als ▸ Standwild vorkommt, hält sie sehr genau ihren Pass ein. Am Morgen benutzt sie gerne Waldwege, da sie das nasse Gras, wie überhaupt Nässe, scheut. Als Dämmerungs- und Nachttier ist sie abends und v.a. nachts aktiv und verbringt den Tag schlafend oder sonnt sich an einem ruhigen Ort. Mit großer Ausdauer kauert sie auf einem Ast, einem Felsvorsprung oder an einem Hasenpass und wartet auf die Beute. Nicht selten reißt sie ihre Beute, indem sie lautlos und scharf äugend durch das Gestrüpp schleicht und bei dem geringsten Geräusch bewegungslos stillsteht, um dann mit einigen mächtigen Sätzen das Opfer niederzuziehen. Droht ihr selbst Gefahr, geht sie meist in Deckung.

Nahrung: Sie lebt hauptsächlich von Mäusen, nimmt aber auch Gelege, brütende Vögel (vom Auerhahn bis zum Zaunkönig), Kaninchen, Hasen, Buche, Hamster, Nutria, Bisam, Insekten, auch Fische und Aufbruch. Größere Beute wird durch Nackenbiss, kleinere durch Halsbiss getötet.

Fortpflanzung: Ranzzeit ist i.d.R. im Februar/März. Eine zweite Ranz im Sommer wurde auch nachgewiesen. In der Nacht sind dann häufig die Liebesklagen – v.a. des Kuders – zu hören. Die Katze trägt ca. 65 Tage und bringt im April/Mai etwa zwei bis sechs Junge, die etwa neun bis elf Tage blind sind. Sie verbirgt ihr Geheck in Felsspalten, Fuchs- und Dachsbauen. Sobald Gefahr in Verzug ist, werden die Jungen in einen anderen Schlupfwinkel verbracht. Der Kuder kümmert sich vermutlich nicht um die Aufzucht der Jungen. Diese werden vier Monate gesäugt, erhalten jedoch bereits ab eineinhalb Monaten fleischliche Nahrung. Sobald die Jungen kräftig genug sind, etwa im Alter von zwei Monaten, begleiten sie die Kätzin auf die Jagd. Im Herbst löst sich die Familie auf und die Jungkatzen suchen sich eigene Reviere. Kätzinnen sind i.d.R. standorttreu, während junge Kuder oft kilometerweit umherziehen. Junge, noch nicht ausgewachsene W. sind leicht mit wildfarbenen Hauskatzen zu verwechseln. Mit ca. zehn Monaten sind die jungen W. geschlechtsreif. Das biologische Alter liegt bei 12 bis 15 Jahren, wobei die Lebenserwartung in freier Wildbahn infolge einer hohen Jugendsterblichkeit und zahlreicher unnatürlicher Mortalitätsfaktoren deutlich geringer ist.

Losung: Ihre Losung setzt die W. meist in einer vorher gescharrten Vertiefung ab und verdeckt sie anschließend. Sie ist wurstförmig, etwa 5 bis 8 cm lang und 1 bis 1,5 cm dick, gelegentlich ist sie weich oder flüssig. An den Rändern ihres Jagdgebietes setzt die W. zur Abgrenzung ihrer Gebietsansprüche – ähnlich dem Fuchs – die Losung an erhöhten Stellen wie Baumstümpfen und Steinen ab. Während der Ranzzeit markiert sie Bäume und Steine mit Urin (▸ Harnspritzen), vermischt mit einem Sekret der ▸ Analdrüse, das den typischen Katzengeruch abgibt und auch für die menschliche Nase wahrnehmbar ist. Diese Markierung (▸ Markier[ungs]verhalten) dient dem Zusammenfinden der Geschlechter.

Spur: Die W. ist ein ▸ Zehengänger und hat fünf Zehen am Vorderfuß und vier Zehen am Hinterfuß. Die fünfte Zehe am Vorderfuß sitzt etwas erhöht und wird nicht mit abgedrückt. Ihre Sohlen sind behaart, und der Abdruck der vier Zehenballen und des dreieckförmigen Hauptballens hat eine ovale, fast runde Form. Die Krallen werden nicht mit abgedrückt. Der einzelne Abdruck ist etwa 4,5 bis 5 cm lang und 4 bis 4,5 cm breit. Eine gehende bzw. schleichende W. setzt den Hinterfuß vor den Abdruck des Vorderfußes, bei Schneelage in den Abdruck des Vorderfußes. Sie schränkt etwas (▸ Schrank) und erreicht eine ▸ Schrittweite von ca. 40 cm. Eine schnürende (trabende) Katze setzt den Hinterfuß genau in den Abdruck des Vorderfußes, die Abdrücke stehen fast in einer Reihe, die Schrittweite wird größer. Auf der Flucht macht die Katze sehr unterschiedliche Sprünge. Im Übrigen ist die Spur der W. der Spur eines Fuchses ähnlich, der Fuchs drückt jedoch die Nägel mit ab, die Katze nicht.

Jagd: Früher wurde sie gelegentlich auf Treibjagden erlegt und kam den Schützen gewöhnlich schneller als der Fuchs. Im Winter wurde sie – wie der ▸ Marder – nach einer ▸ Neuen abgespürt und bis zu ihrem Unterschlupf verfolgt und mittels Erdhunden und Auspochen ausgetrieben, ausgeräuchert oder festgemacht und dann erlegt. Die Jagd auf die W. wurde aber auch durch Ansitz am Luder, auf dem Pass oder am Bau, wenn sie sich in einem Fuchs- oder Dachsbau befand, ausgeübt. An ▸ Fallen wurde v.a. das mit Hasengescheide oder einem Vogel beköderte und mit Reisig verblendete Tellereisen verwendet. Unbeködert wurde das Tellereisen auch am vermuteten Absprung fängisch gestellt, wenn die W. sich in einem hohlen Baum befand. Der Fang der W. wurde aber auch mit dem Schlagbaum, der Rasen- und der Knüppelfalle oder als ▸ Lockjagd durch Heranmäuseln ausgeübt. Heute wird sie in Gegenden mit verhältnismäßig hohem Besatz in Lebendfangfallen gefangen und dort wieder ausgesetzt, wo sie früher heimisch war und nun wieder eingebürgert

Die wichtigsten Wildkrankheiten

Parasiten/ Krankheit	Vorkommen	Wichtigkeit Tier	Wichtigkeit Mensch	Zwischenwirt	Sitz
Coccidiose	Hase Kaninchen Fasan	!!! !! !!			Dünndarm, Leber
Toxoplasmose	alle Tiere, Mensch				Innere Organe
Magenwürmer	Reh, Hase, Kaninchen, Mufflon, Rotwild, Damwild, Schwarzwild	!!! ! !		Mistkäfer	Magen Dünndarm
Lungenwürmer	Reh, Mufflon, Hase, Rotwild Schwarzwild	!! !! !!		Schnecken Regenwürmer	Lunge Bronchien
Rotwurm	Fasan u. a. Vögel	!!			Luftröhre
Spulwurm	Hund, Katze, Fuchs	!			Dünndarm
Haarwurm	Rebhuhn, Fasan, Enten	!			Dünndarm
Trichinen	Schwein, Fuchs, Dachs, Katze		!		Muskulatur
Leberegel	alle Pflanzenfresser, Reh, Hase	!!		Schlammschnecke	Gallengänge
Bandwürmer, versch. Arten	Hund, Fuchs, Reh, Kaninchen		!	Schalenwild, Hase, Kaninchen, Mensch	Dünndarm
Räude	Gemse, Fuchs	!		Moosmilben	Haut
Rachenbremse	Reh, Rotwild	!			Rachenraum
Dasselfliege	Reh, Rotwild	!			Unterhaut

Viren* bzw. Bakterien/Krankheit	Vorkommen	Wichtigkeit Tier	Wichtigkeit Mensch
Tollwut*	Fuchs, Reh, Dachs, Hund, Katze	!!	!!!
Myxomatose*	Kaninchen	!!!	
Taubenpocken*	Tauben	!!	
Schweinepest*	Wildschwein	!	
Maul- und Klauenseuche*	Schalenwild	!	!
Ornithose*	Vögel		!
Hühnerpest*	Fasanerien	!	
Infektiöse Leberentzündung*	Fuchs		
Zecken-Encephalitis*	Reh, Maus, Vieh		! !
Pseudotuberkulose	Hase	!!	!
Pasteurellosen	Hase, Fasan		
Salmonellosen	alle Tiere	!!	!
Tularämie	Hase	!	!!
Rotlauf	Wildschwein		!
Staphylokokkenerkrankung	Hase	!	!
Brucellose	Hase		
Corynebakterien (Eitererreger)	Reh, Schwein		!

! = nur mäßig viele Todesfälle oder geringe Bedeutung
!! = zahlreiche Todesfälle oder größere Bedeutung
!!! = große Seuchenausbrüche oder Gefährlichkeit

werden soll. In Gebieten mit W.-Vorkommen ist beim Kurzhalten wildernder Hauskatzen erhöhte Sorgfalt geboten. Keine soforttötenden Fallen verwenden. Natürliche Feinde der W. sind Luchs und Wolf, von jungen W. auch Uhu, Steinadler, Habicht, Fuchs, Marder und Wiesel. Hohe Verluste entstehen durch Verkehrsunfälle und Totschlagfallen.

Wildkeller, der: Früher ein Keller (meist Eiskeller) zur Aufbewahrung des erlegten Wildes bis zu seiner Verwertung. Einen W. gab es bei jeder Wildfaktorei; ▸ Wildpretschirn.

Wildkirsche, die: ▸ Vogelkirsche.

Wildkorn, das: Bez. für ▸ Wildäsungspflanzen, und zwar für Johannis-, Staudenroggen oder böhmischen Roggen.

Wildkrankheiten, die: Die W. werden eingeteilt in:

1. Parasitäre Erkrankungen (▸ Parasiten):
Äußere Parasiten: Flöhe, Grabmilben, Haar- und Federlinge, Herbstgras- und Vogelmilben, Läuse, Lausfliegen;
Innere Parasiten: Bandwürmer, Coccidien, Haarwürmer, Hautdasseln, Leberegel (Große und Kleine), Kreuzlähme des Rotwildes, Lungenwürmer (Große und Kleine), Magen- und Darmwürmer, Pansenegel, Rachendasseln, Rotwurm, Schwarzkopfkrankheit, Toxoplasmose, Trichinen, Trichomoniasis.

2. Pilzkrankheiten: Glatzflechte, Schimmelpilzerkrankung.

3. Bakterielle Erkrankungen: Aktinomykose (Strahlenpilzerkrankung), Lyme-Borreliose, Botulismus, Brucellose, Gamsblindheit, Listeriose, Moderhinke, Milzbrand, Pasteurellose, Pseudotuberkulose (Nagerseuche), Rauschbrand, Pseudorauschbrand, Rotlauf, Salmonellose, Staphylokokkose.

4. Viruserkrankungen: Geflügelpest, -pocken, Maul- und Klauenseuche, Myxomatose, Ornithose, Papillomatose, Schweinepest, Tollwut, Zeckenbiss-Encephalitis, European Brown Hare Syndrome, Rabbit Haemorrhagic Disease.
Zu den W. sind aber auch Vergiftungen aller Art – v.a. durch Pflanzenschutzmittel –, Ernährungskrankheiten nach strengen Wintern und Geschwülste (bös- und gutartige) zu zählen. Ein besonderes Kapitel nehmen die Seuchen ein. Nach dem BJG hat der ▸ Jagdausübungsberechtigte eine auftretende Wildseuche unverzüglich der zuständigen Behörde anzuzeigen; diese erlässt im Einvernehmen mit dem beamteten Tierarzt die zur Bekämpfung der Seuche erforderlichen Anweisungen (▸ Anzeigepflicht von Tierseuchen). Infektionskrankheiten, die von Tieren auf den Menschen oder umgekehrt übertragen werden können, heißen ▸ Zoonosen.

Wildkunde, die: ▸ Wildbiologie.

Wildlandgemenge, das: ▸ Wildäsungspflanzen.

Wildland GmbH, die: Eine Gesellschaft zur Rettung von Wildbiotopen in Bayern und Baden-Württemberg. Sie kauft aus Mitteln der Jägerschaft und der öffentlichen Hand ▸ Ödland und ▸ Feuchtgebiete auf, um sie für die bedrohte Tierwelt vor der Zerstörung zu bewahren; ▸ Naturlandstiftungen, ▸ Sozialbrache, ▸ Biotopschutz.

Wildlaus, die: Die Hirschlaus; ▸ Lausfliege.

wild lebende Tiere: Nach dem Jagdrecht die bei uns sich in natürlicher Freiheit befindlichen Tiere. Tiere in einem Wildpark sind daher keine w. T. Doch können sie die Freiheit und dann auch die Eigenschaft als Wild erlangen. Auf alle nicht dem Jagdrecht und dem Fischereirecht unterliegenden w. T. findet das BNatSchG Anwendung; ▸ jagdbare Tiere.

Wildleder, das: Ein sämisch gegerbtes Leder von tuchartiger Beschaffenheit aus Häuten wild lebender Tiere, wie Hirsch, Reh, Gemse, Antilope u.a., für Handschuhe und Bekleidung (z.B. Trachtenhosen). Wegen der oft starken Narbenbeschädigung der Wildfelle wird bei der Verarbeitung von Wildtierhäuten zu Leder stets die Narbenschicht entfernt. Ähnlich gearbeitetes Leder von Zahmtierfellen (Velours-, Samt-, Rauleder) wird oft fälschlich als W. bezeichnet.

Wildlenkung, die: ▸ wildlife management.

wildlife management (engl. für Wildlenkung): Aus Amerika übernommene Bez. für die Planung und praktische Ausführung von ▸ Artenschutz und ▸ Wildhege. W. m. ist somit die Anwendung ökologischer Kenntnisse (▸ Wild-Ökologie) auf die Populationen von Wildtieren, v.a. Wirbeltieren, und auf diese beeinflussende Mitglieder der Biozönose (z.B. Pflanzen, Räuber, Krankheitserreger, Parasiten) in einer Weise, dass die Ansprüche der Tiere mit denen des Menschen in Einklang gebracht werden. Eine weitgehend vergleichbare Zielsetzung, allerdings mit einer engeren Definition des Aufgabenprofils, wird mit dem Begriff ▸ Wildtiermanagement umschrieben. Ursprünglich war W. m. ein »game management«, die Pflege und Regulation von Tierbeständen ausschließlich für die sportliche Jagd (Großwildjagd; z.B. in Afrika, Indien). Anfang der 1980er-Jahre fand jedoch in den Ländern Afrikas ein Umdenken statt. Unter Mithilfe des ▸ World Wide Fund for Nature (WWF) und der Internationalen Naturschutz-Union wurden Konzepte zur Nutzung der Wildtiere entwickelt. Wildtiere haben dabei für die Bevölkerung eine wirtschaftliche Bedeutung erhalten. W. m. ist daher kontrollierte, auf ▸ Nachhaltigkeit angelegte Wildbewirtschaftung und hat große Bedeutung für den ▸ Naturschutz und für die Betreuung und Gestaltung der großen ▸ Nationalparks. Im Falle der indirekten Nutzung stellt er das Vorhandensein der Tiere in den Dienst des Tourismus (▸ Jagdreisen) oder der Forschung, bei direkter Nutzung entnimmt er sie aus dem ▸ Ökosystem mittels Jagd. Nach Auffassung des WWF und IUCN kann daher auch die Trophäenjagd eine solche nachhaltige, die Ressourcen schonende Nutzung sein, da diese Jagd, die v.a. älteren männlichen Tieren gilt, keinen negativen Einfluss auf den Bestand und die Reproduktionsfähigkeit einer Population hat, sondern vielmehr ein regulierender Eingriff des Menschen ist, um das biologische Gleichgewicht zu erhalten.

Wildling, der: ▸ Wildfang 1).

Wildlinge, die: Aus ▸ Anflug oder ▸ Aufschlag (Naturverjüngung) sowie aus Saaten entnommene Forstpflanzen, hauptsächlich Buche, Eiche und Lärche, die zur ▸ Pflanzung benötigt werden. W. können auch aus ▸ Wurzelbrut gewonnen werden, z.B. Silber- und Schwarzpappel, Eisbeere, Robinie, Grauerle, Schlehdorn, Sanddorn und andere Sträucher; dies kommt v.a. bei Pflanzen für Zwecke der Natur- und ▸ Landschaftspflege in Betracht. Der beste Zeitpunkt für die Gewinnung (Werbung) von W. ist im Frühjahr zwischen Schneeschmelze und Beginn des Laubausbruches oder auch im Herbst nach ergiebigen Regenfällen.

Wildlocker, die: Ein Lockinstrument; ▸ Lokker, ▸ Lockjagd.

Wildmann, Engelhart: ▸ Jagdliteratur.

Wildmarken, die: Die Ohrmarken zur Kennzeichnung von Wild zum Zwecke der wissenschaftlichen Auswertung. Die Kälber bzw. Kitze des ▸ Schalenwildes werden in den ersten Lebenswochen, wenn sie noch vom führenden Stück abgelegt werden, mit W. gekennzeichnet. Die numerierten W. werden mit etwas Spielraum über den untersten Rand des ▸ Lauschers – kurz über dem Kopf – geschoben und zusammengedrückt. Sie dienen v.a. der exakten Altersbestimmung, der Feststellung der Standorttreue und der Gehörn- oder Geweihentwicklung des frei lebenden Wildes. Die Ausgabe der W. und die Auswertung des erlegten oder verendet aufgefundenen Wildes, das mit W. gekennzeichnet worden war, obliegt dem Institut für Wildforschung und Jagdkunde in Göttingen, dem daher – speziell zur Altersbestimmung – das unpräparierte Haupt des gekennzeichneten Wildes zuzusenden ist. Die Trophäe wird dem Einsender zurückgegeben. In Baden-Württemberg übernimmt diese Aufgabe die Wildforschungsstelle des Landesjagdverbandes in Bonndorf-Glashütte. Die modernen W. erlauben auch am lebenden Stück den Rückschluss auf das Alter, wenn man beim Markieren systematisch wie folgt vorgeht: Im ersten Jahr der Markierung bekommen alle Kitze eine weiße Marke in den rechten Lauscher, im zweiten Jahr eine rote, im dritten eine blaue usw., und wenn die Farbskala aufgebraucht ist, geht das Gleiche am linken Lauscher weiter. Auf diese Weise können unschwer zehn Jahrgänge kenntlich gemacht werden. Voraussetzung für eine sinnvolle Markierung ist jedoch, dass sie einheitlich von einer Zentralstelle aus gelenkt und registriert wird; ▸ Markieren von Wild, ▸ Vogelberingung. Schweiz: Der Begriff W. ist i.d.R. gleichbedeutend mit ▸ Wildursprungszeichen. Nach den Jagdvorschriften des Kantons Bern sind z.B. alle Rehe, Gemsen, Murmeltiere und Hasen am Abschussort mit einer entsprechenden W. zu versehen. Bei Rehen, Gemsen und Hasen ist die W. am Ohr, bei Murmeltieren an der Lippe anzubringen. Erlegte markierungspflichtige Tiere, die keine W. tragen oder an denen die W. nicht vollständig zugedrückt sind, sind einschließlich der W. einzuziehen und zugunsten des Kantons zu verwerten.

Wildmeister, der: Früher ein Beamter, der die Aufsicht über das Wild in einem Bezirk hatte (Gehegebereiter), heute eine Berufsbezeichnung (Ehrenbezeichnung), die vom Deutschen Jagdschutz-Verband e. V. (DJV) an verdiente Berufsjäger (Revieroberjäger als Voraussetzung) verliehen wird; ▸ Revierjäger.

Wild mit den geschlitten fuez (bzw. geslizenem Foeß): Mittelalterlicher Ausdruck für das ▸ Schalenwild (Paarhufer) mit den »geschlitzten Füßen«. Das übrige Wild wurde als das »Wild mit den ronden fuez [runden Füßen]« bezeichnet, d.h. mit Tatzen, Branten und Pfoten. Aus dieser Unterscheidung entwickelte sich im Laufe der Zeit der Unterschied zwischen ▸ Hoher und ▸ Niederer Jagd.

Wildnutzung, die: ▸ Wildversorgung.

Wildobst, das: Sammelbezeichnung für die im Wald wachsenden, ▸ fruchttragenden Bäume wie ▸ Wildapfel, ▸ Wildbirne, ▸ Vogelkirsche, ▸ Eberesche (Vogelbeere), Speierling, Felsenbirne, Eisbeere, Mehlbeere und Hasel. Ihre Früchte bilden das W., das zu Most-, Likör- und Marmeladebereitung verwendet werden kann. Zusammen mit Bucheckern, Eicheln und Beerenfrüchten (▸ Beerensträucher) bilden sie die sog. Obermast (▸ Mast), eine wichtige Wildtiernahrung. W. kam früher im Walde, v.a. im ▸ Mittelwald, häufig vor, ist aber durch die Forstwirtschaft und die vielen ▸ Monokulturen stark verdrängt worden. In unserer artenarmen Baumflora sollte es auch wegen seiner Bedeutung als Vogel- und Wildtiernahrung mehr Beachtung finden. Die Verbreitung der Samenkeime erfolgt durch den Tierkot.

Wildökoland-Aktion, die: Eine vom Niederösterreichischen Landesjagdverband seit 1967 durchgeführte Aktion zur Verbesserung des Lebensraumes der frei lebenden Wildtiere. Der Verband stellt dabei subventioniertes Pflanzgut zur Verfügung, wenn u.a. folgende Voraussetzungen für die Förderung erfüllt werden: Anlage von Äsungs- und Deckungsflächen in deckungsarmen Revieren; Pflanzung ▸ fruchttragender Bäume in Waldrevieren; Anpflanzung von Verbissgehölzen zusammen mit fruchttragenden Bäumen; Baumschutzsäulen als Fege- und Verbissschutz ausgepflanzter Bäume (Anteile der fruchttragenden Bäume mindestens 70%); ▸ Braunschweiger Modell, ▸ Hegebüsche, ▸ Wildobst.

Wildökologie, die: Spezialgebiet der allg. ▸ Ökologie. Die W. befasst sich mit den frei lebenden Tieren und deren Beziehungen zur Umwelt.

wildökologische Raumplanung, die: Die w.. R. befasst sich mit Planungsarbeiten, die über die Reviergrenzen hinausgehen. Darunter versteht man eine Planung, die sich primär an bestandesbegrenzenden Faktoren für eine Wildart orientiert. Die Notwendigkeit entspringt aus den gestiegenen Ansprüchen der Land- und Forstwirtschaft und der Ausweitung des Tourismus, wodurch der Lebensraum und die Akzeptanz von großräumig und sozial lebenden Wildarten eingeengt wird. Ziel der w. R. ist die langfristige Lebensraumsicherung und Lebensraumverbesserung sowie die Minimierung von Konflikten. Zur Verwirklichung dieser Ziele schlägt der Deutsche ▸ Jagdschutz-Verband vor:

- Die landesweise durchgeführte w. R. sollte eine Lebensraumbewertung als Grundlage haben.
- Die w. R. muss mit der Landschaftsplanung koordiniert werden.
- Die Raumplanung entspricht den Forderungen des Bundes- und der Landesjagdgesetze nach Erhalt und Hege der Schalenwildarten, in dem darauf geachtet wird, dass die

Arten im Raum verteilt werden und dadurch verträglich für die Biotope sind.
- Traditionsreiche Wildvorkommen müssen erhalten bleiben.
- Die Wirtschaftsziele der Grundeigentümer sind zu berücksichtigen.
- Die Waldbauprogramme der Länder sind zu beachten.
- Die intakte Sozialstruktur einzelner Populationen muss gesichert werden.
- Die Mindestraumgröße für einzelne Populationen der verschiedenen Arten sollte nach Möglichkeit erhalten werden.
- Es muss ein Austausch zwischen den Populationen möglich sein (Trittsteine, Brücken, Unterführungen). Bejagungsrichtlinien müssen dem Rechnung tragen.
- Hegegemeinschaften sind möglichst flächendeckend für alle im Raum lebenden Arten zu bilden, orientiert an der Wildart mit den höchsten territorialen Lebensraumansprüchen.

Wildpark, der: ▸ Wildgehege.

Wildpferde, die: In freier Wildbahn kommt das W. (Tarpane, *Equus C. gmelini)* nicht mehr vor, es gilt als ausgestorben. Auswilderungsversuche erfolgen derzeit in China aus rückgezüchteten W., die aus Zuchtbeständen des Tierparks Hellabrunn in München stammen. Die letzten W. wurden Ende des 19. Jh. in der südrussischen Steppe beobachtet. Aus historischen Jagdkarten, aufbewahrt im Jagdschloss von ▸ Pleß, geht hervor, dass W. noch 1636 in den Wäldern östlich von Pleß lebten. 1644 soll in Ostpreußen das letzte W. auf deutschem Boden geschossen worden sein.

Wildpflanzen, die: Sammelbezeichnung für alle wild wachsenden Pflanzen im Unterschied zu den Kulturpflanzen. W. werden fälschlicherweise häufig auch als ▸ Unkräuter (Ungräser, Unholz) bezeichnet.

Wildpret, das: ▸ Wildbret.

Wildpretschirn, der (Wildfaktorei, Wildzerlegerei): Frühere Bez. für einen Ort bzw. eine Sammelstelle (Verkaufsstelle), wohin die Jagd- und Forstbeamten das erlegte Wild schicken mussten, wenn sie es nicht selbst verkauften. Dem W. musste ein ▸ Wildkeller (Eiskeller) zur Verfügung stehen, um das Wild frisch halten zu können. In allen großen Städten gab es derartige Einrichtungen; ▸ Zerwirkgewölbe.

Wildputer, der: ▸ Wildtruthuhn.

wildrein: Ein Hund ist w., wenn er nicht unerlaubt Wild hetzt.

Wildremise, die: ▸ Remise.

Wildreservate, die: svw. ▸ Wildschutzgebiete.

Wildretter, der: Eine Vorrichtung an den Mähmaschinen, um Wild vor dem Mähtod zu retten. Die Maschinen führen ein seitwärts aufgehängtes und meist grellrotes Schleiftuch mit, das zusätzlich mit Taststäben und Rüttelglocken ausgestattet ist. Es durchkämmt jeweils den nächstfolgenden Mähstreifen und schreckt so das Wild zur Flucht auf. Im Prinzip ist der mechanische W. ein Auslegegerät, das seitlich des Schleppers montiert ist, meist direkt auf dem Kreiselmäher. Das Wild wird aber nur dann zum Aufstehen und zur Flucht veranlasst, wenn es zu einer Berührung durch den mechanischen W. kommt. Der für die Berührung des Wildes unbedingt notwendige Bodenkontakt kann zusätzlich durch eine elastische Aufhängung der Kammreihen (i.d.R. vier) ermöglicht werden. Federnde Bewegungen der Kontaktstäbe erhöhen noch die Wirkung. Frisch gesetzte oder unter acht Tagen alte Rehkitze flüchten jedoch auch bei Berührung nicht. Bei der Anschaffung von W. geben der Deutsche ▸ Jagdschutz-Verband sowie die meisten ▸ Landesjagdverbände ideelle und publizistische Unterstützung. Zur Wildrettung haben sich auch Blinklichter (optische W.) bestens bewährt. Sie haben im Ggs. zum herkömmlichen W. den Vorteil verhältnismäßig niedriger Kosten und leichter Handhabung. Die ca. 500 g schweren Blinklichter sind mit einer Dämmerungsautomatik ausgestattet und haben ein gelbes Blinklicht, das alle drei bis vier Sekunden aufleuchtet; sie werden von einer 6-V-Batterie gespeist, die eine Betriebsdauer von ca. 1000 Stunden hat. Die Lampe ist mit einem Kunststoffgehäuse umhüllt, schlag- und wetterfest und wird an einem Holzpfahl oder an einer Rundeisenstange befestigt; sie schaltet sich aufgrund der Dämmerungsautomatik am Abend ein und am Morgen aus. Die Mähverluste bei Anbringung der Blinklichter sind wesentlich geringer als die bei Einsatz der W. Die Blinklichter haben sich zudem zur ▸ Wildschaden(s)verhütung, besonders bei Schäden durch Sauen, bestens bewährt. Einen völlig neuen W. hat das Deutsche Zentrum für Luft- und Raumfahrt Oberpfaffenhofen bei München entwickelt. Auf einem Gestänge im Abstand von 30 bis 50 cm montierte Infrarotsensoren sind senkrecht in die Wiese gerichtet und reagieren auf die Körperwärme der Tiere. Warnton und Warnlampe zeigen an, wo das aufgespürte Lebewesen liegt; ▸ Wildscheuchen, ▸ Duftzaun.

wildringholen: Neuerer Ausdruck für ▸ schweimen.

Wildrost, der: Ein bei den Einfahrten in die Wildgatter in den Boden eingelassener, stabiler Rost, der das Wild am Ein- und Auswechseln hindern soll. Die Abstände zwischen den Sprossen des W. müssen weit genug sein, damit Schmutz, Steine und Schnee gut in die darunterliegende Grube fallen können. Diese Rostabdeckung ist für Schalenwild schlecht oder gar nicht begehbar und hat daher eine abschreckende Wirkung.

Wildruf, der: Bez. für die Instrumente zur Nachahmung der Brunft- und Balzlaute sowie der Lockrufe des Wildes oder der Klagelaute der Rehe, Hasen, Drosseln u.ä., um damit die Füchse anzulocken (reizen); ▸ Lockjagd, ▸ Lockinstrumente.

Wildrufdreher, die: Frühere Bez. für eine Zunft in Nürnberg, die hauptsächlich künstliche ▸ Wildrufe, Pfeifen und Locken herstellte und diese in allen Ländern Europas vertrieb.

Wildruhe, die: Ein Jagdhund ist zur W. ausgebildet, wenn er beim Anblick von Wild ruhig bleibt.

Wildruhezonen, die: Die gesetzlichen Grundlagen ergeben sich aus dem Bundeswaldgesetz (BWaldG). Auf Länderebene (beispielsweise in Bayern) ist die behördliche Ausweisung von Wildruhezonen mitunter in den Jagdgesetzen geregelt. Der Zweck dieses Gesetzes ist insbesondere, den Wald wegen seines wirtschaftlichen Nutzens (Nutzfunktion) und wegen seiner Bedeutung für die Umwelt zu erhalten, erforderlichenfalls zu mehren und seine ordnungsgemäße Bewirtschaftung nachhaltig zu sichern« (BWaldG. §1 Abs. 1). Das ▸ Betreten des Waldes zum Zwecke der Erholung ist gestattet. Das Radfahren, das Fahren mit Krankenfahrstühlen und das Reiten im Walde ist nur auf Straßen und Wegen gestattet. Die Benutzung geschieht auf eigene Gefahr. Die Länder regeln die Einzelheiten. Sie können das Betreten des Waldes aus wichtigem Grund, insbesondere des Forstschutzes, der Wald- oder Wildbewirtschaftung, zum Schutze der Waldbesucher oder zur Vermeidung erheblicher Schäden oder zur Wahrung anderer schutzwürdiger Interessen des Waldbesitzers, einschränken und andere Benutzungsarten ganz oder teilweise dem Betreten gleichstellen.« (BWaldG §14 Abs. 1 und 2). Mit der Einrichtung von festgelegten W. die den regionalen Verhältnissen des Biotops, der regionalen Wilddichte und des Artenspektrums auch in ihrer Größe gerecht werden, werden Schäden in Feld und Wald deutlich verringert. In W. hat das Wild einen geringeren Energiebedarf. Bei Störungen erhöht sich dieser um 130 bis 210%. Ruhezonen fördern somit eine biotopschonende Verhaltensweise. So gibt es u.a. einen erkennbaren Rückgang von störungsbedingten ▸ Wildschäden. Weitere Vorteile der W.:
- Das Wild kann seine natürlichen Aktivitätsphasen zur Äsung und zum arteigenen Sozialverhalten voll nutzen, was sich positiv auf Biotop und Wildbestand auswirkt.
- Die Sozialverbände des Wildes werden erhalten und gestärkt.
- Es ist möglich, durch W. einen besseren Überblick über die Bestandsdichte zu bekommen.

Damit die genannten Vorteile zum Tragen kommen, müssen folgende Voraussetzungen erfüllt sein:
- Die Ausweisung von W. hat in Einklang mit den unterschiedlichen Eigentümer- und Nutzungsinteressen zu erfolgen.
- Die Zonen sollten nicht zu groß sein, weil es u.U. zu einer unerwünschten Konzentration von Wild kommen kann. Demgegenüber können in zu kleinen Zonen nicht die erforderliche Ruhe und Einstände entstehen. Als Richtwert kann eine Flächengröße zwischen 50 und 200 ha angenommen werden. Bei der Auswahl ist sicherzustellen, dass ausreichend Äsung und Deckung vorhanden ist.
- Betretungsverbot und ein Wegegebot in den W.
- In W. ist die Jagd auf das unbedingt erforderliche Mindestmaß zu beschränken. Die

notwendige Regulierung der Wildbestände kann i.d.R. durch eine einmal jährlich durchgeführte ▸ Bewegungsjagd erfolgen. (Quelle: DJV-Handbuch »Jagd«).

Wildsammelgatter, die: Kleine eingegatterte (eingezäunte) Waldflächen, in denen vorübergehend gefangenes ▸ Schalenwild bis zur Abgabe für den Export oder für das ▸ Aussetzen im Inland gehalten wird.

Wildsau, die: ▸ Schwarzwild.

Wildschäden, die: Schäden, den jagdbare Tiere an einem Grundstück anrichten. In §1 des BJG ist es den Jägern vorgegeben, die Hege so durchzuführen, dass Beeinträchtigungen einer ordnungsgemäßen land- und forstwirtschaftlichen Nutzung, insbesondere W., möglichst vermieden werden. W. dürfen nicht bagatellisiert werden. Sie können folgende Ursachen haben (Quelle DJV-Handbuch »Jagd«):
- Verlust an Lebensraum,
- Einengungen der Lebensräume durch Beunruhigungen aller Art,
- unzureichende Äsungsverhältnisse,
- großflächige Monokulturen in der Landbewirtschaftung,
- verstärkter Anbau von Pflanzen im landwirtschaftlichen Bereich, die besonders anfällig für W. sind,
- überhöhte, dem Lebensraum nicht angemessene Wildbestände.

Eine Verringerung der W. kann erfolgen durch:
- Verbesserung der Lebensräume,
- natürliche Äsung und Deckung,
- angepasste Wilddichten,
- Verhinderung von Wildkonzentrationen durch entsprechendes Äsungsangebot,
- sach- und zeitgerechte Fütterung,
- Anwendung von Zaunschutz sowie Verbiss-, Schäl- und Fegeschutzmitteln,
- Betretungsregelungen
- Entflechtung der Freizeit- und Erholungsaktivitäten;

▸ Wildschaden(s)ersatz, ▸ Wildschaden(s)-verhütung; ▸ Wild und Wald, ▸ Beunruhigung von Wild, ▸ Betreten des Waldes, ▸ Wildruhezonen

Wildschaden(s)abwehr, die: ▸ Wildschaden(s)verhütung.

Wildschaden(s)ausgleichskasse, die: Das Wesen dieser Ausgleichskasse besteht darin, eine mehr oder minder große Zahl von aneinandergrenzenden ▸ Jagdbezirken, z.B. die eines Rotwildgebietes, eines Kreises oder Regierungsbezirkes usw., zur gemeinsamen Schadenstragung mit anteiliger Beitragspflicht (Hektarsatz) der Verpächter und Pächter zusammenzufassen. Die W. kann die Rechtsform einer Anstalt oder Körperschaft des öffentlichen Rechts haben; sie kann aber auch durch Vereinbarung eines kleineren Kreises von Interessenten auf privatrechtlicher Grundlage beruhen. Die Errichtung von W., die Bestimmung ihrer Aufgaben und Leistungen sowie der daran Beteiligten und deren Beitragspflicht, ist gemäß §29 BJG der Landesgesetzgebung überlassen; ▸ Wildschaden(s)ersatz.

Wildschaden(s)ersatz, der: Ersatz des Wildschadens durch die ▸ Jagdgenossenschaft (bei einem gemeinschaftlichen Jagdbezirk) oder den Eigentümer eines Eigenjagdbezirks gegenüber dem Eigentümer/Nutzungsberechtigten des beschädigten Grundstücks. Die Ersatzpflichtigen können ihre Haftung im Pachtvertrag auf den Pächter übertragen. Nach dem BJG gelten folgende Regelungen:

»Schadensersatzpflicht« (§29):

»(1) Wird ein Grundstück, das zu einem gemeinschaftlichen ▸ Jagdbezirk gehört oder einem gemeinschaftlichen Jagdbezirk angegliedert ist durch ▸ Schalenwild, ▸ Wildkaninchen oder ▸ Fasanen beschädigt, so hat die ▸ Jagdgenossenschaft dem Geschädigten den ▸ Wildschaden zu ersetzen. Der aus der Genossenschaftskasse geleistete Ersatz ist von den einzelnen Jagdgenossen nach dem Verhältnis des Flächeninhalts ihrer beteiligten Grundstücke zu tragen. Hat der Jagdpächter den Ersatz des Wildschadens ganz oder teilweise übernommen, so trifft die Ersatzpflicht den Jagdpächter. Die Ersatzpflicht der Jagdgenossenschaft bleibt bestehen, soweit der Geschädigte Ersatz von dem Pächter nicht erlangen kann.

(2) Wildschaden an Grundstücken, die einem Eigenjagdbezirk angegliedert sind, hat der Eigentümer oder der Nutznießer des Eigenjagdbezirkes zu ersetzen. Im Falle der Verpachtung haftet der Jagdpächter, wenn er sich im Pachtvertrag zum Ersatz des Wildschadens verpflichtet hat. In diesem Falle haftet der Eigentümer oder der Nutznießer nur, soweit der Geschädigte Ersatz von dem Pächter nicht erlangen kann.

(3) Bei Grundstücken, die zu einem Eigenjagdbezirk gehören, richtet sich, abgesehen von den Fällen des Absatzes 2, die Verpflichtung zum Ersatz von Wildschaden (Abs. 1) nach dem zwischen dem Geschädigten und dem Jagdausübungsberechtigten bestehenden Rechtsverhältnis. Sofern nichts anderes bestimmt ist, ist der Jagdausübungsberechtigte ersatzpflichtig, wenn er durch unzulänglichen Abschuss den Schaden verschuldet hat.

(4) Die Länder können bestimmen, dass die W.-Pflicht auch auf anderes Wild ausgedehnt wird und dass der Wildschadensbetrag für bestimmtes Wild durch Schaffung eines Wildschadensausgleichs auf eine Mehrheit von Beteiligten zu verteilen ist (▸ Wildschaden[s]-ausgleichskasse).« Erstattungsausschluss: In verschiedenen Bundesländern ist W. an Grundflächen, auf denen die Jagd nicht ausgeübt werden darf, nicht zu ersetzen.

»Wildschaden durch Wild aus Gehege« (§30):

»Wird durch ein aus einem Gehege ausgetretenes und dort gehegtes Stück Schalenwild Wildschaden angerichtet, so ist ausschließlich derjenige zum Ersatz verpflichtet, dem als Jagdausübungsberechtigtem, Eigentümer oder Nutznießer die Aufsicht über das Gehege obliegt.« Die Landesgesetze behandeln den Wildschaden durch Wild aus Gehege nicht.

»Umfang der Ersatzpflicht« (§31):

»(1) Nach den §§29 und 30 ist auch der Wildschaden zu ersetzen, der an den getrennten, aber noch nicht eingeernteten Erzeugnissen eines Grundstücks eintritt.

(2) Werden Bodenerzeugnisse, deren voller Wert sich erst z.Z. der Ernte bemessen lässt, vor diesem Zeitpunkt durch Wild beschädigt, so ist der Wildschaden in dem Umfange zu ersetzen, wie er sich z.Z. der Ernte darstellt. Bei der Feststellung der Schadenshöhe ist jedoch zu berücksichtigen, ob der Schaden nach den Grundsätzen einer ordentlichen Wirtschaft durch Wiederanbau im gleichen Wirtschaftsjahr ausgeglichen werden kann.«

»Schutzvorrichtungen« (§32):

»(1) Ein Anspruch auf Ersatz von Wildschaden ist nicht gegeben, wenn der Geschädigte die von dem Jagdausübungsberechtigten zur Abwehr von Wildschaden getroffenen Maßnahmen unwirksam macht.

(2) Der Wildschaden, der an Weinbergen, Gärten, Obstgärten, Baumschulen, Alleen, einzeln stehenden Bäumen, Forstkulturen, die durch Einbringen anderer als der im Jagdbezirk vorkommenden Hauptholzarten einer erhöhten Gefährdung ausgesetzt sind, oder Freilandpflanzungen von Garten- oder hochwertigen Handelsgewächsen entsteht, wird, soweit die Länder nichts anderes bestimmen, nicht ersetzt, wenn die Herstellung von üblichen Schutzvorrichtungen unterblieben ist, die unter gewöhnlichen Umständen zur Abwendung des Schadens ausreichen. Die Länder können bestimmen, welche Schutzvorrichtungen als üblich anzusehen sind.«

»Geltendmachung des Schadens« (§34):

»Der Anspruch auf Ersatz von Wild- oder ▸ Jagdschaden erlischt, wenn der Berechtigte den Schadensfall nicht binnen einer Woche, nachdem er von dem Schaden Kenntnis erhalten hat oder bei Beobachtung gehöriger Sorgfalt erhalten hätte, bei der für das beschädigte Grundstück zuständigen Behörde anmeldet. Bei Schaden an forstwirtschaftlich genutzten Grundstücken genügt es, wenn er zweimal im Jahre, jeweils bis zum 1. Mai oder 1. Oktober, bei der zuständigen Behörde angemeldet wird. Die Anmeldung soll die als ersatzpflichtig in Anspruch genommene Person bezeichnen.«

»Verfahren in Wild- und Jagdschadenssachen« (§35):

Die Länder können in Wild- und Jagdschadenssachen das Beschreiten des ordentlichen Rechtsweges davon abhängig machen, dass zuvor ein Feststellungsverfahren vor einer Verwaltungsbehörde (Vorverfahren) stattfindet, in dem über den Anspruch eine vollstreckbare Verpflichtungserklärung (Anerkenntnis, Vergleich) aufzunehmen oder eine nach Eintritt der Rechtskraft vollstreckbare Entscheidung (Vorbescheid) zu erlassen ist. Die Länder treffen die näheren Bestimmungen hierüber.«

Schweiz: Der Schaden, den jagdbare Tiere an Wald, landwirtschaftlichen Kulturen und Nutztieren anrichten, wird angemessen entschädigt. Ausgenommen sind Schäden durch Tiere, gegen die Selbsthilfemaßnahmen ergriffen werden dürfen (z.B. Feld- oder Haussperling, Stare, Wacholderdrosseln und Amseln). Die Kantone regeln die Entschädigungspflicht. Entschädigungen sind nur insoweit zu leisten,

Zaungeflechte für den Flächenschutz und Einzelschutzverfahren zur Wildschaden(s)verhütung

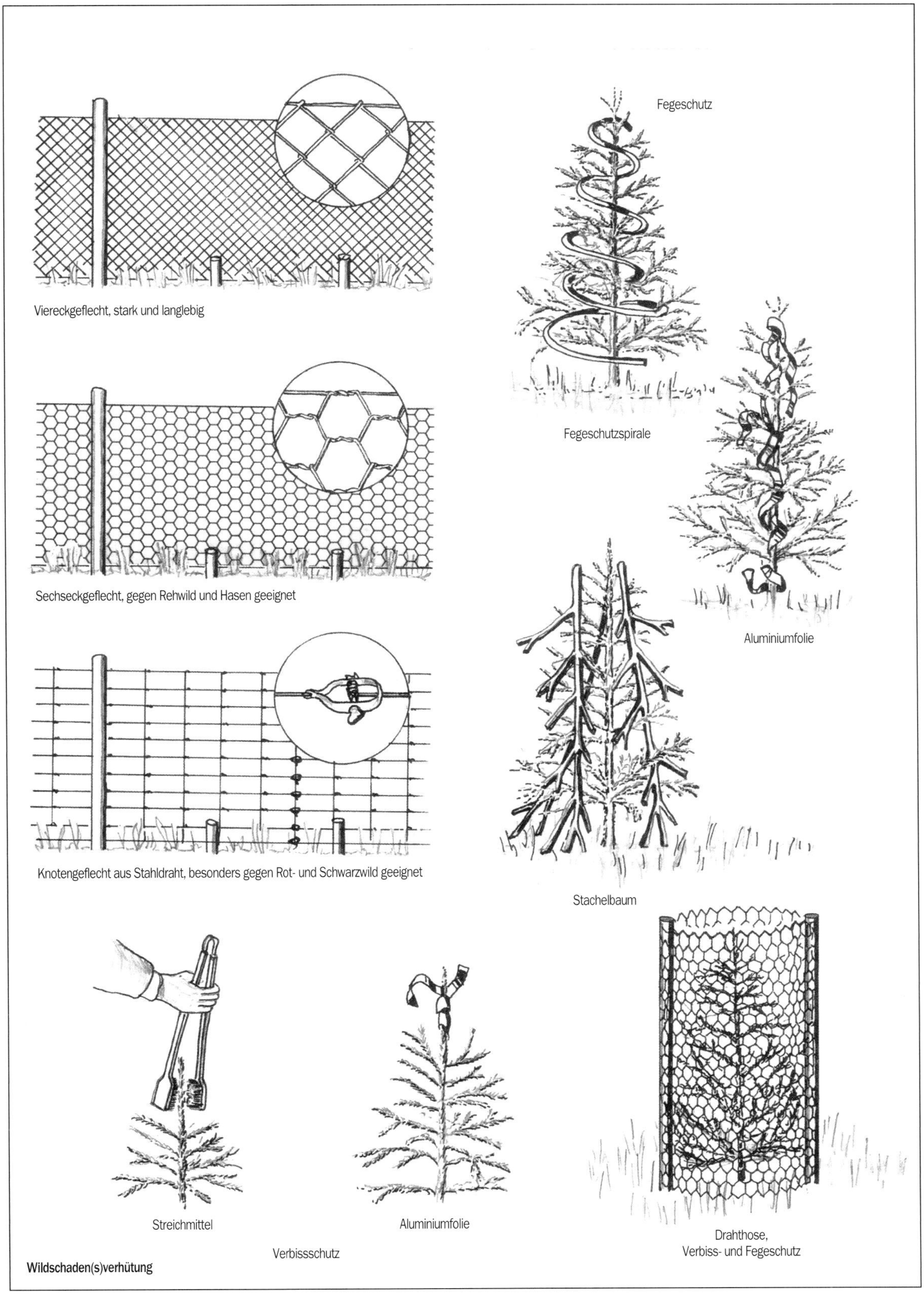

Wildschaden(s)verhütung

▸▸ Schützenscheibe »Wildschütz Jennerwein«, Öl auf Holz. München, Deutsches Jagd- und Fischereimuseum

als es sich nicht um Bagatellschäden handelt und die zumutbaren Maßnahmen zur Verhinderung von Wildschäden getroffen worden sind; ▸ Jagdbanngebiete.

Wildschaden(s)schätzer, der: Eine von der unteren ▸ Jagdbehörde ernannte Person, der die Abschätzung des ▸ Wild- und ▸ Jagdschadens obliegt. (Für Schäden an Forstpflanzen ist ein Forstsachverständiger hinzuzuziehen.) Bei Schadensschätzungen an einem Grundstück, das ihm selbst, seinem Ehegatten oder einer Person gehört oder zur Nutzung überlassen ist, die mit ihm in gerader Linie oder in einer Seitenlinie bis zum zweiten Grad verwandt oder bis zum zweiten Grad verschwägert ist, darf der W. nicht mitwirken. Dies gilt auch für den Fall, dass der Schaden zu einem ▸ Jagdbezirk gehört, auf dem er oder eine obengenannte Person zur Jagdausübung berechtigt ist. Über Art und Umfang des Schadens hat der W. ein schriftliches Gutachten zu erstellen, das folgende Angaben enthalten muss: beschädigte Kulturart, Wildart, die den Schaden verursacht hat, Schadensumfang nach Flächengröße und Anteil der beschädigten Fläche, evtl. Mitverschulden des Geschädigten, zu zahlender Schadensbetrag. Der W. ist immer dann einzuschalten, wenn beim Ortstermin (Anberaumung durch zuständige Gemeinde) keine gütliche Einigung zustande kommt.

Wildschaden(s)verhütung, die: Die Gesamtheit der Maßnahmen zur Vorbeugung und Abwehr von ▸ Wildschäden (Wildschaden[s]abwehr) wie der Bau von Zäunen (Flächenschutz), der Einzelschutz von Forstpflanzen mit mechanischen Mitteln, der Einsatz chemischer Mittel (gegen Verbiss- und Schälschäden), optischer Mittel (Lappen, Stanniolstreifen) und akustischer Mittel (Knallapparate und Blechbüchsen) und vorrangig die Verringerung des Wildbestandes und die Beschränkungen der Hege. Der ▸ Jagdausübungsberechtigte darf dabei das Grundstück nicht beschädigen, der Eigentümer oder Nutzungsberechtigte darf das Wild weder gefährden noch verletzen. Zur Verhinderung übermäßigen Wildschadens kann die zuständige Behörde anordnen, dass der Jagdausübungsberechtigte unabhängig von den ▸ Schonzeiten innerhalb einer bestimmten Frist in bestimmtem Umfange den Wildbestand zu verringern hat, wenn dies mit Rücksicht auf das allg. Wohl, insbesondere auf die Interessen der Land-, Forst- und Fischereiwirtschaft und die Belange des ▸ Naturschutzes und der ▸ Landschaftspflege, notwendig ist. Kommt der Jagdausübungsberechtigte der Anordnung nicht nach, so kann die zuständige Behörde auf dessen Rechnung den Wildbestand vermindern lassen. Das erlegte Wild ist gegen angemessenes Schussgeld dem Jagdausübungsberechtigten zu überlassen.

Als Hegebeschränkungen sieht das BJG v.a. vor: Schwarzwild darf nur in solchen Einfriedungen gehegt werden, die sein Ausbrechen verhindern. Das ▸ Aussetzen von Schwarzwild und Wildkaninchen ist verboten. Das Aussetzen oder das Ansiedeln fremder Tiere in der freien Natur ist nur mit schriftlicher Genehmigung der zuständigen obersten Landesbehörde oder der von ihr bestimmten Stelle zulässig. Das Hegen oder Aussetzen weiterer Tierarten kann durch die Länder beschränkt oder verboten werden. Die Länder können die Fütterung von Wild untersagen oder von einer Genehmigung abhängig machen.

Ein weiteres Mittel zur W. in der Forstwirtschaft sind biologische und technische Maßnahmen. Während die biologischen Maßnahmen sich auf die Verbesserung der natürlichen Äsung beziehen (▸ Wildäsungsflächen), beinhalten die technischen Maßnahmen den Flächen- und Einzelschutz. Unter Flächenschutz ist die Einzäunung ganzer Flächen (Kulturen) mit Drahtgeflechtzäunen zu verstehen. Diese sog. Kulturzäune aus Drahtgeflecht bestehen entweder aus Maschendraht (Viereck- oder Sechseckgeflecht) oder aus einem Knotengeflecht. Sie müssen, um wirksamen Schutz zu bieten, mindestens 1,90 m hoch sein. Neben dieser Einzäunung der Kulturen ist auch die ständige oder zeitweise Gatterung des Wildes möglich. Daneben finden auch Elektrozäune, v.a. zum Schutz der Felder, Verwendung. Der Einzelschutz gliedert sich in den mechanischen, in den mechanisch-biologischen und in den chemischen Schutz (Schäl- und Verbissschutz). Der kostenintensive Einzelschutz wird immer dann angewandt, wenn Flächenschutz aus wirtschaftlichen Gründen nicht angewandt werden kann oder nur die wertvollen Bäume und Sträucher besonders geschützt werden sollen:

1. Mechanische W.-Mittel: Fegeschäden sollen verhindern: Fegeschutzspirale, Aluminiumfolie, Drahthose (aus Sechseckgeflecht, um Zusammenschieben zu vermeiden) und Stachelbaum (Rauwipfel). Gegen Verbissschäden werden verwendet: Drahthose, Aluminiumfolie (Fahnen), Steinwolle, Knospenklemme sowie an den zu schützenden Bäumen angehängte (angelehnte) trockene Fichtenwipfel. Gegen ▸ Schälschäden werden verwendet: Schälschutznetz (Grün- und Trockeneinband).

2. Mechanisch-biologische W.-Mittel: Hierzu zählt das Aufrauen der Rinde mit einem Rindenhobel, -schneideroller und -punktierroller in der Zeit von Mai bis August. Durch das austretende Harz und die sich bildende Wundnarbe werden Schälschäden weitgehend vermieden.

3. Chemische W.-Mittel: Für den Schäl- und Verbissschutz gibt es zahlreiche, die entweder aufgetragen oder aufgesprüht werden. Die hierfür verwendeten industriellen Substanzen, die das Wild durch ihren unangenehmen Geruch und Geschmack vom Äsen abhalten, sollten durch die Biologische Bundesanstalt für Land- und Forstwirtschaft in Braunschweig anerkannt sein. Ch. M. sind meist nicht sehr dauerhaft. Mit ihnen werden entweder die Gipfelknospen (gegen Verbiss) oder die Stämme (gegen Schälschäden) geschützt. Der chemische Einzelschutz erfolgt im Herbst und Winter.

4. weitere W.-Mittel: Zur W. (Wildschadensabwehr) in der Landwirtschaft bedient man sich häufig *optischer W.-Mittel* wie Lappen, Vogelscheuchen, Stanniolstreifen sowie anderer reflektierender und blendender Gegenstände, die aber das Wild erfahrungsgemäß nur kurzzeitig abhalten können. Daneben werden auch *akustische Mittel* wie Knallapparate und tönende Signalanlagen zur Wildabwehr verwendet. Stolperdrähte, die an der Wald-Feld-Grenze angebracht werden (niedrige, zickzackförmig verlaufende Drähte an kleinen Pfosten), dürfen hingegen wegen Verletzungsgefahr des Wildes, wenn es aufgescheucht und flüchtig wird, nicht angebracht werden. Gewisse Abwehrwirkung bringen auch *Verstänkermittel* mit übelriechendem Inhalt, die in Gläsern, Kübeln oder auf Lappen ausgebracht werden. Neben diesen aufgezählten Verfahren bleibt aber die Herstellung einer wirtschaftlich tragbaren ▸ Wilddichte die wirksamste Maßnahme zur Verhinderung von Wildschäden.

Schweiz: Die Kantone treffen Maßnahmen zur Verhütung von Wildschäden. Sie können jederzeit Maßnahmen gegen einzelne geschützte oder jagdbare Tiere, die erheblichen Schaden anrichten, anordnen oder erlauben (ausgenommen geschützte Tiere). Die Kantone dürfen nur Jagdberechtigte und Aufsichtsorgane mit der Durchführung dieser Maßnahmen beauftragen. Sie bestimmen, welche Selbsthilfemaßnahmen gegen jagdbare Tiere zum Schutze von Haustieren, Liegenschaften und landwirtschaftlichen Kulturen zulässig sind.

Wildschaf, das: Das weibliche ▸ Muffelwild.

wildscharf: ▸ scharf 1).

Wildscheibe, die: Eine Anschussscheibe (Papierscheibe) mit den Abbildungen von Wild in natürlicher (oder verkleinerter) Größe. Für das Übungsschießen mit Büchsen auf stehende und laufende W. eignen sich Scheiben mit den Abbildungen von Rehbock, Keiler, Fuchs und Gams usw. Für das Flintenschießen werden W. mit der Abbildung des Hasen verwendet (Roll- und Kipphasen); ▸ jagdliches Schießen.

Wildscheuche, die: Ein Gestell mit aufgehängten bunten Tüchern und Säcken zum Abschrecken von Wild. Um voll zur Wirkung zu kommen, sollten sie erst am Abend vor dem Mähen aufgestellt und nach dem Mähen sofort wieder entfernt werden. W. sollen wie der ▸ Wildretter das Wild vor dem Mähtod bewahren, aber auch der ▸ Wildschaden(s)verhütung dienen.

Wildschütz, der: svw. ▸ Wilderer.

Wildschutzgebiete, die: Flächen, die zum Schutz und zur Erhaltung von Wildarten, zur ▸ Wildschaden(s)verhütung oder für die Wildforschung von besonderer Bedeutung sind. Sie werden durch Rechtsverordnung der unteren ▸ Jagdbehörde festgelegt. Der Begriff W. tauchte erstmals im ▸ Reichsjagdgesetz auf. Danach konnten sie durch den ▸ Reichsjägermeister gebildet werden. Nach dem Bayerischen Jagdgesetz sind hierfür besonders geeignete Flächen solche, auf denen sich das Wild zum Brüten, Setzen oder zur Rast bevorzugt aufzuhalten pflegt, sowie die Bereiche, in denen es gefüttert werden muss. Darüber hinaus kann die Jagdbehörde durch Rechtsverordnung oder Einzelanordnung das Betreten von Teilen der freien Natur im erforderlichen Umfang zum Schutz der dem Wild als Nahrungsquellen, Aufzucht-, Brut-, und Nistgelegenheiten dienenden Lebensbereiche sowie zur Durchführung der ▸ Wildfütterung in ▸ Notzeiten vorübergehend untersagen oder beschränken. Die W. werden durch entsprechende Hinweisschilder gekennzeichnet; ▸ Bundeswildschutzverordnung, Jagdbanngebiete.

Österreich: Nach dem NÖ Jagdgesetz können Flächen, die als besonders bevorzugte Einstandsgebiete Ruhezonen für das Wild sind, oder solche, die zum Brüten oder Setzen bevorzugt angenommen werden, vom ▸ Jagdausübungsberechtigten zur Verhinderung einer Beunruhigung des Wildes und der daraus entstehenden Wildschäden zu W. erklärt werden. Die Erklärung zum W. bedarf der Bewilligung durch die Bezirksverwaltungsbehörde. Diese ist zu erteilen, wenn der Grundstückseigentümer zustimmt, die Gesamtfläche höchstens 10% der Fläche des Jagdgebietes beträgt und sonstige öffentliche Interessen, wie insbesondere die forstrechtliche Wegefreiheit, nicht unverhältnismäßig eingeschränkt werden.

Wildschutzmittel, die: Bez. für alle Mittel, die Forstpflanzen vor ▸ Verbiss durch Wild schützen. Hierzu zählen der Fegeschutz (Einzelschutz), der Zaunschutz (Gatter), die Abschreckmittel (▸ Wildverwitterungsmittel) sowie alle Mittel zum Spritzen und Streichen; ▸ Pflanzenschutz, ▸ Wildschaden(s)verhütung.

Wildschutzverordnung, die: ▸ Bundeswildschutzverordnung.

Wildschutzzaun, der: Ein Verkehrsschutzzaun entlang den Autobahnen, um Verkehrsunfälle durch Wild zu vermeiden, im Ggs. zum ▸ Wildgatter, das zum Schutze der Kulturen vor dem Wild errichtet wird. Die Verkehrsschutzzäune gibt es in Form von Elektro- und Maschendrahtzäunen. Um ihren Zweck zu erfüllen, müssen sie laufend kontrolliert werden. In letzter Zeit wurde auch der sog. chemische ▸ Duftzaun mit Erfolg getestet; ▸ Wildwarnreflektoren, ▸ Wildunfälle.

Wildschwan, der: ▸ Schwäne.

Wildschwein, das: ▸ Schwarzwild.

Wildseuche, die (Rinderseuche): ▸ Pasteurellose.

Wildseuchen, die: Seuchenhaftes Auftreten von ▸ Wildkrankheiten. Tritt eine W. auf, so hat der Jagdausübungsberechtigte dies unverzüglich der zuständigen Behörde anzuzeigen; sie erlässt im Einvernehmen mit dem beamteten Tierarzt die zur Bekämpfung der Seuche erforderlichen Anweisungen (§24 BJG); ▸ Anzeigepflicht von Tierseuchen.

Wildsperrzäune, die: svw. ▸ Wildschutzzäune bzw. ▸ Wildgatter; ▸ Wildschaden(s)verhütung.

Wildstand, der (Wildbestand): Ein durch verschiedene Methoden (meist Zählung) ermittelter Bestand einer Wildart innerhalb eines ▸ Jagdbezirkes. Die Ermittlung des W. dient in einigen Bundesländern der Überprüfung bzw. Bestätigung und Festsetzung der ▸ Abschusspläne (▸ Wildzählung). Grundlage aller Planung ist der richtige Ansatz des Frühjahrs-W. (31. März) bzw. Grundbestandes (1. April). Die Überprüfung des Frühjahrs-W. erfolgt u.a. durch Heranziehung des vorjährigen Sommerstandes (letzter Abschussplan), von dem der während des abgelaufenen ▸ Jagdjahres erfolgte Abgang an Wild (aus der ▸ Abschussliste zu ersehen!) abzuziehen ist. Unter normalen Verhältnissen sollte das Ergebnis in etwa mit der neuen W.-Angabe übereinstimmen. Voraussetzung ist allerdings, dass das Zuwachsprozent in zutreffender Höhe angewendet und die Zu- und Abwanderung (▸ Dispersion) berücksichtigt wurde. Die W.-Ermittlung setzt genaue Kenntnisse des W. und der Besonderheiten des einzelnen Revieres voraus. Für den Frühjahrs-W. geben wiederholte Zählungen an den Fütterungen und bei Neuschnee bedingt brauchbare Aufschlüsse. Wild, das während der Jagdzeit nicht ständig im Revier steht (Wechselwild), darf nur teilweise zum W. gerechnet werden.

Unabhängig von der angewandten Methode (z.B. Zählung der Losung, Lautzählungen, ▸ Lincoln-Index, ▸ Scheinwerferzählung) kann der W. nur annähernd festgestellt werden. Die erhobenen Daten haben sich in der Vergangenheit als nur bedingt brauchbar erwiesen. In aller Regel wurde der W. aufgrund der durchgeführten Zählungen und der angewandten Zählmethoden zu niedrig angesetzt; ▸ Altersbestimmung, ▸ Besatz.

Wildstandsbewirtschaftung, die: Alle Maßnahmen der ▸ Wildhege und der Nutzung des Schalenwildbestandes und Niederwildbestandes in einem Revier; ▸ wildlife management.

Wildstandsermittlung, die: ▸ Wildstand, ▸ Wildzählung.

Wildsteig, der: svw. ▸ Pass und ▸ Wechsel 1).

Wildstiere, die: Bez. für den Ur- oder ▸ Auerochs und für den ▸ Wisent.

Wildstück, das (Stück, Stuck): In den deutschsprachigen Alpenländern gebräuchliche Bez. für ▸ Alttier.

Wildtauben, die: Die Familie der Tauben *(Columbidae)* aus der ▸ Ordnung der ▸ Taubenvögel *(Columbiformes)* gliedert sich in die Gattungen *Columba* (Ringel-, Hohltaube) und *Streptopelia* (Turtel-, Türkentaube). Sie leben vorwiegend in Jahresehe und sind in Europa ▸ Stand-, ▸ Strich- bzw. ▸ Zugvögel, aber alle in Mitteleuropa ▸ Brutvögel. In der Zeit von April bis September erfolgen je nach Art zwei bis drei, seltener vier Jahresbruten. Das Gelege besteht meist aus zwei reinweiß glänzenden Eiern, die von beiden Partnern abwechselnd bebrütet werden. Die Brutzeit beträgt durchschnittlich 15 bis 18 Tage. Gemeinsam erfolgt auch die Aufzucht der Jungen, deren Augen sich erst nach einigen Tagen öffnen. Sie erhalten nach dem Schlüpfen in den ersten zehn Tagen die sog. ▸ Kropfmilch, die aus dem Schnabel der Eltern aufgenommen wird. Die Jungen sind ▸ Nesthocker und verlassen nach drei bis vier Wochen das ▸ Nest. Fast eine weitere Woche sitzen sie – bis sie flügge geworden sind – als Ästlinge in den Bäumen und Sträuchern ihrer Nestumgebung. Die Nahrung

Wildtauben aus Otto Grashey, »Praktisches Handbuch für Jäger«, 1894, 3. Auflage 1916, von links: Ringeltaube, Hohltaube und Turteltaube

der W. besteht hauptsächlich aus Sämereien aller Art, aus Beeren, Kohl- und Kleeblättern, aus Bucheln und Eicheln sowie aus Insekten, Regenwürmern und Schnecken. Mindestens einmal am Tag schöpfen sie Wasser, außerdem halten sie sich gerne an ▸ Salzlecken auf. Die Jagd darf nur auf die Ringel- und Türkentaube ausgeübt werden. Bei diesen beiden Arten ist auch das ▸ Sammeln der Eier erlaubt. Hohl- und Turteltaube sind zwar ebenfalls jagdbar, aber ganzjährig mit der Jagd zu verschonen. Die Hohltaube steht dazu noch auf der ▸ Roten Liste der gefährdeten Vogelarten der Bundesrepublik Deutschland. Bejagt werden die Tauben durch Anlocken (▸ Lockjagd) im Frühjahr mit dem Balzruf oder beim Ansitz an der Salzlecke, Tränke und an den gerne angeflogenen Kohl- und Getreidefeldern. Einen besonderen Reiz stellt auch die Jagd mit Locktauben dar, die vorwiegend in der Nähe der Schlafbäume aufgestellt werden. Beim Anpirschen (Pirschjagd) ist jedoch zu beachten, dass W., obwohl ▸ Kulturfolger, ausgesprochen scheue Vogel sind, die sehr gut vernehmen und sehen. Als natürliche Feinde, die dem Gelege schaden, sind Krähen, Elstern, Eichelhäher, Eichhörnchen, Marder und Katzen zu nennen, daneben dezimieren die Eulen und Greifvögel den Jung- und Altvogelbestand.

1. Ringeltaube, die *(Columba palumbus*, L.): Auch Große Holz-, Blau-, Block-, Kohl-, Kuckucks-, Pfund-, Schlagtaube. Sie ist die größte aller W. (auch größer als die Haustaube) und erreicht eine Länge von 42 cm sowie ein durchschnittliches Gewicht von 530 g. Auch jagdlich kommt der R. die größte Bedeutung zu.

Aussehen: Bei der ausgewachsenen R. sind Kopf und Oberrücken blaugrau, Hals und Nacken meergrün mit Purpurschimmer, die Brust leicht rot schimmernd. Die schiefergrauen Schwingen haben ein gut sichtbares weißes Band (v.a. im Flug erkenntlich), der Stoß ist am Ende grauschwarz. Das markanteste Zeichen ist der auf beiden Seiten des Halses verlaufende, wie ein Ring wirkende weiße Fleck (Name!), der den Jungvögeln jedoch noch fehlt. Die Augen sind gelb, die Ständer hochrot.

Vorkommen und Lebensweise: Mit Ausnahme des äußersten Nordens und Islands ist die R. in ganz Europa beheimatet. Sie ist in Europa ▸ Teilzieher und überwintert vorwiegend in Westeuropa und im Mittelmeerraum. Die sehr scheue R. bewohnt Waldungen aller Art bis zur Baumgrenze, größere Gärten, Parkanlagen, Obstgärten, Feldgehölze und Alleen. Beim Abflug ist häufig ein klatschender oder pfeifender Schwingenschlag zu hören, gelegentlich streicht sie fast geräuschlos ab. Sie fliegt sehr schnell und gewandt, dohlenartig, mit vorgestrecktem Kopf und herausgedrückter Brust. Meist sitzt sie aber verborgen in den Zweigen höherer Bäume, bei der Nahrungssuche auf dem Boden bewegt sie sich leicht watschelnd, wobei der Körper waagrecht oder vorne erhoben getragen wird.

Fortpflanzung: R. sind bereits mit einem Jahr geschlechtsreif. Der Tauber markiert sein Revier durch das sog. »Rucksen« und führt in der Balz Imponierflüge durch. Einige R. leben in monogamer ▸ Saisonehe, Standvögel auch in Dauerehe. Das Nest wird in verschiedenen Höhen in den Außenzweigen der Bäume errichtet. Gelegentlich werden Krähennester und Eichhörnchenkobel als Unterlage benutzt. Das Nest ist ein einfacher und loser Bau und besteht aus dünnen Zweigen, trockenen Wurzeln, Halmen oder Schilfblättern ohne besondere Auspolsterung der flachen Nestmulde. Das Gelege enthält zwei, äußerst selten drei reinweiße glänzende Eier, die 40 x 29 mm groß und ca. 17 bis 19 g schwer sind. Die Brutdauer beträgt 15 1/2 bis 17 Tage. Die Jungen sind acht bis zehn Tage blind, sitzen drei bis vier Wochen im Nest und sind noch eine weitere Woche Ästlinge. Es erfolgen zwei bis drei Jahresbruten (April bis Juli), nur in Ausnahmefällen erfolgt eine vierte Brut (September).

2. Türkentaube, die *(Streptopelia decaocto*, Frivaldsky): Auch Balkantaube. Sie ist wesentlich kleiner als die Ringeltaube und nur wenig größer als die Turteltaube. Länge: ca. 30 cm, Gewicht: um 200 g.

Aussehen: Hellste heimische W. Oberseits ein helles Graubraun, Kropf und Brust mit weinrotem Anflug, Bauch mehr oder weniger hellgrau, Kopfoberseite zart weinrot. Markantestes Zeichen ist das halbmondförmige schwarze Nackenband, das mit weißlichen Federn umrahmt wird. Der Stoß trägt eine weiße Endbinde, die im Flug gut erkenntlich ist. Das Auge ist dunkelrot und von einem schmalen weißlichen Ring umgeben. Ständer rot, Krallen blauschwarz. Die Jungvögel ähneln den Eltern, sind aber insgesamt trüber gefärbt. Das Nackenband fehlt ihnen noch.

Vorkommen und Lebensweise: Die ursprünglich in Indien heimische T. hatte zuerst Kleinasien und die Balkanhalbinsel besiedelt. Seit 1930 ist sie auch in die westlichen Länder vorgedrungen und heute in ganz Mitteleuropa, in Südskandinavien und auf den Britischen Inseln Brutvogel. In Deutschland hat sie sich inzwischen außerordentlich stark vermehrt. Mit Vorliebe hält sie sich an lichten Waldrändern, in Parkanlagen, Friedhöfen und in gartenreichen Siedlungen auf. Sie ist im Ggs. zu den anderen W. weniger scheu und sucht in Europa fast ausschließlich die Nähe menschlicher Siedlungen. Auf dem Balkan gilt sie z.T. als eine Art heiliger Vogel. Ihr Flug ist reißend schnell mit einem gut vernehmlichen, pfeifenden Flügelschlag. Bei Störungen am Nest versucht sie durch Flügellahmstellen den Feind abzulenken. Die T. ist ein ▸ Jahresvogel, die Jungtauben ziehen jedoch in größeren Flug-

Die Türkentaube hat sich von ihrer ursprünglichen Heimat Indien aus bis nach Westeuropa verbreitet.

Anton Straßgschwandtner (1826–1881): »Wildtaubenjagd«, um 1860, Lithografie

gemeinschaften weit im europäischen Raum umher.

Fortpflanzung: Die T. ist mit einem Jahr geschlechtsreif. Zur Paarungszeit geht das Weibchen auf das rufende Männchen mit geplustertem Gefieder und in aufrechter Haltung zu und krault es hingebungsvoll im Kopf- und Halsgefieder. Das verhältnismäßig kleine und einfache Nest wird auf Bäumen, Mauervorsprüngen, Balkonen und bewachsenen Mauerwänden errichtet. Zum Teil werden die Nester anderer Vögel, insbesondere der Ringeltaube, benützt. Das Gelege besteht aus zwei reinweißen Eiern, die 14 bis 16 Tage bebrütet werden. Die Eier sind 32 x 24 mm groß und ca. 8 g schwer. Die Jungen sind sechs bis elf Tage blind und verlassen nach etwa 20 Tagen das Nest, werden aber bis zum Alter von vierzig Tagen weiterhin von den Altvögeln versorgt. Meist zwei bis drei Jahresbruten (März bis Oktober), gelegentlich vier, seltener fünf.

3. Hohltaube, die *(Columba oenas*, L.): Auch kleine Holz-, Black-, Blau-, Block-, blaue Holz-, kleine Kohl-, Loch-, kleine Wald-, kleine W. Wesentlich kleiner als die Ringeltaube. Länge: etwa 33 cm, Gewicht: 250 bis 300 g.

Aussehen: Überwiegend aschblau gefärbt. Halsseiten und Nacken sind blaugrün mit metallischem Schimmer, Kehle und Brust von zartem Weinrot. Die Flügelbinden sind schwarz und kurz, der Schwanz blaugrau mit fast schwarzer Endbinde. Die H. hat in der Gesamtfärbung eine auffallende Ähnlichkeit mit der Ringeltaube, doch fehlt ihr das Weiß in den Flügeln, am Hals und am Bürzel. Die Jungvögel ähneln den Eltern, es fehlt jedoch der blaugrüne metallische Schimmer an Nacken und Hals. Im Flug zeigt sie zwei kurze schwarze Flügelbinden.

Vorkommen und Lebensweise: Sie ist in fast ganz Europa verbreitet und fehlt nur im äußersten Norden. Teilzieher, der überwiegend im Mittelmeergebiet überwintert. Ihr Lebensraum sind Wälder mit Altholzbeständen, größere Parkanlagen mit Nistgelegenheiten in alten Bäumen sowie Felsschluchten mit Höhlen. Da die H. Höhlenbrüterin ist und die geeigneten Bäume durch intensive Forstnutzung immer weniger werden, ist ihr Bestand merklich zurückgegangen. Sie ist sehr scheu und lässt auch ihre Stimme seltener ertönen als die anderen W.-Arten. Ihr Flug ist reißend schnell und verursacht ein pfeifendes Geräusch der Flügel.

Fortpflanzung: H. sind im zweiten Jahr geschlechtsreif. Im März erfolgt die Paarung, wobei anschließend die Tauber untereinander oft heftige Kämpfe um die sehr knappen Bruthöhlen austragen. Das Nest wird vorwiegend in den natürlichen Baumhöhlen, aber auch in den Bruthöhlen des Spechts, in Eichhörnchenkobeln, in Elsternestern oder in künstlichen Niststätten (Nistkästen) errichtet. Das Gelege besteht aus zwei, seltener aus drei reinweißen Eiern, die 38 x 29 mm groß und ca. 16 g schwer sind. Die Brutdauer beträgt 16 bis 17 Tage. Die Jungen sind ca. acht bis zehn Tage blind, die Nestlingszeit beträgt 18 bis 23 Tage. I.d.R. zwei bis drei, seltener vier Jahresbruten (März bis August).

4. Turteltaube, die *(Streptopelia turtur*, L.): Auch Turteltub, Wegtaube, Schnurrer. Sie ist die kleinste aller Wildtaubenarten Länge: ca. 27 cm, Gewicht: um 160 g.

Aussehen: Oberkopf und Nacken sind grau, die Halsseiten schwarz-weiß quergestreift. Kehle und Brust sind dunkel weinrot, der Bauch weißlich. Oberrücken überwiegend bräunlich mit schwarzen Flecken. Der schwarze lange Stoß ist gerundet und am Ende weiß eingefasst, die Schwingen sind schwarzbraun, der Schnabel schwärzlich, die Augen orangerot, die Ständer rot. Die Jungen ähneln den Eltern, es fehlen ihnen jedoch die schwarz-weißen Federchen an den Halsseiten.

Vorkommen und Lebensweise: Die T. ist in Europa ohne die nördlichen Gebiete Skandinaviens, Irland, Schottland und Island beheimatet. Die sehr anmutig wirkende und meist paarweise anzutreffende T. hält sich gerne in lichten Wäldern, Auwäldern, in Parkanlagen und an Feldrändern auf. Sie fliegt sehr schnell und gewandt und fast geräuschlos. Die T. ist bei uns Zugvogel und kehrt erst im Mai – nach Ringel- und Hohltaube – aus den afrikanischen Winterquartieren zurück. Sie unterliegt dem BJG, ist aber ganzjährig mit der Jagd zu verschonen.

Fortpflanzung: Das Nest, meist 1 bis 4 m über dem Boden, wird überwiegend in jungen Laub- oder Nadelgehölzen oder im Gebüsch errichtet. Am Nestbau beteiligen sich beide Partner. Das Gelege besteht aus zwei, seltener aus drei reinweiß glänzenden Eiern, die 31 x 27 mm groß und ca. 9 g schwer sind. Die Brutdauer beträgt durchschnittlich 13 bis 15 Tage. Die Jungen sind die ersten acht bis zehn Tage blind, die Nestlingszeit beträgt 15 bis 18 Tage. Meist ein bis zwei Jahresbruten (Mitte Mai bis Juni/Juli).

Wildtaxe, die: Frühere Bez. für den jeweils festgelegten Wildbretpreis. Er war je nach Wildart und Gegend verschieden, z.T. wurde die W. für ein Stück Wild festgesetzt oder nach dem Gewicht (besonders bei Schalenwild) berechnet.

Wildtier des Jahres: Von der ▸ Schutzgemeinschaft Deutsches Wild seit 1992 ausgesuchtes Tier. Eine Liste der seither zum »Wildtier des Jahres« gewählten Tierarten enthält der Anhang; ▸ Vogel des Jahres.

Wildtiere auf Briefmarken: Tiere sind weltweit als Briefmarkenmotiv sehr beliebt. Solche meist sehr schönen Tiermarken spiegeln anschaulich die Fauna des jeweiligen Landes wider und werden häufig aus Sorge um bestimmte Arten herausgegeben. So erscheinen weltweit vermehrt Briefmarken mit vom Aussterben bedrohten Tieren als Motiv. Damit ist die Briefmarke auch im Bereich Tier- und Naturschutz ein wichtiges Instrument der Öffentlichkeitsarbeit in Bezug auf Umweltprobleme. 1965 gab die Bundespost den Satz »Jagdbares Federwild« (»Waldschnepfe«, »Jagdfasan«, »Birkhuhn«, »Auerhuhn«) heraus, 1966 die Serie »Hochwild«, die interessanterweise auch das Reh enthält (»Reh«, »Gemse«, »Damhirsch«, »Rothirsch«), 1967 die Serie »Pelztiere« (»Wildkaninchen«, »Hermelin«, »Feldhamster« »Rotfuchs«). Mit Briefmarken wird auch schon seit Jahrzehnten auf vom Aussterben bedrohte Tiere hingewiesen, z.B. 1968 in der Bundespost-Serie »Für die Jugend« ein Satz »Gefähr-

Briefmarkensatz »Jagdbares Federwild« der Bundesrepublik Deutschland (1991), von links: Waldschnepfe, Jagdfasan, Birkhahn, Auerhahn

dete Tiere« (»Wildkatze«, »Fischotter«, »Europäischer Dachs« und »Biber«); 1972 »Greifvögel« (»Habicht«, »Wanderfalke«, »Sperber«, »Steinadler), 1973 folgte eine weitere Serie »Greifvögel« (»Fischadler«, »Mäusebussard«, »Rotmilan« und »Wiesenweihe«). 1991 erschien die Serie »Tierschutz« (»Kampfläufer«, »Zwergseeschwalbe«, »Ringelgans«, »Seeadler«), 1998 die Serie »Bedrohte Vogelarten« (»Kornweihe«, »Großtrappe«, »Moorente«, »Seggenrohrsänger« und »Rotkopfwürger«). Die gleichen Serien erschienen auch für die Stadt Berlin mit dem Aufdruck Berlin. Die DDR gab bereits im Jahre 1959 eine fünf Werte umfassende Serie »Waldtiere« heraus (»Eichhörnchen«, »Europäische Feldhasen«, »Rehe«, »Rotwild«, »Europäische Luchse«), 1965 folgte die Serie »Europäische Greifvögel« mit sechs Werten (»Rotmilan« oder »Gabelweihe«, »Bart- oder Lämmergeier«, »Mäusebussard«, »Turmfalke«, »Hühnerhabicht«, »Steinadler«), 1968 die Serie »Niederwild« mit sechs Werten (»Jagdfasane«, »Rebhühner«, »Stockenten«, »Graugänse«, »Ringeltauben«, »Feldhasen«), 1977 ein sechs Werte umfassender Satz »Jagdwesen« (»Mufflon«, »Rothirsch«, »Fasanenjagd«, »Vom Nest auffliegende Stockente, Fuchs« »Traktorfahrer rettet Rehkitz« und »Wildschwein«) heraus. 1980 erschienen auch dort Briefmarken mit bedrohten Tieren aus verschiedenen Erdteilen. Gleichzeitig weisen die Marken auf das vielfältige Angebot im Berliner Tiergarten hin. Die Serie »Geschützte Greifvögel« kam 1982 heraus.

Österreich: Auch hier erschienen viele schöne Tiermarken, 1982 z.B. »Großtrappe«, »Biber« und »Auerhahn«. «. 1995 erschien in Österreich die Serie »Bedrohte Tiere« mit »Europäischer Biber« und »Steinkauz«. Seit 1998 werden im Rahmen »Jagd und Umwelt« schöne Einzelmarken herausgegeben: 1998 »Balzende Birkhühner«, 1999 »Rebhuhnpaar mit Jungen«, 2000 »Alpensteinbock«, 2001 »Stockentenpaar«. Die Österreichische Post AG gab zuletzt am 16.1.2001 die fünfte Briefmarke (Stockentenpaar) der beliebten Serie »Jagd und Umwelt« heraus.

Schweiz: Hier erschienen z.B. ab 1965 die Serie »Wildtiere« mit zunächst den Motiven »Igel«, »Alpenmurmeltier«, »Rothirsch«, »Dachse« und »Schneehühner«, 1966 folgten »Hermelin«, »Eichhörnchen«, »Fuchs«, »Feldhasen« und »Gemsen«, 1967 dann »Reh, »Baummarder«, »Alpensteinbock« und Fischotter«.

UNO: In der Reihe der UNO-Briefmarken erscheint seit 1993 kontinuierlich die Serie »Gefährdete Arten«. Mit dieser in der jeweiligen Landeswährung an den drei UNO-Standorten New York, Genf und Wien als Zusammendruck herausgegebenen Serie werden jeweils insgesamt zwölf seltene Tiere präsentiert. Gleichzeitig weist die UNO mit einem Logo auf dem Bogenrand der Serie auf »CITES« (Washingtoner Artenschutzübereinkommen; ▸ Artenschutz) hin.

Zunehmend ziert seit 1983 auch das WWF-Symbol »Großer Panda« (▸ World Wide Fund For Nature) verschiedene Briefmarken. I.d.R. sind auch die auf diesen Marken gezeigten Tiere in dem entsprechenden Ausgabeland gefährdet. Der erster offizielle Satz mit einem WWF-Logo stammt aus dem westafrikanischen Sierra Leone und zeigt Schimpansen (19.5.1983); ▸ Jagdmotive auf Postkarten.

Wildtiergerechtigkeit, die: In der Fachpresse zunehmend verwendeter, aber auch heftig diskutierter Begriff, der sich in Abgrenzung zu dem unscharfen und z.T. auch unterschiedlich definierten Begriff der ▸ Waidgerechtigkeit vorrangig am Tierschutzgedanken orientiert. W. soll ein Jagdverständnis bezeichnen, das sich ausschließlich am Wildtier ausrichtet und frei ist von brauchtumsbezogenen Aspekten. Die Waidgerechtigkeit legt z.B. nach Tierarten differenziert unterschiedliche Maßstäbe an: So ist der Schuss auf den pfeilschnell abstreichenden Fasan waidgerecht, der Schuss auf den laufenden Fasan, den sog. »Infanteristen«, jedoch unwaidmännisch. Gleiches gilt für den Hasen: Der Schuss auf den Hasen in der Sasse ist nicht waidgerecht, der auf den flüchtenden Hasen entspricht hingegen der Waidgerechtigkeit. Die Befürworter des Begriffes W. kritisieren an der Waidgerechtigkeit nach traditionellem Verständnis nicht nur deren unscharfe Definition, sondern sehen sie partiell auch im Widerspruch zu tierschutzrechtlichen Bestimmungen.

Wildtierhalter der: ▸ Wildfarm.

Wildtierhaltung, die: ▸ Halten von Wildtieren; ▸ Wildhaltung, landwirtschaftliche.

Wildtierimmobilisation, die: Um den Zugriff auf flüchtige und fallweise wehrhafte Wildtiere in Gehegen zu ermöglichen, wird die W. angewandt. Dabei werden den Tieren geeignete Medikamente mithilfe von Beschussgeräten injiziert. Dieses Verfahren wird am ehesten dem ▸ Tierschutz gerecht. Nach dem geltenden Arzneimittelrecht darf nur der Tierarzt die für eine W. erforderlichen Arzneimittel anwenden bzw. verschreiben oder abgeben. Bestimmte, sehr stark wirkende Betäubungsmittel dürfen nur von ihm persönlich bzw. nur in seinem Beisein verwendet werden. Nach dem Tierschutzgesetz kann die zuständige Behörde außer dem Tierarzt auch anderen Personen eine Ausnahmegenehmigung zur Betäubung von warmblütigen Wirbeltieren mit Betäubungspatronen erteilen, sofern ein berechtigter Grund nachgewiesen wird. Die erforderliche Sachkunde muss nachgewiesen werden; ▸ Narkosegewehr.

Wildtierkataster, der, das: ▸ WILD.

Wildtierkorridore: ▸ Biotopverbund durch Wildtierkorridore.

Wildtierkunde, die: ▸ Wildbiologie.

Wildtiermanagement, das: W. ist die Beeinflussung oder der Schutz einer in freier Wildbahn lebender Tierpopulation. Das W. hat folgende Zielsetzung: Durch

- jagdliches Handeln oder Unterlassen der Jagd und
- naturnahe Lebensraum- (Umfeld-) Gestaltung (▸ Biotophege, ▸ Biotoppflege, ▸ Biotopschutz)

Flora und Fauna in ein Gleichgewicht zu bringen, um stabile und vitale Lebensgemeinschaften (▸ Biozönose) auszubilden. Zum Maßstab der Vitalität darf dabei nicht einseitig die Trophäenstärke gemacht werden, sondern müssen die gesamten Lebensumstände, wie Populationsdichte, Gesundheit, Reaktionsfähigkeit auf Umwelteinflüsse Berücksichtigung finden. Natürliche Räuber-Beute-Beziehungen (▸ Räuber-Beute-Verhältnis) zu tolerieren und zu fördern, unterscheidet W. vom früheren Hegebegriff der einseitigen Förderung erwünschter Wildtierarten. Um die Ziele des W. zu erreichen, müssen die jeweils herrschenden Umstände vor Ort betrachtet, d.h. die bestehenden ▸ Ökosysteme, die Gebietsstruktur, die geltende Gesetzgebung untersucht und daraus mögliche Maßnahmen entwickelt werden. Aufgabe des W. ist es auch, in Konfliktbereichen die betroffenen Menschen durch gezielte Öffentlichkeitsarbeit zu informieren und aufzuklären, um so eine möglichst breite Akzeptanz als notwendige Vorraussetzung für einen langfristigen Erfolg zu schaffen. Diese Aufgaben werden von Wildtiermanagern übernommen. W. ist eine Kombination von Naturschutzbiologie, Projektmanagement, Psychologie und Kommunikation. Wildtiermanager beschäftigen sich mit der Tierpopulation, dem Habitat und den involvierten

▸▸ Wildtruthühner (im Bild rechts ein Hahn): Das Trutwild stammt aus Nordamerika. Auswilderungsversuche wurden vor allem in Österreich, aber auch in anderen Ländern Europas durchgeführt.

Personen und bilden damit die Schnittstelle zwischen diesen drei Bereichen; ▸ wildlife management.

Wildtier- und Biotopschutzstiftung: Die vom Landesjagdverband Nordrhein-Westfalen gegründete privatrechtliche Stiftung fördert örtliche Naturschutzmaßnahmen von Hegeringen und Kreisgruppen.

Wildtollwut, die: ▸ Tollwut.

Wildtrage, die: **1**) Eine Trage, auf der früher besonders bei ▸ Eingestellten Jagen das erlegte starke Wild an einen bestimmten Ort zusammengetragen wurde. Sie bestand aus einem starken viereckigen Netz, das an zwei Stangen befestigt wurde. **2**) Eine im Gebirge verwendete hölzerne Rückentrage; ▸ Bringung des Wildes.

Wildtransport, der: ▸ Wildbrethygiene, ▸ Bringung des Wildes.

Wildtransportkarren, der (Hirschkarren): Ein einrädriger, gummibereifter Karren mit Handbremse zur ▸ Bringung des Wildes. Er wird beim Transport starken Schalenwildes (hauptsächlich Rotwild) von zwei Personen bedient, kann aber mit einigen Handgriffen zum Einmannkarren – für schwaches Schalenwild – umgebaut werden. Zu diesem Zweck wird der vordere Teil des Ladegestelles nach hinten umgeklappt und der W. wie ein Schubkarren gehandhabt. Wie der ▸ Wildtransportschlitten ist auch der W. für enge Pfade und Wege bestens geeignet.

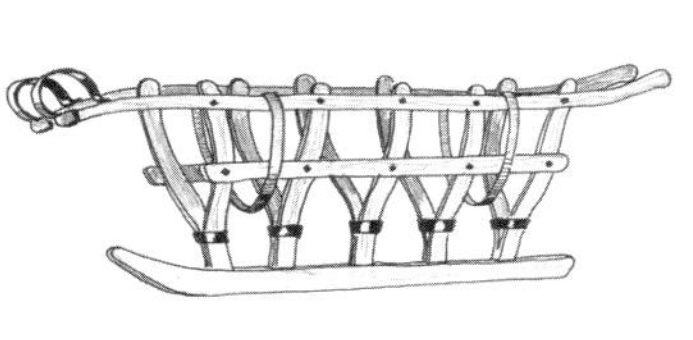

Wildtiertransportschlitten

Wildtransportschlitten, der: Ein äußerst stabiler, zweckmäßiger und hölzerner Schlitten zur ▸ Bringung des Wildes. Der W. besitzt nur eine Kufe oder eine skiähnliche Vorrichtung und ist daher, wie der ▸ Wildtransportkarren, für schmale Pfade und Wege besonders gut geeignet. Der sowohl im Winter als auch im Sommer verwendbare Schlitten kann, seiner Konstruktion und Funktion entsprechend, nur bergab oder auf ebenem Gelände verwendet werden. Zum Fortbewegen werden zwei Personen benötigt; er wird hauptsächlich zum Transport starken Schalenwildes eingesetzt. Zuweilen werden auch zweikufige Schlitten (Holztransportschlitten) verwendet.

Wildtruthahn, der: Das männliche ▸ Wildtruthuhn.

Wildtruthenne, die: Das weibliche ▸ Wildtruthuhn.

Wildtruthuhn, das (*Meleagris gallopavo*, L.): Das W. (Trutwild) wurde durch Aussetzen in einigen westdeutschen Niederwildrevieren sowie in Österreich mit geringem Erfolg eingebürgert und gehört zum jagdbaren Wild. Seine ursprüngliche Heimat ist Nordamerika (Nordamerikanisches Truthuhn oder Bronzeputer). Seit 1958 leben im rund 3000 ha großen nördlichen Teil des Kottenforstes bei Bonn W. in freier Natur. Der Bestand betrug im Frühjahr 1981 über 180 Stück. Bereits 1880 ließ Graf Brauner sechs Stück in den Auwäldern von Grafenegg unweit von Krems an der Donau frei, ein Jahr später kamen 18 hinzu. Bis 1884 hatten sich diese aus Nordamerika importierten Vögel bereits auf vier- bis fünfhundert Stück vermehrt. Ursprünglicher Zweck war, zusätzliches jagdbares Federwild zu erhalten. W. aus dieser Zucht wurden nach Deutschland, Polen und bis ins ferne Baltikum exportiert. Grafenegg wurde die berühmteste Truthuhnzucht Europas. Weitere W. wurden in der Lobau ausgesetzt. Nach dem Zweiten Weltkrieg wurden die Bestände in Grafenegg und Lobau von den sowjetischen Besatzungstruppen mehr oder weniger restlos abgeschossen. Die Färbung des W. ist überwiegend dunkel; beim Hahn schwärzlichgrün mit verschiedenfarbigen Zeichnungen und mit metallischem Schimmer, der der Henne fehlt. Es sieht unserem Hausputer sehr ähnlich. Der Hahn kann ein Gewicht um 12 kg (Wildform bis 17 kg) erreichen und bis zu 122 cm groß werden. Er »kollert« wie unser Haustruthahn. Der bisher sehr geringe Bestand an W. lässt noch keine konkreten Aussagen hinsichtlich des natürlichen Fortbestands und der Verbreitung zu. Bevorzugt werden geschlossene Waldgebiete; dichtes Unterholz und Dickungen werden jedoch gemieden. W. leben sehr gesellig (polygam) und baumen abends – ähnlich dem Auer- und Birkwild – auf. Die Äsung (Nahrung) besteht vorwiegend aus Weizen und Mais, daneben aber auch aus Engerlingen und Schmetterlingspuppen, aus Raupen, Rachenbremsen und Dasselfliegen. Die Balzzeit beginnt schon sehr früh, bei günstiger Witterung oft schon Ende Januar. Das ▸ Nest ist, wie bei allen Hühnervögeln, eine flache, einfache Bodenmulde, in die die Henne Ende Februar/Anfang März 8 bis 14 gelbbraune, dunkelbraun punktierte, 80 bis 90 g schwere Eier legt, die sie 28 bis 30 Tage bebrütet. Beim Brüten sitzt die Henne sehr fest.

Wildtunnel, der: Speziell für das Wild gebauter Tunnel unter Schnellstraßen (v.a. Autobahnen), um die Benutzung alter, vom Wild ständig benutzter ▸ Wechsel zu ermöglichen.

Wild und Hund: ▸ Jagdzeitschriften.

Wild und Jagd auf Briefmarken: ▸ Wildtiere auf Briefmarken.

Wild und Jagd im Wappen: Bei einer Vielzahl deutscher Städtewappen wählten in früheren Zeiten die Ratsherren nicht die einfachen Schildteilungen, die sog. Heroldsbilder, sondern wandten sich mit Vorliebe den »gemeinen Figuren« zu. Es waren v.a. Tiere wie Bären, Löwen, Hirsche, Wildschweine und Adler oder auch Fabeltiere wie Greife und Drachen und von den Jagdutensilien besonders die Jagdhörner. Letztere finden sich z.B. in den Wappen der Gemeinden von *Haserich*, *Sosberg*, *Walhausen*, *Zell*, *Altstrimming*, *Pansweiler* und *Blankenrath*, alle im Landkreis Cochem-Zell gelegen. Das Jagdhorn in diesen Gemeindewappen ist ein Hinweis auf die Reichsherrschaft Beilnstein der Ritter vor Braunshorn. Die große Bedeutung der Bracke im Mittelalter, insbesondere als Leit- und Schweißhund, wird gleichsam durch die Heraldik belegt. In der Wappenkunst werden Hunde als Rüden (Doggen), Windspiele oder Bracken dargestellt. Während der Hund allg. als Symbol der Treue und Wachsamkeit gilt, stehen die ▸ Bracken oft für das Recht der ▸ hohen Jagd, das in früheren Zeiten dem Hochadel vorbehalten war. Daher zeigen die Wappen vieler adliger Familien, so die der *Hohenzollern*, der *Fürsten von Öttingen* oder der *Grafen von Nesselrode*, ein Brackenhaupt als Helmzier. Auch in Stadtwappen, besonders bei den sog. redenden Wappen, finden sich immer wieder Bracken. So zeigt das Wappen von *Brackenheim* eine silberne Bracke auf rotem Grund. Einige weitere Wappenbeispiele:

Bundesrepublik Deutschland: Das Wappen von *Atzendorf* zeigt den Heiligen Eustachius hoch zu Pferd, dem während der Jagd ein Hirsch begegnet. Es geht auf den ältesten noch erhaltenen Siegelabdruck zurück, der den Schutzpatron der Kirche und des Dorfes Atzendorf zeigt. Das Wappen der Ortsgemeinde *Eisighofen* stammt von einem früheren Gerichtssiegel aus dem Jahr 1732 ab. Auf diesem Siegel war ein Reiter auf einem galoppierenden Pferd abgebildet. Er trug auf der Hand einen Jagdfalken und wurde von einem Jagdhund begleitet. Heute zeigt das Wappen nur den Falken auf der Faust. Im Wappen von *Haverlah* tritt in Gold ein roter Hirsch, halb sichtbar, aus dem Schildrand hervor. Als Tier des Waldes versinnbildlicht er die Endsilbe »lah«, die »Wald« bedeutet und in vielen Ortsnamen enthalten ist. Die Farben Rot-Gold sind die des *Fürstbistums Hildesheim*, in dessen Einflussbereich der Ort jahrhundertelang lag. Das Wappen der Gemeinde *Sehlde* weist auf die Hubertuslegende hin. *Eberswalde*: in Silber auf Rasen ein Eichbaum, in dessen Krone der brandenburgische rote Adler schwebt; am Stamm jederseits ein anspringender, schwarzer Eber. *Lehnin*: in Silber auf Rasen vor einem grünen Laubbaum ein springender, roter Hirsch mit goldenem Geweih. Ebenfalls Hirsche im Wappen haben die Orte *Müllrose* und *Reppen*, der Ort *Triebel* hat in Gold eine linke rote Hirschstange. *Pritzwalk*: in Silber auf Rasen eine stilisierte, grüne Linde, in deren Krone der brandenburgische rote Adler schwebt, vor dem Stamm ein schreitender, schwarzer Wolf. Der schwarze Bär erscheint in den Wappen der Orte *Bärwald*, *Bernstein* und *Gobersberg*, eine Hirschstange im Wappen des Ortes *Forst* in der Lausitz, ein schwarzer Eber im Ortswappen von *Golßen*, und *Lebus an der Oder* zeigt in Blau auf grünem Boden einen springenden, goldenen Wolf, der ein silbernes Lamm im Rachen hält. Die Stadt *Ebermannstadt* zeigt u.a. im Wappen einen auf grünem Boden schreitenden schwarzen Eber, der *Markt Ebrach* in Gold einen springenden schwarzen Eber, der einen silbernen Abtstab schräg im Maul hält, *Egloffstein* hat in Schwarz einen rot bezungten silbernen Bärenkopf,

Großwendern in Silber einen springenden roten Hirsch, *Hirschhaid* einen schwarzen Hirsch, *Hirschfeld* einen schreitenden Hirsch auf einem grasbewachsenen Feld, *Rehau* in Silber ein auf grünem Boden zwischen zwei grünen Nadelbäumen durchspringendes rotes Reh, *Selb* silberne Hirschgeweihe, *Thierstein* in Blau ein linksgewendetes goldenes Tier (Hirschkuh), das über einen aus Steinblöcken gefügten und mit einem von Silber und Schwarz gevierten Schildchen belegten Berg springt.

Ehem. Provinz Posen: *Obersitzko*: auf blauem Grund drei gestellte goldene Hifthörner mit roten Bändern, zwischen denen eine aufgerichtete goldene Hirschstange schwebt. Der Ort erhielt am 24.3.1638 mit Einwilligung des Königs Wladislaw IV. von seinem Erbherrn, dem Fürsten Christof Raziwil, deutsches Stadtrecht und das Wappen, bei dem die Hifthörner dem fürstlichen Wappen entnommen sind. *Sandberg*: in Silber zwischen zwei grünen Bäumen ein goldener Berg, auf dessen Spitze ein roter Hirsch springt, darüber eine Krone. *Sarne*: in Silber auf grünem Boden ein schreitender, roter Rehbock. *Schlichtingsheim*: in Silber zwei aufgerichtete schwarze Hirschstangen. *Storchnest*: in Gold ein roter Hirschkopf im Visier. Zirke: in Silber ein roter Hirschkopf im Visier mit goldenem Geweih. Das Gebiet des Netzebruchs muss ein guter Jagdgrund gewesen sein, denn die vier nachstehenden, nicht weit voneinander entfernten Städte haben Hirsche im Wappen: *Filehne*: in Silber ein auf Rasen ruhender, nach links gekehrter, roter Hirsch mit goldenem Halsband. *Schneidemühl*: in Silber auf grünem Boden ein springender, roter Hirsch. *Usch*: in Silber ein rechtshin gewendeter, roter Hirschkopf. *Wirsitz*: in Silber auf grünem Boden ein springender Hirsch mit goldenem Kreuzchen zwischen dem Geweih; rechts daneben ein Baum. *Kletzko*: in Blau ein roter, hermelinverbrämter und mit Perlenspangen verzierter Herzogshut, aus dem an roter Fessel ein goldenes Jagdhorn hängt. *Lobens*: in Silber auf grünem Boden ein schreitender, schwarzer Eber.

Ehemaliges Ostpreußen: *Labiau*: in Silber mit blauen Wolken im Obereck, aus denen ein grünbekleideter Arm hervorgeht, der in der Hand ein gestürztes, goldenes Jagdhorn hält, darunter auf grünem Boden ein grüner Laubbaum. *Rastenburg*: in Silber auf grünem Boden zwischen drei Tannenbäumen ein schwarzer Bär. *Rössel*: in Silber ein aufgerichteter, goldener Bischofsstab, an dem ein schwarzer Bär emporklimmt. *Landsberg*: in Gold ein springender, roter Fuchs, der eine silberne Gans im Rachen hält. *Liebstadt*: in Silber ein auf grünem Boden stehender, goldbewehrter roter Hirsch. *Insterburg*: in Silber auf grünem Boden ein schreitender, schwarzer Bär, über ihm die goldenen Initialen »G. F.« (Georg Friedrich). *Ortelsburg*: in Silber auf grünem Boden ein roter, aus grünem Wald hervorspringender Hirsch. *Rhein in Ostpreußen*: in Silber auf grünem Boden ein ruhender, schwarzer Hirsch vor einem grünen Laubbaum.

Wild und Wald: Die Art der Waldbewirtschaftung steuert in erheblichem Maß die Qualität des Lebensraumes für die Wildtiere, v.a. das Angebot an Äsung und Deckung. Waldbauliche Verfahren, die den Lebensraum des Wildes verbessern, tragen deshalb auch zur Reduzierung von ▸ Wildschäden bei. Um in Gebieten mit ungünstigen Voraussetzungen die Probleme zu entschärfen, müssen alle Waldbesitzer und Revierinhaber eng zusammenarbeiten. Dabei kommt es besonders auf einen intensiven Gedankenaustausch zwischen Jägern und Förstern an der Basis an. Im Rahmen eines solchen Gedankenaustausches können nachstehende Fragestellungen thematisiert werden: Schaffung von Lichtungshieben in Altholzbeständen zur Begünstigung von Naturverjüngungen; frühzeitige Durchführung starker Durchforstungen zur Förderung der Bodenvegetation; Anlegung weiter Pflanzverbände bei der Aufforstung von Kahlflächen zur Verzögerung des Absterbens der Bodenvegetation; weitgehender Verzicht auf die Bekämpfung der Schlagflora (z.B. Himbeere) und Erhaltung von Pionierbaumarten (etwa Erle) in Pflanzungen und Naturverjüngungen; Anbau und Erhaltung von masttragenden Bäumen; Offenhalten bestockungsfreier Flächen im und am Wald; Vornahme des Holzeinschlags im Winterhalbjahr, um dem Wild die Aufnahme von Knospen und Trieben der gefällten Bäume zu ermöglichen; Bereitstellung von mindestens 1% der Holzbodenfläche für die Anlage von Äsungsflächen; Verzicht auf großflächige Einzäunung und unverzüglicher Abbau entbehrlich gewordener Zäune zur Verminderung der Wildkonzentration auf der Restfläche. Eine auf die verbesserten Äsungs- und Deckungsbedingungen abgestimmte Bejagung des Schalenwildes ist zur Reduzierung von Wildschäden unerlässlich. (Quelle: DJV-Handbuch »Jagd«).

Wildunfälle, die: Die größten Wildverluste treten durch Verkehrsunfälle auf. Obwohl die Straßenbaulastträger bereits dazu übergegangen sind, an Autobahnen – v.a. an Neubaustrecken – Verkehrsschutzzäune (▸ Wildschutzzaun) zu errichten, ereignen sich in der Bundesrepublik Deutschland jährlich Tausende von Verkehrsunfällen mit Verletzten und Verkehrstoten, bei denen mehrere 100 000 Wildtiere getötet werden. Über 70% der Unfälle werden von Rehwild verursacht. Die meisten W. ereignen sich auf Straßen, die Wildwechsel schneiden (hauptsächlich in waldreichen Gegenden), und überwiegend in den Dämmerungs- und Nachtstunden, wenn das Wild auf Äsungssuche ist. Hinweisschilder auf Wildwechsel, die häufig nicht beachtet werden, dämmen die Unfallgefahr kaum ein, sichtbaren Erfolg hingegen bringen neben Schutzzäunen und Grünbrücken, Wildwarnreflektoren und der ▸ Duftzaun. Nach Angaben des ADAC beträgt der Sachschaden jährlich etwa 400 Mio. Euro bei einem geschätzten Wildbretverlust von rund 5,0 Mio. Euro. Die Aneignung von überfahrenem Wild erfüllt jedoch den Tatbestand der ▸ Wilderei. Falls der ▸ Jagdausübungsberechtigte, das nächste Forstamt bzw. die nächste Forstdienststelle der Straßenmeisterei nicht bekannt ist, sollte immer die Polizei eingeschaltet werden, deren Bestätigung über den Unfall mit Wild (Haarwild) auch als Nachweis gegenüber der Versicherung benötigt wird. Der Jagdausübungsberechtigte haftet nicht für die Schäden, die bei einem Zusammenstoß eines Fahrzeugs mit Wild entstehen. Wild verunglückt in der freien Wildbahn aber auch infolge von Steinschlag und Lawinen (hauptsächlich Gamswild) oder durch Anfliehen von Hindernissen. Bedauerlicherweise geschehen W. aber auch durch wildes Ablagern von Sperrmüll in Wald und Flur und durch achtlos weggeworfene Gegenstände wie Dosen, Eimer, Glas, Nägel und sonstige Metall- und Plastikprodukte. Eine große Gefahr stellen alte und eingefallene Kulturzäune aus Draht dar, die nicht rechtzeitig beseitigt oder instand gesetzt werden. Zum Teil werden auch Stromleitungen und Sendeanlagen sowie der Luftverkehr für Vögel, v.a. für größeres Federwild wie Greifvögel, zur tödlichen Gefahr.

Wildungen, Ludwig Carl Eberhard Heinrich Friedrich von (24.4.1754 Kassel bis 14.7.1822 Marburg): W. studierte Rechtswissenschaft und wurde 1778 Gesellschafter des Fürsten von Nassau-Usingen. 1781 wurde er vom Landgrafen Friedrich von Hessen-Kassel zum Regierungsrat in Rinteln ernannt. Sein Lieblingswunsch, sich ganz dem Forst- und Jagdwesen zu widmen, wurde 1799 durch seine Ernennung zum Oberforstmeister in Marburg erfüllt. Seine großenteils von klassischem Hauch durchwehten Lieder atmen eine unbesiegbare Liebe zu Wald und Jagd und bekunden zugleich die humorvolle, joviale Natur des Verfassers; u.a. »Jägerlieder« (1788), »Neujahrsgeschenk für Forst- und Jagdliebhaber« (1794 bis 1799), »Taschenbuch für Forst- und Jagdfreunde« (1800 bis 1812), »Lieder für Forstmänner und Jäger« (1803), »Weidmanns Feierabende« (1815 bis 1819 und 1821, 6 Bde.). Am bekanntesten sind wohl seine Verse über den Hasen: »Menschen, Hunde, Wölfe, Lüchse, Katzen, Marder, Wiesel, Füchse, Adler, Uhus, Raben, Kräh'n, Jeder Habicht den wir seh'n, Elstern ja nicht zu vergessen, Alles, Alles will ihn fressen.«

Wildursprungszeichen, das: Eine frühere Kennzeichnungsmarke für erlegtes ▸ Schalenwild (Rot-, Dam-, Muffel-, Reh- und Schwarzwild) und für ▸ Seehunde. Der Revierinhaber oder sein Beauftragter musste Wildbret, das veräußert oder aus dem Jagdrevier verbracht werden sollte, mit einem W. versehen. Wildbret durfte erst nach Anbringung dieses Zeichens aus der Decke geschlagen, abgeschwartet oder zerwirkt werden. Die W. blieben an der Decke, Schwarte oder Fell (Seehund) und durften erst bei der Verarbeitung dieser Teile entfernt werden. In Österreich wird anstelle des W. ein Wildursprungsschein verwendet.

Wildverbiss, der: ▸ Verbiss.

Wildverbissschutzmittel, die: Ungefährliche, fraßabschreckende Mittel zur Verhinderung von Wildverbiss. In Kiefern- und Fichtenkulturen hat sich z.B. entsäuerter Baumteer sehr gut bewährt. Die Technische Zentrale der deutschen Forstwirtschaft, die Biologische Bundesanstalt für Land- und Forstwirtschaft und das Institut für Jagdkunde der Universität Göttingen beschäftigen sich mit der Prüfung und Anerkennung der W.; ▸ Wildschaden(s)-verhütung.

Wildvergiftungen, die: Vergiftungen beim Wild, die starke Störungen oder gar den Tod verursachen können, treten v.a. beim Einsatz von chemischen Pflanzenschutzmitteln (▸ Pflanzenschutz) auf. W. durch die Aufnahme von ▸ Giftpflanzen sind demgegenüber äußerst selten und wurden bisher nur in einigen wenigen Fällen bei Fasanen, die abgefallene Nadeln der ▸ Eiben aufgenommen haben, beobachtet. Soweit W. vorkommen, sind vorwiegend die Niederwildarten und insbesondere die ▸ Beutegreifer (z.B. durch die Aufnahme vergifteter Beutetiere wie ▸ Mäuse) hiervon betroffen. Hier sind es v.a. die Insektizide und Rodentizide, die zur Schädlingsbekämpfung eingesetzt werden und die Vergiftungen verursachen. Der Einsatz von Giftgetreide z.B. bedroht überwiegend Feldhasen, Kaninchen, Hühnervögel, Wildtauben sowie Schwarz- und Rehwild. Die Krankheitssymptome sind Kolik, Krämpfe, Speichelfluss und Erbrechen sowie Reizerscheinungen des Magen-Darm-Kanals. Bei Hüttenrauchvergiftungen (Arsen- und Fluorvergiftungen) wurden in der Vergangenheit krankhafte Veränderungen beim Rotwild festgestellt wie Missbildungen und Ausfall der Haare, z.T. verbunden mit Geweihmissbildungen (Verbiegungen und Verkümmerungen). Wegen der Bleivergiftungen bei Wildenten, die durch die Aufnahme von Schrotkörnern verursacht werden, wird vom DJV der Einsatz von ▸ Nicht-Blei-Schroten (▸ Weicheisenschrot) generell bei der Jagd auf ▸ Wasserwild empfohlen.

Nach dem BJG (§19 Sachliche Verbote) ist es verboten, Wild zu vergiften oder vergiftete oder betäubende Köder zu verwenden. Das ▸ Wildbret der an einer W. erkrankten Stücke ist genussuntauglich; ▸ Gifteier, ▸ Vergiftungen bei Hunden, ▸ Schwermetalle.

Wildverkehr, der: Nach §36 Absatz 1 BJG kann der zuständige Bundesminister mit Zustimmung des Bundesrats, soweit dies aus Gründen der Hege, zur Bekämpfung von ▸ Wilderei und Wildhehlerei, aus wissenschaftlichen Gründen oder zur Verhütung von Gesundheitsschäden durch ▸ Fallwild erforderlich ist, Vorschriften erlassen über

1. die Anwendung von Ursprungszeichen bei der Verbringung von erlegtem Schalenwild aus dem Erlegungsbezirk und der Verbringung von erlegtem Schalenwild in den Geltungsbereich dieses Gesetzes,
2. den Besitz, den Erwerb, die Ausübung der tatsächlichen Gewalt oder das sonstige Verwenden, die Abgabe, das Feilhalten, die Zucht, den Transport, das Veräußern oder das sonstige Inverkehrbringen von Wild,
3. die Ein-, Durch- und Ausfuhr sowie das sonstige Verbringen von Wild in den, durch den und aus dem Geltungsbereich dieses Gesetzes,
4. die Verpflichtung zur Führung von Wildhandelsbüchern,
5. das Kennzeichnen von Wild.

Nach Absatz 2 des Paragraphen erlassen die Länder insbesondere Vorschriften über:

1. die behördliche Überwachung des gewerbsmäßigen Ankaufs, Verkaufs und Tausches sowie der gewerbsmäßigen Verarbeitung von Wildbret und die behördliche Überwachung der Wildhandelsbücher,
2. das Aufnehmen, die Pflege und die Aufzucht verletzten oder kranken Wildes und dessen Verbleib.

Die Vorschriften nach Absatz 1 Nr. 2 und 3 und Absatz 2 Nr. 2 können sich auch auf Eier oder sonstige Entwicklungsformen des Wildes, auf totes Wild, auf Teile des Wildes sowie auf die Nester und die aus Wild gewonnenen Erzeugnisse erstrecken.

Bisher hat der Bund solche Vorschriften nicht erlassen. Mit dem Erlass einer ▸ Bundeswildschutzverordnung hingegen sollen durch eine Reihe von Verboten die dem Jagdrecht unterliegenden heimischen Wildarten besonders geschützt werden.

Wild-Verkehrstod, der: Tod von Wild v.a. durch Straßenverkehr, aber auch durch Flugzeuge (Flugwild), Bahn, Boot u. dgl.; ▸ Wildunfälle, ▸ Wildschutzzaun.

Wildverletzungen, die: Verletzungen aller Art, die z.B. durch Straßenverkehr, ▸ wildernde Hunde und Katzen, natürliche Feinde (▸ Beutegreifer), Rivalenkämpfe (Einstands- und Brunftkämpfe, Balzkämpfe), Schussverletzungen (▸ Schusszeichen), durch ▸ Beunruhigung von Wild (beim Flüchten) oder durch Drahtzäune etc. entstehen; ▸ Wildunfälle, ▸ Wildverluste.

Wildverluste, die: Durch Erkrankungen aller Art (▸ Wildkrankheiten) oder durch äußere Umwelteinflüsse eingetretene Verluste an Wild. Hierzu zählen die Verluste durch Straßenverkehr, durch landwirtschaftliche Maschinen, durch extrem ungünstige Witterungsverhältnisse (z.B. durch Nässe verursachte Verluste an Junghasen), durch winterliche Notzeiten (Ernährungsschäden), durch verdorbenes Futter (Magen-Darm-Entzündungen, seuchenhafter Durchfall), durch natürliche Feinde (▸ Beutegreifer) und durch Vergiftungen (▸ Wildvergiftungen); ▸ Wildunfälle.

Wildversorgung, die (Wildnutzung): Die notwendige Tätigkeit nach dem Erlegen, um das ▸ Wildbret vor dem Verderb zu schützen und um es in einem einwandfreien Zustand der Verwertung zuführen zu können. Zur W. gehören u.a.: das ▸ Aufbrechen von Schalenwild, das ▸ Zerwirken, das ▸ Abbalgen, das ▸ Aus-der-Decke-Schlagen, die Aufbewahrung des Wildes, das Entnässen und Auswerfen (bei Hasen und Wildkaninchen) und das ▸ Aushaken (bei Flugwild); ▸ Wildbrethygiene, ▸ Fleischuntersuchung.

Wildverwitterungsmittel, die: Bez. für alle Mittel, die für Wild einen unangenehmen Duft ausströmen, es abschrecken und somit einen ▸ Duftzaun bilden; ▸ Wildschaden(s)verhütung.

Wildwache, die (Wildwächter): Die im vorigen Jh. noch eigens bestellten Personen, die das Wild von Äckern und Forstkulturen abzuhalten hatten.

Wildwagen, der: ▸ Bringung des Wildes.

Wildwarnreflektoren, die: Optische Warneinrichtungen, die das Wild vor der Straße zurückhalten und damit nächtliche Unfälle mit dem über die Straße wechselnden Wild verhindern sollen. Diese Reflektoren lenken das auftreffende Scheinwerferlicht mit einer hohen Lichtausbeute so um, dass Lichtreflexe breit gestreut in das Gelände hineinstrahlen. Das Wild scheut bei Annäherung zurück. ▸ Wildschutzzaun, ▸ Duftzaun, ▸ Wildscheuche.

Wildwechsel, der: ▸ Wechsel 1).

Wildweide, die: Eine großflächige Grünland-Äsungsfläche, die dem Wild zur Abäsung zur Verfügung steht. Keine Aberntung im Ggs. zur Wildwiese; ▸ Wildäsungsflächen 1.

Wildwiederkäuer, die: Pflanzenfressendes Wild mit weltweit 139 Arten (u.a. Antilopen, Büffel, Giraffen), davon 9 Arten aus den Familien ▸ Hirsche *(Cervidae)* und ▸ Horntiere *(Bovidae)* in Europa (▸ Wiederkäuer).

W. haben einen vierkammerigen Magen (▸ Wiederkäuermagen, Pansen genannt) sowie ein hochentwickeltes Drüsengebilde, das im Sozial- und Sexualleben der Wildtiere eine große Rolle spielt. Typisches Pflanzenfressergebiss. Oberkiefer: Schneidezähne fehlen.

Wildwiese, die: ▸ Wildäsungsflächen 1.

Wildzählung, die: Eine Wildstands-, Wildbestandsermittlung (▸ Wildstand) zur Vorbereitung und Überprüfung des ▸ Abschussplanes (Bejagungsplanes). Die W. ist in einigen Bundesländern durch die Revierinhaber im Frühjahr eines jeden Jahres für Rot-, Dam-, Reh-, Muffel- und Schwarzwild sowie für Auer- und Birkwild durchzuführen. Entsprechende Unterlagen liefern wiederholte Zählungen an den Fütterungen und bei Neuschnee. Die unteren ▸ Jagdbehörden bestimmen den Zeitpunkt für den Abschluss der W. Eine genaue Ermittlung des tatsächlich vorhandenen Wildbestandes ist grundsätzlich nicht möglich. Häufige, unabwendbare Fehler sind Doppelzählungen, v.a. bei Wechselwild, sowie das Nichterfassen des mehr oder weniger inzwischen weitgehend nachtaktiven Rotwilds. Geringste brauchbare Zählerfolge werden beim Rehwild und Gamswild erzielt. Insoweit können W. bei den heute üblichen und möglichen Verfahrensweisen nur bedingt den vorhandenen Wildbestand belegen. Genauere Daten kann die Wildbiologie mit dem sog. ▸ Lincoln-Index erheben. Brauchbare Bestandsdaten liefern außerdem auch die ▸ Scheinwerferzählungen zur Ermittlung der Besatzdichte beim Feldhasen; ▸ Bestandsermittlung, ▸ forstliche Vegetationsgutachten.

Wildzaun, der: **1)** ▸ Wildgatter. **2)** ▸ Wildschutzzaun.

Wildzerlegerei, die: ▸ Wildpretschirn.

Wilpert, das: Seltener Ausdruck für ▸ Wildbret.

Wimpellappen, die: Die ▸ Lappen aus langen, schmalen Stoffstreifen; ▸ Jagdzeug.

G. Boettger d. Ä.: Georg Franz Dietrich aus dem Winckell (1762–1839), Kupferstich

Wimpelschlagen, das (Wimpelschlag): ▸ Hirschgerechte Zeichen.

Winans, Walter (5.4. 1852 bis 12.8.1920): Englischer Meisterschütze und Fachbuchautor. W. war Kavalier des St. Stanislaus-Ordens, Offizier des rumänischen Sterns und Weltmeister im Pistolen- und Revolverschießen. Er verfasste »Hirschzucht und Veredelung des Rotwildes. Drei und vierfache Kreuzungen« (1913), herausgegeben von Maxim Goldberg. Das Rotwildjagdwerk ist mit spektakulären Abbildungen nach großartigen Fotografien illustriert worden.

Winckell, Georg Franz Dietrich aus dem (2.2.1762 Priorau bei Bitterfeld in Sachsen bis 31.5.1839 Schierau bei Dessau): W. studierte in Leipzig Rechte und Staatswissenschaft. Seine Forst- und Jägerlehre begann er in Sitzenrode bei Torgau. 1812 übernahm er die Verwaltung der Familienforsten des bayerischen Kammerherrn von Thüngen und lebte ab 1832 bis zu seinem Tod auf Gut Schierau. W. ist der Verfasser des zweibändigen »Handbuchs für Jäger, Jagdberechtigte und Jagdliebhaber« (1804/05).

Wind, der: **1**) Bez. für jeden Luftzug. Er spielt bei der Jagd eine äußerst bedeutungsvolle Rolle. Sowenig ein guter Jäger »den Mantel nach dem W.« hängen wird, so muss er doch genau wissen, woher er weht. Der erfahrene Jäger muss daher bei jedem Reviergang sorgfältig die W.-Richtung prüfen, denn der Geruchssinn des ▸ Schalenwildes (ausgenommen Schwarzwild) ist der ausgeprägteste und empfindlichste aller Sinne. Ist der Luftzug so gering, dass er kaum feststellbar ist, kann mit einem brennenden Streichholz oder mit dem Rauch einer Zigarette bzw. einer Pfeife die W.-Richtung gut kontrolliert werden. Aber auch der nass gemachte und hochgehaltene Finger, der an der dem W. zugekehrten Seite kalt wird und schneller abtrocknet, erfüllt den Zweck ebenso wie ein feiner Staub, den man durch die Finger rieseln lässt, oder die fallengelassene Flaumfeder, die bereits beim geringsten Luftzug wegschwebt. In den Bergen sollte die durch die Täler leicht wechselnde W.-Richtung jedoch öfter kontrolliert werden. Ein altes Sprichwort sagt: »Wenn der W. jagt, sollte der Jäger nicht jagen.« Der Jäger gebraucht folgende Ausdrücke:

Guter W.: Er bläst dem Jäger voll von vorne ins Gesicht kommt also vom Wild zum Jäger. Der erfahrene Such- und Stöberhund wird immer versuchen, gegen den W. zu suchen oder zu stöbern, d.h. mit hoher Nase in den W. zu kommen, um so das Wild aufzuspüren. Der gute W. ist der Idealwind.

Schlechter W.: Dieser W. (Nackenwind, Rückenwind) weht vom Jäger zum Wild hin, trägt somit dem Wild die Wittrung zu und vergrämt es. Schlechter W. führt selten zu einem Jagderfolg.

Halber W. oder *Halbwind*: Der von der Seite her einfallende W. (auch Seiten- oder Schneidwind), der z.B. bei der Suche von feinnasigen Hunden gerne ausgenutzt wird. Halber W. ist weder schlechter noch guter W.

Voller W.: Wenn einen der W. direkt von vorne oder von hinten (Rücken- oder Nacken-W.) anbläst, im Ggs. zum halben W., spricht man von vollem W. Er ist somit entweder ein guter W. (von vorne) oder ein schlechter W. (von hinten).

Kein W. Dies bedeutet, dass der W. dauernd wechselt (z.B. küselnder W., Kesselwind).

Küselnder W.: Der W. wird durch ein Hindernis, z.B. einen Wald, abgelenkt, staut sich hinter dem Hindernis – auf der dem W. abgekehrten Seite – und wird aufwärts und zur Seite abgetrieben. Es bildet sich ein W.-Schatten mit großen Luftwirbeln; man sagt: »Der W. küselt.« Dabei kann es zu einer ständigen Änderung der W.-Richtung kommen, zum sog. flatternden W.

Überkippender W.: Er tritt meist auf der dem Wind abgekehrten Seite eines Hindernisses auf – z.B. am Waldrand –, an dem die Rückströmung entgegen der Hauptwindrichtung tief in den Bestand hineinreichen kann.

Kesselwind oder *Kreiselwind*: Er entsteht in Tälern, aber auch bereits auf größeren Waldwiesen oder Blößen, die ringsum von einem mehr oder weniger dichten Bestand umgeben sind. An den Rändern eines Kessels oder einer Mulde bilden sich W.-Schatten, die die Luft zurückströmen lassen und damit eine ständig wechselnde W.-Richtung verursachen.

Aufwind und *Abwind* (*Fallwind*): Ein von der Hauptwindrichtung abweichender W., der aber auch durch thermische Wirkungen entstehen kann. Er ist v.a. in den Bergen vorherrschend und verdient besondere Beachtung bei der Jagdausübung. Über Sand, Heide, trockenen Feldern und kahlem Fels erwärmt sich die Luft wesentlich schneller. Diese warme, aufsteigende Luft wird als Aufwind oder Bergwind bezeichnet. Über kühlem und schattigem Gelände (Wald, Wasser) entsteht kalte Luft, die absinkt und als Abwind, Talwind oder Fallwind bezeichnet wird. An sonnigen Berghängen ist daher überwiegend mit Aufwinden, an Schattenhängen dagegen mit Abwinden (Fallwinden) zu rechnen.

Überwind oder *Oberwind*: Der W., der über den Jäger hinweg zum Wild zieht. Dies kann der Fall sein, wenn der Jäger tiefer steht als das Wild oder von einer Mauer geschützt wird.

Unterwind: Im Ggs. zum Überwind ist dies der W., der unter dem Jäger hinwegzieht, wenn dieser z.B. auf einem Hochstand sitzt.

Unter dem W. pirschen bedeutet so viel wie gegen den W. pirschen. Im übertragenen Sinne steht W. auch für Geruch. Man sagt: »Das Wild hat W.«, wenn es einen Geruch wahrgenommen hat, oder: »Es bekommt von etwas W.«, wenn es etwas riecht; ▸ winden, ▸ Wind holen, ▸ Windruhe. **2**) In der Falknersprache: Über W. (W. an) heißt gegen den W.; unter W. (W. ab) heißt mit dem W. Man sagt: »Der Faustfalke wurde über W. an Wild geworfen.« Windstilles Wetter ist nur für die Beizjagd mit Habicht und Sperber im freien Gelände sowie für die Beizjagd im Hohen Flug (▸ Flug 3)) mit Falken ideal. I. Allg. ist leichter W. oder sogar stärkerer für die Beize mit Falken äußerst günstig, weil der Falke dann meist seinem Beutevogel überlegen ist. Das vom Falken angegriffene Flugwild sucht stets unter W. (mit dem W.) zu

▸▸ Windbruch (im Bild rechts) und Windwurf nach Sturm

◂◂ Anton Straßgschwandtner (1826–1881): »Hasenhetze mit dem Solofänger«, um 1860, Lithografie

entfliehen, falls sich nicht in der Nähe über W. (gegen den W.) Deckung befindet. Der Falkner kann daher die Richtung der Beize voraussehen und sich darauf einstellen. Die Beize im Hohen Flug auf Reiher und Milane ist bei starkem W. gefährlich, weil diese durch Übersteigen dem Falken zu entkommen versuchen und die Beize in großer Höhe so schnell abläuft, dass der Falkner kaum noch folgen kann, wodurch die Gefahr besteht, dass die Falken sich ▸ verstoßen.

Wind bekommen: Das Wild hat W. b., d.h., es hat die Wittrung des Menschen.

Windbruch, der: Auch Sturmbruch. Das Abbrechen der Baumstämme eines Waldes bzw. Waldteiles durch den Sturm; ▸ Windwurf.

Windbüchse, die: Die W. ist ein Gewehr, aus dem das Geschoss nicht durch Pulverkraft, sondern durch die Ausdehnung der in der sog. Windflasche, dem Luftbehälter, eingepressten und durch Abdrücken befreiten Luft hinausgetrieben wird. Im 17. Jh. konstruierte der Physiker Otto von Guericke (1602 bis 1686) die »Magdeburger Windbüchse«, die späteren Büchsenmachern als Vorbild diente. Mit der W. konnten Bleikugeln von 10 bis 12 mm Durchmesser verschossen werden und töteten einen Hirsch noch auf 60 bis 80 Schritt Entfernung. Sie wurde bald zur beliebtesten Waffe der »kleinen Leute« und der Bauern, denen der Umgang mit Blei und Pulver verboten war. Auch ▸ Wilderer bedienten sich überwiegend dieser lautlosen Waffe. Wegen der Begünstigung der Wilderei wurde sie in verschiedenen Staaten, besonders in Thüringen, für den gemeinen Mann verboten. Ludwig VIII. von Hessen (1739 bis 1768) bevorzugte diese Waffe, weil er seine Reviere nicht durch den Knall der Pulverbüchse beunruhigen wollte. Obwohl die W. sehr umständlich zu handhaben war – sie musste nach 20 bis 30 Schüssen mit einer separaten Luftpumpe wieder gefüllt werden –, erlegte der Landgraf mit ihr mehr und stärkeres Wild als irgendein Zeitgenosse auf andere Weise. An den Stellen, an denen er einen besonders guten Schuss getan hatte, ließ er Gedächtnistafeln mit Reimen anbringen: »Anno 1751 musste sichs den 12. May wohl fügen/Ludwig VIII. zum Vergnügen/schossen einen weißen Tannenbock (›Damhirsch‹)/von hier 180 Schritt weit bis an Stock/und zwar mit der Wind-Büchs Macht/ auch diesen Bock zu Fall gebracht.«

Winde, die: Die ▸ Windhunde.

winden: svw. wittern, d.h. die Wahrnehmung bzw. Orientierung mithilfe des Geruchssinnes bei allem Wild und beim Hund. Das Wild hebt dazu den ▸ Windfang hoch und zieht die Luft prüfend ein.

Winder, der: ▸ Windfang.

Windfang, der (Winder, Muffel): Die Nase des ▸ Schalenwildes, außer bei Schwarzwild (▸ Scheibe 1), ▸ Wurf 1)).

Wind haben: Das Wild oder der Hund h. W., d.h., sie haben mit ihrem Geruchssinn etwas wahrgenommen.

Windhatz, die: ▸ Windhetze.

Windhaus, das: In älterer Zeit ein Haus, in dem die Winde (▸ Windhunde) gehalten wurden; z.B. am Hof zu München.

Windhetze, die (Hetze, Hasenhatz, Hasenhetze): Eine früher ausgeübte Hasenjagd mit ▸ Windhunden. Die mehr dem Sport zugehörige Jagdart (heute nach §19 Nr. 13 BJG verboten) wurde von meist berittenen Jägern im Zusammenspiel mit den am Hetzstrick geführten Windhunden praktiziert. Da die Windhunde nur auf das Gesicht (auf das Auge) jagen, musste das Gelände eben und übersichtlich sein. Mit Junghunden unter einem Jahr wurde nicht gehetzt, später vorsichtig und nur auf junge Hasen. Besonders war darauf zu achten, dass der Hase nicht zu weit vor den Hunden aufstand, da sie sich sonst leicht überhetzten. Mehr als drei Hunde waren nie an einem ▸ Strick, da sonst die Gefahr bestand, dass der Hase gerissen wurde. Mehr als viermal durfte auch mit einem Strick eingehetzter Hunde nicht gehetzt werden, obwohl gute Windhunde den Hasen in fünf bis zehn Minuten fingen. Bei der W. mussten die Hunde ruhig an der rechten Seite der Pferde herlaufen; sie mussten ▸ strickbändig sein. Der ▸ Hetzriemen ging durch die Ringe der Hundehalsungen und war durch eine Schleife leicht zu lösen. Der ▸ Windhetzer trug ihn von der linken Schulter zur rechten Hüfte. Stand ein Hase auf, wurde die Schleife gelöst und die so freigemachten Hunde mit dem Ruf »hetz, hetz!« angefeuert. Den hetzenden Hunden folgte der Jäger im Jagdgalopp. Nahmen an einer W. mehr berittene Jäger teil, ritt der Jäger mit den Hunden in der Mitte, die anderen mit etwa 40 Schritt Abstand in einer Linie links und rechts von ihm. Nach ihrer Verhaltensweise wurden Windhunde ▸ Solofänger und ▸ Retter genannt. Durch die stetige Beunruhigung wirkte sich die W. sehr nachteilig auf den Hasenbesatz aus. Sie wurde auch auf Kaninchen und auf den Fuchs betrieben.

Windhetzer, der: Ein Jäger zu Pferde, der mit ▸ Windhunden jagt. W. wurde aber auch der Jäger genannt, der sich mit der Abrichtung, Pflege und Führung der Windhunde befasste; ▸ Windhetze.

Wind holen: **1**) Beim Wild: den Jäger umschlagen (Standortwechsel des misstrauisch gewordenen Wildes), um ihn in den Wind zu bekommen (Wittrung zu erhalten). Typisch ist dieses Verhalten für den angereizten Fuchs, der den Jäger umschlägt, um dann gegen den Wind anzuschnüren. **2**) Beim Hund: im Feld einen Bogen beschreiben (das Feld umschlagen), um dann gegen den Wind das Wild zu suchen. Besonders ältere und erfahrene Hunde »holen sich den Wind«.

Windhund, der: Der W. wurde früher auf der Hetzjagd (▸ Windhetze) zum Greifen der Hasen und Füchse gebraucht und gehört zu den Urformen der Hunde; ▸ Veltragus. Er ist unter allen Hunden der schnellste und kann einen Hasen, jedoch kein Reh, das einen beträchtlichen Vorsprung hat, einholen. Er erreicht auch leicht einen Fuchs, selbst dann, wenn dieser auf weitere Entfernung angehetzt wird. Er jagt ausschließlich aufs Auge und hat eine schlechte Nase. Sein Einsatz ist daher sehr beschränkt, zum Jagen benötigt er ebene und freie Felder. Ein W., der die anderen vom Wild abhält, wird ▸ Retter, einer, der einen Hasen allein einholen und fangen kann, ▸ Solofänger genannt.

Windkugel, die: Eine bei der früheren Herstellungsweise hohlgegossene (fehlerhafte) ▸ Kugel, die beim Schießen einen pfeifenden Ton von sich gab, da sich der Wind in diesem Loch (Hohlraum) fing.

Windleinen, die: Die starken Leinen, mit denen die ▸ Krummruten befestigt wurden, damit die Tücher (▸ Jagdzeug) dem Druck des Windes standhielten.

Windmaier, Anton (1848 Pfarrkirchen bis 1896 München): Maler. Von W. ist u.a. »Moorlandschaft mit Reh in der Abendstimmung«.

Windruhe, die: In der Hauptwindrichtung vorgelagerte ältere Bestände bremsen den ▸ Wind, schaffen dadurch relative W. und schützen somit die jungen ▸ Kulturen vor Austrocknung und Frost.

Windschutzanlagen, die: Künstlich angelegte ▸ Hecken und Waldstreifen. Sie sollen durch Verminderung der Windgeschwindigkeit die Verdunstung sowie die Bodenabtragung durch Erosion herabsetzen. Daneben soll eine W. auch kalte Luftströmungen von wirtschaftlich besonders wertvollen ▸ Kulturen fernhalten; ▸ Waldränder.

Windspiele, die: Eine kleine Abart der ▸ Windhunde, die hauptsächlich zur Kaninchenjagd verwendet wurde.

Windsuchen, das: Das Suchen des Hundes mit hoher Nase (um Wittrung aufzunehmen).

Windwachl, der: ▸ Falken 2.

Windweih, der: ▸ Falken 2.

Windwurf, der: Auch Sturmwurf. Das Herausreißen der Bäume aus dem Erdboden mit den Wurzelballen durch den Sturm; ▸ Windbruch.

Winesel, der: ▸ Drosseln 4.

Winkeljäger, der: ▸ Heckjäger.

Winkelpflanzung, die: ▸ Pflanzverfahren.

Winkelspross, der: Beim Damhirschgeweih ein hinteres, höher gelegenes Ende, wenn es senkrecht zur Schaufel nach innen gebogen ist.

Winteräsung, die: ▸ Wildäsungspflanzen, ▸ Wildäsungsflächen, ▸ Wildfütterung.

Winterbalg, der: Der ▸ Balg des ▸ Haarraubwildes im Winter; ▸ weißledrig.

Winterbestand, der: ▸ Winterstand 1).

Winterdecke, die: Beim ▸ Schalenwild die ▸ Decke mit den Winterhaaren (siehe hierzu die Beschreibungen der einzelnen Wildarten).

Winterdrossel, die: ▸ Drosseln 4.

Wintereiche, die: ▸ Eichen 1.

Wintereinstand, der (Winterstand): Ein bestimmter Revierteil, in dem sich im Winter das Schalenwild aufhält; z.B. Südlagen in den Bergen oder das unmittelbare Gebiet um eine Futterstelle; ▸ Sommereinstand, ▸ Einstand.

Winterfällung, die: Auch Winterhieb. Die günstigste Zeit für die Durchführung des Holzeinschlags ist das Winterhalbjahr, wenn die Bäume nicht im Saft stehen. Besonders wertvolle Hölzer wie Kiefernschneideholz, das nicht verblauen (Blaufäule) darf, und die Laubhölzer, die leicht verstecken – besonders die empfindliche Buche –, werden deshalb außerhalb der Saftzeit eingeschlagen. Bei Fichte kommt die Gefahr der Rotstreifigkeit hinzu. Außerhalb der Saftzeit lassen sich auch Schäden am verbleibenden ▸ Bestand einschließlich der ▸ Verjüngung sehr niedrig halten; daneben verringern sich bei Schneelage auch die Rückeschäden am Waldboden. ▸ Durchforstungen, v.a. in jüngeren Beständen, können aber auch in der übrigen Jahreszeit durchgeführt werden, weil schwache Hölzer relativ leicht austrocknen. In höheren Gebirgslagen muss allerdings bei hoher Schneelage die Fällung in die Sommermonate (▸ Sommerfällung) verlegt werden. Fichte und Tanne müssen dann jedoch sofort entrindet werden.

Winterfärbung, die: Die Färbung des Haarkleides des Wildes im Winter (siehe hierzu Beschreibung der einzelnen Wildarten).

Winterfeder, die: Das Winterhaar (Rückenborsten) des ▸ Schwarzwildes.

Winterfrüchte, die: Frostharte Kulturpflanzen, die bereits im Herbst ausgesät werden müssen (z.B. Winterroggen, Winterweizen, Winterraps), weil sie zu ihrer weiteren Entwicklung (Keimung) eines Kältereizes bedürfen.

Winterfurche, die: Eine im Herbst durchgeführte Bodenbearbeitung (Bodenlockerung mit einer bis zu 25 cm tiefen Furche). Die so aufbereitete Ackerfläche, bei der auch aufgelaufenes Unkraut vernichtet wird, ruht bis zur Frühjahrsbestellung.

Winterfütterung, die: ▸ Wildfütterung.

Wintergams, die: ▸ Gamswild im ▸ Winterhaar.

Wintergans, die: ▸ Wildgänse 2. und 3.

Wintergast, der: Eine Vogelart, die sich nur im Winterhalbjahr bei uns als Gast aufhält.

Wintergatter, das: Ein ▸ Wildgehege, in dem Rotwild zur Vermeidung übermäßiger ▸ Wildschäden während der ▸ Notzeit zur Fütterung gehalten wird. Das Rotwild wird in diesen 20 bis 70 ha großen Gattern, die in schneereichen Mittel- und Hochgebirgslagen angelegt werden, i.d.R. von Winteranfang bis zum Beginn der Vegetationsperiode gefüttert und festgehalten. Gefüttert wird mit Gras- oder Maissilage, ersatzweise Rüben, und mit Heu. In den W. wird das Wild zugleich vor Störungen durch Menschen geschützt. Das erste W. entstand 1957 in der Forstverwaltung Franz Mayr-Melnhof in der Steiermark. Der Abschuss in den W. ist verboten. In Bayern kann die untere Jagdbehörde bzw. die Oberforstdirektion Ausnahmen zulassen.

Winterhaar, das: Das Haar des ▸ Haarwildes im Winter. Es wächst dem Haarwild im Herbst und ist länger, dichter und wolliger als das Sommerhaar und dient als Kälteschutz. Bei den meisten Wildarten ändert sich dabei auch die Haarfärbung.

Winterhalbente, die: ▸ Wildenten 3.

Winterhieb, der: ▸ Winterfällung.

Winterkleid, das: **1**) Auch Herbstkleid, ist i.d.R. das ▸ Ruhekleid der Vögel, bei den Enten jedoch meist das ▸ Brutkleid bzw. ▸ Prachtkleid. **2**) Das Haarkleid von Hermelin und Schneehase im Winter.

Winterlager, das: Das ▸ Lager des ▸ Braunbären, das er für den Winterschlaf herrichtet und worin er sich dann einschneien lässt.

Winterlinde, die: ▸ Linden 1.

Winterpropf, der: Erste Losung des ▸ Braunbären nach Beendigung oder bei Unterbrechung der Winterruhe.

Winterräude, die: ▸ Lippengrind.

Winterruhe, die: ▸ Überwinterung.

Winterschäle, die (Winterschälung): Das Schälen des Wildes im Winter; ▸ Schälschäden.

Winterschlaf, der: ▸ Überwinterung.

Winterschlafdrüse, die: Paarig angelegter braungelber Fettkörper in der Nackengegend bei Wirbeltieren. Sie ist am stärksten ausgebildet im Oktober und wird während des Winterschlafes (▸ Überwinterung) aufgebraucht.

Winterstand, der: **1**) Die Gesamtzahl einer Wildart eines Revieres im Winter; ▸ Wildstand. **2**) ▸ Wintereinstand.

Winterstarre, die: ▸ Überwinterung.

Winterstoppelbrache, die: ▸ Brachflächen.

Winterwolle, die: Die Wolle des Hasen und Kaninchens im Winter.

Wippbrettfalle, die (Wippfalle): ▸ Fallen 2.

Wippen, das: ▸ Schnippen 2).

Wippfalle, die: ▸ Fallen 2.

Wirbel, der: Seltene Bez. für das Regewerden des Brunfttriebes der Hirsche, wenn sie sich vom Rudel absondern.

Wirbellose, die *(Invertebrata):* Niedere Tiere ohne Wirbelsäule, denen i.d.R. ein Innenskelett fehlt. Häufig ist dafür ein Außenskelett ausgebildet (z.B. Insekten), das damit auch die Körpergröße des Tieres begrenzt. Sie sind deshalb meist kleiner als die ▸ Wirbeltiere. Zu den W. zählen: Schwämme, Hohl-, Weichtiere, Urtierchen, Platt-, Schlauch-, Ringelwürmer, Gliederfüßer und andere Gliedertiere sowie Stachelhäuter. Die W. umfassen ca. 95% aller bekannten Tierarten.

Wirbeltiere, die *(Vertebrata):* Ein Unterstamm der Chordatiere, zu denen u.a. Fische, Lurche, Vögel, Kriech- und ▸ Säugetiere gehören. Kennzeichnend für W. ist ein (meist) verknöchertes Innenskelett mit charakteristischer Wirbelsäule. Der Körper ist in Kopf (Schädel), Rumpf und, soweit vorhanden, Schwanz gegliedert. Mit Ausnahme der Rundmäuler besitzen sie meist zwei Paar Gliedmaßen (bei Fischen als Flossen vorhanden), die unterschiedlich ausgebildet sein können und teilweise oder vollständig rückgebildet sind (z.B. bei den Schlangen). Die Haut ist mehrschichtig und bildet je nachdem Schuppen, Federn oder ▸ Haare aus. Das Gehirn ist immer deutlich dem übrigen Nervensystem übergeordnet und die Sinnesorgane (soweit nicht rückgebildet) hoch entwickelt; ▸ Wirbellose.

Wirken, die: ▸ Erpellocken.

Wirkungsweise von Büchsengeschossen, die: Die für Jagdgewehre gefertigten und zur Jagdausübung erlaubten und verwendeten ▸ Büchsengeschosse (Zerlegungs- oder Deformationsgeschosse) sind so konstruiert, dass sie sich im Wildkörper zerlegen und dabei eine höchstmögliche Energie abgeben. Die tötende Wirkung der Büchsengeschosse setzt sich aus drei Komponenten zusammen: *Schock- oder Schlagwirkung*: Sie tritt beim Auftreffen des Geschosses auf den Wildkörper ein und bewirkt die Lähmung des Nervensystems. Dabei spricht man vom doppelten oder paarigen Schock, wenn beide Körperhälften mit fast gleicher Wucht und Geschwindigkeit durchschlagen werden. Je mehr Nervenstränge dabei vom Geschoss erfasst werden, um so größer ist die Schockwirkung. *Sprengwirkung*: Durch die Fortpflanzung von Stoß- und Druckwelle beim Auftreffen des Geschosses auf flüssigkeitsgefüllte Organe wie Blutgefäße, Herz, Leber und gefüllter Pansen tritt eine Sprengung bzw. Zerreißung dieser Organe ein. Je höher die Eindringgeschwindigkeit des Geschosses, desto größer ist die Sprengwirkung. *Zerstörende Wirkung*: Sie ist um so größer, je besser die Tiefenwirkung, je weitgehender die Verformung und je größer die Zersplitterung des Geschosses im Wildkörper ist. Je größer die Auftreffenergie und der ihr entgegenwirkende Widerstand im Wildkörper ist, um so günstiger wirken diese Faktoren. Aufgrund dieser Erkenntnisse wurden die einzelnen Geschosse, unter Bevorzugung eines oder mehrerer dieser drei Komponenten, konstruiert; ▸ Ballistik.

Wirnhier, Konrad »Conny« (7.7.1937 Pfarrkirchen bis 2.6.2002 München): Sportschütze, Schießlehrer und Jäger. W. errang zahlreiche Erfolge in der Wurftaubendisziplin: 1961 Deutscher Meister, 1965 Weltmeister in Chile (199 von 200 ▸ Tontauben), 1967 Verteidigung des Weltmeistertitels, 1968 Europameister, 1968 Bronzemedaille bei den Olympischen Spielen in Mexico, 1972 olympisches Gold in München. W. arbeitete seit 1972 als Trainer der Nachwuchsförderung in der Olympia-Schießanlage in München-Hochbrück. Im Bayerischen Jagdschutzverband engagierte er sich u.a. als Lehrgangsleiter für Ausbilder und Prüfer im Bereich Flintenschießen.

Wirt, der: W. sind Pflanzen und Tiere (▸ Wirtstier), die einem anderen Lebewesen Schutz, Transport, Aufenthalt, Nahrung bieten (▸ Parasitismus). Der W. kann kurzzeitig (temporär), periodisch oder permanent, in der ungeschlechtlichen (Zwischen-W.) oder in der geschlechtlichen Phase (End-W.) benutzt werden. Nach der Häufigkeit des Befalls unterscheidet man Gelegenheits-, Neben- oder Haupt-W. Nach der Bindung des Parasiten an den W. unterscheidet man Fehl-W., fakultative oder obligate W.

Wirtschaftswald, der: Bez. für alle Holzbodenflächen (auch unbestockte Flächen), die regelmäßig bewirtschaftet werden (W. in regelmäßigem Betrieb) und der Gewinnung von Holz und anderer Forsterzeugnisse (▸ Walderzeugnisse) dienen. Der W. besitzt eine nachhaltige Nutzungsmöglichkeit (▸ Nachhaltigkeit) von mehr als einem Festmeter Holz je Jahr und Hektar. Bei geringerem ▸ Zuwachs spricht man von W. außer regelmäßigem Betrieb. Dieser umfasst alle Holzbodenflächen, die nicht regelmäßig bewirtschaftet werden (z.B. Bannwald, unbegehbare Steilhänge, Wildparke); ▸ Urwald, ▸ Schutzwald, ▸ Naturwald, ▸ Waldeigentum.

Wirtschaftswegebau, der: Ausbau von Feld- und Waldwegen (Feld- und ▸ Walderschließung) zur Verbesserung des Betriebserfolges. Der W. hat dabei die Anforderungen zu berücksichtigen, die sich aus der Mechanisierung und Rationalisierung der Land- und Forstwirtschaft ergeben. Letztlich ist in der Forstwirtschaft der Wegeaufwand und damit die Erschließungsintensität von der in einem Waldgebiet durchschnittlich erzielbaren jährlichen Nutzung abhängig. Der Bau von Lkw-befahrbaren Wegen wird durch Mittelzuschüsse (Landes- und Bundesmittel, z.T. auch aus dem Europäischen Ausrichtungs- und Garantiefonds für die Landwirtschaft) unterstützt.

Wirtstier, das: Ein tierischer Organismus, in dem ▸ Parasiten leben und der sie ernährt; z.B. der Hund für den Hundebandwurm. Viele Parasiten müssen, um ihre z.T. komplizierte und langdauernde Entwicklung vom Ei bis zum fertigen Tier abschließen zu können, in den verschiedenen Entwicklungsstadien von einem Wirtsorganismus auf einen anderen überwechseln (Wirtswechsel). Seine Geschlechtsreife erreicht der Parasit beim letzten Wirt (End- oder Hauptwirt). Alle vorausgehenden Wirte, bei denen die Jugendstadien parasitieren (Larvenform), sind sog. Zwischenwirte. Ohne Zwischenwirt kann der Parasit seine Entwicklung nicht durchführen.

Wirtswechsel, der: ▸ Wirtstier.

Wisch, der: Ein mit Stroh oder Schilf getarnter Kahn zur ▸ Wasserjagd.

Wisch(er), der: Ein Putzstock zum Reinigen der Gewehrläufe; ▸ Jagdwaffenaufbewahrung, ▸ Pflege und Reinigung.

Wisent, der (*Bison bonasus*, L.): Der W. zählt zur Familie der ▸ Horntiere (*Bovidae*) und ist das größte europäische ▸ Säugetier.

Vorkommen: Er ist eine Wildrindart, die neben dem Ur- oder ▸ Auerochsen in Deutschland heimisch war. Seit dem 18. Jh. bei uns in freier Wildbahn ausgestorben, kommt er heute nur noch in Gatterrevieren (Odenwald, Saupark Springe) vor. Am 9.2.1921 wilderte der polnische Förster Bartlomeus Szpakowicz die letzte frei lebende Wisentkuh in der Bialowiezaer Heide. Aufgeteilt auf verschiedene Tiergärten gab es noch 56 Wisente (27 Stiere, 29 Kühe). Im August 1923 wurde auf Anregung des Frankfurter Zoodirektors Dr. Kurt Priemel die »Internationale Gesellschaft zur Erhaltung des Wisents« gegründet. Der Zoologe Goerd van der Groeben begann ein Zuchtbuch zu führen, welches von der bekannten Hamburger Zoologin Dr. Erna ▸ Mohr viele Jahrzehnte weitergeführt wurde. Nachdem der W. durch erfolgreiche Zoo- und Gatterzuchten in seinem Bestand gesichert schien, wurde 1956 im Urwald von Bialowieza (einem etwa 50 km langen und 40 km breiten Reservat) eine kleine Herde freigelassen. Der Bestand umfasste im Jahre 1963 bereits 57 Tiere, von denen 34 in Freiheit geboren wurden. Eine weitere Herde wurde im angrenzenden sowjetischen (heute russischen) Teil des Urwalds ausgesetzt. 1967 betrug der Weltbestand an W. (überwiegend in Zoos) bereits 860 Tiere.

Aussehen: Ein ausgewachsener W. kann bei einer Körperlänge von ca. 2,60 m bis zu 3,50 m und einer Schulterhöhe von ca. 1,90 m bis zu 1000 kg (Stier) schwer werden. Die Hörner haben einen runden Querschnitt und werden ca. 45 cm lang. Er ist kräftig gebaut und hat eine breite und hohe Stirn. Der Körper ist vom Nacken bis zur Rückenmitte stark gewölbt. Die Augen sind klein, die Ohren kurz und rund. Das Haarkleid ist überall dicht und besteht aus langen, meist gekräuselten Grannen und filzigen Wollhaaren. Am Kinn und am Träger bilden die Haare eine breite und herabwallende Mähne. Der Wedel ist ca. 55 cm bis 70 cm lang und ebenfalls dicht behaart. Die allg. Färbung des W. ist graubräunlich, an den Kopfseiten und am Wedel schwarzbraun, an den Läufen dunkelbraun.

Zahnformel:

$$\frac{0\ 0\ 3\ 3}{3\ 1\ 3\ 3} = 32 \text{ Zähne}$$

(▸ Zahnalterslehre).

Sinne und Lautäußerung: Gehör- und Geruchssinn sind stark ausgeprägt. Lautäußerung ist ein tiefes Grunzen, bei Erregung ein scharfes Prusten.

Lebensraum und Lebensweise: Der W. lebt in Herden von sechs bis dreißig Tieren und ist sehr standorttreu. Sein natürlicher Lebensraum ist der große, lichte Wald; Wasser und Sumpf meidet er. Er ist hauptsächlich morgens und abends aktiv und ruht während des Tages.

Nahrung: Sie besteht hauptsächlich aus Zweigen, Knospen, Rinde, Gräsern und Kräutern.

Fortpflanzung: Die Brunft fällt in den August/September und dauert etwa drei bis vier Wochen, wobei das Verhalten der Stiere dem der Hirsche in der Brunft ähnelt. Nach einer Tragzeit von ca. 39 Wochen wird im Mai/Juni meist ein Kalb, das etwa sechs Monate gesäugt wird, gesetzt. Das Geburtsgewicht be-

◂◂ In Europa einst vollständig ausgerottet, kommt der Wisent nach Auswilderung seit Mitte des 19. Jh. wieder frei lebend im Nationalpark von Bialowieza (Polen/Weißrußland) vor.

Unbekannter Künstler: »Parforcejagd (Curée) unter Kurfürst Max III. Joseph von Bayern«, um 1750, Öl auf Leinwand. München, Deutsches Jagd- und Fischereimuseum, Leihgabe aus Privatbesitz

trägt ca. 40 kg. Während der ersten drei bis vier Lebenswochen lebt die Kuh mit dem Kalb abseits von der Herde. Sie führt das Kalb etwas mehr als ein Jahr. Die Kühe werden nur alle zwei Jahre brunftig. Der W. kann über 20 Jahre alt werden. Das höchste bisher nachgewiesene Höchstalter betrug 27 Jahre.

Wittelsbacher: Bayerisches Herrschergeschlecht von 907 bis 937 und ab 1180 Herzöge, ab 1623 Kurfürsten, von 1806 bis 1918 Könige von Bayern. Die W. stellten zweimal den deutschen Kaiser: Ludwig der Bayer (1314 bis 1347) und Karl VII. (1742 bis 1745). Maximilian I. und Ludwig I. waren keine passionierten Jäger; Ludwig II. jagte überhaupt nicht. Alle anderen W. hingegen waren der Jagd besonders zugeneigt. Diese Jagdleidenschaft spiegelt sich u.a. in den vielen ▸ Jagdschlössern in und um München wider. Zwei Herrscher, Ludwig der Bayer und sein Sohn Ludwig der Brandenburger, ereilte der Tod auf der Jagd. Bekannt als großer Jäger war besonders Prinzregent Luitpold. Während seiner Regierungszeit war in München eine Ansichtskarte der Residenz mit der Unterschrift »Hier wird in der Schonzeit regiert« zu haben. Auch nach 1918 sind die W. der Jagd verbunden. Bemerkenswert ist das vom Chef des Hauses Wittelsbach, Herzog Albrecht von Bayern (3.5.1905 bis 8.7.1996), zusammen mit seiner Gemahlin Herzogin Jenke von Bayern im Jahre 1975 herausgegebene Buch »Über Rehe in einem steirischen Gebirgsrevier« (später ergänzt und abgeschlossen durch das Buch »Weichselboden«). Herzogin Jenke, die die darin enthaltenen Bilder selbst beigesteuert hat, starb am 5.10.1983 bei einem Jagdausflug in der Steiermark.

wittern: ▸ winden.

Wittmann, Paul: ▸ Jagdliteratur.

Wittrung, die: **1**) Beim Wild: W. nehmen im Sinne von ▸ winden; z.B. das Wild bekommt vom Jäger W. **2**) Geruch, der von verschiedenen Wildarten ausgeht; z.B. vom Fuchs und vom Schwarzwild. **3**) Die stark riechende Substanz, mit der das ▸ Raubwild und ▸ Raubzeug an die ▸ Falle gelockt wird. Mit dieser W. soll auch der menschliche Geruch, der an den Fallen haftet, überdeckt werden; ▸ Fuchswittrung.

Witzleben, Friedrich Ludwig, Dr. Freiherr von (9.5.1755 Wolmirstedt, Thüringen bis 16.3.1830 Kassel): W. war Nassau-Oranischer Oberforstmeister sowie Kurfürstl. Hessischer Oberjägermeister und Geheimer Staatsminister. Er leitete auch die 1798 gegründete »Forst-Lehranstalt zu Waldau nahe bey Cassel«. Diese Lehranstalt durfte nur von »jagdgerechten Jägern« des »Hessischen Feldjäger-Corps« besucht werden. W. schrieb u.a. »Beyträge zur Holzcultur« (1797).

WJSC: Abk. für ▸ Wernigeroder Jagdkorporationen Senioren-Convent.

WL: Abk. für Weimaraner Langhaar; ▸ Vorstehhunde.

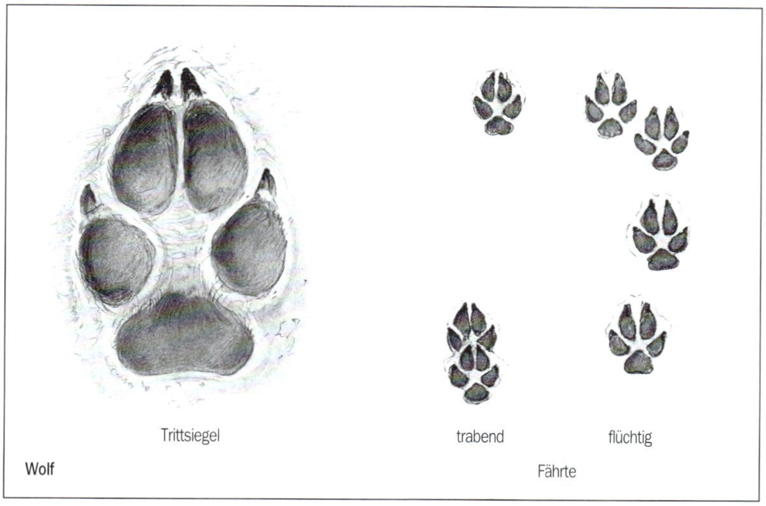

Wolf

Woche des Waldes, die: ▸ Tag des Baumes.
Wodan: Auch Wotan, Odin. In der germanischen Mythologie ist W. hauptsächlich der Gott des Sturmes, aber auch der Gott des Sieges (in der Schlacht), des Reichtums, der Ernte, der Ekstase, der Beredsamkeit und des Verstandes, der Dichtkunst und der Mannhaftigkeit, des Diebstahls und des Trugs, der Gott der Gehenkten und der im Winde fahrenden Seelen und Gott der Gespenster. Außerdem ist er zauberkundig und weiß über die Macht der Runen zu gebieten. Auch gilt er als Frauenheld und treuloser Gatte. Er führt die wilde Jagd an (▸ Wilder Jäger). Seine Jagdhunde oder -wölfe ▸ Geri und Freki waren Glücksbringer.
Wodans Heer, das (Wotans Heer): ▸ Wilder Jäger.
wohlbehangen: Ein Hund, der lange ▸ Behänge und herabhängende Lefzen hat, ist w.
Wohnbett, das: ▸ Lager 2).
Wohnlager, das: ▸ Lager 2).
Wohnraumeinstand, der: ▸ Einstand 1).
Wolf, der (*Canis lupus*, L.): Scherzhaft auch Isegrim. Er gehört zur Familie der Hundeartigen (*Canidae*) und zur Ordnung der Raubtiere (▸ Carnivora). In der deutschen Mythologie werden dem Siegesgott zwei W. und zwei Raben beigegeben, die als streitlustige, tapfere Tiere dem Kampfe folgen und sich auf die gefallenen Leichen stürzen. Der W. galt bei allen Völkern als gefährlich und wurde mit verschiedensten magischen Zeichen gebannt. So findet man in den jugoslawischen Kelimteppichen das Wolfstrittmotiv, die stark stilisierte Spur eines W., als Abwehrzeichen. Bei manchen Stämmen Indiens gilt ein Dorf als entweiht, wenn Wolfsblut auf einen der Dorfwege tropft, und in unserer Märchen- und Sagenwelt spielt dieses Tier ebenfalls immer ein negative Rolle. Jede Geschichte, in der es auftritt – sei es nun im »Rotkäppchen« oder in den »Sieben Geißlein« – endet mit seinem Tod. Auch der berüchtigte Werwolf, ein Mensch der zeitweilig Wolfsgestalt annehmen kann, galt immer als grundgefährliches Wesen. In der Gründungssage Roms tritt, gemeinsam mit Specht und Kiebitz (magische Totemtiere altitalischer Stämme), eine Wölfin auf, die Romulus und Remus, die beiden ausgesetzten Brüder, säugt. Aber schon nach dem ersten Stillversuch wird sie von einer Menschenfrau abgelöst.
Waidmännische Ausdrücke: Die gleichen wie beim Fuchs. Das Männchen heißt Rüde, das Weibchen Wölfin. Das Gebären heißt wölfen, junge W. werden, solange sie säugen, als Nestwölfe bezeichnet; der Ruheplatz ist das Lager. Der W. reißt und raubt, er wirft die Beute, wenn er sie niederzieht. Mehrere W. sind ein Rudel oder eine Rotte. Der W. schnürt, trabt und ist flüchtig. Er hat Fleisch und Fett, sein Balg wird gestreift.
Vorkommen: Der W. kommt in geringer Zahl noch in Skandinavien, Spanien, Italien (Inselvorkommen) und noch häufig in den unbewohnten Gegenden des Balkans sowie in der Slowakei und in Ostpolen vor. Sein größtes Verbreitungsgebiet liegt jedoch in den Ländern der ehemaligen Sowjetunion. Von dort wandern immer wieder einzelne Wölfe auf uralten ▸ Fernwechseln nach Westen. In Deutschland war er in der freien Wildbahn ausgestorben. Erstmalig im Jahre 2001 hat sich allerdings in Sachsen ein W.-Rudel etabliert. Das Hauptjagdgebiet ist der Truppenübungsplatz Nochten (Oberlausitz). Es ist derzeit das einzige W.-Vorkommen in Deutschland. In den Alpen wurde der letzte W. am 28.12.1836 von dem königlichen Forstgehilfen Anton Hohenadel aus Egern am Tegernsee im »Sauriesgraben« geschossen. Der W. war im Revier von Egern drei Jahre lang gespürt worden und hatte unter den Almviehbeständen großen Schaden angerichtet. Nach dem Zweiten Weltkrieg wurden Wölfe im Schweizer Gebirge gespürt. Am 27.11.1949 wurde bei Eischoll ein zweijähriger, männlicher W. erlegt, der im Wallis in einem Jahr über 100 Schafe, 20 Ziegen, sieben Fohlen, ein Kalb und ein Schwein gerissen hatte.

Wolfsschädel

Aussehen: Er hat in etwa die Gestalt eines großen, hochbeinigen, mageren Schäferhundes, der die Rute hängen lässt. Bei näherer Betrachtung zeigt sich jedoch der Unterschied im schmäleren Brustkorb, an den enger gestellten Vorderläufen, an dem dickeren Kopf mit der gestreckten und spitzen Schnauze, an den hochgestellten Gehören, an den schief stehenden Sehern sowie an der langen, buschigen Rute, die bis an die Fersen herabhängt und an der Spitze meist dunkel abgesetzt ist. Sein Balg ist oberseits graugelbbraun mit schwarzem Anflug, unterseits gelblich

Der Wolf dringt aus Osteuropa wieder nach Westen vor – ein frei lebendes Rudel gibt es wieder in Sachsen.

weiß bis grauweiß. Der Balg der Jungwölfe ist matt bräunlich grau. Mit zunehmendem Alter wird der Balg grauer, bis er im hohen Alter silbergrau wird. Die Kopf-Rumpf-Länge des W. beträgt 1,30 bis 1,40 m, die Rutenlänge ca. 35 bis 40 cm, die Schulterhöhe ca. 70 bis 80 cm. Der W. erreicht ein Gewicht von 35 (Fähe) bis 50 kg (Rüde). Wie alle Haushundrassen, als deren Stammform der W. gilt, besitzt er 42 Zähne.

Zahnformel:

$\frac{3}{3}\ \frac{1}{1}\ \frac{4}{4}\ \frac{2}{3} =$ 42 Zähne

(▸ Zahnalterslehre).

Sinne und Lautäußerung: Die Sinne des W. sind ebenso scharf wie die eines Hundes. Geruch, Gehör und Gesichtssinn sind hochentwickelt. Er versteht es genau, welchem Tier eine Fährte angehört, die er zufällig auf seinen Streifzügen gefunden hat. Die ▸ Lautäußerung ist ein Heulen. Die alte Wölfin heult, wenn sie ihre Jungen sucht. Die Jungen heulen, wenn sie ihre Mutter suchen. W. heulen auch in der ▸ Ranzzeit, bei kalter Witterung und wenn sie hungrig sind.

Lebensraum und Lebensweise: Er bewohnt stille, einsame Gegenden und die Wildnis, v.a. dichte, düstere Wälder, im Süden und Osten Europas die Steppen und Tundren. Er schweift bei seinen Beutezügen weit umher (mehr als 100 km in einer Nacht) und verlässt eine Gegend tage- und wochenlang, um dann wieder nach dem früheren Aufenthaltsort zurückzukehren und ihn erneut abzujagen. Er ist sowohl am Tage als auch in der Dämmerung und zur Nachtzeit aktiv. Im Frühjahr und Sommer lebt er einzeln oder paarweise, im Winter in größeren Rudeln mit einer straffen ▸ Rangordnung, wobei die Rüden zahlenmäßig überwiegen. Um die Rangpositionen innerhalb des Rudels wird viel gekämpft, wobei ▸ Drohverhalten und ▸ Demutsgebärden eine große Rolle spielen. Der stärkste W. wird zum Leitwolf und führt das Rudel. Unter Führung eines alten und erfahrenen W. gehen sie gemeinsam auf Schalenwildjagd, insbesondere auf schwache und kranke Stücke; sie sind sog. Beutehetzer. Wie der Fuchs zeigt er große List, Schlauheit und Frechheit. In Gebieten, in denen er noch stark vertreten ist, kann er unter den Haustieren (z.B. Schafen) erhebliche Schäden verursachen. Solange er nicht Hunger hat, ist er scheu und furchtsam; vom Hunger getrieben, wird er aber mutig und tollkühn. In Gefangenschaft wird er sehr zahm und anhänglich.

Nahrung (Fraß): Der W., ein Hetztier, reißt alle Tiere, deren er habhaft werden kann; z.B. alles Haar- und Federwild sowie alle Haustiere. Daneben zählen auch Mäuse, Eidechsen, Nattern, Frösche und Kerbtiere zu seiner Beute. Er nimmt auch Aas an. Der W. beißt die Beute tot. Die Jagd im Rudel (teilweise in Untergruppen, die sich gegenseitig die Beute zutreiben) befähigt die W. zur Großwildjagd. Die Beute wird unter allen Tieren des Rudels entsprechend dem Rang aufgeteilt. Der W. kann enorme Mengen von Fleisch verzehren, an einem Tag bis über zehn Kilogramm; sein »Wolfshunger« ist sprichwörtlich geworden.

Fortpflanzung: W. leben monogam. Ihre Ranzzeit geht von Mitte Dezember bis Mitte März. Vor der Paarung kommt es unter den Altwölfen, die sich um dieselbe (i.d.R. die ranghöchste) Wölfin bewerben, zu Konkurrenzkämpfen. Die Wölfin wölft nach 60 bis 64 Tagen Tragzeit im April/Mai in einem sicheren Versteck vier bis sechs Junge, die etwa acht bis zwölf Tage blind sind und ca. sechs Wochen gesäugt werden. Nach ca. vier Wochen trägt die Wölfin den Jungen Beute zu. An der Aufzucht beteiligen sich auch der Rüde und andere Rudelmitglieder. Die Jungen unternehmen mit drei bis vier Monaten die ersten Streifzüge mit den Elterntieren und sind mit einem Jahr selbstständig und mit etwa zwei Jahren geschlechtsreif. W. werden 15 bis 18, in Ausnahmefällen bis zwanzig Jahre alt.

Losung: Die Losung des W. ist der eines großen Hundes sehr ähnlich. Sie ist von graubrauner Färbung, etwa 10 bis 14 cm lang und 2,5 bis 3 cm dick. Der W. setzt sie gerne an erhöhten Stellen ab und scharrt meist – nach Hundeart – in der Erde mit den Hinterpfoten. Wie beim Hund sind auch Harn und Losung des W. Markierungs- und Verständigungsmittel (▸ Markier[ungs]verhalten).

Fährte: Die Fährte des W. ist der des Hundes (▸ Hundespur) sehr ähnlich und leicht mit der eines großen Hundes zu verwechseln. Wie dieser hat er fünf Zehen am Vorderfuß und vier Zehen am Hinterfuß. Die Innenzehe (fünfte Zehe) am Vorderfuß sitzt jedoch so hoch, dass sie keinen Abdruck hinterlässt. Die Zehenballen des W. sind länger gestreckt als die des Hundes, und die Abstände zwischen den vier Zehenballen und dem Hauptballen sind ebenfalls größer. Auch die Krallen sind in der Spur kräftiger und länger abgedrückt. Der W. bewegt sich in allen Gangarten fort, meistens jedoch im Trab, manchmal im Lauf oder Galopp, selten im Schritt. Die ▸ Schrittlänge beträgt im Lauf und Galopp meist 1,40 m und darüber, im Schritt etwa 80 bis 90 cm. Wie bei allen Raubtieren sind auch beim W. die Vorderfußabdrücke etwas größer als die Hinterfußabdrücke. Der Abdruck des Vorderfußes eines ausgewachsenen Wolfes ist ca. 12 cm lang und 10 cm breit, der eines Hinterfußes ca. 8 cm lang und 7 cm breit.

Jagd: Der W. unterliegt – mit Ausnahme von Rheinland-Pfalz und Mecklenburg-Vorpommern – nicht dem Jagdrecht und ist daher kein jagdbares Wild. Nach den in Deutschland geltenden artenschutzrechtlichen Vorgaben genießt er besonderen Schutz. In Mecklenburg-Vorpommern kann die Schonzeit beim Auftreten des W. aufgehoben werden. Noch zu Anfang des letzten Jh. war die Jagd auf den W. vielfacher Art. Die verschiedenen Jagd- und Fangarten werden von den Altmeistern der Jagd ▸ Döbel, ▸ Winckell und ▸ Jester ausführlich beschrieben. Damals wurden noch Hauptjagden eingerichtet sowie Kesseljagden mit Tüchern, Netzen und Lappen, sog. Hazardjagden, und Treiben mit vielen Treibern und Netzen abgehalten (▸ Wolfsjagen). Daneben wurden in früherer Zeit auch mit großem Erfolg ▸ Wolfsgärten und ▸ Wolfsgruben angelegt oder der W. mit Brechnuss und Strychnin vergiftet, das einem als Köder ausgelegten Lamm eingestreut wurde. Außerdem wurde er auf der Schießhütte (Luderhütte) angekirrt und auch im Tellereisen und Schwanenhals sowie mit der ▸ Schwippgalgenschlinge gefangen. Zu Anfang des 20. Jh. war bei dem seltenen Vorkommen des W. nur noch das Treiben üblich, nachdem der W. bei einer ▸ Neuen bestätigt und eingekreist wurde. In den Donauländern war auch die ▸ Hetzjagd mit ▸ Windhunden, nachdem die W. von Bracken aus dem Dickicht ins Freie getrieben wurden, sehr beliebt. Dort, wo Nestwölfe vermutet wurden, versuchte man im Sommer oder Frühherbst den genauen Standort durch ▸ Anheulen oder Verhören festzustellen und richtete dann eine Treibjagd ein. Der angeschossene W. wurde mit einem Schlag auf die Nasenwurzel getötet.

Wolf, Joseph (1820 bis 1899): Der in der Eifel geborene W. war der bedeutendste Vogelmaler des 19. Jh. Er begann seine künstlerische Laufbahn in Frankfurt, ging später nach Darmstadt, wo er Professor Schlegel und van Wulverhorsts berühmtes »Traite de Fauconnerie« illustrierte sowie Siebolds »Fauna japonica« (1833 bis 1871, 7 Teile). W. starb am 20.4.1899 in London.

wölfen: svw. gebären bei Wolf, Fuchs und Hund; ▸ werfen 2).

Wolff, Julius (16.9.1834 Quedlinburg bis 3.6.1910 Charlottenburg, heute zu Berlin): Schriftsteller. W. verfasste hauptsächlich Versepen mit mittelalterlichen Themen. Von ihm stammt »Der wilde Jäger. Eine Waidmannsmär« (1877), eine Geschichte, die im Harz angesiedelt ist.

Wölfin, die: Der weibliche ▸ Wolf.

Wolfram von Eschenbach (um 1170 bis um 1220): W. entstammte einem Ministerialengeschlecht, das im mittelfränkischen Eschenbach (Wolframs-Eschenbach) ansässig war. Das fünfte Buch des »Parzival« entstand auf Burg Wildenberg bei Amorbach. Er hielt sich auch am Thüringer Hof Landgraf Hermanns I. auf. Auf der Wartburg traf W. v. E. mit Walther von der Vogelweide zusammen. Sein Hauptwerk, das einzige vollendete seiner Epen, ist der Parzival (um 1210). Die Titurelfragmente, Geschichte der Gralsfamilie und Roman der Minne zwischen Sigune und Schionatulander gehören in seine Spätzeit. Im Parzival finden wir nicht nur die ersten schriftlichen Spuren deutschen Waidwerks, sondern auch einen Hinweis auf die Verwendung eines leichten Wurfspeers als Jagdwaffe, des ▸ Gabilot.

Wolfsangel, die: **1**) ▸ Angeleisen. **2**) Die stilisierte Form der W. (ein Doppelhaken mit Querstrich in der Mitte) ist heute ein Symbol der hannoverschen-niedersächsischen Jägerei (z.B. Hegewaldnadel für Deutsch-Drahthaar, Verein Hirschmann für Hannoverschen Schweißhund).

Wolfsbalg, der: Das Fell des ▸ Wolfes.

Wolfseisen, die: **1**) Starke Fangeisen mit zwei Federn. **2**) Ein ca. 2 m langer knebelloser Spieß, der zur Wolfsjagd gebraucht wurde.

Wolfsfinder, der: Eine Hunderasse, die den Wolf aufspürte und verbellte, ähnlich wie der ▸ Saufinder, der das ▸ Schwarzwild aufspürte.

Wolfsgarten, der: Eine mit einem Palisadenzaun umgebene Fläche von ca. 50 bis 100 m Länge und Breite im Wald, auf der mehrere Fanggruben (▸ Wolfsgrube) angelegt wurden. Die Gruben wurden mit einer Falltüre versehen oder mit Reisig und Erde bedeckt. Der Palisadenzaun wurde dabei nur so hoch erbaut, dass ihn die Wölfe leicht überspringen konnten. Ins Innere wurde verendetes Vieh gebracht, damit der Aasgeruch die Wölfe anlockte und zum Einspringen veranlasste. Um die Stadt Wien herum gab es früher zwei große W. Der eine lag am Rand der Donauauen bei Gut Ebersdorf östlich der Stadt, der zweite lag im Westen, unweit von Hütteldorf, am Rand des Wienerwaldes und der Auen des Wienflusses. Dieser W., der 1495 angelegt wurde und der dem heutigen Wolfersberg den Namen gegeben hat, wurde 1614, nach 120-jährigem Bestehen, wegen der hohen Unterhaltungskosten aufgelassen.

Wolfsgrube, die: Eine etwa 4 m tiefe Grube mit steilen, glatten Wänden, in die der Wolf gelockt oder mit viel Lärm getrieben wurde. Es gab sie mit und ohne ▸ Wolfsgarten. Sie wurden entweder mit oder ohne Schnappdeckel, Köder und Eisen errichtet. In der Grubenmitte wurde z.B. an einem Pfahl ein lebender Köder angebunden, der mit seinem Klagelaut die Wölfe anlocken sollte. Als Köder dienten Lamm oder Schaf, bevorzugt wurden aber Enten, weil diese im Winter nicht so leicht erfroren. Verblendet wurden die Gruben mit Reisig und anschließend mit Schafsmist verwittert. Gruben, in die der Wolf mit viel Lärm getrieben wurde, wurden mit keinem Köder versehen.

Wolfsjagdzeug, das: Friedrich Wilhelm von Brandenburg, der Große Kurfürst (1620 bis 1688), ließ in Anbetracht des häufigen Wolfvorkommens in seinem Lande ein W. einrichten, in dem das ▸ Wolfszeug gelagert und verwaltet wurde. Das Hauptdepot befand sich im Jägerhof in Cölln bei Berlin. Das Amt unterstand dem Oberjägermeister. Nach seiner Weisung zogen im Winter die Jagdknechte unter Leitung von Jagdjunkern und dem Jagdzeugmeister in die Landkreise und setzten die ▸ Wolfsjagen an. Die Bevölkerung musste zwei Tage in der Woche ohne Entgelt Treiberdienste leisten; ▸ Jagdfron.

Wolfsjagen, das: Das W. wurde früher zur Winterzeit durchgeführt. Nach einer ▸ Neuen (Neuschnee) wurde ein bestimmter Waldteil durch ▸ Einkreisen abgespürt. Waren Wölfe im Distrikt, wurde mit Garnen und Tuchlappen (▸ Jagdzeug) eingestellt. Etwa 75 m vor den Netzen verbarg sich alle 30 bis 40 m ein Mann (sog. Schreckmann) hinter einem Strauch oder hinter eingesteckten Reisern. Meist wurden drei Reihen Schreckmänner postiert. Der mit Tuchlappen umstellte Distrikt wurde dann von einer Treiberwehr nach den Netzen hin abgetrieben. Passierte ein Wolf eine dieser Reihen, verursachten die Schreckmänner so viel Lärm, dass der Wolf erschreckt weiter in Richtung der Garne floh. Der in die Garne gejagte Wolf wurde dort abgefangen oder totgeschlagen.

Wolfsjäger, die: Zur Zeit der fränkischen Herrschaft waren zur Wolfsjagd eigene W. bestellt.

Das Bild aus dem »JachtBuch« (1639) von Wolfgang Birkner (1582–1651) zeigt ein Wolfsjagen in einem mit Garnen umstellten Gebiet mit einem Großaufgebot an Treibern. Die in den Netzen gefangenen Wölfe wurden mit Wolfseisen erstochen oder mit Knüppeln erschlagen.

Nach dem »Capitulare de villis«, der Landgüterordnung Karls des Großen aus dem Jahre 794 (Cap. 69) mit Vorschriften für die Krongüter, musste jeder Vicarius (= Vorsteher mehrerer Höfe) zwei W. halten. Diese waren vom Kriegsdienst und vom Besuch der Gerichtsversammlungen befreit.

Wolfsklaue (Wolfskralle, Afterklaue, Afterkralle, Afterzehe): Die an den Hinterläufen vieler Hunde hoch angesetzte fünfte Klaue. Sie sitzt meist lose an der Innenseite der Hinterläufe und hindert die Hunde bei der Bewegung, wobei es häufig zu einem Wundscheuern kommt. Die W. sollte nebst Knorpelstumpf innerhalb der ersten Lebenstage entfernt werden. Früher herrschte der Aberglaube, dass Hunde mit einer W. gegen ▸ Tollwut gefeit seien.

Wolfskralle, die: ▸ Wolfsklaue.

Wolfsluchs, der: Gelegentliche Bez. für den rotbraunen ▸ Luchs.

Wolfsnetze, die: Spezielle Netze für den Wolfsfang (▸ Wolfsjagen). Waren keine W. vorhanden, wurden als Ersatz Rehgarne oder Schweinszeug verwendet; ▸ Wolfszeug.

Wolfsriss, der: **1**) Das Reißen eines Tieres durch den ▸ Wolf. **2**) Der durch den Wolf der Jagd zugefügte Schaden.

Wolfssäule, die: ▸ Wolfsstein.

Wolfsspross, der (Wolfssprosse, Wolfsende, Dolchspross): Der W. gehört bei den Geweihbildungen des Rothirsches zu den Ausnahmen. Er befindet sich meist zwischen Mittelsprosse und Krone; sitzt er nahe der Krone, wird er dieser zugerechnet. Der W. ist typisch für ▸ Wapiti und Maral.

Wolfsstein, der: Wie einem erlegten Hirsch oder Bären wurde bisweilen auch einem erlegten Wolf ein Gedenkstein gesetzt. Ein bis heute erhaltener W. ist die »Wolfssäule« im ehem. Forstrevier Frankenreuth in der Nähe von Mehlmeisel im Fichtelgebirge, die an den letzten freien, am 21.7.1882 in Bayern erlegten Wolf erinnert. Erleger war Martin Josef Wiesend aus Kulmain; ▸ Bärenstein, ▸ Hirschstein, ▸ Jagdsteine, ▸ Hubertussäule.

Wolfszeug, das: Frühere Bez. für das gesamte zur Wolfsjagd benötigte ▸ Jagdzeug. Die Wölfe wurden mithilfe von Tuchlappen, Treibern und Schreckmännern in die aufgestellten ▸ Wolfsnetze getrieben; ▸ Wolfsjagen.

Wolle, die: Die Behaarung bei ▸ Hasen und ▸ Wildkaninchen; auch das Grundhaar des ▸ Schwarzwildes und des ▸ Haarraubwildes; seltener Bez. für die Dunen des Wassergeflügels; in allg. Bez. die gesamte Unterwolle im Haarkleid der ▸ Säugetiere; ▸ Haar.

wöllen, das: Alter Ausdruck für das Auswerfen (Ausspeien) der ungenießbaren bzw. unverdaubaren Teile der Beute bei der Greifvögeln; das ▸ Gewölle werfen.

Wopfner, Joseph (19.3.1843 Schwaz/Tirol bis 23.7.1927 München): Lithograph, Landschafts- und Jagdmaler. W. ist berühmt für seine Genrebilder, darunter das volkstümliche »Ave Maria«. Jagdbilder: »Verfolgung eines Wilderers auf dem Chiemsee«, »Aufbrechende Jagdgesellschaft im Winterwald«

Wörgel, der: ▸ Würger 1.

worgen (würgen, wörgen, räuspern; seltener: rülpsen): Beim Auerhahn: die knarrenden ▸ Lautäußerungen (Drohlaute), die wie »Ö, ö, ö« klingen und meist während der Balzzeit zu hören sind. Ein Sprichwort sagt: »Hörst du den Hahn am Abend w., balzt er gut am anderen Morgen.«

wörgen: ▸ worgen.

World Wide Fund for Nature (WWF): Bis 1986 World Wildlife Fund. Der WWF wurde am 11.9.1961 in der Schweiz mit folgender Zielsetzung gegründet: möglichst viele nationale Fördergesellschaften zu gründen; gemeinsame Gelder für weltweite Schutzaktionen zu sammeln; bestehende Naturschutzorganisationen in ihren Bemühungen zu unterstützen; Interesse und Aktionen zur Erhaltung unseres Lebensraumes weltweit zu fördern. Gründungsmitglieder waren der Biologe Sir Julian Huxley, der Künstler und Ornithologe Peter ▸ Scott, Victor Stolan, Max Nicholson und einige Geschäftsleute. Der WWF wurde durch tatkräftiges Verfolgen dieser Zielsetzung zur größten unabhängigen privaten Naturschutzorganisation der Welt. Das weltweite WWF-Netz umfasst 28 nationale und 4 assoziierte Organisationen sowie 24 Programmbüros. In rund 154 Staaten hat der WWF seit seiner Gründung über 12 600 Naturschutzprojekte initiiert, durchgeführt oder gefördert. In Deutschland ist es die 1963 gegründete Umweltstiftung WWF Deutschland, die diese Aufgabe übernommen hat. Die als gemeinnützig und wissenschaftlich aner-

▸▸ Würger, aus Otto Grashey, »Praktisches Handbuch für Jäger«, 1894, 3. Auflage 1916, von links: Rotkopfwürger, Neuntöter und Raubwürger

kannte Stiftung (Umweltstiftung) fördert u.a. Projekte zur Erhaltung natürlicher Lebensräume (Großlebensräume: Meere und Küsten, Binnenland-Feuchtgebiete und Wälder), insbesondere zum Schutz ▸ wild lebender Tiere und wild wachsender Pflanzen sowie gefährdeter Naturlandschaften. Sie setzt sich auch für die nachhaltige Nutzung unserer natürlichen Ressourcen ein. Das Erkennungssymbol des WWF ist der Große Panda (auch Bambusbär genannt), entworfen von Peter Scott.

Wotans Heer, das (Wodans Heer): ▸ Wilder Jäger.

Wotansvogel, der: Der Kolkrabe im germanischen Mythos; ▸ Rabenvögel 1.

Wouwerman, Philips (24.5.1619 in Haarlem getauft bis 19.5.1668 Haarlem): Tiermaler, spezialisiert auf die Motive Pferde, Jagdgesellschaften und Falkenjagd; ▸ Jagdkunst.

wrangen: Selten gebrauchter Ausdruck für das Spielen und Schlagen mit den Vorderläufen des jungen Rot-, Dam- und Rehwildes untereinander.

Wringeln, das: Das Töten der Enten in den ▸ Vogelkojen mit der Hand (Genickbruch).

Wüchsigkeit, die: Die Höhen-, Durchmesser- oder Massenentwicklung eines Baumes innerhalb eines bestimmten Zeitraumes.

Wuchsstoffmittel, die: Hinsichtlich der Wirkungsweise systemisch, d.h. in der gesamten Pflanze wirkende Herbizide (▸ Pflanzenschutz). Sie werden durch Blätter und Stängel aufgenommen und mit dem Saftstrom in der Pflanze verteilt. W. führen zunächst zu übersteigertem Wuchs mit Missbildungen und Stoffwechselstörungen, zu verkrüppeltem Wuchs und schließlich zum Absterben der Pflanze. Sie werden z.B. bei der Unkrautbekämpfung im Rasen und in der Forstwirtschaft angewendet; ▸ Totalherbizide.

Wüdenkehr, das: Fränkisch svw. Wütendes Heer; ▸ Wilder Jäger.

wund: svw. krank, angeschweißt; dem Wild auf der Wundfährte (▸ Schweißfährte 1)) folgen; das Wild tut sich im ▸ Wundbett nieder.

Wundbett, das (Schweißbett; veraltet: Weidbett): Das Bett bzw. Lager, in dem sich krankes (angeschweißtes) Wild niedergetan hat.

Wundfährte, die: ▸ Schweißfährte 1).

Wundgeläuf, das: Das ▸ Geläuf des krankgeschossenen Federwildes, außer Auerhahn.

Wundspur, die (Schweißspur): Die ▸ Spur des angeschossenen Wildes; analog: Wundfährte (▸ Schweißfährte 1)).

Wundwittrung, die (Krankwittrung): Die ▸ Wittrung, die krankes Wild abgibt. Der Jagdhund kann sie von normaler Wittrung unterscheiden.

Wurf, der: **1**) Der Rüssel des ▸ Schwarzwildes (Wühlrüssel); Ober- und Unter-W.; ▸ Scheibe 1). **2**) Die von Hündin und weiblichem ▸ Haarraubwild bei einer Geburt gewölften Jungen.

Wurfbau, der: Ein aus einer kurzen Röhre und einem Kessel bestehender Fuchsbau, in dem die jungen Füchse gewölft werden. Die Fähe benützt den W. bis zur absoluten Verschmutzung und zieht dann mit den Jungen in einen sog. ▸ Aufzuchtbau um.

Wurffessel, die (Wurfriemen): ▸ Geschüh.

Wurfholz, das: An eine Leine gebundenes Stück Holz, mit dem man erlegtes, im Wasser schwimmendes Federwild ans Ufer holt; ▸ Entenanker.

Wurfkette, die: Eine als Abrichtungshilfsmittel (bei Ungehorsam) verwendete kurze Metallkette, die aus mehreren Kettengliedern besteht. Die Kette wird nach dem entfernt stehenden Hund geworfen. Die Kettenglieder müssen so gefertigt sein, dass sie dem Hund zwar ausreichenden Schmerz zufügen, ihn aber nicht verletzen; ▸ Teletact, ▸ Jagdzwille.

Wurfkiste, die (Wurflager): Eine aus gehobeltem Holz gefertigte Kiste, deren Rand so hoch sein sollte, dass die Welpen in den ersten Lebenswochen nicht hinausklettern können. Sie dient als Liegeplatz für die Hündin, an dem sie werfen und in den ersten Wochen die Welpen aufziehen soll. Die Größe der W. richtet sich nach der Größe der Hündin. Sie soll so groß sein, dass sich die Hündin darin bequem niederlegen kann, ohne dass die Gefahr besteht, die Welpen zu erdrücken. Der Boden wird mit einer Decke, Leinwand o. Ä. ausgelegt. Bei Verunreinigung müssen die Einlagen stets erneuert werden.

Würfling, der: Ein drehwurmkranker Gams (▸ Bandwürmer); alter bayerischer Ausdruck.

Wurfriemen, der (Wurffessel): ▸ Geschüh.

Wurftaube, die: ▸ Tontaube.

Würgebohrung, die: Eine Schrotlaufbohrung; ▸ Lauf 4) 2., ▸ Ballistik.

Würgehalsband, das (Würgehalsung): ▸ Halsung.

würgen: **1**) svw. ▸ worgen. **2**) ▸ Abwürgen (Töten) von ▸ Raubwild und ▸ Raubzeug durch den Hund, aber auch ▸ Rehwild an der Kehle packen und niederziehen; ▸ abtun. **3**) Töten des Wildes durch Wildkatzen, Marder, Iltisse und Wiesel.

Würger, die: Eigene Familie (*Laniidae*) aus der ▸ Ordnung der ▸ Singvögel. Es sind mittelgroße, gedrungen gebaute Vögel mit kräftigem Kopf und Hakenschnabel. Sie wurden früher gelegentlich der Jagdausübung erlegt. Da den überaus scheuen Vögeln aber mit der Flinte kaum beizukommen war, wurde ihnen mit Netzen, Fallen und besonders mit Leimruten nachgestellt (▸ Vogelfang). Den Raubwürger benutzten die Falkner beim Falkenfang, da er dem in der Hütte lauernden Falkner durch seine Angst die heranstreichenden Falken verriet. Er wird zudem in der Gefangenschaft sehr zahm. In Mitteleuropa sind vier Arten (Neuntöter, Rotkopfwürger, Raubwürger und Schwarzstirnwürger) ▸ Brutvögel.

1. Neuntöter, der (*Lanius collurio*, L.): Auch Rotrückenwürger, Dorndreher, -kretzer, Finkenbeißer, Großkopf, Spießer, Dickkopf.

Aussehen: Der etwa sperlingsgroße Vogel erreicht eine Länge von 17 cm und ein Gewicht um 30 g. Der Rücken des Männchens ist rotbraun, Kopf, Nacken und Bürzel sind hell-blaugrau, durch das Auge zieht sich ein schwarzer Streif. Die Unterseite ist weißlich mit blassrotem Anstrich. Der überwiegend schwarze Schwanz hat weiße Seiten und eine fast weiße Wurzel. Das Weibchen ist oberseits rostbraun, unterseits bräunlich weiß mit braunen Querwellen. Der Augenstreif ist dunkelbraun. Der Jungvogel ähnelt dem Weibchen, ist aber oberseits auf Kopf und Nacken quergewellt.

Vorkommen: Der N. ist ein ▸ Zugvogel, der im Mai in die Brutgebiete zurückkehrt und bereits im August wieder in die afrikanischen Winterquartiere zieht. Das Vorkommen erstreckt sich über Europa, mit Ausnahme des äußersten Nordens und Südens, und über den größten Teil Asiens. Offenes Gelände mit dornigen Hecken und Feldgehölzen, Waldränder und -lichtungen sowie Parks und Obstgärten sind sein Aufenthalt. Sein Flug ist gleitend und rüttelnd, bei der Umschau von Buschspitzen aus schlägt er mit dem Schwanz von einer Seite zur anderen.

Fortpflanzung: Das ▸ Nest wird mit Vorliebe in Dornenbüschen (Weiß-, Schlehdorn, Wildrose), Brombeerhecken oder in anderen Büschen, gelegentlich auch auf Bäumen, in einer Höhe von 0,50 bis 2 m errichtet. Das Gelege enthält vier bis sieben dunkelgefleckte Eier

Beginnende Rotfäule, verursacht durch den Wurzelschwamm

auf grünlichem, rötlichem oder gelblichem Grund, die vom Weibchen 14 bis 16 Tage bebrütet werden. Die Eier sind etwa 23 x 17 mm groß und ca. 3,5 g schwer. Die Jungen verlassen nach ca. 15 Tagen das Nest. Der Neuntöter ist häufig Kuckuckswirt. Normalerweise eine Jahresbrut (Mai bis Juni).
Nahrung: Sie besteht hauptsächlich aus größeren Insekten, besonders Käfern, die auf Dornen aufgespießt und dann mit dem Schnabel bearbeitet werden, aber auch aus Jungmäusen, kleinen Fröschen und frischgeschlüpften Kleinvögeln.

2. Rotkopfwürger, der (*Lanius Senator*, L.): Auch Berg-, Waldelster, -katze, Pommeraner.
Aussehen: Etwa 17 bis 18 cm groß und um 40 g schwer. Das Männchen hat einen rotbraunen Oberkopf und Nacken, sonst oberseits schwarz, der Bürzel weißlich. Typisch sind der weiße Spiegel im Flügel und die beiden weißen Schulterflecken. Die Unterseite ist gelblich weiß. Das Weibchen ähnelt dem Männchen, ist jedoch auf der Brust leicht grau gewellt und insgesamt matter gefärbt. Die Jungen sind ober- und unterseits bräunlich und grau quergewellt.
Vorkommen: Er bewohnt das Mittelmeergebiet, Mitteleuropa bis zum 55. Breitengrad, Nordafrika, Palästina bis Südostpersien. Bei uns ein ▸ Sommervogel, der im tropischen Afrika überwintert. Sein Aufenthalt sind offenes Gelände mit Baumgruppen und Feldgehölze.
Fortpflanzung: Das Nest wird fast immer auf Bäumen, mehrere Meter über dem Boden, errichtet. Das Gelege enthält fünf bis sechs grünliche oder bräunlich gelbe Eier, die mit kranzbildenden, graubraunen und aschgrauen Flecken gezeichnet sind. Sie sind etwa 23 x 17 mm groß und ca. 3,4 g schwer. Das Weibchen brütet 14 bis 15 Tage und wird in dieser Zeit vom Männchen gefüttert. Die Jungen verlassen nach 14 bis 16 Tagen das Nest. Eine Jahresbrut im Mai.
Nahrung: Überwiegend Insekten (Heuschrecken, Maulwurfsgrillen, Käfer, Schmetterlinge), gelegentlich auch kleinere Wirbeltiere.

3. Raubwürger, der (*Lanius excubitor*, L.): Auch Grauwürger, Bergelster, Krickelster, Buschfalke, Wageringel.
Aussehen: Der etwa amselgroße Vogel ist der größte W. Er ist etwa 24 cm groß und erreicht ein Gewicht um 65 g. Männchen und Weibchen sind oberseits grau und unterseits weiß mit gelblichem Anflug, häufig auch mit einer leichten grauen Wellenzeichnung. Durch das Auge zieht sich ein breiter schwarzer Streif. Die Flügel sind schwarz und haben weiße Doppelspiegel. Der Schwanz ist schwarz, jedoch an den Seiten weiß. Die Jungen ähneln den Altvögeln, sind aber oberseits bräunlich grau und unterseits graubraun quergewellt.
Vorkommen: Der bei uns selten vorkommende Vogel bewohnt ganz Europa mit Ausnahme Italiens, der Britischen Inseln und Teilen Skandinaviens, kommt aber auch in den meisten Gebieten Asiens (ohne Kleinasien), in Afrika nördlich des 10. Breitengrades sowie in Nordamerika vor. Er ist ein ▸ Teilzieher, der neben dem Mittelmeergebiet auch in Mittel- und Westeuropa überwintert. Sein Aufenthalt ist das offene Gelände mit einzelnen Bäumen oder Baumgruppen, aber auch Waldränder und -lichtungen sowie Kiefernheiden und Obstgärten. Sumpfiges Gelände meidet er. Er sitzt meist aufrecht auf einem erhöhten Standort, fliegt niedrig, langsam und meist wellenförmig. Über der Beute ▸ rüttelt er häufig wie der Turmfalke und kehrt immer zu bestimmten Warten zurück.
Fortpflanzung: Das 2 bis 5 m hoch stehende Nest findet sich meist in Wipfeln von Kiefern, aber auch in größeren Dornenhecken. Das Gelege enthält fünf bis sechs trübweiße mit graubraunen Flecken versehene Eier (dem Elsternei ähnlich, jedoch kleiner). Sie sind etwa 26 x 19 mm groß und 5,5 g schwer. Die Brutdauer beträgt 16 bis 17 Tage. Die Jungen verlassen nach ca. 19 Tagen das Nest. Eine Jahresbrut (Mitte April bis Mitte Mai), gelegentlich auch Kuckuckswirt.
Nahrung: Sie besteht aus kleinen Vögeln, Mäusen, Eidechsen, Fröschen, Insekten, besonders Käfern. Die Beute wird sofort getötet und in Astgabeln eingeklemmt, jedoch nicht wie beim Neuntöter aufgespießt.

Würgfalke, der: ▸ Falken 10.

Wurlfedern, die: ▸ Bart 6).

Wurmbunte Klinge, die: ▸ Damast.

wurmen: svw. Nahrung aufnehmen von der Schnepfe, seltener vom Dachs; ▸ stechen 1) und 3), ▸ wurzeln.

Wurmgeweih, das: Eine durch starken Befall mit ▸ Magen- und Darmwürmern verursachte Stoffwechselstörung, die bei der Geweihbildung, v.a. beim Rehbock, zu einer Verkrümmung der Geweihstangen führt, z.B. Korkenzieher- und Widdergeweih; ▸ Rehwild (Hauptschmuck).

Wurzelbrut, die: Bez. für Ausschläge (Austriebe) an den flach unter der Erde wachsenden Wurzeln (Seitenwurzeln) verschiedener Laubbaumarten. W. (vegetative, d.h. ungeschlechtliche Vermehrung) kann zwar schon zu Zeiten des stehenden Baumes auftreten, z.B. bei der Pappel, erscheint meist aber erst nach dessen Fällung. W. erzeugen auch Robinie, Ulme und Erle, besonders starke W. die Zitterpappel; ▸ Stockausschlag.

wurzeln: Vom Dachs: svw. ▸ wurmen oder ▸ stechen.

Wurzelschäle, die: ▸ Schälschäden.

Wurzelschwamm, der (*Heterobasidion annosum = Fomes annosa*): Der ganzjährig wachsende Pilz (Rotfäulepilz) verursacht hauptsächlich bei der Fichte, aber auch bei anderen Nadelhölzern, seltener bei Laubhölzern die Rotfäule. Der in der Forstwirtschaft bedeutendste Schadpilz kommt vorwiegend am lebenden Baum (Stammfäule) vor. Die Infektion erfolgt überwiegend über Verletzungen an Wurzeln und Stammanläufen (z.B. durch ▸ Schälschäden, ▸ Waldstreunutzung, Hieb- und Rückeschäden). Das Myzel befällt zuerst den Bast und dann den Holzkörper der Wurzeln und dringt dann später stammaufwärts ins Kernholz vor. Das Holz verfärbt sich später rotbraun und zersetzt sich.

Wusperl, das (Schelle): Bez. für die Haselhahnlocke. Mit dem W. wird das ▸ Bisten der Henne nachgeahmt; ▸ Lockjagd.

Wüstenfalken, die: ▸ Falken.

Wut, die: Österreichische Bez. für ▸ Tollwut.

Wütendes Heer, das: ▸ Wilder Jäger.

Wuth, die (Wutkrankheit): Alte Bez. für ▸ Tollwut.

Wutz, der: Scherzhafte Bez. für einen ▸ Frischling.

WWF: Abk. für ▸ World Wide Fund For Nature.

Wyler, Eugen (1888 bis 1973): ▸ Jagdliteratur.

X-Z

Xenophon (um 430 v. Chr. Attika bis um 354 v. Chr. Korinth): Griechischer Geschichtsschreiber, Schüler des Sokrates. Nach der unglücklichen Schlacht bei Kunaxa im Jahre 401 v. Chr. führte er 10000 Griechen, die einen Teil des Heeres des Kyros bildeten, aus Mesopotamien durch das Hochland von Armenien auf einem fast 4000 km langen Weg zur Küste des Schwarzen Meeres nach Trapezunt und von da zum Hellespont zurück. Diesen Rückzug schilderte er in seiner »Anabasis«. Um 387 v. Chr. erwarb X. einen Gutshof nahe bei Olympia und begann dort neben Landwirtschaft, Jagd und Pferdezucht mit seiner literarischen Tätigkeit. Von ihm stammt auch das erste Lehrbuch der Jagd, »Kynegetikos« (»Über das Jagen mit Hunden«), dessen Echtheit von einigen Historikern allerdings bestritten wird. In seinem Werk gibt X. zahlreiche praktische Ratschläge für das Verhalten des Jägers, das Verfahren bei der Jagd, speziell auf Hasen, sowie zur Züchtung und Dressur der Jagdhunde. X. beschreibt z.B. erstmalig spurlaut jagende Hunde: »Ist der Hase aufgestöbert, so muss ihm der gute Hund mit kräftigem Laut unablässig durch dick und dünn folgen, ohne die Spur zu verlassen oder gar zum Jäger zurückzukehren«. Zahlreiche von ihm beschriebene Grundsätze der Abrichtung und Führung haben noch heute Gültigkeit. So sollen Hunde erst gelöst werden, wenn der Hase aus dem Gesichtskreis verschwunden ist. Nur so könne man sie spursicher machen.

Yersiniose, die: Nach dem Schweizer Arzt Yersin benannte ▸ Infektionskrankheit; ▸ Pseudotuberkulose.

Zackel, der: Mitteldeutsche mundartliche Bez. für die Geweihstange (▸ Abwurfstange); ▸ Zinken 2).

Zackelbörse,die: ▸ Zackelschau.

Zackelschau, die (Zackelbörse): svw. Abwurfstangenschau.

Zagel, der: Preußischer und siebenbürgischer Ausdruck für den ▸ Bürzel des Dachses.

zähe Äsung, die (Verbissäsung): Ersatzweise aufgenommene Nahrung (insbesondere vom Reh- und Rotwild), die sich unverdaut im Magen (Pansen) des pflanzenfressenden Wildes findet und hauptsächlich aus Zweigen, Rinde und Trieben besteht. Z. Ä. wird im Winter vom wiederkäuenden Schalenwild aufgenommen, wenn es z.B. wegen Äsungsmangel keine Herbstfeiste (▸ Herbstfeistzeit) bilden konnte oder wegen hohen Schneefalls weder an Früchte noch an die Krautschicht herankommt.

zählen: Das langsame und andauernde ▸ Knappen des Auerhahnes; ▸ Raufußhühner 1.

Zahn, der: **1**) Die spitze Ausbuchtung am Oberschnabel der ▸ Falken und ▸ Würger, sog. Falkenzahn. **2**) ▸ Zähne.

Zahnalterslehre, die: Die Altersbestimmung des erlegten ▸ Haarwildes beruht vorwiegend auf der Z., die die Zahnentwicklung und -abnutzung beschreibt. Sie gilt als die sicherste Methode zur Ermittlung des ungefähren Alters des erlegten Haarwildes, besonders des zur Familie der ▸ Hirsche (*Cervidae*) zählenden ▸ Schalenwildes und des ▸ Schwarzwildes. Bei Schalenwild, das wie z.B. Gams-, Muffel- und Steinwild zur Familie der ▸ Horntiere (*Bovidae*) zählt, ist das Alter bei erlegten Stücken auch sehr genau an den Jahresringen bzw. -wülsten des Kopfschmuckes zu ermitteln.

In ihrer Gestalt und in ihrer Funktion sind die einzelnen Zähne sehr unterschiedlich. Unterschieden wird zwischen einem Wiederkäuergebiss, mit dem die Äsung nur abgerupft und später wiedergekäut wird (Rot-, Dam-, Elch-, Reh-, Sika-, Muffel- und Gamswild), und einem Allesfressergebiss (z.B. beim Schwarzwild). Die Zähne werden wie folgt eingeteilt:

<u>Schneidezähne</u> (*dentes incisivi* = I): Als vorderste Zähne in einem Gebiss dienen sie dem Abschneiden der Äsung. Im Regelfall sind sowohl im Ober- als auch im Unterkiefer sechs Schneidezähne vorhanden. Beim Rot-, Dam-, Elch-, Sika-, Reh-, Stein-, Muffel- und Gamswild fehlen sie jedoch im Oberkiefer, an ihrer Stelle befindet sich eine harte Gaumenplatte. Die mittleren Schneidezähne im Unterkiefer werden auch als Zangen bezeichnet. Bei den beiden äußersten (vierten) Zähnen in der Schneidezahnfront des Unterkiefers der vorgenannten Wildarten (Wiederkäuer) handelt es sich um die Eckzähne (*dentes canini* = C), die aufgrund der gleichen Funktion morphologisch nicht von den Schneidezähnen zu unterscheiden sind, jedoch unterschiedlich gestaltet sein können. Beim Rot- und Sikawild sind sie im Oberkiefer meist als die zwei sog. Grandeln (Jagdtrophäe) vorhanden, bei den übrigen Wiederkäuern fehlen sie fast immer und kommen gelegentlich nur beim Dam- und Rehwild vor. Beim Schwarzwild (Keiler) bilden diese Eckzähne im Unterkiefer die Gewehre, im Oberkiefer die Haderer. Bei der Bache werden die Eckzähne im Ober- und Unterkiefer Haken genannt. Beim Raubwild bezeichnet man sie sowohl im Ober- als auch im Unterkiefer als ▸ Fangzähne. Der Abstand (Lücke) zwischen den Eck- und Backenzähnen nennt sich *Diastema*.

<u>Backenzähne</u>: Mit der Backenzahnreihe wird die Äsung zerkleinert. Sie beginnt nach der Diastema mit den vorderen Backenzähnen (*praemolares* = P), denen sich die hinteren Backenzähne oder Mahlzähne (*molares* = M) anschließen. Während die Schneidezähne (I), die Eckzähne (C) und die Prämolaren (P) beim Jungwild als Milchzähne erscheinen und erst später durch Dauerzähne ersetzt werden, erscheinen die Molaren (M) erst und nur als Dauerzähne. Eine Ausnahme bildet hier das Schwarzwild: Bei diesem erscheint auch der

erste Prämolar (P) sofort als Dauerzahn. Beim Schalenwild kommen in jeder Kieferhälfte sowohl im Ober- als auch im Unterkiefer drei Prämolaren (beim Schwarzwild vier) und drei Molaren vor. Beim erwachsenen Haarraubwild stellen die vierten Prämolaren im Oberkiefer und die ersten Molaren im Unterkiefer die Reißzähne dar.

Zahnbezeichnungen und -formeln: Die einzelnen Zähne werden mit den Anfangsbuchstaben ihres lateinischen Namens – beim Dauergebiss mit Großbuchstaben (I, C, P, M), beim Milchgebiss mit kleingeschriebenen Buchstaben (i, c, p, m) – und mit arabischen Ziffern (z.B. P 1, P 2, P 3), die ihre Stellung innerhalb eines Kieferastes in der Zahnreihe angeben, bezeichnet. Bei den Oberkieferzähnen werden die Ziffern zum Buchstaben hochgestellt (z.B. P^1), bei den Unterkieferzähnen tiefgestellt (z.B. P_1). Mit dieser Zahlen-Buchstaben-Kombination werden für die einzelnen Wildarten die Zahnformeln erstellt, die Anzahl und Stellung der Zähne im Oberkiefer und, durch einen Bruchstrich getrennt, ebenso die Zähne im Unterkiefer bezeichnet. Die komplette Zahnformel für das Rehwild-Dauergebiss lautet z.B.:

$$\frac{P^1\,P^2\,P^3\,M^1\,M^2\,M^3}{I_1\,I_2\,I_3\,C\,P_1\,P_2\,P_3\,M_1\,M_2\,M_3},$$

die des Rehwild-Milchgebisses entsprechend

$$\frac{p^1\,p^2\,p^3}{i_1\,i_2\,i_3\,c\,p_1\,p_2\,p_3}.$$

In der international verwendeten Zahn- und Gebissformel werden jeweils die Incisivi (I), Canini (C), Prämolaren (P) und Molaren (M) zu einer Zahlengruppe zusammengefasst und in Kurzform wie folgt angegeben (Rehwildgebiss):

$$\frac{0}{3}\,\frac{0}{1}\,\frac{3}{3}\,\frac{3}{3} = 32 \text{ Zähne},$$

Ist ausnahmsweise im Oberkiefer des Schalenwildes (beim Rot- und Sikawild fast immer) der Eckzahn (Grandel) vorhanden, wird dieser in Klammern gesetzt, z.B.:

$$\frac{0}{3}\,\frac{(1)}{(1)}\,\frac{3}{3}\,\frac{3}{3} = 32\ (34) \text{ Zähne},$$

Üblich ist bei der Kurzformel auch die Hinzufügung des Anfangsbuchstabens der lateinischen Bez. vor der Zahlengruppe auf der Höhe des Bruchstriches mit Angabe der Gesamtzahl der Zähne am Ende der Formel, z.B.:

$$I\frac{0}{3}C\frac{0}{1}P\frac{3}{3}M\frac{3}{3} = 32 \text{ Zähne}.$$

Schneidezähne (i), Eckzahn (c) und die vorderen Backenzähne (p 1, p 2, p 3) erscheinen als Milchzähne und werden durch Dauerzähne (I, C, P) ersetzt. Das Abstoßen der Milchzähne, das durch das Nachdrücken (Nachschieben) der Dauerzähne bewirkt wird, wird in der Waidmannssprache »Schichten« genannt.

Bei der Darstellung der Zahnentwicklung werden zur besseren Unterscheidung von Milch- und Dauerzähnen fallweise auch die Ersteren mit arabischen Ziffern (z.B. p_1, p_2, p_3) und die Letzteren mit römischen Ziffern (z.B. M^I, M^{II}, M^{III}) bezeichnet.

Zahnaufbau: Der innere Bau der Zähne ist immer gleich. Den größten Teil eines Zahnes bildet das *Dentin* (Zahnbein), dessen Farbe zuerst gelblich weiß ist und durch Äsungssäfte eine bräunliche Färbung annimmt. Der freiliegende Teil eines Zahnes ist die *Zahnkrone*, deren Außenseite von einem sehr harten Schmelz überzogen ist und die den Zahn vor einer zu starken Abnützung schützt. Der im Knochen sitzende Teil des Zahnes, die *Zahnwurzel*, ist von einem weichen Zement umgeben. Das *Zahnbein* (Dentin) enthält im Innern eine Höhle (*Zahnhöhle*), die von der *Zahnpulpa*, einem weichen Bindegewebe, ausgefüllt wird und von Nerven und Blutgefäßen durchzogen ist. Bei verschiedenen Wildarten wird bei einigen Zähnen oben *Ersatzdentin* abgelagert, damit bei der ständigen Abnutzung der Zähne die Zahnpulpa geschützt und die Zahnhöhle nicht geöffnet wird. Die Zähne sitzen mit ihrer Wurzel in den *Zahnfächern* des Kieferknochens und sind durch die *Wurzelhaut* in diesem befestigt. Das Zwischenstück zwischen Zahnwurzel und -krone wird als *Zahnhals* bezeichnet, an den sich das Zahnfleisch anschmiegt. Durch den ständigen Abschliff des Zahnschmelzes erscheint auf den Prämolaren neben den Schmelzschlingen ein *Dentinband*. Die *Schmelzschlingen* sind die seitlichen Einbuchtungen des Zahnes auf der Zungenseite, die zur Wurzel hin immer flacher werden. Auf den Molaren werden sie als *Kunden* bezeichnet. Unter *Kauranddentin* versteht man den zungenseitig vor der Kunde gelegenen Teil des Dentins. Mit zunehmendem Abschliff wird die Kunde immer flacher, kürzer und enger, bis sie schließlich nicht mehr sichtbar ist. Das zwischen den Schmelzschichten sichtbare Dentin (Kauranddentin) hingegen wird mit zunehmendem Abschliff immer breiter. Als *Kaurandwinkel* bezeichnet man den Winkel, der von den beiden Schliffkanten der zungenseitigen Hälfte der Zahnsäule gebildet wird. Die äußere Form der Zähne ist häufig sehr unterschiedlich. Die Schneidezähne haben nur eine Wurzel (eine Zahnsäule). Die Prämolaren als Dauerzähne haben zwei Wurzeln. Der dritte Prämolar ist jedoch im Milchgebiss dreiwurzelig (drei Zahnsäulen). Auch die Molaren besitzen jeweils zwei Wurzeln, während der dritte Molar dreiwurzelig ist. Eine Ausnahme bilden im Aussehen die Eckzähne, die auch (z.B. beim Schwarzwild) als Waffen ausgebildet sein können oder der Schneidezähnen ähnlich sehen. Die Eckzähne des Keilers besitzen keine Wurzel und wachsen ständig weiter. Allgemein wird unter dem Zeitpunkt des Zahnwechsels der Ausfall der Milchzähne verstanden, als Zeitpunkt des Erscheinens der Molaren gilt deren Durchbruch durch das Zahnfleisch; Zahnformeln des Haarwildes (beim Schalenwild auch Zahnentwicklung): siehe unter der jeweiligen Wildart.

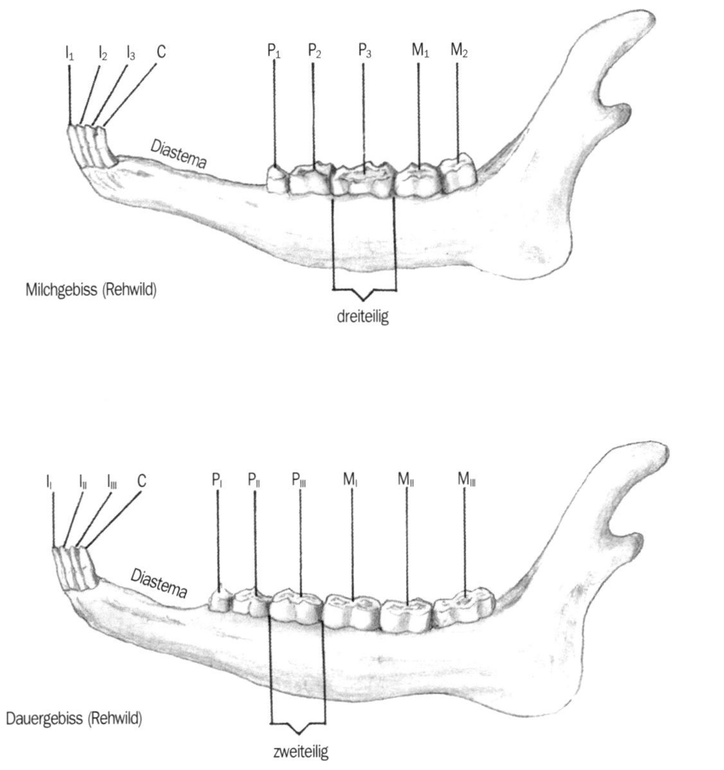

Zahnalterslehre

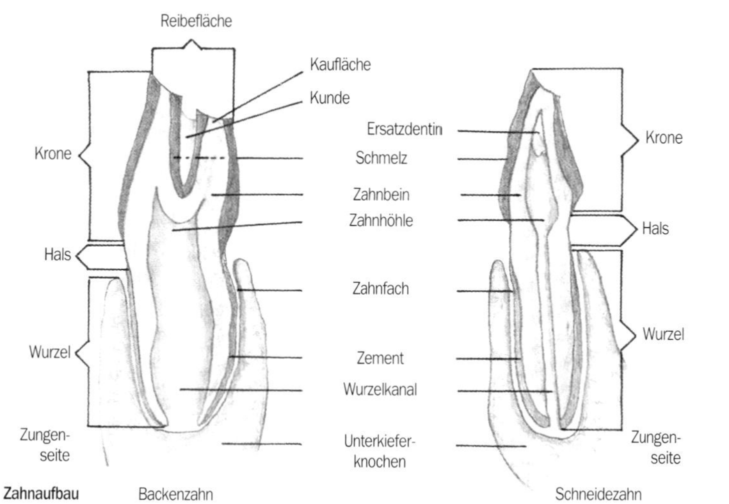

Zahnaufbau

Zähne, die: **1**) Die stachelartigen und ineinandergreifenden Spitzen an den Bügeln verschiedener Fangeisen; ▸ Fallen. **2**) Allg. Bez. auch beim Wild (Ausnahme: die ▸ Grandeln des Rotwildes und die ▸ Waffen der Sauen); ▸ Zahnalterslehre.

Zahnformel, die: ▸ Zahnalterslehre.

Zahnschliff, der: Die zuverlässigsten Daten, das Alter bei (erlegtem) Rotwild zu bestimmen, liefert das Zementzonenverfahren, besser bekannt als der Z. Hierzu wird der 1. Molar des Unterkieferastes des zu bewertenden Hirsches geschliffen. Der Zahn wird aus dem Kiefer geschnitten und anschließend werden mit einer diamantbeschichteten Schleifscheibe der Länge nach feine Zahnblättchen mit einer Dicke von etwa 0,5 bis 1 mm heruntergeschliffen (Mediansagittalabschliff). Der so gewonnene Querschnitt des Zahnes zeigt dann den Zahnkörper mit den Zahnwurzeln sowie dem eigentlichen Beurteilungskriterium, dem zwischen den Zahnwurzeln eingelagerten Zement. Dieser wird, ähnlich den Jahresringen, während des gesamten Lebens des Stückes aufgebaut, wodurch der von oben her abgenützte Zahn nach und nach ein wenig weiter aus den Zahnfächern im Kiefer bzw. dem Zahnfleisch gehoben wird, um eine einheitliche Kaufläche zu gewährleisten. Diese »Jahresringe« aus durchscheinenden Zementschichten sind während der äsungsreichen Zeit im Sommer hell, in der winterlichen Notzeit dunkler. Mit einem 10- bis 15-fachen Mikroskop kann man an der Anzahl der hellen Jahresringe das vollendete Lebensalter des Hirsches ablesen. Das ist bei 80% aller Hirsche mit hundertprozentiger Sicherheit festzustellen, bei sehr alten Hirschen, etwa ab dem 13. Lebensjahr, können verwaschene Strukturen der Zementzonen vorhanden sein, sodass eine Altersbestimmung durch Z. nicht möglich ist.

Zaiko, der: Siebenbürgisch-sächsischer Ausdruck für den Eichelhäher; ▸ Rabenvögel 9.

Zain, der und das (veraltet): **1**) Beim Dachs der ▸ Bürzel (Pürzel). **2**) Beim Hirsch die ▸ Brunftrute.

Zampieri, Domenico, genannt Dominiquin (1581 bis 1641): Bologneser Maler. Z. schuf ein Kolossalgemälde (225 x 320 cm), welches eine buntbewegte Jagd- und Badeszene mit 21 Jägerinnen in allen Phasen der Jagd darstellt, die im jubelnden Waidgeschrei der Jagdherrin gipfelt nach geglücktem Bogenschuss auf ein Stück Flugwild, das pfeildurchbohrt fällt. Das Bild gilt als das suggestivste mythologische Werk seiner Epoche.

Zangen, die: ▸ Zahnalterslehre.

Zangengebiss, das: ▸ Hundegebiss.

Zänken, die (Zacken, Spitzen): Die ▸ Enden am ▸ Geweih des Hirsches; wenig gebräuchlicher Ausdruck.

Zanthier, Hans Dietrich, von (1717 bis 1778): ▸ Jagdliteratur, ▸ Langen.

Zäpfchen, das: Das spitzere Ende der Hirschlosung (▸ Rotwild) im Ggs. zum Näpfchen; die Hirschlosung zählt zu den ▸ Hirschgerechten Zeichen.

Zapfen, der (Stirnzapfen): ▸ Horn 2).

Zapp, der (Zappe): Norddeutsche Bez. für das Blässhuhn; ▸ Rallen 1.

Zaritzer, der (Zarretzer): ▸ Drosseln 3.

Zarka, der: Siebenbürgisch-sächsische Bez. für die Elster; ▸ Rabenvögel 8.

Zarpe, die: ▸ Raufußhühner 4.

Zärrer, der (Zärrezer): ▸ Drosseln 3.

Zäune, die: ▸ Gatter, ▸ Wildschaden(s)verhütung, ▸ Wildschutzzaun.

Z-Baum, der: ▸ Auslesebäume.

Zeamreißer, der (Zirbenreißer): Ein schlecht veranlagter und schwacher Hirsch oder Bock; alpenländischer Ausdruck, v.a. in der Steiermark gebräuchlich; ▸ Steinhirsch.

Zecken, die (▸ Außenparasiten): Z. (Holzböcke) sind Milbenartige mit vier Beinpaaren, einer Kopfkapsel mit stechend-saugenden Mundwerkzeugen und einem sackartigen Körper, der sich stark vergrößert, wenn die Z. sich vollsaugt. Z. befallen viele Tierarten und auch den Menschen. Der Holzbock (*Ixodes ricinus*) hat eine Entwicklungszeit von eineinhalb bis drei Jahren. Das Männchen ist dunkelbraun und nüchtern 1,5 mm lang, das Weibchen ist heller braun und nüchtern 4 mm lang. Männchen und Weibchen klettern auf Gräser, Sträucher und Bäumchen und lassen sich auf Wirtstiere (geeignete Säugetiere) oder auch auf Menschen herabfallen. Auf dem Wirtstier erfolgt die Befruchtung der Weibchen, und die Z. beginnen mit dem Blutsaugen. Sie bevorzugen Stellen, an denen die Haut dünn ist (z.B. Hals, Kopf). Das Männchen saugt wenig oder kein Blut, das Weibchen saugt sich voll und kann das Vielfache seines Körpergewichts erreichen. Vollgesogen lassen sie sich fallen und legen am Boden 1000 bis 3000 Eier. Nach drei bis acht Wochen schlüpfen daraus etwa 1 mm große Larven, die an Gräsern hochklettern und bis zu einem Jahr oder noch länger auf geeignete Wirtstiere (i.d.R. kleine Säugetiere) warten. Die Larven saugen ca. vier bis fünf Tage Blut und lassen sich dann wieder zu Boden fallen. In fünf bis acht Wochen wachsen sie nun zu den sog. Nymphen heran, klettern auf Gräser, Sträucher und Bäumchen und lassen sich auf geeignete Wirtstiere fallen, saugen vier bis fünf Tage Blut und wandeln sich zur Zecke um; der Entwicklungskreislauf beginnt von Neuem. Der Holzbock kommt beim Elch-, Rot- und Rehwild, bei Kleinsäugetieren, beim Hund und beim Menschen vor. Ferner gibt es noch die Igelzecke (*Ixodes hexagonus*), die beim Igel, Dachs, Fuchs und Hund vorkommt. Die Schafzecke (*Dermacentor marginatus*) kommt überwiegend in Süd- und Südwestdeutschland vor und befällt Rot-, Dam- und Rehwild, Schafe, Rinder und gelegentlich auch den Menschen. Der Biss selbst ist schmerzlos, später beginnt die Stelle jedoch zu jucken. Bei sehr starkem Befall kommt es zu Blut- und Gewichtsverlust. Seit 1970 etwa tritt vermehrt die Braune Hundezecke (*Rhinicephalos sanguineus*) in Mitteleuropa auf. Sie kommt ursprünglich in Asien, Australien, Afrika, dem südlichen Teil der USA und im Mittelmeergebiet vor und wurde durch den steigenden Reiseverkehr mit Hunden eingeschleppt. Sie hat sich den hiesigen Lebensbedingungen angepasst und gewisse Z.-Stämme überdauern in Wohnungen auch die kalte Jahreszeit. Diese Z.-Art ist Überträger von Krankheiten und für Mensch und Tier gefährlich. Z. können u.a. den Hundebandwurm, die ▸ Tularämie, ▸ Babesiose, ▸ Lyme-Borreliose, ▸ Zeckenbiss-Encephalitis und ▸ Ehrlichiose übertragen.

Bekämpfung: Bei Wildtieren nicht möglich. Bei Hund und Mensch ist die Z. so schnell wie möglich zu entfernen. Das Wildbret von befallenen Stücken ist genusstauglich.

Zeckenbiss-Enzephalitis, die: ▸ Infektionskrankheit, auch Frühsommer-Meningoenzephalitis (FSME), ist eine Gehirn- und Gehirnhautentzündung (Erkrankung des Zentralnervensystems), die durch Viren hervorgerufen wird. Sie dringt seit Jahren aus dem Osten vor und hat nun auch Deutschland erreicht. Den Virus hat man bereits bei der Rötelmaus, dem

Igel, den Hauswiederkäuern und beim Schalenwild gefunden. Erkrankungen durch das Frühsommer-Meningoenzephalitis-Virus (FSME-Virus) hat man aber nur bei Fuchs und Maus und besonders beim Menschen festgestellt. Die Z.-E. hat als Wildkrankheit keine Bedeutung. Wildtiere bilden jedoch ein Virusreservoir; der Hauptüberträger der Krankheit vom Wild auf den Menschen sind die ▸ Zecken, besonders der Holzbock (*Ixodes ricinus*). Da Zecken und Zeckenlarven vorwiegend im Wald leben, sind besonders Menschen, die viel im Wald sind (Jäger, Waldarbeiter, Forstleute), gefährdet. Die Erkrankungen treten gehäuft von April bis Juli und noch einmal im September/ Oktober auf.

Hat ein Mensch sich durch einen Zeckenbiss infiziert, beträgt die ▸ Inkubationszeit zwei bis zehn Tage, manchmal auch länger (bis 28 Tage). Es kommt dann zu einer leichten Erkrankung, die einige Tage dauert und ähnlich einem grippalen Infekt verläuft. Erste Anzeichen dafür sind Kopfschmerzen, katarrhalische Erscheinungen, Husten, Halsschmerzen, Magen-Darm-Beschwerden oder Fieber. Es können dann einige (bis 20) beschwerdefreie Tage folgen. Danach kommt es zu der gefürchteten Gehirnhaut- und Gehirnentzündung mit starken Kopf- und Nackenschmerzen, nervösen Störungen und hohem Fieber (um 40 °C); Schlafstörungen, Depressionen, Übelkeit, Nackensteifheit, gelegentlich auch Bewusstseinsstörungen und Lähmungen (Zeichen einer fortschreitenden Schädigung des Zentralnervensystems) sind die Folge. Durch eine serologische Untersuchung des Blutes kann eine sichere Diagnose gestellt werden, und es ist wichtig, dass die Heilbehandlung bereits während der ersten Phase erfolgt.

Schutz vor der Erkrankung bietet eine ▸ Impfung. Drei Impfungen sind für eine Grundimmunisierung notwendig. Die Verabreichung von FSME-Immunglobulin kann ebenfalls vor der Erkrankung schützen. Wichtig ist jedoch, dass dieses FSME-Immunglobulin in Infektionsgebieten sofort nach dem Zeckenbiss angewendet wird. Nach neuesten Erkenntnissen kann auch der Hund nicht nur an ▸ Lyme-Borreliose, sondern auch an FSME erkranken. Als klinisches Leitsymptom treten beim Hund wechselnde, unspezifische Lahmheiten und Entzündungen der Gelenke auf, die mit Fieber und Fressunlust einhergehen. Bei rechtzeitiger Diagnose stehen den Tierärzten wirksame Behandlungsmittel zur Verfügung.

Zedtwitz, Dr. Franz Xaver Graf von (12.3.1906 Wien bis 22.6.1942 vor Sewastopol): Schriftsteller, Tierfotograf und Zoologe. Z. studierte ab 1924 Naturwissenschaften an der Deutschen Universität Prag sowie an den Universitäten Wien, Kiel und Berlin und wurde nach der Promotion 1929 wissenschaftlicher Assistent am Berliner Zoo. Der im Zweiten Weltkrieg als Kriegsberichterstatter auf der Krim gefallene Z. wurde v.a. durch seine zahlreichen Jagdbücher bekannt. Er schrieb u.a. »Gams in ihrer Bergheimat. Ein Lebensbild der Gemse im Wechsel der Jahreszeiten« (1939), »Quer durch die Tierwelt« (1932), »Tiere der Heimat« (1937).

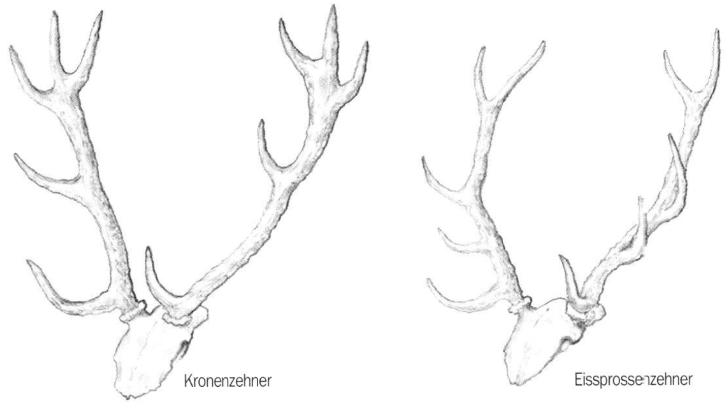

Zehnender

Zehen, die: Falknerausdruck für die Zehen am Fuß von Beizsperber, -habicht und -adler; der ▸ Beizfalke hat Finger an der Hand.

Zehengänger, die: ▸ Säugetiere, die – im Unterschied zu den Sohlengängern – den Boden nur mit den Zehen berühren, z.B. Hunde und das meiste ▸ Haarraubwild; ▸ Gangarten, ▸ Spitzengänger (▸ Schalenwild).

Zehenstifte, die: ▸ Balzstifte.

Zehnender, der (Zehner): Ein Hirsch mit fünf Enden an jeder Stange. Das ▸ Geweih des Z. lässt sich in zwei Formen unterteilen: a) der Gabel- bzw. Eissprossen-Z. (Eisend-Z.) mit einem Aug-, Eis- und Mittelspross und einer Gabel als Stangenabschluss und b) der Kronen-Z., dem der Eisspross fehlt, der dafür aber eine einfache Krone (drei Enden) bildet. Meist herrscht in der Z.-Stufe der »Ungerade Z.« vor, d.h., an einer Stange ist die Eissprosse vorhanden, an der anderen Stange fehlt sie gänzlich.

Zehner, der: ▸ Zehnender.

Zehnerhirsch, der: ▸ Zehnender.

Zeichen, die: **1**) Alle Merkmale bzw. Hinweise, die es dem kundigen Jäger ermöglichen, nicht in Augenschein genommenes Wild zu bestätigen, aufzufinden und anzusprechen, z.B. Fährten, Spuren, Geläufe, Losung, Gestüber, Geschmeiß, Lager, Bett, Sasse, Verbiss, Schäl- und Fegeschäden, Riss, Rupfung, Federn, Abwurfstangen, Haare, auch alle geruchlichen Wahrnehmungen und Lautäußerungen. **2**) ▸ Hirschgerechte Zeichen. **3**) ▸ Schusszeichen.

zeichnen: **1**) Beim ▸ Schalenwild: die Reaktion des Wildes auf und nach dem Schuss. Je nach dem Sitz des Geschosses vollführt das Wild verschiedenartige Bewegungen oder Sprünge, »das Wild zeichnet«; ▸ Schusszeichen. **2**) Vom Jagdgebrauchshund: mit der Nase die ▸ Fährte anzeigen; ▸ zeigen 2). **3**) Die Ausfahrt eines Baues, z.B. Dachsbaues, mit Halmen und Gräsern markieren, um am nächsten Morgen das Ein- und Ausfahren des Wildes bestätigen zu können. **4**) Der Uhu vor der Hütte (▸ Hüttenjagd) zeichnet oder markiert, wenn er durch sein Gebaren dem Jäger das Anstreichen von ▸ Greifvögeln anzeigt.

Zeichnung, die: ▸ zeichnen 3).

zeigen: **1**) Beim ▸ Geweih des Hirsches: grundsätzlich wird bei einem Hirschgeweih als ▸ Ende nur die Abzweigung gezählt, die so weit ausgebildet ist, dass man an ihr eine Hornfessel (Tragriemen des Jagdhorns) aufhängen kann. Sind außer diesen mitzuzählenden Enden noch kleinere Abzweigungen vorhanden, z.B. bei einem Geweih von zwölf Enden noch je ein solcher Ansatz, so sagt man: »Der Hirsch zeigt auf 14 Enden.« **2**) Beim ▸ Schweißhund: mit der Nase (durch Stupfen) Schweiß, Knochensplitter, Schnitthaare usw. auf der Wundfährte (▸ Schweißfährte 1) anzeigen.

Zein, der: ▸ Zain.

Zeiss, Karl: ▸ Jagdliteratur.

Zeissig, Johann Friedrich (geb. 1688): ▸ Jagdliteratur.

Zeitliche Verbote (Jagdrecht): ▸ Jagdbeschränkungen.

Zeitschrift für Jagdwissenschaft: ▸ Jagdzeitschriften.

Zellner, Caspar (1661 bis um 1730): Z. war einer der führenden Meister der Büchsenmacherzunft in Wien. Das Büchsenmacherhandwerk erlernte er in Salzburg. Bis zu seinem Tod arbeitete er v.a. für das Kaiserhaus, besonders für Kaiser Joseph I. und dessen Bruder Karl VI. In der kaiserlichen Gewehrkammer, die sich heute in der Hofjagd- und Rüstkammer des Kunsthistorischen Museums in Wien befindet, sind 95 von Z. hergestellte Feuerwaffen erhalten.

Zem, der (veraltet): **1**) svw. ▸ Ziemer 1). **2**) Das männliche Glied (Membrum) des Hirsches.

Zementzonenverfahren, das: Methode zur Altersbestimmung beim Rotwild; ▸ Zahnschliff.

Zemmel, der (Zimmel): Seltene und wohl auch veraltete Bez. für das Glied (Brunftrute) des Hirsches.

Zen, der: ▸ Zem 2), Ziemer 1).

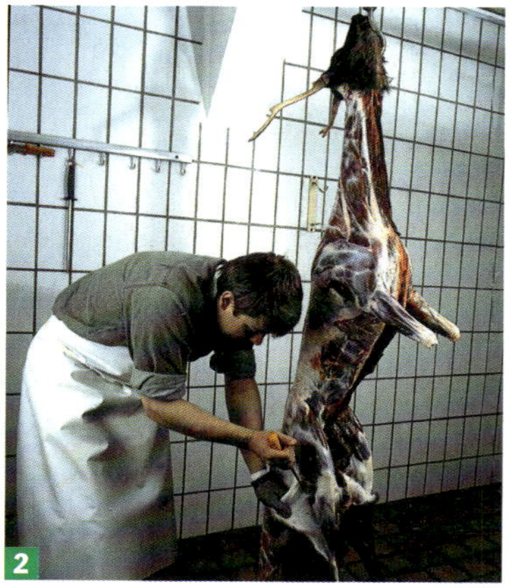

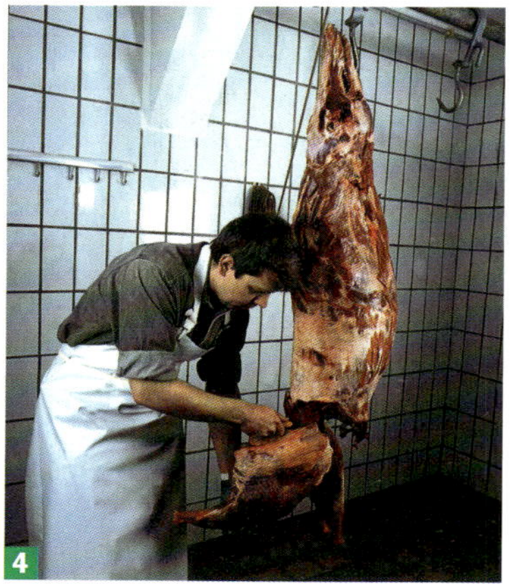

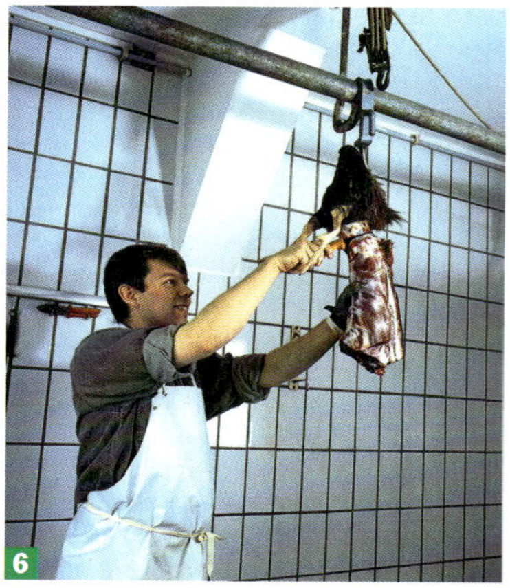

Zentimeterring, der: Zuwachsring der Gamsbock- bzw. Gamsgeißkrucke im vierten Lebensjahr. Der Zuwachs beträgt ca. 1 cm und wird deshalb Z. genannt; er schließt das vierte Lebensjahr von Bock und Geiß ab. Der weitere jährliche Zuwachs beträgt nur wenige Millimeter.

Zentralfeuerpatrone, die: Eine Patrone mit Zündung (Zündhütchen) in der Mitte (zentral) des Patronenbodens. Die heute üblichen Patronen für Jagdgewehre (▸ Büchsen-, ▸ Schrotpatrone, ▸ Kurzwaffenmunition) sind fast ausschließlich Z.; Ggs.: ▸ Randfeuerpatronen bei ▸ Kleinkaliberwaffen.

Zentralfeuerzündung (Zentralzündung), die: ▸ Büchsenpatrone, ▸ Schrotpatrone, ▸ Kurzwaffenmunition.

Zentralverband der Jagdgenossenschaften und Eigenjagden in Niedersachsen e. V. (ZJEN): Dem 1993 gegründeten Verband mit Geschäftsstelle in Hannover gehören z. Z. 2300 ▸ Jagdgenossenschaften und über 700 Eigenjagdbesitzer mit einer insgesamt bejagbaren Fläche von rd. 1,8 Mio. ha an. Die Aufgaben und Ziele des Verbandes erstrecken sich einerseits auf die Vertretung und Sicherung des Jagdrechts als Revierjagdsystem mit seiner Bindung an Grund und Boden sowie andererseits auf die verstärkte Einflussnahme der Grundeigentümer bei allen Planungen im ländlichen Raum und der Vertretung ihrer Interessen in den Fragen der Landschaftspflege und Landschaftsentwicklung mit dem Ziel eines freiwilligen Vertragsnaturschutzes.

Zentralzündung, die: ▸ Büchsenpatrone, ▸ Schrotpatrone, ▸ Kurzwaffenmunition.

Zerch, der: ▸ Lappentaucher 1.

Zerlegen von Wild, das: ▸ Zerwirken.

Zerlegeschlüssel, der: Wertanteile der einzelnen Teile des ▸ Wildbrets (ohne Aufbruch und Haupt) beim Verkauf des ▸ Schalenwildes zur Gesamtwertermittlung. In Klammern der jeweilige Gewichtsanteil: Rücken 28% (17%), Schlegel 46% (33%), Blätter 15% (17%), Kochwildbret 6% (17%), Decke, Läufe 5% (18%); ▸ Zerwirken.

zermult (zermust): Begriff aus »Ein alt Waidbüchlein« (Mitte des 16. Jh.): Das Rottier (weibliches Rotwild) »zerdrückt« die Gräser mit den Schalen; im Unterschied zum Hirsch, dessen Abtritt ein ▸ Hirschgerechtes Zeichen ist.

zermüren (mürren, aufmerren): ▸ aufstoßen.

Zerpe, die: Alte Bez. für das Haselhuhn; ▸ Raufußhühner 4.

Zerreiche, die: ▸ Eichen 4.

zersprengen: ▸ sprengen 4).

zerstörende Wirkung der Büchsengeschosse: ▸ Wirkungsweise von Büchsengeschossen, ▸ Ballistik.

Zerwirken, das: Das Aus-der-Decke-Schlagen (Enthäuten) und das Zerlegen des ▸ Schalenwildes. Beide Handlungen werden als Z. bezeichnet. Zuerst wird die Decke vom Träger abwärts über das Brustbein aufgeschärft (Abb. 1 beim Sikahirsch), dann der rechte Vorderlauf etwa drei Finger über dem Geäfter (▸ Afterklauen), also unterhalb des Knies, rundum aufgeschärft, ebenso der linke Vorderlauf, der rechte und linke Hinterlauf. Nun wird, am rechten Vorderlauf beginnend, die Decke auf der Innenseite des Laufes bis zum Stich (wo Hals und Brust zusammenstoßen) und von dort bis zum Äser aufgeschärft, ebenso am linken Vorderlauf. An den Hinterläufen (am rechten beginnend) wird ebenso verfahren und die Decke bis zum Weidloch aufgeschärft. Dann erfolgt das Aus-der-Decke-Schlagen (Abb. 2), das überwiegend mit Daumen und Faust erfolgt (wegdrücken), wobei mit dem Messer nur nachgeholfen wird. Die Lauscher oder Teller bleiben an der Decke. Das Zerlegen beginnt mit der Abtrennung der Blätter (Abb. 3). Sodann werden die beiden Keulen (Schlegel) abgetrennt (Abb. 4). Nach Durchschlagen oder Durchsägen des Brustbeins werden die Wände herausgelöst, indem die einzelnen Federn (Rippen) durchsägt werden (Abb. 5). Die Trennungslinie ist dabei so zu ziehen, dass etwa ein Viertel bis ein Drittel der Rippenlänge am Ziemer (Rücken) und der Rest an den Wänden verbleibt. Als nächster Schritt sind Haupt und Träger abzuschärfen (Abb. 6).

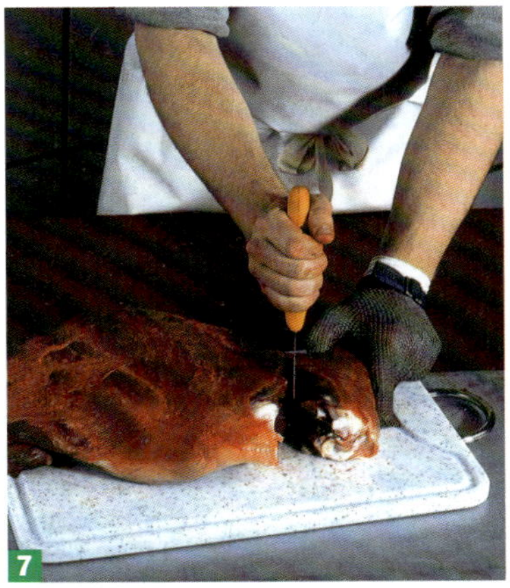
7

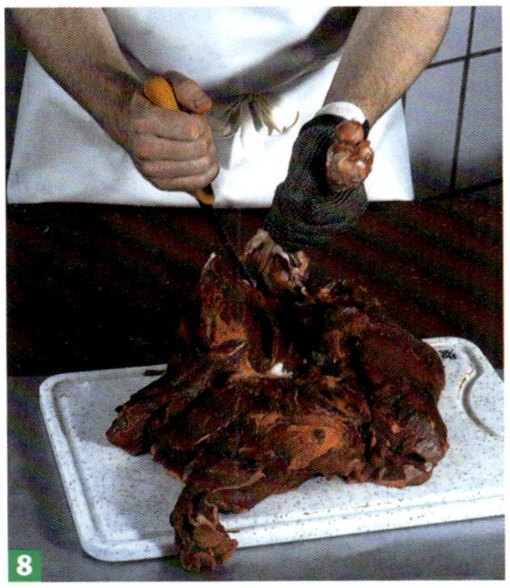
8

9

10

11

Der untere Teil des Schlegels wird am Kniegelenk vom oberen abgetrennt (Abb. 7) und alsdann ausgebeint (Abb. 8). Mit einem spitzen Messer werden die Rippen an der gesägten Seite etwa 1 cm gelöst und mit einer starken Kordel an einem Holzknebel bis zum Knorpelansatz herausgelöst. Die verbliebene Knorpelschicht wird dann flach abgetrennt. Jede Wand wird in Rippen, Brustknorpel und Rippenbraten zerlegt. Der Ziemer kann unzerteilt gelassen oder in drei Teile (Blatt-, Mittel- und Wedelziemer) zerlegt werden (Abb. 9). Die Filets an der Ziemerunterseite werden ausgelöst (Abb. 10). Insgesamt fallen an: der Ziemer (Blatt- und Wedelziemer = Rücken), die beiden Schlegel (Keulen) und die beiden Blätter (Büge), dann Nackenbraten, der Träger (Hals), zwei ausgelöste Rippenbraten, der Schädel (Abb. 11), ferner die vier unteren Teile der Läufe (Kochwildbret), die Verlängerung des Ziemers sowie der Lecker. Durch Deckenhaare verunreinigtes Wildbret wird mit dem Waidmesser abgezogen (oder mit einem trockenen Tuch abgerieben). Das Z. von Schalenwild am Erlegungsort ist aus hygienischen Gründen nur gestattet, wenn sonst ein Transport des Wildes nicht möglich ist; ▸ auswirken, ▸ Entbästen.

Zerwirkgewölbe, das (alte Schreibweise: Zewürchgewelbe, Zwirchgewelb): Ein Gewölbe der früheren Münchner Hofjägerei nahe dem Hofbräuhaus, in dem das Wild zerwirkt und verkauft wurde. Es ist eines der ältesten Häuser Münchens und wurde bereits im Jahre 1264 unter Herzog Ludwig dem Strengen erbaut. Es diente wahrscheinlich von Anfang an z.T. dem ▸ Zerwirken und der Aufbereitung von Wild. Von 1589 bis 1592 wurde das Z. unter Herzog Wilhelm V. zum herzoglichen Brauhaus umgebaut. Zu diesem Zeitpunkt erscheint das Z. unter der Bez. »Wildpraedgewoelb im Hofzehrgarten« in der als Alterssitz für Wilhelm V. erbauten Maxburg. 300 Jahre später, im Jahre 1808, wird der Braubetrieb in das neue Hofbräuhaus am Platzl verlegt. Das Wildpraedgewoelb in der Maxburg zog wieder in das alte Haus um und nahm die Bez. »Hofzerwirkgewölbe« an. Es diente als Aufnahme und Verteilungsstelle für das bei den königlichen Jagden erlegte Wild und Wildgeflügel. Im Jahre 1662 wurden z.B. 86 Wölfe und sechs Luchse im Z. angeliefert. In den Jahren 1841 bis 1845 sind es 7000 Hasen, 598 Gemsen und 6794 Rehe, dazu jährlich im Durchschnitt 5640 Rebhühner. Wertvolle Jagdtrophäen schmückten einst den ca. 200 m² großen Verkaufsraum, der zu den Sehenswürdigkeiten Münchens zählte.

Zerwirkkammer, die (Zerwirkraum): ▸ Wildbretkammer.

Zerwirkmeister, der (alte Schreibweise: Zewirchmaister, Zwirkmaister): Frühere Bez. für einen Oberaufseher, der das Zerwirken des Wildes, z.B. im ▸ Zerwirkgewölbe, unter sich hatte.

Zeug, das: ▸ Jagdzeug.

Zeuggabel, die: ▸ Gabel 4).

Zeughaus, das: ▸ Jagdzeughaus.

Zeugjagen, das: ▸ Eingestellte Jagen.

Zeugjäger, der: ▸ Jagdzeugjäger.

Zeugknechte, die: ▸ Jagdzeugknechte.

Zeugmeister, der: ▸ Jagdzeugmeister.

Zeugschneider, der: Bez. für einen Schneider, der das ▸ Jagdzeug auszubessern hatte.

Zeugwagen, der: Früher ein langer Wagen, auf dem das ▸ Jagdzeug transportiert wurde.

Zeumer, der: ▸ Drosseln 1.

Zibetbiber, der: ▸ Bisamratte.

Zibetratte, die: ▸ Bisamratte.

Ziegenhahn & Sohn OHG: Jagdwaffenhersteller. Die Firma Z. wurde im Jahre 1923 von Alfred Z. (1875 bis 1957) gegründet. Erster Auftraggeber war die Reichswehr, die den Auftrag zum Umbau von 30000 Pistolen ▸ Parabellum, Kaliber 7,65 mm, auf die deutsche Ordonanzpatrone von 9 mm 08 erteilte. In der Folge wurden dann Kipplauf-, Block- und Repetiergewehre sowie Pistolen hergestellt, zugleich erfolgte ein Umzug nach ▸ Suhl. Nach dem Zweiten Weltkrieg, im Jahre 1952, begann die Wiederaufnahme der Produktion mit einem Auftrag über KK-Schnellfeuerpistolen im Kaliber .22 Short. Die Produktion von Pistolen wurde 1984 eingestellt. Seit 1981 werden wieder Langwaffen hergestellt. 1996 zog Z. von Suhl nach Zella-Mehlis um.

Zieget, das (Ziget): Ein Fleischstück, das dem ▸ Beizvogel als Atzung (Nahrung) gereicht wird, um ihn auf die Faust zu locken (vollfleischiger Hühner-, Tauben- oder Wildkaninchenschenkel); ▸ Flügel 2).

Ziegler, Louis: ▸ Jagdliteratur.

ziehen: **1**) Beim ▸ Schalenwild: svw. sich ruhig und vertraut (langsam) fortbewegen; z.B.: »Der Hirsch zieht zu Holze.« **2**) Bei ▸ Zugvögeln: in die Winterquartiere oder in die Brutgebiete (Sommerquartiere) z. (fliegen); ▸ Vogelzug. **3**) Bei den Hühnern: svw. streichen (wegfliegen). **4**) Beim Jäger: mit dem Hunde zu Holz oder zu Feld z.; auf die Jagd gehen.

Ziehfittich, der: ▸ Regenpfeifer 1

Ziehwege, die: ▸ Schleifwege.

Zielballistik, die: ▸ Ballistik.
zielen: Auge, Visier, Korn und Ziel in eine Linie bringen.
Zielfernrohr, das: Ein optisches Hilfsmittel, das Ziel und Absehen (Zielvorrichtung bzw. Visiereinrichtung) in eine Linie bringt. ▸ Jagdoptik.
Zielfernrohr-Montage, die: ▸ Jagdoptik.
Zielstock, der: Einem Spazierstock ähnlicher, jedoch ausziehbarer Stock mit umlegbarer Hornklappe im Griff; ▸ Bergstock.
Ziemer, der: **1**) Veraltet: Ziem, Zimmel, Zimel, Zeimer, Zämel, Zämer, Zämmer, Zen, Zän, Zännern, Zemmel, Zimmer oder Zem; der Rücken des ▸ Schalenwildes (Vorder-, Herz- oder Blattziemer, Mittel-, Wedelziemer) und des Hasen (Vorder- und Blumenziemer). **2**) Die Misteldrossel, ▸ Drosseln 3; aber auch die Rotoder Weindrossel, ▸ Drosseln 4.
Zierdrossel, die: ▸ Drosseln 2.
Ziliation, die (Ziliatur): ▸ aufbräuen.
Zimeren, die (altfranz.: cimier): Veraltete Bez. für die ▸ Brunftkugeln.
Zimmel, der: **1**) Veraltete Bez. für die ▸ Brunftrute des Hirsches. **2**) ▸ Ziemer 1).
Zimmerbüchse, die: ▸ Flobert.
Zimmermann, Carl (1863 Halberstadt bis 1930 Goslar): Maler. Von ihm stammt u.a. »Gemse im Hochgebirge«.
Zimmermann, Johann Baptist: ▸ Jagdkunst.
Zinken, der: **1**) Auch Zinke, ein früher zum Signalblasen verwendetes kurzes, gerades Jagdhorn (Hiefthorn), eine lokale Bez.; ▸ Jagdhorn 1. **2**) Die Enden beim Geweih des Hirsches. **3**) ▸ Jägerzinken.
zinken: Aufgefundenes junges ▸ Haarwild durch Einschnitte in die Lauscher, Löffel oder Gehöre kennzeichnen. Heute dienen hierfür ▸ Wildmarken.
Zinkengeweih, das: Ein ▸ Geweih, das oben drei oder vier ▸ Enden hat; veraltete Bez.
Zippe, die: Die Singdrossel, auch die Rot- oder Weindrossel; ▸ Drosseln 2 und 4.
Zirbelkiefer, die: ▸ Kiefern 3.
Zirbelkrähe, die (Zirbelkrach): ▸ Rabenvögel 10.
Zirbenreißer, der: ▸ Zeamreißer.
Zirmgratschen, die: ▸ Rabenvögel 10.
Zirtsente, die: ▸ Wildenten 3.
zischen: ▸ blasen 1).
Zitterflug, der: Teil des Balzfluges des Turmfalkenweibchens mit schnellen Flügelschlägen ausgeführt. Mit dem Z. erfolgt auch die Annäherung an Artgenossen oder -fremde (z.B. andere Greife, Rabenvögel, Reiher, Möwen), um sie mit Attacken zu vertreiben.
Zivilisationsökologie, die: Ein Teilgebiet der ▸ Ökologie. Sie untersucht die Anpassungen von Tieren und Pflanzen an die Lebensbedingungen in der menschlichen Gesellschaft, z.B. in Städten (Stadtökologie).
ZJEN: Abk. für ▸ Zentralverband der Jagdgenossenschaften und Eigenjagden in Niedersachsen e. V.
Zobel, der (*Martes zibellina*): Heute nur noch in Nordasien beheimateter ▸ Marder mit besonders feinem, wertvollem, sehr begehrtem und oberseits schwärzlichem Pelz.
Zoli, Antonio: ▸ Antonio Zoli.
Zoo, der: auch Zoologischer Garten: *Definition nach dtv-Lexikon*: »Öffentliche oder private Einrichtung, in der zur allg. biologischen Bildung und wissenschaftlichen Forschung sowie zur Erholung der Stadtbevölkerung und zur Erhaltung bedrohter Arten ▸ Tiere gehalten und auch gezüchtet werden. Viele Z. verfügen über ein Aquarium und ein Terrarium; diese sind oft zu einem Exotarium zusammengefasst. Der klassische Z. beherbergt viele Tierarten in wenigen Exemplaren; im Tierpark hingegen werden weniger Arten, aber Tiere in Herden oder Zuchtgruppen auf großen Flächen gehalten, die ein Bild des natürlichen Lebensraumes andeuten und Lebensgemeinschaften darstellen sollen. Die heutigen Z. sind meist eine Synthese aus klassischem Z. und Tierpark«. *Definition nach BNatSchG* (▸ Naturschutz): »Der Z. ist eine dauerhafte Einrichtung, in der lebende Tiere wild lebender Arten zwecks Zurschaustellung während eines Zeitraums von mindestens sieben Tagen im Jahr gehalten werden; nicht als Z. im Sinne des Satzes 1 gelten a) Zirkusse, b) Tierhandlungen und c) Gehege zur Haltung von nicht mehr als fünf Arten des im Geltungsbereich des BJG heimischen Schalenwildes oder Einrichtungen, in denen nicht mehr als fünf Tiere anderer wild lebender Arten gehalten werden« (§42 BNatSchG).
Der Hofmenagerie im Schloss Schönbrunn (Österreich) verdankt Europa seinen ältesten Zoo. Sie wurde im Jahre 1752 von Kaiser Franz I. eingerichtet.
Zoologie, die (Tierkunde): Die Wissenschaft vom Tier. Begründer der neuzeitlichen Systematik: Carl von Linné; der Tierbeschreibung: Alfred E. Brehm; der Abstammungslehre: Charles Darwin und Ernst Haeckel. Forschungsgebiete der Z. sind: Systematik, Morphologie, vergleichende Anatomie, Embryologie, Tierphysiologie, -psychologie, -geografie und -ökologie.
Zoonose, die: Eine ▸ Infektionskrankheit, die von Tieren auf den Menschen oder umgekehrt übertragen werden kann. Durch Bakterien hervorgerufene Z. sind: ▸ Lyme-Borreliose, ▸ Botulismus, ▸ Leptospirose, ▸ Milzbrand, ▸ Pseudotuberkulose, ▸ Rotlauf, ▸ Listeriose, ▸ Brucellose, ▸ Salmonellose, ▸ Staphylokokkose, ▸ Ehrlichiose und ▸ Tularämie; durch Viren hervorgerufene Z. sind: ▸ Maul- und Klauenseuche, ▸ Tollwut, ▸ Ornithose und ▸ Zeckenbiss-Enzephalitis.
Zopflerche, die: ▸ Lerchen 1.
Zopp, der (Zoppe): ▸ Rallen 1.
Zorch, der: ▸ Lappentaucher 1.
Zottelwicke, die: ▸ Wicken.
Zotterer, der: Ein ▸ Wasserhund.
Zotthaar das: Eine Form des Rauhaares (▸ Hundehaar), lang mit dichter Unterwolle. Z. neigt zur Verfilzung, und zwar durch Vermischung des Deckhaares mit der Unterwolle.
Zuchtausleseprüfung, die: ▸ Hundeprüfungen.
Zuchtbuch, das: ▸ Hundezuchtbuch.
Zuchtbuchnummer, die: ▸ Hundezuchtbuch.
züchten: Bei ▸ Wildenten und ▸ Wildgänsen: svw. sich begatten (paaren); ▸ reihen.
Zuchtfasanerie, die: ▸ Fasanerie.
Zuchtprüfung, die (Anlageprüfung): ▸ Hundeprüfungen.
Zuchtrecht, das: Das Z. basiert auf dem Internationalen Z., das am 23.4.1935 vom dritten kynologischen Weltkongress beschlossen wurde. Das Z. ist das mit Pflichten verbundene Recht des Eigentümers eines Rassehundes, mit diesem, unter Beachtung der Zuchtordnung für diese Rasse, zu züchten und die Welpen als Rassehunde in das Zuchtbuch der jeweiligen Rasse eingetragen zu bekommen. Als Züchter eines Wurfes gilt der Eigentümer der Mutterhündin am Tage des Werfens. Zum Zwecke der Zucht kann eine Hündin auch vermietet werden (Zuchtmiete), d.h., das Z. wird vertraglich übertragen. Die Hündin muss sich dann vom Tage des Werfens bis zum Tage des Absetzens der Welpen im Gewahrsam des Mieters befinden. Diese Voraussetzungen sind notwendig, wenn die Übertragung anerkannt und der Wurf auf den Namen des Mieters in das Zuchtbuch eingetragen werden soll. International geregelt sind auch der ▸ Zwingername sowie die Grundsätze für die Eintragung in das ▸ Hundezuchtbuch und für Erstellung von Abstammungsnachweisen (▸ Abstammung) durch die Zuchtvereine.
Zuchtsperre, die: ▸ Zuchtverbot.
Zuchtverbände, die: ▸ Zuchtvereine.
Zuchtverbot, das (Zuchtsperre): Das Z. wird von den ▸ Zuchtvereinen über Hunde verhängt, die Zucht ausschließende Fehler haben. Solche Fehler sind insbesondere: Wesensmängel (Schuss- und Handscheue, Ängstlichkeit), Mängel bei angewölften Leistungsanlagen (▸ Wasserscheue, Waidlaut, schlechte Nase und mangelhafter Spurwille) sowie körperliche Erbfehler (z.B. Gebiss-, Hodenfehler, Missbildungen der Augenlider, Dysplasie usw.).
Zuchtvereine, die (Zuchtverbände): Kynologische Organisationen mit der Aufgabe, im Rahmen der nationalen und internationalen Zuchtbestimmungen (▸ Zuchtrecht) die Reinzucht der einzelnen Hunderassen zu überwachen, die Züchter zu beraten und zu betreuen. Den Z., in denen die Züchter und Führer der einzelnen Hunderassen zusammengeschlossen sind, obliegt auch die Durchführung von ▸ Hundeprüfungen, die Führung der Zuchtbücher (▸ Hundezuchtbuch) und die Erstellung der Abstammungsnachweise (▸ Abstammung). Die Z. bilden zusammen mit den Prüfungsvereinen (Jagdgebrauchshundvereinen) den im Jahre 1899 gegründeten Jagdgebrauchshundverband (JGHV; ▸ Hundeverbände 1). Nur Z. dürfen bei selbstständiger Abhaltung einer Zuchtprüfung die Zulassung auf Hunde ihrer Zucht beschränken. Alle anderen Vereine müssen zu ihren Prüfungen – auch zu solchen, die sie gemeinsam mit einem Z. abhalten – alle Hunde zulassen, deren Z. dem Jagdgebrauchshundverband angehören.
Zucht von Rassehunden, die: ▸ Hundezucht.
Zuchtzeichen für Hunde: ▸ Hunde-Zuchtzeichen.
zudecken: ▸ aufhauben.
zudrücken: Bei ▸ Drückjagden: Drücken des Wildes durch die Treiber in Richtung Schützen.

Zuecken, die: Eine Art Schlinge zum ▸ Vogelfang.
Zuerwerbsbetriebe, die: ▸ landwirtschaftliche Betriebe.
zu Felde schießen: Ein Stück Wild auf dem Felde anschweißen, ohne seiner habhaft werden zu können; ▸ zu Holze schießen.
Zug, der: Ein weiter Flug (Überlandflug) bei Wildenten, -gänsen, Kranichen usw., die in die Winterquartiere ziehen. Man sagt z.B.: »Die Wildgänse sind auf dem Z. nach Süden«; ▸ Vogelzug.
Züge, die: Vertiefungen im Innern des Büchsenlaufes; ▸ Lauf 4) 1.
Zügel, der: **1**) Ein schmaler farbiger Streifen, der bei manchen Vögeln von den Augen zum Hinterkopf verläuft. **2**) Beim ▸ Gamswild: die schwarzbraunen Streifen, die im sonst weißen Gesicht vom ▸ Äser zu den Lichtern (Augen) führen.
Zügel, Heinrich von, Prof. (22.10.1850 Murrhardt bis 30.1.1941 München): Impressionistischer Tiermaler, 1892 Mitbegründer der Sezession in München. Von ihm stammen: »Zwei Rehgesichter« und »Rehporträt«.
Zugfalke, der: ▸ Passagefalke.
Zugkaliber, das: Der Durchmesser des Laufes, gemessen zwischen den Zügen; ▸ Büchsenpatrone.
Zugleine, die: Eine Leine, mit der Fangvorrichtungen (▸ Garne u.a.) zugezogen bzw. zugeklappt werden.
zugriffsbereit: Eine Waffe ist z., wenn sie mit wenigen schnellen Griffen in Anschlag gebracht werden kann; ▸ schussbereit, ▸ Transportieren von Waffen.
Zugvögel, die: Sammelbezeichnung für alle Vögel, die den Sommer in nördlichen Ländern (und dort meist als Brutvögel) und den Winter in südlichen (wärmeren) Ländern verbringen; ▸ Vogelzug.
zu Holze schießen: Ein Stück Wild ist zu Holze geschossen, wenn man es im Walde anschweißt (anschießt), ohne seiner habhaft werden zu können; ▸ zu Felde schießen.
zukommen: Die Hündin kommt zu, wenn sie trächtig wird; der Rüde kommt zu, wenn man ihn zu der hitzigen Hündin zulässt.
Zukowsky, Ludwig, Karl (26.10.1888 Berlin bis 17.7.1965 Leipzig): Zoologe. Z. studierte von 1906 bis 1910 Zoologie in Berlin, war von 1908 bis 1913 wissenschaftlicher Hilfsarbeiter am dortigen Zoologischen Museum und ab 1913 als Zoologe im Tierpark Carl Hagenbeck in Stellingen tätig. 1926 bis 1930 war er Redakteur von »Carl Hagenbecks Illustrierter Tier- und Menschenwelt« sowie Pressevertreter, Archivar und Bibliothekar der Firma Carl Hagenbeck. Ab 1935 am Zoologischen Garten in Frankfurt/Main, ab 1949 am Zoologischen Garten in Münster (beauftragt mit dem Wiederaufbau des zerstörten Zoologischen Gartens) und ab 1957 Direktor des Zoologischen Gartens in Leipzig. Er schrieb u.a. »Wunder der Tierwelt. Säugetiere« (o. J.), »Carl Hagenbecks Reich. Ein deutsches Tierparadies« (1929) und »Mit Lasso, Falle und Netz. Eine Tierfangreise rund um die Welt« (1958).
Zukunftsbaum, der: ▸ Auslesebaum.
Zukunftsbock, der: Ein junger, gut veranlagter Bock, der nach Körperbau und Gehörnentwicklung in den nächsten Jahren einen fehlerfreien, ideal gebildeten ▸ Kopfschmuck zu tragen verspricht.
Zukunftshirsch, der: Ein junger, gut veranlagter Hirsch, der nach Körperbau und Geweihentwicklung in den nächsten Jahren einen fehlerfreien, ideal gebildeten ▸ Kopfschmuck zu tragen verspricht. Soweit in den einzelnen Bundesländern nach ▸ Stärke- und Güteklassen unterschieden wird, ist der Z. den Klassen II a und III a zugeordnet.
Zumbusch, Kaspar Clemens Eduard Ritter von (23.11.1830 Herzebrock bis 27.9.1915 Rimsting bei Prien a. Chiemsee): Z. schuf Monumentaldenkmäler in idealisierendem Naturalismus, z.B. 1910 eine überlebensgroße Diana für die Wiener Jagdausstellung, welche sich heute im Park von Schloss Marchegg befindet.
Zundergams, der und die: Ein(e) hoch in der Latschen- oder Zunderregion stehende(r) Gams; ▸ Waldgams.
Zündglocke, die: ▸ Büchsenpatrone.
Zündhütchen, das: ▸ Schrotpatrone, ▸ Büchsenpatrone, ▸ Kurzwaffenmunition.
Zündkraut, das (Kraut): Bez. für Schießpulver; ▸ Pulver.
Zündung, die: ▸ Büchsenpatrone, ▸ Schrotpatrone, ▸ Randfeuerpatrone, ▸ Kurzwaffenmunition.
Zunftsprüche, die: ▸ Waidsprüche.
Zunge, die: **1**) Die Z. des Jagdhundes und des Federwildes; die Bez. ist auch bei Schwarz- und Raubwild, Hase und Kaninchen üblich; ▸ Lecker. **2**) Stellvorrichtung an ▸ Fallen.
Zupachtung von Flächen, die: ▸ Jagdpacht (§11 Abs. 3 BJG).
Zurr oder Zurren, die (Zierling, Zerrer, Zärrer): ▸ Drosseln 3.
zur Strecke bringen: svw. ▸ erlegen.
zurückblasen: Wenn ein Treiben wiederholt werden soll, weil Wild durch das Treiben zurückgegangen ist, wird durch ein ▸ Jagdsignal seine Wiederholung angeordnet.
Zurückbleiben, das (Hinterlassen, die Erfüllung): Ein ▸ Hirschgerechtes Zeichen.
zurückbrechen: Vom Schalenwild: nach rückwärts durch die: ▸ Treiberwehr zurückfliehen.
zurückprellen: svw. ▸ zurückbrechen, aber auch die spezielle Bez. für das Umkehren des Wildes vor Lappen und Netzen; ▸ anprellen.
zurücksetzen: Vom Rehbock, Elch, Rot-, Sika- oder Damhirsch: ein geringeres ▸ Geweih (Gehörn) schieben als im Vorjahr. Die Gründe hierfür sind fast ausschließlich Überalterung, schlechte Äsungsverhältnisse oder Krankheit.
zurückstoßen: Vom ▸ Beizvogel: aus irgendeinem Grunde von bereits angejagtem Wild ablassen.
zusammenbrechen: Das Niederstürzen des ▸ Schalenwildes nach dem Schuss (im Feuer oder später nach der Flucht).
zusammenfallen: **1**) Beim ▸ Federwild: das gemeinsame Niederlassen (Einfallen) mehrerer Vögel auf einer Stelle, aber auch das Sammeln der ▸ Zugvögel vor dem Flug (Zug) in die Winterquartiere. **2**) Bei Hunden: das Sichanfallen, Beißen und Raufen.
zusammenhaben: Wenn bei einer Vorsuche mehrere Fährten parallel nebeneinander herliefen und der Leithund von einer zur anderen ▸ schwärmte und daher unschlüssig war, welche er halten sollte, so sagte man: »Der Hund will die Fährten gerne z.«; alter Ausdruck.
zusammenhalten: Das Zusammenbleiben der aus einer Flinte geschossenen Schrotkörner; man sagt: »Die Flinte hält gut zusammen«, wenn sie einen geringen Streukegel hat. Das Z. wird durch die Würgebohrung (▸ Lauf 4) 2, ▸ Ballistik) beeinflusst.
zusammenläuten: Eine ▸ Koppel jagender Hunde (Bracken) läuten zusammen, wenn sie gleichzeitig Hals (Laut) geben.
zusammenreißen: Das Niederreißen größeren Wildes durch Wolf oder Hund.
zusammenrufen: Bei Rebhuhn, Schneehuhn und Wachtel: sich gegenseitig anlocken.
zusammenschlagen: Beim Federwild: sich zu mehreren zusammentun; z.B. bei Wildenten: mehrere Schofe schlagen sich zu einem Flug zusammen.
Zusammenschluss der Jagdschutzverbände in der Europäischen Union: ▸ FACE.
zusammenstehen (zusammenstellen): Beim Wild, das vorher einzeln war, aber auch bei Hühnervölkern, Auer- und Birkwild: sich im Herbst vereinigen; Hirsche und Kahlwild stehen zusammen, eine Rebhühnerkette steht zusammen usw.
zusammenstellen: svw. ▸ zusammenstehen.
zusammentreffen: Alte Bez. für die Wiedervereinigung einer gesprengten Schwarzwildrotte.
zu Schanden schießen: svw. ▸ zu Felde oder ▸ zu Holze schießen.
zusehen: svw. rauschen, fauchen, ▸ blasen 1).
zusprechen: **1**) Den Hund aufmuntern und loben, z.B. »Such verwundt!«, »So ist's brav!«. **2**) ▸ Erleger.
Zuspruch, der: Ermunternde Worte des Jägers an den Hund; ▸ zusprechen 1).
zustehen: Beim Wild: auf den Lockruf des Jägers (▸ Lockjagd) herankommen.
zustellen (ganz machen): Einen Waldteil mit ▸ Jagdzeug umstellen; ihn völlig einschließen.
zustreichen: Beim ▸ Federwild: **1**) In fremdes Revier einfliegen. Dem Sinne nach gleichbedeutend mit ▸ zuwechseln beim Haarwild. **2**) Auf einen ▸ Schützen zustreichen (zufliegen).
zutreten: Beim Keiler und Hirsch: während der ▸ Rauschzeit bzw. ▸ Brunft zur Bache bzw. zum Rudel treten.
Zuverlässigkeit, die: Nach dem ▸ Waffenrecht (§5 WaffG): »(1) Die erforderliche Zuverlässigkeit besitzen Personen nicht,
1. die rechtskräftig verurteilt worden sind
a) wegen eines Verbrechens oder
b) wegen sonstiger vorsätzlicher Straftaten zu einer Freiheitsstrafe von mindestens einem Jahr, wenn seit dem Eintritt der Rechtskraft der letzten Verurteilung zehn Jahre noch nicht verstrichen sind,
2. bei denen Tatsachen die Annahme rechtfertigen, dass sie

a) Waffen oder Munition missbräuchlich oder leichtfertig verwenden werden,
b) mit Waffen oder Munition nicht vorsichtig oder sachgemäß umgehen oder diese Gegenstände nicht sorgfältig verwahren werden,
c) Waffen oder Munition Personen überlassen werden, die zur Ausübung der tatsächlichen Gewalt über diese Gegenstände nicht berechtigt sind.
(2) Die erforderliche Zuverlässigkeit besitzen in der Regel Personen nicht, die
1. a) wegen einer vorsätzlichen Straftat,
b) wegen einer fahrlässigen Straftat im Zusammenhang mit dem Umgang mit Waffen, Munition oder Sprengstoff oder wegen einer fahrlässigen gemeingefährlichen Straftat,
c) wegen einer Straftat nach dem Waffengesetz, dem Gesetz über die Kontrolle von Kriegswaffen, dem Sprengstoffgesetz oder dem Bundesjagdgesetz
zu einer Freiheitsstrafe, Jugendstrafe, Geldstrafe von mindestens 60 Tagessätzen oder mindestens zweimal zu einer geringeren Geldstrafe rechtskräftig verurteilt worden sind oder bei denen die Verhängung von Jugendstrafe ausgesetzt worden ist, wenn seit dem Eintritt der Rechtskraft der letzten Verurteilung fünf Jahre noch nicht verstrichen sind,
2. Mitglied
a) in einem Verein, der nach dem Vereinsgesetz als Organisation unanfechtbar verboten wurde oder der einem unanfechtbaren Betätigungsverbot nach dem Vereinsgesetz unterliegt, oder
b) in einer Partei, deren Verfassungswidrigkeit das Bundesverfassungsgericht nach §46 des Bundesverfassungsgerichtsgesetzes festgestellt hat,
waren, wenn seit der Beendigung der Mitgliedschaft zehn Jahre noch nicht verstrichen sind,
3. einzeln oder als Mitglied einer Vereinigung Bestrebungen verfolgen oder in den letzten fünf Jahren verfolgt haben, die gegen die verfassungsmäßige Ordnung oder gegen den Gedanken der Völkerverständigung, insbesondere gegen das friedliche Zusammenleben der Völker gerichtet sind,
4. innerhalb der letzten fünf Jahre mehr als einmal wegen Gewalttätigkeit mit richterlicher Genehmigung in polizeilichem Präventivgewahrsam waren,
5. wiederholt oder gröblich gegen die Vorschriften eines der in Nummer 1 Buchstabe c genannten Gesetze verstoßen haben.
(3) In die Frist nach Absatz 1 Nr. 1 oder Absatz 2 Nr. 1 nicht eingerechnet wird die Zeit, in welcher der Betroffene auf behördliche oder richterliche Anordnung in einer Anstalt verwahrt worden ist.
(4) Ist ein Verfahren wegen Straftaten im Sinne des Absatzes 1 Nr. 1 oder des Absatzes 2 Nr. 1 noch nicht abgeschlossen, so kann die zuständige Behörde die Entscheidung über den Antrag auf Erteilung einer waffenrechtlichen Erlaubnis bis zum rechtskräftigen Abschluss des Verfahrens aussetzen.
(5) Die zuständige Behörde hat im Rahmen der Zuverlässigkeitsprüfung folgende Erkundigungen einzuholen:
1. die unbeschränkte Auskunft aus dem Bundeszentralregister;
2. die Auskunft aus dem zentralen staatsanwaltschaftlichen Verfahrensregister hinsichtlich der in Absatz 2 Nr. 1 genannten Straftaten;
3. die Stellungnahme der örtlichen Polizeidienststelle, ob Tatsachen bekannt sind, die Bedenken gegen die Zuverlässigkeit begründen; die örtliche Polizeidienststelle schließt in ihre Stellungnahme das Ergebnis der von ihr vorzunehmenden Prüfung nach Absatz 2 Nr. 4 ein.
Die nach Satz 1 Nr. 2 erhobenen personenbezogenen Daten dürfen nur für den Zweck der waffenrechtlichen Zuverlässigkeitsprüfung verwendet werden. Über die Erteilung einer Auskunft über die nach Satz 1 Nr. 2 erhobenen Daten entscheidet die Waffenbehörde im Einvernehmen mit der Staatsanwaltschaft, die die personenbezogenen Daten zur Eintragung in das Verfahrensregister mitgeteilt hat.«

Zuwachs, der: **1**) Jährlicher Nachwuchs bei Wildarten: Zur Ermittlung des Z. einer Wildart, der letztlich den jährlichen Abschuss (Ausnahme: ▸ Reduktionsabschuss und ▸ Totalabschuss) fast ausschließlich beeinflusst, muss der ▸ Frühjahrsbestand an weiblichem Wild bekannt sein. Beim Schwarzwild, bei dem die Feststellung geschlechtsreifer Bachen fast unmöglich ist, wird hingegen der Z. aus dem Gesamtbestand des Wildes im Frühjahr errechnet. Bei einer den örtlichen Verhältnissen angepassten ▸ Wilddichte entspricht der jährliche Abschuss in aller Regel dem Z., es sei denn, extreme Witterungseinflüsse (z.B. harte Winter, Überschwemmungen usw.) oder Wildkrankheiten haben hohe Verluste verursacht. Zu beachten ist auch, dass bei der Abschussplanung der Z. je zur Hälfte in männliche und weibliche Stücke unterteilt wird. Eine Nichterfüllung des Abschusses an weiblichem Wild führt zur Z.-Erhöhung. **2**) Das Holzvolumen, das beim Wachstum des Baumes in Form von Jahrringen an das schon vorhandene Holz des Baumes angelegt wird. Die Menge wird genauso wie beim ▸ Vorrat in cbm angegeben.

zuwechseln: Beim Wild: in ein anderes (fremdes) Revier überwechseln, in dem es bisher keinen ▸ Einstand und ▸ Wechsel hatte; ▸ zustreichen 1).

Zwang, der: Ein ▸ Hirschgerechtes Zeichen.

Zwängen, das (Zwang): Ein ▸ Hirschgerechtes Zeichen.

Zwangspass, der: Ein ▸ Pass, den das Wild infolge natürlicher oder auch künstlich geschaffener Hindernisse zwangsweise einhalten muss.

Zwangstreiben, das: Ein großer, mit hohen Tüchern und Netzen eingefriedeter Waldkomplex, in dem das Wild früher zum eingerichteten (eingestellten) Hauptjagen zusammengetrieben wurde. Meist war es das letzte Treiben beim ▸ Eingestellten Jagen, bei dem man das Wild in einen ganz engen Raum (Kammer) brachte, um es, sobald das Signal gegeben wurde, auf den Lauf treiben zu können.

Zwangswechsel, der: Ein ▸ Wechsel, den das Wild infolge von natürlichen Hindernissen (Felsen, Schlucht usw.) zwangsweise einhalten muss.

Zwanzigender, der: Ein Hirsch mit jeweils zehn Enden an jeder Geweihstange (gerader Z.). Ungerader Z.: ein Hirsch mit zehn Enden an einer Stange und mit weniger als zehn an der anderen.

Zweigrecht, das: Ein früheres Recht, zu Jagdzwecken Bäume – auch in fremden Waldteilen – ausästen oder auch fällen zu dürfen. In verschiedenen Gegenden durfte man früher mit dem Material Jagdhütten und Stallungen im fremden Wald errichten.

Zweiköpfer, der (Knieper): Bez. für den Damhirsch vom zweiten Kopf (im dritten Lebensjahr); ▸ Damwild.

Zweitbrut, die: Bei ▸ Vögeln die zweite Brut eines Jahres nach erfolgreicher Aufzucht der ersten Brut; ▸ Nachbrut.

Zweiundzwanzigender, der: Ein Hirsch mit jeweils elf ▸ Enden an jeder Geweihstange (gerader Z.). Ungerader Z.: ein Hirsch mit elf Enden an einer Stange und mit weniger als elf an der anderen.

Zwerchfell, das: Die Trennwand zwischen Brust- und Bauchhöhle. Das sehnig-muskulöse Z. ist zugleich der wichtigste Atmungsmuskel. Für die nach dem Fleischhygienegesetz (▸ Fleischuntersuchung) vorgeschriebene ▸ Trichinenschau für Fleisch von Fleisch- und Allesfressern müssen die Z.-Pfeiler unter dem Rücken im Tier bleiben. Federwild hat kein Z.

Zwergbracke, die: ▸ Erdhunde (Teckel).

Zwergdommel, die: ▸ Reiher 8.

Zwergeule, die: ▸ Eulen 9.

Zwergfalke, der: ▸ Falken 4.

Zwerggans, die: ▸ Wildgänse 2 und 5.

Zwerghabicht, der: ▸ Sperber.

Zwergkauz, der (Zwergkäuzchen): ▸ Eulen 9.

Zwergmaus, die: ▸ Mäuse 4.

Zwergmeerschwalbe, die: ▸ Seeschwalben 5.

Zwergohreule, die: ▸ Eulen 4.

Zwergreiher, der: ▸ Reiher 8.

Zwergrohrdommel, die: ▸ Reiher 8.

Zwergsäger, der: ▸ Säger 3.

Zwergscharbe, die: ▸ Kormorane 3.

Zwergschnepfe, die: ▸ Schnepfenvögel 4.

Zwergschwalbenmöwe, die: ▸ Möwen 7.

Zwergschwan, der: ▸ Schwäne 3.

Zwergseeschwalbe, die: ▸ Seeschwalben 5.

Zwergspecht, der: ▸ Spechte 4.

Zwergspitzmaus, die: ▸ Spitzmäuse 3.

Zwergsteißfuß, der: ▸ Lappentaucher 2.

Zwergsträucher, die: ▸ Sträucher.

Zwergsumpfhuhn, das: ▸ Sumpfhühner 7.

Zwergtaucher, der: ▸ Lappentaucher 2.

Zwergteckel, der: ▸ Erdhunde (Teckel).

Zwergtrappe, die: ▸ Trappen 2.

Zwergwiesel, das: ▸ Wiesel 2.

Zwiefalken, die: ▸ Kompaniefalken.

Zwiesel, der: Auch Zwieselwuchs. Ein aufrecht wachsender Baum, der sein Höhenwachstum nach Gabelung mit zwei etwa gleich starken Stämmen fortsetzt. Z. sind entweder genetisch bedingt oder nach Verlust der Gipfelknospe durch Insekten, Wildverbiss, Pilze oder mechanische Einflüsse auftretend. Z. entstehen häufig bei Buche, Esche, Eiche und

Linde. Je nach Lage der Z. spricht man von Hoch- oder Tief-Z.

Zwille, die: ▸ Jagdzwille.

Zwilling, der: Alte Bez. für doppelläufige Gewehre (hauptsächlich Doppelflinten, seltener Doppelbüchsen); ▸ Jagdgewehr.

Zwingen, das (Zwang): Ein ▸ Hirschgerechtes Zeichen.

Zwinger, der: **1**) ▸ Hundehaltung. **2**) Alte Bez. für die Einzäunung des in Gefangenschaft lebenden ▸ Haarraubwildes, seltener aber auch für Rotwild gebräuchlich. Ursprünglich war ein Z. ein zwischen der inneren und äußeren Ringmauer einer mittelalterlichen Stadtbefestigung oder Burg gelegener freier Platz, der als Baumgarten oder auch Acker diente (Z.-Garten) und in dem auch wilde Tiere gehalten wurden. **3**) Die Gesamtheit aller Hunde eines Züchters, die unter einem bestimmten vom Zuchtverein genehmigten Namen erfasst und eingetragen werden. Der ▸ Zwingername wird hinter dem Rufnamen des Hundes auf der Ahnentafel (▸ Abstammung) im Zuchtbuch usw. eingetragen.

Zwingerhaltung, die: ▸ Hundehaltung.

Zwingername, der: Ein vor Nachahmung geschütztes Züchterkennwort für einen Hundezwinger. Diesen Namen erhalten alle Hunde der gleichen Rasse, die in diesem Zwinger gezüchtet wurden. Der Z. kann sich, je nach Antrag, auf die betreffende Hunderasse oder auf den Zwinger allg. beschränken. Durch den Zwingerschutz wird der eingetragene Z. gegen Zweitverwendung geschützt.

Zwingerschutz, der: ▸ Zwingername.

Zwischenfrucht(pflanzen), die: Sammelbezeichnung für kurzlebige Futterpflanzen, meist Gründüngungspflanzen (▸ Gründüngung), wie Bohnen, ▸ Buchweizen, ▸ Gräser, ▸ Klee, ▸ Lupine, ▸ Ölrettich, ▸ Raps (einschließlich der Kreuzungsprodukte), ▸ Rübsen, Senf und Sommerwicken. Unterschieden wird nach a) Herbst-Z., meist Kleearten, auch Möhren unter Raps, teils auch Stoppelsaaten nach früh zu räumenden Früchten wie Treibkartoffeln, Raps, Wintergerste, Roggen und nach b) Winter-Z. mit verschiedenen Gemüsearten (Spinat) und überwiegend Futterpflanzen wie Inkarnatklee, Rübsen und Raps.

Zwischenklauensäckchen, die: Beim Reh-, Gams- und Muffelwild bei beiden Geschlechtern vorhandene ▸ Duftdrüsen unmittelbar über den Schalen der Hinterläufe (beim Muffelwild an allen vier Läufen), die v.a. der Fährtenmarkierung dienen; ▸ Laufbürsten.

Zwischenmittel, das: ▸ Schrotpatrone.

Zwischenwald, der: ▸ Vorwald.

Zwischenwirt, der: ▸ Wirtstier.

Zwitschern, das: **1**) Ein falknerischer Ausdruck für den zwitschernden Ton, den ein schlecht gelaunter oder nervöser ▸ Beizhabicht von sich gibt. **2**) Lautäußerung junger Iltisse; ▸ Nestgezwitscher.

Zwitter, der (Hermaphrodit): Zu unterscheiden ist zwischen Schein- und echtem Z. Bei einem Schein-Z. sind gleichzeitig männliche und weibliche äußere Geschlechtsmerkmale vorhanden. Ein echter Z. hat gleichzeitig weibliche und männliche Keimdrüsen, d.h., er hat einen Eierstock und eine ▸ Brunftkugel. Ein echter Z., eine Ricke mit Gehörn, ist meist ein weibliches Stück, das einen Eierstock und eine Brunftkugel im Tragsack hat. Sie kann beschlagen werden und auch setzen. Das Gehörn wird manchmal sogar abgeworfen (fast immer in der Setzzeit), danach wird wieder ein neues geschoben, auch verfegt. Ein Schein-Z., ein Bock oder Perückenbock mit Feuchtblatt und einer verkümmerten Brunftrute im Schamspalt, ist meist ein männliches Stück mit verkümmerter oder in der Bauchhöhle bzw. im Leistenkanal liegender Brunftkugel. Dieser ist unfruchtbar und schiebt, verfegt und wirft auch ab. Bei Verkümmerung der Brunftkugeln kann es zu einer Perückenbildung kommen.

Zwitterhahn, der: Der Rackelhahn; ▸ Raufußhühner 3.

Zwölfender, der (Zwölfer, Zwölferhirsch): Ein gerader Z. ist ein Hirsch mit jeweils sechs ▸ Enden an jeder Geweihstange. Ungerader Z.: Hirsch mit sechs Enden an einer Stange und weniger an der anderen (z.B. fünf oder nur vier Enden). In der Z.-Stufe kann die Krone mit drei oder vier Enden gebildet werden. Bei drei Enden in der Krone trägt der Hirsch, von unten gezählt, an jeder Stange den Aug-, Eis- und Mittelspross (Eissprossenzwölfer). Bei vier Enden in der Krone fehlt der Eisspross.

Zwölfer, der: ▸ Zwölfender.

Zwölferhirsch, der: ▸ Zwölfender.

Zylinderbohrung, die: Zylindrischer Schrotlauf; ▸ Lauf 4) 2, ▸ Ballistik.

Zylinderverschluss, der (Kammerverschluss): ▸ Verschlussarten, ▸ Schlosssystem.

Anhang

Wichtige Adressen

Deutscher Jagdschutz-Verband e.V. (DJV)
Johannes-Henry-Str. 26
53113 Bonn

Jagdgebrauchshundverband e.V.
Neue Siedlung 6
15938 Drahnsdorf

Deutscher Falkenorden (DFO)
Bund für Falknerei, Greifvogelschutz und Greifvogelkunde e.V.
– Bundesgeschäftsstelle –
Maikäferpfad 16
14055 Berlin

Orden Deutscher Falkoniere (ODF)
Bund der Falkner und Greifvogelfreunde e.V.
– Bundesgeschäftsstelle –
Joachim Ruscher
Am Stoß 2a
57234 Wilnsdorf

Verband Deutscher Falkner (VDF)
Bundesgeschäftsführer
Torsten Hamberger
Schulstraße 5
96524 Föritz

Jägerhof Brüggen
Von-Schaesberg-Weg 43
41379 Brüggen

Stiftung Hessischer Jägerhof
Jagdschloss Kranichstein
Kranichsteiner Str. 261
64289 Darmstadt-Kranichstein

Jägerlehrhof
Jagdschloss Springe
31832 Springe/Deister

Landesjagdschule
Feldkirchen-Amerdingen
Hohenlindner Str. 12
85622 Feldkirchen

Jägerlehrhof Damm-Malchow
Forsthof 1
19374 Damm

Landesjagdschule Dornsberg
Oberer Dornsberg
78253 Eigeltingen

Deutsches Jagd- und Fischereimuseum
Neuhauser Str. 2
80331 München

Deutsche Versuchs- und Prüfanstalt für Jagd- und Sportwaffen e.V. (DEVA)
Dune 3
33184 Altenbeken-Buke

Forum Waffenrecht e.V.
An der Pönt 48
40885 Ratingen

Forschungsstelle für Jagdkultur der Universität Bamberg
Grüner Markt 31
96047 Bamberg

Forum lebendige Jagdkultur
Paul-Langen-Straße 22
53229 Bonn

Arbeitsgemeinschaft wildbiologischer und jagdkundlicher Forschungsstätten
Prof. Dr. A. Herzog
Lausköppel 9
35394 Gießen

Vereinigung der Wildbiologen und Jagdwissenschaftler Deutschlands VWJD e.V.
c/o Deutsches Primatenzentrum GmbH (DPZ)
Leibniz-Institut für Primatenforschung
Kellnerweg 4
37077 Göttingen

Schutzgemeinschaft Deutscher Wald e.V.
Meckenheimer Allee 79
53115 Bonn

Arbeitsgemeinschaft Lebensraum Rotwild
Postfach 1605
61231 Bad Nauheim

Stiftung Wald in Not
Godesberger Allee 142–148
53175 Bonn

Deutscher Wildschutzverband e.V.
– Geschäftsstelle –
Im Seifer Hof 4
57520 Molzhain

Schutzgemeinschaft Deutsches Wild e.V.
Godesberger Allee 108–112
53175 Bonn

Deutsche Wildtier Stiftung
Billbrookdeich 216
22113 Hamburg

Word Wide Fund For Nature (WWF)
WWF-Deutschland
Reinhardtstr. 14
10117 Berlin

Zusammenschluss der Verbände für Jagd und Wildtiererhaltung in der EU (FACE)
Rue F. Pelletier 82 B
B-1030 Brüssel

Internationale Jagdkonferenz/JK
Rosministr. 51
I-39100 Bozen

Internationaler Jagdrat zur Erhaltung des Wildes (CIC)
CIC Administrative Office
PO. Box 8
2092 Budapest/Ungarn

Internationale Union für die Erhaltung der Natur und der natürlichen Hilfsquellen (IUCN)
Godesberger Allee 108–112
53175 Bonn

Bundesverband Deutscher Berufsjäger e.V.
Schulstr. 20
54538 Hontheim

Bundesverband Deutscher Jagdaufseher e.V.
– Geschäftsstelle –
Am Bismarckturm 1
32108 Bad Salzuflen

Bundesarbeitsgemeinschaft Jagdgenossenschaften und Eigenjagdbesitzer
Claire Waldoff Str. 7
10117 Berlin

Zentralstelle Österreichischer Landesjagdverbände
Wickenburggasse 3/13
A-1080 Wien

Südtiroler Jagdverband
Rosministr. 51
I-39100 Bozen

Dachverband Schweizerischer Jagdverbände (CHJV)
Weihermatte 14
CH-6204 Sempach

Literaturverzeichnis

Bücher

Amann, Gottfried: Vögel des Waldes. Augsburg 1993.

Andreas, Konrad: Gerechte Jagdhundschulung. 4. Aufl., München, Wien, Zürich 1983.

Antonoff, Georg: Die Sprache des Waidmanns. 2. Aufl., München, Bern und Wien 1977.

Avon, Dennis/Tilford, Tony: Brutvögel Europas, übersetzt und bearbeitet von Siegfried Hoeher. Berlin und Wien 1977.

Bachofen von Echt, Reinhart/Hoffer, Wilhelm: Jagdgeschichte Steiermarks. 4 Bde., Graz 1931.

Bang, Preben und Dahlström, Preben: Tierspuren. 4. Aufl., München, Wien, Zürich 2000.

Bayern, Albrecht und Jenke von: Über Rehe in einem steirischen Gebirgsrevier. 4. Aufl., München, Wien, Zürich 1992.

Behlen, Stephan (Hg.): Real- und Verballexikon der Forst- und Jagdkunde mit ihren Hülfswissenschaften. 7 Bde., Frankfurt a. M. 1840–1846.

Behnke, Hans: Jagdbetriebslehre. 3. Aufl., Hamburg und Berlin 1976.

Berrens, Karl: Geschichte der Jagdkunst. Mainz 1984.

Bezzel, Einhard: Vogelkunde für den Jäger. München, Wien und Zürich 1980.

Bibliographisches Institut & F.A. Brockhaus AG (Hrsg.): Schülerduden. Biologie. Mannheim 2003.

Blase, Richard: Die Jägerprüfung. 27. Aufl., Wiebelsheim 2001.

Boch, Josef/Schneidawind, Helmut: Krankheiten des jagdbaren Wildes. Hamburg und Berlin 1988.

Böhme, Klaus: Vom Steinwurf des Vormenschen zum Waidwerk der Antike. Melsungen 1991.

Bouchner, Miroslav: Kosmos Spurenführer. Stuttgart 1982.

Brander, Michael: Die Jagd von der Urzeit bis heute. 3. Aufl., Herrsching 1978.

Brandt, Karl/Behnke, Hans/David, Andreas: Fährten- und Spurenkunde. Vollst. aktual. Neuausgabe, Stuttgart 2002.

Braunschweig, Albrecht von: Wildkrankheiten und Fleischbeschau. Hannover (Melsungen) 2000.

Brehm, Alfred: Tierleben. Jubiläumsausgabe von C. W. Neumann. 8 Bde., Hamburg 1928 ff. (Erstaufl. 6 Bde., 1864 bis 1869; Volksausgabe 1952).

Brown, Leslie H.: Die Greifvögel, übersetzt von Renate van den Elzen. Hamburg und Berlin 1979.

Brüll, Heinz/Trommer, Günther (Hg.): Die Beizjagd. 5. akt. Aufl., Stuttgart 2000.

Brütt, Erhard: Fallenbau und Fallenfang. Hannover 1971.

Bubenik, Anton B.: Das Geweih. Hamburg und Berlin 1966.

Bundesministerium für Ernährung, Landwirtschaft und Forsten (Hg.): Agrarbericht. Bonn 2002.

Cotterell, Arthur: Die Welt der Mythen und Legenden. München 1990.

Cotterell, Arthur: Die Enzyklopädie der Mythologie. Reichelsheim 2000.

Derolez, R. L. M.: Götter und Mythen der Germanen. Wiesbaden 1976.

Deutscher Falkenorden (Hg.): Jahrbuch für Falknerei, Greifvogelschutz und Greifvogelkunde 1982. Bonn 1982.

Deutscher Jagdschutz-Verband e. V. (Hg.): Der Hund, Dein Jagdgefährte. Frankfurt a. M. 1970.

Deutscher Jagdschutz-Verband (Hg.): Die Jagdsignale – alle offiziellen Jagdsignale..., mit Merkversen von Walter Frevert. 6. Aufl., Stuttgart 2003.

Deutscher Jagdschutz-Verband e.V. (Hg.): DJV-Handbuch 1980–2004. Mainz.

Deutscher Jagdschutz-Verband e.V. (Hg.): Unterricht Biologie. Wild und Jagd. Mainz 1982.

Deutsches Jagd- und Fischereimuseum (Hg.): Museumskatalog. München 1977.

Deutsch-Kurzhaar-Verband e. V. (Hg.): Ordnungen des Deutsch-Kurzhaar-Verbandes. 2003.

Diezel, Carl Emil: Diezels Niederjagd. Hg. von Detlev Müller-Using. 15. Aufl., Hamburg und Berlin 1954.

Döbel, Heinrich Wilhelm: Neu eröffnete Jäger-Praktica oder vollständige Anweisung zur hohen und niedern Jagdwissenschaft, o. O. 1746.

Döbler, Hannsferdinand: Kultur- und Sittengeschichte der Welt. Jäger. Hirten. Bauern. München 1970.

Dombrowski, Ernst von: Deutsche Waidmannssprache. Hg. von Eugen Teuwsen. 4. Aufl., Neudamm und Berlin 1939.

Droste zu Vischering, Erpo: Taschenbuch der Jagd. München 1978.

Dürsch, Wilhelm: Waffen für die Jagd. Hannover 1981.

Eggeling, Friedrich Karl von: Der Jäger als Land- und Forstwirt. Hamburg 1981.

Eisenbarth, Eberhard/Ophoven, Ekkehard: Bewegungsjagd auf Schalenwild – von der Planung bis zum Streckelegen. Stuttgart 2002.

Ergert, Bernd: Die Jagd in Bayern – von der Vorzeit bis zur Gegenwart. Rosenheim 1984.

Erlbeck, Reinhold/Haseder, Ilse E./Stinglwagner, Gerhard K. F.: Das Kosmos Wald- und Forstlexikon. Stuttgart 1998, 2002.

Flamm, Johannes, u.a.: Der neue Jagdprüfungsbehelf. 12. Aufl., Wien 1992.

Fleming, Hanns Friedrich von: Der vollkommene teutsche Jäger. Leipzig 1719.

Frankonia-Jagd (Hg.): Der Ratgeber für den Jungjäger. Würzburg o. J.

Frevert, Walter: Das jagdliche Brauchtum – mit dem Wörterbuch der Jägerei. Aktual. von Dietrich Stahl. Doppelband, Stuttgart 2001.

Fritschi, Alfred: Kleines Jagdlexikon. Freiburg 1937.

Fürst, Hermann: Illustriertes Forst- und Jagdlexikon. 2. Aufl., Hamburg 1904.

Geisel, Odward: Wildkrankheiten. München, Wien, Zürich 1995.

Götz, Hans-Dieter: Vorderlader. 6. Aufl., Stuttgart 1980.

Groß, Alice: Der brauchbare Jagdhund. 4. Aufl., Hannover 1978.

Grzimeks Tierleben. 13 Bde., Augsburg 2000.

Gutt, Dietrich: Die Waidmannssprache. Hannover 1977.

Happ, Norbert: Hege und Bejagung des Schwarzwildes. Stuttgart 2002, 2004.

Harenberg, Bodo (Hg.): Personen-Lexikon. 2 Bde., Dortmund 1983.

Harrach, Ernst von: Die Jagd im deutschen Sprachgut. Stuttgart 1953.

Hartig, Georg Ludwig: Lexikon für Jäger und Jagdfreunde, oder waidmännisches Conversations-Lexikon. Berlin 1836.

Hastings, Macdonald: Flintenschießen für Sportschützen und Jäger. München, Bern und Wien 1978.

Hegendorf/Uhde, Heinrich (Bearb.): Der Gebrauchshund. Vollst. aktual. und erw. Neuausgabe, Stuttgart 2002.

Henegger, Marc/Massenkeil, Günther: Das große Lexikon der Musik. 8 Bde., Freiburg, Basel und Wien 1981.

Hennig, Rolf: Der Abschussplan. Hannover 1971.

Hennig, Rolf: Schalenwild richtig ansprechen. Hannover (Melsungen) 1993.

Herder-Lexikon der Biologie. Heidelberg, Berlin, Oxford 1983–1994.

Hespeler, Bruno: Jagdwissen auf einen Blick. München 2000.

Heß, Richard: Lebensbilder hervorragender Forstmänner etc. Berlin 1885.

Hobusch, Erich: Das große Halali. Leipzig 1978.

Hobusch, Erich: In alten Jagdchroniken geblättert. Leipzig 1990.

Hoeher, Siegfried: Gelege der Vögel Mitteleuropas. Melsungen 1972.

Hoffmeister, Heinrich: Das Sikawild. Hannover 1983.

Hofmann, Reinhold R.: Wildbiologische Informationen für den Jäger (Ausbildungsbücher). St. Gallen 1978–1983.

Holldorf, Wilhelm: Das Damwild. Hannover 1972.

Ippen, Rudolf/Nickel, Siegfried/Schröder, Hans-Dieter: Krankheiten des jagdbaren Wildes. 2. Aufl., Berlin 1987.

Irmscher, Johannes/Johne, Renate (Hg.): Lexikon der Antike. Leipzig 1977.

Jagdgebrauchshundverband (Hg.): Ordnung für Verbandsgebrauchsprüfungen (VGPO). 2000.

Jagdgebrauchshundverband (Hg.): Ordnung für Verbandsschweißprüfungen (VSwPO). 1999.

Jagdgebrauchshundverband (Hg.): Ordnung für Verbandszuchtprüfungen (VZPO). 2001.

Janßen, Willfried (Hg.): Unterricht Biologie – Wild. Erhard Friedrich Verlag, H. 39, November 1979.

Jonsson, Lars: Vögel der Fluren und am Wasser. Stuttgart 1978.

Kalchreuter, Heribert: Die Sache mit der Jagd. Stuttgart 2003.

Killy, Walther (Hg.): Deutsche Biographische Enzyklopädie. 10 Bde., München 1995.

Klever, Ulrich: Knaurs Großes Hundebuch. München 1996.

Klups, Norbert: Das Buch der Geschosse. Suderburg 1998.

Kobell, Franz von: Wildanger. Stuttgart 1859.

Koch, Wilhelm: Die Jagd in Vergangenheit und Gegenwart. Stuttgart 1961.

König, Klaus: Vögel. 3 Bde., Stuttgart 1970.

Koenig, Otto: Das Paradies vor unserer Tür. Wien 1971.

Krebs, Herbert: Vor und nach der Jägerprüfung. 51. Aufl. München, Wien, Zürich 2000.
Krebs, Herbert/Helemann, Walter: Jung oder alt? 8. Aufl., München 1981.
Krewer, Bernd: Jagdhunde in Deutschland, Herkunft, Standard, jagdliche Eignung. München, Wien, Zürich 1991.
Kujawski, Olgierd E. J. Graf: Vom Anschuss in die Küche. Sonderdruck der Zeitschrift Pirsch. BLV-Verlagsgesellschaft, München o. J.
Kujawski, Olgierd E. J. Graf/Heintges, Friedhelm: Wildbrethygiene – Fleischbeschau. München, Wien, Zürich 1984.
Lampel, Walter/Marholdt, Richard: Waffenlexikon. Bearbeitet von Jürgen Ahlhorn und Kurt Teichmann. 11. Aufl., München 1998.
Lemke, Karl (Hg.): Weidwerk Lexikon. Berlin (Ost) 1981.
Lindner, Kurt: Deutsche Jagdschriftsteller. 1. Teil, Berlin 1964.
Lindner, Kurt (Hg.): Die deutsche Habichtslehre. 2. Aufl., Berlin 1964.
Lindner, Kurt: Weidgerecht. Herkunft, Geschichte und Inhalt. Bonn 1979.
Lindner, Alwin/Brüll, Heinz/Lutterotti, Ludwig von/Scherzinger, Wolfgang: Die Waldhühner, hg. von Alwin Lindner. Hamburg und Berlin 1977.
Lipper, Elinor (Hg.): Das Große Hundebuch. 2 Bde., Genf 1974.
Lotze, Karl: Das Ansprechen des Hirsches. 3. Aufl., Hannover 1940.
Lütkens, Rolf (Hg.): Unterricht Biologie – Verständigung bei Tieren. Erhard Friedrich Verlag, H. 41, Januar 1980.
Makowski, Henry/Buderath, Bernhard: Die Natur dem Menschen untertan. München 1983.
Mantel, Kurt: Deutsche Forstliche Bibliographie 1560–1965. Teil 1 1967, Teil 2 1970, Teil 3 1972, Freiburg i. Br..
Mantel, Kurt/Pacher, Josef: Forstliche Biographie vom 14. Jh. bis zur Gegenwart. Bd. 1, Hannover 1976.
Markmann, Hans-Jürgen: Der Jagdhundwelpe – Früherziehung, Anlagenförderung und jagdliche Prägung. Stuttgart 2001, 2004.
Markmann, Hans-Jürgen: Vom Welpen zum Jagdhelfer. 4. aktual. und erw. Aufl., Stuttgart 2003.
Marpmann, Hans: Waidmannssprache in Tabellen. 9. Aufl., Melsungen 1974.
Marx-Kruse, M./Campe, E. von: Chronik der Deutschen Jagd. Ebenhausen bei München 1937.
Mebs, Theodor: Greifvögel Europas. 5. Aufl., Stuttgart 1978.
Mellin, August Wilhelm von: Versuch einer Anweisung zur Anlegung, Verbesserung und Nutzung der Wildbahnen, so wohl im Freyen als in Thiergärten. o. O. 1779.
Menzel, Kurt: Die Altersansprache beim Schalenwild. Stuttgart 2002.
Meyers Konversationslexikon. 19 Bde., 5. neu bearbeitete Aufl., Leipzig und Wien 1897–1899.
Meyers Taschenlexikon Biologie. 3 Bde., Mannheim, Wien und Zürich 1983.
Möller, Detlef: Studien zur mittelalterlichen arabischen Falknerliteratur. Hg. von Kurt Lindner. Berlin 1965.
Morrison, Tony: Vogelzüge und Tierwanderungen. Stuttgart und Zürich 1974.
Müller, Franz: Wildbiologische Informationen für den Jäger (Ausbildungsbücher). St. Gallen 1980–1992.
Nagy, Domokos Imre: Jagd und Kunst. Bayreuth 1977.
Nerl, Wilhelm: Das große Gamsbuch. Pfaffenhofen 1980.
Norden, Walter: Jagd-Brevier oder von der Kunst des Waidwerks. Wien 1970.
Nussbaumer, Johann: 2000 Jahre Jagd in Österreich. Wien 1999.
Nüßlein, Fritz: Jagdkunde. 11. Aufl., München 1983.
Oehsen, Fritz von: Jäger-Einmaleins. 7. Aufl., Hannover 1978.
Orden Deutscher Falkoniere (Hg.): Jahrbuch 1982.
Österreichischer Falknerbund (Hg.): Ein Leitfaden für den praktischen Falkner und Lehrbehelf für die Falknerprüfung von FM Heinz Pils. Wien 1984.
Persson, Claudia: Das praktische Hundebuch. München 1982.
Petrak, Michael: Jagdreviergestaltung – Wildlebensräume planen, entwickeln, erhalten. Stuttgart 2000.
Phoebus, Gaston: Das Buch der Jagd. Gütersloh 1978.
Pongs, Hermann: Lexikon der Weltliteratur. Wiesbaden 1981.
Prossinagg, Hermann: Österreichs Jagd im 20. Jahrhundert. Wien 1999.
Pückler, M. Graf von: Der Jäger und sein Recht. 4. Aufl., Hamburg und Berlin 1999.
Räber, Hans: Enzyklopädie der Rassehunde. 2. Aufl., Stuttgart 2001.
Raesfeld, Ferdinand Frhr. von: Das Deutsche Waidwerk, bearbeitet und hg. von Walter Frevert. 8. Aufl., Hamburg und Berlin 1957.
Raesfeld, Ferdinand Frhr. von: Das Rotwild, Das Rehwild. Doppelband, 9. und 14. Aufl., Stuttgart 2003.
Raesfeld, Ferdinand Frhr. von: Die Hege in freier Wildbahn, bearbeitet von Gerd von Lettow-Vorbeck. 2. Aufl., Hamburg und Berlin 1958.
Rehfuß, Karl, gen. Oberländer: Der Lehrprinz. 3. Aufl., Neudamm 1922.
Rheenen, Jan van: Lexikon für Hundehalter. München 1978.
Richter, Hugo Norbert: Das Muffelwild. Hannover 1974.
Richter, Rolf: Kleine Jagdwaffen-Kunde. München 1980.
Riesenthal, Oskar von: Riesenthals Jagdlexikon. Hg. von der Deutschen Jäger-Zeitung. 2. Aufl., Neudamm 1916.
Röhrig, Fritz: Das Weidwerk in Geschichte und Gegenwart. Potsdam 1933.
Rühle, Alwin: Die Jagd. Hg. von der Dynamit Nobel Aktiengesellschaft Troisdorf. Troisdorf 1976.
Schäfer, Ernst: Hegen und Ansprechen von Rehwild. 4. Aufl., München, Wien, Zürich 1982.
Schröck, Andreas (Hg.): Fürstliche Bärenjagd im Bayerischen Wald. Riedelhütte 1999.
Schuhmacher, Eugen: Das Federwild des deutschen Jägers. Neudamm 1937.
Schulze, Hans: Jäger, Jagd und Wild. 2 Bde., 2. Aufl., Hannover 1976.
Schwappach, Adam: Grundriß der Forst- und Jagdgeschichte Deutschlands. Berlin 1883.
Schwerdtfeger, Fritz: Lehrbuch der Tierökologie. Hamburg 1978.
Schwerin, H.-J. von: Das Raubwild. Hannover 1971.
Simek, Rudolf: Lexikon der germanischen Mythologie. Stuttgart 1984.
Snethlage, Karl: Das Schwarzwild. 6. Aufl., Hamburg und Berlin 1974.
Solms-Laubach, Ernstotto Graf zu: Die schönsten Jagdbilder aus europäischen Sammlungen. München 1961 (Bayreuth 1976).
Stapleton, Michael/Servan-Schreiber, Elisabeth: Lexikon der griechischen und römischen Mythologie. Übers. und Bearb. Renate Schubert. Hamburg 1978.
Stinglwagner, Gerhard/Bachfischer, Ronald: Das Große Kosmos Angel & Fischereilexikon. Stuttgart 2002.
Straiton, E. C.: Hundekrankheiten. 2. Aufl., München, Wien, Zürich 1981.
Stuppe, Hans: Buch der Hege (Band 1: Haarwild). Berlin (Ost) 1981.
Tabel, Carl: Der Jagdgebrauchshund. 12. Aufl., München, Wien, Zürich 2003.
Thiede, Walter: Wasservögel – Strandvögel. München, Wien, Zürich 1982.
Thun-Hohenstein, Romedio von (Hg.): Wild und Jagd. 2. Aufl., Hamburg 1979.
Tomiczek, Herbert/Türcke, Friedrich: Das Muffelwild. 4. Aufl., Stuttgart 2003.
Türcke, Friedrich: Das Schwarzwild. Hinweise zur Hege und Bejagung des Schwarzwildes. Hg. vom Deutschen Jagdschutz-Verband e. V. Mainz 1978.
Ueckermann, Erhard: Wildschadensverhütung. Hamburg 1981.
Ueckermann, Erhard/Hansen, Paul: Das Damwild. 4. Aufl., Stuttgart 2003
Usinger, Anton: Fährten, Spuren und Geläufe. 4. Aufl., München 1970.
Usinger, Anton: Die Ruf-, Lock- und Reizjagd. Bearbeitet von Hans Behnke. 5. Aufl., Hamburg und Berlin 1978.
Usinger, Anton: Unser heimisches Raubwild. 4. Aufl., München 1970.
Vogel, Carl Adolf (Hg.): Jagdschätze im Schloss Fuschl. München und Zürich 1974.
Voss, Hella: Die große Jagd. München o. J.
Wagenknecht, Egon: Altersbestimmung des erlegten Wildes. Melsungen 1976.
Wald- Forst- und Jägerey-Lexikon. Prag 1764.
Waller, Renz: Der wilde Falk ist mein Gesell. 4. Aufl., Melsungen 1982.
Wieden, Brage bei der/Borgemeister, Bettina: Niedersächsisches Waldwörterbuch. Melle 1993.
Wildbiologische Informationen für den Jäger (Jagd und Hege, Ausbildungsbücher). Bde. I–X. Stuttgart und St. Gallen 1978–1992.
Willkomm, Hans-Dieter: Die Weidmannssprache. 1. Aufl., Berlin 1990.
Zeiß, C./Dobschova, F.: Lexikon der Waidmannssprache. Wien 1992.

Zeitschriften

AFZ – DerWald. Deutscher Landwirtschaftsverlag GmbH, München.
Der Anblick. Steirische Landesjägerschaft, Graz.
Deutsche Jagd-Zeitung. Paul Parey Zeitschriftenverlag, Singhofen.
Die Pirsch. Das Magazin für Jagd, Wild und Natur. Deutscher Landwirtschaftsverlag GmbH, München.
Jagd & Natur. Das Schweizer Jagdmagazin. Verlag Jagd & Natur, Bülach.
Jäger. Zeitschrift für das Jagdrevier. Jahr Top Special Verlag, Hamburg.
Schweizer Jäger. Offizielles Organ des Schweizerischen Patentjäger- und Wildschutzverbandes. Einsiedeln.
St. Hubertus. Österreichischer Agrarverlag, Leopoldsdorf.
Unsere Jagd. Jagd und Jäger in der DDR, Deutscher Landwirtschaftsverlag, Berlin.
Weidwerk. Zeitschrift für Jagd, Fischweid, Natur- und Umweltschutz. Österreichischer Jagd- und Fischerei-Verlag, Wien.
Wild und Hund. Paul Parey Zeitschriftenverlag, Singhofen.

Verzeichnis der wissenschaftlichen Tiernamen

Namen der Autoren, die den wissenschaftlichen Artnamen eines Tieres in Verbindung mit der wissenschaftlichen Beschreibung gegeben haben

Abkürzungen

Baillon	Louis A. Baillon (1778–1855)
Bechst.	Johann Matthaeus Bechstein (1757–1822)
Bodd.	Pieter Boddaert (1730–1796)
Brehm	Christian Ludwig Brehm (1787–1864)
Brème	Marquis François de Brème (1807–1869)
Brisson	Mathurin Jacques Brisson (1723–1806)
Bruch	Carl Friedrich Bruch (1789–1857)
Brünn.	Merthen Thrane Brünnich (1737–1827)
Desfont. (Desf.)	René Louiche Desfontaines (1750–1833)
Erxl.	Johann Christian Erxleben (1744–1777)
Fabr.	Johann Christian Fabricius (1743–1808)
Forst.	Johann Reinhold Forster (1729–1798)
Frivaldsky	Emerich Frivaldsky von Frivald (1799–1870)
Gmel.	Johann Friedrich Gmelin (1748–1804)
Gray	George Robert Gray (1808–1872)
Güldenst.	Anton Johann von Güldenstädt (1745–1781)
Gunn.	Johann Ernst Gunnerus (1718–1773)
Hablizl	Carl Ludwig Hablizl (1752–1821)
Herm.	Joannes (Jean) Hermann (1738–1800)
Lath.	John Latham (1740–1837)
L. (L.)	Carolus Linnaeus, später: Carl von Linné (1707–1778)
Leisl.	Johann Phil. Achilles Leisler (1771–1813)
Less.	René Primevère Lesson (1794–1849)
Meisner	Karl Friedrich Meisner (1800–1874)
Montin	Schwede, Lebensdaten unbekannt
Naum.	Johann Friedrich Naumann (1780–1857)
Pall.	Peter Simon Pallas (1741–1811)
Pontopp.	Erik Ludwigsen Pontoppidan (1689–1774)
Savi	Paola Savi (1798–1871)
Savigny	Marie Jules César Lelorgne de Savigny (1778–1851)
Schreb.	Johann Christian Daniel von Schreber (1739–1810)
Scop.	Johann Anton Scopoli (1723–1788)
Temm.	Conrad Jakob T. Temminck (1778–1858)
Tunst.	Marmaduke Tunstall (1743–1790)
Vieill.	Louis Jean Pierre Vieillot (1748–1828)

Mehrsprachiges Glossar einiger ausgewählter Wildarten

Deutsch	Englisch	Französisch	Schwedisch	Spanisch	Finnisch
Alpenschneehuhn	ptarmigan	lagopède d'Ecosse, grouse	fjällripa	perdiz nival	Kiiruna
Auerhuhn	capercaillie	grand tétras, (grand) coq de bruyère	tjäder	urogallo	Metso
Bär, Braunbär	brown bear	ours brun	björn	oso pardo	Karhu
Birkhuhn, Birkwild	black grouse, blackgame	tétras lyre, petit coq de bruyère	orre	gallo lira	Teeri
Blaufuchs, Eisfuchs, Polarfuchs	arctic fox	renard polaire, renard arctique	fjällräv	zorro ártico	Naali
Dachs	(European) badger	blaireau	grävling	tejón	Mäyrä
Damhirsch, Damwild	fallow deer	daim	dovhjort	gamo	Kuusipeura
Eiderente	common eider, eider (duck)	eider à duvet	ejder	eider	Haahka
Elch	moose/elk	élan	älg	alke	Hirvi
Europäischer Biber	European beaver	castor (d'Europe)	europeisk bäver	castor europeo	Euroopan majava
Fasan, Jagdfasan	pheasant	faisan (commun), faisan de chasse, faisan de Colchide	fasan	faisán vulgar	Fasaani
Feldhase	brown hare	lièvre (d'Europe), lièvre commun	fälthare	liebre (común)	Rusakko
Fischotter	(European) otter	loutre	utter	nutria (europea)	Saukko
Fuchs, Rotfuchs	red fox	renard	räv	zorro (común)	Kettu
Gamswild, Gemse, Gämse, Gams	chamois	chamois	gems	rebeco, gamuza alpina	Gemssi
Graugans	greylag goose	oie cendrée	grågås	ansar común	Merihani
Haselhuhn, Haselwild	hazelhen, hazel grouse	gélinotte (des bois)	järpe	grévol	Pyy
Hermelin, Großes Wiesel	ermine, stoat	hermine	hermelin	armiño	Kärppä
Iltis	polecat	putois	iller	turón	Hilleri
Kanadagans	canada goose	bernache du Canada	kanadagås	bernacia canadiense	Kanadanhanhi
Kegelrobbe	grey seal	phoque gris		foca gris	
Knäkente	garganey	sarcelle d'hiver	årta	cerceta carretona	Heinätavi
Krickente	(common) teal, European teal	sarcelle d'hiver	kricka	ánade friso	Tavi
Löffelente	shoveller	(canard) souchet	skedand	pato cuchara	Lapasorsa
Luchs	(European) lynx	lynx (boréal)	lo	lince boreal, lince europeo	Ilves
Marder, Baummarder	pine marten	martre	mård	marta	Näätä
Marderhund	raccoon dog	chien viverrin	mårdhund	perro viverrino, perro mapache	Supikoira
Mink, amerikanischer Nerz	(North American) mink	vison d'Amérique	mink	visón americano	Minkki
Moorschneehuhn	willow grouse	lagopède des saules	dalripa	lagópodo escocés	Riekko
Muffelwild	mufflon	mouflon de Corse	mufflon	muflón de Córcega, musmón	Muffloni
Murmeltier, Alpenmurmeltier, Mankei	(Alpine) marmot	marmotte (des Alpes)	murmeldjur	marmota (alpina)	Murmelit
Nutria, Biberratte, Sumpfbiber	coypu, nutria	ragondin	nutria	coipú, rata nutria	Rämemajava

Deutsch	Englisch	Französisch	Schwedisch	Spanisch	Finnisch
Pfeifente	(European) wigeon	(canard) siffleur	bläsand	ànade rabudo	Haapana
Rebhuhn	(grey) partridge, common partridge	perdrix grise	rapphöna	perdiz pardilla	Peltopyy
Rehwild	roe deer	chevreuil	rådjur	corzo	Metsäkauris
Reiherente	tufted duck	(fuligule) morillon	vigg	porrón moñudo	Tukkasotka
Rentier, Europäisches	reindeer	renne	skogsvildfren	reno	Metsäpeura
Ringelrobbe	ringed seal	phoque marbré	Atlantisk vikare	foca ocelada	Norppa
Ringeltaube	wood pigeon, ring dove	(pigeon) ramier, palombe	ringduva	paloma zurita	Sepelkyyhky
Rotwild, Edelhirsch	red deer	cerf (d'Europe)	kronhjort	viervo de Córcega	Saksanhirvi
Saatgans	bean goose	oie des moissons	sädgås	ansar campestre	Metsähanhi
Schellente	goldeneye	garrot d'Islande	knipa	porrón islándico	Telkkä
Schnatterente	gadwall	(canard) chipeau	snatterand	ánade silbón	Harmaasorsa
Schneehase, Alpenschneehase	northern hare, varying hare, blue hare	lièvre variable, lièvre blanc, blanchon	skogshare	liebre variable	Metsäjänis
Schwarzwild, Wildschwein	wild boar	sanglier	vildsvin	jabalí	Villisika
Seehund, Gemeiner	common seal	phoque commun	knubbsäl	foca común	Kirjohylje
Sikahirsch, Sikawild	sika deer	cerf sika	sikahjort	ciervo sika	Japaninpeura
Spanischer Steinbock, Iberischer Steinbock	Spanish ibex	bouquetin des Pyrénées, bouquetin d'Espagne	iberisk stenbok	cabra montés, Cabra Hispánica, tur ibérico	Pyreneiden-vuorikauris
Spießente	pintail	(canard) pilet	stjärtand	ànade rabudo	Jouhisorsa
Steinwild, Alpensteinbock	(Alpine) ibex	bouquetin (des Alpes)	alpstenbock	capra de los Alpes, capra alpina	Alppikauris
Stockente	mallard	(canard) colvert, canard sauvage	gräsand	ànade real	Heinäsorsa
Tafelente	(common) pochard, European pochard	fuligule milouin	brunand	porrón pardo	Punasotka
Waldschnepfe	woodcock	bécasse	morkulla	becada, chocha perdiz	Lehtokurppa
Waschbär	raccoon	raton laveur	mårdhund	olingo	Supikoira
Weißwedelhirsch, Virginiahirsch	white-tailed deer, Virginia deer	cerf de Virginie, cerf à queue blanche, »chevreuil«	vitsvanshjort	ciervo de Virginia, ciervo de cola blanca, venado de cola blanca	Valkohäntäpeura
Wildkaninchen, Kaninchen	wild rabbit	lapin de garenne	kanin	conejo de monte	Kaniini
Wildkatze	wild cat	chat sauvage	vildkatt	gato montés	Villikissa
Wolf	wolf	loup	varg	lobo	Susi

Natur des Jahres

Jahr	Vogel des Jahres 1)	Wildtier des Jahres 2)	Fisch des Jahres 3)	Baum des Jahres 4)	Pilz des Jahres 5)
2011	Gartenrotschwanz	Luchs	Äsche	Elsbeere	Roter Gitterling
2010	Kormoran	Dachs	Karausche	Vogelkirsche	Schleiereule
2009	Eisvogel	Igel	Aal	Bergahorn	Blauer Rindenpilz
2008	Kuckuck	Wisent	Bitterling *(Rhodeus sericeus amarus)*	Walnuss	Bronzeröhrling
2007	Turmfalke	Elch	Schleie	Waldkiefer	Puppenkernkeule
2006	Kleiber	Seehund	Koppe	Schwarzpappel	Ästiger Stachelkopf
2005	Uhu	Braunbär	Bachforelle	Rosskastanie	Wetterstern
2004	Zaunkönig	Siebenschläfer	Maifisch	Weißtanne	Hausschwamm
2003	Mauersegler	Wolf	Barbe	Schwarzerle	Papageigrüner Saftling
2002	Haussperling	Rothirsch	Quappe (Rutte)	Wacholder	Orangefuchsiger Raukopf
2001	Haubentaucher	Feldhase	Stör	Esche	Mäandertrüffel
2000	Rotmilan	Äskulapnatter	Lachs	Sandbirke	Königsfliegenpilz
1999	Goldammer	Fischotter	Nordseeschnäpel	Silberweide	Satansröhrling
1998	Feldlerche	Unken (Gelbbauch- u. Rotbauch-U.)	Strömer	Wildbirne	Schweinsohr
1997	Buntspecht	Alpensteinbock	Äsche	Eberesche	Frauentäubling
1996	Kiebitz	Feldhamster	Meerforelle	Hainbuche	Habichtspilz
1995	Nachtigall	Apollofalter	Aal	Spitzahorn	Zunderschwamm
1994	Weißstorch	Rotwild	Nase	Eibe	Eichenrotkappe
1993	Flussregenpfeifer	Wildkatze	Dorsch	Speierling	
1992	Rotkehlchen	Fledermaus	Lachs	Bergulme	
1991	Rebhuhn		Elritze	Sommerlinde	
1990	Pirol		Bachforelle	Buche	
1989	Teichrohrsänger		Groppe	Stieleiche	
1988	Wendehals		Neunaugen (Fluss-, Bach- u. Meeres-N.)		
1987	Braunkehlchen		Schlammpeitzger		
1986	Saatkrähe		Schneider		
1985	Neuntöter		Bitterling *(Rhodeus amarus)*		
1984	Weißstorch		Bachschmerle		
1983	Uferschwalbe				
1982	Großer Brachvogel				
1981	Schwarzspecht				
1980	Birkhuhn				
1979	Rauchschwalbe				
1978	Kranich				
1977	Schleiereule				

1) Seit 1971 ausgewählt vom Naturschutzbund Deutschland, Herbert-Rabius-Str. 26, 53225 Bonn
2) Seit 1992 ausgewählt von der Schutzgemeinschaft Deutsches Wild e. V., Adenauer Allee 214, 53113 Bonn
3) Von 1984 bis 1989 ausgewählt von der Petri-Stiftung e. V., seit 1990 vom Verband Deutscher Sportfischer e. V., Siemensstraße 11–13, 63071 Offenbach/Main
4) Von 1989 bis 2008 ausgewählt von der Schutzgemeinschaft Deutscher Wald (Kuratorium Baum des Jahres); seit 2009 vom „Verein Baum des Jahres e. V." und der Dr.-Silvius-Wodarz-Stiftung „Menschen für Bäume" in 95615 Marktredwitz, Kneippstraße 155). Seit 1994 ausgewählt von der Deutschen Gesellschaft für Mykologie e. V., Kierweg 3, 54558 Mückeln/Eifel

Anmerkung: Zur Natur des Jahres gehören z.Z. auch: »Arzneipflanze des Jahres«, »Blume des Jahres«, »Biotop des Jahres«, »Gefährdete Nutztierrasse des Jahres«, »Gemüse des Jahres«, »Heilpflanze des Jahres«, »Insekt des Jahres«, »Landschaft des Jahres«, »Orchidee des Jahres«, »Spinne des Jahres«, »Staude des Jahres«, »Streuobstsorte des Jahres«, »Wirbelloses Tier des Jahres«.

Der Mensch als Jäger

Geschichtliche Zeitabschnitte	Geschichte des Waldes	Verwendete Jagdwaffen	Jagdarten	Jagdrecht
Mittlere Altsteinzeit (Neandertaler) vor 100 000 Jahren	Nach Abschluss der Eiszeiten, bei der viele bei uns heimische Baumarten nicht mehr vertreten waren, entwickelte sich die Vegetation der Kältesteppe langsam zu Wald. Vor allem die Birke beherrschte das Landschaftsbild.	Stiellose Äxte, scharfe Knochen, Holzspeere, Faustkeile	Gemeinsame Jagd (Hinterhalt, Treibjagd, Einzeljagd), Jagd überwiegend auf Jungtiere.	Recht der freien Jagd: Gemeinsame Jagdgründe und Verteilung der Jagdbeute ohne soziale Unterschiede
Späte Altsteinzeit (Chromagnonmensch) vor 40 000 Jahren		Wurfstöcke, Speerspitzen aus Knochen und Elfenbein, Pfeil und Bogen, Harpunen	Gemeinsame Jagd (Großwildjagd, Fallenstellen, Hinterhalt, Treibjagd, Wolf zur Jagd abgerichtet, Jagd an Zwangswechseln).	
Mittelsteinzeit (moderner Mensch, ohne Landwirtschaft) vor 11 000 Jahren bis vor 5000 Jahren	Vorherrschende Baumarten im Flachland: Eiche, Buche, Linde, Kiefer, Erle, Birke; im Mittelgebirge: Fichte; im Hügelland: Buche, Eiche	Pfeil und Bogen, Splitteräxte, verschiedene Speere, Fallen, Fischnetze, Angelhaken aus Knochen	Gemeinsame Jagd (Schleichjagd, Ansitzjagd, Jagd mit Hunden, Fallenstellen, Jagd an Zwangswechseln, Jagd als Sport)	
Jüngere Steinzeit (Viehzucht und Ackerbau) etwa 4000–1800 v. Chr.		Bearbeitete Steinwaffen, z.B. Steinmesser mit Griff und aus Hirschhorn		In der Allmende, dem Gemeinschaftsbesitz, stand jedem freien Mann die Jagd zu (altgermanisches Recht)
Bronzezeit (hochentwickelter Ackerbau) etwa 1800–750 v. Chr.	Mitteleuropa fast ganz mit Wald bedeckt	Stichschwert (Kurzschwert) aus Bronze, Speere, Netze, Metallspitzen	– wie vor – Verfeinerung der Jagd	
Eisenzeit (Rückgang des Ackerbaus) etwa 750 v. Chr. bis 100 n. Chr.	Um Christi Geburt: Der Wald war auf einem Viertel der Landesfläche gerodet; die entstehenden Klöster trieben die Rodungen voran.	Beil aus Eisen, Axt, Langschwert, einkantiges Hiebschwert, Pfeil und Bogen, Pfeil mit	– wie vor – Hetzjagd mit Hunden, Beizjagd	

Die wichtigsten gejagten Tiere auf deutschem Boden

Völkerwanderungszeit
bis 800 n. Chr. (ab 500 ansteigender Ackerbau)

Mittelalter
etwa 800–1600 n. Chr. (1100–1400 Rittertum)

Im 11. und 12. Jh. nahmen die Waldrodungen ihr größtes Ausmaß an. Ab dem 13. Jh. regeln Forstordnungen die bis dahin hemmungslose Holznutzung.

Ende des 15 Jh. war der Wald in etwa auf die heutige Ausdehnung zurückgedrängt. Im 16 Jh. begann eine geregelte Forstwirtschaft; etwa ab Ende des 17 Jh. beruhte die Forstwirtschaft auf wissenschaftl. Grundlage, die ersten Forstschulen entstanden.

Neuere Zeit
1600–1800

Verwüstung vieler Waldungen, vor allem Abholzung d. Eichenwälder

Zwischen 1862 und 1970 wurde die Holznutzung von 1,5 auf 4,2 Festmeter pro Jahr und Hektar gesteigert.

Neuzeit
ab 1848

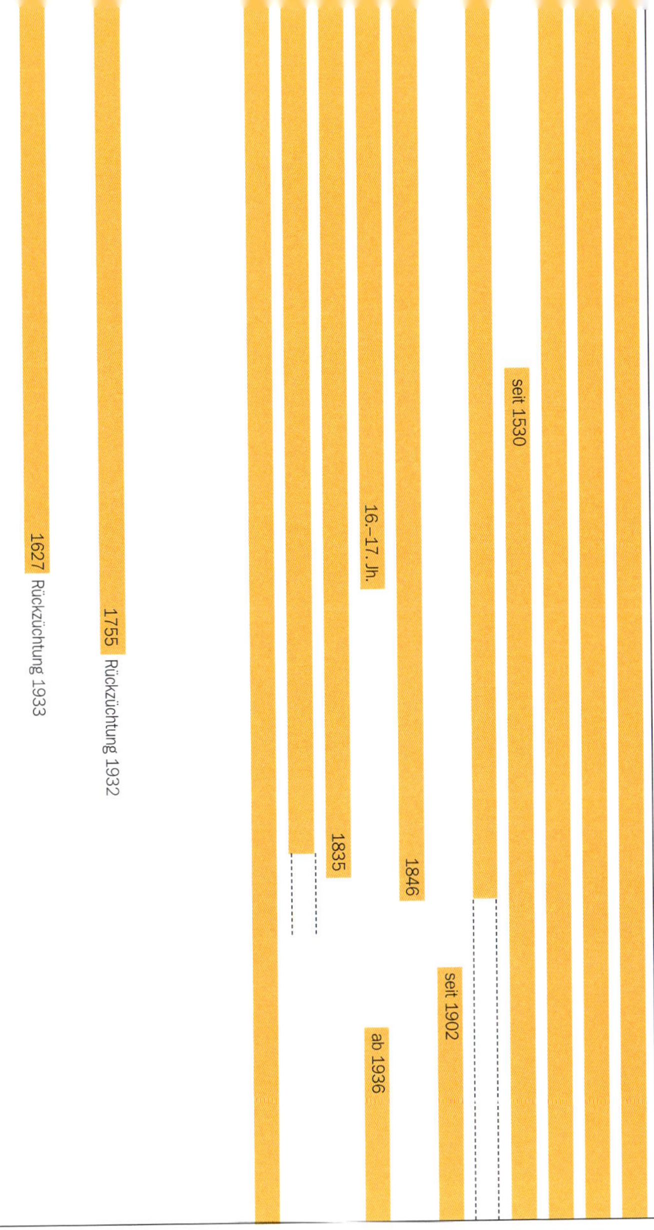

Saufeder

Jagdspieß, Jagdspeer, Jagdschwert, Pfeil und Bogen
Um 1200–1600 Armbrust

Ab 15 Jh. Feuerwaffen

Mitte 15. Jh. Luntenschloss,
Anfang 16. Jh. Radschloss,
Mitte 16. Jh. Schrotgewehr,
Mitte 17. Jh. Steinschloss

Ab 18. Jh. eiserne Schlagfallen,
ab Mitte 18 Jh. Windbüchse,
Anfang 19. Jh. Perkussionsschloss u. Zündnadelgewehr

1878 Repetiergewehr

Verfeinerung der Jagdgewehre; Verwendung mit Optik

Einteilung der Jagd in Hohe und Niedere Jagd

Zeugjagd (Lappjagd), Hetzjagden mit Pferden und Hunden, Netzjagd, Fallenjagd, Heckenjagd, Beizjagd, Vogelfang

– wie vor –
ab dem 17. Jh. Parforcejagden und Eingestellte Jagen, Vogelfang mit Netzen, Fangjagd (Saugruben, Wolfsgärten); Beizjagd, Anstandsjagd und Pirsch lösten Parforcejagden und Eingestellte Jagen ab, weiterhin Treibjagden und Fallenjagd

ca. 800 bis ca. 1500

Bannforste, auf deren Verletzung der Königsbann stand; Raubwild blieb Freiwild

Jagdregale (Jagdrecht) der Fürsten u. Stände (etwa 1450–1848) (Jagdfrone)

Freie Pirsch nur auf bestimmten Territorien

Strafen für Jagdfrevel; Jagdordnungen

1848 Beseitigung der Jagdfronen und des Jagdrechts auf fremden Grund und Boden

Gesundung und Erneuerung des gesamten Jagdwesens durch das Reichsjagdgesetz v. 3.7.1934;
1952 Bundesjagdgesetz

Fortpflanzung des Haarwildes – Paarungs-, Trag- und Setzzeit, Jungenzahl, Aufzuchtdauer

Wildart	Paarungszeit (Brunft-, Rausch-, Ranz- oder Rammelzeit)	Tragzeit in Wochen	Setzzeit (Wurfzeit)	Anzahl der Jungen	Aufzuchtdauer etwa	Bemerkungen
Wisent	August/September	39	Mai/Juni	1	6 Monate	Führungszeit des Jungtieres ca. 1 Jahr
Elchwild	September	35	E. April/Mai	1–2	6 Monate	Die Jungen wiegen bei der Geburt zwischen 8 und 16 kg.
Rotwild	M. September/M. Oktober	34	E. Mai/A. Juni	1 (2)	6 Monate	Das Kalb wiegt bei der Geburt ca. 6–8 (10) kg.
Damwild	M. Oktober/M. November	33	Juni	1 (2)	6 Monate	Das Kalb wird ca. 4 Monate gesäugt.
Sikawild	M. Oktober/A. November	30	Juni/Juli	1 (2)	4 Monate	Das Kalb wird 3–4 Monate gesäugt.
Rehwild	M. Juli/M. August	40 (mit Vortragezeit bis Dezember)	Mai/Juni	1–2 (3)	6 Monate	Das Kitz wiegt bei der Geburt ca. 1 kg und wird etwa $3^1/_2$ Monate gesäugt.
Gamswild	A. November/ M. Dezember	24–26	Mai/Juni	1 (2)	6 Monate	Das Kitz wiegt bei der Geburt ca. 3 kg.
Steinwild	E. November/Januar	22–24	Juni	1 (2)	6 Monate	Die Jungen bilden mit ca. 4 Wochen eigene Gruppen.
Muffelwild	M. Oktober/E. November	21–22	E. April/M. Mai	1 (2)	6 Monate	Gewicht bei der Geburt ca. 2,5 kg
Schwarzwild	A. November/E. Januar, je nach Lebensbedingungen auch zu anderen Zeiten	16–17	überwiegend März/April bis Mai, aber auch zu anderen Jahreszeiten	3–5 (bei jungen Bachen) 7–8 (bei älteren Bachen)	4 Monate	selten 2 Würfe im Jahr; die Jungen (Frischlinge) bleiben ca. 1 Woche im Wurfkessel
Feldhase	Januar bis August, Höhepunkt im April/Mai	6	1. Satz im März, weitere Sätze im Sommer bis A. Oktober	2–4 pro Satz, 3 (4) Sätze im Jahr	5 Wochen	Die Jungen sind Nachfolger.
Schneehase	Februar bis Juni	$6^1/_2$–$7^1/_2$	April/Mai u. Juli/August	2–4 pro Satz, 2 Sätze im Jahr	3 Wochen	Die Jungen sind Nachfolger.
Wildkaninchen	A. März bis August	4–$4^1/_2$	E. März bis September	5–8 pro Satz, 4–6 Sätze im Jahr	4 Wochen	Die Jungen sind etwa 9 Tage blind.
Murmeltier	E. April/A. Mai	5	Juni/Juli	2–4 (5)	2 Monate	Die Jungen sind bei der Geburt 30 g schwer und ca. 22 Tage blind.
Wildkatze	Februar/März	9	April/Mai	3–6	3 Monate	Die Jungen sind 9–11 Tage blind und mit 10 Monaten geschlechtsreif.
Fuchs	E. Dezember/Februar	$7^1/_2$	März/April	3–6 (1–13)	3 Monate	Die Jungen sind 12–14 Tage blind.
Luchs	März	10	Mai/Juni	2–3	12 Monate	Die Jungen sind etwa 8–15 Tage blind.
Stein- und Baummarder	Juli/August	37 (davon etwa 29 bis 30 Wochen Vortragezeit)	März/A. April	3–4	3 Monate	Die Jungen sind bei der Geburt ca. 30 g schwer und etwa 35 Tage blind.
Iltis	März (bis Juni)	6	April/Mai	4–8	3 Monate	Die Jungen sind bei der Geburt ca. 10 g schwer und etwa 28–34 Tage blind.
Hermelin (Großes Wiesel)	Februar (bis Juni/Juli)	36–52	März/April	4–6	2 Monate	Die Jungen sind bei der Geburt etwa 3 g schwer und ca. 37–45 Tage blind.
Mauswiesel (Kleines Wiesel)	Februar/März (vermutlich Frühjahr bis Herbst)	5	zu allen Jahreszeiten möglich	4–7 (8)	ca. 2 Monate	Die Jungen sind bei der Geburt ca. 1 g schwer und etwa 24–30 Tage blind.
Dachs	Februar/März bzw. Juli/August	33–34 (davon etwa 25 bis 26 Wochen Vortragezeit)	E. Februar/A. März	2–3 (1–5)	5–6 Monate	Die Jungen sind etwa 28–35 Tage blind.
Fischotter	Februar/März, aber auch zu anderen Jahreszeiten	9	überwiegend im April, aber auch zu anderen Jahreszeiten	2–3 (5)	4 Monate	Die Jungen sind mindestens 10 Tage blind.
Nerz	E. Februar/E. März	5 (bis 10), vermutlich Vortragezeit	April/Mai	4–5	3 Monate	Die Jungen sind etwa 32–35 Tage blind.
Wolf	M. Dezember bis M. März	9	April/Mai	4–6	12 Monate	Die Jungen sind etwa 8–12 Tage blind und werden ca. 6 Wochen gesäugt.
Braunbär	April bis Juli	26–40 (davon 4 bis 8 Wochen Vortragezeit)	Dezember/Februar	1–2 (3)	über 12 Monate	Die Jungen sind bei der Geburt nackt und blind und öffnen nach ca. 28 Tagen die Augen (Seher).
Marderhund (Enok)	Januar/Februar	ca. 9	April/Mai	5–8	3–4 Monate	Die Jungen sind ca. 10 Tage blind.
Waschbär	Januar/Februar (März)	9	April/Mai (bis Oktober)	2–8	ca. 5 Monate	Die Jungen öffnen nach 13 Tagen die Ohren (Gehöre) und nach ca. 21 Tagen die Augen.
Biber	Februar/März	10–14	Mai/Juni	2–3 (4)	ca. 2 Monate	Die Jungen kommen sehend zur Welt.
Biberratte (Sumpfbiber, Nutria)	Januar bis Dezember	ca. 19	2–3 Würfe im Jahr, hauptsächlich im April u. Juli	4–6 (12)	ca. 2 Monate	Die Jungen kommen sehend und behaart zur Welt.
Seehund	August/September	ca. 43–44 (mit Vortragezeit)	Mai/Juni	1 (2)	6–7 Wochen	Das Junge wird 5–6 Wochen gesäugt.

A = Anfang, M = Mitte, E = Ende

NESTSTANDORTE, NISTPLATZLAGE UND FORTPFLANZUNG DER BESCHRIEBENEN VOGELARTEN

Vogelart	Standorte der Nester: Biotop																									Standorte der Nester: Nistplatzlage									Jahresbruten	Gelege (Zahl d. Eier)	Brutzeit (Monate)	Brutdauer (Tage)			
* = Kolonienbrüter	Binnenlandschaften	Küstenlandschaften	Strand	Strandwiesen	Steil- u. Felsküste	Bewaldete Küste	Dünengelände	Brackwassersümpfe und Wattwiesen	Mündungsgebiete von Flüssen	Schilfgürtel an Binnengewässern	Verlandungszonen	Ufernahes Gelände	Bewaldete Ufer	Sumpfgelände, Moor	Feuchte Wiesen	Bruch- u. Auwälder	Laubwälder	Nadelwälder	Mischwälder	Heidelandschaften	Feldgehölze	Ödland, trockene Felder	Parks und Gärten	Siedlungen	Gebirge	Boden	Sträucher/Büsche	Bäume	Erdhöhlen (E), Baumhöhlen (B)	Halbhöhlen (H), Röhren (R)	Felswände	Schwimmnester oder auf Grund	Schilfgürtel	Gebäude	N= Nachgelege		3, 4, 5 usw. = März, April, Mai		Nestflüchter	Nesthocker	Platzhocker
Alpendohle	●																								●						●				1	4–5	5, 6	18–21		●	
Alpenkrähe*	●	●			●																				●						●				1	3–5	4, 5	19–21		●	
Alpenschneehuhn	●																								●	●									1	6–11	5, 6	21–24	●		
Alpenstrandläufer	●	●		●								●		●												●									1	4 (3–5)	5, 6	ca. 21	●		
Amsel	●																●	●	●								●	●							2–3	4–6	4, 5, 6, 7	11–14		●	
Auerhuhn	●																●	●	●							●									1 N	6–10	4, 5, 6	26–28	●		
Austernfischer*		●	●				●		●																	●									1	3 (2–4)	5, 6	27	●		
Bart- oder Lämmergeier	●																								●						●				1	2 (1–2)	1	53–57		●	
Baumfalke	●																				●							●							1	3 (2–4)	6	28		●	
Bekassine	●										●			●												●									1	4	4, 5	ca. 20	●		
Bergente		●										●		●												●									1	7–12	5, 6	26–28	●		
Birkhuhn	●														●					●					●	●									1	6–10 (12)	5, 6	25–27	●		
Blässgans	●	●		●										●												●									1	6–9	5, 6	27–28	●		
Blässhuhn	●									●																						●			1 (2) N	6–9	3, 4	21–23	●		
Brandente		●					●		●																				E						1 N	7–12	5, 6	28–30	●		
Brandseeschwalbe*		●	●				●																			●									1 N	2 (1–3)	5, 6	22–23	●		
Bruchwasserläufer	●											●		●	●											●									1	4	5, 6	21–24	●		
Buntspecht	●																●	●	●				●						B						1	5–6 (8)	4, 5, 6	12–13		●	
Dohle*	●																				●			●					B					●	1	3–6	4, 5	17–18		●	
Doppel- oder Mittelschnepfe	●													●	●											●									1	4	5	19–20	●		
Dreizehenmöwe*		●			●																										●				1 N	2 (1–3)	5, 6	21–26	●		
Dreizehenspecht	●																	●							●				B						1	4–5	5, 6	unbekannt		●	
Dunkler Wasserläufer	●													●						●						●									1	4	5, 6	um 21	●		

NESTSTANDORTE, NISTPLATZLAGE UND FORTPFLANZUNG DER BESCHRIEBENEN VOGELARTEN

Standorte der Nester – Biotop (I)

Vogelarten (* = Koloniebrüter)	Binnenlandschaften	Küstenlandschaften	Strand	Strandwiesen	Steil- u. Felsküste	Bewaldete Küste	Dünengelände	Brackwassersümpfe und Wattwiesen	Mündungsgebiete von Flüssen	Schilfgürtel an Binnengewässern	Verlandungszonen	Ufernahes Gelände	Bewaldete Ufer
Eichelhäher	•												
Eiderente		•	•				•						
Eisente		•	•										
Eistaucher	•	•								•			
Eleonorenfalke*		•			•								
Elster	•												
Fasan	•									•			
Feldlerche	•												
Fischadler	•	•			•	•			•				•
Flussregenpfeifer		•					•						
Flussseeschwalbe*	•	•	•	•			•		•		•		
Flussuferläufer	•										•		
Gänsegeier	•												
Gänsesäger	•												•
Gerfalke	•	•			•				•				
Goldregenpfeifer	•	•											
Graugans	•	•							•	•			
Grau- oder Fischreiher	•												•
Grauspecht	•												
Großer Brachvogel	•	•					•						
Große Rohrdommel	•									•			
Großtrappe	•												
Grünfüßiges Teichhuhn	•									•			
Grünschenkel	•										•		

Standorte der Nester – Biotop (II)

Vogelarten (* = Koloniebrüter)	Sumpfgelände, Moor	Feuchte Wiesen	Bruch- u. Auwälder	Laubwälder	Nadelwälder	Mischwälder	Heidelandschaften	Feldgehölze	Ödland, trockene Felder	Parks und Gärten	Siedlungen	Gebirge
Eichelhäher				•	•	•						
Eiderente												
Eisente												
Eistaucher												
Eleonorenfalke*												
Elster								•		•	•	
Fasan	•		•	•	•	•		•				
Feldlerche									•			
Fischadler												
Flussregenpfeifer												
Flussseeschwalbe*												
Flussuferläufer												
Gänsegeier												•
Gänsesäger												
Gerfalke												
Goldregenpfeifer	•						•					
Graugans												
Grau- oder Fischreiher												
Grauspecht				•		•				•		
Großer Brachvogel	•	•					•					
Große Rohrdommel												
Großtrappe									•			
Grünfüßiges Teichhuhn												
Grünschenkel	•											

Standorte der Nester – Nistplatzlage

Vogelarten (* = Koloniebrüter)	Boden	Sträucher/Büsche	Bäume	Erdhöhlen (E), Baumhöhlen (B)	Halbhöhlen (H), Röhren (F)	Felswände	Schwimmnester oder auf Grund	Schilfgürtel	Gebäude
Eichelhäher		•	•						
Eiderente	•								
Eisente	•								
Eistaucher	•								
Eleonorenfalke*					H	•			
Elster		•	•						
Fasan	•								
Feldlerche	•								
Fischadler			•			•			
Flussregenpfeifer	•								
Flussseeschwalbe*	•								
Flussuferläufer	•								
Gänsegeier			•			•			
Gänsesäger				B					
Gerfalke						•			
Goldregenpfeifer	•								
Graugans	•							•	
Grau- oder Fischreiher			•						
Grauspecht				B					
Großer Brachvogel	•								
Große Rohrdommel								•	
Großtrappe	•								
Grünfüßiges Teichhuhn								•	
Grünschenkel	•								

Fortpflanzung

Vogelarten (* = Koloniebrüter)	Jahresbruten (N= Nachgelegene)	Gelege (Zahl d. Eier)	Brutzeit (Monate) (3, 4, 5 usw. = März, April, Mai)	Brutdauer (Tage)	Nestflüchter	Nesthocker	Platzhocker
Eichelhäher	1	5–6 (7)	4, 5	16–17		•	
Eiderente	1 N	4–6 (7–8)	5, 6	25–26	•		
Eisente	1	5–8 (9)	5, 6	24–29	•		
Eistaucher	1	2	5, 6	29	•		
Eleonorenfalke*	1	2–3	7, 8	28			•
Elster	1 N	5–7	4	15–18		•	
Fasan	1 N	10–14	5, 6	24–25	•		
Feldlerche	2 (3) N	3–5	4, 5, 6, 7	11–14		•	
Fischadler	1	3 (2–4)	4, 5	37–38		•	
Flussregenpfeifer	2 N	4	4, 5, 6, 7	23–26		•	
Flussseeschwalbe*	1 N	3 (2–4)	5, 6	23–24	•		
Flussuferläufer	1 N	4	5, 6	21–22	•		
Gänsegeier	1	1	2, 3	48–50		•	
Gänsesäger	1 N	8–12	4, 5	ca. 33	•		
Gerfalke	1	3–4	4	30–35			•
Goldregenpfeifer	1 N	4 (3)	4, 5	27	•		
Graugans	1 N	5–8	3, 4	28–29	•		
Grau- oder Fischreiher	1	3–6	3, 4, 5	25–27		•	
Grauspecht	1	6–7 (5)	5, 6	14–16		•	
Großer Brachvogel	1 N	4	4, 5	25–26	•		
Große Rohrdommel	1 N	5–6	4, 5	25–26		•	
Großtrappe	1	2 (3)	4, 5	25–28		•	
Grünfüßiges Teichhuhn	2 (3)	6–10 (11)	4, 5, 6	19–22	•		
Grünschenkel	1	4	5, 6	24–25	•		

Grünspecht	•																				•		•						B						1	5–7 (8)	4, 5	15–16		•	
Habicht	•																•	•	•						•			•							1	3–4 (5)	4, 5	36–40		•	
Habichtskauz	•																•	•	•										B						1	3–4 (5)	2, 3, 4	27–29		•	
Haselhuhn	•																		•							•									1 N	8–11	4, 5, 6	21–25	•		
Haubenlerche	•																			•		•				•									2 N	3–5	4, 5, 6	13		•	
Haubentaucher	•									•																						•			1 (2) N	4 (2–6)	4, 5, 6	25–28	•		
Heidelerche	•																			•	•					•									2 (3) N	3–5	4, 5, 6, 7	13–15		•	
Heringsmöwe*		•	•		•																					•									1 N	3 (2–4)	5, 6	25	•		
Höckerschwan	•										•															•									1 N	5–8	4,5	35–38	•		
Hohltaube	•																•	•	•				•						B						2–3 (4)	2 (3)	3, 4, 5, 6, 7, 8	16–17		•	
Kaiseradler	•																			•		•						•							1	2 (3)	4	43		•	
Kampfläufer		•						•						•	•											•									1	4	5, 6	21	•		
Kanadagans		•						•	•					•												•									1 N	4–7 (11)	4, 5, 6	28–30	•		
Kiebitz	•	•		•					•					•								•				•									1 (2) N	4	3, 4	24–30	•		
Kleines Sumpfhuhn	•									•	•		•																				•		1–2	6–8	5, 6, 7	20–21	•		
Kleinspecht	•																•		•				•						B						1	5–6	4, 5, 6	ca. 14		•	
Knäkente	•										•			•												•									1 N	6–11 (13)	4, 5, 6	21–23	•		
Knutt oder Isländischer Strandläufer		•						•				•														•									1	4	6, 7	ca. 21	•		
Kolbenente	•										•															•									1 N	6–12	5, 6	ca. 26	•		
Kolkrabe	•	•			•	•															•				•			•			•				1 N	3–6	2, 3, 4	20–21		•	
Kormoran*	•	•			•	•			•				•															•			•				1	3–4	4, 5, 6	23–26		•	
Kornweihe	•																			•	•					•									1 N	4–5	5	30–32		•	
Krähenscharbe*		•			•																										•				1 N	3 (2–5)	2, 3, 4, 5, 6	30–31		•	
Kranich	•										•			•		•										•									1 N	2 (3)	4, 5	28–30		•	
Krickente	•									•	•															•									1 N	8–10 (11)	5, 6	21–23	•		
Kuckuck	•	Brutparasit – Nistplatz entfällt																																	Legezeit 36–46 Tage	12–16 (22)	5, 6	12 ½		•	
Kurzschnabelgans		•			•																				•	•									1	4–6 (7)	6, 7	26–28	•		
Küstenseeschwalbe*		•	•																							•									1 N	2 (1–3)	4, 5	20–22	•		
Kutten- oder Mönchsgeier	•																											•							1	1 (2)	2, 3	ca. 45–50		•	
Lachmöwe*	•	•	•		•				•		•			•												•									1 N	3 (2)	4, 5, 6	22–24	•		
Lanner- oder Feldeggsfalke	•																								•					H	•				1	3–4	2	30–35		•	

NESTSTANDORTE, NISTPLATZLAGE UND FORTPFLANZUNG DER BESCHRIEBENEN VOGELARTEN

Vogelarten	Standorte der Nester: Biotop																									Standorte der Nester: Nistplatzlage									Jahresbruten	Gelege (Zahl d. Eier)	Brutzeit (Monate)	Brutdauer (Tage)	Nestflüchter	Nesthocker	Platzhocker
* = Kolonienbrüter	Binnenlandschaften	Küstenlandschaften	Strand	Strandwiesen	Steil- u. Felsküste	Bewaldete Küste	Dünengelände	Brackwassersümpfe und Wattwiesen	Mündungsgebiete von Flüssen	Schilfgürtel an Binnengewässern	Verlandungszonen	Ufernahes Gelände	Bewaldete Ufer	Sumpfgelände, Moor	Feuchte Wiesen	Bruch- u. Auwälder	Laubwälder	Nadelwälder	Mischwälder	Heidelandschaften	Feldgehölze	Ödland, trockene Felder	Parks und Gärten	Siedlungen	Gebirge	Boden	Sträucher/Büsche	Bäume	Erdhöhlen (E), Baumhöhlen (B)	Halbhöhlen (H), Röhren (R)	Felswände	Schwimmnester oder auf Grund	Schilfgürtel	Gebäude	N= Nachgelege		3, 4, 5 usw. = März, April, Mai				
Löffelente	•										•			•												•									1 N	8–12	5, 6	22–25	•		
Löffler*	•									•				•														•					•		1 N	3–5 (6–7)	4, 5, 6	23		•	
Mantelmöwe		•	•		•																					•									1 N	3 (2–4)	5, 6	26–28	•		
Mäusebussard	•																•	•	•		•							•							1	2–3 (4)	4	31–34		•	
Merlin	•													•						•						•									1	4–5(6)	5–6	28–30		•	
Misteldrossel	•																	•	•									•							2 N	3–5	4, 5, 6	13–14		•	
Mittelsäger	•	•	•	•									•													•									1 N	7–12	5, 6	28–32	•		
Mittelspecht	•															•	•						•						B						1	5–6 (4)	4, 5	11–12		•	
Moorente	•									•	•															•									1 N	7–11	5, 6	24–27	•		
Moorschneehuhn	•													•						•						•									1	6–10	5, 6	21–24	•		
Mornellregenpfeifer	•																								•	•									1	3 (2–4)	5, 6, 7	um 26	•		
Nachtreiher*	•									•				•		•											•	•							1 N	3–5	5, 6	21–22		•	
Nebelkrähe	•															•					•		•					•							1	4–6	4, 5	18–20		•	
Neuntöter	•																				•		•				•								1 (2)	4–7	5, 6	14–16		•	
Odinshühnchen*	•											•		•												•									1	4	5, 6, 7	20–21	•		
Ohrentaucher	•									•				•																		•			1	4–6	5, 6	22–24	•		
Pfeifente	•										•			•												•									1 N	7–9 (10)	5, 6, 7	22–25	•		
Pfuhlschnepfe	•													•												•									1 N	4	4, 5	24	•		
Prachttaucher	•												•													•									1 N	2	5, 6	28–30	•		
Purpurreiher	•									•																•									1 N	4–5	4, 5	26–30		•	
Rabenkrähe	•															•					•		•					•							1 N	4–6	4, 5	18–20		•	
Rallenreiher	•												•			•											•	•							1	4–6	5, 6	22–24		•	
Raubwürger	•																				•						•	•							1	5–6	4, 5	16–17		•	
Raufußbussard	•																			•		•				•					•				1	3–4 (5–7)	5	33–35		•	

Raufußkauz	•																	•											B						1	4–6	4, 5	26–28		•	
Rebhuhn	•																					•				•									1 N	10–25	5, 6	23–25	•		
Reiherente*	•	•			•						•															•									1 N	5–12	5, 6	23–25	•		
Ringdrossel	•																•	•		•					•	•	•								1–2	4–5	4, 5, 6, 7	12–14		•	
Ringelgans*		•						•	•																	•					•				1	3–5	6	24–26	•		
Ringeltaube	•																•	•	•				•					•							2–3 (4)	2 (3)	4, 5, 6, (9)	15–17		•	
Rohrweihe	•									•	•				•											•							•		1 N	4–5 (6)	5	33–36		•	
Rotdrossel	•													•					•								•	•							1 (2)	4–6	5, 6, 7	12–13		•	
Rötelfalke	•																				•	•		•					B		•				1	4–5 (6)	5	28		•	
Roter Milan	•																•	•	•									•							1 N	2–4	4	29–32		•	
Rotfußfalke*	•																			•	•	•						•							1	4 (3–6)	6	22–23		•	
Rothalstaucher	•									•																						•			1 (2) N	4–5 (7)	5	22–25	•		
Rothuhn	•																					•				•									1 N	10–15	4, 5, 6	24–26	•		
Rotkopfwürger	•																				•							•							1	5–6	5	14–15		•	
Rotschenkel		•		•					•	•																•									1 N	4 (3–5)	4, 5, 6	23–24	•		
Saatgans	•	•										•	•													•									1	4–6 (8)	5, 6	27–29	•		
Saatkrähe*	•																				•			•				•							1	4–5	4	17–19		•	
Säbelschnäbler		•						•	•																	•									1 N	4 (2–5)	4, 5, 6	23–25	•		
Sakerfalke	•																			•		•			•			•			•				1	3–4	4	30		•	
Samtente	•									•	•															•									1 N	7–10	5, 6	27–28	•		
Sand- oder Halsbandregenpfeifer		•	•				•		•																	•									1–2 N	4 (3–5)	5, 6, 7	24–27	•		
Schelladler	•											•		•												•	•	•							1	2	5	40		•	
Schellente	•	•				•			•		•		•															•	B/E						1 N	6–11	4, 5	29–30	•		
Schlangenadler	•													•	•					•								•							1	1 (2)	5	44–47		•	
Schleiereule	•																							•										•	1 (2)	4–7	4, 5, 6, 7, 8	32			•
Schmutzgeier	•																								•						•				1	1–2	2, 3	42			•
Schnatterente	•									•																•									1 N	7–12	5, 6	24–26	•		
Schreiadler	•															•												•							1	2 (1)	5	39–41		•	
Schwarzer Milan	•																•	•	•		•							•							1 N	2–3 (4)	4, 5	30–32		•	
Schwarzhalstaucher	•										•															•									1 N	3–4 (6)	5, 6	20–21	•		
Schwarzspecht	•																	•	•						•				B						1	3–4 (5)	4, 5	12–14		•	
Schwarzstorch	•																•											•							1 N	3–5	5	30		•	
Seeadler	•	•			•	•			•				•															•			•				1 N	2 (3)	2, 3	35–42		•	
Seeregenpfeifer		•	•				•																			•									1 N	3	5, 6	24–27	•		
Seidenreiher		•							•																			•							1 N	3–6	4, 5, 6, 7	21–23		•	

NESTSTANDORTE, NISTPLATZLAGE UND FORTPFLANZUNG DER BESCHRIEBENEN VOGELARTEN

Vogelarten	Standorte der Nester																								
	Biotop																								
* = Kolonienbrüter	Binnenlandschaften	Küstenlandschaften	Strand	Strandwiesen	Steil- u. Felsküste	Bewaldete Küste	Dünengelände	Brackwassersümpfe und Wattwiesen	Mündungsgebiete von Flüssen	Schilfgürtel an Binnengewässern	Verlandungszonen	Ufernahes Gelände	Bewaldete Ufer	Sumpfgelände, Moor	Feuchte Wiesen	Bruch- u. Auwälder	Laubwälder	Nadelwälder	Mischwälder	Heidelandschaften	Feldgehölze	Ödland, trockene Felder	Parks und Gärten	Siedlungen	Gebirge
Sichler*	•							•		•															
Silbermöwe*		•	•																						
Silberreiher	•								•	•															
Singdrossel	•																•	•	•				•		
Singschwan		•																							
Sperber	•																	•			•		•		
Sperlingskauz	•																	•							
Spießente	•	•					•				•			•											
Star	•																•	•	•		•				
Steinadler	•	•			•																				•
Steinhuhn	•																								•
Steinkauz	•																				•		•	•	
Steinwälzer		•	•																						
Sterntaucher	•												•												
Stockente	•											•													
Sturmmöwe*	•	•	•		•		•				•	•		•											
Sumpfohreule	•	•					•				•				•										
Tafelente	•	•							•		•			•											
Tannenhäher	•																	•							•
Temminck-Strandläufer	•	•	•	•									•												
Thorshühnchen	•											•													
Tordalk*		•			•																				
Trauerente		•						•																	
Trauerseeschwalbe	•										•			•											
Triel	•	•					•															•			

Vogelarten	Standorte der Nester – Nistplatzlage									Jahresbruten	Gelege (Zahl d. Eier)	Brutzeit (Monate)	Brutdauer (Tage)			
* = Kolonienbrüter	Boden	Sträucher/Büsche	Bäume	Erdhöhlen (E), Baumhöhlen (B)	Halbhöhlen (H), Röhren (R)	Felswände	Schwimmnester oder auf Grund	Schilfgürtel	Gebäude	N= Nachgelegene		3, 4, 5 usw. = März, April, Mai		Nestflüchter	Nesthocker	Platzhocker
Sichler*			•					•		1	3–4	4, 5, 6	21		•	
Silbermöwe*	•									1 N	2 (3)	5, 6	26–28	•		
Silberreiher								•		1	4	5, 6	25		•	
Singdrossel		•	•							2	4–6	4, 5, 6, 7	12–13		•	
Singschwan								•		1	5–7	5, 6	35–40	•		
Sperber			•							1	4–6	5, 6	32		•	
Sperlingskauz				B						1	4–6	4, 5	28		•	
Spießente	•									1 N	7–11 (12)	4, 5	21–23	•		
Star				B						1 (2)	4–8	4, 5, 6	14		•	
Steinadler						•				1	2 (3)	3, 4	42-44		•	
Steinhuhn	•									1	10–15	4, 5, 6	24–25	•		
Steinkauz				B					•	1	3–5 (6)	3, 4	28		•	
Steinwälzer	•									1	3–4	5, 6	23–27	•		
Sterntaucher	•									1	2	5, 6	26–28 (30?)	•		
Stockente	•									1 N	7–11 (14)	3, 4–7, 8	24–32	•		
Sturmmöwe*	•									1 N	3 (2–4)	5, 6	21–24	•		
Sumpfohreule	•									1	4–7 (11)	4, 5	25–29		•	
Tafelente	•									1 N	6–9 (12)	5, 6	24–27	•		
Tannenhäher			•							1	3–4	3, 4	16–18		•	
Temminck-Strandläufer	•									1	4 (5)	6, 7	13–14	•		
Thorshühnchen	•									1	4 (5)	6, 7	18–19	•		
Tordalk*						•				1	1	4, 5, 6	25–31			•
Trauerente	•									1 N	6–9 (10)	5, 6, 7	30–31	•		
Trauerseeschwalbe	•									1 N	2–3	5, 6	17–18	•		
Triel	•									1 N	2	4, 5, 6, 7	25–27	•		

Trottellumme*		•			•																										•				1	1	5, 6	28–38			•
Trutwild	•															•			•							•									1	8–14	2, 3	28–30	•		
Tüpfelsumpfhuhn	•									•	•			•																			•		2 N	8–14	5, 6, 7	18–21	•		
Türkentaube	•																						•				•	•							2–3 (4–5)	2	3, 4, 5 6 (7–10)	14–16		•	
Turmfalke	•																				•			•				•						•	1	4–6 (7)	4, 5, 6	28–30		•	
Turteltaube	•											•							•		•		•				•	•							1–2	2 (3)	5, 6, 7	13–15		•	
Uferschnepfe	•													•	•					•						•									1 N	4	4, 5	24	•		
Uhu	•																•	•	•							•		•							1	2–3 (4)	4	34–36			•
Wacholderdrossel	•											•						•					•				•	•							1–2 N	5–6	4, 5, 6	13–14		•	
Wachtel	•																					•				•									1 (2)	8–15	5, 6	18	•		
Wachtelkönig	•																					•				•									1 N	8–11 (12)	6, 7	15–18	•		
Waldkauz	•																•	•	•				•						B						1	2–3 (2–5)	2, 3, 4	28–29		•	
Waldohreule	•																		•		•						•	•							1 (2)	4–6	3, 4	27–28			•
Waldschnepfe	•																•		•							•									2	4	4, 5, 6	20–22	•		
Waldwasserläufer	•													•													•	•							1 N	4	4, 5, 6	20–22	•		
Wanderfalke	•																	•							•			•			•				1	3–4	3, 4	30		•	
Wasseramsel	•											•																		H					2	4–6	4, 5, 6, 7	15–17		•	
Wasserralle	•										•			•	•											•						•			1–2 N	6–11	4, 5, 6, 7, 8	19–20	•		
Weißrückenspecht	•																												B						1	3–5	4, 5	?		•	
Weißstorch	•																							•				•						•	1 N	4 (3–5)	4, 5	32		•	
Weißwangengans*		•			•																					•					•				1	4–5 (6)	5, 6	24–25	•		
Wendehals	•																•	•	•				•						B						1 (2) N	7–10 (12)	5, 6	13–14		•	
Wespenbussard	•																•	•	•		•							•							1 N	2	5, 6	33–34		•	
Wiesenweihe	•	•					•					•														•									1	3–5	5	29–30		•	
Zwergdommel	•									•																							•		1 (2) N	5–6	5, 6, 7	16–19		•	
Zwerggans	•									•	•		•	•												•									1	4–5	6	25–28	•		
Zwergmöwe*	•	•	•	•					•		•			•												•						•			1 N	2–3	5, 6	23–28	•		
Zwergohreule	•																•						•						B						1	3–4 (5)	5, 6	24–25		•	
Zwergsäger	•	•				•												•											B						1	5–9	5, 6	28–31	•		
Zwergscharbe*	•	•						•						•													•	•							1	3–4	3, 4, 5	ca. 28–30		•	
Zwergschnepfe	•									•				•																			•		1	4	4, 5	20–21	•		
Zwergschwan	•														•											•									1	3–5	5, 6	29–30	•		
Zwergseeschwalbe*		•							•																	•									1 N	2–3	5, 6	20–22	•		
Zwergsumpfhuhn	•									•	•		•																				•		2	6–8	5, 6, 7	ca. 20	•		
Zwergtaucher	•									•																						•			2 (3) N	4–6	5, 6, 7	20–21	•		
Zwergtrappe	•																					•				•									1	2–3 (4)	5, 6	ca. 21	•		

Waffengesetz

Überblick über die wichtigsten Bestimmungen zu gängigsten Waffen und Munition

Durch das am 1.4.2003 in Kraft getretene Waffengesetz (WaffG) vom 11.10.2002 (BGBl. I S. 3970) in Verbindung mit der Allgemeinen Waffengesetzordnung (AWaffV) vom 27.10.2003 (BGBl. I S. 2123) wurde der »Umgang mit Waffen oder Munition unter Berücksichtigung der Belange der öffentlichen Sicherheit und Ordnung« neu geregelt. Das WaffG wurde zuletzt geändert durch Art. 3. Abs. 5 des Gesetzes vom 17.7.2009 (BGBl I S 2062, 2008), in Kraft seit 25.7.2009. Zum 1.4.2008 sind zudem die Bestimmungen des Waffenrechtsänderungsgesetzes in Kraft getreten, die aber für Jäger weitgehend ohne Auswirkungen geblieben sind. Die wichtigsten Neuregelungen und Bestimmungen zum Erwerb, zur Anmeldepflicht und zum Führen von Waffen und Munition werden nachfolgend im Überblick dargestellt:

Alterserfordernisse für den Waffenerwerb (persönliche Eignung)

Die Altersgrenzen für den Schusswaffenerwerb wurden mit dem neuen WaffG heraufgesetzt. Jäger dürfen nach der Neuregelung erst mit 18 Jahren Schusswaffen erwerben, dann aber ohne weitere Einschränkung.

Sportschützen dürfen Schusswaffen erst ab dem 21. Lebensjahr erwerben. Dies gilt nicht für Schusswaffen bis 5,6 mm Randfeuer (200 Joule Mündungsenergie) und für Einzellader-Flinten.

Sportschützen, die das 25. Lebensjahr noch nicht vollendet haben, müssen ein fachärztliches Gutachten vorlegen, das ihnen die persönliche Reife bescheinigt. Auch diese Regelung gilt nicht für die Waffen, die ein Sportschütze ab dem 18. Lebensjahr erwerben darf.

Bedürfnis für die Erteilung einer Waffenbesitzkarte

Für Jäger ist ein Bedürfnis für den Besitz von Langwaffen und zwei für die Jagdausübung geeigneten Faustfeuerwaffen gegeben. Für Schützen kann das Bedürfnis im Regelfall durch eine Bescheinigung eines anerkannten Schießsportverbandes nachgewiesen werden.

Jagdscheinbewerber

Teilnehmer an einem Vorbereitungslehrgang auf die Jägerprüfung können eine Waffenbesitzkarte beantragen, um bereits vor der Prüfung mit der eigenen Schusswaffe zu trainieren.

Die neue »Gelbe« WBK für Sportschützen

Sie wird für Sportschützen eines nach §15 WaffG anerkannten Verbandes nach §14 Abs. 4 WaffG erteilt. Inhaber einer solchen WBK dürfen Einzellader mit glatten und gezogenen Läufen, Repetierlangwaffen mit gezogenen Läufen, einläufige Einzellader-Kurzwaffen für Patronenmunition und mehrschüssige Kurz- und Langwaffen mit Zündhütchenzündung erwerben.

Kleiner Waffenschein

Wer zukünftig Gas- und Signalwaffen »führen«, d.h. außerhalb seiner Wohn- und Geschäftsräume bei sich tragen will, braucht dafür den »kleinen Waffenschein«. Dieser wird ohne Prüfung eines Bedürfnisses erteilt. Der Antragsteller muss nur das erfoderliche Alter besitzen und »zuverlässig« sein, wie jeder andere Besitzer von Schusswaffen auch.

Aufbewahrung

Konkretisiert wurden die Verpflichtungen des Waffenbesitzers. Wichtig ist gerade für den Jäger, dass sich die Pflicht zur ordnungsgemäßen Aufbewahrung nicht nur auf Schusswaffen, sondern generell auch auf »Waffen«, also insbesondere auch auf Hieb- und Stoßwaffen des Jägers erstreckt. Die sichere Aufbewahrung von Waffen regelt §36 WaffG. Grundsatz: Besitzer von Waffen oder Munition haben die erforderlichen Vorkehrungen zu treffen, um zu verhindern, dass diese Gegenstände abhanden kommen oder Dritte sie unbefugt an sich nehmen. Zudem müssen Schusswaffen und Munition getrennt voneinander aufbewahrt werden. Wer erlaubnispflichtige Schusswaffen, Munition oder verbotenen Waffen besitzt oder die Erteilung einer Erlaubnis zum Besitz beantragt hat, hat der zuständigen Behörde die zur sicheren Aufbewahrung getroffenen oder vorgesehenen Maßnahmen nachzuweisen. Besitzer von erlaubnispflichtigen Schusswaffen, Munition oder verbotenen Waffen haben außerdem der Behörde zur Überprüfung der Pflichten (sichere Aufbewahrung etc.) Zutritt zu den Räumen zu gestatten, in denen die Waffen und die Munition aufbewahrt werden.

Meldepflicht für Büchsenmacher und Waffenfachhändler

Waffenhändler müssen jeden Waffenverkauf der zuständigen Behörde mitteilen.

A Genehmigungspflicht

Waffen und Munition

1 Waffen über 60 cm Gesamtlänge (s. WaffG, Anl. 1 Ziffer 2.6) wesentliche Teile und Einsätze dazu, z.B.
- **a)** Kombinierte Waffen, Flinten, Büchsen, KK-Gewehre, Luftgewehre über 7,5 Joule, mehrläufige Schwarzpulverwaffen mit Perkussionszündung, 4-mm-Waffen,
- **b)** Selbstladeflinten u. Selbstladebüchsen, deren Magazine nicht mehr als 2 Patronen aufnehmen können.
- **c)** andere wesentliche Waffenteile.

2 Munition für A 1, z.B.
- **a)** Büchsen-, Schrot- und Flintenlaufgeschosspatronen,
- **b)** Randfeuer- und Flobertpatronen,
- **c)** 4-mm-Randzünder mit und ohne Kugel.

3 Waffen bis 60 cm und Selbstladewaffen über 60 cm Gesamtlänge (WaffG, Anlage 1 Ziffer 2.6) wesentliche Teile und Einsätze dazu (Ausnahmen siehe B 1 + 3), z.B.:
- **a)** Pistolen, Revolver, mehrläufige Schwarzpulver-Pistolen mit Perkussionszündung, Schwarzpulver-Revolver, 4-mm-Pistolen und -Revolver,
- **b)** Selbstladeflinten und Selbstladebüchsen, deren Magazine mehr als 2 Patronen aufnehmen können.
- **c)** andere wesentliche Waffenteile.

4 Munition für A 3, z.B.
- **a)** Pistolen- und Revolverpatronen,
- **b)** Plastik- und Trainingspatronen Kaliber 7,65 Browning, 9 mm Luger (Para), .38 Special,
- **c)** Leucht-, Knall- und Signalpatronen Kaliber 4,
- **d)** 4 mm M 20,
- **e)** Pyrotechnische Munition
- **f)** Schwarzpulver,
- **g)** Nitrozellulosepulver.

B Genehmigungsfreier Erwerb

1 Sonstige Waffen, z.B.
- **a)** mit Zündnadelzündung, einläufige Schwarzpulver-Einzelladerwaffen mit Zündhütchenzündung (Perkussion) oder Steinschlosszündung, deren Modelle vor dem 1.1.1871 entwickelt wurden, sowie entsprechende Bausätze,
- **b)** Einsteckläufe mit Zulassungszeichen ....
- **c)** Luftdruck-, Federdruck-, CO_2- und Softair-Waffen bis 7,5 Joule (0,75 kp) mit Kennzeichen ....
- **d)** Schreckschuss-, Reizstoff- und Signalwaffen mit Zulassungszeichen ....
- **e)** SMini-Signalwaffen Kaliber 2 mm Berloque
- **f)** Salutwaffen, Druckluftumbauten mit Zulassungszeichen ....
- **g)** Bajonette, Degen, Schwerter, Säbel, Armbruste

2 Sonstige Munition, z.B.
- **a)** Knall- und Gaspatronen, Signaleffekte ohne Knalleffekt Kaliber 15,
- **b)** Leucht- und Signalpatronen ohne Knalleffekt Kal. 16 u. 12,
- **c)** Patronen- und Kartuschenmunition für genehmigungsfreie Waffen,
- **d)** Zündhütchen.

3 Modellwaffen (nicht schießfähig), Pfeil und Bogen, Diabolokugeln für Luftdruckwaffen, Geschosse, Hülsen

Frei erwerbbar, keine Anmeldung erforderlich, führungsfrei.

Erwerb **Folgende gültige Dokumente berechtigen zum Erwerb** (Erklärung der Anmerkungen 1)–3) unten).	Anmeldepflicht **für Waffen und Waffenteile durch Erwerber bei der zuständigen Behörde:**	Führen **Führen von Schusswaffen, Pulver, Lunten nur bei Mitführung nachstehender Dokumente:**
Für Waffen, die nicht nach BJG verboten sind. – Jagdschein 1) Gültigkeitsdauer bis zu 3 Jahren – Tagesjagdschein, bei jedem Erwerb im Original. – Ausländerjagdschein von deutscher Behörde ausgestellt, bei jedem Erwerb im Original. – Allgemein: Waffenbesitzkarte 2)	1. Erwerb auf Jagdschein: Für Waffen und wesentliche Waffenteile innerhalb 2 Wochen nach Erwerb a) die Ergänzung der Waffenbesitzkarte vornehmen lassen oder b) die Waffenbesitzkarte beantragen. 2. Erwerb auf Waffenbesitzkarte: Für Waffen und für wesentliche Waffenteile innerhalb 2 Wochen unter Vorlage der Waffenbesitzkarte.	Erlaubnisfreies Führen: Der Umgang mit Schusswaffen in den eigenen Wohnungen und befriedetem Besitztum, in eigenen Geschäftsräumen oder auf Schießstätten. Darüber hinaus sind grundsätzlich Personalausweis oder Pass vorzuzeigen. Zusätzlich: Bei Jagdausübung, Hin- und Rückweg: Jagdschein mit Waffenbesitzkarte. Sonst: Waffenschein mit Waffenbesitzkarte.
Die obigen Dokumente oder Munitionserwerbsschein 2). In der WBK u. dem Munitions-Erwerbsschein muss der Munitionserwerb genehmigt sein.	Keine Anmeldung erforderlich	Jagdwaffen dürfen nur innerhalb des Reviers schussbereit geführt werden.
Waffenbesitzkarte 2)	Für Waffen und wesentliche Waffenteile innerhalb 2 Wochen unter Vorlage der Waffenbesitzkarte.	Erlaubnisfreies Führen: Der Umgang mit Schusswaffen in den eigenen Wohnungen und befriedetem Besitztum, in eigenen Geschäftsräumen oder auf Schießstätten. Darüber hinaus sind grundsätzlich Personalausweis oder Pass vorzuzeigen. Zusätzlich: Bei Jagdausübung, Hin- und Rückweg: Jagdschein mit Waffenbesitzkarte. Sonst: Waffenschein mit Waffenbesitzkarte.
Waffenbesitzkarte 2), wenn darauf der Erwerb der entsprechenden Munition genehmigt ist, oder Munitionserwerbschein bei jedem Erwerb im Original.	Keine Anmeldung erforderlich	
Sprengstoff-Erlaubnisschein, bei jedem Erwerb im Original.	Keine Anmeldung erforderlich	Sprengstoff-Erlaubnisschein und Personalausweis oder Pass.
Wichtige Änderung! Nach den neuen Bestimmungen des Waffengesetzes müssen auch genehmigungsfreie Schusswaffen und sonstige Waffen (Hieb- und Stoßwaffen) so verwahrt werden, dass sie nicht abhanden kommen oder Dritte diese unbefugt an sich nehmen können.		
Amtlicher Nachweis, dass der Erwerber das 18. Lebensjahr vollendet hat 3).	Keine Anmeldung erforderlich	Zu 1 a), b), c), e) Waffenschein mit Personalausweis oder Pass. Zu 1 d), Personalausweis oder Pass und kleiner Waffenschein.

Erklärung zu den Anmerkungen in Spalte Erwerb. Die Vorlage der gültigen Erwerbsdokumente ist wie folgt erforderlich:

1) Während der Gültigkeitsdauer einmalig im Original oder als amtliche Bestätigung oder amtliche Fotokopien aller beschrifteten Seiten für den Erwerb im Versandweg. Fax darf nicht anerkannt werden.

2) Bei jedem Erwerb im Original.

a) **Grüne WBK** nach §10 WaffG.
- Gültigkeitsdauer für den Erwerb für Waffen 1 Jahr ab Genehmigungsdatum.
- Die zu erwerbende Waffe (auch wesentliche Teile) muss von der Behörde in den Spalten 1–4 eingetragen sein.
- Diese WBK berechtigt auch zum Erwerb von Wechsel- und Austauschläufen in gleichen oder geringeren Kalibern – auch mit Verschlüssen (Wechselsysteme) –, wenn die Waffe, für die diese Teile bestimmt sind, in der WBK eingetragen ist.
- Die zu erwerbende Munition muss von der Behörde genehmigt sein, Ausnahme: Langwaffenmunition für Jagdscheininhaber.

b) Für die nach §10 eingetragenen Waffen dürfen wesentliche Teile nur im Austausch überlassen werden.

c) **WBK** für Sportschützen. Keine behördliche Einzelgenehmigung für den Erwerb von Mehrladerwaffen, z. B. Büchsen, Flinten und der betreffenden Munition erforderlich. Einzellader-Langwaffen mit glatten und gezogenen Läufen, von Repetier-Langwaffen mit gezogenen Läufen sowie von einläufigen Einzellader-Kurzwaffen für Patronenmunition und von mehrschüssigen Kurz- und Langwaffen mit Zündhütchenzündung (Perkussionswaffen)

d) **Rote (rosa) WBK** für Waffensammler und Waffensachverständige. Keine behördliche Einzelgenehmigung für den Erwerb der auf der Vorderseite aufgeführten Waffen des Sammlergebiets erforderlich.

3) Einmalig im Original oder als amtliche Bestätigung (z. B. Geburtsurkunde, Heiratsurkunde, Pass usw.)

UVV Jagd (VSG 4.4)

§ 1 Grundsätze
Diese Unfallverhütungsvorschrift gilt für den Umgang mit Waffen und Munition sowie für die Ausübung der Jagd.

§ 2 Waffen und Munition
(1) Es dürfen nur Schusswaffen verwendet werden, die den Bestimmungen des Waffengesetzes entsprechen und nach dem BJG für jagdliche Zwecke zugelassen sind. Die Waffen müssen funktionssicher sein und dürfen nur bestimmungsgemäß verwendet werden.
Durchführungsanweisung zu Absatz 1:
1. Eine Waffe ist z. B. funktionssicher, wenn sie zuverlässig gesichert werden kann, ihr Verschluss dicht ist und wenn sie keine Laufaufbauchungen, Laufdellen oder die Funktionssicherheit beeinträchtigende Rostnarben aufweist;
2. keine bestimmungsgemäße Verwendung ist z. B. die Benutzung der Waffe zum
– Niederhalten von Zäunen beim Übersteigen,
– Aufstoßen von Hochsitzluken,
– Erschlagen des Wildes;
3. auf die einschlägigen Bestimmungen des Waffengesetzes (WaffG),
– der Verordnungen zum Waffengesetz (WaffV),
– der Verwaltungsvorschrift zum Waffengesetz (WaffVwV)
– des Bundesjagdgesetzes (BJG) wird hingewiesen.
(2) Es darf nur die für die jeweilige Schusswaffe bestimmte Munition in einwandfreiem Zustand verwendet werden.
Durchführungsanweisung zu Absatz 2:
1. Hinweise auf die verwendbare Munition geben z. B. die Angaben auf der Schusswaffe.
2. In nicht einwandfreiem Zustand ist z. B. feucht gewordene Munition, selbst wenn sie getrocknet wurde.
(3) Auch nicht gewerbsmäßig hergestellte Munition muss den gesetzlichen Bestimmungen entsprechen.
Durchführungsanweisung zu Absatz 3:
1. Hierzu gehört z. B. wiedergeladene Munition;
2. Auf die einschlägigen Bestimmungen des Waffengesetzes und des Sprengstoffgesetzes wird hingewiesen.
(4) Flintenlaufgeschosspatronen müssen so mitgeführt werden, dass Verwechslungen mit Schrotpatronen ausgeschlossen sind.

§ 3 Ausübung der Jagd
(1) Schusswaffen dürfen nur während der tatsächlichen Jagdausübung geladen sein. Die Laufmündung ist stets – unabhängig vom Ladezustand – in eine Richtung zu halten, in der niemand gefährdet wird. Nach dem Laden ist die Waffe zu sichern.
(2) Eine gestochene Waffe ist sofort zu sichern und zu entstechen, falls der Schuss nicht abgegeben wurde.
(3) Beim Besteigen von Fahrzeugen und während der Fahrt muss die Schusswaffe entladen sein. Beim Besteigen oder Verlassen eines Hochsitzes, beim Überwinden von Hindernissen oder in ähnlichen Gefahrlagen müssen die Läufe (Patronenlager) entladen sein.
(4) Ein Schuss darf erst abgegeben werden, wenn sich der Schütze vergewissert hat, dass niemand gefährdet wird.
Durchführungsanweisung zu Absatz 4:
Eine Gefährdung ist z. B. dann gegeben, wenn
– Personen durch Geschosse oder Geschossteile verletzt werden können, die an Steinen, gefrorenem Boden, Ästen, Wasserflächen oder am Wildkörper abprallen oder beim Durchschlagen des Wildkörpers abgelenkt werden,
– beim Schießen mit Einzelgeschossen kein ausreichender Kugelfang vorhanden ist.
(5) Von Wasserfahrzeugen aus darf im Stehen nur geschossen werden, wenn das Fahrzeug gegen Umschlagen und der Schütze gegen Stürzen gesichert sind.
(6) Bei einer mit besonderen Gefahren verbundenen Jagdausübung ist ein Begleiter zur Hilfeleistung mitzunehmen.
Durchführungsanweisung zu Absatz 6:
Besondere Gefahren können sich ergeben z. B. durch Witterungs-, Gelände- und Bodenverhältnisse, v. a. im Hochgebirge, auf Gewässern und in Mooren oder bei der Nachsuche auf wehrhaftes Wild.
(7) Fangeisen dürfen nur mit einer entsprechenden Vorrichtung gespannt und nur mit einem geeigneten Gegenstand ge- bzw. entsichert werden.
(8) Fangeisen dürfen fängisch nur so aufgestellt werden, dass keine Personen gefährdet werden.
Durchführungsanweisung zu Absatz 8:
Eine Gefährdung kann z. B. vermieden werden, wenn Fangeisen in verblendeten Fangbunkern, Fallenkästen oder Fangburgen aufgestellt werden.

§ 4 Besondere Bestimmungen für Gesellschaftsjagden
(1) Bei Gesellschaftsjagden muss der Unternehmer einen Jagdleiter bestimmen, wenn er nicht selbst diese Aufgabe wahrnimmt. Die Anordnungen des Jagdleiters sind zu befolgen.
Durchführungsanweisung zu Absatz 1:
Zur Gesellschaftsjagd gehören z. B. Treibjagden und Drückjagden.
(2) Der Jagdleiter hat den Schützen und Treibern die erforderlichen Anordnungen für den gefahrlosen Ablauf der Jagd zu geben. Er hat insbesondere die Schützen und Treiber vor Beginn der Jagd zu belehren und ihnen die Signale bekannt zu geben.
Durchführungsanweisung zu Absatz 2:
Zur Belehrung gehört insbesondere der Hinweis auf die Vorschriften in Absatz 3 sowie in den Absätzen 6 bis 11.
(3) Sofern der Jagdleiter nichts anderes anordnet, ist die Waffe erst auf dem Stand zu laden und nach Beendigung des Treibens sofort zu entladen.
(4) Der Jagdleiter hat Personen, die infolge mangelnder geistiger und körperlicher Eignung besonders unfallgefährdet sind, die Teilnahme an der Jagd zu untersagen.
(5) Der Jagdleiter kann für einzelne Aufgaben Beauftragte einsetzen.
Durchführungsanweisung zu Absatz 5:
Zu den Aufgaben des Beauftragten können z. B. das Einweisen der Schützen in die Schützenstände und das Führen der Treiberwehr gehören.
(6) Bei Standtreiben haben der Jagdleiter oder die von ihm zum Anstellen bestimmten Beauftragten den Schützen ihre jeweiligen Stände anzuweisen und den jeweils einzuhaltenden Schussbereich genau zu bezeichnen. Nach Einnehmen der Stände haben sich die Schützen mit den jeweiligen Nachbarn zu verständigen; bei fehlender Sichtverbindung hat der Jagdleiter diese Verständigung sicherzustellen. Sofern der Jagdleiter nichts anderes bestimmt, darf der Stand vor Beendigung des Treibens weder verändert noch verlassen werden. Verändert oder verlässt ein Schütze mit Zustimmung des Jagdleiters seinen Stand, so hat er sich vorher mit seinen Nachbarn zu verständigen.
(7) Wenn sich Personen in Gefahr bringender Nähe befinden, darf in diese Richtung weder angeschlagen noch geschossen werden. Ein Durchziehen mit der Schusswaffe durch die Schützen- oder Treiberlinie ist unzulässig.
(8) Mit Büchsen- oder Flintenlaufgeschossen darf nicht in das Treiben hineingeschossen werden. Ausnahmen kann der Jagdleiter nur unter besonderen Verhältnissen zulassen, sofern hierdurch eine Gefährdung ausgeschlossen ist.
Durchführungsanweisung zu Absatz 8:
Besondere Verhältnisse können z. B. gegeben sein durch die Geländeform oder bei Ansitzdrückjagden.
(9) Bei Kesseltreiben bestimmt der Jagdleiter, ab wann nicht mehr in den Kessel geschossen werden darf; spätestens darf jedoch nach dem Signal »Treiber rein« nicht mehr in den Kessel geschossen werden.
(10) Die Waffe ist außerhalb des Treibens stets ungeladen, mit geöffnetem Verschluss und mit der Mündung nach oben oder abgeknickt zu tragen. Bei besonderen Witterungsverhältnissen kann der Jagdleiter zulassen, dass Waffen geschlossen und mit der Mündung nach unten getragen werden, wenn sie entladen sind.
(11) Durchgeh- oder Treiberschützen dürfen während des Treibens nur entladene Schusswaffen mitführen. Dies gilt nicht für Feldstreifen und Kesseltreiben.
Durchführungsanweisung zu Absatz 11 *(ergänzender Text):*
1. Als Feldstreife kann nach Entscheidung des Jagdleiters auch eine Streife mit flankierenden und vorgestellten Schützen in sonstigem übersichtlichen Gelände gelten.
2. Das Mitführen der Schusswaffe mit entladenen Läufen (Patronenlager) ist ausnahmsweise für den Durchgeh- und Treiberschützen zulässig
– für den Eigenschutz,
– für den Fangschuss,
– für den Schuss auf vom Hund gestelltes Wild.
(12) Bei Gesellschaftsjagden müssen sich

alle an der Jagd unmittelbar Beteiligten deutlich farblich von der Umgebung abheben.
Durchführungsanweisung zu Absatz 12:
Als deutliche farbliche Abhebung eignen sich bei Treibern, Treiber- und Durchgehschützen z. B. gelbe Regenbekleidung oder Brustumhänge in orangeroter Signalfarbe, bei Schützen z. B. ein orangerotes Signalband am Hut.
(13) Bei schlechten Sichtverhältnissen hat der Jagdleiter die Jagd einzustellen.
Durchführungsanweisung zu Absatz 13:
Schlechte Sichtverhältnisse liegen z. B. vor bei dichtem Nebel, einsetzender Dunkelheit oder Schneetreiben.

§ 5 Nachsuche
(1) Der Hundeführer wird durch den Unternehmer oder seinen Beauftragten als Jagdleiter bestimmt; er hat damit Weisungsrecht bei der Nachsuche, falls weitere Personen beteiligt sind.
(2) Der Hundeführer muss die notwendige persönliche Schutzausrüstung benutzen.
Durchführungsanweisung zu Absatz 2:
Hierzu kann z. B. das Tragen von Schutzbrille und Schutzhandschuhen gehören.
(3) Der Lauf der Waffe ist vor eindringenden Fremdkörpern zu schützen.
Durchführungsanweisung zu Absatz 3:
Hierzu eignen sich z. B. Klebestreifen aus durchschießbarem Material.
(4) Kinder und Jugendliche dürfen nicht an der Nachsuche teilnehmen.
(5) Der Unternehmer hat bei der Nachsuche für die Bereitstellung von Erste-Hilfe-Material zu sorgen.
Durchführungsanweisung zu Absatz 5:
Auf die Unfallverhütungsvorschrift »Erste Hilfe« (VSG 1.3) wird verwiesen.
(6) Es gelten im Übrigen die Vorschriften von § 4 Absätze 2, 3, 5, 6, 7, 10 und 12 entsprechend.

§ 6 Übungsschießen
(1) Das Übungsschießen ist nur auf behördlich zugelassenen Schießständen erlaubt.
Durchführungsanweisung zu Absatz 1:
1. Die behördliche Zulassung kann auf Grundlage des Bundesimmissionsschutzgesetzes oder des Waffengesetzes erfolgen;
2. Auf die Schießstandordnung und die Schießvorschrift des Deutschen Jagdschutz-Verbandes e. V. wird hingewiesen.
(2) Beim Schießen ist geeigneter Gehörschutz zu tragen.
Durchführungsanweisung zu Absatz 2:
Als geeigneter Gehörschutz sind z. B. Gehörschutzkapseln anzusehen. Auf die Unfallverhütungsvorschrift »Allgemeine Vorschriften für Sicherheit und Gesundheitsschutz« (VSG 1.1) wird verwiesen.

§ 7 Hochsitze
(1) Der Unternehmer muss sicherstellen, dass 1. Hochsitze, ihre Zugänge sowie Stege fachgerecht errichtet und mit Einrichtungen gegen das Abstürzen von Personen gesichert sind, 2. bei ortsveränderlichen Hochsitzen die Standsicherheit gewährleistet ist, 3. Hochsitze vor jeder Benutzung, mindestens jedoch einmal jährlich, geprüft werden, 4. nicht mehr benötigte Einrichtungen abgebaut werden.
Durchführungsanweisung zu Absatz 1 Ziffer 1:
1. Als Absturzsicherung bei Ansitzleitern wird die Waffenauflage angesehen.
2. Auf die Unfallverhütungsvorschrift »Allgemeine Vorschriften für Sicherheit und Gesundheitsschutz« (VSG 1.1) und die Unfallverhütungsvorschrift »Arbeitsstätten, bauliche Anlagen und Einrichtungen« (VSG 2.1) wird verwiesen.
3. Als fachgerecht hergestellt gelten Jagdeinrichtungen, wenn z. B. die Hinweise in der Broschüre »Sichere Hochsitzkonstruktion« beachtet sind.
Durchführungsanweisung zu Absatz 1 Ziffer 2:
Auf die Unfallverhütungsvorschrift »Technische Arbeitsmittel« (VSG 3.1) wird verwiesen.
(2) Aufgenagelte Sprossen sind nur an geneigt stehenden Leitern zulässig. Sie sind mit den Leiterholmen fest zu verbinden und auf diesen nach unten hin abzustützen.

§ 8 Ordnungswidrigkeiten
Ordnungswidrig im Sinne des § 209 Absatz 1 Nr. 1 Siebtes Buch Sozialgesetzbuch (SGB VII) handelt, wer vorsätzlich oder fahrlässig den Bestimmungen des § 2 Abs. 1, § 3 Abs. 1 Satz 1, § 4 Abs. 1 Satz 1, Abs. 2, 3, 6, 7, Abs. 8 Satz 1, Abs. 10 Satz 1 oder Abs. 11 Satz 1, § 5 Abs. 4, § 6 Abs. 1 oder § 7 Abs. 1 Ziffern 3 oder 4 zuwiderhandelt.

§ 9 Inkrafttreten
Diese Unfallverhütungsvorschrift tritt am 1. Januar 2000 in Kraft. Gleichzeitig tritt die Unfallverhütungsvorschrift »Jagd« (UVV 4.4) vom 1. Januar 1981 außer Kraft.

Abbildungsnachweis

Siegfried Ammann: S. 45

Anton Angermayer (Tierbildarchiv): S. 176; 482

Wolfgang Bajohr: S. 740 o. r.

Bundesamt für Naturschutz: 487

Deutsches Jagd- und Fischereimuseum München: S. 24 u.; 37 M., u.; 38 o. l, o. r.; 67; 72 o.; 80; 91 u.; 92; 93 o., u.; 94; 95; 109; 132 u.; 185 u.; 187 r.; 203 o. l.; 268; 271 u.; 272; 285 o.; 293; 297 o.; 296/297 u. (Leihgabe); 298; 334 u.; 342 u.; 344 u.; 347–348; 349 u.; 351–353; 363–364; 374; 376 u.; 377–379; 381–382; 384 M., u.; 400 o.; 405; 438; 501 u.; 505 o.; 505 u. l., o.; 514; 522 u.; 543 o.; 551; 578–579; 602; 612 u.; 613; 646; 649; 717 o. (Leihgabe R. Hoesch; Düren); 726; 757; 772; 784 o.

Deutsche Versuchs- u. Prüfanstalt für Jagd- und Sportwaffen e. V.: S. 140 o.

Dynamit Nobel AG: S.: 58–64; 116 o. r.; 118 u.; 119; 525; 633; 702 o.

Klaus Echle: S. 85 o.; 86 u.; 212 o.; 448 r. o.; 456

Eberhard Eisenbarth: S. 667

Fritz Faist: S. 794–795

Frankonia Jagd GmbH: 32–33; 78–79; 93 M.; 115; 116 l.; 118 o. l., o. r.; 188–189; 191; 192 l.; 198–199; 214; 241; 253; 269 o.; 271 o. l., o. r., M. l., M. r.; 340–341; 342 o.; 345; 366–368; 385; 420; 432–433; 444–445; 483; 503–504; 510 o.; 580; 589–591; 604 u. l., u. r.; 605–606; 608; 610; 648 l.; 700; 717 u.; 733

Frankonia Jagd GmbH / Wild und Hund: S. 200

Germanisches Nationalmuseum Nürnberg: S. 370

Frank Hecker: S. 411 o.; 417; 435 o.; 553; 643; 785

Institut für Tropenmedizin München: S. 436; 450–451; 522 o. l.

Jagdgebrauchshundverband e. V.: S. 140 u.; 315

Eva-Maria Krämer: S. 36 u.; 104 o. r.; 104 u. r.; 105; 165 o.; 167 u.; 170 o., M., u. r.; 171; 400 u.; 460; 465; 469; 625 o.; 626; 654 o.; 708; 709 o. l., u. l., u. r.; 710 u. l.; 711; 712 r.

Landesbibliothek Gotha: S. 161; 313; 335; 389; 672

Alfred Limbrunner: S. 2; 20 o., u. l.; 21–22; 25 r.; 27 M.; 41; 52; 54; 72 u.; 82 o.; 84 M.; 85 u.; 86 o.; 90 o.; 108; 114 u.; 123 u.; 124; 136 u.; 146 o.; 147 o. l., o. r.; 148; 151 o.; 154; 157 l.; 158 o.; 159; 175; 177; 180–183; 184 o.; 185 o.; 203 M. l.; 203 u.; 205–206; 208 u.; 209 u.; 211; 225 o.; 243; 244 u. l., u. r.; 266; 279; 301; 317; 319; 411 u.; 412–413; 429 u.; 440–441; 457; 466 o.; 467; 471–472; 476; 496; 517; 518–521; 523; 530; 532 u.; 535; 548–549; 550 o.; 572; 595; 640; 642; 647; 655 o.; 671 691; 702 u.; 706; 722; 729; 732 o.; 735 o.; 736; 740 o. l., u.; 763; 774 u.

Stefan Meyers: S. 18 u.; 68 o.; 77; 146 u.; 162; 164 o.; 165 u.; 167 o.; 195 o.; 230 u.; 236; 244 o.; 254 o.; 331 u.; 398; 409; 474 u.; 489; 529 u.; 532 o.; 565 o.; 650; 689; 728; 765; 776

Horst Niesters: 255 u.

Ekkehard Ophoven: S. 13 o.; 16 o.; 23 o.; 35; 104 o. l.; 104 u. l.; 157 r.; 170 u. l.; 172; 173; 306; 499 o.; 628–629; 653; 666; 674; 759 l.

Heinz Oppermann: S. 637

Reinhard-Tierfoto: S. 129; 273

Karl Schneider: S. 11; 14 o.; 18 o.; 20 u. r.; 27 o.; 39–40; 44; 57 r.; 74; 75 o.; 83 u.; 84 u.; 90 u.; 97; 107; 110; 112; 122 r.; 123 o.; 131 o. r., u.; 132 o. l., o. r.; 134; 135 u. l. u. r.; 141 r.; 143 u.; 144 u. l.; 145 o., M.; 150; 158 M.; 166; 184 u. l., u. r.; 186; 187 l.; 190; 194; 196 o. l., o. r.; 201 u. l.; 203 o. r., M. r.; 210; 215–216; 223; 225 l. o.; 225 l. u., u. r.,; 228; 229 u.; 233; 235 o. l., o. r., M. r.; 239 r.; 248–251; 258 o., M.; 264; 267; 278 u. l., o. r.; 279; 284; 292; 293 u. l., u. r.; 294–295; 314; 318 o., M.; 319; 332 o.; 395; 396 M.; 396 u. l.; 396 u. r.; 429 o.; 435 u.; 447; 448 l. o., l. u.; 455 u. l., u. r.; 458; 466 u.; 474 l. o., l. u., o. M., o. r.; 478; 522 o. r.; 528 o.; 529 o. l., o. r.; 531; 536; 542 u. l., u. M., u. r.; 543 u.; 559; 565 u.; 568; 571; 581–582; 585 o.; 604 o.; 607; 611; 619 l.; 627 o.; 634; 641; 651 u.; 657; 677; 678 o.; 678; 2. von o.; 677–686.; 687 o.; 704; 728; 736; 739; 741; 749–750; 771; 777; 791–793

Schutzgemeinschaft Deutscher Wald e. V.: S. 612 o.

Wilfried Sloman: S. 308–309; 346

Roger Thomas: 147 u.

Heinrich Uhde: S. 501 o.

Karl-Heinz Volkmar: S.10; 12; 17; 25 o. l.; 27 u.; 46; 48; 65; 69 o.; 73; 91 o.; 99; 136 o.; 137; 145 u.; 163 u.; 174; 201 u. r.; 229 o.; 232; 261; 263; 275 u.; 276; 282; 292; 331 o., M.; 397; 404; 415; 423; 455 o.; 459 o.; 477; 491; 510 u.; 511; 540–541; 542 o.; 556; 560; 564; 567; 617; 620 o.; 622; 635; 651 o.; 659; 764

Karl-Heinz Widmann (Kosmos Verlag): S. 30; 36 o. l., o. r.; 169; 179; 202 o.; 270; 312; 419; 516; 552; 624; 625 u.; 645; 654 u.; 692; 709 o. r.; 710 o. l., o. r., u. r.; 712 l.; 730 o.

Wild und Hund: 388 r.

Burkhard Winsmann-Steins: S. : 69 u.; 96; 148; 196 u.; 267; 464; 515; 730 u.

Konrad Wothe: S. 50 u.; 615 u.; 732 u.; 759 r.

Alle weiteren Abbildungen stammen aus den Archiven der Autoren.

Der Verlag dankt folgenden Unternehmen, Organisationen und Institutionen, die freundlicherweise Bildmaterial zur Verfügung gestellt haben:
Bundesamt für Naturschutz, Deutsche Versuchs- u. Prüfanstalt für Jagd- und Sportwaffen e. V., Deutsches Jagd- und Fischereimuseum München, Dynamit Nobel AG, Frankonia Jagd GmbH, Germanisches Nationalmuseum Nürnberg, Institut für Tropenmedizin München, Jagdgebrauchshundverband, Landesbibliothek Gotha, Schutzgemeinschaft Deutscher Wald e. V., Wild und Hund.